U0624252

中華大典

醫藥衛生典

四川出版集團·巴蜀書社

中華大典·醫藥衛生典

藥學分典

《藥學分典》總目錄

第一冊

藥學通論總部

用藥大法部

諸病用藥部

四時臟腑經絡用藥部

食養服餌部

煎藥服藥部

要藥簡錄部

人物典制總部

人物部

典制部

第二冊

藥材總部

辨藥部

名實異同部

炮製製劑部

藥出州土部

收采藏留部

用藥劑量部

栽培馴養部

藥業部

藥性理論總部

三品部

氣味陰陽部

配伍製方部

功能效用部

法象藥理部

升降浮沉部

歸經引經部

藥毒解毒部

藥食慎忌部

藥性歌賦部

第三冊

藥物總部

火部

水部

土部

金石部

藻菌部

地衣苔蘚部

蕨部

第四册
藥物總部
草部一

第五册
藥物總部
草部二

第六册
藥物總部
穀豆部
菜部

第七册
藥物總部
果部
藤蔓部

第八册
藥物總部
木部
製釀部
器用部

第九册
藥物總部

蟲部
介甲部
蛇蜥部
魚部

第十册
藥物總部
禽鳥部
獸部
人部
引用書目
藥名索引

藥學分典 四

藥物總部

目錄

《藥物總部》提要……一

草部

題解……五

山草分部

綜述……六

甘草……六

黄耆……三二

瓜子金……六三

土黄耆……六三

含羞草……六四

百脈根……六四

胡蒼耳……六四

苦參……六四

人參……七九

白雲參……一五九

還元參……一六〇

土人參……一六〇

黄參……一六〇

鳳尾參……一六〇

雞尾參……一六〇

對葉參……一六〇

雙尾參……一六〇

會蘭參……一六〇

竹節參……一六〇

珠參……一六一

三七……一六一

帕拉聘……一六七

西洋參……一六七

土當歸……一六八

都管草……一六九

桔梗……一六九

長松……一八八

沙參……一八九

山蔓菁……二〇〇

地參……二〇〇

仙人過橋……二〇〇

薺苨……二〇〇

黨參……二〇四

銅錘玉帶草……二〇六

細葉沙參……二〇六

吊胡蘆……二〇七

北沙參……二〇七

前胡……二〇八

野蜀葵……二一八

猢猻脚跡……二一八

八角菜……二一八

防葵……二一八

防風……二二一

竹葉防風……二三七

串枝防風……二三七

杏葉防風……二三七

獨活……二三八

獨活草……二五一

玉淨瓶……二五一
羌活……二五一
柴胡……二六二
大柴胡……二九一
小柴胡……二九一
菜藍……二九一
銀柴胡……二九一
滇銀柴胡……二九二
麻黄……二九二
雲花草……三二四
肉蓯蓉……三二四
列當……三三八
野菰……三三九
鎖陽……三三九
术……三四二
蒼术……三七九
北雲术……三九一
遠志……三九一
鷓鴣茶……四〇七
瓜子金……四〇七
淫羊藿……四〇八
仙茅……四一七
羅浮參……四二七
丹參……四二七
石見穿……四三九
小紅花……四三九
老虎耳……四三九
葉下紅……四三九
勁枝丹參……四三九
小丹參……四三九
紫花地丁……四三九
黄芩……四四〇
一枝箭……四六三
韓信草……四六三
紫參……四六三
拳參……四六九
刀鎗草……四六九
闓石辣……四六九
紫茉莉根……四六九
粟米草……四六九
番杏……四六九
紫草……四六九
黑陽參……四七八
狗屎花……四七八
藍蛇風……四七九
黄連……四七九
水黄連……五一二
鳳頭蓮……五一二
升麻……五一二
白頭翁……五三三
翻白草……五四一
龍牙草……五四二
紫背龍牙……五四七
黄龍尾……五四七
地榆……五四七
委陵菜……五五八
白地榆……五五八
雞兒頭苗……五五八
老鸛筋……五五八
天麻……五五八
白及……五七四
白如椶……五八四
釵子股……五八四

吉利草……五八四
紅花小獨蒜……五八五
蘭花雙葉草……五八五
小紫含笑……五八五
佛手參……五八五
雞腎參……五八五
獨葉一枝花……五八五
羊耳蒜……五八五
綠葉綠花……五八五
石蠶……五八五
白蝶花……五八六
觀音竹……五八六
老鴉蒜……五八六
黃花獨蒜……五八六
盤龍參……五八六
風蘭……五八六
淨瓶……五八六
吊蘭……五八六
催生蘭……五八六
小二仙草……五八六
胡黃連……五八六
馬先蒿……五九五
煤參……五九六
羊肝狼頭草……五九六
鬼羽箭……五九六
鞭打繡球……五九六
水香棻……五九六
公草母草……五九六
鹿茸草……五九六
龍膽……五九六
滇龍膽草……六〇九
秦艽……六〇九
菊花參……六二二
白鮮……六二三
白鮮皮……六二九
延胡索……六三〇
老鴉草……六四〇
天葵……六四〇
黃花地錦苗……六四一
地錦苗……六四一
土當歸……六四一
紅毛參……六四一
馬尾絲……六四一
黃精……六四一
萎蕤……六五二
鹿藥……六六四
委蛇……六六五
葳參……六六五
知母……六六五
盧會……六八一
油葱……六八八
王孫……六八八
貝母……六九〇
浙貝母……七〇七
苦子……七〇八
山慈姑……七〇八
土貝母……七一三
石蒜……七一四
羅裙帶……七一五
雷公鑿……七一五
牛黃繖……七一五
佛手蘭……七一五
天蒜……七一五

文蘭樹……七一六
換錦花……七一六
水仙……七一六
晚香玉……七一七
白茅……七一七
芭茅……七一八
黄茅……七一八
地筋……七一八
芒……七一九
莀草……七一九
淮草……七一九
金絲草……七一九
細辛……七三〇
土細辛……七四七
杜衡……七四七
木細辛……七四九
山蕉根……七四九
剪草……七四九
四大天王……七五一
四對草……七五一
水晶花……七五二
鯰魚鬚……七五二
及己……七五二
珠蘭……七五二
觀音茶……七五三
麻衣接骨……七五三
徐長卿……七五三
鬼督郵……七五五
雨點兒菜……七五七
白薇……七五七
白龍鬚……七六六
老君鬚……七六六
白前……七六六
女青……七七三
草犀……七七四
紫金牛……七七五
九管血……七七五
硃砂根……七七五
百兩金……七七六
走馬胎……七七七
葉底紅……七七七
小青……七七七
鹹酸蕻……七七八
地湧金蓮……七七八
仙人掌……七七八
神仙掌……七八〇
玉芙蓉……七八〇
金剛杵……七八〇
錦地羅……七八〇
石龍牙草……七八〇
雜録……七八〇
茅膏菜……七八〇
百倍……七八〇
地棠菜……七八〇
馬鞭花……七八〇
迎風不動草……七八一
黄毛金絲草……七八一
金錢草……七八一
青花黄葉草……七八一
龍吟草……七八一
白龍參……七八一
地草果……七八一
土血竭……七八二

興陽草……七八二
金絲蓮……七八二
平兒草……七八二
瓶兒草……七八二
大皮蓮……七八二
雙果草……七八三
小仙草……七八三
梅花草……七八三

芳草分部

綜述……七八三
當歸……七八三
杜當歸……八一一
白芷……八一一
芎藭……八二八
蘼蕪……八五〇
法落海……八五二
滇芎……八五二
蛇床子……八五二
藁本……八六三
滇藁本……八七四
苦蔘菜……八七四
徐黃……八七四
蜘蛛香……八七四
積雪草……八七四
地棠草……八七七
建參……八七七
粉沙參……八七七
隔山香……八七七
芍藥……八七七
赤芍藥……九〇七
牡丹……九〇九
鼠姑……九二八
木香……九二八
土木香……九四五
艾納香……九四五
兜納香……九四六
馬蹄香……九四六
甘松香……九四六
山柰……九四九
廉薑……九五一
山薑花……九五一
紅豆蔻……九五二
高良薑……九五二
杜若……九六二
滇高良薑……九六四
豆蔻……九六五
草果……九七八
白草果……九七九
草果藥……九七九
白豆蔻……九八〇
縮砂蜜……九八九
益智子……一〇〇三
蓬莪术……一〇一五
薑黃……一〇二五
鬱金……一〇三五
蘘荷……一〇四七
玉桃……一〇五一
樟柳頭……一〇五一
蓽撥……一〇五一
蒟醬……一〇五八
假蒟……一〇六〇
肉豆蔻……一〇六一
補骨脂……一〇七〇

辟汗草……一〇八七
野辟汗草……一〇八七
草零陵香……一〇八七
蘭……一〇八七
樹頭花……一〇九〇
紅蘭……一〇九〇
百乳草……一〇九〇
茉莉……一〇九〇
素馨……一〇九一
素興花……一〇九二
雞脚草……一〇九二
假素馨……一〇九二
指甲花……一〇九二
嬭酣草……一〇九二
鬱金香……一〇九二
茅香……一〇九三
白茅香……一〇九五
芸香草……一〇九五
迷迭香……一〇九六
藿香……一〇九六
野藿香……一一〇六
白龍鬚……一一〇七
廣藿香……一一〇七
排草香……一一〇七
耕香……一一〇七
瓶香……一一〇七
藒車香……一一〇七
香薷……一一〇八
石香葇……一一二三
大葉香薷……一一二四
茘枝草……一一二四
東紫蘇……一一二五
落馬衣……一一二五
野草香……一一二五
活血丹……一一二五
香草……一一二五
荆芥……一一二六
土荆芥……一一四六
薄荷……一一四六
滇南薄荷……一一六三
大葉薄荷……一一六三
紫葉草……一一六三
鳳眼草……一一六三
斑節相思……一一六三
小葉薄荷……一一六三
金錢薄荷……一一六四
南薄荷……一一六四
香茶菜……一一六四
獅子草……一一六四
雞腸菜……一一六四
涼粉草……一一六四
薑味草……一一六四
紫蘇……一一六五
山紫蘇……一一八四
荏……一一八四
葛公菜……一一八五
水蘇……一一八五
薺薴……一一九一
石薺薴……一一九二
七星劍……一一九二
透骨草……一一九二
望江青……一一九二
零陵香……一一九三

排草……一一九六
四大天王……一一九七
猪尾巴苗……一一九七
兔兒絲……一一九七
綿絲菜……一一九七
節節菜……一一九七
赤車使者……一一九七
螺黶兒……一一九八
鏡面草……一一九八
石筋草……一一九八
霧水葛……一一九八
臭節草……一一九八
石椒草……一一九八
臭草……一一九八
臭草……一一九九
大飛羊……一一九九
小飛羊草……一一九九
野南瓜……一一九九
倒掛金鉤……一一九九
地槐菜……一一九九
毛麝香……一一九九
雜録……一二〇〇
翠梅……一二〇〇
金燈……一二〇〇
小翠……一二〇〇
金箴……一二〇〇
虎掌花……一二〇〇
翠雀……一二〇〇
金雀……一二〇〇
盤內珠……一二〇〇
鴨頭蘭花草……一二〇〇
野丁香……一二〇〇
牛角花……一二〇〇
荷包山桂花……一二〇〇
壓竹花……一二〇〇
七里香……一二〇一
草葵……一二〇一
野梔子……一二〇一
草玉梅……一二〇一
野蘿蔔花……一二〇一
珍珠梅……一二〇一
含笑……一二〇一
賀正梅……一二〇一
夜來香……一二〇一
黄蘭……一二〇一
彩蝶……一二〇一
鶴頂……一二〇一
朱錦……一二〇一
百子蓮……一二〇一
珊瑚枝……一二〇一
鈴兒花……一二〇一
華蓋花……一二〇二
屈子花……一二〇二
番薏茹……一二〇二

《藥物總部》提要

《藥物總部》是《藥學分典》中內容最龐大的一個總部，下列『部』與『分部』兩級經目。其中一級經目按藥物自然屬性分二十三個部。鑒於各部藥物內容相對獨立，為方便使用，本分典將本總部分八册，各自獨立成書。這八册在整個分典的位置及所屬各部名稱參見前《藥學分典》總目錄。本總部藥物的編排順序與先行出版的《本草圖録總部》基本相同，僅少數藥物的位置有所調整。

本總部收載的動物藥中，不乏當今已列為重點保護的野生動物（如犀牛、虎、麋鹿等）。本分典為保存古代醫藥文獻而收載這些動物的有關史料，但反對將這些珍稀動物用作藥物。

本總部在緯目『綜述』及『雜録』下設專題名，即單味藥的正名。單味藥在本總部中為最小單元，其正名乃從該藥諸多名稱中遴選得來。正名之下諸書所出藥名雖有不同，但據其文字描述或藥圖（須參《本草圖録總部》）所示，均屬同一藥物。本總部共收載藥物四千三百零二種。各藥條下的主要内容有基原鑒别、生長地區與環境、采收時月、炮製、性味良毒、七情、功用主治、相關附方等。

由於本分典的編纂宗旨在於全面客觀地反映中國古代藥物學的豐富内容，因此必須尊重古代某些傳統分類法，以容納古代曾出現過某些特殊藥物。本此原則本總部設置了火、水、土、製釀、器用等部。其他部的設置大體按礦物、植物、動物為序，主要采用傳統分類名稱（如草部、菜部、果部、藤蔓部、木部、蟲部、魚部、獸部、人部等）。但在尊重古代傳統分類的同時，又再細化類别。例如藻菌、地衣苔蘚、蕨部

屬於低等植物，今從古代『草部』分出。古代籠統的蟲、魚部，今則細分為蟲、介甲、蛇蜥、魚四個部，以盡量貼近動物進化分類序列。此外各部下的某些分部（如蟲部下的濕生分部、卵生分部、兩棲分部）乃爲兼顧傳統分類與現代分類而設。

本總部體現現代分類進展及中藥鑒別最新成果之處，主要是部或分部下的藥物排列方式。例如動植物類各部及分部下的藥物，一般都按現代分類法，將同科的動植物集中相鄰排列，並將包含常用藥居多的動植物科屬排在前面。例如『草部·山草分部』的緯目『綜述』之下，依次是甘草、黄耆、苦參（豆科）、人參、竹節參、珠兒參、三七、西洋參（五加科）、桔梗、沙參、薺苨、黨參（桔梗科）等。

本總部單味藥的確定，以藥物基原為主。同一基原的動植物，其藥用部分可有多種。例如桑的樹皮（桑白皮）、樹葉（桑葉）、果實（桑椹）等均可入藥。對此情況，按古代本草慣例，取其常用部位歸類。故桑雖列入木部，但不再把各藥用部位拆分，仍在桑條下表述其不同藥物部分的功用。又，鑒於本總部未設花部，因此某些花類藥往往據其植物屬性，分別散入草、木等部，或附在同基原常用藥用部位所屬部類之中，例如『梅花』權且附在『梅』（烏梅、白梅）之後。

本總部藥物基原的確定，主要依據文字描述與藥圖。在充分汲取國内外中藥鑒定的最新成果的基礎上，編纂人員又逐一對以往尚無研究的藥物進行考訂，采用『以形相從』的方法，盡力確定其科屬或近似的分類位置。對缺乏形態描述與圖形的藥物，則多采『以名相從』之法，將其排在名稱近似藥物之後。例如《滇南本草》中基原不明的白雲參、還元參、土人參、黄參等藥，均附列在人參之後。若名稱亦無相似者，則依據古本草『有名未用』舊例，將不明來源的藥物集中起來，排列在相關的部或分部之末，設經目『某部藥存疑』，或在緯目『雜錄』中予以表現。

本總部的文字編排及標記體例，除遵從大典總體要求外，針對本分典的特點，有如下需説明之處：《證類本草》一書的《神農本草經》《名醫别録》《藥對》三書文字雜糅在一起，原書采用『白大字』（大號陰文）表示《神農本草經》，『黑大字』（大號陽文）表示《名醫别録》文，『黑小字』（小號陽文）表示《藥對》文。對此類條文，本分典將『白大字』用五號黑體，『黑大字』用五號宋體表示，『黑小字』用小五號宋體，並在文獻出處後的六角符號『〔 〕』中，用同體、同號字標出各書名，以提示原本混排之三書文字的區别。又，《證類本草》除采用陰陽文、大小字之外，還用特定文字（如『今定』、『新補』等）及特殊符號（如墨蓋子）來表示文字出處。為適應《中華大典》體例，使讀者一目了然知其明確出處，本總部一律增補該書所引原書之名。另外，對少數本草書采用的特殊標記，本分典在不與大典統一標記衝突的前提下，用其他符號予以替代。例如《本草品彙精要》將藥品分為二十四項，每項名稱用黑魚尾括注。由於此標記與大典省略文字標記相同，故本分典將其改為白魚尾。

《藥物總部》之末，附『藥名索引』。進入索引的藥名僅限於藥物正名。

草部

題解

《禮記・禮運》 昔者先王【略】未有火化，食草木之實，鳥獸之肉，飲其血，茹其毛。

《黃帝内經素問・六節藏象論第九》 草生五色，五色之變，不可勝視，草生五味，五味之美，不可勝極。嗜欲不同，各有所通。天食人以五氣，地食人以五味。【略】五味入口，藏於腸胃。味有所藏，以養五氣，氣和而生，津液相成，神乃自生。

《爾雅・釋草》 木謂之華，草謂之榮。不榮而實者謂之秀，榮而不實者謂之英。

明・葉子奇《草木子》卷一 草木一荄之細，一核之微，其色香葩葉相傳而生也，經千年而不變。其根幹有生死，其神之傳，初未嘗死也。【略】草木一核之微，而色香臭味、花實枝葉，無不具於一仁之中。及其再生，一一相肖，此造物所以顯諸仁而藏諸用也。

唐・歐陽詢《藝文類聚》卷八一 草香附 《爾雅》曰：卉，百草揔名也。草，謂之榮。榮而實謂之英，荄根也。《方言》曰：蘇芬，莽草也。江淮南楚之間曰蘇，自關西曰草，或曰莽。南楚江湘之間謂之莽。《周書》曰：霜降之日，草木黄落。《周官》曰：薙氏掌殺草，春始生而萌之，夏日至而夷之，秋繩而芟之，冬日至而耜之。《毛詩》曰：無草不死，無木不萎。又曰：野有蔓草，零露團兮。又曰：湛湛露斯，在彼豐草。《大戴禮》曰：孟春冰泮，百草權輿。《師曠占》曰：黄帝問師曠曰：吾欲知苦樂善惡，可知否？對曰：歲欲豐，甘草先生，甘草薺也。歲欲苦，苦草先生，苦草葶藶也。歲欲惡，惡草先生。惡草水藻也。歲欲旱，旱草先生，旱草蒺藜也。歲欲疫，病草先生，病草艾也。《博物志》曰：黄帝問天老曰：天地所生，豈有食之令人不死者乎？天老曰：太陽之草，名黄精，餌之可以長生。太陰草名曰鉤吻，不可食之，入口立死。人信鉤吻之殺人，不信黄精之益壽，不亦惑乎？

宋謝惠連《仙人草贊》曰：余之中園有仙人草焉，春顯其苗，夏秀其英，秋有真實，冬無彫色，可謂貫四時而不改者也。既嘉其名，而美其質，染筆作詠，庶以攄述云：園有嘉草，名曰仙人，曄曄煒煒，莫莫臻臻，顯發炎暑，苗秀和春，寄爾靈質，乃植中鄰。

明・李時珍《本草綱目》卷一二草部 李時珍曰：天造地化而草木生焉。剛交于柔而成根荄，柔交于剛而成枝幹。葉萼屬陽，華實屬陰。由是草中有木，木中有草。得氣之粹者爲良，得氣之戾者爲毒。故有五形焉，金、木、水、火、土。五氣焉，香、臭、臊、腥、羶。五色焉，青、赤、黄、白、黑。五味焉，酸、苦、甘、辛、鹹。五性焉，寒、熱、温、凉、平。五用焉，升、降、浮、沉、中。炎農嘗而辨之，軒岐述而著之，漢、魏、唐、宋明賢良醫代有增益。但三品雖存，淄澠交混，諸條重出，涇渭不分。苟不察其精微，審其善惡，其何以權七方、衡十劑而寄死生耶？于是剪繁去複，繩(繆)〔謬〕補遺，析族區類，振綱分目。除穀、菜外，凡得草屬之可供醫藥者六百一十種，分爲十類：曰山，曰芳，曰隰，曰毒，曰蔓，曰水，曰石，曰苔，曰雜，曰有名未用。舊本草部上中下三品，共四百四十七種。今併入三十一種，移二十三種入菜部，三種入穀部，四種入果部，二種入木部，自木部移併一十四種，蔓草二十九種，菜部移併一十三種，果部移併四種，外類有名未用共二百四十七種。

清・穆石匏《本草洞詮》卷八 草部 天造地化而草木生焉。剛交於柔而成根荄，柔交於剛而成枝幹。葉萼屬陽，華實屬陰，得氣之粹者為良，得氣之戾者為毒，故有五形焉，五氣焉，五色焉，五性焉，五用焉。炎(黄)〔農〕嘗而辨之，軒岐述而著之，歷代名賢遞有增益，品彙甚繁，精微難格，千方具備，一效難求。苟不察其微妙，審其淑慝，其何以權十方，衡十劑，而寄死生耶。

山草分部

綜述

甘草

宋・李昉《太平御覽》卷第九八九 甘草 《本草經》曰：甘草，一名美草，一名蜜甘。

宋・沈括《夢溪筆談》卷二六《藥議》 《本草》注引《爾雅》云：蘦，大苦。注：甘草也。蔓延生，葉似荷，青莖赤，此乃黄藥也。其味極苦，謂之大苦，非甘草也。甘草枝葉悉如槐，高五六尺，但葉端微尖而糙澀，似有白毛，實作角生如相思角，作一本生，熟則角坼，子如小匾豆，及堅齒嚙不破。

宋・唐慎微《證類本草》卷六草部上品〔《本經・別錄・藥對**》〕** **甘草**國老 **味甘，平，**無毒。**主五藏六腑寒熱邪氣，堅筋骨，長肌肉，倍力，金瘡尰**時勇切**解毒，**溫中下氣，煩滿短氣，傷藏欬嗽，止渴，通經脉，利血氣，解百藥毒。爲九土之精，安和七十二種石，一千二百種草。**久服輕身延年。**一名蜜甘，一名美草，一名蜜草，一名蕗草。生河西川谷積沙山及上郡。二月、八月除日採根，暴乾十日成。朮、乾漆、苦參爲之使，惡遠志，反大戟、芫花、甘遂、海藻四物。

〔梁・陶弘景《本草經集注》〕云：河西、上郡不復通市，今出蜀漢中，悉從汶山諸夷中來。赤皮斷理，看之堅實者，是抱罕草，最佳。抱罕，羌地名。亦有火炙乾者，理多虛踈。又有如鯉魚腸者，被刀破，不復好。青州間亦有，不如。又有紫甘草，細而實，乏時可用。此草最爲衆藥之主，經方少不用者，猶如香中有沉香也。國老，即帝師之稱，雖非君，爲君所宗，是以能安和草石而解諸毒也。

〔宋・掌禹錫《嘉祐本草》〕按：《爾雅》云：蘦，大苦。注：今甘草也，蔓延生，葉似荷，青黄，莖赤有節，節有枝相當。疏引《詩・唐風》云采苓采苓，首陽之巔，是也。《藥性論》云：甘草，君。忌猪肉，諸藥衆中爲君。治七十二種乳石毒，解一千二百般草木毒，調和使諸藥有功，故號國老之名矣。主腹中冷痛，治驚癇，除腹脹滿，補益五藏，制諸藥毒，養腎氣内傷，令人陰痿。主婦人血瀝，腰痛，虛而多熱，加而用之。日華子云：安魂定魄，補五勞七傷，一切虛損，驚悸，煩悶，健忘，通九竅，利百脉，益精養氣，壯筋骨，解冷熱，入藥炙用。

〔宋・蘇頌《本草圖經》〕曰：甘草，生河西川谷積沙山及上郡，今陝西河東州郡皆有之。春生青苗，高一二尺，葉如槐葉，七月開紫花似柰，冬結實作角子如畢豆。根長者三四尺，麤細不定，皮赤，上有横梁，梁下皆細根也。二月、八月除日採根，暴乾十日成，去蘆頭及赤皮，今云陰乾用。今甘草有數種，以堅實斷理者爲佳。其輕虛縱理及細韌者不堪，惟貨湯家用之。謹按：《爾雅》云：蘦，大苦。釋曰：蘦，一名大苦。郭璞云：甘草也，蔓延生，葉似荷，青黄，莖赤有節，節有枝相當。或云：蘦似地黄。《詩・唐風》云采苓采苓，首陽之巔，是也。蘦與苓通用。首陽之山，在河東蒲坂縣，乃今甘草所生處相近，而先儒所說苗、葉與今全别，豈種類有不同者乎？張仲景《傷寒論》有一物甘草湯、甘草附子、甘草乾薑、甘草瀉心等湯，諸方用之最多，又能解百毒，爲衆藥之要。孫思邈論云：有人中烏頭、巴豆毒，甘草入腹即定。方稱大豆解百藥毒，嘗試之不效，乃加甘草爲甘豆湯，其驗更速。又《備急方》云：席辯刺史嘗言嶺南俚人解毒藥，並是嘗用物，畏人得其法，乃言三百頭牛藥，或言三百兩銀藥。辯久住彼，與之親狎，乃得其實。凡欲食，先取甘草一寸炙熟，嚼咽汁，若中毒，隨即吐出。乃用都𣏌藤、黄藤二物，酒煎令溫常服，毒隨大小溲出。都𣏌藤者出嶺南，高三尺餘，甚細長。所謂三百兩銀藥也。又常帶甘草十數寸隨身，以備緩急。若經含甘草而食物不吐者，非毒也。崔元亮《海上方》治發背秘法，李北海云：此方神授，極奇秘。以甘草三大兩，生擣，别篩末，大麥麪九兩，於一大盤中相和攪令匀，取上好酥少許，别捻入藥，令匀，百沸水溲如餅劑，方圓大於瘡一分，熱傅腫上，以油片及故紙隔，令通風，冷則換之。已成膿水自出，未成腫便内消。當患腫著藥時，常須喫黄耆粥，甚妙。又一法：甘草一大兩，微炙，擣碎，水一大升浸之，器上横一小刀子，置露中經宿，平明以物攪令沫出，吹沫服之。但是瘡腫發背，皆可服，甚效。

〔宋・唐慎微《證類本草》〕《雷公》云：凡使，須去頭尾尖處，其頭尾吐人。每斤皆長三寸，剉劈破作六七片，使甆器中盛，用酒浸蒸，從巳至午，出，暴乾細剉。使一斤，用酥七兩塗上，炙酥盡爲度。又，先炮令内外赤黄用，良。《外臺秘要》：救急瘦疾。甘草三兩炙，每旦以小便煮三四沸，頓服之，良。《百一方》：小兒初生，未可與朱、蜜，取甘草一指節長炙碎，以水二合，煮取一合，以纏綿點兒口中，可得一蜆殼止，兒當快吐胸中惡汁，此後待兒飢渴，更與之。若兩服並不吐，盡一合止，得吐惡汁，兒智慧無病。又方：中蠱者，煮甘草服之。當痰出。若平生預服防蠱者，宜熟炙甘草煮服之，凡中蠱毒即内消，不令吐痰，神驗。又方：食牛羊肉中毒者，煮甘草汁服之一二升，當愈。《經驗方》：崔宣州衍傳赤白痢方：甘草一尺，炙擘破，以淡漿水蘸三二度，又以慢火炙之，後用生薑去皮半兩，二味以漿水一升半，煎取八合，服之立效。《梅師方》：治初得

痢，冷熱赤白及霍亂。甘草一兩炙，豆蔻七個剉，以水三升，煎取一升分服。《孫真人食忌》：主一切傷寒。甘草如中指長，炙，細剉，取童子小便一升和煎，取七合，空心服，日再服之。《廣利方》：治肺瘻久咳嗽，涕唾多，骨節煩悶，寒熱。甘草十二分炙，搗爲末，每日取小便三合，甘草末一錢匕，攪令散服。《御藥院》：治二三日咽痛，可與甘草湯去滓，日三服。《今古録驗》：治陰下濕痒。甘草一尺並切，以水五升，煮取三升，漬洗之，日三五度，差。《金匱玉函》：菜中有水莨菪，葉圓而光，有毒，誤食之令人狂亂，狀若中風，或吐。甘草煮汁，服之即解。又方：治誤飲饌中毒者。未審中何毒，卒急無藥可解。只煎甘草、薺苨湯服之，入口便活。又方：治小兒撮口及發噤方：用生甘草一分細剉，以水一盞，煎至六分去滓，溫與兒服，令吐痰涎後，以乳汁點兒口中，差。又方：治小兒中蠱欲死。甘草半兩剉，以水一盞，煎五分去滓，作二服，當吐蠱出。又方：治小兒羸瘦惙惙方：甘草二兩，炙焦，杵爲末，蜜丸如菉豆大。每溫水下五丸，日二服。《傷寒類要》：治傷寒三二日咽痛者。與甘草二兩炙，水三升，煮取一升半，服五合，日三。又方：傷寒，脉結代者，心悸動方：甘草二兩，水三升，煮取一半，服七合，日二。姚和衆：治小兒尿血。甘草五分，以水六合，煎取二合去滓，一歲兒一日服令盡。《淮南子》：甘草主生肌肉。

宋・寇宗奭《本草衍義》卷七 甘草 枝葉悉如槐，高五六尺，但葉端微尖而糙澀，似有白毛。實作角，生如相思角，作一本生，子如小扁豆，齒齧不破。今出河東西界，入藥須微炙；不爾，亦微涼。生則味不佳。

宋・鄭樵《通志》卷七五《昆蟲草木略》 甘草 曰蕗草，曰蜜甘，曰美草，或曰大苦，即此也。凡草屬惟甘草為國老，大黃為將軍，不言君臣佐使也。

金・張元素《潔古珍珠囊》〔見元・杜思敬《濟生拔粹》卷五〕 甘草生甘平，炙甘溫。純陽。補血養胃。稍去腎經之痛，與遠志、大戟、芫花、甘遂、海藻相反。

宋・劉明之《圖經本草藥性總論》卷上 甘草 國老。味甘，平，無毒。主五臟六腑寒熱邪氣，堅筋骨，長肌肉，倍力，金瘡尰，解毒，溫中下氣，煩滿短氣，傷藏欬嗽，止渴，通經脉，利血氣，解百藥毒。為玖土之精，安和柒拾貳種石，壹仟貳佰種草。《藥性論》云：君。忌猪肉。諸藥中為君，調和，使諸藥有功。主腹中冷痛，治驚癇，除腹脹滿，補益五臟，養腎氣傷，令人陰痿。主婦人血瀝腰痛，虛而多熱，加而用之。日華子云：安魂定魄，補五勞七傷，一切虛損，驚悸煩悶，健忘，通九竅，利百脉，益精養氣壯筋骨，解冷熱。入藥炙用。孫思邈云：有人中烏頭、巴豆毒，甘草入腹即定。术、乾漆、苦參為之使。惡遠志及大戟、芫花、甘遂、海藻。

元・王好古《湯液本草》卷三 甘草 氣平，味甘，陽也。無毒。入足厥陰經、太陰經、少陰經。《象》云：生用大瀉熱火，炙之則温，能補上焦、中焦、下焦元氣，和諸藥，相協而不爭，性緩，善解諸急，故名國老。去皮用。甘草梢子生用為君，去莖中痛，或加苦楝、酒煮玄胡索為主，尤妙。《心》云：熱藥用之緩其熱，寒藥用之緩其寒。《經》曰：甘以緩之。陽不足，補之以甘，中滿禁用。寒熱皆用，調和藥性，使不相悖，炙之散表寒，除邪熱，去咽痛，除熱，緩正氣，緩陰血，潤肺。《珍》云：養血補胃，梢子去腎中之痛。胸中積熱，非梢子不能除。《本草》云：主五臟六腑寒熱邪氣，堅筋骨，長肌肉，倍力。金瘡尰，解毒，温中下氣。煩滿短氣，傷臟欬嗽。止渴，通經脈，利血氣，解百藥毒。為九土之精，安和七十二種石，一千二百種草，故名國老。《藥性論》云：君。忌猪肉。《內經》曰：脾欲緩，急食甘以緩之。甘以補脾，能緩之也，故湯液用此以建中。又曰：甘者令人中滿。又曰：中滿者勿食甘。即知非中滿藥也。甘入脾，歸其所喜攻也。或問：附子理中、調胃承氣皆用甘草者，如何是調和之意？答曰：附子理中用甘草，恐其僭上也；調胃承氣用甘草，恐其速下也。二藥用之非和也，皆緩也。小柴胡有柴胡、黄芩之寒，人參、半夏之温，其中用甘草者，則有調和之意。中不滿而用甘為之補，中滿者用甘為之泄，此升降浮沉也。鳳髓丹之甘，緩腎濕而生元氣，亦甘補之意也。《經》云：以甘補之，以甘瀉之，以甘緩之。《本草》謂：安和七十二種石、一千二百種草，名為國老，雖非君而為君所宗，所以能安和草石而解諸毒也。於此可見調和之意。夫五味之用，苦直行而泄，辛橫行而散，酸束而收斂，鹹止而軟堅，甘上行而發，如何《本草》言下氣？蓋甘之味，有升降浮沉，可上可下，可內可外，有和有緩，有補有瀉，居中之道盡矣。入足厥陰、太陰、少陰，能治肺痿之膿血而作吐劑，能消五發之瘡疽。每用水三椀，慢火熬至半椀，去相服之。消瘡與黄芪同功，黄芪亦能消諸腫毒瘡疽。修治之法與甘草同。《本草》又云：朮、乾漆、苦參為之使。惡遠志。反大戟、芫花、甘遂、海藻四物。

元・忽思慧《飲膳正要》卷三 甘草 味甘，平，無毒。和百藥，解諸毒。

元・吳瑞《日用本草》卷八　甘草　味甘，平。安和乳石，解百草木諸物毒。反海藻。　主五臟六腑寒熱，溫中，下氣，咳嗽，止渴，解煩悶。

元・朱震亨《本草衍義補遺》　甘草　味甘。大緩諸火。黃中通理，厚德載物之君子也。下焦藥少用，恐大緩，不能直達。此草能為眾藥之王，經方少不用者，故號國老之名。國老即帝師之稱也，為君所宗，是以能安和草石，解百藥毒。

元・佚名氏《珍珠囊・諸品藥性主治指掌》〔見《醫要集覽》〕　甘草　味甘，平，無毒。生之則寒，炙之則溫。生則分身梢而瀉火，炙則健脾胃而和中。解百毒而有效，協諸藥而無爭。以其甘能緩急，故有國老之稱。

元・徐彥純《本草發揮》卷一　甘草　味甘，平，無毒。主五臟六腑寒熱邪氣，溫中下氣，煩滿短氣，傷藏咳嗽，止渴，通經脉，利血氣，解百藥毒。《藥性》云：病人虛而多熱者，加用之。　成無己云：甘草甘平以除熱。又云：脾欲緩，急食甘以緩之，用甘補之。人參、白朮之甘，以緩脾氣，調中。

潔古云：甘草性平，味甘。生用之則大涼，瀉熱。火炙之則能補三焦元氣，調和諸藥，相協力，共為而不爭，性緩，善解諸急，故有國老之稱。《主治秘訣》云：性寒味甘，氣薄味厚，可升可降，陰中陽也。其用有五：和中，補陽氣，調和諸藥，能解其太過，去寒邪，此為五也。腹脹則忌之。又能養血補腎。生甘草梢子去腎莖之痛，胸中積熱，非梢子不能除。又云：補血不足，用甘草。凡用純寒純熱之藥，必用甘草以緩其力也。寒熱相雜，藥亦用甘草調和其性也。中滿者禁用。《經》云：中滿者，勿食甘。　東垣云：生甘草補脾胃不足，大瀉心火。又云：甘草味甘，生寒炙溫，純陽。陽不足者，補之以甘。又云：炙之以散表寒，除邪熱，去咽痛，除熱，緩正氣，緩陰血，潤肺。　海藏云：《經》云：脾欲緩，急食甘以緩之。甘以補脾，能緩之也，故湯液用此以建中。《經》曰甘者令人中滿，又曰中滿者勿食甘，則知非中滿之藥也。甘入脾，歸其所喜故也。或問附子理中湯、調胃承氣湯皆用甘草者，如何是調和之意？曰：附子理中用甘草者，恐其大僭也；調胃承氣用甘草者，恐其速下也。(三)〔二〕藥用之，非調和也，皆緩之也。小柴胡湯有柴胡、黃芩之寒，人參、半夏之溫，其中用甘草者，即有調和之意。鳳髓丹用甘草者，緩腎濕而生元氣，亦甘補之意也。《經》曰以甘補之，以甘緩之，以甘瀉之。《本草》云：治七十二種石毒，一千二百般草木毒，調和諸藥有功，故名國老。雖非君，而為君所宗，所以安和草石，而解諸毒也。於此可見，調和之意者。夫五味之用，苦直行而泄，辛橫行而散，酸束而收斂，鹹止而軟堅，甘上行而發，如何《本草》言下氣？蓋甘之味，有升降浮沉，可上可下，可內可外，有和有緩，有補有瀉，居中之道盡矣。入足太陰、足厥陰、足少陰三經。能治肺痿之膿血。若作吐劑，能消五發之癰疽，每用甘草二兩，雨水三碗，慢火熬至半碗，去滓服之。消瘡腫與黃芪同功，黃芪亦能消諸腫癰疽，修治之法與甘草同。　丹溪云：生甘草大緩諸火邪。下焦藥宜少用，恐太緩，不能自達。

明・王綸《本草集要》卷二　甘草君　味甘，氣平，生寒，炒熟溫，陽也。無毒。入足厥陰經、太陰經、少陰經。白朮、乾漆、苦參為之使，惡遠志。犯大戟、芫花、甘遂、海藻。去皮用，服此忌猪肉及菘菜。　主五臟六腑寒熱邪氣，堅筋骨，長肌肉，倍力。金瘡尰，解毒。溫中下氣，煩滿短氣，傷臟咳嗽，止渴，通經脈，利血氣，解百藥毒。久服輕身延年，能補三焦元氣，健胃和中，養血補血。治腹中急縮痛，善和諸藥，使相協而不爭，故名國老。性緩，能解諸急，熱藥用之緩其熱，寒藥用之緩其寒。生用大瀉熱火，消瘡疽，與黃耆同功。又治肺痿吐膿血。惟中滿禁用之。下焦藥亦少用，恐太緩不能達。○稍子生用，除胸中積熱，去莖中痛。○節生用，消腫導毒。　咽痛，炙二兩，煎湯嚥服。或加桔梗，名甘桔湯。　肺痿，久咳嗽，涕唾寒熱，炙為末，取小便三合，調末一錢匕，日二三服。　初得赤白痢，一兩，炙，豆蔻七個，水三升，煎一升，分服。又方：一兩，炙，生薑半兩，漿水一升半，煎八合，服之立效。　小兒初生，取一指長，炙，剉，水二合，煮取一合，綿漬點口中，當吐惡汁，令兒無病。或加黃連一條，尤妙。　中烏頭、巴豆毒，及飲饌中毒。煮汁服之。又方：加大豆，名甘豆湯，效更速。　中蠱毒，炙，嚼咽汁，當即吐出，嚼而不吐，非毒也。

明・滕弘《神農本經會通》卷一　甘草　君也，國老也。生寒，炒熱。白朮、乾漆、苦參為之使，惡遠志，反大戟、芫花、甘遂、海藻。去蘆頭及赤皮用。其頭尾尖處吐人。堅實斷理者佳。輕虛縱理及細韌者不堪服。忌猪肉。

味甘，氣平，無毒。《湯》云：陽也。入足厥陰經、太陰經、少陰經。東云：生之則寒，炙之則溫。生則分身梢而瀉火，炙則健脾胃而和中。解百毒，協諸藥而無爭，以其甘能緩急，故有國老之稱。珍云：和中，補陽，益胃氣，潤肺除熱，去咽疼，發散寒邪，兼養血。惟與腹脹不相能。胸中積熱，莖中疼痛，可使清寧。調和諸藥，緩其太過，咸得和平。《疌》云：通經暖胃，

除紅腫，下氣通關，又壯筋。

《本經》云：主五臟六腑寒熱邪氣，堅筋骨，長肌肉倍力。金瘡尰，解毒。溫中下氣，煩滿短氣，傷藏欬嗽，止渴，通經脉，利血氣，解百藥毒。為九土之精，安和七十二種石，一千二百種草。久服輕身延年。二八月除日採根，暴乾，十日成。陶云：此草最為眾藥之主，經方少有不用者，猶如香中有沉香也。國老，即帝師之稱，為君所宗，是以能安和草石，而解諸毒也。《藥性論》曰：主腹中冷痛，治驚癇，除腹脹滿，補益五臟，制諸藥毒，養腎氣內傷，令人陰〔不〕痿，主婦人血瀝腰痛，虛而多熱，加而用之。日華子云：安魂定魄，補五勞七傷，一切虛損，驚悸煩悶，健忘，通九竅，利百脉，益精養氣，壯筋骨，解冷熱。入藥炙用。《圖經》云：仲景《傷寒論》有一物甘草湯，甘草附子、甘草乾薑、甘草瀉心等湯，諸方用之最多。又能解百毒，為眾藥之要。孫思邈論云：有人中烏頭、巴豆毒，甘草入腹即定。大豆解藥毒，加甘草名甘豆湯，其効甚速。《象》云：生用大瀉熱，火炙之則溫，能補上焦、中焦、下焦元氣，和諸藥相協而不爭，性緩，善解諸急，故名國老。去皮用。甘草梢子生用為君，去莖中痛。或加苦楝、酒煮玄胡索為主，尤妙。《心》云：熱藥用之緩其熱，寒藥用之緩其寒。《經》曰：甘以緩之，陽不足補之以甘。中滿禁用。寒熱皆用，調和藥性，使不相悖。炙之散表寒，除邪熱，去咽痛，除熱，緩正氣，緩陰血，潤肺。《內經》曰：脾欲緩，急食甘以緩之。甘能補脾，能緩之也，故《湯液》用此以建中。又曰：甘者令人滿。又曰：中滿者勿食甘，即知非中滿藥也。甘入脾，歸其所喜故也。入足厥陰、太陰、少陰，能治肺痿之膿血，而作吐劑。能消五發之瘡疽，用水三椀，慢火熬至半椀，去相服之，消瘡疽。與黃(著)〔耆〕同功，黃(著)〔耆〕亦能消諸腫毒癰疽，修治之法與甘草同。《集》云：能補三焦元氣，健胃和中，養血補血，治腹中急縮痛。節生用，消腫導毒。丹溪云：味甘，大緩諸火。下焦藥少用，恐太緩，不能自達。《湯》云：或問：附子理中、調胃承氣皆用甘草者，如何是調和之意？答曰：附子理中用甘草，恐其僭上也；調胃承氣用甘草，恐其速下也。二藥用之，非和也，皆緩也。小柴胡有柴胡、黃芩之寒，人參、半夏之溫，其中用甘草者，則有調和之意。中不滿而用甘為之補，中滿者用甘為之泄，此升降浮沉也。鳳髓丹之甘，緩腎溫而生元氣，亦甘補之意也。《經》云：以甘補之，以甘瀉之，以甘緩之。《本草》謂安和七十二種石，一千二百種草，名為國老，雖非君，而為君所宗，所以能安和草石，而解諸毒也。於此可見調和之意。夫五味之用，苦直行而泄，辛橫行而散，酸束而收斂，鹹止而軟堅，甘上行而發，如何《本草》言下氣？蓋甘之味，有升降浮沉，可上可下，可內可外，有和有緩，有補有泄，居中之道盡矣。劉云：甘草甘平生瀉火，炙之健胃可和中。解諸藥毒無爭競，養血通經更有功。《局》云：甘草甘平稱國老，通經利氣更溫中。安和草石解百毒，戟藻甘芫用莫同。甘草解毒，溫中，稱國老。

明・劉文泰《本草品彙精要》卷七　甘草無毒。　叢生。

甘草出《神農本經》：**主五臟六腑，寒熱邪氣，堅筋骨，長肌肉，倍力，金瘡尰**時勇切，**解毒。久服輕身延年。**以上朱字《神農本經》。溫中下氣，煩滿，短氣，傷臟，欬嗽，止渴，通經脈，利血氣，解百藥毒。爲九土之精，安和七十二種石，一千二百種草。以上黑字名醫所錄。

【名】國老、蜜甘、美草、蜜草、蕗草、大苦、蘦與苓通。　【苗】《圖經》曰：春生青苗，高一二尺，葉如槐葉，七月開紫花似柰，冬結實作角，子如畢豆。根長者三四尺，粗細不定，皮赤，生有橫梁，梁下皆細根也。然有數種，以堅實斷理者爲勝。其輕虛縱理及細韌者不堪，惟貨湯家用之。《爾雅》云：蘦，蔓延生，葉似荷，青黃，莖赤有節，節有枝相當。或云蘦似地黃。《詩・唐風》云采苓采苓，首陽之巔是也。蘦與苓通用，而先儒所說苗葉與今全別，豈種類有不同者哉。　【地】《圖經》曰：河西川谷積沙山及上郡，今陝西、河東州郡皆有之。陶隱居云：河西上郡及蜀漢諸夷中者佳。【道地】山西隆慶州者最勝。　【時】生：春生苗。採：二月、八月除日取根。　【收】暴乾十日成。　【用】根堅實有粉而肥者爲好。　【質】類黃耆，皮粗而赤。　【色】皮赤，肉黃。　【味】甘。　【性】平，溫，緩。　【氣】氣味俱厚，陽也。　【臭】香。　【主】生瀉火，炙和中。【行】足厥陰經、太陰經、少陰經。　【助】术、乾漆、苦參爲之使。　【反】甘遂、大戟、芫花、海藻，惡遠志。　【製】炙，去蘆頭，刮赤皮。生亦可用。【治】療：《藥性論》云：腹中冷痛，並驚癇，除腹脹滿，及腎氣內傷，令人陰痿，及婦人血瀝，腰痛，虛而多熱。日華子云：安魂定魄，驚悸，煩悶，健忘，通九竅，利百脈，解冷熱。《別錄》云：小兒中蠱欲死。補：《藥性論》云：益五臟。日華子云：五勞七傷，一切虛損，益精養氣，壯筋骨。　【合治】合去皮生薑，治赤白痢。〇合豆蔻，治冷熱，赤白痢及霍亂。　【禁】中滿者勿

服。〔忌〕豬肉。〔解〕百藥毒、烏頭、巴豆毒。

明·葉文齡《醫學統旨》卷八 甘草 氣平，味甘，生寒炙溫。無毒。可升可降，陰中陽也。入足厥陰、太陰、少陰經。白朮、乾漆、苦參為使，惡遠志，反大戟、芫花、甘遂、海藻。去皮用。忌猪肉、菘菜。 治五臟六腑寒熱邪氣，溫中下氣，煩滿短氣，咽痛咳嗽，止渴，通經脉，利血氣，解百藥毒，調和諸藥； 大瀉熱火，消瘡疽，堅筋骨，能緩寒熱； 一藥炙補三焦元氣，健胃和中，養血補血。腹中急縮痛，中滿嘔吐者禁用。下焦藥亦少用。○稍除胸中熱，去莖中痛。○節消腫導毒。

明·許希周《藥性粗評》卷一 蓋聞甘草國老，解百毒以調和。

甘草，一名蜜甘，一名美草，一名蜜草，一名蕗草。《爾雅》作蘦。出蜀漢及河東州郡。高三四尺，枝葉如槐，七月開紫花，似柰，冬結實作角，二八月除日採根，暴乾，去蘆頭及赤皮。此有數種，以堅實斷理者為佳。採得以酒浸，蒸過收貯。二朮、乾漆、苦參為之使。惡遠志，反大戟、芫花、甘遂、海藻四物。 味甘，《爾雅》為苦。 性平，生用之則寒，炙用之則溫。無毒。入足陽明胃、太陰脾經。 主治五癆七傷，諸虛百損，溫中下氣，養血益腎，生津止渴，去熱滌煩，解百藥之毒，為九土之精。惟中滿者忌之。甘屬土，戀脾，食之愈甚。 其稍子去腎莖之痛，胸中積熱，非稍子不能除。 潔古云：生用之則大涼瀉熱，炙用之則補三焦元氣，和諸藥協力不爭，故有國老之稱。國老，帝師也，言其非君而為君所宗。《內經》曰：脾欲緩，急食甘以緩之。以甘補脾也。 丹溪云：下焦藥宜少用之，恐太緩不能自達。如大羌活、大柴胡、小承氣、大承氣、小陷胸、大陷胸諸湯中用甘草者，恐其虛弱，不欲太迅也，否則不必用之，仲景諸公自有明訓。 其生甘草節，能行污濁之血，外科多用之。

單方： 暴瘦： 甘草三兩炙，每旦以小便一二盞，煮三四沸，頓服之良。 傷寒： 三二日，咽痛者，甘草二兩炙，水三升，煮取一升半，服五合，分三服良。又方：主一切傷寒，甘草一截，如中指長，炙，細剉，以童子小便一升和煎，取七合，空心服，日再服之，解毒良。 飲食中毒： 凡飲饌中有毒，誤食，脹悶不寧者，以甘草煎湯服之，即當吐出，如不吐，非毒也。試蠱者亦然。 咳嗽、肺痿： 凡咳嗽日久，唾多，肺痿骨節疼痛，乍寒乍熱者，甘草炙，搗為末，每日以一錢匕，調童子小便三合，服之降火。 小兒撮口驚風： 生甘草五錢，細剉，以水一盞，煎至六分，去滓，溫與兒服，令吐痰涎，以乳汁補之。 一切發背腫毒： 甘草一大兩，微炙，搗碎，水一大升浸之，夜置露中，器上橫放小刀子一個過夜，平明去刀，以物攪令沫出，吹去沫，服之不拘，無名瘡腫皆效。

明·鄭寧《藥性要略大全》卷二 甘草君 生則分身稍而瀉火，炙則健脾胃而和中。解百毒而有効，協諸藥而無爭。以其甘能緩急，諸藥之寒熱而使之不烈，故有國老之名。 主五臟六腑寒熱，堅筋骨，長肌肉，倍力，溫中。療短氣咳嗽，止渴，治金瘡。 《象》云：生用大能瀉熱，炙之則溫，能補上中下三焦元氣。 《內經》云：甘者令人中滿。則非治中滿之藥也。腹脹中滿者禁服。甘草炙之，散表寒，除邪熱，去咽痛，寒熱皆用之。 或問：附子理中、調胃承氣皆用，恐是調和之意。答曰：附子理中用甘草恐其僭上也，調胃承氣用甘草恐其速下也，非和也，皆緩也。小柴胡有柴胡、黃芩之寒，人參、半夏之溫，用甘草則有調和之意。 味甘，氣平，無毒。生之則寒，熟之則溫。入足太陰脾、少陰腎、厥陰肝三經。凡用去皮。白朮、苦參、乾漆為之使。惡遠志。反大戟、芫花、甘遂、海藻。忌猪肉、菘菜。一本反遠志。 夫酸苦辛鹹甘，五味之用：苦直行而瀉，辛橫行而散，酸束而收斂，鹹止而軟堅，甘上行而發。如何本草言〔下〕氣？ 蓋甘有升降浮沉，兼上下內外和緩補瀉，居中之道盡矣。

明·賀岳《醫經大旨》卷一《本草要略》 甘草 生用性寒，能瀉胃火，解熱毒，諸癰疽瘡瘍紅腫而未潰者宜用。其已潰與不紅腫者不可生用。炙用性太緩，能和諸藥，性能解百藥毒，宜少用，多用則泥膈而不思飲食，抑恐緩藥力而少效。大抵脾胃氣有餘，如心下滿及腫脹，痢疾初作，皆不可用； 下焦藥中亦宜少用，恐太緩不能自達也。與海藻、大戟、芫花、甘遂相反，切當忌之。

明·陳嘉謨《本草蒙筌》卷一 甘草 味甘，氣平。生寒炙溫，可升可降。陰中陽也。無毒。產陝西川谷，逢秋後採根。因味甘甜，故名甘草。忌猪肉，惡遠志。反甘遂、海藻及大戟、芫花。入太陰、少陰、厥陰足經，用白朮、乾漆、苦參引使。生瀉火，炙溫中。稍去尿管澁疼，節消癰疽焮腫，子除胸熱，三者宜生。身選壯大橫紋，刮皮生炙隨用。懸癰單服即散，凡毒生陰囊後、肛門前，謂之懸癰。以大橫紋者五錢，酒煎服下即散。 咽痛旋嚥能除。同桔梗，治肺痿膿血齊來； 同生薑，止下痢亦白雜至。小兒初生，加黃連煎湯，拭口有益； 飲饌中毒，伴黑豆煮汁，恣飲無虞。中砒毒者，曾以此方救活百人。 卻臍腹急疼，毆臟腑邪熱。堅筋骨，長肌肉，健脾胃，補三焦。止渴除煩，養血下氣。解百藥毒免害，和諸藥性杜爭。後人尊之，稱為國老。又因性緩，能解諸急。

故熱藥用之緩其熱，寒藥用之緩其寒。如附子理中，用者恐僭諸上；調胃承氣，用者恐速于下。是皆緩之，非謂和也。小柴胡湯有柴胡、黄芩之寒，人參、半夏之溫，內加同煎，此卻調和相協，非謂緩焉。鳳髓丹中又為補劑，雖緩腎濕，實益元陽。《經》云以甘補之，以甘緩之，以甘瀉之，悉可徵矣。中滿證恐甘能作脹，切禁莫加；下焦藥因性緩難達，務宜少用。凡諸嘔吐，亦忌煎嘗。久服輕身，延年耐老。

謨按：五味之用，苦直行而瀉，辛橫行而散，甘上行而發，酸束而收斂，鹹止而軟堅。甘草味之極甘，當云上發可也。《本草》反言下氣何耶？蓋甘味有升降浮沉，可上可下，可內可外，有和有緩，有補有瀉。居中之道，具盡故爾。

明・方穀《本草纂要》卷一　甘草　味甘，氣平，生寒熟溫，陽也，無毒。入太陰脾經、少陰心經，能實心脾，復入厥陰肝經、太陽小腸，能調下焦之氣；生則瀉火，熟則和中。是以氣盛之人用甘草以緩其氣，氣虚之人用甘草以實其氣。故《本草》云甘以緩之，甘以實之是也。如中滿之症，氣之聚也，鬱結之症，氣之閉也，若用甘草，則非惟緩氣而反助邪，此又所當慎者也。予又聞之，甘草乃緩中不行之劑，且如中滿之症，脾之邪也，脾喜甘，用甘味以治脾，則非惟不能治症，而反助邪矣；鬱結之症，氣之緩也，甘能緩結，苟用甘味以治結，則非惟不能開結，而反氣緩矣，如斯二者奚可乎？是以吾家秘用之法，氣之虚者宜以補之，故和中之劑用甘草以爲君；氣之盛者宜以緩之，故因心苦急，急食甘以緩之；氣之實者宜以瀉之，故用甘草稍降火而利小便也。由是觀之，則凡症之類於此者，亦可放此而例推乎。

明・王文潔《太乙仙製本草藥性大全》卷一《本草精義》　甘草　一名蜜甘，一名美草，一名蜜草，一名國老，一名蕗草。生河西川谷積沙山及上郡。逢秋後採根。因味甘甜，故名甘草。二月、八月採根曝乾，十日成。忌猪肉，惡遠志，反甘遂、海藻及大戟、芫花。入太陰、少陰、厥陰足經。用白术、乾漆、苦參引使。生瀉火，炙溫中。稍去尿管澁疼，節消癰疽焮腫，子除胸熱，三者宜生。身，選壯大横紋，刮皮生炙隨用。懸癰單服即散，咽痛旋噙能除；同桔梗治肺痿膿血齊來，同生薑止下痢赤白雜至。小兒初生，加黄連煎湯，拭口有益。飲饌中毒，伴黑，宜煮汁，恣飲無害。《賦》云：生則分身稍而瀉火，炙則健脾胃而和中，解百毒而有效，協諸藥而無爭。以其甘能緩急諸藥之寒熱，而使之不烈，故有國老之名。

明・王文潔《太乙仙製本草藥性大全》卷一《仙製藥性》　甘草君　味甘，氣平，生寒炙溫，可升可降，陰中陽也，無毒。凡用去皮。入足厥陰經、太陰經、少陰經。白术、乾漆、苦參爲之使。主治：療五臟六腑寒熱邪氣，堅筋骨，長肌肉，倍氣力，金瘡尰解毒。溫中下氣，煩滿短氣，傷臟欬嗽，止渴，通經脉，利血氣，解百藥毒，久服輕身延年。能補三焦元氣，健胃和中，養血補血。治腹中急縮痛善，性緩，能解諸急，熱藥用之緩其熱，寒藥用之緩其寒。生用大瀉熱火，消瘡疽與黄耆同功。又治肺痿吐膿血。惟中滿禁用之。下焦藥亦少用，恐太緩不能達。○梢子生用除胸中積熱，去莖中痛；身節生用消腫導毒。補註：或問附子理中、調胃承氣皆用，恐是調和之意？答曰：附子理中用甘草，恐其僭上也；調胃承氣用甘草，恐其速下也，非和也，皆緩也。小柴胡有柴胡、黄芩之寒，人參、半夏之溫，用甘草則有調和之意。炙之散表寒，除邪熱，去咽痛，寒熱皆用之。夫酸苦辛鹹甘，五味之用，苦直行而瀉，辛橫行而散，酸束而收斂，鹹止而軟堅，甘上行而發，如何《本草》言下氣？蓋甘有升降浮沉，兼上下內外，和緩補瀉，居中之道盡矣！

太乙曰：凡使須去頭尾尖處，其頭尾吐人，每用皆長三寸，剉劈破作六七片，使甆器中盛用。酒浸蒸，從巳至午，出暴乾，細剉。使一斤用酥七兩，塗上炙酥盡爲度。先炮，令內外赤黄用，良。

明・皇甫嵩《本草發明》卷二　甘草上品之上，君。氣平，味甘。陽也，入足厥陰、足太陰經。可升可降，陰中陽也。無毒。　發明曰：甘草味甘緩而補，有調和相慣之義。緩、和、補三字，盡其用矣。熱藥須之緩其熱，寒藥須之緩其寒；補藥不欲急，用此甘緩補之；利藥恐其迅，用此甘緩稍和之。甘能緩中，瀉火解毒，故《本草》所謂諸癰腫瘡瘍，金瘡及諸藥之毒，非此不解。甘能緩急，故《本草》謂諸經急縮痛，非此不治。《本草》又云：主溫中下氣，臟府寒熱，咳嗽短氣，煩滿驚悸，健忘，勞傷虚損，止渴，通經，利血氣等候，亦以甘能除熱而補也。故《湯液》用之以建中。諸解利藥宜少用，恐緩而少效。下焦藥宜少用，恐緩不能達。故附子理中用之，恐其僭上也。調胃承氣用之，恐其速下也。皆緩之之意。又云：令人陰痿，此緩急之過也。如小柴胡有柴胡、黄芩之寒，人參、半夏之溫，故用甘草調和之意也。婦人血瀝腰痛，虚而多熱，宜加用之，亦緩急補虚之意。補藥中不宜多用，恐泥膈，不思食。中滿

者忌用。脾虚者用此補之，若脾胃氣有餘及腫脹，與痢疾初起，皆不可用。○消癰疽與黄芪同功，治肺癰吐膿血。癰毒紅腫者宜生用，已潰不紅腫者宜炙用。蓋生用微寒而瀉火解毒，炙則補中補虚。梢子生用，除胸中積熱，去莖中痛。或加苦楝、酒煮玄胡索為主尤妙。其節生用消腫導毒。白朮、乾漆為之使。與海藻、大戟、芫花、甘遂相反。忌猪肉、菘菜。○用之堅實斷理者佳。輕虚縱理細靭者不堪用。

明・李時珍《本草綱目》卷一二草部・山草類上

甘草《本經》上品

〔釋名〕蜜甘《别録》　蜜草《别録》　美草《别録》　蕗草《别録》　靈通《記事珠》　國老《别録》。弘景曰：此草最爲衆藥之主，經方少有不用者，猶如香中有沉香也。國老即帝師之稱，雖非君而爲君所宗，是以能安和草石而解諸毒也。甄權曰：諸藥中甘草爲君，治七十二種乳石毒，解一千二百般草木毒，調和衆藥有功，故有國老之號。

〔集解〕《别録》曰：甘草生河西川谷積沙山及上郡。二月、八月除日采根，曝乾，十日成。陶弘景曰：河西上郡今不復通市。今出蜀漢中，悉從汶山諸夷中來。赤皮斷理，看之堅實者，是抱罕草，最佳。抱罕乃西羌地名。亦有火炙乾者，理多虚疏。又有如鯉魚腸者，被刀破，不復好。青州間有而不如。又有紫甘草，細而實，乏時亦可用。蘇頌曰：今陝西、河東州郡皆有之。春生青苗，高一二尺，葉如槐葉，七月開紫花似柰，冬結實作角子如畢豆。根長者三四尺，粗細不定，皮赤色，上有横梁，梁下皆細根也。采得去蘆頭及赤皮，陰乾用。今甘草有數種，以堅實斷理者爲佳。其輕虚縱理及細靭者不堪，惟貨湯家用之。謹按《爾雅》云：蘦，大苦。郭璞：蘦似地黄。又《詩・唐風》云采苓采苓，首陽之巔，是也。蘦與苓通用。首陽之山在河東蒲坂縣，乃今甘草所生處相近，而先儒所説苗葉與今全别，豈種類有不同者乎？李時珍曰：按沈括《筆談》云：本草注引《爾雅》蘦大苦之注爲甘草者，非矣。郭璞之注，乃黄藥也，其味極苦，故謂之大苦，非甘草也。甘草枝葉悉如槐，高五六尺，但葉端微尖而糙澀，似有白毛，結角如相思角，作一本生，至熟時角拆，子扁如小豆，極堅，齒嚙不破，今出河東西界。寇氏《衍義》亦取此説，而不言大苦非甘草也。以理度之，郭説形狀殊不相類，沈説近之。今人惟以大徑寸而結緊斷紋者爲佳，謂之粉草。其輕虚細小者，皆不及之。劉績《霏雪録》言，安南甘草大者如柱，土人以架屋，不識果然否也。

根

〔修治〕雷斅曰：凡使須去頭尾尖處，其頭尾吐人。每用切長三寸，擘作六七片，入瓷器中盛，用酒浸蒸，從巳至午，取出暴乾剉細用。一法：每斤用酥七兩塗炙，酥盡爲度。又法：先炮令内外赤黄用。時珍曰：方書炙甘草皆用長流水蘸濕炙之，至熟刮去赤皮，或用漿水炙熟，未有酥炙、酒蒸者。大抵補中宜炙用，瀉火宜生用。

〔氣味〕甘，平，無毒。寇宗奭曰：生則微凉，味不佳；炙則温。王好古曰：氣薄味厚，升而浮，陽也。入足太陰、厥陰經。時珍曰：通入手足十二經。徐之才曰：朮、苦參、乾漆爲之使，惡遠志，反大戟、芫花、甘遂、海藻。權曰：忌猪肉。時珍曰：甘草與藻、戟、遂、芫四物相反，而胡洽居士治痰澼，以十棗湯加甘草、大黄，乃是痰在膈上，欲令通泄，以拔去病根也。東垣李杲治項下結核，消腫潰堅湯加海藻。丹溪朱震亨治勞瘵，蓮心飲用芫花。二方俱有甘草，皆本胡居士之意也。故陶弘景言古方亦有相惡相反者，乃不爲害。非妙達精微者，不知此理。

〔主治〕五臟六腑寒熱邪氣，堅筋骨，長肌肉，倍氣力，金瘡尰，解毒。久服輕身延年《本經》。尰音時勇切，腫也。温中下氣，煩滿短氣，傷臟咳嗽，止渴，通經脈，利血氣，解百藥毒，爲九土之精，安和七十二種石，一千二百種草《别録》。主腹中冷痛，治驚癇，除腹脹滿，補益五臟，腎氣内傷，令人陰不痿，主婦人血瀝腰痛，凡虚而多熱者加用之甄權。安魂定魄，補五勞七傷，一切虚損，驚悸煩悶健忘，通九竅，利百脈，益精養氣，壯筋骨大明。生用瀉火熱，熟用散表寒，去咽痛，除邪熱，緩正氣，養陰血，補脾胃，潤肺李杲。吐肺痿之膿血，消五發之瘡疽好古。解小兒胎毒驚癇，降火止痛時珍。

稍

〔主治〕生用治胸中積熱，去莖中痛，加酒煮玄胡索、苦楝子尤妙元素。

頭

〔主治〕生用能行足厥陰、陽明二經污濁之血，消腫導毒震亨。主癰腫，宜入吐藥時珍。

〔發明〕震亨曰：甘草味甘，大緩諸火，黄中通理，厚德載物之君子也。欲達下焦，須用稍子。杲曰：甘草氣薄味厚，可升可降，陰中陽也。陽不足者，補之以甘。甘温能除大熱，故生用則氣平，補脾胃不足而大瀉心火；炙之則氣温，補三焦元氣而散表寒，除邪熱，去咽痛，緩正氣，養陰血。凡心火乘脾，腹中急痛，腹皮急縮者，宜倍用之。其性能緩急，而又協和諸藥，使之不争。故熱藥得之緩其熱，寒藥得之緩其寒，寒熱相雜者用之得其平。好古曰：五味之用，苦泄辛散，酸收鹹軟，甘上行而發，而《本草》言甘草下氣何也？蓋甘味主中，有升降浮沉，可上可下，可外可内，有和有緩，有補有泄，居中之道盡矣。張仲景附子理中湯用甘草，恐其僭上也；調胃承氣湯用甘草，恐其速下也，皆緩之之意。小柴胡湯有柴胡、黄芩之寒，人參、半夏之温，而用甘草者，則有調和之意。建中湯用甘草，以補中而緩脾急也；鳳髓丹用甘草，以緩腎急而生元氣也，乃甘補之意。又曰：甘者令人中滿，中滿者勿食甘，甘緩而壅氣，非中滿所宜也。凡不滿而用炙甘草爲之補，若中滿而用生甘草爲之瀉，能引諸藥直至滿所，甘味入脾，歸其所喜，此升降浮沉之理也。《經》云以甘補之，以甘瀉之，以甘緩之，是矣。時珍曰：甘草外赤中黄，色兼坤離；味濃氣薄，資全土德。協和群品，有元老之功；普治百邪，得王道之化。贊帝力而人不知，斂神功而己不與，可謂藥中之良相也。然中滿、嘔吐、酒客之病，不喜其甘；而大戟、芫花、甘遂、海藻，與之相反。是亦迂緩不可以救昏昧，而君子嘗見嫉於宵人之意歟？頌曰：按孫思邈《千金方》論云：甘草解百藥毒，

如湯沃雪。有中烏頭、巴豆毒，甘草入腹即定，驗如反掌。方稱大豆汁解百藥毒，予每試之不效，加入甘草爲甘豆湯，其驗乃奇也。又葛洪《肘後備急方》云：席辯刺史嘗言嶺南俚人解蠱毒藥，並是常用之物，畏人得其法，乃言三百頭牛藥，或言三百兩銀藥。久與親狎，乃得其詳。凡飲食時，先取炙熟甘草一寸，嚼之咽汁，若中毒隨即吐出。仍以炙甘草三兩，生薑四兩，水六升，煮二升，日三服。或用都淋藤、黄藤二物，酒煎温常服，則毒隨大小溲出。又常帶甘草數寸，隨身備急。若經含甘草而食物不吐者，非毒物也。三百頭牛藥，即土常山也。三百兩銀藥，即馬兜鈴藤也。詳見各條。

【附方】舊十五，新二十。

傷寒心悸：脈結代者。甘草二兩，水三升，煮一半，服七合，日一服。《傷寒類要》。

傷寒咽痛：少陰證。甘草湯主之。用甘草二兩蜜水炙，水二升，煮一升半，服五合，日二服。張仲景《傷寒論》。

肺熱喉痛：有痰熱者。甘草炒二兩，桔梗米泔浸一夜一兩，每服五錢，水一鍾半，入阿膠半片，煎服。錢乙《直訣》。

肺痿多涎：肺痿吐涎沫，頭眩，小便數而不咳者，肺中冷也，甘草乾薑湯温之。甘草炙四兩，乾薑炮二兩，水三升，煮一升五合，分服。張仲景《金匱要略》。

肺痿久嗽：涕唾多，骨節煩悶，寒熱。以甘草三兩炙，擣爲末。每日取小便三合，調甘草末一錢，服之。《廣利方》。

小兒熱嗽：甘草二兩，猪膽汁浸五宿，炙研末，蜜丸緑豆大，食後薄荷湯下十丸。名凉膈丸。《聖惠方》。

初生解毒：小兒初生，未可便與硃砂、蜜。只以甘草一指節長，炙碎，以水二合，煮取一合，以綿染點兒口中，可爲一蜆殼，當吐出胸中惡汁。此後待兒飢渴，更與之。令兒智慧無病，出痘稀少。王璆《選方》。

初生便閉：甘草、枳殼煨各一錢，水半盞煎服。《全幼心鑒》。

小兒撮口：發噤。用生甘草二錢半，水一盞，煎六分，温服，令吐痰涎，後以乳汁點兒口中。《金匱玉函》。

嬰兒目澀：月内目閉不開，或腫羞明，或出血者，名慢肝風。用甘草一截，以猪膽汁炙爲末，每用米泔調少許灌之。《幼幼新書》。

小兒遺尿：大甘草頭煎湯，夜夜服之。《危氏得效方》。

小兒尿血：甘草一兩二錢，水六合，煎二合，一歲兒一日服盡。姚和衆《至寶方》。

小兒羸瘦：甘草三兩，炙焦爲末，蜜丸緑豆大。每温水下五丸，日二服。《金匱玉函》。

大人羸瘦：甘草三兩炙，每旦以小便煮三四沸，頓服之，良。《外臺秘要》。

赤白痢下：崔宣州衍所傳方用甘草一尺，炙劈破，以淡漿水蘸〔三二度，又以慢火炙之，後用生薑去皮半兩，二味以漿〕水一升半，煎取八合，服之立效。《梅師方》用甘草一兩炙，肉豆蔻七個煨剉，以水三升，煎一升，分服。

舌腫塞口：不治殺人。甘草煎濃湯，熱漱頻吐。《聖濟總録》。

太陰口瘡：甘草二寸，白礬一粟大，同嚼咽汁。《保命集》。

發背癰疽：崔元亮《海上集驗方》云：李北海言，此方乃神授，極奇秘。用甘草三大兩，生擣篩末，大麥麪九兩，和匀，取好酥少許入内，下沸水搜如餅狀，方圓大於瘡一分，熱傳腫上，以綢片及故紙隔，令通風，冷則換之。已成者膿水自出，未成者腫便内消，仍當吃黄芪粥爲妙。又一法：甘草一大兩，水炙擣碎，水一大升浸之，器上横一小刀子，露一宿，平明以物攪令沫出，去沫服之，但是瘡腫發背皆甚效。蘇頌《圖經》。

諸般癰疽：甘草三兩，微炙切，以酒一斗同浸瓶中，用黑鉛一片溶成汁，投酒中取出，如此九度。令病者飲酒至醉，寢後即愈也。《經驗方》。

一切癰疽：諸發，預期服之，能消腫逐毒，使毒不内攻，功效不可俱述。用大横文粉草二斤捶碎，河水浸一宿，揉取濃汁，再以密絹過，銀石器内慢火熬成膏，以瓷罐收之。每服一二匙，無灰酒或白湯下，曾服丹藥者亦解之，或微利無妨，名國老膏。《外科精要》方。

癰疽秘塞：生甘草二錢半，井水煎服，能疏導下惡物。《直指方》。

乳癰初起：炙甘草二錢，新水煎服，仍令人咂之。《直指方》。

些小癰癤：發熱時，即用粉草節，曬乾爲末，熱酒服一二錢，連進數服，痛熱皆止。《外科精要》方。

痘瘡煩渴：粉甘草炙，栝樓根等分，水煎服之。甘草能通血脈，發瘡痘也。《直指方》。

陰下懸癰：生於穀道前後，初發如松子大，漸如蓮子，數十日後，赤腫如桃李，成膿即破，破則難愈也。用横文甘草一兩，四寸截斷，以溪澗長流水一碗，河水、井水不用，以文武火慢慢蘸水炙之，自早至午，令水盡爲度，劈開視之，中心水潤乃止。細剉，用無灰好酒二小碗，煎至一碗，温服，次日再服，便可保無虞。此藥不能急消，過二十日，方得消盡。興化守康朝病已破，衆醫拱手，服此兩劑即合口，乃韶州劉從周方也。李迅《癰疽方》。

陰頭生瘡：蜜煎甘草末，頻頻塗之神效。《千金方》。

陰下濕癢：甘草煎湯，日洗三五度。《古今録驗》。

代指腫痛：甘草煎湯漬之。《千金方》。

凍瘡發裂：甘草煎湯洗之。次以黄連、黄檗、黄芩末，入輕粉、麻油調傅。《談野翁方》。

湯火灼瘡：甘草煎蜜塗。《李樓奇方》。

蠱毒藥毒：甘草節，以真麻油浸之，年久愈妙。每用嚼咽，或水煎服，神妙。《直指方》。

小兒中蠱：欲死者。甘草半兩，水一盞，煎五分服，當吐出。《金匱玉函》。

牛馬肉毒：甘草煮濃汁，飲一二升，或煎酒服，取吐或下。如渴，不可飲水，飲之即死。《千金方》。

飲饌中毒：未審何物，卒急無藥。只煎甘草薺苨湯，入口便活。《金匱玉函方》。

水莨菪毒：菜中有水莨菪，葉圓而光，有毒，誤食令人狂亂，狀若中風，或作吐。以甘草煮汁服之，即解。《金匱玉函妙方》。

題明・薛己《本草約言》卷一《藥性本草》 甘草 味甘，氣平，寒、溫，無毒。陽也，可升可降，入足厥陰、太陰、少陰經。生之則寒，炙之則溫。生則分身稍而瀉火，炙則健脾胃而和中。解百毒而有效，協諸藥而無爭。以其甘能緩急，故有國老之稱。稍止莖中之澁痛，節消瘡毒之腫結，二者生用之能也。然味甘而性壅，故中滿者忌之。甘草味甘緩而補，有調和相協之義，緩、和、補三字，盡其用也。生用性寒，能瀉胃火，解熱毒。諸癰疽瘡瘍，紅腫未潰者，宜生

用。其已潰與不紅腫者，宜蜜炙用。炙用性大緩，能和諸藥性，能解百藥毒，宜少不宜多，多則泥膈而不思飲食，抑恐緩藥力而少效。脾虛者宜此補之。若脾胃氣有餘，與心下滿及腫脹，痢疾初作，皆不可用。下焦藥中亦宜少用，恐太緩不能自達也。與海藻、大戟、芫花、甘遂相反，切宜忌之。懸癰單服即散，凡毒生陰囊後肛門前，謂之懸癰。以大橫紋者五錢，酒煎服下，即散。咽痛旋嚥能除。同桔梗治肺痿膿血齊來，同生薑止下痢赤白雜至。小兒初生加黃連煎湯，拭口有益。饌飲中毒，伴黑豆煮汁，恣飲無虞。砒毒亦能解。但諸嘔家忌煎嘗。○凡用純寒、純熱之藥，必用甘草以緩其力。寒熱相雜藥，亦用甘草調和其性。如附子理中用甘草，恐其僭上。調胃承氣用甘草，恐其速下。是皆緩之，非謂和也。小柴胡有柴胡、黃芩之寒，人參、半夏之溫，內用甘草，此却調和之意，非謂緩也。按：五味之用，苦直行而瀉，辛橫行而散，甘上行而發，酸束而收斂，鹹止而軟堅。甘草味之極甘者，當云上發可也，《本草》反言溫中下氣，何耶？蓋甘有升降浮沉，可上可下，可內可外，有和有緩，有補有瀉，居中之道盡矣。

明·梅得春《藥性會元》卷上　甘草　味平，無毒。白朮、乾漆、苦參為使。忌猪肉、菘菜。惡遠志。反大戟、芫花、甘遂、海藻。其性生則寒，炙則溫。生則分身稍瀉火，炙則健脾胃和中，解百毒，有效，協諸藥無爭。以其甘能緩急，故有國老之稱也。大緩諸火，下焦藥少用，恐太緩不能速達。此藥為眾藥之王，安和草石，厚德載物之君子也。治五臟六腑寒熱邪氣，溫中，下氣，消煩。氣短，咽痛，咳嗽，通經脉，利血氣，療瘡疽，堅筋骨。能緩寒熱，炙補三焦元氣，養血補血。腹中急縮，宜多用之。心火乘脾，以炙甘草瀉其火，而補脾胃中元氣。陰莖痛是足厥陰肝經氣滯兼熱，用甘草稍以緩其氣，同黃柏用之效。稍，又能除胸中熱。節，能消腫導毒。有嘔吐禁用，以其甘緩，反作嘔也。製法：凡用去皮，或酥炙、蜜炙用。

明·杜文燮《藥鑒》卷二　甘草　氣平，味甘。陽也。入足厥陰、太陰二經。生用則寒，炙之則溫。生用瀉火，炙則溫中。能補上中下三焦元氣，和諸藥，解諸急，所謂黃中通理，厚德載物之君子也，故稱國老。熱藥用之緩其熱，寒藥用之緩其寒。補陽不足，中滿禁用。稍子生用，去莖中之痛，胸中積熱，非稍子不能除。節治腫毒，大有奇功。養血補胃，身實良方。除邪熱，利咽痛，理中氣，堅筋骨，長肌肉，通經脉，利血氣，止咳嗽，潤肺道。又炙之能散表寒，故附子理中用之，恐其僭上也。調胃承氣用之，恐其速下也。二藥用之，非和也，皆緩也。小柴胡有柴、芩之寒，有參、夏之溫，其中用甘草者，則有調和之意。中不滿，而用甘為之補。中滿者，而用甘為之瀉，此升降浮沉之妙也。《經》云：以甘補之，以甘瀉之，以甘緩之。此之謂也。痘家用之解毒，以和中健脾。若頭面毒盛者，於解毒湯中多用之，取其緩諸藥，使之上攻頭面故也。中滿者禁忌。反甘遂、大戟、芫花、海藻。

明·王肯堂《傷寒證治準繩》卷八　甘草　氣平，味甘。氣薄味厚，升而浮，陽也，入足太陰、厥陰經。垣：陽不足者，補之以甘。甘溫能除大熱。故生用則氣平，補脾胃不足，而大瀉心火。炙之則氣溫，補三焦元氣，而散表寒，除邪熱，去咽痛，緩正氣，養陰血。凡心火乘脾，腹中急痛，腹皮急縮者，宜倍用之。其性能緩急，而又協和諸藥，使之不爭，故熱藥得之緩其熱，寒藥得之緩其寒，寒熱相雜者，用之得其平。海：五味之用，苦泄，辛散，酸收，鹹軟，甘上行而發。而《本草》言甘草下氣，何也？蓋甘味主中有升降浮沉，可上可下，可外可內，有和有緩，有補有泄，居中之道盡矣。張仲景附子理中湯用甘草，恐其僭上也。調胃承氣湯用甘草，恐其速下也。皆緩之之意。小柴胡湯有柴胡、黃芩之寒，人參、半夏之溫，而用甘草者，則有調和之意。建中湯用甘草，以補中而緩脾急也；鳳髓丹用甘草，以緩腎急而生元氣也。乃甘補之意。又曰：甘者令人中滿，中滿者勿食甘。甘緩而壅氣，非中滿所宜也。凡不滿，而用炙甘草為之補。若中滿，而用生甘草為之瀉，能引諸藥直至滿所。甘味入脾，歸其所喜，此升降浮沉之理也。《經》云以甘補之，以甘瀉之，以甘緩之，是矣。補中宜炙用，瀉火宜生用。

明·李中立《本草原始》卷一　甘草　生河西川谷積沙山及上郡。春生青苗，高一二尺，葉如槐葉。七月開紫花，結角作一本生，如相思角，至熟時角拆，子扁如小豆，極堅。根長者三四尺，粗細不定，皮赤肉黃，其味甘甜，故名甘草。《別錄》名蜜草，又名國老。弘景曰：此草最為衆藥之主，經方少有不用者，猶如香中有沉香也。國老即帝師之稱，雖非君而為君所宗，是以能安和草石而解諸毒也。甄權曰：諸藥中甘草為君，治七十二種乳石毒，解一千二百般草木毒，調和衆藥有功，故有國老之稱。氣味：甘，平，無毒。主治：五臟六腑寒熱邪氣，堅筋骨，長肌肉，倍氣力，金瘡尰，解毒，久服輕身延年。○溫中下氣，煩滿短氣，傷臟欬嗽，止渴，通經脉，利血氣，解百藥

毒，為九土之精，安和七十二種石，一千二百種草。○主腹中冷痛，治驚癇，除腹脹滿，補益五臟，腎氣內傷，令人陰不痿。主婦人血瀝腰痛。凡虛而多熱者加用之。○安魂定魄，補五勞七傷，一切虛損，驚悸煩悶，健忘，通九竅，利百脉，益精養氣，壯筋骨。○生用瀉火熱，熟用散表寒。去咽痛，除邪熱，緩正氣，養陰血，補脾胃潤肺。○吐肺痿之膿血，消五發之瘡疽。○解小兒胎毒。

稍：　主治：　生用治胸中積熱，去莖中痛，加酒煮玄胡索、苦楝子尤妙。

頭：　主治：　生用能行足厥陰、陽明二經污濁之血，消腫導毒。

節：　主治：　癰疽焮腫。

甘草，《本經》上品。【圖略】皮赤肉黃。二月、八月除日采根，暴乾。今甘草有數種，其堅實斷理粗大者佳，其輕虛縱理及細韌者不堪。

修治：　去頭尾，刮去赤皮。補中宜炙用，瀉火宜生用。

甘草：　氣薄味厚，升而浮，陽也。入足太陰、厥陰經。《綱目》曰：　通入手足十二經。朮、苦參、乾漆為之使，惡遠志，反大戟、芫花、甘遂、海藻。

《金匱玉函方》：　治飲饌中毒，未審何物，卒急無藥，只煎甘草、薺苨，入口便活。《千金方》：　治陰頭生瘡，蜜煎甘草末，頻頻塗之，神效。

甘草：　君。

明・張懋辰《本草便》卷一　甘草君　味甘，氣平。生寒，炒熟溫。陽也。無毒。入足厥陰經、太陰經、少陰經。惡遠志，(犯)〔反〕大戟、芫花、甘遂、海藻。去皮用。服此忌猪肉及菘菜。　主五臟六腑寒熱邪氣，堅筋骨，長肌肉，溫中下氣，煩滿短氣，傷臟咳嗽，止渴，通經脉，利血氣，解百藥毒；　補三焦元氣，健胃和中，養血補血，治腹中急縮痛，善和諸藥使相協而不爭，故名國老。與黃耆同功。梢子生用除胸中積熱，去莖中痛，節生用消腫導毒。

明・趙南星《上醫本草》卷一　甘草　一名國老。甘，平，無毒。主治：　五臟六腑寒熱邪氣，堅筋骨，長肌肉，倍氣力，溫中下氣，脹滿短氣，傷臟欬嗽，止渴，腹中冷痛，補益腎氣，內傷，安魂定魄。補五勞七傷，一切虛損健忘，通九竅，利百脉，益精養氣，補脾胃潤肺，吐肺痿之膿血，消五發之瘡疽，久服輕身延年。治婦人血瀝腰痛，通經脉，利血氣。凡虛而多熱者加用之，及解小兒胎毒驚癇，降火止痛。生用瀉火熱，熟用散表寒，去咽痛，除邪熱，緩正氣，解百藥毒，為九土之精，安和七十二種石，一千二百種草。以其調和有功，故有國老之稱。

明・李中梓《藥性解》卷二　甘草　味甘，性平，無毒。入心、脾二經，生則分身稍而瀉火，炙則健脾胃而和中，解百毒，和諸藥。甘能緩急，尊稱國老，白芷、乾漆、苦參為使，惡遠志，反甘遂、海藻、大戟、芫花，忌猪、菘菜。按：　味甘入脾，為九土之精，安和七十二種金石，一千二百種草木，有調攝之功，故名國老。然性緩不可多用，一恐甘能作脹，一恐藥餌無功，惟虛人多熱及諸瘡毒者，宜倍用，中滿及初痢者忌之，所謂脾病患毋多食甘也。

明・繆希雍《本草經疏》卷六　甘草　味甘，平，無毒。主五藏六腑寒熱邪氣，堅筋骨，長肌肉，倍力，金瘡尰，解毒，溫中下氣，煩滿短氣，傷臟欬嗽，止渴，通經脈，利氣血，解百藥毒。為九土之精，安利七十二種石，一千二百種草。久服輕身延年。二月、八月除日採根，暴乾，十日成。朮、苦參為使，反大戟、芫花、甘遂、海藻，惡遠志，忌猪肉，令人陰痿。

〔疏〕甘草味甘，氣平，無毒，正稟土中沖和之陽氣以生。故《別錄》稱之為九土之精。可升可降，陰中陽也。主五臟六腑寒熱邪氣、堅筋骨者，以其得土中沖陽之氣。味甘平，性和緩，故能解一切毒氣，安臟腑，除邪熱也。五臟之寒熱邪氣既解，則臟氣和而真氣生，氣日以盛，故筋骨堅。長肌肉、倍力者，甘能益脾，脾主肌肉，兼主四肢，脾強則四肢生力，故長肌肉、倍力也。主金瘡尰者，甘入血分而能緩中，且傷則熱，熱而後尰。甘溫益血而除熱，煩熱解，故尰散也。溫中下氣者，甘味屬土，土位乎中，故溫中。甘能緩中散結，故下氣。煩滿短氣者，是勞傷內乏，陽氣不足，故虛而煩滿短氣。甘溫能益血，除大熱，助氣，故煩滿短氣竝除也。甘平且和，和能理傷，故治傷臟。肺苦氣上逆，嗽乃肺病，甘以緩之，故治咳嗽。血不足則內熱，內熱則津液衰少而作渴，甘能入脾益血，故止渴。血虛則經脈不通，能益血則經脈自通矣。甘能益血而溫氣分，故利血氣。其解一切金石草木蟲魚禽獸之毒者，凡毒遇土則化，甘草為九土之精，故能解諸毒也。久服輕身延年者，為其益血、安和五臟也。　〖主治參互〗諸毒遇土則化，甘草為土精，故能化毒，解一切邪氣。佐黃耆、防風，能運毒走表，為痘疹氣血兩虛者，首尾必資之劑。　得白芍藥則補脾，甲己化土故也。　同人參、黃耆、白朮、大棗、當歸身、麥門冬，加升麻、柴胡，為補中益氣藥，專理飢飽勞役內傷，陽氣下陷發熱。　同人參、乾薑、肉桂，則溫中。　同麥門冬、

蘇子、枇杷葉，則下氣。　同黃連、芍藥、升麻、滑石，解熱毒滯下。　同桔梗、玄參、鼠黏子、栝樓根，清利咽喉虛熱。　同人參、菖蒲、益智、龍眼肉、遠志，治健忘。　同麥門冬、石膏、竹葉、知母，除煩悶躁渴頭疼，解肌。　同紫花地丁、金銀花、甘菊、夏枯草、益母草、貝母、白及、白芷，消一切疔腫。　同川黃連，止小兒胎毒驚癇。　同黃連、木通、赤芍藥、生地黃，瀉心經有餘之火。　同預知子、貫眾，解一切蠱毒。　單用水炙百徧，煎熬觔許，治懸癰如神。　炙則補傷寒病瘥後血虛。　【簡誤】甘能緩中，故中滿者忌之。　嘔家忌甘，酒家亦忌甘。　諸濕腫滿及脹滿病，咸不宜服。

明・倪朱謨《本草彙言》卷一

甘草　味甘，氣平，無毒。　生用性寒，炙用性溫。　通入手足十二經。　蘇氏曰：　生陝西、河東州郡及汶山諸夷處。

李時珍曰：　春生青苗，高一二三尺，葉如槐，微尖而糙濇，似有白毛。　七月開紫花，結莢，至熟時莢拆，子匾如小畢豆，極堅，齒嚙不破。　根長三四尺，粗細不定，皮赤色，上有横梁，梁下皆細根也。　此物有數種，以堅實斷理者爲佳。　其輕虛縱理及細韌者不堪用。　又蜀漢中及汶山諸夷中來者，其皮赤，斷理堅實者，是抱罕草，最佳。　抱罕乃西羌地名。　凡使用者，去頭尾及赤皮，炙用。

甘草：　和中益氣，方龍潭補虛解毒之藥也。魯當垣稿健脾胃，固中氣之虛羸；　協陰陽，和不調之營衛，故治勞損內傷，脾虛氣弱，元陽不足，肺氣衰虛。　其甘溫平補，效與參、耆幷也。　又如咽喉腫痛，佐枳、桔、鼠粘，可以清肺開咽；　痰涎咳嗽，共蘇子、二陳，可以消痰順氣；　佐黃耆、防風，能運毒走表，爲痘疹氣血兩虛者，首尾必資之劑。　得黃芩、白芍藥，止下痢腹痛；　得金銀花、紫花地丁，消一切疔毒；　得川黃連，解胎毒于有生之初；　得連翹，散懸癰于垂成之際。　凡用純熱純寒之藥，必用甘草以緩其勢。　如附子理中湯用甘草，恐其僭上；　調胃承氣湯用甘草，恐其速下。　此是緩之之法也。　寒熱相雜之藥，必用甘草以和其性。　如小柴胡湯有柴胡、黃芩之寒，人參、半夏之溫，內用甘草，此是和之之意也。　又建中湯用甘草，以緩脾急而補中州也。　鳳髓丹用甘草，以緩腎急而生元氣也。　協和群品，有元老之功；　普治百邪，得王道之化。《經》云以甘緩之是也。

陳廷采先生曰：　五味之用，苦直行而瀉，辛横行而散。　甘上行而發，酸束而收斂，鹹止而軟堅。　甘草味之極甘，當云上發可也。《本草》反言下氣，何耶？　甘味有升降浮沉，可上可下，可內可外，有和有緩，有補有瀉，居中之道具盡故爾。　高元鼎先生曰：　實滿忌甘草固矣，若中虛五陽不布，以致氣逆不下，滯而爲滿，服甘草七劑即通。　繆仲淳先生曰：《本草》謂甘草爲九土之精，安和七十二種石，一千二百種草，又能止渴，通經脉，解百物毒。　甘爲脾藥，甘能入脾生血，故止渴。　血虛則經脉不通，能生血則經脉自通矣。　其解一切金石草木蟲魚禽獸之毒者，凡毒遇土則化，甘草爲九土之精，故能解諸毒也。　○甘能緩中，中滿者忌之。　嘔家忌甘，酒家亦忌甘，諸濕腫滿及黃疸、臌脹、鬱結諸證禁用。　朱東生先生曰：　甘草生瀉火，炙補中。　用梢去尿管濇痛，又利小便。　用節消癰疽腫毒，又能護膜生肌。

集方：　許長如手集治脾胃不和，一切勞損內傷、諸不足證。　用甘草三錢，人參三錢，黃耆、白朮各五錢，當歸身七錢，生薑五片，黑棗十枚，水煎服。　○《傷寒類要》治傷寒心悸、脉結代者。　用甘草一兩，水煎服。　○仲景方治傷寒咽痛、少陰證。　用甘草五錢，水煎服。　○《聖濟錄》治赤白下痢。　用甘草一錢，川黃連一錢五分，水煎服。　○同前治舌腫塞口，不治殺人。　用甘草一兩，水煎濃湯，乘熱漱口，頻吐漸消。　○《外科精要》治一切癰疽諸發，預先服之，能消腫逐毒。　用大甘草五斤，湖水一石，煎至五斗，入磁砂鍋內慢火熬成膏，以磁瓶收貯，每服十茶匙，白湯下。　凡病丹石烟火藥發，亦解之。　或微利無妨。　○《經驗方》治諸般癰毒初起。　用甘草一兩，水煎服。　令人以毒處口咂之。　○《直指方》治痘瘡頻渴。　用甘草五錢，水煎，頻頻與之。　如內熱加黃連、花粉各一錢，內虛加人參、黃耆各一錢。　○李迅方治陰下懸癰生于陰囊〔後〕、穀道前。　初發如松子，漸大如蓮子，後赤腫如桃李，成膿即破，破後難愈。　用大甘草二兩炙黃透，再用溪流淡水五碗，煎一碗，食前服。　如未潰可消，已潰可斂，半月全愈。　○《直指方》治蠱毒藥毒。　用甘草節數寸，以真麻油浸之，年久愈妙。　每用少許，嚼嚥，或水煎服亦妙。　○《金匱玉函》治小兒中蠱欲死者。　用甘草五錢，水煎服，即吐出。　人參養榮湯治積勞虛損，氣血俱虧。　用甘草、人參、白朮、茯苓、陳皮、黃耆、當歸、白芍藥、遠志肉各一錢，北五味七分，熟地黃三錢，肉桂八分，黑棗二個，生薑二片，水煎服。　○四君子湯治中氣虛乏，脾元不足，飲食減少，精神疲憊。　用甘草炙六分，人參、白朮、茯苓各二錢，加黑棗三個，生薑二片，水煎服。　○六君子湯治中氣虛，脾胃弱，虛痰、虛嗽，氣逆不寧。　用前方加半夏、陳皮各一錢，加棗、薑，水煎服。　倪朱謨

曰：甘草爲藥中國老，諸方配用極多。今隨手聊選數方，不足以盡其用。凡草木金石禽獸蟲魚諸部集方中配用不少，如臨證擇方自見。

明·顧逢柏《分部本草妙用》卷七兼經部·性平 甘草 甘，平，無毒。惡遠志，反大戟、芫花、甘遂、海藻。忌猪肉。堅實斷紋者佳。名粉草，以長流水蘸濕炙之，通手足十二經。 主治：臟腑寒熱，堅筋骨，長肌肉。金瘡腫毒，解百藥百物毒。溫中，除脹滿，吐肺痿膿血。消五發瘡疽胞毒。驚癇，緩氣養血，補脾潤肺。熱藥得之緩其熱，寒藥得之緩其寒。理中湯用之，恐其僭上。承氣湯用之，恐其速下。頭，入吐藥有功。稍，達腎清相火。可上可下，可內可外，可和可緩，可補可瀉，能引諸藥直達滿所。 按：甘草乃緩中不行之劑，如中滿之症，脾受邪也，用之反以助邪。鬱結之症，氣之緩也，用之益以緩氣。惟氣虛宜以炙者緩之，氣實宜以生者瀉之。凡百癰腫，俱宜用生者消之，不可以其無害于病，而隨手用之也。倘藥欲速上速下，而用之。奏効遂遲，先宜禁之。

明·李中梓《醫宗必讀·本草徵要上》 甘草味甘，平，無毒，入脾經。白朮為使，反大戟、芫花、甘遂、海藻，惡遠志，忌猪肉，令人陽痿。 補脾以和中，潤肺而療痿，止瀉退熱，堅筋長肌，解一切毒，和一切藥。稍止莖中作痛，節醫腫毒諸瘡。外赤內黃，備坤離之色； 味甘氣平，資戊己之功。調和群品，有元老之稱；普治百邪，得王道之用。益陰除熱，有裨金宮，故咳嗽、咽痛、肺痿均治也。專滋脾土，故瀉利、虛熱、肌肉均賴也。諸毒遇土則化，甘草為九土之精，故百毒化。熱藥用之緩其熱，寒藥用之緩其寒。理中湯用之，恐其僭上；承氣湯用之，恐其速下。按：甘能作脹，故滿中者忌之。嘔家忌甘，酒家亦忌甘。

明·鄭二陽《仁壽堂藥鏡》卷一〇上 甘草 陶隱居云：河西上郡不復通市。今出蜀漢中，悉從汶上諸夷中來。堅實、紫黃色者是抱罕地者，最佳。 氣平，味甘。陽也。無毒。 入足厥陰經、太陰經、少陰經。《象》云：生用大瀉熱火，炙之則溫，能補上焦、中焦、下焦元氣。和諸藥，相協而不爭。性緩，善解諸急，故名國老。去皮用。甘草梢子生用為君，去莖中痛。或加苦楝、酒煮玄胡索為主，尤妙。 《心》云：熱藥用之緩其熱，寒藥用之緩其寒。《經》曰：甘以緩之。陽不足，補之以甘。中滿禁用。寒熱皆用，調和藥性，使不相悖。炙之散表寒，除邪熱，去咽痛，除熱，緩正氣。緩陰血，潤肺。《珍》云：養血補胃。梢子：去腎中之痛。胸中積熱，非梢子不能除。節：消腫導毒。《本草》云：主五臟六腑寒熱邪氣，堅筋骨，長肌肉，倍力。金瘡尰，解毒，溫中下氣。煩滿短氣，傷臟欬嗽，止渴，通經脉，利血氣，解百藥毒。為九土之精。《藥性論》云：君。忌猪肉。《內經》曰：脾欲緩，急食甘以緩之。甘以補脾，能緩之也。故湯液用此以建中。又曰：甘者令人中滿。又曰：中滿者勿食甘。則知非中滿之藥也。甘入脾，歸其所喜故也。或問：附子理中湯、調胃承氣湯，皆用甘草者，如何是調和之意？曰：附子理中用甘草者，恐其大僭也。調胃承氣用甘草者，恐其速下也。二藥用之，非調和也，皆緩之也。小柴胡湯用柴胡、黃芩之寒，人參、半夏之溫，其中用甘草者，即有調和之意。鳳髓丹用甘草者，緩腎濕而生元氣，亦甘補之意也。《經》曰：以甘補之，以甘緩之，以甘瀉之。《本草》云：治七十二種石毒，一千二百般草木毒，調和諸藥有功，故名國老。雖非君而為君所宗，所以安和草石而解諸毒也。於此可見調和之意者。夫五味之用，苦直行而瀉，辛橫行而散，酸束而收斂，鹹止而輭堅，甘上行而發。如何《本草》言下氣？蓋甘之味，有升降浮沉，可上可下，可內可外，有和有緩，有補有瀉，居中之道盡矣。入足太陰、足厥陰、足少陰三經，能治肺痿之膿血。若作吐劑，能消五發之癰疽。每用甘草二兩，水三碗，慢火熬至半碗，去滓服之，消瘡腫，與黃芪同功。黃芪亦能消諸腫癰疽。脩治之法與甘草同。

丹溪云：生甘草大緩諸火邪，下焦藥宜少用，恐太緩不能直達。《本草》又云：术、乾漆、苦參為之使。惡遠志。反大戟、芫花、甘遂、海藻四物。夫甘草與大戟、芫花、甘遂、海藻相反，而仲景十棗湯治水腫痰癖，東垣潰堅湯治項下結核，丹溪蓮心散治癆瘵，並皆有犯，乃不為害，何也？因病勢已拙，非翻江倒海之藥，不能撥亂反正。猶人參與藜蘆相反，古方用以吐頑痰同義。此相反之中，自有相成之妙。必深於醫者，始足以語此。好古云：謂不滿而用炙草，為之補；滿而用生草，為之瀉。能引諸藥，直至滿所。《經》曰以甘瀉之是也，人所不知。頭：入吐藥有功；梢：達腎清相火。趙戢峰用以代黃柏、知母甚妙。雷公云：凡使，去頭尾三寸許，酒浸，炙去皮。《外臺秘要》云：救急消瘦，甘草三兩炙，每日以小便煮三四沸，頓服之良。

明·蔣儀《藥鏡》卷三平部 甘草 健胃調中，助氣補血。和腹中之急

痛，緩諸藥之燥寒。火毒之瀉攸資，癰腫瘡瘍取其節。渴嗽之醫是賴，胸熱莖痛取其稍。附子理中湯用防僭上，調胃承氣湯用虞速下。膈上痰澼，何以泄之，十棗飲中，大黃同使。項下結核，何以消之，潰堅湯內，海藻並加。雖云中滿忌咀，下焦勿吹，然不滿而炙用大甘，為之補也，兼散表寒。中滿而生用細甘，為之瀉也，且除大熱。《經》云以甘補之，以甘瀉之，以甘緩之，蓋甘位乎中，可上可下，可內可外，權變合宜，方能盡其升降浮沉之玅耳。

明·李中梓《頤生微論》卷三　甘草　味甘，性平，無毒。入脾經。白术為使。惡遠志，反大戟、芫花、甘遂、海藻，忌猪肉。赤皮堅實者佳。酒炙用。補脾和中，潤肺治痿，止瀉退熱，堅筋長肌，除咽痛，定欬逆，解一切毒，和一切藥。生用瀉火熱，熟用去裏寒；梢止莖中痛，節主腫毒瘡。

按：甘草外赤內黃，備坤離之色，味甘氣平，資戊己之功。甘味居中，而能兼乎五行，可上可下，可內可外，有和有緩，有補有泄。理中湯用之，恐熱劑僭上也；承氣湯用之，恐峻劑速下也。故曰：熱藥用之緩其熱，寒藥用之緩其寒。甘能滿中，故中滿者勿用；甘能緩急，故筋急者宜之。頭入吐藥有功，梢達腎家清火。嘔病、酒病、脹病俱禁用也。

明·張景岳《景岳全書》卷四八《本草正》　甘草　味甘，氣平，生涼炙溫，可升可降，善於解毒。反甘遂、海藻、大戟、芫花。其味至甘，得中和之性，有調補之功，故毒藥得之解其毒，剛藥得之和其性，表藥得之助其升，下藥得之緩其速。助參芪成氣虛之功，人所知也。助熟地療陰虛之危，誰其曉焉？祛邪熱，堅筋骨，健脾胃，長肌肉，隨氣藥入氣，隨血藥入血，無往不可，故稱國老。惟中滿者勿加，恐其作脹。速下者勿入，恐其緩功，不可不知也。

明·賈九如《藥品化義》卷五脾藥　甘草　屬陽有土，體實，色黃，氣和炙香，味甘甜，性生涼炙溫，能升能降，力生瀉火炙補脾，性氣薄而味厚，入脾胃肝三經。　甘草色黃味甘，屬土，土居中央，兼乎五行，專入脾經，取性氣緩，緩可去急，同熱藥用之，緩其熱；寒藥用之，緩其寒。使補不至於驟，而瀉不至於迅，有調和相協之意，故稱曰國老。生用涼而瀉火，主散表邪，消癰腫，利咽痛，解百藥毒，除胃積熱，去尿管痛，此甘涼除熱之力也。炙用溫而補中，主脾虛滑瀉，胃虛口渴，寒熱咳嗽，氣短困倦，勞役虛損，此甘溫助脾之功也。但味厚而太甜，補藥中不宜多用，恐戀膈不思食也。如心肺火盛，痢疾初起，中滿腫脹，氣鬱嘔吐，並嗜酒者，均宜遠此。　堅實中條者佳。粗大者解毒消腫，入六一散用。最細者不堪用。海藻、大戟、芫花、甘遂相反，同用害人。

明·蕭京《軒岐救正論》卷三　甘草　《別錄》載，甘草溫中下氣，煩滿短氣，傷藏欬嗽，止渴，通經脉，利血氣，解百藥毒。為九土之精，安和七十二種石，一千二百種草。李東垣曰：甘草氣薄味厚，可升可降，陰中陽也。陽不足者，補之以甘。甘溫能除大熱，故生用則氣平，補脾胃不足，而大瀉心火。炙之則氣溫，補三焦元氣，而散表寒，除邪熱，去咽痛，緩正氣，養陰血。凡心火乘脾，腹中急痛，腹皮急縮者，宜倍用之。其性能緩急，而又協和諸藥，使之不爭，故熱藥得之緩其熱，寒藥得之緩其寒，寒熱相雜者，用之得其平。王好古曰：五味之用，苦泄辛散，酸收鹹斂，甘上行而發。而《本草》言甘草下氣，何也？蓋甘味主中，有升降浮沉，可上可下，可外可內，有和有緩，有補有瀉，居中之道盡矣。仲景附子理中湯用甘草，恐其僭上也。調胃承氣湯用甘草，恐其速下也。皆緩之之意。小柴胡湯有柴胡、黃芩之寒，人參、半夏之溫，而用甘草者，則有調和之意。建中湯用甘草，以補中而緩脾急也。鳳髓丹用甘草，以緩腎急而生元氣也。乃甘補之意。又曰：甘者令人中滿。中滿者勿食甘。甘緩而壅氣，非中滿所宜也。凡不滿，而用炙甘草為之補；若中滿，而用生甘草為之瀉。能引諸藥直至滿所，甘味入脾，歸其所喜，此升降浮沉之理也。《經》云以甘補之，以甘瀉之，以甘緩之是矣。李瀕湖曰：甘草外赤中黃，色兼坤離，味濃氣薄，資全土德，協和群品，有元老之功。普治百邪，得王道之化。贊帝力而人不知，斂神功而已不與，可謂藥中之良相也。然中滿嘔吐，酒客之病，不喜其甘。而大戟、芫(元)〔花〕、甘遂、海藻與之相反，是亦優緩不可以救昏昧，而君子嘗見嫉於宵人之意歟。

明·盧之頤《本草乘雅半偈》帙一　甘草《本經》上品　氣味：甘，平，無毒。

主治：主五藏六府寒熱邪氣，堅筋骨，長肌肉，倍氣力，金瘡尰，解毒。久服輕身延年。

覈曰：甘草，一名蕗草、靈通、國老、美草。出陝西河東州郡，及汶山諸夷處。春生苗，高五六尺，葉如槐，七月開花，紫赤如柰，冬結實作角如畢豆，根長三四尺，粗細不定，皮亦赤，上有橫梁，梁下皆細根也。以堅實斷理者佳，輕虛縱理細韌者不堪用。凡使去頭尾及赤皮，切作三寸長，劈為六七片，入磁器中，好酒浸蒸，從巳至午，取出曝乾，剉細入藥。苦參、乾漆為之使。

惡遠志。反大戟、芫花、甘遂、海藻。忌猪肉。

先人云：甘具生成，路通能所，草從柔化，和協众情。又云：和具四義，一合，二純，三分明，四接續，甘草四德備焉。又云：青苗紫花，白毛槐葉，咸出于黄中通理之荄，土具四行，不言而喻矣。又云：土貫四旁，通身該治，是以土生萬物，而為萬物所歸。

絫曰：《尚書》云土爰稼穡，稼穡作甘，言土以能生為性，而所生草木，唯稼穡最得土氣之和，即拈以徵土性及土味耳。有云：土位乎中。又云：土貫四旁。難者曰：設標竿于中，東觀則西，南觀成北，中亦難定，予謂中當竪論，四當横論。《內經》云：地何憑乎，大氣舉之也。固知上下唯氣，而土獨居其中，四即在中之土，横貫四旁，離四無中。合府藏爲中，内筋骨，外肌肉爲四。統言之也，甘草色味性情，含章土德，為五味之長，故治居中之府藏。為邪所薄，而寒熱外見，與在内之筋骨，在外之肌肉，悉以横貫之力，堅固長養，氣聚于形，形全則力倍，形敗則氣亡，金瘡成尰，如掘土剝地，以致腠理斷絶，此屬九土之精，行土之用，接續地脈，仍相連合，毒性殺厲即以幽静平和之土緩解之，毒自降心而退舍焉。形全則身輕，形固則延年。中央内外，左右四旁，皆土貫之。若因土致病，因病及土者宜用，設四行借用，另須體會。土爰稼穡，金曰從革等語，直指五行真性，若能生之能所生之所，又指五行體用。

明・李中梓《本草通玄》卷上　甘草　甘平之品，合土之德，故獨入脾胃。

蓋土味居中，而能兼乎五行，是以可上可下，可内可外，有和有緩，有補有泄，而李時珍以為通入十二經者，非也。稼穡作甘土之正味，故甘草為中宫補劑。《別錄》云：下氣治滿。甄權云：除腹脹滿。蓋脾得補則善于健運也。若脾土太過者，悮服即轉加脹滿，故曰脾病。人毋多食甘，甘能滿中，此為土實者言也。世俗不辨虚實，每見脹滿，便禁甘草，何不思之甚耶！甘草為九土之精，故能化百毒和諸藥，熱藥用之緩其熱，寒藥用之緩其寒。理中湯用之，恐其僭上；承氣湯用之，恐其速下耳。凡下焦藥中勿用，嘔吐家及酒家勿用。生用，有清火之功；炙熟，有健脾之力。節能理腫毒諸瘡，稍可止莖中作痛。甘草與甘遂、芫花、大戟、海藻四味相反，而胡洽治痰澼，十棗湯加甘草乃痰在膈上，欲令攻擊以拔病根也。東垣治結核，甘草與海藻同用。丹溪治癆瘵，芫花與甘草同行。故陶弘景謂古方多有相惡相反，並不為害。非妙達精微者不能也。

清・顧元交《本草彙箋》卷一　甘草　兼火土之性，而土德居多。土位中宫，可升可降，能緩能和，故稱藥中良相，爲諸藥領袖。生用氣平，補脾胃之不足，而大瀉心火。炙用氣溫，補三焦元氣，而散表寒，除邪熱。此生熟之大較也。先正云：熱甚，多加甘草。又云：甘溫除大熱。蓋陽不足者，補之以甘，以甘補陽，而虚邪自解。此大宜炙用。今人概生用之，以爲和藥解毒之通劑，而不知其爲肩重荷大之主藥也。大抵實熱宜甘涼而生，虚熱宜甘溫而熟。古方升陽散火湯，生熟兼用，具有至理。蓋一助羌、防升發火邪，一助人參補益元氣。至如嗜酒惡甘，及心肺火熾，痢疾初起，氣鬱嘔吐中滿作脹者，咸忌甘草。而《本經》載：甘草能治煩滿短氣，此耑指勞傷，内之陽氣不足，因虚所致之煩滿耳。虚實之辨，尤宜致詳。

凡用須去頭尾尖處，蓋能令人吐。稍，生用治胸中積熱，去莖中痛，宜合酒煮玄胡索、苦(練)[楝]子。丹溪云：欲達下焦，須用稍子。頭，生用能行足厥陰、陽明二經污濁之血，故消腫導毒者需之。節，同忍冬花、歸、芪，能消諸毒。古方治發背癰疽，用甘草三兩，生搗，篩末，大麥麪九兩，和勻，入好酥少許，下沸水搜如餅狀，圓大于瘡一分，熱傅腫上，冷則易之，已成者膿水自出，未成即内消，仍多啜黄芪粥。凡嬰兒月内目閉不開，或腫羞明，或出血者，此名慢肝風，用甘草一截，猪膽汁塗炙，爲末，每用米泔調少許，灌之。

清・穆石匏《本草洞詮》卷八　甘草　味甘，氣平，無毒。入手足十二經。黄中通理，厚德載物之君子也。其用有四：補虚一也，瀉火二也，緩中三也，解毒四也。陽不足者補之以甘，甘溫能除大熱。炙甘草補脾胃不足，益三焦元氣，散表寒，除邪熱，緩正氣，養陰血。《經》云以甘補之，是也。生甘草瀉心火，除積熱，去咽痛。雖中滿者禁用甘，然能引諸藥直至滿所。不滿者用炙甘草補之，中滿者用生甘草瀉之。《經》云以甘瀉之，是也。甘味主中，可升可降，可外可内，熱藥得之緩其熱，寒藥得之緩其寒，寒熱相雜者用之得其平。附子理中湯用甘草，恐其僭上也。調胃承氣湯用甘草，恐其速下也。小柴胡湯有柴胡、黄芩之寒，人參、半夏之溫，而用甘草以和之也。建中湯用甘草，以緩脾急而補中州也。鳳髓丹用甘草，以緩腎急而生元氣也。協和群品，有元老之功。普治百邪，得王道之化。《經》云以甘緩之，是也。甘草解百藥毒，如湯沃雪。治七十二種乳石毒，解一千二百般草木毒，古方稱

大豆汁解百藥毒，蘇氏言試之不效，如入甘草為甘豆湯，驗乃奇也。嶺南人解蠱毒，凡飲食時先取炙甘草嚼之，如中毒即吐出。若含甘草而食，不吐者非毒物也。其解毒如此，惟酒客不喜甘，黃疸、鼓脹諸病，禁用甘草。大戟、芫花、甘遂、海藻，與之相反。以大徑寸而結緊斷紋者佳，輕虛細小者不及也。

清・劉雲密《本草述》卷七上　甘草术、苦參、乾漆為之使，惡遠志，反大戟、芫花、甘遂、海藻。

氣味：甘，平，無毒。宗奭曰：生則微涼，味不佳，炙則溫。海藏曰：氣薄味厚，升而浮，陽也。入足太陰、厥陰經。時珍曰：通入手足十二經。

主治：和諸藥，治臟腑寒熱邪氣，補正氣，解諸味及藥毒。

生用瀉火熱，熟用散表寒。去咽痛，除邪熱，緩正氣，養陰血，補脾胃，潤肺東垣。生則平，分身梢而瀉火；炙則溫，健脾胃而和中《藥性賦》。甘而緩，故能瀉熱而補陽，甘緩善解諸急，故即舒陽以裕陰，是所謂治諸經急痛，又云補血不足用甘草《雜述》。吐肺痿之膿血，消五發之瘡疽海藏。

東垣曰：甘草氣薄味厚，可升可降，陰中陽也。陽不足者，補之以甘。甘溫能除大熱，故生用則氣平，補脾胃不足，而大瀉心火。炙之則氣溫，補三焦元氣，而散表寒，除邪熱去咽痛，緩正氣，養陰血。陽虛之熱則宜甘溫，陰虛之火則宜甘寒，兩者或誤，去生遠矣。東垣先生用甘溫以緩正氣，養陰血，的為精詣。誤者用以療陰虛血衰，則亦失之遠矣。凡心火乘脾，腹中急痛，腹皮急縮者，宜倍用之。其性能緩急，而又協和諸藥，使之不爭，故熱藥得之緩其熱，寒藥得之緩其寒，寒熱相雜者用之得其平。海藏曰：五味之用，苦泄辛散，酸收鹹斂，甘上行而發。而《本草》言甘草下氣，何也？蓋甘味主中，有升降浮沉，可上可下，可外可內，有和有緩，有補有泄，居中之道盡矣。張仲景附子理中湯用甘草，恐其僭上也。調胃承氣湯用甘草，恐其速下也。皆緩之之意，非和也。小柴胡湯有柴胡、黃芩之寒，人參、半夏之溫，而用甘草者，則有調和之意。建中湯用甘草，以補中而緩脾急也。鳳髓丹用甘草，以緩腎急而生元氣也，乃甘補之意。又曰：甘者令人中滿，中滿者勿食甘，甘緩而壅氣，非中滿所宜也。凡不滿而用炙甘草為之補，若中滿而用生甘草為之瀉，能引諸藥直至病所。甘味入脾，歸其所喜，此升降浮沉之理也。《經》云以甘補之，以甘瀉之，以甘緩之，是矣。頌曰：按孫思邈《千金方》論云：甘草解百藥毒，如湯沃雪。有中烏頭、巴豆毒，甘草入腹即定，驗如反掌。方稱大豆汁解百藥毒，予每試之不效，加入甘草，為甘豆湯，其驗乃奇也。嘉謨曰：用此方救中砒毒者，及百餘人。希雍曰：甘草味甘，氣平，無毒。正稟土中冲和之陽氣以生，故《別錄》稱之為九土之精，可升可降，陰中陽也。諸毒遇土則化，甘草為土精，故能化毒，解一切邪氣。佐黃耆、防風，能運毒走表，為痘疹氣血兩虛者首尾必資之劑。

得白芍藥則補脾，甲乙化土故也。同人參、黃耆、白术、大棗、當歸身、麥門冬，加升麻、柴胡，為補中益氣藥，專理飢飽勞役，內傷陽氣，下陷發熱。同人參、乾薑、肉桂，則溫中。同麥門冬、蘇子、枇杷葉，則下氣。同黃連、芍藥、升麻、滑石，解熱毒滯下。同桔梗、玄參、鼠黏子、栝樓根，清利咽喉虛熱。同人參、菖蒲、益智、龍眼肉、遠志，治健忘。同麥門冬、石膏、竹葉、知母，除煩悶燥渴，頭疼，解肌。同黃連、木通、赤芍藥、生地黃，瀉心經有餘之火。同預知子、貫衆，解一切蠱毒。炙則補傷寒病瘥後血虛。

愚按：藥味之甘者多矣，乃茲種獨以甘擅名。蓋《別錄》謂其為九土之精，能治七十二種乳石毒，解一千二百般草木毒，調和諸藥有功也。是瀕湖所謂贊帝力而人不知，斂神功而已不與者乎？是一和足以概衆美矣。苐就和之中，其功有緩，而緩之中，其功又有瀉，就緩瀉之中，其或更有補也。如東垣所云：脾胃不足，而心火乘脾，火性苦急，賴此緩之，此火非可以苦寒瀉，即以甘平而和緩者瀉之。一炙則為甘溫，即以甘溫補陽之不足矣。此甘草於和諸藥中，而先哲洗發其專功，又有如是也。抑脾胃不足，何以心火乘脾乎？蓋後天陽氣之原出於胃，雖土以火為母，而心火更以土為化原，脾胃虛，則心火之化原竭，故母反索救於子，以乘脾也。心火乘脾，陽不能生陰，而反屬陰，故甘溫能緩正氣，即以養陰血，是又可通於養心血之義也。東垣其醫中之聖乎。

附方　肺痿吐涎沫，頭眩，小便數而不咳者，肺中冷也，甘草乾薑湯溫之，甘草炙四兩，乾薑炮二兩，水三升，煮一升五合，分服。肺痿久嗽，涕唾多，骨節煩悶寒熱，以甘草三兩，炙搗為末，每日取小便三合，調甘草末一錢，服之。

梢　主治：生用治胸中積熱，去莖中痛，加酒煮玄胡索、苦楝子尤妙元素。

丹溪曰：生甘草大緩諸火邪，但用於下焦宜梢子，若概用恐太緩不

能達也。

頭　主治：生能行足厥陰、陽明二經污濁之血，消腫導毒震亨。宜入吐藥時珍。希雍曰：甘能緩中，故中滿者忌之。嘔家忌甘，酒家亦忌甘，諸溼腫滿及脹滿病，咸不宜服。皇甫嵩曰：諸解利藥宜少用，恐緩而少效。即補藥中亦不宜多用，恐戀膈不思食。脾虛者固宜用之，若脾胃氣有餘及腫脹，與痢疾初起，皆不可用。

修治　以大徑寸而結緊，横有斷紋者佳。炙者用長流水蘸溼，炙之至熟，刮去赤皮。

清・郭章宜《本草匯》卷九　甘草　味甘氣溫，生寒炙溫，氣薄味厚，升而浮，陽也。東垣可升可降，陰中陽也。入足太陰、厥陰經。時珍：通入手足十二經。補脾以和中，潤肺而消毒。懸癰單服即散。凡毒生陰囊後肛門前，謂之懸癰。以大横紋者五錢，酒煎服下，即散。咽痛，旋嚥能除。同桔梗治肺痿膿血齊來，同生薑止下痢赤白雜至。小兒初生，加黄連煎湯，拭口有益。飲饌中毒，拌黑豆煮汁，恣飲無虞。解百藥毒，和諸藥性，緩諸火，理虛熱。

按：甘草一品，合土之德，為中宫補劑，故獨入脾胃，乃厚德載物之君子也。夫五味之用，苦泄辛散，酸收鹹斂，甘味居中，而能兼乎五行，有升降浮沉，可上可下，可内可外，有和有緩，有補有泄，而盡居中之道矣。時珍云：外赤内黄，備坤離之色。味濃氣薄，資戊己之功。益陰除熱，有裨金宫，故咳嗽，咽痛，肺癰均治也。專滋脾土，故瀉痢、虛熱、肌肉均賴也。陽不足者，補之以甘，甘溫能除大熱也。故生用則氣平，補脾胃不足，而大瀉心火。炙之則氣溫，補三焦元氣，而散表寒，除邪熱，兼能從辛以發散。凡心火乘脾，腹中急痛，腹皮急縮者，宜倍用之。熱藥得之緩其熱，寒藥得之緩其寒。張仲景附子理中湯用之者，恐其僣上也。調胃承氣湯用之者，恐其速下也。皆緩之之意。小柴胡湯有柴胡、黄芩之寒，人參、半夏之溫，而用甘草者，則有調和之意。建中湯用甘草，以補中而緩脾急也。鳳髓丹用甘草，以緩腎急而生元氣也。乃甘補之意。又曰：甘者令人中滿。中滿者，勿服甘，甘緩而壅氣，非中滿所宜也。凡不滿，而用炙甘草為之補。若中滿，而用生甘草為之瀉。則知非中滿之藥也，能引諸藥直至滿所。甘味入脾，歸其所喜故也。甘草為緩中不行之劑，如中滿之症，脾受邪也。鬱結之症，氣之緩也。此等皆不宜用。惟氣虛宜以炙者緩之，氣實宜以生者瀉之，不可以其無害于病而輒用之也。倘藥欲速上速下而用之，奏劾便遲矣。而《別錄》乃云下氣除滿，甄權亦云除腹脹滿者，何也？蓋脾得補則善于健運耳。若脾土太過者，悮服即轉加脹滿，故曰脾病人毋多食甘，甘能滿中，此為土實者言也。世俗不辨虛實，每見脹滿便禁甘草，何不思之甚耶？凡腫毒未潰者，宜生用。其已潰而不紅腫者，宜炙用。下焦藥中，與嘔吐及酒家，併諸濕腫滿病，勿用。

梢止莖中之濇痛，節消瘡毒之腫結，頭行足厥陰、陽明二經污濁之血。三者皆生用之妙。選壯大緊紋者，刮去皮，生炙隨用。白朮為之使。惡遠志。反大戟、芫花、甘遂、海藻。忌豬肉。

清・蔣居祉《本草擇要綱目・寒性藥品》　甘草　氣味：甘，平，無毒。可升可降，陰中陽也。入足太陰、足厥陰、足少陰三經。又甘能入脾，歸其所喜。

主治：五臟六腑寒熱邪氣，溫中下氣，煩滿短氣，傷臟咳嗽，止渴，通經脈。解百藥毒。生用則氣平，補脾胃不足而大瀉内火。炙之則氣溫，補三焦元氣而散表寒，除邪熱，去咽痛，養陰血。大約熱藥得之緩其熱，寒藥得之緩其寒，寒熱相雜者用之得其平。故附子理中湯用甘草，恐其僣上也。調胃承氣湯用甘草，恐其速下也。小柴胡湯用之以和柴胡、黄芩之寒，人參、半夏之溫。建中湯用之，以補中而緩脾急。鳳髓丹用之，以生元氣而緩腎急。若中滿而用生甘草為之瀉，能引諸藥直至滿所。反：大戟、芫花、海藻、甘遂。惡：遠志。忌：豬肉。

清・閔鉞《本草詳節》卷一　甘草　【略】按：甘草性能緩急，而又協和諸藥，使之不爭，熱藥得之緩其熱，寒藥得之緩其寒，寒熱相雜者用之得其平。仲景附子理中湯用之，恐其僭上也。調胃承氣湯用之，恐其速下也。皆緩之之意。小柴胡湯有柴胡、黄芩之寒，人參、半夏之溫，用之則有調和之意。建中湯用之補中而緩脾急也，鳳髓丹用之緩腎急而生元氣也。乃甘補之意，又甘者緩而壅氣，非中滿所宜。不知能引諸藥直至滿所，甘味入脾，歸其所喜，此升降浮沉之理也。又生用則氣平，補脾胃不足，而大瀉心火。炙之則氣溫，補三焦元氣，而散表寒，除邪熱，去咽痛，養陰血。凡心火乘脾，腹中急痛，腹皮急縮者，宜倍用之。大抵脾胃氣有餘，如心下滿及腫脹嘔吐，痢疾初作，皆不可用。下焦藥亦少用，恐緩不能達。凡藥俱少用，多則泥膈，且緩藥力而少效。

清・王翃《握靈本草》卷二　甘草　秦蜀河東西有之。大而結緊者佳。凡用須去

頭尾，或酒炙，或酥炙，或長流水炙。補中宜炙用，瀉火宜生用，下焦藥中勿用。　主治：甘草，甘，平，無毒。主五臟六腑寒熱邪氣，堅筋骨，長肌肉，倍氣力，解毒，溫中下氣，煩滿短氣，止嗽止渴，除腹脹滿，解百藥毒。虛而多熱者，加用之。

【略】　選方：【略】解一切時行災病，粉甘草五兩，細剉，微炒，量病人喫得多少酒，取無灰酒一處，研去滓溫服，須臾大瀉，毒亦隨出。不可飲水。

清・汪昂《本草備要》卷一　甘草有補有瀉，能表能裏，可升可降。　味甘。生用氣平，補脾胃不足而瀉心火。火急甚者，必以此緩之。炙用氣溫，補三焦元氣而散表寒。入和劑則補益，入汗劑則解肌，解退肌表之熱。入凉劑則瀉邪熱，白虎湯、瀉心湯之類。入峻劑則緩正氣，薑、附加之，恐其僭上；硝、黄加之，恐其峻下。皆緩之之意。入潤劑則養陰血。炙甘草湯之類。能協和諸藥，使之不爭。生肌止痛，土主肌肉，甘能緩痛。通行十二經，解百藥毒，凡解毒藥，并須冷飲，熱則不效。小兒初生，拭去口中惡血，綿漬汁令咂之，能解胎毒。故有國老之稱。中滿症忌之。甘令人滿。亦有生用爲瀉者，以其能引諸藥至于滿所。《經》云以甘補之，以甘瀉之是已。故《别録》、甄權并云除滿，脾健運則滿除也。陶弘景，著《名醫别録》，發明藥性。仲景治痞滿，有甘草瀉心湯。又甘草得茯苓，則不資滿，而反泄滿。　大而結者良。補中炙用，瀉火生用。達莖中腎莖用梢。梢止莖中痛，淋濁症用之。白朮、苦參、乾漆爲使。惡遠志。反大戟、芫花、甘遂、海藻。然亦有并用者。胡洽治痰癖，十棗湯加甘草。東垣治結核，與海藻同用。丹溪治勞瘵，蓮心飲與芫花同行。非妙達精微者，不知此理。十棗湯，芫花、甘遂、大戟等分，棗十枚，仲景治傷寒表已解，心下有水氣、喘咳之劑。時珍曰：甘草外赤中黄，色兼坤離，味濃氣薄，資全土德。協和群品，有元老之功；普治百邪，得王道之化。贊帝力而人不知，參神功而己不與，可謂藥中之良相也。昂按：甘草之功用如是，故仲景有甘草湯、甘草芍藥湯、甘草茯苓湯、炙甘草湯，以及桂枝、麻黄、葛根、青龍、理中、四逆、調胃、建中、柴胡、白虎等湯，無不重用甘草，贊助成功。即如後人益氣、補中、瀉火、解毒諸劑，皆倚甘草爲君，必須重用，方能建效，此古法也。奈何時師每用甘草不過二三分而止，不知始自何人，相習成風，牢不可破，殊屬可笑。附記以正其失。

清・吴楚《寶命真詮》卷三　甘草　【略】補脾和中，止瀉退熱，潤肺而療痿，堅筋而長肌，益陰除熱，有裨金宫，故咳嗽咽痛，肺痿，均治；專滋脾土，故瀉利虚熱肌肉，均賴。解一切毒，和一切藥。毒遇土則化，甘草為九土之精，故化毒和藥。　梢止莖中痛，節醫腫毒諸瘡。

清・李世藻《元素集錦・本草發揮》　甘草　性緩，時人執不能速達之説，有忌用者，不知緩其益不可，緩其損亦不可乎？是故有大宜緩之證者，不可不知。

清・陳士鐸《本草新編》卷一　甘草　味甘，氣平，性溫，可升可降，陽中陽也。他書説陰中陽者，悞。無毒。反甘遂，不可同用，同用必至殺人。入太陰、少陰、厥陰之經。能調和攻補之藥，消癰疽癤毒，實有神功。尤善止諸痛，除陰虚火熱，止渴生津。但其性又緩，凡急病最宜用之。故寒病用熱藥，必加甘草，以制桂、附之熱。熱病用寒藥，必加甘草，以制石膏之寒。下病不宜速攻，必加甘草以制大黄之峻。上病不宜遽升，必加甘草以制梔子之動，緩之中具和之義耳。獨其味甚甘，甘則善動，吐嘔家不宜多服，要亦不可拘也。甘藥可升可降，用之吐則吐，用之下則下，顧善用之何如耳。

或問：中滿症忌甘，恐甘草助人之脹乎？不知中滿忌甘，非忌甘草也。中滿乃氣虚中滿。氣虚者，脾胃之氣虚也。脾胃喜甘，安在反忌甘草。因甘草性緩，緩則入于胃而不即入于脾。胃氣即虚，得甘草之補，不能遽然承受，轉若添其脹滿者，亦一時之脹，而非經久之脹也。故中滿之症，反宜用甘草，引人參、茯苓、白术之藥，入于中滿之中，使脾胃之虚者不虚，而後脹者不脹，但不可多用與專用耳。蓋多用則增滿，而少用則消滿也。專用則添脹，而同用則除脹也，誰謂中滿忌甘草哉。

或問：甘草乃解毒之聖藥，古人盛稱，而吾子約言，豈甘草不可以解毒也？嗟乎！甘草解毒，無人不知，然盡人皆知解毒，而盡人不知用之也。愚謂甘草解毒，當分上、中、下三法。上法治上焦之毒，宜引而吐之；中法治中焦之毒，宜和而解之；下法治下焦之毒，宜逐而瀉之。吐之奈何？用甘草一兩，加瓜蒂三枚，水煎服。凡有毒，一吐而愈。和之奈何？用甘草一兩五錢，加柴胡三錢、白芍三錢、白芥子三錢、當歸三錢、陳皮一錢，水煎服，毒自然和解矣。瀉之奈何？用甘草二兩，加大黄三錢、當歸五錢、桃仁十四粒、紅花一錢，水煎服，毒盡從大便出矣。此三者，雖不敢謂解毒之法盡乎此，然大約亦不能出乎此。毋論服毒、中毒與初起瘡毒，皆可以三法治之。此用甘草解毒之法，人亦可以聞吾言而善用之乎。

或問：甘草乃和中之藥，攻補俱用，不識亦有不宜否？夫甘草，國老也，其味甘，甘宜于脾胃。然脾胃過受其甘，則寬緩之性生，水穀入之，必不迅于傳導，而或至于停積瘀滯。夫水穀宜速化者也，宜速化而不速化，則傳于各臟腑，未免少失其精華，而各臟腑因之而不受其益者有之。世人皆謂甘

草有益而無損，誰知其益多而損亦有之乎。知其益而防其損，斯可矣。或疑甘草在藥中不過調和，無大關係，此論輕視甘草矣。甘草實可重用以收功，而又能調劑以取效，蓋藥中不可缺之藥，非可有可無之品也。

或問：細節甘草，其性少寒，可瀉陰火，不識陰虚火動之症，亦可多用之乎？吾謂甘草乃瀉火之品，原不在細小也。細小瀉火，豈粗大者反助火乎。惟是甘草瀉火，用之于急症者可以多用，用之于緩症者難以重加。蓋緩症多是虚症，虚則胃氣必弱，而甘草性過于甘，多用難以分消，未免有飽脹之虞，不若少少用之，則甘溫自能退大熱耳。若陰虚之症，正胃弱也，如何可多用乎，毋論粗大者宜少用，即細小者亦不可多用也。

清・顧靖遠《顧氏醫鏡》卷七 甘草甘，平。入脾經。反芫花、大戟、甘遂、海藻。忌猪肉。補脾以和中，止瀉長肌肉。脾虚則瀉，脾損則瘦。潤肺而療痿，治咳止咽痛。皆益陰除熱之功。解千般毒，諸毒遇土則化，甘草為九土之精，故能解一切金石、草木、蟲魚、禽獸諸毒。和一切藥。調和諸藥，相協力共為而不爭。又熱藥用之緩其熱，寒藥用之緩其寒，理中湯用之恐其潛上，承氣湯用之恐其速下。生則瀉火，炙則溫中。稍止莖中作痛，節醫腫毒諸瘡。調和群品，有元老之稱。普治百邪，得王道之用。甘能緩中，故中滿者忌之。嘔家忌甘，酒家亦忌甘。下焦藥中宜少用，恐太緩，不能自達。

清・李熙和《醫經允中》卷二〇 甘草 惡遠志。反大戟、芫花、甘遂、海藻。行十二經。飲饌中毒，拌黑豆煮汁恣飲無虞，砒毒亦能解。甘，平，無毒。主治和中補脾，懸癰單服即散，咽痛旋噙能除。解百物毒，和諸藥性。止莖中作痛。節治腫毒諸瘡，緩帶脉之急，和衝脉之逆。生用有清火之功，炙用有健脾之力。但甘勝傷脾，倘脾土太過者服之，轉加脹滿，故中滿者忌之。嘔家、酒家亦忌甘是也。況性緩難達，凡熱藥用之以緩其熱，寒藥用之以緩其寒。理中湯用之，恐其僭上；承氣湯用之，恐其速下。頭入吐藥有功，倘藥欲速効，先宜禁之。嶺南解蠱毒，凡飲食先取炙甘草一寸嚼之，噙汁，若中毒，隨即吐出，惟含生甘草，食物而不吐，是無毒也。

清・馮兆張《馮氏錦囊秘録・雜症痘疹藥性主治合參》卷一 甘草味甘，氣平，無毒。入脾經。正稟土中沖和之陽氣以生，故稱為九土之精。諸毒遇土則化，故能解諸百毒也。○生寒炙溫，梢去尿管澁疼，節消癰疽焮腫，子除胸熱，身則補中。宜選壯大橫紋者佳。甘草解諸毒，利咽痛，健脾胃，補三焦，止瀉渴煩，和調藥性，却臍腹急疼，臟腑邪熱，熱藥用之緩其熱，寒藥用之緩其寒，補脾而和中，潤肺而解熱。稍止莖中作痛，節療腫毒諸瘡。但中滿症禁用，欲行下焦藥勿加。

主治痘疹合參：生用瀉火解熱毒消瘡疽，熟用能補三焦元氣，健胃和中，解諸藥毒。凡痘疹常用，宜小者生者。如入補劑，宜大者炙者。若欲解疫癘毒氣，痘症惡毒，宜製作人中黄最佳。節生用，消腫導毒。

按：甘草外赤内黄，備坤離之色；味甘氣平，資戊己之功。調和群品，有元老之稱，普治百邪，得王道之用。甘味居中，而能兼乎五行，可上可下，可内可外，有和有緩，有補有瀉，益陰除熱，有裨金宫，故咳嗽咽痛，肺痿均治。甘緩中和，專滋脾土，故瀉痢虚熱肌肉必需。理中湯用之，恐熱藥僭上也。承氣湯用之，恐峻劑速下也。熱藥用之緩其熱，寒藥用之緩其寒。甘能滿中，故中滿者勿用；甘能緩急，故筋急者宜之。頭入吐藥有功，梢達腎家清火，嘔病酒病脹病俱禁用也。甘草造人中黄法，用竹筒一段，刮去青皮，一頭開一小孔。將甘草納入填滿，油灰封固其孔，立冬日投於通衢無女人到廁中，至立春日取起，清水洗淨，置有風無日處，陰乾半月後，劈開取出晒乾，用之神治一切熱毒疫毒。

清・张璐《本經逢原》卷一 甘草一名國老。甘，平，無毒。反海藻、大戟、甘遂、芫花。補中散表炙用，瀉火解毒生用。中心黑者有毒，勿用。

發明：甘草氣薄味厚，升降陰陽，大緩諸火。生用則氣平，調脾胃虚熱，大瀉心火，解癰腫金瘡諸毒。炙之則氣溫，補三焦元氣，治藏府寒熱，而散表邪，去咽痛，緩正氣，養陰血，長肌肉，堅筋骨，能和衝脈之逆，緩帶脈之急。凡心火乘脾，腹中急痛，腹皮急縮者宜倍用之。其性能緩急而又協和諸藥，故熱藥用之緩其熱，寒藥用之緩其寒，寒熱相兼者用之得其平。《本經》治藏府寒熱邪氣，總不出調和胃氣之義。仲景附子理中用甘草恐僭上也，調胃承氣用甘草恐速下也，皆緩之之意。小柴胡有黄芩之寒，人參、半夏之溫，而用甘草則有調和之意。炙甘草湯治傷寒脈結代，心動悸，渾是表裏津血不調，故用甘草以和諸藥之性而復其脈，深得攻補兼該之妙用。惟土實脹滿者禁用，而脾虚脹滿者必用，蓋脾溫則健運也。世俗不辨虚實，一見脹滿便禁甘草，何不思之甚耶。凡中滿嘔吐、諸濕腫滿、酒客之病，不喜其甘，藻、戟、遂、芫與之相反，亦迂緩不可救昏昧耳。而胡洽治痰澼，以十棗湯加甘草、大戟，乃痰

在膈上，欲令通泄，以拔病根也。古方有相惡相反並用，非妙達精微者，不知此理。其梢去莖中痛，節解癰疽毒，條草生用解百藥毒。凡毒遇土則化，甘草為九土之精，故能解諸毒也。《千金方》云，甘草解百藥毒，如湯沃雪，有中烏頭、巴豆毒，甘草入腹即定，驗如反掌。方稱大豆解百藥毒，予每試之不效。加甘草為甘豆湯，其驗甚捷。嶺南人解蠱，凡飲食時，先用炙甘草一寸嚼之，若中毒隨即吐出。

清・浦士貞《夕庵讀本草快編》卷一　甘草《本經》、國老　此草能解金石草木諸毒，而為眾藥之主，如香中之有沉香也。國老者，帝師之稱，雖非君而為君所宗爾。　甘草通入手足十二經，乃厚德載物之君子也。外赤中黃色，兼坤離也。味濃氣薄，資全土德也，且為陰中之陽，故陽不足者，益血以溫之。又甘溫能除大熱，故生用則氣平，補脾胃不足而大瀉心火；炙之則氣溫，補三焦元氣而發散表寒。凡心火乘脾，腹中急痛，腹皮急縮者，當倍用之。似與中滿不宜用甘者若為背謬。殊不思不滿者宜食炙以補之，已滿者宜用生以瀉之。蓋取甘為脾喜，能引諸藥直達滿所，易于成功，此升降浮沉之理也。且其為五味之主，補瀉兼宜，如附子理中湯用之恐其僭上也；調胃承氣湯用之恐其速下也。小柴賴其保中，鳳髓取其暖腎。真能協和群藥，有元老之功，普治百邪，得王道之化。贊帝力而人不知，斂神功而已不與。變理之妙，誰能及哉？

清・張志聰、高世栻《本草崇原》卷上　甘草　氣味甘，平，無毒。主五臟六腑寒熱邪氣，堅筋骨，長肌肉，倍氣力，金瘡尰，解毒，久服輕身延年。甘草始出河西川谷積沙山及上郡，今陝西河東州郡皆有之。一名國老，又名靈通。根長三四尺，粗細不定，皮色紫赤，上有橫梁，梁下皆細根也，以堅實斷理者為佳。調和臟腑，通貫四旁，故有國老、靈通之名。　甘草味甘，氣得其平，故曰甘平。《本經》凡言平者，皆謂氣得其平也。主治五臟六腑之寒熱邪氣者，五臟爲陰，六腑為陽。寒病為陰，熱病為陽。甘草味甘，調和臟腑，通貫陰陽，故治理臟腑陰陽之正氣，以除寒熱陰陽之邪氣也。堅筋骨，長肌肉，倍氣力者，堅肝主之筋，腎主之骨，長脾主之肉，倍肺主之氣，心主之力。五臟充足，則六腑自和矣。金瘡乃刀斧所傷，因金傷而成瘡。金瘡尰，乃因金瘡而高尰也。解毒者，解高尰無名之毒，土性柔和，如以毒物埋土中，久則無毒矣。臟腑陰陽之氣皆歸土中，久服則土氣有餘，故輕身延年。

清・劉漢基《藥性通考》卷四　甘草　味甘，氣溫，無毒。入心、肝、肺、脾、腎。能走諸經，有補有瀉，能表能裏，可昇可降。生用氣平，補脾胃不足而瀉心火，火急甚者，必以此緩之。炙用氣溫，補三焦元氣而散表寒，入和劑而補益；入汗劑則解肌，解退肌表之熱；入涼劑則瀉邪熱，曰白虎湯、瀉心湯之類；入峻劑則緩正氣，薑、附加之，恐其僭上，硝、黃加之，恐其峻下，皆緩之之意；入潤劑養陰血，炙甘湯之類，能協和諸藥，使之不爭。生肌止痛，通十二經，解百藥毒。凡解毒藥並須冷飲，熱則不效。小兒初生，拭去口中惡血，綿漬汁令咂之，能解胎毒。故有國老之稱。中滿之症忌之。大而結實者良。補中炙用，瀉火生用，達莖中用梢。白朮、苦參、乾漆為使，惡遠志，反大戟、芫花、甘遂、海藻。然亦有並用者，胡洽治痰癖，十棗湯加甘草。東垣治結核，與海藻同用。丹溪治勞瘵，蓮心飲與芫花同行，非妙達精微者，不知此理。十棗湯芫花、甘遂、大戟等分，棗十枚。仲景治傷寒表已解，心下有水氣，喘咳之劑。時珍曰：甘草外赤中黃，色兼坤離，味濃氣薄，資全土德，協和群藥，有元老之功。普治百邪，得王道之化，贊帝力而不知，參神功而不覺，可謂藥中之良相也。昂按：甘草之功如是，故仲景有甘草湯、甘草芍藥湯、甘草茯苓湯、炙甘草湯，以及桂枝、麻黃、葛根、青龍、理中、四逆、調胃、建中、柴胡、白虎等湯，無不重用以贊助成功。即如後人益氣湯，補中、瀉火、解毒諸劑，皆倚甘草為君。必須重用，方能見效，此古法也。奈何時人用甘草，不過二三分而止，不知始自何人，相習成風，牢不可破，殊屬可笑，附記以正其失。

清・姚球《本草經解要》卷一　甘草　氣平，味甘，無毒。主五藏六府寒熱邪氣，堅筋骨，長肌肉，倍氣力，金瘡尰，解毒。久服輕身延年。生用清火，炙用補中。　甘草氣平，稟天秋涼之金氣，入手太陰肺經。味甘無毒，稟地和平之土味，入足太陰脾經。氣降味升，陽也。肺主氣，脾統血，肺為五藏之長，脾為萬物之母。味甘可以解寒，氣平可以清熱。甘草甘平，入肺入脾，所以主五藏六府寒熱邪氣也。肝主筋，腎主骨，肝腎熱則筋骨耎。氣平入肺，平肝生腎，筋骨自堅矣。脾主肌肉，味甘益脾，肌肉自長；肺主周身之氣，氣平益肺，肺益則氣力自倍也。金瘡熱則尰，氣平則清，所以治尰。味甘緩急，氣平清熱，故又解毒。久服肺氣清，所以輕身。脾氣和，所以延年也。　製方：甘草佐黃耆、防風，治氣虛痘症。同白芍、黃芩，名黃芩湯，治痢。同白

芍，名甲己湯，治洩。同人參、炮薑、肉桂，則溫中。同麥冬、枇杷葉、蘇子，則下氣。同川連、白芍、升麻、滑石，治熱痢。同人參、菖蒲、益智、圓肉、棗仁、遠志，治健忘。同桔梗、元參、牛蒡、花粉，利咽喉。同麥冬、石膏、竹葉、知母，名竹葉石膏湯，治煩悶燥渴。同川連、木通、赤茯、生地，瀉心火。同桂枝、人參、生地、麥冬、阿膠、麻仁、薑、棗、酒，名復脈散，治心脾血枯。甘草一味，水炙熬膏，治懸癰如神。

清·周垣綜《頤生秘旨》卷八　甘草　甘緩而補，調和諸劑之藥也。昔人稱此為國老，言其性和緩，不急不驟，協和萬類。寒者用之緩其寒，熱者用之緩其熱。補藥不欲急，以此漸復。利藥恐其迅，以此稍遲。甘能緩中瀉火，故能解毒，用此者當知其宜。

清·王子接《得宜本草·上品藥》　甘草　入足陽明。能通行十二經，生瀉熟緩，甘和溫補，得桔梗清咽喉，得大豆為甘豆湯，解百毒奇驗。

清·徐大椿《神農本草經百種錄》上品　甘草　味甘，平。主五藏六府寒熱邪氣，甘能補中氣，中氣旺則藏府之精皆能四布，而驅其不正之氣也。堅筋骨，長肌肉，倍力，形不足者補之以味，甘草之甘為土之正味，而又最厚，故其功如此。金瘡尰，脾主肌肉，補脾則能填滿肌肉也。解毒。甘為味中之至正味，正則氣性宜正，故能除毒。久服，輕身延年。補後天之功。　此以味為治也，味之甘，至甘草而極。甘屬土，故其效皆在于脾。脾為後天之主，五藏六府皆受氣焉。脾氣盛，則五藏皆循環受益也。

清·黃元御《長沙藥解》卷一　甘草　味甘，氣平，性緩，入足太陰脾、足陽明胃經。備沖和之正味，秉淳厚之良資，入金木兩家之界，歸水火二氣之間，培植中州，養育四旁，交媾精神之妙藥，調劑氣血之靈丹。《傷寒》炙甘草湯，甘草四兩，桂枝三兩，生薑三兩，大棗十二枚，人參二兩，生地一斤，阿膠二兩，麻仁半升，麥冬半升。清酒七升，水八升，煮三升，去滓，入阿膠，消化，溫服一升，日三服。一名復脈湯。治少陽傷寒，脈結代，心動悸者。以少陽甲木，化氣於相火，其經自頭走足，循胃口而下兩脇，病則經氣上逆，衝逼戊土，胃口填塞。碍厥陰風木升達之路，木鬱風作，是以心下悸動。其動在胃之大絡，虛裏之分，正當心下。經絡壅塞，營血不得暢流，相火升炎，經絡漸而燥澀，是以經脈結代。相火上燔，必刑辛金，甲木上鬱，必剋戊土，土金俱負，則病轉陽明，而中氣傷矣。甲木之升，緣胃氣之逆，胃土之逆，緣中氣之虛。參、甘、大棗，益胃氣而補脾精；膠、地、麻仁，滋經脈而澤枯槁，薑、桂行營血之瘀澀，麥冬清肺家之燥熱也。　甘草瀉心湯，甘草四兩，大棗十二枚，半夏半升，黃連一兩，黃芩三兩，乾薑三兩。治太陽傷寒中風，下後心下痞鞕，乾嘔心煩，穀不化，腹中雷鳴下利者。以下後中氣虛寒，水穀不消，土木皆鬱，升降倒行。脾陷而賊於乙木，則腹中雷鳴而下利。胃逆而賊於甲木，則心下痞鞕而乾嘔。君相火炎，宮城不清，是以心煩。甘、薑、大棗溫補中氣之虛寒，芩、連清泄上焦之煩熱，半夏降胃逆而止乾嘔也。　四逆湯，甘草二兩，乾薑一兩半，附子生一枚。治太陰傷寒，脈沉腹脹，自利不渴者。以寒水侮土，肝脾俱陷，土被木賊，是以腹脹下利。附子溫補其腎水，薑、甘溫補其脾土也。脾主四肢，脾土濕寒，不能溫養四肢，則手足厥冷。四肢溫暖為順，厥冷為逆，方以甘草而君薑、附，所以溫中而回四肢之逆，故以四逆名焉。治少陰病，膈上有寒飲，乾嘔者。以其腎水上淩，火土俱敗，寒飲泛溢，胃逆作嘔。薑、甘、附子，溫補水土而驅寒飲也。治厥陰病，汗出，外熱裏寒，厥冷下利，腹內拘急，四肢疼者。以寒水侮土，木鬱賊脾，微陽不歸，表裏疏泄。薑、甘、附子，溫補水土，以回陽氣也。　通脈四逆湯，甘草、乾薑各三兩，生附子一枚。治少陰病，下利清穀，手足厥逆，脈微欲絕者。以寒水侮土，木鬱賊脾，是以下利。脾陽穨敗，四肢失溫，是以厥逆。經氣虛微，是以脈微欲絕。薑、甘、附子，溫補裏氣而益四肢之陽也。治厥陰病，下利清穀，裏寒外熱，汗出而厥者。以水土寒濕，木鬱賊脾，微陽不斂，表裏疏泄。薑、甘、附子，溫暖水土，以達木鬱也。　四逆散，甘草、枳實、柴胡、芍藥，等分為末，飲服方寸匕。治少陰病，四逆者。以水寒木枯，鬱生風燥，侵剋脾土，中氣痞塞，不能四達。柴、芍清其風木，甘草補其中氣，枳實泄其痞滿也。　甘草乾薑湯，甘草四兩，乾薑二兩。治傷寒汗後，煩躁吐逆，手足厥冷者。以汗後火泄土敗，四肢失養，微陽離根，胃氣升逆。甘草、乾薑，補土溫中，以回升逆之陽也。　《金匱》甘草附子湯，甘草二兩，附子二枚，白朮二兩，桂枝四兩。治風濕相搏，骨節疼煩，汗出短氣，小便不利，惡風不欲去衣，或身微腫者。以水寒土濕，木鬱不能行水，濕阻關節，經絡不通，是以痛腫。濕蒸汗泄，衛陽不固，故惡風寒。朮、甘補土燥濕，桂枝疏水通經，附子溫其水寒也。　甘草麻黃湯，甘草二兩，麻黃四兩。治裏水，一身而目黃腫，小便不利者。以土濕不能行水，皮毛外閉，溲尿下阻，濕無去路，淫蒸肌膚，而發黃腫。甘草補其土，麻黃開皮毛而泄水濕也。　《傷寒》調胃承氣湯，甘草二兩，大黃三兩，芒硝半斤。治太

陽傷寒三日，發汗不解，蒸蒸發熱，屬陽明者。以寒閉皮毛，經鬱發熱。汗出熱泄，病當自解，發汗不解，蒸蒸發熱者，此胃陽素盛，府熱内作，將來陽明之大承氣證也。方其蒸蒸發熱之時，早以甘草保其中，硝、黃洩其熱，胃氣調和，則異日之府證不成也。《金匱》白頭翁加甘草阿膠湯，白頭翁、黃連、黃栢、秦皮各三兩，阿膠各二兩。治產後下利虛極者，以產後亡血木燥，賊傷脾土，而病不利。白頭翁以清其濕熱，甘草補其脾土，阿膠潤其風木也。《傷寒》甘草湯生甘草二兩，治少陰病二三日，咽痛者。少陰木旺，二火俱騰，上行清道，是以咽痛，生甘草泄熱而消腫也。甘草粉蜜湯，甘草二兩，鉛粉一兩，蜜四兩。水三升，煮甘草，取二升，入粉、蜜，煎如薄粥。治蚘蟲為病，吐涎心痛，發作有時者。以土弱氣滯，木鬱蟲化。甘草補土，白粉殺蟲，蜂蜜潤燥而清風，滑腸而下精也。人之初生，先結祖氣，兩儀不分，四象未兆，混沌莫名，是曰先天。祖氣運動，左旋而化己土，右轉而化戊土，脾胃生焉。己土東升，則化乙木，南升則化丁火，戊土西降，則化辛金，北降則化癸水，於是四象全而五行備。木溫、火熱、水寒、金涼，四象之氣也。木青、金白、水黑、火赤，四象之色也。木臊、水腐、金腥、火焦，四象之臭也。木酸、金辛、火苦、水鹹，四象之味也。土得四氣之中，四色之正，四臭之和，四味之平，甘草氣、色、臭、味，中正和平，有土德焉，故走中宮而入脾胃。脾土溫升而化肝木，肝主藏血而脾為生血之本，胃土清降而化肺金，肺主藏氣而胃為化氣之源，氣血分宮，胥秉土氣。甘草體具五德，輔以血藥，則左行己土而入肝木，佐以氣藥，則右行戊土而入肺金。肝血溫升，則化神氣，肺金清降，則化精血。脾胃者，精神氣血之中皇，凡調劑氣血，交媾精神，非脾胃不能，非甘草不可也。肝脾之病，善於下陷，入肝脾者，宜佐以升達之味，肺胃之病，善於上逆，入肺胃者，宜輔以降斂之品。嘔吐者，肺胃之上逆也，滯氣不能上宣，則痞悶於心胸，泄利者，肝脾之下陷也，滯氣不得下達，則脹滿於腹脇，悉緣於中氣之虛也。上逆者，養中補土，益以達鬱而升陷，則嘔吐與脹滿之家，未始不宜甘草。前人中滿與嘔家之忌甘草者，非通論也。上行用頭，下行用稍，熟用甘溫培土而補虛，生用甘涼瀉火而消滿。凡咽喉疼痛及一切瘡瘍熱腫，並宜生甘草泄其鬱火。熟用，去皮蜜炙。

清・吳儀洛《本草從新》卷一　甘草〔有補有瀉，能表能裏，可升可降，生陰血。〕味甘。生用氣平，補脾胃不足而瀉心火；炙用氣溫，補三焦元氣而散表寒。入和劑則補益，入汗劑則解肌，解退肌表之熱。入涼劑則瀉邪熱，入峻劑則緩正氣，薑、附加之，恐其僭上；硝、黃加之，恐其峻下。皆緩之之意。入潤劑養陰血。能協和諸藥，使之不爭。生肌止痛，土主肌肉，甘能緩痛。通行十二經，解百藥毒，故有國老之稱。中滿證忌之。甘令人滿，然亦有生用為瀉者，以其能引諸藥至於滿所，《經》云以甘補之，以甘瀉之是已。故《別錄》、甄權并云除滿，脾健運則滿除也。又甘草得茯苓則不資滿而反泄滿，故云下氣除滿。仲景有甘草瀉心湯治痞滿。大而結者良。出大同。名粉草，彈之有粉出。細者名統草。補中炙用宜大者，瀉火生用宜細者。去外赤皮。〔陶弘景著《名醫別錄》，發明藥性。甄權著《藥性論》。〕附：甘草頭〔宣，涌吐。〕消腫導毒。在上部者效。宜入吐藥。附：甘草梢〔達莖中。〕止莖中痛，淋濁證用之。取其徑達莖中也。白朮、苦參、乾漆為使。惡遠志。反大戟、芫花、甘遂、海藻，然亦有并用者。胡洽治痰癖，十棗湯加甘草；東垣治結核，與海藻同用；丹溪治勞瘵，與芫花同行。非妙達精微者不知此理。〔胡洽著《百病方》。〕

清・汪紱《醫林纂要探源》卷二　甘草　甘，平。葉似槐，根直行，色正黃。出懷慶。大而粉者佳。脾土之藥，坤德之純。熟用補中，兼補五臟。行十二經。河水蘸炙。〇古人以其補土，為五行所賴，既成扶正，乃可攻邪，故補表瀉下之劑皆用之。且有以為君，分兩獨重者，非協和眾藥，使之不爭之說也。惟入腎水及去濕滿，則不用。不欲其緩以生濕也。古人用藥，每寒熱同劑，補瀉同劑，自有妙義，何待此為和之。若以為和之使不爭，則腎氣丸中有丹皮、澤瀉之寒，有附子、肉桂之熱，又何不以此和之乎？今則凡方皆用之，而止於三五分，是非推為國老，而奴之耳，是誤於調和眾藥之說也。生用瀉火養陰，周行肌表。生則有散意，土固火之子，然土令行則火令謝而衰矣。湧上，如甘桔湯之類。宜用頭。生乾處。達下，淋濁之證。宜用梢。反大戟、芫花、甘遂、海藻。此皆決瀆之性，故與補土者相反。然古人亦或合用之以建功，是在變通而已。〇藥有畏有惡，有為使之說，然多無義理。且古人方藥，亦多不拘，故此皆不復錄，惟相反者則不可不慎。

清・嚴潔等《得配本草》卷二　甘草　朮、苦參、乾漆為之使。惡遠志。反大戟、芫花、甘遂、海藻。忌豬肉。味甘。入手少陰、足陽明太陰厥陰經氣分。益精養氣，瀉火和中，健脾胃，解百毒，和絡血，緩肝急，祛邪熱，堅筋骨，長肌肉，療瘡毒。得豬膽汁炙為末，米泔調，灌嬰兒月内目閉不開，或腫羞明，或出血者，名慢肝風。得桔梗，清咽喉。配大豆汁，解百藥毒奇驗。佐陳皮，和氣。佐茯苓，泄脹。入汗劑，解肌。入涼劑，瀉熱。入峻劑，緩正氣。入辛熱藥，溫散血中之結。入潤劑，養陰血。入辛涼藥，行肝胃污濁之

血。宜用頭。　大而結緊、斷文者為佳，謂之粉草。瀉心火，敗火毒，緩腎急，和絡血，宜生用。梢止莖中痛，去胸中熱。節能消腫毒，和中補脾胃。　粳米拌炒，或蜜炙用。　酒家、嘔家、酒痢初起、中滿者，禁用。

題清・徐大椿《藥性切用》卷三　甘草　性味甘平。生用緩中氣，瀉火。炙用溫元氣，補中。和藥解毒。中滿忌之。節行肢節，頭入吐劑，稍入莖中。

清・黃宮繡《本草求真》卷一　甘草緩中氣不足。　甘草耑入脾。味甘性平，質中，外赤肉黃，生寒熟熱。昔人言其有火能瀉，是因火性急迫，用此甘味以緩火勢，且取生用性寒，以瀉焚爍害耳。至書有云，炙用補脾，是能緩其中氣不足，調和諸藥不爭。王好古曰：五味之用，苦泄辛散，酸收鹹斂，甘上行而發，而《本草》言甘草下氣，何也？蓋味甘主中，有升降浮沉，可上可下，可外可內，有和有緩，有補有泄，居中之道盡矣。張仲景附子理中湯用甘草，恐其僭上也。調胃承氣湯用甘草，恐其速下也，皆緩之之意。小柴胡湯有柴胡、黃芩之寒，人參、半夏之溫，而用甘草者，則有調和之意。建中湯用甘草，以補中而緩脾急。鳳髓丹用甘草，以緩腎急而生元氣也，乃甘補之意也。故入和劑則補益，入涼劑則瀉熱，入汗劑則解肌，入峻劑則緩正氣，入潤劑則養血，并能解諸藥毒，頌曰：按孫思邈《千金方》論云：甘草解百藥毒，如湯沃雪。有中烏頭、巴豆毒，甘草入腹即定，驗如反掌。方稱大豆汁解百藥毒，予每試之不效，加入甘草為甘豆湯，其驗乃奇也。及兒胎毒，以致尊為國老。然使脾胃虛寒及或挾有水氣脹滿等症，服此最屬不宜。未可云其補脾，而凡脾胃虛寒，皆可得而服也。若使滿屬虛致，則甘又能瀉滿，不可不知。王好古曰：甘者令人中滿，中滿者勿食甘，甘緩而壅氣，非中滿所宜也。凡不滿而用炙甘草，為之補；若中滿而用生甘草，為之瀉。能引甘藥直至滿所，甘味入脾，歸其所喜，此升降浮沉之理也。《經》云：以甘補之，以甘瀉之，以甘緩之是矣。　梢止莖中澁痛。氣行於下。　節消癰疽焮腫及除胸熱。節行節處。　功各有宜，但用宜取大而且結，至書所載甘反大戟、芫花、甘遂。又云：亦有並用不悖，惟深達精微者，始可知之。如古治痰癖，有用十棗湯加甘草。東垣治結核，與海藻同用。丹溪治癆瘵，蓮心飲與芫花同用，皆以反其下勢之銳。

清・沈金鰲《要藥分劑》卷四　甘草　【略】鰲按：　甘草功用甚多，各本草所詳亦甚繁而難記，因總括前賢箋記，而舉其要如左。甘草入和劑則補益臟腑氣血，一切勞傷虛損。入汗劑則解肌表之寒熱，入涼劑，則瀉內外之邪熱。入峻劑，則緩正氣，而使薑、附無僭上之嫌，硝、黃無峻下之患。入潤劑，則養陰血而生津液，能協和諸藥，使不相爭，資其土氣而生肌，藉其甘味而止痛，通行十二經脉，而益精養氣，壯骨和筋，故有國老之稱，而為九土之精也。

清・楊璿《傷寒溫疫條辨》卷六補劑類　甘草反甘遂、大戟、芫花、海藻，大忌無鱗魚。　味甘，氣平，性緩，生用補脾胃不足而瀉心火，蜜炙補三焦元氣而散表寒，可升可降，無毒而善於解毒，得中和之性，有調補之功。仲景有炙甘草湯。故毒藥得之解其毒，剛藥得之和其性，表藥得之助其升，下藥得之緩其行。助參、耆成陽虛之功，人所知也；　助地、萸療陰虛之危，誰其曉之。　健脾胃，堅筋骨，長肌肉，祛邪熱，隨氣藥入氣，隨血藥入血，無往不可，故稱國老。　余每用人參、熟地、甘草大劑濃煎，治氣血兩虛，陰陽將脫證，屢收奇功。　惟中滿勿加，恐其作脹。　欲速下勿入，恐其緩功。　惡心惡甘，嘔吐亦忌。　純寒純熱之藥，必用之以緩其力。《金匱》方：飲饌中毒，未審何物，煎甘草薺苨湯，入口便活。《千金方》：陰頭生瘡，蜜煎甘草末頻頻敷之。　稍達腎莖，止疼。小薊飲子用之。小薊、藕節、當歸、黑蒲黃、黑梔子、生地、木通、滑石、甘草稍、竹葉等分，水煎服，治尿血血淋效。

清・許豫和《許氏幼科七種・怡堂散記》卷下　甘草　葉時可先生一日觀釣魚，而悟甘草之用，謂予曰：　魚竿在手，所用者，絲與釣也，投竿於水，絲屬木而性浮，釣屬金而性沉，腰間必繫一泛留於水面，能使浮者不浮，沉者不沉，釣者之心視為準則，是釣魚無需於泛子，非泛子竟不能得魚。　藥中之甘草極似之，以其味長於甘而守中也。　古稱甘草能和百藥，藥留於胃則從容分佈，升者循經，降者入腑。　非甘草所治之病，而藥之得力皆賴其停頓之功，無用之用大已哉。

清・羅國綱《羅氏會約醫鏡》卷一　六草部　甘草味甘氣平，入脾經。白术為使，反甘遂、海藻、大戟、芫花，惡遠志，忌猪肉，犯者陽痿。生用涼，炙用溫。　補脾胃，瀉心火，火急甚者，以此緩之。　益三焦，散表寒，解諸毒，解毒藥須冷飲，熱則不效。　和百藥，薑附加之，恐其僭上；　硝黃加之，恐其大下。　止瀉痢補土，生肌止痛，土主肌肉，甘能緩痛。　除咳嗽、咽痛、肺痿。益陰退熱。　梢，止莖中作痛。　節，消腫毒諸瘡。　助參芪，補氣虛；　助熟地，療陰虧。　隨氣藥補氣，隨血藥補血，無往不利，故稱國老。　須宜重用，而今人祇用二三分，何也？　但其性和緩，若病勢急，欲見速效，可不必用。　按：　甘草味甘，凡中滿者，嘔逆者，俱忌用。

清・吳瑭《醫醫病書》　甘草論　甘草，純甘，不兼他味，故獨擅甘草之名。　其性守而不走，甘屬土，土主信也。　為其守也，故中滿腹脹者忌之，宣通絡脉者避之。　今人則一概用之，不問何方，必加甘草，以為能和百藥，此必用甘草之病也。　至於當用甘草之方，如炙甘草湯之類，湯名甘草，以之為君也，

治傷寒脉結代，防其脱也，全賴其坐鎮不移之力，而用一錢，或八分、五分，不盡其力，烏得有功？此不敢用甘草之病也。

清・陳修園《神農本草經讀》卷一上品 甘草 氣味甘，平，無毒。主五臟六腑寒熱邪氣，堅筋骨，長肌肉，倍氣力，金瘡尰，解毒。久服輕身延年。生用清火，炙用補中。

陳修園曰：物之味甘者，至甘草為極。甘主脾，脾為後天之本，五臟六腑皆受氣焉。臟腑之本氣，則為正氣；外來寒熱之氣，則為邪氣。正氣旺則邪氣自退也。筋者，肝所主也；骨者，腎所主也；肌肉者，脾所主也；氣者，肺所主也；力者，心所主也。但使脾氣一盛，則五臟皆循環受益，而得其堅之、長之、倍之之效矣。金瘡者，為刀斧所傷而成瘡，瘡甚而腫。脾得補而肉自滿也。能解毒者，如毒物入土，則毒化也。土為萬物之母，土健則輕身延年也。

清・黄凱鈞《藥籠小品》 甘草 生用瀉火，炙用補中。凡入表和補瀉溫涼劑中，皆能相助為功，協和諸藥，使之不爭。炙黑能治吐血，生肌止痛，通行十二經，解百藥毒，惟中滿者忌之。節治瘡核，稍治淋濁。

清・黄凱鈞《橘旁雜論》卷下 甘草與鯽魚犯 一漁家子屢逆其母，母苦之久，而無法使悛，欲買信石毒之。鋪中知其故，謬以甘草末付之。適子捕得鯽魚，使母烹食。母乃以甘草末置魚腹中，其子不覺，盡其汁而斃。奇哉！槐花與魚羹同食則殺人，小説所載。甘草與鯽魚相犯，從古未聞其説。豈天道惡逆子，而冥冥中致其死耶？録之以俟博物者備考焉。

清・章穆《調疾飲食辯》卷一下 甘草汁 其味純甘而厚，性極和平，能和百種峻厲之藥，解一切急迫難解之毒，故《别録》稱為國老。凡病内熱煩渴，腹中急痛，虚羸驚悸，癰疽惡尰，肺癰肺痿，咽喉熱痛等症，均為聖藥，並宜濃煎汁代茶多飲。腹痛加酒炒白芍藥，驚悸加麥門冬，咽痛見下。《直指方》治熱瘡煩渴：甘草、栝蔞根等分，濃煎汁服。即傷寒熱病煩渴，此方亦妙。蓋病而至於煩渴，其熱已深，徒恃每日一服錙銖之藥，萬難勝病。幸而能飲，即是挽回津液之機。乃又以茶誤事，愈加消伐，不死奚待。故此方代茶多飲，即是救命仙丹。《傷寒論》治汗下過度，脉代結，心動悸，炙甘草湯。雖用人參、薑、桂、麥冬、生地、麻仁、阿膠、大棗、酒諸品，而以甘草名方，此乃千古補方之祖。蓋首重甘草。故全論言病，但涉於虚，所主方必定重用甘草。《千金方》用此治諸虚，脉微欲絶，更名復脉湯。《傷寒類要》治此，專用甘草一味，水煎常服，皆得仲景遺意。後世不知，只以人參為補，是未見古人用補之法也。又治少陰咽痛，亦用甘草一味，蜜水炙。此亦千古咽喉百方之祖。或加桔梗半之。二方代茶多飲，無不愈者。熱甚加牛蒡子，再甚加黄連；寒痛加紫蘇葉、薄荷葉。《聖濟總録》治舌腫塞口：不急治殺人。甘草煎濃湯，漱飲，愈多愈妙。《千金方》解誤服熱藥毒：如川烏、草烏、附子、薑、椒、巴豆等。甘草、黑豆或緑豆濃煎汁，多飲。《百一選方》解初生胎毒：甘草濃汁，綿裹指蘸抹兒口中，無綿，新青布、紅布俱可。一日數次。月内常常用之，令兒知慧無病，出痘稀少。若三四歲兒，多生熱瘡，口氣腥臭，小便常赤者，未經出痘，即是痘殤之先兆；既經出痘，又是將來虚勞夭折之先兆。速宜絶去茶湯，專以甘草代之。此物味甘，小兒喜飲。《外科精要》治一切癰疽，甘草熬膏，用酒或白湯點下，勿計次數。外科宜酒，不如即用酒煎甘草，或加金銀花尤妙。水煎則無力。十分不能飲者，酒水各半煎之。《李迅癰疽方》治陰下懸癰：大甘草三兩，水蘸濕，文武火慢慢炙之炙即是焙，炙至中心潤透，切片，酒煎汁。一日服盡，明日再作。此方不能速效，服至二十餘日，必消盡而愈。乃外科第一解危救急之方。昝殷《產寶》方治產難，交骨不開：大甘草五寸，柞木一尺，剉碎，新汲水三升半，入砂鍋内，紙封三重，文武火煮取一升半，每飲一大盃至三四盃，必下。

按：柞木在在有之，高僅數尺，或丈餘，葉小有細齒，光滑而韌，五月開細白花，不結子，枝椏及葉俱有刺。《李樓奇方》治湯火傷灼，甘草煎蜜塗之。《便用單方》曰：暑月辛苦力作，或負重遠行，常帶甘草，不時以數片含口中噙汁，則口不渴，少飲茶水，必不中暍而死，救命方也。俟候官府辦公夫役，尤宜知此，宜廣傳。按：甘草能愈諸病固已，無病之人，暑月常用代茶，可免天行熱病，癰疽瘡毒，三秋熱痢，咽喉熱痛等惡疾。但素患中滿，及腹内有蟲者、嘔者，忌之。

清・王龍《本草纂要稿・草部》 甘草 氣味甘平，生寒炙溫。甘能緩中，瀉火解毒，調和諸藥。甘緩而補，有相協之氣。熱藥須知緩其熱，寒藥須知緩其寒。其節生用，消腫導毒，緩和補□，盡其用矣。氣薄味厚，資全土德，有元老之功，得王道之化，故又名曰國老。師丹公舊集。

清・張德裕《本草正義》卷上 甘草 味甘，得土之正，生涼炙溫。善解毒，有調補之功。助參、耆以益氣，助杞、地以補精。隨藥佐使，無乎不可，故

有國老之稱。用降用消，中滿氣滯酌之。

清・楊時泰《本草述鉤元》卷七 甘草 氣味甘平。生則微涼，味不佳。炙則溫。氣薄味厚，可升可降，陰中陽也。入足太陰、厥陰，通入手足十二經。朮、苦參、乾漆為之使，惡遠志，反大戟、芫花、甘遂、海藻。主治和諸藥，熱藥得之緩其熱，寒藥得之緩其寒，寒熱相雜用之得其平。補正氣，解諸味及百藥毒。諸毒遇土則化，甘草為土精，故能化毒，解一切邪氣。生用瀉心火及諸火熱，分身梢用。熟用補三焦元氣，散表寒，除邪熱，去咽痛，緩正氣，養陰血，補傷寒瘥後血虛。補脾胃，潤肺。吐肺痿之膿血，消五發之瘡疽海藏。甘而緩，故能瀉熱而補陽，甘緩善解諸急，故即舒陽以裕陰，所由治諸經急痛。凡心火乘脾，腹中急痛，腹皮急縮者，宜倍用之。甘溫能除大熱。凡陽虛之熱宜甘溫，陰虛之火則宜甘寒，兩者或誤，去之遠矣。東垣用甘溫以緩正氣，養陰血，的為精詣，誤者用以療陰虛血衰，失之遠矣。五味之用，苦泄，辛散，酸收，鹹潤下而斂，甘上行而發。而《本草》言甘草下氣，何也？蓋甘味入中，有升降浮沉，可上可下，可外可內，有和有緩，有補有瀉，居中之道盡矣。仲景附子理中湯用甘草，恐其僭上也。調胃承氣用甘草，恐其速下也。此緩之之意。小柴胡有柴、芩之寒，參、半之溫，用甘草和之。建中湯用之以補中而緩脾急，鳳髓丹用之以緩腎急而生元氣，乃甘補之意。瀉火義自明。又能引諸藥直至病所，以甘味入脾，歸其所喜，此升降浮沉之理也海藏。中烏頭、巴豆毒，甘草入腹即定。古稱大豆汁解百藥毒，試之每不效，加入甘草為甘豆湯，其驗乃奇《千金》。此方亦救中砒毒者。佐黃芪、防風能運毒走表，為痘疹、氣血兩虛者，首尾必資之劑。得白芍則補脾，甲己化土故也。同人參、黃芪、白朮、當歸、大棗、麥冬，加升麻、柴胡，為補中益氣藥，專理飢飽勞役，內傷陽氣下陷發熱。同人參、乾薑、肉桂則溫中。同麥冬、蘇子、枇杷葉則下氣。同黃連、芍藥、升麻、滑石，解熱毒滯下。同桔梗、元參、大力子、栝蔞根，清利咽喉虛熱。同人參、菖蒲、益智、遠志、龍眼肉治健忘。同麥冬、石膏、知母、竹葉，除煩悶燥渴，頭疼解肌。同黃連、木通、赤芍、生地，瀉心經有餘之火。同預知子、貫眾，解一切蠱毒。

附方：肺痿吐涎沫頭眩，小便數而不欬者，其人不渴，肺中冷也，甘草乾薑湯溫之。炙草四兩，炮乾薑二兩，水三升，煮一升五合，分服。肺痿久嗽，涕唾多，骨節煩悶，寒熱。以炙甘草三兩搗為末，每日取小便三合，調末一錢服之。

論：甘草獨以甘擅名，《別錄》謂其為九土之精，能治七十二種乳石毒，解千二百般草木毒，是一和足以概眾美矣。第就和之中，其功有緩，而緩之中，其功又有瀉，就緩瀉之中，其功更有補也。東垣云：脾胃不足而心火乘脾，火性苦急，賴此緩之，此火非可以苦寒瀉，即以甘平而和緩者瀉之。後天陽氣之原出於胃，雖土以火為母，而心火更以土為化原，脾胃虛則心火之化原絕，故母反索救於子以乘脾也。心火乘脾，陽不能生陰而反厲陰，惟甘溫能緩正氣，即以養陰血，是又可通於養心血之義矣。一炙則為甘溫，即以補陽之不足矣。

甘草梢：生者治胸中積熱，去莖中痛，加酒煮元胡索、苦楝子尤妙元素。用於下焦宜梢子者，緣概用恐太緩，不能達也。

甘草頭：生者能行足厥陰、陽明汚濁血，消腫導毒丹溪。宜入吐藥瀕湖。

繆氏云：中滿者忌之，嘔家、酒家，諸濕腫滿及脹滿，咸不宜服。諸解利藥中，宜少用，恐緩而少效。即補藥中，亦不宜多用，恐戀膈不思食。脾虛者固宜用之，若脾胃氣有餘，與痢疾初起皆不可用嵩。

修治：大至徑寸而結緊，橫有斷紋者佳。炙者用長流水蘸濕，頻烤至熟，刮去赤皮。

清・葉桂《本草再新》卷一 甘草味甘，性平和，無毒。入心、脾、肺、腎四經。生用，補脾胃，瀉心火。心有火，宜潤宜清。甘草味甘，甘即能潤。生用，其性平，平則可清。炙用，補三焦元氣。熟用性溫，故補元氣。而散表寒，中溫而表寒，自不能留。入和劑則補益，入汗劑則解肌，入涼劑則瀉邪熱，入峻劑則緩正氣，入潤劑則養陰血。能協和諸藥，使之不爭。生肌止痛，通行十二經。解百藥毒，療諸癰腫瘡瘍。〇梢，止莖中痛，淋濁症用之。取其根之力厚，故能治莖中痛。

清・吳其濬《植物名實圖考》卷七 甘草 《本經》上品。《爾雅》：蘦，大苦。郭注：今甘草。《夢溪筆談》謂甘草如槐而尖，形狀極確。《詩經》：采苓采苓，首陽之巔。首陽在今蒲州府。晉俗摘其嫩芽，溲麪蒸食，其味如飴。疑采苓亦以供茹也。

雩婁農曰：甘草，藥之國老，婦稚皆能味之。郭景純博物，注《爾雅》：蘦，大苦。曰：今甘草也，蔓延生，葉似荷，或云蘦似地黃。甘草殊不蔓生，亦不類荷。蓋傳聞異，或傳寫訛，與地黃尤非類，或之者疑之也。陶隱居亦云：河西上郡，今不復通市。今從蜀漢中來。堅實者是抱罕草，最佳。晉

之東遷，西埵隔絕，江左諸儒，不復目驗。宋《圖經》謂河東蒲坂，甘草所生。先儒注首陽采苓，苗葉與今全別。豈種類不同云云。殆以舊說流傳，不敢顯斥。沈存中乃栩謂郭注蔓延似荷者為黃藥，今之黃藥，何曾似荷？《爾雅翼》云：不惟葉似荷，古之蓮字，亦通於蘦。則直以音聲相通，不復顧形實迥別矣。《廣雅疏證》斥沈說之非，而以《圖經》諸說為皆不足信，經生家言，墨守故訓，固與辨色嘗味、起疴肉骨者，道不同不相謀也。余以五月按兵塞外，道傍轍中，皆甘草也。諦葉玩蒴，郄車載之。聞甘、涼諸郡尤肥壯，或有以為杖者。蓋其地沙浮土鬆，根荄直下可數尺，年久則巨耳。梅聖俞有《司馬君實遺甘草杖詩》可徵於古。余嘗見他處所生，亦與《圖經》相肖，嘗之味甘，人無識者，隱居所謂青州亦有而不好者，殆其類也。

清・趙其光《本草求原》卷一 山草部 甘草 一名國老。

氣平，秋分之平氣，入肺。味甘，無毒，土中至甘之味。氣降味升，專補肺脾，以調和臟腑陰陽之正氣。主臟腑寒熱邪氣，肺主氣，為五臟之長；脾統血，為萬物之母，臟腑皆受氣焉。二臟調和，則陰陽通貫，邪氣自退，不但甘解寒、平清熱也。堅筋骨，清肺，則平肝主之筋、生腎主之骨。長肌肉，脾主肌肉，形不足，益之以味。倍氣力，脾肺氣充，則心力亦足。金瘡腫，刀傷肉熱則腫，平以清之。解毒，毒入土即化。凡飲食時預服之，一中諸毒即吐出。以麻油久浸，合大豆汁解百藥毒，並吐初生小兒臟毒，牛馬肉毒。同芪、防，運豆毒於表。向連、芍，解熱毒，滯下。同管仲，解蠱毒。久服，輕身延年。生用，清補脾胃而瀉心火。後天之陽氣，出於脾胃。土虛則心火不能生之，而反乘之。是陽不生陰而反以厲脾陰。故腹中急痛，此火不可以苦寒瀉，宜甘以緩正氣，即以養陰血。佐白芍，使甲己化土。得川連、木通、生地，瀉心火。中虛者，甘草為君。炙用，溫補三焦元氣，除食氣之壯火，補生氣之少火，則元氣自足。去咽痛，甘緩瀉熱。合桔梗，則瀉肺熱；合元參、花粉、阿膠，則去痰。肺痿，嗽膿血，童便調下。若尿數，吐涎而不咳，是肺冷，宜合乾薑。初生便閉，同枳殼煎。尿血，煎服。月兒目閉腫出血，名慢肝風，豬膽汁炙研，米飲下。赤白痢，淡漿水煎，寒者合玉蔻霜。舌腫，濃煎含。口瘡。同白礬嚼咽。消諸癰疽，緩正解毒，養陰生肌之效。為末，和麥麵塗，並酒下。痘瘡煩渴，同花粉煎。穀道懸癰，赤腫如蓮子，破則難治，惟水炙熬膏酒下可愈。陰癢及陰頭生瘡，煎洗。凍瘡裂，煎洗，次同苓、連、柏、輕粉，麻油調敷。心脾血枯，表裏不調，同參、地、冬、阿膠、薑、棗、麻仁、桂枝，名復脈湯。緩正氣，止急痛。熱藥得之緩熱，而不上僭；寒藥得之緩寒，而不急下。建中湯用之緩脾急，鳳髓丹用之緩腎急。載表藥上行以解肌，和脾以除寒熱。入金石涼藥則留中瀉熱，如白虎瀉心之類。入潤劑則養陰血，舒陽即以裕陰。下氣，中氣旺，則可升可降。宜合蘇子、枇杷用。入寒熱攻補互用之劑則不爭。通經脈，利血氣，一切陰痿、血瀝、虛損有熱者宜之。土實中滿勿用。虛脹仍用。嘔吐、濕腫、酒家均忌。

大而結者良。補中、散表，炙用；瀉火、解毒，生用。重用乃收奇效。今人用止數分，可笑。中黑者有毒，勿用。反大戟、芫花、甘遂、海藻，然十棗湯與之同用，是欲引入病所以通泄也。白朮、苦參、乾漆為使。惡遠志。

甘梢：生用，治胸中積熱，去莖中痛，止淋濁。加酒煮胡索、川楝尤妙。

甘頭、節：生用，行厥陰、陽明二經污濁之血，消腫導毒，宜入吐劑。

清・葉志詵《神農本草經贊》卷一 甘草 味甘，平。主五藏六府寒熱邪氣，堅筋骨，長肌肉，倍力。金瘡尰，解毒。久服輕身延年。生川谷。

春仲秋仲，蠲吉除疴。名符甘美，義致中和。草木蕪穢，乳石偏頗。雖固必解，國老皤皤。

名醫曰：二月八月除日采。一名蜜甘，一名美草。《中庸》：致中和。甄權曰：治七十二種乳石毒，解一千二百種草木毒。調和眾藥有功。《漢書・傳》：蕪穢不治。《書》：無偏無頗。《管子》：雖固必解。名醫曰：一名國老。班固詩：皤皤國老。

清・文晟《新編六書》卷六《藥性摘錄》 甘草 甘，平。緩脾氣不足，能調和諸藥，並解藥毒。生用瀉火，炙用補脾，惟水氣腹滿等症忌之。〇梢，止莖中澀痛。〇節，消癰疽焮腫，及除煩熱。反大戟、甘遂。

清・劉東孟傳《本草明覽》卷一 甘草 【略】按：五味之用，苦者直行而瀉，辛者橫行而散，甘者上行而發，酸者束而收斂，鹹者止而軟堅。甘草味之極甘，當云上發可也，《本草》反言下氣，何也？蓋甘味有升降沉浮，可上可下，可內可外，有和有緩，有補有瀉，居中之道，具盡故耳。

清・張仁錫《藥性蒙求・草部》 甘草梢三分、八分 甘草味甘，調和諸藥。炙則溫中，生則瀉火。解百藥毒。中滿者勿用。〇入和劑則解氣益血，入汗劑則解肌表寒熱，入涼劑則清內外邪熱，入峻劑則解正氣，而使薑、附無僭上之嫌，硝、黃無峻下之患。又能和衝脈之逆，緩帶脈之急。〇甘草梢止莖中痛，淋濁症用之。

清・屠道和《本草匯纂》卷一 溫補 甘草 耑入脾。味甘，性平，質黃，生寒熟熱。生用大瀉熱火。炙用潤肺補脾，補心血，緩中氣，補三焦元氣，散

表寒，除邪熱，調和諸藥。解百藥毒，如湯沃雪。中烏頭毒，巴豆毒，甘草入腹即定。並解小兒胎毒驚癇。若脾胃虛寒及挾有水氣脹滿，皆忌。然滿因虛致者，又宜甘以泄滿。稍止莖中澀痛，除胸中積熱。節消癰疽（掀）〔焮〕腫及除胸熱。取大而結者良。反芫花、甘遂、大戟。

清・戴葆元《本草綱目易知錄》卷一　甘草　甘，平。生用瀉邪火；　炙用散表寒，緩正氣，養陰血，去咽痛，除邪熱，補脾胃，解毒潤肺，吐肺痿之膿血，消五發之瘡疽，解小兒胎毒驚癇；　行十二經，和七十二種石，解百藥毒，蠱毒，能調和諸劑，故有國老之稱。達莖中用稍，瘡瘍用節。中滿證忌之。反大戟、芫花、甘遂、海藻。然亦有並用者。

清・黃光霽《本草衍句》　甘草　味甘，氣平。三陰經藥。炙則補中，生則瀉火。補脾胃之不足，瀉心火之有餘。咽中疼痛，可獲升散之功；　腹裏急縮，得收和緩之益。熱藥用之緩其熱，庶無僭上之災；　寒藥用之緩其寒，能免速下之害。協和諸藥而不爭，解除百毒而皆效。中滿嘔吐，病非所宜。藻遂戟芫，性實相反。然欲湧痰涎，十棗齊施；　損除腹痛，芍藥並重。得桔梗清咽喉，得大豆解百毒。梢：　除胸中積熱，止莖中痛淋。　傷寒咽痛少陰症，甘草主之。用甘草二兩，蜜水炙，水煎服。舌腫塞口，不治殺人。甘草煎濃湯，熱漱，頻吐。　肺痿多涎，肺痿吐涎汁，頭眩，小便數而不嗽者，肺中冷也。甘草乾薑湯溫之，甘草炙。肺熱喉痛有熱痰者，甘草、桔梗，入阿膠。小兒尿血遺尿：　甘草一兩，煎服。

清・陳其瑞《本草撮要》卷一　甘草　味甘，平，入足陽明，通行十二經，功專解毒。生瀉熟緩，甘和溫補。得桔梗清咽喉，得大豆為甘豆湯，解百藥毒奇驗。炙用補中，生用瀉火。用梢達莖中，止莖痛及淋症。白朮、苦參、乾漆為使，惡遠志，反大戟、芫花、甘遂、海藻，然亦有並用者。中滿者忌用，惟得茯苓，則不資滿而反泄滿。若脾胃氣有餘，與痢疾初起，均忌用。

清・李桂庭《藥性詩解》　賦得甘草和諸藥而解百毒得和字。李慶霖。

獨有汾甘草，能調百藥和。生陰功却小，解毒效偏多。　按：　甘草味甘平，補脾胃不足而泄心火，補三焦元氣而散表寒。入和劑補益，入汗劑則解肌，入涼劑則瀉邪熱，入峻劑則緩正氣，入潤劑則生陰血。能協和諸藥，使之不爭。解百藥毒，能和能緩。可補可瀉，可浮可沉。出太原汾州，彈之有粉者良。

前題韓殿甲　解毒惟甘草，功偏厭且多。能調諸藥順，可使眾經和。

《本經》詳載甘草，生用氣平，多用氣溫。

清・仲昴庭《本草崇原集説》卷一　甘草　【略】仲氏曰：　《本經》凡言氣平，解者都作氣平入肺論，以肺為金臟也。未若此處氣得其平四字，不脫不粘。按：　氣平之品，有中守者，有下行者，總無上僭者。或曰平既不上僭矣，何以蜀漆氣平，反能引吐？曰：　彼是引瘧邪從陰出陽，非上僭也，況有吐有不吐耶！

清・周巖《本草思辨錄》卷一　甘草　中黃皮赤，確是心脾二經之藥。然五臟六腑皆受氣於脾，心為一身之宰，甘草味至甘，性至平，故能由心脾，以及於他臟他腑，無處不到，無邪不祛。其功能全在於甘，甘則補，甘則緩。凡仲聖方補虛緩急，必以炙用，瀉火則生用，雖瀉亦兼有緩意。如治咽痛肺痿，火在上焦者為多。以其為心藥也，甘草瀉心湯，是瀉心痞，非瀉心火，瀉痞有黃連、芩、夏，甘草特以補胃，故炙用。炙用而以甘草瀉心名湯者，甘草之奏績可思也。

李東垣謂甘草生用瀉心火，熟用散表寒。散表寒之方，無如桂枝、麻黃二湯。自汗者表虛，故桂枝湯以桂、芍散邪風，薑、棗和營衛。無汗者表實，故麻黃湯以麻、桂散寒，更加杏仁。然解表而不安中，則中氣一匱，他患隨生。故二湯皆有炙甘草以安中。表實與表虛不同，故二湯甘草亦分多寡。可見用炙甘草者，所以資鎮撫，非以資摧陷也。東垣不加分辨，非示學人以準的之道。

東垣又云：　心火乘脾，腹中急痛，腹肉急縮者，甘草宜倍用之。按小建中湯治裏急腹痛，甘草炙用，病非心火乘脾。生甘草瀉心火，而不治心火乘脾之腹痛。《本經》黃連主腹痛，治心火乘脾之腹痛，即仲聖黃連湯是。東垣之説，殊有未合。劉潛江發心火乘脾之義，而深贊之。鄒氏又引東垣此説，以證梔子甘草豉湯之虛煩不得眠。不得眠豈是脾病？三君皆名家，而於甘草不細辨如是，真為不解。

王海藏謂附子理中湯用甘草，恐其僭上。調胃承氣湯用甘草，恐其速下。按《傷寒論》無附子理中湯，理中湯之附子，腹滿則加。腹滿而加附子，蓋以其為中宮藥不可缺也。若恐附子僭上，則白通湯乃少陰下利用附子，何以反無甘草。至生用而不炙用，則固有義在。寒多之霍亂，非全不挾熱，溫

中補虚，既有乾薑、參、术，故加以生甘草之微涼，即《别録》除煩滿，東垣養陰血之謂。以是湯用於胸痹，則生甘草亦因氣結在胸，不欲其過守也。調胃承氣湯，是治胃氣不和之内實，以調胃為下，是下法之元妙者。舍枳、朴而取炙甘草，以與黄、消一補一攻，適得調和之義，非止防其速下也。

海藏又謂鳳髓丹用甘草，以緩腎急而生元氣。竊謂亦非也。是方不知製自何人，《名醫方論》云，治夢遺失精及與鬼交。《醫方集解》云：治心火旺盛，腎精不固易於施泄。其方義之精微，則未有見及之者。夫元陰聽命於元陽，元陽聽命於天君。故心火熾而感其腎，腎感之而陽動陰隨有必然者。黄柏靖腎中之火，防腎中之水；火不作則陽蟄，水不泛則陰堅。砂仁攝火土之氣於水，而使腎得藏密。然心腎二家，交通最易，治腎而不治心，未善也。生甘草瀉心火，寧心氣。大甘為土之正味，且能止腎水越上之火洄溪語。《集解》治心火旺盛一語，實即用甘草之意。若梢能去莖中痛，則可謂之緩腎急，而甘草身不與也。

甘草與人參，皆能補中氣，調諸藥，而仲聖用於方劑，則確有分别，不稍通融。姑舉二方以明之，厥陰病有嘔吐則兼少陽，仲聖法，轉少陽之樞，多以乾薑、黄連並用，余已著其説於乾薑。乾薑黄連人參湯，是以小柴胡湯加減，乃捨甘草而用人參，幾不可曉。夫不曰食入口即吐乎。少陽上升之氣，得食即拒，難緩須臾。甘草甘壅，詎能任受。人參甘與苦均，為和少陽之專藥，樞機利則食自下，甘草所以非其匹也。其捨人參而用甘草者。梔子豉湯治虚煩不得眠，若少氣則梔子甘草豉湯主之。此在粗工，必以人參益氣矣。庸詎知人參益氣而亦升氣，梔豉湯之吐，由二物一升一降之相激，得人參則升不成升，降不成降，挾其補性，反足窒邪。夫懊憹者，反復之甚，少氣者懊憹之甚，非元氣之有虧，乃鬱熱之傷氣。梔、豉能吐去其邪，不能安定其氣，此仲聖所以有取於甘平清心火之甘草，而人參亦不得躋其列也。

鄒氏以黄芪桂枝五物湯為治下，治下製方宜急，急則去甘草而多其分數。桂枝加黄芪湯為治上，治上製方宜緩，緩則加甘草而減其分數。於是於血痹則但摘尺中小緊句為病在下，且别引本篇首條以證其治下之説。不思尺中小緊，下句身體不仁，謂為非病，寧有是理。本篇首條本與本病不屬，況有關上小緊句，豈尺中小緊為病在下，關上小緊亦病在下乎？於黄汗則摘腰以上汗出句為病在上，且别引本篇第二條以證其治上之説。不思腰以上汗出，下句腰臏馳痛，小便不利，謂非下體，寧有是理？本篇第二條非本條之病而引之，則他條又有黄汗之為病，身體腫，汗霑衣等句，亦得謂但指上體乎。血痹篇尤注闡發宜針引陽氣句，至為精審。黄芪桂枝五物湯，尤云和營之滯，助衛之行。亦針引陽氣之意。《經》所謂陰陽形氣俱不足者，勿刺以針而調以甘藥也。引《經》語解此方，亦正切合。夫血痹者，痹在表不痹在裏。以甘藥代針，亦調其表，非調其裏。芪、桂、薑、棗，甘與辛合，所以補虚而宣陽。芍藥佐桂，則能入營而調血。去甘草且加多生薑者，不欲其中守，而欲其解表也。甘草中又有斟酌如此。以非桂枝湯加減，故不曰桂枝加黄芪湯。然則桂枝加黄芪湯，可不於桂枝湯一致思乎。愚於黄芪已詳著於方之義。甘草自是桂枝湯不可少之物，安得去之。桂、芍減而甘草不減，則陽虚之與邪風有異也。鄒氏不悟仲聖製方之所以然，而肆其臆説，疵纇叢生，無謂甚矣。

黄耆

宋·李昉《太平御覽》卷第九九一 黄耆 《秦州記》曰：隴西襄武縣出黄耆。

《本草經》曰：黄耆，味甘，微温。生山谷。

宋·唐慎微《證類本草》卷七草部上品〔《本經·别録·藥對》〕 **黄耆味甘，微温，**無毒。**主癰疽久敗瘡，排膿止痛，大風癩疾，五痔鼠瘻，補虚，小兒百病，**婦人子藏風邪氣，逐五藏間惡血，補丈夫虚損，五勞羸瘦，止渴，腹痛，洩痢，益氣，利陰氣。生白水者冷，補。其莖葉療渴及筋攣，癰腫疽瘡。**一名戴糝，**一名戴椹，一名獨椹，一名芰草，一名蜀脂，一名百本。生蜀郡山谷、白水、漢中，二月、十月採，陰乾。惡龜甲。

〔梁·陶弘景《本草經集注》〕云：第一出隴西叨陽，色黄白，甜美，今亦難得。次用黑水宕昌者，色白，肌膚麄，新者亦甘，温補。又有蠶陵白水者，色理勝蜀中者而冷補。又有赤色者，可作膏貼用，消癰腫，俗方多用，道家不須。

〔唐·蘇敬《唐本草》〕注云：此物葉似羊齒，或如蒺藜。獨莖，或作叢生。今出原州及華原者最良，蜀漢不復採用之。

〔宋·掌禹錫《嘉祐本草》〕按：《蜀本圖經》云：葉似羊齒草，獨莖，枝扶踈，紫花，根如甘草，皮黄肉白，長二三尺許。今原州者好，宜州、寧州亦佳。《藥性論》云：黄耆，一名王孫。治發背，内補，主虚喘，腎衰，耳聾，療寒熱。生隴西者下，補五藏。蜀白水赤皮者，微寒，此治客熱用之。蕭炳云：出原州華原谷子山，花黄。日華子云：

黃耆，惡白鮮皮。助氣壯筋骨，長肉，補血破癥癖，瘰癧癭贅，腸風，血崩，帶下，赤白痢，産前後一切病，月候不匀，消渴，痰嗽，并治頭風，熱毒赤目等。藥中補益，呼爲羊肉。又云：白水耆，涼，無毒，排膿，治血及煩悶熱毒，骨蒸勞。功次黃耆。赤水耆，涼，無毒。治血，退熱毒，餘功用並同上。木耆，涼，無毒。治煩，排膿。力微於黃耆，遇闕，即倍用之。

〔宋·蘇頌《本草圖經》〕曰：黃耆，生蜀郡山谷、白水、漢中，今河東、陝西州郡多有之。根長二三尺已來。獨莖，作叢生，枝蘚去地二三寸。其葉扶踈作羊齒狀，又如蒺藜苗。七月中開黃紫花，其實作莢子，長寸許。八月中採根用。其皮折之如綿，謂之綿黃耆。然有數種：有白水耆、有赤水耆、有木耆，功用並同，而力不及白水耆。木耆短而理横。今人多以苜蓿根假作黃耆，折皮亦似綿，頗能亂真。但苜蓿根堅而脆，黃耆至柔韌，皮微黃褐色，肉中白色，此爲異耳。唐許裔宗初仕陳爲新蔡王外兵參軍時，柳太后感風不能言，脉沈而口噤。裔宗曰：既不能下藥，宜湯氣熏之，藥入腠理，周時可差。乃造黃耆防風湯數斛，置於牀下，氣如煙霧，其夕便得語。藥力熏蒸，其效如此，因附著之。使善醫者，知所取法焉。

〔宋·唐慎微《證類本草》〕《雷公》云：凡使，勿用木耆，草真相似，只是生時葉短并根横。先須去頭上皺皮了，蒸半日，出後，用手擘令細，於槐砧上剉用。《聖惠方》：治肺癰得吐。以黃耆二兩，杵爲細末。每服三錢，水一中盞，煎至六分，温服，日三四服。又方：治緩疽。以一兩杵成散，不計時候，溫水調下二錢匕。《外臺秘要》：主甲疽瘡，腫爛生脚指甲邊，赤肉出，時差時發者。以〔黃耆〕二兩，藺茹三兩，苦酒浸一宿，以猪脂五合，微火上煎取三合，絞去滓，以封瘡上，日三兩度，其肉即消。《肘後方》：治酒疸，心懊痛，足脛滿，小便黃，飲酒發赤黑黃斑，由大醉當風，入水所致。黃耆二兩，木蘭一兩，爲末。酒服方寸匕，日三服。《梅師方》：補肺排膿。以黃耆六兩，剉碎，以水三升，煎取一升，去滓服。初虞世：治陷甲生入肉，常有血，疼痛。黃耆、當歸等分爲末，貼瘡上。若有惡肉，更研少硫黃末同貼。孫用和：治腸風瀉血。黃耆、黃連等分，右爲末。麪糊丸如菉豆大。每服三十丸，米飲下。席延賞：治虚中有熱，欬嗽膿血，口舌咽乾，又不可服涼藥。好黃耆四兩，甘草一兩，爲末。每服三錢，如茶點、羹、粥中亦可服。

〔宋·陳承《重廣補注神農本草並圖經》〕別說云：謹按：黃耆本出綿上爲良，故名綿黃耆。今《圖經》所繪憲水者即綿上，地相鄰爾。若以謂柔韌如綿，即謂之綿黃耆，然黃耆本皆柔韌，若僞者，但以乾脆爲別爾。

宋·寇宗奭《本草衍義》卷八 防風、黃耆，世多相須而用。唐許（嗣）〔胤〕宗爲新蔡王外兵參軍，王太后病風，不能言，脈沉難對，醫告術窮。（嗣）〔胤〕宗曰：餌液不可進。即以黃耆、防風煮湯數十斛，置牀下，氣如霧，熏薄之，是夕語。

宋·鄭樵《通志》卷七五《昆蟲草木略》 黃耆 有白水耆、赤水耆，木耆三種。其莖葉曰戴糝，曰戴椹，曰芰草，曰蜀脂，曰百本，曰王孫。

金·張元素《潔古珍珠囊》〔見元·杜思敬《濟生拔粹》卷五〕 黃耆甘純陽。益胃氣，去肌熱，止自汗，諸痛用之。與鱉甲相反。

宋·劉明之《圖經本草藥性總論》卷上 黃耆 味甘，微溫，無毒。主癰疽久敗瘡，排膿止痛，大風癩疾，五痔鼠瘻，補虚，小兒百病，婦人子臟風邪氣。逐五藏間惡血，補丈夫虚損，五勞羸瘦，止渴，腹痛洩痢，益氣，利陰氣。生白水者冷補。其莖葉療渴及筋攣、癰腫疽瘡。《藥性論》：治發背。内補主虚喘、腎衰耳聾。療寒熱。生隴西者不補。蜀白水赤皮者微寒。日華子云：助氣，壯筋骨，長肉，補血。破癥癖，瘰癧癭贅，腸風，血崩，帶下，赤白痢，産前後一切病，月候不調，消渴，痰嗽，并治頭風熱毒，赤目。藥中補，呼為羊肉。又云：白水耆，涼，無毒。治血，退熱毒。餘功用并同上。木耆，涼，無毒。治煩，排膿，力微於黃耆。遇闕即倍用之。惡龜甲。

元·王好古《湯液本草》卷三 黃芪 氣温，味甘，純陽。甘，微温，性平，無毒。入手少陽經、足太陰經、足少陰命門之劑。《象》云：治虚勞自汗，補肺氣，入皮毛，瀉肺中火。如脈弦自汗，脾胃虚弱，瘡瘍血脈不行，内托，陰證瘡瘍必用之。去蘆用。《珍》云：益胃氣，去肌熱，諸痛必用之。《心》云：補五臟諸虚不足，而瀉陰火、去虚熱，無汗則發之，有汗則止之。《本草》云：主癰疽久敗瘡，排膿止痛，大風癩疾，五痔鼠瘻，補虚，小兒百病，婦人子臟風邪氣，逐五臟間惡血，補丈夫虚損，五勞羸瘦，腹痛泄痢。益氣，利陰氣。有白水芪、赤水芪、木芪，功用皆同。惟木芪莖短而理横，折之如綿，皮黃褐色，肉中白色，謂之綿黃芪。其堅脆而味苦者，乃苜蓿根也。又云，破癥癖，腸風血崩，帶下，赤白痢，及産前後一切病，月候不調，消渴痰嗽。又治頭風熱毒，目赤，骨蒸。生蜀郡山谷、白水、漢中，今河東、陝西州郡多有之。芪與桂同功，特味稍異，比桂但甘平，不辛熱耳。世人以苜蓿根代之，呼為土黃芪，但味苦，能令人瘦，特味甘者能令人肥也。頗能亂真，用者宜審。治氣虚盜汗並自汗，即皮表之藥；又治膚痛，則表藥可知；又治咯血，柔脾胃，是為中州藥也；又治傷寒尺脈不至，又補腎臟元氣，為裏藥。是上中下内外三焦之藥。今《本草》《圖經》只言河東者，沁州綿上是也，故

謂之綿芪。味甘如蜜，兼體骨柔軟如綿，世以為如綿，非也。《別說》云黃芪本出綿上為良，故《圖經》所繪者，憲水者也，與綿上相鄰，蓋以地產為綿。若以柔韌為綿，則偽者亦柔。但以乾脆甘苦為別耳。　東垣云：黃芪、人參、甘草三味，退熱之聖藥也。《靈樞》曰：衛氣者，所以温分肉而充皮膚，肥腠理而司開闔。黃芪既補三焦、實衛氣，與桂同，特益氣異耳。亦在佐使。桂則通血也，能破血而實衛氣，通內而實外者歟。桂以血言，一作色求，則芪為實氣也。惡鼈甲。

元・李雲陽《用藥十八辨》〔見《秘傳痘疹玉髓》卷二〕　黃芪　補衛氣，振天元，功莫大于芪也。單用則翼相火而致燥悶，生用則鼎梟炎而解胃毒，炙用則斂自汗而活肝榮。雖曰與人參同功，但帶焦紫者，毫釐不可用也。評曰：花門多要用黃芪，經道肝心實不宜。脾肺兩家須倍用，同參收效助陳皮。

元・佚名氏《珍珠囊・諸品藥性主治指掌》〔見《醫要集覽》〕　黃芪　味甘，氣溫，無毒。升也，陽也。其用有四：溫分肉而實腠理，益元氣而補三焦，內托陰證之瘡瘍，外固表虛之盜汗。

元・徐彥純《本草發揮》卷一　黃芪　味甘，微溫，無毒。主癰疽，排膿止痛，內托補虛，逐五藏間惡血。補丈夫虛損，主虛喘助氣，壯筋骨長肉。補血，産前後一切病，月候不匀，消渴骨蒸。　潔古云：治虛勞自汗，補肺氣，實皮毛，瀉肺中火。脉弦自汗，善治脾胃虛弱，瘡瘍血脉不行，內托陰證瘡瘍必用之藥也。《主治秘訣》云：性溫味甘，氣薄味厚，可升可降，陰中陽也。其用有五：補諸虛不足，一也；益元氣，二也；去肌熱，三也；瘡瘍排膿止痛，四也；壯脾胃，五也。去諸經之痛，除虛熱，止盜汗。　東垣云：補五藏諸虛不足，瀉陰火。無汗則發之，有汗則止之。又云：護周身皮毛間腠理虛，及活血脉生血，乃瘡家聖藥也。又能補表之元氣虛弱，通和陽氣，泄火邪也。　海藏云：黃芪，有白水芪、木芪，功用皆同。惟木芪莖短而理橫，折之如綿，皮黃褐色，肉內白色，謂之綿黃芪。若但堅脆味苦者，謂之苜蓿根，世人以苜蓿根代之，呼為土黃芪，但味苦，能令人瘦，特味甘者，能令人肥也，頗能亂真，用者宜審。其治氣虛盜汗并自汗，即皮表之藥。又治皮膚痛，則表藥可知。又治咯血，柔脾胃，是又為中州藥也。又治傷寒，尺脉不至。又補腎藏之元氣，以為裏藥。乃是上中下內外三焦之藥也。《圖經》言河東者，沁州綿上是也，故謂之綿芪。味甘如蜜，兼體骨柔軟如綿，世以為如綿者為綿黃芪，非也。《別說》云：黃芪本出綿上者為良，蓋以地產為綿，若以柔韌如綿為綿，而偽者亦柔韌，但當以堅脆甘苦為別也。《衍義》云：黃芪、防風，世多相須而用。　東垣云：黃芪、人參、甘草，此三味退熱之聖藥也。《靈樞》云：衛氣者，所以溫分肉而充皮膚，肥腠理而司開闔。黃芪既補三焦，實衛氣，與桂同，特益氣異爾。然亦在乎佐使。桂則通血脉，亦能破血，而實衛氣，通內而實外者歟。桂以通血言，則芪為實氣也。入手少陽、足太陰、足少陰命門之劑。

明・朱橚《救荒本草》卷上之前　黃耆　一名戴糝，一名戴椹，一名獨椹，一名芰草，一名蜀脂，一名百本，一名王孫。生蜀郡山谷及白水、漢中，河東、陝西。出綿上呼為綿黃耆。今處處有之。根長二三尺，獨莖叢生枝榦，其葉作扶踈作羊齒狀，似槐葉微尖小；又似蒺藜葉，闊大而青白色；開黃紫花，如槐花大，結小尖角，長寸許。味甘，性微溫，無毒。一云味苦，微寒。惡龜甲、白鮮皮。　救飢：採嫩苗葉煠熟，換水浸淘洗去苦味，油鹽調食。藥中補益，呼為羊肉。　治病：文具《本草》草部條下。

明・王綸《本草集要》卷二　黃耆　味甘，氣微溫，無毒。入手少陽經、手足太陰經。惡龜甲、白鮮皮。陰乾。柔韌，皮微黃，肉中白者佳。治瘡瘍，生用，補虛蜜炒而用。　主癰疽久敗瘡，排膿止痛，大風癩疾，五痔鼠瘻。補虛，小兒百病。治脾胃虛弱，瘡瘍血脈不行，內托陰證瘡瘍必用之。補丈夫虛損，五勞羸瘦，補中生血，補肺氣，實皮毛。瀉陰火，為退虛熱聖藥。治虛勞自汗，無汗則發，有汗則止。又治消渴腹痛，泄痢腸風，血崩帶下，月候不匀，産前後一切病。補腎、三焦、命門元氣，藥中補益，呼為羊肉。　外行皮表，中補脾胃，下治傷寒尺脈不至，是上中下內外三焦之藥也。性畏防風，防風能制黃耆，黃耆得防風其功愈大，蓋相畏而相使者也，故二味世多相須而用。又東垣云：瀉陰火者，謂內傷者上焦陽氣陷下陰分而為虛熱，非陰分相火之火也。○病風不能言，脈沉，口噤，有形湯藥，緩不及事，用黃耆、防風煮湯數十斛，置床下，氣如煙霧熏蒸之，令口鼻俱受效。陷甲生入肉，常有血疼痛。同當歸等分，為末，貼瘡上，有惡肉，少加硫黃。

明・滕弘《神農本經會通》卷一《草部上》　黃耆　惡龜甲、白鮮皮。陰乾至柔韌。皮微黃褐色，肉中白色者為佳。治瘡瘍生用，補虛蜜炒用。苜蓿

根假作黃耆，折皮亦似綿，頗能亂真，但堅而脆為別。去蘆。

味甘，氣微溫，無毒。《湯》云：氣溫，味甘，純陽，性平。入手少陽經、足太陰經、足少陰命門之劑。東云：溫分肉而實腠理，益元氣而補三焦，內托陰證之瘡瘍，外固表虛之盜汗。又云：補虛弱，排瘡膿。珍云：益胃氣，去肌熱，主五臟諸虛，諸經之痛，無汗發汗，有汗止汗，并瘡瘍。《疌》云：止痛排膿，補弱醫崩，調益氣血，逐瘀，止汗，又除風。

《本經》云：主癰疽久敗瘡，排膿止痛。大風癩疾，五痔鼠瘻，補虛。小兒百病，婦人子藏風邪氣，逐五臟間惡血。補丈夫虛損，五勞羸瘦，止渴，腹痛洩痢，益氣，利陰氣。生白水者冷補，其莖葉療渴，及筋攣癰腫疽瘡。《藥性論》云：治發背，內補，主虛喘，腎衰，耳聾。療寒熱。生隴西者，下補五臟。蜀白水赤皮者，微寒，此治客熱用之。日華子云：助氣，壯筋骨，長肉補血，破癥癖，瘰癧癭贅，腸風，血崩，帶下，赤白痢，產前後一切病，月候不匀。消渴，痰嗽，并治頭風熱毒，赤目等。藥中補益，呼為羊肉。又云：白水（著）〔耆〕，涼，無毒。排膿，治血，及煩悶熱毒，骨蒸勞，功次黃（著）〔耆〕。赤水（著）〔耆〕，涼，無毒。治血，退熱毒，餘功並同。木（著）〔耆〕，涼，無毒。治煩，排膿。力微，遇缺即倍用之。《象》云：治虛勞自汗，補肺氣，實皮毛，瀉肺中火。如脉弦自汗，脾胃虛弱，瘡瘍血脉不行，內托陰證瘡瘍必用之。去蘆用。珍云：益胃氣，去肌熱，諸痛必用之。《心》云：補五臟諸虛不足，而瀉陰火。去虛熱，無汗則發之，有汗則止之。東垣云：黃芪、人參、甘草三味退熱之聖藥也。《靈樞》曰：衛氣者，所以溫分肉而充皮膚，肥腠理而司開闔。黃芪既補三焦，實衛氣，與桂同，特益氣異耳。亦在佐使，桂則通血也，能破血而實衛氣，通內而實外者，與桂以血言，一作色求，則芪為實氣也。《集》云：瀉陰火，為退虛熱之聖藥。補腎三焦命門元氣。藥中補益，呼為羊肉。又云：外行皮表，中補脾胃，下治傷寒，尺脉不至，是上中下內外三焦之藥也。性畏防風，防風能制黃（著）〔耆〕，黃（著）〔耆〕得防風，其功愈大，蓋相畏而相使者也，故二味世多相須而用。又東垣云：瀉陰火者，謂內傷者，上焦陽氣陷下陰分，而為虛熱，非陰分相火之火也。丹溪云：人之口通乎地，鼻通乎天，口以養陰，鼻以養陽。天主清，故鼻不受有形，而受無形為多。地主濁，故口受有形，而兼乎無形。王太后病風不言，而脉沉，其事急，若以有形之湯藥，緩不及事。令造以防風、黃芪二物湯數斛，置於牀下，氣薰蒸，如烟霧滿室，則口鼻俱受，其夕便得語。非智者通神，不可迴也。《湯》云：有白水芪、赤水芪、木芪，功用皆同，惟木芪莖短而理橫，折之如綿，皮黃褐色，肉中白色，謂之綿黃芪。其堅脆而味苦者，乃苜蓿根也。又云：破癥癖，腸風，血崩，帶下，赤白痢，及產前後一切病，月候不調，消渴，痰嗽。又治頭風熱毒，目赤骨蒸。生蜀郡山谷、白水、漢中，今河東、陝西州郡多有之。芪與桂同功，特味稍異，比桂但甘平，不辛熱耳。世人以苜蓿根代之，呼為土黃芪，但味苦，令人瘦。特味甘者，能令人肥也。頗能亂真，用者宜審。治氣虛盜汗并自汗，即皮之藥。又治膚痛，則表藥可知。又治咯血，柔脾，是為中州藥也。又治傷寒，尺脉不至。又補腎臟元氣，為裏藥。是上中下內外三焦之藥。今《本草》《圖經》只言河東者，沁州綿上是也，故謂之綿芪。味甘如蜜，兼體骨柔軟如綿，世以為綿，非也。《別說》云：黃芪本出綿上為良，故《圖經》所繪者，憲水者也。與綿上相隣，蓋以地產為綿。若以柔韌為綿，則偽者亦柔，但以乾脆甘苦為別耳。剷云：黃芪甘溫益元氣，溫肉分而實腠理。補三焦更托諸瘡，虛勞自汗服即止。《局》云：黃耆補損更調中，止痛排膿療百聾。更主虛勞兼盜汗，強筋治渴有神功。黃耆，止渴，補虛，收盜汗。

明・劉文泰《本草品彙精要》卷八　黃耆無毒。　植生。

黃耆出《神農本經》：**主癰疽，久敗瘡，排膿，止痛，大風癩疾，五痔，鼠瘻，補虛，小兒百病。**以上朱字《神農本經》。婦人子臟風邪氣，逐五臟間惡血，補丈夫虛損，五勞羸瘦，止渴，腹痛，洩痢，益氣，利陰氣。生白水者冷，補。其莖葉，療渴及筋攣，癰腫，疽瘡。以上黑字名醫所錄。〖名〗戴椹、戴糝、獨椹、芰草、蜀脂、百本、王孫。〖苗〗《圖經》曰：根長二三尺，獨莖作（葉）〔叢〕生，枝蘇去地二三寸，其葉扶疏，作羊齒狀，又如蒺藜苗。七月中開黃紫花，其實作莢子，長寸許，其皮折之如綿，謂之綿黃耆。然有數種，有白水耆，有赤水耆，有木耆，功用並同，而力不及白水耆。木耆短而理橫。人多以苜蓿根假作黃耆，折皮亦似綿，頗能亂真，但苜蓿根堅而脆，黃耆至柔韌，皮微黃褐色，肉中白色，此爲異耳。〖地〗《圖經》曰：蜀郡山谷及白水、漢中，今河東、陝西州郡多有之。陶隱居云：出隴西、叨陽、黑水、宕昌。〖道地〗憲州、原州、華原、宜州、寧州。〖時〗生：春生苗。採：二月、十月取根。〖收〗陰乾。〖用〗根折之如綿者爲好。〖質〗類甘草而皮褐。〖色〗皮黃肉

白。〔味〕甘。〔性〕微溫，平，緩。〔氣〕氣之厚者，純陽。〔臭〕微腥。〔主〕補中益氣。〔行〕手少陽經、足太陰經、足少陰經。〔反〕惡白鮮皮、龜甲。〔製〕《雷公》云：去蘆，蒸。槐砧上剉用，或蜜炙，生用亦可。〔治〕療：《藥性論》云：去寒熱，客熱。日華子云：破癥瘕，瘰癧，癭贅，腸風，血崩，帶下，赤白痢，產前後一切病，月候不勻，消渴，痰嗽，及頭風，熱毒，赤目。〇白水耆治血及煩悶，骨蒸勞，無汗則發汗，有汗則止汗。補：《藥性論》云：發背，內補及虛喘，腎衰，耳聾，補五臟。日華子云：壯筋骨，長肉，補血。〔合治〕合防風煮湯，熏風病脈沉，口噤不語。〇合人參、甘草，退勞役發熱。〇合白芷、連翹，排膿止痛，消毒。〇合防風，補力愈大。

〔禁〕面黑人不可多服。〔贋〕苜蓿根爲僞。

明·葉文齡《醫學統旨》卷八 黃芪 氣微溫，味甘。無毒。可升可降，陰中陽也。入手少陽經、手足太陰經。惡龜甲、白鮮皮。柔韌、皮微黃、肉中白、出綿上者為良。治瘡瘍生用，補虛蜜炒用。外行皮表，中補脾胃，下治傷寒。尺脉不至，是三焦之藥。性畏防風，風能制黃芪，得防風其功愈大，盖相畏而相使也。 治虛勞自汗，表虛盜汗，補血益氣，脾胃虛弱，定虛喘短氣，退虛熱，瀉陰火，實皮毛，補肺氣；癰疽排膿止痛，內托補虛，逐五臟間惡血，大風癩疾，五痔鼠瘻，長肉；消煩渴，久瀉利，腸風；血崩帶下，月候不勻，產前後一切病，補腎、三焦、命門元氣；藥中補益，呼為羊肉。蒼黑人及氣盛者勿服。

明·許希周《藥性粗評》卷一 黃芪防腠理，勝李牧之備邊。

黃芪，一名戴椹，一名芰草。獨莖或作叢生，葉扶疎似羊齒狀，又如蒺藜，枝幹去地二三寸許，七月間開黃紫花，其實作莢子，長寸餘，根似甘草，皮黃肉白，長二三尺，折其皮柔韌如綿者真，謂之綿黃芪，生蜀漢諸郡山谷。有數種：曰白水芪，曰赤水芪，曰木芪，功用並同，而力不及白水。木芪短而理橫，今人多以(茵)〔苜〕蓿根假充，折其皮亦頗似綿，但(茵)〔苜〕蓿根堅而脆，以此為別。十月採根，陰乾。凡用先去出土皺皮一節，劈開，以蜜塗炙微赤，焙乾。惡龜甲、白鮮皮。餘說《本草》不載。 味甘，性微溫，無毒。入手少陽三焦、太陰肺、足太陰脾、少陰腎并命門經。主治癆傷羸瘦，氣虛自汗，肺喘骨蒸，腎虛耳聾，中風發熱。皮毛實腠理，使風邪不侵，譬之李牧，善於備邊，而諸羌不敢入焉。又主排膿止痛，生血調經。海藏云：治氣虛自汗，即皮表之藥。又治咯血，柔脾胃，是又為中州藥也。又治傷寒，尺脉不至，補腎藏之元氣，以為裏藥，乃上中下內外三焦之藥也。氣實者不宜用。

單方：補肺排膿：肺熱咯吐膿血，是內生癰，口舌咽乾，又非涼藥所宜，黃芪六兩，剉，水三升，煎取一升，去滓，溫服，日可三四。腸風瀉血：黃芪、黃連等分，為細末，麵糊丸如菉豆大，每服三十丸，米飲下。中風口噤：中風不語，湯藥不入者，以黃芪、防風等分三四斤，煎湯數斗，置於床下，得氣薰蒸入於腠理，自當甦解。酒疸心便黃：貪酒成疸，脛腫，小便頻，發赤黑黃斑，此由大醉當風入水所致，黃芪一兩，木蘭一兩，共為細末，每服一二錢，酒下。

明·鄭寧《藥性要略大全》卷二 黃芪 溫分肉而實腠理，益元氣而補三焦。內托陰症之瘡(傷)〔瘍〕，外固表虛之盜汗。補虛弱，療瘡膿，消癰腫。伊訓曰：治虛癆自汗，瀉肺中火，補肺氣，益胃氣。補五臟諸虛不足，補丈夫虛損，五勞羸瘦，腹痛瀉痢，瀉陰火。去虛熱。無汗則發之，有汗則止之。去肌熱。內托陰症之瘡瘍，主癰疽，排膿止痛，療大風癩疾，痔癧鼠瘻。補小兒百病，女人臟風邪氣。《象》云：出沁州綿上者，皮黃肉白，味甘，名綿黃芪。能肥人。其土黃芪，味苦者，苜蓿根也。能瘦人，不可用。東垣云：黃芪、人參、甘草三味，退熱之聖藥也。又云：補腎臟元氣，是上中下內外三焦之藥。味甘，氣溫，無毒。陽也。入手少陰心經、足太陰脾經、少陰命門諸經之藥。惡龜甲、鱉甲、白鮮皮。柔軟、微黃中白者佳。治瘡生用，補虛蜜水炒用。

明·賀岳《醫經大旨》卷一《本草要略》 黃芪 氣味甘溫。大補陽虛自汗，如癰疽已潰，用此從裏托毒而出。又能生肌收口，補表故也。大抵表邪旺者不可用，用之則反助邪氣。陰虛者宜少用，用之以升氣於表，則內反虛耗矣。又表虛有邪，發汗不出者，服此自汗。

明·陳嘉謨《本草蒙筌》卷一 黃耆 味甘，氣微溫。氣薄味厚，可升可降，陰中陽也。無毒。種有三品，治無兩般。木耆莖短理橫，功力殊劣；此為下品。缺歲多收倍用，煎服亦宜。《本經》不載州土，必出黃耆處並有之，如稊稗之賤，自產穀田，兇年多收，亦可代糧也。水耆生白水、赤水二鄉，俱屬隴西。白水頗勝。此為中品。綿耆出山西沁州綿上，鄉名有巡檢司。此品極佳。此為上品。咸因地產命名，總待秋採入藥。久留易蛀，勤曝難侵。務選單股不歧，直如箭幹，皮色褐潤，肉白心黃，折柔軟類綿，嚼甘甜近蜜。如斯應病，獲效如神。市多採苜蓿根假充，謂之土黃耆媒利。殊不知此堅脆音翠味苦，能令人瘦；耆柔軟味甘，易致人肥。每被亂真，尤宜細認。夫耆者，惡白鮮、龜甲，製去

頭、刮皮。生用治癰疽，蜜炙補虛損。入手少陽、手足太陰。主丈夫小兒五勞七傷，骨蒸體瘦，消渴腹痛，瀉痢腸風；治女子婦人月候不勻，血崩帶下，胎前產後，氣耗血虛。益元陽，瀉陰火。扶危濟弱，略亞人參。溫分肉而充皮膚，肥腠理以司開闔。固盜汗自汗，無汗則發，有汗則止；托陰瘡癩瘡，排膿止痛，長肉生肌。外行皮毛，中補脾胃。下治傷寒，尺脉不至。是上中下內外三焦藥也。性畏防風，而防風能制黃耆，黃耆得防風，其功愈大。蓋相畏而相使者，故二味世多相須而用。《衍義》又云：因多補益之功，藥中呼為羊肉。久服勿已，耐老延年。

謨按：參耆甘溫，俱能補益。證屬虛損，堪並建功。但人參惟補元氣調中，黃耆兼補衛氣實表。所補既略差異，共劑豈可等分。務尊專能，用為君主。君藥宜重，臣輔減輕。君勝乎臣，天下方治。臣強于主，國祚漸危。此理勢自然，藥劑倣之，亦不可不注意也。如患內傷，脾胃衰弱，飲食怕進，怠惰嗜眠，發熱惡寒，嘔吐泄瀉，及夫脹滿痞塞，力乏形羸，脉息虛微，精神短少等證，治之悉宜補中益氣，當以人參加重為君，黃耆減輕為臣。若係表虛，腠理不固，自汗盜汗，漸致亡陽，並諸潰瘍，多耗膿血，嬰兒痘瘮，未灌全漿，一切陰毒不起之疾，治之又宜實衛護榮，須讓黃耆倍用為主，人參少入為輔焉。是故治病在藥，用藥由人。切勿索驥按圖，務須活潑潑地。先正嘗曰：醫無定體，應變而施。藥不執方，合宜而用。又云：補氣藥多，補血藥亦從而補氣；補血藥多，補氣藥亦從而補血。佐之以熱則熱，佐之以寒則寒。如補中益氣湯，雖加當歸，當歸血藥也，因勢寡，則被參耆所據，故專益氣僉名。又當歸補血湯，縱倍黃耆，黃耆氣藥也，為性緩，亦隨當歸所引，惟以補血標首。佐肉桂附子少熱，八味丸云然；加黃蘗、知母微寒，補陰丸是爾。舉隅而反，觸類而推。則方藥之應乎病機，病機之合乎方藥。總在君臣佐使之弗失，纔致輕重緩急之適中。時醫不以本草加工，欲望製方。如是之通變合宜者，正猶學射而不操夫弓矢，其不能也決矣。

明・方穀《本草纂要》卷一　黃芪　味甘，氣微溫，無毒。入手少陽經、手足太陰經，補三焦之藥也。善能充實腠理，排托諸瘡，是以自汗盜汗，腠理虛也，虛則非芪不能實；潰膿潰血，腠理弱也，弱則非芪不能托。痼冷沉寒，乃元虛之不足，雖用薑桂之屬，而無參芪之劑，則不能溫經以回陽；陰虛不足，陽邪下陷于陰經，雖用升提之類，而無實腠之藥，則自上而復下也。是故補中益氣湯用參、芪爲君，升麻、柴胡爲使；諸瘡托裏散以黃芪獨用，使腠理固密，而餘毒不能妄攻於內，故治者果察其氣有不足而與之，使正氣復而邪氣散矣，他症何由而生焉。苟不揣其氣或有餘，而概與補氣之藥，則不助其正，而反助其邪，必变證爲喘欬氣急之患也，豈可乎？吾嘗秘用之法，平補而用參、芪，必兼苦寒，使氣不能以自盛，致生胸悶之症也；大補而用參芪，必兼消導，使補不能以太速，致生氣急之患也；如邪盛而用參芪，必先治其邪，而少加補劑，使邪不能以勝正氣；虛而用參芪，必當調其氣，而大加補劑，使氣得以受補也，如是推之他症，治例亦可詳矣。

明・王文潔《太乙仙製本草藥性大全》卷一《本草精義》　黃耆　一名戴糝，一名戴椹，一名芰草，一名蜀脂，一名百本。種有三品，治無兩般。木耆，莖短理橫，功力殊劣，缺歲多收，倍用煎服亦宜。木耆生白水、赤水二鄉，白水頗勝。綿耆，出山西沁州綿山，此品極佳，咸因地產僉名。總待秋採入藥。久留易蛀，勤曝難侵。務選單股不歧，直如箭幹，皮色褐潤，肉白心黃，折柔軟類綿，嚼甘甜近蜜，如斯應病獲效如神。市多採苜蓿根假充，謂之土黃耆謀利，殊不知此堅脆音翠，味苦，能令人瘦。耆柔軟味甘，易致人肥，每被亂真，尤宜細認。惡白鮮、龜甲，製去頭刮皮。生用治癰疽，蜜炙補虛。《賦》云：溫分肉而實腠理，益元氣而補三焦，內托陰症之瘡傷，外固表虛之盜汗。補虛弱，療瘡膿，消癰腫。

明・王文潔《太乙仙製本草藥性大全》卷一《仙製藥性》　黃耆　味甘，氣微溫，氣薄味厚，可升可降，陰中陽也，無毒。入手少陰心經、足太陰脾經、少陰命門諸經之藥。主治：療癰疽、久敗瘡，排膿止痛，大風癩疾，五痔鼠瘻，補虛，小兒百病。治脾胃虛弱。瘡瘍血脉不行，內托陰證，瘡瘍必用之補。又治虛損，五勞羸瘦，補中生血。補肺氣，實皮毛，瀉陰火，爲退虛熱之聖藥。治虛勞自汗，無汗則發，有汗則止。又治消渴，腹痛，泄痢腸風，血崩帶下，月候不勻，產前後一切病。補腎、三焦、命門元氣，藥中補益，呼爲羊肉。

補註：外行皮表，中補脾胃，下治傷寒，尺脉不至，是上中下內外三焦之藥也。性畏防風，防風能制黃耆。黃耆得防風其功愈大，蓋相畏而相使者也，故二味世多相須而用。又東垣云：瀉陰火者，謂內傷者，上焦陽氣陷下陰分，而爲虛熱，非陰分相火之火也。〇病風不能言，脉沉，口噤，有形湯

藥緩不及事，急用黄耆、防風煮湯數十斛，置床下，氣如煙霧熏蒸之，令口鼻俱受，效。○陷甲生入肉，常有血，疼痛，同當歸等分爲末，貼瘡上，有惡肉，少加硫磺。　太乙曰：凡使勿用水蓍草，真相似，只是生時葉短，并根横，先須去頭上皺皮了，蒸半日，出後用手擘令細，於槐砧上剉用。○熊氏云：黄耆動三焦之火。

明·皇甫嵩《本草發明》卷二　黄耆上品之下，君。氣温，味甘，平，無毒。入手少陽、足少陰、太陰命門之劑。可升可降，陰中之陽也。　發明曰：黄耆雖屬内外三焦通用之藥，其實托裏固表為專，而補中益氣兼之。故《本草》云：補肺氣，温分肉，實皮毛。陽虚自汗盜汗，此能斂之。癰疽、肺癰、痔瘻已潰、久敗瘡瘍用此，從裏托毒而出，能生肌收口，皆護表以補裏也。若表邪旺、腠理實用之，反助邪氣。所謂瀉陰火，非陰經相火也，以内傷者上焦陽氣下陷于陰分，為虚熱耳，故三焦火動者不可用。云補三焦，實衛氣，斂汗，與桂枝同，但桂枝能通血破血而實衛，乃榮中藥。黄耆只實衛益氣為異耳。若表虚有邪，發汗不出，服之自汗也。如傷寒脉虚澁，血少不能作汗，春夏秋三時用黄耆建中湯和榮衛，自然汗出邪退之類。《本草》又謂療虚損，五癆羸瘦，補腎藏元氣，柔脾胃，利陰氣，止消渴，腹痛泄痢，婦人子藏風邪，逐藏間惡血，月候不勻，崩帶下傷寒戶，脉不至，小兒百病等，皆裏氣虚也，此為托裏，要之固表，亦所以固表也。東垣云：人參、黄耆、甘草三味，甘温退熱之聖藥也。故補中益氣，以人參為君，黄耆為臣。若係表汗多亡陽，并諸潰瘡瘍及痘疹未貫金漿，并一切陰毒不起，而實衛獲榮，又讓黄耆為主，人參輔之。若補中輔脾胃，此能佐茯苓、白朮。○黄耆畏防風，得防風其功愈大，蓋相畏而相使也。蓋風藥行表，故能助之，二味相須為用。若治瘡瘍生用，補虚蜜炒用。黄耆出綿上者良，故云綿耆。皮微黄褐色，其中肉色白，味甘，至柔韌為真。若堅實乾脆，味苦者，不真也。惡龜甲、白鮮皮。堅實如箭簳者良。眉批：苜蓿味苦而堅脆，俗呼為土黄耆。

明·李時珍《本草綱目》卷一二草部·山草類上　黄耆《本經》上品

〔釋名〕黄芪《綱目》　戴糝《本經》　戴椹《別録》，又名獨椹。　芰草《別録》，又名蜀脂。　百本《別録》　王孫《藥性論》。時珍曰：耆，長也。黄耆色黄，爲補藥之長，故名。今俗通作黄芪。或作蓍者非矣，蓍乃蓍龜之蓍，音尸。王孫與牡蒙同名異物。

〔集解〕《別録》曰：黄耆生蜀郡山谷、白水、漢中，二月、十月採，陰乾。弘景曰：第一出隴西洮陽，色黄白甜美，今亦難得。次用黑水宕昌者，色白肌理粗，新者亦甘而温補。又有蠶陵白水者，色理勝蜀中者而冷補。又有赤色者，可作膏貼。俗方多用，道家不須。恭曰：今出原州及華原者最良，蜀漢不復採用。宜州、寧州者亦佳。頌曰：今河東、陝西州郡多有之。根長二三尺以來。獨莖，或作叢生，枝幹去地二三寸。其葉扶疏作羊齒狀，又如蒺藜苗。七月中開黄紫花。其實作莢子，長寸許。八月中採根用。其皮折之如綿，謂之綿黄耆。然有數種，有白水耆、赤水耆、木耆，功用並同，而力不及白水者。木耆短而理横。今人多以苜蓿根假作黄耆，折皮亦似綿，頗能亂真。但苜蓿根堅而脆，黄耆至柔韌，皮微黄褐色，肉中白色，此爲異耳。承曰：黄耆本出綿上者爲良，故名綿黄耆，非謂其柔韌如綿也。今《圖經》所繪憲州者，地與綿上相鄰也。好古曰：綿上即山西沁州，白水在陝西同州。黄耆味甘，柔軟如綿，能令人肥；苜蓿根，味苦而堅脆，俗呼爲土黄耆，能令人瘦。用者宜審。嘉謨曰：綿上，沁州鄉名，今有巡檢司，白水、赤水二鄉，俱屬隴西。時珍曰：黄耆葉似槐葉而微尖小，又似蒺藜葉而微闊大，青白色。開黄紫花，大如槐花。結小尖角，長寸許。根長二三尺，以緊實如箭簳者爲良。嫩苗亦可煠淘茹食。其子收之，十月下種，如種菜法亦可。

〔修治〕斅曰：凡使勿用木耆草，真相似，只是生時葉短並根横也。須去頭上皺皮，蒸半日，擘細，於槐砧上剉用。時珍曰：今人但搥扁，以蜜水塗炙數次，以熟爲度。亦有以鹽湯潤透，器盛，於湯瓶蒸熟切用者。

根　〔氣味〕甘，微温，無毒《本經》。白水者冷，補《別録》。元素曰：味甘，氣温，平。氣薄味厚，可升可降，陰中陽也。入手足太陰氣分，又入手少陽、足少陰命門。之才曰：茯苓爲之使，惡龜甲、白鮮皮。

〔主治〕癰疽久敗瘡，排膿止痛，大風癩疾，五痔鼠瘻，補虚，小兒百病《本經》。婦人子臟風邪氣，逐五臟間惡血，補丈夫虚損，五勞羸瘦，止渴，腹痛洩痢，益氣，利陰氣《別録》。主虚喘，腎衰耳聾，療寒熱，治發背，内補甄權。助氣壯筋骨，長肉補血，破癥癖，瘰癧癭贅，腸風血崩，帶下，赤白痢，産前後一切病，月候不勻，痰嗽頭風，熱毒赤目《日華》。治虚勞自汗，補肺氣，瀉肺火心火，實皮毛，益胃氣，去肌熱及諸經之痛元素。主太陰瘧疾，陽維爲病苦寒熱，督脈爲病逆氣裏急好古。

〔發明〕弘景曰：出隴西者温補，出白水者冷補。又有赤色者，可作膏，用消癰腫。藏器曰：虚而客熱，用白水黄耆；虚而客冷，用隴西黄耆。大明曰：黄耆藥中補益，呼爲羊肉。白水耆凉無毒，排膿治血，及煩悶熱毒骨蒸勞。赤水耆凉無毒，治血退熱毒，餘功並同。木耆凉無毒，治煩排膿之力，微於黄耆，遇闕即倍用之。元素曰：黄耆甘温純陽，其用有五：補諸虚不足，一也；益元氣，二也；壯脾胃，三也；去肌熱，四也；排膿止痛，活血生血，内托陰疽，爲瘡家聖藥，五也。又曰：補五臟諸虚，治脈弦自汗，瀉陰火，去虚熱，無汗則發之，有汗則止之。好古曰：黄耆治氣虚盜汗，並自汗及膚痛，是皮表之藥；治咯血，柔脾胃，是中州之藥；治傷寒尺脈不至，補腎臟元氣，是裏藥，乃上中下内外三焦之藥也。杲

曰：《靈樞》云：衛氣者，所以温分肉而充皮膚，肥腠理而司開闔。黄耆既補三焦，實衛氣，與桂同功；特比桂甘平，不辛熱爲異耳。但桂則通血脈，能破血而實衛氣，耆則益氣也。又黄耆與人參、甘草三味，爲除躁熱肌熱之聖藥。脾胃一虚，肺氣先絶。必用黄耆温分肉，益皮毛，實腠理，不令汗出，以益元氣而補三焦。震亨曰：黄耆補元氣，肥白而多汁者爲宜；若面黑形實而瘦者服之，令人胸滿，宜以三拗湯瀉之。宗奭曰：防風、黄耆，世多相須而用。唐許胤宗初仕陳爲新蔡王外兵參軍時，柳太后病風不能言，脈沉而口噤。胤宗曰：既不能下藥，宜湯氣蒸之，藥入腠理，周時可瘥。乃造黄耆防風湯數斛，置於牀下，氣如烟霧，其夕便得語也。杲曰：防風能制黄耆，黄耆得防風其功愈大，乃相畏而相使也。震亨曰：人之口通乎地，鼻通乎天。口以養陰，鼻以養陽。天主清，故鼻不受有形而受無形；地主濁，故口鼻俱受。非智者通神，不可回生也。杲曰：小兒外物驚，宜用黄連安神丸鎮心藥。若脾胃寒濕，嘔吐腹痛，瀉痢青白，宜用益黄散藥。如脾胃伏火，勞役不足之證，及服巴豆之類，胃虚而成慢驚者，用益黄、理中之藥，必傷人命。當於心經中，以甘温補土之源，更於脾土中，以甘寒瀉火，以酸凉補金，使金旺火衰，風木自平矣。今立黄耆湯瀉火補金益土，爲神治之法。用炙黄耆二錢，人參一錢，炙甘草五分，白芍藥五分，水一大盞，煎半盞，温服。機曰：蕭山魏直著《博愛心鑒》三卷，言小兒痘瘡，惟有順、逆、險三證。順者爲吉，不用藥。逆者爲兇，不必用藥。惟險乃悔吝之象，當以藥轉危爲安，宜用保元湯加減主之。此方原出東垣，治慢驚土衰火旺之法。今借而治痘，以其内固營血，外護衛氣，滋助陰陽，作爲膿血，其證雖異，其理則同。去白芍藥，加生薑，改名曰保元湯。炙黄耆三錢，人參二錢，炙甘草一錢，生薑一片，水煎服之。險證者，初出圓暈乾紅少潤也，將長光澤，頂陷不起也，既出雖起慘色不明也，漿行色灰不榮也，漿定光潤不消也，漿老濕潤不斂也，結痂而胃弱内虚也，痂落而口渴不食也，痂後生癰腫也，癰腫潰而斂遲也。凡有諸證，並宜此湯。或加芎藭，加官桂，加糯米以助之。詳見本書。嘉謨曰：人參補中，黄耆實表。凡内傷脾胃，發熱惡寒，吐泄怠卧，脹滿痞塞，神短脈微者，當以人參爲君，黄耆爲臣；若表虚自汗亡陽，潰瘍痘疹陰瘡者，當以黄耆爲君，人參爲臣，不可執一也。

〔附方〕舊五，新九。 小便不通：綿黄耆二錢，水二盞，煎一盞，温服。小兒減半。《總微論》。 酒疸黄疾：心下懊痛，足脛滿，小便黄，飲酒發赤黑黄斑，由大醉當風，入水所致。黄耆二兩，木蘭一兩，爲末。酒服方寸匕，日三服。《肘後方》。 氣虚白濁：黄芪鹽炒半兩，茯苓一兩，爲末。每服一錢，白湯下。《經驗良方》。 治渴補虚：男子婦人諸虚不足，煩悸焦渴，面色萎黄，不能飲食，或先渴而後發瘡癤，或先癰疽而後發渴，並宜常服此藥，平補氣血，安和臟腑，終身可免癰疽之疾。用綿黄耆箭簳者去蘆六兩，一半生焙，一半以鹽水潤濕，飯上蒸三次，焙剉，粉甘草一兩，一半生用，一半炙黄爲末。每服二錢，白湯點服，早晨、日午各一服，亦可煎服，名黄芪六一湯。《外科精要》。 老人閟塞：綿黄耆、陳皮去白各半兩，爲末。每服三錢，用大麻子一合，研爛，以水濾漿，煎至乳起，入白蜜一匙，再煎沸，調藥空心服，甚者不過二服。此藥不冷不熱，常服無閟塞之患，其效如神。《和劑局方》。 腸風瀉血：黄耆、黄連等分，爲末，麪糊丸緑豆大。每服三十丸，米飲下。孫用和《秘寶方》。 尿血沙淋：痛不可忍。黄耆、人參等分，爲末。以大蘿蔔一個，切一指厚大，四五片，蜜二兩，淹炙令盡，不令焦，點末食無時，以鹽湯下。《永類方》。 吐血不止：黄耆二錢半，紫背浮萍五錢，爲末。每服一錢，薑蜜水下。《聖濟總録》。 咳嗽膿血：咽乾，乃虚中有熱，不可服凉藥。以好黄耆四兩，甘草一兩，爲末。每服二錢，點湯服。《席延賞方》。 肺癰得吐：黄耆二兩，爲末。每服二錢，水一中盞，煎至六分，温服，日三四服。《聖惠方》。 甲疽瘡膿：生足趾甲邊，赤肉突出，時常舉發者。黄耆二兩，䕡茹一兩，醋浸一宿，以猪脂五合，微火上煎取二合，絞去滓，以封瘡口上，日三度，其肉自消。《外臺秘要》。 胎動不安：腹痛，下黄汁。黄耆、川芎藭各一兩，糯米一合，水一升，煎半升，分服。《婦人良方》。 陰汗濕癢：綿黄耆，酒炒爲末，以熟猪心點吃妙。《趙真人濟急方》。 痒疽内固：黄耆、人參各一兩，爲末，入真龍腦一錢，用生藕汁和丸緑豆大。每服二十丸，温水下，日三服。《本事方》。

莖葉 〔主治〕療渴及筋攣，癰腫疽瘡。《别録》。

題明・薛己《本草約言》卷一《藥性本草》 黃芪 味甘，氣微溫，無毒。陽也，可升可降，入手少陽經及手足太陰經。溫肉分而實腠理，益元氣而補三焦，內托陰症之瘡瘍，外固表虛而汗出。補陰氣內損之脈虛，治陽氣下陷之熱熾。黃芪雖屬內外三焦通用之藥，其實托裏固表為專，而補中益氣兼之。種有三品，惟綿芪極佳。世採(茵)〔苜〕蓿根假充謀利，不知此堅脆味苦，能令人瘦，綿芪柔軟味甘，能令人肥，不可不察。治瘡瘍生用，補虛損蜜炒用。性畏防風，得防風而功愈大。〇黃芪甘溫，大補陽虛自汗。如癰疽已潰，用此從裏托毒而出，又能生肌收口，補表故也。大抵表邪旺者不可用，用之反助邪氣。陰虛者宜少用，用之則升氣於表，而內反虛耗矣。又表虛有邪，發汗不出者，服此自汗。〇服黃芪而表虛自汗者，如傷寒脉虛澁，血少不能作汗。用黃芪建中湯和榮衛，自然汗出邪退之類，治氣虛盜汗并自汗，又治皮膚痛，則表藥可知。又治咯血，柔脾胃，是又為中州藥也。又治傷寒尺脉不至，又補腎臟之元氣，以為裏藥，乃是上中下內外三焦之藥也。然肥白人及氣虛而多汗者，服之有功。若蒼黑人，腎氣有餘而未虛者，服之必滿悶不安，以其性塞而閉氣也。按：參、芪甘溫，俱能補益，但參惟益元氣補中，芪兼補衛實表，

所補既略異，共劑豈無分。如內傷，脾胃衰弱，飲食怕進，怠惰嗜臥，發熱惡寒，嘔吐泄瀉及脹滿痞塞，力乏形瘦，脉微，神短等證，宜補中益氣，當以人參加重為君，黄芪減輕為臣。若表虛腠理不密，自汗盜汗，漸至亡陽，併諸潰瘍，多耗膿血，嬰兒痘疹未灌全漿，一切陰毒不起之症，又宜實衛固榮，須讓黄芪倍用為主，人參少入為輔。

明·梅得春《藥性會元》卷上　黄耆　味甘，氣溫。可升可降，陰中陽也。無毒。入手少陽三焦經、手太陰肺經、足太陰脾經。畏防風。得防風其力愈大者，蓋相畏而相使也。酒炒過用。惡皂莢、白鮮皮。　主溫分肉而實腠理，益元氣而補三焦。內托陰症之瘡瘍，外固表虛之盜汗。止痛排膿，主癰疽之久敗；　補虛療弱，止虛渴以強筋。實皮毛，閉腠理，而不令自汗。治耳聾，祛風癩，五痔、鼠瘻，小兒百病，婦人子臟風邪，逐五臟中間惡血，補丈夫虛損勞傷羸瘦，腹痛洩痢，利陰氣，療筋攣。治虛勞自汗，補血，及脾胃虛弱。定虛喘短氣，退虛熱，瀉陰火，補肺氣，利腸風，止血崩帶下，月候能勻，胎前產後，一切病症。補腎、三焦、命門元氣。凡脾胃一虛，肺氣先絕，用此以益皮毛。其勞熱甚者，加而用之。氣虛頭痛，與人參為主治之。蒼黑人及氣盛者少服，嗽者減用，以其補氣故也。凡使用微黄色皮、中白綿軟者佳。一云動三焦之火，治瘡瘍生用，補虛蜜炙用。外行表，中補脾胃，下治傷寒及脉不至，乃三焦之藥也。勞力甚者加而用之。

明·杜文燮《藥鑒》卷二　黄耆　氣薄，味甘，性溫，無毒。升也，陽也。其用有四：　溫分肉而實腠理，益元氣而補三焦，內托陰症之瘡痍，外固表虛之盜汗。如癰疽已潰者多用，從裏托毒而出。又能生肌收口，補表故也。大都表邪旺者不可用，用之反助邪氣。就陰氣弱者論之，亦宜少用。若用之以升元氣於表，則內反虛耗矣。又表虛有邪，發汗不出者，服之自汗。此藥大益胃氣，能解肌熱。故人參、黄耆、甘草三味，退虛熱之聖藥也。入手少陽、足太陰、少陰命門之劑。蜜炙用之，大能止汗。生用又能發汗。人參非此則不能補，故為補中益氣之要藥也。用之於痘家與前參同。但實熱之症，比參尤加謹焉。惡鱉甲。

明·李中立《本草原始》卷一　黄耆　葉似槐葉而微尖小，又似蒺藜葉而微闊大，青白色。開黄紫花，結小尖角長寸許，根長二三尺。生赤水鄉，名赤水耆；　生白水鄉，名白水耆；　生山西沁州綿上，名綿耆，一云折之如綿，故謂之綿黄耆。夫耆者，年高有德之稱。耆老歷年久而性不燥，此藥性緩如之，故得以耆稱。一云耆，長也。黄耆色黄，為補藥之長，故名黄耆。俗作黄芪，非矣！　氣味：　甘，微溫，無毒。主治：　癰疽久敗瘡，排膿止痛，大風癩疾，五痔鼠瘻。補虛，小兒百病。○婦人子臟風邪氣，逐五臟間惡血。補丈夫虛損，五勞羸瘦，止渴，腹痛洩痢。益氣，利陰氣。○主虛喘，腎衰耳聾。療寒熱。治發背內補。○助氣，壯筋骨，長肉，補血，破癥癖、瘰癧、癭贅，腸風，血崩，帶下，赤白痢，產前後一切病，月候不勻。痰嗽，頭風熱毒，赤目。○治虛勞自汗，補肺氣，瀉肺火、心火，實皮毛，益胃氣，去肌熱及諸經之痛。○主太陰瘧疾，陽〔維〕為病苦寒，督脉為病逆氣裏急。

黄耆，《本經》上品。【圖略】入藥佳，肉白心黄，彷彿人參、防風。多歧劣。八月采根。　凡用黄耆，以長二三尺，緊實如箭幹者為良。多歧者劣。一種木耆似黄耆，體虛，蘆頭大；　苜蓿根體堅，肉色黄，折之皆脆，不似箭幹；　黄耆肉白心黄，折之綿軟。　修治：　須去頭、刮皮，以蜜炙熟為度。治癰生用亦可。

黄耆：　氣薄味厚，可升可降，陰中陽也。入手足太陰氣分，又入少陽、足少陰命門。　茯苓為之使，惡龜甲、白鮮皮。　《衍義》云：　防風、黄耆世多相須而用。唐許（裔）〔胤〕宗初仕陳，為新蔡王外兵參軍時，柳太后感風不能言，脉沉而口噤。（裔）〔胤〕宗曰，既不能下藥，宜湯氣熏之。藥入腠理，周時可瘥。乃造防風黄耆湯數斛，置於床下，氣如煙霧，其夕便得語。藥力熏蒸，其效如此，因著之，使善醫者知所取法焉。

明·張懋辰《本草便》卷一　黄耆　味甘，氣微溫，無毒。入手少陽經、手足太陰經。惡龜甲、白鮮皮。蜜炒用。　主癰疽，排膿止痛，大風癩疾，五痔鼠瘻；　補虛，小兒百病，瘡瘍必用之；　補丈夫虛損，五勞羸瘦，益肺氣，實皮毛，瀉陰火，爲退虛熱聖藥；　無汗則發，有汗則止；　消渴腹痛，泄痢腸風，血崩帶下，月候不勻，產前後一切病，補腎三焦命門元氣。　外行皮表，中補脾胃，下治傷寒，尺脉不至。是上中下內外三焦之藥也。

明·李中梓《藥性解》卷二　黄耆　味甘，性微溫，無毒，入肺、脾二經，內托已潰瘡瘍，生肌收口，固表虛盜汗，腠理充盈。惡龜甲、白鮮皮。　按：　黄耆之用，專能補表，肺主皮毛，脾主肌肉，故均入之。已潰瘡瘍及盜汗，皆表虛也，故咸用之。裏虛者忌服，恐升氣於表，愈致其虛。表邪者忌服，恐益

其邪也。惟表虛邪湊不發汗者，可酌用之，生者亦能瀉火。

明・鮑山《野菜博錄》卷一　黃耆　一名戴(椮)〔糝〕，一名戴椹，一名獨椹，一名芰草，一名蜀脂，一名百本，一名王孫。根長二三尺，獨莖叢生枝幹。其葉扶踈羊齒狀，似槐葉小，又似蒺藜葉闊，青白色。開黃紫花如槐花，結小尖角。味甘，性微溫，無毒。　食法：採嫩苗葉煠熟，換水浸，淘去苦味，油鹽調食。

明・繆希雍《本草經疏》卷七　黃耆　味甘，微溫，無毒。主癰疽、久敗瘡，排膿止痛，大風癩疾，五痔鼠瘻，補虛，小兒百病，婦人子藏風邪氣，逐五藏間惡血，補丈夫虛損，五勞羸瘦，止渴，腹痛，洩痢，益氣，利陰氣。生白水者冷補。其莖葉療渴及筋攣，癰腫疽瘡。

〔疏〕黃耆稟天之陽氣、地之沖氣以生。故味甘，微溫而無毒。氣厚於味，可升可降，陽也。入手陽明、太陰經。甘乃土之正味，故能解毒。陽能達表，故能運毒走表。甘能益血，脾主肌肉，故主久敗瘡，排膿止痛。風為陽邪，凡賊風虛邪之中人也，則病癘風。《經》曰：邪之所湊，其氣必虛。性能實表，則能逐邪驅風，故主大風癩疾，五痔鼠瘻，補虛，兼主小兒天行痘瘡之在陽分，表虛氣不足者，小兒胎毒生瘡癤。《別錄》又主婦人子藏風邪氣，逐五藏惡血者，血不自行，隨氣而行，參合血藥則能之矣。補丈夫虛損，五勞羸瘦者，通指因勞陽氣乏絕所生病也。甘溫益元氣，甘溫除大熱，故通主之。氣旺則津液生，故止渴。血虛則腹痛，中焦不治亦腹痛。脾胃之氣不足，則邪客之而洩痢，補中氣則諸證自除矣。益氣利陰氣者，陽生陰長故也。　〔主治參互〕黃耆在補中益氣湯，甘溫能除大熱，為治勞倦發熱之要劑。　同生熟地黃、黃檗、黃芩、黃連、當歸，加酸棗仁炒熟研，為治陰虛盜汗之正法。　本方去三黃，加人參、五味子、酸棗仁，治表虛自汗。　同桂枝、白芍藥、防風、炙甘草，能實表，治表虛畏風，傷風自汗。　與茅山朮、生地黃等分，牛膝、黃檗減半，作丸，治積年濕毒臁瘡，百藥不效。《外臺秘要》主甲疽瘡腫爛，生脚指甲邊，赤肉出。黃耆二兩，蕳茹三兩，苦酒漬一宿，豬脂五合，微火上煎取三合，絞去滓，以封瘡上，日三度易，其肉即消。　同白芷、白及、甘草、金銀花、皂角刺，排膿止痛。　同人參、甘草，治天行痘瘡，陽虛無熱證。　〔簡誤〕黃耆功能實表，有表邪者勿用。能助氣，氣實者勿用。能內塞補不足，胸膈氣閉悶，腸胃有積滯者勿用。能補陽，陽盛陰虛者忌之。上焦熱甚，下焦虛寒者忌之。病人多怒，肝氣不和者勿服。痘瘡血分熱盛者禁用。

明・倪朱謨《本草彙言》卷一　黃耆　氣味甘溫，無毒。氣薄味厚，可升可降，陰中陽也。入手足太陰氣分。又入手少陽、足少陰幷命門。　陶隱居曰：出隴西洮陽，色黃白，甘美。次出黑水宕昌者，色白，肌理粗，亦甘而溫補。又有蠶陵白水者，色理勝蜀中。　蘇氏曰：今出陝西，宜、寧州郡多有之。收子，仲冬下種，春生苗，獨莖，或作叢生。枝幹去地尺許，其葉扶疏如羊齒狀。七八月開黃紫色花。其實結小尖角莢子，長寸許。八月中采根，長一二尺，折之如綿。然有數種，出隴西白水、赤水二鄉，白水耆、赤水耆，功用同而白水者更佳。出山西沁州綿上者益勝。用者以緊實如箭幹，皮色黃，折之柔韌如綿，肉理中黃外白，嚼之甘美可口者良。嫩苗亦可茹食。　修治：切片，以蜜湯潤，微炒黃用。〇若堅脆、味苦者，即苜蓿根也。折之亦柔韌如綿，頗能亂真。但黃耆皮黃肉白，中亦深黃，味甘爲異耳。〇外一種木黃耆者，形類真似，只是生時其莖葉短，根理橫，有不同也。誤用伐人元氣，辨之。

李時珍曰：耆，長也。色黃爲補藥之長，故名。

黃耆：補肺健脾，方龍潭實衛、斂汗，驅風運毒之藥也。馬繼高稿故陽虛之人，自汗頻來，乃表虛而腠理不密也。黃耆可以實衛而斂汗。傷寒之證，行發表而邪汗不出，乃裏虛而正氣內乏也。黃耆可以濟津以助汗。賊風之痾，偏中血脉而手足不隨者，黃耆可以榮筋骨。癰瘍之證，膿血內潰，陽氣虛而不愈者，黃耆可以生肌肉。又陰瘡不能起發，陽氣虛而不潰者，黃耆可以托膿毒。東垣謂益元氣，補三焦之虛損，實腠理，溫肉分之虛寒，功在是矣。若夫虛冷沉寒，乃元陽之不足。雖用薑、桂、朮、附之屬，而無參、耆之藥，則不能溫經以回陽。陰虛不足，陽邪下陷，于陰經雖用升提透達之類，而無參、耆之劑，則自上而復下也。故補中益氣湯用參、耆爲君，升、柴爲佐。癰疽托裏散以黃耆獨用，使腠理固密而餘毒不能妄攻于內。若痘瘡用此以保元，胎前用此以全育，產後用此以輔正，傷寒用此以補中逐邪，久病用此以和營衛、生津液，調血氣也。錢氏治小兒脾胃虛寒，腹痛嘔吐，瀉利青白，宜益黃散，以黃耆倍用。又痘瘡毒化漿成，所賴脾氣充盛，內固營血，外護衛氣，用保元湯，以黃耆爲重。而痘有順逆險三證，惟險乃悔吝之象，吉凶未定，須資藥力以治之。險證初出乾紅少潤，將長頂陷不起，既起色慘不明，漿行色灰不榮，

漿定光潤不消，漿老濕潤不收，結痂胃弱內虛，痂落口渴不食，痂後生毒，毒潰斂遲。凡有諸證，并宜此湯。如是推之，則他證治例亦可詳矣。

○集方：已下五方出方龍潭《本草切要》治陽虛腠理不密，自汗頻來。用黃耆一兩，白朮五錢，桂枝二錢，白芍藥一錢，乾薑一錢五分，大棗十枚，水煎服。○治傷寒裏虛表實，行發散藥，邪汗不出，身熱煩躁，六脉空數。用黃耆一兩，桂枝三錢，白芍藥、人參各二錢，甘草八分，柴胡一錢五分，加生薑三片，黑棗三個，水煎服。○治風邪偏中血脉，手足不隨，口眼喎斜。用黃耆、防風各五錢，人參、白朮各三錢，天麻、半夏各二錢，當歸、肉桂各一錢五分。水煎服。○治癰瘍潰後，不論五善七惡證。用黃耆八兩，金銀花二兩，人參一兩，穿山甲火燒五錢，水煎服。○治陰毒不起，內陷不潰，飲食不入。或大腸作瀉，陽虛氣脫之證。用黃耆二兩，人參一兩，肉桂、附子童便製，各五錢，穿山甲火燒三錢，水煎服。○《全嬰心要》治痘瘡七八日後，漿汁未充，或乾枯不起，或漿汁不濃，種種虛寒證見者。用黃耆五錢，人參一錢或二三錢，桂枝一錢，白芍藥酒炒一錢五分，穿山甲火燒二錢，水煎服。泄瀉不食，加附子童便製一錢，木香五分，肉桂八分，水煎服。○《經驗良方》治男子氣虛白濁，女人氣虛白帶。用黃耆、茯苓各一兩，人參、白朮各八錢。菟絲子二兩，俱炒燥爲末，每服二錢，空心白湯調下。○《外科精要》治男婦童幼諸虛不足，面色痿黃，煩悸焦渴，飲食減少；或先渴而後發瘡瘍，或先癰疽而後燥渴。用嫩生黃耆六錢，炙甘草一錢，水煎服。日一劑。○《和劑局方》治老人虛秘，大便不通。用嫩白生黃耆一兩，陳皮五錢，俱爲末。大麻子一合，研爛和勻，每日煉蜜五匙，調藥末三錢，常服無秘結之患。○孫用和方治腸風瀉血。用嫩白黃耆二兩，川黃連五錢，俱微炒，磨爲末，紅麯研末，打稀糊爲丸，如綠豆大。每服百丸，米湯下。○席延賞方治咳嗽膿血咽乾，乃虛中有熱。用嫩白黃耆四兩，甘草八錢，真北沙參二兩，共爲末，每早晚俱食前服三錢，白湯調下。○治氣虛胎動不安，腹痛，下黃水。用嫩白黃耆二兩，真川芎五錢，當歸身一兩，糯米一合，水五碗，煎碗半，徐徐服。○《廣筆記》治婦人血崩不止。用黃耆、人參、麥門冬各四錢，北五味子七分，杜仲、熟地黃、山茱萸各三錢，真阿膠二錢，川續斷、黑荊芥各一錢，河水煎服即止。

明・姚可成《食物本草》卷一七草部・山草類

黃耆秦蜀州郡多有之。根長二三尺以來。獨莖，或作叢生，枝幹去地二三寸。其葉扶疎，作羊齒狀，又如蒺藜苗。七月中開黃紫花。其實作莢子，長寸許。八月中采根用，其皮折之如綿，謂之綿黃耆。然有數種，有白水耆、赤水耆、木耆，功用竝同，而力不及白水者。木耆短而理橫。今人多以苜蓿根假作黃耆，折皮亦似綿，頗能亂真，但苜蓿根堅而脆，黃耆至柔韌，皮微黃褐色，肉中白色為異耳。○李時珍曰：黃耆葉似槐葉而微尖小，又似蒺藜葉而微闊大，青白色，開黃紫花，大如槐花。結小尖角，長寸許。根長二三尺，以緊實如箭幹者為良。嫩苗亦可熯淘茹食。其子收之，十月下種，如種菜法亦可。

黃耆，味甘，微溫，無毒。主癰疽久敗瘡，排膿止痛，大風癩疾，五痔鼠瘻，補虛，小兒百病。婦人子臟風邪氣，逐五臟間惡血，補丈夫虛損，五勞羸瘦，止渴，腹痛洩痢，益氣，利陰氣。虛喘腎衰耳聾，寒熱發背，內補。助氣，壯筋骨，長肉補血，破癥癖、瘰癧、癭贅，腸風血崩帶下，赤白痢，產前後一切病，月候不勻，痰嗽頭風，熱毒赤目。治虛勞自汗，補肺氣，瀉肺火心火，實皮毛，益胃氣，去肌熱及諸經之痛。○寇宗奭曰：防風、黃耆，世多相須而用。唐許胤宗初仕陳，為新蔡王外兵叅軍時，柳太后病風，不能言，脉沉而口噤。胤宗曰：既不能下藥，宜湯氣蒸之，藥入腠理，周時可瘥。乃造黃耆防風湯數斛，置於牀下，氣如煙霧，其夕便得語也。防風能制黃耆，黃耆得防風，其功愈大，乃相畏而相使也。人之口通乎地，鼻通乎天。口以養陰，鼻以養陽。天主清，故鼻不受有形而受無形；地主濁，故口受有形而兼乎無形。柳太后之病不言，若以有形之湯，緩不及事，今投以二物，湯氣滿室，則口鼻俱受。非智者通神，不可囘生也。

莖、葉　主療渴及筋攣，癰腫疽瘡。

附方：治小便不通。綿黃芪二錢，水二盞，煎一盞，溫服，小兒減半。治飲酒過多發黃，心下懊憹痛，足脛滿，小便黃，或發赤黑黃斑，由大醉當風入水所致。黃芪二兩，木蘭一兩為末，酒服方寸匕，日三。治白濁因氣虛而致。黃芪鹽炒半兩，茯苓一兩為末，每白湯下一錢。治小便血淋，痛不可忍。黃芪、人參等分為末，用大蘿蔔三个，切如指厚，蜜二兩拌炙令乾，勿使焦，蘸末時時食之，更以鹽湯送下。治吐血。黃芪二錢半，紫背浮萍五錢為末，每服一錢，薑、蜜水下。治陰囊出水作痒。綿黃芪酒炒為末，以熟猪心蘸食之妙。治胎動不安下黃水，腹中作痛。黃芪、川芎各一兩，糯米一合，水一升，煎半升，分二次服。治欬嗽膿血。黃芪四兩，甘草一兩為末，服二錢。

明・顧逢柏《分部本草妙用》卷六兼經部・溫補　黃耆　甘，微溫，無毒。入手足太陰氣分，又入手少陽、足少陰命門，上中下內外三焦之藥也。茯苓為使，惡龜甲、白鮮皮。出綿上者良。出隴西者溫補，出白水者冷補。蜜炙，隨寒熱用。　主治：補諸虛，長肌肉，虛勞自汗，壯脾胃，破癥瘕，充實腠理。排托諸癰，補氣虛，瀉陰火，去肌熱及諸痛。主太陰瘧疾，陽維為病苦寒熱，督脉為病逆氣裏急。　按：黃耆為補三焦，實衛氣，為表裏諸虛聖藥。自汗盜汗，耆以實之。潰膿惡血，耆以托之。痼冷沉寒元虛，惟宜薑桂，非參耆何以回陽？陽邪陷陰，扶之自宜升提，不實腠，則必復下。果察其氣虛，而腠理疎者服之，則正氣復而邪氣散。苟或氣有餘而胸悶急者，與之則不助其正，而反益其邪，豈可不辨症，而亂用乎？〇昔柳太后病風不能言，脉沉，口噤。胤宗造黃耆防風湯數斛，置于床下，湯氣薰蒸，其夕便語。所以東垣曰：耆得防風，其功愈大。〇痘家保元湯用之，所以內護脾胃，外充漿痘也。又為痘家六七朝要藥。

明・黃承昊《折肱漫録》卷三　黃芪之功不下人參，但性太綿密，能閉腠理，有邪者禁服，不如人參之補，而能宣耳。然補益之功，似出人參之上。我郡岐黃家多不敢用芪，惟恐悞補邪氣。王宇泰先生用芪最多。予少病時，因服芪不多，終不能勝勞，而汗症莫療。四十歲後大服補中益氣湯，計一歲服四五斤，然後能勝勞，而汗症漸減。往時多服參而無濟，後來兼服芪而始效，予故駕其功於人參。外科毒潰後用生芪補托，予臀後生一瘤，醫用藥點去，幾成漏，每日加芪五錢于諸藥內服之，竟得收功。

明・李中梓《醫宗必讀・本草徵要上》　黃耆味甘，微溫，無毒，入肺、脾二經。補肺氣而實皮毛，斂汗托瘡，解渴定喘；益胃氣而去膚熱，止瀉生肌，補虛治癆。風癩急需，痘瘍莫缺。種種功勳，皆是補脾實肺之力。能理風癩者，《經》謂：邪之所湊，其氣必虛。氣充於外，邪無所容耳。按：黃耆實表，有表邪者勿用；助氣，氣實者勿用。多怒則肝氣不和，亦禁用也。茯苓為使，惡龜甲、白鮮皮。嫩綠色者佳，蜜炙透。

明・鄭二陽《仁壽堂藥鏡》卷一〇上　黃芪　氣溫，味甘。純陽。甘，微溫，性平，無毒。　入手少陽經三焦、足太陽經脾、足少陰命門之劑。《本草》云：主癰疽久敗瘡，排膿止痛，大風癩疾，五痔鼠瘻，補虛，小兒百病。婦人子臟風邪氣，逐五臟間惡血，補丈夫虛損，五勞羸瘦，腹痛泄痢，益氣，利陰氣。　潔古云：治虛勞自汗，補肺氣，實皮毛，瀉肺中火。脉弦自汗。善治脾胃虛弱，瘡瘍血脉不行，內托陰症瘡瘍必用之藥也。《主治秘訣》云：性溫，味甘，氣薄味厚，可升可降，陰中陽也。其用有五：補諸虛不足，一也；益元氣，二也；去肌熱，三也；瘡瘍排膿、止痛，四也；壯脾胃，五也。去諸經之痛，除虛熱，止盜汗。　東垣云：補五臟諸虛不足，瀉陰火。無汗則發之，有汗則止之。又云：護周身皮毛間腠理虛，及活血脉生血，乃瘡家聖藥也。又能補表之元氣虛弱，通和陽氣，泄火邪也。　海藏云：黃芪有白水芪、木芪，功用皆同。惟木芪莖短而理橫，折之如綿，皮黃褐色，肉內白色，謂之綿黃芪。若但堅脆、味苦者，謂之苜蓿根。世人以苜蓿根代之，頗能亂真，用者宜審。其治氣虛盜汗并自汗，即皮表之藥。又治皮膚痛，則表藥可知。又治咯血，柔脾胃，是又為中州藥也。又治傷寒尺脉不至。又補腎藏之元氣，以為裏藥。乃是上中下內外三焦之藥也。《圖經》言河東者，沁州綿上是也，故謂之綿芪。味甘如蜜，兼體骨柔軟。《別說》云：黃芪本出綿上者為良，蓋以地產為綿。若以柔韌如綿為綿，而偽者亦柔韌，但當以堅脆、甘苦為別也。《衍義》云：黃芪、防風，世多相須而用。東垣云：黃芪、人參、甘草，此三味退熱之聖藥也。《靈樞》云：衛氣者，所以溫分肉而充皮膚，肥腠理而司開闔。黃芪既補三焦，實衛氣，與桂同，特益氣異爾。然亦在乎佐使。桂則通血脉，亦能破血而實衛氣，通內而實外者歟。桂以通血言，則芪為實氣也。　日華子云：黃芪惡龜甲、白鮮皮。大能補氣，呼為藥中羊肉也。　其性畏防風，而防風能制黃芪。黃芪得防風，其功愈大，蓋因相畏而實相使也。

明・蔣儀《藥鏡》卷一溫部　黃耆　托瘡瘍，排膿止痛。助脾胃，理濕調中。消渴能醫，則瀉火退熱。眩運可治，斯斂汗去煩。壯氣弱者，暑毒之侵，捍表虛者，賊風之犯。癩而皮脫，苦參是我良朋。風而口噤，防風可為夥伴。勞熱勞傷深得當，實痰實喘未相宜。發汗生加，蜜炙止汗。裏虛者忌服，恐升氣于表而裏愈虛，表邪者勿施，恐益邪于皮而表不發。古云防風有制黃耆，黃耆得防風其功愈大，蓋相畏而相使也。

明・李中梓《頤生微論》卷三　黃耆　味甘，性微溫，無毒。入肺、脾二經。茯苓為使。惡龜甲、白鮮皮。性軟嫩，色綠而潤者佳。蜜炙用。補肺氣而實皮毛，斂汗托瘡，解渴定喘，益胃氣而去膚熱，止瀉生肌，補虛治勞，理大

瘋癩疾，治帶下崩淋。

按：黃耆為補表要藥。肺主皮毛，脾主肌肉，故入此二經。黃耆得防風，其功愈大，為其助達表分，表有邪氣方實者勿用。

明・張景岳《景岳全書》卷四八《本草正》 黃芪 味甘，氣平，氣味俱輕，升多降少，陽中微陰。生者微涼，可治癰疽。蜜炙性溫，能補虛損，因其味輕，故專於氣分而達表，所以能補元陽，充腠理，治勞傷，長肌肉。氣虛而難汗者可發，表疏而多汗者可止。其所以止血崩血淋者，以氣固而血自止也，故曰血脫益氣。其所以除瀉痢帶濁者，以氣固而陷自除也，故曰陷者舉之。然其性味俱浮，純於氣分，故中滿氣滯者，當酌用之。

明・賈九如《藥品化義》卷五脾藥 黃芪 屬陽有土，體柔軟，色皮微黃肉帶白，氣和，味甘而淡，性溫，能升能降，力益氣固表，性氣溫厚而味薄，入脾肺三焦三經。 黃芪皮黃入脾，肉白走肺，性溫能升陽。味甘淡，用蜜炒又能溫中，主健脾，故內傷氣虛，少用以佐人參，使補中益氣，治脾虛泄瀉，瘧痢日久，吐衄腸血諸久失血後，及痘瘡慘白。主補肺，故表疏衛虛，多用以君人參，使斂汗固表，治自汗盜汗，諸毒潰後收口生肌，及諸痘瘡貫膿，癰疽久不愈者，從骨托毒而出，必須鹽炒。痘科虛不發者，在表助氣為先，又宜生用。若氣有餘，表邪旺，腠理實，三焦火動，宜斷戒之。至於中風手足不遂，痰壅氣閉，始終皆不加。 芪出緜上，細直柔軟，故名緜芪。

明・蕭京《軒岐救正論》卷三 黃耆 黃耆、白术、人參，此三者雖為補氣之藥，第主治之屬，藏府之殊，則迴然不同也。《本草》雖未詳晰，而余請為備列之。蓋耆專主衛氣，白术主脾胃中州之氣，人參則益脾腎之元氣。合三者兼用，又通益上中下三焦表裏藏府諸氣也，何以言耆專主衛氣乎？耆質輕氣薄，色白微黃，味淡略甘，乃肺脾上中二焦陽分之藥，而主治則固自汗，治虛喘，解肌熱，療癰疽。只此數症，尚須佐以參、术，方能著功。王節齋云：內傷發熱，是陽氣自傷，不能升達，降下陰分而為內熱，乃陽虛也，故其脉大而無力，屬肺脾。立齋云：當用補中益氣湯治之。第此湯以耆為君，參、术為臣，少佐升、柴，則獨療沉陷發熱之虛陽，與勞役過度及陽虛自汗者宜之。東垣曰：《靈樞》云衛氣者，所以溫分肉而充皮毛，肥腠理而司開闔。黃耆既補三焦，實衛氣，與桂同功，特比桂甘平不辛熱為異耳。但桂則通血脉，能破血而實衛氣，耆則益氣也。又黃耆與人參、甘草三味，為除燥熱肌熱之聖藥。脾胃一虛，肺氣先絕，必用黃耆溫分肉，益皮毛，實腠理，不令汗出，以益元氣而補三焦。陳嘉謨曰：人參補中，黃耆實表。凡內傷脾胃發熱，惡寒吐瀉，怠臥脹滿痞塞，神短脉微者，當以人參為君，黃耆為臣。若表虛自汗亡陽，潰瘍痘疹陰瘡者，當以黃耆為君，人參為臣。不可執一也。丹溪曰：黃耆補元氣，肥白而多汗者為宜。若面黑形實而瘦者，服之令人胸滿，宜以三拗湯瀉之。張元素曰：黃耆甘溫純陽，無汗則發之，有汗則止之。以上諸說，皆言耆為益衛氣之藥。蓋衛氣之疏，總由於胃氣、元氣之虛，必兼以參、术而扶胃氣、元氣，以充衛氣，則相須為用耳。若舍耆而用參、术，獨補中氣猶可，是治其本也。舍參、术而專用耆，徑塞汗孔，不令疏泄，徒理其標，謂能實衛則不可也。丹溪謂黃耆補元氣，此非補元氣，乃補衛氣也，為衛氣升由元氣耳。大凡肥白多汗者，元氣便虛，元氣既虛，未有衛氣能獨實者。謂曰補元氣亦可，補元氣即補衛氣也。如面黑形瘦實者，非元氣實乎？元氣既實，衛氣自然不虛，敢用此而犯實實乎？丹溪《格致〔餘〕論》言一病者妄自加黃耆，致腹紋已隱，脹滿不堪。耆固補物，誤用且能為害，況他藥乎？雖曰耆能止汗，設元氣暴絕，症主亡陽，亦能為力耶？丹溪又治一人無汗者，佐以葛根能令汗洩，則耆又不專止汗耳。故善用耆者，有汗能止，無汗能發，蓋止汗不專一耆，而病汗亦非專衛虛也。若夫白术則健中氣，而益脾胃者也。東垣曰：脾胃虛，陳皮、白术補之；脾胃實，黃連、枳實瀉之。東垣雖以陳皮、白术為補脾，乃施於不甚虛者，陳皮多用，尚能泄氣。其虛者，非參不能資益虛之甚者；非佐桂、附、骨脂，勤培土母，不能復轉輸生化之常。區區治子得乎？參為中和之品，味甘質重，膏潤不濡，味甘協土，質重歸腎。韓飛霞云人參鍊膏服，固元氣於無何有之鄉。此誠深知參者矣。故字從參者，以其有參贊化育之妙，與天地相參伍，而其功不甚偉歟。參少用反能停膈作脹，多用有徹上徹下、徹內徹外之功。佐以黃耆、防風、肉桂，則補衛氣。佐以白术、歸、苓、炙草，則補脾胃中氣。佐以附子、肉桂，則追復元氣。佐以血藥則補血，佐以氣藥則補氣。故欲提下陷之陽氣以上升，則當以黃耆為君，參、术為臣。納上脫之真氣以歸源，則當以人參為君，桂、附為佐。一主上升，一主下降，病氣雖同，治法則異，毫釐不容混也。余猶有說焉，若上中焦陽氣下陷，元氣尚未傷也，枝葉萎而根本自堅，縱治少差，或亦無妨，故四君、補中、歸脾之屬任即雜投，隨試隨效。至于元氣上脫，根將離土，雖用參、术，

而不急佐以桂、附，安能納氣歸宿命門乎？第參、术僅只補中，而命門為元氣歸宿之地，可緩桂、附乎？桂、附為命門土母之劑。土母者何？真火也，真火即元氣也。元氣為人生命之本，人得氣則生，離氣則死，氣離原則脫，未有元氣脫而人不死者也。設若元氣甫脫，尚未遽絕，即需桂、附，而不君以人參，豈知桂、附性竄奔突，愈耗真陽也。亦有憚桂、附只用參、术，徒使留連不降，終至于死，特少延旬日耳。然用桂、附必君以參，蓋性相制，而功相須也。甚有氣本上脫，復投以黃耆升達之品，益令紫膺作脹，煩悶難支，且曰參、耆滋補，為功未到，是豈藥之咎乎？噫！若耆若參，若术若桂、附，隨宜運用，應緩則緩，應急則急，靈變從人，幸勿膠柱可也。內云：耆固補物，誤用亦能為害者，非耆之能害人也。耆有黃耉耆碩之稱，與國老之甘草，參、术之君子，皆為朝堂中正人仁人，主宰造化，生成萬物，豈有害人之理？特人誤用，自致于害耳。吾恐學者致疑，故復詳及。

明・盧之頤《本草乘雅半偈》帙一　黃耆《本經》上品　氣味：甘，微溫，無毒。主治：主癰疽久敗瘡，排膿，止痛，大風癩疾，五痔，鼠瘻，補虛，小兒百病。

覈曰：出蜀郡漢中，今不復采。唯白水、原州、華原山谷者最勝，宜、寧二州者亦佳。春生苗，獨莖叢生，去地二三寸。作葉扶疎，狀似羊齒，七月開黃紫色花。結小尖角，長寸許。扶疎處正顯整密。整密處正見扶疎。八月采根，長二三尺，緊實若箭幹，皮色黃褐，折之柔韌如緜，肉理中黃外白，嚼之甘美可口。若堅脆味苦者，即苜蓿根也。勿誤用木耆草，形類真相似，只是生時葉短根横耳。修治去頭上皺皮，蒸半日，劈作細條，槐砧剉用。茯苓為之使，惡龜甲、白鮮皮。

先人云：黃耆一名戴糝、戴椹、百本。戴在首，如衛氣出目行頭，自上而下，從外而內，百骸百脈，咸衛外而固矣。又云：耆可久可速，能知衛氣出入之道路，便能了知黃耆之功用矣。

条曰：黃中色，《通志》云：始生為黃，耆，耆宿也。指使不從力役，如人胃居中，營衛氣血，筋脈齒髮之屬，莫不始生于胃，而衛氣之呴吸，營血之濡運，筋脈之展搖，齒髮之生長，亦莫不從胃指揮宣布。所謂外者中之使也，營血筋脈悉屬有形，統御節制，唯一衛氣，所謂衛者氣之帥也。癰疽久敗、大風癩疾、五痔鼠瘻，咸無衛氣衛外，故肌肉腐爛。黃耆味甘氣溫，肉似肌膚，皮折如緜，宛若衛氣之衛外而固者也。故能溫分肉，充皮膚，肥腠理，司開闔。唯衛氣虛弱，不能固護肌肉者宜之。倘涉六淫，毒熱熾盛，又當謝之，未可謬用。補虛者，補衛氣之虛，小兒陰常有餘，氣常不足，故百病咸宜也。涉六淫毒熾盛，亦非禁止不行，惟在頤指氣使者何如耳。耆宿，則更事久歷，事能盡知，乃可頤指氣使，不從力役。設非主張于內者，安能固護于外耶。

明・李中梓《本草通玄》卷上　黃耆　甘而微溫，氣厚味薄。入肺而固表虛之汗，充膚實腠；入脾而托已潰之瘡，收口生肌；逐五臟惡血，去皮膚虛熱。原其功能，惟主益氣。甄權謂其補腎者，氣為水母也。《日華》謂其止崩帶者，氣旺則無下陷之憂也。東垣曰：《靈樞》云：衛氣者，所以溫分肉而充皮膚，肥腠理而司開闔。黃耆補衛氣，與人參、甘草三味，為除熱之聖藥。脾胃一虛，肺氣先絕，必用黃耆益衛氣而補三焦。丹溪云：肥白而多汗者宜與黃耆。若黑瘦而形實者服之，則必胸滿，宜以三拗湯瀉之。

黃耆同陳皮、白蜜能通虛人腸閉，補脾肺之功也。防風能制黃耆，黃耆得防風，其功愈大，乃相畏而相使也。古人製黃耆多用蜜炙，愚易以酒炙，既助其達表，又行其泥滯也。若補腎及崩帶淋濁藥中，須鹽水炒之。

清・顧元交《本草彙箋》卷一　黃芪　爲手足太陰氣分之藥。肺主皮毛，脾主肌肉，故功專走表。凡病裏氣不足，人參爲君，而黃芪佐之。表氣不足，黃芪爲君，而人參佐之。大凡脾胃一虛，肺氣先絕，必用黃芪溫分肉，益皮毛，實腠理，不令汗出，此要法也。若氣有餘，表邪旺，腠理實，三焦火動，法所宜禁。至於中風手足不遂，痰壅氣閉，始終不可加。痘瘡血分熱盛者，亦禁用。唯瘡在陽分，表虛氣不足者，則生用之。

黃芪之制不一，有汗蜜炙，無汗煨用。表惡寒，酒炒。胃虛，米泔水炒。嘈嘸，乳製。外科，用鹽水炒，從骨托毒而出。入心，生用之亦能瀉火。李東垣立黃芪湯，治小兒慢驚，爲瀉火補金益土之劑，用黃芪二錢，人參一錢，炙甘草、白芍各五分，以甘寒瀉火，酸涼補金，金旺火衰，風木自平。今痘家借以爲痘科之藥，去白芍，加生薑，名保元湯。薛立齋用當歸飲子，治遍身瘡瘍，內重用黃芪，最爲扼要。即四物湯加防風、荊芥穗、白蒺藜、黃芩，而黃芪倍之。

清・穆石匏《本草洞詮》卷八　黃耆　耆，長也。黃耆色黃，為補藥之長，故名。氣味甘，微溫，一云隴西者溫，白水者冷，無毒。入手足太陰氣分，

又入手少陰、足少陰命門。其用有四：補虛，一也；壯脾胃，二也；去肌熱，三也；排膿止痛，活血生血，內托陰疽，為瘡家聖藥，四也。治盜汗、自汗及膚痛，是皮表之藥。治出血，柔脾胃，是中州之藥。治傷寒，尺脉不至，補腎臟元氣，是裏藥。於上中下內外三焦，無所不治，而其功在於實表。《靈樞》云：衛氣者，所以溫分肉而充皮膚，肥腠理而司開闔者也。脾胃一虛，肺氣先絕，必用黄耆溫分肉，益皮毛，實腠理，不令汗出，以益元氣而補三焦，所謂甘溫能除大熱是也。黄耆、人參同為補氣補脾之藥，而有表裏之異。凡內傷脾胃，發熱惡寒，吐泄怠臥，神短肺微者，當以人參為君，黄耆為臣。若表虛，自汗亡陽，潰瘍，痘疹，陰瘡，當以黄耆為君，人參為臣也。唐許胤宗仕陳時，柳太后病風，脉沉口噤，胤宗曰：不能下藥，宜湯氣蒸之，藥入腠理，周時可瘥。乃造黄耆防風湯數斛，置於牀下，氣如烟霧，其夕便得語也。蓋人之口通乎地，鼻通乎天，口以養陰，鼻以養陽，天主清，故鼻不受有形而受無形，地主濁，故口受有形而兼乎無形。柳太后之病口噤，若以有形之物，緩不及事，今投以二物，湯氣滿室，口鼻俱受，所以便瘥。防風能制黄耆，黄耆得防風，其功愈大，乃相畏而相使也。李東垣云：小兒外物驚，宜用黄連安神丸，鎮心藥。若脾胃寒濕，(嘔)吐腹痛，瀉痢青白，宜用益黄散。如脾胃伏火，勞役不足之證，服過熱劑，胃虛而成慢驚者，用益黄理中之藥，必傷人命。當於心經中以甘溫，補土之源，更於脾土中，以甘寒瀉火，以酸涼補金，使金旺火衰，風木自平矣。今立黄耆湯瀉火補金益土，為神治之法。用炙黄耆二錢，人參一錢，炙甘草五分，白芍藥五分，水煎溫服，魏直改為保元湯，言小兒痘瘡，有順、逆、險三證，惟險乃悔吝之象，須資藥力，用東垣治慢驚、土衰火旺之法，移而治痘，以內固營血，外護衛氣，其證雖異，其理則同，去白芍藥，加生薑，名保元湯也。險證初出，乾紅少潤，將長頂陷不起，既出慘色不明，漿行色灰不榮，漿定光潤不消，漿老濕潤不斂，結痂胃弱內虛，痂落口渴不食，痂後生毒，毒潰斂遲，凡有諸證，並宜此湯。惟是黄耆實表，凡肥白而多汗者宜之。若面黑形實而瘦者，服之有胸滿之患耳。黄耆以堅實如箭簳者良。勿用木黄耆，真相似，但葉短，并根横也。市中以苜蓿根亂之，苜蓿味苦而堅脆，能令人瘦。黄耆味甘而柔靱，能令人肥。

清・劉雲密《本草述》卷七上　黄耆一作黄芪，茯苓為之使，惡龜甲、白鮮皮。

盧之頤覈曰：出蜀郡漢中，今不復采。惟白水、原州、華原山谷者最勝，宜寧二州者亦佳。春生苗，獨莖，叢生，去地二三寸，作葉扶疎，狀似羊齒，七月開黄紫色花，結小尖角，長寸許，八月采根，長二三尺，緊實若箭幹，皮色黄褐，折之柔韌，音忍，堅柔難斷也。如綿肉理，中黄外白，嚼之甘美可口。若堅脆味苦者，即苜蓿根也，勿誤用。《別說》黄芪本出綿上者為良，蓋以地產言也。若以柔韌如綿為綿，而偽者亦柔韌，但當以堅脆而味苦者為別耳。木耆草形類，真相似，只是生時葉短，根横耳。

根：氣味：甘，微溫，無毒。潔古曰：味甘，氣溫平，氣薄味厚，可升可降，陰中陽也。入手足太陰氣分，又入手少陽、足少陰命門。又曰：黄耆甘溫，純陽。諸本草主治：益肺氣，溫分肉，實皮毛間腠理虛，大補表之元氣虛弱，通和陽氣，利陰氣，泄火邪，能活血脈，生血，助胃氣，益三焦元陽，補五臟諸虛不足，丈夫虛損羸瘦，虛喘，腎衰耳聾，瀉痢久腸風，老人氣虛腸閟，更治虛煩肌熱，虛勞自汗盜汗。若表虛有邪，發汗不出，服之自汗。并內托陰疽，排膿止痛，長肉生肌，為瘡家聖藥。治女子月候不勻，血崩帶下，胎前產後，氣耗血虛。療小兒百病。

方書主治：虛勞消癉，中風著痹，自汗下血，頭痛脚氣，悸淋傷勞倦，吐血咳嗽，血痹攣，黄疸，傷暑瘧，鼻衄，心痛，胃脘痛，驚盜汗，滯下赤白濁，惡寒，往來寒熱，水腫溲血，腹痛腰痛，破傷風，不能食，大便不通，發熱厥痞，諸見血證，痹痿、鶴膝風，顫振眩暈，虛煩身重，泄瀉，小便不通，遺精，疝。此以用之多少分先後。

東垣曰：《靈樞》云：衛氣者，所以溫分肉而充皮膚，肥腠理而司開闔。黄耆補三焦，實衛氣，與桂同功，特比桂甘平，不辛熱為異耳。但桂則通血脈，能破血，而實衛氣。耆則益氣也。又黄耆與人參、甘草三味，為除躁熱、肌熱之聖藥。脾胃一虛，肺氣先絕，必用黄芪溫分肉，益皮毛，實腠理，不令汗出，以益元氣而補三焦。好古曰：黄耆治氣虛盜汗，并自汗及膚痛，是皮表之藥。治咯血，柔脾胃是中州之藥。治傷寒，尺脈不至，補腎臟元氣，是裏藥。乃上中下內外三焦之藥也。文清曰：東垣云溫分肉而實腠理，益元氣而補三焦。蓋補肺，皮毛自實。治上焦虛喘短氣者，瀉肺中火也。中焦脾胃虛弱，脈弦，血脈不行，羸瘦腹痛，下焦久瀉痢腸風，崩帶月事不勻。

復曰：黄耆一名戴糝、戴椹、百本。戴在首，如衛氣出目行頭，自上而下，從外而內，百骸百脈，咸衛外而固矣。又云：耆可久可速，能知衛氣出入之

道路，便能了知黃耆之功用矣。　按：衛出下焦，其行始於睛明穴，故此云。然凡五臟六腑之精，陽氣皆上走於目而為睛。　嘉謨曰：參耆俱補益虛損，但人參唯補元氣調中，黃耆兼補衛氣實表，如共劑而用，須別主輔。凡內傷脾胃，發熱惡寒，怠惰嗜臥，嘔吐洩泄，及脹滿痞塞，形羸力乏，脈微神短者，參為君，耆為臣。若表虛而自汗盜汗，漸至亡陽，諸潰瘍多耗膿血，嬰兒痘疹未灌全漿，一切陰毒不起之疾，治之又須實衛護營，當以耆為君，參為臣。合宜而用，勿執一也。　杲曰：小兒外物驚，宜用黃連安神丸鎮心藥。若脾胃寒溼吐，腹痛瀉痢青白，宜用益黃散藥。如脾胃伏火勞役不足之證，及服巴豆之類，胃虛而成慢驚者，用益黃理中之藥必傷人命，當於心經中以甘溫補土之源，更於脾土中以甘寒瀉火，以酸涼補金，使金旺火衰，風水自平矣。今立黃耆湯瀉火補金益土，為神治之法。用炙黃耆二錢，人參一錢，炙甘草五分，白芍藥五分，水一大盞，煎半盞，溫服。　按：李東垣先生因證處方，深有妙理，後學宜細求之。　宗奭曰：防風、黃耆相須而行。如唐時柳太后病風，不能言，脈沉，口噤。許胤宗製黃耆防風湯數斛，於牀下蒸之，藥入腠理，周時而瘥。　東垣曰：防風能製黃耆，黃耆得防風其功愈大，乃相畏而相使也。　戴原禮曰：黃耆助真氣者也，防風載黃耆助真氣，以周於身者也。亦有治風之功焉。許胤宗治柳太后中風口噤，合二味以煎熏者，是一證也。　希雍曰：黃耆秉天之陽氣，地之冲氣以生，故味甘微溫而無毒，氣厚於味，可升可降，陽也。入手陽明、太陰經。　黃耆在補中益氣湯甘溫能除大熱，為治勞倦發熱之要劑。　同生熟地黃、黃蘗、黃芩、黃連、當歸，加酸棗仁炒熟研，為治陰虛盜汗之正法。　本方去三黃，加人參、五味子、酸棗仁，治表虛自汗。　同桂枝、白芍藥、防風、炙甘草，能實表，治表虛畏風，傷風自汗。　與茅山朮、生地黃等分，牛膝、黃蘗減半，作丸，治積年溼毒臁瘡百藥不效。　同白芷、白及、甘草、金銀花、皂角刺，排膿止痛。　同人參、甘草治天行痘瘡，陽虛無熱證。

愚按：黃耆之味甘，甘者，中土之味也。其氣在《本經》曰微溫，張潔古曰溫平，是亦中土之氣也。但產於西土，雖其苗值春生，而花至七月方開，采根又以八月，且根中黃外白，非由脾胃以至於肺，為是物之功用乎？　潔古謂其入手足太陰氣分，是矣。然更曰：入手少陽、足少陰命門，蓋原其所自始也。李東垣言益衛氣，又曰益胃氣者，蓋言其生化之地也。請得而悉之。《經》曰：人受氣於穀，穀入於胃以傳於肺，五藏六府皆以受氣。又曰：肺氣從太陰而行之，其行也以息往來。又曰：宗氣積於胸中，出於喉嚨，以貫心脈，而行呼吸。若然，胃為後天生氣之原，而五臟六腑之所以受氣者，又統於主氣之肺也。肺之所以主氣者，以本於息之往來也。肺之以息往來者，本於水火升降，貫心脈而行呼吸也。即《經》所云：衛氣者，溫分肉而充皮膚，肥腠理以司開闔。然又曰：陽受氣於上焦，以溫皮膚分肉之間。夫上焦即胸中宗氣所留，是非肺所治乎？是則肺司衛氣之行，以至五臟六腑之受氣，皆宗氣升降之本然。第必藉穀氣以充之，使真陽瀰漫布濩，先周於身，乃還返其所自始，是則胃固為生化之地，然非主氣之肺統之，則無以神胃之生化，而俾其能行氣於三陰三陽焉。蓋以肺氣原於腎，雖充周於一身，而未嘗離於宗也。《經》曰：衛氣晝行於陽，夜行於陰，嘗從足少陰之分，間行於五藏六府。夫衛出下焦，乃足太陽膀胱，膀胱屬腎，而肺之以息往來者，又根於腎。《經》曰：少陽屬腎，腎上連肺，是則衛氣之布，皆司於肺者，豈不合於三焦之氣，而本於腎中之命門乎？先哲曰：肺調百脈，游行於三焦之位，歸於命門，斯義可互證也。若然，東垣所謂溫分肉而實腠理，益元氣而補三焦者，其機似無二矣。三焦為元氣之別使，《經》固言之，然非主氣之肺統之，則亦無以神三焦為使之氣化，俾其氣之自下而上者，復自上而下，氣之自內而外者，復自外而內焉。蓋《經》固謂三焦屬腎，而腎上連肺也。是則黃耆之補氣，原合胃與三焦，以為周身之利益矣。第《經》曰：陽者，衛外而為固陰者，藏精而起亟。不識日華子謂其助氣，壯筋骨。又云：長肉補血，而化血生血，更如潔古所云，豈起氣者在陰，而衛外之陽反能生陰哉？曰：《內經》言之矣，云雲霧不精，則白露不降。此二語可為茲味寫照。《經》曰：上焦出氣，以溫分肉而養骨節，通腠理。夫上焦既肺所治，肺統天氣者也。《經》曰：陽者，天氣也，主外。故分肉腠理之間，可以徵元氣之充與否。若分肉腠理一有不充，則即是膻中之氣化不足，而雲霧不精也。真陽不充，而陰氣何以滋，陰氣不滋，而陽氣何以四布乎？試就其益衛而即能生血者以參之，夫血固液所化，液即氣所化也。《經》曰：津液調和，變化而赤，是為血。又曰：三焦出氣，以溫肌肉，充皮膚。為其津，其流而不行者為液。又曰：衛氣先行皮膚，先充絡脈，絡脈先盛，故衛氣已平，營氣乃滿，而經脈

乃大盛。又曰：衝脈者，經脈之海也。即營氣之化，經脈之盛，並納於衝任者，皆根於衛氣之充，不可謂耆之益表氣，通陽和，即以滋營而和經，俾藏於衝任，而達之命門，以歸元陽，療諸虛者乎？試以陰生陽，陽化陰者，為分為合之義，一贅言之。按：黃耆止言其補氣，詎知其化血生血，乃所以竟其氣之用耳。蓋達陽即以利陰，利陰即以達陽，此正分合微義也。故闡發以補先哲之遺。《內經》曰：水火者，陰陽之徵兆也。金木者，生成之終始也。是則合腎與脾以上至於肺者，肝也；合心與胃以下至於肝者，肺也。在肝得乎水中之火，所以為陰中之少陽，故主升，如水不足，是先撥其本也。即水中之火鬱，則升之機亦病，而氣病矣。在肺為得火中之水，所以為陽中之少陰，故主降，如火不足，是亦先撥其本也。即火中之水鬱，則降之機亦病，而氣病矣。若脾固以水為體，而以火為用，坎中之離，借風木以上交，故脾能化氣於上，而胃為表以達之，胃固以火為體，而以水為用，離中之坎，借燥金以下交，故胃能化血以下，而脾為裏以統之。按：挾腎與脾以至於肺者，肝也，蓋肺為腎之母也。挾心與胃以至於肝者，肺也，蓋肝為心之母也。若脾與胃執升降之樞，以為子母之權與者也，故上而至天，下而際地焉。無體則用何有？無用則體不存。若耆之功所謂體立而用以行者也。蓋陽中太陽，合於陽中之少陰，使陽得化陰而隨陰以降，此所以謂其自上而下，自外而內者也。是《別錄》所謂益氣，更曰利陰氣。甄權所謂主虛喘腎衰耳聾，皆可以此義明其功矣。抑潔古謂為純陽，又何以能益陽中之少陰歟？詎知從甘而溫，非偏至之氣也，故氣虛者，確為的劑。若氣實邪盛者投之，又所謂無用而體不存者也。《經》所謂雲霧不精，蓋精之一字，固包舉此二義矣。故黃耆補肺而利陰，不治陽有餘而陰不足之病，乃治陽不足而陰亦不利者之病也。知此義而後能用耆，試觀方書，所治固多主益氣，然於血分之證多有功。而津液汗溺為病，需之亦不少，則以肺陽裕而陰生，肺陰降而陽隨為自上而下，自外而內者之權與焉。試觀《本經》主治，首及癰疽久敗瘡排膿止痛，夫豈止於益氣哉？固亦由氣而及血，以至於分肉耳。即治大風癩疾，及《別錄》所治婦人子臟風邪，皆緣陰氣虛以為風，且亦不止於補陽已也。至於逐五臟間惡血，并日華子所云破癥癖，瘰癧癭贅，腸風，血崩帶下，則由陽而及陰者，種種明著矣。蓋一氣而有地氣天氣之異，第地氣由生而化，天氣由化而生，是又靜與動之分也。然亦各有絪蘊變化之所焉，如肺陰下降而生血，是絪蘊變化之地，即在膻中，膻中固肺所治，而中焦之營血，此為橐籥，能使胃陽不亢，而氣得下行者，謂非肺之力歟。故東垣所云瀉陰火，謂內傷者，上焦陽氣下陷於陰分，而為虛熱，非陰分相火之火也，亦是由氣化血之義。所以用黃耆不可執一補氣之說，而必究其功用之精微，乃為得當而中的耳。又按：《經》曰：衛出於下焦。若然，黃耆益衛氣，謂其自上而下者，必其先自下而上也。其自外而內者，必其先自內而外也。然則潔古謂黃耆為足太陽膀胱發表藥，是豈同於麻黃、桂枝等味之發表者哉？蓋衛氣原由足太陽而達之天表，此《內經》所謂衛出下焦者也。試參治虛損膀胱有熱，而尿血不止者，於蒲黃丸中用黃耆，以補下焦之衛乃清熱，如生地、麥冬諸味，始得合而奏功，是則不止用耆以補虛，固亦藉其升陽以達表，而後水府之熱得以投清寒而除之也。是可明於陽氣下陷之義，蓋陽不得正其治於上，則陰即不能順其化於下矣。

附方　小便不通，綿黃耆二錢，水二盞，煎一盞，溫服，小兒減半。　氣虛白濁，黃耆鹽炒半兩，茯苓一兩，為末，每服一錢，白湯下。　老人閟塞，綿黃耆、陳皮去白各半兩，為末，每服三錢，用大麻子一合，研爛，以水濾漿，煎至乳起，入白蜜一匙，再煎沸，調藥空心服，甚者不過二服。此藥不冷不熱，常服無秘塞之患。　腸風瀉血，黃耆、黃連等分，為末，麪糊丸綠豆大，每服三十丸，米飲下。　欬嗽膿血，咽乾，乃虛中有熱，不可服涼藥，以好黃耆四兩，甘草一兩，為末，每服二錢，點湯服。　胎動不安，腹痛，下黃汁，黃耆、川芎藭各一兩，糯米一合，水一升，煎半升，分服。

希雍曰：黃耆功能實表，有表邪者勿用。能助氣，氣實者勿用。能內塞，補不足，胸膈氣閉悶，腸胃有積滯者，勿用。能補陽，陽盛陰虛者忌之。上焦熱甚，下焦虛寒者忌之。病人多怒，肝氣不和者勿服。痘瘡血分熱甚者，禁用。

修治　去頭刮皮。生用治癰疽，蜜炙治肺氣虛，鹽水或蒸或炒，治下虛。

清·郭章宜《本草匯》卷九

黃耆　味甘，性微溫。氣薄味厚，可升可降，陰中陽也。入手足太陰氣分，又入手少陽、足少陰命門。補陰氣內損之脈虛，治陽氣下陷之熱熾。入肺而固表虛之汗，充膚實腠。入脾而托已潰之瘡，收口生肌。固亡陽，瀉陰火，扶危濟弱。收耗氣，理血虛，形羸必用。《本經》言理風癩者，《經》云：邪之所湊，其氣必虛。耆性實表，氣充于外，邪無

所容耳。又療諸瘡止痛者，其味甘，甘得土之正，故能解毒，陽能達表，故能運毒走表。甘能益血，脾主肌肉，故主久敗瘡，排膿血止痛也。《別錄》謂補丈夫虛損，五勞羸瘦者，蓋勞傷元氣，陽氣乏絕，甘溫益元氣，甘溫除大熱也。東垣所謂黃耆、人參、甘草三味，為除躁熱肌熱之聖藥，故用之補中益氣湯中，為治勞倦發熱之要劑。又謂止渴，腹痛瀉痢者，氣旺則生津，故止渴。血虛則腹痛，中焦不治亦腹痛，脾胃之氣不足，則邪客之而瀉痢，補中氣，則中氣自除矣。又言益氣，利陰氣者，陽生陰長故也。甄權謂補腎者，氣為水母也。日華云止崩帶者，氣旺則無下陷之憂也。

按：參、耆甘溫，俱能補益。參惟益元補中，耆兼補衛實表，故表邪旺者不可用，用之反助邪氣。陰虛者宜少用，用之則升氣于表，而內反虛耗矣。雖曰上中下內外三焦通用，治氣虛盜汗自汗及膚痛，是皮表之藥也。治咯血柔脾胃，是中州之藥也。治傷寒尺脉不至，補腎藏元氣，是裏藥也。故屬內外三焦之用。其實托裏固表為專，而兼補中益氣。《靈樞》云：衛氣者，所以溫分肉而充皮(毛)〔膚〕，肥腠理而司開闔。凡內傷勞倦之病，其脉緩、滑、大、數，其證氣高而喘，身熱而煩，或渴不止，非此以佐參、术之溫，必犯苦寒瀉脾土，而大熱不除也。脾胃一虛，肺氣先絕，必用此以益衛而補三焦。唐柳太后病風，不能言，脉沉而口噤，不能下藥，以防風黃耆湯氣蒸之，其夕便語。蓋風能制耆，耆得防風，其功愈大也。人之口通乎地，鼻通乎天，口以養陰，鼻以養陽。天主清，故鼻不受有形，而受無形。地主濁，故口受有形，而兼乎無形。柳太后之病不言，若以有形之湯，緩不及事。今投以二物，湯氣滿室，則口鼻俱受，非知者通神，不可回生也。丹溪云：黃耆大補陽虛自汗，又表虛有邪，發汗不出者，服此則自汗。大抵肥白之人，及氣虛而多汗者，服之有功。蒼黑之人，腎氣有餘而未虛者，服之必滿悶不安，以其性塞而閉氣也。總之，醫無定體，應變而施藥，不執方，合宜而用。如補氣藥多，補血藥亦從而補氣。補血藥多，補氣藥亦從而補血。佐熱則熱，佐寒則寒，貴觸類而推爾。凡脾胃衰弱，飲食怕進，發熱惡寒，脹滿怠臥，神短脉微者，宜補中益氣，人參為君，黃耆為臣。若腠理不密，亡陽，潰瘍，痘漿未足，一切陰毒不起之證，又宜實衛固榮，黃耆為君，人參為臣。不可執一也。

種有三品，出綿上者良，隴西者溫補，白水者冷補。選單股不歧，色潤柔軟，肉白心黃，甘甜近蜜者。去頭，刮皮，以蜜水塗炙。若行其泥滯，而助其達表，當以酒炙。如補腎及崩淋藥中，須鹽酒炒之。又有赤色者，可作膏貼。苜蓿根堅脆味苦，市多假充。木耆莖短理橫，功力殊劣，俱不堪用。茯苓為使。惡龜甲、白鮮皮。

清・蔣居祉《本草擇要綱目・溫性藥品》 黃耆 氣味：甘，微溫，無毒。可升可降，陰中陽也。入手少陽、足太陰、足少陰命門之劑。主治：補諸虛不足，益元氣。去肌熱瘡瘍，排膿止痛。壯脾胃，去諸經之痛。除虛熱，得防風其功愈大。護周身皮毛腠理間虛，無汗則發之，有汗則斂之。為表藥，補三焦，實胃氣。治傷寒尺脈不至，為裏藥。故凡內傷其飲食，脾胃脹滿，發熱惡寒，吐瀉怠臥，神短脈微者，當以人參為君，黃耆為臣。表虛自汗，亡陽潰瘍，痘疹陰瘡，則當以黃耆為君，人參為臣。惡：白鮮皮、鼈甲。

清・閔鉞《本草詳節》卷一 黃耆 【略】按：黃耆甘溫，純陽，乃上中下內外補虛之聖藥。其補三焦，實衛氣，與桂同功。特桂則通血脉，能破血而實衛氣，芪則專於益也。同人參、甘草能除燥熱肌熱，蓋脾胃一虛，肺氣先絕，必用芪溫肉分，益皮毛，實腠理，不令汗出，以益元氣，而補三焦也。生者亦能瀉火，惟表邪旺者忌用，恐反助邪氣。陰虛者少用，恐太升氣於表，則內愈虛耗。

清・王翃《握靈本草》卷二 黃芪出沁州綿上，直如箭幹者佳。健脾用蜜炙，補腎及崩帶用鹽水炒，治癰疽生用。主治：黃芪，甘，微溫，無毒。主癰疽，久敗瘡，排膿止痛，大風癩疾，五痔鼠瘻，補虛，小兒百病。逐五臟間惡血，補丈夫虛損，五勞羸瘦，止渴，腹痛泄利。益氣，利陰氣，虛喘腎衰，耳聾。助氣，長肌肉，補血，治虛勞自汗。補肺氣，瀉肺火，實皮毛。益胃氣，去肌熱。督脈爲病，逆氣裏急。發明：【略】黃芪惟主益氣，甄權謂其補腎者，氣爲水母也。日華謂其止崩帶者，氣旺則無下陷之憂也。【略】參、芪甘溫，俱能補氣。但患內傷，脾胃衰弱，飲食少進，怠惰嗜臥，發熱惡寒，嘔吐洩瀉，及脹滿痞塞，力乏形羸，脈息虛微，精神短少之證，宜于補中湯中以人參爲君，黃芪爲臣。若係表虛，腠(裏)〔理〕不固，自汗盜汗，併諸潰瘍不斂，痘疹未灌全漿，及一切陰毒不起，須讓黃芪爲主，少入人參爲輔焉。選方：【略】治渾身麻木不仁，又兩目緊急縮小，及隱澁難開，神效。黃耆湯，黃耆二兩，人參八錢，白芍藥一兩，甘草一兩，橘紅五分，蔓荊子一錢，每服五錢。吐血不止，黃芪二錢半，紫背浮萍五錢，爲末，每服一錢，薑、蜜水下。

清·汪昂《本草備要》卷一　黄耆補氣，固表，生亦瀉火。　甘，溫。生用固表，無汗能發，有汗能止。丹溪云：黄耆大補陽虚自汗。若表虚有邪，發汗不出者，服此又能自汗。朱震亨，號丹溪，著《本草補遺》。溫分肉，實腠理，補肺氣，瀉陰火，解肌熱。炙用補中，益元氣，溫三焦，壯脾胃。脾胃一虚，土不能生金，則肺氣先絶。脾胃緩和，則肺氣旺而肌表固實。補中即所以固表也。生血生肌，氣能生血，血充則肉長。《經》曰：血生肉。排膿内托，瘡癰聖藥。毒氣化則成膿，補氣故能内托。癰疽不能成膿者，死不治，毒氣盛而元氣衰也。痘症亦然。痘症不起，陽虚無熱者宜之。新安汪機治痘症虚寒不起，用四君子湯加黄耆、紫草多效。間有枯萎而死者，自咎用藥之不精，思之至忘寢食。忽悟曰：白朮燥濕，茯苓滲水，宜痘漿之不行也。乃減去二味，加官桂、糯米，以助其力，因名保元湯。人參、白朮、茯苓、甘草，名四君子湯。汪機，號石山，著《本草會編》。王好古曰：黄耆實衛氣，是表藥；益脾胃，是中州藥；治傷寒尺脉不至，補腎元，是裏藥。王好古，號海藏，著《湯液本草》。甄權謂其補腎者，氣爲水母也。甄權，著《藥性論》。日華謂其止崩帶者，氣盛則無陷下之憂也。日華，著《大明本草》。《蒙筌》曰：補氣藥多，補血藥亦從而補氣；補血藥多，補氣藥亦從而補血。益氣湯雖加當歸，因勢寡，功被參、耆所據；補血湯數倍于當歸，亦從當歸所引而補血。黄耆一兩、當歸二錢，名補血湯。氣藥多而云補血者，氣能生血，又有當歸爲引也。表旺者不宜用，陰虚者宜少用，恐升氣于表，而裏愈虚矣。陳嘉謨，著《本草蒙筌》。　爲補藥之長，故名耆。俗作芪。皮黄肉白，堅實者良。入補中藥搥扁，蜜炙。達表生用。或曰補腎及治崩帶淋濁，宜鹽水浸炒。昂按：此説非也。前症用黄耆，非欲抑黄耆使入腎也，取其補中升氣，則腎受蔭，而帶濁崩淋自止。即日華氣盛自無陷下之憂也。有上病而下取，有下病而上取，補彼經而益及此經者，此類是也。茯苓爲使。惡龜甲、白鮮皮。畏防風。東垣曰：黄耆得防風，其功益大，乃相畏而更以相使也。李東垣，著《用藥法象》。

清·吴楚《寶命真詮》卷三　黄耆　【略】氣薄味厚，入肺而固表虚之汗，充膚實腠。入脾而托已潰之瘡，解渴定喘，止瀉，生肌，益胃氣，補虚勞，理風癩，去皮膚虚熱，逐五藏惡血。【略】又理風癩者，《經》謂：邪之所湊，其氣必虚，氣充於外，則邪自無所容也。能實表，有表邪者勿用。又助氣，氣實者勿用。多怒則肝氣不和，亦禁用。肥白而多汗者宜用。若黑瘦而形實者，服之必胸滿。

清·王逊《藥性纂要》卷二　黄耆　【略】東圃曰：止汗者，實衛而固表也。治咯血者，血脱先益氣也。血不自行，隨氣而至，必得生陽氣之藥乃生，

補腎者，金為水母也。汗出於表而本於腎，在腎之液，入心為汗，汗斂則液不泄，而腎亦受其補矣。肺主氣，腎藏氣，氣生精，精化為氣也。日華謂止崩帶者，氣旺則無下陷之憂矣。大抵黄耆專於托裏固表，而兼補益中氣也。《靈樞》曰：衛氣者，所以溫分肉而充皮膚，肥腠理而司開闔。黄耆既補三焦，實衛氣，與桂同功。然比桂甘平而不辛熱，故桂通血脉，耆則益氣也。又黄耆與人參、甘草，為除躁熱肌熱之要藥。脾胃一虚，肺氣先絶，必用黄耆溫分肉，益皮毛，實腠理，不令汗出，以益元氣而補三焦。若表虚有邪，發汗不出者，加入發表藥中，又能助汗。但表邪實者不可用，胸滿氣滯者不可用。黄耆、防風，世多相須而用。唐許胤宗治柳太后病風不能言，脉沉，口噤不能下藥。許云宜湯氣蒸之，藥入腠理，周時可瘥。乃造黄耆防風湯數斛，置於牀下，氣如煙霧，其夕得語。蓋人之口通乎地，鼻通乎天，口以養陰，鼻以養陽。天主清，故鼻不受有形而受無形。地主濁，故口受有形而兼乎無形。柳后病不言，若以有形之湯，緩不及事，今投以二物，湯氣滿室則口鼻俱受，非智者通神，不可回生也。《博爱心鑑》言，小兒痘疹惟有順逆險三症，順者為吉，不用藥。逆者為凶，不必用藥。惟險者，乃悔吝之象，當以藥轉危為安，宜保元湯加減主之。此方原出東垣，治慢驚土衰火旺之法，今借而治痘，以其内固榮血，外護衛氣，證異理同也。人參補中，黄耆實表，凡内傷脾胃，發熱惡寒，吐瀉怠臥，脹滿痞寒，神短脉微者，當以人參為君，黄耆為臣，不可執一也。

清·陳士鐸《本草新編》卷一　黄芪　味甘，氣微溫，氣薄而味厚，可升可降，陽中之陽也，無毒。專補氣，入手太陰、足太陰、手少陰之經。其功用甚多，而其獨效者，尤在補血。夫黄芪乃補氣之聖藥，如何補血獨效。蓋氣無形，血則有形。有形不能速生，必得無形之氣以生之。黄芪用之于當歸之中，自能助之以生血也。夫當歸原能生血，何藉黄芪，不知血藥生血其功緩，氣藥生血其功速，況氣分血分之藥，合而相同，則血得氣而速生，又何疑哉。或疑血得氣而生，少用黄芪足矣，即不少用，與當歸平用亦得，何故補血湯中反少用當歸而倍用黄芪？不知補血之湯，名雖補血，其實單補氣也。失血之後，血已傾盆而出，即用補血之藥，所生之血不過些微，安能遍養五臟六腑，是血失而氣亦欲失也。在血不能速生，而將絶未絶之氣，若不急為救援，一旦解散，頃刻亡矣。故補血必先補氣也。但恐補氣則陽偏旺而陰偏衰，所以又益之當歸以生血，使氣生十之七而血生十之三，則陰陽有制，反得大益。

生氣而又生血，兩無他害也。至于補中益氣湯之用黄芪，又佐人參以成功者也。人參得黄芪，兼能補營衛而固腠理，健脾胃而消痰食，助升麻、柴胡，以提氣于至陰之中，故益氣湯中無人參，則升提乏力，多加黄芪、白术，始能升舉。倘用人參、白术而減去黄芪，斷不能升氣于至陰也。故氣虚之人，毋論各病，俱當兼用黄芪，而血虚之人尤宜多用。惟骨蒸癆熱與中滿之人忌用，然亦當臨症審量。

或問：黄芪性畏防風，而古人云黄芪得防風，其功愈大，謂是相畏而相使也，其説然乎？此説亦可信不可信之辭也。黄芪無毒，何畏防風，無畏而言畏者，以黄芪性補而防風性散也，合而用之，則補者不至大補，而散者不至大散，故功用反大耳。

或問：黄芪補氣，反增脹滿，似乎黄芪不可補氣也，豈有藥以解其脹，抑可不用黄芪耶？夫黄芪乃補氣藥，氣虚不用黄芪，又用何藥。然服之而增脹滿者，非黄芪之助氣，乃黄芪之不助氣也。陰陽有根，而後氣血可補。陰陽之根將絶。服補藥而反不受補。藥見病不能受，亦不去補病矣。此黄芪補氣而反增脹滿，乃不生氣之故。然亦因其不可生而不生也，又豈有别藥以解其脹哉。

或問：黄芪氣分之藥，吾子以為補血之品，是凡有血虚之症，俱宜用黄芪矣，何以古人補血之藥多用四物湯、佛手散，絶不見用黄芪之補血者，豈古人非歟？古人未嘗非也，第以血症不同，有順有逆。順則宜用血藥以補血，逆則宜用氣藥以補血也。蓋血症之逆者，非血逆而氣逆也，氣逆而後血逆耳。血逆而仍用血分之藥，則氣不順而血愈逆矣，故必須補氣以安血也。氣逆則血逆，氣安則血安，此不易之理也。凡血不宜上行，嘔咯吐衄之血，皆逆也。血猶洪水，水逆則泛濫于天下，血逆則騰沸于上焦，徒治其血，又何易奏平成哉。故必用補氣之藥于補血之中，雖氣生夫血，亦氣行夫血也。此黄芪補血湯所以獨勝于千古也。

或問：黄芪以治氣逆之血，發明獨絶，然而亦有用四物湯、佛手散以止血而效者，又是何故？洵乎吾子之善問也。夫血逆亦有不同，有大逆，有小逆。大逆者，必須補氣以止血；小逆者，亦可調血以歸經。用四物湯、佛手散治血而血止者，血得補而歸經也。蓋血最難歸經，何以四物、佛手偏能取效，正因其血逆之輕耳。逆輕者，氣逆之小也；逆重者，氣逆之大也。以四物湯、佛手散治血而血安，雖亦取效，終必得效之遲，不若補血湯治氣而血止得效之捷也。

或問：黄芪補氣，初作脹滿，而少頃安然者，何也？此氣虚見補，反作不受也。黄芪補氣之虚，而胃中之望補，更甚于别臟腑。黄芪一入胃中，惟恐有奪其補者，乃閉關而不肯吐，此脹滿所由生也。治之法，用黄芪不可單用，增入歸、芎、麥冬三味，使之分散于上下之間，自無脹滿之憂矣。故服黄芪脹滿有二症，一不能受而一過于受也。過于受者，服下脹而少頃寬；不能受者，初脹輕而久反重。以此辨之最易别耳。

或問：黄芪補氣〔之〕聖藥，宜乎？凡氣虚者，俱可補之矣。何喘滿之病反不用者？恐其助滿而增脹也。先生既明陰陽之道，深知虚實之宜，必有以教我也。曰：黄芪補氣而不可治脹滿者，非黄芪之故，不善用黄芪之故也。夫大喘大滿，乃腎氣欲絶，奔騰而上升，似乎氣之有餘，實是氣之不足。古人用人參大劑治之者，以人參不能助脹而善能定喘耳，用之實宜。然天下貧人多而富人少，安得多備人參救急哉。古人所以用黄芪代之，而喘滿增劇，遂不敢復用，且誌之書曰：喘滿者不可用黄芪，因自悞而不敢悞人也。誰知黄芪善用之以治喘滿實神。鐸受異人傳，不敢隱也。黄芪用防風之汁炒而用之，再不增脹增滿，但製之實有法。防風用少，則力薄不能制黄芪，用多則味厚，又嫌過制黄芪，不惟不能補氣，反有散氣之憂。大約黄芪用一觔，用防風一兩。先將防風用水十碗煎數沸，漉去防風之渣，泡黄芪二刻，濕透，以火炒之乾。再泡透，又炒乾，以汁乾為度。再用北五味三錢，煎湯一大碗，又泡半乾半濕，復炒之，火焙乾，得地氣，然後用之。凡人參該用一兩者，黄芪亦用一兩。定喘如神，而又不增添脹滿，至妙之法，亦至便之法也。凡用黄芪，俱宜如此製之。雖古人用黄芪加入防風，治病亦能得效，然其性尚未制伏，終有跳梁之虞，不若先製之為宜，彼此畏忌而成功更神，又何喘病之不可治哉。

或疑黄芪得防風其功更大，用黄芪加入防風足矣，而必先製而後用，毋乃太好奇乎？不知用黄芪而加防風，則防風之性與黄芪尚有彼此之分，不若先製之，調和其性情，制伏其手足，使之兩相親而兩相合，絶不知有同異之分。如異姓之兄弟勝于同胞，相顧而收其全功也。

或疑黄芪補氣之虚，止可補初起之虚，而不可補久病之虚，予問其故。

曰：初虛之病，用黃芪易受；久虛之病，用黃芪難受也。嗟乎！虛病用補，宜新久之皆可受，其不可受者，非氣之虛，乃氣之逆也。氣逆之虛，必用人參，而不可用黃芪。在初虛氣逆之時，即忌黃芪矣，何待久病而後不可用哉。若氣雖虛而無逆，則久病正宜黃芪，未有不服之而安然者也。誰謂黃芪之難受乎。

或疑黃芪補氣，何以必助之當歸以補血，豈氣非血不生耶？不知氣能生血，而血不能生氣，血不能生氣，而補氣必補血者，非取其助氣也。蓋氣虛之人，未有不血亦隨之而俱耗者也。我大用黃芪以生氣，則氣旺而血衰，血不能配氣之有餘，氣必至生血之不足，反不得氣之益，而轉得氣之害矣。故補氣必須補血之兼施也。但因氣虛以補氣，而復補其血，則血旺而氣仍衰，奈何。不知血旺則氣不去生血，故補血而氣自旺，不必憂有偏勝之虞。然多補其氣而少補其血，則又調劑之甚宜也。

或問：黃芪何故必須蜜炙，豈生用非耶？然瘡瘍之門，偏用生黃芪，亦有說乎？曰黃芪原不必蜜炙也，世人謂黃芪炙則補而生則瀉，其實生用未嘗不補也。

清・顧靖遠《顧氏醫鏡》卷七　黃耆甘，微溫。入肺脾二經。惡防風，得防風其功愈大。補氣藥中，蜜水炙。瘡瘍藥中，鹽水炒。補肺氣而實皮毛，斂汗如神。益胃氣而去肌熱，止瀉有效。勞倦則發熱，甘溫能除大熱也。止瀉者，補中氣之功也。腸風崩帶俱用，益氣補脾，則得統攝而止矣。止渴除喘亦宜。氣主煦之，故益氣則津生，氣虛則喘，故補肺則喘除。能托瘡而生肌肉，未潰能同敗毒藥而托出走表，已潰能同補脾藥以生肌長肉。治風癘而理痘瘡。治風癘者，以邪之所湊，其氣必虛，氣充於外，邪無所容矣。痘瘡因陽分表虛氣不足者宜之，血熱者則大忌也。功能實表，有表邪者勿用。能助氣，氣實者勿用。能補陽，陰虛者勿用。多怒則肝氣不和，亦禁用之。

清・李熙和《醫經允中》卷二〇　黃芪　入手足太陰氣分，又入手少陽、足少陰命門，上中下內外三焦之藥也。茯苓為使。綿上者佳。　甘，微溫，無毒。氣薄味厚，可升可降，陰中陽也。主治益元氣，長肌肉，補虛勞，實腠理，排托諸癰，固表止汗，陽維為病苦寒熱，督脉為病逆氣裏急。人參補元氣，調中；黃芪補衛氣，實表，為表裏諸虛聖藥。自汗、盜汗，芪以實之；潰膿惡血，芪以托之；痼冷沉寒，無氣虛弱，宜薑桂，非參芪何以回陽。陽邪陷陰，扶之自宜升提。不實腠理，則必復下。果察其氣虛而腠理疎者，服之則正氣復而邪氣散，所謂芪得防風其功愈大。倘胃氣有餘，而胸悶急者，服之則不助正而反益邪矣。可不慎乎？故陽盛陰虛，上甚下虛者不可用也。痘家保元湯用之，內護脾胃，外充痘漿，六七朝要藥。士材云：有表邪者誤服，反助其邪，裏虛者服之，恐升氣于表，益致裏虛。宜與補下焦藥中同用，納氣歸元為當。周益公參大政，朱文公與劉子澄書云：如今是用大承氣湯證候，渠却下十全大補湯，雖無大害，恐無益于病耳。愚謂治病治國一也，理貴適中，過猶不及，所以古人藥不執方，合宜而用，補瀉兼施，猶恩威並濟，不可偏廢也，惟因物付物，施之對症，各當其可而已，不得執一成見于胸中也。若必以善用參芪為王道，則舜禹不宜舞于羽矣。

清・馮兆張《馮氏錦囊秘錄・雜症痘疹藥性主治合參》卷一　黃耆稟天之陽氣，地之沖氣以生，故味甘，微溫，無毒。氣厚於味，可升可降，陽也，入手陽明、太陰經。甘乃土之正味，故能解毒；陽能達表，故能運毒走表。甘能益血，脾主肌肉，故主久敗瘡瘍排膿止痛。○宜擇綿軟色嫩者佳。生用則托表排膿，蜜炙則調補虛損。　黃耆，生治癰疽，炙補虛損，五勞七傷，氣耗血虛，益元陽，瀉陰火，溫肉分，充皮膚，密腠理，固盜汗、自汗，排膿托毒止痛，長肉生肌，外行皮毛，中補脾胃，功專實表。性畏防風，得之其功愈大，蓋相畏而相使也。但陽盛陰虛者，上焦熱甚。下焦虛寒者，病人多怒。肝氣不和及肺脉洪大者，並戒之。

主治痘疹合參：專主益肺氣，補托排膿，實腠理補氣虛，善治脾胃虛弱，瘡瘍血脉不行，陰毒不起，洩利消渴，腹痛虛汗，宜灌漿時用。但血熱痘症，外有紅紫斑點者，并肺熱咽痛喘嗽者，及血滯血枯，痘色燥槁不潤者，禁用。若漿足後，不可過多，恐胖甚難於收靨。過補則生癰毒。且人參、黃耆，皆補氣助火之劑，凡痘色白陷者最宜，若痘色紅紫壯實者，輕用之則血愈熱而毒愈熾，紅紫者轉為黑枯不救之症矣。

按：黃耆為補表要藥，肺主皮毛，脾主肌肉，故入此二經，得防風，其功愈大，為其助達表分，有邪氣方實者勿用。

清・张璐《本經逢原》卷一　黃耆　甘，溫，無毒。入益氣藥炙用。入解表及托裏藥生用。肥潤而軟者良，堅細而枯者，食之令人胸滿。　《本經》主癰疽久敗，排膿止痛。大風癩疾，五痔鼠瘻，補虛，小兒百病。　發明：黃耆甘溫，氣薄味厚，升少降多，陰中陽也。能補五藏諸虛，入手足太陰、手陽明少陽。而治脈弦自汗，瀉陰火，去肺熱，無汗則發，有汗則止。入肺而固表

虛自汗，入脾而托已潰癰瘍。《本經》首言癰疽久敗，排膿止痛，次言大風癩疾，五痔鼠瘻，皆用生者，以疏衛氣之熱。性雖溫補，而能通調血脈，流行經絡，可無擬於壅滯也。其治氣虛盜汗、自汗及皮膚痛，是肌表之藥。治咯血，柔脾胃，是中州之藥。治傷寒尺脈不至，補腎藏元氣不足，及嬰兒易感風邪，發熱自汗諸病，皆用炙者，以實衛氣之虛，乃上中下內外三焦藥，即《本經》補虛之謂。如痘疹，用保元湯治脾肺虛熱，當歸補血湯治血虛發熱，皆為聖藥。黄耆同人參則益氣，同當歸則補血，同白朮、防風則運脾濕，同防己、防風則祛風濕，同桂枝、附子則治衛虛亡陽汗不止，為腠理開闔之總司。又黄耆性專實衛，溫補下元，而當歸補血湯，曷不用地黄之屬，反用此五倍於歸，其義何居？蓋陰血之虛而發熱，明係陽從陰亢，自必峻用陰中之陽藥為君，兼當歸引入血分，自然陽生陰長，陰邪退聽，而亢熱除矣。若用純陰滋膩，徒資膠滯，熱無由而散也，是須黄耆固護其營，不使重奪其汗，而陰自守，熱自除矣。昔人言，無汗不得用黄耆，服之令人胸滿，此指表實形瘦色蒼，胸中氣盛者而言。若衛氣虛衰之人感寒，雖用表藥，多不能作汗，須用黄耆建中之屬始得汗解，不可拘於俗見而廢聖法也。唐許胤宗治柳太后病風不能言，脈沉而口噤，乃造黄耆防風湯數斛，置於床下，氣如煙霧，一夕便得語也。此義惟玉屏風散得之。黄耆性畏防風，然得防風，其功愈大，蓋相畏而相使者也。

清・浦士貞《夕庵讀本草快編》卷一　黄耆《本經》　耆，長老之稱。黄取其色，為補劑之長，故名。黄耆味甘氣溫，陰中之陽，入手足太陰氣分，兼入手少陽、足少陰二經。故能補諸虛而益元氣，壯脾胃而去肌熱，排膿活血，內托瘡疽，真衛表之良材，培元之要劑也。《靈樞》云：衛氣者，所以溫肉分而充皮（毛）〔膚〕，肥腠理而司闔闢者也。黄耆既補三焦則肉分自溫，不令汗泄則元氣自固矣。故虛勞盜汗，氣弱膚痛所必用也。且其性受制于防風而互用之者，其功更大。如唐許胤宗治柳太后病風，脉沉，口噤不能進藥，乃用黄耆防風煎湯數斛，氣蒸滿室，其夕得語而瘥。朱震亨解之曰：人之口氣通于地，鼻氣通于天，口以養陰，鼻以養陽。天主清，故鼻不受有形而受無形；地主濁，故口受有形而兼無形也。太后之疾危不能言，若用有形之劑，緩不及事，故將二物濃煎薰蒸，口鼻俱受，乃智者之圓機，通神之新法也。玉屏風散即此遺意。

清・張志聰、高世栻《本草崇原》卷上　黄芪　氣味甘，微溫，無毒。主癰疽，久敗瘡，排膿止痛，大風癩疾，五痔鼠瘻，補虛，小兒百病。黄芪生於西北，得水澤之精，其色黄白，緊實如箭竿，折之柔韌如綿，以出山西之綿上者為良，故世俗謂之綿黄芪，或者只以堅韌如綿解之，非是。黄芪色黄，味甘，微溫。稟火土相生之氣化。土主肌肉，火主經脈，故主治肌肉之癰，經脈之疽也。癰疽日久，正氣衰微，致三焦之氣不溫肌肉，則為久敗瘡。黄芪助三焦出氣，以溫肌肉，故可治也。癰疽未潰，化血為膿，痛不可忍，黄芪補氣助陽，陽氣化血而排膿，膿排則痛止。大風癩疾，謂之癘瘍，乃風寒客於脈而不去，鼻柱壞而色敗，皮膚潰癩者是也。五痔者，牡痔、牝痔、腸痔、脈痔、血痔，是熱邪淫於下也。鼠瘻者，腎臟水毒，上淫於脈，致頸項潰腫，或空或凸，是寒邪客於上也。夫癩疾、五痔、鼠瘻，乃邪在經脈，而證見於肌肉皮膚。黄芪內資經脈，外資肌肉，是以三證咸宜。又曰補虛者，乃補正氣之虛，而經脈調和，肌肉充足也。小兒經脈未盛，肌肉未盈，血氣皆微，故治小兒百病。

清・劉漢基《藥性通考》卷四　黄耆　味甘，溫，氣平，無毒。走十二經之藥，無經不達。生用固表，無汗能發，有汗能止。丹溪云黄耆大補陽虛自汗，若表虛有邪、發汗不出者，服此又能自汗。溫分肉，實腠理，瀉陰火，解肌熱。炙用補中，益元氣，溫三焦，壯脾胃。脾胃一虛，則土不能生金，則肺氣先絕。脾胃緩和，則肺氣旺，而肌表固實，補中即所以固表也。生血生肌，氣能生血，血充則肉長。《經》曰血生肉也。猶能排膿，內托瘡癰聖藥。毒氣化則成膿，補氣故能內托癰疽。不能成膿者，死不治，毒氣盛而元氣衰也。痘症亦然，痘症不起，陽虛無熱者宜之。新安汪機治痘症虛寒不起，用四君子湯加黄耆、紫草多效。間有枯萎而死者，自咎用藥之不精，思之至忘寢食，忽悟曰：白朮燥濕，茯苓滲水，宜痘漿之不行也。乃減去二味，加官桂、糯米以助其力，因名保元湯。人參、白朮、茯苓、甘草，名四君子湯。王好古曰：黄耆實衛氣，是表藥，益脾胃是中州藥，治傷寒尺脉不至。補腎元是裏藥，補腎者，氣為水母也。日華謂其止崩帶者，氣虛則無下陷之憂也。《蒙筌》曰：補氣藥多，補血藥亦從而補氣，補血藥多，補氣藥亦從而補血。益氣湯中，雖加當歸，因勢寡，功被參、耆所據。補血湯數倍於當歸，然亦從當歸所引而補血，黄耆一兩，當歸五錢，名補〔血〕湯。氣藥多而云補血者，氣能生血，又有當歸為引也。〇表旺者不宜用，陰虛者宜少用，恐昇氣於表，而裏愈虛矣。為補藥之長，故名耆，俗作芪，皮黄肉白、堅實者良。入補中藥，搥扁蜜炙，達

表生用。〇或又問：黃耆既是補氣之藥，何以有服之而反氣驟者，何也？曰：世人往往言虛不受補者，真不明理之言，亦不知製藥之法也。我有一方：用防風煮水，將黃芪泡透，晒乾切片用之，則去風而不作脹也，氣驟又何從而生乎？〇或又曰：補腎及治崩帶淋濁，宜鹽水浸炒。昂按此說非也。前症用黃芪，非欲抑黃芪使入腎也，取其補中昇氣，則腎受陰而帶濁崩淋自止，即日華氣盛自無下陷之憂也。有上病而下取，有下病而上取，補彼經而益及此經者，此類是也。茯苓為使，惡龜甲、白鮮皮，畏防風。東垣曰：黃芪得防風，其功益大，乃相畏而更以相使也。

清・姚球《本草經解要》卷一

黃耆　氣微溫，味甘，無毒。主癰疽，久敗瘡，排膿止痛，大風癩疾，五痔鼠瘻，補虛，小兒百病。酒炒、醋炒、蜜炙、白水炒。

黃耆氣微溫，稟天春升少陽之氣，入足少陽膽經、手少陽三焦經。味甘，無毒。稟地和平之土味，入足太陰脾經。氣味俱升，陽也。脾主肌肉，甘能解毒，溫能生肌，所以主癰疽、久敗瘡，排膿止痛也。風濕熱壅於肌肉筋脈中，則筋壞肉敗，而成大麻風癩疾矣。脾主濕，膽主風，三焦主熱。邪之所湊，其氣必虛。黃耆甘溫，補益氣血，故治癩疾也。腸澼為痔。腸者，手陽明經也，太陰脾為陽明行津液者也。甘溫益脾，脾健運則腸澼行而痔愈也。鼠瘻者，瘰癧也，乃少陽經風熱鬱毒。黃耆入膽與三焦，甘能解毒，溫能散鬱，所以主之。人身之虛，萬有不齊，不外乎氣血兩端，黃耆氣味甘溫，溫之以氣，所以補形不足也。補之以味，所以益精不足也。小兒稚陽也，稚陽為少陽，少陽生氣條達，小兒何病之有？黃耆入少陽，補生生之元氣，所以概主小兒百病也。

製方：黃耆同桂枝、白芍、甘草、薑、棗、飴，名黃耆建中湯，治脾陰虛。同桂枝、白芍、甘草、防風，治表虛自汗。同茅朮、生地等分，牛膝、黃柏減半，丸，治濕毒臁瘡久不愈。同鹽水炒五錢，白茯一兩，末，治氣虛白濁。同甘草治虛渴。同麻仁、陳皮、白蜜，治老人虛閉。同川連，治腸風下血。同川芎、糯米，治胎不安。同生地、熟地、黃柏、黃連、黃芩、歸身、棗仁，治陰虛盜汗。同生地、熟地、歸身、人參、棗仁、北味，治表虛自汗。同人參、甘草名保元湯，治陽虛及虛痘症。同白芷、白及、甘草、金銀花、皂刺，排膿止痛。

清・周垣綜《頤生秘旨》卷八

黃耆　補中益氣之藥也。病有虛實，治有逆從。實火之勢微，微者逆之。虛火之勢甚，甚者從之。如肺臟元氣充足，外勢燔灼，治用寒涼，芩、連之屬以直折之。若元氣不足，外勢燥熱，治用溫補，參、耆之屬以治之。所謂黃耆同甘草為退熱之聖藥，凡氣中不足，衛不能固表，瘡痍久潰不能收斂，自汗盜汗，所當必用。

清・王子接《得宜本草・上品藥》

黃耆　味甘。入手足太陰經。生涼炙溫。得當歸能活血，得白朮能補氣，得防風相畏相使，而其功愈大。

清・徐大椿《神農本草經百種錄》上品

黃芪　味甘，微溫。主癰疽，久敗瘡，排膿止痛，除肌肉中之熱毒。大風癩疾，去肌肉中之風毒。五痔，鼠瘻，去肌肉中之濕毒。補虛，補脾胃之虛。小兒百病。小兒當補後天者，肌肉之本也。黃芪甘淡而溫，得土之正味、正性，故其功專補脾胃。味又微辛，故能驅脾胃中諸邪。其皮最厚，故亦能補皮肉，為外科生肌長肉之聖藥也。

清・黃元御《長沙藥解》卷三

黃耆　味甘，氣平。入足陽明胃、手太陰肺經。入肺胃而補氣，走經絡而益營。醫黃汗血痺之證，療皮水風濕之疾。歷節腫痛最效，虛勞裏急更良。善達皮腠，專通肌表。

《金匱》黃耆芍藥桂酒湯，黃耆五兩，芍藥三兩，桂枝三兩，苦酒一升。治黃汗身腫，發熱汗出而渴，汗沾衣，色黃如蘗汁，脈自沉者。以汗出入水，水從竅入，淫泆於經絡之間，阻其衛氣，壅而為腫。衛氣不行，遏其營血，鬱而為熱。脾為己土，肌肉司焉。水氣浸淫，肌肉滋濕，營行經絡之中，遏於濕土之內，鬱熱熏蒸，化而為黃。營秉肝氣，而肝司五色，入脾為黃，營熱蒸發，衛不能閉，則開其皮毛，泄為黃汗。緣營血閉遏，而木鬱風動，行其疏泄之令也。風熱消鑠，津液耗傷，是以發渴。木氣遏陷，不得升達，是以脉沉。黃耆走皮毛而行衛鬱，桂枝走經絡而達營鬱，芍藥、苦酒泄營熱而清風木也。

桂枝加黃耆湯，桂枝三兩，芍藥三兩，甘草二兩，大棗十二枚，生薑三兩，黃耆二兩。治黃汗，兩脛自冷，腰髖弛痛，如有物在皮中，身疼重，煩燥，腰以上汗出，小便不利。以水在經絡，下注關節，外阻衛陽，而內遏營陰，營遏木陷，溫氣淪鬱，內熱不宣，故兩脛自冷；風木鬱勃，經絡鼓盪，故腰髖弛痛，如有物在皮中；濕淫外束，故疼重煩躁；木陷而鬱於濕土，故小便不利；風升而開其孔竅，故腰以上汗出；水穀未消，中氣滿脹，營愈鬱而熱愈發，故食已則汗；暮而衛氣入陰，為營氣所阻，不得內斂，故外泄皮毛，而為盜汗；營熱鬱隆，不為汗減，熱蒸血敗，不能外華皮腠，久而肌膚枯澀，必至甲錯，血肉腐潰，必生惡瘡。甘、棗、生薑補宣中氣，芍藥泄營熱而清風木，桂枝達營氣之鬱，黃耆行衛氣之鬱，助以熱粥而發微汗，經熱自隨汗泄也。

黃耆桂枝五物湯，黃耆三兩，桂枝三兩，芍藥三兩，生薑

六兩，大棗十二〔枚〕。治血痺，身體不仁，狀如風痺，脈尺寸關上俱微，尺中小緊。以疲勞汗出，氣蒸血沸之時，安臥而被微風，皮毛束閉，營血凝澀，衛氣鬱遏，漸生麻痺。營衛阻梗，不能煦濡肌肉，久而枯槁無知，遂以不仁。營衛不行，經絡無氣，故尺寸關上俱微。營遏木陷，鬱動水內，而不能上達，故尺中小緊。大棗、芍藥滋營血而清風木，薑、桂、黃耆宣營衛而行瘀澀，倍生薑者，通經而開痺也。　肝脾左旋，癸水溫升而化血，肺胃右降，丁火清降而化氣。血。司於肝，其在經絡，則曰營氣。司於肺，其在經絡，則曰衛。營行脈中，為衛之根。衛行脈外，為營之葉。營衛周行，一日五十度，陰陽相貫，如環無端。其流溢之氣，內溉臟腑，外濡腠理。營衛者，氣血之精華者也。《二十二難》：脈有是動，有所生病。是動者，氣也。所生病者，血也。氣主煦之，血主濡之。氣留而不行者，氣先病也。血滯而不濡者，血後病也。血陰而氣陽，陰靜而陽動，陰則內守，陽則外散，靜則不闢，動則不闔，而衛反降斂，以其清涼而含陰魄，營反溫升，以其溫暖而抱陽魂也。衛本動也，有陰以闔之，則動者化而為降斂。營本靜也，有陽以闢之，則靜者變而為升發。然則血之溫暖，氣煦之也。營之流行，衛運之也。是以氣有所動，則血病生焉。氣冷而後血寒，衛梗而後營瘀。欲調血病，必益血中之溫氣。欲調營病，必理營外之衛陽。衛氣者，逆則不斂，陷則不發，鬱則不運，阻則不通，是營血受病之原也。黃耆清虛利腸，專走經絡，而益衛氣，逆者斂之，陷者發之，鬱者運之，阻者通之，是燮理衛氣之要藥，亦即調和營血之上品。輔以薑、桂、芍藥之類，奏功甚捷，餘藥不及也。五行之氣，涼則收，而寒則藏。氣之清涼而收斂者，秉金氣也。黃耆入肺胃，而益衛氣，佐以辛溫則能發，輔以酸涼則善斂，故能發表而出汗，亦能斂表而止汗。小兒痘病，衛為營閉，不得外泄，衛旺則發，衛衰則陷，陷而不發者，最宜參、耆助衛陽以發之。凡一切瘡瘍，總忌內陷，悉宜黃耆。　蜜炙用。生用微涼，清表斂汗宜之。

清・吳儀洛《本草從新》卷一　黃耆〔補氣固表，生亦瀉火，生陰血。〕　甘，溫。生用固表，無汗能發，有汗能止，丹溪曰：黃耆大補陰虛自汗，若表虛有邪，發汗不出者，服此又能自汗。溫分肉，實腠理，補肺氣，瀉陰火，解肌熱。炙用補中，益元氣，溫三焦，壯脾胃，脾胃一虛，土不能生金則肺氣先絕，脾胃緩和則肺旺而肌表固實，補中即所以固表也。生血生肌，氣能生血，血充則肉長。排膿，內托瘡癰聖藥。毒氣化則成膿，補氣故能內托。癰疽不能成膿者，死不治，毒氣盛而元氣衰也。痘證亦然。痘證不起，陽虛無熱者宜之。合人參、甘草、生薑為保元湯，治痘虛不起。或加芎藭、官桂、糯米助之。王好古〔王好古，號海藏，著《湯液本草》。〕曰：實衛氣是表藥，益脾胃是中州藥，治傷寒尺脈不至，補腎元是裏藥。甄權謂其補腎者，氣為水母也。《日華》〔日華著《大明本草》。〕謂其止崩帶者，氣旺則無陷下之患也。《蒙筌》曰：補氣藥多，補血藥亦從而補氣；補血藥多，補氣藥亦從而補血。益氣湯雖用當歸，因勢寡，功補參、耆所據。補血湯黃耆一兩，當歸二錢，氣藥多而云補血者，氣能生血，又有當歸為引也。為補藥之長，故名耆。外白中黃，金井玉欄，堅實肥大而嫩者名綿耆，最良。入補中藥，搥扁蜜炙。如欲其稍降，鹽水炒。有謂補腎及崩帶淋濁藥宜鹽水炒。汪訒庵曰：此說非也。前證用黃耆，非欲抑黃耆使入腎也，取其補中升氣則腎受陰，而崩帶淋濁之病自愈也。有上病下取，下病上取，補彼經而益及此經者，此類是也。達表生用，或酒炒亦可。茯苓為使。惡龜甲、白鮮皮。畏防風。實表，有表邪及表旺者勿用。助氣，氣實者勿用。多怒則肝氣不和，亦禁用。陰虛者宜少用，恐升氣於表而裏愈虛爾。用鹽水炒以制其升性，亦得。熬膏良。

清・汪紱《醫林纂要探源》卷二　黃芪　甘，平。苗葉似槐，根粗長，有歧。甘味淡於甘草。皮黃而肉白，白水芪微寒，赤水芪微溫。出緜上者佳，今汾州介休也。胃土之藥，衛氣之主。炙用和胃，益氣固表，止汗。蜜炙用。若傷寒而氣虛，不能作汗，則加於表藥中，反能使之發汗。然非黃芪無汗能發之謂也。生用解肌熱，瀉陰火，動盪衛氣，填實腠理。托癰毒，排膿血，以氣倡而血自隨，非能生血也。

清・嚴潔等《得配本草》卷二　黃耆一名黃芪。　茯苓為之使。惡白鮮皮、龜甲。　味甘，微溫。入手太陰經，兼入足太陰氣分。助氣補血，固腠理，益脾胃，托瘡瘍，止盜汗。固氣之功。得棗仁，止自汗。配乾薑，暖三焦。配川連，治腸風下血。配茯苓，治氣虛白濁。配川芎、糯米，治胎動、腹痛、下黃汁。佐當歸，補血。使升、柴，發汗。　補虛，蜜炒。嘈雜病，乳炒。解毒，鹽水炒。胃虛，米泔炒。暖胃，除瀉痢，酒拌炒。瀉心火，退虛熱，托瘡瘍，生用。恐滯氣，加桑白皮數分。　血枯，助氣生火，血愈枯也。中風，陽氣升，風益疾，痰益盛。火動生痰，內臟虛甚，升氣於表也。上熱下寒，氣升，上益熱，下益寒。痘色不潤，助氣，血愈枯。肝氣不和，黃耆能動三焦之火。皆禁用。　怪症：四肢節脫，但有皮連，不能舉動，此筋解也。用黃耆三兩，酒浸一宿，焙研，酒下二錢，至愈而止。　黃耆補氣，而氣有內外之分。氣之衛於脈外者，在內之衛氣也。氣之行於肌表者，在外之衛氣也。肌表之氣，補宜黃耆。五內之氣，

補宜人參。若内氣虛乏，用黄耆升提於表，外氣日見有餘，而内氣愈使不足，久之血無所攝，營氣亦覺消散，虛損之所以由補而成也。故内外虛氣之治，各有其道，不諳其道而混治之，是猶盲人之不見黑白也。

題清・徐大椿《藥性切用》卷三 黄耆 性味甘温，生用托邪實表，炙用補中益氣。但其性滯，不似人參之靈活。

清・黄宫繡《本草求真》卷一 黄耆補肺氣，實腠理。 黄耆專入肺，兼入脾。味甘性温，質輕皮黄肉白，故能入肺補氣，入表實衛，為補氣諸藥之最，是以有耆之稱。且著其功曰：生用則能固表，無汗能發，有汗能收，是明指其表實則邪可逐，故見無汗能發，表固則氣不外洩，故見有汗能止耳。又著其功曰：熟則生血生肌，排膿内托，是蓋指其氣足，則血與肉皆生。毒化膿成，而為瘡瘍聖藥矣。至於痘瘡不起，陽虛無熱，機曰：保元湯用黄耆，原出東垣治慢驚土衰火旺之法，今借此加減治痘，以其内固營血，外護衛氣，滋助陰陽。作為膿水，其證雖異，其理則同，故去白芍加生薑，改名曰保元湯。炙黄耆三錢，人參二錢，炙甘草一錢，生薑一片，水煎服之。書言於耆最宜，皆是取其質輕達表，功專實衛，色黄入脾，色白入肺，而能升氣於表。又言力能補腎，以治崩帶淋濁，是蓋取其補中升氣，則腎受陰，而崩帶淋濁自止。然與人參比較，則參氣味甘平，陽兼有陰；耆則秉性純陽，而陰氣絶少。蓋一宜於中虛，而泄瀉痞滿倦怠可除。一更宜於表虛，而自汗亡陽潰瘍不起可治。且一宜於水虧，而氣不得宣發；一更宜於火衰，而氣不得上達之為異耳。黄耆，書言性畏防風，其功益大，蓋謂能以助耆達表，相畏而更相使，是以如斯。若使陽盛陰虛，上焦熱甚，下焦虛寒，肝氣不和，肺脉洪大者，則並戒其勿用矣。出山西黎城，大而肥潤箭直良，瘦小色黑堅硬不軟者，服之令人胸滿。震亨曰：宜服三拗湯以瀉。茯苓為使，惡龜甲、白鮮皮，反藜蘆，畏五靈脂、防風。血虛肺燥，搥扁蜜炙。發表生用，氣虛肺寒，酒炒。腎虛氣薄，鹽湯蒸潤，切片用。

清・楊璿《傷寒温疫條辨》卷六補劑類 黄耆生凉，炙温。 味甘氣平，氣味俱輕，升也，陽也。專於氣分而達表，故能補元陽，壯脾胃，充腠理，長肌肉，治虛勞，除虛熱，氣虛難汗可發，表虛多汗可止。其所以止血崩血淋者，以氣固而血自止也。故《經》曰：血脱補氣。其所以除帶濁泄痢者，以氣升而陷自起也。故《經》曰：陷者舉之。然而氣味俱浮，專於氣分，性不純良，表實者不宜用，裏虛者宜少用，恐升氣於表，而裏愈虛也。氣實誤用，則致喘急，脹滿，關格；血虛過用，則致吐衄，痰壅，咳嗽。仲景有黄耆建中湯。

升陽益胃湯：黄耆二錢，人參、甘草、半夏一錢，陳皮、白术、白芍、白茯苓、澤瀉、羌活、獨活、柴胡、防風五分，黄連三分，生薑七分，大棗二枚，水煎。訒菴曰：東垣首重脾胃，而益胃又以升陽為先，故每用補中上升下滲之藥，此湯補中有散，發中有收，脾胃諸方，多從此昉也。

清・羅國綱《羅氏會約醫鏡》卷一六草部 黄芪味甘微温，入脾肺二經，茯苓為使，惡龜甲、皂莢，反防風，須知黄芪得防風，其功益大，蜜炙用。補元陽，實腠理，治勞傷，以陽氣虛也。長肌肉。氣生血，故肉長。無汗能發，表虛邪閉，生用發汗。自汗能止。補氣固表。排膿内托，膿成，則毒化。氣虛痘陷，宜黄芪、人參、甘草、糯米。止血崩血淋，氣固而血自止。除瀉痢帶濁，氣升而陷自除。解渴，瀉陰火也。定喘。補氣虛也。

按：性味俱浮，彼氣滯中滿，表邪未散，怒氣傷肝者，俱禁用。

清・陳修園《神農本草經讀》卷一上品 黄芪 氣味甘，微温，無毒。主癰疽，久敗瘡，排膿止痛，大風癩疾，五痔鼠瘻，補虛，小兒百病。生用、鹽水炒、酒炒、醋炒、蜜炙、白水炒。

陳修園曰：黄芪氣微温，稟少陽之氣，入膽與三焦；味甘無毒，稟太陰之味，入肺與脾。其主癰疽者，甘能解毒也。久敗之瘡，肌肉皮毛潰爛，必膿多而痛甚，黄芪入脾而主肌肉，入肺而主皮毛也。大風者，殺人之邪風也。黄芪入膽而助中正之氣，俾神明不為風邪亂；入三焦而助決瀆之用，俾竅道不為風所壅；入脾而救受克之傷；入肺而制風木之動，所以主之。癩疾，又名大麻風，即風毒之甚也。五痔者，五種之痔瘡，乃少陽與太陰之火陷於下，而此能舉其陷。鼠瘻者，瘰癧之别名，乃膽經與三焦之火鬱於上，而此能散其鬱也。其曰補虛者，是總結上文諸症，久而致虛，此能補之。非泛言補益之品也。葉天士云：小兒稚陽也。稚陽為少陽，少陽生氣條達則不病，所以概主小兒百疾也。余細味經文，俱主表症而言，如六黄湯之寒以除熱，熱除則汗止；芪附湯之温以回陽，陽回則汗止；玉屏風散之散以驅風，風平則汗止。諸方皆借黄芪走表之力，領諸藥而速達於表而止汗，非黄芪自能止汗也。諸家固表及生用發汗、炒用止汗等説，貽誤千古，兹特正之。

清・齊秉慧《齊氏醫案》卷四 黄芪白朮不固表説 舒馳遠曰：後天以脾為主，芪、朮大補中氣之藥，皆入足太陰脾經之裏，不走軀殼之外，何以固表？外科用之脱毒外出，可見其性外攻，不為收斂顯然矣。即不當用而

誤用之，亦止壅塞中焦，無固表之理也。當云實者不必用，虛者必當用之以禦其表也。彼不知分經解表，又不能辨其虛實，用之不當，能無害乎？無怪乎其視如砒毒也。且説治病必先表而後補，烏知三陰虛寒諸證，法當溫補並用者。若但驅陰散寒，而不知急早重用芪、朮，則寒雖去，而虛不能回，甚且不治矣，而況妄行表散者乎？若能早知重用芪、朮補中宮之陽以翊之，則火種不致滅也。否則，火種無存，吹然無益矣。況夫先天真陽屬腎者，以媾精屬腎，故曰屬腎，此生身之本，健順之根，先天之火種也。然非養生之物，養生之道在於黃庭。黃庭者，即中宮之陽氣，乃發育之元，先天之宰，養生之火種也。黃庭真固，真陽不露，黃庭寂滅，真陽立亡，故有腎痿精絕而不死者，黃庭之火種在也。仙家修鍊，進陽火歸於黃庭，以造其基，可見主宰先天之權在是矣。而驅陰回陽，必宜重用黃芪、白朮者，即仙家修鍊造其基以歸於黃庭之妙旨也。

余讀舒氏妙論，誠哉補前人之所未及。至於末年復刊所製理脾滌飲，與仲景黃芪建中，東垣補中，歸脾、十全、養營，補血等湯，咸皆重用黃芪、白朮，而珍之如寶。醫者明乎此訣，凡遇三陰虛寒諸證，依脉輕重變化，效如桴鼓。予非謬執臆説，屢用奏功。故重言以申明之，同志君子，誠能推廣而變通焉，於醫道也，雖不及上工，亦在中工之列。又常見陰寒腹痛之證，法當溫補並用者，世俗名曰氣痛，既用順氣之藥以耗其氣，而更傷其陽，雖能暫快目前，必至漸見加重，久而釀成不治之證矣。且云其氣既痛，豈可補氣？而芪、朮又視如鴆毒焉，是未讀仲景六經之法，不明陰陽表裏寒熱、虛虛實實之理也。若此輩者，信口雌黄，全無識見，拘執幾箇陳方，混施一切，貽害蒼生，縱王法倖脱，天律難逃。粗工者，其速當猛省。

清・黃凱鈞《藥籠小品》 黃耆　西產為佳，雖係種者，亦金井玉欄，體糯而甜，新貨為上，稍久則色味盡減，不可用矣。去頭去粗皮，切片蜜水拌炒，欲達肌膚，連皮生用。黃耆補氣，亞於人參，然當歸補血湯中，用黃耆倍於當歸者，蓋謂有形之血不能速生，無形之氣須當急固，故重用之也。然則黃耆兼能補血明矣，治陽虛自汗，人盡知之；陰虛盜汗，人皆不察，只須兼涼血之品，六黃湯用此一味是也。惟肺家有火，表邪未清，胃氣壅實者，咸宜忌之。

清・王龍《本草纂要稿・草部》 黃耆　氣味甘溫。實腠理以司開闔，止盜汗而固表虛。瀉虛火，益元陽。療月候不調，止帶下崩中。又能托陰症之瘡瘍，排膿止痛。治勞傷之蒸熱，溫血補脾。入手少陽、手足太陰經。

清・張德裕《本草正義》卷上 黃耆　味甘，生涼炙溫，氣味俱輕。功專補氣，生可托癰疽，炙能扶虛損。乃偏於氣分而性浮。若陰虛氣浮，及中滿氣滯，凡病虛而升多降少者，皆宜酌用。耆之功力在於蜜炙，用清炒、鹽炒者非。

清・楊時泰《本草述鉤元》卷七 黃耆一作芪。　本出蜀郡、漢中，今惟白水、原州、華原山谷者最勝，宜、寧二州者亦佳。八月采根，長二三尺，緊實若箭幹，皮色黃褐，折之柔韌如綿，肉理中黃外白，嚼之甘美可口。若堅脆味苦者，即苜蓿根也，勿誤用。《別説》出綿上者為良，蓋以地産言也。若以柔韌為綿，則偽者亦柔韌，但當以堅脆而味苦者為別耳。木耆草形類真相似，只是生時葉短根黃耳之頤。

味甘，氣微溫。氣厚於味，可升可降，陰中陽也。入手足太陰氣分，又入手少陽、足少陰命門，兼入手陽明經。茯苓為之使。惡龜甲、白鮮皮。甘溫純陽，主益肺氣，溫分肉，實皮毛間腠理虛，大補表之元氣虛弱，通和陽氣，利陰氣，泄火邪，能活血脈生血，助胃氣治脾胃虛弱，脈弦，血脈不行，羸瘦腹痛。益三焦元陽，補五臟諸虛不足，丈夫虛損羸瘦，短氣虛喘，腎衰耳聾，瀉久腸風，老人氣虛腸閟，更治虛煩肌熱，虛勞自汗盜汗。若表虛有邪，發汗不出，服之自汗。并內托陰疽，排膿止痛，長肉生肌，為瘡家聖藥。又治女子月候不勻，血崩帶下，胎前產後氣耗血虛，療小兒百病。方書治消癉，中風著痹攣痿，鶴膝風，脚氣，吐血欬血，鼻衄溲血諸見血證，黃疸水腫，傷暑瘧頭痛，心痛，胃脘痛，腹痛，腰痛，身重顫振眩暈，驚悸，痞厥惡寒，往來寒熱，發熱，破傷風不能食，滯下，赤白濁淋，小便不通，遺精，疝。黃耆獨莖叢生，作葉扶疏，百本戴在首，如衛氣出目行頭。衛出下焦，其行始於睛明穴。自上而下，從外而內，百骸百脈，咸衛外而固矣。其行可久可速，能知衛氣出入之道路，便能了知黃耆之功用矣盧不遠。補三焦，實衛氣，與桂同功，特比桂甘平，不辛熱為異耳。蓋桂則通血脈，能破血而實衛氣，耆則益氣也東垣。其治氣虛盜汗，并自汗及膚痛，是皮表之藥。治咯血柔脾胃，是中州之藥。治傷寒尺脈不至，補腎臟元氣，是裏藥。乃上中下內外三焦之藥也好古。參、耆俱益虛損，但人參惟補元氣調中，黃耆兼補衛氣實表，如共劑而用，須別主輔。凡內傷脾胃，發

熱惡寒，怠惰嗜臥，嘔吐洩瀉，及脹滿痞塞，形羸力乏，脈微神短，參為君，耆為臣。若表虛而自汗盜汗，漸至亡陽，諸潰瘍多耗膿血，嬰兒痘疹未灌全漿，一切陰毒不起之疾，治之又須實衛護營，當以耆為君參為臣嘉謨。防風能制黃耆，黃耆得防風，其功愈大。助真氣以周於身，亦有治風之功。乃相畏而相使也。唐柳太后病風不能言，脈沉口噤，許(允)〔胤〕宗製黃耆防風湯數斛，於牀下蒸之，藥入腠理，周時而瘥。凡小兒脾胃伏火，勞役不足而成慢驚，當於心經中，以甘溫補土之源，更於脾土中，以甘寒瀉火，以酸涼補金，使金旺火衰，風木自平，用黃耆湯。炙黃耆二錢，人參一錢，炙草五分，白芍五分，水一大盞，煎半盞，溫服。在補中益氣湯，甘溫能除大熱，為治勞倦發熱之要劑。同生熟地、黃芩、連、檗、當歸，加棗仁炒研，為治陰虛盜汗之正法。本方去三黃，加人參、五味、棗仁，治表虛自汗。同桂枝、白芍、防風、炙草，能實表，治表虛畏風，傷風自汗。與茅术、生地等分，黃檗、牛膝減半，作丸，治積年濕毒臁瘡，百藥不效。同白芷、白及、甘草、銀花、皂角刺，排膿止痛。同人參、甘草，為除躁熱肌熱之聖藥，又治天行痘瘡陽虛無熱證。

附方：小便不通，綿耆二錢，水二盞，煎一盞溫服，小兒減半。氣虛白濁，黃耆鹽炒五錢，茯苓一兩，為末，每服一錢，白湯下。老人悶塞，綿耆五錢，陳皮去白五錢，為末，每服三錢，用大麻子一合研爛，以水濾漿，煎至乳起，入白蜜一匙，再煎沸，調藥，空心服，甚者不過二服。此藥不冷不熱，常服無悶塞之患。腸風瀉血，黃耆、黃連等分為末，麪糊丸綠豆大，每服三十丸，米飲下。欬嗽膿血咽乾，乃虛中有熱，不可服涼藥。以好黃耆四兩，甘草一兩，為末，每服二錢，點湯服。胎動不安，腹痛，下黃汁，黃耆、川芎各一兩，糯米一合，水一升，煎半升，分服。

論：黃耆甘溫，稟中土之氣味，花至七月開，而根以八月采，中黃外白，是由脾胃以至於肺，為是物之功用，其入手足太陰氣分宜矣，乃以為更入三焦命門者，原其所自始也。其言益衛氣，又曰益胃氣者，原其生化之地也。《經》曰：人受氣於穀，穀入於胃，以傳於肺，五臟六腑，皆以受氣。又曰：肺氣從太陰而行之，其行也，以息往來。又曰：宗氣積於胸中，出於喉嚨，以貫心脈而行呼吸。然則胃為後天生氣之原，而臟腑之所以受氣者，皆統於主氣之肺，肺之所以主氣者，本於息之往來，而其所由以息往來，又本於水火升降，貫心脈而行呼吸也。肺司衛氣之行，而其氣更原於腎。《經》曰：衛氣晝行於陽，夜行於陰，嘗從足少陰之分間行於五臟六腑。衛出下焦，乃足太陽膀胱，膀胱屬腎，而肺之以息往來者，又根於腎。又曰：少陽三焦也屬腎，腎上連肺，是則衛氣之布，皆司於肺者，豈不合於三焦之氣，而本於腎中之命門乎。夫三焦為元氣之別使，《經》嘗言之，然非主氣之肺統之，則無以神三焦為使之氣化，俾氣之自下而上者，復自上而下，自內而外者，復自外而內，《經》固謂三焦屬腎，腎上連肺也。是則黃耆之補氣，原合胃與三焦，以為周身之利益矣。第陽氣衛外而為固，而潔古乃推其化血生血，豈衛外之陽反能生陰哉。不知雲霧不精，則白露不降，惟分肉腠理之間，可以徵元氣之充與否。若分肉腠理一有不充，即是膻中之氣化不足，而雲霧不精也。真陽不充，則陰氣何以滋，陰氣不滋，而陽氣何以四布乎。試就其益衛而即能生血者參之，可知血固液所化，液即氣所化也。《經》曰：三焦出氣以溫肌肉，充皮膚，為其津，其流而不行者為液。又曰：衛氣先行皮膚，先充絡脈，絡脈先盛，故衛氣已平，營氣乃滿，而經脈乃大盛，經脈盛則並納於衝任而為海。營氣之化，根於衛氣之充，不可識耆之益表氣，通陽和，即以滋營而和經，俾藏於衝任，達之命門，以歸元陽而療諸虛乎。世止言黃耆補氣，詎知化血生血乃所以竟其氣之用耳。即東垣所云瀉陰火，是指內傷陽氣下陷而為虛熱，非陰分相火之火也，亦是由氣化血之義。然則用耆不可但執補氣之說，而必究其功用之精微矣。試更以陰生陽，陽化陰，分合之義言之。《經》曰：水火者，陰陽之徵兆也。金木者，生成之終始也。是則合腎與脾以上於肺者，肝也，合心與胃以至於肝者，肺也。肝得乎水中之火，故為陰中之少陽而主升，如水不足，是本先撥也，即水中之火鬱亦病乎升之機而氣病者也。肺得乎火中之水，故為陽中之少陰而主降，如火不足，是本先撥也，即火中之水鬱亦病乎降之機而氣病者也。若脾固以水為體，以火為用，坎中之離，借風木以上交，故脾能化氣於上，而胃為表以達之。胃則以火為體，以水為用，離中之坎，借燥金以下交，故胃能化血以下，而脾為裏以統之。夫肝挾腎與脾以至於肺者，因肺為腎之母也。肺挾心與胃以至於肝者，因肝為心之母也。若脾與胃，執升降之樞，以為子母之權輿者也，故上而至天，下而際地焉。黃耆之功，正有體立而用以行者，蓋陽中太陽合於陽中之少陰，使陽得化陰而隨陰以降，此其所以自上而下、自外而內也。知此則《別錄》益氣，更曰利陰氣，甄權所主虛喘腎衰耳聾，皆可明其功矣。總之，黃耆補肺而利陰，不治陽有餘而陰不足之病，乃治陽不足而陰亦不利之病。觀方書所治，固主益氣，然於

血分多有功，津液汗溺為病，需之不少，則以肺陽裕而陰生，肺陰降而陽隨，為自上而下、自外而內之權輿焉。又《本經》首主癰疽、久敗瘡，排膿止痛，此由氣及血，以至於分肉也。至大風癩疾，并婦人子臟風邪，皆緣陰氣虛以為風也。他如逐五臟間惡血，破癥癖瘰癧癭贅，治腸風，血崩，帶下，其由陽及陰之功，種種明著矣。人身天氣，由化而生。與地氣由生而化者不同。如肺陰下降而生血，其絪縕變化之地在膻中。膻中固肺所治。中焦之營血，此為橐籥，能使胃陽不亢，而氣得下行者，非肺之力歟？知肺之力，則知耆之功用矣。其抑《經》曰衛出下焦，然則黃耆益衛氣，其自上而下者，必先自下而上也。其自外而內者，必先自內而外也。潔古謂耆為足太陽發表藥，緣衛氣由足太陽而達之天表也。試參虛損有膀胱熱而尿血不止者，入黃耆於蒲黃丸中以補下焦之衛，而後清熱如地、麥輩，始得奏功。蓋不止用耆以補虛，固藉其升陽以達表，然後水腑之熱可除也。明於陽氣下陷之義，則知陽不得正其治於上，陰即不能順其化於下矣。

繆氏曰：凡氣實內塞，胸膈閉悶，腸胃有積滯，及多怒肝氣不和者，勿服。其陽盛陰虛，或上焦熱甚，下焦虛寒者，忌之。痘瘡血分熱甚者，禁用。

修治：去頭，刮皮。治癰疽，生用。治肺氣虛，蜜炙用。治下虛，鹽水或蒸或炒用。

清・葉桂《本草再新》卷一　黃耆味甘，性溫，無毒。入心、脾、腎三經。生用固表，無汗能發，有汗能止。補肺氣，瀉陰火，解肌熱。炙用補中益氣，溫三焦，壯脾胃。生血生肌，排膿內托，瘡癰聖藥。痘證不起，陽虛無熱者宜之。耆橫補性，屬陽，凡虛寒得此，可升可散。

清・吴其濬《植物名實圖考》卷七　黃耆　《本經》上品。有數種，山西、蒙古產者佳，滇產性瀉，不入用。

雩婁農曰：黃耆西產也。而《淳安縣志》云：嘉靖中人有言本地出黃耆者，當道以文索之，無有，以俗名馬首苜蓿根充之。醫生解去，遭杖幾斃，不得已，解價至三四十金而後已。嗚呼！先王物土宜而布之利後世，乃以利為害乎！夫任土作貢，三代以來，莫之能改。然徵求多而饋問廣，猶慮為民病，洛陽兒女之花、莆田荔支之譜，轉輸千里，容悅俄時，賢者有餘憾矣。舊時滇元江有荔支，以索者眾，今並其樹刈之；昆明海亦時有蝦，漁者懼索，得而匿之，不敢以售於市。民之畏官，乃如鬼神哉！吾見志乘，於物產不曰地窮不毛，則曰昔有今無。懼上官之按志而求也，意亦苦矣。然吾以為未探其本，而因噎而廢食也。邑志物產，非注《爾雅》，以淹博考證為長；又非如賦京都者，假他方之所有以誇靡富。考其山林川原，則知所宜；考其所宜，則知民之貧富、勤惰。《職方氏》曰：其利金錫、竹箭，其畜宜六擾，其穀宜五種。不為後世有貪墨者而稍減、而諱之也。雖然，以志乘而累及官民者亦有之矣。夫天下之稻一也，而《弋陽志》則曰：其稻他縣不能有也，昔固以索弋稻為累矣；天下之猪一也，而《贛州志》則曰：龍猪他郡不能及也，昔固以索龍猪為累矣。志物者一時泚筆而矜其名，宰邑者因其所矜以媚其上，浸假而為成例，橫徵旁求，饋者竭矣，受者未厭。有強項吏遷延不致，則譙責隨之。故天下病民病官之弊，皆獻諛者實尸其罪。然則作志者必當曰：邑某里山澤，其穀畜果蓏宜某種；某里原隰，其穀畜果蓏宜某種；某里陿瘠，無宜也。則民衣食之所資，而窮富著矣。林木萑葦出某里，藥草花藍，出某里，則民養生、送死、薪炊、種藝所賴也。林木必著其所用，藥物必究其所主，既述其培植之勞，又記其水陸之阻，則物力之貴賤難易又著矣。若其金錫羽毛，非盡地所宜，則必悉其得之之艱、出入之數。凡民生之不易，皆反覆三致意焉。使良有司按志而知若者宜因勢而導，若者宜改而更張。或種葱及薤，或拔茶植桑。交阯荔支之書，坊州杜若之駮，孔戣菜蚶之疏，子厚捕蛇之說，民生疾苦，洞若觀火。於以補偏救弊，利用厚生，王道之始，雖聖賢豈能舍此而富民哉？否則如《淳安志》所云，強其無以瀆貨，彼若索志乘而觀之，不將失其所恃歟！

清・趙其光《本草求原》卷一山草部　黃耆　質輕皮厚，氣微溫，春升之氣。達三焦及膽，氣上行肺衛而走皮毛；中黃外白，味甘，土味。補脾胃氣，外通血脈而長肌肉。脾主肌肉。為外科要藥。主癰疽，肌肉病為癰，血脈病為疽。久敗瘡，三焦之氣不能溫肌肉以化營血，則瘡不合。排膿，毒血化則膿成。止痛，血化痛自止。大風癩疾，脾主濕，膽主風，三焦主熱。風濕鬱於經脈而成熱毒，則為厲風。五痔，脾津行，則大腸濕熱亦化。鼠瘻，即瘰癧，皆三焦與膽風熱上淫於脈也。溫能散。補虛，益陽化血，以調血肉。小兒百病，兒乃少陽之稚陽，脈未盛，肉未完，止宜輕浮微補，達少陽生氣，益後天以培血肉。益元氣，補衛氣以召元氣，上出而下不陷，便益。治傷寒尺脈不至，衛氣生於胃之水穀，行於肺之呼吸，實本於腎之元陽。衛氣充，三焦周流，則氣為水母，經脈自旺，故曰三焦為元氣別使。咳血虛喘，有熱者，佐生、甘。腎虛耳聾，皆陽虛陰

滯也，提以化之，則熱散陰降。氣虛尿秘、尿血，陽氣下陷於膀胱也。同參研，以蜜炙蘿蔔點服；有蓄熱者，佐冬、地升陽以解熱。腸風下血，同黄連。吐血，同紫背浮萍、薑、棗，鼓血以歸肌腠，則血自止。血崩瀉陰火，陽陷陰中之火。解肌熱，衛虛感寒，或營虛陰失守，致熱鬱皮毛，須此走表以微汗之，如補中、建中、當歸補血之類是。瀉痢白濁，同茯苓。白帶、胎動，同糯米、川芎。皆氣虛不攝也。衛陽虛，同桂枝、附子。濕毒臁瘡，同蒼、柏、生地、牛膝。虛渴，同甘草。脾陰虛，入建中湯。陰虛盜汗，同二地、連、柏、芩、歸。老人腸秘，同陳皮、麻仁、白蜜。足甲邊赤腫，同茜根，醋浸煎，入蜜搽。痘疹、陰瘡不起。

芪之功在舉陷，其止汗、發汗全在佐使。如六黄湯，大寒以清熱，熱清汗自止；芪附湯，大熱以回陽，陽回汗自止；玉屏風，解肌以驅風，風去汗自止。三方不重芪之能固，卻得其引藥達表以奏效耳。昔人病風不語，以玉屏風數斤煎熏而愈，可知其性矣。但其達表，是益下焦之衛元而達之使上，則表氣行而開合有權，固與散表不同，亦與補火固表者有異。凡熱鬱營表者，用之達表鬱，則表氣通，病自愈，不同大汗傷營之比。

參、芪皆補氣，但參補氣調中，芪補衛行表，如同劑並用，須分主輔。內傷脈微者，參為君；表虛浮弱，陰疽不起，芪為君。

同參、朮，益氣；得歸，益血；同朮、防，運脾濕；同防風、防己，去風濕；同芷、及、銀花、皂刺、甘草，排膿。陽虛者，宜；表實，胸閉火喘，陽盛陰虛，上熱下寒，多怒肝鬱，瘡痘血分熱者，均忌。茯苓為使。惡龜板、鮮皮。

皮黄肉白，折之如綿者良。升陽，酒炒；斂表，醋炒；補中，蜜炒、白水炒。世以鹽炒治崩帶淋濁，不知此是下病取上法，氣升腎自固，非欲其入腎也。鹽炒，謬。

清・葉志詵《神農本草經贊》卷一　黄耆　味甘，微溫。主癰疽，久敗創，排膿止痛，大風癩疾，五痔鼠瘻。補虛小兒百病。一名戴糝。生山谷。

通理三焦，甘先五變。赤白流同，短長形辨。細韌柔綿，緩抽脩箭。苜蓿根堅，豈容託援。

《易》：君子黄中通理。王好古曰：是上中下内外三焦之藥。《淮南子》：味有五變。甘其主也。日華子曰：赤水耆、白水耆，功用並同。蘇頌曰：今河東、陝西州郡多有之。根長二三尺，木耆短而理橫，其皮折之如綿。李時珍曰：以堅實如箭簳者良。王好古曰：苜蓿根味苦，堅脆宜審。盧仝詩：託援交情重。

清・文晟《新編六書》卷六《藥性摘錄》　黄耆　味甘，性溫。補肺氣，兼入脾，實腠(裏)〔理〕。生用固表，無汗能發，有汗能收。蜜炙熟則生血，生肌，排膿，内托。至肺虛氣寒，泄瀉倦怠，宜酒炒。腎虛氣薄者，宜鹽湯蒸潤。崩帶淋濁，由於氣虛者，宜酒制。○惡龜甲、白鮮皮，反藜蘆，畏五靈脂及防風。然有時得防風而功益良。○陽盛陰虛，上焦熱盛，下焦虛寒，肝氣不和，肺脈洪大者勿用。○出西北。大而肥潤者良，瘦小色黑堅硬者，服之令人胸滿。

清・劉東孟傳《本草明覽》卷一　黄芪　【略】按：參芪甘溫，具能補益，症屬虛損，並建其功。但人參惟補元氣而調中，黄芪兼補衛氣而實表，功既互施，用難一定。如患内傷，脾胃衰弱，脉息細微，發熱惡寒，精神短少者，治之悉宜補中益氣，須以人參加重為君，黄芪輕減為臣。若係表虛，腠理不固，汗出亡陽，瘡瘍已潰，痘漿未足者，治之又宜實衛護榮，須讓黄芪倍用為主，人參少入為輔焉。治病在藥，用藥在人，弗索驥而按圖也。又云：補氣藥多，則補血藥亦從而補氣；補血藥多，則補氣藥亦從而補血。佐之以熱則熱，佐之以寒則寒。如當歸補血湯，縱倍黄芪，以其性緩，隨當歸所引，故以補血立號。如補中益氣湯，雖加當歸，以其勢寡，為參芪所據，故以益氣專名。佐肉桂、附子少熱，八味丸云。然加黄栢、知母微寒，補陰是爾。欲使輕重緩急之適中，惟在君臣佐使之勿失耳。

清・張仁錫《藥性蒙求・草部》　黄耆錢半、三錢　黄耆性溫，斂汗固表。托裏生肌，氣虛莫少。甘溫。達表生用，或酒炒用亦可。士材云：予用酒炙，則助其走表，又行滯性。入補藥中搥扁，蜜炙。如欲其稍降，用鹽水炒。一云：補腎及崩帶淋濁症，皆宜鹽水炒拌。○得人參則補氣，得當歸則補血，同白朮、防風能固表，得防風其功愈大。○軟如綿而細真，無丫枝，外白中黄，有菊花心，形如箭簳者佳。○按黄耆性滯，氣實者勿用。

清・屠道和《本草匯纂》卷一平補　黄耆　耑入肺，兼入脾。味甘，性溫。質輕。皮黄肉白。補肺氣，實腠理，益胃氣，去肌熱，瀉陰火，去虛熱。東垣云：黄耆、人蔘、甘草三味，退熱之聖藥也。入肺補氣，入表實衛，為補氣諸藥之最，是以名耆。生用則能固表，無汗能發，有汗能收。熟則生肌、排膿、內托，為瘡瘍聖藥。痘瘡不起，陽虛無熱最宜。治癰疽，久瘧，敗瘡，排膿止痛，大瘋癩疾，五痔鼠瘻，補虛，小兒百病。助氣壯筋骨，長肉補血，破癥

癖，瘰癧瘿贅，腸風。且治崩帶淋濁，取其補中升氣。人葠氣味甘平，陽兼有陰。此則性秉純陽而陰氣絕少。蓋葠宜於中虛，耆宜於表虛。葠宜於水虧而氣不宣發，耆宜於火衰而氣不上達。雖性畏防風，然助以達表，其功益大，乃相畏更相使也。若陽盛陰虛，上焦熱甚，下焦虛寒，肝氣不和，肺脈洪大者，並戒。出山西黎民，綿上、宜州、寧州。大而肥潤箭直良。又有以苜蓿根偽充者，但苜蓿根堅而脆，黃耆至柔韌，皮微黃褐色，肉中白色，此為異耳。若瘦小色黑，堅硬不軟者，服之令人胸滿。【略】血虛肺燥，搥扁蜜炙。發表生用，氣虛肺寒酒炒。腎虛氣薄，鹽湯蒸潤，切片用。

清・王燕昌《王氏醫存》卷一五　黃耆之害　六淫病未全愈者，誤服黃耆，胸隔腠理全然堵實，變生諸病，久而難愈。咸豐五年四月，吾邑顧貳尹室人劉氏，產後溼盛乳少，醫人誤用黃耆四兩，母雞一隻煮服，遂致乳閉不能飲食，身生癢核如拳，抓破流血而不疼，百治不愈，深秋漸危。診得右寸關二脈尚存，予藥數帖，二脈不變。始悟非脈不全，乃黃耆閉塞也。用宣通營衛，開發腠理諸劑，數日六脈俱見。加用滲溼，核漸消，次年午節始愈。

清・戴葆元《本草綱目易知錄》卷一　黃耆　甘，溫。生用固表，無汗能發，有汗能止，充皮毛，實腠理，瀉陰火，解肌熱。炙用補中，益元氣，溫三焦，壯脾胃，主虛喘。治陰瘧瀉痢，腸風崩帶，五痔鼠瘻，瘰癧瘿贅，丈夫勞損羸瘦，婦人子臟風邪。陽維為病苦寒熱，督脈為病逆氣裏急。排癰膿，托痘漿，生血生肌，為諸藥之長，故名耆。

清・黃光霽《本草衍句》　黃耆　甘益元氣，溫補勞傷。外行皮毛溫分肉而實腠理，中壯脾胃去骨熱而充皮膚。大風癩疾，去肌肉中之風毒。五痔鼠瘻。去肌肉中之濕毒。生則固表，發汗止汗皆能。熟則補中，排膿止痛必用，為瘡家之聖藥。有補表之兼長，舉下陷之虛陽，帶下崩中之症。實不固之衛氣。盜汗自汗要藥。傷寒尺脈不至者相宜，督脈、陽維為病者並濟。《經》云：陽維為病，苦寒熱。督脈為病，脊強而厥。黃耆入手足太陰經，得當歸能補血，得白朮能補氣，得防風相畏而相使，其功愈大。但陽盛陰虛者，上焦熱甚，下焦虛寒者，病人多怒，肝氣不和及肺脈洪大者，並戒之。　胎動不安，腹痛，下黃汁，黃耆、川芎各一兩，糯米一合，煎服。脾胃伏火，勞役不足之症，胃虛而成慢脾者，當於心經中，以甘溫補土之源，更於土中以甘寒瀉火，以酸涼補金，使金旺火衰，風木自平矣。今立黃耆湯瀉火補金益土，為神治之法：　黃耆二錢，人參一錢，炙甘草五分，白芍五分，煎服。

清・陳其瑞《本草撮要》卷一　黃耆　味甘，微溫，入手足太陰經，功專益氣。得當歸活血，得白朮補氣，得防風其功益大。得滑石、白糖煎服，治洞泄完穀不化神效。合人參、甘草、生薑為保元湯，治痘虛不起，或加芎藭、官桂、糯米助之。生涼炙溫，生用或酒炒達表，蜜炙補中，鹽水炒補腎。茯苓為使，惡龜甲、白鮮皮，畏防風。氣旺者禁用，陰虛者宜少用。

清・唐宗海《本草問答》卷上　問曰：　黃芪或生漢中，或生甘肅，或生山西，或生北口外，今統以北方立論，有理否？　答曰：　雖不必截然在北，然其為性實皆秉北方水中之陽氣以生，其主北方立論，則就乎得氣之優者而言，故黃芪以北口外產者為佳。蓋天地之陽氣均由土下黃泉之水中透出於地面，上於天為雲霧，着於物為雨露，交於人為呼吸，只此水中之氣而已。人身之陽氣則由腎與膀胱氣海之中發出，上循三焦油膜，以達於肺而為呼吸，布於皮毛而為衛氣，亦只此水中之氣而已矣。水在五行，以北方為盛，故補氣之藥，皆以北方產者為良。漢中、甘肅所產黃芪根體多實，氣不盛而孔道少；　山西所產體畧虛鬆，以氣畧盛，內有通氣之孔道，故畧虛鬆，猶不及北口外所產者，其體極鬆，以內中行水氣之孔道更大，故知其氣為更盛，蓋黃芪根長數尺，深入土中，吸引土下黃泉之水，以上生其苗葉，氣即水也。引水即是引氣，根中虛鬆竅大者所引水氣極多，故氣盛而補氣。人身氣生於腎，由氣海上循油膜而達口鼻，與黃芪之氣由鬆竅而上苗葉者無異，芪之鬆竅象人身油膜中，亦有通水之鬆竅。油膜者，三焦也，故謂黃芪為三焦油膜中藥，其能拓裏達表，皆取黃芪從油膜中而上行外通之義也。且黃芪外皮紫黑，水火之間色也。惟其秉水中之陽氣，故成此水火之間色。三焦相火，水中之陽，名曰少陽。黃芪中通象三焦引水泉之氣以上生苗葉，是秉水中之陽而生者也，故有水火之間色，而為三焦之良藥。其氣類有如是者，芪之肉理色黃味甘，土之色味也。黃芪入土最深，又得土氣之厚，所以黃芪又大補脾，今人不知身中網膜是三焦，又不知網膜上之膏油即是脾之物，不知膜與油相連，又安知黃芪補脾土達三焦之理哉。能知網膜是三焦，膏油屬脾土，則知黃芪歸脾經達三焦之理矣。

清・仲昴庭《本草崇原集說》卷一　黃芪　【略】〔批〕隱庵著《崇原》以經解經，修園著《經讀》以方解經，方亦從經來，故可貴。若《崇原》藥性，《經讀》

除收載外，或文異義同而與經旨卻不相干，宜從割愛。

清・鄭奮揚著，曹炳章注《增訂偽藥條辨》卷一　黃耆　偽名介芪，介或作蓋。條硬無味，色白不黃。按黃芪以山西綿上出者為佳，故一名綿芪。色黃帶白，緊實如箭竿，故又名北箭芪。折之柔韌如綿，故能入肌腠而補氣。若介芪之呆劣，又安可用乎？聞蓋芪性極發散，有人誤服，汗流不止。其性與綿芪大相反，用者當明辨之。　炳章按：黃芪冬季出新。山西太原府里陵地方出者，名上芪。是地有大成義聚成育生德等號貨賣，雙縛成把，其貨直長糯軟而無細枝，細皮縐紋，切斷有菊花紋，兼有金井玉欄杆之紋，色白黃，味甜鮮潔，帶有菉豆氣，為最道地。又大同府五臺山出，粗皮細硬，枝短味淡，作小把，為臺芪，俗稱小把芪，略次。亳州出者，性硬筋多而韌，肉色黃，為亳芪，俗稱奎芪，亦次。陝西出者，為西芪，性更硬，味極甜，更次。蛟城出者，為蛟芪，枝短皮粗無枝，極次。四川出者，為川芪，小把，皮紅黑色，性硬筋韌如麻，味青草氣，為最下品，服之致腹滿，最能害人。凡外症瘡瘍用黃芪，如陽癰托毒化膿，及虛體痘瘡凹陷，皆用生。陰疽補托轉陽用炙，皆須太原產之上芪，立能見效。若以側路雜芪充用，則為害甚烈，不可不辨矣。

清・周巖《本草思辨録》卷一　黃芪　營氣始手太陰而出於中焦，衛氣始足太陽而出於下焦。營奉胃中水穀之精氣以行於經隧，衛舉胃中水穀之悍氣以行於肌表。黃芪，中央黃，次層白，外皮褐，北產體虛鬆而有孔，味甘微溫，葉則狀似羊齒，明係由胃達肺，向外而不中守。有外皮以格之，卻又不泄出。獨莖直上，根長二三尺，故能由極下以至極上。凡其所歷，皆營衛與足太陽、手太陰經行之境，論其致用，則未易一二明也。

劉潛江疏黃芪，以治陽不足而陰亦不利之病，不治陽有餘而陰不足之病，與陽不得正其治於上，陰即不能順其化於下四語，最為扼要。其解《內經》陽者衛外而為固，陰者藏精而起亟，雖稍落寬廓而理固如是。乃鄒氏以陽不勝陰，則五臟氣爭，九竅不通，與衛外起亟，強為牽合。不知《衛生總微論》以黃芪一味治小便不利，乃提陽於上，而陰自利於下也。即《經》所謂起亟，劉氏所謂順其化於下也。五臟氣爭之九竅不通，則是陰之爭而非陰之不利，與此蓋毫氂之差耳。

黃芪與牛膝，皆根長二三尺，《别録》皆言利陰氣。惟牛膝一莖直下，而味苦酸平，黃芪一莖直上，而味甘微溫。故牛膝利陰氣，是下利其陰氣。黃芪利陰氣，是從陰中曳陽而上而陰以利。牛膝有降無升，黃芪有升無降，皆屢驗不爽。劉氏謂黃芪先自下而上，又自上而下。鄒氏謂黃芪能升而降，能降而升。此蓋黃芪疏營衛之後，營衛則然，黃芪無此狡獪也。

凡藥之用宏而不專主於一者，辨之不精，即致貽誤。如黃芪補表而不實表，不實表故不能止汗。如人參之屬，疏表而不解表，不解表故不能發汗。如麻黃之屬，其亦能止汗、發汗者，則借黃芪疏通營衛、調和陰陽之力也。《金匱》方黃芪無不生用，後世多以蜜炙。然遇中虛之證，炙使向裏，尚無不可。陳修園乃更分為鹽水、酒、醋諸炒法。則大拂其性矣。

繆仲醇謂黃芪功能實表，有表邪者勿用。豈知黃芪惟不實表，故表邪亦有用之者。如《本經》之排膿止痛，《金匱》之治風濕、風水、黃汗，皆堪為不實表之據。若傷寒之邪，宜從表泄，黃芪雖不實表，而亦無解表之長，且有補虛羈邪之患，斷非所宜也。

足太陽脈上額交巔，黃芪入太陽經，故能上至於頭。膀胱與腎為表裏，故亦能益腎氣以化陰而上升。凡方書治尿血等證皆是。汪訒庵云：陰虛者宜少用，恐升氣於表而裏愈虛。斯言得之矣。

試以《金匱》用黃芪諸方言之：小建中湯，尤在涇詮解之精，實勝諸家。惟黃芪建中湯加黃芪兩半，第視為充虛塞空，則失之泛矣。諸不足三字所該者廣。營衛二氣，豈能升降無愆？芍藥用至六兩，意在斂裏、破脾結。加黃芪則為疏營衛之氣，俾胃中津液，得輸於營衛而無阻。核之黃芪桂枝五物湯，黃芪與生薑俱較此加倍，且減芍藥去甘草，顯為宣通血痹而然。豈建中加黃芪，是徒取補塞乎？桂枝加黃芪湯之黃芪，則尤非徒補之謂矣。黃汗與中風汗自出之汗，同為邪汗，同宜化邪汗為正汗，桂枝湯正的對之方。然黃汗由於陽虛，與桂枝證之但須泄邪者，差有不同，故減少桂、芍，而加疏表補虛之黃芪，以泄邪而化氣。至腰髖痛，身重，小便不利，則由陽不下通，尤非黃芪不能下疏其衛。黃癉脈浮亦用之者，正以黃芪為太陽藥也。然則芪芍桂酒湯，何為抑之以苦酒哉？蓋黃汗同，而身腫不同，渴亦不同。腫則陽微表虛，不任汗解，渴則水氣鬱於三焦，腎陰不得上朝，自當以通陽化氣瀉水為亟。芪、芍、桂枝取以通陽而化氣。苦酒則泄熱瀉水而下達，三物得之，由三焦一氣直下也。去生薑者，不使横擴也。去甘、棗者，恐其中停也。用黃芪特多，則因其虛。以補劑驅邪，故須六七日乃解，無速效也。防己黃芪湯

治汗出惡風，而不以桂枝湯加減者，以彼無濕，此有濕也。風水亦用此方，以與風濕無異也。風濕例用麻、桂，而此不用者，蓋彼為身痛，此則身重，身痛者風盛而喜動，身重者濕盛而喜靜。脈浮則邪仍在表，表可不解乎？然汗已出而虛虛可慮。濕可不驅乎？然濕即去而風必愈淫。惟防己解肌表之風濕，直泄而不橫泄。黄芪宣營衛之壅蔽，疏表而亦補表。脾土強則能勝濕，故佐以术、甘。薑、棗多則妨身重，故減其分數。又以後坐被上，被繞腰下，助下焦溫化之氣，而邪得以微汗而解。視夫徒知發汗利水補虛，而不能與病機相赴者，真有霄壤之別。

皮下例宜發汗，而防己茯苓湯，雖水氣在皮膚中，而脈不言浮，四肢則聶聶動而腫。《經》云：肉蠕動名曰微風。是水浸其脾，脾陽不能達於四肢，而又為微風所搏，故動而腫。動而不痛，脈不浮，則發汗非宜。防己為風水要藥，偶以茯苓，使直泄於小便。病在皮膚，非黄芪不能益氣疏表，故加之。辛甘合而生陽，加桂、草者，又兼以治其本也。

汗出表虛而宜止汗之證，而四逆加人參與茯苓四逆諸湯，仲聖用人參不用黄芪，以參能實表，芪不實表也。感傷風寒而宜發汗之證，如桂枝與麻黄諸湯，仲聖絕不加芪，以表有邪，非表之虛也。表有邪而挾虛者，則參不宜而芪為宜。然芪能直疏不能橫解，且性味甘溫，驅邪豈其所勝。故風濕、風水、黄汗等證，仲聖用黄芪，亦只為防己、茯苓之輔而已。惟補虛通痹，則芪之專司。故黄芪建中湯、黄芪桂枝五物湯，皆以黄芪統率全方。仲聖之辨藥，可謂精矣。後世用黄芪為表劑而至當者，無如《唐書》許允宗之治柳太后病風，以黄芪、防風煮數十斛，於床下蒸之，藥入腠理，一周而瘥。此必尚有外證可憑，故開手即以解散風邪為治。《經》云：邪之所湊，其氣必虛。又云：大氣一轉，邪風乃散。夫補虛散邪，法亦多端，而黄芪、防風收效若是之捷者，何也？病者脈沉口噤，自屬經絡機竅為風邪所中，陽虛而陰壅，大可想見。黄芪非風藥，而補陽利陰，通其氣道，厥有專長。防風得之，乃克由陽明達表，大驅其風。此其得訣，在認定脈沉可任黄芪，否則遇中風脈浮汗出而用之，不愈助其虐乎？宋人許叔微醫學至深，而其用黄芪，則似不如允宗之當。《本事方》載邱生病傷寒尺脈遲弱，叔微謂未可發汗，而以黄芪建中加當歸，先調其營血，極為有見。然尺弱宜兼益腎陰，而用由太陽上升之黄芪，不無可商。好在黄芪兩半，而芍藥則倍之，故服至五日而尺部亦應也。

陸定圃《冷廬醫話》載許辛木部曹謂其嫂吳氏，患子死腹中，渾身腫脹，氣喘身直。其兄珊林觀察，檢名人醫案得一方，以黄芪四兩，糯米一酒鍾，水煎與服。即便通腫消，已爛之胎，成十數塊逐漸而下，一無苦楚。又山陰王某患腫脹，自頂至踵皆遍，氣喘聲嘶，大小便不通，許亦告以前方，煎一大碗服盡而喘平，小便大通，腫亦隨消。繼加祛濕平胃之品，至兩月後，獨脚面有錢大一塊不消。更醫痛詆前方，迭進驅濕猛劑，竟至危殆。仍以前方挽回，用黄芪至數斤，脚腫全消而愈。黄芪治腫脹有此大效，得不詫為異事。然此亦仲聖早有以示人者，《金匱》凡水濕之證，身重身腫，皆不禁用黄芪，皆使水濕下行。許氏所治亦是水腫。《內經》三焦為水道，膀胱為水腑，黄芪從三焦直升至肺，鼓其陽氣，疏其壅滯。肺得以通調水道，陰氣大利，此實黄芪之長技。其脚面之不易消，與用芪至數斤，蓋由僅仗此一味，而製方之道，猶有所歉也。

瓜子金

附：琉球・吴繼志《質問本草》外篇卷一　瓜子金木黄耆　苗初塌地生，後分莖蔓，四五月開花結角，邦俗或充綿黄耆，何如。　辨其枝葉，土名瓜子金，根名烏根籐，其性用同風不動、石南籐各瘋藥等。今此味甘，氣腥，係是溫補之性，亦地道之稍別也。辛丑，宋宜觀、林大明。　所謂綿黄耆者，以皮折之如綿，故謂之綿黄耆。此種乃是木耆，生時葉短根横，凡使勿用。癸卯，石家辰、潘貞蔚再答。

土黄耆

明・蘭茂原撰，范洪等抄補《滇南本草圖說》卷四　耆菜葉　一名土黄芪。性溫，味辛、微甘、苦。其性守而不走，引血補氣益元。土生者主於破結下氣，止氣痛，散痰消癭。生食令人瀉，蜜炒可用。

明・蘭茂撰，清・管暄校補《滇南本草》卷中　土黄耆一名耆菜葉。性溫，味辛、微甘。生福建、四川者，主於補氣。土生者，主於破結氣，下中氣，止氣疼，散痰消癭瘤。生喫令人瀉，用蜜炒。　附方：治一人生癭瘤於項，咽喉內氣粗喘促，喉內有痰聲，響而不止。土黄耆一兩，蜜炒。皮硝三錢，猪眼子五錢，新瓦焙去油，共為細末，蜜丸，每服三錢，滾水送下，喫至三天後，人面消瘦，至七天後全愈。

明・蘭茂撰，清・管暄校補《滇南本草》卷下　白淑氣花用小朵者。根又名

土黃耆。　性平，味甘，微澁。凡白帶，筋骨疼，良效。附方：　治白帶，白淑氣花不拘多少，水煎，點水酒服。

明·蘭茂《滇南本草》〔叢本〕卷中　土黃耆耆菜葉　味辛、微甘，性溫。生生福建、四川者主補氣，本地者主破結氣，下中氣，止氣疼，散痰，消癭瘤。生食令人瀉，用蜜炒用。單方：　治效一人生癭瘤于項，咽喉內氣粗喘，喉內有痰聲。土黃耆一兩，蜜炒。皮硝三錢，猪眼子五錢，瓦上焙，去油用，共細末，每服三錢，滾水送下，吃至三天後，人面消，癭瘤至七天後消好。

含羞草

清·何諫《生草藥性備要》卷下　怕羞草　味甘，性寒。止痛消腫。風手擘之則合。一名喝妖草。

清·吴其濬《植物名實圖考》卷三〇　喝呼草　《廣西通志》：　喝呼草幹小而直上，高可四五寸，頂上生梢，橫列如傘蓋，葉細生梢，兩旁有花盤上；　每逢人大聲喝之，則旁葉下翕，故曰喝呼草。然隨翕隨開，或以指點之亦翕，前翕後開，草木中之靈異者也，俗名懼內草。　《南越筆記》：　知羞草葉似豆瓣相向，人以口吹之，其葉自合，名知羞草。

按：　此草生於兩粵，今好事者攜至中原，種之皆生。秋開花茸茸成團，大如牽牛子，粉紅嬌嫩，宛似小兒帽上所飾絨毬；　結小角成簇，大約與夜合花性形俱肖；　但草本細小，高不數尺，手拂氣噓，似皆知覺，大聲呵喝，即時俯伏。草木無知，觀此莫測，唐階指佞，應非誕言；　蜀州舞草，或與同彙。彼占閏傾陽，轉為數見。

清·趙其光《本草求原》卷三隰草部　怕羞草　以手掃之則合，喝之亦合，如畏羞然。甘，寒。止痛、消腫，敷瘡妙。

百脉根

宋·唐慎微《證類本草》卷九草部中品〔唐·蘇敬《唐本草》〕　百脉根　味甘，苦，微寒，無毒。主下氣，止渴去熱，除虚勞，補不足。酒浸，若水煮，丸散兼用之。出肅州、巴西。

〔唐·蘇敬《唐本草》〕注云：　葉似苜蓿，花黃，根如遠志。二月、八月採根，日乾。唐本先附。

明·劉文泰《本草品彙精要》卷一二　百脈根無毒　植生。

百脈根：　主下氣，止渴，去熱，除虚勞，補不足。名醫所錄。　〖苗〗《唐本》注云：　葉似苜蓿，花黃，根如遠志。　〖地〗《圖經》曰：　出肅州、巴西。　〖時〗生：　春生苗。採：　二月、八月取根。　〖收〗日乾。　〖用〗根。　〖質〗類遠志。　〖色〗黃。　〖味〗甘，苦。　〖性〗微寒。　〖氣〗氣之薄者，陽中之陰。　〖臭〗朽。　〖主〗降氣，除熱。　〖製〗酒浸或水煮用。

明·王文潔《太乙仙製本草藥性大全》卷二《本草精義》　百脉根　出肅州、巴西。苗葉似苜蓿，花黃色，根如遠志，二月、八月採根用。

明·王文潔《太乙仙製本草藥性大全》卷二《仙製藥性》　百脉根　味甘，苦，氣微寒，無毒。　主治：　主下氣，止渴去熱如神。除虚勞，補養不足大效。酒浸、水煮、丸散兼有。

明·李時珍《本草綱目》卷一二草部·山草類上　百脈根《唐本草》

〖集解〗恭曰：　出肅州、巴西。葉似苜蓿，花黃，根如遠志。二月、八月採根日乾。　時珍曰：　按《唐書》作柏脈根，肅州歲貢之。《千金》《外臺》大方中亦時用之。今不復聞此，或者名稱又不同也。

根　〖氣味〗苦，微寒，無毒。　〖主治〗下氣止渴去熱，除虚勞，補不足。酒浸或水煮，丸散兼用《唐本》。

附：　琉球·吴繼志《質問本草》外篇卷一　水丁香百脈根　生海濱，田野亦有之。春生苗，夏開花結角。　俗名水丁香，其性清涼。　外科用。　甲辰，戴道光、戴昌蘭。

胡蒼耳

明·朱橚《救荒本草》卷上之前　胡蒼耳　又名回蒼耳。生田野中。葉似皂莢葉微長大。又似望江南葉而小，頗硬，色微淡綠，莖有線楞，結實如蒼耳實，但長艄音哨。　味微苦。　救飢：　採嫩苗葉煠熟，水浸去苦味，淘淨，油鹽調食。　治病：　今人傳說治諸般瘡，採葉用好酒熬喫，消腫。

苦參

宋·李昉《太平御覽》卷第九九一　苦參　《本草經》曰：　苦參，一名水槐。

宋·唐慎微《證類本草》卷八草部中品〔《本經·別錄·藥對》〕　苦參　**味苦，寒**，無毒。　**主心腹結氣，癥瘕積聚，黃疸，溺有餘瀝，逐水，除癰腫，補中，明目止淚**，養肝膽氣，安五藏，定志益精，利九竅，除伏熱腸澼，止渴，醒酒，小便黃赤，療惡瘡，下部䘌，平胃氣，令人嗜食，輕身。　**一名水槐，一名苦**

識音識，一名地槐，一名菟槐，一名驕槐，一名白莖，一名虎麻，一名岑莖，一名祿白，一名陵郎。生汝南山谷及田野。三月、八月、十月採根，暴乾。玄參爲之使，惡貝母、漏蘆、菟絲，反藜蘆。

〔梁・陶弘景《本草經集注》〕云：今出近道，處處有。葉極似槐樹，故有槐名，花黃，子作莢，根味至苦惡。病人酒漬飲之多差。患疥者，一兩服亦除，蓋能殺蟲。

〔唐・蘇敬《唐本草》〕注云：以十月收其實，餌如槐子法。久服輕身不老，明目，有驗。

〔宋・掌禹錫《嘉祐本草》〕按：《藥性論》云：苦參能治熱毒風，皮肌煩燥生瘡，赤癩眉脱，主除大熱、嗜睡，治腹中冷痛，中惡腹痛，除體悶，治心腹積聚。不入湯用。日華子云：殺疳蟲，炒帶煙出爲末，飯飲下，治腸風瀉血并熱痢。

〔宋・蘇頌《本草圖經》〕曰：苦參，生汝南山谷及田野，今近道處處皆有之。其根黃色，長五七寸許，兩指麁細。三五莖並生，苗高三二尺已來。葉碎青色，極似槐葉，故有水槐名，春生冬凋。其花黃白，七月結實如小豆子。河北生者無花子。五月、六月、八月、十月採根，暴乾用。古今方用治瘡瘮最多，亦可治癩疾。其法用苦參五斤，切，以好酒三斗漬三十日。每飲一合，日三，常服不絕。若覺痹即差。取根皮末服之亦良。《唐本》云：治脛酸，療惡蟲。

〔宋・唐慎微《證類本草》〕《雷公》云：凡使，不計多少，先須用糯米濃泔汁浸一宿，上有腥穢氣，並在水面上浮，並須重重淘過，即蒸，從巳至申出，曒乾，細剉用之。《聖惠方》：治傷寒四日，已嘔吐，更宜吐。以苦參末，酒下二錢，得吐差。《外臺秘要》：治天行病四五日，結胸滿痛，壯熱，身體熱。苦參一兩剉，以醋二升，煮取一升二合，盡飲之，當吐，即愈。天行毒病，非苦參醋藥不解，及溫覆取汗愈。又方：治小兒身熱，苦參湯浴兒良。《千金方》：治狂邪發惡，或披頭大叫，欲殺人，不避水火。苦參以蜜丸如桐子大。每服十丸，薄荷湯下。又方：治飲食中毒。以苦參三兩，酒二升半，煮取一升服，取吐愈。《肘後方》：治穀疸食勞，頭旋，心怫鬱不安而發黃。由失飢大食，胃氣衝燻所致。苦參三兩，龍膽一合，爲末，牛膽丸如梧子大，生大麥汁〔即〕服五丸，日三服。又方：治時氣垂死者。苦參一兩，㕮咀，以酒二升半，煮取一升半，去滓，適寒溫盡服之。當聞苦參吐毒如溶膠，便愈。又方：治卒心痛。苦參三兩，苦酒一升半，煮取八合，分二服。《梅師方》：治飲食中毒，魚、肉、菜等。苦參三兩，以苦酒一升，煎三五沸，去滓服，吐出即愈，或取煮犀角汁一升，亦佳。又方：治傷寒四五日，頭痛壯熱，胸中煩痛。苦參五兩，烏梅二十枚細剉，以水二升，煎取一升，分服。《孫真人食忌》：治中惡心痛。苦參一兩，酒一升半，煮取八合，乘熱頓服。《勝金方》：治時疾熱病，狂言心躁。苦參不限多少，炒黃色，爲末。每服二錢，水一盞，煎至八分，溫服，連煎三服。有汗、無汗皆差。《集驗方》：治毒熱，足腫疼欲脱。酒煮苦參以漬之。《傷寒類要》：治瘟氣病欲死。苦參二兩，以水二升，煮取一升，頓服之。吐則愈，或汗愈。《子母秘録》：治小腹疼，青黑或赤，不能喘。苦參一兩，醋一升半，煎八合，分二服。太倉公：淳于意醫齊中大夫病齲齒，灸左手陽明脉，苦參湯日漱三升。出入慎風，五六日愈。沈存中《筆談》：常患腰疼，時以病齒用苦參。後有太常少卿舒昭亮，用苦參揩齒，歲久亦病腰。自後不用苦參，腰疾遂愈。

宋・寇宗奭《本草衍義》卷九 苦參 有朝士苦腰重，久坐，旅拒十餘步，然後能行。有一將佐謂朝士曰：見公日逐以藥揩齒，得無用苦參否？曰：始以病齒，用苦參已數年。此病由苦參入齒，其氣味傷腎，故使人腰重。後有太常少卿舒昭亮，用苦參揩齒，歲久亦病腰。自後悉不用，腰疾皆愈，此皆方書舊不載者。有人病遍身風熱細瘮，癢痛不可任，連胸、頸、臍、腹及近隱處皆然，涎痰亦多，夜不得睡。以苦參末一兩，皂角二兩，水一升，揉濾取汁，銀石器熬成膏，和苦參末爲丸如梧桐子大。食後溫水服二十至三十丸，次日便愈。

宋・鄭樵《通志》卷七五《昆蟲草木略》 苦參 曰水槐，曰苦識，曰地槐，曰菟槐，曰驕槐，曰白莖，曰虎麻，曰岑莖，曰祿白，曰陵郎。

金・張元素《潔古珍珠囊》〔見元・杜思敬《濟生拔粹》卷五〕 苦參苦純陰。氣沉。去濕。與菟絲子相反。

宋・劉明之《圖經本草藥性總論》卷上 苦參 味苦，寒，無毒。主心腹結氣，癥瘕積聚，黃疸，溺有餘瀝，逐水，除癰腫，補中，明目止淚，養肝膽氣，安五臟，定志益精，利九竅，除伏熱腸澼，止渴醒酒，小便黃赤。療惡瘡，下部䘌，平胃氣。《藥性論》云：治熱毒風，生瘡赤癩眉脱，除大熱，治腹中冷痛，中惡腹痛。日華子云：殺疳蟲，治腸風瀉血并熱痢。玄參為之使。惡貝母、漏蘆、菟絲。反藜蘆。

宋・張杲《醫説》卷四 苦參不可潔齒 予嘗苦腰重，久坐則旅拒十餘步，然後能行。有一將佐見予曰：得無用苦參潔齒否？予時以病齒，用苦參數年矣。曰：此病由也。苦參入齒，其氣傷腎，能使人腰重。後有太常少卿舒昭亮，用苦參揩齒，歲久亦病腰。自後悉不用，腰疼皆愈。此皆方書舊不載者《筆談》。

元·王好古《湯液本草》卷四　苦參　氣寒，味苦，氣沉，純陰。《心》云：除濕。《本草》云：主心腹結氣，癥瘕積聚，黄疸，溺有餘瀝。逐水除癰腫，補中，明目止淚，養肝膽氣，安五臟，定志益精，利九竅，除伏熱腸澼，止渴醒酒，小便黄赤，療惡瘡，下部䘌，平胃氣，令人嗜食輕身。《衍義》云：有人病遍身風熱細疹，癢痛不可任，連胸頸臍腹近陰處皆然，涎痰亦多，夜不得睡。以苦參末一兩，皂角二兩，水一升，揉濾取汁，銀石器熬成膏，和苦參末為丸，如梧桐子大，食後温水下二十丸至三十丸。次日便愈。《時習》云：苦參指齒，久能病腰。

元·朱震亨《本草衍義補遺》　苦參　屬木而有火。能峻補陰氣。或得之而致腰重者，以其氣降而不升也，升傷腎之謂。治大風有功，况風熱細疹乎？

元·徐彦純《本草發揮》卷二　苦參　潔古云：苦參，氣寒味苦，是少陰腎經之君藥也。治本經須用。《主治秘訣》云：苦，陰氣，沉，逐濕。東垣云：苦參能治熱毒風皮膚，煩燥，主瘡，赤癩脱眉。丹溪云：苦參屬水而有火。能峻補陰氣，或得之而腰重者，以其氣降而不升也，非傷腎之謂。治大風有功，况風熱細疹乎。

明·蘭茂撰，清·管暄校補《滇南本草》卷中　苦參　性大寒，味苦。凉血解熱，皮膚瘙癢，瘡瘍要藥。並治腸風下血，消風，消痰，消腫毒等症。苦參丸，治疥癩瘡毒，風濕相搏，遍身瘡癬，並治血症。苦參一兩，牛膝四兩，黄連五錢，獨活一兩，酒炙條芩五錢，防風一兩，枳殼一兩，酒大黄一兩，梔子五錢，菊花一兩，共為末，蜜丸，每服二錢，開水下。

明·蘭茂撰，清·管暄校補《滇南本草》卷中　苦參通治　熱症狂言，結胸，用苦參切細五錢，微炒，水煎，連進數服，不拘有汗無汗皆愈。傷寒四五日，頭痛壯熱，胸中煩痛，宜用苦參五兩，烏梅二十個，同以水煎下。傷寒三四日，已經嘔吐，更宜吐之，用苦參為末，每服二錢，以酒送下，得吐即愈。瘟疫四五日，結胸滿痛，用苦參一兩，以醋二碗，煮至一碗，盡飲得吐，即愈。凡天行病，非此不解，宜蓋被發汗，自愈。瘡疥，用苦參切炒，待烟出盡，取起，研為末，米湯送下。發背痔瘡，用苦參炒，為末，以水丸如桐子大，每服三錢，熱酒送下。腸風瀉血，并血痢，用苦參炒，帶烟為末，以米湯送下，或水丸吞下亦可。卒心痛，及飲食中毒，用苦參一二兩，好酒煎稠汁，乘熱分作二服下。楊梅癘風，大麻風等症，用苦參半斤，浸酒十五壺，春冬浸一月，秋夏浸十日，早晚開服。大治瘡科之聖藥，平居無病，服此能治內熱，補心養氣，消一切風毒，常服止十斤可也。二仙丸，用酒、苦草、蓼草，二味等分，杵為末，醋糊丸，如桐子大，每服八九十丸，量人大小加減。凡一切病之有食者，以草菓湯送下。如無食而當發散者，以薑湯下。此能治百病，無所犯，亦無所忌。

明·蘭茂《滇南本草》〔叢本〕卷上　苦參　味苦，性大寒。凉血，解熱毒，疥癩膿瘰瘡毒最良。療皮膚瘙痒，血風癬瘡，頑皮白屑。腸風，下血便血。消風，消腫毒，消痰毒。註補：苦參丸治疥癩瘡毒，血風癬瘡，風濕相搏，偏身瘙痒；腸風下血便血，近血。苦參四兩、玄參一兩、黄連五錢、酒黄一兩、枳殼一兩、防風一兩、黄芩五錢、菊花一兩，共為細末，蜜丸，每服二錢，滚水下。

明·王綸《本草集要》卷二　苦參　味苦，氣寒。沉，純陰。無毒。玄參為之使。惡貝母、菟絲，反藜蘆。少入湯用，多作丸服，或浸酒。　主心腹結氣，癥瘕積聚，黄疸，溺有餘瀝，逐水，除癰腫，補中，明目止淚。治時氣惡病大熱，腸澼熱痢，熱毒風，皮肌煩燥。殺蟲瘡疥，赤癩眉脱。治大風有功，及遍身熱細疹癢痛，胸〔脛〕〔頸〕臍腹近陰處皆然。有人用指齒，歲久遂得腰重之疾，蓋能峻補陰氣，氣降而不升故也。○癩疾惡物，取五斤，切，以好酒三斗漬二月，每飲一合，日三服不絕。瘟病狂言，心燥結胸垂死，取一二兩，以酒二升，煮一升，頓服之，有汗，無汗，或吐，皆差。腸風瀉血，并熱痢，炒帶煙出，為末，飯飲下。卒心痛。取一兩，酒煎熱服。

明·滕弘《神農本經會通》卷一　苦參　玄參為之使。惡貝母、菟絲，反藜蘆。少入湯用，多作丸服。或浸酒。三八九月採根，暴乾。《局》云：用米泔浸，漉出焙乾。

味苦，氣寒，無毒。《湯》云：氣寒，味苦。氣沉，純陰。珍云：去濕，除熱毒，主皮風煩躁瘡，和嘔逆，治赤癩眉毛脱。《本經》云：主心腹結氣，癥瘕積聚，黄疸，溺有餘瀝，逐水，除癰腫。補中，明目，止淚，養肝膽氣，安五臟，定志益精。利九竅，除伏熱腸澼，止渴醒酒，小便黄赤，下部䘌。平胃氣，令人嗜食，輕身。陶云：根，味至苦。惡病人，酒漬飲之，多差。患疥者，一兩服亦除，蓋能殺蟲。《藥性論》云：能治熱毒風，皮肌煩燥，殺蟲瘡

疥，赤癩眉脫。主除大熱，嗜唾，治腹中冷痛，中惡腹痛，除體悶，治心腹積聚。不入湯。日華子云：殺疳。炒帶烟出，為末，飯飲下。治腸風瀉血，并熱痢。《圖經》云：古今方治瘡瘑最多，亦可治癩疾。《心》云：除濕。《衍義》云：有人遍身病風熱細瘑，痒痛不可(任)〔忍〕，連胸(脛)〔頸〕臍腹近陰處皆然，涎痰亦多。皂角二兩，水一升，揉濾取汁，銀器內熬成膏，和苦參為丸如梧子大，食後溫水下二十丸至三十丸，次日便愈。《時習》云：苦參指齒，久能病腰。丹溪云：屬水而有火。能峻補陰氣，或得之而反腰重者，以其氣降而不升也。升，傷腎之謂。治大風有功，況風熱細瘑乎。《局》云：若參味苦殺疳蟲，逐水消癰更補中。止渴療瘡通結氣，又除積聚治腸風。苦參，攻腸風，又可消癰，破癥結。

明・劉文泰《本草品彙精要》卷一〇　苦參無毒　植生。

苦參出《神農本經》：**主心腹結氣，癥瘕積聚，黃疸，溺有餘瀝，逐水，除癰腫，補中明目，止淚。**以上朱字《神農本經》。養肝膽氣，安五臟，定志，益精，利九竅，除伏熱，腸澼，止渴，醒酒，小便黃赤，療惡瘡，下部䘌，平胃氣。令人嗜食，輕身。以上黑字名醫所錄。〔名〕水槐、地槐、菟槐、驕槐、虎麻、岑莖、陵郎、祿白、白莖、苦蘵音識。〔苗〕《圖經》曰：春生苗，高一二尺，三四月開黃白花，七月作莢，實如小豆子，河北生者無花子。其根黃白色，長五七寸，粗細並生三五莖。其葉青碎極似槐葉，故曰水槐。其味甚苦，謂之苦參也。

〔地〕《圖經》曰：出汝南山谷及田野間，今近道處處皆有之。〔道地〕成德軍、秦州、邵州。〔時〕生：春生苗。採：三月、八月、十月取根實。

〔收〕暴乾。〔用〕根實。〔質〕根如桑根，實如小豆。〔色〕黃白。

〔味〕苦。〔性〕寒，泄。〔氣〕氣薄味厚，陰也。〔臭〕腥。〔主〕瘡疹，惡蟲。〔助〕玄參爲之使。〔反〕藜蘆，惡貝母、漏蘆、菟絲子。〔製〕《雷公》云：凡使，不計多少，先須用糯米濃泔汁浸一宿，上有腥穢氣，並在水面上浮，必須重重淘過，即蒸，從巳至申，出曬乾，細剉用。〔治〕療：《藥性論》云：去熱毒風，皮肌煩燥，生瘡，赤癩，眉脫，除大熱，嗜(唾)〔睡〕，及腹中冷痛，中惡，腹痛，體悶，並去心腹積聚。日華子云：殺疳蟲。補：《唐本》注云：餌實如槐子法，久服輕身，不老，明目。〔合治〕炒苦參帶煙出爲末，合飯飲下，療腸風，瀉血，並熱痢。〇合酒清飲，療癩疾，若覺痹，即瘥。

〔禁〕久用揩齒傷腎，使人腰疼。

明・葉文齡《醫學統旨》卷八　苦參　氣寒，味苦，無毒。沉而降，陰也。入足少陰經。玄參為之使，惡貝母、菟絲，反藜蘆。少入湯藥，多作丸服或浸酒用。治大風赤癩眉脫，遍身風熱細疹痒痛，及熱毒風，皮肌煩燥，殺蟲，癰瘇瘡疥；逐濕脚氣痛，黃疸，遺瀝，利水，除心腹結氣積聚；補中明目，時氣惡病，大熱腸澼。

明・許希周《藥性粗評》卷二　迎用苦參，免大風之作癩。

苦參，一名水槐，一名地槐。其名甚多。樹高四五尺，莖青，葉極似槐，故有槐名。春生新葉，至冬而凋，夏開花黃白色，秋結角如小豆子，其根黃綠色，長尺餘，大小不同。好生川谷阪岸之間，江南處處有之。十月採實，三、八、十月採根，以糯米泔水浸一宿，蒸過暴乾。玄參為之使，惡貝母、漏蘆、菟絲，反藜蘆。味苦，性寒，無毒。足少陰腎經君藥也。主治癥瘕積聚，黃疸水氣，伏熱煩渴，腸風下血，癰腫瘡疥，下部䘌濕，麻風遍身瘙癢，眉脫髮落，養肝膽，安五臟，利九竅，清小便。丹溪云：能峻補陰氣，或得之而腰重者，以其氣降而不升也，非傷腎之謂也。治大風有功，況風熱細疹乎。

單方：風癩：苦參五斤，剉，以好酒三斗，漬三十日，每飲一合，日三服不絕，若覺痹，即差。狂邪：凡病狂，披頭大叫，踰墻升屋，犯火蹈水，無所不為者，苦參為細末，蜜丸如梧桐子大，待稍醒時，多服十丸，薄荷湯下。瘟病傷寒：凡天行瘟疫，不拘傷寒壯熱垂死者，苦參一兩，剉，酒二升半，煮取一升半，去滓，待溫服之，得吐如溶膠便愈。或以苦參一兩，醋二升，煮取一升二合，頓飲之，以吐而愈，亦可。飲食中毒：不拘魚肉菜等，苦參三兩，醋一升，煎四五沸，去滓溫服，吐出。小兒身熱：炒苦參煎湯浴之，便愈。卒心氣疼：苦參三兩，醋一升半，煮取八合，分二服。

明・鄭寧《藥性要略大全》卷二　苦參一名地槐。攻腸風，消癰毒瘡腫，殺疳蟲，破癥結及脚膝人面瘡。《經》云：主心腹結氣，癥瘕積聚，黃疸，溺有遺瀝，逐水除癰腫，補中明目。止淚，養肝膽氣，安五臟，定志益精。伊訓曰：除伏熱腸澼，止渴，醒酒，利小便。丹溪云：平胃氣，令人嗜食。治熱毒及腸風瀉血，利九竅，療惡瘡，下部䘌。味苦，氣寒，無毒。玄參為之使。惡貝母、菟絲、藜蘆。少入湯飲，多入丸散。

明・陳嘉謨《本草蒙筌》卷三　苦參　味苦，氣寒。沉也，純陰。無毒。田野山谷，隨處有生。採根曝乾，嚼之極苦。反藜蘆莫入，惡貝母菟絲。使宜玄參，惟作丸服。不入湯散。治腸風下血及熱痢刮痛難當，療溫病狂言致

心燥結胸垂死。赤癩眉脱者，毆風有功；黄疸遺溺者，逐水立効。掃遍身癢瘮，止卒暴心疼。除癰腫，殺疥蟲。破癥瘕，散結氣。養肝氣明目止淚，益腎精解渴生津。利九竅通便，安五藏定志。子生作莢，十月堪收。亦明目輕身，惟久服有驗。

明・方穀《本草纂要》卷二　苦參　味苦，氣寒，純陰，無毒。手足陽明經之藥也。主治大風有功。凡一切風癩、風癬、風疥、風瘡，或厲風而眉髮盡落，或風秃而眉煉丹流，或時瘡而腫塊破爛，或皮燥而抓痒風屑，是皆風熱之症也，惟苦參可以治之。又有腸風下利，腸澼瀉血，積聚黄疸，淋瀝尿血，是皆濕熱之症也，亦苦參可以療之。大抵苦參之劑，苦可以除熱也，寒可以涼血也。雖然治風有功，殊不知熱勝則生風也；治濕有效，殊不知濕勝則生熱也。然而，東南之人，皆是濕生熱，熱生風，風勝則下血，熱勝則生瘡，此理之所必然也。苟非此藥，其何能治之矣乎。

明・王文潔《太乙仙製本草藥性大全》卷一《本草精義》　苦參　一名水槐，一名苦蘵，一名地槐，一名菟槐，一名驕槐，一名白莖，一名虎麻，一名岑莖，一名祿白，一名陵郎。生汝南山谷及田野，今近道處處皆有之。其根黄色，長五七寸許，兩指麄細，三五莖並生，苗高三五尺已來，葉碎青色，極似槐葉，故有水槐名。春生冬凋，其花黄白，七月結實如小豆子，河北生者無花子。五月、六月、八月、十月採根曝乾用。古今方用治瘡瘮最多，亦可治癩疾，其法用苦參五斤，切，以好酒三斗，漬三十日，每飲一合，日三，常服不絶，若覺痹即差，取根皮末服之亦良。其物嚼之極苦，故名苦參。反藜蘆，莫入。惡貝母、菟絲，使宜玄參。惟作丸服，不入湯散。

明・王文潔《太乙仙製本草藥性大全》卷一《仙製藥性》　苦參　味苦，氣寒，沉也，純陰，無毒。玄參爲之使。　主治：　治腸風下血及熱痢刮痛難當，療溼病狂言致心燥結胸垂死。赤癩眉脱者，毆風有功；黄疸遺溺者，逐水立效。掃遍身痒瘮，止卒暴心疼。除癰腫，殺疥蟲，破癥瘕，散結氣，養肝氣，明目止淚，益腎精，解渴生津，利九竅通便，安五臟定志。　子：　生作莢，十月堪收。亦明目輕身，惟久服有驗。　補註：　有人用揩齒歲久，遂得腰重之疾，蓋能峻補陰氣，氣降而不升故也。○癩疾惡物，取五斤，切，以好酒三斗漬一月，每飲一合，日三服不絶。瘟病狂言，心燥結胸垂死，取一二兩，以酒二升，煮一升，頓服之，有汗無汗或吐皆差。○腸風瀉血，并熱痢，炒帶烟出，爲末，飯飲下。治時氣垂死，一兩，以酒二升半，煮取一升半，去滓，盡服之。當聞苦參吐毒如溶膠便愈。○治小腹疼痛，青黑或赤，不能喘者，用苦參一兩，醋一升半，煎八合，分二服。○治毒熱足腫疼欲脱，酒煮苦參水漬之。○治穀疸食勞，頭旋心怫鬱不安而發黄，由失飢大食，胃氣衝燻所致。苦參三兩，龍膽一合，爲末，牛膽丸如梧子大，生大麥汁服五丸，日三服。○治傷寒四五日，頭痛、壯熱，胸中煩痛，苦參五兩，烏梅二十枚，細剉，以水二升，煎取一升，分服。　太乙曰：　凡使不計多少，先須用糯米濃泔浸一宿，上有腥穢氣，並在水面上浮，並須重重淘過即蒸，從巳至申出，熬乾，細剉用之。

明・皇甫嵩《本草發明》卷二　苦參中品之上，臣。氣寒，味苦。沈也，純陰。無毒。

發明曰：　苦參苦寒，能除濕降火。故《本草》主心腹結氣，癥瘕積聚，黄疸溺餘，逐水利竅，止渴，除癰腫惡瘡下䘌，熱毒皮風燥癢疹，赤癩眉脱，腸澼下血，中惡腹痛。其降火除濕之用見矣。又補中明目，止泪，養肝膽，安五藏，定志益精，平胃進食，輕身。似此，豈真補劑哉？抑亦降火除濕之效歟？時方多用治癰腫瘡癩，此專功也。○諸方療時氣熱病狂言，心躁垂死者，俱用苦參，或酒煮吐之，或煎服汗之，皆愈。○惡疾遍身生瘡及癩疾風熱瘮痒，以此作丸，或漬酒服。方見瘡門。○玄參為使。反藜蘆。畏貝母、菟絲子、漏蘆。凡使，糯米泔浸，去浮面腥氣，晒用。

明・李時珍《本草綱目》卷一三草部・山草類下　苦參《本經》中品

【釋名】苦蘵《本經》　苦骨《綱目》　地槐《别錄》　水槐《本經》　菟槐《别錄》　驕槐《别錄》　野槐《綱目》　白莖《别錄》。又名岑莖、禄白、陵郎、虎麻。時珍曰：　苦以味名，參以功名，槐以葉形名也。苦蘵與菜部苦蘵同名異物。

【集解】《别錄》曰：　苦參生汝南山及田野，三月、八月、十月採根暴乾。弘景曰：　近道處處有之。葉極似槐葉，花黄色，子作莢，根味至苦惡。頌曰：　其根黄色，長五七寸許，兩指粗細。三五莖並生，苗高三四尺以來。葉碎青色，極似槐葉，春生冬凋。其花黄白色，七月結實如小豆子。河北生者無花子。五月、六月、十月採根暴乾。時珍曰：　七八月結角如蘿蔔子，角内有子二三粒，如小豆而堅。

根

【修治】斅曰：　採根，用糯米濃泔汁浸一宿，其腥穢氣並浮在水面上，須重重淘過，即蒸之，從巳至申，取曬切用。

【氣味】苦，寒，無毒。之才曰：　玄參爲之使，惡貝母、菟絲、漏蘆，反藜蘆。時珍曰：　伏汞，制雌黄、焰硝。

【主治】心腹結氣，癥瘕積

聚，黃疸，溺有餘瀝，逐水，除癰腫，補中，明目止淚《本經》。養肝膽氣，安五臟，平胃氣，令人嗜食輕身，定志益精，利九竅，除伏熱腸澼，止渴醒酒，小便黃赤，療惡瘡、下部䘌《別録》。漬酒飲，治疥殺蟲弘景。治惡蟲、脛酸蘇恭。治熱毒風，皮肌煩躁生瘡，赤癩眉脱，除大熱嗜睡，治腹中冷痛，中惡腹痛甄權。殺疳蟲。炒存性，米飲服，治腸風瀉血並熱痢時珍。

【發明】元素曰：苦參味苦氣沉純陰，足少陰腎經君藥也。治本經須用，能逐濕。頌曰：古今方用治風熱瘡疹最多。宗奭曰：沈存中《筆談》，載其苦腰重久坐不能行。有一將佐曰：此乃病齒，數年用苦參指齒，其氣味入齒傷腎所致也。後有太常少卿昭亮，亦用苦參指齒，歲久亦病腰。自後悉不用之，腰疾皆愈。此皆方書不載者。震亨曰：苦參能峻補陰氣，或得之而致腰重者，因其氣降而不升也，非傷腎之謂也。其治大風有功，况風熱細疹乎？時珍曰：子午乃少陰君火對化，故苦參、黃蘗之苦寒，皆能補腎，蓋取其苦燥濕、寒除熱也。熱生風，濕生蟲，故又能治風殺蟲。惟腎水弱而相火勝者，用之相宜。若火衰精冷，真元不足，及年高之人，不可用也。《素問》云：五味入胃，各歸其所喜，(攻)〔故〕久而增氣，物化之常也。氣增而久，夭之由也。王冰注云：入肝爲温，入心爲熱，入肺爲清，入腎爲寒，入脾爲至陰而兼四氣，皆爲增其味而益其氣，各從本臟之氣。故久服黃連、苦參而反熱者，此其類也。氣增不已，則臟氣有偏勝，偏勝則臟有偏絶，故有暴夭。是以藥不具五味，不備四氣，而久服之，雖且獲勝，久必暴夭。但人疏忽，不能精候爾。張從正亦云：凡藥皆毒也。雖甘草、苦參，不可不謂之毒。久服則五味各歸其臟，必有偏勝氣增之患。諸藥皆然，學者當觸類而長之可也。至於飲食亦然。又按《史記》云：太倉公淳于意醫齊大夫病齲齒，灸左手陽明脈，以苦參湯日漱三升，出入其風，五六日愈。此亦取其去風氣濕熱、殺蟲之義。

【附方】舊九，新一十九。熱病狂邪：不避水火，欲殺人。苦參末，蜜丸梧子大。每服十丸，薄荷湯下。亦可爲末，二錢，水煎服。《千金方》。傷寒結胸：天行病四五日，結胸滿痛壯熱。苦參一兩，以醋三升，煮取一升二合，飲之取吐即愈。天行毒病，非苦參、醋藥不解，及温覆取汗良。《外臺秘要》。穀疸食勞：頭旋，心怫鬱不安而發黃。由失飢大食，胃氣冲薰所致。苦參三兩，龍膽一合，爲末，牛膽丸梧子大。生大麥苗汁服五丸，日三服。《肘後方》。小兒身熱：苦參煎湯浴之良。《外臺秘要》。毒熱足腫：作痛欲脱者。苦參煮酒漬之。《姚僧坦集驗方》。夢遺食減：白色苦參三兩，白朮五兩，牡蠣粉四兩，爲末。用雄猪肚一具，洗淨，砂罐煮爛，石臼搗和藥，乾則入汁，丸小豆大。每服四十丸，米湯下，日三服。久服身肥食進，而夢遺立止。劉松石《保壽堂方》。小腹熱痛：青黑或赤色，不能喘者。苦參一兩，醋一升半，煎八合，分二服。張傑《子母秘録》。飲食中毒：魚肉菜等毒。上方煎服，取吐即愈。《梅師方》。血痢不止：苦參炒焦爲末，水丸梧子大。每服十五丸，米飲下。孫氏《仁存堂方》。大腸脱肛：苦參、五倍子、陳壁土等分，煎湯洗之，以木賊末傅之。《醫方摘要》。妊娠尿難：方見貝母下。産後露風：四肢苦煩熱：頭痛者，與小柴胡；頭不痛者，用苦參二兩，黃芩一兩，生地黃四兩，水八升，煎二升，分數服。齒縫出血：苦參一兩，枯礬一錢，爲末，日三揩之，立驗。《普濟方》。齲齒風痛：方見發明下。鼻瘡膿臭：有蟲也。苦參、枯礬一兩，生地黃汁三合，水二盞，煎三合，少少滴之。《普濟方》。肺熱生瘡：遍身皆是。用苦參末，粟米飲，丸梧子大。每服五十丸。空心米飲下。《御藥院方》。遍身風疹：痹痛不可忍，胸頸臍腹及近隱皆然者，亦多涎痰，夜不得睡。用苦參末一兩，皂角二兩，水一升，揉濾取汁。石器熬成膏，和末丸梧子大。每服三十丸，食後温水服，次日便愈。寇宗奭《衍義》。大風癩疾：頌曰：用苦參五兩切，以好酒三斗漬三十日。每次飲一合，日三服，常服不絶。若覺痹，即瘥。張子和《儒門事親》用苦參末二兩，以猪肚盛之，縫合煮熟，取出去藥。先餓一日，次早先飲新水一盞，將猪肚食之，如吐再食。待一二時，以肉湯調無憂散五七錢服，取出大小蟲一二萬爲效。後以不蛀皂角一斤，去皮子，煮汁，入苦參末調糊。下何首烏末二兩，防風末一兩半，當歸末一兩，芍藥末五錢，人參末三錢，丸梧子大。每服三五十丸，温酒或茶下，日三服。仍用麻黃、苦參、荆芥煎水洗之。《聖濟總録》苦參丸：治大風癩及熱毒風瘡疥癬。苦參九月末掘取，去皮暴乾，取粉一斤，枳殼麩炒六兩，爲末，蜜丸。每温酒下三十丸，日二夜一服。一方：去枳殼。腎臟風毒：及心肺積熱，皮膚生疥癩，痛癢時出黃水，及大風手足壞爛，一切風疾。苦參三十一兩，荆芥穗一十六兩，爲末，水糊丸梧子大。每服三十丸，茶下。《和劑局方》。上下諸瘻：或在項，或在下部。用苦參五升，苦酒一斗，漬三四日服之，以知爲度。《肘後方》。鼠瘻惡瘡：苦參二斤，露蜂房二兩，麴二斤，水二斗，漬二宿，去滓，入黍米二升，釀熟，稍飲，日三次。《肘後方》。下部漏瘡：苦參煎湯，日日洗之。《直指方》。瘰癧結核：苦參四兩，牛膝汁丸緑豆大。每暖水下二十丸。張文仲《備急方》。湯火傷灼：苦參末，油調傅之。《衛生寶鑒》。赤白帶下：苦參二兩，牡蠣粉一兩五錢，爲末。以雄猪肚一個，水三碗煮爛，搗泥和丸梧子大。每服百丸，温酒直。陸氏《積德堂方》。

實十月收採。【氣味】同根。【主治】久服輕身不老，明目。餌如槐子法，有驗蘇恭。

題明・薛己《本草約言》卷一《藥性本草》 苦參　味苦，氣寒，無毒。陰也，降也。療黃疸濕熱而有效，主狂亂疫熱而有功。除瘍癩熱風之毒，止腸澼熱痢之紅。玄參為之使，惡貝母、菟絲，反藜蘆。凡使，先須用糯米濃泔浸一宿。少入湯用，多作丸服或浸酒。屬水而有火，能峻補陰氣，或得之而腰重者，以其氣降而

不升也，非傷腎之謂也。治大風有功，況風熱細疹乎。少陰腎經之君藥也。《發明》云：氣味苦寒，能除濕降火，時方多用，治癰腫瘡癩，此專功也。時疫狂燥垂死，或用此酒煮吐之，或煎服汗之皆愈。

明·佚名氏《醫方藥性·草藥便覽》 地槐仔　其性溫。治戀脚風，洗豆疹。

明·梅得春《藥性會元》卷上 苦參　味苦，氣寒。沉而降，陰也。無毒。玄參為使。惡貝母、菟絲子、藜蘆。入足少陰腎經。少入湯藥，入丸藥。

主治大風赤癩眉脫，遍身風熱，細疹痒痛，及熱毒風痹，肌體煩燥，殺蟲，癰毒瘡疥。逐濕，並脚氣痛；黃疸溺有餘瀝，利水，除心腹結氣，癥瘕積聚，補中明目，止淚。養肝膽氣，安五臟，定志益精，利九竅，除伏熱，止渴，醒酒，療小便黃赤，惡瘡，下部䘌，平胃氣，令人嗜食。療時氣惡病，大熱腸澼。丹溪云：屬火，能補陰氣。或服之而致腰重者，以其氣降而不升也，亦傷腎之謂。治大風有功，況風熱濕疹乎？又治狂邪，無時披頭大叫，不避水火，為丸，薄荷湯下。　製法：細切，醇酒拌浸。

明·杜文燮《藥鑒》卷二 苦參　氣寒，味苦，無毒。沉也，陰之陰也。主治癰腫，殺疥蟲，消熱毒，破癥瘕，散結滯，養肝氣，安五臟，定諸志。同菊花明目，止淚益精。同麥冬解渴，生津利竅。赤癩眉脫者，君諸藥驅風甚捷。同茵黃疸遺溺者，主利藥逐水立效。同槐花除腸風下血及熱痢刮痛難當。同陳療濕病狂言，致心燥結胸垂死。少入麻黃，能掃遍身痒疹。佐以山(枝)〔梔〕，能止卒暴心疼。使玄參。反藜蘆。惡貝母、菟絲。

明·李中立《本草原始》卷二 苦參　始生汝南山谷及田野，今近道處處皆有之。其根黃色，長五七寸許，兩指麤細，三五莖並生，苗高三二尺已來。葉碎青色，極似槐葉，故《本經》名水槐。《別錄》名菟槐、地槐、驕槐。《綱目》名野槐。春生冬凋，其花黃白色，七月結實如小豆子。河北生者無花子，十月采根，暴乾。苦以味名，參以功名。苦參：氣味：苦，寒，無毒。主治：心腹結氣，癥瘕積聚，黃疸，溺有餘瀝，逐水，除癰腫，補中，明目止淚。○養肝膽氣，安五臟，平胃氣，令人嗜食輕身，定志益精，利九竅，除伏熱，腸澼，止渴醒酒，小便黃赤，療惡瘡、下部䘌。○漬酒飲，治疥殺蟲。○治惡蟲、脛酸。○治熱毒風，皮肌煩燥生瘡，赤癩眉脫。除大熱、嗜睡。治腹中冷痛，中惡腹痛。殺疳蟲，炒存性。米飲服，治腸風瀉血，并熱痢。

苦參，《本經》中品。【圖略】根，皮黃肉白。十月采根。修治：苦參，雷公云：用糯米泔汁浸一宿，其腥穢氣並浮水面上，須重重淘過，蒸之，從巳至申，取晒，切用。

元素曰：苦參，味苦氣沉，純陰。足少陰腎經君藥也。之才曰：玄參為之使，惡貝母、菟絲、漏蘆，反藜蘆。時珍曰：伏汞，制雌黃、焰消。《勝金方》：治時疾熱病，狂言心燥，苦參不限多少，炒黃色，為末，每服三錢，水一盞，煎至八分，溫服，連煎三服，有汗無汗皆愈。　治小兒身熱，苦參湯浴兒良。

明·張懋辰《本草便》卷一 苦參　味苦，氣寒，沉，純陰，無毒。惡貝母、菟絲，反藜蘆。　主心腹結氣，癥瘕積聚，黃疸，溺有餘瀝，逐水，除癰腫，補中，明目止淚；　治時氣，惡病大熱，腸澼熱痢，熱毒風，皮肌煩燥，殺蟲，瘡疥、赤癩、眉脫，治大風有功，及遍身熱細疹痒痛，胸(脛)〔頸〕臍腹近陰處皆然。

明·龔廷賢《壽世保元》卷一〇 苦參治驗　時疫熱病，狂言心躁，結胸垂死，苦參切片微炒，每服五錢，水煎溫服，連進數服，有汗無汗即瘥。達齋以酒炒，熱服。　傷寒四五日，頭痛壯熱，胸中煩痛，苦參五兩，烏梅二十個，剉片，水二升，煎一升，分服。　傷寒三四日，已嘔吐，更宜吐之，苦參為末，每服二錢，酒調服，一得吐立瘥。　天行時病，四五日結胸滿痛，身體壯熱，苦參一兩剉，以醋二升，煮取一升二合，盡飲，食當吐，即愈。　天行毒病，非苦參醋藥不解，用溫覆取汗愈。　狂邪發惡，或披頭大叫，欲殺人，不避水火，苦參為末，蜜丸如梧子大，每十丸，薄荷湯下。　遍身風熱細疹，癢痛不可忍，連胸、(脛)〔頸〕、臍、腹及近陰處皆然，痰涎亦多，夜不得睡，苦參一兩、皂角二兩，水一升，揉濾取汁，銀石器熬成膏，和苦參末為丸，如梧子大，食後溫水送下二十丸至三十丸，次日便愈。　瘡疥，蓋能殺蟲，苦參炒帶煙出，為末，米飲下。　發背或痔瘡疼痛，疥癩瘙癢，苦參炒為末，水丸，每服三錢，酒送下。　楊梅、綿花等瘡，苦參生搗汁飲之，效。　腸風瀉血，并血痢熱痢，苦參炒帶煙出為末，米飲下。　一方，炒焦為末，水丸梧子大，每五十丸，米飲下。　發黃穀疸，食勞，頭旋，惡心，怫鬱不安而發黃。由失飢大食，胃氣衝薰所致。勞疸者因勞為名，穀疸者因食而得。苦參三兩，龍膽草一合，為末，牛膽丸如梧子大，生大麥湯下五丸，日三服。　勞疸，加梔子仁三七個。　治卒心痛，又治飲食中毒，魚肉菜等，取吐愈。苦參三兩，好酒一升半，煮八分，分二

次熱服。　治酒渣鼻，苦參四兩，當歸二兩，為末，酒糊丸，茶下。　治心肺積熱，腎臟風毒，攻於皮膚，時生疥癩，瘙癢難忍，時出黃水及生大風，手足爛壞，眉毛脫落，一切風疾并治。苦參四兩，荊芥一兩，為末，水糊丸梧子大，每二十丸，茶下。　治楊梅、癘風等瘡，能治內熱，消瘡毒，補心養氣。苦參半斤洗淨，剉碎，分作二處，將絹袋兜浸酒一罈，春冬浸一月，秋夏浸十日後，早晚間服，大治瘡科之神藥。平居無病服此藥，能消一切風毒，理脾胃。常服，每罈用半斤。有瘡，用一斤。每罈用酒十五壺。　苦參湯，齊大夫病齲齒，倉公為之作苦參湯，日漱三升，五六日病愈。蓋取其苦能安齒蠹，寒能去風熱也。後人無風蠹，有用苦參湯潔齒，久而病腰重，降多故也。

明・李中梓《藥性解》卷三　苦參　味辛，性寒，無毒，入胃、大腸、肝、腎四經。主結氣積聚，伏熱黃疸，腸風燥渴，溺有餘瀝，逐水消癰，明目止泪，去濕殺蟲療大風及一切風熱細疹。以糯米泔浸一宿，去浮面腥氣，晒用。玄參為使，惡貝母、漏蘆、菟絲子，反藜蘆。　按：　苦參屬水，有火性下降，本入少陰心，又入手足陽明及足厥陰經者，以其善主濕也。蓋濕勝則生熱，熱勝則生風，而結氣等症，從茲有矣。今以苦參燥濕，治其本也。東南卑濕，尤為要藥。丹溪曰：　能峻補陰氣，或得之而腰重者，以其氣降而不升。非傷腎也。

明・繆希雍《本草經疏》卷八　苦參　味苦，寒，無毒。主心腹結氣，癥瘕積聚，黃疸，溺有餘瀝，逐水除癰腫。補中，明目止淚，養肝膽氣，安五藏，定志，益精，利九竅，除伏熱腸澼，止渴醒酒，小便黃赤，療惡瘡下部䘌，平胃氣，令人嗜食，輕身。玄參為之使，惡貝母、漏蘆、菟絲子，反藜蘆。

〔疏〕苦參稟天地陰寒之氣而生，其味正苦，其氣寒而沉，純陰無毒。足少陰腎經君藥也。苦以燥脾胃之濕，兼泄氣分之熱，寒以除血分之熱。熱則生風，風濕合則生蟲，故主心腹結氣，癥瘕積聚，黃疸，溺有餘瀝，逐水，除癰腫，明目止淚，利九竅，除伏熱，腸澼，止渴醒酒，小便黃赤，療惡瘡，下部䘌瘡。胃家濕熱盛，則口淡不思食，食亦不生肌肉。濕熱散則胃氣平和而令人嗜食矣。其曰補中養肝膽氣、安五臟、定志、益精、輕身者，通指熱散濕除，則臟腑氣血安和而致然也。味既至苦，性復陰寒，善能殺蟲，故《藥性論》治熱毒風，皮肌煩躁生瘡，赤癩眉脫，主除大熱嗜睡。　〔主治參互〕臘月米醋漬，入甕中封固。主一切天行熱病，頭疼口渴身熱，甚者發狂。飲碗許，得吐則愈。汗亦如之。　同胡麻、刺蒺藜、荊芥穗、甘菊花、豨薟、白芷、當歸、川芎、地黃、天門冬、何首烏、牛膝、漆葉、秦艽、龍膽草，治大麻風。　同牡蠣粉、白术、青黛，治童子胃熱，羸瘦疳蚘。　同龍膽草為末，牛膽和丸梧子大，生大麥湯服五丸，日三。治穀疸，食勞頭旋，心怫鬱不安，而發黃疸，由失飢大食，胃氣濕熱衝熏所致。　《集驗方》治熱毒足腫疼欲脫，酒煮苦參以漬之。　〔簡誤〕苦參雖能泄血中之熱，除濕熱生蟲為癘，然以其味大苦，氣大寒，久服能損腎氣。肝腎虛而無大熱者，勿服。

明・倪朱謨《本草彙言》卷一　苦參　味苦，氣寒，無毒。氣沉純陰。足少陰腎經主藥。治本經須用，能逐濕。　李時珍先生曰：　苦以味名，參以功名。生汝南山谷及田野，近道處處有之。苗高三四尺，葉極細碎、青色，極似槐葉。春生冬凋。花色黃白，七月結實如萊菔，莢內有子二三粒，如小豆而堅。根三五莖并生，長五七寸，兩指許大。色黃褐，味極苦惡。河北生者無花子，苗、莖、根、葉皆相若也。五六十月採根，暴乾。製法：　用濃糯米泔汁浸一宿，其腥穢氣并浮在水面，切片曬乾用。

苦參：　李時珍祛風瀉火，燥濕去蟲之藥也。徽醫姚雙成稿化癥瘕，散心腹之結氣；　逐黃疸，治脚氣之脛疼。又治厲風癩疾，遍身疙瘩，甚則眉髮墮落，并一切風癬風瘡，搔癢風屑，及時瘡破爛，膿水浸淫；　或腸風下血，腸澼痔血諸證，統屬濕熱血瘀之病也。此劑苦可除熱，寒可凉血，燥可勝濕。蓋東南之地，皆是濕生熱，熱生風，風勝則下血，熱勝則生瘡，惟苦參皆可治也。前人謂苦參補腎補陰，其說甚謬。蓋此藥味苦氣腥，陰燥之物，穢惡難服，惟腎氣實而濕火勝者宜之。若火衰精冷，元陽不足，及年高之人，胃虛氣弱，非所宜也。况有久服而致腰重者，因其氣降而不升，實傷腎之謂也，何有補腎補陰之功乎？　書之不足盡信者以此。　沈拜可先生曰：　苦參苦寒，燥脾胃之濕熱，兼泄氣分血分之濕熱，故協治癥瘕結氣，黃疸便紅，脚氣癰腫，熱毒皮風，煩燥厲毒，疙瘩瘡癩等諸疾，由于風雨、飲食、濕熱而成者。所以《農皇本草》云有安五藏、平胃氣之功焉。

《廣濟方》云：　臘月以米醋漬苦參，入瓶中封固，主一切天行熱病，頭痛口渴，身熱甚，及發狂者。飲杯許，得吐即愈。汗亦如之。〇《聖濟總〔錄〕》方治大麻風癩。用苦參、胡麻、皂莢刺、當歸、川芎、牛膝、漆葉、龍膽草、蘄蛇。〇淳于氏方治久失飢之人，驟食多食，胃氣濕熱熏蒸，成黃爲疸證者。用苦

參、龍膽草爲末，作丸如梧桐子大，每服十餘丸。○《外臺秘要》治童子胃熱羸瘦，疳蛔。用苦參、川黃連、白朮。○《千金方》治熱病狂邪，不避水火，欲殺人。用苦參末三錢，薄荷湯調服。○《肘後方》治中惡心痛。用苦參三兩，水煎服。亦治飲食中毒，及毒魚猪菜等物。○《本草發明》治妊娠飲食如故，小便難出。用苦參、貝母、當歸各二兩，爲末，每服二錢，白湯送下。○《普濟方》治齒縫出血。用苦參一兩，枯白礬一錢，共爲末，日三揩之，立驗。○《御藥局方》治肺熱，遍身生瘡。用苦參末丸粟米大，每服百餘丸，白湯下。○寇氏《衍義》治遍身風疹，痹痛不可忍，胸頸臍腹及隱處皆是。多痰涎，夜不得睡。用苦參末一兩，先用皂角二兩，水一升，揉摸取汁，淨器熬成膏，和苦參末丸梧桐子大，每服百丸。食後溫湯服。○張文仲方治瘰癧結核。用苦參四兩，牛膝汁爲丸，綠豆大。每白湯服三錢。

續補集方：《龔氏家抄方》治腸風下血，腸澼痔血諸證。用苦參二兩，川黃連一兩，俱酒浸一宿，曬乾，炒。甘草、木香各五錢，白芍藥一兩二錢，醋浸炒，共爲末，錫糖爲丸如梧子大，每早服三錢，白湯下。

明·顧逢柏《分部本草妙用》卷五腎部·寒瀉　苦參　苦，寒，無毒。玄參為使，惡貝母，畏知母、菟絲、漏蘆，反藜蘆。伏雄黃、焰硝。　主治：療癰腫，惡瘡風癩。補中益腎，消積聚，除伏熱溺瀝赤。殺疳疥，治腸風瀉血熱痢，并治三十六種風症。　苦參性沉，腎經純陰之藥也。其苦燥能逐濕，故治大風有神效。寒能除熱，故治腎水弱而相火旺者有奇功。若火衰真虛者，服之益虛。因別症久服者，多成腰痛，偏勝之故也。

明·李中梓《醫宗必讀·本草徵要上》　苦參味苦，寒，無毒。入腎經。玄參為使，惡貝母、菟絲、漏蘆，反藜蘆。泔浸一宿，蒸過曝乾。　除熱祛濕，利水固齒，癰腫瘡瘍，腸澼下血。　味苦，性寒，純陰之品，故理濕熱有功。瘡毒腸澼，皆濕蒸熱瘀之愆，宜其咸主。齒乃骨之餘，清腎者自固耳。按：　苦參大苦，大寒，不惟損胃，兼且寒精，向非大熱，惡敢輕投？

明·鄭二陽《仁壽堂藥鏡》卷一〇下　苦參　陶隱居云：　苦參，生汝南山谷。今近道有之。　氣寒，味苦。氣沉，純陰。　《心》云：　除濕。　《本草》云：　主心腹結氣，癥瘕積聚，黃疸，溺有餘瀝，逐水，除癰腫。補中，明目止淚，養肝膽氣，安五臟，定志益精，利九竅，除伏熱腸澼，止渴醒酒，小便黃赤，療惡瘡，下部䘌，平胃氣，令人嗜食，輕身。　《衍義》云：　有人病遍身風熱，細疹痒痛不可忍，連胸(脛)〔頸〕臍腹近陰處皆然。涎痰亦多，夜不得睡。以苦參末一兩，皂角二兩，水一升，揉濾取汁，銀石器熬成膏，和苦參末為丸，如梧桐子大。食後溫水下二十丸至三十丸，次日便愈。　丹溪云：　苦參屬水而有火，能峻補陰氣。或得之而腰重者，以其氣降而不升也，非傷腎之謂。治大風有功，況風熱細疹乎？　《本草》云：　苦參，玄參為之使，惡貝母、漏蘆、菟絲，反藜蘆。　日華子云：　苦參，殺疳蟲，治癩疾。

明·蔣儀《藥鏡》卷四寒部　苦參　療惡瘡，去熱毒，遍身風癩能消，癥瘕亦破。平胃氣，逐寒邪，填膈痰涎可吐，結滯亦散。用多能滯腎氣，久服亦致腰疼。少入麻黃，能掃皮膚癢疹。佐以山梔，能止卒暴心疼。同茵陳療濕病狂言，致心燥結胸垂死。同槐花除腸風下血，及熱痢刮痛難當。止淚目明，服偕甘菊。鮮渴利竅，煎並麥冬。遺溺與黃疸，主利藥以逐水。赤癩而眉脫，君辛藥以驅風。蓋濕勝生熱，熱則生風，故東南地卑，燥濕為要。

明·張景岳《景岳全書》卷四八《本草正》　苦參　味苦，性寒。反藜蘆。沉也，陰也。乃足少陰腎經之藥。能祛積熱黃疸，止夢遺帶濁，清小便，利水，除癰腫，明目止淚，平胃氣，能令人嗜食，利九竅，除伏熱狂邪，止渴醒酒，療惡瘡班疹疥癩，殺疳蟲及毒風煩躁脱眉。炒黃為末，米飲調服，治腸風下血熱痢。

明·盧之頤《本草乘雅半偈》帙六　苦參《本經》中品　氣味：　苦，寒，無毒。　主治：　主心腹結氣，癥瘕，積聚，黃疸，溺有餘瀝，逐水，除癰腫，補中，明目止淚。

覈曰：　生汝南山谷及田野間，近道處處有之。苗高三四尺，葉青色細碎，極似槐葉，春生冬凋。花色黃白，七月結角，如萊菔莢，內有細子二三粒，如小豆而堅。根三五科並生，長五七寸，兩指許大，色黃褐，味極苦。生河北者，無花無子，苗莖根葉，皆相若也。五、六、十月采根暴乾。修事：　用糯米濃泔汁浸一宿，有腥穢氣，浮在水面上者，須重重淘過，即蒸之，從巳至申，晒乾用。玄參為之使，惡貝母、菟絲子、漏蘆，反藜蘆。

參曰：　苦者，言其味；　參者，言其功力相參上下內外也。炎上作苦，故一名陵(節)〔郎〕，一名岑莖。苦性走下，故一名地槐，一名野槐。苦能入骨，故一名苦骨，一名虎林。復名水槐、菟槐、苦蘵者，禀水曰潤下之寒化爾。合從至陰，對待火熱為因，積聚為證者也。更觀根生三五並立，亦若三相參，

伍相伍，故得自參以上，明目止淚；　自參以下，逐水餘瀝；　自參以外，除癰腫黃疸；　自參以內，破結氣癥瘕。蓋心腹居中，積聚火熱，斯成衆眚，對待火熱，所以補中，方能參乘上下以及內外，參之功用大矣。

明・李中梓《本草通玄》卷上　苦參　苦，寒，入腎。　主風熱蟲症，腸風下血，積熱下痢，擦牙止痛。　丹溪云：　服苦參者多致腰重，因其性降而不升也，非傷腎也。治大風有功，況細疹乎。　火旺者宜之，火衰虛弱者，大忌。

清・顧元交《本草彙箋》卷一　苦參　味苦氣沉，純陰之品，能逐足少陰本經之濕。方家用之，以治風熱瘡疹。沈存中謂其苦能傷腎，常致腰重不能行者，蓋其竣補，陰氣降而不升，故致腰重，非傷腎之謂也。然大抵不宜久服。凡藥不具五味，不備四氣，而久服之雖且獲勝，久必暴絕。張從正云：凡藥皆毒也。雖甘草、苦參，不可不謂之毒。久服則五味各歸其臟，必有偏勝氣增之患，至於飲食亦然。

清・穆石匏《本草洞詮》卷八　苦參　苦以味名，參以功名。氣味苦寒，無毒。足少陰腎經主藥也。治心腹結氣，除伏熱，腸澼，黃疸，逐水，除癰腫，療惡瘡，明目止淚。漬酒飲治疥殺蟲。子午乃少陰君火對化，故苦參、黃蘗之苦寒，皆能補腎。蓋取其苦燥濕，寒勝熱也。熱生風，濕生蟲，故又能治風殺蟲。惟腎水弱而相火勝者宜之。若火衰精冷，及年高之人，非所宜也。沈存中《筆談》載：　一人苦腰重，久坐不能行，由病齒數年，用苦參揩齒，其氣味入齒傷腎所致。後一人用苦參揩齒，歲久亦病腰，自後悉不用之，腰疾皆愈。夫苦參能峻補陰氣，或得之而致腰重者，因其氣降而不升，非傷腎之謂也。苦入心為熱，久服黃連、苦參，則臟氣偏勝，必有偏絕，故有暴亡之患，諸藥皆然。

清・劉雲密《本草述》卷七下　苦參　頌曰：　其根黃色，長五七寸許，兩指粗細，三五莖並生，苗高三四尺以來，葉碎青色，極似槐葉，春生冬凋，其花黃白色，七月結實如小豆子。河北生者無花子。五月、六月、十月采根，曝乾。

根：　氣味：　苦，寒，無毒。　主治：　療時氣惡病，大熱狂邪，或結胸壯熱，行結熱，心腹結氣積聚，利疸逐水，療伏熱腸澼，小腹積熱苦痛，治熱毒風，皮膚煩燥，生瘡赤癩眉脫，及下部䘌音慝，蟲食病。炒存性，米飲服，殺疳蟲。漬酒飲，治疥殺蟲。又治癘風鼻，消癉，痿厥黃疸，中風，虛勞脹滿，痰飲，身體痛，著痹，虛煩盜汗，滯下，小便不通，小便不禁，痔。

潔古曰：　苦參味苦氣沉，純陰，足少陰腎經君藥也。治本經須用，能逐濕。　頌曰：　古今方用治風熱瘡疹最多。　東垣曰：　苦參能治熱毒風。

丹溪曰：　苦參能峻補陰氣，或得之而致腰重者，因其氣降而不升也，非傷腎之謂也。其治大風有功，況風熱細疹乎？　時珍曰：　子午乃少陰君火對化，故苦參、黃檗之苦寒皆能補腎，蓋取其苦燥濕，寒除熱也。熱生風，濕生蟲，故又能治風殺蟲。惟腎水弱而相火勝者，用之相宜。若火衰精冷，真元不足，及年高之人，不可用也。　之頤曰：　苦參稟潤下之寒化，合從至陰，對待火熱為因積聚為證者也。　希雍曰：　苦參稟天地陰寒之氣而生，其味正苦，其氣寒而沉，純陰無毒，足少陰腎經君藥也。苦以燥濕，兼洩氣分之熱，寒以除血分之熱。

臘月米醋漬入甕中，封固。主一切天行熱病頭疼，口渴身熱，甚者發狂，飲碗許，得吐則愈，汗亦如之。　同胡麻、刺蒺藜、荊芥穗、甘菊花、豨薟、白芷、當歸、川芎、地黃、天門冬、何首烏、牛膝、漆葉、秦艽、龍膽草，治大麻風。

同牡蠣粉、白朮、青黛，治童子胃熱羸瘦，疳蚘。

愚按：　苦參春生冬凋，是亦同於衆卉之為榮枯者也。第其味至苦，其氣復寒。夫苦為火味，腎陰中原有真陽，故味之苦者入之。況苦味稟乎寒水之氣化，其氣味固有專至者。潔古所說純陰良是。丹溪謂其峻補陰氣，又曰其氣降而不升，即時珍謂止宜於腎水弱而相火旺者，皆確論也。如盧氏寒水至陰，對待火熱是矣。然東垣所謂治熱毒風者，其義更為中的，可參也。蓋風者，陽之淫氣，即陽之鬱氣，陽氣為邪所侵，則鬱而不得暢者化風，是即陽之淫氣化風，漸已化為熱矣。是淺而病乎衛者也，由衛自及於營以病乎血，更積久而熱之壅乎血中者，就血中而為毒，熱毒之所化，遂病乎腎肝之真陰，而為熱毒風。氣鬱化風者，即已化熱，氣之熱不去，因病乎血，即此熱之在血中者，久而又不去，遂能蝕血，故曰熱毒。是熱毒原是風毒，故曰熱毒風，受病有淺深，是主治要語。世漫言風熱，風熱而不究其淺深，以為施劑，如何可瘳？　故治風熱之在衛者，止散陽鬱之邪而清其氣，治熱毒之病乎真陰者，必直驅其傷陰之邪，而用至陰以勝之，如苦參輩是也。然在丹溪曰苦參能治大風，況風熱細疹乎？　若然，是未及病乎真陰者而亦治也。其義謂何？　曰：　衛氣

無處不周，則營血亦無處不周，故隨其營血之所到處，無不可為病，而此味即可治之。蓋真陰乃後天營血之母氣，但受患有深淺，投之熱毒風，更為的對耳。所以熱病狂邪，及結胸滿痛壯熱，又伏熱腸澼等證，皆熱毒傷乎真陰以為病，雖所感受或暴或徐，皆可以此對待矣。第潔古謂為純陰，而透以氣沉二字，大有可思。蓋苦參、玄參，均之入腎，却有迥殊者，正在此耳。夫熱毒風由於陽不得陰以化也，在《本經》主治心腹結氣，癥瘕積聚，是陽之不能化陰，以致有如上諸證。然即本於陽之不得陰以化也，第猶不等於熱毒風。雖熱毒風同於陽不得陰以化，結而為毒，如大風癩疾，及甄權所云赤癩眉脫之證，然熱毒所結，其氣更淫而為風者，有熱邪據於血中，亦且以蝕陰，又不止患於陽之不能化陰而已也。非至苦者，不能從熱而化之，非氣沉者，不能從結而散之，惟屬於至陰之專氣，乃足以奏功耳。諸本草養肝膽，平胃氣，《本經》更言補中。蓋血熱不能以養肝膽，則風木自來侮土，而胃氣不平，即以病於中氣，三者相因以為病，亦即相因以為功者也。張潔古其察物精，投劑審哉。先哲云：古今方治風熱瘡疥最多，更專於大風癩疾，誠哉是言也。故味潔古論治，則玆味與證不相對待者，將沉寒直入命門，痼冷大傷元陽矣，其可漫投乎哉？

又按：先哲類言生地、苦參涼血，二味功用固異，且生地慮其寒滯於中，苦參慮其寒沉於下，用以涼血，亦須酌之。在薛新甫每曰血分熱者，四物加牡丹皮。又曰小柴胡湯加山梔、芎、歸，能清肝涼血。又曰女子經行血熱者，四物加山梔、丹皮。又曰四物湯加連翹、生甘草，能生血清熱。風熱用小柴胡湯加防風、連翹，血熱用四物湯加柴胡、山梔、丹皮。按：風熱即以小柴胡湯為主，血熱即以四物湯為主，其義可以思。營衛之分，故血熱為病，不能舍血藥，即芍、地慮其滯，而歸、芎斷不可少也。然則風之化熱，熱又鼓風者，未至於熱毒風，則本血劑而同山梔、丹皮輩，頗為適宜。如苦參猶可需次以投者也。

附方　熱病狂邪，不避水火，欲殺人，苦參末蜜丸梧子大，每服十丸，薄荷湯下。亦可為末，二錢，水煎服。　天行病四五日，結胸滿痛，壯熱者，苦參一兩，以醋三升，煮取一升二合，飲之，取吐即愈。天行毒病，非苦參醋藥不解，及溫覆取汗良。　小腹熱痛，青黑或赤色，不能喘者，苦參一兩，醋一升半，煎八合，分二服。　偏身風疹，癢痛不可忍，胸頸臍腹及近隱處皆然，又多涎痰，夜不得睡，始癢抓之則痛，漸漸赤爛，偏體無皮，發腫流膿水，危困幾絕，不知者以丹毒治之，愈甚。惟用苦參末一兩，皂角二兩，水一升，揉濾取汁，瓦器熬成膏，和苦參末丸梧子大，溫湯下三十丸，仍以苦參煎水洗之，溼爛者末糝之，次日即愈。此經驗者，此味解熱殺蟲，治疥洗熱瘡甚效。　大風癩疾，頌曰用苦參五兩，切，以好酒三斗，漬三十日，每飲一合，日三服，常服不絕，若覺痹，即瘥。　張子和《儒門事親》方，用苦參末二兩，以豬脂盛之，縫合，煮熟取出，去藥，先餓一日，次早先飲新水一盞，將豬脂食之，如吐再食，待一二時，以肉湯調無憂散五七錢服，取出大小蟲一二萬為效，後以不蛀皂角一斤，去皮子，煮汁，入苦參末，調糊下何首烏末二兩，防風末一兩半，當歸末一兩，芍藥末五錢，人參末三錢，丸梧子大，每服三五十丸，溫酒或茶下，日三服，仍用麻黃、苦參、荊芥煎水洗之。　腎臟風毒，及心肺積熱，皮膚生疥癩瘙癢，時出黃水，及大風手足壞爛，一切風疾，苦參三十一兩，荊芥穗一十六兩，為末，水糊丸梧子大，每服三十丸，茶下。

希雍曰：苦參雖能洩血中之熱，除溼熱生蟲為癘，然以其味大苦，氣大寒，久服能損腎氣。肝腎虛而無大熱者，勿服。

修治　糯米泔浸一宿，蒸三時久，曬乾。少入湯藥，多作丸服。　治瘡浸酒，治腸風炒至烟起，為末。

清・郭章宜《本草匯》卷九　苦參　苦寒氣沉，純陰，足少陰腎經君藥也。又入手足陽明及足厥陰經。治黃疸濕熱而有効，療狂亂疫熱而有功。除瘍癩熱風之毒，止腸澼熱痢之紅。甦大熱之嗜睡，理眉脫與疥瘡。掃遍身癢瘮，除湯火灼傷。《別錄》云令人嗜食者，胃家濕熱盛，則口淡不思食，即食亦不生肌肉。苦以燥脾胃之濕，寒以除血分之熱，濕熱散則胃氣和，平而令人嗜食。

按：苦參大寒大苦，屬水而有火，能洩血中之熱。雖薛立齋言其能峻補陰氣，然必竟是損胃寒精之物，向非大熱，未易投也。故沈存中《筆談》載有病齒者，用以揩齒，遂致腰重不能行，亦其氣降而不升之驗也。時疫狂躁垂死者，用此酒煮吐之，或煎服汗之，皆可見効。時珍云：子午少陰君火對化，故苦參、黃蘗之苦寒，皆能補腎。蓋取其苦燥濕，寒除熱也。熱生風，濕生蟲，故能治風殺蟲。惟腎水弱而相火勝者宜之。若火衰精冷，真元不足，肝腎虛弱，及年高之人，不可用也。《素問》云：五味入胃，各歸所喜攻，久而增氣，物化之常也。氣增而久，夭之由也。王冰註云：入肝

為溫，入心為熱，入肺為清，入腎為寒，入脾為至陰而兼四氣，皆為增其味而益其氣，各從本臟之氣，故服黃連、苦參而反熱者，此其類也。氣增不已，則臟氣有偏勝，偏勝則臟有偏絕，故有暴夭，是以藥不具五味，不備四氣，而久服之，雖且獲勝，久必暴夭。不獨藥餌為然，即飲食亦如是也，學者當觸類而長之可耳。肝腎虛及上盛下虛者，勿服。

糯米泔浸一宿，淘去腥穢氣，並在水面上浮，須重重淘過，蒸乾，少入湯藥，多作丸服。治瘡浸酒，治腸風，炒至烟起，為末。玄參為使。惡貝母、菟絲子。反藜蘆。

清・蔣居祉《本草擇要綱目・寒性藥品》 苦參采根。用糯米濃泔水汁浸一宿，其(醒)〔腥〕穢氣並浮在水面上。須重重淘過即蒸之，從巳至申，取曬切用。 氣味：苦，寒，無毒。氣沉，純陰。入足少陰腎經，君藥也。 主治：心腹結氣，癥瘕積聚，黃疸，溺有餘瀝。逐水，除癰腫。補中，明目止淚。治腹中冷痛，中惡腹痛，養肝膽氣，安五臟，平胃氣，令人嗜食。輕身定志，益精利九竅。除伏熱腸澼，止渴醒酒，小便黃赤。療惡瘡下部䘌，治惡蟲脛酸，殺疳蟲。炒存性，米飲服，治腸風瀉血并熱痢。漬酒飲，治疥殺蟲，生瘡赤癩眉脫。除大熱，嗜睡。治熱毒風，皮肌煩躁。李時珍曰：子午乃少陰君火對化，故苦參、黃柏之苦寒皆能補腎，蓋取其苦燥濕、寒除熱也。熱生風，濕生蟲，故又能治風殺蟲。惟腎水弱而相火勝者用之相宜，若火衰精冷，真元不足及年高之人不可用耳。 惡：貝母、菟絲、漏蘆。反：藜蘆。

清・王翃《握靈本草》卷三 苦參近道皆有之。濃米泔浸一宿，淘去穢氣，蒸三四時，晒乾用。 主治：苦參，苦，寒，無毒。主心腹結氣，癥瘕積聚，黃疸，溺有餘瀝，逐水，除癰腫。治疥殺蟲，腸風瀉血，熱痢。

清・汪昂《本草備要》卷二 苦參瀉火，燥濕，補陰。 苦燥濕，寒勝熱。沉陰主腎。補陰益精，養肝膽，安五藏，濕熱去則血氣和平，而五藏自安。利九竅，生津止渴，明目止淚。淚爲肝熱。治溫病血痢，純下清血者，風傷肝也，宜散風涼血；下如豆汁者，濕傷脾也，宜清熱滲濕。腸風溺赤，黃疸酒毒。熱生風，濕生蟲，又能祛風、逐水、殺蟲，治大腸疥癩。然大苦大寒，肝腎虛而無熱者勿服。張從正曰：凡藥皆毒也，雖苦參、甘草，不可不謂之毒，久服必偏勝爲患。《經》曰：五味入胃，各歸其所喜攻，久而增氣，物化之常也。氣增而久，夭之由也。王冰註曰：氣增不已，則藏有偏勝，偏勝則藏有偏絕，故令人暴夭。《筆談》曰：久用苦參擦牙，遂病腰痛，由其氣傷腎也。《經》又曰：大毒治病，十去其六；常毒治病，十去其七；小毒治病，十去其八；無毒治病，十去其九。穀肉果菜，食養盡之。無使過之，傷其正也。按：人參補脾，沙參補肺，紫參補肝，丹參補心，玄參補腎。苦參不在五參之內，然名參者皆補也。東坡云：藥能醫病，不能養人。食能養人，不能醫病。 糯米泔浸去腥氣，蒸用。玄參爲使，惡貝母、菟絲子、漏盧，反藜蘆。

清・吳楚《寶命真詮》卷三 苦參 【略】主腸風下血，積熱下痢，除熱祛濕，療風熱蟲疾，擦牙固齒。齒乃骨之餘，清堅自固。 純陰之品，故理濕熱諸證，皆濕蒸熱鬱之愆。○服苦參多致腰重，因其性降而不升也。大苦大寒，不惟損胃，兼且寒精。火旺者宜之，火衰虛弱者大忌。

清・陳士鐸《本草新編》卷三 苦參 味苦，氣寒，沉也，純陰，無毒。入心、肝、腎、大腸之經。治腸風下血，熱痢刮痛難當，療狂言致心燥，結胸垂死；赤癩眉脫者，祛風有功；黃疸遺溺者，逐水立效。掃遍身癢瘮，止卒暴心疼，殺疥蟲，破癥瘕，散結氣，明目止淚，解渴生津，利九竅，通大便。第過于迅利，宜少用為佐使，不宜多用為君臣。至稱益腎、安五藏、定志，不可信之辭也。

或問：苦參非益腎之藥，夫人而知之也，但未知其所以損腎之故耳？吁！苦參之不益腎，豈待問哉。沉寒敗腎，必有五更泄利之病；苦寒瀉腎，必有少腹作痛之疴。苦參味苦而寒，氣沉而降，安得不敗腎而瀉腎乎。而五更泄利，小腹作痛，必不能免矣。敗瀉腎氣，而反言益腎，殊不可解，願吾子勿信也。

清・顧靖遠《顧氏醫鏡》卷七 苦參苦，大寒。入腎經。反藜蘆。泔浸，焙。除熱去濕殺蟲，味至苦，故殺蟲。止淚醫疸治痢。肝熱除則淚自止，濕熱去則黃自退，以其能瀉血中之熱，故治陽澼下血。療足腫作疼欲脫，除熱去濕之功。除身發風疹癩疾。皆除熱涼血殺蟲之效。

清・馮兆張《馮氏錦囊秘錄・雜症痘疹藥性主治合參》卷二 苦參稟天地陰寒之氣而生，其味正苦，其氣寒而沉，純陰，無毒。故為燥濕除熱、殺蟲疥癩之要藥。苦參，除熱祛濕，利水固齒，腸風下血，及熱痢刮痛難當，溫病狂言，致心躁結胸垂死。赤癩眉脫者，敺風有功。黃疸遺溺者，逐水立效。掃遍身癢瘮，止卒暴心痛，除癰疽疥蟲，破癥瘕結氣。養肝氣明目止淚，益腎精解渴生津，利九竅通二便。然大苦寒，肅殺之藥，治濕熱疥癩則可。若以滋補，為害不鮮

矣。不唯損胃，抑且寒精，肝腎虛寒者尤宜忌之。

主治痘疹合參：　去皮切細，酒浸蒸二次，陰乾。痘瘡搔癢，潰爛如癩，毒盛人壯者，以此作丸服之。咽喉痛甚者，生研細末用。

清・张璐《本經逢原》卷一　苦參　苦，寒，無毒。反藜蘆。《本經》主心腹結氣，癥瘕積聚，黃癉，溺有餘瀝，逐水，除癰腫，補中，明目，止淚。　發明：　苦參、黃蘗之苦寒下降，皆能益腎，蓋取其苦燥濕，寒除熱也。熱生風，濕生蟲，故又能治風殺蟲。惟腎水爍而相火勝者宜之。若脾胃虛而飲食減少，肝腎虛而火衰精冷，及年高之人不可用也。久服苦參多致腰重，因其性降而不升也。觀《本經》主治皆濕熱為患之病，詳補中當是補陰之誤，以其能除濕熱，濕熱去而陰自復，目自明矣。然惟濕熱者宜之。沈存中苦腰重，久坐不能行，此因病齒痛數年，用苦參揩齒，其氣味入齒傷腎所致也。後施昭先亦用苦參揩齒，歲久亦病腰重，自後悉不用之，腰疾皆愈。或云：　苦參既能補陰明目，何久服反病腰重乎？　殊不知苦寒之性直入心腎，內有濕熱者，足以當之。始得之，則有輔陰祛邪之力，清熱明目之功，濕熱既去而又服之，必致苦寒傷腎，腰重脚弱在所不免，理固然也，何疑之有？

清・浦士貞《夕庵讀本草快編》卷一　苦參《本經》、地槐　苦以味名，參以功名，槐以葉形也。　苦參味苦大寒，氣沉而降，純陰之性，足少陰腎經主藥也。療餘瀝而除伏熱，破結氣而殺蟲疥，癩瘋眉脫，明目止淚，蓋取其驅風而逐濕也。夫子午乃少陰君火之對化，故苦參、黃柏之苦寒皆能補腎，取其苦燥濕，寒勝熱爾。又熱生風，濕生蟲，故又能治風殺蟲也。惟腎水弱而相火勝者用之得宜。若火衰精冷，真元不足，年高之人俱不可服，恐生偏勝。且腎主骨，故齲齒者宜之；　腎主便，故腸紅者宜之。

清・張志聰、高世栻《本草崇原》卷中　苦參　氣味苦，寒，無毒。主治心腹結氣，癥瘕積聚，黃疸，溺有餘瀝，逐水，除癰腫，補中，明目，止淚。　苦參，《本經》名水槐，一名地槐，又名苦骨。近道處處有之。花開黃白，根色亦黃白，長五七寸許，葉形似槐，味苦性寒，故有水槐、地槐之名。苦以味名，參以功名，有補益上中下之功，故名曰參。參猶參也。　苦參氣味苦寒，根花黃白，稟寒水之精，得中土之化，水精上與君火相參，故主治心腹結氣，參伍於中土之中，故治癥瘕積聚而清黃疸。稟水精，則能資腎，故治溺有餘瀝。苦主下泄，故逐水。苦能清熱，故除癰腫。得中土之化，故補中。水之精，上通於火之神，故明目止淚。

清・劉漢基《藥性通考》卷一　苦參　【略】沉寒敗腎，必有五更滯利之病，苦寒瀉腎，必有少腹作痛之疴，安得為益腎乎？

清・王子接《得宜本草・中品藥》　苦參　味苦，氣沉。入足少陰經。功專去風濕，殺疳蟲。得枳殼治風癩毒熱。

清・徐大椿《神農本草經百種錄》中品　苦參　味苦，寒。主心腹結氣，苦入心，以散熱結之氣。癥瘕積聚，苦極則能洩。黃疸，寒能除鬱熱。溺有餘瀝，心通于小腸，心火除則小腸鬱塞之氣通矣。逐水，小腸通則水去。除癰腫，諸瘡皆屬心火，心火清則癰腫自去也。補中，《內經》云：　脾苦濕，急食苦以燥之，即此義也。明目止淚。寒清肝火，苦除肝濕。　此以味為治也，苦入心，寒除火，故苦參專治心經之火，與黃連功用相近。但黃連似去心藏之火為多，苦參似去心府小腸之火為多。則以黃連之氣味清，而苦參之氣味濁也。

清・黃元御《長沙藥解》卷二　苦參　味苦，性寒。入足厥陰肝、足太陽膀胱經。清乙木而殺蟲，利壬水而泄熱。《金匱》苦參湯，苦參一斤，煎湯熏洗。治狐惑，蝕於下部者，以肝主筋，前陰者，宗筋之聚。土濕木陷，鬱而為熱，化生蟲䘌蝕於前陰。苦參清熱而去濕，療瘡而殺蟲也。當歸貝母苦參丸方在當歸用之治妊娠小便難，以土濕木陷，鬱而生熱，不能泄水，熱傳膀胱，以致便難。苦參清濕熱，而通淋澀也。苦參苦寒之性，清乙木之瘀熱，而殺蟲䘌泄壬水之熱澀而開癃閉。其諸主治，療鼻齇，止牙痛，消癰腫，除疥癩，平瘰癧，調痔漏，治黃疸、紅痢、齒衄、便血。

清・吳儀洛《本草從新》卷一　苦參〔瀉火燥濕，補陰。〕　苦燥濕，寒勝熱，沉陰主腎，補陰，養肝膽，安五臟，濕熱去則氣血和平而五臟自安。利九竅，消癰解毒，明目止淚。淚為肝熱。治夢遺，白朮、牡蠣倍之。雄猪肚丸亦治赤白帶下。血痢，純下清血者，風傷肝也，宜散風涼血。下如豆汁者，濕傷脾也，宜清熱滲濕。腸風溺赤，黃疸酒毒。又能袪風，熱極生風。逐水殺蟲。蟲因濕生。治大風疥癩。大苦大寒，肝腎虛而無熱者勿服。張從正曰：　凡藥皆毒也。雖苦參、甘草，不可不謂之毒，久服必偏勝為患。《經》曰：　五味入胃，各歸所喜攻，久而增氣，物化之常也。氣增而久，夭之由也。王冰註曰：　氣增不已則臟有偏勝，則臟有偏絕，故令人暴夭。《筆談》云：　久用苦參擦牙，遂病腰痛，由其氣傷腎也。《經》又曰：　大毒治病，十去其六；　常毒治病，十去其七；　小毒治病，十去其八；　無毒治病，十去其九；　穀肉果菜，食養盡之，無使過之，傷其正也。

東坡云：藥能醫病，不能養人；食能養人，不能醫病。按：人參補脾，沙參補肺，紫參補肝，丹參補心，玄參補腎。苦參不在五參之內，然名參者皆補。糯米泔浸去腥氣，蒸用。玄參為使。惡貝母、菟絲、漏蘆。反藜蘆。

清·汪紱《醫林纂要探源》卷二 苦參 苦，寒。莖葉似槐，根長大，色黃白，味大苦。沉陰堅腎，去血熱濕熱風熱。治大麻風、楊梅諸瘡。水堅則熱除。凡熱之生於酒色，浸淫於腸胃肌膚者，皆能解之。陽虛者忌。

清·嚴潔等《得配本草》卷二 苦參 玄參為之使。惡貝母、漏蘆、菟絲子。反藜蘆。伏汞。制雌黃、焰硝。苦，寒。入足少陰經。治濕鬱伏熱，煩躁口渴，大風癩疾，目痛流淚，癰腫斑疹，腸風瀉血，熱痢腹痛，黃疸遺濁，赤白帶下，小便赤澀，殺疳蟲，解酒毒。得枯礬，治齒縫出血、鼻瘡膿臭。得枳殼，治風癩熱毒。配牡蠣，治赤白帶下。配白朮、牡蠣、雄豬肚，治夢遺。配生地、黃芩，治妊娠尿難。佐荊芥，治腎臟風毒。糯米泔浸一宿去腥氣，蒸用。醋炒，治少腹熱痛。酒炒，治時症熱結。肝腎虛而無熱者禁用。苦傷陰水。久服病腰。

題清·徐大椿《藥性切用》卷三 苦參 大苦燥濕，大寒勝熱，沉降入腎。功耑解毒消癰。肝腎虛而無濕熱者，忌之。

清·黃宮繡《本草求真》卷五 苦參清熱除濕殺蟲。苦參耑入腎，兼入脾胃。味苦至極，古書有云：雖在五參之外，人參、沙參、紫參、丹參、玄參。云參亦屬有補，然究止屬除濕導熱之品，於補其奚濟乎？繡按：五參，除人參可以言補，餘不得以補名。凡味惟甘為正，惟溫為補，苦參味等黃蘗，寒類大黃，陰似朴硝的解，號為極苦極寒，用此殺蟲除風，逐水去疸，掃疥治癩，開竅通道，清痢解疲，或云有益。若謂於腎有補，縱書立有是說，亦不過從濕除熱祛之後而言，豈真補陰益腎之謂哉？況有用此擦牙，而更見有腰痛傷腎之症，其可謂之補腎者乎！《素問》云：五味入胃，各歸其所喜攻，久而增氣，物化之常也。氣增而久，夭之由也。王冰注云：入肝為溫，入心為熱，入肺為清，入腎為寒，入脾為至陰而兼四氣，皆為增其味而益其氣，各從本臟之氣〔用爾〕。故久服黃連、苦參而反熱者，此其類也。氣增不已，則臟氣有偏勝，偏勝則臟有偏絕，故有暴夭，是以藥不具五味，不備四氣。而久服之，雖且復勝，久必暴夭，但人疎忽，不能精候耳。張從正云：凡藥皆毒也，雖甘草、苦參不可不謂之毒，久服則五味各歸其臟，必有偏勝，氣增之患，諸藥皆然，學者當觸類而長之可也。至脾胃虛寒，尤為切忌。泔浸，去腥氣，蒸用。玄參為使，惡貝母、菟絲子、漏蘆，反藜蘆。

清·楊璿《傷寒溫疫條辨》卷六《寒劑類》 苦參反藜蘆。味苦，性寒，沉也，陰也。入胃、大腸、肝、腎。主腸風下血，及熱痢刮疼難當，療溫病狂亂，致心燥結胸垂死。酒煎一兩，能吐天行溫毒。赤癩眉脫，敺風除濕有力。訒菴云：鄭奠一用苦參、蒺藜、倍胡麻，治大風癩疥，屢有愈者。黃疸食勞，失飢過飽所致。苦參、龍膽草等分為末，牛膽汁和丸，如桐子大，漸服五七九丸，日三次，生大麥芽汁送下，甚驗。並一切癰瘍風熱斑疹。皂角四兩，水揉濾汁，入苦參末二兩和丸，溫水送下錢餘，治通身風疹痹疼不可忍，即近隱處皆然者，亦多痰涎，夜不能臥，甚驗。

清·羅國綱《羅氏會約醫鏡》卷一六草部 苦參味苦性寒，入腎經。元參為使，惡貝母、菟絲、漏蘆，反藜蘆。泔浸蒸過晒乾用。除熱寒也，燥濕苦也，生津止渴，安五臟。濕熱去則血氣和平，津液生而五臟安。治溫病、血痢、腸風、溺赤，皆涼血之效。黃疸，明目止淚，殺蟲解瘡毒。濕熱之愆。按：苦參大苦大寒，損胃寒精，非大熱者，勿用。

清·陳修園《神農本草經讀》卷三中品 苦參 氣味苦，寒。主心腹結氣，癥瘕積聚，黃疸，溺有餘瀝。逐水，除癰腫，補中，明目止淚。徐靈胎曰：此以味為治也。苦入心，寒除火，故苦參專治心經之火，與黃連功用相近。但黃連似去心臟之火為多，苦參似去心腑小腸之火為多，則以黃連之氣味清，而苦參之氣味濁也。按：補中二字，亦取其苦以燥脾之義也。

清·黃凱鈞《藥籠小品》 苦參 清下焦血熱，故孫一奎治血痢，每多用之。不可多服，令人腰膝軟弱。蓋苦伐生氣，徒有參名而已。

清·王龍《本草纂要稿·草部》 苦參 氣味苦寒。治腸風下血，熱痢刮疼。療溫病狂言，結胸心躁。熱狂立住，疝痛如刼。

清·吳鋼《類經證治本草·足少陰腎臟藥類》 苦參 【略】誠齋曰：凡齒病，不可用苦參。糯米泔浸一宿，去(醒)〔腥〕氣，蒸用。

清·張德裕《本草正義》卷下 苦參 苦，寒。入腎。清積熱，利黃疸，除伏熱邪狂，療惡瘡癬疥，毒風邪熱，脫眉。亦可治腸風挾熱下血。

清·楊時泰《本草述鉤元》卷七 苦參 河北生者無花子，五六十月采根，曝乾用。

味至苦，氣寒而沉，純陰之劑。足少陰腎經君藥也。苦燥濕，兼洩氣分之熱，寒以除血分之熱。熱生風，濕生蟲，故又能治風殺蟲。惟腎水弱而相

火旺者，用之相宜。療時氣惡病，大熱狂邪，或結胸壯熱，行結熱，心腹結氣積聚，小腹積熱苦痛，利疸熱，逐水，治伏熱腸澼，熱毒風，皮膚煩燥，生瘡，古今方治風熱瘡疹最多。赤癩眉脫，及下部䘌諸本草。炒存性，米飲服，殺疳蟲。漬酒飲，治疥殺蟲，又治癘風鼻。方書治消癉痿厥，中風虛勞，虛煩盜汗，脹滿痰飲，身體痛着痹，滯下痔瘡，小便不通及不禁。稟潤下之寒化，合從至陰，對待火熱為因，積聚為證者之頤。苦參峻補陰氣，子午乃少陰君火對化，故苦參、黃柏之苦寒，皆能補腎。或得之而致腰重者，因其氣降而不升，非傷腎之謂也丹溪。《本草》又謂苦參養肝膽，平胃氣。《本經》更言補中。蓋血熱不能養肝膽，則風木自來侮土，而胃氣不平，即以病於中氣，三者常相因也。同胡麻、刺蒺藜、荊芥穗、甘菊、豨薟、白芷、當歸、川芎、地黃、天冬、首烏、牛膝、漆葉、秦艽、龍膽草，治大麻風。同牡蠣粉、白术、青黛，治童子胃熱，羸瘦疳蚘。臘月米醋漬入甕中，封固，主一切天行熱病，頭疼口渴身熱，飲碗許，得吐則愈，汗亦如之。熱病狂邪，不避水火，欲殺人，苦參末，蜜丸梧子大，每服十丸，薄荷湯下，亦可為末二錢煎服。天行病四五日，結胸滿痛壯熱者，苦參一兩，以醋三升，煮取一升二合，飲之取吐，即愈。小腹熱痛，青黑或赤色，不能喘者，苦參一兩，醋一升半，煎八合，分二服。偏身風疹，胸頸臍腹及近隱處皆然。癢痛不可忍，始而癢，抓之則痛，漸漸赤爛，偏體無皮，發腫，流膿水。作丹毒治愈甚，惟用皂角二兩，水一升揉濾取汁，瓦器熬成膏，和苦參末一兩，丸梧子大，溫湯下三十丸，仍以苦參煎水洗之。濕爛者末滲之，次日即愈。此味解熱殺蟲，治疥洗熱瘡甚效。大風癩疾，苦參五兩切，以好酒三斗漬三十日，每飲一合，日三服，常服不絕，若覺痹即瘥。又方：苦參末二兩，以豬肚盛之，縫合煮熟，取出去藥，先餓一日，次早先飲新水一盞，將豬肚食之，如吐再食，待一二時，以肉湯調無憂散五七錢服，取出大小蟲一二萬為效。後以不蛀皂角一斤，去皮子煮汁，入苦參末調糊，下首烏末二兩，防風末一兩半，當歸末一兩，芍藥末五錢，人參末三錢，丸梧子大，每服三五十丸，溫酒或茶下，日三服，仍用麻黃、苦參、荊芥煎水洗之。腎臟風毒，及心肺積熱，皮膚生疥癩瘙癢，時出黃水，並大風手足壞爛，一切風疾。苦參三十一兩，荊芥穗十六兩，為末，水糊丸梧子大，每服三十丸，茶下。

論：苦參味至苦，氣復寒，夫苦為火味，腎中原有真陽，故味之苦者入之，況苦味稟乎寒水之氣化，其氣味固有專至者，所謂純陰而氣降，止宜於腎水弱而相火旺之人，皆確論也。其治熱毒風之義，更為可參。蓋風者陽之淫氣，即陽之鬱氣，氣鬱化風，漸已化為熱矣，是淺而病乎衛者也。由衛及營以病乎血，積久而熱之壅者，更就血中而為毒，熱毒之所化，遂病乎腎肝之真陰而為熱毒風。氣鬱化風者，即已化熱氣之熱不去，因病乎血熱之在血中者，久而又不去，遂能蝕血，故曰熱毒。熱毒原是風毒，故曰熱毒風。其病變固有淺深也。故風熱在衛，止散陽鬱之邪而清其氣，熱毒蝕陰，必直驅其傷陰之邪，而用至陰以勝之，如苦參輩是也。第潔古謂為純陰，而透以氣沉二字，可悟。苦參、元參均之入腎，而却有迴殊之用存焉，使與病證不相對待，將沉寒直入命門，痼冷大傷元陽矣，其可漫投乎哉。又生地、苦參涼血，一則慮其寒滯於中，一則慮其寒沉於下。若風之化熱，熱又鼓風，而未至為熱毒風者，則本柴胡四物為用，丹、梔、翹、甘輩頗為適宜，薛新甫法：血分熱者，四物加丹皮，或小柴胡加山梔、芎、歸，能清肝涼血。又四物加翹、甘，能生血清熱，如風熱則用小柴胡加防、翹，此可以思營衛之分矣。總之，血熱為病，不能舍血藥，即芍、地慮其滯，而芎、歸固不可少也。如苦參猶可需次以投也。

繆氏云：雖能洩血中之熱而除蟲癘，然大苦大寒，久服能損腎氣。肝腎虛而無大熱者，弗服。火衰精冷，真元不足及年高之人，不可用瀕湖。

修治：少入湯劑，多作丸服。用糯米泔浸一宿，蒸三時久，曬乾。治瘡浸酒，治腸風炒至烟起為末。

清・葉桂《本草再新》卷一　苦參味苦，性寒而燥，無毒。入心、腎二經。消癰解毒，明目止淚，治夢遺滑精，熱痢血痢，腸風瀉血，溺赤黃疸。又能祛風殺蟲，治大風疥癩眉脫，又能解酒毒。

清・吳其濬《植物名實圖考》卷八　苦參　《本經》中品。處處有之，開花結角，俱似小豆。醫牛馬熱多用之。苦參至易得，而方用頗少。《史記》著漱齲齒之效，後人常以揩齒，遂至病腰。此亦食古不化之害事也。余曾見捆載詣藥肆者，詢之，云牛馬病熱必以此治之。東皋農作，需之尤亟。《本草》書皆未及，殆未從牛醫兒來耶？

清・趙其光《本草求原》卷一山草部　苦參　花黃白，土金之化。葉似槐。故《本經》名水槐，《別錄》名地槐。氣寒，水之精。味苦，無毒。火之味。能以寒水之精，專治腎陰，上平君相之火，以洩氣血之熱，兼燥脾胃之濕，苦燥濕。以除風毒。濕熱久鬱，灼血成毒，則陽擾而風亦熾。治心腹結氣，癥瘕積聚，黃疸，皆濕

熱內鬱。溺有餘瀝，水精布則行也。逐水，苦下泄也。殺蟲，風濕所生。除癰腫，熱清則營血活。補中，濕熱去則陰能守中。明目，水精上交於君火。止淚，相火清，肝膽之熱淚自止。癘風疥癩，癮疹瘙癢，風毒壞爛，同皂角丸，溫湯下；同荊芥丸，茶下。又一味煎水洗。濕爛者，一味為末摻之。同芎、歸、秦艽、膽草、地、冬、芷、荊、菊、白蒺、首烏、胡麻、牛膝、漆葉、豨薟，治大麻風。疳蚘，胃熱也。同牡蠣、白朮、青黛。穀疸，失飢大食，胃脘濕熱，同牛膽汁丸，麥湯下。熱痛狂邪，及小腹熱痛、色青黑或紫，為末，薄荷湯下。時疾結胸，醋煮飲妙。毒熱足痛，酒煮漬之。夢遺，同牡蠣、白朮末，豬肚煮爛為丸，米湯下。中惡心痛，醋煮飲，取吐。飲食中毒，方同上。熱痢、腸風下血，血痢，炒焦研，米飲下。脫肛，同五棓、陳壁煎洗，木賊末敷之。齒縫出血，同枯礬末揩之。鼻瘡膿臭，蟲也。同枯礬、生地汁滴。肺熱遍身生瘡，為末，米糊丸，飲下。上下痔瘻，水煎洗，醋煎服。瘰癧結核，牛膝汁丸，滾水下。赤白帶，同牡蠣末，豬肚丸酒下。湯火灼傷，為末，油調搽。養肝膽，平胃進食，非濕熱傷者，勿用。醒酒止渴，去腸澼、溺赤、惡蟲、脛酸。糯米泔浸，去腥；蒸用，治皮肌煩躁；酒煮，解時毒；醋煮，治腸風；疳蟲，炒至煙起。苦寒之性，少用則去濕熱以助陰、明目、固齒；多用、誤用則傷腎，每致腰重脚弱。

清・葉志詵《神農本草經贊》卷二　苦參　味苦，寒。主心腹結氣，癥瘕積聚，黃疸，溺有餘瀝。逐水除癰腫，補中明目止淚。一名水槐。一名苦識。生山谷及田野。

駢莖三五，萌蘖春催。識名別菜，葉類驕槐。疏風齒固，遏氣腰隤。患增偏勝，化變心裁。

蘇頌曰：根三五莖並生，春生冬凋。李時珍曰：與菜苦識同名異物。陶弘景曰：葉極似槐葉。《別錄》：一名驕槐。《史記・傳》：齊大夫病齲齒，以苦參湯日漱三升，出入其風。胡震亨曰：苦參峻補陰或致腰重者，氣降而不升也。張從正曰：苦參久服必有偏勝氣增之患。《易》：化而裁之謂之變。

清・文晟《新編六書》卷六《藥性摘錄》　苦參　味苦至極，入腎兼入脾胃。除濕殺蟲，祛風治水，祛疸掃疥，治癥開竅清痢。○脾胃虛寒者，切忌。○泔浸，去腥氣，蒸用。惡貝母、菟絲子，反藜蘆。

清・張仁錫《藥性蒙求・草部》　苦參子錢半、二錢　苦參苦寒，燥濕清熱。血痢腸風，消癰散結。大苦燥濕，大寒勝熱，沉降入腎。又能祛風解毒，殺蟲，治大風疥癩眉脫。○《寶鑒》云：少入湯藥，多作丸服。治瘡酒浸，治腸風炒至焰起，為末用。○肝腎虛而無熱者忌。子：一名鴉胆子，味苦。不入煎，圓果肉包，治痢痔血效。

清・劉善述、劉士季《草木便方》卷一草部　苦參草　苦參苦寒燥濕熱，血痢腸風酒疸滅。生津消渴止目淚，滋陰血痔湯火切。

清・戴葆元《本草綱目易知錄》卷一　苦參　苦，寒。沉陰，足少陰腎本藥。安五臟，養肝膽氣，利九竅，平胃氣，殺疳蟲，止渴醒酒，明目止淚。治腸風瀉血，熱痢血痢，腸澼脫肛，黃疸溺赤，心腹結氣，癥瘕積聚，腹中冷痛，中惡腹痛。熱生風，濕生蟲，又能逐水，祛風，殺蟲，治熱毒皮肌煩躁，赤癩眉脫，大熱嗜睡，癰腫惡瘡。然苦寒妨胃，火衰精冷。年老人勿服。反藜蘆。

清・黃光霽《本草衍句》　苦參　沉陰大寒，殺蟲去濕。治赤癩眉脫之大風，主熱毒腸澼之血痢。雖云有補腎益陰之功，為腎經君藥。難施於火衰精冷之疾。得枳殼治風癩毒熱。

清・陳其瑞《本草撮要》卷一　苦參　味苦，氣沉，入足少陰經，功專去風濕，殺疳蟲。得枳殼治風癩熱毒。腎虛無熱者勿服。糯米泔浸蒸用。元參為使，惡貝母、菟絲子、漏蘆，反藜蘆。酒煎醋煎，服之即吐。

人參

宋・李昉《太平御覽》卷第九九一　人參　《說文》曰：人薓，音參。出上黨。

《春秋運斗樞》曰：搖光星散為人參。廢江淮山瀆之利，則搖光不明，人參不生。《禮斗威儀》曰：君乘木而王，有人參生。《廣雅》曰：薓，地精，人參也。《梁書》曰：阮孝緒母王氏，忽有疾，合藥須得生人參。舊傳鍾山所出。孝緒躬歷幽險，累日不逢，忽見一鹿前行，孝緒感而隨後，至一所遂滅，就視，果獲此草。母得服之，疾遂愈。《異苑》曰：人參，一名土精。生上黨者佳。人形皆具，能作兒啼。昔有人掘之，始下數鏵音華，便聞土中有呻聲，尋音而取，果得一頭長二尺許，四體畢備，而髮有損缺處，將是掘傷，所以呻也。《石勒別傳》曰：初，勒家園中生人參，葩茂甚盛。于時父老相者，皆云：此胡體奇貌異，有大志量，其終不可知，勸邑人厚遇之。《潛夫論》曰：夫理世不得眞賢，譬猶疾不得真藥也。疾當得真人參，反得蘿菔，已不識真而飲之，病浸以劇，不知為人所欺也。《傅子》曰：先王之制，九州異賦，天不生，地不養，君子不以為禮。若河內諸縣，去北山絕遠，而各調出御上黨真人參，上者十斤，下者五十斤。所謂非所生，民以為患。

《范子計然》曰：人參出上黨，狀類人者善。《廣五行記》曰：隋文帝時，上黨有人宅後每夜有人呼聲，求之不得。去宅一里，但一人參枝苗，掘之入地五尺，得人參，一如人體狀。去之後，呼聲遂絶。《本草》曰：人參，味甘，微寒。生山谷。主補五臟，安定精神魂魄，除邪止驚，明目，開心益智，久服輕身延年。生上黨。《廬山記》曰：山中藥多人參。《吴氏本草》曰：人參，一名土精，一名神草，一名黄參，一名血參，一名人微，一名土精。神農：甘，小寒。桐君、雷公：苦。岐伯、黄帝：甘，無毒。扁鵲：有毒。或生邯鄲。三月生，葉小兑，核黑，莖有毛。三月、九月採根。根有頭、足、手、面、目如人。慕容晃與顧和書曰：今致人參十斤。

宋・唐慎微《證類本草》卷六草部上品〔《本經》・別錄・藥對》〕 **人參** **味甘，微寒**、微溫，無毒。**主補五藏，安精神，定魂魄，止驚悸，除邪氣，明目，開心，益智**，療腸胃中冷，心腹鼓痛，胸脇逆滿，霍亂吐逆，調中，止消渴，通血脉，破堅積，令人不忘。**久服輕身延年。一名人銜，一名鬼蓋**，一名神草，一名人微，一名土精，一名血參。如人形者有神。生上黨山谷及遼東。二月、四月、八月上旬採根，竹刀刮，暴乾，無令見風。茯苓爲之使，惡溲疏，反藜蘆。

〔梁・陶弘景《本草經集注》〕云：上黨郡在冀州西南。今魏國所獻即是，形長而黄，狀如防風，多潤實而甘。俗用不入服，乃重百濟者，形細而堅白，氣味薄於上黨。次用高麗，高麗即是遼東。形大而虚軟，不及百濟。百濟今臣屬高麗，高麗所獻，兼有兩種，止應擇取之爾。實用並不及上黨者，其爲藥切要，亦與甘草同功而易蛀蚛，音注仲。唯内器中密封頭，可經年不壞。人參生一莖直上，四五葉相對生，花紫色。高麗人作人參讚曰：三椏五葉，背陽向陰。欲來求我，椵音賈樹相尋。椵樹葉似桐甚大，陰廣則多生陰地，採作甚有法。今近山亦有，但作之不好。

〔唐・蘇敬《唐本草》〕注云：陶説人參，苗乃是薺苨、桔梗，不悟高麗讚也。今潞州、平州、澤州、易州、檀州、箕州、幽州、嬀州並出。蓋以其以連亙相接，故皆有之也。

〔宋・馬志《開寶本草》〕注：人參，見用多高麗、百濟者。潞州太行山所出，謂之紫團參，亦用焉。陶云俗用不入服，非也。

〔宋・掌禹錫《嘉祐本草》〕按：《藥性論》云：人參，惡鹵鹹。生上黨郡，人形者上，次出海東新羅國，又出渤海。主五藏氣不足，五勞七傷，虚損（痰）〔痿〕弱，吐逆不下食，止霍亂煩悶，嘔噦，補五藏六腑，保中守神。又云：馬藺爲之使，消胸中痰，主肺萎吐膿及癇疾，冷氣逆上，傷寒不下食，患人虚而多夢紛紜，加而用之。蕭炳云：人參和細辛密封，經年不壞。日華子云：殺金石藥毒，調中治氣，消食開胃，食之無忌。

〔宋・蘇頌《本草圖經》〕曰：人參，生上黨山谷及遼東，今河東諸州及泰山皆有之。又有河北榷場及閩中來者，名新羅人參，然俱不及上黨者佳。其根形狀如防風而潤實，春生苗，多於深山中背陰近椵音賈漆下濕潤處，初生小者三四寸許，一椏五葉；四五年後生兩椏五葉，末有花莖；至十年後生三椏；年深者生四椏各五葉，中心生一莖，俗名百尺杵。三月、四月有花，細小如粟，蘂如絲，紫白色，秋後結子，或七八枚，如大豆，生青熟紅，自落。根如人形者神。二月、四月、八月上旬採根，竹刮去土，暴乾，無令見風。泰山出者，葉蘚青，根白，殊別。江淮出一種土人參，葉如匙而小，與桔梗相似，苗長一二尺，葉相對生，生五七節，根亦如桔梗而柔，味極甘美，秋生紫花，又帶青色，春秋採根，不入藥，本處人或用之。相傳欲試上黨人參者，當使二人同走，一與人參含之，一不與，度走三五里許，其不含人參者必大喘，含者氣息自如者，其人參乃真也。李絳《兵部手集方》：療反胃嘔吐無常，粥飲入口即吐，困弱無力垂死者，以上黨人參二大兩拍破，水一大升，煮取四合，熱頓服，日再。兼以人參汁煮粥與啜。《李直方》：司勳徐郎中於漢南患反胃兩月餘，諸方不差，遂與此方，當時便定。差後十餘日發入京絳，每與名醫持論此藥，難可爲儔也。又雜他藥而其效最著者，張仲景治胸痹，心中痞堅，留氣結胸，胸滿脇下，逆氣搶心，治中湯主之：人參、术、乾薑、甘草各三兩，四味以水八升，煮取三升，每服一升，日三。如臍上築者，爲腎氣動，去术加桂四兩；吐多者，去术加生薑三兩；下多者，復其术；悸者，加茯苓二兩；渴者，加术至四兩半；腹痛者，加人參至四兩半；寒者，加乾薑至四兩半；滿者，去术加附子一枚。服藥後，如食頃，飲熱粥一升許，微自溫，勿發揭衣被。此方晉宋以後至唐，名醫治心腹病者，無不用之，或作湯，或蜜丸，或加減，皆奇效。《胡洽》：治霍亂，謂之溫中湯。陶隱居《百一方》云：霍亂餘藥乃可難求，而治中丸、四順、厚朴諸湯，不可暫闕，常須預合，每至秋月常齎自隨。唐石泉公王方慶云：治中丸以下四方，不惟霍亂可醫，至於諸病皆療，並須預排比也。其三方者，治中湯、四順湯、厚朴湯也。四順湯，用人參、附子、炮乾薑、甘草各二兩，切，以水六升，煎取二升半，分四服。若下不止，加龍骨二兩；若痛，加當歸二兩。厚朴湯見厚朴條。

〔宋・唐慎微《證類本草》〕《海藥》云：出新羅國所貢。又有手脚狀如人形，長尺餘，以杉木夾定，紅線纏飾之。味甘，微溫。主腹腰，消食，補養藏腑，益氣安神，止嘔逆，平脉，下痰，止煩躁，變酸水。又有沙州參，短小不堪，採根用時，去其蘆頭，不去者吐人，慎之。《雷公》云：凡使，要肥大，塊如雞腿，并似人形者，採得陰乾，去四邊蘆頭并黑者，剉入藥中。夏中少使，發心痃之患也。《外臺秘要》：治蜂蠍螫人方：人參嚼以封之。《千金方》：開心，肥健人。人參一分，猪肪十分，酒拌和，服一百日。百日滿，體髓溢，日誦千言，肌膚潤澤，去熱風痰。《肘後方》：治卒上氣，喘急鳴息便欲絶。人參末服方寸匕，日五六服。《經驗後方》：治大人、小兒不進乳食，和氣去痰。人參四兩，半夏一兩，生薑汁熬一宿，曝乾爲末，麵糊丸，如菉豆大。每服十丸，食後生薑湯吞下。又

方：　治狗咬破傷風。以人參不計多少，桑柴火上燒令煙絕，用盞子合研爲末，摻在瘡上，立效。《勝金方》：　治吐血。以人參一味爲末，雞子清投新汲水調下一錢服之。《靈苑方》：　治咳嗽上氣，喘急，嗽血吐血。人參好者搗爲末，每服三錢匕，雞子清調之。五更初服便睡，去枕仰卧，只一服愈，年深者再服。忌腥、鹹、鮓、醬、麵等，并勿過醉飽，將息佳。

宋・寇宗奭《本草衍義》卷七　人參　今之用者，皆河北榷場博易到，盡是高麗所出，率虛軟味薄，不若潞州上黨者味厚體實，用之有據。土人得一窠，則置於版上，以色絲纏繫，根頗纖長，不與榷場者相類。根下垂有及一尺餘者，或十歧者。其價與銀等，稍爲難得。

宋・徐競《宣和奉使高麗圖經》卷二三　春州者最良，亦有生熟二等。生者色白而虛，入藥則味全，然而涉夏則損蠹，不若經湯釜而熟者可久留。舊傳形匾者，謂麗人以石壓去汁作煎，今詢之非也，乃參之熟者積垛而致爾。

宋・鄭樵《通志》卷七五《昆蟲草木略》　人參　，曰人御，曰鬼蓋，曰神草，曰人微，曰土精，曰血參。如人形者則神，故多得人名。朝鮮之人贊云：三椏五葉，背陽向陰，欲來求我，椵樹相尋。

金・張元素《潔古珍珠囊》〔見元・杜思敬《濟生拔粹》卷五〕　人參甘苦陽中微陰。養血，補胃氣，瀉心火。喘嗽勿用之，短氣用之。與藜蘆相反。

宋・劉明之《圖經本草藥性總論》卷上　人參　味甘，微寒、微溫，無毒。主補五臟，安精神，定魂魄，止驚悸，除邪氣，明目，開心益志。療腸胃中冷，心腹鼓痛，通血脉，破堅積。《藥性論》云：　主五臟氣不足，五勞七傷，虛損痰逆，保中守神。日華子云：　殺金石藥毒，調中治氣，消食開胃，食之無忌。茯苓為之使。惡溲疏、鹵鹹。反藜蘆。一云：　馬藺為之使。消骨中痰，主肺痿吐膿，及癇疾冷氣逆上，傷寒不下食。患人虛而多夢，加用之。

元・王好古《湯液本草》卷四　人參　氣溫，味甘。甘而微苦，微寒，氣味俱輕，陽也。陽中微陰，無毒。《象》云：　治脾肺陽氣不足，及能補肺，氣促、短氣、少氣。補而緩中，瀉脾肺胃中火邪，善治短氣。非升麻為引用，不能補上升之氣，升麻一分、人參三分，為相得也。若補下焦元氣，瀉腎中火邪，茯苓為之使。《心》云：　補氣不足而瀉肺火，甘溫而補陽利氣。脈不足者，是亡血也，人參補之。益脾，與乾薑同用，補氣，裏虛則腹痛，此藥補之，是補不足也。《珍》云：　補胃，喘嗽勿用，短氣用之。《本草》云：　主補五臟，安精神，定魂魄，止驚悸，除邪氣，明目，開心益智。療腸胃中冷，心腹鼓痛，胸脇逆滿，霍亂吐逆，調中，止消渴，通血脈，破堅積，令人不忘。《液》云：　味既甘溫，調中益氣，即補肺之陽、瀉肺之陰也。若便言補肺，而不論陰陽寒熱何氣不足，則誤矣。若肺受寒邪，宜此補之；　肺受火邪，不宜用也。肺為天之地，即手太陰也，為清肅之臟，貴涼而不貴熱，其象可知。若傷熱則宜沙參。沙參味苦、甘，微寒，無毒，主血積驚氣，除寒熱，補中益肺氣，療胃痹心腹痛，結熱邪氣，頭痛，皮間邪熱。安五臟，補中。人參補五臟之陽也，沙參苦，微寒，補五臟之陰也。安得不異。易老云：　用沙參代人參，取其味甘可也。葛洪云：　沙參，主卒得諸疝，小腹及陰中相引，痛如絞，自汗出，欲死。細末，酒調服方寸匕，立瘥。日華子云：　治惡瘡疥癬及身癢，排膿，消腫毒。海藏云：　今易老取沙參代人參，取其甘也。若微苦則補陰，甘者則補陽，雖云補五臟，亦須各用本臟藥相佐使，隨所引而相輔一臟也，不可不知。

元・李雲陽《用藥十八辨》〔見《秘傳痘疹玉髓》卷二〕　人參　補真元，養心肺，功莫大于參也。若痘毒在內，未曾盡暴于外，雖毫釐不可加。若痘連錦罩椒皮鐵葉者，亦不宜用。倘帶灰白，元氣虛損，踰四五日方可投。西參要肚脹，惟清河者為尚。評曰：　梟炎未暴棄人參，須審元虧覓補陰。宜用陳皮為補助，腹無煩悶痘安寧。

元・朱震亨《本草衍義補遺》　人參　入手太陰而能補陰火。與（梨）〔藜〕蘆相反。若服一兩參，入蘆一錢，其一兩參虛費矣。戒之！〇海藏云：　用時須去蘆頭，不去令人吐。蕭炳云：　人參和細辛密封，經年不壞。

元・佚名氏《珍珠囊・諸品藥性主治指掌》〔見《醫要集覽》〕　人參　味甘，氣溫，無毒。升也，陽也。其用有三：　止渴生津液；　和中益元氣；　肺寒則可服，肺熱還傷肺。

元・徐彦純《本草發揮》卷一　人參　味甘，微溫，無毒。主補五臟，安精神，定魂魄，止驚悸。除邪氣，霍亂吐逆，調中，止消渴，通血脈。《藥性》云：　患人虛而多夢，加而用之。成聊攝云：　脾欲緩，急食甘以緩之。人參之甘，以緩脾氣。潔古云：　人參，治脾肺陽氣不足，及肺氣喘促，短氣少氣，補中緩中。瀉脾、肺、胃中火邪。善治短氣少氣，非升麻為引用，不能補上升之氣。升麻一分，人參三分，可為相得。若補下焦元氣，瀉腎中火邪，

茯苓為之使，甘草梢子生用為君。去莖中病，或加苦楝酒煮玄胡索為主尤佳。《主治秘訣》云：性溫，味甘，氣味俱薄，浮而升，陽也。其用有三：補元氣，止渴，生津液也。肺虛者用之，又能補胃。治喘嗽則勿用，短氣則用之。東垣云：人參甘溫，能補肺中之氣，肺氣旺，則四藏之氣皆旺。肺主諸氣故也。仲景以人參為補血者，蓋血不自生，須得生陽氣之藥乃生，陽生則陰長，血乃旺矣。若陰虛，單補血，血無由而生，無陽故也。又云：補氣須用人參。又云：安胃和中。又云：人參補元氣不足，而瀉肺氣。甘溫補陽，利止而脉不足者，是亡血也，人參補之。益脾氣，與乾薑同用補氣，裏虛則腹痛，此藥補之，是補其不足也。又云：人參補氣之藥，如氣短、氣不調及喘者加之。海藏云：味既甘溫，調中益氣，即補肺之陽，瀉肺之陰也。若但言補肺，而不論陰陽寒熱，何氣不足，則誤矣。若肺受寒邪，宜此補之。肺受火邪，不宜用也。肺為天之地，即手太陰也，為清肅之藏，貴涼而不貴熱，則其寒象可知。若其傷熱，則宜沙參。沙參味苦，微寒，無毒。主血積驚氣，除寒熱，補中，益肺氣，治胃痺，心痛結熱邪氣，頭痛，皮間邪熱，安五藏。人參味甘，微溫，補五藏之陽也。沙參味苦，微寒，補五藏之陰也。安得不異？易老取沙參以代人參，取其苦也。苦則補陰，甘則補陽。《本經》雖云補五藏，亦須各用本藏藥相佐使，隨所引而相補一藏，豈可不知？丹溪云：人參，入手太陰經，而能補陰火，甚與其蘆相反。若服參一兩，於內入蘆一錢，則一兩之參，徒虛費矣。戒之！

明·蘭茂撰，清·管暄校補《滇南本草》卷上　陸山多有參光出現。此參蒸造成者，形枝大小不同，堅實明亮。滇中有十三種土人參，味甘，性燥熱，傷人無益。故此不註。

人參味微溫，無毒。君藥也。生山谷中。滇南所產者，肥大潤實。春生苗，多在深山陰處。初生時小者三四寸許，一椏五葉，葉細小，至十年生十數枝，枝上細葉，夜有白光，長至三十年，其根有變人形者，故曰人參。

主補五臟，安神定魄，止驚除邪，明目，開心益智，久服輕身延年。療腹鼓痛，胸脇逆滿，霍亂，調中止渴。治五癆七傷，虛損痰弱，止吐穢，保中守神，消胸中痰，治肺痿及癇症，冷氣上逆，傷食不下食者。陰陽不足，肺氣虛弱。

明·王綸《本草集要》卷二　人參君　味甘，氣溫、微寒。氣味俱輕，陽也。陽中微陰，無毒。茯苓為之使。反藜蘆，惡鹵鹹。生上黨者良。如人形者有神。凡使去蘆頭，和細辛密封固，千年不壞。

主補五臟，安精神，定魂魄，止驚悸，除邪氣，明目，開心益志，調中生津，通血脈。治五勞七傷，虛損肺脾，陽氣不足，短氣少氣，腸胃中冷，心腹鼓痛，胸脇逆滿，霍亂吐逆反胃。久服輕身延年。

補上焦元氣，升麻為引用；補下焦元氣，茯苓為之使。肺受寒邪，及短氣虛喘宜用。肺受火邪喘嗽，及陰虛火動，勞嗽吐血勿用。蓋人參入手太陰而能補火，故肺受火邪者忌之。仲景治亡血脈虛，以此補之者，謂氣虛血弱，故補其氣而血自生。陰生於陽，甘能生血也。治中湯同乾薑用，治腹痛吐逆者，裏虛則痛，補不足也。

明·滕弘《神農本經會通》卷一　人參　君也。茯苓為之使，惡溲疏，反藜蘆，惡鹵鹹，馬藺為之使。生上黨及遼東者良。如人形者有神。凡使去蘆頭，不去者吐人。謹之！和細辛密封，經年不壞。

味甘，氣微寒、微溫，無毒。《湯》云：味甘，氣溫，甘而微苦，微寒。氣味俱輕，陽也，陽中微陽。東云：升也，陽也。止渴，生津液，和中，益元氣。肺寒則可服，肺熱還傷肺。又云：潤肺寧心，開脾助胃。珍云：補諸虛不足，益元氣，壯脾經。排膿止痛，利瘡癤。肺喘，寧嗽者勿用，短氣相應。《疌》云：止渴生津，利痰，明目，開心，通血脉，安魂，補氣，解虛煩。

《本經》云：主補五臟，安精神，定魂魄，止驚悸，除邪氣，明目，開心益智。療腸胃中冷，心腹鼓痛，胸脇逆滿，霍亂吐逆。調中，止消渴，通血脉，破堅積。令人不忘，久服輕身延年。如人形者有神。生上黨及遼東。二四八月上旬採根，竹刀刮，暴乾，無令見風。《藥性論》云：主五臟氣不足，五勞七傷，虛損，痰弱吐逆，不下食，止霍亂煩悶，嘔噦，補五臟六腑，保中守神。又云：消胸中痰，主肺痿吐膿，及癇疾，冷氣逆上，傷寒不下食。患人虛而多夢紛紜，加而用之。日華子云：殺金石藥毒。調中治氣，消食開胃，食之無忌。又云：治惡瘡疥癬及身痒，排膿，消腫毒。仲景治胸痺，心中痞堅，留氣結胸，胸滿，脇下逆氣搶心，治中湯主之。人參、术、乾薑、甘草各三兩，四味水煎服。如臍上築者，為腎氣動，去术加桂；吐多者，去术加生薑；下者，復其术；悸者，加茯苓；渴者，加术；腹痛，加人參；寒者，加乾薑；滿者，去术，加附子。生津，治反胃。《象》云：治脾肺陽氣不足，及能補肺，氣促，短氣，少氣，補而緩中，瀉脾肺胃中火邪。善治短氣，非升麻為引

用，不能補上焦元氣，升麻一分，人參三分，為相得也。若補下焦元氣，瀉中火邪，茯苓為之使。珍云：補胃。喘嗽勿用，短氣用之。肺受寒邪，及短氣虛喘宜用。肺受火邪、喘嗽，及陰虛火動、勞嗽吐血勿用。蓋人參入手太陰，而能補火，故肺受火邪者忌之。仲景治亡血脉虛，以此補之者，謂氣虛火弱，故補其氣，而血自生，陰生於陽，甘能生血也。治中湯同乾薑用，治腹痛吐逆者，裏虛則痛，補不足也。丹溪云：入手太陰，而能補陰火。《心》云：補氣不足，而瀉肺火，甘溫而補陽利氣。脉不足者，是亡血也，人參補之。益脾，與乾薑同用，補氣，裏虛則腹痛，此藥補之，是補不足也。《液》云：味既甘溫，調中益氣，即補肺之陽，泄肺之陰也。若便言補肺，而不論陰陽寒熱何氣不足，則誤矣。若肺受寒邪，宜此補之。肺受火邪，不宜用也。肺為天之地，即手太陰也，為清肅之臟，貴涼而不貴熱，其象可知。若傷熱則宜沙參，沙參味苦、甘，微寒，無毒，主血積驚氣，除寒熱，補中益氣，療胃痺心腹痛，結熱邪氣，頭痛，皮間邪熱，安五臟，補中。人參，補五臟之陽也。沙參苦，微寒，補五臟之陰也。安得不異？易老云：用沙參代人參，取其味甘可也。葛洪云：沙參主卒得諸疝，小腹及陰中相引痛如絞，自汗出，欲死，細末，酒調服方寸匕，立差。海藏云：今易老取沙參代人參，取其甘也。若微苦則補陰，甘者補陽，雖云補五臟，亦須各用本臟相佐使，隨所引而相輔一藏也，不可不知。劍云：人參甘溫能止渴，其生津液又和中。肺寒可服熱尤忌，定魄安魂至有功。《局》云：人參治氣味甘溫，根似人形者有神。治渴補虛安五臟，安魂定魄久輕身。人參，治渴，補虛，安五臟。

明·劉文泰《本草品彙精要》卷七　人參無毒　植生。

人參出《神農本經》：**主補五臟，安精神，定魂魄，止驚悸，除邪氣，明目，開心益智，久服輕身延年。**以上朱字《神農本經》。療腸胃中冷，心腹鼓痛，胸脇逆滿，霍亂吐逆，調中，止消渴，通血脈，破堅積，令人不忘。以上黑字名醫所錄。

【名】人銜、鬼蓋、神草、人微、土精、血參。【苗】《圖經》曰：春生苗，初夏有花，細小如粟，蕊如絲，紫白色。秋後結子，或七八枚，如大豆，生青，熟紅自落。根如人形者有神。其苗初生小者三四寸許，一椏五葉，四五年後生兩椏五葉，未有花莖，至十年後生三椏，年深者生四椏，各五葉。中心生一莖，俗名百尺杵，多生於深山中背陰近椵音賈漆下濕潤處。故贊曰：三椏五葉，背陽向陰，欲來求我，椵樹相尋。蓋椵樹葉大蔭廣故也。陶隱居云：一莖直上，四五葉相對而生，花紫色，根長而黃，狀如防風，多潤實而甘。百濟者，形細而堅白，氣味薄；遼東者，形大而虛軟，不及百濟遠矣。《衍義》曰：今之用者，皆河北榷場博易到，儘是高麗所出，率虛軟味薄，不若潞州上黨者味厚體實爲佳也。《湯液本草》云：味既甘溫，調中益氣，即補肺之陽，泄肺之陰也。若便言補肺，而不論陰陽、寒熱何氣不足，則誤矣。若肺受寒邪，宜此補之。肺受火邪，不宜用也。肺爲天之地，即手太陰也，爲清肅之臟，貴涼而不貴熱，其象可知。若傷熱則宜沙參，然人參補五臟之陽也。沙參苦甘，微寒，補五臟之陰也。用者宜當審之。【地】《圖經》曰：生上黨山谷及閩中、新羅，今河東泰山諸州皆有之。《唐本》注云：潞州、平州、澤州、易州、檀州、箕州、幽州、嬀州、太行山。《藥性論》云：渤海。【道地】遼東、高麗、上黨者佳。【時】生：春生苗。採：八月上旬取根。【收】以竹刀刮淨，暴乾，勿令見風。和細辛密封，經年不壞。【用】根滋潤堅實者爲好。【質】類桔梗而似人形。【色】淡黃。【味】甘。【性】微寒，溫，緩。【氣】氣味俱輕，陽也。陽中微陰。【臭】香。【主】保中守神，生津益氣。【助】茯苓、馬藺爲之使。【反】藜蘆。惡鹵鹽、溲疏。【製】《雷公》云：凡使，要肥大塊如雞腿並似人形者，採得陰乾，去蘆，剉碎用。【治】療：《藥性論》云：吐逆，不下食，止霍亂，煩悶，嘔噦。《湯液本草》云：瀉脾肺胃中火邪。補：《藥性論》云：五臟氣不足，五勞七傷，虛損痰弱。《海藥》云：養臟腑，益氣安神。《湯液本草》云：脾肺陽氣不足，及能補肺，氣促，短氣，少氣，補而緩中。又云：補陽，利氣脈不足者，是亡血也，人參補之。【合治】合馬藺爲之使，消胸中痰，主肺痿吐膿及癇疾，冷氣，傷寒，不下食，患人虛而多夢紛紜。○合白朮、乾薑、甘草各三兩，水煎服，療胸痹，心中痞堅，留氣結胸，胸滿，脇下逆氣搶心。○合麥門冬、五味子，名生脈散。夏月服之以救肺金生化之源。○茯苓爲之使，補下焦元氣，瀉腎中火邪。○人參三分，合升麻一分爲引，用補上升之氣。○合乾薑，治裏虛腹痛，益脾補氣。【禁】肺熱者勿服。【代】易老云：沙參代人參，取其味甘可也。【解】金石毒。【贋】桔梗、薺苨爲僞。

明·葉文齡《醫學統旨》卷八　人參　氣溫，味甘，無毒。浮而升，陽也。茯苓為使，反藜蘆，惡鹵鹹。生上黨者良。如人形者有神。去蘆用。和細辛密封，千年不壞。治五勞七傷，補五臟，安精神，定魂魄，止驚悸，除邪氣；明目開心，益志

調中，生津止渴，霍亂吐逆；　通血脉，定虛喘，肺脾陽氣不足、短氣，腸胃中冷，裏虛心腹鼓痛，胸脇逆滿；　補上焦元氣，升麻引用；　補下焦元氣，茯苓為使。肺熱喘嗽，及陰虛火動，勞嗽吐血者禁用。血虛宜補氣，而血自生，所謂陽旺則能生陰血也。

明・許希周《藥性粗評》卷一　人參補天。沙參附。苦參、玄參另有本條。

人參，一名人微，一名神草，一名土精。以上黨及遼東所出者為上，其次出新羅及河東泰山諸州。稍虛軟味薄，功力少虧。又一種出江淮，名土人參，似桔梗，味雖甘美，功力又其次矣。所產不同，苗葉亦異，茲不盡述。上黨如人形者通神，含之奔四五里，氣息不喘者，真上黨也。遼產亦然。二、四、八月上旬採根，以竹片刮去土，陰乾，無令見風，封時略放細辛在內，經年不蛀。凡用擇去蘆頭，即本苗頭也。茯苓為之使，惡溲疏，反蘆頭及藜蘆。又馬藺花為之使，惡鹵鹹。味甘，性微溫，無毒。入手太陰肺經。主治虛冷，元氣不足，五癆七傷，肺痿寒嗽，霍亂嘔噦，調中止渴，通血脉，破堅積，補五臟，安魂魄，保養精神，壯固榮衛，驅風明目，開心益智，為補元氣之要藥。昔女媧氏煉石補天，仙家以為補元氣是也，故以為譬。觀古人治虛怯，則有養榮湯之製，防虛損則有固本丸之製。瀉心用之，以治心下寒痞。理中用之，以治寒嘔自利。此類可見，常與乾薑、甘草、朮、麥門冬相為輔佐。潔古云：人參瀉脾肺胃火，善治短氣少氣，非升麻為引，不能補上升之氣。若補下焦元氣，瀉腎中火邪，茯苓為之使。生甘草稍為君，去莖中痛。海藏云：人參調中益氣，即補肺之陽，瀉肺之陰也。若肺受寒邪，宜此補之。受火邪，則宜沙參。沙參味苦，微寒，補五臟之陰也。肺受火邪，是陰不足。人參味甘，微溫，補五臟之陽也。肺受寒邪，是陽不足。此用人參者，當知所辯。

單方：　上氣：　凡本患上氣喘急，鳴息欲絶者，人參為細末，湯調下一錢匕，日五六服，效。　開心：　凡欲開心益智，並使肥健，人參末一分，脂肪十分，煮熟酒拌和食之，百日後心知自開，日誦千言，肌膚肥澤，百病俱除。　翻胃無常：　凡患反胃嘔吐無常，粥飲入口即吐，困弱無力垂死者，上黨人參二大兩，拍破，水一大升，煮取四合，乘熱頓服，日再，或用人參湯煮粥，與服之稍稍，自愈。　吐血與咯：　凡患咳嗽吐血咯血，不拘遠年近日，人參好者，搗為細末，每服三錢匕，五更初以雞子清調服，服畢去枕仰睡一時，自愈。年深者不過再服。

明・鄭寧《藥性要略大全》卷二　人參　潤肺寧心，開脾助胃，止渴生津液，和中益元氣。肺寒則可服，肺熱還傷肺。　治脾肺陽氣不足，補肺益氣，療氣促、氣短、氣少，緩中，安精神，定魂魄，止驚悸，扶正氣，除邪氣，明目，開心益志，令人不忘。　《湯液》云：甘，溫。調中益氣是也。若便言補肺，而不論陰陽寒熱、何氣不足，而概用之則悞矣！若肺受寒邪，宜此補之；肺受火邪不宜用也。蓋肺為天，為清肅之臟，貴涼而不貴熱，若肺傷熱，則宜以沙參代之。　氣脉不足是亡血也，人參補之，非升麻為引，不能補上升之氣。若補下焦元氣，瀉胸中火邪，必以茯苓為之使也。　丹溪云：入手太陰經而能補陰火。　味甘，氣平，無毒。《十書》云：溫，微苦，微寒。升也，陽中微陰也。茯苓為之使，反藜蘆，惡鹵鹹。生上黨，如人形，有精神，潤澤，照見通明結實者良。去蘆用。和細辛收貯密封之則不蛀。

明・賀岳《醫經大旨》卷一《本草要略》　人參　味甘，氣溫。但入肺經，助肺氣而通經活血，乃氣中之血藥也。《衍義補遺》所謂入手太陰而能補陰火，正此意耳。生脉散用之而能生脉者，正以其經通血活，則動脉亦生矣。古方解散藥及行表藥中多用此者，亦取其通經而走表也。又云：肺氣寒，則能補元氣，惟其肺寒，則脉濡滯而行遲，假參之力，而經通血活，則元氣發生，亦自是而盛矣。肺熱則還損肺氣，惟其肺熱，則氣血激行，再加通迅，則助其激速，而脾氣不能無耗損矣。所謂通經活血者，信哉。與黃芪同用，則助其補表；與白朮同用，則助其補中；與熟地同用，而佐以白茯苓，則助補下焦而補腎。醫者但泥於作飽而不敢用，蓋不知少服則滋壅，多服則宣通意也。與藜蘆相反，當忌之。又當去蘆，不去蘆令人吐。

明・陳嘉謨《本草蒙筌》卷一　人參　味甘，氣溫、微寒。氣味俱輕，升也，陽也，陽中微陰。無毒。東北境域有，陰濕山谷生。詳載下文。《高麗志》讚云：三椏五葉，初生小者，一椏五葉，年久漸生三椏，葉並生於椏之端也。背陽向陰；欲來求我，椵音假樹相尋。其樹類梧桐，大葉蔽日陰濃，故多生樹底。種類略殊，形色弗一。紫團參紫大稍扁，出潞州紫團山。屬山西。白條參俗呼羊角參。白堅且圓，出邊外百濟國。今臣屬高麗。黃參生遼東、邊戍地名。上黨，古郡名，在冀州西南。黃潤有鬚，梢纖長。高麗參俗呼韃參。近紫體虛，新羅國名參亞黃味薄。並堪主治，須別麁良。獨黃參功効易臻，人啣走氣息自若。《唐本》註云：凡試上黨參，令一人啣之，一人不啣，同走二里許，不啣者必喘，啣者氣息自若。此為異也。肖人形神具，如人形雙手足者，神力具全，最為難得，而人參之名，亦因相類著也。類

雞腿力洪。雷公云：凡使大塊，類雞腿者良。輕匏取春間，因汁升萌芽抽梗；春參無力，雖用一兩，不如秋參一錢。重實採秋後，得汁降結暈成膠。布金井玉闌，人方劑極品。和細辛留久不蛀，每參一斤和細辛一兩，封固磁罐中，永不蛀壞。去蘆梗咀薄纔煎。反藜蘆，惡鹵鹹，畏五靈脂。諸虛兼調，五臟俱補。肥白人任多服，蒼黑人宜少投。丹溪云：肥白氣虛，蒼黑氣實，然考醫案中證虛色蒼黑者，亦每多用。此云其常，猶當應其變也。健脉理中，生津止渴。開心益志，明目輕身。卻驚悸，除夢邪，消胸脇逆滿；養精神，安魂魄，甦心腹鼓疼。腸胃積冷溫平，霍亂吐瀉止息。定喘嗽，通暢血脉，瀉陰火。陰虛生內熱爾。一說：陽氣下陷陰分而生熱也。丹溪言：補陰火者，非補助火邪。正謂虛火可補，龍火反治，補中有瀉意也。今恐讀者不能解悟，認假為真，故直書，與下文相貫，使毋惑云。滋補元陽。潔古云：補上焦元氣，而瀉脾肺胃中火邪，升麻為引；補下焦元氣，而瀉腎中火邪，茯苓為使。東垣曰：人參、黃耆、甘草三味，退虛火聖藥也。丹溪治外感挾內傷證，但氣虛熱甚者，必與黃耆同用，托住正氣。仍恐性緩，不能速達，少加附子，資其健悍之性，以助成功。是知火與元陽，勢不兩立。一勝一負，輒用匡扶。《經》曰邪所湊，正必虛是爾。蘆發吐痰沫善毆，味總甘和緩不峻。虛羸音雷老弱，膈壅煎宜。《衍義》亦云：難服藜蘆，用此可代。

謨按：《集要》註曰：肺受寒邪，短氣少氣，虛喘宜用。肺受火邪，喘嗽及陰虛火動勞嗽、吐血勿用。蓋人參入手太陰而能補火，故肺受火邪者忌之。王氏此言，乃述海藏肺寒用人參，肺熱用沙參。及後好事者，假名東垣，輯成括曰：肺寒則可服，肺熱還傷肺。東垣既云退虛火聖藥，豈復語此，故知後人假名也。踵其遺轍，亦引寒熱。對云：安知寒熱之中，猶有虛實之別也。肺中實熱，忌之固宜。肺中虛熱，用之何害！況丹溪云：虛火可補，參术之類是也。又曰：龍火反治。夫龍火者，乃空中龍雷之火，即虛火也。在人身，雖指下焦相火為云，然而上下同法。肺中虛火，亦相侔焉。此火非水可撲，每當濃陰驟雨之時，火焰愈熾，或擊碎木石，或燒毀房屋，燔灼酷烈之勢，誠不可抗。太陽一照，火自消彌。可見人身虛火，無問上中下三焦之殊。但證有見於外，必非寒涼助水之藥可制，務資此甘溫補陽之劑補足元陽，則火自退爾。補中兼瀉，瀉中有補，正經所謂〔甘〕溫能除大熱是也。矧斯議者，匪特丹溪獨知，如前潔古、東垣俱謂能瀉火者，亦因洞燭此理，輒言之真切，用之的確，如山石而不移焉。王氏弗知參能瀉火之邪，反畏補火為忌。惟引寒熱，不辯實虛，妄著示人，深可哂也。大抵人參補虛，虛寒可補，虛熱亦可補；氣虛宜用，血虛亦宜用。雖陰虛火動、勞嗽吐血、病久元氣虛甚者，但恐不能抵當其補，非謂不可補爾。苟以王氏之言為拘，則前王氏生者，亦何屢用而不忌乎？如張仲景治亡血脉虛，非不知火動也，用此而補，謂氣虛血弱，補氣則血自生，陰生於陽，甘能生血故也。葛可久治癆瘵大吐血後，亦非不知由火載血上也。用此一味煎調，而名命曰獨參湯。蓋以血脫，須先益其氣爾。丹溪治勞嗽火盛之邪，製瓊玉膏，以之為君；或此單熬，亦曰人參膏類。服後肺火反除、嗽病漸愈者，又非虛火可補、龍火反治之驗歟！抑不特此而已，古方書云：諸痛不宜服參耆，此亦指暴病氣實者而言，若久病氣虛而痛，何嘗拘于此耶！東垣治中湯同乾薑用，治腹痛吐逆者，亦謂裏虛則痛，補不足也。是以醫家臨病用藥，貴在察證虛實為先，當減當加，自合矩度。匪但病者不懼夭枉之殃，而在已亦得以免殺人不用刃之咎矣。

明・方穀《本草纂要》卷一 人參 味甘，氣溫，微寒，氣味輕揚，陽中微陰，無毒。入太陰脾經，能健脾養胃；入少陰心經，能寧心定志；復入少陰腎經，能生津液，止煩渴，妙不可及。是故元虛火動，心志不寧，用此以安之，如驚悸、怔忡、健忘、恍惚皆可治也；精神散亂，魂魄飛揚，用此以斂之，如陽亡陰脫皆可回也；元本不足，榮衛空虛，用此以實之，如安胎、補氣皆可用也；又若汗下過多，津液失守用之，可以生津而止渴；脾胃衰弱，飲食減常，或吐或瀉，傷損過多，用之可以和中而健脾。大抵人參之劑，補氣之藥。入太陰肺經，肺火動者，切宜忌之。又不可徒謂肺熱之人而不可服也。吾嘗用法，參芪並用，以之而固實元氣；參术並用，以之而和中健脾；參苓並用，以之而安魂定魄；參麥並用，以之而止渴生津，皆有明驗。後之學者，不可以其峻補之劑，遂棄之而不用，亦不可以其氣得補而愈盛，遂舍之而不爲也。丹溪曰：氣虛不補，何由以行？但用參之法不可過多，而服參之法不可太峻，必須服藥之時，徐徐飲之，此善處乎補瀉者也。治當法之。

明・王文潔《太乙仙製本草藥性大全》卷一《本草精義》 人參 一名人銜，一名鬼蓋，一名神草，一名人微，一名土精，一名血參。出東北境域有陰濕山谷，生三椏五葉，背陽向陰，欲來求我，椵樹相尋，種類略殊，形色弗一。紫團參：葉大稍扁。出潞州紫團山。白條參：白堅且圓。出邊外

百濟國。　黃參：　生遼東、上黨，黃潤有鬚，稍纖長。　高麗參：　近紫體虛。　新羅參：　亞黃，味薄，並堪主治，須別麄良。獨黃參功效易臻，人啣走氣息自若。肖人形神具，類雞腿力洪。輕匏取春間，因汁升萌芽抽梗；重實採秋後，得汁降結暈成膠。布金井玉闌，入方劑極品。和細辛留久不蛀，去蘆梗咀薄纔煎。反藜蘆，惡鹵鹹，畏五靈脂。蘆：　發吐痰沫善毆。味緫甘和緩不峻，虛羸老弱，膈塞煎宜。《衍義》亦云：　難服藜蘆，用此可代。

明・王文潔《太乙仙製本草藥性大全》卷一《仙製藥性》　人參君　味甘，氣溫、微寒，氣味俱輕，升也，陽也，陽中微陰，無毒。茯苓爲之使。《賦》云：　潤肺寧心，開脾助胃，止渴生津液，和中益元氣。肺寒則可服，肺熱傷肺。　主治：　療補五臟，安精神，定魂魄，止驚悸，除邪氣，明目開心，益志調中，生津通血脉。治五勞七傷虛損，肺脾陽氣不足，短氣少氣，腸胃中冷，心腹鼓痛，胸脇逆滿，霍亂吐逆反胃。久服輕身延年。　補註：　補上焦元氣，升麻爲引。用補下焦元氣，茯苓爲之使。肺受寒邪及短氣虛喘宜用，肺受火邪喘嗽及陰虛火動勞嗽、吐血勿用。蓋人參入手太陰而能補火，故肺受火邪者忌之。仲景治吐血、脉虛以此補之者，謂氣虛血弱，故補其氣，而血自生。陰生於陽，甘能生血也。治中湯同乾薑用，治腹痛吐逆者，裏虛則痛，補不足也。　太乙曰：　凡使要肥大，塊如雞腿，并似人形者，採得陰乾，去四邊蘆頭并黑者，剉入藥中。夏中少使，發心痃之患也。

明・皇甫嵩《本草發明》卷二　人參上品之上，君。氣溫，味甘，陽也。微苦，陽中微陰，無毒。參者，參也，補人元氣，有參贊之功。人者，以形肖人者佳。　發明曰：　人參甘溫，益氣，補五臟之陽也。乃陽中之陰，氣中之血藥，入肺，助元氣而通經活血。故《本草》云：　補五臟，通血脉，治勞傷虛損，肺脾陽氣不足者，此也。生脉湯中用之，生脉者，以經通血活，動脉自生。仲景治亡血脉虛，用此補之。蓋補氣而血自生，陰生于陽，甘能生血也。《本草》又云安精神，定魂魄，止驚悸，開心益志，令人不忘，調中明目，何也？　蓋人之精神魂魄，心志津液，皆主于血，血活經通，則津液生，精神安，魂魄定，驚悸止，心志開，目得血而明矣。凡此皆言其能補也。《本草》又云：　療霍亂吐逆，反胃，除邪氣，破堅積，療心腹鼓痛，胸脇逆滿。此又以消導言之，何也？　由能通經，溫裏走表，以除邪氣，故止嘔及行表藥中多用之。　如積聚日久，正氣必虛，此惟養正氣，而血活經通，故堅積自破也。　心腹痛，腸胃虛寒者，以甘溫補之，故治中湯與乾薑同用。治腹痛吐逆者，蓋裏虛而痛，補不足也。古方諸痛不可服參、芪，亦以暴痛氣實者言之也。　又云：　胸脇逆滿，由中氣不足致虛脹者，宜補之而脹自除，所謂塞因塞用也。俗醫泥于作飽不敢用，不知多服則元氣宜通，少服則補力不到，反以滋壅，補之正所以導之，所謂意也。《本草》又療短氣少氣者，審是肺家虛熱，肺氣不足而然，故宜補之。所謂肺寒，則可服者此也。寒字作虛字看。若肺受火邪實熱，用之反助火耗氣，故氣實而喘，與夫陰虛勞極而喘急者，不可用。故云肺熱還傷肺者，此也。熱字兼實字看。與黃芪同用，助補表虛。與白朮同用，脾胃助補。與熟地黃同用，佐以茯苓，助下焦元氣，瀉腎中虛火。升麻引用，補上焦元氣，瀉肺胃中虛火。東垣以參、芪、甘草為退火之聖藥。蓋火與元氣不兩立，補足元陽，火邪自退耳。補中兼瀉，瀉中有補，所謂溫能除大熱是也。茯苓為之使，惡鹵鹹，反藜蘆。生上黨者良。今但用遼參，而不用上黨者，何也？

明・李時珍《本草綱目》卷一二草部・山草類上　人參《本經》上品

【釋名】人蓡音參，或省作蓡。　黃參《吴普》　血參《別錄》　人御《本經》　鬼蓋《本經》　神草《別錄》　土精《別錄》　地精《廣雅》　海腴　皺面還丹《廣雅》。　時珍曰：　人蓡年深浸漸長成者，根如人形，有神，故謂之人蓡、神草。蓡字從𣸮，亦浸漸之義。𣸮即浸字，後世因字文繁，遂以參星之字代之，從簡便爾。然承誤日久，亦不能變矣，惟張仲景《傷寒論》尚作蓡字。《別錄》一名人微，微乃蓡字之訛也。其成有階級，故曰人御。其草背陽向陰，故曰鬼蓋。其在五參，色黃屬土，而補脾胃，生陰血，故有黃參、血參之名。得地之精靈，故有土精、地精之名。《廣五行記》云：　隋文帝時，上黨有人宅後每夜聞人呼聲，求之不得。去宅一里許，見人參枝葉異常，掘之入地五尺，得人蓡，一如人體，四肢畢備，呼聲遂絕。觀此，則土精之名，尤可證也。《禮斗威儀》云：　下有人參，上有紫氣。《春秋運斗樞》云：　摇光星散而爲人參。人君廢山瀆之利，則摇光不明，人參不生。觀此，則神草之名，又可證矣。

【集解】《別録》曰：　人參生上黨山谷及遼東，二月、四月、八月上旬採根，竹刀刮暴乾，無令見風。根如人形者有神。普曰：　或生邯鄲，三月生葉小鋭，枝黑莖有毛，三月、九月採根，根有手足，面目如人者神。弘景曰：　上黨在冀州西南，今來者形長而黃，狀如防風，多潤實而甘。俗乃重百濟者，形細而堅白，氣味薄於上黨者。次用高麗者，高麗即是遼東，形大而虛軟，不及百濟，並不及上黨者。其草一莖直上，四五葉相對生，花紫色。高麗人作《人參贊》云：　三椏五葉，背陽向陰。欲來求我，椵樹相尋。椵音賈，樹似桐，甚大，陰廣則多生，採作甚有法。今近山亦有，但作之不好。恭曰：　人參見用多是高麗、百濟者，潞州太行紫團山所出者，謂之紫團參。保昇曰：　今沁州、遼州、澤州、箕州、平州、易州、檀州、幽州、嬀州、并州並出人參，蓋其山皆與太行連亘相接故也。珣曰：　新羅國所貢者，有手足，狀如人形，長

尺餘，以杉木夾定，紅絲纏飾之。又沙州參，短小不堪用。頌曰：今河東諸州及泰山皆有之，又有河北榷場及閩中來者名新羅人參，俱不及上黨者佳。春生苗，多於深山背陰，近椵漆下濕潤處。初生小者三四寸許，一椏五葉；四五年後生兩椏五葉，未有花莖；至十年後生三椏；年深者生四椏，各五葉。中心生一莖，俗名百尺杵。三月、四月有花，細小如粟，蕊如絲，紫白色。秋後結子，或七八枚，如大豆，生青熟紅，自落。根如人形者神。泰山出者，葉幹青，根白，殊別。江淮間出一種土人參，苗長一二尺，葉如匙而小，與桔梗相似，相對生，生五七節。根亦如桔梗而柔，葉極甘美。秋生紫花，又帶青色。春秋採根，土人或用之。相傳欲試上黨參，但使二人同走，一含人參，一空口，度走三五里許，其不含人參者必大喘，含者氣息自如，其人參乃真也。宗奭曰：上黨者根頗纖長，根下垂，有及一尺餘者，或十歧者，其價與銀等，稍爲難得。土人得一窠，則置板上，以新彩絨飾之。嘉謨曰：紫團參，紫大稍扁。百濟參，白堅且圓，名白條參，俗名羊角參。遼東參，黄潤纖長有鬚，俗名黄參，獨勝。高麗蔘，近紫體虚。新羅參，亞黄味薄。肖人形者神，其類鷄腿者力洪。時珍曰：上黨，今潞州也。民以人參爲地方害，不復採取。今所用者皆是遼參。其高麗、百濟、新羅三國，今皆屬於朝鮮矣。其參猶來中國互市。亦可收子，於十月下種，如種菜法。秋冬採者堅實，春夏採者虚軟，非地産有虚實也。遼參連皮者黄潤色如防風，去皮者堅白如粉，僞者皆以沙參、薺苨、桔梗採根造作亂之。沙參體虚無心而味淡，薺苨體虚無心，桔梗體堅有心而味苦。人參體實有心而味甘，微帶苦，自有餘味，俗名金井玉闌也。其似人形者，謂之孩兒參，尤多贋僞。宋蘇頌《圖經本草》所繪潞州者，三椏五葉，真人參也。其滁州者，乃沙參之苗葉。沁州、兖州者，皆薺苨之苗葉。其所云江淮土人參者，亦薺苨也。並失之詳審。今潞州者尚不可得，則他處者尤不足信矣。近又有薄夫以人參完浸取汁自啜，乃曬乾復售，謂之湯參，全不任用，不可不察。考月池翁諱言聞，字子郁，銜太醫吏目。嘗著《人參傳》上下卷甚詳，不能備録，亦略節要語於下條云耳。

【修治】弘景曰：人參易蛀蚛，唯納新器中密封，可經年不壞。炳曰：人參頻見風日則易蛀。惟用盛過麻油瓦罐，泡净焙乾，入華陰細辛與參相間收之，密封，可留經年。一法：用淋過竈灰曬乾罐收亦可。李言聞曰：人參生時背陽，故不喜見風日，凡生用宜㕮咀，熟用宜隔紙焙之，或醇酒潤透㕮咀焙熟用，並忌鐵器。

根

【氣味】甘，微寒，無毒。《别録》曰：微温。普曰：神農：小寒。桐君、雷公：苦。黄帝、岐伯：甘，無毒。元素曰：性温，味甘、微苦，氣味俱薄，浮而升，陽中之陽也。又曰：陽中微陰。之才曰：茯苓、馬藺爲之使，惡溲疏、鹵鹹，反藜蘆。一云：畏五靈脂，惡皂莢、黑豆，動紫石英。元素曰：人參得升麻引用，補上焦之元氣，瀉肺中之火；得茯苓引用，補下焦之元氣，瀉腎中之火。得麥門冬則生脈，得乾薑則補氣。杲曰：得黄耆、甘草，乃甘温除大熱，瀉陰火，補元氣，又爲瘡家聖藥。震亨曰：人參入手太陰。與藜蘆相反，服參一兩，入藜蘆一錢，其功盡廢也。言聞曰：東垣李氏理脾胃，瀉陰火，交泰丸内用人參、皂莢，是惡而不惡也。古方療月閉四物湯加人參、五靈脂，是畏而不畏也。又療痰在胸膈，以人參、藜蘆同用而取涌越，是激其怒性也。此皆精微妙奥，非達權衡者不能知。

【主治】補五臟，安精神，定魂魄，止驚悸，除邪氣，明目開心益智。久服輕身延年《本經》。療腸胃中冷，心腹鼓痛，胸脇逆滿，霍亂吐逆，調中，止消渴，通血脈，破堅積，令人不忘《别錄》。主五勞七傷，虚損痰弱，止嘔噦，補五臟六腑，保中守神。消胸中痰，治肺痿及癇疾，冷氣逆上，傷寒不下食，凡虚而多夢紛紜者加之甄權。止煩躁，變酸水李珣。消食開胃，調中治氣，殺金石藥毒大明。治肺胃陽氣不足，肺氣虚促，短氣少氣，補中緩中，瀉心肺脾胃中火邪，止渴生津液元素。治男婦一切虚證，發熱自汗，眩運頭痛，反胃吐食，痎瘧，滑瀉久痢，小便頻數淋瀝，勞倦内傷，中風中暑，痿痹，吐血嗽血下血，血淋血崩，胎前産後諸病時珍。

【發明】弘景曰：人參爲藥切要，與甘草同功。杲曰：人參甘温，能補肺中元氣，肺氣旺則四臟之氣皆旺，精自生而形自盛，肺主諸氣故也。張仲景云，病人汗後身熱亡血脈沉遲者，下痢身凉脈微血虚者，並加人參。古人血脱者益氣，蓋血不自生，須得生陽氣之藥乃生，陽生則陰長，血乃旺也。若單用補血藥，血無由而生矣。《素問》言：無陽則陰無以生，無陰則陽無以化。故補氣須用人參，血虚者亦須用之。《本草・十劑》云：補可去弱，人參、羊肉之屬是也。蓋人參補氣，羊肉補形，形氣者，有無之象也。好古曰：潔古老人言，以沙參代人參，取其味甘也。然人參補五臟之陽，沙參補五臟之陰，安得無異？雖云補五臟，亦須各用本臟藥相佐使引之。言聞曰：人參生用氣凉，熟用氣温；味甘補陽，微苦補陰。氣主生物，本乎天；味主成物，本乎地。氣味生成，陰陽之造化也。凉者，高秋清肅之氣，天之陰也，其性降；温者，陽春生發之氣，天之陽也，其性升。甘者，濕土化成之味，地之陽也，其性浮；微苦者，火土相生之味，地之陰也，其性沉。人參氣味俱薄。氣之薄者，生降熟升；味之薄者，生升熟降。如土虚火旺之病，則宜生參，凉薄之氣，以瀉火而補土，是純用其氣；脾虚肺怯之病，則宜熟參，甘温之味，以補土而生金，是純用其味也。東垣以相火乘脾，身熱而煩，氣高而喘，頭痛而渴，脈洪而大者，用黄檗佐人參。孫真人治夏月熱傷元氣，人汗大泄，欲成痿厥，用生脈散，以瀉熱火而救金水。君以人參之甘寒，瀉火而補元氣；臣以麥門冬之苦甘寒，清金而滋水源；佐以五味子之酸温，生腎津而收耗氣。此皆補天元之真氣，非補熱火也。白飛霞云：人參煉膏服，回元氣於無何有之鄉。凡病後氣虚及肺虚嗽者，並宜之。若氣虚有火者，合天門冬膏對服之。

【正誤】斅曰：夏月少使人參，發心痃之患。好古曰：人參甘温，補肺之陽，泄肺之陰。肺受寒邪，宜此補之。肺受火邪，則反傷肺，宜以沙參代之。王綸曰：凡酒色過度，損傷肺腎真陰，陰虚火動，勞嗽吐血咳血等證，勿用之。蓋人參入手太陰能補火，故肺受火邪者

忌之。若誤服參、耆甘溫之劑，則病日增；服之過多，則死不可治。蓋甘溫助氣，氣屬陽，陽旺則陰愈消；惟宜苦甘寒之藥，生血降火。世人不識，往往服參、耆爲補而死者多矣。言聞曰：孫真人云：夏月服生脈散、腎瀝湯三劑，則百病不生。李東垣亦言生脈散、清暑益氣湯，乃三伏瀉火益金之聖藥，而雷斆反謂發心痃之患，非矣。痃乃臍旁積氣，非心病也。人參能養正破堅積，豈有發痃之理。觀張仲景治腹中寒氣上衝，有頭足上下痛不可觸近，嘔不能食者，用大建中湯，可知矣。又海藏王好古言人參補陽泄陰，肺寒宜用，肺熱不宜用。節齋王綸因而和之，謂參、耆能補肺火，陰虛火動失血諸病，多服必死。二家之說皆偏矣。夫人參能補元陽，生陰血，而瀉陰火，東垣李氏之說也明矣。仲景張氏言亡血血虛者，並加人參；又言肺寒者去人參加乾薑，無令氣壅。丹溪朱氏亦言虛火可補，參、耆之屬；實火可瀉，芩、連之屬。二家不察三氏之精微，而謂人參補火，謬哉。夫火與元氣不兩立，元氣勝則邪火退。人參既補元氣而又補邪火，是反復之小人矣，何以與甘草、苓、术謂之四君子耶。雖然，三家之言不可盡廢也。惟其語有滯，故守之者泥而執一，遂視人參如蛇蠍，則不可也。凡人面白面黃青黧悴者，皆脾肺腎氣不足，可用也；面赤面黑者，氣壯神强，不可用也。脈之浮而芤濡虛大遲緩無力，沉而遲澀弱細結代無力者，皆虛而不足，可用也；若弦長緊實滑數有力者，皆火鬱內實，不可用也。潔古謂喘嗽勿用者，痰實氣壅之喘也；若腎虛氣短喘促者，必用也。仲景謂肺寒而咳勿用者，寒束熱邪壅鬱在肺之咳也；若自汗惡寒而咳者，必用也。東垣謂久病鬱熱在肺勿用者，乃火鬱於內宜發不宜補也；若肺虛火旺氣短自汗者，必用也。丹溪言諸痛不可驟用者，乃邪氣方鋭，宜散不宜補也；若裏虛吐利及久病胃弱虛痛喜按者，必用也。節齋謂陰虛火旺勿用者，乃血虛火亢能食，脈弦而數，凉之則傷胃，溫之則傷肺，不受補者也；若自汗氣短肢寒脈虛者，必用也。如此詳審，則人參之可用不可用，思過半矣。機曰：節齋王綸之說，本於海藏王好古，但綸又過於矯激。丹溪言虛火可補，須用參、芪。又云陰虛潮熱，喘嗽吐血，盜汗等證，四物加人參、黃蘗、知母。又云好色之人，肺腎受傷，咳嗽不愈，瓊玉膏主之。又云肺腎虛極者，獨參膏主之。是知陰虛勞瘵之證，未嘗不用人參也。節齋私淑丹溪者也，而乃相反如此。斯言一出，印定後人眼目。凡遇前證，不問病之宜用不宜，輒舉以藉口。致使良工掣肘，惟求免夫病家之怨。病家亦以此說横之胸中，甘受苦寒，雖至上嘔下泄，去死不遠，亦不悟也。古今治勞莫過於葛可久，其獨參湯、保真湯，何嘗廢人參而不用耶？節齋之說，誠未之深思也。楊起曰：人參功載本草，人所共知。近因病者吝財薄醫，醫復算本惜費，不肯用參療病，以致輕者至重，重者至危。然有肺寒、肺熱、中滿、血虛四證，只宜散寒、消熱、消脹、補營，不用人參，其說近是；殊不知各加人參在內，護持元氣，力助群藥，其功更捷。若曰氣無補法，則謬矣。古方治肺寒以溫肺湯，肺熱以清肺湯，中滿以分消湯，血虛以養營湯，皆有人參在焉。所謂邪之所輳，其氣必虛。又曰養正邪自除，陽旺則生陰血，貴在配合得宜爾。庸醫每謂人參不可輕用，誠哉庸也。好生君子，不可輕命薄醫，醫亦不可計利不用。書此奉勉，幸勿曰迂。

〔附方〕舊九，新六十。　**人參膏**：用人參十兩細切，以活水二十盞浸透，入銀石器內，桑柴火緩緩煎取十盞，濾汁，再以水十盞，煎取五盞，與前汁合煎成膏，瓶收，隨病作湯使。丹溪云：多欲之人，腎氣衰憊，咳嗽不止，用生薑、橘皮煎湯化膏服之。浦江鄭兄，五月患痢，又犯房室，忽發昏運，不知人事，手撒目暗，自汗如雨，喉中痰鳴如拽鋸聲，小便遺失，脈大無倫，此陰虧陽絶之證也。予令急煎大料人參膏，仍與灸氣海十八壯，右手能動，再三壯，唇口微動，遂與膏服一盞，半夜後服三盞，眼能動，盡三斤，方能言而索粥，盡五斤而痢止，至十斤而全安，若作風治則誤矣。一人背疽，服內托十宣藥已多，膿出作嘔，發熱，六脈沉數有力，此潰瘍所忌也。遂與大料人參膏，入竹瀝飲之，參盡一十六斤，竹伐百餘竿而安。後經旬餘，值大風拔木，瘡起有膿，中有紅綫一道，過肩胛，抵右肋。予曰：急作參膏，以芎、歸、橘皮作湯，入竹瀝、薑汁飲之。盡三斤而瘡潰，調理乃安。若癰疽潰後，氣血俱虛，嘔逆不食，變證不一者，以參、耆、歸、术等分，煎膏服之，最妙。　**治中湯**：頌曰：張仲景治胸痹，心中痞堅，留氣結胸，胸滿，脇下逆氣搶心，治中湯主之。即理中湯，人參、术、乾薑、甘草各三兩，四味以水八升，煮三升，每服一升，日三服，隨證加減。此方自晋宋以後至唐，名醫治心腹病者，無不用之，或作湯，或蜜丸，或爲散，皆有奇效。胡洽居士治霍亂，謂之溫中湯。陶隱居《百一方》云：霍亂餘藥乃或難求，而治中方、四順湯、厚朴湯不可暫缺，常須預合自隨也。唐石泉公王方慶云：數方不惟霍亂可醫，諸病皆療也。四順湯，用人參、甘草、乾薑、附子炮各二兩，水六升，煎二升半，分四服。　**四君子湯**：治脾胃氣虛，不思飲食，諸病氣虛者，以此爲主。人參一錢，白术二錢，白茯苓一錢，炙甘草五分，薑三片，棗一枚，水二鍾，煎一鍾，食前溫服，隨證加減。《和濟局方》。　**開胃化痰**：不思飲食，不拘大人小兒。人參焙二兩，半夏薑汁浸焙五錢，爲末，飛羅麪作糊，丸緑豆大。食後薑湯下三五十丸，日三服。《聖惠方》。加陳橘皮五錢。《經驗方》。　**胃寒氣滿**：不能傳化，易飢不能食。人參末二錢，生附子末半錢，生薑二錢，水七合，煎二合，鷄子清一枚，打轉空心服之。《聖濟總錄》。　**脾胃虛弱**：不思飲食。生薑半斤取汁，白蜜十兩，人參末四兩，銀鍋煎成膏，每米飲調服一匙。《普濟方》。　**胃虛惡心**：或嘔吐有痰。人參一兩，水二盞，煎一盞，入竹瀝一杯，薑汁三匙，食遠溫服，以知爲度，老人尤宜。《簡便方》。　**胃寒嘔惡**：不能腐熟水穀，食即嘔吐。人參、丁香、藿香各二錢半，橘皮五錢，生薑三片，水二盞，煎一盞，溫服。《拔萃方》。

反胃嘔吐：飲食入口即吐，困弱無力，垂死者。上黨人參三大兩拍破，水一大升，煮取四合，熱服，日再。兼以人參汁，入粟米、鷄子白、薤白，煮粥與啖。李直方司勛，於漢南患此，兩月餘，諸方不瘥。遂與此方，當時便定。後十餘日，遂入京師。絳每與名醫論此藥，難可爲儔也。李絳《兵部手集》。　**食入即吐**：人參半夏湯：用人參一兩，半夏一兩五錢，生薑十片，水一斗，以杓揚二百四十遍，取三升，入白蜜三合，煮一升半，分服。張仲景《金匱方》。　**霍亂嘔惡**：人參二兩，水一盞半，煎汁一盞，入鷄子白一枚，再煎溫服。一加丁香。《衛生家寶方》。　**霍亂煩悶**：人參五錢，桂心半錢，水二盞，煎服。《聖惠方》。

霍亂吐瀉：煩躁不止。人參二兩，橘皮三兩，生薑一兩，水六升，煮三升，分三服。《聖濟總錄》。

妊娠吐水：酸心腹痛，不能飲食。人參、乾薑炮等分，爲末，以生地黄汁和丸梧子大。每服五十丸，米湯下。《和劑局方》。

陽虚氣喘：自汗盜汗，氣短頭運。人參五錢，熟附子一兩，分作四帖。每帖以生薑十片，流水二盞，煎一盞，食遠温服。《濟生方》。

喘急欲絶：上氣鳴息者。人參末，湯服方寸匕，日五六服，效。《肘後方》。

產後發喘：乃血入肺竅，危症也。人參末一兩，蘇木二兩，水二碗，煮汁一碗，調參末服，神效。《聖惠方》。

產後血運：人參一兩，紫蘇半兩，以童尿、酒、水三合，煎服。《醫方摘要》。

產後不語：人參、石菖蒲、石蓮肉等分，每服五錢，水煎服。《婦人良方》。

產後諸虚：發熱自汗。人參、當歸等分，爲末，用猪腰子一個，去膜切小片，以水三升，糯米半合，葱白二莖，煮米熟，取汁一盞，入藥煎至八分，食前温服。《永類方》。

產後秘塞：出血多。以人參、麻子仁、枳殼麩炒爲末，煉蜜丸梧子大。每服五十丸，米飲下。《濟生方》。

横生倒產：人參末、乳香末各一錢，丹砂末五分，研勻，鷄子白一枚，入生薑自然汁三匙，攪勻，冷服，即母子俱安，神效，此施漢卿方也。《婦人良方》。

開心益智：人參末一兩，鍊成獖猪肥肪十兩，以淳酒和勻。每服一杯，日再服。服至百日，耳目聰明，骨髓充盈，肌膚潤澤，日記千言，兼去風熱痰病。《千金方》。

聞雷即昏：一小兒七歲，聞雷即昏倒，不知人事，此氣怯也。以人參、當歸、麥門冬各二兩，五味子五錢，水一斗，煎汁五升，再以水五升，煎滓取汁二升，合煎成膏。每服三匙，白湯化下。服盡一斤，自後聞雷自若矣。楊起《簡便方》。

忽喘悶絶：方見大黄下。

離魂異疾：有人卧則覺身外有身，一樣無别，但不語。蓋人卧則魂歸於肝，此由肝虚邪襲，魂不歸舍，病名曰離魂。用人參、龍齒、赤茯苓各一錢，水一盞，煎半盞，調飛過硃砂末一錢，睡時服。一夜一服，三夜後，真者氣爽，假者即化矣。《夏子益怪證奇疾方》。

怔忡自汗：心氣不足也。人參半兩，當歸半兩，用獖猪腰子二個，以水二碗，煮至一碗半，取腰子細切，人參、歸同煎至八分，空心吃腰子，以汁送下。其滓焙乾爲末，以山藥末作糊丸緑豆大，每服五十丸，食遠棗湯下，不過兩服即愈。此昆山神濟大師方也。一加乳香二錢。王璆《百一選方》。

心下結氣：凡心下硬，按之則無，常覺膨滿，多食則吐，氣引前後，噫呃不除，由思慮過多，氣不以時而行則結滯，謂之結氣。人參一兩，橘皮去白四兩，爲末，煉蜜丸梧子大，每米飲下五六十丸。《聖惠方》。

房後困倦：人參七錢，陳皮一錢，水一盞半，煎八分，食前温服，日再服，千金不傳。《趙永庵方》。

虚勞發熱：愚魯湯：用上黨人參、銀州柴胡各三錢，大棗一枚，生薑三兩，水一鍾半，煎七分，食遠温服，日再服，以愈爲度。《奇效良方》。

肺熱聲啞：人參二兩，訶子一兩，爲末噙咽。《丹溪摘玄》。

肺虚久咳：人參末二兩，鹿角膠炙研一兩。每服三錢，用薄荷、豉湯一盞，葱少許，入銚子煎一二沸，傾入盞内。遇咳時，温呷三五口甚佳。《食療本草》。

止嗽化痰：人參末一兩，明礬二兩，以釅醋二升，熬礬成膏，人參末煉蜜和收。每以豌豆大一丸，放舌下，其嗽即止，痰自消。《簡便方》。

小兒喘咳：發熱自汗吐紅，脈虚無力者。人參、天花粉等分，每服半錢，蜜水調下，以瘥爲度。《經(濟)〔驗〕方》。

喘咳嗽血：咳喘上氣，喘急，嗽血吐血，脈無力者。人參末每服三錢，鷄子清調之，五更初服便睡，去枕仰卧，只一服愈。年深者，再服。咯血者，服盡一兩甚好。一方以烏鷄子水磨千遍，自然化作水，調藥尤妙。忌醋鹹腥醬麪鮓醉飽。將息乃佳。沈存中《靈苑方》。

咳嗽吐血：人參、黄耆、飛羅麪各一兩，百合五錢，爲末，水丸梧子大。每服五十丸，食前茅根湯下。《朱氏集驗方》用人參、乳香、辰砂等分，爲末，烏梅肉和丸彈子大。每白湯化下一丸，日一服。

虚勞吐血：甚者，先以十灰散止之，其人必困倦，法當補陽生陰，獨參湯主之。好人參一兩，肥棗五枚，水二鍾，煎一鍾服，熟睡一覺，即減五六，繼服調理藥。葛可久《十藥神書》。

吐血下血：因七情所感，酒色内傷，氣血妄行，口鼻俱出，心肺脈破，血如涌泉，須臾不救。用人參焙，側柏葉蒸焙，荆芥穗燒存性，各五錢，爲末。用二錢入飛羅麪二錢，以新汲水調如稀糊，服少頃，再啜一服，立止。華陀《中藏經》。

衄血不止：人參、柳枝，寒食採者，等分，爲末。每服一錢，東流水服，日三服。無柳枝，用蓮子心。《聖濟總録》。

齒縫出血：人參、赤茯苓、麥門冬各二錢，水一鍾，煎七分，食前温服，日再。蘇東坡得此，自謂神奇。後生小子多患此病，予累試之，累如所言。《談野翁試效方》。

陰虚尿血：人參焙，黄耆鹽水炙，等分，爲末。用紅皮大蘿蔔一枚，切作四片，以蜜二兩，將蘿蔔逐片蘸炙令乾，再炙，勿令焦，以蜜盡爲度。每用一片，蘸藥食之，仍以鹽湯送下，以瘥爲度。《三因方》。

沙淋石淋：方同上。

消渴引飲：人參爲末，鷄子清調服一錢，日三四服。《集驗》用人參、栝樓根等分，生研爲末，煉蜜丸梧子大。每服百丸，食前麥門冬湯下。日二服，以愈爲度，名玉壺丸。忌酒麪炙煿。《鄭氏家傳消渴方》：人參一兩，粉草二兩，以雄猪膽汁浸炙，腦子半錢，爲末，蜜丸芡子大。每嚼一丸，冷水下。《聖濟總録》用人參一兩，葛粉二兩，爲末。發時以燖猪湯一升，入藥三錢，蜜二兩，慢火熬至三合，狀如黑餳，以瓶收之，每夜以一匙含咽，不過三服取效也。

虚瘧寒熱：人參二錢二分，雄黄五錢，爲末，端午日用粽尖搗丸梧子大。發日侵晨，井華水吞下七丸，發前再服，忌諸般熱物，立效。一方：加神麴等分。《丹溪纂要》。

冷痢厥逆：六脈沉細。人參、大附子各一兩半。每服半兩，生薑十片，丁香十五粒，粳米一撮，水二盞，煎七分，空心温服。《經驗方》。

下痢禁口：人參、蓮肉各三錢，以井華水二盞，煎一盞，細細呷之。或加薑汁炒黄連三錢。《經驗良(選)方》。

老人虚痢：不止，不能飲食。上黨人參一兩，鹿角去皮炒研五錢，爲末。每服方寸匕，米湯調下，日三服。《十便良方》。

傷寒壞證：凡傷寒時疫，不問陰陽，老幼妊婦，誤服藥餌，困重垂死，脈沉伏，不省人事，七日以後，皆可服之，百不失一，此名奪命

散，又名復脈湯。人參一兩，水二鍾，緊火煎一鍾，以井水浸冷服之，少頃鼻梁有汗出，脈復立瘥。蘇韜光侍郎云：用此救數十人。予作清流宰，縣倅申屠行輔之子婦患時疫三十餘日，已成壞病，令服此藥而安。王璆《百一選方》。　傷寒厥逆：身有微熱，煩躁，六脈沉細微弱，此陰極發躁也。無憂散：用人參半兩，水一鍾，煎七分，調牛膽南星末二錢，熱服立甦。《三因方》。　夾陰傷寒：先因欲事，後感寒邪，陽衰陰盛，六脈沉伏，小腹絞痛，四肢逆冷，嘔吐清水，不假此藥，無以回陽。人參、乾薑炮各一兩，生附子一枚，破作八片，水四升半，煎一升，頓服，脈出身溫即愈。吴綬《傷寒蘊要》。　筋骨風痛：人參四兩，酒浸三日，曬乾，土茯苓一斤，山慈姑一兩，爲末，煉蜜丸梧子大。每服一百丸，食前米湯下。《經驗方》。　小兒風癇：瘛瘲。用人參、蛤粉、辰砂等分，爲末，以猳猪心血和丸綠豆大。每服五十丸，金銀湯下，一日二服，大有神效。《衛生寶鑑》。　脾虛慢驚：黄耆湯，見黄耆發明下。　痘疹險證：保元湯，見黄耆發明下。　驚後瞳斜：小兒驚後瞳人不正者。人參、阿膠、糯米炒成珠，各一錢，水一盞，煎七分，溫服，日再服，愈乃止，效。《直指方》。　小兒脾風：多困。人參、冬瓜仁各半兩，南星一兩，漿水煮過，爲末。每用一錢，水半盞，煎三分，溫服。《本事方》。　酒毒目盲：一人形實，好飲熱酒，忽病目盲而脈澀，此熱酒所傷，胃氣污濁，血死其中而然。以蘇木煎湯，調人參末一錢服，次日鼻及兩掌皆紫黑，此滯血行矣。再以四物湯，加蘇木、桃仁、紅花、陳皮，調人參末服，數日而愈。《丹溪纂要》。　酒毒生疽：一婦嗜酒，胸生一疽，脈緊而澀。用酒炒人參，酒炒大黄，等分爲末，薑湯服一錢，得睡汗出而愈，效。《丹溪醫案》。　狗咬風傷：腫痛。人參置桑柴炭上燒存性，以碗覆定少頃，爲末，摻之立瘥。《經驗方》。　蜈蚣咬傷：嚼人參塗之。《醫學集成》。　蜂蠆螫傷：人參末傅之。《證治要訣》。　脇破腸出：急以油抹入，煎人參、枸杞汁淋之，內吃羊腎粥，十日愈。《危氏得效方》。　氣奔怪疾：方見虎杖。

蘆【氣味】苦，溫，無毒。【主治】吐虛勞痰飲時珍。【發明】吴綬曰：人弱者，以人參蘆代瓜蒂。震亨曰：人參入手太陰，補陽中之陰，蘆則反能瀉太陰之陽。亦如麻黄，苗能發汗，根則止汗。穀屬金而糠之性熱，麥屬陽而麩之性凉。先儒謂物物具一太極，學者可不觸類而長之乎。一女子性躁味厚，暑月因怒而病呃，每作則舉身跳動，昏冒不知人。其形氣俱實，乃痰因怒鬱，氣不得降，非吐不可。遂以人參蘆半兩，逆流水一盞半，煎一大碗飲之，大吐頑痰數碗，大汗昏睡一日而安。又一人作勞發瘧，服瘧藥變爲熱病，舌短痰嗽，六脈洪數而滑，此痰蓄胸中，非吐不愈。以參蘆湯加竹瀝二服，涌出膠痰三塊，次與人參、黄耆、當歸煎服，半月乃安。

題明·薛己《本草約言》卷一《藥性本草》　人參　味甘、微苦，氣溫、微寒，無毒。陽中微陰，可升可降。生津液而止渴，益元氣而和中。運用之性頗緩，補益之性尤充。但虛火可禦，而實火難用。以其甘能生血，故有通脈之功。人以形言，參者，糸也。補人元氣，有糸贊之功。○人參和細辛可久留不蛀。人參但入肺經，助肺氣而通經活血，乃氣中之血藥也。《補遺》所謂入手太陰，而能補陰火者，正此意。生脉散用之，亦以其通經活血，則動脉自生。古方解散藥及行表藥中多用此者，亦取其通經而走表也。其云肺寒用之者，蓋以肺寒則血脉濡滯而行遲，假參之力，而通經血活，則元氣發生而充長矣。肺熱傷肺者，蓋其肺熱，則氣血激行，再加通迅，則助其激速，而肺氣不能無耗損矣。又補上焦元氣，須升麻為引用。與黄芪同用，則助其補表。與白术同用，則助其補中。與熟地同用，而佐以白茯苓，則助補下焦而益腎。醫者但泥於作飽而不敢用，蓋不知少服，則滋壅不行，多則反宣通而不滯矣。然與藜蘆相反。又當去蘆用，不去令人吐。　又云：肺熱宜沙參。蓋沙參味苦微寒，能補五臟之陰，而人參則補五臟之陽故也。　按：《集要》註云：肺受寒邪及短氣虛喘宜用。肺受火邪喘嗽及陰虛火動，勞嗽吐血勿用。蓋人參入手太陰而能補火，故肺受火邪者忌之。此說固是，然安知寒熱之中猶有虛實之別也。肺中實熱忌之固宜，肺中虛熱用亦何害。況東垣有言：人參、黄芪、甘草三味，退虛火之聖藥也。丹溪亦云虛火可補，參、术之類是也。以此觀之，若退虛火，豈寒涼助水之藥可制，必資甘溫補陽之劑，補足元陽，則火自退耳。正《經》所謂溫能除大熱是也。大抵人參補虛，虛寒可補，虛熱亦可補。氣虛宜用，血虛亦宜用。但恐陰虛火動，勞嗽吐血，病久虛甚者，不能抵其補耳，非謂不可補也。如仲景治亡血脉虛，非不知動火也，用此以補之，謂氣虛血弱，補氣則血自生，陰生於陽，甘能生血故也。葛可久治勞瘵，大吐血後，亦非不知由火載血上也，用此一味煎服，名曰獨參湯，蓋以血脫，須先益其氣耳。丹溪治勞嗽火盛之邪，製瓊玉膏以為之君，或此單熬，亦曰人參膏，類服後肺火反除，嗽病漸愈者，又非虛火可補之明驗耶？不特此也。古方書云，諸痛不宜服參、芪。此亦指暴病氣實者而言。若久病氣虛而痛，何常拘此？東垣治中湯，同乾薑用，治腹痛吐逆者，亦謂裏虛則痛，補不足也。東垣以參、芪、甘草為退火聖藥。蓋火與元氣不兩立，補足元陽，虛火自退耳。○忌五靈脂。

明·梅得春《藥性會元》卷上　人參　味甘，氣溫。浮而升，陽也。無毒。反藜蘆，惡鹵鹹。茯苓為使。若服人參壹兩，入蘆壹錢，其參為虛費矣，戒之。同細辛收，經年不壞。　主治：止渴，生津液，和中，益元氣。肺冷

則可服，肺熱還傷肺。潤肺寧心，開脾助胃，補五臟之陽，安神定魂魄，止驚悸，除邪氣，明目，開心益智；療腸胃中冷，心腹鼓痛，胸脇逆滿，霍亂吐逆，通血脉，定虛喘，補陽氣不足，氣短促。補上焦元氣，則用升麻引之；補下焦元氣，茯苓為使。血虛宜補氣而血自生，所謂陽旺則陰血自生。入手太陰肺經，而能補足陽明胃經之陰火。如用人參，必與陳皮同服，以利其氣。味甘溫而瀉火，補中益氣，上喘氣短，損其元氣，以此補之。蒼黑人服之，恐反助火邪而爍真陰，可用黃芪、白术代之；若肥白人服之，妙。如服參多而氣悶作喘者，急煎枳殼以解之。其肺熱喘嗽，勞嗽吐血，俱禁用。生上黨及遼東者良。如人形有神。去蘆和細辛收，經年不壞。凡使要大塊肥澤者佳。得五味子、麥門冬，能瀉火益肺。參蘆：大瀉太陰之陽。如人暴怒，則肝主怒，肺主氣，怒則氣逆，肝木乘火侮肺，致成痰鬱，故咳逆等症，可用參蘆吐之。余在都中，每見醫以人參浪用，不審可否，惟概補之，往往斃傷不可勝計，同志者慎之。製法：細切，用層紙包，童便微浸，蒸，晒乾用。

明·杜文燮《藥鑒》卷二　人參　氣溫，味甘。氣味俱輕，陽也。亦有微陰，故溫中微寒，甘中微苦。入手太陰而瀉肺火也。還須配茯神，佐棗仁為良。治脾肺，壯元陽，補而緩中，氣短氣促氣少者俱用。更瀉脾肺胃中火邪。氣不足而亡血者，須參補之。裏虛而腹痛者，亦參補之。且通經活血，乃氣中之血藥也。生脉散中用之，正以經通血活，則脈生矣。古人用之於解散藥及發表藥者，取其通經走表也。又曰：肺寒方可服者，何也？蓋肺惟寒，則脉濡滯而行遲，假參之力而通經活血，則元氣遂生發矣。肺熱又傷肺者，何也？蓋肺惟熱，則氣血激行，再加通迅，則助激速，而肺氣遂耗散矣。與蜜炙黃芪同用，則助其補表。與土炒白术同用，則助其補中。用升麻為使，而佐以柴胡，則能引之上升而補上。用熟地為使，而佐以白茯，則能引之補脾胃及腎中之虛寒。多用麥冬，大能止渴生津。加以山查，極會去滯消積。手經有疾，桂枝為使。足經有疾，附子為使。大哉！參之功乎！其補中益氣之要藥乎！其和中溫元之聖德乎！氣藥用之以補氣固矣，然血藥用之，亦能補血者，何也？蓋血附氣而行，氣行則血行，此其理也。苟不少加參以引導之，則血且滯矣。雖有諸補血之藥，竟何用哉？況血陰也，氣陽也，獨陰不成，必借陽氣一噓，而後陰賴之以受成，此陽昌陰和之妙用，顧學者自悟何如耳。《經》曰：一陰一陽之謂道。旨哉，斯言也。痘家灰白虛寒之症，的宜重用。若紅紫實熱者，乃肺熱痰盛，不可輕犯。反藜蘆，畏靈脂。

明·王肯堂《傷寒證治準繩》卷八　人參　氣溫，味甘、微苦。氣味俱薄，浮而升，陽也，陽中微陰。無毒。垣：人參甘溫，能補肺中元氣，肺氣旺，則四藏之氣皆旺，精自生，而形自盛。肺主諸氣故也。張仲景云：病人汗後身熱亡血，脉沉遲者，下利身涼，脉微，血虛者，並加人參。古人血脫者益氣，蓋血不自生，須得生陽氣之藥乃生，陽生則陰長，血乃旺也。若單用補血藥，血無由而生矣。《素問》言：無陽則陰無以生，無陰則陽無以化。故補氣須用人參，血虛者亦須用之。《本草·十劑》云：補可去弱，人參、羊肉之屬是也。蓋人參補氣，羊肉補形，形與氣者，有無之象也。李：人參生用氣寒，熟用氣溫；味甘補陽，微苦補陰。氣主生物，本乎天；味主成物，本乎地。氣味生成，陰陽之造化也。涼者，高秋清肅之氣，天之陰也，其性降。溫者，陽春生發之氣，天之陽也，其性升。甘者，濕土化成之味，地之陽也，其性浮。微苦者，火土相生之味，地之陰也，其性沉。人參氣味俱薄，氣之薄者，生降熟升。味之薄者，生升熟降。如土虛火旺之病，則宜生參，涼薄之氣以瀉火而補土，是純用其氣也。脾虛肺怯之病，則宜熟參，甘溫之味以補土而生金，是純用其味也。東垣以相火乘脾，身熱而煩，氣高而喘，頭痛而渴，脉洪而大者，用黃蘗佐人參。孫真人治夏月熱傷元氣，人汗大泄，欲成痿厥，用生脉散以瀉熱火而救金水，君以人參之甘寒瀉火，而補元氣，臣以麥門冬之苦甘寒，清金而滋水源，佐以五味子之酸溫，生腎津而收耗氣，此皆補天元之真氣，非補熱火也。余每治傷寒溫熱等證，為庸醫妄汗誤下，已成壞病，死在旦夕者，以人參一二兩，用童子小便煎之，水浸冰冷飲之，立起。去蘆，鍘細用。

明·王肯堂《肯堂醫論》卷中　論人參　人參君，氣溫味甘，甘而微苦。氣味俱輕，陽也，陽中微陰。無毒。白茯苓、馬藺為之使，反藜蘆、惡溲（便）〔疏〕、鹵鹹。出上黨、遼東者佳。其根狀如防風而潤實，春生苗，多於深山中背陰近鏄隙下濕潤處。初生者三四寸，一椏五葉。四五年後，生三椏。年深者，生四椏五葉。中心生一莖，俗名百尺杵。三月四月有花，細小如粟，蕊如絲，紫白色。秋結子或七八枚，如大豆，生青熟黃，又紅。自二月、四月、八月上旬採根，李言聞考人參生於陰濕樹林之中，著《人參考》，言之詳且晰矣。竹刀刮去土，暴乾，無令見風。如人形者神。又雷公云：大塊類雞腿者

良。而今人又以瑩、堅、潤為上，有金井玉闌之號。

炮製：凡用，勿取高麗及色枯體虛者。採得去蘆用，如不去，能吐人。又丹溪云：若服人參一兩，入蘆一錢，則一兩之參徒費矣。戒之。

主治：《本經》云：味甘微寒。寒字誤。主補五臟，安精神，定魂魄，止驚悸，除邪氣，明目，開心益智，久服輕身延年。一名金銜，一名鬼蓋。按：五臟之正氣不足，而亂氣乘之，則心神為之不寧，故令虛勞之人夢寐不安，神不守舍。人參所以安精神、定魂魄、止驚悸，以其能補五臟之正氣也，正氣復則邪氣除矣。而時師類於補氣之外，另求所謂清鎮之藥者，謬矣。療腸胃中冷，心腹鼓痛，胸脇逆滿，霍亂吐逆，調中，消渴，通血脈，消胸中痰，破堅積。治肺氣不足咳嗽，止煩躁，變酸水，殺金石藥毒，令人不忘。患虛而多夢，俱用之。

潔古云：治脾、肺陽氣不足，及肺氣喘促，短氣少氣，補中暖中，瀉脾肺胃中火邪。然非升藥引用，不能補上升之氣。升麻一分、人參三分為相得也。若補下焦元氣，瀉腎中火邪，茯苓為之使。又云：補虛用之，又能補胃，治咳嗽則勿用，短氣則用之。東垣云：人參甘溫，能補肺中之氣。肺氣旺則四臟之氣皆旺，肺主諸氣故也。仲景以人參為補血者，蓋血不自生，須得生陽氣之藥乃生，陽生則陰長，血乃旺矣。若陰虛單補血，血無由而生，無陽故也。又云：治中湯同乾薑用，治腹痛吐逆者，裏虛則腹痛，此藥補之，是補其不足。又云：補氣用人參，如氣短，氣不調及喘者加之。

海藏云：人參味甘溫，調中益氣，即補肺之陽，瀉肺之陰也。若但言補肺，而不論陰陽，而寒熱何氣不足，誤矣。若肺受寒邪，宜此補之；肺受火邪，不宜用也。肺為天之氣，即手太陰也，為清潤之臟，貴涼而不貴熱，則其為寒象可知。若其傷熱，則沙參。沙參味苦，微寒，無毒，主血積精氣，除寒熱，補中，益肺氣。治胃痹心痛結熱，邪氣頭痛，皮間邪熱，安五臟。人參味甘，微溫，補五臟之陽也；沙參味苦，微寒，補五臟之陰也，安得不異。易老取沙參代人參，取其苦也。苦則補陰，甘則補陽。《本經》雖云補五臟，亦須各用本臟藥相佐使，隨所引而補一臟也，不可不知。

〔清顧金壽評點：〕近世用人參者，往往反有殺人之害。富貴之家，以此為補元氣之妙藥，其身慾壑太過，藉參補養，每見危殆者，乃不明當用不當用之過也，況雜入溫補劑中，則尤謬矣。世人僅知用參之補，而不知行氣，徒形壅塞，不能流通矣。余用參一錢，必加陳皮一分，取效敏捷，參看《治驗錄》，即知其用法。

按：《主治要訣》謂人參之用有三：補氣也，止渴也，生津也。補氣不必言，何為生津而止渴？蓋脾氣輸於肺，肺氣下降，津液乃生，猶蒸物然。熱氣熏蒸，旋即成液，故氣不足則渴，補其氣則津生而渴自止矣。能消痰、變酸水者，脾氣不足，不能運化精微，故蓄而為飲，以人參補之，治其本也。療腸中冷者，氣為陽，陽虛則內寒，而人參補氣也。止腹痛者，補裏虛之效也。破堅積者，養正氣，積自除也。止燥煩，治夢紛紜者，《本經》安精神、定魂魄之功也。又人參助肺氣，何謂能治喘嗽？人參實元氣，何謂能治逆滿？此蓋為因虛而致者。言正氣奪而用之，則為補虛；邪氣盛而用之，則為實實，要在精審而已。故潔古又云喘嗽勿用，戒實實也。余治一人喘嗽，服瀉肺藥，益甚。投以人參，一服而止，非謂喘嗽概不可用人參也。胸脇逆滿，反胃吐逆，邪氣方盛，固不可用人參。然傷寒、雜病下後亡陰，胸中之氣因虛下陷於心之分野，而致心下痞者，用導氣之藥，則痞益甚，須用人參補之。故仲景治胸痹，以人參湯主之，若實者，則宜枳實薤白桂枝湯也。胃虛穀氣不行，胸中閉塞而嘔者，用辛藥瀉之，則嘔益甚，惟宜益胃，揚穀氣而已。故胃反嘔吐，小半夏湯不愈者，服大半夏湯與人參立愈。此仲景要訣也。今人不察病之虛實，不諳藥之補瀉，一遇喘滿嘔逆之症，便謂有餘，雜以破氣之藥投之，妄言氣無補法，遂視人參若堇鴆然，而病人亦遂束手待斃而無憾，可勝嘆哉！三復經文，不覺覼縷。

明·謝肇淛《五雜俎》卷一一 草木之藥，可以延年續命者多矣，而世獨貴人參，以其出自殊方，它處稀得，蓋亦家雞野鵠之喻也。人參出遼東、上黨者最佳，頭面手足皆具，清河次之，高麗、新羅又次之。嘗有贊曰：三椏五葉，背陽向陰。故唐韓翃詩曰應是人參五葉齊是也。今生者不可得見，其入中國者，皆繩縛蒸而夾之，故上有夾痕及麻線痕也。新羅參雖大，皆用數片合而成之，其功力反不及小者。擇參惟取透明如肉，及近蘆有橫紋者，則不患其偽矣。

參在本地，價甚不高，中國人轉市之，度山海諸關納稅，而上之人求索無窮，近加以內監高淮每一檄取，動以數百斤計。故數年以來，佳者絕不至京師，其中上者亦幾與白鑞同價矣。王荊公有言：平生無紫團參，亦活到今

日。今深山荒谷之民，茹草食藿，不知藥物為何事，而強壯壽考，不聞疾病；惟富貴膏粱之家子弟婦人，起居無節，食息不調，而輒恃參朮之功，遠求貴售，若不可須臾離者，卒之病殤夭折，相繼不絶，亦何益之有哉？

明・李中立《本草原始》卷一　人參　生上黨山谷及遼東。其根形狀如防風而潤實。春生苗，多于深山中背陰近椵漆下濕潤處。初生小者三四寸許，一椏五葉，四五年後生兩椏五葉，未有花莖。至十年後生三椏，年深者生四椏，各五葉，中心生一莖，俗名百尺杵。三月、四月有花，細小如粟，蕊如絲，紫白色；秋後結子，或七八枚，如大豆，生青熟紅，自落。根如人形者神，乃年深浸漸長成者，故《說文》曰人蓡。蓡字從浸，亦浸漸之義。浸即浸字，後世因字文繁，遂以參之字代之，從簡便爾。然承誤日久，亦不能變矣，惟仲景《傷寒論》尚作蓡字，其成有階級，故《本經》名人銜。其草背陽向陰，故《本經》名鬼蓋。其在五參，色黄屬土，而補脾胃，生陰血，故《吳普》名黄參。《別錄》名血參。得地之精靈，故《別錄》名土精。《廣雅》名地精。《廣五行記》云：隋文帝時，上黨有人宅後每夜聞人呼聲，求之不得，去宅一里許，見人參枝葉異常，掘之，入地五尺，得人蓡一如人體，四肢畢備，呼聲遂絶。觀此則土精、地精之名尤可證也。《醫學入門》解參字曰參，糸也。久服補元氣，有糸贊之功，故名參。　氣味：甘，微寒，無毒。主治：補五臟，安精神，定魂魄，止驚悸，除邪氣。明目，開心益智。久服輕身延年。○療腸胃中冷，心腹鼓痛，胸脅逆滿，霍亂吐逆，調中，止消渴，通血脉，破堅積，令人不忘。○主五勞七傷，虛損痰弱，止嘔噦，補五臟六腑，保中守神，消胸中痰，治肺痿及癇疾，冷氣逆上，傷寒不下食，凡虛而多夢紛紜者加之。○止煩躁，變酸水。○消食開胃，調中治氣，殺金石藥毒。○治肺胃陽氣不足，肺氣虛促，短氣少氣，補中緩中，瀉心肺脾胃中火邪，止渴生津液。○治男婦一切虛證，發熱自汗，眩運頭痛，反胃吐食，痎瘧，滑瀉久痢，小便頻數淋瀝，中風中暑，痿痹，吐血、嗽血、下血、血淋、血崩，胎前產後諸病。

人參，《本經》上品。【圖略】范蠡曰：狀類人者善。珣曰：出新羅國，所貢有手脚，狀如人形神，力全，價勝金。或曰生邯鄲者，根有頭足手面目如人；或曰生上黨者，人形皆具。《本經》云如人形者有神。遼東、上黨者，形狀如東防風而潤實，布金井玉闌，色黄有鬚，稍纖長，嚼之甘苦，此品最佳。高麗國作《人參讚》曰：三椏五葉，背陽向陰。欲來求我，椵樹相尋。椵樹似桐，甚大，陰廣，故人參多生于下。三月、九月采根。生人參，形類蔓菁、桔梗，故世以桔梗造參欺人，形像亦相似，亦有金井玉闌，但皮無横紋，味亦淡薄，不同耳。市人參者，皆繩縛杆上蒸過，故參有繩痕。買者若不識真僞，惟要透明似肉，近蘆有横紋者，則假參自不得紊之。凡用宜擇秋參，勿用春參。《本草蒙筌》曰：春參輕匏，因汁升，萌芽抽梗；秋參重實，得汁降，結暈成膠。人參近頭紋多，近尾紋少。此參晒〔曬〕蒸造成者，形塊大小不等，堅實明亮為上。上黨參色黄，堅實有肉色；高麗參色雖黄，輕虛，内多有白色者；紫團參紫大，稍扁；百濟參白堅且圓，名〔曰〕白條參；新羅參亞黄，味薄；清河參塊小色白，堅實明亮。諸參並堪主治，獨上黨黄參功效易臻。至于竹節參、條參、蘆參、參鬚，不堪入藥。《唐本》註云：欲試上黨人參者，當使二人同走，一與人參含之，一不含，度走三五里許，其不含者必大喘，含者氣息自如，其參乃真也。

修治：人參易蛀，惟用盛過麻油瓦罐，洗淨，焙乾，入華陰細辛，與參相間收之，密封，可留經年。人參生時背陽，頻見風日，易蛀。凡生用宜㕮咀，熟用宜隔紙焙之，並忌鐵器。

人參：性溫，味甘、微苦，氣味俱薄，浮而升陽也，陽中微陰。入手太陰。

人參：茯苓、馬藺為之使，惡溲疏、鹵鹹，反藜蘆，畏五靈脂，惡皂莢、黑豆，動紫石英。《聖惠方》：治產後發喘，乃血入肺竅，危症也。人參末一兩，蘇木二兩，水二盌，煮汁一盌，調參末服，神效。　人參：君。

明・張懋辰《本草便》卷一　人參君　味甘，氣溫、微寒。氣味俱輕，陽也，陽中微陰。無毒。反藜蘆，惡鹵鹹，凡使去蘆頭。　主補五臟，安精神，定魂魄陰邪氣，明目，開心益志，調中生津，通血脉，治五勞七傷虛損，肺脾陽氣不足，短氣少氣，腸胃中冷，心腹鼓痛，胸脅逆滿，霍亂吐逆，反胃。久服輕身延年。

補上焦元氣，升麻爲引；（用）補下焦元氣，茯苓爲使。肺受寒邪及短氣虛喘宜用，肺受火邪喘嗽，及陰虛火動勞嗽吐血勿用。蓋人參入手太陰，而能補火，故肺受火邪者忌之。仲景治亡血脉虛以此補之者，謂氣虛血弱，故補其氣而血自生，陰生於陽，甘能生血也。

明・李中梓《藥性解》卷二　人參　味甘，性微溫，無毒，入肺經，補氣活血，止渴生津，肺寒可服，肺熱傷肺，去蘆用，茯苓為使，惡鹵鹹及藜蘆。按：參之用，臟腑均補，何功之宏也。蓋人生以氣為樞，而肺主氣，《經》所

謂相傳之官，治節出焉。參能補氣，故宜入肺，肺得其補，則治節咸宜，氣行而血因以活矣。古方用以解散，亦血行風自滅之意也。至於津液，藏於膀胱，實上連於肺，故有生津液之功。肺寒者氣虚血滯，故曰可服。肺熱者火炎氣逆，血脉激行，參主上升，且能濇血，故肺受傷也。性本疏通，人多泥其作飽，不知少服則壅，多則反宣通矣。

明·繆希雍《本草經疏》卷六　人參　味甘，微寒、微溫，無毒。主補五藏，安精神，定魂魄，止驚悸，除邪氣，明目，開心益智，療腸胃中冷，心腹鼓痛，胸脇逆滿，霍亂吐逆，調中，止消渴，通血脈，破堅積，令人不忘。久服輕身延年。茯苓為之使。

〔疏〕人參得土中清陽之氣，稟春升少陽之令而生哉，味甘，微寒而無毒，氣味均齊，不厚不薄，升多于降。潔古謂其氣味俱薄，浮而升，陽中之陽也。又曰陽中微陰，蓋亦指其生長真元之氣而言歟。神農微寒，《別錄》微溫，二義相蒙，世鮮解者。蓋微寒者，春之寒也；微溫者，亦春之溫也。神農直指所稟，故曰微寒；《別錄》兼言功用，故又曰微溫。既云微矣，寒不甚寒，則近于溫；溫不甚溫，則近于寒。故知寒溫雖別，言微則一也。以言乎天，則得其生生升發之氣；以言乎地，則得其清陽至和之精。狀類人形，上應瑤光，故能回陽氣于垂絕，卻虚邪于俄頃，功魁群草，力等丸丹矣。其主治也，則補五臟。蓋臟雖有五，以言乎生氣之流通則一也，益真氣則五臟皆補矣。其曰安精神，定魂魄，止驚悸，開心益智者，以心藏神，肝藏魂，肺藏魄，腎藏精與志，脾藏意與智故也。心腎虚則精神不安矣，肝肺虚則魂魄不定矣。驚悸者，心脾二經之病也。心脾虚則驚悸，心脾之氣強則心竅通利，能思而智益深矣。邪氣之所以久留而不去者無他，真氣虚則不能敵，故留連而不解也。茲得補而真元充實，則邪自不能容。譬諸君子當陽，則小人自退。清陽之氣下陷，則耳目不聰明。兼之目得血而能視，陽生則陰長，故明目。真氣內虚，故腸胃中冷，氣旺陽回則不冷矣。心腹鼓痛者，心脾虚故也。二臟得補，其痛自止，所謂按之快然者是也。故經曰：可案者虚也，不可案者實也。不可案者勿用。胸脇逆滿者，氣不歸元也，得補則氣實而歸元也，脾胃俱虚則物停滯而邪客之，故霍亂吐逆也。補助脾胃之元氣，則二證自除。調中者，脾治中焦。脾得補則中自調矣。消渴者，津液不足之候也，氣回則津液生，津液生則渴自止矣。通血脈者，血不自行，氣壯則行，故通血脈。破堅積者，真氣不足，則不能健行而磨物，日積月累，遂成堅積。譬夫磨管納物，無力則不轉，不轉則停積矣。脾主消化，真陽之氣回，則脾強而能消，何堅積之不磨哉？令人不忘者，心主記，脾主思，心脾二臟之精氣滿，則能慮而不忘矣。久服輕身延年者，純陽則充舉，氣積則身輕。五臟皆實，延年可知矣。斯皆敦本之論也。

〔主治參互〕人參，補五臟陽氣之君藥，開胃氣之神品。　同大棗、白芍藥、龍眼肉、甘草、酸棗仁，補脾陰。　腎氣衰陽痿，以之為君，加鹿茸、肉蓯蓉、巴戟天、五味子、麥門冬、菟絲子、山茱萸、地黃、枸杞、杜仲、柏子仁，乃扶衰之要劑，兼令人有子。　君藿香、木瓜、橘紅，治胃虚弱嘔吐反胃。如妊娠嘔吐，加竹茹、枇杷葉。　同白术、吳茱萸，治脾泄久不止。　君五味子、吳茱萸、補骨脂、肉豆蔻，治腎泄。　同白芍藥、炙甘草，治血虚腹痛鼓痛。　同乾薑、白术、炙甘草，治中寒泄瀉，下利清穀，甚則加肉桂、附子。　同附子、乾薑、肉桂，治寒厥指爪青黯，便清踡臥。　同附子、五味子，治陽氣脫，溫腸胃中冷。　君五味子、麥門冬，治肺虚氣喘。　夏月服之，益氣除熱，止消渴，名生脈散。　加白术，又治中暑傷氣倦怠。　同沉水香、白芍藥，治真氣虚，氣不歸元，因而胸脇逆滿。　同茯苓、遠志、益智、棗仁、麥門冬，治精神恍惚，魂魄不定驚悸。　同沉水香、茯神，治心虚邪客之作痛。　同鹿角膠、杜仲、續斷、當歸、地黃、蘇木，治負重努力，內傷失血。　去蘇木，加生地黃，治胎漏不安。　同黃耆、白芍藥、五味子，治汗多亡陽。　同蘇木、麥門冬，治產後氣喘。　在白虎湯，治勞傷元氣人患熱病，渴甚並頭疼。　在敗毒散，治氣虚人患四時不正傷寒。　在參蘇飲，治肺虚人傷風。　同鼈甲、青皮、乾漆、䗪蟲、肉桂、牡蠣、射干，消瘧母。　同甘菊花、當歸、地黃、枸杞子、蒺藜、甘草、柴胡，則明目。　同黃連、紅麴、白芍藥、滑石末、升麻，治滯下腹痛赤色。　同黃連、烏梅、蓮肉、升麻、滑石末、肉豆蔻，治滯下久不止。　同白术、木瓜、茯苓、藿香、炙甘草，止虚煩躁。　同牛黃、犀角、天竺黃、鈎藤鉤、丹砂、雄黃、真珠、茯神、遠志，治驚癇。　同地黃、阿膠、麥門冬、山茱萸、五味子、續斷、杜仲，治血崩。　加牛膝、大薊、鹿角膠，治血淋。　同橘皮、紫蘇、木瓜、白术、竹茹，治惡阻安胎。　熱多者去术、紫蘇，加麥門冬。　同五加皮、白鮮皮、石南葉、石斛、秦艽、木瓜、薏苡仁、萆薢、牛膝、沉香、菖蒲、二术，治痹。　同黃櫱、黃耆、白术、五

味子、麥門冬、木瓜、白芍藥、薏苡仁、白茯苓，治痿。　同附子、白朮、芍藥、甘草、茯苓，治慢驚慢脾風。　同白朮、黃耆、芍藥，治自汗。　同生薑皮各兩許，水煎，露一宿，五更溫服，治氣虛久瘧不止。　同蘇木、當歸、童便，治產後血暈。　同石菖蒲、蓮肉等分水煎，治產後不語。　同乳香、丹砂、雞子白，薑汁三匙調勻，別用當歸兩許煎濃，同吞，治橫生倒養難產，神效。　同附子、肉桂、麥門冬、五味子，治房勞過度，脫陽欲絕，下部虛冷。

同黃耆、天門冬、五味子、牛膝、枸杞、菖蒲，治中風不語。　【簡誤】人參，論其功能之廣，俱如《本經》所說，信非虛語。　第其性亦有所不宜。　世之錄其長者，或遺其短；　摘其瑕者，并棄其瑜。　是以或當用而後時，或非宜而妄設。　不蒙其利，徒見其害。　二者之誤，其失則一。　遂使良藥不見信于世，麤工互騰其口說，惜哉！　豈知人參本補五臟真陽之氣者也。　若夫虛羸尫怯，勞役飢飽所傷，努力失血，以致陽氣短乏，陷入陰分，發熱倦怠，四肢無力，或中熱傷暑，暑傷氣，無氣以動；　或嘔吐泄瀉，霍亂轉筋，胃弱不能食，脾虛不磨食；　或真陽衰少，腎氣乏絕，陽道不舉，完穀不化，下利清水，中風失音，產後氣喘，小兒慢驚，吐瀉不止，痘後氣虛，潰瘍長肉等證，投之靡不立效。　惟不利于肺家有熱咳嗽，吐痰吐血，衄血齒衄，內熱骨蒸，勞瘵陰虛火動之候。　蓋肺者，華蓋之臟也。　位乎上，象天屬金。　喜清肅而惡煩熱，真氣無虧則寧謐清淨，以受生氣之熏蒸而朝百脈。　苟縱恣情慾，虧損真陰，火空則發，熱起于下，炎爍乎上，則肺先受之。　火乃肺之賊邪，邪氣勝則實，實則肺熱鬱結為痰，喉痒而發嗽，血熱妄行，溢出上竅。　王好古所謂肺熱還傷肺是已。　又有痧瘄初發，身雖熱而斑點未形；　傷寒始作，形證未定而邪熱方熾。　若誤投之，鮮克免者。　斯皆實實之害，非藥可解。《經》曰：　實實虛虛，損不足而益有餘。　如是者，醫殺之耳。　可不戒哉！　可不慎哉！

明・倪朱謨《本草彙言》卷一　人參　味甘、微苦，氣溫，無毒。　入肺脾二經。　李時珍曰：　人參年深者，根如人形，故謂之人葠。　因字繁，故以參字代之。　其在五參，色黃屬土，而補脾胃、生陰血，故有黃參、血參之名。《春秋運斗樞》云：　搖光散而爲人參。　人君廢山瀆之利，則搖光不明，人參不生。　《別錄》曰：　人參生上黨山谷及遼東。　或生邯鄲、百濟、潞州、太行紫團山，今沁州、遼州、澤州、箕州、平州、易州、檀州、幽州、嬀州、并州，并出人參。　蓋其山皆與太行連接故也。　蘇氏曰：　人參生于深山，背陽向陰，近椴漆樹下濕潤處。　下有人參，則上有紫氣。　春生苗，四五相對，一莖直上，一椏五葉。　四五年後生兩椏，至十年後生三椏。　年深者生四椏，各五葉。　中心生一莖，俗名百尺杵。　三四月作蕊如絲，開花紫白色，細小如粟。　秋後結子，或七八枚，如大豆，生青熟紅，自落。　秋冬采根，堅實堪用。　泰山出者，葉幹青，根白殊別。　○江淮間出一種土人參。　苗長一二尺，葉如匙而小，與桔梗相似，葉對生，生五七節。　根亦如桔梗而柔，味極甘美。　秋生紫花，又帶青色。　初冬采根，土人或用之。　陳氏曰：　紫團參，色紫，形稍扁。　百濟參，堅白且圓，俗名白條參，又名羊角參。　遼東參，黃潤纖長，有鬚，俗名黃參。　高麗參，微紫體虛。　新羅參，色黃味薄。　○上黨，今潞州也，民以人參爲地方害，不復采取。　今所用者，皆是遼參。　其高麗、百濟、新羅三國，今皆屬于朝鮮矣。　其參猶來中國互市。　亦可用收子，于十月下種，如種菜法。　秋冬采者堅實，春夏采者虛軟，非地有虛實也。　遼參，連皮者黃潤，色如防風；　去皮者堅白如粉。　僞者嘗以沙參、薺苨、桔梗，采根造作亂之。　但沙參體虛無心而味淡，薺苨體虛無心而味甘，桔梗體堅有心而味苦，人參體實有心而味甘、微苦，自有餘味。　○宋蘇頌《圖經本草》所云潞州者，三椏五葉。　其滁州者，乃沙參之苗葉。　沁州、兗州者，皆薺苨之苗葉。　所云江淮土人參者，亦薺苨也。　○人參生時，背陽向陰，故不喜見風日。　見風日則易蛀。　惟納新瓦器中密封，可經年不損。　或用華陰細辛與參相間收之，不蛀不壞。　凡使以銅刀切片用。

人參：　補氣生血，張元素助津養神之藥也。陳象先稿故真氣衰弱，短促虛喘，以此補之。　如榮衛空虛，用之可治也。　精神散亂，魂魄飛揚，以此斂之。　如陽亡陰脫，用之可回也。　驚悸怔忡，健忘恍惚，以此寧之。　如心志懶怯，用之可壯也；　元神不足，虛羸乏力，以此培之；　如中氣衰陷，用之可升也。　又苦汗下過多，津液失守，用之可以生津而止渴。　脾胃衰薄，飲食減常，或吐或嘔，用之可以和中而健脾。　小兒痘瘡灰白倒陷，用之可以起痘而行漿。　婦人產理失順，用力過度，用之可以益氣而達產。　若久病元虛，六脈空大者；　吐血過多，面色痿白者；　瘧痢日久，精神委頓者；　中熱傷暑，汗竭神疲者；　血崩潰亂，身寒脉微者；　內傷傷寒，邪實正虛者；　風虛眼黑，旋暈卒倒者，皆可用也。　如《本草》所云補益之外，繆仲淳又能除邪氣，破堅積

者，何耶？觀邪氣之所以留而不去者，無他，由真氣虚則不能敵，故留連而不解也。茲得補而真元充實，則邪自不容。譬如君子當陽，則小人自退矣。譬夫破堅積者，亦由真氣不足，則不能健行而磨物。日積月累，遂成堅積。譬夫磨孔納物，無力則不轉，不轉則物停積矣。脾主運化，真陽之氣回，脾强而能消，又何堅積之不磨哉！

李時珍按仲景云：病人亡血亡汗，身熱脉沉遲者，倍加人參。古人以血脱者宜益氣，蓋血不自生，須得生陽氣之藥乃生。《素問》言：無陽則陰無以生，無陰則陽無以化。人參能補氣，故血虚者宜用之也。又東垣以相火乘脾，身熱而煩，氣高而喘，頭痛而渴，脉洪而大者，用人參佐黄柏。又孫真人治夏月熱傷元氣，汗大泄，欲成痿厥者，用人參、麥冬、五味，以瀉熱火而救金水。此皆補天元之真氣，非補熱火也。又曰：飛霞以人參煉膏服，回元氣于無何有之鄉。若氣虚有火者，合天門冬膏時服之。又王安道謂人參、黄耆、甘草，乃甘溫除大熱，瀉陰火，補元氣，亦爲瘡毒膿潰聖藥，此皆神而明之，配合得宜者也。凡人面白、面黄、面青黧悴者，皆脾肺腎氣不足，可用也。面赤、面黑、氣壯神强者，不可用也。脉之浮而芤虚濇大遲緩無力，沉而遲濇細弱結代無力者，皆虚而不足，可用也。若弦長緊實滑數有力者，皆火鬱内實，不可用也。潔古謂喘嗽勿用者，痰實氣壅之喘也。若腎虚氣短喘促者，必用也。仲景謂肺寒而咳勿用者，寒裹熱邪，痰壅在肺之咳也。若自汗惡寒而咳者，必用也。東垣謂久病鬱熱在肺勿用者，乃火鬱于内，宜發不宜補也。若肺虚火旺，氣短自汗者，必用也。丹溪言諸痛不可驟用者，乃邪氣方鋭，宜散不宜補也。若裹虚吐利，及久病胃弱，虚痛喜按者，必用也。如此推詳，則人參之可用、不可用，思過半矣！

繆仲淳先生云：論人參功能之廣，不可盡述。第其性亦有所不宜用者。世之錄其長者，或遺其短；摘其瑕者，并棄其瑜。是以或當用而後時，或非宜而妄投。不蒙其利，徒見其害。二者之誤，其失則一。遂使良藥不見信于世，粗工互騰其口說，惜哉！豈知人參本補五藏真陽之氣者也。若夫虚羸尫怯，勞役飢飽所傷，努力失血，以致陽氣短乏，陷入陰分，發熱倦怠，四肢無力；或中熱傷暑，暑傷氣，無氣以動，或嘔吐泄瀉，胃弱不能食，脾虚不磨食；或真陽衰少，腎氣乏絶，陽道不舉，完穀不化，下利清水，中風失音，産後血崩，小兒慢驚，吐瀉不止，痘後氣虚、潰瘍長肉等證，投之靡不立效。惟不利于肺家有熱咳嗽，吐痰吐血，衄血齒衄，内熱骨蒸，勞瘵陰虚火動之候。蓋肺者，華蓋之藏也。位乎上，象天屬金，喜清肅而惡煩熱。真氣無虧，則寧謐清淨，以受生氣之熏蒸，而朝百脉。苟縱恣情慾，虧損真陰，火空則發，熱起于下，炎爍乎上，則肺先受之。火乃肺之賊邪，邪氣勝則實，實則肺熱鬱結爲痰，喉癢而發嗽。血熱妄行，溢出上竅。王好古所謂肺熱還傷肺是已。又有痧疹初發，身雖熱而斑點未形，傷寒始作，形證未定，而邪熱方熾，若誤投之，鮮克免者，可不戒哉，可不慎哉。

盧不遠先生曰：人參功力，安定精神、魂魄、意志于倉忙紛亂之際，轉危爲安，定亡爲存。《經》云：人身衛氣，日行陽道則寤，夜入五藏則寐。則凡病劇張惶、不能假寐者，人參入口，便得安寢。此即入藏養陰，安精神、定魂魄之外徵矣。

金靈昭先生云：以言乎天，則得生生升發之氣；以言乎地，則得清陽至和之質；以言乎人，故能回元氣于垂絶，却虚邪于俄頃，養人身藏府、氣血、肉液之精。參兩間而合人叁之，故曰人參。

集方：已下一十四方俱出《方龍潭方抄》治真氣衰弱，虚喘短促，并營衛空虚。用人參、麥門冬各五錢，北五味子五分，黄耆三錢，廣皮一錢，水煎服。○治精神散亂，魂魄飛揚，并陽亡陰脱。用人參、麥門冬各三錢，北五味子五分，酸棗仁炒五錢，茯苓二錢，龍眼肉十枚，水煎服。○治驚悸怔忡，健忘恍惚，并心志懶怯。用人參、麥門冬各三錢，北五味子五分，當歸身、益智仁二錢，白朮、半夏、茯苓、膽星各二錢，水煎服。臨服時，調硃砂末五分。○治元神不足，虚羸乏力，并中氣衰陷，飲食厭常。用人參、麥門冬各三錢，北五味子五分，當歸身、白朮、茯苓、木瓜、半夏各一錢五分，陳皮、蒼朮、升麻、甘草、木香各七分，水煎服。○治諸病汗下過多，津液失守，口乾煩渴，飲食減少，或吐或嘔。用人參、麥門冬各二錢，北五味子五分，當歸、白芍藥、懷熟地各三錢，水煎服。○治諸病脾胃衰薄，飲食減常。用人參三錢，麥門冬二錢，北五味子、甘草各五分，白朮、半夏、白豆仁各一錢八分，木香一錢，水煎服。○治小兒痘瘡灰白，倒陷不起，漿汁乾枯。用人參、麥門冬各一錢，黄耆二錢，白芍藥八分，甘草五分，皂角刺、桂枝三分，穿山甲火燒研末一錢五分，水煎服。○治臨産，分娩艱難，用力過度，胞胎愈濇，愈難分娩，母子危急。用人參數錢，當歸五錢，川芎一錢五分，益母草二錢，水煎服即産。○治久病元

虛，面色痿白，言語輕微，飲食不入，六脉空大，或虛微無力。用人參五錢，白朮、茯苓、黄耆各三錢，甘草八分，生薑二片，黑棗三枚，水煎服。〇治吐血過多，面色痿白，脉微神怯者。用人參、麥門冬各三錢，真阿膠一錢，炮薑灰、炙甘草各七分，水煎服。〇治中熱傷暑，汗竭神疲，精神將脱者。用人參、麥門冬、黄耆各三錢，知母二錢，甘草、石膏各一錢，加薑、棗水煎服。〇治血崩神脱，精神潰亂，四肢將厥者。用人參一兩，當歸五錢，炮薑灰三錢，童便製附子二錢，炙甘草八分，水煎溫和，徐徐服。〇治內傷傷寒，邪實正虛，熱煩躁渴，脉數神疲，懨懨欲盡者。用人參五錢，黄耆一兩，北五味、甘草各七分。熱甚加柴胡、乾葛，內熱加知母、黄連，有痰加半夏、貝母，有宿食加枳實、瓜蔞仁，增損以意消息用之。〇治痰厥風虛，眼黑旋暈，卒然倒仆者。用人參八錢，白朮、天麻各五錢，半夏、膽星各三錢，乾薑、陳皮各二錢，加薑、棗，水煎服。

續補集方：吳綬《傷寒蘊要》治夾陰傷寒，陽衰陰盛，六脉沉伏，小腹絞痛，四肢逆冷，嘔吐清涎。不假人參，無以保元；不用附子，無以回陽；不加乾薑，無以通營衛，達腠理，出入陰陽也。用人參一兩，童便製附子、乾薑各五錢，水四大碗，煎一碗，頓服。脉起、身溫即愈。〇《三因方》治傷寒厥逆，身有微熱，人情煩躁，六脉沉細微弱，此陰極發躁也。用人參五錢、水二碗，煎七分，調膽星末二錢，熱服立甦。〇《方脉準繩》治勞傷力役過度發熱。人參五錢，黑棗五個，生薑五片，水煎服。〇楚永菴方治房後困倦。用人參七錢，陳皮一錢，水二碗，煎七分，溫服。日再。此千金不傳。〇《聖濟總錄》治胃寒氣虛作滿，不能傳化，心易飢而口不能食。用人參三錢，便製附子二錢，生薑一錢五分，水煎服。〇李《兵部手集》治反胃嘔吐，飲食入口即出，脉弱無力垂死者。用人參二兩，水二大碗，煎取五分，徐徐服。〇《聖濟總錄》治霍亂吐瀉，煩躁不止。用人參、陳皮、生薑各五錢，水一升，煎三合，徐徐服。〇治妊娠嘔吐飲食或水涎不止，形神痿頓者。用人參、炮薑各五錢，當歸、白朮、川芎各三錢，俱炒燥爲末，水發爲丸梧子大。每服一百丸，米湯下。〇《千金方》治陽虛氣喘欲絕，自汗、氣短、頭暈。用人參五錢，便製附子一兩，生薑十片，水二大碗，煎七分。待冷徐徐服。〇楊起《簡便方》治老人小子聞雷即暈，此氣怯也。或久病神虛，聞喧嘩紛亂，煩擾即暈。用人參五錢，麥門冬一兩，北五味一錢，黄耆、白朮各三錢，生薑五片，黑棗五枚，水三碗，煎一碗，徐徐服。〇《聖惠方》治心下常覺膨滿而硬，按之則無，多食即吐，氣引前後，噫呃不除，由思慮過多，氣不以時而行，則壅滯而滿，謂之結氣病。用人參一兩，陳皮二兩去白，共爲末，水發爲丸如綠豆大，每服一錢，米湯下。〇華陀《中藏經》治吐血兼大便下血，此因七情所感，酒色內傷，以致氣血妄行，口鼻俱出，心肺脉絡破，血如湧泉，須臾不救。用人參、側柏葉炒黄，荆芥穗炒黑各五錢，共爲末，用二錢，入飛羅麪二錢，以新汲水調如稀糊，一服立止。〇葛可久方治衄血屢出不止。用人參、蓮子心各一錢五分，水煎服，立止。〇談埜翁方治齒縫出血。用人參、茯苓、麥門冬各二錢，水煎服，立止。〇鄭比野家傳治陰虛人口渴引飲。用人參、天花粉各等分，每服二錢，白湯調服。〇《經驗方》治痢疾陽虛氣冷，六脉沉細欲脱。用人參、童便製附子各八錢，乾薑五錢，丁香一錢，水煎服。〇同前治噤口下痢。用人參、蓮肉各三錢，薑汁炒川黄連二錢，水煎服。〇王氏《百一選方》治傷寒壞證，不問四時瘟疫時氣，不問陰陽老幼、妊婦，誤服藥餌，困重垂死，脉沉伏，不省人事。七日以後，幷二七、三七日，皆可服之。用人參五錢，水二鍾，煎八分，以井水浸冷服之。少頃鼻梁有汗出，脉復立瘥。〇《本草發明》治小兒脾虛慢風、風癇等證，目定神昏，語聲不出，手足搐搦。用人參、黄耆各一錢，鈎藤、辰砂各一錢二分，水煎，溫和，徐徐服。〇《直指方》治小兒驚愈後，瞳仁歪斜不正，用人參、真阿膠，糯米拌炒成珠各一錢，甘草五分，水一盞，煎半盞服。〇徐仲垣新創治小兒痘瘡，乾枯灰白，或擦損無皮，九日以後，用人參一兩爲細末，摻之。〇《經驗方》治狗咬風傷腫痛。用人參置桑柴火上燒存性，爲末，摻之立瘥。〇危氏《得效方》治脇破腸出，急以油抹入，煎人參湯淋洗，內食羊腎粥，十日愈。

一人病氣上逆，每飯下輒噯氣數十口，再飯再噯，食頃三四作。此氣不歸元，中焦失運也。服快氣藥愈甚。以人參五錢，砂仁二錢，煎湯服，首劑不動，再服亦不動，服三四劑，上則噯氣，下則小遺無算，即索粥而噯嘔自止。

明・姚可成《食物本草》卷一七草部・山草類 人參生上黨山谷及遼東。二月、四月、八月上旬采根，竹刀刮，曝乾，無令見風。根如人形者有神。〇陶弘景曰：上黨在冀州西南，今來者形長而黄，狀如防風，多潤實而甘。其草一莖直上，四五〔葉〕相對生，花紫色。高麗人作《人參讚》云：三椏五葉，背陽向陰。欲來求我，椴樹相尋。椴，音假，樹似桐，甚大。樹蔭覆處，則參便多生。春時生苗，多於深山背陰，近椴漆下濕潤處。初生小者，三四寸許，一椏五葉；四五年後，生兩椏五葉，未有花莖；至十年後生三椏；年深者生四

椏，各五葉。三月、四月，有花細小如粟，蕊如絲，紫白色。秋後結子，或七八枚，如大豆，生青熟紅，自落。根如人形者神。高麗、百濟、潞州太行紫團山皆產。今沁州、遼州、澤州、箕州、平州、易州、檀州、幽州、嬀州、并州，竝出人參。蓋其山與太行綿亙相接故也。新羅國亦年常貢獻，但都不及上黨者。相傳欲試上黨參，但使二人同走，一含人參，一空口，度走三五里許，其不含人參者必大喘，含者氣息自如，乃真上黨參也。○寇宗奭曰：上黨者，根頗纖長。根下垂，有及尺餘者，或十歧者，其價與銀等，頗為難得。土人得一窠，則置板上，以新綵絨飾之。○李時珍曰：上黨，今潞州也，民以人參為地方害，不復采取。今所用者，皆是遼參。其高麗、百濟、新羅三國，今皆屬於朝鮮矣。其參猶來中國互市。亦可收子，於十月下種，如種菜法。秋冬采者堅實，春夏采者虛軟，非地產有虛實也。遼參連皮者黃潤，色如防風；去皮者堅白如粉，偽者皆以沙參、薺苨、桔梗采根造作亂之。沙參體虛無心而味淡，桔梗體實有心而味苦。人參亦似之，但味甘微帶苦，自有餘味，俗名金井玉闌也。其似人形者，謂之孩兒參，尤多假贋。宋蘇頌《圖經》所繪潞州者，三椏五葉，真人參也。其滁州者，乃沙參之苗葉，沁州、兖州者，皆薺苨之苗葉。誤用之，不惟無功，反致乖戾，不可不察。

人參，味甘，微寒，無毒。主補五臟，安精神，定魂魄，止驚悸，除邪氣，明目開心益智。久服輕身延年。又治五勞七傷，虛損痰弱，保中守神。　消痰，治肺痿，虛而多夢紛紜，肺脾元氣不足，短氣少氣，止渴，生津液。○月池翁曰：人參生用氣涼，熟用氣溫。味甘補陽，微苦補陰。氣主生物，本乎天，味主成物，本乎地。氣味生成，陰陽之造化也。涼者，高秋清肅之氣，天之陰也，其性降；溫者，陽春生發之氣，天之陽也，其性升。甘者，溼土化成之味，地之陽也，其性浮；微苦者，火土相生之味，地之陰也，其性沈。人參氣味俱薄，氣之薄者，生降熟升；味之薄者，生升熟降。如土虛火旺之病，則宜生參涼薄之氣，以瀉火而補土，是純用其氣也。脾虛肺怯之病，則宜熟參甘溫之味，以補土而生金，是純用其味也。東垣以相火乘脾，身熱而煩，氣高而喘，頭痛而渴，脉洪而大者，用黃蘗佐人參。孫真人治夏月熱傷元氣人，汗大泄，欲成痿厥，用生脉散以瀉熱火而救金水。君以人參之甘寒，瀉火而補元氣；臣以麥門冬之苦甘寒，清金而滋水源；佐以五味子之酸溫，生腎津而收耗氣，此皆補天元之真氣，非補熱火也。白飛霞云：人參煉膏服，回元氣於無何有之鄉。凡病後氣虛及氣虛嗽者，竝宜之。有火者，合天門冬膏服之。

附方：治聞雷即昏。一小兒七歲，聞雷即昏倒不知人事，此氣怯也。以人參膏與服，盡一斤，自後聞雷自若矣。　治離魂異疾。一人臥，自覺身外有身，一樣無別，甚屬怪誕。蓋人臥則魂歸於肝，此由肝虛邪襲，魂不歸舍，病名曰離魂。用人參、龍齒各一錢，赤茯苓八分，水一盞，煎半盞，調飛過朱砂末一錢，每夜睡時服。十服後，真者氣爽，假者即去矣。　治噤口痢。用人參、黃連各一錢，水煎，細細呷之。　治消渴飲水。用人參為末，雞子清調服一錢，日三服，效。　人參膏：用人參十兩細切，以活水二十盞浸透，入銀石器內，桑柴火緩緩煎取十盞，濾汁放過一邊。將滓再下水十盞，煎取五盞，與前汁合煎成膏，瓶收，隨病作湯使。丹溪云：多慾之人，腎氣衰憊，欬嗽不止，用生薑、橘皮煎湯化膏服之。浦江鄭君，五月患痢，又犯房室，忽發昏暈，不知人事，手撒目暗，自汗如雨，喉中痰鳴，如曳鋸聲，小便遺失，脉大無倫，此陰虧陽絕之症也。醫令急煎大料人參膏，仍灸氣海穴在臍下一寸二分。十八壯，右手能動；再三壯，唇口微動；遂與膏服一盞，半夜後服三盞，眼能動；盡三斤，方能言而索粥；五斤而痢止；十斤而全安。若作風治則誤矣。　治產後血運。人參一兩，紫蘇半兩，以童尿酒水三合煎服。　治產後不語。人參、石菖蒲、石蓮肉等分，每服五錢，水煎服。　治產後喘急，乃血入肺竅，危症也。蘇木煎湯，調人參末三錢，服之大效。

明·孫志宏《簡明醫彀》卷一《要言》　人參、附子　謹按：《神農本經》人參味甘，氣微寒，無毒。主補五臟，安精神，定魂魄，止驚悸，除邪氣，明目，開心益智。附子味辛、甘，氣大熱，有大毒。主風寒欬逆邪氣，溫中，破堅積聚，血瘕，寒濕踒躄，拘攣膝痛，不能行步。人補劑宜熟，溫散寒氣宜生。人參補臟腑元氣，附子益臟腑真陽，火衰陽弱，非此不能回生。如久病氣血虛憊，一切虛損，人參可用。如命門火熄，中氣日損，一切虛寒，附子可用。先哲用補劑，必加附子數分，以壯參、耆之功力，追覆散失之元陽。參、附之助，豈小補哉？凡有尫羸虛冷之象，亟宜用矣。倘有如瘧邪未散之類，醫家常執正氣足而邪自避之語，專用補法，猶如閉門逐盜，盜從何出？且邪得補而愈盛，反助其邪，為害匪細，此所謂：損不足而益有餘。如肺熱還傷肺，參亦不可概用。近醫遇富貴人，輒慮其虛，不問病之虛實，一例從補，亦致失誤。此與當用不用者，等於亡羊，皆係不能洞矚病情故耳。

明·顧逢柏《分部本草妙用》卷四肺部·溫補　人參　甘，微溫，無毒。茯苓為使，惡鹵鹹、皂莢、黑豆，反藜蘆，畏五靈脂。白潤肥嫩，產清河者佳。體實有心，而味甘厚者真。去蘆用。如熟用，隔紙焙之，不見風日。　主

治：補五臟，安精神，定魂魄，止驚悸，明目，開心益智，勞傷虛損，嘔噦肺痿，胃閉，肺虛氣促。瀉心肺脾胃中火邪，止渴生津液。發熱，自汗眩運，反胃痎瘧，久痢，小便頻數淋瀝。中風中暑，痿痺，吐血嗽血，下血血崩，胎產諸病。　按：參為補肺要藥。肺主氣，氣屬陽，陽生則陰長。《素問》曰：無陽則陰無以生，無陰則陽無以化。故補氣須用人參，血虛者亦兼用之。但肺有虛火，宜此補之。肺有邪火，則反傷肺。故仲景謂肺寒而欬者不用，以寒痼熱邪，壅鬱肺家也。若自汗惡寒者，宜用也。潔古謂痰實氣壅，而喘嗽者勿用。腎虛氣短喘促者，必用也。東垣謂久病鬱熱于肺者，不可用，以宜發不宜補也。若肺虛火旺，氣短自汗者，必用也。丹溪謂諸痛，邪氣方鋭者，宜散不宜補也。若裏虛吐痢，久病胃弱，虛痛喜按者，必需也。節齋謂雖陰虛，而火太旺者勿用，乃血虛火亢能食，脉弦而數，涼之則傷胃，溫之則傷肺，不能受補也。若自汗氣短，肢寒，脉虛者，必用也。人面白黃青黧者，脾肺腎虛，可用也。面赤，或黑者，氣壯神強，不可用也。若按脉浮而芤濡，虛大遲緩無力，沉而遲澀，弱細，結代無力者，皆虛而可用也。若弦長緊實，滑數有力者，皆火鬱內實，不可用也。總之，利于陽虛陰脱之疾，而不宜于火熾實強之症。何可以王節齋之説，橫于胸中，視參如蛇蝎，俱疑信半而用畏難也。吁！不學無術，以至于此。

明・黃承昊《折肱漫録》卷一　王節齋極言陰虛之症不可服人參，服人參過多者不治。人參為中和之玅藥，雖云補氣，佐以血藥，亦能補血者，何得概禁勿服？予初守此戒，凡遇肺火衝激，痰涎壅盛，輒禁參、术不入口，而服清涼之劑，殊不效。後讀他書有悟，即痰盛喉腥，亦服參、术不輟，究竟不見助火，而肺氣旋清，始知肺中實火方忌人參，若虛火，非參不治。土為金母，虛則補其母，故服參、术等藥，而痰火反愈，玅理昭然。王氏之言，悞人不淺！

明・黃承昊《折肱漫録》卷三　人參固補氣，亦能補血。蓋補氣而血自生，陰生於陽，甘能生血也。王節齋謂勞疾陰虛，服人參過多者不治，恐是一偏之論。蓋節齋方論用參最少，與時師動必用參者，其弊相等。惟肺受火邪實熱，與夫陰虛勞極而喘急者，則忌用耳。予幼時參價甚賤，十五六歲時亦時服參，憶一兩止價三錢耳。後日漸騰貴，不數年，價即與銀等，迨後價益高，甚至三鍰，東事敗後，參之騰湧無足怪，前此何以頓貴耶？蓋前此醫者多不敢輕用參，每等於附子用者少，故價賤；後來服參如果，無人不用；且世俗日益奢，參之價勢不得不日高，乃世變使然，亦可慨也。

明・李中梓《醫宗必讀・本草徵要上》　人參味甘，微溫，無毒，入肺、脾二經。茯苓為使，惡鹵鹹，反藜蘆，畏五靈脂。去蘆用。其色黃中帶白，大而肥潤者佳。　補氣安神，除邪益智。療心腹寒痛，除胸脇逆滿，止消渴，破堅積，氣壯而胃自開，氣和而食自化。人參得陽和之氣，能回元氣於垂亡，氣足則神安，正旺則邪去。益智者，心氣強，則善思而多智也。真氣虛者，中寒而痛，胸滿而逆，陽春一至，寒轉為溫，否轉為泰矣。氣入金家，金為水母，渴藉以止矣。破積消食者，脾得乾健之運耳。按：人參狀類人形，功魁群草，第亦有不宜用者，世之錄其長者，遂忘其短，摘其瑕者，並棄其瑜。或當用而後時，或非宜而妄設，不蒙其利，祇見其害，遂使良藥見疑于世，粗工互騰其口，良可憾也。人參能理一切虛證，氣虛者固無論矣，血虛者亦不可缺。無陽則陰無以生，血脱者補氣，自古記之。所謂肺熱還傷肺者，肺脉洪實，火氣方逆，血熱妄行，氣尚未虛，不可驟用。痧疹初發，身雖熱而斑點未形，傷寒始作，症未定而邪熱方熾，若誤投之，鮮克免者。多用則宣通，少用反壅滯。

明・鄭二陽《仁壽堂藥鏡》卷一〇上　人參　《本草》云：人參惡鹵鹹。出上黨山谷為最。遼東、高麗次之。　氣溫，味甘，甘而微苦、寒。氣味俱輕，陽也，陽中微陰。無毒。　《本草》云：主補五臟，安精神，定魂魄，止驚悸，除邪氣，明目，開心益智。療腸胃中冷，心腹鼓痛，胸脇逆滿，霍亂吐逆，調中，止消渴，通血脉，破堅積，令人不忘。　成聊攝云：脾欲緩，急食甘以緩之。人參之甘，以緩脾氣。　潔古云：人參治脾、肺陽氣不足，及肺氣喘促、短氣、少氣，補中緩中，瀉脾肺胃中火邪，善治短氣、少氣。非升麻為引用，不能補上升之氣。升麻一分，人參三分，可為相得。若補下焦元氣，瀉腎中火邪，茯苓為之使。甘草稍子生用為君，去莖中痛。或加苦楝、酒煮玄胡索為主，尤佳。《主治秘訣》云：性溫，味甘。氣味俱薄，浮而升，陽也。其用有三：補元氣，止渴，生津液也。肺虛者用之，又能補胃。治喘嗽則勿用，短氣則用之。　東垣云：人參甘溫，能補肺中之氣。肺氣旺則四藏之氣皆旺，肺主諸氣故也。仲景以人參為補血者，蓋血不自生，須得生陽氣之藥乃生，陽生則陰長，血乃旺矣。若陰虛，單補血，血無繇而生，無陽故也。又云：補氣須用人參。又云：安胃和中。又云：人參補元氣不足而瀉

肺氣，甘溫補陽利氣。而脉不足者，是亡血也，人參補之。益脾氣與乾薑同用，補氣，裏虛則腹痛，此藥補之，是補其不足也。又云：人參補氣之藥，如氣短、氣不調及喘者加之。海藏云：味既甘溫，調中益氣，即補肺之陽、瀉肺之陰也。若但言補肺而不論陰陽、寒熱，何氣不足，則誤矣！若肺受寒邪，宜此補之；肺受火邪，不宜用也。肺為天之地，即手太陰也，為清肅之藏，貴涼而不貴熱，則其象可知。若傷熱則宜沙參。沙參味苦，微寒，無毒。主血積驚氣，除寒熱，補中益肺氣，治胃痹心痛，結熱邪氣，頭痛，皮間邪熱；安五藏。人參味甘，微溫，補五藏之陽也；沙參味苦，微寒，補五藏之陰也，安得不異？易老取沙參以代人參，取其苦也。苦則補陰，甘則補陽。《本經》雖云補五藏，亦須各用本藏藥相佐使，隨所引而相補一藏，豈可不知？

丹溪云：人參入手太陰經，而能補陰火，甚與其蘆相反。若服參一兩，於內入蘆一錢，則一兩之參徒虛費矣，戒之！言聞曰：王好古言人參補陽泄陰，肺熱傷肺。王節齋謂參能助火，陰虛血症忌服。二說皆偏矣！參能補元陽，生陰血而瀉陰火，東垣之說明矣。仲景言亡血血虛，並加人參。丹溪言虛火可補，參、耆之屬。二家不察，而謂助火，謬哉！汪機曰：丹溪謂陰虛潮熱、喘嗽吐血，四物加人參；肺腎受傷，欬嗽不愈，瓊玉膏主之；肺腎虛極，獨參膏主之。陰虛未嘗不用參也。節齋私淑丹溪，而相反如此。自斯言一出，後人但遇前症，便不敢用。病家亦以此說，橫之胸中，甘受苦寒，至死不悟。古今治勞，莫妙於葛可久，何嘗不用人參耶！楊起曰：古人治肺寒以溫肺湯，肺熱以清肺湯，中滿以分消湯，血虛以養榮湯，皆有人參。養正邪自除，陽旺則生陰血。庸醫每謂人參不可輕用，誠哉庸也！按：百病皆始於虛，參之補虛，獨冠草木，故諸家反覆辨其宜用，恐為兩王氏所惑，而人不覺耳。惟外邪初熾，內積初成，產後瘀血，氣壯脉實者，誠不可用。多則宣通，少反壅滯，不可不知。李絳云：療反胃嘔吐，入藥煮粥皆宜。蕭炳云：人參和細辛，密封經年不壞。肺寒可服，肺熱還傷肺。不知寒熱之中，猶有虛實之別。丹溪云：虛火可補，參、术之類也。又曰：龍火反治。夫龍火者，乃空中龍雷之火，即虛火也。每當濃陰驟雨之時，火焰愈熾。太陽一照，火自消彌。可見人身虛火，無問上中下三焦之殊，但症有見于外，必非寒涼助火之藥可制，務資此甘溫補陽之劑，補足元陽，則火自退耳。補中有瀉，瀉中有補，正所謂溫能除大熱是也。

明・蔣儀《藥鏡》卷一温部　人參　甘而微苦，溫而微寒。氣味輕升，功力浩大。助群藥於力不足之處，回元氣於無何有之鄉。氣虛者大劑補裨，血虛者量為加減。破堅積，解驚癇，托不起之癰疽，活灰白之痘疹。難產之虛胎立下，內傷之勞熱頓涼。虛熱虛寒，無分表裏。生津生力，不辨陰陽。浸蜂蜜用潤腸枯，漬人乳還榮血脉。茯苓是領，導虛閉之淋癃；升麻以君，引陷伏之陽氣。少服反滯，多服乃通。脾胃虛寒，脹而不食，斯為要藥。肺肝熱脹，嗽而作喘，用則違條。仲景云：汗後身熱，亡血而脉沉遲，下痢身涼，血虛而脉微弱者，并宜投也。

明・李中梓《頤生微論》卷三　人參　味甘，性微溫，無毒。入肺、脾二經。茯苓為使。惡鹵鹹，反藜蘆，畏五靈脂。白中微黃，大而肥實者佳。去蘆用。補氣安神，除邪益智，消食開胃，止渴除煩。療腸胃冷，止心腹痛，善理勞傷，最清虛火。

按：人參，味甘，合五行之正，性溫，得四氣之和，虛人服之，譬如陽春一至，萬物發生。昔賢嘉其功魁群草，良非虛語。虛勞賴之，如飢渴之飲食。惜乎！王節齋泥好古肺熱傷肺之說，妄謂參能助火，陰虛忌服。自斯言一出，印定後人眼目。凡遇勞症，概不敢用。病家亦以此說，橫於胸中，其受苦寒至死不悟，豈非一言而傷天地之和哉？潔古謂其瀉心肺脾胃中火邪，東垣謂其血脫補氣、陽生陰長之理，丹溪謂其虛火可補參耆之屬。且言陰虛潮熱，喘嗽吐血，四物加人參，或用瓊玉膏，甚則獨參湯主之。古今治勞，莫妙于葛可久，用參之劑，十有六七。由是則古之神農，未嘗不以人參治陰傷，而世醫為節齋所悞，牢不可破，殊不知虛勞吐血，古人屢言其受補者可治，不受補者不治。故不服參者，不能愈，服參而不受補者，必不能愈。敢陳臆見，俟正于後之君子，若血症驟起，肺脉獨實；脹症暴成，九候堅強；痧瘮初發，斑點未彰；傷寒始作，熱邪昌熾。惟茲數者不可輕投也。

明・張景岳《景岳全書》卷四八《本草正》　人參反藜蘆。　味甘、微苦，微溫。氣味頗厚，陽中微陰。氣虛血虛俱能補，陽氣虛竭者，此能回之於無何有之鄉。陰血崩潰者，此能障之於已決裂之後。惟其氣壯而不辛，所以能固氣。惟其味甘而純正，所以能補血。故凡虛而發熱，虛而自汗，虛而眩運，虛而困倦，虛而驚懼，虛而短氣，虛而遺泄，虛而瀉利，虛而頭疼，虛而腹痛，

虛而飲食不運，虛而痰涎壅滯，虛而嗽血吐血，虛而淋瀝便閉，虛而嘔逆躁煩，虛而下血失氣等證，是皆必不可缺者。第欲以氣血相較，則人參氣味頗輕。而屬陽者，多所以得氣分者六，得血分者四。總之，不失為氣分之藥。而血分之所不可缺者，為未有氣不至，而血能自至者也。故扁鵲曰：損其肺者，益其氣。須用人參以益之，肺氣既王，餘藏之氣皆王矣。所以人參之性，多主於氣，而凡藏府之有氣者，皆能補之。然其性溫，故積溫亦能成熱。若云人參不熱則可，云人參之性涼，恐未必然。雖東垣云：人參、黃芪為退火之聖藥。丹溪云：虛火可補，參、朮之類是也。此亦皆言虛火也。而虛火二字，最有關係，若內真寒而外假熱者，是為真正虛火，非放膽用之，必不可也。然有一等元陰虧乏，而邪火爍於表裏，神魂躁動，內外枯熱，真正陰虛一證，誰謂其非虛火？若過用人參，果能助熱。若王節齋云：陽旺則陰愈消。及《節要》云：陰虛火動者勿用。又曰：肺熱還傷肺等說，固有此理，亦不可謂其盡非。而近之明哲如李月池輩皆極不然之，恐亦未必然也。夫虛火二字，最當分其實中有虛，虛中有實，陽中有陰，陰中有陽，惟勿以成心而執己見，斯可矣。如必欲彼此是非，是所謂面東方，不見西牆，皆未得其中也。予請剖之曰：如龍雷之火，原屬虛火，得水則燔，得日則散，是即假熱之火，故補陽即消矣。至若亢旱塵飛，赤地千里，得非陽亢陰虛，而亦可以補陽生陰乎？或必曰：此正實火也，得寒則已。予曰：不然。夫炎暑酷烈，熱令大行，此為實火，非寒莫解。而乾枯燥旱，泉源斷流，是謂陰虛，非水莫濟。此實火之與陰虛，亦自判然可別。是以陰虛而火不盛者，自當用參為君。若陰虛而火稍盛者，但可用參為佐。若陰虛而火大盛者，則誠有暫忌人參，而惟用純甘壯水之劑，庶可收功一證，不可不知也。予非不善用人參者，亦非畏用，而不知人參之能補陰者。蓋以天下之理，原有對待，謂之曰陰虛必當忌參固不可，謂之曰陰虛必當用參亦不可，要亦得其中和，用其當而已矣。觀者詳之。

明・賈九如《藥品化義》卷五脾藥　人參　屬純陽有土與金，體微潤，色黃，氣香而清韻，味甘帶苦者次之，性大溫，能升能降，力補脾益肺，性氣與味俱厚，入脾胃肺三經。人參產於遼左，由地之陽在北，受地陽氣，不畏冰雪，性大溫，色淡黃，原名黃參。取其氣香而韻，脾性最喜，脾主生金，兼能益肺，又取味甘，而純甘則補陽，用補陽氣，以固真元，為溫脾之聖藥也。主治思慮過度，勞傷心脾，食後昏倦，自汗惡寒，久病胃弱，四肢怕冷，腸鳴作瀉，小便頻短，此係脾氣虛寒，用此溫補脾陰。又治勞役過度，飲食不思，怠惰嗜臥，四肢不收，精神困倦，惡寒懶怯，面黃肌瘦，氣短虛煩，此係元氣下陷，用此升陽益氣。若遺精便濁，久泄脾虛，則元陽去而真氣散，用此固氣，使氣固則精不遺。若瘧疾久，則邪氣衰而元氣耗，用此補氣，使氣實則邪自去。若痢疾久，則積熱將盡而脾臟困極，用此扶脾，使腸胃俱健，痢而能止。若失血久而脈已虛，則血將止而無所統，用此補脾，使脾氣旺則能統血，血自歸經。若痘瘡色白氣虛寒者，用之為宜；色紅紫屬實熱者，又須禁用。若病後氣血兩虛，此時幾微之血不能速生，用參以領氣歸元，血從氣附，陽生陰長之謂也。如血衰氣盛，火爍真陰，又宜戒之。三伏間火令剋金，人多氣虛，故用生脈散補養肺氣。雷公又云：人參夏月少用，恐發心痃之患。蓋謂火令炎蒸，流金爍石，參性大溫，必傷心氣。是知參兼麥冬、五味子則功多，獨用則反增害也。若脾胃熱實，肺受火邪，喘嗽痰盛，陰虛勞怯，失血初起，胸膈痛悶，噎膈便結，有蟲有積，皆不可用。若二三月及四五月內鬱溫熱，病初起誤用之，如劍鋒相刺，下嚥即斃。熱退愈後，餘邪未盡，服之必危，務宜慎之。

山西襄垣縣，古名上黨，有紫團山，出人參，久絕其種。今惟遼左清河所產最良，朝鮮者次之。

明・蕭京《軒岐救正論》卷三　人參正誤　愚按：李言聞曰：孫真人云夏月服生脈飲、腎瀝湯三劑，則百病不生。東垣亦言生脈飲、清暑益氣湯乃三伏瀉火益金之聖藥。而雷斆反謂發心痃久病，非矣。痃乃臍旁積氣，非心病也。人參能養正破堅積，豈有發痃之理？觀仲景治腹中寒氣上衝，有頭足上下痛不可觸近，嘔不能食者，用大建中湯可知矣。又海藏言人參補陽泄陰，肺寒宜用，肺熱不宜用。王節齋因而和之，謂參、耆能補肺火，陰虛火動，失血諸病，多服必死。夫人參能補元陽，生陰血，而瀉陰火，東垣之說明矣。仲景言亡血、血虛者並加人參。又言肺寒者，去人參，加乾薑，無令氣壅。東垣又言虛火可補，參、耆之屬；實火可瀉，芩、連之屬。乃二子不察張李之精微，而謂人參補火，謬哉！夫火與元氣不兩立，元氣勝則邪火退，人參既補元氣，而又補邪火，是反復之小人矣，何以與甘草、苓、朮謂之四君子耶？雖然二家之言不可盡廢也，惟其語有滯，故守之者，泥而執一，遂視人參如蛇蝎則不可也。凡人面白面黃，面青黧悴者，皆脾肺腎不足，可用也。

面赤面黑者，氣壯神強，不可用也。脉之浮而芤濡虛大遲緩無力，沉而遲濇弱細結代無力者，皆虛而不足，可用也。若弦長緊實滑數有力者，皆火鬱內實，不可用也。潔古謂喘嗽勿用者，痰實氣壅之喘也。若腎虛氣短喘促者，必用也。仲景謂肺寒而欬勿用者，寒束熱邪，壅鬱在肺之欬也。若自汗惡寒而欬者，必用也。丹溪言諸痛不可驟用者，乃邪氣方鋭，宜散不宜補也。若裏虛吐利及久病胃弱虛痛喜按者，必用也。節齋謂陰虛火旺勿用者，乃血虛火亢能食，脉弦而數，凉之則傷胃，溫之則傷肺，不受補者也。若自汗氣短、肢寒脉虛者，必用也。如此詳審，則人參之可用不可用思過半矣。汪機曰：王節齋之説，本於王海藏，但節齋又過於矯激。東垣言虛火可補，須用參、耆。丹溪云：陰虛潮熱，喘嗽吐血，盜汗等症，四物加人參、黄栢、知母。又云：好色之人，肺腎受傷，欬嗽不愈，瓊玉膏主之。又云：肺腎虛極者，獨參湯主之。是知陰虛癆瘵之症，未嘗不用人參也。節齋私淑丹溪者也，而乃相反如此，斯言一出，印定後人眼目，凡問此症，不論病之宜用不宜用，輙舉以藉口，致使良工掣肘，惟求免夫病家之怨。病家亦以此説橫之胸中，甘受苦寒，雖至上嘔下泄，去死不遠，亦不悟也。古今治癆，莫過於葛可久，其獨參湯、保真湯，何嘗廢人參而不用耶？節齋之説，誠未之深思也。愚按：上古人乏粒食，窠居穴處，茹毛飲血。迨神農氏出，始嘗草别穀，教民耕藝，得味之正，而為五穀以養民生。又别藥良毒，取性溫凉寒熱分用，升降補瀉，以救民疾。但百藥各具偏性，只宜治病，若執迷久服，便有偏勝偏絶之患。人參稟質中和，雖云補益，亦惟體虛者宜之。蓋人有陰藏陽藏之殊，故陽藏受病，可任凉瀉，少啗參、术便增煩悶，亦猶陰藏之取資薑、附，最憚芩、連者也。陽藏而陽氣本盛，非芩、連無以折其有餘之焰，實非芩、連之能滋陰也。陰藏而陰寒沉痼，非薑、附無以消其不足之翳，實非薑、附之能益陽也。昔夏英公餌硫黄、附子，莫知紀極，其妾父盜服數粒，發狂而死。太原甘始食天門冬寒滑之物，得壽三百餘齡。杜紫微亦餌冬而御妾八十，壽亦踰百。又《神仙傳》緇雲服黄連而飛躍上旻，王微亦讚黄連有久餌輕身之功。數説豈盡誣？特因人而用耳。今世風日偷，賦稟漸漓，六氣有加，真元便脱，故非參、术、歸、苓，無以挽復生機。每見虛而受補者什居八九，實而耐攻者什僅二三。反此則實者不妨少謬，虛者未可略差。《經》云：邪之所湊，其氣必虛。未有元氣虛而復虛，而命不傾者也。治虛之道，舍參奚適？但恐有虛而似實不知補，虛而已極不任補，斯難矣。

明・裴一中《裴子言醫》卷三 昔王好古論人參曰肺熱用之則傷肺。王節齋論人參曰陰虛血證忌服，服之過多，必不治。余深味之，皆千古不可移易之繩墨。何後之妄議其非者紛然也？是豈詞不足以發其理，而人莫之解與非也。唱和成風，耳熟心痼，遂不復有揭其理，而正其訛者矣。謂非吾道之一大不幸哉！夫所謂肺熱者，即陰虛之肺熱也。所謂陰虛者，即肺熱之陰虛也。蓋肺熱謂陽獨盛，陰虛謂陰獨虛。陰獨虛則陰不足以化陽而火熾，火熾則爍金，而咳血咯血，乾嗽聲嘶，諸肺熱之候，所從出矣。此正有陽無陰之瘵病，治當曲盡養陰之法，以化陽而救熱，遂用人參助其陽氣，則肺愈熱而陰愈虛，喘嗽痰血不愈甚乎？此兩先生所以垂戒諄諄乃爾，後人不察，悉誤以《素問》無陽則陰無以生之旨，認作陰虛之病，論則曰造化之理，陰從乎陽，凡陰虛者，必皆用人參補陽而生陰。又執朱丹溪虛火可補參、耆之屬，暨張潔古人參補上焦元氣，而瀉肺中火邪，以及李東垣人參補元陽，生陰血而瀉陰火諸論，以為凡屬虛火肺火，陰虛之火，無不可用人參以補之，遽懜然侈口而斥兩先生之非。嗚呼！何其不明之甚耶？《素問》謂無陽則陰無以生，論陽虛之病耳，非所論于陰虛也。其所論於陰虛者，已自有無陰則陽無以化之句。與此彰彰並載于書，豈獨置之勿講乎？一則因其無陽也，治當補陽而生陰；一則因其無陰而有陽也，治當補陰以化陽耳。明乎此，則知其無陽者可以補陽，而有陽者不可以補陽矣。若以補陽氣不足之人參謾加於肺熱陰虛之病，是有陽而又補其陽矣，奚可哉？若夫丹溪謂虛火可補，謂其可補氣虛之虛火也，非謂人參可補陰虛之虛火也。氣屬陽，有餘便是火，不足而補火自退，有餘而補火愈熾矣。潔古謂人參補上焦元氣，而瀉肺中火邪者，亦指其補上焦元氣不足而瀉肺中火邪也，非謂人參能補陰血不足，而瀉肺中火邪也。至東垣謂人參補元陽，生陰血而瀉陰火，亦因元陽之不足，不能生陰以制火，故補之，非為元陽之有餘也。不究其理而妄議其非，不大謬哉？或曰：然則四物湯之加知、栢、人參，以治陰虛潮熱，瓊玉膏之用人參以治肺腎陰虛嗽血，《靈苑方》之用人參為末，鷄子清調服，以治上氣喘急咳血唾血；又大吐血後之不用血藥，以獨參湯專補陽氣而生，陰血豈盡欺人者乎！曰：其喘嗽、潮熱、咳血、吐血等證，固不可不謂之陰虛，不謂之肺熱，其與兩先生之所謂陰虛，謂肺熱者，則不同也，何也？兩先生之所謂陰

虛、謂肺熱者，謂陰獨虛而陽獨盛者也。若四物加人參等方，則是治陰虛、陽亦虛之候也。未至于陰獨虛而陽獨盛也。或曰：陰與陽，若權衡，一虛則必一盛，豈有陰既虛而陽亦虛之理乎！曰：陰虛陽必盛，勢固然也。但陰之虛，必自漸而虛；陽之盛，亦必自漸而盛。陽自漸而盛，僅可謂之陽漸盛，未可謂之陽獨盛也。未可謂之陽獨盛，雖謂之陽亦虛亦可也。蓋此時亦尚有可受補陽藥之餘地在，故不得不用人參于補陰藥中，以佐獨陰之不長，不如是則陰無以生矣。然用參者，務須以陰虛陽盛之淺深為增損。如四物湯治陰虛潮熱，既如人參，又加知柏為監制。瓊玉膏治陰虛嗽血，以生地黃為君，而人參僅佐十五分之一，亦皆衡量而施，不敢多用以助陽之盛。節齋先生復有過多不治一語，良有苦心。若至陰虛漸深，陽盛亦漸深，則未有不至陰獨虛而陽獨盛者矣。至此便是有陽無陰之瘵病，無論人參，不敢多用，即最少如瓊玉膏之法，恐亦不無抱薪救火之虞矣。《靈苑方》者，乃治元氣大虛，脉來無力之咯血唾血者耳。獨參湯者，乃治卒然大吐血後，氣敗神疲，六脉幾絕，所謂陰竭而陽暴脫者耳。更非所以治陰虛，治肺熱也，豈可遽執古方皆用人參，遂指兩先生為非哉？若遽指兩先生為非而謾加人參以誤有陽無陰之證於非命，俗流必視人參為蛇蝎，并視無陽則陰無以生之旨為空言，而凡遇陰虛陽亦虛之候，盡畏人參而不敢前矣。其為禍於萬世蒼生寧有既耶！【略】

世俗謂產後三日內不可用人參，測其意，恐瘀血之不行耳。噫！果瘀血之不行而謂不可用誠是矣。設有行之不止，以至昏眩無知，六脉幾絕，手足盡冷，而為血脫陽亡之候，其亦可以不用乎？竊恐此際，即立煮人參、薑、桂急救之，亦有不及濟者矣。安問三日與不三日也？今之病家醫家，未經參究，每遇產後，但知有瘀血不行之可慮，而不知有血脫陽亡之可危，恆坐視人之死而不救，可悼也夫！

一巨家室，五月而小產，產不踰時，而即血崩不止，六脉虛微，神情昏倦。此血欲脫，而陽欲亡之候也。予甚惶怖，急以人參一兩，肉桂二三錢，不切而咀，即注爐頭沸水，急急煮飲，以追既耗之元陽。煮未半，而室已運去。更視之，則六脉幾絕，手足冷而通體涓涓汗矣。予惶怖益甚，忙取二大磁甌，不待參味煮全，旋以一，注參汁少許，急持與飲，復以一，又注少許，急持與飲，如此遽相持飲，飲盡即脉起神甦，手足溫而汗已收矣。既而胸中作滿，疑故于參。予謂此非參故，乃湯飲多而不能頓行故也，頃俟腹已三沉矣。家居郊坰無參可市，為之奈何，不得已復以煮過人參四兩，咀而味之，則亦尚有餘性，即合煮汁，以濟權時之竭。卒至子後，陽生之分，補力方到，而胃氣方回，得啖糜粥二甌，肉食數箸，而汗始止，脉亦自此有敘，不至虛疾無倫矣。遲明，急市人參以繼之，後全愈。四踰年，得舉鄉試時，有聞其捷音者，握予手而言曰：某貴矣，必憶當年用藥人也。予曰：今日可貴，昔日自然天相，于裴生乎奚有聞者曰：某鄙人也，幾以陋俗者陋子矣。

明・盧之頤《本草乘雅半偈》帙一

人參《本經》上品　氣味：甘，微寒，無毒。　主治：主補五藏，安精神，定魂魄，止驚悸，除邪氣，明目，開心，益智。久服輕身延年。

覈曰：人參，一名人蓡、人銜、人微、黃參、地精、土精、神草、海腴，皺面還丹，搖光星所散也。《運斗樞》云：人君廢山瀆之利，則搖光不明，人參不生。生上黨，及百濟、高麗。多于深山背陽向陰，及椴漆樹下。下有人參，則上有紫氣。春生苗，四五相對，一莖直上，三椏五葉，四月作花紫色，細小如粟。秋後結子，或七八枚，如大豆，生青熟紅，秋冬采根，堅實堪用，如人形者有神。三椏五葉，背陽面陰，欲來求我，椴樹相尋。出上黨者，形長黃白，狀似防風，堅潤而甘。百濟者，形細堅白，氣味稍薄。高麗者，形大虛軟，氣味更薄，唯以體實有心，味甘微苦，多餘味者最勝。生用㕮咀，熟用隔紙焙之，或醇酒潤透。收納新器中密封，可經年不壞，頻見風日則易蛀。忌鐵器、鹹鹵，用童便潤製者謬矣。惡皂莢，反藜蘆，畏五靈脂，為茯苓、馬藺之使。

先人云：叅贊天地，奠安神理，精腴在握，還丹可期，形山之秘寶，帝王之仁澤也。又云：人參功力，安定精神魂魄意志，于倉忙紛亂之際，轉危為安。定亡為存，如武有七德，一禁暴，二戢亂，三保大，四定功，五安民，六和衆，七豐財。又云：生處背陽向陰，當入五藏，以類相從也。人身衛氣，日行于陽道則寤，夜入于五藏則寐。則凡病劇張惶，不能假寐者，人參入口，便得安寢，此即入藏養陰，安精神，定魂魄之外徵矣。

繆仲淳先生云：神農曰微寒，隱居曰微溫，微寒則近于溫，微溫則近于寒。以言乎天，則得生生升發之氣，以言乎地，則得清陽至和之精。上應瑤光狀類人形，故能回陽氣于垂絕，却虛邪于俄頃。功魁群草，力等丹丸矣。

叅曰：參，叅也。設作生訓，未盡本旨。蓋三才並立，方成世諦。故天

資萬物之始，地資萬物之生，人則參天兩地，稟萬物之靈，人參雖質依于草，而克肖乎人，是具足三才，乃精英之氣，融結所成也。色白屬金，氣寒喜陰，屬水，花色純紫，及生處上有紫氣屬火，三椏屬木，味甘五葉屬土，五行周備，是補五臟，而奠安神舍，則邪僻自除，竅穴明徹，濟弱扶傾，運用樞紐者也。顧彼命名之義，功德作用可知。參天兩地，則人為天地樞紐，天地為人軀殼矣。無軀殼，則種性無依；無樞紐，則世界不立。彼此交互，不相舍離，而此種性，能生諸緣。和合六塵，應現根身之相，即以根身為親相分，器界為踈相分。有器界，便有敗壞；有根身，便有疾疢。有疾疢，便有藥石，而藥石又分優劣醇暴。及得氣味之全與偏者，人參糸天兩地，淪結所成，功德真無量矣。

明・李中梓《本草通玄》卷上　人參　職專補氣，而肺為主氣之臟，故獨入肺經也。肺家氣旺，則心、脾、肝、腎四臟之氣皆旺，故補益之功獨魁群草。凡人元氣虛衰，譬如令際嚴冬，黯然肅殺，必陽春布德而後萬物發生。人參氣味溫和，合天地春生之德，故能回元氣於無何有之鄉。王海藏云：肺寒可服，肺熱傷肺。猶為近理。至王節齋謂參能助火，虛勞禁服。自斯言一出，印定醫家眼目，遂使畏參如螫，而病家亦泥是說，甘受苦寒，至死不悟，良可嘆也。獨不聞東垣云：人參補元氣，生陰血，而瀉陰火。仲景於亡血虛家，並以人參為主。丹溪於陰虛之症，必加人參。彼三公者，誠有見於無陽則陰無以生，氣旺則陰血自長也。愚謂肺家本經有火，右手獨見實脈者，不宜驟用。即不得已而用之，必須鹽水焙過，秋石更良。蓋鹹能潤下，且參畏鹵鹹故也。若夫腎水不足，虛火上炎，乃刑金之火，非肺經之火，正當以人參救肺，何忌之有？元素云：人參得升麻，補上焦之氣，瀉肺中之火；得茯苓，補下焦之氣，瀉腎中之火。凡用必去蘆淨，蘆能耗氣，又能發吐耳。李言聞曰：東垣交泰丸用人參、皂莢，是惡而不惡也。古方療月閉四物湯加人參、五靈脂，是畏而不畏也。痰在胸鬲，以人參、藜蘆同用而取涌越，是激其怒性也。是皆精微妙奧，非達權者不能知。少用則壅滯，多用則宣通。

明・談孺木《棗林雜俎》中集　人參　遼陽東二百餘里，山深林密，不見天日，產人參。採者以夏五月入，裹三日糧。搜之最難，或徑迷斃人。

清・顧元交《本草彙箋》卷一　人參　性溫，又云微寒。味甘，又云微苦。大抵生用則氣涼，熟用則氣溫。味甘補陽，微苦補陰，有火土相生之義。向用熟參，市家多僞，三十年來一概用生，不知凡土虛火旺之症，宜生參涼薄之氣，以瀉火而補土，是純用其氣。若脾虛肺怯之人，則宜熟參甘溫之味，以補土而生金，是純用其味。倘不分生熟，不辨溫涼，漫以肺虛肺熱之說，淆亂於中，其術固已踈矣。而應用不應用，古人辨之最詳。凡人面白，或黃或青，黧悴，乃脾肺腎家不足，可用也。若面赤面黑，氣壯神強，不可用。脈之浮芤濡虛大遲緩無力，或沉而遲濡弱細結代無力者，皆虛而不足，可用也。若弦長緊實滑數有力，皆火鬱內熱，不可用。潔古謂喘嗽勿用者，乃痰實氣壅之喘也。若腎虛氣短喘促者，必用。仲景謂肺寒而咳弗用者，迺寒乘邪熱，壅鬱在肺之咳。若自汗惡寒而咳，在所必用。東垣謂久病鬱熱在肺弗用者，迺火鬱於內，宜發不宜補也。若肺虛火旺，氣短自汗，焉可不用？丹溪言諸痛不可驟用者，乃邪氣方銳，宜散不宜補也。若裏虛吐利，及久病胃弱，虛痛喜按者，必用。王節齋謂陰虛火旺弗用者，乃心虛火亢，能食，脈弦而數，涼之則傷胃，溫之則傷肺，不受補者也。若自汗氣短，肢寒脈虛者，必用。至古方治肺寒以溫肺湯，肺熱以清肺湯，中滿以分消湯，血虛以養榮湯，並不遺人參，此專主乎養正邪自除，陽旺生陰血之理，務在配合得宜，則自然無弊。醫人不能斷決此理，狐疑兩端，求免病家之怨，病家又以惑于俗論，甘受苦寒，雖至上嘔下泄，死而無悔，可不痛哉？

生用宜㕮咀，熟用宜隔紙焙，或以醇酒潤透，㕮咀，焙熟。並忌鐵器。一名神草。上應搖光，君人廢山瀆之利，則搖光不明，人參不長。　蘆，苦味。可代瓜蒂，用以吐虛勞痰飲，及痰因怒鬱，氣不得降，非吐不可者，用參蘆湯加竹瀝吐之。　人參鍊膏服，回元氣於無何有之鄉。凡病後氣虛及肺虛嗽者，並宜之。若氣虛有火者，合天門冬膏對服。　肺熱聲啞，宜人參二兩，訶子一兩，爲末，噙嚥。　凡內傷暴吐血不止，或勞力過度，致血妄行，出如湧泉，口鼻皆流，須臾不救。急用人參一兩，或二兩，爲細末，入飛羅麪一錢，新汲水調如稀糊，不拘時啜服。一用人參焙，側柏葉蒸焙，荊芥穗燒存性，各五錢，爲末，每用二錢，入飛麪二錢，新汲水調服，少頃再一服，立止。此失血益氣之法。若有真陰失守，虛陽泛上，亦大吐血，又須八味地黃湯固其真陰，以引火歸源耳。　傷寒壞症，不問陰陽，老幼姙婦，誤服藥餌，困重垂死，脈沉伏，不省人事，七日以後，皆可服之，百不失一。人參一兩，水二鍾，緊火煎一鍾，以井水浸冷服，少頃鼻梁有汗出，脈復立瘥。

此名復脈湯，亦名奪命散。　產後發喘，乃血入肺竅，用人參末一兩，蘇木二兩，水二碗，煮一碗，調參末服。產後血暈者，用人參一兩，紫蘇五錢，以童便、酒、水三合，煎服。產後秘塞，因出血太過。以人參、麻子仁、枳殼，共製末，煉蜜丸梧子大，每服五十丸，米飲下。

清・穆石匏《本草洞詮》卷八　人參　年深浸漸長成者，根如人形，故謂之人蓡。後世因畫繁，以參代之。色黃而補血，故有黃參、血參之名。得地之精靈，故有土精、地精之名。背陽向陰，成有階級，故有人銜、鬼蓋之名。《禮斗威儀》云：下有人參，上有紫氣。《春秋運斗樞》云：搖光星散，而為人參。人君廢山瀆之利，則搖光不明，人參不生。觀此，則人參洵神物也。味甘微苦，氣微寒，一云溫，無毒。入手太陰經。能補肺中元氣。肺主諸氣，肺氣旺，則四臟之氣皆旺，精自生而形自盛矣。仲景云：病人汗後，身熱亡血，脉沉遲者，下痢身涼，脉微血虛者，並加人參。古人血脫者益氣，蓋血不自生，須得生陽氣之藥乃生。《素問》言：無陽則陰無以生，無陰則陽無以化。故人參雖補氣，而血虛者用之也。且其味甘補陽，微苦補陰，生用則氣涼，熟用則氣溫，氣主生物本乎天，味主成物本乎地。涼者，高秋清肅之氣，天之陰也，其性降。溫者，陽春生發之氣，天之陽也，其性升。甘者，濕土化成之味，地之陽也，其性浮。微苦者，火土相生之味，地之陰也，其性沉。人參氣味俱薄，氣之薄者，生降熟升。味之薄者，生升熟降。如土虛火旺之病，則用生參，涼薄之氣以瀉火而補土，是純用其氣也。脾虛肺怯之病，則用熟參，甘溫之味以補土而生金，是純用其味也。其佐使而為用者，東垣以相火乘脾，身熱而煩，氣高而喘，頭痛而渴，脉洪而大者，用黃蘗佐人參。孫真人治夏月熱傷元氣，人汗大泄，欲成痿厥者，用生脉散以瀉熱火，而救金水。此皆補天元之真氣，非補熱火也。白飛霞云：人參鍊膏服，回元氣於無何有之鄉。若氣虛有火者，合天門冬膏對服之。潔古謂人參得升麻引用，補上焦之元氣，瀉肺中之火。得茯苓引用，補下焦之元氣，瀉腎中之火。東垣謂人參得黃耆、甘草，乃甘溫除大熱，瀉陰火，補元氣，亦為瘡家聖藥。此皆神而明之，配合得宜者也。王海藏謂人參甘溫補肺之陽，泄肺之陰。若肺受火邪者，則反傷肺。王節齋謂人參能補肺火。凡陰虛火動失血等證勿用，蓋甘溫助氣，氣屬陽，陽旺則陰愈消，人服參耆為補而死者多矣。二家之說，俱非確論。夫人參能補元氣，生陰血，瀉陰火，則是陰虛火動之病，均當用參。而二家獨謂人參補火，請折衷之，凡人面白、面黃、面青黧悴者，皆脾肺腎氣不足，可用也。面赤、面黑者，氣壯神強，不可用也。脉之浮而芤濡虛大遲緩無力，沉而遲澀弱細結代無力者，皆虛而不足，可用也。若弦長緊實滑數有力者，皆火鬱內實，不可用也。潔古謂喘嗽勿用者，痰實氣壅之喘也。若腎虛氣短喘促者，必用也。仲景謂肺寒而咳勿用者，寒裹熱邪痰壅在肺之咳也，若自汗惡寒而咳者，必用也。東垣謂久病鬱熱在肺勿用者，乃火鬱於內，宜發不宜補也。若肺虛火旺，氣短自汗者，必用也。丹溪言諸痛不可驟用者，乃邪氣方銳，宜散不宜補也。若裏虛吐利，及久病胃弱，虛痛喜按者，必用也。如此詳推，則人參之可用不可用，思過半矣。楊起亦謂肺寒、肺熱、中滿、血虛四證，只宜散寒，消熱，消脹，補營，勿用人參，不知各加人參在內，護持元氣，力助群藥，其功更捷。古方治肺寒以溫肺湯，肺熱以清肺湯，中滿以分消湯，血虛以養營湯，皆有人參在焉。所謂邪之所輳，其氣必虛。又曰：養正則邪自除，陽生則陰長，貴在配合得宜耳。人參生上黨、遼東者佳。試參法：使二人同走，一含人參，一空口，度走三五里許，其不含人參者必大喘，含者氣息自如，其參乃佳也。連皮者黃潤，色如防風。去皮者堅白如粉，秋冬采者堅實，春夏采者虛鬆，頻見風日則易蛀，蓋生時背陽，故不喜見風日，惟納新器中，與細辛相間密封之，可留經年。市人多以沙參、薺苨、桔梗造作亂之。沙參體虛無心而味苦，薺苨體虛無心而味甘，桔梗體堅有心而味苦，人參體實有心而味甘微帶苦，謂金井玉闌是也。其似人形，尤多贋者。更有以人參完浸取汁，晒乾復售，全不任用，不可不察。人參蘆苦溫，無毒。主吐，虛勞痰飲，凡人弱者，當以人參蘆代瓜蒂也。人參補陽中之陰，蘆則反瀉陰中之陽，亦如麻黃發汗，根則止汗。穀涼而糠熱，麥溫而麩涼，先儒謂物物具一太極，學者可不觸類而長之乎？

清・劉雲密《本草述》卷七上　人參　《人參贊》云：三椏五葉，背陽向陰，欲來求我，椵樹相尋。椵，音假，樹似桐，以其樹陰廣，則滋生多也。蓋此草多生於深山背陰，近根漆下溼潤處。春生苗，三月、四月有花，細小如粟，蕊如絲，紫白色，秋後結子，或七八枚，如大豆，生青熟紅，自落，根如人形者神，采其根於秋冬則堅實，春夏采者便虛軟也。《春秋運斗經》云：搖光星散而為人參，故有神草之名。　嘉謨曰：昔時多用潞州上黨紫團參，其產於紫團山也。紫色，稍扁。又百濟參白堅且圓，名曰條參，俗名羊角參。遼東參黃潤

纖長，有鬚，俗名黃參，獨勝。高麗參近紫，體虛。新羅參亞黃味薄，肖人形者神，其類雞腿者力洪。　時珍曰：上黨，今潞州改潞安府也。土民以采參為地方害，不復采取矣。今所用者，皆是遼參。其高麗、百濟、新羅三國，今皆屬於朝鮮矣，其參猶來中國互市。但所用之遼參，連皮者黃潤，色如防風，去皮者堅白如粉。偽者皆以沙參、薺苨、桔梗，采根造作亂之。沙參體虛無心而味淡，薺苨體虛無心，桔梗體堅有心而味苦。人參體實有心而味甘微帶苦，自有餘味，俗名金井玉闌也，以是為勝。其他作偽者不少，須詳審之。

根：氣味：甘，微寒，無毒。《別錄》曰：微溫。普曰：神農：小寒。桐君、雷公：苦。黃帝、岐伯：甘，無毒。潔古曰：性溫，味甘微苦，氣味俱薄，浮而升，陽中之陽也。又曰：陽中微陰。希雍曰：神農，微寒。《別錄》微溫。二義相蒙，世鮮解者。蓋微寒者，春之寒也。微溫者，亦春之溫也。《神農》直指所稟，故曰微寒。《別錄》兼言功用，故又曰微溫。既云微矣，寒不甚寒，則近於溫，溫不甚溫，則近於寒，故知寒溫雖別，言微則一也。以言乎天，則得其生生升發之氣。以言乎地，則得其清陽至和之精。狀類人形，上應搖光，故能回陽氣於垂絕，卻虛邪於俄頃，功魁羣草，力等丸丹矣。　丹溪曰：人參入手太陰經。

主治：補五臟，安精神，定魂魄，止驚悸，開心益智，久服輕身延年《本經》。調中，保中守神，治肺胃陽氣不足，肺氣虛促，短氣少氣，補中緩中，通血脈，主五勞七傷，虛損，療腸胃中冷氣，心腹鼓痛，胸膈逆滿，痰弱嘔噦，消胸中痰，瀉心肺脾胃中火邪，止渴生津液諸本草。　愚按：人參益元氣，於肺脾先受之，以入五臟，故《經》曰三陰者，六經之所主也。三陰之藏，脾與肺也。五臟俱入，則諸虛皆補，其功效難以數例定也。且有患證同，而可補不可補者迥殊。又一證而前不可補，後復可補者不同，更難定其何證必用參也。唯當条於後腎諸論，變而化之，以盡參之功能。　東垣曰：人參甘溫，能補肺中元氣，肺氣旺，則四臟之氣皆旺，精自生而形自盛，肺主諸氣故也。張仲景云：病人汗後身熱亡血，脈沉遲者；下痢身涼，脈微血虛者，並加人參。古人血脫者益氣，蓋血不自生，須得生陽氣之藥乃生，陽生則陰長，血乃旺也。若單用補血藥，血無由而生矣。《素問》言無陽則陰無以生，無陰則陽無以化。故補氣須用人參，血虛者亦須用之。　海藏曰：潔古老人言以沙參代人參，取其味甘也。然人參補五臟之陽，沙參補五臟之陰，安得無異？雖云補五臟，亦須各用本臟藥相佐使引之。　白飛霞云：人參煉膏服回元氣於無何有之鄉？凡病後氣虛，及肺虛嗽者，並宜之。若氣虛有火者，合天門冬膏對服之。　盧復曰：生處背陽向陰，當入五臟，以類相從也。人身衛氣日行於陽道則寤，夜入於五臟則寐。則凡病劇張惶不能假寐者，人參入口便得安寢。此即入臟養陰，安精神，定魂魄之外徵矣。　李言聞曰：人參生用氣涼，熟用氣溫，味甘補陽，微苦補陰。氣主生物本乎天，味主成物本乎地。氣味生成，陰陽之造化也。涼者，高秋清肅之氣，天之陰也，其性降。溫者，陽春生發之氣，天之陽也，其性升。甘者，溼土化成之味，地之陽也，其性浮。微苦者，火土相生之味，地之陰也，其性沉。人參氣味俱薄，氣之薄者，生降熟升；味之薄者，生升熟降。如土虛火旺之病，則宜生參，涼薄之氣以瀉火而補土，是純用其氣也。脾虛肺怯之病，則宜熟參，甘溫之味以補土而生金，是純用其味也。東垣以相火乘脾，身熱而煩，氣高而喘，頭痛而渴，脈洪而大者，用黃蘗佐人參。孫真人治夏月熱傷元氣，(人)〔大〕汗大泄，欲成痿厥，用生脈散以瀉熱火而救金水，君以人參之甘涼，瀉火而補元氣，臣以麥門冬之苦甘寒，清金而滋水源，佐以五味子之酸溫，生腎精而收耗氣，此皆補天元之真氣，非補熱火也。　愚按：《經》曰陰虛則無氣，無氣則死。蓋人身之真陽由陰中以上升，此地氣上為雲，陽之升者，即陰之升也。真陰由陽中以降，此天氣下為雨，陰之降者，即陽之降也。五臟屬陰，曰補五臟之陽者，蓋補陰中之陽也。真陽由陰而升，真陰由陽而降，然後地天交而營衛乃大通，以奉生身。人參陽中含陰，正合於陽中之陰，以交於陰中之陽，而大益真元，乃能回元氣於無何有之鄉，乃為能補天元之真氣。故即如以上諸說，與參条互而用，以療虛損者，後學祖之，亦須先識陽中含陰云云之義，然後能善其用以無誤也。　希雍曰：《經》言補五藏，蓋臟雖有五，以言乎生氣之流通則一也，益真氣則五臟皆補矣。其曰安精神，定魂魄，止驚悸，開心益智者，以心藏神，肝藏魂，肺藏魄，腎藏精與志，脾藏意與智，故也。心腎虛則精神不安矣，肝肺虛則魂魄不定矣，驚悸者，心脾二經之病也。心脾虛則驚悸，心脾之氣強則心竅通利，能思而智益深矣。　愚按：《經》曰五藏者，所以藏精神、血氣、魂魄者也。故《本經》言其補五藏，即以安精神云云實之。夫精神、魂魄、志意，非人立命之根乎？而參能益之，真功魁羣草矣。

希雍又曰：人參補五臟陽氣之君藥，開胃氣之神品。　同大棗、白芍藥、

龍眼肉、甘草、酸棗仁補脾陰。　腎氣衰，陽痿，以之為君，加鹿茸、肉蓯蓉、巴戟天、五味子、麥門冬、菟絲子、山茱萸、地黄、枸杞、杜仲、柏子仁，乃扶衰之要劑，兼令人有子。　君藿香、木瓜、橘紅，治胃虚弱，嘔吐反胃。　如妊娠嘔吐，加竹茹、枇杷葉。　同白术、吴茱萸，治脾泄久不止。　君五味子、吴茱萸、補骨脂、肉豆蔻，治腎泄。　同白芍藥、炙甘草，治血虚腹痛鼓痛。　同乾薑、白术、炙甘草，治中寒泄瀉，下利清穀，甚則加肉桂、附子。　同附子、乾薑、肉桂治寒厥指爪青黯、便清、倦卧。　同附子、五味子，治陽氣脱，溫腸胃中冷。　君五味子、麥門冬，治肺虚氣喘，夏月服之益氣除熱，止消渴，名生脈散。　加白术又治中暑傷氣倦怠。　同沉水香、白芍藥，治真氣虚，氣不歸元，因而胸脇逆滿。　同茯苓、遠志、益智、棗仁、麥門冬，治精神恍惚，魂魄不定，驚悸。　同沉水香、茯神，治心虚，邪客之作痛。　同鹿角膠、杜仲、續斷、當歸、地黄、蘇木，治負重努力，内傷失血。　去蘇木加生地黄，治胎漏不安。　同黄耆、白芍藥、五味子，治汗多亡陽。　同蘇木、麥門冬，治産後氣喘。產後氣喘，原方論云：此乃血入肺竅，危證也。原方止有參一兩，蘇木二兩，更童便煎服為是。茲加入麥冬，誤矣。若云非滯血證，何以又入蘇木。　在白虎湯治勞傷元氣，人患熱病，渴甚并頭疼。　在敗毒散治氣虚，人患四時不正傷寒。

在參蘇散治肺虚人傷風。　同鼈甲、青皮、乾漆、䗪蟲、肉桂、牡蠣、射干，消瘧母。　同甘菊花、當歸、地黄、枸杞子、蒺藜、甘草、柴胡，則明目。　同黄連、紅麴、白芍藥、滑石末、升麻，治滯下腹痛赤色。　同黄連、烏梅、蓮肉、升麻、滑石末、肉豆蔻，治滯下久不止。　同白术、木瓜、茯苓、藿香、炙甘草，止虚煩躁。　同牛黄、犀角、天竺黄、釣籐鈎、丹砂、雄黄、真珠、茯神、遠志，治驚癇。　同地黄、阿膠、麥門冬、山茱萸、五味子、續斷、杜仲，治血崩。　加牛膝、大薊、鹿角膠，治血淋。　同橘皮、紫蘇、木瓜、白术、竹茹，治惡阻，安胎；　熱多者去术、紫蘇，加麥門冬。　同五加皮、白鮮皮、石楠葉、石斛、秦艽、木瓜、薏苡仁、萆薢、牛膝、沉香、菖蒲、二术，治痹。　同黄蘗、黄耆、白术、五味子、麥門冬、木瓜、白芍藥、薏苡仁、白茯苓，治痿。　同附子、白术、芍藥、甘草、茯苓，治慢驚、慢脾風。　同白术、黄耆、芍藥，治自汗。　同生薑皮各兩許，水煎，露一夜，五更溫服，治氣虚久瘧不止。　同蘇木、當歸、童便，治産後血暈。　同石菖蒲、蓮肉等分水煎，治産後不語。　同乳香、丹砂、雞子白、薑汁三匙調匀，别用當歸兩許，煎濃，同吞，治横生倒養難産神效。　同附子、肉桂、麥門冬、五味子，治房勞過度，脱陽欲絶，下部虚冷。　同黄耆、天門冬、五味子、牛膝、枸杞、菖蒲，治中風不語。

潔古曰：　人參得升麻引用，補上焦之元氣，瀉肺中之火；　得茯苓引用，補下焦之元氣，瀉腎中之火。　得麥門冬則生脈，得乾薑則補氣。　《述》曰：　與黄芪同用，助補表虚；　與白术同用，助補脾胃。　與熟地黄同用，佐以茯苓，助下焦元氣，瀉腎中虚火。　升麻引用，補上焦元氣，瀉肺胃中虚火。

愚按：　人參之功負絶，類能言之。　然總不外於《本經》之主治，首及補五藏一語。　其補五臟者，以其補元氣也。　夫元氣本於陰中之陽，如參之産背陽向陰，即采之亦必以秋冬堅實，是非陽之出於陰中者哉？　唯本於陰中之陽而合乎腎，入於陽中之陰而合乎肺，遂合於二陰之至肺者，以能返其所自始所自生，而後能回陽氣於垂絶，却虚邪於俄頃也。丹溪曰：　人參入手太陰，補陰中之陽者也。　抑氣之補五臟者，必先至於中土，而乃及於四臟。　蓋以中土之胃，能行氣於三陰三陽，而與胃合之脾，尤能為胃行氣於三陰三陽者也。　知胃陽之氣，必根於脾陰之氣，則肺本於陰中之陽，以入於陽中之陰，而後陰陽合而氣生，陰陽和而氣暢者，其義可識取矣。　如是之謂能益元氣，補五臟也。　雖然，人生有形，形立於氣，此《經》所謂形歸氣，氣生形也。　惟人生一落於軀殼，舉内外皆屬形耳。　然五臟更為形軀之主，而元氣又為五臟之主，蓋由元氣以補五臟，由五臟以益形軀，此《經》所謂形與氣俱使神内藏者也。　又《經》所云失神者死，得神者生，何者為神？　曰：　血氣已和，營衛已通，五臟舍心，魂魄畢具，乃成為人。　百歲五藏皆虚，神氣皆去，形骸獨居而終矣。　即經數語，以徵人參之功；則如《本經》所謂安精神，定魂魄，開心益智。　而東垣所云補氣即益血者，非由元氣以益五臟以益形骸乎？　合而繹之，此正血氣和，營衛通，形不離氣，神不去形。　甄權謂人參為能守神者，職是故耳。　弟如《别録》更言調中，甄權亦云補五臟六腑，又曰保中，日華子云治氣先言調中，而潔古云治肺胃陽氣不足，肺氣虚促，短氣少氣，更云補中緩中，舉如先哲所云中者，豈專指中土而言乎？　又甄權所謂主五勞七傷虚損，時珍所云治男婦一切虚證，非由五臟抑亦别有取爾也？　曰：　謂中土，非形之中不可。　弟繹甄權於保中下，即隨以守神二字，則似有超於形以為言者矣。　《經》曰：　根於中者，命曰神機，此云中。　蓋合於臟分有五之中，此云機，尤妙於氣與神之凝，以為機

也。是則所謂中者，豈執於有形之中土哉？然則神亦何所取乎？《經》曰：人生有形，不離陰陽。又曰陰陽者，神明之府也。又曰陰陽不測之謂神。又曰兩精相搏謂之神。如人參能合於人身陰中之陽，以生元氣，即更合於人身陽中之陰以化元氣，謂非陰陽之不測不可，謂非陰陽之相搏不可。搏，猶言結也。若然，是非神明之府乎？能全其陰陽之相搏而不測者，即不離於五臟血氣之中，以能扶危戡亂，保泰定功，不可不謂其能守人身中之神，而夐絕於羣草也。雖然，既云守神，以全形而神之，由氣而守者，又先至肺及脾，以達餘臟，即就形而指中土以為中也，亦無不可。況如潔古之補中緩中，較與諸說少異乎，但執此以為中，便不可謂之神矣其一。

又按：言參之功，止謂其甘溫，與芪同稱而已，不知其能補真氣者，非甘溫之他品所敢望也。蓋人參入手太陰，而乃能補五臟者，由於主呼吸以神，其升降使元氣由地至天，自天歸地，循環不息耳。《經》云升降息則氣立孤危，不可證取此義乎？然在《難經》曰：臍間動氣者，人之元氣呼吸之門。吳梅坡曰：左腎屬水，陰之闔也，降也。右腎屬火，陽之闢也，升也。唯此一元之氣，有一動一靜於其間，方啓膈間肺動，以為呼吸。況《經》言二陰至肺，且言少陽屬腎乎？夫二陰，腎也，既上至肺，少陽三焦固腎氣之使也。是呼吸之氣，上主於肺，而實下本於腎也。夫心之總系，上貫於肺，通於喉而息由以生。《經》曰宗氣積於胸中，出於喉嚨，以貫心脈而行呼吸。蓋此水火同宮，高下相召之元氣，以為呼吸也，是呼吸之氣，肺下本於腎，而實上主於心也。何以本於腎而反主於心？以氣者，火之靈。《內經》所謂五藏舍心者，此耳。若然，則真氣即水火同宮，陰陽合和之氣也。然參之補元氣者，何以首益脾胃？蓋水火之所以體物而不遺者，土也。唯土鼓坎離，即藉坎離升降，播煽真氣，造化穀氣與之並充身焉。故曰脾胃非能化物，其化物者，皆水火之氣，而水火之氣無中土則幾乎息，猶氣與形之相依。故補真氣之味，即首入脾胃矣。且其氣味正合於中土之化成焉。人身元真在腎則寒化，其氣藏在心則熱化，其氣浮在肝則溫化，其氣升在肺則涼化。其氣降涼，即微寒也。唯在脾則冲和之化，其氣備。夫偏寒偏熱者，水火獨至之氣也。微溫微寒者，水火合和之氣也。備者，不偏於寒，不偏於熱，而得乎粹。然冲和之氣，雖胃與心肺在上而營諸陽，然陽中有陰，非偏於陽也。即是而言，參之性味，繆氏所云寒不甚寒則近於溫，溫不甚溫則近於寒，豈非獨得其補真氣而為開胃益脾之精義乎？是可概以甘溫二字目之乎？《本經》云：人參微寒者，獨指參之所稟，肺原於腎也。極為精確。而《別錄》又言：微溫者，詳於參之所合，肺媾於肝也。亦為精悉。乃世醫止以甘溫目之，同於芪而論，則亦大憒憒矣。若然，參合於脾胃，既備冲和之氣矣，何以又專言其入肺？蓋真氣之所藉者，穀也。穀氣之所入者，胃也。故《經》曰：人受氣於穀，氣積於胃。然而腎之藏者，合於肝之升，而氣乃際於天，如心之浮者，不合於肺之降，則不際於地，而升降之機息。故肺為陽中之陰，乃能主持陰中之陽，而運升降於不息也。《經》曰：胃為五藏六府之海，其清氣上注於肺，肺氣從太陰而行之，其行也，以息往來。夫往來，即升降也。調真氣者，先調息。故《經》曰：肺者，氣之本也。而冲和之氣不入肺，而何入乎？世醫謂氣為陽，而不知皆冲和之氣也。其二。

附方　按繆仲淳氏主治參互，其立方亦多矣。茲再錄數方之有意義者，以備參究。

人參膏：用人參十兩，細切，以活水二十盞，浸透，入銀石器內，桑柴火緩緩煎取十盞，濾汁，再以水十盞，煎取五盞，與前汁合煎成膏，瓶收，隨病作湯使。丹溪云：多慾之人，腎氣衰憊，欬嗽不止，用生薑、橘皮煎湯，化膏服之。浦江鄭兄五月患痢，又犯房室，忽發昏暈，不知人事，手撒目暗，自汗如雨，喉中痰鳴如拽鋸聲，小便遺失，脈大無倫，此陰虧陽絕之證也。予令急煎大料人參膏，仍與灸氣海十八壯，右手能動，再三壯，唇口微動，遂與膏服一盞，半夜後服三盞，眼能動，盡三斤，方能言，而索粥盡。五斤而痢止，至十斤而全安。若作風治，則誤矣。按：丹溪所治之證，固已患痢，更犯房室，以致危篤，是不止於腎陰之受傷，而陰中之真陽亦幾幾欲絕也。故多服參膏而後愈，則參還元以益陰中之陽明矣。

夾陰傷寒，先因慾事，後感寒邪，陽衰陰盛，六脈沉伏，小腹絞痛，四肢逆冷，嘔吐清水，不假此藥，無以回陽。人參、乾薑炮各一兩，生附子一枚，破作八片，水四升半，煎一升，頓服。脈出身溫，即愈。按：此證又為陰邪勝陽，而補腎陽以參，更同於乾薑、附子，期補元陽以化陰邪而已。與前陰虧陽絕之治證，大相懸殊也。

房後困倦，人參七錢，陳皮一錢，水一盞半，煎八分，食前溫服，日再服。按：此亦補陰中陽，陰中陽乃元氣也。

心下結氣，凡心下硬，按之則無常，覺膨滿，多食則吐氣，引前後噫呃不除，由思慮過多，氣不以時而行則結

滯，謂之結氣。人參一兩，橘皮去白四兩，為末，煉蜜丸梧子大，每米飲下五六十丸。　按：前益腎陰中之陽，而此益心陽中之陰，皆止用人參、陳皮，因心腎陰陽互宅，唯參能善其根陰根陽之用，故無異味耳。但前證以補困倦，而參大倍於陳皮，後方以行結氣，而陳皮勝於參也。　怔忡自汗，此心氣不足也。人參半兩，當歸半兩，用豶豬腰子二個，以水二盌，煮至一盌半，取腰子細切，人參、當歸同煎至八分，空心喫腰子，以汁送下，其滓焙乾為末，以山藥末作糊，丸綠豆大，每服五十丸，食遠棗湯下，不過兩服即愈。此崑山神濟大師方也，一加乳香二錢。　按：是方投參、歸，而同於豬腰子者，以元氣為陰中之陽，必藉之使益腎也，故取諸味之汁，而空心服之，仍用其滓焙乾為末，同山藥為丸，於食遠服者，又取其培中氣，以益肺之元氣也。處方可謂精詣矣。　產後諸虛，發熱自汗，人參、當歸等分，為末，用豬腰子一個，去膜，切小片，以水三升，糯米半合，葱白二莖，煮米熟，取汁一盞，入藥煎至八分，食前溫服。　按：產後發熱自汗之證，乃與怔忡自汗，而同用參、歸、豬腰子者，蓋同是元氣之有損，皆根於腎故也。苐產後去血，何以亦補元氣？緣血化於陽中之陰，而陽中之陰原根於陰中之陽也。惟是產後方有糯米、葱白之加者，則以去血則宜益脾，自汗則宜於補元氣之中，寓透陽於陰中之義，俾滯血得化，而陰為陽守也。世醫止以葱白為散寒邪，誤矣。此加二味之深意也。　喘急欲絕，上氣鳴息者，人參末湯服方寸匕，日五六服，效。　按：此正所云參補五臟而肺先受之者，以元氣根於腎，主於心，而肺統之，以歸下也。予於天啓間作令時，因勞極病此，大用參得愈。　產後發喘，乃血入肺竅，危證也。人參末一兩，蘇木二兩，水二盌，煮汁一盌，調參末服，神效。　按：此義亦用參以補虛，歸氣之元，但加蘇木以化滯血，俾陰得化，能隨陽行耳。　霍亂嘔惡，人參二兩，水一盞半，煎汁一盞，入雞子白一枚，再煎溫服。　按：霍亂吐瀉，或六淫七情，有一乖戾鬱滯，以致陰陽痞隔，上下相離，而氣不得升降者然也。茲霍亂止言嘔惡，是但有逆上而不降，故用歸元之真陽，如參者以為降也，但元氣之降，先本於升，故又用象天如雞子之白，舉清陽而上浮者以為升地，俾和上逆之氣而下。此製方之妙也。　反胃嘔吐，飲食入口即吐，困弱無力垂死者，上黨人參三大兩，拍破，水一大升，煮取四合，熱服，日再，兼以人參汁入粟米、雞子白、薤白，煮粥與噉。此方出李絳《兵部手集》，公每與名醫論此藥，難可為儔也。　胃寒氣滿，不能傳化，易飢不能食，人參末二錢，生附子半錢，生薑二錢，水七合，煎二合，雞子清一枚，打轉空心服之。　脾胃虛弱，不思飲食，生薑半斤，取汁，白蜜十兩，人參末四兩，銀鍋煎成膏，每米飲調服一匙。

希雍曰：人參，論其功能之廣，具如《本經》所說，信非虛語。苐其性亦有所不宜，世之錄其長者，或遺其短，摘其瑕者并棄其瑜，是以或當用而後時，或非宜而妄投，不蒙其利，徒見其害。二者之誤，其失則一，遂使良藥不見信於世，粗工互騰其口說，惜哉！豈知人參本補五臟真陽之氣者也。若夫虛羸尫怯，勞役飢飽所傷，努力失血，以致陽氣短乏，陷入陰分，發熱倦怠，四肢無力，或中熱傷暑，暑傷氣，無氣以動，或嘔吐泄瀉，霍亂轉筋，胃弱不能食，脾虛不磨食，或真陽衰少，腎氣乏絕，陽道不舉，完穀不化，下利清水，中風失音，產後氣喘，小兒慢驚，吐瀉不止，痘後氣虛，潰瘍長肉等證，投之靡不立效，所不利者，唯是火炎氣上，如咳嗽吐痰，吐血、衄血、齒衄，內熱骨蒸勞瘵，陰虛火動之候。蓋肺者，華蓋之臟也，位乎上象天，人身真氣由地以至於天，唯肺統之，真氣無虧，則寧謐清浄，以受生氣之熏蒸，而朝百脈，乃為後天真陰之化原。苟縱恣情慾，虧損真陰，火空則發，熱起於下，炎爍乎上，則肺先受之，火乃肺之賊邪，統氣者受傷，則肺熱轉鬱結而為痰，喉癢而發嗽，血熱妄行，溢出上竅，如用參輩以補之，是助邪而更傷乎幾希之陰，海藏所謂肺熱還傷肺是已。又有痧疹初發，身雖熱而斑點未形，傷寒始作，形證未定，而邪熱方熾，若誤投之，鮮克免者，斯皆實實之害，非藥可解。《經》曰：實實虛虛，損不足而益有餘，如是者，醫殺之耳。可不戒哉？可不慎哉？　言聞曰：凡人面白、面黃、面青、黧悴者，皆脾肺腎氣不足，可用也。面赤、面黑者，氣壯神強，不可用也。脈之浮而芤濡虛大遲緩無力，沉而遲濇弱細，結代無力者，皆虛而不足，可用也。若弦長緊實滑數有力者，皆火鬱內實，不可用也。潔古謂喘嗽勿用者，痰實氣壅之喘也。若腎虛氣短喘促者，必用也。仲景謂肺寒而欬勿用者，寒束熱邪，壅鬱在肺之欬也。若自汗惡寒而欬者，必用也。東垣謂久病鬱熱在肺勿用者，乃火鬱於內，宜發不宜補也。若肺虛火旺，氣短自汗者必用也。丹溪言諸痛不可驟用者，乃邪氣方銳，宜散不宜補也。若裏虛吐利，及久病胃弱，虛痛喜按者必用也。王節齋謂陰虛火旺勿用者，乃血虛火亢，能食，脈弦而數，涼之則傷胃，溫之則傷肺，不受補者也。若自汗氣短，肢寒脈虛者必用也。如此詳審，則人參之可用不可用，思過

半矣。

愚按：先哲有云：虛火可補，參芪之屬。實火可瀉，芩連之屬。愚謂此四語還費商酌，是必精晰火與熱之辨，而後可。蓋《經》曰：寒、暑、燥、溼、風、火，此天之陰陽也。而人合之，又曰風寒在下，燥熱在上，溼氣在中，火遊行其間，以是參之，如《經》所云東方生風，南方生熱，西方生燥，北方生寒，中央生溼，各正其位，而獨火無所主者，豈非由陰而生陽，即由陽而化陰，遊行於風、寒、熱、燥、溼之間，以為用者乎？人既合於此，便可以參《經》所謂少火者，非陽之由陰而生，復由陰而化者，不名為少火也。若離陰以為陽生，則生之原絕，離陰以為陽化，則化之機窮，豈不謂之壯火乎？故少火能生氣者，陰合陽而氣生也。壯火反食氣者，陽離陰而氣盡也。故《經》曰陰虛則無氣，無氣則死矣。即斯義以明虛火實火之治義。如所謂虛火者，形證與脈俱處其不足，是為虛熱。可補陽也。若由於真陰之虛，以致陽不足者，是謂虛火，則必補陰，而並裕陽。苦寒固未宜，若惟以參、芪補之，則甘溫祇以益陽，反先損其陽生之原也。惡乎可，是可投參、芪者，乃止屬陽分之虛，名為虛熱，不名為虛火也。所謂實火者，形證與脈俱據其有餘，是謂實熱，可瀉陽也。若由於至陽之盛，以致陰不足者，是謂實火，則必抑陽而並滋陰，辛熱固不宜，若概以芩、連瀉之，則苦寒必至亡陰，反先絕其陽化之原也。惡乎可，是可用芩、連者乃止。屬陽分之實，名為實熱，不名為實火也。形證與脈俱處其不足者，總是止屬陽分之虛，無干於陰虛之義。形證與脈俱據其有餘者，總是止屬陽分之實，亦無干於陰虛之義。虛實兩治，一干於陰虛，則便費商酌。更專言虛火之治，人之身半以下屬陰，身半以上屬陽，在陰分之陽虛者，不由於真陰之虛而致之，則直當補先天之真陽，如桂、附之屬，參芪可以佐之，一由於陰虛而致者，又當以養陰為主，而寓扶陽之義，獨任參、芪猶非的劑也。又如陽分之陰虛者，不由於至陽盛而致之，則直當滋後天之元陰，如歸、芍之類，參、芪亦可以佐之。一由於至陽盛而致者，又當以抑陽為主，而寓生陰之義，參、芪正以貽害耳。雖然，陰陽各分之中，又各有陰陽，先哲曰勞倦飲食，損傷氣分者，固有陰氣陽氣之分，而思慮色欲損傷血分，又豈無有陰血陽血之異乎？以此見血陰氣陽者，分陰分陽之義也。氣血各自有陰陽者，陰陽互為其根之理也。大法陽氣虛者宜桂、附，兼參、芪峻補。陰氣虛者，參、朮、甘草緩而益之。陰分血虛者，生地、玄參、龜板、知母、黃柏補之。陽分血虛者，茯苓、參、歸、遠志之類補之。此數語者，亦可謂發前人之所未發也。雖然，統治諸證總宜明於火與熱之分，苐火與熱之分，固介然不移，何醫家概以火言之，則因《內經》中南方生熱，熱生火耳。按：火與熱之辨，在先哲已言之早矣。曰：陽虛生寒，寒生溼，溼生熱。陰虛生火，火生燥，燥生風。不知火固熱也，其氣使然。而所謂少火者，乃陰中之真陽，不指其氣之熱者，以名火也。若指其氣之熱者，可以為火是，又屬壯火食氣者也，惡乎可其一。須知所謂肺熱還傷肺者，可為為肺熱干於陰之證，此屬虛火，不可投參者也。所謂養正邪自除者，可為肺熱無干於陰分之證，此屬虛熱，可以投參者也。大都人身諸病，干於陰分者，居其強半，故肺熱還傷肺之言，未可概以為非也。又人身虛病，無干於陰分，而止屬陽分者，雖少，亦確有之，故養正邪自除之言，間亦中的，然猶未可盡以為是也。不明於虛熱、虛火之辨，勿怪乎各執一方以相爭，而其失俱不甚相遠也其二。

又按：參之用舍，唯是血證，最宜分明。故繆仲淳氏獨舉而言之，惜乎猶未中肯也。楊仁齋云：人身之血，賴氣升降，氣升則升，氣降則降，氣逆則逆，氣和則和，氣清則和，氣濁則亂。故凡治血之逆者，莫先清氣。又云：血遇熱則宜流，故止血多用涼藥。然亦有氣虛挾寒，陰陽不相守者，榮氣虛散，血亦錯行，所謂陽虛陰必走是也。外證必有虛冷之狀，法當溫中，使血自歸於經絡。統繹二義，其治似冰炭懸絕。然同是血帥於氣，氣為血先之義耳。所謂氣清則和者，陽得陰以為守則氣清，清者陽中之陰降，陰降而陽隨之，是之謂和，和則不逆矣。濁者陽不得陰以為守，則陽因僭越而上亢，是之謂亂，亂則何所不至而成逆，猶言悖逆之義也。則如血之聽命於氣者，自無不與之俱逆矣。至於氣虛而血錯行者，血不得其統馭之主，而亦妄行，猶所謂無主乃亂也。是雖同是血逆，而其治有不得不異者如此。故肺熱干於陰，與無干於陰者，固參用舍之分。然至如血逆證，其治有分者，較於前義，更加精辨。蓋血證雖有異治，然俱已傷其陰矣。又惟是氣濁氣虛之分，從血之主者，以為治柄，司命之工，其可不細審乎哉其三？

又按：氣之清濁虛實，最關於血者，其義之親切為何如？且醫治血證，輒言引血歸經，然其歸經又何如？蓋《經》曰：真氣者所受於天，與穀氣

并而充身也。又曰：人受氣於穀，穀入於胃，以傳於肺，五藏六府皆以受氣。蓋肺為五臟六腑之華蓋，故臟腑之氣，唯肺主之。然氣有營衛之分，氣之陽屬衛，氣之陰屬營。陽先而陰從之，故《經》曰：衛氣者，所以溫分肉，充皮膚，肥腠理，司開闔者也。衛氣先行皮膚，先充脈絡，脈絡先盛，故衛氣已平，營氣乃滿，而經脈大盛，即此可知陽為陰之先，血乃氣之充，故氣之清濁虛實，即與血相關，而極其親切者，有如斯也。第所云歸經者云何？在《經》曰：胃者，水穀氣血之海也。胃之所出氣血者，經隧也。經隧者，五藏六府之大絡也。又曰：五藏之道，皆出於經隧，以行血氣，血氣不和，百病乃變化而生。是故守經隧焉，即此觀之，則氣之濁，氣之虛者，是即所謂血氣不和，而百病生者也，是皆不得至於經而行其血氣者也。然皆本於氣能化血之臟，以取責焉。蓋氣之濁與氣之虛，舉不能入心而為血之主，入脾而為血之統，入肝而為血之藏，又焉能入於經隧，以為五臟六腑之大絡乎？蓋人身之血，固無處不周，然臟腑之絡，繫於經絡，而經隧之能通血氣者，尤在於氣之主，此所以責其本而治肺也。由茲言之，則引血歸經者，是其末圖，必求其本，唯在治肺，是即所謂善守經隧者也其四。

修治　言聞曰：人參生時背陽，故不喜見風日。凡生用宜㕮咀熟用，宜隔紙焙之，或熟酒潤透，㕮咀焙熟用。並忌鐵器。㕮，音釜，㕮咀，咀嚼也。熟者亦用咀嚼，為其忌鐵也。

蘆　氣味：苦，溫，無毒。　主治：吐虛勞痰飲時珍。　吳綬曰：人弱者，以人參蘆代瓜蒂。

丹溪治一女子，年踰笄，性躁味厚，炎月因大怒而呃作，作則舉身跳動，脈不可診，神昏不知人。問之乃知暴病。視其形氣俱實，遂以人參蘆半兩，逆流水一盞半，煎一碗，飲之，大吐頑痰數碗，大汗昏睡一日而安。人參入手太陰，補陰中之陽者也。蘆則反是，大瀉太陰之陽。女子暴怒氣上，肝主怒，肺主氣，《經》曰：怒則氣逆，因怒逆，肝木乘火侮肺，故呃大作而神昏，參蘆善吐痰盡，則氣降而火衰，金氣復位，胃氣得和而解。又一人作勞發瘧，服瘧藥變為熱病，舌短痰嗽，六脈洪數而滑，此痰蓄胸中，非吐不愈。以參蘆湯加竹瀝，二服涌出膠痰三塊，次與人參、黃耆、當歸，煎服半月乃安。

清・郭章宜《本草匯》卷九　人蔘音參。　性溫，味甘、微苦。氣味俱薄，浮而升，陽中之陽也。又曰：陽中微陰。入手太陰經。生津液而止渴，消冷氣而和中。補五藏真陽不足。雖云補五藏，必各用本經藥佐使引之。理肺金，虛促短氣，瀉心肺、脾胃火邪，治勞傷虛火上逆。《本經》主治安神定志者，蓋心腎虛，則精神不安，氣足而神安矣。肝肺虛，則魂魄不定，氣旺而魂魄亦寧。又主驚悸，開心益智者，驚悸，心脾二經之病也。心脾虛則驚悸，強則心竅通利，能思而知亦深矣。真氣內虛，中寒而痛，氣不歸源，胸滿而逆，皆由心脾之氣虛也。得補則氣實而歸源，陽春一至，寒轉為溫，否轉為泰矣。《本經》謂其療心腹痛，除胸脇逆滿者，此也。《別錄》通血脉，破堅積者，血不自行，氣壯則行。真氣不足，不能健行，遂成堅積。脾主消化，真陽之氣回，則脾強而能消矣。

按：人參，味甘合五行之正，性溫得四氣之和，原其功益氣居多，所以元氣衰弱者，服之能回陽氣于垂絕，却虛邪于俄頃。獨補肺中之元氣，肺氣旺，則心脾肝腎四藏之氣皆旺。仲景云：病人汗後身熱亡血，脉沉遲，下痢身涼脉微血虛者，並加人參。所謂血脫者，益氣也。蓋血不自生，須得生陽之氣藥乃生，陽生則陰長，血乃旺也。《素問》云：無陽則陰無以生，無陰則陽無以化。故補氣須用人參，血虛者亦宜用之。若單用補血藥，血無由而生矣。補上焦之元氣，瀉肺中之火，須升麻引用。補下焦之元氣，瀉腎中之火，須茯苓引用。同白朮則助其補中，同熟地而佐以茯苓，助下焦而補腎。得乾薑則補氣，得黃耆、甘草能瀉陰火，而補元氣，蓋甘溫能除大熱也。醫者但泥于作飽而不敢用，蓋不知少服則滋壅不行，多則反宣通而不滯矣。好古言：人參補陽瀉陰，肺寒可用，肺熱不宜用。節齋因而和之，謂參、耆能助肺火，陰虛火動失血之病，多服必死。獨不聞東垣云：人參能助元陽，生陰血而瀉陰火。陰虛生內熱爾。一說陽氣下陷而生熱也。丹溪言補陰火者，非補助火邪，正謂陰虛可補龍火反治，補中有瀉意也。讀者以意會之可耳。仲景言：亡血血虛者，並加人參。丹溪言：虛火可補，參、耆之屬。實火可瀉，芩、連之屬。二家不察三氏之精微，而謂人參補火，謬哉！夫火與元氣不兩立，元氣勝則邪火退。凡人面黃青黧悴者，皆脾肺腎氣不足，可用也。面赤面黑者，皆氣壯神強，不可用也。丹溪云：肥白氣虛，蒼黑氣實。然考醫案中，證虛色蒼者，亦每多用，正常變當權其施也。脉之浮而芤濡、虛大、遲緩無力，沉而遲濇、弱細、結代無力者，皆虛而不足，可用也。若弦長、緊實、滑數有力者，皆火鬱內實，不可用也。潔古謂喘嗽勿用者，痰實氣壅之

喘也。若腎虛氣短喘促者，必用也。仲景云肺寒而欬勿用者，寒束熱邪，壅鬱在肺之欬也。若自汗惡寒而欬者，必用也。東垣謂久病鬱熱在肺勿用者，乃火鬱于內，宜發不宜補也。若肺虛火旺，氣短自汗者，必用也。丹溪言諸痛不可驟用者，乃邪氣方鋭，宜發不宜補也。若裏虛吐利及久病胃弱，虛痛喜按者，必用也。節齋謂陰虛火旺勿用者，乃血虛火亢能食，脉弦而數，涼之則傷胃，溫之則傷肺，不受補者也。若自汗氣短，肢寒脉虛者，必用也。言聞曰：生用氣涼，熟用氣溫。故土虛火旺之病，宜生參涼薄之氣，以瀉火而補土，是純用其氣也。脾虛肺怯之病，則宜甘溫之劑，以補土而生金，是純用其味也。東垣以相火乘脾，身熱而煩，氣高而喘，頭痛而渴，脉洪而大者，用黄檗佐人參。孫真人治夏月熱傷元氣人，汗、大瀉欲成痿厥，用生脉散以瀉熱火，而滋救金水。生脉散、清暑益氣湯，乃三伏瀉火益金之聖藥。君以人參之甘涼，瀉火而補元氣，臣以麥冬之苦甘寒，清金而滋水源，佐以五味之酸溫，生腎精而收耗氣，皆補天元之真氣，非補熱火也。若氣虛有火者，合天門冬膏服，亦可。虛火，即龍火也。此火非水可撲，太陽一照，火自消弭爾。務資甘溫補陽之劑，補足元陽，則火自退。補中兼瀉，瀉中有補，正《經》所謂甘溫能除大熱也。海藏云肺寒可服，肺熱傷肺，猶為近理。蓋肺寒則血脉濡滯而行遲，假參之力，而通經活血，則元氣發生而充長矣。肺熱則脉來洪實，火氣方逆，血熱妄行，氣尚未虛，遽用人參，反耗真氣。惜乎王節齋泥定肺熱傷肺之說，妄謂參能助火，陰虛忌服。後人執此，凡遇勞證，概不敢用，病家亦甘受苦寒，至死不變，良可嘆也。殊不知人參雖能助火，惟肺家本經有火，右手獨見實脉者，不宜驟用，即不得已而用，以鹽水、秋石焙過，亦何害哉？若夫腎水不足，虛火炎上，乃形金之火，非肺金之火，正當以人參救肺，何忌之有？故丹溪治勞嗽火盛之邪，製瓊玉膏以為君；肺腎虛極者，獨參膏主之。又考之古今治勞，莫妙于葛可久，未嘗不以人參治陰傷，何世醫之執迷不悟也？豈不聞虛勞吐血，受補者可治，不受補者不可治？故不服參者不能愈，服參而不受補者，必不能愈也。總之，虛羸尪怯，以致陽氣短乏，陷入陰分，發熱倦怠，肢體無力，及無氣以動等證，投之靡不立効。若血證驟起，肺脉獨實；脹證暴成，九候堅強；痧瘮初發，斑點未彰；傷寒始作，邪熱昌熾；血熱妄行，真陰虧損等證，不可輕投也。大抵人生以氣為樞，真氣無虧，自寧謐清淨。人參不獨補氣，而兼益脾胃，故脾陰弱者，同大棗、白芍、龍眼、甘草、棗仁補之；胃寒嘔吐，同丁藿香、橘皮、生薑；陽虛喘汗，同熟、附、生薑；虛勞發熱，同銀柴、大棗、生薑；肺虛久欬，鹿角膠末，用薄荷、葱、豉湯煎飲；虛勞吐血困倦，當補陽生陰，獨參湯主之。若中寒泄瀉，則乾薑、草、朮不可少也，甚則加肉桂、附子。諸如產後虛症，或發喘，或血運，當隨證用破血順氣藥理之。

選上黨者今潞州，要肥大，塊如鷄腿，併似人形，黄色者。去蘆頭用。茯苓為使。惡鹵鹹、皂莢。反藜蘆。畏五靈脂。見風日則易蛀，背陽向陰而生也。納瓦罐，雜細辛密封，可久。

參蘆　味苦，氣溫。吐虛勞痰飲，毆壅膈膠涎。

按：人參入手太陰，補陽中之陰。蘆則反能瀉太陰之陽，亦如麻黄之苗發汗，根止汗；穀屬金，而糠性熱；麥屬陽，而麩性涼。所謂物物具一太極者也。凡痰因怒鬱，氣不得降，六脉洪數而滑，非吐不可，以參蘆湯探吐，次以參、耆、歸等與之。禀畀弱者，以參蘆代瓜蒂。

清·羅美《古今名醫彙粹》卷一　趙羽皇《參附宜虛論》　萬病莫若虛證最難治。《經》云：不能治其虛，安問其餘？蓋虛之為言，空也，無也。家國空虛，非惠養元元，錙銖積累，必不能奠安邦本，家道豐亨，病之虛者，亦猶是也。故治虛之要，溫補為先。溫補之功，參、附為首。蓋參者，參也，與元氣為參贊者也。體弱用此，恍若陰霾見晛，寒谷回春，生機勃勃欲露，是真起死之靈苗，回生之仙草也。故不特氣虛宜用，即血虛亦宜用；內傷宜用，即外感亦宜用。煩渴由乎火邪，得人參而陰津自長；腫脹由乎氣壅，仗參力而痞悶全消。以至食不欲入，食反脹或翻胃噎膈，泄利亡陰，洒淅惡寒，多汗漏風等症，無不賴人參之大力，作元氣之藩籬。而不知者，妄謂肺熱傷肺，參能作飽，尤屬駭異；不知肺金之寃熱，非人參莫能救援；脾虛之滿中，非參、朮何由健運。種種功勳，難以枚舉。昔賢嘉其功魁群草，信不誣耳。至附子一味，有斬關之能，奪旗之勇，虞摶謂其能引補氣藥行十二經以追散失之元陽，引補血藥入血分以滋養不足之真陰，引發散藥開腠理以驅逐在表之風寒，引溫藥達下焦以驅除在裏之冷濕，其用亦宏矣哉。人止知手足厥冷，下痢完穀，一切陰寒等候而用之，此係正治，人所易曉。然其最妙處，反能以熱攻熱。故胃陽發露而為口爛舌糜，腎陽發露而為面赤吐紅，入於滋陰補氣藥中，頃刻神清熱退，則其能反本迴陽也，謂其能壯火益土也。世人甘用寒

涼，畏投溫劑，一用參附，即妄加詆毀，亦知秋冬之氣，非所以生萬物者乎？若乃強陽已極，房術用以興陽，外感伏陽陽厥，用之狂越，譬之服毒自刃，此自作之孽，豈參、附之罪耶？

清・蔣居祉《本草擇要綱目・平性藥品》　人參　氣味：甘，微寒，無毒。浮而升，陽也。入手太陰經而能補陰火，用本臟藥相佐使，隨所引而相補一臟，入脾，亦歸其所喜。　主治：止渴，生津液，安精神，定魂魄，止驚悸，安胃和中。除邪氣霍亂吐逆，止消渴，通血脈。得升麻為引，用補上焦之元氣，瀉肺中之火。得茯苓為引用，補下焦之元氣，瀉腎中之火。得麥門冬則生脈，得乾薑則補氣。凡人面白、面黄、面青黧悴者，皆脾肺腎氣不足，可用也。面赤、面黑者，為氣壯神強，不可用也。脈之浮而芤濡，虛大遲緩無力，沉而遲濇，弱細，結代無力者，皆虛而不足，可用也。脈弦長緊實，滑數有力者，皆火鬱內實，不可用也。喘嗽勿用者，謂痰實氣壅，不可用之以益其實也。若腎虛氣短而促者，急用之。肺寒而欬，則寒束熱邪，壅滯在肺，固宜禁用。若自汗惡寒而欬，中氣不調，急用之。久病而鬱熱在肺，則火抑於內，宜發不宜補，忌用之。若肺虛火旺，氣短自汗，非人參為之君，何以補肺之陽，瀉肺之陰。諸痛不可驟用者，乃邪氣方鋭，宜散而不宜補也。若裏虛吐利及久病胃弱，虛痛喜按者，非人參為之君，何以升中氣之陽，降中氣之陰。故古人治肺寒以溫肺湯，治肺熱以清肺湯，治中滿以分消湯，合血虛以養榮湯，皆有人參在焉。所謂邪之所輳，其氣必虛，養正則邪自除，陽旺則陰血生，至理所在，貴於配合得宜。　反：漏蘆。惡：山查、溲疏、鹵鹹。忌：鐵器。

清・閔鉞《本草詳節》卷一　人參　味甘、苦，氣微溫。一云微寒。氣味俱薄，浮而升，陽也。一云陽中微陰。生陰濕山谷。紫大稍扁，名紫團參。出潞州，白堅而圓，名白條參。出百濟，黄潤纖長有鬚，名黄參。出遼東、上黨，高麗參，近紫體虛。新羅參，亞黄味薄。惟黄參第一。然薺苨、桔梗根與人參相似，但人參有心味甘，桔梗有心味苦，薺苨無心味甘為異。不可不辨。入心肺經。茯苓為使，反藜蘆，惡皂莢、黑豆，畏五靈脂。　主補五臟，安精神，健脉理中，生津止渴，除夢邪驚悸，補肺胃中陽氣不足，瀉心肺脾胃中伏火。治肺痿胸痰，嘔噦反胃，痎瘧癎疾，冷氣逆上，心腹鼓痛，胸脇逆滿，霍亂瀉痢，小便頻數淋瀝，勞倦内傷，中風中暑。又及一切血症，胎前産後，一切虛症發熱自汗。　按：人參地下神草，肖似人形。上應搖光，稱名君子，乃活人之至寶也。何後世視為畏藥而不敢用，用亦不敢多乎？今考古人論用人參，以脉證為據者而詳列之。仲景云：病人汗後，身熱亡血，脉沉遲者，下痢身涼，脉微；血虛者，並加人參。誠有見於無陽則陰無以生，氣旺則陰血自長也。東垣云：人參甘溫，能補肺中元氣，肺旺則四臟之氣皆旺。又云：相火乘脾，身熱而煩，氣高而喘，頭痛而渴，脉洪而大者，用黄蘗佐人參。孫真人云：夏月熱傷元氣，大汗大泄，欲成痿厥，服生脉散、腎瀝湯三劑，則百病不生。海藏云：肺寒可用，肺熱傷肺。肺寒者，脉滯濡行遲，假參之力，通經活血，則元氣發生。肺熱者，氣血激行，不可再加通迅，以耗脾氣。故凡脉浮而芤濡、虛大，遲緩無力，沉而遲濇，弱細，結代無力者，皆虛而不足，可用也。若弦長、緊實、滑數有力者，皆火鬱內實，不可用也。潔古云：喘嗽勿用者，痰實氣壅之喘也。若腎虛氣短喘促者，必用也。仲景又謂：肺寒而欬勿用者，寒束熱邪，壅鬱在肺之欬也。若自汗惡寒而欬者，必用也。東垣云：久病鬱熱在肺勿用者，乃火鬱於內，宜發不宜補也。若肺虛火旺，氣短自汗者，必用也。丹溪云：諸痛不可驟用者，乃邪氣方鋭，宜散不宜補也。若裏虛吐利，及久病胃弱，虛痛喜按者，必用也。節齋云：陰虛火旺勿用者，乃血虛火亢能食，脉弦而數，涼之則傷胃，溫之則傷肺，不受補也。若自汗氣短，肢寒肺虛，必用也。如此詳審，可不可思過半矣。大抵人參補虛，虛寒可用，虛熱亦可用。氣虛宜用，血虛亦宜用。雖陰虛火動，勞嗽吐血，病久元氣虛甚者，但恐不能抵當其補，非不可補也。然貧者不能辦，富者恪其值，往往用以分釐計，不知多則宣通，少則壅滯也。又以升麻引則瀉肺脾中火邪，補上升之氣。以茯苓引則瀉腎中火邪，補下焦元氣。同黄芪則助其補表，同白朮則助其補中，同地黄則補腎，蓋人參大氣周流，無處不到，在用者斡旋之妙而已。

清・王翃《握靈本草》卷二　人參生上黨山谷及遼東。又云多出高麗、百濟。今所用者，皆是遼參。金井玉欄者佳。　主治：人參，甘，微寒，無毒。補五臟，安精神，定魂魄，止驚悸，除邪氣，明目。開心益智，五勞七傷，一切氣血虛證。

發明：【略】人參甘溫，能補肺中元氣，肺氣旺則四臟之氣皆旺，精自生而形自盛，肺主氣故也。仲景云：病人汗後身熱，亡血，脈沉遲者，下痢身涼，脈微，血虛者，並加人參。古人血脱者益氣，蓋血不自生，須得生陽氣之藥乃生，陽生則陰長，血乃旺也。故補氣須用人參，血虛者亦須用之。　選方：

【略】房勞脱陽，人參、附子、肉桂、麥門冬、五味子，煎服。亦治下部虚冷。【略】老瘧久不愈，用人參一兩，生薑一兩，擣汁同煎，于發日早服，貧家以白朮代人參，亦効。【略】治元臟氣虚，真陽耗散，臍腹冷痛，泄瀉不止，人參、白茯苓、附子、木香，等分煎服，名四柱散。　人參蘆，能吐虚勞痰飲，不傷元氣。吐後，以參、芪、當歸調理。

清・汪昂《本草備要》卷一　人參大補元氣，生亦瀉火。　生：甘、苦，微凉。甘補陽，微苦，微凉，又能補陰。　熟：甘，温。大補肺中元氣。東垣曰：肺主氣，肺氣旺則四藏之氣皆旺，精自生而形自盛。《十劑》曰：補可去弱，人參、羊肉之屬是也。人參補氣，羊肉補形。瀉火，得升麻補上焦，瀉肺火；得茯苓補下焦，瀉腎火；得麥冬瀉火而生脉；得黄耆、甘草，乃甘温退大熱。東垣曰：參、耆、甘草，瀉火之聖藥，合用名黄耆湯。按煩勞則虚而生熱，得甘温以益元氣，而虚熱自退，故亦謂之瀉。益土，健脾。生金，補肺。明目，開心益智，安精神，定驚悸，邪火退，正氣旺，則心肝寧而驚悸定。除煩渴，瀉火故除煩，生津故止渴。通血脉，氣行則血行。賀汝瞻曰：生脉散用之者，以其通經活血，則脉自生也。古方解散藥、行表藥多用之，皆取其通經而走表也。破堅積，氣運則積化。消痰水。氣旺則痰行水消。治虚勞内傷，傷於七情六慾、飲食作勞爲内傷；傷於風寒暑濕爲外傷。如内傷發熱，時熱時止；外感發熱，熱甚無休。内傷惡寒，得暖便解；外感惡寒，絮火不除。内傷頭痛，乍痛乍歇；外感頭痛，連痛無停。内傷則手心熱，外感則手背熱。内傷則口淡無味，外感則鼻塞不通。内傷則氣口脉盛，多屬不足，宜温、宜補、宜和；外感則人迎脉盛，多屬有餘，宜汗、宜吐、宜下。蓋左人迎主表，右氣口主裏也。昂按：東垣辨内傷外感最詳，恐人以治外感者治内傷也。今人緣東垣之言，凡外傷風寒、發熱咳嗽者，概不輕易表散，每用潤肺退熱藥，間附秦艽、蘇梗、柴胡、前胡一二味，而羌活、防風等絶不敢用。不思秦艽陽明藥，柴胡少陽藥，于太陽有何涉乎？以致風寒久鬱，嗽熱不止，變成虚損，殺人多矣。此又以内傷治外感之誤也。附此正之。發熱自汗，自汗屬陽虚，盗汗屬陰虚。亦有過服參、耆而汗反甚者，以陽盛陰虚，陽愈補而陰愈虧也。又宜清熱養血而汗自止。多夢紛紜，嘔噦反胃，虚欬喘促，《蒙筌》曰：歌有肺熱還傷肺之句，惟言寒熱，不辨虚實。若肺中實熱者忌之，虚熱者服之何害？又曰：諸痛無補法，不用參、耆。若久病虚痛，何嘗忌此耶。瘧痢滑瀉，始痢宜下，久痢宜補。治瘧意同。然亦有無補後下者。丹溪曰：葉先生患痢後甚逼迫，正合承氣症。予曰氣口脉虚，形雖實而面黄白，必過飽傷胃。與參、朮、陳、芍十餘帖，三日後胃氣稍完，再與承氣湯二帖而安。又曰：補未至而下，則病者不能當；補已至而弗下，則藥反添病。匪急匪徐，其間間不容髮。噫！微哉。昂按：此先補後下法之變者也。非胸有定見者，不可輕用，然後學亦宜知之。大承氣湯：大黄、芒硝、枳實、厚朴。淋瀝脹滿，《發明》云：胸脇逆滿，由中氣不足作脹者，宜補之而脹自除。《經》所謂塞因塞用也。俗醫泥于作飽，不敢用。不知少服反滋壅，多服則宣通，補之正所以導之也。皇甫嵩，著《本草發明》。中暑、中風及一切血證。東垣曰：古人治大吐血，脉芤、芤，音摳。洪者，并用人參。脱血者先益其氣，蓋血不自生，須得生陽氣之藥乃生，陽生則陰長之義也。若單用補血藥，血無由而生矣。凡虚勞吐血，能受補者易治，不能受補者難治。

黄潤緊實，似人形者良。去蘆用。補劑用熟，瀉火用生。煉膏服，能回元氣于無何有之鄉。有火者，天冬膏對服。參生時背陽向陰，不喜風日。宜焙用，忌鐵。茯苓爲使，畏五靈脂，惡皂莢、黑豆、紫石英、人溲、鹹鹵，反藜蘆。言聞曰：東垣理脾胃、瀉陰火，交泰丸内用人參、皂莢，是惡而不惡也。古方療月閉，四物湯加人參、五靈脂，是畏而不畏也。又療痰在胸膈，人參、藜蘆同用，而取其涌越，是激其怒性也。非洞奥達權者不能知。　人參蘆：能涌吐痰涎。體虚人用之，以代瓜蒂。丹溪曰：人參入手太陰，補陽中之陰。蘆反能瀉太陰之陽，亦猶麻黄根、苗不同。痰在上膈、在經絡，非吐不可，吐中就有發散之義。一婦性躁，味厚，暑月因怒而病呃，作則舉身跳動，昏不知人。其人形氣俱實，乃痰因怒鬱，氣不得降，非吐不可。以參蘆半兩，逆流水煎服，吐頑痰數碗，大汗昏睡而安。

清・吴楚《寶命真詮》卷三　人參　【略】補氣安神，氣足則神安。除邪益智。正旺則邪去，心氣強則善思而多智。療心腹寒痛，除胸脇逆滿。真氣虚則中寒胸滿，陽春一至，寒轉為温，否轉為泰矣。止消渴，氣入金家，金為水母，渴藉以止。破堅積。脾得健運，則積破食消。得升麻補上焦之氣，瀉肺中之火；得茯苓補下焦之氣，瀉腎中之火。古方治肺寒以温肺湯，肺熱清肺湯，中滿以分消湯，血虚以養榮湯，皆用人參。庸醫每謂人參不可輕用，誠哉庸也！【略】氣虚者固必需，血虚者亦不可缺，以血脱必固氣，且氣有生血之功，血藥無益氣之理也。東垣云：人參補元氣，生陰血，而瀉陰火。仲景以亡血虚家并以人參為主，丹溪于陰虚之症必加人參，誠有見于無陽則陰無以生，氣旺則陰血自長也。至于肺熱還傷肺之説，必肺脉洪實，本經有火，火逆血熱，不可驟用。若腎水不足，虚火上炎，乃刑金之火，正當以參救肺，何忌之有？〇王節齋謂參能助火，虚勞禁用，斯言一出，遂使庸流畏參如螫，不知變通。而病家亦泥是説，甘受苦寒，至死不悟，良可嘆也！

清・李世藻《元素集錦・本草發揮》　人參　補氣，人皆知之。然而敗毒散、小柴胡湯用之以瀉，是亦與補藥同用則補，與瀉藥同用則瀉也。

清・王遜《藥性纂要》卷二　人參　【略】東圃曰：古云病不單來，糅雜

而至，邪之所湊，其氣必虛。然有邪實而正不虛者，有正虛而未有邪者，故病有純有雜，藥有專有兼。病純實則藥專攻，病純虛則藥專補。若虛中實，實中虛者，則兼補兼消，而又別其病之輕重，以配藥之多寡。此仲景立方妙義，有寒熱並用，補瀉兼施之法也。蓋專攻與專補，其旨昭然易曉，而兼用者便難理會。姑舉數方，以為準則焉。如參蘇飲，散風寒藥而用參者也；小柴胡湯、敗毒散，清外感藥而用參者也；資生丸，消食藥而用參者也；鼈甲丸，消積藥而用參者也；四磨湯，破氣藥而用參者也；白虎湯，寒涼藥而用參者也；理中湯，溫補藥而用參者也。蓋行中有補，體用兼該，補得乎運，則補者不滯，運得乎補，則運者不耗，相助為理也。《醫學六要》云：凡用參、耆，必加熟附數分，以行參、耆之功。如諸方中配參者，既助人元氣，而亦行諸藥之力也。

清・陳士鐸《本草新編》卷一　人參　味甘，氣溫、微寒，氣味俱輕，可升可降，陽中有陰，無毒。乃補氣之聖藥，活人之靈苗也。能入五臟六腑，無經不到，非僅入脾、肺、心而不入肝、腎也。五臟之中，尤專入肺、入脾。其入心者十之八，入肝者十之五，入腎者十之三耳。世人止知人參為脾、肺、心經之藥，而不知其能入肝、入腎。但肝、腎乃至陰之經，人參氣味陽多于陰，少用則泛上，多用則沉下。故遇肝腎之病，必須多用之于補血補精之中，助山茱、熟地純陰之藥，使陰中有陽，反能生血生精之易也。蓋天地之道，陽根于陰，陰亦根于陽。無陰則陽不生，而無陽則陰不長，實有至理，非好奇也。有如氣喘之症，乃腎氣之欲絕也，宜補腎以轉逆，故必用人參，始能回元陽于頃刻，非人參入腎，何能神效如此。又如傷寒厥症，手足逆冷，此肝氣之逆也，乃用四逆等湯，亦必多加人參而始能定厥，非人參入肝，又何能至此。是人參入肝、腎二經，可共信而無疑也。惟是不善用人參者，往往取敗。蓋人參乃君藥，宜同諸藥共用，始易成功。如提氣也，必加升麻、柴胡；如和中也，必加陳皮、甘草；如健脾也，必加茯苓、白术；如定怔忡也，必加遠志、棗仁；如止咳嗽也，必加薄荷、蘇葉；如消痰也，必加半夏、白芥子；如降胃火也，必加石膏、知母；如清陰寒也，必加附子、乾薑。如敗毒也，必加芩、連、梔子；如下食也，必加大黃、枳實。用之補則補，用之攻則攻，視乎配合得宜，輕重得法耳。然而人參亦有單用一味而成功者，如獨參湯，乃一時權宜，非可恃為常服也。蓋人氣脫于一時，血失于頃刻，精走于須臾，陽絕於旦夕，他藥緩不濟事，必須用人參一二兩或四五兩，作一劑，煎服以救之。否則，陽氣遽散而死矣。此時未嘗不可雜之他藥，共相挽回，誠恐牽制其手，反致功效之緩，不能返之于無何有之鄉。一至陽回氣轉，急以他藥佐之，纔得保其不再絕耳。否則陰寒逼人，又恐變生不測。可見人參必須有輔佐之品，相濟成功，未可專恃一味，期于必勝也。

或疑人參乃氣分之藥，而先生謂是入肝、入腎，意者亦血分之藥乎？夫人參豈特血分之藥哉，實亦至陰之藥也。肝中之血，得人參則易生。世人以人參為氣分之藥，絕不用之以療肝腎，此醫道之所以不明也。但人參價貴，貧人不能長服為可傷耳。

或疑人參既是入腎之藥，腎中虛火上沖，以致肺中氣滿而作嗽，亦可用乎？此又不知人參之故也。夫腎中水虛，用參可以補水；腎中火動，用參反助火矣。蓋人參入肝、入腎，止能補血添精，亦必得歸、芍、熟地、山茱，同群以共濟，欲其一味自入于肝、腎之中，勢亦不能。如腎中陰虛火動，此水不足而火有餘，必須補水以制火，而凡有溫熱之品，斷不可用。即如破故、杜仲之類，未嘗非直入腎中之味，亦不可同山茱、熟地而並用。況人參陽多于陰之物，烏可輕投，其不可同用明甚。不知忌而妄用之，則肺氣更滿，而嗽且益甚，所謂肺熱還傷肺者，此類是也。至火衰而陰虛者，人參斷宜重用。腎中下寒之劇，則龍雷之火不能下藏于至陰之中，勢必直沖而上，至于咽喉，往往上熱之極而下身反畏寒，兩足如冰者有之。倘以為熱，而投以芩、連、梔、柏之類，則火焰愈熾，苟用人參同附子、桂、薑之類以從治之，則火自退藏，消歸烏有矣。蓋虛火不同，有陽旺而陰消者，有陰旺而陽消者，正不可執之概用人參以治虛火也。

或問：人參乃純正之品，何故攻邪反用之耶？不知人參乃攻邪之勝藥也。凡人邪氣入身，皆因氣虛不能外衛于皮毛，而後風寒暑濕熱燥之六氣始能中之。是邪由虛入，而攻邪可不用參以補氣乎。然而用參以攻邪，亦未可冒昧也。當邪之初入也，宜少用參以為佐；及邪之深入也，宜多用參以為君；及邪之將去也，宜專用參以為主。斟酌于多寡之間，審量于先後之際，又何參之不可用，而邪之不可攻哉。故邪逼其氣，陷之至陰之中，非人參何能升之于至陽之上；邪逼其氣，拒于表裏之間，非人參何能散于腠理之外；邪逼其氣，逆于胸膈之上，非人參何能瀉之于膀胱之下。近人一見用

人參，病家先自吃驚，而病人知之有死之心，無生之氣，又胡能取效哉。誰知邪之所湊，其氣必虛。用人參于攻邪之中，始能萬無一失。余不得不暢言之，以活人于萬世也。

用人參于攻邪之中，亦自有說。邪之輕者，不必用也。人之壯實者，不必用也。惟邪之勢重而人之氣虛，不得不加人參于攻藥之中，非助其攻，乃補其虛也。補虛邪自退矣。

或問：人參陽藥，自宜補陽，今曰兼陰，又宜補陰，是人參陰陽兼補之藥，何以陽病用參而即宜，陰病用參反未安也？不知人參陽多陰少，陽虛者陰必虛，陽旺者陰必旺。陽虛補陽，無礙于陰，故補陽而陽受其益，補陽而陰亦受其益也。陽旺補陽，更助其陽，必有火盛之虞，陽火盛則陰水必衰，陰水衰而陽火更盛，陽且無補益之宜，又安望其補陰乎，故謂人參不能補陰非也。人參但能補陽虛之陰，不能補陽旺之陰耳。又何疑于人參之是陽而非陰哉。

或問：人參不能補陽旺之陰，自是千秋絕論。然吾以為補陰之藥中，少加人參，似亦無礙，使陰得陽而易生，不識可乎，此真窺陰陽之微，而深識人參之功用也。但用參于補陰之中，不制參于補陰之內，亦有動火之虞，而制參之法何如。參之所惡者，五靈脂。五靈脂研細末，用一分，將水泡之，欲用參一錢，投之五靈脂水內，即時取起，入于諸陰藥之內，但助陰以生水，斷不助陽以生火，此又千秋不傳之秘。余得異人之授，親試有驗，公告天下，以共救陽旺陰虛之症也。

或問：喘脹之病，往往用參而更甚，是人參氣藥，以動氣也，吾子不言治喘脹，深有卓見。嗟乎！人參定喘之神方，除脹之仙藥，如何說氣藥動氣耶。夫喘症不同，有外感之喘，有內傷之喘；有外感之脹，有內傷之脹。外感之喘，乃風邪入于肺也，用山豆根、柴胡、天花粉、桔梗、陳皮、黃芩之類即愈，固非人參所能治也。若內傷之喘，乃平日大虧其脾胃之氣，一時氣動，挾相火而上衝于咽喉，覺臍下一裏之氣升騰，出由胸膈，直奔而作喘，欲睡不能，欲行更甚，其狀雖無抬肩作聲之象，然實較外感之症而大重。蓋病乃氣不歸原，腎氣虛絕，下無藏身之地，不得不上而相沖，看其氣若盛而實虛，非有餘之症，乃不足之症也，此時若用外感之藥，則氣更消亡，不得不用人參以挽回于垂絕。然而少用則泛上，轉覺助喘，必須用至一二兩，則人參始能下行，生氣于無何有之鄉，氣轉其逆而喘可定也。外感之脹，乃水邪也，按之皮肉如泥土之可捻，用牽牛、甘遂各二錢瀉之，一利水而症愈，不必借重人參也。若內傷之脹，似水而非水，乃脾胃之氣大虛，虛脹而非實脹也。此時若作水治，則氣脫而脹益甚，不得不用人參以健脾胃之氣。然而驟用人參，則脾胃過弱，轉不能遽受，反作飽滿之狀，久則胃氣開而脾氣亦健，漸漸加用人參，飽滿除而脹亦盡消也。誰謂人參非治喘脹者哉。

或問：人參乃升提氣分之藥，今用之以定喘，是又至陰之藥也。吾子言人參入腎，信矣。然何以舍喘之外，別不能用參以補腎，此予所未解也。曰：人參入腎，乃一時權宜，非中和之道也。大凡氣絕者，必皆宜用人參以救之，蓋氣絕非緩藥可救，而腎水非補陰之藥可以速生。人參是氣分之藥，而又兼陰分，所以陽生而陰亦生，救元陽正所以救真陰也。君以為舍喘之外，別不能用參以補腎，吾以為凡用參救絕者，無非補腎也，腎氣不生，絕必難復。然則救絕者，正救腎也。故腎不至絕，不必用參；腎既至絕，不得不用參矣。

或問：人參生氣者也，有時不能生氣而反破氣，其故何也？夫人參生氣而不破氣者也。不破氣而有時如破氣者，蓋肺氣之太旺也。肺氣旺則脾氣亦旺，肺氣之旺，因脾氣之旺而旺也。用人參以助氣，則脾愈旺矣，脾旺而肺有不益旺乎。于是咳嗽脹滿之病增，人以為人參之破肺氣也，誰知是人參之生脾氣乎。夫脾本生肺，助氣以生肺之不足，則肺受益；助氣以生肺之有餘，則肺受損。惟是肺氣天下未有有餘者也，何以補其不足而反現有餘之象？因肺中有邪火而不得散，不制其尅肺金之邪，而反補其益肺金之氣，此肺金之全不受生而轉且受尅也。然則治之法，制其邪火而兼益其肺氣，則自得人參之生，不得人參之破矣。又烏可舍人參而徒瀉肺氣哉。

或問：人參健脾土之旺，以尅水者也，何以水濕之症，用人參而愈加腫脹乎？曰：此非人參之不健脾土，乃脾土之不能制腎水耳。腎水必得脾土之旺，而水乃不敢泛濫于中州。惟其土之不堅，而後水之大旺，欲制水，必健土矣。健土之藥，舍人參何求。然而土之所不堅者，又因于火之太微也。火在水之中，不在水之外，補土必須補火，則補火必在水之中補之。用人參以健土，是尅水也，尅水則火愈微矣，火愈微則水愈旺，水愈旺而土自崩，又何能尅水哉。故水脹之病，愈服人參而愈脹也。然則治之法奈何？先補水以生火，後補火以生土，用人參于補腎之中，亟生火于水之內，徐用人參于補

腎之內，再生土于火之中，自然腎生水而水不泛，腎生火而土不崩，又何必去人參以防其增脹哉。

或又問：補火以生土，則土自不崩，補水以生火，欲水之不泛難矣，豈人參同補腎藥用之，即可制水以生火乎？曰：水宜補以消之，不宜制以激之，水火之不相離也，補火不補水，則火不能生；補水更補火，則水不能泛。補水以生火者，即于水中補火也。益之以人參者，以人參同補腎之藥兼施，則人參亦能入腎，使陽氣通于腎內而火尤易生。蓋陰無陽不長，腎水得陽氣而變化，腎火即隨陽氣而升騰。然而人參終是健脾之物，自然引火而出于腎內，入于脾矣。火既入脾，土自得養。是人參乃助水以生火。非尅水以生土也。又何疑于補水而水泛哉。

或疑人參功用，非一言可盡，宜子之辨論無窮，然吾恐議論多而成功少，反不若從前簡約直捷痛快之為妙也。嗟乎！余豈好辯哉，其不得已之心，竊比于子輿氏耳。蓋當今之世，非畏人參，即亂用人參。畏用之弊，宜用而不用；亂用之弊，不當用而妄用，二者皆能殺人。余所以辯人參之功，增畏用者之膽；辨人參之過，誅亂用者之心。

或疑人參補氣血之虛，虛即用人參可矣，何必問其症，而先生多論若此，恐世人心疑，反不敢用人參矣。曰：用人參不可無識，而識生于膽之中。故必講明其功過，使功過既明，膽識並到，自然隨症用參，無先後之背繆，無多寡之參差，無遲速之舛錯，既收其功，而又絕其害矣。吾猶恐言之少，無以助人之膽識，而子反以論多為慮乎。

或問：人參陽藥，何以陰分之病用之往往成功？先生謂陰非陽不生是矣，然而世人執此以治陰虛之病，有時而火愈旺，豈非陰虛不宜用參之明徵乎？古人云：肺熱還傷肺，似乎言參之能助肺火也。夫人參何能助火哉，人參但能助陽氣耳。陰陽雖分氣血，其實氣中亦分陰陽也。陰氣必得陽氣而始生，陽氣必得陰氣而始化，陰陽之相根，原在氣之中也。人參助陽氣者十之七，助陰氣者十之三。于補陰藥中，少用人參以生陽氣，則陽生而陰愈旺；倘補陰藥中，多用人參以生陽氣，則陽生而陰愈虧。故用參補陰，斷宜少用，而非絕不可用也。

或問：先生闡發各病，用人參之義，既詳且盡，而獨于傷寒症中略而不言，豈傷寒果不可以用參乎？不知傷寒虛症，必須用參，而壞症尤宜用參也。虛症如傷寒脉浮緊，遍身疼痛，自宜用麻黄湯矣，但其人尺脉遲而無力者，又不可輕汗，以榮中之氣血虧少故耳。氣血虧少，不勝發汗，必須仍用麻黄湯而多加人參以補之，使元氣充足，能生氣血于無何有之鄉，庶乎可矣。倘少用人參而多加麻黄，則元氣既虛，力難勝任，亦取敗之道也。

或問：傷寒臟結，亦可用人參以救之乎？夫臟結之病，乃陰虛而感陰邪，原是死症，非人參可救。然舍人參又無他藥可救也。蓋人參能通達上下，回原陽之絕，返丹田之陰，雖不能盡人而救其必生，亦可于死中而療其不死也。

或問：傷寒煩躁，亦可用人參乎？夫煩躁不同，有下後而煩躁者，有不下而煩躁者。不下而煩躁者，乃邪感而作祟，斷不可用人參。若下後而煩躁，乃陰陽虛極，不能養心與膻中也，必須用人參矣。但其中陰虛陽虛之不同，必須分別。陰虛者，宜于補陰之中少用人參以補陰；陽虛者，宜于補陽之中多用人參以補陽。而陰虛陽虛何以辨之。陰虛者，夜重而日輕。陽虛者，日重而夜輕也。

或問：陽明病讝語而發潮熱，脉滑而疾，明是邪有餘也，用承氣湯不大便，而脉反變為微，澁而弱，非邪感而津液乾乎？欲攻邪而正氣益虛，欲補正而邪又未散，此際亦可用人參乎？嗟乎！舍人參又何以奪命哉，惟是用參不敢據為必生耳，法當用人參一兩、大黄一錢，同煎治之。得大便而氣不脫者即生，否則未可信其不死。

或問：先生謂傷寒壞症，尤宜用參，不識何以用之？夫壞症者，不宜汗而汗之，不宜吐而吐之，不宜下而下之也，三者皆損傷胃氣。救胃氣之損傷，非人參又何以奏功乎。故不宜汗而汗之，必用人參而汗始收；不宜吐而吐之，必用人參而吐始安；不宜下而下之，必用人參而下始止也。用人參則危可變安，死可變生。然不多加分兩，則功力有限，亦未必汗吐下之可皆救也。

或問：傷寒傳經，入于少陰，手足四逆，惡寒嘔吐，而身又倦臥，脉復不至，心不煩而發躁，是陽已外越而陰亦垂絕也。用人參于附子之中，亦能救乎？嗟乎！陰陽兩絕，本不可救，然用人參于附子之中，往往有生者。蓋真陰真陽，最易脫而最難絕也，有一綫之根，則救陽而陽即回，救陰而陰即續也。以真陰真陽原自無形，非有形可比。寧用參、附以生氣于無何有之鄉，

斷不可先信為無功，盡棄人參不用，使亡魂夜哭耳。

或問：傷寒傳經，入少陰，脉微細欲絕，汗出不煩，上吐而下又利，不治之症也，亦可用人參以救之乎？夫舍人參又何以救之哉？但須加入理中湯內，急固其腎中之陽，否則真陽擾亂，頃刻奔散，單恃人參，亦無益矣。

或問：傷寒下利，每日十餘次，下多亡陰，宜脉之虛矣，今不虛而反寔，亦可用人參以補其虛乎？夫下利既多，脉不現虛而反現實，非脉之正氣實，乃脉之邪氣實也。邪實似乎不可補正，殊不知正虛而益見邪盛，不亟補正，則邪盛而正必脫矣。論此症，亦死症也。于死中求生，舍人參實無別藥。雖然，徒用人參而不用分消水邪之味佐之，則人參亦不能建非常之功。宜用人參一二兩，加茯苓五六錢同服，庶正氣不脫，而水邪可止也。

呂道人總批曰：今天不比古人之強壯，無病之時，尚不可缺人參以補氣，況抱病之時，消爍真氣乎。是人參非惟宜用，實宜多用也。但不知人參之功用，冒昧用之，而不中肯綮，往往不得參之益，反得參之損。此陳子遠公憫之，欲辨明人參功用以告世，著人參，因著《本草》也。余讀之而驚其奇，逐條評之，有贊嘆而無褒貶。因其所論，折衷于正，非一偏之辭也。況《本草》何書，一言之誤，流害萬世，可阿其所好乎，道人實心醉此書，又總評之如此。

清・顧靖遠《顧氏醫鏡》卷七 人參甘，微溫。入肺脾二經。反藜蘆。去蘆用。其色黃中帶白，大而肥潤者佳。 補氣安神，除邪益智。氣足則精神自安，正旺則邪氣自除。心氣強則善思多智。療心腹虛痛。得補則痛自止。按之不痛者為虛，可用之。除胸脇逆滿。得補則氣自歸元。止消渴，氣回則津液自生。破堅積。氣旺則脾健能運。大補元氣之聖藥，能回元氣於垂危。理胃虛得之而能食，脾弱得之而能消。一切虛症，氣虛者固無論矣，即血虛者亦不可缺。所謂無陽則陰無以生，又血脫者補氣是也。肺家有熱，咳痰吐血，及痧疹初發，身大熱而斑點未形；傷寒始作，症未定而邪熱方熾，悞投立禍。痢疾初起，早用纏綿。參蘆三五錢，煎湯吐虛人膠痰留飲，用代瓜蒂甚良。

清・李熙和《醫經允中》卷一八 人參 茯苓為使。惡鹵鹹、皂莢、黑荳。反藜蘆。 甘，微溫，無毒。氣味俱薄，浮而升，陽中微陰。主治補五臟，添精神，定魂魄，止驚悸，通血脉，壯元陽，生津止渴，明目益智，滋補勞傷虛損，肺痿肺虛，久瘧久痢，胎產諸虛症。《素問》云：無陽則陰無以生，無陰則陽無以化。人參補肺要藥，主氣分，故補氣須用人參。血虛亦兼用之者，血得氣而行。甘溫能除大熱也，肺有虛火，宜此補之，肺有邪火，則反傷肺，故不可拘肺寒可服，肺熱不可服之說，當于寒熱之中，惟以虛實為別。如新病而自汗，惡寒虛熱，少氣喘促者可用；雖久病，而形體削弱，痰壅氣滯，鬱熱中滿者不可用也。如諸痛而邪氣方銳者不可用；若胃寒吐痢腹痛，及癰瘍喜按虛痛者，又可用也。總之，利于陽虛陰脫之疾，而不宜于火熾氣實之症。能補腎者，補其母，以益其子也。能補脾者，補其子以益其母也。今之妄用人參，以致敗不學無術也。按：人參，職專補氣。若氣口脉不虛，悞服必成喘脹；陽明邪未散，早投必致艱危，且色脉宜兼察，望色之青白而羸瘦，是氣虛也。合諸脉而虛遲濡緩細弱濇代者，非人參不治也。望色之赤黑而痰喘，是氣實也。合諸脉而滑數弦長緊實促結者，用人參必悞也。亦有脉之浮芤而大，似不可用矣。然按之虛而無力者，更宜速用也。

清・馮兆張《馮氏錦囊秘錄・雜症痘疹藥性主治合參》卷一 人參得土中清陽之氣，稟春生少陽之令而生。味甘，微寒，無毒。氣味均齊，不厚不薄，升多於降。又曰：微溫者，言其功用也；云微寒者，言其所稟也。〇有採來入沸湯，略沸即取起，焙乾，或生置無風處陰乾。凡帶生而採者，有皮力大；過熟而採者，無皮力馴。臨用切薄片，銀石器中慢火熬汁。如入丸散，隔紙微火焙燥。如欲久藏，和炒米拌勻，同納瓶中封固，則久藏不壞，且得穀氣也。

人參味甘，合五行之正；性溫，得四氣之和。受天春升生發之氣，稟地清陽至和之精，狀類人形，上應瑤光，故能回陽氣於垂絕，却虛邪於俄頃，功魁群草，力等珍丹。入脾、肺二經，諸虛皆調，五臟均補。虛人服之，如陽春一至，萬物發生，猶飢之得食，渴之得飲。至如肥白人任多服，蒼黑人宜少投，亦言其概耳。益五臟真元不足，理肺金虛促短氣，瀉心肺脾胃火邪，治勞傷虛火上逆，健脉理中，生津止渴，開心益智，滋補元陽。却驚悸，除夢邪、腸胃中冷、心腹鼓痛、胸脇逆滿；破堅積，宣壅滯，除健忘，興陽道，養精神，安魂魄。氣壯而胃自開，氣和而食自化，退虛火之聖藥也。功專補中，然有虛寒虛熱之宜忌。今古議論，紛紜不一，總寒熱不拘，而虛實須別。如止虛弱，單服何疑？倘有寒熱偏症，便兼藥用，寒溫熱涼，配製得法，則寒熱皆所相宜，但貴審虛實之的確耳。氣虛者固不可遺，血虛者亦不可缺，無陽則陰無以生，而血脫者補氣，氣為水母也。誠能挽功垂絕，使無形生出有形。多服宣通，少服壅滯。同苓、朮則燥濕，同熟地則滋補，同麥冬則清潤，所佐異而

功效便殊矣。至若肺脉洪實，火氣方逆，血熱妄行，氣尚未虛，痧症初發，斑點未形，傷寒始作，邪熱方熾，用之貽害，咎在人而不在藥耳。至於醒酒之功，以酒能大傷元氣，故培精力以勝酒毒也。及久潰癰疽，外科摻藥中用之，久患目疾，眼科淨藥中用之，咸獲其效，則其內服補虛培元之功，更可見矣。無神之肌肉皮毛受傷，皆仗此而保全，何況有神有情之臟腑！氣血陰陽危困，能不藉此以挽救乎！若煉膏投服，功力更優，韓飛霞曰：人參煉膏，回元氣於無何有之鄉。一切產後病後，及癰疽出膿後，元氣未復者大獲奇效。

主治痘疹合參：治痘之聖藥也。戒用於三日之前，補元氣而和中，生津液而止渴，安神健脉，托裏排膿，氣虛痘疹必用，既可補中以杜內陷，復能固表以免外剝，使正勝於邪，驅毒出外，俾毒假漿成毒，從漿化，雖有強邪，勿能為害。蓋無形之元氣，能生發而不窮，則有形之疾病，漸可消弭於無事也。但熱毒盛時禁用，血熱痘初禁用，痰壅症禁用，肺熱咳甚者禁用。必不得已，以苦茶湯浸過用無妨，此權宜之術耳。有同陳皮煎服者，反能盜洩元氣。故補大虛之症，所不宜並服也。古人消導藥中用之，使氣壯而運行自健，助其脾之所能也。發散藥中用之，乃養正而驅邪得力，令邪無可留之地也。

清・张璐《本經逢原》卷一　人參古作蓡　甘、苦，微溫，無毒。產高麗者良。反藜蘆，畏鹵鹽。陰虛火炎，欬嗽喘逆者，青鹽製之。《本經》補五藏，安精神，定魂魄，止驚悸，除邪氣，明目開心益智，久服輕身延年。發明：人參甘溫，氣薄味厚，陽中微陰，能補肺中元氣，肺氣旺，四藏之氣皆旺，精自生而形自盛，肺主諸氣故也。古人血脱益氣，蓋血不自生，須得補陽氣之藥乃生，陽生則陰長，血乃旺耳。若單用補血藥，血無由而生也。《素問》言：無陽則陰無以生，無陰則陽無以化。故補氣必用人參，補血須兼用之。仲景言病人汗後，身熱亡血，脉沉遲，下利，身涼，脉微血虛，並加人參。蓋有形之血，未能即生，希微之氣，所當急固，無形生有形也。丹溪言：虛火可補，參、耆之屬；實火可瀉，芩、連之屬。後世不察，概謂人參補火，謬矣。夫火與元氣勢不兩立，正氣勝則邪氣退。人參既補元氣又補邪火，是反復之小人矣，又何與甘草、茯苓、白术為四君子耶。凡人面白、面黃、面青黧悴者，皆脾肺腎氣不足，可用也。面赤、面黑者，氣壯神強，不可用也。脉浮而芤濡虛大，遲緩無力，沉而遲濇，弦細微弱，結代或右手關部無力，皆可用也。若弦強緊實，滑數洪盛，長大有力，或右手獨見脉實，皆火鬱內實，不可用也。潔古謂喘嗽勿用者，痰實氣壅之喘也。若腎虛氣短喘促者，必用也。仲景謂肺寒而嗽勿用者，寒束熱邪壅滯在肺之嗽也。若自汗惡寒而嗽者，必用也。東垣謂久病鬱熱在肺勿用者，乃火鬱於內，宜發不宜補也。若肺虛火旺，氣短自汗者，必用也。丹溪言諸痛不可驟用者，乃邪氣方鋭，宜散不宜補也。若裏虛吐利及久病胃弱虛痛喜按者，必用也。節齋謂陰虛火旺吐血勿用者，乃血虛火亢，能食脉強，服人參則陽愈旺，陰愈消，未有不引血大脱也。若自汗氣短，肢寒脉虛者，必用也。古今治勞，莫過於葛可久，其獨參湯、保真湯未嘗廢人參而不用。惟麻疹初發，身發熱而斑點未形，傷寒始作，證未定而熱邪方熾，不可用耳。喻嘉言曰：傷寒有宜用人參入藥者，發汗時元氣大旺，外邪乘勢而出。若元氣素弱之人，藥雖外行，氣從中餒，輕者半出不出，留連致困，重者隨元氣縮入，發熱無休，所以虛弱之人必用。人參入表藥中，使藥得力，一湧而出，全非補養之意。即和解藥中，有人參之大力居間，外邪遇正，自不爭而退舍，亦非偏補一邊之意。而不知者，謂傷寒無補，邪得補彌熾，斷不敢用。而市井愚夫乃交口勸病人不宜服參，醫者又避嫌遠謗，一切可生之機悉置之不理，殊失《本經》除邪氣之旨矣。古今諸方表汗用參蘇飲、敗毒散，和解用小柴胡，解熱用白虎加人參湯、竹葉石膏湯，攻下用黃龍湯，領人參深入驅邪，即熱退神清。從仲景至今，明賢方書無不用人參，何為今日醫家屏絕不用，以阿諛求容，全失一脈相傳宗旨。殊不知誤用人參殺人者，皆是與黃耆、白术、乾薑、當歸、肉桂、附子同行溫補之誤所致，不與羌、獨、柴、前、芎、半、枳、桔等同行汗和之法所致也。安得視人參為砒鴆刀刃，固執不用耶？又痘疹不宜輕用人參者，青乾紫黑陷，血熱毒盛也。若氣虛頂陷，色白皮薄，泄瀉漿清，必用也。故《博愛心鑒》治痘以保元湯為要藥。人參得升麻，補上焦之氣，瀉中州之火。得茯苓，補下焦之氣，瀉腎中之火。東垣交泰丸用人參、皂莢，是惡而不惡也。治月閉用四物加人參、五靈脂，是畏而不畏也。痰在胸膈，以人參、藜蘆同用，而取湧越，是激其怒性也。惟右手獨見脉實者，為肺經本有火，故不宜用。若右手虛大而嗽者，雖有火邪，此為虛火上炎，腎水不足，乃刑金之火，非肺金之火，正當以人參救肺，但須多用方始得力，若少用必增脹滿。《本經》言，安五藏，定魂魄，止驚悸，明目開心益智者，以藏氣安和，心神寧定，當無驚悸昏昧之慮矣。其除邪氣者，以甘溫之力協諸表藥，助胃祛邪，譬諸坐有君子，則小人無容身之地矣。繆子《經

疏》云：　人參論其功能之廣，如《本經》所說，信非虛語，第其性亦有所不宜，世之錄其長者，或遺其短，摘其瑕者，並棄其瑜，是以或當用而後時，或非宜而罔投，或蒙其利反見其害，二者之誤，其失則一，使良藥不見信於世。粗工互騰其口說，豈知人參本補五藏真陽之氣者也。若夫虛羸尫怯，勞役飢飽所傷，努力失血以致陽氣短乏，陷入陰分，發熱倦怠，四肢無力。或中暑傷氣，氣無以動。或嘔吐泄瀉，霍亂轉筋，胃弱不食，脾虛不磨。或真陽衰少，腎氣乏絕，陽道不舉。或中風失音，產後氣喘，小兒慢驚，痘後氣虛，潰瘍長肉等證，投之靡不立效。惟不利於肺家有熱，欬嗽吐痰，吐血衄血，骨蒸勞瘵，陰虛火動之候。蓋肺者，清肅之藏，真氣無虧，則寧謐清淨，以受生氣之熏蒸，而朝百脈，苟縱恣情欲，虧損真陰，火空則發。熱起於下，火爍乎上，則肺先受之，火乃肺之賊邪，邪氣勝則實，實則肺熱鬱結，為痰嗽癢，而血熱妄行，溢出上竅。王好古所謂肺熱還傷肺是也。若誤投之，鮮克免者，此皆實實之誤，於人參何咎哉？　○產山西太行山者，名上黨人參，雖無甘溫峻補之功，却有甘平清肺之力，亦不似沙參之性寒專泄肺氣也。○參蘆能耗氣，專入吐劑，湧虛人膈上清飲宜之，鹽哮用參蘆涌吐最妙。參蘆涌吐，參鬚下泄，與當歸、紫菀之頭止血，身和血，尾破血之意不殊。參鬚價廉，貧乏之人往往用之，其治胃虛嘔逆，欬嗽失血等證，亦能獲效，以其性專下行也。若治久痢滑精，崩中下血之證，每致增劇，以其味苦降泄也。其蘆世罕知用，惟江右人稱為竹節參。近日吾吳亦有用之者，其治瀉利膿血、崩帶、精滑等證，俱無妨礙。如氣虛火炎喘嘔嗽血，誤用轉劇。昔人用以涌吐者，取其性升而於補中寓瀉也，此義前人未發，因屢驗而筆之。

清・浦士貞《夕庵讀本草快編》卷一　人參《本經》、人蓡、神草　人參年深浸漸長成，根如人形者有神，故字從浸，即浸漸之意也。後世省文以參字代之。按《春秋運斗樞》云瑤光星散而為人參，人君廢山瀆之利，則瑤光不明，人參不生，故有神草之名。　人參生用氣涼，熟用氣溫，味甘補陽，微苦補陰。氣主生物，本乎天；　味主成物，本乎地。氣味生成，陰陽之造化也。涼者，高秋清肅之氣，天之陰，其性降；　溫者，陽春生發之氣，天之陽，其性升；　甘者，濕土化成之味，地之陽也，其性浮；　微苦者，火土相生之味，地之陰也，其性沉。人參氣味俱薄，氣之薄者，生降熟升；　味之薄者，生升熟降。如土虛火旺之病則宜生參，涼薄之氣瀉火而補土，是純用其氣也；　脾虛肺怯之症則宜熟參，甘溫之味補土而生金，是純用其味也。故東垣治相火乘脾，身熱而煩，氣高而喘，頭痛而渴，脉洪而大者，用黄柏佐人參。孫思邈治夏月熱傷元氣，大汗大泄，欲成痿厥者，用生脉散。二者皆補天元之真氣，非補火也。且其兼入手太陰而益金氣，肺氣充則四藏之氣皆旺，精自生，形自盛，肺主諸氣故也。仲景有云：　病人汗後身熱亡血，脉沉遲者；　下利身涼，脉微血虛者，並加人參，蓋血脫補氣，陽生陰長之理也。若純用血藥則降令肅殺，坐而待斃矣！　獨王好古有肺熱還傷肺之論，而節齋因而矯激之，遂印定後人心目。凡虛損勞怯之症視參、芪為鴆毒，日從事于滋陰降火，定致上吐下瀉而死。嗟夫！　獨不思火與元氣不兩立，元氣勝則邪火自退。人參既補真元而又助邪火，是反覆小人矣！　何以同术、苓、甘草而稱四君子耶？况性厚和平，得輔佐更效。如得升麻則補上焦而瀉肺火，得茯苓則益下元而瀉腎火，得麥冬則生脉，得乾薑則補氣，得芪甘則除大熱而瀉陰火。東垣交泰丸中與皂莢同用，是惡而不惡也。古方療月閉四物湯中與靈脂共劑，是畏而不畏也。又療痰涎在胸中，以藜蘆並投，取其湧越，是激其怒性也。人弱者又以參、蘆探吐，此皆精微奥妙，非深達權衡，難堪語此。今人但知人參補五藏之陽，沙參補五藏之陰，豈不陋哉？

清・張志聰、高世栻《本草崇原》卷上　人參　氣味甘，微寒，無毒。主補五臟，安精神，定魂魄，止驚悸，除邪氣，明目，開心，益智，久服輕身延年。　人參，一名神草，一名地精。《春秋運斗樞》云：　瑤光星散，而為人參。生上黨山谷、遼東幽冀諸州地土最厚處，故有地精之名。相傳未掘取時，其莖葉夜中隱隱有光。其年發深久者，根結成人形，頭面四肢畢具，謂之孩兒參，故又有神草之名。　人參氣味甘美，甘中稍苦，故曰微寒。凡屬上品，俱係無毒。獨人參稟天宿之光華，鍾地土之廣厚，久久而成人形，三才俱備，故主補人之五藏。臟者藏也。腎藏精，心藏神，肝藏魂，肺藏魄，脾藏智。安精神，定魂魄，則補心腎肺肝之真氣矣。夫真氣充足，則內外調和，故止驚悸之內動，除邪氣之外侵。明目者，五臟之精上注於目也。開心者，五臟之神皆主於心也。又曰益智者，所以補脾也。上品之藥，皆可久服，兼治病者，補正氣也，故人參久服，則輕身延年。

清・王士禛《香祖筆記》卷二　湯調鼎，淮之清河人，順治初進士，著《辨物志》，議論多發人神智。偶筆其記人參二則于此：　隋高祖時，上黨民宅後

聞人呼聲，求之，得人參一本，根五尺餘，具體人狀。占者謂晉王陰謀奪宗，故妖草生。予曰非妖也，人參如人形者，食之得仙，根至五尺而具人狀，蓋歲久神靈之物，而上黨又人參之所出。惜時無張華其人，故其物不著，而以為陰謀奪宗之應。文帝以丞相僭帝位，何嘗不以陰謀得哉？又《元覽》云，人參千歲為小兒，枸杞千載為犬子。按：參以人名，伏土歲久，而具體人狀，氣類神靈之感，無足怪者。枸杞字不從犬，何以歲久為犬？《廣韻》云，春名天精子，夏名枸杞，秋名却老根，冬名地骨皮。是枸杞特四名之一。考《山海經》：建木上有九欘，下有九枸。枸，根盤錯也。與犬義絕不相涉。使枸杞而為犬，天精、却老、地骨皮又何化乎？

清・劉漢基《藥性通考》卷四　人參　生甘、苦，微涼；熟甘，溫。大補肺中元氣，瀉火益脾土，生金補肺，明目開心益智，添精神，定驚悸。邪火退，正氣旺，則心肝寧而驚悸定矣。除煩渴瀉火，故除煩生津，故止渴矣。通血脉，氣行則血行，生脉散用之者，以其通經活血，則脉自生矣。古方解散藥、行表藥多用之，皆以其通經而走表也。破堅積氣，運則積化。消痰水，氣旺則痰行水消。治虛勞內傷，發熱自汗，多夢紛紜，嘔噦反胃，虛欬喘促，瘧痢滑瀉，淋瀝脹滿，中暑中風，及亦切血症。黃潤緊實，似人形者良。去蘆用。補劑用熟，瀉火用生，煉膏服能回元氣。有火者，天冬膏對服。參生時，背陽向陰，不喜風日，宜焙用。忌鐵，茯苓為使，畏五靈脂，惡皂莢、黑豆、紫石英、人溲、鹹鹵，反藜蘆。人參蘆能涌吐痰涎，體虛人忌之，以代瓜蒂。凡傷於七情六欲、飲食房勞為內傷。傷於風寒暑濕為外感也。如內傷發熱，時熱時止。外感發熱，熱甚無休。內傷惡寒，得熱便解。外感惡寒，絮火不除。內傷頭痛，乍痛乍歇。外感頭痛，連痛無停。內傷則手心熱，外感則手背熱。內傷則口淡無味，外感則鼻塞不通。內傷氣口脉盛，多屬不足，宜溫、宜補、宜和。外感則人迎脉盛，多屬有餘，宜汗、宜吐、宜下。蓋左人迎主表，右氣口主裏也。昂按：東垣辨內傷外感最詳，恐人以治外感者治內傷也。今人緣東垣之言，凡外感風寒、發熱咳嗽者，概不輕易表散，每用潤肺退熱藥，間附秦艽、蘇梗、柴胡、前胡一二味，而羌活、防風等絕不敢用。不思秦艽陽明藥，柴胡少陽藥，於太陽有何涉乎？○以致風寒久鬱，嗽熱不止，變成虛損，殺人多矣。此又以內傷治外感之悞也。附此正之。發熱自汗者，自汗屬陽虛，盜汗屬陰虛。亦有過服參、耆而汗反甚者，以陽盛陰虛，陽愈補而陰愈虧也。又宜清熱養血，而汗自止矣。○多夢紛紜，嘔噦反胃，虛欬喘促，《蒙筌》曰歌有肺熱還傷肺之句，惟言寒不辨虛實。若肺中實熱者忌之，虛熱者服之何害？又曰：諸痛無補法，不用參、耆。若久病虛痛，何嘗忌此耶？瘧痢滑瀉，始痢宜下，久痢宜補。治瘧意同。丹溪曰：葉先生患痢後，甚逼迫，正合承氣症乎？予曰：氣口脉虛，形雖實而面黃白，必過飽傷胃，與參、朮、陳、芍十餘帖，三日後胃氣稍完，再與承氣湯二帖而安。又曰：補未至而下，則病者不能當補，已至而弗下，則藥反添病，匪急匪徐，其間間不容髮。噫，微哉！昂按：此先補後下法之變者也。非胸有定見者，不可輕用。然後學亦宜知之。○大承氣湯，大黃、芒硝、枳實、厚朴，淋瀝脹滿，胸脇逆滿，由中氣不足作脹者，宜補之，而脹自除。《經》所謂塞因塞用也。俗醫不敢用，不知少服則反滋壅，多服則宣通，補之正所以導之也。中暑中風，及亦切血症，東垣曰古人治大吐血，脉芤洪者，並用人參。脫血者，先益其氣，蓋血不自生，須得生陽氣之藥乃生陽，〔陽〕生則陰長之義也。若單用補血藥，血無由而生矣。凡虛勞吐血，能受補者易治，不能受補者難治。黃潤緊實，似人形者良。去蘆用。補劑用熟，瀉火用生，鍊膏服者，能回元氣。有火者，天冬膏對服。參生時背陽向陰，不喜風日，宜焙用。忌鐵，茯苓為使，畏五靈脂，惡皂莢、黑豆、紫石英、人溲、鹹鹵，反藜蘆。東垣理脾胃瀉陰火，交秦艽內用人參、皂莢，是惡而不惡也。古方療月閉，四物湯加人參、五靈脂，是畏而不畏也。又療在胸膈，人參、藜蘆同用，而取其涌越，是激其怒性也。非洞奧達權者，不能知人參、藜蘆能涌吐痰涎。體虛人用之以代瓜蒂。○丹溪曰：人參入手太陰，補陽中之陰。蘆反能瀉太陰之陽，亦猶麻黃根苗不同。痰在上膈，在經絡，非吐不可，吐中就有發散之義。一婦性燥味厚，暑月因怒而病，呃作則舉身跳動，昏不知人，其人形氣俱實，乃痰因怒鬱，氣不得降，非吐不可，以人參蘆半兩，逆流水煎服，吐頑痰數碗，大汗昏睡而安。

清・姚球《本草經解要》卷一　人參　氣微寒，味甘，無毒。補五藏，安精神，定魂魄，止驚悸，除邪氣。明目，開心，益智。久服輕身延年。

人參氣微寒，稟天秋令少陰之氣，入手太陰肺經，味甘，無毒。稟地中正之土味，入足太陰脾經。氣厚於味，陽也。肺為五藏之長，百脉之宗，司清濁之運化，為一身之橐籥，主生氣。人參氣寒，清肺，肺清則氣旺，而五藏俱補矣。精者，陰氣之英華；神者，陽氣之精靈也。微寒清肺，肺旺則氣足而神

安。脾屬血，人身陰氣之原。味甘益脾，脾血充則陰足而精安。隨神往來者，謂之魂；並精出入者，謂之魄。精神安，魂魄自定矣。氣虛則易驚，血虛則易悸。人參微寒益氣，味甘益血，氣血平和，驚悸自止。邪之所湊，其氣必虛。人參益氣，正氣充足，其邪氣自不能留，故能除邪氣。五藏，藏陰者也。五藏得甘寒之助，則精氣上注於目而目明矣。心者，神之處也，神安所以心開。開者，朗也。腎者，精之舍也，精充則伎巧出而智益。久服則氣足，故身輕；氣足則長生，故延年也。製方：人參同五味子、麥冬名生脉散，補陰生津液。同辰砂治驚。同炮薑則補氣溫中。同白朮、炮薑、甘草名理中湯，治胸中寒邪痞塞。同白茯、白朮、甘草名四君子湯，治脾濕不思飲食。同半夏、陳皮治脾濕生痰。同附子名一氣湯，追散失元陽。同半夏、生薑，治食入即吐。同陳皮、生薑，治霍亂吐瀉，煩躁不寧。同炮薑等分末，生地汁丸，治妊娠吐水。同蘇木，治產後發喘；加童便，治血暈。同歸身，治產後諸虛。同甘草、歸身、五味、麥冬，治血虛發熱。同泡薑、北味、白朮、甘草、白芍，治中氣虛喘。同黄耆、甘草、天冬、麥冬、生地、熟地、北味、蓯蓉，治腎虛水泛成痰。同乳香各一錢，丹砂五分末，雞蛋清和薑汁調服，治横生倒產。同歸身、麥冬、五味，治聞雷即暈。同赤茯、龍齒、辰砂，治離魂。同陳皮，治房後困倦。同柴胡、大棗、生薑，治虛勞發熱。同赤茯、麥冬，治齒縫出血。同蓮肉、川連，治噤口痢。同白朮、吴萸，治脾洩。同五味、吴萸、肉果名四神丸，治腎洩。同白芍、甘草，治血虛腹痛。同附子、肉桂、炮薑，治寒厥。同附子、北味，治氣脫中寒。同白朮、麥冬、五味，治中暑倦怠。同白芍、沉香，治氣虛胸滿。同升麻，補上焦元氣，瀉肺中伏火。同白茯，補下焦元氣，瀉腎中伏火。同沉香、茯神，治心虛，邪客作痛。同黄耆、白芍、北味，治汗多亡陽。同知母、石膏、粳米、甘草，名人參白虎湯，治氣虛傷暑。同附子、白朮、白芍、白茯、甘草，治小兒慢驚。同菖蒲、蓮肉，治產後不語。同附子、肉桂、麥冬、五味，治下虛寒而上大熱。同黄耆、天冬、北味、牛膝、杞子、菖蒲，治中風不語。同大棗、白芍、甘草、棗仁、圓肉，治脾陰虛。同木瓜、藿香、橘紅，治氣虛反胃。同薑皮各兩許，水煎露服，治氣虛瘧久不止。

清・周垣綜《頤生秘旨》卷八　人參　扶元氣之藥也。人者，以形肖人者佳。參者，条也，補人元氣，有条贊之功。甘緩益氣，補五藏之陽。肺氣虛寒宜用，肺熱實者禁之。

清・王子接《得宜本草・上品藥》　人參　味甘、苦。入手太陰。能通行十二經。得羊肉則補形，古方寒熱攻補劑中皆用之，以立正氣，誠為上品。

清・修竹吾廬主人《得宜本草分類・下部補養並瘍科感症門》　人參　味甘、苦。入手足太陰經。能通行十二經。得羊肉則補形。古方寒熱攻補劑中皆用之。得升麻補上焦，瀉肺火；得茯苓補下焦，瀉腎火；老人卒倒，若無痰氣阻滯者，為陽氣暴脫之候，急以大劑參附峻補元氣，以先其急。隨用地黄、當歸、枸杞之類填補真陰，以培其本。證至垂危，必多用獨用。先哲於氣虛血脫之症，用人參三兩，濃煎頓服，能救性命於瞬息。世之用者些少，以姑試之，或加消耗以監制之，人何賴以得生？用獨參湯，或加童便，或加薑汁，或加黄連，或加附子，相得益彰，亦不礙其為獨。如薛新甫治中風，於三生飲中加人參兩許，以駕馭之，此真善用獨參湯者。

參條：乃横生蘆頭上者，其力甚薄，止可用以調理常病及生津止渴。其性横行手臂，凡指臂無力者，服之有效。

參鬚：其力甚薄，危險之症，斷難倚仗。

清・徐大椿《神農本草經百種錄》上品　人參　味甘，微寒。主補五藏，安精神，定魂魄，止驚悸，有形無形，無一之不補也。除邪氣，正氣充則邪氣自除。明目，五藏六府之精皆上注于目，此所云明乃補其精之效，非若他藥，專有明目之功也。開心益智。人參氣盛而不滯，補而兼通，故能入心孔而益神明也。久服，輕身延年。補氣之功。

人參得天地精英純粹之氣以生，與人之氣體相似，故于人身無所不補。非若他藥有偏長而治病各有其能也。〇凡補氣之藥皆屬陽，惟人參能補氣，而體質屬陰，故無剛燥之病，而又能入于陰分，最為可貴。然力大而峻，用之失宜，其害亦甚于他藥也。〇今醫家之用參救人者少，殺人者多。蓋人之死于虛者，十之一二，死于病者，十之八九。人參長于補虛，而短于攻疾。醫家不論病之已去未去，于病久或體弱，或富貴之人，皆必用參。一則過為謹慎，一則借以塞責，而病家亦以用參為盡慈孝之道。不知病未去而用參，則非獨元氣不充，而病根遂固，諸藥罔效，終無愈期。故曰殺人者多也。或曰仲景傷寒方中病未去而用參者不少，如小柴胡、新加湯之類，何也？曰：此則以補為瀉之法也，古人曲審病情至精至密，知病有分有合。合者邪正併居，當專于攻散；分者邪正相離，有虛有實。實處宜瀉，虛處宜補。一方之中，兼用無礙，且能相濟，則用人參以建中生津，拓出邪氣，更為有力。

若邪氣尚盛而未分，必從專治，無用參之法也。況用之亦皆入疎散藥中，從無與熟地、萸肉等藥同入感證方中者。明乎此，而後能不以生人者殺人矣。○人參亦草根耳，與人殊體，何以能驟益人之精血。蓋人參乃升提元氣之藥，元氣下陷，不能與精血流貫，人參能提之使起，如火藥藏于砲內不能升發，則以火發之。若砲中本無火藥，雖以砲投火中不發也，此補之義也。

清・黃元御《長沙藥解》卷一　人參　味甘、微苦，入足陽明胃、足太陰脾經。入戊土而益胃氣，走己土而助脾陽，理中第一，止渴非常，通少陰之脈微欲絕，除太陰之腹滿而痛，久利亡血之要藥，盛暑傷氣之神丹。《金匱》人參湯，人參、白朮、甘草、乾薑各三兩。即理中湯。治胸痹心痞，氣結在胸，胸滿，脅下逆搶心。以中氣虛寒，脾陷胃逆，戊土迫於甲木，則胸中痞結，己土逼於乙木，則脅下逆搶。甘草、白朮，培土而燥濕，薑、參溫中而扶陽，所以轉升降之軸也。　理中丸，即人參湯四味作丸。治霍亂吐利，頭痛身疼，發熱惡寒。以夏月飲食寒冷，水穀未消，感冒風寒，皮毛外閉，宿食內阻，木氣不舒。郁而剋土，胃氣壅遏，水穀莫容，胃逆則嘔，脾陷則利。參、朮、薑、甘，溫補中氣，所以撥上下之樞也。腹痛者，加人參足前成四兩，以陽衰氣滯，土木逼迫，加人參補肝脾之陽，以消陰滯也。　四逆加人參湯，甘草二兩、乾薑二兩半、生附子一枚、人參一兩。治霍亂利止脈微。以泄利既多，風木不斂，亡血中之溫氣。四逆湯暖補水土，加人參以益血中之溫氣也。　《傷寒》通脈四逆湯，方在甘草。治少陰病，下利清穀，裏寒外熱，手足厥逆，脈微欲絕。利止脈不出者，加人參一兩，以利亡血中溫氣，故肢寒、脈微欲將斷絕，加人參補肝脾之陽，以充經脈也。　新加湯，桂枝三兩、甘草二兩、大棗十二枚、芍藥四兩、芍藥四兩、人參三兩。治傷寒汗後，身疼痛，脈沉遲者。以汗泄血中溫氣，陽虛肝陷，故脈沉遲。經脈凝濇，風木鬱遏，故身疼痛。甘、棗、桂枝，補脾氣精而達肝氣，而芍藥清風木之燥，加生薑行血脈之瘀，加人參補肝脾之陽，以充經脈也。　白虎加人參湯，石膏一斤、知母六兩、甘草二兩、粳米六合、人參三兩。治傷寒汗後心煩，口渴舌燥，欲飲水數升，脈洪大者。以胃陽素盛，津液汗亡，府熱未定，肺燥先動。白虎泄熱清金，加人參以補汗亡之陽氣也。治太陽中暍，汗出惡風，身熱而渴者。以暑月感冒，風寒鬱其內熱而傷元氣。熱盛而寒不能閉，是以汗出。白虎清金而泄熱，加人參以益耗傷之陽也。　小柴胡湯，方在柴胡。治少陽傷寒。渴者，去半夏，加人參、栝蔞根，以津化於氣，氣熱故津傷而渴，人參、栝蔞根，清金而益氣也。　氣充於肺，而實原於腎。肺氣下降，而化腎水，水非氣也，而水實含肺氣。此氣在水，《難經》謂為生氣之原，道家名為水中氣。蓋陰陽之理，彼此互根，陰升而化陽，又懷陰精，陽降而化陰，又胎陽氣。陽氣一胎，己土左旋，升於東南，則化木火。脾以陰體而抱陽魂，非脾陽之春生，則木不溫，非脾陽之夏長，則火不熱，故肝脾雖盛於血，而血中之溫氣，實陽升火化之原也。及其升於火而降於金，則氣盛矣，是以肝脾之氣虛，肺胃之氣實。虛而實則肝脾升，實而虛則肺胃降。實而實則肺胃壅塞而不降，虛而虛則肝脾抑鬱而不升，而總由於中氣之不旺。　中氣居不戊不己之間，非金非木之際，旺則虛者，充實而左升，實者沖虛而右降，右不見其有餘，左不見其不足。中氣不旺，則輪樞莫轉，虛者益虛而左陷，實者益實而右逆。　人參氣質淳厚，直走黃庭而補中氣。中氣健運，則升降復其原職，清濁歸其本位，上下之嘔泄皆止，心腹之痞脹俱消。仲景理中湯、丸，用之以消痞痛而止嘔泄，握其中樞，以運四旁也。大建中湯方見膠飴、大半夏湯方見半夏、黃連湯方在黃連諸方，皆用之治痞痛嘔利之證，全是建立中氣，以轉升降之機。由中氣以及四維，左而入肝，右而入肺，上而入心，下而入腎，無往不宜。但入心則宜涼，入腎則宜熱，入肺胃則宜清降，入肝脾則宜溫升，五臟自然之氣化，不可違也。　中氣者，經絡之根本，經絡者，中氣之枝葉，根木既茂，枝葉自榮，枝葉若萎，根本必枯。肝脾主營，肺胃主衛，皆中氣所變化也。凡沉、遲、微、細、弱、濇、結、代之診，雖是經氣之虛，而實緣中氣之敗，仲景四逆、新加、炙甘草方在甘草皆用人參，補中氣以充經絡也。　白朮止濕家之渴，人參止燥證之渴。白朮滲土金之濕，散濁氣而還清，清氣飄灑，真液自滴，人參潤金土之燥，蒸清氣而為霧，霧氣氤氳，甘露自零。至於盛暑傷氣之熱渴，大汗亡津之煩躁，加人參於白虎，清金之內，化氣生津，止渴滌煩，清補之妙，未可言喻。麥冬湯方在麥冬、竹葉石膏湯方在竹葉二方之用人參，清金補水之玉律也。

熟用溫潤，生用清潤。

清・吳儀洛《本草從新》卷一　人參〔大補元氣，生陰血，亦瀉虛火。〕　甘，溫，微苦。大補肺中元氣，東垣〔李杲，號東垣，著《用藥法象》。〕曰：　肺主氣，肺氣旺則臟腑之氣皆旺，精自生而形自盛。《十劑》曰：　補可去弱，人參、羊肉之類是也。人參補氣，羊肉補形。　瀉火，得升麻補上焦、瀉肺火，得茯苓補下焦、瀉腎火，得麥冬、五味瀉火而生脈，得黃耆、甘草乃甘溫除大熱。東垣曰：　參、耆、甘草，退火之聖藥。按：　煩勞則虛而生熱，得甘

溫以益元氣而虛熱自退，故亦謂之瀉。醒酒明目，眼科淨藥中用之甚效。開心益智，心氣強則善思而多智。安精神，定驚悸，邪火退，正氣旺，則心肝寧而驚悸定。除煩渴，瀉火故除煩，生津故止渴。通血脈，氣行則血行。破堅積，氣運則積化。消痰水。氣旺則痰行水消。氣壯而胃自開，氣和而食自化。治虛勞內傷，傷於七情六欲、飲食作勞為內傷，傷於風寒暑濕燥火為外感。如發熱證，外感則發熱無間，內傷則時熱時止。惡寒證，外感雖絮火不除，內傷則得暖便減。頭痛證，外感則常痛不休，內傷則時痛時止。外感則手背熱，內傷則手心熱。外感傷則鼻塞不通，內傷則口淡無味。外感多屬有餘，宜汗、吐、下，內傷多屬不足，宜溫、補、和。發熱自汗，自汗屬陽虛，盜汗屬陰虛。亦有過服參、耆而汗反甚者，以陽盛陰虧，陽愈補而陰愈虛也，又宜清熱養血而汗自止。多夢紛紜，虛咳喘促，心腹寒痛，《蒙筌》曰：歌有肺熱還傷肺之句，唯言寒熱，不辨虛實，若肺中實熱者忌之，虛熱者服之何害？又曰：諸痛無補法，不用參、耆，若久病虛痛，何嘗忌此耶？傷寒，庸淺之輩不察虛實，但見發熱，動手便攻，且曰傷寒無補法。不觀仲景立三百九十七法，而治虛寒一者百有奇，垂一百一十三方，而用人參、桂、附者，八十有奇乎？瘟疫，瘟疫病，陽脈濡弱，正虛也；陰脈弦緊，邪實也。正虛邪實，則一團毒邪內熾，莫能解散，病固纏身為累。而冬不藏精之人，觸其氣者染之尤易，所以發表藥中宜少用人參三五七分以領出其邪，《寓意草》中論之最詳。瘧痢滑瀉，嘔噦反胃，皆健脾之力。淋瀝肺氣化則溺行。脹滿，《發明》云：胸脇逆滿由中氣不足，宜補之而脹自除，《經》所謂塞因塞用也。俗醫泥於作飽不敢用，不知少服反滋壅，多服則宣通，補之正所以導之也。非風卒倒，若無痰氣阻滯者，為陽所暴脫之候，須以大劑參、附峻補元氣以先其急，隨用地黃、當歸、甘杞之類填補真陰以培其本。一切血證，古人治大吐血脈芤洪者并用人參。脫血者須益其氣。蓋血不自生，須得生陽氣之藥乃生，陽生陰長之義也。若單用補血，無由而生矣。胎產，胎前產後諸虛。外科陰毒，癰疽出膿後，收口其效尤神，摻藥用之亦妙。小兒痘證。痘證顏色嬌紅而不蒼老，或頂陷，或皮薄漿清，或癢塌泄瀉，俱屬氣虛。若乾回者，宜與鹿茸同用。證至垂危，必多用獨用。先哲於氣虛血脫之證，獨用人參三兩濃煎頓服，能救性命於瞬息。世之用者，些少以姑試之，或加消耗以監制之，人何賴以得生？然又當視病情而處用，於獨參湯中或加童便，或加薑汁，或加附子，或加黃連，相得益彰，亦不礙其為獨。如薛新甫〔薛新甫著《廿四種》〕治中風，於三生飲中加人參兩許以駕馭之，此真善用獨參湯者。產遼東。寧古臺出者光紅結實，船廠出者空鬆稍差，并有糙有熟。鍊膏服能回元氣於無何有之鄉。氣不化精者配白朮，名參朮膏。精不化氣者熟地倍之，名兩儀膏。有火者天冬膏對服。製宜隔紙焙用。忌鐵。茯苓為使。畏五靈脂。惡皂莢、黑豆、紫石英、人溲、鹹鹵。反藜蘆。言聞〔李言聞著《痘疹證治》并《月池人參傳》。〕曰：東垣理脾胃，瀉陰火，交泰丸內用人參、皂莢，是惡而不惡也。古方療月閉，四物湯加人參、五靈脂，是畏而不畏也。又療痰在胸膈，人參、藜蘆同用，而取其涌越，是激其怒性也。非洞奧達權者，不能知也。附：參條〔生津補氣。〕乃橫生蘆頭上者。其力甚薄，止可用調理常病乃生津止渴。其性橫行手臂。凡指臂無力者服之甚效。附：參鬚〔生津補氣。〕亦橫生蘆頭上而甚細者。其性與參條同而力尤薄。參條、參鬚，不過得參之餘氣，危險之證，斷難倚伏。

清・吳儀洛《本草從新》卷一　附：參蘆〔宣，涌吐，亦有補性。朱震亨，號丹溪，著《本草補遺》。〕能涌吐。丹溪曰：人參入手太陰，補陽中之陰，蘆則瀉太陰之陽，亦猶麻黃根、苗不同。痰在上膈，在經絡，非吐不可，吐中就有發散之義。一婦因怒而病呃，作則舉身跳動，昏不知人，其形氣俱實。乃痰因怒鬱，氣不得降，非吐不可。以參蘆半兩，逆流水煎服，吐頑痰數碗，大汗昏睡而安。按：參蘆其味與人參同，亦能補氣，微虛者用以調理頗效，未見其吐也，但其力甚緩爾。今東洋、西洋俱用此為補劑。又人參內有一種泡鬆，東洋甚行，中國不行。

附：參葉　大苦，大寒。損氣敗血，其性與人參相反，且無用，所以從來本草內俱不載。

清・徐大椿《醫學源流論》卷上　人參論　天下之害人者殺其身，未必破其家。破其家，未必殺其身。先破人之家，而後殺其身者，人參也。夫人參用之而當，實能補養元氣，拯救危險。然不可謂天下之死人皆能生之也。其為物，氣盛而力厚，不論風寒暑濕、痰火鬱結，皆能補塞。故病人如果邪去正衰，用之固宜。或邪微而正亦憊，或邪深而正氣怯弱，不能逐之於外，則於除邪藥中投之，以為驅邪之助。然又必審其輕重而後用之，自然有扶危定傾之功。乃不察其有邪無邪，是虛是實，又佐以純補溫熱之品，將邪氣盡行補住。輕者邪氣永不復出，重者即死矣。夫醫者之所以遇疾即用，而病家服之死而無悔者，何也？蓋愚人之心，皆以價貴為良藥，價賤為劣藥。而常人之情，無不好補而惡攻。故服參而死，即使明知其誤，然以為服人參而死，則醫者之力已竭，而人子之心已盡，此命數使然，可以無恨矣。若服攻削之藥而死，即使用藥不誤，病實難治，而醫者之罪，已不可勝誅矣。故人參者，乃醫家邀功避罪之聖藥也。病家如此，醫家如此，而害人無窮矣！更有駭者，或以用人參為冠冕，或以用人參為有力量；又因其貴重，深信以為必能挽回造化，故毅然用之。孰知人參一用，凡病之有邪者即死，其不死者，亦終身不

得愈乎。其破家之故，何也？蓋向日之人參，不過一二換，多者三四換。今則其價十倍，其所服，又非一錢二錢而止。小康之家，服二三兩，而家已蕩然矣。夫人情于死生之際，何求不得，寧恤破家乎？醫者全不一念，輕將人參立方。用而不遵在父為不慈，在子為不孝，在夫婦昆弟為忍心害理，并有親戚朋友責罰痛罵，即使明知無益，姑以此塞責。又有孝之慈父，倖甚或生，竭力以謀之，遂使貧窶之家，病或稍愈，一家終身凍餒。若仍不救，棺殮俱無，賣妻鬻子，全家覆敗。醫者誤治，殺人可恕，而逞己之意，日日害人破家，其惡甚于盜賊，可不慎哉！吾願天下之人，斷不可以人參為起死回生之藥而必服之。醫者，必審其病，實係純虚，非參不治，服必萬全，然後用之。又必量其家業，尚可以支持，不至用參之後，死生無靠，然後節省用之。一以惜物力，一以全人之命，一以保人之家。如此存心，自然天降之福。若如近日之醫，殺命破家于人不知之地，恐天之降禍，亦在人不知之地也，可不慎哉！

清・汪紱《醫林纂要探源》卷二　人參　甘，苦，微寒。莖三椏，每分五枝，根色黄潤有歧，或微赤，或微白，古謂有人形，殆亦神其說耳。生每依椵木下，背陽向陰。古時皆出上黨，今則出長白山及高麗。蓋地氣有厚薄變遷也。○上黨參今有小如人參色不甚潤者，殆薺苨偽充，其大而枯者，亦不足用，惟肥大而實者佳。宜多用，少則寡效。○人參本苦，微寒，今多以為甘溫，謬也。五參皆微寒，又謂生用微寒，熟用甘溫。蓋煎湯則謂之生用，炙過而後煎則謂之熟。古方有炙者，正以恐其寒也。入脾，而兼和五臟之氣，調燮陰陽，益氣生血，退邪熱，治虚勞。甘而有苦，和緩而不至生濕，脾厚胃和，則氣血自生。又其生，背陽向陰，是火土之交，陰陽之和，補益陽氣，自有生血之理也。脾主憂思，益脾則和緩，而七情之傷可除。且可消痰破積，以入肺則除喘促，治虚熱，止乾咳，降逆氣。以入心則除煩熱，調血脈，降虚火，益精神。以入肝則緩肝急，定驚悸，舒筋急，理寒熱往來。以入胃則治胃氣不和，嘔噦反胃。以入腎則益精，以入腸則治下痢滑瀉。蓋正氣既調，則一切外淫可杜，但外邪方盛，有宜攻散者，則非所用。若邪盛而正虚，又當補正，乃可攻邪。仲景傷寒書，自人少陽而後，用人參者甚多。今每為傷寒家所畏忌，或又執甘溫能除大熱之說，皆失之也。顧所以用之者，何如耳？人於煩渴時含之，則口津自生而清涼，非溫熱明矣。以熱治熱，古有從治之法，而亦非人參之謂也。　忌鐵。反藜蘆。

清・嚴潔等《得配本草》卷二　人參　一名黄參。參鬚、參蘆。　茯苓、馬藺為之使。畏五靈脂。惡皂莢、黑豆、鹵鹹、人溲。反藜蘆。忌鐵器。動紫石英。

味甘，微苦。生微涼，熟微溫。入手太陰經氣分。能通行十二經，大補肺中元氣，肺氣旺則四臟之氣皆旺，補陽以生陰，崇土以制火。陽氣暴脫，能回之於無何有之鄉。陰血崩潰，能障之於已決裂之後。陽氣虚者，固所必需。陰血虚者，亦不可缺。有一等真陰虧損，而邪火爍於表裏，神魂躁動，內外枯熱，真正陰虚之證，若過服之，反能助熱，所謂陽旺則陰愈消，當用純甘壯水之品。　得茯苓，瀉腎熱。腎臟虚則熱。　得當歸，活血。配廣皮，理氣。配磁石，治喘咳。氣虚上浮。配蘇木，治血瘀發喘。配藜蘆，湧吐痰在胸膈。佐石菖蒲、蓮肉，治產後不語。佐羊肉，補形。使龍骨，攝精。入峻補藥，崇土以制相火。入消導藥，運行益健。入大寒藥，扶胃，使不減食。入發散藥，驅邪有力。宜少用以佐之。去蘆，隔紙焙熟用。土虚火旺，宜生用。脾虚肺怯，宜熟用。補元恐其助火，加天冬制之。恐氣滯，加川貝理之。加枇杷葉，并治反胃。久虚目疾者，煎汁頻洗自愈。　肺熱，精涸火炎，血熱妄行者，皆禁用。以其能升五臟之陽。

怪症：遍身皮肉混混如波浪聲，癢不可忍，搔之血出不止，謂之氣奔。用人參合茯苓、青鹽各三錢，細辛四五分，煎服自愈。　參鬚：下泄虚邪。　參蘆：湧吐痰涎。　體虚者可代瓜蒂。丹溪曰：參補陽中之陰，蘆瀉太陰之陽也。　用參之誤，一由於症，一由於脈。陰虚火從內炎，濡潤之劑，填補其內，或半載，或一年，奏功不速。輒疑養陰之藥其力緩，非補氣不足以生陰，必用參，其功始速。投人參於滋水之劑，胃氣暫壯，飲食加增，恰有似乎神旺者，因即逐日用之，以祈速效。豈知陰虚火炎者，更非肺熱之謂，肺熱者元陰虧而邪火爍金，用參恐補氣以助火，肺熱還傷其肺。若精液枯涸，譬如天干地燥，溪水斷流，惟有滋水以潤其燥烈而已。進人參則升氣助火，未有不燥烈而死者。此由外症不愈之誤也。時行外感邪氣，流於隧道，脈絡為邪所窒塞而不通，按之非空虚則細弱，甚至微小如髮，漂疾皮毛，略按全無，幾欲脫而未脫。醫者認作脫症，急用人參以回元氣，反使邪氣內着，火毒鬱於裏，寒厥見於外，更用薑、附以助參力，意以元陽復寒氣自除，竟視人參為救人聖藥，自恃為按脈無差，致令胃陰涸竭，五內枯槁，速之死而莫可救藥者。此由脈息虚微之誤也。參之誤傷者甚眾，茲特著其兩端，以為司命者之戒。

上黨參：上黨參膏。　甘，平。入手足太陰經氣分。補養中氣，調和脾胃。得黄耆，實衛。配石蓮，止痢。君當歸，活血。佐棗仁，補心。　補肺，蜜拌蒸熟。補脾，恐其氣滯，加桑皮數分，或加廣皮亦可。　氣滯、怒火盛者，禁用。　上黨參膏：清肺金，補元氣，開聲音，助筋力。　制膏法：用黨參軟甜者一斤切片，沙參半斤切片，桂圓肉四兩，水煎濃汁，滴水成珠，用瓷

器盛貯。每用一酒杯，空心滚水沖服，沖人煎藥亦可。

題清・徐大椿《藥性切用》卷三　人參　大補。能回元氣於無有。性味甘溫，肺家專藥。功用靈活，五藏之虚，隨所引而至。益五藏之陽，生陰生血，陽自生而陰自長。退虚火，止煩渴，所謂甘溫能除大熱也。若大虚吐衄，生喻嗽汁，乃氣不攝血，血脱益氣耳。參條補力稍減，有横行手臂之功。參蘆湧吐虚痰。參鬚降泄虚逆。有一種小者，名太子參。氣質稍嫩，其用不下大參。參葉苦寒，雖有瀉熱生津之用，而苦寒之性不甚益人，虚甚者忌之。

東洋參　氣味甘平，力能補虚退熱，無寒凉損胃之虞。殊勝西洋，足稱良劑。惟産虚羸弱，久痢忌。

高麗參　性溫氣浮，味甘純補，大能退表虚寒熱，稍遜人參之引用靈活耳。

清・陸烜《人參譜》卷一　釋名　《唐韻》曰：薓，所金切，音森。許慎《説文》曰：人薓，藥草。薓即參也。《集韻》曰：人薓，薓字或作葠、蔘。周伯琦《六書正僞》曰：人薓出上黨。從艸，浸聲，俗用參，非。烜按：《御定佩文韻府》、毛西河《通韻》、邵子湘《韻略》皆云薓通作參。《神農本草》曰：人御，鬼蓋，皆薓。《急就篇》曰：遠志、續斷、薓、土瓜。陶宏景《名醫别録》曰：人薓，神草。又名土精，又名血參，又名人微。《吴普本草》曰：人參，一名黄參。劉敬叔《異苑》曰：人參，一名土精。《廣雅》曰：地精，人葠也。侯寧極《藥譜》曰：人參，别名皺面還丹。王象晉《群芳譜》曰：人參，一名海腴。柳宗元書曰：言人參者，以人形。李時珍《本草綱目》釋名曰：人薓，或省作葠，年深浸漸長成者，根如人形，有神，故謂之人薓、神草。薓字，從浸，亦浸漸之義。浸，即濅字，後世因字文繁，遂以參星之字代之，從簡便爾。然承誤日久，亦不能變矣。惟張仲景《傷寒論》尚作薓字。一名人微，微，乃薓字之訛，其成有階級，故曰人御。其草背陽向陰，故曰鬼蓋。其在五參，色黄屬土，而補脾胃，生陰血，故有黄參、血參之名。得地之精靈，故有土精、地精之名。李日華《紫桃軒雜綴》曰：人參，又名人微，微亦微漸之意。

按：人參，以地名者曰紫團參，曰上黨參，曰遼參，曰新羅參，曰百濟參，曰高麗參。以色名者曰黄參，曰血參，曰紫參。以功用名者曰地精，曰土精。以其性名者曰鬼蓋。以奇異名者曰孩兒參，曰神草。以别名新人耳目者曰海腴，曰皺面還丹。以品名者曰白條，曰羊角，曰金井玉闌。其他有參之名而不與人參為類者，則玄參、苦參、丹參、沙參，合人參，《本草》謂之五參也。又有強襲參之名者，則薺苨名杏參，知母名地參，仙茅名婆羅門參。《本草》拳參出淄州。《酉陽雜俎》阿勃參出拂林國，不可枚舉也。

原産　《禮斗威儀》曰：君乘木而王，有人參生。下有人參，上有紫氣。《春秋運斗樞》曰：摇光星散而爲人參，人君廢江淮山瀆之利，則摇光不明，人參不生。《名醫别録》曰：人參生上黨山谷及遼東，二月、四月、八月上旬采根，竹刀刮，暴乾，無令見風，根如人形者有神。戴羲《養餘月令》曰：二月、八月上旬採人參。《吴氏本草》曰：人參或生邯鄲，三月生葉小鋭，枝黑，莖有毛，三月、九月采根，根有手足面目如人者神。陶宏景《藥總訣》曰：（大）〔上〕黨在冀州西南，今來者形長而黄，狀如防風，多潤實而甘。俗乃重百濟者，形細而堅白，氣味薄于上黨者。次用高麗者，高麗即是遼東，形大虚軟，不及百濟，並不及上黨者，其草一莖直上，四五相對，成花紫色。高麗人作《人參贊》曰：三椏五葉，背陽向陰，欲來求我，椵樹相尋。椵音賈，樹似桐甚大，陰廣則多生，采作甚有法。今近山亦有，但作之不好。蘇恭《唐本草》曰：人參見用多是高麗、百濟者，潞州太行紫團山所出者謂之紫團參。李珣《南海藥譜》曰：新羅國所貢者，有手足狀如人形，長尺餘，以杉木夾定，紅絲纏飾之。又沙州參短小，不堪用。韓保昇《蜀本草》曰：今（心）〔沁〕州、遼州、澤州、箕州、平州、易州、檀州、幽州、嬀州、并州並出人參，蓋其山皆與太行連亙相接故也。蘇頌《圖經本草》曰：今河東諸州及泰山皆有之，又有河北榷場及閩中來者名新羅人參，俱不及上黨者佳。春生苗，多於深山背陰，近椵漆下濕潤處，初生小者三四寸許，一椏五葉，四五年後生兩椏五葉，未有花莖，至十年後生三椏，年深者生四椏，各五葉，中心生一莖，俗名百尺杵，三月四月有花，細小如粟，蕊如絲，紫白色，秋後結子，或七八枚如大豆，生青熟紅，自落。根如人形者神。泰山出者，葉幹青，根白，殊别。江淮間出一種土人參，苗長一二尺，葉如匙而小，與桔梗相似，相對生，生五七節，亦如桔梗而柔，味極甘美，秋生紫花，又帶青色，春秋采根，土人或用之。寇宗奭《本草衍義》曰：上黨者根頗纖長，根下垂有及一尺餘者，或十歧者，其價與銀等，稍為難得，土人得一窠則置板上，以新綵絨飾之。羅願《爾雅翼》曰：人參，説者謂新羅國所貢，有手脚，狀如人

形，長尺餘。或云生邯鄲者，根有頭足手，面目如人。或曰生上黨者人形皆具，能作兒啼。說益侈則益誕。大率生深山中，近椵漆下濕潤處。椵似桐而多蔭，故人參生其下。其潞州太行山所出者，謂之紫團參。　劉貢父《公非集》曰：人參出上黨，牡丹榮洛陽，皆遷其地而弗能為良。　《一統志》曰：紫團山在壺關縣東南一百六十里，昔有紫氣見山頂，團團如蓋，山出人參名紫團參。

按：上黨今山西潞安府，天文參井分野，其地最高，與天為黨，故曰上黨。居天下之脊，得日月雨露之氣獨全，故產人參為最良。紫團山即在潞安府東南壺關縣境，尤為參星所照臨者也。

宇文懋昭《金志》曰：女真在契丹東北隅，地饒裕，土產人參。　《高麗史》曰：朝鮮產人參。　鄭曉《吾學編》曰：朝鮮產人參。　僧延一《五臺山志》曰：產藥二：人參、鍾乳。　陳嘉謨《本草蒙筌》曰：紫團參紫色稍扁。百濟參白堅且圓，名白條參，俗名羊角參。遼東參黃潤，纖長有鬚，俗名黃參，獨勝高麗參，近紫體虛，新羅參亞黃味薄，肖人形者神，其類雞腿者力洪。　《本草綱目》曰：上黨今潞州也，民以人參為地方害，不復采取。今所用者皆是遼參，其高麗、百濟、新羅三國，今皆屬于朝鮮矣，其參猶來中國互市。亦可收子於十月，下種如種菜法。秋冬采者堅寔，春夏采者虛軟，非地產有虛實也。遼參連皮者黃潤，色如防風，去皮者堅，白如粉，偽者皆以沙參、薺苨、桔梗采根造作亂之，沙參體虛無心而味淡，薺苨體虛無心，桔梗體堅有心而味苦，人參體寔有心而味甘微帶苦，自有餘味，俗名金井玉闌也。其似人形者謂之孩兒參，尤多(膺)〔贋〕偽。　宋蘇頌《圖經本草》所繪潞州者三椏五葉，真人參也。其滁州者乃沙參之苗葉。(心)〔沁〕州、兗州者皆薺苨之苗葉。其所曰江淮土人參者，亦薺苨也，並失之詳審。今潞州者尚不可得，則他處者尤不足信矣。近又有薄夫，以人參先浸取汁自啜，乃晒乾復售，謂之湯參，全不任用，不可不察。　《紫桃軒雜綴》曰：人參生上黨山谷者最良，遼東次之，高麗、百濟又次之。今人參惟產遼東東北者，世最貴重，有私販入山海關者，罪至大辟，高麗次之，每陪臣至，得于館中貿易，至上黨紫團參，竟無過而問焉者。　栗應宏《游紫團山記》曰：由東峰入，屏山遮地，即為參園，已墾為田久矣。

按：人參實生太行山東北諸山，綿亙數千里，皆受太行餘氣故，上黨也，盛京也，高麗也，朝鮮也，新羅、百濟也，其地皆繡壤相錯，故皆產人參，乃知東北諸山無不產人參者，特以上黨為貴耳。參之貴上黨，猶朮之貴浙，橘紅之貴廣也。上黨之貴紫團，猶浙朮之貴於潛，廣橘紅之貴新會也。自紫團參所出有限，不能應天下之求，於是遼參始貴重於世。自遼參既貴，人遂不知有上黨，則不考古之過也。

傅子曰：先王之制，九州異賦。天不生，地不生，君子不以為禮，若河內諸縣去壯山絕遠，而各調出御上黨，真人參者十觔，下者五觔，所調非所生，民以為患。　《唐書・地理志》曰：太原府土貢人蓡。　宋王存《九域志》曰：潞州上黨郡貢人參一千觔，澤州貢人參十觔。　《明史・食貨志》曰：太祖洪武初却貢人參，以勞民故也。　《五雜俎》曰：人蓡出遼東、上黨者最佳，頭圓，手足皆具，清河次之，高麗、新羅又次之。今生者不可得見，其入中國者，皆繩縛蒸而夾之，故上有夾痕及麻線痕。新羅參雖大，皆數片合而成之，其力反減。擇參惟取透明如肉，及近蘆有橫紋，則不患其偽矣。又曰：人參在本地價不甚高，過山海關納稅，加以內監高準攙取，動以數百斤計，故近日佳者絕不至京師，其中上者，亦幾與白鏹同價矣。

按：寇宗奭所謂其價等銀者，乃上黨參也。《雜俎》所謂與白鏹同價者，則已為遼參矣。顧近日參價十倍黃金，一百五六十倍白金，而上黨參每觔僅值銀四五錢，乃世人非遼參不服，人情之忽近而圖遠，附貴而忘賤類如此。

王士正《居易錄》曰：新定刨參之例，刨參人新王一百四十名，人參七十觔；世子一百二十名，人參六十觔；郡王一百名，人參五十觔；長子九十名，人參四十五觔；貝勒八十名，人參四十觔；貝子六十名，人參三十觔；鎮國公四十五名，人參二十二觔半；輔國公三十五名，人參十七觔半；護國將軍二十五名，人參十二觔半；輔國將軍二十名，人參十觔；奉國將軍十八名，人參九觔；奉恩將軍十五名，人參七觔半；准免關稅，餘參每觔納稅六錢。其出關買參之人，准於盛京、開原等處採買，不許於打牲之處採買云。　《東坡集》自注曰：正輔分人參一苗，歸種韶陽。　《廣東新語》曰：粵無人參。蘇長公嘗種于羅浮，與地黃、枸杞、甘菊、香藷，為羅浮五藥之圃。　羅曰褧《咸賓錄》曰：雲南姚安府產人參。　吳儆《邕州化外諸國土俗記》曰：牂牁國藥有牛黃、人參、草果等。

按：姚安、牂牁亦與高麗為近，若韶陽、羅浮則東坡偶然戲種，恐今亦無其種也。

范蠡《計然》曰：人蔆以狀類人者善。《異苑》曰：人參生上黨者佳，人形皆具，能作兒啼，昔有人掘之，始下鏵便聞土中呻吟聲，尋音而取，果得人參。朱彝儀《玄覽》曰：人蔆千歲為小兒。《群芳譜》曰：其有手足面目似人形者更神效，謂之孩兒參，而假偽者尤多。《爾雅翼》曰：欲試上黨真人參者，當使二人同走，一與人參含之，度走三五里許，其不含者必喘，含者氣息自如也。《續博物志》曰：人參類薺苨。劉勰《新論》曰：佞與賢相類，詐與信相似，辯與智相亂，愚與直相像，若薺苨之亂人參。

按：上黨參以形如防風，根有獅子盤頭者真，其硬紋者偽也。心不空虛，愈大愈妙。與其大而空虛，毋寧小而堅實。今市肆所貨紅黨，又名熟黨，乃取江浙間土人參，去皮淨煮極熟，陰乾而成者，性下劣不可用。遼參出寧古臺者，光紅結實。船廠出者空鬆鉛塞，並有糙有熟。今亂人參者，匪獨薺苨。西洋人參產佛蘭國西，大似白泡糙參，但煎之其氣不香耳。珠參出閩中，形圓，其皮肉絕類遼參，若作飲片與參無辨，其他以偽作真，做小為大，為弊滋多，用者其詳慎之。

清·陸烜《人參譜》卷二 性味 桐君《采藥錄》曰：人銜味苦。雷公《炮炙論》曰：人蔆微苦。北齊徐之才《雷公藥對》曰：茯苓、馬藺為之使。惡溲疏、鹵鹹。反藜蘆。一云畏五靈脂，惡皂莢、黑豆，助紫石英。《名醫別錄》曰：人參易蛀蚛，唯納新器中密封，可經年不壞。唐蕭炳《四聲本草》曰：人參頻見風日則易蛀，惟用盛過麻油瓦罐泡淨焙乾，入華陰細辛與參相間收之，密封，可留經年。一法用淋過竈灰晒乾，罐收亦可。孫思邈《千金方》曰：人參湯須用流水煮，用止水則不驗。王充《潛夫論》曰：治疾當得真人參，反得蘿菔。朱震亨《本草衍義補遺》曰：人參入手太陰。與藜蘆相反，服參一兩，入藜蘆一錢，其功盡廢也。李中梓《本草通玄》曰：凡用必去蘆淨，蘆能耗氣，又能發吐也。按：觀此，今人以蔆鬚為補，謬矣。《神農本草經》曰：人銜根甘，微寒，無毒，補五臟，安精神，定魂魄，止驚悸，除邪氣，明目，開心益智，久服輕身延年。《名醫別錄》曰：神草微溫，療腸胃中冷，心腹鼓痛，胸脇逆滿，霍亂吐逆，調中，止消渴，通血脈，補堅積，令人不忘。甄權《藥性本草》曰：主五勞七傷，虛損痰弱，止嘔噦，補五臟六腑，保中守神，消胸中痰，治肺痿及癇疾，冷氣逆上，傷寒不下食，凡虛而多夢紛紜者加之。李珣《南海藥譜》曰：止煩躁，變酸水。日華子大明《序集諸家本草》曰：消食開胃，調中治氣，殺金石藥毒。潔古《珍珠囊》曰：人參性溫，味甘微苦，氣味俱薄，浮而升，陽中之陽也，或曰陽中微陰。治肺胃陽氣不足，肺氣虛促，短氣少氣，補中緩中，瀉心肺脾胃中火邪，止渴生津液。得升麻引用補上集之元氣，瀉肺中之火；得茯苓引用補下焦之元氣，瀉腎中之火；得麥門冬則生脉，得乾薑則補氣。又曰：人參甘溫，補肺之陽，泄肺之陰，肺受寒邪宜此補之，肺受火邪則反傷肺，宜以沙參代之。《藥象口訣》曰：人參為藥，切要與甘草同功。李杲《用藥法象》曰：人參甘溫，能補肺中元氣，肺氣旺則四臟之氣皆旺，精自生而形自盛，肺主諸氣故也。張仲景曰：病人汗後身熱亡血，脈沉遲者；下痢身涼，脈微血虛者：並加人參。古人血脫者益氣，蓋血不自生，須得生陽氣之藥乃生，陽生則陰長，血乃旺也。若單用補血藥，血無由而生矣。《素問》言無陽則陰無以生，無陰則陽無以化。故補氣須用人參，血虛者亦須用之。《本草·十劑》云：補可去弱，人參、羊肉之屬是也。蓋人參補氣，羊肉補形。形氣者，有無之象也。得黃耆、甘草乃甘溫除大熱，瀉陰火，補元氣。又為瘡家聖藥。雷斅《炮炙論》曰：夏月少使人參，發心痃之病。王好古《湯液本草》曰：潔古老人言以沙參代人參，取其味甘也。然人參補五臟之陽，沙參補五臟之陰，安得無異？雖云補五臟，亦須各用本臟藥相佐使引之。王節齋《本草集要》曰：凡酒色過度，損傷肺腎真陰，陰虛火動，勞嗽吐血欬血等證勿用之。蓋人參入手太陰，能補火，故肺受火邪者忌之，若誤服參耆甘溫之劑，則病日增，服之過多則死不可治。蓋甘溫助氣，氣屬陽，陽旺則陰愈消，惟宜苦甘寒之藥生血降火，世人不識，往往服參耆為補而死者多矣。汪機《本草會編》曰：節齋王綸之說本於海藏王好古，但綸又過於矯激。丹溪言虛火可補，須用參芪。又云陰虛潮熱，喘嗽吐血，盜汗等證，四物加人參、黃蘗、知母。又云好色之人肺腎受傷，欬嗽不愈，瓊玉膏主之。又云肺腎虛極者獨參膏主之。是知陰虛勞瘵之證，未嘗不用人參也。節齋私淑丹溪者也，而乃相反如此，斯言一出，印定後人眼目，凡遇前證，不問病之宜用不宜，輒舉以藉口，致使良工掣肘，惟求免夫病家之怨，病家亦以此說橫之胸中，甘受苦寒，雖至上嘔下泄，去死不遠亦不悟也。古今治勞莫過於葛

可久，其獨參湯、保真湯，何嘗廢人參而不用耶？節齋之說，誠未之深思也。

李言聞《人參傳》曰：人參生時背陽，故不喜見風日。凡生用宜㕮咀熟用，宜隔紙焙之，或醇酒潤透，㕮咀焙熟用，並忌鐵器。東垣李氏理脾胃瀉陰火交泰丸內，用人參、皂莢，是惡而不惡也。古方療月閉四物湯加人參、五靈脂，是畏而不畏也。又療痰在胸膈，以人參、藜蘆同用，而取湧越，是激其怒性也。此皆精微妙奥，非達權衡者不能知。生用氣涼，熟用氣溫。味甘補陽，微苦補陰。氣主生物本乎天，味主成物本乎地，氣味生成，陰陽之造化也。涼者，高杪清肅之氣，天之陰也，其性降。溫者，陽春生發之氣，天之陽也，其性升。甘者，濕土化成之味，地之陽也，其性浮。微苦者，火土相生之味，地之陰也，其性沉。人參氣味俱薄，氣之薄者生降熟升，味之薄者生升熟降。如土虛火旺之病，則宜生參涼薄之氣以瀉火而補土，是純用其氣也。脾虛肺怯之病，則宜熟參甘溫之味以補土而生金，是純用其味也。東垣以相火乘脾，身熱而煩，氣高而喘，頭痛而渴，脈洪而大者，用黄蘖佐人參。孫真人治夏月熱傷元氣，人汗出大泄，欲成痿厥，用生脈散以瀉熱火而救金水，君以人參之甘涼瀉火而補元氣，臣以麥門冬之苦甘寒清金而滋水源，佐以五味子之酸溫生腎精而收耗氣，此皆補天元之真氣，非補熱火也。白飛霞云：人參錬膏服，回元氣於無何有之鄉。凡病後氣虛及肺虛嗽者並宜之。若氣虛有火者，合天門冬膏對服之。孫真人云：夏月服生脈散、腎瀝湯三劑，則百病不生。李東垣亦言生脈散、清暑益氣湯乃三伏瀉火益金之聖藥。而雷斅反謂發心痃之病，非矣。痃乃臍旁積氣，非心病也。人參能養正破堅積，豈有發痃之理？觀張仲景治腹中寒氣上衝，有頭足上下痛不可觸近，嘔不能食者，用大建中湯可知矣。又海藏王好古言人參補陽泄陰肺寒宜用，肺熱不宜用。節齋王綸因而和之，謂參耆能補肺火，陰虛火動，失血諸病多服必死。二家之說皆偏矣。夫人參能補元陽，生陰血而瀉陰火，東垣李氏之說也明矣。仲景張氏言亡血血虛者並加人參，又言肺寒者去人參加乾薑，無令氣壅。丹溪朱氏亦言虛火可補，參耆之屬；實火可瀉，芩連之屬。二家不察三氏之精微，而謂人參補火，謬哉！夫火與元氣不兩立，元氣勝則邪火退，人參既補元氣而又補邪火，是反復之小人矣。何以與甘草、苓、术謂之四君子耶？雖然三家之言不可盡廢也，惟其語有滯，故守之者泥而執一，遂視人參如蛇蠍則不可也。凡人面白、面黄、面青黧悴者，皆脾肺腎氣不足，可用也。面赤、面黑者氣壯神強，不可用也。脈之浮而芤濡、虛大、遲緩、無力，沉而遲濇、弱細、結代、無力者，皆虛而不足，可用也。若弦長緊實、滑數有力者，皆火鬱內實，不可用也。潔古謂喘嗽勿用者，痰實氣壅之喘也，若腎虛氣短喘促者必用也。仲景謂肺寒而咳勿用者，寒束熱邪壅鬱在肺之咳也，若自汗惡寒而咳者必用也。東垣謂久病鬱熱在肺勿用者，乃火鬱於內，宜發不宜補也，若肺虛火旺，氣短自汗者必用也。丹溪言諸痛不可驟用者，乃邪氣方鋭，宜散不宜補也，若脾虛吐利，及久病胃弱虛痛喜按者必用也。節齋謂陰虛火旺勿用者，乃血虛火亢能食，脈弦而數，涼之則傷胃，溫之則傷肺，不受補者也，若自汗氣短肢寒，脈虛者必用也。如此詳審，則人參之可用不可用，思過半矣。李中梓《醫宗必讀》曰：人參狀類人形，功魁群草。第亦有不宜用者，世之錄其長者，遂忘其短；摘其瑕者，并棄其瑜。或當用而後時，或非宜而妄設，不蒙其利，祗見其害，遂使良藥見疑於世，粗工互騰其口，良可憾也。人參能理一切虛證氣虛者，固無論矣。血虛者亦不可缺。無陽則陰無以生，血脱者補氣，自古記之。所謂肺熱還傷肺者，肺脈洪實，火氣方逆，血熱妄行，氣尚未虛，不可驟用。痧疹初發，身雖熱而斑點未形，傷寒始作，症未定而邪熱方熾，若悮投之，鮮克免者。《本草通玄》曰：人參職專補氣，而肺為主氣之藏，故獨入肺經也。肺家氣旺，則心脾肝腎四藏之氣皆旺，故補益之功，獨魁群草。凡人元氣虛衰，譬如令際嚴冬，黯然肅殺，必陽春布德，而後萬物發生。人參氣味溫和，合天地春生之德，故能回元氣於無何有之鄉。又曰：肺家本經有火，右手獨見實脈者不可驟用，即不得已用之，必須醎水焙過，秋石更良，蓋醎能潤下，且參畏鹵醎故也。若夫腎水不足，虛火上炎，乃刑金之火，正當以人參救肺，何忌之有。楊起《簡便方》論曰：人參功載《本草》，人所共知。近因病者吝財薄醫，醫復算本惜費，不肯用參療病，以致輕者至重，重者至危。然有肺寒、肺熱、中滿、血虛四證，只宜散寒，消熱，消脹，補營，不用人參，其說近是，殊不知各加人參在內護持元氣，力助群藥，其功更捷。若曰氣無補法則謬矣。古方治肺寒以溫肺湯，肺熱以清肺湯，中滿以分消湯，血虛以養營湯，皆有人參在焉。所謂邪之所湊，其氣必虛。又曰養正邪自除，陽旺則生陰血，貴在配合得宜爾。庸醫每謂人參不可輕用，誠哉庸也。好生君子不可輕命薄醫，醫亦不可計利不用。書此奉勉，幸勿曰迂。《本草綱目》曰：人參治男婦一切虛證，發熱自汗，眩運頭

痛，反胃吐食，痎瘧，滑瀉久痢，小便頻數淋瀝，勞倦内傷，中風中暑，痿痺，吐血嗽血，下血血淋，血崩，胎前産後諸病。　李士材《本草徵要》曰：　人參味甘，微温，無毒，入肺脾二經，茯苓為使，惡鹵鹹，反藜蘆，畏五靈脂。去蘆用。其色黄中帶白，大而肥潤者佳。補氣安神，除邪益智，療心腹寒痛，除胸脇逆滿，止消渴，破堅積。氣壯而胃自開，氣和而食自化。　又曰：　人參多用則宣通，少用反壅滯。

按：　遼參力大而德不足，故能回元氣於頃刻，而虚人易不受補，每致凝滯作脹。黨參力小而德性醇良，故初服若平淡無功，而益元氣於不知不覺。君子取物以德為優，故黨參自古貴焉。自世醫不知有明以前，古方所用人參，皆是今之上黨參，而概以遼參代之。於是氣凝滯則邪不能出，傷寒一門不可用矣。氣凝滯則血不能降，産後一門不可用矣。氣凝滯則毒不能發，癰疽初起不敢用矣。氣凝滯則惡不能去，痢疾方熾不敢用矣。氣凝滯則聚痰，不可施於中風。氣凝滯則助火，不可施於虚癆。遂百試而無效，且受其殃，於是遂屏人參而不用，甚或畏之如菩吻，不知上黨參故在也，乃令諸虚百疾，坐俟其死而莫之救，是可悲也。然則遼參之可用者，奚若其人宜服，十全大補湯者可用，六君子兼香燥導氣之藥可用，補中益氣、生脈散可參用。若小柴胡、參蘇飲、人參敗毒散等則必不可用。總之，諸方之以參為君者，專收補益之功，遼參力大可任。其以參為臣、佐使者，別有配合之妙。遼參滯氣，必不可用。然而虚人驟補，服遼參者或現火象，或作脹滿，或作煩悶，或作酸嘔，譬如方正之君子，性陽剛而寡合，曷若黨參之同為方正之君子，性尤和厚而可親也，是在良工神而明之，參互而用之。古人云人參以上黨為良，古人豈欺余哉？

清・陸烜《人參譜》卷三　方療　《本草綱目》曰：　人參膏：　用人參十兩，細切，以活水二十盞，浸透，入銀石器内，桑柴火緩緩煎取十盞，濾汁，再以水十盞煎取五盞，與前汁合煎成膏，瓶收。隨病作湯使。丹溪曰：　多慾之人腎氣衰憊，欬嗽不止，用生薑、橘皮煎湯，化膏服之。　《千金方》曰：　人參末一兩，鍊成豶豬肥肪十兩，以醇酒和勻，每服二盃，日再服，服至百日，耳目聰明，骨髓充盈，肌膚潤澤，開心益智，日記千言，兼去風熱痰病。　蘇頌曰：　張仲景治胸痺，心中痞堅，留氣結胸，胸滿脇下，逆氣搶心，治中湯主之，即理中湯，人參、术、乾薑、甘草各三兩，四味以水八升，煮三升，每服一升，日三服，隨證加減。此方自晉宋以後至唐，名醫治腹病者無不用之，或作湯，或蜜丸，或為散，皆有奇效。胡洽居士治霍亂謂之温中湯，陶隱居《百一方》曰：　霍亂餘藥乃或難求，而治中方、四順湯、厚朴湯不可暫缺，常須預合出隨也。唐石泉公王方慶曰：　數方不惟霍亂可醫，諸病皆療也。四順湯用人參、甘草、乾薑、附子炮各二兩，水六升，煎二升半，分四服。　《惠民和濟局方》曰：　四君子湯治脾胃氣虚，不思飲食，諸病虚者，以此為主，人參一錢，白朮二錢，白茯苓一錢，炙甘草五分，薑三片，棗一枚，水二鍾，煎一鍾，食前温服，隨證加減。　陳抃《經驗方》曰：　開胃化痰，不思飲食，不拘大人小兒，人參焙二兩，半夏、薑汁浸焙五錢，為末，飛羅麪作糊丸，綠豆大，食後薑湯下三五十丸，日三服。《聖惠方》加陳橘皮五錢。　又曰：　冷痢厥逆，六脉沉細，人參、大附子各一兩半，每服半兩，生薑十片，丁香十五粒，粳米一撮，水二盞，煎七分，空心温服。　又曰：　狗咬風傷腫痛，人參置桑柴炭上燒存性，以盌覆定少頃，為末，摻之立瘥。　華陀《中藏經》曰：　吐血下血因七情所感，酒色内傷，氣血妄行，口鼻俱出，心肺脉破，血如湧泉，須臾不救，用人參焙，側柏葉蒸焙，荊芥穗燒存性，各五錢，為末，用二錢，入飛羅麪二錢，以新汲水調如稀糊服，少頃再啜一服，立止。　張仲景《金匱方》曰：　食入即吐，人參半夏湯，用人參一兩，半夏一兩五錢，生薑十片，水一斗，以杓揚二百四十遍，取三升，入白蜜三合，煮一升半，分服。　葛可久《十藥神書》曰：　虚勞吐血甚者，先以十灰散止之，其人必困倦，法當補陽生陰，獨參湯主之。好人參一兩，肥棗五枚，水二鍾，煎一鍾服，熟睡一覺即減五六，繼服調理藥。　吳綬《傷寒藴要》曰：　夾陰傷寒，先因慾事，後感寒邪，陽衰陰盛，六脉沉伏，小腹絞痛，四肢逆冷，嘔吐清水，不假此藥，無以回陽，人參、乾薑炮各一兩，生附子一枚，破作八片，水四升半，煎一升，頓服，脉出身温即愈。　王璆《百一選方》曰：　凡傷寒時疫，不問陰陽，老幼妊婦，誤服藥餌，困重垂死，脉沉伏，不省人事，七日以後皆可服之，百不失一，此名奪命散，又名復脉湯，人參一兩，水二鍾，緊火煎一鍾，以井水浸冷服之，少頃鼻梁有汗出，脉復立瘥。　蘇韜光侍郎云用此救數十人。予作清流宰，縣倅申屠行輔之子婦患時疫三十餘日，已成壞病，令服此藥而安。　又曰：　怔忡自汗，心氣不足也。人參半兩，當歸半兩，用豶豬腰子二個，以水二盌，煮至一盌半，取腰子細切，人參、歸同煎至八分，空心喫腰子，以汁送下，其滓焙乾，為末，以

山藥末作糊，丸綠豆大，每服五十丸，食遠棗湯下，不過兩服即愈，此昆山神濟大師方也。一加乳香二錢。

葛洪《肘後百一方》曰：喘急欲絕，上氣鳴息者。人參末，湯服方寸匕，日五六服效。

沈存中《靈苑方》曰：上氣喘急，嗽血吐血，脉無力者。人參末每服三錢，雞子清調之，五更初服便睡，去枕仰臥，只一服愈。年深者再服。咯血者服盡一兩甚好。一方以烏雞子水磨千遍，自然化作水，調藥尤妙。忌醋、鹹腥、醬、麪、鮓、醉飽，將息乃佳。趙永菴方曰：房後困倦，人參七錢，陳皮一錢，水一盞半，煎八分，食前溫服，日再服，千金不傳。

方賢《奇效良方》曰：虛勞發熱，愚魯湯用上黨人參、銀州柴胡各三錢，大棗一枚，生薑三兩，水一鍾半，煎七分，食遠溫服，日再服，以愈為度。

《朱氏集驗方》曰：欬嗽吐血，人參、黃耆飛羅麪各一兩，百合五錢，為末，水丸梧子大，每服五十丸，食前茅根湯下。又方用人參、乳香、辰砂等分為末，烏梅內和丸彈子大，每白湯化下一丸，日一服。

又曰：消渴引飲，用人參、栝樓根等分，生研為末，煉蜜丸梧子大，每服百丸，食前麥門冬湯下，日二服，以愈為度，名玉壺丸。忌酒、麪、炙煿。

《鄭氏家傳》曰：消渴引飲，用人參一兩，粉草二兩，以雄猪膽汁浸炙腦子半錢，為末，蜜丸芡子大，每嚼一丸，冷水下。

《聖濟總錄》曰：胃寒氣滿，不能傳化，易飢不能食，人參末二錢，生附子末半錢，生薑二錢，水七合，煎二合，雞子清一枚打轉，空心服之。

又曰：消渴引飲，用人參一兩，葛粉二兩，為末，發時以燖猪湯一升，入藥三錢，蜜二兩浸，火熬至三合，狀如黑餳，以瓶收之，每夜以一匙含嚥，不過三服取效也。

又曰：霍亂吐瀉，煩躁不止。人參二兩，橘皮三兩，生薑一兩，水六升，煮三升，分三服。

又曰：衄血不止，人參，柳枝寒食采者，等分為末，每服一錢，東流水服，日三服，無柳枝用蓮子心。

周定王《普濟方》曰：脾胃虛弱，不思飲食，生薑半觔，取汁，白蜜十兩，人參末四兩，銀鍋煎成膏，每米飲調服一匙。

楊起《簡便方》曰：胃虛，惡心或嘔吐，有痰。人參一兩，水二盞，煎一盞，入竹瀝一盃，薑汁三匙，食遠溫服，以知為度，老人尤宜。

又曰：止嗽化痰，人參末一兩，明礬二兩，以釅醋二升，熬礬成膏，人參末煉蜜和收，每以豌豆大一丸放舌下，其嗽即止，痰自消。

又曰：一小兒七歲，聞雷即昏倒不知人事，此氣怯也。以人參、當歸、麥門冬各二兩，五味子五錢，水一斗，煎汁五升，再以水五升煎，去滓，取汁二升合煎成膏，每服三匙，白湯化下，服盡一觔，自後聞雷自若矣。

杜思敬《濟生拔萃方》曰：胃寒嘔惡，不能腐熟水穀，食即嘔吐。人參、丁香、藿香各二錢半，橘皮五錢，生薑三片，水二盞，煎一盞，溫服。

《危氏得效方》曰：忽喘悶絕，不能語言，涎流吐逆，牙齒動搖，氣出轉大，絕而復蘇，名傷寒併熱霍亂。大黃、人參各半兩，水〔三〕盞煎一盞，熱服可安。

又曰：脇破腸出，急以油抹入，煎人參、枸杞汁淋之，內喫羊腎粥，十日愈。

孟詵《食療本草》曰：肺虛久欬，人參末二兩，鹿角膠炙研一兩，每服三錢，用薄荷豉湯一盞，葱少許，入銚子煎一二沸，傾入盞內，遇欬時溫呷三五口，甚佳。

嚴用和《濟生方》曰：陽虛氣喘，自汗盜汗，氣短頭運。人參五錢，熟附子一兩，分作四帖，每帖以生薑十片，流水二盞，煎一盞，食遠溫服。

又曰：產後秘塞，出血多。以人參、麻子仁、枳殼麩炒，為末，煉蜜丸梧子大，每服五十丸，米飲下。

宋太宗《太平聖惠方》曰：霍亂煩悶，人參五錢，桂心半錢，水二盞，煎服。

又曰：產後發喘，乃血入肺竅，危症也。人參末一兩，蘇木二兩，水二盌，煮汁一盌，調參末服，神效。

又曰：心下結氣，凡心下硬，按之則無，常覺膨，多食則吐氣，引前後噫呃不除，由思慮過多，氣不以時而行則結滯，謂之結氣。人參一兩，橘皮去白四兩，為末，煉蜜丸梧子大，每米飲下五六十丸。

《經驗良選方》曰：下痢禁口，人參、蓮肉各三錢，以井華水二盞，煎一盞，細細呷之，或加薑汁炒黃連三錢。

《十便良方》曰：老人虛痢不止，不能飲食。上黨人參一兩，鹿角去皮炒研五錢，為末，每服方寸匕，米湯調下，日三服。

李絳《兵部手集》曰：反胃嘔吐，飲食入口即吐，困弱無力垂死者。上黨人參三大兩，拍破，水一大升，煮取四合，熱服，日再兼以人參汁入粟米、雞子白、薤白煮粥與噉。李直方司勳於漢南患此兩月餘，諸方不瘥，遂與此方，當時便定，後十餘日遂入京師。絳每與名醫論此藥，難可為儔也。

朱端章《衛生家寶方》曰：霍亂嘔惡，人參二兩，水一盞半，煎汁一盞，入雞子白一枚，再煎，溫服。一加丁香。

《經驗方》曰：筋骨風痛，人參四兩，酒浸三日，晒乾，土茯苓一觔，山慈菇一兩，為末，煉蜜丸梧子大，每服一百丸，食前米湯下。

陳言《三因方》曰：傷寒厥逆，身有微熱，煩燥，六脉沉細微弱，此陰極發躁也。無憂散用人參半兩，水一鍾，煎七分，調牛膽、南星末二錢，熱服立甦。

又曰：陽虛尿血，沙淋石淋。人參焙，黃耆炙等分，為末，用紅皮大蘿蔔一枚，切作四片，以蜜二兩，將蘿蔔逐片蘸炙令乾，再炙勿令焦，以蜜盡為度，每用一片，蘸藥食之，仍以鹽

湯送下，以瘥為度。　談埜翁《試效方》曰：齒縫出血，人參、赤茯苓、麥門冬各二錢，水一鍾，煎七分，食前溫服，日再。蘇東坡得此，自謂神奇。後生小子多患此病，予累試之，累如所言。　劉昌詩《蘆浦筆記》治喘方曰：彭子壽侍郎一方用新羅人參一兩，為末，雞子清和，為丸如桐子大，陰乾，每服百粒，溫臘茶清下，一服立止。　按：此方亦治消渴引飲，見《本草綱目》。

《丹溪纂要》曰：虛瘧發熱，人參二錢二分，雄黃五錢，為末，端午日用粽尖搗丸梧子大，發日侵晨井華水吞下七丸，發前再服，忌諸般熱物，立效。一方加神麯等分。　又曰：一人形實，好飲熱酒，忽病目盲而脉濇，此熱酒所傷，胃氣污濁，血死其中而然。以蘇木煎湯，調人參末一錢服，次日鼻及兩掌皆紫黑，此滯血行矣，再以四物湯加蘇木、桃仁、紅花、陳皮，調人參末服，數日而愈。　《丹溪摘玄》曰：肺熱聲啞，人參二兩，訶子一兩，為末，噙嚥。

《丹溪醫案》曰：一婦嗜酒，胸生一疽，脉緊而濇。用酒炒人參，酒炒大黃等分，為末，薑湯服一錢，得唾汁出而愈。　《居易錄》(也)〔曰〕：宗人通政使司右通政青巖焯傳一方，治男婦氣血虧損，即喘嗽寒熱重症，能治之，其方止用人參一分，真三七二分，共為末，無灰熱酒調服，二煎三煎皆如前，日服三次，有奇效。　《惠民和劑局方》曰：妊娠吐水酸，心腹痛不能飲食。人參、乾薑炮等分，為末，以生地黃汁和丸梧子大，每服五十丸，米湯下。　楊拱《醫方摘要》曰：產後血運，人參一兩，紫蘇半兩，以童尿、酒、水三盒，煎服。　陳自明《婦人良方》曰：產後不語，人參、石菖蒲、石蓮肉等分，每服五錢，水煎服。　李仲南《永類鈐方》曰：產後諸虛，發熱自汗。人參、當歸等分，為末，用豬腰子一個，去膜切小片，以水三升，糯米半合，葱白二莖，煮米熟，取汁一盞，入藥煎至八分，食前溫服。　又曰：橫生倒產，人參末、乳香末各一錢，丹砂末五分，研勻，雞子白一枚，入生薑自然汁三匙，攪勻冷服，即母子俱安，神效。此施漢卿方也。　楊士瀛《仁齋直指方》曰：小兒驚後瞳人不正者，人參、阿膠、糯米炒成珠，各一錢，水一盞，煎七分，溫服，日再服，愈乃止，效。　許學士《本事方》曰：小兒脾風多困，人參、冬瓜仁各半兩，南星一兩，漿水煮過，為末，每用一錢，水半盞，煎三分，溫服。　汪機《本草會編》曰：蕭山魏直著《博愛心鑒》三卷，言小兒痘瘡，惟有順逆險三證，順者為吉，不用藥；逆者為凶，不必用藥；惟險乃悔吝之象，當以藥轉危為安，宜用保元湯加減主之。此方原出東垣治慢驚土衰火旺之法，今借而治痘，以其內固營血，外護衛氣，滋助陰陽，作為膿水，其證雖異，其理則同，去白芍藥，加生薑，改名曰保元湯。炙黃耆三錢，人參三錢，炙甘草一錢，生薑一片，水煎服之，險證者初出圓暈乾紅少潤也，將長光澤，頂陷不起也，既出雖起，慘色不明也，漿行色灰不榮也，漿定光潤不消也，漿老濕潤不斂也，結痂而胃弱內虛也，痂落而口渴不食也，痂後生癰腫也，癰腫潰而斂遲也，凡有諸證，並宜此湯，或加芎藭，加官桂，加糯米以助之。　《經濟方》曰：小兒喘欬發熱，自汗吐紅，脉虛無力者。人參、天花粉等分，每服半錢，蜜水調下，以瘥為度。　《衛生寶鑒》曰：小兒風癇瘈瘲，用人參、蛤粉、辰砂等分，為末，以猳猪心和血丸綠豆大，每服五十丸，金銀湯下，一日二服，大有神效。

夏子益《怪證奇疾方》曰：有人臥則覺身外有身，一樣無別，但不語，蓋人臥則魂歸於肝，此由肝虛邪襲，魂不歸舍，病名曰離魂。用人參、龍齒、赤茯苓各一錢，水一盞，煎半盞，調飛過朱砂末一錢，睡時服，一夜一服，三夜後真者氣爽，假者即化矣。　又曰：氣奔怪病，人忽遍身皮底混混如波浪聲，痒不可忍，抓之血出不能解，謂之氣奔。以虎杖、人參、青鹽、細辛各一兩，作一服，水煎，細飲盡便愈。　傅滋《醫學集成》曰：蜈蚣咬傷，嚼人參塗之。　戴原禮《證治要訣》曰：蜂蠆螫傷，人參末傅之。　《臞仙山樓志》曰：鮮參葉可代茗飲。　《剪燈叢話》曰：採人參花陰乾，為末，和香粉，令婦人傅面，百日光華射人。

按：古人知正本清源之義，驅邪必先固本，故立方多用人參。仲景垂一百一十三方，用人參者什七，茲皆不錄，錄其以參為君者。

清·陸烜《人參譜》卷四　故實　《晉書·石勒載記》曰：勒居武鄉北原山下，草木皆有鐵騎之象，家園中人參花葉甚茂，悉成人狀。　《南史·隱逸傳》曰：阮孝緒母王氏有疾，合藥須得生人參，舊傳鍾山所出，孝緒躬歷幽險，累日不逢，忽見一鹿前行，孝緒感而隨後，至一所遂滅，就視果獲此草。

《卓異記》曰：駱瓊採藥北山，月下見紫衣童子歌曰：山涓涓兮樹蒙蒙，明月愁兮當夜空，煙茂密兮垂枯松。遂於古松下得參，一本食之而壽。　《隋書·五行志》曰：高祖時，上黨有人，宅後每夜有人呼聲，求之不得。去宅一里所，但見人參一本，枝葉峻茂，因掘去之，其根五尺餘，具體人狀，呼聲遂絕，蓋草妖也。視不明之咎。時晉王陰有奪宗之計，諂事親要，以求聲譽。譖皇太子，高祖惑之。人參不當言，有物憑之，上黨，黨，與也。親要之人，乃

黨晉王而譖太子。高祖不悟，聽邪言，廢無辜，有罪用，因此而亂也。

按：湯調鼎《辨物志》謂隋高祖時云云，占者謂晉王陰謀奪宗，故妖草生，非也。人參如人形者，食之得仙，根至五尺而具人狀，蓋歲久神靈之物。

而上黨又人參之所出，惜時無張華其人，故其物不著耳。

《五雜俎》曰：千年人薓，根作人形，中夜常出游，烹而食之，則仙去。相傳有女道士師弟二人，居深山中，一日其徒汲水於井畔，見一嬰兒，抱歸，成一樹根，師大喜，烹之水熟，以糧盡下山，為水阻不得還。徒飢，聞甑中氣香美，食之，比師歸，已飛昇矣。

《宣室志》曰：唐天寶中有趙生者，其先以文學顯，兄弟四人俱以進士明經入仕，獨生性魯鈍，雖讀書然不能分句詳義，由是年壯尚不得為郡貢。一日去家遁去，隱晉陽山，葺茅為舍，生有書百餘篇笈，而至山中晝習夜思，不憚勞苦。厥後旬餘，有翁衣褐來造之，謂生曰：子居深山中讀古人書，豈有志於祿仕乎？雖然學愈久而卒不能分句詳義，何蔽滯之甚耶？生謝曰：僕不敏，自度老且無用，故居深山讀書自悅，雖不能達其精微，然必欲終於志業，不辱先人，又何及於祿仕乎？翁曰：吾子志趣甚堅，老夫雖無所能，誠有補於君，幸一訪我耳。因徵其所止。翁曰：吾叚氏家於山西大木之下。言竟忽亡所見。生怪之，徑往山西尋其跡，果有椵樹蕃茂。生曰：豈非叚氏乎？因持鍤發其下，得人參長尺餘，甚肖所遇翁之形。生曰：吾聞人參能為怪者，又可愈疾。遂瀹而食之，自是明悟，所覽書自能窮奧，後歲餘，明經及第。

《神仙感遇傳》曰：維陽十友者，皆家產粗豐，守分知足，慕玄知道，相約為弟兄。時海內大安，民人皆悅。遂以酒食為娛自樂，其志始於一家，周於十室，率以為常。忽有一老叟，衣服滓敝，氣貌羸弱，似貧窶不足之士，亦着麻衣，領十人來以造其會眾，既適情亦皆憫之，不加斥逐，醉飽自去，莫知所之。一旦言於眾曰：余力困之士也，幸眾人許陪坐末，不以為責，今十人置宴，皆得預之席，既周會，亦願力為一席以答厚恩，約以他日，願得同往。至期，十友如其言，相率以待，凌晨貧叟果至，相引徐步，詣東塘效外，不覺為遠草莽中，茆屋兩三間，傾側欲摧，引入，其下有丐者數輩在焉，皆是蓬髮鶉衣，形狀穢陋。叟至，丐者相顧而起，墻立以俟其命。叟令掃除舍下，陳列蘧除，布以營席，相邀環坐，日已旰矣，咸有飢色，久之各以醯鹽竹筯置於客前，逡巡數輩，共舉一巨板如案，長四五尺，設於席中，以油帊幕之。十友相顧，謂必濟飢，甚以為喜。既撤油帊，氣熥熥然，尚未可辨，久而視之，乃是蒸一童兒，可十數歲，已糜爛矣，耳目手足半已墮落。叟揖讓勸勉，使眾就食，眾深嫌之，多托以飫飽，亦有忿恚逃去，都無肯食者。叟縱食飡啖，似有盈味，食之不盡，即命詩丐持去，令盡食之。因謂諸人曰：此所食者，千歲人參也，頗甚難求，不可一遇，吾得此物，感諸公延遇之恩，聊欲相報，且食之者，白日昇天，身為上仙，眾既不食，其命也。夫眾驚異，悔謝不及。叟促問諸丐，令食訖即來。俄而丐者化為青童玉女，幡蓋導從，一時昇天。十友刳心追求，更莫能見。

《稽神錄》曰：豫章逆旅梅氏頗濟惠行旅僧道，投止皆不求值。恆有一道士衣服藍縷，求止其家，梅厚待之，一日謂梅曰：吾明日當設齋，從君求新瓷碗二十，事及七筯，君亦宜來會，可于天寶洞前訪陳師也。梅翌日詣洞前問其村人，莫知其處。偶得一小逕甚明靜，試尋之，果得一院，有青衣童應門，問之乃陳之居也。既入見道士衣冠華潔，延坐命具食，乃熟蒸一嬰兒，梅懼不食，良久又進一蒸犬子，梅亦不食。道士嘆息，命取昨所得碗贈客，視之，乃金碗也，謂梅曰：子善人也，雖然不得仙，千歲人參、枸杞皆不肯食，乃分也。謝而遣之，曰此而後不可復繼見矣。

《居易錄》曰：王屋山有煙蘿子祠，祠前有洗參井，祠即煙蘿子宅址也。煙蘿子者，晉天福間人，世傳煙蘿子佃陽臺宮田，苦積功行，忽一日於山中得異參，闔家食之，拔宅上昇云。

陶穀《清異錄》曰：咸通後士風尚於正旦未明佩紫赤囊，中盛人參、木香如豆樣，時時傾出嚼吞之，至日出乃止，號迎年佩。

《夢溪筆談》曰：王荊公病喘，藥用紫團山人參不可得。時薛師政治河東還，適有之，贈公數兩，不受。人有勸公曰：公之疾非此藥不可，治疾可憂，藥不足辭。公曰：平生無紫團參亦活到今日，竟不受。

《墨莊漫録》曰：元祐間明州士人陳生附賈舶泛海，遇風引至一島，見有精舍，金碧明煥，榜曰天宮之院，堂上一老人據床而坐，神觀清臞，左右環侍，白袍烏巾者約三百餘人，自言皆中原人，唐末避亂至此，不知今幾甲子也。山嶺一亭，榜曰笑秦。問老人為誰，曰唐相裴休也。山中生人薓甚大，多如人形。生欲乞數本，老人曰：此物鬼神所護，惜不可經涉海洋。山中金玉，任爾取之。

《宣和畫譜》曰：邊鸞，長安人，丹青馳譽，於時常轉徒澤潞間，畫帶根五參，極工巧。

詩文

錢起《紫薓歌並序》曰：紫薓幽芳也，五葩連萼，狀飛禽羽舉，俗名之五鳥花。故山道人蘭若豐此藥，校書劉公詠歌，俾余繼作：遠公林下

滿蒼苔，春藥偏宜間石開。往往幽人尋水見，時時仙蝶隔雲來。陰陽彫刻花如鳥，對鳳連雞一何小。春風宛轉虎谿旁，紫葉紅翹翻霽光。貝葉經前無往色，蓮花會裏暫留香。蓬香才子憐幽性，白雪陽春動新詠。應知仙卉老烟霞，莫賞夭桃滿蹊徑。　皮日休《謝人參》詩曰：神草延年出道家，是誰披露記三椏。開時的定涵雲液，斸後還應帶石花。名士寄來消酒渴，野人煎處撥泉華。從今湯劑如相續，不用金山焙上茶。　陸龜蒙和詩曰：五葉初成椵樹陰，紫團峰外即雞林。名參鬼蓋須難見，材似人形不可尋。品第已聞昇碧簡，攜持應合重黃金。殷勤潤取相如肺，封禪書成動帝心。　段成式《求人蓡》詩曰：少賦令才猶彊作，眾醫多失不能呼。九莖仙草真難得，五葉靈根許惠無。　周繇《以人蓡遺柯古》詩曰：人形上品傳方志，我得真英自紫團。慚非叔子空持藥，更請伯言審細看。　韓翃《送人之潞州》詩曰：官柳青青匹馬嘶，回風暮雨入銅鞮。佳期別在春山裏，應是人參五葉齊。　東坡《小圃五詠·人蓡》一首曰：上黨天下脊，遼東真井底。玄泉傾海腴，白露灑天醴。靈田此孕毓，肩股或具體。移根到羅浮，越水灌清泚。地殊風雨隔，臭味終祖禰。青椏綴紫萼，圓實墮紅米。窮年生意足，黃土手自啟。上藥無炮炙，齕齧盡根柢。開心定魂魄，憂恚何足洒。糜身輔吾軀，既食首重稽。　又《以紫團參寄王定國》詩曰：谽谺土門口，突兀太行頂。豈惟紫團雲，實自凌倒景。剛風被草木，真氣入苕穎。舊聞人銜芝，生此羊腸嶺。纖攙虎豹鬣，蹙縮龍蛇癭。蠶頭試小嚼，龜息變方聘。矧予明真子，已造浮玉境。清宵月挂戶，半夜珠落井。灰心寧復然，汗喘久已靜。東坡猶故日，北藥致遺秉。欲持三椏根，往侑九轉鼎。為予置齒頰，豈不賢酒茗。　宋謝翱《效孟郊體》曰：移參窻北地，經歲日不至。悠悠荒郊雲，背植足陰氣。新雨養陳根，乃復作藥餌。天涯葵藿心，憐爾獨種參。　又《送上黨長詩》曰：春雨人參長紫苗，縣庭無事坐終朝。俯看雲氣千山裏，野有新田市有謠。　王章孝標《送金可紀歸新羅》詩曰：想把文章合夷藥，蟠桃花裏酸人蓡。　黃庭堅《送顧子敦赴河南》詩曰：紫參可掘宜包貢，青鐵無多莫鑄錢。　元好問《王學士熊岳圖》詩曰：洗蓡池水甜如蜜，玉堂仙翁髮如漆。　楊慎《藥市賦》曰：人參三椏，來自高句驪之國；桃枝九折，出于嶲昆明之陬。　東坡《與錢世雄簡》曰：昨夜齒中出血，如丘蚓者無數。若專是熱毒，根源不淺，即今諸藥盡却，惟取人參、茯苓、麥冬淪湯，渴即飲之。莊生云：在宥天下來，聞治天下也，三物可謂在宥矣，此而不愈則天也。　沈懋孝《說參一首，贈鶴琴高醫士》曰：昔者嘗問醫之指於五臺子，五臺子之言曰：醫之用，莫良乎四君。君者，養生主也，四君尤莫良乎參。參者，參元氣而為言也。《岐黃標諸正經》曰味甘氣平而無毒，百療弗得弗奏功焉。其文直甚，予怪近世諸醫之妄也，迺亟稱苦寒。諸藥有奇功，而謗參為助火長病。庸工沿其說，至今猶謂參有一旦卒然之害，此何異三至之口，謗魯國之參之殺人也。子第視諸岐黃本文，參之害有無哉？凡藥先辨氣味，子以為味苦氣平而能為害有是哉？設用弗當，夫亦若粱穀之溢飽，一食頃即止耳，安得蘊毒若烏附比乎？余聞而善之，未有徵也。辛未春，余患咯血，晝夜弗止者月餘，眾工咸謂血逆是熱，以四物主治，益以諸寒，病日甚。又有以苓、朮治者，弗用參，亦弗効。獨鶴琴氏脉之曰：此思慮傷脾症，宜以歸脾治，其必以參乎！宜輟諸寒，以甦元氣，乃可耳。一服血減，三服血除，百服而氣平。吾於是嘆五臺子之篤論，而偉鶴琴之達理也。當是時眾工咸溺於助火長病，素有參戒，議弗可決。向非鶴琴氏之斷，弗能盡參之用，而非習聞五臺子之論，安能盡鶴琴之用哉？世未嘗無靈藥，亦不患無醫師，事會不參合，不可以展大用。嗟夫！功名之際，不大難哉！他日病愈，過五臺子，又相與論曰：君實有曰，吾言如人參、甘草，蓋嘆味之平，益之長，又迂其效之遲也。夫藥之偏寒偏燥者，豈無一時可喜之能。而其和平淡泊者，難以計且夕尺寸之效。聖人品別養性之劑，終不以一時可喜之能，加諸和平淡泊之上，是故一旦緩急可以定傾持危，終身服食可以益元永命。彼偏枯之物，時或奔走，佐使其間，亦足以效一曲之用，而第不使之專且久。此聖人所以區別群材，扶元氣於不窮也。淵乎哉！四君子之稱，吾得用世術矣。於是合前後所與論參者，書之贈鶴琴氏。鶴琴氏曰：元氣得參以維持，參亦借元氣為用。公能嗇神却慮，以療未病則善矣。而鶴琴家有醫書數千卷，嘗告予欲刊定醫指，成一家言。異日者，必以五臺子之說說參焉。

按：司馬公謂吾言如人參、甘草，蓋取其和平淡泊，德之優也。惟上黨參為然。乃世人喜遼參力洪，用之不當，百疾叢生，於是或咎參之殺人，此真同名之參，誤聖門之參也。夫尚力而不尚德，豈特不可與治疾哉？

清·黃宮繡《本草求真》卷一　人參

人參耑入肺，兼入脾。性稟中和，不

寒不燥，形狀似人，氣冠群草。能回肺中元氣於垂絕之鄉。馮楚瞻曰：人參能回陽氣於垂絕，却虛邪於俄頃。功與天地並行不悖，是猶聖帝，御世撫育萬民參贊位有功，與天地並立為參，此參之義所由起而參之，名所由立也。李時珍曰：人薓年深，浸漸長成者。根如人形，有神，故謂之人薓神草。薓字從浸，亦浸漸之義，薓即浸字，後世因字文繁，遂以參星字代，從簡便爾。繡按：其說亦是。第世畏乎其參者，每以參為助火助氣，凡遇傷寒發熱，及勞役內傷發熱等症。發熱內傷外感皆有，惟察脈見浮數有力為外熱，沉大有力為內熱。脈而沉細有力為實，脈而浮大無力為虛。熱而脈盛為傷熱為實，熱而脈浮為傷暑為虛。熱而能言有力者為實，熱而懶言無力者為虛。熱而口乾酷飲冷水者屬實，熱而口乾微飲湯者屬虛。熱而久按益熱，是裏熱徹表為實；熱而久按不熱，是裏陽浮表為虛。熱而火烙，時常不減，頭足身體一樣為實；熱而乍作乍止，頭熱不烙，足冷為虛。熱而無汗，二便閉塞為實；熱而有汗，二便通調為虛。熱而見有裏症為裏熱，熱而見有表症為表熱。熱而時當秋冬，收斂閉藏多實；熱而時當春夏，升發浮散多虛。畏之不啻鴆毒，以為內既發熱，復以助火助熱之藥入而投之，不更使熱益甚乎，詎知參以補虛，非以填實，其在外感，正氣堅強，參與耆、术、附、桂同投，誠為助火彌熾。若使元氣素虛，邪匿不出，正宜用參（領）〔相〕佐，如古參蘇飲、敗毒散、小柴胡湯、白虎加人參湯、石膏竹葉湯、黃龍湯，皆用人參內入，領邪外出。喻嘉言曰：傷寒宜用人參，其辨不可不明。蓋人受外感之邪，必先汗以驅之。惟元氣壯者，外邪始乘藥勢以出，若素弱之人，藥雖外行，氣從中餒，輕者半出不出，重者反隨元氣縮入，發熱無休矣。所以體虛之人，必用人參三五七分入表藥中，少助元氣以為驅邪之主，使邪氣得藥，一涌而出，全非補養衰弱之意也。矧有並非外感，止因勞役發熱，而可置參而不用乎？夫參之所以能益人者，以其力能補虛耳。果其虛而短氣，虛而泄瀉，虛而驚恐，虛而倦怠，虛而自汗，虛而眩運，虛而飽悶食滯等症，固當用參填補，即使虛而嗽血，虛而淋閉，虛而下血失血，與夫虛而喘滿，煩躁口渴便結等症，又何可不以虛治而不用以參乎？況書有云，參同升麻則可以瀉肺火，同茯苓則可以瀉腎火，同麥冬則可以生脈，同黃耆、甘草則可以退熱。出元素。是參更為瀉火之劑，則參曷為不用，惟在虛實二字，早於平昔分辨明確，則用自不見誤耳治病要著。潔古謂其喘嗽不用，以其痰實氣壅之故。若使腎虛氣短喘促，豈能禁而不用乎？仲景謂其肺寒而嗽勿用，以其寒束熱邪，壅滯在肺之故。若使自汗惡寒而嗽，豈能禁而不用乎？東垣謂其久病鬱熱在肺勿用，以其火鬱於內不宜用補之故。若使肺虛火旺，氣短汗出，豈能禁而不用乎？丹溪謂其諸痛不宜驟用，以其邪氣方銳不可用補之故。若使裏虛吐利，及久病胃弱，與虛痛喜按之類，豈可禁而不用乎？節齋謂其陰虛火旺吐血勿用，以其血虛火亢之故。若使自汗氣短，肢寒脈虛，豈可禁而不用乎？夫虛實二字最宜相較。言聞曰：凡人面白、面黃、面青黧悴者，皆脾、肺、腎氣不足，可用也。面赤、面黑者氣壯神強，不可用也。脈之浮而芤濡虛大遲緩無力，沉而遲濇弱細結代無力者，皆虛而不足，可用也。若弦長緊實滑數有力者，皆火鬱內實，不可用也。果其氣衰火熄，則參雖同附桂，可投。如其火旺氣促，則參即同知柏，切忌。至於陰氣稍虛，陽氣更弱，陰不受火熏蒸者，則可用參為君，陰氣稍衰，陽氣更弱，而火稍見其盛者，則可用參為佐。蓋陽有生陰之功，陰無益陽之理，參雖號為補陽助氣，而亦可以滋陰生血耳。是以古人補血用以四物，而必兼參同用者，義實基此。杲曰：古人血脫者益氣，蓋血不自生，須得生陽氣之藥乃生，陽生則陰長，血乃旺也。若單用補血藥，血無由而生矣。《素問》言無陽則陰無以生，無陰則陽無以化，故補氣須用人參，血虛者亦須用之。非若黃耆性稟純陽，陰氣絕少，而於火盛血燥不宜。沙參甘淡性寒，功耑瀉肺，而補絕少。玄參苦鹹寒滑，色黑入腎，止治腎經無根之火攻於咽喉，不能於氣有益。葳蕤甘平，雖能補中益氣，而質潤味淡，止能潤肺止嗽，兼治風濕，仍非肺分氣藥耳，故書載參益土生金，明目開心，益智添精，助神定驚止悸。正氣得補，邪火自退。解渴除煩，氣補則火不浮，而煩自除；氣補則津上升，而渴自止。通經生脈，氣補則血隨氣以行，而脈自至。破積消痰，氣運則食自化，而積可破；氣旺則水可利，而痰自消。發熱自汗，氣補而陽得固。多夢紛紜，氣補而神克聚。嘔噦反胃，虛咳喘促。氣補而肺與胃克安。久病滑泄，氣補而清得上升。淋瀝脹滿，氣補而濁得下降。中暑中風，氣補而邪得外解。一切氣虛血損之症，氣補而血得內固。皆所必用。至云參畏靈脂，而亦有參同用以治月閉，是畏而不畏也。參惡皂莢，而亦有參同用以名交泰丸，是惡而不惡也。參反藜蘆，而亦有參同用以取涌越，是蓋借此以激其怒，雖反而不反也。然非深於醫者，不能以知其奧耳。出言聞氏。但參本溫，積溫亦能成熱，故陰虛火亢、咳嗽喘逆者為切忌焉。參以黃潤緊實似人者佳，上黨雖為參產道地，然民久置不採。時珍曰：上黨今潞州也，民以人參為地方害，不復採取，今所用者，皆是遼參。今有所云黨參者，皆是假物。時珍曰：偽者皆以沙參、薺苨、桔梗，採根造作亂之。沙參體虛無心而味淡，薺苨體虛無心，桔梗體堅有心而味苦，人參體實而味甘，微帶苦。其次百濟所出，力薄上黨。又其次高麗、遼東所出，力薄百濟，用皆忌鐵。久留經年，須用淋過灶灰晒乾，及或炒米同參納入

甆器收藏。參鬚性主下泄，與紫菀、當歸之尾破血意義相同，滑脫則忌。參蘆功主上湧，氣虛火炎亦忌。但體虛痰壅，用之可代瓜蒂。山西太行新出黨參，其性止能清肺，並無補益，與於久經封禁真正之黨參，絕不相同。另有義詳黨參論內，所當並考參觀。

清·黃宮繡《本草求真》卷三　黨參宣肺寒，清肺熱。〔黨參〕：人參而有上黨之號。耑入肺。蓋緣隋文帝時，上黨有人宅後，每夜聞人呼，求之不得，去宅一里許，見參異常，掘得人參。一如人體，四肢畢備，呼聲遂絕。又上黨人參，根頗纖長，根下垂有及一尺餘者，或十歧者，其價與銀相等。遼東、高麗、(伯)〔百〕濟諸參，均莫及焉。李時珍云：上黨潞州也。民以人參為地方害，不復採取，今所用者，皆是遼參。觀此則知諸參惟上黨為最美，而上黨既不可採，豈復別有黨參之謂哉？近因遼參價貴，而世好奇居異，乃以山西太行山出之苗，及以防風、桔梗、薺苨偽造，相繼混行。詎知參有不同，性有各異，防風、桔梗乃屬表散風寒傷氣之味，人參甘溫，乃屬補肺益氣之味，即山西太行山新出之黨，考之張璐亦謂甘平清肺，並非等於真正黨參，確有補益。今人但見參貴，而即以此代參，不亦大相徑庭乎？且余嘗見虛弱之症，亟當人參峻補，以救垂絕。而醫猥用黨參替代，以致病卒不起，並令豪貴之家朝夕代茶，以致肺受剝削，病潛滋長，此皆誤用之害。人但習而不察耳，附記以為世之粗工妄用黨參戒。

清·唐秉鈞《人參考》　參當辨識防害　人參價貴，我等士人寒素者，多澹泊，自甘寧以人參爲常食之物。然或有時進以奉親，有時自需調攝，或入場科舉，攜備不時。事所必有物非常用，偶見難分玉石，向有以短接長者，謂之接貨；以小併大者，謂之合貨。必先用水潮過，原汁已出，又用粉膠粘紥，蒸烘做成，其力薄而易變，固不待言。又有薄夫，以參湯泡自啜，乃晾乾烘燥，做色復售，謂之湯參，究不失爲真參，尚無大碍。邇年價目昂貴，漸致以僞雜售，若不辨識真贋，不第被欺詎財，且恐貽害非細，故特考人參之地道，出山之早晚，貨市之時候，形色之高下，霉蛀之收拾，乃市肆之多立名稱，以眩惑人目，略列於後。

所產今昔異地：人參，前明時沁州、高麗、邯鄲、百濟、澤州、箕州、并州、幽州、嬀州、易州、平州，並產參。而上黨山谷出者爲最。上黨即今(路)〔潞〕州也。太行紫團山所出者，爲紫團參，紫色，稍扁；百濟參白堅且圓，名曰條參，俗名羊角參；高麗參近紫體虛；新羅參亞黃，味薄，肖人形者神，類雞腿者力大。高麗、百濟、新羅三國，今屬朝鮮。其參有子，十月下種，如種菜法。春生苗，多於深山背陰處，初生小者三四寸，一椏五葉。四五年後生兩椏，末有花莖。十年後生三椏，年深者四椏，葉各五，中心生一莖，俗名百尺杵。三四月有花，細如粟，蕋如絲，紫白色。秋後結子如大豆，七八枚，生青熟紅，自落。秋冬採者堅實，春夏採者虛軟。本朝獨重遼參，以人參乃神草，於王氣鍾靈之處生者，味勝力洪，故也。

鳳凰城：鳳凰城貨雖地道，所出不一，大略早出，白秀體鬆而瘦長者，皆名曰鳳凰城。土人採取，出山甚早，五六月即可掘采，九十月賈人便至蘇城開價矣。故其質不堅，皆由未經霜雪，行根未久，統貨糙多熟少。此種低貨，惟行銷於洋、廣、江西。一過年春風透時，熟則變糙，糙則更變癟皺不堪矣。

船廠：去鳳凰城三四千里，名曰船廠。其地多巨木屋宇，道路、橋梁皆巨木所建。相傳以開海禁時，曾於是地造洋船出洋，故名船廠。其處二百里內外所産，較鳳凰城稍堅實，且紅潤可觀，但其中空鬆者確不少。土人并以鉛條等插內以圖利。大約六七月采取出山，冬初亦至蘇矣。鉛條之由，蓋土人採參者，不過藏精於橐，以充食，鉛壺貯酒以供飲酒，罄即剪壺作條，以插參耳。其貨稍遜臺貨，其價市嘗並驅。

臺貨：臺貨者，甯古臺所出之貨也。地處極北，去船廠五千餘里，地極厚，天極寒。深秋之時，霜雪即已載道。總在八九月採，歲終方至蘇城。其體質皆由地土既厚，出山又甚遲晚，所以堅實圓湛，熟多糙少，即或間有糙皮，而肉必紅結，并無藏鉛之弊。夫鳳、臺、廠三處，此蓋總羅大地之名，而言其各有所屬一隅，如老城新城等處，地道甚雜，稱名甚多，難以盡舉，産莫悉別，必須憑貨品題，難以懸擬大要。以色光、體圓、質熟、肉湛四項兼者爲上耳。

蘇行分等：經商至蘇，在行發店，其行規店規不同。凡客貨到行規時，主將客貨分作三等。揀堅結紅大，熟多糙少者名統貨；其色次紅，癟皺糙多熟少者，名拗色；又次，色浮白微紅，質薄肉少者，加入條參者，名泡丁。

蘇行稱兌：行稱輕店稱，以貨二十四兩二錢四分作一斤。以行稱行貨一百換合作店；平店，貨六十換。故交行貿易，每兩作九七折，作大稱算。

店家名色：參至店家，必逐一細揀，分等次第以價值，各自多立名色，取五六十名以眩人。移步换形，難以執論，總在自己眼力辨别。其曰：拔頂，熟紅潤圓綻，全乎是肉，每枝重一錢至四五錢者。參之最紅熟者，不拘大小，塘西所行，故最高熟參謂之塘西貨。揚州之行，熟參反次塘西。統頂，細紅，皮肉圓湛，六七分至八九分、一錢者。二頂，細紅皮肉，或色滯稍較頂熟身瘦怯，六七八分者。次頂，細紅，皮肉稍癟皺，或色滯，或瘦長，或武相，五六七分者。大揀，熟細紅，皮肉圓湛，短壯四五分。中揀，熟細紅，皮肉或色滯，身長三四五分者。中熟，細紅，皮肉圓湛，二三分成枝者。小熟，細紅，皮肉一分四五氂至二分以外者。條小熟，細紅，皮肉身長圓瘦，有頭尾，一分以外者。短中，細紅，圓湛成枝一分上下者。大修，尖細紅，皮肉不成枝數，皆大貨枝梢修下，二三四氂，而如戥梗粗細者。其力甚薄，祇可生津止渴，調理常病，或係蘆頭上横生者，其性横行指臂，無力者宜之。二修，尖比大修尖稍細，形則同。太參，細紅短小，自成枝數，比短中更小，或瘦三四氂至一分外者。然其短緊堅實，其力不下大參。頂條，細紅皮肉，身細長，無頭尾，七八氂至一分外者。大條，細紅皮肉，細長，五六氂至一分者。短條，細紅若大條斷者，不成氂頭。短丁，細紅如蜂蝶足粗細者，俗名蠣蜢腿是也。中條，細紅，長短不盈寸，如蜂蝶小足細者。

光頂，熟〔細〕光潤，色明如粉粧成，頭尾渺無粗皮，短圓文靜，單枝挺湛，或有旁枝而不歧，六七分至一錢者。光二頂，光細圓湛，或稍長武，四五六分成枝，較頂熟少減一等。光揀，熟光圓紅，湛而文，三四分成枝，較二頂又小一等。光中，熟較光揀又小一等，二三分成枝者，體色亦如之。光小，熟一二分成枝者，較中熟又下一等。光大條，光圓而長瘦，無頭尾，一分外者。光小條，光圓而長一分内者。頂兼皮形，體如頂熟，而有細白皮紅肉，輕重同之。大兼皮形，體如次二頂，而有細白皮紅肉者，輕重亦同之。

中兼皮形，體如中揀而瘦長，有細白皮紅肉者，輕重同中揀中熟。小兼皮形，體如小熟，而長短不分，有細白皮紅肉者，輕重同中小熟。頂糙，形類兼皮而粗，白皮，頭内亦白，肉不實，梢頭露紅，而體大質輕。揀糙，形類大兼而粗，白皮者，質亦輕。次糙，形類中兼，而色滯癟長者。小糙，形類小兼而粗皮者，如色紅即名小紅糙，體質總輕。紹糙，形類兼皮，不拘大小，粗紅皮而有肉者，紹興去路，故名曰紹糙兼皮。亦有紹兼，即兼皮之皮紅細結者，不拘大小，去路同。鳳參，質大如頂揀，中熟而細白糯皮，稍頭有紅暈，而中如敗絮者。東洋必需。鑲鳳，質輕，大小如鳳參，細白皮，不糯，微有銕線紋者。亦洋去白棍，質益輕，皮泡，色黄白不一，形大如頂熟。鳳梢，質如鳳參而細長如條，小形者稍有紅暈，可接入鑲鳳，以充鳳參。片料，質輕，中而有肉者，皮色粗細黄白不一。浙人備以潮透，切片貿易，頗似熟參，奸商邪儈，往往鑲節眩人，然尚勝於僞者。糙條，皮糙皺而細長，如頂條者。泡頭，皮色不拘黄白黑，質輕重如白棍。商人備以軿接入混糙。

泡條，形如中條，而泡白者。鬚條，細紅如柴心者。淨鬚，紅潤細如髮。參蘆，乃參之蘆頭，發苗之處也。色多白，每以體鬆糙貨斷以雜之。

空紅，細紅皮而色嬌，中空而熟者，不拘大小。白熟，細糯而白皮嬌嫩，中空若兼皮者，不拘大小。箱底，乃是零星渣末，惡劣不堪之物，俱入其中，貨中之至底至賤者也。都中稱爲雜末，間有落存大段於内，若到蘇城，一經市商之手，大者、好者俱已揀去矣。大參，邇年頗少，庫貨邇年不蛀。人參年貴一年，日低一日，此皆採取之勤，不使其年久滋養長大耳。昔之庫貨，因貯庫年遠，及至發出，故有蟲蛀。近年皇上聖明，鑒惜臣民氣體孱弱，生齒日繁，需參日衆，隨收隨發，賜臣工而散天下，故庫貨與客貨一樣新鮮。

收藏參法：人參易於蛀蚛，頻見風日則蠹生矣。惟用盛過麻油磁瓶，炮淨焙乾，與華陰細辛相間納盛於中，密封，經年不壞。一法，用淋過竈灰，晒乾，罐收亦可。今蘇州店家，光熟參皆包貯茶葉之中，此法最便。

防霉時候：人參變色，最怕黄梅時節，桂花黄後。大暑不使其傷熱，淫雨不使其受濕，濕則烘之，熱則風涼之，不時啓看，勿使蟲嚙。光熟參至夏日，每遍身白點，謂之起霜，常以軟布，用新涼水擠濕，捻去無礙，蓋經焙其色易老，再焙色皆黑紫矣。

同名參類：太子參，雖細脚短緊，堅實，其力不下大參。珠參，苦而微甘，宜于治火，味厚體重，形如芡實。防風黨參，根有獅子盤頭者真，硬紋者僞。黨參，今肆中所賣者，種類甚多，無所考據，皆不敢用。惟白黨之味，雖甘甚淡，功力之不及防黨可知。粉沙參，出于江浙，去皮淨煮極熟，陰乾，即名紅黨。西洋參，形似白泡糙參，煎之不香，啜之苦多，宜于治火。

北沙參，色白，形如戥梗，鮮時折之多白汁，故里人呼爲羊婆奶。秋采者白而實，春采者微黄而虚。小人亦每槩蒸壓實，以亂人參。花如鈴鐸，故稱鈴

兒草。　南沙參，形稍瘦小而短，色稍黄，功同北〔沙〕參，力遜。近有一種，味帶辣者，不可用。　空沙參，即薺苨。又名甜桔梗。

形似于參：　僞造者或以形似于參之物造作亂之，如防風、沙參、薺苨、桔梗之類是也。江浙間出一種土人參，苗葉與桔梗相似，根亦如桔梗而柔，氣香味甘美，較參稍淡，亦薺苨也。　又有野蘿蔔根，宛然似人參，以山梔、甘草等，次第煮味于中，一時殊難辨別。惟色澤不甚光亮，煎之湯無香味，渣不肯爛，惟脹胖耳。

真僞攢疊：　參日價貴，奸惡之徒，巧于網利，恐以全假之貨求售，被人覷破，反罹罪戾，故或以糙接熟，或以假鑲真，或用豎相雜以攢輳，或用層相間以節疊，做成枝椏一色，宛如無縫天衣，一時眩惑人目，難以識別，名曰金鑲玉嵌。必須細心審察，庶不受欺也。

諸參總較：　人參、黨參、土人參、洋參、薺苨、桔梗多相似。人參體實有心，而味甘微帶苦，自有餘味，煎之易爛而渣少；　防黨體實，而味甘；　土人參體實有心，而味甘淡；　洋參雖似糙參，而氣味不香；　沙參體虛無心，而味淡；　薺苨體虛無心，而味甘；　桔梗體堅有心，而味苦。

清・楊璿《傷寒溫疫條辨》卷六吐劑類　人參蘆　味苦，氣輕。以逆流水煎服五錢，或入竹瀝。湧出痰涎，虛人無損。《千金方》：燒鹽熟湯調服，以指探吐，凡病皆宜，亦無損也。按：《內經》云：　其高者，因而越之。在上者湧之，木鬱奪之。越以瓜蒂、豆豉之苦，湧以赤小豆之酸，奪去上焦有形之物，而木得舒暢，則是天地交而萬物通也。丹溪曰：　吐中就有發散之義，以吐發汗，人所不知也。訒菴曰：　汗、吐、下、和，治療之四法。仲景瓜蒂散、梔豉湯並是吐法。子和治病用吐尤多。丹溪治許白雲大吐二十餘日，小便不通，亦用吐法。甚至四君、四物以引吐。成法具在。今人惟知以和為上，汗下次之，而吐法絕置不用，遇邪在上焦當吐不吐，致結塞而成壞病，背棄古法，枉人性命，可痛也夫！

清・楊璿《傷寒溫疫條辨》卷六補劑類　人參反藜蘆。味甘、微苦，陽中微陰，入手太陰肺，升也。陽氣虛竭者，回之於暫敗之初；　陰血崩潰者，障之於決裂之後。獨參湯主之。　惟其氣輕而不辛，所以能固氣；　惟其味甘而純正，所以能補血。故凡虛而發熱，虛而自汗，虛而眩暈，虛而困倦，虛而短氣，虛而驚懼，虛而遺泄，虛而瀉痢，虛而頭疼，虛而腹痛，虛而飲食不運，虛而痰涎壅滯，虛而吐血衄血，虛而淋瀝便閉，虛而嘔逆煩燥，虛而下血失氣等證，是皆不可不用者。第以氣血相較，則人參氣味頗輕，而屬陽者多，所以得氣分者十之八，得血分者十之二。總之為氣分之物，而血分亦必不可少，未有氣不生，而血能自生者也。生脉散：　人參五分，麥冬一錢，五味子十粒。治夏月火旺爍金，暑淫少氣，汗多口渴，病危脉絶。蓋心生脉，肺朝百脉，補肺清心，則氣充脉復，轉危為安矣。故扁鵲曰：　損其肺者，益其氣。須用人參以益之。肺氣既旺，他藏之氣皆旺矣。凡藏府之有氣者，皆能補之。然其性溫，積溫亦能成熱，雖東垣云參、耆為退火之聖藥，丹溪云虛火可補，參、术之類是也，此皆言虛火也。而虛火二字，最有關係，最有分解。若內真寒而外現假熱之象，是為真正虛火，非放膽用之不可也。參附湯主之，附減半於參是也。然有一等元陰虧乏，而邪火燔爍於表裏，神魂躁動，內外乾枯，真正陰虛一證，誰謂其非虛火？　如過用人參，實能助熱，若節菴云陽旺則陰愈消。《節要》云：　陰虛火動者不用。又云：　肺熱還傷肺等說，固有此理，不可謂其盡非。而李月池輩，皆極不然之，恐亦未必然也。夫虛火二字，當分實中有虛，虛中有實，陽中有陰，陰中有陽，就證論證，勿以成心而執偏見斯可矣。若龍雷之火，原屬虛火，如巴蜀有火井，投以水則燔，投以火則滅，是即假熱之火，故補陽即消矣。至於亢旱塵飛，赤地千里，得非陽旺陰虛，而可以補陽生陰乎？　或曰此正實火也，得寒則已。余曰不然。夫炎暑酷烈，熱令大行，此為實火，非寒莫解。而乾枯燥旱，泉源斷流，是為陰虛，非水莫濟。此實火與陰虛，亦自判然可別。是以陰虛而火不盛者，自可用參為君；　若陰虛而火稍盛者，但可用參為佐；　若陰虛而火太盛者，則誠有暫避人參，而惟甘寒壯水之劑，庶可收功。六味地黄湯，大劑濃煎。或人參固本丸，熟地、乾地各二兩，天冬、麥冬、青蒿、枸杞各一兩，人參五錢，為末，煉蜜丸。　蓋天下之理，原有至是。謂之曰陰虛，必當忌參固不可，謂之曰陰虛，必當用參亦不可，要在斟酌病原，適其可，求其當而已。言聞曰：　人參惡皂角。東垣理脾胃，瀉陰火，人參、皂角同用，是惡而不惡也？　人參畏五靈脂，古方療月閉，四物湯加人參、五靈，是畏而不畏也？　又吐痰在胸膈，人參、藜蘆同用，而取其涌越，是急其怒性也，此非洞達經權者不能知。

清・許豫和《許氏幼科七種・怡堂散記》卷下　人參解　《綱目》註云：　人參，《本經》稱人(蓡)〔薓〕，或省筆作蓡字，以年深浸漸長成，根如人形，故謂之人蓡。後世因字文繁，遂以參星之字代之。張仲景《傷寒論》尚作蓡字，

從古本也。或云：《唐本》作參字，非參商之參，謂人參受天地之正氣，而得人形，與天地之氣並立為參，是參字之義也。《綱目》人參生上黨山谷及遼東，二月八月上旬采根，竹刀刮去皮，曝乾，無令見風。狀如人形者有神。上黨，今潞州也。其次用高麗者，高麗地近遼東，所產人參，不及上黨者。欲試上黨參，但使二人同走，一含人參，一空口，急走三五里，其不含人參者必大喘，含者氣息自如，人參乃真也。高麗人作《人參贊》云：三椏五葉，背陽向陰，欲來求我，椴樹相尋。但言采取，未及功用，椴樹甚大，陰廣則多生，采作甚有法。其味與上黨者同，其形體與上黨者小異。上黨者有獅頭，高麗者無獅頭也。唐韓翃詩《送客(歸)〔之〕上黨》有佳期別在春(風)〔山〕裏，應是人參五葉齊之句。則唐時已重上黨人參矣。三椏五葉，其產與高麗同也。

古本人參重上黨，力勝也。至明末，上黨參力漸薄，入藥無功，始重遼參。遼參初采紅潤肥大，肆中所貨，一枝有重三五錢者，價不過十換。曾聞前輩有言，悞服人參三五分，有發狂者，陽氣如此之旺也。人參得天地正陽之氣，而產於陰，此即陽根於陰之義。其味入口，先苦後甘，此苦味非苦寒之苦，是炎上作苦之苦，先苦後甘，火生土也。若作寒字解，豈能後甘。人參之生三椏法三才，五葉應五行。金井玉闌是其體，先苦後甘是其味。功力之大，能回元氣於無何有之鄉，豈區區凡草，可同日語哉！人參之體，柔熟為上，白熟次之。柔者，軟也，非取其色之油潤也。白熟者，皮白而中潤，並不枯硬。若皮白而粗揉之枯硬者，不堪用。一部本草，歸之形色氣味四字。形色，藥之體也。氣味，藥之用也。藥之主病，氣味為重。人參之偽在形似，明者自能辨。予所辨者，在氣味。人參一片，入口咀之，先微苦而後甘，愈咀愈雋，津液自生，是人參之真味也。今之獅黨，無苦味，入口咀之，但甘淡耳。此其力之所以薄也。人參之偽，不止於薺苨，或全苦而不甘，或但甘而不苦，或帶辛酸之味。挾利者取形似以害人，予故以味辨之。高麗參，其味與遼參相近，邇來參價貴，甚有以高麗參惑人者，其形色大畧相似。予取嘗之，全無參味，是高麗參亦假也。洋參，皮白而中實，金井玉闌，但欠紅潤耳。入口咀之，先苦後甘，頗似人參，咀之久，其味厚於人參，湯亦濃於人參。人參氣味俱薄，得冲和之氣，渾然自升，元氣之所以生也。洋參味厚而湯濃，沉陰而降，乏冲和之氣，非金玉之君子。用者詳之。近歲以來，遼參采取日繁，生長不及，市中所貨，枝小而力薄。畧可觀者，一二三百換，自古以來，所未有也。貧士無力服，醫家因偽多，不敢用，遇一虛症，聽命而已。

人參之用甚多，其大綱有四：一參、芪，二參、麥，三參、附，四參、連。臨症變通，用之的當，其功未可盡録也。

清·羅國綱《羅氏會約醫鏡》卷一六草部

人參味甘溫微苦，入脾肺二經。茯苓為使，畏五靈脂，反藜蘆。其色黃，大而潤者，佳。大補虛勞氣弱。止自汗陽虛、喘欬，屬肺虛者可用。瀉火，退熱。虛勞者，內虛寒而外假熱，合黃芪、甘草之甘溫而退大熱，故亦謂之瀉。健脾保肺，添精神，除煩渴，瀉火，故除煩；生津，故止渴。定眩運，元氣足也。通血脈，氣行則血行。破積，消痰，以氣旺也。瘧痢、滑瀉、初痢宜下，久痢宜補，治瘧亦然。血脫、凡大吐大衄，須重補氣而血自止，氣旺則能生血也。脹滿、正氣不足。中暑、中風、痘瘡下陷。皆元氣虛也。

按：人參補氣性陽，若真陰虧竭，邪火熾於表裏，內外枯燥，以及肺脉洪實，血熱妄行，痧瘄初發，而斑點未形，傷寒始作而邪熱方盛，不得誤投。

清·紀昀《閱微草堂筆記》上卷八

又聞劉季箴先生嘗與論醫。乩仙曰：公補虛好用參。夫虛證種種不同，而參之性則專有所主，不通治各證。以藏府而論，參惟至上焦中焦而下焦不至焉；以榮衛而論，參惟至氣分，而血分不至焉。腎肝虛與陰虛，而補以參，庸有濟乎？豈但無濟，亢陽不更煎鑠乎？且古方有生參、熟參之分，今採參者得即蒸之，何處得有生參乎？古者參出於上黨，秉中央土氣，故其性溫厚，先入中宮。今上黨氣竭，惟用遼參，秉東方春氣，故其性發生，先升上部。即以藥論，亦各有運用之權。願公審之。季箴極不以為然。余不知醫，併附錄之，待精此事者論定焉。

清·陳修園《神農本草經讀》卷一上品

人參　氣味甘，微寒，無毒。主補五臟，安精神，定魂魄，止驚悸，除邪氣，明目開心益智。久服輕身延年。

陳修園曰：《本經》止此三十七字。其提綱云主補五臟，以五臟屬陰也。精神不安、魂魄不定、驚悸不止、目不明、心智不足，皆陰虛為亢陽所擾也。今五臟得甘寒之助，則有安之、定之、止之、明之、開之、益之之效矣。曰邪氣者，非指外邪而言，乃陰虛而壯火食氣，火即邪氣也。今五臟得甘寒之助，則邪氣除矣。余細味經文，無一字言及溫補回陽。故仲景於汗、吐、下陰傷之症，用之以救津液。而一切回陽方中，絕不加此陰柔之品，反緩薑、附之功。故四逆湯、通脈四逆湯為回陽第一方，皆不用人參。而四逆加人參湯，以其利止亡血而加之也；茯苓四逆湯用之者，以其在汗、下之後也。今人

輒云以人參回陽。此説倡自宋元以後，而大盛於薛立齋、張景岳、李士材輩，而李時珍《本草綱目》尤為雜沓。學者必於此等書焚去，方可與言醫道。

仲景一百一十三方中，用人參者只有一十七方：新加湯、小柴胡湯、柴胡桂枝湯、半夏瀉心湯、黄連湯、生薑瀉心湯、旋覆代赭石湯、乾薑黄芩黄連人參湯、厚朴生薑半夏人參湯、桂枝人參湯、四逆加人參湯、茯苓四逆湯、吳茱萸湯、理中湯、白虎加人參湯、竹葉石膏湯、炙甘草湯，皆是因汗、吐、下之後，亡其陰津，取其救陰。如理中、吳茱萸湯以剛燥劑中陽藥太過，取人參甘寒之性，養陰配陽，以臻於中和之妙也。

又曰：自時珍之《綱目》盛行，而神農之《本草經》遂廢。即如人參，《本經》明説微寒，時珍説生則寒，熟則溫，附會之甚。蓋藥有一定之性，除是生搗取汁冷服，與蒸曬八九次，色味俱變者，頗有生熟之辨。若入煎劑，則生者亦熟矣。况寒熱本屬冰炭，豈一物蒸熟不蒸熟間，遂如許分別乎？嘗考古聖用參之旨，原為扶生氣安五臟起見。而為五臟之長，百脈之宗，司清濁之運化，為一身之槖籥者，肺也。人參惟微寒清肺，肺清則氣旺，氣旺則陰長而五臟安。古人所謂補陽者，即指其甘寒之用不助壯火以食氣而言，非謂其性溫補火也。

陶弘景謂功用同甘草。凡一切寒溫補瀉之劑，皆可共濟成功。然甘草功兼陰陽，故《本經》云主五臟六腑。人參功專補陰，故《本經》云主五臟。仲景於咳嗽病去之者，亦以形寒飲冷之傷，非此陰寒之品所宜也。

清·趙學敏《本草綱目拾遺》卷三草部上 東洋參 汪玉于言：東洋參出日本東倭地，其參外皮糙中油，熟蒸之，亦清香，與遼參味同，微帶羊羶氣，入口後微辣，為各別耳。然性溫平，與西洋佛蘭參性寒平者又別。此參近日頗行，無力之家，以之代遼參用亦有效。每枝皆重一錢許，亦有二三錢者，總以枝根有印日本二字名，價八換，無字價五換，蓋有印字者，乃彼土之官參，最道地。無印者，皆彼土之私參也。亦有通身皮糙，内肉白色者，不佳。桂圓肉拌蒸曬用。癸丑三月，予在李燮堂先生處，見有東洋參二種：一種大者，粗如拇指，儼似西洋參，最堅實多肉。一種小者，每枝不過二三分，亦有分許者，肉薄不甚堅實。據言二種皆日本洋客帶來，新時俱色白，皮皆有皺紋，其大者切片，口含過夜，皆化而無滓，小者含口中，三夜皆不化。大者煎湯，色淡少味，小者反濃厚。二種俱出日本倭地，而小者何以色味獨厚？豈生產之土又不同耶。又一種亦出東洋近奉天旅順等處者，皮上有紅紋，云彼倭國中亦珍之，言其力更十倍於此。舶商多以貴價售得，轉販中土。今蘇州有東洋參店，專市此參者。蓋因上年壬子冬江浙疫痘遍染，小兒死者不下千百計，有教服東洋參，能助漿解毒，服之果驗，遂大行於時。入藥内須飯鍋上蒸透曬乾用，磁瓶收存，方免蛀壞。又一種東洋參，出高麗新羅一帶山島，與關東接壤，其參與遼參真相似，氣亦同，但微薄耳。皮黄紋粗，中肉油紫，屠舞夫攜來，予曾見之。據云性溫平，索價十換，言産蓐服之最效，其力不讓遼參也。《五雜俎》：人參出遼東、上黨者最佳，頭面手足皆具，清河次之，高麗、新羅又次之。今生者不可得見，入中國者，皆繩縛蒸而夾之，故上有夾痕及麻線痕也。新羅參雖大，皆用數片合而成之，功力反不及小者，擇參取透明如肉，及近蘆有横紋者，則不患其偽矣。

清·趙學敏《本草綱目拾遺》卷三草部上 參條 《從新》云：遼參之横生蘆頭上者，其力甚薄，止可用以調理常病，生津止渴。其性横行手臂，凡指臂無力者，服之甚效。《千金方》云：凡煮參湯，須用流水煎之佳，若用止水則不驗。

參鬚 《百草鏡》：參鬚甯古塔來者色黄粗壯，船廠貨次之，鳳凰城貨色帶白為劣，煎之亦無厚味。《從新》云：參鬚亦遼參之横生蘆頭上而甚細者，性與參條相同，而力尤薄。《本經逢原》云：參鬚價廉，貧乏者往往用之。其治胃虚嘔逆欬嗽失血等症，亦能獲效，以其性專下行也。若治久痢滑精，崩中下血等症，每至增劇，以其味苦降泄也。脚瘡溼爛：《百草鏡》云：芽茶、參鬚各等分，為末，摻之。固牙補腎方：《祝氏效方》：生熟石膏各五錢，甘松山柰各三錢，細辛二錢，寒水石二錢，升麻一錢五分，青鹽參鬚各三錢，北五味五十粒，畢澄茄四十五粒，共為末，每晨擦牙漱口，嚥下亦可。

參葉 遼參之葉也，率多參客帶來，以其氣味清香而微甘，善於生津，又不耗氣，故販參者乾之，帶以餉遺，代茶葉入湯用，不計入藥用也。人亦無用之者，近因遼參日貴，醫輒以之代參，凡症需參而無力用者，輒市葉以代。故今大行於時，蘇州參行市參葉且價至三五換不等，以色不黄瘁，緑翠如生，手挼之有清甜香氣者真。氣清香，味苦微甘。其性補中帶表，大能生胃津，祛暑氣，降虚火，利四肢頭目，浸汁沐髮，能令光黑而不落，醉後食之，解醒

第一。

按：人參三椏五葉，乃稟三才五行之精氣，寄形於草質，為百草之王。其根乾之色黃，得坤土正色。其子秋時紅如血，是土之餘生火也，故能峻補元氣，返人魂魄，其功尤能健脾。蓋脾主中宮，為萬物之母，人無土不生，參得土德之精以生人，非若芪朮之膩滯，世所以重之。然百草本性，大率補者多在根，葉則枝節之餘氣，不可以言補也。參葉雖稟參之餘氣，究其力止能行皮毛四肢，性帶表散，與參力遠甚。惟可施於生津潤燥益肺和肝之用。今一概用作培補元氣，起廢救危，何不察之甚耶！

清肺、生津、止渴《藥性考》。

人參子　人參子如腰子式，生青熟紅，近日販參客從遼東帶來者，皆青綠色，如小黃豆大，參葉上甚多。甯古塔一帶，七八月霜大，難以入山，故不能待其子熟，生取而歸。以售客，每多綠色，發痘行漿，凡痘不能起發，分標行漿者，藥內加參子，後日無癢塌之患。

清・王學權《重慶堂隨筆》卷下　古之權量既小，而藥劑甚輕，每服數錢者居多；今世反是，故藥價漸貴，所以患病愈難矣，不但良醫罕出也。如人參一味，竟為富貴人常饌。夫人參亦草根耳，天之生此，原以療人之病，非以養人之生。因無病之人競相購服，而視為養生之物，無怪乎其價之日昂也。其價既昂，偽物日多，而病之果當用此者，遂不能用矣。豈非以有用之才，銷磨於無用之地，而需才之時，反無才用乎？其實古之人參微涼、微苦，與近時西洋參性味略同，深明醫理者似可通融代用，不必刻舟求劍而默贊參價之昂，擅破貧人之產也。如證屬大虛，西洋參嫌其力薄，不妨以黃芪、甘草、枸杞、龍眼肉之類隨宜匡佐，亦在善用者驅策得其道爾。此外更有習俗相沿而不知其誤者，略論如左。

清・黃凱鈞《藥籠小品》　人參　功魁群草，善療百病，為氣虛之聖藥。最不可缺者，痘瘡氣虛難起，臨盆補氣易產，跌撲血出發暈，一切氣脫危症。所禁用者，肺邪未清，瘄疹初起，產後瘀血為患。此藥在國初時，出多用少，大參不過黃金對換，見《退庵詩鈔》。予少時，五分枝白金五十換；近年產稀用繁，價十倍於前。其力亦大，最虛之症，服參三四錢，已可挽回，續用西黨參代之，往往奏功。每見有人傾資服參，反致偏身浮腫，仍歸無濟，可見用之的當，少亦有功；若浪服之，雖多奚為！

清・趙翼《簷曝雜記》卷五　人參背陽向陰，一名土精。生上黨者佳，人形皆具，能作兒啼，今則產遼東之北者最貴重。有私販入山海關者，至大辟。至上黨參，則無有過而問者矣。古今地氣不同，抑物性有變易耶？

清・王龍《本草纂要稿・草部》　人參　氣味甘溫。乃陽中之微陰，氣中之血藥。健脉理中，生津止渴。止驚悸，安魂定魄。養精神，益智開心。補五臟六腑，保中守神。療五勞七傷，虛損痰弱。陽氣不足，氣虛短氣者殊功。開胃調中，緩中補中者要藥。截痎瘧，禁滑瀉，節小便頻數。瀉虛火，清眩暈，療自汗怔忡。助元陽，能通經活血。補脾胃，有參贊之功。與黃芪而助表虛，配地黃而補下元，共升麻引補上焦，補五臟之陽。茯苓為之使也。

清・錢一桂《醫略》卷一　人參大黃並用　明陶節菴以大承氣加人參、當歸、甘、桔，名黃龍湯，治熱邪傳裏，胃有燥屎，心痛身熱，口渴譫語，下利清水，即世所謂漏底傷寒。按太陽、陽明合病，必自下利，仲景用葛根湯，此則大黃與人參並用矣。節菴著《傷寒六書》，盡更仲景古方，不復分經論治，不足垂訓。且人參、大黃、附子、熟地，醫門謂之四將，仲景亦往往兼用以助其用攻用散之力。惟近代人參昂貴，且多以贗亂真，頗不足恃。徒滋重費，而醫家折一將材矣。

清・張德裕《本草正義》卷上　人參　甘，溫。氣味純正。大補元氣，能回於無何有之鄉。凡病涉虛而致者，無往不利，不必冗而備述其功。

清・翁藻《醫鈔類編》卷二三《本草》　人參　性稟中和，不寒不燥。形狀似人，氣冠群草。能回肺中元氣於垂絕之鄉。馮楚瞻曰：人參能回陽氣於垂絕，却虛邪於俄頃。功與天地並立為參，此參之義所由起，而參之名所由立也。第世每以參為助火助氣，凡遇傷寒發熱及勞役內傷發熱等證，畏之不啻鴆毒。以為內既發熱，復以助火助熱之藥入而投之，不更使熱益甚乎？雖知參以補虛，非以填實，其在外感正氣堅強，參與芪、朮、附、桂同投，誠為助火彌熾。若使元氣素虛，邪匿不出，正宜用參領佐。如古參蘇飲、敗毒散、小柴胡湯、白虎加人參湯、石膏竹葉湯、黃龍湯，皆用人參內入，領邪外出。喻嘉言曰：傷寒宜用人參，其辨乃可不明。蓋人受外感之邪，必先汗以驅之。惟元氣壯者，外邪始乘藥勢以出。若素弱之人，藥雖外行，氣從中餒。輕者半出不出，重者反隨元氣縮入，發熱無休矣。所以體虛之人，必用人參三五七分，入表藥中少助元氣，以為驅邪之主。使邪氣得藥一湧而出，全非補養衰弱之意也。矧有並非外感，止(固)〔因〕勞役發熱，而可置參

而不用乎？況書有云：參同升麻可以瀉肺火，同茯苓可以瀉腎火，同麥冬可以生脉，同黄芪、甘草可以退熱，出元素。是參更為瀉火之劑矣。潔古謂其喘嗽不用，以其痰實氣壅之故。若使腎虚氣短喘促，豈能禁而不用？仲景謂其肺寒而嗽勿用，以其寒束熱邪，壅滯在肺之故。若使自汗惡寒而嗽，豈能禁而不用？東垣謂其久病鬱熱在肺勿用，以其火鬱於内，不宜用補之故。若使肺虚火旺，氣短汗出，豈能禁而不用？丹溪謂其諸痛不宜驟用，以其邪氣方鋭，不可用補之故。若使裏虚吐痢及久病胃弱，與虚痛喜按之類，豈可禁而不用？節齋謂其陰虚火旺，吐血勿用，以其血虚火亢之故。若使自汗氣短，肢寒脹虚，豈可禁而不用？惟在虚實二字分辨明確耳。果其氣衰火熄，則參雖同附、桂可投。如其火旺氣促，則參即同知、栢，切忌。至於陰氣稍虚，陽氣更弱，陰不受火薰蒸者，則可用參為君。陰氣稍衰，陽氣更弱，而火稍見其盛者，則可用參為佐。蓋陽有生陰之功，陰無益陽之理。參雖號為補陽助氣，而亦可以滋陰生血耳。是以古人補血用四物而必兼參者，義實甚此。杲曰：古人血脱者益氣。蓋血不自生，須得生陽氣之藥乃生。陽生則陰長，血乃旺也。若單用補血藥，血無由而生矣。《素問》言：無陽則陰無以生，無陰則陽無以化。故補氣須用人參，血虚者亦須用之。故書載參益土生金，明目，開心益智，添精助神，定驚止悸。正氣得補，邪火自退。解渴除煩，氣補則火不浮而煩自除，氣補則津上升而渴自止。通經生脈，氣補則血隨氣以行而脈自至。破積消痰，氣運則食自化而積可破，氣旺則水可利而痰自消。發熱自汗，氣補而陽得固。多夢紛紜，氣補而神克聚。嘔噦反胃，虚咳喘促，氣補而肺與胃克安。久病滑瀉，氣補清得上升。淋瀝脹滿，氣補濁得下降。中暑中風，氣補而邪得外解。一切氣虚血損之證，氣補而血得内固。皆所必用。至人參畏靈脂，而亦有參同用以治月閉。是畏而不畏也。參惡皂莢，而亦有參同用名交泰丸，是惡而不惡也。參反藜蘆，而亦有參同用以取涌越，是蓋借此以激其怒，雖反而不反也。然非深於醫者，決不能知其奥耳。出言聞氏。但參本溫，積溫亦能成熱。故陰虚火亢，咳嗽喘逆者，為切忌焉。參以黄潤緊實似人者佳。上黨雖為參產道地，然民久置不採。時珍曰：上黨，今潞州也。民以人參為地方害，不復採取。今所用者皆是遼參。今所云黨參，皆是假物。時珍曰：偽者皆以沙參、薺苨、桔梗，採根造作亂之。沙參體虚無心而味淡，薺苨體虚無心，桔梗體堅而味苦，人參體實而味甘微帶苦。其次百濟所出力薄，上黨又其次。高麗、遼東所出，力薄於百濟。皆忌鐵。

清・楊時泰《本草述鉤元》卷七　人參

《春秋運斗經》：搖光星散而為人參，故名神草。《人參贊》：三椏五葉，背陽向陰，欲來求我，椵樹相尋。多生於深山背陰近椵樹下濕潤處。春生苗，三四月有花，細小如粟，蕊如絲，紫白色。秋後結子。七八枚如大豆，生青，熟紅自落。采根於秋冬則堅實，春夏虚軟。昔多用潞州、上黨紫團參，產於紫團山，紫色稍扁。又百濟參白堅且圓，名曰條參。俗名羊角參。遼東參黄潤，纖長有鬚，俗名黄參。獨勝。高麗參近紫，體虚。新羅參亞黄味薄，肖人形者神，其類雞腿者力洪嘉謨。今所用者皆是遼參，其高麗、百濟、新羅三國皆屬於朝鮮，其參猶來中國互市。遼參連皮者，黄潤色如防風，去皮者堅白如粉，偽作者皆采沙參、薺苨、桔梗根亂之。但沙參體虚無心而味淡，薺苨體虚無心，桔梗體堅有心而味苦，人參體實有心而味甘微帶苦，自有餘味，其他作偽者不少，須詳審之瀕湖。

根味甘、微苦，氣微寒、微溫。微寒者春之寒也，微溫者亦春之溫也。神農《直指》所稟曰微寒，《別錄》兼言功用，又曰微溫，寒溫雖別，言微則一也。生用氣涼，熟用氣溫，味甘補陽，微苦補陰，苦甘溫合，則又補陽中之陰、陰中之陽。氣主生物，本乎天。味主成物，本乎地。氣味生成，陰陽之造化也。涼者高秋清肅之氣，天之陰也，其性降。溫者陽春生發之氣，天之陽也，其性升。甘者濕土化成之味，地之陽也，其性浮。微苦者火土相生之味，地之陰也，其性沉。氣味俱薄。氣之薄者，生降熟升。味之薄者，生升熟降。如土虚火旺之病，則宜生參涼薄之氣以瀉火而補土，是純用其氣也。脾虚肺怯之病，則宜熟參甘溫之味以補土而生金，是純用其味也。入手太陰肺經。人參益元氣，肺脾先受之，以入五臟。五臟俱入，則諸虚皆補，其功效難以數例定也。且有患證同而可補不可補迴殊，又一證而前不可補後復可補，更難定何證必用參也。惟當熟參諸論而變化之，以盡其功。主治補五臟，其生處背陽向陰，當入五臟，以類相從也。人身衛氣，日行於陽道則寤，夜入於五臟則寐，凡病劇張惶不能假寐者，人參入口便得安寢，此即入臟養陰之明徵。安精神，定魂魄，止驚悸，開心益智，心藏神，肝藏魂，肺藏魄，腎藏精與志，脾藏意與智。心腎虚則精神不安矣，肝肺虚則魂魄不定矣。驚悸為心脾二經病，心脾之氣強，則心竅通利，能思而智益深矣。久服輕身延年《本經》。調中保中守神，治脾胃陽氣不足，開胃氣，主肺氣虚促，短氣少氣，補中緩中，通血脈，能回陽氣於垂絶，却虚邪於俄頃，煉膏服，回元氣於無何有之鄉。凡病後氣虚及肺虚咳嗽者宜之。若氣虚有火，合天門冬膏對服。療五勞七傷虚損，腸胃中冷氣，心腹鼓痛，胸膈逆滿，痰弱嘔噦，消胸中痰，瀉心肺脾胃中火邪，止渴生津液諸本草。補肺中元氣，肺氣旺則四臟之氣皆旺，

精自生而形自盛，肺主諸氣故也。仲景法：病人汗後身熱亡血脈沉遲者，下利身涼脈微血虚者，並加人參。古人血脱益氣，故補氣用人參，血虚者亦須用之東垣。人參補五臟之陽，沙參補五臟之陰，雖補五臟，亦須各用本臟藥佐使引之海藏。用黄栢佐人參東垣，治相火乘脾，身熱而煩，氣高而喘，頭痛而渴，脈洪而大者。合麥、味為生脈散《孫真人方》，治夏月熱傷元氣，致汗大泄，欲成痿厥者。此皆補天元之真氣，非補熱火也。《經》曰：陰虚則無氣，無氣則死。蓋人身之真陽由陰中以上升，此地氣上為雲，陽之升者，即陰之升也；真陰由陽中以降，此天氣下為雨，陰之降者，即陽之降也。五臟屬陰，乃曰補五臟之陽者，蓋補陰中之陽也。真陽由陰而升，真陰由陽而降，然後地天交而營衛乃大通，以奉生身。人參陽中含陰，正合於陽中之陰以交於陰中之陽而大益真元，故能回元氣於無何有之鄉，而補天元之真氣也。得升麻引用，補上焦元氣，瀉肺中之火。得茯苓引用，合熟地尤佳。補下焦元氣，瀉腎中之火。得麥冬則生脈，得乾薑則補氣潔古。同黄耆用，補表虚。同白术用，助脾胃。同棗仁、龍眼肉、白芍、甘草、大棗，補脾陰。同白术、茯苓、炙草、木瓜、藿香，止虚煩躁。同白术、黄耆、芍藥，治自汗。同黄耆、芍藥五味，治汗多亡陽。同沉香、白芍，治真氣虚氣不歸元，因而胸脇逆滿。同茯苓、遠志、益智、棗仁、麥冬，治恍惚驚悸，魂魄不定。同沉香、茯神，治心虚而邪客之作痛。同牛黄、犀角、天竺黄、鉤藤鉤、硃砂、雄黄、真珠、茯神、遠志，治驚癇。同附子、白术、芍藥、甘草、茯苓，治慢驚、慢脾風。同黄耆、天冬、五味、牛膝、枸杞、菖蒲，治中風不語。腎氣衰陽痿，以之為君，加鹿茸、巴戟、蓯蓉、五味、菟絲、山萸、地黄、麥冬、枸杞、杜仲、柏子仁，為扶衰之要劑，令人有子。同附子、肉桂、麥冬、五味，治房勞過度，脱陽欲絶，下部虚冷。同附子、五味子，治陽氣脱，溫腸胃中冷。同附子、乾薑、肉桂，治寒厥指爪青黯，便清倦卧。同乾薑、白术、炙草，治中寒泄瀉，下利清穀，甚則加肉桂、附子。同白术、吴萸，治脾瀉久不止。君五味、吴萸、骨脂、肉蔻，治腎瀉。同白芍、炙草，治血虚心腹鼓痛。君五味、麥冬，治肺虚氣喘。夏月服之，益氣除熱止消渴。加白术，又治中暑傷氣倦怠。君藿香、木瓜、橘紅，治胃虚嘔吐。如妊娠嘔吐，加竹茹、枇杷葉。同橘皮、木瓜、竹茹、紫蘇、白术，治惡阻安胎。熱多者去白术、紫蘇，加麥冬。同鹿膠、杜仲、續斷、當歸、熟地、生地，治胎漏不安。去生地加蘇木，治負重努力內傷失血。　同地黄、阿膠、麥冬、山萸、五味、杜仲、續斷，治血崩。加牛膝、大薊、鹿膠，治血淋。同乳香、硃砂、雞子白、薑汁三匙調匀，别用當歸兩許煎濃，同吞，治横生倒養難産神效。同蘇木、當歸、童便煎服，治産後血暈。同石菖蒲、蓮肉等分，水煎，治産後不語。同薑皮各兩許，水煎，露一宿，五更溫服，治氣虚久瘧不止。同鼈甲、青皮、乾漆、䗪蟲、肉桂、牡蠣、射干，消瘧母。同黄連、紅麴、白芍、滑石、升麻，治滯下腹痛赤色。同黄連、烏梅、蓮肉、升麻、滑石、肉豆蔻，治滯下久不止。同甘菊、枸杞、地黄、當歸、柴胡、蒺藜、甘草則明目。同黄檗、黄耆、白术、麥冬、五味、白芍、木瓜、薏米、茯苓治痿。同五加皮、白鮮皮、石楠葉、石斛、秦艽、木瓜、薏苡、萆薢、牛膝、沉香、菖蒲、二术治痹。在白虎湯，治勞傷元氣人患熱病渴甚并頭疼。在敗毒散，治氣虚人患四時不正寒氣。在參蘇飲，治肺虚人傷風。

附方：人參膏，用人參十兩，細切，以活水二十盞浸透，入銀石器内，桑柴火緩緩煎取十盞，濾汁，再以水十盞，煎取五盞，與前汁合煎成膏，瓶收，隨病作湯使。丹溪云：多慾之人，腎氣衰憊，欬嗽不止，用生薑、橘皮煎湯，化膏服之。浦江鄭五月患痢，又犯房室，忽昏暈不知人，手撒目暗，自汗遺尿，喉中痰鳴如拽鋸，脈大無倫，此陰虧陽絶之證也。急煎大料人參膏，仍與灸氣海十八壯，右手能動，再三壯，脣口微動，遂與膏服一盞，半夜後服三盞，眼能動，盡三斤方能言而索粥，盡五斤而痢止，至十斤而全安。此證不止腎陰受傷，陰中之真陽亦幾幾欲絶，多服參膏而愈，則人參還元以益陰中之陽明矣。夾陰傷寒，先因慾事，後感寒邪。陰盛陽衰，六脈沉伏，小腹絞痛，四肢逆冷，嘔吐清水，非此藥無以回陽。人參、乾薑炮各一兩，生附子一枚，破作八片，水四升半，煎一升，頓服，脈出身溫即愈。此證陰邪勝陽，用參補腎陽，必更同於薑、附者，期補元陽以化陰邪而已，與前陰虧陽絶之治，大相懸殊。房後困倦，人參七錢，陳皮一錢，水一盞半，煎八分，食前溫服，日再。此亦補陰中陽，陰中陽乃元氣也。心下結氣，由思慮過多，氣不以時行而結滯。凡心下硬，按之則無，常覺膨滿，多食則吐，氣引前後，噫呃不除。用人參一兩，橘皮去白四兩，為末，煉蜜丸梧子大，每米飲下五六十丸。前益腎，陰中之陽，此益心，陽中之陰，止皆用人參、陳皮，因心腎陰陽互宅，惟參能善其根陰根陽之用，故無異味耳。但前以補困倦，故人參大倍於陳皮，後以行結氣，而陳皮勝於參也。怔忡自汗，此心氣不足也。人參半兩，當歸半兩，用獖豬腰子二箇，以水二盌，煮至一盌半，取腰子細切，人參、當歸同煎至八分，空心喫腰子，以汁送

下，其滓焙乾為末，以山藥末作糊，丸綠豆大，每服五十丸，食遠棗湯下，兩服即愈神濟大師。一加乳香二錢。是方投參、歸必同於豬腎者，以元氣為陰中之陽，藉之使益腎也。先空心服汁，次丸其渣，食遠服，取培中氣以益肺之元氣也。產後諸虛，發熱自汗，人參、當歸等分，為末，用豬腰子一箇，去膜切小片，以水三升，糯米半合，葱白二莖，煮米熟，取汁一盞，入藥煎至八分，食前溫服。此與怔忡自汗，同用參、歸、豬腎者，同是元氣有損，皆根於腎故也。產後去血，何以亦補元氣？緣血化於陽中之陰而陽中之陰原根於陰中之陽也。加用糯米、葱白者，以去血則宜益脾，自汗則宜於補元氣，中寓透陽於陰之義，俾滯血得化而陰為陽守也。喘急欲絕，上氣鳴息者，人參末，湯服方寸匕，日五六服效。夫參補五臟，而肺先受之，以元氣根於腎，主於心，而肺統之以歸下也。產後發喘，乃血入肺竅，危證也。人參末一兩，蘇木二兩，用水合童便二盌，煮汁一盌，調參末服，神效。此用參以補虛而歸氣之元，但加蘇木以化滯血，俾陰得化，能隨陽行耳。霍亂嘔惡，人參二兩，水一盞半，煎汁一盞，入雞子白一枚，再煎，溫服。此證霍亂，止言嘔惡，是但有逆上而不降，故用歸元之真陽如參者以為降也。但元氣之降，先本於升，故又用象天如雞子之白，舉清陽而上浮者，以為升地，俾和上逆之氣而下也。反胃嘔吐，飲食入口即吐，困弱無力，垂死者，上黨人參三兩，拍破，水一升，煎取四合，熱服，日再，兼以人參汁，入粟米、雞子白、薤白煮粥與噉。方出李絳《兵部手集》，公每言此藥難可為儔。胃寒氣滿不能傳化，易飢不能食，人參末二錢，生附子五分，生薑二錢，水七合，煎二合，雞子清一枚打轉，空心服之。脾胃虛弱，不思飲食，生薑半斤取汁，白蜜十兩，人參末四兩，銀鍋煎成膏，每米飲調服一匙。

論：《本經》言人參，首及補五臟，以其補元氣也。夫元氣本於陰中之陽，人參以背陽向陰之產，而采於秋冬，非陽之出於陰中者乎？惟本陰中之陽而合乎腎，更入陽中之陰而合乎肺，遂合於二陰之至肺者，以返其所自始、所自生，故能回陽氣於垂絕，卻虛邪於俄頃也。顧氣之補五臟者，必先至於中土，而乃及於四臟，以中土之胃能行氣於三陰三陽，而合胃之脾，尤能為胃行氣於三陰三陽也。知胃陽之氣，必根於脾陰之氣，則肺本於陰中之陽，以入於陽中之陰，而後陰陽合而氣生，陰陽和而氣暢者，其義可識取矣。人生有形，形立於氣，五臟為形軀之主，元氣又為五臟之主，此味由元氣以補五臟，由五臟以益形軀，正經所謂形與氣俱，使神內藏者也。《經》云：失神者死，得神者生。何者為神？曰：血氣已和，營衛已通，五臟舍心，魂魄畢具，乃成為人。百歲五臟皆虛，神氣皆去，形骸獨居而終矣。即是以徵人參之功，則所謂安精神，定魂魄，開心益智，而補氣即益血者，乃由元氣以益五臟也。又所主勞傷虛損男婦一切虛證，乃由五臟以益形骸也。形不離氣，神不去形。甄權謂參能守神者，職是故耳。第《別錄》既言調中，甄權又曰保中，日華云治氣先言調中，而潔古更云補中緩中，舉所云中者，將專指中土而言乎。夫謂中土，非形氣之中不可，但茲味保中，即隨以守神二字，則有超於形以為言者。《經》曰：根於中者，命曰神機。此云中，蓋合於臟分有五之中；此云機，尤妙於氣與神凝以為機也。是則所謂中者，豈執於有形之中土哉。且所謂神者，何也？人生有形，不離陰陽。《經》曰：陰陽者，神明之府也。又曰：陰陽不測之謂神，兩精相搏之謂神。人參能合於人身陰中之陽以生元氣，即更合於陽中之陰以化元氣，謂非陰陽之不測不可，謂非陰陽之相搏不可，惟守神以全形，而神之由氣而守者，又先至肺及脾，以達餘臟，即就形而指中土以為中也，亦無不可爾。人參入肺，乃能補五臟者，由肺主呼吸，以神其升降，使元氣由地至天，自天歸地，循環不息也。《難經》曰：臍間動氣者，人之元氣，呼吸之門。吳梅坡曰：左腎屬水，陰之闔也，降也。右腎屬火，陽之闢也，升也。惟此一元之氣，有一動一靜於其間，方啟膈間肺動以為呼吸，況經言二陰至肺，且言少陽屬腎乎。呼吸之氣，上統於肺，而實下本於腎。又心之總系，貫肺通喉，而息由以生。《經》曰：宗氣積於胸中，出於喉嚨，以貫心脈而行呼吸。則此水火同宮，高下相召之元氣，以為呼吸者，肺固下本於腎，而又上主於心，蓋以氣者火之靈，《經》所謂五臟舍心者此耳。然則真氣即元氣即水火同宮陰陽合和之氣也。《本經》云：人參微寒者，獨指參之所稟，肺原於腎也。《別錄》又言微溫者，詳於參之所合，肺媾於肝也。人身元真，在腎則寒化，其氣藏；在心則熱化，其氣浮；在肝則溫化，其氣升；在肺則涼化，其氣降；在脾則沖和之化，其氣備。夫偏寒偏熱者，水火獨至之氣也。微溫微寒者，水火合和之氣也。備者不偏於寒，不偏於熱，而得乎粹然沖和之氣。雖胃與心肺在上而營諸陽，然陽中有陰，非偏於陽也。參之性味，繆氏云寒不甚寒，則近於溫，溫不甚溫，則近於寒，非獨得其補真氣，而為開胃益脾之精義乎。第人參既備沖和之氣，而合於脾胃，又何以專言入肺？蓋腎之藏者，上合於肝之升，而氣乃際於天。如心之浮者，不合於肺之降，則不際於地，而升降之機息。惟肺為陽中之陰，乃能主持陰中之陽，而運升降於

不息焉。世醫謂氣為陽，而不知皆沖和之氣，可哂也。

用參宜忌：繆氏云：人參本補五臟真陽之氣者也。若夫虛羸尩怯，飢飽勞役，努力失血，以致陽氣短乏，陷入陰分，發熱倦怠，四肢無力，或中熱傷暑，無氣以動，或嘔吐泄瀉，霍亂轉筋，胃弱不納，脾虛不磨，或真陽衰少，腎氣乏絶，陽道不舉，完穀不化，下利清水，中風失音，產後氣喘，小兒慢驚，吐瀉不止，痘後氣虛，潰瘍長肉等證，投之靡不立效。所不利者，惟是火炎氣上，如欬嗽吐衄，吐衄勞瘵，內熱骨蒸，陰虛火動之候。又有痧疹初發，斑點未形，傷寒始作，邪熱方熾，若誤投之，鮮克免者。李月池云：凡人面白、面黃、面青黧悴者，皆脾肺腎氣不足，可用也。面赤、面黑者，氣壯神強，不可用也。脈之浮而芤濡虛大，遲緩無力，沉而遲濇弱細，結代無力者，皆虛而不足，可用也。若弦長緊實，滑數有力者，皆火鬱內實，不可用也。以上合色脈。潔古謂喘嗽勿用者，痰實氣壅之喘也。若腎虛氣短喘促者，必用也。仲景謂肺寒而欬勿用者，寒束熱邪，壅鬱在肺之欬也。若自汗惡寒而欬者，必用也。東垣謂久病鬱熱在肺勿用者，乃火鬱於內，宜發不宜補也。若肺虛火旺，氣短自汗者，必用也。丹溪言諸痛不可驟用者，乃邪氣方鋭，宜散不宜補也。若裏虛吐利，及久病胃弱，虛痛喜按者，必用也。節齋謂陰虛火旺勿用者，乃血虛火亢，能食，脈弦而數，涼之則傷胃，溫之則傷肺，不受補者也。若自汗氣短，肢寒脈虛者，必用也。如此詳審，則人參之可用不可用，思過半矣。以上辨形證。

後論：先哲云：虛火可補，參、耆之屬。實火可瀉，芩、連之屬。四語還費商酌，必須精晰火與熱之辨而後可。夫寒暑燥濕風火，天之陰陽也，而人合之。風寒在下，燥熱在上，濕氣在中，火遊行其間。《經》云：東方生風，南方生熱，西方生燥，北方生寒，中央生濕。各正其位，而獨火無所主者，豈非由陰而生陽，即由陽而化陰，遊行於風熱濕燥寒之間以為用乎。人身惟陽之由陰而生，復由陰而化者，始名為少火。若離陰以為陽生，則生之原絶；離陰以為陽化，則化之機窮，得不謂之壯火乎。故少火能生氣者，陰合陽而氣生也。壯火反食氣者，陽離陰而氣盡也。《經》故曰：陰虛則無氣，無氣則死矣。即斯以明虛火、實火之治。假如形證與脈俱處其不足，祇屬陽分之虛，而無干於陰虛，是為虛熱，即後陽虛生寒，寒生濕，濕生熱。可補陽也。參、耆任用。若由真陰之虛以致陽不足者，是謂虛火，即後陰虛生火，火生燥，燥生風是也。必補陰而並裕陽，苦寒固未宜，若竟以參、耆補之，恐甘溫祇以益陽，反損其陽生之原也。是則可投參、耆者，乃止屬陽分之虛，名為虛熱，不名為虛火也。又如形證與脈俱據其有餘，止屬陽分之實，而無干於陰虛，是為實熱，可瀉陽也。芩、連任用。若由至陽之盛以致陰不足者，是謂實火，必抑陽而並滋陰，辛熱固不宜，即概以芩、連瀉之，恐苦寒反致劫陰，先絶其陽化之原也。是則可用芩、連者，乃止屬陽分之實，名為實熱，不名為實火也。總之，虛實兩治，一干於陰虛，便費商酌有如此者。更專言虛火之治，凡人身半以上屬陽，身半以下屬陰，假如陰分陽虛，不由真陰之虛而致之，則當直補先天之真陽，如桂、附之屬，參、耆可以佐之。一由於陰虛而致者，即當以養陰為主，而寓扶陽之義，獨任參、耆，非的劑也。又如陽分陰虛，不由至陽之盛而致之，則當滋益後天之元陰，如歸、芍之類，參、耆亦可以佐之。一由於至陽盛而致者，即當以抑陽為主，而寓生陰之義，參、耆正以貽害耳。至陰陽各分之中，又各有陰陽，何者？勞倦飲食，損傷氣分，固有陰氣陽氣之分；而思慮色欲，損傷血分，又有陰血、陽血之異。蓋血陰氣陽者，分陰分陽之義；而氣血各有陰陽者，陰陽互根之理也。

大法：陽氣虛者，宜桂、附兼參、耆峻補；陰氣虛者，參、朮、甘草緩而益之；陰分血虛者，生地、元參、龜板、知、蘗補之；陽分血虛者，茯苓、參、歸、遠志之類補之，此實前人之所未發也。統治諸證，總先明於火與熱之分，先哲言陽虛生寒，寒生濕，濕生熱，陰虛生火，火生燥，燥生風，此火熱之介然而不移者，火固熱也。第所謂少火者，乃陰中之真陽，不指氣之熱者以名火也。若指氣之熱者以為火，是屬壯火而非少火矣。所謂肺熱還傷肺者，乃肺熱干於陰之證，此屬虛火不可投參者也。所謂養正邪自除者，乃肺熱無干於陰分之證，此屬虛熱可以投參者也。大都人身諸病，干於陰分者居其強半，故肺熱還傷肺之言，未可概非；至人身虛病無干於陰分，而止屬陽分者雖少，亦確有之，故養正邪自除之言，間亦中的。總先明於虛熱、虛火之辨而可已。參之用舍，惟血證最宜分明。仁齋云：人身之血，賴氣升降，氣清則和，氣濁則亂。故凡治血逆者，莫先清氣。又云：血遇熱則宣流。故止血多用涼藥。然亦有氣虛挾寒陰陽不能相守，榮氣虛散血亦錯行，所謂陽虛陰必走是也。此證必外有虛冷之狀，法當溫中，使血自歸於經絡。統繹二義，其治懸若冰炭，然同是血帥於氣，氣為血先之義耳。所謂氣清則和者，陽得

陰以為守，則陽中之陰降，陰降而陽隨之，是之謂和，和則不逆矣。濁者陽不得陰以為守，因僭越而上亢，是之謂亂，亂則何所不至而成逆矣。至於氣虛者，血不得其統馭之主而亦妄行，猶所謂無主乃亂也。同是血逆，而治有不得不異者，故肺熱干於陰，與無干於陰，固參用舍之分。至於血證雖有異治，然俱已傷其陰矣，又惟氣濁氣虛之分，必從主乎血者以為治柄也。氣之清濁虛實最關於血者，其義何如？曰：凡人氣有營衛之分，氣之陽屬衛，陰屬營，陽先而陰從之，故衛氣先行皮膚，先充脈絡，脈絡先盛，衛氣已平，營氣乃滿，而經脈乃大盛。即此可知陽為陰之先，血乃氣之充，氣之清濁虛實，最與血相關也。治血證輒言引血歸經，歸經者云何？《經》曰：胃者，水穀氣血之海。胃之所出氣血者如行路從某道出之出。經隧也。經隧者，五臟六腑之大絡也。又曰：五臟之道，皆出於經隧，以行血氣，血氣不和，百病乃生。是故守經隧焉。即此觀之，則氣之濁、氣之虛者，即所謂血氣不和，而百病生者也，皆不得至於經而行其血氣者也。然必本於氣，能化血之臟以取責焉。蓋氣之濁與氣之虛，舉不能入心而為血之主，入脾而為血之統，入肝而為血之藏，又焉能入於經隧，以歸五臟六腑之大絡乎。人身之血，固無處不周，然臟腑之絡，繫於經絡，而經隧之能通血氣者，尤在於氣為之主，此所以責其本而治肺也。然則歸經是其末圖，求本惟在治肺，是乃所謂善守經隧者矣。

修治：以其生時背陽，故不喜見風日。凡生用宜㕮咀，熟用宜隔紙焙之，或熟酒潤透㕮咀，焙熟用。並忌鐵器。

參蘆：氣味苦濇。人參入手太陰，補陰中之陽者也。蘆則反是，大瀉太陰之陽，主吐虛勞痰飲。弱者，以參蘆代瓜蔕。一女子性躁，味厚，炎月因大怒而呃作，舉身跳動，昏不知人。丹溪用人參蘆半兩，逆流水一盞半，煎一碗飲之，大吐頑痰數碗，大汗，昏睡一日而安。此證暴因怒逆，肝木乘火侮肺，故呃大作而神昏。參蘆善吐痰，盡則氣降而火衰，金氣復位，即此可見大瀉太陰之陽。一人作勞發瘧，服瘧藥變為熱病，舌短痰嗽，六脈洪數而滑。此痰蓄胸中，非吐不愈。以參蘆湯加竹瀝二服，涌出膠痰三塊，次與人參、黃耆、當歸，煮服半月乃安。

清·鄒澍《本經疏證》卷一 人參 【略】凡物之陰者，喜高燥而惡卑濕。凡物之陽者，惡明爽而喜陰翳。人參不生原隰汙下，而生山谷，是其體陰。乃偏生於樹下，而不喜風日，是為陰中之陽。在人身五臟之氣，以轉輸變化為陽，藏而不洩為陰，何者？肺主出氣，腎主納氣，心主運量，肝主疏泄，此臟氣之變化也。肺藏魄，肝藏魂，心藏神，腎藏精，此臟氣之藏守也。唯人參為陰中之陽，其力厚，其性醇，故舉安精神，定魂魄，而補五臟之微驗具矣。然人自有生已後，皆賴後天以培先天。精神魂魄，稟於先天者也，轉輸變化，得於後天者也。人參雖力厚氣醇，終不能越後天直入先天。且其色黃味甘，氣涼質潤，正合中土脾臟之德，故首入脾而倉廩崇矣，次入肺而治節行矣，次入腎而作強遂矣，次入肝而謀慮定，驚悸除，目明矣，次入心而神明固，心開智益矣。愈傳效愈著者，則以先得者尚麤，彌久而益精也。

人參之治，《別錄》以《本經》除邪氣一語宣譯之。在仲景書，則如茯苓四逆湯、吳茱萸湯、附子湯、烏梅丸之主腸胃中冷也。黃連湯、大建中湯、茈胡桂枝湯、九痛丸之主心腹鼓痛也。厚朴生薑甘草半夏人參湯、人參之主胸脇逆滿也。四逆加人參湯、理中丸之主霍亂也。乾薑黃連黃芩人參湯、竹葉石膏湯、大半夏湯、橘皮竹茹湯、麥虋冬湯、乾薑半夏人參丸、竹葉湯之主吐逆也。半夏生薑二瀉心湯、薯蕷丸之主調中也。白虎加人參湯、小茈胡加人參湯之主消渴也。炙甘草湯、通脈四逆湯、溫經湯之主通血脈也。旋覆花代赭石湯、鼈甲煎丸之主破堅積也。似盡之矣，而未也。如桂枝新加湯、小茈胡湯、小茈胡諸加減湯、侯氏黑散、澤漆湯，終不可不謂之除邪氣耳。然有邪氣而用人參者，其旨甚微，故小茈胡湯證，若外有微熱，則去人參。又桂枝湯加人參、生薑，不曰桂枝湯加人參，而曰新加，則其故有在矣。徐洄溪曰：古人曲體病性，至精至密，知病有分有合。合者邪正并居，當專於攻散。分者邪正相離，有虛有實，實處宜瀉，虛處宜補，一方之中，兼用無礙，且能相濟。觀論中發汗後，身疼痛，脈沉遲，及外有微熱二語，則執其兩端，病情已無可逃矣。夫始本不用人參，以下後虛甚邪微，邪因虛陷而用之，是始合而終分也。本應用人參，因外有微熱而不用，是尚合而未分也。雖然，小茈胡湯證，何以知為邪正分？蓋亦以外有微熱知之。夫寒時但寒不熱，熱時但熱不寒，寒熱分明，謂之往來寒熱。若外有微熱，則寒時仍有微熱，熱時仍有微寒，此所謂表證不罷，邪氣尚混合不分。邪氣混合不分而可用人參哉？此表證用參之微旨，所當深察明辨者。

有表證者，不得用人參，既知之矣。白虎加人參湯證，一則曰時時惡風，再則曰背微惡寒，獨非表證耶。然此亦可以分合言也。在小茈胡證云：渴

者去半夏，加人參半倍。夫表證不渴，渴則風寒已化，邪正分矣。矧往來寒熱，但惡熱，不惡寒，較之發熱惡寒者，本自有間，焉得不為邪正已分。故曰傷寒脈浮，發熱無汗，其表不解者，不可與白虎湯。渴欲飲水，無表證者，白虎加人參湯主之。可見白虎加人參湯之治，重在渴也。時時惡風，則非常常惡風矣。背微惡寒，則非偏身惡寒矣。常常惡風，偏身惡寒者，謂之表證。時時惡風，背微惡寒者，表邪已經化熱。特尚未盡耳，謂之無表證可也。然據此則熱邪充斥，津液消亡，用栝樓根生津止渴可也，何得必用人參？《靈樞·決氣篇》：腠理發泄，汗出溱溱，是謂津。津為水，陰屬也，能外達上通，則陽矣。夫是之謂陰中之陽，人參亦陰中之陽，惟其入陰，故能補陰，惟其為陰中之陽，故能入陰，使人陰中之氣，化為津，不化為火，是非栝樓根可為力矣。

表裏相混難分，莫過於桂枝人參湯證。裏證寒熱難分，莫過於黃連湯證。而皆用人參，則以中氣不能自立故也。夫中氣者，脾氣也。五味入胃，俱賴脾氣為之宣布。溫涼寒熱，各馴其性。酸苦辛鹹，各得其歸。今者寒自為朋，熱自結隊，如桂枝人參湯證之外熱內寒，黃連湯證之上熱下寒，各據一所而不相合。若非乾薑、甘草之振作中陽，即繼人參之沖和煦育，何以使之和合耶？夫始不相合，則終必相離，雖有桂枝之驅寒，黃連之泄熱，不得其樞以應環中，仍必寒與熱相攻，正與邪俱盡，潰敗決裂，不死不已矣。理中丸下加減法云：腹痛者加人參。今黃連湯證，有腹痛，而桂枝人參湯證反無，則以再三下後，寒氣內陷，正如霍亂之寒多，而無事別腹之痛與不痛矣。《別錄》曰：療腸胃中冷，心腹鼓痛。可見腸胃中不冷，雖心腹鼓痛，亦非人參所宜也。

用人參之道，非特表邪不分者不可用，凡表證已罷，內外皆熱，虛實難明者，尤不可用。在《傷寒論》中，三陽合病，用白虎湯證及小茈胡湯，胸中煩而不嘔兩條，可按也。夫人參於熱盛而虛者可用，實者不可用。腹滿身重，難以轉側，口不仁而面垢，則非虛矣。故但用白虎，不用人參。煩者邪聚於上，嘔者邪得泄越，邪聚於上而得泄越，不可謂實。邪聚於上，不得泄越，烏可謂虛？故用小茈胡湯，必去半夏、人參，加栝樓實矣。要之凡用人參，必究病之自表自裏。病自表者，避忌之旨如右。其不由表者，若霍亂之寒多用理中丸，腹痛更加之。雖頭身疼痛發熱，無所顧忌。如胸痹之心中痞氣，氣結在胸，胸滿脇下逆搶心，亦絕不懼補益。此仲景深明《本經》除邪之妙奧，學者可不深體之乎。

辛卯夏初，予治兩人病。一人脾腎本虛，動輒氣逆痰湧而厥。是時偶感寒濕，微熱惡寒。他醫與九味羌活湯，遂厥，厥甦後下利呃逆，煩躁不得眠。予與茯苓四逆湯三劑，後轉為陽明證，壯熱煩渴，腹滿，得大便而解。一人腎亦虛，得風濕相搏，偏身疼痛證。醫與搜風補腎，痛益劇。予與桂枝附子湯二劑，痛已而形候大虛，氣纔相屬。重與理中湯加附子，得大汗而解。門人問此二病，始皆治表非法致變，其後既得溫通，又何一傳陽明，一從太陽解也。予謂此即汗後下後之別，從太陽解者，其先本未嘗誤，特調劑未得當耳，故恃溫托之力，邪復外越矣。其一本感寒濕，以生地、黃芩、梔子更益其寒，烏能不下利？既已下利，則表邪已從之陷，表邪既陷，焉能復出於表？不傳陽明，如何得解？是本不得用人參，但其人過虛，不藉人參，不能禁附子之辛烈走竄。然所以傳陽明者，實人參有以致之也。不當用之中有當用焉如此者。

新加白虎湯、加人參湯、小茈胡湯、桂枝人參湯、半夏瀉心湯、生薑瀉心湯、吳茱萸湯、乾薑黃芩黃連人參湯、理中丸、竹葉石膏湯證，用有表證而用人參三兩，甚者加至四兩半。旋覆花代赭石湯、黃連湯、炙甘草湯、附子湯、用人參二兩。茈胡加龍骨牡蠣湯，茈胡桂枝湯，一兩半。厚朴生薑甘草半夏人參湯，茯苓四逆湯，四逆加人參湯，一兩。茈胡加龍骨牡蠣湯及茈胡桂枝湯，以小茈胡之半者。不論其餘皆虛多於邪，用之反少者，少用壅滯，多用宣通之說，豈誠有所本耶。是殆不然。邪盛則開解藥亦多，人參若少，則不足以駕馭，此所以多也。在補劑中，止欲其與他物相稱，偏重則必有所壅遏，謂之宣通可乎。藉人參之宣通，在《傷寒論》中，莫過於通脈。試觀炙甘草湯治脈結代，通脈四逆湯治利止脈不出，四逆加人參湯治脈微，皆不尚多，概可知矣。雖然，白通湯、白通加豬膽汁湯，不用人參，則以下利故。下利何以不用人參？則以通脈四逆湯、白通湯、白通加豬膽汁湯證，皆陰氣內盛為下利，格陽於外為面赤，是因陰逆而陽衰，較之中陽自衰者有間，故利止旋即加參。若早用人參，正恐其入陰，化陰中之陽為津。如止小茈胡證之渴者，豈不正相反耶？

乾薑黃連黃芩人參湯，半夏瀉心湯，嘔者用人參多，欲嘔者用人參少。

是人參少，是人參之治嘔，有專長矣。故凡嘔而胸滿者，吳茱萸湯證。嘔而腸鳴，心下痞者，半夏瀉心湯證。嘔而發熱者，小茈胡湯證。胃反嘔吐者，大半夏湯證。皆用人參，抑皆不少。用至三兩。況旋覆代赭湯、生薑瀉心湯，以乾噫而用。橘皮竹茹湯，以乾噦而用。吳茱萸湯，以乾嘔而用。何獨甘草瀉心湯證，有乾嘔不用人參？是許氏內臺方甘草瀉心湯中，有人參為不韙矣。嘔家不用人參，有表邪方實者。葛根湯證。裏熱正盛而不渴者，黄芩加半夏生薑湯證。飲在膈上者，小半夏湯、豬苓湯等證。且陽明證及妊娠，例不用人參。惟嘔則用之。吳茱萸湯、乾薑半夏人參丸證。蓋嘔者，脾胃虛弱，更觸邪氣也。人參色黄氣柔，味甘微苦，惟甘故補益中宮，惟苦故於虛中去邪。嘔之必用人參以此。服桂枝湯，大汗出後，大煩渴不解，脈洪大者，白虎加人參湯主之。少陰病，身體痛，手足寒，骨節疼，脈沉者，附子湯主之。則寒邪熱邪之盛，皆可用人參矣。大病差後，喜唾，久不了了者，胃上有寒，當以圓藥溫之，宜理中丸。傷寒解後，虛羸少氣，氣逆欲吐者，竹葉石膏湯主之。則病後陰虛陽虛，皆可用人參矣。蓋惟其氣沖和而性渾厚，能入陰化陽，故入寒涼隊中，則調中止渴。入溫熱隊中，則益氣定逆也。乃偏執一見者，或以謂肺熱還加傷肺，則必不可用。或以謂養正邪自除，則無不可用。左右之者，入主出奴，使人無可適從。或者調停其間，謂人參能治虛熱，不能治虛火，仍是模稜之說。豈知在上病之動者，寒熱皆治之。如白虎加人參湯、理中丸、竹葉石膏湯等證，有渴吐及唾，皆動也。在下病之靜者，亦治之，如附子湯證之不動是也。在上病之靜者不治，如諸在表，當發汗解肌證及結胸痞氣停飲等候是也。如半夏瀉心、旋覆花代赭石湯等證，以嘔噫而用。在下病之動者，亦不治，如諸下利證是也。四逆、白通、赤石脂禹餘糧、桃花、白頭翁、黄芩、真武等湯，四逆散證，皆不用，唯通脈四逆湯下加減云利止脈不出者加人參，乃其證也。惟既吐且痢者多治之。如四逆加人參、理中、吳茱萸湯等證。則以上下不守，屬中宮潰敗，須急急用參，不可以上下動靜一概論也。

凡論藥之用，有求之本處可通，他處不可通者。有求之傷寒可通，雜證不可通者。惟人參所謂上動下靜者，則無是也。火逆上氣，咽喉不利，止逆下氣，麥虋冬湯主之。胸痺心中痞氣氣結在胸，胸滿脇下逆搶心，人參湯亦主之。胸中大寒，痛嘔不能飲食，腹中寒上沖，皮起出見有頭足上下痛不可觸近者，大建中湯主之。非病在上而動者乎？諸下利氣，氣利，下利膿血，下利清穀，熱利下重，下利欲飲水證，非病在下而不靜者乎？獨九痛丸治九種心疼，其病在上，不可不謂之靜。但所與共者，狼牙、巴豆，皆非常用之品，則不得以常情測之。矧其方下注云：治連年積冷，流注心胸，痛並冷沖上氣，落馬墜車血疾等，則仍不得不謂之動矣。蓋其用人參，乃使跋扈者將兵，而以純厚長者監之之術也。

烏梅丸、侯氏黑散、薯蕷丸、竹葉石膏湯、溫經湯，皆有人參，但其任退在偏裨，似不得與他方並論。然亦有可言者，烏梅丸中居君藥三之一，侯氏黑散十二之一，薯蕷丸四之一，竹葉石膏湯亦三之一，謂之偏裨可也。溫經湯仍居三之二，謂之偏裨可乎？雖然，其入氣藥中，則和合而生氣。入血藥中，則歸陰而化氣。入風藥中，則隨所至而布氣。終不得謂之偏裨也。且烏梅丸中用寒藥為君，竹葉石膏湯中用寒藥甚多，而溫經湯以熱藥為君，薯蕷丸之補瀉錯雜，侯氏黑散之收散並行，非人參則其力不齊，而互相違拗者有之矣。

清・葉桂《本草再新》卷一　人參　味微苦，性溫，無毒。入心、肺、腎三經。

大補肺中元氣，瀉火除煩，生津止渴，開心益智，聰耳明目，安神定魄，固精滋水，止驚悸，通血脈，壯氣開胃，治虛勞內傷發熱。熱非但火也有虛熱，是氣虛之故。調其氣，熱自可退。自汗，虛欬喘促，心腹寒痛，因虛失血，傷寒瘟疫，痎瘧瀉痢，瘟疫瘧痢，固是寒熱不清，亦因血氣衰而得之，補其血氣，乃氣壯血和，諸症自解。淋瀝脹滿，胸中逆滿，俗謂不可補，不知補則平，能平則滿而不滿矣。此以補治補之法。痘科險證，外科陰毒，虛火寒火者，忌服。

參鬚：性味同，專入肺經。潤肺中之虛氣，清肺中積寒，其用有二也。

參葉：味苦，性寒，無毒。入肺、胃二經。清肺火，燥胃氣，解渴除煩。

高麗參味甘，性溫，無毒。入心、脾、肺、腎四經。清肺氣而降火，補脾土以溫中。滋腎水，益心氣。

東洋參味甘，性溫，無毒。入心、脾、肺三經。專治肺熱，止渴生津，補先天之元氣，益後天之精液。利水寬腸。外症除陰毒，生肌長肉。痘科去熱毒，解寒火。

清・羅紹芳《醫學考辨》卷一一　傷寒宜用人參論本《寓意草》　傷寒病有宜用人參入藥者，其辨不可不明。蓋人受外感之邪，必先發汗以驅之，其發汗時，惟元氣大旺者，外邪治乘藥勢而出。若元氣素弱之人，藥雖外行，氣

從中餒，輕者半出不出，留連為困。重者隨元氣縮入，發熱無休，去生遠矣。所以虛弱之體，必用人參三五七分入表藥中，少助元氣以為驅邪之主，使邪氣得藥一湧而去，全非補養虛邪之意也。即和解藥中有人參之大力者居間，外邪遇正，自不爭而退舍。設無大力者當之，而邪氣足以勝正氣，其猛悍縱恣，安肯聽命和解耶？故和解中之用人參，不過藉之以得其平，亦非偏補一邊之意也。而不知者方謂傷寒無補法，邪得補彌熾，斷不敢用。豈但傷寒一症，即痘疹初發不敢用，瘧痢初發不敢用，中風、中痰、中寒、中暑及癰疽、產後初時，概不敢用。而虛人之遇重病，一切可生之機悉置之不理矣。古今諸方，表汗用五積散、參蘇飲、敗毒散，和解用小柴胡湯、白虎湯、竹葉石膏湯等方，皆用人參，皆藉人參之力，領出在外之邪，不使久留，乃得速愈，奈何世俗不察耶。蓋不當用參而用之殺人者，皆是與黃芪、白朮、當歸、乾薑、肉桂、大附子等藥同行，溫補之誤所致，不與羌、獨、柴、前、芎、桔、芷、芩、膏、牛等藥同行，汗和之法所致也。

附：人參敗毒散註驗，嘉靖己未五、六、七月間，江南淮北在處患時行瘟疫病，沿門闔境傳染相似，用本方倍人參，去前胡、獨活，服者盡效，全無過失。萬曆戊子、己丑年時瘟疫盛行，凡服本方發表，無不全活。又云：飢饉兵荒之餘，飲食不節，起居不常，致患時氣者，宜用此法。目下有氣虛症，在藜藿之家，少壯之人，即用黨參亦頗有效。若富貴衰老之輩，即無人參，而洋參斷不可不用。

清·吳其濬《植物名實圖考》卷七　人參《說文》作蓡，《廣雅》作蔘，俗作參。

人參，《本經》上品。昔時以遼東、新羅所產，皆不及上黨。今以遼東、吉林為貴，新羅次之。其三姓、甯古塔亦試採，不甚多。以苗移植者為秧參，種子者為子參，力皆薄。黨參今係蔓生，頗似沙參苗而根長至尺餘，俗以代人參，殊欠考覈。謹按：我朝發祥長白山，周原膴膴，堇荼如飴。固天地之奧區，九州之上腴也。長林豐草中，夜有光燭，厥惟人參。定制，私刨者，舉其物，罰其人；官給商引，出卡分採，歸以所得上之官，官視其參之多寡而納課焉。課畢，獻於內府，府第其品，上上者備御，其次以為班賞，凡文武二品以上及侍直者皆預。臣父、臣兄備員卿貳，歲蒙恩賚。臣供奉南齋時疊承優錫。其私販越關入公者，亦蒙分賞。自維臣家，攫飫仙藥，愧長生之無術，荷大造之頻施，敬紀顛末，用示後人。考《圖經》繪列數種，多沙參、薺苨輩。今紫團參園已墾為田，所見舒城、施南山參，尚不及黨參，滇姚州麗江亦有參，形既各異，性亦多燥。惟朝鮮附庸陪都所產，雖出人功，而氣味具體，人間服食至廣，即外裔如緬甸，亦由京都販焉。

清·趙其光《本草求原》卷一山草部　人參　稟瑤光星之精華，生山谷高厚之處，得厚土之氣，故一名地精。夜則莖葉發光，日久根成人形。故又名神草。味甘、微苦；得地中沖和之火氣，入心、脾、胃。生則氣微寒，熟則微溫，故《本經》言微寒，《別錄》言微溫。此水火合和之天氣也。如初春時，或微寒，或微溫，皆春陽生升之氣也，入肝腎，與偏寒、偏熱，為火水獨至之氣者不同。具水火之氣味。背陽向陰以生，故入臟陰。其陰含有陽，則合乎肝腎；陽含有陰，則合乎心肺；得厚土之氣而甘，則合乎脾胃。故大補脾胃氣，以行於三陰三陽，能扶元氣於垂絕，元氣根於腎水，主於肺金，成於心火，尤賴中土為轉運。凡補氣之品，必先入脾胃。脾胃虛，宜同苓、朮、甘；有痰，加陳、夏；氣滿，加薑、香附；嘔惡，加丁香、藿香、橘、半、生薑、竹瀝之類。為開胃進食之神品，無毒。《本經》凡上品補藥皆無毒。主補五臟，偏寒偏熱者，只補一二臟，此則通補五臟。安精神，定魂魄，凡五臟所藏，如心神、腎精、肝魂、肺魄，皆受益而安。止驚悸，真氣充，則心不內動。除邪氣，氣充則虛邪自散，故參蘇飲、敗毒散皆用之。明目，五臟之精皆上奉於目也。開心，心神足則益明。益智，脾氣充則智巧出。久服甘緩之品，皆可久服。輕身延年。氣充則力健身輕而壽。以上《本經》，以下諸本草及方書，後皆同，不重贅。治陽欲脫，腸胃冷，同薑、附、北味。房後寒厥嘔清、脈微、小腹絞痛，名夾陰傷寒，同生附子、炮薑。腎泄，同五味、吳萸、故紙、玉蔻。中寒泄瀉，同桂、附、甘、薑、朮。寒厥甲青、便清，同薑、附、桂。慢驚、慢脾，同朮、附、芍、甘、苓。房勞過度、下部虛冷，同附、桂、冬、味。霍亂胸滿，氣逆腹痛，皆中寒之病。此皆陰中之陽虛極，合薑、附等驅陰以回陽也。氣不歸元，胸脇逆滿，同沉、芍。喘急欲絕，上氣鳴息，參末湯服，日五六次。產後瘀血入肺，眩暈發喘，同蘇木為末，童便煎下；或加當歸，補氣兼化瘀。身熱喘渴、脈洪而大，同黃柏，因相火乘脾也。此肺虛有火，俱用生參，取苦寒降肺，使肺統氣以歸於下也。腎陰陽俱衰，咳嗽不止，同生薑陳皮湯，化參膏服。患痢又犯房事，昏迷大汗，痰鳴尿失，脈大無倫，先灸氣海，次灌參膏。房後困倦。陳皮湯調參膏。皆用參膏者，參久煎，則先益陰中之陽，以生陽中之陰，為陰虧陽絕之治也。心虛，客邪作痛，同茯神、沉香。思慮過度，心下結硬，噫呃，多食則吐，陳皮加倍，研末，蜜丸飲下。此益心陰以交腎陽，因心、腎陰陽互宅，心中之血，即腎水所生；腎中之火，即

心火所歸。氣生於水火，參得水火合和之氣以善其根陰根陽之用也。且困倦咳嗽，則參倍於陳；行結氣，則陳倍於參，其義可思。怔忡自汗，心氣不足，熟豬腰，同歸煎，食腰飲汁。驚悸則心脾俱病，取渣焙乾，淮山糊為丸。棗湯下。一方加乳香。藉豬腰引參入腎，亦心腎互宅之意；加淮山，則兼補中以益肺元矣。以血化於心肺之陰，根於腎中之陽，而實本於中焦之汁，故補血先補脾腎；加葱白透陽於陰中，使滯血化，而陰為陽守也。仲景治下利亡陰，陽因以脫，大汗而厥，用通脈四逆亦有葱白。亦是此意。血大吐大崩，皆用參。論詳於下。霍亂嘔惡，不瀉。氣逆不降，參湯入雞子白，再煎服，或加丁香。反胃、食入即吐，雞子白、薤白、米煮粥，和參湯服。胃寒、氣滿少食，同生附子、生薑煎，沖雞子白服。橫生倒產，同乳香、丹砂研、雞子白、薑汁調，以歸兩許煎水吞。皆用雞子白之像天以為清降，而必主以參之升者，元氣之降，先本於升也。久瀉，同吳萸。胎漏，同鹿膠、歸、地、杜、續。用參提元以舉氣陷也。寐則神魂飛蕩，寤則身外似有身，名離魂。同龍齒、赤茯、朱砂。此心神虛而肝魂不歸舍也。《經》曰：兩精相搏陰陽相結也。謂之神。又曰：根於中者命曰神機，隨神往來者謂之魂。參補中以及四臟，則氣血和，營衛通，五臟舍心而神魂內守矣。《經》曰：陰陽不測之謂神。陰陽者，神明之府。妊娠吐水，同炮薑末、生地汁為丸。胎結於下，下不通而上亦不降，用參補中以通行上下也。聞雷即昏，氣怯也。同冬、味、歸。凡傷寒時疫，危篤脈沉，統用獨參。及陽虛人吐瀉大作，或久瀉大汗後，或房色過度、元氣暴脫，先炒葱白熨臍下，次合薑、附、桂、术、木香，大劑灌之。倘男女交接，暴脫昏迷，切勿放開，須兩陰交合，服藥後，氣還始放。一切虛症，五勞七傷，肺胃陽虛，氣少短促，並須用之。蓋五臟為形之主，元氣又為五臟主，五臟虛，則神氣去。參補元氣以益五臟，通行營衛，使形歸氣，神歸形，自不致失神而死，《經》所謂五臟舍心，先哲所謂保中守神者，此也。

元氣本於腎，主於肺，《經》曰：臍間動氣者，人之元氣也。呼吸之門，必腎間有水降火升之氣，而後上至於肺，以神其呼吸。實成於心，心之總系，上貫於肺，而息由以生。《經》曰：宗氣積於胸中，出於喉嚨，以貫心脈，而行呼吸。必心腎水火合和，而後元氣乃生。故《經》曰：少火生氣。少火者，水內之火，沖和之化也。參，微寒苦降，由心肺入腎也；熟則氣溫，肝之升氣也。呼吸之氣，本於腎而氣藏，合於肝而氣乃升於上；成於心而氣浮，合於肺而氣乃降於下。其鼓水火以煽動真氣，又藉脾胃穀氣居中轉運，以行於三陰三陽；中氣虛，不能招腎陽以上升，即不能招肺陰以下降，則升降息而氣立孤危。人參急補中州以神其升降，使天地交而營衛大通，是補後天以回先天，先升以為降，升提即補也。凡脈沉微細弱，結代欲絕，為元氣內陷，皆宜參以提之。若脈浮大無根，大汗肢冷，為元陽外脫，必加桂、附攝納；倘徒用參以提之，是速其死耳。徐靈胎曰：元氣下陷，不能與精血相貫，人參提之使起，如火藥藏炮內，不能升發，則以火發之；若炮中已無藥，雖投火中，不能發也。況補氣藥皆屬陽，惟參則補氣而具陰質，故入臟陰以提補沖和之元氣，非補火也。人見陽勝之人服參，周身俱熱，遂認提陽為熱耳。

人身上焦屬陽，而陽中有陰，陽乃隨陰下降；下焦屬陰，而陰中有陽，陰乃隨陽上升。如下焦陽虛而陰不虛，宜參、芪佐桂、附以補陽。若陰虛而及於陽則寒之，固損陽，甘溫亦損陰，止宜六味等養陰，加溫陰之品以益陽，忌用參、芪。如上焦陰虛而陽不盛，則以歸、芍補後天元陰，參、芪亦可佐入；若由陽盛以涸陰，則宜甘寒抑陽，以寓生陰之義。芩、連之苦尚防化火，參、芪益恐其亡陰矣。

古人失血症多用參，何也？血以氣為帥也。氣之陽屬衛，氣之陰屬營。《經》曰：衛氣先行皮膚，充脈絡；脈絡先盛，營氣乃滿，經脈乃盛。可知血乃氣之充也。《經》又曰：五臟之道，皆出於經隧，以行血氣；氣不和，則不得至於經以行其血。不入心以主血，不入脾以充血，不入肝以藏血。由是經隧不守，而血乃失，善治血者，守經隧焉。經隧者，臟腑之大絡也；守經隧者，益主氣之肺，肺為氣主，五臟六腑皆以受氣。以通經絡，而行血氣。如陽氣虛而血不攝，是血無主乃亂也，所謂陽虛陰必走也，須熟參加溫中之品，補土以生金，是純用其味以守之也。凡大吐大崩，以十灰散止之，仍用獨參湯者，守經隧使不復失也，非僅陽生陰自長之說也。如陰氣虛不能為陽之守，則陽上僭而血亦亂，是陰虛則無氣，而血不藏也，又宜生參。或麗參。涼降清肺以補土，是純用其氣以為守也。如由七情酒色者，合側柏、荊穗末、飛麵同調服，或同百合、飛麵、北芪為丸，茅根湯下。衄血，合蓮子心；齒衄，合赤茯、麥冬；陰虛尿血，同鹽炒北芪研，以蜜塗紅皮蘿蔔片炙乾，蘸藥食，鹽湯送下。並治沙石淋。又按氣血各有陰陽，陽氣虛者，脈沉遲微弱，結代自汗，惡風寒，少氣，滑瀉，尿頻，參合桂、附、芪峻補；陰氣虛者，脈浮緩虛大，倦怠發熱，

崩淋，吐衄，眩暈，參合甘、芪、术、芍、冬、味、元參緩補。陽分血虛，肺虛生熱，氣短自汗，脈浮而芤，陽分病，陰分未病。是名虛熱，《經》曰：陽虛生寒，寒生濕，濕生熱。宜參合苓、歸、遠、冬補之；倘陰分血虛，陰火上淩肺金，痰結氣壅，脈弦而數，是名虛火，《經》曰：陰虛生火，火生燥。忌用參，止宜知、柏、龜、地、元參，俟弦數減，始用參、甘建中。至弦長緊實，滑數有力，為痰火內實，或寒包熱邪，鬱遏在肺，止應攻散，從無用參。即氣虛外感，亦於疏散劑中，加參生津益中以拓邪，斷無用熟地、首烏等。同入感證方中者，參徐靈胎。惟裏虛久病，吐利胃弱，虛痛喜按，脈弦而軟，面黃、面白、面青、黧悴，面黑、面赤則否。必須用參。東垣謂其瀉火補正，而虛熱自退也；謂其破積消痰，氣運痰積自化也。

畏五靈、人尿、鹹鹵等，然交泰丸皂莢同用，是相惡、相使也。治月閉，四物加參、五靈，是相畏、相使也；痰在胸膈，合藜蘆，是反激之使吐也。忌鐵，宜吹音釜，嚼也咀。熟用則酒潤透，隔水焙。

古時多用潞州上黨今潞安府。紫團參，及幽、冀、遼東、今之盛京。高麗所產，其地俱在京師東九度內、北極高四十一度以下。其功長於益陰液。若扶元，則惟吉林甯古塔長白山所出獨勝；長白山者更勝。但前明以奉天府東百七十餘里為中外界，從此過柳條數百里為吉林，又東為甯古塔及長白山，其地皆在東十一度外、北極高四十二度以上。地以二百五十里當天一度。其地最東最厚，故其參得春升之氣最足，最能補中提陽，故長白山所出江水號人參水，冬天冷飲亦不傷人。甯古塔四百餘里覺羅村，為本朝發祥之地，其參向未入中國。天聰元年，高調元等竊參來賣，尚治以法。天聰二年是崇禎元年。厥後與明使議和，願答以參，而中國從此始大用焉。其參體實，皮黃潤，纖長有心，俗名金井玉闌，迄今真參日罕。人採其子與根之小者，於各地栽種。參，春苗、夏花、秋實，子熟如紅豆。冬取根則堅實，春、夏取則虛軟。大失東升之氣、厚土之味，止可清食氣之壯火，而不能提陽。每見陽虛之人誤用之，其病愈甚。陳修園以為陰柔，謂形寒飲冷反傷肺者，此也。更有以沙參、薺苨、桔梗根偽造者。但沙參、薺苨，俱體虛無心；桔梗體堅有心，味大苦；參微苦，不可不辨。

清·趙其光《本草求原》卷一山草部 高麗人參 氣亦微寒，得天之秋氣入肺。味甘，似葛，得地之土味入脾。無毒。主補肺陰，以益五臟之津液，五臟以肺為之長，肺陰充則五臟之陰皆旺。安精神，定魂魄，止驚悸，開心益智，皆五臟陰充之效。明目，肺金精明，則能鑒物。除邪氣，陰虛則壯火食氣，火即邪氣也。生津止渴，治肺虛有火咳嗽，合天冬。暑熱傷氣，大汗大泄，欲成瘻厥，或肺虛作喘，同麥冬清金滋水，佐五味生精收氣。相火乘脾，煩熱渴喘，脈洪大，同黃柏。脾陰虛，同甘、芍、大棗、棗仁、圓肉。血虛腹鼓痛，同芍、甘。妊娠嘔吐，同藿香、瓜、橘、竹茹、枇杷。精神恍惚，魂魄不定，驚悸，同神、遠、智仁、棗仁、麥冬。自汗盜汗，同芪、芍、五味；陽氣虛者，以老人參加白术。勞傷元氣，熱渴頭疼，入白虎湯。目昏，同歸、地、杞、菊、沙苑、柴、甘。腹痛赤痢，同連、芍、滑石、升麻，久則加烏梅、蓮肉、玉蔻。驚癇，同茯、遠、牛黃、犀角、竺黃、藤勾、丹砂、雄黃、珍珠。氣虛久瘧，同生薑皮等分煎，露一宿，五更溫服。不寐，衛氣行陽則寤，行陰則寐，陰充而神安則寐。產後不語，同菖蒲、蓮肉。中風不語，同菖、杞、芪、陳、牛膝、天冬。喘急鳴息，肺無火者，當用老山參。胃虛少食，同薑汁、白蜜熬膏。產後虛熱自汗，同歸研，入豬腰，糯米、葱白煮粥。產後便秘，同麻仁、枳殼。肺熱聲啞，同訶子。肺虛久咳，同鹿膠，以薄荷、豆豉湯調呷之。痰嗽，同明礬醋丸，含化；或合花粉蜜調。虛勞發熱，同銀胡、薑、棗。虛痢，同鹿角炒研，米湯下，或加建蓮、薑汁炒川連。筋骨風痛，酒浸焙，同土茯、山茨菰蜜丸，米湯下。驚後瞳側，同阿膠、糯米煎。酒毒目盲、脈澀，酒傷血瘀也。蘇木湯調下，得鼻及兩掌紫黑則血行；再合四物加行血、行氣之味數服。風癇瘈瘲，同蛤粉、辰砂、豬心血為丸，金銀湯下。消渴。研雞子清調；或同花粉、甘草、豬膽汁、冰片蜜丸，麥冬湯下；或同葛、蜜熬膏。得升麻，瀉心、肺、胃虛火；得茯苓，瀉腎中虛火。

補氣有兩法。《經》曰氣者火之靈、少火生氣，言水下有火，則釜暖而氣生也。長白參補陰中之陽，使陰隨陽升而上焦之陰自裕，是釜底添薪，氣為水母也。《經》又曰壯火食氣、陰虛則無氣，言火上無水，則滿釜皆煙而氣絕也。高麗參補陽中之陰，使陽隨陰降，而下焦之陽亦裕，是釜中添水，精足化氣也。如火虧之極，仍佐桂、附；氣虛熱甚，必佐二冬。

高麗，即古之朝鮮，其會寧府東七百里外，即甯古塔之黃龍府。今則百濟、新羅皆屬焉。麗參近紫體虛，百濟參白堅且圓，新羅參亞黃味薄。其地較長白山偏西七百餘里，得西金之氣勝，且地低於長白五百餘里，土氣略薄，故氣較涼，而補中之功亦遜。陳修園以為陰柔，潔古謂沙參可代者，皆以此等參為言耳。不知明朝以前，長白參未入中國，故仲景一百十三方，用參者一十八方，皆汗吐下傷陰之後，用其甘寒以救陰液。而一切回陽方絕不用參，恐其陰柔有緩薑、附之功也。其四逆加參者，因利後亡血耳。後人治久痢、房勞、

汗脫及血脫，脈大無倫，用人參膏以橘、薑湯下，皆陰先虧而陽無依，致浮陽欲脫，用之益陰以維陽也。又理中、附子、吳萸三方用之，亦是辛剛方中取其養陰以配陽耳。《經》曰：形寒飲冷則傷肺。故仲景於肺寒方中不用參。王好古曰：肺熱還傷肺。言肺脈堅，有實火也。若右寸虛大，雖有火邪，正當用之，故瀉火之白虎湯，攻下之黃龍湯皆用之。又元氣素虛，瘡不起發，及潰後血多出、肉不長，參為要藥。蓋陰充則血足而氣自行，血脈通而膿亦排也。研末和豬膏酒服，最能聰耳明目，充肌益智。

考《聖武記》云：自奉天府東百七十五里至柳條，又數百里至吉林，又七日之程至甯古塔，其地極寒，暮春凍解，草木尚未萌芽。國初，兆騫至戍，煎參服之，反泄；惟長白山參則不然。長白山陽亙混同江、甯古塔而南數千里。後漢人日眾，其氣漸暖，參之寒氣漸減，是吉林前日參且近寒，則古之遼參其寒可知。而今吉林以外之參日罕，多是各方取苗子而秧者，則地力失而寒更甚，而偽麗參之寒又不待言矣。若不辨地產，而概以為提陽，或概以為陰柔，其失為均。又五勞七傷，固有衛陽傷及營宜溫者，亦有營陰傷而及衛宜滋者，須憑症脈以別應用何參為是。

參條：橫生蘆頭上者。性橫行，專治肩背、指臂之病。補中之力薄。

參鬚：性下行，利水。治胃虛嘔逆，咳嗽失血。若久痢精滑，去膿血過多，忌之。

參蘆：性升。主吐虛痰。虛人痰阻膈上，昏仆發厄舉身跳動，氣不得降，及經絡痰飲，瀉痢膿，崩帶，精滑亦宜。若氣虛火炎，喘嘔嗽血最忌。一人服瘧藥，變為熱病，舌短痰嗽，脈洪數而滑，以此煎湯和竹瀝服，吐出膠痰，次以參、芪、歸補之。

參葉：清肺，止煩渴。

清·李文榮《知醫必辨·雜論》 藥有甚貴，宜於人有益而反有損者，人蓡是也。據本草，人蓡能回元氣於無何有之鄉，可謂仙丹矣。於是富貴之家，病至莫救，無不服蓡者，奈十難救一。蓋蓡雖補氣，必得人有氣而弱，可以補救；若氣至無何有，人蓡何能為無氣之人生出氣來耶？然此不過無益而已，而更有損者，何也？富貴之人，驕奢之性，淫欲不節，自謂體虛，初病即欲服蓡，庸工無識，意在奉承，一藥不效，遂即用蓡，或因外感邪滯未去，得補不治，或因內傷壯火食氣，得補病進。予至親丁吳氏，肺熱音啞，某醫順病人之意，人蓡服之數兩，而更無音。乃延予診，囑以停蓡，進瀉白散數服而愈。又予至友吳在郊翁，肝火上升，頭暈出汗，其家皆以為虛，某醫亦以為虛，逐日服蓡，而汗暈更甚。遂延予診，欲代平肝，本人深信，而旁言嘵嘵，以為如此溫補汗尚不止，況停蓡服陰藥耶？予辨以服蓡多日，毫未見效，且覺病進，猶不更法，必欲以蓡治死老翁耶！予曾代伊家排難解紛，素知感激，故能如此爭論。而其子以為知醫，最喜用蓡，某醫附和之，究不信予之言，幸老翁深信不疑，自願服予之方。予總以平肝養血為主，調理一月而愈。然則服蓡何益耶？更有目覩者，吾鄉富戶趙氏，為予近鄰。其父血痢，死於蓡。其弟疔證，亦死於蓡。又有吳景賢者，偶感時邪，趙氏因其父之老友，特送蓡數錢，景賢並不肯服，奈旁人以為財東所送，何能不服？某醫尤加附和，極力勸服，遂致邪不出而死。此皆人所同知，以益人之藥而損人，誰之過歟？予治病四十餘年，大抵富貴者少，中平者多，類多無力用蓡，而予亦輕易不用；即富貴之人，其病不當用蓡，予必禁止不用。如必用蓡而始能活人，則無力之人能活者有幾哉？

清·梁章鉅《浪跡叢談》卷八 按人參實是靈藥，可以活人，而方與病違，則其禍亦不旋踵而至。余在京，親見伊雲先生朝棟偶患風痹，其喆嗣墨卿比部訪求醫藥甚切，值紀文達師來視疾，謂切不可用參，墨卿不能守其言，先生遂成痼疾。又余外舅鄭蘇年師，因隔鄰不戒於火，力移缸水撲救，致跌足受傷，先大夫往視，亦囑其不可急投參劑，適徐兩松中丞師以參相贈，服之亦成痼疾，此皆余所目擊。後先室清河夫人篤疾幾殆，親眷皆勸服參，余力持不可，最後始以高麗參代之，亦竟愈，從此遂力勸人慎用參劑，而不知近日之參，遠不如乾隆間之性味，雖誤用而其害尚輕也。憶紀文達師《筆記》中有乩仙論參一條，云虛證種種不同，而參之性則專有所主，以藏府論，參惟至上焦、中焦而不至下焦，【略】云云。此恐非今醫家所及知也。

高麗參即人參，同是長白山所產，在山之陽為人參，在山之陰為高麗參，高麗在山陰，其被陽光之氣，自不及山陽之盛，故所出之參，性亦稍寒。嘉慶初，其價大貴，至近時而大減，相去不啻倍蓰，不知何故。有選大枝者，合糯米、薑汁屢蒸而屢曬之，其功亦不在人參下也。

清·葉志詵《神農本草經贊》卷一 人參 味甘，微寒。主補五藏，安精神，定魂魄，止驚悸，除邪氣，明目，開心益智。久服輕身延年。一名人銜。

一名鬼蓋。生山谷。

搖光散采，涓涓蒙蒙。三椏穎擢，五葉陰濃。紫雲團蓋，明月當空。迎年佩結，求我嬰童。

《春秋運斗樞》：搖光星散而為人參。《卓異記》：紫衣童子歌，山涓涓兮樹蒙蒙。明月愁兮當夜空，遂於古松下得參一本。高麗人贊：三椏五葉，背陽向陰。《禮斗威儀》：下有人參，上有紫氣。《清異錄》：咸通後士風，正旦未明，佩紫赤囊，中盛人參，號迎年佩。《易》：童蒙求我。

清・文晟《新編六書》卷六《藥性摘錄》 人參 性稟中和，不寒不燥，補肺兼補脾，益元氣，開心益智，添助精神，定驚止悸，解渴除煩，發熱自汗，盜汗，多夢紛紜，嘔噦反胃，虛咳喘（速）〔逆〕，久病滑泄，中暑中風，一切氣虛血損之症，皆所必用。至參蘇飲、敗毒散、白虎湯等方，皆用人參內入領邪出外。惟初起咳喘，因於痰壅者，不宜用。〇此味補脾肺之陰，以生津液。至真正虛寒，須附、桂以回陽，不可徒恃此中和之藥也。〇畏皂莢，反藜蘆，惡五靈脂。去蘆用。〇人參以遼東為上，高麗可抵人參十分之二，然性微熱。〇黨參清肺，無甚補益。東洋參重五錢以上一枝者，糯米上蒸三次，切片，亦能助補肺陰，固元托痘，故痘症定論用之。

清・劉東孟傳《本草明覽》卷一 人參 【略】按：東垣云：人參、黃芪、甘草三味，退虛火聖藥也。丹溪治外感挾內傷症，但氣虛熱甚者，必與黃芪同用，以託正氣。又恐性緩不能速達，少加附子，資其健悍之性，以助成功。蓋火與元氣，勢不兩立，一勝一負，一盛一衰。《經》所謂邪之所湊，其氣必虛是也。王節齋云：肺受寒邪，短氣少氣虛喘，俱宜用。肺受火邪喘嗽及陰虛火動，勞嗽吐血，勿用。蓋人參入手太陰而能補火，故肺受火邪者忌之。此迺述海藏肺寒用人參，肺熱用沙參，及後人肺寒則可服，肺熱則還傷肺之論耳。安知寒熱之中，猶有虛熱之別。肺中實熱忌之固宜，肺中虛熱用之何害。況丹溪云：虛火宜補，參芪之類是也。又曰：龍火反治。夫龍雷之火，即虛火也。在人身雖指下焦相火而言，然而上下同法，肺中虛火，亦相侔焉。此火非水可撲，每當濃陰驟雨之時，火焰愈熾，太陽一照，火自消弭。可見人身虛火，必非寒涼助水之藥可制，務須補足元陽，其火自退。補中有瀉，瀉中有補，正所謂甘溫能除火熱也。彼不知能瀉火邪而反畏補火，惟引寒熱，不辨虛實，真可哂也。大抵人參補虛，虛寒可補，虛熱亦可補，氣虛宜用，血虛亦宜用。惟陰虛火動，勞嗽吐血，病久元氣虛甚者，但恐不能受補，非謂不可補也。張仲景治亡血脉虛，用此以補，非不知其能動火也。蓋謂補氣則血自生，陰生于陽，甘能生血故耳。葛可久治癆瘵大吐血後，用此一味，名獨參湯，亦非不知其火，載血上也。蓋以血脫，須先益其氣耳。丹溪治勞嗽火盛，製瓊玉膏，以之為君，亦用單煮，名人參膏，服後肺火反除，嗽病漸愈者，又非虛火可補，龍火反治之驗歟。抑又古方書云：諸痛不宜服參芪，此亦指暴病氣實者而言。若久病氣虛而痛，何嘗拘此。東垣理中湯與乾薑同用，治腹痛吐逆者，亦謂裏虛則痛，補不足也。醫家臨病用藥，貴在察病虛實，自合矩度矣。

清・莫枚士《研經言》卷三 人參解 人參性效，近陳修園砭《新方八陣》辨之而未盡也，泉謂仲景於亡脈亡血並用人參者，非以人參為能生血脈也，特培其血脈所由生者耳。脾主為胃行其津液，津血同類，津液不行，則血亦減少，而津血又皆元氣所生，元氣實藏於脾，人參專能補脾，脾王而氣液充，則亡血亡脈皆愈，故人參之補脾，實人參之培元氣也。惟人參培元氣，故陽虛者得之能益氣，如四君子湯是也；陰虛者得之能蓄津，如人參白虎湯是也。且人參反大黃，大黃功專瀉胃，而胃為萬物所歸，能瀉胃者必能瀉胃之所及，人參功專補脾，而脾為諸經之母，故補脾者必能補脾之所統。推而暨之，大黃無所不瀉，人參無所不補，凡通治之藥準此。

清・張仁錫《藥性蒙求・草部》 人參太子參、參條、參鬚、參蘆、孩兒參、參葉 人參味甘，大補元氣。止渴生津，調營養衛。去蘆。入肺、胃二經。肺熱者忌用。若腎水不足，虛火刑金，正當以人參救肺，不忌。〇其色黃中帶白，大而細皮肥潤者佳。此物易蛀，惟納器物中密封口，經年不壞。〇《從新》曰：人參產遼東，甯古台出者光紅結實，船廠出者空鬆鉛塞，並有糙有熟。宜隔紙焙用，忌鐵，不可見風。曰太子參，味甘，苦，功同遼參。雖甚細，心却緊而結實，其力不下大參。參條乃橫生蘆頭上者，其功薄，止可調理常病及生津。其性橫行手臂，凡指臂無力者服，效。〇參鬚，亦橫生甚細者，力尤薄。〇葉氏有秋石水拌烘。〇參蘆：味苦，溫。吐法中之治虛勞痰飲者佳。其參似人形者謂之孩兒參，尤多贋偽。〇參葉：氣清香，味苦、微甘。生津潤燥，益肺和肝。其色綠翠如生，手按之有清香者真。

東洋參錢半，三錢 東洋參溫平，近今頗行。其功益氣，可代遼參。性溫平，與西洋參性寒平者不同，無力之家，以之代遼參，用亦有效。其參外皮糙，中細，熟蒸之亦清香，與遼參味同，微帶羊羶氣，入口後微辣，為各別耳。出日本東倭地，白色者不佳，取透明

如肉，及近蓋有橫紋者真。

高麗參三錢　高麗參溫，虛寒挾濕。火旺水虧，方中莫入。去蘆。○余少時未聞有人用過，道光年間，用者漸多。大約中氣虛而有寒濕者宜之。曾見一人，加人參於補陰藥中頗安，因價昂，以高麗參代之，服下遂覺胸中煩熱，齒燥咽乾。觀此可見性之偏於濕也。故述之以備考。

清·陸以湉《冷廬醫話》卷五　藥品　服參不投者，服生萊菔。姚涴雲《本草分經》謂服山查可解。《本草綱目拾遺》栗子殼煎湯服，解參之力尤勝。余謂疾之輕者猶可解，重則無藥可解，要在審所當用，勿妄投而已。

萬曆間陸祖愚見《三世醫驗》。治沈姓妻疫病垂危，其鄰邵南橋助銀兩許，以備殯殮之資，陸謂以其半易人參，此婦尚可生，乃以白虎合生脉二劑，用人參五錢，服後病勢減半，於前方加白芍，止用人參一錢，服四劑而愈。此可想見其時參價之賤，今之貧人遇病，如需一兩參，非銀十餘兩不可，雖有良醫，將如之何？

清·屠道和《本草匯纂》卷一平補　人葠　耑入肺，兼入脾。性稟中和，不寒不燥，氣冠群草，能回肺中元氣於垂絕之鄉。益土生金，明目開心，益智添精，助神定驚，止悸解渴除煩，通經生脈，破積消痰。治發熱自汗，多夢紛紜，嘔噦反胃，虛咳喘促，久病滑泄，淋瀝脹滿，中暑中風，一切氣虛血損之症，皆所必用。又善治短氣，但非升麻為引用，不能補上升之氣。升麻一分，人葠三分，為相得也。少用反滋壅塞，多用乃能宣通。故獨葠湯須二兩，生脈飲有用至四兩者。葠同升麻則可瀉肺火，同茯苓則可瀉腎火，同麥冬則可生脈，同黄耆、甘草則可退熱。是葠更為瀉火之劑。喘嗽恐壅不用，肺寒而嗽勿用，久病鬱熱在肺勿用，諸痛恐其固氣不宜驟用，陰虛火旺吐血勿用，以血虛火亢之故。鬚性主下泄。蘆功主上涌吐，可代瓜蒂尤良。反藜蘆。用皆忌鐵。久留經年，須用淋過竈灰晒乾及或炒米同葠納入瓷器收藏。黨葠止能清肺，毫無補益。另詳後。

清·王燕昌《王氏醫存》卷一五　人參不宜輕用　人參為補劑君藥。然方書所用，乃晉潞上黨所產，非關東與高麗產也。獨參湯昔亦黨參，今用關東參矣。老人用人參，須乘無病時，或病愈後，耑製服之，乃能有益無損。若值有病時用之，或助外邪，或助內熱，痰滯不消，其患大矣。

清·戴葆元《本草綱目易知錄》卷一　高麗參　味苦、微甘。大補肺中元氣，瀉火益土，開心益智，填精神，定驚悸，除煩渴，通血脈，能使坎離相交，水火既濟。治陽虛傷寒，厥逆無脈，虛勞內傷，喘汗脫呃，咳嗽吐血，帶濁遺精，嘔吐反胃，瘧痢滑瀉，一切不足之證，能回元氣於無有之鄉。脈數症實，及陰虛有邪火者，忌。反藜蘆。葆按：治媚友程，年近六旬，勤勞生理，性嗜飲，喜麵食，深秋嘔瀉交作。愚以不換正氣和四苓服，嘔止，瀉未除。性急更醫，扶脾利水中，洋煙炮沖服，約二時許，症變，汗出參端，氣難相續，復來相請，予曰：此症變急，不暇治病，以固元氣。高麗、熟地，各六錢，附片三錢，五味子六分，煎濃汁，嚥以續元氣，一時許，覺氣呼吸稍和，汗漸收止，再進一劑，向安。附此以戒業醫貪功之悞。

東洋參：甘，淡。氣清，色黃，屬土。健脾暢胃，補肺和肝，瀉火生津，除煩化躁。治勞傷咳嗽，虛促吐衄，夢遺洩精，頭目眩運，婦人胎產，諸虛不足之證。補益功雖遜高麗，而性融和，能養血攝陰，無峻補升提之患。反藜蘆。葆按：諸參之蘆皆苦溫，能吐。虛勞、痰飲、體虛人用代瓜蒂。

清·黃光霽《本草衍句》　人蔆　味甘補陽，微苦補陰。止渴生津，耑益肺中元氣，安神定悸，用治多夢紛紜。虛喘虛咳兮自汗，病不屬虛，脈洪實，喘咳自汗勿用。中暑中風兮脈虛血弱，必補其氣，氣生則血自濡。得羊肉則補形，得半夏治食入即吐，得蘇木治產後發喘，乃血入肺竅，危症也。　離魂異疾，有人臥則覺身外有身，一樣無別，但不語。蓋人臥即魂歸於肝，此由肝虛邪襲，魂不歸舍，名曰離魂。用人參、赤茯苓、龍齒各一錢，煎服；調飛過朱砂末，睡時服。一夜一服，三夜後真者氣爽，假者即化矣。

清·戈仁壽《神農本草經指歸》　人參　【略】參，三也。《說文》三，天、地、人之道也。謂以陽之一合陰之二，次第重之，其數三也。此草得天地中正之氣味，甘而不偏，寒而不偏，故曰人參。氣味甘，微寒，無毒。五，土數也。藏，藏也。土藏中，陰液不足，其陽氣多浮少藏。服之，土之陰液內增。陽以陰為主，陰以陽為主。其陽主陰則藏，其陰主陽則開。陽藏陰開，則五藏得益，曰主補五藏。精為陰裏之陰藏，得陽氣生助而精安；神為陽表之陽開，得陰液生助而神安：曰安精神。肝藏魂，魂屬陽。肝木之陽，失陰土液生，則魂不定。肺藏魄，魄屬陰，肺金之陰，失陰土陽生，則魄不定。木之陽得陰液生助，金之陰得陽氣生助，則魂魄定，曰定魂魄。午火之陽止，上得亥水之陰濟之，其陽不驚不悸，曰止驚悸。邪偏也，陽得陰運，其陽不偏於表，陰得陽運，其陰不偏於裏，曰除邪氣。心為火藏，陽氣上開於目，得陰助

之則目明心朗而志益，曰明目開心益志。久常於中也。土藏之陰，得陽氣健運，不失其常，其身輕而年延，曰久服輕身延年。

清・陳其瑞《本草撮要》卷一　人參　味甘苦，入手太陰，通行十二經，功專補五臟之陽。得羊肉補形，古方寒熱攻補劑中皆用之，以立正氣，誠為上品。茯苓為使。畏五靈脂，惡皂莢、黑豆、紫石英、人溲、鹹鹵，反藜蘆，忌鐵。參蘆能涌吐痰涎，體虛人用之，以代瓜蒂。

清・唐宗海《本草問答》卷上　問曰：人參不生於東南而生於北方，古生上黨，今生遼東、高麗，皆北方也，此何以故？答曰：此正人參所由生之理，不究及此，尚難得人參之真性也。蓋北方屬水，於卦為坎，坎卦外陰而內陽，人參生於北方，正是陰中之陽也。坎卦為水，天陽之氣皆發於水中，觀西人以火煎水，則氣出，而氣着於物，又復化而為水，知水為氣之母，氣從水而出矣。人身腎與膀胱屬水，水中含陽，化氣上行出於口鼻，則為呼吸，充於皮毛，則為衛氣，只此腎與膀胱，水中之陽化氣而充周也。故《內經》曰：膀胱者，州都之官，氣化則能出矣。此與天地水中含陽，化而為氣，以周萬物本屬一理，水在五行屬北方，人參生於北方，秉水中陽氣，故與人之氣化相合，所以大能補氣，不獨人參為然，凡一切藥皆當原其所生，而後其性可得知矣。夫生於北方有陰中之陽藥，則知生於南方有陽中之陰藥，如硃砂是。人參屬水中之陽，丹砂則屬火中之陰，丹砂生辰州者名曰辰砂，世人用硫黃、水銀二物鍛鍊變為赤色，以冒辰砂。又有靈砂，亦用二味鍊成，名曰二氣砂，皆謂其有補坎填離之功。法本於抱朴子，因抱朴子鍊丹砂服之而仙，後人遂有爐鼎之術沿襲至今。尚有辰砂、靈砂兩藥，均用硫黃、水銀二味鍊成者也。水銀乃石中之陰汁，硫黃乃石中之陽汁，合而煆煉，返水銀之陰，而盡歸於陽，變為純赤，與丹砂之色無異，但由人力造成，陰返為陽，是陰已盡而陽獨存，且有火鍊之毒，以之助陽退陰則可，以補陽益陰則不可，不及丹砂由天地自然鎔鑄而成，陽中含陰，外露火色，內含水陰。夫造靈砂、辰砂者，須用硫黃、水銀二味合鍛，乃能變成紅色，則知丹砂亦必具硫黃、水銀相合之性，乃變化為純赤之色也。但丹砂是天地陰陽之氣自然鍛鍊，不假火力，極其神妙，非可以水銀、硫黃分論丹砂也。火體之中含有水氣，故丹砂能入心，益陰以安神。又取水銀法：將丹砂燒之即出，既燒之砂脚不足用，以其內之陰汞已走，陽中無陰也。水銀有毒，積陰無陽也，要之合硫黃、水銀而作靈砂、辰砂，非陽中含陰之性，分水銀，砂脚為二物，則尤陰陽各異，均非硃砂之本性，惟天地南方離火自然鎔成之。硃砂外具火色，內含水陰，合乎離卦外陽內陰之象，離中之陰，坎之水也。硃砂火色而內含水銀，即離火中含坎水之象，故能補坎之水以填離宮，養血安神，此為第一。此可與人參對勘，人參秉水中之陽而補氣，硃砂秉火中之陰而養血，一生北方，一生南方，就此二物，便知南北水火陰陽血氣之理矣。夫南北水火雖非截然，究之各有所屬，故北方屬水多生氣分之藥，如黄芪是也。南方屬火，多生血分之藥，又如肉桂是也。

清・李桂庭《藥性詩解》　賦得人參潤肺寧心開脾助胃得心字。田春芳。潤肺兼開脾，人參補力深。回陽能助胃，瀉火可寧心。按：人參甘溫微苦，大補肺中元氣，肺氣旺，則四臟之氣皆旺，精自生而形自盛，補力宏深。《本草》載其氣壯而胃自開，氣和而食自化，有開脾助胃之能，有生津瀉火之驗，且能消痰養血，回元氣於無何有之鄉。

清・徐延祚《醫醫瑣言》卷上　人薓　薓本味苦，治心下痞鞕之物也。仲景之書及《千金》《外臺》方中所用可見已。自服食家之說行，有補元氣、益精力之言，於是浸甘草汁，甘其味；加修飾，美外形，以衒貴價也。服者以為救死之良藥，醫者以為保生之極品，相率為偽，眩贋而失真矣。貧賤而死者，以為不用薓之尤；富貴而斃者，以為薓不及救之。唯遁辭於彼而已。

清・仲昴庭《本草崇原集說》卷一　人參　【略】〔批〕《崇原》就《本經》釋藥性，《經讀》從《本經》就藥用，性實該用，用不離性。《崇原》所以高出諸家。【略】〔批〕《本經》藥性散為《經方》，修園歷引《經方》以明人參之功用。【略】〔批〕多識於鳥獸草木之名，聖人所許，故李時珍《本草綱目》未可厚非也，獨惜其雜參眾說，撓亂經文，功不能掩罪耳。【略】〔批〕隱庵辨駁成氏《傷寒》，修園痛斥李氏《本草》，盡從經論發泄出來，並非立異。

仲氏曰：此言人參所由名，《崇原》凡釋藥性，或從本名起，或從形色起，或從出處來歷起。其釋主治，或從《靈樞》《素問》出，或從《傷寒論》出，或從《金匱要略》出。夫醫道小道也，窮經則大矣。隱庵以經解經，直接軒岐道統，張仲景以後一人而已。

清・俞樾《茶香室叢鈔》卷二一　人參貴紅賤白　以八九月間者為最佳。生者色白，蒸熟輒帶紅色。紅而明亮者，其精神足，為第一等。今之醫家以白色者為貴，謂其土不同，故有此二種，大謬。凡掘參之人，一日所得，

至晚便蒸，次日曬於日中。曬乾後，有大有小，有紅有白，並非地之不同，總因精神之足不足也。故土人貴紅而賤白。

按：高麗參亦然。余親家翁彭雪琴尚書言，有人贈以高麗參，大幾如小兒臂，一種紅，一種白，白者賤而紅者貴。尚書不受，未知其功效如何也。

清・鄭奮揚著，曹炳章注《增訂偽藥條辨》卷一　人參　真人參，以遼東產者為勝。連皮者，色黃潤如防風。去皮者，堅白如粉。肖人形，有手足頭面畢具者，有神，故一名神草。產於地質最厚處。性微溫，味甘兼微苦。生時三椏五葉，背陽向陰，故頻見風日，則易蛀。陶貞白云：納新器中密封，可經年不壞。李言聞云：凡生用，宜㕮咀。熟用，宜隔紙焙之。或醇酒潤透，㕮咀焙熟。並忌鐵器切片。月池翁嘗著《人參傳》二卷，言之甚詳，不能備錄。近代貨缺價昂，假者皆以沙參、薺苨、桔梗采根造作亂之。考沙參體虛無心而味淡，薺苨體虛無心而味甘，桔梗體堅有心而味苦，而人參體堅有心而味甘微苦，自有餘味，煎之易爛而渣少。氣味形色，原自可辨，所恨謀利之徒，偽造混售，以亂真品。甚至因人參價貴，有以短接長者，謂之接貨。以小併大者，謂之合貨。必先用水潮過，原汁已出，又用粉膠粘緊蒸烘做成，力薄而易變。又有以湯泡參自啜，乃晒乾烘燥，做色復售，謂之湯參。江淮所出土木人參，多薺苨混充。層出不窮，欺人太甚。今欲辨真偽，不如用蘇頌之一法：但使二人同走，一含人參，一空口，度走三五里許，其不含人參者必大喘，含者氣息自如，其人參乃真也。然必使年歲體氣相若之人行之方準，否則反至誤事。夫富貴人平時衛生，喜服人參，誤購贗品，雖無裨益，尚未大害。倘購假參以治大病，則害立見。匪特不能升提中氣，抑且反賊臟陰。蓋薺苨、桔梗、沙參，性皆降下。如上損下損，虛寒之體，乘危之症，服之則去生反速，吾見亦多矣，可不慎歟？　炳章按：參，多年生草根也。長者八九寸，短者二三寸，略似人形，故名人參。產吉林，以野參為貴，故又謂吉林參，或曰野山參。葉似掌狀複葉。《東陲遊記》云：遼東人參，產甯古塔，即今吉林甯安縣地。四月發芽，草本方梗，對節生葉，葉似秋海棠。六七月開小白花，花白如韮，大者如碗，小者如鍾。八月結子，若小豆而連環，色正紅，久之則黃而扁。初生一椏，四五年兩椏，十年三椏，久者四椏。每椏五葉，莖直上。即扈從《東遊日記》所謂百丈杵也，高者數尺餘。云考其產處，有人工培植者，有天然野生者。如為鳳凰城及船廠產者，種植為多。而甯古塔產者，野生為多。總之人參野生，歷年愈久，性愈溫和，其精力亦足，因其吸天空清靜之氣足，受地脉英靈之質厚，故效力勝也。吳渭泉云：真野生人參，山中少出。今市肆所售，皆秧種之類。其秧種者，將山地墾成熟土，純用糞料培養之，受氣不足，故質不堅，入水煎之參渣即爛，臭之亦無香味。陰虧之證忌用。故秧種一出，而參價逐賤，而野山真參，更不可得也。因野參採取難，且出額少，不使其年久滋養長大耳。又且產參之山險峻，多虎狼毒蛇，故走山者，常有傷生。《東陲遊記》又云：走山採參者，多山東、山西等省人，每年三四月間，趨之若鶩，至九十月乃盡歸。其組織以五人為伍，內推一人為長，號曰山頭。陸行乘馬，水行駕威弧，以獨木雕成。首尾皆銳。沿松花江至諾尼江口，登岸隨山頭至嶺，乃分走叢林中，尋參枝及葉。其草一莖直上，獨出眾草，光與曉日相映。得則跪而刨之，日暮歸窠，各出所得，交山頭洗刷，貫以長縷，懸木晒乾，或蒸而晒之。晒乾後，有大有小，有紅有白，土人貴紅而賤白。大抵生者色白，蒸熟則帶紅色。近世以白者為貴，名曰京參，其體實而有心，其味甘微兼苦，自有餘味，即野山真參是也。《龍江鄉土誌》云：野山參，有米珠在鬚，其紋橫。秧子參多順紋，無米珠。所謂秧種者，即鳳凰城及船廠產者是也。鳳凰城之貨，形色白秀，體鬆而瘦長，皮色多縐紋，皮熟者少，味甜，因用糖汁煮過，無餘味。近人所謂白抄參、移山參、太子參，皆其類也。船廠產者，其地二百里內外，所產較鳳凰城稍堅實，且紅潤可觀，味苦微甘，其空鬆者亦多，俗所謂廠參，今俗名石渠子是也。皆不道地。如鄭君所言有沙參、薺苨、桔梗做充之品，而近時則所未見未聞。且人參形狀，代有變態。據近時辨之，體態宜堅白，皮宜細緊，有橫縐紋，蘆蒂宜凹陷。椏節宜多，椏節多，年分多也。味宜甘中兼苦，要有清香氣而有回味，方是上品。否則皆屬側路，不可不知也。

別直參　別直參即高麗參。以野山所產為上品，近日價值甚昂。有以副野偽充者，即新山所產也，色白味淡，紋稀，虛寒之體，服之作瀉。且煎熬之後，參片糜爛，不比真者參片完固。以此辨之，便知真偽。聞又有抄參、糖參二種，以之混充，則殊礙衛生。　炳章按：抄參、糖參二種，乃人參之種參，前人參條下已辨明，與別直不同。別直，產韓國，即古之高麗。其產參之地，如京畿道之松都龍仁，平安道之江界，全羅道之錦山，忠清道之忠州，其間以松都產者為最勝。紅參製造官廠在焉，其地在韓京之北二十餘里，四面

皆山，居北緯三十八度，寒暑之差殊甚。如松都產者，以金剛山出者，曰金剛參，為最上品，即今正官別直也。而拳頭參次之。且有官私之別，紅白之分。官參松都所產，由義州出關，加以重稅。私參別處所出，多偷漏出口，故曰私也。《廣報》云：白參雖不行於內地，而實則紅參鮮時亦是白參製成，不過加附子水以釀其色，價且較白參為昂。及考其性，紅參又遠不逮白參之和平，故土人無食紅參者。蓋別直雖為種品，如歷年愈久，質味愈良。古時每栽七年而採，後則五年而採。當韓國被日統治時，日人多精農學，教以人工栽培速成之法，三年即能採賣，故其受氣逐年薄弱，而性味效能，亦年不如年也。凡辨真偽，若真正官別，體態圓方形而直，蘆頭大，與身混直而上，皮面近蘆有細橫縐紋，中身細直紋，杈鬚則無紋，味苦兼微甘，鮮潔而有清香氣，煎淘多次，汁清而參仍不腐爛，此為最上之品。近時射利之徒，多以廠參偽充，即俗所謂扁剛石渠子是也。考廠參中身大，蘆頭小，頸細，杈下亦粗圓而大，皮紋直而粗，味苦而兼濇，煎淘汁混，參亦腐化。以此可辨為贋品。若廠參以鑛灰同貯藏年餘，參性受灰炕燥過度，形質因此堅緻，煎之亦汁清不烊，其味仍苦兼濇，總不若真別直質味之清香鮮潔也。

剪口參　偽名沖剪。以太極參及大小稀頭尾，假沖洋參剪口。色白，味不苦。按剪口之貨，吾省盛行纔有數年，因參價昂貴，市肆將洋參頭尾切下，名為剪口。昧者不知，疏方竟用剪口參。考諸本草，未聞有剪口之藥。今即洋參，可用連類而成。為愛惜物力起見，熟料又有一種沖剪為之混亂耶。奉勸醫家勿用，病家勿購，則不為沖參所誤耳。炳章按：剪口參，種類甚多，如參頭東條、別折、大尾、中尾、細尾、夾尾之類是已。所云剪口者，乃是閩地藥家之命名耳。鄭君所云洋參剪口者，即東條也，以東洋參之尾，蒸熟乾之。大尾、中尾、細尾、夾尾等類，皆從船廠參即石渠子扁剛參。傍枝剪下，以枝條之粗細，分大、中、細、夾等尾名目，近今市售，偽名別條是也。又有別折一種，以扁剛參之形態不正者，剪去頭尾，名曰參頭，其中身名曰別折，皆為側路，藉以混亂別直參也。若中虛者誤服之，立時胸腹脹滿，醫者不可不知也。

人參葉　乃遼東真參之葉。氣清香，味苦微甘，其性補中帶表，大能生胃津，清暑氣，降虛火，利四肢頭目。浸汁沐髮，能令光黑而不落。醉後服之，解酲第一。以色不黃瘁，綠翠如生，手挼之有清甜香氣者，真品也。率多參客帶來餉客，頗不易購。市肆所售參葉，不知何種葉偽充，勿服為是。炳章按：項元麟云：各種參葉形狀相似，難分真偽。然皆苦寒損氣敗血之物，未可視為補藥。此乃益中含損，如麻黃發汗，根節反止汗之意。趙恕軒云：大率補者多在根，葉乃枝節之餘氣，不可以言補也。參葉雖稟參之餘氣，究其力止能行皮毛四肢，性帶表散，與參力遠甚。近時婦人以參葉塞於髮內，能令光黑而不落，醉後食之解酲云云，未識驗否。然觀近時市上通行者，決非樹葉偽充，惟何參之葉，且難斷定耳。

東洋參　以東洋新山所出之參，皮肉俱白，味淡不苦者偽充之。虛寒之體，不宜服，服之則瀉。按老山太極參，產東洋，皮色黃，肉帶老黃，扁而橫紋，中有菊花心者為貴。市肆所辦，鳳記以上至旭記字號，均皆可用，價亦不昂，用者當知所擇也。炳章按：東洋參，為熟參之一種。日本雲州產者，曰老山參。會津產者，曰新山參。老山參形條邊圓，或三角稜，皮黃白色，近梢處有紅點刺，甘微苦，兼微甘，氣微香，煎湯清而黃赤色者為道地。新山參形條混圓，皮色黃白而淡，無紅刺點，氣味較老山參淡薄耳。又如日記一種，形條雖極粗，然色白無神，味兼濇，煎湯混濁，如淡米泔。切片貯藏，能起白霜。此種參出於陰山肥土，用人工栽培二年即成，為側路，實不堪入藥用。若老山參，栽於陽面之山，得天然陽氣最足，凡陽虛氣陷，久痢脫肛之症，尚有寸效。至於宇宙天鳳等記為名者，非分高下，實辨別枝條大小而作記號也。新山老山，皆以大小為記。用者總以認識貨物，辨明高下為主要，亦不能以包袋為標準，緣包袋可改換耳。

清·毛祥麟《對山醫話》卷四　人參在古《本草》云：生上黨山谷及遼東，形長而色黃，狀如防風。產百濟者，形細而堅白，氣味薄於上黨，此皆言黨參也。瀕湖李氏輯《本草綱目》，廣搜諸品而未及於參。至我朝澈水吳氏，訂《從新》一書，始分人參、黨參為兩種，知明時尚無人參。百濟、新羅、高麗等國，來中土互市者，皆上黨之類。按《談苑》載邵化及為高麗國王治藥，言參質極堅，用斧斷之，香馥一殿。又《涵海續編》云：遼東有韃參，色紅澤，體實有心，味甘微苦，斷之有金井玉闌紋。人啣之走，氣息自若。則都指人參而言矣。時以中國未行，故不入內地，國初始見用，其名乃著於時。嗣後採者多而產漸少，入山每無所得，至棄其業。道光初，近山農戶取子種之，偽充人參，遂以亂真，漸至真者幾絕。醫家以是物多偽，亦將棄此勿用，是亦參

之一厄也。今寧古塔參，久已罕見，惟船廠為上，鳳凰城次之。鳳產質嫩而糖重，故價亦較賤，但昔以光圓短熟為佳，今則以糙熟兼均為貴，是又參之小變。嘗觀《甌北集》云：曩閱國史，我朝以參貿高麗，定價十兩一斤。迨定鼎中原，售者多而價漸貴。然考康熙甲午查悔餘《謝揆愷功惠參詩》，有十金易一兩，蓋是時參價不過十倍。乾隆十五年，余應京兆試，慮精力不支，以白金一兩六錢，易參一錢。二十八年，因病服參，則其價貴已過半。三十年來，何啻更增十倍云云。按今之市價，雖不甚相懸，而物產則遠不如前矣。余嘗悉心辨別，始知是物真偽，固非難識。在今之醫士，尋常草木尚不深求氣味，況非習見之品，有終其身未嘗一覩廬山面目者，猶何可與言哉！究之真非絕無，特其價過昂，識者亦罕，故非富貴家，素講服餌者，鮮克知其味矣。然於痘科產科及元氣欲脫之症，實有起死回生之力，斷非他藥所能代也。憶昔某戚婦，每產血必大下，服參則止。道光壬辰復娩時，次參甚行，某置兩許，意十倍服之，功力足以相抵，及服，崩血愈甚，氣竭欲脫，急市山參一錢，服之即止。按參之功用，固在諸藥之上。行之中土，百有餘年，活人無算。自為奸民私種，以致魚目混珠，遂見疑於世，而弗可不惜哉！

清·周巖《本草思辨錄》卷一　人參

一物而毀譽交集者，惟人參為最。好補之家多譽，好攻之家多毀，其譽者復有補陰補陽之各執，而不知皆非也。徐洄溪、鄒潤安，則能得是物之性用矣。徐氏云：人參得天地精英純粹之氣，補氣而無剛燥之病，又能入於陰分。鄒氏云：凡物之陰者，喜高燥而惡卑濕；物之陽者，惡明爽而喜陰翳。人參不生原隰污下而生山谷，是其體陰；乃偏生於樹下而不喜風日，是為陰中之陽。人身五臟之氣，以轉輸變化為陽，藏而不泄為陰。人參兼變化藏守之用，且其色黃味甘氣涼質潤，合乎中土脾藏之德。所由入後天而培先天也。至論病之何以需參，參之何以愈病，則二家猶未得其當。而陶隱居功同甘草之說為有見矣。蓋甘草者，春苗夏葉秋花冬實，得四氣之全。而色黃味甘，迥出他黃與甘之上，故能不偏陽不偏陰，居中宮而通經脈和眾脈，與人參有相似之處。竊謂得此一言，可以測參之全量。雖然，病之非參不治者，詎能代以甘草。甘草自甘草，人參自人參。欲知人參之真，非取仲聖方融會而詳辨之，庸有冀乎。

少陽為三陽之樞，少陰為三陰之樞。凡言樞者，皆一經中有陰有陽，入則為陰，出則為陽，猶樞機之轉移。少陰水臟而寓君火，固陰陽兼具矣。少陽似有陽無陰，然藏於肝葉，是一陽初生而尚不離乎陰，故二經相感極易。肝病有熱即挾膽火，膽病有寒即挾肝風。肝氣之上逆即膽，膽氣之下降即肝。往來寒熱雖少陽病，卻非全不涉肝，以陽之稺，不能竟遠乎陰，而有出入相爭之象也。爭則宜解宜和，人知小柴胡湯為少陽和解之劑，不知柴、芩專解邪，參乃所以和之。病兼陰陽，何以解之第有寒藥？蓋此固少陽勢重，退少陽則厥陰自靖，且有人參調停其間，何患寒熱之不止。參為少陽藥有鑿鑿可據者，瀉心湯心煩無參，而脇下有水氣則用之。胸痹諸方無參，而脇下逆搶心則用之。即小柴胡湯有加減法，而獨於嘔於渴於脇下痞硬不去參，此可知人參為和少陰之專藥矣。

少陰之貴於和者，躁是也。煩出於心，躁出於腎，故梔子豉湯、黃連阿膠湯治煩無參。煩不必兼躁，躁則必兼有煩。煩與躁兼則有陽證有陰證，陽證乃太陽表實、陽明腑實之下侵及腎，非腎自病，故大青龍湯、大承氣湯治煩躁無參。陰證則為腎病上干及心，腎陽幾亡，腎陰豈能獨善，故吳茱萸湯、茯苓四逆湯治煩躁有參。又可知人參為和少陰之專藥矣。

用參於和，有和其本腑本臟之陰陽者，少陽少陰是也。若乾薑黃連黃芩人參湯，則以證有寒熱而和之；木防己湯，則以藥兼寒熱而和之；桂枝人參湯，所以聯表裏之不和；生薑瀉心湯，所以聯上下之不和；大建中湯，又以椒、薑之溫燥而化之使和。和之道不一，而不善用之，則有不知甘草驅使之易者矣。

心為牡臟，煩而補之，則煩彌甚。然小柴胡湯煩而兼嘔不忌，煩而不嘔去半夏、人參，謂煩而嘔則不去也。徐氏《傷寒類方》注誤。白虎加人參湯煩而兼渴不忌，以嘔渴皆少陽木火為之，生其津液以和之，而煩亦自已也。

胸脇滿硬嘔吐，各有正治之藥，用參特以和陰陽耳。然生津止渴，則參有專長，不必定用於少陽。故津為熱劫之陽明證，白虎加人參湯亦用之。土虛而津不生之太陰證，理中丸亦用之。若渴飲而有水蓄於中，小便不利者，參則不過問也。

止渴有不需參之證，生脈則惟參獨擅。蓋脈生於營，營屬心。心體陰而用陽，惟沖和煦育之參能補之。故白虎加人參湯之暑病脈虛，脈不虛者，必有兼證，非正暑病也。四逆加人參湯之脈微，通脈四逆湯之脈不出，炙甘草湯之脈結代，皆必得有參。參之力，入腎者輕，入心者重。故足少陰得其和，手少陰

得其補，亦可為陰中之陽之一證矣。

參之功在補虛，雖止渴亦補，然止渴與生脈，第證狀之顯著者耳。參之補豈止是哉？其色黄，其味甘，其全神自注於脾而擴之，又能無處不到，故建中湯之名，在飴不在參，以參之不可以一得名也。今試約舉仲聖方之用為補者而言之，補脾如理中丸、黄連湯，參治腹中痛。補胃如大半夏湯、甘草瀉心湯，許氏內臺方有人參。補肺胃如竹葉石膏湯，補肝如烏梅丸、吴茱萸湯，補心已列如上，他如薯蕷丸、溫經湯之補，殆不勝其指數，參之補可不謂廣也乎？心痞最不宜參，然以參佐旋覆、薑、夏，則參可用於散痞矣。腹脹最不宜參，然以參佐厚朴、薑、夏，則參可用於除脹矣。參能實表止汗，故有表證者忌之；若汗出後煩渴不解，於寒劑中用之何妨。參能羈邪留飲，故咳證忌之；若肺虛而津已傷，於散邪蠲飲中用之何妨。參治往來寒熱，似瘧皆可用參矣，然外有微熱即去參。《外臺》於但寒但熱、寒多熱少之瘧，亦俱無參，惟瘧病發渴者用之。蓋補虛則助邪，寒熱不均，則不可以遽和，人參止渴，輔苓、栝之不逮也，參惟益陰，故能生津。利不止，雖脈微欲絕亦不加參，以利則陰盛而參復益之也。然下與吐兼，或吐下之後，其中必虛，津必傷，參又在所必需。蓋中土有權，則上下悉受其範，而不敢違戾也。

徐洄溪以邪正之分合，定人參之去取。鄒潤安更指小柴胡湯之去參，為邪合之據；桂枝新加湯之有參，為邪分之據。論似精矣，而實有不然也。身有微熱，邪尚在表，若又加以實表之參，則邪益膠固而不解，故必須去之。新加湯發汗後其表已虛，不慮參之實表，脈沉遲，尤宜參之生脈，以身疼痛之表邪未盡，故尚需桂枝湯驅邪，惟不能斂外散之氣，振內陷之陽，加芍藥則散者斂，加生薑則陷者振，更加以參，則脈不沉不遲表不虛，合內外同歸於和。此二方去參加參之所以然，而徐氏、鄒氏未見及此。不知參者，善和陰陽，專用以和正，不用以驅邪；於驅邪之中而加以參，稍一不當，害即隨之。故必得如新加湯，驅邪之他藥，不致以人參墮其功，和正之人參，且能為他藥弭其隙，始為真知參而用之無誤。況邪正之分合，當以去某經入某經，及病氣之進退衰旺為言，不當以一證一脈，判邪正定分合。傷寒之邪，不與正俱陷而終駐於表者，未之有也，何鄒氏之疏耶。

傷寒溫熱兩證，參之出入，關係極重，仲聖之法亦極嚴。後人得之則效，失之則不效，竟有彰彰難掩者，試更詳之。傷寒有表證者，仲聖絕不用參，不特麻黄、大小青龍、桂枝等湯，絲毫不犯也，即小柴胡湯，外有微熱，亦且去之。黄連湯，有桂枝而並無表證。桂枝人參湯，有表證而參不以解表。柴胡桂枝湯，表裏之邪俱微，故表裏兼治，表裏兼治，故用參以和之。此傷寒定法也。溫熱病，仲聖不備其方，而要旨已昭然若揭。黄芩湯，後世奉為溫病之主方，未嘗有參。白虎湯，治陽明熱盛，效如桴鼓，亦未嘗有參，必自汗而渴且無表證者用之。此溫熱定法也。迨自隋唐而降，仲聖法漸置不講，相傳之方，如《活人書》之人參順氣散、獨活散，未見有宜用參之候。許叔微以白虎湯為治中暍而不加參，皆誠有可議。然其他變仲聖方而不失仲聖法者，不可勝舉。如以羌、防取傷寒之汗，葱、豉取溫熱之汗，俱不佐參。其佐參者，五積散邪兼表裏，攻其邪復和其正，栝樓根湯則以渴甚，參蘇飲則以脈弱，升麻葛根湯則以脈弱而渴。至萎蕤飲治風熱項強急痛，四肢煩熱，參似不宜矣；而以葱、豉散外，萎蕤清裏，因風熱爍津，故加人參以和表裏而生津。凡襲用之佳方，未有能出仲聖範圍者。至敗毒散，方書有無人參者，其原方本有人參，無表裏上下應和之故，而欲扶正以驅邪，過矣。乃喻西昌以治其時大疫，倍加人參得效，則非法之法，仍以仲聖方為根據。何以言之？蓋值饑饉兵燹之餘，正氣呰敗。幸其虛非勞損之虛，又用之於群隊表藥，補之所以有功。仲聖以白虎湯治中暍，因虛而加參，正是此意。然傷寒有表證之虛，與溫熱身熱之虛不同，為禍為福，消息甚微。審辨不易，彼於原方刪人參者，其亦有見於此矣。

以上所言人參之治，惟真正大參，試之甚驗。若今之黨參，有甘無苦，何能與人參比烈。即別直等參，亦未足言沖和煦育之功。要其為補，皆與人參相近，故防誤用之弊，亦當與人參並視也。

白雲參

明・蘭茂原撰，范洪等抄補《滇南本草圖説》卷三　白雲參　對葉，形似桃葉，白花，根肥。味甘，平，無毒。此參止渴生津，化痰明目，養心，引血歸元而安神。

明・蘭茂撰，清・管暄校補《滇南本草》卷上　白雲參　味甘、苦，無毒。獨枝，綠黑葉，根肥，嫩肉有汁，俗呼還陽參。祇可用根。同猪肉煮食，主人大生氣血，補腎添精。又婦人乾血癆，食之神效。

白雲參　味甘甜，無毒。生金沙江邊有水處。梗甚硬，結瓜綠青，淡黑

葉，開紫花。根丁結瓜，生食令人不飢，久服不能老。葉治傷寒頭疼，不問陰陽兩感，或陰毒，或陽毒，或有汗，或無汗，或亂語失汗，肺金火盛，鼻血不止，或產後傷寒，服之神效。梗燒灰，治走馬牙疳。瓜熬膏，治中風不語，或痰湧氣結，左癱右瘓，半身不遂，酒毒流於四肢，不能行動，每服一錢，開水下，神效。花為末，治腦漏。皮為末，調蜜，搽鼻糟。

還元參

明·蘭茂撰，清·管暄校補《滇南本草》卷上　還元參　味甘而美，無毒。生有水處。形似竹笋，初出包葉而生出一軟苗，苗上開黃花，其根似人參，有橫直紋。採根久服，令人白胖，延年益壽，勝人參百倍之功，治百病皆效。夷人不識此參，常作菜用，呼為牛菜，因牛食此草而生牛黃，故曰牛生菜。

土人參

清·吴儀洛《本草從新》卷一　土人參（補肺氣。通，下行。）甘，微寒，蒸之極透則寒性去。氣香味淡。性善下降，能伸肺經治節，使清肅下行。補氣生津。治咳嗽喘逆，痰壅火升，久瘧淋瀝，難產經閉，瀉痢由於肺熱，反胃噎膈由於燥澀。凡有升無降之證，每見奇效。其參一直下行，入土最深。脾虛下陷，滑精夢遺俱禁用，以其下行而滑竅也。孕婦亦忌。出江浙。俗名粉沙參。紅黨，即將此參去皮淨，煮極熟，陰乾而成者，味淡無用。

黃參

明·蘭茂原撰，范洪等抄補《滇南本草圖說》卷三　黃參　滇中昭通最多，細葉黃花，軟枝根大而肥。陡山亦有。氣味甘，微溫，無毒。主治：補五藏，安精神，定魂魄，止驚悸。除邪氣，明目。開心益智，久服輕身延壽。療腸胃中冷，心腹鼓痛，胸脇逆滿，霍亂吐逆。調中，止消渴，通血脉，補堅積，令人不忘。一治五勞七傷，諸虛百損。消胸中痰多嘔噦。補五藏六腑，保中守神。治肺痿及癇症，冷氣上逆。傷寒不下飲食，虛夢紛紜者加之。〇止煩燥，變酸水。〇消食開胃，調中治氣。殺金石藥毒。〇治肺脾陽氣不足，肺氣虛促短氣少氣，補中暖中。瀉心脾胃肺中邪火，止渴生津液。一治男婦一切虛勞，發熱自汗，眩暈頭痛，反胃吐食，痎瘧，滑瀉久痢，小便頻數淋瀝，中風中暑，痿痹，吐血嗽血，下血血淋，血崩，胎前產後諸病立瘥。

鳳尾參

明·蘭茂原撰，范洪等抄補《滇南本草圖說》卷三　鳳尾參　產滇中陡山，細葉軟枝，根似人參形，十年可成人形，採根用。氣味甘，微寒。性走十二經絡，散寒，祛三腫。古人治傷寒多用此代人參，今人不識，往往以沙參、洋參易人參，悞人多矣。傷寒解非此草不能救。此參功勝人參十倍，此參湮沒於世久矣。可照圖留心尋訪得之。

雞尾參

明·蘭茂原撰，范洪等抄補《滇南本草圖說》卷三　雞尾參　葉似雞尾，綠色，軟小枝，無花，根似人形，人多不覺。性甘，寒，辛，無毒。主治：遠年近日眼目不明，或內障外障，雲翳遮睛，小兒疳疾雀盲。化蟲除痞，或肚大筋青。亦婦人五夜虛燒，骨蒸熱，此藥服之立瘥。

對葉參

明·蘭茂原撰，范洪等抄補《滇南本草圖說》卷三　對葉參　味甘苦，平，無毒。主治：九種氣痛，筋骨寒冷，癥瘕，酒積食積，痰火瘀血作痛，以酒為使，最為神效。

雙尾參

明·蘭茂原撰，范洪等抄補《滇南本草圖說》卷三　雙尾參　葉似地草葉，開白花，根分雙尾，似人參形。生山中大川中，滇中陡山亦有。〇氣味甘甜，微寒，無毒。耑治：男婦老幼一切風痰昏迷五癲，或怔忡，如有人捕捉之狀。久服消痰鎮驚，安神定魄，用之無不神效。即氣癲色癲可解，或受官刑驚散魂魄可醫。一治婦人生一胎後，久不生產，服之暖宮，調血順經，亦可姙也。一治胎前產後血積衝心神效。採葉治小兒驚風，即七日內外皆愈。

會蘭參

清·徐大椿《藥性切用》卷三　會蘭參　補虛，功在珠參之上，力近東洋。元虛挾微熱，而消渴者較勝。其性甘涼可知。

竹節參

明·蘭茂原撰，范洪等抄補《滇南本草圖說》卷三　血參　此參按七十二候生七十二葉，每葉下開一小黃花，十年根肥，似人形。滇中性燥，產遼東性寒。〇採根，用糯米蒸透，紅潤色。〇主治：骨間寒熱，驚癇邪氣，接續陽氣，定五藏，救蠱毒。除胃中伏熱，時氣溫熱泄痢，去腸中小蟲。益肝膽

氣，止驚惕。久服益志不忘，輕身耐老。〇客忤瘧氣熱狂，明目，止燥煩。治瘡疥，去目中之黃，及睛赤腫，瘀肉高起，痛不可忍。〇退肝經邪熱，除下焦濕熱之腫，瀉膀胱火。〇療咽喉痛，風熱，盜汗，其功不能盡述。

清・劉善述、劉士季《草木便方》卷一草部　甜七　竹根七甘入血分，散血活血破血症。癰腫消瘀療犬傷，金刃跌撲消瘀盡。即甜七是也。

戳桿星草　麻脚䏷草甘平溫，勞傷吐血續骨筋。箭傷金瘡合口妙，虛損益氣補腎精。內外損傷氣血分，瘀去新生有奇珍。

珠參

清・吳儀洛《本草從新》卷一　珠參　苦，寒，微甘。味厚體重。補肺降火下氣，肺熱有火者宜之。臟寒者服之即作腹痛。鬱火服之火不透發，反生寒熱。出閩中。須多去皮，滾水泡過，然後可用。

題清・徐大椿《藥性切用》卷三　珠兒參　甘寒微苦，入肺而瀉熱，補虛用代沙參之不及，性味稍沉，胃虛者不宜多用。

清・趙學敏《本草綱目拾遺》卷三草部上　珠參　《金沙江志》：產東川者，味似參，較苦。《本草從新》云：出閩中，以大而明透者佳，須多去皮，滾水泡過，然後可用。因其苦劣之味皆在外邊，近中心則苦減而稍甘。《書影叢説》：雲南姚安府亦產人參，其形扁而圓，謂之珠兒參。《藥性考》：珠兒參根與薺苨同。苦寒微甘，味厚體重。《救生苦海》云：補肺降火下氣，肺熱有火者宜之，臟寒者服之，即作腹痛，鬱火服之，火不透發，反生寒熱。血症用之，可代三七。《藥性考》：味辛甘，性溫，能托裏，外症堪用。按：珠參本非參類，前未聞有此，近年始行，然南中用之絕少，或云來自粵西，是三七子，又云草根。大約以參名，其性必補，醫每患其苦寒，友人朱秋亭客山左，聞貨珠參者有製法，服之可代遼參，每五錢索價五十金，秋亭罄千金市其方，秘不輕授，予懇其弟退谷，始得其術，因錄之以濟貧。珠參切片，每五錢以附子三分，研末拌勻，將雞蛋一個去黃白，每殼納參片五錢，封口，用雞哺，待小雞出時取出，將筆畫一圈於蛋上作記，如此七次，共成七圈，其藥即成矣。每遇垂危大症，并產蓐無力吃參者，煎服五錢，力勝人參。并能起死回生，較臘狐心功力尤捷，不得少服，約人以五錢為率，每次須多做數兩救人。　濟陰保元湯：《醫鈴》：此方理脾化邪，生氣引氣生血，為調經聖藥。滇珠參三錢，以米仁四錢拌水蒸透，咀片，再入薑，加米仁汁蒸曬乾，用懷生地一兩，砂仁酒薑三味，拌蒸九曬收，再以瓦焙為炭，當歸四錢，白芍三錢，酒炒川芎二錢，去淨油，米泔水浸洗，收乾，再入酒浸丹參四錢，酒洗透茺蔚子四錢，酒蒸透香附三錢，以薑、土醋、鹽、童便、甘草水、乳汁逐次製過，用雲白朮五錢，陳土炒女貞子三錢，以白芥車前水浸乾用。如氣血熱，加丹皮、生地，氣血寒，加肉桂數分，不真確之寒熱而先後至者，照本方。如經閉，無分婦女，本方加牛膝。

清・張九思《審病定經》卷上　朱子參　【略】須多去皮，滾水泡過，然後可用。以其苦劣之味皆在外皮，近中心則苦味減而稍甘。

清・張仁錫《藥性蒙求・草部》　珠兒參三錢　珠兒參苦，補肺降火。清熱救陰，虛勞甚妥。苦寒微甘，味厚體重，補肺清肺為宜。鬱火忌服，服之則火不透發，反生寒熱。血證用之，可代三七。

三七

明・蘭茂撰，清・管暄校補《滇南本草》卷中　金不換天駱仙方即三七。刀刃箭傷，及跌打損傷，血出不止，用三七少許，于口中嚼爛，敷之。吐血，用三七一錢，自嚼爛，米湯送下。腸風下血，三七五分，嚼爛，溫酒下。杖瘡，或刀傷瘀血，用三七嚼爛，敷傷處即愈，未破者可先服一二錢，使血不攻心。　產後血不止，用三七為末，二錢，米湯下。　眼沉腫，用三七水磨，塗眼眶，眼即愈。　赤白痢，用三七研末，二錢，米泔水下。　蛇傷虎咬，用三七末二錢，酒下，并敷傷處。　畏人下蠱，先服下三七少許，其毒不能入。　無名腫毒，及癰疽等症，用三七一二錢，研細，以醋調塗之，疼痛即止。

明・張四維《醫門秘旨》卷一五《藥性拾遺》　三七草　其本出廣西，七葉三枝，故此為名。用根，類香白芷，味甘，氣辛溫，性微涼。陽中之陰。散血涼血，治金瘡刀斧傷，立效，又治吐衄崩漏之疾。邊上將官寶之為珍，如有傷處，口嚼吞水，渣敷患處即安，血症之奇藥也。

明・李時珍《本草綱目》卷一二草部・山草類上　三七《綱目》

【釋名】山漆《綱目》　金不換　時珍曰：彼人言其葉左三右四，故名三七，蓋恐不然。或云本名山漆，謂其能合金瘡，如漆粘物也，此説近之。金不換，貴重之稱也。【集解】時珍曰：生廣西南丹諸州番峒深山中，採根暴乾，黃黑色。團結者，狀略似白及；長者如老乾地黃，有節。味微甘而苦，頗似人參之味。或云：試法，以末摻豬血中，血化爲水者乃真。近傳一種草，春生苗，夏高三四尺。葉似菊艾而勁厚，有歧尖。莖有赤稜。夏秋開黃

花，蕊如金絲，盤紐可愛，而氣不香，花乾則絮如苦蕒絮。根葉味甘，治金瘡折傷出血，及上下血病甚效。云是三七，而根大如牛蒡根，與南中來者不類，恐是劉寄奴之屬，甚易繁衍。

根　〔氣味〕甘、微苦，温，無毒。　〔主治〕止血散血定痛，金刃箭傷跌撲杖瘡血出不止者，嚼爛塗，或爲末摻之，其血即止。亦主吐血衄血，下血血痢，崩中經水不止，産後惡血不下，血運血痛，赤目癰腫，虎咬蛇傷諸病時珍。

〔發明〕時珍曰：此藥近時始出，南人軍中用爲金瘡要藥，云有奇功。又云：凡杖撲傷損，瘀血淋漓者，隨即嚼爛，罨之即止，青腫者即消散。若受杖時，先服一二錢，則血不衝心，杖後尤宜服之，産後服亦良。大抵此藥氣温，味甘微苦，乃陽明、厥陰血分之藥，故能治一切血病，與騏驎竭、紫鉚相同。

〔附方〕新八。　吐血衄血：山漆一錢，自嚼米湯送下。或以五分，加入八核湯。《瀕湖集簡方》。　赤痢血痢：三七三錢，研末，米泔水調服，即愈。同上。　大腸下血：三七研末，同淡白酒調一二錢服，三服可愈。加五分入四物湯，亦可。同上。　婦人血崩：方同上。　産後血多：山漆研末，米湯服一錢。同上。　男婦赤眼：十分重者，以山漆根磨汁塗四圍甚妙。同上。　無名癰腫：疼痛不止，山漆磨米醋調塗即散。已破者，研末乾塗。　虎咬蛇傷：山漆研末，米飲服三錢，仍嚼塗之。並同上。

葉　〔主治〕折傷跌撲出血，傅之即止，青腫經夜即散，餘功同根時珍。

明・李中立《本草原始》卷三　三七　生廣西、南丹諸州番峒深山中。蓋採根暴乾，黄黑色，如老乾地黄，有節。彼人言其葉左三右四，故名三七。蓋恐不然。原名山漆，謂其合金瘡，如漆粘物也。三七者，俗稱耳。〔氣〕味：甘、微苦，温，無毒。　主治：止血散血，定痛，金刃箭傷，跌撲杖瘡，血出不止者，嚼爛塗，或為末摻之，血即止。亦治吐血、衄血、下血、血痢、崩中、經水不止，産後惡血不下，血運血痛，赤目癰腫，虎咬蛇傷諸病。　三七類竹節參，味甘而苦，亦似參味，但色不同。參色黄白，而三七色黄黑。

山漆，新增。【圖略】根形，二形俱佳。市多以定風草充之，但色白、體輕、味薄為異。或云試法：以末摻猪血中，血化為水者真。　近傳一種草，春生苗，夏高二三尺，葉似菊艾而勁厚，有歧尖，莖有赤稜，夏秋開黄花，蕊如金絲，盤紐可愛。花乾則絮如苦蕒絮。根、葉味甘，治金瘡折傷出血，及上下血病甚效。云是三七，而根如牛蒡，與南中來者不類。恐是劉寄奴之屬，甚易繁衍。

赤痢、血痢，三七三錢，研末，米泔水調服，即愈。

明・倪朱謨《本草彙言》卷一　山漆俗名三七，又名金不換。　味苦、微甘，性平，無毒。乃陽明、厥陰經藥。　李氏：山漆生廣西南丹諸州及番峒深山中。其根黄黑色團結，略似白及，長者如乾地黄，有節。味苦、微甘，頗似人參之味。或云試法：以末摻猪血中，血化爲水乃真。今東南江浙出一種草，春生苗，夏高二三尺，葉似菊艾而勁厚，有歧尖，莖有赤稜。夏秋開黄色花，蕊如金絲，盤紐可愛，而氣不香。花乾則如絮。根葉味甘，治金瘡折傷出血，及上下血病甚效。云是三七，而根大如牛蒡根，與南中來者不類，甚是繁衍。

山漆：活血散血，行血止血。治上下諸失血之藥也。《瀕湖方》：治刀斧損傷，箭簇釘刺損傷，跌磕撲打、滚墮損傷，皮肉筋骨，内損外破，血出不止，搗爛塗敷，或爲末摻之，其血即止。又主吐血、衄血、溺血、便血、血痢、血崩、經水不止，或産後惡血不下，血暈，血脹，血悶，血痛，及熱血癰腫，與虎咬、蛇蟲咬等瘡，并皆治之。凡遇上件諸證，或搗汁服，或搗渣敷，或爲末摻，内服外貼，咸可奏功，真仙寶也。

明・顧逢柏《分部本草妙用》卷六兼經部・温瀉　三七　甘、微苦，温，無毒。《綱目》本名山漆，謂其合金瘡，如漆粘物也，非其葉左三右四之説也。入陽明、厥陰血分之藥，能治一切血病。　主治：止血散血定痛，金刃箭傷，跌撲杖瘡，血流不止者，塗上即止。亦治吐衄下血，及血痢崩中，經水不止，産後惡血不下，血運血痛，赤白癰腫，虵蝎諸毒。　三七治癰腫金瘡頗有奇功，若受杖者服之，使血不冲心，杖後服之，使瘡易愈。服用為末，搗汁，敷用搗爛研末。　止血消腫，金瘡，用血見愁更神妙。此秘方也，勿忽之。

明・蔣儀《藥鏡》卷一温部　山漆　跌撲杖傷，搗敷即愈。痢崩吐衄，末服旋瘳。臨杖預吞，血不衝上。産後亟茹，下自走瘀。

明・張景岳《景岳全書》卷四八《本草正》　三七　味甘，氣温。乃陽明、厥陰血分之藥，故善止血散血定痛。凡金刃刀箭所傷，及跌撲杖瘡血出不止，嚼爛塗之，或為末摻之，其血即止。亦治吐血衄血，下血血痢，崩漏，經水不止，産後惡血不下，俱宜自嚼，或為末，米飲送下二三錢。若治虎咬蛇傷等證，俱可服可傳。　葉之性用與根大同，凡折傷跌撲出血，傅之即止，青腫亦散。

明・蕭京《軒岐救正論》卷三　山漆　近代出自粤西南丹諸處，唯治軍

中金瘡及婦人血崩不止，與男子暴吐失血，而真元未虧者，用之極有神效，奏功頃刻。若虛勞失血，陰陽損竭，便當尋源治本，噓血歸經，誤用此藥，燥劫止塞，反滋禍害也。特舉一二言之，丙子秋，余蜀歸，見猶子婦乃陳曲江公女也，虛損吐血，醫用此藥，未及月而歿。又余案內所開社友鄭去華季郎，與庠生陳子貞，皆以心腎虧損吐血，亦用此藥，致經旬腸結而死。可不戒歟！

清・顧元交《本草彙箋》卷一　三七　近時始出，軍中用以療金瘡，亦止血散血定痛之要藥也。方家用之以治一切血病。

本名山漆，言治金瘡如漆粘物也。或云：其葉左三右四，故有三七之名。根葉功同。凡杖撲傷損，瘀血淋漓，嚼爛罨之即止，青腫即消。若受杖時先服一二錢，亦令血不衝心。

凡產後惡血及大腸下血者，三七研末，淡白酒調服二錢，三服可愈。

清・穆石匏《本草洞詮》卷八　三七　其葉左三右四，故名。一名山漆，謂其能合金瘡，如漆粘物也。一名金不換，貴重之稱也。試法：以末摻猪血中，血化為水者，真也。氣味甘微苦，溫，無毒。能散血定痛，凡杖撲傷損，瘀血淋漓者，嚼爛罨之即止，青腫者即消。若受杖時先服一二錢，則血不衝心，杖後尤宜服之。亦主吐衄，崩中，血痢，產後惡血不下，血運血痛，赤目癰腫，虎咬蛇傷諸病。此藥治一切血病，與騏驎竭同也。軍中用為金瘡要藥，云有奇功。

清・郭章宜《本草匯》卷九　三七即山漆。　味甘、微苦，溫。入手足陽明、厥陰血分。止血散血有神功，癰疽腫毒為妙藥。疼痛不止，米醋磨塗即散。已破，末摻。箭刃杖撲，嚼塗即定。血崩血痢，泔服可痊。眼赤毒重者，磨汁圍塗甚妙。蛇傷虎咬者，末敷仍飲更良。

按：三七，彼人言其葉左三右四，故名三七。亦恐不然。本名山漆，謂其能合金瘡，如漆黏物也，此為近之。古無此，近時始出。南人軍中用為金瘡要藥，云有奇功。又云：凡杖撲傷損，瘀血淋漓者，隨即嚼爛罨之，即止，青腫者即消散。若受杖時，先服一二錢，則血不衝心，杖後尤宜服之。產後服亦良。

色黃黑，狀略似白及，長者如乾老地黃，有節，味頗似人參。試法：以末摻猪血中，血化為水者乃真。

清・蔣居祉《本草擇要綱目・溫性藥品》　三七根一名金不換。　氣味：甘，微苦，溫，無毒。　主治：止血散血定痛，金刃箭傷跌撲杖瘡血出不止者，嚼爛塗或為末摻之，其血即止。亦主吐血衄血，下血血痢，崩中經水不止，產後惡血不下，血運血痛，赤目癰腫，虎咬蛇傷諸病。此藥近時始出，南人軍中用為金瘡要藥，云有奇功。又云：凡杖撲傷損瘀血淋漓者，隨即嚼爛罨之即止，青腫者即消散。若受杖時，先服一二錢，則血不衝心。杖後尤宜服之，產後服亦良。大抵此藥氣溫，味甘微苦，乃陽明、厥陰血分之藥，故能治一切血病，與騏驎竭、紫鉚相同。

清・汪昂《本草備要》卷二　三七亦名山漆。瀉，散瘀，定痛。　甘、苦，微溫。散血定痛。治吐血衄血，血痢血崩，目赤癰腫，醋磨塗即散。已破者爲末摻之。爲金瘡杖瘡要藥。杖時先服一二錢，則血不衝心。杖後敷之，去瘀消腫易愈。大抵陽明、厥陰血分之藥，故治血病。　此藥近時始出，軍中恃之。從廣西山洞來者，略似白及、地黃，有節，味微甘，頗似人參。以末摻猪血中，血化爲水者真。近出一種，葉似菊艾而勁厚，有歧尖，莖有赤棱，夏秋開黃花，蕊如金絲，盤紐可愛，而氣不香。根大如牛蒡，味甘。極易繁衍。云是三七，治金瘡折傷血病甚效，與南中來者不同。

清・陳士鐸《本草新編》卷三　三七根　味甘而辛，氣微寒，入五臟之經。最止諸血，外血可遏，內血可禁，崩漏可除。世人不知其功，余用之治吐血，衄血，咯血，與臍上出血、毛孔滲血，無不神效。然皆用之于補血之中，而收功獨捷。大約每用必須三錢，研為細末，將湯劑煎成，調三七根末于其中飲之。若減至二錢，與切片煎藥，皆不能取效。

三七根，止血神藥也，無論上、中、下之血，凡有外越者，一味獨用亦效，加入于補血補氣之中則更神。蓋止藥得補，而無沸騰之患。補藥得止，而有安靜之休也。

三七根，各處皆產，皆可用。惟西粵者尤妙，以其味初上口時，絕似人參，少頃味則異于人參耳，故止血而又兼補。他處味不能如此，然以之治止血，正無不宜[也]。

清・顧靖遠《顧氏醫鏡》卷七　三七一名金不換，貴重之也。甘，微苦，寒。入胃肝二經。　產廣西者，味似人參，以末摻血中，化為水者乃真。　治吐衄腸紅赤痢，療產後血暈瘀痛。俱單服如神。以其止血，而能散血也。　杖撲刀傷血淋，為末摻。杖撲瘀血淋漓者，或嚼爛塗之即止，青腫者即消。若受杖時，先服一二錢，則血不冲心，杖後又宜服之。又名金山漆，謂其能合金瘡，粘物也。　無名癰腫疼痛，醋調塗。塗之即散。破

者，研末摻之。陰虛炎火失血，非所長，或與地冬滋陰之藥同用亦可。

清・李熙和《醫經允中》卷二〇　三七　入陽明、厥陰血分。治一切血病，以末摻猪血中，血化為水者真。甘、微苦，溫，無毒。主治止血散血，定痛，金刃箭傷，跌撲杖瘡，血流不止者，塗上即止；血崩血痢，煎服自痊。癰疽腫毒，醋磨敷即散。《匯》云：蛇傷虎咬者，末敷，仍飲汁更良。《分部》云：止血消腫，金瘡，比血見愁更神妙。

清・馮兆張《馮氏錦囊秘錄・雜症痘疹藥性主治合參》卷三　三七味甘、微苦，無毒。入手足陽明、厥陰血分。三七，止血散血有神功，癰疽腫毒為妙藥。疼痛不止，醋磨塗之即散，已破為末摻之。箭刃杖撲，嚼塗即定；血崩血痢，泔服可痊；赤眼毒眼，磨汁搽之；蛇傷虎傷，為末敷摻。

清・張璐《本經逢原》卷一　三七《綱目》名山漆，一名金不換。甘，微苦，溫，無毒。廣產形如人參者是，有節者非。發明：時珍云：此藥近時始出，南人軍中用為金刃箭瘡要藥。止血散血定痛，為末摻之。吐血衄血，崩中下血，血痢，產後惡血不下，並宜服之。凡杖撲傷損，瘀血淋漓者，隨即嚼爛罨之，青腫者即消。若受杖時，先服一二錢，則血不衝心，杖後尤宜服之。此陽明、厥陰血分之藥，故能治一切血病，獨用研服尤良，取其專力也。一種庭砌栽植者，以苗擣敷，腫毒即消，亦取散血之意。

清・王道純《本草品彙精要續集》卷二　三七無毒

三七：主止血散血定痛，金刃箭傷跌撲杖瘡，血出不止者，嚼爛塗，或爲末摻之，其血即止。亦主吐血，衄血，下血，血痢，崩中，經水不止，產後惡血不下，血暈，血痛，赤目癰腫，虎咬蛇傷諸病。○葉，主折傷跌撲，出血，傅之即止，青腫，經夜即散，餘功同根《本草綱目》。【名】山漆、金不換。【地】李時珍曰：生廣西南丹諸州番峒深山中。【收】採根曝乾。【色】黃黑色。【質】略似白及，長者如老乾地黃，有節。【味】微甘而苦，頗似人參之味。【性】溫。【主】一切血病，與騏驎竭、紫鉚相同。【贗】以末摻豬血中，血化爲水者乃真。【治】凡杖撲傷損，淤血淋漓者，隨即嚼爛罨之即止。青腫者，即消散，若受杖時，先服一二錢，則血不衝心，杖後尤宜服之，產後服亦良。【行】乃陽明、厥陰血分之藥。【合治】吐血衄血，山漆一錢，自嚼米湯送下，或以五分，加入八核湯。○大腸下血，三七研末，同淡白酒調一二錢，服三服可愈，加五分入四物湯，亦可。○婦人血崩，產後血多，山漆研末，米湯服一錢。○無名癰腫，疼痛不止，山漆磨米醋調塗，即散。已破者，研末乾塗，虎咬蛇傷，山漆研末，米飲服三錢，仍嚼塗之。

清・何諫《生草藥性備要》卷下　三七葉　味辣，性辛。跌打消瘀散血，敷毒瘡，治痰火，又能止血。

清・劉漢基《藥性通考》卷一　三七根　【略】三七根各處皆產，皆可用，惟西粵者尤妙，以其味初上口時絕似人參，少頃味則異耳，故止血而又兼補。他處味不能如此，然以之止血無不效。凡血之在中上下有外越者，一味獨用亦效。

清・王子接《得宜本草・中品藥》　三七　味甘、苦。入足陽明、厥陰經。主治上下血證。得生地、阿膠治吐血捷效。

清・黃元御《玉楸藥解》卷一　三七　味甘、微苦。入足厥陰肝經。和營止血，通脈行瘀。行瘀血而斂新血，凡產後、經期、跌打、癰腫，一切瘀血皆破。凡吐衄崩漏，刀傷箭射，一切新血皆止，血病之上藥也。

清・吳儀洛《本草從新》卷一　三七一名山漆。〔瀉，散瘀定痛。〕甘、苦，微溫。散血定痛。治吐血衄血，血痢血崩，目赤癰腫。醋磨塗即散，已破者為末摻之。為金瘡杖瘡要藥。杖時先服一二錢，則血不衝心；杖後敷之，去瘀消腫，易愈。大抵陽明、厥陰血分之藥，故治血病。能損新血，無瘀者勿用。從廣西山洞來者略似白及，長者如老乾地黃，有節，味微甘，頗似人參。以末摻猪血中，血化為水者真。又有一種，葉似菊、艾而勁厚，有歧尖，莖有赤稜，夏秋開黃花，蕊如金絲盤紐可愛而氣不香，根大如牛蒡，味甘，極易繁衍，云是三七，治金瘡折傷血病甚效，與南中來者不同。

清・汪紱《醫林纂要探源》卷二　三七　甘、苦，微寒。亦作山漆。廣西番峒者佳。苗葉之狀未詳。根略似白及而有節，味頗似人參。治一切血瘀血熱，療金瘡杖傷。又謂之血參。

清・嚴潔等《得配本草》卷二　三七一名山漆。　甘、微苦，溫。入足厥陰經血分。止血散血，定痛，治一切血病。得生地、阿膠，治吐衄。活血之力。得當歸、川芎，治惡血。味微甘而苦，頗似人參，以末摻豬血中，血化為水者真。腫毒，醋磨塗。刃杖傷，嚼塗。血痢崩下，煎汁服。血虛吐衄，血熱妄行，能損新血，無瘀者禁用。

題清・徐大椿《藥性切用》卷三　參三七　甘苦微溫，散血止血定痛。能損新血，吐衄無瘀者，勿服。草三七功用相倣，性味稍烈。藜藿輩宜暫

用之。

清・黃宮繡《本草求真》卷八　三七入陽明厥陰血分，化而為水。　三七甾入肝胃，兼入心、大腸。又名山漆。時珍曰：　或云能合金瘡，如漆粘物也。　甘苦微寒而溫，世人僅知功能止血住痛，殊不知痛因血瘀則痛作。血因敷散則血止，三七氣味苦溫，能於血分化其血瘀，試以諸血之中入以三七，則血旋化為水矣。此非紅花、紫草類也。故凡金刃刀剪所傷，及跌仆杖瘡血出不止，嚼爛塗之。或為末滲其血，即止。時珍曰：　受杖時，先服一二錢，則血不衝，杖後尤宜服之。且以吐血衄血，下血血痢，崩漏經水不止，產後惡露不下，俱宜自嚼，或為末，米飲送下即愈。并虎咬蛇傷血出可治。與血竭同。此為陽明厥陰血分之藥，故能治一切血病。一種庭砌栽植者，以苗搗敷，腫毒即消。亦取散血之意。一種春生苗，夏高三四尺，葉似菊艾而勁厚，有歧尖，莖有赤棱，夏秋開黃花，蕊如金絲，盤紐可愛，而氣不香，花乾則吐絮如苦蕒絮，根葉味甘，治金瘡跌傷出血，及上下血病甚效。云是三七，而根大如牛蒡根，與南中來者不類，恐是劉寄奴之屬，甚易繁衍。　廣產形如人參者是。時珍曰：　此藥近時出自南人軍中，用為金瘡要藥，云有奇功。　有節非，研用良。

清・羅國綱《羅氏會約醫鏡》卷一六草部　三七味甘氣溫微苦，入胃肝二經血分。

散血定痛。治刀傷、箭傷，軍中寶之。跌撲杖瘡。杖時先服二錢，則血不衝心。凡一切血出不止，嚼爛塗之，或為末摻之。亦治吐血、衄血、血痢、崩漏、經水不止、產後惡血不下，俱宜自嚼，或為末，米湯調下。瘰癧腫痛。醋磨塗之即散，已破者為末摻之。　按：　三七近時始出，有似竹節者，有似人參者，俱可用，但以末摻猪血中，血化為水者真。

清・趙學敏《本草綱目拾遺》卷三草部上　昭參　《金沙江志》：　即人參三七，產昭通府，肉厚而明潤，頗勝粵產，形如人參，中油熟一種。王子元官於滇，曾以此遺外舅稼村先生，予親見之，狀較參紅潤，大小亦不等，味微苦甜，皮上間有帶竹節紋者。劉仲旭少府云：　昭通出一種名蘇家三七，儼如人參，明潤紅熟，壯少者服之作脹，惟六十以外人服，則不腹脹。其功大補血，亦不行血，彼土人患虛弱者，以之蒸雞服，取大母雞用蘇三七煎湯，將雞煮少時，又將三七渣搗爛入雞腹，用線縫好，隔湯蒸至雞爛，去三七食雞，可以醫勞弱諸虛百損之病。據所言，即昭參也。　《宦遊筆記》：　三七生廣西南丹諸州番峒中，每莖上生七葉，下生三根，故名三七。土人入山採根曝乾，色微黃，形似白及，長而有節者，其味微甘而苦，頗類人參。人參補氣第一，三七補血第一。味同而功亦等，故人並稱曰人參三七。為藥品中之最珍貴者。此常中丞《筆記》所言：　人參三七以形圓而味甘如人參者為真，其長形者，乃昭參水三七之屬，尚欠分晰也。　《識藥辨微》云：　人參三七，外皮青黃，內肉青黑色，名銅皮鐵骨。此種堅重，味甘中帶苦，出右江土司，最為上品。大如拳者治打傷，有起死回生之功。價與黃金等。　沈學士云：　竹節三七即昭參，解酲第一，有中酒者，嚼少許，立時即解。又近時人參三七中，有名佛手山漆者，形長，儼如佛手，上有指。出廣西，藥客販至，其價在圓山漆之上。此名荸薺山漆，即所稱銅皮鐵骨參三七是也。　壬戌，有客自打箭爐來，帶有藏三七，名佛手參。儼如乾麥冬而堅實，形小不大，作三叉指形，玲瓏如手，故名。王聖俞曾嘗其味，淡而微辛涼，云能治肺血勞損，此亦白及三七之屬也。浙產台溫山中，出一種竹節三七，色白如僵蠶，每條上有凹痕如臼，云此種血症良藥。庚申，予于晉齋處見瓊州山漆，圓如芋，皮光，色黃白，肉黃如金，云瓊人珍之，名野山漆。勝右江所出者。又一種出田州土司，如佛手形，名佛手三七，云此種係野生，入藥更勝。　《百草鏡》云：　人參三七味微甘，頗似人參，入口生津，切開內瀝青色，外皮細而綠，一種廣西山峒來者，形似白及，長者如老乾薑，黃有節，味甘如人參，亦名人參三七，又名竹節三七。此外又有旱三七，名蘿蔔三七，色白味苦。有小三七，色黑，出湖南寶慶府，亦名紅三七。有羊腸三七，即水三七之類，形如羊腸細曲。又一種出雲南昭通者，能亂人參，色味無異，且油熟明透，但少蘆耳，然回味太甜。金御乘云：　近時市品三七之外，有水三七，有白芷三七，有竹節三七，其形狀功效，皆未見其有考核者。　味甘苦，同人參，去瘀損，止吐衄，補而不峻。以末摻諸血中，血化為水者佳，大能消瘀，療跌撲損傷，積血不行，以酒煎服之，如神。　按：　人參三七，出右江土司邊境，形如荸薺，尖圓不等，色青黃，有皮，味甘苦，絕類人參，故名。彼土人市入中國，輒以顆之大小定價，每顆重一兩者最貴，云百年之物，價與遼參等。餘則每顆以分計錢，計者價不過一二換而已。昭參無皮，形如手指，絕無圓小者，間有短扁形者，亦頗類白及樣。《金沙江志》所載：　以為即人參三七，恐未確，故附存劉說以備考。

治吐血：　《種福堂方》：　用雞蛋一個，打開，和人參三七末一錢，藕汁一小杯，陳酒半小杯，隔湯燉熟食之。不過二三枚，自愈。　七寶散：　仇氏傳方：　刀傷收口，用好龍骨、象皮、血竭、人參、三七、乳香、沒藥、降香末各等

分為末，溫酒下，或摻上。　陳氏《回生集》載軍門止血方：　人參、三七、白蠟、乳香、降香、血竭、五倍、牡蠣各等分，不經火，為末敷之。

清·黃凱鈞《藥籠小品》　三七　廣産者，細皮堅實，味甘苦，能生津補氣，虚寒吐血，配入溫滋劑中，宜炒用。

清·王龍《本草纂要稿·草部》　三七　氣味甘苦而溫。吐血、衄血、便血、尿血者立效。止血、散血、血暈、血疼者宜施。療金瘡定疼，治跌撲杖傷。目赤癰腫能醫，産後惡露即下。乃陽明、厥陰血分之藥，故能治一切血病耳。

清·張德裕《本草正義》卷上　三七　甘，溫。乃肝胃血分藥。善止血散血，凡折撲、金刃、刀箭、杖傷，血出不止，用摻立效。亦能止吐血衄血。三七根葉，可敷折傷跌撲出血，亦能消青腫。

清·葉桂《本草再新》卷一　三七味甘，苦，性溫，無毒。入肺、腎二經。　散血定痛，治吐血、衄血、血痢、血崩，目赤癰腫，去瘀生新。金瘡杖瘡，亦兼治之。

清·吴其濬《植物名實圖考》卷八　三七　《廣西通志》：　三七，恭城出。其葉七莖三，故名。根形似白及，有節。味微甘。以末摻豬血中化為水者，真。　《本草綱目》李時珍曰：　彼人言其葉左三右四，故名三七。蓋恐不然。或云本名山漆，謂其能合金瘡如漆粘物也，此説近之。金不換，貴重之稱也。生廣西南丹諸州番峒深山中。採根暴乾，黄黑色團結者，狀略似白及，長者如老乾地黄，有節。味微甘而苦，頗似人參之味。或云試法：　以末摻豬血中，血化為水者乃真。近傳一種草，春生苗，夏高三四尺，葉似菊艾而勁厚，有岐尖，莖有赤棱。　夏秋開黄花，蕊如金絲，盤紐可愛，而氣不香，花乾則吐絮如苦蕒絮。　根葉味甘，治金瘡折傷出血及上下血病甚效，云是三七，而根大如牛蒡根，與南中來者不類，恐是劉寄奴之屬。甚易繁衍，根氣味甘微苦，溫，無毒。主治止血散血，定痛，金刃箭傷、跌撲杖瘡、血出不止者，嚼爛塗或為末摻之，其血即止。亦主吐血、衄血、下血、血痢、崩中經水不止、産後惡血不下、血運、血痛、赤目、癰腫、虎咬、蛇傷諸病。此藥近時始出，南人軍中用為金瘡要藥，云有奇功，又云：　凡杖撲傷損、瘀血淋漓者，隨即爛嚼，罨之即止。青腫者即消散。若受杖時先服一二錢，則血不衝心，杖後尤宜服之。産後服亦良。大抵此藥氣溫，味甘微苦，乃陽明厥陰血分之藥。故能治一切血病，與騏驎竭、紫鉚相同。　葉主治折傷，跌撲出血，傅之即止。青腫經夜即散，餘功同根。

按廣西三七、金不換，形狀各别。《通志》俱載之，辨其非一物。《本草綱目》殆沿訛也。其所述葉似菊艾者乃土三七。江西、湖廣、滇南皆用之。《滇志》：　土富州産三七，其地近粵西，應是一類。尚有土三七數種，俱詳草藥。余在滇時，以書詢廣南守，答云：　三莖七葉，畏日惡雨，土司利之，亦勤培植，且以數缶蒔寄，時過中秋，葉脱不全，不能辨其七數，而一莖獨矗，頂如葱花，冬深茁芽，至春有苗及寸，一叢數頂，旋即枯萎。昆明距廣南千里，而近地候異宜，而余竟不能覩其左右三七之實，惜矣，因就其半萎之莖而圖之。余聞田州至多，採以煨肉，蓋皆種生，非野卉也。又《赤雅》云：　凡中蠱者，顔色反美於常，夭姬望之而笑，必須叩頭乞藥，出一丸啖之，立吐奇怪，或人頭蛇身，或八足六翼如科斗子，斬之不斷，焚之不燃，用白礬澆之立死。否則對時復還其家。予久客其中，習知其方，用三七末、荸薺為丸，又用白礬及細茶，等分為末，每服五錢，泉水調下，得吐則止。按古方取白蘘荷，服其汁，并臥其根，知呼蠱者姓名，則其功緩也。三七治蠱，前人未曾述及，有蠱之地，即産斷蠱之藥。物必有制，天道洵好生哉。

清·趙其光《本草求原》卷一山草部　三七即山漆，又名金不換。其葉左三、右四故名。　溫達肝血，甘升，苦降，以行血，入心、肝、胃血分。止血、散血、定痛，為金刃、箭瘡要藥。為末摻。吐血、衄血、崩中下血、血痢、産後惡血不下，為末，米湯下，或酒下，或加入四物湯中。　杖撲傷損，青黑瘀腫，罨之即消。受杖前後，杖前服，血不沖心；　杖後服，尤佳。　赤眼太重，磨汁塗四圍。　目赤癰腫疼痛，醋磨塗，已潰乾摻。　蛇傷虎咬。米飲下，並塗。　獨用尤良，功專故也。

一種庭砌種植，葉如菊艾，以苗葉或根搗敷腫毒，折傷、血病亦效，亦散血、止血之功也。細考田州三七，紅皮、黑心，有菊花紋者真，如人參者上，有節者次。

清·趙其光《本草求原》卷三隰草部　三七葉　甘辛，平。消瘀，散血止血，治跌打閃傷，敷熱瘡，理痰火。

清·文晟《新編六書》卷六《藥性摘録》　三七　一名山漆。甘苦，性微寒而溫。入肝胃，兼入心、大腸血分。化血為水。凡金瘡刀箭所傷，及跌撲杖瘡，血出不止，嚼爛塗之；　或為末，擦之，血即止。○並吐血衄血，下血血痢，崩漏經水不止等症，産後惡露不下，俱宜自嚼，或米飲送下三七末，即愈。○亦治虎咬蛇傷。與血竭同。○廣産。形如人參者是。研用良。有節

者非。

清·張仁錫《藥性蒙求·草部》 三七一錢、五錢 三七微溫，散瘀止血。吐衄損傷，無瘀勿入。味甘、苦，同人參，故人并稱曰參三七。去瘀損，止吐衄，補而不竣，大能消瘀。治跌撲損傷，精血不行，以酒煎服之如神。以末摻猪血中，血化為水者真。又名山漆。得生地、阿膠治吐血捷效。張路玉云：此陽明、厥陰血分之藥，故能治一切血病。獨用研服尤良，取其專力也。〇出廣西、南丹諸州番峒中，每莖上生七葉，下生三根，故名。

清·屠道和《本草匯纂》卷三下血 三七 耑入肝、胃，兼入心、大腸。甘、微苦，溫，無毒。入肝血分，化血為水。止血散血定痛，治吐血衄血，血痢血崩，目赤癰腫，經水不止，產後惡血不下。跌撲損傷，血出不止者，嚼爛塗，或為末摻之，為金瘡杖瘡要藥。並虎蛟蛇傷。蓋血瘀則痛，敷散則血止。三七能於血分活滯，故能止血定痛。試法取入猪血中，血旋化為水者真。能損新血，無瘀者勿用。時珍曰：能合金瘡，如漆黏物。又云：受杖時先服一二錢，則血不衝心，杖後尤宜服之。產廣西。略似白及，其長者如老乾地黃，有節，味微甘，頗似人蔘。

清·戴葆元《本草綱目易知錄》卷一 三七 甘、苦，微溫。入陽明、厥陰血分。止血散血，治吐衄下血，血痢崩中，經水不止，產後惡血不下，血運血痛，赤目癰腫。虎咬蛇傷，金瘡杖瘡，箭傷跌撲，血出不止者，末服，並塗。

清·黃光霽《本草衍句》 三七 止血散血，化瘀血於淋漓。金傷杖傷，消撲傷之青腫。味苦，苦入足陽明、厥陰經。得生地、阿膠治吐血捷效。

清·陳其瑞《本草撮要》卷一 三七 味甘苦，入足陽明、厥陰經，功專治上下血症。得生地、阿膠治吐血捷效，金瘡要藥。又名山漆。

清·鄭奮揚著，曹炳章注《增訂偽藥條辨》卷一 田三七 假田三七，即莪术假造混充，誤入匪淺。按田漆即山漆，一名三七，以葉左三右七，故有是名。產廣西南丹諸州番峒深山中。采根曝乾，黃黑色，團結者狀似白及，長者如老乾地黃。亦有如人形者，有節。味微甘而苦，能止血散血定痛，匪特為金瘡聖藥。或云試法：以三七糝猪血中，血化為水者真。用者不可不明辨也。　炳章按：三七，原產廣西鎮安府，在明季鎮隸田陽。所產之三七，均貢田州，故名田三七。銷行甚廣，亦廣西出品之大宗也。有野生種植之分。其野生形狀類人形者，稱人七，非經百年，不能成人形，為最難得最道地。前廣西百色商會吳寶森君，購得人七一枚，送滬陳列。其他普通野生者，皮黃黑色，肉色黃白兼紅潤皆佳。種植者，如綠豆色亦佳，黃色次之。產湖廣者，名水三七，黃黑色，皮縐有節，略次。產廣東者，名竹節三七，形似良薑，有節而長，色淡紅，別有用處專能。如無節苗者，名蘿蔔三七，皆次。頃廣東出有一種，有蘆肉色白，名新三七，更次。偽者以白芷做成，實害人匪淺，不可不辨也。

帕拉聘

清·趙學敏《本草綱目拾遺》卷五草部下 帕拉聘 七椿園《西域聞見錄》：帕拉聘，草根也。全似三七，但色藍或黑，出溫都斯坦。回地人多往采取，重價貨於回城。云可治疾，中土人弗達，不敢嘗也。治一切陰冷痼疾，服之立除。

西洋參

清·吳儀洛《本草從新》卷一 西洋人參〔補肺降火。〕苦，寒，微甘，味厚氣薄。補肺降火，生津液，除煩倦。虛而有火者相宜。出大西洋佛蘭西。形似遼東糙人參，煎之不香，其氣甚薄，市中偽人參者皆此種所造，最難辨認。

題清·徐大椿《藥性切用》卷三 西洋參 苦寒微甘，補氣清肺，氣味濃厚，功在珠參之上。胃虛不耐寒涼者，宜久製用。

清·趙學敏《本草綱目拾遺》卷三草部上 西洋參 《藥性考》：洋參似遼參之白皮泡丁，味類人參，惟性寒，宜糯米飯上蒸用，甘苦，補陰退熱，薑製，益元扶正氣。《從新》云：出大西洋佛蘭西，形似遼東糙米參，煎之不香，其氣甚薄，若對半擗開者，名片參，不佳。反藜蘆。入藥選皮細潔，切開中心不黑，緊實而大者良。近日有嫌其性寒，飯鍋上蒸數十次而用者，或用桂圓肉拌蒸而用者，忌鐵刀火炒。苦寒微甘，味厚氣薄，補肺降火，生津液，除煩倦，虛而有火者相宜。　腸紅：《類聚要方》：用西洋參蒸桂圓服之，神效。

清·黃凱鈞《藥籠小品》 西洋參 味苦性寒，惟牙宣出血，虛而有火者宜之。更車中馬上噙含數片，亦可生津止渴。世人見其有參之名，又能生津止渴，作為補益之品，火體庶可；其虛寒者，能免脾胃受傷，納減便泄乎？

清·葉桂《本草再新》卷一 西洋參味甘、苦，性涼，無毒。入心、肺、腎三經。呵喘，失血癆傷，固精安神，生產諸虛。

清·趙其光《本草求原》卷一山草部 西洋人參 氣寒，清肺腎；味

甘，微苦重。偏於陰。涼心脾以降火，生津液，除煩倦，消暑，解酒。肺氣本於腎，凡益肺氣之藥，多帶微寒。但此則苦寒，唯火盛傷氣、咳嗽痰血、勞傷失精者宜之。

清·張仁錫《藥性蒙求·草部》 西洋參錢半、三錢 西洋參寒，火燥堪治。止嗽除煩，肺虛賴此。苦寒微甘，味厚氣薄。補肺降火，生津液，除煩倦。虛而有火者相宜。宜糯米飯上蒸用。薑製則益元，扶正氣。西洋參蒸桂圓肉，賜紅服之神效，一名代參膏。

清·戴葆元《本草綱目易知錄》卷一 西洋參 苦，寒。色白，味厚氣薄，肺經氣分藥。降肺中伏火，瀉肝腎虛熱，生津止渴，明目安胎，益心肺，止驚煩。治邪熱結胸，懊憹不眠，暑熱溫邪，唇焦口躁，肺熱咳嗽，頭旋嘔吐。水虧金躁者，宜之。寒客肺中及虛寒者，忌。反藜蘆。

清·鄭奮揚著，曹炳章注《增訂偽藥條辨》卷一 西洋參 皮色微黃者，以小稀充之。皮色純白者，以沖白攙之。其味不苦。又以苦參煎湯，浸而晒之，虛寒之體，誤服即瀉。花旗所產，又有一種肉色黃者，價最貴，竟以新山之太極參偽充之。近人方劑，喜用洋參。若以貴價買假藥，且於病無益而有害，洵堪浩歎，用者慎之。 炳章按：西洋參，形似遼參而小。產於美國。向來祇有光、白二種，近時更增毛皮參一種。因光參由日本人作偽，以生料小東洋參，擦去表皮，名曰副光，售與我國。貪利市儈，偽充西參以害同胞，天良喪盡，恥莫大焉。蓋西參滋陰降火，東參提氣助火，效用相反。凡是陰虛火旺勞嗽之人，每用真西參，則氣平火斂，咳嗽漸平。若用偽光參，則反現面赤舌紅，乾咳痰血，口燥氣促諸危象焉，以致醫者見西參有裹足不前之感。故近年美商有不去表皮之毛西參，運入我國，意在杜絕某國浪人之作偽。詎知通行未逾十年，而某國原皮偽毛參又混售市上。病家服藥，可不慎歟！偽西參之為害既如此，而卒不能革除者，何也？因真西參之價，每斤八九十元，而偽參每斤僅八九元耳。販賣真參者，得利甚微。混售偽參，則利市十倍。我國商人，大抵目光淺短，素少公眾道德觀念，祇知孳孳為利，不顧有害於民眾。作偽者，所以有如是之盛也。 至欲鑒別其真偽，必須分氣味形色性質。真光西參，色白質輕性鬆，氣清芬，切片內層肉紋有細微菊花心之紋眼，味初嚼則苦，漸含則兼甘味，口覺甚清爽，氣味能久留口中。若副光偽參，色雖白，質重而堅，內層肉紋多實心，無菊花心紋眼，亦無清芬之氣，嚼之初亦先苦後甘，數咽後即淡而無味，不若真者能久留口中。毛西參，皮紋深縐微灰黑色，內肉鬆白，質亦輕，性鬆，氣清芬，味苦兼甘，含嚥清爽鮮潔為道地。偽毛參皮紋深陷，質堅實，味微苦中兼微甘，後即淡而兼澀黏舌者，此即偽也。如鄭君所謂苦參煎湯浸入，亦非其本有之味也，苟誤用之，亦屬有害無益，願衛生家注意之。

土當歸

明·蘭茂原撰，范洪等抄補《滇南本草圖說》卷四 土當歸 性溫，味辛、微苦。主治：引血歸經，入心、肝、脾三經。止腹痛，除面寒背寒，消癰疽，排膿定痛。

明·蘭茂撰，清·管暄校補《滇南本草》卷中 土當歸 溫，味辛、微苦。其性走而不守，引血歸經，入心肝脾三經。止腹疼痛，止面寒背寒痛，消癰疽，排膿定痛。

附方：治面寒背寒，肝氣疼。土當歸不拘多少，新瓦焙乾，為末，引用燒酒服。

明·李時珍《本草綱目》卷一三草部·山草類下 土當歸《綱目》 【集解】【缺】

根 【氣味】辛，溫，無毒。 【主治】除風和血，煎酒服之。閃拗手足，同荆芥、葱白煎湯淋洗之。時珍。出《衛生易簡方》。

明·佚名氏《醫方藥性·草藥便覽》 土當歸 其性溫。散諸血之惡，首治飛瘍之全風。

清·何諫《生草藥性備要》卷上 土當歸 味辛，性溫。散血，消瘡。俗云頭能補血。婦人勿服。

附：琉球·吳繼志《質問本草》內篇卷二 獨活 生原野，春生苗，高四尺許，葉有細鋸齒。又有細白毛，六七月開花結子。觀此種名為獨活，其性溫散，能治去風散寒。但性太厚，若用酙酌，非地道也。癸卯，陳太枝、高萬年。

清·吳其濬《植物名實圖考》卷二五 土當歸 江西、湖南山中多有之，形狀詳《救荒本草》。惟江湖產者花紫。李時珍以入山草，未述厥狀；但於獨活下謂之水白芷，亦以充獨活，今江西土醫猶以為獨活用之。

都管草

宋・唐慎微《證類本草》卷三〇外草類〔宋・蘇頌《本草圖經》〕 都管草生施州及宜州田野。味苦、辣，性寒。主風癰腫毒，赤疣，以醋摩其根塗之。亦治喉咽腫痛，切片含之，立愈。其根似羌活頭，歲長一節，高一尺許。葉似土當歸，有重臺生。二月、八月採根，陰乾。施州生者作蔓，又名香毬，蔓長丈餘，赤色，秋結紅實，四時皆有，採其根枝，煎湯淋洗，去風毒瘡腫。

明・劉文泰《本草品彙精要》卷四一 都管草蔓生。

都管草：主風癰腫毒，赤疣，以醋磨其根塗之。亦治咽喉腫痛，切片含之，立愈。出《圖經》。〖名〗香毬。〖苗〗《圖經》曰：其根似羌活，頭歲長一節，高一尺許，葉似土當歸，有重臺。施州生者作蔓，又名香毬，蔓長丈餘，赤色，秋結紅實，四時皆有。〖地〗《圖經》曰：生施州及宜州田野。〖時〗生：春生苗。採：二月、八月取根。〖收〗陰乾。〖用〗根。〖味〗苦，辣。〖性〗寒，洩。〖氣〗氣薄味厚，陰中之陽。〖治〗療：《圖經》曰：採其根枝，煎湯淋洗，去風毒瘡腫。

明・李時珍《本草綱目》卷一三草部・山草類下 都管草宋《圖經》

〖集解〗頌曰：都管草生宜州田野，根似羌活頭，歲長一節，苗高一尺許，葉似土當歸，有重臺，二月、八月採根陰乾。施州生者作蔓，又名香毬，蔓長丈餘，赤色，秋結紅實，四時皆有，採其根枝，淋洗風毒瘡腫。時珍曰：按范成大《桂海志》云：廣西出之，一莖六葉。

根 〖氣味〗苦、辛，寒，無毒。〖主治〗風腫癰毒赤疣，以醋摩塗之。亦治咽喉腫痛，切片含之，立愈蘇頌。解蜈蚣、蛇毒時珍。

清・吴其濬《植物名實圖考》卷八 都管 都管草，宋《圖經》外編。生宜州。根似羌活，葉似土當歸。主風腫、癰毒、咽喉痛。《桂海虞衡志》云：一莖六葉。

桔梗

宋・李昉《太平御覽》卷第九九三 桔梗 《廣雅》曰：犁如，桔梗。《管子》曰：五沃之土，生桔梗。《范子計然》曰：桔梗，出河東洛陽。《戰國策》曰：淳于髡一日而見七士於宣王，王曰：寡人聞千里之一士，是比肩而相望。百世一聖，若隨踵而生也。今子一朝而見七士，士不亦衆乎？淳于髡曰：夫鳥同翼者聚飛，獸同足者俱行。今求桔梗於沮澤，累世不能得，〔及〕之睾黍、梁父之陰，則却車載耳。王求士於髡，譬挹水於河，取火於燧也。《建康記》曰：建康出桔梗，極精好。《搜神記》曰：鄱陽趙壽，有犬蠱，有陳岑詣壽，忽有大黄犬六七羣出吠岑。後余相伯歸與壽婦食，吐血幾死。屑桔梗以飲之，乃愈。《本草經》曰：桔梗，一名犁如。味辛，微温。生山谷。治骨脇痛，腸鳴驚悸。生嵩高。《吴氏本草經》曰：桔梗，一名符扈，一名白藥，一名利如，一名梗草，一名盧茹。神農、醫和：苦，無毒。扁鵲、黄帝：鹹。岐伯、雷公：甘，無毒。李氏：大寒。葉如薺苨，莖如筆管紫赤。二月生。

宋・唐慎微《證類本草》卷一〇草部下品〔《本經・別録・藥對》〕 桔梗 **味辛**、苦，**微温**，有小毒。**主胸脇痛如刀刺，腹滿腸鳴幽幽，驚恐悸氣**，利五藏腸胃，補血氣，除寒熱風痹，温中消穀，療喉咽痛，下蠱毒。一名利如，一名房圖，一名白藥，一名梗草，一名薺苨。生嵩高山谷及冤句。二八月採根，暴乾。節皮爲之使。得牡蠣、遠志，療恚怒。得消石、石膏，療傷寒。畏白及、龍眼、龍膽。

〔梁・陶弘景《本草經集注》〕云：近道處處有，葉名隱忍。二三月生，可煮食之。桔梗療蠱毒甚驗，俗方用此，乃名薺苨。今別有薺苨，能解藥毒，所謂亂人參者便是。非此桔梗，而葉甚相似。但薺苨葉下光明、滑澤、無毛爲異，葉生又不如人參相對者爾。〔唐・蘇敬《唐本草》〕注云：人參，苗似五加，闊短，莖圓，有三四椏，椏頭有五葉。陶引薺苨亂人參，謬矣。且薺苨、桔梗，又有葉差互者，亦有葉三四對者，皆一莖直上，葉既相亂，惟以根有心、無心爲別爾。〔宋・掌禹錫《嘉祐本草》〕按：《藥性論》云：桔梗，臣，味苦，平，無毒。能治下痢，破血，去積氣，消積聚痰涎，主肺氣，氣促嗽逆，除腹中冷痛，主中惡及小兒驚癇。日華子云：下一切氣，止霍亂轉筋，心腹脹痛，補五勞，養氣，除邪辟溫，補虚，消痰破癥瘕，養血排膿，補内漏及喉痹，瘀毒，以白粥解。〔宋・蘇頌《本草圖經》〕曰：桔梗，生嵩高山谷及冤句，今在處有之。根如小指大，黄白色。春生苗，莖高尺餘。葉似杏葉而長橢，四葉相對而生，嫩時亦可煮食之。夏開花紫碧色，頗似牽牛子花，秋後結子。八月採根，細剉暴乾用。葉名隱忍。其根有心，無心者乃薺苨也。而薺苨亦能解毒，二物頗相亂。但薺苨葉下光澤無毛爲異。關中桔梗，根黄頗似蜀葵根。莖細，青色。葉小，青色，似菊花葉。古方亦單用之。《古今録驗》：療卒中蠱，下血如雞肝者，晝夜出血石餘，四藏皆損，惟心未毁，或鼻破待死者。取桔梗擣屑，以酒服方寸匕，日三。不能下藥，以物拗口開灌之。心中當煩，須臾自定，服七日止。當食猪肝臛以補之，神良。《集驗方》：療胸中滿而振寒，脉數，咽燥，不渴，時時出濁唾腥臭，久久吐膿如粳米粥，是肺癰。治之以桔梗、甘草各二兩，炙，以水三升，煮取一升。分再服，朝暮

吐膿血則差。

〔宋・唐慎微《證類本草》〕雷公云：凡使，勿用木梗，真似桔梗，咬之只是腥澁不堪。凡使，去頭上尖硬二三分已來，并兩畔附枝子。於槐砧上細剉，用百合水浸一伏時，漉出，緩火熬令乾用。每修事四兩，用生百合五分搗作膏，投於水中浸。《聖惠方》：治馬喉痹并毒氣壅塞。用桔梗二兩，去蘆頭剉，以水三大盞，煎至一盞，去滓，不計時分溫三服。又方：妊娠中惡，心腹疼痛。用桔梗一兩細剉，水一中盞，入生薑三片，煎至六分去滓，非時溫服。《外臺秘要》：治卒客忤停尸不能言者。燒桔梗二兩，末，米飲服，仍吞麝香如大豆許，佳。《千金方》：治喉閉并毒氣。桔梗二兩，水三升，煮取一升，頓服。又方：鼻衄方：桔梗爲末，水服方寸匕，日四五，亦止吐下血。《百一方》：若被打擊，瘀血在腸内，久不消，時發動者。取桔梗末，熟水下刀圭。《經驗後方》：治骨槽風，牙疼腫。桔梗爲末，棗穰和丸如皂子大，綿裹咬之。腫則荆芥湯漱之。《簡要濟衆》：治痰嗽喘急不定。桔梗一兩半，搗羅爲散，用童子小便半升，煎取四合，去滓溫服。《子母秘録》：治小兒卒客忤死。燒桔梗末，三錢匕飲服。杜壬：治上焦有熱，口舌咽中生瘡，嗽有膿血。桔梗一兩，甘草二兩，右爲末，每服二錢，水一盞，煎六分去滓，溫服，食後細呷之，亦治肺壅。梅師方：治卒蠱毒，下血如鵝肝，晝夜不絕，藏府敗壞。桔梗搗汁，服七合佳。

宋・寇宗奭《本草衍義》卷一一　桔梗　治肺熱，氣奔促嗽逆，肺癰排膿。陶隱居云俗方用此，乃名薺苨。今別有薺苨，所謂亂人參者便是，非此桔梗也。《唐本》注云：陶引薺苨亂人參，謬矣。今詳之，非也。陶隱居所言，其意止以根言之，所以言亂人參。《唐本》注却以苗難之，乃本注誤矣。

宋・鄭樵《通志》卷七五《昆蟲草木略》　桔梗　曰利如，曰房圖，曰白藥，曰梗草，曰薺苨。以其能亂薺苨，故亦有其名。葉曰隱忍。

金・張元素《潔古珍珠囊》〔見元・杜思敬《濟生拔粹》卷五〕　桔梗辛苦陰中之陽。療咽喉痛，利肺氣，治鼻塞。為舟楫之劑。與草龍膽相反。

宋・劉明之《圖經本草藥性總論》卷上　桔梗　味辛、苦，微溫，有小毒。主胸脇痛如刀刺，腹滿腸鳴，驚恐悸氣，利五臟腸胃，補血氣、除寒熱風痺，溫中消穀，療喉咽痛，下蠱毒。《藥性論》云：臣。治下痢，破血去積氣，消積聚痰涎。主肺氣、氣促嗽逆，除腹中冷痛。主中惡及小兒驚癇。日華子云：下一切氣，止霍亂轉筋，心腹脹痛，補五勞，養氣，除邪，辟溫補虛，消虛痰，破癥瘕瘀血排膿，補内漏及喉痺，癥毒，以白粥解。節皮為之使。得牡蠣、遠志，療恚怒。得消石、石膏，療傷寒。畏白及、龍眼、龍膽。生嵩山山谷，近道處處有。

宋・陳衍《寶慶本草折衷》卷一〇　桔梗臣。灰在内。　一名梗草，一名利如，一名房圖，一名薺苨，一名白藥。○《博濟方》用者名白三稜。生嵩高山谷及冤句、關中，和、解、成州。今在處有之。○二、八採根，剉，暴乾。○節皮為使，畏白及、龍眼、龍膽。《本草》未見節皮之名。

味辛、苦，平、微溫，無毒。○主胸脇痛，腹滿腸鳴，驚恐悸氣。利五藏腸胃，補血氣，除寒熱風痹，溫中消穀，療喉咽痛，下蠱毒。○《藥性論》云：治下痢，破血，去積氣，消痰涎，主肺氣促，嗽逆，腹中冷痛，中惡，小兒驚癇。○日華子云：下氣，止霍亂轉筋，心腹脹痛。除邪，辟溫，破癥瘕，養血，排膿，補内漏，及喉痹，癥毒。○《圖經》曰：根如指大，黄白色，有心。無心者乃薺苨也。桔梗療振寒、咽燥、不渴，濁唾腥臭，吐膿肺癰。以桔梗、甘草各貳兩，炙以水叁升，煮取壹升，分再服，吐膿血則差也。○《外臺秘要》：治卒客忤，不能言。燒桔梗貳兩，末，米飲服，仍吞麝香如大豆許佳。○寇氏曰：治肺熱氣奔促。

續說云：《十便方》論桔梗：白肥、蠶頭、鼠尾者為上，歧頭者不佳也。然桔梗之與薺苨形模近似，名稱相重，皆當依《圖經》所辨，則不致疑貳矣。

元・王好古《湯液本草》卷三　桔梗　氣微溫，味辛、苦，陽中之陽。味厚氣輕，陽中之陰也。有小毒。入足少陰經，入手太陰肺經藥。《象》云：治咽喉痛，利肺氣。去蘆，米泔浸一宿，焙乾用。《珍》云：陽中之陰，謂之舟楫，諸藥有此一味，不能下沉。治鼻塞。《心》云：利咽嗌胸膈之氣。以其色白，故屬肺。辛甘微溫，治寒嘔，若咽中痛，桔梗能散之也。《本草》云：主胸脇痛如刀刺，腹滿，腸鳴幽幽，驚恐悸氣。利五臟腸胃，補血氣，除寒熱風痹，温中消穀，療咽喉痛，下蠱毒。易老云：與國老並行，同為舟楫之劑。如將軍苦泄峻下之藥，欲引至胸中至高之分成功，非此辛甘不居，譬如鐵石入江，非舟楫不載，故用辛甘之劑以升之也。《衍義》云：治肺熱氣奔促，欬逆，肺癰排膿。《本草》又云：節皮為之使。得牡蠣、遠志，療恚怒；得硝石、石膏，療傷寒。畏白及、龍眼、龍膽。

元・尚從善《本草元命苞》卷五　桔梗　為臣。辛、苦，微溫，有小毒。升，為陰中之陽，與國老同為舟楫之劑，手太陰引經之藥。行胸中最高之分，

止咽痛兼無除鼻塞，利膈氣仍治肺癰。主胸脇痛如刀刺，除寒熱風痺。通經，療腹滿腸鳴，濕中消穀。治驚恐悸氣，小子癲癎，破癥瘕，養血排膿，補虛損，消痰止嗽，定肺氣喘促。醫客忤，辟溫。除腹中冷痛，止霍亂轉筋。治恚怒，淂牡蠣、遠志者良。療傷寒，佐硝石、石膏至妙。有瘡毒，白粥解之。畏龍膽。節皮為使。生嵩高山，今所在有。根如小指大，苗莖高尺餘，葉似杏長，花開紫碧，秋後結實，八月採根。有心為桔梗，無心乃薺苨。薺苨，味甘，寒，能解百藥毒。主熱狂溫疾，殺蟲毒蛇咬。

元・朱震亨《本草衍義補遺》 桔梗　能開提氣血，氣藥中宜用之。桔梗能載諸藥，不能下沉，為舟楫之劑耳。

元・佚名氏《珍珠囊・諸品藥性主治指掌》〔見《醫要集覽》〕 桔梗　味苦、辛，性微溫，有小毒。升也，陰中之陽也。其用有四：止咽痛兼除鼻塞，利膈氣仍治肺癰，一為諸藥之舟楫，一為肺部之引經。

元・徐彥純《本草發揮》卷二 桔梗　成聊攝云：辛散而苦泄。桔梗、貝母之苦辛，用以下氣。又云：桔梗辛溫以散寒。潔古云：桔梗治咽喉痛，利胸中氣。《主治秘訣》云：味辛、苦，微溫，味厚氣薄，陽中陰也。肺經之引藥，辛苦微温，乃散寒嘔。若咽中痛，非此不能除。陽中之陽，謂之舟楫，諸藥中有此一味，不能下沉。治鼻塞。去蘆，米泔浸一宿，焙乾用。東垣云：桔梗性涼，味甘，苦，味厚氣薄，浮而升，陽也。其用有五：利胸膈咽喉氣壅及痛，一也；破滯氣及積塊，二也；肺部風熱，三也；清利頭目，四也；利竅，五也。海藏云：入手太陰、足少陽經。易老言桔梗與國老竝行，同為舟楫之劑，如用將軍，苦泄峻下之藥。欲引至胸中至高之分成功，非此辛甘不居。譬如鐵石入江，非舟楫不載。故用辛甘之劑，以升之也。《衍義》云：治肺熱，氣奔促欬逆，肺癰排膿。丹溪云：桔梗能開提氣血，氣藥中宜兼用之。

明・朱橚《救荒本草》卷上之前 桔梗　一名利如，一名房圖，一名白藥，一名梗草，一名薺苨。生嵩高山谷及寃句、和州、解州。今鈞州、密縣山野亦有之。根如手指大，黃白色；春生苗莖，高尺餘，葉似杏葉而長橢，四葉相對而生，嫩時亦可煮食，開花紫碧色，頗似牽牛花；秋後結子。葉名隱忍。其根有心。無心者乃薺苨也。根葉味辛、苦，性微溫，有小毒。一云味苦，性平，無毒。節皮為之使。得牡蠣、遠志療恚怒，得硝石、石膏療傷寒。畏白及、龍眼、龍膽。救饑：採葉煠熟，換水浸去苦味，淘洗淨，油鹽調食。治病：文具《本草》草部條下。

明・王綸《本草集要》卷二 桔梗臣　味辛苦，氣微溫。味厚氣輕，陽中之陰。有小毒。畏白及、龍眼、龍膽。凡使去頭及兩畔附枝，米泔浸一宿，焙乾用。主胸脇痛如刀刺，腹滿腸鳴幽幽，驚恐悸氣。治鼻塞，喉咽痛及喉痹，利嗌咽胸膈之氣，治肺熱氣奔促，嗽逆，消痰涎，肺癰排膿。養血，補內漏。治下痢，破血積氣，中惡下蠱毒及小兒驚癎客忤。能載諸藥不下沉，故名舟楫。如大黃苦泄峻下之藥。欲引至胸中至高之分成功必用此。又能開提氣血，氣血藥中宜用之。又得牡蠣、遠志，療恚怒；消石、石膏，療傷寒。

明・滕弘《神農本經會通》卷一 桔梗　臣也。節皮為之使，畏白及、龍眼、龍膽。凡使去頭上尖硬及兩畔附枝。米泔浸，焙乾用。味辛、苦，氣微溫，有小毒。《湯》云：味厚氣輕，陽中之陰也。入足少陰經、入手太陰肺經藥。東云：升也，陰中陽也。止咽痛，兼除鼻塞，利膈氣，仍治肺癰。一為諸藥之舟楫，一為肺部之引經。又云：下氣，利胸膈，治咽喉。《珍》云：平肺經風熱，破左壁積滯，清利頭目，治鼻塞，發散寒嘔，除咽疼。《衍》云：驚癎，消痰下氣，活血排膿，解痢，并咽、腦、腹、脇、腸諸病。

《本經》云：主胸脇痛如刀刺，腹滿，腸鳴幽幽，驚恐悸氣，利五臟腸胃，補血氣，除寒熱風痺，溫中消穀。療喉咽痛。下蠱毒。一名薺苨。二月採根，暴乾。《本草》又云：得牡蠣、遠志療恚怒，得消石、石膏療傷寒。《藥性論》云：桔梗，臣。味苦，平，無毒。能治下痢，破血，去積氣，消積聚痰涎。主肺氣，氣促嗽逆，除腹中冷痛。主中惡及小兒驚癎。日華子云：下一切氣，止霍亂轉筋，心腹脹痛，補五勞，養氣，除邪辟溫，補虛，消痰，破癥瘕，養血排膿，補內漏，及喉痺痰毒，以白粥解。《珍》云：治鼻塞。《心》云：利益咽胸膈之氣，以其色白，故屬肺。辛甘，微溫，治寒嘔。若咽中痛，桔梗能散之也。易老云：能載諸藥不下沉，與國老並行，同為舟楫之劑。如大黃苦泄峻下之藥，欲引至胸中至高之分成功，非此辛甘不居。丹溪云：能開提氣血，氣血藥中宜用之。《衍義》云：治喉痺，肺熱，氣奔促嗽逆，肺癰排膿。《象》云：治咽喉痛，利肺氣。去蘆，米泔浸，焙乾用。《珍》云：陽中之陰，謂之舟楫，諸有此一味，不能下沉。易老云：譬之鐵石入江，非舟楫不載，故用辛甘之劑，以升之也。劊云：桔梗微溫味辛苦，止咽痛治肺之

癰。寬胸利鼻無壅塞，引藥須知有肺中。《局》云：　桔梗能除胸脇痛，補虛益氣更溫中。咽喉痰熱尤能療，止嗽排膿治肺癰。　桔梗，瀉肺癰，清喉痛，止嗽，寬胸。

明・劉文泰《本草品彙精要》卷一三　桔梗有小毒　植生。

桔梗出《神農本經》：**主胸脇痛如刀刺，腹滿腸鳴幽幽，驚恐，悸氣。**以上朱字《神農本經》。利五臟腸胃，補血氣，除寒熱，風痹，溫中，消穀，療咽喉痛，下蠱毒。以上黑字名醫所錄。　【名】利如、房圖、白藥、梗草　葉：隱忍。

【苗】《圖經》曰：　春生苗，莖高尺餘，葉似杏葉而長橢，四葉相對而生，嫩時亦可煮食之。夏開花紫碧色，頗似牽牛花，秋後結子，其根有心如小指大，黃白色。無心者乃薺苨也。而薺苨亦能解毒，二物頗相亂。但薺苨葉下光澤無毛爲異。關中桔梗，根黃頗似蜀葵根，莖細葉小，俱青色，葉似菊花葉耳。《唐本》注云：　薺苨、桔梗又有葉差互者，亦有葉三四對者，皆一莖直上，葉既相亂，惟以根有心無心爲別爾。　【地】《圖經》曰：　生嵩高山谷及冤句，在處有之。【道地】解州、成州、和州。　【時】生：　春生苗。採：　二月、八月取根。　【收】暴乾。　【用】根堅直白者爲好。　【質】類人參。　【色】白。　【味】辛，苦。　【性】微溫，散。　【氣】味厚氣輕，陽中之陰。　【臭】香。　【主】利肺氣，止喉痹。　【行】手太陰經，足少陰經。　【助】節皮爲之使。　【反】畏白及、龍眼、龍膽。　【製】去蘆頭，剉碎用。　【治】療：《藥性論》云：　止下痢，破血，去積氣，消積聚，痰涎，主肺氣，氣促，嗽逆，除腹中冷痛，主中惡及小兒驚癇。日華子云：　下一切氣，止霍亂轉筋，心腹脹痛，養氣，除邪，辟溫，補虛痰，破癥瘕，養血，排膿，補內漏。《湯液本草》云：　治鼻塞，寒嘔。《別錄》云：　鼻衄及吐血，爲末水服方寸匕，立止。又打擊瘀血在內，久不消，時發動者，擣末，熟水下刀圭，瘥。及卒蠱毒下血，如鵝肝，晝夜痛不絕，臟腑敗壞者，擣汁服七合，瘥。補：　日華子云：　補五勞，養氣血。　【合治】合甘草各二兩，以水三升，煮一升，分再服，療胸中滿而振寒，脈數，咽燥，不渴，時時出濁唾腥臭，日久吐膿如粳米粥，是肺癰也，服後朝暮吐膿血，則瘥。又治上焦有熱，口舌咽中生瘡者。○以一兩細剉，合生薑三片，水一盞煎至一分，去滓，溫服，療妊娠中惡，心腹疼痛。○以二兩燒末，合米飲調服，仍服麝香如大豆許，治卒客忤，停尸不能言者。　【忌】豬肉。【解】瘊毒，以白粥解之。　【贗】薺苨爲僞。

明・葉文齡《醫學統旨》卷八　桔梗　氣微溫，味辛、苦，有小毒。浮而升，陰中陽也。手太陰引經藥。畏白及、龍眼、龍膽。去蘆，米泔浸一宿，焙乾用。　治胸脇痛如刀刺，腹滿腸鳴，幽幽驚恐悸氣；　鼻塞，咽喉痺痛，利胸膈，除肺熱氣促，鼻塞嗽逆；　消痰涎，破積塊，清頭目，補內漏；　肺癰，排膿下痢，破血，中惡蠱毒，及小兒驚癇客忤。　能載諸藥不下沉，又能開提氣血，血藥中宜兼用之。

明・許希周《藥性粗評》卷一　桔梗司舟楫之功，浮上焦而導利。

桔梗，一名梗草，一名白藥。春生苗，高尺餘，其葉名隱忍，似杏葉而長，四葉相對生，夏開花紫碧色，秋後結子。南北山野處處有之，出成州和州者為勝。二八月採根，去蘆頭并附鬚，暴乾。節皮為之使，畏白及、龍眼、龍膽。此根有心，其無心者名薺苨，另有本條。　味辛、苦，性微溫，有小毒。入手太陰肺經。主治肺熱肺癰，胸滿脇痛，氣促咳逆，轉筋霍亂，寒熱風痹，溫中下氣，消食化痰，排膿散血，止痢安胃，開提血氣，導利胸膈，善載諸味浮於上焦而不下沉。易老云：　桔梗與國老並行，同爲舟楫之劑，如用將軍苦洩峻下之藥，引至胸中至高之分，以成功非此不居，譬如鐵石入江，非舟楫不載。成聊攝云：　桔梗，貝母之苦，用以下氣。愚謂桔梗功用甚多，是不徒於上浮者也。

單方：　痰喘：　桔梗一二兩，剉，童子小便二升，或一升，煎取一半，去渣溫服。　咽瘡：　桔梗一兩，甘草二兩，剉，相合，每服二錢，水一盞，煎六分，去渣，溫服，食後細呷之。或以治肺癰亦可。　內損血瘀：　凡被跌打，內損瘀血作痛者，桔梗為末，米飲調下二三錢，其塊自下。　小兒客忤：　小兒中風客忤，以桔梗燒焦，米飲調下二錢。　中蠱下血：　桔梗乾者，剉為末，溫酒調下一錢匕，其毒自下。　心腹疞疼：　桔梗一兩，剉，水一盞，生薑三片，煎取六分，去渣，溫服。

明・鄭寧《藥性要略大全》卷二　桔梗臣　止咽痛，除鼻塞，利膈氣，治肺癰。一為諸藥之舟楫，使諸藥不能下沉；　一為肺部之引經，升藥氣行於至高之分，下氣寬胸之劑也。　東垣云：　治痢，破血，去積氣，消積聚痰涎氣促，除腹中冷痛，主胸脇痛如刀刺，腹滿腸鳴，驚悸。療咽痛，下蠱毒。治肺氣奔促咳逆，肺癰排膿。　又曰：　和五臟，補血。○一曰：　止霍亂轉筋。　《湯液》云：　如大黃苦泄峻下之藥，欲引至胸中至高之分成功，非此辛甘之劑不能升之。　味苦、辛，性微溫。一云：　性平，無毒。升也，陰中陽也。入手太陰肺、足少陰腎二經。畏白及、龍眼、龍膽草。凡用去蘆及兩

畔腐枝，米泔浸一宿，烘乾用。

明・賀岳《醫經大旨》卷一《本草要略》 桔梗 《衍義補遺》言其能開提氣血，氣藥中宜用之，其載諸藥而行上行表，故為舟楫之劑。惟加葱白、石膏則升氣於至陰之下，雖然亦上升也，能治氣血凝滯，而痰擁等疾者，蓋以開提氣血，則痰亦自是而疏通矣。故瘡癤癰疽，及在表實證皆宜用之。故必假是以為舟楫，載諸藥而行上行表，使其氣血疏通，則痰亦濡潤，而結核為之自釋。下虛者及怒氣上升者皆不可用。

明・陳嘉謨《本草蒙筌》卷二 桔梗 味辛、苦，氣微溫。味厚氣輕，陽中陰也，有小毒。嵩山註前雖盛，近道亦多。交秋分後採根，噬味苦者入藥。蘆苗去淨，泔漬洗米泔漬一宿。焙乾。入手足肺膽二經，畏白及龍眼龍膽。開胸膈除上氣壅，清頭目散表寒邪。敺脇下刺疼，通鼻中窒塞。咽喉腫痛急覓，中惡蠱毒當求。逐肺熱住欬下痰，治肺癰排膿養血。仍消恚怒，尤卻怔忡。又與國老甘草並行，同為舟楫之劑。載諸藥不致下墜，引將軍大黃可使上升。解利小兒驚癇，開提男子血氣。○薺苨別種，味甘氣寒。在處山谷生，苗與桔梗似。根甚甘美，可亂人參。土人取蒸、壓匾以充人參賣者，即此是也。善解諸毒，別無所能。蛇蟲毒搗敷，藥石毒生服。以毒藥與之共處，其毒氣自旋消無。野猪被毒箭中傷，亦每食此物得出。

明・方穀《本草纂要》卷一 桔梗 味辛、苦，氣微溫，味厚氣輕，陽中之陰，有小毒。入太陰肺經，爲引經之藥。主利肺氣，通咽膈，寬中理氣，開鬱行痰之要藥也。蓋咳嗽痰喘，非此不除，有順氣豁痰之功；頭目之病，非此不療，有載藥上行之妙。且如中膈不清，或痰或氣之所鬱，劑用二陳，佐以枳桔治之，無有不愈；咽喉、口齒或火或熱之所使，治用芩連，佐以甘桔用之，無有不痊。大抵桔配於枳，有寬中下氣之妙，桔配於草，有緩中上行之功。又云：甘草之味緩，不可加枳桔之性，上而復下。今也欲其下氣，必當去甘草，而配以枳殼；欲其上行又必加甘草，而去其枳殼，所以古方立甘桔湯、枳桔湯以治咽痛鬱結之症者，良有義哉。

明・王文潔《太乙仙製本草藥性大全》卷一《本草精義》 桔梗 一名利如，一名房圖，一名白藥，一名梗草，一名薺苨。生嵩高山谷及寃句，今在處有之。根如小指大，黃白色，春生苗，莖高尺餘，似杏葉而長橢，四葉相對而生，嫩時亦可煮食之。夏開花，紫碧色頗似牽牛子花，秋後結子。八月採根，細剉晒乾用。葉名隱忍，其根有心，無心者乃薺苨也。

薺苨別種，味甘氣寒。在處山谷生，苗與桔梗相似。但薺苨葉下光澤無毛爲異；關中桔梗根黃，頗似蜀葵根，莖細青色，葉小青似菊花葉，根甚甘美，可亂人參，土人取蒸壓匾以充人參賣者，即此是也。善解諸毒，別無所能。蛇蟲毒搗敷，藥石毒生服，以毒藥與之共處，其毒氣自旋消無。野猪被毒箭中傷，亦每食此物得出。

明・王文潔《太乙仙製本草藥性大全》卷一《仙製藥性》 桔梗 味辛、苦，氣微溫，味厚氣輕，陽中陰也，有小毒。主治：開胸膈，除上氣壅；清頭目，散表寒邪。治腹滿腸鳴幽幽驚恐悸氣，利咽嗌喉痹氣促嗽逆痰涎。補內漏積氣，治下痢破血。驅脇下刺痛，通鼻中窒塞。咽喉腫痛急覓，中惡蠱毒當求。逐肺熱，住欬下痰；治肺癰，排膿養血；仍消恚怒，尤却怔忡。又與國老甘草並行，同爲舟楫之劑，載諸藥不致下墜。引將軍大黃可使上升，解利小兒驚癇，開提男子血氣。補註：妊娠中惡，中腹疼痛，用桔梗一兩，細剉，水一中盞，入生薑三片，煎至六分，去滓，非時溫服。○卒客忤停尸不能言者，燒桔梗二兩末，米飲服，仍吞麝香如大豆許，甚佳。○喉閉并毒氣，桔梗二兩，水三升，煎取一升，頓服。卒蠱毒下血如鵝肝，晝夜不絕，臟腑敗血，桔梗搗汁，服七合，佳。○鼻衄方：桔梗爲末，水服方寸匕，日四五服。亦止吐、下血。○被打擊瘀血在腸內，久不消，時發動者，取桔梗末，熟水下〔一〕刀圭。○治骨槽風牙痛腫，桔梗爲末，棗瓤和丸如皂子大，綿裹咬之，腫則荊芥湯漱之。○痰嗽喘急不定，桔梗一兩半，搗羅爲散，用童便半升，煎取四合，去滓，溫服。○小兒卒客忤死，燒桔梗末三錢匕，飲服。太乙曰：凡使勿用木梗，真似桔梗，咬之只是腥澀不堪。凡使去頭上尖硬二三分已來，并兩畔附枝子，於槐砧上細剉，用百合水浸一伏時，漉出，緩火熬令乾用。每脩事四兩，用生百合五分，搗作膏，投於水中浸。

明・皇甫嵩《本草發明》卷二 桔梗下品之上，佐使。氣微溫，味苦，有小毒。陽中之陰也。入手太陰、足少陰經。 發明曰：桔梗舟楫之劑，載諸藥上行，乃肺經上部藥。故《本草》云：療咽痛鼻塞，利膈氣，治肺咳肺熱，氣奔促，乃專功也。以其開提氣血，氣藥中宜用之。故主胸脇痛如刀刺，腹滿腸鳴，驚恐悸氣，小兒驚癇客忤，兼治氣血凝滯，痰壅積氣，寒熱風痺，辟溫除邪，溫中消穀，療肺癰排膿，破血中惡，下蠱毒等症者，由能行上行表，使其氣血流通

也。若下虛及怒氣上升，皆不可用。又云：入足少陰腎，故補氣血，利五臟腸胃，補五勞。養氣補虛痰之說，豈真能補哉？抑亦金為水化源，少陰穴在咽喉肺部位，而水臟與之相通歟？然利肺氣之功用為專。○與甘草並行，同為舟楫之劑。如大黃苦泄峻下之藥，欲引至胸中至高之分，非此不居。得牡(礪)〔蠣〕、遠志，療恚怒。得硝石、石膏，療傷寒。畏白及、龍眼、龍膽草。

明・李時珍《本草綱目》卷一二草部・山草類上

桔梗《本經》下品

〔釋名〕白藥《別錄》　梗草《別錄》　薺苨《本經》。時珍曰：此草之根結實而梗直，故名。《吳普本草》一名利如，一名符扈，一名房圖，方書並無見，蓋亦庾詞爾。桔梗、薺苨乃一類，有甜、苦二種，故《本經》桔梗一名薺苨，而今俗呼薺苨爲甜桔梗也。至《別錄》始出薺苨條，分爲二物，然其性味功用皆不同，當以《別錄》爲是。

〔集解〕《別錄》曰：桔梗生嵩高山谷及冤句，二月採根暴乾。普曰：葉如薺苨，莖如筆管，紫赤色，二月生苗。弘景曰：近道處處有，二三月生苗，可煮食之。桔梗療蠱毒甚驗，俗方用此，乃名薺苨。今別有薺苨，能解藥毒，可亂人參，葉甚相似。但薺苨葉下光明滑澤無毛爲異，葉生又不如人參相對耳。恭曰：薺苨、桔梗，葉有差互者，亦有葉三四對者，皆一莖直上，葉既相亂，惟以根有心爲別耳。頌曰：今在處有之。根如指大，黃白色。春生苗，莖高尺餘。葉似杏葉而長橢，四葉相對而生，嫩時亦可煮食。夏開小花紫碧色，頗似牽牛花，秋後結子。八月採根，其根有心，若無心者爲薺苨。關中所出桔梗，根黃皮，似蜀葵根。莖細，青色。葉小，青色，似菊葉也。

根

〔修治〕斅曰：凡使勿用木梗，真似桔梗，只是咬之腥澀不堪。凡用桔梗，須去頭上尖硬二三分已來，並兩畔附枝。於槐砧上細剉，用生百合搗膏，投水中浸一伏時濾出，緩火熬令乾用。每桔梗四兩，用百合二兩五錢。時珍曰：今但刮去浮皮，米泔水浸一夜，切片微炒用。

〔氣味〕辛，微溫，有小毒。普曰：神農、醫和：苦，無毒。黃帝、扁鵲：辛、鹹。岐伯、雷公：甘，無毒。李當之：大寒。權曰：苦、辛。時珍曰：當以苦、辛、平爲是。之才曰：節皮爲之使。畏白及、龍膽草，忌猪肉。得牡蠣、遠志，療恚怒。得消石、石膏，療傷寒。白粥解其簽味。時珍曰：伏砒。徐之才所云節皮，不知何物也。

〔主治〕胸脇痛如刀刺，腹滿腸鳴幽幽，驚恐悸氣《本經》。利五臟腸胃，補血氣，除寒熱風痹，溫中消穀，療喉咽痛，下蠱毒《別錄》。治下痢，破血積氣，消積聚痰涎，去肺熱氣促嗽逆，除腹中冷痛，主中惡及小兒驚癇甄權。下一切氣，止霍亂轉筋，心腹脹痛，補五勞，養氣，除邪辟溫，破癥瘕肺癰，養血排膿，補內漏及喉痹大明。利竅，除肺部風熱，清利頭目咽嗌，胸膈滯氣及痛，除鼻塞元素。治寒嘔李杲。主口舌生瘡，赤目腫痛時珍。

〔發明〕好古曰：桔梗氣微溫，味苦辛，味厚氣輕，陽中之陰，升也。入手太陰肺經氣分及足少陰經。元素曰：桔梗清肺氣，利咽喉，其色白，故爲肺部引經，與甘草同行，爲舟楫之劑。如大黃苦泄峻下之藥，欲引至胸中至高之分成功，須用辛甘之劑升之。譬如鐵石入江，非舟楫不載。所以諸藥有此一味，不能下沉也。時珍曰：朱肱《活人書》治胸中痞滿不痛，用桔梗、枳殼，取其通肺利膈下氣也。張仲景《傷寒論》治寒實結胸，用桔梗、貝母、巴豆，取其溫中消穀破積也。又治肺癰唾膿，用桔梗、甘草，取其苦辛清肺，甘溫瀉火，又能排膿血、補內漏也。其治少陰證，二三日咽痛，亦用桔梗、甘草，取其苦辛散寒，甘平除熱，合而用之，能調寒熱也。後人易名甘桔湯，通治咽喉口舌諸病。宋仁宗加荊芥、防風、連翹，遂名如聖湯，極言其驗也。按王好古《醫壘元戎》載之頗詳，云失音加訶子，聲不出加半夏，上氣加陳皮，涎嗽加知母、貝母，咳渴加五味子，酒毒加葛根，少氣加人參，嘔加半夏、生薑，唾膿血加紫菀，肺痿加阿膠，胸膈不利加枳殼，心胸痞滿加枳實，目赤加卮子、大黃，面腫加茯苓，膚痛加黃耆，發斑加防風、荊芥，疫毒加鼠粘子、大黃，不得眠加卮子。震亨曰：乾咳嗽，乃痰火之邪鬱在肺中，宜苦梗以開之。痢疾腹痛，乃肺金之氣鬱在大腸，亦宜苦梗開之，後用痢藥。此藥能開提氣血，故氣藥中宜用之。

〔附方〕舊十，新七。

胸滿不痛：桔梗、枳殼等分，水二鍾，煎一鍾，溫服。《南陽活人書》。

傷寒腹脹：陰陽不和也，桔梗半夏湯主之。桔梗、半夏、陳皮各三錢，薑五片，水二鍾，煎一鍾服。《南陽活人書》。

痰嗽喘急：桔梗一兩半，爲末，用童子小便半升，煎四合，去滓溫服。《簡要濟衆方》。

肺癰咳嗽：胸滿振寒，脈數咽乾，不渴，時出濁唾腥臭，久久吐膿如粳米粥者，桔梗湯主之。桔梗一兩，甘草二兩，水三升，煮一升，分溫再服。朝暮吐膿血則瘥。張仲景《金匱玉函方》。

喉痹毒氣：桔梗二兩，水三升，煎一升，頓服。《千金方》。

少陰咽痛：少陰證，二三日咽痛者，可與甘草湯；不瘥者，與桔梗湯主之。桔梗一兩，甘草二兩，水三升，煮一升，分服。張仲景《傷寒論》。

口舌生瘡：方同上。

齒䘌腫痛：桔梗、薏苡仁等分，爲末服。《永類方》。

骨槽風痛：牙根腫痛。桔梗爲末，棗瓤和丸皂子大，綿裹咬之。仍以荊芥湯漱之。《經驗方》。

牙疳臭爛：桔梗、茴香等分，燒研傅之。《衛生易簡方》。

肝風眼黑：目睛痛，肝風盛也，桔梗丸主之。桔梗一斤，黑牽牛頭末三兩，爲末，蜜丸梧子大。每服四十丸，溫水下，日二服。《保命集》。

鼻出衄血：桔梗爲末，水服方寸匕，日四服。一加生犀角屑。《普濟方》。

吐血下血：方同上。

打擊瘀血：在腸內久不消，時發動者。桔梗爲末，米飲下一刀圭。《肘後要方》。

中蠱下血：如鷄肝，晝夜出血石餘，四臟皆損，惟心未毀，或鼻破將死者。苦桔梗爲末，以酒服方寸匕，日三服。不能下藥，以物拗口灌之。心中當煩，須臾自定，七日止。當食猪肝肺以補之，神良。一方加犀角等分。初虞世《古今録驗》。

妊娠中惡：心腹疼痛。桔梗一兩剉，水一鍾，生薑三片，煎六分，溫服。《聖惠方》。

小兒客忤：死不能言。桔梗燒研三錢，米湯服之。仍吞麝香豆許。張文仲《備急方》。

蘆頭　【主治】吐上膈風熱痰實，生研末，白湯調服一二錢，探吐時珍。

題明・薛己《本草約言》卷一《藥性本草》　桔梗　味苦、辛，氣微溫，有小毒。陰中之陽，升也。止咽痛，兼除鼻塞。利膈氣，仍治肺癰。一諸藥之舟楫，一肺部之引經。凡使，去蘆，米泔浸一宿。焙乾用。畏白及、龍眼、龍膽。能開提氣血，氣藥中宜用之。然為舟楫之劑，若上壅火升及下虛之人勿用，加葱白、石膏，則能升氣于至陰之下，亦上升也。能治氣血凝滯而痰壅等疾者，蓋以開提氣血，則痰亦自是而疏通耳。故瘡瘑癰疽及在表實證，皆當用之。然必假是以為舟楫，載諸藥而上行表分，使氣血流通，而結核為之自釋。開胸膈，除上氣壅；清頭目，散表寒邪。與國老同為舟楫，引將軍可使上行。解利小兒驚癇，開提男子血氣。得牡蠣、遠志，仍治恚怒；得硝石、石膏，可治傷寒。江云：化痰順氣。

明・梅得春《藥性會元》卷上　桔梗　味苦、辛，性微溫。升也，陰中陽也。有小毒。又一種名曰苦梗，性同。畏白及、龍眼、龍膽草。節皮為使。主治咽喉痛，兼除鼻塞，療隔氣，專治肺癰，為諸藥之舟楫。又為肺部之引經。下氣利胸膈，止嗽寬胸，能開提其氣，血氣藥中宜用之。且載諸藥，不能下沉，故云舟楫。又治胸脇痛如刀刺，腹滿脹、幽幽鳴，定驚悸，利五臟腸胃。除肺熱氣促嗽逆，消痰涎，破積塊，清頭目，補內漏，排膿下痢，破血；中惡，及小兒驚癇客忤，祛寒熱風痹，溫中消穀。下蠱毒。得牡蠣、遠志，療恚怒；得硝石、石膏，療傷寒。製法：米泔浸一宿，切片，焙乾用。

明・杜文燮《藥鑒》卷二　桔梗　氣微溫，味辛、苦。氣薄味厚，升也，陰中陽也。止喉疼，除鼻塞，利膈氣，療肺癰。同甘草理喉閉甚捷，入解毒消癰腫立應。誠諸藥之舟楫，肺經之引藥也。《補遺》以為開提氣血，何哉？蓋氣血凝滯，則痰涎因之而作。今用之以開提，則氣血流行，而痰壅自是疏通矣。故諸瘡瘍癰疽及在表實者，皆當用之。且苦能泄毒，辛能散腫，又為諸瘡瘍癰疽之要藥也。《經》曰苦以泄之，辛以散之，是也。反花猪肉。

明・王肯堂《傷寒證治準繩》卷八　桔梗　氣微溫，味苦辛甘，有小毒。味厚氣輕，陽中之陰，升也。入手太陰肺經氣分及足少陰經。治咽喉痛，利肺氣。潔：桔梗清肺氣，利咽喉。其色白，故為肺部引經。與甘草同行，為舟楫之劑。如大黃苦泄峻下之藥，欲引至胸中至高之分成功，須用辛甘之劑升之。譬如鐵石入江，非舟楫不載。所以諸藥有此一味，不能下沉也。珍：朱肱《活人書》治胸中痞滿不痛，用桔梗、枳殼，取其通肺利膈下氣也。張仲景《傷寒論》治寒實結胸，用桔梗、貝母、巴豆，取其溫中，消穀破積。又治肺癰唾膿，用桔梗、甘草，取其苦辛清肺，甘溫瀉火，又能排膿血，補內漏也。其治少陰證二三日，咽痛，亦用桔梗、甘草，取其苦辛散寒，甘平除熱，合而用之，能調寒熱也。後人易名甘桔湯，通治咽喉口舌諸病。宋仁宗加荊芥、防風、連翹，遂名如聖湯。去蘆，米泔浸一宿，焙乾，剉片，竹篩齊用。

明・李中立《本草原始》卷三　桔梗　始生嵩高山谷及寃句，今在處有之。根如指大，黃白色。春生苗，莖高尺餘，葉似杏葉而長橢，四葉相對而生，嫩時亦可煮食。夏開小花紫碧色，頗似牽牛花，秋後結子。二月、八月採根，暴乾。此草之根，結實而梗直，故名桔梗。氣味：辛，微溫，有小毒。主治：胸脇痛如刀刺，腹滿腸鳴幽幽，驚恐悸氣。○利五臟腸胃，補血氣，除寒熱風痹，溫中消穀，療咽喉，下蠱毒。○治下痢，破血積氣，消聚痰涎，去肺熱，氣促嗽逆，除腹中冷痛，止中惡及小兒驚癇。○下一切氣，止霍亂轉筋，心腹脹痛。補五勞，養氣，除邪辟溫，破癥瘕肺癰，養血排膿，補內漏及喉痹。○利竅，除肺部風熱，清利頭目咽嗌，胸膈滯熱及痛，除鼻塞。○治寒嘔。主口舌生瘡，赤目腫痛。

桔梗，《本經》下品。【圖略】根直，色白，有心。修治：去頭上尖硬二三分已來，米泔水浸一宿，切片，微炒用。

節皮為之使，畏白及、龍膽草，忌猪肉。好古曰：桔梗氣微溫，味苦、辛，味厚氣輕，陽中之陰，升也。入手太陰肺經氣分及足少陰經。初虞世《古今錄驗》：治中蠱下血如雞肝，晝夜出血石餘，四臟皆損，惟心未毀，或鼻破將死者，苦桔梗為末，以酒服方寸匕，三服。不能下藥，以物拗口灌之。心中當煩，須臾自定，七日止。當食豬肺肝補之，神良。一方加犀角等分。

桔梗：臣。

明・張懋辰《本草便》卷一　桔梗臣：味辛、苦，氣微溫，味厚氣輕，陽中之陰，有小毒。畏白及、龍眼、龍膽。主胸脇痛，腹滿腸鳴；治肺熱，利咽、胸膈之氣。能載諸藥不下沉，故名舟楫。又能開提氣血，氣血藥中宜用之。

明・李中梓《藥性解》卷二　桔梗　味辛，性微溫，有小毒，入肺經。主肺熱氣奔，痰嗽鼻塞，清喉利膈，能載諸藥入肺。節皮為使，畏白及、龍眼、龍

膽草。　按：　桔梗味辛，故專療肺疾，下部藥中勿用，恐其上載而不能下達也。

明・繆希雍《本草經疏》卷一〇　桔梗　味辛、苦，微溫，有小毒。主胸脇痛如刀刺，腹滿腸鳴幽幽，驚恐悸氣，利五藏腸胃，補血氣，除寒熱風痹，溫中消穀，療喉咽痛，下蠱毒。

〔疏〕桔梗，《本經》味辛，氣微溫。《別錄》加苦，云有小毒。神農、醫和、岐伯、雷公，咸曰無毒，而復加甘。觀其所主諸病，應是辛苦甘平，微溫無毒。入手太陰、少陰，兼入足陽明胃經。味厚氣輕，陰中之陽，升也。傷寒邪結胸脇，則痛如刀刺。邪在中焦，則腹滿及腸鳴幽幽，辛散升發，苦洩甘和，則邪解而氣和，諸證自退矣。其主驚恐悸氣者，心脾氣血不足則現此證，諸補心藥中藉其升上之力，以為舟楫勝載之用，此佐使之職也。《別錄》利五臟腸胃，補血氣者，蓋指邪解則臟腑腸胃自和，和則血氣自生也。除寒熱風痹，溫中，療喉咽痛，下蠱毒者，皆散邪解毒通利之功也。消穀者，以其升載陽氣，使居中焦而不下陷，則脾中陽氣長浮而穀食自消矣。甄權用以治下痢及去肺熱氣促者，升散熱邪之故也。日華子用以除邪辟瘟，肺癰排膿。潔古用以利竅除肺部風熱，清利頭目咽嗌，胸膈滯氣及痛，除鼻塞者，入肺開發和解之功也。好古以其色白，故為肺部引經，與甘草同行，為舟楫之劑，諸藥有此一味，不能下沉也。　〔主治參互〕朱肱《活人書》治胸中痞滿不痛，用桔梗、枳殼，取其通肺利膈下氣也。　張仲景《傷寒論》治傷寒寒實結胸，用桔梗、貝母、巴豆，取其溫中散邪，消穀破積也。　又治肺癰唾膿，用桔梗、甘草，取其苦辛清肺，甘溫瀉火，又能排膿血，補內漏也。〔其〕治少陰證二三日咽痛，亦用桔梗、甘草，取其苦辛散邪，甘平除熱，合而用之，能調寒熱也。　後人易名甘桔湯，通治咽喉、口舌諸病。　《南陽活人書》治傷寒腹脹，陰陽不和者，桔梗半夏湯主之。　桔梗、半夏、陳皮各三錢，薑五片，煎服。　《簡要濟眾方》治痰嗽喘急，桔梗一兩半，為末，用童子小便半升，煎四合，去滓溫服。　仲景《金匱玉函方》治肺癰咳嗽，胸滿振寒，脈數，咽乾不渴，時出濁唾腥臭，久久吐膿如粳米粥者。　桔梗一兩，甘草二兩，水三升，煮一升，分溫再服，朝暮吐膿血則瘥。　《千金方》治喉痹毒氣，桔梗二兩，水三升，煮一升，頓服。　仲景《傷寒論》少陰證二三日，咽痛者，可與甘草湯；　不瘥者，與甘桔湯主之。　桔梗一兩，甘草二兩，水三升，煮一升，分服。　又可治口舌生瘡。　《永類鈐方》治齒䘌腫痛：　桔梗為末，棗瓤和丸皂子大。　綿裹咬之，仍以荊芥湯漱之。　《衛生易簡方》治牙疳臭爛，桔梗、茴香等分，燒研傅之。　《普濟方》治鼻衄，桔梗為末，水服方寸匕，日四服。　一方加生犀角屑。　《古今錄驗方》治中蠱下血如雞肝，晝夜出血石餘，四臟皆損，惟心未毀，或鼻破將死者。　苦梗為末，以酒服方寸匕，日三服。　不能下藥，以物拗口灌之。　心中當煩，須臾自定，七日止。　當食猪肝肺以補之。　一方加犀角等分。　《聖惠方》治妊娠中惡，心腹疼痛。　桔梗一兩，生薑三片，煎溫服。　張文仲《備急方》治小兒客忤死，不能言。　桔梗燒研三錢，米湯服之，仍吞麝香豆許。　〔簡誤〕桔梗之性屬陽而升，凡病氣逆上升，不得下降及邪在下焦者勿用。　凡攻補下焦藥中勿入。　雷公云：　凡使勿用木梗，真似桔梗，只是咬之腥澀不堪為異。

明・倪朱謨《本草彙言》卷一　桔梗　味苦、辛，氣溫，有小毒。　味厚氣輕，陽中之陰，升也。　入手太陰肺經氣分。　其根結實而梗直，故名。　吳氏曰：　桔梗生嵩山山谷及冤句，今在處有之。　二三月生苗，苗葉嫩時亦可煮食。　莖如筆管，高尺許，紫赤色。　葉似杏，及人參、薺苨輩，但杏葉圓，桔梗葉長，人參葉兩兩相對。　桔梗葉三四相對，亦有參差不對者。　薺苨葉下光明滑澤無毛，桔梗葉下暗濇有毛爲異。　夏開小花，紫碧色，頗似牽牛花。　秋後結實，根色外白中黃，有心，味苦。　若無心、味甜者，薺苨也。　又關中一種，莖細色青，葉小似菊葉，根黃似蜀葵根者，亦可入藥。　〇修治：　冬月采，去浮皮用。　〇又一種木桔梗，根形真似，但咬之腥濇，不堪啖，不可入藥。

桔梗：　主利肺氣，通咽膈，寬中理氣，許長知開鬱行痰之要藥也。　《方龍潭稿》凡咳嗽痰喘，非此不除，以其有順氣豁痰之功。　頭目之病，非此不療，以其有載藥上行之妙。　中膈不清，脇肋刺痛；　或痰或氣之所鬱，劑用二陳，佐以枳、桔，治之無有不愈。　咽喉口齒脹滿腫結，或火或熱之所使，劑用荆、翹，佐以甘、桔，治之無有不痊。　所以桔配于枳，有寬中下氣之效；　桔配于草，有緩中上行之功。　古方立甘桔湯、枳桔湯，以治咽痛鬱結之證，良有義哉！　但性本開達，故兒方以此散癍疹，發痘瘡；　大方以此除溫疫，解蠱毒。　如桔槔之梗，爲少陽、少陰樞藥也。　又按朱肱《活人書》治胸中痞滿不痛，用桔梗、枳殼，取其通肺利膈下氣也。　張仲景治傷寒寒實結胸，用桔梗、貝母、巴豆，

取其溫中，消穀破積也。又治肺癰唾膿，用桔梗、甘草，取其苦辛清肺，甘溫瀉火，又能排膿血、補內漏也。其治少陰證二三日咽痛，亦用桔梗、甘草，取其苦辛散寒，甘平除熱。合而用之，能調寒熱也。乾咳嗽乃痰火之邪，鬱在肺中，宜桔梗以開之。痢疾腹痛，乃肺金之氣鬱在大腸，亦宜桔梗散之，後用痢藥。此藥能開提氣血，故氣藥中宜多用之。

集方：《方脉全書抄》治傷寒傷風，咳嗽痰喘，氣逆不下，睡臥不寧。用桔梗四錢，甘草五分，前胡、枳殼、蘇子、防風、杏仁去皮、陳皮、半夏各一錢，生薑三片，葱頭二個，水煎服。協熱者，加黄芩、花粉各一錢。〇同前治頭風頭痛，或時眼暴赤、腫痛不寧。用桔梗、白芍各二錢，防風、荆芥、薄荷、羌活、乾葛、柴胡、白芷、益母葉、連翹、甘菊花各一錢五分，甘草八分，水煎服。〇張文仲方治小兒風熱內盛，外復感寒，風熱寒三氣壅閉，或發寒熱咳嗽，或發癍疹瘄毒，遊風等證。用桔梗一錢，荆芥、薄荷、防風、連翹、前胡、乾葛、大力子各一錢二分，甘草五分，水煎服。〇《丹溪約言》治時行瘟疫、瘟毒，及大頭風瘟諸證。用桔梗、防風、羌活各一錢五分，連翹、白芷、玄參、馬勃、真青黛各一錢，甘草八分，半夏薑製二錢，生薑二片，綠豆一撮，葱頭三個，水煎服。〇初虞世《古今錄驗方》治中蠱下血如雞肝，晝夜不止，將危者。用桔梗四兩，焙燥爲極細末，真犀角二兩鎊，再研爲細末，二味和勻，用白湯調數錢，日服三四次漸止。〇治妊娠中惡腹痛，沖心欲死。用桔梗一兩，薑三片，綠豆一撮，水煎服。〇《備急方》治小兒客忤垂死，不能言。用桔梗五錢，水二鍾，煎減半。臨服研麝香二分和入。〇《肘後方》治打撲跌傷，瘀血內結不散，愈後時發動者。用桔梗一兩，水煎服。

明・姚可成《食物本草》卷一七草部・山草類

桔梗處處有之。根如指大，黄白色。春生苗莖，高尺餘；葉似杏葉而長，四葉相對而生，嫩時亦可煮食。夏開小花，紫碧色，頗似牽牛花。秋後結子。八月采根，其根有心。若無心者為薺苨。今人亦以其根泡去苦味，糖拌蜜浸為果飣。 桔梗，味辛，溫，有小毒。主胸脇痛如刀刺，腹滿腸鳴幽幽，驚恐悸氣。利五臟腸胃，補血氣，除寒熱風痹，溫中消穀，療喉咽痛，下蠱毒，治下痢，破血積氣，消聚痰涎，去肺熱氣促嗽逆，除腹中冷痛，主中惡及小兒驚癇，下一切氣，止霍亂轉筋，心腹脹痛。補五勞，養氣，邪氣能除，辟瘟，破癥瘕肺癰，養血排膿，補內漏及喉痹，利竅，除肺部風熱，清利頭目咽嗌，胸膈滯氣及痛。除鼻塞，治寒嘔，主口舌生瘡，赤目腫痛。

附方：治肺癰欬嗽，胸滿振寒，脉數咽乾不渴，時出濁唾腥臭，久久吐膿如粳米粥。用桔梗一兩，甘艸二兩，水三升，煮一升，分服。 治喉痹。桔梗二兩，水三升，煎一升，頓服。 治傷寒少陰咽痛。桔梗一兩，甘艸二兩，水三升，煮一升，分服。亦治口舌生瘡。 治牙疳臭爛。桔梗、茴香等分，燒研傅之。 治衄血不止。桔梗為末，水服方寸匕，四次一日。或加犀角屑，更治吐血下血。 治打擊瘀血在胸腹中，久不消，時發動者。桔梗為末，米飲下一刀圭。 治小兒客忤，死不能言。桔梗燒研三錢，米湯服之，仍吞麝香少許。 治中蠱毒下血如雞鴨肝片，晝夜出血無度，四臟皆損，惟心未毀，或鼻破將死者。苦桔梗為末，以酒服方寸匕，日三服。不能下藥，以物拗口灌之，心中當煩，須臾自定。七日內，止當食猪肝肺以補之。

明・顧逢柏《分部本草妙用》卷四肺部・性平

桔梗 苦、辛，平，無毒。畏白及、龍膽，忌猪肉。去皮，米泔浸，切炒。 主治：胸脇痛，療喉痺咽疼，肺癰排膿。補內漏，治下痢，消痰，去肺部風熱，氣促嗽逆。下一切胸膈滯氣，腹痛，鼻塞，口瘡、目痛。 按：桔梗為舟楫之藥，為通肺利膈，破積下氣之神劑。如大黄性走下，欲引至高之分成功，非梗不可。凡肺家受病，及上部等疾，非梗不靈。故乾嗽為痰火之邪鬱于肺，非梗不開。痢疾腹痛，乃肺氣鬱于大腸，又非梗不通，所以痢藥用此為君，能開提氣血，而毫無壅滯矣，此治痢之神劑也，時人鮮有知此。

明・李中梓《醫宗必讀・本草徵要上》

桔梗味苦、辛，平，無毒。入肺經。畏白及、龍膽草。泔浸，去蘆，微焙。 清肺熱以除癰痿，通鼻塞而理咽喉。排膿行血，下氣消痰。定痢疾腹痛，止胸脇煩疼。桔梗為舟楫之劑，引諸藥上至高之分以成功，肺經要藥也。風症、鬱證、肺證，皆不可缺。按：桔梗功著於華蓋之臟，攻補下焦藥中，不可入也。

明・鄭二陽《仁壽堂藥鏡》卷一〇上

桔梗 陶隱居云：桔梗，近道處處有之。葉名隱忍。 氣微溫，味辛、苦，陽中之陽。味厚氣輕，陽中之陰也。有小毒。 入足少陰經，入手太陰脉經藥。《心》云：利嗌咽胸膈之氣，以其色白，故屬肺。辛甘，微溫，治寒嘔。若咽中痛，桔梗散之也。《本草》云：主胸脇痛如刀刺，腹滿腸鳴幽幽，驚恐悸氣。利五臟腸胃，補血氣，除寒熱風痹，溫中消穀。療咽喉痛，下蠱毒。《本草》又云：節皮為之使。得牡蠣、遠志，療恚怒。得硝石、石膏，療傷寒。畏白及、龍眼、龍膽。《主治

秘訣》云：味辛、苦，微溫。味厚氣薄，陽中陰也。肺經之引藥。辛、苦，微溫，乃散寒嘔。若咽中痛，非此不能除。陽中之陽，謂之舟楫。諸藥中有此一味，不能下沉。治鼻塞，去蘆，米泔浸一宿，焙乾用。東垣云：桔梗性涼，味甘、苦，味厚氣薄，浮而升，陽也。其用有五：利胸膈咽喉氣壅及痛，一也；破滯氣及積塊，二也；肺部風熱，三也；清利頭目，四也；利竅，五也。海藏云：入手太陰、足少陽經。易老言：桔梗與國老並行，同為舟楫之劑。如用將軍苦瀉峻下之藥，欲引至胸中至高之分成功，非此辛甘不居。譬如鐵石入江，非舟楫不載，故用辛甘之劑以升之也。《衍義》云：治肺熱氣奔促，欬逆，肺癰排膿。乾欬乃痰火鬱在肺中，痢疾腹痛乃肺金之氣鬱在大腸，均宜桔梗開之。此藥能開提氣血，故鬱症中宜用也。《集驗方》云：桔梗治肺癰聖藥。

明・蔣儀《藥鏡》卷三平部　桔梗　載諸藥以上浮，引諸藥而入肺。理濁氣亂清以寬膈脹，散風邪痰嗽以止喉疼。鼻塞能通，音啞可亮。合童便療痰嗽喘急，夾甘草治肺癰吐膿。姙婦腹疼，煎生薑而同服。小兒客忤，研燒末與麝吞。欲中緩而上行，亦須甘草。欲寬中而下氣，無如枳殼。肺氣鬱在大腸，則痢疾而腹痛，用苦梗以開提。傷寒寒實結胸，同貝母與巴霜，以溫中而破積。總是苦以泄之，辛以散之。

明・李中梓《頤生微論》卷三　桔梗　味苦、辛，性平，有小毒。入肺經。畏白及、龍膽草，忌猪肉。白而堅實者佳。去蘆，米泔浸，切片微焙。清肺熱，除癰痿，通鼻塞，理咽喉，清頭目；消痰下氣，散風排膿；定痢疾腹痛，止胸脇煩疼。

按：桔梗為舟楫之劑，引諸藥上至高之分以成功。既以上行，又能下氣者，為其入肺，肺實主氣，肺金得令，則濁氣自下行耳。古稱開提氣血鬱症中宜用，亦同此義。丹溪云乾欬乃痰火鬱在肺中，痢疾腹痛乃肺金之氣鬱在大腸之間，均宜桔梗開之。觀其開字及止痛，則其下氣洵有神功也。若病不屬肺者，用之無益。

明・張景岳《景岳全書》卷四八《本草正》　桔梗一名薺苨。　味苦、微辛，氣微涼。氣輕於味，陽中有陰，有小毒，其性浮。用此者，用其載藥上升，故有舟楫之號。入肺、膽、胸膈、上焦。載散藥表散寒邪，載涼藥清咽疼喉痹，亦治赤目腫痛。載肺藥解肺熱肺癰，鼻塞唾膿欬嗽。載痰藥能消痰止嘔，亦可寬胸下氣。引大黃可使上升，引青皮平肝止痛。能解中惡蠱毒，亦治驚癇怔忡。若欲專用降劑，此物不宜同用。

明・賈九如《藥品化義》卷一氣藥　桔梗　屬陰，體乾，色白帶淡黃，氣和，味苦云帶辛非，性涼云微溫非，能升，力開提利膈，性氣與味俱薄而輕，入肺脾二經。桔梗是根，根主上行，且氣味輕薄，輕清者升，是以專入肺經，與甘草並行，同為舟楫之劑。如入涼膈散，偕硝黃諸品，以導胸中使不峻下。入四物湯，同歸芍等藥，以治咽嗌居於上焦，取其提載之力也。因其味苦，苦亦能發，若咳嗽喘急，為痰火之邪鬱在肺中；及痢疾腹痛，是肺金之氣鬱在大腸，取其苦以開之也。又氣味輕清，若風熱壅閉，頭目不清，咽痛不利，鼻塞不通，及胸膈痞滿，能行上行表，達竅之先劑也。倘下虛及怒氣併血病火病痰上逆者，斷不可用。用南產者佳。北方者味甘，但能提載，不能開散，宜辨之。

明・盧之頤《本草乘雅半偈》帙七　桔梗《本經》下品　氣味：辛，微溫，有小毒。主治：主胸脇痛如刀刺，腹滿腸鳴幽幽，驚恐悸氣。

覈曰：出嵩山山谷及冤句，今在處有之。二三月生苗，莖如筆管，高尺餘，紫赤色，葉如杏，及人參、薺苨輩，但杏葉圓，桔梗葉長，人參葉兩兩相對，桔梗葉三四相對，亦有不對者。薺苨葉下光明滑澤無毛，桔梗葉下暗澀有毛為異。夏開小花，紫碧色，頗似牽牛花。秋後結實，根外白中黃，有心味苦。若無心味甜者，薺苨也。關中一種，莖細色青，葉小似菊，根黃似蜀葵根者，亦可入藥。又一種木桔梗，根形真相似，只是咬之腥澀不堪啖，不為藥用。修事：去頭上硬尖二三分并兩畔附枝，槐砧上細剉，用生百合擣膏，投水中浸一伏時，取出，緩火熬乾。每桔梗四兩，用百合二兩五錢。節皮為之使。畏白及、〔龍眼〕、龍膽草，忌猪肉。得牡蠣、遠志，療恚怒。得消石、石膏，解傷寒。其薟味，白粥解之。但節皮不知為何物也。

条曰：桔梗，如桔槔之梗，傾則仆，滿則立，載上載下，其馮以樞，合入少陽少陰樞藥也。雷公製以百合，此築梗基；《玉〔涵〕〔函〕》佐以甘草，此鍊梗已，基築已鍊，上下乃察也。胸脇為少陽部署，故主胸脇痛如刀刺，若腹滿腸鳴幽幽悸氣，此上下不察，驚則載上不下，恐則載下不上，皆樞象也。《千金》用治喉痹咽痛，此則少陰部署，亦少陰樞象耳。

明・李中梓《本草通玄》卷上　桔梗　苦、辛，氣輕，性平，入肺經。載

引諸藥入至高之分，為舟楫之劑。　肺經稱職，則清肅下行，故能利膈下氣，散痞滿，治胸脇痛；　破血結，消痰涎，理喘咳，療肺癰，排膿血；　清上焦熱，凡頭目，咽喉，口鼻諸症，一切主之。　丹溪云：　痢疾腹病，乃肺經之氣鬱在大腸，宜桔梗開之。　按：　桔梗之用，惟其上入於肺，肺為主氣之臟，故能使諸氣下降。　世俗泥為上升之劑，不能下行，失其用矣。　凡用桔梗，去蘆及浮皮及尖，以百合搗爛，同浸一日，剉碎微焙。

清・顧元交《本草彙箋》卷一　桔梗附薺苨。　非梗也。　其根結實而梗直，故名。　根，主上行，氣味輕薄，氣清者升，號曰舟楫，謂能載物上浮也。　如入涼膈散，偕硝黄諸品，以導胸中，使不峻下。　入四物湯，同歸、芍等藥，以治咽嗌，居於上焦。　若咳嗽喘急，火鬱肺中，及痢疾初起，肺金之氣鬱於大腸，皆取其苦以開之力，能行表達竅，開提氣血。　倘下虛及怒氣，併血病火病炎上之症，不得更用升提之藥。

桔梗與薺苨迺一類，而甜苦各別。　桔梗根有心，若無心者，爲薺苨。　甘桔湯通治咽喉、口舌諸症。　宋仁宗加荊芥、防風、連翹，名曰如聖湯。　蓋極言其驗。　甘桔必兼用者，借甘味能提載，而桔梗之苦能開散耳。　故桔梗貴南産者，以北産味甘，不能開散。

清・穆石匏《本草洞詮》卷八　桔梗　根結實而梗直，故名。　氣味辛苦，微溫，一云寒，有小毒，一云無毒。　主清肺氣，利咽喉。　其色白，故為肺部引經，與甘草同為舟楫之劑。　如大黄苦泄，峻下之藥，欲引至胸中至高之分，須用辛甘之劑升之，譬如鐵石入江，非舟楫不載也。　乾咳嗽，乃痰火之邪鬱在肺中，宜苦梗開之。　痢疾腹痛，乃肺金之氣鬱在大腸，亦宜苦梗開之。　此藥乃開提氣血，故氣藥中宜用之。　朱奉議治胸中痞滿不痛，用桔梗、枳殼，取其通肺，利膈下氣也。　仲景治寒實結胸，用桔梗、貝母、巴豆，取其溫中，消穀破積也。　治肺癰唾膿，用桔梗、甘草，取其苦辛清肺，甘溫瀉火，又能排膿血，補內漏也。　治少陰證二三日咽痛，亦用桔梗、甘草，取其苦辛散寒，甘平除熱，合而用之，能調寒熱也。　後人易名甘桔湯，通治咽喉、口舌諸病，宋仁宗加荊芥、防風、連翹，名如聖湯，極言其驗。

清・劉雲密《本草述》卷七上　桔梗有一種木梗，真似桔梗，只是咬之腥澀不堪，為異。　在處有之。　春生苗，莖高尺餘，葉似杏葉而長，夏開小花，紫碧色，頗似牽牛花，秋後結子，八月采根，根如指大，邊白中微黄，有心，味苦而辛苦為勝，若無心味甜者，薺苨耳。

根：　氣味：　辛，微溫，有小毒。　普曰：　神農、醫和：　苦，無毒。　黄帝、扁鵲：　辛、鹹。　岐伯、雷公：　甘，無毒。　海藏曰：　桔梗氣微溫，味苦辛。　味厚氣輕，陽中之陰，升也，入手太陰肺經氣分及足少陰經。　時珍曰：　當以苦辛平為是。

主治：　療喉咽痛《別錄》。　肺熱，氣促嗽逆甄權。　肺部風熱，除鼻塞，清利頭目，咽嗌，胸膈滯氣及痛潔古。　療胸脇痛如刀刺，胸腹脹滿，腸鳴幽幽，驚恐悸氣《本經》。　下一切氣日華子。　破血積氣，消聚痰涎甄權。　療肺癰，養血，排膿，補內漏日華子。　主口舌生瘡，赤目腫痛時珍。　潔古曰：　桔梗與甘草同行，為舟楫之劑。　如大黄苦泄峻下之藥，欲引至胸中至高之分成功，須用辛甘之劑升之，譬如鐵石入江，非舟楫不載，所以諸藥有此一味，不能下沉也。　丹溪曰：　乾咳嗽，乃痰火之邪鬱在肺中，宜苦梗以開之。　痢疾腹痛，乃肺金之氣鬱在大腸，亦宜苦梗開之。　後用痢藥，此藥能開提氣血，故氣藥中宜用之。　《類明》曰：　潔古言桔梗利胸中之氣者，諸氣皆屬於肺也。　中焦氣所從出之處，即胸中之分開提者，如有痰水飲食之類壓在氣上，桔梗開通壅塞之道，升提其氣上行，使痰水飲食而降下也。　中梓曰：　桔梗謂其開提氣血，既以上行又能下氣者，為其入肺，肺實主氣，肺金得令，則濁氣自下行耳。　時珍曰：　朱肱《活人書》治胸中痞滿不痛，用桔梗、枳殼，取其通肺利膈下氣也。　張仲景《傷寒論》治寒實結胸，用桔梗、貝母、巴豆，取其溫中消穀破積也。　又治肺癰唾膿，用桔梗、甘草，取其苦辛清肺，甘溫瀉火，又能排膿血，補內漏也。　其治少陰證二三日，咽痛，亦用桔梗、甘草，取其苦辛散寒，甘平除熱，合而用之，能調寒熱也。　後人易名甘桔湯，通治咽喉口舌諸病。　宋仁宗加荊芥、防風、連翹，遂名如聖湯，極言其驗也。　按王好古《醫壘元戎》載之頗詳，云失音加訶子，聲不出加半夏，上氣加陳皮，涎嗽加知母、貝母，欬渴加五味子，酒毒加葛根，少氣加人參，嘔加半夏、生薑，吐膿血加紫菀，肺痿加阿膠，胸膈不利加枳殼，心胸痞滿加枳實，目赤加梔子、大黄，面腫加茯苓，膚痛加黄耆，發斑加防風、荊芥，疫毒加鼠粘子、大黄，不得眠加梔子。　門曰：　與牡蠣、遠志同用療恚怒，與石膏、葱白同用能升氣於至陰之下，與消、黄同用能引至胸中至高之分，利五臟腸胃。　希雍曰：　觀其所主諸病，應是辛苦甘平，微溫，無毒。　入手太陰、少陰，兼入足陽明胃經。　辛散

升發，苦洩甘和。

愚按：《經》曰：味歸形，形歸氣，謂形之所自生者，氣也。味之所自出者，形也。如桔梗，其質白，但中心微有黃耳，是形稟於金氣也。形稟金氣而味却先苦後辛，是金氣所化之精為火，而仍還於金者也。按桔梗與紫菀，其味俱先苦後辛，俱苦勝辛劣，但紫菀之苦較桔梗尤勝耳。蓋因桔梗其質白，金也，從金化火，仍歸於金，是金能用火，金為主也。紫菀其色紫，火也，即從火生苦，苦為勝，但終之以微金，是火為金用，火又主也。訶子止有澀而無辛，其苦味最勝，是金從火為用也，義見本條。火為氣之元，而金為氣之主，故桔梗為氣分的劑矣。若然，將謂苦能洩，辛能散，即其能開提氣血，堪為諸藥之舟楫乎？曰：猶未盡也。試思其質稟金氣，而味之化火者仍歸於金，是則味轉化苦，苦而勝者，正其金氣之歸元，乃還而大暢其橫徧之用耳。蓋由辛宣而化苦瀉者，以至於地，使無有壅閼。旋歸辛宣者，統其氣化，而至於天，是則謂能開提氣血，以為諸藥之載者也。或曰：然則茲味與上升之劑同乎？曰：不然。此以兼乎升降，而盡其功於辛宣，其何可同也？不觀《本經》所主胸脇痛如刀刺，腹滿腸鳴幽幽，驚恐悸氣，又不觀諸本草主治，療喉咽痛，清利頭目，咽嗌，胸膈滯氣及痛，除鼻塞，去肺熱，氣促嗽逆，下一切氣，破血積氣，消聚痰涎，療肺癰，養血排膿，治寒嘔，補內漏，如斯證者，是固由辛宣而化苦瀉，即由苦瀉而致辛宣者也，豈得等於一上升之功歟？然則茲味之功，如是其侈耶？曰：皇甫嵩言之矣，謂療咽痛鼻塞，治肺咳肺熱，氣奔促乃專功也。至如餘證，由其能行上行表，能使氣血流通耳。斯語亦為中的矣。愚謂治以上諸證，當有主劑以對待之，更藉此味以為佐使，詎謂不足以盡桔梗之功哉。若專責之，則無當於器使，而其功蔑如矣。海藏謂入足少陰者，蓋桔梗為氣分之藥，而腎為氣之元，苦則至下，況《內經》有云二陰至肺乎？二陰，腎也。簡東垣藥性，桔梗入腎，但曰或用梢耳。是即入肺又入腎之證也。

希雍曰：凡病氣逆上升，不得下降，及邪在下焦者，勿用。閱方書治脚氣之劑，於空心服者，中有桔梗，益證此味之入腎也。丹溪云治脚氣溼者，須先升提之，乃此方不用升、柴，而以此代，則其義可思也。希雍謂邪在下焦者勿用，何所見之淺也。凡攻補下焦藥中勿入。嵩曰下虛及怒氣上升，皆不可用。

修治　去頭及兩畔附枝，米泔浸一宿，焙乾用。

清·郭章宜《本草匯》卷九　桔梗　苦辛，微溫，味厚氣輕，陽中之陰，升也。入手太陰氣分，兼及足少陰經。清肺熱以除癰痿，通鼻塞而理咽喉。排膿行血，開痰利膈，治寒嘔，却怔忡，載諸藥不致下墜，引將軍大黃他號可使上升。《本經》主驚恐悸氣者，因心脾之氣血不足也。佐諸補心藥中，藉其力以升之，此舟楫職也。《別錄》言消穀者，亦藉其升載陽氣而不下陷，則脾中陽氣長浮，而穀食自消矣。甄權用以治下痢及去肺熱氣促者，皆其升散邪熱之故也。

按：桔梗功著于華蓋之藏，為肺部引經之要藥。與甘草同行為舟楫之劑，載引諸藥入至高之分以成功，故用將軍苦泄峻下之劑，欲引至胸中之分，非此辛甘不居，譬如鐵石入江，非舟楫不載也。然既以上行，又能下降者，為其入肺，肺實主氣，肺金得令，則清肅下行，濁氣下降耳。古稱開提氣血，鬱症中宜用，亦同此意。世俗但泥為上升之劑，不能下行，失其用矣。丹溪云：痢疾腹痛，乃肺經之氣鬱在大腸也，宜桔梗開之。用之痢藥，以其能開提氣血也。乾欬嗽，乃痰火之邪鬱在肺中，亦用桔梗開之。《活人書》治胸中痞滿不痛，用桔梗、枳殼，取其通肺利膈下氣也。《傷寒論》治寒實結胸，用桔梗、甘草，取其苦辛清肺，甘溫瀉火，又能排膿血，補內漏也。其治少陰症二三日，咽痛，亦用桔梗、甘草，取其苦辛散寒，甘平除熱也。凡風症、鬱症、肺症，皆不可缺。若病氣逆上，與攻補下焦藥中，勿用。

去蘆及浮皮，米泔水浸一夜，切片微炒，用百合搗汁，投水浸更佳。勿用木梗，真似桔梗，只是咬之腥澀不堪為異。畏白及、龍膽草。忌豬肉。

清·蔣居祉《本草擇要綱目·寒性藥品》　桔梗　氣味：辛、苦，微溫，無毒。浮而升，陽也。入手太陰、足少陽經。去蘆淨，米泔水浸一宿，焙乾用。

主治：肺熱氣奔促欬逆肺癰，排膿，開提氣血，咽中痛，非此不能除。清利頭目，破滯及積塊。諸藥有此不能下沉，謂之舟楫。

清·閔鉞《本草詳節》卷三　桔梗　【略】按：桔梗為舟楫之劑，載諸藥不致下沉。世以上升之劑，不能下降，昧其用矣。不知惟上入於肺，肺為主氣之臟，故能使諸氣下降也。同枳殼治胸中痞滿不痛，取通肺利膈下氣也。同貝母、巴豆，治傷寒寒實結胸，取溫中消穀破積也。同甘草治肺癰唾膿，取苦辛清肺，甘溫瀉火，排膿血而補內漏也。其治少陰症二三日咽痛，取苦辛散寒，甘草除熱，合而能調寒熱也。乾咳嗽乃痰火之邪鬱在肺中，痢疾腹痛

乃肺金之氣鬱在大腸，並宜苦梗開之。

清・王翃《握靈本草》卷二　桔梗處處有之。其根有心，空心者爲薺苨。去蘆及皮，以米泔水浸一宿，剉，微焙。　主治：　桔梗，辛，微溫，有小毒。一云：甘，無毒。一云：　大寒。主胸脇痛如刀刺，除寒熱，療咽喉，治下痢，去肺熱，氣促嗽逆。

清・汪昂《本草備要》卷一　桔梗宣通氣血，瀉火散寒，載藥上浮。　苦、辛而平，微溫。色白屬金，入肺氣分瀉熱，兼入手少陰心、足陽明胃經。開提氣血，表散寒邪，清利頭目咽喉，胸膈滯氣。凡痰壅喘促，鼻塞肺氣不利。目赤，喉痹咽痛，兩少陰火。齒痛陽明風熱。口瘡，肺癰乾咳，火鬱在肺。胸膈刺痛，火鬱上焦。下痢腹痛，腹滿腸鳴，肺火鬱于大腸。并宜苦梗以開之。爲諸藥舟楫，載之上浮，能引苦泄峻下之劑，至于至高之分成功，既上行而又能下氣，何也？肺主氣，肺金清，濁氣自下行耳。養血排膿，補內漏。故治肺癰。時珍曰：枳桔湯治胸中痞滿不痛，取其通肺利膈下氣也。甘桔湯通治咽喉口舌諸病，取其苦辛散寒、甘平除熱也。宋仁宗加荊芥、防風、連翹，遂名如聖湯。王好古加味甘桔湯頗詳，失音加訶子，聲不出加半夏，上氣加陳皮，涎嗽加知母、貝母，欬渴加五味，酒毒加葛根，少氣加人參，嘔加半夏、生薑，吐膿血加紫菀，肺痿加阿膠，胸膈不利加枳殼，心胸痞滿加枳實，目赤加梔子、大黃，面腫加茯苓，膚痛加黃耆，發斑加荊、防，疫毒加牛蒡、大黃，不得眠加梔子。昂按：觀海藏所加，則用藥之大較，亦可識矣。

去浮皮，泔浸微炒用。畏龍膽、白及，忌猪肉。

清・吴楚《寶命真詮》卷三　桔梗　【略】清肺熱，消痰涎，理喘欬，通鼻塞，療癰痿，理咽喉，排膿行血，止胸脇疼，痢疾腹痛。

清・陳士鐸《本草新編》卷二　桔梗　味苦，氣微溫，陽中陰也，有小毒。入手足肺、膽二經。潤胸膈，除上氣壅閉，清頭目，散表寒邪，祛脇下刺痛，通鼻中窒塞，治咽喉腫痛，消肺熱有神，消肺癰殊效，能消恚怒，真舟楫之需，引諸藥上升，解小兒驚癇，提男子血氣，為藥中必用之品，而不可多用者也。少用，則攻補之藥，恃之上行以去病；　多用，則攻補之藥，借之上行而生殃。　蓋惟咽喉疼痛，與甘草多用，可以立時解氛，余則戒多用也。

或問：　桔梗乃舟楫之需，毋論攻補之藥，俱宜載之而上行矣，然亦有不能載之者，何故？　曰：　桔梗之性上行，安有不能載之者乎。其不能載者，必用藥之悮也。夫桔梗上行之藥，用下行之藥于攻補之中，則桔梗欲上而不能上，勢必下行之藥，欲下而不能下矣。余猶記在襄武先輩徐叔巖，聞余論醫，陰虛者宜用六味地黃湯，陽虛者宜用補中益氣湯。徐君曰：　余正陰陽兩虛也。余勸其夜服地黃湯，日服補中益氣湯，服旬日，而精神健旺矣。別二年復聚，驚其精神不復似昔，問曾服前二湯否，徐君曰：　子以二湯治予病，得愈後，因客中無僕，不能朝夕煎飲消息子之二方，而合為丸服，後氣閉于胸膈之間，醫者俱言二方之不可長服，予久謝絕。今幸再晤，幸為我治之。予仍以前二方，令其朝夕分服，精神如舊。徐君曰：　何藥經吾子之手，而病即去也，非夫醫而何？　余曰：　非余之能，君自悮耳。徐問故。余曰：　六味地黃湯，補陰精之藥，下降者也；　補中益氣湯，補陽氣之藥，上升者也。二湯分早晚服之，使兩不相妨，而兩有益也。今君合而為一，則陽欲升，陰又欲降，彼此勢均力敵，兩相持，而兩無升降，所以飽悶于中焦，不上不下也。徐君謝曰：　醫道之淵微也如此。夫桔梗與升麻、柴胡，同是升舉之味，而升麻、柴胡用之于六味湯丸之內，其不能升舉如此，然則桔梗之不能載藥上行，又何獨不然哉。正可比類而共觀也。

或問：　桔梗散邪，而不耗正氣，何以戒多用也？　曰：　桔梗亦有多用而成功。少陰風邪，致喉痛如破者，多用之而邪散如響。是邪在上者，宜多用；　而邪在下者，即不宜多用。

或問：　《古今錄驗方》中載桔梗治中蠱毒。下血如雞肝片者血塊石餘，服方寸匕，七日三服而愈，其信然乎？　曰：　此失其治蠱之神方，止記其引導之味也。中蠱必須消毒，下血必須生血，一定之理也。桔梗既非消毒之品，又非生血之藥，烏能治蠱而止血乎。蓋當時必有神奇之丸，以酒調化，同桔梗湯送之奏功，而誤傳為桔梗，《古今錄》遂誌之也。

或問：　桔梗不可多用，而吾子又謂可以多用，何言之相背也？　曰：　邪在上者宜多，邪在下者宜少，余已先辨之，未嘗相背也。雖然，用藥貴得其宜，要在臨症斟酌。有邪在上，多用桔梗而轉甚；　有邪在下，少用桔梗而更危。蓋邪有虛實之不同，而桔梗非多寡之可定，故實邪可用桔梗，而虛邪斷不可用桔梗也。

清・顧靖遠《顧氏醫鏡》卷七　桔梗辛苦甘，平。入肺經。　除風熱而清頭目，通鼻塞。入肺，開發和解之功。治肺癰而止咽疼，理痰嗽。辛苦清肺，甘平瀉火。止胸脇刺痛，辛散，苦洩，甘和，則邪解而氣和，痛自止矣。定痢疾腹疼。因肺氣鬱在大腸間，性能開提。肺經要藥，為舟楫之劑，能引諸藥上至高之分。凡病氣逆上

升及攻補下焦藥中勿入。

清・李熙和《醫經允中》卷一八　桔梗　畏白及、龍膽。忌猪肉。去皮，米泔浸，切，炒用。　苦、辛，平，無毒。味厚氣輕，陽中之陰，升也。主治喉痺咽痛，肺熱肺癰，解蠱毒，清頭目，散結氣，去肺部風熱，氣促嗽逆，下一切胸膈滯氣。按：桔梗為舟楫之藥，通肺利膈，破積下氣之神劑。如大黄性走下，欲引至高之分成功，非梗不可。凡肺家受病及上部等疾，非梗不靈。故乾嗽為痰火之邪鬱于肺，非梗不開。痢疾腹痛，乃肺氣鬱于大腸，又非梗不通。所以痢藥以此為君，能開提氣血而無壅滯也。時人鮮有知者。但氣逆上升及攻補下焦劑中弗用可也。又一種名薺苨，似桔梗而味甘不苦，可亂人參，氣寒無毒，治消渴強中，生服善解百藥、蛇蟲毒，搗敷癰腫疔毒。渴症下消，莖長興盛，不交精出，名強中。

清・馮兆張《馮氏錦囊秘錄・雜症痘疹藥性主治合參》卷一　桔梗味辛、苦、甘，平，微溫，無毒。入手太陰、少陰，兼入足陽明胃經。味厚氣輕，陰中之陽，升也。

桔梗，入手足肺膽二經。主中惡蠱毒，風熱喘促，開胸膈，利肺經。除壅塞之氣於上焦，清頭目，解諸風。散寒冷之邪於肌表，敺脇下刺疼。通鼻中窒塞，咽喉腫痛，施治如神。逐肺熱療欬嗽，而下痰涎；治肺癰排腐膿，而養新血；仍消恚怒，尤卻怔忡，解利小兒驚癇，開提男子氣血。又與國老並行，同為舟楫之劑，載諸藥不致下墜。引將軍可使上行，譬如鐵石入江，非舟楫不載也。

主治痘疹合參：治痘熱毒，咽喉腫痛。寬胸膈滯氣，理咳嗽，鼻塞痰涎。勻氣托裏，腹滿腸鳴。肺氣鬱於大腸而腹痛，痰火鬱於肺中而乾嗽。開提氣血，載藥上行，利咽發痘，托裏排膿。

按：桔梗既能引諸藥以上行，又能下氣者，為其入肺，肺金得令，則濁氣下行耳。古人開提氣血及痰火痢疾諸鬱症中用之，亦同此義。若病不屬肺者，用之無益。凡病氣逆上升者，勿得混加。

清・张璐《本經逢原》卷一　桔梗《本經》名薺苨。　辛、甘、苦，微溫，無毒。甘者為薺苨，苦者為苦梗，咬之腥澀者為木梗，不堪入藥。《本經》主胸脇痛如刀刺，腹滿腸鳴幽幽，驚恐悸氣。　發明：桔梗上升，清肺氣，利咽喉，為肺部引經，又能開發皮腠，故與羌、獨、柴胡、藭、蘇輩同為解表藥。與甘草同為舟楫之劑，諸藥有此一味不能下沉也。傷寒邪結胸脇則痛如刀刺，邪在中焦則腹滿腸鳴幽幽。辛甘升發，苦淡降泄，則邪解而氣和矣。其主驚恐悸氣者，心脾氣鬱不舒，用以升散之也。朱肱用桔梗治胸中痞滿，總不出《本經》主治，仲景治寒實結胸，同貝母、巴豆，取其溫中消穀破積也。治肺癰唾膿血，用桔梗、甘草，取排膿而清濁氣也。治少陰證，二三日咽痛，用甘桔湯，取其調寒熱通陰氣也。《千金方》治喉痺毒氣，桔梗二兩，水煎頓服。加甘草、連翹、荊、防，名如聖湯，通治咽喉諸病。桔梗有甘、苦二種，甘者曰薺苨，《千金》治強中為病，莖長興發，不交精出，取其能升解熱邪於上也。又乾欬嗽乃痰火之邪鬱在肺中，亦宜甘以潤之。痢疾腹痛乃肺金之氣鬱在大腸，則宜苦以開之。甘升而苦降也。此藥升降諸氣，能入肺使諸氣下降，俗泥為上升而不能下行，失其用矣。痘疹下部不能起發，為之切忌，以其性升，能阻藥力於上，不得下達也。惟陰虚久嗽不宜用，以其通陽泄氣也。其蘆吐膈上風熱實痰，生研末，白湯調服二三錢，探吐之。

清・浦士貞《夕庵讀本草快編》卷一　桔梗《本經》　似沙參而結實梗直，故名。　桔梗苦辛，味厚氣輕，陽中之陰，升也。入手太陰氣分以及足少陰腎經，為群藥舟楫之劑。故能清肺氣而利咽喉，療寒嘔而快頭目。朱震亨嘗曰：咳逆痰火，邪鬱在肺；痢疾腹痛，氣鬱于腸，當用桔梗開之闢之是也。仲景治傷寒寒實結胸，以貝母、巴豆同劑者，取其消穀破積也。又少陰咽痛并肺癰吐膿，與甘草並投者，取其瀉火清金也。朱肱又言：胸中痞滿不痛者，當同枳殼，可以利膈下氣也。

清・張志聰、高世栻《本草崇原》卷下　桔梗　氣味辛，微溫，有小毒。主治胸脇痛如刀刺，腹滿，腸鳴幽幽，驚恐悸氣。　桔梗，近道處處有之，二三月生苗，葉如杏葉而有毛，莖如筆管，紫赤色，高尺餘，夏開小花紫碧色，秋後結實。其根外白中黄有心，味辛而苦；若無心味甜者，薺苨也。　桔梗根色黄白，葉毛，味辛，禀太陰金土之氣化。味苦性溫，花莖紫赤，又禀少陰火熱之氣化。主治胸脇痛如刀刺者，桔梗辛散溫行，能治上焦之胸痛，而旁行於脇，復能治少陽之脇痛而上達於胸也。腹滿，腸鳴幽幽者，腹中寒則滿，腸中寒則鳴。腹者土也，腸者金也。桔梗禀火土金相生之氣化，能以火而溫腹滿之土寒，更能以火而溫腸鳴之金寒也。驚恐悸氣，少陰病也。心虚則驚，腎虚則恐，心腎皆虚則悸。桔梗得少陰之火化，故治驚恐悸氣。　愚按：桔梗治少陽之脇痛，上焦之胸痹，中焦之腸鳴，下焦之腹滿。又，驚則

氣上，恐則氣下，悸則動中，是桔梗為氣分之藥，上中下皆可治也。張元素不參經義，謂桔梗乃舟楫之藥，載諸藥而不沉。今人熟念在口，終身不忘。夫以元素杜撰之言為是，則《本經》幾可廢矣。醫門豪傑之士，闡明神農之《本經》，軒岐之《靈》《素》，仲祖之《論》《略》，則千百方書，皆為糟粕。設未能也，必為方書所囿，而蒙蔽一生矣，可畏哉。

清·劉漢基《藥性通考》卷五 桔梗 味苦、辛，氣平，無毒。色白屬金，入肺氣分。瀉熱，兼入手少陰心經、足陽明胃經。開提氣血，表散寒邪，清利頭目、咽喉。胸膈滯氣，凡痰壅喘促，鼻塞，肺氣不利，目赤喉痺喉痛，兩少陰火齒痛，陽明風熱口瘡；肺癰乾咳，火鬱在肺，胸膈利痛，火鬱上焦；下痢腹痛，腹滿腸鳴，肺火鬱於大腸，並宜苦桔梗以開之，為諸藥舟楫，載之上浮，能引苦泄峻下之劑至於至高之分成功。〇或問：既上行而又能下氣，何也？肺主氣，肺金清濁，氣自下行耳。又能養血排膿，補內漏，故治肺癰。枳桔湯治胸中痞滿，不痛，取其通肺利膈下氣也。甘桔湯通治咽喉口舌諸病，取其苦辛散寒，甘平除熱也。宋仁宗加荊芥、防風、連翹，遂名如聖湯。王好古加味甘桔湯，失音加訶子，聲不出加半夏，上氣加陳皮，涎嗽加知母、貝母，欬濕加五味，酒毒加葛根，少氣加人參，嘔加半夏、生薑，吐膿血加紫菀，肺痿加阿膠，胸膈不利加枳殼，痞滿加枳實，目赤加梔子、大黃，面腫加茯苓，膚痛加黃芪，發班加荊、防，疫毒加牛蒡、大黃，不得眠加梔子。昂按：觀海藏所加，則用藥之大較亦可識矣。去浮腫用米泔浸，微炒用。畏龍胆、白及，忌猪肉。

清·姚球《本草經解要》卷二 桔梗 氣微溫，味辛，有小毒。主胸脇痛如刀刺，腹滿腸鳴幽幽，驚恐悸氣。 桔梗氣微溫，稟天初春稚陽之木氣，入足少陽膽經。味辛有小毒，得地西方陰慘之金味，入手太陰肺經。氣味俱升，陽也。胸者，肺之分也。脇者，膽之分也。膽氣不升，肺氣不降，則滯於胸脇，痛如刀刺矣。其主之者，辛以散之，溫以達之也。足之三陰，從足走腹，太陰行氣於三陰者也。肺亦太陰，通調上下相傳之職。太陰不能通調，則腹飽滿矣。其主之者，辛以調氣，溫以行氣也。大腸者，燥金之府也。大腸濕熱，則鳴幽幽。肺與大腸為表裏，桔梗辛以益肺，肺通調水道，則濕熱行，而腸鳴自止。膽為中正之官，膽者，擔也。膽氣傷，則不能擔當，而驚恐悸矣。桔梗辛溫，則扶蘇條達，遂其生發之性，復其果敢之職，而驚恐悸自平也。 製方：桔梗同貝母、巴霜，名結胸湯，治痰在中焦。同人參、北味、麥冬，治小便不通。同枳殼，治胸滿不痛。同甘草，名甘桔湯，治肺癰。同生薑，治妊娠中惡心腹痛。

清·周垣綜《頤生秘旨》卷八 桔梗 舟楫之藥也。胸中至高之分，又不可用甘緩之劑，當用桔梗引上也。

清·王子接《得宜本草·上品藥》 桔梗 味苦。入足少陰經。得甘草能載引上行，入肺為舟楫之劑。

清·黃元御《長沙藥解》卷三 桔梗 味苦辛，入手太陰肺經。散結滯而消腫鞕，化凝鬱而排膿血。療咽痛如神，治肺癰至妙。善下衝逆，最開壅塞。 《傷寒》桔梗湯，桔梗二兩，甘草二兩。治少陰病咽痛者。以少陰腎脈，循喉嚨而挾舌本，少陰心脈，挾咽而繫目系。少陰病，則癸水上衝，丁火不降，鬱熱摶結，而生咽痛。桔梗開衝塞而利咽喉，生甘草泄鬱熱而緩迫急也。通脈四逆湯方在甘草治少陰病下利，脈微，咽痛者。去芍藥，加桔梗一兩，亦此法也。《金匱》以治肺癰，咳而胸滿，振寒脈數，咽乾不渴，時出濁唾腥臭，久而吐膿如米粥者，以肺氣壅塞，濕熱淫蒸，濁瘀腐敗，化而為膿。桔梗破壅塞而行腐敗，生甘草泄鬱熱而清肺金也。 二白散，桔梗三分，貝母一分，為散，白飲和服。治太陽中風，寒實結胸。以經病未解，而水土壅塞，乃以冷水潠灌，愈閉其表，寒濕鬱動，逆衝清道，與膈上之陽，兩相隔拒，寒熱逼迫，痞結不開，桔梗、貝母清降其虛熱，巴豆溫下其濕寒，結散鬱開，腐敗難容，在上則湧吐而出，在下則泄利而去矣。《外臺》以治肺癰者，排決膿瘀，令其吐泄而下，肺腑清空，正氣續復，不使養癰以貽禍也。 《金匱》排膿湯，桔梗二兩，甘草二兩，大棗十枚，生薑二兩。以瘡疽膿鞕，必當排而行之，使腫消而膿化。而死肌腐化，全賴中氣，甘棗培補脾精，生薑和中而行氣，桔梗消結而化膿也。 排膿散，桔梗二分，芍藥六分，枳實十六枚，為散，雞子黃一枚，以散數錢揉均，飲和服之，日一服。以瘡疽膿成，必當排而決之，使腐去而新生。而膿瘀既泄，營血必傷，桔梗行其凝瘀，枳實逐其腐敗，芍藥清肝風而涼營，雞子黃補脾精而養血也。署蕷丸方在薯蕷、竹葉湯方在竹葉，並用之，以降肺氣之逆也。 桔梗苦泄辛通，疏利排決，長於降逆而開結，消瘀而化凝，故能清咽喉而止腫痛，療瘡疽而排膿血。其諸主治，清頭面，理目痛，通鼻塞，療口瘡，止氣喘，平腹脹，調痢疾，破血瘀，皆降逆疏壅之力也。

清・吳儀洛《本草從新》卷一 桔梗〔宣通氣血，瀉火散寒，載藥上浮。〕 苦，辛，平。色白屬金，入肺氣分瀉熱，兼入手少陰心、足陽明胃經。開提氣血，表散寒邪，清利頭目咽喉，開胸膈滯氣。凡痰壅喘促，鼻塞肺氣不利。目赤，喉痺咽痛，兩少陰火。齒痛陽明風熱。口瘡，肺癰乾咳，火鬱在肺。胸膈刺痛，火鬱上焦。腹痛腸鳴，肺火鬱於大腸。并宜苦桔梗開之。為諸藥舟楫，載藥上浮，能引苦泄峻下之劑至於至高之分成功。既上行而又能下氣，何也？肺主氣，肺金清，濁氣自下行耳。枳桔湯治胸中痞滿不痛，取其能通肺利膈下氣也。甘桔湯通治咽喉口舌諸病，取其苦辛散寒、甘平除熱也。去浮皮，泔浸，微炒。畏龍膽、白及。忌豬肉。《本經》桔梗一名薺苨。蓋桔梗、薺苨乃一類，有甜苦二種，《別錄》始分薺苨條。

清・汪紱《醫林纂要探源》卷二 桔梗 苦、辛，平。或一莖，或分歧，葉對生，花著節間，下垂如鈴鐸，紫碧白色，根白獨下，如胡蘿蔔，中有硬心。下氣散鬱，舒快膻中，功專入肺。苦泄逆氣，辛行鬱氣，色白入肺。凡肺所斂寒熱濕邪，皆能泄散，故利咽喉，快胸膈，清頭目，行痰壅，治肺癰肺痿，及寒咳熱咳，喉痺咽痛，又治腹痛腸鳴，腸澼下痢。大腸，肺之表也。〇苦以降逆，其用主下氣，以專入於肺，快膻中之氣，故兼及胃。胃氣上賁門，會膻中，而肺主之。胃之濁氣并升，則上焦不清，而膻中不快，此能散濁降逆，所以快膻中而保肺也。故或謂其載諸藥以上升，後遂不知其下氣之為用矣。

清・嚴潔等《得配本草》卷二 桔梗 節皮為之使。畏白及、龍膽草。忌豬肉。伏砒。 辛、苦，平。入手太陰經氣分。行表達竅，開提氣血，能載諸藥上浮，以消鬱結。治痰壅喘促，鼻塞，肺癰，乾咳，目赤，喉痹咽痛，齒痛口瘡，胸膈刺痛，腹痛腸鳴。 配梔子、大黃，治目赤腫痛。配大力子、大黃，治疫毒。配阿膠，治肺痿。配訶子，治失音。配茴香，燒研，敷牙疳臭爛。配枳殼，利胸膈。君甘草，治少陰咽痛，及肺癰咳嗽，吐膿如粳米粥者。入涼膈散，則不峻下。入補血藥，清理咽喉。入治痢藥，開肺氣之鬱於大腸。入治嗽藥，散火邪之鬱於肺中。 刮去浮皮，米泔浸，微炒。若欲專用降劑，此物不宜同用。 諸氣上浮，血病火炎，二者禁用。

題清・徐大椿《藥性切用》卷三 桔梗 辛苦性平，色白入肺。力能清咽利膈，表散外邪，肺氣滯於大腸者，宜桔梗開之，為諸藥舟楫，能引沉降之品至於至高之分成功。有一種甜者，兼能解毒。又名薺苨，亦可偽參。

清・黃宮繡《本草求真》卷三 桔梗開提肺中風寒，載藥上行。 桔梗耑入肺，兼入心胃。辛苦而平，按書既載能引諸藥上行，又載能以下氣，其義何居。蓋緣人之臟腑胸膈，本貴通利，一有寒邪阻塞，則氣血不通。其在於肺，則或為不利，而見痰壅喘促鼻塞。其在陽明胃，則或風熱相搏，而見齒痛。其在少陰腎，則因寒蔽火鬱，而見目赤喉痹咽痛，久而火鬱於肺，則見口瘡肺癰乾咳，火鬱上焦，則見胸膈刺痛。肺火移鬱大腸，則見下痢腹痛，腹滿腸鳴，總皆寒入於肺，閉其竅道，一語透盡諸病根源。則清不得上行，濁因不得下降耳。桔梗味苦氣平，質浮色白，係開提肺氣之聖藥，可為諸藥舟楫，載之上浮，能引苦泄峻下之劑至於至高之分成功。俾清氣既得上升，則濁氣自克下降，降氣之說，理根於是。是以好古加味甘桔，無不因症加藥，如失音則加訶子，聲不出加半夏。上氣加陳皮，涎嗽加知母、貝母，欬渴加五味，酒毒加葛根，少氣加人參，嘔加半夏、生薑，吐膿血加紫(苑)〔菀〕，肺萎加阿膠，胸膈不快加枳殼，痞滿加枳實，目赤加梔子、大黃，面腫加茯苓，膚痛加黃耆，發斑加荊防，疫癘加牛蒡、大黃，不得眠加梔子，總不離乎桔梗以為開提。時珍曰：朱肱《活人書》治胸中痞滿不痛，用桔梗、枳殼，取其通肺利膈下氣也。張仲景《傷寒論》治寒實結胸，用桔梗、貝母、巴豆，取其溫中消穀破積也。又治肺癰唾膿，用桔梗、甘草，取其苦辛清肺，甘溫瀉火。又能排膿血，補內漏也。其治少陰症三四日咽痛，亦用桔梗、甘草，取其苦辛散寒，甘平除熱，合而用之，能調寒熱也。後人易名甘桔湯，通治咽喉口舌諸病。宋仁宗加荊芥、防風、連翹，遂名如聖湯，極言其驗也。 奈世僅知此屬上升，而不知其下行，其失遠矣！但痘疹下部不起勿用，以其性升之故，久嗽不宜妄用，以其通陽泄氣之故，陰虛不宜妄用，以其拔火上乘之故。其蘆能吐膈上風熱痰實，生研末，水調服，探吐。去浮皮，泔浸微炒用，畏龍膽草、白及，忌猪肉。

清・楊璿《傷寒溫疫條辨》卷六消劑類 桔梗 味苦辛，氣微涼，氣輕於味，陽中陰也。載藥上浮，有舟楫之名。入心、肺、胸膈、上焦。載散藥，清理風寒頭目。載寒藥，冷利齒牙咽喉。載肺藥，解肺熱，療癰痿唾膿咳嗽。載痰藥，消痰涎，止喘嘔，利膈寬胸。引大黃可使上升，引青皮平肝止疼。仲景桔梗甘草湯治咽喉腫疼，陰陽通用。

清・羅國綱《羅氏會約醫鏡》卷一六草部 桔梗味苦辛，微涼，入肺經，兼入心胃二經。畏白及、膽草。 開提氣血，表散寒邪，能退肺熱，清利頭目。引藥上行。治痰壅、喘促、鼻塞、肺氣滯也。喉痹、咽痛心火、口瘡、齒痛胃火、肺癰、乾咳肺火、胸痛火鬱上焦、下痢、腹痛、腸鳴、腹滿，肺火鬱於大腸。排膿行血氣暢，下氣消痰。肺氣清，濁氣自下行耳。 按：桔梗為舟楫之劑，引諸藥上於至高之

分以成功，若攻補下焦藥中，不可入也。

清·陳修園《神農本草經讀》卷四下品 桔梗 氣味辛，微溫，有小毒。主胸脇痛如刀刺，腹滿，腸鳴幽幽，驚恐悸氣。 張隱庵曰：桔梗治少陽之脇滿，上焦之胸痹，中焦之腸鳴，下焦之腹滿。又驚則氣上，恐則氣下，悸則動中，是桔梗為氣分之藥，上中下皆可治也。張元素不參經義，謂桔梗乃舟楫之藥，載諸藥而不沉。今人熟念在口，終身不忘，以元素杜撰之言為是，則《本經》幾可廢矣！醫門豪傑之士，能明神農之《本經》、軒岐之《靈》《素》、仲祖之《論》《略》，則千百方書皆為糟粕。設未能也，必為方書所囿，而蒙蔽一生矣。可畏哉！

清·王學權《重慶堂隨筆》卷下 桔梗 開肺氣之結，宣心氣之郁，上焦藥也。肺氣開則府氣通，故亦治腹痛下利，昔人謂其升中有降者是矣。然畢竟升藥，病屬上焦實證，而下焦無病者，固可用也；若下焦陰虛而浮火易動者，即當慎之；其病雖見於上焦，而來源於下焦者，尤為禁劑。昔人舟楫之說，最易誤人。夫氣味輕清之藥，皆治上焦，載以舟楫，已覺多事，質重味厚之藥，皆治下焦，載以上行，更覺無謂。故不但下焦病不可用，即上焦病亦惟邪痹于肺、氣鬱於心，結在陽分者始可用之。如咽喉、痰嗽等證，惟風寒外閉者宜之，不但陰虛內傷為禁藥，即火毒上升之宜清降者，亦不可用也。

清·黃凱鈞《藥籠小品》 桔梗 入心肺胃，開提氣血，散表寒邪。故能開胸膈滯氣，治喉痹咽痛，腹痛腸鳴，載藥上浮，至於高處。凡病欲從大小便出者，若誤用之，為患不測。

清·王龍《本草纂要稿·草部》 桔梗 氣味苦辛微溫，有小毒。開胸膈，除壅塞之氣於上焦。解諸風，散寒冷之邪於肌表。利肺經，通鼻中窒塞。逐肺熱，療咳嗽痰涎。清咽喉之腫毒，驅脇下之刺疼。療肺癰，排膿養血。清恚怒，尤却怔忡。為舟楫之劑，引藥上行。入肺、膽二經。

清·張德裕《本草正義》卷上 附桔梗 苦辛，微涼。氣輕性浮。用其載藥上升，故有舟楫之號。入肺、胸膈、上焦，載散藥散邪，載涼藥清咽疼喉痹，亦能寬胸。欲降勿用。俗傳前胡、桔梗為開提藥，謬甚。

清·楊時泰《本草述鉤元》卷七 桔梗 八月采根。如指大，邊白中微黃，有心，味苦而辛，苦為勝。若無心味甜者，薺苨耳。有一種木梗真同桔梗，只是咬之腥澁不堪為異。根苦、辛、甘，平，微溫。味厚氣輕。入手太陰肺經氣分及足少陰經，兼入足陽明經。主治喉咽痛，肺熱氣促嗽逆，除鼻塞，清利頭目，口舌生瘡，赤目腫痛，肺部風熱，胸膈滯氣及痛，療胸脇痛如刀刺，胸腹脹滿，腸鳴幽幽，驚恐悸氣，下一切氣，肺金得令則濁氣自下行。破血積氣，消聚痰涎，治肺癰養血排膿，補內漏。桔梗利胸中之氣，能開提氣血，蓋中焦為氣所從出之處，如有痰水飲食壓在氣上，惟用桔梗開通壅塞之道，升提其氣上行，能使痰水飲食降下也。乾咳嗽，由痰火之邪鬱在肺中，宜苦桔以開之。痢疾腹痛，乃肺金之氣鬱在大腸，亦宜苦桔開之，後用痢藥丹溪。與甘草同行，為舟楫之劑，諸藥有此一味，不能下沉潔古。胸中痞滿不通，同枳殼用，取其通肺利膈下氣也。寒實結胸，同貝母、巴豆用，取其溫中消穀破積也。肺癰唾膿，同甘草用，取其苦辛清肺，甘溫瀉火，又能排膿血補內漏也。少陰咽痛，亦用甘、桔，取其苦辛散寒，甘平除熱，合用能調寒熱也。後人通治咽喉口舌諸病，加荊、防、連翹，名如聖湯瀕湖。與牡蠣、遠志同用，療恚怒。與石膏、葱白同用，能升氣於至陰之下。與消、黃同用，能引至胸中至高之分，利五臟腸胃。

論：桔梗色白，而心微黃，質稟金氣。其味先苦後辛，化火者仍歸於金。是苦而勝者，正金氣之歸元，乃還而大暢其橫偏之用耳。蓋由辛宣而苦瀉，以至於地，使無有壅閼，旋歸辛宣者，統其氣化而至於天，故能開提氣血，為諸藥之任載。惟兼升降而盡其功於辛宣，與上升之劑不同。所主咽痛鼻塞肺熱欬逆奔促，乃其專功。至如餘證，由其能行上行表，使氣血流通耳。海藏謂入足少陰者，以桔梗固氣分藥，而腎為氣之元，苦則至下也。方書治脚氣劑中，有桔梗，須空心服，益證此味之入腎矣。丹溪云，脚氣濕者，須先升提之，不用升、柴，而以此代，其義可思。桔梗與紫菀，味俱先苦後辛，苦勝辛劣，而紫菀之苦尤勝。但桔梗質白屬金，從金化火，仍歸於金，是金能用火，金為主也。紫菀色紫屬火，即從火生苦，苦為勝而終之以微金，是火為金用，火又主也。若訶子止有澁而無辛，其苦味最勝，則是金從火為用也。

下虛及怒氣上升嵩。又凡氣逆不得下降者，弗用。攻補下焦藥中，勿入仲淳。

修治：去頭及兩畔附枝，米泔浸一宿，焙乾。

清·葉桂《本草再新》卷一 桔梗味苦辛，性平，無毒。入脾、肺二經。 開提氣血，表散寒邪，清利頭目、咽喉，開胸膈滯氣。凡痰壅喘促，鼻塞目赤，喉痺

咽痛，口瘡齒痛，肺癰乾欬，胸膈刺痛，腹痛腸鳴，均治。

清·吴其濬《植物名實圖考》卷八 桔梗 《本經》下品。處處有之。三四葉攢生一處，花未開時如僧帽，開時有尖瓣，不純似牽牛花。

清·趙其光《本草求原》卷一 山草部 桔梗 氣微溫，少陽春氣，入膽。先苦後辛，金火之味，入心肺。有小毒，是金得木火以為氣之元，苦泄以降氣於下，仍歸辛溫以達氣於上，為上、中、下三焦氣滯之良藥。張元素以為舟楫之藥，載藥上浮，大失《本經》之旨。主上焦胸痛滿，陽氣不降也。同枳殼用。肺癰，少陰咽痛，俱同甘草，調寒熱以通陰氣。肺熱乾咳、喘促，痰火鬱遏肺氣也，童便煎服。喉痹毒氣，水煎服。喉咽口舌各病，加甘、翹、荊、防；失音，加訶子；聲不出，加半夏；上氣，加陳皮；涎嗽，加知、貝；咳渴，加五味；酒毒，加葛；少氣，加參；嘔，加薑、夏；吐膿血，加紫菀；肺痿，加阿膠；目赤，加梔子、大黃；面腫，加茯苓；膚痛，加北芪；發斑，加荊、防；疫毒，加牛蒡、大黃；不得眠，加梔子。寒實結胸，同川貝、巴豆。鼻塞、口舌瘡，同甘草。齒痛，同苡米。牙根腫，棗肉為丸，綿包咬之。牙疳臭爛，同茴香，燒研敷。表寒頭痛，痰壅，肝風睛痛、眼黑，同黑丑蜜丸，溫水下。中焦脇痛如刀刺，肝膽氣不升也。腸鳴幽幽，肺不能通調水道，則濕熱鬱於腸中。下焦腹滿，足三陰從足走腹，肺不通調，則三陰之氣不治。故同生薑治妊娠中惡、心腹痛。驚恐悸氣，膽者，擔也，敢也。膽氣不升，則果敢之氣失，故氣上而驚，氣下而恐，氣動而悸。又治鼻衄、吐下血，俱同犀角研服。中蠱下血如雞肝，同犀角末，酒下。瘀血在腸內，為末，米飲下。氣行則血活也。又排膿、利水，入生脈散。補內漏，治客忤，死不能言，燒研，同麝香，米飲下。皆氣血流通，陰濁自降也。

同牡蠣、遠志，治恚怒。同石膏、葱白，升氣於至陰之下；同硝、黃，降泄於至高之分。可升可降，故濕脚氣方多用之。此張隱庵所以據《本經》力辨元素謂載藥上浮、邪在下者忌用之非也。但苦泄之品，上下虛者均忌。氣逆非因於鬱，風寒而無滯氣者，勿用。

米泔浸一宿，焙乾用。其蘆，生研，白湯下，探吐膈上風熱實痰。

清·葉志詵《神農本草經贊》卷三 桔梗 味辛，微溫。主胸脇痛如刀刺，腹滿腸鳴幽幽，驚恐悸氣。生山谷。

沮澤庸求，有無心攝。關內葵根，嵩高杏葉。梗直疏通，蜜甘調燮。承載功同，巨川舟楫。

《戰國策》：求桔梗於沮澤，則累世不得一焉。蘇恭曰：桔梗、薺苨葉有差互者，有三四對者，皆一莖直上，惟以根有心為別耳。蘇頌曰：關中所出，根黃皮似蜀葵，葉如菊。《群芳譜》：生嵩高山谷及冤句。根如指大，葉似杏葉。李時珍曰：此草之根，結實而梗直故名。名醫曰：甘草一名蜜甘。張元素曰：為肺部引經，與甘草同行。譬如鐵石入江，非舟楫不載，諸藥有此一味，不能下沉也。

清·文晟《新編六書》卷六《藥性摘録》 桔梗 辛甘而平，入肺兼入心胃。開提肺中風寒，載藥上行。亦降濁氣，治痰壅喘(速)〔逆〕，鼻塞乾咳，喉痹咽痛，口瘡肺癰，下痢腹痛，脹滿腸鳴。〇但久嗽及陰虚不宜用。〇痘症下部不起，忌之。〇畏白及、龍膽草，忌豬肉。

清·張仁錫《藥性蒙求·草部》 桔梗二分、五分 桔梗辛平，寬舒胸脇。載藥上浮，肺痺最切。入肺氣分，兼入心胃經。開肺氣之結，宣心氣之鬱，故上焦病邪痺於肺，氣鬱於心，結在陽分者，始可用之。如咽喉痰嗽等證，惟風寒閉外者宜之。不但陰虚內傷為禁藥，即火毒上升之宜清降者，亦不可用也。朱丹溪曰：乾欬無痰，火鬱於肺中者，宜桔梗開之。若氣逆上升，則忌。徐靈胎曰：桔梗升提，凡嗽症宜降納者，此品最宜慎用。故同清火疏痰之藥，猶無大害。若同辛燥等藥，無不氣逆痰升，涎潮而湧也。

清·戴葆元《本草綱目易知録》卷一 桔梗 辛而微溫。入肺經氣分，兼入腎經。清肺利竅，溫中消穀，除寒熱風痹，利五臟腸胃，清頭目咽喉，主口舌生瘡，鼻塞目赤，開胸膈滯氣，痰涎積聚，破癥瘕肺癰，胸脇刺痛。霍亂轉筋，腹痛腸鳴，瀉痢蠱毒，小兒驚癇。並宜苦辛以開之，為諸藥舟楫，載之上浮，能引苦瀉峻下之劑，至於至高之分成功。養血排膿，補內漏。忌豬肉。

清·黃光霽《本草衍句》 桔梗辛，微溫。 開提氣血，表散寒邪。清利頭目咽喉，能消胸膈滯氣。通鼻中之窒塞，除胸脇之刺疼。喉痺咽痛為神，目赤舌瘡並效。療乾嗽而少痰涎，乾咳嗽乃痰火之邪鬱於肺中，宜苦梗以開之。治肺癰以排膿血，下痢脹痛，腹滿腸鳴。痢疾腹痛，乃肺金之氣鬱於大腸，亦宜桔梗以開之。能載諸藥而上行，復通天氣於地道。得甘草能載引上行入肺，為舟楫之劑。

胸滿不痛，桔梗、枳殼煎服。傷寒腹脹，陰陽不和也。桔梗半夏湯主之。桔梗、半夏、陳皮各三錢，薑五片。少陰咽痛，少陰症二三日，咽痛者，可與甘草湯；不瘥者，與桔梗湯主之。桔梗一兩，甘草二兩，煎服。口舌生瘡，方同上。如聖湯：通治咽喉口舌諸病，桔梗、甘草、荊芥、防風、連翹，肺癰咳嗽，胸滿振寒，脈數；咽乾不渴，時出濁吐腥臭，久則吐膿如粳米粥者，桔

梗湯：桔梗一兩，甘草二兩，吐膿血即瘥。

清·陳其瑞《本草撮要》卷一　桔梗　味苦，入手太陰、足少陰經，功專清喉利膈。得甘草能載引上行入肺，為舟楫之劑，開提氣血，表散寒邪，清利咽喉，下痢腹痛腹滿腹鳴。去浮皮，泔浸微炒用。畏龍膽、白及，忌猪肉。有甜苦二種，甜者名薺苨。

清·周學海《讀醫隨筆》卷五　苦桔梗　大苦甘辛而涼，能降能開，入肺，清熱，散風，風火菀亢于上焦。故神農主兩脇脹痛，本草主咽痛，化斑疹，止咳，解瘟毒，癰疽排膿，皆火邪菀結之病，宜用苦者。甜梗生津益氣，攻近黄芪，而力較薄。

桔梗不能升散　李東垣謂：桔梗為藥中舟楫，能載諸藥上浮於至高之分。當時未曾分明甘、苦，而推其功用，則當屬於甘者；若苦梗泄肺，是能泄至高之氣，不能升氣於至高也。近日著本草者，列其説於苦桔梗條内，謬矣。甜桔梗味甘而靜，能升發胃氣，故能解百藥毒，與葛根相近。後人又謂桔梗能開肺發表。此則甘、苦皆無此功。且諸書并明言咳嗽以苦梗開之，何也？彼蓋見苦梗中挾辛羶之氣也，而孰知其辛不敵苦耶！故徐靈胎謂：外感作咳，用桔梗、麥冬清肺，便成勞損。可稱偉論！

清·李桂庭《藥性詩解》　賦得桔梗下氣利胸膈得胸字。田春芳。　桔梗辛平苦，清頭利膈胸。治咽醫肺喘，下氣去痰壅。　按：　桔梗苦辛而平，色白屬金，入肺經氣分。清頭目，利胸膈，治肺喘痰壅，咽疼氣滯，并治肺癰乾咳，胸膈刺疼，宜苦梗以開之。世醫有謂甜、苦兩種者，謬矣。余考《本經》，備載沙參、薺苨、桔梗，形狀相類，學者不可不辨。沙參體虛無心而味淡，薺苨體虛無心而味甘，桔梗體堅有心而味苦。李時珍謂薺苨寒而利肺，甘而解毒，乃良品也。世不知用，惜哉！知乎此，不可以薺苨為甜桔梗可也。

前題李慶霖　桔梗何功效，辛平可利胸。清咽除膈痞，瀉熱去痰壅。

按：　桔梗本入肺經氣分之藥，功耑清咽利肺，瀉熱開胸。治嗽清痰，下氣舒膈，為胸脇之要藥，肺部之引經。昔賢謂桔梗乃舟楫之藥，載諸藥而不沉，是説謬矣。余考《本經》，張隱菴謂桔梗治少陽之脇滿，上焦之胸痺，中焦之腸鳴，下焦之腹滿。又謂驚則氣上，恐則氣下，悸則動中，是桔梗為氣分之藥，上中下皆可治也。若認為舟楫之説，載諸藥而上浮，是乖經旨，為方書所囿，蒙蔽後學，誠可畏哉！　觀其下氣二字，決不能載藥上浮也明矣。學者當於本題下氣二字，深為玩之，性可知矣。

清·仲昴庭《本草崇原集説》卷下　桔梗　【略】〔批〕世衰道微，人皆自是，往往信今疑古，不能稽古知今，所以庸醫滿天下。隱庵教人只用《本經》及《靈》《素》《論》《略》可謂簡矣。學者簡練揣摩，深造有得，則本身已在堂上，不難辨堂下人曲直，千百方書，皆堂下人也。

清·鄭奮揚著，曹炳章注《增訂偽藥條辨》卷一　苦桔梗　苦桔梗之根，結實而梗直，故有是名，非木上之梗也。近道處處有之。其根外白中黄有心，味苦而辛。《本經》主治胸脇痛如刀刺，腹滿腸鳴幽幽，驚恐悸氣。其一種無心味甜者，薺苨也。一名杏葉沙參，又名甜桔梗。性味功用，與桔梗大不相同。近今藥肆因苦桔梗價貴，多以甜梗(為)〔僞〕充。又有一種水口梗，性味更劣，服之安能見功耶？　炳章按：　桔梗出安慶古城山，色白有蘆，内起菊花心，味甜帶苦者佳。寧國府涇縣出者，形味略同，亦佳。其他如鎮江、全椒、滁州、白陽山、常州、宜興、天長、定遠、樟渚各縣皆出，色黄白味甜，均不道地。此藥乃開提肺氣，為手太陰要藥。須擇色白性糯飽綻，味苦而有心者用之。若味甜者，即薺苨也，效用不同，不可混用耳。

清·周巖《本草思辨録》卷一　桔梗　能升能降，能散能泄，四者兼具。故升不逮升柴，降不逮枳朴，散不逮麻杏，泄不逮消黄。蓋其色白，味辛，氣微溫，純乎肺藥。肺惡寒惡熱。而中心微黄，味又兼苦，則能由肺以達腸胃。辛升而散，苦降而泄，苦先辛後，降而復升，展轉於咽喉胸腹腸胃之間。《本經》所以主胸脇痛如刀刺，腹滿腸鳴幽幽，《别録》所以主利五臟腸胃，咽喉痛也。

桔梗實不入腎，仲聖桔梗湯治少陰病咽痛，是腎家邪熱循經而上，肺為熱壅，以桔梗開提肺氣，佐甘草以緩之，自然熱散痛止，並非治腎，鄒氏之論極是。氣為血帥，氣利則血亦利，故桔梗湯並主血痹。推之排膿與治肺癰，治結胸，仲聖諸方，無不與《本經》吻合。即《肘後方》治腸内瘀血，丹溪治痢疾腹痛，亦只如其分以任之耳。

物理至微，古聖何能盡言，得其旨而擴之，方為善讀古書。易老舟楫之劑載藥不沉之説，大為張隱庵所訾。其實桔梗降而復升，性與肺比，不易下沉，外科於上焦癰瘍，所以非此不可，洄溪評《外科正宗》無異言。且易老以為舟楫之劑者，與甘草同用也。桔梗得甘草，自更羈留於上，名之為舟楫何

害。至《備要》表散寒邪一語，桔梗豈勝發汗之任？驟閱之不無可詫，然古方表劑固多用之。蓋其開提氣血，通竅宣滯，與羌、防、橘、半等為伍，殊有捷效，鼻塞尤宜。惟屬以偏裨之任則可，若竟恃為表劑，則不能無弊。又徐氏謂咳證用桔梗，是宋以後法，升提究非所宜。不知肺苦氣上逆，而氣逆之因不一。若肺感風寒，氣不得宣而逆而咳，非開肺鬱而提出之，曷云能瘳。況桔梗白散治咳而胸滿，載在《外臺》。洄溪蓋嘗譏葉氏未閱《外臺》者，何遂忘之謂是宋後法也。

桔梗與芍藥，皆能治痢疾腹痛。惟桔梗是治肺氣之鬱於大腸，散而上行。芍藥是治脾家血中之氣結，破而下行。若非滯下之痢，二者皆不相宜。《傷寒》《金匱》兩書，凡云利者即是瀉，非今之所謂痢，痢則必加下重字以別之。故真武湯若下利者去芍藥，四逆散治泄利下重不去，通脈四逆湯治下利清穀，本無芍藥，腹中痛始加之，以其為薑、附之佐，於裏寒無傷也。咽痛去之者，芍藥不能散上結之陽也。桔梗之加，全為咽痛。雖不治利而利時不去，與芍藥不去之意正同。利不止，無怪脈之不出，利止而脈不出，則桔梗之散，大有妨於生脈，與芍藥之有妨咽痛亦同。故必須去之而加生脈之人參，此仲聖或去或加之所以然也。鄒氏不達，而謂芍藥止腹痛下利，桔梗亦止腹痛下利，誤之至矣。

長松

宋・唐慎微《證類本草》卷七草部上品〔唐・陳藏器《本草拾遺》〕 長松味甘，溫，無毒。主風血冷氣宿疾，溫中去風。草似松，葉上有脂。山人服之。生關内山谷中。

宋・張杲《醫說》卷三 長松治大風 釋普明齊州人，久止靈巖，晚進五臺，得風疾，眉髮俱墮，百骸腐潰，哀號苦楚，人不忍聞。忽有異人教服長松。明不知識，復告之云：長松生古松下，取根餌之。皮色如薺苨，長三五寸，味微苦，類人參，清香可愛，無毒。服之益人，兼解諸蟲毒。明採服。不旬日，毛髮俱生，顏貌如故。今并代間士人，多以長松雜甘草、乾山藥為湯煎服甚佳。然《本草》及諸方書皆不載，獨釋慧祥作清涼傳，始序之《澠水燕談》。

明・俞弁《續醫說》卷一〇 長松 朱少章《曲洧舊聞》云：齊州釋普明寓五臺山，晚得風疾，眉髮俱脫，手足腐爛，哀號苦楚，人不忍聞。忽遇異人，教服長松。僧不能識，復告之曰：長松生古松下，取其根餌之。皮色如薺苨，長三五寸，味微苦，類人參，清香可愛。僧採服之，不旬日毛髮俱生，顏貌如故。惜乎！今之有風疾者，未之服也。按《本草》陳藏器云：長松味甘，溫，無毒。主風血冷氣宿疾，溫中去風。此草似松，但葉上有脂。產關內山谷中。近韓悉《醫通》云：長松產於太行西北諸山，似獨活而香。三說未知孰是。

明・李時珍《本草綱目》卷一二草部・山草類上 長松《拾遺》

〔釋名〕仙茆時珍曰：其葉如松，服之長年，功如松脂及仙茆，故有二名。〔集解〕藏器曰：長松生關内山谷中，草似松，葉上有脂，山人服之。時珍曰：長松生古松下，根色如薺苨，長三五寸，味甘微苦，類人參，清香可愛。按《張天覺文集》云：僧普明居五臺山，患大風，眉髮俱墮，哀苦不堪。忽遇異人，教服長松，示其形狀。明採服之，旬餘毛髮俱生，顏色如故。今并代間士人，多以長松雜甘草、山藥爲湯煎，甚佳。然本草及方書皆不載，獨釋慧祥《清涼傳》始叙其詳如此。韓悉《醫通》云：長松產太行西北諸山，根似獨活而香。

根 〔氣味〕甘，温，無毒。〔主治〕風血冷氣宿疾，温中去風藏器。治大風惡疾，眉髮墮落，百骸腐潰。每以一兩，入甘草少許，水煎服，旬日即愈。又解諸蟲毒。補益長年時珍。

〔附方〕新一。 長松酒：滋補一切風虛，乃廬山休休子所傳。長松一兩五錢，狀似獨活而香，乃酒中聖藥也。熟地黃八錢，生地黃、黃芪蜜炙、陳皮各七錢，當歸、厚朴、黃蘗各五錢，白芍藥煨、人參、枳殼各四錢，蒼术米泔制、半夏制、天門冬、麥門冬、砂仁、黃連各三錢，木香、蜀椒、胡桃仁各二錢，小紅棗肉八個，老米一撮，燈心五寸長一百二十根，一料分十劑，絹袋盛之。凡米五升，造酒一尊，煮一袋，窨久乃飲。《韓氏醫通》。

明・繆希雍《本草經疏》卷七 長松 味甘，溫，無毒。主風血冷氣宿疾，溫中去風。草似松葉，上有脂，山人服之。

〔疏〕長松生太行西北五臺諸山，得天地溫和之氣而生，故性味甘溫而無毒。主風血冷氣宿疾，溫中去風也。出陳藏器。治大風惡疾，眉髮墮落，百骸腐潰：每一兩，入甘草少許，水煎服，旬日即愈。又解諸蟲毒。當是祛風之仙藥也。

明・姚可成《食物本草》卷一七草部・山草類 長松生古松下，根色如薺苨，長三五寸。味甘微苦，類人參，清香可愛。按《張天覺文集》云：僧普明居五臺山，患大風，眉髮俱墮，哀苦不堪，忽遇異人，教服長松，示其形狀，明采光燦，服之旬餘，毛髮俱生，顏色如故。今并代間士人，多以長松雜甘草、山藥為湯煎，甚佳。本草、方書皆不載，獨釋慧祥《清涼傳》始敘其詳。 長松，味甘，溫，無毒。治風血冷氣宿疾，溫中去風。治

大風惡疾，眉髮墮落，百骸腐潰，每以一兩，入甘草少許水煎服，旬日即愈。又解諸蟲毒，補益長年。

清・蔣居祉《本草擇要綱目・溫性藥品》 長松根 氣味：甘，溫，無毒。 主治：風血冷氣宿疾，溫中去風，治大風惡疾，眉髮墮落，百骸腐潰。每以一兩入甘草少許，水煎服旬日即愈。又解諸蟲毒，補益長年。

清・吴其濬《植物名實圖考》卷八 長松 《本草拾遺》始著錄。生關内山谷古松下。根類薺苨。釋慧祥有《清涼傳》，宋人詩集多及之。

沙參

宋・唐慎微《證類本草》卷三〇有名未用・草木〔《別錄》〕 羊乳 味甘，溫，無毒。主頭眩痛，益氣，長肌肉。一名地黄。三月採，立夏後母死。〔宋・掌禹錫《嘉祐本草》〕按：陳藏器云：羊乳，根似薺苨而圓，大小如拳，上有角節，剖之有白汁，人取根當薺苨，三月採。苗作蔓，折有白汁。

宋・李昉《太平御覽》卷第九九一 沙參 《廣雅》曰：苦心，沙參也。《建康記》曰：建康出沙參。《范子計然》曰：白沙參出雒陽，白者善。《本草經》曰：沙參，一名知母。味苦，微寒。生川谷。治血積驚氣，除寒熱，補中，益肺氣。生河内。《吴氏本草》曰：白沙參，一名苦心，一名識美，一名虎鬚，一名白參，一名志取，一名文虎。神農、黄帝、扁鵲：無毒。岐伯：鹹。李氏：大寒。生河内川谷，或般陽續山。三月生，如葵葉青，實白如芥，根大如蕪菁。三月採。

宋・唐慎微《證類本草》卷七草部上品〔《本經・別錄・藥對》〕 **沙參** **味苦，微寒**，無毒。**主血積驚氣，除寒熱，補中，益肺氣**，療胃痹心腹痛，結熱邪氣，頭痛，皮間邪熱，安五藏，補中。**久服利人。一名知母**，一名苦心，一名志取，一名虎鬚，一名白參，一名識美，一名文希。生河内川谷及冤句、般陽續山，二月、八月採根，暴乾。惡防己，反藜蘆。〔梁・陶弘景《本草經集注》〕云：今出近道。叢生，葉似枸杞，根白實者佳。此沙參并人參是爲五參，其形不盡相類，而主療頗同，故皆有參名。又有紫參，正名牡蒙，在中品。〔唐・蘇敬《唐本草》〕注云：紫參、牡蒙，各是一物，非異名也。今沙參出華州爲善。〔宋・掌禹錫《嘉祐本草》〕按：《蜀本圖經》云：花白色，根若葵根。《藥性論》云：沙參，臣。能去皮肌浮風，疝氣下墜，治常欲眠，養肝氣，宣五藏風氣。日華子云：補虚，止驚煩，益心肺，并一切惡瘡疥癬及身痒，排膿，消腫毒。〔宋・蘇頌《本草圖經》〕曰：沙參，生河内川谷及冤句、般陽續山，今出淄、齊、潞、隨州，而江、淮、荆、湖州郡或有之。苗長一二尺以來，叢生崖壁間，葉似枸杞而有叉牙。七月間紫花，根如葵根，筯許大，赤黄色，中正白實者佳，二月、八月採根，暴乾。南土生者，葉有細有大，花白，瓣上仍有白黏膠，此爲小異。古方亦單用。葛洪：卒得諸疝，小腹及陰中相引痛如絞，白汗出欲死者，擣篩末，酒服方寸匕，立差。

宋・鄭樵《通志》卷七五《昆蟲草木略》 沙參 葉如枸杞，根如葵。曰苦心，曰志取，曰虎鬚，曰白參，曰識美，曰文希。亦曰知母，而得五參之名。

宋・劉明之《圖經本草藥性總論》卷上 沙參 味苦，微寒，無毒。主血積驚氣，除寒熱，補中益肺氣，療胃痺，心腹痛，結熱邪氣頭痛，皮間邪熱。《藥性論》云：臣。能去皮肌浮風，疝氣下墜。治常欲眠，養肝氣，宣五臟風氣。日華子云：補虚，止驚煩，益心肺氣。一切惡瘡疥癬及身痒，排膿，消腫毒。惡防己，反藜蘆。

元・王好古《湯液本草》卷四 沙參 味苦、甘，微寒，無毒。 治證附前人參條下。

元・徐彦純《本草發揮》卷一 沙參 海藏云：沙參，厥陰經本經之藥。

明・朱橚《救荒本草》卷上之後 杏葉沙參 一名白麵根。生密縣山野中。苗高一二尺，莖色青白，葉似杏葉而小，邊有叉牙，又似山小菜葉，微尖而背白，梢間開五瓣白碗子花。根形如野胡蘿蔔，頗肥，皮色灰黲，中間白色。味甜，性微寒。《本草》有沙參，苗葉根莖其説與此形狀皆不同，未敢併入條下，乃另開于此。其杏葉沙參，又有開碧色花者。 救飢：採苗葉煠熟，水浸淘淨，油鹽調食。掘根，换水煮食亦佳。 治病：與《本草》草部下沙參同用。

沙參 一名知母，一名苦心，一名志取，一名虎鬚，一名白參，一名識美，一名文希。生河内川谷及冤句般陽續山，并淄、齊、潞、隨、歸州，而江、淮、荆、湖州郡皆有。今輝縣太行山邊亦有之。苗長一二尺，叢生崖坡間，葉似枸杞葉，微長而有叉牙鋸齒，開紫花，根如葵根，赤黄色，中正白實者佳。味微苦，性微寒，無毒。惡防己，反藜蘆。又有杏葉沙參及細葉沙參，氣味與此

相類，但《圖經》內不曾該載此二種葉苗形容，未敢併入本條，今皆另條開載。

救飢：掘根浸洗極淨，換水煮去苦味，再以水煮極熟食之。治病：文具《本草》草部條下。

明·蘭茂撰，清·管暄校補《滇南本草》卷中 沙參 性平，味甘，微寒。入肺能補肺氣，以及六腑之陰氣。肺氣盛，則五臟六腑之氣皆盛。性微寒，故補陰氣。肺熱者，以代人參用。刮去皮，銅鍋蜜炒。

附方：崙治諸虛之症。沙參一兩，嫩雞一隻，去腸。入沙參在雞腹內，用沙鍋水煎爛，食之。若肺家有痰火及熱者，服之令人咽喉痛，牙齒痛。

評：去雞熱，非沙參熱也。

明·蘭茂《滇南本草》〔叢本〕卷上 沙參去蘆、去皮，蜜炒。 味甘，微寒，性平。入肺經，補肺氣，即六腑之陰氣。腑氣盛，則五臟之氣俱盛。性微寒，故補陰氣。肺熱者，可以代人參用。單方：治諸虛症。沙參一兩，笋雞去腸，將沙參共合一處，煮熟食。如肺家有痰火，肺熱者食之，令人咽喉疼，齒疼。

明·王綸《本草集要》卷二 沙參臣 味苦甘，氣微寒，無毒。惡防己，反藜蘆。主血積驚氣，除寒熱，補中，益肺氣，久服利人。安五藏，止驚煩，治常欲眠。養肝氣，療胃痹心腹痛，結熱邪氣，頭痛肌熱，浮風身癢。卒得疝氣下墜，痛如絞者，酒調末服。肺寒用人參，肺熱用沙參。沙參補五臟之陰，人參補五臟之陽。

明·滕弘《神農本經會通》卷一 沙參 臣也。惡防己，反藜蘆。二八月採根，陰乾。一云半天狗根。味苦，氣微寒，無毒。《湯》云：味苦、甘。《本經》云：主血積驚氣，除寒熱，補中，益肺氣。療胃痺心腹痛，結熱邪氣，頭痛，皮間邪熱，安五臟，補中，久服利人。《藥性論》云：去皮肌浮風，疝氣下墜，治常欲眠，養肝氣，宣五臟風氣。日華子云：補虛，止驚煩，益心肺。并一切惡瘡疥癬及身痒，排膿，消腫毒。《圖經》云：卒得諸疝，小腹及陰中相引痛如絞，自汗出欲死者，搗末，酒服方寸匙，立差。《集》云：肺寒用人參，肺熱用沙參。人參補五臟之陽，沙參補五臟之陰。《局》云：沙參主血攻寒熱，益氣除驚又補中。大止頭疼心腹痛，又消瘡腫又排膿。

明·劉文泰《本草品彙精要》卷九 沙參無毒 叢生。

沙參出《神農本經》：**主血積，驚氣，除寒熱，補中，益肺氣。久服利人。**以上朱字《神農本經》。療胃痹，心腹痛結，熱邪氣，頭痛，皮間邪熱，安五臟，補中。以上黑字名醫所錄。

〔名〕知母、苦心、志取、虎鬚、白參、文希、識美。〔苗〕《圖經》曰：苗長一二尺，叢生崖壁間，葉似枸杞而有叉丫，七月開紫花，根如葵根，箸許大，赤黃色，中正白實者佳。南土生者葉有細有大，花白，瓣上仍有白黏膠，此爲小異也。〔地〕《圖經》曰：生河內川谷及冤句、般陽續山，今出齊、潞州，而江淮荊湖州郡或有之。〔道地〕淄州、歸州、隨州、華州。〔時〕生：春生苗。採：二月、八月取根。〔收〕暴乾。〔用〕根堅實者爲好。〔質〕類桔梗而微黃。〔色〕黃。〔味〕苦。〔性〕微寒，泄。〔氣〕氣薄味厚，陰也。〔臭〕朽。〔主〕清肺熱，除驚氣。〔反〕藜蘆，惡防己。〔治〕療：《藥性論》云：去皮肌浮風，疝氣下墜，及常欲眠，養肝氣，宣五臟風氣。日華子云：止驚煩，並一切惡瘡，疥癬及身癢，排膿，消腫毒。補：日華子云：補虛，益心肺。〔合治〕合酒調服方寸匕，治卒得諸疝，小腹及陰中相引痛如絞，自汗出欲死者。

明·葉文齡《醫學統旨》卷八 沙參 氣微寒，味苦、甘。無毒。厥陰本經藥。惡防己，反藜蘆。治血積驚氣，除寒熱，補中益肺氣；安五臟，止驚煩，常欲眠，養肝氣；療胃痺心腹痛，結熱浮風身痒；卒得疝氣下墮絞痛；并一切惡瘡疥癬，肺熱宜用，能補五臟之陰也。

明·鄭寧《藥性要略大全》卷二 沙參臣 《經》云：治血積驚氣，除寒熱，補中益肺氣。《湯液》云：療脾胃心腹痛，結熱邪氣頭痛，去皮間邪熱，安五臟。肺受寒邪，宜人參；肺受火邪，宜沙參。東垣云：人參補五臟之陽，沙參補五臟之陰，安得不異乎？海藏云：易老取沙參代人參，取其甘也。若微苦則補陰，甘則補陽。《經》雖云補五臟，必須各用本臟藥為佐使，引之則可。葛洪云：主卒得諸疝，小腹及陰中相引痛如絞，自汗出欲死者，細末酒調方寸匕，立差。須要真者。日華子云：治惡瘡疥癬及身痒，排膿，消腫毒。

明·陳嘉謨《本草蒙筌》卷二 沙參 味苦、甘，氣微寒。無毒。江淮俱多，冤句註前。尤妙。叢生崖壁上，苗高一二尺餘。葉類枸杞有叉枒，根若葵根而筋大。近夏花開白色，瓣瓣有白粘膠。《圖經》嘗云，此為小異。秋後採根曝用，中正白實者佳。反藜蘆，惡防己，乃足厥陰本經藥也。治諸毒排膿消腫，安五臟益肺補肝。止疝氣絞疼，散浮風瘙癢。除邪熱，去驚煩。易老用代人參，形實不同。蓋取味之苦甘，瀉中兼補，略相類爾。

明・王文潔《太乙仙製本草藥性大全》卷一《本草精義》 沙參　一名知母，一名苦心，一名志取，一名虎鬚，一名白參，一名識美，一名文希。出河內川谷及寃句般陽續山，生崖壁上，苗高二尺餘，葉類枸杞，有叉牙，根若葵根而筋大，近夏花開，白色，瓣瓣有白粘膠。《圖經》嘗云，此爲小異。秋後採根，晒用。中正白實者佳，二月、八月採根，晒乾。反藜蘆，惡防己。乃足厥陰本經藥也。

明・王文潔《太乙仙製本草藥性大全》卷一《仙製藥性》 沙參君　味苦、甘，氣微寒，無毒。　主治：療血積驚氣，除寒熱，補中益肺氣，久服利人。安五臟，止驚煩，治常欲眠，養肝氣，療胸痹心腹痛，結熱邪氣頭痛，氣熱浮風身痒。卒得疝氣下墜，痛如絞者，酒調末服。　補註：肺寒用人參，肺熱用沙參。沙參補五臟之陰，人參補五臟之陽。〇海藏云：易老取沙參代人參，取其甘也。若微苦則補陰，甘則補陽。經雖云補五臟，必須各用本臟藥爲佐使，引之則可。

明・皇甫嵩《本草發明》卷二 沙參上品之下，君。氣微寒，味苦、甘，無毒。足厥陰本經藥。　發明曰：沙參補五臟之陰，然益肺養肝之功為專。《本草》主補中，益肺氣，安五臟，久服利人，此補五臟之陰也。而益肺，肝自在其中，故寒熱邪氣，頭痛胃痺，皮膚間邪，皆肺受火邪者，藉此清之。又云：浮風瘙癢，惡瘡疥癬，諸腫毒，藉此消散之，是即所以益肺氣也。又血積驚氣，心腹結熱，疝墜下痛等候，寧非養肝氣之功歟。云補五臟，須各經藥佐使，而相輔一臟也。諸疝，小腹連陰引痛劇，自汗出欲死，搗末，酒調服方寸匕，立效。色黃赤，中白實者佳。惡防己，反藜蘆。

明・李時珍《本草綱目》卷一二草部・山草類上 沙參《本經》上品。校正：併入《別錄》有名未用部羊乳。

【釋名】白參《吳普》　知母《別錄》　羊乳《別錄》　羊婆奶《綱目》　鈴兒草《別錄》　虎鬚《別錄》　苦心《別錄》，又名文希，一名識美，一名志取。弘景曰：此與人參、玄參、丹參、苦參是爲五參，其形不盡相類，而主療頗同，故皆有參名。又有紫參，乃牡蒙也。時珍曰：沙參白色，宜於沙地，故名。其根多白汁，俚人呼爲羊婆奶，《別錄》有名未用羊乳，即此也。此物無心味淡，而《別錄》一名苦心，又與知母同名，不知所謂也。鈴兒草，象花形也。

【集解】《別錄》曰：沙參生河內川谷及寃句、般陽續山，二月、八月採根暴乾。又曰：羊乳一名地黃，三月採，立夏後母死。恭曰：出華山者爲善。普曰：二月生苗，如葵，葉青色，根白，實如芥，根大如蕪菁，三月採。弘景曰：今出近道，叢生，葉似枸杞，根白實者佳。保昇曰：其根若葵根，其花白色。頌曰：今淄、齊、潞、隨、江、淮、荊、湖州郡皆有之。苗長一二尺以來，叢生崖壁間，葉似枸杞而有叉椏，七月開紫花，根如葵根，大如指許，赤黃色，中正白實者佳，二月、八月採根。(而)〔南〕土生者葉有細有大，花白，瓣上仍有白粘，此爲小異。藏器曰：羊乳根如薺苨而圓，大小如拳，上有角節，折之有白汁，人取根當薺苨。苗作蔓，折之有白汁。時珍曰：沙參處處山原有之。二月生苗，葉如初生小葵葉，而團扁不光。八九月抽莖，高一二尺。莖上之葉，則尖長如枸杞葉，而小有細齒。秋月葉間開小紫花，長二三分，狀如鈴鐸，五出，白蕊，亦有白花者。並結實，大如冬青實，中有細子。霜後苗枯。其根生沙地者長尺餘，大一虎口，黃土地者則短而小。根莖皆有白汁。八九月採者，白而實；春月採者，微黃而虛。小人亦往往縶蒸壓實以亂人參，但體輕鬆，味淡而短耳。

根　【氣味】苦，微寒，無毒。《別錄》曰：羊乳，溫，無毒。普曰：沙參，岐伯：鹹。神農、黃帝、扁鵲：無毒。李當之：大寒。好古曰：甘，微苦。之才曰：惡防己，反藜蘆。

【主治】血結驚氣，除寒熱，補中，益肺氣《本經》。療胸痹，心腹痛，結熱邪氣頭痛，皮間邪熱，安五臟。久服利人。又云：羊乳主頭腫痛，益氣，長肌肉《別錄》。去皮肌浮風，疝氣下墜，治常欲眠，養肝氣，宣五臟風氣甄權。補虛，止驚煩，益心肺，並一切惡瘡疥癬及身癢，排膿，消腫毒大明。清肺火，治久咳肺痿時珍。

【發明】元素曰：肺寒者，用人參；肺熱者，用沙參代之，取其味甘也。好古曰：沙參味甘微苦，厥陰本經之藥，又爲脾經氣分藥。微苦補陰，甘則補陽，故潔古取沙參代人參。蓋人參性溫，補五臟之陽；沙參性寒，補五臟之陰。雖云補五臟，亦須各用本臟藥相佐，使隨所引而相輔之可也。時珍曰：人參甘苦溫，其體重實，專補脾胃元氣，因而益肺與腎，故內傷元氣者宜之。沙參甘淡而寒，其體輕虛，專補肺氣，因而益脾與腎，故金能受火克者宜之。一補陽而生陰，一補陰而制陽，不可不辨之也。

【附方】舊一，新二。　肺熱咳嗽：沙參半兩，水煎服之。《衛生易簡方》。　卒得疝氣：小腹及陰中相引痛如絞，自汗出欲死者。沙參擣篩爲末，酒服方寸匕，立瘥。《肘後方》。　婦人白帶：多因七情內傷或下元虛冷所致。沙參爲末，每服二錢，米飲調下。《證治要訣》。

題明・薛己《本草約言》卷一《藥性本草》 沙參　主諸疝之絞痛，疥癬惡瘡，兼消腫以排膿，資調五臟。《發明》云：沙參補五臟之陰，然益肺養肝之功為專。《本草》主補中，益肺氣，安五臟，久服利人。此補五臟之陰也，而益肺肝自在其中。

明・梅得春《藥性會元》卷上 沙參　味苦，微寒，無毒。一名白參。惡

防己，反藜蘆。　主治血積驚氣，除寒熱，補中，益肺氣；　療胃痹心腹痛，結熱邪氣頭痛，皮間邪熱，安五臟。

明・杜文燮《藥鑒》卷二　沙參　氣微寒，味苦、甘，無毒。主安五臟，止疝氣，去驚煩。排膿消腫，其功甚捷。益肺補肝，其效若神。童便製，治痰之邪熱無比。玄參佐之，散浮風瘙癢何難。易老用之以代人參，良有以也。但甘則補五臟之陽，苦則補五臟之陰。反藜蘆，惡防己。

明・李中立《本草原始》卷一　沙參　始生河內川谷及寃句、般陽續山，今出近道。二月生苗如葵，葉青色，七八月抽莖，高一二尺。莖上之葉如枸杞葉，有細齒，開紫花，亦有白花者。折其莖根有白汁出，故《別錄》名羊乳，俚人為羊婆奶。其根如葵根，白色。生黄土地者短而小，生沙地者長尺餘，白而實。此草宜於沙地，故《本經》名沙參。吳普名白參。弘景曰：　沙參與人參、玄參、丹參、苦參，是為五參，其形不盡相類，而主療頗同，皆有參名。氣味：　甘，微苦，無毒。　主治：　血結驚氣，除寒熱，補中，益肺氣。〇療胸痹，心腹痛，結熱邪氣，頭痛，皮間邪熱；　安五臟，久服利人。主頭腫痛，益氣，長肌肉。〇去皮肌浮風，疝氣下墜。治常欲眠，養肝氣，宣五臟風氣。〇補虛，止驚煩，益心肺，并一切惡瘡疥癬及身癢，排膿，消腫毒。

沙參，《本經》上品。【圖略】入藥用根。二月八月采根，暴乾。　沙參形如桔梗，無桔梗肉實，亦無桔梗金井玉欄之狀。又似薺苨，無薺苨色白，亦無薺苨蘆頭數股之多。然而有心者為桔梗，多蘆者為薺苨。市者彼此代充，深為可恨！用沙參者，宜擇獨蘆無心，色黄白、肉虛者真也。《本經》云：　中正白實者良。就沙參之虛實黄白而論也。

沙參，惡防己，反藜蘆。　《衛生易簡方》：　沙參五錢，水煎服之，治肺熱欬嗽，效。　沙參：　臣。

明・張懋辰《本草便》卷一　沙參臣　味苦、甘，氣微寒，無毒。惡防己，反藜蘆。　主血積驚氣，除寒熱，補中益肺氣。久服利人。　肺寒用人參，肺熱用沙參。沙參補五臟之陰，人參補五臟之陽。

明・繆希雍《本草經疏》卷七　沙參　味苦，微寒，無毒。主血積，驚氣，除寒熱，補中，益肺氣，療胸痹，心腹痛，結熱邪氣頭痛，皮間邪熱，安五藏，補中。久服利人。

【疏】沙參稟天地清和之氣。《本經》味苦，微寒，無毒。王好古謂甘而微苦。苦者，味之陰也；　寒者，氣之陰也；　甘乃土之沖氣所化，合斯三者，故補五臟之陰。故主血積，驚氣，除寒熱，補中，益肺氣。《別錄》又療胸痹，心腹結熱，邪氣頭痛，皮間邪熱者，苦能洩熱，寒能除熱，甘能緩急，益血補中，故療諸因熱所生病，而其功用馴致安五臟補中，久服利人也。入手太陰經。　【主治參互】同天門冬、麥門冬、百部、五味子、桑白皮，治肺痿，肺熱。　同貝母、枇杷葉、栝樓、甘草、桑白皮、百部、天門冬、款冬花，治久嗽。　葛洪治卒得諸疝，少腹及陰中相引痛如絞，自汗出欲死，搗細末，酒服方寸匕，立差。　【簡誤】臟腑無實熱，肺虛寒客之作嗽者，勿服。

明・倪朱謨《本草彙言》卷一　沙參　味苦、甘，氣微寒，無毒。入手太陰肺經，又爲肝、脾二經氣分藥也。　《別錄》曰：　沙參生河內川谷及寃句、般陽續山。二月、八月采根，立夏後母根枯死。　蘇氏曰：　今出淄、齊、潞、隨、江、淮、荊、湖州郡沙磧中。或叢生厓壁間。二月生苗，初生如小葵葉，圓匾不光。八九月抽莖，莖端葉尖長如枸杞，邊有細齒。葉間開小花，五出，色紫，長如鈴鐸，亦有色白者，瓣瓣有白粘膠。結實如冬青，實中有細子。霜後苗枯，生沙土地者，根長尺許。若生黄土地者，根則短小。根莖俱有白汁如乳，故名羊乳。根乾時宛似人參，中黄外白，世所用者皆僞，不知爲何物也。

沙參：　清肺熱，疏肝逆，李時珍解脾火之藥也。梁心如稿　蓋稟天地清和之氣，味甘苦而寒。王好古謂苦者味之陰也，寒者氣之陰也，甘乃土之沖氣所化，合斯三者，故補五藏之陰，而治熱勞咳嗽，并療諸因熱所生病。設使藏府無實熱，而肺虛寒客之作嗽，慎勿服也。　盧不遠先生曰：　色白而乳，肺金之津液藥也。樂生沙磧而氣疏，質本秋成而性潔，參容平之金令，轉炎歊爲清肅者也。故可汰除肺眚。因熱傷氣分，爲胸痹，爲寒熱，及藏真失行營衛陰陽，致氣不呴，血不濡者，功用頗捷。

集方：　《衛生易簡方》治陰虛火炎，咳嗽無痰，骨蒸勞熱，肌皮枯燥，口苦煩渴等證。用真北沙參、麥門冬、知母、川貝母、懷熟地、鱉甲、地骨皮各四兩，或作丸，或作膏，每早服三錢，白湯下。〇治一切陰虛火炎，似虛似實，逆氣不降，清氣不升，爲煩爲渴，爲咳爲嗽，爲脹爲滿不食。用真北沙參五錢，水煎服《林仲先醫案》。

明・顧逢柏《分部本草妙用》卷四肺部・寒補　沙參　甘、微苦，寒，無毒。惡防己，反藜蘆。産華山。白而實者佳，無心者佳。去蘆用。　主治：

血結驚風，除寒熱，益肺氣，療胸痺心腹痛結熱。安五臟，長肌肉。宣五臟風氣，養肝氣。治常欲眠，疝氣。補虛。并一切瘡疥，排膿消毒。清肺火，治久欬肺痿。按：人參甘苦而溫，其體重實，專補脾胃元氣，因而益肺與腎，故內損元氣者宜之。沙參甘淡而寒，其體輕虛，專補肺氣，因而益脾與腎，故金受火尅者宜之。所以肺寒用人參，肺熱用沙參。人參補五臟之陽而生陰，沙參補五臟之陰而制陽也。何可不辨，雖曰補五臟，亦須各用本臟藥佐使引進之。

明·李中梓《醫宗必讀·本草徵要上》 沙參味苦，微寒，無毒。入肺經。惡防己，反藜蘆。 主寒熱欬嗽，胸痹頭痛。定心內驚煩，退皮間邪熱。氣輕力薄，非肩弘任大之品也。人參甘溫體重，專益肺氣，補陽而生陰；沙參甘寒體輕，專清肺熱，補陰而制陽。按：沙參性寒，藏府無實熱及寒客肺經而嗽者，勿服。

明·鄭二陽《仁壽堂藥鏡》卷一〇上 沙參 味甘，苦，微寒，無毒。入肺、肝二經。惡防風，反藜蘆。產華山。白而實者佳。去蘆。《經》曰：血結驚氣，除寒熱，益肺。隱居曰：療胸痹，心腹痛，結熱邪氣。安五臟，長肌肉。甄權曰：宣五臟風氣，養肝氣，治常欲眠，疝氣。大明曰：惡瘡疥癬，排膿消腫毒。好古曰：補五臟之陰。時珍曰：久欬肺痿。按：人參補陽而生陰，沙參補陰而制陽。氣力甚薄，非多用不效。南方肆中，殊少真者。多選大桔梗亂之，又安望其功耶？ 葛洪云：沙參主卒得諸疝，小腹及陰中相引痛如絞，自汗出欲死。細末，酒調服方寸匕，立差。 日華子云：補虛，止驚，益心養肝。

明·李中梓《頤生微論》卷三 沙參 味甘、苦，性微寒，無毒。入肺經。惡防己，反藜蘆。白而實者佳。去蘆。微焙用。理胸中結熱結血，治虛勞肺痿肺癰，定心內驚煩，退皮間邪熱。

按：沙參氣輕力薄，非肩弘任大之品也。人參補陽而生陰，沙參補陰而制陽。一行春氣，一行秋氣，不相侔也。

明·張景岳《景岳全書》卷四八《本草正》 沙參反藜蘆。一名鈴兒草。味微甘苦，氣味俱輕，性微寒。能養肝氣，治多眠，除邪熱，益五臟陰氣，清肺涼肝，滋養血脉，散風熱瘙痒，頭面腫痛，排膿消腫，長肌肉，止驚煩，除疝痛。然性緩力微，非堪大用。易老云：人參補五臟之陽，沙參補五臟之陰。特以其甘涼而和，補中清火，反而言之，故有是論。若云對待人參，則相去遠矣。

明·賈九如《藥品化義》卷六肺藥 沙參 屬陰中有微陽，體輕，色肉白皮淡黃，氣和，味微苦，性涼云寒非，能升能降，力清肺，性氣與味俱輕，入肺肝二經。 沙參色白，原名白參，體輕虛，味微苦，氣味俱清，為清中清品，專入肺經。《經》曰：肺苦氣上逆，以此清潤其氣，肺性所喜，即謂之補。主治火嗽痰逆，鼻塞熱壅，皮膚燥痒，失血病久，則皆補陰而制陽也。蓋肺與大腸為表裏，以此使肺氣清，而大腸受蔭，故腸紅下血久者，皆得而不妄泄矣。又肺金清，則不尅肝，而肝氣得養，用治血積驚煩，心腹結熱，能益陰血，邪氣自寧。所以肺寒用人參，肺熱用沙參，迥然而別。 北地沙土所產，故名沙參。皮淡黃肉白中條者佳。南產色蒼體匏，純苦。另有粉沙參，味甘，俱不可用。

明·盧之頤《本草乘雅半偈》帙二 沙參《本經》上品 氣味：苦，微寒，無毒。 主治：主血結，驚氣，除寒熱，補中，益肺氣。

覈曰：出淄、齊、潞、隨、江、淮、荊、湖州郡沙磧中。二月生苗，初生如小葵葉，圓扁不光。八九月抽莖，莖端葉尖長，如枸杞，邊有細齒。葉間開小花五出，色紫，長如鈴鐸，結實如冬青，實中有細子。霜後苗枯，根長尺許，若黃土地中者，根則短小。根莖俱有白汁如乳，故一名羊乳、羊婆奶。根乾時，宛似人參，中黃外白，世所用者皆偽，不知為何許物，食之反損肺氣。惡防己，反藜蘆。

先人云：色白而乳，肺金之津液藥也。故又得知母、志取、苦心之名。

条曰：樂樹沙磧而氣疏，質本秋成而性潔。參容平之金令，轉炎歊為清肅者也。故可汰除肺眚，因熱傷氣分，為洒淅寒熱，及藏真失行營衛陰陽，致氣不响，血不濡，與驚氣上逆，不能响之使下者，功用頗捷。

明·李中梓《本草通玄》卷上 沙參 微苦，微寒。 以補陰清肺為用，故久欬肺痿，右寸數實者頗為相宜，但體質輕虛，性用寬緩，非肩弘任重之品也。

清·顧元交《本草彙箋》卷一 沙參 氣輕力薄，非肩弘任大之品。與人參、玄參、丹參、苦參，是爲五參。人參甘溫，體重，專益肺氣，補陽而生陰。沙參甘寒，體輕，能清肺熱，補陰而制陽。看症虛實，與人參參用則可，以沙參代人參，則無是理也。

清·穆石匏《本草洞詮》卷八　沙參　色白，生於沙地，故名。氣味苦，微寒，無毒。主補中，益肺氣。潔古取沙參代人參。但人參甘溫，其體重實，專補脾胃元氣，因而益肺與腎，故內傷元氣者宜之。沙參甘淡而寒，其體輕虛，專補肺氣，因而益脾與腎，故金受火尅者宜之。一補陽而生陰，一補陰而制陽也。

清·劉雲密《本草述》卷七上　沙參　覈曰：出淄、齊、潞、隨、江、淮、荊、湖州郡沙磧中。二月生苗，初生如小葵，葉圓扁不光，八九月抽莖，莖端葉尖，長如枸杞，邊有細齒，葉間開小花，五出，色紫，長如鈴鐸，結實如冬青，實中有細子，霜後苗枯，根長尺許，若黃土地中者根則短小，根莖俱有白汁如乳，故一名羊乳。八九月采者白而實，春月采者微黃而虛。

根：氣味：苦，微寒，無毒。普曰：岐伯：鹹。神農、黃帝、扁鵲：無毒。李當之：大寒。好古曰：味甘、微苦。厥陰本經之藥，又為脾經氣分藥。諸本草主治：補中，清肺熱，益肺氣，療胸痺結熱邪氣，頭痛，散血結，養肝氣，宣五臟風氣，治久欬肺痿，療皮間邪熱，治驚氣疝氣。

方書主治中風驚咯，血痹著痹，譫妄，疝。潔古曰：肺寒者用人參，肺熱者用沙參代之，取其味甘也。時珍曰：人參甘苦溫，其體重實，專補脾胃元氣，因而益肺與腎，故內傷元氣者宜之。沙參甘淡而寒，其體輕虛，專補肺氣，因而益脾與腎，故金受火尅者宜之。文清曰：散血分積，養肝之功居多，常欲眠而多驚煩者最宜。故曰厥陰本藥也。之頤曰：樂樹沙磧而氣疏，質本秋成而性潔，參容平之金令，轉火歒為清肅者也。故可汰除肺眚因熱傷氣分，為灑淅寒熱及藏真失行，營衛陰陽致氣不呴，血不濡，與驚上逆，不能呴之使下者，功用頗捷。希雍曰：沙參稟天地清和之氣，《本經》味苦微寒，無毒。王好古謂甘而微苦。苦者，味之陰也。寒者，氣之陰也。甘乃土之冲氣所化，合斯三者，故補五臟之陰，入手太陰經。蓋肺者，五臟之氣所主也。同天門冬、麥門冬、百部、五味子、桑白皮，治肺痿肺熱。同貝母、枇杷葉、栝樓、甘草、桑白皮、百部、天門冬、款冬花，治久嗽。

愚按：沙參之味甘，而止有微苦，且甘先之，其氣微寒，甘味歸土，而合微寒之氣，豈非足太陰脾劑乎？然概以為入手太陰肺者，何哉？蓋脾脈至於肺者也。五味入口，先至於脾，由脾而即上至於肺，況此味之甘勝，則專於脾之氣化而上達矣。《本經》言益肺氣，先之以補中，則由脾而至肺也可知。即曰有微苦，反為甘用，以致其上清之化，且其根采於八九月者乃白而實，春月則否，明為得容平之金氣，而在土氣成功之後者也。抑潔古謂沙參療肺熱，在《本經》則言其補中益肺氣，得勿有相戾歟？曰：不也。蓋陰陽和而氣乃生，陰陽和而氣乃運。肺主氣而曰太陰者，謂陽中有陰也。陽不足則甘溫補之，陰不足則甘寒補之。此《本經》所以謂沙參能補中益肺氣，而潔古之所見殊確也。第好古又曰是為厥陰本經藥，其義何居？曰：肝合於腎，本陰中之陽上升，以致於胃，而後天之氣乃生，是肝上媾於肺者，陽也，而即有陰隨之矣。肺合於心，本陽中之陰，下降以致於脾，而後天之血乃成，是肺下媾於肝者，陰也，而即有陽隨之矣。若肺之陽亢而陰微，則木無以媾於金，而金亦不得媾於木，不唯肝血無以藏，即肝氣亦無以養矣。唯肺之陽氣合於陰，而後氣能呴之，肺之陰氣和於陽，而後血能濡之，如此味本容平性質，而莖根皆折之有白汁，更曰羊乳，不可思其金氣溢潤於司風木之臟，而血易燥者，能有餘地乎？此《別錄》所以謂其散胸痺結熱，而《本經》即首以治血結為言也。即此一段立論，便可通於方書諸證之治。夫肺主氣，而《本經》乃首治血結，蓋本肺陰下降入心之義，是則金木媾而陰陽和矣。然凡入肺經氣分而兼益血者，即於肝有專功，固不獨一沙參為然矣。按：脾與腎脈俱至於肺，在經絡篇固然。先哲曰脾氣散精，上歸於肺，此皆由下而升者也。《內經》又云：傷肺者，脾氣不守，胃氣不清，經氣不為使云云，此由上而降者也。醫者能識脾肺升降，以盡其變，則思過半矣。

附方　卒得疝氣，小腹及陰中相引痛如絞，自汗出欲死者，沙參擣篩為末，酒服方寸匕。婦人白帶多，因七情內傷，或下元虛冷所致，沙參為末，每服二錢，米飲調下。

修治　水洗去蘆，白實味甘者良。根乾時宛似人參，中黃外白，但體輕鬆，味淡而短耳。之頤曰：世所用者，不知為何許物。

清·郭章宜《本草匯》卷九　沙參　苦甘，微寒。考沙參味淡。《別錄》言苦，不知所謂。入手太陰、足厥陰、足太陰經。清肺熱，治久欬，去皮肌浮風邪熱。療胸痺，心腹結痛。解欲眠，治疝墜。

按：沙參為厥陰本經之藥，又為脾經氣分藥，以補陰清肺為用。然性用寬緩，非肩弘任大之品也。但人參甘溫體實，專補脾胃元氣，因而益肺與腎，故內傷元氣者宜之。沙參淡寒輕虛，專補肺氣，因而益脾與腎，故金受

火剋者宜之。一補陽而生陰，一補陰而制陽，不可不辨也。人參補五藏之陽，與沙參補五藏之陰不同。久嗽肺痿，右寸數實者，頗為相宜。若藏府無實熱，及寒客肺經而嗽者，勿服。

惡防己，反藜蘆。

清·蔣居祉《本草擇要綱目·寒性藥品》 沙參 氣味：苦，微寒，無毒。入厥陰經。 主治：滋養肝木，除寒熱，安五臟。療久欬肺痿，其體輕虛，耑補肺氣，因而益脾與腎，補陰制陽。 反：藜蘆。 惡：防己。

清·閔鉞《本草詳節》卷三 沙參 【略】按：沙參稟清和之氣，苦而微甘，故又入脾。好古謂其養肝，治欲眠而多煩驚者，以肺金得之清肅，而肝自受制也。潔古取其味甘，用代人參。然人參甘苦溫，體重，實專補脾胃元氣，因而益肺與腎，故內傷元氣者宜之。沙參甘淡而寒，體輕虛，專補肺氣，因而益脾與腎，故金受火尅者宜之。一補陽而生陰，一補陰而制陽。元素曰：肺寒用人參，肺熱用沙參者此也。

清·王翃《握靈本草》卷二 沙參今出近道。形如葵根，白而實者佳。反藜蘆。 主治： 沙參苦，微寒，無毒。主血結驚氣，除寒熱，補中，益肺氣，清肺火肺痿。

清·汪昂《本草備要》卷一 沙參補陰，瀉肺火。 甘、苦，微寒。味淡體輕，專補肺氣。清肺養肝，兼益脾腎。脾爲肺母，腎爲肺子。久嗽肺痿，金受火剋者宜之，寒客肺中作嗽者勿服。人參補五藏之陽，沙參補五藏之陰。肺熱者用之，以代人參。似人參而體輕鬆，白實者良。生沙地者長大，生黃土者瘦小。惡防己，反藜蘆。北地真者難得。鄭奠一曰：能療胸痹、心腹痛、邪熱結氣，皮膚游風、疥癬，惡瘡、疝氣、崩帶。

清·吳楚《寶命真詮》卷三 (砂)〔沙〕參 【略】補陰清肺，主寒熱欬嗽，胸痺頭痛，定心內驚煩，退皮間邪熱。人參甘溫體重，專益肺氣，補陽而生陰。(砂)〔沙〕參甘寒體輕，專清肺熱，補陰而制陽。但體質輕虛，非肩宏任重之品也。〇右尺數實者相宜，無熱而肺寒者忌。

清·陳士鐸《本草新編》卷三 沙參 味苦而甘，氣微寒。無毒。入肺、肝二經。治諸毒，排膿消硬，安五臟，益肺補肝，止疝氣絞疼實神，散淫風瘙癢，除邪熱，去驚煩。可為君藥，但其功甚緩，必須多用分兩為得。易老用代人參，則過矣。說者論其能安五臟，與人參同功，又云人參補五臟之陽，沙參補五臟之陰，皆不知沙參之功用而私臆之也。夫沙參止入肺、肝二經，諸經不能俱入也。既不能俱入，何以《本草》言其能安五臟。不知人身肺、肝病，則五臟不安矣。沙參善滋肺氣，則上焦寧謐，而中下二焦安有亂動之理。沙參又善通肝氣，肝氣通，則中下二焦之氣亦通。下氣既通，豈有逆而上犯之變哉。此上焦亦安其位，無浮動之病也。安五臟之義如此，而古今人差會其意，謂沙參能安五臟，用之以代人參，悮矣。然則沙參非補陰之物乎？ 沙參不補陰，如何能入肝、肺之經。沙參益肝、肺二臟之陰，非補心、脾、腎三臟之陰也，且陰陽之功用不同，人參補陽，能回陽于頃刻。沙參補陰，則不能回陽于須臾。故人參少用，可以成功；而沙參非多用，必難取效。是沙參不可以代人參，亦明矣。

或問：沙參益陰，何以能治疝氣？前人但言其功，未彰其義也。夫沙參治疝，此繆仲(仁)〔醇〕之言也。其所以能治之故，仲(仁)〔醇〕亦未明言，余當暢談其故。凡疝病，成于濕者居其六，成于房勞而得風者居其三，成于胎氣者居其一，然而皆陰虛而邪中之也。沙參補陰，陰足，邪自難留。況沙參又善消諸硬，疝症之不能久愈者，正以腹中有硬也。沙參消硬，而疝無巢穴，不攻自散矣。沙參治疝之義如此，而余更有說焉。沙參治疝，必須多用以益陰，少加野杜若根佐之，則奏功更神。有沙參補陰為君，又得杜若根攻邪為佐，則攻補並用，又何各疝病之不盡拔其根株哉。

或疑沙參益陰，為補陰聖藥，何以仲景張公不入之于地黃丸中？ 夫地黃丸中之羣藥，皆入至陰之中，沙參止補肺、肝之陰，所以仲景夫子弗取也。雖肺為腎之母，肝為腎之子，子母可以同治。然而既欲獨補腎，又顧母而補肺，復顧子而補肝、膽，盻于子母之間，而補腎功力反分給而不全，故棄而不用也。倘或肺氣大虛，不妨加沙參，同麥冬、五味，入之丸中，為肺腎之兩治；倘或肝氣大傷，不妨加沙參，同芍藥、當歸，入之丸中，為肝腎之雙療也。

或問：沙參補五臟之陰，先生謂止補肺、肝之二臟，與前人之論大殊，何也？曰：沙參固能補五臟之陰，何以治肺、肝則效，而治心、脾、腎則不效。安與補，各有義也。安者，寧靜之辭；補者，滋潤之謂。用沙參五臟寧靜者，連心、脾、腎而言。用沙參而滋潤者，主肺、肝而言之也。用藥先不知五臟之所益，何以治病哉。

清・顧靖遠《顧氏醫鏡》卷七　沙參甘、苦，微寒。入肺經。北者佳。　清肺火，止久咳。　肺痿須用清肺之功。　寒熱能除補陰之效，兼治身癢，復醫瘡癬。　肺主皮毛，清肺熱則自安。　沙參甘寒體輕，專清肺熱，補陰而制陽。　人參甘溫體重，專益肺氣，補陽而生陰。　又云沙參能補五臟之陰，人參能補五臟之陽。然亦須本臟藥同用之。　寒客肺經而咳者，勿服。

清・李熙和《醫經允中》卷一八　沙參　惡防己，反藜蘆。　兼入足太陰、厥陰。　甘、微苦，無毒。　主治清肺火，益肺氣，治火嗽肺痿，陰虛失血。　人參甘苦而溫，兼補脾胃元氣；　沙參甘苦而寒，專治肺火而滋陰。　所以肺寒右寸微弱者用人參，肺熱右寸洪實者用沙參。　人參補陽而生陰，沙參補陰而抑陽者也。　宜慎辨之。　胃寒者服之則生泄瀉，不可不知。

清・馮兆張《馮氏錦囊秘錄・雜症痘疹藥性主治合參》卷三　沙參稟天地清和之氣，味苦甘，微寒，無毒。故散結除熱有之，補中益氣（人）〔則〕不及也。　沙參，味淡體輕，專補脾氣而益肺與腎，久嗽肺痿，金受火尅者宜之。　寒客肺中作嗽者勿服。　主寒熱欬嗽，胸痹頭痛，定心內驚煩，退皮間邪熱。　易老用代人參，蓋取味之苦甘瀉中兼補略相類耳。

按：　沙參氣輕力薄，非肩弘任大之品也。　人參甘溫體重，專益肺氣，補陽而生陰；　沙參甘寒體輕，專清肺熱，補陰而制陽。　一行春氣，一行秋氣，不相侔也。　故藏府無實熱及寒客肺經而嗽者勿服。

清・张璐《本經逢原》卷一　沙參　甘，淡，微寒，無毒。　有南北二種，北者質堅、性寒，南者體虛力微。　反藜蘆。　《本經》主血結，驚氣，除寒熱，補中益肺氣。　發明：　沙參專泄肺氣之熱，故喘嗽氣壅，小便赤濇不利，金受火尅。　陰虛失血，或喘欬寒熱及肺痿等疾宜之。《本經》主血結驚氣者，因驚氣入心，心包熱鬱而血結也。　除寒熱者，鬱熱解而寒熱除也。　補中益肺氣者，用以清理肺胃之虛熱，則津液復而正氣受益矣。　潔古言，肺寒用人參，肺熱用沙參。　好古言，沙參性寒，補五藏之陰，總未達輕虛泄熱之義也。《衛生方》治肺熱欬嗽，沙參一味，水煎服之。《肘後方》治卒然疝痛，自汗欲死，沙參為末，酒服立瘥。《證治要訣》治婦人白帶，沙參為末，米飲服之。　蓋沙參專開肺氣，肺氣清則木邪散，而疝自除，帶自愈矣。　時珍云：　人參甘苦而溫，其體重實，專補脾胃元氣，因而益脾與腎，故內傷元氣者宜之。　沙參甘淡而寒，其體輕虛，專清肺氣，因而益肺與腎，故金受火尅者宜之。　此即《本經》補中益肺氣之謂，一補陽而生陰，一補陰而制陽。不可不辨。

清・浦士貞《夕庵讀本草快編》卷一　沙參《本經》　花名鈴兒草。　沙參色白，宜于沙地，故名。　鈴兒草象其花形也。　沙參味甘而淡，微寒無毒。其體輕浮，專補肺氣，因而益脾與腎，與人參甘溫之有別也。故元素謂肺熱者宜之，若泥為人參傷肺專用沙參代之，便失遠矣，何也？　人參補陽以助陰，沙參補陰而制陽，不可不辨。　況其能平肝氣而宣五藏風氣，止婦人白帶，而療男子癩疝，得非與人參大有不同者耶。

清・張志聰、高世栻《本草崇原》卷上　沙參　氣味苦，微寒，無毒。　主血結驚風，除寒熱，補中，益肺氣。《別錄》云：　久服利人。　沙參一名白參，以其根色名也。　又名羊乳。　俚人呼為羊婆奶，以其根莖折之皆有白汁也。　始出河內川谷及冤句、般陽，今淄、齊、潞、隨、江、淮、荊、湖州郡，及處處山原有之。　喜生近水沙地中。　沙參生於近水之沙地，其性全寒，苦中帶甘，故曰微寒，色白多汁，稟金水之精氣。　血結驚氣者，榮氣內虛，故血結而驚氣也。　寒熱者，衛氣外虛，故肌表不和而寒熱也。　補中者，補中焦之精汁。補中則血結驚氣可治矣。　益肺者，益肺氣於皮毛，益肺則寒熱可除矣。　所以然者，稟水精而補中，稟金精而益肺也。　久服則血氣調而榮衛和，故利人。

愚按：　《本經》人參味甘，沙參味苦，性皆微寒。　後人改人參微溫，沙參味甘，不知人參味甘，甘中稍苦，故曰微寒。　沙參全寒，苦中帶甘，故曰微寒。先聖立言自有深意，後人不思體會而審察之，擅改聖經，誤人最甚。

清・劉漢基《藥性通考》卷四　沙參　味甘、苦，微寒。　味淡體輕，無毒。補陰瀉火，專補肺氣，清肺養肝，兼益脾腎，有人參之功。　久嗽肺痿，金受火尅者宜之。　寒咳，肺中作嗽者勿服。　人參補五臟之陽，沙參補五臟之陰，肺熱者用之以代人參。　沙參似人參而體輕鬆，白實者良。　生沙地者長大，生黃土者瘦小。　惡防己，反藜蘆。　〇或問：　沙參既有人參之功，恐用於久嗽之病，恐虛不受補，而反加氣驟乎？　曰：　非虛不受補，乃世上不明理之人之說，亦不會用藥之故也。　何也？　久嗽之人，乃虛火上攻，不用滋陰降火之藥、清火之藥，反加燥火之藥，豈不反加氣驟乎？　況世人不知子母之人，亦多不知沙參兼補脾土，脾為肺之母，肺為腎之子，用沙參補脾者，土能生金，補肺者，金能生水，水昇則火降，火降而痰化，而氣驟自止矣，又何疑乎？

清・姚球《本草經解要》卷一　沙參　氣微寒，味苦，無毒。　主血結驚

氣，除寒熱，補中，益肺氣。　沙參氣微寒，稟天初冬之水氣，入足少陰腎經。味苦無毒，得地南方之火味，入手少陰心經。氣味俱降，陰也。心主血而藏神，神不寧則血結而易驚矣。結者散之，驚者平之。沙參味苦能散，氣寒能平也。心火稟炎上之性，火鬱則寒，火發則熱，苦寒之味，能清心火，故除寒熱。陰者，所以守中者也。氣寒益陰，所以補中。肺為金藏，其性畏火，沙參入心，苦寒清火，所以益肺氣也。　製方：沙參一味，治肺熱欬嗽。為末酒服方寸匕，治卒疝，少腹及陰中相引絞痛，自汗出欲死者。用米飲下二錢，治白帶。

清・周垣綜《頤生秘旨》卷八　沙參　益肺養肝之藥也。寒熱邪氣，頭痛胃痺，皮膚間邪，藉此清之。浮氣瘙癢，惡瘡疥癬腫毒，藉此散之。

清・徐大椿《神農本草經百種錄》上品　沙參　味苦，微寒。主血積，肺氣上逆之血。驚氣，心火犯肺。除寒熱，肺家失調之寒熱。補中，肺主氣，肺氣和則氣充而三焦實也。益肺氣。色白體輕故入肺也。久服利人。肺氣清和之效。　肺主氣，故肺家之藥氣勝者為多。但氣勝之品必偏于燥，而能滋肺者，又膩滯而不清虛，惟沙參為肺家氣分中理血之藥，色白體輕，疎通而不燥，潤澤而不滯，血阻于肺者，非此不能清也。

清・黃元御《玉楸藥解》卷一　沙參　味甘、稍苦，微涼。入手太陰肺經。清金除煩，潤燥生津。涼肅沖淡，補肺中清氣，退頭上鬱火，而無寒中敗土之弊。但情性輕緩，宜多用乃效。山東、遼東者佳，堅脆潔白，迥異他產。一切瘡瘍疥癬，腫痛瘙癢皆效。

清・吳儀洛《本草從新》卷一　附南沙參（補陰，清肺火。）　功同北參而力稍遜，色稍黃，形稍瘦小而短。近有一種味帶辣者，不可用。

清・汪紱《醫林纂要探源》卷二　沙參　甘、苦，微寒。莖似桔梗，開青花如杯狀，萎乃轉紫色，根長直，白而潤。出北土沁澤諸州者，細長，白潤為佳。南方枯燥呺大者劣。入肺，而泄上逆之氣，潤燥清金，布膻中之治令。氣會膻中，而肺主氣者也。肺斂之過，則氣上而不下，往而不返，喘嗽肺痿之證作焉。又氣濇則燥而不潤，不潤則消而不行。沙參色白，輕虛上浮，入肺，甘以補土生金，苦以降泄逆氣，且苦而不燥，故能和肺氣，治邪火上迫。肺氣虛損及斂濇太過，以至痿咳者，或謂人參補陽，此補陰，陰虛者用以代人參，亦不盡然也。　反藜蘆。

清・黃宮繡《本草求真》卷七　沙參泄肺火薫蒸。　沙參耑入肺。甘苦而淡，性寒體輕，故能入肺以泄熱及瀉肺火。凡久嗽肺萎，金受火尅者，服此最宜。蓋以熱氣薫蒸，非用甘苦輕淡，不能以制焚爍之勢，故嗽必藉此止。若寒客肺中作嗽，切勿妄用。以嗽既屬寒成，復以寒藥為治，不更使寒益甚乎？至書有言補肺養肝及益脾腎，皆是從肺子母受累推究而出，服此肺不受刑，子母皆安，即肝亦不受累，諸臟並見安和耳，非真能以補陰也。熱在於肺宜用，肺熱清而陰不受累，故書言人參補五臟之陽，沙參補五臟之陰。凡書所載藥性補瀉，類多如斯，不獨沙參為然，似人參而體輕鬆白實者良。生沙地長大，生黃土者瘦小。惡防己，反藜蘆。

清・楊璿《傷寒溫疫條辨》卷六寒劑類　沙參反藜蘆。味甘苦，氣薄體輕，性微寒。除邪熱，專清肺，兼益脾、腎，滋養肝血，散遊風瘙痒，消癰瘍瘡腫，療胸痹，止頻驚，除疝疼、心腹疼。但性緩力微，難勝專任。易老曰：人參補五藏之陽，沙參補五藏之陰。特以其甘涼而和，補中益氣，故有是論。若言對待人參，相去天淵。沙參一兩，阿膠五錢，大劑煎飲，治虛勞久嗽肺痿。《局方》：沙參五錢水煎，治肺熱咳嗽。

清・羅國綱《羅氏會約醫鏡》卷一六草部　沙參味甘苦，性微寒，入肺經。惡防己，反藜蘆。補肺氣，清肺熱，涼肝養血，兼益脾腎，脾為肺母，腎為肺子。久嗽肺痿。金被火尅。散皮膚風熱瘙癢、頭面腫痛，止驚除煩。清肺熱也。

按：沙參雖能補五臟之陰，然氣輕力薄，不堪重任，非人參比也。若臟腑無實熱，及寒客肺中作嗽者，勿服。

清・陳修園《神農本草經讀》卷二上品　沙參　氣味苦，微寒，無毒。主血結，驚氣，除寒熱，補中，益肺氣。

參葉天士：沙參氣微寒，稟水氣而入腎。味苦無毒，得火味而入心。謂其得水氣，以瀉心火之有餘也。心火亢，則所主之血不行而為結，而味之苦可以攻之；心火亢，則所藏之神不寧而生驚，而氣之寒可以平之。心火稟炎上之性，火鬱則寒，火發則熱，而苦寒能清心火，故能除寒熱也。陰者，所以守中者也，苦寒益陰，所以補中，補中則金得土生，又無火克，所以益肺氣也。

清・趙學敏《本草綱目拾遺》卷三草部上　南沙參　《藥性考》：南沙參形粗似黨參而硬，味苦性涼，清胃瀉火解毒，止嗽寧肺。《從新》云：南沙參色稍黃，形稍瘦小而短，近有一種味帶辣者，不可用。張璐《本經逢

原》云：沙參有南北二種，北者質堅性寒，南者體虛力微。功同北沙參，而力稍遜。按：參類不一，有竊參名者，如苦參、沙參是也。有竊參形者，如薺苨、三七是也。凡參皆隨地運為升降，故各地皆產參，而性亦各異，功用總不及遼參。今擇可入藥為《綱目》未及載者，悉附識於此，以廣知焉。

張觀齋云：珠兒參者，其形獨蒜似之，去皮煮熟，色如紅熟人參，因圓大而如珠，故名。其味苦而微帶辛，不知何根子所造。價每觔五錢，治牙痛有驗。大略苦者性寒，而辛者必散，是火鬱發散之意，未必全在補功也。至於紅黨參，即紅蘿蔔草所造。白黨參未考。此皆蘇地好奇者所製，好奇之醫，因而用之。走方者所以惑鄉人。稱太子參者，乃參中之全枝而小者，是參客巧取之名也。洋參清氣同參，味苦必寒，疑產陰山，補功雖不及人參，較之珠兒紅白黨等遠矣。土人參俗名觀音山貨，形與人參無二，亦有糙熟之分，出處不一，中有白絲心而味淡，親見台、溫、處州及新昌嵊縣人有貨此參者，價每兩兩許，未考其性，亦未用過，如南沙參誤用者甚多。南沙參產於浙地者，鮮時如蘿蔔，土人去皮煮熟，如熟山藥。曬乾如天花粉，而無粉性，本名粉沙參。功專散毒消腫排膿，非南沙參也。其南沙參形如桔梗，而中空鬆，味淡微甘。桔梗帶辛，而南沙參不辛，產於亳門者最佳，俗名雄桔梗。藥肆中即於桔梗包中揀出，水潤打扁切片，確類銀柴胡片。此則入肺而理嗽，功如北沙參而兼理氣，蓋中空之義也。台州亦出桔梗，而條榦帶硬，亦有雄桔梗，如南沙參。但色不如亳產者白，蓋參類本不一，近日價日昂貴，而各種偽品雜出，人亦日搜奇。於窮巖荒壑中覓相似草根以代混，倘誤用之，為禍非淺。

王繹堂云：時下盛行一種福建長樂參，廣西南陔參，二物頗似，儼與台參油熟無別，味亦苦中帶甜，蒸湯亦極濃厚，然皆性熱，不似人參之平和滋益也。即台參中，近日人頗有入白糖及滷水製透，取其重也。凡參八分，可製重二分作一錢以圖利，店中有此參者，每日必蒸焙，否則潮潤難售，故市參者須加意焉。

清・王學權《重慶堂隨筆》卷下 沙參 清肺，蓋肺屬金而畏火，清火保金，故曰補肺。肺主一身之氣，肺氣清則治節有權，諸臟皆資其灌溉，故曰補五臟之陰。肺氣肅則下行自順，氣化咸藉以承宣，故清肺藥皆通小水。喻氏謂有肺者有溺，無肺者無溺，可云勘破機關。

〔王國祥〕注：六腑氣化，必稟司臟真。昔人治肺氣不化，膀胱為熱邪所滯，而小溲不通，少腹與睪丸脹痛者，一味沙參，大劑煎服，覆杯而愈。是肺氣化而小溲通也。後人不曰沙參可通溲閉，乃謂沙參可治疝氣，誤矣。黃履素見一味蘆菔子通小便，詫以為奇。蓋不知蘆菔子亦下氣最速之物，服之即通者，病由氣閉也。故勘病必察其所以致病之由，則用藥自臻神化，而無執死藥以療活病之弊矣。

清・王龍《本草纂要稿・草部》 沙參 氣味甘苦，性寒，無毒。清肺熱，治肺痿久咳。益肺氣，除寒熱補中。療諸毒，排膿消腫。安五臟，長肉生肌。止疝氣絞疼，散浮風瘙痒。去驚煩邪熱，除疥癬惡瘡。補五臟之陰，為肝經本藥。

清・楊時泰《本草述鉤元》卷七 沙參 出淄、齊、潞、隨、江、淮、荊、湖州郡沙磧中，根長尺許。若黃土地中者，根則短小。根莖俱有白汁如乳，故一名羊乳。八九月采者白而實，春月采者微黃而虛，乾時宛似人參，中黃外白，但體輕鬆，味淡而短耳。今世所用者，不知為何許物之贋。

根味甘、微苦，氣微寒。苦者味之陰，寒者氣之陰，甘乃土之沖氣所化，合斯三者，故能補五臟之陰。足厥陰本經藥。養肝之功居多。又為脾經氣分藥，更入手太陰經。主治補中，清肺熱益肺氣，療胸痹結熱，邪氣頭痛，散血結，養肝氣，宣五臟風氣，治久欬肺痿，皮間邪熱，驚氣，常欲眠而多驚煩者最宜。又驚氣上逆，不能呴之使下者，功用頗捷。疝氣。方書治中風咯血，著痹、譫妄。肺寒者用人參，肺熱者用沙參代之，取其味甘也潔古。人參甘苦溫，其體重實，專補脾胃元氣，因而益肺與腎，故內傷元氣者宜之。沙參甘淡而寒，其體輕虛，專補肺氣，因而益脾與腎，故金受火剋者宜之。同天麥冬、百部、五味、桑白皮，治肺痿肺熱。同貝母、枇杷葉、栝蔞、甘草、桑白皮、百部、天冬、欵冬花，治久嗽。

附方：猝得疝氣，小腹及陰中相引痛如絞，自汗出欲死者，沙參搗篩為末，酒服方寸匕。婦人白帶，多因七情內傷，或下元虛冷所致。沙參為末，每服二錢，米飲調下。

論：沙參秋采則白實，春則虛黃，是明得容平金令，在土氣成功之後者。其味先甘微苦，其氣微寒，甘味歸土，而合微寒之氣，則專於脾之氣化而上達。故《本經》言益肺氣，先之以補中。即曰有微苦，亦反為甘用，以致其上清之化也。潔古謂療肺熱，與《本經》言益肺氣，非有相戾，蓋陰陽和而氣乃生，陰陽和而氣乃運，肺主氣而曰太陰者，陽中有陰也。陽不足則甘溫補之，陰不

足則甘寒補之。第沙參益肺陰氣，何又為厥陰本經藥？曰：肝合於腎，本陰中之陽上升以致於胃，而後天之氣乃生，是肝上媾於肺者陽也，而陰隨之矣。肺合於心，本陽中之陰下降以致於脾，而後天之血乃成，是肺下媾於肝者陰也，而陽隨之矣。若肺陽亢而陰微，則木無以媾於金，而金亦不得媾於木，不惟肝血無以藏，即肝氣亦無以養矣。惟肺之陽氣合於陰，而後氣能呴之。肺之陰氣和於陽，而後血能濡之。此味本容平性質，莖根皆有白汁，不可思金氣溢潤於風木之臟，而胸痹結熱之所以散，血結之所以治乎。夫肺主氣，而《本經》乃首治血結，蓋本肺陰下降入心之義，是則金木媾而陰陽和矣。凡藥入肺經氣分而兼益血者，即於肝有專功，不獨一沙參為然也。又脾與腎脈俱至於肺，所云脾氣散精，上歸於肺，此由下而升者也。又云：傷肺者脾氣不守，胃氣不清，經氣不為使，此由上而降者也。醫者能識脾肺升降以盡其變，則思過半矣。

修治：白實味甘者良。水洗去蘆用。

清・鄒澍《本經續疏》卷二 沙蔘 【略】氣者，物之陽；味者，物之陰。沙蔘於氣得其陰，於味得其陽。苦屬火，甘屬土。所謂質陰用陽者，人身質陰用陽，惟脾與肺，以其體柔而動，性降而處高也。而沙蔘發於早春，采於深秋，偏膺酷暑餘化，開紫色之花，不似肺挹土氣，以供火氣之化乎。抑其任炎歊之逼爍，終白汁之流漓，不似中焦之化津化血，竝行不悖，無相奪倫乎。曰補中益肺氣，明所以益肺氣者由於補中也。曰血積驚氣，除寒熱者，何謂能於兩項病中除寒熱爾？蓋寒熱皆由陰陽相爭，血積則阻氣之行，氣亂則礙血之流，多有成寒熱者。沙蔘藏白汁而開紫花，開紫花而仍藏白汁。氣亂者按而收之，優而柔之，血積者迎而化之，條而行之，則血與氣隧道順而暢達，寒熱有不止者哉？此言其因也。若其狀，則《別録》所謂者是。夫胸痹本氣病，然有心痛而無腹痛，胸痹而心腹俱痛，則涉於血矣。惟假氣之澤，滑血之流，血之積者自隨氣而化，而氣之阻者自隨血而行。此津枯血阻，氣遂不利之胸痹也。頭痛，皮間熱，本外感證。然未有不惡風寒者，即但熱無寒，為陽明熱病始得之一日，亦必惡寒。今頭痛，皮間熱，乃結熱邪氣所成。既明無與於風寒，則其為氣亂而生熱，熱蒸而血沸矣。惟布津以柔氣，順氣以定血，氣之亂者，自隨血而化，血之沸者，自隨氣而化。此津枯氣入血因沸逆之頭痛，皮間熱也。氣行血隨，血澄氣靜，此之謂五臟安。溯五臟之所以安，能外於補中乎？氣血之不利，因此而利，則氣血之利者因此則為利下矣，故曰久服利人。

清・王世鍾《家藏蒙筌》卷一五《本草》 沙參 【略】溪按：沙參即今之泡參，復察今時所用洋參，其色白，其味苦微甘，白則入肺補氣，苦則清金邪熱，甘則入脾益土。若用以治肺金受尅，或成肺痿虛勞者，較之沙參，不更倍勝歟？明者察之。

清・吴其濬《植物名實圖考》卷七 沙參 《本經》上品。處處皆有。以北產及太行山為上，其類亦有數種。詳《救荒本草》。花與薺苨相同，惟葉小而根有心為別。

清・趙其光《本草求原》卷一山草部 沙參 色白，多汁，氣微寒。金水之氣。清肺滋腎，味甘淡帶苦，散心脾鬱熱以和營衛。主血結驚氣，熱鬱傷心營，則肺陰不能入心以生血也。除寒熱，肺陰降則衛和故也。補中，陰者中之守，脾鬱去，則中氣之汁充。益肺氣，脾陰充，則散精歸肺而皮毛之氣和，故除寒熱。治胸痹心腹痛，結熱頭腫痛，皆心熱也。肺熱咳嗽、咯血，肺痿，同寸冬、枇杷、款冬。皮膚浮風著痹，肺脾相為升降，肺傷熱則脾氣不守，胃氣不清，經氣不為使也。小便赤澀，心熱移於小腸。白帶，七情鬱結，肺失注節，宜此開肺也。為末，米飲下。卒疝、小腹陰中相引欲死，為末、酒服。長肌肉，脾汁充故。治一切惡瘡疥癬身癢，排膿消腫。皆宣風散熱之功。肺主氣，補氣藥多燥，滋肺藥多滯，惟沙參九月乃白，得金氣之全；在土氣成功之後，又得土之和氣，為肺受火刑、血阻於肺之良藥。潤而不滯，清氣兼理血，血行風自滅。似人參中黃外白、輕鬆者良。水洗去蘆用。惡防風。

清・葉志詵《神農本草經贊》卷一 沙參 味苦，微寒。主血積驚氣，除寒熱，補中益肺氣，久服利人。一名知母。生川谷。

文希志取，美識參形。尖長排齒，紫白懸鈴。乳流溔液，肺沃神醒。孕金伏火，風扇泠泠。

名醫曰：一名文希，一名志取，一名識美。陶弘景曰：與人參主療頗同，故有參名。李時珍曰：葉尖長如枸杞葉而小，有細齒，開小紫花，狀如鈴鐸。亦有白花者，根莖皆有白汁，俗名羊婆奶。束晳賦：溔液濡澤。李咸用歌：風搖兩拂精神醒。牛宏歌：孕金成德。李頎詩：心窮伏火陽精丹。葛洪詩：洞陽泠泠風佩清。

清・文晟《新編六書》卷六《藥性摘録》 沙參 甘苦而淡，性寒。體輕

入肺以泄熱，並瀉肺火薰蒸。〇凡久嗽肺痿，金受火克者，宜用。〇若寒客肺中者，勿忘投。〇生沙地，長大者良。反藜蘆。

清・屠道和《本草匯纂》卷二平瀉　沙參　耑入肺。甘苦而淡，性微寒，無毒。體輕入肺，清熱泄火。補肺陰，養肝氣，宣五臟風氣。治久嗽肺痿，頭痛，胸痺，心腹痛，驚氣煩熱，皮間邪熱，皮肌浮風，常欲眠，疝氣下墜。療惡瘡疥癬身癢，排膿消癰腫。寒客肺中，作嗽者勿服。至言補肺養肝及益脾腎，皆是從子母受累，推究而出，服此肺不受刑，子母相安，即肝亦不受累，諸臟並見安和。非真能補陰也。熱在於肺，能清肺熱，則陰不受累，故書言人參補五臟之陽，沙參補五臟之陰。凡書所載藥性，補瀉類多如斯，不獨沙參為然。

清・戴葆元《本草綱目易知錄》卷一　沙參　甘苦，微寒，味淡，體輕。專補肺氣，清肺養肝，兼益脾腎。治胸痹，心腹痛，結熱，邪氣，頭痛，去皮肌浮風，疝氣下墮，婦人白帶，一切惡瘡疥癬，及身痒。久嗽肺痿，金受火尅者，宜之。寒客肺中作嗽者，勿服。反藜蘆。

清・黄光霽《本草衍句》　沙參　色白體輕，耑補肺氣。微寒味淡，兼益腎脾。肺痿久嗽，消火尅以清金。肌熱欲眠，止驚煩而養木。心火犯肺。血阻於肺者，非此不清。《本經》云：主血積。是肺氣逆上之血，故能清之。寒客作嗽者，不可早用。療胸痺腹痛，皮膚游風瘡疥身癢，除寒熱血結，肺家失調之寒熱。卒疝下墜。葛洪云：沙參主卒得之疝，小腹及陰中相引痛如絞，自汗出欲死，細末酒調服。肺家氣分中理血之藥。人參補五藏之陽，沙參補五藏之陰。得麥冬清肺熱，得糯米補脾陰。

清・仲昴庭《本草崇原集説》卷一　沙參　【略】〔批〕沙參主治之病，《崇原》將《内經》精義與《本經》合為一家言而詮釋之，其義已顯。《經讀》但以心火亢炎作主見同《經解》，亦題中應有之義，特未醒出營衛一層。

清・周巖《本草思辨錄》卷一　沙參　《本經》沙參主血積、驚氣、除寒熱。血積二字，惟徐氏最為得解，云沙參為肺家氣分中理血之藥，色白體輕，疏通而不燥，潤澤而不滯，血阻於肺者，非此不能清之。曰理血，曰血阻，曰清之，恰合沙參治血之分際。與桃仁為肺藥而主瘀血之閉者，大有不同。熱傷其氣，斯氣阻而血亦阻，心以擾亂而有驚氣，營衛愆其度而有寒熱，非甚重之證，故得以沙參主之。《別錄》演之為療胸痹，則失其實矣。

沙參生於沙磧而氣微寒，色白而折之有白汁。莖抽於秋，花開於秋，得金氣多。味微甘則補肺中之土，微苦則導肺氣而下之，金主攻利，寒能清熱，復津潤而益陰。故肺熱而氣虚者得之斯補，血阻者得之斯通，驚氣寒熱，咸得之而止。

肺惡寒，咳嗽由肺寒者多，故徐氏戒用沙參；然《衛生方》用沙參一味治肺熱咳嗽。曰肺熱，則有風寒外感與素有内寒者，自不相宜，若用於肺熱何害？

山蔓菁

明・朱橚《救荒本草》卷上之後　山蔓菁　出鈞州山野中。苗高一二尺，莖葉皆蒿苣色，葉似桔梗葉，頗長艄而不對生，又似山小菜葉微窄。根形類沙參，如手指麄，其皮灰色，中間白色。味甜。　救飢：採根煮熟食，生亦可食。

地參

明・朱橚《救荒本草》卷上之後　地參　又名山蔓菁。生鄭州沙崗間。苗高一二尺，葉似初生桑科小葉微短，又似桔梗葉微長，開花似鈴鐸樣，淡紅紫色。根如母指大，皮色蒼白，肉黲白色。味甜。　救飢：採根煮食。

仙人過橋

清・吴其濬《植物名實圖考》卷九　仙人過橋　建昌、南贛山坡皆有之。叢生，高不盈尺，細莖葉如柳葉；秋時梢端開紫筩子花，略似桔梗花而小；開久瓣色退白，黃蕊迸露。土人採根葉，煎洗瘡毒。

薺苨

宋・唐慎微《證類本草》卷三〇外草類〔宋・蘇頌《本草圖經》〕　杏參　生淄州田野。主腹臟風壅，上氣欬嗽。根似小菜根。五月内採苗、葉。彼土人多用之。

宋・唐慎微《證類本草》卷九《草部中品》〔《別錄》〕　薺苨　味甘，寒。主解百藥毒。

〔梁・陶弘景《本草經集注》〕云：根、莖都似人參，而葉小異，根味甜絶，能殺毒。以其與毒藥共處，而毒皆自然歇，不正入方家用也。

〔宋・馬志《開寶本草》〕按：別本注云：根似桔梗，以無心爲異，無毒。二月、八月採根，暴乾。

〔宋・掌禹錫《嘉祐本草》〕按：《爾雅》云：苨，菧苨。釋曰：苨，一名菧苨。郭云：薺苨也。日華子云：薺苨，殺蠱毒，治蛇蟲咬，熱狂溫疾，罯毒箭。

〔宋・蘇頌《本草圖經》〕曰：薺苨，舊不載所出州土，今川蜀、江浙皆有之。春生苗莖，都似人參，而葉小異，根似桔梗根，但無心爲異。潤州尤多，人家收以爲果菜或作脯啖，味甚甘美。二月、八月採根暴乾。古方解五石毒，多生服薺苨汁，良。又《小品方》療蠱。取薺苨根擣末，以飲服方寸匕，立差。

〔宋・唐慎微《證類本草》〕《食療》云：丹石發動，取根食之尤良。《千金翼》：封丁腫。取生薺苨根汁一合，去滓傅，不過三。《食醫心鏡》：薺苨，主利肺氣，和中，明目，止痛。蒸切作羹粥食之，虀菹亦得。《金匱玉函方》：鉤吻葉與芹葉相似，誤食之殺人，薺苨八兩，水六升，煮取三升，爲兩服解之。《朝野僉載》：野猪中毒藥箭，多食此物出。

〔宋・陳承《重廣補注神農本草並圖經》〕別說云：今多以蒸壓褊亂人參，但味淡爾。

宋・寇宗奭《本草衍義》卷一〇 薺苨 今陝州採爲脯，別有法，甚甘美，兼可寄遠。古人以謂薺苨似人參者是此。解藥毒甚驗。

宋・鄭樵《通志》卷七五《昆蟲草木略》 薺苨之根，能亂人參，而解藥毒，以其與毒藥共處，而毒皆自然歇。

宋・劉明之《圖經本草藥性總論》卷上 薺苨 味甘，寒。主解百藥毒。日華子云：治蛇蟲咬，熱病溫疾。罯毒箭，殺蠱毒。《圖經》：古方解五石毒。又《小品方》治蠱，取薺苨根，擣末以飲服方寸匕，立差。《食療》云：丹石發動，取根食之良。出川蜀、江浙。

明・蘭茂原撰，范洪等抄補《滇南本草圖說》卷一〇 薺苨 氣味辛寒甘。寒利肺，甘解毒。利中止嗽，消渴強中。並治疔癰腫毒。

明・王綸《本草集要》卷三 薺苨 味甘，氣寒。主解百藥毒，殺蠱毒、蛇蟲(蛟)〔咬〕。熱狂溫疾，取根擣末，或生汁服之。罯毒箭，封丁毒。

明・滕弘《神農本經會通》卷一 薺苨 根似桔梗，以無心為異。二八月採根，暴乾。今多以蒸壓匾，亂人參，但味淡爾。 味甘，氣寒。一云無毒。

《本經》云：主解百藥毒。陶云：根莖都似人參，而葉小，然根味甜，絕能殺毒，以其與毒藥共處，而毒皆自然歇。不正入方家用也。日華子云：殺蠱毒，治蛇蟲咬，熱病溫疾，罯毒箭。《圖經》云：人家收以為粱菜，或作脯啖。味甘佳。古方解五石毒，多生服薺苨汁良。又《小品方》治蠱，取薺苨根擣末以飲，服方寸匙，立差。《金匱玉函方》：鉤吻葉與芹葉相似，誤食之殺人，薺苨八兩，水六升，煑取一升，為兩服，解之。

明・劉文泰《本草品彙精要》卷一二 薺苨無毒 植生。

薺苨：主解百藥毒。名醫所錄。〔名〕菧苨。〔苗〕《圖經》曰：春生苗，莖都似人參而葉小異，根似桔梗但無心爲異。潤州尤多，人家收以爲果菜，或作脯啖之，味甚甘美。陶隱居云：絕能殺毒，以其與毒藥共處，而毒皆自然歇，不止入方家用也。〔地〕《圖經》曰：生川蜀，江浙皆有之。〔道地〕潤州、蜀州。〔時〕生：春生苗。採：二月、八月取根。〔收〕暴乾。〔用〕根。〔質〕類桔梗而無心。〔色〕黃白。〔味〕甘。〔性〕寒，緩。〔氣〕氣之薄者，陽中之陰。〔臭〕腥。〔主〕熱狂，溫疾。〔治〕療：日華子云：殺蠱毒，蛇蟲咬，罯毒箭。《別錄》云：蒸作羹粥食之，利肺氣，和中明目，止痛，擣爛傅疔腫。〔解〕煮水服，解誤食鉤吻葉毒。〇汁，解五石毒。

明・劉文泰《本草品彙精要》卷四一 杏參 植生。

杏參：主腹臟風壅，上氣欬嗽。出《圖經》。〔苗〕《圖經》曰：根似小菜根。〔地〕《圖經》曰：生淄州田野。〔時〕生：春生苗葉。採：五月取。〔用〕苗、葉。

明・皇甫嵩《本草發明》卷三 薺苨中品下，臣。氣寒，味甘，無毒。 發明曰：薺苨甘寒，解百毒，故主殺蠱毒，治蛇蟲咬，熱狂瘟疾，解五石毒，罯箭毒。根莖都似人參而葉小，又根似桔梗，以無心為異。

明・李時珍《本草綱目》卷一二草部・山草類上 薺苨音齊尼，並上聲。《別錄》中品。校正：併入《圖經》杏參。

〔釋名〕杏參《圖經》 杏葉沙參《救荒》 菧苨菧音底。《爾雅》 甜桔梗《綱目》 白麪根《救荒》 苗名隱忍 時珍曰：薺苨多汁，有濟葹之狀，故以名之。濟葹，濃露也。其根如沙參而葉如杏，故河南人呼爲杏葉沙參。蘇頌《圖經》杏參，即此也。俗謂之甜桔梗。《爾雅》云：苨，菧苨也。郭璞云：即薺苨也。隱忍，說見下文。

〔集解〕弘景曰：薺苨根莖都似人參，而葉小異，根味甜，絕能殺毒。以其與毒藥共處，毒皆自然歇，不正入方家用也。又曰：魏文帝言薺苨亂人參，即此也。薺苨葉甚似桔梗，但葉下光明滑澤無毛爲

異，又不如人參相對耳。恭曰：人參苗似五加而闊短，莖圓有三四椏，椏頭有五葉，陶引薺苨亂人參，誤矣。且薺苨、桔梗又有葉差互者，亦有葉三四對者，皆一莖直上，葉既相亂，惟以根有心爲別爾。頌曰：今川蜀、江浙皆有之。春生苗莖，都似人參而葉小異，根似桔梗，但無心爲異。潤州、陝州尤多，人家收以爲果，或作脯啖，味甚甘美，兼可寄遠。二月、八月採根暴乾。承曰：今人多以蒸過壓扁亂人參，但味淡爾。宗奭曰：陶以根言，故云薺苨亂人參；蘇以苗言，故以陶爲誤也。機曰：薺苨苗莖與桔梗相似，其根與人參相亂。今言苗莖都似人參，近於誤也。當以人參、薺苨、桔梗三注參看自明矣。時珍曰：薺苨苗似桔梗，根似沙參，故姦商往往以沙參、薺苨通亂人參。蘇頌《圖經》所謂杏參，周（憲）〔定〕王《救荒本草》所謂杏葉沙參，皆此薺苨也。《圖經》云：杏參生淄州田野，根如小菜根。土人五月採苗葉，治咳嗽上氣。《救荒本草》云：杏葉沙參，一名白麵根，苗高一二尺，莖色清白。葉似杏葉而小，微尖而背白，邊有叉牙。杪間開五瓣白碗子花。根形如野胡蘿蔔，頗肥，皮色灰黲，中間白色。味甜微寒。亦有開碧花者。嫩苗煠熟水淘，油鹽拌食。根换水煮，亦可食，人以蜜煎充果。又陶弘景注桔梗，言其葉名隱忍，可煮食之，治蠱毒。謹按《爾雅》云：蒡，隱忍也。郭璞注云：似蘇，有毛。江東人藏以爲葅，亦可淪食。葛洪《肘後方》云：隱忍草，苗似桔梗，人皆食之。擣汁飲，治蠱毒。據此則隱忍非桔梗，乃薺苨苗也。薺苨苗甘可食，桔梗苗苦不可食，尤爲可證。《神農本經》無薺苨，止有桔梗，一名薺苨，至《別錄》始出薺苨。蓋薺苨、桔梗乃一類，有甜、苦二種，則其苗亦可呼爲隱忍也。

根　【氣味】甘，寒，無毒。　【主治】解百藥毒《別錄》。殺蠱毒，治蛇蟲咬，熱狂温疾，罯毒箭大明。利肺氣，和中明目止痛，蒸切作羹粥食，或作虀菹食昝殷。食之，壓丹石發動孟詵。主咳嗽消渴强中，瘡毒丁腫，辟沙蝨短狐毒時珍。

【發明】時珍曰：薺苨寒而利肺，甘而解毒，乃良品也，而世不知用，惜哉。按葛洪《肘後方》云：一藥而兼解衆毒者，惟薺苨汁濃飲二升，或煮嚼之，亦可作散服。此藥在諸藥中，毒皆自解也。又張鷟《朝野僉載》云：各醫言虎中藥箭，食清泥而解；野猪中藥箭，豗薺苨而食。物猶知解毒，何况人乎？又孫思邈《千金方》，治强中爲病，莖長興盛，不交精出，消渴之後，發爲癰疽，有薺苨丸、猪腎薺苨湯方，此皆本草所未及者。然亦取其解熱解毒之功爾，無他義。

【附方】舊四，新三。

强中消渴：猪腎薺苨湯，治强中之病，莖長興盛，不交精液自出，消渴之後，即發癰疽。皆由恣意色欲，或餌金石所致，宜此以制腎中熱也。用猪腎一具，薺苨、石膏各三兩，人參、茯苓、磁石、知母、葛根、黄芩、栝樓根、甘草各二兩，黑大豆一升，水一斗半，先煮猪腎、大豆取汁一斗，去滓下藥，再煮三升，分三服。後人名爲石子薺苨湯。又薺苨丸：用薺苨、大豆、茯神、磁石、栝樓根、熟地黄、地骨皮、玄參、石斛、鹿茸各一兩，人參、沉香各半兩，爲末。以猪肚治淨煮爛，杵和丸梧子大。每服七十丸，空心鹽湯下。並《千金方》。

丁瘡腫毒：生薺苨根擣汁，服一合，以滓傅之，不過三度。《千金翼》。　面上皯皰：薺苨、肉桂各一兩，爲末。每用方寸匕，酢漿服之，日一服。又滅瘢痣。《聖濟總錄》。　解諸蠱毒：薺苨根擣末，飲服方寸匕，立瘥。陳延之《小品方》。　解鈎吻毒：鈎吻葉與芹葉相似，誤食之殺人。惟以薺苨八兩，水六升，煮取三升，每服五合，日五服。仲景《金匱玉函》。　解五石毒：薺苨生擣汁，多服之。立瘥。蘇頌《圖經》。

隱忍葉　【氣味】甘、苦，寒，無毒。　【主治】蠱毒腹痛，面目青黄，林露骨立，煮汁一二升飲時珍。主腹臟風壅，咳嗽上氣蘇頌。

明·姚可成《食物本草·救荒野譜補遺·草類》　薺苨食苗葉。周定王《救荒》名杏葉沙參。采嫩苗，沟熟食。　采薺苨，聊充飢，相携兒女過前谿，須臾采得青蘺蘺。路逢蕩子醉離披，猶道尋芳鬬艸歸。

明·姚可成《食物本草》卷一七草部·山草類　薺苨川蜀、江浙皆有之。春生苗莖，都似人參而少差；根似桔梗，但無心為異。潤州、陝州尤多，人家收以為果，或作脯啖，味甚甘美，兼可寄遠。二月八月采根暴乾。周（憲）〔定〕王《救荒本草》謂之杏葉沙參，言其葉似杏葉而小，微尖而背白，邊有叉牙。苗高一二尺，莖色青白。杪間開五瓣白盌子花。根形如野胡蘿蔔，頗肥；皮色灰黲，中間白毛，味甜微寒。亦有開碧花者。嫩苗煠熟水淘，油鹽拌食。根換水煮，亦可食。人以蜜煎充果。陶弘景註桔梗，言其葉名隱忍，可煮食之，治蠱毒。江東人藏以為葅，亦可淪食。或誤指桔梗苗即是，殊不知薺苨苗甘可食，桔梗苗苦不可食。

薺苨，味甘，寒，無毒。解百藥毒，殺蠱毒，治蛇蟲咬，熱狂溫疾，罯毒箭。利肺氣，和中明目止痛。蒸切作羹粥食，或作虀菹食，又能壓丹石發動。治欬嗽消渴強中，瘡毒丁腫。辟沙蝨短狐毒。〇李時珍曰：薺苨寒而利肺，甘而解毒，乃良品也，而世不知用，惜哉！按葛洪《肘後方》云：一藥而兼解眾毒者，惟薺苨汁濃飲二升，或煮嚼之，亦可作散服。此草在諸藥中，毒皆自解也。又《朝野僉載》云：虎中藥箭，食清泥而解；野猪中藥箭，豗薺苨而食。物猶知解毒，何況人乎？又孫思邈《千金方》：治強中興盛，不交精出，消渴之後，發為癰疽，有薺苨丸，此皆取其解毒之功耳。

清·穆石匏《本草洞詮》卷八　薺苨　多汁，有濟蕩苨之狀，故名。濟苨，濃露也。氣味甘寒，無毒。主消渴，強中，殺蠱毒、蛇咬，解百藥毒。葛洪云：一藥而兼解眾毒者，惟薺苨汁。《千金方》治強中為病，莖長興盛，不交精出，消渴之後，發為癰疽，有薺苨丸，豬腎薺苨湯，取其解熱解毒之功也。張鷟云：虎中藥箭，食青泥而解。野豬中藥箭，豗薺苨而食。物猶知解毒，

而況人乎？

清・劉雲密《本草述》卷七上 薺苨音齊尼，並上聲。 時珍曰：薺苨苗似桔梗，根似沙參，故姦商往往以沙參、薺苨通亂人參。蘇頌《圖經》所謂杏參。周(憲)〔定〕王誠齋《救荒本草》所謂杏葉沙參，皆此薺苨也。《圖經》云：杏參生淄州田野，根如小菜根，土人五月采苗葉，治欬嗽上氣。《救荒本草》云：杏葉沙參一名白麪，根苗高一二尺，莖色清白，葉似杏葉而小，微尖，面背白，邊有叉牙，杪間開五瓣白盌子花，根形如野胡蘿蔔，頗肥，皮色灰黝，中間白毛，味甜微寒。亦有開碧花者，嫩苗煠熟，水淘油鹽。拌食根換水煮亦可食。《原始》云：薺苨根有一蘆、三四蘆者，似桔梗，但其皮白細光於桔梗。又云：桔梗，獨蘆者佳。

根：氣味：甘，寒，無毒。 主治：解百藥毒《別錄》。殺蠱毒，治熱狂，溫疾日華子。封疔腫時珍。罯音掩，覆蓋也。毒箭，療蛇蟲咬日華子。利肺氣，和中明目，止痛昝殷。治消癉方書。 時珍曰：薺苨寒而利肺，甘而解毒，乃良品也。而世不知用，惜哉！按葛洪《肘後方》云：一藥而兼解衆毒者，惟薺苨汁濃飲二升，或煮嚼之。亦可作散服。此藥在諸藥中，毒皆自解也。又張鷟《朝野僉載》云：各醫言虎中藥箭，食清泥而解；野豬中藥箭，豗薺苨而食。物猶知解毒，何況人乎？又孫思邈《千金方》治強中為病，莖長興盛，不交精出，消渴之後，發為癰疽，有薺苨丸，豬腎薺苨湯方，此皆《本草》所未及者，然亦取其解熱解毒之功爾，無他義。

愚按：《神農本經》無薺苨，止有桔梗。一名薺苨，至《別錄》始出，薺苨另為一種，是則可以形似相亂者，在桔梗與薺苨也。第二味俱用根，乃桔梗味苦辛，而薺苨味甘寒，因味以別之，固易明也。即就時珍所云：薺苨根與沙參根相似，然亦就其味別之。沙參甘淡而寒，且有言其甘而微苦者。若薺苨根，在弘景謂其根味甜，絕能解毒。夫甘能解毒，而味之絕甘，而且寒者，更解百藥之毒，是雖與沙參同有甘，而甘之各具者亦大殊。葢甘而微苦者，即不能解毒。此《別錄》之言解百藥毒，不為無據也。故細究其形似，而更精審於味，則庶乎無誤，不致用而罔功矣。

附方 強中消渴，治強中之病，莖長興盛，不交精液自出，消渴之後即發癰疽，皆由恣意色慾，或餌金石所致，宜此以制腎中熱也。投薺苨丸，用薺苨、大豆、伏神、磁石、栝樓根、熟地黃、地骨皮、玄參、石斛、鹿茸各一兩，人參、沉香各半兩，為末，以豬賭治淨煮爛，杵和丸梧子大，每服七十丸，空心鹽湯下。 又豬腎薺苨湯，用豬腎一具，薺苨、石膏各三兩，人參、茯苓、磁石、知母、葛根、黃芩、栝樓根、甘草各二兩，黑大豆一升，水一斗半，先煮豬腎，大豆取汁一斗，去滓，下藥再煮三升，分三服，後人名為石子薺苨湯。以上俱《千金方》。 疔瘡腫毒，生薺苨根搗汁服一合，以滓傅之，不過三度。 解諸蠱毒，薺苨根搗末，飲服方寸匕，立瘥。

清・汪昂《本草備要》卷一 薺苨補，和中解毒。 寒利肺，甘解毒。能解百藥及蛇蟲毒，在諸藥中，毒皆自解。和中止嗽。治消渴强中，渴症下消，莖長興盛，不交精出，名强中。消渴之後，發爲癰疽。癰腫疔毒。似人參而體虛無心，似桔梗而味甘不苦。奸賈多用以亂人參。時珍曰：薺苨即甜桔梗。

清・吳儀洛《本草從新》卷一 空沙參即薺苨。〔寒利肺，甘解毒。〕 甘，淡，微寒。解百藥毒，利肺氣，和中明目。主咳嗽，消渴，強中，莖長興盛，不交精液自出，謂之強中。瘡毒疔瘇。時珍曰：薺苨寒而得肺，甘而解毒，乃良品也。而世不知用，惜哉！人參、防黨參、土人參、洋參、薺苨、沙參、桔梗相似，不可不辨。沙參體虛無心而味淡，薺苨體虛無心而味甘，桔梗體堅有心而味苦，防黨參體實有心而味甘，土人參體實有心而味甘淡，人參體實有心而味甘微帶苦，自有餘味，洋參雖似糙參，但氣不香爾。 即甜桔梗。乃桔梗之一類二種。〔李時珍著《本草綱目》。〕

清・汪紱《醫林纂要探源》卷二 薺苨 甘，平。桔梗之不苦者，非別一物也。亦能止欬清肺，解毒。乾治之可亂人參。白糖煎之，亦作佳果。

清・嚴潔等《得配本草》卷二 薺苨一名杏參，一名甜桔梗。 甘，寒。入手太陰經。解上焦熱邪，利肺氣，解百藥毒。治咳嗽、消渴、強中、瘡毒、疔腫。

清・黃宮繡《本草求真》卷八 薺苨和中止嗽，消渴解毒。 薺苨耑入肺脾。即甜桔梗，似人參而體虛無心，似桔梗而味甘不苦。按據諸書有因味甘，載能和中止嗽消渴，然力專主解毒，以毒性急迫，甘以和之故也。觀葛洪《肘後方》云：一藥而解眾毒者，惟薺苨汁濃飲一升。或煮嚼之，亦可作散服。此藥在諸藥中，毒皆自解也。又張鷟《朝野僉載》云：名醫言虎中藥箭，食清泥而解。野猪中藥箭，豗薺苨而食。物猶知解毒，何況於人乎？觀此洵為解毒之最，且更能治強中精出，消渴之後，發為癰疽之症。《千金》有薺苨丸、猪腎薺苨湯方。亦以取其清熱解毒之功，無他義耳。薺苨丸，用薺苨、大豆、茯神、磁石、栝蔞根、熟地黃、地骨皮、玄參、石斛、鹿茸各一兩，人參、沉香各半兩，為末，以猪肚洗淨煮

爛，杵和為丸，空心鹽湯下。猪腎薺苨湯，用猪腎一具，薺苨、石膏各三兩，人參、茯苓、磁石、知母、葛根、黄芩、栝蔞根、甘草各二兩，黑大豆一升，水一斗半。先煮猪腎大豆，取汁一斗，去滓下藥，再煮三升，分三服，後人名為石子薺苨湯。但市肆多取此苗以亂人參。又有取此作為黨參者，其性即屬薺苨。不可不察。

清·羅國綱《羅氏會約醫鏡》卷一六草部 薺苨味甘，性寒，入肺胃二經。和中止嗽，寒利肺。解百藥毒甘也。治消渴強中、渴症下消，莖長興盛，不交精出，名強中。消渴之後，發為癰疽。癰腫疔毒。

清·楊時泰《本草述鉤元》卷七 薺苨 苗似桔梗，根似沙參，故奸商通以亂人參。又名杏參，即杏葉沙參也。一名白麪。根莖色青白，葉似杏葉而小，微尖，面背白，杪間開五瓣白盌子花，亦有碧色者，根形如野胡蘿蔔，頗肥，皮色灰黜，中間白毛。根有一蘆、三四蘆者，獨蘆佳。

根氣味甘寒。主解百藥毒，殺蠱毒。治熱狂溫疾，利肺氣和中，明目止痛，治消癉，封疔腫，罯毒箭，療蛇蟲咬諸本草。一藥而兼解眾毒者，惟薺苨汁濃飲二升，或煮嚼之，亦可作散。

附方：疔瘡腫毒，生薺苨根搗汁服一合，以滓敷之，不過三度。解諸蠱毒，薺苨根搗末，飲服方寸匕立瘥。強中，消渴，莖長興盛，不交精出，消渴之後，即發癰疽，由恣意色慾或餌金石所致。用薺苨丸，薺苨、大豆、茯神、石斛、磁石、熟地、元參、栝蔞根、地骨皮、鹿茸各一兩，人參、沉香各五錢，為末，以豬䐗治淨煮爛，杵和丸梧子大，每服七十丸，空心鹽湯下。又豬腎薺苨湯，用豬腎一具，薺苨、石膏各三兩，人參、茯苓、磁石、知母、黄芩、葛根、栝蔞根、甘草各二兩，黑豆一升，水一斗半，先煮豬腎、大豆，取汁一斗，去渣下藥，再煮三升，分三服。後人名石子薺苨湯。

論：桔梗與薺苨，形似相亂，第桔梗味苦辛，薺苨味甘寒，因味以別之，固易明也。薺苨與沙參，根復相似，亦就其味別之，沙參甘淡而寒，且有言其甘而微苦者，若薺苨根味甜絕甘，能解毒，絕甘而且寒者，更解百藥之毒熱也。沙參甘而微苦，即不能解毒，故用薺苨須究其形似，更精審於味，庶乎無悞。

清·吴其濬《植物名實圖考》卷八 薺苨 《爾雅》：苨，菧苨。注：薺苨。《別錄》中品。《本草綱目》謂杏葉沙參即此，根肥而無心，山中多有之。

清·趙其光《本草求原》卷一山草部 薺苨似桔梗而味甘，一名明黨。寒，滋腎以利肺；甘，益脾而解百藥毒、五石毒，俱搗汁，或煎服。蠱毒，研末飲下。強中莖舉、不交精出，消渴，渴後即發癰疽，皆恣欲，或餌金石致腎熱也。同豬腎、石膏、參、茯、知、葛、芩、甘、花粉、磁石、黑豆煎。一方有熟地、骨皮、元參、石斛、鹿茸、沉香，無知、葛、芩、膏、豬腎，用豬肚為丸，鹽湯下。疔瘡，腫毒，搗汁服，渣敷。毒箭傷，蛇蟲咬，熱狂溫疾，取汁飲，或末服。和中，明目，止痛，作羹粥食。辟沙虱，去面疱瘢痣。同玉桂研酢漿水日服。按：痢疾宜桔梗，以苦能降也；解毒，治乾咳嗽，宜薺苨，以苦不能解毒，甘能潤也。皮白鈿光似沙參者，真。

清·文晟《新編六書》卷六《藥性摘錄》 薺苨 味甘。入肺、脾。和中止嗽，消渴解毒。〇並治強中精出，消渴後發為癰疽等症。〇市肆多取此苗，以亂人參、黨參。

清·戴葆元《本草綱目易知錄》卷一 薺苨 甘，寒。利肺，明目和中，止嗽。治消渴強中，溫疾熱狂，瘡毒疔腫。壓丹石發動，解百藥毒，殺蠱毒蛇犬咬。苗莖似人參，而體虛中空。又似桔梗，而味甘不苦。

清·黄光霽《本草衍句》 薺苨 寒而利肺，甘而解毒。腎中之熱為強中，消渴之後發癰腫。《千金》則有湯丸，一藥兼解眾毒。《千金方》治強中為病，莖長興盛，不交精出。消渴之後發為癰疽，有薺苨丸、猪腎薺苨湯方，此皆《本草》之所未及也。

猪腎薺苨湯：猪腎一具，薺苨、石（羔）〔膏〕各三兩，人參、茯苓、磁石、知母、葛根、黄芩、花粉、甘草各二兩，黑大豆一升。薺苨丸：大豆、茯神、磁石、花粉、熟地、骨皮、元參、石斛、鹿茸、人參、沉香，猪肚為丸。

黨參

清·吴儀洛《本草從新》卷一 防風黨參補中氣，生津。甘，平。補中益氣，和脾胃，除煩渴。中氣微虛，用以調補，甚為平妥。按：古本草云，參須上黨者佳。今真黨參久已難得，肆中所賣黨參種類甚多，皆不堪用，惟防黨性味和平足貴。根有獅子盤頭者真。白黨即將此參煮曬而成，原汁已出。

題清·徐大椿《藥性切用》卷三 潞黨參 味甘微溫，補益中氣，藏平無火，元氣微虛者宜之。有一種西黨參，微甘帶辛，宜入補托藥用。白黨參，氣味辛劣，用之發散虛邪，不入補劑。紅黨參，味甘性潤，益血補虛，最為平穩，但力薄耳。

清·劉奎《松峰說疫》卷二《論治》 用黨參宜求真者論 疫病所用補藥，總以人參為最，以其能大補元氣，加入解表藥中而汗易出，加入攻裏藥中

而陰不亡，而芪、术不能也。則年高虛怯而患疫者，有賴於人參為孔亟矣。第參非素豐家莫能致，無已則以黨參代之。夫古之所謂人參，即今之所謂黨參也。故古有上黨人參之號。上黨者何？即山西之潞安府也。今日上黨所出者，力雖薄弱而參性自在，其質堅硬而不甚粗大，味之甘與苦俱而頗有參意，第較之遼參色白耳。憶四十年前，此物盛行，價亦不昂，一兩不過價銀二錢。厥後有防黨、把黨者出，止二錢一斤，而藥肆利於其價之賤，隨專一售此，而真黨參總格而不行，久之且並不知真者為何物，而直以把黨、防黨為黨參矣。豈知今之所謂把黨、防黨者□□□□□□□□以其捆作把，故以把名，以其形類防風，故以防名也。將此物加入瘟疫藥中，又焉能扶正而除邪也哉？用黨參者，必當向潞安求其真者而用之，方能奏效。但真者不行已久，聞之濟寧藥肆中尚有，而他處則鮮矣。此外又有明黨、洋參二種，明黨形類天冬而兩頭俱鋭，洋參形似白及而其性頗涼，總不知其為何物，皆不敢用。至於藥肆中，又有所謂廣黨者，云出自廣東。夫黨者，地名也。不曰廣參，而曰廣黨，其命名先已不通，又安敢服食歟！真可發一笑也。余閱本草，云葳蕤可代人參。又閱醫書云少用無濟。吾鄉山中頗有此物，因掘取如法炮製而重用之，冀其補益，不意竟為其所誤。服之頭痛、惡心，尚意其偶然，非藥之故，後竟屢用皆然，因知可代人參之説斷不足信也。

清・趙學敏《本草綱目拾遺》卷三草部上　上黨參防黨附。《本經逢原》云：產山西太行山者，名上黨人參。雖無甘溫峻補之功，却有甘平清肺之力。不似沙參之性寒，專泄肺氣也。《百草鏡》云：黨參，一名黄參，黄潤者良，出山西潞安太原等處。有白色者，總以淨軟壯實味甜者佳。嫩而小枝者，名上黨參。老而大者，名防黨參。味甘性平，治肺虛，能益肺氣。

防風黨參　《從新》云：古本草云參須上黨者佳，今真黨參久已難得，肆中所市黨參，種類甚多，皆不堪用。惟防黨性味和平足貴，根有獅子盤頭者真，硬紋者偽也。白黨即將此參煮曬以成，原汁已出，不堪用。翁有良《辨誤》云：黨參功用，可代人參，皮色黄而横紋，有類乎防風，故名防黨。江南徽州等處呼為獅頭參，因蘆頭大而圓凸也，古名上黨人參。產於山西太行山潞安州等處為勝，陝西者次之。味甚甜美，勝如棗肉。近今有川黨，蓋陝西毗連，移種栽植，皮白味淡，類乎桔梗，無獅頭，較山西者迥別，入藥亦殊劣不可用。　味甘平，補中益氣，和脾胃，除煩惱，解渴，中氣微虛，用以調補，甚為平安。

清・黄凱鈞《藥籠小品》　防黨參　西產為上，體糯味甜，嚼之少渣者佳；他方所出，反覺肥大，概不入藥。近來人參大貴，無力者惟仗此扶助脾胃。與西耆、甜冬术並用，以為補益，四君、補中益氣等湯，皆以代人參，往往見效。惟中滿有火者忌之。臘月煎膠合丸料，代蜜最妙。

清・葉桂《本草再新》卷一　黨參味甘，性平，無毒。入心、脾、肺三經。補中益氣，和脾胃，除煩渴。煩渴因心肝有熱，又因心肝虛也。有熱多作煩，有虛多作渴。虛得補，固已潤。熱得補，亦可清。中氣微虛，用以調補，甚為平妥。

清・吴其濬《植物名實圖考》卷七　黨參附　山西多產，長根至二三尺，蔓生，葉不對節，大如手指。野生者根有白汁，秋開花如沙參花，色青白。土人種之為利，氣極濁。

案：人參昔以產澤、遼、上黨及太行紫團者為上，皆以根如人形、三椏、四椏、五葉中心一莖直上為真。今形狀迥殊，其可謂之參耶？舉世以代神草，莫知其非，而服者亦多胸滿氣隔之患。《山西通志》謂黨參今無產者，殆曉然於俗醫之誤，而深嫉藥市之售偽也。余餉人於深山掘得，蒔之盆盎，亦易繁衍。細察其狀，頗似初生苜蓿，而氣味則近黄耆。昔人有以野苜蓿誤作黄耆者，得非此物耶？舉世服餌，雖經核辯，其孰信從？但太行脈厚泉甘，此草味甜有汁，養脾助氣亦應功亞黄耆。無甚感鬱之人，藉以充潤腸胃，當亦小有資補。若傷冒時疫，以此横塞中焦。羸尪雜症，安冀甦起沉疴，未覩其益，必蒙其害。世有良工，其察鄙言。

清・趙其光《本草求原》卷一山草部　防黨參　氣平，得陽明秋天之氣。退肺胃之虛熱以除煩渴。味甘，和脾胃，補中益氣。津液復於中州，自能散精歸肺以生氣。　上黨，即今之潞州，本出人參，今已無。其所出防黨，和平養肺，不似沙參之寒。但真者少。根有獅子盤頭者真，硬紋者偽。

清・文晟《新編六書》卷六《藥性摘錄》　黨參　甘，平。宣肺寒，清肺熱。○無補益。○此大行山所產，安可代人參之峻補？

清・張仁錫《藥性蒙求・草部》　黨參三錢　黨參甘平，補中益氣。解渴除煩，和平可貴。去蘆。《本草逢源》云：產山西太行山者名上黨人參。雖無甘溫峻補之功，却有甘平清肺之力。然煩渴因於實熱者非宜。《百草鏡》云：出山西潞安府及太原等處。有白色者，以淨軟壯實味甜者佳。今上黨難得，肆中所售者防(是)〔黨〕上，潞次之。

其餘不堪入藥。

清・戴葆元《本草綱目易知錄》卷一 黨參 甘，平，微苦。補中益氣，保肺生脈，助脾胃，除煩滿，和營衛，實腠理，解肌表，瀉陰火。治虚勞內傷，氣虚傷寒，中暑中風，發熱自汗，眩運頭痛，嘔逆反胃，虚咳喘促，瘧痢滑瀉，淋瀝脹滿，吐血下血，血淋血崩，婦人胎前產後諸病，小兒風癇慢脾。其主治同人參，而峻補之功較遜。反藜蘆。【略】葆按：古之列名人參，即今之黨參，原名人參者，謂其根神化似人形，而參字，古作蓡字，由年久蘊浸漸長而成，故謂人蓡。後世因蓡字繁，遂以參星參字代之。而今名黨參者，產處不一，其原出於上黨。上黨者，今之潞州也，是名黨參。原上古地廣人稀，運隆氣厚，風不鳴條，民病者少，所服亦稀，其產之參，係山川靈氣所鍾，天造地設而成，其體得精華蘊久，涵養彌深，是所服者，故能大補益。茲際人極繁盛，運薄氣衰，人之嗜慾早洩，天之六淫交傷，民病者多，而服參者，非特補益所需，則發表攻裏諸劑，多加用之。所自產之參，不敷民用。故其參係收其子，如種菜法，於十月擇肥地蒔之，春夏采者虚軟，秋冬采者堅實，其來由人力栽培，非比天造地設而出，其性味主治俱符自產之參，所以不能耑大補益。葆閱近彙本草者，不更其名，又不細詳本末，仍照人參列名，殊失本來面目矣。詎知今之人參，相傳出於建都之處，茲際產自盛京長白山，監守嚴防，以備御用。獲盜取者，即行梟首，王公大臣，或沐賞賜有之，吾儕小民，見之者尚少，豈能施用？是以不附列名人參，而直創名黨參，及高麗東西二洋參，係臨症多年，歷試效驗，故並列名於後，以俟後之君子博攷，勿以杜撰見責，幸甚。

清・鄭奮揚著，曹炳章注《增訂偽藥條辨》卷一 黨參 種類不一，《綱目拾遺》引翁有良辨誤云：黨參功用可代人參，皮色黃而橫紋，有類乎防風，故名防黨。江南徽州等處，呼為獅頭參，因蘆頭大而圓凸也，古名上黨人參。產於山西太行山潞安州等處為勝。《百草鏡》有云：亦有白色者，總以淨軟壯實，味甜者佳。嫩而小枝，名上黨參。老而大者，名防黨參。味甘平，補中益氣，和脾胃，除煩惱，解渴，中氣微虚，用以調補，甚為平安。今有川黨，蓋陝西毗連，移種栽植，皮白味淡，有類桔梗，無獅頭，較山西者迥別，入藥亦殊劣不可用。近肆中一種黃色黨參，有用梔子熬汁染造者，服之湧吐。更有一種小潞黨參，皮色紅者，乃礬紅所染，味澁不甘，皆贋物也。用者宜明辨之。　炳章按：前賢所謂人參，產上黨郡，即今黨參是也。考上黨郡，即今山西長子縣境，舊屬潞安府，故又稱潞黨參。其所產參之形狀，頭如獅子頭，皮細起緺紋，近頭部皮略有方紋，體糯糙黃色，內肉白潤，味甜鮮潔，為黨參中之最佳品。其他產陝西者，曰介黨，亦皮紋細緺，性糯，肉色白潤，味鮮甜，亦為佳品。如鳳黨皮紋雖略糙，性亦糯軟，味亦甜。產四川文縣者，曰文元黨，皮直紋，性糯味甜，蘆頭小於身條，皆佳。又一種川黨，俗稱副文元，產川陝毗連處，性粳硬，皮粗寬，紋粗，肉色呆白，味淡，為次。產禹州者，曰禹潞。產敍富者，曰敍富黨，皆粗皮直紋，性硬，肉燥，呆白色，味淡，皆次。產關東吉林者，曰吉林黨，皮寬粗而糙，頭甚大，如獅子頭，肉白燥而心硬，味淡有青草氣，價甚賤，為黨參中之最次。其餘種類甚多，未及細辨。總之，以皮紋細橫，肉白柔潤，頭小於身，氣帶清香，味甜鮮潔者皆佳。若皮粗肉堅或鬆，味淡，氣腥如青草氣者，皆為側路。以此分別，最為明晰。如鄭君云：有用梔子煎汁染造者，及皮紅以礬紅所染者云云，此等贋物，我江浙未之見也。

銅錘玉帶草

宋・王介《履巉巖本草》卷上 漆草 性溫，無毒。醫漆丁生瘡不差，每用少許，搗爛敷貼患處，立見神效。又治痔瘡作疼，用三兩葉揉軟，擦在痔疼處，須少坐片時，即愈。

清・吳其濬《植物名實圖考》卷一三 銅錘玉帶草 生雲南坡阜。綠蔓拖地，葉圓有尖，細齒疎紋；葉際開小紫白花；結長實如蓮子，色紫深，長柄擎之；帶以肖蔓，錘以肖實也。

清・劉善述、劉士季《草木便方》卷一草部 扭子草 扭子草性苦平辛，內外痔漏臟毒清。腸胃熱濕利便結，炖猪大腸服毒輕。

細葉沙參

明・朱橚《救荒本草》卷上之後 細葉沙參 生輝縣太行山山衝間。苗高一二尺，莖似蒿蘚音秆，葉似石竹子葉而細長，又似水蓑與莎同，音梭衣葉，亦細長，梢間開紫花；根似葵根而麄如拇音母指大，皮色灰，中間白色。味甜，性微寒。《本草》有沙參，苗葉莖狀所說與此不同，未敢併入條下，今另為一條開載于此。　救飢：掘取根洗淨，煮熟食之。　治病：與《本草》草部下沙參同用。

明・蘭茂原撰，范洪等抄補《滇南本草圖說》卷三 蘭花參 氣味甘、苦，性平，無毒。甘入脾，苦入心，補虚損，止自汗盜汗，益元氣。或睡臥不安，能生血，使脾健而統血。心神散亂者，服之最良。婦人服此，白帶自止，陰血漸旺。久服延年之仙品也。〇滇中亦有此一種土參，性溫味甜，平，無

毒。功效次于人參。亦補腎添精，滋陰降火，而調和元氣。五勞七傷，諸虛百損，服此最良。

明·蘭茂撰，清·管暄校補《滇南本草》卷中　土參　性溫，味甜平。調養元氣，五癆七傷，諸虛百損，益氣滋陰。

補註：　沙參，土參，枝葉相同。但沙參根皮粗，體輕。土參根皮細，體重。土參根小，沙參根大。

蘭花參　性平，味甘、微苦。甘入脾，苦入心。補虛損，止自汗盜汗，除虛熱。蓋煩勞則心家虛熱生焉。以味之甘益元氣，則虛熱自退。夜多夢昧，睡臥不安，心血不定，神不守舍，血氣不斂，故多自汗盜汗，並皆治之。又止婦人白帶。

附方：　治勤勞過度，產後失血過多，虛損勞傷，煩熱，自汗盜汗，婦人白帶。蘭花參五錢，嫩母雞一隻，去腸，入參於內，水煑爛服之。惟弱極者，同牙猪精肉炖用亦可。

明·蘭茂《滇南本草》〔叢本〕卷上　土參　味甘，平，性微溫。治損傷氣血，調養元氣，五勞七傷，諸虛百損，益氣滋陰。註補：　沙參、土參枝葉相同，但根不同。沙參根有粗皮，體輕；　土參根無粗皮，體重。土參根小，沙參根大。

蘭花參　味甘、微苦，性溫。入心脾二經。補虛損，止自汗盜汗，除煩熱。煩勞，則心家虛熱生。以參之甘益元氣，而虛熱自除也。夜多不寐，睡臥不寧。心生血，脾統血。心脾血虛，神不斂志，所以自汗盜汗也。止婦人白帶。蘭花參五錢，笋雞一隻，去腸，將藥入雞腹內煑。共合一處，煑濫食之。即猪淨脅肉亦可。（丹）〔单〕方：　治勤苦勞心，產後失血過多，虛損勞傷煩熱，自汗盜汗，婦人白帶。

附：　琉球·吳繼志《質問本草》外篇卷一　金線釣葫蘆細葉沙參　生田野，春生苗，夏開花，結小細子。　俗名金線釣葫蘆，鄉居之人用以治感冒風寒，濕氣發散之品。甲辰，戴道光、戴昌蘭。

清·劉善述、劉士季《草木便方》卷一草部　乳汁根　鼓捶草根甘平溫，下乳汁流補益精。男左婦右燉猪蹄，勞傷虛弱功勝參。

吊胡蘆

附：　琉球·吳繼志《質問本草》外篇卷二　吊胡蘆　春時宿根生芽，有臭氣，秋開花結子。　俗名吊胡蘆，外科用。甲辰，潘貞蔚、石家辰、孫景山、戴道光、戴昌蘭。

北沙參

明·蔣儀《藥鏡》卷一温部　北沙參　生心血，能止悸驚。養肝氣，更除癩疝。清痰嗽而痰濃最當，益肺氣而肺熱尤宜。治血風瘙癢之瘡，酒焙多效。攻丹田痛結之便，鹽炒通神。豈非補臟之靈苗，養陰之仙藥也歟。夫人參耑補脾胃元氣，因而益肺與腎，故內傷元氣者宜之。沙參耑補肺氣，因而益脾與腎，故金受火剋，以致久欬者宜之。一補陽而生陰，一補陰而制陽，不可不辨也。

清·王子接《得宜本草·中品藥》　北沙參　味甘。入手足太陰經。功專止嗽除疝。得麥冬清肺熱，得糯米補脾陰。

清·吳儀洛《本草從新》卷一　北沙參〔補陰，清肺火。〕　甘、苦，微寒，味淡體輕。專補肺陰，清肺火。治久咳肺痿，金受火刑者宜之。寒客肺中作嗽者勿服。人參補五臟之陽，沙參補五臟之陰，肺熱者用之。白實長大者良。惡防己，反藜蘆。

清·嚴潔等《得配本草》卷二　北沙參一名白參，一名鈴兒參。　惡防己，反藜蘆。

甘，平，微苦，微寒。入手太陰經。補陰以制陽，清金以滋水。治久咳肺痿，皮熱瘙癢，驚煩，嘈雜，多眠，疝痛，長肌肉，消癰腫。　得糯米，助脾陰。配生地，涼血熱。佐柴葛，去邪火。合玄參，止乾嗽。　氣味清薄，宜加倍用。

肺氣寒，虛氣上浮者，禁用。

題清·徐大椿《藥性切用》卷三　北沙參　甘淡性涼，補虛退（熟）〔熱〕，益五藏之陰，肺虛勞熱者最宜之。傷寒溫疫，肺虛挾熱者，亦可暫用。

清·黃凱鈞《藥籠小品》　北沙參　肺經輕清淡補之品。予治肺虛咳嗽，每用黨參、元參、北沙參，或加降氣消痰，名三參飲，獲效甚多。若肺中有邪，不可漫施。

清·張德裕《本草正義》卷上　北沙參　苦甘，涼。能益五臟陰氣，清肺涼肝，滋養血脈，治肺熱咳嗽，陰虛熱躁。性緩力微，無有奇效。

清·葉桂《本草再新》卷一　北沙參味甘苦，性微寒，無毒。入肺經。　專補肺陰，清肺火，治久欬肺痿，金受火刑者，宜之。寒客肺中作嗽者，勿服。

清·張仁錫《藥性蒙求·草部》　北沙參南沙參二錢、三錢　沙參味苦，大清肺熱。欬血吐膿，用之效捷。性涼。又清胃瀉火，止嗽甯肺。一云：　得麥冬清肺

熱，得糯米補脾陰。○張路玉云：沙參有南、北二種，北者白實，長大良，質實性寒；南者色稍黄，形稍瘦小而短，功同而力稍遜。○南沙參形如桔梗而小，空鬆味淡微甘，桔梗帶辛，而南沙參不辛。一云：空沙參即甜桔梗，又名薺苨。利肺氣，微寒解毒。嘉言曰：此良品也，而世不知用，惜哉！

清·戴葆元《本草綱目易知錄》卷一草部 條參 甘淡而平，色白氣薄。益脾土，保肺金。脾統血，為元氣之母，故主吐衄崩淋，腸風痔瘻。肺主氣，乃生化之源，又治咳逆上氣，肺痿肺癰。療體弱傷寒，發熱自汗，頭痛目眩，身疼嘔吐。凡肝躁，肺受刑，土弱水衰，難受峻補，及小兒熱久不退者，宜之。反藜蘆，北浙產者良。葆按：治一兒僅半週，因吸熱病乳，熱渴嘔瀉，前醫以清熱利水，又以四君子，俱不應。予診視曰：此兒本屬無病，因吸病乳，消灼胃陰，難受峻補，以條參、淮藥、茯苓、甘草，四劑而愈。

清·陳其瑞《本草撮要》卷一 北沙參 味甘，入手足太陰經，功專補五臟之陰，止嗽除疝。得麥冬清肺熱，得糯米補脾陰。寒客肺中作嗽者勿服。產沙地者良。畏防己，反藜蘆。一名羊乳。

清·鄭奮揚著，曹炳章注《增訂偽藥條辨》卷一 北沙參 偽名洋沙參。色帶黄，味辣不甜。又有南沙參，皮極粗，條大味辣，性味與北產相反。按北沙參色白條小，而結實，氣味苦中帶甘，故《本經》云微寒，又云補中益肺氣。蓋以上所述二種之偽品，味既辛辣，又安能補益乎？　炳章按：北沙參，山東日照縣、故墩縣、萊陽縣、海南縣俱出。海南出者，條細質堅，皮光潔色白，鮮活潤澤為最佳。萊陽出者，質略鬆，皮略糙，白黄色，亦佳。日照、故墩出者，條粗質鬆，皮糙黄色者次。關東出者，粗鬆質硬，皮糙呆黄色，更次。其他臺灣、福建、湖廣出者，粗大鬆糙，為最次，不入藥用。惟無外國產，所云南沙參為塊根，亦能補肺。鄭君云有辣味，或別有一種耳。

前胡

宋·唐慎微《證類本草》卷八草部中品〔《別録·藥對》〕 前胡 味苦，微寒，無毒。主療痰滿，胸脇中痞，心腹結氣，風頭痛，去痰實，下氣。治傷寒寒熱，推陳致新，明目，益精。二月、八月採根，暴乾〔用〕。半夏爲之使，惡皂莢，畏藜蘆。

〔梁·陶弘景《本草經集注》〕云：前胡，似茈胡而柔軟，爲療殆欲同，而《本經》上品有茈胡而無此，晚來醫乃用之。亦有畏惡，明畏惡非盡出《本經》也。此近道皆有，生下濕地，出吳興者爲勝。

〔宋·掌禹錫《嘉祐本草》〕按：《藥性論》云：前胡，使，味甘、辛。能去熱實，下氣，主時氣内外俱熱。單煮服佳。日華子云：治一切勞，下一切氣，止嗽，破癥結，開胃下食，通五藏，主霍亂轉筋，骨節煩悶，反胃嘔逆，氣喘，安胎，小兒一切疳氣。越、衢、婺、睦等處皆好。七八月採。外黑裏白。

〔宋·蘇頌《本草圖經》〕曰：前胡，舊不著所出州土，今陝西、梁、漢、江淮、荆襄州郡及相州、孟州皆有之。春生苗，青白色，似斜蒿。初出時有白芽，長三四寸，味甚香美，又似芸蒿。七月内開白花，與葱花相類。八月結實。根細，青紫色。二月、八月採，暴乾。今鄜延將來者，大與柴胡相似。但柴胡赤色而脆，前胡黄而柔軟不同耳。一說今諸方所用前胡皆不同。京師北地者，色黄白，枯脆，絶無氣味；江東乃有三四種，一種類當歸，皮斑黑，肌黄而脂潤，氣味濃烈，一種色理黄白，似人參而細短，香味都微。又有如草烏頭，膚黑而堅，有兩三歧爲一本者，食之亦戟人咽喉，中破以薑汁漬，搗服之，甚下膈，解痰實。然皆非前胡也。今最上者出吳中。又壽春生者，皆類柴胡而大，氣芳烈，味亦濃苦，療痰下氣最要，都勝諸道者。

〔宋·唐慎微《證類本草》〕《雷公》云：凡使，勿用野蒿根，緣真似前胡，只是味粗酸。若誤用，令人胃反不受食。若是前胡，味甘、微苦。凡修事，先用刀刮上蒼黑皮并髭土了，細剉，用甜竹瀝浸令潤，於日中曒乾用之。《外臺秘要》：治小兒夜啼。前胡搗篩，蜜丸如小豆。日服一丸，熟水下，至五六丸，以差爲度。

宋·劉明之《圖經本草藥性總論》卷上 前胡 味苦，微寒，無毒。主療痰滿，胸脇中痞，心腹結氣，風頭痛，去痰實下氣，治傷寒寒熱，明目益精。《藥性論》云：使。主時氣内外俱熱。日華子云：治一切勞，下一切氣，止嗽，破癥結，開胃下食，通五臟，主霍亂轉筋，骨節煩悶，反胃嘔逆氣喘，安胎，小兒疳。半夏為之使。惡皂莢。畏藜蘆。

元·王好古《湯液本草》卷三 前胡 氣微寒，味苦，無毒。《本草》云：主痰滿，胸脇中痞，心腹結氣，風頭痛。去痰實，下氣，治傷寒寒熱，推陳致新，明目益精。半夏為使。惡皂莢，畏藜蘆。

元·朱震亨《本草衍義補遺·新增補》 前胡 《本草》云：主痰滿，胸脇中痞，心腹結氣，推陳致新。半夏為之使。

明·朱橚《救荒本草》卷上之前 前胡 生陝西、漢梁、江淮、荊襄、江寧、成州諸郡，相、孟、越、衢、婺、睦等州皆有。今密縣梁家衝山野中亦有之。苗高一二尺，青白色，似斜蒿，味甚香美，葉似野菊葉而瘦細，頗似山蘿蔔葉，亦細。又似芸蒿，開黪白花，類蛇床子花，秋間結實，根細，青紫色。一云：

外黑裏白。味甘、辛，微苦，性微寒，無毒。半夏為之使，惡皂莢，畏藜蘆。救飢：採葉煠熟，換水浸淘淨，油鹽調食。治病：文具《本草》草部條下。

明・蘭茂撰，清・管暄校補《滇南本草》卷下　前胡　性寒，味苦、辛。陰中陽也。解散傷風傷寒，發汗要藥。止咳嗽，升降肝氣，明目退翳。出內外之痰，有推陳治新之功。

附方：治傷風頭痛，發熱怕寒，身體困疼，鼻流清涕。前胡一錢，陳皮一錢，(甘)〔乾〕葛一錢，枳殼五分，蘇葉五分，黃芩一錢，荊芥五分，薄荷五分，引用生薑，水煎服。又方：治反胃。昔一人得翻吐食不安，得此方服效。前胡十兩打碎，忌鐵器，白酒五斤，共入沙礶內，重湯煮二炷香，取出俟冷，每用將酒炖化，熱飲三杯，七日全愈。忌魚、羊、蛋、蒜。白酒，即清燒酒。

明・蘭茂《滇南本草》〔叢本〕卷下　前胡　附方：治傷風頭疼，發熱增寒，身體困乏，鼻流清涕。前胡一錢，陳皮一錢，(甘)〔乾〕葛八分，枳殼五分，蘇葉五分，黃芩一錢，荊芥五分，薄荷五分，引用生薑一片，煎服。忌油(暈)〔葷〕。單方：治翻胃，昔一人得翻胃，吐食不安之症，得此方服之良效。前胡，十兩，打碎，忌鐵器。白酒五斤，共入瓦礶內，重湯煎二柱香時，取出，冷去火毒，用時將酒炖熱，飲三杯，七日全愈。忌魚、羊、蛋、蒜、燒酒。

明・王綸《本草集要》卷二　前胡使　味苦，氣微寒，無毒。半夏為之使，惡皂莢，畏藜蘆。　主痰滿胸脇中痞，心腹結氣，風頭痛，去痰實，下氣最要。治傷寒寒熱，推陳致新，明目。治小兒一切疳氣。

明・滕弘《神農本經會通》卷一　前胡　半夏為之使，惡皂莢，畏藜蘆。柴胡赤色而脆，前胡柔軟而黃色。　味苦，氣微寒，無毒。《湯》同。東云：除內外之實痰。《圭》云：除熱，止嗽開胸，亦下氣明目，殺疳，頭疼，開胃氣，兼治霍亂。《本經》云：療痰滿，胸脇中痞，心腹結氣，風頭痛，去痰實，下氣，治傷寒寒熱，推陳致新，明目益精。二八月採根，暴乾。日華子云：治一切勞，下一切氣，止嗽，破癥結，開胃下食，通五臟，主霍亂轉筋，骨節煩悶，反胃，嘔逆，氣喘，安胎，小兒一切疳氣。劊云：前胡下氣更消痰，推致陳新用最堪。主療傷寒寒熱病，安胎止嗽治兒疳。

明・劉文泰《本草品彙精要》卷一〇　前胡無毒　植生。

前胡　主療痰滿，胸脇中痞，心腹結氣，風頭痛，去痰實，下氣，治傷寒熱，推陳致新，明目益精。名醫所錄。　〔苗〕《圖經》曰：苗青白色，似斜蒿，初出時有白芽，長三四寸，味甚香美，又似芸蒿。七月開白花，與葱花相類。八月結實，根細青紫色。今鄜延將來者，大與柴胡相似，但柴胡赤色而脆，前胡黃而柔軟，不同耳。今諸方所用前胡皆不同。京師北地者色黃白，枯脆，絕無氣味。江東乃有三四種，一種類當歸，皮斑黑，肌黃而脂潤，氣味濃烈；一種色理黃白，似人參而細短，香味都微；又有如草烏頭，膚黑而堅，有兩三歧爲一本者，食之亦戟人咽喉。然此皆非前胡也。〔地〕《圖經》曰：出陝西、梁漢、江淮、荊襄州郡及相州、孟州皆有之。〔道地〕吳中、壽春及越、衢、婺、陸等處皆好。〔時〕生：春生苗。採：二月、八月取根。〔收〕暴乾。〔用〕根潤實者爲好。〔質〕類北柴胡而柔軟。〔色〕黃褐。〔味〕苦。〔性〕微寒，泄。〔氣〕氣味俱薄，陰中之陽。〔臭〕香。〔主〕止痰嗽，去寒熱。〔助〕半夏爲之使。〔反〕畏藜蘆，惡皂莢。〔製〕《雷公》云：凡修事，用刀刮去蒼黑皮並髭、土了，細剉，用甜竹瀝浸，令潤，于日中曬乾，用之。〔治〕療：《圖經》曰：下氣，化痰。《藥性論》云：去熱實，下氣，並時氣內外俱熱。日華子云：去一切勞，下一切氣，止嗽，破癥結，開胃下食，通五臟及霍亂轉筋，骨節煩悶，反胃嘔逆，氣喘，安胎，小兒一切疳氣。〔禁〕野蒿根爲僞，誤服之令人反胃。

明・葉文齡《醫學統旨》卷八　前胡　氣微寒，味苦，無毒。半夏為之使，惡皂莢，畏藜蘆。　治痰滿胸脇中痞，心腹結氣，風頭疼，去痰實下氣最要。傷寒時氣內外俱熱，止嗽定喘，明目安胎；小兒一切疳氣。

明・許希周《藥性粗評》卷三　前胡備採於傷寒。

前胡，根葉香美，可作茹。南北平野處處有之。二月、八月採根，暴乾。半夏為之使，惡皂莢，畏藜蘆。凡用去蘆。　味辛、苦、甘，性微寒，無毒。主治傷寒熱病，寒熱往來，胸脇痞滿，頭痛氣結，消痰下氣，開胃下食，推陳致新，安胎，去小兒疳。

單方：小兒夜啼：前胡搗為細末，蜜丸如小豆大，日用一丸，熱水送下，至五六丸，以差為度。

明・鄭寧《藥性要略大全》卷三　前胡使　除內外之痰實，治胸脇痞滿及傷寒寒熱。《經》云：主痰滿胸脇，心腹結氣，止嗽，開胃，下食下氣。療反胃嘔逆，氣喘，霍亂。註云：破癥結，安胎，通五臟，去頭風。　味甘、辛，微苦，性涼，無毒。半夏為之使。惡皂莢，畏藜蘆。　雷公云：去

蘆，去土，細剉。用甜竹瀝浸潤，晒乾收用。

明·賀岳《醫經大旨》卷一《本草要略》　前胡　散氣清痰，故《補遺》述《本草》曰主痰滿，胸脇中痞，心腹結氣，推陳致新。

明·陳嘉謨《本草蒙筌》卷三　前胡　味苦，氣微寒，無毒。山谷多產，秋月採根。色白兼黃，氣香甚竄。凡用入藥，須日曝乾。畏藜蘆，惡皂莢。以半夏為使，去痰實如神。胸脇中痞滿立除，心腹内結氣即逐。治傷寒寒熱，又推陳致新。消風止頭疼，保嬰利疳氣。

明·方穀《本草纂要》卷一　前胡　味甘、苦，氣辛、溫，無毒。手太陰、足太陰太陽經之藥也。何則傷風之症？咳嗽痰喘，上氣盛而不息，此肺經之邪也，惟前胡味之甘辛，有以通暢乎肺氣，使風可解。傷寒之症，頭痛惡寒，身熱骨疼，此膀胱之邪也，惟前胡氣之辛溫，有以驅逐其風邪，使寒可清。又若小兒疳熱，大人痰熱，皆由脾經之濕也，舍此則不可治；姙娠寒熱，瘡腫發熱，皆由邪閉腠理也，舍此則不能清。大抵前胡之劑與柴胡不同。柴胡氣味苦寒，入少陽、厥陰，治在半表半裏之間，以清往來之熱；前胡味苦辛溫，入太陽、太陰，專攻初表之時，以清肌表之熱。假如傷寒初起，當用前胡，以散表邪。若使用柴胡於初表，則苦寒之性，必引邪入少陽矣；又如邪在半表之間，當用柴胡以清肌熱，若使用前胡於半表，則汗多表虛，亡陽可立而待矣。二者之間，不可不審。

明·王文潔《太乙仙製本草藥性大全》卷一《本草精義》　前胡　舊不著所出州土，今陝西、梁漢、江淮、荊襄州郡及襄州、孟州皆有之。春生苗，青白色，似斜蒿，初出時有白芽，長三四寸，味甚香美。又似芸蒿，七月内開白花，與葱花相類，八月結實，根細青紫色。二月、八月採，曝乾。今鄜延將來者，大與柴胡相似，但柴胡赤色而脆，前胡黃而柔軟，不同耳。一説今諸方所用前胡，皆不同京師北地者，色黃白枯脆，絕無氣味。

明·王文潔《太乙仙製本草藥性大全》卷一《仙製藥性》　前胡使　味甘、辛，微苦，性凉，無毒。半夏爲之使。　主治：去痰實如神，胸脇中痞滿立除，心腹内結氣即逐；治傷寒寒熱，推陳致新。療反胃嘔逆，氣喘，霍亂，破癥結，止嗽，開胃下食，消風，止頭疼，下氣通五臟。治婦女安胎保嬰，利疳氣。　補註：治小兒夜啼，前胡搗篩，蜜丸如小豆大，日服一丸，熱水下，至五六丸，以差爲度。　太乙曰：凡使勿用野蒿根，緣真似前胡，只是味粗酸，若誤用，令人胃反不受食。若是前胡，味甘、微苦。凡修事先刮去蒼黑皮并髭土了，細剉，用甜竹瀝令潤，於日中熬乾用之。

明·皇甫嵩《本草發明》卷二　前胡中品之上。氣微寒，味苦，無毒。　發明曰：前胡專散氣清痰，以半夏為使。故《本草》主痰滿胸脇中痞，心腹結氣，風頭痛，去痰下氣，推陳致新。治傷寒寒熱，去實熱時氣内外熱。又云治勞，下一切氣，止嗽，破癥結，開胃下食，霍亂反胃，嘔逆氣喘，安胎，小兒疳氣，以能散氣也。降氣湯中用之，以下痰氣最要也。又云明目益精，抑亦若能降火之功歟。畏藜蘆，惡皂莢。

明·李時珍《本草綱目》卷一三草部·山草類下　前胡《別錄》中品

【釋名】時珍曰：按孫愐《唐韻》作湔胡，名義未解。　【集解】《別錄》曰：前胡二月、八月採根暴乾。弘景曰：近道皆有，生下濕地，出吴興者爲勝。根似柴胡而柔軟，爲療殆欲同之，《本經》上品有茈胡而無此，晚來醫乃用之。大明曰：越、衢、婺、睦等處者皆好，七八月採之，外黑裏白。頌曰：今陝西、梁漢、江淮、荆襄州郡及相州、孟州皆有之。春生苗，青白色，似斜蒿。初出時有白芽，長三四寸，味甚香美，又似芸蒿。七月内開白花，與葱花相類。八月結實。根青紫色。今鄜延將來者，大與柴胡相似。但柴胡赤色而脆，前胡黃而柔軟，爲不同爾。一説：今諸方所用前胡皆不同。汴京北地者，色黃白，枯脆絕無氣味。江東乃有三四種：一種類當歸，皮斑黑，肌黃而脂潤，氣味濃烈。一種色理黃白，似人參而細短，香味都微。一種如草烏頭，膚赤而堅，有兩三歧爲一本，食之亦戟人咽喉，中破以薑汁漬搗服之，甚下膈解痰實。然皆非真前胡也。今最上者出吴中。又壽春生者，皆類柴胡而大，氣芳烈，味亦濃苦，療痰下氣，最勝諸道者。斅曰：凡使勿用野蒿根，緣真似前胡，只是味粗酸。若誤用之，令人反胃不受食。若是前胡，味甘微苦也。時珍曰：前胡有數種，惟以苗高一二尺，色似斜蒿，葉如野菊而細瘦，嫩時可食，秋月開黪白花，類蛇牀子花，其根皮黑肉白，有香氣爲真。大抵北者爲勝，故方書稱北前胡云。

根　【修治】斅曰：修事先用刀刮去蒼黑皮并髭土了，細剉，以甜竹瀝浸令潤，日中曬乾用。　【氣味】苦，微寒，無毒。權曰：甘、辛，平。之才曰：半夏爲之使，惡皂莢，畏藜蘆。　【主治】痰滿，胸脇中痞，心腹結氣，風頭痛，去痰下氣，治傷寒寒熱，推陳致新，明目益精《別錄》。能去熱實，及時氣内外俱熱，單煮服之甄權。治一切氣，破癥結，開胃下食，通五臟，主霍亂轉筋，骨節煩悶，反胃嘔逆，氣喘咳嗽，安胎，小兒一切疳氣大明。清肺熱，化痰熱，散風邪時珍。

【發明】時珍曰：前胡味甘、辛，氣微平，陽中之陰，降也。乃手足太陰陽明之藥，與柴胡純陽上升入少陽厥陰者不同也。其功長於下氣，故能治痰熱喘嗽痞膈嘔逆諸疾，氣下則火

降，痰亦降矣。所以有推陳致新之績，爲痰氣要藥。陶弘景言其與柴胡同功，非矣。治證雖同，而所入所主則異。

〖附方〗舊一。 小兒夜啼： 前胡擣篩，蜜丸小豆大。日服一丸，熟水下，至五六丸，以瘥爲度。《普濟方》。

題明·薛己《本草約言》卷一《藥性本草》 前胡 味苦，氣微寒，無毒。推陳致新，除內結熱之藥也。《發明》云： 前胡專散氣清痰，以半夏為使。入足厥陰肝、足陽明胃、手太陰肺。止嗽除痰，解熱開胃，傷熱之病多用之。野蒿根與之甚相似，只是味麄酸，若誤用，令人胃反不愛食。味薄氣清，陰中之陽，可升可降。療胸膈痞滿，消痰下氣，治傷寒寒熱。

明·佚名氏《醫方藥性·草藥便覽》 前胡 其性涼、溫。治肺中之風邪，肺內惡熱。

明·佚名氏《醫方藥性·草藥便覽》 唧葫根 其性苦。治牙風腫，去痢。

明·梅得春《藥性會元》卷上 前胡 味苦、微甘，氣微寒，無毒。半夏為使，惡皂莢，畏藜蘆。 主除內外之痰食，下氣消痰，推陳致新，安胎，止嗽。又治痰滿胸膈，中痞，心腹結氣，風熱頭痛。去食，及治傷寒時氣，內外俱熱。又能定喘，明目益精，小兒一切疳氣。 凡使去毛，水洗淨用。 勿誤用野蒿，根形類前胡，但味酸，粗硬，服之令人反胃，吐不受食。

明·杜文燮《藥鑒》卷二 前胡 氣平，寒，味苦，無毒。主心腹結氣，治傷寒寒熱，消風止頭疼，保嬰利疳氣。使半夏，去胸膈痰實。君枳實，除胸膈痞滿。痘家解毒用之，取其氣寒以平胸中無形之熱毒； 取其味苦，以泄胸中有形之痰實。蓋熱平則毒消，實泄則痰清，此分氣味而言之也。總則痰固火生，火動痰行，此又不可不知。畏藜蘆，惡皂莢。

明·李中立《本草原始》卷二 前胡 近道皆有。生下濕地，出吳興者為勝。春生苗，青白色，似斜蒿。初出時有白芽，長三四寸，味甚香美，又似芸蒿，七月內開白花，與蔥花相類。八月結實。根似柴胡而柔軟。苗生柴胡之前，故名前胡。 前胡： 氣味： 苦，微寒，無毒。主治： 痰滿，胸脇中痞，心腹結氣，風頭痛，去痰下氣； 治傷寒寒熱，推陳致新，明目益精。○能去熱實及時氣，內外俱熱，單煑服之。○治一切氣，破癥結，開胃下食，通五臟，主霍亂轉筋，骨節煩悶，反胃嘔逆，氣喘欬嗽。安胎，小兒一切疳氣。○清肺熱，化痰涎，散風邪。

前胡，《本經》中品。【圖略】根外黑裏黃白。 修治： 去蘆并髭土了，水洗令潤，細剉，日中晒乾用之。二八月采。 權曰： 甘、辛，平。之才曰： 半夏為之使，惡皂莢，畏藜蘆。 《外臺秘要》： 治小兒夜啼，前胡擣篩，蜜丸如大豆，日服一丸，熟水下，至五六丸，以差為度。 前胡： 使。

明·張懋辰《本草便》卷一 前胡使 味苦，氣微寒，無毒。惡皂莢，畏藜蘆。 主痰滿，胸脇中痞，心腹結氣，風頭痛，去痰實下氣最要； 治傷寒寒熱，推陳致新，明目，治小兒一切疳氣。

明·李中梓《藥性解》卷二 前胡 味苦、甘、辛，性微溫，無毒，入肺、肝、脾、膀胱四經。主傷寒痰嗽痞滿，心腹結氣，解熱開胃，推陳致新，亦止夜啼兒，佐使畏惡同柴胡。 按： 前胡辛可暢肺，以解風寒，甘可悅脾，以理胸腹，苦能洩厥陰之火，溫能散太陽之邪。

明·繆希雍《本草經疏》卷八 前胡 味苦，微寒，無毒。主療痰滿，胸脇中痞，心腹結氣，風頭痛，去痰實，下氣。治傷寒寒熱，推陳致新，明目益精。半夏為之使，惡皂莢，畏藜蘆。

〖疏〗前胡得土金之氣，而感秋冬之令，故味苦微寒無毒。入手太陰、少陽。陽中之陰，降也。應有甘、辛、平、寒而能降，所以下氣，故除痰滿，胸脇中痞，心腹結氣，痰厥頭風痛，去痰下氣，治傷寒寒熱，推陳致新，能去實熱及時氣內外俱熱。單煮服之，亦治一切氣，破痰結，及邪熱骨節煩悶，氣喘欬嗽，兼散風邪也。 〖主治參互〗同白前、杏仁、桑白皮、甘草、桔梗，能豁風熱痰壅，喘嗽下氣。 入青礞石滾痰丸中，代黃芩，治一切實痰有殊功，其用黃芩者誤也。 同羌活、乾葛、柴胡、黃芩、栝樓根，治時疫寒熱。 〖簡誤〗前胡苦辛微寒之藥也，能散有餘之邪熱實痰，而不可施諸氣虛血少之病。故凡陰虛火熾，煎熬真陰，凝結為痰而發欬嗽； 真氣虛而氣不歸元，以致胸脇逆滿； 頭痛不因於痰而因於陰血虛； 內熱心煩，外現寒熱而非外感者，法竝禁用。明目益精，厥理亦謬。

明·倪朱謨《本草彙言》卷一 前胡 味苦、微甘，氣溫，無毒。陽中之陰，降也。乃手足太陰、陽明之藥，與柴胡清陽上升、入手足少陽、厥陰者不同也。 蘇氏曰： 前胡，南北諸道皆有。生下濕地。今出吳興者功勝。初春生苗，青白色，似斜蒿。初出有白芽，長三四寸，味甚香美。七月開紫白

花，與葱花相似。八月結實。根青紫色，乾則外黑內黃白。八月採根，暴乾。苗生柴胡之前，故名前胡。　王氏曰：　前胡南北皆有，其品甚多，良醜不一。又汴京北地者色黃白、枯脆，絕無氣味。江東有三四種，一種類當歸，皮斑黑，肌黃而脂潤，氣味濃烈；　一種色理黃白，似人參而細短，香味俱微；一種似草烏頭，膚赤而堅，有兩三歧，食之戟人咽喉。惟以薑汁浸，搗服之，能下膈間痰結。皆非真前胡也。今最上者出吳中及壽春，皆類柴胡，氣芳烈，味亦濃苦，療痰下氣，最勝諸道者。　李瀕湖曰：　前胡有數種，惟以苗高一二尺，色似斜蒿，葉如野菊而細瘦，嫩時可食，秋月開紫白花。又類蛇床子花。其根皮黑肉白，有香氣爲真。大抵北地者爲勝，故方書稱北前胡云。〇一種野蒿根，類前胡，誤用令人反胃不受食。真前胡味苦、微甘，野蒿根味苦微酸，可別也。

前胡：　散風寒，淨表邪，溫肺氣，李東垣消痰嗽之藥也。陳象先稿如傷風之證，咳嗽痰喘，聲重氣盛，此邪在肺經也。傷寒之證，頭痛、惡寒發熱、骨疼，此邪在膀胱經也。胸脇痞滿，氣結不舒，此邪在中膈之分也。又妊娠發熱，飲食不甘；　小兒發熱，瘡疹未形；　大人痰熱，逆氣隔拒。此邪氣壅閉在腠理之間也。用前胡俱能治之。但苦辛而溫，能散有餘之邪熱實痰，而不可施諸氣虛血少之病。故凡陰虛火熾，煎熬真陰，凝結爲痰而發咳嗽者，真氣虛而氣不歸原以致胸脇逆滿者，頭痛骨疼、不因于痰而因于陰血虛少者，內熱心煩、外現寒熱而非外感者，法幷禁用。大抵此劑與柴胡不同，柴胡性味寒苦，入少陽、厥陰，治在半表半裏，以清往來之熱；　前胡性味溫辛，入太陽太陰，專攻初病之時，以清表間之熱。然柴胡之性專于上升，而前胡之功專于下氣。故治痰熱喘嗽，痞膈逆氣，胎脹諸疾，氣降則痰降，痰降則火亦降矣。與柴胡治證不同，而所入所主亦有異耳。　金靈昭先生曰：　前胡辛溫而散，功能下氣，治寒熱喘嗽，復能升出，又可退瘡痍、出痘疹。柴胡苦寒而清，功能上行清陽，升引胃氣上達，而復能降入，又可調血和營。出入升降，二藥各自有互通之用也。　門人羅一經曰：　前胡去寒痰，半夏去濕痰，南星去風痰，枳實去實痰，蔞仁治燥痰，貝母、麥門冬治虛痰，黃連、天花粉治熱痰，各有別也。

集方：　《廣濟方》：　治風熱痰壅，喘嗽上氣。用前胡同杏仁、桑白皮、甘草、桔梗。〇魏子良方治一切實痰。用礞石滾痰丸方中，用前胡易黃芩，有殊功。〇《方脉正宗》治時疫寒熱。用前胡同羌活、乾葛、黃芩、柴胡、天花粉。

明・姚可成《食物本草》卷一七草部・山草類　前胡（生）〔今〕陝西、梁漢、江淮、荊襄州郡及相州、孟州皆有之。春生苗，青白色似邪蒿。初出時有白芽，長三四寸，味甚香美。又似芸蒿，七月內開白花，與葱花相類。八月結實。根青紫色，葉如野菊而細瘦，嫩時可食。

前胡，味苦，微寒，無毒。主痰滿胸脇中痞，心腹結氣，風頭痛，去痰下氣。治傷寒寒熱，推陳致新，明目益精。能去熱實及時氣內外俱熱，單煮服之。治一切氣，破癥結，開胃下食，通五臟，主霍亂轉筋，骨節煩悶，反胃嘔逆，氣喘欬嗽，安胎，小兒一切疳氣。清肺熱，化痰熱，散風邪。

明・顧逢柏《分部本草妙用》卷七兼經部・寒瀉　前胡　苦、甘、辛，微寒，無毒。陽中之陰，降也，入手足太陰、陽明四經。半夏為使，惡皂莢，畏藜蘆。去皮，竹瀝浸潤，晒乾用。　主治：　痰滿結氣，霍亂轉筋，喘嗽，安胎。小兒疳氣下食，止兒夜啼。清肺熱，化痰熱，散風邪。　時珍曰：　前胡主降，與柴胡純陽上升者不同，長於下氣，故能治痰熱喘嗽，及痞膈嘔，氣下則火降痰消矣。然雖痰氣要藥，惟火因風動者宜之。不然，亦戕冲和之氣，不利於虛人。

明・李中梓《醫宗必讀・本草徵要上》　前胡味苦，微寒，無毒。入肺、脾、胃、大腸四經。半夏為使，惡皂莢，畏藜蘆。散結而消痰定喘，下氣以〔消食〕安胎。時珍曰：　前胡主降，與柴胡上升者不同，氣降則痰亦降矣。安胎化食，無非下氣之力耳。前胡去風痰，與半夏治濕痰，貝母治燥痰者各別也。按：　前胡治氣實風痰，凡陰虛火動之痰及不因外感而有痰者，法當禁之。

明・鄭二陽《仁壽堂藥鏡》卷一〇下　前胡　隱居云：　前胡舊不著所出，今吳興者為勝。　氣微寒，味苦，無毒。　入肺、脾、胃、大腸四經。使、畏、惡俱同柴胡。皮黑肉白，北地者為勝。　隱居曰：　痰滿氣結。大明曰：　霍亂轉筋，喘嗽，安胎。小兒疳氣，下食。《普濟》云：　治小兒夜啼。時珍曰：　前胡主降，與柴胡純陽上升者不同。長於下氣，氣下則火降，痰亦降矣。　按：　前胡雖痰氣要藥，惟火因風動者宜之。不爾無功，亦戕冲和之氣。

明・蔣儀《藥鏡》卷一溫部　前胡　蕩風痰之痞結，清熱嗽之失音。咳嗽喘逆，火盛咽疼，蓋風傷乎肺經也，惟此甘辛可解。頭痛惡寒，身熱骨疼，蓋寒賊乎膀胱也，辛溫惟爾能驅。小兒疳熱，大人痰熱，脾經之濕也，清理推

茲。胎娠寒熱，瘡腫發熱，邪之鬱于肌表也，是能疏散。痘家用之者，取其氣寒，以平胸次無形之熱毒，取其味苦以泄膈中有形之實痰。茈胡入少陽、厥陰，前胡入太陽、太陰。假如傷寒初起，當用前胡，以散表邪，若悞用茈胡，則苦寒之性，必引邪入少陽矣。惟是邪在半表半裏，當用茈胡，以清肌熱，而或悞用前胡，則汗多表虛，亡陽可立而待矣。

明・李中梓《頤生微論》卷三　前胡　味苦、甘、辛，性微寒，無毒。入肺、脾、胃、大腸四經。使與畏惡俱同柴胡。主下氣，散結消痰，定喘消食，安胎。按：前胡主降，與柴胡上升者不同，長於下氣，氣下則火降，痰亦降矣。若不因外感之痰及陰虛火動者，俱當遠之。

明・張景岳《景岳全書》卷四八《本草正》　前胡　味苦，氣寒，降也，陰中微陽。去火痰實熱，開氣逆結滯，轉筋霍亂。除胸中痞滿，氣喘嘔逆，欬嗽煩悶。治傷寒寒熱，風熱頭疼。解嬰兒疳熱。

明・賈九如《藥品化義》卷一一風藥　前胡　屬陰中有陽，體乾微潤，色淡黃，氣與味苦而辛云甘非，性涼云微寒微溫皆非，能降，力除熱痰，性氣與味俱厚，入肺胃二經。前胡味苦而辛，苦能下氣，辛能散熱，專主清風熱，理肺氣，瀉熱痰，除喘嗽痞滿及頭風痛。補心湯中用之，散虛痰。洞然湯中用之，治暴赤眼，皆為下氣散熱之功。

明・李中梓《本草通玄》卷上　前胡　味苦，微寒，肺肝藥也。散風祛熱，消痰下氣，開胃化食，止嘔定喘，除嗽，安胎，止小兒夜啼。柴胡、前胡均為風藥，但柴胡主升，前胡主降，為不同耳。種種功力皆是搊風下氣之效，肝膽經風痰為患者，舍此莫能療。忌火。

清・顧元交《本草彙箋》卷一　前胡　前胡主降，大異柴胡。氣降則火亦降，痰亦降矣。故曰前胡治風痰，蓋云外感之痰也。諸陰虛火發之痰，及氣虛不歸元，以致逆滿頭疼者，不得混用。其曰安胎化食，亦取有下氣之功耳。

清・穆石匏《本草洞詮》卷八　前胡　味苦甘辛，氣平，一云微寒，無毒。入手足太陰、陽明經。陶氏言其功同柴胡。然前胡之功長於下氣，與柴胡上升不同，故能治痰熱喘嗽，痞膈嘔逆諸疾，氣下則痰降，火亦降矣，故為治痰要藥。與柴胡治證雖同，而所入所主則異。雷斆云：野蒿根似前胡，味微酸，誤用之令人反胃。前胡味甘微苦，有香氣也。出北地者為勝。

清・劉雲密《本草述》卷七下　前胡　弘景曰：生下溼地，出吳興者良。

日華子曰：越、衢、婺、睦等處者皆好。七八月采之，外黑裏白。頌曰：今陝西、梁漢、江淮、荊襄州郡及相州、孟州皆有之。春生苗，青白色，似斜蒿，初出時有白芽，長三四寸，味甚香美，又似芸蒿，七月內開白花，與葱花相類，八月結實，根青紫色。今鄜延將來者大與柴胡相似，但柴胡赤色而脆，前胡黃而柔軟，為不同爾。此所云北柴胡也。又云：最上者出吳中。又壽春生者，皆類柴胡而大，氣芳烈，味亦濃苦，療痰下氣，最勝諸道者。

根：　氣味：　苦，微寒，無毒。權曰：甘、辛，平。主治：散心腹結氣，膈上熱實，療痰滿胸脇，中痞反胃，嘔逆氣喘，咳嗽痰厥，頭風痛，治傷寒寒熱，推陳致新，及時氣內外俱熱，熱邪骨節煩悶，並小兒一切疳氣。時珍曰：前胡味甘辛，氣微平，陽中之陰，降也，乃手足太陰、陽明之藥。與柴胡純陽上升，入少陽、厥陰者不同也。其功長於下氣，故能治痰熱喘嗽，痞膈嘔逆諸疾，氣下則火降，痰亦降矣，所以有推陳致新之績，為痰氣要藥。陶弘景言其與柴胡同功，非矣。治證雖同，而所入所主則異。希雍曰：前胡得土金之氣，而感秋冬之令，故味苦微寒無毒，入手太陰、少陽，陽中之陰，降也。應有甘辛平寒而能降，所以破結下氣，散邪熱，如所主治諸證。同白前、杏仁、桑白皮、甘草、桔梗，能豁風熱痰壅，喘嗽下氣。入青礞石滾痰丸中，代黃芩治一切實痰有殊功。其用黃芩者，誤也。同羌活、乾葛、柴胡、黃芩、栝樓根，治時疫寒熱。

愚按：柴胡見《本經》，而前胡於《別錄》補《本經》之遺。然功用似謂概同，乃李時珍則辨其升降之迴殊也，何云能察物矣。大柴胡始苦而後微甘，是從下而上。前胡折之有香氣，其味始甘次辛，辛後有苦，苦勝而甘不敵，辛又不敵甘也。本香甘先入脾胃，還至於肺，就辛甘發散為陽者，即致其苦瀉之用，是從上而下，時珍所謂陽中之陰，希雍所謂得土金之氣，而感秋冬之令者是也。即其根采於七月，可以徵矣。雖然柴胡下而上者，致其用於胃與肺，而前胡之自上而下者，亦致其用於胃與肺，故其功有概同者。曰：治胸脇滿痞，散寒熱邪氣，去心腹結氣，推陳致新，然實有不同者。一升陽於上，為元氣之春夏，一降陽於下，為元氣之秋冬，此所以類云前胡能下氣也。但此味之下氣，殊異於他味者，以其功先在散結，結散則氣下。凡陰之不降，皆由陽結，散結者就陽中而散之，故謂其與柴胡皆致其用於

胃與肺，而功有概同者也。然《別錄》首言其治痰滿，似於痰飲有專功乎？曰：痰為液所化，液為氣所化，氣，陽也；液，陰也，液之不化，固結於陰。然由於氣之不能化，實為陽結，前胡即甘辛而有苦，就陽而達陰者也。故《本草》言其去熱實，熱不實則不結也。抑所謂結氣，將專指熱淫而言歟？曰：非然也。舉外淫之侵其正氣者，皆能令氣結，但邪盛而暴者，為即結，邪輕而緩者，久則結，氣結則化熱，即所指傷寒之寒熱，可以類推。但治者必本其所因為主劑，必藉此散結之用，使邪得去，可也。如內傷氣實而結者，亦可推此義以投之。唯是中氣虛而結，更陰虛而氣結為病者，殊未可漫投也。抑前胡所入，時珍謂為手足太陰、陽明，不知既有苦而主氣分，則希雍所云入手太陰、手少陽者良是，但不宜遺足陽明耳。其氣味在《別錄》曰苦微寒，而甄權又言甘辛平，蘇頌謂最上者味濃苦，而雷公又云真前胡味甘微苦，未知孰是，然據其功用，似當以甘辛而有苦者為得也。

希雍曰：前胡，苦辛微寒之藥也。能散有餘之邪熱實痰，而不可施諸氣虛血少之病。故凡陰虛火熾，煎熬真陰，凝結為痰，而發咳嗽，真氣虛而氣不歸元，以致胸脇逆滿，頭痛，不因於痰而因於陰血虛，內熱心煩，外現寒熱，而非外感者，法並禁用。

修治　時珍曰：其根皮黑肉白，有香氣，為真。雷公曰：凡使勿用野蒿根，緣真似前胡，只是味粗酸苦，誤用令人反胃，不受食。若是前胡，味甘微苦也。水洗，刮去黑皮并蘆，或用竹瀝浸潤，曬乾。

清・郭章宜《本草匯》卷九　前胡　味甘苦辛，微寒，味薄氣清，陽中之陰，降也。入手足太陰、陽明經。散風邪，化痰熱，下逆氣，療痞結。開胃兮消食，安胎下氣之功兮清熱。

按：前胡，辛可暢肺以解風寒，甘可悅脾以理胸腹。苦能泄厥陰之火，有功于散氣清痰，除內結熱之要藥也。同柴胡俱為風藥，但前胡乃手足太陰、陽明之藥，其性主降，與柴胡純陽上升，入少陽、厥陰者不同也。弘景言其與柴胡同功，非也。蓋其所入所主，則迥不同耳。因其長于下氣，故能治痰熱喘嗽，痞膈嘔逆之疾，氣下則火降，痰亦降矣。所以有推陳致新之績也。亦能療肝膽風熱為患。種種功力，總皆搜風下氣之効。然第可施之于有餘，而不可施之氣虛血少之病。故凡陰火煎熬，凝痰發嗽，氣不歸元，以致胸脇逆滿，內熱心煩，外現寒熱，而非外感者，法並禁用。同杏仁、桑皮、甘草、桔梗，能豁風痰熱嗽。入青礞石滾痰丸中，代黄芩，治一切實痰有殊功。其用黄芩者，誤也。蓋前胡去風痰，與半夏治濕痰，貝母治燥痰者各別也。

外黑裏白，甘而微苦，有香氣，柔軟為真。刮去皮鬚，以甜竹瀝浸潤，晒乾。勿見火。野蒿根與之相似，只味粗酸，若誤用，令人反胃不受食。半夏為之使。惡皂莢。畏藜蘆。

清・蔣居祉《本草擇要綱目・寒性藥品》　前胡　氣味：苦，微寒，無毒。陽中之陰，降也。凡用以刀刮去蒼黑皮，甜竹瀝浸令潤，日中曬乾用。入手足太陽、陽明經。主治：痰熱喘嗽，痞膈嘔逆，傷寒寒熱，小兒疳氣。有推舊致新之績，降痰下氣之功。惡：與柴胡同。畏：亦同。

清・王翃《握靈本草》卷二　前胡近道皆有。以根皮黑，肉白，有香氣爲真。若味粗酸者，爲野蒿，誤用令人反胃。忌火。主治：前胡，苦，微寒，無毒。一云：甘、辛。痰滿胸腹結氣，清肺熱，化痰熱，散風邪。

清・汪昂《本草備要》卷一　前胡宣，解表；瀉，下氣。治風痰。辛以暢肺解風寒，甘以悅脾理胸腹，苦泄厥陰肝之熱，寒散太陽膀胱之邪。微寒，一云微溫。性陰而降，功耑下氣，氣下則火降而痰消。氣有餘便是火，火則生痰。能除實熱。治痰熱哮喘，咳嗽嘔逆，痞膈霍亂，小兒疳氣，有推陳致新之績。明目安胎。無外感者忌用。按：柴胡、前胡，均是風藥，但柴胡性升，前胡性降爲不同。肝膽經風痰，非前胡不能除。皮白肉黑，味甘氣香者良。半夏爲使，惡皂莢，忌火。

清・吴楚《寶命真詮》卷三　前胡　【略】肝膽經風痰為患者，舍此莫療，此治風痰，與半夏之治濕痰，貝母之治燥痰不同。

清・李世藻《元素集錦・本草發揮》　前胡　射干與半夏互相須使，化痰甚速，痰飲門中要藥也。人不知用，予二陳湯去茯苓、甘草，加前胡、射干，為李氏二陳湯，以治雜證大效。

清・顧靖遠《顧氏醫鏡》卷七　前胡辛、苦，微寒。入肺、脾、胃、大腸四經。散風邪辛也，清肺熱。辛先入肺，苦能泄熱，而性又微寒也。下氣消痰，止咳定喘。長於下氣，與柴胡上升之性不同，氣降則痰亦降，而咳喘俱止。能去氣實風痰，與貝母之治燥痰，半夏之治濕痰者各別。凡陰虛火動之痰，及不因外感而有痰者，勿服。

清・李熙和《醫經允中》卷二〇　前胡　入手足太陰、陽明四經。半夏為使。惡皂莢。　苦、甘、辛，微寒，無毒。味薄氣清，陽中之陰，降也。主治痰喘結氣，清痰熱，散風邪。前胡主降，與柴胡上升者不同，長于搜風下氣，治一切實痰有殊功，故能消痰熱喘嗽，惟火因風動，外感有餘，右寸脉浮洪者宜之，亦不利于虚人。

清・馮兆張《馮氏錦囊秘録・雜症痘疹藥性主治合參》卷二　前胡得土金之氣，感秋冬之令，故味苦辛，平，微寒，無毒。入手太陰、少陽。苦寒能降，辛平能散，所以為下氣除痰、去結散邪之藥。　前胡，善消痰壅，哮喘咳嗽，胸脇痞滿，心腹結氣，傷寒寒熱，風寒頭痛，去風痰，除實熱。

主治痘疹合參：　凡初熱疑似未明，風寒欬嗽痰涎者可用。

按：　前胡，辛以暢肺，解風寒，甘以悦脾，理胸腹。苦泄厥陰之熱，寒散太陽之邪。性陰主降，與柴胡上升者不同，長於下氣，氣下則火降，痰亦降矣。若不因外感之痰及陰虚火動者，并氣不歸元，胸脇逆滿者，切戒勿入。

清・张璐《本經逢原》卷一　前胡　苦，微寒，無毒。甄權曰：　甘、辛，平，無毒。白色者良。去尾用。　發明：　前胡入手足太陰、陽明、少陽，其功長於下氣，故能治痰熱喘嗽，痞膈諸疾，氣下則火降，痰亦降矣。為痰氣之要味。治傷寒寒熱及時氣內外俱熱。按：　二胡通為風藥，但柴胡主升，前胡主降，有不同耳。又按：　前胡治氣實風痰，凡陰虚火動之痰及不因外感而有痰者禁用。

清・浦士貞《夕庵讀本草快編》卷一　前胡《別錄》　《本經》未有此品。後醫始參入。　前胡甘辛而氣微平，陽中之陰，降也，為手足太陰陽明之藥。其功長於下氣，非柴胡上升之可比。陶氏不察，註為同功，謬矣！　夫咳逆痞滿，霍亂嘔吐，胸膈煩悶，皆因火載痰升，氣高作喘，以致諸疾。故宜用此以下氣，氣下則火自降，痰自消矣。更有安胎化食之功，益精明目之譽。然半夏治痰之濕，貝母治痰之燥。凡外感風痰，勢盛氣實者，非此不除。故曰推陳致新也。

清・劉漢基《藥性通考》卷五　前胡　味辛以暢肺，解風寒。甘以悦脾，理胸腹。苦泄厥陰肝經之熱，寒散太陽之邪，性陰而降，功耑下氣，氣下則火降而痰消矣。氣有餘便是火，有火則生痰矣。又能除實熱，痰熱哮喘，咳嗽嘔逆，痞膈霍亂，小兒疳氣，有推陳致新之績，明目安胎。無外感者忌用。皮白肉黑，味甘氣香者良。半夏為使，惡皂莢，忌火。按柴胡、前胡，均是風藥，但柴胡性昇，前胡性降，為不同也。肝胆經風痰，非前胡不能除也。

清・姚球《本草經解要》卷二　前胡　氣微寒，味苦，無毒。主痰滿胸脇中痞，心腹結氣，風頭痛，去痰下氣，治傷寒寒熱，推陳致新，明目益精。　前胡氣微寒，稟天初冬寒水之氣，入足太陽膀胱經。味苦無毒，得地南方之火味，入手少陰心經。氣味俱降，陰也。胸者，肺之部也。心火刑肺，則肺之津液不下行，鬱於胸中而成痰矣。前胡味苦清心火，所以主痰滿胸也。人身之氣，左升右降，心火乘肺，肺不能降，則升亦不升，而脇中痞矣。前胡味苦氣寒，清心降氣，肺氣降，則升者亦升，而痞愈矣。心腹結氣，邪熱之氣結於心腹也。寒能下氣，苦能散結，所以主之。風頭痛，傷風而頭痛也。風為陽邪，苦寒抑陽，故止頭痛。去痰下氣，清心寧肺之功也。傷寒寒熱，乃陽盛陰虚之風熱症也。苦寒清熱，所以治之，苦寒之味，行秋冬肅殺之令，所以推陳致新。蓋陳者去，而新者方來也。味苦清火，所以明目。氣寒助陰，所以益精也。　製方：　前胡同杏仁、甘草、桑皮、桔梗，治熱喘下氣。同花粉、歸身、甘草、黄芩，治傷寒寒熱。同甘菊、丹皮，治風熱目疼。

清・周垣綜《頤生秘旨》卷八　前胡　散氣清痰之藥也。化痰之藥頗多，何獨取於此？　為其下氣最捷。痰氣下，而嘔逆喘嗽亦愈矣。如傷寒初愈時，用二陳湯加前胡、黄芩調理，亦自漸復之理。

清・王子接《得宜本草・中品藥》　前胡　味苦。入手足太陰、陽明經。功專散風下氣。得桔梗治痰熱咳逆。

清・黄元御《玉楸藥解》卷一　前胡　味甘，微寒。入手太陰肺經。清肺化痰，降逆止嗽。　前胡清金泄火，治氣滯痰阻、欬逆喘促之證。

清・吳儀洛《本草從新》卷一　前胡〔宣，解表；瀉，下氣。治風痰。〕　辛以暢肺解風寒，甘以入脾理胸腹氣香。苦泄厥陰肝之熱，寒散太陽膀胱之邪。性陰而降，功專下氣，氣下則火降而痰消。氣有餘便是火，火則生痰。能除實熱，治痰熱哮喘，咳嗽嘔逆，痞膈霍亂，小兒疳氣，有推陳致新之績。明目安胎。無外感者忌用。柴胡、前胡均是風藥，但柴性升，前性降為異。肝膽經風痰，非前不除。味甘氣香，性軟，冬月採者良。內有硬者名雄前胡，須揀去勿用。半夏為使。惡皂角。忌火。

清・汪紱《醫林纂要探源》卷二　前胡　甘、苦、辛，微寒。枝葉疏散婀娜，

根下行，皮白肉黑。瀉泄高亢之氣，辛瀉肺，苦降逆，而甘能補。疏暢下行之滯。辛補肝，甘緩肝，苦補腎，皮白入肺，苦以降之，肉黑入肝腎，辛以行之，甘以緩之，有知白守黑之意焉。功專下氣行痰，亦能調劑陰陽，非表藥也。

清·嚴潔等《得配本草》卷二　前胡　半夏為之使。畏藜蘆，惡皂莢。辛、苦，微寒。入手足太陰、陽明、足厥陰經氣分。功耑下氣降火，清肺熱，散風邪。化痰熱，定喘嗽，止嘔逆，除煩悶，治小兒疳熱。　得桔梗，治熱痰咳逆。　去皮髭切碎，甜竹瀝浸潤，日乾用。　氣虛逆滿，病非外邪實熱者，禁用。

題清·徐大椿《藥性切用》卷三　前胡　苦辛甘平，入肺而消痰下氣，解熱疎風，為風邪欬嗽之耑藥。氣香質嫩者良。無外感者勿用。按：柴胡、前胡均是風藥，但柴胡性升、前胡性降為異。

清·黃宮繡《本草求真》卷六　前胡降肝膽外感風邪，痰火實結。　前胡耑入肝膽。味苦微寒，功耑下氣，凡因風入肝膽，火盛痰結，暨氣實哮喘。氣有餘便是火。咳嗽嘔逆，痞膈霍亂及小兒疳氣等症，升藥難投，須當用此苦泄，俾邪去正復，不似柴胡性主上升，引邪外出，而無實痰實氣固結於其中也。按二胡均是風藥，一升一降，用各不同。若使兼有外感風邪，與痰火實結，而用柴胡上升，不亦如火益熱乎？故必用此下降，但症外感絕少，祇屬陰虛火動，並氣不歸元。胸脅逆滿者切忌。以其苦泄故也。皮白肉黑，味甘氣香者良。半夏為使，惡皂莢。忌火。今有劑片，以混當歸片料，可恨。

清·楊璿《傷寒溫疫條辨》卷六消劑類　前胡　味苦，氣寒，性降。下痰氣如神，開結滯亦速，去胸中喘滿，消風熱霍亂，除肝膽風痰，解嬰兒熱疳。己卯歲試，商邑庠生宋知，年四五十歲，一子月子內得疳熱，已經三歲，骨蒸肌瘦，危迫極矣。余用前胡、柴胡、秦艽、青蒿、黃芩、梔子、龍膽草、膽星、生地黃一錢，人參、甘草五分，生梨、生藕二片，一服熱退神清而愈，快哉。

清·羅國綱《羅氏會約醫鏡》卷一六草部　前胡味、苦、辛，微甘，氣寒，入肺脾胃大腸四經。半夏為使，惡皂莢，畏藜蘆，皮白肉黑，味甘氣香者良。忌火。性陰而降氣，氣降則火降，而肝膽風熱之痰自消。氣有餘便是火，火則生痰。解肺經風寒辛也，理胸腹痞滿甘也，泄肝經之熱苦也，散太陽之邪寒也，除哮喘、咳嗽肺邪、嘔逆，安胎，霍亂安脾，療風熱頭痛、小兒疳熱。　按：前胡治火熱風痰，凡陰虛火動，及不因外感而有痰者禁之。

清·陳修園《神農本草經讀》附録　前胡　氣味苦，寒，無毒。主痰滿，胸脅中痞，心腹結氣，風頭痛，去痰，下氣，治傷寒寒熱，推陳致新，明目益精《別録》。

清·黃凱鈞《藥籠小品》　前胡　辛散肺，解風寒；甘入脾，理胸腹。攻專下氣，氣下則火降而痰消。無實邪者忌。

清·王龍《本草纂要稿·草部》　前胡：　氣味苦寒。逐心腹之結氣，消痰止嗽。除內外之實痰，推陳致新。散風邪，主霍亂轉筋。去頭痛，治傷寒寒熱。破癥結，驅胸脅痞滿。消疳疾，止小兒夜啼。

清·張德裕《本草正義》卷上　附前胡　苦寒而降。去火痰實熱，氣逆結滯，胸中痞滿，咳嘔煩熱，風熱頭痛。清火降氣，非發表之藥。

清·楊時泰《本草述鉤元》卷七　前胡　最上者出吳中吳興，其越、衢、婺、睦等處者皆好。七八月采之。外黑裏白，又壽春生者氣更芳烈，味亦濃苦，療痰下氣最勝。鄜延來者大類柴胡。此即所謂北柴胡。但柴胡色赤而脆，前胡色黃而軟，為不同。

根味甘辛有苦，氣微寒。入手太陰、手少陽、足陽明經，陽中之陰，降也。主治破結下氣，推陳致新，氣下則火降，痰亦降矣，所以有推陳致新之績，為痰氣要藥。散心腹結氣，膈上熱實，療痰滿，胸脅中痞，反胃嘔逆，氣喘欬嗽，痰厥頭風痛，治傷寒寒熱及時氣內外俱熱，熱邪骨節煩悶，並小兒一切疳氣。同白前、杏仁、桑白皮、桔梗、甘草，能豁風熱痰壅喘嗽，下氣。同羌活、葛根、柴胡、黃芩、栝蔞根，治時疫寒熱。入礞石滾痰丸，代黃芩，治一切實痰有殊功。

論：　柴胡始苦而後微甘，是從下而上。前胡折之有香氣，其味始甘，次辛，辛後有苦，苦勝而甘不敵辛，又不敵甘，本香甘入脾，辛甘發散者，致其苦瀉之用，是從上而下。繆氏謂為得土金之氣，而感秋冬之令者是也。即其采根於七八月可徵。第柴胡自下而上，致其用於胃與肺；　而前胡之自上而下者，亦致其用於胃與肺。故所治胸脅痞滿，心腹結氣及寒熱邪氣等病，功用概同，而實有不同者，一升陽於上為元氣之春夏，一降陽於下為元氣之秋冬也。大抵前胡下氣之功，先在散結。凡陰之不降，皆由陽結，散結者就陽中而散之，故能與柴胡皆致其功於胃與肺也。凡外淫之侵其正氣者，皆能令結。但邪盛而暴者，為即結。邪輕而緩者，久則結。氣結則化熱，必藉此散結之用，使邪得去而後可以奏功。即內傷氣實而結者，亦堪推此義以投之。惟中氣虛而結，與

陰虛而氣結為病者，未可漫嘗爾。

繆氏云：前胡能散有餘之邪熱實痰，而不可施諸氣虛血少之病。凡虛火煎陰，凝痰發咳，或氣虛不歸，而致胸脇逆滿，及內熱心煩，雖現寒熱，而非外感者，並禁。

辨治：野蒿根其形真似前胡，只是味粗酸苦，若誤用令人反胃不受食。真前胡味甘微苦，皮黑肉白，有香氣。凡使，水洗，刮去黑皮並蘆，或用竹瀝浸潤曬乾。

清·鄒澍《本經續疏》卷四 前胡 【略】陶隱居曰：茈胡、前胡為療，殆欲同之。李瀕湖曰：茈胡主升，前胡主降，為不同。予謂言其同，正足見古人立言深渾，言其升降有殊，雖亦無可厚非，然立言之旨不如古人，亦於此可見。蓋二月生苗，初出時有白芽，七月間開花，氣香味苦，兩物正同。故其去結氣除痰，推陳致新，明目益精亦同。惟茈胡主腸胃中結氣，前胡主心腹結氣。茈胡主飲食積聚，前胡主痰滿胸脇中痞。足以見茈胡之阻在下，前胡之阻在上。在下則有礙於升，在上則有礙於降。去其阻而氣之欲升者得升，欲降者得降，但舉目前而名曰升曰降，於理固不為悖，特其功能竝不在升與降，效驗乃在升與降耳。夫在下之阻必係陽為陰遏，茈胡之治，能暢陽而仍不離於陰，故陰亦得隨陽而暢。在上之阻，定因陰不從陽，前胡之治，能化陰而復不擾夫陽，故陽亦得同陰以化。陽暢則升，陰化則降，跡雖異而理則同。命之曰同，誨後學之真摯也。命之曰異，啟後學之警悟也。吾輩從事於此，正宜領其啟迪之益，雖然，為學貴有心得，主持勿眩陳言。前胡主治，以療字係痰滿於前，以治字格傷寒於後，得無痰滿云云者皆非外感，傷寒云云者皆非內因歟。而云風頭痛，則仍不離於外因。云推陳致新，則仍不離於內積也。夫陰隨陽化，陽從陰降，是為胸中太和之氣。痰者，陽為陰裹，陰從陽滯也。至滿於胸脇以為痞，結於心腹而阻氣，在內無同心協力之氣以拒邪，則在外自有陰寒肅厲之氣相干犯。是內因者，即招外邪之根柢；外邪者，即托內因之枝節也。前胡既能以仲春發育之氣，化陰寒為溫煦，復能以初秋涼爽之氣，不使陽熾陰窮，故相裹而不相離，相持而不相下者，得此遂相和洽而無相奪倫。痞者為之開，結者為之解，固無論矣。即緣內乖所招外侮，既無根柢可憑，更於何處托跡。曰風頭痛，去痰下氣，治傷寒寒熱，推陳致新，言惟痰氣在中，斯風得乘之而為頭痛。惟宿熱在風，斯寒得與相爭而為寒熱，去其在裏之勾引，而在外者自無所容。是治字者，界於兩語之中，以為間隔，非提曳全文而為領袖也。然則所謂傷寒寒熱，推陳致新者，得無嫌於推去舊熱，招引新寒乎？夫惟服攻下之劑，方能推送在中陳腐，新邪遂乘而內入。前胡氣味形體均在解散之列，焉能引邪入裏？推陳致新者，解散相因積聚之熱，招徠新化和煦之陽，使拒外相侵陵之寒之謂也。

清·葉桂《本草再新》卷一 前胡味苦，性微寒，無毒。入脾、肺、胃三經。散結而消痰，定喘下氣以化熱，安胎。

清·吳其濬《植物名實圖考》卷八 前胡 《別錄》中品。江西多有之，形狀如《圖經》。《救荒本草》：葉可煠食。

雩婁農曰：前胡有大葉、小葉二種，黔滇山人採以為茹，曰水前胡，俗呼姨媽菜。方言不可譯也，或曰本呼夷鬼菜，夷人所食，斯為陋矣。古人重芳草，芍藥和羹，鬱金合鬯，有飶其馨，人神共享。後世茴香、縮砂、蓽撥、甘松香之屬，或來自海舶重洋之外，飲食異華，然其喜潔而惡濁，尚氣而賤腐，口之味、鼻之臭，與人同耳。前胡與芎藭、當歸，氣味大體相類。《爾雅》以薜，山蘄與山韭，山葱比類釋之，則亦以為菜屬。江南採防風為蔬，江西種藭為餌，滇人直謂芎為芹，然則草之形與味似芹者多矣，其皆芹之儕輩耶？《救荒本草》：凡蛇床、藁本、前胡諸草，皆煠其嫩葉調食，此豈夷俗哉？伊蒲塞之饌，或取香花助之，彼誠夷矣。然視嗜痂、逐臭，蒸乳豚而探牛心者，將謂為華風否耶？

又按：黃元治《黔中雜記》云：柴胡英似野芹，土人採而齏之，謂之羅鬼菜。方言前與柴音相近，蓋未考矣。羅鬼為苗民之一種，其山多前胡云。《貴州志》：前胡遍生山麓，春初吐葉，土人採以為羹，根入藥也。

清·趙其光《本草求原》卷一山草部 前胡 氣微寒而平，味先甘後大苦，無毒。權曰辛。清肺胃熱以平風，治心火刑肺，肺氣不降，陽邪結於心腹、大腸、氣平，入大腸。膽經，膽寄相火，苦能入之。陰液不化而生痰，是長於下氣，為化痰熱之要藥，與柴胡純陽上升者不同。故治痰滿，氣下則火降，痰亦降。胸脇下痞，心腹結氣，氣結則生痰而作痞。風頭痛，傷寒寒熱，時氣內外熱，風為陽邪，風淫則氣結化熱，苦寒清熱，辛平散結。同歸、甘、芩，治傷寒寒熱；同柴、葛、芩、羌活、花粉，或單煮，治時疫寒熱。風熱痰喘，反胃嘔逆，皆邪熱氣實之病。風熱目痛，同甘菊、丹皮。破癥、開胃下食；主霍亂轉筋，骨節煩悶，安胎，除疳積氣，皆指氣結

病言。小兒夜啼，一味蜜丸，滚水下。明目，清火氣，通則陰上奉。益精。氣寒助陰。功在去邪散結。凡陰虚火動，氣虚逆滿，非因外感實熱而寒熱有痰者，禁用。入滚痰丸，用代黄芩，治實痰更勝。白而味苦者，良；酸者，野蒿根也，令人反胃。去黑皮並蘆尾，用竹瀝浸曬更妙。

清・文晟《新編六書》卷六《藥性摘録》　前胡　苦，微寒。入肝膽。功祟下氣，治風入肝膽，火盛痰結，暨氣盛哮喘咳嗽，嘔逆痞膈，霍亂，及小兒疳氣等症。○若外感，絶少只屬陰虚火動並氣不歸元，胸脇逆滿者切忌。○惡皂角，忌火。

清・張仁錫《藥性蒙求・草部》　前胡錢半　前胡微寒，止嗽消痰。散風清肺，寒熱能安。功專下氣，氣下則火降痰消。無寒熱與外感者，忌用。○柴胡、前胡，均是風藥，但柴胡性升，前胡性降為不同耳。

清・戴葆元《本草綱目易知録》卷一　前胡　甘、辛，氣平。入手足太陰、陽明經。性陰而降，功祟下氣降火而消痰。清肺熱，化熱痰，散風邪，去實熱，開胃下食，明目安胎。治傷寒頭痛，骨節煩悶，氣喘咳嗽，反胃嘔逆，胸脇痞膈，心腹結氣，霍亂轉筋，小兒一切疳氣。有推陳致新之績，為痰氣要藥。

清・黄光霽《本草衍句》　前胡　性陰而降，長於下氣消痰；味辛而甘，功祟散風暢肺。利胸膈之痞滿，哮喘嗽頻；清肺經之熱邪，風寒頭痛。入手足太陰經、陽明經。得桔梗治痰熱咳逆。

清・陳其瑞《本草撮要》卷一　前胡　味苦，入手足太陰、陽明經。功專散風下氣。得桔梗治痰熱咳逆。無實熱及無外感者忌用。内有硬者名雄前胡，須揀去。半夏為使，惡皂角。

清・李桂庭《藥性詩解》　賦得前胡除内外之痰實得痰字。田春芳。　辛苦疎風藥，前胡最去痰。熱寒醫甚可，内外用猶堪。

前題李慶霖　功力前胡大，能除内外痰。散風猶下氣，止嗽且驅寒。

按：前胡辛苦而甘，性陰而降，功專下氣。能除實熱，治哮喘，咳嗽嘔逆，解風寒内外痰實。與柴胡雖均為風藥，但柴升前降為異耳。

清・鄭奮揚著，曹炳章注《增訂偽藥條辨》卷二　前胡　真前胡以吴興産者為勝。根似柴胡而柔軟，味亦香美，為疎風清熱，化痰妙藥。聞有一種土前胡，其根硬，其心無紋，決不可服。炳章按：前胡十月出新。浙江湖州、寧國、廣德皆出。顆大光白無毛，性軟糯，氣香觸鼻者佳。若梗硬心白，即土獨活之類，與前胡同類異種耳，為不道地。

野蜀葵

明・朱橚《救荒本草》卷上之後　野蜀葵　生荒野中。就地叢生，苗高五寸許，葉似葛勒子秧葉而厚大，又似地牡丹葉。味辣。救飢：採嫩葉煠熟，水浸淘净，油鹽調食。

猢猻脚跡

明・姚可成《食物本草》卷首王西樓《救荒野譜》　猢猻脚跡食莖葉。以形似名。三月采之，熟食。猢猻脚跡，宜爾泉石。胡不自安？犯我田宅。遭彼侵淩，畎畝蕭瑟。獲而烹之，償我稼穡。

明・周履靖《茹草編》卷一　猢猻脚跡　遙山雨浥，松島泥融。苔留虎印，蘚入狼蹤。伊清猿之躑躅，騁趫捷而追風。落花蹂艷，細草披茸。誰誇熊掌，浪説駝峰。名雄牲俎，蔬蔌奇供。以形似名。三月採，香油、椒、鹽、酒炒。

八角菜

明・朱橚《救荒本草》卷上之前　八角菜　生輝縣太行山山野中。苗高一尺許，苗莖甚細，其葉狀類牡丹葉而大。味甜。救飢：採嫩苗葉煠熟，水浸淘淨，油鹽調食。

防葵

宋・李昉《太平御覽》卷第九九三　房葵　《博物志》曰：房葵與狼毒相似。《本草經》曰：房葵，一名犁蓋。味辛。冬生川谷。久服堅骨髓，益氣。生臨淄。《吴氏本草經》曰：房葵，一名梁蓋，一名爵離，一名房苑，一名晨草，一名利如，一名方蓋。神農：辛，小寒。桐君、扁鵲：無毒。岐伯、雷公、黄帝：苦，無毒。莖葉如葵，上黑黄，二月生根，根大如桔梗，根中紅白，六月花白，七月、八月實白。三月三日採根。

宋・唐慎微《證類本草》卷六草部上品〔《本經・别録》〕　**防葵：味辛，**甘、苦，**寒，**無毒。**主疝瘕，腸洩，膀胱熱結，溺不下，欬逆，溫瘧，癲癇，驚邪狂走，**療五藏虚氣，小腹支滿，臚脹，口乾，除腎邪，強志。**久服堅骨髓，益氣輕身。**中火者不可服，令人恍惚見鬼。**一名梨蓋，**一名房慈，一名爵離，一名農果，一名利茹，一名方蓋。生臨淄川谷及嵩高、太山、少室。三月三日採根。

暴乾。

〔梁・陶弘景《本草經集注》〕云：北信斷，今用建平間者，云本與狼毒同根，猶如三建，今其形亦相似，但置水中不沉爾，而狼毒陳久亦不能沉矣。

〔唐・蘇敬《唐本草》〕注云：此藥上品，無毒，久服主邪氣驚狂之患。其根葉似葵花子根，香味似防風，故名防葵。採依時者，亦能沉水，今乃用枯朽狼毒當之，極爲謬矣。此物亦稀有，襄陽、望楚、山東及興州西方有之。其興州採得乃勝南者，爲鄰蜀土也。

〔宋・掌禹錫《嘉祐本草》〕按：《藥性論》云：防葵，君。有小毒。能治疝氣，痃癖氣塊，膀胱宿水，血氣瘤大如碗，悉能消散。治鬼瘧，主百邪鬼魅精怪，通氣。

〔宋・蘇頌《本草圖經》〕曰：防葵，生臨淄川谷及嵩高、少室、泰山。蘇恭云：襄陽、望楚、山東及興州西方有之。其興州採得乃勝南者，爲鄰蜀土也。今惟出襄陽，諸郡不聞有之。其葉似葵，每莖三葉，一本十數莖，中發一幹，其端開花，如葱花、景天輩而色白。根似防風，香味亦如之，依時採者乃沉水。陶隱居云：與狼毒同根，但置水不沉耳。今乃用枯朽狼毒當之，極爲謬矣。三月三日採，六月開花即結實，採根爲藥。

〔宋・唐慎微《證類本草》〕陳藏器云：按此二物，一是上品，而陶云防葵與狼毒根同，但置水中不沉爾。然此二物善惡不同，形質又別，陶既爲此說，後人因而用之。防葵將以破堅積爲下品之物，與狼毒同功，今古因循，遂無甄別，此殊誤也。《雷公》云：凡使，勿誤用狼毒，緣真似防葵，而驗之有異，效又不同，切須審之，恐誤疾人。其防葵在蔡州沙土中生，採得二十日便蚛，用之唯輕爲妙。欲使，先須揀去蚛末後，用甘草湯浸一宿，漉出暴乾，用黄精自然汁一二升拌了，土器中炒令黄精汁盡。《肘後方》：治癲狂疾。防葵末，溫酒服一刀圭，至二三服，身潤有小不仁爲候。

宋・鄭樵《通志》卷七五《昆蟲草木略》 防葵 曰梨蓋，曰旁慈，曰爵離，曰農果，曰利茹，曰方蓋。而狼毒能亂其真。

宋・劉明之《圖經本草藥性總論》卷上 防葵 味辛、甘、苦，寒，無毒。主疝瘕腸洩，膀胱熱結，溺不下，欬逆，溫瘧癲癇，驚邪狂走。療五臟虚氣，小腹支滿臚脹，口乾，除腎邪，強志，久服堅骨髓，益氣輕身。《藥性論》云：君。有小毒。能治疝氣，痃癖氣塊，膀胱宿水血氣瘤，治鬼瘧，主百邪鬼魅精怪，通氣。

明・王綸《本草集要》卷二 防葵君 味辛甘苦，氣寒，無毒。二月三日採根，日乾。依時採者，入水沉。勿誤用狼毒。 主疝瘕，腸泄，膀胱熱結溺不下，咳逆，溫瘧鬼瘧，癲癇驚邪狂走，小腹支滿，臚脹口乾。除腎邪，強志，久服堅筋骨，益氣輕身。

明・滕弘《神農本經會通》卷一 防葵 凡使勿用狼毒，但置水沉者，為狼毒也。生臨淄川谷及嵩高、太山、少室。 味辛、甘、苦，氣寒，無毒。《本經》云：主疝瘕腸澼，膀胱熱結溺不散，欬逆，溫瘧，癲癇，驚邪狂走。療五臟虚氣，小腹支滿膨脹，口乾，除腎邪，強志，久服堅骨髓，益氣輕身。中火者不可服，令人恍惚見鬼。《局》云：防葵療瘧攻腸澼，通利膀胱治疝瘕。大止癲癇并欬逆，更除頭痛及驚邪。

明・劉文泰《本草品彙精要》卷七 防葵無毒 植生。

防葵出《神農本經》：**主疝瘕，腸泄，膀胱熱結，溺不下，欬逆，溫瘧，癲癇，驚邪狂走。久服堅骨髓，益氣輕身。**以上朱字《神農本經》。療五臟虚氣，小腹支滿，臚脹，口乾，除腎邪，強志。中火者不可服，令人恍惚見鬼。以上黑字名醫所錄。

【名】梨蓋、房慈、爵離、農果、利茹、方蓋。

【苗】《圖經》曰：春生，葉似葵葉，每莖三葉，一本十數莖，中發一幹，其端六月開花如葱花、景天輩，其根葉似葵花子根，香味似防風，故名防葵。今以枯朽狼毒當之，極爲謬矣。其防葵置水不沉，狼毒則不然。以此爲別爾。

【地】《圖經》曰：生臨淄川谷及嵩高、少室、泰山，襄陽、望楚、山東皆有之。【道地】興州。

【時】生：春生葉。採：三月三日取根。

【收】暴乾。

【用】根不蚛者爲好。

【質】類防風。

【色】土黄。

【味】辛，甘，苦。

【性】寒，散，泄。

【氣】味厚于氣，陰中之陽。

【臭】香。

【主】邪氣驚狂。

【製】《雷公》云：凡使，先須揀去蚛末，用甘草湯浸一宿，漉出暴乾，用黄精自然汁一二升拌了，土器中炒，令黄精汁盡爲度。

【治】療：《藥性論》云：疝氣，痃癖氣塊，膀胱宿水，血氣瘤大如碗，悉能消散，鬼瘧，百邪鬼魅精怪，通氣。

【贋】枯朽狼毒爲偽。

明・陳嘉謨《本草蒙筌》卷二 防葵 味甘、辛、苦，氣寒，無毒。一云有小毒。不生他郡，惟産襄陽屬荊廣。一本三莖，一莖三葉。中抽大幹，花開幹端。色白如葱，幹開花。葉類葵，葉色青。根若防風香竄，故因名防葵也。三月三日，採根曝乾。最易蛀損，須時曝之。依時入水能浮，切勿悮用狼毒。二根形頗相類，但防葵根浮水，狼毒根沉水，略少異耳。善惡大差，用宜謹慎。藥劑修合，製法須知。甘草湯浸，成塊一宵，黄精汁拌，咀片炒燥。主膀胱熱結，尿溺不通；治鬼瘧癲癇，驚邪狂走。疝瘕腸洩堪理，小腹支滿能敺。強志除腎邪，益氣堅筋骨。血氣瘤大如椀，摩醋塗上即消。中火者不可服之，令恍惚如見

鬼狀。

明・王文潔《太乙仙製本草藥性大全》卷一《本草精義》 防葵 一名梨蓋，一名房慈，一名爵離，一名農果，一名利茹，一名方蓋。生臨淄川谷及嵩高、太山、少室，諸郡雖有，獨羨襄陽。一本三莖三葉，中抽大幹，花開幹端色白，如葱幹開花，葉類葵葉。色青，根若防風香竄，故曆名防葵也。三月三日採根曝乾。依時入水能浮，切勿悞用狼毒。藥劑修合製法須知：甘草湯浸成塊一宵，黄精汁拌，咀片炒燥。〇按此二物一是上品，而陶云：防葵與狼毒根同，但置水中不沉爾。然此二物善惡不同，形質又別，陶既爲此說，後人因而用之，防葵將以破堅積，爲下品之物，與狼毒同功。今古因循，遂無甄別，此別殊誤也。

明・王文潔《太乙仙製本草藥性大全》卷一《仙製藥性》 防葵君 味甘、辛、苦，氣寒，無毒。一云有小毒。 主治：療膀胱熱結尿溺不通，治鬼瘧癲癇驚邪狂走。疝瘕腸泄堪理，小腹支滿能敺。強志除腎邪，益氣堅筋骨。血氣瘤大如椀，摩醋塗上即消。中火者不可服之，令恍惚如見鬼狀。

補註： 癲狂疾，防葵末，溫酒服一刀圭，至二三服，身瞤有小不仁爲候。

太乙曰： 凡使勿誤用狼毒，緣真似防葵，而驗之有異，效又不同，切須審之，恐誤疾人。其防葵在葵州沙土中生，採得二十日便蚛，用之唯輕爲妙。欲使先須揀去蚛末，用甘草湯浸一宿，漉出曝乾，用黄精自然汁一二升拌了，土器中炒令黄精汁盡。

明・皇甫嵩《本草發明》卷三 防葵上品上，君。 氣寒，味辛、甘、苦，無毒。

發明曰： 防葵，散熱邪，利水道，故主疝瘕腸洩，膀胱熱結，溺閉欬逆，溫瘧，癲癇驚邪狂走，小腹支滿，臚脹口乾，除腎邪，強志，療五臟虛氣。久服堅骨髓，益氣。中火者勿服，令人恍惚見鬼。血氣瘤大如椀，醋摩塗，即消。 多生襄陽，一本三莖，一莖三葉，青如葵葉，香似防風，故名防葵。依時採者亦沉水，似狼毒，但二物善惡不同，須辨之，勿誤用狼毒。

明・李時珍《本草綱目》卷一七草部・毒草類 防葵《本經》上品

【釋名】房苑《別録》 梨蓋《本經》 利茹《吳普》。又名爵離、方蓋、農果。恭曰： 根葉似葵花子根，香味似防風，故名防葵。

【集解】《別録》曰： 防葵生臨淄川谷及嵩高、太山、少室。三月三日采根，暴乾。普曰： 莖葉如葵，上黑黄。二月生根，根大如桔梗根，中紅白。六月花白，七月、八月實白。三月采根。 恭曰： 此物亦稀有，襄陽、望楚、山東及興州西方有之。興州者乃勝南者，爲鄰蜀地也。頌曰： 今惟出襄陽地，他郡不聞也。其葉似葵，每莖三葉，一本十數莖，中發一幹，其端開花，如葱花、景天輩而色白，六月開花即結實。根似防風，香味亦如之，依時采者乃沉水。今乃用枯朽狼毒當之，極爲謬矣。 時珍曰： 唐時隴西成州貢之。蘇頌所説，詳明可據。

【正誤】弘景曰： 防葵今用建平者。本與狼毒同根，猶如三建，其形亦相似，但置水中不沉爾。而狼毒陳久者，亦不能沉矣。斅曰： 凡使防葵，勿誤用狼毒，緣真相似，而驗之有異，效又不(能)[同]，切須審之，恐誤人疾。其防葵在蔡州沙土中生，采得二十日便生蚛，用之惟輕爲妙。恭曰： 狼毒與防葵都不同類，生處亦別。 藏器曰： 二物一是上品，[一是下品，]善惡不同，形質又別。陶氏以浮沉爲别，後人因而用之，將以防葵破堅積爲下品之物，與狼毒同功。今古因循，遂無甄別，殊爲謬誤。

根 【修治】斅曰： 凡使，須揀去蚛末，用甘草湯浸一宿，漉出暴乾，用黄精自然汁一二升拌了，土器中炒至汁盡用。

【氣味】辛，寒，無毒。《別録》曰： 甘，苦。普曰： 神農： 辛，寒。桐君、扁鵲： 無毒。岐伯、雷公、黄帝： 辛，苦，無毒。權曰： 有小毒。

【主治】疝瘕腸洩，膀胱熱結，溺不下，欬逆濕瘖，癲癇驚邪狂走。久服堅骨髓，益氣輕身《本經》。療五臟虛氣，小腹支滿臚脹，口乾，除腎邪，強志。中火者不可服，令人恍惚見鬼《別録》。久服主邪氣驚狂蘇恭。 主痃癖氣塊，膀胱宿水，血氣瘤大如盌者，悉能消散。治鬼瘧，百邪鬼魅精怪，通氣甄權。

【發明】時珍曰： 防葵乃神農上品藥。黄帝、岐伯、桐君、雷公、扁鵲、吳普皆言其無毒； 獨《別録》言中火者服之，令人恍惚見鬼。陳延之《小品方》云： 防葵多服，令人迷惑恍惚如狂。按《難經》云，重陽者狂，脱陽者見鬼，是豈上品養性所宜乎？ 是豈寒而無毒者乎。不然，則《本經》及蘇恭所列者，是防葵功用，而《別録》所列者，乃似防葵之狼毒功用，非防葵也。狼毒之亂防葵，其來亦遠矣，不可不辨。古方治蛇瘕、鼈瘕大方中，多用防葵，皆是狼毒也。

【附方】舊一，新二。 腫滿洪大： 防葵研末，溫酒服一刀圭，至二三服。身瞤及小不仁爲効。《肘後方》。 癲狂邪疾： 方同上。 傷寒動氣： 傷寒汗下後，臍左有動氣。防葵散： 用防葵一兩，木香、黄芩、柴胡各半兩。每服半兩，水一盞半，煎八分，溫服。《雲岐子保命集》。

清・馮兆張《馮氏錦囊秘錄・雜症痘疹藥性主治合參》卷三 防葵 主膀胱熱結，尿溺不通。治鬼瘧癲癇，驚邪狂走。疝瘕腸泄堪理，小腹支滿能敺。強志除腎邪，益氣堅筋骨。血氣瘤大如椀，摩醋塗上即消。中火者不可服之，令恍惚如見鬼狀。

清・张璐《本經逢原》卷二　防葵　辛，寒，有毒。《本經》主疝瘕腸泄，膀胱熱結，溺不下，欬逆濕瘖，癲癇驚邪狂走，久服堅骨髓，益氣輕身。

發明：防葵辛寒，性善走散。能治疝瘕腸泄，膀胱熱結等證，而《別錄》又言，療五藏虛氣，小腹支滿，臚脹口乾，除腎邪，強志，中有火者不可久服，令人恍惚見鬼，二說各有主見。一以治濁邪支塞，驚邪狂走，故須久服，開除積垢，自然髓充骨堅，正氣自復。一以療五藏虛氣，腎邪逆滿，故不可久服，久服恐正氣愈虛，不能制五志之火，引領痰濕上侮君主，令人恍惚見鬼。同一防葵，而有治驚邪狂走與久服見鬼之不同也。嘗攷《千金方》防葵為治風虛、通血脈之上藥，每與參、术、鍾乳、石英並用，取其祛逐風虛，通利血脈，而正氣得復，腎志自強，當無助火為虐之慮矣。

清・吴其濬《植物名實圖考》卷七　防葵　《本經》上品。宋《圖經》云：惟出襄陽。葉似葵，花如葱花及景天，根香如防風。陶隱居誤以為與狼毒同根，以浮沉為別。《別錄》云：中火者不可服，令人恍惚見鬼。與《本經》戾。《唐本草》及《本草拾遺》皆辨之。《本草綱目》仍與狼毒同入毒草，今移入山草。

雩婁農曰：甚矣！君子之不可與小人為緣也。防葵，上品。陶隱居以為狼毒同根，後人雖為辨白，而方藥無用防葵者矣。蔡中郎嘆董卓之誅，玉川子罹王涯之黨，身既為戮，而後世猶以無保身之哲為咎。堅不磷、白不淄，聖人則可，賢人則不可。班孟堅作《古今人表》，品第不盡衷於道，其原傳可考也。陶隱居論藥物，未可全憑，《本草經》具在。若晉之九品流別，出於中正，一經下品，遂同禁錮。人之自立與論人者，不當知所懼哉。若謂草木無知，任其毀譽，則以輕薄處物，必不能以忠厚待人。

清・趙其光《本草求原》卷六毒草部　防葵其浮水者。　辛，寒，走散。祛逐風虛，通利血脈，《千金方》每與參、术、鍾乳、石英同用。主疝瘕腸泄，膀胱熱結，溺不下，小腹脹滿，咳逆濕喑，癲癇驚邪狂走。皆濕濁支塞之病，宜此開除積垢。久服堅骨髓，益氣輕身，濁垢去則髓充，氣自復。若臟虛腎邪逆滿，久服反助腎火引領痰濕上侮心君，令人恍惚見鬼。

清・葉志詵《神農本草經贊》卷一　防葵　味辛，寒。主疝瘕腸洩膀胱，熱結溺不下，欬逆溫瘧，癲癇驚邪狂走。久服堅骨髓，益氣輕身。一名梨蓋。生川谷。

若防若葵，審名辨類。瘕結石堅，腹逆水沴。頓席清涼，遂澄朗慧。介祉除邪，時維濯禊。

蘇恭曰：根葉似葵，香味似防風，故名防葵。《說文》：沴水，不利也。《黃庭經》：飄飄三帝席，清涼太清，神仙眾經，要略其意，明澄朗慧。吳普曰：三月三日采根。《風俗通》：禊者，潔也。已者，祉也。邪病已去，祈介祉也。劉孝綽詩：濯禊元巳初。

防風

宋・李昉《太平御覽》卷第九九二　防風　《本草經》曰：防風，一名銅芒。甘，溫。生川澤。治大風頭眩痛，目盲無所見，煩滿，風行周身，骨節疼痛，久服輕身。生沙苑。《范子計然》曰：防風出三輔。白者善。《吳氏本草》曰：防風，一名迴雲，一名回草，一名百枝，一名蕑根，一名百韭，一名百種。神農、黃帝、岐伯、桐君、雷公、扁鵲：甘，無毒。李氏：小寒。或生邯鄲、上蔡。正月生，葉細圓，青黑黃白，五月黃花，六月實黑。二月、十月採根，日乾。琅邪者良。

宋・唐慎微《證類本草》卷七草部上品〔《本經・別錄・藥對》〕　**防風**　**味甘**、辛，**溫**，無毒。**主大風，頭眩痛，惡風，風邪，目盲無所見，風行周身，骨節疼痹，煩滿**，脇痛脇風，頭面去來，四肢攣急，字乳，金瘡，內痙。**久服輕身。** **一名銅芸**，一名茴草，一名百枝，一名屏風，一名蕑根，一名百蜚。生沙苑川澤及邯鄲、琅邪、上蔡。二月、十月採根，暴乾。得澤瀉、藁本療風，得當歸、芍藥、陽起石、禹餘糧療婦人子藏風。殺附子毒，惡乾薑、藜蘆、白斂、芫花。

〔梁・陶弘景《本草經集注》〕云：郡縣無名沙苑。今第一出彭城、蘭陵，即近琅邪者。鬱州互市亦得之。次出襄陽、義陽縣界，亦可用，即近上蔡者。惟實而脂潤，頭節堅如蚯蚓頭者爲好。俗用療風最要，道方時用。

〔唐・蘇敬《唐本草》〕注云：今出齊州、龍山最善，淄州、兖州、青州者亦佳。葉似牡蒿、附子苗等。《別録》云：叉頭者，令人發狂；叉尾者，發痼疾。子似胡荽而大，調食用之香，而療風更優也。沙苑在同州南，亦出防風，輕虛不如東道者，陶云無沙苑，誤矣。襄陽、義陽、上蔡，元無防風，陶乃妄注爾。

〔宋・掌禹錫《嘉祐本草》〕按：《蜀本圖經》云：葉似牡蒿，白花，八月、九月採根。《藥性論》云：防風，臣。花主心腹痛，四肢拘急，行履不得，經脉虛羸，主骨節間疼痛。段成式《酉陽雜俎》云：青州防風子，可亂蓽撥。日華子云：治三十

六般風，男子一切勞劣，補中，益神，風赤眼，止淚及癱緩，通利五藏，關脉，五勞七傷，羸損，盜汗，心煩體重，能安神定思，匀氣脉。

〔宋·蘇頌《本草圖經》〕曰：　防風，生沙苑川澤及邯鄲、上蔡，今京東、淮、浙州郡皆有之。根土黄色，與蜀葵根相類，莖、葉俱青緑色，莖深而葉淡，似青蒿而短小。初時嫩紫，作菜茹，極爽口。五月開細白花，中心攢聚作大房，似蒔蘿花。實似胡荽而大。二月、十月採根，暴乾。關中生者，三月、六月採，然輕虚不及齊州者良。又有石防風，出河中府，根如蒿根而黄，葉青花白，五月開花，六月採根，暴乾。亦療頭風眩痛。又宋、亳間及江東出一種防風，其苗初春便生，嫩時紅紫色，彼人以作菜茹，味甚佳，然云動風氣。《本經》云：　葉主中風熱汗出，與此相反，恐别是一種耳。

〔宋·唐慎微《證類本草》〕《經驗後方》：　治破傷風。防風、天南星等分，爲末。每服二三匙，童子小便五升，煎至四升服，愈即止。又方：　治崩中。防風去蘆頭，炙赤色，爲末。每服二錢，以麵糊酒調下，更以麵糊酒投之，此藥累經有效。

宋·鄭樵《通志》卷七五《昆蟲草木略》　防風　曰銅芸，曰茴草，曰百枝，曰屏風，曰蕳根，曰百蜚。葉如青蒿，嫩苗可茹。

金·張元素《潔古珍珠囊》〔見元·杜思敬《濟生拔粹》卷五〕　防風甘純陽，太陽經本藥。身去上風。稍去下風。與乾薑、藜蘆、白歛、芫花相反。

宋·劉明之《圖經本草藥性總論》卷上　防風　味甘、辛，溫，無毒。主大風頭眩痛，惡風，風邪目盲無所見，風行周身，骨節疼痺，煩滿脇痛脇風，頭面去來，四肢攣急，字乳金瘡内痙。葉，主中風熱，汗出。《藥性論》云：　臣。花，主心腹痛，四肢拘急，行履不得，經脉虚羸，主骨節間疼痛。日華子云：　治三十六般風，男子一切勞劣，補中益神。風赤眼，止淚，及癱緩，利五藏關脉，五勞七傷羸損，盜汗心煩，體重，能安神定思，匀氣脉。殺附子毒，惡乾薑、藜蘆、白歛、芫花。

元·王好古《湯液本草》卷三　防風　純陽，性温，味甘、辛，無毒。足陽明胃經、足太陰脾經，乃二經行經之藥，太陽經本經藥。《象》云：　治風通用，瀉肺實，散頭目中滯氣，除上焦風邪之仙藥也。誤服，瀉人上焦元氣。去蘆並釵股用。《珍》云：　身，去身半已上風邪；　梢，去身半已下風邪。《心》云：　又去濕之仙藥也，風能勝濕爾。《本草》云：　主大風頭眩痛，惡風，風邪目盲無所見。風行周身，骨節疼痹。煩滿，脇痛脇風。頭面遊風去來，四肢攣急，字乳，金瘡内痙。東垣云：　防風能制黄芪，黄芪得防風，其功愈大。又云：　防風乃卒伍卑賤之職，隨所引而至，乃風藥中潤劑也。雖與黄芪相制，乃相畏而相使者也。《本草》又云：　得澤瀉、藁本，療風；得當歸、芍藥、陽起石、禹餘糧，療婦人子臟風。殺附子毒。惡乾薑、藜蘆、白歛、芫花。

元·朱震亨《本草衍義補遺》　防風、黄耆　人之口通乎地，鼻通乎天。口以養陰，鼻以養陽。天主清，故鼻不受有形而受無形為多；　地主濁，故口受有形而兼乎無形。〔昔〕王太后病風不言，而脉沉。其事急。若以有形之湯藥，緩不及事。令投以二物湯，氣薰蒸如霧滿室，則口鼻俱受。非智者通神，不可迴也。

元·佚名氏《珍珠囊·諸品藥性主治指掌》〔見《醫要集覽》〕　防風　味甘、辛，氣溫，無毒。升也，陽也。其用有二：　以氣味能瀉肺〔金〕，以體用通療諸風。

元·徐彥純《本草發揮》卷一　防風　潔古云：　療風通用，瀉肺實如神。散頭目中滯氣，除上焦風邪。又為去濕藥之使，風能勝濕故也。誤服，瀉人上焦元氣。《主治秘訣》云：　味甘純陽，手足太陽經之本藥。又云：　防風甘辛，溫散經絡中留濕。　東垣云：　防風辛溫，氣味俱薄，浮而升，陽也。凡瘡在胸膈已上，雖無手足太陽證，亦當用之，為能散結，去上部風。病人身體拘急者，風也，諸瘡見此證者，亦須用之。若脊痛項強，不可回顧，腰似折，項似拔者，乃手足大陽證，正當用之。又云：　防風能制黄芪，黄芪得防風，其功愈大。又云：　防風盡治一身之痛，乃卒伍卑賤之職，聽令而行，隨所引而至，乃風藥中之潤劑也。雖與黄芪相制，乃相畏相使者也。又云：　防風身去人身半已上風邪，梢去人身半已下風邪。主治諸風。　丹溪云：　人之口通乎地，鼻通乎天，口以養陰，鼻以養陽。天主清，故鼻不受有形而受無形為多。地主濁，故口受有形而兼乎無形。昔王太后病風不能言，而脉沉。其事急，若以有形之湯藥，則緩不急事。乃造防風黄芪湯數斛，置於床下，氣如烟霧，使口鼻皆受，其夕便得語。藥力薰蒸，其效如此。善醫者，宜取法焉。

明·朱橚《救荒本草》卷上之前　防風　一名銅芸，一名茴草，一名百枝，一名屏風，一名蕳根，一名百蜚。生同州沙苑川澤，邯鄲、琅琊、上蔡、陝西、山東處處皆有。今中牟田野中亦有之。根上黄色，與蜀葵根相類，稍細，短莖葉，俱青緑色，莖深而葉淡，葉似青蒿葉而闊大；　又似米蒿葉而稀疏，

莖似茴香，開細白花，結實似胡荽子而大。味甘、辛，性溫，無毒。殺附子毒；惡乾薑、藜蘆、白斂、芫花。又有石防風，亦療頭風眩痛。又有叉頭者令人發狂，叉尾者發痼疾。救飢：採嫩苗葉作菜茹，煠食極爽口。治病：文具《本草》草部條下。

明·蘭茂原撰，范洪等抄補《滇南本草圖說》卷八 白花防風 氣味甘平，無毒。主治：大風頭眩痛，惡風風邪，目盲無所見。風行周身，骨節疼痛。久服輕身。外有繡球防風，煎服可解皮膚之風。但不可多服。

明·王綸《本草集要》卷三 防風臣 味甘辛，氣溫。純陽，無毒。脾胃二經行經藥，太陽經本經藥。乃卒伍卑賤之職，隨所引而至者也。惡乾薑、藜蘆、白斂、芫花，殺附子毒。實而脂潤，頭節堅者良。去蘆并叉頭叉尾者不用。主大風，頭眩痛，惡風，風邪目盲無所見，風行周身，骨節疼痹。煩滿，頭面去來，四肢攣急，字乳金瘡內痙，治風通用。瀉肺實，散頭目中滯氣，除上焦風邪之仙藥。誤服瀉人上焦元氣。又能去濕，諸風藥皆然，風能勝濕故也。又〔風〕藥中潤劑也。身去身半已上風，稍去身半已下風。得澤瀉、藁本療風；得當歸、芍藥、陽起石、禹餘糧，療婦人子藏風。

明·滕弘《神農本經會通》卷一 防風 臣也。惡乾薑、藜蘆、白歛、芫花。殺附子毒。實而脂潤，頭節堅者良。去蘆叉頭叉尾者不用。味甘、辛，氣溫，無毒。《湯》云：純陽，足陽明胃經、足太陰脾經，乃二經之行經藥。東云：以氣味能瀉肺金，以體用通療諸風。又云：祛風。珍云：去濕，治諸風。風能勝濕，身治上身，梢治下截。《珍》云：去風，除頭暈，目盲，益神補氣。治拘急骨節痺疼。升也，陽也，太陽經本經藥。

《本經》云：主大風頭眩痛，惡風，風邪，目盲無所見。風行周身，骨節疼痺，煩滿，脇痛，脇風，頭面去來，四肢攣急，字乳，金瘡，內痙。久服輕身。葉，主中風，熱汗出。十月採根，暴乾。《本草》又云：得澤瀉、藁本療風，得當歸、芍藥、陽起石、禹餘糧療婦人子臟風。《別録》云：叉頭者，令人狂發。叉尾者，發痼疾。《藥性論》云：防風，臣。花，主心腹痛，四肢拘急，行履不得，經脉虛羸。主骨筋疼痛。日華子云：治三十六般風，男子一切勞劣，補中益神，風赤眼，止淚及癱瘓，通利五臟關脉，五勞七傷，羸損，盜汗，心煩，體重，能安神定志，勻氣脉。《象》云：治風通用。瀉肺實，散頭目滯氣，除上焦風邪之仙藥也。誤服瀉人上焦元氣。去蘆并釵股用。《心》云：又去濕之仙藥也，風能勝濕故耳。東垣云：防風乃卒伍卑賤之職，隨所引而至，乃風藥中潤劑也。雖與黃芪相制，乃相畏而相使者也。珍云：身，去身半已上風邪。梢，去身半已下風邪。丹溪云：王太后病風不言，而脉沉。其事急，若以有形之湯藥，緩不及事。令投以二物湯，防風、黃芪，氣薰蒸，如霧滿室，則口鼻俱受，非智者通神，不可迴也。東垣云：防風能制黃芪，黃芪得防風其功愈大。劄云：防風甘辛氣本溫，明睛亦療腦門疼。以其氣味能泄肺，以全體用治諸風。《局》云：防風能解附子毒，主治三十六種風。明目治瘡除腦痛，理勞去汗療崩中。防風，主治一切風，仍除腦痛。

明·劉文泰《本草品彙精要》卷八 防風無毒 植生。

防風出《神農本經》：**主大風，頭眩痛，惡風，風邪，目盲無所見，風行周身，骨節疼痹，煩滿。久服輕身。**以上朱字《神農本經》。脇痛脇風，頭面去來，四肢攣急，字乳，金瘡，內痙。○葉，主中風，熱汗出。以上黑字名醫所錄。

【名】銅芸、茴草、百枝、屏風、蕳根、百蜚。【苗】《圖經》曰：莖葉俱青綠色，莖深葉淡，似青蒿而短小，初時嫩紫，作菜茹極爽口。五月開細白花，中心攢聚作大房，似蒔蘿花。實似胡荽而大，根土黃色，與蜀葵根相類而潤實。其關中所產者輕虛，多不及齊州者良。又有石防風，出河中府，根如蒿根而黃，葉青花白，五月開花，六月採根，亦療頭風眩痛。又宋亳間及江東出一種防風，其苗初春便生，嫩時紅紫色，彼人以作菜茹，味甚佳，然云動風氣。《本經》云：葉主中風，熱汗出。與此相反，恐別是一種耳。【地】《圖經》曰：生沙苑川澤及邯鄲、上蔡、同州、解州、河中府，京東、淮、浙州郡皆有之。陶隱居云：彭城、蘭陵、琅琊、鬱州。【道地】齊州、龍山者最善，淄州、兗州、青州者尤佳。【時】生：初春生苗。採：二月、十月取根。【收】暴乾。【用】根頭節堅如蚯蚓頭，實而脂潤者爲好。【質】類沙參而細長。【色】土黃。【味】甘，辛。【性】溫，散。【氣】氣厚味薄，陽也。【臭】微香。【主】祛風勝濕。【行】足陽明經太陰經、手太陽經。【反】惡乾薑、藜蘆、白歛、芫花。【製】去蘆洗淨，剉用。【治】療：日華子云：去三十六般風氣，赤眼，止淚，及癱瘓，通利五臟關脈。《藥性論》云：花，主心腹痛，四肢拘急，行履不得，經脈虛羸，除骨節間疼痛。《湯液本草》云：治風通用，瀉肺實，散頭目中滯氣，除上焦風邪之仙藥。身，去身半已上風邪。稍，去身半已下風邪。又云去濕之仙藥。補：日華子云：男子一切勞劣，

補中益神，五勞七傷，羸損盜汗，心煩體重，能安神定志，勻氣脈。〔合治〕合澤瀉、藁本療風。○合當歸、芍藥、陽起石、禹餘糧，療婦人子臟風。○合南星、童便，療破傷風。〔禁〕叉頭者令人發狂，叉尾者發痼疾。〔解〕殺附子毒。

明·葉文齡《醫學統旨》卷八 防風 氣溫，味甘、辛，無毒。浮而升，陽也。行脾、胃二經及太陽本經藥。惡乾薑、藜蘆、白斂、芫花，殺附子毒，畏萆薢。實而脂潤，頭節堅者良。去蘆并叉股者不用。治諸瘋瘡瘍，頭眩痛，赤眼流淚，惡風，骨節疼痺，四肢拘攣；瀉肺實，通關脉；散頭目中滯氣，去經絡間留濕；乃風藥中潤劑。悞服瀉人上焦元氣。

明·許希周《藥性粗評》卷一 聞風就道防風，多郭子之折衝。

防風，一名銅芸，一名茴草。春初生苗，莖葉俱青綠色，葉似牡蒿，一云似青蒿而短小，高尺餘，初生嫩紫，可作茹，爽口，五月開細白花，中心攢聚作大房，似蒔蘿花，實似胡荽而大，根土黃色，與蜀葵根相類。生青、兗及淮、浙川澤，今荊湘州郡亦皆有之，以肥大脂潤，頭節堅實如蚯蚓頭者佳。二月、十月採根，暴乾。凡用去蘆及叉頭叉尾者，洗剉焙乾。殺附子毒，惡乾薑、藜蘆、白斂、芫花。餘説《本草》不載。味甘、辛，性溫，無毒。其氣上行，入手太陽小腸、太陰肺、足太陽膀胱經。主治頭面周身風邪，眩暈疼痹，骨節拘攣，胸脇煩滿，金瘡內痙，赤眼冷淚，盜汗勞劣，安神定志，開關節，勻氣脉，通利五臟。潔古云：療風通用，治三十六種風邪。又為去濕藥之使，風能勝濕故也。誤服瀉人上焦元氣。東垣云：凡瘡在胸膈已上，雖無手足太陽證亦當用之，為能散結，去上部風。病人身體拘急者，風也，諸瘡見此證者亦當用之。又防風能制黃芪，黃芪得防風其功愈烈。防風盡治一身之痛，乃卒伍之職，聽令而行，隨所引而皆至，乃風藥中之潤劑也。愚因此之謂子儀折衝威武，聞命即行者焉。又防風身去人身半已上風邪，稍去人身半已下風邪。

單方：傷風咳嗽：破傷風重者，防風、天南星等分，為末，每服二三匙，童子小便五升，煎至四升，澄滓，溫服，愈。敗血崩中：去蘆頭，不拘多少，炙赤色，為細末，每服一錢，麵糊酒調下，日三四次，愈。

明·鄭寧《藥性要略大全》卷四 防風臣 東垣云：用防風身，治人身半已上之風；稍，去身半已下風邪。能制黃芪。黃芪得防風，其功愈大；得澤瀉、藁本療風；得當歸、芍藥、陽起石、禹餘糧，療女人臟風。味甘、辛，性溫，純陽，無毒。太陽膀胱、腎經之藥。足太陰脾行經之藥。惡乾薑、藜蘆、白斂、芫花。殺附子毒。新實而脂潤者良。去叉頭叉尾者，有毒勿用。

明·賀岳《醫經大旨》卷一《本草要略》 防風 性溫而浮，去在表陽分風熱；亦療肢節拘疼。

明·陳嘉謨《本草蒙筌》卷二 防風 味甘、辛，氣溫。升也，陽也。無毒。種生沙苑，屬河南。根類蜀葵。秋後採收，曝乾入藥。殺烏頭大毒，惡藜斂芫薑。藜蘆、白斂、芫花、乾薑。擇堅實脂潤為良，去蘆頭釵股不用。係太陽本經之藥，又通行脾胃二經。職居卒伍卑賤之流，聽命即行，隨引竟至。盡治一身之痛，而為風藥中之潤劑也。治風通用，散濕亦宜。身去身半已上風邪，梢去身半已下風疾。收滯氣面頰，尤瀉肺實有餘；毆眩暈頭顱，更開目盲無見，故云除上焦風邪要藥。儻或誤服，反瀉人上焦元氣，為害豈淺淺哉！花止痛骨節間，亦治風劫；子消穀胃脘內，又調食香。葉收採煎湯，主風熱汗出。

明·方穀《本草纂要》卷一 防風 味甘、辛，氣溫，純陽，無毒。夫脾胃二經行經藥，太陽經本經藥，乃卒伍卑賤之職，隨所引而至者也。主諸風周身不遂，骨節酸疼，四肢攣急，痿痹癇痓等症。又利肺氣，潤大腸，散風寒，除濕熱，消腫毒，開鬱結，治風之通用也。何也？與芎芷上行，治頭目之風；與羌獨下行，治腰膝之風；與當歸治血風；與白朮治脾風；與芩連治熱風；與連翹治目風。雖然風症無往不行，防風盡能去之。如無引經之藥，亦不能獨行者也。又曰：風能勝濕，防風可以治濕也。辛能發散，辛散可以驅風也；甘能緩結，甘辛可以開結也；溫能利氣，大溫可以利肺氣也。防風之體質如此，治風者茍能隨機應敵，則功效無窮者矣。

明·王文潔《太乙仙製本草藥性大全》卷二《本草精義》 防風 一名銅芸，一名茴草，一名百枝，一名屏風，一名蕳根，一名百蜚。生沙苑川澤及琅琊、上蔡，今京東、淮、浙、(濟川)〔齊州〕，冀、兗、青三郡皆有之。葉似牡蒿、附子苗，根類蜀葵，秋後採收，曝乾入藥。殺烏頭大毒。惡藜蘆、白斂、芫花、乾薑。擇堅實脂潤爲良。去蘆頭、釵股不用，有毒。

東垣云：用防風身治人身半已上之風，稍去身半已下之風邪。能制黃芪，黃〔芪〕得防風其功愈大。得澤瀉、蒿本療風，得當〔歸〕、芍藥、陽起石、禹餘糧療女人臟風。

明·王文潔《太乙仙製本草藥性大全》卷二《仙製藥性》 防風臣 味

甘、辛，氣溫，純陽，升也，無毒。脾胃二經行經藥，太陽經本經藥，乃卒伍卑賤之職，隨所引而至者也。　主治：　主大風頭眩痛，惡風，風邪目盲無所見，風行周身骨節疼痹。煩滿，頭面去來，四肢攣急，字乳，金瘡，內痙，治風通用。瀉肺實，散頭目中滯氣，除上焦風邪之仙藥。誤服瀉人上焦元氣。又能去濕，諸風藥皆然，風能勝濕故也。又藥中潤劑也。　補註：　身，去身半已上風。稍，去身半已下風疾。收滯氣面頰，尤瀉肺實有餘，毆眩暈頭顱，更開目盲無見，故云除上焦風邪要藥。儻或誤服，反瀉人上焦元氣，爲害豈淺淺哉！花，止痛骨節間，亦治風效。子，消穀胃脘內，又調食香。葉，收採煎湯，主風熱汗出。得澤瀉、藁本療風，得當歸、芍藥、陽起石、禹餘糧療婦人子臟風。

明·皇甫嵩《本草發明》卷二　防風上品之下，君。氣溫，味甘、辛。純陽，無毒。升也，足陽明胃、足太陰脾行經藥，太陽經本經藥也。　發明曰：　防風氣溫而浮，治風通用。除上焦在表風邪為最，兼治下焦風濕，盡其用矣。故《本草》主大風頭眩痛，惡風，風邪目盲，脇風頭面去來，散頭目滯氣，此除上焦風邪仙藥也。風行周身，骨節疼痺，煩滿脇痛，四肢攣急，字乳金瘡，內痙，瀉肺實，可見治風通用矣。《本經》不言治濕，《心》云治濕仙藥。蓋風勝濕，濕熱生風，風濕相因，故兼治下焦風濕。久服輕身，以能去風濕故耳。〇東垣云：　黃芪制防風，其功愈大。防風乃卒伍卑賤之職，隨所引而至，乃風藥中潤劑。得澤瀉、藁本療風，得當歸、芍藥、陽起石、禹餘糧療婦人子藏風。誤服瀉人上焦元氣，可見上焦有是實風邪者方可用之。惡乾薑、藜蘆、白歛、芫花。殺附子毒。〇實面脂潤，頭節堅如蚯蚓頭者良。叉頭者令人發狂，叉尾者發痼疾，俱不可用。

明·李時珍《本草綱目》卷一三草部·山草類下　防風《本經》上品

【釋名】銅芸《本經》　回芸《吳普》　回草《別錄》　屏風《別錄》　蕳根《別錄》　百枝《別錄》　百蜚《吳普》。時珍曰：　防者，禦也。其功療風最要，故名。屏風者，防風隱語也。曰芸、曰茴、曰蕳者，其花如茴香，其氣如芸蒿、蕳蘭也。

【集解】《別錄》曰：　防風生沙苑川澤及邯鄲、琅琊、上蔡，二月、十月採根暴乾。普曰：　正月生葉細圓，青黑黃白。五月黃花。六月結實黑色。弘景曰：　郡縣無名沙苑。今第一出彭城蘭陵，即近琅琊者。鬱州百市亦有之。次出襄州、義陽縣界，亦可用。惟以實而脂潤，頭節堅如蚯蚓頭者爲好。恭曰：　今出齊州龍山最善，淄州、兗州、青州者亦佳。葉似牡蒿、附子苗等。沙苑在同州南，亦出防風，輕虛不如東道者，陶云無沙苑誤矣。頌曰：　今汴東、淮浙州郡皆有之。莖葉俱青綠色，莖深而葉淡，似青蒿而短小。春初時嫩紫紅色，江東宋、亳人採作菜茹，極爽口。五月開細白花，中心攢聚作大房，似蒔蘿花。實似胡荽子而大。根土黃色，與蜀葵根相類，二月、十月採之。關中生者，三月、六月採之，然輕虛不及齊州者良。又有石防風，出河中府，根如蒿根而黃，葉青花白，五月開花，六月採根暴乾，亦療頭風眩痛。時珍曰：　江淮所產多是石防風，生於山石之間。二月採嫩苗作菜，辛甘而香，呼爲珊瑚菜。其根粗醜，其子亦可種。吳綬云：　凡使以黃色而潤者爲佳，白者多沙條，不堪。

【氣味】甘，溫，無毒。《別錄》曰：　辛，無毒。叉頭者令人發狂，叉尾者發人痼疾。普曰：　神農、黃帝、岐伯、桐君、雷公、扁鵲：　甘，無毒。李當之：　小寒。元素曰：　味辛而甘，氣溫，氣味俱薄，浮而升，陽也。手足太陽經之本藥。好古曰：　又行足陽明、太陰二經，爲肝經氣分藥。杲曰：　防風能（致）〔制〕黃耆，黃耆得防風其功愈大，乃相畏而相使者也。之才曰：　得葱白能行周身，得澤瀉、藁本療風，得當歸、芍藥、陽起石、禹餘糧療婦人子臟風。畏萆薢，殺附子毒，惡藜蘆、白歛、乾薑、芫花。

【主治】大風，頭眩痛惡風，風邪目盲無所見，風行周身，骨節疼痛，久服輕身《本經》。煩滿脇痛，風頭面去來，四肢攣急，字乳，金瘡內（癧）〔痙〕《別錄》。治三十六般風，男子一切勞劣，補中益神，風赤眼，止冷淚及癱瘓，通利五臟關脈，五勞七傷，羸損盜汗，心煩體重，能安神定志，勻氣脈大明。治上焦風邪，瀉肺實，散頭目中滯氣，經絡中留濕，主上部見血元素。搜肝氣好古。

葉　【主治】中風熱汗出。《別錄》。頌曰：　江東一種防風，茹其嫩苗，云動風，與此文相反，豈別是一物耶？

花　【主治】四肢拘急，行履不得，經脈虛羸，骨節間痛，心腹痛甄權。

子　【主治】療風更優，調食之蘇恭。

【發明】元素曰：　防風，治風通用，身半已上風邪用身，身半已下風邪用梢，治風去濕之仙藥也，風能勝濕故爾。能瀉肺實，誤服瀉人上焦元氣。杲曰：　防風治一身盡痛，乃卒伍卑賤之職，隨所引而至，乃風藥中潤劑也。若補脾胃，非此引用不能行。凡脊痛項强，不可回顧，腰似折，項似拔者，乃手足太陽證，正當用防風。凡瘡在胸膈已上，雖無手足太陽證，亦當用之，爲能散結，去上部風。病人身體拘倦者，風也，諸瘡見此證亦須用之。錢仲陽瀉黃散中倍用防風者，乃於土中瀉木也。

【附方】舊二，新九。

自汗不止：　防風去蘆爲末，每服二錢，浮麥煎湯服。《朱氏集驗方》。

睡中盜汗：　防風二兩，芎藭一兩，人參半兩，爲末。每服三錢，臨卧飲下。《易簡方》。

消風順氣：　老人大腸秘澀。防風、枳殼麸炒一兩，甘草半兩，爲末，每食前白湯服二錢。《簡便方》。

偏正頭風：　防風、白芷等分，爲末，煉蜜丸彈子大。每嚼一丸，茶清下。《普濟方》。

破傷中風：　牙關緊急。天南星、

防風等分，爲末。每服二三匙，童子小便五升，煎至四升，分二服，即止也。《經驗後方》。小兒解顱：防風、白及、柏子仁等分，爲末。以乳汁調塗，一日一換。《養生主論》。婦人崩中：獨聖散：用防風去蘆頭，炙赤爲末。每服一錢，以麵糊酒調下，更以麵糊酒投之，此藥累經效驗。一方：加炒黑蒲黄等分。《經驗方》。解烏頭毒：附子、天雄毒。並用防風煎汁飲之。《千金方》。解芫花毒：同上。解野菌毒：同上。解諸藥毒：已死，只要心間温暖者，乃是熱物犯之，只用防風一味，擂冷水灌之。《萬氏積善堂》。

題明・薛己《本草約言》卷一《藥性本草》 防風 味甘、辛，氣溫，無毒。陽也，升也，入足太陽經。乃卒伍卑賤之職，隨所引而至之者也。開腠理，蕩肌表之風邪。瀉肺實，散頭目之滯氣。乃風藥中之潤劑也。誤服瀉人上焦元氣。《發明》云：防風氣溫而浮，治風通用，除上焦在表風邪為最，兼治下焦風濕。盡其用矣。除上焦風邪仙藥，故誤服瀉人上焦元氣，可見上焦有實風邪者方可用之。珍云：身去身半已上風邪，稍去身半已下風邪。《心》云：又去濕之仙藥也，風能勝濕爾。諸風藥皆然。〇得澤瀉、藁本，療風；得當歸、芍藥、陽起石、禹餘糧，療婦人子臟風。〇凡用，去蘆并釵股。

明・周履靖《茹草編》卷二 防風芽 卷彼防風之芽，氣味辛甘可誇。若使山家品用，賽教石鼎烹茶。 茴香即防風。二月取嫩頭，湯焯，鹽、醋和食。

明・梅得春《藥性會元》卷上 防風 味甘、辛，氣溫，無毒。浮、升，陽也。殺附子毒，惡乾薑、藜蘆、白斂、芫花。行足太陰脾經、足陽明胃經藥、足太陽膀胱本經藥。主治肺氣，能瀉肺餘。以體用通療諸風，祛諸惡風，仍蠲腦痛，明目，止汗，療崩。頭眩、頭痛及風邪，目盲無所見；風行周身，骨節疼痹，煩滿脇痛；頭面來去遊風，四肢攣急，字乳金瘡，內痙瘡瘍，赤眼流淚。去經絡中留熱，治一身盡痛。聽君將令而行，隨所使而至。得澤瀉、藁本，療風；得當歸、芍藥、陽起石、禹餘糧，療婦人子臟風。乃風藥中之潤劑。多服令人表虛。 凡使去蘆，堅實者佳。

明・杜文燮《藥鑒》卷二 防風 氣溫，味甘、辛，無毒。氣味俱薄，升也，陽也。行周身骨節疼痛之要藥也。以氣味能瀉氣，以體用能療風，何者？蓋此劑氣溫而浮，故能去在表風熱，亦能療肢節拘疼。治風通用，散濕亦宜。能驅眩暈頭顱，更開目盲無見。續命湯用之以除口眼歪斜，通聖散用之以去周身濕熱。與條芩同用，能解大腸之風熱。與杏仁同用，能散肺經之風邪。佐甘菊善清頭目之風熱，臣羌活善解巨陽之風寒。昔王太后風病不言而脉沉，其事甚急。若以有形之湯藥與服，緩不及事。令以防風、黄芪煎湯薰蒸，如霧滿室，則口鼻俱受其無形之氣，疾斯愈矣。何也？蓋人之口通乎地，鼻通乎天，口以養陰，鼻以養陽。天主清，故鼻不受有形而受無形為多，地主濁，故口受有形而兼乎無形。

明・李中立《本草原始》卷一 防風 始生沙苑川澤，及邯鄲、琅琊、上蔡，今京東、淮浙皆有之。莖葉俱青綠色，莖深而葉淡，似青蒿而短小。五月開細白花，中心攢聚作大房，似茴香花，其氣如芸蒿。故《本經》一名銅芸。《別錄》名茴草。吳普名茴芸。實似胡荽子而大，根土黄色，與蜀葵根相類。防，禦也。此藥身去身半已上風邪，稍去身半已下風邪，迺禦諸風要藥，因名防風，又一名屏風。 氣味：甘，辛，溫，無毒。主治：大風，頭眩痛惡風，風邪目盲無所見，風行周身，骨節疼痛，久服輕身。〇煩滿脇痛，風頭面去來，四肢攣急，字乳金瘡內痙。〇治三十六般風，男子一切勞劣，補中益神，風赤眼，止冷淚及癱瘓，通利五臟關脉，五勞七傷，羸損盜汗，心煩體重，能安神定志，勻氣脉。〇治上焦風邪，瀉肺實，散頭目中滯氣，經絡中留濕，主上部見血。〇搜肝氣。

防風，《本經》上品。【圖略】皮淡黄色，肉有心，色深，堅實溫潤。今出齊州龍山最善，淄州、兗州、青州者亦佳，俗呼東防風。關中出者輕虛，不及齊州者良。 石防風生于山石之間，根如蒿根而黄，粗醜多歧，亦療頭風眩痛。山防風形。【圖略】今江淮河中諸山有之，俗呼山防風。 修治：防風選東道肥潤者，去蘆，細剉任用。

防風：氣味俱薄，浮而升，陽也。手足太陽經之本藥，又行足陽明、太陰二經。為肝經氣分藥。 防風能制黄耆，黄耆得防風，其功愈大，乃相畏而相使者也。得蔥白能行周身，得澤瀉、藁本療風。得當歸、芍藥、陽起石、禹餘糧，療婦人子臟風。畏萆薢，殺附子毒，惡藜蘆、白斂、乾薑、芫花。《經驗後方》：治破傷風，防風、天南星等分為末，每服二三匙，童子小便五升，煎至四升，二服即止。防風：臣。

明・張懋辰《本草便》卷一 防風臣 味甘、辛，氣溫，純陽，無毒。脾胃二經行經藥，太陽經本經藥。乃卒伍卑賤之職，隨所引而至者也。惡乾薑、藜

蘆、白斂、芫花，殺附子毒。治風通用，瀉肺實，散頭目中滯氣，除上焦風邪之仙藥。誤服瀉人上焦元氣。又能去濕，諸風藥皆然，風能勝濕故也。又藥中潤劑也。身去身半已上風，梢去身半已下風。

明・李中梓《藥性解》卷二 防風 味辛、甘，性溫，無毒，入肺經。瀉肺金，療諸風，開結氣，理目痛。惡乾薑、藜蘆、白斂、芫花，解附子毒。按：防風辛走肺，為升陽之劑，故通療諸風。氣之結者，肺之疾也。目之痛者，風之患也，宜並主之。東垣云：卑賤之卒，聽令而行，隨所引而至，乃風藥中潤劑也，能瀉上焦，元氣虛者不得概用，今人類犯此弊。

明・繆希雍《本草經疏》卷七 防風 味甘、辛，溫，無毒。主大風，頭眩痛，惡風風邪，目盲無所見，風行周身，骨節疼痹，煩滿，脇痛，脇風，頭面去來，四肢攣急，字乳金瘡內痙。久服輕身。葉：主中風熱汗出。

【疏】防風稟天地之陽氣以生，故味甘溫。《別錄》兼辛而無毒。氣厚味薄，升也，陽也。入手陽明、足少陽厥陰。風藥也，治風通用，升發而能散，故主大風，頭眩痛，惡風風邪，周身骨節疼痹，脇痛脇風，頭面去來，四肢攣急，(下)〔字〕乳金瘡因傷於風內痙。其云主目無所見者，因中風邪，故不見也。煩滿者，亦風邪客於胸中，故煩滿也。風寒濕三者，合而成痹。祛風燥濕，故主痹也。發散之藥，焉可久服？其曰輕身，亦濕去耳。《別錄》云：叉頭者，令人發狂，叉尾者，發痼疾。子似胡荽而大，調食用之香，而療風更優也。【主治參互】防風同黃耆、芍藥，則能實表止汗。同荊芥穗、白芷、生地黃、地榆、黃耆，治破傷風，有神。同甘草、桔梗、紫蘇、桑根白皮、杏仁、細辛，解利傷風。去紫蘇，換薄荷，加石膏，兼除風熱。用麻黃易紫蘇，治風寒鬱於腠理，皮膚緻密無汗。入羌活湯，兼除太陽經傷風寒頭痛。亦入治風痹藥用。若入治大風厲風藥中，須加殺蟲藥，活血藥乃可，不宜純用風藥也。【簡誤】南方中風，產後血虛發痙，俗名角弓反張。諸病血虛痙急，頭痛不因於風寒，溏泄不因於寒濕，二便秘澀，小兒脾虛發搐，慢驚，慢脾風，氣升作嘔，火升發嗽，陰虛盜汗，陽虛自汗等病，法所同忌。犯之者增劇。

明・倪朱謨《本草彙言》卷一 防風 味辛、甘，氣溫，無毒。氣味俱薄，浮而升，陽也。手足太陽二經本藥。又行足陽明、太陰二經，爲肝經氣分藥也。李時珍曰：防者，禦也，其功禦風最捷，故名。曰芸，曰茴，曰蔄根者，其花如茴香，其氣如芸蒿。蔄，蘭也。今出彭城蘭陵、琅琊、鬱川百市者佳。蘇氏言：出齊州龍山最善。淄州、兗州、青州者亦佳。二月生芽，紅紫色，作茹柔嫩爽口。三月莖葉轉青，莖深葉淡，似青蒿而短小。五月開花似蒔蘿花，細小而白，攢簇作房，似胡荽子而稍大。九月採根，似葵根而黃色。又江淮間一種石防風，生山石間。二月採嫩苗作茹，辛甘而香，呼爲珊瑚菜。長大葉青，花白，其根粗醜，似蒿根。其子亦可種。修治：去叉頭、叉尾及枯黑者。叉頭食之令人發狂，叉尾令人發痼疾也。〇又關中生者，三月六月採之，然輕虛不及齊州者良，以療頭風脹痛如神。

防風：張元素散風寒濕痹之藥也。莫士行稿故主諸風週身不遂，骨節疼疼，四肢攣急，痿躄癇痙等證。又傷寒初病太陽經，頭痛發熱，身疼無汗，或傷風咳嗽，鼻塞咽乾；或痘瘖將出，根點未透，用防風辛溫輕散，潤澤不燥，能發邪從毛竅出。故外科癰瘍腫毒，瘡痍風癩諸證，亦必需也。爲卒伍之職，隨引而效。如無引經之藥，亦不能獨奏其功。故與芎、芷上行，治頭目之風；與羌、獨下行，治腰膝之風；與當歸治血風，與白朮治脾風，與蘇、麻治寒風，與芩、連治熱風，與荊、柏治腸風，與乳、桂治痛風，及大人中風，小兒驚風，防風盡能去之。若入大風、厲風藥中，須加殺蟲活血藥乃可。至如產後血虛發痙，角弓反張，血虛痿躄者，頭痛不因于風寒寒濕者，及陰虛盜汗、陽虛自汗者，諸證法宜禁用。

盧不遠先生曰：四大中風力最勝，執持世界，罅無不入。設人身腠理疏泄，則生氣有所不衛，風斯入焉。又云：身本四大合成，以動搖爲風，則凡身中宜動處不動，即是風大不及；宜動處太動，即是風大太過。防風，黃中通理，甘溫辛發，濡潤和暢，勻而平之，斯無過不及。

治半身不遂。用防風、秦艽、天麻、羌活、白芷、當歸、白朮。〇治五癇痰厥，發則仆地，或作畜聲，口唾涎沫。用防風、半夏、膽星、天麻、人參、耆、朮。〇治太陽傷風寒頭痛。用防風、羌活、生薑、紫蘇。〇治痘疹出而未透。用防風、荊芥、羌活、牛蒡子、桔梗、蟬蛻、甘草。〇治癰疽腫毒。用防風同解毒散。〇治表虛自汗。用防風、黃耆、白芍藥。〇解利肺經傷風。用防風、甘草、桔梗、紫蘇、桑白皮、杏仁，加薄荷、石膏，兼除風熱。

續補集方：《經驗方》治婦人血崩。用防風、蒲黃炒，各等分爲末，每服三錢。白湯調下，累試有驗。〇治瘖疹不透發。用防風五錢，西河柳一兩，

水煎代茶飲，瘖毒立時發出。〇治久病泄瀉不止。用防風五錢，酒洗炒，於白朮四錢，土拌炒，骨碎三錢，酒洗炒，加黑棗五個，生薑三片，水煎服。〇治男人便血久不止。用防風、升麻各二錢，黃耆、白朮、熟地各三錢，炮薑四錢，水煎服。

明·姚可成《食物本草》卷一七草部·山草類　防風汴東、淮浙州郡皆有之。莖葉俱青綠色，莖深而葉淡，似青蒿而短小。春初時嫩紫紅色。江東、宋、亳人采作菜茹，極爽口。〇李時珍曰：防風生於山石之間。二月采嫩苗作菜，辛甘而香，呼為珊瑚菜。

防風，味甘，溫，無毒。主大風頭眩痛，惡風風邪，目盲無所見，風行周身，骨節疼痛，久服輕身。煩滿脇痛，風頭面去來，四肢攣急，字乳金瘡內痙。治三十六般風，男子一切勞劣，補中益神，風赤眼，止冷淚及癱瘓，通利五臟關脉，五勞七傷，羸損盜汗，心煩體重，能安神定志，勻氣脉。治上焦風邪，瀉肺實，散頭目中滯氣，經絡中留溼。

葉　治中風熱汗出。

花　主四肢拘急，行履不得，經脉虛羸，骨節間痛，心腹痛。

子　主療風更優，調食之。

附方：治自汗津津，流之不已。防風為末，浮麥湯下二錢。　治偏正頭風作痛。防風、白芷等分為末，煉蜜丸彈子大，每嚼一丸，茶清下。　治婦人崩中。獨聖散：用防風去蘆頭，炙赤為末，每服一錢，以麫糊，酒調下，更以麫糊酒投之。此藥累經效驗，不可泛常視之。

明·顧逢柏《分部本草妙用》卷六兼經部·溫瀉　防風　辛、甘，溫，無毒。手足太陽經本藥，又行足陽明、太陰二經，為肝經氣分藥。畏萆薢，惡藜蘆、白斂、薑、芫花。殺附子毒。色黃潤者佳。　主治：大風頭眩，治三十六般風。赤眼冷淚，癱瘓，通利關脉，上焦風邪，瀉肺留濕，上部見血，搜肝風。　按：元素為治風通用。上半身風邪用身，下半身風濕用稍，治風去濕之仙藥也。風勝濕，故能瀉肺實也。誤服則瀉上焦元氣。東垣以卑賤之職，隨所引而至，風藥中潤劑也。凡脊痛項強及太陽症，當用防風。病在胸膈已上，雖無手足太陽症，皆當用之，為能散結，去上部風。錢仲陽瀉黃散倍用防風，乃于土中瀉木也。

明·黃承昊《折肱漫録》卷七　《本草》言防風能瀉肺實，悞服瀉上焦元氣，及後列方則又云：自汗不止以防風二錢，用浮麥湯調服。又云：治盜汗以防風二兩，芎藭二兩，人參半兩，末服。夫既稱瀉肺實，則其性發散矣。而又欲以止汗，豈不自相矛盾耶？予曾冒風而病，以體素弱，用六君子湯加防風、桔梗服之，頓覺疎散欲汗，一時勞倦，以參、朮與防風同用，尚不禁其疎散。若服前二方，以止汗是愈洩其汗矣。誰敢嘗試乎傷風？

明·李中梓《醫宗必讀·本草徵要上》　防風味甘、辛，溫，無毒。入肺、小腸、膀胱三經。畏萆薢，惡乾薑、芫花，殺附子毒。色白而潤者佳。　大風，惡風，風邪周痹，頭面游風，眼赤多淚。能防禦外風，故名防風，乃風藥中潤劑也。卑賤之卒，隨所引而至，瘡科多用之，為其風濕交攻耳。按：防風瀉肺實，肺虛有汗者勿犯。

明·鄭二陽《仁壽堂藥鏡》卷一〇上　防風　《圖經》云：防風生沙苑，今淮、浙州郡有之。　純陽。性溫，味甘、辛，無毒。　足陽明胃經、足太陰脾經。乃二經之行經藥，太陽經本經藥。　《本草》云：主大風頭眩痛，惡風，風邪，目盲無所見。風行周身，骨節疼痹，煩滿，脇痛脇風，頭面遊風去來，四肢攣急，字乳、金瘡內痙。去蘆并釵股用。　潔古云：療風通用。瀉肺實如神。散頭目中滯氣，除上焦風邪。又為去濕藥之使，風能勝濕故也。誤服瀉人上焦元氣。　東垣云：防風辛、溫，氣味俱薄，浮而升，陽也。凡瘡在胸膈已上，雖無手足太陰症，亦當用之。為能散結、去上部風。病人身體拘急者，風也。諸瘡見此症者，亦須用之。若脊痛項強、不可回顧，腰似折，項似拔者，乃手足太陽症，正當用之。又云：防風能制黃芪，黃芪得防風，其功愈大。又云：防風盡治一身之痛，乃卒伍卑賤之職，聽令而行，隨所引而至，乃風藥中之潤劑也。雖與黃芪相制，乃相畏相使者也。又云：防風，身去人身半已上風邪，梢去人身半已下風邪。主治諸風。　丹溪云：人之口通乎地，鼻通乎天。口以養陰，鼻以養陽。天主清，故鼻不受有形而受無形為多；地主濁，故口受有形而兼乎無形。昔王太后病風，不能言而脉沉，其事急，若以有形之湯藥則緩不急事，乃造防風黃芪湯數斛，置於床下，氣如烟霧，使口鼻皆受。其夕便得語。藥力薰蒸，其效如此，善醫者宜取法焉。　《本草》又云：得澤瀉、藁本，療風；得當歸、芍藥、陽起石、禹餘糧，療婦人子臟風。殺附子毒。惡乾薑、藜蘆、白斂、芫花。　日華子云：治三十六般風，男子一切勞。

明·蔣儀《藥鏡》卷一温部　防風　瀉肺邪而升胃氣，療風濕而理目疼。

同甘草、麻黄治風寒未曾發汗，伴黄耆、芍藥能實表而止汗流。潤大腸也，更定眩運之頭顱。開鬱結也，亦療酸疼之肢節。續命湯用除口眼歪斜，通聖散用去周身濕熱。若夫風在血分，則與當歸。風在氣分，則與白朮。

明・李中梓《頤生微論》卷三　防風　味辛、甘，性溫，無毒。入肺經。畏萆薢，惡藜蘆、白斂、乾薑、芫花，殺附子毒。堅實而潤者佳。瀉肺散風，赤眼冷淚，通利關脉，頭眩，頭面遊風。　按：防風能禦風邪，故名，乃風藥中潤劑也。卑賤之卒，隨所引而至，為去風去濕之仙藥。肺虛者勿服之。

明・張景岳《景岳全書》卷四八《本草正》　防風　味甘、辛，氣溫，升也，陽也。用此者，用其氣平散風。雖膀胱、脾胃、經藥，然隨諸經之藥，各經皆至。氣味俱輕，故散風邪，治一身之痛，療風眼，止冷淚。風能勝濕，故亦去濕，除遍體濕瘡。若隨實表補氣諸藥，亦能收汗，升舉陽氣，止腸風下血崩漏。然此風藥中之潤劑，亦能走散上焦元氣，誤服久服，反能傷人。

明・賈九如《藥品化義》卷一一風藥　防風　屬陽，體輕微潤，色黄，氣和，味甘微辛，性微溫，能升能降，力疏肝，性氣與味俱薄，入肺脾肝膀胱四經。　防風氣味俱薄，善升浮走表，卑賤之品，隨所引而至，為風藥之使。若多用主散，治在表陽分風邪，清頭目滯氣，療脊痛項強，解肌表風熱，以其辛甘發散之力也。若少用主利竅，治周身骨節疼痛，四肢攣急，經絡鬱熱，及中風半身不遂，血脉壅滯，以其透利關節之功也。又取其風能勝濕，如頭重目眩，骨痛腰酸，腿膝發腫，及脾濕泄瀉，濕熱生瘡，一切風濕症，為風藥中之燥劑也。同白芷入活命飲，治諸毒熱癰，亦能散邪逐毒。用蜜煮防風同黄芪治痘瘡發癢，用酒洗防風合白芍又發痘瘡不起，因善疏肝氣之故。　川東產，取粗大堅實内金井玉欄澤潤者佳。南產色白者不可用。

明・盧之頤《本草乘雅半偈》帙二　防風《本經》上品　氣味：甘，溫，無毒。　主治：主大風，頭眩痛惡風，風邪目盲無所見，風行周身，骨節疼痹，煩滿。久服輕身。

覈曰：出齊州龍山者最勝，青、兖、淄州者亦佳。二月生芽，紅紫色，作茹柔嫩爽口。三月莖葉轉青，莖深葉淡，似青蒿而短小。五月開花，似蒔蘿花而色白，攢簇作房，似胡荽子而稍大。九月采根，似葵根而黄色。一種石防風，生山石間，葉青花白，根似蒿根而粗醜。修治：去叉頭叉尾及枯黑者。叉頭令人發狂，叉尾發人痼疾也。制黄耆。畏萆薢。殺附子毒。惡藜蘆、白斂、乾薑、芫花。得葱白，能行周身；得澤瀉、藁本，能療風；得當歸、芍藥、陽起石、禹餘糧，療婦人子藏風。

先人云：四大中風力最勝，執持世界，罅無不入。設人身腠理疎泄，則生氣有所不衛，風斯入焉。故欲防禦障蔽者，匪通天之生氣勿克也。防風黄中通理，鼓水穀之精，以防賊風之來，命名者以此。又云：身本四大合成，以動搖為風，則凡身中宜動處不動，即是風大不及，宜動處太動，即是風大太過。防風甘溫辛發，中通濡潤，匀而平之。無過不及，此防風功用。又云：衛我用我，匀氣以芳。

參曰：動搖飄拉，風木之本性也。土失留礙，致風木變眚，亦有風木變眚，致土失留礙者。如風在頭則掉眩，在目則瞀盲，在骨節則疼煩。而疼煩、瞀盲、掉眩，政風木動搖飄拉之性耳。風行周身，亦善行數變之用也。臭味甘芳，黄中通理，敦九土之精，以防八風之侮。彼以巽入，我以艮止，在土轉而為吐生，在木不得不轉為戴土而出矣。功能敦土德用，以防風木之相乘，設風木已乘土大，寧不戴負地土而出，然則驅風木之外侮，即所以行土大之德用，以土大失體與用，乃致風木之相乘耳。《釋名》云：土者，吐也，能吐生萬物也。木者，戴也，戴土而出也。《生氣通天論》指衛氣曰生氣，又喻衛氣曰陽氣，若天與日，失其所，則折壽而不彰，此壽命之本也。　防風質黄，具中土之色。甘溫，專中土之味。蓋土德惟馨，芳香充達，拒諸邪臭，故頭目身首有風，尚未入藏者，能從中拒撤之。若防己，則苦辛主泄，治證亦不相同。防風如任德以禦外侮之寇，防己如借權以清君側之奸。然因名思義，其曰防己，固為可以自衛，亦并此本身是應防之物。蓋治世之能臣，亂世之奸雄也。故《本經》一入上品，一入中品。　惟得土升陽之氣，能化土重滯之形，風大持土，視大地如鴻毛，身輕以此。

明・李中梓《本草通玄》卷上　防風　辛、甘，微溫，入肺與膀胱。主上焦風邪，瀉肺實，大風頭眩，周身痺痛，四肢攣急，風眼冷淚，兼能去濕。東垣云：防風治一身痛，乃卑賤之職，隨所引而至，風藥中潤劑也。防風能制黄芪，黄芪得防風其功愈大，乃相畏而相使者也。治上焦風，用其身；治下焦風，用其稍。本主治風，又能治濕者，風能勝濕也。

清・顧元交《本草彙箋》卷一　防風　升浮走表，爲風藥之使。凡病脊痛項強，一身盡痛，乃手足太陽證，正當用防風。唯瘡家在胸膈以上者，雖無手足太陽證，亦當用之。凡風藥俱燥，而防風體輕微潤，故虛人亦不妨用也。若與黄芪、芍藥同用，則又能實表止汗，瀉黄散中倍用之，亦土中瀉木之義。

先正云：防風能祛肝家氣分之風，白蒺藜能祛肝家血分之風。叉頭者令人發狂，叉尾者發痼疾，乃宜簡驗。子似胡荽而大，調食用之香，而療風更優。

清・穆石匏《本草洞詮》卷八　防風　防者，禦也。其功療風，故名。氣味甘溫，一云小寒，無毒。手足太陽經本藥，兼行足陽明、太陰二經。治三十六般風。風能勝濕，為治風去濕之仙藥也。凡脊痛項強，不可回顧，腰似折，項似拔者，乃手足太陽證，正當用防風。凡瘡在胸膈已上，雖無太陽證，亦當用之。人身拘倦者，風也，諸瘡見此證亦須用之。若誤服，亦瀉上焦元氣。

清・劉雲密《本草述》卷七下　防風　出齊州龍山者最勝，青州、兗州、淄州者亦佳。二月生芽，紅紫色，作茹柔嫩爽口。三月莖葉轉青，莖深葉淡，似青蒿而短小，五月開細花，似蒔蘿花而色白，攢簇作大房，實似胡荽子而稍大，九月采根，似蜀葵根而黃色。按：防風不用根，云采根者通身而采也，采於秋後，其屬金之用可知。

氣味：甘，溫，無毒。《別錄》曰：辛，無毒。普曰：神農、黃帝、岐伯、桐君、雷公、扁鵲：甘，無毒。潔古曰：味辛而甘，氣溫，氣味俱薄，浮而升，陽也，手足太陽經之本藥。好古曰：又行足陽明、太陰二經，為肝經氣分藥。愚按：潔古云為手足太陽經之本藥，而海藏又曰行足陽明、太陰二經，乃潔古更首言治上焦風邪，瀉肺實，其義可得合而為一歟。曰：肺統氣者也，氣者，水火之所合化也，氣所合化之經，手足太陽是也。至於行足陽明、太陰二經者，即以《內經》所說傷肺之義參之。《經》曰：夫傷肺者，脾氣不守，胃氣不清，經氣不為使，真藏壞決，經脈傍絕，五藏漏泄，不衄則嘔。即此《本經》數語，可以明於合一，且了然於主上焦見血之義矣。蓋《本經》所云經氣經脈者，正指此也。

主治：上焦風邪，瀉肺實潔古。大風頭眩痛，惡風，風邪目瞀盲，并風行周身，骨節疼痛《本經》。煩滿脇痛，風頭面去來，四肢攣急《別錄》。搜肝氣海藏。通利關脈日華子。散經絡中留溼，頭目中滯氣，上部見血潔古。潔古曰：防風治風通用，身半已上用身，身半以下用梢，治風去溼之仙藥也。風能勝溼，故爾。東垣曰：防風治一身盡痛，乃卒伍卑賤之職，隨所引而至，乃風藥中潤劑也。若補脾胃，非此引用不能行，凡脊痛項強，不可回顧，腰似折，項似拔者，乃手足太陽證，正當用防風。凡瘡在胸膈已上，雖無手足太陽證，亦當用之。為能散結去上部風，病人身體拘倦者，風也。諸瘡見此證，亦須用之。錢仲陽瀉黃散中倍用防風者，乃於土中瀉木也。嵩曰：防風氣溫而浮，治風通用，除上焦在表風邪為最，兼治下焦風溼，盡其用矣。希雍曰：防風稟天地之陽氣以生，故味甘溫。《別錄》兼辛而無毒，氣厚味薄，升也，陽也。治風通用，升發而能散。防風同黃芪、芍藥，則能實表止汗。同荊芥穗、白芷、生地黃、地榆、黃芪，治破傷風有神。同甘草、桔梗、紫蘇、桑根白皮、杏仁、細辛，解利傷風。去紫蘇換薄荷，加石膏，兼除風熱。用麻黃易紫蘇，治風寒鬱於腠理，皮膚緻密無汗。入羌活湯兼除太陽經傷風寒頭痛。亦入治風痹藥用，若入治大風厲風藥中，須加殺蟲藥、活血藥乃可，不宜純用風藥也。

愚按：防風辛甘，且先辛而後甘，辛又勝於甘，謂其除上焦風邪，瀉肺實者，亦確論也。其何以為手足太陽本經之藥？蓋風木即繼寒水之後，《經》曰：衛出於下焦，本陰中之陽氣，以際於極上，而肺統之，此所謂風升之氣，即元氣也。故主肺表風劑，又豈得不本於首出之根蒂哉？至手太陽，固同此元氣為治耳。其行足陽明、太陰經藥，亦緣升陽之劑，即所以達中土之氣。東垣所謂風升之氣、元氣、胃氣，當作一體而論。又言若補脾胃，非此引用不行者是也。風升之氣，即先專至於中土，以致其用，故曰補脾胃，非此引用不行。此正錢仲陽瀉黃散中倍用防風，為於土中瀉木之義。蓋風木固藉土以為用，而即能使土木不相侵者，唯此味獨擅其長也。唯其由肺以合於脾胃，故能通利五臟關脈，散經絡中留溼。夫胃固行氣於三陰三陽，而脾又為胃行之者也。之頤曰：氣味皆屬風升，又為肝經氣分藥，而肝實主經絡，故風行周身，本於善行數變，而此亦隨其所行，以為治也。雖然風藥中如防風、羌活，通行經絡，在潔古俱謂其氣味俱薄，浮而升陽也。然有不能不少為區別者，則以羌活味辛苦，且苦多而辛少，防風味辛甘，且辛多而甘少，此所謂本乎地者親下，又謂非苦無以至地也。所謂本乎天者親上，又謂非辛無以至天也。是即通行經絡，而微有區別存乎其間耳。苐防風謂手足太陽本經藥，而羌活為手足行經風藥，二味固相須為用也。然謂其親上能瀉上焦肺實者，云何？蓋足太陽與手太陽固相表裏，但一水一火攸分。羌活則達其氣於水中，散其陰之結也。防風則暢其氣於火中，散其陽之結也。唯為散其陽之結，故謂其除上焦風邪。而潔古謂其能瀉肺實也，肺實即陽結，所謂肺陽盛而肺陰虛是也。風邪而云陽結者，風屬陽，陽不得陰以化，故曰陽

結。又曰肺實，第四時之風，因於四時之氣，則又因其氣以為治也。唯類中風之證，止從陽不得陰以化，更不得陰以守之治法耳。更須知治諸風，曰陽實陰虛，是即風邪化溼，以病於血，如後所云，故曰虛非如類中之證，為病於真陰之大虛也。蓋足太陽為元氣所自始，手太陽為元氣所自生，如肺陽盛陰虛，則病於元氣之所生不小，故不得與元氣之所始者同論也。如以二味概為風劑，不一精察，則方書治傷燥，如滋燥養榮湯，何以用防風同於益陰諸味，其治傷溼如敗毒散，則用羌獨活同於柴、枳、芎、苓輩，而絕無血藥，與防風之治燥者懸殊也。蓋羌活非不除風，然其所治之風，是溼化風，本於陰也。防風非不行溼，然其所治之溼，是風化溼，本於陽也。但二經原表裏以相須，而風溼亦相因以為病。故羌活散溼以化風，然時與防風合而奏散風之功。防風祛風以行溼，然時與羌活協而為除溼之助。所以用之多概以為風劑耳。苐人身陰陽之機固合，而實有分，更以分而成其合，如乎足太陽其一也。或曰潔古云防風除溼，以風能勝之。若然，是徒取其風燥溼之義乎？未審果於治義得當否？曰：其義固然。苐未有悉此義，令其明暢也。蓋病於風，則元氣即因之以病矣。元氣病，而元陰亦因之以病矣。人身血之為病，類先病於元氣以及元陰，是即風化溼之證也。如《本經》首主大風頭眩痛，惡風風邪，目盲無所見等證，是非風化溼之證歟？特鹵莽者不及研究至此爾。如日華子通利五臟關脈，并潔古散經絡中留滯二義，不與《本經》主治相為發明歟？即東垣所云能於土中瀉木，亦謂風木之邪不化，便侮其所勝，故曰病於土中之木，能如上治義，是風邪自化，而土木各正其所司之位，以效其用，又何有侮其所勝之為患乎？更如潔古主治上部見血，亦可以前義推求之。蓋風木之臟主血，而人身中經脈經氣在風木之臟，所司為要，風木為化陰之地，而風淫還以蝕陰。風木何以為化陰之地？蓋因陽原出於陰中，風木能引陽以升，而陰即隨之，以歸天氣也。故《經》曰一陰為獨使。苐止言上部者，以血原於水，而化於火，所謂心主血者是矣。統繹前義，大都王海藏搜肝氣一語，最為扼要。而日華子謂治男子一切勞劣，補中益神，且於通利五臟關脈，云有裨於五勞七傷羸損，更當研繹。如是，乃能用此味以奏厥績，不致誤投而損人元氣，且免瞶瞶只以散風邪為言矣。

附方　破傷中風，牙關緊急，天南星、防風等分，為末，每服二三匙，童子小便五升，煎至四升，分二服，即止也。婦人崩中，獨聖散用防風，去蘆頭，炙赤，為末，每服一錢，以麪糊酒調下，更以麪糊酒投之。此藥累經效驗。一方加炒黑蒲黃等分。希雍曰：南方中風，產後血虛發痙，俗名角弓反張諸病，血虛痙急，頭痛不因於風寒，溏泄不因於寒溼，二便閉澀，小兒脾虛，發搐慢驚，慢脾風，氣升作嘔，火升發嗽，陰虛盜汗，陽虛自汗等病，法並忌，犯之增劇。

修治　實而潤，頭節堅者良。去蘆并叉頭叉尾及形彎者，令人吐，勿用。

清・郭章宜《本草匯》卷九　防風　味甘、辛，溫，氣味俱薄，浮而升，陽也。手足太陽經本藥，又行足陽明、太陰二經，為肝經氣分藥。主上焦之風熱，搜肝順氣。理周身之痺痛，四體攣急。清頭目中滯氣，散經絡中留濕。開腠理，蕩肌表之風邪。瀉肺實，止眼赤之冷淚。外斂營衛風邪，以代桂枝解表退熱。內托癰疽熱毒，而使黃耆通經消腫。治風熱之汗出，葉之功也。療經脉間骨痛，花之効歟。《本經》主煩滿，目無所見者，皆風邪客于中也。風中于內，故目無見，散則自清矣。

按：防風治風通用，以其能防禦外風，故名防風。身半已上風邪用身，身半已下風邪用梢。治上風去下濕之仙藥也。專能散結，必上有實熱者方可用。雖云去上部風，若肺虛有汗者，不可服。誤服瀉上焦元氣。乃卒伍卑賤之職，隨所引而至，為風藥中潤劑也。凡脊項強痛，不可回顧，腰似折，項似拔者，乃手足太陽症，正當用之。凡瘡在胸膈已上，雖無手足太陽症，亦當用之。人體拘倦者，風也，亦須用之。錢仲陽瀉黃散中倍用防風者，乃于土中瀉木也。瘡科多用，為其風濕交攻也。南方中風血虛發痙，即角弓反張。脾虛氣升，陰虛盜汗，陽虛自汗，溏泄不因寒濕等症，法所同忌。得葱白能行周身，得澤瀉、藁本療風，得當歸、芍藥、陽起石、禹餘糧療婦人子臟風。同黃耆、芍藥能實表止汗。用麻黃易紫蘇，治風寒鬱于腠理，皮膚緻密無汗。

畏萆薢。殺附子毒。惡藜蘆、白斂、乾薑、芫花。黃色而潤者為佳，叉頭者發狂，叉尾者發痼疾，禁之。

清・蔣居祉《本草擇要綱目・寒性藥品》　防風　氣味：甘，溫，無毒。浮而升，陽也。入手足太陽經，又行足陽明、太陰二經，為肝經氣分之藥。主治：療風通用，瀉肺實如神。散頭目中滯氣，除上焦風邪。雖其分乃卒伍卑賤之職，然隨所引而無不至。若補脾胃，非此導用不能行。凡脊痛項強

不可回顧，腰似折，項似拔者，乃手足太陽症，非此不能散。凡瘡在胸膈以上，雖無手足太陽症，而風結上部，非此不能宣。瀉黄散中倍用防風者，乃于土中瀉木也。得葱白能行周身，得澤瀉、藁本療風，得當歸、芍藥療婦人子臟風。 惡：藜蘆、乾薑。畏：萆薢。殺附子毒。

清・王翃《握靈本草》卷二 防風今淮浙皆有之。實而脂潤者佳。 主治：防風，甘，温，無毒。主大風頭眩痛，惡風，周身骨節疼痛。

清・汪昂《本草備要》卷一 防風宣，發表，去風，勝濕。 辛、甘，微温，升浮爲陽。搜肝瀉肺，散頭目滯氣，經絡留濕。主上部見血，用之爲使，亦能治崩。上焦風邪，頭痛目眩，脊痛項强，周身盡痛，太陽經症，膀胱。徐之才曰：得葱白，能行周身。又行脾胃二經，爲去風勝濕之要藥。凡風藥皆能勝濕。東垣曰：卒伍卑賤之職，隨所引而至，乃風藥中潤劑。若補脾胃，非此引用不能行。散目赤、瘡瘍。若血虚痙急，頭痛不因風寒，内傷頭痛。泄瀉不因寒濕，火升發嗽，陰虚盜汗，陽虚自汗者幷禁用。同黄耆、芍藥，又能實表止汗；合黄耆、白朮，名玉屏風散，固表聖藥。黄耆得防風而功益大，取其相畏而相使也。 黄潤者良。上部用身，下部用梢。畏萆薢，惡乾薑、白斂、芫花，殺附子毒。

清・吴楚《寶命真詮》卷三 防風 【略】肺虚有汗者勿犯。〇能防禦外風，故名防風。乃風藥中潤劑也。卑賤之職，隨所引而至。

清・陳士鐸《本草新編》卷三 防風 味甘、辛，氣温，升也，陽也，無毒。係太陽本經之藥，又通行脾、胃二經。古人曾分上、中、下以療病，其實，治風則一。蓋隨所用而聽令，從各引經之藥，無所不達，治一身之痛，療半身之風，散上下之濕，祛陰陽之火，皆能取效。但散而不收，攻而不補，可暫時少用以成功，而不可經年頻用以助虚耳。

或問：通聖散，專恃防風以散風邪，可常用乎？曰：此方暫服尚不可，烏可常用哉。蓋防風散人真氣，即以之散風邪，亦未可專恃也。

或問：防風得黄芪，則不散邪而輔正，是防風亦可補之物，先生何謂攻而不補乎？夫黄芪得防風，而其功更大，未聞防風得黄芪，而其功更神，然則防風仍是攻而不補，非攻而亦補之物也。

近人皆以防風為散風神藥，毋論外感與非外感俱用之，乃服而不效〔也〕。或疑所用之不多也，更加分兩，以致散盡真氣，不可哂乎？殊不知防風宜于無風之時，同黄芪用之，可以杜風邪之不入于皮毛，非風邪已入而可用之物也。古人名一物，必有深意，顧名而可悟矣。

清・顧靖遠《顧氏醫鏡》卷七 防風辛甘，温。入膀胱、小腸、肝、膽、脾、胃六經。色白而潤者佳。 通治諸風，三十六般風皆用。兼能去濕。能去經絡中留濕，以風能勝濕也，故瘡科多用之。療周身骨節之疼，邪散痛自止。去頭目四肢之疾。如頭疼頭眩，頭面遊風，目赤多淚，四肢攣急，亦邪散而諸症安。能防禦外風，故名防風，乃風藥中潤濟也。卑賤之卒，隨所引而至。虚勞骨節疼痛，血虚火炎頭痛，陽虚自汗，陰虚盜汗諸症，皆忌。

清・李熙和《醫經允中》卷二〇 防風 手足太陽經本藥，又行足陽明、太陰二經。畏萆薢。惡藜蘆。殺附子毒。 辛、甘，温，無毒。氣味俱薄，浮而升，陽也。主治大風頭眩，三十六般風，周身痺痛，四肢攣急，目赤瘡瘍，散邪除濕，搜肝風，瀉肺實。防風治風通用，上半身風邪用身，下半身風邪用稍，治風濕之要藥也。凡上焦風邪脊痛，項强，瘡在胸膈已上皆用之。無濕風之症，則瀉上焦元氣矣。陽虚自汗者禁用。

清・馮兆張《馮氏錦囊秘録・雜症痘疹藥性主治合參》卷一 防風稟天地之陽氣以生，故味甘辛温而無毒。氣厚味薄，升也，陽也。入手陽明、足少陽厥陰風藥也。治風通用，升發而能散。惡藜蘆，殺附子毒。 防風殺烏頭大毒，係太陽本經藥，又通行脾胃二經，職居卒伍卑賤之流，聽命即行，隨引竟至。盡治一身之痛，為風藥之潤劑也。治風通用，散濕亦宜，身去身半已上風邪，梢去身半已下風疾，收滯氣面頬，尤瀉肺實有餘，敺眩暈頭顱，開目盲無見，搜肝順氣，四體攣急，開腠理，托癰疽。大風、惡風，風邪周痹，頭面遊風，眼赤多淚，除上焦風邪要藥。倘或誤服，反瀉人上焦元氣。瘡藥中用之者，以風能除濕熱，且宣揚藥勢也。必兼荊芥者，以防風入氣分，荊芥入血分也。

主治痘疹合參：凡痘初風熱發表不可缺，如瘡搔癢者，與黄耆同用，手足不起發者，與白芍、桂枝同用，須以酒炒，瘡太濕者用之，風能勝濕也。瘡乾者亦用之，以其能行藥中之潤劑。故曰：利熱解毒，和血止癢。然不可久用，蓋味辛純陽，終屬走散耗血也。

按：防風雖為去風祛濕之仙藥，然係辛溫走洩之品，肺虚、氣虚、血虚、火燥者，弗服之。

清・张璐《本經逢原》卷一 防風 甘辛，温，無毒。叉頭者令人煩喘，叉尾者發人痼疾。《本經》主大風頭眩痛，惡風風邪，目盲無所見，風行周

身，骨節疼痛，煩滿。　發明：　防風浮而升，陽也。入手太陽、陽明、少陽、厥陰，兼通足太陽，治風去濕之仙藥，以風能勝濕也。其治大風頭眩痛，惡風，風邪等病，其性上行，故治上盛風邪，瀉肺實喘滿，及周身痹痛，四肢攣急，目盲無所見，風眼冷淚，總不出《本經》主治也。防風治一身盡痛，乃卒伍卑賤之職，隨所引而至，風藥中潤劑也。若補脾胃，非此引用不能行，蓋於土中瀉水也。凡脊痛項強，不可回顧，腰似折，項似拔者，乃手足太陽證，正當用之。凡瘡在胸膈已上者，雖無手足太陽證，亦當用防風，為能散結去上部風熱也。《經驗方》治婦人風入胞門，崩中不止，獨聖散用一味防風，麪糊酒調丸服。然惟血色清稀，而脈浮弦者為宜。如血色濃赤，脈來數者，又屬一味子芩丸證，不可混也。惟肺虛有汗喘乏，及氣升作嘔，火升發嗽，陰虛盜汗，陽虛自汗者勿服。婦人產後血虛發痙，嬰兒瀉後脾虛發搐，咸為切禁。

清・浦士貞《夕庵讀本草快編》卷一　防風《本經》、屏風　防，禦也；屏，拒也。言其功專驅風也。　防風味辛而甘，氣溫且浮，升也，陽也。為手足太陽本藥，兼行足陽明太陰，又入肝家氣分。故能通利週身，散風逐濕，且其為卑賤之卒，隨令而行，如頭疼脊強，固為必用，補益脾胃，亦賴引揚，風藥中之潤劑，解諸毒之總司爾。錢仲陽瀉黃散倍用之，取其能與土中瀉水也；上部見血以及目痛用之者，取其搜肝而清熱也；　婦人子藏風用之者，取其佐歸，芍以成功也。又瀉肺實有效。凡金虛汗泄者，所當遠避。

清・張志聰、高世栻《本草崇原》卷上　防風　氣味甘，溫，無毒。主大風頭眩痛，惡風風邪，目盲無所見，風行周身，骨節疼痛煩滿。久服輕身。防風始出沙苑川澤及邯鄲、琅琊、上蔡，皆屬中州之地。春初發嫩芽，紅紫色，三月莖葉俱青，五月開細白花，六月結實黑色，九月、十月采根，色黃空通。　防風莖、葉、花、實，兼備五色，其味甘，其質黃，其臭香，稟土運之專精，治周身之風證。蓋土氣厚，則風可屏，故名防風。風淫於頭，則大風頭眩痛。申明大風者，乃惡風之風邪，眩痛不已，必至目盲無所見，而防風能治之。又，風邪行於周身，甚至骨節疼痛，而防風亦能治之，久服則土氣盛，故輕身。　元人王好古曰：　病頭痛、肢節痛、一身盡痛，非羌活不能除，乃却亂反正之主君藥也。李東垣曰：　防風治一身盡痛，隨所引而至，乃卒伍卑賤之職也。　愚按：　《神農》以上品為君，羌活、防風皆列上品，俱散風治病，何以貴賤回別若是。後人發明藥性，多有如此謬妄之論，雖曰無關治法，學人遵而信之，陋習何由得洗乎。

清・劉漢基《藥性通考》卷五　防風　味辛，甘，微溫。昇浮為陽。搜肝瀉肺，散頭目滯氣，經絡留濕，主上部見血，用之為使。亦能治崩，上焦風邪，頭痛目眩，脊痛項強，周身盡痛，太陽經症。得葱白能行周身，又行脾胃二經，為去風除濕之要藥。散目赤瘡瘍。若血虛痙急頭痛不因風寒，內傷頭痛泄瀉不因寒濕，火昇發嗽、陰虛盜汗、陽虛自汗者，並禁。同黃芪、芍藥又能實表止汗，合黃芪、白朮名玉屏風散，固表聖藥。黃芪得防風而功益大，取其相畏而相使也。黃潤者良。上部用身，下部用梢。畏萆薢，惡乾薑、白斂、芫花，殺附子毒。

清・姚球《本草經解要》卷二　防風　氣溫，味甘，無毒。主大風頭眩痛，惡風風邪，目盲無所見，風行周身骨節疼痛。久服輕身。　防風氣溫，稟天春和風木之氣，入足厥陰肝經。味甘無毒，得地中正之土味，入足太陰脾經。氣味俱升，陽也。肝為風木，其經與督脈會於巔頂，大風之邪入肝，則行於陽位，故頭眩痛。其主之者，溫以散之也。傷風則惡風，惡風風邪，在表之風也。肝開竅於目，目盲無所見，在肝經之風也。風行周身，在經絡之風也。骨節疼痛，風在關節而兼濕也。蓋有濕則陽氣滯而痛也。皆主之者，風氣通肝，防風入肝，甘溫發散也。脾主肌肉，濕則身重矣。久服輕身者，風劑散濕，且引清陽上達也。　製方：　防風同白芍、黃耆，治表虛自汗。同荊芥、白芷、生地、地榆、黃耆，治破傷風。

清・周垣綜《頤生秘旨》卷八　防風　治風通用之藥也。有云治濕仙藥。蓋風勝濕，濕生風，風濕相因，以致下焦諸疾。久服輕身，以能去風濕故耳。如誤服之，瀉人(止)[上]焦元氣，可見非虛邪所宜者。

清・王子接《得宜本草・上品藥》　防風　味甘、辛。入手太陽、足太陽、足厥陰經。其性柔淫，無所不入，隨主藥而走經絡。得葱白能通行周身，得澤瀉、藁本療風濕，得當歸、芍藥、陽起石、禹餘糧療婦人子藏風冷。

清・徐大椿《神農本草經百種錄》上品　防風　味甘，溫。主大風，頭眩痛惡風風邪，風病無不治也。目盲無所見，風在上竅也。風行周身，風在偏體也。骨節疼痛，風在筋骨也。煩滿，風在上焦也。久服，輕身。風氣除，則有此效。凡藥之質輕而氣盛者，皆屬風藥，以風即天地之氣也。但風之中人，各有經絡，而藥之受氣于天地，亦各有專能，故所治各不同。于形質氣味細察而詳分

之，必有一定之理也。○防風治周身之風，乃風藥之統領也。

清・黄元御《長沙藥解》卷二　防風　味甘辛。入足厥陰肝經。燥己土而泄濕，達乙木而息風。《金匱》桂枝芍藥知母湯方在桂枝用之，治歷節疼痛，以其燥濕而舒筋脈也。薯蕷丸方在薯蕷用之，治虛勞風氣百病，以其燥濕而達木鬱也。竹葉湯方在竹葉用之，治產後中風，發熱面赤，以其疏木而發營鬱也。　厥陰風木之氣，土濕而木氣不達，則鬱怒而風生。防風辛燥發揚，最泄濕土而達木鬱，木達而風自息，非防風之發散風邪也。風木疏泄，則竅開而汗出，風靜而汗自收，非防風之收斂肌表也。其諸主治，行經絡，逐濕淫，通關節，止疼痛，舒筋脈，伸急攣，活肢節，起癱瘓，清赤眼，收冷淚，斂自汗、盜汗，斷漏下崩中。

清・汪紱《醫林纂要探源》卷二　防風　辛、甘，微溫。苗似菊，根長韌，下引，色黄而潤。補肝緩肝，則風淫不能乘正，故曰防風。根柔韌引長，筋類也，故入肝舒筋。凡掉眩搐搦，繆戾反張，強項頭痛之因風濕者，皆筋急或筋澀也，筋舒則邪卻矣。此不專入一經，隨所引而至，而要能以潤澤和緩勝邪，為去風主藥。能殺附子毒。

清・嚴潔等《得配本草》卷二　防風子　畏萆薢，惡乾薑、藜蘆、白斂、芫花。制黄耆，殺附子毒。　辛、甘，性溫。太陽經本藥，又入手足太陰、陽明經，又隨諸經之藥所引而入。治風去濕之要藥，此為潤劑。散風，治一身盡痛，目赤冷淚，腸風下血。去濕，除四肢癱瘓，遍體濕瘡。能解諸藥毒。　得白术、牡蠣，治虛風自汗。得黄耆、白芍，止自汗。配白芷、細茶，治偏正頭風。配浮小麥，止自汗。配炒黑蒲黄，治崩中下血。配南星末、童便，治破傷風。配白及、柏子仁，等分為末，人乳調，塗小兒解顱。一日一換。佐陽起石、禹餘糧，治婦人胞冷。　產青州者良。上部病用身，下部病用梢。止汗，麩炒。叉頭者，令人發狂。叉尾者，發人痼疾。　元氣虛，病不因風濕者，禁用。　子：　療風更優。

題清・徐大椿《藥性切用》卷三　青防風　辛甘微溫，入足太陽經。搜肝瀉肺，又行脾胃二經。為去風勝濕之要藥。無外邪者勿用。

清・黄宮繡《本草求真》卷三　防風有膀胱上焦筋骨風邪，仍為風藥通用。防風耑入膀胱，兼入脾胃。　味甘微溫，雖入足太陽膀胱，以治上焦風邪，頭痛目眩，脊痛項強，周身盡痛。之才曰：　得蔥白能行周身。　然亦能入脾胃二經，杲曰：　若補胃，非此引用不能行。　以為去風除濕，凡風藥皆能勝濕。　蓋此等於卑賤卒伍，任主使喚，能循諸經之藥以為追隨。故同解毒藥，則能除濕掃瘡。同補氣藥，則能取汗升舉。或同黄耆、芍藥以止〔汗〕，或合黄耆固表，為玉屏風散。實為風藥潤劑。比之二活，則質稍輕，氣亦稍平，凡屬風藥，皆可通用。但血虛痓急，頭痛不因風寒，泄瀉不因寒濕，陰虛盜汗，陽虛自汗，火升發嗽者，則並當知所禁矣。凡表藥多有損於臟腑氣血。出北地黄潤者佳。泗風、車風不堪入藥。上部用身，下部用梢，畏萆薢。惡乾薑、白斂、芫花，殺附子毒。

清・楊璿《傷寒瘟疫條辨》卷六散劑類　防風　味甘辛，微溫，氣平，升也，陽也。雖脾、胃、膀胱經藥，然隨諸藥各經皆至，為風藥卒徒。發脾中伏火，於土中瀉木。氣味俱輕，故散風邪，治周身之疼痹；　性能勝濕，故去濕熱，除遍體之濕瘡。雖云風藥中潤劑，亦能散上焦元氣。瀉黄散：　防風一兩，甘草五錢，梔子二錢五分，石膏、藿香二錢，為末，炒香，蜜酒調服三錢，發脾胃鬱火，治口爛唇焦甚驗。

清・羅國綱《羅氏會約醫鏡》卷一六草部　防風味苦辛，氣溫，入肺、小腸、膀胱三經。畏萆薢，惡乾薑、芫花。色白而潤者良。　治風邪頭痛項強、周身盡痛。又能隨諸經之藥而至各經。得蔥白能行周身。行脾胃，凡補脾胃非此引用不能行。療風眼，止冷淚，除濕瘡，為去風勝濕之要藥。凡風藥皆能勝濕。同黄芪、白术又能實表，止自汗。　按：　防風瀉肺，能散上焦元氣。若病不因風濕而肺氣虛者，禁用。

清・紀昀《閱微草堂筆記》上卷八　歙人蔣紫垣，流寓獻縣程家莊，以醫為業。有解砒毒方，用之十全。然必邀取重貲，不滿所欲，則坐視其死。【略】其方以防風一兩研為末，水調服之而已，無他秘藥也。又聞諸沈丈豐功曰：　冷水調石青，解砒毒如神。沈丈平生不妄語，其方當亦驗。

清・陳修園《神農本草經讀》卷一上品　防風　氣味甘，溫，無毒。主大風，頭眩痛，惡風，風邪目盲無所見，風行周身，骨節疼痛，身重。久服輕身。

陳修園曰：　防風氣溫，稟天春木之氣而入肝。味甘無毒，得地中土之味而入脾。主大風三字提綱，詳於巴戟天注，不贅。風傷陽位，則頭痛而眩；　風傷皮毛，則爲惡風之風；　邪風害空竅，則目盲無所見。風行周身者，經絡之風也；　骨節疼痛者，關節之風也；　身重者，病風而不能蹻捷也。防風之甘溫發散，可以統主之。然溫屬春和之氣，入肝而治風，尤妙在甘以入脾，培土以和木氣，其用獨神。此理證之易象，於剝復二卦而可悟焉。兩

土同崩則剝，故大敗必顧脾胃；土木無忤則復，故病轉必和肝脾。防風驅風之中，大有回生之力。李東垣竟目為卒伍卑賤之品，真門外漢也。

清·黃凱鈞《藥籠小品》 防風 辛甘，微溫，去風勝濕之要藥，散頭目滯氣，經絡留濕，搜肝瀉肺，太陽頭痛。若咳嗽不因風寒，泄瀉不因寒濕，陰虛盜汗，陽虛自汗者，並在禁例。合黃耆、白术，又能固表止汗，名玉屏風散。予治哮喘愈後，必用玉屏合異功，加杏仁、蘇子為丸，令服，多致不發。

清·王龍《本草纂要稿·草部》 防風 氣味甘辛而溫。治風通用，散濕亦宜。身去身半以上風邪，稍去身半以下風邪。收滯氣於面頰，尤瀉肺實。祛眩暈於頭顱，更開目盲。脊痛項強者殊功，一身盡痛者立效。乃卒伍卑賤之職，隨所引而至，為風藥中之潤劑也。

清·張德裕《本草正義》卷上 防風 甘辛，微溫。氣平散邪，入脾、胃、膀胱，隨諸藥各經皆至。散風邪，療風眼，亦能去濕，除濕瘡，止腸風下血。此為風藥平潤之品。

清·楊時泰《本草述鉤元》卷七 防風 出齊州龍山者最勝，青、兖、淄州者亦佳。九月采用。不止用根，故通身采。味辛而甘，氣溫而浮。氣厚味薄，升也，陽也。手足太陽經本藥，又行足陽明、太陰二經，為肝經氣分藥。潔古更言治上焦風邪，瀉肺實，其義可合為一歟。蓋肺統氣者也，氣者水火之所合化也。氣所合化之經，手足太陽是也。至於行足陽明、太陰，即以《經》言傷肺之義參之。《經》曰：夫傷肺者，脾氣不守，胃氣不清，經氣不為使，真臟壞決，經脈傍絕，五臟漏泄，不衄則嘔。即此數語，可以明於合一，且了然於諸上焦見血之義矣。《本經》主大風頭眩痛，惡風，風邪目瞀盲，並風行周身，骨節疼痛。治上焦、風邪，瀉肺實，除煩滿脇痛，四肢攣急，搜肝氣，通利關脈，散經絡中留濕，頭目中滯氣，上部見血諸本草。身半以上用身，身半以下用梢，為治風去濕之仙藥。除上焦在表風邪為最，兼治下焦風濕潔古、嵩。風藥中潤劑，治一身盡痛，乃卒伍卑賤之職，隨所引而輒至。若補脾胃，非此引用不行。錢乙瀉黃散，倍用防風，乃於土中瀉木也。蓋風木之邪不化，便侮其所勝而病於土。能升陽以達中土之氣，則土木各正其所司之位矣。凡脊痛項強不可回顧，腰似折，項似拔者，乃手足太陽證，正當用防風。凡瘡在胸膈以上，雖無手足太陽證，亦當用之。為能散結去上部風也。病人身體拘倦者，風也。諸瘡見此證，亦須用之東垣。亦入治風痹藥用，若入大風癘風藥中，須加殺蟲活血藥，不可純任風劑。同黃耆、芍藥，能實表止汗。同荊芥穗、白芷、生地、地榆、黃耆，治破傷風有神。同桔梗、甘草、紫蘇、杏仁、桑白皮、細辛，解利傷風。以薄荷換紫蘇，加石膏，兼除風熱。用麻黃易紫蘇，治風寒鬱於腠理，皮膚緻密無汗。

附方：破傷中風，牙關緊急，天南星、防風等分，為末，每服二三匙，用童便五升，煎至四升，分二服即止。婦人崩中，用防風去蘆頭，炙赤為末，每服一錢，以麵糊、酒調下，更以麵糊、酒投之，累驗。一方，加炒黑蒲黃等分。

論：防風先辛而後甘，辛又勝於甘，謂其防上焦風邪、瀉肺實者，確論也。何以為手足太陽本經藥？蓋風木即繼寒水之後。《經》曰：衛出下焦，本陰中之陽氣，以際於極上，而肺統之。此所謂風升之氣，即元氣也。主肺表之風劑，豈得不本於首出之根蒂哉？其行足陽明、太陰者，亦緣升陽之劑，即以達中土之氣，東垣謂風升之氣，元氣、胃氣當作一體而論，故補脾胃藥非此引用不行。蓋風木藉土以為用，而即能使土木不相侵者，惟此味獨擅其長。惟其由肺以合於脾胃，故能通利五臟關脈，散經絡中留濕。以脾胃行氣於三陰三陽故也。夫肝主經絡，防風氣味皆屬風升，又為肝經氣分藥，故風行周身，本於善行數變，而此亦隨其所行以為治也。羌活、防風通行經絡，有不能不少為區別者。羌活味辛苦，苦多而辛少；防風味辛甘，辛多而甘少。本乎地者親下，非苦無以至地；本乎天者親上，非辛無以至天。蓋手足太陽相表裏，一水一火攸分。羌活達其氣於水中，散其陰之結；防風則暢其氣於火中，而散其陽之結。故謂除上焦風邪而瀉肺實。陽結即肺實，所謂肺陽盛而肺陰虛是也。以風邪而云結者，陽不得陰以化也。第四時之風因於四時之氣，故必因其氣以為施治。惟類中風證，止從陽不得陰以化，更不得陰以守之治法耳。要知羌活非不除風，然其所治之風是濕化風，本於陰也；防風非不行濕，然其所治之濕是風化濕，本於陽也。惟二經原表裏相須，而風濕亦相因為病，故羌活散濕以化風，時與防風合而奏散風之功；防風祛風以行濕，時與羌活協而為除濕之助，所以用之概為風劑耳。凡人病於風，則元氣即因之以病，元氣病而元陰亦因之以病，風木為化陰之地，而風淫還以蝕陰。故人身血之為病，類先病於元氣以及元陰，是即風化濕之證也。如《本經》所主大風頭眩痛惡風風邪目盲無見等證，是非風化濕之證歟。至於通利五臟關脈及散經絡中留滯，不與《本經》所主相發明歟。更如潔古主治上部見血，亦可以前義推求之矣。參觀下羌活論自明。

繆氏云：　凡南方中風及頭痛不因風寒，溏泄不因寒濕，或氣升作嘔，火升發嗽，盜汗自汗，二便閉澀等病，犯之增劇。　諸病血虛痙急，小兒脾虛發搐，慢驚慢脾風，咸在所忌。

辨治：　質實而潤頭節堅者良，去蘆并叉頭、叉尾及形彎者弗用，能令人吐。

清・葉桂《本草再新》卷一　防風味辛，性平，無毒。入肝、脾、腎三經。　升浮為陽，搜肝瀉肺，散頭目滯氣，經絡留濕。　主上部見血，上焦風邪，頭痛目眩，脊痛項強，周身盡痛，太陽經證，散目赤瘡瘍。

清・吳其濬《植物名實圖考》卷七　防風　《本經》上品。《圖經》：　石防風出河中。　又宋亳間出一種防風，作菜甚佳，恐別一種。《本草綱目》：　江淮所產多是石防風，俗呼珊瑚菜。《安徽志》：　山葵，葉翠如雲，正二月間，浥露抽苗，香甘異常，土人美其名曰珊瑚菜。　懷遠、桐城、太和俱出，蓋即石防風也。　今從《救荒本草》圖之，山西山阜間多有，與《救荒》圖同而葉稍肥。

清・趙其光《本草求原》卷一山草部　防風　氣溫，春氣入肝膽。　味甘、辛，金土之味。入肺、脾、胃，兼入手足太陽。　無毒。　能崇土瀉木，以達肺中之風火濕結，肝風乘脾胃，則風陽傷陰，而肺陽上鬱，結成火濕。　治大風，人居風輪之中，風氣通於肝，以行呼吸。和風生人，疾風殺人。肝胃虛而春氣不行，則風失和，宜巴戟之溫潤和之；肝風實為乘土，則宜此崇土以防風。　頭眩痛，肝經與督脈會於巔頂，風入肝，而火結陽位，則眩痛。　惡風，風傷皮毛之故。　風邪，一切風化溫之表邪。　目盲無所見，風害肝竅。　風行周身經絡，肝脾氣經絡。　骨節疼痛、身盡痛，肝受風，不能引陽上升以化陰，則陽滯而痛；　濕留，關節亦痛。　腰脊痛，項強，此太陽受風，不能上合於肺之症。　頭目滯氣，風鬱則陽結於上。　瘡在胸膈以上，散上焦陽結。　上部見血，血主於肝，肝不能引陽以化陰，則風淫，反以蝕陰。《經》曰：　肺傷者，脾氣不守，胃氣不清，真藏壞決，經脈傍絕，五臟漏泄，不衄則嘔。　可知陽結於上，即病於血也。　風入胞門血崩，一味糊丸，酒下。　唯血清稀，脈浮弦宜之。　若脈數，色赤而濃，又宜一味子芩。　癱瘓拘攣，冷淚，傷風自汗，同北芪，麪炒為末，豬皮湯下。　盜汗，同芎、參為末，飲下。　破傷風，同荊芥、白芷、生地、地榆、北芪；　牙關緊急者，同南星為末，童便煎服。　偏正頭風，同白芷蜜丸，茶下。　久服輕身，土強而風濕去，則輕捷。　為補脾胃之引藥。　風木之氣本於元氣，常藉土氣居中轉運。防風崇土瀉木，使木不侮土，則木氣與元氣、胃氣合和為一。　解烏頭、芫花、野菌諸熱藥毒。一味擂，冷水灌；　已死，心頭尚暖，可救。　得葱白，行周身；　得歸、芍、陽起石、禹餘糧，去子臟風；　得殺蟲活血藥，治癘風。忌純用風藥。　其根實表，同芪、芍、浮麥，治表虛自汗；　同參、芪、朮、附，治陽虛自汗、盜汗。

再按：　防風質黃而香，味又甘，專稟土精以和木氣。《易理》：　兩土同崩則為剝，土木無忤則為復。　故大病必顧脾胃，病轉必和肝脾。　土氣厚，風自和，故曰防風為去風之潤劑。　日華子謂其補中益氣，有裨勞傷，誠以土氣行則關脈通也。　羌活亦黃香而甘，故《本經》同列於上品，皆一身風痛之君藥。　東垣乃以為風藥卑卒，隨所引而至痛處，誤矣。　然性升散結，凡肺虛、脾虛、陰虛、血虛、陽虛而不因於風寒、寒濕者，均忌之。　羌活，治濕勝化風，散陰結也；　防風，治風勝化濕，散陽結也。

黃潤者良。　叉頭者，令人煩喘；　叉尾者，發人痼疾。　上部用身，下部用梢。　惡乾薑。　殺附子毒。

清・葉志詵《神農本草經贊》卷一　防風　味甘，溫，無毒。　主大風頭眩痛，惡風風邪，目盲無所見，風行周身，骨節疼痛煩滿。　久服輕身。　一名銅芸。　生川澤。

叉尾叉頭，區分無隱。　荽散香芬，蘿攢房緊。　美比珊瑚，堅同蚯蚓。　卅六風消，神光炯炯。

名醫曰：　叉尾者令人痼疾，叉頭者令人發狂。《論語》：　吾無隱乎爾。蘇頌曰：　五月開細白花，中心攢聚作大房，似蒔蘿花，實如胡荽子。　李時珍曰：　嫩苗辛甘而香，時人呼為珊瑚菜。　陶弘景曰：　節堅如蚯蚓頭者良。日華子曰：　治三十六般風。　陸游詩：　炯炯神光夕照梁。

清・文晟《新編六書》卷六《藥性摘錄》　防風　甘，微溫。　入膀胱，治上焦風邪頭痛目眩，脊痛項強，周身盡痛。　兼入脾胃，去風濕。　○但質輕氣平，只可供佐使通用。　若血虛痓急，頭痛不因風寒，泄瀉不因寒濕，陰虛盜汗，陽虛自汗，火升發嗽者，皆禁用。　○出北地。　黃潤者良。　上部用身，下部用梢。○畏萆薢，惡乾薑、白斂、芫花。

清・張仁錫《藥性蒙求・草部》　防風錢半　防風甘溫，諸風通用。　骨節痺疼，筋攣口噤。入太陽經，又行脾胃二經，為去風勝濕要藥。若上部見血，用之為使，亦能治之。得葱白能通行周身。○青州良。

清・屠道和《本草匯纂》卷一驅風　防風　耑入膀胱，兼入脾、胃。　味

甘，微溫。散膀胱上焦筋骨風邪，仍為風藥通用。治頭痛目眩，盲無所見，脊痛項強，周身骨節痛，煩滿脇痛，四肢攣急。止冷淚及癱瘓，治上焦風邪，瀉肺實，散頭目中滯氣，經絡中留濕，搜肝氣。亦入脾胃，去風除濕。蓋此等於卑賤卒伍，任主使喚，能循諸經之藥以為追隨，故同解毒藥則能除濕掃瘡，同補氣藥則能取汗升舉，實為風藥潤劑。但血虚痓、急頭痛不因風寒，泄瀉不因寒濕，陰虚盜汗，陽虚自汗，火升發嗽者，並當知禁。出北地黄潤者佳。上部用身，下部用稍。

清·戴葆元《本草綱目易知錄》卷一 防風 辛、甘，微溫。升浮為陽，為手足太陽本藥。搜肝氣，瀉肺實，止冷淚，療癱瘓，通利五臟關脈。治三十六般風，散頭目中滯氣，經絡中留濕。主上焦風邪，上部見血，頭痛目眩，脊痛項強，煩滿脇痛，週身盡疼，金瘡內（癧）〔痙〕。又能安神定志。主勞傷羸損，盜汗心煩。乃卒伍卑賤之職，隨所引而至。若補脾胃，非此引用不能行。凡瘍瘡在上部，雖無太陽證，亦當用之，以其能散結去風也。症非風濕外邪，悞服泄人元氣。殺附子毒。杲曰：防風能制黄芪，黄芪得防風，其功愈大，葆彙《本草》相畏相惡俱不載，但載相反，然亦有並用者，運用得宜，守法中行權可也。

清·黄光霽《本草衍句》 防風甘，溫。治風去濕，瀉肺搜肝，而主太陽之經，凡太陽頭痛項強，背痛頭眩，周身骨節痛，皆用之。引行脾胃之藥。東垣云：若補脾胃，非此引用不能行，用其於土中瀉木也。散頭目中滯氣，除經絡間濕留。驅周身之風邪，主上部之見血。防風為風藥之潤劑，又為風藥統領也。其性柔淫，無所不入，隨主藥而走經。得葱白通行週身，得澤瀉、藁本療風濕，得歸、芎、陽起石、禹餘糧療婦人子臟風冷。破傷中風，牙關緊閉，南星、防風，童便煎服。婦人崩中，獨聖散用防風，炙為末，以麥麵糊丸，酒調下。更以麵糊、酒投之此藥，累經效驗。一方加黑蒲黄等分，服。

清·陳其瑞《本草撮要》卷一 防風 味甘辛，入手太陽、足太陽、足厥陰經，功專驅風。其性柔淫，無所不入，隨主藥而走經絡。得葱白能通行周身，得澤瀉、藁本療風濕，得當歸、芍藥、陽起石、禹餘糧療婦人子臟風冷。若虚痙頭痛不因風寒，泄瀉不因寒濕，火升發嗽，陰虚盜汗，陽虚自汗，並忌。然同黄耆、芍藥，又能實表止汗。合黄耆、白术名玉屏風散，為固表聖藥。畏萆薢，惡乾薑、白斂、芫花。殺附子毒。

清·仲昴庭《本草崇原集說》卷一 防風 【略】〔批〕李東垣與劉守真、朱丹溪、張子和為金元四大家，東垣論藥不從《本經》參究，徒以好名之，故立說著書致開後人謬妄之漸。《崇原》特揭其短，不僅為防風吐氣而已。愚按：《神農》以上品為君，羌活、防風同列為上品，皆散風治病，何以貴賤迥別若是。後人發明藥性，多有如此謬妄之論。雖曰無關治法，然使學者遵而信之，陋習何由得洗乎。【略】〔批〕上品如羌活、防風皆風藥中撥亂反正之主藥也。所不同者，防風稟土氣，羌活兼得金土之氣耳。《經讀》又以羌活味苦入心，防風氣溫入肝作解，意亦可通。

竹葉防風

明·蘭茂原撰，范洪等抄補《滇南本草圖說》卷三 竹葉防風 產滇中最奇，治病神速。氣味辛，性溫。通十二經絡，治肺風熱，一切風寒濕痹，筋骨疼痛，癰疽發背。亦解附子之毒，神妙。

明·蘭茂原撰，范洪等抄補《滇南本草圖說》卷八 竹葉防風 氣味辛、微甘，平。主治：煩滿脇痛，頭面風寒，四肢攣疼。金瘡腫痛及男子一切勞病。久服補中益神，兼治左癱右瘓，最良。

明·蘭茂撰，清·管暄校補《滇南本草》卷中 竹葉防風 性溫，味辛。瀉肺氣，治風，通行十二經絡，一切風寒濕痹，筋骨疼痛，癰腫等症。殺附子毒。

明·蘭茂《滇南本草》〔叢本〕卷上 竹葉防風 味辛，性溫。以本體能瀉脾，以性味能治風，通十二經絡，引領即到，卑賤之品。療一切風寒濕痺，筋絡疼痛，瘡癰。能解附子毒。

串枝防風

明·蘭茂原撰，范洪等抄補《滇南本草圖說》卷八 串枝防風 氣味辛平。主治：頭暈祛風，散熱退癍，解毒。煎水，洗癬瘡疥癩最效。

杏葉防風

明·蘭茂撰，清·管暄校補《滇南本草》卷中 杏葉防風 性大溫，味辛。溫中散寒，治九種胃疼，寒疝偏墜，寒熱往來，痰瘧。

附方：治胃氣疼痛，古方單劑，今增補加用。杏葉防風，三錢，焙。草豆蔻二錢，小茴，二錢，炒。共為細末，每服二錢，燒酒熱服。又方：治胸隔氣脹，面寒背寒，肚腹疼痛，杏葉防風，五分，焙。白芷一錢，威靈仙三錢，赤地榆三錢，過山龍二錢，茶匙草五錢，水酒各半，煎服。或泡酒服亦可。又方：治

九種疝氣，古方單劑，今加減。杏葉防風二錢，橘核五分，地果一錢，小茴，一錢，鹽炒。荔枝核，五分，燒擣碎。水煨熱，水酒服。又方：治偏墜，或疝氣，或膀胱氣痛，杏葉防風二錢，吳萸五分，白頭翁一錢，小茴，一錢，鹽水炒。赤木通二錢，水煎，點水酒服。又方：截瘧症神效，杏葉防風採新鮮者，擣汁一小鍾，點燒酒，對太陽服；俟欲發未發之前，將葉渣分男左女右，縛脉膻上，過時方解去。

明·蘭茂《滇南本草》（叢本）卷上 杏葉防風 味辛，性大溫。溫中散寒氣，治九種胃氣疼，胸腹中寒脹氣疼。截寒熱往來痰瘧。單方：治胃氣疼痛。古方單劑用，今增補加用。治寒疝偏墜疼痛脹氣疼後。杏葉防風五錢、草豆蔻二錢、小茴香二錢，共為細末，每服用熱燒酒服。單方：面寒疼，胸隔氣脹，面寒硬梗，肚腹疼痛。古方單劑為末，每服一錢，今註補增加後劑效。杏葉防風、五錢，焙。香白芷三錢、威靈仙二錢、赤地榆三錢、過山龍一錢、茶匙草三錢，引燒酒一鍾，合水酒煎服，或泡藥酒。單方：治七腫疝氣。古方單劑用，今加增用。杏葉防風二錢、橘核仁、一錢半，炒。蛇果草一錢、小茴香、一錢，炒。荔枝核，三錢、燒。引點水酒服。單方：治偏身氣疼，或疝氣，或膀胱氣疼。杏葉防風二錢、吳萸五錢、白頭翁一錢、小茴香一錢、赤木通二錢，引點水酒服。單方：治一切瘧疾。杏葉防風，新鮮擣汁一小鍾。點燒酒，朝陽吃，要在辰時方效。將渣男女子左手右手，將藥于脉膻上包好。過時方解。

獨活

宋·李昉《太平御覽》卷第九九二 獨活 《本草經》曰：獨活，一名護羌使者。味苦，平。生益州。久服輕身。《吳氏本草》曰：獨活，一名胡王使者。神農、黃帝：苦，無毒。八月採。此藥有風花不動，無風獨搖。

宋·唐慎微《證類本草》卷六草部上品（《本經·別錄·藥對》） **獨活** **味苦、甘，平、微溫，無毒。主風寒所擊，金瘡止痛，賁豚，癇痓**音熾，**女子疝瘕。**療諸賊風，百節痛風無久新者。**久服輕身耐老。一名羌活，一名羌青，一名護羌使者，**一名胡王使者，一名獨搖草。此草得風不搖，無風自動。生雍州川谷或隴西南安。二月、八月採根，暴乾。豚實爲之使。

〔梁·陶弘景《本草經集注》〕云：藥名無豚實，恐是蠡實。此州郡縣並是羌活，羌活形細而多節軟潤，氣息極猛烈。出益州北部、西川爲獨活，色微白，形虛大，爲用亦相似而小不如。其一莖直上，不爲風搖，故名獨活。至易蛀，宜密器藏之。

〔唐·蘇敬《唐本草》〕注云：療風宜用獨活，兼水宜用羌活。

〔宋·掌禹錫《嘉祐本草》〕按：《藥性論》云：獨活，君。味苦、辛。能治中諸風濕冷，奔喘逆氣，皮肌苦痒，手足攣痛，勞損，主風毒齒痛。又云：羌活，君。味苦、辛，無毒。能治賊風，失音不語，多痒，血癩，手足不遂，口面喎邪，遍身瘰痹。日華子云：羌活，治一切風并氣，筋骨拳攣，四肢羸劣，頭旋，明目，赤疼及伏梁水氣，五勞七傷，虛損冷氣，骨節痠疼，通利五藏。獨活即是羌活母類也。

〔宋·蘇頌《本草圖經》〕曰：獨活、羌活，出雍州川谷或隴西南安，今蜀漢出者佳。春生苗，葉如青麻。六月開花作叢，或黃或紫。結實時葉黃者是夾石上生，葉青者是土脉中生，此草得風不搖，無風自動，故一名獨搖草。二月、八月採根，暴乾用。《本經》云：二物同一類，今人以紫色而節密者爲羌活，黃色而作塊者爲獨活。一說：按陶隱居云：獨活生西川益州北部，色微白，形虛大，用與羌活相似。今蜀中乃有大獨活，類桔梗而大，氣味了不與羌活相類，用之微寒而少效。今又有獨活亦自蜀中來，形類羌活，微黃而極大，收時寸解乾之，氣味亦芳烈，小類羌活，又有槐葉氣者，今京下多用之，極效驗，意此爲真者，而市人或擇羌活之大者爲獨活，殊未爲當。大抵此物有兩種：西川者，黃色，香如蜜；隴西者，紫色，秦隴人呼爲山前獨活。古方但用獨活，今方既用獨活而又用羌活，茲爲謬矣。《篋中方》療中風纔覺，不問輕重，便須吐涎，然後次第治之。吐法：用羌活五大兩，以水一大斗，煎取五升，去滓，更入好酒半升和之，以牛蒡子半升炒，下篩，令極細，以前湯酒斟酌調服，取吐，如已昏眩，即灌之，更不可用下藥及繆針灸，但用補治湯餌，自差。

〔宋·唐慎微《證類本草》〕《雷公》云：採得後細剉，拌淫羊藿，裛二日後暴乾，去淫羊藿用，免煩人心。《千金方》：治中風通身冷，口噤不知人，獨活四兩，好酒一升，煎取半升，分溫再服。《肘後方》：治風齒疼，頰腫。獨活酒煮，熱含之。《經驗後方》：治中風不語。獨活一兩剉，酒二升，煎一升，大豆五合炒有聲，將藥酒熱投，蓋良久，溫服三合，未差再服。《必效方》：治產後腹中絞刺疼痛。羌活二兩，酒二升，煎取一升去滓，爲二服。《子母秘録》：治中風腹痛，或子腸脫出。酒煎羌活取汁服。《小品方》：治產後風虛，獨活湯主之。又白鮮皮湯主之，亦可與獨活合白鮮皮各三兩，水三升，煮取一升半，分三服。耐酒者，可以酒水中煮之佳。用白鮮亦同法。又方：治產後中風語澁，四肢拘急。羌活三兩，爲末。每服五錢，水、酒各半盞煎，去滓溫服。《經驗方》同。《文潞公》：治牙齒，風上攻腫痛。獨活、地黃各三兩，末。每服三錢，水一盞煎，和滓溫服。臥時再用。

宋·鄭樵《通志》卷七五《昆蟲草木略》 獨活 曰羌青，曰護羌使者，曰胡王使者，曰獨搖草。得風不搖，無風自動。雖與羌活異條，而亦曰羌活。

金・張元素《潔古珍珠囊》〔見元・杜思敬《濟生拔粹》卷五〕　獨活甘苦陰中之陽。頭眩目運，非此不能除。足少陰行經藥。

元・佚名氏《珍珠囊・諸品藥性主治指掌》〔見《醫要集覽》〕　獨活　味苦、甘，平，氣微溫，無毒。升也，陰中之陽也。其用有三：諸風掉眩，頸項難伸；風寒濕痺，兩足不仁及為足少陰之引經〔藥也〕。

元・徐彥純《本草發揮》卷一　獨活　味苦、甘，平，辛，微溫，無毒。療諸賊風百節痛，諸風濕冷，皮肌苦痒，手足攣痛。潔古云：獨活，足少陰腎經行經藥也。若與細辛同用，治少陰經頭痛如神。《主治秘訣》云：性溫味苦，氣厚味薄，沉而升，陰中陽也。治風須用，反能燥濕。《經》云：風能勝濕。頭暈目眩，非此不能除。東垣云：獨活治足少陰伏風，而不治太陽，故兩足寒痺不能動履，非獨活不能治。

羌活　味辛、苦，無毒。治賊風多痒，血癩，手足不遂，口面喎斜，遍身𤺋痺。治一切風，赤目疼痛。潔古云：羌活，治肢節疼痛，手足太陽本經風藥也。加川芎，治足太陽、少陰頭痛，透關利節，又治風濕。《主治秘訣》云：性溫味辛，氣味俱薄，浮而升，陽也。其用有五：手足太陽引經一，風濕相兼二，去肢節痛三，除癰疽敗血四，治風濕頭痛五也。東垣云：羌活、獨活、防風，此三味治手足太陽證，脊痛項強，不可回顧，腰似折，項似拔者。海藏云：羌活，君藥也。非無為之主，乃撥亂反正之主也。故大無不通，小無不入，關節痛非此不治。太陽經頭痛，肢節痛，一身盡痛，非羌活不能除。足太陽、足厥陰、足少陰藥也。與獨活不分二種，後人用羌活多用鞭節者，用獨活多用鬼眼者，羌活則氣雄，獨活則香細，故氣雄者入太陽，香細者入少陰也。錢氏瀉青丸用此者，壬乙同歸一治也。或問治頭痛者何？答曰：巨陽從頭走足，惟厥陰與督脉會于巔，逆而上行，諸陽不得下，故令頭痛也。足太陽、厥陰之藥也。

明・蘭茂撰，清・管暄校補《滇南本草》卷下　獨活　性溫，味辛、苦。陰中之陽也。行十二經絡，療諸風角弓反張，表汗，除風寒濕痺，止週身筋骨疼痛，治兩脇面寒疼痛。

附方：治背寒面寒，脹硬疼痛，止兩脇胃氣脹疼，心口痛。獨活二錢，新瓦焙，為末，開水點燒酒服。

明・蘭茂《滇南本草》〔叢本〕卷下　獨活　單方：治面寒背寒，脹硬疼痛，止兩脇胃脹痛，心口疼，用獨活二錢，新瓦焙乾，為末，點燒酒服。

明・王綸《本草集要》卷三　獨活君。一名羌活。　味苦甘辛，氣平，微溫。氣味俱輕，陽也，升也。後(月)〔人〕分用。紫色而節密者為羌活，黃色而作塊者名獨活。羌活氣雄，獨活氣細。　主風寒所擊，金瘡止痛，賁豚癇痓，女子疝瘕。療諸賊風，百節痛風，無久新者。久服輕身耐老。《本經》不分。羌活，手足太陽經風藥，又足厥陰、少陰經藥。主賊風，失音不語，多癢，血癩，手足不遂，口面喎斜，治肢節疼痛，一身盡痛，非此不除。又去溫濕風，加川芎治足太陽、少陰頭痛。○獨活，足少陰行經之藥。治痛風，足少陰伏風，而不治太陽，故兩足寒濕痹，不能動止，非此不除。又主風毒齒痛，加細辛治少陰經頭痛。

明・滕弘《神農本經會通》卷一　獨活　君也。一名羌活。豚實為之使。去皮淨用。氣細。

味苦、甘，氣平，溫，無毒。《湯》云：氣味與羌活同。氣厚味薄，升也。苦辛。東云：升也，陰中之陽也。諸風掉眩，頸項難伸，風寒濕痺，兩足不仁，及為少陰腎經行經之藥。又云：療新久諸風。珍云：主風寒濕，治頭眩目暈，百節痛。《本經》云：主風寒所擊，金瘡，止痛，賁豚，癇痓，女子疝瘕。療諸賊風，百節痛風，無久新者。久服輕身耐老。一名羌活，一名獨搖草。此草得風不搖，無風自動。《唐本》注云：療風宜用獨活，兼水宜用羌活。《藥性論》云：獨活，君。味苦辛。能治中諸風濕冷，奔喘逆氣，皮肌苦痒，手足攣痛，勞損。主風毒齒痛。《液》云：後人分用羌活，多用鞭節者，紫色而節密。獨活多用鬼眼者，黃色而作塊。《圖經》云：《本經》云二物同是一類。《液》云：獨活細而低，治足少陰伏風，而不治太陽，故兩足寒濕痺不能動止，非此不除。故雄者入足太陽，細者入足少陰。《象》云：若與細辛同用，治少陰經頭痛。《心》云：治風須用，又能燥濕。《經》云：風能勝濕。珍云：頭眩目暈，非此不能除。劊云：獨活苦甘風可除，更安頸項自難舒。療風寒濕痺痿足，腎經藥引得斯愈。

明・劉文泰《本草品彙精要》卷七　獨活無毒　叢生。

獨活出《神農本經》：**主風寒所擊，金瘡止痛，奔豚，癇痓**音熾，**女子疝瘕。久服輕身耐老。**以上朱字《神農本經》。療諸賊風，百節痛風久新者。此草得風不搖，無風自動。以上黑字名醫所錄。【名】胡王使者、獨搖草。【苗】《圖經》曰：春生苗，葉如青麻，六月開花，作叢而黃。夾石上生者，結實時則葉

黃；土脈中生者則葉青。此草一莖直上，得風不搖，無風自動，故名獨活。以微黃白色而作塊形虛大者是也。〔地〕《圖經》曰：雍州川谷或隴西南安及文州、鳳翔府。陶隱居云：出益州北部及西川茂州。〔道地〕蜀漢者爲佳。〔時〕生：春生苗。採：二月、八月取根。〔收〕暴乾。〔用〕根虛大者爲好。〔質〕類前胡而粗大。〔色〕微黃白。〔味〕苦，辛。〔性〕溫，泄，散。〔氣〕氣味俱薄，陽也。東垣云：陰中之陽。〔臭〕香。〔主〕風寒濕痹。〔行〕足少陰經。〔助〕蠡實爲之使。〔製〕去蘆淨用。〔治〕療：《藥性論》云：諸中風濕冷，奔喘逆氣，皮肌苦癢，手足攣痛，勞損及風毒齒痛。《湯液本草》云：頭眩目暈及燥濕。《經》云：風能勝濕。又云：獨活細而低，治足少陰伏風而不治太陽，故兩足寒濕痹不能動止，非此不能除。東垣云：諸風掉眩，頸項難伸，風寒濕痹，兩足不仁。〔合治〕合細辛療少陰經頭痛。〇合地黃等分，每服三錢，治牙風上攻腫痛。〇每用四兩，合好酒一升，煎半升，溫服，治中風，通身冷，口噤不知人。

羌活無毒　叢生。

羌活：主遍身百節疼痛，肌表八風賊邪，除新舊風濕，排腐肉，疽瘡，亦去溫濕風，一身盡痛，非此不能除。名醫所錄。〔名〕羌青、護羌使者。〔苗〕《圖經》曰：春生苗，葉如青麻，六月開花作叢而紫。夾石上生者，結實時則葉黃；土脈中生者則葉青。此草得風不搖，無風自動，以紫色而節密者爲羌活也。謹按：舊本羌獨不分，混而爲一，然其形色功用不同，表裏行經亦異，故分爲二，則各適其用也。〔地〕《圖經》曰：出雍州川谷或隴西南安及文州、寧化軍。陶隱居云：出益州北部及西川。〔道地〕今蜀漢出者佳。〔時〕生：春生苗。採：二月、八月取根。〔收〕暴乾。〔用〕根節密者爲佳。〔質〕類川大黃苗而有節。〔色〕紫赤。〔味〕苦，辛。〔性〕溫，散。〔氣〕氣味俱輕，陽也。東垣云：陰中之陽。〔臭〕香。〔主〕肢節疼痛。〔行〕足太陽經，厥陰經。〔助〕蠡實爲之使。〔製〕去蘆淨用。〔治〕療：《唐本》注云：除風兼水。《藥性論》云：賊風，失音不語，多癢，血癩，手足不遂，口面喎斜，遍身𤸷痹。日華子云：一切風並氣，筋骨拳攣，四肢羸劣，頭旋，明目，赤疼及伏梁水氣，通利五臟。補：日華子云：五勞七傷，虛損，冷氣，骨節酸疼。〔合治〕爲末，每服五錢，水酒各半盞，煎去滓，溫服，治產後中風語澀，四肢拘急。〇合川芎，治足太陽少陰頭痛，透關節。

明・王文潔《太乙仙製本草藥性大全》卷二《本草精義》　獨活　一名獨搖草。此草得風不搖，無風自動，故名獨活。生雍州、隴西南安川谷。西川者是獨活，色微白，形虛大，爲用亦相似而小不如。春生苗，葉如青麻，一莖直上，不爲風搖。六月開花，黃紫。二月、八月採根，暴乾。此藥蟲易蛀，宜密器藏之。按陶隱居云：今蜀中有大獨活，類桔梗而大，氣味亦不與羌活同，用之微寒而少效。今又有獨活亦自蜀中來，形類羌活，微黃而極大，收時寸解，乾之氣味亦芳烈，少類羌活。又有槐葉氣者，京下多用之極效驗，意此爲真者。又人或擇羌活之大者爲獨活，殊未爲當。大抵此物有兩種，西蜀者黃色，香如蜜，隴西者紫色，秦隴人呼爲山前獨活。古方但用獨活，今方用獨活，而又用羌活，茲爲謬矣！《賦》云：治諸風頭眩目暈，頸項難伸；除兩足風寒濕痹，不能動。療金瘡止痛，賁豚，癇痓，諸賊風百節疼痛。踈風不論久新，及治女人疝瘕諸風必用之藥。

羌活：一名羌青，一名護羌使者，一名胡王使者。蜀漢出者佳。春生苗，葉如青麻。六月間花作叢，或黃或紫。結實時葉黃者，是夾石上生；葉青者，是土脉中生。二月、八月採根曝乾用。紫色而節密者，羌活也。《珠囊》云：散肌表八風之邪，利周身百節之痛，排拒陽肉腐之瘡，除新舊風濕之證，乃手足太陽表裏引經藥也。

明・王文潔《太乙仙製本草藥性大全》卷二《仙製藥性》　獨活　味苦、甘、辛，性平，微溫，無毒。升也，陰中之陽也。足少陰腎經引經之藥。豚實爲之使。主治：治痛風，足少陰伏風，而不治太陽，故兩足寒濕痹不能動止，非此不除。又主風毒齒痛。加細辛治少陰經頭痛。又主風寒所擊，金瘡止痛，賁豚癇痓，女子疝瘕。療諸賊風，百節痛風，無久新者。補註：治較羌活稍殊，乃足少陰表裏引經，專治痛風與少陰經伏風，而不治太陽經也，故兩足濕痹不能動履，非此莫痊。風毒齒痛，頭眩目暈，有此堪治。雖治伏風，又資燥濕，《經》云風能勝濕，故也。但今賣者，多採土當歸假充，不可不細辨爾。〇中風通身冷，口禁不知人：獨活四兩，好酒一升，煎取半升，分溫再服。〇風齒疼〔痛〕、頰腫：獨活酒煮，熱含之。〇中風不語：獨活一兩，剉，酒二升，煎一升，大豆五合，炒有聲，將藥酒熱投，蓋良久，溫服三合，未差再服，即痊。

羌活君：味苦、甘、辛，氣平、微溫，無毒。去土用。肝

經、膀胱、腎經之藥也。　主治：　主風寒所擊，金瘡止痛，賁豚癇痓，女子疝瘕。療諸賊風，百節痛風，無久新者。久服輕身耐老。《本經》不分。羌活，手足太陽經風藥，又足厥陰、少陰經藥。主賊風，失音不語，多痒，血癩，手足不遂，口面喎斜。治肢節疼痛，一身盡痛，非此不除。又去溫濕風，加川芎治足太陽、少陰頭痛。　補註：《經》云二物同一類，今人以紫色而節密者爲羌活，黃色鬼眼而作塊者爲獨活。○產後腹中絞刺痛者，用羌活二兩，酒二升，煎取一升，去滓，爲二服。治中風腹痛，或子腸脫出，酒煎羌活取汁服。○產後中風語澀，四肢拘急，羌活三兩，爲末，每服五錢，水酒各半，同煎，去滓，溫服。《經驗方》同。　太乙曰：　採得後細剉，拌淫羊藿，二日後暴乾，去淫羊藿用，免煩人心。

明・皇甫嵩《本草發明》卷二　羌活上品之上，君。氣微溫，味苦、甘、辛，無毒。氣味俱輕，陽也，升也，足太陽、厥陰經，太陽本經藥也。　發明曰：　羌活治風之要藥。又云治濕者，風能勝濕也。故《湯液》治太陽經頭痛，肢節及週身盡痛。又云賊風失音不語，多痒血癩，手足不隨，口眼喎斜，痿痺，筋骨拳攣，頭旋目赤痛，時疫等候，皆風邪風濕所致，惟辛溫而氣味輕浮，故能散肌表八風諸邪，而周身骨節之痛與癰腫等，因于風濕者悉除矣。若血虛不能榮筋，肢節筋骨痠疼者，宜審用。或挾風濕者，血藥中兼用。治風邪在表在上，此要藥也。〔血症之挾風濕者，宜兼用。〕治太陽、厥陰二經頭痛尤捷，若治足太陽、少陽頭痛，加川芎。透關節。去黑皮并腐爛者。○《本經》以獨活即羌活，功用同，後人分之。

獨活上品之上，君。氣味同羌，其浮次之，羌活氣雄，故入足太陽。獨活氣細，故入足少陰本經行經藥。　發明曰：　獨活氣細而低，性沈而升，陰中之陽，故治足少陰伏風，而不治太陽，故《本草》主風寒諸賊風，百節痛風無新久者，兩足寒濕痺不能動止及金瘡腫毒止痛，賁豚癇痓，女子疝瘕。又云：　治諸中風濕冷，奔喘逆氣，手足攣痛，風毒齒痛，皆主足少陰引經藥也。治少陰腎經頭痛，腎經虛風眩暈，加細辛。若治風，又燥濕，風能勝濕也。

明・李時珍《本草綱目》卷一三草部・山草類下　獨活《本經》上品

【釋名】羌活《本經》　羌青《本經》　獨搖草《別錄》　護羌使者《本經》　胡王使者《吳普》　長生草弘景曰：　一莖直上，不爲風搖，故曰獨活。《別錄》曰：　此草得風不搖，無風自動，故名獨搖草。　大明曰：　獨活，是羌活母也。　時珍曰：　獨活以羌中來者爲良，故有羌活、胡王使者諸名，乃一物二種也。正如川芎、撫芎，白朮、蒼朮之義，入用微有不同，後人以爲二物者非矣。

【集解】《別錄》曰：　獨活生雍州川谷，或隴西南安，二月、八月採根暴乾。　弘景曰：　此州郡縣並是羌地。羌活形細而多節軟潤，氣息極猛烈。出益州北都西川者爲獨活，色微白，形虛大，爲用亦相似而小不如。至易蛀，宜密器藏之。　頌曰：　獨活、羌活今出蜀漢者佳。春生苗葉如青麻。六月開花作叢，或黃或紫。結實時葉黃者，是夾石上所生；葉青者，是土脈中所生。《本經》云：　二物同一類。今人以紫色而節密者爲羌活，黃色而作塊者爲獨活。而陶隱居言獨活色微白，形虛大，用與羌活相似。今蜀中乃有大獨活，類桔梗而大，氣味亦不與羌活相類，用之微寒而少效。今又有獨活，亦自蜀中來，類羌活，微黃而極大，收時寸解乾之，氣味亦芳烈，小類羌活。又有槐葉氣者，今京下多用之，極效驗，意此爲真者。而市人或擇羌活之大者爲獨活，殊未爲當。大抵此物有兩種，西蜀者，黃色，香如蜜；隴西者，紫色，秦隴人呼爲山前獨活。古方但用獨活，今方既用獨活而又用羌活，茲爲謬矣。　機曰：《本經》獨活一名羌活，本非二物。後人見其形色氣味不同，故爲異論。然物多不齊，一種之中自有不同。仲景治少陰所用獨活，必緊實者；東垣治太陽所用羌活，必輕虛者。正如黃芩取枯飄者名片芩治太陰，條實者名子芩治陽明之義同也。況古方但用獨活無羌活，今方俱用，不知病宜兩用耶，抑未之考耶？　時珍曰：　獨活、羌活乃一類二種，以中國者爲獨活，西羌者爲羌活，蘇頌所說頗明。按王貺《易簡方》云：　羌活須用紫色有蠶頭鞭節者。獨活是極大羌活有臼如鬼眼者，尋常皆以老宿前胡爲獨活者，非矣。近時江淮山中出一種土當歸，長近尺許，白肉黑皮，氣亦芬香，如白芷氣，人亦謂之水白芷，用充獨活，解散亦或用之，不可不辨。

根　【修治】斅曰：　採得細剉，以淫羊藿拌挹，二日，暴乾去藿用，免煩人心。　時珍曰：　此乃服食家治法，尋常去皮或焙用爾。

【氣味】苦、甘，平，無毒。《別錄》曰：　微溫。　權曰：　苦、辛。　元素曰：　獨活微溫，甘、苦、辛，氣味俱薄，浮而升，陽也，足少陰行經氣分之藥。羌活性溫，辛、苦，氣味俱薄，浮而升，陽也，手足太陽行經風藥，並入足厥陰少陰經氣分。　之才曰：　豚實爲之使。　弘景曰：　藥無豚實。恐是蠡實也。

【主治】風寒所擊，金瘡止痛，奔豚癇痓，女子疝瘕。久服輕身耐老《本經》。療諸賊風，百節痛風，無問久新《別錄》。　獨活：　治諸中風濕冷，奔喘逆氣，皮膚苦癢，手足攣痛勞損，風毒齒痛。　羌活：　治賊風失音不語，多癢，手足不遂，口面喎斜，遍身㿏痹血癩甄權。　羌、獨活：　治一切風並氣，筋骨攣拳，骨節酸疼，頭旋目赤疼痛，五勞七傷，利五臟及伏梁水氣大明。　治風寒濕痹，酸痛不仁，諸風掉眩，頸項難伸李杲。　去腎間風邪，搜肝風，瀉肝氣，治項强、腰脊痛好古。　散癰疽敗血元素。

【發明】恭曰：　療風宜用獨活，兼水宜用羌活。　劉完素曰：　獨活不搖風而治風，浮萍不沉水而利水，因其所勝而爲制也。　張元素曰：　風能勝濕，故羌活能治水濕。　獨活與細辛

同用，治少陰頭痛。頭運目眩，非此不能除。羌活與川芎同用，治太陽、少陰頭痛，透關利節，治督脈爲病，脊强而厥。好古曰：羌活乃足太陽、厥陰、少陰藥，與獨活不分二種。後人因羌活氣雄，獨活氣細。故雄者治足太陽風濕相搏，頭痛、肢節痛、一身盡痛者，非此不能除，乃却亂反正之主君藥也。細者治足少陰伏風，頭痛、兩足濕痹、不能動止者，非此不能治，而不治太陽之證。時珍曰：羌活、獨活皆能逐風勝濕，透關利節，但氣有剛劣不同爾。《素問》云：從下上者，引而去之。二味苦辛而温，味之薄者，陰中之陽，故能引氣上升，通達周身，而散風勝濕。按《文系》曰：唐劉師貞之兄病風，夢神人曰：但取胡王使者浸酒服便愈。師貞訪問皆不曉。復夢其母曰：胡王使者，即羌活也。求而用之，兄疾遂愈。嘉謨曰：羌活本手足太陽表裏引經之藥，又入足少陰、厥陰。名列君部之中，非比柔懦之主。小無不入，大無不通。故能散肌表八風之邪，利周身百節之痛。

【附方】舊七，新七。　中風口噤：通身冷，不知人。獨活四兩，好酒一升，煎半升服。《千金方》。　中風不語：獨活一兩，酒二升，煎一升，大豆五合，炒有聲，以藥酒熱投，蓋之良久，温服三合，未瘥再服。陳延之《小品方》。　熱風癱瘓：常舉發者。羌活二斤，構子一升，爲末。每酒服方寸匕，日三服。《廣濟方》。　産後中風：語澀，四肢拘急。羌活三兩，爲末。每服五錢，酒、水各一盞，煎減半服。《小品方》。　産後風虛：獨活、白鮮皮各三兩，水三升，煮二升，分三服。耐酒者，入酒同煮。《小品方》。　産後腹痛：羌活二兩，煎酒服。《必效方》。　産腸脱出：方同上。《子母秘錄》。　妊娠浮腫：羌活、蘿蔔子同炒香，只取羌活爲末。每服二錢，温酒調下，一日一服，二日二服，三日三服。乃嘉興〔主〕簿張昌明所傳。許學士《本事方》。　風水浮腫：方同上。　歷節風痛：獨活、羌活、松節等分，用酒煮過，每日空心飲一杯。《外臺秘要》。　風牙腫痛：《肘後方》用獨活煮酒熱漱之。《文潞公藥準》用獨活、地黄各三兩，爲末。每服三錢，水一盞煎，和滓温服，卧時再服。　喉閉口噤：羌活三兩，牛蒡子二兩，水煎一鍾，入白礬少許，灌之取效。《聖濟錄》。　睛垂至鼻：人睛忽垂至鼻，如黑角塞，痛不可忍，或時時大便血出痛，名曰肝脹。用羌活煎汁，服數盞自愈。夏子益《奇疾方》。　太陽頭痛：羌活、防風、紅豆等分，爲末，嗃鼻。《玉機微義》。

題明・薛己《本草約言》卷一《藥性本草》　獨活　味苦、甘，氣平，微溫，陰中之陽，可升可降。蓋其氣不若羌活之雄，故亦可降。入足少陰經。去風寒濕氣，兩足拘攣，療諸風掉眩，頸項難伸。加細辛止風寒之齒痛及本經之頭痛。得風不搖，無風自搖，故名獨搖草，與羌活原無二種，後人分用。紫色而節密者為羌活，黄色而作塊者為獨活。羌活氣雄，獨活氣細，故雄者入足太陽，而細者入足少陰也。去皮淨用。

明・梅得春《藥性會元》卷上　獨活　味辛、甘、平，氣微溫。沉而升，陰中陽也。無毒。入手少陰心經，足少陰腎經引經藥。治諸風掉眩，頸項難伸，風寒濕痹，兩足不仁。療諸風骨節疼痛，不論新久；手足拘攣，肌皮苦痒，兩足寒濕，腫不能動。頭眩目暈，風毒齒痛，金瘡癇痓。與細辛同用，治少陰頭痛。又能燥濕。　凡用黄色成塊者佳。

明・李中立《本草原始》卷一　獨活　生雍州川谷或隴西南安，今出蜀漢者佳。春生苗葉，夏開小黄花，作叢，一莖直上，不為風搖，故曰獨活。其根黄白虛大，氣香如蜜，亦有作槐葉氣者。此草得風不搖，無風自動，故《別錄》名獨搖草。　氣味：苦、甘，平、微溫，無毒。　主治：療諸賊風，百節痛，諸風濕冷，皮肌苦痒，手足攣痛。○主風寒所擊，金瘡止痛，奔豚癇痓，女子疝瘕，勞損，風毒齒痛。

獨活，《本經》上品。【圖略】色黄白，亦有淡黑色，氣香。二月、八月采根。

獨活類老前胡，尋常皆以老宿前胡為獨活，非矣！近時江淮中出一種土當歸，長近尺許，肉白皮黄，氣極穢惡，山人每呼香白芷，又謂之水白芷，用充獨活。解散亦或用之，不可不辨。

修治：獨活，去皮細剉，焙用。

獨活：微溫，甘、苦、辛，氣味俱薄，陽也。足少陰行經氣分之藥。蠡實為之使。

《千金方》：治中風口噤，通身冷，不知人，獨活四兩，好酒一升，煎半升服。　獨活：君。

明・李中梓《藥性解》卷二　獨活　味苦、甘、辛，性微溫，無毒，入肺、腎二經。主新舊諸風濕痹，頸項難伸，腰背痠疼，四肢攣痿，黄色而作塊者為獨活。　按：獨活氣濁屬陰，善行血分，斂而能舒，沉而能升，緩而善搜，可助表虛，故入太陰肺、少陰腎，以理伏風。　羌活　味苦、甘、平，性微溫，無毒，入小腸、膀胱二經。散入表風邪，利周身節痛，排巨陽腐肉之疽，除新舊風濕之症，紫色而節密者為羌活。　按：羌活氣清屬陽，善行氣分，舒而不斂，升而能沉，雄而善散，可發表邪，故入手太陽小腸、足太陽膀胱，以理遊風。其功用與獨活雖若不同，實互相表裏，用者審之。

明・繆希雍《本草經疏》卷六　獨活　味苦、甘，平、微溫，無毒。主風寒所擊，金瘡止痛，賁豚，癇痓。女子疝瘕，療諸賊風，百節痛風無久新者。久

服輕身耐老。一名羌活。痓作痙。

〔疏〕獨活稟天地正陽之氣以生，故味苦、甘，平。甄權、潔古益之以辛，微溫，無毒。氣味俱薄，浮而升，陽也。足少陰引經氣分之藥。羌活性溫，辛、苦，氣厚於味，浮而升，陽也。手足太陽行經風藥，竝入足厥陰、少陰經氣分。羌活氣雄，獨活氣細。故雄者治足太陽風濕相搏，頭痛肢節痛，一身盡痛者，非此不能除，乃卻亂反正之主君藥也。細者治足少陰傷風頭痛，兩足濕痹不能行動，非此不能除，而不治太陽之證。名列君部之中，非比柔懦之主。小無不入，大無不通，故能散肌表八風之邪，利周身百節之痛。其主風寒所擊，金瘡止痛者，金瘡為風寒之所襲擊，則血氣壅而不行，故其痛愈甚。獨活之苦甘辛溫，能辟風寒，邪散則肌表安和，氣血流通，故其痛自止也。賁豚者，腎之積。腎經為風寒乘虛客之，則成賁豚。此藥本入足少陰，故治賁豚。癇與痓，皆風邪之所成也，風去則癇痓自愈矣。女子疝瘕者，寒濕乘虛中腎家所致也。苦能燥濕，溫能辟寒，辛能發散，寒濕去而腎臟安，故主女子疝瘕，及療諸賊風，百節痛風無久新也。輕身耐老，定非攻邪發散之藥所能，烏可久服哉？《本經》載之誤矣！二藥本一種，第質有虛實老嫩，氣有厚薄之不同耳。〔主治參互〕君麻黃、甘草，主冬月即病傷寒，太陽經頭疼，發汗解表。君麥門冬、前胡、黃芩，佐以甘草，治春時瘟疫，邪在太陽頭痛。入葛根湯，治太陽陽明頭痛，兼遍身骨痛，口渴，煩熱不得眠。若渴甚、煩熱甚、頭痛甚，則加石膏、知母、竹葉各兩許。瘧發太陽經頭痛者，於治瘧藥中加之，痛止則去之。同白术、蒼术、秦艽、生地黃、薏苡仁、木瓜、石斛、黃蘗，治下部一切風濕、濕熱。同生地黃、赤芍藥、生甘草、牡丹皮、石膏等，水煎，治風熱上攻牙腫痛。同萊菔子炒香，只取羌活為末，每服二錢，溫酒調下，一日一服，二日二服，三日三服，治妊娠浮腫由於風濕。出許學士《本事方》。人睛忽垂至鼻，如黑角色，痛不可忍。或時時大便血出痛，名曰肝脹。羌活一味煎汁，服數盞自愈。出夏子益《奇疾方》。〔簡誤〕獨活、羌活，陽草中之風藥也。本為祛風散寒除濕之要品。風能勝濕，以其性燥故也。《本經》《別錄》並載主中風及諸風。不知真中風惟西北邊塞高寒之地，風氣剛猛，虛人當之，往往猝中，或口眼歪斜，或口噤不語，或手足癱瘓，左右不仁，或剛痓柔痓，即角弓反張，此藥與諸風藥並用可也。若夫江南吳、楚、越、閩、百粵、鬼方、梁州之域，從無剛勁之風，多有濕熱之患。質脆氣虛，多熱多痰。其患中風，如前等病，外證雖一一相似，而其中實非，何者？此皆劉河間所謂將息失宜，水不制火；丹溪所謂中濕、中痰、中氣是也。此則病係氣血兩虛，虛則內熱煎熬津液，結而為痰。熱則生風，故致猝倒，亦如真中風狀。而求其治療之方，迥若天淵。外邪之氣勝則實，實則瀉之，祛風是已；內而真氣不足則虛，虛則補之，調氣、補血、生津、清熱是已。倘誤用風藥，反致燥竭其津液，血愈不足而病愈沉困，命曰虛虛。攻補既謬，死生遂殊。粗工懵昧，執迷不悟，茲特表而明之。又有血虛頭痛及遍身疼痛骨痛，因而帶寒熱者，此屬內證，誤用反致作劇。

明・倪朱謨《本草彙言》卷一

獨活　味苦、甘、辛，氣溫，無毒。氣味俱薄，浮而升，陽也。足少陰行經氣分、血分之藥。寇氏曰：獨活是羌活母也。出漢蜀、西羌者良。春生苗，狀如青麻，一莖直上，有風不動，無風自搖，故名獨搖草。六月開花作叢，或黃或紫。生砂石中者，葉微黃；生肥土中者，葉青翠。有兩種：一種形大、有臼如鬼眼者，今人呼爲獨活；一種蠶頭鞭節，色黃紫，臭之如蜜蠟香，今人呼爲羌活。近以老前胡及土當歸，長尺許，白肉黑皮，氣亦芬香如白芷，用充獨活，不可不辨。蘇氏曰：羌活、獨活，乃一種二物。正如川芎、撫芎，雲朮、腿朮之義。入用微有不同。後人以爲二種者，非矣！今人以紫色節密者爲羌活，黃色作塊者爲獨活。今蜀中有大獨活，類羌活，微黃而極大。收時寸解之，氣味亦芳烈。又有槐葉氣者，用之極效驗，意此爲真者。今市人或擇羌活之大者爲獨活，殊爲未當。李時珍曰：乃一類二種。以中國者爲獨活，西羌者爲羌活。蘇氏所說甚明。又按《易簡方》云：羌活須用紫色、有蠶頭鞭節者。獨活是極大羌活，有如鬼眼者。〇又按：獨活，一名羌活，本非二物。後人見其形色氣味不同，故爲異論。然物多不齊，物之情也。一種之中，自有不同。有緊實者，有輕虛者。仲景用獨活治少陰，必緊實者；東垣用羌活治太陽，必輕虛者。正如黃芩取中枯而飄者名宿芩治太陰，圓實而堅者名子芩治陽明之義相同也。

獨活：善行血分，李東垣祛風行濕散寒之藥也。夏碧潭稿凡病風之證，如頭項不能屈申，腰膝不能俛仰，或痹痛難行，麻木不用，皆風與寒之所致，暑與濕之所傷也。必用獨活之苦辛而溫，活動氣血，祛散寒邪，故《本草》言能散腳氣，日華化奔豚，療疝瘕，元素消癰腫，《本經》治賊風百節攻痛，定少陰

寒鬱頭疼，意在此矣。

羌活：祛風逐濕，東垣升陽發散之藥也。夏碧潭如頭痛目疼，發熱惡寒，腰脊强痛，四肢拘急，乃風寒之證也。或頭重目眩，四肢怠惰，腰膝拳攣，難以俯仰，乃風濕之證也。以此苦辛之劑，功能條達肢體，通暢血脉，攻徹邪氣，發散風寒風濕。故瘍證以之能排膿托毒，發潰生肌；目證以之治羞明隱澁，腫痛難開。風證以之治痿痙癲癇，麻痹厥逆，蓋其體輕而不重，氣清而不濁，味辛而能散，性行而不止，故上行于頭，下行于足，遍達肢體，以清氣分之邪之神藥也。○又有血虚頭痛及遍身骨痛，因而兼寒熱者，此屬内虚，當用歸、芎、熟地、白朮、知母、枸杞、丹皮等類，誤用風藥，反致增劇。

丹溪先生云：獨活、羌活，均能祛風燥濕者也。然而表裏、上下、氣血之分，各有所長。羌活氣雄，入太陽，外行皮表而内達筋骨，氣分之藥也；獨活氣細，入少陰，内行經絡而下達足膝，血分之藥也。所以羌活有風寒發散之功而解太陽，故目證、瘍證、風痹等證，爲必用也。獨活僅可爲風濕寒邪之用，而治少陰厥陰，故奔豚疝瘕，腰膝脚氣等疾，爲必用也。二物一種，其主治有不同者如此。繆仲淳先生曰：羌、獨二活，禀天地正陽之氣以生，名列君部，非比柔懦之主。大無不通，小無不入，却亂反正之上藥也。故能開萬竅而出八風之邪；通四大而利關津之鍵。羌、獨本同一種，但分質有老嫩虚實，氣有厚薄緩急之殊耳。盧不遠先生曰：動搖萬物者，莫疾乎風。故萬物莫不因風以爲動搖。惟獨活不然。有風獨立不動，無風獨能自搖。在蜀名獨活，在羌名羌活，隨地以名，亦隨地有差等。其從治一切不能獨立不動，則爲風寒刀刃之所擊，因風而痛者及奔豚癇痓之因風以爲動搖者，女子疝瘕因風以爲堅築者，惟獨活氣味溫辛而苦，復因風而及乎上下，因風而出入開闔，能啓太陽之闔而開，能入厥陰之開而闔。具備風木化氣之體用者，故奏功獨捷歟！繆仲淳先生曰：獨活、羌活，陽草中之風藥也。本爲祛風、散寒、除濕之要品。風能勝濕，以其性燥故也。本草諸書幷載主中風及諸風。不知真中風，惟西北邊塞，高寒之地，風氣剛猛，虚人受之，往往卒中。或口眼歪斜，或口噤不語，或手足癱瘓，左右不仁，或剛痓柔痓，角弓反張，此藥與諸風藥幷可用也。若夫江南吳、楚、越、閩、百粤、鬼方、梁州之域，從無剛勁之風，多有濕熱之患。質柔氣虚，多熱多痰。其患中風如前等病，外證雖一一相似，而其中實非。即劉河間所謂將息失宜，水不制火；丹溪所謂中濕、中痰、中氣是也。此則病係氣血兩虚，虚則内熱煎熬津液，結而爲痰。熱則生風，故致卒倒，亦如真中風狀。而求其治療之方，迥若天淵。外邪之氣勝則實，實則瀉之，祛風是已。如内而真氣不足則虚，虚則補之，調氣補血，生津清熱是已。倘誤用風藥，反致燥竭其津液，血愈不足而病愈沉困，命曰虚虚。攻補既謬，死生遂殊。粗工懵昧，執迷不悟，兹特表而明之。

《廣濟方》云：治冬月傷寒，太陽經，頭痛身疼，發熱惡寒無汗者。用羌活、杏仁、甘草。○治太陽明頭痛，兼遍身骨痛。用羌活入葛根湯。○治四時感冒風寒。用羌活沖和湯。○治下身一切風濕濕熱。用羌活、蒼白朮、秦艽、生地、苡仁、木瓜、萆薢、黄蘖。○治風熱上攻，齒牙腫痛。用羌活、赤芍、生地、薄荷、荆芥、蔓荆子、石膏。○六經頭風頭痛。用羌活、川芎、蒼耳、荆芥、黄芩、天麻。陳延之《小品方》云：治中風不語。用真獨活一兩，炒黄，大豆五合，炒黑，以酒乘熱投蓋之，良久，溫服二合，未瘥再服。○治産後中風語濇，四肢拘急。用真川羌活二兩爲末，每服五錢，水煎服。○《外臺秘要》治歷節風痛。用真川羌活、松節各等分，酒煮，每早晚各飲一杯。○治風牙腫痛。用真川獨活，煮酒，熱漱之。續補集方：治脚氣腫脹痛。用真川獨活五錢，木瓜、牛膝各一兩，共爲末，每服三錢。空心白湯調下。○治奔豚氣或瘕疝攻築疼痛。用真川獨活、羌活各一兩，吳茱萸三錢，荔枝核、小茴香各五錢，共爲末，每服三錢。空心白湯調下。○治下部癰腫。用獨活、羌活各二錢，防風、柴胡、桔梗、金銀花、連翹、川芎、赤芍藥各一錢五分，水煎服。○治賊風百節攻痛。用川獨活、羌活、防風、當歸各二錢，水煎服。○治少陰寒鬱頭痛。用川獨活五錢，防風二錢，水煎服。

明・李中梓《醫宗必讀・本草徵要上》 獨活味苦，甘，平，無毒。入小腸、膀胱、肝、腎四經。風寒濕痹，筋骨攣疼，頭旋掉眩，頭項難伸。本入手足太陽表裏引經，又入足少陰、厥陰，小無不入，大無不通，故既散八風之邪，兼利百節之痛。時珍曰：獨活、羌活，乃一類二種。中國者為獨活，色黄氣細，可理伏風；西羌者為羌活，色紫氣雄，可理遊風。按：獨活、羌活，皆主風疾，若血虚頭痛及遍身肢節痛，誤用風藥，反致增劇。

明・鄭二陽《仁壽堂藥鏡》卷一〇上 獨活 氣味與羌活同。無毒。氣厚味薄，升也。苦、辛。足少陰腎經行經之藥。《本草》云：主風寒所擊，金瘡止痛，賁豚癇痓，女子疝瘕，療諸賊風，百節痛風，無久新者。《液》

云：　獨活細而低，治足少陰伏風，而不治太陽。故兩足寒濕痹，不能動止，非此不能除。《象》云：　若與細辛同用，治少陰經頭痛。一名獨搖草。得風不搖，無風自搖。去皮淨用。《秘訣》云：　性溫，味苦。氣厚味薄，沉而升，陰中陽也。治風須用，及能燥濕。《經》云：　風能勝濕，頭暈目眩。非此不能除。時珍曰：　獨活、羌活，乃一類二種。中國者為獨活，西羌者為羌活。以為二物，非矣。但羌活紫色氣雄，可理遊風；　獨活黃色氣細，可理伏風。

《唐本》注云：　療風用獨活，兼水用羌活。

明・蔣儀《藥鏡》卷三平部　獨活　善行血分，能斂能舒。治頸項腰疼，奔豚瘕疝，散癇痓運眩，攣痿濕痹。君荊翹解下身之癰毒，主蒼朮治兩足之濕腫。佐黃蘗，血崩之止如神。君查根，痘毒之袪極效。獨活氣濁而入少陰，助表而條達乎氣血。羌活氣清而入太陽，發表而通徹乎榮衛。古方羌獨並用，厥旨深哉。

羌活：　能入氣分，可散可升，驅肌表之濕風。手足太陽並入，和周身之痺痛，巨陽疽腐兼瘳。足太陽少陰經頭痛乎，當與川芎並駕。足陽明少陽經口斜者，秦艽可與偕焉。目症用之而治羞明癮澁，腫痛難開。風疾用之而治痿痓癲癇，厥逆強仆。並蒼朮理風濕甚捷，佐麻黃開腠理堪誇。

明・賈九如《藥品化義》卷一風藥　獨活　屬陰中有微陽，體輕，色蒼，氣香而濁，味苦微辛，性微溫，能沉能浮，力除風濕，性氣與味俱重，入心肝腎膀胱四經。　獨活氣香而濁，味苦而辛，能宣通氣道自頂至膝，以散腎經伏風。凡頸項難舒，臀腿疼痛，兩足痿痹，不能動移，非此莫能救也。取其氣香透心，用為心經引藥，療赤眼痛。因其枝莖遇風不搖，能治風，風則勝濕，專疏濕氣。若腰背酸重，四肢攣痿，肌黃作塊，稱為良劑。又佐血藥活血舒筋，殊為神妙。

明・盧之頤《本草乘雅半偈》帙三　獨活《本經》上品　氣味：　苦、甘，平，無毒。　主治：　主風寒所擊，金瘡，止痛，奔豚，癇痓，女子疝瘕。久服輕身耐老。

覈曰：　出蜀漢、西羌者良。春生苗，如青麻狀。一莖直上，有風不動，無風自搖。六月開花作叢，或黃或紫。生砂石中者，葉微黃。生厚土中者，葉青翠。有兩種，一種形大有臼，如鬼眼者，今人呼為獨活；　一種蠶頭鞭節，色黃紫，臭之作蜜蠟香，今人呼為羌活。近以老宿前胡及土當歸，黑皮白肉，臭如白芷者，用充獨活，不可不辨。采得剉細，以淫羊藿拌浥二日，暴乾，去藿用，免人心煩。

繆仲淳先生云：　獨活稟天地正陽之氣以生，名列君部，非比柔懦之主，小無不入，大無不通，却亂反正之君主藥也。故能開萬竅八風之邪，通四大關津之捷。羌獨本同一種，但分質有虛實老嫩、氣有厚薄緩急之殊耳。

先人評藥云：　自行其意，獨得嘉名。

条曰：　動搖萬物者莫疾乎風。故萬物莫不因風以為動搖，唯獨活不然。有風，獨立不動；　無風，獨能自搖。在蜀名蜀活，在羌名羌活，隨地以名，亦隨地有差等。但可互為兄弟，不可強別雌雄，其從治不能獨立不動，而為風寒刀刃之所擊及奔豚癇痓之因風以為動搖，復因風而反乎上下開闔者。若女子疝瘕，此不能自搖耳。不能自搖，即闔而不開，不能獨立不動，即開而不闔。唯獨活則闔而能開，開而能闔，當入肝之經，厥陰之闔，具備風木化氣之體用者歟。条合赤箭生成主治彼此功力昭然。但合赤箭不為物移之體，能立力，能獨運之用，能行，故僅可強禦外侮，而少遜駐形。以其無森衛旋返之力故耳。

明・李中梓《本草通玄》卷上　羌活、獨活　乃一類二種，中國生者名獨活，羌胡來者爲羌活，氣味辛溫，為手足太陽引經之藥，又入足少陰厥陰。小無不入，大無不通，故能散肌表八風之邪，利周身百節之痛，頭旋掉眩，失音不語，手足不隨，口眼歪斜，目赤膚癢，理女子疝瘕，散癰疽敗血。　好古曰：　羌活色紫氣雄，可理遊風。獨活色黃氣細，可理伏風。　氣血虛而遍身痛者，禁之。

清・穆石匏《本草洞詮》卷八　獨活羌活　一莖直上，不為風搖，故曰獨活。以羌中來者為良。故有羌活、胡王使者之名。後人見其顏色氣味不同，遂為異論。而羌活、獨活如蒼朮、白朮，川芎、撫芎之類，乃一類二種也。氣味苦甘平，一云微溫，無毒。能逐風勝濕，透關利節。羌活氣雄，獨活氣細。雄者治手足太陽風濕相搏，頭痛，肢節痛，一身盡痛者，非此不能除。細者治足少陰伏風頭痛，兩足濕痹不能動止者，非此不能治。羌活治太陽而兼入足厥陰氣分，更治督脉為病，脊強而厥，大無不通，小無不入，故能散肌表八風之邪，利周身百節之痛。獨活不治太陽之證，此其施用，固有優劣也。

清・劉雲密《本草述》卷七下　獨活、羌活弘景曰：　一莖直上，不為風搖，故稱獨活。　按：　《本經》止有獨活之條，謂其為一名羌活，一名羌青，一名護

羌使者，是也。因此種生於雍州川谷，或隴西南〔安〕，並是羌地，故《本經》所謂羌活者，即是獨活，非二種也。然陶隱居言羌活出羌地，而益州西川者為獨活，是又一物而二種矣。時珍歷據先哲諸說，而曰獨活、羌活乃一類二種，以中國者為獨活，西羌者為羌活，正如川芎、撫芎，白术、蒼术之義。入用微有不同，後人以為二物者，非矣。愚謂既云非二物，即當根據《本經》以為用。奈何鶻突復以羌活屬羌，獨活屬蜀，就異地之所產分之為二乎？但川中所產，或另是一種獨活，並屬可用耳。今尊《本經》以獨活居前，而後亦另出羌活，因其用之有別，難以滚同論也。

獨活根　氣味：苦、甘，平，無毒。《別錄》曰：微温。權曰：苦，辛。潔古曰：獨活微温，甘、苦、辛，氣味俱薄，浮而升，陽也，足少陰行經氣分之藥。《主治秘訣》云：性温，味苦，氣厚味薄，沉而升，陰中陽也。主治：風寒所擊，金瘡止痛，奔豚癇痓，女子疝瘕《本經》。一切風并氣，筋骨攣拳，骨節酸痛日華子。治中風溼冷，奔喘逆氣，皮膚苦癢，手足攣痛，療勞損風毒，齒痛甄權。治足少陰伏風，與細辛同用。治少陰經頭痛，兩足寒溼痹，不能動止，非此不治。治百節痛風，即所謂伏風，而深入骨節者《方書》。東垣云：獨活細而低，治足少陰伏風，而不治太陽，故兩足寒溼痹，不能動止，非此不能治。中梓曰：獨活氣濁，屬陰，善行血分，斂而能舒，沉而能升，緩而善搜，可助表虛，故入太陰肺、少陰腎，以理伏風。

羌活根　潔古曰：羌活性温，辛苦，氣味俱薄，浮而升，陽也，手足太陽行經風藥，並入足厥陰、少陰經氣分。《主治秘訣》云：性溫，味辛，氣味俱薄，浮而升，陽也。諸本草主治：風邪在表在上要藥。去膀胱並腎間風邪，治太陽經頭痛，及周身盡痛，骨節痛，項強脊痛，并搜肝風，瀉肝氣，治諸風掉眩，口面喎斜，大治風溼相乘，或風寒溼諸痹，酸痛不仁，筋骨攣拳，偏身痛痹，血癩。雖不治血虛筋燥，肢節筋骨痠痛，然挾風溼者，亦可於血藥中兼用，并散癰疽敗血。金德生曰：升舉中焦，則柴胡、升麻。升舉下焦，用藁本、羌活。

中梓曰：羌活氣清，屬陽，善行氣分，舒而不斂，升而能沉，雄而善散，可發表邪，故入手太陽小腸、足太陽膀胱，以理遊風，其功用與獨活雖若不同，實互相表裏。潔古曰：羌活治肢節疼痛，手足太陽本經風藥也。愚按：骨乃少陰腎之合，羌活雖為太陽風藥，而足太陽與少陰腎為表裏，羌活亦入之，但專力於達巨陽之氣分，而少陰血分猶首推獨活耳。所以治歷節風痛者，必兼羌、獨二味，並用松節也。東垣云：羌活、獨活、防風，此三味治手足太陽證，脊痛項強，不可回顧，腰似折，項似拔者。潔古云：治督脈為病，脊強而厥。夫足太陽夾督而行，會督者二，手太陽又會諸陽於督之大椎，故羌活為足太陽並手太陽之劑，而遂治督也。按：先哲所云，羌活搜肝風，瀉肝氣者，觀錢氏瀉青丸亦用之，為其壬乙同歸，則可見矣。或問治頭痛者何？答曰：巨陽從頭走足，惟厥陰與督脈會於巔，逆而上行，諸陽不得下，故令頭痛也。足太陽厥陰之藥也。

總論　好古曰：羌活乃足太陽、厥陰、少陰藥，與獨活不分二種，後人因羌活氣雄，獨活氣細，故雄者治足太陽風溼相搏，頭痛，肢節痛，一身盡痛者，非此不能除，乃却亂反正之主君藥也。故大無不通，小無不入，細者治足少陰伏風頭痛，兩足溼痹不能動止者，非此不能治，而不治太陽之證。時珍曰：羌活、獨活，皆能逐風勝溼，透關利節，但氣有剛劣不同爾。《素問》云：從下上者，引而去之。二味苦辛而温，味之薄者，陰中之陽，故能引氣上升，通達周身，而散風勝溼。希雍曰：獨活稟天地正陽之氣以生，故味苦甘平。甄權、潔古益之，以辛微温無毒，氣味俱薄，浮而升，陽也，足少陰引經氣分之藥。羌活性温辛苦，亦氣味俱薄，浮而升，陽也，手足太陽行經風藥，並入足厥陰、少陰經氣分。按：《主治秘訣》謂獨沉而升，羌浮而升，乃為得之。時珍、希雍俱少分曉。

君麻黄、甘草，主冬月即病傷寒太陽經頭疼，發汗解表。君麥門冬、前胡、黄芩，佐以甘草，治春時瘟疫，邪在太陽頭痛。入葛根湯治太陽陽明頭痛，兼偏身骨痛，口渴煩熱，不得眠，若渴甚，煩熱甚，頭痛甚，則加石膏、知母，竹葉各兩許。瘧發太陽經頭痛者，於治瘧藥中加之，痛止則去之。同白术、蒼术、秦艽、生地黄、薏苡仁、木瓜、石斛、黄檗，治下部一切風溼溼熱。同生地黄、赤芍藥、生甘草、牡丹皮、石膏等，水煎，治風熱上攻，牙腫痛。

愚按：獨活有風不動，無風自搖，而《本經》謂即是羌活，固知為治風之首劑也。然則與諸風藥一視歟？曰：諸風藥不能盡舉，即如防風自上而達於周身，羌活則自下而上以及周身，則亦區以別矣。先哲曰：非苦無以至地，非温非辛無以至於天。羌獨活，其氣温，本地中首出之氣，其味始苦而次辛，苦多而辛少，辛後又有甘，是首出之氣，本於味苦之入地者以上

行，更辛甘合而上行之氣乃暢，此所以為手足太陽行經風藥。《經》曰：巨陽者，諸陽之屬也。足太陽寒水，而風木即繼寒水之後，以達地中之陽，故雖曰風藥，即能大暢寒水之鬱，而宣其化矣。先哲謂其治督脈為病，脊強而厥，以督為人身之真陽，而足太陽固夾督而行，且上合於督也，即其能達真陽，以散寒鬱，豈得以風劑例視乎？故後人治三時寒疾用之，以代麻黄、桂枝，竟獲奏效者也。羌活，足太陽經藥。獨活，足少陰經藥。一表一裏，似氣血之原已分矣。一女子於初春病頭痛，渾身骨作痛，且兼腰痛，是外寒病於足太陽腑，為頭痛骨痛，更病於足少陰臟，為腰痛也。表裏俱病，氣血兩傷，其傷血者，謂寒泣血也。乃麻黄、桂心之所治，無如女子妊娠，前藥在所禁。但用羌活為君而入太陽，獨活為臣而入腎，投一劑便已奏功矣。其確然不爽。若此，論中認取獨活不誤，蓋以用之屢效也，其論甚明，須細繹之。又大治風溼相乘者，豈止謂其風能燥之歟？蓋腎主水，腎之真陽不暢，水鬱即化溼，從風化以暢水中之陽，正所以除溼，即舉外受之溼皆能治之矣。其通經絡者云何？《經》曰：經脈者，所以行血氣而營陰陽，濡筋骨，利關節者也。夫營行脈中，每患於溼以為血病，血病則邪氣惡血住留，住留則傷經絡，經絡傷則不能行血氣而營陰陽，故患為諸痹，甚者且不得濡筋骨，利關節，致骨節酸痛，并機關不得屈伸而拘攣也。即病於脊痛項強，不可回顧，并腰似折，項似拔，皆其由溼以化風者也。乃風升之劑，即從寒水中以行其化，而藏血之肝，實司風化以主經絡，遂並太陽而效其用，謂其通經絡，而大治風溼者，此也。方書治大便秘屬風者，於諸藥中類用羌活，即此一證。可悟風與血相關切之義。蓋大便秘，固患於燥也。燥者，病於血不足也。乃仍以風藥燥之，可乎？則知羌活之舉陰以升，而裕血之用，原不徒以燥溼為功也。蓋風和則血裕，風淫則血燥，原相關切，是羌活不徒達陽以化溼，亦且暢陰以和風，是可漫以風劑例視乎哉？抑風陽而寒溼陰，茲味固暢陰以達陽矣。乃如防風之治，反以瀉陽實而令陽暢者，云何？曰：人身風升之氣，與元氣無二，暢陰以達陽者，固所以裕元氣，俾陽出於陰中而上際，其升之機，藉於肝，至瀉陽以蓄陰者，更所以裕元氣，俾陽依於陰中以下蟠，其降之機舉在肺，如肺實不瀉，《經》所謂升降不前，氣交有變是也。故《經》曰：金木者，生成之終始也。然此二味之能通經絡，一自下，一自上，兩相須以為用者，其義又謂何？曰：先天之元陰，水也。後天之真陰，血也。均能病乎溼，如羌活舉風化之氣達於天，雖曰升陽，然是陽舉陰以升也。先哲曰肝膽同為津液府，又曰太陽厥陰同一治，《經》曰九竅為水注之氣，非陽之舉陰以達於天者乎？升已而降，復本其氣化以歸中土，舉津液變化而赤是為血，是所謂辛甘合而上行之氣乃暢，俾液歸氣化，血歸液化，手太陽與足太陽合之而下行極矣。乃仍得升焉，是羌活之暢陰以達陽，而防風之瀉陽以蓄陰者，總為陽之不離於陰，以為用，其上下相須，應得如是爾，非泛泛然止謂是風劑，便能通經絡也。即防風主上部見血，而羌活能治血癩及癰疽敗血，則斯義不爽可知矣。雖然，獨活之功，不及通經絡者，豈謂其為腎之藥歟？緣腎為陰中之至陰，而獨活能絪緼至陰中之陽化，以裕足太陽之氣化，而上際通天，其功猶有遜歟？曰：是也。即頭痛一證，取用於羌多矣，而獨且寥寥焉。是所謂三陰上不至頭者也。第其入至陰之地，即寒水而裕風化，又即就風木而達水化，所謂不爭下流者，獨活有焉，故不與通經絡分功，即《本經》主治風寒所擊，金瘡止痛，奔豚癇痓，女子疝瘕，則可以參其首功矣。

希雍曰：獨活、羌活，陽草中之風藥也。本為祛風散寒除溼之要品，但《本經》《別錄》並載主中風及諸風，在用者宜審。夫真中風，惟西北風高寒苦之地，虛人當之，往往猝中，或口眼歪斜，或口噤不語，或手足癱瘓，左右不仁，或剛痓桑痓，即角弓反張，此藥與諸風藥並用可也。若夫江南吳楚、越閩、百粤、鬼方、梁州之域，從無剛勁之風，多有溼熱之患，質脆氣虛，多熱多痰，其患中風，如前等病，外證雖一一相似，而其中實非，此則內傷虛邪，與外淫實邪，或攻或補，迥若天淵，若誤用風藥虛虛貽禍不小，恐粗工懵昧，特表而示之。又有血虛頭痛，及偏身疼痛，骨痛，因而帶寒熱者，此屬內證，誤用反致作劇。

修治　去皮及腐朽者。　陶隱居曰：獨活易蛀，宜密器藏之。此語誠然。此亦驗真偽之一端也。

按：有謂獨活緊實，羌活輕虛者，殊與陶隱居、蘇頌之說不合。隱居云羌活形細而多節，軟潤，氣息極猛烈；獨活色微白，形虛大，為用亦相似，而小不如。蘇頌亦謂獨活自蜀來者，小類羌活而極大，氣亦芳烈，又有槐葉氣者，用之極驗。至王貺《易簡方》云：羌活須用紫色，有蠶頭鞭節者，獨活是極大羌活，有臼如鬼眼者。據諸說如一，則所謂獨活緊實者，似不足憑。何也？又先哲類言羌活氣雄，獨活香細，而後人有云羌活氣清，屬

陽，善行氣分；　獨活氣濁，屬陰，善行血分。此説似創矣。然蘇頌言獨活氣亦芳烈，而市肆所售獨活，有虛大者，既與緊實不類，而其氣猛烈，又與香細不合，然用之亦驗，則所云氣濁屬陰者，理或然也。陳嘉謨謂真者難得，其然，豈其然乎？

清・郭章宜《本草匯》卷九　獨活即獨搖草。　味甘、苦、辛，微溫，氣厚味薄，沉而升，陰中陽也。足少陰行經之藥。諸風痺痛無新久，筋骨攣拳不可遺。奔喘逆氣及腰疼，腎風牙腫併寒濕。《本經》主治賁豚者，賁豚爲腎之積氣，腎經爲風寒客之，則症成賁豚，此藥本入足少陰，故能治之。又主女子疝瘕者，寒濕中腎所致也。苦能燥濕，溫能辟寒，辛能發散，寒濕去而腎臟安，故疝瘕可療。又主風寒所擊，金瘡止痛。金瘡為風寒所襲擊，則氣血不行，故其痛愈甚。獨活之甘苦辛溫，能辟風寒，邪散則肌表安和，氣血周流，而痛自止。

按：　獨活氣濁屬陰，善行血分，斂而能舒，沉而能升，緩而善搜，伏風非此不除。得風不搖，無風自動，故又名獨搖草。如浮萍之不沉水而利水，皆因其所勝而為製也。主治與羌活稍殊，乃足少陰表裏引經，專治頭風與少陰伏風，而不治太陽經也。故兩足濕痺，不能動履，非此莫痊。風毒齒痛，頭眩目暈，有此堪治。雖仗治風，又資燥濕。《經》云風能勝濕故也。本與羌活同種，第羌活主上行，其氣雄，入足太陽，獨活主下行，其氣香細，入足少陰為不同耳。仲景治少陰所用獨活，必緊實者。東垣治太陽所用羌活，必輕虛者。正如黄芩取枯飄者名片芩，治太陰；　條實者名子芩，治陽明之義同也。與細辛同用，治風寒之齒痛，及少陰之頭痛。走腎走心，各從佐使。氣血虛而遍身痛者，忌用。內證帶寒熱者，痛戒。

產蜀漢，節踈重實，黄色而作塊者，去皮焙用。以淫羊藿拌挹一二日，暴乾，去藿，免人煩心。

清・蔣居祉《本草擇要綱目・熱性藥品》　獨活　氣味：　苦、甘，平，無毒。浮而升，陽也。入手足太陽經行風藥，入足厥陰、少陰經氣分。　主治：　療諸賊風百節痛，諸風濕冷，皮肌苦痒，手足攣痛。得細辛治頭痛如神。兩足寒痹不能動履，偕牛膝、木瓜燥濕，立效。

清・閔鉞《本草詳節》卷二　獨(滑)〔活〕　【略】按：　獨(滑)〔活〕氣濁屬陰，善行血分，斂而能舒，沉而能升，緩而善搜，可助表虛。入足少陰以理伏風，而不治太陽之症。但療風宜用獨(滑)〔活〕，兼水宜用羌(滑)〔活〕。

羌(滑)〔活〕：　【略】按：　羌(滑)〔活〕氣清，屬陽，善行氣分，舒而不斂，升而能沉，雄而善散，小無不入，大無不通，乃表裏引經撥亂反正之主也，故入太陽以理遊風。二(滑)〔活〕功用，雖若不同，亦互相表裏，惟氣血虛，遍身痛者勿概用。

清・王翃《握靈本草》卷三　獨活與羌活同出蜀中，本是一種，紫實者爲獨活治少陰，輕虛者爲羌活治太陽。　主治：　獨活，苦、甘，平，無毒。治風寒濕痺，百節酸痛不仁，諸風掉眩，項強。

羌活出川隴。　主治：　性味、治療與獨活同。　發明：　羌活本手足太陽表裏行經之藥，又入足少陰、厥陰，小無不入，大無不通，故能散肌表八風之邪，利周身百節之痛，排巨陽肉腐之疽，除新舊風濕之證。又治督脈爲病，脊強而厥，蓋巨陽從頭走足，厥陰與督脈亦會于巔頂故也。

清・汪昂《本草備要》卷一　獨活宣，搜伏風，去濕。　辛、苦，微溫。氣緩善搜。入足少陰氣分腎，以理伏風。治本經傷風頭痛，頭運目眩，宜與細辛同用。風熱齒痛，文潞公《藥準》用獨活、地黄等分爲末，每服三錢。痙癇濕痹，項背強直、手足反張曰痙；　濕流關節、痛而煩曰濕痹。風勝濕，故二活兼能去濕。奔豚疝瘕。腎積曰奔豚，風寒濕客于腎家所致。瘕疝亦然。　有風不動，無風反搖，又名獨搖草。故治風。《本經》云：　獨活一名羌活。古方惟用獨活，後人云是一類二種，遂分用。以形虛大有臼如鬼眼，節疏色黄者爲獨活；　色紫節密，氣猛烈者爲羌活。并出蜀漢。又云自西羌來者名羌活。故又名胡王使者。今採諸家所分經絡、主治各症，以便施用。

清・顧靖遠《顧氏醫鏡》卷七　獨活辛、甘、苦，微溫。入膀胱、小腸、肝、腎四經。　善祛風寒，能除濕熱。羌、獨皆去風散寒除濕，透關利節之品。產中國者名獨活，氣細而治足少陰伏風頭痛，為腎家引經之藥也。兩足濕痺，不能行動。腎為水藏，濕易流入。出西羌者曰羌活，乃一類二種。氣雄而治足太陽感邪頭痛，風、濕、寒三氣，皆邪也，為膀胱引經之藥。四肢百節，一身盡痛。若血虛頭痛及遍身肢節痛，悮用增劇。

清・张璐《本經逢原》卷一　獨活　辛、苦，微溫，無毒。香而紫黑者真。《本經》主風寒所擊，金瘡止痛，奔豚癇痓，女子疝瘕。　發明：　獨活不搖風而治風，浮萍不沉水而治水，因其所勝而為制也。《本經》治金瘡為風寒所

擊而痛，及賁豚癇痙，女子疝瘕，皆邪風內賊之候。獨活生益州，較羌活其氣稍細。升中有降，能通達周身，而散風勝濕。與細辛同用，治厥陰頭痛目眩，又足少陰經伏風頭痛，兩足濕痹不能動止者，非此不治。甄權以獨活治諸風濕冷、奔喘逆氣，皮膚苦癢，手足攣痛，勞損風毒，齒痛，皆風濕相搏之病也。但氣血虛而遍身痛及陰虛下體痿弱者禁用。南方無剛猛之風，一切虛風類中，咸非獨活所宜。　羌活　苦、辛，溫，無毒。香而色紫者良。　發明：羌活生於羌胡、雍州，隴西、西川皆有之。治足太陽風濕相搏，一身盡痛，頭痛，肢節痛，目赤，膚癢，乃却亂反正之主帥。督脈為病，脊強而厥者，非此不能除。甄權以羌活治賊風，失音不語，多癢，手足不遂，口面喎斜，痛痹血癩，皆風中血脈之病也。蘇恭曰：療風宜用獨活，兼水宜用羌活，風能勝濕，故羌活能治水濕。與芎藭同用，治太陽、厥陰頭痛，發汗散表，透關利節，非時感冒之仙藥也。但內傷元氣，血虛頭痛及遍身肢節痛，皆非所宜。昔人治勞力感寒，於補中益氣湯中用之。深得補中寓瀉之意。

清・浦士貞《夕庵讀本草快編》卷一　獨活《本經》、羌活、胡王使者　此草一莖直上，不為風搖，故曰獨活。從羌中來者名羌活，本是一種，形色稍異者，地土之不同也。　羌獨一種，行經稍殊。獨活甘辛，入足少陰氣分；羌活苦辛，為手足太陽風藥。二者兼入足厥陰、少陰，皆能勝濕逐風，透關利節。《素問》云：從于上者，引而去之。二味皆苦辛而溫，味之薄者，陰中之陽，信能引氣上行，通達周身，無所不到。而王好古又分為風濕相搏，肢節頭疼，一身盡痛，當用羌活撥亂之功；若伏風頭痛，兩足濕痹，不能動止者，便宜獨活垂裳之治矣。若獨活與細辛同用，治少陰頭痛及頭運目眩；羌活與川芎共劑，療太陽少陰頭痛，督脉為病，脊強而厥。二者觀之，亦自有別矣。陳嘉謨有云：小無不入，大無不通，能散肌表八風之邪，利週身百節之痛。雖然，又有說焉，夫羌活但主風寒相客，發為肢節之痛。　附：治驗　按《文系》曰：唐劉師貞之兄病風，夢神人曰：但取胡王使者浸酒，服便愈。貞訪問，皆不能曉。復夢其母語曰：即羌活是也。遂購用之，兄疾果愈。

清・王子接《得宜本草・上品藥》　獨活　一種二名，土產有異。獨活幽香，入足少陰經，得細辛治少陰伏風頭痛。　羌活：羌活氣雄，入足太陽經。得當歸能利勞，傷骨節痠痛。

清・吳儀洛《本草從新》卷一　獨活〔宣，理伏風，去濕。〕　辛、苦，微溫。氣緩善搜，入足少陰氣分腎。以理伏風。治本經傷風頭痛，頭運目眩，宜與細辛同用。風熱齒痛，文潞公《藥準》用獨活、地黃等分，為末，每服三錢。痙癇濕痺，項背強直，手足反張曰痙。濕流關節，痛而煩曰濕痺。風勝濕，故二活兼能去濕。奔豚疝瘕。腎積曰奔豚，風寒濕客於腎家所致，疝瘕亦然。古方唯用獨活，後人分二種。以形虛大，有臼如鬼眼，節疏色黃者為獨活；色紫節密，氣猛烈者為羌活。并出蜀漢。又云自西羌來者為羌活。故又名胡王使者。今採諸家所分經絡主治各證以便施用。

羌活〔宣，理游風，發表勝濕。〕　辛、苦，性溫。氣雄而散，味薄上升，入足太陽膀胱以理游風，兼入足少陰、厥陰氣分腎、肝。瀉肝氣，搜肝風。治風濕相搏，本經頭痛，同川芎治太陽、少陰頭痛。凡頭痛多用風藥，以巔頂之上唯風可到也。督脈為病，督脈并太陽經。脊強而厥，剛痙柔痙，無汗為剛，有汗為柔，亦有血虛發痙者。大約風證宜二活，血虛忌用。中風不語，真中風者宜之，若氣血虧虛者大忌。頭眩目赤。散肌表八風之邪，利周身百節之痛，為却亂反正之主藥。若血虛頭痛，遍身痛者，此屬內證。二活并禁用。

清・汪紱《醫林纂要探源》卷二　獨活　辛、苦，溫。獨莖直上，旁枝每三葉，莖杪結實散垂，纍纍如赤珠，根大如朮，色黃。出羌地者良。《本經》云獨活一名羌活，人言其有風不動，無風自動，故名獨搖草。此亦未見其然，但枝葉婀娜，常覺自動，而幹頗粗勁，有風亦不甚傾側耳。　補肝潤腎，行濕祛風。此辛散之意多，而性稍從容不驟，治諸風掉眩，諸濕痙痺，舒筋活骨，循經絡而行，非若半夏、南星之勁悍不問經絡也。又南星、半夏之體滑，而治痰之力多，二活則氣行而搜風之意勝，故二活為搜風入經之藥。又二活分用，則以形虛大而根多白，節疏色黃者為獨活。醫家以為行足少陰腎經，理陰分伏風。愚謂既虛大而疏節，則未必入於陰伏之地。又色淡則其氣柔，恐分非所分也。但二活有緩有勁，力不同耳。

羌活：　性味同而力勁。醫家以體緊節密，色紫黑者為羌活。按此種枝葉尤茂，氣更雄悍，故宣布升達，及於表裏也。　去濕祛風，自內達外，無所不宣，活骨舒筋，達於腠理。醫家以為行足太陽膀胱經，而太陽亦少陰之表也。又云兼行厥陰肝經。要之，二活皆潤補肝耳。〇按羌活、防風，本皆治風濕之藥，非治寒也。寒淫則當以苦熱，然仲景治寒之未入陰分者，如麻黃、桂枝、石膏、升麻，未嘗非以辛發之。蓋肝木發生之氣行，則寒水之凝閉者自止矣。後人慮太峻，故改羌活用防風，其用辛發之意則同，然已緩而難發重寒之侵矣。或更改用菊花、蘇葉，病輕固可遂愈，邪勁何能建功乎？如過慮羌、防，則監以參、芪可耳。

清・嚴潔等《得配本草》卷二　獨活　蠡實為之使。　辛、苦，微溫。入足少陰經氣分。治本經伏風，頭痛喘逆，目眩齒痛，下焦寒濕，兩足痛痹，腰

腹疼痛，奔豚疝瘕。　君地黃，治風熱齒痛。使細辛，療少陰頭疼。　切片，拌淫羊藿蒸，日乾用，或去皮焙用。　陰虛者禁用。為補血之使，亦能舒筋活絡，但不宜久用。盛夏不宜輕用。　羌活治游風，獨活理伏風。　羌活散營衛之邪，獨活溫營衛之氣。　羌活有發表之功，獨活有助表之力。

羌活　蠡實為之使。　辛、苦，性溫，氣雄而散。入足太陽經氣分，以理游風。治風濕相搏，本經頭痛，骨節酸疼，一身盡痛，失音不語，口眼歪斜，目赤膚癢，疽癰血癩。　配獨活、松節，酒煎，治歷節風痛。　君川芎、當歸，治頭痛脊強而厥。太陽、少陰、督脈為病。使細辛，治少陰頭痛。少陰入頂。　和萊菔子同炒香，只取羌活為末，每服二錢，溫酒下，治風水浮腫。　製法與獨活同。除風濕，宜重用。表風寒，須輕用。　氣血虛而遍身痛者禁用。　怪症：眼睛忽垂至鼻，如黑角色，痛不可忍，或時時大便血出，甚痛，此名肝脹。用羌活一兩煎服。　今之發熱頭痛者，動用羌活湯。不知辛散藥治風寒則效，若以治時疫毒火熾盛，益增燥烈，旋即胃陰乾枯而斃。或者疫氣舍於膜原，溢於太陽，則達原飲內略加數分亦可。

題清·徐大椿《藥性切用》卷三　川獨活　辛苦微溫，氣緩善搜，入足少陰氣分，以理伏風而勝濕。痙癇濕痺並宜之。

西羌活：（性）（味）苦性溫，氣雄而散，入足太陽經，以理遊風而勝濕。解利周身百節之痛，為撥亂反正之耑藥。如血虛身痛頭疼，不因風寒濕邪者，二活並忌。

清·黃凱鈞《藥籠小品》　獨活　辛、苦，微溫，善搜腎經之風，兼能燥濕。故治痙癇濕痹，項背強直手足反張曰痙。奔豚疝瘕。腎積曰奔豚，風寒濕客於腎家所致。疝瘕亦然。節疏色黃者為獨活，節密色紫者為羌活，並出蜀中。

羌活：辛苦，溫，散肌表八風之邪，利周身百節之痛，剛痙柔痙。無汗為剛，有汗為柔。中風不語，太陽頭痛，皆主之。凡屬血虛為病，非關風濕者，勿浪用也。

清·吳其濬《植物名實圖考》卷七　獨活　《本經》上品。《圖經》獨活、羌活一類二種，近時多以土當歸充之，湖南產一種獨活，頗似萊菔，葉布地生，有公、母。母不抽莛，入藥用；　公者抽莛，紫白色，支本不圓如筧狀，末迺圓。枝或三葉或五葉，有小鋸齒，土人用之，恐別一種。雲南獨活大葉，亦似土當歸，而花杈無定，粗糙，深綠，與《圖經》文州產略相彷彿，今圖之。存原圖五種。

清·趙其光《本草求原》卷一山草部　獨活　出中國。一莖直達，有風不動，無風自搖，又名獨搖草。生則黃白，乾則褐黑，形實節疏。氣平，益肺制肝，以禦皮毛之風寒；　香甘，補土燥濕，以禦肌肉之風寒；　味苦又下達腎陽上行，益火寧心，以去少陰之伏風，兼禦營衛之風寒。故主風寒所擊，不搖風而治風，與浮萍不沉水而治水，制所勝也。金瘡止痛，和營衛，長肌肉，完皮毛，行氣血之功。奔豚，寒水上奔，犯心火，土能禦之。癇痙，風木害土，則液聚成痰，痰並於心則為癇；　流於關節，則項背強直，手足反張而痙。惟金以平風，土以制痰濕。女子疝瘕，經行之後，血假風寒而成，平風勝濕，血脈自行。久服輕身耐老，濕散則身輕，陽達血和則耐老。通達周身諸風冷濕，宜合細辛，治厥陰頭痛、目眩。傷風頭痛，眩暈百節風痛，兩足濕痹腰痛，皆腎經伏風而濕鬱深入筋骨也，此能入陰升陽除濕，亦宜與細辛同用。中風不語，酒煎淬，入炒黑豆中飲。產後風虛，同白鮮皮，酒、水任煎。歷節風痛，同羌活，酒煎。奔喘逆氣，風牙腫痛，皆腎風也，宜合地黃用。皮膚苦癢，手足攣痛，所治皆風寒濕相搏，而血不行之病。若氣血虛、身痛、陰虛足軟，忌之。　獨活沉而升，入腎；　羌活浮而升，入膀胱。如太陽少陰合病，頭痛、骨痛，又見腰痛，二者合用極驗。否則一表一裏，不得混施。　香而紫黑者真。形緊實，故氣沉。

羌活：　產西羌川蜀。香而色紫，體輕虛、軟潤、密節。氣溫達肝，味苦通小腸，火腑。辛散太陽膀胱。治厥陰、太陽風濕相搏，頭痛、肢節痛、太陽氣達，主骨節之腎血亦行。合松節用。一身盡痛、不可屈伸，苦燥濕，辛散風，風濕去，則陰血暢而筋骨自濡。督脈為病，脊強而厥，非此不除。太陽會諸陽於督之大椎，夾督而行。太陽治則督亦治。通經絡，陰暢血裕，則氣自化，而肝主之絡自通。獨活不通經絡，非肝藥也。治風秘，風淫血燥，則大便秘。目赤，肝風血燥，則目病。傷寒太陽頭痛，同麻黃、甘草。瘟疫太陽頭痛，同前胡、芩、甘、寸冬。瘧疾太陽頭痛，瘧藥加之。兼陽明頭痛口渴，葛根湯加之；　甚，再加石膏、知母、竹葉。風熱牙痛，同地、芍、甘、丹皮、石膏。產後中風，或腹痛，或產腸脫出，一味酒煎。風水浮腫，妊婦浮腫，同萊菔子炒，只取羌活為末，酒下。喉閉口噤，同牛蒡煎，入白礬少許。睛忽垂至鼻，痛不可忍，或兼便血，名肝脹。一味煎服。陰厥頭目赤痛，同川芎。賊風失音，多癢，手足不遂，口面喎斜，血癩。所治皆寒水內鬱，致濕傷血脈，而化為風之病，是暢陰即以達陽，寒濕者宜之。防風治風病成濕，是瀉陽實所蓄之陰風重者宜

之。予嘗治勞力感寒，於補中益氣湯加之；治冒雨傷風、傷寒，於風寒劑中加之，取效更速。若氣虛、血虛諸痛無濕者，均忌。

清・葉志詵《神農本草經贊》卷一　獨活　味苦，平。主風寒所擊，金創止痛，賁豚癇痓，女子疝瘕。久服輕身耐老。一名羌活，一名羌青，一名護羌使者。生川谷。

面風獨立，顧盼中搖。蠶頭奮簇，鞭節垂梢。護闕紫豔，緣棧黃嬌。石擘壤沃，易葉同條。

吳普曰：此藥，有風花不動，無風自搖。劉禹錫詩：面風搖羽扇。《易》：君子以獨立不懼。《五燈會元》：外寂中搖。《易簡方》曰：用紫色有蠶頭鞭節者。顏延之賦：垂梢植髮。蘇頌曰：隴西者紫色，西蜀者黃色。葉黃者是夾石上所生，葉青者是土脈中所生。《禮》：貫四時而不改柯易葉。《漢書・傳》：同條共貫。

清・劉東孟傳《本草明覽》卷一　獨活【略】按：《本經》既云同種，而後人分為羌、獨，何也？蓋雖一種，亦有不同。有緊實者，有輕虛者。仲景用獨活治腎，必緊實者；東垣用羌活治膀胱，必輕虛者。正如黃芩取枯飄者，名宿芩，用治手太陰；取員實者，名子芩，治手陽明之義也。

清・張仁錫《藥性蒙求・草部》　獨活錢半　獨活苦辛，頭頂難舒。濕痺腫痛，風亦能祛。辛、苦，微溫，入足少陰氣分，以理伏風，治本經傷風頭痛。古方惟用獨活，後人分為二種，以形虛大，有白如鬼眼，節疏色黃者為獨活；色紫節密，氣猛烈者為羌活。并出蜀漢。〇一云：兩足濕痺，不能動止者，非獨活不治。

羌活八分、錢半　羌活辛溫，祛風除濕。身痛頭疼，舒筋活骨。辛苦而溫，氣雄而散，味薄上升，入足太陽膀胱經，以理遊風，治本經頭痛身痛；兼入足少陰、厥陰氣分，治督脈為病，脊強而厥。〇蘇恭曰：療風宜用獨活，若風濕相兼宜用羌活。

清・戴葆元《本草綱目易知錄》卷一　獨活　辛、苦，微溫。氣細善搜，入足少陰經氣分，以理伏風。治本經內風頭痛，兩足濕痹難動，中風濕冷，手足攣痛，皮膚苦痒，風熱齒痛。療諸賊風，百節痛風，奔喘逆氣，癇痓奔豚，女子疝瘕。

羌活　辛、苦，性溫。氣雄而散，味薄上升，入足太陽經。以理遊風兼入足少陰、厥陰氣分。瀉肝氣，搜肝風，小無不入，大無不通。治風寒濕痹，酸痛不仁，諸風眩掉，頸項難伸，骨節痠疼，督脈為病，脊強而厥，剛痓柔痓，中風不語，手足不遂，口面喎斜，痲痹血癩，頭旋眼赤，伏梁水氣。去腎間風，散肌表八風之邪，利週身百節之痛，為却亂反正之主藥，散癰疽敗血。若血虛頭痛身痛者，二活並禁用。

清・黃光霽《本草衍句》　獨活辛、苦，溫。　理腎間之伏風，目眩頭痛；除兩足之濕痺，痓癇奔豚。腎積曰奔豚，風濕客於腎經所致。得細辛治少陰頭痛，頭暈目眩，非此不能除。　羌活：性溫氣雄，行太陽，貫督脈。腎脈為病，脊強而厥。透關利節，泄肝氣，搜肝風。散肌表八風之邪，除週身百節之痛。風濕相搏，有却亂反正之功；頭痛脊強，為善理遊風之藥。得川芎治太陽、少陰頭痛，得當歸能利勞傷骨節痠痛。　產腸脫出，羌活二兩，酒煎服。睛垂至鼻如黑角，塞痛不可忍，或時時大便血出，病名肝脹。用羌活煎汁服。

清・陳其瑞《本草撮要》卷一　獨活　味辛苦，微溫，入足厥陰經，功專通關逐痹，發表散寒。得細辛治少陰伏風，頭痛頭暈目眩，得地黃治風熱齒痛。　羌活：味辛苦，性溫氣雄，入足太陽，兼入足少陰厥陰經，功專泄濕除風。得當歸利勞傷骨節酸痛。得葱頭、生薑、黃酒脚、白鳳仙根不拘多少，不加水，煨熱熏洗，日兩次，治手臂酸麻痛不可動，神效。予曾臂麻不仁，熏洗半年而愈，並不服藥。血虛者禁用。

獨活草

宋・王介《履巉巖本草》卷中　獨活草　性苦、甘，平，無毒。治小兒脾積疳黃，四肢羸弱，飲食不進。用不以多少，爲細末，每服一錢，用木香煎湯調服，不以時。

玉淨瓶

清・趙學敏《本草綱目拾遺》卷四草部中　玉淨瓶　俗名豬屎草、氣殺郎中、白山桃。春月發苗，葉尖長排生，莖有白紋斑點，高數尺，葉對節生，夏開細白花，成簇如華蓋，結實如萊菔子大，青圓，霜降後紅。其根肥白。十月采，入藥。　味甘性平。和血行血有效，治勞傷跌撲。汪連仕《草藥方》：氣殺郎中草，一名青背仙禽，又名疔見怕，山人呼疔頭草。其性清涼降火，消癰毒，散腫，拔疔根。

羌活

金・張元素《潔古珍珠囊》〔見元・杜思敬《濟生拔粹》卷五〕　羌活甘苦純陽。太陽經頭痛，去諸骨節疼痛，非此不能除。亦能溫膽，太陽風藥也。

宋・劉明之《圖經本草藥性總論》卷上　羌活　味苦、甘，平、微溫，無毒。主風寒所擊，金瘡止痛，賁豚癇痓，女子疝瘕，療諸風百節痛風無久新者。一名獨活。《藥性論》云：君。味苦、辛。能治中諸風濕冷，奔喘逆氣。皮肌苦痒，手足攣痛，勞損，主風毒齒痛。日華子云：明目，赤目疼，及伏梁水氣，五勞七傷虛損，冷氣，骨節痠疼，通利五臟。獨活，即羌活母類也。《唐本》注：療風用獨活，兼水用羌活。豚實為之使。生雍州、隴西南安。二八月採，暴乾。

元・王好古《湯液本草》卷三　羌活　氣微溫，味苦、甘，平。苦、辛，氣味俱輕，陽也。無毒。足太陽經、厥陰經藥，太陽經本經藥也。《象》云：治肢節痛，利諸節，手足太陽經風藥也。加川芎，治足太陽、少陰頭痛，透關節。去黑皮並腐爛者用。《心》云：去溫濕風。《珍》云：骨節痛，非此不能除。《液》云：君藥也，非無為之主，乃卻亂反正之主。太陽經頭痛，肢節痛，一身盡痛，非此不治。又云：羌活，足太陽、厥陰、少陰藥也。與獨活不分二種，後人用羌活，多用鞭節者；用獨活，多用鬼眼者。羌活則氣雄，獨活則氣細，故雄者入足太陽，細者入足少陰也。又錢氏瀉青丸用此，壬乙同歸一治也。或問：治頭痛者何？答曰：巨陽從頭走足，惟厥陰與督脈會於巔，逆而上行，諸陽不得下，故令頭痛也。

獨活　氣味與羌活同。無毒。氣厚味薄，升也，苦辛。足少陰腎經行經之藥。《本草》云：主風寒所擊，金瘡止痛，賁豚癇痓，女子疝瘕。療諸賊風，百節痛風，無久新者。《液》云：獨活細而低，治足少陰伏風，而不治太陽。故兩足寒濕痹，不能動止，非此不能治。《象》云：若與細辛同用，治少陰經頭痛。一名獨搖草，得風不搖，無風自搖。去皮淨用。《心》云：治風須用，又能燥濕。《經》云：風能勝濕。《珍》云：頭眩目暈，非此不能除。

元・佚名氏《珍珠囊・諸品藥性主治指掌》〔見《醫要集覽》〕　羌活　味苦、甘，平，氣微溫，無毒。升也，陰中之陽也。其用有五：散肌表八風之邪，利周身百節之痛，排巨陽肉腐之疽，除新舊風濕之證，乃手足太陽表裏引經之藥也。

明・滕弘《神農本經會通》卷一　羌活　君也。去黑皮並腐爛者用。味苦、甘，氣平，微溫，無毒。《湯》云：苦、辛。氣味俱輕，陽也。足太陽經、厥陰經藥，太陽經本經之藥也。東云：升也，陰中之陽也。散肌表八風之邪，利周身百節之痛。去癰疽敗血，除新舊風濕。乃手足太陽表裏引經藥也。又云：明目驅風，除筋攣腫痛。珍云：主風濕頭痛，去癰疽敗血，治肢節之疼。《疌》云：去風明目，止諸痛牙疼。治濕、奔豚，及金瘡、疝痓。《象》云：手足太陽經風藥。《液》云：又足厥陰少陰經藥。加川芎，治足太陽少陰頭痛，治肢節疼痛，一身盡痛，非此不除。又去溫濕風。日華子云：羗活治一切風濕氣，筋骨拳攣，四肢羸劣，頭旋，明目，赤目疼，及伏梁水氣，五勞七傷，虛損冷氣，骨節痠疼。通利五臟。獨活是羗活母類也。《藥性論》云：羗活，君。味苦、辛，無毒。治賊風失音不語，多痒血癩，手足不遂，口面喎斜，遍身痛痺。《象》云：治肢節痛，利諸節。手足太陽經風藥也。加川芎治太陽少陰頭痛，透關節。去黑皮并腐爛者用。《心》云：去溫濕風。珍云：骨節痛非此不能除。《液》云：君也。非無為之主，乃却亂反正之主。太陰經頭痛肢節痛，一身盡痛，非此不治。又云：羗活，足太陽、厥陰、少陰藥也。與獨活不分二種。後人用羗活，多用鞭節者。用獨活，多用鬼眼者。羗活則氣雄，獨活則氣細。故雄者入足太陽，細者入足少陰也。又，錢氏瀉青丸用此，壬乙同歸一治也。或問治頭痛者何？答曰：巨陽從頭走足，惟厥陰與督脉會于巔，逆而上行，諸陽不得下，故令頭痛也。剷云：羗活苦溫散表風，利支節排巨陽癰。更除新舊風寒濕，手足太陽表裏通。《局》云：羗活獨活本來同，主療筋拳及痛風。眼赤頭疼并水氣，用之俱各有神功。羗活獨活本來同，頭痛筋攣風氣撓。

明・葉文齡《醫學統旨》卷八　羌活　氣微溫，味苦、甘。平，無毒。浮而升，陽也。手足太陽引經藥。紫色節密者佳。去黑皮并腐爛者。治賊風多痒，血癩，手足不遂，口眼喎斜，遍身癬痺，骨節肢痛；去一切風邪，目赤腫痛，除癰毒瘡瘍，風濕風溫頭痛，通利關節如神。獨活：氣微溫，味苦、甘、辛。無毒。沉而升，陰中陽也。足少陰腎經行經藥。黃色作塊者佳。治諸風百節痛，手足攣，肌皮苦痒，兩足寒濕痺不能動，頭眩目暈，風毒齒疼，金瘡癇痓；與細辛同治少陰頭痛，又能燥濕。

明・許希周《藥性粗評》卷一　羌活撥亂而反正，獨活追宗。

羌活，此與獨活同類而異種，故《本草》止有獨活之條，謂其為一名羌活，一名羌青，一

名護羌使者是也。春生苗葉如青麻，六月開花作叢，或黃或紫，紫而節密者為羌活，黃而作塊者為獨活。川、陝、荊、湘山野處處有之。二月、八月採根，暴乾。凡用去蘆。味辛、苦，性溫，無毒。入手太陽小腸、足太陽膀胱經。主治中風傷寒，手足不遂，筋骨攣痛，口面喎斜，太陽頭痛，消風痹，透利關節。潔古云：羌活加川芎，治足太陽少陰頭痛。海藏云：羌活，君藥也。非無為之主，乃撥亂反正之主也。故大無不通，小無不入。關節痛非此不能治，太陽經頭痛、肢節痛、一身盡痛，非此不能除，足太陽、少陰、厥陰經藥也。

獨活，一名獨搖草，以其得風不動，無風自動，故名。豚實為之使。陶隱居云：藥名無豚實，恐是蠡實也。凡用去蘆。味苦、甘、辛，性平、微溫，無毒。入足少陰腎經。主治傷寒中風，濕冷頑麻，左癱右瘓，頭痛目眩，疏通血脉，透利關節，與羌活同功。潔古云：獨活與細辛同用，治少陰經頭痛如神。東垣云：獨活治足少陰伏風，而不治太陽，故兩足寒痹，不能動履，非獨活不治。又云：羌活、獨活、防風三味，治手足太陽證脊痛項強，腰痛似折者。海藏又云：羌活與獨活不分二種，後人用羌活多用鞭節者，用獨活多用鬼眼者；羌活則氣雄，獨活則香細，故氣雄者入太陽，香細者入少陰也。

單方：中風語澁：凡患中風，身冷口噤，腹中絞痛，婦人產後血暈腹痛，並用羌活四兩，剉，酒一升，煎取七分，溫服。牙關腫疼：獨活酒煎，含而漱之，吐却再含，以止為度。文潞公有方，則以獨活同地黃水煎溫服，此蓋內外夾攻之意。然二藥可以通用，不必如前相泥也。

明・鄭寧《藥性要略大全》卷四 羌活君 《珠囊》云：散肌表八風之邪，利周身百節之痛。排巨陽肉腐之疽，除新舊風濕之症。乃手足太陽表裏引經藥也。《經》云：敺太陰頭痛，透關節，明目，敺風，除筋攣腫痛。又治賊風失音不語。伊訓云：主太陽經頭痛及一身肢節盡痛。味苦、甘、辛，氣平，微溫，無毒。去土用。肝經、膀胱、腎經之藥也。

獨活君 治諸風頭眩目暈，頸項難伸；除兩足風寒濕痹，不能動止。療金瘡止痛，賁豚癇痓，諸賊風百節疼痛。踈風，不論久新。及治女人疝瘕。諸風必用之藥。味苦、甘、辛，平，性微溫，無毒。升也，陰中之陽也。足少陰腎經引經之藥。《本草》云：羌活、獨活，本同一種。後人分用紫色而節密者為羌活，黃色作塊而氣香者為獨活。羌活氣雄，獨活氣細。豚實為之使。

明・賀岳《醫經大旨》卷一《本草要略》 羌活 性溫而散肌表八方風邪，故能止週身骨節疼痛，治時疫，散癰腫，風邪之在表在上者。

獨活：性溫，亦浮，其浮次於羌活。去週身風濕，安頸項難舒。為足少陰經引藥也。

明・陳嘉謨《本草蒙筌》卷一 羌(滑)〔活〕 味苦、甘、辛，氣平、微溫。氣味俱輕，升也，陽也。無毒。多生川蜀，亦產隴西。得風不搖，無風自動，因又名獨搖草也。本與獨(滑)〔活〕同種，後人分有二名。紫色節密者為羌，黃色成塊者為獨。今醫家用羌(滑)〔活〕多用鞭節，用獨(滑)〔活〕多用鬼眼。羌(滑)〔活〕則氣雄，獨(滑)〔活〕則香細。氣雄者入足太陽，香細者入足太陰。是知羌(滑)〔活〕本手足太陽表裏引經之藥，而又入足少陰、厥陰二經。名列君部之中，非此柔懦之主。此誠撥亂反正，大有作為者也。故小無不入，大無不通。能散肌表八風之邪，善利周身百節之痛。排巨陽肉腐之疽，除新舊風濕之證。須去黑皮腐爛，煎服方有神功。如若加入川芎，立止本經頭痛。〇獨(滑)〔活〕主治較羌稍殊，乃足少陰表裏引經。專治痛風與少陰經伏風，而不治太陽經也。故兩足濕痹不能動履，非此莫痊，風毒齒痛，頭眩目暈，有此堪治。雖治伏風，又資燥濕。《經》云風能勝濕故也。但今賣者，多採土當歸假充，不可不細辯爾。

謨按：《會編》云：羌(滑)〔活〕、獨(滑)〔活〕《本經》既云同種，再無別條，則非二物可知矣。後人因見形色、氣味略殊，故立異論。不思物之不齊，物之情也。是以羌(滑)〔活〕、獨(滑)〔活〕雖係一種，而一種之中亦有不同，有緊實者，有輕虛者。仲景用獨(滑)〔活〕治少陰，必緊實者；東垣用羌(滑)〔活〕治太陽，必輕虛者。正如黃芩，取枯飄者名宿芩，用治太陰；取圓實者名子芩，用治陽明義也。況古方但用獨(滑)〔活〕，今方既用獨(滑)〔活〕，又用羌(滑)〔活〕，不知病宜兩用耶，抑不知未之考耶。

第四卷桑根白皮欵後謨按，宜參看。

明・方穀《本草纂要》卷一 羌活 味苦、甘、辛，氣平、微溫，氣味俱輕，陽也，升也，無毒。入手太陰、少陽，足少陽、太陽、少陰、太陰、陽明、厥陰之藥也，善行八經。能解表間之風寒，清理榮衛之邪熱。如頭痛目疼、身熱惡寒、四肢拘急，乃風寒之症，以此辛溫之劑，而配發散之藥，未有不痊者也。或頭痛目眩，四肢怠惰，不能屈伸，腰膝拘攣，不能(挩)〔俛〕仰，亦皆風濕之

所致也，以此苦辛之劑，自能條達乎肢體，通暢乎血脉，攻徹乎邪氣。是故瘡症以之而發散，因其苦辛而微溫也；目症用之而治羞明，癮澁腫痛難開，因其辛散而苦下也；風症用之而治痿痙癱瘓，麻痺不仁，厥逆強仆，因其味辛以攻臟腑，氣溫以散肌表也。吾又聞之，羌活之劑，其體輕而不重，其氣清而不濁，其味辛而能散，其性行而不止，故能上行於頭，下行於足，遍達肢體，以清氣分之邪，散風寒濕之神藥也。善用者宜察之。

獨活：味甘苦，氣辛溫，無毒。乃手太陰、少陽，足厥陰、少陽、太陰、陽明經之藥也。主善行血分，上至頸項，下至腰膝。與羌活不同，羌活之氣陽也，獨活之氣陰也；羌活之氣清而不濁，獨活之氣濁而不清；羌活之氣舒而不斂，獨活之氣斂而又舒；羌活行氣而發散榮衛之邪，獨活行血而溫養榮衛之氣；羌活有發表之功，獨活有助表之力；羌活解表自頭至足，所以通徹乎榮衛，獨活助表自項至膝，所以條達乎氣血。故羌活入太陽之經，獨活入少陰之經也。且如頸項不能屈伸，腰膝不能(挩)〔俛〕仰，或痿痙難行，麻痹不用，皆風與寒之所致，暑與濕之所傷也，必用此劑之甘溫，以榮養其氣血，用此劑之辛溫，以蕩滌其邪穢。是以古之方書，羌獨〔活〕並用，本草所收一種，意在其中矣。

題明・薛己《本草約言》卷一《藥性本草》　羌活　味苦、甘、辛，氣平，微溫，無毒。陰中之陽，升也，入手足太陽、足厥陰。太陽本經藥也。散肌表八風之邪，利周身百節之痛，排巨陽肉腐之疽，除新舊風濕之症。《發明》云：羌活，治風之要藥。〇又云：治濕者，風能勝濕也。故《湯液》治太陽經頭痛、肢節及遍身盡痛。〇又云：賊風失音不語等候，皆風邪風濕所致，惟辛溫而氣味輕浮，故能散肌表八風諸邪，而遍身骨節痛與癰腫等，因於風濕者悉除矣。若血虛不能榮筋，肢節筋骨痠疼者宜審用。或挾風濕者，血藥中兼用。治風邪在表、在上，此要藥也。〇用雖與獨活同功，然羌活主上行，其氣雄；獨活主下行，其氣細，為不同耳。此九味湯專以此為君，而不及獨活也。汗多過膝者，不宜多服。

明・梅得春《藥性會元》卷上　羌活　為君。味苦平甘，氣微溫而升，陽也。無毒。入手太陽小腸經，足太陽膀胱經表裏引經藥。主散肌表八風之邪，除周身百節之痛，排巨陽肉腐之疽，除新舊風濕之症。明目驅風，除筋攣腫痛，頭痛筋抽，風氣撓痛。治賊風失音不語，(氣)〔多〕痒血癩，手足不遂，口眼歪邪，遍身癬痹。利關節，大無不通，小無不利，乃撥亂反正之主也。凡用紫色節密者佳，黑皮及腐者不用。

明・杜文燮《藥鑒》卷二　羌活　氣微溫，味苦、甘、辛，氣味俱薄，無毒。升也，陽也，足太陽之君藥也。乃撥亂反正之主，大有作為者也。故小無不入，大無不通，能散肌表八風之邪，善理周身百節之疼。排巨陽肉腐之疽，除新舊風濕之症。加川芎治足太陽、少陰頭疼，同(蓁)〔秦〕艽除足陽明、少陽口斜。並蒼朮理濕風甚捷，佐麻黃開腠理堪誇。與獨活不分二種，後人用羌活多用鞭節者，用獨活多用鬼眼者。然羌活則氣雄，獨活則氣細。雄者入足太陽，細者入足少陰。有問治頭疼者曷故，蓋巨陽從頭走，惟厥陰與督脉會於巔頂，逆而上行，諸陽不得下，故令頭疼也。癰家用之，以散肌表風熱，解百節疼痛，此亦發毒追膿之要藥也。氣虛則勿用。　獨活：氣微溫，味苦、甘、辛，氣味俱薄，無毒。升也，陽也，足少陰經藥也。止奔豚癎痓，治女子疝瘕。寒濕足痹，非此不治。頭眩目暈，非此不除。諸風中之要藥也。主蒼朮治兩足之濕腫，君荊翘散下身之癰毒。佐黃栢止血崩如神，臣查根逐痘毒極驗。體虛氣上則忌。

明・李中立《本草原始》卷一　羌活　亦生雍州川谷及隴西南安、益州北郡。此州縣並是羌地，故此草以羌名。其苗葉如青麻，故《本經》名羌青。六月開花，或黃或紫，亦作叢。結實時，葉黃者是夾石上所生，葉青者是土脉中所生。其根紫色，節密，氣味芳烈。而療風之功同獨活，故以活名。以羌中來者為良，故《本經》名護羌使者。按《文系》曰：唐劉師貞之兄，病風，夢神人曰：但取胡王使者，浸酒服便愈。師貞訪問，皆不曉，復夢其母曰：胡王使者即羌活也。求而用之，兄疾遂愈，故《吳普本草》名胡王使者。　氣味：苦、辛，無毒。主治：賊風，失音不語，多痒，血癩，手足不遂，口面喎斜，遍身瘰痹。治一切風，赤目疼痛。〇去腎間風邪，搜肝風，瀉肝氣，治項強，腰脊痛。〇散癰疽敗血。

羌活，《本經》上品。【圖略】南羌活節少，西羌活節密。二〔月〕、八月采根。　南、西羌活色並蒼紫，氣味芳烈，咸堪治療，今人多用鞭節。　修治：羌活，以溫水潤透，切片任用。

羌活：性溫，辛、苦，氣味俱薄，浮而升，陽也。足太陽行經風藥，並入足厥陰、少陰經氣分。　夏子益《奇疾方》：治人睛忽垂至鼻，如黑角，塞痛

不可忍，或時時大便血出痛，名曰肝脹。用羌活煎汁，服數盞自愈。羌活：君。

明・張懋辰《本草便》卷一 羌活君 味苦、甘、辛，氣平、微溫，氣味俱輕，陽也，升也。羌活氣雄，獨活氣細。 主賊風，失音不語，多痒血癩，手足不遂，口面喎斜，治肢節疼痛，一身盡痛，非此不除。〇獨活足少陰行經之藥，治痛風，足少陰伏風，而不治太陽，故兩足寒濕痹，不能動止，非此不除。又主風毒齒痛。

明・顧逢柏《分部本草妙用》卷七兼經部・性平 羌獨活 苦、甘、平，無毒。入肝、腎、小腸、膀胱四經。 主治：一切風寒濕痺，金瘡奔豚，癇痓疝瘕，喘逆。膚癢風毒，齒痛，筋骨攣痛。頭旋目赤，伏梁水氣，諸風掉眩，頸項強伸。去腎肝風邪，散癰疽敗血。 按：羌獨活乃一種二品，中國者為獨活，西羌者為羌活。但獨活色黃氣細，治足少陰伏風頭痛，兩足濕痺，不能行動者，而不治太陽證。羌活色紫氣雄，治足太陽風濕相搏，頭痛，肢節一身盡痛者，却亂反正之君藥也。羌活療水濕遊風，獨活療關節伏風。羌活之氣清，行氣而發散榮衛之邪。獨活之氣濁，行血而溫養榮衛之氣。羌有發表之功，獨有助表之力。凡風濕寒暑，痿痺不仁，小無不入，大無不通，既散入風之邪，兼利百節之痛。

明・鄭二陽《仁壽堂藥鏡》卷一〇上 羌活 陶隱居云：羌活多節，軟潤，氣息極猛烈。出益州北部。 氣微溫，味苦，甘，平。苦、辛，氣味俱輕，陽也。無毒。 足太陽經、厥陰經藥。太陽經本經藥也。 味辛、苦，無毒。治賊風多痒，血癩，手足不遂，口面喎斜，遍身𤸷痹，治一切風，赤目疼痛。潔古云：羌活：治肢節疼痛，手足太陽本經風藥也。加川芎，治足太陽、少陰頭痛，透關利節，又治風濕。《主治秘訣》云：性溫，味辛。氣味俱薄，浮而升，陽也。其用有五：手足太陽引經，一；風濕相兼，二；去肢節痛，三；除癰疽敗血，四；治風濕頭痛，五也。 東垣云：羌活、獨活、防風，此三味治手足太陽症，脊痛項強，不可回顧，腰似折，項似拔者。 海藏云：羌活，君藥也。非無為之主，乃撥亂反正之主也。故大無不通，小無不入。關節痛非此不治。太陽經頭痛、肢節痛，一身盡痛，非羌活不能除；足太陽、足厥陰、足少陰藥也。與獨活不分二種。後人用羌活，多用鞭節者；用獨活，多用鬼眼者。羌活則氣雄，獨活則香細。故氣雄者入太陽，香細者入少陰也。錢氏瀉青丸用此者，壬乙同歸一治也。或問治頭痛者何？答曰：巨陽從頭走足，惟厥陰與督脉會于巔，逆而上行，諸陽不得下，故令頭痛也。足太陽、厥陰之藥也。

明・李中梓《頤生微論》卷三 羌活 味甘、苦，性平，無毒。入小腸、膀胱、肝、腎四經。 主風寒濕痺，筋骨攣疼，頭旋掉眩，頭項難伸。別有獨活功用相同。中國為獨活，可理伏風。西羌者為羌活，可理遊風。 按：羌活治肢節痛，因于風者宜之。若血氣虛而痛者，悞用之反致增劇。

明・張景岳《景岳全書》卷四八《本草正》 羌活 味微苦，氣辛，微溫，升也，陽也。用此者，用其散寒定痛。能入諸經，太陽為最。散肌表之寒邪，利周身項脊之疼痛，排太陽之癰疽，除新舊之風濕。緣非柔懦之物，故能撥亂反正。惟其氣雄，大能散逐，若正氣虛者忌用之。

獨活 味苦，氣香，性微凉。升中有降，善行滯氣，故入腎與膀胱兩經，專理下焦風濕。兩足痛痹，濕癢拘攣，或因風濕而齒痛，頭眩喘逆，奔豚疝瘕，腰腹疼痛等證，皆宜用之。

明・賈九如《藥品化義》卷一一風藥 羌活 屬陽中有微陰，體輕而虛，色紫，氣和而雄，味辛苦云甘非，性微溫，能升能降，力發散，性氣重而味輕，入膀胱小腸肝腎四經。 羌活氣雄味辛，發汗解表，屬足太陽膀胱經藥。自頭至踵大無不通，細無不入，透利關節最捷。若多用主散邪，凡風濕寒氣，惡寒發熱頭疼體痛，以此發洩腠理，為撥亂反正之主。若少用則利竅，凡周身骨節疼痛，風熱及中風癱瘓，手足不遂，以此疏通氣道，為活血舒筋之佐。瘂家用之，善能運毒走表追膿，又消諸毒熱癰，解百節疼痛。 獨活氣香而濁，善行血分之邪；羌活氣雄而清，善行氣分之邪。

清・顧元交《本草彙箋》卷一 羌活 羌、獨活雖云一種，而主用不同，故仍列爲二條。羌活乃足太陽經藥也，自頭至踵，無所不通。若風寒濕氣，惡寒發熱，頭疼體重者，宜多用之，以發泄腠理。若風熱痰病，及中風癱瘓，手足不遂者，少用之，以疏通氣道。大都羌活氣雄而清，善行氣分之邪。獨活氣香而濁，善行血分之邪。

獨活 治足少陰伏風。凡頸項難舒，臀腿疼痛，兩足痿痺，不能動移者，非此莫效。而不治太陽之證。以佐血藥，活血舒筋，亦有殊功。

羌活治周身骨節之疼，然非川芎不能透過關節，以關節樞紐之地，少陽所

司也。獨活得細辛，則能治少陰經頭運，頭痛目眩。獨活上至於項，有細辛方能領入顛頂。羌活治太陽氣分之風，蔓荊子治太陽血分之風。獨活又能祛背部之風，則獨活固又兼少陰、太陽之兩經矣。

清・郭章宜《本草匯》卷九　羌活即胡王使者。　味苦辛，溫，氣味俱薄，浮而升，陽也。手足太陽引經風藥，又入足厥陰少陰經氣分。散肌表八風之邪，利周身百節之痛。理賊風失音不語，療手足不遂筋攣。治頭疼目眩，巨陽從頭走足，惟厥陰與督脉會于巔，逆而上行，諸陽不得下，故令頭痛也。療睛垂至鼻。人睛忽垂至鼻，痛不可忍，名曰肝脹，煎湯大飲自愈。㾮音頑。手足麻痺。痹血癩遍身，頸項難伸強痛。却諸風之掉眩，散癰疽之敗血。

按：羌活氣清屬陽，善行氣分，舒而不斂，升而能沉，雄而善散，遊風非此不去，乃手足太陽、足厥陰少陰表裏引經之藥，撥亂反正之主也。功用與獨活皆能逐風勝濕，透關利節，但氣有雄細、剛劣之不同耳。蓋羌活氣雄，雄者入太陽，獨活氣香，細者入少陰也。《素問》云：從下上者，引而去之。二味苦辛而溫，味之薄者，陰中之陽，故能引氣上升，通達周身，而散風勝濕也。史國信云：羌活之用，非其時而有傷寒之氣者，可以代麻黃發表解熱，九味羌活湯意不踰此。然證之輕，及脉之從，于麻黃湯證，用以代之妙。今人不分非時之氣，屏去麻黃而耑用此，則又非知仲景真傷寒證用麻黃湯，而與潔古非時感冒用九味羌活湯，代用不同之故也。又錢氏瀉青丸用此者，壬乙同歸一治也。本為祛風散□□□之要品。風能勝濕，以其性燥故也。《本經》《別錄》並載主中風及諸風，不知真中風，惟西北邊地，風氣剛猛，虛人當之，往往猝中，或口眼歪斜，或口禁不語，或手足癱瘓，左右不仁，或剛痙柔痙，即角弓反張。此藥與諸風藥並用可也。若夫江南吳楚越閩等域，從無剛勁之風，多有濕熱之患，質脆氣虛，多熱多痰，其患中風如前等病，外證雖一一相似，而其中實非，何者？此皆劉河間所謂將息失宜，水不制火；丹溪所謂中濕、中痰、中氣是也。此則病係氣血兩虛，虛則內熱，煎熬津液，結而為痰，熱則生風，故致猝倒，亦如真中風狀，而求其治療之方，迥若天淵。外邪之氣勝則實，實則瀉之，祛風是已。內而真氣不足則虛，虛則補之，調氣補血，生津清熱是已。倘誤用風藥，反致燥竭其津液，血愈不足，而病愈沉困，命曰虛虛，攻補既謬，死生遂殊矣。故《經疏》特表而論之。又有血虛頭痛，及遍身疼痛骨痛，因而帶寒熱者，此屬內證，誤用反致作劇。若血虛不能榮筋，肢節骨節痠疼者，宜審用。或挾風濕者，血藥中兼用。同川芎治足太陽、少陰頭痛。氣血虛者，忌之。産羌胡，故又名胡王使者。紫色節密者，去黑皮腐爛用。羌獨活本一物二種也，正如川芎、撫芎，白术、蒼朮之義。入用微有不同耳。後人以為二物者，非也。

清・蔣居祉《本草擇要綱目・溫性藥品》　羌活　氣味：苦、辛，無毒。浮而升，陽也。入手足太陽風藥。　主治：賊風多痒血癩，手足不遂，口面喎斜，遍身㾮痹，赤目疼痛。故大無不通，小無不入。頭痛之症，巨陽從頭走足，惟厥陰與督脈會於巔，逆而上行。諸陽不得下，乃令頭痛。瀉青丸用羌活，以其氣雄，能入太陽而和厥陰也。

清・汪昂《本草備要》卷一　羌活宣，搜風，發表，勝濕。　辛、苦，性溫。氣雄而散，味薄上升。入足太陽膀胱以理遊風，兼入足少陰、厥陰腎肝氣分。瀉肝氣，搜肝風。小無不入，大無不通。治風濕相搏，本經頭痛，同川芎，治太陽、少陰頭痛。凡頭痛多用風藥者，以巔頂之上，唯風藥可到也。督脉爲病，脊強而厥，督脉幷太陽經。剛痙柔痙，脊強而厥，即痙症也。傷寒無汗爲剛痙，傷風有汗爲柔痙。亦有血虛發痙者。大約風症宜二活，血虛忌用。中風不語，按：古人治中風，多主外感，率用續命、愈風諸湯以發表，用三化湯、麻仁丸以攻裏。至河間出，始云中風非外來之風，良由心火暴甚，腎水虛衰。東垣則以爲本氣自病。丹溪以爲濕生痰，痰生熱，熱生風。世人復分北方風勁、質厚爲真中，南方地卑、質弱爲類中。不思岐伯云：中風大法有四：一偏枯，半身不遂也；二風痱，四肢不收也；三風懿，奄忽不知人也；四風痹，諸風類痹狀也。風症盡矣，何嘗有真中、類中之說乎？此症皆由氣血虧虛，醫者不知養血益氣以固本，徒用烏、附、羌、獨以驅風，命曰虛虛，誤人多矣。真中定重于類中，焉有類中既屬內傷，真中單屬外感乎！河間、東垣皆北人，安能盡舍北人而耑治南病乎？頭旋目赤。目赤要藥。散肌表八風之邪，利周身百節之痛，爲却亂反正之主藥。若血虛頭痛，遍身痛者，此屬內症。二活幷禁用。

清・吳楚《寶命真詮》卷三　羌活　【略】小無不入，大無不通，能散肌表八風之邪，利周身百節之痛，排巨陽肉腐之疽，除新舊風濕之證，頭旋掉眩，失音不語，項頸難伸，手足不隨，口眼歪邪，目赤膚癢，女子疝瘕，俱有奇功。加入川芎，立止本經頭痛。

獨活：【略】治頭風，與少陰經伏風。又滋燥濕，風能勝濕故也。兩足濕痺，不能動履，非此莫痊。風毒齒痛，頭眩目暈，有此堪治。

清・陳士鐸《本草新編》卷二 羌活獨活　味苦、辛，氣平而溫，升也，陽也，無毒。入足太陽、足少陰二經，又入足厥陰。善散風邪，利周身骨節之痛，除新舊風濕，亦止頭痛齒疼。古人謂羌活係君藥，以其撥亂反正，有旋轉之力也。而余獨以為止可充使，而併不可為臣佐。蓋其味辛而氣升，而性過于散，可用之為引經，通達上下，則風去而濕消。若恃之為君臣，欲其調和氣血，燮理陰陽，必至變出非常，禍生反掌矣。故羌活止可加之于當、芎、术、苓之内，以逐邪返正，則有神功耳。羌活與獨活，本是兩種，而各部《本草》俱言為一種者，悞。仲景夫子用獨活，以治少陰之邪，東垣先生用羌活，以治太陽之邪，各有取義，非取緊實者謂獨活，輕虛者謂羌活也。蓋二物雖同是散邪，而升降之性各別，羌活性升，而獨活性降。至于不可為君臣，而止可充使者，則彼此同之也。

或問：九味羌活湯，古人專用之以散風寒之邪，今人無不宗之，而吾子貶羌活為充使之藥，毋乃太輕乎？曰：羌活雖散風邪，而實能損正，邪隨散解，正亦隨散而俱解矣。九味羌活湯，雜而不純，余最不取。外感風邪治法，安能出仲景夫子之範圍；內傷而兼外感治法，安能出東垣先生之範圍。余治外感，遵仲景夫子；治內傷之外感，遵東垣先生，又何風邪之不去，而必尚九味羌活湯為哉。

或疑潔古老人創造九味羌活湯，以佐仲景公之不逮，是其半生學問，全在此方，而先生薄羌活，而并輕其方，竊謂先生過矣？嗟乎！潔古創造九味羌活湯者，因仲景公方法不明于天下，而東垣先生尚未創制補中益氣之湯，不得已而立此方，以治外感，實所以治內傷也。今東垣先生既立有補中益氣湯，實勝于九味羌活湯遠甚，又何必再用潔古之方哉。至于治外感之法，莫過仲景公傷寒書之備。外感善變，豈羌活區區一方，即可以統治六經傳經之外感耶。況仲景公傷寒書，經鐸與喻嘉言之闡發而益明，故外感直用其方，斷乎無疑。若九味羌活湯，實可不用。潔古老人半生精力，徒耗于此方，雜而不純，亦何足尚，余是以輕之，豈為過哉。

或謂羌活、獨活同是散藥，羌活性升，而獨活性降，升則未免有浮動之虞，與其用羌活，不若用獨活之為安。嗟乎！有邪宜散，升可也，降亦可也。無邪可散，散藥均不可用，又何論于升降乎。況二味原自兩種，散同而升降各別，又烏可亂用之哉。

清・李熙和《醫經允中》卷二〇 羌獨活　入肝、腎、小腸、膀胱四經。苦、甘，平，無毒。主治一切風濕寒痺，膚癢風毒，筋骨攣痛，諸風掉眩，頸項強痛。去肝腎風邪，散癰疽敗血。羌獨活乃一種二品，中國者為獨活，西羌者為羌活。獨活氣厚味薄，沉而升，陰中陽也，行血而溫，養榮衛之氣，有助表之功，故治足少陰伏風頭痛，兩足濕痺，不能行動，及關節伏風，利百節之痛，痿痺不仁。羌活氣味俱薄，浮而升，陽也。行氣而發散榮衛之邪，治足太陽風濕相搏頭痛，肢節盡痛，督脉為病，脊強而厥，撥亂反正之君藥也。血氣虛者並禁用。《本草》云：人睛忽垂至鼻，痛不可忍，名曰肝脹，煎羌活湯，大飲自愈。

清・馮兆張《馮氏錦囊秘錄・雜症痘疹藥性主治合參》卷一 羌活與獨活生稟雖同，但性溫，辛苦。氣厚於味，浮而升，陽也。手足太陽行經風藥，並入足厥陰、少陰經氣分。

羌活，氣平微溫，乃手足太陽表裏引經之藥，以理遊風，兼入足少陰、厥陰氣分。非比柔懦之主，誠撥亂反正，大有作為者也。瀉肝氣，搜肝風，小無不入，大無不通。能散肌表八風之邪，善利周身百節之痛。排巨陽肉腐之疽，除新舊風濕之症。如若加入川芎，立止本經頭痛。性上行而治風，其氣雄，凡太陽頭痛、風濕相搏、骨節疼痛之要藥。按：羌活治肢節痛，因於風者宜之。若血氣虛而痛者，誤用之反致增劇。

獨活稟天地正陽之氣以生，故味苦甘平。潔古益之以辛，微溫，無毒。氣味俱薄，浮而升，陽也。得風不搖，無風自動，故名獨搖草，足少陰引經氣分之藥。獨活，入足少陰表裏引經，專治頭風與少陰伏風，而不治太陽經也，故兩足濕痹，不能動履，非此莫痊。風毒齒痛，頭眩目暈，有此堪治。雖仗治風，又資燥濕，然羌療水濕遊風，獨療水濕伏風。羌之氣清，行氣而發散榮衛之邪；獨之氣濁，行血而溫養榮衛之氣。羌有發表之功，獨有助表之力。凡內濕痿痹，透關利節之要劑也。性下行而治水，其氣細，凡少陰伏風，頭痛濕痹之要藥。

主治痘疹合參：凡痘初發熱，身熱頭疼，表發痘瘡，二活皆不可缺。經跌撲者，尤所重焉。若在夏天及汗多表虛者忌之。

清・張志聰、高世栻《本草崇原》卷上 羌活　氣味苦甘辛，無毒。主風寒所擊，金瘡止痛，奔豚、癇痓，女人疝瘕。久服輕身耐老。甘辛舊本作甘平，誤，今改正。

羌活始出壅州川谷及隴西南安，今以蜀漢、西羌所出者為佳。《本經》只言獨活，不言羌活，說者謂其生苗，一莖直上，有風不動，無風自搖，故名獨活。後人以獨活而出於西羌者，名羌活。出於中國，處處有者，名獨

活。羌活色紫赤，節密輕虛。羌活之中復分優劣，西蜀產者，性優。江淮近道產者，性劣。獨活出土黃白，曬乾褐黑，緊實無節，其氣香烈，其味辛腥。

羌活初出土時，苦中有甘，曝乾則氣味苦辛，故《本經》言氣味苦甘辛，其色黃紫，氣甚芳香，生於西蜀，稟手足太陰金土之氣化。風寒所擊，如客在門而扣擊之，從皮毛而入肌腠也。羌活稟太陰肺金之氣，則禦皮毛之風寒。稟太陰脾土之氣，則禦肌腠之風寒，故主治風寒所擊。金瘡止痛，稟土痓氣而長肌肉也。奔豚乃水氣上奔，土能禦水逆，金能益子虛，故治奔豚。癇痙、風癇，風痓也。金能制風，故治癇痓。肝木為病，疝氣，瘕聚。金能平木，故治女子疝瘕。久服則土金相生，故輕身耐老。

清·劉漢基《藥性通考》卷五　羌活　味辛苦，性溫。氣雄而散，深薄上昇，入足太陽膀胱，以理遊風。兼入足少陰、厥陰氣分，瀉肝氣，搜肝風，小無不入，大無不通，治風濕相搏，本經頭痛。用川芎，治太陽、少陰頭痛。凡頭痛多用風藥者，以巔頂之上，唯風藥可到也。又能治中風不語，頭旋目赤，散肌表入風之邪，利周身百節之痛，為卻亂反正之主藥。若血虛頭痛，遍身痛者，此屬內症，並宜忌之。

獨活　味辛、苦，微溫。氣緩善搜，入足少陰氣分，以理伏風，治本經傷風頭痛，頭暈目眩，宜與細辛同用。風熱齒痛，痓癇濕痺，項背強直，手足反張曰痓，濕流關節，痛而煩曰濕痺。奔豚，疝瘕腎積曰奔豚，風寒濕客於腎家所致。瘕疝亦然。有風不動，無風動，又名獨搖草，故治風。《本經》云獨活一名羌活，古方惟用獨活，後人云是一類二種，遂分用。以形虛大，有如鬼眼，節踈色黃者爲獨活；色紫節密，氣猛烈者爲羌活，並出蜀漢。又云自西羌來者名羌活，故又名（翻）〔胡〕王使者。余採諸家所分經絡主各註以便施用。

清·姚球《本草經解要》卷二　羌活　氣平，味苦、甘，無毒。主風寒所擊金瘡止痛，奔豚癇痓，女子疝瘕。久服輕身耐老。一名獨活。　羌活氣平，稟天秋燥之金氣，入手太陰肺經。味苦甘，無毒，得地南方中央火土之味，入手少陰心經、足太陰脾經。氣味降多於升，陰也。其主風寒所擊金瘡止痛者，金瘡為風寒所擊，則血氣壅而不行，其痛更甚矣。羌活苦能洩，甘能和，入肺解風寒，所以風血行而痛止也。奔豚者，腎水之邪，如豚奔突而犯心也。苦可燥濕，甘可伐腎，所以主之。癇者，風症也。痓者，濕流關節之症也。羌活氣平，可以治風，味苦可以燥濕，故止癇痓也。女子疝瘕，多經行後血假風濕而成，羌活平風燥濕，兼之氣雄，可以散血也。久服則脾濕散，所以輕身。心血和，所以耐老。皆味甘苦之功也。　製方：羌活同麥冬、前胡、黃芩、甘草，治太陽疫症。同白朮、蒼朮、秦艽、生地、苡仁、木瓜、石斛、黃柏，治下部濕熱。同生地、赤芍、甘草、丹皮、石膏，治風熱牙疼。

清·楊友敬《本草經解要附餘·考證》　羌活　即獨活，一物二種，《本經》不分。後人乃別用，謂羌活氣清，屬陽，善行氣分，入足太陽；獨活氣濁，屬陰，善行血分，入足少陰。至逐風勝濕，透關利節功用正同。羌活理遊風，獨活理伏風。但真氣不足者忌之，懼虛虛也。羌活色紫，獨活色黃，藥肆多以老宿前胡及土當歸充獨活，宜辨之。

清·周垣綜《頤生秘旨》卷八　羌活　祛風治濕之藥也。此亦氣味輕浮，故能散肌表八風之邪，周身骨節之痛，風濕去矣。癰腫之證，何容不已。

清·黃元御《玉楸藥解》卷一　羌活　味苦，氣平。入足厥陰肝經。通關逐痹，發表驅風。泄濕除風，治中風痿痹，喎斜，關節攣痛，皮膚瘙癢，癰疽疥癩諸病。獨活性同。

清·黃宮繡《本草求真》卷三　羌活散足太陽膀胱遊風頭痛，兼治風濕相搏骨節痛。　羌活耑入膀胱，兼入肝腎。按大明曰：獨活是羌活母也，則知羌活即為獨活之子。又按時珍言：羌活、獨活是一物二種，正如川芎、撫芎，蒼朮、白朮之義。辛苦性溫，味薄氣雄，功專上升。凡病因於太陽膀胱，而見風遊於頭，發為頭痛，《經》曰：身半以上，風受之也，身半以下，濕受之也，故風多達巔頂。並循經脊強而厥。發為剛痓柔痓。足太陽之脉行於身背，凡傷寒無汗為剛，痓傷風有汗為柔痓，痓症皆是風寒干於太陽，故見脊強。並當用此調治。痓症宜同獨活調治，頭痛宜同川芎調治，若血虛見痓忌用。且能兼入足少陰腎、足厥陰肝，而使肌表八風之邪，並周身風濕相搏百節之痛，皆能却亂反正，而治無不愈者也。蓋羌活、獨活雖皆治風之品。張介賓曰：風之為病最多誤治者在不明其表裏耳。蓋外風者，八方之所中也。內風者，五臟之本病也。八風自外而入，必先有發熱惡寒頭疼身熱等症，五風由內而病，則絕無外症，而忽病如風，其由內傷可知也。內傷者由於七情，故多陰虛。凡臟氣受傷，脾病者病在肢體，或多痰飲，腎病者或在骨髓，或在二陰，心病者或在血脉，或在神志，肺病者或在營衛，或在聲音，肝病者或在筋爪，或在血脉，此五臟之類風，未有不由陰虛而然者。人知陰虛有一，而不知陰虛有二，如陰中之水虛，則病在精血。陰中之火虛，則病在神氣。蓋陽衰則氣去，故神志

為之昏亂，非火虛乎？陰虧則形壞，故肢體為之廢弛，非水虛乎？今以神離形壞之症，乃不求水火之源，而猶以風治，鮮不危矣。試以天道言之，其象亦然。凡旱則多燥，燥則風生，是風木之化從乎燥，燥則陰虛之候也。故凡治類風者，專宜培補真陰以救根本，則風燥自除矣。甚至有元氣素虧，卒然仆倒，上無痰，下失禁，瞑目昏沉，此厥竭之症，尤與風邪無涉，設非大劑參、附，安望其復真氣於將絕之頃哉？倘不察其表裏，又不能辨其虛實，但以風之為名，多用風藥，不知風藥皆燥，燥復傷陰，風藥皆散，散復招風，以內傷作外感，以不足為有餘，是促人之死也。而此專治太陽之邪，上攻於頭，旁及周身肌表，不似獨活，專理下焦風濕，病在足少陰腎氣分，而不連及太陽經也。但羌活性雄，力非柔懦，凡血虛頭痛及遍身肢節痛者，皆非所宜。傷氣損血。

獨活搜足少陰腎伏風頭痛，並兩足濕痹。獨活耑入腎。辛苦微溫，比之羌活，其性稍緩。凡因風干足少陰腎經，伏而不出，發為頭痛。痛在腦齒。則能善搜而治矣。以故兩足濕痹不能動履，非此莫痊。風勝濕，故二活兼勝濕。風毒齒痛，腎主骨，齒者骨之餘。頭眩目暈，非此莫攻。《肘後方》用獨活煮酒，熱漱之。緣此有風不動，無風反搖，故名獨搖草。搖者動活之意，故名獨活。因其所勝而為制也，且有風自必有濕，故羌則療水濕遊風，而獨則療水濕伏風也。羌之氣清，行氣而發散營衛之邪；獨之氣濁，行血而溫養營衛之氣。羌有發表之功，表之表。獨有助表之力。表之裏。羌行上焦而上理，上屬氣，故云羌活入氣。則遊風頭痛、風濕骨節疼痛可治；獨行下焦而下理，下屬血，故云獨活入血。則伏風頭痛、兩足濕痹可治。二活雖屬治風，而用各有別，不可不細審耳。去皮焙用，蠡實為使。

清・楊璿《傷寒溫疫條辨》卷六散劑類 羌活 味微苦，氣辛微溫，氣味俱輕，升也，陽也。以其溫散定疼，雖入諸經而太陽為最。散肌表之邪熱，利周身之疼痛，逐新久之風濕，排太陽之癰疽。氣雄力健，大有撥亂反正之功，虛者禁用。羌活勝濕湯，治濕氣在表，頭腰疼且重者。羌活、獨活錢半，藁本、川芎、蔓荊子、防風、甘草八分。寒濕加炮附子、防己六分，水煎溫服。

獨活：味苦，氣香，性降微涼。入腎與膀胱。理下焦風濕，除兩足疼痹。因風濕而頭眩齒疼，亦以此降之。文彥博方：生地二兩，獨活二錢，治牙疼甚驗。

附：琉球・吳繼志《質問本草》外篇卷一 土羌活羌活一種 生海邊，冬生苗葉，極似前種，但有光澤耳，莖面有縱理，微帶紫色，高四尺許，夏著細白花。《質問》帖中，次之羌活之後，故曰似前種。土羌活。癸卯，潘貞蔚、石家辰。與十四號同。甲辰，陸澍。○帖中十四號為羌活。羌活宜搜風，發表勝濕，入足太陽經。甲辰，周之良、鄧履仁、吳美山。○繼志按：諸家皆鑒為羌活，則此種為羌活一類無疑。然其實不堪為真，故選之外篇云。

附：琉球・吳繼志《質問本草》內篇卷二 羌活 生原野，春生苗，高四尺許，六七月開花作叢，秋結子。羌活出蜀漢者佳。春生苗，葉如麻，六月開花作叢，紫色而節密。羌活無疑。甲辰，陸澍。此種先生鑒為土獨活，中山稱之羌活。繼志謹按：獨活作塊，羌活節密，此種節密，不作塊，因為羌活何如？乙巳，再問潘貞蔚、石家辰。按：羌、獨二活，《神農本草》三經原無分別，迨至後人始分。羌、獨二活，用治上下之病。茲考此種，可以竟謂羌活也。乙巳，陳倬為代潘貞蔚、石家辰再查。

清・羅國綱《羅氏會約醫鏡》卷一六草部 羌活味辛苦，性溫氣雄，上升而散，入小腸膀胱肝腎四經。辛溫能散，氣雄善走。治風寒濕邪、頭痛項強、遍身百節骨疼、剛痙柔痙、眼目赤腫、邪閉憎寒、壯熱無汗。小無不入，大無不出，為撥亂反正之主藥，且奏效甚捷。以辛溫而氣雄也。按：羌活性猛，輕重量用，若血虛體弱，表鬆自汗者，忌之。

獨活味苦氣香，性微涼，入腎與膀胱二經。川產潤而香者良。有風不動，無風反搖。善行滯氣，專得風濕、拘攣濕痹、通身濕癢腫毒、風勝濕也。本經頭痛同細辛用、奔豚、疝瘕。腎積曰奔豚，風寒濕客於腎家所致。疝瘕亦然。按：獨活可理伏風，羌活可理遊風，皆主風疾。若因血虛頭痛及遍身肢節痛，不可誤服。

清・陳修園《神農本草經讀》卷二上品 羌活 氣味苦、甘、辛，無毒。主風寒所擊，金瘡止痛，奔豚，癇痙，女子疝瘕。久服輕身耐老。一名獨活。

陳修園曰：羌活氣平，稟金氣而入肺。味苦甘無毒，得火味而入心，得土味而入脾。其主風寒所擊者，入肺以禦皮毛之風寒，入脾以禦肌肉之風寒，入心助太陽之氣，以禦營衛之風寒也。其主金瘡止痛者，亦和營衛、長肌肉、完皮毛之功也。奔豚乃水氣上淩心火，此能入肺以降其逆，補土以制其水，入心以扶心火之衰，所以主之。癇痙者，木動則生風，風動則挾木勢而害土，土病則聚液而成痰，痰迸於心則為痙為癇。此物稟金氣以制風，得土味而補脾，得火味以寧心，所以主之。女子疝瘕，多經行後血假風濕而成，此能入肝以平風，入脾以勝濕，入心而主宰血脈之流行，所以主之。久服輕身耐老者，著其扶陽之效也。

張隱庵曰：　此物生苗，一莖直上，有風不動，無風自動，故名獨活。後人以獨活而出於西羌者，名羌活。出於中國，處處有者，名獨活。今觀肆中所市，竟是二種。有云羌活主上，獨活主下，是不可解也。

清・王龍《本草纂要稿・草部》　羌活　味苦、甘，性微溫，無毒。散肌表八風之邪，利週身百節之痛。排巨陽肉腐之疽，除新舊風濕之證。小無不入，大無不通，有撥亂反正之功。入足太陽經。　獨活：　氣味苦平而溫。治諸風掉眩，頸項難伸。療風寒濕痺，兩足不用。奔豚癎痓堪除，風毒齒痛立止。去腎間風，醫腰脊強。入足少陰經。

清・張德裕《本草正義》卷上　羌活　苦辛，溫。入三陽經，太陽為最。散肌表之寒邪，利周身項脊之疼痛。用其走經去濕而散，性非柔懦，虛者酌之，或佐以補。

附獨活　苦，香，微涼。善行滯氣，入腎、膀胱。專理下焦風濕，兩足痛痹，濕癢拘攣。非發表之品。

清・楊時泰《本草述鉤元》卷七　羌活、獨活

一莖直上，不為風搖，故稱獨活。《本經》：　獨活一名羌活，為其生於羌地也。陶隱居言羌活出羌地，而益州、西川者為獨活，是一物而二種矣。瀕湖歷據諸說，謂獨與羌一類二種，以中國者為獨活，西羌者為羌活，入用微有不同，後人判為二物者非矣。又川中所產獨活，另是一種，並屬可用。

羌活：　根性溫，味苦、辛。氣味俱薄，浮而升，陽也。手足太陽行經風藥，并入足厥陰、少陰經氣分。治風邪在表在上，去膀胱並腎間風邪，太陽經頭痛，巨陽從頭走足，惟厥陰與督脈會於巔，逆而上行，諸陽不得下，故令痛也。周身盡痛，骨節痛，項強脊痛，並搜肝風，瀉肝氣。瀉青丸用之，為其壬乙同歸也。治諸風掉眩，口面喎斜，凡風濕相乘，或風寒濕痹，酸痛不仁，筋骨攣拳，偏身瘰痹血癩，雖不治血虛筋燥，然挾風濕者，亦可於血藥中兼用。並散癰疽敗諸本草。羌活氣清屬陽，善行氣分，舒而不斂，升而能沉，雄而善散，故入手足太陽以理遊風，其功用與獨活雖若不同，實互相表裏士材。骨乃少陰腎之合，羌活雖為太陽風藥，而太陽、少陰相表裏，羌活亦入之，但專力於達巨陽之氣分，而少陰血分當推獨活耳，所以治歷節風痛必兼羌、獨二味，並用松節。羌、獨、防三味，統理脊痛項強督脈為病，以足太陽夾督而行，會督者二，手太陽又會諸陽於督之大椎，故三味並為治督之劑東垣。升舉中焦，用柴胡、升麻；　升舉下焦，則藁本、羌活。

獨活：　根味苦、辛、甘，氣溫。氣厚味薄，沉而升，陰中陽也。足少陰行經氣分之藥。《本經》主風寒所擊，金瘡止痛，奔豚癎痓，女子疝瘕。治一切風並氣，筋骨攣拳，骨節酸痛，中風濕冷，奔喘逆氣，皮膚苦癢，手足攣痛，袪足少陰伏風，百節痛風。此伏風深入骨節者。凡兩足寒濕痹不能動止，非此不治。與細辛同用，止少陰經頭痛，療勞損風毒齒痛諸本草。獨活氣濁屬陰，善行血分，斂而能舒，沉而能升，緩而善搜，可助表虛，故入太陰肺、少陰腎以理伏風士材。獨活細而低，治足少陰伏風而不治太陽東垣。

羌獨活總論：　羌浮而升，獨沉而升《主治秘訣》。羌活氣雄，故大無不通，小無不入，治足太陽風濕相搏，頭痛肢節痛，一身盡痛，為却亂反正之主藥。獨活氣細，細者治足少陰伏風頭痛，兩足濕痹不能動止，而不治太陽之證好古。羌入太陽，獨入少陰，一表一裏，似氣血之原已分矣。後人用治三時寒疾，以代麻黃、桂枝。有孕婦初春外寒，病於足太陽腑，為頭痛骨痛，更病於足少陰臟，為腰痛，表裏俱病，氣血兩傷，此本麻黃、桂心所治病，而藥在所禁，但用羌活為君，入太陽，獨活為臣，以入腎，一劑便效。同白朮、蒼朮、秦艽、生地、薏仁、木瓜、石斛、黃柏，治下部一切風濕濕熱。同生地、赤芍、甘草、丹皮、石膏等，治風熱上攻牙腫痛。

論：　羌活性溫，本地中首出之氣，其味始苦，次辛，苦多辛少，辛後又有甘，是首出之氣，本於味苦之入地者以上行，更辛甘合，而上行之氣乃暢，所以為手足太陽行經風藥，能大暢寒水之鬱而宣其化也。其治督脈為病脊強而厥者，以督為人身之真陽，此品能達真陽以散寒鬱也。又治風濕，蓋腎之真陽不暢，水鬱即化濕，羌活從風化以暢水中之陽，正所以除濕，即舉外受之濕，皆能治之也。而通經絡者，以營行脈中，每患於濕以為血病，血病則邪氣惡血住留而經絡傷，傷則不能行血氣而營陰陽，故患為諸痹，甚且不得濡筋骨，利關節，致骨節酸痛，屈伸不利而拘攣矣。即病於脊痛項強，不可回顧，腰似折，項似拔，皆其由濕以化風者。羌活本風升之陽，從寒水中達陽以化濕，亦即暢陰以和風，而藏血之肝，實司風化以主經絡者，遂並太陽而效其用焉。凡便秘屬風者，方藥中類用羌活，即此可悟風血相關之義。蓋便秘患於燥，燥者血不足，用羌活舉陰以升而裕血之用，原非以燥濕為功，要知風和則血裕，風淫則血燥，羌活不徒達陽以化濕，亦且暢陰以和風，可漫以風劑例視乎哉。夫風陽而寒濕陰，羌活固暢陰以達陽矣，乃如防風之治，反以

瀉陽實而令陽暢者何也？蓋人身風升之氣與元氣無二，暢陰以達陽者，固所以裕元氣，俾陽出陰中而上際，其升之機藉於肝，至瀉陽以蓄陰者，更所以裕元氣，俾陽依於陰以下蟠，其降之機舉在肺，如肺實不瀉，是所謂升降不前氣交有變也。至二味之能通經絡，防風則自上而達於周身，羌活則自下而上以及周身，其亦區以別矣。抑先天之元陰，水也。後天之真陰，血也。羌之達陽以暢陰，與防之瀉陽以蓄陰，總乃陽之不離於陰以為用，非泛然謂風劑便通經絡也。試觀防風主上部見血，而羌活能治血癩及癰疽敗血，則可知斯義之不爽矣。獨活為腎藥，腎乃陰中之至陰，獨活能絪緼至陰中之陽化，以裕足太陽之氣化而上際通天。言其通經絡之功，固不如羌活。第其入至陰之地，即寒水而裕風化，又就風木而達水化，所謂不爭下流者，獨活有焉。即《本經》主治諸證，可以參其首功矣。

繆氏云：羌、獨活本祛風散寒除濕之要品，但《本經》《別錄》並主中風及諸風，用者宜審。夫真中風，惟西北高寒之地，表虛者當之，往往猝中，或口眼歪斜，或口噤不語，或手足癱瘓左右不仁，或剛痓柔痓。即角弓反張。此藥與風藥並用可也。若夫吳、楚、閩、越、百粵、鬼方、梁州之域，從無剛勁之風，多有濕熱之患，質脆氣虛，多熱多痰，其患中風如前等病，外證雖一一相似，而其中實非，此則內傷虛邪，與外淫實邪，或攻或補，迥若天淵，若誤用風藥虛虛貽禍不小。又有血虛頭痛，及偏身疼痛骨痛因而寒熱者，此屬內證，誤用反致作劇。

辨治：羌活形細而多節《易簡方》云：須用紫色有蠶頭鞭節者。軟潤，氣息極猛烈；獨活色微白，形虛大，《易簡》云：有臼如鬼眼。為用亦相似，而小不如陶隱居。獨活自蜀來者，稍類羌活而極大，氣亦芳烈，又有槐葉氣者，用之極驗蘇頌。去皮及腐朽者用。獨活易蛀，宜密器藏之。此亦驗真偽之一端。

清・葉桂《本草再新》卷一 羌活味辛、苦，性溫，無毒。入心、肝、脾三經。瀉肝氣，搜肝風，治風濕相搏頭痛，中風不語，頭眩目赤，散肌表八風之邪，利周身百節之痛。

獨活味辛、苦，性微溫，無毒。入脾、肺二經。治傷風頭痛，頭暈目眩，痓癇濕痺，奔豚疝瘕。

清・文晟《新編六書》卷六《藥性摘錄》 羌活 辛苦，性溫。味薄氣雄，入膀胱兼入肝腎。散太陽、膀胱遊風，頭痛，兼治風濕相搏，脊強而厥，發為剛痓柔痓，及骨節風痛。○凡血虛頭痛及血虛遍身肢節痛，皆非所宜。獨活：辛苦，微溫。搜足少陰腎經伏風，發為頭腦連齒痛，並治頭目暈眩，兩足濕痹。○羌活治邪上攻於頭腦，旁及周身肌表。○獨活理下焦風濕，病在腎經氣分，而不連及太陽經。

清・屠道和《本草匯纂》卷一驅風 羌活 耑入膀胱，兼入肝、腎。辛、苦，性溫，味薄氣雄。功專上升，散足太陽膀胱遊風頭痛頭旋，兼治風濕相搏，骨節酸痛。賊風失音，不語多痒，手足不遂，口面喎斜。筋骨攣拳，頭旋，目赤疼痛及伏梁水氣，頸項難伸。蓋羌活專治太陽之邪上攻於頭旁及周身肌表，不似獨活專理下焦風濕病。但性雄，凡血虛頭痛，及偏身肢節痛者皆忌。與獨活皆係一種，治稍有別。

獨活：耑入腎。辛、苦，微溫，比羌活性緩。搜足少陰腎伏風頭痛，並兩足濕痺。治風毒齒痛，頭眩目暈。中風濕冷，奔豚逆氣，皮膚苦痒，手足攣痛，去腎間風邪。搜肝風，瀉肝氣，治項強腰脊痛，散癰疽敗血。緣此有風不動，無風反搖，故名。且有風自必有濕，故羌療水濕遊風，獨療水濕伏風，羌理上焦，獨理下焦。獨即羌母，非有二種，去皮焙用。

清・李桂庭《藥性詩解》 賦得羌活明目驅風得明字。田春芳。 羌活辛溫苦，功能理氣榮。八風皆可逐，兩目亦堪明。按：羌活性本溫散，上升頭目；味屬辛苦，以理游風。雄烈之品，《本經》言其散肌表八風之邪，利周身百節之痛。為刼亂反正主藥，血虛內症，皆宜禁用。

前題張金印 太陽君主藥，羌活性非平。大有驅風力，猶能使目明。

前題四韻。李春林 惟有川羌活，驅風力匪輕。肝舒筋可緩，邪去目方明。

表散頭應爽，經通眼愈清。二眸光朗甚，百節痛疼更。原作未能說明羌活是治風明目之品，下四句泛浮不恰。盡力風字，毫無明目，乃是脫題之作。中聯猶且不妥，韻亦生湊。余立此課，原為引諸生早明藥性，深悉主治，不可略而不講，以一病一藥，一藥一治，治之效與不效，即在藥之明與不明，有關生死，可不精心而細求乎？二韻未能盡善，學者不可躐等而進。下課仍作二韻，以待盡善再增。

清・仲昴庭《本草崇原集說》卷一 羌活 【略】〔批〕今觀肆中所市竟是二種。有云：羌活主上，獨活主下，是不可解也。

柴胡

宋·李昉《太平御覽》卷第九九三 茈葫柴胡二音。《本草經》曰：茈葫，一名地(重)〔薫〕。味苦，平。生川谷。治心腹，祛腸胃結氣，久服輕身，明目益精。生弘農。《吴氏本草經》曰：茈葫，一名山菜，一名茹草。神農、岐伯、雷公：苦，無毒。生寃句。二月、八月採根。

宋·唐慎微《證類本草》卷六草部上品〔《本經·別錄·藥對**》〕** **茈**柴字**胡**爲君 **味苦，平**、微寒，無毒。**主心腹，去腸胃中結氣，飲食積聚，寒熱邪氣，推陳致新**，除傷寒心下煩熱，諸痰熱結實，胸中邪逆，五藏間遊氣，大腸停積水脹及濕痹拘攣，亦可作浴湯。**久服輕身，明目益精。一名地薫**，一名山菜，一名茹草，葉一名芸蒿，辛香可食。生洪農川谷及寃句。二月、八月採根，暴乾。得茯苓、桔梗、大黄、石膏、麻子人、甘草、桂，以水一斗，煮取四升，入消石三方寸匕，療傷寒，寒熱頭痛，心下煩滿。半夏爲之使，惡皂莢，畏女苑、藜蘆。

〔梁·陶弘景《本草經集注》〕云：今出近道，狀如前胡而强。《博物志》云：芸蒿，葉似邪蒿，春秋有白蒻，音弱，長四五寸，香美可食，長安及河内并有之。此茈胡療傷寒第一用。

〔唐·蘇敬《唐本草》〕注云：茈是古柴字。《上林賦》云：茈薑，及《爾雅》云藐音邈茈草。並作茈字。且此草，根紫色，今太常用茈胡是也。又以木代系，相承呼爲茈胡。且檢諸本草，無名此者。《傷寒》大小茈胡湯，最爲痰氣之要，若以芸蒿根爲之，更作茨音，大謬矣。

〔宋·掌禹錫《嘉祐本草》〕按：《藥性論》云：茈胡，能治熱勞，骨節煩疼，熱氣，肩背疼痛，宣暢血氣，勞乏羸瘦，主下氣消食，主時疾内外熱不解，單煮服良。蕭炳云：主痰滿，胸脇中痞。日華子云：味甘。補五勞七傷，除煩止驚，益氣力，消痰止嗽，潤心肺，添精補髓，天行溫疾，熱狂乏絶，胸脇氣滿，健忘。

〔宋·蘇頌《本草圖經》〕曰：柴胡，生洪農山谷及寃句，今關陝、江湖間近道皆有之，以銀州者爲勝。二月生苗，甚香。莖青紫，葉似竹葉，稍緊，亦有似斜蒿，亦有似麥門冬而短者。七月開黄花。生丹州，結青子，與他處者不類。根赤色，似前胡而强，蘆頭有赤毛如鼠尾，獨窠長者好。二月、八月採根，暴乾。張仲景治傷寒有大小柴胡及柴胡加龍骨、柴胡加芒消等湯。故後人治寒熱，此爲最要之藥。

〔宋·唐慎微《證類本草》〕陳藏器：陶云芸蒿是茈胡，主傷寒。蘇云紫薑作紫，此草紫色。《上林賦》云：茈薑，今常用茈胡是也。《雷公》曰：凡使，莖長軟，皮赤，黄髭鬚。出在平州平縣，即今銀州銀縣也。西畔生處，多有白鶴、緑鶴於此翔處，是茈胡香直上雲間，若有過往聞者皆氣爽。凡採得後去髭并頭，用銀刀削上赤薄皮少許，却以麁布拭了，細剉用之。勿令犯火，立便無效也。孫尚藥：治黄疸。柴胡一兩去苗，甘草一分，右都細剉作一劑，以水一椀，白茅根一握，同煎至七分，絞去滓，任意時時服，一日盡。

〔宋·陳承《重廣補注神農本草並圖經》〕別說云：謹按：柴胡，唯銀夏者最良，根如鼠尾，長一二尺，香味甚佳。今雖不見於《圖經》，俗亦不識其真，故市人多以同華者代之，然亦勝於他處者，蓋銀夏地多沙，同華亦沙苑所出也。

宋·寇宗奭《本草衍義》卷七 茈胡 《本經》并無一字治勞，今人治勞方中，鮮有不用者。嗚呼！凡此誤世甚多。嘗原病勞，有一種真藏虚損，復受邪熱，邪因虚而致勞，故曰勞者牢也。當須斟酌用之。如《經驗方》中，治勞熱青蒿煎丸，用茈胡正合宜耳，服之無不效，熱去即須急已。若或無熱，得此愈甚，雖至死，人亦不怨，目擊甚多。日華子又謂補五勞七傷。《藥性論》亦謂治勞乏羸瘦。若此等病，苟無實熱，醫者熱而用之，不死何待！注釋《本草》，一字亦不可忽，蓋萬世之後，所誤無窮耳。苟有明哲之士，自何處治。中下之學，不肯考究，枉致淪沒，可不謹哉！可不戒哉！如張仲景治寒熱往來如瘧狀，用柴胡湯，正合其宜。

宋·鄭樵《通志》卷七五《昆蟲草木略》 茈胡 曰地薫，曰山菜，曰茹草葉，曰芸蒿。辛香可食。生於銀夏者，芬馨之氣射於雲間，多白鶴、青鶴翱翔其上。

金·張元素《潔古珍珠囊》〔見元·杜思敬《濟生拔粹》卷五〕 柴胡苦 少陽陰中之陽。去往來寒熱，膽痺非柴胡稍子不能除。與皂莢、藜蘆相反。少陽厥陰行經藥也。

宋·劉明之《圖經本草藥性總論》卷上 茈胡 君。味苦，平、微寒，無毒。主心腹，去腸胃中結氣，飲食積聚，寒熱邪氣，推陳致新。除傷寒心下煩熱，諸痰結實，胸中邪逆，五臟間遊氣，大腸停積水脹，及濕痺拘攣，亦可作浴湯。《藥性論》云：能治熱勞，骨節煩疼熱氣，肩背疼痛，宣暢血氣，勞乏羸瘦。主下氣消食，主時疾内外熱不解，單煮服之。蕭炳云：主痰滿，胸脇中痞。日華子云：味甘。補五勞七傷，除煩止驚，益氣力，消痰止嗽，潤心肺，添精補髓。天行瘟疾熱狂乏絶，胸脇氣滿，健忘。得茯苓、桔梗、大黄、石膏、麻子仁、甘草、桂，以水一斗，煮取四升，入消石三方寸匕，療傷寒寒熱頭痛，心下煩滿。半夏為之使。惡皂莢。畏女菀、藜蘆。

元・王好古《湯液本草》卷三 柴胡 氣平，味微苦，微寒。氣味俱輕，陽也，升也。純陽，無毒。 少陽經、厥陰經行經之藥。 《象》云：除虛勞寒熱，解肌熱，去早晨潮熱，婦人產前後必用之藥。善除本經頭痛，非他藥能止。治心下痞，胸膈痛。去蘆用。 《心》云：少陽經分之藥，引胃氣上升，苦寒以發表熱。 《珍》云：去往來寒熱，膽癉，非此不能除。 《本草》云：主心腹，去腸胃中結氣，飲食積聚，寒熱邪氣，推陳致新，除傷寒心下煩熱，諸痰熱結實，胸中邪氣，五臟間遊氣，大腸停積水脹，及濕痹拘攣。亦可作浴湯。久服輕身、明目、益精。半夏為之使，惡皂莢，畏女菀、藜蘆。入足少陽，主東方分也。在經主氣，在臟主血。證前行則惡熱，卻退則惡寒，雖氣之微寒，味之薄者，故能行經。若佐以三稜、廣茂、巴豆之類，故能消堅積，是主血也。婦人經水適來適斷，傷寒雜病，易老俱用小柴胡湯主之，加以四物之類，並秦艽、牡丹皮輩，同為調經之劑。 《衍義》云：柴胡，《本經》並無一字治勞，今人治勞方中鮮有不用者，凡此誤世甚多。嘗原病勞，有一種真臟虛損，復受邪熱，因虛而致勞，故曰勞者，牢也，須當斟酌用之。如《經驗方》治勞熱，青蒿煎丸，用柴胡正合宜耳，服之無不效。 日華子云：味甘，補五勞七傷，除煩止驚，益氣力。《藥性論》亦謂治勞乏羸瘦。若此等病，苟無實熱，醫者取而用之，不亡何待。註釋《本草》，一字亦不可忽，蓋後世所誤無窮也。苟有明哲之士，自可處制，中下之士，不肯考究，枉致淪沒，可不謹哉，可不戒哉。如張仲景治寒熱往來如瘧，用柴胡，正合其宜。 《圖經》云：治傷寒有大小柴胡湯、柴胡加龍骨牡蠣、柴胡加芒硝等湯，故後人治傷寒熱，此為最要之藥。 東垣云：能引清氣而行陽道，傷寒外諸藥所加，有熱則加之，無熱則不加。又能引胃氣上行，升騰而行春令是也，欲其如此，又何加之。 海藏云：能去臟腑內外俱乏，既能引清氣上行而順陽道，又入足少陽，蓋以少陽之氣，初出地之皮為嫩陽，故以少陽當之。

元・朱震亨《本草衍義補遺・新增補》 柴胡 氣平，味微苦。陰中之陽，乃少陽、厥陰行經藥也。去往來寒熱，非柴胡稍子不能除。《本草》治心腹、去腸胃中結氣，推陳致新，除傷寒心下煩熱，痰實。生銀州者為勝。《衍義》曰：柴胡，《本經》並無一字治勞，今人治勞方中鮮有不用者。嗚呼！凡此誤世甚多。嘗原病勞，有一種真臟虛損，復受邪熱，邪因虛而致勞，故曰勞者，牢也，當須斟酌用之，如《經驗方》中治勞熱青蒿丸，用柴胡正合宜爾，服之無不效。日華子又謂補五勞七傷，《藥性論》亦謂治勞之羸瘦。若有此等病，苟無實熱，醫者概而用之，不死何待？註釋本草，一字亦不可忽。蓋萬世之後，所誤無窮耳。苟有明哲之士，自(何)〔可〕處治；中下之學，不肯考究，枉致淪沒。可不謹哉！可不戒哉！如張仲景治傷寒寒熱往來如瘧狀，用柴胡正合其宜。

元・佚名氏《珍珠囊・諸品藥性主治指掌》〔見《醫要集覽》〕 柴胡 味苦，平，氣微寒，無毒。升也，陰中之陽也。其用有四：左右兩傍脇下痛，日晡潮熱往來生，在藏調經內主血，在肌主氣上行經，手足少陽表裏四經云藥也。

元・徐彥純《本草發揮》卷一 柴胡 味苦，平、微寒，無毒。生除傷寒心下煩熱，諸痰熱結實。治熱勞骨蒸煩痛，時疾內外熱不解，胸脇氣滿。成無己云：柴胡之苦，以發表熱。又云：柴胡、黃芩之苦，入心而折熱。 潔古云：柴胡除虛勞煩熱，解散肌熱，去早晨潮熱。此手足少陽、厥陰四經行經藥也。善除本經頭痛，非他藥所能止。治心下痞胸，膈中痛，能引胃氣上升，以發散表熱，去寒熱往來，膽癉非柴胡梢不能除之。又去脇下痛，往來寒熱，及日晡發熱用柴胡。《主治秘訣》云：柴胡味微苦，性平，微寒。氣味俱輕，陽也，升也，少陽經分藥。偏頭痛，乃少陽也，非柴胡不能除。 東垣云：柴胡瀉肝火，須用黃連佐之。欲上升，則用根酒浸；欲中及下降，則生用梢。又治瘡瘍癖積之在左。又云：十二經瘡藥中，須用以散諸經血結氣聚，功用與連翹同。 海藏云：入足少陽，主東方分之氣也。在經主氣，在藏主血。(證)前行則惡熱，却退則惡寒。雖氣微寒，味之薄者，故能行經，是主氣也。若佐以三稜、廣茂、巴豆之類，故能消堅積，是主血也。婦人經水適來適斷，傷寒雜病，潔古須用小柴胡主之，加以四物之類，并秦艽、牡丹皮輩，同為調經之劑。《衍義》云：柴胡《本經》竝無一字治勞，今人治勞方中鮮有不用者。嗚呼！凡此誤世多矣。嘗原病勞，有一種真藏虛損，復受邪熱，因虛而致勞，故曰勞者，牢也，須斟酌用之。如《經驗方》中治勞熱青蒿煎，凡用柴胡，正合宜耳，服之無不效。熱去即須急已，若或無熱而得此，則病愈甚。日華子又謂補五勞七傷，《藥性論》亦謂治勞乏羸瘦，若此等病苟無實熱，醫者取而用之，不亡何待？注釋《本草》，一字亦不可忽。蓋萬世之後，所誤無窮爾。苟有明哲之士，自可處制。中下之士，所學不肯考究，枉致

淪沒，可不謹哉？可不戒哉？如張仲景治寒熱往來如瘧狀，用柴胡湯正合其宜。《圖經》云：張仲景治傷寒有大小柴胡，及柴胡龍骨牡蠣、柴胡加芒硝等湯，故後人治傷寒寒熱，以此為最要之藥。東垣云：柴胡者，能引清氣而行陽道，傷寒外諸藥所加，有熱則加之，無熱則不可加。又能引胃氣上行，升騰如春令也，欲其如此，又何加之能去內外藏府，俱之能引清氣上行而順陽道？蓋以少陽之氣初出，地之皮為嫩陽，故以少陽當之。

明・朱橚《救荒本草》卷上之前　柴胡　一名地薰，一名山菜，一名茹草葉，一名芸蒿。生弘農川谷及宛句，壽州、淄州、關陝江湖間皆有，銀州者為勝。今鈞州密縣山谷間亦有。苗甚辛香，莖青紫堅硬，微有細線，楞葉似竹葉而小，开小黃花；根淡赤色。味苦，性平，微寒，無毒。半夏为之使，惡皂莢，畏女菀、藜蘆。又有苗似斜蒿，亦有似麥門冬苗而短者，開黃花，生丹州，結青子，與他處者不類。救飢：採苗葉煠熟，換水浸淘去苦味，油鹽調食。治病：文具《本草》草部條下。

明・蘭茂撰，清・管暄校補《滇南本草》卷下　柴胡　性寒，味苦。陰中陽也。入肝膽二經。傷寒發汗，解表要藥。退六經邪熱往來，痺瘻。除肝家邪熱癆熱，行肝經逆結之氣，止左脇肝氣疼痛。治婦人血熱燒經，能調月經。

補註：傷寒症發汗用柴胡，至四日後方可用，若用在先，陽症引入陰經，當忌。用發汗，用嫩莁。治虛熱、調經，用根。

明・蘭茂《滇南本草》〔叢本〕卷下　柴胡　註補：傷寒症發汗用柴胡，至四日方可用之。若用在先，陽症引入陰經，當忌。治發汗，用嫩茸。治虛熱調經，用根好。

明・王綸《本草集要》卷二　茈胡君　味苦，氣平，微寒。氣味俱輕，陽也，升也，陰中之陽。無毒。少陽經、厥陰經行經之藥。半夏為之使，畏女菀、藜蘆。生銀夏者最良。主心腹，去腸胃中結氣，飲食積聚，寒熱邪氣，推陳致新，久服輕身明目。除往來寒熱，早晨潮熱，傷寒心下煩熱，諸痰熱結實胸中邪逆痛，本經頭痛。在經主氣，在臟主血，婦人產前後必用之藥。加以四物、秦艽、牡丹皮等，同為調經之劑；佐以三稜、廣茂、巴豆之類，能消積血。治傷寒寒熱往來，為最要藥。又治瘧必用之。又能引清氣行陽道，升提胃氣，上行春令。又後人治勞方中多用之。若止虛勞而無實熱，用之致死。

明・滕弘《神農本經會通》卷一　茈胡　君也。半夏為之使，畏女菀、藜蘆。生銀夏者最良。用須去蘆。

味苦，氣平，微寒，無毒。《湯》云：味微苦，微寒。氣味俱輕，陽也，升純陽，無毒。少陽經、厥陰經行經之藥。東云：升也，陰中之陽也。左右兩傍脇下痛，日晡潮熱往來生，在臟調經內主血，在肌主氣上行經，手足少陽表裏四經藥也。又云：療肌解表。珍云：主寒熱往來脇痛，療瘡瘍癖積。上行胃氣。梢治膽痺。

《本經》云：主心腹，去腸胃中結氣，飲食積聚，寒熱邪氣，推陳致新，除傷寒心下煩熱，諸痰熱結實胸中，邪逆五臟間遊氣，大腸停積，水脹，及濕痺拘攣。亦可作浴湯。二八月採根，暴乾。《藥性論》云：能治熱勞，骨節煩疼，熱氣，肩背疼痛，宣暢血氣，勞乏羸瘦。主下氣消食，主時疾，內外熱不解，單煮服之。日華子云：味甘。補五勞七傷，除煩止驚，益氣力，消痰止嗽，潤心肺，添精補髓，天行瘟疾，熱狂，乏絕，胸脇氣滿，健忘。《圖經》云：以銀州為勝。張仲景治傷寒，有大小柴胡及柴胡加龍骨、柴胡加芒硝等湯，故後人治寒熱，此為最要之藥。在經主氣，在藏主血，婦人產前後必用之藥。前行則惡熱，却退則惡寒。雖氣之微寒，味之薄者，故能行經。若佐三稜、廣茂、巴豆之類，故能消堅積，是主血也。婦人經水適斷適來，傷寒雜病，易老俱用小柴胡湯主之，加以四物之類，并秦艽、牡丹皮輩，同為調經之劑。東垣云：能引清氣而行陽道，傷寒外諸所加，有熱則加之，無熱則不加。又能升提胃氣上行，升騰而行春令是也。丹溪云：《衍義》曰：柴胡，《本經》無一字治勞，今人治勞方中鮮有不用者，凡此誤世甚多。嘗原病勞，有一種真臟虛損，復受邪熱，邪因虛而致勞，故曰勞者，牢也，當須斟酌用之。如《經驗方》中治勞熱青蒿丸，用柴胡正合宜耳，服之無不効。日華子又謂補五勞七傷，《藥性論》亦謂治勞之羸瘦。若有此等病則用之，苟無實熱，醫者取而用之，不死何待？可不戒哉！如仲景治寒熱往來如瘧狀，用柴胡正合其宜。《圖經》云：生弘農川谷及宛句，今關、陝江湖間近道皆有之，以銀州者為勝。赤色，似前胡而強，蘆頭有赤毛如鼠尾，獨窠，長者好。二八月採根，陰乾。雷公云：凡使，莖長軟，皮赤，黃髭鬚。出平州平縣，今銀州銀縣也。《別說》云：唯銀夏者最良。根如鼠尾，長一二尺，香味甚佳。今方云：北柴、銀柴，同是一類，因地而名，甚無分別。《象》云：除虛勞寒熱，解肌熱，去早晨潮熱，婦人產前後必用之藥。善除本經頭痛，非他藥能止。治心下

痞，胸膈痛。去蘆用。《心》云：少陽經分之藥，引胃氣上升。苦寒以發表熱。珍云：去往來寒熱，膽痺非此不能除。《集》云：後人治勞方中多用之。若止虛勞，而無實熱，用之致死。剷云：柴胡苦寒除脇疼，更安潮熱往來生。在臟調經內主血，在肌主氣上行經。《局》云：柴胡下氣仍除積，濕痺拘攣作浴湯。主療傷寒為要藥，消痰止嗽補勞傷。柴胡去熱治勞傷，主療傷寒功力到。

明・劉文泰《本草品彙精要》卷七　柴胡無毒　植生。

柴胡出《神農本經》：**主心腹，去腸胃中結氣，飲食積聚，寒熱邪氣，推陳致新。久服輕身明目，益精。**以上朱字《神農本經》。除傷寒，心下煩熱，諸痰熱結實，胸中邪逆，五臟間遊氣，大腸停積水脹，及濕痹拘攣。亦可作浴湯。以上黑字名醫所錄。

【名】地薰、山菜、茹草葉、芸蒿、柴薑、邈音貌柴草。【苗】《圖經》曰：二月生苗甚香，莖青紫，葉似竹葉稍緊。有似斜蒿，亦有似麥門冬而短者。七月開黃花，一種生丹州者，結青子，與他處者不類。根赤色，似前胡而強，蘆頭有赤毛如鼠尾。獨窠長者爲佳。【地】《圖經》曰：生洪農山谷及冤句，今關陝江湖間近道皆有之。【道地】銀州、壽州、欒州者爲佳。【時】生：春生苗。採：二月、八月取根。【收】暴乾。【用】根柔軟者爲好。【質】類前胡而細小。【色】紫赤。【味】微苦。【性】平，微寒，泄。【氣】氣味俱輕，純陽。丹溪云：陰中之陽。【臭】香。【主】傷寒往來寒熱。【行】足少陽經，厥陰經。【助】半夏爲之使。【反】畏女菀、藜蘆，惡皂莢。【製】《雷公》云：去蘆，銀刀削上赤薄皮少許，細剉用之，勿令犯火。【治】療：《藥性論》云：熱勞骨節煩疼，熱氣肩背疼痛，宣暢血氣，下氣消食，及時疾內外熱不解。蕭炳云：痰滿，胸脇中痞。日華子云：除煩止驚，消痰止嗽，潤心肺，及天行瘟疾，熱狂乏絕，胸脇氣滿，健忘。《湯液本草》云：除虛勞寒熱，去早晨潮熱及心下痞，胸膈痛並往來寒熱，膽痹。李杲云：左右兩傍脇下痛，日晡潮熱往來生，在臟調經內主血；在肌主氣，上行經。補：《藥性論》云：勞乏羸瘦。日華子云：五勞七傷，益氣力，添精補髓。《衍義》曰：柴胡，《本經》並無一字治勞，今人治勞方中鮮有不用者。凡此誤世甚多。嘗原病勞有一種，真臟虛損，復受邪熱，因虛而致勞，故曰勞者，牢也。須當斟酌用之。如《經驗方》治勞熱，青蒿煎丸，用柴胡正合宜耳，服之無不效。日華子云：味甘，補五勞七傷，除煩，止驚，益氣力。《藥性論》云：謂治勞乏羸瘦，若此等病，苟無實熱，醫者取而用之，不亡何待。注釋《本草》，一字亦不可忽，蓋萬世所誤，無窮也。苟有明哲之士，自可處制；中下之士，不肯考究，枉致淪沒，可不謹哉！可不戒哉！如張仲景治寒熱往來如瘧，用柴胡正合其宜。【合治】合茯苓、桔梗、大黃、石膏、麻子仁、甘草、桂，以水一斗，煮取四升，入硝石三方寸匕，療傷寒寒熱頭痛，心下煩滿。

明・葉文齡《醫學統旨》卷八　柴胡　氣平，味苦，微寒。無毒。升也，陰中之陽。少陽、厥陰行經之藥。半夏為之使，惡皂莢，畏紫(苑)〔菀〕、藜蘆。生銀夏者良。除虛勞客熱，去蘆用；北柴胡實熱用。　治傷寒心下煩熱，諸痰熱結實，胸脇氣滿；瀉肝火，引胃氣上升；消積聚，去腸胃結氣；往來寒熱，膽痺邪瘧，脇下痛，時疾；解內外熱濕痺拘攣，除本經頭痛，明目；如無實熱者不可用；在經主氣，在臟主血，婦人產前產後必用之藥，加以四物，為調經之劑。

明・許希周《藥性粗評》卷一　茈胡司春令，引清氣以上升。

茈胡，一名地薰，一名芸蒿。《上林賦》謂之茈薑，《爾雅》謂之藐茈。二月生苗，高一二尺，甚香，莖青紫色，葉似竹葉稍緊，亦有似斜蒿，似麥門冬而短者，七月開黃花，生丹州者結青子，與他處不類，根赤色似鼠尾，亦有香味，蘆頭有赤色。關陝江(浙)〔湖〕原野皆有之，以銀夏者為勝。二月、八月採根，暴乾，勿令見火，凡用去雜鬚并蘆頭，又以麄布擦去薄皮，剉。半夏為之使，惡皂莢，畏女菀、藜蘆。　味苦、甘，性微寒，無毒。其氣上行，入手少陽三焦、足少陽膽、手厥陰心胞絡、足厥陰肝經。主治傷寒潮熱，煩渴否滿，頭痛痰結，瘟疫狂躁，肩臂疼痛，骨節拘攣，潤肺止嗽，消食下氣，磨積除疸，添精髓，益氣力，宣暢血脉，發散肌表，清利胸脇。潔古云：寒熱往來膽痹，非茈胡稍不能除。東垣云：茈胡瀉肝火，須用黃連佐之；欲上升則用根，酒浸；欲中及下降，則生用。稍又治瘡瘍癖積之在左，又十二經瘡藥中，須用之以散諸經血結氣聚，功用與連翹同。又云：茈胡者，能引清氣行陽道，有熱則加之，無熱則不可加。虛寒之人加此反助寒邪，或至不可救者。又能引胃氣上行，升騰如春令也。愚謂肝膽家病，必須此以治者。肝膽屬木，茈胡能引清氣上行，瀉其鬱抑，正與相宜。《圖經》云：張仲景治傷寒有大小茈胡，及茈胡加龍骨、茈胡加芒硝等湯，故後人治傷寒以此為最要之藥。

明・鄭寧《藥性要略大全》卷三　柴胡　《珠囊》云：主治兩傍脇下痛，

日晡潮熱往來生。在臟調經内主血，在肌主氣上行經。手足少陽表裏四經。《賦》曰：發肌解表，次於乾葛。《經》云：解肌熱，去早晨潮熱，去往來似瘧之寒熱。去腸胃中結氣，飲食積聚，寒熱邪氣，推陳致新。除傷寒心下煩熱，諸痰熱結胸中，大腸停積水脹及濕痹拘攣。可作湯浴。少陽厥陰行經之藥也。《湯液》云：在經主氣，在臟主血。佐以三稜、廣茂、巴豆之類，能消堅積，是主血也。女經適來適斷，加以四物，併秦艽、牡丹之輩，為調經之劑。能引胃氣上升，苦寒以發表熱；能引清氣上行陽道，善除陽明經頭痛。東垣云：治傷寒邪熱，此為最要之藥。能引清氣上行陽道，又能引胃氣上升而行脊膂者也。《衍義》云：柴胡《本經》並無一字治勞，今人治勞鮮有不用者，誤世多矣。須當審其虛實輕重，斟酌用之。日華子所謂味甘補五勞七傷，除煩止驚，益氣力者，誤也。《藥性論》亦云：治勞乏羸瘦。若此等病，苟無實熱，醫者取而用之，不亡何待？註釋本草藥性，一字不可忽，蓋貽後世之誤無窮也。可不謹哉！味苦，平，性微寒，無毒。升也，陰中之陽也。少陽、厥陰引藥也。半夏為之使。惡皂莢，畏藜蘆、女菀。若止是虛勞，無實熱之人，不宜多服。

明·賀岳《醫經大旨》卷一《本草要略》 柴胡 能提下元清氣以瀉三焦之火，此所以能除手足少陽寒熱也。治勞方中多用之者，由其能提清氣以祛邪熱耳。用之當知其要，惟可用於下陷，不可用於下竭。

明·陳嘉謨《本草蒙筌》卷一 柴胡 味苦，氣平、微寒。氣味俱輕，升也，陽也，陰中之陽。無毒。州土各處俱生，銀夏州名，屬陝西。出者獨勝。根鬚長如鼠尾，一二尺餘；香氣直上雲端，有鶴翔集。八月收採，折淨蘆頭。療病上升，用根酒漬；中行下降，用梢宜生。畏女菀藜蘆，使半夏一味。乃手、足少陽、厥陰四經行經藥也。瀉肝火，去心下痰結熱煩，用黃連猪膽汁炒。為佐；治瘡瘍，散諸經血凝氣聚，與連翹同功。止偏頭疼，胸脇刺疼及膽癉疼痛；解肌表熱，早晨潮熱併寒熱往來。傷寒門實為要劑，溫瘧證誠作主方。且退濕痹拘攣，可作濃湯浴洗。在臟主血，在經主氣。亦婦人胎前產後，血熱必用之藥也。經脉不調，加四物秦艽牡丹皮治之最効；產後積血，佐巴豆三稜蓬莪茂攻之即安。又引清氣順陽道而上行，更引胃氣司春令以首達。亦堪久服，明目輕身。○葉名芸蒿，辛香可食。謨按：《衍義》云：《本經》並無一字治勞，今人治勞方中，鮮有不用，誤世甚多。嘗原勞怯，雖有一種，真臟虛損，復受邪熱，熱因虛致，故曰勞者牢也。亦須斟酌微加，熱去即當急已也。設若無熱，得此愈增。《經驗方》治勞熱青蒿煎丸，少佐柴胡，正合宜爾，故服之無不効者。日華子竟信為實，就註《本經》條下，謂補五勞七傷，除煩而益氣力。《藥性論》又謂：治勞乏羸瘦，是皆不智，妄自作俑者也。若此等病，苟無實熱，醫者執而用之，不死何待！本草註釋，豈可半字鹵莽耶？萬世之後，所誤無窮，誰之咎也。明達之醫，固知去取；中下之士，寧不蹈其轍哉！非比仲景治傷寒，寒熱往來如瘧之證，製大小柴胡及柴胡加龍骨、柴胡加芒硝等湯，此誠切要之藥，萬世之所宗仰，而無罅議者也。

明·方穀《本草纂要》卷一 柴胡 味苦，氣平、微寒，氣味俱輕揚，升也，陰中之陽，無毒。入少陽經，爲引經之藥，能退往來之寒熱。復入厥陰之經，能調達肝氣，引氣上行者也。蓋嘗論之，柴胡有行氣行血之功，寒熱往來是邪氣搏乎正氣，邪正交爭而作寒熱，用柴胡以治之，由其性能條達，故古者以爲在臟調經，在肌主氣者，良有以也。但傷寒初起不可用，因苦寒之性，恐引邪入少陽也；咳嗽氣急，痰喘嘔逆不可用，因條達之性，恐升提其氣反助上行也。若夫氣陷在下不可上，舍柴胡其何施？氣鬱於脇不可行，非柴胡莫能暢。所以柴胡能明目，止脇痛，瀉肝火者，以其氣有條達也。陽邪下陷於陰經，或少腹痛而疝瘕積聚，以其氣有升提也。臨症之時，貴乎察其形症，隨機應敵，庶無悞矣。

明·王文潔《太乙仙製本草藥性大全》卷一《本草精義》 柴胡 一名地薫，一名山菜，一名茹葉，一名芸蒿。辛香可食。生弘農山谷及寃句，今關陝江湖間近道皆有之，以銀州者爲勝。二月生苗，甚香，莖青紫，葉似竹葉稍緊，亦有似斜蒿，亦有似麥門冬而短者，七月開黃花。生丹州結青子，與他處者不類。根赤色，似前胡而強，蘆頭有赤毛，如鼠尾，獨窠長者好。二月、八月採根曝乾。惡皂莢，畏藜蘆、女苑。

明·王文潔《太乙仙製本草藥性大全》卷一《仙製藥性》 茈胡君 味苦，氣平、微寒，氣味俱輕，陽也，升也，陰中之陽，無毒。少陽經、厥陰經行經之藥。半夏爲之使。若止是虛勞，無實熱之人，不宜多服。主治：主心腹，去腸胃結氣、積聚，療寒熱，祛邪氣，推陳致新。治大腸停積水脹，醫五臟寒熱遊氣，瀉肝火，去心下痰結。熱煩用黃連猪膽汁炒爲佐；治瘡瘍，散諸經血凝

氣聚，與連翹同功。止偏頭疼、胸脇刺痛及膽痹疼痛，解肌表熱，早晨潮熱併寒熱往來。傷寒門實爲要劑，溫瘧證誠作主方。且甦濕痹拘攣，可作濃湯浴洗。在臟主血，在經主氣。亦婦人胎前產後血熱必用之藥也。經脉不調，加四物、秦艽、牡丹皮，治之最效；產後積血，佐巴豆、三稜、蓬莪茂攻之即安。又引清氣，順陽道而上行，更引胃氣，司春令以首達。亦堪久服，明目輕身。

補註：按《衍義》云，《本經》並無一字治勞，今人治勞方中鮮有不用，誤世甚多。嘗原勞怯雖有一種，真臟虛損，復受邪熱，熱因虛致，故曰勞者，牢也，亦須斟酌微加，熱去即當已也。設若無熱，得此愈增。《經驗方》治勞熱：青蒿煎丸，少佐柴胡，正合宜爾，故服之無不效者。日華子竟信爲實，就註《本經》條下，謂補五勞七傷，除煩而益氣力。《藥性論》云：治勞之羸瘦熱。醫者執而用之，不死何待？萬世之後，所誤無窮。明達之醫，固知去取，中下之士，寧不蹈其轍哉！非比仲景治傷寒，寒熱往來如瘧之，隨製大小柴胡及柴胡加龍骨、柴胡加芒硝等湯，此誠切要之藥，萬世之所宗，仰而無鏄訴者也。〇治黃疸，柴胡一兩，去苗，甘草一分，右都細剉，作一劑，以水一碗，白茅根一握，同煎至七分，絞去滓，任意時時服，日盡。太乙曰：凡使莖長、軟皮、赤黃髭鬚，出在平州平縣，即今銀州銀縣也。西畔生處多有白鶴綠鶴於此翔處，是柴胡香直上雲間，若有過往聞者，皆氣爽。凡採得後去髭并頭，用銀刀削上赤薄皮少許，却以麄布拭，細細剉用之，勿令犯火，立便無效也。

明・皇甫嵩《本草發明》卷二　柴胡上品之上，君。氣平，微寒，味苦，無毒。氣味俱輕，升也，陽也。又云陰中之陽。少陽、厥陰行經之藥。　發明曰：柴胡氣味輕清，少陽經藥。引清氣上行，而順陽道，解肌發表，此專功也。〔主早晨潮熱。〕惟能上行，而順陽道，故《本草》主心腹腸胃結氣，胸中邪逆，飲食積聚，痰熱結實，大腸停積水脹，藏間游氣，皆能消而推陳以致新也。惟能解肌發表，故傷寒心下煩熱邪氣，肌表寒熱往來，皆散矣。又少陽與厥陰合，故上行頭目，止偏頭痛，明目，及兩脇刺痛，膽痺痛，濕痺拘攣皆能除。又云：在經主氣，在藏調經者，氣薄能行經故耳。愚謂陽道升而陰道降，又何氣脉經血之不順且調哉？《本經》無一字治勞，今治勞方中多用之，謂能提清氣，祛邪熱耳。若真藏虧損，復受大熱，因虛致勞，須審用之。故用於清陽下陷則可，若下元虛，謂之下絕，決不可用。仲景治傷寒寒熱往來如瘧，及溫瘧等症為宜，治勞熱青蒿煎丸中用之亦可。〇黃連為佐，瀉肝火，去心下痰結。連翹同用，治瘡瘍，散諸經血凝氣聚。〔柴治經中之氣熱，翹治經中之血熱。〕傷寒雜症，婦女經水適來適斷，俱小柴胡主之，加四物、秦艽、丹皮之類，同為調經之劑。佐以稜、朮、巴豆之類，消積血。莖長皮赤，軟細者名軟柴胡，能主血和肝。黑色肥短者，主發表退熱。半夏為之使。惡皂角。畏女菀、藜蘆。勿犯火，恐無効。

明・李時珍《本草綱目》卷一三草部・山草類下　茈胡《本經》上品

〔釋名〕地薰《本經》　芸蒿《別錄》　山菜《吴普》　茹草《吴普》。恭曰：茈是古柴字。《上林賦》云茈薑，及《爾雅》云茈草，並作此茈字。此草根紫色，今太常用茈胡是也。又以木代系，相承呼爲柴胡。且檢諸本草無名此者。時珍曰：茈字有柴、紫二音。茈薑、茈草之茈皆音紫，茈胡之茈音柴。茈胡生山中，嫩則可茹，老則採而爲柴，故苗有芸蒿、山菜、茹草之名，而根名柴胡也。蘇恭之説殊欠明。古本張仲景《傷寒論》，尚作茈字也。

〔集解〕《別錄》曰：茈胡葉名芸蒿，辛香可食，生弘農川谷及冤句，二月、八月採根暴乾。弘景曰：今出近道，狀如前胡而强。《博物志》云：芸蒿葉似邪蒿，春秋有白蒻，長四五寸，香美可食，長安及河内並有之。恭曰：傷寒大小柴胡湯，爲痰氣之要。若以芸蒿根爲之，大謬矣。頌曰：今關陝江湖間近道皆有之，以銀州者爲勝。二月生苗甚香。莖青紫堅硬，微有細綫。葉似竹葉而稍緊小，亦有似斜蒿者，亦有似麥門冬葉而短者。七月開黃花。根淡赤色，似前胡而强。生丹州者結青子，與他處者不類。其根似蘆頭，有赤毛如鼠尾，獨窠長者好。斆曰：茈胡出在平州平縣，即今銀州銀縣也。西畔生處，多有白鶴、綠鶴於此飛翔，是茈胡香直上雲間，若有過往聞者，皆氣爽也。承曰：柴胡以銀夏者最良，根如鼠尾，長一二尺，香味甚佳。今《圖經》所載，俗不識其真，市人以同、華者代之。然亦勝於他處者，蓋銀夏地方多沙，同、華亦沙苑所出也。機曰：解散用北柴胡，虛熱用海陽軟柴胡爲良。時珍曰：銀州即今延安府神木縣，五原城是其廢迹。所產柴胡長尺餘而微白且軟，不易得也。北地所產者，亦如前胡而軟，今人謂之北柴胡是也，入藥亦良。南土所產者，不似前胡，正如蒿根，强硬不堪使用。其苗有如韭葉者、竹葉者，以竹葉者爲勝。其如邪蒿者最下也。按《夏小正・月令》云：仲春芸始生。《倉頡解詁》云：芸，蒿也。似邪蒿，可食。亦柴胡之類，入藥不甚良，故蘇恭以爲非柴胡云。近時有一種，根似桔梗、沙參，白色而大，市人以僞充銀柴胡，殊無氣味，不可不辨。

根　〔修治〕斆曰：凡採得銀州柴胡，去鬚及頭，用銀刀削去赤薄皮少許，以粗布拭净，剉用。勿令犯火，立便無效也。

〔氣味〕苦，平，無毒。《別錄》曰：微寒。普曰：神農、岐伯、雷公：苦，無毒。大明曰：甘。元素曰：氣味俱輕，陽也，升也，少陽經藥，引胃氣上升。苦寒以發散表熱。杲曰：升也，陰中之陽，手足少陽厥陰四經引經藥也。在臟主血，在經主氣。欲上升，則用根，以酒浸；欲中及下降，則用梢。之才曰：半夏爲之使，惡皂莢，畏女菀、藜蘆。時珍曰：

行手足少陽，以黄芩爲佐；行手足厥陰，以黄連爲佐。

〔主治〕心腹腸胃中結氣，飲食積聚，寒熱邪氣，推陳致新。久服輕身明目益精《本經》。除傷寒心下煩熱，諸痰熱結實，胸中邪氣，五臟間遊氣，大腸停積水脹，及濕痹拘攣，亦可作浴湯《别錄》。治熱勞骨節煩疼，熱氣肩背疼痛，勞乏羸瘦，下氣消食，宣暢氣血，主時疾内外熱不解，單煮服之良甄權。五勞七傷，除煩止驚，益氣力，消痰止嗽，潤心肺，添精髓，健忘大明。除虛勞，散肌熱，去早晨潮熱，寒熱往來，膽癉，婦人産前産後諸熱，心下痞，胸脇痛元素。治陽氣下陷，平肝膽三焦包絡相火，及頭痛眩運，目昏赤痛障翳，耳聾鳴，諸瘧，及肥氣寒熱，婦人熱入血室，經水不調，小兒痘疹餘熱，五疳羸熱時珍。

〔發明〕之才曰：茈胡得桔梗、大黄、石膏、麻子仁、甘草、桂，以水一斗，煮取四升，入消石三方寸匕，療傷寒寒熱頭痛，心下煩滿。頌曰：張仲景治傷寒，有大小柴胡及柴胡加龍骨、柴胡加芒消等湯，故後人治寒熱，此爲最要之藥。杲曰：能引清氣而行陽道，傷寒外，諸有熱則加之，無熱則不加也。又能引胃氣上行，升騰而行春令者，宜加之。又凡諸瘧以柴胡爲君，隨所發時所在經分，佐以引經之藥。十二經瘡疽中，須用柴胡以散諸經血結氣聚，功與連翹同也。好古曰：柴胡能去臟腑内外俱乏，既能引清氣上行而順陽道，又入足少陽。在經主氣，在臟主血。前行則惡熱，却退則惡寒。惟氣之微寒，味之薄者，故能行經。若佐以三稜、廣茂、巴豆之類，則能消堅積，是主血也。婦人經水適來適斷，傷寒雜病，易老俱用小柴胡湯，加以四物之類，并秦艽、牡丹皮輩，爲調經之劑。又言婦人産後血熱必用之藥也。宗奭曰：柴胡《本經》並無一字治勞，今人治勞方中鮮有不用者。嗚呼！凡此誤世甚多。嘗原病勞，有一種其臟虛損，復受邪熱，因虛而致勞，故曰勞者牢也，當須斟酌用之，如《經驗方》中治勞熱青蒿煎之用柴胡，正合宜爾，服之無不效，熱去即須急止。若或無熱，得此愈甚，雖至死，人亦不怨，目擊甚多。日華子又謂補五勞七傷，《藥性論》亦謂治勞乏羸瘦。若此等病，苟無實熱，醫者執而用之，不死何待？注釋本草，一字亦不可忽。蓋萬世之後，所誤無窮，可不謹哉？如張仲景治寒熱往來如瘧狀，用柴胡湯，正合其宜也。時珍曰：勞有五勞，病在五臟。若勞在肝、膽、心及包絡有熱，或少陽經寒熱者，則柴胡乃手足厥陰少陽必用之藥。勞在脾胃有熱，或陽氣下陷，則柴胡乃引清氣、退熱必用之藥。惟勞在肺、腎者，不用可爾。然東垣李氏言諸有熱者宜加之，無熱則不加。又言諸經之瘧，皆以柴胡爲君。十二經瘡疽，須用柴胡以散結聚。則是肺瘧、腎瘧，十二經之瘡，有熱者皆可用之矣。但要用者精思病原，加減佐使可也。寇氏不分臟腑經絡有熱無熱，乃謂柴胡不治勞乏，一概擯斥，殊非通論。如《和劑局方》治上下諸血，龍腦鷄蘇丸，用銀柴胡浸汁熬膏之法，則世人知此意者鮮矣。《龐元英談藪》云：張知閤久病瘧，熱時如火，年餘骨立。醫用茸、附諸藥，熱益甚。召醫官孫琳診之。琳投小柴胡湯一帖，熱減十之九，三服脱然。琳曰：此名勞瘧，熱從髓出，加以剛劑，氣血愈虧，安得不瘦？蓋熱有在皮膚、在臟腑、在骨髓，非柴胡不可。若得銀柴胡，只須一服；南方者力減，故三服乃效也。觀此則得用藥之妙的矣。寇氏之説，可盡憑乎。

〔附方〕舊一，新五。傷寒餘熱：傷寒之後，邪入經絡，體瘦肌熱，推陳致新，解利傷寒時氣伏暑，倉卒並治，不論長幼。柴胡四兩，甘草一兩，每用三錢，水一盞煎服。許學士《本事方》。小兒骨熱：十五歲以下，遍身如火，日漸黄瘦，盗汗咳嗽煩渴。柴胡四兩，丹砂三兩，爲末，豶猪膽汁拌和，飯上蒸熟，丸緑豆大。每服一丸，桃仁、烏梅湯下，日三服。《聖濟總録》。虛勞發熱：柴胡、人參等分，每服三錢，薑、棗同水煎服。《澹寮方》。濕熱黄疸：柴胡一兩，甘草二錢半，作一劑，以水一碗，白茅根一握，煎至七分，任意時時服，〔一日〕盡。孫尚藥《秘寶方》。眼目昏暗：柴胡六銖，决明子十八銖，治篩，人乳汁和傅目上，久久夜見五色。《千金方》。積熱下痢：柴胡、黄芩等分，半酒半水煎七分，浸冷，空心服之。《濟急方》。

苗〔主治〕卒聾，搗汁頻滴之《千金》。

題明·薛己《本草約言》卷一《藥性本草》 柴胡　味苦，氣平，微寒，無毒。氣味俱輕，陰中之陽，升也，入手足少陽厥陰經。左右兩傍脇下痛，日晡潮熱往來生，在臟調經内主血，在肌主氣上行經。散胸腹之結熱，引清氣之上騰，本經頭痛宜用，寒熱邪氣□增。《發明》云：柴胡氣味輕清，能引清氣上行，而順陽道解肌發表，其專功也。《經》云：在經主氣，在臟調經者，氣薄能行經故耳。愚謂：陽道升而陰道降，又何氣血經脉之不順且調哉？《本經》並無一字治勞，今治勞方中多用之者，由其能提清氣以祛邪熱耳。若真臟虧損，復受火熱，因虛致勞，須審用之。故用于清陽下陷則可，若用于下元虛絶則不可。仲景治傷寒寒熱往來如瘧及温瘧等證，正為合宜。畏藜蘆，使半夏。又治瘧必用之劑也。在臟主血，在經主氣，亦婦人胎前産後血熱必用之藥也。瀉肝火，去心下痰結煩熱，同黄連猪膽汁炒。為佐。治瘡瘍，散諸經血凝氣聚，與連翹同功。傷寒門誠為要劑，瘟瘧證可作主方。經脉不調，和四物、秦艽、牡丹皮，治之最效。産後積血，佐巴豆、三稜、莪朮，攻之則安。傷寒雜症，婦女月經，適來適斷，俱小柴胡主之。加四物、秦艽、丹皮之類，同為調經之劑。

明·佚名氏《醫方藥性·草藥便覽》 柴胡　其性寒。治目下之（脯）〔晡〕熱，解心下之惡熱。

明·梅得春《藥性會元》卷上 柴胡　為君。味苦，微寒。氣平，升也。

陰中之陽也。無毒。入手少陽三焦，足少陽膽經，手厥陰心包絡，足厥陰肝經，引經藥。　主治左右兩傍脇下痛，日晡潮熱往來生。在臟調經內主血，在肌主氣上行經。瘵肌解渴，去熱勞傷。治傷寒為最要之聖藥，去往來寒熱。用尖稍功力最效。又，下氣消痰止嗽，去腸胃心腹中結氣，推陳致新。除傷寒心下煩熱，痰食。又治少陽頭痛，明目益精。引少陽胃氣上升，消胃脇氣滿，飲食集聚，五臟間遊氣，大腸停積。瀉肝火，祛邪瘧。在臟主血，在經主氣，婦人胎前產後必用之藥，加四物內調理。　凡用銀州者佳。

明・杜文燮《藥鑒》卷二　柴胡　氣平，味微苦，氣味俱薄，無毒。升也，陰中之陽也。主左右脇下刺痛，日晡潮熱往來。在臟主調經生血，在經主氣上行經，此手足少陽表裏之劑也。能提下陷陽氣，以瀉三焦之火，此其能除手足陽寒熱也。大都中病即已，不可過用，為其氣味俱薄多散故耳。治勞方中用之者，以其能提清氣，從左而旋以却邪熱耳。又止偏頭疼，胸脇痛，瘵肌解表，踈和清熱。君黃(蓁)〔芩〕，傷寒門實為要劑；　主常山，溫瘧症，誠作主方。與白芍同用，能抑肝而散火；　與黃連同用，能涼心而解熱。　經脉不調，入四物、秦艽、續斷、牡丹，治之最效；　產後血積，用四物、山稜、莪朮、馬鞭草，破之極驗。逍遙散用之散鬱氣而內暢，補中湯用之提元氣而左旋。

明・王肯堂《傷寒證治準繩》卷八　柴胡：　平，味微苦。氣味俱輕，陽也，升也。無毒。　少陽經、厥陰經引經之藥。除虛勞煩熱，解肌熱，去往來寒熱，早晨潮熱。婦人產前產後必用之藥。善除本經頭痛，非他藥能止。治心下痞，胸膈痛。海：　在經主氣，在藏主血。前行則惡熱，却退則惡寒。唯氣之微寒，味之薄者，故能行經，能去藏府內外俱乏，既能引清氣上行而順陽道，蓋以少陽之氣，初出地之皮為嫩陽，故以少陽當之。　修治：　去蘆，鍘細，竹篩齊之用。

明・李中立《本草原始》卷一　茈胡茈音柴。　始生弘農川谷及宛句，今以銀夏者為佳。根長尺餘，色白而軟，俗呼銀柴胡。生北地者，根狀如前胡而強硬如柴，故名柴胡。其苗有如韭葉者、竹葉者、邪蒿者，以竹葉者為勝。柴胡生山中，其苗嫩則可茹，故《別錄》名芸蒿，《吳普本草》名山菜，又名茹草。其苗老則采而為柴，故根名柴胡。此又一說也。　氣味：　苦，平，無毒。　主治：　心腹腸胃中結氣，飲食積聚，寒熱邪氣，推陳致新。久服輕身，明目益精。○除傷寒心下煩熱，諸痰熱結，實胸中邪氣，五臟間遊氣，大腸停積水脹，及濕痺拘攣，亦可作浴湯。○治熱勞骨節煩疼，熱氣肩背疼痛，勞乏羸瘦，下氣消食，宣暢氣血。主時疾內外熱不解，單煮服之良。○補五勞七傷，除煩止驚。益氣力，消痰止嗽；　潤心肺，添精髓，健忘。○除虛勞，散肌熱，去早辰潮熱，寒熱往來，膽癉。婦人產前產後諸熱，心下痞，胸脇痛。○治陽氣下陷，平肝膽、三焦、包絡相火，及頭痛眩運，目昏赤痛障翳，耳聾鳴，諸瘧及肥氣寒熱；　婦人經水不調，小兒痘疹餘熱，五疳羸熱。

銀夏柴胡根類沙參而大，皮皺色黃白，肉有黃紋，市賣皆然。　茈胡，《本經》上品。【圖略】根有長及一二尺者，鼠尾者佳；　山柴胡色紫，或黑色，長大者佳。入藥用根。二月、八月采根，暴乾。修治：　去蘆及鬚，水洗淨，剉用。勿令犯火。欲上升用根，酒浸；　欲下降用稍。

柴胡：　氣味俱輕，陽也，升也。陰中之陽。手足少陽、厥陰四經引經藥也。半夏為之使，惡蜀葵、皂莢，畏女菀、藜蘆。許學士《本事方》：　治傷寒之後邪入經絡，體瘦肌熱，推陳致新，解利傷寒，時氣伏暑，倉卒並治，不論長幼。柴胡四兩，甘草一兩，每用三錢，水一盞煎服。《千金方》：　治眼目昏暗者，柴胡六銖，決明子十八銖，治篩，人乳汁和傅目上，久久夜見五色。柴胡：　君。

明・張懋辰《本草便》卷一　柴胡君　味苦，氣平，微寒，氣味俱輕，陽也，升也，陰中之陽，無毒。少陽經、厥陰經行經之藥。畏女菀、藜蘆。　主心腹，去腸胃中結氣，飲食積聚，寒熱邪氣，推陳致新，除往來寒熱，傷寒諸痰熱結，胸中邪逆痛，本經頭痛。　在經主氣，在臟主血，婦人產前後必用之，爲調經之劑，又治瘧亦用。

明・焦竑《焦氏筆乘・續集》卷六　張知閣久病瘧，遇熱作如火，年餘骨立。醫以為虛，餌之茸、附，熱益甚。召孫診視，許謝五十萬，孫笑曰：　但安樂時，湖上作一會足矣。命官局贖小柴胡湯三貼，服之熱減十九。又一服，病脫然。孫曰：　是名勞瘧。熱從髓出，又加剛劑剝損氣血，安能不瘦？　蓋〔去〕熱藥不一，有去皮膚中熱者，有去臟腑中熱者。若髓熱，非柴胡不可。北方銀州柴胡，只得須一服，南方力減，須三服乃效。今却可進滋補藥矣。

明・李中梓《藥性解》卷二　柴胡　味苦，性微寒，無毒，入肝、膽、心胞絡、三焦、胃、大腸六經。主傷寒心中煩熱，痰實腸胃中，結氣積聚，寒熱邪氣，兩脇下痛，疏通肝木，推陳致新。半夏為使，惡皂莢，畏女菀、藜蘆，犯火

無妨。　按：柴胡氣味升陽，能提下元清氣上行，以瀉三焦火。補中益氣湯用之，亦以其能提肝氣之陷者，由左而升也。凡胸腹腸胃之病因熱所致者，得柴胡引清去濁而病謝矣，故入肝膽等經。《衍義》曰：《本經》並無一字言及治勞，今治勞多用之，誤人不小。勞有一種真臟虛損，復受邪熱，邪因虛而致勞者，宜用，後世得此數言，凡遇勞症，概不敢用，此所謂侏儒觀場，隨眾喧喝矣。惟勞症不犯實熱者，用之亦能殺人，誠所當慎，咳嗽氣急痰喘嘔逆者禁用，以其上升也。傷寒初起忌之，恐引邪入少陽經也。

明・繆希雍《本草經疏》卷六　茈胡君　味苦，平，微寒，無毒。主心腹，去腸胃中結氣，飲食積聚，寒熱邪氣，推陳致新。除傷寒心下煩熱，諸痰熱結實，胸中邪逆，五藏間遊氣，大腸停積水脹及濕痹拘攣。亦可作浴湯。久服輕身，明目益精。半夏為之使。

〔疏〕柴胡稟仲春之氣以生，兼得地之辛味。春氣生而升，故味苦平、微寒而無毒。為少陽經表藥。主心腹腸胃中結氣，飲食積聚，寒熱邪氣，推陳致新，除傷寒心下煩熱者，足少陽膽也。膽為清淨之府，無出無入，不可汗，不可吐，不可下，其經在半表半裏，故法從和解，小柴胡湯之屬是也。其性升而散，屬陽，故能達表散邪也。邪結則心下煩熱，邪散則煩熱自解。陽氣下陷則為飲食積聚，陽升則清氣上行。脾胃之氣行陽道，則飲食積聚自消散矣。諸痰熱結實，胸中邪逆，五臟間遊氣者，少陽實熱之邪所生病也。柴胡苦平而微寒，能除熱散結而解表，故能愈以上諸病。大腸停積水脹，及濕痹拘攣者，柴胡為風藥，風能勝濕故也。　〔主治參互〕仲景小柴胡湯中，同人參、半夏、黄芩，治傷寒往來寒熱，口苦，耳聾，胸脇痛，無汗。又治少陽經瘧，往來寒熱。亦治似瘧非瘧、大便不實，邪不在陽明者。在大柴胡湯，治傷寒表裏俱急。　傷寒百合證，有柴胡百合湯。　東垣治元氣勞傷，精神倦怠，用參、耆、白术、炙甘草、當歸，佐以柴胡、升麻，引脾胃之氣行陽道，名補中益氣湯。本方去當歸，加茯苓、猪苓、澤瀉、乾葛、神麴，名清暑益氣湯。　同四物湯去當歸，加澤蘭、益母草、青蒿，能治熱入血室。　同升麻、乾葛等，能升陽散火。　同生地黄、黄檗、黄連、甘草、甘菊、玄參、連翹、羌活、荊芥穗，治暴赤眼。　〔簡誤〕柴胡性升而發散，病人虛而氣升者忌之。嘔吐及陰虛火熾炎上者，法所同忌。瘧非少陽經者，勿入。治瘧必用柴胡，其說誤甚！不可久服，亦無益精明目之理。盡信書則不如無書，此之謂也。按今柴胡，俗用有二種，色白黄而大者，為銀柴胡，用以治勞熱骨蒸；色微黑而細者，用以解表發散。本經並無二種之說，功用亦無分別，但云銀州者為最，則知其優於升散，而非除虛熱之藥明矣。《衍義》所載甚詳，故并録之。

附：《衍義》曰：柴胡，《本經》並無一字治勞。今人方中鮮有不用者。嗚呼！凡此誤世甚多。嘗原病勞，有一種真藏虛損，復受邪熱，邪因虛而致勞。故曰勞者，牢也。當須斟酌用之。如《經驗方》中治勞熱，青蒿煎之用柴胡，正合宜耳。服之無不效，熱去即須急已。若無表熱，得此愈甚。雖至死，人亦不悟。目擊甚多，可不戒哉！可不慎哉！日華子又謂補五勞七傷。《藥性論》亦謂治勞乏羸瘦。若此等病，苟無實熱，醫者執而用之，不死何待？注釋本草，一字亦不可忽。萬世之後，所誤無窮耳。

明・倪朱謨《本草彙言》卷一　柴胡　味苦，寒，無毒。氣味俱輕，陽也，升也。入手足少陽、厥陰四經。欲上升則用根，欲下降則用梢。　蘇氏曰：柴胡出弘農川谷及冤句。今關陝、江湖近道亦有，以銀州者爲勝。銀州即寧夏衛也。十一月根生白蒻，香美可食。二月苗長，莖青紫，堅硬，微有細綫，葉似竹葉而稍緊小。亦有似邪蒿者。亦有似麥門冬葉而稍短者。七月開黄花，根淡赤色，似前胡而强硬如柴，故名柴胡。惟丹州者結青子，與他處不同。其根似蘆，頭有赤毛如鼠尾，獨窠而長者佳。生處香氣直上雲間，多有白鶴飛翔。人有過其圃者，聞之皆氣爽也。　李氏曰：銀州者根長尺餘，微白而軟，皮皺，肉有黄紋，不易得也。治虛勞骨蒸最妙。北地所産者，如前胡而强，謂之北柴胡。治傷寒，解半表半裏之邪最效。南土所産者，不似前胡，有似蒿根，强硬不堪用，最下也。〇近時有一種，根似桔梗、沙參，白色而大，市人僞充銀柴胡，殊無氣味，不可不辨。

柴胡：能條達肝氣，王好古升清降濁之藥也。朱東生稿解傷寒，清少陽半表半裏之邪；　調血氣，疏肝膽已結未結之疾。其味苦寒，可以清熱；　其性輕揚，可以散邪。故治少陽傷寒，寒熱往來，口苦嘔逆，胸脇滿悶，頭角作痛等證。或溫瘧瘴瘧，邪熱不清；　或邪陷陰中，日晡發熱；　又治婦人熱入血室，譫語妄見，并經水不調，寒熱交作。又治小兒五疳羸熱，能食而瘦；痘後餘熱，兩眼赤爛等證，悉用柴胡治之。因其味之苦寒而散，性之輕揚而達，能發越屈曲不正之氣也。前人又謂治勞熱。若勞熱在肝、膽、心及胞絡、

三焦、脾、胃者，用之有驗。若勞熱在肺、腎者，用之無益耳。病人元虚而氣升者，嘔吐及陰虚火熾炎上者，法皆禁忌。朱東生先生曰：柴胡，少陽、厥陰主藥，輕清而升，苦寒而降，散表邪，除頭痛，退寒熱，止脇痛，和表裏，調血室，明目疾，升下陷，降濁陰，性惟疏散。凡病肝鬱憤悶不平者，服之最靈。

倪朱謨曰：柴胡有銀柴胡、北柴胡、軟柴胡三種之分。銀柴胡出關西諸路，色白而鬆，形長似鼠尾；北柴胡出山東諸路，色黑而細密，形短如箒；軟柴胡出海陽諸路，色黑而輕軟。一名三種也。氣味雖皆苦寒，而俱入少陽、厥陰，然又有別也。銀柴胡清熱，治陰虚內熱也；北柴胡清熱，治傷寒邪熱也；軟柴胡清熱，治肝熱骨蒸也。其出處生成不同，其形色長短黑白不同，其功用內外兩傷、主治不同。胡前人混稱一物，漫無分理。日華子所謂補五勞七傷，治久熱羸瘦，與《經驗方》治勞熱，青蒿煎丸，少佐柴胡，言銀柴胡也。《衍義》云：《本經》并無一字治勞，而治勞方中用之，鮮有不誤者，言北柴胡也；然又有真藏虚損，原因肝鬱血閉成勞，虚因鬱致，熱由鬱成，軟柴胡亦可相機而用。如傷寒方有大小柴胡湯，仲景氏用北柴胡也。脾虚勞倦，用補中益氣湯；婦人肝鬱勞弱，用逍遙散、青蒿煎丸，少佐柴胡，俱指軟柴胡也。業醫者當明辨而分治可也。沈則施先生曰：仲景治傷寒寒熱往來，口苦耳聾，胸脇痛而無汗，設小柴胡湯同參、半、芩、草。〇又治少陽經正瘧，并似瘧非瘧，寒熱不時等病。〇又治傷寒表裏俱急，設大柴胡湯，同枳、朴、大黃、黃芩、白芍等，二證皆屬少陽甲膽病也。柴胡禀仲春一陽之氣以生，苦寒而潔，其氣升散，自下而上，以奉春升之發陳，化濁陰而載清陽，故前證之邪在少陽甲膽者，或少陽甲膽之邪轉入裏者，無不奏效。讀《農皇本草》，所謂主心腹腸胃上結氣，飲食積聚，寒熱風邪，推陳致新，義在是矣。又傷寒百合病，有柴胡百合湯。又東垣治勞傷元氣，精神倦怠，有補中益氣湯，用參、耆、歸、朮等，佐以升麻、柴胡，引脾胃之氣行陽道。可見柴胡妙用，又不止于散邪退熱而已。

《本事方》云：治傷寒後餘熱未淨，體瘦肌熱。用小柴胡五錢，甘草一錢，水煎服。〇《聖濟總錄》：治小兒十五歲以下，遍身如火，日漸黃瘦，欬嗽煩渴，骨蒸盜汗。用銀柴胡爲末四兩，硃砂爲細末二錢，豮猪膽汁拌和，飯上蒸過，曬乾爲丸如綠豆大。每服五丸，桃仁湯送下。〇男婦虚勞發熱，或咳或不咳。用銀柴胡、沙參各等分，每服二錢。水煎服。

續補集方：孫尚藥治濕熱黃疸。用柴胡、茵陳各等分，水煎服。〇《千金方》治眼目昏暗。用柴胡一錢爲末，羊肝煮熟，蘸食。食肝三十個，用柴胡三兩，自明。〇《聖惠方》治積熱下痢不止。用柴胡、黃芩各四錢，水煎服。五劑愈。〇治瘧疾大熱口渴。用柴胡一錢，麥門冬五錢，知母、石膏各三錢，竹葉三十片，粳米一撮，水二碗，煎八分，不拘時服。〇治瘧疾寒多熱少、腹脹者。用柴胡、半夏、厚朴、陳皮各二錢，如前煎服。

明・姚可成《食物本草》卷一七草部・山草類 柴胡一名芸蒿，辛香可食。《博物志》云：芸蒿葉似邪蒿，春秋有白蒻，長四五寸，香美可食。雷公曰：柴胡出在平州平縣，即今銀州銀縣也。西畔生處，多有白鶴、綠鶴於此飛翔，是柴胡香直上雲間。若有過往聞者，皆氣爽也。〇李時珍曰：銀州，即今延安府神木縣，五原城是其廢跡。所産柴胡長尺餘而微白且軟，入藥甚良。其似邪蒿者可食。柴胡，味苦，平，無毒。主心腹腸胃中結氣，飲食積聚，寒熱邪氣，推陳致新。久服輕身明目益精，除傷寒心下煩熱，諸痰熱結實，胸中邪氣，五臟間遊氣，大腸停積水脹及溼痹拘攣。治熱勞，骨節煩疼熱氣，肩背疼痛，勞乏羸瘦，下氣消食，宣暢氣血。內外熱不解，單煮服之良。補五勞七傷，除煩止驚益氣力，消痰止嗽，潤心肺，添精髓，健忘，除虚勞，散肌熱，去早辰潮熱，寒熱往來，膽癉，婦人胎前産後諸熱，心下痞，胸脇痛。治陽氣下陷，平肝膽三焦包絡相火及頭痛眩運，目昏赤痛障翳，耳鳴耳聾，諸瘧及肥氣塊痛，婦人熱入血室，經水不調，小兒痘疹餘熱，五疳羸熱。苗：治卒耳聾，搗汁頻滴之。

附方：治傷寒餘熱，傷寒之後，邪入經絡所致。柴胡二錢半，甘艸一錢，水一盞，煎服。治小兒骨蒸，十五歲以下，遍身如火，日漸黃瘦，盜汗欬嗽煩渴。柴胡四兩，硃砂三兩為末，雄猪膽汁拌和，飯上蒸熟，丸菉豆大。每服一丸，桃仁烏梅湯下，日三。治虚勞發熱。柴胡、人參等分，每服三錢，薑、棗水煎服。治溼熱黃疸。柴胡一兩，甘艸二錢半，作一劑，以水一盌，白茅根一握，煎七分，任意時時服盡。治熱利。柴胡、黃芩等分，半酒半水煎七分，浸冷服。

明・顧逢柏《分部本草妙用》卷七兼經部・寒瀉 柴胡 苦、甘，微寒，無毒。入肝、膽、心胞、三焦四經。畏使同前胡。主治：結氣積聚，寒熱邪氣，推陳致新，傷寒煩熱，結實水腫，濕痺拘攣，熱勞消食暢氣潔古。去潮熱，膽癉，産前後諸熱，胸脇痛，四經相火頭痛，熱入血室。痘疹餘熱，五疳羸

熱，諸瘧寒熱。　東垣曰：　引清氣而行陽道，傷寒外諸有熱則加之，無熱則不加也。又引胃氣上升，而行春令者，宜加之。諸瘧以柴胡為君，瘡疽以柴胡散熱。然而時珍以勞熱在肺腎者，不可用也。孫琳以之治皮膚，臟腑骨髓之熱皆驗，尤以為銀柴胡力厚，用之更捷。在用者精思病原，加減佐使可也。寇氏不分經絡，有熱無熱，乃謂概不治勞，殊非通論。

明・李中梓《醫宗必讀・本草徵要上》　柴胡味苦，微寒，無毒。入肝、膽二經。惡皂莢，畏藜蘆，忌見火。　主傷寒，瘧疾，寒熱往來，嘔吐脇痛，口苦耳聾，痰實結胸，飲食積聚，心中煩熱，熱入血室，目赤頭痛，濕痹水脹，肝勞骨蒸，五疳羸熱。稟初春微寒之氣，春氣生而升，為少陽膽經表藥。膽為清淨之府，其經在半表半裏，不可汗，不可吐，不可下，法當和解，小柴胡湯是也。邪結則有煩熱積聚等證，邪散則自解矣。肝為春令，主於升陽，故陽氣下陷者不可缺。主治多端，不越乎肝膽之咎。去水脹濕痹者，風能勝濕也。治勞與疳證，乃銀州柴胡，別為一種。按：　柴胡少陽經半表半裏之藥，病在太陽者，服之太早，則引賊入門；　病在陰經者，復用柴胡，則重傷其表。世俗不知柴胡之用，每遇傷寒傳經未明，以柴胡湯為不汗、不上、不下，可以藏拙，輒混用之，殺命不可勝數矣。勞證惟在肝經者用之，若氣虛者，不過些小助參、耆，非用柴胡退熱也。若遇勞證便用柴胡，不死安待？惟此一味，貽禍極多，故特表而出之。

明・鄭二陽《仁壽堂藥鏡》卷一〇上　柴胡　雷公云：　柴胡莖長軟，皮赤黃。出銀州銀縣西畔。生處多有白鶴、綠鶴，於此翔處，是柴胡香氣直上雲間。若有過往，聞者皆氣爽。銀刀削皮，切用，勿令犯火。　氣平，味微苦，微寒。氣味俱輕，陽也，升也，純陽。無毒。　《本草》云：　主心腹，去腸胃中結氣，飲食積聚，寒熱邪氣，推陳致新，除傷寒心下煩熱，諸痰熱結實，胸中邪逆，五臟間遊氣，大腸停積水脹，及濕痹拘攣。亦可作浴湯。久服輕身明目益精。半夏為之使，惡皂莢。成無己云：　柴胡之苦，以發表熱。又云：　柴胡、黃芩之苦，入心而折熱。　潔古云：　柴胡除虛勞煩熱，解散解熱，去早晨潮熱。此手足少陽、厥陰四經行經藥也。善除本經頭痛，非他藥所能止。治心下痞，胸膈中痛。能引胃氣上升，以發散表熱，去寒熱往來。膽痹非柴胡梢不能除之。又云：　脇下痛，往來寒熱，及日晡發熱，用柴胡。《主治秘訣》云：　柴胡：　味微苦，性平，微寒。氣味俱輕，陽也，升也。少陽經分藥。偏頭痛乃少陽也，非柴胡不能除。　東垣云：　柴胡瀉肝火，須用黃連佐之。欲上升，則用根酒浸。欲中及下降，則生用梢。又治瘡瘍癖積之在左。又曰：　十二經瘡藥中須用，以散諸經血結氣聚。功用與連翹同。海藏云：　入足少陽，主東方分之氣也。在經主氣，在藏主血。證前行則惡熱，却退則惡寒。雖氣微寒，味之薄者，故能行經，是主氣也。若佐以三稜、廣茂、巴豆之類，故能消堅積，是主血也。婦人經水，適大適斷，傷寒雜病，潔古須用小柴胡主之，加以四物之類，并秦艽、牡丹皮輩，同為調經之劑。《衍義》云：　柴胡，《本經》并無一字治勞。今人治勞方中，鮮有不用者。嗚呼！凡此誤世多矣。嘗原病勞有一種真藏虛損，復受邪熱，因虛而致勞，故曰勞者，牢也。須斟酌用之。如《經驗方》中治勞熱，青蒿煎丸，用柴胡正合宜耳，服之無不效。熱去即須急已。若或無熱而得此，則病愈甚。日華子又謂補五勞七傷，《藥性論》亦謂治勞之羸瘦。若此等病，苟無實熱，醫者熱而用之，不亡何待？註釋本草，一字亦不可忽。蓋萬世之後，所誤無窮耳。諸瘧以柴胡為君。瘡疽須用柴胡，散諸經血結氣聚。　時珍曰：　頭痛，目赤障翳，熱入血室，痘疹餘熱，五疳羸熱，勞在肝膽，心有熱者，必用柴胡。勞在脾胃有熱，或陽氣下陷，亦必用之。勞在肺腎者，不可用耳。然據東垣之言，無不可用者。但要精思病源，加減佐使。寇氏不分經絡有熱無熱，乃謂柴胡概不治勞，殊非通論。　按：　柴胡乃疏肝要劑。孫琳謂皮膚、臟腑、骨髓皆熱，非銀柴胡莫可治者。後世讀《衍義》數言，遂輕廢置，毋乃侏儒觀場，隨眾喧喝乎？　《衍義》云：　張仲景治寒熱往來似瘧，必用柴胡主之。有大小柴胡二湯，為最要之藥。

明・蔣儀《藥鏡》卷四寒部　小茈胡　平肝火，去兩脇之脹疼，少陽可引。撤膽熱，退日晡之潮壯，外感宜投。在臟調經，在肌理氣。瘟瘧虛癆莫缺，傷寒熱病宜加。氣升能提下元清氣以上行，故氣急嘔逆禁用。味寒能瀉三焦鬱火而四散，故傷寒初起忌之。蓋膽經在半表半裏之間，汗吐下俱不可用，大法宜從和解，小茈胡湯是也。

明・李中梓《頤生微論》卷三　柴胡　味苦、甘，性微寒，無毒。入肝、膽二經。半夏為使。惡皂莢，惡女菀、藜蘆，忌見火。主傷寒瘧疾，寒熱往來，嘔吐脇痛，口苦耳聾，痰實結胸，飲食積聚，心中煩熱，熱入血室，目赤頭疼，濕痺水脹。別有銀州柴胡，理肝勞，五疳羸熱。

按：柴胡少陽經，半表半裏之藥。病在太陽者服之太早，則引賊入門；病在陰經者，復用柴胡，則重傷其表。世俗不明柴胡之用，每遇傷寒傳經，未能辨別，以柴胡湯可藏拙，輒混用之，殺人不可勝數矣。勞症惟在肝經者用銀柴胡。若氣虛者，不過用些小助參耆，非用柴胡退熱也。若遇勞症便用柴胡，不死安待？惟此一味，貽禍極多，故特表而詳言之。

明・張景岳《景岳全書》卷四八《本草正》　柴胡　味苦，微辛，氣平，微寒。氣味俱輕，升也，陽中之陰。用此者，用其涼散，平肝之熱，入肝、膽、三焦、心胞四經。其性涼，故解寒熱往來，肌表潮熱，肝膽火炎，胸脇痛結，兼治瘡瘍，血室受熱。其性散，故主傷寒邪熱未解，溫瘧熱盛，少陽頭痛，肝經鬱證。總之，邪實者可用，真虛者當酌其宜。雖引清氣上升，然升中有散，中虛者不可散，虛熱者不可寒，豈容誤哉。兼之性滑，善通大便，凡溏泄脾薄者，當慎用之。熱結不通者，用佐當歸、黄芩，正所宜也。〇愚謂柴胡之性，善泄善散，所以大能走汗，大能泄氣，斷非滋補之物。凡病陰虛水虧，而孤陽勞熱者，不可再損營氣，蓋未有用散而不泄營氣者，未有動汗而不傷營血者。營即陰也，陰既虛矣，尚堪再損其陰否？然則用柴胡以治虛勞之熱者，果亦何所取義耶？觀寇宗奭《衍義》曰：柴胡，《本經》並無一字治勞，今人治勞方中鮮有不用者。嗚呼！凡此誤世甚多。嘗原病勞之人，有一種藏本虛損，復受邪熱者，當須斟酌用之。如《經驗方》中治勞，青蒿煎之用柴胡，正合宜耳。若或無邪，得此愈甚，雖至死人亦不怨，目擊甚多。日華子又謂補五勞七傷，《藥性論》亦謂治勞乏羸瘦。若此等病，苟無實熱，醫者執而用之，不死何待。注釋本草，一字不可忽，蓋萬世之後，所誤無窮，可不謹哉！觀此寇氏之説，其意專在邪熱二字，謂但察有邪無邪，以決可用不可用，此誠得理之見。而復有非之者，抑又何也？即在王海藏亦曰：苟無實熱而用柴胡，不死何待？凡此所見略同，用者不可不察。

明・賈九如《藥品化義》卷一一風藥　柴胡　屬陰中有微陽，體乾，色皮蒼内黄帶白，氣和，味微苦云甘非，性涼，能升能降，力疏肝散表，性氣與味俱輕，入肝、膽、三焦、胞絡四經。　柴胡性輕清主升散，味微苦主疏肝。若多用二三錢，能祛散肌表，屬足少陽膽經藥。治寒熱往來，療瘧疾，除潮熱。若少用三四分，能升提下陷。佐補中益氣湯，提元氣而左旋升達，參芪以補中氣。凡三焦膽熱，或偏頭風，或耳内生瘡，或潮熱膽痹，或兩脇刺痛，用柴胡清肝散以疏肝膽之氣，諸症悉愈。凡肝脾血虛，骨蒸發熱，用逍遙散，以此同白芍抑肝散火，恐柴胡性涼，製以酒拌，領入血分，以清抑鬱之氣，而血虛之熱自退。若真臟虧損，易於外感，復受邪熱，或陰虛勞怯，致身發熱者，以此佐滋陰降火湯，除熱甚效，所謂内熱用黄芩，外熱用柴胡，為和解要劑。　取莖長細軟者佳。仲景定湯方有大小之名，柴胡原無大小之别。

明・盧之頤《本草乘雅半偈》帙五　茈胡《本經》中品　氣味：苦，平，無毒。　主治：主心腹腸胃中結氣，飲食積聚，寒熱邪氣，推陳致新。久服輕身，明目益精。

覈曰：出弘農川谷及寃句，今關陝、江湖近道皆有，以銀州者為勝。銀州，今寧夏衛也。十一月根生白蒻，香美可食。二月苗長，莖青紫，微有白線，頗堅硬，葉似竹葉而稍緊小，亦有似邪蒿者，亦有似麥門冬葉而短者。七月開黄花，根淡紫色，似前胡而強。唯丹州者，結青子，與他處不同。其根似蘆，頭有赤毛如鼠尾，獨窠而長者佳。銀州者，根長尺許，微白而軟，不易得也。修治：去鬚及頭，銀刀削去赤色薄皮少許，粗布拭淨，勿令犯火，力便無效。

先人云：茈胡禀少陽之氣，動于子而發于寅，故得從堅凝閉密之地，正中直達，萬化為之一新。

条曰：凝極陽復之時，而香孕柔茁，體用之元始具矣。根即茈胡，一曰地熏。雷公云：銀州生處，多有綠鶴、白鶴于此飛翔，謂香氣直上雲霄，故曰地熏。蓋生值一陽元始，及氣用功力，當入少陽，宣甲膽氣用，自下而上，以奉春升之發陳。發陳即所以致新也。是以能升則具出，能出則具平矣。故味禀夏火之苦，氣兼長夏之平。雖曰一陽，實含全體，不獨自下而上，且可自内而外。如不能自下而上，則不得從内而外者宜矣。如已能自下而上，不能從内而外者，非所宜也。如寒熱邪氣，及飲食結積心腹腸胃中者，此陳也。若胡之囊物，而非所以成醞釀宣布轉輸決瀆之府器也。茈諧此，此為彼對，亦即對待法也。會此樞機，種種功力，可類推矣。　胃府曰器，三焦曰名，寄臨于此，受盛、腐化、決瀆三者，三焦所司之職乎。

明・李中梓《本草通玄》卷上　柴胡　苦而微寒，入膽經。　主傷寒瘧疾，寒熱往來，嘔吐脇痛，口苦耳聾，頭角疼痛，心下煩熱，宣暢氣血，除飲食、痰水結聚，理肩背痛，目赤眩暈，婦人熱入血室，小兒五疳羸熱。　東垣云：

引清氣升騰而行春令者，宜之。　銀柴胡主用相倣，勞羸者尤為要藥。　欲上升者，用其根；　欲下降者，用其梢。　勿令見火。

清·顧元交《本草彙箋》卷一　柴胡古稱茈。　柴胡爲少陽膽經，半表半裏之藥。　病在太陽者，服之太早，則引賊入門。　病在陰經者，復用之，則重傷其表。　然方醫遇傷寒傳經未明，以柴胡湯爲不吐不汗不下之劑，可以藏拙混用之，誤人不淺。　勞症惟在肝經者宜之，若氣虚者，不過些小助參芪，非用以退熱也。　然有陽氣下陷發熱者，用以引清氣上升，而順陽道，熱去即須急止。　大抵勞在肝、膽、心及包絡，或係脾胃下陷，俱不妨用柴胡，惟勞在肺腎者不用。

銀産者勝。　色白黃而大，用以治勞熱骨蒸。　色微黑而細者，力減，用以解表發散，仲景定湯方有大小之名，原無大小柴胡也。　産處多有白鶴、緑鶴飛翔于上，蓋其香氣直達雲際，過往聞者，皆爲氣爽。　柴胡升氣於左，屬肝、膽二經。　升麻升氣於右，屬肺、胃、脾、大腸四經。　柴胡清膽火，山梔清肝火。　凡十二經瘡疽等症，内用柴胡，以散諸經血結氣聚，功同連翹。

龐元英《筆談》載：　張知閤久病瘧，熱時如火，年餘骨立。　醫用茸、附諸藥，熱益甚。　醫官孫琳診之，投小柴胡湯，一劑熱減十九，三劑脱然。　琳曰：　此名勞瘧，熱從髓出，加以剛劑，氣血愈虧，安得不瘦？　蓋熱有在皮膚，在臟腑，在骨髓，非柴胡不可。　若得銀柴胡，只須一服，南方者力減，故三服乃效。　觀此，則得古人用藥之妙。

按：　傷寒小柴胡湯加減法，如傷寒胸煩痞滿，按之實硬而痛，去人參，加瓜蔞仁、枳殼、桔梗、黃連，名柴胡陷胸湯。　如傷寒胸中痞滿，或胸口痛，脇下痞滿，或脇下痛者，去人參，加枳殼、桔梗，名柴胡桔梗湯。　如傷寒内外熱盛錯語，心煩不得眠，加黃連、黃柏、梔子，名柴胡三黃湯。　如傷寒脈弦長，少陽陽明合病，口燥渴，或目疼鼻乾，加芍藥、乾葛，名柴胡葛根湯。　如傷寒脈數，無表症，但惡熱，而内熱甚，自汗，或譫語呻吟，煩渴飲水，去半夏，加石膏、知母、麥冬、黃連，名柴胡石膏湯。　如傷寒發熱煩渴，小便不利，大便泄瀉，純赤水糞，脈來浮弦帶數者，此爲脇熱下利，去半夏，倍黃芩，加芍藥、乾葛、澤瀉、茯苓，名柴胡茯苓湯。　如傷寒自汗，惡風，腹痛發熱，或寒多熱少，脈弱者，去黃芩，加芍、黃、桂枝，名柴胡建中湯。　如傷寒血虚發熱，至夜尤甚，加當歸、芍藥、生地、麥冬；　舌乾口燥，去半夏，加天花粉、五味子，名柴胡養榮湯。　如傷寒脈弦虚，兩尺浮無力，必因房勞後感風邪，或曾夢遺走精，或病後氣未固，致咳嗽吐痰，晝輕夜重，發熱不止，加當歸、芍藥、知母、黃柏、麥冬。　若口燥，津液不足，去半夏，加貝母；　痰盛，加瓜蔞仁；　大便溏者，不用；　名滋陰清熱湯。　如傷寒脈弦虚無力，或浮散，發熱煩躁，口渴不飲水者，此爲虚熱，去半夏、黃芩，加人參、麥冬、五味子，名清熱生脈散。　如傷寒熱入血室，小腹痛，血熱而結，晝明暮昏，妄有所見，或寒熱不定似瘧者，加當歸、生地、芍藥、川芎、丹皮，名柴胡四物湯。　如傷寒十餘日，腹痛，大便五六日不去，微有譫語，或睡中呢喃，熱不退，去人參，加枳殼、大黃；　怯弱者減之，及芒硝、黃連，名通解小柴胡湯。　此可以見用藥之變。

清·穆石匏《本草洞詮》卷八　茈胡　出銀州者為勝。　生處多有白鶴、緑鶴於此飛翔，其香直上雲間，過往聞者，皆氣爽也。　銀柴胡長尺餘，而微白且軟，殊不易得。　北地所産亦良。　南土産者，强硬不堪使用。　其苗如竹葉者為勝，如韮葉者次之，如邪蒿者下也。　氣味苦平，一云微寒，無毒。　入手足少陽及厥陰經。　治心腹腸胃中結氣，飲食積聚，寒熱邪氣。　提陽氣下陷，平肝、膽、三焦、包絡相火，及頭痛眩運，目昏赤障，耳聾鳴，諸瘧，婦人熱入血室，經水不調，小兒痘疹餘熱，五疳羸熱。　蓋茈胡之功，能引清氣而行陽道，使胃氣上行升騰而行春令，故其主治如此。　凡諸瘧以柴胡為君，隨所發時所在經分，佐以引經之藥。　十二經瘡毒，須用柴胡以散諸經血結氣聚，功與連翹同也。　《本經》不言治勞，日華謂補五勞七傷，甄權謂治勞乏羸瘦，而寇氏非之，謂此等病苟無實熱，執而用之，不死何待？　夫勞有五勞，病在五臟，若勞在肝、膽、心及包絡、三焦有熱，則柴胡乃手足厥陰、少陽必用之藥。　勞在脾胃有熱，或陽氣下陷，則柴胡乃引清氣退熱必用之藥。　惟勞在肺腎者，不必用耳。　乃不分臟腑經絡，有熱無熱，直謂柴胡不治勞乏，一概擯斥，殊非通論。　龐元英云：　一人久病瘧，熱時如火，年餘骨立，服茸、附藥益甚。　孫琳投小柴胡湯，一服頓愈，三服脱然。　琳曰：　此名勞瘧，熱從髓出，加以剛劑，氣血愈虧，安得不瘦？　蓋熱有在皮膚，在骨髓，在骨髓非柴胡不可。　若得銀柴胡只須一服，南方者力減，故三服乃效也。

清·劉雲密《本草述》卷七下　柴胡半夏為之使。　《别録》曰：　生弘農川谷及寃句，二月、八月采根曝乾。　頌曰：　今關陝、江湖間近道皆有之，

以銀州者為勝。二月生苗，甚香，莖青紫，堅硬，微有細線，葉似竹葉而稍緊小，亦有似斜蒿者，亦有似麥門冬葉而短者，七月開黃花，根淡赤色，似前胡而強。　之頤曰：十一月根生白蒻，香美可食。蒻音弱，根上初生者。　時珍曰：銀州即今延安府神木縣，五原城是其廢蹟，所產柴胡長尺餘，而微白且軟，不易得也。北地所產者，亦如前胡而軟，今人謂之北柴胡是也，入藥亦良。南土所產者不似前胡，正如蒿根，強硬不堪使用，其苗有如韭葉者、竹葉者，以竹葉者為勝，其如邪蒿者最下也。按《夏小正・月令》云：仲春芸始生。《倉頡解詁》云：芸，蒿也，似邪蒿，可食，亦柴胡之類，入藥不甚良。按：柴胡用根，蘇頌曰：其根似蘆頭，有赤毛，如鼠尾，獨窠長者好。陳承曰：根如鼠，尾長一二尺，香味甚佳。若然，則市肆所售者，是已去其根之上截，其連根而長者，乃根下行之餘也。謂用之上行則用頭，欲中及下降則用梢，得毋一根，而兩用乎？用者細酌之可也。柴胡根，其云似蘆頭者，是往上的為頭。又云似鼠尾者，是往下的為梢也。故用之上行，及行中與下之不同如是，其頭有鬚者即根上所叢生之鬚也。修治去鬚者是，謂去頭者，似猶屬鹵莽之說也。

根：　氣味：苦，平，無毒。先嘗味苦，苦不甚，後有甘意。　《別錄》曰：微寒。　普曰：神農、岐伯、雷公：苦，無毒。　日華子曰：甘。　潔古曰：氣味俱輕，陽也，升也，少陽經藥。　杲曰：升也，陰中之陽，手足少陽、厥陰四經引經藥也。在臟主血，在經主氣。

主治：升清陽達胃氣，去心腹腸胃結氣，胸中邪氣，推陳致新。宣暢氣血，除心下痞，胸膈痛，頭昏眩暈，治陽氣下陷。散肝、膽、三焦、包絡相火，散肌熱，寒熱往來，早晨潮熱，及肥氣寒熱，熱勞骨節煩痛，女子胎前產後諸熱，小兒痘疹餘熱，五疳羸熱。止偏頭痛，目昏赤痛，耳聾鳴，及兩脇刺痛，膽癉痛，及溼痹拘攣。升散瘕疝積聚，並治瘧，婦人熱入血室，經水不調。　復曰：茈胡稟少陽之氣，動於子而發於寅，故得從堅凝閉密之地，正中直達，萬化為之一新。　潔古曰：少陽經藥，能引胃氣上行，以發散表熱，去寒熱往來，治心下痞，胸膈中痛，脇下痛，膽痹，非柴胡梢不可。《本經》偏頭痛非此不除。潔古云：偏頭疼者，膽也。　東垣曰：能引清氣而行陽道，故其苦寒能發散表熱，傷寒外諸有熱則加之。又能引胃氣上行，升騰而行春令者宜加之。又諸瘧用柴胡，隨所發時所在經，分佐以引經藥。十二經瘡疽須用之，以散諸經血結氣聚，功與連翹同也。　閬風曰：柴胡解表裏不分之寒熱。　之頤曰：生值一陽元始及氣用功力當入少陽，宣甲膽氣用自下而上，以奉春升之發陳，發陳即所以致新也。雖曰一陽，實含全體，不獨自下而上，且可自內而外，如不能自下而上，則不得從內而外者宜矣。如已能自下而上，不能從內而外者，非所宜也。如寒熱邪氣，胸膈痞聚，心腹腸胃氣所結者，此陳也，非所以成醞釀，宣布轉輪決瀆之府器也。會此樞機，種種功力可類推矣。府器謂胃也。之頤唯以水於少陽春升，能生發胃氣為主，是能扼要。　好古云：足少陽，主東方分之氣也，在經主氣，在臟主血。臟居經脈之內，以達陰氣。經居臟腑之外，以達陽氣。故曰在經主氣，在臟主血。謂柴胡能和解半表半裏者，此也。　證前行則惡熱，却退則惡寒，惟氣微寒，味之薄者，故能行經，是主氣也。若佐以三稜、廣茂、巴豆之類，又能消堅積，是主血也。　陳士良曰：柴胡能引諸藥入榮衛。　文清曰：凡外感內傷，及溫瘧往來寒熱，胸中邪氣，胸脇滿疼，諸痰熱結氣，五臟遊氣，皆在經而未入於臟也，宜此行經，和中解肌，佐以人參適宜。凡婦人經脈不調，用小柴胡湯合四物湯，加秦艽、牡丹皮輩調之；若有血積，更加三稜、莪朮之類。又經行適外感，熱入血室，夜潮譫語，及胎前產後感冒時行寒熱，不可汗吐下者，用小柴胡合四物、四君子和之。除大腸停水作脹，發黃，疝瘕積聚，熱勞骨節煩疼，溼痹拘攣，皆在臟而為血分疾也，宜此宣暢血脈，佐以黃芩尤妙。去心下痰結熱煩，用黃連為佐。　時珍曰：柴胡之用，日華子謂補五勞七傷，《藥性論》亦云治勞乏羸瘦，寇宗奭不分臟腑經絡，有熱無熱，乃謂柴胡不治勞乏，一概擯棄。詎知精思病原，加減佐使得宜，豈非要藥？如《和劑局方》法上下諸血，龍腦雞蘇丸用銀柴胡浸汁熬膏之法，則世人知此意者鮮矣。按龐元英《談藪》云：張知閤久病瘧，熱時如火，年餘骨立，醫用茸附諸藥，熱益甚。召醫官孫琳診之，琳投小柴胡湯一貼，熱減十之九，三服脫然。琳曰：此名勞瘧，熱從髓出，加以剛劑，氣血愈虧，安得不瘦？蓋熱有在皮膚，在臟腑，在骨髓，非柴胡不可。若得銀柴胡，只須一服，南方者力減，故三服乃效也。觀此則得用藥之妙的矣。寇氏之說，可盡憑乎？　希雍曰：柴胡稟仲春之氣以生，兼得地之辛味，春氣生而升，故味苦平，微寒而無毒。　仲景小柴胡湯治傷寒往來寒熱，口苦耳聾，胸脇痛，無汗。又治少陽經瘧往來寒熱，亦治似瘧非瘧，大便不實，邪不在陽明者。　大柴胡湯治傷寒表裏俱急。　傷寒百合證，有柴胡百合湯。　東垣治元氣勞傷倦怠，用參、耆、白朮、炙甘草、當歸，佐以柴胡、升麻，

引脾胃之氣行陽道，名補中益氣湯。　本方去當歸，加茯苓、豬苓、澤瀉、乾葛、神麯，名清暑益氣湯。　同四物湯去當歸，加澤蘭、益母草、青蒿，能治熱入血室。　同升麻、乾葛等，能升陽散火。　同生地黃、黃蘗、黃連、甘草、甘菊、玄參、連翹、羌活、荊芥穗，治暴赤眼。

愚按：　柴胡在潔古謂其為少陽經藥，在海藏云入足少陽，主東方分之氣也。按《經》曰：　五藏者，藏精氣而不瀉。六府者，傳化物而不藏。然又曰：　腦、髓、骨、脈、膽、女子胞，此六者地氣之所生也，皆藏於陰，而象於地，故藏而不瀉，是又謂膽，不得與胃、大小腸、三焦、膀胱，同為天氣之所生，不得同其傳化而不藏者論也。故《經》曰：　膽者，中精之府。謂五府皆行其濁化，而此獨藏其精液也。若然，《經》所謂十一藏皆取決於膽者，即此可參矣。《經》曰：　未出地者命曰陰處，名曰陰中之陰；　則出地者命曰陰中之陽。陽予之正，陰為之主。在東垣曰甲木者，少陽春升之氣。春氣升則萬化安，故膽氣春升，則萬化從之，所以諸臟皆取決於膽也。《經》言正與此義互明。蓋膽屬六腑之陽，然為地氣之所生，從陰中陽生。人身春升之氣，奮決而出，以首暢萬化。正《經》所謂陽予之正，陰為之主也。故五腑根五臟之陰以達陽，而膽即本腑之陰以達陽，五腑達其陽化，而用在瀉。膽腑亦達其陽化，而用在不瀉。此乃半表半裏之義。唯其如是，故為萬化主。而柴胡為和解半表半裏之劑，即根采於仲春仲秋，可以思矣。東垣謂為肝之引經藥者，《經》曰：　肝者，中之將也，取決於膽。夫肝下合於任，上會於督，與命門相火通。肝亦有陰陽也，故曰陰中之少陽。然膽為甲陽，肝為乙陰，陽為陰先，陰隨陽轉，所謂始於泉下，引陰氣鼓舞而升舉之。在天地人之上者，甲也。故柴胡能和少陽膽氣，即為肝之引經藥也。其更屬手少陽、手厥陰引經者，何居？　蓋三焦為元氣之父，包絡為陰血之母，氣血父母，即不外乎水火，水得交於火則氣生，火得交於水則血生。天地之間，亦唯水火二氣，而少陽與厥陰表裏，乃元氣始出之根蒂。《經》所謂在天為玄，玄生神，神在天為風，在地為木者也。引陰氣而上，使水得交於火，升降相因，引陽氣而下，使火得交於水，夫非足少陽、厥陰之化歟。東垣所謂引清氣而行陽道者，是則人身元氣之父，陰血之母，胥藉是為之根蒂矣。猶謂心包絡與三焦之投劑，不須此為引經歟。雖然水火之所以體物而不遺者，土也。木為土之用，使土能交水火，而土之生化不匱。東垣所謂能引胃氣上行，升騰而行春令者，是春令行，陽氣布，土德發育，則萬化一新矣。然則柴胡既以升出為用，將無與於極陰之病歟。曰：　此以和解少陽，固從泉下，而暢其生化者也。試觀其於仲冬之月，根生白蒻，是之頤所謂凝極陽復之時，而香孕柔茁，體用之元始具者也。愚謂陰陽分於動靜，且靜中有動，動中有靜。柴胡於仲冬而根即生白蒻，非其靜中有動者之一現象歟。如他草木之動機，未有如是之，或先而一呈其倪者也。識此義，則所云茲味能達陰中之陽，豈啻舉陽之能透陰而出哉？　即舉陰之原，包陽而藏者，固已一團托出矣。即陽上徹於九天，而陰固未能離之須臾，以神其周於極頂也。東垣所謂諸有熱則加之，無熱則不加者，其義固可思矣。粗者類以柴胡為解表之劑，殊為鹵莽。蓋升降即內外之機，盧氏所謂不獨自上而下，即可自內而外也。唯誤以為解表藥，而遂認所療之熱為表熱，不觀《別錄》治痰熱結實，甄權云治熱勞骨節煩疼熱氣，肩背疼痛，又云主時疾內外熱不解，即此繹之，則熱不指定表熱，而柴胡不得以解表為其功矣。　蓋此味非徒暢陽，實能舉陰，非徒謂其暢鬱陽以化滯陰，更謂其俾陽倡而帥陰和耳。然要不離中土，以致其用，而後為之行氣於三陰三陽焉。此東垣能引胃氣上行之說也。是則此味唯用其升舉少陽之氣，以達胃中生發之氣，與他味之升舉者不類，達胃中生發之氣，即以為暢鬱遂和之用，亦與他味之暢遂者不類，故此味用之。如鬱氣不達，化原不新，在肝膽則益，由肝膽而之脾胃則益，由脾胃還之肝膽，並之他臟者則益，所謂春氣升，萬物安者也。然則六氣之鬱，升降俱不前，將柴胡並能轉其樞歟。曰：　謂升降相因，本乎履端於始之義也。夫舉陽而升，陰即隨陽以升，因脾腎之陰，原至於肺也。肺為陽中之少陰，三陰之氣至於肺，而陽中之陰自降，陽亦隨陰以降矣。其有不能降者，是或窒之也。不審其誰為窒者而欲降，得乎？　蓋下之陰裕，必藉陽之先導，以為上際，上之陽裕，亦必資陰之先導以為下蟠，此陰陽相依，以妙於升降，原有不得不然者爾。故三陰之經脈上行，而三陽之經脈下行，豈非固有為之先導者歟。然有升降不前，如或窒之者，宜細參於陰陽之虛實，以為主治。所欲導陰而上者，必其陰之實而陽虛者也。所欲導陽而下者，必其陽之實而陰虛者也。如下之陰不能裕陽，上之陽不能裕陰，則升降之化原先虧，可期其升降相因，以妙於氣化之推移乎？　即是思之，則柴胡為用，在於陽氣之不達，而陽氣不達，本於陰氣之不紓。升陽者，固陰中之陽，即其

有表而更有裏，乃宜於此味以和解。如陰氣虛者，是謂本之則無也，何可輒事升陽乎？又如元氣下脫，及虛火上炎者，或在所忌矣。更陰虛發熱，不與氣聚血凝以致病乎？寒熱者等，如斯疑似之類，豈得妄投？乃粗工不審而貽害，遂使用之者，即宜投而輒棄，詎知其能平肝膽、包絡、三焦相火，如時珍所指，固就元氣之不達以病乎鬱者也。由是為病，日用不知而亦最多，且類為滋陰降火之治，以致困頓。然則柴胡一切之功，其可抹殺乎哉？

附方　傷寒餘熱，傷寒之後，邪入經絡，體瘦肌熱，推陳致新，解利傷寒時氣，伏暑倉卒並治，不論長幼，柴胡四兩，甘草一兩，每服三錢，水一盞，煎服。　小兒骨熱，十五歲以下徧身如火，日漸黃瘦，盜汗，咳嗽煩渴，柴胡四兩，丹砂三兩，為末，豮豬膽汁拌和，飯上蒸熟，丸綠豆大，每服一丸，桃仁烏梅湯下，日三服。　虛勞發熱，柴胡、人參等分，每服三錢，薑棗同水煎服。　溼熱黃疸，柴胡一兩，甘草二錢半，作一劑，以水一盌，白茅根一握，煎至七分，任意時時服盡。　希雍曰：柴胡性升而發散，病人虛而氣升者，忌之。嘔吐及陰虛火熾炎上者，法所同忌。第虛勞一證，有因虛而凝結其氣血者固多，所謂不生則不化也。然有外淫內傷，先凝結其氣血以致虛者，所謂不化則不生也，酌而用之，更主使得宜，亦何可少耶？

修治　雷公曰：勿令犯火，力便少效。　文清曰：外感生用，內傷升氣酒炒三遍，有咳汗者蜜水炒。　嘉謨曰：療病上升用根，酒漬中行，下降用梢宜生。　嵩曰：莖長皮赤軟細者，名軟柴胡，能主血和肝。黑色肥短硬苗者，主發表退熱。　時珍曰：行手足少陽，以黃芩為佐。行手足厥陰，以黃連為佐。　又有一種出銀州白色者，治勞蒸用之。以其色白入肺，質稍實，不輕散，《本草》惟言銀州者勝，未嘗分言也。

清・郭章宜《本草匯》卷九　柴胡　苦平微寒，氣味俱輕，陽也，升也，陰中之陽。手足少陽、厥陰引經藥也。左右兩傍脇下痛，日晡潮熱往來生，在臟調經內主血，在肌主氣上行經。散胸腹之結熱，引清氣之上騰。本經頭痛宜用，寒熱邪氣宜增。升真陽之下陷，理膽癉與肩疼。瀉肝火，去心下痰結熱煩，用黃連猪膽汁炒為佐。治瘡瘍，散諸經血凝氣聚，與連翹同功。傷寒門實為要劑，瘟瘧症仍作主方。且甦濕痺拘攣，可作濃湯浴洗。若主時疾烘熱，將來單煮為良。《別錄》主治水脹濕痺拘攣者，柴胡為風藥，風能勝濕也。元素謂在經主氣，在臟調經者，以氣薄能行經也。

按：柴胡禀仲春微寒之氣，春氣升而生，為少陽經表藥。少陽者，膽也。膽為清淨之府，無出無入，其經在半表半裏，不可汗，不可下，不可吐，法當和解，小柴胡湯是也。邪結則有煩熱積聚等症，陽氣下陷，則為飲食積聚，陽升則清氣上升，脾胃健行，食積消散。肝為春令，主于升陽，故陽氣下陷者，不可缺。柴胡引少陽清氣上行，升麻引陽明清氣上行。若病在太陽者，服之太早，則引賊入門。病在陰經者，復用柴胡，則重傷其表。世俗不知柴胡之用，每遇傷寒，傳經未明，以柴胡為不汗不吐不下，可以藏拙，輒混用之，不死何待？勞症，惟在肝經者，可少用銀柴胡。然《本經》並無一字治勞，今治勞多用之者，凡此誤世多矣。勞有一種真臟虛損，復受邪熱，熱因虛致陽氣下陷，當須斟酌微加，用以升提清氣，退邪熱耳。熱退即須急止。若無實熱，得此愈甚矣。如《經驗方》治勞熱，青蒿煎丸，少佐柴胡，正合宜耳，故服之無不效者。日華子竟信為實，謂補五勞七傷，除煩益氣。《藥性論》又謂治勞乏羸瘦，如此等病，苟無實熱，醫者執而用之，不死何待？可見《本草》釋註，一字不可忽也。明達者固知去取，中下者寧不蹈其轍哉？張仲景治傷寒，製大小柴胡及柴胡加龍骨、柴胡加芒硝等湯，此誠切要之藥，萬世之所宗仰者也。時珍曰：勞有五勞，病在五臟。若勞在肝膽及心包絡有熱，或少陽經寒熱者，則柴胡乃手足厥陰少陽必用之藥。勞在脾胃有熱，或陽氣下陷，則柴胡乃引清氣退熱必用之藥。惟勞在肺腎者，不用可耳。然東垣言諸有熱者宜加之。又云諸經之瘧，皆以柴胡為君。十二經瘡疽，須以柴胡散結聚。觀此則又皆可用之矣。但要用者，精思病源，加減佐使可也。倘一槩擯斥，豈通論哉？瘧症有熱時如火，形瘦骨立者，此名勞瘧，熱從髓出，加以剛劑，氣血愈虧矣，非柴胡不愈也。熱有在皮膚，在藏府，在骨髓，非銀柴胡不可也。凡嘔吐喘逆，下元虛絕，陰火炎上，欬嗽氣升者，皆所同忌。

產銀夏州名，屬陜西。者獨勝，色微白而軟者，為銀柴胡，用以治勞弱骨蒸。色微黑而細者，用以解表散熱，欲上升，用其根，以酒浸；欲中及下降，用其梢。外感生用，內傷升氣，酒炒熟用。有咳汗者，蜜水炒。銀刀刮去赤皮及鬚、頭。勿令犯火，立便無功。又以黃牯牛溺浸一宿，晒乾，治勞熱，試驗。半夏為之使。惡皂莢。畏藜蘆。行手足少陽，以黃芩為佐。行手足厥陰，以黃連為佐。

清・蔣居祉《本草擇要綱目・寒性藥品》 柴胡 氣味：苦，平，無毒。陰中之陽。入手足少陽，以黄芩為佐。入手足厥陰，以黄連為佐。在臟主血，在經主氣。主治：除心下煩熱，諸痰熱結實，治熱癆骨蒸，骨節煩痛。時疾内外熱不解，胸脇氣滿。能引清氣而行陽道，又能引胃氣上升而行春令。十二經瘡疽中須用之以散諸經之血結氣聚。婦人經水適來適斷，傷寒雜病表寒肌熱，寒熱往來如瘧狀，勞乏羸瘦有實熱，非此項俱不能為功也。欲上升則用根以酒浸，欲中及下降則用梢。惡：皂莢。畏：女(芫)〔菀〕、藜蘆。

清・閔鉞《本草詳節》卷二 柴胡 【略】按：柴胡為治傷寒寒熱之要藥。然已傳少陽則用之，未傳則不用也。兼少陽亦用之，未兼則不用也。瘧病以少陽為主，雖有兼經，總不能外少陽。故仲景云瘧脈多弦。弦者，少陽脈也，柴胡所必用也。婦人經脈不調，經行感冒，熱入血室，胎前産後感冒，時行寒熱，不可汗吐下者，柴胡又不可專用，須合八珍和之。十二經瘡疽，皆氣結血聚為殃，柴胡能散，功同連翹，故亦用也。此用柴胡之權衡，觸類而是之則善矣。又能提清氣上行，以瀉三焦之火，補中益氣湯正取其提肝氣之陷者，由左而升。升麻提脾氣之陷者，由右而升耳。惟元氣下絶及陰火多汗，誤服殺人。咳嗽氣急，痰喘嘔逆，俱禁用。

清・王翃《握靈本草》卷二 茈胡産銀州者良。長尺餘，白且軟者，用以治勞熱骨蒸；微黑而細者，解表發散。忌火。上升用根，下降用梢。主治：茈胡，苦，平，無毒。一云：微寒。主心腹腸胃中結氣，飲食積聚，傷寒煩熱，勞熱痰熱，潮熱寒熱往來。

清・汪昂《本草備要》卷一 柴胡宣，發表和裏，退熱升陽。苦，平，微寒。味薄氣升爲陽。主陽氣下陷，能引清氣上行，而平少陽、厥陰之邪熱，肝、膽、心包、三焦相火。時珍曰：行少陽，黄芩爲佐；行厥陰，黄連爲佐。宣暢氣血，散結調經。昂按：人第知柴胡能發表，而不知柴胡最能和裏。故勞藥、血藥，往往用之。補中益氣、逍遥散，皆用柴胡，取其和中，均非解表也。爲足少陽膽經表藥。膽爲清淨之府，無出無入，其經在半表半裏，法當和解，小柴胡湯之屬是也。若病在太陽，服之太早，則引賊入門；若病入陰經，復服柴胡，則重虚其表。最宜詳慎。治傷寒邪熱，仲景有大小柴胡湯。痰熱結實，虚勞肌熱，寇宗奭曰：柴胡《本經》并無一字治勞，《藥性論》日華子皆言補勞傷，醫家執而用之，貽誤無窮。《藥性論》，甄權著。時珍曰：勞有五，若勞在肝、膽、心、心包有熱，則柴胡乃手足厥陰、少陽必用之藥；勞在脾胃有熱，或陽氣下陷，則柴胡爲升清退熱必用之藥。惟勞在肺腎者，不可用耳。寇氏一概擯斥，殊非通論。昂按：楊氏秦艽扶羸湯，治肺痿成勞，咳嗽聲嗄，體虚自汗，用柴胡爲君，則肺勞亦有用之者矣。嘔吐心煩，邪在半表半裏，則多嘔吐。諸瘧寒熱，東垣曰：諸瘧以柴胡爲君，佐以引經之藥。李士材曰：瘧非少陽經，慎用。喻嘉言曰：瘧發必有寒有熱，蓋外邪伏于半表半裏，適在少陽所主之界。入與陰爭，陽勝則熱；出與陽爭，陰勝則寒。既純熱無寒，爲癉〔癉，音亶〕瘧、温瘧；純寒無熱，爲牝瘧。要皆自少陽而造其極偏。補偏救弊，亦必返還少陽之界，使陰陽協和而後愈也。謂少陽而兼他經則有之，謂他經而不涉少陽，則不成其爲瘧矣。脉縱屢遷，而弦之一字，實貫徹之也。昂按：瘧之不離少陽，猶咳之不離于肺也。《談藪》云：張知閣久病瘧，熱時如火，年餘骨立。醫用茸、附諸藥，熱益甚。孫琳投以小柴胡湯，三服脱然。琳曰：此名勞瘧，熱從髓出。加以剛劑，氣血愈虧。熱有在皮膚、在藏府、在骨髓，在骨髓者，非柴胡不可。若得銀柴胡，只須一服。南方者力減，故三服乃效也。時珍曰：觀此則得用藥之妙的矣。昂按：據孫氏之説，是柴胡亦能退骨蒸也。頭眩目赤，胸痞脇痛，凡脇痛，多是肝木有餘，宜小柴胡湯加青皮、川芎、白芍。又左脇痛，宜活血行氣；右脇痛，宜消食行痰。口苦耳聾，皆肝膽之邪。婦人熱入血室，衝爲血海，即血室也，男女皆有之。柴胡在藏主血，在經主氣。胎前産後諸熱，小兒痘疹，五疳羸熱，散十二經瘡疽，血凝氣聚，功同連翹。連翹治血熱，柴胡治氣熱，爲少異。陰虚、火炎氣升者禁用。銀州者根長尺餘，微白，治勞疳良。北産者如前胡而軟并良，南産者强硬不堪用。外感生用，内傷升氣，酒炒用根，〔欲〕中及下降用梢。有汗咳者蜜水炒。前胡、半夏爲使，惡皂角。

清・吴楚《寶命真詮》卷三 柴胡 【略】稟初春微寒之氣，引而上升，為少陽膽經表藥。膽為清靜之府，其經在半表半裏，不可汗，不可吐，不可下，法當和解，小柴胡湯是也。邪結則有煩熱積聚等證，邪散則自解矣，去水脹濕痺者，風能勝濕也。〇柴胡乃少陽經藥，若病在太陽者，服之太早，則引賊入門。病在陰經者，須用柴胡，則重傷其表。世俗不明此旨，每遇傷寒，傳經未明，便以柴胡湯為不汗不吐不下，可以藏拙，混亂用之，殺命不可勝數。

清・陳士鐸《本草新編》卷二 柴胡 味苦，氣平，微寒。氣味俱輕，升而不降，陽中陰也。無毒。入手足少陽、厥陰之四經。瀉肝膽之邪，去心下

痞悶，解痰結，除煩熱，尤治瘡瘍，散諸經血凝氣聚，止偏頭風，胸脇刺痛，通達表裏邪氣，善解潮熱。傷寒門中必須之藥，不獨瘧症、鬱症之要劑也。婦人胎產前後，亦宜用之。目病用之亦良，但可為佐使，而不可為君臣。蓋柴胡入于表裏之間，自能通達經絡，故可為佐使，而性又輕清微寒，所到之處春風和氣，善于解紛，所以用之，無不宜也。然世人正因其用無不宜，無論可用不可用，動即用之。如陰虛癆瘵之類，亦終日煎服，耗散真元，內熱更熾，全然不悟，不重可悲乎。夫柴胡止可解鬱熱之氣，而不可釋骨髓之炎也，能入于裏以散邪，不能入于裏以補正，能提氣以升于陽。使參、芪、歸、朮，共健脾而開胃，不能生津以降于陰；使麥冬、丹皮，同益肺以滋腎，能入于血室之中以去熱，不能入于命門之內以去寒。無奈世人妄用柴胡以殺人也，余所以探辨之耳。

或問：柴胡不可用之以治陰虛之人是矣，然古人往往雜之青蒿、地骨皮、丹皮、麥冬之內，每服退熱者，又謂之何？曰：此陰虛而未甚者也。夫陰虛而火初起者，何妨少用柴胡，引諸補陰之藥，直入于肝、腎之間，轉能瀉火之速。所惡者，重加柴胡，而又久用不止耳。用藥貴通權達變，豈可拘泥之哉。

又問：柴胡既能提氣，能補脾而開胃，何以亦有用之而氣上冲者，何故？此正見柴胡之不可妄用也。夫用柴胡提氣而反甚者，必氣病之有餘者也。氣之有餘，必血之不足也，而血之不足者，必陰之甚虧也。水不足以制火，而反助氣以升陽，則陰愈消亡，而火愈上達，氣安得而不上冲乎。故用柴胡以提氣，必氣虛而下陷者始可。至于陰虛火動之人，火正炎上，又加柴胡以升提之，火愈上騰，而水益下走，不死何待乎？此陰虛火動，斷不可用柴胡，不更可信哉。

或問：柴胡乃半表半裏之藥，故用之以治肝經之邪最效，然而肝經乃陰藏也，邪入于肝，已入于裏矣，又何半表半裏之是云，乃往往用柴胡而奏效如神者，何也？夫肝經與膽經為表裏，邪入于肝，未有不入于膽者，或邪從膽而入于肝，或邪已入肝，而尚留于膽，彼此正相望而相通也。柴胡乃散肝邪，而亦散膽邪之藥，故入于肝者半，而入于膽者亦半也。所以治肝而膽之邪出，治膽而肝之邪亦出也。

或問：柴胡既是半表半裏之藥，邪入于裏，用柴胡可引之以出于表，則病必輕；邪入于表，亦用柴胡，倘引之以入于裏，不病增乎？不知柴胡乃調和之藥，非引經之味也。邪入于內者，能和之而外出，豈邪入于內者，反和之而內入乎。此傷寒汗、吐、下之病，仲景夫子所以每用柴胡，以和解于半表半裏之間，使反危而為安，撥亂而為治也。

又問柴胡既是調和之藥，用之于鬱症者固宜，然有時解鬱，而反動火，又是何故？曰：此必婦女鬱于懷抱，而又欲得男子，而不可得者也。論婦女思男子而不可得之脉，肝脉必大而弦出于寸口。然其懷抱既鬱，未用柴胡之前，肝脉必濇而有力，一服柴胡，而濇脉必變為大而且弦矣。鬱開而火熾，非柴胡之過，正柴胡之功，仍用柴胡，而多加白芍、山梔，則火且隨之而即散矣。

或問：柴胡為傷寒要藥，何子不分別言之？曰：傷寒門中，柴胡之症甚多，何條宜先言，何條宜略言乎。雖然柴胡之症雖多，而其要在寒熱之往來，邪居于半表半裏之言盡之矣，用柴胡而顧半表半裏也，又何悞用哉。

或問：柴胡開鬱，凡男子有鬱，亦可用之乎？蓋一言鬱，則男婦盡在其中矣，豈治男一法，而治女又一法乎。世人治鬱，多用香附，誰知柴胡開鬱，更易於香附也。

或問：柴胡本是散風之味，何散藥偏能益人，此予之未解也。蓋尅中不尅，尅即是生也。柴胡入肝，而性專尅木。何以尅木而反能生木？蓋肝屬木，最喜者水也，其次則喜風。然風之寒者，又其所畏，木遇寒風則黃落，葉既凋零，而木之根必然下生而尅土矣。土一受傷，而胃氣即不能開而人病，似乎肝之不喜風也，誰知肝不喜寒風，而喜溫風也。木一遇溫風，則萌芽即生，枝葉扶疎，而下不生根，又何至尅土乎。土不受傷，而胃氣輒開，人病頓愈。柴胡，風藥中之溫風也，肝得之而解鬱，竟不知抑滯之氣何以消釋也，故忘其性之相制，轉若其氣之相宜。尅既不尅，非尅之即所以生之乎。尅即是生，尅非真尅，生乃是尅，生實非生。全生于尅之中，制尅于生之外，是以反得其生之益，而去其尅之之損也。

或疑柴胡用之于補中益氣湯，實能提氣，何以舍補中益氣湯用之，即不見有功，意者氣得補而自升，無藉于柴胡耶？曰：柴胡提氣，必須于補氣之藥提之，始易見功，舍補氣之藥，實難奏效。蓋升提之力，得補更大，非柴胡之不提氣也。

或疑柴胡用之補中益氣湯中，為千古補氣方之冠，然吾以為柴胡不過用

之升提氣之下陷耳，胡足奇。此真不知補中益氣湯之妙也。補中益氣湯之妙，全在用柴胡，不可與升麻並論也。蓋氣虛下陷，未有不氣鬱者也。惟鬱故其氣不揚，氣不揚，而氣乃下陷，徒用參、歸、芪、术以補氣，而氣鬱何以舒發乎。即有升麻以提之，而脾胃之氣，又因肝氣之鬱來尅，何能升哉。得柴胡同用以舒肝，而肝不尅土，則土氣易于升騰。方中又有甘草、陳皮，以調和于胸膈之間，則補更有力，所以奏功如神也。是柴胡實有奇功，而非提氣之下陷一語可了。使柴胡止提氣之下陷，何風藥不可提氣，而東垣先生必用柴胡，以佐升麻之不及耶。夫東垣先生一生學問，全在此方，為後世首推，蓋不知幾經躊度精思，而後得之也，豈漫然哉。

或問：大小柴胡湯，俱用柴胡，何以有大小之分，豈以輕重分大小乎？不知柴胡調和于半表半裏，原不必分大小也，而仲景張夫子分之者，以大柴胡湯中有攻下之藥，故以大別之。實慎方之意，教人宜善用柴胡也，于柴胡何豫哉。

清・顧靖遠《顧氏醫鏡》卷七　柴胡苦，微寒。入肝膽二經。見火無效。　治少陽傷寒，寒(往)〔熱〕往來，為少陽半表之邪，不可施汗吐下三法，法當和解，須用柴胡。療時疾發熱。風溫，溫熱時氣之邪，屬肝、膽、三焦、心胞絡受病，柴胡正為四家引經之藥，性升散而氣微寒，故解表而除熱。或諸瘧，或雜症，往來寒熱，悉能除。或早晨，或日晡，身體潮熱，咸商用。東垣云：諸瘧皆以柴胡為君，隨所發時見何經症，佐以引經之藥。又云：能引清氣而行陽道，傷寒外諸有熱者則加之，無熱則不加。然亦須審察病源，合宜而用則可。頭痛頭眩，目赤目昏皆效。耳鳴耳聾，皆風熱上壅之故。脇滿脇痛咸安。邪解則上症自除。治熱入血室，經水適來適斷，熱邪乘虛陷入血室，其血必結，和解熱邪，宣暢氣血，症自愈矣。東垣云：其能散諸經血結氣聚，功同連翹，十二經瘡家皆可用之。升陽氣下陷。東垣云：其能引胃氣上行升騰，而行春令。時珍又言，柴胡能引少陽清氣上行，升麻能引陽明清氣上行。凡病人虛而氣升，及陰虛火熾炎上者，均忌。銀州柴胡，俗治勞熱骨蒸。按仲淳言其功用，不過優於升散，恐非除虛熱之藥，須酌用之。

清・李熙和《醫經允中》卷二〇　柴胡　入肝、膽、心包、三焦四經。畏使同前胡。　苦、甘，微寒，無毒。氣味俱輕，陰中之陽，升也。主治邪氣寒熱，傷寒煩熱潮熱，產前產後諸熱，胸脇痛，本經頭痛熱入血室，痘瘡餘熱，諸瘧寒熱，引清氣上行陽道，傷風外感。諸有熱則加之，無熱則不加也。惟左寸左關洪盛者宜之。按：《衍義》言：柴胡《本經》並無一字治勞，後世名醫因日華子補勞傷一語，每每泛用，不知治病之法，有從本者，有從標者，所謂急則治其標，緩則治其本也。夫傷寒諸熱，此急症也，宜治其標，故用柴胡、芩、連之藥以瀉之，邪去而正自復矣。至于勞傷諸熱，因真臟虧損，陰虛發熱，《經》云邪之所湊，其氣必虛是也，宜治其本，正氣復而邪自無所容矣。于此而概用柴胡以瀉之，是謂重虛矣。傷寒初起，而悮用之，恐引邪入少陽經也。

清・馮兆張《馮氏錦囊秘錄・雜症痘疹藥性主治合參》卷一　柴胡稟仲春之氣以生，兼得地之辛味，春氣生而升，故味苦，平，微寒，無毒。為少陽經表藥。〇宜去蘆，剉片用。若入補中脾胃藥，蜜酒拌，炒乾尤妙。　柴胡，瀉肝火，去心下痰結熱煩，散諸經血凝氣聚，解肌表熱，寒熱往來，傷寒溫瘧，痰實結胸，耳聾口苦，頭眩目赤。在臟主血，在經主氣。胎前產後，經脉不調，熱入血室。止偏頭疼，胸脇刺痛，膽痺疼痛。濕痺拘攣，氣藥血藥，並可加入；瘡疽中用之者，亦取其能散諸經血結氣聚也。若病在太陽服之，猶引賊入門。若陽氣下陷而有熱者，用之引清氣以順陽道，而平少陽厥陰之邪熱。若勞在肺腎者用之，益增傷陰耗氣之患。有色黃白而軟大者，名銀柴胡，乃治癆熱骨蒸之要藥也。

主治痘疹合參：解肌表熱。凡初發熱而熱毒太甚者，亦可用以托痘，痘後寒症不宜用。專主肝、膽二經。是經為清淨之府，在半表半裏，無出入之路，風邪所蓄。不可汗吐下者，用此和解之。若欲升陽平肝，則又仗以所使成功也。

按：柴胡乃少陽經半表半裏之藥，瘧症有熱時如火，形瘦骨立者，此名勞瘧。熱從髓出，加以剛劑，氣血愈虧矣，非柴胡莫能愈也。若病在太陽，用之太早，猶引賊入內。病在陰經者，用之則重傷其表，世俗不明，表裏混投，可以藏拙，然殺人不可勝數矣。至於氣虛者用之，不過些小以助參耆之力，非柴胡能退熱也。若遇癆症便用，不死安待？惟癆症在肝經者，別有銀柴胡一種，色白而軟，專理肝癆五疳羸熱，亦非小柴胡也。

清・张璐《本經逢原》卷一　柴胡即茈胡。　苦，平，無毒。入解表藥生用，清肝炒熟用。《本經》主心腹腸胃中結氣，飲食積聚，寒熱邪氣，推陳致新，明目益精。　發明：柴胡能引清陽之氣，從左上升，足少陽膽經之藥。

膽為清淨之府，無出無入，禁汗吐下，惟宜和解，以其經居半表半裏。《本經》治心腹腸胃結氣，飲食積聚，寒熱邪氣，使清陽之氣上升，而胃中留結宿滯亦得解散矣。仲景治傷寒寒熱往來，脇痛耳聾，婦人熱入血室，皆為必用。小兒五疳羸熱，諸瘧寒熱，咸宜用之。痘疹見點後，有寒熱或脇下疼熱，於透表藥內用之，不使熱留少陽經中，則將來無咬牙之患。虛勞寒熱多有可用者。勞有五勞，病在五藏，若勞在肝膽，心包絡有熱，或少陽經寒熱，則柴胡為必用藥。勞在脾胃有熱，或陽氣下陷，則柴胡乃引清氣退熱之藥。惟勞在肺腎者，不可用。東垣補中益氣用之者，乃引肝膽清陽之氣上行，兼升達參、耆之力耳。瘡疽用之者，散諸經血結氣聚也。今人以細者名小柴胡，不知小柴胡乃湯名也，若大柴胡湯而用銀州者，可乎？按：柴胡為少陽經藥，病在太陽，服之太早則引寇入門。病在陰經，用之則重傷其表，誤人不可勝數。其性升發，病人虛而氣升者忌之。嘔吐及陰火炎上者勿服。若陰虛骨蒸服之，助其虛陽上逆，勢必耗盡真陰而後已。奈何操司命之權者，多所未悟也。

清・浦士貞《夕庵讀本草快編》卷一　茈胡《本經》　芸蒿，產銀州者名銀茈胡。　茈，古柴字，苗嫩時可茹，故名芸蒿。　茈胡苦平，得初春微寒之令，氣味俱輕，升也，陽也。為手足少陽厥陰引經。是以在經主氣，在藏主血，引胃氣升騰而行陽道。故能解肌表之風寒，散胸膈之痞積，條達木性，能越痁瘴之邪，和緩三焦，統禦頭目諸症。婦人熱入血室，小兒羸瘦疳膨，俱為要藥。但治勞傷一症，不得不辨。按寇宗奭言：《本經》並未一字主勞，今人治勞方中鮮有不用，斃而不覺。日華子又言補五勞七傷，《藥性論》亦稱其治勞乏羸瘦有功，醫者執此反無畔岸。至李氏瀕湖始闡發之。曰勞有五勞，病在五藏，若勞在肝膽與胞絡及心，是有實熱者，或少陽經一寒一熱者，確為對症；更有勞在脾胃或陽氣下陷，用其引清退熱，亦不可缺；倘肺腎受勞，漫然混施，甚于砒毒。則知寇氏之擯絕與日華之過許，各有偏矣。而東垣又云：諸有熱者宜加用之。斯言也亦約而當，予心猶以為未然。夫茈胡本輕揚剽悍之劑，苟不明達，病必受災，分而用之，庶不妄也。如勞傷有熱，骨節煩疼，頭眩耳鳴，小兒疳羸，當用銀州溫平之性，似東風呴物，槁木俱春，清骨散、青蒿煎之類是也。若風寒解表，痁瘴痞積，停痰熱結，婦人熱入血室，經水不調，宜小柴〔胡〕條達其邪而上升之，則經隧自舒矣。但小柴胡湯又有說焉，夫少陽屬膽，為清淨之府，汗吐下宜忌，法當和解，故用黃芩、半夏輔之，易于成功。若其入府，又立大柴胡湯下之，法最善矣。奈何世俗不明其意，每遇風寒之症，不問太陽少陰，一見有熱，輒復妄投，為不汗不下不吐，庶可藏拙，殺人勝于兵刃，何也？倘太陽初病，用之太早，則引賊入室，陰分受疾，用之不覺，則重傷其表，可不慎哉？故曰：業傷寒而不讀仲景，是猶執聾而問雷，執瞽而言日也。

清・張志聰、高世栻《本草崇原》卷上　柴胡　氣味苦，平，無毒。主心腹腸胃中結氣，飲食積聚，寒熱邪氣，推陳致新。久服輕身明目益精。　柴胡一名地薰，葉名芸蒿，始出弘農川谷及冤句，今長安及河內近道皆有。二月生苗甚香，七月開黃花，根淡赤色，苗之香氣直上雲間，有鶴飛翔於上，過往聞者，皆神氣清爽。柴胡有硬軟二種，硬者名大柴胡，軟者名小柴胡。小柴胡生於銀州者為勝，故又有銀柴胡之名。今市肆中另覓草根白色而大，不知何種，名銀柴胡，此偽充也，不可用。古茈從草，今柴從木，其義相通。柴胡春生白蒻，香美可食，香從地出，直上雲霄。其根苦平，稟太陰坤土之氣，而達於太陽之藥也。主治心腹腸胃中結氣者。心為陽中之太陽而居上，腹為至陰之太陰而居下，腸胃居心腹之中，柴胡從坤土而治腸胃之結氣，則心腹之正氣自和矣。治飲食積聚，土氣調和也。治寒熱邪氣，從陰出陽也。從陰出陽，故推陳莝而致新穀。土地調和，故久服輕身。陰氣上出於陽，故明目。陽氣下交於陰，故益精。　愚按：柴胡乃從太陰地土、陽明中土而外達於太陽之藥也。故仲祖《卒病論》言：傷寒中風，不從表解，太陽之氣逆於中土，不能樞轉外出，則用小柴胡湯達太陽之氣於肌表，是柴胡並非少陽主藥，後人有病在太陽，而用柴胡，則引邪入於少陽之說，此庸愚無稽之言，後人宗之，鄙陋甚矣。

清・劉漢基《藥性通考》卷五　柴胡　味苦，平，微寒。味薄氣昇，為陽。主陽氣下陷，能引清氣上行，而平少陽、厥陰之邪熱，肝、胆、心包、三焦相火。時珍曰：行少陽，黃芩為佐。行厥陰，黃連為佐。能宣暢氣血，散結調經。昂按：人第知柴胡能發表，而不知柴胡能和裏。故勞藥血藥往往用之，為足少陽表藥。治傷寒邪熱，痰熱結實，虛勞肌熱，嘔吐心煩，諸瘧寒熱，頭眩目赤，胸痞脇痛，口苦耳聾，婦人熱入血室，胎前產後諸熱，小兒痘疹，五疳羸熱，散十二經瘡疽，血凝氣聚，功同連翹。但連翹治血熱，柴胡治氣熱也。陰虛火炎氣昇者禁用。銀州者根長尺餘，微白，治勞疳良。北產者如前胡而

軟，並良。南產者強硬，不堪用。外感生用，內傷昇氣，酒炒用。根中及下降用梢，有汗欬者蜜水炒。前胡、半夏為使，惡皂莢。

清・姚球《本草經解要》卷二 柴胡 氣平，味苦，無毒。主心腹腸胃中結氣，飲食積聚，寒熱邪氣，推陳致新。久服輕身，明目益精。柴胡氣平，稟天中正之氣。味苦無毒，得地炎上之火味。膽者，中正之官，相火之府，所以獨入足少陽膽經。氣味輕升，陰中之陽，乃少陽也。其主心腹腸胃中結氣者，心腹腸胃，五藏六府也。藏府共十二經，凡十一藏，皆取決於膽。柴胡輕清，升達膽氣，膽氣條達，則十一藏從之宣化，故心腹腸胃中，凡有結氣皆能散之也。其主飲食積聚者，蓋飲食入胃，散精於肝，肝之疏散，又藉少陽膽為生發之主也。柴胡升達膽氣，則肝能散精，而飲食積聚自下矣。少陽經行半表半裏，少陽受邪，邪併於陰則寒，邪併於陽則熱。柴胡和解少陽，故主寒熱之邪氣也。春氣一至，萬物俱新。柴胡得天地春升之性，入少陽以生氣血，故主推陳致新也。久服清氣上行，則陽氣日強，所以身輕。五藏六府之精華上奉，所以明目。清氣上行，則陰氣下降，所以益精。精者，陰氣之英華也。

製方：柴胡同人參、半夏、黃芩、甘草、大棗、生薑，名小柴胡湯，治少陽寒熱。同白芍、甘草、枳實，名四逆散，治胸脇痛，四肢厥冷。同人參、升麻、黃耆、甘草、歸身、白朮、廣皮、生薑、大棗，名補中益氣湯，治勞傷倦怠。同人參、黃耆、白朮、甘草、升麻、白茯、澤瀉、葛根、神麯，治暑傷元氣。同升麻、葛根等，能升陽散火。同白芍、丹皮、山梔、甘草、白茯、白朮、廣皮、歸身，名逍遙散，治肝膽鬱火。

清・周垣綜《頤生秘旨》卷八 柴胡 解肌發表之藥也。人稟天地之氣，恐陽陷于陰分，故用升舉之劑。而補中益氣湯內用之者，同升麻使胃氣常有春夏之令，不可使有秋冬肅殺之意。小柴胡湯中用之主瘧者，以少陽為甲木，在天為風，同黃芩和解少陽經之邪。

清・王子接《得宜本草・上品藥》 柴胡 味苦、辛。入足少陽經。入經達氣，入絡和血，升不上乎顛頂，散不達乎皮毛，故入膽而合其無出無入之性，得益氣藥則以升陽，得清氣藥則能散邪。

清・徐大椿《神農本草經百種錄》上品 茈胡 味苦，平。主心腹，去腸胃中結氣，輕揚之體，能疎腸胃之滯氣。飲食積聚，疎腸胃之滯物。寒熱邪氣，驅經絡之外邪。推陳致新。總上三者言之，邪去則正復也。久服，輕身，明目益精。諸邪不能容，則正氣流通，故有此效。

茈胡腸胃之藥也。觀經中所言治效，皆主腸胃，以其氣味輕清，能于頑土中疎理滯氣，故其功如此。天下惟木能疎土，前人皆指為少陽之藥，是知其末，而未知其本也。〇張仲景小茈胡湯專治少陽，以此為主藥何也？按傷寒傳經次第，先太陽，次陽明，次少陽。然則少陽雖在太陽、陽明之間，而傳經乃居陽明之後，過陽明而後入少陽，則少陽反在陽明之內也。蓋以所居之位言，則少陽在太陽、陽明之間，以從入之道言，則少陽在太陽、陽明之內，故治少陽與太陽，絕不相干，而與陽明為近，如小茈胡湯之半夏、甘草，皆陽明之藥也。惟其然，故氣味須輕清疎達，而後邪能透土以出，知此則仲景用茈胡之義明，而茈胡為腸胃之藥亦明矣。

清・黃元御《長沙藥解》卷二 柴胡 味苦，微寒。入足少陽膽經。清膽經之鬱火，泄心家之煩熱。行經於表裏陰陽之間，奏效於寒熱往來之會。上頭目而止眩暈，下胸脇而消鞕滿。口苦咽乾最效，眼紅耳熱甚靈。降胃膽之逆，升肝脾之陷。胃口痞痛之良劑，血室鬱熱之神丹。《傷寒》小柴胡湯，柴胡半斤，半夏半升，甘草三兩，黃芩三兩，人參三兩，大棗十二枚，生薑三兩。治少陽傷寒，中風五六日，往來寒熱，胸脇苦滿，嘿嘿不欲飲食，心煩喜嘔。以少陽之經居表陽裏陰之中，表陽內鬱，則熱來而寒往，裏陰外乘，則熱往而寒來。其經行於胸脇，循胃口而下，逆而上行，戊土被克，膽胃俱逆，土木壅遏，故飲食不納，胸脇滿而煩嘔生。少陽順降，則下溫而上清。少陽逆升，則下寒而上熱。熱勝則傳陽明，寒勝則傳太陰。柴胡、黃芩清泄半表，使不熱勝而入陽明；參、甘、大棗溫補半裏，使不寒勝而入太陰；生薑、半夏降濁陰之衝逆，而止嘔吐也。又治腹中急痛者，以膽胃逼迫，則生痞痛，參、甘、大棗、柴胡、黃芩，內補土虛，而外疏木鬱也。治婦人中風，經水適斷，熱入血室，寒熱如瘧，發作有時者。以經水適斷，血室方虛，少陽經熱傳於厥陰，而入血室。夜而血室熱作，心神擾亂，譫妄不明，外有胸脇痞滿。少陽經證，肝膽同氣，柴、芩清少陽經中之熱，亦即清厥陰血室之熱也。大柴胡湯柴胡半斤，黃芩三兩，半夏半升，生薑五兩，大棗十二枚，芍藥二兩，枳實四兩，大黃二兩。治少陽傷寒，汗出不解，心中痞鞕，嘔吐而下利者。以少陽半表，陽旺熱勝，而傳陽明。汗愈泄而胃愈燥，故汗出不解。甲木侵迫，戊土被逼，胃氣鬱遏，水穀莫容，故吐痢俱作。胃口壅塞，故心中痞鞕。少陽證罷，便是足陽明之承氣證，此時痞鞕嘔利，正在陽明、少陽經府合病之秋。柴、芩、芍藥清少陽之經，枳實、大黃泄

陽明之府，生薑、半夏降濁氣而止嘔逆也。《金匱》鱉甲煎丸方在鱉甲，用之治病瘧一月不差，結為癥瘕。以瘧邪亦居少陽之部，柴胡所以散少陽經氣之痞塞也。

寒性閉塞，而營性發散，傷寒則寒愈閉，而營愈發，發而不通，遂裹束衛氣而生表寒，遲則陽鬱，而後發熱。風性疏泄，而衛性收斂，中風則風愈泄，而衛愈斂，斂而不啟，遂遏逼營血而生裹熱，遲則陰鬱而後惡寒。陽盛於三陽，陰盛於三陰，少陽之經行於三陽三陰之中，半表半裏之介，半裏之陰乘於外，則閉藏而為寒，及其衰也，半表之陽發於內，則蒸騰而為熱，及其衰也。內鬱之陰又裹束而為寒，寒來則熱往矣。內鬱之陽又鼓發而為熱，熱來則寒往矣。陽明之不能熱往而寒來者，陽盛於表也。太陰之不能寒往而熱來者，陰盛於裏也。足少陽以甲木而化相火，順則下行而溫水藏。相火下秘，故上清而下暖，逆而上行，出水府而升火位，故下寒而上熱。下寒則半裏之陰內旺，所以勝表陽而為寒。上熱則半表之陽外旺，所以勝裏陰而為熱。表陽裏陰，各居其半，均勢相爭，勝負循環，則見寒熱之往來。陰勝則入太陰之藏，但有純寒而熱不能來。陽勝則入陽明之府，但有純熱而寒不能來。入府則吉，徐用承氣泄其內熱，而外無別慮。入藏則凶，急用四逆溫其裏寒，而未必萬全。是以入藏為逆，入腑為順。然入腑失下，而亦有死者，究不如在經之更順也。方其在經，陰陽搏戰，勝負未分，以小柴胡雙解表裏，使表陽不至傳腑，裏陰不至傳藏，經邪外發，汗出病退，此小柴胡之妙也。足少陽經自頭走足，行身之側，起於目之外眦，從耳下項，由胸循脇，繞胃口而下行。病則逆行，上克戊土而刑辛金，以甲木而克戊土，胃無下降之路，則氣迷而作嘔吐，以相火而刑辛金，肺無下降之路，則氣逆而作嘔吐，以相火而刑辛金，肺無下降之路，則氣逆而生咳嗽。辛金被賊，則痞塞於胸脇。戊土受虐，則脹滿於腹脇，以其經氣之結滯也。木氣盛，則擊撞而痛生。火氣盛，則燻蒸而發熱。凡自心脇胸肋而上，若缺盆頸項，若咽喉口齒，若輔頤腮顴，若耳目額角，一切兩旁熱痛之證，皆少陽經氣之逆行也。少陽甲木居於左，而行於右，邪輕則但發於左，邪旺則並見於右。柴胡入少陽之經，清相火之煩蒸，疏木氣之結塞，奏效最捷，無論內外感傷，凡有少陽經病，俱宜用之。緣少陽之性，逆行則壅迫而暴烈，順行則鬆暢而和平，柴胡清泄而疏通之，經氣沖和，則反逆為順而下行也。肝膽表裏相通，乙木下陷而生熱者，凡諸淋濁泄痢之類，皆有殊功，以其輕清蕭散，甚與肝膽之鬱熱相宜，熱退鬱消，自復升降之舊，故既降少陽之逆，亦升厥陰之陷。痔漏之證，因手少陽之陷；瘰癧之證，因足少陽之逆，並宜柴胡。

清・吳儀洛《本草從新》卷一　柴胡〔宣，發表和裏，退熱升陽，解鬱調經。〕苦，微寒。味薄氣升為陽，主陽氣下陷，能引清氣上行，而平少陽、厥陰之邪熱，肝、膽、心包、三焦相火。時珍曰：行少陽黃芩為佐，行厥陰黃連為佐。宣暢氣血，散結調經，人第知柴胡能發表，而不知柴胡最能和裏。為足少陽膽經表藥。膽為清靜之腑，無出無入，其經在半表半裏，法當和解，小柴胡湯之類是也。若病在太陽，服之太早則引賊入門。若病入陰經，復服柴胡則重虛其表，最宜詳慎。治傷寒邪熱，痰熱結實，心下煩熱，諸瘧寒熱，東垣曰：諸瘧以柴胡為君，佐以引經之藥。《醫門法律》〔《醫門法律》喻嘉言著。〕云：瘧發必有寒有熱，蓋外邪伏於半表半裏，適在少陽所主之界，入與陰爭，陽勝則熱，出於陽爭，陰勝則寒。即純熱無寒為癉瘧、溫瘧，寒多熱少為牝瘧。要皆自少陽而造其極偏，補偏救弊，亦必還返少陽之界，使陰陽協和而後愈也。謂少陽而兼他經則有之，謂他經而不涉少陽則不成其為瘧矣。脈縱屢遷，而弦之一字，實貫徹之也。頭眩嘔吐，邪在半表半裏則多嘔吐。目赤胸痞脇痛，凡脇病多是肝木有餘，宜小柴胡湯加青皮、川芎、白芍。口苦耳聾，皆肝膽之邪。熱入血室，衝為血海，即血室也，男女皆有之。柴胡在臟主血，在經主氣。胎前產後諸熱，小兒痘證。能散十二經瘡疽血凝氣聚，功同連翹。連翹治血熱，柴胡治氣熱。為少異。陰虛火炎氣升者禁用。北產如前胡而軟者良，南產強硬不堪用。外感生用，內傷升氣酒炒用。凡治中及下降用梢，有汗咳者蜜水拌炒。前胡、半夏為使。惡皂角。按：柴胡所用甚多，今藥客入山收買，將白頭翁、丹參、小前胡、遠志苗等俱雜在內，謂之統柴胡，藥肆中俱切為飲片，其實真柴胡無幾，須揀去別種，用淨柴胡為要。附：銀州柴胡〔宣，治勞熱。〕治虛勞肌熱，骨蒸勞瘧，熱從髓出，小兒五疳羸熱。根長尺餘，微白。

清・汪紱《醫林纂要探源》卷二　柴胡　苦，寒。有略起莖而葉如韭者，有起莖而葉如竹者，根皆分歧如指爪，色紫黑。北產柔輭為良，南方者燥硬。升腎水於肝膽之部，以堅水而瀉火，調劑陰陽。肝膽，木也，相火所交，而君火之母也。木雖生於水，而相火之氣驟，外偶遏於陰，則熱自內作而水虧，始則內熱外淫交爭，久則火鬱不行，真陰反內耗矣。柴胡色紫入肝，有以靖陰血之儲。味苦入膽，有以濟相火之過，而氣輕虛浮遊疏散，引腎水以潤肝木之枯，泄逆氣以舒膽火之鬱，是能調濟陰陽，猶爽氣微行，輕雨灑塵，而溽暑暴風，皆煥然消釋也。故寒熱往來，虛勞肌熱，骨蒸勞熱，嘔逆心煩，皆能治之。又少陽經脈之行，每出入於陽明脈之間，故邪入少陽經，則寒熱往來，惟此能和陰陽，故為少陽、厥陰主藥。

然要之，非表藥也。又能散結調經，及胸脇痞痛，婦人熱入血室，凡血熱血結諸證，皆和肝之用也。　銀柴胡：　苦，寒。出銀州，今河套間地也。根長尺餘，色微白。　堅腎水，平相火，治骨蒸勞熱，殺疳已瘧。

清·嚴潔等《得配本草》卷二　柴胡　半夏為之使。畏女菀、藜蘆。惡皂莢。　苦、微辛，微寒。入足少陽、厥陰經。在經主氣，在臟主血。宣暢氣血，散鬱調經，升陽氣，平相火。治傷寒瘧疾，寒熱往來，頭角疼痛，心下煩熱，嘔吐脇疼，口苦耳聾，婦人熱入血室，小兒痘症疳熱，散十二經瘡疽熱痛。得益氣藥，升陽氣。得清氣藥，散邪熱。得甘草，治餘熱伏暑。得朱砂、豬膽汁，治小兒遍身如火。配人參，治虛勞邪熱。配決明子，治眼目昏暗。佐地骨皮，治邪熱骨蒸。和白虎湯，療邪熱煩渴。行厥陰，川連為佐。行少陽，黃芩為佐。　產銀州銀縣者良。　外感，生用，多用。升氣，酒炒，少用。下降用梢，上升用根。有汗咳者，蜜炒。癆疳，用銀柴胡。犯火便無效。　陰虛太陽病，用此引盜入門。病入陰經，用此重傷其表。病在肝腎，用此經絡不合。陰虛火動痰喘，宜清不宜升。虛寒嘔吐，愈升則愈吐。五者皆禁用。　怪症：　腸胃極癢難忍，扒搔不得，或伸噫，小便之餘，略覺可忍，此火氣鬱結也。用柴胡為君，合芍藥、山梔、花粉，重劑投之自愈。《本經》柴胡并未言及治勞，而勞熱症誤用之，害人不淺。然有一種虛勞，復受邪熱，因邪熱而愈成勞損者，柴胡在所必需。今人知勞熱禁用之論，概不敢使，此又不知權變者也。

題清·徐大椿《藥性切用》卷三　柴胡　味苦微寒，生用升陽解表，能引清氣上行，而平少陽厥陰之邪熱，止諸瘧寒熱。入肝、膽、心包、三焦。酒炒則引入血分，治熱入血室。鹽水炒，除煩熱。鱉血炒，退骨蒸。醋炒則耑入肝經，而調經散結，為解表和裏之耑藥。性雖上升，多用不能下泄。其稍耑於達下。其苗擣汁，滴治耳聾。若陰虛無邪氣升火炎者，均為切禁。

清·黃宮繡《本草求真》卷三　柴胡入足少陽膽，升陽解熱，和表。　柴胡耑入膽。味苦微辛，氣平微寒。據書載治傷寒熱傳足少陽膽，緣膽為清淨之府，無出無入，邪入是經，正在表裏之界。汗吐與下當禁，惟宜和解。故仲景之治傷寒邪入少陽，而見寒熱往來，脇痛耳聾，少陽衛於身側，其脉循脇通耳，邪由陽明而傳少陽，故必口苦咽乾，脇痛耳聾，寒熱往來，脉則尺寸俱弦。婦人熱入血室，用之以泄其邪。衝為血海，血海即血室也。凡衝男女皆有，惟婦人所主在血，故病多犯於此，柴胡在表可解經邪，在裏可解血熱。胎前產後，小兒痘疹，五疳羸熱諸瘧。先寒後熱謂寒瘧，先熱後寒謂溫瘧，但熱不寒謂癉瘧，亦謂溫瘧，寒多熱少謂牡瘧。並癰疽瘡瘍，咸宜用之。喻嘉言曰：　其寒熱所主之往來，適在少陽所主之地，偏陰則多寒，偏陽則多熱，即其純熱無寒而為癉瘧、溫瘧，純寒無熱而為牡瘧，要皆自少陽而造其極，補偏救弊，亦必返還少陽之界，陰陽兩協於和而後愈也。施汗吐下之法以治實熱，施和溫之法以治虛寒，無非欲致其和平耳。瘧邪如傀儡，少陽則提傀儡之線索，操縱進退，一惟少陽主張，寧不恢恢乎有餘刃耶？　汪昂曰：　瘧之不離乎少陽，猶咳之不離肺也！　若病在太陽，用之太早，猶引賊入門。病在陰經，用之則重傷其表，必得邪至少陽而藥始可用矣。李士材曰：　瘧非少陽經，慎用。至云能治五癆，必其諸臟諸腑，其癆挾有實熱者，暫可用此解散。實熱是外邪內鬱而實。真虛而挾實熱，亦當酌其所宜。雖引清陽之氣左旋上行，然升中有散，若無歸、耆同投，其散滋甚，虛熱不可寒，血衰火毒者不可燥，豈容誤哉？　識此三弊，則用柴胡不致有誤。宗奭曰：　《經驗方》中治勞熱青蒿煎，用柴胡止合宜爾，服之無不效。熱去即須急止，若或無熱，得此愈甚，雖至死人亦不怨，目擊甚多。日華子又謂補五癆七傷。《藥性論》亦謂治癆乏羸瘦，若此等病苟無實熱，醫者執而用之，不死何待。時珍曰：　寇氏不分臟腑經絡有熱無熱，乃謂柴胡不治勞乏，一概擯斥，殊非通論。兼之性滑善通，凡溏泄大便者，當善用之。熱結不通者，當佐當歸、黃芩以投，差無誤耳。是以陰虛火炎，骨蒸勞熱，腎虛泄瀉，書載不應服。解散宜北柴胡，虛熱宜海陽軟柴胡為良。酒炒用，半夏為使，惡皂莢，畏女菀、藜蘆。時珍曰：　行手足少陽，以黃芩為佐；行手足厥陰，以黃連為佐。

清·沈金鰲《要藥分劑》卷一　柴胡　【略】鰲按：　今人治虐，必用柴胡，若非柴胡，即不足以為治者，故致輾轉淹滯，變生不測，竟能殞命。則知瘧本非死症，惟概以柴胡治瘧者，殺之也。夫柴胡為少陽表藥，若其瘧果發於少陽，而以柴胡治之，無不立愈。若係他經，用之則必令他經之邪輾轉而入少陽，遷延日久，正氣已虛，邪氣仍盛，而且彌漫諸經，又或調養失宜，以致斃命，所必然矣。乃既至於死，而醫家猶曰：　柴胡為治瘧要藥。吾開手即用之，不知其何以死。病家亦曰：　以柴胡治瘧，而竟不效，此其命之當死也。彼此昏迷，不得一悟，良可浩嘆！　古人云：　凡瘧悮服柴胡，令人淹纏不已，是在古人未嘗不提醒此旨，而醫者總不能讀書，或讀而未明其理，故至此也。今人又以柴胡為治癆要藥，不知柴胡專于升散，並不能治癆熱。其始皆由日華子補五癆七傷，《藥性》能治勞乏羸瘦之語悮之。以致後人妄用殺人。《衍義》云：　有一種真臟虛損，復受邪熱，邪因虛而致勞，當須斟酌用

之。此亦推究其極，而言惟其因虛，復受邪熱，以致成勞，故猶可斟酌而用。若但真元虛損，其不可再用表散之明矣。余非好異，實以人命攸關，故為辨論于此也。

清・楊璿《傷寒溫疫條辨》卷六散劑類　柴胡　南出者佳。　味辛，氣溫，升也，陽中之陰也。辛者，金之味，故平肝；溫者，春之氣，故就之以入膽。專主往來寒熱，肌表潮熱，肝膽火炎，胸脇疼結。又主升散火鬱，傷寒邪熱，溫瘧寒熱，少陽頭疼，肝風鬱結。尤善理熱入血室，月經不調。雖引清氣上升，中氣虛寒宜避。仲景有小柴胡湯、大柴胡湯、柴胡芒硝湯，酌定前證皆驗。

清・羅國綱《羅氏會約醫鏡》卷一六草部　柴胡　味苦，微辛，微寒，入肝膽三焦心包四經。前胡、半夏為使，惡皂莢，反藜蘆。生用走表，酒炒能佐補劑。　能引肝經清氣上升。治傷寒病傳肝經，寒熱往來，若病猶在太陽，即用柴胡則引賊入門；如病已入陰經，復服柴胡，是重虛其表。胸痞脇痛，屬肝木有餘。宜小柴胡湯加川芎、青皮、白芍。口苦耳聾，肝膽之邪。嘔吐心煩，邪在半表半裏。諸瘧寒熱，邪伏半表半裏，適在少陽所主之界。頭眩目赤。肝膽之火。　按：柴胡味薄氣升，善泄善散，凡陰虛勞熱及初感風寒，皆禁用。外有銀州生者，根長尺餘，色微白而軟，另是一種，可佐補藥。能退勞熱疳熱。北產者如前胡而軟，可用。南產者強硬，不可用。

清・唐大烈《吳醫彙講》卷三〔唐迎川〕論柴胡　按柴胡為少陽藥者，因傷寒少陽證之用柴胡湯也。夫邪入少陽，將有表邪漸解，裏邪漸著之勢，方以柴、芩對峙，解表清裏，的為少陽和解之法。而柴胡實未印定少陽藥也，蓋以柴胡之性苦平微寒，味薄氣升，與少陽半表之邪適合其用耳。乃有病在太陽，服之太早，則引賊入門；若病入陰經，復服柴胡，則重虛其表之說，此恐後人誤以半表半裏之品，為認病未清者模糊混用，故設此二端以曉之也。不觀之景岳新方中諸柴胡飲、柴芩煎、柴胡白虎煎諸方，信手拈用，頭頭是道，是誠知柴胡之用，而先得我心之所同然矣。再古方中有逍遙散之疏解鬱熱，歸柴飲之和營散邪，補中益氣湯之升發清陽，提邪下陷，疏肝益腎湯之疏肝清熱，養陰透邪，其妙難於僕數，何至重虛其表乎？余於風邪初感之輕症，及邪氣淹留，表熱不解之久病用之，並臻神效，奈何將此有用之良品，拘泥成說而畏之，即用亦準之以分數，竟至相沿成習，不得不為置辯。

清・吳瑭《醫醫病書》　柴胡醫勞病論　柴胡非醫癆損藥也。宋元以來，多有以柴胡退癆損之午後身熱，《本經》稱其主心腹脹，胃中結氣，飲食積聚，寒熱邪氣，並無治虛癆之明文。汪訒菴《本草備要》中，則稱其治虛癆肌熱，並引李時珍之言，曰勞有五，若勞在肝、膽、心、心包有熱，則柴胡乃手足厥陰、少陽必用之藥，勞在脾胃有熱，或陽氣下陷，則柴胡為升清退熱必用之藥，惟勞在肺腎者不可用耳。寇氏一概擯斥，殊非通論。按李時珍一生學問，博而不精，汪氏為其所惑，反怪寇氏之不通。嗚呼，冤哉！蓋汪氏只於紙篇上用工夫，並未將自己之心識，對着病人之病機上用工夫。〔井蛙之見。簡陋之書，讀之愈多，貽害愈甚。〕按柴胡之妙，其芳香之氣，從土中上透雲霄，凡外感陷症，非此不可。濕、燥、寒三者陰邪，用處最多。風、火、暑三者陽邪，即斷不可用。惟伏暑係陷伏之症，借以升提，俾邪從中土之下，上升外出。若勞損，斷不可用者也。按《經》謂陽虛生外寒，陰虛生內熱，其熱也由於陰虛，尚(未)〔可〕再用升提，使下竭上厥哉？或曰：古人以柴胡治勞熱，倘不見效，必不敢筆之於書，子何以不敢從其說哉？曰：是有若大分別，從古糊塗，至今而莫之辨也。《中庸》曰明辨之，而後可以篤行之。蓋陰虛者午後身熱，至子丑而自退，人所共知。陰邪與陷下之邪，亦午後身熱，至子丑而解。余《溫病條辨》中謂陰邪自旺於陰分，則人皆不知也。其(微)〔幾〕微之辨，在退燒之際，勞病多無汗而(熱)自退，陰邪、陷症退熱時，必微微汗出也。前人所治之勞熱，非勞也，陰邪與陷症也。以其外形午後發熱相似，混而同之，真以為柴胡退勞損熱矣。〔誤人不淺。若真陰虛之暮熱而用柴胡，不死不止。〕

清・陳修園《神農本草經讀》卷一上品　柴胡　氣味苦，平，無毒。主心腹腸胃中結氣，飲食積聚，寒熱邪氣，推陳致新。久服輕身，明目，益精。

按：經文不言發汗，仲聖用至八兩之多，可知性純，不妨多服，功緩必須重用也。

葉天士曰：柴胡氣平，稟天中正之氣。味苦無毒，得地炎上之火味。膽者，中正之官，相火之府，所以獨入足少陽膽經，氣味輕升，陰中之陽，乃少陽也。其主心腹腸胃中結氣者，心腹腸胃，五臟六腑也。臟腑共十二經，凡十一臟，皆取決於膽。柴胡輕清，升達膽氣，膽氣條達，則十一臟從之宣化，故心腹腸胃中凡有結氣皆能散之也。其主飲食積聚者，蓋飲食入胃散精於肝，肝之疏散又借少陽膽為生發之主也。柴胡升達膽氣，則肝能散精，而飲

食積聚自下矣。少陽經行半表半裏，少陽受邪，邪並於陰則寒，邪並於陽則熱。柴胡和解少陽，故主寒熱之邪氣也。春氣一至，萬物俱新。柴胡得天地春升之性，入少陽以生氣血，故主推陳致新也。久服清氣上行，則陽氣日強，所以輕身。五臟六腑之精華上奉，所以明目。清氣上行，則陰氣下降，所以益精。精者，陰氣之英華也。

清・王學權《重慶堂隨筆》卷下 柴胡 為正傷寒要藥，不可以概治溫熱諸感；為少陽瘧主藥，不可以概治他經諸瘧；為婦科妙藥，不可概治陰虛陽越之體，用者審之。

〔王孟英〕刊：趙菊齋先生云：乾隆間先慈隨侍外祖於番禺署時，患證甚劇，得遇夷醫治愈。因囑曰：此肝陰不足之體，一生不可服柴胡也。後先慈年逾五旬，兩目失明，肝陰不足信然。繼患外感，醫投柴胡數分，下嚥後即兩脇脹痛，巔頂之熱，如一輪烈日當空，亟以潤藥頻溉，得大解而始安。善乎《本經疏證》之言曰：柴胡為用，必陰氣不紓，致陽氣不達者，乃為恰對。若陰已虛者，陽方無依而欲越，更用升陽，是速其斃矣。故凡元氣下脫，虛火上炎，及陰虛發熱，不因血凝氣阻為寒熱者，近此正如砒鴆也。

清・黃凱鈞《藥籠小品》 柴胡 苦，微寒，能升清陽，為足少陽膽經表藥，同黃芩治往來寒熱，心煩欲嘔，口苦耳聾，熱入血室等症。陰虛火炎禁用。銀州柴胡治久瘧成虛，或肌熱骨蒸，同地骨皮、青蒿、鱉甲，再加育陰之品治之。

清・王龍《本草纂要稿・草部》 柴胡 氣味苦平而寒。却溫瘧，解肌發表。主潮濕，寒熱往來。療疸痺胸脇刺痛，治熱勞骨節煩疼。頭痛偏正並治，熱入血室能醫。甦濕痺拘攣，治陽氣下陷。配黃連瀉肝火，驅痰結煩熱。共連翹散瘡瘍，開氣聚血凝。引胃氣，司春令以首達。引清氣，順陽道而上行。在經主氣，在臟主血，亦婦人胎前產後，血熱必用之藥也。

清・張德裕《本草正義》卷上 柴胡 苦辛，涼。陽中陰。用其涼散，亦平肝熱，入肝、膽、心包。善解往來寒熱，傷寒瘧疾邪熱為患。少陽頭痛，肝經鬱逆，邪入血室。性滑動便，泄瀉勿宜。

清・楊時泰《本草述鉤元》卷七 柴胡 關陝、江湖間近道皆有，而銀州者為勝。今延安神木縣五原城所產，長尺餘，微白且軟，最不易得。北地產者亦如前胡而軟，入藥亦良。南土所產者正如蒿根，強硬不堪使。二八月采根，曝用。十一月根生白蒻，香美可食，二月生苗甚香，其苗有如韭葉者、竹葉者。竹葉為勝，其如邪蒿者下也。銀州所產白色者，治勞蒸用之，取其入肺而質稍實不輕散也瀕湖。莖長皮赤軟細者名軟柴胡，能主血和肝。黑色肥短硬苗者，主發表退熱嵩。

根味苦有甘，氣微寒。氣味俱輕，陰中之陽，升也。手足少陽、厥陰四經引經藥。半夏為之使。行手足少陽，佐以黃芩；行手足厥陰，佐以黃連瀕湖。升清陽，達胃氣，推陳致新，宣暢氣血，治陽氣下陷，去心腹腸胃結氣，胸中邪氣，除心下痞，胸膈痛，兩脇刺痛，膽癉痛，止偏頭痛，目昏赤痛，頭昏眩暈，耳聾耳鳴，除濕痹拘攣，散肝膽三焦包絡相火，清肌熱，寒熱往來，早晨潮熱，並治瘧及肥氣，寒熱熱勞，骨節煩痛，升散瘕、疝、積聚，又主女子胎前產後諸熱，熱入血室，經水不調，小兒痘疹餘熱，五疳羸熱諸本草。稟少陽之氣，動於子而發於寅，故得從堅凝閉密之地，正中直達，萬化為之一新。復。觀於子月即生白蒻，其他草木動機未有如是之早呈其倪者。生值一陽元始，當入少陽宣甲膽氣，用自下而上，以奉春升之發陳，顧雖曰一陽，實含全體，不獨自下而上，且可自內而外焉。如不能自下而上，致不得從內而外者宜之。如已能自下而上，不能從內而外者，非所宜也。足少陽，主東方分之氣也，在經主氣，在臟主血。臟居經脈之內，以達陰氣，經居臟腑之外，以達陽氣，故曰在經主氣，在臟主血，謂柴胡能和解半表半裏者此也。柴胡氣微寒而味薄，故能行經，是主氣也。佐以三稜、廣茂、巴豆之類，又能消堅積，是主血也好古。能引諸藥入營衛陳士良。凡外感內傷，及溫瘧往來寒熱，胸中邪氣，胸脇滿疼，諸痰熱結氣，五臟遊氣，皆在經而未入於臟也。宜此行經和中解肌，佐以人參適宜。凡婦人經脈不調，用小柴胡合四物，加秦艽、丹皮輩調之。若有血積，更加三稜、莪术之類。又經行適外感熱入血室，夜潮譫語及胎前產後感冒時行寒熱，不可汗吐下者，用小柴胡合四物，四君和之。又大腸停水，作脹發黃，疝、瘕、積聚，熱勞，骨節煩疼，濕痹拘攣，皆在臟而為血分疾也。宜此宣暢血脈，佐以黃芩，尤妙文清。去心下痰結熱煩，用黃連為佐。勞瘧熱時如火，熱從髓出，如用剛劑，氣血愈虧，必致枯瘦。蓋熱有在皮膚，在臟腑。在骨髓非柴胡不能治，若得銀柴胡，只須一服便效瀕湖。同四物去當歸，加澤蘭、益母草、青蒿，治熱入血室。同升麻、葛根等，能升陽散火。同生地、黃柏、黃連、甘草、甘菊、元參、連翹、羌活、荊芥穗，治暴赤眼。入小柴胡湯，治傷寒往來寒熱，口苦耳聾，胸脇痛無汗。又

治少陽經瘧，亦治似瘧非瘧，大便不實，邪不在陽明者。入大柴胡湯，治傷寒表裏俱急。

附方：解痢傷寒餘熱，邪入經絡，體瘦肌熱，用此推陳致新。及時氣、伏暑倉卒並治，柴胡四兩，甘草一兩，每服三錢，水一盞，煎服。小兒骨熱，偏身如火，日漸黃瘦，盜汗，咳嗽煩渴。柴胡四兩，丹砂三兩，為末，豶豬膽汁拌和，飯上蒸熟，丸綠豆大，每服一丸，桃仁、烏梅湯下，日三服。虛勞發熱，柴胡、人參等分，每服三錢，薑、棗同煎服。濕熱黃疸，柴胡一兩，甘草二錢半，作一劑，以水一盌，白茅根一握，煎至七分，任意時時服盡。

論：柴胡為少陽膽經藥。甲木者少陽春升之氣，膽氣春升，則萬化從之，所以十一臟皆取決於膽也。夫膽屬六腑之陽，而為地氣之所生。《經》曰：腦、髓、骨、脈、膽、女子胞，此六者，地氣之所生也，皆藏於陰而象於地，故藏而不瀉。又曰：膽者中精之腑。謂五腑皆行其濁化，而此獨藏其精液也。人身春升之氣，奮決而出，以首暢萬化，正《經》所謂陽予之正、陰為之主者。故五腑根五臟之陰以達陽，而膽即本腑之陰以達陽；五腑達其陽化而用在瀉，膽腑亦達其陽化而用在不瀉。此乃半表半裏之義，而柴胡為和解半表半裏之劑也。其又為肝之引經藥者，夫肝下合於任，上會於督，與命門相火通。本臟固有陰陽也，然膽為甲陽，肝為乙陰，陽為陰先，陰隨陽轉，所謂始於泉，下引陰氣，鼓舞而升舉之，在天地人之上者甲也。故柴胡能和少陽膽氣，即為肝之引經藥也。其更屬手少陽厥陰引經者，以三焦為元氣之父，包絡為陰血之母，氣血父母，即不外乎水火，水得交於火則氣生，火得交於水則血生，此味引陰氣而上，使水得交於火，升降相因。三陰之氣至於肺，而陽中之陰自降，陽亦隨陰以降矣。引陽氣而下，使火得交於水，夫非手少陽、厥陰之化歟？要知柴胡和解少陽，乃從泉下而暢其生化者，是以功力所著，非徒暢陽，實能舉陰，非徒暢鬱陽以化滯陰，更俾陽倡而陰隨和之。故如鬱氣不達，化原不新，在肝膽則益，由肝膽而之脾胃則益，由脾胃還之肝膽並之他臟則亦益，所謂春氣升而萬物安者也。然則六氣之鬱，升降俱不前，柴胡並能轉其樞歟？曰：升降不前，是當審乎雖為窒之者，而尤必參陰陽之虛實以為治也。蓋下之陰裕，必藉陽之先導以為上際；上之陽裕，亦必資陰之先導以為下蟠。此陰陽相依，以妙於升降，原有不得不然者。如下之陰不能裕陽，上之陽不能裕陰，則升降之化原先虧，可期其升降相因以妙於氣化之推移乎？審是則柴胡為用，在於陽氣之不達，而陽氣不達，本於陰氣之不紓。倘使陰氣已虛，本之則無，何可輒事升陽乎？又如元氣下脫，虛火上炎，以及陰虛發熱此非氣聚血凝以致病乎寒熱者。等類，非可妄投矣。

繆氏云：柴胡性升而發散，病人虛而氣升者，忌之。嘔吐及陰虛火炎者，同禁。第虛勞一證，因虛而凝結其氣血者固多，此不生則不化也。亦有外淫內傷，先凝結其氣血以致虛者，此不化則不生也。酌主使而用之得宜，亦何可少。

辨治：其根似蘆，頭有赤毛，其梢如鼠尾，長一二尺。獨窠長者好。香味甚佳。凡使，上升用根，酒漬。中行下降用梢，宜生。外感生用。內傷升氣，酒炒三遍。有咳汗者，蜜水炒。勿令犯火力，便少效。

清・葉桂《本草再新》卷一 柴胡味苦，性寒，無毒。入心、肝、脾三經。升陽宣氣，散邪熱，化痰火，除寒解熱，治瘧痢嘔吐，頭眩目赤，胸痞脇痛，口苦耳聾，熱入血室，胎前產後諸熱，小兒痘證，能散十二經瘡疽，血凝氣聚。

清・吴其濬《植物名實圖考》卷七 柴胡本作茈胡，通作柴。柴胡，《本經》上品。陶隱居已以芸蒿為柴胡。《圖經》有竹葉、斜蒿葉、麥冬葉數種。今藥肆所蓄，不知何草。江西所出，已非一類，醫者以為傷寒要藥，發散之劑，無不用者，誤人至死，相承不悟，蓋不知非真柴胡也。《本草衍義》以治勞方用之，目擊人死，況非柴胡，可輕投耶？今以山西、滇南所產圖之。又一種亦附圖，蓋北柴胡也。餘皆附後，以備稽考。世有哲人，非銀州所產，慎勿入方。

雩婁農曰：柴胡一名山菜，固可茹者。《圖經》具丹州、兗州、淄州、江甯、壽州五種，有竹葉、麥門冬葉、斜蒿葉之別。《唐本草》以芸蒿為謬。李時珍亦謂斜蒿葉最下，柴胡以銀夏為良。而《圖經》又無銀州，所上者唯山西所產，及《救荒本草》圖與蘇說同。滇南有竹葉、麥門冬葉二種，土人以大小別之，與丹州、壽州者相類。江西所產，則不識為何草。李時珍以《本草衍義》不分藏腑經絡、有熱無熱，一概擯斥為非，余謂得真柴胡，固當審脈用湯，否則以寇說為穩。李時珍既謂銀柴胡不易得，而用北柴胡矣。儻鄉曲中又無北柴胡，可任土醫以不知何草投之，而謂此症必用此藥，乃望其治勞退瘧乎？抑無此藥而遂委而去乎？世以逍遙散為清熱及婦科要劑，余見有愈服愈甚者，方誤耶，抑藥誤耶？趙括與其父奢論兵，奢不能難。其所讀兵

書，固即其父書也。而勝敗相反者，同甘苦之卒與離心之士也。廉頗一為楚將，無功，曰我欲得趙人。廉頗之將一也，而能用趙，不能用楚，知趙人之強弱，而不知楚人之強弱也。不知之而用之，其不僨事者幾希。故曰知人難而任人易，醫者不知藥而用方，固趙括之易言兵也。君以為易，其難也將至矣。

清·趙其光《本草求原》卷一　山草部　柴胡即茈胡。　十一月根生蒻，二月生苗，香氣直達雲霄，鶴翔其上，香入脾胃中土。七月開黃花，八月采根淡赤，氣平，中正之平氣。味苦，屬火。故入膽經中正之官、相火之府，升達木火清氣，以疏瀉中土之滯氣。凡傷風寒不從表解，致太陽之氣逆於中土，不能樞轉外出，用此透陽以宣陰，則陽暢而陰自和。主心腹腸胃中結氣，心為陽中之太陽，腹為陰中之太陰，腸胃居心腹之中，其宣化皆取決於膽，木能疏土也，木氣達則結氣自散。飲食積聚，飲食入胃，藉木火之氣散精歸脾，以上於肺；膽氣達，則腸胃之物乃化。寒熱邪氣，出地之陽，謂之少陽。邪入少陽膽經，不能從陰出陽，則並陰而寒，並於陽而熱。推陳致新，此總上三者言之。結聚除，舊物化，則氣血生新。久服輕身，陽氣通而土氣和，則康健。明目，陰氣出陽，以上奉故也。益精，陰從陽以上出，即從陽化以下降。治陽氣下陷，邪氣逆於中土而不出，則陽氣久鬱而內陷，故補中益氣用之，以佐參、芪。頭眩，頭偏痛，口苦，耳聾，心下痞，胸膈痛，氣沖，嘔吐，心煩，脇痛，皆少陽膽病之見症，宜小柴胡加青皮、川芎、白芷。又左脇痛，宜活血行氣；右脇痛，宜消食行痰。諸瘧寒熱，瘧多伏於半表半裏少陽之界，即純熱為溫瘧、癉瘧，純寒為牡瘧，宜偏清、偏補，亦必返於少陽之界，使陰陽和而後愈。故脈雖屢變而終不離弦，總宜小柴為主，看其所兼何經而佐引藥。又時氣客於腸胃之間，膜原之下，古方達原飲，用常山滌膈膜之痰，檳榔達盲原之氣，草果、厚朴除腸胃之濁，芩、知清腸胃之熱，菖蒲透膜，青皮達下，甘草和中，亦必加柴胡，同常山引邪氣，胃氣從陰出陽以上行。熱人血室，衝為血海，即血室也，男女皆有之。柴胡在經主氣以達陽，在臟主血以達陰，故主半表半裏。同芎、芍、地、歸尾、澤蘭、母草、青蒿。痰熱結實，同巴豆、三稜消堅積；同黃連，去心下痰結煩熱，疏達之功也。傷寒時疾，伏暑餘熱不解，同甘草。胎前、產後諸熱，小柴合四君或四物。小兒痘疹、五疳羸熱、骨熱，煩渴盜汗，合人參以行經，則治虛勞熱在皮膚；佐黃芩以暢血脈，則治熱在臟腑；同丹砂、豬膽、桃仁、烏梅，以治熱在骨髓。濕熱黃疸，同甘草、白茅根煎作茶。目昏暗，同草決研，以乳調敷。積熱下痢，同黃芩。升陽散火，同升、葛。瘡疽血凝氣聚，推陳之功。經脈不調。小柴合四物，加秦艽、丹皮；有血積，加三稜、莪朮。所治皆中土結聚之病，故徐靈胎以為腸胃藥。其治少陽病者，少陽位居太陽、陽明之間，而傷寒傳經，則過陽明而後入少陽；邪至此有表又有裏，表裏不分，陰包乎陽，表散與攻下俱不可施。惟用此輕清疏達之品，透土以出，則少陽之邪仍歸陽明以化，一如初春之時，少陽出於土中，而生氣自裕也。蓋臟主藏，腑主瀉，膽腑獨主藏精而不瀉，為出土之陽，為三陽之樞。從陰出陽，三陽症皆可佐之以樞轉，引陰氣以出陽，使陰包陽邪鬱於土中者，一轉而解，是透陽於陰中，其用在不瀉，故能益精；治痰熱血結氣聚，皆內熱除而外熱自解也。故盧氏謂其自內而外，自上而下；劉潛江謂不得認為表散者，此也。考蘇頌、陳承則謂一根兩用，近蘆頭有鬚者上行；根下截如鼠尾者中行。然則去頭不清，亦未免表散矣。若竟以為表藥，則少陽有禁汗之例，及內傷勞倦、陽陷陰中者，何以並用之？同芍、甘、枳，名四逆散，治胸脇痛、肢冷。

北產如前胡，細軟、皮赤者良；南產者強硬，不堪用。苗黑肥短者，主達外邪。內傷升清，用根，酒炒；有咳汗者，用梢，蜜水炒。佐黃芩，行手足少陽；佐黃連，行手足厥陰。元氣虛而氣逆與陰虛火浮者，俱忌之。前胡、半夏為使。惡皂角。火炒則力緩。

清·葉志詵《神農本草經贊》卷一　茈胡　味苦，平。主心腹，去腸胃中結氣，飲食積聚，寒熱邪氣，推陳致新。久服輕身，明目益精。一名地熏。蘇恭曰：茈古柴字。

求辭沮澤，美著華陽。懷新蒻白，耐老花黃。尾蟠鼠伏，香引鶴翔。陶蒸靈氣，上達中強。

《戰國策》：今求柴胡、桔梗於沮澤，則累世不得一焉。《呂氏春秋》：菜之美者，華陽之芸。陶潛詩：良苗亦懷新。蘇頌曰：七月開黃花，根有赤毛如鼠尾。雷斆論：茈胡生處，多有白鶴、綠鶴來翔，是香直上雲間。柳宗元文：靈氣陶蒸。《周禮》：矢人中強則揚。

清·文晟《新編六書》卷六《藥性摘錄》　柴胡　味苦、微辛，氣平，微寒。入膽經。升陽解熱和表，治傷寒傳少陽膽經，而見寒熱往來，口苦咽乾，脇痛耳聾。○婦人熱入血室，及胎前產後，小兒痘疹，五疳羸熱，及諸少陽瘧疾，皆宜用之。○若病在(大)〔太〕陽，早用之猶引賊闖門，病在陰經，用之則重傷其表，必邪在少陽，始可用耳。○至其治五癆，必諸臟諸腑挾有實熱，暫可用以解散。若虛熱，與血衰火盛者，忌之。○酒炒用。惡皂角，畏藜蘆。○凡陰虛火炎，骨蒸勞熱，腎虛泄瀉，宜用北柴胡。○虛熱宜用海陽軟柴胡。

清·劉東孟傳《本草明覽》卷一　柴胡　【略】按：《本經》並無一字治勞，今人治勞方中鮮有不用，悮世甚多。嘗原勞怯，有真臟虚損，復受邪熱，熱因虚致，故曰勞者，牢也。亦須斟酌微加，熱去即已。設若無熱，此痰愈堪矣。《經驗方》治勞熱青蒿煎丸，少佐柴胡，正合宜爾。日華子竟信為實，註謂補五勞七傷，除煩熱而益氣力。《藥性論》又為治勞之羸瘦。是皆妄自作俑，所悮無窮。若此等病，苟無實熱，執而用之，不死何待。至若仲景治傷寒，寒熱往來如瘧之症，製為大小柴胡及柴胡加龍骨、柴胡加芒硝等湯，此誠切要之藥，無得而擬者也。

清·張仁錫《藥性蒙求·草部》　柴胡銀柴胡五分、一錢　柴胡味苦，瀉肝治瘧。寒熱往來，解肌要藥。味薄氣升，能引清氣上行，而平厥陰、少陽之邪熱，宣暢氣血，散結調經。人但知柴胡能發表，而不知柴胡最能和裏。故生用治外感；如有内傷，升氣則酒炒；有汗欬者，蜜水拌炒。一云：柴胡入經達氣，入絡和血，升不上乎巔頂，散不達乎皮毛，故入膽而合其無出無入之性，得並氣藥則能升陽，得清氣藥則能散邪。○用根治中及下，降用稍。○銀州柴胡，治虚勞肌熱，骨蒸勞瘧，熱從髓出，小兒五疳。

清·屠道和《本草匯纂》卷一散熱　柴胡　耑入膽。味苦、微辛，氣平、微寒。味薄氣升。主陽氣下陷，能引清氣上行，而平少陽、厥陰之邪熱，宣暢氣血，散結調經，為足少陽膽經表藥。治熱勞骨節煩疼，肩背疼痛，諸痰熱結，濕痺拘攣，胸中邪氣，五臟間遊氣，心腹腸胃中結氣。平肝、膽、三焦、包絡相火，除煩止驚，下氣消食。治傷寒邪入少陽，早晨潮熱，寒熱往來，脇痛頭痛，眩運目昏，赤痛障翳，耳鳴耳聾。婦人熱入血室，胎前產後諸熱，小兒痘疹五疳羸熱，諸瘧，並癰疽瘡瘍，咸宜用之。若病在太陽，用之太早，猶引賊入室。病在陰經，用之則重傷其表。必邪在少陽，始可用也。性滑善通，大便溏泄者宜慎。陰虛火炎，骨蒸勞熱，腎虛泄瀉不應服。解散宜北柴胡，虚熱宜海陽軟柴胡。【略】入膽升陽，解熱和表。

清·吴達《醫學求是》二集　柴胡升降説　歲庚辰，上海道劉公延診其公子之恙。余言柴胡性能升降。時有至友以余言能降也，力辨其非。余亦無暇置喙。世俗之畏用柴胡，皆謂其性過升，即有應用之方，亦多顧慮，病者畏之，醫者避之，致藥中至要之品，烟沒其長。余用是不能無説焉。柴胡味苦微寒，入足少陽經，行表裏，和陰陽。其升也，舉肝脾之陷。其降也，平膽胃之逆。夫手足兩少陽，皆相火也。君火居中，而明於上；相火行側，而降於下。手少陽三焦，自手走頭；足少陽膽，自頭走足。兩經相火，一升一降，足經受手經之化，是以下祕腎臟。外感之證，邪犯少陽不解，即入三陰，外邪傳徧三陽，而血肉之陰經已病，迨六經傳徧，邪仍不解，勢必入臟為寒，入腑為熱。故當邪犯少陽三焦，柴胡能入足少陽之經，使兩火和協下行，邪自解散，所謂和解之品也。三焦之火，所以藉膽火下行者，三焦在肌肉之内，臟腑之外，外有血肉之氣收束，内有臟腑之氣薰蒸，其火自盛，盛則散漫無歸，火性炎上，炎上必降，足少陽膽為清虚之腑，中正之官，苦泄下降，是其職分，職降則火不上炎，而藏於水矣。《經》云：肝木火從木化，膽木木從火化。又云：君相同氣，膽木受火之化而為相，猶之君主無為而治，乙木為宰輔，操燮理之職，甲木為疆吏，有統馭之司，均奉令以行於下者也。人患怔忡，每云心跳，實則相不稱職，初起用苓、草、柴、芩、薑、夏、白芍之類和之，其效立見。若用棗仁、遠志、萸肉、歸、地、龍、牡滋降收歛，日久必成脘痛。若再用香燥，耗液損氣，雖能取效一時，久則燥肺傷胃，肺降無權，胃精告竭，錮疾成矣。傷寒小柴胡湯治少陽逆升，柴胡合黄芩泄表，使熱不能勝。大柴胡湯治陽明少陽合病，柴胡合芍藥以清少陽。緣少陽逆行則壅遏，順行則清和，柴胡疏通經氣，反逆為順，乃下降之明徵。陳修園謂小柴胡湯能治虚勞，亦因人身以少陽為樞紐，柴胡司升降之職，得以轉運中宫也。至肝與膽相表裏，表裏同氣，凡肝木下陷，如淋濁、泄痢、痔漏諸證，均宜柴胡能降少陽之逆，亦升厥陰之陷，柴胡之能升能降如此，幸弗僅以其性能升而疑之也。

清·戴葆元《本草綱目易知錄》卷一草部　柴胡　苦，平，微寒。味薄氣升，為陽。主陽氣下陷，能引清氣上行，而平少陽厥陰之邪熱。宣暢氣血，散結調經，消痰止嗽，下氣消食，為足少陽發散表藥，而平肝、膽、三焦、包絡相火。治傷寒邪熱，痰熱結實，濕痹拘攣，骨節煩疼，肩背熱痛，虚勞肌熱，嘔吐心煩，諸瘧寒熱，頭眩目赤，胸痞脇痛，口苦耳聾，婦人熱入血室，經水不調，胎前產後諸熱，小兒痘疹餘熱，五疳羸瘦。散十二經瘡疽，血凝氣聚，功同連翹。陰虛火炎氣升者，禁用。

清·黄光霽《本草衍句》　柴胡　味苦微寒，氣薄而升。舉清氣之下陷，引胃氣以上行。宣暢氣血，散結調經。《本經》云：去腸胃中滯氣，飲食積聚。徐註謂氣味輕清，能於頑土中疎理滯氣，以其為腸胃之藥，故能疎腸胃之滯氣滯物也。退百病之邪熱，傷寒心下煩熱，痰熱結實，往來寒熱，早晨潮熱，胎前產後俱熱，傷寒餘熱，小兒骨

熱，虛勞發熱，下痢積熱，皆用。解表裏於和平。胸痞脇痛，口苦耳鳴。若夫熱入血室，邪客胸膺，胸痛膽癉，痰實結胸。頭眩目赤，氣聚血凝。為瘧疾之要藥，理肥氣之未清。肝積曰肥氣，入經達氣，入絡和血，升不止乎巔頂，散不達乎皮毛，故入膽而合，其無出無入之性，得益氣藥即能升陽，得清氣藥則能散邪。

清・陳其瑞《本草撮要》卷一 柴胡 味苦辛，入足少陽經，功專入經達氣，入絡和血。升不上顛頂，下不散皮毛，故入膽而合其無出無入之性。得益氣藥則升陽，得清氣藥則散邪。陰虛火炎氣升者禁用。外感生用，內傷升氣酒炒用根，治中焦及下降用梢，有汗咳者蜜水炒。前胡、半夏為使。惡皂角。苗主治卒聾，擣汁滴之良。出江南古城山名齊接口者佳。內雜他藥，須揀淨用。銀州柴胡，宣治虛勞飢熱，骨蒸勞瘧，熱從髓出，及小兒五疳羸熱，根長丈餘微白。

清・周學海《讀醫隨筆》卷五 柴胡 苦寒清降之品也，入肝膽，清結熱，降逆氣，疏理腸胃濕熱，止暈眩、嘔吐，除脇脹，堅痿緩，并無宣發升騰之性。但氣清，能燥不能潤，燥則近於升散，故濕熱菀結者宜之，陰虛火亢未合也。其主寒熱往來，是疏理濕熱結氣之功能，清疏營分之結熱，不能開發衛分之表邪。而世以治寒濕瘧，失之。

清・仲昴庭《本草崇原集說》卷一 柴胡 【略】〔批〕修園云：經文不言發汗，仲景用至八兩之多，可知性純不妨多服，功緩必須重用。【略】〔批〕天士行醫半世，懼用柴胡。蓋惑于方書，病在太陽服之引賊入門等語。入門者，入少陽也，故此解專主少陽膽經，然《傷寒論・少陽篇》並無小柴胡湯，且有無太陽證不中與之訓，則柴胡非少陽主藥明矣。惟膽氣以下諸論所見卻超，至論柴胡正犯徐靈胎《本草百種錄》之駁，其義詳于《崇原》《真傳》。

清・鄭奮揚著，曹炳章注《增訂偽藥條辨》卷一 鼈血柴胡 北柴胡用鼈血製者，原欲引入厥陰血分，於陰虛之體，最為得宜。市肆中有一種偽品，不知何物所製，殊可恨也。炳章按：鼈血柴胡，以鼈血拌炒柴胡。慮不道地，可以殺鼈現炒，尚非難事。然柴胡之良竄，亦有多種，亦宜審慎辨明。如蘇、浙通銷者，以江南古城產者為多。柴胡者，在地上葉莖為柴，地下根蘆為胡，如古城產者，葉綠甚軟而短，無硬梗，地下根皮紫黄色，肉淡黄色，形似紫草，尚佳。福建廈門銷行者，乃盧州府無會州白陽山所出，裝簍運出，梗略硬，或曰北柴胡，略次。山東本地不行，兩湖通銷者，為川柴胡，葉綠黄色，根黑黄色，性糯味淡，亦佳。他如湖北襄陽出，梗硬者為次。滁州全椒、鳳陽定遠俱出，泥屑略多，尚可用。江南浦陽，有春產者無蘆槍，秋產者有蘆槍，亦次。關東出者如雞爪，更不道地。

清・周巖《本草思辨錄》卷一 柴胡 人身生發之氣，全賴少陽，少陽屬春，其時草木句萌以至鬯茂，不少停駐。然當陰盡生陽之後，未離乎陰，易為寒氣所鬱，寒氣鬱，則陽不得伸而與陰爭，寒熱始作。柴胡乃從陰出陽之藥，香氣徹霄，輕清疏達，以治傷寒寒熱往來，正為符合。鄒氏所謂鬯鬱陽以化滯陰也。

凡證之涉少陽者，不獨傷寒也。如嘔而發熱，嘔屬少陽也，熱入血室，寒熱有時，屬少陽也；論凡三條惟此用小柴胡湯。大柴胡湯下用柴胡，心下滿痛，屬少陽也。至治勞用柴胡，寇氏執定虛損而受邪熱，有熱者始可。瀕湖駁之，則以勞在少陽與他經有熱者悉宜之。鄒氏又以二家之說，皆似勞非勞，如《金匱》所謂五臟虛熱之熱，其虛勞之宜柴胡與否，仍置不論。竊謂虛勞而用柴胡，仍當以少陽為斷。少陽與厥陰，離合只在幾微，熱則為少陽，寒則為厥陰，有寒有熱，則為少陽兼厥陰。虛勞有損及肝者，其脈必弦，弦脈亦屬少陽。仲聖薯蕷丸有柴胡，何嘗不治虛勞，何嘗有發熱之外證。再核之《保命集》之柴胡四物湯，《局方》之逍遙散，一治虛勞寒熱，一治血虛寒熱，皆病之涉少陽者，薯蕷丸何獨不涉少陽。即四時加減柴胡飲子，退五臟虛熱，虛鄰於寒，虛熱與盛熱自殊，正少陽之分際，盛熱則不可以柴胡治矣。

孫琳以柴胡治勞瘧熱從髓出，雖骨髓為肝腎所隸，而瘧發於膽，膽與肝為表裏，故少陽之氣治，則骨髓之熱已。推之《聖濟總錄》治小兒骨熱，潔古謂產後血熱必用，皆有少陽相關之理。蓋小兒之陽，陽而稚者也。產後之血，傷及肝膽者也。扶其生氣，正惟柴胡為當。特不善審證製劑，而第恃此物，則失之遠矣。

昔人用柴胡之方不勝枚舉，不必皆柴胡知己，而用之而有效者，非無故也。試即東垣補中益氣湯言之，少陽之火，即氣食少火之火。少火者，不寒不熱，脾得之而升，肺得之而降，過寒過熱，皆能犯胃作嘔。胃豈可升，其氣之陷者，實少火之不足也。柴胡升少陽而使適於中，則少陽自遂其生生之性，而脾肺悉受其蔭，此即十一經取決於膽之謂也。東垣以柴胡為升陽明之清氣，而後人遂沿其誤，治《本草》者，盍深究之。

《本經》柴胡去腸胃中結氣，謂大柴胡湯用柴胡即去腸胃中結氣，原非不是。然諸承氣湯何以俱不用柴胡？《本經》所主，亦非專屬腸胃。夫大柴胡湯之為治也，在《金匱》曰心下滿痛，在《傷寒》曰嘔不止，心下急，鬱鬱微煩，曰熱結在裏，復往來寒熱，其用柴胡，豈只為腸胃中有結氣。洄溪疏柴胡，謂《本經》治效皆主腸胃，已不善會《本經》，而又以為腸胃藥非少陽藥，則尤可異之至。洄溪不既云木能疏土乎，柴胡惟能達少陽之木氣，而後少陽得於腸胃疏其頑土，《本經》蓋就愈病之所言之，非謂柴胡不入少陽也，洄溪亦自相徑庭矣。

大柴胡

清·吴其濬《植物名實圖考》卷七 大柴胡 產建昌。初生葉鋪地，如馬蘭葉而大，深齒紫背，獨莖，上青下微紫，梢葉微窄，亦有齒，稍細，頂頭開尖瓣小白花，黄蕊密長，秋深含苞，冬月始開一花，旬餘不萎。賣藥人以為大柴胡。微似《救荒本草》竹葉柴胡而花異。

小柴胡

清·吴其濬《植物名實圖考》卷七 小柴胡 江西山坡亦有之。葉似大柴胡而窄，秋時梢頭開花似細絲，赭色成毬，攢簇枝頭。土醫謂為小柴胡。

菜藍

清·吴其濬《植物名實圖考》卷九 菜藍 生廣信。黑根有鬚，叢生，綠莖，微有疎節；葉似大葉柴胡，粗紋疎齒。一名大葉仙人過橋。土人採治跌打損傷。

銀柴胡

明·鄭寧《藥性要略大全》卷三 銀柴胡 解皮膚熱及骨蒸勞熱，治暴赤痛火眼，喉痹，療大人小兒一切熱症。瀉手少陰、太陰、足厥陰諸經火邪。防風為之使。得胡黄連良。

明·王文潔《太乙仙製本草藥性大全》卷一《本草精義》 銀柴胡 味苦，平，性寒，無毒。功效略與柴胡同。

味苦，平，性寒，無毒。功效略與柴胡同，解皮膚熱及骨蒸熱；治暴赤痛，火眼喉痹；療大人小兒一切熱症；瀉手少陰太陰、足厥陰諸經火邪。防風爲之使，得胡黄連良。

謹按：柴胡惟銀夏者最良，根如鼠尾，長一二尺，香味甚佳。今雖不見於《圖經》，俗亦不識其真，故市人多以同華者代之，然亦勝於他處者。蓋銀夏地多沙，同華亦沙苑所出也。

清·张璐《本經逢原》卷一 銀柴胡 甘，微寒，無毒。銀州者良。今延安府五原城所產者，長尺餘，肥白而軟。北地產者如前胡而軟，今人謂之北柴胡。勿令犯火，犯火則不效。 發明：銀柴胡行足陽明、少陰，其性味與石斛不甚相遠，不獨清熱，兼能涼血，《和劑局方》治上下諸血，龍腦雞蘇丸中用之。凡入虚勞方中，惟銀州者為宜。若用北柴胡升動虚陽，發熱喘嗽，愈無寧宇，可不辯而混用乎？按：柴胡條下，《本經》推陳致新，明目益精，皆指銀夏者而言，非北柴胡所能也。

題清·徐大椿《藥性切用》卷三 銀州柴胡 較軟柴胡性味稍平。入肝腎而耑治虚勞煩熱，骨蒸髓熱。幹長微白者良。

清·黄宫繡《本草求真》卷七 銀柴胡入腎涼血。 銀柴胡耑入腎，兼入胃。味甘微寒無毒，功用等於石斛，皆能入胃而除虚熱。但石斛則兼入腎，濇氣固筋骨，此則入腎涼血之為異耳。故《和劑局方》用此治上下諸血，及於虚癆方中參入同治。如肝癆之必用此為主，且不類於北胡，蓋北胡能升少陽清氣上行，升清發表，必有外邪者方用。此則氣味下達，入腎涼血。與彼迥不相符，若用北胡以治虚癆，則咳嗽發熱愈無寧日。陰火愈升愈起。可不辨而混用乎？出銀州者良，故以銀胡號之。

清·趙學敏《本草綱目拾遺》卷三 銀柴胡 《經疏》云：俗用柴胡有二種：一種色白黄而大者，名銀柴胡，專用治勞熱骨蒸。色微黑而細者，用以解表發散。《本經》並無二種之説，功用亦無分別，但云銀州者為最，則知其優於發散，而非治虚熱之藥明矣。《本草匯》：柴胡產銀夏者，色微白而軟，為銀柴胡。用以治勞弱骨蒸，以黄牯牛溺浸一宿，曬乾，治勞熱試驗。《本經逢原》云：銀柴胡銀州者良。今延安府五原城所產者長尺餘，肥白而軟，北地產者如前胡而軟，今人謂之北柴胡。勿令犯火，犯火則不效。《百草鏡》云：出陝西甯夏鎮，二月採葉，名芸蒿。長尺餘，微白，力弱於柴胡。《藥辨》云：銀柴胡出甯夏鎮，形如黄芪，内有甘草串，不可混用。翁有良云：銀柴胡產銀州者佳，有二種。但辨形如鼠尾，與前胡相等。查前胡與柴胡相類，皆以西北出產者為勝，形既相同，當以湖廣古城柴胡為準。今銀柴胡粗細不等，大如拇指，長數尺，形不類鼠尾，又不似前胡，較本草不對，治病難分兩用，究非的確，用者詳之。金御乘云：銀州柴胡軟而白，

北產亦有白色者，今人以充白頭翁，此種亦可謂銀柴胡。蓋銀指色言，不指地言，猶金銀花白色者曰銀花是也。銀柴胡原有西產北產之分，不必定以銀夏者為銀柴胡也。然入藥以西產者勝。按：《綱目》註銀柴胡以銀夏出者為勝，不知今人所用柴胡，有北柴胡、南柴胡之分。北產如前胡而軟，南產強硬不堪用。又銀柴胡雖發表，不似柴胡之峻烈，《綱目》俱混而未析。甘，微寒，無毒，行足陽明少陰，其性與石斛不甚相遠，不但清熱，兼能涼血。《和劑局方》治上下諸血，龍腦雞蘇丸中用之，凡入虛勞方中，惟銀州者為宜。北柴胡升動虛陽，發熱喘嗽，愈無寧宇，可不辨而混用乎。按柴胡條下，《本經》推陳致新，明目益精，皆指銀夏者而言，非北柴胡所能也。周一士云：凡熱在骨髓者，非銀柴胡莫療。治虛勞肌熱，骨蒸勞瘧，熱從髓出，小兒五疳羸熱。

清・趙其光《本草求原》卷一山草部　銀柴胡　產銀州，今之延安府。色白，質稍實，軟不輕浮，氣寒味甘，無毒。清肺、胃、脾、腎熱，兼能涼血。治五臟虛損，肌膚勞熱，勞者，牢也。宜與青蒿同用。骨節煩痛，濕痺拘攣。皆熱在臟中血分也。宜此涼血以清熱，故龍腦雞蘇丸用之熬膏，以治上下諸血。

按：《談藪》云：人有病勞瘧，熱時如火，年餘骨立，服小柴三劑而安。孫琳曰：熱有在皮毛、臟腑、骨髓之分，都非柴胡不解。銀胡則一服見效，北胡力減，故須三服。可知《本經》柴胡條下言明目、益精，與諸家治痘疹、疳熱、骨熱、勞熱方俱見上條。皆用銀胡。若陰虛裏熱，非關外邪，而誤用北胡以升陽，則發熱咳嗽，愈無已矣。《本經》但言銀州者勝，而未分言，故別之。

清・文晟《新編六書》卷六《藥性摘錄》　銀柴胡　甘，微寒。入胃除虛熱，入腎涼血。○治上下諸血，虛癆方內參用。○肝癆骨蒸必用。○氣味下達，與柴胡之上升迥異。○產銀州。

清・鄭奮揚著，曹炳章注《增訂偽藥條辨》卷一　銀柴胡　味淡，蘆頭又大，不知何物偽充。按銀柴胡以銀州及寧夏出者為勝。氣味甘微寒，無毒。蒿長尺餘，色微白，力弱於北柴胡。即銀州之軟柴胡，專治骨蒸勞熱，不但清熱，兼能涼血，《和劑局方》治上下諸血，龍腦雞蘇丸中用之。凡入虛勞方中，最為相宜。用者須購真銀柴胡為要。炳章按：銀柴胡，陝西寧夏府、甘肅州及山西大同府皆產。選肥大堅實，色白軟糯無沙心者為佳，偽者尚無。又按《經疏》云：柴胡有二種，一種色白而大者，名銀柴胡。《逢原》云：銀柴胡，銀州者良。今延安五原城所產者，長尺餘，肥白而軟。《百草鏡》云：出陝西寧夏鎮。二月採葉，名芸蒿。長尺餘，根微白，即銀柴胡。《藥辨》云：銀柴胡出寧夏，形似黃耆。參合諸說，與近今市肆所備，亦相符合。據余實驗，凡治虛勞肌熱，骨蒸勞熱，熱從髓出及小兒五疳羸熱，用之頗效。若用北柴胡，則升動虛陽，發熱喘咳，愈無寧乎？周一士云：熱在骨髓者，非銀柴胡莫瘳。前人有不識藥品之形態，往往妄評銀柴胡為贋物，豈可不辨，以淆惑後人，而使無從遵循乎？

滇銀柴胡

清・吳其濬《植物名實圖考》卷一〇　滇銀柴胡　綠莖疎葉，葉如初生小竹葉，開碎黃花，根大如指，赭黑色，有微馨。蓋即本草所謂竹葉者。前人謂銀柴胡以銀州得名，滇以韭葉者為猴柴胡，竹葉者為銀柴胡。相承如此，亦未可遽斥其妄。

麻黃

宋・李昉《太平御覽》卷第九九三　麻黃　《廣雅》曰：龍沙，麻黃也。麻黃莖，狗骨也。《本草經》曰：一名龍沙。味苦，溫。生川谷。治風中傷寒，出汗去熱邪氣，破堅積聚。生晉地。《范子計然》曰：麻黃出漢中、三輔。《吳氏本草經》曰：麻黃，一名卑相，一名卑鹽。神農、雷公：苦，無毒。扁鵲：酸，無毒。李氏：平。或生河東。四月生，立秋採。慕容晃與顧和書曰：今致麻黃五斤。

宋・唐慎微《證類本草》卷八草部中品〔《本經》・別錄・藥對〕　麻黃　**味苦，溫**，微溫，無毒。**主中風傷寒頭痛，溫瘧，發表出汗，去邪熱氣，止欬逆上氣，除寒熱，破癥堅積聚**，五藏邪氣，緩急風，脇痛，字乳餘疾，止好唾，通腠理，疎傷寒頭疼，解肌，洩邪惡氣，消赤黑斑毒。不可多服，令人虛。一名卑相，**一名龍沙**，一名卑鹽。生晉地及河東。立秋採莖，陰乾令青。厚朴為之使，惡辛夷、石韋。

〔梁・陶弘景《本草經集注》〕云：今出青州、彭城、滎陽、中牟者為勝，色青而多沫。蜀中亦有，不好。用之折除節，節止汗故也。先煮一兩沸，去上沫，沫令人煩。其根亦止汗，夏月雜粉用之。俗用療傷寒，解肌第一。

〔唐・蘇敬《唐本草》〕注云：鄭州鹿臺及關中沙苑河傍沙洲上太多。其青、徐者，

今不復用。同州沙苑最多也。

〔宋·馬志《開寶本草》〕注：今用中牟者爲勝，開封府歲貢焉。

〔宋·掌禹錫《嘉祐本草》〕按：《藥性論》云：麻黄，君，味甘，平。能治身上毒風㾓痹，皮肉不仁，主壯熱，解肌發汗，溫瘧，治溫疫。根、節能止汗。方曰：并故竹扇杵末撲之。又牡蠣粉、粟粉并根等分末，生絹袋盛，盜汗出即撲，手摩之。段成式《酉陽雜俎》云：麻黄，莖端開花，花小而黄，簇生。子如覆盆子，可食。日華子云：通九竅，調血脉，開毛孔皮膚，逐風，破癥癖積聚，逐五藏邪氣，退熱，禦山嵐瘴氣。

〔宋·蘇頌《本草圖經》〕曰：麻黄，生晉地及河東，今近京多有之，以滎陽、中牟者爲勝。苗春生，至夏五月則長及一尺已來。梢上有黄花，結實如百合瓣而小，又似皂莢子，味甜，微有麻黄氣，外紅皮，裏人子黑，根紫赤色。俗說有雌雄二種：雌者於三月、四月内開花，六月内結子；雄者無花，不結子。至立秋後，收採其莖，陰乾令青。張仲景治傷寒，有麻黄湯及大小青龍湯，皆用麻黄；治肺痿上氣，有射干麻黄湯、厚朴麻黄湯，皆大方也。古方湯用麻黄，皆先煮去沫，然後内諸藥。今用丸散者，皆不然也。《必效方》：治天行一二日者，麻黄一大兩，去節，以水四升煮，去沫，取二升，去滓，著米一匙及豉爲稀粥，取强一升，先作熟湯浴淋頭百餘椀，然後服粥，厚覆取汗，於夜最佳。《千金方》：療傷寒雪煎。以麻黄十斤，去節，杏人四升，去兩人、尖、皮，熬大黄一斤十三兩，金色者，先以雪水五碩四斗，漬麻黄於東向竈釜中，三宿後内大黄攪令調，以桑薪煮之，得二碩汁，去滓，復内釜中，又擣杏人内汁中，復煮之，可餘六七斗，絞去滓，置銅器中；更以雪水三斗合煎，令得二斗四升，藥成，丸如彈子。有病者，以沸白湯五合，研一丸入湯中，適寒溫服之，立汗出；若不愈者，復服一丸，封藥勿令泄也。

〔宋·唐慎微《證類本草》〕《雷公》云：凡使，去節并沫，若不盡，服之令人悶。用夾刀剪去節并頭，槐砧上用銅刀細剉，煎三四十沸，竹片掠去上沫盡，漉出，曬乾用之。《傷寒類要》：張仲景《傷寒論》云：黄疸病，以麻黄醇酒湯主之。麻黄一〔大〕把，去節，綿裹，以美酒五升，煮取半升，去滓，頓服。又治傷寒表熱發疸，宜汗之則愈，冬月用酒，春宜用水煮之良。《子母秘録》：治産後腹痛及血下不盡。麻黄去節杵末，酒服方寸匕，一日二三服，血下盡即止。澤蘭湯服亦妙。

宋·寇宗奭《本草衍義》卷九 麻黄 出鄭州者佳，翦去節，半兩，以蜜一匙匕同炒良久，以水半升煎，俟沸，去上沫，再煎，去三分之一，不用滓。病瘡疱倒(餍)〔靨〕黑者，乘熱盡服之，避風，伺其瘡復出。一法用無灰酒煎。但小兒不能飲酒者難服，然其效更速。以此知此藥入表也。

金·張元素《潔古珍珠囊》〔見元·杜思敬《濟生拔粹》卷五〕 麻黄苦甘陰中之陽。泄衛中實，去榮中寒，發太陽、少陰之汗，入手太陰。

宋·劉明之《圖經本草藥性總論》卷上 麻黄 味苦，溫、微溫，無毒。主中風傷寒頭痛，溫瘧發表出汗，去邪熱氣，止欬逆上氣，除寒熱，破癥堅積聚，五藏邪氣，緩急風脇痛，字乳餘疾，止好唾，通腠理，疎傷寒頭痛解肌，洩邪惡氣，消赤黑班毒。《藥性論》云：君。能治身上毒風㾓痺，主壯熱，解肌發汗，溫瘧。根節，能止汗。日華子云：通九竅，調血脈，開毛孔皮膚，逐破癥癖積聚，五藏邪氣，退熱，禦山嵐瘴氣。厚朴為之使。惡辛夷、石韋。

元·王好古《湯液本草》卷三 麻黄 氣溫，味苦而甘、辛。氣味俱薄，陽也，升也。甘熱，純陽，無毒。手太陰之劑，入足太陽經，走手少陰經，陽明經藥。《象》云：發太陽、少陰經汗。去節，煮三二沸，去上沫。不則令人心煩悶。《心》云：陽明經藥，去表上之寒邪。甘熱，去節，解少陰寒，散表寒、發浮熱也。《珍》云：去榮中寒。《本草》云：主中風傷寒頭痛，溫瘧，發表出汗，去邪熱氣。止欬逆上氣，除寒熱，破癥堅積聚。《液》云：入足太陽、手少陰，能泄衛實發汗，及傷寒無汗，欬嗽。根、節能止汗。夫麻黄，治衛實之藥，桂枝，治衛虚之藥，桂枝、麻黄雖為太陽經藥，其實榮衛藥也。以其在太陽地分，故曰太陽也。本病者即榮衛，肺主衛，心主榮為血，乃肺、心所主，故麻黄為手太陰之劑，桂枝為手少陰之劑。故傷風、傷寒而嗽者，用麻黄、桂枝，即湯液之源也。《藥性論》云：君。味甘平，治瘟疫。《本草》又云：厚朴為之使，惡辛夷、石韋。

元·朱震亨《本草衍義補遺·新增補》 麻黄 苦甘。陰中之陽。泄衛中實，去榮中寒，發太陽、少陽之汗。入手太陰經。

元·佚名氏《珍珠囊·諸品藥性主治指掌》〔見《醫要集覽》〕 麻黄 味苦、甘，性溫，無毒。升也，陰中陽也。其用有二：其形中空，散寒邪而發表；其節中實，止盜汗而固虚。

元·徐彦純《本草發揮》卷二 麻黄 成聊攝云：寒淫於内，治以甘熱，佐以苦辛以辛潤之。麻黄之甘，以解少陰之寒。又云：麻黄、甘草之甘，以散表寒。潔古云：麻黄，發太陽、少陰經汗，入手太陰。《主治秘訣》云：性溫，味甘辛。氣味俱薄，輕清而浮，升陽也。其用有四：去寒邪一也，肺經本藥二也，發散風寒三也，去皮膚寒濕及風四也。泄衛中實，去榮中寒。又云：麻黄苦，為在地之陰，陰當下行，何謂發汗而升上？《經》云：味之薄者，乃陰中之陽，所以麻黄發汗而升上，亦不離乎陰、之體，故入

手太陰也。　東垣云：　去表上之寒邪，甘緩熱。去節用，以解少陰經之寒，散表寒，散浮熱。又云：　麻黃主中風，傷寒頭痛，發表出汗，通九竅，開毛孔，治欬逆上氣。　海藏云：　麻黃入足太陽、手太陰。能泄衛實而發汗，及傷寒無汗，咳嗽。夫麻黃治衛實之藥，桂枝治衛虛之藥。桂枝、麻黃雖為太陽經藥。其實榮衛藥也。以其在太陽地分，故曰太陽也。本病者即榮衛。肺主衛，心主榮。衛為氣，榮為血，乃肺心所主，故麻黃為手太陰之劑，桂枝為手少陰之劑。故傷寒傷風而咳者，用麻黃、桂枝，即湯液之源也。

明・蘭茂撰，清・管暄校補《滇南本草》卷下　麻黃　性溫，味苦、辛。入肺經。治鼻竅閉塞不通，香臭不聞，寒邪入於(少)〔太〕陰肺經，肺寒咳嗽。藥苗中空，散寒邪而發表汗。根節止汗，實表氣，固虛，消肺氣，消咽唈唈，即喉中梅核之氣，咽不下，吐不出是也。麻黃，氣虛弱者禁用。恐汗多亡陽。

附方：　麻黃湯，治傷風後，寒邪斂於肺經，鼻塞不通，不聞香臭，鼻流濁涕，或成腦漏。陳皮，五錢，乳浸，晒乾。桔梗二錢，梔子，二錢，炒。川芎二錢，黑豆，三錢，去殼，炒。共為細末，每服一錢，竹葉湯下。

明・蘭茂《滇南本草》〔叢本〕卷下　麻黃　麻黃湯：　治傷風後，風邪斂注于肺，香臭不聞，鼻竅不通，鼻流清涕，或成腦漏。氣虛弱者忌用，恐汗多亡陽也。陳皮三分、麻黃、五錢，乳濕。桔梗二錢、梔子三錢、川芎二錢、黑豆，三錢，去殼，炒。共為細末，每服一錢，用淡竹葉湯送下。

明・王綸《本草集要》卷三　麻黃君　味苦甘，氣溫。氣味俱薄，陽也，升也。無毒。手太陰之藥，入足太陽經，手少陰經陽明經榮衛藥也。厚朴為之使。惡辛夷、石韋。立秋採莖，陰乾令青，陳久者良。凡使折去根節用，先煮一二沸，去沫，不則令人煩悶。　主中風傷寒頭痛，溫瘧，發表出汗，去邪熱氣，止咳逆上氣，除寒熱，破癥堅積聚。發太陽、少陰經汗，出表上寒邪，泄衛實，去榮中寒，消赤黑斑毒。治身上毒風𤸷痹不仁。不可多服，令人虛。〇根節能止汗。小兒瘡皰倒靨黑者，去節，半兩，以蜜一匙同炒良久，水半升，煎沸，去沫，再煎，去二分之一，乘熱盡服之，避風，其瘡復出。一法：　用無灰酒煎，效更速。

明・滕弘《神農本經會通》卷一　麻黃　君也。厚朴為之使。惡辛夷、石韋。立秋採莖，陰乾，令青。陳久者良。凡使折去根節用，先煑一二沸，去上沫，否則令人煩悶。根節，止汗故也。　味苦，氣溫，微溫，無毒。《湯》云：　氣溫，味苦，甘而苦。氣味俱薄，陽也，升也。甘熱純陽，手太陰之劑，入足太陽經，走手少陰經，陽明經藥。東云：　升也，陰中陽也。其形中空，散寒邪而發表，其節中閉，止盜汗而固虛。又云：　表汗，療欬逆。珍云：　肺經本藥。九竅開通，頭疼發表，傷寒中風，欬逆上氣，寒濕皮風，解少陰寒氣。必去節為工。發汗追風，去腦疼，通竅，消斑，開腠理。

《本經》云：　主中風，傷寒頭痛，溫瘧，發表出汗，去邪熱氣，止欬逆上氣，除寒熱，破癥堅積聚，五藏邪氣，緩急風，脇痛，字乳餘疾。止好唾，通腠理，踈傷寒頭痛，解肌，洩邪惡氣，消赤黑斑毒。不可多服，令人虛。立秋採莖，陰乾。《藥性論》云：　麻黃，君。味甘，平。能治身上毒風，𤸷痹，皮肉不仁。主壯熱，解肌發汗，溫瘧，治溫疫。根節能止汗。方曰：　并故竹扇末，撲之。又牡蠣粉、粟粉并根等分，末，生絹袋盛，盜汗出即撲，手摩之。日華子云：　通九竅，調血脉，開毛孔皮膚，逐風，破癥癖積聚，逐五藏邪氣，退熱，禦山嵐瘴氣。象云：　發太陽、少陰經汗，去節，煑三二沸，去上沫，否則令人心悶。丹溪云：　苦甘，陰中之陽，泄衛中實，去榮中寒，發太陽、少陰之汗，入手太陰。根節能止汗。珍云：　去榮中寒。《液》云：　入足太陽、手少陰，能泄衛實，發汗及傷寒無汗欬嗽。根節能止汗。夫麻黃治衛實之藥，桂枝治衛虛之藥。桂枝、麻黃雖為太陽經藥，其實榮衛藥也，以其在太陽地分，故曰太陽也。本病者，即榮衛。肺主衛，心主榮，為血，乃肺心所主，故麻黃為手太陰之劑，桂枝為手少陰之劑，故傷寒傷風而嗽用麻黃、桂枝，即湯液之源也。劊云：　麻黃甘苦性微溫，發汗除煩去節根。根節將來還可用，止虛盜汗作湯飡。《局》云：　麻黃發汗攻頭痛，表散風寒破積堅。治瘧消斑除欬逆，若還止汗用其根。麻黃，發散，攻頭痛。發汗用莖，止汗用根。

明・劉文泰《本草品彙精要》卷一〇　麻黃無毒　叢生。

麻黃出《神農本經》：　**主中風，傷寒，頭痛，溫瘧，發表出汗，去邪熱氣，止欬逆上氣，除寒熱，破癥堅積聚。**以上朱字《神農本經》。五臟邪氣，緩急風脇痛，字乳餘疾，止好唾，通腠理，疏傷寒頭疼，解肌，泄邪惡氣，消赤黑斑毒。以上黑字名醫所錄。　【名】龍沙、卑相、卑鹽。　【苗】《圖經》曰：　春生苗，至夏五月則長及一尺許，稍上有黃花，結實如百合瓣而小，又似皂莢子，味甘可啖，皮紅仁黑，根紫赤色。俗云有雌雄二種，雌者於三月、四月開花，六月結子；　雄者無花而不結子。《酉陽雜俎》云：　莖端開花，花小而黃，簇生，子如覆盆子，可食。　【地】《圖經》曰：　生晉地及河東，今處處多有之。《唐

本》注云：開封府鄭州鹿臺及關中沙苑河傍沙洲上太多。〔道地〕茂州、同州、滎陽、中牟者爲勝。〔時〕生：春生苗。採：立秋後取莖、根。〔收〕陰乾。〔用〕莖、根。〔質〕類小草而有節。〔色〕青。根：黄赤。〔味〕苦。〔性〕溫，散。〔氣〕氣味俱輕，陽也。〔臭〕朽。〔主〕解表，發汗。〔行〕手陽明經、少陰經、太陰經，足太陽經。〔助〕厚朴、白薇爲之使。〔反〕惡辛夷、石韋。〔製〕《雷公》云：用夾刀剪去節並頭，槐砧上用銅刀細剉，煎三四十沸，竹片掠去上沫，盡漉出，曬乾，用之。若不盡，令人心悶。《圖經》曰：丸散内用皆不必煮。今取發汗，但去節。〔治〕療：《藥性論》云：莖，散毒風，痹痹，皮肉不仁，壯熱，瘟疫。○根，能止汗。日華子云：通九竅，調血脈，開毛孔皮膚，逐風，退熱，禦山嵐瘴氣。〔合治〕綿裹酒煮服，治傷寒表熱，發疸。冬用酒，春用水。及產後腹痛，血下不盡。○合桂枝、芍藥、杏仁、甘草治傷寒。○合射干、厚朴治肺痿上氣。○去節，合蜜炒，水煎乘熱服，療病瘡疱倒靨黑。○根末合牡蠣粉、粟粉撲之，止盗汗。〔禁〕不可多服，令人虛。

明・葉文齡《醫學統旨》卷八 麻黄 氣溫，味苦、甘。無毒。浮而升，陽也。手太陰之藥，入足太陽、手少陰陽明經榮衛藥也。厚朴為使，惡辛夷、石韋，陳久者良。凡用去根節，先煮一二沸，去上沫，否則令人煩悶。 治中風傷寒，頭痛溫瘧，發汗，去皮膚寒濕及風，通九竅，開毛孔，止欬逆上氣，去邪熱，破堅積；消赤黑班毒，身上毒風癬痺不仁。多服令人虛。○根節能止汗。

明・許希周《藥性粗評》卷一 寒邪閉汗，解肌須待於麻黄。根附。麻黄，一名龍沙。春生苗如鐵線大，有節，長尺餘，三四月稍上開小黄花，結實如百合瓣而小，又似皂莢子，外皮紅而裏仁黑，味甘可食。其根紫赤色，有雌雄二種，雄者無花實，出河東諸郡原野，以滎陽、中牟者為勝，立秋後連根收採，陰乾，令青色，根亦入藥。凡用出汗，去根節，又先煮掠去上沫，方入眾藥，不令人煩。厚朴為之使，惡辛夷、石韋。 味苦、甘、辛，性溫，無毒。入手太陰肺經。主治中風傷寒，毛孔閉塞，九竅不利，頭痛發熱，溫瘧咳逆，發汗解肌，疏通腠理。海藏云：麻黄治衛實之藥，桂枝治衛虛之藥，故麻黄為手太陰之劑，桂枝為手少陰之劑。愚謂太陰肺經主氣為衛，少陰心經主血為榮，寒傷血則衛實而孔閉，故用麻黄以開泄，風傷氣則衛虛而自汗，故用桂枝以解和。仲景治傷寒用麻黄湯，傷風用桂枝湯，而風寒皆傷，則用桂麻各半湯者，此也。如欲止汗，則用根節。

明・鄭寧《藥性要略大全》卷三 麻黄君 其用有二：其形中虛，散寒邪而發表；其節中閉，止盗汗而固虛。《賦》曰：表寒邪而療咳嗽。《經》云：發太陽、少陰經汗。主中風傷寒、無汗頭痛，咳嗽上氣，溫瘧，去邪熱，除寒熱，破癥瘕堅積聚，洩五臟遍身邪惡氣，緩急風，脇痛，字乳餘疾。消赤黑班毒，治遍身毒風，皮肉不仁。不可多服，令人虛。《碎金錄》云：莖發汗，通九竅，通腠理，解肌，逐毛孔皮膚風。根節又能止汗。東垣云：手太陰肺經之劑。桂枝為手少陰心經之劑，故傷寒傷風而嗽者，用麻黄桂枝。即湯液之源也。 味苦、甘，性溫熱，無毒。升也。陰中陽也。手太陰肺經之劑。入足太陽，走手少陰、陽明經藥。厚朴為之使。惡辛夷、石韋。立秋採，陰乾令青。陳久者良。雷公云：凡用摘去節、根，先煮一二沸，去上沫，不則令人煩悶。《一提金》云：將熱醋湯略浸片時，撈起陰乾用。庶免大發汗。欲大發汗，生用，不須製。

明・賀岳《醫經大旨》卷一《本草要略》 麻黄 性溫，解散在表寒邪。去根節者能發汗，連根節者能斂汗。惟在表真有寒邪者宜用，汗之其真無寒邪，或寒邪在裏，或表虛之人，或陰虛發熱，或傷風有汗，或傷食等證。雖有發熱惡寒，其不頭疼身疼而拘急，六脉不浮緊甚者皆不可用；雖可汗之證，亦不可過服。蓋汗乃心之液，惟不可汗而汗之，或可汗而過汗，則心家益涸，而心血亦為之動矣。或至亡陽，甚至衄血不止，而成大患害者有也。慎之！慎之！丹溪嘗以麻黄、人參同用，亦攻補發也，醫可知之。

明・陳嘉謨《本草蒙筌》卷二 麻黄 味甘、辛，氣溫。氣味俱薄，輕清而浮，升也，陽也。無毒。青州彭城並屬山東。俱生，滎陽中牟並屬河南。獨勝。惡細辛石韋，宜陳久年深。凡欲用之，須依法製去根節；單煮數沸，傾上沫用火焙乾。任合丸散煎湯，方不令人煩悶。以厚朴為使，入手足四經。手太陰經本經之藥，陽明經榮衛之藥，而又入足太陽經、手少陰經也。發汗解表，治冬月正傷寒如神；敺風散邪，理春初真溫疫果勝。泄衛實消黑斑赤疹，去榮寒除身熱頭疼。春末溫瘧勿加，夏秋寒疫切禁。因時已變，溫熱難抵。劑之輕揚，仍破積聚癥堅，更劫欬逆痿痹。山嵐瘴氣，亦可禦之。若蜜炒煎湯，主小兒瘡疱。患者多服，恐致亡陽。止汗固虛，根節最妙。

謨按：東垣云：麻黄治衛實，桂枝治衛虛。雖俱治太陽之經，其實榮衛藥也。肺主衛，心主榮。麻黄為手太陰之劑，桂枝為手少陰之劑。故冬月

傷寒、傷風欬嗽者，用麻黄、桂枝，即湯液之源也。然麻黄又為在地之陰，陰當下行，何謂發汗而升上？《經》云：味之薄者，陰中之陽。麻黄屬陰，氣味俱薄，薄則陰中有陽可知矣，安得不為輕揚之劑升上而發汗乎？但入手太陰經，終亦不能離少陰之本體也。

明·方穀《本草纂要》卷一　麻黄　味苦，甘，氣溫，氣味俱薄，陽也，升也，無毒。手太陰經藥。入足太陽經、手少陰經、陽明經，荣衛藥也。主傷寒，有大發散之功。與紫蘇、乾葛、白芷等劑不同。蓋麻黄苦爲地中之陰，辛爲發散之陽，故入太陽經，散而不止，能大發其汗，非若紫蘇、乾葛、白芷之輕揚，不過能解表而已也。傷寒之症，必用麻黄，無麻黄不能盡出其寒邪。又曰：麻黄配天花粉用治乳癰，下乳汁，以其辛能發散，辛通血脉故也。又曰：麻黄配半夏用，能治哮喘咳嗽，以其氣之閉者，宜以辛散之故也。抑又論之麻黄根亦能止汗。何也？根苦而不辛，蓋苦爲地中之陰也，陰當下行，而麻黄之根亦下行，所以根能止汗者，此也。又苗何以發散而升上？《經》云：味之薄者，乃陰中之陰，氣之厚者，乃陰中之陽，所以苗能發散而升上，亦不離乎陰陽之體也，故入足太陽。

明·王文潔《太乙仙製本草藥性大全》卷二《本草精義》　麻黄　一名卑〔相〕，一名龍沙，一名卑鹽。生晉地及河東，今近京多有之。以滎陽、中牟者爲勝。苗春生，至夏五月則長及一尺，稍上有黄花，結實如百合瓣而小，又似皂莢子，味辛有麻黄氣，外紅皮，裏仁子黑，根紫赤色。俗説有雌雄二種，雌者於三月、四月内開花，六月内結子；雄者無花不結子。至立秋後收採。其莖陰乾令青。又云：鄭州鹿臺及關中沙苑河傍沙洲上大。惡細辛、石韋。宜陳久年深。凡欲用之，須依法製：去根節，單煮數沸，傾上沫，用火焙乾。任合丸散煎湯，方不令人煩悶。以厚朴爲使，入手足四經，手太陰經本經之藥，陽明經榮衛之藥，而又入足太陽經、手少陰經也。

東垣云：麻黄治衛實，桂枝治衛虚。雖俱治太陽之經，其實榮衛藥也。肺主衛，心主榮，麻黄爲手太陰之劑，桂枝爲手少陰之劑，故冬月傷寒傷風咳嗽者，用麻黄桂枝，即湯液之源也。然麻黄又爲在地之陰，陰當下行，何謂發汗而升上？《經》云：味之薄者陰中之陽，麻黄屬陰，氣味俱薄，薄則陰中之陽可知矣，安得不爲輕揚之劑，升上而發汗乎？但入手太陰經，終亦不能離乎陰之本體也。

明·王文潔《太乙仙製本草藥性大全》卷二《仙製藥性》　麻黄　味甘、辛，氣溫，氣味俱薄，輕清而浮，陽也，無毒。手太陰之藥，入足太陽經、手少陰經、陽明經，榮衛藥也。厚朴爲之使。主治：其用有二，其形中虚，發汗解表，治冬月正傷寒如神；祛風散邪，理春初真溫疫果勝。泄衛實，消黑斑赤疹；去榮寒，除身熱頭疼。消身上毒風，主中風邪熱，春末溫瘧勿加，夏秋寒疫切禁，因時已變，溫熱難抵。劑之輕揚，仍破積聚癥堅，更劫欬逆痿痹。山嵐瘴氣亦可禦之。若蜜炒煎湯，主小兒瘡疱。患者多服恐致亡陽。根節中閉，止盜汗而固裏。又曰表寒邪而療咳嗽。補註：治產後腹痛及血下不盡，麻黄去節，杵末，酒服方寸匕，一日二三服，血下盡即止。澤蘭湯服亦妙。若小兒痘瘡疱倒靨黑者，乘熱盡服之，避風。若其瘡復出，鄭州麻黄去節半兩净，以蜜一匙同炒，良久以水半升，煎沸去上沫，再煎去三分之一，不用滓，熱服。一法用無灰酒煎，但小兒不能飲酒者難服，俱效更速，以此知此藥入表也。黄疸病，以麻黄醇酒湯主之，麻黄一把，去節，綿裹，以美酒五升，煮取半升，去滓，頓服。又治傷寒表熱發疸，宜汗之則愈，冬月用酒，春月用水煮之良。太乙曰：凡使去節并沫，若不盡，服之令人悶。夾刀剪去節并頭，槐砧上用銅刀細剉，煎三四十沸，竹片掠去上沫盡，漉出熱乾用之。傷寒雪煎：麻黄十斤，去節，杏仁四升，去兩仁尖皮，熬大黄一斤十二兩，金色者，先以雪水五碩四斗，漬麻黄於東向竈釜中三宿後，内大黄攪令調，以桑薪煮之，得二碩汁，去滓，復内釜中，又擣杏仁，内汁中復煮之，可餘之七斗，絞去滓，置銅器中，更以雪水三斗合煎，令得二斗四升，藥成，丸如彈子。有病者以沸白湯五合，研一丸入湯中，適寒溫服之，立汗出。若不愈者，復服一丸，封藥勿令泄也。

明·皇甫嵩《本草發明》卷二　麻黄中品之上，臣。氣溫，味苦，無毒。氣味俱薄，輕而浮，升也，陽也。手太陰藥，入足太陽，手少陰陽明經。榮衛藥也。〔心肺之藥。〕

發明曰：麻黄是發表的藥。《本草》主中風，傷寒頭痛，溫瘧，除寒熱，入太陽而發表也。止欬逆上氣，通腠理，解肌洩邪惡，發汗，手太陰肺藥也。去榮中寒者，心主榮，寒傷榮，汗為心液，入手少陰經，發汗以解寒也。云消赤黑斑毒，又治身表毒風瘴痺，皮肉不仁者，除太陽、陽明之表熱風濕也。既發表出汗，則諸經之寒邪，邪熱風濕悉去矣。又主破癥堅積聚，五藏邪氣，緩急風脇痛，字乳餘疾，則不止泄衛實發表，又血榮中藥也。要之發表為專，治冬月

傷寒，春初溫疫。若夏月溫熱病，無寒邪或寒邪入裏，或表虛、陰虛發熱，傷風有汗，內傷傷食等候，雖有可汗，不可過服，若汗多耗液亡陽，或至衄血不止。〔傷風及表虛、陰虛內傷者勿用。〕丹溪以麻黃、人參同用，攻補法也。潔古云：麻黃味苦，為在地之陰，陰當下行，何為升上而發汗？《經》云味薄乃陰中之陽，故麻黃發于升上，亦不離陰之體，故入手太陰也。〇《湯液》云：麻黃泄衛實，桂枝治衛虛，一者雖太陽經藥，以其在太陽地分耳。〔傷寒，肺，麻黃。傷風，心，桂枝。〕其本病實榮衛藥也。肺主衛，心主榮，麻黃肺之劑，桂枝心之劑。故冬月傷寒用麻黃，傷風而欬用桂枝，即《湯液》之源也。根節能止汗，若發汗去根節，煮二三沸，去浮沫，入藥同煎，不然令人煩悶。厚朴為之使。惡辛夷、石韋。

明·李時珍《本草綱目》卷一五草部·隰草類上　麻黃《本經》中品

【釋名】龍沙《本經》　卑相《別録》　卑鹽《別録》。時珍曰：諸名殊不可解。或云其味麻，其色黃，未審然否。張揖《廣雅》云：龍沙，麻黃也。狗骨，麻黃根也。不知何以分別如此？

【集解】《別録》曰：麻黃生晉地及河東，立秋採莖，陰乾令青。弘景曰：今出青州、彭城、滎陽、中牟者爲勝，色青而多沫。蜀中亦有，不好。恭曰：鄭州鹿臺及關中沙苑河旁沙洲上最多。同州沙苑既多，其青、徐者亦不復用。禹錫曰：按段成式《酉陽雜俎》云：麻黃莖頭開花，花小而黃，叢生。子如覆盆子，可食。頌曰：今近汴京多有之，以滎陽、中牟者爲勝。春生苗，至夏五月則長及一尺以來。梢上有黃花，結實如百合瓣而小，又似皁莢子，味甜，微有麻黃氣，外皮紅，裏仁子黑。根紫赤色。俗説有雌雄二種：雌者於三月、四月內開花，六月結子。雄者無花，不結子。至立秋後收莖陰乾。時珍曰：其根皮色黃赤，長者近尺。

莖　【修治】弘景曰：用之折去節根，水煮十餘沸，以竹片掠去上沫。沫令人煩，根節能止汗故也。

【氣味】苦，溫，無毒。《別録》曰：微溫。普曰：神農、雷公：苦，無毒。扁鵲：酸。李當之：平。權曰：甘，平。元素曰：性溫，味苦而甘辛，氣味俱薄，輕清而浮，陽也，升也。手太陰之藥，入足太陽經，兼走手少陰、陽明。時珍曰：麻黃微苦而辛，性熱而輕揚。僧繼洪云：中牟有麻黃之地，冬不積雪，爲泄內陽也。故過用則洩真氣。觀此則性熱可知矣。服麻黃自汗不止者，以冷水浸頭髮，仍用撲法即止。凡服麻黃藥，須避風一日，不爾病復作也。凡用須佐以黃芩，則無赤眼之患。之才曰：厚朴、白薇爲之使。惡辛夷、石韋。

【主治】中風傷寒頭痛，溫瘧，發表出汗，去邪熱氣，止咳逆上氣，除寒熱，破癥堅積聚《本經》。五臟邪氣緩急，風脇痛，字乳餘疾，止好唾，通腠理，解肌，洩邪惡氣，消赤黑斑毒。不可多服，令人虛《別録》。治身上毒風瘮痺，皮肉不仁，主壯熱溫疫，山嵐瘴氣甄權。通九竅，調血脈，開毛孔皮膚大明。去營中寒邪，泄衛中風熱元素。散赤目腫痛，水腫風腫，產後血滯時珍。

【發明】弘景曰：麻黃療傷寒，解肌第一藥。頌曰：張仲景治傷寒，有麻黃湯及葛根湯、大小青龍湯，皆用麻黃。治肺痿上氣，有射干麻黃湯、厚朴麻黃湯，皆大方也。杲曰：輕可去實，麻黃、葛根之屬是也。六淫有餘之邪，客於陽分皮毛之間，腠理閉拒，營衛氣血不行，故謂之實。二藥輕清成象，故可去之。麻黃微苦，其形中空，陰中之陽，入足太陽寒水之經。其經循背下行，本寒而又受外寒，故宜發汗，去皮毛氣分寒邪，以泄表實。若過發則汗多亡陽，或飲食勞倦及雜病自汗表虛之證用之，則脫人元氣，不可不禁。好古曰：麻黃治衛實之藥，桂枝治衛虛之藥，二物雖爲太陽證藥，其實營衛藥也。心主營爲血，肺主衛爲氣。故麻黃爲手太陰肺之劑，桂枝爲手少陰心之劑。傷寒傷風而咳嗽，用麻黃、桂枝，即湯液之源也。時珍曰：麻黃乃肺經專藥，故治肺病多用之。張仲景治傷寒無汗用麻黃，有汗用桂枝。歷代明醫解釋，皆隨文傅會，未有究其精微者。時珍常釋思之，似有一得，與昔人所解不同云。津液爲汗，汗即血也。在營則爲血，在衛則爲汗。夫寒傷營，營血內澀，不能外通於衛，衛氣閉固，津液不行，故無汗發熱而憎寒。夫風傷衛，衛氣外泄，不能內護於營，營氣虛弱，津液不固，故有汗發熱而惡風。然風寒之邪，皆由皮毛而入。皮毛者，肺之合也。肺主衛氣，包羅一身，天之象也。是證雖屬乎太陽，而肺實受邪氣。其證時兼面赤怫鬱，咳嗽有痰，喘而胸滿諸證者，非肺病乎？蓋皮毛外閉，則邪熱內攻，而肺氣膹鬱。故用麻黃、甘草同桂枝，引出營分之邪，達之肌表，佐以杏仁泄肺而利氣。汗後無大熱而喘者，加以石膏。朱肱《活人書》，夏至後加石膏、知母，皆是泄肺火之藥。是則麻黃湯雖太陽發汗重劑，實爲發散肺經火鬱之藥也。腠理不密，則津液外泄，而肺氣自虛。虛則補其母。故用桂枝同甘草，外散風邪以救表，內伐肝木以防脾。佐以芍藥，泄木而固脾，泄東所以補西也。使以薑棗，行脾之津液而和營衛也。下後微喘者加厚朴、杏仁，以利肺氣也。汗後脈沉遲者加人參，以益肺氣也。朱肱加黃芩爲陽旦湯，以瀉肺熱也。皆是脾肺之藥。是則桂枝雖太陽解肌輕劑，實爲理脾救肺之藥也。此千古未發之秘旨，愚因表而出之。又少陰病發熱脈沉，有麻黃附子細辛湯、麻黃附子甘草湯。少陰與太陽爲表裏，乃趙嗣真所謂熟附配麻黃，補中有發也。一錦衣夏月飲酒達旦，病水泄，數日不止，水穀直出。服分利消導升提諸藥則反劇。時珍診之，脈浮而緩，大腸下弩，復發痔血。此因肉食生冷茶水過雜，抑遏陽氣在下，木盛土衰，《素問》所謂久風成飧泄也。法當升之揚之。遂以小續命湯投之，一服而愈。昔仲景治傷寒六七日，大下後，脈沉遲，手足厥逆，咽喉不利，唾膿血，泄利不止者，用麻黃湯平其肝肺，兼升發之，即斯理也。神而明之，此類是矣。

【附方】舊五，新七。　天行熱病：初起一二日者。麻黃一大兩去節，以水四升煮，去沫，取二升，去滓，着米一匙及豉，爲稀粥。先以湯浴後，乃食粥，厚覆取汗，即愈。孟詵《必〔用〕〔效〕方》。　傷寒雪煎：麻黃十斤去節，杏仁四升去皮熬，大黃一斤十二兩。先

以雪水五石四斗，漬麻黃於東向竈釜中。三宿後，納大黃攪勻，桑薪煮至二石，去滓。納杏仁同煮至六七斗，絞去滓，置銅器中。更以雪水三斗，合煎令得二斗四升，藥成，丸如彈子大。有病者以沸白湯五合，研一丸服之，立汗出。不愈，再服一丸。封藥勿令洩氣。《千金方》。

傷寒黃疸：表熱者，麻黃醇酒湯主之。麻黃一把，去節綿裹，美酒五升，煮取半升，頓服取小汗。春月用水煮。《千金方》。　裹水黃腫：張仲景云：一身面目黃腫，其脈沉，小便不利，甘草麻黃湯主之。麻黃四兩，水五升，煮去沫，入甘草二兩，煮取三升。每服一升，重覆汗出。不汗再服。慎風寒。○《千金》云：有患氣急久不瘥，變成水病，從腰以上腫者，宜此發其汗。　水腫脈沉：屬少陰。其脈浮者爲(氣)〔風〕，虛脹者爲氣，皆非水也。麻黃附子湯汗之。麻黃三兩，水七升，煮去沫，入甘草二兩，附子炮一枚，煮取二升半。每服八分，日三服，取汗。張仲景《金匱要略》。　風痹冷痛：麻黃去根五兩，桂心二兩，爲末，酒二升，慢火熬如餳。每服一匙，熱酒調下，至汗出爲度。避風。○《聖惠方》。　小兒慢脾：風，因吐泄後而成。麻黃長五寸十個去節，白朮指面大二塊，全蝎二個，生薄荷葉包煨，爲末。二歲以下一字，三歲以上半錢，薄荷湯下。《聖惠方》。　尸咽痛痹：語聲不出。麻黃以青布裹，燒烟筒中熏之。《聖惠方》。　産後腹痛：及血下不盡。麻黃去節，爲末，酒服方寸匕，一日二三服，血下盡即止。《子母秘録》。　心下悸病：半夏麻黃丸用半夏、麻黃等分，末之，煉蜜丸小豆大。每飲服三丸，日三服。《金匱要略》。　痘瘡倒靨：寇宗奭曰：鄭州麻黃去節半兩，以蜜一匙同炒良久，以水半升煎數沸，去沫再煎去三分之一，去滓乘熱服之，避風，其瘡復出也。一法：用無灰酒煎，其效更速。仙源縣筆工李用之子，病斑瘡風寒倒靨已困，用此一服便出，如神。　中風諸病：麻黃一秤去根，以王相日乙卯日，取東流水三石三斗，以净鐺盛五七斗，先煮五沸，掠去沫，逐旋添水，盡至三五斗，漉去麻黃，澄定，濾去滓，取清再熬至一斗，再澄再濾，取汁再熬，至升半爲度，密封收之，一二年不妨。每服一二匙，熱湯化下取汗。熬時要勤攪，勿令着底，恐焦了。仍忌鷄犬陰人見之。此劉守真秘方也。《宣明方》。

根節　【氣味】甘，平，無毒。　【主治】止汗，夏月雜粉撲之弘景。

【發明】權曰：麻黃根節止汗，以故竹扇杵末同撲之。又牡蠣粉、粟粉並麻黃根等分，爲末，生絹袋盛貯。盜汗出，即撲，手摩之。時珍曰：麻黃發汗之氣駃不能禦，而根節止汗效如影響，物理之妙，不可測度如此。自汗有風濕、傷風、風温、氣虛、血虛、脾虛、陰虛、胃熱、痰飲、中暑、亡陽、柔痓諸證，皆可隨證加而用之。當歸六黃湯加麻黃根，治盜汗尤捷。蓋其性能行周身肌表，故能引諸藥外至衛分而固腠理也。《本草》但知撲之之法，而不知服餌之功尤良也。

【附方】新八。　盜汗陰汗：麻黃根、牡蠣粉爲末，撲之。　盜汗不止：麻黃根、椒目等分，爲末。每服一錢，無灰酒下。外以麻黃根、故蒲扇爲末，撲之。《奇效良方》。　小兒盜汗：麻黃根三分，故蒲扇灰一分，爲末，以乳〔汁〕服三分，日三服。仍以乾薑三分同爲末，三分撲之。《古今録驗》。　諸虛自汗：夜卧即甚，久則枯瘦。黃耆、麻黃根各一兩，牡蠣米泔浸洗煅過，爲散。每服五錢，水二盞，小麥百粒，煎服。《和劑局方》。　虛汗無度：麻黃根、黃耆等分，爲末，飛麵糊作丸梧子大。每用浮麥湯下百丸，以止爲度。談埜翁《試驗方》。　産後虛汗：黃耆、當歸各一兩，麻黃根二兩。每服一兩，煎湯下。　陰囊濕瘡：腎有勞熱。麻黃根、石硫黃各一兩，米粉一合，爲末，傅之。《千金方》。　內外障翳：麻黃根一兩，當歸身一錢，同炒黑色，入麝香少許，爲末。嗃鼻，頻用。此南京相國寺東黑孩兒方也。《普濟》。

題明・薛己《本草約言》卷一《藥性本草》　麻黃　味苦、甘，氣溫，無毒。陰中之陽，升也，入手太陰經。通玄府，治傷寒血澁之身疼。開腠理，療傷寒陽鬱之表熱。故能散榮中之寒，泄衛中之實，療足太陽經無汗之表藥也。根節又有止汗之功。一物之性，有不同如此。《珍珠囊》云：其形中空，散寒邪而發表，其節中閉，止盜汗而固虛。○惟在表真有寒邪者，宜用汗之。其或寒邪在裏，或表虛之人，或陰虛發熱，或傷風有汗，或傷食等證，雖有發熱惡寒，其不頭痛身疼而拘急，六脉不浮緊甚者，皆不可用。雖可汗之症，亦不可過服。蓋汗乃心之液，過汗則心家易涸，而心血亦為之動矣，或至亡陽，甚至衄血不止。丹溪嘗以麻黃、人參同用，亦攻補法也。○凡用去節，煮二三沸，去上沫，否則令人心煩悶。厚朴為之使，惡辛夷、石韋。《湯液》云：麻黃泄衛實，桂枝治衛虛，二者雖太陽經藥，以其在太陽地分耳，其本病實榮衛藥也。肺主衛，心主榮，麻黃肺之劑，故冬月傷寒用麻黃，傷風而欵用桂枝，即湯液之源也。

明・梅得春《藥性會元》卷上　麻黃　味甘，性溫。升也，陰中之陽。無毒。惡辛夷、石韋，厚朴為使。入手太陽小腸經。主治：其形中空，散寒邪而發表；其節中閉，止盜汗而固虛。表汗而止咳嗽，發散攻頭痛。發汗用莖，止汗用根節。丹溪云：泄衛中濕，去榮中寒，發手太陽小腸、足太陽膀胱、手少陰心、足少陰腎經之汗。治中風、傷寒頭痛，溫瘧，皮膚寒濕，及風通九竅，開毛孔，止嗽逆上氣，除邪氣，破堅積，消赤黑斑毒，身上毒風，癬痹不仁。多服令人表虛。治傷寒雖有發汗之功，冬月可用。交春分後止，可用九味羌活湯，最穩。春夏用之，恐其汗傾身而來勢不能止，多致不救。

明・杜文燮《藥鑒》卷二 麻黄 氣溫，味苦、甘，氣味俱薄，無毒。升也，陽也，手太陰之劑，入足太陽經，走手少陰、陽明經藥也。去根節者發汗，留根節者斂汗。惟在表真有寒邪者，宜用之。若表無真寒邪，或寒邪在裏，或表虛之人，或陰虛發熱，或傷風有汗，或傷食等症，雖有發熱惡寒，其不頭疼身痛而拘急，六脉不浮緊甚者，皆不可汗。雖有可汗之症，亦不可過。蓋汗乃心之液也，不可汗而汗，與可汗而過之，則心家之液涸，而心血亦為之動矣。或致亡陽，或致衄血不止，而成患也。戒之！君羌活能散風邪，佐獨活能消脚氣。同杏仁能去寒邪，兼理哮喘。臣甘菊能清肺熱，更明眼目。身能發汗，根主斂汗。風家用之多驗者，何哉？蓋風至柔也而善藏，麻黄性至輕也而善驅，內用氣血藥以托之，外用浮劑以散之，此以善藏始者，不得以善藏終矣。陰虛發汗者，鹿角四物湯加根節斂汗。汗多亡陽者，附子四君飲，入根節回陽。癰疽方起者，行涼藥中兼用之，即散無疑。寒邪戰慄者，踈風藥中兼用之，立止不謬。痘家初發熱，及痘紅紫稠密，皮厚不快者，多用於行涼解毒藥中，則內托外散，正所謂開門放賊，而痘因之稀少矣。又能散胸膈泥滯之氣，表虛則忌。

明・王肯堂《傷寒證治準繩》卷八 麻黄 氣溫，味苦辛。氣味俱薄，陽也，升也。無毒。手太陰之劑，入足太陽經，走手少陰經、陽明經藥。發太陰、少陰經汗。垣：輕可去實，麻黄、葛根之屬是也。六淫有餘之邪，客於陽分皮毛之間，腠理閉拒，營衛氣血不行，故謂之實。二藥輕清成象，故可去之。麻黄微苦，其形中空，陰中之陽。入足太陽寒水之經。其經循背下行，本寒而又受外寒，故宜發汗。去皮毛氣分寒邪，以泄表實。若過發則汗多亡陽，或飲食勞倦及雜病自汗表虛之證用之，則脫人元氣。不可不禁。海：麻黄治衛實之藥，桂枝治衛虛之藥。二物雖為太陽證藥，其實榮衛藥也。心主榮，為血；肺主衛，為氣。故麻黄為手太陰肺之劑，桂枝為手少陰心之劑。傷寒、傷風而咳嗽，用麻黄桂枝，即湯液之源也。珍：仲景治傷寒無汗用麻黄，有汗用桂枝。歷代名醫解釋，皆隨文傅會，未有究其精微者。時珍常繹思之，似有一得，與昔人所解不同。云津液為汗，汗即血也。在榮則為血，在衛則為汗。夫寒傷榮，榮血內濇，不能外通於衛。衛氣閉固，津液不行，故無汗發熱而憎寒。夫風傷衛，衛氣外泄，不能內護於榮。榮氣虛弱，津液不固，故有汗、發熱而惡風。然風寒之邪皆由皮毛而入。皮毛者，肺之合也。肺主衛氣，包羅一身，天之象也。是證雖屬乎太陽，而肺實受邪氣。其證時兼面赤怫鬱，欬嗽有痰，喘而胸滿諸證者。非肺病乎？蓋皮毛外閉，則邪熱內攻。而肺氣膹鬱，故用麻黄、甘草，同桂枝引出榮分之邪，達之肌表。佐以杏仁泄肺而利氣。汗後無大熱而喘者，加以石膏。朱肱《活人書》夏至後加石膏、知母，皆是泄肺火之藥。是則麻黄湯雖太陽發汗重劑，實為發散肺經火鬱之藥也。腠理不密則津液外泄，而肺氣自虛，虛則補其母，故用桂枝同甘草，外散風邪以救表，內伐肝木以防脾。佐以芍藥，泄木而固脾，泄東所以補西也。使以薑、棗，行脾之津液而和榮衛也。下後微喘者，加厚朴、杏仁以利肺氣也。汗後脉沉遲者，加人參以益肺氣也，朱肱加黄芩為陽旦湯，以瀉肺熱也，皆是脾肺之藥。是則桂枝雖太陽解肌輕劑，實為理脾救肺之藥也。修治：去蘆及根節，剉細，以流水煮二三沸，掠去上沫，不爾使人心煩。服麻黄自汗不止者，以冷水浸頭髮，仍以根節煎湯止之。凡服麻黄藥須避風，不爾病復作也。

明・李中立《本草原始》卷二 麻黄 始生晉地及河東，今近汴京多有之，以滎陽、中牟者為勝。苗春生，至夏五月則長及一尺已來。稍有黄花，結實如百合瓣而小，又似皂莢子，味甜，微有麻黄氣。外皮紅，裏仁子黑，根紫赤色。俗說有雌雄二種，雌者於三月、四月內開花，雄者無花，不結子。至立秋後收採其莖，陰乾。或云其味麻，其色黄，故名麻黄。麻黄：氣味：苦，溫，無毒。主治：中風、傷寒頭痛，溫瘧，發表出汗，去邪熱氣，止欬逆上氣，除寒熱，破癥瘕積聚。〇五臟邪氣緩急，脇痛，字乳餘疾。止好唾，通腠理，解肌，洩邪惡氣，消赤黑斑毒。不可多服，令人虛。〇治身上毒風㾦痹，皮肉不仁。主壯熱溫疫，山嵐瘴氣。〇通九竅，調血脉，開毛孔皮膚。〇去營中寒邪，泄衛中風熱。〇散赤目腫痛，水腫風腫，產後血滯。

麻黄，《本經》中品。【圖略】莖類節節草，嫩青老黄，根紫。修治：麻黄折去根節，水煮十餘沸，以竹片掠去上沫，沫令人煩。今人惟去根節，切用。

麻黄根節：味甘，平，無毒。主治：止汗，夏月雜粉撲之。元素曰：性溫，味苦而甘辛，氣味俱薄，輕清而浮，陽也，升也。手太陰之藥，入足太陽經，兼走手少陰、陽明。厚朴、白微為之使，惡辛夷、石韋。《子母秘錄》：治產後腹痛及血下不盡，麻黄去節，杵末，酒服方寸匕，一日二三服，血下盡即

止。澤蘭湯服亦妙。談埜翁《試驗方》：麻黃根、黃耆等分，為末，飛麪糊作丸梧子大，每服一百丸，浮小麥湯送下，以愈為度。麻黃：君。

明・張懋辰《本草便》卷一　麻黃君　味苦、甘，氣溫，氣味俱薄，陽也，升也，無毒。手太陰之藥，入足太陽經、手少陰經、陽明經，榮衛藥也。惡辛夷、石韋。凡用先煮一二沸，去上沫，不則令人煩悶。　主中風傷寒頭痛，溫瘧，發表出汗，去邪熱氣，止欬逆上氣，除寒熱，破癥堅積聚。發太陽、少陰經汗，出表上寒邪，泄衛實。去榮中寒，消赤黑斑毒。不可多服，令人虛。　根節能止汗。

明・李中梓《藥性解》卷二　麻黃　味甘、苦，性溫，無毒，入肺、心、大腸、膀胱四經。主散在表寒邪，通九竅，開毛孔，破癥結，除積聚。去根節者，大能發汗。根節能斂汗。厚朴為使，惡辛夷、石韋，陳久者良。　按：麻黃耑主發散，宜入肺部，出汗開氣，宜入心與大腸膀胱，此驍悍之劑也。可治冬月春間傷寒瘟疫，夏季不可輕用，惟在表真有寒邪者可用，或無寒邪，或寒邪在裏，或裏虛之人，或陰虛發熱，或傷風有汗，或傷食等症。雖發熱惡寒，其不頭疼身疼而拘急，六脉不浮緊者，皆不可用。雖可汗之症，不宜多服，蓋汗乃心之液，若不可汗而汗，與可汗而過汗，則心血為之動矣。或至亡陽，或至衄血不止，而成大患。丹溪以麻黃、人參同用，亦攻補之法也，醫者宜知。

明・繆希雍《本草經疏》卷八　麻黃　味苦，溫，微溫，無毒。主中風傷寒頭痛，溫瘧，發表出汗，去邪熱氣，止欬逆上氣，除寒熱，破癥堅積聚，五藏邪氣緩急，風脇痛，字乳餘疾，止好唾，通腠理，疎傷寒頭疼，解肌，洩邪惡氣，消赤黑斑毒。不可多服，令人虛。

〔疏〕麻黃稟天地清陽剛烈之氣，故《本經》味苦，其氣溫而無毒。詳其主治，應是大辛之藥。《藥性論》加甘，亦應有之。氣味俱薄，輕清而浮，陽也，升也。手太陰之藥，入足太陽經，兼走手少陰、陽明。輕可去實，故療傷寒，為解肌第一。專主中風傷寒頭痛，溫瘧，發表出汗，去邪熱氣者，蓋以風寒濕之外邪，客於陽分皮毛之間，則腠理閉拒，榮衛氣血不能行，故謂之實。此藥輕清成象，故能去其壅實，使邪從表散也。欬逆上氣者，風寒鬱於手太陰也。寒熱者，邪在表也。五臟邪氣緩急者，五緩六急也。風脇痛者，風邪客於脇下也。斯皆衛實之病也。衛中風寒之邪既散，則上來諸證自除矣。其曰消赤黑斑毒者，若在春夏，非所宜也。破癥堅積聚，亦非發表所能。潔古云：去榮中寒邪，洩衛中風熱，乃確論也。多服令人虛，走散真元之氣故也。　〔主治參互〕仲景治傷寒，有麻黃湯、大小青龍湯。治肺病上氣，有射干麻黃湯、厚朴麻黃湯。　同石膏、杏仁、桑白皮、甘草，治寒邪鬱於肺經，以致喘滿欬嗽。　仲景治少陰病發熱脈沉，有麻黃附子細辛湯及麻黃附子甘草湯。　同桂可治風痹冷痛。　蜜炒麻黃，治冬月瘡疱為風寒所鬱，以致倒靨喘悶，一服立解。　〔簡誤〕麻黃輕揚發散，故專治風寒之邪在表，為入肺之要藥。然其味大辛，氣大熱，性輕揚善散，亦陽草也，故發表最速。若夫表虛自汗，陰虛盜汗，肺虛有熱，多痰欬嗽，以致鼻塞；瘡疱熱甚不因寒邪所鬱而自倒靨；虛人傷風，氣虛發喘，陰虛火炎，以致眩暈頭痛；南方中風癱瘓，及平日陽虛，腠理不密之人，皆禁用。汗多亡陽，能損人壽，戒之！戒之！自春深夏月，以至初秋，法所同禁。

明・倪朱謨《本草彙言》卷三　麻黃　味苦、辛，氣溫，無毒。氣味俱薄，輕清而浮，陽也升也。手太陰之藥，入足太陽，兼走手少陰、陽明經。　陶隱居曰：麻黃生晉地及河東。今鄭州鹿臺及關中沙苑河旁沙洲最多。其青州、徐州者不佳。蜀中出者亦不堪用。惟彭城、滎陽、中牟者爲勝。所在之處，冬不積雪。夏五月，則長及一尺。纖細勁直，外黃內赤，中空作節如竹。四月梢頭開黃色花，六月結實如百合瓣而緊小。又似皂莢子而味甜，微有麻氣。外皮色紅，裏仁色黑，根色紫赤，俗說有雌雄二種，雌者開花結子，雄者無花無子。至立秋後收莖陰乾。修治：折去節根，水煮十餘沸，以竹片掠去上沫用，恐令人煩。節、根又能止汗液也。

麻黃：馬瑞雲稿主傷寒，有大發散之功。專入太陽之經，散而不止，能大發汗。非若紫蘇、前、葛之輕揚，不過能散表而已也。所以東垣云：淨肌表，泄衛中之實邪；達玄府，去營中之寒鬱。凡六淫有餘之邪，客于陽分皮毛之間，腠理閉拒，營衛不通，其病爲實。麻黃，其形中空，輕清成象，入足太陽寒水之經，以泄皮毛氣分，直徹營分之寒邪，無麻黃寒邪不能盡出也。故《本經》主中風傷寒，頭痛溫瘧，及咳逆上氣諸病，悉屬太陽衛實之邪，用此藥爲解表第一。推而廣之，若瘄疹之隱見不明，惡瘡之內陷不透，哮喘之壅閉不通，產乳之阻滯不行等證，悉用麻黃，累累獲效。但此藥稟陽剛清烈之氣，味大辛，性大熱，體輕善散，故專治風寒之邪在表，爲入肺之要藥，而發表最

速也。若發熱不因寒邪所鬱而標陽自盛之證，或溫瘧不因寒濕瘴氣而風暑虛熱之證，或虛人傷風、虛人發喘，陰虛火炎，血虛頭痛，以致眩暈，中風癱瘓；或肺虛發熱，多痰欬嗽，以致鼻塞瘡疱，及平素陽虛腠理不密之人，悉皆禁用。誤用則汗多亡陽，損人元氣，戒之慎之！

李時珍先生曰：仲景治傷寒無汗用麻黃，有汗用桂枝。王海藏謂麻黃治衛實，桂枝治衛虛。二物雖爲太陽經藥，其實營衛藥也。心主營爲血，肺主衛爲氣。故麻黃爲手太陰肺之劑，桂枝爲手少陰心之劑。似亦得其概矣，而未豁然。夫津液爲汗，汗即血也。在營則爲血，在衛則爲汗。夫寒傷營，營血內濇，不能外通于衛。衛氣閉固，津液不行，故無汗發熱而憎寒。夫風傷衛，衛氣外泄，不能內護于營。營氣虛弱，津液不固，故有汗發熱而惡風。然風寒之邪，皆由皮毛而入。皮毛者，肺之合也。肺主衛氣，包羅一身。是證雖屬乎太陽，而肺實受邪氣，其證時兼面赤怫鬱，咳嗽有痰，喘而胸滿，諸證非肺病乎？蓋皮毛外閉，則邪熱內攻，而肺氣膹鬱，故用麻黃、甘草，同桂枝引出營分之邪，達之肌表。佐以杏仁，泄肺而利氣。又汗後無大熱而喘者，加以石膏。《活人書》夏至後加石膏、知母，皆是泄肺火之藥。是則麻黃湯雖太陽發表重劑，又爲發散肺經火鬱之藥也。如腠理不密，則津液外泄，而肺氣自虛。虛則補其母，故用桂枝同甘草，外散風邪以救表，內伐肝木以防脾。佐以芍藥，疏木而固脾，泄東所以補西也。使以薑、棗，行脾之津液而和營衛也。下後微喘者，加厚朴、杏仁，以利肺氣也。汗後脉沉遲者，加人參以益肺氣也。《朱肱方》加黃芩爲陽旦湯，以瀉肺熱也，皆是脾肺之藥。是則桂枝雖太陽解肌輕劑，實爲理脾救肺之藥也。此千古未發之秘旨，愚特表而出之。又少陰病發熱脉沉，有麻黃附子細辛湯、麻黃附子甘草湯。然少陰與太陽爲表裏也，即前人所謂熟附配麻黃，補中有發之意云。又仲景治傷寒六七日，大下後，脉沉遲，手足厥逆，咽喉不利，唾膿血，泄利不止者，用麻黃湯平其肝肺，兼升發之，即斯理也。神而明之，存乎人矣！

集方：已下十一方出《方脉正宗》仲景治傷寒有麻黃湯，有大小青龍湯。○治少陰病發熱脉沉，有麻黃附子細辛湯及麻黃附子甘草湯。○治肺病上氣。有射干麻黃湯、厚朴麻黃湯。○治寒邪鬱于肺經，以至喘滿咳嗽。用麻黃、石膏、杏仁、桑皮、甘草。○治時行溫瘧，寒多拘急者。用麻黃、杏仁、桂枝、柴胡、生薑。○治風痹冷痛。用麻黃、桂枝、甘草。○治冬月痘瘡爲寒風所鬱，以致倒靨喘悶。用麻黃、桂枝俱蜜水炒，杏仁、紫蘇葉、葱頭，一服立解。○治冬夏冷哮痰喘。用麻黃、半夏、蘇子、皂角、白芥子，配二陳湯立驗。○治痘瘄斑疹不起透。用麻黃、荆芥、牛蒡子、桂枝、前胡、甘草。○治乳汁不行。用麻黃一兩蜜水炒，天花粉、當歸身各五錢，水煎服。○治楊梅惡瘡，毒氣不起，瘡脚冷停、不攻發者。用麻黃一兩，蟬蛻、殭蠶、肉桂、當歸、皂角刺、白芷、紅花各五錢，羊肉湯煎服。

麻黃根節：味甘，氣平，無毒。陶隱居曰：止一切虛汗，爲末和麪粉撲之。李時珍先生曰：麻黃發汗之氣，速不能禦，而根節止汗，捷如影響。物理之妙，不可測度如此。凡自汗，有傷風、風濕、風溫、氣虛、血虛、陽虛、陰虛，幷亡陽、中暑、柔痓、胃熱、瘀飲諸證，皆可隨證加而用之。如當歸六黃湯加麻黃根治盜汗，黃耆六一湯加麻黃根治自汗。蓋其性能行周身肌表，故能引諸藥外至衛分而固腠理也。陶氏但知撲之之法，而不知服餌之功更妙也。

三物湯治感冒寒冷風邪，鼻塞聲重，語音不出，嗽咳多痰，胸滿喘急。用麻黃根節、杏仁不去皮尖搗碎、甘草生用，各二錢，右剉一劑，生薑三片，葱頭二個，水煎服。加荆芥、桔梗各一錢，名五拗湯。

明・顧逢柏《分部本草妙用》卷四肺部・溫瀉　麻黃　苦，溫，無毒。手太陰本藥。能入足太陽、手少陰陽明。厚朴、白薇為使，惡辛夷、石韋。去根節，水煮三四沸，去沫用。　主治：中風傷寒，溫瘧，發汗。欬逆上氣，消赤黑斑毒風瘰痺不仁。溫疫瘴氣，通九竅，開毛孔。去榮中寒邪，泄衛中風熱。

麻黃雖太陽發汗重劑，實發散肺經火鬱，故不獨治傷寒無汗，同桂甘用而有功。即水泄痔血，陽氣遏抑，木盛土衰，入小續命湯而奇效。此仲景治傷寒大下後，脉沉厥逆，吐膿血，泄利不止者，用麻黃湯平其肝肺，兼升發之，即此理也。神而明之，巧申多矣。但表有邪者宜之，若虛人傷寒，便不可用，多汗亡陽故也。同桂枝則入散榮內風寒，故邪在表者，用麻黃。邪在榮者，同桂枝。又曰無汗宜麻黃，有汗宜桂枝。榮衛俱邪，麻桂同用。引聲觸類，其理最活。

明・李中梓《醫宗必讀・本草徵要上》　麻黃味苦，溫，無毒。入心、肺、膀胱、大腸四經。厚朴為使，惡辛夷、石韋。去根節，水煮去沫。　專司冬令寒邪，頭痛、身熱、脊強。去營中寒氣，泄衛中風熱。輕可去實，為發散第一藥，惟在冬月，在表

真有寒邪者宜之。或非冬月，或無寒邪，或寒邪在裏，或傷風等證，雖發熱惡寒，不頭疼身疼而拘急，六脈不浮緊者，皆不可用。雖可汗之證，亦不宜多服。汗為心液，若不可汗而汗，與可汗而過汗，則心血為之動矣。或亡陽、或血溢而成大患，可不慎哉。麻黄乃太陽經藥，兼入肺經，肺主皮毛；葛根乃陽明經藥，兼入脾經，脾主肌肉。發散雖同，所入迥異。

明・鄭二陽《仁壽堂藥鏡》卷一〇上　麻黄《圖經》云：麻黄生晉地及河東，以滎陽、中牟者為佳。　氣溫，味苦，甘而苦，氣味俱薄，陽也，升也。甘熱，純陽。無毒。　手太陰之劑。入足太陽經。走手少陰經、陽明經藥。

《本草》云：主中風傷寒頭痛，溫瘧，發表出汗，去邪熱氣。止厥逆上氣，除寒熱，破癥堅積聚。　《本草》又云：厚朴為之使。惡辛夷、石韋。去節煮三二沸，去上沫，否則令人心煩悶。　潔古云：麻黄發太陽、少陰經汗。入手太陰。《主治秘訣》云：性溫，味甘、辛。氣味俱薄，輕清而浮，升，陽也。其用有四：去寒邪，一也；肺經本藥，二也；發散風寒，三也；去皮膚寒濕及風，四也。泄衛中實，去榮中寒。又云：麻黄，苦為在地之陰，陰當下血，何謂發汗而升上？《經》云：味之薄者，乃陰中之陽。所以麻黄發汗而升上，亦不離乎陰之體，故入手太陰也。　東垣云：去表上之寒邪，甘緩熱，去節用，以解少陰經之寒，散表寒，散煩熱。又云：麻黄主中風傷寒頭痛，發表出汗，通九竅，開毛孔，治欬逆上氣。　海藏云：麻黄入足太陽、手太陰，能泄衛實而發汗及傷寒無汗咳嗽。夫麻黄治衛實之藥，桂枝治衛虛之藥。桂枝、麻黄，雖為太陰經藥，其實榮衛藥也。以其在太陽地分，故曰太陽也。太陽病者，即榮衛。肺主衛，心主榮。衛為氣，榮為血。乃肺、心所主，故麻黄為手太陰之劑，桂枝為手少陰之劑。故傷寒傷風而咳者，用麻黄、桂枝，即湯液之源也。　按：麻黄輕可去實，為發散第一藥。惟在表真有寒邪者宜之。或無寒邪，或寒邪在裏，或飲食勞倦，或陰虛困憊，或傷風有汗等症，雖發熱惡寒，其不頭疼身疼而拘急，六脉不浮緊者，皆不可用。雖可汗之症，亦不宜多服。汗乃心之液，若不可汗而汗，與可汗而過汗，則心血為之動矣。或亡陽，或血溢，而成大患，可不畏哉！丹溪以麻黄、人參同用，良有深心。　禹錫云：麻黄散遍身毒風，皮肉不仁，溫瘧瘟疫。根節能止汗。

明・蔣儀《藥鏡》卷一溫部　麻黄　去榮內之寒邪，洩衛中之風熱。發表去節，斂汗連根。節在內也。寒邪鬱于肺經，而欬逆者宜咀。春深夏月秋初，寒或傳于腠理者禁用。厚朴為使。表實能瀉，氣閉以疏。花粉相和，癰乳能消。乳汁頓下，佐獨活以瘳脚氣。臣甘菊以亮目昏。蓓蕾之癰疽，行涼藥內，用此即消。冰衿之寒顫，疎風散中投之即止。痘家紅紫稠密，皮厚不快者，內托解毒之劑，量人加入，自然稀朗。

明・李中梓《頤生微論》卷三　麻黄　味辛、甘、苦，性溫，無毒。入肺、膀胱二經。厚朴為使。惡辛夷、石韋。去根節，水煮一二沸，去沫用。主冬三月寒邪，頭痛身熱，脊強，去營中寒邪，泄衛中風熱。

按：麻黄輕可去實，為發散第一藥。惟當冬月在表真有寒邪者宜之。或無寒邪，或寒邪在裏，或傷風有汗等症，雖發熱惡寒，其不頭痛身疼拘急，六脉不浮緊者，皆不可用。雖可汗之症，亦不宜多服，汗為心液，不可汗而汗，與可汗而過汗，則心血為之動矣，或亡陽，或衄血而成大患，可不慎哉。

明・張景岳《景岳全書》卷四八《本草正》　麻黄　味微苦、微澁，氣溫而辛。升也，陽也。此以輕揚之味，而兼辛溫之性，故善達肌表，走經絡，大能表散風邪，祛除寒毒，一應瘟疫瘧疾，瘴氣山嵐，凡足三陽表實之證，必宜用之。若寒邪深入少陰、厥陰筋骨之間，非用麻黄、官桂不能逐也。但用此之法，自有微妙，則在佐使之間，或兼氣藥以助力，可得衛中之汗。或兼血藥以助液，可得營中之汗。或兼溫藥以助陽，可逐陰凝之寒毒。或兼寒藥以助陰，可解炎熱之瘟邪。此實傷寒陰瘧家第一要藥，故仲景諸方以此為首，實千古之獨得者也。今見後人多有畏之為毒藥而不敢用，又有謂夏月不宜用麻黄者，皆不達可哂也。雖在李氏有云：若過發則汗多亡陽。若自汗表虛之人，用之則脫人元氣，是皆過用及誤用而然。若陰邪深入，則無論冬夏，皆所最宜，又何過之有？此外，如手太陰之風寒欬嗽，手少陰之風熱斑疹，足少陰之風水腫脹，足厥陰之風痛目痛，凡宜用散者，惟斯為最。然柴胡、麻黄俱為散邪要藥，但陽邪宜柴胡，陰邪宜麻黄，不可不察也。〇製用之法：須折去粗根，入滾湯中煮三五沸，以竹片掠去浮沫，晒乾用之。不爾，令人動煩。

麻黄根：味甘，平，微苦、微濇。同甘斂藥煎服，可以止汗。同牡蠣粉、米粉，或用舊蕉扇杵末，等分，以生絹袋盛貯，用撲盜汗，或夏月多汗，用之俱佳。

明・賈九如《藥品化義》卷一一風藥　麻黄　屬純陽，體輕中空，色綠，

氣微腥，味辛微苦，性溫，能升能降，力發表，性氣輕而味薄，入肺、大腸、胞絡、膀胱四經。　麻黃枝條繁細，細主性銳。形體中空，空能腠理。性味辛溫，辛能發散，溫可去寒。故發汗解表，莫過於此，屬足太陽膀胱經藥。治傷寒初起，皮毛腠理寒邪壅遏，榮衛不得宣行，惡寒拘急，身熱躁盛，及頭腦巔頂頸項脊中腰背遍體無不疼痛，開通腠理，為發表散邪之藥也。但元氣虛弱及勞力感寒或表虛者斷不可用，但誤用之，自汗不止，筋惕肉瞤，為亡陽症，難以救治。至若春分前後，元府易開，如患足太陽經症，彼時寒變為溫病，量為減用。入六神通解散，通解表裏之邪，則榮衛和暢。若夏至前後，陽氣浮於外，膚腠開泄，人皆氣虛，如患足太陽經症，寒又變熱症，不可太發汗，使其元氣先泄，故少用四五分，入雙解散，微解肌表，大清其理。此二者乃劉河間元機之法，卓越千古。若四時感暴風寒，閉塞肺氣，咳嗽聲啞，或鼻塞胸滿，或喘急痰多，用入三拗湯以發散肺邪，奏功甚捷。若小兒疹子，當解散熱邪，以此同杏仁發表清肺，大有神效。

明・蕭京《軒岐救正論》卷三　麻黃　性辛熱，主散，善發汗，唯三冬正傷寒、太陽症脉浮緊者宜之。與夫三拗湯之治哮喘實症，暫用無妨。若餘月而脉非浮緊，不免致班黃之患，甚有真陽外脱，純熱無汗，誤投必死。

明・盧之頤《本草乘雅半偈》帙四　麻黃《本經》中品　氣味：苦，溫，無毒。　主治：主中風，傷寒，頭痛，溫瘧，發表汗出，去邪熱氣，止欬逆上氣，除寒熱，破癥堅積聚。

覈曰：出滎陽、中牟、汴京者為勝。所在之處，冬不積雪。二月生苗，纖細勁直，外黃內赤，中虛作節如竹。四月梢頭開黃色花，結實如百合瓣而緊小，又似皂莢子而味甜。根色紫赤，有雌雄兩種，雌者開花結實。纖細虛中，宛如毛孔。故可對待滿實之毛孔。　修治：去根及節，煮十多沸，掠去白沫，恐令人煩。〔根節能止汗故也〕。厚朴、白薇為之使。惡辛夷、石韋。

条曰：　表黃裏赤，中虛象離，生不受雪，合輔心王，宣揚火令者也。主治寒風溫瘧，標見頭痛之標經，侵淫部署之首，形層之皮，致毛孔滿實，逆開反闔者，宣火政令，揚液為汗而張大之，八萬四千毛孔，莫不從令，而去邪熱氣矣。但熱非病反其本，得標之病，即寒風暴瘧之氣，使人毛孔畢直，皮膚閉而為熱，勁切之性，仍未反乎本氣之寒也。欬逆上氣者，毛孔滿閉，則不能布氣從開，故上逆而欬。癥堅積聚者，假氣成形，則不能轉闔從開，故積堅而癥。蓋不獨本性不遷，即本氣猶未變易，故仍可轉入為出，易冬為春，否則妄汗亡液，敗亂心王矣。合葛根、石膏、麻黃三種，則知仲景處方大局。仲景為立方祖，三種為諸方始也。

明・李中梓《本草通玄》卷上　麻黃　辛甘而溫，氣味俱薄，輕清上浮，入手太陰、足太陽二經。　去營中寒邪，泄衛中風熱，通利九竅，宣達皮毛，消癍毒，破癥結，止欬逆，散腫脹。　按：　麻黃輕可去實，為發表第一藥。惟當冬令在表，真有寒邪者，始為相宜。雖發熱惡寒，苟不頭痛，身痛拘急，脉不浮緊者，不可用也。雖可汗之症，亦當察病之重輕，人之虛實，不得多服。蓋汗乃心之液，若不可汗而誤汗，雖可汗而過汗，則心血為之動搖。或亡陽，或血溢，而成壞症。可不兢兢至謹哉。　服麻黃，而汗不止者，以水浸髮，仍用撲法即止。　凡服麻黃，須謹避風寒，不爾復發難療。　去根節，煮數沸，掠去上沫，沫令人煩，根能止汗故也。

清・顧元交《本草彙箋》卷三　麻黃　枝條繁細，細主性銳；　形體中空，空通腠理；　微苦而辛，性熱而輕揚，入足太陽寒水之經，其經循背下行。本寒而又外受寒邪，腠理閉拒，營衛不行，故宜發汗，以泄皮毛氣分之表實。麻黃稟清陽剛烈之氣，故能去壅塞，而行津液也。　大抵有汗不得用麻黃，此爲定法。

中牟有麻黃之地，冬不積雪，爲泄內陽也，故過用則泄真氣，惟傷寒無汗者廼用之。　根節止汗，研成粉，和牡蠣粉撲之。當歸六黃湯加麻黃根，治盜汗尤捷。其性能行周身肌表，引諸藥外至衛分，而固腠理也。《本草》但知撲法，不知兼有服餌之功，故用麻黃，必去根節。又水煮去沫者，沫令人煩。　根節性又相反也。

清・穆石匏《本草洞詮》卷九　麻黃根、節　味麻而色黃，故名。僧繼洪云：　中牟有麻黃之地，冬不積雪，為泄內陽也。麻黃苦溫，無毒。療傷寒，解肌第一藥。《十劑》云：　輕可去實，麻黃、葛根之屬是也。六淫有餘之邪，客於陽分皮毛之間，腠理閉拒，營衛氣血不行，故謂之實，二藥輕清成象，故可去之。麻黃其形中空，入足太陽寒水之經，其經循背下行，本寒而又受外寒，故宜發汗，去皮毛氣分寒邪，以泄表實。若過發，則汗多亡陽也。或飲食勞倦，及雜病自汗表虛之證，用之則脱人元氣，不可不慎。仲景治傷寒無汗用麻黃，有汗用桂枝，從來解釋，皆隨文傳會，未有究其精微者。王海藏謂麻

黃治衛實之藥，桂枝治衛虛之藥，二物雖為太陽經藥，其實營衛藥也。心主營為血，肺主衛為氣，故麻黃為手太陰肺之劑，桂枝為手少陰心之劑，似亦得其概矣，而未豁然。夫津液為汗，汗即血也。在營則為血，在衛則為汗。寒傷營，營血內嗇，不能外通於衛，衛氣閉固，津液不行，故無汗。發熱而憎寒，風傷衛，衛氣外泄，不能內護於營，營氣虛弱，津液不固，故有汗。發熱而惡風，然風寒之邪，皆由皮毛而入。皮毛者，肺之合也。肺主衛氣，包羅一身，天之象也。是證雖屬太陽，而肺實受邪氣，其證時兼面赤怫鬱，欬嗽痰喘，胸滿諸證，非肺病乎？蓋皮毛外閉，則邪熱內攻，而肺氣膹鬱，故用麻黃、甘草，同桂枝引出營分之邪，達之肌表，佐以杏仁泄肺而利氣。朱肱《活人書》夏至後加石膏、知母，皆泄肺火之藥。是則麻黃湯雖太陽發汗重劑，實為發散肺經火鬱之藥也。腠理不密，則津液外泄，而肺氣自虛，虛則補其母，故用桂枝同甘草，外散風邪以救表，內伐肝木以防脾，佐以芍藥泄木而固脾，泄東所以補西也，使以薑、棗行脾之津液而和營衛，微喘者加厚朴、杏仁以利肺氣也。脈沉遲者，加人參以益肺氣也。朱肱加黃芩為陽旦湯，以瀉肺熱也。是則桂枝雖太陽解肌輕劑，實則理脾救肺之藥也。此千古秘旨，特表而出之。又少陰病，發熱脉沉，有麻黃附子細辛湯、麻黃附子甘草湯。少陰與太陽相表裏，所謂熟附配麻黃，補中有發也。一錦衣夏月飲酒達旦，病水泄，數日不止，水穀直出，服分利消導，升提諸藥，則反劇。李瀕湖診之，脈浮而緩，大腸下弩，復發痔血，此因內食生冷，茶水過襆，抑遏陽氣在下，木盛土衰，《素問》所謂久風成飧泄也。法當升之揚之，遂以小續命湯，一服而愈。昔仲景治傷寒六七日，大下後，脈沉遲，手足厥逆，咽喉不利，唾膿血，泄利不止者，用麻黃湯平其肝肺，兼升發之，即斯理也。麻黃根節甘平，無毒。能止汗。以故竹扇杵末，同撲之。夫麻黃發汗，駃不能禦，而根節止汗，効如影響，物理之妙，不可測度如此。自汗有風濕、傷風、風溫、氣虛、血虛、脾虛、陰虛、胃熱、痰飲、中暑、亡陽、柔痓諸證，皆可隨證加而用之。當歸六黃湯加麻黃根治盜汗尤捷，蓋其性能行周身肌表，故能引諸藥外至衛分，而固腠理也。《本草》但言襆粉撲之，而服餌之功亦良。凡服麻黃，須避風一日，以表虛風易入也。

清・劉雲密《本草述》卷九上

麻黃之才曰：厚朴、白薇為之使。惡辛夷、石韋。

覈曰：出滎陽、中牟、汴京者為勝，所在之處，冬不積雪。二月生苗，纖細勁直，外黃內赤，中虛作節如竹，五月梢頭開黃色花，結實如百合瓣而緊小，又似皂莢子而味甜，外皮紅裏，仁子黑，根色紫赤。時珍曰：麻黃之地，冬不積血，為泄內陽也，故過用則洩眞氣。時珍曰：凡服麻黃藥，須避風一日，不爾，病復作也。

氣味：苦，溫，無毒。《別録》曰：微溫。普曰：神農、雷公：苦，無毒。潔古曰：性溫，味苦而甘辛，氣味俱薄，輕清而浮，陽也，升也，手太陰之藥，入足太陽經，兼走手少陰、陽明。

諸本草主治：三冬春初，傷寒頭痛身痛，惡寒無汗，並除寒熱，及邪氣咳逆，去營寒，瀉衛實，並治中風頭痛，風脇痛，治溫瘧及壯熱溫疫，能消冬春赤黑斑毒，治身上毒風瘮痺，皮肉不仁。開毛孔，通腠理，調血脈，破癥瘕積聚，並治風腫水腫，及赤目腫痛。方書主治：咳嗽喘，中風頭痛，自汗盜汗，痺痛痺痓，瘧，水腫，心痛，胃脘痛，脇痛，腰痛，行痺攣，前陰諸疾，脹滿著痺，癮瘮，眩暈狂癎譫妄，卒中暴厥，發熱惡寒，往來寒熱，外熱內寒，外寒內熱，痰飲反胃。頸強痛，腹痛，身體痛，悸，消癉，黃疸，泄瀉滯下，大便不通，疝。

以上從主治多寡為次。東垣曰：輕可去實，麻黃、葛根之屬是也。如外寒之邪，復中於寒水之經，腠理閉拒，營衛氣血不行，故謂之實。麻黃微苦，其形中空，陰中之陽，入足太陽寒水之經，取其輕清成象，能去其壅實，使邪從表散也。又曰：麻黃苦，為在地之陰也。陰當下行，何謂發汗而升上？《經》云：味之薄者，乃陰中之陽。所以麻黃發汗而升上。然而升上，亦不離乎陰之體，故入手太陰。海藏曰：麻黃，入足太陽、手太陰，能泄衛實而發汗及傷寒無汗咳嗽。夫麻黃治衛實之藥，桂枝治衛虛之藥。桂枝、麻黃，雖為太陽經藥，其實營衛藥也。以其在太陽地分，故曰太陽也，本病者即營衛，肺主衛，心主營，衛為氣，營為血，乃肺心所主，故麻黃為手太陰之劑，桂枝為手少陰之劑。故傷寒傷風而咳者，用麻黃、桂枝，即湯液之源也。

之頤曰：表黃裏赤，中虛象離，生不受雪，合輔心王，宣揚火令者也。主治寒風溫瘧，標見頭痛之標經，侵淫部署之首，形層之皮，致毛孔滿實，逆開反闔者，宣火政令，揚液為汗，而張大之，八萬四千毛孔，莫不從令，而去邪熱氣矣。咳逆上氣者，毛孔滿閉，則不能布氣從開，故上逆而咳。癥堅積聚者，假氣成形，則不能轉闔從開，故積堅而癥，唯此味宣火政令，可使轉入為出，易冬為春，此日華子所以謂其能開毛孔皮膚，通九竅，調毛脈者也。希雍曰：麻黃稟天地清陽剛烈之氣，故《本經》味苦，其性溫而無毒。詳其主治，

應是大辛之藥。《藥性論》加甘，亦應有之。氣味俱薄，輕清而浮，陽也，升也，手太陰之藥，入足太陽經，兼走手少陰、陽明。主散在表寒邪，通九竅，開毛孔，破癥結，散積聚。去根節者，大能發汗。根節能歛汗。

愚按：麻黄既以主氣名之，為手太陰之劑。然寒傷營者用之，營則屬血也。桂枝既以主血名之，為手少陰之劑，然風傷衛者用之，衛則屬氣也。蓋營在脈中，傷之則邪入深，是豈止營病，自并與衛而犯之，故張仲景先生用麻黄湯，驅營中之寒邪，使之發越，自衛而出，勿裨營邪仍閉。寒邪傷營，是已病於經矣，較之風傷衛者為深，乃懵工輒言為治皮毛表邪者，何歟？衛在脈外，傷之則邪入猶淺。然風邪干於陽，陽氣不固，是由衛氣不能與營氣和故耳。《經》曰：陰者，陽之守也。故仲景用桂枝湯散表分之邪，引之與營氣諧和，勿使衛邪得留。然麻黄何以由營而通衛，《本經》謂麻黄苦溫，夫苦為在地之陰，是從陰而達陽者也。猶以杏仁助其達衛，然必至衛通，而乃能達其陰之用，故曰寒傷營者用之。抑桂枝何以由衛而和營？《本經》謂桂辛熱。夫辛為在天之陽，是從陽而和陰者也。猶以白芍導之和營，然必至營諧，而乃能暢其陽之用，故曰風傷衛者用之。若然，麻黄本以治寒之傷營者，故即從陰中達陽，而後營乃通。桂枝本以治風之傷衛者，故即從陽中召陰，而後衛乃和。先生精詣至此，豈後人可能彷彿其萬一哉。或曰：桂枝湯之從陽召陰，以和衛者，其義易知也。唯是麻黄湯云為陰中達陽，而後營乃通者，猶未能豁然也。曰：《經》云：巨陽者，諸陽之屬也。但太陽之氣，本於寒水，寒水鬱，則太陽之氣病，病則鬱甚，由營至衛，其害有不可言者。然非即本於寒水中之眞氣，不能達水之鬱，非如麻黄本於在地至陰，即水暢火，即火達水，却中虛象離，輕揚上泄，以透至陰中之眞陽，際於極上，惡能使血脈利，營氣通，俾寒水之氣得暢，而太陽之氣得至於肺乎？即水暢火，即火達水，此二語乃精實語。蓋太陽受寒水之鬱，不獨病於氣也。乃寒水因太陽之鬱，而反窮於生化，於所謂人身血脈營氣，皆水化者。而其義不可思乎？是即從陰中達陽，而後營乃通之說也。夫草木有實，乃其孕育眞元，以為生化者，如麻黄結實於夏，實之外皮色紅，是皆達火氣者。然其裏仁子黑，此非火原於水之明徵乎？火出水中，乃為元氣，故能因火以達水，人身血脈營氣皆水化也。故凡血脈病於重陰之鬱者，俱可以此透之，寧獨寒邪為病，如傷寒乎？此所謂從陰達陽，而營乃通者也。粗工祇謂其能散表邪，則亦未深研矣其一。

愚按：先哲謂桂枝湯所治為營弱衛強，麻黄湯所治為營實衛虛，此說良然。故如桂枝湯，有桂枝以泄衛強，即有白芍助桂以和營虛。如麻黄湯有麻黄以泄營實，而更有桂枝以撤衛邪。夫既云衛虛，奈何又重泄之？蓋寒邪鬱遏於營中，遂致衛氣固閉，此即是衛虛耳。故必藉達衛之正劑以助之，不止借力於杏子也。《經》曰：邪氣并則實，精氣奪則虛。風傷衛，故曰衛強。氣之所病，為血虛，故曰營弱。寒傷營，故曰營實。血之所并，為氣虛，故曰衛虛。若然，何故不全用桂枝湯，而頓去白芍乎？蓋麻黄湯以泄營實為主，用白芍恐其滋陰邪之鬱也。是則麻黄一味，先生固專藉其導陰中之陽以出耳。乃粗工漫曰解肌，不為語末而忘其本乎？更条大青龍所治，一治中風見寒脈，一治傷寒見風脈，是即風寒之兩傷者，皆以寒故而忌白芍，明於白芍之以斂陰而犯忌，則知麻黄之以導陰，而為主劑矣。猶可謂其功祇在肌表乎？且如傷寒證，太陽頭痛，發熱身疼，腰痛骨節疼痛，惡風無汗，脈陰陽俱緊者，乃為麻黄湯之的對，醫類知之，且曰不如是脈證者，未可投也。詎知其猶有不如其證，而亦必須者，丁酉冬臘，病於頭痛，惡風，鼻出清涕，兼以咳嗽痰甚，一時多患茲證。然用冬時傷風之劑而愈者固多，却有迥殊於茲治者亦不少也。蓋是年君火在泉，終之氣乃君火客氣，為主氣寒水所勝。《經》曰：主勝客者逆。夫火乃氣之主，故雖不等於傷寒之邪入經，然寒氣已逆而上行，反居火位，火氣不得達矣。所以患證雖同於風，投以風劑，如羌、獨輩，則反劇。蓋惡其耗氣，而火愈虛也。至如桂枝湯之有白芍，固不得當，即桂枝僅泄表實，不能如麻黄能透水中之眞陽以出也。故愚先治其標，用乾薑理中湯佐五苓散，退寒痰寒水之上逆，乃治其本用麻黄湯去杏仁，佐以乾薑、人參、川芎、半夏，微微取汁，守此方因病進退而少加減之，皆未脫麻黄，但有補劑，不取汗矣。病者乃得霍然。寒冒乎火，非即在寒水中，畢透眞陽以出，如麻黄，若止以薑、桂輩勝寒，能如是之直截中肯乎？就此證觀之，如不悉茲味所長，而漫云解肌，是謂粗工。即云治寒，非如正傷寒前證悉具，俱不得投。若然，則如茲似風等證，皆束手無措矣。是盡習於成說，而不及致察之過歟，良可慨夫其二。

愚按：麻黄，正足太陽之劑，蓋從寒水中透出眞陽，是氣出水中之義。乃為元氣，但氣由陰中所透之陽，以能上際於天表，其主之在天者肺也。故

方書諸證主治，於咳嗽為最。更請悉之。先哲曰：在風寒暑溼之邪，先自皮毛而入。皮毛者，肺之合也。即此繹之，則寒先侵於肺之合，而其氣不能為之衛，使寒侵入於皮毛之合，而為嗽，則由於寒水中之眞陽，不能透出於天表以為衛也。《經》所云衛出於下焦者，即此可繹矣。故還以茲味達陽而出，為能際於天表者，治寒之侵肺而為嗽，舍此中的之劑不可也。此味於喘證，又為要藥，即以寒證言之。嗽者，因水中之眞陽弱，不能上為肺之衛，致清虛之臟為邪所客，不得寧靜也。在喘者，則足太陽寒水之陽，既鬱冒而不能透，至鬱冒之極，遂並邪氣而上逆，入胃至肺，以為上壅。肺之竅，固主呼吸，以行升降者，至受邪傷壅，則肺之關竅不通，有升無降，所謂呼吸不能行而為喘，是先哲所謂肺脹也，非此能透眞陽於寒水中者，其何以散上壅寒邪，為之對待乎？然須知此味非以對待寒邪也，要於寒水中能透眞陽而上際，則寒邪自散耳。試觀方書亦用之治熱嗽及喘者，似能為眞氣之開者樞，固在或寒或熱之先矣。更閱方書之治癇證，如龍齒丹，多鎮驚安神定志之劑，而入去節麻黄者，所以透眞陽入心，俾為神志之助也。則茲味止取其能透眞陽為功，舉一可以類求矣。至中風及頭痛證，乃用之亦不少者，蓋風木即繼寒水之後，寒水中眞陽不透，則風斯鬱，陽透而風斯平矣。如頭痛證，蓋緣三陰不至於首，唯三陽乃得至之，更巨陽為諸陽之屬，而頭又為三陽之首也。即就寒邪以論斯證，三陽因寒水而鬱，則巨陽所受之邪，即附巨陽之鬱氣以上至於頭而為痛，非能透眞陽於寒水中者，其何以對待之？而令巨陽之眞氣，能破重錮而至於諸陽之首乎？第統繹以上數證，多屬氣分之證治，然亦未能離於血。蓋寒水原宅於至陰之臟腑，而血乃眞陰之化醇也。但如前數證，治療大要以氣分為主耳。至於水腫痺證，痛痺行痺著痺，以及心與胃脘痛，脇及腰痛，種種諸證用之，總亦不越於透眞陽，以善其主氣之用。但時亦有取責於血者，以眞陽之透，原不離於水中，故斟酌於血劑，以和天氣，尤宜加意耳。《本經》主治首及中風，即是泄營實，調血脈之義。蓋風木舉寒水而升，即為血藏。然必本於水中氣先升，是所謂陽為陰倡也。雖然能令眞陽透出於天表，則在地之陰乃和，是謂各正其位也。蓋陽固出地中，若不能際於天上者，即是眞陽之病，而眞陰之化育亦窮也。前段所謂必至衛通，而乃達其陰之用者此耳。風木繼寒水之後，如水中之陽不透，則風木之化原病矣。眞陽透而眞陰乃得行其化，厥陰風木固陰中之少陽，所謂以寒水為化原，必眞陰得行其化，而後風眚不作也。明於斯義，則於麻黄之用善矣其三。

附方　中風諸病，麻黄一斤，去根，以王相日、乙卯日，取東流水三石三斗，以淨鐺盛五七斗，先煮五沸，掠去沫，逐旋添水，盡至三五斗，漉去麻黄，澄定，濾去滓，取清再熬至一斗，再澄再濾，取汁再熬至升半為度，密封收之，一二年不妨，每服一二匙，熱湯化下，取汗。熬時要勤攪，勿令著底，恐焦了。仍忌雞、犬、陰人見之。此劉守眞秘方也。前輪風木，繼寒水之後云云，可悟獨用麻黄，以治中風之微義。　時珍曰：一錦衣夏月飲酒達旦，病水泄數日不止，水穀直出。服分利、消導、升提諸藥，則反劇。時珍診之脈浮而緩，大腸下弩，復發痔血，此因肉食生冷，茶水過雜，抑遏陽氣在下，木盛土衰，《素問》所謂久風成飧泄也。法當升之揚之。遂以小續命湯投之，一服而愈。　風痺冷痛，麻黄去根五兩，桂心二兩，為末，酒二升，慢火熬如餳，每服一匙，熱酒調下，至汗出為度，避風。　按麻黄每同桂枝用，而此同桂心者，正治氣而即為血地也。　裏水黄腫，仲景云一身面目黄腫，其脈沉，小便不利。甘草麻黄湯主之。麻黄四兩，水五升，煮去沫，入甘草二兩，煮取三升，每服一升，重覆汗出，不汗再服，慎風寒。《千金》云：有患風急久不瘥，變成水病，從腰以上腫者，宜以此發汗。　水腫脈沉，屬少陰，其脈浮者，為氣虛。脹者為氣，皆非水也。麻黄附子湯汗之，麻黄三兩，水七升，煮去沫，入甘草二兩，附子炮一枚，煮取二升半，每服八分，日三服。取汗。　按：麻黄之用，以治水腫，得毋猶是寒水之義歟。曰：然。先天之水，乃氣之元，後天之氣，乃水之主。能由足太陽而達於手少陰，則先天並後天以充矣。正《經》所謂通調水道，下輸膀胱，水精四布，五經並行者也。即是血脈得通，蓋水化液，液化血，同一原也。

根節：　氣味：甘，平，無毒。　主治：止汗，夏月雜粉撲之弘景。

方書主治：自汗，盜汗。　時珍曰：麻黄發汗之氣駃不能禦，而根節止汗，效如影響，物理之妙，不可測度如此。自汗有風溼，傷風，風溫，氣虛，血虛，脾虛，陰虛，胃熱，痰飲，中暑，亡陽，柔痓諸證，皆可隨證加而用之。當歸六黄湯加麻黄根，治盜汗尤捷。蓋其性能行周身肌表，故能引諸藥外至衛分，而固腠理也。《本草》但知撲之之法，而不知服餌之功尤良也。

愚按：麻黄根節云能止汗，似與去根節之能發汗大相反也。詎知其根節

與莖，同是透陽而出之一物，却即有不淩節而出之妙存焉，易遇涣而受之以節，雖微物，亦具斯義也。雖先哲分而用之，取材適於宜耳。更如洗心之治，又和節用之，不止於單用節矣。觀此則麻黄之和節用者，亦不外於透陽。但有節次，俾陽之透者，仍有守也。再觀癇證屬陽，蹻者治以升陽湯，其義益明。而去節，與獨用節之義，并可条矣。

附方　産後虚汗，黄芪、當歸各一兩，麻黄根二兩，每服一兩，煎湯下。内外障瞖，麻黄根一兩，當歸身一錢，同炒黑色，入麝香少許，為末，嗃鼻頻用。

《別録》曰：不可多服，令人虚。　東垣曰：用麻黄發汗，不宜過，過發汗則亡陽。或飲食勞倦，及雜病自汗表虚之證，用之則脱人元氣，不可不禁。　中梓曰：麻黄惟當冬月在表，眞有寒邪者宜之。或無寒邪，或寒邪入裏，或傷風有汗等證，雖發熱惡寒，其不頭痛身疼，拘急，六脈不浮緊者，皆不可用。雖可汗之證，亦不宜多服。　希雍曰：表虚自汗，肺虚有熱，多痰嗽，以致鼻塞，及傷風氣虚發喘，南方中風癱瘓，及平日陽虚，腠理不密之人，皆禁用。自春深夏月，以致初秋，法所同禁。　按：用之不當，能瀉人眞氣，脱人元氣者，謂何？曰：固謂此味能透泄至陰之眞陽，如營氣之鬱塞，血脈之結聚者用之，是謂適事為故。如陽氣虚弱，並無是重陰之鬱者，嘗試之即用之當而過，豈不損人於倏忽乎？此先哲之所以切切致慎也。

修治　用之折去節根，水煮十餘沸，以竹片掠去上沫，沫令人煩。去根節者，能止汗故也。

清・郭章宜《本草匯》卷一一　麻黄　甘、辛、苦，温，氣味俱薄，輕，陽也，升也，清而浮，手太陰之藥。入足太陽經，麻黄乃太陽經藥，兼入肺經，肺主皮毛。葛根乃陽明經藥，兼入脾經，脾主肌肉。發散雖同，所入迥異。兼走手少陰、陽明。專司冬令寒邪，散發頭疼脊強。去營中寒氣，泄衛中風熱。解肌麻黄，療傷寒解肌第一藥。發表，出汗服麻黄而汗不止者，以水浸髮撲法即止。止咳，麻黄乃肺經專藥，故治肺病多用之。定喘除風。《本經》主中風傷寒頭痛，温瘧發表出汗，去邪熱氣者，蓋以風寒濕之外邪，客于陽分皮毛之間，則腠理閉絶，榮衛氣血不行。此藥輕清成象，故能去其壅實，使邪從外散也。又治欬逆上氣者，風寒鬱于手太陰也。風脇痛者，風邪客于脇下也。斯皆衛實之病也。衛中風寒之邪散，則諸證自除矣。

按：麻黄，治衛實之藥；桂枝，治衛虚之藥，二物雖為太陽證藥，其實營衛藥也。杲曰：輕可去實，麻黄、葛根之屬是也。六淫有餘之邪，客于陽分皮毛之間，腠理拒閉，營衛不行，故謂之實。二藥輕清成象，故可去之。麻黄味苦，其形中空，陰中之陽，入足太陽寒水之經，其經循背下行，本寒而又受外寒，故宜發汗，去皮毛氣分寒邪，以泄表實。若過發則汗多亡陽，或飲食勞倦及雜病自汗表虚之證，用之則脱人元氣，不可不禁。　好古曰：心主營為血，肺主衛為氣。故麻黄為手太陰肺之劑，桂枝為手少陰心之劑。張仲景以傷寒無汗用麻黄，有汗用桂枝。醫者未得其精微也。精液為汗，汗即血也。在營則為血，在衛則為汗。夫寒傷營，營血内濇，不能外通于衛，衛氣閉，固津液不行，故無汗發熱而憎寒。風傷衛，衛氣外泄，不能内護于營，營氣虚弱，津液不固，故有汗發熱而惡風。然風寒之邪，皆由皮毛而入。皮毛者，肺之合也。是症雖屬乎太陽，而肺實受邪氣，其證時兼面赤怫鬱，欬嗽有痰，喘而胸滿諸證者，非肺病乎？蓋皮毛外閉，則邪熱内攻，而肺氣膹鬱，故用麻黄、甘草，同桂枝，引出營分之邪，達之肌表，佐以杏仁，泄肺而利氣。汗後無大熱而喘者，加以石膏。《活人書》夏至後加石膏、知母，皆是瀉肺火之藥。是則麻黄湯雖太陽發汗重劑，實為散解肺金火鬱之藥也。腠理不密，則精液外泄，而肺氣自虚，虚則補其母，故用桂枝同甘草，外散風，外以救表。内伐肝木以防脾，佐以芍藥，泄水而固脾，泄東所以補西也。使以薑、棗，行脾之精液，而和營衛也。下後微喘者，加厚朴、杏仁以利肺氣也。汗後脉沉遲者，加人參以益肺氣也。雖為發表第一藥，惟當冬令在表，真有寒邪者宜之。或非冬月，或無寒邪，或寒邪在表，或傷風等證，雖發熱惡寒，苟不頭疼身痛拘急，六脉不浮緊者，皆不可用。雖可汗之證，亦當察脉之輕重，人之虚實，不得多服。蓋汗乃心之液，若不可汗而汗，與可汗而過汗，則心血為之動揺，或亡陽，或血溢而成壞症，可不慎哉？若表虚自汗，陰虚盗汗，肺虚有熱，多痰欬嗽，以致鼻塞，及平日陽虚，腠理不密之人，脉浮弦濇大沉微細弱，及伏匿者，法所同戒。

凡服麻黄，須謹避風，不爾病復發難療。産青州、彭城屬山東，而滎陽、中牟者屬河南獨勝。宜用陳久者，去根節，止汗故也。煮數沸，抹去上沫，沫令人煩。焙乾用。黄芩為之佐，厚朴、白微為之使。惡辛夷。

麻黄根節　味甘，氣平。止諸虚盗汗自汗，治亡陽濕風柔痓。

按： 麻黃其形中空，散寒邪而發表。其節中閉，止盜汗而固虛。以故盜汗自汗者，用竹扇杵末，同撲之。又牡蠣粉、粟粉，并麻黃根，等分為末，生絹袋盛貯，撲手摩之汗止，效如影響，物理之妙，不可測度如此。當歸六黃湯加麻黃根者，亦以止汗捷也。蓋甘性能行周身肌表，故能引諸藥外至衛分，而固腠理。《本草》但知撲之之法，而不知服餌之功尤良也。

清·蔣居祉《本草擇要綱目·熱性藥品》 麻黃 氣味： 苦，溫，無毒。 主治： 輕清而浮升，陽也。入手太陰、足太陽經，兼走手少陰、陽明二經。 中風傷寒頭痛，發表出汗，通九竅，開毛孔，治欬逆上氣，凡六淫有餘之邪，客于陽分皮毛之間，腠理閉拒，榮衛氣血不行，謂之表實，非麻黃之輕清，不可以散濁實。但太陽寒水之經，經脈循背下行，本寒而又受外寒，固宜發汗以泄表實。或飲食勞倦及雜病自汗表虛之症，用之則汗過亡陽，脫人元氣，不可不禁。仲景治傷寒有汗用桂枝，無汗方用麻黃，傷寒傷風而咳嗽合用麻黃桂枝湯，其用意慎且重也。麻黃雖太陽發散重劑，為發散肺金火鬱之藥，其說何也？蓋寒傷榮，榮血內濇，不能外通于衛，衛氣閉固，津液不行，故無汗發熱而憎寒，其症面赤怫鬱。

清·閔鉞《本草詳節》卷二 麻黃 【略】按： 麻黃輕可去實，為發表第一藥。惟當冬令，在表真有寒邪者，始為相宜。雖發熱惡寒，苟不頭疼，身痛拘急，脈不浮緊者，不可用也。雖可汗之症，亦當量病之輕重，人之虛實，不得多服。蓋汗乃心液，若不可汗而誤汗，與可汗而過汗，則心血為之動搖，或亡陽，或血溢，而壞症成矣。仲景治傷寒無汗用麻黃，以寒傷營，營血內濇，不能外通於衛，衛氣閉，固津液不行，故無汗發熱而憎寒。有汗用桂枝，以風傷衛，衛氣外泄，不能內護於營，營氣虛弱，津液不固，故有汗發熱而惡風。然風寒之邪，皆由皮毛而入，肺主皮毛，其症時兼面赤怫鬱，欬嗽痰喘，胸滿諸症者，非肺病乎？皮毛外閉，則邪熱內攻，而肺氣膹鬱，故麻黃湯同甘草、桂枝，引出營分之邪，達之肌表，佐以杏仁泄肺而利氣。汗後無大熱而喘者，加石膏、知母，而泄肺火，是麻黃湯雖太陽發汗重劑，又實為發散肺經火鬱之藥也。腠理不密，則津液外泄，而肺氣自虛，虛則補其母，故桂枝湯同甘草，外散風邪以救表，內伐肝木以防脾，佐以芍藥泄木而固脾，使以薑、棗行脾之津液，而和營衛也。下後微喘者，加厚朴、杏仁，利肺氣也。汗後脈沉遲者，加人參益肺氣也。朱肱加黃芩，為陽旦湯，瀉肺熱也。皆是脾肺之藥。是桂枝湯雖太陽解肌輕劑，又實為理脾救肺之藥也。此《傷寒論》中開卷兩大方，後人不可不知究心。

清·王翃《握靈本草》卷四 麻黃生中牟者勝，陳久者良。凡用去根節，水煮十餘沸，掠去沫，不令人悶。 主治： 麻黃苦，溫，無毒。主中風傷寒頭痛，溫瘧，發表出汗，止欬逆上氣，水腫風腫，去營中寒邪，洩衛中風熱。

清·汪昂《本草備要》卷一 麻黃輕，發汗。 辛，溫，微苦。僧繼洪曰：中牟產麻黃，地冬不積雪，性熱，故過服泄真氣。入足太陽膀胱，兼走手少陰、陽明心、大腸，而爲肺家耑藥。能發汗解肌，去營中寒邪、衛中風熱。調血脉，通九竅，開毛孔。治中風傷寒，中，猶傷也。頭痛溫瘧，咳逆上氣，風寒鬱于肺經。《經》曰：諸氣膹鬱，皆屬于肺。痰哮氣喘，哮症宜瀉肺氣，雖用麻黃，而不出汗，本草未載。赤黑斑毒，胃熱。一曰斑症。表虛不得再汗，非便閉亦不可下，只宜清解其熱。毒風疹痹，皮肉不仁，目赤腫痛，水腫風腫。過劑則汗多亡陽，夏月禁用。汗者心之液，過汗則心血爲之動搖，乃驍悍之劑。丹溪以人參、麻黃同用，亦攻補法也。東垣曰：《十劑》曰輕可去實，葛根、麻黃之屬是也。邪客皮毛，腠理閉拒，營衛不行，故謂之實。二藥輕清，故可去之。時珍曰： 麻黃，太陽經藥，兼入肺經，肺主皮毛； 葛根，陽明經藥，兼入脾經，脾主肌肉。二藥皆輕揚發散，而所入不同。王好古曰： 麻黃治衛實，桂枝治衛虛，雖皆太陽經藥，其實營衛藥也。心主營爲血，肺主衛爲氣。故麻黃爲手太陰肺之劑，桂枝爲手少陰心之劑。諸家皆以麻黃、桂枝爲肺經藥，謂傷寒傳足不傳手者，誤也。時珍曰： 仲景治傷寒，無汗用麻黃，有汗用桂枝，未有究其精微者。津液爲汗，汗即血也，在營則爲血，在衛則爲汗。寒傷營，營血內濇，不能外通于衛。衛氣閉固，津液不行，故無汗發熱而惡寒； 風傷衛，衛氣外泄，不能內護于營。營氣虛弱，津液不固，故有汗發熱而惡風。然風寒皆由皮毛而入，皮毛，肺之合也。蓋皮毛外閉，則邪熱內攻，故用麻黃、甘草同桂枝，引出營分之邪，達之肌表； 佐以杏仁，泄肺而利氣。汗後無大熱而喘者加石膏。《活人書》夏至後加石膏、知母，皆泄肺火之藥。是麻黃湯雖太陽發汗重劑，實散肺經火鬱之藥。腠理不密，則津液外泄而肺氣虛，虛則補其母，故用桂枝同甘草，外散風邪以救表，內伐肝木以防脾。桂能平肝。佐以芍藥，泄木而固脾； 使以薑、棗，行脾之津液而和營衛。下後微喘者，加厚朴、杏仁，以利肺氣也。汗後脉沉遲者加人參，以益肺氣也。《活人書》加黃芩爲陽旦湯，以瀉肺熱也。是桂枝湯雖太陽解肌輕劑，實爲理脾救肺之藥也。 發汗用莖去節，煮十餘沸，掠去浮沫，

或用醋湯略泡，曬乾備用。亦有用蜜炒者。庶免太發。止汗用根節。無時出汗爲自汗，屬陽虚；夢中出汗爲盗汗，屬陰虚。用麻黄根、蛤粉、粟米等分爲末，袋盛撲之佳。時珍曰：麻黄發汗，駃不能禦；根節止汗，效如影響。物理不可測如此。自汗有風濕、傷風、風溫、氣虚、血虚、脾虚、陰虚、胃熱、痰飲、中暑、亡陽、柔痓等症，皆可加用。蓋其性能行周身肌表，引諸藥至衛分而固腠理。○汗雖爲心液，然五藏亦各有汗。《經》曰：飲食飽甚，汗出于胃；驚而奪精，汗出于心；持重遠行，汗出于腎；疾走恐懼，汗出于肝；搖體勞苦，汗出于脾。厚朴、白微爲使，惡辛夷、石膏。

清・吴楚《寶命真詮》卷三 麻黄 【略】專司冬令寒邪，頭疼身熱脊強，去營中寒氣，泄衛中風熱，通利九竅，宣達皮毛，消癍毒，破癥結，止欬逆，散腫脹。○節根能止汗。輕可去實，為發散第一藥。惟冬令在表真有寒邪者宜之。或非冬月，或無寒邪，或寒邪在裏，或傷風等證，雖發熱惡寒，不頭疼身痛拘急，脉不浮緊者，不可妄用。【略】麻黄乃太陽經藥，兼入肺經者，肺主皮毛也。葛根乃陽明經藥，兼入脾經者，脾主肌肉也。發散雖同，所入逈異。○凡服麻黄，須謹避風寒，不然復發難治。

清・陳士鐸《本草新編》卷三 麻黄 味甘、辛，氣寒，輕清而浮，升也，陽也，無毒。入手足太陽經、手太陰本經陽明經。榮衛之藥，而又入足太陽經、手少陰經也。發汗解表，祛風散邪，理春間溫病，消黑斑赤疹，去榮寒，除身熱頭疼，治夏秋寒疫。雖可為君，然未可多用。蓋麻黄易于發汗，多用恐致亡陽〔也〕。

或問：麻黄既是太陽經散營表肌聖藥，凡見太陽經有營邪未散，而表症未解者，似宜多用之矣，而子何戒人多用也？夫君藥原不論多寡也。太陽營邪，能用麻黄，即為君主，用之則邪自外泄，而不必用之者，蓋麻黄少用，邪轉易散；多用則不散邪，而反散正矣。

或問：麻黄易于發汗，用何藥制之，使但散邪，又不發汗耶？曰：麻黄之所最畏者，人參也。用麻黄而少用人參，則邪既外泄，而正又不傷，何致有過汗之虞。倘疑邪盛之時不宜用人參，則惑矣。夫邪輕者，反忌人參。而邪重者，最宜人參也。用人參于麻黄湯中，防其過汗亡陽，此必重大之邪也，又何足顧忌哉。

或問：麻黄誤汗，以致亡陽，用何藥以救之乎？曰：舍人參無他藥也。夫人參非止汗之藥，何以能救麻黄之過汗。蓋汗生于血，而血生于氣也，汗出于外，而血消于内，非用人參以急固其氣，則内無津液之以養心，少則煩躁，重則發狂矣。此時而欲用補血之藥，則血不易生；此時而欲用止汗之藥，則汗又難止。惟有用人參補氣，生氣于無何有之鄉，庶幾氣生血，而血生汗，可以救性命于垂絶，否則，汗出不已，陽亡而陰亦亡矣。

或問：麻黄善用之則散邪，不善用之則散正，何不示人以一定之法，使無誤用也。夫用麻黄，實有一定之法，而世人未知也。麻黄散營中之邪也。見營中之邪，即用麻黄，又何誤哉。惟其不能明辨營中之邪，所以動手即錯。而營中之邪，又最易辨也。凡傷寒頭疼除，而身熱未退，即邪入營矣，便用麻黄，邪隨解散，又寧有發汗亡陽之變哉。夫亡陽之症，乃邪未入于營，而先用麻黄以開營之門，而方中又不入桂枝，以解衛中之邪，復不入石膏以杜胃中之火，此所以邪兩無所忌，汗肆然而大出也。倘合用桂枝、石膏、麻黄三味同入，必不至有陽亡之禍矣。

或疑麻黄一味亂用，已致出汗亡陽，何以合桂枝、石膏同用，反無死亡之禍，此僕所未明也。不知藥單用則功專，同用則功薄。麻黄單用，則罔所顧忌，專于發汗矣。苟有桂枝同用，則麻黄寒，而桂枝熱，兩相牽掣，而有以奪其權。苟有石膏同用，則石膏重，而麻黄輕，兩相別而得以爭其效，雖汗出而不致亡陽，又何有暴亡之慘哉。

或疑慎用麻黄，宜少而不宜多，乃何以亦有少用而亡陽者乎？此蓋用之不當，雖少，陽亦亡也。故醫貴辨症分明，不在用藥謹飭〔也〕。

或疑麻黄有初病傷寒而即用，亦有久病傷寒而仍用者，又是何故？蓋在營之風邪未散也。而在營之風邪未散，何從而辨？身熱而畏寒者是也。凡見傷寒之症，雖時日甚久，而身熱未退，又畏風寒，非前邪未退，即後邪之重入，宜仍用麻黄散之，但戒勿多用耳。蓋初感之邪其勢盛，再感之邪其勢衰。邪盛者，少用而邪難出；邪衰者，多用而邪易變也。

或疑麻黄善變，何法以安變乎？不知麻黄未嘗變也，人使之變耳。如宜汗而不汗，不用麻黄，汗將安變？惟不宜汗而汗之，又用麻黄，汗始大出，甚則出而不已，將六經傳變，其不死者幸也。可見，防變之道，不在麻黄之不汗，而在麻黄之過汗也。宜麻黄之發汗，汗之而變不生；不宜麻黄之發汗，汗之而變必甚。然則防過汗可也，何必防麻黄，而求安變之法哉。

或問：麻黄性寒，而善治風邪，殊不可解〔矣〕。夫傷寒初入于衛，原是

寒邪。因入于衛，得衛氣之熱，而寒變為熱矣。邪既變為熱，倘仍用桂枝湯，欲以熱散熱，安得而不變為更熱乎。故仲景夫子不用桂枝之熱，改用麻黄之寒，祛邪從營中出也，從來治風之藥，未有不寒者，以寒藥散寒邪，似乎可疑，今以寒散熱，又何疑乎。

或問：麻黄氣溫，而吾子曰氣寒，繆仲(仁)〔醇〕又曰味大辛，氣大熱，何者為是乎？曰：麻黄氣寒，而曰微溫猶可，曰大熱則非也。蓋麻黄輕揚發散，雖是陽藥，其實氣寒。若是大熱，與桂枝之性相同，用桂枝散太陽寒邪，不必又用麻黄散太陽熱邪矣。惟其與桂枝寒熱之不同，雖同入太陽之中，而善散熱邪，與桂枝善散寒邪迥別。故桂枝祛衛中之寒，而麻黄解營中之熱。不可因桂枝之熱，以散太陽之邪，而亦信麻黄為大熱也。

或疑麻黄性溫，而吾子辨是性寒，得毋與仲景公傷寒之書異乎？夫仲景夫子何嘗言麻黄是溫也。觀其用麻黄湯，俱是治太陽邪氣入營之病。邪在衛為寒邪，入營〔中〕為熱，此仲景夫子訓也，鐸敢背乎。此所以深信麻黄是寒，而斷非熱也。

或問：麻黄發汗，而麻黄根節止汗，何也？此一種而分兩治者，亦猶地骨皮瀉腎中之火，而枸杞子補精而助陽也，原無足異。惟是麻黄性善行肌表，引諸藥至衛分，入腠理，則彼此同之，故一用麻黄之梗，發汗甚速，一用麻黄之根節，而止汗亦神也。

或問：麻黄世有用之數兩以示奇者，宜乎？不宜乎？此殺人之醫也。麻黄易于發汗，多用未有不亡陽者，安能去病而得生哉。然而世人敢于多用者，必鬱結之症，有不可解之狀，多用麻黄，以泄其汗，則汗出而鬱亦解，猶可。倘見身熱無汗，絕非鬱症，而多用麻黄，未有不汗出如雨，氣喘而立亡者，可不慎哉！

或問：人不善用麻黄，以致發汗亡陽，將何藥同麻黄共用。以救其失乎？夫麻黄，發汗之藥也，制之太過，則不能發汗矣。宜汗而制之使不汗，本欲制麻黄以救人，反制麻黄以殺人乎。無已則有一法，遇不可不汗之症，而又防其大汗，少用麻黄，多用人參，同時煎服，既得汗之益，而後無大汗之虞，則庶乎其可也。

或問：王好古論麻黄治衛實，桂枝治衛虛，是以二物為營衛之藥也。又云心主營為血，肺主衛為氣，故以麻黄為手太陰肺之劑，桂枝為手少陰心之劑，即李時珍亦以麻黄為肺分之藥，而不以為太陽經之藥。其論可為訓乎？曰：不可也。蓋桂枝入衛，而麻黄入營，雖邪從皮毛而入，必從皮毛而出，但邪由皮毛既入于衛，必由衛而非于營矣。是邪在太陽，而不在肺也。傳經傷寒，無由營衛而入心者。若入于心，且立死矣，桂枝亦何能救乎，若二人之論，皆似是而實非，子不得不辨之以告世也。

清・顧靖遠《顧氏醫鏡》卷七　麻黄辛，苦，熱。入心、肺、膀胱三經。去根節，煮去沫。　主冬令之傷寒，惟冬令太陽正傷寒症，無汗者方可用之。開毛孔而出汗。輕揚入肺而善散也。頭痛發熱惡寒頓蠲，身疼腰痛脊強皆安。皆太陽經傷寒之症，發散則邪去而安。咳嗽能止，痰喘可除。皮毛外閉，則邪熱內攻，入肺經而散火鬱，則咳嗽自除。其性輕揚，療傷寒為發汗第一藥。非冬月傷寒，及腠理不密之人，皆禁用。汗多亡陽，能損人壽。戒之，戒之。根節甘平，止汗如神。其氣能行周身肌表，故引諸藥外至衛分，而固腠理也。又取為末，同牡蠣粉撲之甚良，加糯米粉尤效。

清・李熙和《醫經允中》卷一八　麻黄　手太陰本藥，能入足太陽、手少陰陽明。厚朴、白薇為使。惡辛夷、石韋。去根，水煮去沫用。　苦，溫，無毒。浮而升，陽也。主治傷寒發汗解肌，消赤黑斑毒，去營中寒邪，泄衛中風熱。麻黄，太陰、太陽發汗重劑，惟冬月春初傷寒邪客在表，頭痛身疼拘急，六脉浮緊者可用之。若虛人傷寒，或邪傳在裏，及脉浮芤、濇大、沉、微細弱者，切不可用，恐致亡陽，或致血溢，變成壞症也。雖可汗之症，不宜多服。《經》云汗者，心之液，過汗則心血為之動搖矣。根節又為止汗固虛之劑。

清・馮兆張《馮氏錦囊秘錄・雜症痘疹藥性主治合參》卷一　麻黄稟天地清陽剛烈之氣，故味苦，氣溫。氣味俱薄，輕清而浮，陽也，升也。無毒。手太陰之藥，入足太陽經，兼走手少陰陽明經。輕可去實，故療傷寒，為解肌第一。　麻黄，中風傷寒，頭痛溫瘧，皮肉不仁，發汗解表。冬月正傷寒如神，春初真溫疫並妙。泄衛熱，黑斑赤疹，去營寒，頭疼身熱。春末溫瘧勿加，夏秋寒疫切禁。仍破積聚癥堅，更劫咳逆痿痹。痰哮氣喘，並奏神功。凡寒邪深入，非麻黄不能逐，但在佐使之妙。兼氣藥助力，可得衛中之汗；兼血藥助液，可得榮中之汗；兼溫藥助陽，可逐陰凝寒毒；兼寒藥助陰，可解炎熱瘟邪。但患者多服，必致亡陽，蓋氣味輕清，升浮發表太過耳。根節止汗，效同影響。因有善行肌表之性，能引諸藥直固腠理也。麻黄，其形中空，散寒邪而發表，其節中閉，止

盜汗而固虛。

主治痘疹合參：　泄衛實，去榮寒，調血脉，通九竅，開毛孔。發汗解肌，消赤黑斑毒。痘瘡倒靨黑陷者，用麻黄去根節半兩，先用沸湯泡過，晒乾細切，又以酒浸良久，瓦器炒令焦黑色，乃用水煎，乘熱盡服。服後不得見風，其瘡復出。若以酒煎，功效尤速。出遲者亦可用。至有冬月感冒大寒，而痘難出，發熱惡寒者，用之以散寒邪。一見點忌服。更有一種痘極硬而不肯灌漿者，名為鐵甲痘，用此令痘作爛，方有生機。然開竅走泄太甚，誤用則表虛氣脱。

按：　麻黄輕可去實，為發散第一藥。惟當冬月，在表真有寒邪者宜之。如無寒邪，或寒邪在裏及傷寒有汗等症，雖發熱惡寒皆不可用。即可汗之症，亦不宜多服，蓋汗為心液，誤汗過汗，則心血為之動矣。或至亡陽，或至衄血，可不慎與？故麻黄治衛實之藥，桂枝治衛虛之藥也。

清・张璐《本經逢原》卷二　麻黄　苦，溫，無毒。去根節，湯泡去沫，晒乾用。若連根節用，令人汗不絕，其根專能止汗。《本經》主中風傷寒，頭痛溫瘧，發表出汗，去邪熱氣，止欬逆上氣，除寒熱，破癥堅積聚。　發明：麻黄微苦而溫，中空而浮。陽也，升也，入足太陽，其經循背下行，本屬寒水，而又受外寒。故宜發汗去皮毛氣分寒邪，以泄寒實。若過發則汗多亡陽。或飲食勞倦及雜病自汗表虛之證用之，則脱人元氣，禍患莫測。麻黄治衛實之藥，桂枝治衛虛之藥，二物雖為太陽經藥，其實營衛藥也。心主營血，肺主衛氣。故麻黄為手太陰肺經之劑，桂枝為手少陰心經之劑。傷寒、傷風而欬嗽，用麻黄湯、桂枝湯，即湯液之源也。麻黄乃肺經之專藥，故治肺病多用之。仲景治傷寒，無汗用麻黄湯，有汗用桂枝湯。夫津液為汗，汗即血也，在營即為血，在衛即為汗。寒傷營，營血不能外通於衛，衛氣閉固，故無汗發熱而惡寒。風傷衛，衛氣不能內護於營，營氣不固，故有汗，發熱而惡風。是證雖屬太陽而肺實受邪氣，蓋皮毛外閉，邪熱內攻，肺氣怫鬱，故用麻黄、甘草同桂枝引出營分之邪，達之肌表，佐以杏仁泄肺而利氣，是麻黄湯雖太陽發汗重劑，實為發散肺經邪鬱之藥也。腠理不密則津液外泄，而肺氣自虛，虛則補其母，故用桂枝同甘草，外散風邪以救表，內伐肝木以防脾。佐以芍藥泄木而固脾，皆是脾肺之藥。是則桂枝雖太陽解肌輕劑，實為理脾救肺之藥也。又少陰證發熱脈沉，有麻黄附子細辛湯，少陰與太陽為表裏，所謂熟附配麻黄，補中有發也。《本經》治中風，是主緩風癱瘓而言，云溫瘧，係濕瘧，乃傳寫之誤。破癥堅積聚者，表裏兼治，非神而明之，難效其法也。

清・浦士貞《夕庵讀本草快編》卷二　麻黄《本經》、龍沙　《廣雅》云：龍沙即麻黄也。其性麻，其色黄，所產之地，冬不積雪，以其能泄內陽也。麻黄溫苦而辛，中空而浮，升也，陽也。為手太陰、足太陽本藥，兼行手少陰、陽明二經。凡六淫有餘之邪客于陽分皮毛之間，腠理閉拒，營衛不行，故用此陰中之陽直入寒水，散其外邪，泄其表實。仲景治傷寒無汗用麻黄，有汗用桂枝。謂人身津液為汗，汗即血也，在營則為血，在衛則為汗。夫寒傷營，營血內濇，不能外通于衛，衛氣閉固，津液不行，故無汗發熱而憎寒也。夫風傷衛，衛氣外泄不能內護于營，營氣虛弱，津液不固，故有汗發熱而惡風也。雖然，風寒之邪，皆由皮毛而入，皮毛者，肺之合也，症雖屬于太陽而肺實受邪，其症時兼面赤怫鬱，疼喘咳逆而胸滿，豈非邪熱內攻、肺氣憤鬱所致？因用麻黄、甘草、桂枝引出營分之邪達之肌表，佐以杏仁泄肺而利氣也。此湯雖為太陽發汗之重劑，實散肺家火鬱之藥耳！若腠理不密則津液外泄而肺氣自虛，虛則補其母，故用桂枝、甘草外散風邪以救表，內伐肝木以防脾，佐以芍藥，使以薑棗，行脾之津液而和營衛耳。此湯雖為太陽解肌之輕劑，亦援肺理脾之藥也。二者皆未發之旨。李瀕湖特表著之，可謂洞悉仲景立方之奥者矣。又有少陰症脉沉，用麻黄附子細辛湯或麻黄附子甘草湯者，蓋以少陰與太陽為表裏，故可引而用之。趙嗣真所謂熟附配麻黄，補中有發是爾。夫麻黄為冬月寒傷榮之聖藥，而前哲又云冬不用麻黄，夏不用桂枝，何哉？言冬主閉藏，不應疎泄；夏本炎熱，豈可辛溫？寧戒不用，以明時令之常，慮輕用以伐天和也。病生冬月，寒邪在表，腠密無汗，便當捨時從症，勸必用者，發病機之理，慮遺用以夭折人命也。該通君子，宜熟察之。至于根節，反能止汗。物理之變，不可測度。凡諸風濕，虛溫痎暑，亡陽柔痓等汗，並可隨症加之，無有不驗。如當歸六黄湯內亦可加之，奏効更捷。蓋其性能行周身肌表，引諸藥達衛分而固腠理。甄權但知粉撲之法，未悟煎服更佳也。

清・張志聰、高世栻《本草崇原》卷中　麻黄　氣味苦，溫，無毒。主治中風傷寒頭痛，溫瘧，發表出汗，去邪熱氣，止咳逆上氣，除寒熱，破癥堅積聚。　麻黄始出晉地，今滎陽、中牟、汴州、彭城諸處皆有之。春生苗，纖細

勁直，外黄内赤，中空有節，如竹形，宛似毛孔。　植麻黄之地，冬不積雪，能從至陰而達陽氣於上。至陰者，盛水也，陽氣者，太陽也。太陽之氣，本膀胱寒水，而氣行於頭，周遍於通體之毛竅。主治中風傷寒頭痛者，謂風寒之邪，病太陽高表之氣，而麻黄能治之也。溫瘧發表出汗，去邪熱氣者，謂溫瘧病藏於腎，麻黄能起水氣而周遍於皮毛，故主發表出汗，而去溫瘧邪熱之氣也。治咳逆上氣者，謂風寒之邪，閉塞毛竅，則裏氣不疏而咳逆上氣。麻黄空細如毛，開發毛竅，散其風寒，則裏氣外出於皮毛，而不咳逆上氣矣。除寒熱，破癥堅積聚者，謂在外之寒熱不除，致中土之氣不能外達，而為癥堅積聚。麻黄除身外之寒熱，則太陽之氣出入於中土，而癥堅積聚自破矣。

清・劉漢基《藥性通考》卷五　麻黄　味辛，溫，微苦。入足太陽膀胱，兼走手少陰、陽明心大腸，而為肺家耑藥。發汗解肌，去營中寒邪，衛中風熱。調血脉，通九竅，開毛孔，治中風傷寒頭痛，溫瘧咳逆上氣，痰哮氣喘，赤黑班毒，胃熱。一曰班症表虛不得再汗，非便閉亦不可下，只宜清解其熱毒。風疹痺，皮肉不仁，目赤腫痛，水腫風腫，過劑則汗多亡陽，夏月禁用。發汗用莖，去節，煮十餘沸，掠去浮沫。或用醋湯略泡，晒乾備用。亦有用蜜炒者。止汗用根節。厚朴、白微為使，惡辛夷、石膏。然吐血之人忌用，氣體虛弱之人並孕婦忌用。雖無時出汗為自汗，屬陽虛。夢中出汗為盜汗，屬陰虛。用麻黄根、蛤粉、粟米等分，為末，袋盛撲之，汗自止矣。

清・姚球《本草經解要》卷二　麻黄　氣溫，味苦，無毒。主中風傷寒頭痛，溫瘧，發表出汗，去邪熱氣，止欬逆上氣，除寒熱，破癥堅積聚。去節水煮，去沫用。　麻黄氣溫，稟天春和之木氣，入足厥陰肝經。味苦無毒，得地南方之火味，入手少陰心經。氣味輕升，陽也。心主汗，肝主疎洩，入肝入心，故為發汗之上藥也。傷寒有五，中風傷寒者，風傷衛，寒傷營，營衛俱傷之傷寒也。麻黄溫以散之，當汗出而解也。溫瘧，但熱不寒之瘧也。溫瘧而頭痛，則陽邪在上，必發表出汗，乃可去溫瘧邪熱之氣，所以亦可主以麻黄也。肺主皮毛，皮毛受寒，則肺傷而欬逆上氣之症生矣。麻黄溫以散皮毛之寒，則欬逆上氣自平。寒邪鬱於身表，身表者，太陽經行之地，則太陽亦病，而發熱惡寒矣。麻黄溫以散寒，寒去而寒熱除矣。癥堅積聚者，寒氣凝血而成之積也。寒為陰，陰性堅。麻黄苦入心，心主血，溫散寒，寒散血活，積聚自破矣。

根節：　氣平，味甘，無毒。入足太陰脾經、手太陰肺經，所以止汗也。

製方：　麻黄同桂心，治風痹冷痛。同桂枝、甘草、杏仁、生薑、大棗，治寒傷營症。同白芍、甘草、炮薑、細辛、蘇梗、北味，治肺寒而喘。　麻黄根同黄耆、牡蠣末，小麥湯下，治自汗。

清・周垣綜《頤生秘旨》卷八　麻黄　解肌洩邪，發表之藥也。病之自外入内，用此疎洩而解，從裏達表用之，味有不變逆者矣。冬月正傷寒，西北高寒之地，其人禀氣壯實者，果係感冒，不得汗，捨此其邪何由而散？如非正傷寒，其人素弱，偶因感冒，而竟以此投之，往往見庸醫悮殺之矣。可勝道哉！

清・王子接《得宜本草・中品藥》　麻黄　味苦、辛。入手太陰、足太陽經。功專散邪通陽。得射干治肺痿上氣，得桂心治風痺冷痛。

清・徐大椿《神農本草經百種錄》中品　麻黄　味甘，溫。主中風傷寒，頭痛溫瘧，發表出汗，去邪熱氣，凡風寒之在表者，無所不治，以能驅其邪，使皆從汗出也。止欬逆上氣，輕揚能散肺邪。除寒熱，散營衛之外邪。破癥堅積聚。散藏府之内結。　麻黄，輕揚上達，無氣無味，乃氣味之最清者，故能透出皮膚毛孔之外，又能深入積痰凝血之中。凡藥力所不到之處，此能無微不至，較之氣雄力厚者，其力更大。蓋出入于空虛之地，則有形之氣血，不得而禦之也。

清・黄元御《長沙藥解》卷三　麻黄　味苦辛，氣溫。入手太陰肺、足太陽膀胱經。入肺家而行氣分，開毛孔而達皮部。善泄衛鬱，專發寒邪。治風濕之身痛，療寒濕之脚腫。風水可驅，溢飲能散。消咳逆肺脹，解驚悸心忡。

《傷寒》麻黄湯，麻黄三兩，桂枝二兩，甘草一兩，杏仁七十枚。治太陽傷寒，頭痛惡寒，無汗而喘。以衛性斂閉，營性發揚，寒傷營血，閉其皮毛，是以無汗。肺氣壅遏，是以發喘。寒愈閉而營愈發，裏束衛氣，不得外達，是以惡寒。甘草保其中氣，桂枝發其營鬱，麻黄泄其衛閉，杏仁利其肺氣，降逆而止喘也。

大青龍湯，麻黄六兩，桂枝二兩，甘草二兩，生薑三兩，大棗十二枚，石膏如雞子大。治太陽中風，脈緊，身痛，發熱惡寒，煩躁，無汗。以風中衛氣，衛斂而風不能泄，是以無汗。遏閉營血，内熱鬱隆，是以煩躁。病雖中風，證同傷寒，桂枝不能發矣。甘、棗補其脾精，桂枝發其營鬱，麻黄泄其衛閉，杏、薑利肺壅而降逆氣，石膏清肺熱而退煩躁也。　小青龍湯，麻黄三兩，桂枝三兩，芍藥三兩，甘草二兩，半夏三兩，五味半斤，細辛三兩，乾薑二兩。治太陽傷寒，心下有水氣，乾嘔，發熱而咳。以水飲中阻，肺胃不降，濁氣逆衝，故作嘔咳。甘草培其土氣，麻桂發

其營衛，芍藥清其經熱，半夏降胃逆而倚息者，使水飲化氣而隨汗泄，降以五味、薑、辛，咳逆自平也。又以大小青龍，通治溢飲，以飲水流行歸於四肢，不能化汗而外泄，則水飲注積，遏阻衛氣，以致身體疼重。麻黃發汗，泄其四肢之集水也。　麻杏甘石湯，麻黃四兩，杏仁五十枚，甘草二兩，石膏半斤。治太陽傷寒汗下後，汗出而喘，無大熱者。以經熱未達，表裏鬱蒸，故汗出而喘。麻黃泄衛，甘草保中，杏仁降其逆氣，石膏清其鬱熱也。　麻黃附子細辛湯，麻黃二兩，附子一枚，細辛二兩。治少陰病反發熱脈沉者。以少陰脈沉，而身反發熱，則裏寒已作，而表寒未退。麻黃發其表寒，附子驅其裏寒，細辛降其陰邪也。

麻黃附子甘草湯，麻黃二兩，附子一枚，甘草二兩。治少陰病得之二三日無裏證者。以脈見沉細，經是少陰，而裏證未作，宜解表寒。麻黃輕發其表，附子重暖其裏，甘草培其中氣也。　麻黃升麻湯，麻黃二兩半，升麻一兩一分，萎蕤十八銖，石膏六銖，知母十八銖，當歸一兩一分，芍藥六銖，黃芩十八銖，桂皮六銖，茯苓六銖，白朮六銖，甘草六銖，乾薑六銖。治厥陰傷寒大下後，咽喉不利，吐膿血，泄利不止者。以下後中氣寒濕，相火上逆，刑辛金而為膿血，風木下陷，賊己土而為泄利。薑、甘、苓、朮溫中燥土，知、膏、冬、蕤清肺熱而生津，歸、芍、苓、桂滋肝燥而升陷，升麻理其咽喉，麻黃泄其皮毛也。　《金匱》麻杏薏甘湯，麻黃五錢，杏仁十枚，薏苡五錢，甘草一兩。治風濕發熱身疼，日晡所劇。以汗出當風，閉其皮毛，汗熱鬱遏，淫溢竅隧，日晡濕動，應候而劇。甘草、薏苡補土而燥濕，杏仁利氣而破壅，麻黃開竅而發汗也。　越婢湯，麻黃六兩，石膏半斤，甘草二兩，大棗十五枚，生薑三兩。治風水身腫，脈浮汗出，惡風，以汗出遇風，竅閉汗阻，淫溢經隧，壅遏衛氣，而為浮腫。麻黃發皮毛而泄水，石膏清肺金而泄熱，甘、棗、生薑補脾精而和中也。　麻黃附子湯，麻黃三兩，甘草一兩，附子一枚。即少陰麻黃附子甘草方，而分兩不同。治水病，脈沉小，屬少陰。虛腫者，以土弱陽飛，腎寒水脹，流溢經絡，而為浮腫。甘草、附子補土而暖腎，麻黃發表而泄水也。

風濕與風水，皆汗為風閉，而濕則未至成水。其證稍異，緣有內水，不但表寒，故多用麻黃。　肝司營血，中抱陽魂，其性溫暖而發散，肺司衛氣，內含陰魄，其性清涼而收斂衛氣。清斂則孔竅闔，而寒不能傷。泄之以風，竅開而汗出，衛氣失其收斂之性，故病中風。營血溫散，則孔竅開，而風不能中。閉之以寒，竅合，而汗收營血，失其發散之性，故病傷寒。但衛性收斂，風愈泄而衛愈斂，則遏閉營血，而生裏熱。營性發散，寒愈閉而營愈發，則裏束衛氣，而生表寒。以營血溫升，則化火而為熱，衛氣清降，則化水而為寒，營鬱而發熱，衛閉而惡寒者，其性然也。風傷衛而營鬱，故用桂枝以泄營寒。傷營而衛閉，故用麻黃以泄衛。桂枝通達條暢，專走經絡，而泄營鬱。麻黃浮散輕飄，專走皮毛，而泄衛閉，竅開汗出，則營衛達，而寒熱退矣。　麻黃發表出汗，其力甚大，冬月傷寒，皮毛閉塞，非此不能透發。一切水濕痰飲，淫溢於經絡關節之內，得之霍然汗散，宿病立失。但走泄真氣，不宜虛家，汗去陽亡，土崩水泛，陰邪無制，乘熱發作，於是筋肉瞤動，身體振搖，驚悸奔豘，諸證風生，禍變非常，不可不慎。　蓋腎主五液，入心為汗，非血不釀，非氣不醞，非水不變，非火不化。鼎沸而露滴者，水熱而氣暖也。身勞而出汗者，火動而血蒸也。汗出而溫氣發泄，是以戰慄而振搖。所謂奪汗者無血，奪血者無汗，以其溫氣之脫泄，非謂汗血之失亡。　陽者，陰之神魂。陰者，陽之體魄。體魄者，神魂之宮室。神魂者，宮室之主人。上士重其人而輕其宮，人存而宮亦修。下士賤其主而貴其室，主亡而室亦壞矣。　煮去沫用。根節止汗，發表去其根節。斂表但用根節。

清・吳儀洛《本草從新》卷一　麻黃〔輕，發汗。〕　辛苦而溫。僧繼洪云：中牟產麻黃地，冬不積雪，性熱可知。入足太陽膀胱，兼走手少陰、陽明心、大腸，而為肺家專藥。能發汗解肌，去營中寒邪，疏通氣血，利九竅，開毛孔。治傷寒頭痛，惡寒無汗，東垣曰：《十劑》云：輕可去實，葛根、麻黃之類是也。邪客皮毛，腠理閉拒，營衛不行，故謂之實，二藥輕清可去之。時珍曰：麻黃太陽經藥，兼入肺經，肺主皮毛；葛根陽明經藥，兼入脾經，脾主肌肉；二藥皆輕揚升發，而所入不同。好古曰：麻黃湯治衛實，桂枝湯治衛虛，雖皆太陽經藥，其實營衛藥也。心主營為血，肺主衛為氣，故麻黃為手太陰肺之劑，桂枝為手少陰心之劑。時珍曰：仲景治傷寒，無汗用麻黃，有汗用桂枝，未有究其精微者。津液為汗，汗即血也，在營則為血，在衛則為汗。寒傷營，營血內濇，不能外通於衛，衛氣固閉，津液不行，故無汗發熱而惡寒；風傷衛，衛氣外泄，不能內護於營，營氣虛弱，津液不固，故有汗發熱而惡風。然風寒皆由皮毛而入，皮毛，肺之合也。蓋皮毛外閉則邪熱內攻，故用麻黃、甘草同桂枝引出營分之邪達之肌表，佐以杏仁泄肺而利氣，汗後無大熱而喘者加石膏。《活人書》夏至後加石膏、知母，皆泄肺火之藥。是麻黃湯雖太陽發汗重劑，實散肺金火鬱之藥。腠理不密則津液外泄而肺氣虛，虛則補其母，故用桂枝同甘草外散風邪以救表，內伐肝木以防脾，佐以芍藥泄木而固脾，使以薑、棗行脾之津液而和營衛。下後微喘者加厚朴、杏仁以利肺氣也，汗後脈沉遲者加人參以益肺氣也，有火者加黃芩為陽旦湯，以瀉肺實也。是桂枝湯雖太陽解肌輕劑，實為理脾救肺之藥也。　溫瘧，咳逆上氣，風寒鬱於肺

經。《經》曰：諸氣膹鬱，皆屬於肺。痰哮氣喘，哮證宜瀉肺，然唯氣實者可暫用。皮肉不仁，水腫風腫。唯冬月在表真有寒邪者宜之。若非冬月，或無寒邪，或寒邪在裏，或傷風等證，雖發熱惡寒，不頭疼身疼而拘急，六脈不浮者，皆不可用。雖可汗之證，亦不可過劑。汗為心液，過汗則心血為之動，或亡陽或血溢，而成大患。丹溪以人參、麻黃同用，亦攻補法也。發汗用莖，去節，煮十餘沸，掠去上沫。或用醋湯略泡，曬乾，亦有用蜜水炒者。庶免太發。止汗用根、節。隨時出汗為自汗，屬陽虛；夢中出汗為盜汗，屬陰虛；用麻黃根、蛤粉、粟米等分為末，袋盛撲之佳。時珍曰：麻黃發汗，駛不能御，根節止汗，效如影響，物理不可測如此。自汗，有風濕、傷風、風溫、氣虛、血虛、胃熱、痰飲、中暑、亡陽、柔痓等證，皆可加用。蓋性能行周身肌表，引藥至衛分而固腠理也。汗雖為心液，然五臟亦各有汗。《經》曰：飲食飽甚，汗出於胃；驚而奪精，汗出於心；持重遠行，汗出於腎；疾走恐懼，汗出於肝；搖體勞苦，汗出於脾。厚朴、白微為使。惡辛夷、石膏。

清・汪紱《醫林纂要探源》卷二 麻黃 辛、微苦，溫。虛而有節，枝而不葉，辛而非葷。所生之地，冬不積雪，非其熱也，其升散固然。補肝，行水液，瀉肺，降逆氣，行徹肌表，故以為足太陽經藥。以治太陽傷寒，開腠理而大發其汗，以祛外閉之寒邪，故今人以為太陽藥，然實非入膀胱也。大補肝木，升散其陽氣於沉陰積寒之下，則潤澤之氣，從之以升，膀胱之津液大作，是猶龍飛而雷雨從之以起，陰鬱旋消，而百果草木皆甲坼矣。然其輕虛上浮，氣分之藥也。汗者，血之類。仲景於太陽傷寒無汗者，麻黃湯中究兼用桂枝，以勝寒於血分，而後汗作寒散，非徒以傷寒傷風，發汗止汗，分兩途治也。其輕虛入肺，以治肺中積寒，痰哮氣喘，則不發汗矣。是可知用之之道。〇用以發汗則去節，否則汗不透。煮十餘沸，掠去浮沫。實震木之氣，自下而達上，自東而行於西也。如所謂東家種竹，西家拆屋者，此言本於肝而行於肺也。氣虛者慎用。同參芪亦可。根節：止汗。

清・嚴潔等《得配本草》卷三 麻黃根節 厚朴、白薇為之使。惡辛夷、石韋。

辛、微苦，溫。入足太陽，兼手太陰經氣分。氣味輕揚，善通腠理，宣達皮毛，大能發汗，去營中寒邪，泄衛中風熱。治傷寒頭項痛，腰脊強，發熱惡寒，體痛無汗，及咳逆斑毒，風水腫脹，是其所宜。餘當審症施治。如妄用誤汗，為害不淺。得肉桂，治風痹冷痛。佐半夏，治心下悸病。寒氣泄也。佐射干，治肺痿上氣。寒氣外包，火氣不能達，故痿。使石膏，出至陰之邪火。為石膏之使。

鐵甲痘極硬不灌漿者，酒煮炒黑煎服，痘即爛，便有生肌。發汗用莖，折去根節，先煎十餘沸，以竹片掠去浮沫。沫能令人煩，根節能止汗，故去之。或蜜拌炒用亦可。惟冬月在表真有寒邪者宜之。凡服麻黃藥，須避風一日，不爾，病復作難療。用麻黃汗不止，冷水浸頭髮，用牡蠣、糯米粉撲之。寒邪在裏，脈不浮緊有力，傷風有汗，素有血症，真陰內虛，衛氣不足，春時瘟疫，發熱惡寒，無頭疼身痛拘急等症，皆禁用。時症亦有頭疼身痛拘急者，宜細察之。

根、節 甘，平。引補氣之藥外至衛分而止汗。得黃耆、牡蠣、小麥，治諸虛自汗。配黃耆、當歸，治產後虛汗。和牡蠣粉、粟粉等分為末，生絹袋盛貯，盜汗出即撲，手摩之。夏月止汗，雜粉撲之。折去莖，不可和入同用。莖能發汗，故去之。

麻黃，惟身首拘急而痛，六脈浮緊有力，可用。蓋北地霜降後，受嚴寒之正氣，為真正傷寒，初起邪在太陽經，用此升散寒氣，是其所宜。若但感冒寒濕，或時邪疫症，惡寒發熱者，用之則衛氣大傷，津液乾燥，立斃而不可救。況驍悍之藥，過汗則心血動，吐衄不止。過表則真氣傷，汗出無了，猝成大患。惟寒水溢於肌膚，遍身腫脹，用此發汗，使水氣外泄，亦劫奪之一法也。

題清・徐大椿《藥性切用》卷三 麻黃 辛溫微苦，入足太陽，兼入手少陰、陽明，而為肺家喘藥。為發汗散邪，通關利竅，風寒表實者宜之。去節用。不可過劑，蜜炙，痰哮氣喘，屬邪實病痼者。根節，獨能止汗。

清・黃宮繡《本草求真》卷三 麻黃發寒入太陽膀胱，無汗。麻黃喘入膀胱，兼入肺。辛溫微苦，中空而浮，入足太陽膀胱，足太陽為六經外藩，總經絡而統營衛。其經之脉起目眦，上腦下項，循肩挾脊抵腰，行於身後，故凡寒入是經，其症必見頭痛，發熱惡寒，腰脊卒強，無汗，脉則尺寸俱緊，是為傷寒。若汗自出不止，及脉不緊不浮，其症或不惡寒而止惡風，是為傷風。兼入手太陰肺。麻黃空虛似肺，故亦兼入肺經。仲景用此以治寒入太陽無汗，其意甚深。蓋緣津液為汗，汗即血也，在營則為血，在衛則為汗，寒傷營，營血內濇，不能外通於衛，衛氣固密，津液不行，故無汗發熱而惡寒，方用麻黃、甘草，同桂枝引出營分之邪達之肌表，佐以杏仁泄肺而利氣，是麻黃雖太陽發汗重劑，實散肺經火鬱之邪。其在《十劑》，有曰輕可去實，葛根、麻黃之屬是也！弘景曰：麻黃療傷寒解肌第一藥。時珍曰：麻黃乃肺經專藥，故治肺病多用之。張仲景治傷寒，無汗用麻〔黃〕，有汗用桂枝，未有究其精微者。時珍常思津液為汗，汗即血也，在營則為血，在衛則為汗，夫寒傷營，營血內濇，不能外通於衛，衛氣閉固，津液不行，故無汗發熱而惡寒。夫風傷衛，衛氣外泄，不能內護於營，營氣虛弱，津液不固，故有汗發熱而惡風。然風寒之邪，皆由皮毛而入，皮毛者肺之合也，肺主衛氣，包羅一身，天之象也。是證雖屬乎太陽，而肺實受邪氣，其症時兼面赤怫鬱，咳嗽有痰，喘而胸滿諸症，非肺病乎？蓋皮毛外閉，則邪熱內攻，而肺氣膹鬱，故用麻黃、甘草同桂枝引出營分之邪

達之肌表，佐以杏仁泄肺而利氣，汗後無大熱而喘者，加以石膏。朱肱《活人書》夏至加石膏、知母者，是泄肺火之藥，是則麻黃湯雖太陽發汗重劑，實為發散肺經火鬱之藥也。腠理不密，則津液外泄，而肺氣自虛，虛則補其母，故用桂枝同甘草，外散風邪以救表，內伐肝木以防脾，佐以芍藥，泄木而固脾，泄東所以補西也。使以薑棗，行脾之津液而和營衛也。下後微喘者，加厚朴、杏仁以利肺氣也。汗後脉沉遲者，加人參以益肺氣也。朱肱加黄芩為陽旦湯，以泄肺熱也，皆是脾肺之藥，是則桂枝雖太陽解肌輕劑，寔為理脾救肺之藥也，此千古未發之秘旨。愚因表而出之，又少陰病發熱脉沉，有麻黃附子細辛湯、麻黃附子甘草湯。少陰與太陽為表裏，趙嗣真所謂熟附配麻黃，補中有發也。是以風寒鬱肺而見咳逆上氣痰哮氣喘，則並載其能治，但用此之法，則在佐使之間，或兼氣藥以助力人參，可得衛中之汗，或兼營藥以助液當歸，可得營中之汗，或兼溫藥以助陽附子，可除寒凝之寒毒，或兼寒藥以助陰黄芩、石膏、知母，可解炎熱之瘟邪，此實傷寒陰瘧第一要藥。至或有載不宜多用，及夏月不宜用者，蓋因過用則汗多亡陽，自汗表虛則耗人元氣。張仲景曰：陽盛陰虛者，不可發汗；尺脉遲者，不可發汗；咽燥喉乾者，不可發汗；咳而小便利，若失小便者，不可發汗；下利雖有表症，不可發汗；淋家不可發汗；衄血、亡血家不可發汗；瘡家雖身疼痛，不可發汗；少陰病脉沉細數，不可發汗；少陰病但厥無汗，不可發汗；脉動數微弱，不可發汗；脉沉遲不可發汗；汗家不可發汗；腹中上下左右有動氣，不可發汗。夏月陽氣外泄，不宜再發以奪元氣耳！然果春夏值有深寒內入，則又何不可用之有。至於手少陰心之風熱斑疹，足厥陰之風痛目痛，審其腠理堅閉，病應用散，亦當審實以投，功與桂枝、柴胡、葛根、芍藥同為一類，但桂枝則解太陽風邪傷衛。王好古曰：心主營為血，肺主衛為氣，故麻黃為手太陰肺之藥，桂枝為手少陰心之藥。葛根則解陽明肌熱口渴。時珍曰：麻黃太陽經藥，兼入肺經，肺主皮毛。葛根陽明經藥，兼入脾經。柴胡則發少陽陽邪寒熱往來，此則能發太陽陰邪傷營，不可不細辨也。發汗用莖去節，止汗須用根節。並蛤粉、粟米等分為末，袋盛撲之。時珍曰：麻黃發(汗)之氣駛不能禦，而根節止汗，效如影響，物理之妙不可測度如此。自汗有風濕傷風，風溫氣虛，血虛脾虛，陰虛胃熱，痰飲中暑，亡陽柔痓諸症，皆可隨症加而用之。當歸六黃湯加麻黃根，治盜汗尤捷。蓋其性能行周身肌表，故能引諸藥外至衛分而固腠理也。本草但知撲之之法，而不知服餌之功尤良也。《宣明五氣篇》曰：心為汗，則知汗出於心。《經脈別論》曰：飲食飽甚，汗出於胃；驚而奪精，汗出於心；持重遠行，汗出於腎；疾走恐懼，汗出於肝；體搖勞倦，汗出於脾。《本病篇》曰：醉飽行房，汗出於脾。厚朴、白薇為使。惡辛夷、石韋。

清・楊璿《傷寒溫疫條辨》卷六汗劑類 麻黃 味辛，氣溫，氣味俱薄，輕清而浮，升也，陽也。入心與大腸、膀胱，實肺家專藥。發汗解表，治冬月正傷寒果勝，瀉衛實，去榮寒，利血脉，通九竅，開毛孔，除身熱頭疼，療咳逆氣喘。春夏溫病最忌，秋燥瘧疾切減。或醋泡，或蜜炙，陳久者良。根止汗固虛。

按：麻黃專主冬月傷寒，發汗解表，春、夏、秋不可妄用。即傷寒六脉不浮緊者，亦不可輕投。蓋汗乃心之液，若不可汗而汗，與可汗而過汗，則心血為之動矣。或至亡陽，或至口、鼻、目出血，而成大患。丹溪以麻黃、人參同用，亦攻補兼施法也，當局者宜悟。仲景有麻黃湯，又麻黃升麻湯。

清・羅國綱《羅氏會約醫鏡》卷一六草部 麻黃 味苦辛，溫，入心肺膀胱大腸四經。厚朴為使，惡辛夷、石韋。去根節大表，留節微表。水煮去沫。體輕揚，味辛溫。生麻黃之地，冬不積雪。善達肌表，走經絡體輕，除風邪風屬寒，祛寒毒辛溫。治表實無汗、脈浮緊者正用。憎寒壯熱、頭痛身疼太陽病，通九竅，開毛孔散肺邪，咳嗽風寒入肺、痰哮、氣喘。哮喘，宜瀉肺氣，服麻黃不出汗。即寒邪深入少陰、厥陰筋骨之間，亦能同肉桂以逐之。且兼氣藥以助力，可得衛中之汗；兼血藥以助液，可得榮中之汗；兼溫藥以助陽，可逐陰凝之寒毒；兼寒藥以助陰，可解炎熱之疫邪。能善佐使，無往不利，實寒傷家第一要藥也。既受寒邪，四季皆可用，不得疑夏不用。

按：麻黃走表，雖可汗之證，不宜多服。若不當汗而汗，與可汗而過汗，或血溢，或亡陰，為害不小，可不慎哉！

麻黃根：味甘平，微濇，蜜炒。止一切汗證，皆可加用。蓋其性能行周身肌表，引諸藥至衛分，而固腠理也。

清・陳修園《神農本草經讀》卷三中品 麻黃 氣味苦，溫，無毒。主中風傷寒頭痛，溫瘧，發表出汗，去邪熱氣，止咳逆上氣，除寒熱，破癥堅積聚。去節良。

陳修園曰：麻黃氣溫，稟春氣而入肝。味苦無毒，得火味而入心。心主汗，肝主疏泄，故為發汗上藥。其所主皆係無汗之症。太陽症中風傷寒頭痛，發熱惡寒，無汗而喘，宜麻黃以發汗。但熱不寒，名曰溫瘧，熱甚無汗，頭痛，亦宜麻黃以發汗。咳逆上氣，為手太陰之寒症；發熱惡寒，為足太陽之表症，亦宜麻黃以發汗。即癥堅積聚為內病，亦係陰寒之氣凝聚於陰分之

中，日積月累而漸成，得麻黃之發汗，從陰出陽，則癥堅積聚自散。凡此皆發汗之功也。

根節古云止汗，是引止汗之藥，以達於表而速效，非麻黃根節自能止汗，舊解多誤。

清·黃凱鈞《藥籠小品》 麻黃 辛苦，溫，中牟產麻黃，地冬不積雪，性熱可知。入心、膀胱、大腸，而為肺之主藥。能發汗，去營中寒邪，利九竅，開毛孔，傷寒頭痛，惡寒無汗，脈緊者宜之。治欬逆上氣，痰哮氣喘，皮肉不仁，水腫風腫。惟冬月表有寒邪用之，誤投禍不旋踵。按：麻黃用蒸發汗，駃不能禦；根節止汗，又效如影響，物理難測如是也。

清·王龍《本草纂要稿·草部》 麻黃 氣味甘辛而溫。發汗解表，治冬月之傷寒。驅風散邪，理春初之瘟疫。泄衛實，消黑斑赤疹。去榮寒，除身熱頭疼。春初瘟瘧勿加，夏秋寒疫切禁。刼頭疼痿痺，禦山嵐瘴氣。止汗固虛，根節尤妙。

清·錢一桂《醫略》卷一 麻黃藥 麻黃一藥，宜于北方，不宜于南方。以北方風力既勁，而又常服麵食，肌膚密實。人患傷寒，非麻黃不能發汗。不去節，則發中有收。若南中宜慎用之。以酒罯泡，晒乾備用可也。

清·莫樹蕃《草藥圖經》 蔗麻草 蔗麻草，出西北地方，即麻黃。通九竅，調血脉，開毛孔皮膚，去榮衛寒邪。凡用，去根節，水煮十餘沸，以竹片掠去沫。其根節能止汗。

清·張德裕《本草正義》卷上 麻黃 苦辛而溫。輕升而揚，大散風邪寒毒，一切傷寒瘟疫瘧疾，山嵐瘴氣，凡足三陽經表寔之證，皆所必用。若陰邪深入足少陰、厥陰筋骨之間，非麻黃、官桂不能達，惟是用散之法妙在佐使。氣虛兼補氣，可得衛中之汗。血虛兼補血，可得營中之汗。兼溫以助陽，可逐陰寒之邪。兼凉以助陰，可解陽熱之邪。運用無方，在於人耳。舉散為例，餘可類推。

附麻黃根 麻黃發汗，其根止汗。根莖之反，造化之奇。然止汗必賴甘斂為助，相替成功。同牡蠣、米粉、蕉扇，等分為末，可撲止盜汗。

清·楊時泰《本草述鉤元》卷九 麻黃 出滎陽、中牟、汴京者為勝。所在冬不積雪。二月生苗，纖細勁直，外黃內赤，中虛作節，五月梢頭開黃花，結實如百合瓣而緊小，味甜，外皮紅，裏仁子黑，根色紫赤覈。味苦而甘辛，性溫。氣味俱薄，輕清而浮，陽也，升也。手太陰之藥，入足太陽經，兼走手少陰、陽明。厚朴、白薇為之使。惡辛夷、石韋。去營寒，瀉衛實，通九竅。主冬春傷寒頭痛身痛，惡寒無汗，並除寒熱，及邪氣咳逆，治中風頭痛風脇痛溫瘧及壯熱溫疫，能消冬春赤黑斑毒，散身上毒風疹痹，皮肉不仁。開毛孔，通腠理，調血脈，破癥瘕，積聚，並治風腫，水腫及赤目腫痛。方書治喘咳，痹攣痙瘧，心痛胃脘痛脇痛腰痛，前陰諸疾脹滿，瘛瘲眩暈，狂癇譫妄，猝中暴厥，痰飲反胃，頸強痛腹痛身體痛，悸，消癉黃疸，泄瀉滯下，大便不通，疝。稟天地清陽剛烈之氣，《本經》但云味苦，詳其主治，應是大辛之藥，潔古加甘，亦應有之仲淳。苦為在地之陰，陰當下行，何以麻黃發汗而升上？《經》云：味之薄者，乃陰中之陽，陽仍上行，所以麻黃上升發汗，而不離乎陰之體也東垣。輕可去實，麻黃、葛根之屬是也。如寒邪中於寒水之經，腠理閉拒，營衛氣血不行，故謂之實。麻黃微苦，其形中空，陰中之陽，入足太陽寒水之經，取其輕清成象，能去壅實，使邪從表散也又。麻黃治衛實之藥，桂枝治衛虛之藥，桂枝、麻黃雖為太陽經藥，以其在太陽地分，故曰太陽。其實營衛藥也。肺主衛，心主營，衛營氣血，乃肺心所主，然則麻黃為手太陰之劑，桂枝為手少陰之劑也海藏。表黃裏赤，中虛象離，生不受雪，合輔心主，宣揚火令者也。主治寒風溫瘧，標見頭痛之標，侵淫部署之首，形層之皮，致毛孔滿實，逆開反闔者，此味宣火政令，揚液為汗，而張大之，則邪氣去矣。咳逆上氣者，毛孔滿閉，不能布氣從開也。癥堅積聚者，假氣成形，不能轉闔從開也子由。生處冬不積雪，為泄內陽也，故過用則泄真氣。凡服麻黃藥，須避風一日，不爾病復作也瀕湖。一人夏月飲酒達旦，病水泄數日，水穀直出，服分利、消導、升提諸藥反劇，診之脈浮而緩，大腸下弩，復發痔血，此因肉食生冷茶水過雜，抑遏陽氣在下，木盛土衰，所謂久風成飧泄也，法當升之揚之，遂投小續命湯一服而愈。中風諸病，麻黃一斤，去根，以乙卯王相日取東流水三石三斗，淨鐺盛五七斗，先煮五沸，掠去沫，旋添水，盡至三五斗，漉去麻黃，澄定，濾去渣，熬至一斗，再澄再濾，取汁再熬至升半為度，密封收之，一二年不妨，每服一二匙，熱湯化下。取汁熬時，勤攪，勿令着底焦了，仍忌雞、犬、陰人見之守真秘方。按：獨用麻黃以治中風，義見論中風木繼寒水之後云云。風痹冷痛，麻黃去根五兩，桂心二兩，為末，酒二升，慢火熬如餳，每服一匙，熱酒調下，汗出為度，避風。按：麻黃每同桂枝用，

此同桂心者，正治氣而即為血地也。裏水，一身面目黃腫，其脈沉，小便不利，甘草麻黃湯主之。麻黃四兩，水五升，煮去沫，入甘草二兩，煮取三升，每服一升，重覆汗出，不汗再服，慎風寒。《千金》云：有患風急，久不瘥，變成水病，從腰以上腫者，即宜以此發汗。水腫脈沉，屬少陰，其脈浮者，屬氣，虛脹者為氣，皆非水也，麻黃附子湯汗之。麻黃三兩，水七升，煮去沫，入甘草二兩，附子炮一枚，煮取二升半。每服八分，日三服，取汗。按：麻黃用治水腫，猶是寒水之義，蓋先天之水乃氣之元，後天之氣乃水之主，能由足太陽而達於手少陰，則先天並後天以充，通調下輸，水精四布，五經並行，即是血脈得通也。

論：《本經》謂麻黃苦溫，苦為在地之陰，是從陰而達陽者也。本於在地至陰，即水暢火，即火達水，却又中虛象離，輕揚上泄，以透至陰中之真陽，際於極上，故能利血脈，通營氣，俾寒水之氣得暢，而太陽之氣上至於肺。寒水因太陽之鬱而反窮於生化，所謂人身血脈營氣皆水化者，其義不可思乎。夫草木有實，乃其孕育真元以為生化者。麻黃結實於夏，外皮色紅，是火氣之達，裏仁子黑，非火原於水之明徵乎。人身血脈營氣，皆水化也，故凡血脈病於重陰之鬱者，俱可以此透之，寧獨寒邪為病如傷寒乎。此所謂從陰達陽，而營乃通者也。粗工祇謂其能散表邪，寒邪傷營是已病於經矣。亦未深究矣。仲景用麻黃湯，驅營中之寒邪，使之發越，自衛而出，並以杏仁助其達衛，必至衛通，而陰之用乃達。勿俾營邪仍閉。夫巨陽者，諸陽之屬也，太陽之氣本於寒水，寒水鬱則太陽之氣病，病則鬱甚，由營至衛，其害有不可言者。此非即本於寒水中之真氣不能達水之鬱，惟麻黃從陰中達陽而營乃通，與桂枝湯從陽中召陰，導之以芍藥，而衛乃和者，正相對也。傷寒太陽證，頭痛發熱，身疼腰痛，骨節疼痛，惡風無汗，脈陰陽俱緊者，乃用麻黃湯，世且謂脈證苟不如是，未可妄投矣。詎知有不盡然者。凡遇君火在泉，終之氣，乃君火客氣，為主氣寒水所勝，寒氣逆而上行，反居火位，火氣不得達，是時人病頭痛惡風，鼻出清涕，兼咳嗽痰甚。所見患症，雖同於傷風，然投以風劑如羌、獨輩則反劇，蓋惡其耗氣而火愈虛也。即用薑、桂勝寒泄表，亦不如麻黃直透水中之真陽以出，始為中肯，但須輔以補劑，用乾薑理中，佐五苓退寒痰，寒水之上逆乃治，其本用麻黃去杏仁佐以乾薑、人參、川芎、半夏取微汗，餘則因病進退而加減。意固不在取汗爾。蓋寒冒乎火，非即在寒水中直透真陽以出，轉為迂折，不可不知。麻黃正足太陽之劑，從寒水中透出真陽，乃火出水中之元氣，而其主之在天者肺也。凡風寒之邪，侵入皮毛之合而為嗽，是由水中真陽不能透出天表以為衛也。《經》所云衛出下焦，即此可繹。故還以達陽而際於天表者，治寒之侵肺而為嗽。又於喘證為要藥者，以喘由寒水之陽鬱冒而不能透，至鬱冒之極，遂並邪氣上逆入胃至肺以為上壅，肺既受邪，上壅則闢竅不通，有升無降，呼吸不能行而為喘，是即所謂肺脹也，非此透達真陽於寒水中者，何以散上壅寒邪，為之對待乎？然須知此味，非以對待寒邪也，特於寒水中能透真陽而上際，則寒邪自散耳。試觀方書，亦用以治熱嗽及喘，則此味能為真氣之開者，樞固在或寒或熱之先矣。即治癇之龍齒丹，用去節麻黃者，亦以透真陽入心，此味兼走手少陰。俾為神志之助也。又中風及頭痛用之者，以風木即繼寒水之後，寒水中真陽不透，則風斯鬱，陽透而風斯平矣。夫巨陽為諸陽之屬，而頭又三陽之會也。巨陽所受之邪，附巨陽之鬱氣，上至於頭而為痛，非能透真陽於寒水中者，何以令巨陽之真氣，能破重錮而至於諸陽之首乎。至於水腫、痹證，以及心脇胃脘腰痛種種施治，總不越透真陽以善其主氣之用，但有時取責於血者，以真陽之透原不離於水中，故斟酌於血劑以和天氣，尤宜加意耳。能令真陽透出於天表，則在地之陰乃和。蓋陽出地中，若不能際於天上，即是真陽之病，而真陰之化育亦窮。前所謂必至衛通，而陰之用乃達者如此。風木以寒水為化，原水中之陽不透，則風木之化原病矣。真陽透而真陰乃得行其化，必真陰得行其化，而後風眚不作也。明於斯義，則於麻黃之用善矣。按：此味能透泄至陰之真陽，惟營氣鬱塞，血脈結聚者宜之，如或不當，能瀉人真氣，脫人元氣。凡平日陽虛腠理不密之人，或肺虛有熱，痰嗽鼻塞及傷風氣虛發喘，南方中風癱瘓，皆禁用。自春深夏月，以致初秋，法所同禁仲淳。過用發汗，則亡陽，或飲食勞倦及雜病表虛之證，用之則脫人元氣東垣。雖可汗之證，亦不宜多服士材。

修治：折去節根，水煮十餘沸，竹片掠去上沫。沫令人煩。後入他藥。

麻黃根節氣味甘平。用專止汗，夏月雜粉撲之貞白。內服尤良。方書治自汗盜汗。其性周行肌表，故能引諸藥外至衛分而固腠理瀕湖。麻黃發汗，其氣駃不能禦，而根節止汗，效如影響，物理之妙，不可測度如此又。自汗有風濕、傷風、風溫、氣虛、血虛、脾虛、陰虛、胃熱、痰飲、中暑、亡陽、柔痓諸證，皆可隨證加而用之又。當歸六黃湯，加麻黃根，治盜汗尤捷。產後虛

汗，黃芪、當歸各一兩，麻黃根二兩，每服一兩，煎湯下。內外障瞖，麻黃根一兩，歸身一錢，同炒黑色，人麝香少許，為末，嗜鼻頻用。

論：麻黃根節與莖，同是透陽而出之一物，却即有不淩節而出之妙存焉，易遇渙而受之以節，雖微物亦具斯義也。更如洗心之治，和節用之，其意不外於透陽，但有節次，俾陽之透者，仍有守爾。明此則去節用，與獨用節，或和節用，均堪以意裁之矣。

清·鄒澍《本經疏證》卷七　麻黃　【略】麻黃之實，中黑外赤，其莖宛似脈絡骨節。中央赤，外黃白，實者先天，莖者後天。先天者物之性，其義為由腎及心。後天者物之用，其義為由心及脾肺。由腎及心，所謂腎主五液，入心為汗也。由心及脾肺，所以分布心陽，外至骨節肌肉皮毛，使其間留滯，無不傾囊出也。故栽此物之地，冬不積雪，為其能伸陽氣於至陰中，不為盛寒所凝耳。夫與天之寒，聲相應，氣相求者，於地為水，於人身為精血津液，故天寒則地中之水皆凝為冰而不流，人身亦然，精被寒凝，則陽氣沸騰，鼓蕩於外，為傷寒溫瘧，邪熱在表而無汗，津液被寒，則其質凝聚為水，而其中之氣，奔迸上迫，為欬逆上氣。血被寒則脈絡不通，為癥堅積聚。麻黃氣味輕清，能徹上徹下，徹內徹外，故在裏則使精血津液流通，在表則使骨節肌肉毛竅不閉，在上則欬逆頭痛皆除，在下則癥堅積聚悉破也。

昔人泥於《傷寒·脈法篇》脈浮而緊一節，遂謂寒必傷營，風僅中衛，附以傷寒無汗、中風汗出二語。以為麻黃、桂枝二湯方柄，至大小青龍二湯，則既不可隸之寒傷營，又不容隸之風傷衛，遂別立風寒兩傷營衛一門，以為鼎峙。殊不知風則傷衛，寒則傷營，仲景之言也。風寒兩傷營衛，非仲景之言也。夫寒非風，何以能及人之身？風非寒，何以能中人之衛？是風與寒，寒與風，一而二，二而一者也。柯韻伯曰：太陽中風，脈浮緊，不汗出而煩躁。陽明中風，脈弦浮大，不得汗。合而觀之，不得以無汗為非中風矣。太陽病，或未發熱，或已發熱，必惡寒體痛嘔逆，脈陰陽俱緊者，名曰傷寒。而未嘗言無汗，太陽病，頭痛發熱，身疼腰痛，骨節疼痛，惡風，無汗而喘者，麻黃湯主之。此不冠以傷寒，亦不言惡寒。又傷寒脈浮，自汗出，微惡寒。合而觀之，不得以有汗為非傷寒矣。今人但據桂枝證之自汗，不究傷寒亦有自汗者。但以麻黃證之無汗，不究中風最多無汗者。謂傷寒脈浮緊，中風脈浮緩，不知傷寒亦有浮緩，中風亦有浮緊者。仲景之論，變動不居，後人偏為分疆畫界，致使執滯難通。傷寒中風之說拘，則麻黃、桂枝之用混。何如無汗不得用桂枝，有汗不得用麻黃，直捷了當也。善夫劉潛江之論麻黃、桂枝二湯也。曰麻黃既以主氣名，然寒傷營者用之，營則屬血也。桂枝既以主血名，然風傷衛者用之，衛則屬氣也。營在脈中，傷之則邪入深，是豈止營病，且並衛病矣。故麻黃湯驅營中之邪，使之發越自衛而出。衛在脈外，傷之則邪入猶淺。然風邪干陽，陽氣不固，必由衛不與營和，斯汗出耳。故桂枝湯散表外之邪，引衛氣與營氣諧和。雖然，麻黃何以能由營通衛？《本經》謂麻黃苦溫，夫苦為在地之陰，是發於陰出於陽矣。猶助以杏仁之疏衛，乃能遂其由陰達陽之用。桂枝何以能由衛和營？《本經》謂桂辛熱，夫辛為在天之陽，是發於陽入於陰矣。且助以白芍之通營，乃能遂其由陽和陰之用。蓋風寒既傷於外，營衛本皆乖戾，特傷之重者無汗，無汗則以麻黃從陰中達陽，營氣乃通。傷之輕者有汗，有汗則以桂枝從陽中召陰，衛氣乃和。謂桂枝不入營，麻黃不由衛可乎？夫寒著人則水氣鬱，水氣鬱則由衛及營，其害有不僅至而止者，非如麻黃之氣味輕揚，出入無間，能使在地之水不凝，出地之陽亦不壅者，何以使血脈利營氣通耶。是營衛之義，不可不明。麻黃、桂枝之用，斷不必泥於在營在衛。《脈法篇》所謂脈浮而緊，浮則為風，緊則為寒，風則傷衛，寒則傷營，營衛俱病，骨節煩疼，當發其汗者，不為虛設矣。

或謂麻黃治外寒固矣。然必謂外寒與身中水氣相應為病，則不有佐使用寒藥者乎？曰：凡用麻黃以寒藥為佐使者，大青龍湯。麻黃杏仁甘草石膏湯、越婢湯，《古今録驗》續命湯、文蛤湯，皆用石膏。麻黃升麻湯，用知母、石膏、黃芩，桂枝芍藥知母湯用知母，《千金》三黃湯用黃芩。然大青龍湯、《古今録驗》續命湯、《千金》三黃湯治風寒，越婢湯治風水。文蛤湯治水氣，桂枝芍藥知母湯治風濕，仍係外寒水氣交關為害。惟麻黃杏仁甘草石膏湯、麻黃升麻湯，外寒未盡，裏已化熱，絕不與水氣相干。但一則曰汗下後，不可更行桂枝湯，汗出而喘，無大熱，一則曰大下後，手足厥冷，咽喉不利，吐膿血，洩利不止，則皆已服他藥。夫已服他藥，何以知其發病時，不係外寒與身中水氣為病耶。且麻黃杏仁甘草石膏湯，冠以不可更行桂枝湯，麻黃升麻湯冠以傷寒，則其始為外寒無疑矣。而服藥後既已變證，仍不離乎傷寒中風，此最當著眼者也。

有汗不得用麻黃，斯言信矣。然麻黃杏仁甘草石膏湯、越婢湯二證，皆

有汗出。汗出更用麻黃，獨不畏其亡陽耶？雖然，汗多亡陽，為佐使用溫藥者言耳。夫寒邪外著，熱氣騰沸，原因身中陰氣痺阻，不與陽交，故麻黃、青龍等湯，義在使陰交於陽，陽氣既和，遂和於外著之陰寒為汗。設服之過劑，則陽纔外洩，陰即內爭，此汗多亡陽之謂矣。茲二證者，既已有汗，陽猶甚盛，不與陰和，故或逼陰於外為汗，或逐陰於上為喘，或陽鬱不宜為風水，或阻氣於上為肺脹，故曰汗下後，不可更行桂枝湯。若汗出而喘，無大熱者，可與麻黃杏仁甘草石膏湯。曰風水惡風，一身悉腫，脈浮不渴，續自汗出，無大熱，越婢湯主之。曰欬而上氣，此為肺脹，其人喘，目如脫狀，脈浮大者，越婢加半夏湯主之。曰《千金》用越婢加术湯，治肉極熱，則身體津脫，腠理開，汗大洩，厲風氣下焦脚弱，可見皆陰與陽爭，不能勝陽，陽結聚而陰散漫，陽上薄而陰不下輸，如是而不用麻黃發其陽，陽終不能布，不用石膏洩陽通陰，陰終不能歸。故兩方者，非特用麻黃，且多用，麻黃杏仁甘草石膏湯。且倍用焉。越婢湯。然終以陰陽不能相交，刻刻慮其陰勝陽負，故越婢湯下云：惡風者，加附子一枚。其中仍有生薑三兩，可見雖發其陽，洩其陽，仍不忘夫亡陽矣。

然則大青龍湯用石膏倍麻黃，義莫比於此否？曰大青龍湯與越婢湯對待。固可以知表氣疏密，與小青龍湯對待，尤可以知裏氣虛實。夫麻黃由表實而用，用麻黃彌重者。表彌實，用麻黃至六兩已矣。乃大青龍之不汗出，與越婢之續自汗出，固可同日而語與。夫皮毛者，肺之合，肺主衛，衛者，一身極外之捍衛也。故表氣實者，不聚於營衛皮毛，即聚於肺。心者覆於肺下，表邪既聚於肺，心氣無從發舒，故不汗出而煩躁者，大青龍主之。如盛寒之邪，聚於皮毛營衛，雖至一身悉腫，在內之心氣，猶可發舒，故無大熱。續自汗出者，越婢湯主之。聚於上則欲其通於營衛，為汗外洩耳。若在營衛皮毛為腫，則不必桂枝之通，毋庸杏仁之降，此大青龍、越婢之殊也。若小青龍寒水之化聚於中，與大青龍之聚於上，又適相對照。蓋聚於上能束縛胸中之陽為內熱，聚於中則侵損胸中之陽為內寒。內熱則煩躁，內寒則喘欬嘔噦，煩躁故佐以石膏，內寒故佐以細辛、乾薑。然熱比於實，寒比於虛，實者治宜急，急者倍麻黃，不急恐石膏增寒於內，虛者宜緩，緩者半麻黃，不緩恐麻黃、細辛亡陽於外，此又小青龍、大青龍所攸分也。

中風見寒脈，傷寒見風脈，此之謂風寒兩傷營衛。主持是說者非一人。柯韻伯、尤在涇非之。今之說又與柯氏、尤氏所說者異，不合大青龍兩條，比類而疏通之，則是說終為無據矣。大青龍扼要為寒火之化聚於上，寒水之化，有風甚於寒者，有寒甚於風者，風性急疾，故脈緊急絞轉。寒性凝重，故脈宛轉不暢。風甚者內侵亦甚，則不汗出而煩躁。寒甚者障蔽亦甚，則身不疼而但重。充其類，風甚者能內為實熱，寒甚者能外為腫脹。其源同，則其治亦同，而其趨向少有不同，則其變必不能同，故急治之，急治之故用麻黃至六兩也。柯氏之說善矣。然於下條，必增入發熱惡寒無汗煩躁句，其理始可通。尤氏之說亦甚當。然但疏加石膏，不及倍麻黃，於大青龍意義，終未為熨貼。今之說又遺卻無少陰證句，亦未為全璧也。夫少陰證非他，煩躁是也。煩躁非少陰證也，傷寒一日，太陽受之，脈若靜者，為不傳，頗欲吐。若煩躁，脈數急者，為傳，是煩躁為太陽證矣。夫曰煩躁為傳，煩躁乃多見於《少陰篇》，是以知煩躁者，實太陽、少陰兩經接界證也。是上下兩條者，皆鍼鋒相對，無少滲漏。上條冠以太陽中風，乃脈浮緊，發熱惡寒，不汗出而煩躁，則與太陽中風應服桂枝湯者異。下條冠以傷寒，乃脈浮緩，身不疼但重，且乍有輕時，又與太陽傷寒應用麻黃湯者異。惟其病屬麻黃，證見桂枝，病屬桂枝，證見麻黃，斯合兩方為一方矣。中風證不應煩躁而煩躁，是風性善生熱，亟亟乎將入少陰，故不得不以石膏從陰通陽，從陽引陰，截於中道，使從太陽解。然不倍麻黃，則散發無力，恐陰既通陽，陽隨陰化，熱證未已，寒證復起，是適以害之也。傷寒證應煩躁而不煩躁，是寒性善凝聚，故身重而將入太陰，不得不倍麻黃以發其凝聚。然不加石膏，則陰無所守，恐陽邪散，陰亦隨之以竭，是適以殺之矣。觀乎《金匱要略》之論飲曰：飲水流行，歸於四肢，不汗出身體疼重，謂之溢飲。曰病溢飲者，當發其汗，大青龍湯主之。亦可思身重之所以矣。

麻黃非特治表也，凡裏病可使從表分消者，皆用之。如小續命湯、葛根湯之治風。麻黃附子細辛湯、麻黃附子甘草湯之治寒。麻黃加术湯、麻黃杏仁薏苡甘草湯之治濕。麻黃連軺赤小豆湯、麻黃醇酒湯之治黃。桂枝麻黃各半湯、桂枝二麻黃一湯、桂枝二越婢一湯、牡蠣湯之治寒熱。則猶有表證，有表證者用麻黃，《本經》所謂發汗去邪熱、除寒熱也。若烏頭湯之治風，射干麻黃湯、厚朴麻黃湯之治欬，甘草麻黃湯、文蛤湯之治水，則無表證矣。無表證而用麻黃，則《本經》所謂止欬逆上氣、破癥堅積聚者。然所謂從表分消

者謂何？曰欬而上氣，喉中水雞聲，曰欬而脈浮，是病聚於肺，肺者皮毛之合，從皮毛而洩之，所以分消肺病也。曰裹水，曰吐後渴欲得水，脈緊頭痛，是病仍在上及皮毛，與風寒不殊矣。惟心下悸一證，絕不見可用麻黃蹤跡，主以半夏麻黃丸，其義最為難釋。蓋悸者水飲侵心，心氣餒縮，固應半夏之治飲。然用麻黃通心，不用桂枝者，則以桂枝僅能通血脈，不能發舒心陽。然究病輕藥峻，不宜急治。故止服如小豆者三丸，日三服以漸去之。於此見用麻黃，仍欲使之和緩有如此者。

凡用麻黃發汗治欬逆，皆可知其治肺矣。治心者除半夏麻黃丸外，猶有可證者乎。然《傷寒》《金匱》，除此卻無明文。而在《千金》《外臺》者，可考也。《千金》治心熱滿煩悶驚恐安心散，調心洩熱，治心脈厥大，寸口小，腸熱齒齲嗌痛，麻黃湯。十三卷。《外臺》《刪繁》療心勞實熱，好笑無度，自喜，四肢煩熱，止煩下氣，麻黃湯。《刪繁》療脈極熱，傷風損脈，為心風，心風狀多汗，無滋潤消，虛熱極，止汗，麻黃湯。十六卷。范汪療心腹積聚，寒中疞痛，又心胸滿脇下急繞臍痛，通命丸。十二卷。皆以麻黃為君。則麻黃之通心陽，散煩滿，可見矣。然則在腎獨無用麻黃者乎？是亦有之。《金匱》曰：病歷節不得屈伸疼痛，烏頭湯主之。《千金》有治腎勞熱，陰囊生瘡，麻黃根粉方。亦有治精極，五臟六腑俱損傷，虛熱，偏身煩疼，骨中痟痛，煩悶方。十九卷。《外臺》有《刪繁》療勞熱，四肢腫急，少腹滿痛，顏色黑黃，關格不通，鱉甲湯。十六卷。皆有麻黃，則麻黃之於腎，蓋治氣閉精凝，虛熱內作之證矣。且過者功之對也，用麻黃而過，在肺則有厥逆，筋惕肉瞤。在心則有叉手自冒心，心下悸，欲得按。在腎有臍下悸。循其過而稽其功，則前所謂麻黃下能通腎氣，而上能發心液為汗，及除肺家欬逆上氣者，為不虛矣。

《本經》謂麻黃除寒熱，仲景亦有用麻黃治寒熱之方。而治寒熱主劑，實為茈胡。是則茈胡所治寒熱，與麻黃所治寒熱，當必有別矣。《傷寒論》曰：太陽病，八九日如瘧狀，發熱惡寒，熱多寒少，一日二三度發，脈微而惡寒，面有熱色，身癢，宜桂枝麻黃各半湯。曰服桂枝湯後，形如瘧，日再發者，宜桂枝二麻黃一湯。曰太陽病，發熱惡寒，熱多寒少，脈微弱者，宜桂枝二越婢一湯。夫茈胡所主之寒熱，曰往來寒熱，休作有時，則與麻黃所主之寒熱，一日二三度發，日再發者，有別矣。且此則曰惡寒，小茈胡證則曰外有微熱，可見寒熱彼此皆有休時。惟茈胡證則不惡寒，但有微熱，麻黃證則無熱而但惡寒。知此則兩證之異昭昭然無可疑矣。

清·葉桂《本草再新》卷二 麻黃味苦，性溫，無毒。入心、肺二經。發汗解表，疏通氣血，利九竅，治傷寒頭痛，惡寒無汗。○節，止汗散風。

清·吴其濬《植物名實圖考》卷一一 麻黃 《本經》中品。肺經專藥，根節能止汗。有一醫至蒙古氈廬，見有病寒者，煎麻黃一握，服之即愈。蓋連根節並用也。醫家去其根節，以數分與服，幾委頓不起。今江西南安亦有之，土人皆以為木賊，與麻黃同形同性，故亦能發汗解肌。俚醫用木賊，皆不去節，故誤用麻黃，亦不至亡陽耳。

雩婁農曰：麻黃莖發汗，節止汗，一物而相反，或者疑之，此蓋未覩造物之大也。萬物美惡，皆歸於根，由根而幹、而枝葉、而華萼、而實核。其去本也漸遠，則其氣越於外，其性亦漓於內。況自根及實，其形、其色、其味無同者；形色味不同，則性之不同宜矣。非獨物也。黃帝之子二十五人，其得姓者十四人。同德則同姓，異德則異姓。以石碏為之父，而有石厚；以桓魋為之兄，而有司馬牛。《傳》曰：父不父，子不子，兄不友，弟不恭，不相及也。且天之生物，無不自相制也。果蘊蟲而生蠹，豆同根而相煎，木伐薪為炭，而植根乃畏炭；人食物為積，而燒灰乃治積。五行之生也，子盛而母衰。生者，尅之機也。五行之尅也，貪合而忘讎；尅者，生之端也。人之於聲、色、臭、味，性也，君子不任性之自然，而知命以節性。其於父子、君臣、賓主，賢者天道命也，君子不聽命之適然，而盡性以立命。《荀子》云：孰知夫士出死要節之所以養生，輕費用之所以養財，恭敬辭讓之所以養安，禮義文理之所以養情。以自制為自養，則陰陽舒慘，必無過不及，而存之為中，發之為和，天地萬物，可以一理貫之矣。

清·趙其光《本草求原》卷三隰草部 麻黃 氣溫，入肝，肝主疏泄。味苦入心，心主營，主汗。輕清入肺，皮毛為肺之合。故泄營氣，通血脈，為太陽膀胱表症無汗之猛藥。血脈管氣皆太陽寒水所化，營血病則太陽亦鬱，而陰中之陽不能上合於肺。《本經》主中風，肝血以寒水為化原，肝木舉寒水以升，則血脈行而風熄。傷寒頭痛、惡寒發熱，皆真陽不透於表，致三陰不致於首之見症。溫瘧，熱甚無汗頭痛，亦用之發汗，以真陽之透，原不離於水中也。止咳逆上氣，肺被寒鬱，不能行其呼吸。破癥堅積聚，此因陰寒之氣凝結於陰分之中積累而成，汗之則從陰出陽，陽透而陰自散。寒勝火之時疫，凡君火客氣為主氣寒水所勝，致寒上逆而火內鬱，頭痛惡風、鼻涕嗽痰，宜理中合五

苓以先治寒水，次以麻黄湯去杏，加參、羌、芎、夏透陽於陰中。癎狂，龍齒丹等用之透陽入心，為神志之助。水腫，毛孔開，血脈通，則水化。諸痹，心、胃、腰脇諸痛，毒風、風腫，皮肉不仁，目赤腫痛，皆陽鬱陰中之病。赤黑斑毒，失汗所致，宜清熱佐之。風寒冷食，遏抑成泄。木盛土衰，宜升揚。

發汗，去節，煮十餘沸，去浮沫，或蜜炒用。免其太發。止汗，用根節，取其引止汗之藥透達於表而仍有節守，非自能止汗出。自汗有虛實，虛者，芪、歸如此尤捷。又麻黄根同蛤粉、米粉、白礬為末，袋盛撲之佳。汗雖心液，各經亦有之。《經》曰：飲食飽甚，汗出於胃；驚而奪精，汗出於心；持重遠行，汗出於腎；疾走恐懼，汗出於肝；搖動勞苦，汗出於脾。

根節一兩，歸一錢，同炒黑，加麝嗜鼻，治內外障翳。寒傷營，營血不能外通於衛而無汗，故用麻黄從陰達陽，由營通衛，仍佐桂、杏以行肺衛，是開肺竅以透火鬱，而寒水之上合於肺者乃暢也。風傷衛，衛不能內護於營而有汗，故用桂枝通利三焦之陽氣以充達肌腠，仍佐白芍以和營，甘草以守中，薑、棗行脾之津液，是暢衛陽以和陰血，為理脾救肺之用也。同桂心為末，酒調下，治風痹冷痛。同附子、甘草，治水腫脈沉。

清・葉志詵《神農本草經贊》卷二　麻黄　味苦，溫。主中風傷寒頭痛，溫瘧發表出汗，去邪熱氣，止欬逆上氣，除寒熱，破癥堅積聚。一名龍沙。

雄雌(類辦)〔難辨〕，根雜赤黄。暖無積雪，輕自浮陽。護營通衛，減熱含涼。推行尼止，理妙難量。

蘇頌曰：麻黄有二種，雄者不結子，雌者結子。僧繼洪曰：中牟有麻黄之地，冬不積雪，泄內陽也。張元素曰：氣味俱薄，輕清而浮陽也。李時珍曰：其根皮色黄赤，內護於營，外通於衛，為發散火鬱之藥。孟浩然詩：緒風初減熱。傅咸賦：氣冷冷以含涼。《易》：推而行之謂之通。《孟子》：止或尼之。李時珍曰：麻黄發汗，根節止汗。物理之妙，不可測度。

清・文晟《新編六書》卷六《藥性摘錄》　麻黄　辛，溫，微甘。入膀胱，兼入肺。中空而浮，發寒，治大腸、膀胱傷寒無汗。凡風寒鬱肺，而見咳逆上氣，痰喘氣喘，皆可加用。〇惟夏月不宜，及有汗者勿用。〇杏仁為使，惡辛夷、石韋。〇根節，止汗。

清・劉東孟傳《本草明覽》卷一　麻黄　【略】按：東垣云：麻黄治衛實，桂枝治衛虛，雖同治太陽之分，其實榮衛藥也。肺主衛，心主榮，以其在太陽地分，故曰太陽。麻黄為手太陰肺之劑，桂枝為手少陰心之劑，故冬月傷寒傷風咳嗽者，用麻黄、桂枝，即湯液之源也。然麻黄又爲在地之陰，陰当下行，何爲發汗而上升。《經》云：味之薄者，陰中之陽。麻黄屬陰，氣〔味〕俱薄，薄則陰中有陽，安得不爲輕揚之劑，升上而發汗乎？但入手太陰經，終亦不離乎陰之本體也。

清・張仁錫《藥性蒙求・草部》　麻黄三分、五分　麻黄味苦，辛溫發汗。榮分寒邪，宣肺功擅。入足太陽，兼走手少陰、陽明，而為肺氣專藥。治欬逆上氣，因風寒鬱於肺經者，痰哮氣喘，用以瀉肺。然惟氣實者可暫用。此藥在冬月表分真有寒邪閉塞者宜之，否則禁用。〇發汗用莖，去節，有蜜水炒者，制其太發之性。止汗則用根節。

清・屠道和《本草匯纂》卷一散寒　麻黄　耑入膀胱，兼入肺。辛溫微苦，中空而浮。發汗解肌，去營中寒邪，衛中陰邪。治中風傷寒頭痛，溫瘧，風寒鬱肺，咳逆上氣，痰哮氣喘，除寒熱，破癥堅積聚，五臟邪氣，脇痛，乳疾，止好唾，洩邪惡氣，消赤黑斑毒，身上毒風瘮痺，皮肉不仁，壯熱溫疫，山嵐瘴氣。通腠理，利九竅，開毛孔皮膚，散赤目腫痛，水腫風腫。發汗用莖去節，止汗須用根節。並蛤粉、粟米等分，為末撲之。過用則汗多亡陽，自汗表虛。夏月陽氣外泄，不宜再發，以奪元氣。然果值有深寒，又宜酌用。麻黄湯乃仲景開表逐邪發汗第一峻藥，庸工不知其制，在以被溫覆始峻，不溫覆則不峻也。如和太陽未盡之寒熱，解太陽熱多寒少之寒熱，散太陰肺之邪，溫少陰腎之寒。凡邪在太陰，卒中暴厥，口噤氣絕，下咽奏效。皆不溫服取汗，是麻黄之峻與不峻在溫覆與不溫覆。仲景用方之心法，非庸工所能窺其藩籬，無怪其畏如鴆毒也。

清・戴葆元《本草綱目易知錄》卷一　麻黄　辛，溫，微苦。入足太陽，兼入手少陰、陽明經，而為肺家耑藥。發汗解肌，去營中寒邪，洩衛中風熱，調血脈，通九竅，止好唾，開毛孔皮膚。治中風傷寒，頭痛溫瘧，欬逆上氣，痰哮氣喘，壯熱溫疫，山嵐瘴氣，洩邪惡氣。破堅癥積聚，消赤黑斑毒，毒風瘮痹，皮肉不仁，散目赤腫痛，水腫風腫，產後血滯。過劑則汗多亡陽，夏月禁用。虛者蜜炒。去根節用。

清・黄光霽《本草衍句》　麻黄苦辛，溫。　上達輕揚，最清氣味。發太陽、少陰之汗，入肺藏、大腸之司。去營中之寒邪，泄衛中之表實。能深入積痰凝血之中，《本經》破癥堅積聚。血脈兼調；故透出皮膚毛孔之外，《本經》主發

表出汗，去邪熱氣。孔竅通利。傷寒中風，咳逆上氣。皮膚不仁，毒風疹痺。風腫水腫皆宜，發汗解表第一。若遇汗多之症，須知亡陽所忌。功耑散邪通陽，得射干治肺痿上氣，得桂心治風濕之冷痛。根節止汗，效如影響。有善行肌表之性能，引諸藥直固腠理，凡盜汗自汗，俱可加之。水腫脈沉，屬少陰。其脈浮者，為氣虛。脹者，為氣，皆非水也。麻黃附子湯汗之。麻黃三兩，水七升，煮，入甘草二兩，附子炮一枚，煎服，取汗即效。心下悸病，半夏麻黃丸，用半夏、麻黃末，蜜丸，日三服。盜汗不止，麻黃根、椒目為末，無灰酒下。外以麻黃根、故蒲(煽)〔扇〕為末，撲之。諸虛自汗，夜臥則甚，久即枯瘦，黃耆、麻黃根各一兩，牡蠣泔洗煅過，為散，服五錢，水二盞，小麥百粒煎服。

清・陳其瑞《本草撮要》卷一　麻黃　味苦辛，入手太陰、足太陽經，功專散邪通陽。得射干治肺痿上氣，得桂心治風痹冷痛。夏月禁用，過服亡陽，蜜炒稍緩，止汗用根。厚朴、白薇為使。惡辛夷、石膏。

清・李桂庭《藥性詩解》　賦得麻黃表汗得黃字。田春芳。　偶然寒襲表，治可用麻黃。欲使虛風散，方知發汗強。按：麻黃解表烈品，輕感不可驟用。原作語意不甚雅切，故於改正之外，余另補贅一首，以步前引，俾知所從。

不有風寒感，何妨汗內藏。調中須薤白，解表必麻黃。書謂麻黃生於中牟，雪積五尺，有麻黃處則雪不聚。蓋通陽氣，却外寒也。主中風傷寒頭痛，通腠理，除寒熱。味雖甘溫，性却猛烈，用當酌之。非若薤白辛苦，溫滑，下氣調中，胸痞刺痛，肺氣喘急，雖辛而不葷五臟，故道家常餌之。滑利之品，無滯勿用。古人言薤露者，以其光華難竚之義也。

清・仲昴庭《本草崇原集說》卷中　麻黃　【略】〔批〕經方用麻黃或取發汗，或不取發汗，如《傷寒・少陰篇》麻黃附子細辛湯，非發汗法，乃交陰陽法，麻黃附子甘草湯變交陰陽法而為微發汗法，此處直云發汗，單就太陽麻黃症而言。根節古云止汗，是引止汗之藥以達於表而速效，非麻根節自能止汗也。舊解多誤。

仲氏曰：太陽以寒水為本，是六氣中之一氣，六經中之一經也。令韶曰：太陽主人身最外一層，謂太陽天水相連，環繞周身，運行出入，各經病氣傳變，由寒水受傷而起，故曰傷寒，《傷寒論》備六氣，而寒為太陽本氣，本病標亦病，惡寒發熱頭痛，得汗斯痊，時醫慮麻黃發汗過猛，而以紫蘇、薄荷代之，豈知二物芳香，欲發其表，反虛其裏，決非傷寒太陽證所宜。

清・鄭奮揚著，曹炳章注《增訂偽藥條辨》卷三　麻黃　始出晉地，今滎陽、汴州、彭城諸處皆有之。氣味苦溫，無毒。春生苗纖勁直，外黃內赤，中空有節如竹形，宛似毛孔，故為發表出汗聖藥。市肆有以蓆草偽充，氣味既別，力量毫無，重症用之，不免貽誤。　炳章按：麻黃，九十月出新。山西大同府、代州邊城出者肥大，外青黃而內赤色為道地。太原陵丘縣及五臺山出者次之。陝西出者較細，四川滑州出者黃嫩，皆略次。山東、河南出者亦次。惟關東出者，細硬蘆，多不入藥。若蓆草偽充，更為害人矣。

清・何景才《外科明隱集》卷三　疔毒邪盛勿畏麻黃論　疔毒見形，必係身緊無汗，甚則必致增寒附冷，即為邪盛，致有以上之象，故而古人云邪與表征則寒，邪與裏征則熱。若待發熱煩嘔，邪已傳裏，而與毒攙，其患將要走黃變為逆證矣。古方有七星劍湯施之，此(際)〔劑〕催發重汗，效見影響，此皆麻黃之力也。或問曰：麻黃性熱，世所知也，疔毒非毒火而無是患，疔既火毒，投以致熱之藥，而反得效者，何也？答曰：疔毒之患，邪由外受，拘引內毒外發，毒邪兼染，則為凝滯，總係陰陽乖變，逆于肉䐃之分。麻黃能發裏中之表，逐邪出散，邪既漫散，毒無所附，血䐃得通，汁水時流，毒自患孔隨汁水而瀉，毒既解釋，陽氣便盛，膿從氣化，欲其不愈，無所得也。麻黃雖是致熱之劑，性能由內直發于外，邪從腠理逐出，其熱決無傍傷之慮，兼之解毒之藥，而有何害？然而當以隨證施用，若逢無邪表虛之患，須當禁用。

清・周巖《本草思辨錄》卷二　麻黃　鄒氏疏麻黃云：麻黃之實，中黑外赤，其莖宛似脈絡骨節，中央赤，外黃白。實者先天，莖者後天。先天者物之性，其義為由腎及心；後天者物之用，其義為由心及脾肺。由腎及心，所謂腎主五液，入心為汗也；由心及脾肺，所以分佈心陽，外至骨節肌肉皮毛，使其間留滯無不傾囊出也。故栽此物之地，冬不積雪，為其能伸陽氣於至陰中，不為盛寒所凝耳。此論麻黃性用，致為精審，遠勝諸家。按《靈樞・本藏篇》云：腎合三焦膀胱。三焦膀胱者，腠理毫毛其應。麻黃雖入腎而中空輕揚，故為太陽傷寒泄表發汗之要藥。肺之合皮毛，入太陽即入肺，入肺入心即入營衛。麻黃莖並不白，鄒氏謂其入肺而有意裝飾之，未免蛇足。又葉天士、陳修園咸謂肝主疏泄，以麻黃發汗為疏泄為入肝，不知肝能下泄不能外泄，其亦武斷之至矣。

與麻黃相助為理之物，其最要者有六：曰杏仁，曰桂枝，曰芍藥，曰石膏，曰葛根，曰細辛。得其故而後知彼知己，百戰百勝矣。今具論如下：

杏仁者，所以為麻黃之臂助也。麻黃開肌腠，杏仁通肺絡；麻黃性剛，杏仁性柔；麻黃外擴，杏仁內抑。二者合而邪乃盡除。如麻黃湯治風寒，麻黃杏仁薏苡甘草湯治風濕之類皆是。

桂枝者，所以補麻黃之不足也。麻黃泄榮衛之邪，桂枝調榮衛之氣。桂枝得麻黃，不至羈汗；麻黃得桂枝，即能節汗。二者合而正不受傷。此麻桂並用之方皆然。蓋有視證候之重輕，暨他藥之離合以為權衡者矣。

芍藥者，一方之樞紐也。一徵之小青龍湯，外寒與內飲相搏，乾嘔發熱而咳，是證之必然非或然。麻桂散外寒，辛夏蠲內飲，薑味止咳逆，甘草合諸藥以和之。寒則以汗解，飲則隨便去，惟麻黃入太陽而上行，膀胱之氣亦因之而不下行，小便不利少腹滿，固意中事。加芍藥者，所以馴麻黃之性而使水飲得下走也。若小便本不利，則麻黃直去之矣。全方蠲飲重於散寒，故名之曰小青龍湯。再徵之烏頭湯，麻黃氣輕，驅風寒在肌膚者多；烏頭氣重，驅風寒在臟腑者多。麻黃除濕，是濕隨風寒而去；烏頭除濕，是風寒外散而濕則內消。麻黃伸陽而不補，烏頭補陽而即伸。此治歷節不可屈伸疼痛，二物所以必並用之故。雖然二物皆出汗而少內心，關節之病，非可一汗而愈者，故又以芍藥從而斂之，使宛轉於肢節而盡去其疾。黃芪疏榮衛之氣，則為芍藥之前驅。甘草則培中土以和之者也。以其有芍藥能使麻、烏下達，故亦治脚氣。舉此二方，而他之用芍藥者可推矣。

傷寒太陽病將入陽明，則石膏為必用之藥。大青龍湯中風二字，是與小青龍湯傷寒二字為互舉之文。麻黃湯治傷寒，曰脈浮緊無汗，此亦浮緊無汗。大青龍別一條曰傷寒脈浮緩，浮緩有傷寒，浮緊豈反無傷寒。況傷寒一日太陽受之，脈若靜者為不傳，頗欲吐若躁煩，脈數急者為傳。此之煩躁，自因表實而邪不得泄，傳入陽明所致。沈堯封以煩躁為內伏之暍熱，不知陽明非腑實不至煩躁，安有內已腑實而外尚發熱惡寒之理？以石膏治煩躁，謂之治太陽傳入陽明之煩躁，與仲聖諸說無不吻合，復有何疑。且煩躁在心腎而治則在陽明者，非無謂也。太陽本寒標熱，上與心，下與腎為緣，太陽熱閉，則心腎皆為之擾。太陽不治，則陽明亦所必傳。是煩躁非心腎之自病，而陽明乃去路之宜肅。泄其熱於表，清其熱於裏，則煩躁不治而自治。抑石膏者，泄肺即所以泄太陽也，太陽衛外之氣，從皮毛而合肺，而石膏亦輕亦重，泄肺清胃，兩擅其長，故獨用治汗出之熱，佐麻黃又治不汗出之熱。若離太陽入陽明而成腑實之證，則石膏非所克任矣。

太陽將入陽明，葛根亦為必用之藥。仲聖文義，多有參觀互勘而後明者。葛根湯之證，曰太陽病項背強几几，無汗惡風。病云太陽，而方則以葛根標名。葛根者，太陽陽明交嬗藥也。何以言之？陽明病身熱多汗，而葛根治大熱不治多汗，且更解肌出汗。雖出汗而非散太陽初入之寒，所以為治太陽將入陽明之藥。太陽寒邪化熱，熱爍其液，則項背為強，葛根起陰氣以滑澤之，則變強為柔，與麻黃治無汗惡風，可稱伯仲。然則是證二物足了之矣，復以桂枝湯何為？蓋汗出表必虛，以和陽化陰之藥繼其後，則即攻即補，元氣不過傷而易復，此用藥操縱之法，仲聖方類如是也。

細辛與杏仁，皆所以為麻黃之臂助，而有大不侔者在。杏仁佐麻黃而橫擴，是為一柔一剛；細辛佐麻黃而直行，是為一專一普。細辛則色黑入腎，赤入心，或云赤黑，或云深紫，紫即赤黑相兼之色也。一莖直上，氣味辛烈，故其破少陰之寒凝，銳而能專。考仲聖方佐細辛以治上者不一，如小青龍湯治水飲，厚朴麻黃湯治咳逆，桂甘薑棗麻辛附子湯治氣分，皆所易曉。獨麻黃附子細辛湯，治少陰病用細辛，則此義塵封久矣。試詳言之：少陰與太陽為表裏，臟若中寒，必始得之即吐利厥逆，不至發熱。今有但欲寐之少陰證而反發熱，是無少陰之裏證而有外連太陽之表證，自應以麻黃發汗。脈沉者急溫之，自應以附子溫經。至細辛一味，柯韻伯謂散浮陽，鄒氏謂無細辛為微發汗，則有細辛為大發汗，唐容川更以脈沉為陽陷，用細辛以升之。實於細辛性用，與仲聖因證製方之意，未經窺見。夫細辛與麻黃，同能徹上徹下，第麻黃中空輕揚，用以下行，非借他藥之力不可。細辛無發表出汗之能，《本經》麻黃發表出汗，細辛無之。而於風寒之在上在下，附於骨節九竅者，則專力以去之，絕不旁騖。故防己黃芪湯，曰下有陳寒者加細辛，可見細辛散少陰經氣之寒，厥有專長，非麻黃可及。然則麻黃附子甘草湯無細辛，而此何以有細辛，彼無裏證而此何嘗有裏證？仲聖用麻黃必曰取微汗，此豈堪取大汗？則當於始得之與得之二三日，及麻黃煎法之不同，詳究其義矣。《經》云：逆冬氣則少陰不藏，腎氣獨沉。腎氣沉則脈無不沉，即仲聖所云脈微細、但欲寐之脈，亦未始非沉，此單言沉

者，以其沉之甚耳。脈沉自係少陰病本象，茲不云少陰病脈沉反發熱，而云反發熱脈沉，蓋少陰病不應發熱而反發熱，發熱則當由太陽而外達矣，乃發熱而兼脈沉，豈能無二三日變為裏證之虞。於是以附子專溫其經，細辛佐麻黃，銳師直入以散在經之邪；麻黃先煮減二升者，欲其氣之下注；不加甘草者，恐其緩三物而中停；此發熱脈沉始得時之治法。若至二三日而無裏證，則不至或有裏證，不當以細辛先開其隙；故以麻黃附子治發熱脈沉，而以甘草易細辛，且先煮麻黃只一二沸，以節其入裏之勢，而和其散邪之氣，此正合得之二三日之分際。彼不言無裏證，此不言發熱脈沉者，互舉之文也。仲聖之斟酌病機，可謂精矣。

更以仲聖用麻黃、杏仁、石膏，而治法迥異者言之，大青龍湯三物並用，為發汗之峻劑，麻杏甘膏湯亦三物並用，偏治汗出而喘無大熱者，何也？此節文義，是將汗出二字倒裝在不可更行桂枝湯下。惟其汗出，疑可行桂枝不可行麻黃。不知汗出而喘無大熱，非桂枝證之汗出，而為發汗後表已解之汗出。表已解故無大熱，喘則尚有餘邪，桂枝湯不可行，而大青龍不變其法亦不可行。夫是故變峻為和，以麻黃四兩，石膏倍之，俾麻黃之技不得逞，而餘邪適因之而盡。且石膏倍用，不特製麻黃之悍，泄汗出之熱，即杏仁亦必抑其外達之勢，以下氣而止喘。止喘非麻黃事耶，而汗出無大熱之喘，則其喘為氣逆多而表鬱少，故麻黃減之而杏仁增之，信乎藥物多寡之所關，非細故也。

石膏以兩計者，與麻黃多寡易見，麻杏甘膏湯，石膏多麻黃一倍，核之治法正合。若大青龍湯石膏亦多於麻黃，則麻黃受制已甚，何至有汗多之慮。洄溪云：大青龍湯一劑，除大棗約共十六兩，以今稱計之，亦重三兩有餘，則發汗之重劑矣。雖少加石膏，終不足以相制也。夫所謂十六兩者，已將石膏並計在內，所謂三兩有餘者，以古一兩今二錢零計之，不知雞子大一塊，洄溪究作今稱幾何。余將石膏碎為雞子大稱之，總不在三兩之下。而洄溪謂一劑共三兩有餘，真令人不解。王朴莊精於算學，謂傷寒方一兩準今七分六釐，則更無洄溪二錢零之多。今姑即二錢零為一兩計之，麻黃六兩，亦不過有今稱兩半，而石膏雞子大一塊，則有今稱三兩，是多於麻黃一倍矣。恐雞子大一塊字，不免有誤。世有博雅，盍考訂之。

雲花草

明·李時珍《本草綱目》卷一五草部·隰草類上 雲花艸 時珍曰：按葛洪《肘後方》治馬疥，有雲花艸，云狀如麻黃，而中堅實也。

肉蓯蓉

宋·李昉《太平御覽》卷第九八九 肉蓯蓉 《本草經》曰：肉蓯蓉，味甘，微溫。生山谷。治五勞七傷，補中，除莖中寒熱，養五藏，強陰益精氣，多子，婦人癥瘕，久服輕身。生河西。《吳氏本草》曰：肉蓯蓉，一名草蓯蓉。神農、黃帝：鹹。雷公：酸。李氏：小溫。生河東山陰地，長三四寸，叢生。或代郡鴈門。二月、八月採，陰乾用之。

宋·唐慎微《證類本草》卷七草部上品〔《本經·別錄》〕 肉蓯蓉 味**甘**、酸、鹹，**微溫**，無毒。**主五勞七傷，補中。除莖中寒熱痛，養五藏，强陰，益精氣，多子，婦人癥瘕**，除膀胱邪氣，腰痛，止痢。**久服輕身。**生河西山谷及代郡雁門。五月五日採，陰乾。

〔梁·陶弘景《本草經集注》〕云：代郡雁門屬并州，多馬處便有，言是野馬精落地所生。生時似肉，以作羊肉羹，補虛乏極佳，亦可生噉。芮芮河南間至多。今第一出隴西，形扁廣，柔潤，多花而味甘。次出北國者，形短而少花。巴東建平間亦有，而不如也。

〔唐·蘇敬《唐本草》〕注云：此注論草蓯蓉，陶未見肉者。今人所用亦草蓯蓉，刮去花用代肉爾。《本經》有肉蓯蓉，功力殊勝。比來醫人，時有用者。

〔宋·掌禹錫《嘉祐本草》〕按：《蜀本圖經》云：出肅州祿福縣沙中，三月、四月掘根，切取中央好者三四寸，繩穿陰乾。八月始好，皮如松子鱗甲，根長尺餘。其草蓯蓉，四月中旬採，長五六寸至一尺已來，莖圓紫色，採取壓令扁，日乾。原州、秦州、靈州皆有之。《吳氏》云：肉蓯蓉，一名肉松蓉。神農、黃帝：鹹。雷公：酸。季氏：小溫。生河西山陰地，長三四寸，叢生。或代郡，二月至八月採。《藥性論》云：肉蓯蓉，臣。益髓，悅顏色，延年，治女人血崩，壯陽，日御過倍，大補益。主赤白下，補精敗，面黑，勞傷。用蓯蓉四兩，水煮令爛，薄切細研，精羊肉分爲四度，五味以米煮粥，空心服之。日華子云：治男絕陽不興，女絕陰不産，潤五藏，長肌肉，暖腰膝，男子泄精，尿血，遺瀝，帶下，陰痛。據《本草》云：即是野馬精餘瀝結成。採訪人方知教落樹下并土塹上，此即非馬交之處，陶說誤耳。又有花蓯蓉，即是春抽苗者，力較微耳。

〔宋·蘇頌《本草圖經》〕曰：肉蓯蓉，生河西山谷及代郡雁門，今陝西州郡多有之，然不及西羌界中來者，肉厚而力緊。舊說是野馬遺瀝落地所生。今西人云大木間及土塹垣中多生此，非遊牝之所而乃有，則知自有種類耳。或疑其初生於馬瀝，後乃滋殖，如茜根

生於人血之類是也。皮如松子，有鱗甲。苗下有一細扁根，長尺餘，三月採根，採時掘取中央好者，以繩穿，陰乾。至八月乃堪用。《本經》云：五月五日採。五月恐已老不堪，故多三月採之。西人多用作食品噉之，刮去鱗甲，以酒淨洗，去黑汁，薄切，合山芋、羊肉作羹，極美好益人，食之勝服補藥。又有一種草蓯蓉，極相類，但根短，莖圓，紫色，比來人多取，刮去花，壓令扁，以代肉者，功力殊劣耳。又下品有列當條云：生山南巖石上，如藕根，初生掘取，陰乾，亦名草蓯蓉。性溫，補男子。疑即是此物。今人鮮用，故少有辨之者，因附見於此。

〔宋・唐慎微《證類本草》〕《陳藏器序》云：强筋健髓，蓯蓉、鱓魚爲末，黄精酒丸服之，力可十倍。此說出《乾寧記》。《雷公》云：凡使，先須用清酒浸一宿，至明，以椶刷刷去沙土浮甲盡，劈破中心，去白膜一重，如竹絲草樣。是此偏隔人心前氣不散，令人上氣不出。凡使用，先須酒浸，并刷草了，却蒸，從午至酉，出，又用酥炙得所。

宋・寇宗奭《本草衍義》卷八 肉蓯蓉 《圖經》以謂皮如松子，有鱗。子字當爲殼，於義爲允。又曰：以酒淨洗，去黑汁，作羹。黑汁既去，氣味皆盡。然嫩者方可作羹，老者苦。入藥，少則不效。

宋・王繼先《紹興本草》卷四 肉蓯蓉 紹興校定：肉蓯蓉乃採根入藥，主治已載《本經》。出陝西，其狀有鱗甲，如肉臘，厚者佳。味甘酸鹹、微溫、無毒是矣。又有草蓯蓉一種，然形頗相似，止是枯燥，全無肉性，即不堪入藥矣。

宋・鄭樵《通志》卷七五《昆蟲草木略》 肉蓯蓉 曰肉松容。舊曰馬精化為蓯蓉，人血化為茹藘。故蓯蓉生於沙中，在西方多馬處，然亦有生於大木間及土壍上者。

宋・劉明之《圖經本草藥性總論》卷上 肉蓯蓉 味甘、酸、鹹，微溫，無毒。主五勞七傷，補中，除莖中寒熱痛。養五藏，强陰，益精氣多子。婦人癥瘕，除膀胱邪氣，腰痛，止痢。《藥性論》云：臣。益髓，悦顏色，治女人血崩，壯陽，日御過倍，大補益。主赤白下，補精敗，面黑勞傷。用蓯蓉四兩，水煮令爛，薄切細研，精羊肉分為四度，五味，以米煮粥，空心服之。日華子云：治男子絶陽不興，女絶陰不產，潤五臟，長肌肉，暖腰膝，男子泄精尿血遺瀝，帶下陰痛。生河西鴈門。

宋・陳衍《寶慶本草折衷》卷九 肉蓯蓉 驗方用者，名馬足。續說云：伯樂論馬受氣於丙，又屬於午，故惟燥驍騰。舊說馬有遺瀝墮地，蓯蓉感其氣而生，故又號馬芝，宜其力能補壯也。真者狀如鯪鯉甲，尾鱗細薄而肉肥柔，味甘鹹而氣芬鬱，切之則煤而有紋，咀之則化而無滓。不如是，則木下或土之上所生者，皆無甚力也。薄俗亦以芭蕉根、雞冠花梗等偽之，性寒味惡，施於滋補，豈無害歟？所以《是齋方》十柔元本用肉蓯蓉。註云：如無蓯蓉則鹿茸可代。

元・王好古《湯液本草》卷四 蓯蓉 氣温，味甘、鹹、酸，無毒。《本草》云：主五勞七傷，補中，除莖中寒熱痛，養五臟，强陰，益精氣，多子，婦人癥瘕，除膀胱邪氣，腰痛，止痢。久服輕身。《液》云：命門相火不足，以此補之。

元・朱震亨《本草衍義補遺》 肉蓯蓉 屬土而有水與火。峻補精血。驟用反致動大便滑。河西自從混一之後，人方知其真形，何曾有所謂鱗甲者？〇以酒洗净，去黑汁，作羹。黑汁既去，氣味皆盡。然嫩者方可作羹，老者苦，入藥少則不效。

元・徐彦純《本草發揮》卷一 肉蓯蓉 味甘、酸、鹹，溫，無毒。主勞傷，補中，除莖中痛，强陰益精。海藏云：命門相火不足，以此補之。丹溪云：屬土而有水與火。能峻補精血。驟多用之，則反滑大腸。

明・王綸《本草集要》卷二 肉蓯蓉臣 味甘酸鹹，氣微溫，無毒。五月五日採，陰乾，先用酒浸一宿，并刷去浮甲，劈破中心，去白(漠)〔膜〕，如草樣，卻用酒蒸，酥油塗炙。主五勞七傷，補中，除莖中寒熱痛，養五臟，强陰益精氣，多子。婦人癥瘕，久服輕身。治男絶陽不興，及泄精、尿血遺瀝，女絶陰不產，及血崩帶下，陰痛，暖腰膝，强筋髓，命門相火不足，以此補之。丹溪云：峻補精血。驟用反致動大便。

明・滕弘《神農本經會通》卷一 肉蓯蓉 臣也。五月五日採，陰乾。凡使先用清酒浸一宿，刷去砂土、浮甲，劈破中心，去白膜一重，如竹絲草樣，却用酒蒸，又用酥油塗炙得所。五月恐老，多三月採之。味甘酸鹹，氣微溫，無毒。《湯》云同。東云：填精益腎。

《本經》云：主五勞七傷，補中，除莖中寒熱痛，養五臟，强陰，益精氣，多子，婦人癥瘕，除膀胱邪氣，腰痛，止痢，久服輕身。《藥性論》云：臣。益髓，悦顏色，延年。治女人血崩。壯陽，日御過倍。大補益，赤白下，補精敗，面黑勞傷。日華子云：治男絶陽不興，女絶陰不產。潤五臟，長肌肉，暖腰膝，男子泄精，尿血，遺瀝，帶下，陰痛。陳藏器云：强筋健髓。《液》云：

命門相火不足，以此補之。丹溪云：屬土而有水與火，峻補精血。驟用反致動大便滑。河西自從混一之後，人方知其真形，何曾有所謂鱗甲者，以酒洗淨去黑汁，黑汁既去，氣味皆盡。然嫩者方可，老者苦，入藥少則不効。《局》云：肉蓯蓉是馬精生，主療勞傷補益精。女子絕陰令有子，男人陽絕亦能興。蓯蓉，扶女子陰絕，興男子陽絕，補精養腎。生自馬精。

明・劉文泰《本草品彙精要》卷八　肉蓯蓉　無毒。草蓯蓉附。　叢生。

肉蓯蓉出《神農本經》：**主五勞七傷，補中，除莖中寒熱痛，養五臟，強陰，益精氣，多子，婦人癥瘕，久服輕身。**以上朱字《神農本經》。除膀胱邪氣，腰痛，止痢。以上黑字名醫所錄。

【名】肉松蓉。

【苗】《圖經》曰：舊說是野馬遺瀝落地所生。今西人云：大木間及土塹垣中多生此，非遊牝之所而乃有，則知自有種類耳。或疑其初生於馬瀝，後乃滋殖，如茜根生於人血之類是也。皮如松子，有鱗甲，苗下有一細匾根，長尺餘，然西羌來者肉厚而力緊，爲佳也。採時掘取中央好者，以繩穿至秋，乃堪用。又有一種草蓯蓉，極相類，但根莖圓紫色，北來人多取，刮去花，壓令匾以代肉者，功力殊劣耳。又下品有列當條云：生山南巖石上，如藕根，初生掘取，亦名草蓯蓉，性溫，補男子，疑即是此物。今人鮮用，故少有辯之者，因附見於此。陶隱居云：第一出隴西，形匾廣，柔潤多花而味甘；次出北國者，形短而少花。巴東、建平間者不如也。日華子云：又有花蓯蓉，即是春抽苗者，力較微耳。

【地】《圖經》曰：生河西山谷及代郡雁門，今陝西州郡多有之。陶隱居云：河南、巴東、建平。【道地】西羌、隴西。

【時】生：春生。採：三月、五月五日取根。

【收】陰乾。

【用】根肥潤者爲好。

【質】形似松塔而長軟。

【色】紫。

【味】甘，酸，鹹。

【性】溫，緩。

【氣】氣厚于味，陽中之陰。

【臭】腥。

【主】補精壯陽。

【製】先以酒浸，去浮甲、心中白膜，復以酒蒸酥炙。

【治】療：《藥性論》云：女人血崩，帶下，陰痛。日華子云：男子泄精，尿血，遺瀝。補：《藥性論》云：益髓，悅顏色，延年，壯陽。日華子云：男絕陽不興，女絕陰不產，潤五臟，長肌肉，暖腰膝。《湯液本草》云：補命門相火不足。

【合治】合山芋、羊肉作羹，益人。

明・俞弁《續醫說》卷一〇　肉蓯蓉　瑣陽代肉蓯蓉用，味甘氣平，煮粥可食，補陰氣，大便虛而燥者可用。蓋肉蓯蓉難得，真者多是金蓮根，以鹽淹而為之。北方有草蓯蓉，名曰列當稍，性味鹹，實難倚仗。此說得之于羅太無先生丹溪《本草》。

明・葉文齡《醫學統旨》卷八　肉蓯蓉　氣微溫，味甘、酸、鹹，無毒。酒浸一宿，刷去浮甲，劈破中心，去白膜用，酒蒸用。治五勞七傷，補中，除莖中痛，強陰益精多子；婦人癥瘕，男絕陽不興及泄精，尿血遺瀝，女絕陰不產及血崩帶下，陰痛；暖腰強筋髓，命門相火不足，以此補之。丹溪云：峻補精血，驟用反致動大便。

明・許希周《藥性粗評》卷一　蓯蓉、瑣陽於甚固。

肉蓯蓉，一名肉菘蓉。世傳為野馬遺瀝落地所生，然考之游牝不及之所，亦嘗生焉。或謂初生於馬瀝，後乃滋殖，如茜根生於人血之類是也，未知是否。二三月生苗數寸許，皮如松子有鱗甲，苗下掘地有一細匾根，長尺餘，中有一段肥嫩者，三四寸為蓯蓉。出西北并州、肅州，宿處沙野。三月掘採，繩穿陰乾，至八月方美。凡用以清酒浸一宿，椶刷去其浮甲，劈破中心，去白膜一層如竹絲草様，不令人隔氣不散。所使并所畏惡，《本草》不載。其一種草蓯蓉，莖圓，紫色，柔潤多花，長七八寸，土人四月間採來，去其花，壓扁，日乾，以充肉者市賣，氣味雖甘，功力則殊劣也。味甘、酸、鹹，性微溫，無毒。主治五癆七傷，命門相火不足，腰痛泄精，男子陽痿不興，女人陰絕不育，壯元陽，益精氣，大有滋補。

明・鄭寧《藥性要略大全》卷三　肉蓯蓉臣　補中，除莖中寒熱痛，養五臟，強陰益精氣，令人多子。暖腰膝，止腰痛，洩精，尿血餘瀝，命門相火不足者，以此補之，大壯陽氣，止痢。療女人癥瘕崩中，赤白帶下。除膀胱邪熱。《珠囊》云：補五癆七傷，填精益腎，扶男子陽絕不興，治女人陰絕不產。味甘、酸、鹹，性微溫，無毒。端午日取，陰乾，先用酒浸一宿，刷去浮甲，擘破中心去白膜，須用酒蒸酥，炙用。肉蓯蓉出西方，形廣而扁，肉厚味美。草蓯蓉出北方，根短而形圓，紫色肉薄，功力劣爾。

明・賀岳《醫經大旨》卷一《本草要略》　肉蓯蓉　屬土而有水與火，峻補精血。驟用反致動大便滑。宜去鱗甲，酒洗用之。陽事不舉不可缺也。

明・陳嘉謨《本草蒙筌》卷一　肉蓯蓉　味甘、酸、鹹，氣微溫，無毒。陝西州郡俱有，馬瀝落地所生。端午採乾，用先酒浸。刷去身外浮甲，劈除心內膜筋。或酥炙酒蒸，仍碎搗入劑。忌經鐵器，切勿犯之。治男子絕陽不興，洩精尿血遺瀝；療女人絕陰不產，血崩帶下陰疼。助相火補益勞傷，暖腰膝堅強筋骨。丹溪云：雖能峻補精血，驟用反動大便。

又種瑣陽，亦產陝西。味甘可啖。以酥塗炙，代用亦宜。煮粥彌佳，入藥

尤効。潤大便燥結，若溏瀉者，切忌服之。補陰血虛羸。興陽固精，強陰益髓。但《本經》原缺未載，此丹溪續補為云。

又草蓯蓉，巖石多產。根類初生蓮藕，《本經》一名列當。溫補略同，功力殊劣，或匾扁假充前藥，肉蓯蓉罕得真者，市多以此壓匾假充。又以金蓮草根鹽潤充賣，誤服之反有損也。凡用者務審精詳。

明・方穀《本草纂要》卷二 肉蓯蓉 味甘、酸、鹹，氣微溫，無毒。補腎之藥也。主五芳七傷，陰虛不足，情慾斲喪，以致羸弱，或莖中寒而內熱交作，或陽道衰而陰器不舉，或精髓虛而腰膝無力，或崩帶下而血氣空虛，是皆腎氣不足，命門火動之症，以此治之，無不驗也。大抵蓯蓉乃溫經之劑，吾聞男子絕陽不興，蓯蓉可以興陽；女子絕陰不產，蓯蓉可以生產。此其峻補之劑，有益精養血之功。又爲精化之物，有強陰壯陽之理。製用酒洗，去浮甲爲妙。

明・王文潔《太乙仙製本草藥性大全》卷一《本草精義・草部》 肉蓯蓉 一名肉松蓉。神農、黃帝：鹹。雷公：酸。李氏：小溫。生河西山陰地，長三四寸，叢生。或生河西山谷及代郡鴈門，今陝西州郡皆有之，然不及西羌界中來者肉厚而力緊。舊說是野馬遺瀝落地所生。今西人云，大木間及土壍垣中多生此，非遊牝之所而乃有，則知自有種類耳。或疑其初生於馬瀝，後乃滋殖，如茜根生於人血之類是也。皮如松子，有鱗甲，苗下有細扁根，長尺餘。三月採根，採時掘取中央好者，以繩穿，陰乾，至八月乃堪用。《本經》云：五月五日採。五月恐已老，不堪，故多三月採之。

明・王文潔《太乙仙製本草藥性大全》卷一《仙製藥性》 肉蓯蓉臣 味甘、酸、鹹，氣微溫，無毒。《珠囊》云：補五勞七傷，填精益腎。(夫)〔主〕男子陽絕不興，治女人絕陰不產。主治：療五勞七傷，補中，除莖中淋熱痛，養五臟，強陰益精氣，多子，婦人癥瘕，除膀胱邪氣，腰痛，止痢，久服輕身。治男絕陽不興及泄精、尿血、遺瀝，女絕陰不產及血崩、帶下、陰痛。暖腰膝，強筋髓。命門相火不足，以此補之。丹溪云：峻補精血，驟用反致動大便。補註：西人多用作食品，取之刮去鱗甲，以酒浄洗去黑汁，薄切，合山芋、羊肉作羹，極美好益人，食之勝服補藥。又有上種草蓯蓉極相類，但根短莖圓紫色，北來人多取，刮去花壓令扁以代之，但功力殊劣耳。又下品有列當條云：生山南巖石上，如藕根，初生掘取，陰乾，亦名草蓯蓉，性溫，補男子，疑即是此物，今人鮮用，故少有辨之者，因附見於此。〇陳藏器序云：強筋健髓，蓯蓉、鱓魚爲末，黃精酒丸服之，力可十倍。此說出《乾寧記》。太乙曰：凡使，先須用酒浸一宿至明，以棕刷去上沙土浮甲盡，劈破中心，去白膜一重，如竹絲草樣，是此偏隔人心前氣不散，令人上氣不出。凡使用先有(瀝)〔酒〕浸并刷草，却蒸，從午至酉出，又用酒炙佳。

明・皇甫嵩《本草發明》卷二 肉蓯蓉上品之下，君。氣溫，味甘、鹹、酸，無毒。發明曰：肉蓯蓉屬土有水與火，入腎而峻補精血，益水中之火。故《本草》主勞傷補中，養血臟，強陰益精，多子，除莖中寒熱痛，膀胱邪氣，腰痛寒痢，益髓悅顏，壯陽，日御過倍，補精敗及婦人癥瘕，赤白帶下，絕陰不產，血崩陰痛。若相火衰，陽事不舉，此不可缺。驟用反致動，大便滑。用清酒浸去浮甲，劈破中心，去白膜一重如竹絲樣，此隔人心氣不散，令人上氣閉，削去，蒸半日用，酥炙最妙。

明・李時珍《本草綱目》卷一二草部・山草類上 肉蓯蓉《本經》上品

【釋名】肉松容《吳普》 黑司命《吳普》。時珍曰：此物補而不峻，故有從容之號。從容，和緩之貌。

【集解】《別錄》曰：肉蓯蓉生河西山谷及代郡雁門，五月五日採，陰乾。普曰：生河西山陰地，叢生，二月至八月採。弘景曰：代郡雁門屬并州，多馬處便有之，言是野馬精落地所生。生時似肉，以作羊肉羹補虛乏極佳，亦可生啖，河南間至多。今第一出隴西，形扁黃，柔潤多花而味甘。次出北國者，形短而少花。巴東建平間亦有，而不嘉也。恭曰：此乃論草蓯蓉也，陶未見肉者。今人所用亦草蓯蓉刮去花，代肉蓯蓉，功力稍劣。保昇曰：出肅州福祿縣沙中。三月、四月掘根，長尺餘，切取中央好者三四寸，繩穿陰乾，八月始好，皮有松子鱗甲。其草蓯蓉四月中旬採，長五六寸至一尺以來，莖圓紫色。大明曰：生教落樹下，並土壍上，此即非馬交之處，陶說誤爾。又有花蓯蓉，即暮春抽苗者，力較微爾。頌曰：今陝西州郡多有之，然不及西羌界中來者，肉厚而力緊。舊說是野馬遺瀝所生，今西人云大木間及土壍垣中多生，乃知自有種類爾。或疑其初生於馬瀝，後乃滋殖，如茜根生於人血之類是也。五月採取，恐老不堪，故多三月採之。震亨曰：河西混一之後，今方識其真形，何嘗有所謂鱗甲者，蓋蓯蓉罕得，人多以金蓮根用鹽盆制而爲之，又以草蓯蓉充之，用者宜審。嘉謨曰：今人以嫩松梢鹽潤僞之。

【修治】斅曰：凡使先須清酒浸一宿，至明以椶刷去沙土浮甲，劈破中心，去白膜一重，如竹絲草樣。有此，能隔人心前氣不散，令人上氣也。以甑蒸之，從午至酉取出，又用酥炙得所。

【氣味】甘，微溫，無毒。《別錄》曰：酸，鹹。普曰：神農、黃帝：鹹。雷公：

酸。李當之：小温。【主治】五勞七傷，補中，除莖中寒熱痛，養五臟，强陰，益精氣，多子，婦人癥瘕。久服輕身《本經》。除膀胱邪氣腰痛，止痢《别録》。益髓，悦顔色，延年，大補壯陽，日御過倍，治女人血崩甄權。男子絶陽不興，女子絶陰不産，潤五臟，長肌肉，暖腰膝，男子洩精，〔尿〕血遺瀝，女子帶下陰痛大明。

【發明】好古曰：命門相火不足者，以此補之，乃腎經血分藥也。凡服蓯蓉以治腎，必妨心。震亨曰：峻補精血。驟用，反動大便滑也。斅曰：强筋健髓，以蓯蓉、鱓魚二味爲末，黄精汁丸服之，力可十倍。此説出《乾寧記》。頌曰：西人多用作食。只刮去鱗甲，以酒浸洗去黑汁，薄切，合山芋、羊肉作羹，極美好，益人，勝服補藥。宗奭曰：洗去黑汁，氣味皆盡矣。然嫩者方可作羹，〔老者〕味苦。入藥少則不效。

【附方】舊一，新四。補益勞傷：精敗面黑。用蓯蓉四兩，水煮令爛，薄細切，研精羊肉，分爲四度，下五味，以米煮粥空心食。《藥性論》。腎虚白濁：肉蓯蓉、鹿茸、山藥、白茯苓等分，爲末，米糊丸梧子大，每棗湯下三十丸。《聖濟總録》。汗多便閟：老人虚人皆可用。肉蓯蓉酒浸焙二兩，研沉香末一兩，爲末，麻子仁汁打糊，丸梧子大。每服七(十)〔八〕丸，白湯下。《濟生方》。消中易飢：肉蓯蓉、山茱萸、五味子爲末，蜜丸梧子大，每鹽酒下二十丸。《醫學指南》。破傷風病：口禁身强。肉蓯蓉切片曬乾，用一小盞，底上穿定，燒煙於瘡上熏之，累效。《衛生總微》。

題明・薛己《本草約言》卷一《藥性本草》　肉蓯蓉　味甘、酸、鹹，氣微溫，無毒。陽中之陰，降也，入手厥陰命門、足太陽膀胱。命門相火不足者，以此補之。入衝任而補血，走水藏而生精，故治精血之虚漏，腰膝之冷痛，女子絶陰不産，男子絶陽不興。以其峻補精血，驟用反致動大便之變耳。凡用宜去鱗甲，酒洗。大壯元氣，療婦人癥瘕，崩中赤白帶下，除膀胱邪熱。方形肉厚扁者佳。按：今人每用此以補腎，不知此特助老人命門火衰，若青年服之，相火愈熾，於腎無益。《發明》云：蓯蓉屬土，有水與火，入腎而峻補精血，益水中之火。用清酒浸去浮甲，劈破中心，去白膜一重如竹絲樣，此隔人心氣不散，令人上氣閉，刷去，蒸半日，用酥炙最妙。○瑣陽補陰益氣，可代蓯蓉，治虚而潤大便燥結，不燥者勿用。

明・梅得春《藥性會元》卷上　肉蓯蓉　味鹹、酸，氣微溫，無毒。丹溪云：屬土而有水與火。主益腎填精，扶女子陰絶與男子陽絶，治五勞七傷，補中養五臟，除莖中寒熱痛，强陰益精氣，多子。婦人癥瘕不産，血崩、帶下、陰痛，男子泄精，尿血遺瀝，膀胱邪氣，暖腰强筋添髓。命門相火不足，以此補之。丹溪云：峻補精血，驟用反動大便致滑。言是馬精落地所生，補虚最佳。製法：酒浸一宿，刷去浮甲，劈破中心，去白膜，以酒洗淨，去黑汁，用酒蒸作羹。黑汁既去，氣味既盡，然嫩者方可作羹，老者入藥則不效。

明・杜文燮《藥鑒》卷二　肉蓯蓉　氣溫，味甘、酸、鹹，屬土而有水與火。峻補精血，驟用反致動大便，脾泄者不宜用。酒洗用之。陽事不舉，必須用之，不可缺也。

明・李中立《本草原始》卷一　肉蓯蓉　陝西州郡俱有。生大木及土塹垣中。舊説是馬遺瀝所生。此非游牝之所而有此，則知自是一種類耳。皮如松，稍有鱗甲，形柔軟如肉，故吳普名肉松蓉。《本經》名肉蓯蓉。從容，和緩之貌。此藥補而不峻，故有蓯蓉之號。氣味：甘，微溫，無毒。主治：五勞七傷，補中，除莖中寒熱痛，養五臟，强陰益精氣，多子，婦人癥瘕，久服輕身。○除膀胱邪氣，腰痛，止痢。○益髓，悦顔色，延年，大補壯陽，日御過倍。治女人血崩。○男子絶陽不興，女子絶陰不産。潤五臟，長肌肉，暖腰膝。男子洩精，尿血遺瀝，女子帶下陰痛。

肉蓯蓉，《本經》上品。【圖略】色黑，長五六寸至一尺以來，皮有鱗甲，肉有筋膜。二月采陰乾。肉蓯蓉肥大柔軟者佳，乾枯瘦小者劣。今人多以金蓮根、草蓯蓉、嫩松稍鹽潤充之，用者宜審。修治：酒浸一宿，刷去浮甲，劈破中心，去白膜一重，焙乾用，或酥炙得所。

肉蓯蓉腎經血分藥也。《本經》方：肉蓯蓉四兩，刮去鱗甲，酒浸，洗去黑汁，薄切，合山藥四兩，羊肉八兩，作羹極美，益人，勝服補藥。肉蓯蓉：臣。

明・張懋辰《本草便》卷一　肉蓯蓉臣　味甘、酸、鹹，氣微溫，無毒。先用酒浸一宿，並刷去浮甲，劈破中心，去白膜如草樣，却用酒蒸，酥油塗炙。主五勞七傷，補中，除莖中寒熱痛，養五臟；强陰，益精氣，多子，治男絶陽不興，及泄精尿血遺瀝，女絶陰不産，及血崩帶下陰痛；暖腰膝，强筋髓；命門相火不足，以此補之。

明・李中梓《藥性解》卷三　肉蓯蓉　味甘、酸、鹹，性微溫，無毒，入命門經。興陽道，益精髓，補勞傷，强筋骨，主男子精泄尿血，溺有遺瀝，女子癥痛崩帶，宫寒不孕，酒浸一宿，去浮甲，劈破中心，去白膜，蒸半日，酥炙用。

潤而肥大者佳。按：蓯蓉性溫，為濁中之濁，故入命門而補火，惟尺脉弱者宜之，相火旺者忌用，多服令人大便滑。

明·繆希雍《本草經疏》卷七　肉蓯蓉　味甘、酸、鹹，微溫，無毒。主五勞七傷，補中，除莖中寒熱痛，養五藏，強陰，益精氣，多子，婦人癥瘕，除膀胱邪氣，腰痛，止痢。久服輕身。

〔疏〕肉蓯蓉得地之陰氣、天之陽氣以生，故味甘酸鹹，微溫，無毒。入腎，入心包絡、命門。滋腎補精血之要藥。氣本微溫，相傳以為熱者，誤也。甘為土化，酸為木化，鹹為水化。甘能除熱補中，酸能入肝，鹹能滋腎。腎肝為陰，陰氣滋長，則五臟之勞熱自退，陰莖中寒熱痛自愈。腎肝足則精血日盛，精血盛則多子。婦人癥瘕，病在血分，血盛則行，行則癥瘕自消矣。膀胱虛則邪客之，得補則邪氣自散，腰痛自止。久服則肥健而輕身，益腎肝，補精血之效也。若曰治痢，豈滑以導滯之意乎？此亦必不能之說也。輭而肥厚，大如臂者良。〔主治參互〕肉蓯蓉得白膠、杜仲、地黃、當歸、麥門冬，主婦人不孕。同人參、鹿茸、牡狗陰莖、白膠、杜仲、補骨脂，主男子陽痿，老人陽衰，一切腎虛腰痛，兼令人有子。同地黃、枸杞、牛膝、鼈甲、天門冬、麥門冬、當歸、白膠、杜仲、青蒿、五味子、黃蘗、山茱萸，治五勞七傷，莖中寒熱痛，婦人癥瘕。獨用數兩，浸去鹹味，并去鱗甲及中心膜，淡白酒煮爛，頓食，治老人便燥閉結，有神。〔簡誤〕泄瀉禁用。腎中有熱，強陽易興而精不固者，忌之。

明·倪朱謨《本草彙言》卷一　肉蓯蓉　味甘、酸、鹹，氣微溫，無毒。陶弘景曰：出西河山谷及代郡雁門，或并州，或陝西州郡多有之。叢生教落樹下并土塹上。春時抽苗似肉色而紅，有鱗甲。第一出隴西者，形扁，紅黃柔潤，多花，味甘且肥也。西人多用作食，洗淨，亦可生噉。或以羊肉和煮，補虛乏之極美。次出北國者，形短花少。巴東、建平間亦有而不佳。有言馬精落地所生。觀教落樹下并土塹上，此非馬交之處，或誤說耳。今人以金蓮花根鹽潤充之，又以嫩松梢鹽拌僞之，用者宜辨。修治：以米泔水浸，以椶刷刷去沙土、浮甲并黑汁，劈破中心，去白膜一重，如竹絲草樣者。有此能隔人心氣，致令氣上也。韓保昇曰：有出肅州福祿縣沙中，三四月掘根，長尺餘，切取中央者三四寸，繩穿陰乾。皮有松子鱗甲。又草蓯蓉四月中旬采，長五六寸，或一尺。莖圓，紫色，以代肉蓯蓉，功力稍劣，用者宜審。

肉蓯蓉：養命門，日華 滋腎氣，補精血之藥也。程君安稿 主男婦五勞七傷，陰虛不足，情慾斲喪，以致羸弱，或精髓空虛，腰膝無力，或莖中痛濇，寒熱交作；或崩帶淋漓，血氣虛冷，或癥瘕內疝，攻痛不時。是皆腎氣不足、命門虛竭之證。又男子丹元虛冷，而陽道久沉，婦人衝任失調而陰氣不治，此乃平補之劑，溫而不熱，補而不峻，暖而不燥，滑而不泄，故有從容之名。

沈則施先生曰：肉蓯蓉味甘、酸、鹹，溫平，無毒。補腎命之要藥。甘能入脾以除熱，酸能入肝以化癥，鹹能入腎以治勞。肝腎爲陰，陰氣滋長，則五勞之熱自退，陰莖澁痛，寒熱自愈，肝腎充和，則精血自盛，陽絕可興，陰絕可舉，故能子。又婦人癥瘕內疝，血分有留積也。精血得補則絡脉通行，絡脉通行則癥瘕內疝自除矣。〇若腎命有鬱火，膀胱有濕熱，與强陽易興，精不固者禁用。

明·姚可成《食物本草》卷一七草部·山草類　肉蓯蓉代郡雁門并州，多馬處便有之，言是野馬精落地所生。生時似肉，以作羊肉羹補虛乏極佳，亦可生噉。河南至多，今第一出隴西，形扁柔潤，多花而味甘；次出北國者，形短而少花；巴東、建平間，亦有而不嘉也。今陝西州郡多有之，然不及西羌界中來者，肉厚而力緊。今人又以嫩松梢鹽潤僞之，不可不辨。　肉蓯蓉，味甘，微溫，無毒。治五勞七傷，補中，除莖中寒熱痛，養五臟，強陰益精氣，多子，婦人癥瘕。久服輕身益髓，悅顏色，延年。大補壯陽，日御過倍。治女人血崩，男子絕陽不興，女子絕陰不產，潤五臟，長肌肉，暖腰膝，男子洩精血遺瀝，女子帶下陰痛。〇西人多用嫩者作食，只刮去鱗甲，以酒浸洗去黑汁，薄切，合山芋、羊肉作羹，極美好，益人，勝服補藥。

明·顧逢柏《分部本草妙用》卷五腎部·温補　肉蓯蓉　甘，微溫，無毒。酒浸，去中心絲，甑蒸，酥炙用。主治：勞傷，除莖中寒熱痛，強陰壯陽多子，婦人癥瘕血崩，男子痿陽，遺瀝腰寒，女子不產，帶下陰痛。按：蓯蓉峻補精血，陽事不興者補之立效。丹溪以驟用滑腸，好古以治腎妨心，合藥配合得宜，陰陽交制，庶可用之。

明·黃承昊《折肱漫録》卷三　肉蓯蓉、五味子各等分，加蜜丸，助陽種子。友人言有奇效，予未之試。

明·李中梓《醫宗必讀·本草徵要上》　肉蓯蓉味甘、鹹，溫，無毒。入腎經。酒洗去甲。　益精壯陽事，補傷潤大腸。男子血瀝遺精，女子陰疼帶下。滋腎補精之首藥，但須大至觔許，不腐者佳。溫而不熱，補而不驟。故有從容

之名。別名黑司令，亦多其功力之意云。按：蓯蓉性滑，洩瀉及陽易舉而精不固者忌之。

明・鄭二陽《仁壽堂藥鏡》卷一〇下　蓯蓉　陶云：肉蓯蓉，代郡雁門及隴西為最。　氣溫，味甘、鹹、酸，無毒。《本草》云：主五勞七傷，補中，除莖中寒熱痛，養五臟，強陰益精氣，多子。婦人癥瘕，除膀胱邪氣，腰痛，止痢，久服輕身。《液》云：命門相火不足，以此補之。丹溪云：屬土而有水與火，能峻補精血。驟多用之，則反滑大腸。酒浸一宿，刷去浮垢，劈破，去中心白膜，酥炙用。　根名鎖陽。強陰益精，養筋潤燥。治痿弱可代蓯蓉。大便燥結者勿用。

明・蔣儀《藥鏡》卷一温部　肉蓯蓉　壯陽益精，男子陽衰復舉。強陰養血，女人陰絕重胎。補助過隆，反能動火。大便脾泄，不可悞投。

明・張景岳《景岳全書》卷四八《本草正》　肉蓯蓉　味甘、鹹，微辛、酸，氣微溫。味重陰也，降也，其性滑。以其味重而甘溫，故助相火，補精興陽，益子嗣，治女人血虛不孕，暖腰膝，堅筋骨，除下焦寒痛。以其補陰助陽，故禁虛寒遺瀝洩精，止血崩尿血。以其性滑，故可除莖中寒熱澁痛，但驟服反動大便。若虛不可攻而大便閉結不通者，洗淡，暫用三四錢，一劑即通，神效。

明・賈九如《藥品化義》卷七腎藥　肉蓯蓉　屬陽中有陰，體潤而肥，色黑，氣和，味甘鹹，性溫，能沉，力補腎，性氣與味俱厚，入腎肝二經。　肉蓯蓉味鹹入腎，厚濁補腎，主治精寒無子，陽道不舉，女人絕陰，久不懷孕，緣少陰精火衰，用此峻補腎元子宮，最為神妙。凡老年血枯便閉，以此滋養其血，大便易通。但相火旺，腸胃弱者，忌用。與瑣陽、巴戟天二品補腎之功俱同，《本經》不載，丹溪續補用之。　用酒浸去浮甲，淨出鹽味，劈破中心，刷去白膜一重，再用白酒煮爛為度。

明・盧之頤《本草乘雅半偈》帙二　肉蓯蓉《本經》上品　氣味：甘，微溫，無毒。　主治：主五勞七傷，莖中寒熱痛，養五藏，強陰，益精氣，多子，婦人癥瘕。久服輕身。

覈曰：出河西山谷及代郡雁門，陝西州郡多有之。叢生教落樹下，併土塹上。春時抽苗，似肉色而紅有鱗甲，第一出隴西者，形扁紅黃，柔潤多花，味甘且肥也。次出北國者，形短花少。巴東、建平間，亦有而不佳。有言馬精落地所生，觀教落樹下，併土塹上，此非馬交之處，或説誤耳。今人多以金蓮根，用鹽盆制而偽充。又有以草蓯蓉充之者宜審。修治：先須清酒浸一宿，至明，以椶刷去沙土浮甲，劈破中心，去白膜一重，如竹絲草樣者。有此能隔人心氣，致令氣上也。以甑蒸之，從午至酉，取出，又令酥炙得所用。

条曰：柔紅美滿，膏釋脂凝，肉之體也。燕休受盛，外發夫容，肉之用也。具體及用，名肉蓯蓉。喜生西地，外被鱗甲，藉土金相生，誠培形藏之上品藥也。故主藏室傾頹，致藏形之勞與傷者。用強體陰之精，以益陽生之用，則凝者釋，釋者凝矣。何患癥瘕寒熱者哉。《經》云：肌肉若一，則形與神俱。故久服輕身。宛如生物，當與肉芝同一種類。

明・李中梓《本草通玄》卷上　肉蓯蓉　味甘、鹹，微溫，補腎而不峻，故有從容之號也。　主男子絕陽不興，女人絕陰不育，益精氣，暖腰膝，止泄精遺瀝，帶下崩中。多服令人大便滑潤。　堅而不腐者佳。酒洗去用。

清・顧元交《本草彙箋》卷一　肉蓯蓉附鎖陽。　肉蓯蓉以其溫補腎氣，而不熱不驟，故有蓯蓉之名。相傳爲熱者，誤。味鹹厚濁，入腎滋腎，爲補精血之要藥。凡男子精寒，陽道不舉，女人絕陰，久不懷妊，緣少陰經火衰也。用此峻補腎元，最爲神妙。周慎齋云：菟絲子補腎家之陽，蓯蓉補腎家之陰。其非大熱愈明矣。然惟尺脈弱者宜之，相火旺者忌服，服之反令精不固也。

製法：酒浸一宿，去浮甲及中心白膜，先蒸後酥炙用。如白膜不去，令人心氣不散，上氣不出。好古云：凡服蓯蓉治腎必妨心，即此謂也。老人枯秘，用蓯蓉數兩，如上製過，白酒煮爛，頓服效。　鎖陽，潤腸補精，與蓯蓉同功。亦治老人枯秘。慎齋云：菟絲子添精，鎖陽(同)〔固〕精。鎖，有固之之義。

清・穆石匏《本草洞詮》卷八　肉蓯蓉　補而不峻，故有從容之名。生於馬瀝，後乃滋殖，如茜根生於人血之類也。氣味甘，微溫，無毒。主強陰，益精氣，命門相火不足者，以此補之。凡服蓯蓉以治腎，必妨心，且驟用亦滑大便。凡使須劈中心去白膜一重，有此能隔人心前氣也。今人以嫩松稍鹽潤偽之，宜辨。

清・劉雲密《本草述》卷七上　肉蓯蓉寇宗奭曰：牛膝同蓯蓉，浸酒服益腎。之頤曰：柔紅美滿，膏釋脂凝，肉之體也。　時珍曰：是物補而不峻，

故有從容之號。　愚按：　肉蓯蓉，《別錄》曰：　生河西山谷及代郡鴈門。《輿圖備攷》云：　肉蓯蓉出平涼府華亭縣，又出寧夏衛吳。　普云：　河西山陰地叢生。　又蘇頌曰：　陝西州郡多有之，然不及西羌界中來者肉厚而力緊。　如頌所說，有合於隱居，所謂隴西出者，其形扁，黄柔潤，多花而味甘，餘產皆不及也。　統而繹之，則是物以極西產者為良，為其得金氣之厚也。　猶如枸杞子亦取河西之意也。　夫是物產於土而得金氣乃厚，故色黄質厚，兼得柔潤，所以能益精血。　希雍亦曰：　軟而肥厚，大如臂者良。　然則是物雖多偽造，但即上數說以求之，或亦不誤矣。　頌曰：　舊說是野馬遺瀝所生，今西人云大木間及土塹垣中多生，乃知自有種類爾。　丹溪曰：　肉蓯蓉相傳鱗甲自河西混一之後，今方識其真形，何嘗有所謂鱗甲者？

氣味：　甘，微溫，無毒。　《別錄》曰：　酸、鹹。　普曰：　神農、黄帝：　鹹。　雷公：　酸。　李當之：　小溫。　主治：　強陰，益精氣《本經》。　男子絕陽不興，女子絕陰不產日華。　益髓甄權。　療五勞七傷，補中《本經》。　養五臟，長肌肉，治男子洩精血，遺瀝，女子血崩帶下，陰痛日華。　除男子莖中寒熱痛《本經》。　除膀胱邪氣，腰痛《別錄》。　女子癥瘕《本經》。　海藏曰：　命門相火不足者，以此補之。　乃腎經血分藥也。　凡服蓯蓉以治腎，必妨心。　丹溪曰：　屬土而有水與火，峻補精血，驟用反動大便滑也。　希雍曰：　肉蓯蓉得地之陰氣，天之陽氣以生，故味甘酸鹹，微溫，無毒。　入腎，入心包絡、命門，滋腎，補精血之要藥。　氣本微溫，相傳以為熱者，誤也。　同人參、鹿茸、牡狗陰莖、白膠、杜仲、補骨脂，主男子陽痿，老人陽衰，一切腎虛腰痛，兼令人有子。　同地黄、枸杞、牛膝、鼈甲、天門冬、麥門冬、當歸、白膠、杜仲、青蒿、五味子、黄檗、山茱萸，治五勞七傷，莖中寒熱痛，婦人癥瘕。　獨用數兩，浸去鹹味，并去鱗甲及中心膜，淡白酒煮爛，頓食，治老人便燥閉結有神。

汗多便閉，老人虛人皆可用，肉蓯蓉酒浸，焙，二兩研，沉香末一兩，為末，麻子仁汁打糊丸梧子大，每服七八丸，白湯下。

愚按：　肉蓯蓉味甘而氣微溫，故繆氏以為得天之陽氣。　然味又酸鹹，故更以為得地之陰氣也，就是可以得從陽生陰之義焉。　夫酸為木化，鹹為水化，肝腎固精血之原。　然甘為土化，五味之主也。　酸鹹本甘溫以化，而又產於西土，達土金之氣以為生化精血之本，是即從陽生陰，有鬲肓之上，中有父母之義。　蓋榮氣化於宗氣者，緣肺陰下降入心，合於離中之坎以生血也。　乃俾清中之濁，入於中焦之胃以化血，乃統於脾，納於肝，歸於腎之血海，而能化精。合於離中之坎以生血，正合於肺為陽中少陰，所以茲味稟金天專氣，為生血化精之本也。《經》曰：　天氣盛則地氣不足，謂陽中之陰不足，而陽偏勝也。　陽中之陰足，故裕地氣之化，所以能益腎肝，強陰益精氣，如《本經》所云也。　先哲謂其峻補精血，與他味之具甘酸鹹者若有異焉。　蓋全本於西土之所產，稟金天專氣，大為火用而生血以致於土。　故《本經》止言其味之甘，并氣之微溫，初不及於酸鹹也。　夫氣血生化在中土，乃更有金天之專氣，入心生血以致之，則其氣化濃厚，所謂濁陰下降，自歸其先天之化原，而生化愈滋，此所以獨言其能峻補精血也。　他本草曰鹹酸，特著其功之全耳。　若然，何以又云補命門相火？　緣相火為水中真陽，其入心生血者，主於心包絡，而心包絡乃命門相火之原也。　況腎脈原至於肺，而肺氣原通於命門乎。　夫相火原出腎肝，但是先天之化原而後天水穀之精氣，本於中土，以為化化生生者，却更以心肺為化原。　由是觀之，蓋其由肺而至心包絡，由包絡而至命門者，乃氣化之權輿其由胃而脾，由脾而肝腎，乃化血化精之次第。　然總由於氣化也，或曰試悉化血化精之次第，且總歸於氣化者，為何如？　曰：　如上有氣海，肺氣下降入心，是金合於火，以孕水也。　火因金而和於水則氣化，氣之化者生血，血從液化而色乃赤者，水因金而從火也。　下有血海，肺氣下降歸腎，是金親於水以宅火也。　水因金而和於火則氣盛，氣之盛者生精，精從血化而色乃白者，火因水而從金也。　若然，是氣之下降歸腎者，先由其氣降入心也。　氣之下盛化精者，先由於氣化生血也。　固皆由中土為搏捖，上承心肺，而下徹腎肝，此化血化精之次第，固皆由上中而下，又總歸於氣化者，固以心肺為化原耳，故《本經》言其強陰，益精氣。火因金而和於水，則氣化生血，水因金而和於火，則氣盛化精。　蓋水火乃氣之元，唯金以和之，故肺為氣主，是總謂之氣化，即是化血化精之次第。　金氣厚而歸土，亦歸其氣之所生也。　致中土之生化，得徹腎肝，故《本經》首曰補中。　甄權更云：　大補壯陽。　蓋謂金天專氣，大益陽中之陰，令腎肝陰氣自裕，而陰中之陽益強，非泛泛等於補陽之劑也。　余閱方書健忘條，用肉蓯蓉同他補味者不一而足，俱為末，於食後調服，則益信此味之功，固從上而下，所謂稟金天專氣，乃於腎肝奏功也，又安得泛同於益精之品，而止以為入腎乎哉？　且茲味之歸腎，亦不止全其藏精之氣化而已。　試繹甄權益髓，雷斅健髓之說，而思《內經》所言：　人

始生，先成精，精成而腦髓生，及腦為髓海，髓者，陰也云云。則是髓具於腎，何以至於極上之腦而為之海，豈非陰統於陽乎？如此味之補精而得益髓，又豈非精盈則氣盛，遂俾陰中之陽，更還於至陽之地以益髓乎？此所謂總根於氣化者，始之終之，皆不越斯義矣。又按：世醫之益腎陽者，概以肉蓯蓉與補骨脂例視，詎知補骨脂由歸陽以化精髓，從陽化陰。肉蓯蓉則由精血之益以歸陽，從陰生陽也。然則蓯蓉之益陽，誠如時珍所云補而不峻，是豈得以補骨脂同之而謂其熱哉？繆仲淳所言不妄也。敦曰：強筋健髓，以蓯蓉、鱓魚二味，為末，黃精汁丸，服之力可十倍。此說出《乾寧記》。

希雍曰：泄瀉禁用。腎中有熱，強陽易興而精不固者，忌之。

修治　酒浸一宿，刷去浮甲，劈破中心，去白膜一重如竹絲草樣，不爾令人上氣不散，酒洗浸透，切片，仍酒拌，以甑蒸之，從午至酉取出，焙乾用。忌鐵器。

清・郭章宜《本草匯》卷九　肉蓯蓉　味甘、酸、鹹，微溫，陽中之陰，降也。入手厥陰、足太陽膀胱命門。入衝任而補血，走水藏而生精。益陽事而暖腰膝，主絕產而理帶崩。《本經》治勞傷，莖中寒熱痛，強陰益氣，多子，婦人癥瘕者，一物而兼甘酸鹹三味，甘能除熱，酸能入肝，鹹能入腎，腎肝為陰，陰氣滋長，則五藏之勞熱退，莖中寒熱之痛自除。肝腎足則精血日盛，精血盛則多子。癥瘕病在血分，血盛則行，行則瘕化矣。

按：蓯蓉屬土，有水與火，為滋腎補精之要藥。命門相火不足者，以此補之，乃腎經血分藥也。溫而不熱，補而不驟，故有蓯蓉之名。雖云能止瀉精遺瀝，然多服驟用，反致便滑。丹溪云驟用滑腸。好古謂治腎妨心。藥配合宜，陰陽交制，亦何妨也。今人以其溫而不熱，每用補腎，不知此特助老人便燥閉結，命門火衰耳。若青年服之，相火愈熾，于腎何益？然其性滑，如腎中有熱，強陽易興而精不固，併瀉泄者，禁之。腎虛白濁者，同鹿茸、山藥、茯苓，米糊丸，棗湯下。汗多便閟，同沉香末、麻子仁汁，打糊丸服。若陽痿陽衰，腎虛腰痛，同人參、鹿茸、狗陰莖、白膠、杜仲、補骨脂服之。

形方肉厚，軟大如臂，堅而不腐者，用清酒浸去浮甲、鹹味，以棕刷去沙土，劈破，去心中絲膜，蒸半日，酥炙用。

清・蔣居祉《本草擇要綱目・熱性藥品》　肉蓯蓉　氣味：乾微溫，無毒。酒浸一宿，刷去砂土浮甲，劈破中心，去白膜一重如竹絲草樣，復以甑蒸之，從午至酉，又用酥炙得所，方可入丸。命門相火不足者，以此補之，乃腎經血分藥也。主治：五癆七傷，補中。除莖中寒熱痛，強陰益精，女子帶下陰痛。但屬土而有水與火，雖能峻補精血，驟多用之，則反滑大腸。

清・王翃《握靈本草》卷二　肉蓯蓉出陝西諸郡。馬精落地所生。今人多以嫩松梢鹽潤偽之。堅而不腐者佳。酒洗去甲，破中心去白膜，蒸三四時，炙乾用。主治：肉蓯蓉，甘，微溫。主五勞七傷，補中，除莖中寒熱痛。養五臟，強陰益精，男子絕陽不興，婦人絕陰不產。長肌肉，暖腰膝，止遺泄及女子帶下陰痛。

清・汪昂《本草備要》卷二　肉蓯蓉補腎命，滑腸。甘、酸、鹹，溫。入腎經血分。補命門相火，滋潤五藏，益髓強筋。治五勞七傷，絕陽不興，絕陰不產，腰膝冷痛，崩帶遺精，峻補精血。時珍曰：補而不峻，故有從容之號。驟用恐妨心，滑大便。長大如臂，重至斤許，有松子鱗甲者良。酒浸一宿，刷去浮甲，劈破，除內筋膜，酒蒸半日。又酥炙用。忌鐵。蘇恭曰：今人所用，多草蓯蓉，功力稍劣。

清・吳楚《寶命真詮》卷三　肉蓯蓉　【略】凡滋腎補精之首藥，但性滑，若洩瀉及陽易舉而精不固者忌之。

清・陳士鐸《本草新編》卷二　肉蓯蓉　味甘、溫而鹹、酸，無毒。入腎。最善興陽，止崩漏。久服令男女有子，暖腰膝。但專補腎中之水火，餘無他用。若多用之，能滑大腸。古人所以治虛人大便結者，用蓯蓉一兩，水洗出鹽味，另用淨水煮服，即下大便，正取其補虛而滑腸也。然雖補腎，而不可專用，佐人參、白朮、熟地、山茱萸諸補陰陽之藥，實有利益。使人陽道修偉，與驢鞭同用更奇，但不可用瑣陽。蓋瑣陽非蓯蓉可比。蓯蓉，乃馬精所化，故功效能神；瑣陽，非馬精所化之物，雖能補陰興陽，而功效甚薄，故神農薄而不取。近人舍蓯蓉，而用瑣陽，余所以分辨之也。至于草蓯蓉，尤不可用。凡用肉蓯蓉，必須揀其肥大而有鱗甲者，始可用。否則，皆草蓯蓉而假充之者，買時必宜詳察。

或問：肉蓯蓉既大補，又性溫無毒，多用之正足補腎，何以反動大便？不知肉蓯蓉乃馬精所化之物，馬性最淫，故能興陽。馬精原係腎中所出，故又益陰。然而馬性又最動，故驟用之多，易動大便，非其味滑也。

或問：肉蓯蓉之動大便，恐是攻劑，而非補藥也？夫蓯蓉，乃有形之

精所生，實補而非瀉。試觀老人不能大便者，用之以通大便。夫老人之閉結，乃精血之不足，非邪火之有餘也，不可以悟其是補而非攻乎。

或疑肉蓯蓉性滑而動大便，凡大腸滑者，可用乎，抑不可用乎？夫大腸滑者，多由于腎中之無火，肉蓯蓉興陽，是補火之物也，補火而獨不能堅大腸乎。故驟用之而滑者，久用之而自澁矣。

或疑肉蓯蓉，未必是馬精所生，此物出之邊塞沙土中，歲歲如草之生，安得如許之馬精耶？曰：肉蓯蓉，是馬精所生，非馬精所生，吾何由定。但此說，實出於神農之《本草》，非後人之私臆也。肉蓯蓉不得馬精之氣，而生於苦寒邊塞之外，又何能興陽而補水火哉。

或問：王好古曾云：服蓯蓉以治腎，必妨于心，何子未識也？曰：此好古不知蓯蓉，而妄誠之也。凡補腎之藥，必上通于心，心得腎之精，而後無焦枯之患。蓯蓉大補腎之精，即補心之氣也，又何妨之有。

清·顧靖遠《顧氏醫鏡》卷七　肉蓯蓉甘、酸，微溫。入腎經。大至觔許，不腐者佳。酒洗，去鱗甲。　益精壯陽事，補血潤大腸。若驟用之，反動便滑，故獨用二三兩，頓飲，治血枯便燥如神。　滋腎，峻補精血之要藥。鎖陽功用相倣，可代蓯蓉。蓯蓉性滑，洩瀉禁用。陽易舉而精不固者，勿服。鎖陽禁忌亦同。

清·李熙和《醫經允中》卷一九　肉蓯蓉　酒浸，去中心絲，甑蒸酥炙用。兼入手厥陰命門。　甘，微溫，無毒。陽中之陰，降也。主治補益勞傷，堅強筋骨，男子絕陽不興，洩精尿血，遺瀝，女子絕陰不產，血崩帶下，陰疼。按：蓯蓉峻補精血，為命門相火不足要藥，故陽事不興者服効。驟用滑大腸，治癥瘕五積如神。但老人命門火衰者最宜，若青年服之，相火愈熾，于腎無益。又種瑣陽，味甘、鹹，溫，興陽固精，養筋潤燥，亦可代用。又有草蓯蓉，一名列當，性雖溫補，功力殊劣，市家壓匾假充用者，務須詳審。

清·馮兆張《馮氏錦囊秘錄·雜症痘疹藥性主治合參》卷二　肉蓯蓉得地之陰氣、天之陽氣以生，故味甘酸鹹，微溫，無毒。入腎、入心包絡命門。滋腎補精血之要藥。氣本微溫，相傳以為熱者，誤也。○擇軟而肥厚，大如臂者良。酒洗去鱗甲及中心膜，火焙乾用。　肉蓯蓉，治男子絕陽不興，洩精尿血遺瀝，療女人絕陰不產，血崩帶下陰疼。助相火，補益勞傷，暖腰膝，堅強筋骨。雖能峻補精血，驟用反動大便。丹溪云：蓯蓉屬土，有水與火，入腎而補精血，能益水中之火，滋腎補精之首藥。須大至觔許不腐者佳。溫而不熱，補而不驟，故有蓯蓉之名。但腸滑泄瀉，并腎中有熱，強陽易興而精不固者忌之，均以其佐潤滑耳。

清·张璐《本經逢原》卷一　肉蓯蓉　甘、鹹，微溫，無毒。酒洗去甲及腐，切片焙用。　《本經》主五勞七傷，補中，除莖中寒熱痛，養五藏，強陰益精氣，多子，婦人癥瘕。　發明：肉蓯蓉與鎖陽，總是一類，味厚性降，命門相火不足者宜之。峻補精血，驟用反動大便滑泄。《本經》主勞傷補中者，是火衰不能生土，非中氣之本虛也。治婦人癥瘕者，鹹能耎堅而走血分也。又蓯蓉止洩精遺瀝，除莖中寒熱痛，以其能下導虛火也。鎖陽治腰膝軟弱，以其能溫補精血也。總皆滋益相火之驗。老人燥結，宜煮粥食之，但胃氣虛者，服之令人嘔吐泄瀉。強陽易興而精不固者忌之。

清·浦士貞《夕庵讀本草快編》卷一　肉蓯蓉《本經》　附鎖陽　此物補而不峻，溫而不熱，故有從容和緩之稱。蓯蓉甘溫微鹹而緩，腎經血分藥也。如命門衰弱，相火不足，以致男子絕陽不興，女子絕陰不產，勞傷精耗，腰膝虛寒者，用之立效。且其性喜與黃鱓同行，則二本受益，強筋壯髓，力可十倍矣。但治其腎者必妨心，濡其燥者必戕土，是以大便滑泄，陽易舉而精不涸者，所當忌也。若鎖陽功用相同。而陶九成謂塞外野馬蛟龍媾精于地，久而乃生。此說也，予深疑之。但今市販車運馬馳，安得落精有如此之多哉。

清·張志聰、高世栻《本草崇原》卷上　肉蓯蓉　氣味甘，微溫，無毒。主五勞七傷，補中，除莖中寒熱痛，養五臟，強陰，益精氣，多子，婦人癥瘕。久服輕身。　肉蓯蓉，《吳氏本草》名松容，又名黑司命。始出河西山谷及代州鴈門，今以隴西者為勝，北國者次之，乃野馬之精入於土中而生。隴西者形扁色黃，柔潤多花，其味甘。北國者形短少花，生時似肉，三四月掘根，長尺餘，繩穿陰乾，八月始好皮，有松子鱗甲，故名松容。馬屬午畜，以少陰為正化，子水為對化，故名黑司命。朱丹溪曰：肉蓯蓉罕得，多以金蓮根用鹽製而偽充，或以草蓯蓉代之，用者宜審。蘇恭曰：草蓯蓉功用稍劣。馬為火畜，精屬水陰，蓯蓉感馬精而生，其形似肉，氣味甘溫，蓋稟少陰水火之氣，而歸於太陰坤土之藥也。土性柔和，故有蓯蓉之名。五勞者，志勞、思勞、煩勞、憂勞、恚勞也。七傷者，喜、怒、憂、悲、思、恐、驚，七情所傷也。水火陰陽之氣，會歸中土，則五勞七傷可治矣。得太陰坤土之精，故補中。得少陰水火之氣，故除莖中寒熱痛。陰陽水火之氣，歸於太陰坤土之中，故養

五臟。強陰者，火氣盛也。益精者，水氣盛也。多子者，水火陰陽皆盛也。婦人癥瘕，乃血精留聚於郛郭之中，土氣盛，則癥瘕自消，而久服輕身。

清·劉漢基《藥性通考》卷六　肉蓯蓉　味甘、酸、鹹，溫。入腎經血分。補命門相火，滋潤五臟，益髓強筋，治五勞七傷，絕陽不興，絕陰不產，腰膝冷痛，崩帶遺精，峻補精血，補而不峻，故有從容之號。驟用恐妨心，滑大便。○長大如臂，重至觔許，有松子鱗甲者良。酒浸一宿，刮去浮甲，劈破，除內筋膜，酒蒸半日，又酥炙用。忌鐵。單用無功，加入八味丸中可也。

清·姚球《本草經解要》卷一　肉蓯蓉　氣微溫，味甘，無毒。主五勞七傷，補中，除莖中寒熱痛，養五藏，強陰，益精氣，多子，婦人癥瘕。久服輕身。洗去甲用。　肉蓯蓉氣微溫，稟天春升之木氣，入足厥陰肝經。味甘無毒，得地中正之土味，入足太陰脾經。色黑而潤，製過味鹹，兼入足少陰腎經。氣味俱濁，降多於升，陰也。填精益髓，又名黑司命。五勞者，勞傷五藏之真氣也。勞者溫之，蓯蓉氣溫，所以治勞也。七傷者，食傷、憂傷、飲傷、房室傷、飢傷、勞傷、經絡營衛氣傷之七傷也。七者，皆傷真陰，肉蓯蓉甘溫滑潤，能滋元陰之不足，所以主之也。中者，陰之守也。甘溫益陰，所以補中。莖，玉莖也。寒熱痛者，陰虛火動，或寒或熱而結痛也。蓯蓉滑潤，滑以去着，所以主之。五藏，藏陰者也。甘溫潤陰，故養五藏。陰者，宗筋也。宗筋屬肝，肝得血則強，蓯蓉甘溫，益肝血，所以強陰。色黑入腎，補益精髓，精足則氣充，故益精氣。精氣足，則頻御女，所以多子也。婦人癥瘕，皆由血成。蓯蓉溫滑而鹹，鹹以耎堅，滑以去着，溫以散結，所以主之也。久服，肝脾腎精氣充足，所以身輕也。　製方：　肉蓯蓉同白膠、杜仲、地黃、當歸、麥冬，治婦人不孕。同人參、鹿茸、牡狗莖、白膠、杜仲、補骨脂，治陽痿及老人陽衰，一切腎虛腰痛，兼令人有子。同黃耆，治腎氣虛。同北味丸，治水泛成痰。同鹿茸、山藥、白茯丸，治腎虛白濁。同沉香、脂麻丸，治汗多便閉。同山萸、北味丸，治消中易飢。專用二三兩，白酒煎服，治老人便閉。同山藥、杞子、山萸、北味、黃耆、歸身，治腎燥洩瀉。同白芍、甘草、黃芩、紅麯，治痢。

清·周垣綜《頤生秘旨》卷八　肉蓯蓉　入腎，峻補精血之藥也。補腎家之陰，屬土有水與火，故益水中之火。《本草》主勞傷補中，養血臟，強陰益精多子，悅顏壯陽，及婦人癥瘕帶下。驟用反動大便滑。

清·王子接《得宜本草·上品藥》　肉蓯蓉　味淡。入足少陰經。周慎齋云：　蓯蓉補腎之陰，得菟絲補腎之陽，二者同用，能生精補陽。

清·修竹吾廬主人《得宜本草分類·痢疾門》　肉蓯蓉：　味淡。入足少陰經。補腎之陰。得菟絲子能補腎之陽。二者同用，能生精補陽。痢疾脾腎之陽素虛，邪傷少陰。關閘大開，痛泄無度。戊癸少化火之機，命門無蒸變之力。不食不飢，為嘔為脹。姚頤真以大劑蓯蓉，配人參、歸、薑、附、桂，製白芍，恐其性溫達下。鹹可利胃，以補陽中之陰。較地黃、阿膠尤勝。痢至腸膏竭盡，絡脈結澀而痛者，堪稱神品。

清·徐大椿《神農本草經百種錄》上品　肉蓯蓉陶隱居云：是馬精落地所生，後有此種則蔓延者也。　味甘，微溫。主五勞七傷，補中，補諸精虛之證。除莖中寒熱痛，莖中者，精之道路也。精虛，則有此痛，補精則其病自已矣。養五藏，強陰益精氣，多子，五藏各有精，精足則陰足，而腎者又藏精之所也，精足則多子矣。婦人癥瘕。精充則邪氣消，且鹹能軟堅也。久服，輕身。精足之功。　此以形質為治也，蓯蓉象人之陰，而滋潤黏膩，故能治前陰諸疾，而補精氣。如地黃色質象血，則補血也。

清·黃元御《玉楸藥解》卷一　肉蓯蓉　味甘、鹹，氣平。入足厥陰肝、足少陰腎、手陽明大腸經。暖腰膝，健骨肉。滋腎肝精血，潤腸胃結燥。凡糞粒堅小，形如羊屎，此土濕木鬱，下竅閉塞之故，穀滓在胃不得順下，零星傳送，斷落不聯，歷陽明大腸之燥，煉成顆粒，秘澀難通，總緣風木枯槁，疏泄不行也。一服地黃、龜膠反益土濕，中氣愈敗矣。滋木清風，養血潤燥，善滑大腸而下結糞，其性從容不迫，未至滋濕敗脾，非諸藥可比。方書稱其補精益髓，悅色延年，理男子絕陽不興，女子絕陰不產，非溢美之詞。

清·吳儀洛《本草從新》卷一　肉蓯蓉〔補腎命，滑腸。〕　甘、酸、鹹，溫。入腎經血分。補命門相火，滋潤五臟，益髓強筋。治五勞七傷，絕陽不興，絕陰不產，腰膝冷痛。峻補精血。時珍曰：補而不峻，故有蓯蓉之號。驟用恐妨心，滑大便。功用與鎖陽相仿，禁忌亦同。長大如臂，重至斤許，有松子鱗甲者良。酒浸一宿，刷去浮甲，劈破，除內筋膜，酒蒸半日。又酥炙用。忌鐵。蘇恭曰：今人所用，多草蓯蓉，功力稍劣。〔蘇恭訂註《唐本草》。〕

清·汪紱《醫林纂要探源》卷二　肉蓯蓉　甘、酸、鹹，溫。生北邊西陲產馬之地。形長大如臂，重及斤許，有鱗甲如松毬。或云馬遺精所生。蓋未必然。要亦發於蘊熱之氣，如菰蕈之類耳。　暖水臟，瀉邪濕，斂精氣，壯陽事。《本草》盛稱其功，謂可治

五勞七傷，然恐非純良之品，且令人滑腸。

清・嚴潔等《得配本草》卷二　肉蓯蓉　忌銅、鐵。　味鹹，性溫。入命門，兼入足少陰經血分。壯陽強陰。除莖中虛痛，腰膝寒疼，陰冷不孕。同鱔魚為末，黃精汁為丸服之，力增十倍。得山萸肉、北五味，治善食中消。得沉香，治汗多虛秘。合菟絲子，治尿血泄精。佐精羊肉，治精敗面黑。腎中無火，精亦敗。　酒浸，刷去浮甲，劈破中心，去內筋膜如竹絲草樣者。有此能隔人心前氣不散，令人上氣也。漂極淡，蒸半日用，以酥炙用亦可。潤大便不須炙。　大便滑，精不固，火盛便秘，陽道易舉，心虛氣脹，皆禁用。

題清・徐大椿《藥性切用》卷三　肉蓯蓉　甘酸鹹溫，入腎命血分。潤燥興陽，峻補精血，功近瑣陽。酒浸，洗去甲，酥炙用。禁忌亦與瑣陽相同。

清・黃宮綉《本草求真》卷二　肉蓯蓉滋腎潤燥。　肉蓯蓉耑入腎，兼入大腸。甘酸鹹溫，體潤色黑，諸書既言峻補精血，又言力能興陽助火。是明因其氣溫，力專滋陰，得此陽隨陰附而陽自見興耳！惟其力能滋補，故凡癥瘕積塊，得此而堅即消，惟其滋補而陽得助，故凡遺精莖痛，寒熱時作，亦得因是而除。若謂火衰至極，用此甘潤之品，同於附、桂，力能補陽，其失遠矣！況此既言補陰，而補陰又以蓯蓉為名，是明因其功力不驟，氣耑潤燥，是亦宜於便閉，而不宜於胃虛之人也，謂之滋陰則可，謂之補火正未必，然長大如臂，重至觔許，有松子鱗甲者良。酒浸，刷去浮甲，劈，除內筋膜，酒蒸半日，酥炙用。忌鐵器。

清・楊璿《傷寒溫疫條辨》卷六補劑類　肉蓯蓉　味甘鹹辛酸，氣溫。味重，沉也，陰也。以其味重甘溫，故壯元陽，補精髓，並絕陰不生。暖腰膝，堅筋骨，除下焦冷疼。以其補陰助陽，故禁虛寒遺漏泄精，止淋瀝帶濁崩中。以其味酸性滑，故驟服立通大便。必需酒蒸五錢，性與鎖陽相近。便滑溏瀉勿攙。

清・羅國綱《羅氏會約醫鏡》卷一六草部　肉蓯蓉味甘、酸、微鹹，性溫，入腎經血分。重斤許而鮮紅者良。酒浸一宿，刷去浮甲，劈破，除內筋膜，酒蒸半日用。忌鐵。大補命門，能益水中之火甘溫，潤五臟，益精髓。治男子絕陽不興，遺瀝洩精，女人絕陰不產，血崩帶下，補陰助陽。理勞傷，暖腰膝，堅筋骨，廣子嗣，補腎之效。除莖中澁痛，大便乾燥性滑。按：蓯蓉溫而不熱，補而不燥，故有蓯蓉之名。但性滑，若泄瀉及陽易舉而精不固者忌之。

清・陳修園《神農本草經讀》卷一上品　肉蓯蓉　氣味甘，微溫，無毒。主五勞七傷，補中，除莖中寒熱痛，養五臟，強陰，益精氣，多子，婦人癥瘕。久服輕身。

陳修園曰：肉蓯蓉是馬精落地所生，取治精虛者，同氣相求之義也。凡五勞七傷，久而不愈，未有不傷其陰者。蓯蓉補五臟之精，精足則陰足矣。莖中者，精之道路，精虛則寒熱而痛，精足則痛已矣。又滑以去着。精生於五臟，而藏之於腎，精足則陽舉，精堅令人多子矣。婦人癥瘕，皆由血淤。精足則氣充，氣充則瘀行也。葉天士注：癥瘕之治，謂其鹹以軟堅，滑以去着，溫以散結，猶淺之乎測蓯蓉也。

張隱庵曰：馬為火畜，精屬水陰。蓯蓉感馬精而生，其形似肉，氣味甘溫，蓋稟少陰水火之氣，而歸於太陰坤土之藥也。土性柔和，故有蓯蓉之名。

清・王學權《重慶堂隨筆》卷下　肉蓯蓉　溫潤潛陽，陰虛陽浮者，滋清藥中皆可佐用。

清・黃凱鈞《藥籠小品》　肉蓯蓉　味鹹入腎，其性和平，治老人便閉，蓯蓉之名不虛也。便滑者不用漂淡。以上二味，舊傳產西北，驢馬遺精所化。

清・王龍《本草纂要稿・草部》　肉蓯蓉　氣味甘溫。治男子絕陽不興，洩精(屎)〔尿〕血遺瀝。療女人絕陰不產，血崩帶下陰疼。助相火，補益勞傷。暖腰膝，堅強筋骨。益精強陰，悅顏駐色。腎虛白濁者殊功，汗多便秘者立效。

清・張德裕《本草正義》卷上　肉蓯蓉　甘鹹，氣溫。味重而降。助相火，補精興陽，婦人血虛不孕。性滑善動，大便虛而閉結者宜之。

清・楊時泰《本草述鉤元》卷七　肉蓯蓉　之頤云：柔紅美滿，膏釋脂凝，肉之體也。瀕湖言其性補而不峻，故有從容之名。舊說野馬遺瀝所生。今西人云多生大木間及土塹垣中，乃知自有種類。隴西出者，其形扁，色黃柔潤，多花而味甘。餘產皆不及。蓋是物以極西產者為良，為其得金氣之厚也。亦如杞子，必取河西之意。

味甘，酸，鹹，氣微溫。腎經血分藥也，入心胞絡、命門、腎。相火不足者，以此補之。強陰益精氣，益髓補中。主男子絕陽不興，女子絕陰不產，療五勞七傷，養五臟，長肌肉，治膀胱邪氣腰痛，男子洩精血遺瀝，除莖中寒熱

痛，女子癥瘕血崩，帶下陰痛諸本草。屬土而有水與火，峻補精血，驟用反動大便丹溪。凡服蓯蓉以治腎，必妨心海藏。獨用數兩，浸去鹹味，并去鱗甲及中心膜，淡白酒煮爛，頓食，治老人便燥閉結有神。老人、虛人汗多便閉，肉蓯蓉酒浸焙二兩，沉香研末一兩，麻子仁汁打糊丸梧子大，每服七八十丸，白湯下。強筋健髓，肉蓯蓉、鱔魚二味為末，黃精汁丸，服之力可十倍《乾寧記》。同牛膝浸酒服，益腎。同人參、鹿茸、牡狗陰莖、白膠、杜仲、補骨脂，主男子陽痿，老人陽衰，一切腎虛腰痛，兼令人有子。同地黃、枸杞、牛膝、鼈甲、天冬、麥冬、當歸、白膠、杜仲、青蒿、五味子、山萸、黃蘗，治五勞七傷，莖中寒熱痛，婦人癥瘕。

論：肉蓯蓉味甘，氣微溫，得天之陽氣。然更酸鹹，得地之陰氣。酸鹹本甘溫以化，又產於西土，達土金之氣以為生化精血之本，可以識從陽生陰之義焉。蓋營氣化於宗氣者，緣肺陰下降入心，合於離中之坎以生血，俾清中之濁入於中焦之胃以化血，乃統於脾，納於肝，歸於腎之血海而能化精。夫氣血生化，在中土乃更有金天之專氣，入心生血以致之，則其氣化濃厚，本濁陰之下降而生化愈滋，所以能峻補精血也。顧何以又補相火？緣入心生血者，主於心包絡，而包絡乃命門相火之原，況腎脈原至於肺，肺氣原通於命門乎。但相火原出腎肝，是先天之化原；而後天水穀之精氣，本於中土以為化化生生者，却更以心肺為化原。由是觀之，其由肺而至心包絡，由包絡而生命門者，乃氣化之權輿；其由胃而脾，由脾而肝腎，乃化血化精之次第，然總由於氣化而已。化血化精之次第，何以總歸於氣化？蓋人身上有氣海，肺氣下降入心，是金合於火以孕水也，火因金而和於水則氣化，氣之化者生血，血從液化而色赤者，水因金而從火也；下有血海，肺氣下降歸腎，是金親於水以宅火也，水因金而和於火則氣盛，氣之盛者生精，精從血化而色白者，火因水而從金也。若是則氣之下降歸腎者，先由氣降入心也；氣之下盛化精者，先由氣化生血也。火因金而和於水，則氣化生血；水因金而和於火，則氣盛化精。蓋水火乃氣之元，惟金以和之，故肺為氣主，總謂之氣化，即是化血化精之次第，金氣厚而歸土，亦歸其氣之所生也。大抵蓯蓉益陽中之陰，令腎肝陰氣自裕。《經》曰：天氣盛則地氣不足。謂陽中之陰不足，而陽偏勝也。陽中之陰足，則地氣之化裕，而陰中之陽益強，非泛等於補陽之劑。又其功從上而下，不得泛同於益精之品，而止以為入腎也。又腦為髓海，而茲味益髓。夫髓具於腎，何以至於極上之腦而為之海，豈非陰統於陽，而精盈則氣盛，遂俾陰中之陽，更還於至陽之地乎。所謂總根於氣化者，始之終之，皆不能越矣。用益腎陽，世概與骨脂例視，詎知骨脂由歸陽以化精髓，從陽化陰，蓯蓉則由精血之益以歸陽，從陰生陽也，從陰生陽洵當補而不峻矣。

繆氏云：泄瀉禁用，陽強易興而精不固者忌。

修治：酒浸一宿，刷去浮甲，劈破，去中心白膜，如竹絲草樣，不爾令人上氣不散。再用酒洗，浸透切片，仍酒拌蒸之，從午至酉，取出焙乾，用忌鐵器。

清・鄒澍《本經續疏》卷一 肉蓯蓉 【略】陽翳於陰，其氣終伸。陽蠱於陰，其氣則撓。何也？翳陽之陰，冽而易摧，蠱陽之陰，柔而難破也。然蠱於陰而不化於陰，則其性常欲伸，惟伸者自伸，蠱者自蠱，故推其源為陰蠱陽，究其實已陰隨陽矣。於此而有物似焉。其入於人身能不伸陰中之陽，而撓陽以毓陰耶。河西今甘肅最寒沍，八月已冰，二月未泮，大木間及土塹垣中，又日光所不屆，適當其時，在地之陽奮然欲出，上無所引，旁有所撓，於是生蓯蓉。質柔而屬陽，氣溫而主降，乃火為水制，故色紫黑，而味甘酸鹹。陽不遂其升，陰方幸其固，乃不直伸而橫溢，故形廣扁，而皮有鱗甲。須陰乾者，炙之以火，恐陰消於陽也。必浸去酸鹹味者，欲全陽之用也。夫然故味酸可去，鹹可去，而甘不可去；色紫可去，黑可去，而殷不可去。遂可知其義，取於陰蠱，其用惟在陽伸。去其陰之蠱，正以佐其陽之伸。五勞七傷者，或因用力而劫陽於外，或因用心而耗陰於內，俾陽就陰範，陽供陰使，是為補中。因其衰而彰之之治也。莖中陽盛，而陰為所迫，則熱且遺，陰盛而陽不相下，則寒且痛。助其陽，即以和其陰，而痛自除，因其重而減之之治也。陰陽相浹，精氣相抱，斯藏精而不瀉之五臟自安，五臟既安，而精何能不充，陰何能不強，而施化遂非浪舉矣。婦人癥瘕，亦陰不柔而陽遭困者方宜。

黃帝問五勞七傷於高陽負，負曰：一曰陰衰，二曰精清，三曰精少，四曰陰消，五曰囊下濕，六曰腰一作胸脇苦痛，七曰膝厥痛冷不欲行，骨蒸，遠視淚出，口乾，腹中鳴時有熱，小便淋瀝，莖中痛，或精自出。有病如此，所謂七傷。一曰志勞，二曰想勞，三曰心勞，四曰憂勞，五曰疲勞，此為五勞。見《千金》石韋丸下。孫真人曰五勞者，一曰志勞，二曰想勞，三曰憂勞，四曰心勞，五曰疲勞。七傷者，一曰肝傷善夢，二曰心傷善忘，三曰脾傷善飲，四曰肺傷善

瘻，五曰腎傷善唾，六曰骨傷善飢，七曰脈傷善嗽。凡遠思強慮傷人，憂恚悲哀傷人，喜樂過度傷人，忿怒不解傷人，汲汲所願傷人，慼慼所患傷人，寒暄失節傷人，故曰五勞七傷也《千金・腎藏門・補腎論》。其述五勞略同，七傷則有異。即孫真人之論，亦有兩端，蓯蓉所主，究以何者為是？夫此固不必深求其合，第別其用力用心可矣。且蓯蓉須補中者乃可用。設中氣自旺，而不必補，則非所宜。如善飲善飢等候，何嘗不蒸騰有力，運化有權，猶可以味甘性溫之物與之乎。與之是使渴者益渴，飢者益飢也。然則宜補中者，果安在？夫蓯蓉之生精固優，故能撓夫氣，氣固旺，故不致汨於精。五勞七傷名目雖多，約其歸不越傷氣傷精二種。傷氣者，如燭之然，芯盡而膏亦竭也。傷精者，如舟之行水，涸而棹難鼓也。是故或精枯於下，而火浮於上，或火熾於上，而引精自資。中央者，須火下畜，其氣乃生，生乃固。火既違順，容納自拙，得此以氣致精，藉精行氣之蓯蓉，使火回精聚，則在中之生氣，又何能不受益耶？就使善飲善飢，亦難保無精竭火離，仍須補中者，是故謂補中於五勞七傷，僅得治法之一節則可，謂蓯蓉於補中猶有所隔閡則不可，謂蓯蓉之補中僅得施於五勞七傷則可，謂凡補中者，皆得用蓯蓉則不可，以《本經》固云主五勞七傷，補中，不云補中，主五勞七傷也。

蓯蓉之用，以陰涵陽則陽不僭，以陽聚陰則陰不離，是其旨一近乎滑潤，一近乎固攝。《別録》所謂止利者，為取其滑潤耶，抑取其固攝耶。夫《別録》固不但云止利，而云除膀胱邪氣，腰痛，止利，是亦可識其故矣。誠分而言之，則利有泄瀉腸澼，腰痛有氣血痹阻，膀胱邪氣有淋濁畜血，為寒為濕爲熱，均無不可。若遽與蓯蓉是使陽錮而終難伸，陰敝而終難化。可治之疾，不反致難治歟。惟合而言之。則因其氣之本相連屬，欲就陰而陰不容，遂轉隸於陽，而還攻夫陰，陰復不受，則或乘勢累墜下迫，或痛甚不止，故曰除膀胱邪氣，腰痛，止利，不曰除膀胱邪氣，腰痛下利也。此病不常有，惟久病久利，始見之。《千金方》冷利增損健脾，凡治丈夫虛勞，五臟六腑傷敗，受冷初作滯下，久則變五色，赤黑如爛腸，極腥穢者，中用蓯蓉可證矣。其不利者，亦必腰痛而小便有故方與之宜。

清・葉桂《本草再新》卷一　肉蓯蓉味甘、鹹，性溫，無毒。入腎經。補命門，潤五臟，益髓強筋，治腰膝冷痛，峻補精血。

清・吳其濬《植物名實圖考》卷七　肉蓯蓉　《本經》上品。《圖經》云：人多取草蓯蓉以代肉者，今藥肆所售皆鹹製，有鱗甲，形扁，色黑，柔軟。

清・趙其光《本草求原》卷一山草部　肉蓯蓉　得天陽之溫氣，入肝。地陰之甘味，入脾。已從陽歸陰；製後酸、鹹，色黑，又合木、水、土之化，專溫潤肝、脾、腎以益精血，補陰即以益陽，溫達故也。溫而不燥。與故紙補陽化陰者不同。主補中，精血生於肝腎，實由中土水穀之氣以行其生化，鹹降溫升，使水火陰陽會歸中土，則火化神而精血自充。五勞，勞傷五臟之真氣，《經》曰：勞者溫之。七傷，七情傷真陰，宜溫潤元陰。除莖中寒熱痛，精虛則或寒或熱，結於精道而痛，補精以會陰陽，則虛火除，而着者去。養五臟，益陰則藏陰之臟得養。強陰，溫肝血，則宗筋自振。種子，同參、茸、杜、狗莖、鹿膠、故紙，則精足陽興，自然多子。婦人癥瘕，鹹軟堅，滑去着，溫達血結之功。久服輕身，治遺精白濁，同淮、苓、鹿茸。崩帶，絕陽絕陰，勞傷精敗，面黑，煮爛，焙研，以羊肉煮粥食。腎氣衰，同北芪。水泛成痰，同北味。虛人汗多，便秘，同沉香、麻仁。寒痢，單服。熱痢，同芍、麯、苓麯，皆滑以去着也。消中易飢，同萸肉、五味，加淮、杞、芪、歸治腎燥泄瀉。壯陽，此生精，同菟絲益腎氣。除膀胱邪氣，冷氣腰痛，同牛膝浸酒，益腎。長肌肉，強筋，壯腰膝，益髓。中土生，化陰精，自上還於腦中至陰。驟用，恐妨心，滑大便。

劉潛江曰：蓯蓉乃隴西馬精入土而生，形扁，色黃，得金土之氣，專使金歸水火之氣於中土，以行其化於上下。故益髓，治健忘，是本金氣以益腎肝之精血，與泛泛入腎益精者不同。得地、杜、歸、麥冬、鹿膠，治婦人不孕。今人以鹽製金蓮根及草蓯蓉僞充，功用稍劣。

酒浸，去浮甲劈破，去內筋膜，酒蒸半日，或酥炙焙乾用。忌鐵。

清・葉志詵《神農本草經贊》卷一　肉松容　味甘，微溫。主五勞七傷，補中，除莖中寒熱痛，養五藏，強陰益精氣，多子，婦人癥瘕。久服輕身。生山谷。

陰陽司命，福祿叢生。名假肉食，體偏鱗文。妄言馬瀝，雜啖羊羹。從容中道，補益功成。

日華子曰：治男子絕陽，女子絕陰。吳普曰：一名黑司命。韓保昇曰：出肅州福祿縣沙中。《左傳》：肉食者鄙。《南史・紀》：齊高帝鱗文偏其體。蘇頌曰：舊說是野馬遺瀝所生。陶弘景曰：以作羊羹補虛乏。李時珍曰：補而不峻，故有從容之號。《中庸》：從容中道。

清・文晟《新編六書》卷六《藥性摘錄》　肉蓯蓉　甘酸鹹，溫。體潤色

黑，入腎兼入大腸。滋腎燥，血虚便悶宜用。胃虚泄瀉忌之。酒浸，刷去浮甲，劈除内筋膜，再用酒蒸半日，酥炙用。忌鐵器。

清・張仁錫《藥性蒙求・草部》 蓯蓉錢半、三錢 蓯蓉鹹溫，益髓強筋。補陽潤臟，便秘宜增。此肉蓯蓉也。味甘、酸、鹹，溫，入腎經血分。補命門相火，滋潤五臟，峻補精血。周慎齋云：蓯蓉補腎之陰，得菟絲子補腎之陽，二者同用，能生精補血。去甲，酥炙用。○或酒洗。按蓯蓉性滑，泄瀉及陽事易舉而精不固者忌之。功用與瑣陽相倣，禁亦同。

清・屠道和《本草匯纂》卷一溫腎 肉蓯蓉 耑入腎，兼入大腸。甘、酸、鹹，溫。體潤色黑，滋腎潤燥。治五勞七傷，補中，除莖中寒熱痛癢，安五臟，益陰氣，多子，婦人癥瘕積塊。除膀胱邪氣，止痢，益髓，悦顔色，延年，大補壯陽，日御過倍。治女人血崩，男子絶陽不興，女子胞陰不產。潤五臟，長肌肉，暖腰膝，男子洩精血遺瀝，女子帶下陰痛。若火衰至極，反用此甘潤之品，意與附桂同能補陽，其失遠矣。況既言補陰，而又以蓯蓉為名，是明因其功力不驟，氣耑潤燥，是以宜於便閉，而不宜於胃虚之人也。謂之滋陰則可，謂之補火則未必。大如臂，有松子鳞甲者良。酒浸，刷去浮甲，劈除内筋膜，酒蒸半日，酥炙用。忌鐵器。

清・戴葆元《本草綱目易知錄》卷一 肉蓯蓉 甘、酸、鹹，溫。入腎經血分。補命門相火不足，除莖中寒熱痛，潤五臟，暖腰膝，益精補髓，壯陽強陰，日御過倍，補中止痢。治五勞七傷，絶陽不興，絶陰不產，男子洩精，血餘瀝，女子血崩，帶下，陰痛。能峻補精血，驟用反動大便滑。忌鐵。

清・黄光霽《本草衍句》 肉蓯蓉甘，微溫。助相火，補益勞傷，暖腰膝，堅強筋骨。除莖中寒熱之痛，莖中者，精之道路也。精虚即有此痛，補精則痛自已。蓯蓉象人之陰，而滋潤黏膩，故能治前陰俱病。養五臟精血之傷。五藏各有精，精足則能多子。絶陽不興，洩精尿血，遺瀝絶陰，不產帶下，陰痛血崩，誠滋腎補精之藥，有從蓉和緩之名。易動大便，滑瀉宜停。入足少陰經。周慎齋云：蓯蓉補腎之陰，得菟絲補腎之陽，二者同用，能生精補陽。色慾過度，似淋非淋，溺短而數，莖中痛甚，與淋閉之治不同，宜肉蓯蓉、淫羊藿、生杜仲為主，佐以白蜜、羊脂之類，效。

清・陳其瑞《本草撮要》卷一 肉蓯蓉 味淡，入足少陰經，功專補腎陰。菟絲補腎之陽，同用則生精補陽。驟用恐妨心滑大便。功用與鎖陽相倣，禁忌亦同。酒浸一宿，刷去浮甲劈破，除内筋膜，酒蒸半日酥炙用。忌鐵。草蓯蓉功力稍劣。

清・李桂庭《藥性詩解》 賦得肉蓯蓉填精益腎得蓉字。田春芳。 甘鹹滋五臟，惟是肉蓯蓉。益腎功偏善，填精力最工。按：蓯蓉甘酸鹹溫，本入腎經命門之藥。《本經》謂其滋潤五臟，益髓強筋，治五勞七傷，絶陽不興，絶陰不產，此誠峻補精血之要藥。緩平不迫，頗有從容之義，故名蓯蓉。

前題李慶霖 意欲填精骨，何嫌補力濃。理筋惟續斷，益腎是蓯蓉。按：肉蓯蓉本補益腎精專藥，功力雖峻，却有從容之義。用陪續斷，治義弗悖，取用宏多。《本經》謂其補而不滯，行而不瀉，補肝腎，通血脉，理筋骨，主勞傷，皆與蓯蓉同。及治金瘡折跌，止痛生肌，崩帶腸風，血痔胎漏，不與蓯蓉同。謂續斷為女科、外科要藥，謂蓯蓉為五勞七傷聖品，一藥一性，一性一治，藥同也而功異，藥異也而功同，學者可不精心而求之哉？

清・仲昴庭《本草崇原集説》卷一 肉蓯蓉 【略】仲氏曰：後世本草，侈陳藥之功力，而人遂混用。申説病之宜忌，而人且誤會。豈知藥性病情，動關運氣。欲知運氣，不外《靈》《素》論略及《本經》，此隱庵不得已而出各種注釋也。即如肉蓯蓉一味，隨經證實，理致甚明，有正面自有反面，何庸瑣瑣，所謂中道而立，能者從之。

列當

宋・唐慎微《證類本草》卷一一草部下品〔宋・馬志《開寶本草》〕 列當 味甘，溫，無毒。主男子五勞七傷，補腰腎，令人有子，去風血。煮及浸酒服之。生山南巖石上，如藕根。初生掘取陰乾。亦名栗當。一名草蓯蓉。今附。

〔宋・唐慎微《證類本草》〕《食醫心鏡》：主興陽事。栗當二斤，一名列當。擣篩畢，以酒一斗浸經宿，遂性飲之。

宋・鄭樵《通志》卷七五《昆蟲草木略》 列當 曰栗當，曰草蓯蓉。生巖石上，根如藕，能亂蓯蓉。

宋・陳衍《寶慶本草折衷》卷一一 列當 一名草蓯蓉，一名栗當。生山南巖石上。又云：生原、秦、靈州。○又云：四月中旬掘取根，陰乾。

味甘，溫，無毒。○主五勞七傷，補腰腎，令人有子。去風血，煮及浸酒服之。生如藕根。○《圖經》曰：根短，紫色，人多刮去花，壓令扁，以代肉

者，功力殊劣。一作較微○分肉蓯蓉條。○《食醫心鏡》：主興陽，栗當貳斤，篩擣，以酒壹斛，浸經宿，遂性飲之。

續說云：列當性用，適與肉蓯蓉近似，故本條以草蓯蓉稱之。然兩蓯蓉皆根生爾，彼何以肉名？此何以草名？細思古人區別之由，彼以體柔如肉，故得肉名也。此以體強如藕，故得草名也。猶肉豆蔻、草豆蔻之辨也。

明·劉文泰《本草品彙精要》卷一五 列當無毒 麗生。

列當：主男子五勞七傷，補腰腎，令人有子，去風血，煮及浸酒服之。名醫所錄。【名】栗當、草蓯蓉。【苗】《圖經》曰：莖圓，紫色，根如耦根，初生長五六寸至一尺以來。四月中旬掘取之，名草蓯蓉，壓令匾以代肉者。一種鎖陽，味甘，丹溪云：補陰氣，治虛，大便燥結者用之，虛而大便不燥結者勿用。亦以代蓯蓉也。今考之二種，形色氣味及可互相代用，恐一物而異其名乎，附見於此，以備參用。【地】《圖經》曰：生南山巖石上。《蜀本》注云：出原州、秦州、靈州皆有之。【時】生：春生苗。採：四月中旬取根。【收】陰乾。【用】根。【色】紫。【味】甘。【性】溫，緩。【氣】氣之厚者，陽也。【臭】腥。【主】補勞益腎。【製】洗淨煮或浸酒。【合治】二斤爲末，以酒一斗浸經宿，遂性飲之，主興陽事。

明·王文潔《太乙仙製本草藥性大全》卷二《仙製藥性》 列當 味甘，氣溫，無毒。一名栗當，一名草蓯蓉。生山南岩石上，如藕根，掘採，陰乾用。主治：主男五勞七傷，補腰腎，令人有子。大去風血，浸酒服之。補註：主興陽事，列當二斤，杵末篩畢，以酒一斗，浸一宿飲之。

明·李時珍《本草綱目》卷一二草部·山草類上 列當宋《開寶》

【釋名】栗當《開寶》 草蓯蓉《開寶》 花蓯蓉《日華》【集解】志曰：列當生山南巖石上，如藕根，初生掘取陰乾。保昇曰：原州、秦州、渭州、靈州皆有之。暮春抽苗，四月中旬採取，長五六寸至一尺以來，莖圓紫色，採取壓扁日乾。頌曰：草蓯蓉根與肉蓯蓉極相類，刮去花壓扁以代肉者，功力殊劣。即列當也。

根【氣味】甘，溫，無毒。【主治】男子五勞七傷，補腰腎，令人有子，去風血，煮酒浸酒服之《開寶》。

【附方】舊一。陽事不興：栗當好者二斤，即列當，擣篩畢，以好酒一斗浸之經宿，隨性日飲之。昝殷《食醫心鏡》。

明·李中立《本草原始》卷一 草蓯蓉 生山南巖石上。暮春抽苗，長五六寸至一尺以來。莖花俱紫色，與肉蓯蓉極相類，故名草蓯蓉。日華子名花蓯蓉，俗呼紫花地丁。氣味：甘，溫，無毒。主治：男子五勞七傷，補腰腎，令人有子。去風血，煮酒、浸酒服之。諸瘡可作洗湯。

草蓯蓉，《開寶》名列當。【圖略】今原州、秦州、渭州、靈州皆有之。花繁密，紫色，莖圓有鱗甲。四月中旬采，取壓匾，日乾。

《食醫心鏡》：治陽不興，草蓯蓉好者二斤，以好酒一斗，浸之經宿，隨意日飲之。

清·蔣居祉《本草擇要綱目·溫性藥品》 列當一名草蓯蓉根。與肉蓯蓉極相類。刮去花，壓扁以代肉者，功力殊劣，即列當。氣味：甘，溫，無毒。主治：男子五勞七傷，補腰腎，令人有子。去風血，煮酒浸酒服之。

清·汪紱《醫林纂要探源》卷二 草蓯蓉 功力稍劣。小而無鱗甲。

清·吴其濬《植物名實圖考》卷一六 列當 《開寶本草》始著録。生原州、秦州等州。即草蓯蓉。治勞傷，補腰腎，代肉蓯蓉即此。

野菰

附：琉球·吴繼志《質問本草》外篇卷一 野菰 生樹陰，七八月開花。土名野菰，不堪入藥。辛丑，潘貞蔚。

鎖陽

宋·周密《癸辛雜識》續集上 鎖陽 韃靼野地有野馬與蛟龍合，所遺精於地，遇春時則勃然如笋出地中。大者如猫兒頭，笋上豐下儉，其形不與，亦有鱗甲筋脈，其名曰鎖陽，即所謂肉蓯蓉之類也。或謂韃靼婦人之淫者，亦從而好合之，其物得陰氣，則怒而長。土人收之，以薄刀去皮毛，洗滌令淨，日乾之為藥。其力百倍於肉蓯蓉，其價亦百倍於常品也。五峰云：亦嘗得其少許。

元·朱震亨《本草衍義補遺》 鎖陽：味甘。可啖，煮粥彌佳。補陰氣，治虛而大便燥結者用。虛而大便不燥結者勿用。亦可代蓯蓉也。

明·王綸《本草集要》卷二 瑣陽 味甘鹹。酥油塗炙。補陰氣，益精，可代蓯蓉。治虛而大便燥結，不燥者勿用。

明·滕弘《神農本經會通》卷一 瑣陽 酥油塗炙。味甘、鹹。丹溪云：可啖，煮粥彌佳。補陰氣，益精。治虛而大便燥結者用。虛而大便不燥結者，勿用。亦可代蓯蓉也。

明・葉文齡《醫學統旨》卷八　瑣陽　氣溫，味甘、鹹。酥油塗炙。　治虛補陰益精，可代蓯蓉；　虛而大便燥結，不燥結者勿用。

明・許希周《藥性粗評》卷一　瑣陽　味甘，性溫，無毒。亦主虛勞補益，與肉蓯蓉並為元陽不足之劑。丹溪云：　蓯蓉能峻補精血，驟多用之反滑大腸。瑣陽煮粥彌佳，治虛而大便燥者，虛而大便不燥勿用。又云：　可代蓯蓉。

單方：　精敗黑癆：　肉蓯蓉四兩，製過，煮爛薄切，同羊精肉細研，分為四度入五味，以米煮粥，空心服之。　強筋健髓：　肉蓯蓉同鱓魚，研末，黄精酒丸，服之力可十倍。

明・鄭寧《藥性要略大全》卷三　鎖陽　補虛絕與癆傷。　味甘，鹹，無毒。酥炙用。一云蓯蓉根。

明・王文潔《太乙仙製本草藥性大全》卷一《本草精義》　瑣陽　産陝西，味甘，鹹，可啖，以酥塗炙，可代肉蓯蓉用，亦宜煮粥彌佳，入藥尤效。潤大便燥結，若溏瀉者切忌服之。　補陰血虛羸，興陽固精，強陰益髓。但《本經》原缺未載，此丹溪續補爲云。

明・皇甫嵩《本草發明》卷二　瑣陽氣溫，味鹹、甘。《本經》不載，丹溪續補。

發明曰：　主補陰血虛羸，興陽道，固精強陰益髓，潤大便燥結。宜酥炙。老人津枯者最宜。若大便常溏泄者，勿用。

明・李時珍《本草綱目》卷一二草部・山草類上　鎖陽《補遺》

【集解】時珍曰：　鎖陽出肅州。按陶九成《輟耕錄》云：　鎖陽生韃靼田地，野馬或與蛟龍遺精入地，久之發起如笋，上豐下儉，鱗甲櫛比，筋脈連絡，絶類男陽，即肉蓯蓉之類。或謂里之淫婦，就而合之，一得陰氣，勃然怒長。土人掘取洗滌，去皮薄切曬乾，以充藥貨，功力百倍於蓯蓉也。時珍疑此自有種類，如肉蓯蓉、列當，亦未必盡是遺精所生也。

【氣味】甘，溫，無毒。　【主治】大補陰氣，益精血，利大便。虛人大便燥結者，啖之可代蓯蓉，煮粥彌佳。不燥結者勿用震亨。　潤燥養筋，治痿弱時珍。

明・梅得春《藥性會元》卷上　鎖陽　味甘，鹹，氣溫，無毒。可啖，煮粥彌佳。　主治虛，補陰益精，可代蓯蓉。虛而大便燥結者用，不燥結者勿用。

製法：　酥油塗炙。

明・李中立《本草原始》卷三　鎖陽　出肅州。按陶九成《輟耕錄》云：　鎖陽生韃靼田地，野馬或與蛟龍遺精入地，久之發起如笋，上豐下儉，鱗甲櫛比，筋脈連絡，絶類男陽，即肉蓯蓉之類。或謂里之淫婦，就而合之。一得陰氣，勃然怒長。土人掘取，洗滌去皮，薄切晒乾，以充藥貨，功力百倍於蓯蓉。李時珍曰：　此自有種類，如肉蓯蓉、列當，亦未必盡是遺精所生也。　氣味：　甘，溫，無毒。主治：　大補陰氣，益精血，利大便，虛人大便燥結者啖之，可代蓯蓉，煮粥彌佳。不燥結者勿用。潤燥養筋，治痿弱。

鎖陽，《補遺》。【圖略】紫色。

明・張懋辰《本草便》卷一　瑣陽　味甘、鹹。　補陰氣，益精，可代蓯蓉治虛而（味）〔大〕便燥結，不燥者勿用。

明・李中梓《藥性解》卷三　鎖陽　味甘，鹹，性溫，無毒，入腎經。補陰虛，固精髓，潤大便燥結。宜酥炙用。按：　鎖陽鹹溫，宜入少陰，《本經》不載，丹溪續補，以其固精，故有鎖陽之名。主用與蓯蓉相似，老人枯閉，最為要藥。大便不實者忌之。

明・倪朱謨《本草彙言》卷一　瑣陽　味甘，氣溫，無毒。　李瀕湖曰：　出肅州或陝西及西夷韃靼地面。其形如笋，上豐下儉，鱗甲櫛比，筋脉聯絡，絶類男陽，即肉蓯蓉之類。土人掘取洗淨，去皮，薄切曬乾，功力十倍于蓯蓉。

瑣陽：　興陽固精，强陰益髓，朱震亨潤大腸燥結之藥也。釋醫臨水稿但味甘可啖，煮粥益佳。入藥尤效。虛人血枯，大便燥結者宜之。脾虛有濕痰溏泄者勿用。

集方：　《藥性論》治男婦陰陽衰陷，痿弱不振，腰膝無力，頭眩足重，精髓空虛，血脉絶少，婦人崩帶淋瀝，或癥瘕内症，男子遺精失溺，或莖中澁痛等證。用肉蓯蓉八兩，依前法修製，搗爛成膏，配入鹿角膠、龜甲膠、鱉甲膠、當歸、白朮、山藥、杜仲、牡丹皮、山茱萸、茯苓、芡實各三兩，萆薢四兩，牛膝五兩，俱炒過，共爲末，煉蜜丸梧桐子大。每早晚各服三錢，白湯下。○《衛生寶鑒》治破傷風，口噤身强。用肉蓯蓉切片曬乾，燒烟于瘡口熏之，累效。

集方：　方龍潭《本草切要》治男婦陽弱精虛，陰衰血竭，大腸燥涸，便秘不運諸證。用瑣陽三斤，清水五斗，煎濃汁二次，總和，以砂鍋內熬膏，煉蜜八兩，收成，入磁瓶內收貯。每早午晚各食前服十餘茶匙，熱酒化服。

明・李中梓《醫宗必讀・本草徵要上》　鎖陽味甘、鹹，溫，無毒。入腎經。強陰補精，潤腸壯骨。《輟耕錄》云：　蛟龍遺精入地，久之則發起如笋，上

豐下儉，絕類男陽。按：鎖陽功用與蓯蓉相彷，禁忌亦同。

明・李中梓《本草通玄》卷上　鎖陽　甘，溫，入腎。　補陰益精，潤燥養筋。凡大便燥結，腰膝軟弱者，珍爲要藥。　酒潤，焙〔用〕。

清・穆石匏《本草洞詮》卷八　鎖陽　亦肉蓯蓉之類，係野馬或蛟龍遺精入地，久之發起如笋，上豐下儉，鱗甲櫛比，筋脉連絡，絕類男陽。氣味甘溫，無毒。大補陰氣，益精血，治痿弱，利大便。虚人大便燥結者宜之，不燥結者勿用。

清・劉雲密《本草述》卷七上　瑣陽　出肅州。　又云：產陝西。出土如笋，上豐下儉，鱗甲櫛比，筋脈連絡，絕類男陽，即肉蓯蓉之類。土人掘取，洗滌去皮，薄切，曬乾市之。

氣味：甘，溫，無毒。　主治：大補陰氣，益精血，利大便，虛人大便燥結者啖之，可代蓯蓉，煮粥彌佳。不燥結者勿用震亨。潤燥養筋，治痿弱時珍。　中梓曰：瑣陽鹹溫，宜入少陰。《本經》不載。丹溪續補以其固精，故名瑣陽。　王《龜齡集》曰：瑣陽堅而肥者，能益氣。燒酒浸七次，焙七次，為末。

清・郭章宜《本草匯》卷九　鎖陽　味甘、鹹，溫，入足少陰經。強陰益髓，興陽固精，潤大便燥結，補陰血虛羸。

按：鎖陽補陰益氣，可代蓯蓉。凡虛而大便燥結，腰膝軟弱者，珍為要藥。《輟耕錄》云：蛟龍遺精入地，久之則發起如笋，上豐下儉，經脈連絡，絕類男陽，潤燥養筋之物也。不燥結者勿用。

酒潤焙。

清・蔣居祉《本草擇要綱目・熱性藥品》　鎖陽　氣味：甘，溫，無毒。主治：大補陰氣，益精血，利大便，虛人大便燥結者，啖之可代蓯蓉。不燥結者勿用。

清・王翃《握靈本草》卷二　鎖陽出肅州。野馬遺精入地所生。　主治：鎖陽，甘，溫，無毒。大補陰氣，益精血，利大便。用治痿弱，其功百倍蓯蓉。

清・汪昂《本草備要》卷二　鎖陽補陽，滑腸。　甘，溫，補陰。益精興陽，潤燥養筋。強筋故能興陽。治痿弱，滑大便。便燥者啖之，可代蓯蓉，煮粥彌佳。鱗甲櫛比，狀類男陽。酥炙。

清・吳楚《寶命真詮》卷三　鎖陽　【略】強陰益精，潤燥養筋骨，腰膝痿軟，珍為要藥。功用與蓯蓉相彷，禁忌同。

清・馮兆張《馮氏錦囊秘錄・雜症痘疹藥性主治合參》卷二　鎖陽味甘，鹹，性溫，無毒。入腎經。　鎖陽，強陰補精，壯陽潤腸，養筋壯骨。《輟耕錄》云：蛟龍遺精入地，久之則發起如荀，上豐下儉，絕類男陽。功與蓯蓉相近，禁忌亦同。

清・王道純《本草品彙精要續集》卷二　鎖陽無毒

鎖陽出《補遺》：主大補陰氣，益精血，利大便。虛人大便結燥者，啖之可代蓯蓉，煮粥彌佳，不燥結者勿用朱震亨。潤燥養筋，治痿弱《本草綱目》。

【地】李時珍曰：鎖陽，出肅州。按陶九成《輟耕錄》云：鎖陽，生韃靼田地，野馬或與蛟龍遺精入地，久之乃生。　【收】土人掘取，洗滌，去皮，薄切，曬乾。　【質】形如竹笋，上豐下儉，鱗甲櫛比，筋脈連絡，絕類男陽，即肉蓯蓉之類。土人掘取洗滌，去皮薄切，曬乾，以充藥貨，功力百倍於蓯蓉。

【味】甘。　【性】溫。

清・劉漢基《藥性通考》卷六　瑣陽　味甘，溫。補陰益精，興陽潤燥，養筋強筋，故能興陽，治痿弱。滑大腸，便燥者啖之，可代蓯蓉，煮粥彌佳。

清・王子接《得宜本草・中品藥》　瑣陽　味甘，溫。功專潤燥養筋。得虎骨治痿弱。

清・黃元御《玉楸藥解》卷一　鎖陽　味甘，微溫。入足厥陰肝經。補血滋陰，滑腸潤燥。滋肝養血，潤大腸枯燥。榮筋起痿，最助陽事。性與肉蓯蓉同。

清・吳儀洛《本草從新》卷一　鎖陽補陽，滑腸。　甘，溫。補陰益精興陽，潤燥養筋。強筋，故能興陽。治痿弱，滑大腸。便燥者啖之可代蓯蓉，煮粥彌佳。泄瀉及陽易舉而精不固者忌之。鱗甲櫛比，狀類男陽。酥炙。

清・汪紱《醫林纂要探源》卷二　鎖陽　甘、鹹，溫。鱗甲密比，形如男陽。亦肉從容之類。潤燥壯陽。

清・嚴潔等《得配本草》卷二　鎖陽　甘，溫。入足少陰經血分。益精興陽，潤腸壯筋。佐虎骨膠，治痿弱。酥炙。禁用與蓯蓉同。

題清・徐大椿《藥性切用》卷三　瑣陽　性味甘溫，入腎命而興陽，潤燥。大便滑泄，強陽，精不固者，均忌。

清・黃宮繡《本草求真》卷二　鎖陽補陰潤燥，功同肉蓯蓉。　鎖陽耑入腎，

兼入大腸。《輟耕錄》云：鎖陽生韃靼田地，野馬或與蛇龍遺精入地，久之發起如笋。上豐下儉，鱗甲櫛比，筋脉連絡，絕類男陽，即肉蓯蓉之類。本與蓯蓉同為一類，甘鹹性溫，潤燥養筋，凡陰氣虛損，精血衰敗，大便燥結，治可用此以啖。并代蓯蓉煮粥彌佳，則知其性雖溫，其體仍潤，未可云為命門火衰必用之藥也。故書有載，大便不燥結者勿用，益知性屬陰類。即有云可補陽，亦不過云其陰補而陽自興之意，豈真性等附桂，而為燥熱之藥哉？但古表著藥功，多有隔一隔二立說，以致茫若觀火，究之細從藥之氣味形質考求，則孰陰孰陽，自爾立見，又奚必沾沾於書治功是求者乎？狀類男陽，用宜酥炙。

清·楊璿《傷寒溫疫條辨》卷六補劑類 鎖陽酥炙。味甘鹹，性溫，入腎。補精壯陽，滋燥養筋，療微弱，潤大便。因其固精，故有鎖陽之名。老人枯秘，煮粥彌佳。最為要藥。鎖陽三錢，肉蓯蓉三錢，蘇子一錢，升麻五分，水煎，入蜜服。

清·羅國綱《羅氏會約醫鏡》卷一六草部 鎖陽 味甘鹹，性溫，入腎經。補陰益精，潤燥滑腸、養筋、壯骨補腎。治痿弱不舉。按：鎖陽與蓯蓉相（放）〔仿〕，功用禁忌亦同。

清·黃凱鈞《藥籠小品》 瑣陽 味鹹入腎，能強筋潤燥，益精興陽，狀類男陰。惟相火易動及大便不實者忌。

清·王龍《本草纂要稿·草部》 瑣陽 味甘可啖，以酥塗炙。潤大便燥結，補陰血虛羸。興陽益精，強陰固髓。入足少陰經。

清·吳鋼《類經證治本草·足少陰腎臟藥類》 鎖陽 【略】誠齋曰：味當辛，故能潤腎燥，功力數倍於蓯蓉。主男子絕陽無子。生肅州韃靼田地，野馬遺精入地，久之發起如笋，上豐下儉，狀似男陽，或謂里之淫婦就而合之，淂陰氣勃然而上。恐未必然。間或有之，亦不能盡皆淂婦人之陰氣也。以大至五六寸、七八寸者，刷洗去鱗甲，酥炙。忌鐵。

清·楊時泰《本草述鉤元》卷七 瑣陽 產肅州及陝西。即蓯蓉之類，出土如筍，上豐下儉，鱗甲櫛比，筋脈連絡，絕類男陽，土人掘取，洗滌去皮，薄切曬乾市之。

氣味甘鹹溫。宜入足少陰經。大補陰氣，益精血固精，利大便，虛人燥結者，啖之可代蓯蓉，煮粥彌佳。不燥結者勿用。潤燥養筋，治痿弱。取堅而肥者，燒酒浸七次，焙七次，為末服之，能益氣。

清·葉桂《本草再新》卷一 瑣陽味甘，性溫，無毒。入腎經。興陽補陰，固精益氣，利骨節，和血脈。治滑腸泄瀉。性溫，故止泄瀉。味甘，故治滑腸。

清·吳其濬《植物名實圖考》卷八 鎖陽 《本草補遺》始著錄。見《輟耕錄》，生韃靼田地。補陰氣，益精血，潤燥治痿。

清·趙其光《本草求原》卷一山草部 鎖陽 甘，溫，無毒。補陰氣，益精血，養筋，潤燥。虛人燥結煮粥食。甘溫，故止瀉；潤燥，故又滑腸。治腰膝軟弱，固精。總皆滋補精氣，補益相火，功與肉蓯蓉相近。解見下。酒浸，去皮及心中白膜，酒蒸焙用。胃氣虛人服之，恐其嘔瀉；強陽易泄者，忌之。

清·文晟《新編六書》卷六《藥性摘錄》 鎖陽 甘、鹹，性溫潤。補陰，潤燥養筋，功同蓯蓉。宜酥炙。〇煮粥食亦可。

清·張仁錫《藥性蒙求·草部》 瑣陽錢半 瑣陽甘溫，補陽益陰。通腸潤燥，瀉者休增。酥炙。可代蓯蓉。煮粥佳。〇泄瀉及陽易舉而精不固者，忌之。

清·戴葆元《本草綱目易知錄》卷一 鎖陽 甘，溫。大補陰器，潤躁養筋，起痿弱，益精血，利大便。虛人大便燥結者，啖之，可代蓯蓉，煮粥彌佳。不燥結者，勿用。

清·黃光霽《本草衍句》 瑣陽 補陰益精，養筋潤燥，治痿弱。滑大腸，便閉者宜之，不燥者勿用。功與蓯蓉相近。

清·陳其瑞《本草撮要》卷一 鎖陽 味甘，溫，入足厥陰經，功專潤燥養筋。得虎骨治痿弱。便燥者啖之，可代蓯蓉。煮粥彌佳，酥炙。

术

晉·嵇含《南方草木狀》卷上草類 乞力伽 藥有乞力伽，术也。瀕海所產，一根有至數斤者。劉涓子取以作煎，令可丸，餌之長生。

宋·李昉《太平御覽》卷第九八九 术 《爾雅》曰：术，山薊。《本草》云：术，一名山薊。今术似薊，而生山中。《山海經》曰：女几之山，其草多术。

《列仙傳》曰：涓子好餌术，接食其精三百年。《神仙傳》曰：陳子皇得餌术要方，服之得仙。去霍山，其妻姜氏疲病，念其婿採术之法，服之病自愈，至三百七十歲。登山取术，重擔而歸，不息不極，顏色氣力如二十時。《抱朴子內篇》曰：南陽文氏，其先祖漢末大亂，飢困欲死，遇人教之食术，云遂不飢。數十年乃來還鄉里，顏色更少，氣力〔轉〕勝，故术一名山精。《神藥經》曰：必欲長生，當服山精。

唐・歐陽詢《藝文類聚》卷八一　术　《本草經》曰：术，一名山筋。久服不飢，輕身延年。生鄭山。《山海經》曰：首山之陰多术。女几之山，其草多术。《吳氏本草》曰：术，一名山連，一名山芥，一名天蘇，一名山薑。范子曰：术出三輔，黄白色者善。《列仙傳》曰：涓子餌术，節食其精，三百年乃見於齊。崔氏《四民月令》曰：二月採术。《神仙傳》曰：陳子皇得餌术要方，服之得仙。入霍山，去其妻妾疲病，念其壻採术之法，服之病自愈，至三百七歲，登山取术，擔而歸，不息不極，顔色氣力如二十時。《抱朴子内篇》曰：南陽文氏其先祖漢中人，值亂逃華山中，飢困欲死。有二人教之食术，云遂不飢。數十年乃來還鄉里，顔色更少，氣力轉勝。故术一名山精。《神藥經》曰：必欲長生，當服山精。《廣州記》曰：彰平縣偏饒术。《建康記》曰：建康出精术。《異術》曰：术草者，山之精也。結陰陽之精氣，服之令人長生，絶穀致神仙。

啟　梁庾肩吾《答陶隱居賫术煎啟》曰：竊以緑葉抽條，生於首峰之側，紫花標色，出自鄭岩之下。百邪外禦，六府内充。山精見書，華神在籙。术熒火謝，盡採擷之難，啟旦移申窮淋漉之劑，故能競爽雲珠，爭奇冰玉，自非身疲掌硯，役倦攀桃，豈可立致還年，坐生羽翼。臨沅丹井，方覺可捐。酈縣菊泉無勞復汲，庶得遨遊海岸，追涓子之塵，馳騖霍山，共陳生為侶，謠俗輕施。尚曰難酬出世，鴻恩寧知上報。又《答陶隱居賫术蒸啟》曰：味重金漿芳踰，玉液足使芝漸，九明丹愧，芙蓉坐致延生，伏深銘載。

宋・唐慎微《證類本草》卷六草部上品〔《本經・別録・藥對》〕　**术**　**味苦、甘，溫**，無毒。**主風寒濕痹，死肌，痙**巨井切**疸，止汗，除熱，消食。**主大風在身面，風眩頭痛，目淚出，消痰水，逐皮間風水結腫，除心下急滿及霍亂吐下不止，利腰臍間血，益津液，暖胃，消穀，嗜食。**作煎餌，久服輕身、延年、不飢。一名山薊**，一名山薑，一名山連。生鄭山山谷、漢中、南鄭。二月、三月、八月、九月採根，暴乾。防風、地榆爲之使。

〔梁・陶弘景《本草經集注》〕云：鄭山即南鄭也，今處處有，以蔣山、白山、茅山者爲勝。十一月、十二月、正月、二月採好，多脂膏而甘。仙經云：亦能除惡氣，弭災疹。丸散煎餌並有法。其苗又可作飲，甚香美，去水。术乃有兩種：白术，葉大有毛而作椏，根甜而少膏，可作丸散用；赤术，葉細無椏，根小苦而多膏，可作煎用。昔劉涓子挼取其精而丸之，名守中金丸，可以長生。東境术大而無氣，烈不任用。今市人賣者，皆以米粉塗令白，非自然，用時宜刮去之。

〔宋・掌禹錫《嘉祐本草》〕按：《吳氏本草》云：术，一名山芥，一名天蘇。《爾雅》云：术，山薊。《注》：今术似薊而生山中。《疏》云：生平地者即名薊，生山中者名术。《抱朴子》云：术，一名山精，故《神農藥經》曰：必欲長生，常服山精。《藥性論》云：白术，君，忌桃、李、雀肉、菘菜、青魚。味甘、辛，無毒。能主大風癨痹，多年氣痢，心腹脹痛，破消宿食，開胃，去痰涎，除寒熱，止下泄，主面光悦，駐顔去䵟，治水腫脹滿，止嘔逆，腹内冷痛，吐瀉不住及胃氣虚，冷痢。日華子云：术，治一切風疾，五勞七傷，冷氣腹脹，補腰膝，消痰，治水氣，利小便，止反胃嘔逆及筋骨弱軟，痃癖氣塊，婦人冷，癥瘕，溫疾，山嵐瘴氣，除煩長肌。用米泔一宿，入藥如常用，又名吃力伽，蒼者去皮。

〔宋・蘇頌《本草圖經》〕曰：术，生鄭山山谷、漢中、南鄭，今處處有之，以嵩山、茅山者爲佳。春生苗，青色無椏。一名山薊，以其葉似薊也。莖作蒿幹狀，青赤色，長三二尺以來。夏開花，紫碧色，亦似刺薊花，或有黄白花者。入伏後結子，至秋而苗枯。根似薑而傍有細根，皮黑，心黄白色，中有膏液紫色。二月、三月、八月、九月採，暴乾。乾濕並通用，今八月採之。服食家多單餌之，或合白茯苓，或合石菖蒲，並擣末，旦日水調服，晚再進，久久彌佳。又斸取生术，去土，水浸再三，煎如飴糖，酒調飲之更善，今茅山所製术煎，是此法也。陶隱居云：昔者劉涓子挼取其精而丸之，名守中金丸。今傳其法乃是膏煎，恐非真爾。謹按：术有二種，《爾雅》云：术，山薊，楊枹音孚薊。釋曰：此辨薊生山中及平地者名也，生平地者名薊，生山中名术。陶注《本草》云：白术葉大而有毛，甜而少膏，赤术細苦而多膏是也。其生平地而肥大於衆者，名楊枹薊，今呼之馬薊，然則楊枹即白术也。今白术生杭、越、舒、宣州高山崗上，葉葉相對，上有毛，方莖，莖端生花，淡紫碧紅數色，根作椏生。二月、三月、八月、九月採根，暴乾。以大塊紫花者爲勝，又名乞力伽。凡古方云术者，乃白术也。非謂今之术矣。

〔宋・唐慎微《證類本草》〕《唐本》云：利小便，及用苦酒漬之，用拭面䵟黯，極效。《聖惠方》：治雀目，不計時月。用蒼术二兩，擣羅爲散，每服一錢，不計時候。以好羊子肝一個，用竹刀子批破，摻藥在内，麻繩纏定。以粟米泔一大盞，煮熟爲度。患人先熏眼藥，氣絶即喫之。《簡要濟衆》：亦治小兒雀目。《外臺秘要》：療忽頭眩暈，經久不差，四體漸羸，食無味，好食黄土。术三斤，麴三斤，擣篩，酒和，並丸如梧桐子大，曝乾。飲服二十丸，忌桃、李、雀、蛤，日三服。《千金方》：治中風口噤不知人。术四兩，酒三升，煮取一升，頓服。又方：療煩悶。白术末，水調服方寸匕。《經驗方》：烏髭鬢，駐顔色，壯筋骨，明耳目，除風氣，潤肌膚。久服令人輕健。蒼术不計多少，用米泔水浸三兩日，逐日換水，候滿日取出，刮去黑皮，切作片子，暴乾，用慢火炒令黄色，細擣末，每一斤末，用蒸過茯苓半斤，煉蜜爲丸，如梧桐子大。空心卧時溫熟水下十五丸。別用术末

六兩，甘草末一兩，拌和勻，作湯點之，下术丸妙。忌桃、李、雀、蛤及三白。又方：治內外障眼。蒼术四兩，米泔浸七日，逐日換水後，刮去黑皮細切，入青鹽一兩同炒，黃色爲度，去鹽不用，木賊二兩，以童子小便浸一宿，水淘焙乾，同搗爲末。每日不計時候，但飲食蔬菜內，調下一錢匕服，甚驗。《梅師方》：治心下有水。白术三兩，澤瀉五兩，剉，以水三升，煎取一升半，分服。《集驗方》：治毒氣攻疰足脛久瘡不差。白术爲細末，鹽漿水洗瘡，乾貼二日一換。可以負重涉嶮。凶年與老少休糧，人不能別之，謂之米脯。《產寶》：產後中風寒，遍身冷直，口噤不識人方：白术四兩，以酒三升，煎取一升，頓服。《抱朴子內篇》曰：南陽文氏，值亂逃壺山中，飢困欲死，有一人教之食术，遂不飢，數十年乃還鄉里，顏色更少，氣力轉勝，故术一名山精。《神藥經》曰：必欲長生，常服山精。《荀子》注：《列仙傳》：劉涓子齊人，隱於岩山，餌术，能致風雨。《異術》：术草者，山之精也，結陰陽之精氣，服之令人長生，絕穀致神仙。梁庚肩吾《答陶隱居賚术啟》曰：味重金漿，芳踰玉液，足使坐致延生，伏深銘感。

宋・鄭樵《通志》卷七五《昆蟲草木略》 山薊 曰术。《爾雅》：术，山薊。蒼术也。枹薊曰楊。《爾雅》：楊枹薊。有兩種，赤术、白朮也。生平地曰薊，生山中曰术，亦曰山連，亦曰山精，亦曰天蘇，亦曰山芥，亦曰乞力伽。日華子作吃力伽。

金・張元素《潔古珍珠囊》〔見元・杜思敬《濟生拔粹》卷五〕 白术苦甘溫 陽中微陰。脾苦濕，急食苦以燥之。又利腰臍間血。與蒼术同用。海云蒼、白有止發之異。

宋・劉明之《圖經本草藥性總論》卷上 白朮 味苦、甘，溫，無毒。主風寒濕痺，死肌痙疸，止汗除熱，消食。主大風在身面，風眩頭痛，止淚出，消痰水，逐皮間風水結腫，除心下急滿，及霍亂吐下不止，利腰臍間血，益津液，暖胃，消穀嗜食。《藥性論》云：君。忌桃、李、雀肉、菘菜、青魚。味甘辛，無毒。主多年氣痢，心腹脹痛，破消宿食，開胃，治水腫脹滿。日華子云：治五勞七傷，冷氣腹脹，補腰膝及筋骨弱軟，痃癖氣塊，婦人冷癥瘕，溫疾，山嵐瘴氣，除煩長肌。又治內外障眼。防風、地榆為之使。仙經云：亦能除惡氣，弭災殄。今處處有之，出茅山者佳。

宋・張杲《醫說》卷八 服术 紫微夫人服术叙云：察草木之速益於己者，並不及术，术氣則式遏鬼津，益血生腦，逐惡致真，守精衛命。古人名為山精之卉，山薑之精。太上導仙銘曰：子欲長生，當服山精。子欲輕翔，當服山薑。

食术不飢 《內篇》曰：南陽文氏值亂逃壺山中，飢困欲死。有一人教之食术遂不飢。數十年乃還鄉里，顏色更少，氣力轉勝。故术一名山精。《神藥經》曰：必欲長生，當服山精《抱朴子》。

服术忌蛤 世云：服术忌雀鴿，非鳩鴿也，乃蜃蛤耳。外郎刁衎久服术，因食蛤瀉血，食鳩鴿即無恙。嘗有雀鬬入盆池中，旬日皆化為蛤，後以死雀投其中則不化，雀鴿氣類同也《戎幕閑談》。

元・王好古《湯液本草》卷三 白朮 氣溫，味甘。苦而甘溫，味厚氣薄，陰中陽也。無毒。入手太陽、少陰經，足陽明、太陰、少陰、厥陰四經。《象》云：除濕益燥，和中益氣，利腰臍間血，除胃中熱，去諸經之濕，理胃。潔古云：溫中去濕，除熱，降胃氣，蒼朮亦同，但味頗厚耳。下行則用之，甘溫補陽，健脾逐水，寒淫所勝，緩脾生津去濕，渴者用之。《本草》在朮條下，無蒼、白之名。近多用白朮治皮間風，止汗消痞，補胃和中，利腰臍間血。通水道，上而皮毛，中而心胃，下而腰臍。在氣主氣，在血主血。潔古又云：非白朮不能去濕，非枳實不能消痞。除濕利水道，如何是益津液。

元・李雲陽《用藥十八辨》〔見《秘傳痘疹玉髓》卷二〕 白术 補脾理胃，白术之功多。但痘翕膿澄漿之際，姑置勿用，以其性燥腸也。顯全真專用參术散治痘，失之太拘矣。評曰：白术功居脾胃間，囊漿催灌且投間；靨痂第一收奇功，何必爐門更覓丹。

元・朱震亨《本草衍義補遺》 二朮 本草不分蒼、白，議論甚多，四家本草言之詳矣。〇如古方平胃散，蒼朮為最要之藥。《衍義》為氣味辛烈，發汗尤速。其白朮味亦微辛苦而不烈，除濕之功為勝。又有汗則止，无汗則發，與黃芪同功。味亦有辛，能消虛痰。

元・佚名氏《珍珠囊・諸品藥性主治指掌》〔見《醫要集覽》〕 白术 味甘，氣溫，無毒。可升可降，陽也。其用有四：利水道，有除濕之功；強脾胃，有進食之效；佐黃芩有安胎之能；君枳實，有消痞之妙。

元・徐彥純《本草發揮》卷一 白朮 味甘、辛，無毒。消宿食，去痰涎，除寒熱，止下泄，治水腫脹滿，止嘔逆，腹內冷痛，及胃氣虛而冷痢。成聊攝云：脾惡濕，甘先入脾。茯苓、白朮之甘，以益脾逐水。潔古云：白

朮除濕益燥，和中益氣，利腰臍間血，除胃中熱。《主治秘訣》云：氣溫，味甘，微苦，氣味俱薄，浮而升，陽也。其用有九：溫中一；去脾胃濕二；除脾胃熱三；強脾胃，進飲食四；和脾胃以生津液五；主肌熱六；治四肢困倦，目不欲開，怠惰嗜臥，不思飲食七；止渴八；安胎九也。又云：脾胃受熱濕，沉困無力，怠惰嗜臥，并去痰，須用白朮。飲水多因致傷脾，須用白朮、茯苓、猪苓。水瀉須用白朮、茯苓、芍藥。又云：非白朮不能去濕。東垣云：白朮味苦而甘，性溫，味厚氣薄，陽中陰也。去諸經中濕，而理脾胃。潔古云：溫中去濕，除熱強胃。蒼朮亦同，但味頗厚耳。下行則用之。甘溫補陽，益脾逐水，寒淫所勝，甘以(綏)〔緩〕脾，生津去濕，渴者用之。又云：白朮佐黃芩以安胎，君枳實以消痞。海藏云：《本草》本條下無蒼與白之名，近代多用白朮，治皮間風，止汗，消痞，補胃補中，利腰臍間血，利水道。上而皮毛，中而心胸，下而腰臍之間，在氣主氣，在血主血。入手太陽、足陽明、手少陰、足太陰、足厥陰。潔古云：非白朮不能去濕，非枳實不能消痞。除濕利水，如何是益津液？丹溪云：白朮有汗則止，無汗則發，與黃芪同功。味亦有辛，大能消虛痰也。

明・王綸《本草集要》卷二 术君 味苦甘辛，氣溫。味厚氣薄，陰中陽也。無毒。入足陽明經、足太陰經。防風、地榆為之使。有蒼、白二種，蒼者米泔浸二日，去麄皮用。服二术忌食桃、李、雀、蛤。主風寒濕痹，死肌痙疸，止汗除熱消食。作煎(蝕)〔餌〕，久服輕身延年不飢。《本經》不分蒼、白，後人分用。白者又入手少陽經、少陰經。除濕益燥，緩脾生津，補脾胃，進飲食，除胃中熱，消虛痰，止下洩，利小便，消腫滿，及霍亂嘔逆，利腰臍間血。上而皮毛，中而心胃，下而腰臍，在氣主氣，在血主血。又，無汗則發，有汗則止，與黃耆同功。○蒼者氣味辛烈，主大風在身面，風眩頭痛，除惡氣，辟山嵐瘴氣，消痃癖氣塊，心腹脹痛，健胃安脾，寬中進食，發汗。除上焦濕功最大，若補中焦，除濕，力小於白术。又，鹽水炒，佐黃栢，力健行下焦腰足濕熱。一名山精。《神農經》曰：必欲長生，當服山精。愚按：二术功用頗同，俱能補脾燥濕，但白者補性多，蒼者治性多。

明・滕弘《神農本經會通》卷一 白朮：君也。防風、地榆為之使。有蒼朮、白朮二種，茅山、蔣山者佳。忌桃、李、雀、蛤、菘菜、青魚。味甘、辛。去蘆用。味苦、甘，氣溫，無毒。《湯》云：苦而甘溫。味厚氣薄，陰中陽也。入手太陽、少陰經，足陽明、太陰、少陰、厥陰四經。東云：利水道，有除濕之功。強脾胃，有進食之効。佐黃芩，有安胎之能。君枳實，有消痞之妙。又云：消痰壅，溫胃，止吐瀉。《珍》云：溫中，蠲濕熱，止渴，生津液，安胎，健脾胃。《疌》云：止汗益津，利痰逐水，消五穀，治頭眩，并風寒濕氣。

《本經》云：主風寒濕痺，死肌痙疸，止汗，除熱，消食。主大風在身面，風眩頭痛，目淚出，消痰水，逐皮間風水結腫。心下急滿，及霍亂吐下不止。利腰臍間血，益津液，暖胃，消穀嗜食。作煎餌，久服輕身延年，不飢。二三八九月採根，暴乾。《抱朴子》云：一名山精，故《神農藥經》曰：必欲長生，常服山精。《藥性論》云：白朮，君。忌桃、李、雀肉、菘菜、青魚。味甘辛，無毒。能主大風瘰痺，多年痢，心腹脹痛，破消宿食，開胃，去痰涎，除寒熱，止下泄。主面光澤，駐顏去鼾。治水腫脹滿，止嘔逆，腹內冷痛，吐瀉不住，及胃氣虛冷痢。日華子云：治一切風疾，五勞七傷，冷氣腹脹，補腰膝，消痰，治水氣，利小便。止反胃嘔逆，及筋骨弱軟，痃癖氣塊。婦人冷癥瘕，溫疾，山嵐瘴氣，除煩。細切後，米泔浸一宿，入藥如常用。蒼者去皮。《象》云：除濕益燥，和中益氣，利腰臍間血，除胃中熱，去諸經之濕，理胃。潔古云：溫中去濕，除熱，降胃氣。蒼朮亦同，但味頗厚耳，下行則用之。甘溫，補陽，健脾，逐水，寒淫所勝，緩脾生津，去濕，渴者用之。又云：非白术不能去濕，非枳實不能消痞，除濕利水道，如何是益津液？《本草》在木條下，無蒼白之名，近多用白朮治皮間風，止汗，消痞，補胃和中，利腰臍間血，通水道。上而皮毛，中而心胃，下而腰臍，在氣主氣，在血主血。丹溪云：二术，《本草》不分蒼白，議論甚多，四家《本草》言之詳矣。如古方平胃散，蒼朮為最要之藥。《衍義》為氣味辛烈，發汗尤速。其白术味亦微辛苦而不烈，除濕之功為勝，又有汗則止，無汗則發，與黃芪同功，味亦有辛，能消虛痰。《錫類》云：治中寒，用附子理中湯，去白朮，用生附。蓋白朮閉氣，生附能散風寒。劊云：白朮利水味甘溫，去濕強脾健胃經。佐黃芩可安胎氣，君枳實能消痞膨。《局》云：白朮甘溫最益脾，風寒濕脾更相宜。且攻嘔瀉消浮腫，補益虛勞亦用之。白朮益脾，止瀉嘔，動氣不宜。

明・劉文泰《本草品彙精要》卷七 白术無毒 植生。

白术出《神農本經》：**主風寒濕痹，死肌，痙渠井切疸，止汗，除熱，消食，作**

煎餌。久服輕身延年，不飢。以上朱字《神農本經》。主大風在身面，風眩頭痛，目淚出，消痰水，逐皮間風水結腫，除心下急滿，及霍亂吐下不止，利腰臍間血，益津液，暖胃，消穀，嗜食。以上黑字名醫所錄。〔名〕山薑、山芬、馬薊、楊枹音孚薊、乞力伽。〔苗〕《圖經》曰：春生苗葉，葉大有毛，兩兩相對，莖作蒿幹狀而青赤色，長二三尺，夏開黃白花，入伏後結子，至秋苗枯。其根似薑而有椏，傍有細根，皮褐肉白，中少膏液，其味甘苦而不烈。惟春及秋冬取者佳。剉碎不生霜者是也。謹按：二术，《圖經》云：春月採根。蓋值春生之際，元氣發于苗，則根不實而力薄，固非其時矣。秋冬採之，則元氣歸於根而力全也。〔地〕《圖經》曰：宣州、舒州及鄭山山谷、漢中、南鄭，今處處有之。〔道地〕杭州於潛佳。〔時〕生：春生苗。採：八九月、十一十二月取根。〔收〕暴乾。〔用〕根堅白不油者爲好。〔質〕類生薑而皮粗皺。〔色〕土褐。〔味〕甘。〔性〕溫，泄，緩。〔氣〕味厚氣薄，陰中陽也。〔臭〕香。〔主〕除濕健脾。〔行〕手太陽經、少陰經，足陽明經、太陰經、少陰經、厥陰經。〔助〕防風、地榆爲之使。〔製〕去蘆刮皮。〔治〕療：《藥性論》云：多年氣痢，消導宿食，開胃去痰涎，止下泄，嘔逆，胃氣虛，冷痢。日華子云：消痰，治水氣，利小便，止翻胃及筋骨軟弱，痃癖，氣塊，除煩，長肌。《湯液本草》云：和中益氣，利腰臍間血，除胃中熱，去諸經之濕，及皮間風，止汗，消痞，補胃，通水道，上而皮毛，中而心胃，下而腰臍，在氣主氣，在血主血。日華子云：五勞七傷，壯腰膝。〔合治〕潔古云：合枳實，消痞悶。○合人參、芍藥補脾。○合澤瀉療心下有水。○合黃芩能安胎。〔忌〕桃、李、雀肉、菘菜、胡荽、大蒜、青魚。

明・葉文齡《醫學統旨》卷八　白术　氣溫，味苦、甘、辛，無毒。浮而升，陽也。入手太陽、足陽明、手少陰、足太陰經。防風、地榆為使。米泔浸一日，去粗皮。忌食桃、李、雀、蛤。　治脾胃虛弱不思飲食；消宿滯，去痰涎，除寒熱，止下泄；水腫脹滿，霍亂嘔逆，腹內冷痛，除濕益燥，緩脾生津；利小便，退胃熱；安胎，止汗消痞，補中利腰臍間血；上而皮毛，中而心胃，下而腰臍，在氣主氣，在血主血。如動氣疼甚者禁用。

明・許希周《藥性粗評》卷一　蒼术壯上行之氣，同白术以除濕熱，益脾。

蒼术，一名山精，一名山薊，一名山薑。高二三尺，莖作蒿幹青赤色，葉似薊，夏開花紫碧色，亦似刺薊，或有黃白花者，入伏後結子，秋後苗枯，其根似薑，傍有細根，皮黑心黃白色。出鄭山、茅山、漢中、荊湘山谷，處處有之，以茅山者為勝。二三月、八九月採根，暴乾。凡用以米泔水浸一宿，洗淨，再換米泔浸一二日，撈出，刮去麄皮，如作丸散，剉炒令乾，搗羅。防風、地榆為之使。　味苦、辛，性溫，無毒。入足陽明胃、太陰脾經。主治風寒濕痹，瘴癘眩暈，浮腫鼓脹，頭風脚氣，消痰逐水，平胃消穀，利腰臍間血，疏通一身氣脉，令人嗜食。入服食家亦為仙品。

白术，一名乞力伽。春生苗，莖方，葉亦似薊而大，有毛，相對而生，夏莖端開花淡紫紅碧色，至秋而枯，其根作椏，外黃紫，內白色。出杭越、宣舒等州，以肥如雞腿者為勝。二三月、八九月採根，暴乾。凡用去蘆，擇取肥與不油者。服時忌桃、李、雀肉、菘菜、青葱。　味甘、辛，性溫，無毒。入手太陽小腸、少陰心、足陽明胃、太陰脾、厥陰肝經。主治虛弱濕滿，中氣不足，飲食無味，心下有水，小便不利，風寒內侵，癆瘦無力，和中益氣，強脾胃，健精神。成聊攝云：脾惡濕，茯苓、白术之甘以益脾逐水。潔古云：非白术不能去濕。東垣云：白术佐黃芩以安胎，君枳實以消痞，大抵二术去濕益脾之功居多。潔古又云：蒼术主治與白术同，若除上濕，發汗，其功最大；若補中焦，除中濕，力不如白术。東垣又云：蒼术別有雄壯上行之氣，能除濕，下安太陰，使邪氣不內傳於太陰也太陰謂脾。以其曾經泔浸火炒，故能發汗，與白术止汗特異，不可以此代彼。《衍義》云：古方及《本經》止言术，未見分其蒼、白，只緣陶隱居言术有兩種，自此人多貴白。如古方平胃散之類，蒼术為最要藥，其功尤速，殊不詳《本草》元無白术之名，近世多用，亦宜兩審。嵇康云：道人遺言餌术，令人久壽，亦無白字。愚按日華子云：术治一切風疾，五癆七傷，冷氣腹脹云云，似原為一種，而有蒼、白之殊，故其用大同而小異耳。未知是否？

單方：變白駐顏：蒼术製過一斤，茯苓蒸過半斤，各為細末，和勻，煉蜜丸如梧桐子大，每日臨卧時，空心溫水送下二三十丸。　去翳明目：蒼术製過四兩，入青鹽一兩，同炒，黃色為度，去鹽不用，木賊二兩，以童子小便浸一宿，水淘淨，焙乾，同搗為末，每於飲食蔬菜內以一錢匕，調和食之，數日見效。　中風身冷：白术四兩，酒三升，煎取一升，頓服之。婦人產後得此症者，亦同此治之。　心下水脹：白术三兩，澤瀉五兩，剉，以水三升，煎取一升半，分三服，服之效。

明・鄭寧《藥性要略大全》卷二　白术君　利水道，有除濕之功。強脾胃，有進食之效。佐黃芩，有安胎之能。君枳實，有消痞之妙。《經》云：

消痰溫胃而止吐瀉。炒則補脾，生則除胃中火。與黄芪、人參同用，能補氣，有動氣者不宜服。《象》云：和中益氣，利腰臍間血。去諸經之濕，毆一切風。潔古云：非白术不能去濕，非枳實不能消痞。〇大抵是除濕利水道之劑。如何本草言益津液？悮矣。味甘，氣溫，無毒。又云：苦，甘。可升可降，陽也。入手太陰肺、少陰心，足陽明胃、太陰脾、少陰腎、厥陰肝諸經之劑也。防風、地榆為之使。入藥生用。又云：米泔浸一二時，刮去皮，土炒用。忌桃、李、雀、鴿及菘菜、青魚等物。七潭云：不必泔浸。暖胃炒用，其餘皆生用可也。

明・賀岳《醫經大旨》卷一《本草要略》 白术 味微辛、苦而不烈，大能除濕而健脾胃。與二陳同用則健胃消食，化痰除濕；與芍藥、當歸、枳實、生地之類同用，則補脾而清脾家濕熱，再加乾薑去脾家寒濕。又有汗則止，無汗則發。與黄芪同功，味亦有辛，能消虚痰也。

明・陳嘉謨《本草蒙筌》卷一 白术 味苦、甘、辛，氣溫。味厚氣薄，可升可降，陽中陰也。無毒。浙术俗呼雲頭术。種平壤，頗肥大，由糞力滋溉；歙术俗呼狗頭术。産深谷，雖瘦小，得土氣充盈。寧國、池州、昌化産者，並與歙類，境界相鄰故也。採根秋月俱同，製度烘曝却異。浙者大塊旋曝，每潤滯油多；歙者薄片頓烘，竟乾燥白甚。凡用惟白為勝，仍覓歙者尤優。咀後人乳汁潤之，制其性也；潤過陳壁土和炒，竊彼氣焉。取向東陳年壁土研細，和炒褐色，篩去土用之。此因脾土受傷，故竊真土氣以補助爾。若非脾病不必拘此製。入心脾胃三焦四經，須俠防風地榆引使。除濕益燥，緩脾生津。毆胃脘食積痰涎，消臍腹水腫脹滿。止嘔逆霍亂，補勞倦內傷。手足懶舉貪眠，多服益善；飲食怕進發熱，倍用正宜。間發痎音皆瘧殊功，兩日一發者。卒暴注瀉立効。水瀉不禁者。或四製研散斂汗，出東垣方。或單味粥丸調脾。出丹溪方。奔豚積忌煎，因常閉氣；癰疽毒禁用，為多生膿。治皮毛間風，利腰臍間血。故上而皮毛，中而心胸，下而腰臍。在氣主氣，在血主血。〇又無汗則發，有汗則止，與黄蓍同功。同枳實為消痞方，助黄芩乃安胎劑。哮喘誤服，壅窒難當。〇又種色蒼，乃名蒼术。出茅山屬直隸，句容縣。第一，擇潔實尤良。刮淨麄皮，泔漬炒燥。米泔漬一伏時，咀片炒燥。亦防風地榆使引，入足經陽明太陰。消痰結窠囊，去胸中窄狹。治身面大風，風眩頭痛甚捷；辟山嵐瘴氣，瘟疫時氣尤靈。暖胃安胎，寬中進食。毆痃癖氣塊，止心腹脹疼。因氣辛烈竄衝，發汗除上焦濕，其功最優。若補中焦除濕，而力甚不及于白也。仍與黄蘗同煎，即二妙散。健行下焦濕熱。《神農經》曰：必欲長生，當服山精。即此是矣。二术所忌，雀蛤李桃。

謨按：术雖二種，補脾燥濕，功用皆同。但白者補性多，且有斂汗之効；蒼者治性多，惟專發汗之能。凡入劑中，不可代用。然白术既燥，《本經》又謂生津，何也？蓋脾惡濕，脾濕既勝，則氣不得施化，津何由生？故曰膀胱津液之府，氣化出焉。今用白术以燥其濕，則氣得周流，而津液亦隨氣化而生矣。他如茯苓亦係滲濕之藥，謂之能生津者，義與此同。

明・方穀《本草纂要》卷一 白术 味苦、甘、辛，氣溫，味厚氣薄，陰中陽也，無毒。脾經之要藥也。蓋脾虚不健，术能補之，胃虚不納，术能助之。又有嘔吐、泄瀉、霍亂轉筋，此脾胃乘寒之症也，非术不能療；涎痰壅盛，咳嗽喘急，此脾氣不和之症也，非术不能平；腹滿肢腫，飲食不納，四肢困倦，此脾虚不足之症也，非术不能補。按此劑兼黄連而瀉胃火，與山藥而實脾經，並蒼术可以燥濕和脾，同猪苓亦能利水下行，黄芩佐之固能安胎益氣，枳實君之尤能消痞除膨。溫中之劑無白术，痛而復發；瘡腫之症，有白术可以托膿。概嘗論之，白术味之甘也，甘所以和脾氣之辛也，辛可以健胃，其性本清，而質復濁爾，若用陳土炒之，製妙如神。

明・王文潔《太乙仙製本草藥性大全》卷一《本草精義》 白术 一名山薊，一名山薑，一名山連。鄭山山谷，漢中、南鄭、宣州高山岡上生。葉葉相對，大而有毛作椏，木色微蒼。二月、三月、八月、九月採根晒乾。浙术，種平壤，頗肥大，由糞力滋溉。歙术，産深谷，雖瘦小，得土氣充盈。採根秋月，俱同製度，烘曝却異。浙者大塊，旋曝每潤，滯油多；歙者薄片，須烘，竟乾燥，白甚。凡用惟白爲勝，仍覓歙者尤優。咀婦人乳汁潤之，制其性也。潤過，陳壁土和炒，竊彼氣焉。入心脾胃三焦四經，須仗防風、地榆引使。凡用服二术，忌食桃、李、雀、蛤。《賦》云：凉心火之血熱，瀉脾土之濕，止鼻中之衄熱，除五心之煩熱也。又曰：宣血更治眼瘡，蓋能凉血也。

明・王文潔《太乙仙製本草藥性大全》卷一《仙製藥性》 白术君 味苦、甘、辛，氣溫，味厚氣薄，陰中陽也，可升可降，無毒。入足陽明經、足太陰經。防風、地榆爲之使。主治：療風寒濕痹，死肌，痙疸，止汗，除熱，消食。作煎餌。久服輕身延年，不飢。《本經》不分蒼白，後人分用。白者又入手少

陽經、少陰經，除濕益燥，緩脾生津；補脾胃，進飲食，除胃中熱，消虚痰，止下洩，利小便，消腫滿及霍亂、嘔逆。利腰臍間血，上而皮毛，中而心胃，下而腰臍，在氣主氣，在血主血。又有汗則發，無汗則止，與黄耆同功。補註：《經》云：消痰溫胃而止吐瀉，炒則補脾，生則除胃中火，與黄耆、人參同用能補氣。有動氣者不宜服。〇《象》先云：和中益氣，利腰臍間血，去諸經之濕，敺一切風。〇潔古云：非白术不能去濕，非枳實不能消痞。〇大抵是除濕利水道之劑，如何《本草》言益津液？悮矣！

明・皇甫嵩《本草發明》卷二　白朮上品之上，君。氣溫，味甘，又微苦、辛。可升可降，陽中陰也，無毒。入足陽明太陰、足少陰厥陰，又手少陽、少陰。〔《鑑》云治虚痰。〕

發明曰：白朮健脾除濕，此其大略也。《本草》謂主風寒濕痺，死肌痙疸，止汗除熱，消痰水，心下急滿嘔逆，霍亂吐下，逐皮間風水結腫等，皆濕熱傷脾所致。蓋脾惡濕，除濕所以健脾也。脾氣健運，則飲食消導，痰涎除而氣自利，心下何急滿之有？脾土實能食火，而胃熱自清矣。濕除，痰消，熱清，則風濕痺痛，風眩目泪，風水腫滿等候悉去。而霍亂吐下之因于濕熱者，亦止矣。白朮本燥，《本草》又謂利腰臍間血，益津液者，何然？脾胃運，能滋生血氣，腰臍間血自利，津液從此益矣。蓋膀胱為津液之府，氣化出焉，因脾土有濕，不得施化，而津道阻。白朮燥其濕，則氣化得施，津液隨氣化而生矣。日華子謂白朮利小水，正以此也。若氣滯氣閉脹痛等候，宜禁用之。佐以黄芩，能安胎。佐以枳實，能消痞。配二陳湯，能健脾消食，化痰除濕。與歸、芍、生地之類同用，能補脾家之血。再加枳實、薑炒黄連，除脾中濕熱。加乾薑逐脾家寒濕。與黄芪、芍藥等同用，有汗即止。少入辛散之味，無汗則發也。若夫除濕邪，逐寒氣，止霍亂吐瀉，平胃發汗，又不如蒼朮之燥烈也。忌桃、李、雀肉、菘菜、青魚。

明・李時珍《本草綱目》卷一二草部・山草類上　朮直律切。《本經》上品。

〔釋名〕山薊《本經》　楊枹音孚　枹薊《爾雅》　馬薊《綱目》　山薑《別錄》　山連《別錄》　吃力伽《日華》。時珍曰：按《六書本義》，朮字篆文，象其根幹枝葉之形。《吴普本草》一名山芥，一名天薊。因其葉似薊，而味似薑、芥也。西域謂之吃力伽，故《外臺秘要》有吃力伽散。揚州之域多種白朮，其狀如枹，故有楊枹及枹薊之名，今人謂之吴朮是也。枹乃鼓槌之名。古方二朮通用，後人始有蒼、白之分，詳見下。〔集解〕《別錄》曰：朮生鄭山山谷、漢中、南鄭，二月、三月、八月、九月採根暴乾。弘景曰：鄭山，即南鄭也。今處處有，以蔣山、白山、茅山者爲勝。十一月、十二月採者好，多脂膏而甘。其苗可作飲，甚香美。朮有兩種：白朮葉大有毛而作椏，根甜而少膏，可作丸散用；赤朮葉細無椏，根小苦而多膏，可作煎用。東境朮大而無氣烈，不任用。今市人賣者，皆以米粉塗令白，非自然矣，用時宜刮去之。頌曰：朮，今處處有之，以茅山、嵩山者爲佳。春生苗，青色無椏。莖作蒿幹狀，青赤色，長三二尺以來。夏開花，紫碧色，亦似刺薊花，或有黄白色者。入伏後結子，至秋而苗枯。根似薑而旁有細根，皮黑，心黄白色，中有膏液紫色。其根乾濕並通用。陶隱居言朮有二種，則《爾雅》所謂枹薊，即白朮也。今白朮生杭、越、舒、宣州高山崗上，葉葉相對，上有毛，方莖，莖端生花，淡紫碧紅數色，根作椏生。二月、三月、八月、九月採，暴乾用，以大塊紫花爲勝。古方所用朮者，皆白朮也。宗奭曰：蒼朮長如大〔拇〕指，肥實，皮色褐，其氣味辛烈，須米泔浸洗去皮用。白朮粗促，色微褐，其氣亦微辛苦而不烈。古方及《本經》止言朮，不分蒼、白二種，亦宜兩審。時珍曰：蒼朮，山薊也，處處山中有之。苗高二三尺，其葉抱莖而生，稍間葉似棠梨葉，其脚下葉有三五叉，皆有鋸齒小刺。根如老薑之狀，蒼黑色，肉白有油膏。白朮，枹薊也，吴越有之。人多取根栽蒔，一年即稠。嫩苗可茹，葉稍大而有毛。根如指大，狀如鼓槌，亦有大如拳者。彼人剖開暴乾，謂之削朮，亦曰片朮。陳自良言白而肥者，是浙朮；瘦而黄者，是幕阜山所出，其力劣。昔人用朮不分赤白。自宋以來，始言蒼朮苦辛氣烈，白朮苦甘氣和，各自施用，亦頗有理。並以秋採者佳。春採者虚軟易壞。嵇含《南方草木狀》云：藥有乞力伽，即朮也。瀕海所産，一根有至數斤者，採餌尤良。嘉謨曰：浙朮俗名雲頭朮，種平壤，頗肥大，由糞力也，易潤油。歙朮俗名狗頭朮，雖瘦小，得土氣充也，甚燥白，勝於浙朮，寧國、昌化、池州者，並同歙朮，境相鄰也。

朮白朮也。〔氣味〕甘，温，無毒。《別錄》曰：甘。權曰：甘、辛。杲曰：味苦而甘，性温，味厚氣薄，陽中陰也，可升可降。好古曰：入手太陽、少陰，足太陰、陽明、少陰、厥陰六經。之才曰：防風、地榆爲之使。權曰：忌桃、李、菘菜、雀肉、青魚。嘉謨曰：咀後人乳汁潤之，制其性也。脾病以陳壁土炒過，竊土氣以助脾也。〔主治〕風寒濕痹，死肌痙疸，止汗除熱消食。作煎餌，久服輕身延年不飢《本經》。主大風在身面，風眩頭痛，目淚出，消痰水，逐皮間風水結腫，除心下急滿，霍亂吐下不止，利腰臍間血，益津液，暖胃消穀嗜食《別錄》。治心腹脹滿，腹中冷痛，胃虚下利，多年氣痢，除寒熱，止嘔逆甄權。反胃，利小便，主五勞七傷，補腰膝，長肌肉，治冷氣，痃癖氣塊，婦人冷癥瘕大明。除濕益氣，和中補陽，消痰逐水，生津止渴，止瀉痢，消足脛濕腫，除胃中熱、肌熱。得枳實，消痞滿氣分。佐黄芩，安胎清熱元素。理胃益脾，補肝風虚，主舌本强，食則嘔，胃脘痛。身體重，心下急痛，心下水痞。衝脈爲病，逆氣裏急，臍腹痛好古。

〔發明〕好古曰：本草無蒼白朮之名。近世多用白朮治皮間風，出汗消痰，補胃和中，

利腰臍間血，通水道。上而皮毛，中而心胃，下而腰臍，在氣主氣，在血主血，無汗則發，有汗則止，與黄耆同功。元素曰：白术除濕益燥，和中補氣。其用有九：温中，一也；去脾胃中濕，二也；除胃中熱，三也；强脾胃，進飲食，四也；和胃生津液，五也；止肌熱，六也；四肢困倦，嗜卧，目不能開，不思飲食，七也；止渴，八也；安胎，九也。凡中焦不受濕不能下利，必須白术以逐水益脾。非白术不能去濕，非枳實不能消痞，故枳术丸以之爲君。機曰：脾惡濕，濕勝則氣不得施化，津何由生？故曰膀胱者津液之府，氣化則能出焉。用白术以除其濕，則氣得周流而津液生矣。

【附方】舊七，新二十四。枳术丸：消痞强胃，久服令人食自不停也。白术一兩，黄壁土炒過，去土，枳實麩炒去麩一兩，爲末，荷葉包飯燒熟，搗和丸梧子大。每服五十丸，白湯下。氣滯，加橘皮一兩。有火，加黄連一兩。有痰，加半夏一兩。有寒，加乾薑五錢，木香三錢。有食，加神麴、麥蘗各五錢。《潔古家珍》。枳术湯：心下堅大如盤，邊如旋杯，水飲所作。寒氣不足，則手足厥逆，腹滿脇鳴相逐。陽氣不通即(水)〔身〕冷，陰氣不通即骨疼。陽前通則惡寒，陰前通則痹不仁。陰陽相得，其氣乃行；大氣一轉，其氣乃散。實則失氣，虚則遺尿，名曰氣分，宜此主之。白术一兩，枳實七個，水五升，煮三升，分三服，胸中軟即散。仲景《金匱玉函》。白术膏：服食滋補，止久泄痢。上好白术十斤，切片，入瓦鍋内，水淹過二寸，文武火煎至一半，傾汁入器内，以渣再煎，如此三次，乃取前後汁同熬成膏，入器中一夜，傾去上面清水，收之。每服二三匙，蜜湯調下。《千金良方》。參术膏：治一切脾胃虚損，益元氣。白术一斤，人參四兩，切片，以流水十五碗浸一夜，桑柴文武火煎取濃汁熬膏，入煉蜜收之，每以白湯點服。《集簡方》。胸膈煩悶：白术末，水服方寸匕。《千金方》。五飲酒癖：一留飲，水停心下；二癖飲，水在兩脇下；三痰飲，水在胃中；四溢飲，水在五臟間；五流飲，水在腸間。皆由飲食冒寒，或飲茶過多致此。倍术丸：用白术一斤，乾薑炮、桂心各半斤，爲末，蜜丸梧子大，每温水服二三十丸。《惠民和劑局方》。四肢腫滿：白术三兩，㕮咀，每服半兩，水一盞半，大棗三枚，煎九分，温服，日三四服，不拘時候。《本事方》。中風口噤：不知人事。白术四兩，酒三升，煮取一升，頓服。《千金方》。產後中寒：遍身冷直，口噤，不識人。白术一兩，澤瀉一兩，生薑五錢，水一升，煎服。《產寶》。頭忽眩運：經久不瘥，四體漸羸，飲食無味，好食黄土。用术三斤，麴三斤，搗篩，酒和丸梧子大。每飲服二十丸，日三服。忌菘菜、桃、李、青魚。《外臺秘要》。濕氣作痛：白术切片，煎汁熬膏，白湯點服。《集簡方》。中濕骨痛：术一兩，酒三盞，煎一盞，頓服。不飲酒，以水煎之。《三因良方》。婦人肌熱：血虚者。吃力伽散：用白术、白茯苓、白芍藥各一兩，甘草半兩，爲散，薑、棗煎服。王燾《外臺秘要》。小兒蒸熱：脾虚羸瘦，不能飲食。方同上。風瘙癮疹：白术爲末，酒服方寸匕，日二服。《千金方》。面多皯黯：雀卵色。苦酒漬术，日日拭之，極效。《肘後方》。自汗不止：白术末，飲服方寸匕，日二服。《千金方》。脾虚盗汗：白术四兩，切片，以一兩〔同黄耆炒，一兩〕同牡蠣〔炒〕，一兩同石斛炒，一兩同麥麩炒，揀术爲末。每服三錢，食遠粟米湯下，日三服。《丹溪方》。老小虚汗：白术五錢，小麥一撮，水煮乾，去麥爲末，用黄耆湯下一錢。《全幼心鑒》。產後嘔逆：別無他疾者。白术一兩二錢，生薑一兩五錢，酒水各二升，煎一升，分三服。《婦人良方》。脾虚脹滿：脾氣不和，冷氣客於中，壅遏不通，是爲脹滿。寬中丸：用白术二兩，橘皮四兩，爲末，酒糊丸梧子大，每食前木香湯送下三十丸，效。《指迷方》。脾虚泄瀉：白术五錢，白芍藥一兩，冬月用肉豆蔻煨，爲末，米飯丸梧子大。每米飲下五十丸，日二。《丹溪心法》。濕瀉暑瀉：白术、車前子等分，炒爲末，白湯下二三錢。《簡便方》。久瀉滑腸：白术炒、茯苓各一兩，糯米炒二兩，爲末，棗肉拌食，或丸服之。《簡便方》。老小滑瀉：白术半斤黄土炒過，山藥四兩炒，爲末，飯丸。量人大小，米湯服。或加人參三錢。《瀕湖集簡方》。老人常瀉：白术二兩，黄土拌蒸，焙乾去土，蒼术五錢，泔浸炒，茯苓一兩，爲末，米糊丸梧子大，每米湯下七八十丸。《簡便方》。小兒久瀉：脾虚，米穀不化，不進飲食。温白丸：用白术炒二錢半，半夏麴二錢半，丁香半錢，爲末，薑汁麵糊丸黍米大，每米飲隨大小服之。《全幼心鑒》。瀉血萎黄：腸風痔漏，脱肛瀉血，面色萎黄，積年不瘥者。白术一斤，黄土炒過，研末，乾地黄半斤，飯上蒸熟，搗和，乾則入少酒，丸梧子大。每服十五丸，米飲下，日三服。《普濟方》。孕婦束胎：白术、枳殼麩炒等分，爲末，燒飯丸梧子大。入月一日，每食前温水三十丸，胎瘦則易產也。《保命集》。牙齒日長：漸至難食，名髓溢病。白术煎湯，漱服取效，即愈也。張鋭《鷄峰備急(良)方》。

蒼术 【釋名】赤术《別錄》 山精《抱朴》 仙术《綱目》 山薊時珍曰：《異術》言术者，山之精也，服之令人長生辟穀，致神仙，故有山精、仙术之號。术有赤、白二種，主治雖近，而性味止發不同。本草不分蒼、白，亦未可據。今將《本經》並《別錄》、甄權、大明四家所説功用，參考分別，各自附方，庶使用者有所依憑。

【修治】大明曰：用术以米泔浸一宿，入藥。宗奭曰：蒼术辛烈，須米泔浸洗，再換泔浸二日，去上粗皮用。時珍曰：蒼术性燥，故以糯米泔浸去其油，切片焙乾用。亦有用脂麻同炒，以制其燥者。

【氣味】苦、温，無毒。《別錄》曰：甘。權曰：甘、辛。時珍曰：白术甘而微苦，性温而和。赤术甘而辛烈，性温而燥，陰中陽也，可升可降，入足太陰、陽明、手太陰、陽明、太陽之經。忌同白术。

【主治】風寒濕痹，死肌痙疸。作煎餌，久服輕身延年不

飢《本經》。主頭痛，消痰水，逐皮間風水結腫，除心下急滿及霍亂吐下不止，暖胃消穀嗜食《別錄》。除惡氣，弭灾沴弘景。主大風㾓痹，心腹脹痛，水腫脹滿，除寒熱，止嘔逆下泄冷痢甄權。治筋骨軟弱，痃癖氣塊，婦人冷氣癥瘕，山嵐瘴氣温疾大明。明目，暖水臟劉完素。除濕發汗，健胃安脾，治痿要藥李杲。散風益氣，總解諸鬱震亨。治濕痰留飲或挾瘀血成窠囊，及脾濕下流，濁瀝帶下，滑瀉腸風時珍。

【發明】宗奭曰：蒼朮氣味辛烈，白朮微辛苦而不烈。古方及《本經》止言朮，未分蒼、白。只緣陶隱居言朮有兩種，自此人多貴白者，往往將蒼朮置而不用。如古方平胃散之類，蒼朮爲最要藥，功效尤速。殊不詳本草原無白朮之名。嵇康曰：聞道人遺言，餌朮、黃精，令人久壽。亦無白字，用宜兩審。杲曰：本草但言朮，不分蒼、白。而蒼朮別有雄壯上行之氣，能除濕，下安太陰，使邪氣不傳入脾也。以其經泔浸火炒，故能出汗，與白朮止汗特異，用者不可以此代彼。蓋有止發之殊，其餘主治則同。元素曰：蒼朮與白朮主治同，但比白朮氣重而體沉，若除上濕發汗，功最大；若補中焦，除脾胃濕，力少不如白朮。腹中窄狹者，須用之。震亨曰：蒼朮治濕，上中下皆有可用。又能總解諸鬱。痰、火、濕、食、氣、血六鬱，皆因傳化失常，不得升降，病在中焦，故藥必兼升降。將欲升之，必先降之；將欲降之，必先升之。故蒼朮爲足陽明經藥，氣味辛烈，強胃強脾，發穀之氣，能徑入諸經，疏洩陽明之濕，通行斂澀。香附乃陰中快氣之藥，下氣最速。一升一降，故鬱散而平。楊士瀛曰：脾精不禁，小便漏濁淋不止，腰背酸疼，宜用蒼朮以斂脾精，精生於穀故也。弘景曰：白朮少膏，可作丸散；赤朮多膏，可作煎用。昔劉涓子挼取其精而丸之，名守中金丸，可以長生。頌曰：服食多單餌朮，或合白茯苓，或合石菖蒲，並擣末，旦日水服，晚再進，久久彌佳。斸取生朮，去土水浸，再三煎如飴糖，酒調飲之，更善。今茅山所造朮煎，是此法也。陶隱居言取其精丸之，今乃是膏煎，恐非真也。慎微曰：梁庾肩吾《答陶隱居賚朮煎啓》云：緑葉抽條，紫花標色。百邪外禦，六府内充。山精見書，華神在録。木榮火謝，盡採擷之難；啓旦移申，窮淋漉之劑。又《謝朮蒸啓》云：味重金漿，芳逾玉液。足使坐致延生，伏深銘感。又葛洪《抱朴子内篇》云：南陽文氏，漢末逃難壺山中，飢困欲死。有人教之食朮，遂不飢。數十年乃還鄉里，顔色更少，氣力轉勝。故朮一名山精，《神農藥經》所謂欲長生，常服山精是也。時珍曰：按《吐納經》云：紫微夫人朮序云：吾察草木之勝速益於己者，並不及朮之多驗也。可以長生久視，遠而更靈。山林隱逸得服朮者，五嶽比肩。又《神仙傳》云：陳子皇得餌朮要方，其妻姜氏得疲病，服之自愈，顔色氣力如二十時也。時珍謹按已上諸說，皆似蒼朮，不獨白朮。今服食家亦呼蒼朮爲仙朮，故皆列於蒼朮之後，又張仲景辟一切惡氣，用赤朮同猪蹄甲燒煙。陶隱居亦言朮能除惡氣，弭灾沴。故今病疫及歲旦，人家往往燒蒼朮以辟邪氣。《類編》載越民高氏妻，病恍惚譫語，亡夫之鬼憑之。其家燒蒼朮煙，鬼遽求去。《夷堅志》載江西一士人，爲女妖所染。其鬼將別曰：君爲陰氣所浸，必當暴泄，但多服平胃散爲良。中有蒼朮能去邪也。許叔微《本事方》云：微患飲癖三十年。始因少年夜坐寫文，左向伏几，是以飲食多墜左邊。中夜必飲酒數杯，又向左卧。壯時不覺，三五年後，覺酒止從左下有聲，脇痛食減嘈雜，飲酒半杯即止。十數日，必嘔酸水數升。暑月止右邊有汗，左邊絶無。遍訪名醫及海上方，間或中病，止得月餘，復作。其補如天雄、附子、礬石輩，利如牽牛、甘遂、大戟，備嘗之矣。自揣必有癖囊，如〔潦〕水之有科臼，不盈科不行。但清者可行，而濁者停滯，無路以決之，故積至五七日必嘔而去。脾土惡濕，而水則流濕，莫若燥脾以去濕，崇土以填科臼。乃悉屏諸藥，只以蒼朮一斤，去皮切片爲末，油麻半兩，水二盞，研濾汁，大棗五十枚，煮去皮核，擣和丸梧子大。每日空腹温服五十丸，增至一二百丸。忌桃、李、雀肉。服三月而疾除。自此常服，不嘔不痛，胸膈寬利，飲啖如故，暑月汗亦周身，燈下能書細字，皆朮之力也。初服時必覺微燥，以山巵子末沸湯點服解之，久服亦自不燥矣。

【附方】舊三，新三十。

服朮法：烏髭髮，駐顔色，壯筋骨，明耳目，除風氣，潤肌膚，久服令人輕健。蒼朮不計多少，米泔水浸三日，逐日換水，取出刮去黑皮，切片暴乾，慢火炒黃，細擣爲末。每一斤，用蒸過白茯苓末半斤，煉蜜和丸梧子大，空心卧時熱水下十五丸。別用朮末六兩，甘草末一兩，拌和作湯點之，吞丸尤妙。忌桃、李、雀、蛤及三白、諸血。《經驗方》。

蒼朮膏：鄧才《筆峰雜興方》：除風濕，健脾胃，變白駐顔，補虛損，大有功效。蒼朮新者，刮去皮薄切，米泔水浸二日，一日一換，取出，以井華水浸過二寸，春、秋五日，夏三日，冬七日，漉出，以生絹袋盛之，放在一半原水中，揉洗津液出，紐乾。將渣又擣爛，袋盛於一半原水中，揉至汁盡爲度。將汁入大砂鍋中，慢火熬成膏。每一斤，入白蜜四兩，熬二炷香。每膏一斤，入水澄白茯苓末半斤，攪勻瓶收。每服三匙，侵早、臨卧各一服，以温酒送下。忌醋及酸物、桃、李、雀、蛤、菘菜、首魚等物。吴球《活人心統》：蒼朮膏：治脾經濕氣，少食，足腫無力，傷食，酒色過度，勞逸有傷，骨熱。用鮮白蒼朮二十斤，浸刮去粗皮，曬切，以米泔浸一宿，取出，同溪水一石，大砂鍋慢火煎半乾，去渣。再入石南葉三斤，刷去紅衣，楮實子一斤，川當歸半斤，甘草四兩，切，同煎黃色，濾去滓，再煎如稀粥，乃入白蜜三斤，熬成膏。每服三五錢，空心好酒調服。

蒼朮丸：薩謙齋《瑞竹堂方》云：清上實下，兼治内外障眼。茅山蒼朮洗刮净一斤，分作四分，用酒、醋、糯泔、童尿各浸三日，一日一換，取出，洗擣曬焙，以黑脂麻同炒香，共爲末，酒煮麵糊丸梧子大，每空心白湯下五十丸。李仲南《永類方》：八制蒼朮丸：疏風順氣養腎，治腰脚濕氣痹痛。蒼朮一斤，洗刮净，分作四分，用酒、醋、米泔、鹽水各浸三日，曬乾。又分作四分，用川椒紅、茴香、補骨脂、黑牽牛各一兩，同炒香，揀去不用，只取朮研末，醋糊丸梧子大。每服五十丸，空心鹽酒送下。五十歲後，加沉香末一兩。

蒼朮散：治風濕，常服壯筋骨，明目。蒼朮一斤，粟米泔浸過，竹刀刮去皮。半斤以無灰酒浸，半斤以童子小便浸，春五、夏三、秋七、冬十日，取出。净地上掘一坑，炭火煅赤，去炭，將浸藥酒、〔小便〕傾入坑内，却放朮在中，以瓦器蓋定，泥封一宿，取出爲末。每服一錢，空心温酒或鹽湯下。《萬表積善堂方》：六製蒼朮散：治下元虛損，偏墜莖痛。茅山蒼朮

净刮六斤，分作六分：一斤，倉米泔浸二日，炒；一斤，酒浸二日，炒；一斤，青鹽半斤炒黄，去鹽；一斤，小茴香四兩炒黄，去茴；一斤，大茴香四兩炒黄，去茴；一斤，用桑椹子汁浸二日，炒。取术爲末，每服三錢，空心温酒下。　固真丹：《瑞竹堂方》：固真丹，燥濕養脾，助胃固真。茅山蒼术刮净一斤，分作四分：一分青鹽一兩炒，一分川椒一兩炒，一分川楝子一兩炒，一分小茴香、破故紙各一兩炒。並揀术研末，酒煮，麵糊丸梧子大，每空心米飲下五十丸。《乾坤生意》：平補固真丹：治元臟久虚，遺精白濁，婦人赤白帶下崩漏。金州蒼术刮净一斤，分作四分：一分川椒一兩炒，一分破故紙一兩炒，一分茴香、食鹽各一兩炒，一分川楝肉一兩炒。取净术爲末，入白茯苓末二兩，酒洗當歸末二兩，酒煮，麵糊丸梧子大，每空心鹽酒下五十丸。　固元丹：治元臟久虚，遺精白濁五淋，及小腸膀胱疝氣，婦人赤白帶下，血崩便血等疾，以小便頻數爲效。好蒼术刮净一斤，分作四分：一分小茴香、食鹽各一兩同炒，一分川椒、補骨脂各一兩同炒，一分川烏頭、川楝子肉各一兩同炒，一分用醇醋、老酒各半升，同煮乾焙，連同炒藥通爲末，用酒煮糊丸梧子大。每服五十丸，男以温酒，女以醋湯，空心下。此高司法方也。王璆《百一選方》。　少陽丹：蒼术米泔浸半日，刮皮曬乾爲末一斤，地骨皮温水洗净，去心曬研一斤，熟桑椹二十斤，入瓷盆揉爛，絹袋壓汁，和末如糊，傾入盤内，日曬夜露，採日精月華，待乾研末，煉蜜和丸赤小豆大。每服二十丸，無灰酒下，日三服。一年變髮返黑，三年面如童子。劉松石《保壽堂方》。　交感丹：補虚損，固精氣，烏髭髮，此鐵甕城申先生方也，久服令人有子。茅山蒼术刮净一斤，分作四分，用酒、醋、米泔、鹽湯各浸七日，曬研，川椒紅、小茴香各四兩，炒研，陳米糊和丸梧子大。每服四十丸，空心温酒下。《聖濟總録》。　交加丸：升水降火，除百病。蒼术刮净一斤，分作四分：一分米泔浸炒，一分鹽水浸炒，一分川椒炒，一分破故紙炒。黄蘗皮刮净一斤，分作四分：一分酒炒，一分童尿浸炒，一分小茴香炒，一分生用。揀去各藥，只取术、蘗爲末，煉蜜丸梧子大。每服六十丸，空心鹽湯下。鄧才《筆峰雜興方》。　坎離丸：滋陰降火，開胃進食，强筋骨，去濕熱。白蒼术刮净一斤，分作四分：一分川椒一兩炒，一分破故紙一兩炒，一分五味子一兩炒，一分川芎藭一兩炒，只取术研末。川蘗皮四斤，分作四分：一斤酥炙，一斤人乳汁炙，一斤童尿炙，一斤米泔炙，各十二次，研末。和匀，煉蜜丸梧子大。每服三十丸，早用酒，午用茶，晚用白湯下。《積善堂方》。　不老丹：補脾益腎，服之，七十亦無白髮。茅山蒼术刮净，米泔浸軟，切片四斤：一斤酒浸焙，一斤醋浸焙，一斤鹽四兩炒，一斤椒四兩炒。赤〔白〕何首烏各二斤，泔浸，竹刀刮切，以黑豆、紅棗各五升，同蒸至豆爛，曝乾。地骨皮去骨一斤。各取净末，以桑椹汁和成劑，鋪盆内，汁高三指，日曬夜露，取日月精華，待乾，以石臼搗末，煉蜜和丸梧子大。每空心酒服一百丸。此皇甫敬之方也。王海藏《醫壘元戎》。　靈芝丸：治脾腎氣虚，添補精髓，通利耳目。蒼术一斤，米泔水浸，春、夏五日，秋、冬七日，逐日换水，竹刀刮皮切曬，石臼爲末，棗肉蒸，和丸梧子大。每服三五十丸，棗湯空心服。《奇效良方》。　補脾滋腎：生精强骨，真仙方也。蒼术去皮五斤，爲末，米泔水漂，澄取底用。脂麻二升半，去殼研爛，絹袋濾去渣，澄漿拌术，暴乾。每服三錢，米湯或酒空心調服。孫氏《集效方》。　面黄食少：男婦面無血色，食少嗜卧。蒼术一斤，熟地黄半斤，乾薑炮各一兩，春秋七錢，夏五錢，爲末，糊丸梧子大，每温水下五十丸。《濟生拔萃方》。　小兒癖疾：蒼术四兩，爲末，羊肝一具，竹刀批開，撒术末綫縛，入砂鍋煮熟，搗作丸服。《生生編》。　〔好〕食生米：男子、婦人因食生熟物留滯腸胃，遂至生蟲，久則好食生米，否則終日不樂，至憔悴萎黄，不思飲食，以害其生。用蒼术米泔水浸一夜，剉焙爲末，蒸餅丸梧子大。每服五十丸，食前米飲下，日三服。益昌伶人劉清嘯，一娼名曰花翠，年逾笄病此。惠民局監趙尹，以此治之，兩旬而愈。蓋生米留滯，腸胃受濕，則穀不磨而成此疾，蒼术能去濕暖胃消穀也。《楊氏家藏經驗方》。　腹中虚冷：不能飲食，食輒不消，羸弱生病。术二斤，麴一斤，炒爲末，蜜丸梧子大。每服三十丸，米湯下，日三服。大冷加乾薑三兩，腹痛加當歸三兩，羸弱加甘草二兩。《肘後方》。　脾濕水瀉：注下，困弱無力，水穀不化，腹痛甚者。蒼术二兩，芍藥一兩，黄芩半兩，淡桂二錢，每服一兩，水一盞半，煎一盞，温服。脈弦頭微痛，去芍藥，加防風二兩。《保命集》。　暑月暴瀉：壯脾温胃，飲食所傷。麴术丸：用神麴炒，蒼术米泔浸一夜焙，等分爲末，糊丸梧子大。每服三五十丸，米飲下。《和劑局方》。　飧瀉久痢：椒术丸：用蒼术二兩，川椒一兩，爲末，醋糊丸梧子大。每服二十丸，食前温水下。惡痢久者，加桂。《保命集》。　脾濕下血：蒼术二兩，地榆一兩，分作二服，水二盞，煎一盞，食前温服。久痢虚滑，以此下桃花丸。《保命集》。

腸風下血：蒼术不拘多少，以皂角挼濃汁浸一宿，煮乾，焙，研爲末，麵糊丸如梧子大。每服五十丸，空心米飲下，日三服。《婦人良方》。　濕氣身痛：蒼术泔浸切，水煎，取濃汁熬膏，白湯點服。《簡便方》。　補虚明目：健骨和血。蒼术泔浸四兩，熟地黄焙二兩，爲末，酒糊丸梧子大。每温酒下三五十丸，日三服。《普濟方》。　青盲雀目：《聖惠方》用蒼术四兩，泔浸一夜，切焙研末。每服三錢，猪肝三兩，批開摻藥在内，扎定，入粟米一合，水一碗，砂鍋煮熟，熏眼，臨卧食肝飲汁，不拘大人、小兒皆治。又方：不計時月久近。用蒼术二兩，泔浸，焙搗爲末，每服一錢，以好羊子肝一斤，竹刀切破，摻藥在内，麻扎，以粟米泔煮熟，待冷食之，以愈爲度。　眼目昏澀：蒼术半斤，泔浸七日，去皮切焙，木賊各二兩，爲末。每服一錢，茶酒任下。《聖惠方》。　嬰兒目澀：不開，或出血。蒼术二錢，入猪膽中扎煮。將藥氣熏眼後，更嚼取汁與服妙。《幼幼新書》。　風牙腫痛：蒼术鹽水浸過，燒存性，研末揩牙，去風熱。《普濟方》。　臍蟲怪病：腹中如鐵石，臍中水出，旋變作蟲行，繞身匝癢難忍，撥掃不盡。用蒼术濃煎湯浴之。仍以蒼术末，入麝香少許，水調服。夏子益《奇疾方》。

苗〔主治〕作飲甚香，去水弘景。亦止自汗。

題明・薛己《本草約言》卷一《藥性本草》 白术 味苦、甘、微辛，氣溫，無毒。陰中之陽，可升可降，入足陽明、太陰經。其用在表，去諸經風濕，有汗則止，無汗則發。其用在中，主嘔逆泄利，去濕強脾，開胃進食，和中益氣。其用在下，利腰臍間血，通水道。故曰上而皮毛，中而心胃，下而腰臍，在血主血，在氣主氣，其信然矣。佐黄芩則能安胎，君枳實則能消痞。若氣滯、氣閉腹痛等候，宜禁用之。○白术本燥，又謂利腰臍間血，益津液者何？然脾胃運，能滋生血氣，腰臍間血自利，津液從此益矣。補脾胃而除中濕，味辛亦能消虛痰。故與二陳同用，則健胃消食，化痰除濕；與芍藥、川歸、枳實、生地之類同用，則補脾而清脾家濕；再加乾薑，去脾家寒濕；與黄芪、芍藥等同用，有汗則止；少加辛散之味，無汗則發也。有片术、腿术，片者大而氣味和平，腿者味薄而氣燥。凡用惟白為勝，仍覓歙者尤良。咀婦人乳汁潤之，制其性也。潤過，陳壁和炒，竊彼氣焉。入心、脾、胃、三焦四經，須仗防風、地榆引使。凡用二术，忌食桃、李、雀、蛤。腹中有動氣者，亦不宜用。○手足懶舉，貪眠，多服亦善。飲食怕進，發熱，倍用正宜。間發痎瘧殊功，卒暴注瀉立效。或四製研散斂汗，出東垣方。或單味粥丸調脾。出丹溪方。奔豚積忌煎。因燥消腎，癰疽毒禁用，為多生膿。敺胃脘食積痰涎，消臍腹水腫脹滿。哮喘誤服，壅窒難當。按：白术既燥，《本草》又言生津，何也？蓋脾惡濕，脾濕既勝，則氣不得施化，津何由生？故膀胱津液之府，氣化出焉。今用白术以燥其濕，則氣得周流，津液亦隨氣化而出矣。日華子謂白术利小水，正以此也。如茯苓亦係滲淡之藥，謂之能生津液，義與此同。江云：白术大抵是除濕利水道之劑，《本草》言益津液誤矣。

明・梅得春《藥性會元》卷上 白术 味甘，氣溫。可升可降，陽也。無毒。防風、地榆為使。忌食桃、李、雀、蛤。入手太陽小腸經、手少陰心經、足陽明胃經、足太陰脾經藥。主利水道，有除濕之功。強脾胃，有進食之效。佐黄芩，有安胎之能。君枳實，有消痞之妙。消痰、溫胃而止吐瀉，益脾止嘔而動氣不宜。療風寒濕痹。補虛勞，消腫，除胃中熱，利腰臍間血。祛大風在身而死肌痙疸，風眩頭痛，目淚出，逐皮間風水結腫，除心下急滿，及霍亂吐瀉不止。生津液，暖胃，消穀嗜食，治脾胃虛弱，不思飲食，消宿滯，除寒熱，止下瀉，水腫脹滿，水瀉嘔逆，腹中冷痛，利小便，安胎，止汗，消痞，補中。傷寒動氣，及心腹因氣疼甚，並諸風疼痛者禁用。製法：去蘆，米泔浸洗，切片，向東陳壁土拌炒，去土用。

明・杜文燮《藥鑒》卷二 白术 氣溫，味甘苦而甘溫，味厚氣薄，無毒。可升可降，陰中陽也。入手太陽少陰，兼足陽明、太陽、少陰、厥陰。除濕益燥，和中益氣，利腰臍間瘀血，除胃中邪熱。利水道，有除濕之功。強脾胃，有進食之效。佐黄芩有安胎之能，君枳實有消痞之妙。與二陳同用，則化痰除濕，消食健胃。與白芍、當歸、枳實、生地之類同用，則補脾而清脾家濕熱。與乾薑同用，去脾家寒濕。與黄連同用，去脾家熱濕。大哉！白术之功乎，其去諸經之濕藥乎！痘家毒盛尿多，切宜禁忌。若見水泡之症，須用麻黄根汁浸透炒之，取其達表以利水道也。

明・王肯堂《傷寒證治準繩》卷八 术 氣溫，味甘。陰中陽也，可升可降，入足太陰陽明手太陰陽明、太陽之經。垣：《本經》止言术，未分蒼、白。而蒼术別有雄壯上行之氣，能除濕，下安太陰，使邪氣不傳入脾也。以其經泔浸火炒，故能出汗。與白术止汗特異，用者不可以此代彼，蓋有止發之異，其餘主治則同。潔：蒼术與白术主治同，但比白术氣重而體沉。若除上濕，發汗功最大。若補中焦，除脾胃濕力少，不如白术。腹中窄狹者，須用之。白术能除濕益燥，和中益氣，利腰劑間血，除胃中熱。潔：其用有九：溫中，一也；去脾胃中濕，二也；除胃中熱，三也；強脾胃，進飲食，四也；和胃，生津液，五也；止肌熱，六也；四肢困倦嗜臥，目不能開，不思飲食，七也；止渴，八也；安胎，九也。凡中焦不受濕不能下利，必須白术以逐水益脾，非白术不能去濕，非枳實不能消痞，故枳术丸以之為君。搗碎，紗羅子羅過用。

明・李中立《本草原始》卷一 白术 始生鄭山山谷、漢中、南鄭。春生苗，青色無椏。莖作蒿幹狀，青赤色。長三二尺以來。夏開花紫碧色，或黄白色，似刺薊花，故《本經》載名山薊。根類薑，故《別錄》名山薑。揚州之域多種白术，狀如枹，故一名楊枹。枹乃鼓槌之名。按六書本義，术字篆文，象其根幹枝葉之形。 氣味：甘，溫，無毒。主治：風寒濕痹，死肌痙疸，止汗除熱，消食。作煎餌，久服輕身，延年不飢。○主大風在身面，風眩頭痛，目淚出；消痰水，逐皮間風水結腫；除心下急滿，霍亂吐下不止；利腰臍間血，益津液，暖胃消穀嗜食。○治心腹脹滿，中冷痛，胃虛下利，多年氣

痢；除寒熱，止嘔逆。〇反胃，利小便，主五勞七傷，補腰膝，長肌肉；治冷氣痃癖氣塊，婦人冷癥瘕。〇除濕益氣，和中補陽，消痰逐水，生津止渴、止瀉痢；消足脛濕腫，除胃中熱、肌熱。得枳實消痞滿氣分，佐黄芩安胎清熱。〇理胃益脾，補肝風虚；主舌本強，食則嘔，胃脘痛，身體重，心下急痛，心下水痞，衝脉為病，逆氣裏急，臍腹痛。

入藥用根。二月、三月、八月、九月采，暴乾。　白术，《本經》上品。【圖略】雲頭术。産歙者俗呼狗頭术。浙术俗呼雞腿术，過夏生油。雲頭术種平壤，雖肥大，由糞力也，易生油。狗頭术、雞腿术雖瘦小，得土氣充也，甚燥白。凡用不拘州土，惟白為勝。修治：去蘆，以米泔浸一宿，切片，用東壁土炒。亦有乳汁浸者。

白术：味厚氣薄，陽中陰也，可升可降。入手太陽少陰、足太陰陽明少陰厥陰六經。防風、地榆為之使，忌食桃、李、雀、蛤。《簡便方》治濕瀉、暑瀉，白术、車前子等分，炒為末，白湯調下二三錢效。白术：君。

明・張懋辰《本草便》卷一　术君　味苦、甘、辛，氣溫，味厚氣薄，陰中陽也。無毒。入足陽明經、足太陰經。蒼者米泔水浸，白者陳壁土炒服。二术忌食桃、李、雀、蛤。　白者除濕益燥，緩脾生津，補脾胃，進飲食，除胃中熱，消虚痰，止下洩，利小便，消腫滿及霍亂嘔逆，利腰臍間血，上而皮毛，中而心胃，下而腰臍，在氣主氣，在血主血，無汗則發，有汗則止，與黄耆同功。〇蒼者氣味辛烈，主大風在身面，風眩頭痛，除惡氣，辟山嵐瘴氣，心腹脹痛，健胃安脾，寬中進食；發汗，除上焦濕功最大；若補中焦，除濕力小。一名山精，《神農經》曰：必欲長生，當服山精。　按：二术功用頗同，俱能補脾燥濕。但白者補性多，蒼者治性多。

明・李中梓《藥性解》卷二　白术　味苦、甘，性溫，無毒，入脾經。除濕利水道，進食強脾胃。佐黄芩以安胎，君枳實而消痞。止泄瀉，定嘔吐，有汗則止，無汗則發。土炒用。防風地榆為使，忌桃、李、雀肉、青魚、菘菜。

按：白术甘而除濕，所以為脾家要藥，胎動痞滿吐瀉，皆脾弱也。用以助脾諸痰自去，有汗因脾虚，故能止之。無汗因土不能生金，金受火尅，皮毛焦熱，既得其補脾，又藉其甘溫，而汗可發矣。傷寒門有動氣者，不宜用之。

明・繆希雍《本草經疏》卷六　术　味苦、甘，溫，無毒。主風寒濕痹，死肌，痙疸，止汗，除熱，消食。主大風在身面，風眩頭痛，目淚出，消痰水，逐皮間風水結腫，除心下急滿及霍亂吐下不止，利腰臍間血，益津液，暖胃，消穀嗜食。作煎餌，久服輕身延年不飢。茅山者為勝，忌蛤、雀、桃、李、菘菜、青魚。

【疏】术稟初夏之氣以生，其味苦，其氣溫，從火化也。正得土之沖氣，故《別錄》益之以甘，表土德也，故無毒。其氣芳烈，其味甘濃，其性純陽，為除風痹之上藥，安脾胃之神品。《本經》主風寒濕痹，死肌痙疸者，正以風寒濕三者合而成痹。痹者，拘攣而痛者是也。《經》曰：地之濕氣，感則害人皮肉筋骨。死肌者，濕毒侵肌肉也。痙者，風寒乘虚，客於肝脾腎所致也。疸者，脾胃虚而濕熱瘀滯也。如上諸病，莫不由風寒濕而成。术有除此三邪之功，故能祛其所致之疾也。止汗、除熱、消食者，濕熱盛則自汗，濕邪客則發熱。濕去而脾胃燥，燥則食自消，汗自止，熱自除也。又主大風在身面者，术氣芳烈而悍，純陽之物也。風為陽邪，發於陽部，故主之也。風眩頭痛，目淚出者，陽虚則風客之而眩，痰厥則頭痛，風熱壅則目淚出也。消痰水，逐皮間風水結腫，除心下急痛及霍亂吐下不止者，濕客於胃則滯而生痰，客於脾則生水。脾虚濕勝則為水腫，濕客中焦則心下急滿，脾胃俱虚則中焦不治，而濕邪客之則為霍亂吐下不止也。利腰臍間血者，血屬陰，濕為陰邪，下流客之，使腰臍血滯而不得通利。濕去則諸證無不愈矣。益津液，暖胃，消穀嗜食者，濕去則胃強而津液自生，寒濕散則胃自暖，邪去而脾胃健，則消穀而嗜食矣。煎餌，久服輕身延年不飢者，术為陽藥，故善除陰濕，濕去則脾胃之氣旺。陽主氣，氣盛則身輕。脾主四肢，濕去則脾健，健則四肢利，故能涉險負重也。仙經云氣滿不思食，是以延年而不飢也。　【主治參互】术為陽草，氣勝黄精。除濕祛寒，疎風辟惡，其功能也。單餌則延年輕身不飢。兼濟則觀所從何道。故同人參、茯苓、白芍藥、甘草、橘皮、蓮肉、縮砂，則健脾開胃，消飲食，為壯脾胃之要劑，調中之正法。　同藿香、橘皮、茯苓、人參、木瓜、猪苓、澤瀉、縮砂，則治霍亂吐瀉轉筋。　同乾葛、防風、茯苓、炙甘草、車前子、猪苓、澤瀉，則治濕勝作泄，〔勢〕若雷奔。　同秦艽、萆薢、木瓜、薏苡仁、桑寄生、石斛、黄耆、地黄、石菖蒲、桂枝、甘草、晚蠶沙，則治一切痛痹及關節不利。熱者去桂枝，加黄檗。　得黄檗、牛膝、木瓜、石斛，能健步潛行。　得苦參、牡蠣，治小兒胃家濕熱，飲食不生肌肉。　君人參、芍藥、木瓜、薏苡、茯苓、桑白皮、赤小豆、車前、橘皮，佐以猪苓、澤瀉，能治一切水腫。日重則倍人參，夜重

則加地黄、芍藥，俱與朮倍。　君枳實、橘皮、砂仁、半夏、人參，則除心腹脹痛，消宿食，開胃，去痰涎，除傷食發寒熱及泄瀉。　同人參、橘紅、白茯苓、木瓜、藿香，治反胃吐逆，因於寒則加生薑，因於熱則加竹茹、枇杷葉、逆水蘆根。　君黄耆、生地黄，佐以黄蘗，治一切臁瘡，濕毒攻注，足脛成瘡久不愈，作丸餌良。　倍茯苓，修事如《經驗方》，能烏鬚駐顏。　同麥門冬、石斛、黄蘗、白芍藥、木瓜、薏苡仁、五味子，為治痿要藥。　同生薑、藿香、檳榔，能治山嵐瘴氣。　同四物湯、麥門冬、荆芥、防風、地榆，能治腸風下血。　同雄羊肝，治雀盲。　同補骨脂、川椒、茴香、青鹽、川楝子、黄蘗，治疝。　同熟地、桑椹，修事採日精月華，乾則蜜丸，日三服，可變白。　為末，和芝麻研爛，入水攪勻，絞汁濾淨，曝乾，每三錢，空心酒服，能滋脾腎。　〔簡誤〕朮，《本經》無分別，陶弘景有赤白二種。近世乃有蒼、白之分，其用較殊。要之俱為陽草，故祛邪之功勝，而益陰之效虧。藥性偏長，物無兼力，此天地生物自然之道也。凡病屬陰虚血少，精不足，内熱骨蒸，口乾唇燥，咳嗽吐痰，吐血，鼻衄，齒衄，咽塞，便秘，滯下者，法咸忌之。朮燥腎而閉氣，肝腎有動氣者勿服。　劉涓子《癰疽論》云：　潰瘍忌白朮。以其燥腎而閉氣，故反生膿作痛也。凡臟皆屬陰，世人但知朮能健脾，此蓋指脾為正邪所干，朮能燥濕，濕去則脾健，故曰補也。寧知脾虚而無濕邪者用之，反致燥竭脾家津液，是損脾陰也，何補之足云？　此最易誤，故特表而出之。

明・倪朱謨《本草彙言》卷一　白朮　味苦、甘、辛，氣温，無毒。味厚氣薄，陽中陰也。可升可降。入手太陽、少陰，足太陰、陽明、少陰、厥陰六經。

陶隱居曰：　白朮生吴、越、舒、宣州郡高崗上、石齒間。取根栽蒔，一年即茂。獨浙杭於潛縣天目山産者更佳。葉葉相對，葉稍大，方莖有毛。莖端生花，有紫碧紅數色。根歧生，紫色塊大者爲勝。或如指頭、如鼓槌，或大如拳，或至數斤者。剖開暴乾，如雲朵者，謂之片朮。又以夏末秋初采者佳。冬春采者虚軟易壞。〇外有一種赤朮，名蒼朮，苗高二三尺，葉亦抱莖稍間。葉略似棠梨葉，脚下葉各有叉，三五出，邊作鋸齒及小刺根，如人指，或老薑狀。色黑褐而氣味辛烈。　陳氏言：　白而肥者曰白朮，若瘦而黄者曰赤朮，是幕阜山所出，其力劣。昔人用朮，不分蒼白。自宋以來始分。蒼朮苦辛氣烈，白朮苦甘氣和。種類不同，各自施用。　廷采曰：　浙朮俗名雲頭朮，種平壤，頗肥大，由糞力也。歙朮俗名狗頭朮，雖瘦小，亦得土氣充也，甚燥白，勝于浙朮。寧國、昌化、池州者，并同歙朮，境相鄰也。如修治切片，以人乳汁潤之，制其性也。脾病以陳壁土炒過，竊土氣以助脾也。二朮俱用秔米糠衣拌炒，則不染濕作黴矣。

白朮：　乃扶植脾胃，張元素散濕除痹，消食去痞之要藥也。許辰如稿脾虚不健，朮能補之。胃虚不納，朮能助之。是故勞力内傷，四肢困倦，飲食不納，此中氣不足之證也。痼冷虚寒，泄瀉下利，滑脱不禁，此脾陽衰陷之證也，或久瘧經年不愈，或久痢累月不除，此胃虚失治，脾虚下脱之證也。或痰涎嘔吐，眩暈昏癇；　或腹滿肢腫，面色痿黄，此胃虚不運，脾虚蘊濕之證也。以上諸疾，用白朮總能治之。又如血虚而漏下不止，白朮可以統血而收陰；陽虚而汗液不收，白朮可以回陽而斂汗。大抵此劑能健脾和胃，運氣利血。上而皮毛，中而心胃，下而腰臍。在氣主氣，在血主血；　有汗則止，無汗則發；　燥病能潤，濕病能燥。除風痹之上藥，安脾胃之神品也。又兼參、耆而補肺，兼杞、地而補腎，兼歸、芍而補肝，兼龍眼、棗仁而補心，兼苓、連而瀉胃火，兼橘、半而醒脾土，兼蒼、朴可以燥濕和脾，兼天、麥亦能養肺生金。兼杜仲、木瓜，治老人之脚弱；　兼麥芽、枳、朴，治童幼之疳癥。黄芩共之，能安胎調氣；　枳實共之，能消痞除膨。君參、苓、藿、半，定胃寒之虚嘔；　君歸、芎、芍、地，養血弱而調經。温中之劑，無白朮愈而復發；　潰瘍之證，用白朮可以托膿。但其性本清和，而質復重濁。凡病肝腎有動氣者，燥癉成黄疸者，陰虚精血少者，咳嗽骨熱蒸者，寒瘧瘴邪未清者，下痢積毒未盡者，皆禁也。　陳廷采先生曰：　白朮性燥，仲景又言生津，何也？　蓋脾惡濕，濕勝則元氣不得施化，津液何由而生？　況膀胱爲津液之府，氣化而後能出，白朮以燥其濕，則氣得周流運用，而津液亦隨氣化而生矣。他如茯苓，係淡滲之藥，謂之能生津者，義與此同。

集方：　已下一十一方俱出方龍潭《本草切要》治胃虚不納，脾虚不運，飲食不甘，四體困倦，此中氣不足之證，用於白朮土拌炒一兩，白蒺藜、黄耆、茯苓、廣陳皮、白豆仁、砂仁各一兩五錢，厚朴二兩薑汁炒，人參六錢，共爲末，每早晚各食前服三錢，白湯調下。〇治虚寒痼冷，泄瀉下利，滑脱不禁，飲食不思，腿痠頭暈，此脾陽衰陷之證，用於白朮土拌炒二兩，黄耆、補骨脂各三兩，吳茱萸、附子童便製，甘草、木香、人參各五錢，共爲末，錫糖爲丸如菉豆大，

每早晚各食前服三錢，酒下。〇治久瘧經年不愈，用於白朮土拌炒一兩，附子童便製一錢，肉桂、牛膝、黄耆、人參各二錢，白薇酒洗一錢五分，水三大碗，煎一碗，食前服，渣再煎，十帖愈。〇治久痢屢月不除，用於白朮土拌炒六錢，茯苓、甘草、川黄連、白芍藥、當歸身，俱酒拌炒，白豆仁、砂仁、木香、人參各一錢二分，水三大碗，煎七分，不拘時服。渣再煎，十帖愈。〇治痰涎上攻，嘔吐眩暈。用於白朮土拌炒一兩，天麻、半夏、南星，俱薑製，廣陳皮、茯苓各三錢，水三大碗，煎一碗，食後服。〇治腹滿四肢腫，面色痿黄。用於白朮、蒼朮俱土拌炒各一兩，猪苓、澤瀉、肉桂、茯苓、茵陳、乾薑各三錢，葶藶子一兩二錢炒，共爲極細末，每早午晚各食前服二錢，白湯調下。〇治婦人血崩血漏不止。用於白朮土拌炒五錢，當歸身、牡丹皮、丹參、白芍藥，俱酒洗炒，香附、烏藥俱醋浸一宿炒，各三錢，五靈脂水飛，去砂石淨一兩，共爲末，每早晚各食前服三錢。白湯調下。〇治自汗盜汗不止。用於白朮一兩，嫩黄耆、白芍藥、石斛、酸棗仁炒、人參、沙參各三錢，水煎服。〇治中風口噤，四肢痿痹。用於白朮一兩、黄耆、人參、當歸身、枸杞子、天麻、膽星、半夏各三錢，肉桂一錢，水煎服。〇治老人脾虛，脚弱無力。用於白朮土拌炒一兩，杜仲、木瓜各五錢，水煎服。〇治婦人胎氣不安，腰腹脹重，或寒或熱者。用於白朮一兩，黄芩、當歸、川芎各三錢，甘草五分，水煎服。

續補集方：《保命方》治胸腹痞滿，飲食不消，勉食作脹。用於白朮土拌炒四兩，枳實麩拌炒三兩，川黄連、乾薑各五錢，木香三錢，共爲末，水發丸如黍米大，每早午晚各食後服二錢，白湯下。〇《和劑局方》治五飲酒癖：一留飲，水停心下；二癖飲，水在兩脇；三痰飲，水在胃中；四溢飲，水在五藏；五流飲，水在腸間。五者皆因飲食胃寒，或飲茶酒，或食生冷肥甘過多所致。用於白朮、蒼朮，俱土拌炒各四兩，乾薑、肉桂微焙、半夏薑製、吴萸、草果俱酒炒各一兩，共爲末，水發丸如緑豆大，每早午晚各食前服三錢，白湯下。〇孫用和方治產後中寒遍身冷，僵直口噤，不知人事。用於白朮土拌炒、乾薑各一兩，甘草炙三錢，水三碗，煎一碗，徐徐服。〇《三因方》治中濕遍身骨節痛。用於白朮土拌炒一兩，秦艽五錢，羌活四錢，水煎服。〇《外臺秘要》治婦人血虛肌熱，飲食不甘。用於白朮、白芍藥各一兩，白茯苓五錢，當歸八錢，甘草一錢，水四碗，煎一碗，渣再煎，徐徐服。〇楊齒屏方治小兒肌熱、蒸蒸羸瘦，不能飲食。方同上，各藥分兩，減三之二。〇《普濟方》治腸風瀉血不止，面色痿黄，積年不瘥，并脱肛者。用於白朮土拌炒，磨爲末一斤，懷熟地八兩，酒浸，飯鍋上蒸爛，共搗爲丸如梧子大。早晚各服四錢，白湯下。〇治面上䵟黷如雀卵色。用白朮一塊，醋浸一日，時晚拭之，極效。〇《張鷄峰備急方》治牙齒日長，漸至難食，名髓溢病。用於白朮煎湯，漱服。

明・姚可成《食物本草》卷一七草部・山草類　白朮處處有之，以蔣山、白山、茅山者為勝。十一月、十二月采者好，多脂膏而甘，其苗可作飲，甚香美。〇李時珍曰：蒼朮，處處山中有之。苗高二三尺，其葉抱莖而生梢間，葉似棠梨葉，其脚下葉，有三五叉，皆有鋸齒小刺。根如老薑之狀，蒼黑色，肉白有油膏。白朮，人多取根栽莳，一年即稠。嫩苗可茹。吴越間多產之。　白朮，味甘，溫，無毒。主風寒溼痹，死肌痙疸，止汗除熱消食。作煎餌，久服輕身延年不飢。主大風在身面，風眩頭痛，目淚出，消痰水，逐皮間風水結腫，除心下急滿，霍亂吐下不止，利腰臍間血，益津液，暖胃消穀嗜食。治心腹脹滿，腹中冷痛，胃虛下利，多年氣痢，除寒熱，止嘔逆、反胃，利小便。主五勞七傷，補腰膝，長肌肉。治冷氣痃癖氣塊，婦人冷癥瘕，除溼益氣，和中補陽，消痰逐水，生津止渴，止瀉痢，消足脛溼腫，除胃中熱、肌熱。得枳實，消痞滿氣分；佐黄芩，安胎清熱。服朮人忌桃、李、菘菜、雀肉、青魚。

明・顧逢柏《分部本草妙用》卷三脾部・温補　白朮　甘溫，無毒。防風、地榆為使。忌桃、李、雀肉、青菜。土炒用。　主治：除濕，益氣和中，補陽，消痰逐水，生津，止瀉痢，消濕腫，止嘔吐，理胃氣。得枳實消痞滿氣分，佐黄芩安胎清熱。　元素曰：白朮之能，用有九：一能溫中，二驅脾濕，三除胃熱，四能強脾健胃以進飲食，五可和胃生津，六能止肌熱，七能解困倦嗜臥，八可止渴，九可安胎。汪機曰：脾家濕勝，氣不得化，而津無由生焉。用白朮以除濕，氣得周流，而津液生矣。然必脾濕脾虛者宜之，倘類脾虛，脹滿而實，非脾虛服之，益增脹滿，用术者審之。

明・李中梓《醫宗必讀・本草徵要上》　白朮味苦、甘，溫，無毒，入脾、胃二經。防風為使。忌桃、李、青魚。產於潛者佳。米泔水浸半日，土蒸切片，蜜水拌勻，炒令褐色。健脾進食，消穀補中，化胃經痰水，理心下急滿，利腰臍血結，祛周身濕痹，君枳實以消痞，佐黄芩以安胎。白朮甘溫，得土之沖氣，補脾胃之神聖也。脾胃健於轉輸，新穀善進，宿穀善消，土旺自能勝濕，痰水易化，急滿易解。腰臍間血，周身之痹，皆濕停為害，濕去則安矣。消痞者，強脾胃之力；

安胎者，化濕熱之功。按：《白朮贊》云：味重金漿，芳逾玉液，百邪外禦，六腑內充。察草木之勝速益於己者，並不及朮之多功也。但陰虛燥渴，便閉滯下，肝腎有築築動氣者勿服。

明·鄭二陽《仁壽堂藥鏡》卷一〇上　白朮　陶隱居云：今白朮生杭越，宣州者佳。　氣溫，味甘。苦而甘溫。味厚氣薄，陰中陽也。無毒。入手太陽、少陰經，足陽明、太陰、少陰、厥陰四經。　丹溪云：白朮有汗則止，無汗則發。與黃芪同功。味亦有辛，大能消虛痰也。　成聊攝云：脾惡濕，甘先入脾，茯苓、白朮之甘，以益脾逐水。　潔古云：白朮除濕益燥，和中益氣，利腰臍間血，除胃中熱。《主治秘訣》云：氣溫，味甘，微苦。氣味俱薄，浮而升，陽也。其用有九：溫中，一；去脾胃濕，二；除脾胃熱，三；強脾胃，進飲食，四；和脾胃以生津液，五；主肌熱，六；治四肢困倦，目不欲開，怠惰嗜臥，不思飲食，七；止渴，八；安胎，九也。又云：脾胃受熱濕，沉困無力，怠惰嗜臥，并去痰，須用白朮。飲水多，因致傷脾，須用白朮、茯苓、猪苓。水瀉，須用白朮、茯苓、芍藥。又云：非白朮不能去濕。　東垣云：白朮味苦而甘，性溫，味厚氣薄，陽中陰也。去諸經中濕而理脾胃。潔古云：溫中去濕，除熱強胃。蒼朮亦同，但味頗厚耳，下行則用之。甘溫補陽，益脾逐水。寒淫所勝，甘以緩脾生津去濕，渴者用之。又云：白朮佐黃芩以安胎，君枳實以消痞。　海藏云：《本草》本條下無蒼與白之名，近代多用白朮治脾間風，止汗消痞，補胃補中，利腰臍間血，利水道。上而皮毛，中而心胸，下而腰臍之間。在氣主氣，在血主血。入手太陽、足陽明、手少陰、足太陰、足厥陰。潔古云：非白朮不能去濕，非枳實不能消痞。除濕利水，如何是益津液？汪機曰：脾惡濕，濕勝則氣不得施化。津何由生？故膀胱者，州都之官，津液藏焉，氣化則能出焉。用白朮以除濕，則氣得周流而津生矣。《藥性論》云：白朮忌桃、李、雀肉、菘菜、青魚。　日華子云：止反胃嘔逆，痃癖氣塊，山嵐瘴氣。　用東壁陳土炒者，竊東方生氣以補脾。　奔豚恐其閉氣，癰疽惡其生膿。哮喘誤服，壅窒不已。

明·蔣儀《藥鏡》卷一溫部　白朮　之為性也，惟其納食，所以止吐，胃脾之功臣。惟其行痰，所以斂汗，濕熱之苕箒。謂掃除也。利小便而腫退，實大腑而瀉停。安妊佐以黃芩，消痞君之枳實。氣實喘促，脾虛而無濕邪者，宜勿用也。血滯津枯，風寒兼濕而成痺者，可任投之。痘家毒盛尿多，切須禁忌。若見水泡之症，用麻黃根汁浸透，焙乾，取其達表，以利水道也。

明·李中梓《頤生微論》卷三　白朮　味甘、苦，性溫，無毒。入脾、胃二經。防風為使。忌桃李、雀肉、青魚、菘菜。產於潛者佳。米泔浸半日，去皮切片，曝乾，蜜水拌炒至褐色用。健脾補胃，消穀進食，化胃家痰水，理心下急滿，利腰臍間血結，祛周身濕痺。君枳實而消痞，佐黃芩以安胎。

愚按：白朮甘溫，得土之沖氣，補脾胃之第一品也。《朮贊》云：味重金漿，芳踰玉液，百邪外禦，六府內充，察草木之勝，速益於己者，並不及朮之多功也。俗醫往往嫌其滯，一坐未讀《本草》，一坐炮製未精耳。但臍間有動氣築築者禁之。

明·張景岳《景岳全書》卷四八《本草正》　白朮　味甘、辛，氣溫，氣味俱厚，可升可降，陽中有陰，氣中有血。其性溫燥，故能益氣和中，補陽生血，暖胃消穀，益津液，長肌肉，助精神，實脾胃，止嘔逆，補勞倦，進飲食，利小水，除濕運痰，消浮去脹，治心腹冷痛，胃虛下痢，痃癖癥瘕。製以人乳，欲潤其燥。炒以壁土，欲助其固。佐以黃芩，清熱安胎。以其性澁壯氣，故能止汗實表。而癰疽得之，必反多膿。奔豚遇之，恐反增氣。及上焦燥熱而氣多壅滯者，皆宜酌用之。然冬朮甘而柔潤，夏朮苦而燥烈，此其功用大有不同，不可不為深辨也。若於飢時，擇肥而甘者嚼而服之，服之久久，誠為延壽之物，是實人所未知。

明·賈九如《藥品化義》卷五脾藥　白朮　屬陰中有陽，體微潤而重，色蒼白，氣微香，味微苦略辛云甘非，性微溫，能升能降，力健脾，性氣與味俱厚，入胃脾三焦三經。

白朮味微苦略辛，取其辛燥濕，苦潤脾。燥之潤之，脾斯健旺，蓋脾屬濕土，土無水澤，不能滋潤，非專宜燥。《經》曰脾苦濕，為太濕則困滯，然過燥則乾裂，此以辛燥脾，實以苦潤脾。主治風寒濕痹，胸膈痰痞，噯氣吞酸，惡心嘈雜，霍亂嘔吐，水腫脾虛，寒濕腹痛，瘧疾胎產，能使脾氣健運，正氣勝而邪氣自卻也。且潤脾益胃，為滋生氣血，痘瘡貫膿時，助漿滿聖藥。凡鬱結氣滯，脹悶積聚，吼喘壅塞，胃痛由火，癰疽多膿，黑瘦人氣實作脹，皆宜忌用。　取內乾白者佳，油黑者勿用。同陳壁土略炒，毋太過，借土氣以助脾。或人乳製，或飯上多蒸數遍。

明・蕭京《軒岐救正論》卷三　白术　白术性溫質厚，味甘平，氣微香，為脾胃要藥。兼補肝腎，主治百病，功居八九。《本草》歷贊其益脾補氣，療五癆七傷，消痰除濕，痞滿腫脹，暖胃消穀，風虛淚眼，積年瘧痢，生津壯水，安胎扶原，在血主血，在氣主氣，不能悉闡。時師每謂术性燥，津渴者忌用。又謂無故用术，起嗽難療。又謂有濕則用，無濕勿加。吁！此等庸工，是別有一部《本草》矣，誤世何堪？物理玄微，真難與言也。戴原禮每治病脹，主治參、术，初服覺滿，未幾便愈。吳鶴臯《醫方考》亦以四君療鼓脹痞滿諸病。此皆治本法也。人以脾胃為主，脾氣健則能制水生金，升降運化，津液自裕，何渴之有？其脹者，總由脾胃虛弱，不能轉輸，運行精微，以致飲食難消，停留作滿。亦有不因飲食而自生脹滿者。凡嗽多屬母虛，無以生金，术善止嗽，脾既資益，肺豈反虧，乃謂輕用起嗽，此尤害理之甚。若實嗽熱嗽，雖不宜遽用，安可以此而概寒嗽虛嗽乎？濕固需燥，用术以健脾，脾氣得健，濕能停留否？此非燥濕，乃健脾也。書云胎前主實，用此安胎，寧不犯實實之戒乎？豈知百病萬機，皆主乎脾，未有脾胃實而胎不固者。人徒知麥芽、神麯之善消脹滿，陳皮、半夏之補益脾胃，此特為療有形之積，與補不甚傷之脾耳。設若虛脹虛滿，便當參、术主治。若混投以前藥之屬，隱耗真氣，益覺增劇。大凡病屬實何難治？而所難者，(政)〔正〕虛矣。劉完素曰：白术除濕益燥，和中補氣，其用有九：溫中，一也；去脾胃中濕，二也；除胃中熱，三也；強脾胃，進飲食，四也；和胃生津液，五也；止肌熱，六也；四肢困倦嗜臥，目不能開，不思飲食，七也；止渴，八也；安胎，九也。汪機曰：脾惡濕，濕勝則氣不得施化，津何由生，故曰膀胱者，津液之府，氣化則能出焉，用白术以除其濕，則氣得周流，而津液自生矣。陶節庵亦謂术能燥腎固氣，蓋腎司水，土虛無制，便成汎濫之患。水既偏勝，則火益衰。火，元氣也，土母也。母衰而子反救，乃制水以益火，則氣自固而腎自平。此四子者，真知术之玄蘊矣。

明・盧之頤《本草乘雅半偈》帙二　术《本經》上品　氣味：苦，溫，無毒。　主治：主風寒濕痹，死肌痙疸，止汗，除熱消食。作煎餌，久服輕身，延年不飢。

覈曰：出嵩山、茅山者良。杭、越、舒、宣諸州亦有。唯湖州、津山者最佳，多生高岡上。葉頗大，葉葉相對，方莖有毛，莖端有花，有紫碧紅色，根歧生，紫色塊大者為勝。或大如指如拳，或至數觔者。剖暴，謂之片术。《爾雅疏》云：生山中者，曰山薊，曰白术。平地者，曰薊，曰赤术。赤者苗高二三尺，葉亦抱莖，梢間葉略似棠梨，脚下葉各有叉，三五出，邊作鋸齒及小刺，根如人指及老薑狀，色黑褐，而氣味辛烈。古人用术不分赤白，自宋人始指赤术曰蒼术，但氣味有和暴之殊，則施治亦有緩急陰陽之別。修治白术，人乳潤之，制其性也。亦取易入陽明，陽明燥金，從乎中治太陰之濕化故也。若療脾疾，先用米泔浸透，次以山黃土拌蒸九次，晒九次，竊土氣以助脾，及宣胃府醞釀敷布之用耳。赤术亦用米泔浸透，更以陳壁土水浸潤一二日，取出，去皮，晒乾，切片，每术四兩，先用脂麻六兩，微火拌炒，以濡其燥，緩其暴。更用秔米糠衣四兩，微火拌炒，則不染濕作黴矣。忌桃李及松菜、雀肉、青魚、蛤蜊。

先人云：术字從木，別名多山，行脾土用，曰木，曰肝。又云：死肌，脾體不靈，黃癉脾色外見，肢痙脾用不行，食停脾氣不轉，不飢脾精自固矣。

条曰：术從木，觀葉葉相對，抱莖生，儼似木字。莖方，葉附四旁，合土大寄旺四季，當判脾之肝藥用藥也。又可判肝之脾藥父藥也。以木必基土，吮拔水液，方條達發生。故以木為母，土為父耳。風寒濕合成痹者，此先因于風，寒濕後之。風為百病長故也。痹則閉塞不通，故死肌痙疸。死肌者，土頑頹。痙者，土震動。而疸者，土色見也。緣土無用神，受木所侮，木無制抑，敗亂所騰。土不隄防，泛濫爲汗。土不寧靜，火勝地熱。土無風力，飲食停積。术行土用，大土力，妄泄者既已歸源，踈漏者寧不固密。如是火熱頓消，涼生風暢，醞釀宣布，脾土展舒矣。既藥有雌雄子母兄弟，則水土之抽為草木，宜哉水母而土父矣。土為水之隄防，有知之者，飲食之仗風力，以為醞釀宣布，人所未知。須解一藏具五藏用者始得。

明・李中梓《本草通玄》卷上　白术　味甘，性溫。得中宮沖和之氣，故補脾胃之藥，更無出其右者。土旺則能健運，故不能食者、食停滯者、有痞積者，皆用之也。土旺則能勝濕，故患痰飲者、腫滿者、濕痺者，皆賴之也。土旺則清氣善升而精微上奉，濁氣善降而糟粕下輸，故吐瀉者不可缺也。《別錄》以為利腰臍間血者，因脾胃統攝一身之血，而腰臍乃其分野，藉其養正之力而瘀血不敢稽留矣。張元素謂其生津止渴者，濕去則氣得周流，而津液生矣；謂其消痰者，脾無濕則痰自不生也；安胎者，除胃中熱也。米

泔浸之，借穀氣以和脾也；　壁土蒸之，竊土氣以助脾也。懼其燥者，以蜜水炒之；　懼其滯者，以薑汁炒之。

清·顧元交《本草彙箋》卷一　白术　稟初夏之氣，味苦，氣溫。從火化也，正得土之沖氣。故《別錄》又云：　味甘，表土德也。其氣芳烈，味甘濃，性純陽，爲除風濕之上藥，安脾胃之神品。大凡濕熱盛則自汗，濕邪客則發熱。倘濕去而脾實，汗自止，熱自除。且土能生金，又藉其甘溫，而無汗亦能發。其能去身面之風者，以术氣芳烈而悍，風爲邪陽，發于陽部，故主之也。其消痰逐水，祛腫平滿者，以濕客於胃則滯而生痰，客於脾則生水，脾虚濕勝而爲水腫。濕客中焦，則心下急滿。脾胃俱虚，中焦不治，而濕邪客之，故或爲霍亂，吐下不止也。其利腰臍間血者，血屬陰，濕爲陰邪，下流客之，使腰臍血滯，而不得通利。故濕去而前症自除。其能佐黄芩以安胎者，蓋補脾以統血，且术能束胎，胎瘦則易産也。然有不可用者數條：　如腎虚水涸者，不宜用。尺脈洪大，嫌于水泛而無所制，故用白术以隄防之；　若尺脈細則無水，不宜用燥腎之藥矣。脾虚無濕邪者，不宜用。凡臟皆屬陰，世人但知术能健脾，蓋指脾爲濕邪所干，濕燥而脾健，則補矣；　若脾虚無濕邪者，用之反致燥竭脾家津液，是損脾陰也，何補之有？　蓋土者，苦濕而更苦燥，燥則萬物槁，久燥成頑土，潤則萬物生，惟太潤則泥濘耳。雖曰白术微苦，苦則能潤，畢竟燥性居多；　脾無濕邪，混加燥劑，漸成圻裂，反不能滋養萬物，而金氣亦從之而絶矣。腹中嘈雜者，不宜用，以脾虚起火故也，周慎齋先生治嘈雜，用四聖丸，蓋與黄連合用耳。怒氣傷肝者，不宜用。凡病在肝，用白术則引肝邪入脾；　慎齋云：　病在肝用白术，則引肝邪入脾。病在脾，用當歸，則引脾邪入肺。白术走脾，當歸走肺也。發散藥内不宜用，恐白术入脾，邪氣滯而不散也。潰瘍，不宜用，以其燥腎而閉氣，故反生膿作痛也。大抵白术之補脾，以燥而補，非正補也。氣厚成燥，味厚成壅，以其爲日所常用之品，概用以爲補脾之藥，陰受其害而不知，故特爲詳疏。諸藥皆然，毋容苟也。

製法：　以水煮爛，成餅，晒乾用。亦能補脾陰之不足，蓋先去其燥氣耳。補中、十全俱生用。惟脾胃作脹，陽氣不足等症，然後炒用之。或以蒼术煮白术，去蒼术用。脾病以陳壁土炒者，假土氣以助脾也。今人每以雲术味厚，不知糞力所培，不如台术得土氣之全。　枳术丸消痞強胃，久服令人食自不停。然亦有加減法，如氣滯則加橘皮，有火加黄連，有痰加半夏，有寒加乾薑，少加木香，有食加神麯、麥蘖。其或飲食胃寒，或飲茶過多，致成五飲諸疾，一留飲，水停心下；　二癖飲，水在兩脇；　下三痰飲，水在胃中；　四溢飲，水在五臟間；　五流飲，水在腸間。俱用白术一觔，乾薑炮、桂心各半觔，爲末，蜜丸，溫水服。

清·穆石匏《本草洞詮》卷八　白术　《本經》無蒼、白术之名，昔人通用。自宋以來，始言蒼术苦辛氣烈，白术苦甘氣和，各自施用。此後人之勝前人也。白术甘溫，無毒。其用有九：　溫中，一也；　去脾胃中濕，二也；　除胃中熱，三也；　強脾胃，進飲食，四也；　和胃生津液，五也；　止肌熱，六也；　治四肢困倦，嗜臥，七也；　止渴，八也；　安胎，九也。上而皮毛，中而心胃，下而胎臍，在氣主氣，在血主血，無汗則發，有汗則止，與黄耆同功，而除濕過之。蓋脾惡濕，濕勝則氣不得施，化津何由。生用白术以除其濕，則氣得周流，而津液生矣。製法以人乳汁潤之，製其性也。以陳壁土炒過，竊真氣以助脾也。浙术種平壤，頗肥大，由壅力也。歙术雖瘦小，而燥白，土氣充實，勝於浙术。甯國、昌化、池州者，並同歙术，境相鄰也。

清·劉雲密《本草述》卷七上　术　時珍曰：　昔人用术不分赤白，自宋以來始言蒼术苦辛氣烈，白术苦甘氣和，各自施用，亦頗有理。並以秋采者佳，春采者虚軟易壞。蒼术處處有之，白术吳越有之。嘉謨曰：　浙术俗名雲頭术，種平壤頗肥大，由糞力也，易潤油。歙术俗名狗頭术，雖瘦小，得土氣充也，甚燥白，勝於浙术。寧國、昌化、池州者並同歙术，境相鄰也。

白术　氣味：　甘，溫，無毒。《別錄》曰：　甘。權曰：　甘，辛。　東垣曰：　味苦而甘，性溫，味厚氣薄，陽中陰也，可升可降。白术先甘次苦，但甘少苦多，後帶微辛。　《述》曰：　入足陽明太陰、足厥陰少陰、手太陽、少陽經。

主治：　除溼益氣，和中補陽，理胃益脾，進食消穀，生脾津，除胃熱，消溼痰虚痰，逐水飲，毆宿滯，治心下溼痞水痞，胃脘虚痛寒痛，心腹脹滿，止脾虚嘔逆、瀉痢，多年氣痢，並溼瀉水瀉，水腫腹滿，愈四肢困倦，逐皮間風水結腫，消足脛水腫，治冷氣痃癖氣塊，利腰臍間血，治衝脈為病，逆氣裏急，臍腹痛。　海藏曰：　補肝風虚。　又曰：　《本草》本條下無蒼與白之名，近代多用白术，治皮間風，止汗消痞，補胃和中，利腰臍間血。腰臍間血不利，病於溼也。腰臍屬腎，故有此證。利水道，上而皮毛，中而心胸，下而腰臍之間，在氣主

氣，在血主血。潔古曰：白术除溼益燥，和中補氣。其用有九：溫中，一也；去脾胃中溼，二也；除胃中熱，三也；強脾胃，進飲食，四也；和胃，生津液，五也；止肌熱，六也；四肢困倦嗜臥，目不能開，不思飲食，七也；止渴，八也；安胎，九也。凡中焦不受溼不能下利，必須白术以逐水益脾，非白术不能去溼，非枳實不能消痞，故枳术丸以之為君。潔古云：除胃熱者，蓋脾之陰不化，則津不生，津不生則氣不行，而熱還歸於胃也。《述》曰：佐以黃芩能安胎，佐以枳實能消痞，配二陳湯能健脾消食，化痰除溼。與歸、芍、生地之類同用，能補脾家之血；再加枳實、薑炒黃連，除脾中溼熱；加乾薑，逐脾家寒溼；與黃芪、芍藥等同用，有汗即止，少入辛散之味，無汗則發。

愚按：張潔古首言白术除溼益氣。夫溼兼四氣，而治溼之味亦不少，何以茲味為除溼首劑，更能益氣乎？曰：天行之健者屬陽，即元氣也。然陽本出於陰中，故元氣每困於溼，溼除則氣益，唯此味於坤順之體，具乾健之用，不等於淡味滲溼，風劑燥溼，即燥溼如蒼术亦難匹其健運之功，故首以除溼益氣歸之也。夫脾主溼，所謂陰中之太陰，然陰中有陽，為胃行氣於三陽三陰者也。溼困，是陰中之陽困也，即不得胃脘之健陽以召之，將何以為胃行氣於三陽三陰乎？唯有健胃陽者，以化脾陰而召陰中之陽，乃為表裏相應，故得水火相召，元氣於是暢，於是益矣。若然則白术健胃，而更藉脾之用者專乎？曰：脾主地氣，胃主天氣，脾不得天氣之召，則地氣不上行，胃不得地氣之和，則天氣不下施。《內經》於脾胃，切切於天氣地氣之分，固謂其主升降之化也。至地氣上與天氣和，則如《經》所謂上焦合而營諸陽，總歸於陽之能施能化，此所以一切主治諸證。陰固在陽中而不尸其功，況諸證非病於陽之不能健運，即陰之不得陽以運化者也。大抵白术之用在除溼，其功在除溼，而即能益氣，益氣而便能和血。除溼者，胃之功至於脾也。益氣者，即由脾而歸胃也。益氣而和血者，表裏相應，水火互召也。其主治諸證，總不越此數語。王海藏所謂在氣主氣，在血主血者是矣。但不可以相提並論，所謂陰從陽化，而不尸其功者也。其所入之經，先胃及脾，海藏曰理胃益脾，下語極有酌量，其他所入之經，又由脾胃以及之，即《經》所云胃行氣於三陽三陰，脾又為胃行之者也。故取《本經》暨各本草主治，當先訂其受益者在脾胃臟腑之證，而其經所受證次之，又次則究脾胃二經所傳於他臟腑之經者。若何胥益，則茲味之功乃知迴殊羣劑也？蓋人身唯是元氣為根蒂，茲味於中土能宣天氣之陽，以化地氣之陰，陰陽和而氣乃行，由真氣以化穀氣，即由穀氣以充真氣，俾中土氣交，能行升降之化，真後天補接良劑，而於老人更切也。潔古曰：下行則用之，豈非以足三陰同起於下，而益脾者，即能與肝腎俱乎？脾益而腎肝交益者，亦胃得地氣之和以下施也。然先因天氣之召，而後地氣和，故治痿者獨取陽明。《經》曰：三結交者，陽明太陰也，臍下三寸關元也。故知由脾胃而達腎肝之陰，不謂此味無功矣。海藏所云補肝經風虛，又治衝脈逆氣裏急臍腹痛，是與潔古互為發明也。唯是陰虛而陽熾者，此味投之則相反若氷炭，固水流溼，火就燥之義也。陰已虛而更燥之，陽已熾而更益之，可乎？每見粗工治陰虛證，於理脾亦用參、术，大屬怅怅。

又按：《經》曰藏府各因其經而受氣於陽明，故為胃行其津液，蓋氣陽也。各藏府之陽，皆稟於胃經者，血脈之所注陰也。各藏府之陰皆原於脾胃，脾固陰陽之樞也。藏府各因脾之經而乃受氣於陽明者，以陽原出於陰中也。因脾之經而必行其津液者，經脈固液所化也。但脾陰患於溼，則陰不化，而津液不生，白术理胃益脾，能令生津以通經，乃得由經以達氣。《經》曰四肢皆稟氣於胃，今脾不能為胃行其津液，四肢不得稟水穀氣，氣日以衰，脈道不利，筋骨肌肉皆無氣以生，玩《經》數語，是白术之理胃為最者，以其能健陽，而真氣並於穀氣，能行於諸臟腑也。其能行於諸臟腑者，以其健胃陽，而即能化脾陰，致其津液以能榮血脈，通經隧也。即五臟以胃氣為本者，却於脈取之，則知胃氣之貫於五臟者，乃在經，而經脈雖心所主，却必本之脾者，以其陰陽表裏，而水土且合德以立地也。《經》曰五藏皆稟氣於胃，而不得至經，必因於脾乃得稟也。數語極其透露，粗者但曰補脾耳，亦太草草矣。

又按：白术以除溼益氣為功，然則凡溼皆用术乎？曰：溼分內外，尤別寒熱，屬於寒，是陽鬱陰中而不升也。陰之所蓄，則氣虛矣。所謂虛者，即陽之虛也，屬於熱是陰困陽中而不降也。陽之所并，則氣實矣。所謂實者，即陽之實也，是虛實皆屬氣，氣之虛實皆化溼也。但《經》曰實者，邪氣之實也。如是亦可投术，以益氣乎？夫溼者，地氣也。陽蓄於陰，是地氣因天氣之鬱而不化，固為溼矣。陰困於陽，是地氣受天氣之并而不化，則亦為溼。總之，化溼者皆陰，而陰之所以化溼者，皆本於陽之不能化，惟一

虛一實而投治殊異。虛者補正以益氣，如白术、茯苓是也。實者除邪以益氣，如昔人所謂連、檗、枝、黄，皆可燥溼。不執二术為用者是也。夫氣者水所生，陰生陽也。故液者，氣所化，陽化陰也。氣能化液，何溼之有？如氣虛而不能化，補其陽而液自化，所謂术補胃而脾能為胃行其津液者是，是即所謂脾行氣於三陰，亦為胃行氣於三陽，葢液之所化，即其氣之所到也。至氣實而不能化者，不等於真氣之不足，乃病於真氣之受傷，不足者直可補之，受傷者必先除其所傷之邪，如抑陽則陰化。陰受并於陽，則亦不化，故曰抑陽則陰化。陰化則液行，液行則溼除，溼除而氣益矣。是氣與溼不能相離以為本，而除溼益氣亦不能相離以為用，特益正除邪，貴於適事為故耳。雖然，此寒熱虛實如斯較然者，然有謂風證之能治也，謂何？曰：風亦有別，陽虛陰蓄，陰固非真陰也。久而陰不化，則陽從之而化風，是謂風虛，所宜活血以化陰，而補其風虛者也。陽盛陰困，陽固非真陽也。久而陽不化，則陰從之而化風，是謂風實，所宜清氣以化陽，而疏其風實者也。風皆屬陽，風虛者，陽從乎陰以病血也，故應治血。風實者，陰從乎陽以病氣也，故應治氣。二治於茲味宜否，臨病所當酌處矣。總之因溼化熱，因熱化溼，皆患於陰之不得陽以化，太陰之脾不能行其液以通經脈而增溼，致胃氣不能達於三陰三陽以增熱，展轉相因，為病乃劇耳。《經》曰：經隧者，氣血所從出之道也。氣血之道壅，而經絡阻絕，其於生也幾何？如卒中之類，孰非熱化溼，溼更化熱，以亡其陰者之為病乎？至如反胃中滿，皆非溼熱所馴致以至此極乎？朱丹溪先生有云：人身溼熱為病居多，是又種種不可數量者也。抑白术主治，《本草》有腹滿嘔逆等證，固非溼熱歟。曰：此皆陽虛化溼之的對，至陽盛而熱化溼者，責其本於熱，所謂火就燥之義云何，而可不審耶？惟治如斯證者，識取要領，知皆本於陽之不能化陰，雖投劑清熱，期於陰之能化而已，或攻之，抑或補之，不可傷其真陽以絕化原，故亦有不能舍术之時也。唯能審其可投與否，而後能用之，以頭頭奏效矣。

又按：溼熱之證，無如七情所傷者，傷於陰而不能化陽，以致氣鬱成溼，溼鬱化熱，但究其本，是陰氣有傷，非若陰盛而蓄陽之溼熱也。雖不宜寒降，宜除溼理脾，其可投二术之辛燥以亡陰乎？粗工又類以虛火治，是固有似者，第此證關於神思，乃陽中之陰傷也。難以純陰濡劑絕其化原，雖曰不宜湊陽，宜裕陰和氣，又切慮其滯陽，即二冬亦當慎也。近代程若水治斯證，殊有理會，每用茯神、石棗、丹皮滋陰降火，茯苓、苡仁、木瓜、車前健脾行溼，佐山查、石菖蒲以行溼滯，其亦異於粗工之貿貿者歟。葢斯證患之者最多，乃誤治而夭枉者不少，故於白术治溼之類，表而出之。

又按：人身之病，唯痰為多，亦唯痰之為害最甚。自真陰虛損之火痰，先以補益真陰為急。又外因六淫之氣痰，先以祛除外邪為急。並飲食積聚之鬱痰，先以導散鬱滯為急。此外凡內傷中氣而為虛痰，為溼痰，未有不以理中氣為本者也。葢不補健脾氣，則液不化，痰不行，不行不化，將脾胃之氣愈困，而不能行氣於三陰三陽，即經隧之道塞，而不能通行營血，以歸於血海，將下焦之元陰愈虛，而上焦之虛熱更生，上焦虛熱因痰滯化熱，又以下焦陰虛也，真陰日虧，而真陽日憊，是唯老人最甚。然而健脾行痰者，無過白术而已。然須審其的為可投之證而投之，抑審其初未可投，而投之需後乃可者，庶幾信心以奏效也。

附方　張潔古家珍枳术丸，消痞強胃，久服令人食自不停也。白术一兩，黄壁土炒過，去土，枳實麩炒，去麩一兩，為末，荷葉包飯燒熟，搗和丸梧子大，每服五十丸，白湯下。氣滯加橘皮一兩，有火加黄連一兩，有痰加半夏一兩，有寒加乾薑五錢，木香三錢，有食加神麴、麥糵各五錢。叔承曰：白术補脾，和中滲溼為君；枳實消導化痰，清火為臣。二味乃健脾之至藥也。然所感不同，為病亦異，宜因證加減。又曰養胃必用參、术，健脾必用枳、术。健者，運也，動也。脾氣不運而助其力，以健運也。與天行健之健同。按：白术為補脾胃要藥，如投其所宜，隨證取效，不能備錄，今但摘其治泄一證，其中有所因不同，而所和之味亦因之以異者，即此推類以盡之，然後可以善术之用也。脾虛洩瀉，白术五錢，白芍藥一兩，冬月用肉豆蔻煨，為末，米飲丸梧子大，每米飲下五十丸，日二。溼瀉暑瀉，白术、車前子等分，炒，為末，白湯下二三錢。久瀉滑腸，白术炒，茯苓各一兩，糯米炒二兩，為末，棗肉拌食，或丸服之。老小滑瀉，白术半斤，黄土炒過，山藥四兩，炒，為末，飯丸，量人大小，米湯服，或加人參三錢。老人常瀉，白术二兩，黄土拌蒸，焙乾，去土，蒼术五錢，泔浸炒，茯苓一兩，為末，米糊丸梧子大，每米湯下七八十丸。瀉血萎黄，腸風痔漏，脫肛瀉血，面色萎黄，積年不瘥者，白术一斤，黄土炒過，研末，乾地黄半斤，飯上蒸熟，搗和，乾則少入

酒，丸梧子大，每服十五丸，米飲下，日三服。　中梓曰：白术甘溫，得土之冲氣，補脾胃之第一品也。《术贊》云：味重金漿，芳踰玉液，百邪外禦，六腑內充。察草木之勝，速益於己者，並不及术之多功也。俗醫往往嫌其滯，一坐未讀《本草》，一坐炮製未精耳。但臍間有動氣築築者，禁之。

修治　嘉謨曰：咀後人乳汁潤之，制其性也。脾病以陳壁土炒過，竊土氣以助脾之。　去油者，去皮，切片，米泔水浸透，曬乾，陳壁土裹蒸曬九次，洗浄，仍曬乾用。　《醫彀》曰：脾虛而氣滯者，枳實煎水漬炒，或香附煎水漬炒。　《醫畧》云：枳术丸用白术，須以紫蘇、薄荷、黃芩、肉桂湯煮過。

蒼术一名赤术。　氣味：苦，溫，無毒。　《別錄》曰：甘。　權曰：甘、辛。　時珍曰：白术甘而微苦，性溫而和。赤术甘而辛烈，性溫而燥，陰中陽也，可升可降，入足太陰陽明、手太陰陽明太陽之經。

主治：除溼解鬱，疏滯寬中，強胃安脾，治溼痰留飲，心下急滿，水腫脹滿，或挾瘀血成窠囊，止寒溼嘔逆，下泄冷痢，治痿瘵疸，及風寒溼痹，更脾溼下流，濁瀝帶下，陰寒疝氣。　潔古曰：蒼术氣溫，味甘。主治與白术同。若除上溼，發汗功最大。若補中焦，除脾胃溼力少，不如白术。腹中窄狹者須用之。若治脛足溼腫，加白术。　又云：蒼术體輕浮，氣力雄壯，能去皮膚間腠理溼。　東垣曰：《本草》但言术，不分蒼、白。而蒼术別有雄壯上行之氣，能除溼，下安太陰，使邪氣不傳入脾也。以其經泔浸火炒，故能出汗，與白术止汗特異，用者不可以此代彼，葢有止發之殊也。　又曰：為治痿要藥。　按：痿皆由陽明虛，義見王宇泰《痿論》。　丹溪曰：蒼术能總解諸鬱，痰、火、溼、食、氣、血六鬱皆因傳化失常，不得升降，病在中焦，故藥必兼升降，將欲升之，必先降之，將欲降之，必先升之，故蒼术為足陽明經藥，氣味辛烈，強胃強脾，發穀之氣，能徑入諸經，疏洩陽明之溼，通行斂濇，香附乃陰中快氣之藥，下氣最速，一升一降，故鬱散而平。　又曰：蒼术治溼，上中下皆可用。以黃柏、牛膝、石膏下行之藥引之，則治下焦溼疾。入平胃散能去中焦溼疾，而平胃中有餘之氣。入葱白、麻黃之類，則能散肉分至皮表之邪。惟血虛怯弱，及七情氣悶者慎用，誤服耗氣血，燥津液，虛火動而痞悶愈甚。　楊士瀛曰：脾精不禁，小便漏，濁淋不止，腰背酸疼，宜用蒼术以斂脾精，精生於穀故也。　仁齋所謂斂脾精者，即除溼而不使脾淫，同於東垣所謂除溼下安太陰之義，非別有收斂之功也。　許叔微《本事方》云：微患飲澼三十年，始因少年夜坐寫文，左向伏几，是以飲食多墜左邊，中夜必飲酒數杯，又向左臥，壯時不覺，三五年後，覺酒止從左下有聲，脇痛食減，嘈雜，飲酒半杯即止，十數日必嘔酸水數升，暑月止右邊有汗，左邊絕無，徧訪名醫及海上方，間或中病，止得月餘復作，其補如天雄、附子、礬石輩，利如牽牛、甘遂、大戟，備嘗之矣。自揣必有澼囊，如水之有科臼，不盈科不行，但清者可行，而濁者停滯，無路以決之，故積至五七日，必嘔而去。脾土惡溼，而水則流溼，莫若燥脾以去溼，崇土以填科臼，乃悉屏諸藥，只以蒼术一斤，去皮切片，為末，油麻半兩，水二盞，研，濾汁，大棗五十枚，煮去皮核，搗和丸梧子大，每日空腹溫服五十丸，增至一二百丸，忌桃、李、雀肉，服三月而疾除。自此常服，不嘔不痛，胸膈寬利，飲啖如故，暑月汗亦周身，燈下能書細字。皆术之力也。初服時必覺微燥，以山梔子末沸湯點服解之，久服亦自不燥矣。

愚按：潔古、東垣謂二术俱去溼，而蒼术則別有雄壯上行之氣，是固然矣。然不若丹溪謂蒼术能解諸鬱，強胃而發穀之氣，能徑入諸經疏泄陽明之溼，通行斂濇之為中肯也。夫中土喜燥而惡溼，二术皆燥溼者，皆入脾胃。第白术之味始甘，次有微辛，後歸於苦。苦者居多，苦從火化，火乃土之母也，故為健脾胃之主。蒼术始甘次苦，後歸於辛。辛者居多，辛從金化，金乃土之子也，故為行脾胃之化。雖曰雄壯之氣上行，亦止肖其辛烈，而未得暢其功用也。葢水土合德以立地，在中土固為氣交，若脾不主溼，則陰氣何以達於陽？唯是真氣原與穀氣并而充身，如穀氣在脾胃者，或飲食所傷，或六淫所侵，致穀氣不能發越，則真陰之氣反鬱還以溼而為病，病於溼則真陰不能致於陽，脾不能行氣於三陰，即不能為胃行氣於三陽。葢真氣即穀氣之本，穀氣即真氣之充也。故不能以行血氣，營陰陽，而衛氣先病，營即隨之。如蒼术之能發穀氣，猶水穀悍氣慓疾滑利，先衛而後營，與白术之健運於中者，是為別耳。若然，執雄壯上行之氣，而等於散表發汗之他味以為用也，可乎？猶有謂其氣極雄壯，通行脾腎者，詎知脾與三陰同居於下，脾陰至肺，而腎陰亦至於肺，脾之至陰藉燥，而辛烈者以發穀氣，俾上行至肺，而腎亦至矣。氣交所司固爾，升者降之本，更穀氣發越。凡陽明之氣所能至者，皆能至之，況胃之三脘本於任乎？此丹溪謂

上中下除溼皆可用也。故李仲南《永類方》八製蒼朮，以治腰脚溼氣痹痛，又不特治溼也。《萬表積善堂》方六製蒼朮，治下元虛損，偏墜莖痛。又《乾坤生意》四製蒼朮，加白茯苓、當歸，以治元臟久虛，遺精白濁，婦人赤白帶下崩漏。如斯類者，不一而足，雖不盡歸功於蒼朮，然皆藉陽明發越之氣，和以各證所宜之味，俾奏功於下焦也。若然，又豈僅藉其雄壯之氣乎哉？《神農經》云：若欲長年，當服山精。斯言謂何？此近代醫聖所以獨推朱丹溪先生也。

附方　蒼朮丸，真茅山蒼朮四斤，如法洗浸，去皮切片，以桑椹、懷生地、何首烏各一斤，熬濃汁，至無味而止，去渣濾清，下蒼朮浸之，曬乾，復浸，汁盡為度，細末，又以人乳拌勻，曬乾，數次約重數兩，煉蜜為丸，白湯或酒吞。蘄州何刺史年七十餘守潼川，飲啗過少年，叩其故曰：平生服蒼朮丸，每日數錢。　治痹，真茅山蒼朮十斤，洗浄，先以米泔浸三宿，用蜜酒浸一宿，去皮，用黑豆一層，拌蒼朮一層，蒸二次，再用蜜酒蒸一次，用河水砂鍋内熬濃汁，去渣，隔湯煮，滴水成珠為度，每膏一斤，和煉蜜一斤，白湯調服。一老人專用此方，八十餘身輕蹻捷甚於少年。　治蠱脹由於脾虛有溼，黃司寇葵峰中年病蠱，得異方，乃真茅山蒼朮末也。每清晨米飲調三錢，服不數月，強健如故，終身止服朮，七十餘終，少停疾作矣。　《永類方》、《積善堂方》、《乾坤生意》方，俱見《本草綱目》。　中梓曰：陰虛便燥渴而火亢者，忌之。

修治　出茅山細而帶糖香味，甘者真。米泔浸洗極淨，刮去皮，拌黑豆蒸，又拌蜜酒蒸，又拌人乳透蒸，凡三次，蒸時須烘曬極乾，氣方透。按：此製法似妥，蒼朮燥，上行，用黑豆蒸者，引之合水氣也。蜜、酒、人乳皆潤之，更使合於金氣而不燥也。　能曰：胎中酒蒸，平用泔製。

希雍曰：朮稟初夏之氣以生，其味苦，其氣溫，從火化也。正得土之冲氣，故《別錄》益之以甘，表土德也，故無毒。其氣芳烈，其味甘濃，其性純陽，為除風痹之上藥，安脾胃之神品。

同人參、茯苓、白芍藥、甘草、橘皮、蓮肉、縮砂，則健脾開胃，消飲食，為壯脾胃之要劑，調中之正法。　同藿香、橘皮、茯苓、人參、木瓜、豬苓、澤瀉、縮砂，則治霍亂吐瀉轉筋。　同乾葛、防風、茯苓、炙甘草、車前子、豬苓、澤瀉，則治溼勝作泄若雷奔。　同秦艽、萆薢、木瓜、薏苡仁、桑寄生、石斛、黃耆、地黃、石菖蒲、桂枝、甘草、晚蠶沙，則治一切痛痹及關節不利。熱者去桂枝，加黃蘗。　得黃蘗、牛膝、木瓜、石斛，能健步潛行。　得苦參、牡蠣，治小兒胃家溼熱，飲食不生肌肉。　君人參，芍藥、木瓜、薏苡、茯苓、桑白皮、赤小豆、車前、橘皮，佐以豬苓、澤瀉，能治一切水腫。日重則倍人參，夜重則加地黃、芍藥，俱與朮倍。　君枳實，橘皮、砂仁、半夏、人參，則除心腹脹滿，消宿食，開胃，去痰涎，除傷食發寒熱及泄瀉。　同人參、橘紅、白茯苓、木瓜、藿香，治反胃吐逆。因於寒則加生薑，因於熱則加竹茹、枇杷葉、逆水蘆根。　同麥門冬、石斛、黃蘗、白芍藥、木瓜、薏苡仁、五味子，為治痿要藥。同生薑、藿香、檳榔，能治山嵐瘴氣。　同四物湯、麥門冬、荊芥、防風、地榆，能治腸風下血。　同補骨脂、川椒、茴香、青鹽、川楝子、黃蘗，治疝。

希雍曰：朮，《本經》無分別，陶弘景有赤白二種，近世乃有蒼、白之分，其用較殊，要之俱為陽草，故祛邪之功勝，而益陰之效虧。藥性偏長物無兼力，此天地生物自然之道也。凡病屬陰虛血少，精不足，内熱骨蒸，口乾唇燥，咳嗽吐痰，吐血、鼻衄、齒衄，咽塞，便秘滯下者，法咸忌之。朮燥腎而閉氣，肝腎有動氣者勿服。劉涓子《癰疽論》云：潰瘍忌白朮。以其燥腎而閉氣，故反生膿作痛也。凡臟皆屬陰，世人但知朮能健脾，此蓋指脾為溼邪所干，朮能燥溼，溼去則脾健，故曰補也。寧知脾虛而無溼邪者用之，反致燥竭脾家津液，是損脾陰也，何補之足？云此最易誤，故特表而出之。

愚按：蒼、白二朮，繆希雍概指其功，亦概慎其用。但二朮之功原殊，其氣味之偏，即因之而異。李東垣先生云：補中益氣，力優在白；除溼快氣能專於蒼，此為確論。故先哲謂二朮不可相代也。若然，則希雍所謂祛邪之功勝，而益陰之功虧者，當以坐蒼，不得概蔽之白。此朱丹溪之所以致慎於蒼也，至燥腎閉氣。又宜以坐白，不能混及於蒼，故先哲以枳實佐白朮而用之者，豈無深意乎？至言脾虛而無溼邪者，概言忌朮，不知脾虛而溼邪之或有或無，白朮正所急須，但不宜於胃有實熱者耳。在蒼朮或宜如所忌，然切禁於蒼者，若消渴，痰火，少血，一切陰虛之證也。希雍所詣原淺，恐誤投劑者，故一明之。

清・郭章宜《本草匯》卷九　白朮　味苦甘辛，氣溫，味厚氣薄，可升可降，陽中陰也。入手太陽少陰、足太陰陽明少陰厥陰經。健脾生津，除濕溫中，驅胃脘食積痰涎，消臍腹水腫脹滿。治瀉痢嘔逆，療勞倦嬾眠。飲食怕進，倍用宜當。内傷發熱，多服益善。脾虛盜汗白朮四兩，一兩同牡蠣炒，一兩同

石斛炒，一兩同麥麩炒，揀术研細末，粟米湯下。自汗，中冷脹滿壅遏。脾氣不和，冷氣客于中，壅遏不通，是為脹滿。白朮、橘皮酒和丸，食前木香湯下。奔豚積忌煎，因常閉氣。癰疽毒禁用，為多生膿。去皮毛間風，利腰臍間血。白朮本燥，又謂利腰臍間血，益津液者何？蓋脾胃統一身之血，而腰臍乃其分野，藉其養正之力，而瘀血不敢稽留，津液從此生矣。東垣補中，取其益氣。仲景五苓，用之利水。君枳實消痞滿氣，佐黃芩安胎清熱。胎動、痞滿、吐瀉，皆脾弱也。故用术以助脾。《別録》益精暖胃，消穀嗜食者，濕去則胃強，而氣得周旋，津液自生，寒濕散則胃自暖而脾健矣。又消痰水，逐皮間風水結腫，心下急滿，及霍亂吐下不止者，濕客于胃，則滯而生痰，客于脾則生水，脾虛濕勝，則為水腫，濕客中焦，則心下急滿，脾胃俱虛，則中焦不治，而濕邪客之，則為霍亂吐下不止也。《本經》主風濕痺寒，死肌痙疸者，風寒濕三者，合而成痺。痺者，拘攣而痛是也。《經》云地之濕氣，感則害人皮肉筋骨。死肌者，濕毒侵肌也。痙者，風寒乘虛，客于肝脾腎所致也。疸者，脾胃虛而濕熱瘀滯也。凡此諸症，莫不由寒濕而成。术能除之，故疾可祛也。又止汗除熱消食者，濕熱盛則自汗，濕邪客則反熱，濕去而脾胃燥，燥則食消，汗止，熱除矣。

按：白朮得中宮中和之氣，有強胃去濕之功，為除風痺之上藥，安脾胃之神品。脾胃健于轉輸，則新穀進而宿穀消，土旺則能健運，故不能食者，食停滯者，有痞積者，皆用之也。土旺則能勝濕，故患痰飲者，腫滿者，濕痺者，皆賴之也。土旺則清氣善升，而精微上奉，濁氣善降，而糟粕下輸，故吐瀉者不可缺也。與二陳同用，則健胃消食，除濕化痰。與芍藥、芎、歸、枳實、生地之類，則補脾而清脾家濕，再加乾薑去脾家寒濕，與黃耆、芍藥等，有汗有汗屬脾虛則止，少加辛散之味，無汗無汗因土不能生金，金受火尅，故皮毛焦熱也。則發也。在表、在中、在下，各有所宜，故曰上而皮毛，中而心胃，下而腰臍，在血主血，在氣主氣。但其性本燥，《本草》言其生津者，蓋脾惡濕，濕勝則氣不得施化，津何由生？故膀胱津液之府，氣化則出。今用术以燥之，則氣得周流，津液亦隨氣化而出矣。必脾虛脾濕者宜之，倘類脾虛脹滿，而實非脾虛，服之不益增脹滿耶？用者審之。日華謂白朮利小便者，正以此也。如茯苓亦係滲淡之藥，謂之能生津液，義與此同。劉涓子《癰疽論》云：潰瘍忌白朮。以其燥腎而閉氣，反生膿作痛也。凡臟皆屬陰，世人但知术能健脾，不知此蓋指脾為正邪所干，故曰補也。寧知脾虛無濕者用之，反致燥竭脾家津液，是損脾陰也，何補之有？大抵陰虛燥渴，少血骨蒸，痰嗽哮喘，唇燥咽塞，便閉滯下，肝腎攻築，腹滿動氣者，切須忌之。

浙术，即俗名雲頭术，則糞力滋溉，肥大易油。歙术，即俗名狗頭术，瘦小燥白，得土氣甚充，反勝雲术。咀片，米泔浸之，借穀氣以和脾也。陳東壁土蒸之，竊土氣以助脾也。脾土受傷者，須土炒以補助。若非脾病，不必拘此製。懼其燥也，以蜜水炒之。懼其滯也，以薑汁焙之。制其性也，以乳汁潤之。炒令褐色妙。防風、地榆為之使。忌桃、李、菘菜、青魚、雀肉。

清・蔣居祉《本草擇要綱目・熱性藥品》 白术 氣味：甘，溫，無毒。可升可降，陽中陰也。入手太陽少陰、足太陰陽明少陰厥陰六經。用乳汁潤之，以制其性。脾病以陳壁土炒過，竊土氣以助脾也。 主治：溫中，去脾胃濕，除脾胃熱，強脾胃氣，進飲食，和脾胃以生津液，止肌熱。治四肢困倦，目不能開，怠惰嗜臥，不思飲食，止渴安胎。凡中焦不受濕不能下利，必須白术以逐水益脾，非白术不能去濕，非枳實不能消痞，故枳术丸以之為君。然脾惡濕，濕勝則氣不得施化，津液何由而生。故曰膀胱津液之府，氣化則能出焉。用白术以除其濕，則氣得周流，而津液自生矣。

清・閔鉞《本草詳節》卷一 白朮 【略】米泔水浸之，借穀氣和脾。壁土炒之，竊其氣助脾。嫌其燥以蜜水炒之，嫌其滯以酒炒之。生用瀉胃火，尤豁痰散血，燥濕利水，人所不知。主大風風眩，頭痛，目淚出。脾胃虛弱，痰水痞氣宿滯，心腹脹滿，腹中冷痛，皮間風水結腫，風寒濕痺死肌，利腰臍間血，及自汗，霍亂瀉痢，冷氣痃癖癥瘕。食則嘔，胃脘痛，安胎，利小便。

按：白朮味甘性溫，得中宮冲和之氣，故補脾胃之藥，更無出其右者。土旺則能健運，故四肢困倦嗜臥，不開目，不思飲食者，食停滯者，有痞積者，皆用之也。土旺則能勝濕，故患痰飲者，腫滿者，濕痺者，皆賴之也。土旺則清氣善升而精微上奉，濁氣善降而糟粕下輸，故吐瀉者不可闕也。《別錄》以為利腰臍間血者，因脾胃統攝一身之血，而腰臍乃其分野，藉其養正之力，而瘀血不敢稽留矣。張元素謂其生津止渴者，濕去而氣得周流，而津液生矣。謂其消痰者，脾無濕則痰自不生也。安胎者，除胃中熱也。又上中下在氣主氣，在血主血，無汗則發，有汗則止，與黃芪同功。

清・王翃《握靈本草》卷二 白朮處處有之，出茅山、嵩山者佳。米泔浸，治脾病東壁土蒸或炒。如惡其燥，蜜水炙；嫌其滯，薑汁炒，或枳實煎水漬，炒。 主治：白

朮，甘，溫，無毒。主風寒濕痺，死肌痙痺，止汗除熱，消食。大風在身皮間，水腫心下急滿。利腰臍間血，暖胃消穀嗜食，除濕氣，和中補陽，消痰逐水，生津止渴，止瀉，安胎，理胃益脾。　發明：【略】白朮功專補土，土旺則能健運，土旺則能勝濕，土旺則清氣升，而精微上奉，濁氣降而糟粕下輸。【略】人但知朮能燥濕，濕去則脾健，寧知脾虛無濕邪者用之，反致燥竭脾津，是損陰也。此最易誤，故表而出之。

清・汪昂《本草備要》卷一　白朮補脾燥濕。　苦燥濕，《經》曰：脾苦濕，急食苦以燥之。甘補脾，溫和中。在血補血，在氣補氣。同血藥則補血，同氣藥則補氣。無汗能發，有汗能止。濕從汗出，濕去汗止。止汗同耆、芍之類，發汗加辛散之味。燥濕則能利小便，生津液，既燥濕而又生津，何也？汪機曰：脾惡濕，濕勝則氣不得施化，津何由生？用白朮以除其濕，則氣得周流，而津液生矣。汪機，著《本草會編》。止泄瀉，凡水瀉，濕也；腹痛腸鳴而瀉，火也。水火相激則腸鳴。痛甚而瀉，瀉而痛減者食也。完穀不化氣虛也。在傷寒下痢，則爲邪熱不殺穀也。久瀉名脾泄，腎虛而命火衰，消痰水腫滿，黃疸濕痹。補脾則能進飲食，祛勞倦，脾主四肢，虛則四肢倦怠。止肌熱，脾主肌肉。化癥癖。同枳實則消痞，一消一補，名枳朮丸，荷葉燒飯爲丸，脾運則積化也。和中則能已嘔吐，定痛安胎。同黃芩則安胎，黃芩除胃熱，白朮補脾，亦除胃熱，利腰臍間血。蓋胎氣繫于脾，脾虛則蒂無所附，故易落。利腰臍血者，濕除則血氣流行也。血燥無濕者禁用。能生膿作痛，潰瘍忌之。補氣故也，凡脹滿者忌用。白朮閉氣，然亦有塞因塞用者。　肥白者出浙地，名雲頭朮；燥白者出宣、歙，名狗頭朮，差勝于浙。用糯米泔浸，借穀氣以和脾。陳壁土炒。藉土氣以助脾。或蜜水炒，人乳拌用。潤以制其燥。《千金方》云：有人病牙齒長出口，艱于飲食者，名髓溢，單用白朮愈。

清・吳楚《寶命真詮》卷三　白朮味苦甘，性溫，無毒。入脾胃二經。防風為使。忌桃、李、青魚。用米泔水浸半日，蒸，切片，土拌炒令褐色。　健脾進食，消穀補中，土旺則能健運。化胃經痰水，理心下急滿，土旺自能勝濕。利腰臍血結，脾胃統攝一身之血，而腰臍乃其分野，藉其養正之功，而瘀血不敢稽留矣。祛周身濕痺。痺皆濕停為害，濕去則安。君枳實以消痞，強脾胃之力。佐黃芩以安胎。化濕熱之功。

清・李世藻《元素集錦・本草發揮》　白朮　入脾土炒，至逍遙散、舒經湯等方中，唯炒而已，不用土也。甚勿誤之，以致不效。

清・陳士鐸《本草新編》卷一　白术　味甘、辛，氣溫，可升可降，陽中陰也，無毒。入心、脾、胃、腎三焦之經。除濕消食，益氣強陰，尤利腰臍之氣。有汗能止，無汗能發，與黃芪同功，實君藥而非偏裨。往往可用一味以成功，世人未知也，吾今泄天地之奇。如人腰疼也，用白术二三兩，水煎服，一劑而疼減半，再劑而痛如失矣。夫腰疼乃腎經之症，人未有不信。腎虛者用熟地、山茱以補水未效也，用杜仲、破故紙以補火未效也，何以用白术一味而反能取效。不知白术最利腰臍。腰疼乃水濕之氣浸入于腎宮，故用補劑，轉足以助其邪氣之盛，不若獨用白术一味，無拘無束，直利腰臍之為得。夫二者之氣，原通于命門，臍之氣通，而腰之氣亦利，腰臍之氣既利，而腎中之濕氣何能久留，自然濕去而痛忽失也。通之而酒濕作瀉，經年累月而不愈者，亦止消用此一味，一連數服，未有不效者。而且濕去而瀉止，瀉止而脾健，脾健而胃亦健，精神奮發，顏色光彩，受益正無窮也。是白术之功，何亞于人參乎。不特此也，如人患瘧病，用白术二兩，半夏一兩，米飯為丸，一日服盡即愈。夫瘧病，至難愈之病也。用柴胡、青皮散邪不效，用鱉甲、首烏逐邪不效，用草果、常山伐邪不效，何以用白术二兩為君，半夏一兩為臣，即以奏功。不知白术健脾開胃之神藥，而其妙尤能去濕，半夏去痰，無痰不成瘧，而無濕亦不成痰。利濕則痰已清其源，消痰則瘧已失其黨，況脾胃健旺，無非陽氣之升騰，瘧鬼又于何地存身哉。此效之所以甚捷也。由此觀之，則白术非君藥而何。推之二陳湯，必多加白术所以消痰也；四君子湯，必多加白术所以補氣也；五苓散，必多加白术所以利水也；理中湯，必多加白术所以祛寒也；香薷飲，必多加白术所以消暑也。至于產前必多加术以安胎，產後必多加白术以救脫，消食非多用白术何以速化，降氣非多用白术何以遽定，中風非多用白术安能奪命于須臾，痞塊非多用白术安能救困于敗壞哉。人知白术為君藥而留心于多用也，必能奏功如神矣。

或問：白术利腰臍而去濕，若濕不在腰臍者，似非可利，胡為凡有濕病皆不能外耶？此未明乎腰臍之義也。人之初生，先生命門。命門者，腎中之主，先天之火氣也。有命門而後生五臟六腑，而臍乃成，是臍又後天之母氣也。命門在腰而對乎臍，腰臍為一身之主宰。腰臍利而人健，腰臍不利而人病矣。凡有水濕，必侵腰臍，但有輕重之分耳。治水濕者，一利腰臍而水即入于膀胱，從小便而化出，所以得水必須利腰臍，而利腰臍必須用白术也。

況白术之利腰臍者，利腰臍之氣，非利腰臍之水也。腰臍之氣利，則氣即通于膀胱，而凡感水濕之邪，俱不能留，盡從膀胱外泄，是白术不利之利，正勝于利也。

或問：白术健脾去濕，為後天培土聖藥，真緩急可恃者也。雖然人知白术益人，而不知白术之損人也。白术利水，則其性必燥。世人濕病，十居其四，而燥症十居其六。肺氣之燥也，更用白术以利之，則肺氣爍盡津液，必有乾嗽之憂；胃氣之燥也，更用白术以利之，則胃氣炎蒸津液，必有口渴之慮。脾氣之燥也，更用白术以利之，則脾氣焦枯津液，必有腸結之苦。蓋宜于濕〔者〕，不宜于燥也。去濕既受其益，則添燥，安得不受其損哉。

或疑白术乃去濕生津之上品，而先生謂其性燥，不可治肺、胃、脾三家之燥病，吾不得其義也。夫白术生津，但能生水火既濟之津，不能生水火未濟之津也。如濕病宜去其濕，則燥病宜解其燥，亦明矣。乃不解其燥，而反用燥以治之，即能生津，亦為火所爍矣。況白术去濕，則內無津液而外無水氣，又從何而生津乎。此白术止可治濕而不可治燥也。雖然白术性雖燥終是健脾之物，脾健而津液自生。用潤藥以佐其燥，則白术且自失其燥矣，又何能助燥哉。

或疑白术健脾生胃，有時用白术而脾胃不能受補者何也？此虛不受補也。脾胃之氣，喜生發而不喜閉塞。白术正開胃開脾之聖藥，何至用之而反無功，明是土崩瓦解之象。而土崩瓦解之故，由於腎火之大敗也。土非火不生，火非土不旺，脾胃之土必得腎中之火相生，而土乃堅剛，以消水穀。今因腎水既枯，而腎火又復將絕，土既無根培之，又何益乎。徒用白术以健脾開胃，而腎中先天之火已耗盡無餘，如鑪中燼絕，益之薪炭，而熱灰終難起焰。此生之不生，乃脾不可生。非白术能生而不生也。

或又問：脾土固腎火所生，而胃土實心火所生，腎火絕而心火未絕，宜用白术以健胃，尚可以生土也。夫胃土非心火不生，而心火必得腎火以相濟，腎火絕，又何以濟心之不足乎。心火因腎火之絕，而心火欲救腎火而未遑，又何能救胃哉。胃既不可救，則胃無二火之生，胃氣欲不亡，不可得矣。胃氣既亡，則白术雖能健脾，而欲生胃無從也。

或又問：心、腎二火既絕，故用白术而無功，吾救心、腎之火而兼用白术，則不生者可以生矣。嗟乎！先天之火雖絕而未絕也，後天之火一絕而俱絕矣。腎中之火，先天之火也。心中之火，後天之火也。後天火絕者，由于先天之火先絕也。救先天之火，則後天之火自生。救後天之火，則先天之火難活。故救火者，必須先救腎中之火，腎火生則心火不死，腎火絕則心火不生。故欲救脾胃之生，不可徒救心火之絕，非心火之不宜救也，救腎火正所以救心火耳。倘腎火之絕不及救，而徒救夫心火，多用桂、附于白术、人參之中，欲救心以救腎也，終亦必亡而已矣，況僅用白术，又何以救之哉。

或疑白术性燥，脾胃有火者不宜用，恐其助熱也。此等議論，真民生之大不幸也。夫白术甘溫，正能去熱，脾胃有火者，安在不相宜。惟胃中邪火沸騰，不可用之以助邪。倘胃中虛火作祟，非白术之甘溫，又何以解熱哉。世人一見白术，無論有火無火，與火之是虛是邪，一概曰白术助火不宜用，更有疑白术為閉氣者，尤為可笑。白术利腰臍之氣，豈有腰臍利而脾胃反不利者乎。

或疑白术閉氣，閉上焦之氣也。先生謂利腰臍之氣，乃利下焦之氣，上下各不相同，恐未可以利下而併疑上焦之俱利也。曰：腰臍為生氣之根，豈有根本大利而枝葉不舒發之理。彼言白术之閉氣者，言氣虛散失者，白术能補而收閉其耗散之氣也。世人錯認閉字，致使白术利氣之藥，反同閉氣之品而棄之。此千古之冤也。

或問：白术陽藥，能益脾土之陰，是白术自能生陽中之陰乎，抑必有藉于補陰之味以生陽也？曰：陽藥補陽，而白术偏能于陽中補陰，是白术亦陰分之藥也。白术既陰陽兼補，得陰陽之藥，皆相濟而成功，安在入諸補陰以生陽，入諸補陽而不能生陰哉。

或疑白术陽藥，而補脾氣之陰，是陽能生陰也，又何以陽又能生陽乎？夫陰陽原兩相生也，陽以生陽，不若陽以生陰之速，但不可謂陽不生陽也。白术陽藥，以生脾中之陰者十之八，而生脾中之陽者十之二耳。

清・顧靖遠《顧氏醫鏡》卷七　白朮甘、苦，溫。入脾胃二經。於潛者佳。泔浸土蒸，蜜水拌炒。　健脾強胃，消穀嗜食。土惡濕，濕去則脾健而消穀，胃強而嗜食。化痰逐水，消腫止瀉。濕客中焦則生痰生水，濕勝則為瀉為腫，除濕則諸症自安。君枳實以消痞，健脾胃之力。佐黃芩而安胎。化濕熱之功。益氣和中，除濕之聖藥也。人但知白朮補脾，而不知脾惡濕，濕去則脾健，故曰補也。若脾虛而無濕邪者，用之反燥竭津液，是損脾陰矣，此最悞人，特表出之。凡陰虛內熱，

便秘滯下，肝腎有動氣者，勿服。

清·李熙和《醫經允中》卷一八　白术　土炒用。防風、地榆為使。忌桃、李、雀肉、青菜。　苦、甘，溫，無毒。味厚氣薄，可升可降，陽中陰也。主治除濕，利水道，止嘔，健脾胃，益氣和中，消痰清熱。得枳實為消痞方，和黄芩為安胎劑。間發痎瘧殊功，卒暴注瀉立効。汪機云：脾家濕勝，氣不施化，而津液無由以生，用白术以燥濕，則氣得周流，而津液生矣。但因閉氣有動氣者忌嘗，為多生膿，癰疽禁用，故必脾虛無積者宜之。倘類脾虛而氣滯者用之，蓋增脹滿，大不如炒蒼术之為神効也。哮喘誤服，壅塞難當。《千金方》云：有人病牙齒長出口，難于飲食者，名髓溢，單服白术愈。

清·馮兆張《馮氏錦囊秘錄·雜症痘疹藥性主治合參》卷一　白术稟初夏之氣以生，味苦氣溫，從火化也。得土之沖氣，益之以甘，昭土德也，故無毒。其氣芳烈，其味甘濃，其性純陽，較之於蒼术補多燥減矣。○浙术即名雲术，由糞力滋溉，肥大易油。歙术即俗名狗頭术，瘦小燥白，得土氣甚充，反勝雲术，宜囫圇米泔水浸一宿，切片晒乾，炒深黄。如入滋陰藥，人乳拌炒；　如入止瀉藥，東壁土拌炒；　如入膨脹藥，麸皮拌炒。　白术，暖脾益津，除濕益燥，建脾進食，消穀補中，除胃虛停飲，理心下急痛，補勞倦內傷，祛周身濕痹，毆胃脘食積痰涎，皮毛間風，腰臍間血，手足懶舉貪眠。在氣主氣，在血主血，中氣不足，脾胃諸虛之聖藥也。同枳實能消痞，同黄芩能安胎。有汗則止，無汗則發，喘症哮症忌用。

主治痘疹合參：　健脾止瀉，補虛斂汗，發泡漿溢者多加。然在膿時用之，則濕潤之氣不行，而痘難成漿矣。并熱盛喘嗽，音啞煩渴，熱毒煩躁者，竝禁之。惟瀉泄虛渴者，并水泡多，或胖甚不痂者及中氣大虛者甚宜。

按：　白术甘溫，得中土之沖氣，補脾胃之第一品也。《术贊》云：　味重金漿，芳踰玉液，百邪外禦，六腑內充，察草木之勝，速益於己者，並不及术之多功也。每遇暴病大虛，中氣欲脫之症，用此馨香沖和之味，托住中氣，真奏奇功，不亞人參。試思古人理中、术附二湯，咸仗為君，補虛續絕諸方，必兼佐用，但不無少偏於燥性，久服寧免偏勝。未若人參純得陽和之氣，可久服單服也。奈俗醫往往概嫌其滯，一坐未讀本草，一坐炮製未精耳，但臍間有動氣築築及陰虛燥渴便閉者禁之。

清·张璐《本經逢原》卷一　白术一名山薑。　甘，溫，無毒。雲术肥大氣壅，台术條細力薄。寧國狗頭术皮赤稍大，然皆栽灌而成，故其氣濁，不若於潛野生者氣清，無壅滯之患。○入諸補氣藥，飯上蒸數次用。入肺胃久嗽藥，蜜水拌蒸。入脾胃痰濕藥，薑汁拌晒。入健脾藥，土炒。入瀉痢虛脫藥，炒存性用。入風痹痰濕利水破血藥，俱生用。然非於潛產者，不可生用也。《本經》主風寒濕痹，死肌痙疸，止汗除熱，消食，作煎餌，久服輕身，延年不飢。

發明：　白术甘溫味厚，陽中之陰，可升可降，入脾胃二經。生用則有除濕益燥、消痰利水，治風寒濕痹死肌痙疸，散腰臍間血及衝脈為病，逆氣裏急之功。製熟則有和中補氣，止渴生津，止汗除熱，進飲食，安胎之效。《本經》主風寒濕痹，死肌痙疸者，正以風、寒、濕三者合而成痹，痹者，拘攣而痛是也。《經》曰：　地之濕氣感則害人皮筋骨。死肌者，濕毒侵肌肉也。痙者，風寒乘虛客於肝肺腎經所致也。疸者，脾胃虛而濕熱瘀滯也。如上諸證，莫不由風、寒、濕而成，术有除此三者之功，故能祛其所致之疾也。止汗除濕進食者，濕熱盛則自汗，濕邪客則發熱，濕去則脾胃燥，燥則食自消、汗自止、熱自除矣。又主大風在身，而風眩頭痛，目淚出，消痰水，逐皮膚間風水結腫，除心下急滿及霍亂吐下不止，利腰臍間血，益津暖胃，消穀嗜食，得參、苓大補中氣，得枳、橘健運飲食。《本經》言，消食作煎餌，留其滓以健運脾氣，食自化矣。仲景五苓散，祖《素問》澤术麋銜湯並用生者，但彼兼麋銜以統血，則汗自止，此兼桂枝以通津，則渴自除。潔古枳术丸，祖《金匱》枳實湯，彼用生者以健胃，則逆滿自愈，此用熟者以助脾，則飲食自強，且以荷葉裹飯為丸，取清震之氣，以鼓尅運之力也。蓋白术得中宮沖和之氣，補脾胃藥以之為君，脾土旺則清氣升而精微上，濁氣降而糟粕輸。仲淳有云：　白术稟純陽之土氣，除邪之功勝，而益陰之效虧。故病屬陰虛血少，精不足，內熱骨蒸，口乾唇燥，欬嗽吐痰，吐血鼻衄齒衄，便閉滯下者，法咸忌之。术燥腎而閉氣，肝腎有動氣者勿服。劉涓子云：　癰疽忌白术，以其燥腎而閉氣，故反生膿作痛也。凡藏皆屬陰，世人但知白术能健脾，寧知脾虛而無濕邪者用之，反燥脾家津液，是損脾陰也，何補之有，此最易誤，故特表而出之。

清·浦士貞《夕庵讀本草快編》卷一　术《本經》、枹薊　六書术字象形也，古方术通用，今始分蒼、白二種。《爾雅》所謂枹薊者，枹，鼓椎之名，薊，葉似薊也。　术分赤白，性亦稍殊。白者味甘而溫，入手太陽少陰、足陽明三陰六經藥也。在氣補氣，在血補血，故能強脾胃而進飲食，生津液而去肌熱，止渴安胎，消痰燥濕，利腰臍間血，化皮毛中痹。潔古枳术丸所以開東垣

之悟也。夫脾胃既健，轉輸得職，則痰水易化，急滿易除。若得人乳制其性，燥壁土引其歸中，功更神矣。致于赤术味兼辛烈，微苦而燥，亦于脾胃腎三經相通，兼入大小二腸，服食家多用之，取其辟惡弭災，升降滯氣，疎泄六鬱，風寒發汗，溫瘧吐下，較白更勝。故平胃散、越鞠丸並皆君之，療疾廣矣。梁庾肩（五）〔吾〕《答陶隱居賚术煎啟》云：綠葉抽條，紫華標色，百邪外禦，六府內充。山精見書，華神在錄。木榮火謝，盡采擷之難；啟旦移申，窮淋漉之劑。又《謝术蒸啟》云：味重金漿，芳踰玉液，足使坐致延生，伏深銘感。以此觀之，豈無故而得此隆譽哉？

清・張志聰、高世栻《本草崇原》卷上 白术 氣味甘，溫，無毒。治風寒濕痹、死肌、痙疸，止汗、除熱、消食，作煎餌。久服，輕身延年不飢。术始出南鄭山谷，今處處有之，以嵩山、茅山及野生者為勝。其根皮黃，肉白，老則蒼赤，質多膏液，有赤、白二種。《本經》未分，而漢時仲祖湯方始有赤术、白术之分，二术性有和暴之殊，用有緩急之別。按：《本經》單言曰术，確是白术一種，蒼术固不可以混也，試取二术之苗、葉、根、莖性味均異。白术近根之葉，每葉三歧，略似半夏，其上葉絕似棠梨葉，色淡綠不光。蒼术近根之葉，作三五叉，其上葉則狹而長，色青光潤。白术莖綠，蒼术莖紫。白术根如人指，亦有大如拳者，皮褐色，肉白色，老則微紅。蒼术根如老薑狀，皮色蒼褐，肉色黃，老則有朱砂點。白术味始甘，次微辛，後乃有苦。蒼术始甘，次苦，辛味特勝。白术性和而不烈，蒼术性燥而烈，并非一種可知。後人以其同有术名，同主脾胃，其治風寒濕痹之功亦相近，遂謂《本經》兼二术言之，蓋未嘗深辯耳。觀《本經》所云止汗二字，唯白术有此功，用蒼术反是寫得相混耶。白术之味，《本經》云苦，陶弘景云甘，甄權云甘辛，張杲云味苦而甘，今取浙中所產白术嘗之，實兼甘辛苦三味。夏采者辛多甘少，冬采者甘多辛少，而後皆歸於苦。是知諸說各舉其偏，而未及乎全也。隱庵於《本經》原文定苦字為甘字，爰以白术為調和脾土之品，甘是正味，苦乃兼味，故采弘景之說，以訂正之耳。

白术氣味甘溫，質多脂液，乃調和脾土之藥也。主治風寒濕痹者，《素問・痹論》云：風寒濕三氣雜至，合而為痹。白术味甘，性溫，補益脾土，土氣運行，則肌肉之氣外通皮膚，內通經脈，故風寒濕之痹證皆可治也。夫脾主肌肉，治死肌者，助脾氣也。又脾主四肢，痙者，四肢強而不和。脾主黃色，疸者，身目黃而土虛。白术補脾，則痙疸可治也。止汗者，土能勝濕也。除熱者，除脾土之虛熱也。消食者，助脾土之轉運也。作煎餌者，言白术多脂，又治脾土之燥，作煎則味甘溫而質滋潤，土氣和平矣。故久服則輕身延年不飢。

愚按：太陰主濕土而屬脾，為陰中之至陰，喜燥惡濕，喜溫惡寒。然土有濕氣，始能灌溉四旁，如地得雨露，始能發生萬物。若過於炎燥，則止而不行，為便難脾約之證。白术作煎餌，則燥而能潤，溫而能和，此先聖教人之苦心，學者所當體會者也。

清・劉漢基《藥性通考》卷四 白朮 味甘、苦，氣溫，無毒。苦燥濕，甘補脾，溫和中，在血補血，在氣補氣，同血藥則補血，同氣藥則補氣。無汗能發，有汗能止，濕從汗出，濕去汗止，止汗同耆、芍之類，發汗加辛散之味。燥濕則能利小便，生津液。○或問：白朮既是燥濕，而又生津液，何也？汪機曰：脾惡濕，濕勝則氣不得施化，津液何由生乎？用白朮以除其濕，則氣得周流，而津液生矣。止泄瀉，凡水瀉者，濕也。腹痛腸鳴而瀉者，火也。痛甚而瀉，瀉而痛減者，食也。米穀不化，氣虛也。在傷寒下利，則為邪熱，不殺穀也。久瀉名脾瀉，腎虛而命火衰不能生土也。有積痰壅滯，肺氣不能下降，大腸虛而作瀉者，宜豁痰。有傷風作瀉者，宜散風。如脾虛濕瀉者，宜白朮。凡治瀉，丸散優於湯劑。消痰水腫滿，黃疸，濕痺，補脾則能進飲食，祛勞倦，脾主四肢，虛則四肢勞倦。止肌熱，化癥癖，同枳實則消痞，一消一補，名枳朮丸。荷葉燒飯為丸，脾運則積化也。和中則能止嘔吐，定痛安胎。同黃芩則安胎，黃芩除胃熱，白朮補脾，亦除胃熱，利腰臍間血，蓋胎氣繫於脾，脾虛則蒂無所附，故易落。利腰劑血者，濕除則血氣流行也。血燥無濕者禁用。能生膿作痛，潰瘍忌之，補氣故也。凡脹滿者，忌用白朮，白朮閉氣。然亦有塞因塞用者。肥白者出浙地，名雲頭朮。燥白者出宣歙，名狗頭朮，差勝於浙。用糯米泔浸，借穀氣以和脾。陳壁土炒，藉土氣以助脾。或蜜水炒，人乳拌用，潤以制其燥也。《千金方》云：有人病牙齒長出口，艱於飲食者，名髓溢耳。服白朮愈。又有腰痛之人，有用白朮一二兩，大劑煎服，而痛止矣。白朮之功如此，亦在人善用耳。

清・姚球《本草經解要》卷一 术 氣溫，味甘，無毒。主風寒濕痹，死肌痙疸，止汗除熱。消食，作煎餌，久服輕身延年不飢。

术性溫，稟天陽明之燥氣，入足陽明胃經。味甘，無毒，稟地中正之土味，入足太陰脾經。氣味俱升，陽也。風寒濕三者合成痹。痹者，拘攣而麻木也。蓋地之濕氣，感則

害人皮肉筋骨也。死肌者，濕邪侵肌肉也。痙者，濕流關節而筋勁急也。疸者，濕乘脾土，肌肉發黃也。皆脾胃濕症。术性甘燥，所以主之胃土濕，則濕熱交蒸而自汗發熱。术性燥濕，故止汗除熱也。脾者，為胃行其津液者也。脾濕則失其健運之性，而食不消矣。术性溫益陽，則脾健而食消也。煎餌久服，則胃氣充足，氣盛則身輕，氣充則不飢，氣納則延年，所以輕身延年不飢也。

製方：术同枳實作湯，治水飲；作丸名枳术丸，治面黃，食不化。同人參，治脾肺俱虛。同白芍、白茯、甘草，治脾虛肌熱。同澤瀉，治心下有水。同牡蠣、浮麥、石斛，治脾虛盜汗。同薑、酒煎，治產後嘔逆。同陳皮，治脾虛脹滿。同穀芽、豬肚丸，治脾虛少食而瘦。同白芍、肉果丸，治脾虛洩瀉。同茯苓、糯米、棗肉丸，治久瀉腸滑。同熟地丸，治瀉血色黃。同熟地、炮薑、北味丸，名黑地黃丸，治下血。同半夏、丁香，治小兒久洩。同澤瀉、車前，治水瀉、暑瀉。同苦參、牡蠣、豬肚丸，治胃濕熱而瘦。同麥冬、石斛、黃柏、白芍、木瓜、苡仁、北味，治痿。

清·楊友敬《本草經解要附餘·考證》 术 《本經》不分蒼白，功用正同。宋元以來始分用。謂白术苦甘氣和，補中焦，除脾胃濕，用以止汗。蒼术苦辛氣烈，能上行，除上濕，發汗功大。白术斂產者勝，陳壁土炒。蒼术茅山者良，糯泔浸焙也。

清·周垣綜《頤生秘旨》卷八 白朮 健脾除濕之藥也。本草云：主風寒濕痺死肌，痙疸，止汗除熱，消痰水，嘔逆霍亂，逐皮膚間風水。此皆脾濕所致，脾得健運，諸病自退。人有言曰：調理脾胃，醫中之王道，脾胃足，而萬邪息矣。

清·王子接《得宜本草·上品藥》 白朮 味辛、甘。入足太陰經。得枳實能滌飲消痞。陶隱居始分蒼、白二朮。李杲曰：蒼朮性發，白朮性止，可謂得二朮之神。

清·徐大椿《神農本草經百種錄》上品 术 味苦，溫。主風寒濕痹，死肌，氣厚而兼辛散，故能除邪而利筋脈肌膚也。痙，平肝風。疸，去濕。止汗，固肌膚。除熱，益脾陰。消食。健脾氣。作煎餌，久服，輕身延年，不飢。脾胃充則體強健而不易飢也。

术者，土之精也。色黃，氣香，味苦而帶甘，性溫，皆屬于土，故能補益脾土。又其氣甚烈，而芳香四達，故又能達于筋脈肌膚，而不專于建中宮也。

清·黃元御《長沙藥解》卷一 白朮 味甘、微苦，入足陽明胃、足太陰脾經。補中燥濕，止渴生津，最益脾精，大養胃氣，降濁陰而進飲食，善止嘔吐，升清陽而消水穀，能醫泄利。

《金匱》桂枝附子去桂加白朮湯，甘草二兩、大棗六枚、生薑兩半、附子一枚、白朮一兩。治風濕相搏，身體疼煩，大便堅，小便自利者。以汗出遇風，表閉汗回，流溢經絡關節，營衛鬱阻，是以疼煩。若小便不利，此應桂枝加附子，暖水達木，以通水道。今大便堅，小便自利，則濕在表而不在裏。而水道過通，恐亡津液，故去桂枝之疏泄，加白朮以補津液也。

越婢加朮湯，麻黃六兩、石膏半斤、甘草二兩、生薑三兩、大棗十二枚、白朮四兩。治裏水，一身面目黃腫，小便自利而渴者。以皮毛外閉，濕氣在經，不得泄路，鬱而生熱，濕熱淫蒸，是以一身面目黃腫。若小便不利，此應表裏滲泄，以驅濕熱。今小便自利而渴者，則濕兼在表而不但在裏，便利亡津，是以發渴。甘草、薑、棗補土和中，麻膏泄經絡之濕熱，白朮補藏府之津液也。

麻黃加朮湯，麻黃三兩、桂枝二兩、甘草一兩、杏仁七十枚、白朮四兩。治濕家身煩疼者。以濕鬱經絡，皮毛不泄，故身煩痛。麻黃湯泄皮毛以驅濕，恐汗去而津亡，故加白朮，以益津也。此即裏水之證，小便不利者也。

理中丸，方在人參。治霍亂吐利。若臍下築者，腎氣動也，去朮，加桂四兩，去朮之滯，加桂枝益肝陽而伐腎陰也。吐多者，去朮，加生薑三兩，去朮之壅，加生薑降逆止嘔吐也。腹滿者，去朮，加附子一枚，去朮之閉，加附子開瘀濁而消脹滿也。下多者，仍用朮，以其固脫陷而止泄也。渴欲得水者，加朮足前成四兩半，以其生津液而去濕也。

白朮散，白朮、蜀椒、川芎、牡蠣等分。妊娠養胎。以胎妊之病，水寒土濕，木氣鬱結，而剋脾土，則脾困不能養胎。白朮補土燥濕，蜀椒暖水斂火，芎藭疏乙木之鬱，牡蠣消肝氣之結也。

脾以太陰而抱陽氣，故溫升而化木火，胃以陽明而含陰精，故清降而生金水。胃降則空虛而善容，是以食下而不嘔，脾升則摩盪而善腐，是以穀消而不利。五行之性，火燥而水濕，太陰脾土，升自水分，因從水〔分〕而化濕，陽明胃土，降於火位，因從火位而化燥。太陰之濕濟陽明之燥，陽明之燥濟太陰之濕，燥濕調和，中氣輪旋，是以胃納脾消，吐利不作。

但太陰脾土以濕土司令，陽明胃從燥金化氣，辛金己土，俱屬太陰，而辛金不如己土之濕，庚金戊土，俱屬陽明，而戊土不如庚金之燥，緣化於人，不敵主令於己者之旺也。人之衰也，火日虧而水日盛，燥日消而濕日長。濕則中氣凝鬱，樞軸不運，升降反作，脾陷胃逆。脾陷則乙

木不達，下剋己土，水穀不消而為泄，胃逆則甲木失歸，上剋戊土，飲食不納而為嘔。白朮補土燥濕，土燥而升降如前，是以吐泄兼醫。理中湯方在人參用之以治痞滿嘔泄，蓋與薑、甘、人參溫補中氣，轉其升降之軸，自復清濁之位也。其性守而不走，故於補虚固脱，獨擅其長，而於疏通宣導，則未能焉。若臍動腹滿諸證，非薑、桂、附子，不能勝任矣。凡去濕之品，每傷於燥。白朮氣味濃郁，汁漿淳厚，既養胃氣，亦補脾氣，最生津液，而止燥渴。仲景用之於桂枝、麻黄之内，汗去而津液不傷，至妙之法也。蓋濕淫之病，善傷津液。以土燥金清，則肺氣降灑，而化雨露。其露氣之氤氳而游溢者，浸潤滑澤，是謂之津。津液滲灌，臟腑霑濡，是以不渴。濕則氣滯津凝，淫生痰涎，臟腑失滋，每生燥渴。津液無多，而再經汗泄，濕愈而燥傷矣。加白朮去濕而養津，此除濕發汗之金繩也。水火之交，其權在土。水化而為木火，由己土之左旋，火化而為金水，緣戊土之右轉，土者，水火之中氣也。中氣旺則戊土蟄封，陰降而抱陽，九地之下，常煦然而如春，己土升發，陽升而含陰，九天之上，常凜然而如秋。中氣衰則戊土逆升，失其封蟄之職，火飛而病上熱，己土順陷，乖其發達之政，水沉而病下寒，是以火熱寒之病，必緣土敗。禹平水土，非土則水不可平。治天下之水者，莫如神禹，治一身之水者，莫如仲景，聖聖心符，天人不殊也。仲景治水，五苓、真武、附子、澤瀉諸方，俱用白朮，所以培土而制水也。白朮性頗壅滯，宜輔之以疏利之品。肺胃不開，加生薑、半夏以驅濁，肝脾不達，加砂仁、桂枝以宣鬱，令其旋補而旋行，則美善而無弊矣。產於潛者佳。選堅白肥鮮者，泔浸，切片，盤盛，隔布上下鋪濕米，蒸至米爛，曬乾用。

清・吳儀洛《本草從新》卷一　野白术補氣生血，健脾燥濕。　甘補脾，溫和中，苦燥濕。《經》曰：脾惡濕，急食苦以燥之。本善補氣，同補血藥用亦能補血。氣能生血。無汗能發，有汗能止。發汗加辛散之味，止汗同耆、芍之類。補脾則能進飲食，祛勞倦，脾主四肢，虚則四肢倦怠。止肌熱，脾主肌肉。化癥癖。癥癖因脾虚不運者，宜用此以健脾，脾運則積化也。和中則能已嘔吐，定痛安胎。得黄芩清胎熱，得艾療胎寒，得參大補胎元之弱。蓋胎繫於脾，脾虚則蒂無所附，故易落。燥濕則能利小便，生津液，既燥濕而又生津，何也？汪機曰：脾惡濕，濕勝則氣不得施化，津何由生？用白朮以除其濕，則氣得周流而津液生矣。〔汪機著《本草會編》。〕止泄瀉，化胃經痰水，土旺自能勝濕。理心下急滿，脾胃健於轉輪。利腰臍血結，去周身濕痹。二證皆濕停為患，濕去則安矣。按《白朮贊》云：味重金漿，芳逾玉液，百邪外御，六腑內充。察草木之勝，速益於己者，未有如白朮之多功也。《寓意草》中載蔣中尊病傷寒，臨危求肉汁淘飯，食畢大叫一聲而逝。門人問：臨危索飲之時，尚有法可救否？喻嘉言曰：獨參湯可以救之。曾治一孕婦傷寒，表汗過後忽喚婢作伸冤之聲，知其擾動陽氣，急迫無奈，令進參湯，不可捷得，遂將白朮三兩熬濃汁一碗與服，即時安妥。凡力艱不能服參者，重用野术，頗可代之。下焦陰氣不脱而上焦陽氣聚脱者，大能起死回生。產於潛者最佳，今甚難得。即浙江諸山出者俱可用，俗稱為天生术。有鶴頸甚長，內有硃砂點，术上有鬚者尤佳。以其得土氣厚，鬚乃其餘氣也。其次出宣歙者名狗頭术。冬月採者佳。用糯米泔浸，借穀氣以和脾。陳壁土炒，藉土氣以助脾。或蜜水炒，人乳拌用。潤以制其燥。熬膏良。種白朮〔健脾燥濕。〕止可用以調補常病之虚者，及病後調理脾胃。若生死關頭，斷難恃以為治。陰虚燥渴，肝腎有築築動氣勿服。種术俗稱為糞术，乃糞力澆灌而大者，并無鶴頸與鬚，反肥大於野术。有台术、雲术二種，台术較勝。江西白朮其形甚小，與浙江野术相似，雖有鶴頸而甚短，其體堅實，其味苦劣。如野术不可得，唯用臺术為穩，餘俱不可用。

清・汪紱《醫林纂要探源》卷二　白术　苦、甘，溫。一莖獨上，葉生抱莖，根作塊多歧。有雲頭、狗頭、人腿形者。以出杭州於潛縣為勝。甘補苦燥，脾土之藥。同粳米炒，補脾和胃。借穀氣以致其和也。炒不宜焦，色黄為度，能開胃進食，化癥消痞，止嘔吐，去肌熱，起倦怠，止虚汗，以脾主肌肉四肢，故能治諸證也。亦能安胎止痛。用陳壁土炒，燥濕收痰。借土氣以助其力也。治濕痹水腫，疸黄，止濕瀉，發邪汗，利小便，皆燥濕之治。血熱及瘡潰者忌。以過燥。〇术取其燥，蜜炒、乳拌皆非。

清・嚴潔等《得配本草》卷二　白术一名吃力伽。膏。防風、地榆為之使。忌桃、李、雀肉、菘菜、青魚。甘、苦，性溫。入足太陰、陽明經氣分。補脾溫胃，和中燥濕，益氣生血。進飲食，治勞倦，化癥癖，除嘔吐，消痰飲，療黄疸，逐水腫，止瀉痢，收自汗，長肌肉。理心下急滿，利腰間血滯。去風寒濕痹，定痛安胎。得當歸、白芍，補血。得半夏，止嘔吐。配薑、桂，治五飲。一留飲，水停心下。二癖飲，水在兩脇。三痰飲，水在胃中。四溢飲，水在五臟。五流飲，水在腸間。配蓮肉，止瀉痢。配茯苓，利水道。君枳實，化癥瘕。佐人參、黄耆，補氣止汗。佐川連，去濕火。佐黄芩，安胎清熱。合車前，除腫脹。入廣皮，生津液。產於潛者，氣清味甘，最佳。今甚難得。即浙江諸山野出

者，呼為天生朮，亦佳。冬朮甘而柔軟，夏朮苦而燥烈，功用大有不同，不可不辨。入風痹藥中宜生用，一云補中氣生用。燥脾胃，陳壁土拌炒。和胃，米泔浸炒。補氣，蜜水拌炒。理氣，枳殼汁炒。恐其性燥，乳拌蒸熟。去滯，薑汁炒。除脹，麩皮拌炒。去水，蒼朮拌炒。治瀉痢，炒黑存性。胸腹嘈雜，恐助脾胃之火。肝腎動氣，恐傷陰氣。怒氣傷肝，朮能引肝邪以入脾。脾陰不足，朮能耗液。潰瘍，氣閉膿生而多痛。奔豚，朮能增氣。哮喘，朮多閉氣。煩渴，朮性燥。痘已成膿，朮性燥。九者禁用。脾本陰臟，固惡濕，又惡燥，太潤未免泥濘，太燥反成頑土。如不審其燥濕，動以白朮為補脾開胃之品而妄用之，脾陰虛乏，津液益耗，且令中氣愈滯，胃口愈閉，肺金絕其元，腎水增其燥，陰受其害，不可勝數。若脾氣虛乏，或因虛不能制濕者，用之乃為得當。白朮膏：補土不傷於水。治脾虛久痢甚效。下焦陰氣不脫，而上焦陽氣驟脫者，大有起死回生之功。製膏法：用於朮十斤，切片，米飲浸一晝夜，煎濃汁，去渣，再煎至滴水成珠，入白蜜四兩，煎數百滾，取起，置之瓷盆，候凝裂片，焙燥聽用。

題清・徐大椿《藥性切用》卷三　白朮　苦甘性溫，生用豁痰利水，炒焦燥濕健脾。製熟補脾潤燥，炒黑止血醒脾，其利腰臍結血，有健脾之功。蓋脾健氣運，則結血自解。野生者氣清，於潛者力倍。種收者氣濁，第可調補錄用，斷難挽回生死。若陰虛燥熱，肝腎有動氣者，均忌。

清・黃宮繡《本草求真》卷一　白朮補脾氣，燥脾濕。　白朮嵩入脾。緣何專補脾氣？蓋以脾苦濕，急食苦以燥之。脾欲緩，急食甘以緩之《內經》。白朮味苦而甘，既能燥濕實脾，復能緩脾生津。濕燥則脾實，脾緩則津生。且其性最溫，服則能以健食消穀，為脾臟補氣第一要藥也。五臟各有陰陽，白朮嵩補脾陽，故曰補氣。書言無汗能發，有汗能收，通溺止泄，消痰治腫，止熱化癖，安胎胎氣繫於脾，脾虛則蒂無所附，故易落。止嘔，聲物俱有為嘔，有物無聲為吐。東垣云：生薑、半夏，皆可以治表實氣壅。若虛嘔穀氣不行，當以參朮補胃，推揚穀氣而已。功効甚多。總因脾濕則汗不止，脾健則汗易發。凡水濕諸邪，靡不因其脾健而自除，吐瀉及胎不安，胃之上口為賁門，水穀於此而入，胃之下口為幽門，水穀之滓穢自此而入小腸，又自小腸下一十六曲，水穀始下小腸下口闌門，水穀自此泌別。凡穢為濁，入於大腸，水之清，入於膀胱。如水穀不分，清濁不別，則皆入於大腸而成。李士材云：脾土強者，自能勝濕，無濕則不泄，濕多成於五泄，若土虛不能制濕，則風寒與熱，皆得干而為病。亦靡不因其脾健而悉平矣。故同枳實則能治痞，同黃芩則能安胎，同澤瀉則能利水，同乾薑、桂心則能消飲祛癖，同地黃為丸則能以治血瀉萎黃，同半夏、丁香、薑汁則可以治小兒久瀉，同牡蠣、石斛、麥麩則可以治脾虛盜汗。然血燥無濕，腎間動氣築築，燥渴便閉者忌服，謂其燥腎閉氣，則其氣益築。劉涓子云：癰疽忌白朮，以其燥腎而閉氣，故反生膿作痛也。凡臟皆屬陰，世人但知白朮能健脾，寧知脾虛而無濕邪者！用之反燥脾家津液，是損脾陰也。何補之有？此最易悞，故特表而出之。又寒濕過甚，水滿中宮者亦忌。謂其水氣未決，苦不勝水，甘徒滋壅，必待腎陽培補，水氣漸消，腎氣安位，朮始可投。猶洪水衝堤，必待水退，方可培土禦水。此又不得不稍變換於其中也。凡土虧水泛，必俟水勢稍退，方進理中等藥。蓋補脾之藥不一，白朮專補脾陽。仲淳曰：白朮稟純陽之土氣，除邪之功勝，而益陰之効虧，故病屬陰虛。血少精不足，內熱骨蒸，口乾唇燥，欬嗽吐痰，吐血、鼻衄、齒衄，便秘滯下者，法咸忌之。生則較熟性更鮮補不滯膩，能治風寒濕痹，及散腰臍間血，并衝脉為病，逆氣裏急之功，非若山藥止補脾臟之陰，甘草止緩脾中之氣，而不散於上下，俾血可生，燥症全無。蒼朮氣味過(裂)〔烈〕，散多於補，人參一味冲和，燥氣悉化，補脾而更補肺，所當分別而異視者也。出浙江於潛地者為於潛朮，最佳。米泔浸，借穀氣和脾。壁土拌炒，借土氣助脾。入清燥藥，蜜水炒。借潤制燥。入滋陰藥，人乳拌用，借乳入血制燥。入清脹藥，麩皮拌炒用。借麩入中。

清・楊璿《傷寒溫疫條辨》卷六補劑類　白朮　味甘澁氣溫。氣味俱厚，可升可降，陽中微陰。乳製潤其燥，土炒竊其氣。氣溫燥，故實脾胃，敺嘔逆，止瀉泄，祛勞倦，進飲食。除濕運痰，津液自生。味濇滯，故止汗實表，癰疽得之反多膿，奔豚遇之反增氣，上焦燥熱，氣多壅塞者不可用。佐黃芩以安胎，君枳實以消痞。白朮三兩，枳實三兩，水煎分三服，治心下水積，堅大如盤。在氣主氣，在血主血。四肢困倦，目不欲開，怠惰嗜臥，不思飲食，當加用之。無汗則能發，有汗則能止。

清・羅國綱《羅氏會約醫鏡》卷一六草部　白朮　味甘苦，溫，入脾胃二經。補脾糯米泔浸一日，飯上蒸熟，切片土炒，蜜水拌勻，防其燥也；荷葉包蒸，借其陽也。甘也，燥濕苦也，和中溫也，消痰水、腫脹、黃疸、濕痹、泄瀉。土能勝濕。進飲食脾健，祛勞倦，脾主四肢，虛則倦怠。已嘔吐暖胃，止汗，濕從汗出，濕去汗止，且性澁也。安胎，胎氣繫於脾，脾健則蒂固不脫，且能化濕熱也。消痞。脾運則積化。

按：白术燥濕，脾虚而寒濕者可用，濕而兼熱者勿用。古方君枳實以消痞，佐黄芩以安胎。枳實破氣，黄芩寒胃，亦宜辨其可否，不得概用。至於癰疽得之，必多生膿。奔豚遇之，恐反增氣。其陰虚燥渴，便閉氣滯，肝腎有動氣者，俱當禁用。

清・紀昀《閱微草堂筆記》下卷一四　景州薆典言：少嘗患心氣不寧，稍作勞則似簌簌動，服棗仁、遠志之屬，時作時止，不甚驗也。偶遇友人家扶乩，云是純陽真人。因拜乞方。乩判曰：此證現於心，而其原出於脾，脾虚則子食母氣故也。可炒白术常服之。試之果驗。

清・陳修園《神農本草經讀》卷一上品　白术　氣味甘，溫，無毒。主風寒濕痹，死肌、痙疸，止汗，除熱，消食。作煎餌，久服輕身延年不飢。仲景有赤术，即蒼术也。功用略同，偏長於消導。汗多者大忌之。

陳修園曰：此為脾之正藥。其曰風寒濕痹者，以風寒濕三氣合而為痹也。三氣雜至，以濕為主。死肌者，濕浸肌肉也；痙者，濕流關節也；疸者，濕鬱而為熱，熱則發黄也。濕與熱交蒸，則自汗而發熱也。脾受濕則失其健運之常，斯食不能消也。白术功在除濕，所以主之。作煎餌三字另提。先聖大費苦心，以白术之功用在燥，而所以妙處在於多脂。張隱庵云：土有濕氣，始能灌溉四旁，如地得雨露，始能發生萬物。

今以生术削去皮，急火炙令熟，則味甘溫而質滋潤，久服有延年不飢之效。可見今人炒燥、炒黑、土蒸、水漂等製，大失經旨。

清・趙學敏《本草綱目拾遺》卷三草部上　於术　即野术之產於潛者，出縣治後鶴山者為第一，今難得，價論八换。其形有鶴頸鶴頭，羽翼足俱全，皮細帶黄，切開有硃砂點，其次出北鄉，皮色帶黑不黄。茅翼云：產徽州者皆種术，俗稱糞术。乃糞力澆灌大者，肥而無鶴頸。野生者名天生术，形小，有鶴頸甚長，内有硃砂點，术上有鬚者尤佳，以得土氣厚也。於术亦野生，出於潛，產縣治龍脈土上者，其内點真似硃砂，猩紅如灑血。鶴頸肉蘆乾之清香，產他處，内或無點純白，或有黄點，總不及龍脈上產者為上品。冬月採取，形味方全。一種江西术，其形甚小，與野术相似，雖有鶴頸而甚短，其體堅實，其味苦劣不可用。　萬曆《杭州府志》：白术以產於潛者佳，稱於术。

《清異錄》：潛山產善术，以其盤結醜怪，有獸之形，因號為獅子术。

《西吳里語》：孝豐天目山有仙丈峰，產吳术，名雞腿术。入藥最佳。《百草鏡》云：白术一莖直上，高不過尺，其葉長尖，傍有鍼刺紋，花如小薊，冬採者名冬术。汁歸本根，滋潤而不枯燥，却易油，不能止瀉。春採夏採者，藏久雖不易油，却枯燥不潤，肉亦不飽滿。凡收术須陰乾勿曬，曬則爛。野术形小，蘆梗細硬，皮細。若蘆軟而粗，即種术矣。又有象术，係台术中揀出如野术者，但切開有暈紋。台术雖種而不用糞，故不肥大，服之不脹。倘野术難得，此為穩。安徽宣城歙縣亦有野生术，名狗頭术，亦佳。又一種係取野术種，灌以糞，形雖大，皮却細緊，出樟村，較徽省種术稍好。　今人論野术云：黑土者真，不知土色各處不同，不可執一而論。又云：小者真，然老山貨年久亦有大者。又云：有硃砂斑者真，不知於术亦有無硃砂斑者。據土人言：產縣後山脈及黄塘至遼東橋一帶，西流水四十里地之术，方有硃砂點，他處則無。但野术入口，甜味雖重，氣極清香，自不同也。總以白為佳，以潤為妙。　葉天士《本草》云：浸刮，飯鍋上蒸曬如棗黑，黄土炒，為中宮和氣補脾之藥。《本經逢原》云：雲术肥大氣壅，台术條細力薄，甯國狗頭术皮赤稍大，然皆栽灌而成，故其氣濁，不若於潛野生者氣清，無壅滯之患。入風痹痰溼利水破血藥，俱生用。然非於潛產者，不可生用也。　張覲齋云：今有一種野术，深山處必有，形如於术，切開有硃砂斑，香而不甜，細考其味，親見其苗，乃天生之蒼术也。因久無人採，故大而宛如於术。大凡术以火焙乾者，味必苦。生曬者，味必甜。台术以及各處種术，皆於术所種而變者，功雖不如於术，服亦有驗。今於术絶少，市中皆以仙居所產野术充於术，功亦相等。〇辛亥五月，有客自青田縣來，帶有天生术，大小如一，約重兩許，俱生者，未經日曬乾焙，若乾之，可三錢許。其术形儼如仙鶴，翅足皆具，亦有長頸，頸皆左顧，一一相似，無作磊塊形者。詢之云：此术不生於土，所生之地係青田邊境，有一山，山有石壁，壁上每年生此术二三十觔，不能多有。〇吾杭西北山近留下小和山一帶地方，及南高峰翁家山等處，皆產野术，氣味香甜，生啖一二枚，終日不飢。生津溢齒，解渴醒脾，功力最捷。切開無硃砂點，膚理膩細，面白如雪色，名曰玉术，又呼雪术。亦不易得，入藥功效，與於术等。較他產野术尤力倍也。　甘補脾，溫和中，補氣生血，無汗能發，有汗能止，開胃補脾，則能進飲食。去勞倦，止肌熱，化癥癖，和中，能已嘔吐。定痛安胎，燥溼，利小便，生津液，止泄瀉，化胃經痰水，理心下急滿，利腰臍血結，去周身溼痹。凡下焦陰氣不脱，上焦陽氣驟脱者，無

力用參，重用野术，大能起死回生。用糯米泔浸，陳壁土炒，或蜜水炒，人乳拌用，炒黄不宜焦，焦則無力矣。熬膏更良，禁忌同白术。

代參膏：楊春涯《驗方》：於术十觔，白米泔水浸三晝夜，洗淨浮皮，蒸曬十次，有脂沾手為度。切片熬膏，一火收成，滴紙不化。用白茯苓十觔，春末水飛，去浮，只取沈者，蒸曬十次，沾手如膠，與术膏攪匀，每服兩許，米湯送下。　治虚弱枯瘦，食而不化，用於术酒浸，九蒸九曬一觔，菟絲子酒煮吐絲曬乾一觔，共為末，蜜丸梧子大，每服二三錢。　四製仙术散：治盜汗不止，此藥如神。於术四兩，分四製，一兩黄芪煎汁炒，一兩牡蠣粉炒，一兩麩皮湯炒，一兩石斛湯炒，只取术為末，服三錢，粟米湯下。　各色痢疾：《傳信方》於术一兩，老薑一兩，當歸五錢，水二盌，煎好，露一宿服，自愈。　保胎丸：《良方集要》茯苓二兩，條芩一兩，於术土炒一兩，紅花一兩，沒藥三錢，製香附一兩，元胡索醋炒一兩，益母草去根一兩，共研末，蜜丸桐子大，早晚白滾水服七粒，不宜增減，戒惱怒勞傷，生冷發氣等物。凡遇腹痛腰酸作脹，即宜服之，成孕三月，即服起，直至足月，不但保胎，即臨產亦可保易生無恙。方内紅花、元胡索二味，皆是行血滑胎之品，分兩太重，每味只可二錢，方合本方君臣，用者詳之。　三日瘧：《古今良方》九製於术一觔，廣皮八兩，熬膏，用飴糖四兩收。　又方：專治四日兩頭或一二年至三四年不愈者，或愈而復發，連綿不已者，用於术一兩，老薑一兩，水煎，發日，五更溫服即愈。重者二服，永不發矣。

清・黄凱鈞《藥籠小品》　白术　天生野產，不論何處，皆能扶土生津，挽回造化。近時不可得矣，即有亦只如鈕大，欲求津如玉液，味似瓊漿，難矣哉！　土人以此細者種之數載，然後出售，已為難得，得一枚重錢數者，價亦不賤。　鋪中所賣，所謂於术，即蒼术種，亦為高品；　更有大如拳者，出台州，謂之糞术，種而澆肥，故易大耳。　或飯鍚久蒸，調理常病，亦可用。　更有小者味薄炒用，惟能燥濕；　更有小而甜者為甜冬术，宜入淡補劑中。　予治肺虚咳嗽，每用白术，因其補土生金，前人用異功散治肺疾，亦由此也。　玉屏風用之，亦取其補土生金，以固皮毛。　胃氣壅實，邪在陽明，在所禁用。　一人停食，用消導無效，一醫令濃煎白术湯，服之而愈，謂胃虚則欠運，如磨齒平，不能屑物。　此塞因塞用，亦頗有理。

清・王龍《本草纂要稿・草部》　白术　氣味甘溫。主風寒濕痺，足脛濕腫。補五勞七傷，益氣和中。理胃益脾，消痰止汗。補腰膝生津液，腹中冷痛咸醫。止嘔逆消宿食，霍亂吐瀉並治。消痞則君枳實，安胎可佐黄芩。入利水道，有除濕之功。強脾胃，有進食之效。配二陳健脾，與歸芎補血。入足陽明太陰少陽厥陰、手少陽少陰也。若氣滯閉脹等候，當禁之。

清・吴鋼《類經證治本草・足太陰脾臟藥類》　白朮　【略】誠齋曰：葉有毛者是白朮，無毛者是蒼朮，今用皆是種朮，不堪。

清・張德裕《本草正義》卷上　白朮　甘、苦、微辛，溫燥。氣味俱厚。能益氣溫中，補陽生血，為脾胃虚寒要藥。若陰虚上焦燥熱，及氣實而滯者忌之。夏朮苦劣，冬朮甘柔，功用不同。

清・翁藻《醫鈔類編》卷二三《本草》　白朮　【略】出浙江於潛地者，為於潛朮，最佳。今甚難得。即浙江諸山出者皆可用，俗稱為天生朮。有鶴頸甚長，内有硃砂點，朮上有鬚者尤佳。以其得土氣厚，鬚乃其餘氣也。其次出（宜）〔宣〕歙者，多狗頭朮。冬月採者佳。用糯米泔浸，假穀氣以和脾。陳壁土炒，藉土氣以助脾。入清燥，蜜水炒。入滋陰藥，人乳拌用。借乳、蜜之潤以制燥。入消脹藥，麩皮拌炒。借麴入中。熬膏良。種白朮：止可用以調補常病之輕者及病後調理脾胃。若生死關頭，斷難恃以為功。陰虚燥渴，肝腎有築築動氣者勿服。種朮乃糞力澆灌，反肥大於野朮。有台朮、雲朮二種。江西白朮，其形甚小，與浙江野朮相似。其體堅實，味苦劣，如野朮，不可得。惟用台朮為穩。

清・楊時泰《本草述鉤元》卷七　朮　蒼朮：苦辛氣烈，白朮苦甘氣和，宋以來始各自施用。秋采者佳，春采者虚軟易壞。蒼朮處處有之。白朮吴越有之，浙產為雲頭朮，頗肥大，種由糞力也，易潤油。歙產名狗頭朮，雖瘦小，得土氣充，甚燥，其白勝於浙朮。寧國、昌化、池州者，並同歙朮，境相鄰也。

白朮：味甘、微辛而苦，氣溫。味厚氣薄，陽中陰也，可升可降。入足陽明太陰、足厥陰少陰、手太陽少陽經。主治除濕益氣，和中補陽，理胃益脾，進食消穀，生脾津，除胃熱，蓋脾之陰不化，則津不生，氣不行，而熱還歸於胃也。止渴，消濕痰虚痰，逐水飲，毆宿滯，治心下濕痞水痞，胃脘虚痛寒痛，心腹脹滿，水腫腹滿，止脾虚嘔逆，濕瀉水瀉，並瀉痢，多年氣痢，止肌熱，愈四肢困倦嗜卧，目不能開，逐皮間風水結腫，消足脛水腫，治冷氣痃癖氣塊，利腰臍間血，並衝脈為病，逆氣裏急，臍腹痛。補肝風虚，溫中止汗，利水道，上而皮

毛，中而心胸，下而腰臍之間，在氣主氣，在血主血海藏。佐黄芩，安胎。佐枳實，消痞。配二陳，健脾消食，化痰除濕。與歸、芍、生地之類同用，能補脾家之血。合乾薑，逐脾家寒濕。和枳實、薑、連，除脾中濕熱。與芪、芍等同用，有汗即止。少入辛散藥，無汗則發述。

附方：潔古枳术丸，消痞强胃，久服令人食自不停。白术黄壁土炒一兩，枳實麩炒一兩，為末，荷葉包飯，燒熟，搗和丸梧子大，每白湯下五十丸。氣滯，加橘皮一兩。有火，加黄連一兩。有痰，加半夏一兩。有寒，加乾薑五錢、木香三錢。有食，加神麴、麥芽各五錢。用白术方，不能備録，今但摘其治瀉有所因不同而所和之味亦異者，即類推之，可以善术之用也。脾虚洩瀉，白术五錢，白芍一兩，冬月加肉豆蔻，煨為末，米飲丸梧子大，每米飲下五十丸，日二服。濕瀉暑瀉，白术、車前子等分，炒為末，白湯下二三錢。久瀉滑腸，白术炒、茯苓各一兩，糯米炒二兩，為末，棗肉拌食，或丸服之。老小滑瀉，白术半斤黄土炒過，山藥四兩，炒為末，飯丸，量人大小，米湯服。或加人參三錢。老人常瀉，白术二兩，黄土拌蒸，焙乾去土，蒼术五錢泔浸炒，茯苓一兩，為末，米糊丸梧子大，每米湯下七八十丸。瀉血萎黄，腸風痔漏，脱肛，積年不瘥者，白术一斤黄土炒過研末，乾地黄半斤飯上蒸熟，搗和，乾則少入酒，丸梧子大，每用米飲下五十丸，日三服。

論：人身元氣，每困於濕，濕除則氣益。惟白术於坤順之體，具乾健之用，不等於淡味滲濕風劑燥濕，故潔古論术首以除濕益氣歸之。夫脾為濕主，濕困，是陰中之陽困，苟不得胃脘之健陽以召之，將何以為胃行氣於三陽三陰乎。惟术能健胃陽，以化脾陰，而召陰中之陽，乃為表裏相應，水火互召，元氣於是暢，於是益。且脾主地氣，胃主天氣。脾不得天氣之召，則地氣不上行；胃不得地氣之和，則天氣不下施。《内經》論脾胃切切於天氣、地氣之分，固謂其主升降之化也。至地氣上與天氣和，則所謂上焦合而營諸陽，總歸於陽之能施能化，所以一切主治，陰固在陽中而不尸其功，况諸證非病於陽之不能健運，即陰之不得陽以運化者也。大抵白术之用在除濕，胃之功至於脾也。除濕而即能益氣，由脾而歸胃也。益氣而便能和血，表裏相應，水火互召也。海藏所謂在氣主氣，在血主血者，不可相提並論，以陰從陽化而不尸其功也。其所入之經，先胃及脾，其他所入之經，又由脾胃以及之。歷審諸治，總由宣天氣之陽以化地氣之陰，陰陽和而氣乃行，由真氣以化穀氣，即由穀氣以充真氣，俾中土氣交能行升降之化，為後天補接良劑，而於老人更切也。潔古謂下行則用之者，以足三陰同起於下，益脾者即能與肝腎俱，胃得地氣之和以下施故也。由脾胃而達腎肝之陰。海藏故云：補肝經風虚。又治衝脈逆氣裏急及臍腹痛也。惟陰虚而陽熾者，投此味則相反若冰炭。陰已虚而更燥之，陽已熾而更益之，可乎。每見粗工治陰虚證，亦用參、术理脾，大屬夢夢。《經》曰：臟腑各因其經而受氣於陽明，故為胃行其津液，蓋氣陽也。各臟腑之陽皆稟於胃經者，血脈之所注陰也。各臟腑之陰皆原於脾，臟腑各因脾之經，而乃受氣於陽明者，以陽原出於陰中也。因脾之經而必行其津液者，經脈固液所化也。脾患於濕，則陰不化，而津液不生，白术之理胃益脾，能令生津以通經，乃得由經以達氣。《經》曰：四肢皆稟氣於胃，今脾不能為胃行其津液，四肢不得稟水穀氣，氣日以衰，脈道不利，筋骨肌肉皆無氣以生。玩此數語，則白术之理胃，以其健陽，而真氣並於穀氣，能行於諸臟腑也。其能行於諸臟腑者，以其健胃陽，而即能化脾陰，致其津液，以榮血脈通經隧也。《經》曰：五臟皆稟氣於胃，而不得至經，必因於脾乃得稟也。數語透露極矣。白术以除濕益氣為功，則凡濕皆用术乎？曰：濕分内外，尤别寒熱。屬於寒是陽鬱陰中而不升也，陰之所蓄則氣虚矣。屬於熱是陰困陽中而不降也，陽之所并則氣實矣。虚實皆屬氣，氣之虚實皆化濕，但實者邪氣之實也，尚可投术以益氣乎？夫濕為地氣，陽蓄於陰，是地氣因天氣之鬱而不化；陰困於陽，是地氣受天氣之并而不化。總之化濕者皆陰，而陰之所以化濕者，皆本於陽之不能化。惟一虚一實，而投治乃殊。虚者補正以益氣，如白术、茯苓是也。實者除邪以益氣，如連、蘗、梔、黄皆可燥濕，不執二术為用也。夫氣者，水所生，陰生陽也；液者，氣所化，陽化陰也。氣能化液，何濕之有？如氣虚不能化，補其陽而液自化矣。液之所化，即氣之所到也。至氣實而不化者，不等於真氣之不足，乃病於真氣之受傷，必先除其所傷之邪，蓋抑陽則陰化，陰受并於陽則亦不化故也。陰化則液行，液行則濕除，濕除則氣益矣。氣與濕不能相離以為本，除濕益氣，亦不能相離以為用，特益正除邪，貴於適事為故耳。第寒熱虚實之用术，如斯較然，而又謂其能治風證，何也？曰：風亦有别，陽虚陰蓄，陰固非真陰也。陰久不化，則陽從之而化風，是謂風虚，所宜活血即氣能化液也。以化陰，而補其風虚者也。白术補肝風虚。陽盛陰困，陽固非真陽也。陽久不化，則陰從之而化風，是謂風實，所宜清氣以化陽，而疏其風實者也。風皆屬陽，風虚者陽從乎陰以病血也，故應

治血。風實者陰從乎陽以病氣也，故應治氣。二治於茲味宜否，所當酌處矣。總之，因濕化熱，因熱化濕，皆患於陰不得陽以化，太陰之脾不能行其液以通經脈而增濕，致胃氣不能達於三陰三陽以增熱，展轉相因，為病乃劇耳。《經》曰：經隧者，氣血所從出之道也。氣血之道壅，而經絡阻絕，如卒中之類，孰非熱化濕，濕更化熱以亡其陰之為病乎。又如反胃中滿，非皆濕熱馴致以至此極乎。丹溪所以云人身濕熱為病居多也。抑白朮主治，有腹滿嘔逆等證，固非濕熱歟。曰：此皆陽虛化濕之的對，至陽盛而熱化濕者，當先責其本於熱。惟皆本於陽之不能化陰，故雖投劑清熱，以期陰之能化，而或攻或補，又不可傷其真陽以絕化原，故亦有不能舍朮之時也。濕熱之證，無如七情所傷者。傷於陰而不能化陽，以致氣鬱成濕，濕鬱化熱。但究其本，是陰氣有傷，非若陰盛蓄陽之濕熱也，雖不宜寒降，宜除濕理脾，其可投二朮之辛燥以亡陰乎？此證關於神思，乃陽中之陰傷，雖曰不宜湊陽，而宜裕陰和氣，却不可以純陰濡劑絕其化原，即二冬猶慮其滯陽也。近代程若水，每用茯神、石棗、丹皮滋陰降火，茯苓、薏仁、木瓜、車前健脾行濕，佐山查、石菖蒲以行濕滯，殊有理會。斯證患之者最多，因誤治而夭枉者不少，故特表而出之。人身之病，惟痰為多，而為害最甚。自真陰虛損之火痰，先以補益真陰為急。外因六淫之氣痰，先以祛除外邪為急。飲食積聚之鬱痰，先以導散鬱滯為急。此外，凡內傷中氣而為虛痰、為濕痰，未有不以理中氣為本者也。蓋不補脾氣，則液不化，痰不行，不行不化，將脾胃之氣愈困，而不能行氣於陰陽，即經隧之道塞，而不能通營血以歸於血海，將下焦之元陰愈虛，上焦之虛熱更生，真陰日虧，而真陽日憊，是惟老人最甚。此際健脾行痰者，無過白朮而已，然須的審其可投而投之。抑或其初未可，而需後乃可，庶幾信心以奏效也。

繆氏云：朮燥腎而閉氣，肝腎有動氣臍間築築者，勿服。劉涓子云：癰疽潰瘍，服之反生膿作痛。

修治：弗用油者，去皮切片，米泔水浸透，曬乾，陳壁土裹，蒸曬九次，洗淨仍曬乾，用此法竊土氣以助脾。人乳汁潤之，制其性也。脾病則陳壁土炒，其脾虛而氣滯者，枳實煎水漬炒，或香附煎水漬炒。枳朮丸用白朮，須以紫蘇、薄荷、黃芩、肉桂湯煮過。

蒼朮：一名赤朮。味甘、微苦而辛，氣溫。可升可降，陰中陽也。入足太陰陽明、手太陰陽明太陽之經。稟初夏之氣以生，其味苦甘而濃，其氣芳烈而溫，其性純陽而健，為除風痹之上藥，安脾胃之神品仲淳。主治除濕，其體輕浮，氣力雄壯，能去皮膚間腠理濕。發汗，與白朮止汗特異。總解諸鬱，痰火濕食氣血六鬱，皆因傳化失常，不得升降，病在中焦。蒼朮氣味辛烈，強胃強脾，發穀之氣，能徑入諸經，疎洩陽明之濕，通行斂濇，故鬱散而平。疎滯寬中，強胃安脾，治濕痰留飲，心下急滿，水腫脹滿，或挾瘀血成窠囊，止寒濕嘔逆，下泄冷痢，治痿療疸，及風寒濕痹，更脾濕下流，濁淋帶下，仁齋謂脾精不禁，小便漏濁淋不止，腰背酸疼，宜用蒼朮以斂脾精。所謂斂者，即除濕而不使脾淫，同於東垣除濕下安太陰之義，非別有收斂之功也。陰寒疝氣。腹中窄狹者，須用之潔古。引以黃蘗、牛膝、石膏下行之藥，治下焦濕。同白朮，治脛足濕腫。入平胃散，去中焦濕，平胃中有餘之氣。入蔥白、麻黃之類，能散肉分至皮表之邪。同人參、茯苓、白芍、甘草、橘皮、蓮肉、縮砂，為調中之正法，健脾，開胃，消飲食。同藿香、橘皮、茯苓、人參、木瓜、豬苓、澤瀉、縮砂，治霍亂轉筋吐瀉。同乾葛、防風、茯苓、炙草、豬苓、澤瀉、車前，治濕瀉若雷奔。同秦艽、萆薢、木瓜、薏仁、石斛、桑寄生、石菖蒲、黃芪、地黃、甘草、晚蠶沙、桂枝，治一切痛痹及關節不利，熱者去桂枝，加黃蘗。得黃蘗、牛膝、木瓜、石斛，能健步潛行。得苦參、牡蠣，治小兒胃家濕熱，飲食不生肌肉。君人參、芍藥、木瓜、薏仁、茯苓、桑皮、赤豆、車前、橘皮，佐以豬苓、澤瀉，治一切水腫，日重倍人參，夜重加地黃、芍藥，俱與朮倍。君枳實、半夏、橘皮、砂仁、人參，除心腹脹滿，消宿食，開胃，去痰涎，除傷食發寒熱及泄瀉。同人參、橘皮、茯苓、木瓜、藿香，治反胃吐逆，因寒加生薑，因熱加竹茹、枇杷葉、逆水蘆根。同麥冬、石斛、黃蘗、白芍、木瓜、薏仁、五味子，為治痿要藥。同生薑、藿香、檳榔，治山嵐瘴氣。同四物、麥冬、荊芥、防風、地榆，治腸風下血。同補骨脂、川椒、茴香、青鹽、川楝子、黃蘗，治疝。

附方：治蠱脹由於脾虛有濕者，真茅朮末，每清晨米飲調三錢，服不數月，強健如故。蒼朮丸，老年常服，飲啗可過少壯。真茅朮四斤如法洗浸，去皮切片，以桑椹、懷生地、何首烏各一斤，熬濃汁，至無味而止，去渣濾清，下蒼朮浸之，曬乾復浸，汁盡為度，研末，又以人乳拌勻，曬乾數次，約重數兩，煉蜜丸，白湯或酒吞數錢。治痹，可令年老身輕，趫捷甚於少年。真茅朮十斤洗淨，先以米泔浸三宿，再用蜜、酒浸一宿，去皮，用黑豆一層，拌蒼朮一層，蒸二次，再用蜜、酒蒸一次，用河水砂鍋內熬濃汁，去渣，隔湯煮滴水成珠為

度，每膏一斤，和煉蜜一斤，白湯調服。《本事方》治停飲澼囊，去濕崇土以填窠臼，用蒼术一斤，去皮切片，為末，油麻五錢，水二盞，研濾汁，大棗五十枚煮去皮核，搗和丸梧子大，每空腹溫服五十丸，增至一二百丸，初服必覺微燥，以山梔子末沸湯點服解之，三月疾除，忌桃、李、雀肉。

論：白术之味始甘，次有微辛，後歸於苦，苦味居多，苦從火化，火乃土之母也，故為健脾胃之主。蒼术始甘，次苦，後歸於辛，辛味居多，辛從金化，金乃土之子也，故能行脾胃之化。蓋脾不主濕，則陰氣無以達於陽，而衛氣先病，營即隨之。蒼术之能發穀氣，猶水穀悍氣，慓疾滑利，先衛而後營，與白术之健運於中者自別。有謂其氣極雄壯通行脾腎者，詎知脾與三陰同居於下，脾陰至肺，腎陰亦至於肺，脾之至陰，藉燥而辛烈者，以發穀氣，俾上行至肺而腎亦至矣，且穀氣發越，則凡陽明之氣所至者皆能至之，丹溪所謂上中下除濕皆可用也。

陰虛便燥，渴而火亢者，忌之。血虛怯弱及七情氣悶者，慎用。虛火動而痞悶，愈宜遠。

辨治：出茅山，細而帶糖香味甘者真，米泔浸洗極淨，刮去皮，拌黑豆蒸引之，合水氣也。又拌蜜、酒蒸，又拌人乳透蒸，皆潤之使更合於金氣而不燥也。凡三次蒸時，須烘曬極乾，氣方透。胎中酒蒸，平用泔製能云。

繆氏云：二术俱為陽草，故祛邪之功勝，而益陰之效虧，藥性偏長，物無兼力，此物生自然之道也。凡臟皆屬陰，若脾虛無濕者用之，反損脾陰而竭津液，此最易誤。

總論：术之用，補中益氣力優在白，除濕快氣能專於蒼。所謂祛邪之功勝，而益陰之效虧者，當以坐蒼，不得概蔽之白。至於燥腎閉氣，又宜坐白，不能混及於蒼。前人以枳實佐白术，良有深意。凡病脾土虛者，無論濕邪之有無，白术皆所急需，但不宜於胃有實熱者耳。

清・葉桂《本草再新》卷一　野白朮味甘，性燥，無毒。入心、脾二經。溫中燥濕，濕因陰寒重，而隱於脾。溫中則其陰寒散，故治燥濕。補血補氣，能發汗，宣達陽氣。能止汗，補其虛氣。健脾燥胃，化熱利水，止肌熱，肌熱，由血熱也。補其血，則熱除，血熱既除，肌熱亦清。化癥癖，理心下急滿，利腰臍血結，去周身濕痺。

清・吴其濬《植物名實圖考》卷七　术　《本經》上品。《爾雅》：术，山薊；楊枹薊。《圖經》以楊枹為白术，宋以後始分蒼、白二種，各自施用。雩婁農曰：楊枹薊。注以為馬薊。范汪以馬薊為續斷。李時珍以馬薊為大薊，乃又以為白术。术名山薊，安得即以薊為术？昔產术者，漢中、南鄭也，蔣山、茅山也，浙也，歙也，幕府山也，昌化也，池州也。東坡云：黄州术，一斤數錢。此長生藥也。舒州术，花紫難得。余莅江右，則饒州、九江皆有之；莅湘南，則幕府山所產頗大，力亦不劣；山西葫蘆峪產术甚肥壯，土人但以蒼术用之。《南方草本狀》藥有乞力伽，术也。瀕海所產有至數斤者，深山大壑殆必有如瀕海者，特未遇耳。《仙傳拾遺》紀劉商得真术，為陰功篤行之所感，然則服术而無效。所得者乃薊屬，而非真术耶？晉侯得良醫，而二豎居於膏肓。《本事方》載以翦草治血疾，而鬼覆其鐺。無功德而訪仙藥，固緣木求魚；狂惑之疾，雖得良醫真藥，亦何益之有？

清・趙其光《本草求原》卷一山草部　白术　質多脂液，氣溫，少陽春升之氣。味甘，微帶苦辛。火、土、金之味。能和運脾土、升達三焦、外通皮肉、内通經脈以去濕。主風寒濕痹，濕傷血則風寒並至，而筋骨拘攣。死肌，脾主肌肉，濕侵則麻木而肌死。痙脾主四肢，濕流關節，則筋強勁急。疸，脾色黄，濕傷則身、目黄。止汗，濕熱交蒸則自汗。除熱，濕困脾陽，則陰滯熱作。消食，濕去脾運則易化。作煎餌久服，脾喜燥惡濕，然非濕潤又不能灌溉四旁，如地得雨露始能生物。术之功在燥，尤妙在多脂，燥而能潤、溫而能和。當以生术去皮煎服，為丸亦宜，熬膏而後存其本性。若炒，燥則脾約而不行。輕身延年不飢。能食之效。生脾津，陽升則陰化而津生。除胃熱，脾為胃行其津液，則熱不留於胃。同氣藥補氣，同血藥補血。逐飲消痞，同枳實。化痰，入二陳。止汗，同芪、芍。發汗，同辛散。補虛則汗止，達陽則汗發也。止虛瀉，同白芍、玉蔻。滑瀉，同苓、淮、參、糯米。久瀉，同半夏、丁香、薑汁糊丸。暑濕瀉，同車前。腸風痔瘻，脫肛，瀉血，同生地。脾虛脹滿，同陳皮。益汗，加牡蠣、浮麥、石斛；肌熱，加芍、苓、甘；少食，加豬肚、穀芽。氣血虛而肌熱，心下水氣，同澤瀉。下血，同熟地炭、薑炭、北味。痿躄，同斛、芍、柏、冬、苡、瓜、味。酒癖飲停，同薑、桂。肢腫，同大棗。膈滿嘔逆癥癖，枳實丸生用，以健胃、除逆滿；枳术丸熟用，以助脾。且荷葉包飯為丸，能清肝以鼓克運。沖脈為病，逆氣裏急，臍腹痛。衝脈繫於肝，臍主於腎，腎、肝、脾皆起於下，先由真氣以化穀氣，次從穀氣以充真氣。脾陽運，陰濕化，則下施而達肝、腎之陰。若陰虛陽盛之急痛，又忌术燥腎矣。利腰臍血以安胎，經隧者，氣血從出之道，濕去氣行，經隧無阻，則營通而歸血海，而胎之繫於脾者，蒂亦固。佐黄芩以除胃熱，胎自安；加枳殼，則瘦胎易產。祛勞倦，脾主四肢。補肝風虛頭眩痛、目淚、脾土能培

木，陽虛陰不化則肝陰化風，病於血分為虛風，宜同活血以化陰；若脾陽盛而肝陽化風，病於氣分為風實，又忌术。風瘙隱疹，為末，酒下。齒浮長，名齒溢，煎嗽咽之。舌本強，身重。濕也。

同歸、地、芍，益脾血；加枳實、薑炒川連，除脾濕熱；加乾薑，逐脾寒濕；同薑酒煎，治產後嘔逆；同苦參、牡蠣、豬肚為丸，治胃濕熱；佐麋銜，能統血。糯米泔浸蒸，借穀氣以和脾也。蜜炙、人乳蒸，入肺胃久嗽藥，潤以制燥也；土炒，則健脾去濕；枳實水或香附水蒸，則行滯；或薄荷芩桂湯浸蒸，亦同意。薑汁拌蒸，去濕痰。

潛州於术，氣清不滯，多脂養血，入補中及風痹、利水破血藥，宜生煎；去濕痰，宜上蒸法，忌炒。若雲术、台术、狗頭术，氣濁多壅，惟瀉痢滑脫，宜土炒用；脾濕腎燥者，煅炭用。

《本經》止有白术，至仲祖始有蒼、白之分。白术莖綠，皮褐肉白，老則微紅，根小而長，下懸一顆，形微圓，俗名金線吊芙蓉者真；先甘、微辛，次苦，土得火化，從其母也；故健中而守，補脾之功多。蒼术莖紫，根如老薑，皮蒼肉黃，老則有朱砂點；微甘，次苦，辛獨勝，土順金化，從其子也；故寬中疏發，行胃之功多。欲補脾，用白术；欲運脾，用蒼术；補運相兼，則兼用。燥濕同而略異，故止汗，惟白术能之，蒼术反是。

清·葉志詵《神農本草經贊》卷一 术 味苦，溫。主風寒濕痹，死肌痙疸，止汗除熱消食。作煎餌，久服輕身，延年不飢。一名山薊。生山谷。

子欲絕穀，當服山精。紫花標色，綠葉抽萌。朝烟夜火，悟拙激清。餘香滿室，空甑塵生。

《淮南子》：术草者，山之精，服之令人長生絕穀，故《神農藥經》曰：子欲長生，當服山精。庾肩吾啟：綠葉抽條，紫花標色。梅堯臣詩：夜火煮石泉，朝烟偏巖窟。柳宗元詩：悟拙甘自足，激清愧同波。邵寶詩：嚼罷不知香滿室。范成大詩：摩挱萊蕪甑，塵生不須拂。

清·文晟《新編六書》卷六《藥性摘錄》 白朮 苦甘，性溫。補脾燥濕，治脾虛嘔吐泄瀉，風寒濕痹，消濕痰水腫，化痞安胎，無汗能發，有汗能收。○凡陰虛血少，口乾唇燥，中滿夜熱骨蒸，便閉，吐血衄血齒血，及潰瘍，皆忌。米泔浸，壁土炒，入消食麥皮拌炒，入清燥蜜水炒。○於潛术最良。萍鄉武功白朮，切開有朱砂點亦佳，餘者功用減少。

清·張仁錫《藥性蒙求·草部》 白朮野白朮錢半、種白朮三錢 白朮甘溫，健脾強胃。止瀉除濕，消痰化痞。土炒用。炒焦，忌入滋陰藥中，以酒拌蒸。○士材云：嫌其燥，以蜜水炒之，或人乳拌用。嫌其滯，以薑汁炒之。一云：糯米泔浸，借穀氣以和脾。東壁土炒，藉土氣以助脾。○人但知朮能健脾，蓋指為濕邪所干，朮能燥濕，濕去則脾健，故曰補也。若脾虛而無濕者，反致燥損脾陰，何補之有？得枳實能滌飲消痞，同陳皮治脾虛脹滿。○野者產於潛者最佳，嘉言謂可以代人參。今甚難得。即浙江諸山出者，俱可用，俗稱天生朮，有鶴頸甚長，內有硃砂點，外有鬚者尤佳。○種白朮，止可調理常病之虛者。產浙江台州諸山。冬月採名冬朮，汁歸本根，滋潤不燥，不能止瀉，並無鶴頸與鬚，反肥大。於朮(如)〔與〕野朮不可得，惟用台朮為穩。

清·屠道和《本草匯纂》卷一平補 白朮 耑入脾。味苦而甘，性溫。補脾氣，燥脾濕。暖脾生津，健食消穀，為脾臟補氣第一要藥。除濕益燥，益氣和中，除胃中熱，去諸經濕，理胃。無汗能發，有汗能收，通溺止泄，消痰治腫，止熱化癖，安胎止嘔。山藥專補脾陰，白朮專補脾陽。生則較熟性鮮補，但不滯膩，除風寒濕痺及散腰臍間血，並衝脈為病，逆氣裏急等證。同葠耆能補氣，同歸地能補血、瀉萎黃，同枳實能治痞，同黃芩能安胎，同澤(泄)〔瀉〕能利水，同乾薑、桂心能消飲除癖，同半夏、丁香治小兒久瀉，同牡蠣、石斛、麥麩治脾虛盜汗。血燥無濕，腎間動氣築築燥渴便秘者忌服。脾虛無濕邪者，用之反燥脾家津液，是損脾陰也，忌用。癰疽忌白朮，以其燥腎而閉氣，故反生膿作痛。又寒濕過盛，水滿中宮者亦忌。且病屬陰虛血少，精液不足，血熱骨蒸，口乾脣燥，咳嗽吐痰吐血，鼻衄齒衄，便秘滯下者，咸忌之。出浙江於潛者最佳，米泔浸。助脾壁土炒，潤燥蜜炒，滋陰乳拌用，消脹麩皮炒。

清·戴葆元《本草綱目易知錄》卷一草部 白朮 辛、苦、甘，溫。味厚氣薄，入脾、胃、心、腎、肝、小腸六經。在氣補氣，在血補血，無汗能發，有汗能止。強脾胃，補腰膝，止瀉痢，長肌肉，消痰逐水，益氣和中，暖胃消穀，生津止渴。治風寒濕痹，風眩頭痛，目淚自出，心腹脹滿，嘔逆反胃。利腰臍間血，消腳脛濕腫，補肝風虛，主舌本強。食則嘔，胃脘痛，痃癖氣塊，婦人癥瘕，利小便，解肌熱。得枳實，消痞除滿。佐黃芩，安胎清熱。血躁無濕者，慎用。能生膿作痛，潰瘍忌之。米泔浸，切片，壁土炒，或蜜、人乳拌蒸，暴用。

清·黃光霽《本草衍句》　白朮　苦能燥濕，甘善和中。健脾胃而進食，止嘔吐而安胎。逐水生津，除腹中之脹滿冷痛。消痰止瀉，療女人之氣塊癥瘕。目不能開是胃弱，倦而嗜臥在脾虛。利滯血於腰臍，調逆氣於衝脈。衝脈為病，逆氣裏急臍腹痛。發汗止汗，與黃耆同功。補氣補血，較人參無異。得枳實能滌飲消痞。婦人肌熱血虛者，吃力伽散：用白朮、白雲苓、白芍藥各一兩，甘草半兩，為散，薑、棗煎服。牙齒日長難食，名髓溢病，白朮煎湯漱服，取效即愈也。

清·陳其瑞《本草撮要》卷一　白术　味辛甘，入足太陰經，功專除濕益氣。得枳實能滌飲消痞，得條芩能安胎。無濕者禁用，潰瘍亦忌，以能生膿作痛也。和脾糯米泔浸，助脾土炒，或蜜水炒、人乳拌以制燥。《千金方》齒長出口，名曰髓溢，單用白术愈。

清·周學海《讀醫隨筆》卷五　暴病忌术　《傷寒論》霍亂條理中丸後，有臍上築築有動氣者，去术，加桂。《金匱·水氣篇》苓桂术甘湯下，有少腹有氣上衝胸者，去术，加五味子。世謂動氣忌术，以术能閉氣也。蓋動氣上衝者，氣之不能四達也。寒水四塞，腎中真氣不得旁敷，而逼使直上，故氣動也。桂枝、細辛所以散水而通絡，使氣旁達也。五味子所以斂肺而降逆，使氣歸根也。若白术，能利腰臍結氣，似於證無甚相違，而不知腰臍無結，而忽利之，是欲虛其地以受邪，邪將固結腰臍，上下格拒，腎陽因之撲滅矣。且甘苦能堅能升，津液不得流通，氣機為之升提，即有礙於桂枝、細辛之功用也。故吾以為凡遇上吐下瀉以及心腹急痛、痧脹轉筋、暈眩顛仆之急病，又或乾嘔、噎隔、噦呃之危病，皆以慎用白术為宜。前人謂：動氣難診於脈，當問而知之，亦不盡然。其脈當是圓疾如豆丸，丸不去，時上馳如矢也。按：動氣皆因氣行有阻，衝激而然。其動有微有甚，總是中熱下寒，腎寒肝熱，加以上有寒閉，其情更急。凡痰飲停積以及素患疝瘕，時時衝動者，只是升氣相礙也。若誤汗、誤下、誤吐，致氣從少腹上衝者，則防暴脫矣。若久病陽微，腎氣上越者，其勢更難挽回。前人指為肝腎氣絕，陰邪上犯，故動氣之暴發而危者，總由腎陽驟熄，水精不能四布，寒極化燥，如水成冰，其氣上逆，直欲淩犯君火之位故也。人身亦如六合，此時地與四維，氣皆閉塞，只得一線直上。辛能開腠理，通氣，致津液，故重用桂枝、細辛以開之。白术之忌，蓋惡其濇津升氣也；汗、吐、下之禁，蓋惡其傷津損氣也。又按：齒暴長，為髓溢，濃飲术汁即消。魏玉横謂此即术消腎氣之徵，非也。齒暴長者，肝腎濕熱太盛，火鬱風生，故靜者動也。术能收攝濕邪，培土鎮風，風定，故齒復其堅靜之本體矣。是鎮肝也，非消腎也。

清·李桂庭《藥性詩解》　賦得白朮消痰壅溫胃得溫字。李慶霖。　白朮雖助脾，更使胃陽溫。嘔逆原能止，痰壅使不存。按：白朮，《本草》謂其味重金漿，芳踰玉液，百邪外禦，六腑內充，而藥物勝速，益於己者，未有如白朮之多功也。故古人以甘草、茯苓、人參，配為四君子湯，以其甘溫和中，補益不迫，頗有君子之義。惟术益脾燥濕，和中補氣，止瀉泄，利腰臍，去周身濕痹，化胃腑痰水。

清·鄭奮揚著，曹炳章注《增訂偽藥條辨》卷一　於术　白术種類甚多。雲术肥大氣壅，台术條細力薄，寧國狗頭术皮赤稍大，皆栽灌而成，故其氣甚濁，却少清香之味。當以浙江於潛野生者，名於术為第一，一名天生术。形小有鶴頸甚長，內有硃砂點，术上有鬚者尤佳，以得土氣厚也。據土人云產縣後山脈及黃塘至遼東橋一帶，西流水四十里地之术，方有硃砂點，他處則無。但野术入口，味甜氣極清香，總以白為佳，以潤為妙。近有一種江西種术，其形甚小，與野术相似，雖有鶴頸而甚短，其體堅實，其味苦劣，不可用。貨者多以此混充於术，是不可以不辨也。炳章按：天生野於术，體輕質瘦小，性糯味甘，色紫，皮細寬而層疊，蘆軟而圓，有鳳頭鶴頸之象，切開有硃砂斑點，氣甚香，即鄭君所云於潛山黃塘至遼東橋一帶出者是也，為最佳品，不易多得。他如近潛山各山，亦得其山脉餘氣，野生者亦佳。然蘆硬皮不層疊，亦有鳳頭鶴頸之形。其他鄰縣所出，別有一種，亦鳳頭鶴頸，軟蘆如小算子而圓，切開亦有硃砂點，質燥味薄，氣不甚香，價亦廉，俗名鈕扣术。近時有充湖廣术者，鄭君所云江西术，或即此也，亦次。更有冬术移種於潛，名種术，顆甚大，重(兩)[量]大者十餘兩，小者五六兩，皮黃肉白，無暈，亦有硃砂點，味甘兼辣，近時市肆作於术者此也，亦不甚佳。其帶葉者名帶葉术，偽充野术，裝玻璃盒，官場贈送為禮品，此皆側路也。又有南京茅山出者，曰茅术，亦有硃砂點，味甘辛，性糯形瘦長有細鬚根，利濕藥中用之，亦佳。泗安產者，形類茅术，性燥，味甘辣，切片逾日起白霜，亦次。惟术之種類甚多，就與於术有類似關係者，約辨數種，餘概略之。

清·周巖《本草思辨錄》卷一　白术　鄒氏云：脾主升舉清陽，胃主通

降濁陰，皆屬土而畏濕。术開花於初夏，結實於伏時，偏於濕熱彌漫之際，顯其有猷有為，確知其入脾胃，能力固中氣，外禦濕侮矣。劉氏亦脾胃同論，而以為先胃而後及脾。張隱庵則專主益脾而不及胃。竊思胃為陽明燥金，脾為太陽濕土，土必名濕者，即隱庵所謂土有濕氣，始能灌溉四旁，如地得雨露而後發生萬物也。白术味甘多脂，有似濕土，非脾之正藥而何。其肉白，老則微紅，味復帶辛，故能由脾及胃而達肌表。《別録》云暖胃，潔古云除胃熱，皆是除濕土之或過功效所及，非正治其胃也。

白术除脾濕，固中氣，為中流之砥柱。其散表邪，非輔以麻黄、桂枝、附子之屬，不能由肌肉而透皮毛。蓋其味厚而甘，擅長於守也。麻黄、桂枝、附子，為走散風寒之劑，加以白术除濕，則為治風濕，治寒濕。無濕不加，故麻黄、桂枝、附子多用於傷寒太陽病，而术惟有水氣始用之。鄒氏云：仲聖治風寒濕痹方，多有不用术者，以术於風勝濕勝者為最宜，寒勝者差減。蓋風勝必煩，濕勝必重。《金匱》中治痹用术諸方，非兼煩必兼重。或云身煩疼，或云身體疼煩，或云骨節煩疼掣痛，或云腹重，或云頭重，或不煩不重，而云身體疼、手足寒、骨節痛，是析風與濕與寒而三之矣。不知仲聖方言煩者未嘗不兼濕，言重者未嘗不兼風，言寒者未嘗不兼風與濕，核諸《本經》主風寒濕痹，無不吻合。鄒氏徒泥於字面而不知細審，遂並白术性用而胥失之矣。

凡仲聖方用桂至四兩，必為利小便與下腎邪，桂枝附子去桂加白术湯，又明云大便硬、小便自利去桂，大便不硬、小便不利當加桂，是桂枝之能利小便無疑矣。乃尤氏解此方云：大便硬，小便自利，知其人在表之陽雖弱，而在裏之氣自治。則皮中之濕，所當驅之於裏，使水從水道而出，不必更出之表以危久弱之陽，故去桂枝之辛散，加白术之苦燥，合附子之大力健行者，於以並走皮中逐水氣。夫去桂以小便利也。今去桂而猶欲驅濕從水道出，不知其意何居。況既云當驅之於裏，不必更出之表，而又云加白术合附子，以並走皮中逐水氣，不仍出之於表乎。是尤氏於本條語意，全未體會。鄒氏之說，差勝於尤，而亦未見其當。其解去桂加术也。曰：脾健則能制水，水在内能使下輸膀胱而大便實，水在外能使還入胃中而大便濡。夫謂使在内之水下輸膀胱，實非术之能事。仲聖加术，正取其不利小便。謂使在外之水還入胃中，則殆以大便硬而更崇其土，理不可曉，作此當然之想耳。按仲聖云，三服盡其人如冒狀勿怪，此以术、附並走皮中，逐水氣未得除，故使之耳。可見术、附並用，是使水從表除，不從裏泄，即水不還入胃中之據。或謂如大便硬何？曰：小便數者，大便必硬，此小便自利，即小便數也。皮中之水不當留而留，水府之水當留而不留，脾不舉其職，而腸胃與膀胱之傳化咸乖矣。去桂加术，則小便節而本有之津液不隨之而亡，亦脾職復而後致之津液可由是而裕；水濕外除，津液内蒸，誰謂白术之加，不足以濡大便哉。

白术大明主反胃、利小便，潔古主生津、止渴，殆不善會仲聖方而致誤耳。五苓散藥止五味，而交相為用，中多奥旨。夫所謂脈浮發熱者，表證也，煩渴小便不利者，裏證也。太陽表邪化熱傳本，因而渴飲，因而水蓄不化，因而小便不利。解表止桂枝一味，治裏亦第利水而不滌熱，且利水用至四味，不更助燥增熱乎。要知表未全解，尚屬陽中有陰，不似陽明病可任寒藥。水為陰邪，非辛甘溫不化，桂枝雖不以利水，而化氣必藉桂枝。猪苓、茯苓亦太陽藥，協桂枝則利水而亦解表。五味分兩皆甚少，且以散服，多飲暖水，為出汗計者至矣。而治裏之法即具於其中。桂枝最少，欲其達表；澤瀉最多，取其鹹降；更以白术一味益中氣，收水濕，安靖上下；而後表無不解，水無不行。表解水行，則熱自撤，渴自止。若謂术能止渴、利小便，則實非其所長。茯苓澤瀉湯治胃反吐，而渴欲飲水。胃反，是脾傷不磨，並挾飲邪，故以白术健脾勝水，非以止胃反。生薑、半夏為治嘔吐之專藥，方有生薑無半夏者，以渴忌半夏也。白术味甘多脂，原能生津，觀桂枝附子去桂加白术湯之治大便硬可見。然其性燥，用於有水濕之證，誠能使脾運而津生。若陰虚津枯，責效於白术，則白术謝不敏矣。

术之或去或加，見於理中丸者為多，欲明用术之道，於此求之，思過半矣。曰臍上築者，腎氣動也。去术加桂四兩。腎氣動，是欲作奔豚之徵兆，以桂四兩降而泄之，原有成法，見於《傷寒》《金匱》兩書。加桂可矣，去术何為？夫土能制水，故《千金》以白术治髓溢，似此證正宜崇土；然术能禦之不能泄之，不去术，則术横亘於中，足以掣桂之肘，此加桂所以必去术也。曰：吐多者，去术加生薑三兩；下多者還用术。猪苓湯、五苓散、茯苓澤瀉湯，皆有吐不去术。生薑瀉心湯、黄芩湯、四逆湯、白通湯，皆有下利不用术。茲何為不然？不知此為寒霍亂言耳。吐多者吐多於下，下多者下多於吐。吐多於下，則裏濕尚輕而胃逆為甚，加生薑是以辛散之，去术為甘壅也。下多於吐，則脾濕重矣，健脾除濕，非术不可。故吐多去之，而下多必還用

之。曰：渴欲飲水者，加术足前成四兩半。术非治渴之物，此不特不去而更加於前數，何故？蓋理中所以溫中，所以治寒多不用水之霍亂。今渴欲飲水，自非燥熱之渴，乃因吐利重喪其津，而脾弱不振也。是雖有參以生津，而參以氣勝，术以味勝。味勝者培中土而滋化源，尤為得力，故不加參而加术也。曰：腹滿者去术加附子一枚。洄溪謂陽虛，尤氏謂氣脾，鄒氏謂脾實。按證是脾寒，《金匱》有腹滿為寒之文，又觀所加為附子，其為陽虛無疑。若是脾實，則當與以厚朴七物、大柴胡、大承氣之屬，與此懸絕矣。四逆溫腎用薑、附，此溫脾亦用薑、附。蓋腎寒陽虛，必侵及脾，故以薑輔附。脾寒陽虛，其源由腎，故以附輔薑。其必去术者，陽虛必氣滯，白术甘壅，去之為宜。是則尤説為尚得其半也。

《別錄》术除心下急滿一語，須連上消痰水看；然术不能獨任其責，亦惟中虛者宜之。《金匱》云：病痰飲者，當以溫藥和之。苓桂术甘湯，四味皆相協以成功，無一味可缺。用於傷寒，則茯苓增一兩以急下其水，白术減一兩以微損其壅，為其氣沖故也。而要非吐下之後，未必以术補虛。桂枝人參湯，證兼心下痞硬，而其用术也，以數下之後，利下不止，虛亦甚也。惟桂枝去桂加茯苓白术湯，表證未罷而去桂，心下滿痛而加术，幾令人不解。然服桂枝湯或下之，雖不切中病情，而病氣亦已衰矣。頭項強痛，翕翕發熱，而脈不云浮，亦不惡寒惡風，翕翕乃微開微闔之象，是未可與頭痛發熱並論者。獨水停心下滿而微痛，無汗而小便不利，邪無從出，為是證之關鍵。蓋太陽為寒水之府，頭項乃太陽經脈之所至，若非水停心下，前服桂枝湯即強痛可除。其不除者，半由寒水之不下行也。桂枝一味，無汗固忌，不治表亦無需乎桂，故去之。利小便當首推茯苓，故加之。水氣因陽氣不充而停，不益其氣，病機不轉，术益氣而除濕，故加之。雖然甘壅之术，非滿痛之心下所宜，其所以得收其效者，獨賴有芍藥以斂之耳。況术為脾家準對之藥，得芍藥自疾趨而入脾，得茯苓又相協而利水，水行則滿痛必除，太陽之微邪，何至仍踞於表。甘草乃白术補虛之佐使。薑、棗調營衛，使邪無所容，亦足代桂枝而宣力。术固不能獨治心滿也。

《別錄》术主大風在身面，其所謂風，即海藏謂术補肝風虛之風。劉氏云：陽虛陰蓄，久而陰不化，則陽從之而化風，是謂風虛。又云：陽蓄陰中則氣虛，氣虛則生濕。是术之治風仍不離乎濕。《金匱》附《近效》术附湯一方，即治風虛之證也。《別錄》又主風眩頭痛目淚出，下句接以消痰水，蓋以風眩本於痰水，消痰水即所以治風眩。鄒氏謂濕與水與飲是一源三歧，歷舉《金匱》治眩與治濕治水各方以證之，並謂《本經》止汗除熱，多係風濕相搏之證，如五苓散、防己黃芪湯、甘草附子湯，皆止汗除熱之驗，而不得用於溫熱之汗出身熱，洵屬確論。然其於《金匱》有不得其解者，謂小半夏加茯苓湯，治飲眩而不用术，以心下痞故。夫小半夏湯治嘔吐之方也，藥止三味，而必以小半夏加茯苓名之，明乎此以止嘔吐利水為治也。雖然，嘔吐因膈間有水，因膈間有水而眩悸，皆术所宜從事，即心下痞因飢而得者，亦何嘗忌术？乃絕不許术闌入其間，誠不可解。愚蓋細思而得其故焉，仲聖下字皆極有斟酌，嘔吐而曰卒，卒字詎容忽過，嘔吐由於卒致，則必膈間本無宿水，或因清陽偶弛，飲停不化，遂胃逆而為嘔吐。脾固無恙，無慮其虛。以薑、夏宣陽降逆於上，茯苓利水於下，足以療之而有餘。若再以甘壅之术，橫於膈間，則非徒無益，而又害之矣。枳實薤白桂枝湯之治胸痹也，曰人參湯亦主之，一證而虛實不同，藥即攻補相反，术之宜與不宜，不益可見哉。

蒼术

宋·寇宗奭《本草衍義》卷七　蒼术　其長如大拇指，肥實，皮色褐，氣味辛烈，須米泔浸洗，再换泔，浸二日，去上麤皮。白术麤促，色微褐，氣味亦微辛，苦而不烈。古方及《本經》止言术，未見分其蒼、白二種也。只緣陶隱居言术有兩種，自此人多貴白者。今人但貴其難得，惟用白者，往往將蒼术置而不用。如古方平胃散之類，蒼术爲最要藥，功尤速。殊不詳本草元無白术之名，近世多用，亦宜兩審。嵇康曰：聞道人遺言，餌术、黃精，令人久壽，亦無白字。

金·張元素《潔古珍珠囊》〔見元·杜思敬《濟生拔粹》卷五〕　蒼术甘辛陽中微陰。諸腫濕非此不能除。足陽明、太陰。能建胃安脾。

宋·張杲《醫説》卷八　陰氣所侵　乾道中江西某人赴調都下，游西湖，民間一女子明艷動人，求之於其父母，啖以重幣，峻却焉，回家不復相聞。又五年赴調，尋舊游，茫無所覩，悵然空還。忽遇女子於半途，呼揖問訊，士喜甚，扣其徙舍之由，女曰：我久適人，夫坐庫事，坐獄未出，能過我啜茶否？士欣然並行。過旅館，女曰：此可棲泊，無庸至吾家。留半歲，將議挾以偕逝。女始歛袵曰：向自君去，憶念之苦，感疾而亡，今非人也，無由陪後乘，

但陰氣侵君深，當暴瀉，宜服平胃散，以補安精血。士聞語，驚惋曰：藥味皆平，何得功效？女曰：中用蒼术去邪氣，乃為上品《夷志堅》。

宋·張杲《醫説》卷八 蒼术辟邪 越民高十二，歉歲無食，挈妻兒至德清，雇妻於秀州倉官李深家為乳媪，高得錢還越而死。李僕許八隨直在秀，以幹歸德清，及再來之日，媪患恍惚，譫語作厥，夫聲責罵，故妻不為資薦。李問何以得至此？曰：我隨許僕射便是以得來。李命巫逐未至，謾燒蒼术煙薰燎，鬼遽云：我怕煙氣，不敢更留，遂無語。媪病亦差。今人衝惡者必爇术，蓋邪鬼所畏也《類編》。

元·王好古《湯液本草》卷三 蒼朮 氣温，味甘。入足陽明、太陰經。《象》云：主治同白朮，若除上濕，發汗，功最大；若補中焦、除濕，力小，如白朮也。《衍義》云：其長如大拇指，肥實，皮色褐，氣味辛烈，須米泔浸洗，再換泔浸二日，去上粗皮。東垣云：入足陽明、太陰，能健胃安脾。《本草》但言朮，不分蒼、白。其蒼朮別有雄壯之氣，以其經泔浸、火炒，故能出汗，與白朮止汗特異，用者不可以此代彼。海藏云：蒼、白有止發之異，其餘主治，並見《圖經》。

元·朱震亨《本草衍義補遺》 蒼朮 治上中下濕疾，皆可用之。〇一名山精。《經》曰：必欲長生，可服山精。結陰陽之精氣故也。又見前。

元·佚名氏《珍珠囊·諸品藥性主治指掌》〔見《醫要集覽》〕 蒼术 氣味主治與白术同。補中除濕力不及白，寬中發汗功過于白。

元·徐彦純《本草發揮》卷一 蒼朮 味苦、辛，溫，無毒。主風寒濕痺，消痰火，暖胃，消穀嗜食，瘟疾，山嵐瘴氣。潔古云：蒼朮氣溫味甘，主治與白朮同。若除上濕，發汗功最大。若補中焦，除中濕，力少如白朮。腹中窄狹者，須用之。若治脛足濕腫，加白朮。又云：蒼朮體輕浮，氣力雄壯，能去皮膚間腠理濕。東垣云：入手陽明、太陰。能健胃安脾。《本草》但言术，不言蒼、白。其蒼朮別有雄壯，上行之氣能除濕，下安太陰，使邪氣不內傳於太陰也。以其經泔浸火炒，故能發汗，與白朮止汗特異，用者不可以此代彼，蓋蒼、白有止發之異也。丹溪云：蒼朮治上中下濕痰，俱可用之。

明·朱橚《救荒本草》卷上之後 蒼术 一名山薊，一名山薑，一名山連，一名山精。生鄭山漢中山谷。今近郡山谷亦有。嵩山、茅山者佳。苗淡青色，高二三尺，莖作蒿蘚，葉抪莖而生，梢葉似棠葉，脚葉有三五叉，皆有鋸齒小刺，開花紫碧色，亦似刺薊花，或有黄白花者。根長如指大而肥實，皮黑茶褐色。味苦甘，一云味甘、辛，性溫，無毒。防風、地榆為之使。救飢：採根去黑皮，薄切，浸二三宿，去苦味，煮熟食，亦作煎餌。久服輕身，延年不飢。治病：文具《本草》草部條下。

明·滕弘《神農本經會通》卷一 蒼朮 《衍義》云：其長如大拇指，肥實，皮色褐。氣味辛烈，須米泔洗，再換泔浸二日，去上粗皮，乾火炒。味甘，氣溫，無毒。《湯》云：入足陽明經、太陰經。東云：主治與白朮同。補中，除濕力不及白，寬中發汗功過於白。又云：治目盲，燥脾去濕。《珍》云：治上中下濕痰，療足脛濕腫。《東》云：調脾，治濕痰，寬中發汗功過白。《本經》云：主大風在身面，風眩頭痛。《本草》又云：除惡氣，辟山嵐瘴氣，消痃癖氣塊，心腹脹痛。健胃安脾，寬中進食。《象》云：主治同白朮。若除上濕發汗，功最大。若補中焦，除濕，力小於白朮也。東垣云：入足陽明、太陰，能健胃安脾。《本草》但言术，不分蒼白。其蒼朮別有雄壯之氣，以其經泔浸火炒，故能出汗，與白朮特異，用者不可以此代彼。海藏云：蒼白有止發之異。其餘主治並見《圖經》。又鹽水炒，佐黄栢，力健行下焦，腰足濕熱。一名山精。《神農經》曰：必欲長生，當服山精。今按二术功用頗同，俱能補脾燥濕。但白者補性多，蒼者治性多。劍云：蒼朮氣溫其味甘，調脾更治濕之痰。寬中發汗功過白，除濕之功白朮戡。《局》云：蒼朮本來攻胃氣，米泔浸炒始為奇。傷寒痺痛并溫瘧，發散須知用此宜。蒼朮，平胃，壓山嵐，米泔浸炒。

明·劉文泰《本草品彙精要》卷七 蒼术無毒 植生。

蒼术：主治與白术同，若除上濕發汗，功最大。若補中焦除濕，力小於白术也。《本草》但言术而不分蒼、白。其蒼术別有雄壯之氣，以其經泔浸火炒，故能出汗。與白术止汗特異。用者不可以此代彼。名醫所錄。〔名〕山連、山精、天蘇、山薊。〔苗〕《圖經》曰：春生苗葉，葉細無毛，兩兩相對，莖作蒿幹狀而青赤色，長二三尺，夏開花似刺薊花而紫碧色，入伏後結子，至秋苗枯。其根似薑而無椏，傍有細根，皮黑肉黄，中多膏液。其味苦甘而烈。惟春及秋冬取者爲佳，易生白霜者是也。〔地〕出鄭山山谷、漢中、南鄭，今處處有之。〔道地〕茅山、蔣山、嵩山者爲勝。〔時〕生：春生苗。採：八

九月、十一十二月取根。〔收〕暴乾。〔用〕根乾堅實者爲好。〔質〕類薑而無椏。〔色〕黑褐。〔味〕苦，甘。〔性〕溫，緩。〔氣〕味厚氣薄，陰中陽也。〔臭〕香。〔主〕除濕寬中。〔行〕足陽明經，足太陰經。〔助〕防風、地榆爲之使。〔製〕米泔浸洗，刮去粗皮。〔治〕療：《藥性論》云：大風痹痺，心腹脹痛，除寒熱，水腫脹滿，腹内冷痛，吐瀉不住。日華子云：一切風疾，冷氣腹脹，婦人冷，癥瘕，溫疾，山嵐瘴氣。〔合治〕合香附、撫芎解諸鬱。〔忌〕桃、李、雀肉、菘菜、胡荽、大蒜、青魚。

明·葉文齡《醫學統旨》卷八 蒼术 氣溫，味辛烈，無毒。浮而升，陽也。入足陽明、太陰經。米泔浸二日，去粗皮，炒用。 治風寒濕痺，消痰水，暖胃消穀嗜食；溫疫，山嵐瘴氣；大風在身面，風眩頭痛，除惡氣，消痃癖氣塊，心腹脹痛，嘔吐，驅瘧發汗，健胃寬中進食，除濕燥脾。鹽水炒，佐黄栢力健，行下焦腰足濕熱。

明·鄭寧《藥性要略大全》卷二 蒼术 《珠囊》云：補中除濕，力不及白；寬中發汗，功過於白。主治與白术同。〇《賦》曰：治目盲，燥脾勝濕。東垣云：健胃安脾。海藏云：蒼、白有止汗、發汗之異。《本草》言〔术〕，不分蒼白。其蒼术别有雄壯之氣，以其經泔浸、火炒，故能出汗，與白术止〔汗〕特異耳。用不可以此代彼。

明·賀岳《醫經大旨》卷一《本草要略》 蒼术 氣味辛烈，發汗甚速。以黄栢、牛膝、石膏下行之藥引用，則治下元濕疾；入平胃散，能去中焦濕證而平胃中有餘之氣；入葱白、麻黄之類，則能散肉分至皮表之邪。大抵有邪者宜用，無邪者不用。今俗醫不分虚悶及七情氣悶皆用蒼术，丹溪載腹中窄狹須用蒼术，醫者徒誦其言而不察其言，所謂蒼术乃辛散，有濕實邪者用之，則邪散而濕除即止，豈謂不分虚實概用之乎？抑且虚悶者用之，則耗其氣血，燥其津液，其虚火益動，而愈悶矣。吾知調其正氣，則悶自是而散矣。

明·方穀《本草纂要》卷一 蒼术 味甘、辛，氣溫，性燥，氣味辛烈，陽也，無毒。入太陰脾經，燥脾濕；復入陽明胃經，和胃氣，主治霍亂、嘔吐、泄瀉、瘧痢、腹痛脹滿、陰疝痿厥及寒濕等症。何則脾胃之藥，喜燥而惡濕？蒼术乃大辛溫之劑，能行氣而燥濕者也。是以吾嘗治症，欲令寬中順氣，開鬱散結，必兼蒼朴而用之；欲使健脾和胃，溫中進食，必兼蒼白而用之；欲其健行下焦，立清濕熱，必兼蒼柏而用之；欲止心腹攻痛，溫中利濕，必兼蒼萸而用之。此蓋脾家治濕之妙藥也。又曰：如欲補脾必用白术，如欲清濕，必用蒼术。若《本經》不分蒼白，以其土厚而人淳也，後人分而用之，以其多卑濕之居處也。世嘗謂其有驅邪辟惡之説，每焚术以爲美。然豈止於此乎？苟於山嵐瘴氣、烟霧殺厲所生之地，得聞术味，非惟去濕除惡，抑且開脾健胃，安神助氣，長生不老，此無方之神妙也。《經》曰：必欲長生，當服山精。是之謂歟。

明·王文潔《太乙仙製本草藥性大全》卷一《本草精義》 蒼术 出茅山第一，擇潔實尤良，米泔浸洗一宿，須刮净麄皮，炒燥。亦用防風、地榆使引，入足經陽明、太陰。近世多貴白术，如古方平胃散之類，蒼术爲最要之藥，濕熱尤妙。

愚曰：白术有止汗發汗之異。〇《本草》言不分蒼白，其蒼术别其雄壯之氣，以其經泔浸火炒，故能出汗，與白术止〔汗〕特異耳，用不可以此代彼。〇《神農經》曰：必欲長生，當服山精。即此是矣！

明·王文潔《太乙仙製本草藥性大全》卷一《仙製藥性·草部》 蒼术 氣味辛烈，發汗甚速。主治：療大風在身面，風眩頭痛，除惡氣與惡風、瘴氣，消痃癖氣塊，心腹脹痛，健胃安脾，寬中進食，發汗。除上焦濕功最大，若補中焦除濕，力小於白术。又鹽炒佐黄柏，以牛膝、石膏下行之藥引，用則治下元濕疾。入平胃散能袪中焦濕證，而平胃中有餘之氣。入葱白、麻黄之類，則能散肉分至皮表之邪。補註：大抵有邪者宜用，無邪者不用。今俗醫不分虚悶及七情，氣悶皆用蒼术。丹溪載腹中窄狹須用蒼术。醫者徒誦其言，而不宗其言。所謂蒼术，乃辛散，有濕實邪者用之，濕邪散而濕除。□□□謂不分虚實概用之，□□□□□□□則□其氣血燥，其津液，其虚火益□□愈□矣，吾□□其正氣，則悶自是而散矣。

明·皇甫嵩《本草發明》卷二 蒼朮上品之上，君。氣溫，味苦、辛，無毒。入足陽明、太陰經藥。 發明曰：蒼朮辛温散邪，苦以燥濕，盡之矣。故《本草》主大風濕在身面及風寒濕痺死肌，逐皮膚間風水結腫。發汗者，能發散之；山嵐瘴氣，濕邪之外致能辟除之，皆其辛烈散邪之力也。《本草》又謂消痃癖氣塊、痰飲，除心腹脹痛窄狹，健胃安脾，寬中進食者，由其苦溫以燥濕之功也。故逐邪除濕，其功最大。若補中，除濕健脾，不如白朮之能。入平胃散，

去中焦濕，平胃中有餘之氣。心腹脹痛，必是有濕邪者，用之則寬。若虛悶痛，無實邪者，用之反耗氣血，燥津液，虛火益動而愈悶矣。〇以鹽炒黃蘗、牛膝、石膏等下行之藥引用，治下部濕疾。入葱白、麻黃之類，能散分肉至皮表之邪。防風、地榆為之使。忌食桃、李、雀、蛤。凡用擇肥實褐色，氣味辛烈者，用米泔浸洗，再換泔浸，凡三日，去粗皮，用鹽少許，署炒。

題明・薛己《本草約言》卷一《藥性本草》　蒼朮　味苦、甘、辛，氣溫，無毒。陰中之陽，可升可降，入足陽明、太陰經。散風寒濕氣，辟山嵐瘴氣，無分表裏，療重痛於身首，散結腫於皮膚，最能發汗，消積滯而除腹脹，快脾胃而進飲食，尤能寬中。其性本燥，長於治濕。然氣味辛烈，除上焦濕氣之功尤切。米水浸炒，佐以黃栢，健行下焦，治股足濕熱之妙劑也。〇辛溫散邪，苦以燥濕，二者盡之。〇因氣味辛烈，故發甚速，除上焦濕，其功最大。若補中焦除濕，力小於白朮。又鹽水炒，佐以黃栢、石膏、牛膝，下行之藥引用，則治下元濕疾。入平胃散，能祛中焦濕證，而平胃中有餘之氣。入葱白、麻黃之類，則能散肉分至皮膚之表。　丹溪謂腹中窄狹須用者，以其辛散也。大抵心腹脹痛必有濕，實邪者用之，則邪散而濕除即寬。若虛悶痛者用之，則耗其氣血，燥其津液，虛火益動而愈悶。不如調其正氣，則悶自是而散矣。〇疏通腠理，抑平胃氣，發汗除濕之聖藥也。　陶節庵九味羌活湯用之，以燥膀胱之濕熱。〇仲景白虎湯用之，以開濕熱之表邪。特中焦燥結，虛汗多者不宜用。　按：二朮功用頗同，俱能補脾燥濕。（俱）〔但〕白朮者補性多，且有斂汗之功。蒼者治性多，惟專發汗之能。凡入劑中，不可代用。

明・梅得春《藥性會元》卷上　蒼朮　味苦、甘，辛烈，氣溫。浮而升，陽也。無毒。入足陽明胃經、足太陰脾經藥。　主補中除濕，力不及白朮；寬中發汗，功過於白朮。治目盲，燥脾勝濕，平胃氣，驅嵐瘴，傷寒痹，濕、瘧，俱可發散。《衍義》云：氣味辛烈，發汗尤速，雄壯上行之氣，能除濕氣，下安太陰，故感寒用之，使邪氣不傳脾經，且能發汗，治濕痰、身多軟重。許學士用之，以治痰飲成窠，行痰極效。療痰挾瘀血成窠囊，與撫芎仝用，總解諸鬱。凡鬱在中焦，以撫芎開提其氣而升之，食在氣上，氣升則食降。與茯苓、白朮及補血藥治產後症，使水自降。療右邊頭痛，屬熱屬痰，及治太陰頭痛。消穀進食，辟瘟疫，風在身面；除惡氣，消痃癖，心腹脹痛；止嘔吐。鹽水炒，佐黃柏力健，行下焦，除腰足濕熱。　製法：先用滾水洗去沙土，然後用滾米泔浸三日，三換洗，去粗皮，切片，晒乾，炒用。

明・杜文燮《藥鑒》卷二　蒼朮　氣溫，味甘、辛，氣薄味厚，無毒。可升可降，陽也。入足陽明、太陰經藥也。消痰結窠囊，去胸中窄狹。治身面遊風，風眩頭痛甚捷。辟山嵐瘴氣，時氣瘟疫尤靈。暖胃安胎，寬中進食，驅痰癖氣塊，止心腹脹痛。與白朮同功，但補中除濕力不及白，若寬中發汗，功過於白。以黃栢、牛漆、石膏下行之藥引之，則除下部濕痰。以甘草、陳皮、厚朴之藥引之，則除中焦濕證，而平胃中有餘之氣。以葱白、麻黃、杏仁之類引之，則除肉分至皮表之邪。大都有邪者宜用，無邪者禁忌。庸醫不分虛悶及七情氣悶，概用蒼朮，誤矣。古人載腹中窄狹，須用蒼朮。醫者徒誦言而不察其所以言也。蓋蒼朮乃辛散之劑，必有濕症實邪者方纔可用，豈謂不分虛實而概用之乎？抑且虛悶者用之，則耗其氣血，燥其津液，其虛火益動而愈悶矣。製用米泔水，入銅器內浸之，置月下，浸去黃油淨，晒乾，又浸又晒，如此三宿，清水渡過，晒乾，約有五斤淨，用紫桑椹一斗，好醋一壺，鹽四兩，與蒼朮拌勻，浸晒令汁乾，蒸之，一晒一蒸，如此者三次，又用大草半斤煎汁，去渣，入蜜四兩，酒潤蒸晒凡九次，淨蒼朮一斤，加白茯四兩，黃芩三兩，當歸四兩，白朮三兩，神麯四兩，秋石四兩，用大甘草五兩煎汁，入竹瀝、薑汁，打神麯糊為丸，酒水米飲任下，名五合丸，能健脾胃，消痰涎，助精神，壯筋骨，神效。

明・李中立《本草原始》卷一　蒼朮　今以茅山者為良。苗高二三尺，其葉抱莖而生，稍間葉似棠梨，其脚下葉有三五叉，有鋸齒小刺。根蒼黑色，故名蒼朮。朮者，山之精也，故《抱朴子》名山精。服之令人長生，辟穀致神仙，故來仙家仙朮之稱。氣味：甘、辛，溫，無毒。主治：風寒濕痹，死肌痙疸。作煎餌，久服輕身，延年不飢。〇主頭痛，消痰水，逐皮膚風水結腫，除心下急滿及霍亂吐下不止，暖胃消穀，嗜食。〇除惡氣，弭灾沴。〇主大風痛痹，心腹脹痛，水腫脹滿。除寒熱，止嘔逆、下泄冷痢。〇治筋骨軟弱，痃癖氣塊，婦人冷氣癥瘕，山嵐瘴氣，溫疾。〇明目，暖水臟。〇除濕發汗，建胃安脾，治痿要藥。〇散風益氣，總解諸鬱。

蒼朮，《本經》上品。【圖略】根皮黑肉白有黃點。茅山蒼朮堅小肉白，氣味甘辛。他山蒼朮塊大肉黃，氣味辛烈。又有一種蒼朮，皮白肉白，堅實，氣味亦甘辛，較之茅山者次之，北人每呼為南蒼朮，比西山者勝。修治：蒼朮

性燥，凡用去上粗皮，以米泔浸一宿去其油，切片焙乾；　亦有用脂麻同炒以制其燥者。

蒼朮：　性溫而燥，陰中陽也，可升可降。入足太陰陽明、手太陰陽明太陽之經。忌桃、李、菘菜、雀肉、青魚。張仲景：　辟一切惡氣，用蒼朮同豬蹄甲燒烟。陶隱居亦言朮能除惡氣，弭灾沴，故今病疫及歲旦，人家往往燒蒼朮以辟邪氣。《類編》載越民高氏妻，病恍惚譫語，亡夫之鬼憑之。其家燒蒼朮烟，鬼遽求去。《夷堅志》載江西一士人，為女妖所染。其鬼將別曰：　君為陰氣所侵，必然暴泄，但多服平胃散為良。中有蒼朮，能去邪也。　蒼朮：　君。

明・李中梓《藥性解》卷二　蒼朮　味甘、辛，性溫，無毒，入脾、胃二經。主平胃健脾，寬中散結，發汗祛濕，壓山嵐氣，散溫瘧。泔浸一宿，換泔浸，炒用，使忌同白朮。　按：　蒼朮辛甘祛濕，脾胃最喜，故宜入之。大約與白朮同功，乃藥性謂其寬中發汗，功過於白，固矣。又用其補中除濕，力不及白，於理未然。夫除濕之道，莫過於發汗，安有汗大發而濕未除者也？　濕去而脾受其益矣。若以為發汗，故不能補中，則古何以稱之為山精。煉服可長生也？　亦以其結陰陽之精氣。俗醫泥其燥而不常用，不知脾為藏主，所喜惟燥，未有脾氣健而諸藏猶受其損者，獨火炎土燥脾虛作悶者忌之，恐益其火也。

明・倪朱謨《本草彙言》卷一　蒼朮　味苦，氣溫，性燥，無毒。陰中陽也，可升可降。入足太陰、陽明經。漢人鍾離氏曰：　蒼朮，處處山中有之，惟嵩山、茅山者良。苗高二三尺，其葉抱莖而生，梢間葉似棠梨葉，其脚下葉各有叉，三五出，邊有鋸齒及小刺。花開紫色，根如老薑狀，蒼黑色。氣味辛烈，古人用朮，不分赤白。自宋人始分。白者曰白朮，赤者曰蒼朮，但氣味有和暴之殊，則施治亦有補利剛柔之別。先以米泔水浸去暴氣，再以黃土拌蒸，再以人乳拌蒸，曬乾入藥用。按：　二朮白者補中有燥，氣平而和；　蒼者燥中有補，氣雄而烈。蒼者發汗，與白者止汗特異，用者不可以此代彼。如欲補脾中之虛，必用白朮；　如用燥脾中之濕，必用蒼朮。

蒼朮：　健脾燥濕之藥也。張相如稿此禀初夏之氣以生，其味苦，其氣溫，繆仲淳其性燥辛烈，純陽，從火化也。爲除濕痹之上品，安脾胃之神方。方龍潭蓋脾喜燥而惡濕，喜利而惡滯，喜溫而惡寒，《本草》主健脾胃，療泄瀉，消宿食，行滯氣，利水濕，辟瘴氣，散寒溫中，用不可少。若風雨山蒸，瘴霧濕氣，或頭重目眩，胸腹脹滿，或四肢困倦，腰疼重墜，或陰疝虛浮脹痛，或足膝痹腫不仁，是皆濕氣之所致，惟蒼朮可以治之。又如瓜果魚腥，有傷脾胃；或腹痛泄瀉，脹滿否塞；　或積聚不清，霍亂吐利，是皆積濕停寒之症，惟蒼朮可以理之。凡病屬陰虛血少，津液不足，內熱骨蒸，口乾唇燥，咳嗽吐痰，吐血衄血，咽燥便塞，下痢、大腸澀閉，欲通不通之證，法咸忌之。　馬瑞雲先生云：　蒼朮治濕，上中下皆可通用。入平胃散，運脾去濕；　入六鬱湯，又能總解諸鬱。如痰、火、濕、食、氣、血六鬱者，皆因脾胃傳化失常，不得升降，病在中焦，故蒼朮爲燥胃强脾，能發越中焦陳宿水穀之氣而疏散之。在裏者能利，在表者能散，在上者能降，在下者能升，在中者能化，鬱散氣平，脾胃通調，能食而運，力不補而自强，氣血不培而自健也。漢人有謂燥中有補，信夫！　如陰津內耗，虛火妄動之人，切禁！

集方：　治脾虛有寒濕，不能健運，爲腫滿脹泄不食諸證。或傷食不消，或氣滯不行，或水道不利。用蒼朮八兩，切片，米泔浸三日，曬微乾，再拌黃土蒸半日，曬乾，磨爲細末，乾薑七兩，白朮六兩，厚朴、砂仁、茯苓各二兩，人參、肉桂、木香各一兩，後九味剉碎，俱用麩拌炒，和蒼朮共磨爲細末，餳糖爲丸梧子大，每早晚各服四錢，米湯下。〇治人受風雨山蒸，瘴霧濕氣，或頭重目眩，胸腹脹滿，或四肢困倦，腰疼重墜，或寒疝虛浮脹痛，或足膝痹腫不仁諸證。用蒼朮六兩，切片，製法如前。藁本、川芎、厚朴、陳皮、杜仲、胡盧巴、木瓜、防已各二兩，後八味剉碎，俱用薑酒拌炒，和蒼朮共磨爲末，紅麴糊爲丸梧子大，每早晚各食前服三錢，酒下。〇治瓜果魚腥生冷，有傷脾胃，或腹痛泄瀉，脹滿否塞；　或積聚不清，霍亂吐利諸證。用蒼朮六兩切片，製法如前。吳茱萸、黃連三錢煎湯泡浸一宿，曬乾，木香、厚朴、草果仁、半夏、扁豆各二兩，白朮四兩，紅麴三兩，茯苓二兩，人參一兩，後十一味剉碎和勻，用黃土三錢，調醋一碗，俱拌炒，和蒼朮共磨爲末，水發爲丸。每早晚各食前服三錢，酒下。

明・顧逢柏《分部本草妙用》卷三脾部・溫補　蒼朮　苦、辛，溫，無毒。米泔浸一宿，切用。　主治：　解痰、火、濕、食、氣、血六鬱，寬中，發汗除濕，健胃安脾，治瘻要藥。驅惡風，消水腫，治大風洩瀉，腹中冷氣。　蒼朮為辛烈之藥，時人畏用。然而脾家喜燥惡濕，燥濕非朮不可，避邪非朮不能。六

鬱用之，而脾胃弱得之而助，所以平胃散用蒼朮，蓋有故也。許叔微以蒼朮一斤，棗五十，麻油半兩，水二錢，為丸，以治三十年飲辟，燥脾以去濕，蓋有理也。陳子皇以之治妻疲疾，不獨疾愈，而色更少，明有驗也。孰謂赤术燥烈，而置之不用哉？但隨症以潤燥藥相制，則神效倍常矣。經曰：必欲長生，當服山精。是之謂與。惟元氣虚，并實火盛者忌之。

明・李中梓《醫宗必讀・本草徵要上》　蒼朮味苦、辛，溫，無毒，入脾經。畏惡同白朮。産茅山者佳。泔浸蒸晒。燥濕消痰，發汗解鬱。除山嵐瘴氣，弭災沴惡疾。蒼朮為濕家要劑。痰與氣俱化，辛溫快氣，汗與鬱並解，芳氣辟邪，得天地之正氣者歟。按：蒼朮與白朮功用相似，補中遜之，燥性過之，無濕者便不敢用，況於燥證乎？

明・鄭二陽《仁壽堂藥鏡》卷一〇上　蒼术　《圖經》云：蒼术出漢中南鄭，今茅山者為佳。氣溫，味甘。入足陽明、太陰經。《象》云：主治同白术。若除上濕，發汗功最大。若補中焦，除濕，力小於白术也。《衍義》云：其長〔大〕如大拇指，肥實，皮色褐，氣味辛烈。須米泔浸洗，再換泔浸二日，去上粗皮。東垣云：入足陽明、太陰。能建胃安脾。《本草》不言蒼、白。其蒼术别有雄壯上行之氣，能除濕，下安太陰，使邪氣不内傳於太陰也。以其經泔浸、火炒，故能發汗。與白术止汗特異。用者不可以此代彼。蓋蒼、白有止、發之異也。丹溪云：蒼术治上中下濕痰，俱可用之。《抱朴子内篇》曰：南陽文氏，值亂逃壺山中，飢困欲死。有一人教之食术，遂不飢。數十年乃還鄉里，顔色更少，氣力轉勝。故术亦名山精。《神農藥經》云：必欲長生，常服山精。正术之謂歟！《聖惠方》：治雀目，不計時月，用蒼术二兩為末，每用一錢，以青羊肝一個，用竹刀挑破，擦藥在内，麻繩纏定，以粟米泔水一大碗煮熟，先熏眼，熱氣盡，即喫之妙。

明・蔣儀《藥鏡》卷一温部　蒼朮　燥脾土以去濕，補中焦以進飧。辟瘴氣于山嵐，功居發汗。逐瘟疫與痎瘧，效在消痰。

明・李中梓《頤生微論》卷三　蒼术　味苦、甘、辛，性溫，無毒。入脾、胃二經。畏惡悉同白术。産茅山，梗細皮黑，其鬚蓊茂，内有紅點者佳。米泔浸一日，土蒸半日，刮去皮，晒乾切片，米糠拌炒，糠枯為度。發汗散邪，燥脾逐水，消痰下氣，益胃和中，除山嵐瘴氣，辟鬼邪瘟疫。

按：蒼术為濕家痰家要劑，辛溫辟邪，得天地之正氣者歟。但陰虚便燥，渴而火亢者忌之。

明・張景岳《景岳全書》卷四八《本草正》　蒼术　味苦、甘、辛，性溫而燥，氣味俱厚，可升可降，陽也。用此者用其溫散燥濕。其性溫散，故能發汗寬中，調胃進食，去心腹脹疼，霍亂嘔吐，解諸欝結，逐山嵐寒疫，散風眩頭疼，消痰癖氣塊，水腫脹滿。其性燥濕，故治冷痢冷洩，滑瀉腸風，寒濕諸瘡。與黄栢同煎，最逐下焦濕熱痿痹。若内熱陰虚，表疏汗出者忌服。然惟茅山者，其質堅小，其味甘醇，補益功多，大勝他朮。

明・賈九如《藥品化義》卷一二濕藥　蒼术　屬陽中有微陰，體乾，色蒼，氣香而雄，味辛帶苦，性溫而燥烈，能升能降，力燥濕散邪，性氣與味俱厚，入脾胃二經。蒼术味辛主散，性溫而燥，燥可去濕，專入脾胃。主治風寒濕痹，山嵐瘴氣，皮膚水腫，皆辛烈逐邪之功也。統治三部之濕，若濕在上焦，易生濕痰，以此燥濕行痰；濕在中焦，滯氣作瀉，以此寬中健脾；濕在下部，足膝痿軟，以此同黄柏治痿，能令足膝有力。取其辛散氣雄，用之散邪發汗，極其暢快。合六神散，通解春夏濕熱病。佐柴葛解肌湯，表散瘧疾初起。若熱病汗下後虚熱不解，以此加入白虎湯再解之，一服如神，汗止身冷。繆仲淳用此一味為末，治脾虚蠱脹妙絶，稱為仙术。取細實南産者良，如匏大者不堪用。糯米泔水浸一二日，切片入米粉或糠拌，炒去内霜。

明・李中梓《本草通玄》卷上　蒼术　甘而辛烈，性溫而燥，入脾胃二經。發汗而去風寒濕，下氣而消痰食水，開鬱有神功，腫脹為要藥。化一切積塊，除諸病吐瀉，善逐鬼邪，能攝災沴。寬中發汗，其功勝于白术；補中除濕，其力不及白术。大抵卑監之土，宜與白术以培之，敦阜之土，宜與蒼术以平之。楊士瀛曰：脾精不禁，淋濁不止，腰背痠疼，宜用蒼术以斂脾精，精生于穀故也。米泔水浸二日，去粗皮研，芝麻拌蒸三次，以制其燥。

清・顧元交《本草彙箋》卷一　蒼术　與白术功用相似，補中遜之，燥性過之，無濕者便不宜用，況燥症乎？然古方及《本經》止言术，自陶隱居言有兩種，人始多貴白者，不知古方平胃散之類，蒼术爲要藥。李杲云：蒼术别有雄壯上行之氣，能除濕，下安太陰，使邪氣不得入。以其經泔浸火炒，故兼能出汗，與白术止汗特異，用者不可以此代彼，蓋有止發之别。取細實南産者佳，服餌家呼爲仙术。山嵐瘴氣能辟除之，亦爲邪魅所畏。

《類編》載：越民高氏妻病恍惚譫語，亡夫之鬼憑之。其家燒蒼术煙，鬼遽求去。《夷堅志》載：江西一士人爲女妖所染。其鬼將別曰：君爲陰氣所浸，必當暴泄，但多服平胃散爲良，中有蒼术能去邪也。

清·穆石匏《本草洞詮》卷八　蒼术　甘溫，無毒。入手足太陰陽明、手太陽經。蒼、白二术，主治皆同，而蒼术發汗，白术止汗特異。潔古謂蒼术除上濕功最大，若補中焦，除脾胃濕不如白术。夫蒼术氣味辛烈，別有雄壯上行之氣，使邪不傳脾，以下安太陰，其治濕之功，上中下皆可用，不獨除上濕也。兼能總解諸鬱，痰火濕食，氣血六鬱，皆因傳化失常，不得升降，病在中焦，故藥必兼升降，將欲升之，必先降之，將欲降之，必先升之，蒼术發穀之氣，徑入諸經，疏洩陽明之濕，故鬱散而得平。凡脾精不禁，小便漏濁，腰背酸疼，宜用蒼术以斂脾精，精生於穀故也。紫微夫人《术序》云：吾察草木之勝，速益於己者，並不及术之多驗也。可以長生久視，遠而更靈。《抱朴子》云：南陽文氏逃難山中，飢困，有人教之食术，遂不飢。數十年還鄉里，顏色更少，故术一名山精。《神農經》所謂必欲長生，常服山精，是也。張仲景辟一切惡氣，用赤术同豬蹄甲燒烟。陶隱居亦言术能除惡氣，弭災沴。故歲旦燒蒼术以辟邪氣。《類編》載越民病鬼憑之，其家燒蒼术烟，鬼遽求去。《夷堅志》載：江西一士人為女妖所染，其鬼將別，曰：君為陰氣所侵，必當暴泄，但多服平胃散為良。中有蒼术，能去邪也。許叔微患飲澼三十年，始因少年夜坐寫文，左向伏几，是以飲食多墜左邊，中夜飲酒數盃，又向左臥，三五年後，覺酒止從左下有聲，脇痛食減，飲酒半盃，必嘔酸水數日，暑月止右邊有汗，左邊絕無，遍訪名醫及海上方，補如天雄、附子、礬石，利如牽牛、甘遂、大戟，備嘗之矣，間或病止，月餘復作。自揣必有澼囊，如水之有科臼，不盈科不行，但清者可行，而濁者停滯，無路以決之，故積至五七日，必嘔而去。脾土惡濕，而水則流濕，莫若燥脾以去濕，崇土以填科臼。乃悉屏諸藥，只以蒼术一味，去皮切片，為末，油麻水研，濾汁，大棗煮去皮核，搗和丸，服三月而疾除。自此常服，胸膈寬利，飲啖如故，暑月汗亦周身，燈下能書細字，皆术之力也。初服微燥，以山卮子末沸湯，點服解之，久服亦不燥矣。愚按：蒼术之用，大略除濕開鬱二者而已，究其功效，今人辟穀長生致神仙，以至辟惡驅邪，抑何閎也。古方有蒼术膏、蒼术散、蒼术丸、固真丹、固元丹、少陽丹、交感丹、交加丸、坎離丸、不老丹、靈芝丸之類，皆蒼术四製及八製，或獨用，或合白茯苓，或合石菖蒲，或合熟桑椹，或合熟地黃，或合何首烏，或合黑脂麻，或合黃蘗皮，並有延年卻疾之效。《內經》論五臟六腑，總以胃氣為本，蒼术能升發胃中陽氣，為健脾強胃之聖藥，宜其為服食第一歟。製法：嫌其性燥，故以糯米泔浸去其油，亦有用脂麻同炒，以制其燥者。

清·郭章宜《本草匯》卷九　蒼朮　辛烈苦溫，陰中陽也，可升可降。入足太陰陽明、手太陰陽明太陽之經。發汗而去風寒濕，快氣而消痰食水。開鬱有神功，腫脹為要藥。化一切積塊，除諸病吐瀉。善逐鬼邪，能辟嵐瘴。療重痛于身首，散結腫于皮膚。

按：蒼朮為濕家要劑，其氣味辛竄，不比白朮之微辛苦而不烈。古方不分蒼白朮，陶隱居言术有兩種，自此人多貴白，往往將蒼朮置而不用，不知二术功用皆同，但其止發之間少有異耳。蒼朮氣重體沉，有雄壯上行之氣，故除上濕發汗之功最大。上能除濕，下安太陰，使邪氣不傳入脾。與白朮止汗特異，若無濕者，豈敢用哉？若補中焦，除脾胃濕，力又不及白朮。丹溪謂腹中狹窄須用者，以其辛散也。又能總解諸鬱，痰、火、濕、食、氣、血六鬱，皆因傳化失常，不得升降，病在中焦，故藥必兼升降。蒼朮為足陽明經藥，性燥辛烈，強胃健脾，發穀之氣，能徑入諸經，疏洩陽明之濕，通行斂濇；香附乃陰中快氣之藥，下氣最速，一升一降，故鬱散而平。大抵卑監之紀，宜與白朮以培之；敦阜之土，宜與蒼朮以平之。蒼朮入平胃散，能祛中焦濕證，而平胃中有餘之氣，入葱白、麻黃之類，則能散肉分至皮膚之表；又鹽水炒，佐以黃蘗、牛膝，則治下焦濕熱。楊士瀛曰：脾精不禁，小便漏，濁淋不止，腰背酸疼，宜用蒼朮，以斂脾精，精生于穀故也。若心腹脹痛，必有濕也，實邪者用之，則邪散而濕除即寬。若虛悶痛者用之，則耗其氣血，燥其精液，虛火益動而愈悶。不如調其正氣，則悶自是而散矣。陶節菴九味羌活湯用之，所以燥膀胱濕熱也。仲景白虎湯用之，所以開濕熱之表邪也。特中焦燥結，虛汗多者，不宜用。

用茅山蒼朮，今屬句容縣。擇潔實肥大，內有紅點者，糯米泔浸三日，逐日換水，去粗皮，切焙用。亦有同脂麻拌炒，以制其燥者。李仲南《永類方》有八制蒼朮丸，服之疎風順氣養腎，治腰脚濕氣痺痛。术一斤，用酒、醋、米泔、鹽水，分四分，各浸三日，晒乾，又分四分，用川椒、茴香、補骨脂、黑牽牛各一兩，各拌一分，同炒，揀去雜藥，取术研末，醋糊丸，空心鹽、酒下，五十後加沉

香末一兩。又有積善堂蒼朮散，治下元虚損，偏墜莖痛，刮淨术六斤，分作六分，一分米泔浸炒，一分酒浸炒，一分青鹽炒，一分小茴炒，一分大茴炒，一分桑椹汁炒，各去藥取术，末丸，空心溫酒下。《瑞竹堂》有固真丹，燥濕養脾，助腎固真，淨术一斤，分四分，青鹽、川椒、川楝子、小茴香，同破故紙各炒，揀术研末，酒煮麪糊丸，空心米飲下。又治元臟久虚，遺精白濁，赤白帶下，以一斤作四分，川椒、故紙、茴香，同食鹽、川楝肉各一兩，炒，取术為末，入白茯苓二兩，酒洗當歸二兩，酒煮糊麪丸，空心鹽酒下。又鄧才《筆峰雜興》有交加丸，服之水升火降，除百病，术一斤，分作四，以米泔、鹽水、川椒、破故紙炒，取术，再以黄蘗皮一斤，亦分作四，用酒、童尿、小茴香炒三分，餘一分生用，同术為末，鹽湯下。又坎離丸，服之滋陰降火，開胃進食，强筋骨，去濕熱，术一斤，作四分，以川椒、故紙、五味子、川芎各炒，取术，再以蘗皮四斤，亦分作四，人乳、童尿、米泔、酥油各炙十二次，研末和匀，蜜丸，早用酒，午用茶，晚用白湯下。忌桃、李、菘菜、青魚、雀肉。

清·蔣居祉《本草擇要綱目·溫性藥品》 蒼术 氣味：苦，溫，無毒。又甘辛。可升可降，陰中陽也。入足太陰、陽明、太陽之經。 主治：風寒濕痹，消痰水，暖胃，消穀嗜食。瘟疾山嵐瘴氣，以其有雄壯上行之氣，故能除濕。下安太陰，使邪氣不傳入脾。以其經（疳）〔泔〕浸火炒，故能出汗，與白术止汗特異，用者不可以此代彼，蓋有止發之别。其餘主治則同。脾精不禁，小便漏濁淋不止，腰背酸痛，宜用蒼术以斂脾精，精生於穀故也。隨經援引，務在驅使得宜。

清·閔鉞《本草詳節》卷一 蒼朮 【略】凡使，以糯米泔浸二三日，去油及土、粗皮。亦有用脂蔴同炒，以制其燥者。【略】 按：蒼朮寬中發汗，功勝白朮，補中除濕，力則不及。大抵卑監之土宜白朮以培之。敦阜之土，宜蒼朮以平之耳。其解痰、火、濕、食、氣、血六鬱者，皆因傳化失常，不得升降，病在中焦，將欲升之，必先降之，將欲降之，必先升之，故蒼朮為胃脾要藥。能上行發穀氣徑入諸經，疎洩胃濕，通行斂濇，佐以香附能快陰中之氣，而下氣又速，一升一降，自鬱散而平矣。若脾精不禁，小便濁淋不止，腰背痠疼，宜用以斂脾精，精生於穀故也。然入平胃散，去中焦濕，而平胃中有餘之氣。入葱白、麻黄之類，則散肉分至皮表之邪。以黄蘗、牛膝、石膏引之下行，則袪下焦之濕。惟血虚怯弱及七情氣悶者慎用，恐耗氣血，燥津液，虚火動而痞悶愈甚也。

清·王翃《握靈本草》卷二 蒼朮茅山者佳。米泔浸二日，亦有以芝麻拌蒸者。 主治：蒼朮，苦，溫，無毒。主風寒濕痺死肌，暖胃消穀嗜食。除惡氣，弭災沴，除濕發汗。健胃安脾，治痿。總解諸欝，濕痰留飲，脾濕濁瀝。

清·汪昂《本草備要》卷一 蒼朮補脾燥濕，宣，升陽散鬱。 甘，溫，辛烈。燥胃强脾，發汗除濕，能升發胃中陽氣，東垣曰：雄壯上行，能除濕，下安太陰，使邪氣不傳入脾。止吐瀉，逐痰水，許叔微云：蒼朮能治水飲之澼囊。蓋燥脾以去濕，崇土以填科臼。用蒼朮一斤，大棗五十枚，去皮搗，油麻半兩，水二盞研，濾汁和丸，名神朮丸。丹溪曰：實脾土，燥脾濕，是治痰之本。消腫滿，辟惡氣，辟一切嵐瘴、邪惡、鬼氣。暑濕月，焚之佳。《夷堅志》云：有士人游西湖，遇一女子，明艷動人，重幣求之不得。又五年重尋舊游，悵然空返。忽遇女子，士欣然并行。過旅館，留半歲，將議偕逝。女曰：向自君去，憶念之苦，感疾而亡，今非人也。但君侵陰氣深，當暴瀉，宜服平胃散，以補安精血。士驚惋曰：藥味皆平，何得取效？女曰：中有蒼朮除邪氣，乃爲上品也。散風寒濕，爲治痿要藥。陽明虚則宗筋縱弛，帶脉不引，故痿躄。蒼朮，陽明經藥。《經》曰：治痿獨取陽明。合黄柏爲二妙散，加牛膝名三妙散。又能總解痰、火、氣、血、濕、食六鬱，丹溪曰：諸鬱皆因傳化失常，氣不得升降。病在中焦，將欲升之，必先降之；將欲降之，必先升之。越鞠丸用蒼朮、香附。蒼朮能徑入諸經，疏泄陽明之濕，通行斂濇；香附乃陰中快氣之藥。一升一降，故鬱散而平。及脾濕下流，腸風帶濁，帶濁赤者，濕傷血分，從心、小腸來；白者，濕傷氣分，從肺、大腸來。并有寒熱二症，亦有因痰而帶濁者，宜二陳加二朮、升、柴。燥結多汗者忌用。南陽文氏，值亂逃壺山，飢困，有人教以餌朮，遂不飢。數十年後歸家，顔色更少，氣力轉健。朮，一名山精，一名山薑。《導仙錄》曰：子欲長生，當服山精。子欲輕翔，當服山薑。昂按：蒼朮善發汗，安能長遠服食？文氏《仙錄》之說，要亦方書誇張之言也。 出茅山，堅小有朱砂點者良。糯米泔浸，切片，焙乾，同芝麻炒，以制其燥。二朮皆防風、地榆爲使，主治略同，第有止汗、發汗之異。古文本草不分蒼、白。陶隱君即弘景言有兩種，始各施用。

清·吴楚《寶命真詮》卷三 蒼术 【略】燥濕消痰，發汗解鬱，去風寒濕，除山嵐瘴氣，弭災沴惡疾，芳氣辟邪。

清·陳士鐸《本草新編》卷一 蒼术 氣辛，味厚，性散，能發汗。入足陽明、太陰經。亦能消濕，去胸中冷氣，辟山嵐瘴氣，解瘟疫尸鬼之氣，尤善止心疼。但散多于補，不可與白术並論。《神農經》曰：必欲長生，當服山精。此言白术，非指蒼术也。蒼术可辟邪，而不可用之以補正。各本草諸書

混言之，悞矣。然而蒼术善用之，效驗如響，如人心氣疼，乃濕挾寒邪，上犯膻中也，蒼术不能入膻中，然善走大腸而祛濕，實其專功也。故與川烏同用，引濕邪下行，使寒氣不敢上犯膻中，而心痛立定。若不用蒼术而用白术，則白术引入心中，反大害矣。

或問：蒼术陽藥，最能辟邪，宜乎凡有邪氣，皆可盡除，何以有效有不效也？夫邪之所湊，其氣必虛。然而氣虛亦有不同，有氣虛而兼濕痰者，有氣虛而帶燥痰者。蒼术補氣，兼善去濕，以治氣虛濕痰而中邪者，自是神效。以治氣虛燥痰之中邪者，則蒼术性燥，不燥以增燥乎。勢必邪得燥而更甚，又何以祛邪哉，此所以治之而不效也。

或問：蒼术發汗，不及白术遠甚，謂白术能止汗也。嗟乎！蒼术之妙，全在善于發汗，其功勝于白术。凡發汗之藥，未有不散人真氣者。蒼术發汗，雖亦散氣，終不甚也。虛人感邪，欲用風藥散之者，不若用蒼术為更得。蓋邪出而正又不大傷，汗出而陽又不甚越也。

或疑蒼术之功，不及白术遠甚，何《神農本草》不分別之耶？不知蒼术與白术，原是兩種，以神農首出之聖智，豈在後人下哉，是必分辨之明矣。因傳世久遠，疊遭兵火，散失不存耳。今經後人闡發甚精，其不可同治病也。既彰彰矣，又何可二术之不分用哉。

或問：蒼术與白术，性既各別，而神農未辨明者，必有其故。吾子謂是世久散失，似乎臆度之辭，非定論也。嗟乎！白术止汗，蒼术出汗，其實相反，關係甚鉅，安有此等之懸殊。以神農之聖而不亟為指示乎。吾故信其必先辨明而後乃遺失也。

清・顧靖遠《顧氏醫鏡》卷七 蒼术辛、苦，溫。入脾經。茅山者佳。泔浸，蒸晒。燥濕消痰，濕去則痰飲不生。發汗解鬱。辛主散，香快氣也。除山嵐瘴氣，彌灾沴惡疾。芳氣能辟邪也。芳烈燥濕之品，為濕家要藥。無濕症者，大忌。

清・李熙和《醫經允中》卷一八 蒼术 米泔浸一宿，切片炒用。 苦、辛，溫，無毒。可升可降，陰中陽也。主治發汗而去風寒濕，下氣而消痰水食，療肌肉之重痛，散皮膚之結腫，止嘔吐，除腹脹瀉痢殊功，痿痺要藥。蒼术為辛烈之藥，時人畏用，殊不知脾家喜燥惡濕，辟邪非术不可，燥濕非术不能。六鬱用之而開，胃弱得之而助，所以平胃散用蒼术也。孰謂燥烈而置之不用哉？能隨症以潤藥制之，則神効倍常。入足太陰、陽明，消痰結窠囊，寬胸中狹窄，治身中風、風眩頭痛甚捷，辟山嵐瘴氣、瘟疫時氣尤靈；發汗，除上焦濕，同黃栢煎服；行下焦濕，暖胃安胎，補中進食，功難盡述。楊士瀛謂：濁淋不止，腰背酸疼，宜用蒼术，以斂脾精，亦以精生于穀故也。《經》曰：必欲長生，當服山精，即此是也。總之，脾為統領之官。蒼术有健脾之功用，且無白术之滯泥耳。俗醫泥于燥而畏用，豈有脾土既健，而諸臟反受其損者耶？惟實火盛者忌之可也。《方譜・序》云：吾察草木之精，速益于己者，並不及术之多驗也。可以長生，久視遠而更靈；山林隱逸，得服术者，五岳並肩。豈虛語也？

清・馮兆張《馮氏錦囊秘録・雜症痘疹藥性主治合參》卷一 蒼术味苦、甘、辛，氣溫，無毒。苦辛重而甘味輕，故燥烈除濕之功則有餘，補中扶脾之功則不足矣。○宜囫圇米泔水浸一宿，切片晒乾，炒深黃色。 蒼术消痰結窠囊，寬胸中窄狹，治身面大風，風眩頭疼。辟山嵐瘴氣，瘟疫時氣，暖胃安胎，寬中進食，敺痃癖氣塊，止心腹脹疼。補脾燥濕之功，與白术功用皆同，但白補性居多，且能斂汗；蒼氣辛烈，又能發汗。白术性稟沖和，直固清陽中氣；蒼术性多燥悍，功專除濕祛風，無濕者便不可用，況於燥症乎。

主治痘疹合參：燥濕健脾，辟惡寬中，進食暖胃，痘瘡濕癢及不結痂可用。然性太燥，不宜多投，在起脹灌漿，尤所禁焉。有用以燒烟，辟其不正之氣，可暫不可常，亦慮其燥耳。

按：蒼术為濕家痰家要劑，辛溫辟邪，得天地之正氣者歟，但陰虛便燥，渴而火亢者忌之。

清・张璐《本經逢原》卷一 蒼术《本經》名山薊。 苦，辛，溫，無毒。産茅山者味甘形瘦多毛，最良。吳郡諸山者次之。楚中大塊辛烈氣燥者為下。製用糯米泔浸，刮去皮，切片，同芝麻炒或麻油炒通黃，去焦末。或去皮，切片，蜜水拌，飯上蒸用。又白露後以泔水淨，置屋上晒露一月，謂之神术。《本經》主風寒濕痹，死肌痙疸。發明：蒼术辛烈，性溫而燥。可升可降，能徑入諸經，疎泄陽明之濕，而安太陰，辟時行惡氣。因經泔浸炒，故能除上濕發汗，與白术止汗則異，腹中窄狹者須之。《本經》治風寒濕痹，死肌痙疸，等證，總取性專開腠，故能發汗而去風寒濕氣，祛濕而去死肌痙疸，下氣而消痰食飲癖。又能總解諸鬱，佐以香附快氣之藥，下氣最速，一升一降，則鬱散而氣平也。遺精不禁，淋濁不止，腰背痠疼，用以斂脾津，津生於穀氣也。同

黄蘗為二妙，治下部濕熱痛腫。又蒼术一味，麻油製過為末，煮大棗肉為丸，治脇下飲澼。許叔微患飲澼三十年，始因少年夜坐寫文，左向伏几，是以飲食多墜左邊，飲酒止，從左下有聲，脇痛食減嘈雜，飲酒半杯即止，十數日必嘔酸水，暑月左半身絕無汗，服雄、附、礬石、牽牛、遂、戟等皆無效，自揣必有澼囊，如水之有窠臼，不盈科不行，乃悉屏諸藥，以前丸服三月而疾除，暑月汗亦周身，燈下能書細字，皆蒼术之力也。然惟素稟肥盛多濕者為宜，若形瘦多火者禁用。其神术已經露製，轉燥為清，用以發散上部頭風痰濕諸證，故治時行頭痛，有神术湯，此得制度之妙也。

清·張志聰、高世栻《本草崇原》卷上　蒼术附　氣味苦，溫，無毒。主治風寒濕痹，死肌，痙疸，除熱，消食，作煎餌。久服輕身延年不飢。白术性優，蒼术性劣，凡欲補脾則用白术，凡欲運脾則用蒼术，欲補運相兼，則相兼而用。如補多運少，則白术多而蒼术少。運多補少，則蒼术多而白术少。品雖有二，實則一也。《本經》未分蒼白，而仲祖《傷寒》方中，皆用白术，《金匱》方中，又用赤术，至陶弘景《別錄》，則分而為二，須知赤白之分，始於仲祖，非弘景始分之也。赤术，即是蒼术，其功用與白术略同，故仍以《本經》术之主治為本，但白术味甘，蒼术兼苦，白术止汗，蒼术發汗，故止汗二字，節去不錄。後人謂：蒼术之味苦，其實蒼术之味，甘而微苦。

清·劉漢基《藥性通考》卷五　蒼术　味甘，溫。氣辛烈，燥胃強脾，發汗除濕，能昇發胃中陽氣，消腫滿，辟惡氣，又能總解痰、火、氣、血、濕、食六欝，及脾濕下流，腸風帶濁。燥結多汗者忌用。出茅山，堅小有硃砂點者良。糯米泔浸，焙乾，同芝麻炒，以制其燥。二朮皆防風、地榆為使，主治略同。第有止汗發汗之異，古方本草不分蒼白，陶隱君言有兩種，始各施用。東垣曰：雄壯上行能除濕，下安太陰，使邪氣不傳入脾。許叔微云：蒼朮能治水飲之澼囊，蓋燥脾以去濕，崇土以填科。〇用蒼朮一觔，大棗二十五枚，去皮，搗油麻半兩，水二錢，研，濾汁和丸，名神朮丸。丹溪曰：實脾土，燥脾濕，是治痰之朮。辟一切嵐瘴邪惡鬼氣，暑濕月焚之佳。《夷堅志》云：有士人遊西湖，遇一女子明艷動人，重幣求之，不得。又五年，重尋舊遊，悵然空返，忽遇女子，士欣然並行，過旅館，留半歲，將議偕(道)〔逝〕。女曰：自君去，憶念之苦，感疾而亡，非人也。但君侵陰氣深，當暴瀉，宜服平胃散，以補安精血。士驚惋曰：藥味皆平，何得取效？女曰：中有蒼朮，除邪氣為上品也。散風寒濕，為治痿要藥。陽明虛，則宗筋縱弛，帶脉不引，故痿躄。蒼朮，陽明經藥。《經》曰：治痿獨取陽明。合黄栢為二妙散，加牛膝為三妙散。丹溪言諸欝皆因傳化失常，氣不得昇降，病在中焦，將欲昇之，必先降之，越鞠丸用蒼朮、香附，蒼朮能引入諸經，疎泄陽明之濕，通行斂濇，香附乃陰口快氣之藥，一昇一降，故欝散而平。帶濁赤者，濕傷血分，從心、小腸來。白者濕傷氣，分從肺、大腸來。並有寒熱二症，亦有因痰而帶濁者，宜二陳湯加二朮昇柴。南陽文氏，值亂逃壺山，飢困，有人教餌朮，遂不飢。數十年後歸家，顏色更少，氣力轉健。朮，一名山精，一名山薑。《導仙錄》曰：子欲長生，當服山精。子欲輕翔，當服山薑。昂按：蒼朮善發，又安能長遠服食？文氏《仙錄》之說，要亦方書夸張之言也。

清·周垣綜《頤生秘旨》卷八　蒼朮　寬中除濕解散之藥也。人苦于中不寬而食不進，濕熱欝而土絕生發之源。諺云：如欲長生，須服山精。蓋指此也。平胃散中用者，以治胃中有餘之氣，如無實邪者，用之反耗氣血，燥津液，而愈悶矣。

清·王子接《得宜本草·上品藥》　蒼朮　味苦、辛，入足陽明經。得防風則發汗，得黄蘗則勝濕，得香附快中下二焦之氣，得山梔解朮性之燥。

清·黄元御《玉楸藥解》卷一　蒼朮　味甘，微辛。入足太陰脾、足陽明胃經。燥土利水，泄飲消痰，行瘀欝，去滿，化癖除癥。理吞吐酸腐，辟山川瘴癘。起筋骨之痿軟，回溲溺之混濁。白术守而不走，蒼术走而不守。故白术善補，蒼术善行。其消食納穀，止嘔住泄亦同白术，而泄水開欝則蒼术獨長。蓋木為青龍，因己土而變色，金為白虎，緣戊土而化形。白朮入胃，其性靜專，故長於守。蒼朮入脾，其性動蕩，故長於行。入胃則兼達辛金而降濁，入脾則並走乙木而達欝。白朮之止渴生津者，土燥而金清，蒼朮之除酸而去腐者，土燥而木榮也。白朮偏入戊土，則納粟之功多，蒼朮偏入己土，則消穀之力旺。己土健則清升而濁降，戊土健則濁降而清亦升。然自此而達彼者，兼及之力也；後彼而先此者，專效之能也。若是脾胃雙醫，則宜蒼朮、白朮並用。茅山者佳，製同白朮。新製雙朮法列左：選於茅二朮堅實肥鮮者各一觔，別器泔浸，換水令潤透，去皮切片曬，用黄耆、沙參、生薑、半夏各八兩，煎濃汁浸白朮。大棗、龍眼、砂仁各八兩，煎濃汁浸蒼朮。各用磁盤隔布鋪蓋濕米，砂鍋蒸透，曬乾，再浸再蒸，汁盡而止，量加暖水、溫中之

品合煎。久餌實能延年却老。戊己轉運，水火交濟，環鉛聚汞之理，醫家不解，妄以滋陰之藥，促命夭年，甚可恨也。黄土炒白术，芝麻炒蒼术，無知妄作，不通之極。

清・吴儀洛《本草從新》卷一 蒼朮〔補脾燥濕。宣，升陽解鬱。〕 苦，溫，辛烈。燥胃強脾，發汗除濕，能升發胃中陽氣，上行雄壯能除濕，治中氣下陷，下安太陰，使邪氣不入脾。止吐瀉，逐痰水，許叔微曰：蒼朮能破水飲之澼囊，蓋燥脾以去濕，崇土以填科臼。方用蒼朮一斤，大棗五十枚，去皮搗，油麻半兩，水二盞，研濾汁和丸，名神朮丸。丹溪曰：實脾土，燥脾濕，是治痰之本。消腫滿，辟惡氣，為除邪氣之上品，辟一切嵐瘴邪惡鬼氣，暑濕月焚之佳。散風寒濕。為治痿要藥，陽明虛則宗筋縱弛，帶脈不引，故痿躄。蒼朮陽明經藥。《經》曰：治痿獨取陽明。合黄蘗為二妙散，加牛膝名三妙散。又能總解痰、火、氣、血、濕、食六鬱，丹溪曰：諸鬱皆因傳化失常，氣不得升降，病在中焦。將欲升之，必先降之；將欲降之，必先升之。越鞠丸用蒼朮、香附，蒼朮能徑入諸經，疏泄陽明之濕，通行斂澀，香附乃陰中快氣之藥。一升一降，故鬱散而平。乃脾濕下流，腸風帶濁。帶濁赤者熱傷血分，白者濕傷氣分，并有寒熱二證。亦有因痰而帶濁者，宜二陳加二术、升、柴。燥結多汗者忌用。出茅山。堅小有硃砂點者良。糯米泔浸，焙乾，同芝麻炒，以制其燥。二术皆防風、地榆為使。古本草不分蒼、白，陶隱居〔陶隱居即弘景。〕分兩種，始各施用。

清・汪紱《醫林纂要探源》卷二 蒼术 苦、辛、甘，溫。莖葉似白术，幹有分枝，枝各五葉，根色蒼赤，尤多坎坷。出茅山，有硃砂點者良。行震木之氣於坤土之中。甘補脾，苦燥脾，色蒼有赤氣，辛性烈，是行肝木之氣於脾土之中也。《本經》不分蒼白，《別録》始分二種。然氣味、枝幹各有不同，分之為當也。宣陽氣，達陰鬱。宣達胃氣榮於肌膚，達於腠理，能發汗，治痿躄，舒筋骨，止上下吐瀉。凡鬱塞之邪，無不達也。逐壅塞，辟邪惡。凡痰生於濕，此行脾濕為能，治痰之本。且凡濕腫脹滿及濕熱下流，而為腸風帶濁，皆能治之。焚之芬香四達，可辟山嵐瘴氣，逐鬼氣，皆震木一陽宣達之性也。但醫書所云餌之可長生，則必不然。燥結多汗，陰虛者忌。以宣達之過。〇米泔浸，漉乾用，不必脂麻炒。

清・嚴潔等《得配本草》卷二 蒼术 防風、地榆為之使。忌桃、李、雀肉、菘菜、青魚。 甘、苦、辛，溫。入足太陰、陽明經。燥胃強脾，發汗除濕。治風寒濕痹，山嵐瘴氣，霍亂吐瀉，心腹急痛，水腫脹滿，筋骨痿躄。療濕痰留飲，或挾瘀血成窠囊，及脾濕下流，腸風帶濁。得熟地、乾薑，治面黄食少。得梔子，解术性之燥。得川椒醋丸，治飧瀉久痢。得川柏，治痿躄。加牛膝更好。得米泔浸一宿，焙為末，蒸餅丸，治好食生米。得羊肝一具，撒术末四兩，紮縛，以粟米水入砂鍋煮熟食，治小兒癖疾及青盲雀目。以熱氣熏目，臨卧食。配香附，解六鬱。痰、火、氣、血、濕、熱。燒煙，辟邪惡尸氣。茅山產者佳。糯米泔浸一宿，焙乾用，或以脂麻研碎同炒用。白露後米泔水浸，置屋上曬露一月，轉燥為清，能發散頭風痰濕。燥結多汗，脾虛脹悶，陰虛津枯者，禁用。怪症：腹中如石，臍中出水，旋變作蟲，行繞身匝，癢難忍，撥掃不盡，此濕氣凝結也。外用蒼术煎濃湯浴之，內服蒼术末，入麝香少許，水調下，自愈。

題清・徐大椿《藥性切用》卷三 蒼朮 苦溫辛烈，燥胃強脾，發汗除濕。能升發胃中陽氣，辟惡解鬱。產茅山者真，米泔浸焙，亦有麻油炒者。燥結多汗忌。

清・黄宫繡《本草求真》卷三 蒼术升陽散濕，發汗除鬱。 蒼术耑入脾。甘苦辛烈，氣溫無毒，雖有升陽散鬱，發汗除濕，《楊氏家驗方》男子、婦人因食生熟物，留滯腸胃，遂至生蟲，久則好食生米，否則終日不樂，及至憔悴萎黄，飲食不思，用蒼术一味為丸而愈。益昌伶人劉清嘯一娼名曰花翠，年逾笄，病此。惠民局監趙尹以此治之，兩旬而愈。蓋生米留滯腸胃，受濕則穀不磨而成此疾，故用蒼术去濕暖胃消穀。燥痰，許叔微《本事方》云：予患飲癖三十年，遍求名醫不效，自揣必有澼囊，如水之有科臼，不盈科不行。但清者可行，而濁者停滯，無路以決之。故積至五七日必嘔而去，脾土惡濕，而水則流濕，莫如燥脾以去濕，崇土以填科臼。乃悉屏諸藥，只以蒼术一味，同棗肉為丸。忌桃、李、雀肉而疾除。辟惡，時珍曰：陶隱居言术能除惡氣，彌災沴，故今病疫及歲旦，人家往往燒蒼术以辟邪氣。《類編》載，越民高氏妻，病恍惚譫語。亡夫之鬼憑之。其家燒蒼术烟，鬼遽去。《夷堅志》載江西一士人為女妖所染，其鬼將别曰：君爲陰氣所浸，必當暴泄，但多服平胃散為良，中有蒼术能去辟也。治腫之功。然甘味少而辛苦重，不似白术性稟中和，直固清陽中氣之為妙耳。故同香附則為散鬱而氣平，蒼术能徑入諸經，疏泄陽明之濕，通行斂濇。香附乃陰中快氣之藥，一升一降，故鬱散而平。同黄栢則能治下部濕熱。黄栢味苦，苦勝熱，故可以去濕中之熱。蒼术性燥，燥勝濕，故可以去熱中之濕。兩者相需妙用，故其方呼為二妙。同大棗則能治脇下飲澼。用棗始能固中也。同二陳加白术、升、柴，則能以治脾濕下流，腸風帶濁。帶濁有寒有熱，有痰有氣，有風有濕各異，須要審症辨用。然必稟體肥盛多濕者始宜。若形瘦多火切忌。至云服能輕

身長生，不過因其濕去之謂，豈真能入仙境之地哉？本草多有長生不老之說，欺世惑民，以致藥品真義不出耳。出茅山，堅小有硃砂點者良。糯米泔浸焙乾，同芝麻炒以制其燥，防風、地榆為使。

清・楊璿《傷寒溫疫條辨》卷六燥劑類 蒼朮 茅山者佳，米泔浸炒。辛溫燥烈，氣味俱暴，可升可降，陽也。然性不純良，能溫散，故發汗寬中，却心腹脹滿，散風眩頭疼，消痰癖氣結。能燥濕，故強脾勝濕，止吐瀉消腫，敺足瘻帶濁，去水飲澼囊。蒼朮一斤，茯苓四兩，為末，以薑煮棗用肉，入脂麻汁搗丸，任下。又能總解六鬱，有燥熱者大忌。

附：琉球・吳繼志《質問本草》內篇卷二 蒼朮 生荒野，春生苗，高一尺許，秋開花。蒼朮生茅山，硃點潤而甜者佳。山谷皆有，均可入藥。葉莖如小薊，故釋名山薊。氣烈甘溫，健脾燥濕，發汗寬中，更袪瘴疫。壬寅，陸澍。蒼朮春生苗，青色，長二三尺，夏開花紫碧色，或有黃色，入伏後結子，至秋而苗枯，皮色褐，其氣味辛烈。又朮有兩種，葉大有毛，根甜為白朮，葉細根小，苦為赤朮。壬寅，潘貞蔚、石家辰。此一種，觀其根形，實中國之蒼朮也，細嚼其氣味亦無異。第產於茅山者良。至於各方土地不同，生苗開花俱有早晚，即其性用，照方書不無稍別。若外用不妨，入藥須有尊酌。壬寅，陳文錦、李興成、盧亨春。係是蒼朮，祇恐地道各別，入藥須宜尊酌。壬寅，許永枝、吳太茂、王隆盛。俗名蒼朮，載在本草。甲辰，戴道光、戴昌蘭。

清・羅國綱《羅氏會約醫鏡》卷一六草部 蒼朮 味苦辛，溫，入脾胃二經，畏惡同白朮。生茅山，堅白有硃砂點者良。糯米泔浸，同芝麻炒，以制其燥。燥濕消痰苦也，發汗解鬱辛也，調胃進食。止嘔吐、瀉痢，濕去，則脾健。除水腫，土能勝濕。散風寒濕痹，為治痿要藥。合黃柏、川牛膝逐下焦濕熱痿躄。辟一切山嵐瘴疫、邪惡鬼氣。得天地之正氣也。按：蒼朮燥烈，凡陰虛燥熱，大便閉結，表疎自汗者，俱忌用。

清・黃凱鈞《藥籠小品》 蒼朮 苦溫辛烈，燥濕強脾，發汗逐痰，飲辟惡氣，總解痰氣血濕食五鬱燥結。多汗忌用。出茅山，硃砂點者良，米泔浸切。

清・王龍《本草纂要稿・草部》 蒼朮 氣味辛烈，散邪燥濕盡之矣。若補中除濕健脾，不如白朮之和。治霍亂吐瀉發汗，又不如蒼朮之燥烈也。平胃中有餘之氣，用之則寬。若虛悶痛，無實邪者，用之愈悶。入足陽明、太陰經。胃經、脾經。

清・張德裕《本草正義》卷上 蒼朮 苦辛微甘，溫燥。氣味俱厚，陽也。發汗逐濕，除心腹脹疼，辟山嵐瘴穢，調胃寬中，寒濕瀉痢，諸濕瘡瘍，用其溫經燥濕散邪。若內熱陰虛，及表疎多汗，皆大忌。出茅山者味多甘，質堅小為良。

清・葉桂《本草再新》卷一 蒼朮味苦，性溫，無毒。入脾、肝二經。辛烈，燥胃強脾，發汗除濕，能升發胃中陽氣，止吐瀉，逐痰水，消腫滿，辟惡氣，散風寒濕，為治痿要藥。

清・趙其光《本草求原》卷一山草部 蒼朮 溫，甘、苦、辛而燥，芳香四達，升發穀氣，疏泄胃氣，以解諸鬱，胃氣不升，則不能召宣脾腎之陰上行於肺以為降之本，則濕傳於脾，脾不能行氣於三陰三陽，而飲食痰血反鬱於胃。以此升之，則水穀之悍氣即為真氣之充，而上、中、下皆通，故腹中窄狹須之。佐香附，一升一降則鬱散，而下氣最速。強脾，止水瀉，同苓、芍、桂；脈弦頭痛去芍，加防風。飧瀉，同川椒、醋糊丸。傷食暑瀉，同神麯，米糊丸。脾濕下血，同地榆、麥冬、四物；腸風加荊、防，以皂角汁制。逐飲澼，痰挾瘀血則成澼囊，每五七日飲滿於囊即嘔。以麻油制，煮棗肉為丸，散上部痰濕，並治時行頭風痛，名神朮湯，此轉燥為清法。治一切痛痹、死肌、痙、疸，發汗，惟發汗開腠，故治諸症，與白朮健運不同。合芪、斛、地、菖、甘、薢、苡、艽、瓜、桑寄、蠶砂治痹、關節不利。寒，加桂枝；熱，去蠶砂加黃柏。加赤豆，桑白，芍、橘治水腫；日重，加參；夜重，倍芍、地。脾虛有濕、蠱脹，為末，米飲下。及諸濕腫滿身重，熱，合黃柏；下焦，加牛膝、石斛；在中，加陳、朴、甘；在上、在表，加葱白、麻黃。反胃、霍亂轉筋，同藿、橘、參、苓、豬、澤、砂仁、木瓜。胃寒加生薑，熱加竹茹、枇杷、蘆根。辟惡氣，散風寒濕，為治痿要藥。陽明虛則宗筋弛縱，帶脈不引，故痿。合黃柏，名二妙；加牛膝名三妙，治下部濕熱。加冬、斛、芍、瓜、苡、味，治痿。同苦參、牡蠣，治胃濕熱。痰濕下流、帶濁，精生於穀，脾濕則精不斂，宜合二陳、白朮、升麻。疳癖，為末，入羊肝，煮為丸。疳蟲、好食生米，蒸餅為丸。眼昏澀，同木賊研，茶、酒任下。青盲，為末，羊肝或豬肝點服。風牙腫痛，鹽水浸，煅研擦。腹堅、臍出水，變作蟲行，癢甚，同麝，水調下。開胃進食，同六君、建蓮、芍。治疝，同故紙、川椒、黃柏、茴香、青鹽。濕瀉、腹中雷奔。同葛、苓、甘、車、豬、澤、防風。

出茅山，堅瘦多毛，甘香帶糖，肉如白歸者良。常用米泔浸三日，逐日換水，曬乾用。加黑豆汁蒸，或桑椹、生地、首烏煮汁，童便、酒、醋、鹽水分製，

則引合於水，添精明目，黑髮，壯筋骨。加蜜、人乳，拌曬，或芝麻油炒黃，蜜拌蒸，次以秋後泔水浸透，曬露一月，是潤之使合於金氣而不燥。加石南葉、甘、歸、楮實汁分製，治風濕腫。加酒、醋、鹽水、小茴、川椒、故紙、黑牽牛、川楝、黃柏煮汁製，則升水降火，固真元，止崩帶、淋濁、疝氣。酒蒸，安胎。得山梔，則燥解。

白术健中而燥腎、閉氣，中虛無濕者，同枳實以防閉，尚可權用；但不宜於七情氣悶，胃有實熱耳。蒼术散邪利氣，益陰之功更少；濕熱者，須與苦寒並用。陰虛而兼痰濕，須知上文製法；倘陰虛燥結、多汗、消渴、少血、痰火、骨蒸，最忌。

清・文晟《新編六書》卷六《藥性摘錄》　蒼朮　甘苦辛烈，氣溫。入脾。能升陽散鬱，發汗除濕。〇體肥多濕者相宜，體瘦多火者切忌。〇出茅山。堅小有朱砂點者良。糯米泔浸，焙乾。同芝麻炒，去麻用。

清・張仁錫《藥性蒙求・草部》　蒼朮錢半、三錢　蒼朮辛溫，健脾燥濕。發汗寬中，更驅瘴疫。又能發鬱，糯米泔浸，焙乾用。嫌燥，則同芝麻炒。得防風則發汗，得黃柏則治濕熱，得香附快中下二焦之氣，得山梔解术性之燥。〇寬中發汗，過於白朮；補脾和中，不及白朮。〇出茅山。堅小有硃砂點者良。

清・屠道和《本草匯纂》卷一散濕　蒼术　耑入脾。甘苦性烈，氣溫無毒。升陽散濕，發汗開鬱，燥痰。辟惡治腫。主頭痛，逐皮間風水結腫，心下急滿，及霍亂吐下不止，暖胃消穀，嗜食。主大風𤺋痺，心腹脹痛。除寒熱，止嘔逆，下泄冷痢。治筋骨軟弱，痃癖氣塊，婦人冷氣癥瘕。山嵐瘴氣，溫疾。明目，暖水臟。除濕發汗，健胃安脾，治(瘻)〔痿〕要藥。散風益氣，總解諸鬱。治濕痰留飲，或挾瘀血成窠囊，及脾濕下流，濁瀝帶下，滑瀉腸風。同香附則散鬱，同黃柏則治下部濕熱，同大棗則治脇下飲澼，同二陳加白术、升、柴，則治脾濕下流，腸風帶濁。然必氣體肥盛多濕者始宜，若形瘦多火，燥結多汗者，切忌。出茅山，堅小有硃砂點者良。糯米泔浸，焙乾，同芝麻炒以去燥。

清・戴葆元《本草綱目易知錄》卷一草部　蒼朮　甘，溫，辛，熱。燥胃強脾，發汗除濕。入手足陽明、太陰，為足陽明經本藥。能升發胃中陽氣，逐痰水，消腫滿，辟惡氣，總解諸鬱。散風寒濕，為治痿要藥。治大風𤺋痺，心腹脹痛，山嵐瘴氣，霍亂吐瀉，死肌痙疸，筋骨軟弱，痃癖氣塊，婦人癥瘕。療濕痰留飲，或挾瘀血窠囊，及脾濕下流，濁瀝帶下，滑瀉腸風。燥結多汗者，忌用。糯米泔浸三日，焙炒，或脂麻炒，制其燥烈。

清・黃光霽《本草衍句》　蒼朮　味辛而烈，健胃安脾。性溫而燥，除痰去濕；散身面之大風，逐窠囊之痰飲。發汗除眩，寬胸中狹窄；消穀治痿，及滑瀉腸風。避惡氣而消水腫，解諸鬱而升胃陽。脾濕下流可止濁帶，雄壯上行能安太陰。東垣云：上能除濕，下安太陰，使邪氣不傳入脾也。得防風即發汗，得黃柏則勝濕，治濕熱脚氣，得香附快中下二焦之氣，得山梔解本性之燥。食生米，因食生熟物，留滯腸胃，遂至生蟲，久即好食生米，否則終日不樂，至憔悴痿黃，不思飲食，以害其生。用蒼朮為末，蒸餅為丸，米飲下，日三服。臍蟲怪疾，腹中如鐵石，臍中水出，旋變作蟲行，繞身匝痒難忍，撥掃不盡。用蒼朮煎湯浴之，仍以蒼朮末，入麝少許服。

清・陳其瑞《本草撮要》卷一　蒼术　味苦辛，溫，入足陽明經，功專補脾燥濕，升陽散鬱。得防風發汗，得黃蘗勝濕，得香附快中下二焦之氣，得山梔解术性之燥。二术皆防風、地榆為使。糯米泔浸焙乾，同芝麻炒以制其燥。

北雲术

清・趙學敏《本草綱目拾遺》卷三草部上　北雲术　《邊塞志》：產遼東口外五國城等處。此术初生土中，並無枝葉，生於暗地者多，城北最盛，天氣晴和，則掘地求之可得，色如枯楊柳，大小如筯，蔓延數十步，屈曲而生。此地病人無藥物，凡有疾者，煎此术湯服之，自愈。又可占病人之吉凶，若煎沸數次藥浮者，病即愈。半浮半沈者，病久不愈。土人以此驗之。　治風寒傷食一切病。

遠志

宋・李昉《太平御覽》卷第九八九　遠志　《爾雅》云：葽鳥了切繞，蕀蒬。今遠志也。似麻黃，赤華，葉鋭而黃，其上(爲)(謂)之小草。蕀蒬，音棘冤。《抱朴子內篇》曰：陵陽仲，服遠志二十年，有子三十七人，坐在立亡。《世說》曰：謝太傅始有東山之志，後〔嚴〕命屬〔臻〕，〔勢〕不獲已，始就桓公司馬，於時人有致桓公藥草者，中有遠志。公取以問謝：此藥又名小草，何(以)〔一〕物有二稱？謝未即答。爾時郝隆在座，謝因曰：郝參軍多知識，試復通看。郝應聲曰答：此甚易解，處則為遠志，出則為小草。於是謝公殊有

愧色。桓目謝而笑曰：郝条軍此通乃不惡，亦甚有會。《本草經》曰：遠志，一名棘菀，一名葽繞。久服輕身不忘。葉名小草。生太山及宛句。

宋·唐慎微《證類本草》卷六草部上品〔《本經·別錄·藥對》〕　**遠志**爲君　**味苦**，溫，無毒。**主欬逆傷中，補不足，除邪氣，利九竅，益智慧，耳目聰明，不忘，强志，倍力，**利丈夫，定心氣，止驚悸，益精，去心下膈氣，皮膚中熱，面目黃。**久服輕身不老，**好顏色，延年。**葉名小草，**主益精，補陰氣，止虛損，夢洩。**一名棘菀，一名葽繞，一名細草。**生太山及冤句川谷。四月採根、葉陰乾。得茯苓、冬葵子、龍骨良，殺天雄、附子毒，畏真珠、藜蘆、蜚蠊、齊蛤。

〔梁·陶弘景《本草經集注》〕云：按：藥名無齊蛤，恐是百合。冤句縣屬兗州濟陰郡，今猶從彭城北蘭陵來。用之打去心取皮，今用一斤正得三兩皮爾，市者加量之。小草狀似麻黃而青。遠志亦入仙方藥用。

〔唐·蘇敬《唐本草》〕注云：《藥録》下卷有齊蛤，即齊蛤元有，不得言無，今陶云恐是百合，非也。

〔宋·馬志《開寶本草》〕注：遠志莖葉似大青而小，比之麻黃，陶不識爾。

〔宋·掌禹錫《嘉祐本草》〕按：《爾雅》云：葽繞，蕀菀。注：今遠志也，似麻黃，赤華，葉銳而黃，其上謂之小草。《藥性論》云：遠志畏蠐螬。治心神健忘，安魂魄，令人不迷，堅壯陽道，主夢邪。日華子云：主膈氣，驚魘，長肌肉，助筋骨，婦人血噤失音，小兒客忤。服無忌。

〔宋·蘇頌《本草圖經》〕曰：遠志，生泰山及冤句川谷，今河、陝、京西州郡亦有之。根黃色形如蒿根。苗名小草，似麻黃而青，又如蓽豆。葉亦有似大青而小者。三月開花白色，根長及一尺。四月採根、葉，陰乾，今云曬乾用。泗州出者花紅，根、葉俱大於它處。商州者根又黑色。俗傳夷門遠志最佳。古方通用遠志、小草。今醫但用遠志，稀用小草。《古今録驗》及《范汪方》：治胸痹心痛，逆氣，膈中飲不下，小草丸。小草、桂心、蜀椒去汗、乾薑、細辛各三分，附子二分炮，六物合擣下篩，和以蜜丸大如梧子。先食米汁下三丸，日三，不知稍增，以知爲度。禁猪肉、冷水、生葱、菜。

〔宋·唐慎微《證類本草》〕《雷公》曰：遠志，凡使先須去心，若不去心，服之令人悶。去心了，用熟甘草湯浸宿，漉出，曝乾用之也。《肘後方》：治人心孔惛塞，多忘喜誤。丁酉日密自至市買遠志，着巾角中，還爲末服之，勿令人知。《抱朴子内篇》云：陵陽仲子服遠志二十年，有子三十七人，開書所視，便記而不忘。

宋·鄭樵《通志》卷七五《昆蟲草木略》　蕀（蒬）〔菀〕　曰葽繞，曰細草葉，曰小草，遠志也。

宋·劉明之《圖經本草藥性總論》卷上草部上品之上　遠志　君。味苦，溫，無毒。主欬逆，傷中，補不足，除邪氣，利九竅，益智慧，耳目聰明不忘，強志倍力，利丈夫。定心氣，止驚悸，益精，去心下膈氣，皮膚中熱，面目黃。《藥性論》：畏蠐螬。治心神健忘，安魂魄，令人不迷。堅壯陽道，主夢邪。日華子云：主膈氣驚魘，長肌肉，助筋骨，婦人血噤失音，小兒客忤。服無忌，得茯苓、冬葵子、龍骨良。殺天雄、附子毒。畏真珠、藜蘆、蜚蠊、齊蛤。生太山及冤句川谷。四月採根、葉。

小草：遠志葉名小草。主益精，補陰氣，止虛損夢洩。

明·朱橚《救荒本草》卷上之後　遠志　一名棘菀，一名葽音腰繞，一名細草。生太山及冤句川谷，河陝、商齊、泗州亦有。俗傳夷門遠志最佳。今密縣梁家衝山谷間多有之。苗名小草，葉似石竹子葉又極細，開小紫花，亦有開紅白花者。根黃色，形如蒿根，長及一尺許，亦有根黑色者。根葉俱味苦，性溫，無毒。得茯苓、冬葵子、龍骨良。殺天雄、附子毒。畏珍珠、藜蘆、蜚蠊、齊蛤、蠐螬。　救飢：採嫩苗葉煠熟，換水浸去苦味，淘淨，油鹽調食。及掘取根，換水煮，浸淘去苦味，去心，再換水煮極熟，食之。不去心，令人心悶。　治病：文具《本草》草部條下。

明·蘭茂撰，清·管暄校補《滇南本草》卷下　甜遠志　性微温，味甘。主治補肝脾腎，滋陰血，榮養精神，健體潤肌，止面寒腹痛，止癆熱咳嗽，婦人白帶，腰疼，頭眩耳鳴，男婦虛損要藥。

附方：治婦人產後蓐癆症，發熱出汗，飲食無味。甜遠志，去皮心，乾用五錢，生用一兩。用笋母雞一隻，去腸，將藥入內，煑爛，空心食之。

按：蓐癆，產中之虛也。產後虛弱，少氣喘之，乍寒乍熱，病如瘧狀，名曰蓐癆，此是虛弱也。有因產後著氣惱，肝家氣血受鬱而成蓐癆。葢氣血不相順，氣虛故乍寒，血虛故乍熱，自汗，無時休息，症狀似瘧，其實非瘧，治宜大補氣血。甜遠志補氣補血，笋母雞亦補血氣之物，合而用之，立見奇效。

明·蘭茂《滇南本草》〔叢本〕卷上　甜遠志，味甜，性微溫。主補心肝脾腎，滋補陰血，補養精神，潤澤形體。止面寒腹痛，止勞熱咳嗽。治婦人白帶，腰痛，頭眩耳鳴，男子虛損，洵為要藥。單方：治婦人產後蓐勞症，發熱出汗，飲食無味。甜遠志，去皮，乾用五錢，生用一兩。笋雞一（支）〔隻〕。去腸，將

藥入雞腹内，煮濫，空心服之效。註補：蓐勞，蓐，產中之名也。產後虛弱，氣喘，乍寒乍冷乍熱之病也。如瘧狀，名曰蓐勞。此是虛也。又有因產後着氣，肝血受鬱，而作蓐勞。蓋氣血不相順接，氣虛，故乍寒；血虛，故乍熱。寒熱自汗，無時休息，症狀似瘧，寔非瘧也。治宜大補氣血。甜遠志補氣補血，筭雞氣血之物，用以佐之。

明·王綸《本草集要》卷二　遠志君　味苦，氣溫，無毒。得茯苓、冬葵子、龍骨良。殺天雄、附子毒。畏珍珠、藜蘆、蠐螬。四月採根葉，陰乾。凡使先去心，不則令人煩。

主咳逆傷中，補不足，除邪氣，利九竅，益志慧，耳目，聰明不忘，強志倍力，利丈夫，定心氣，止驚悸，益精壯陽，主夢邪，去心下膈氣。久服輕身不老，好顏色，延年。〇葉名小草，主益精，補陰氣，止虛損夢洩。

明·滕弘《神農本經會通》卷一　遠志　君也。得茯苓、冬葵子、龍骨良。殺天雄、附子毒。畏真珠、藜蘆、蜚蠊、齊蛤。四月採根葉，陰乾。凡使先去心，否則令人悶。去心了用。熟甘草湯浸一宿，漉出暴乾用之。

味苦，氣溫，無毒。東云：寧心。《疐》云：除欬逆，祛邪利竅，壯心神，補氣益精，并止驚悸，強志聰明。《本經》云：主欬逆傷中，補不足，除邪氣，利九竅，益智慧，耳目聰明，不忘，強志倍力，利丈夫，定心氣，止驚悸，益精。去心下膈氣，皮膚中熱，面目黃。久服輕身不老，好顏色，延年。《藥性論》云：治心神健忘，安魂魄，令人不迷。堅壯陽道，主夢邪。日華子云：主膈氣驚魘，長肌肉，助筋骨。婦人血噤失音，小兒客忤服無忌。劍云：遠志，苦，溫。除欬逆，益精補血，壯心神，祛邪利竅，止驚悸，強志聰明，智慧人。《局》云：遠志能令智慧生，去除膈氣定心驚。葉名小草尤堪用，一體能收夢洩精。

小草：遠志葉名。收夢裏遺精。《本經》云：主益精，補陰氣，止虛損夢洩。四月採根葉，陰乾。《圖經》云：治胸痺心痛逆氣，膈中飲不下。小草、蜀椒去汗、乾薑、細辛各三分，附子二分，炮，為末，和蜜丸梧子大，先食，米汁下三丸，日三，不知稍增，以知為度。禁猪肉、冷水、生葱、菜。東云：有寧心之妙。

明·劉文泰《本草品彙精要》卷八　遠志無毒　叢生。

遠志出《神農本經》：**主欬逆傷中，補不足，除邪氣，利九竅，益智慧，耳目聰明，不忘，強志，倍力。久服輕身不老。**以上朱字《神農本經》。利丈夫，定心氣，止驚悸，益精，去心下膈氣，皮膚中熱，面目黃，好顏色，延年。〇葉，主益精，補陰氣，止虛損夢泄。以上黑字名醫所錄。

【名】棘菀、葽繞、細草。苗：小草。

【苗】《圖經》曰：苗似麻黃而青，又如華豆。葉亦有似大青而小者。三月開花，白色。根黃色，形如蒿根，長及一尺。泗州出者花紅，根葉俱大於他處，商州者根又黑色，俗傳夷門者最佳。《爾雅》云：葽繞、棘菀即遠志也。似麻黃，赤華，葉鋭而黃。其苗謂之小草。

【地】《圖經》曰：生泰山及冤句川谷、泗州、商州，今河陝、京西州郡亦有之。【道地】夷門者爲佳。

【時】生：春生苗。採：四月取根葉。【收】曬乾。【用】根肥大者爲好。【質】類枸杞根而長。【色】黃。【味】苦。【性】溫，泄。【氣】氣厚于味，陽中之陰。【臭】香。【主】安心神，止驚悸。【助】得茯苓、冬葵子、龍骨良。【反】畏珍珠、藜蘆、蜚蠊、齊蛤、蠐螬。【製】《雷公》云：以甘草湯浸一宿，漉出去心，暴乾用。【治】療：日華子云：膈氣，驚魘，婦人血噤失音，小兒客忤。補：《藥性論》云：心神健忘，安魂魄，令人不迷，堅壯陽道，主夢邪。日華子云：長肌肉，助筋骨。《抱朴子》云：久服令人有子。【合治】小草合蜀椒去汗、乾薑、桂心、細辛各三分，附子二分，炮爲末，蜜丸如桐子大，名小草丸，食後米湯下三丸，日三服。治胸痹心痛，逆氣膈中，飲不下。【忌】服小草丸，忌豬肉、冷水、生葱、菜。【解】殺天雄、附子毒。【禁】不去心服之，令人悶。

明·葉文齡《醫學統旨》卷八　遠志　氣溫，味苦，無毒。沉而降，陽也。得茯苓、葵子、龍骨良。殺天雄、附子毒。畏蜘蛛、藜蘆、蠐螬。凡用，黑豆、甘草煮，去心，否則令人煩。

治欬逆，傷中，補不足；除邪氣，利九竅，益志慧，耳目聰明不忘，強志倍力；利丈夫，定心氣，止驚悸，益精壯陽，去心下膈氣，除夢洩。

明·許希周《藥性粗評》卷三　遺忘轉智慧之賢，無心遠志。

遠志，細草根也。《爾雅》謂之葽繞，亦謂之棘菀。莖葉似大青，而亦似麻黃，二月開白花，根長一尺許，黃色，形如蒿根。生泰山、冤句等川谷，以商州者更佳。四月採根，陰乾。凡用去心，不令人悶。以甘草煎湯浸一宿，漉出，暴乾。入藥得茯苓、冬葵子、龍骨良。殺天雄、附子毒，畏珍珠、藜蘆、蜚蠊、蠐螬。味苦，性溫，無毒。入手少陰心經。主治欬逆膈氣，傷中驚悸，魘魔邪氣，健忘益精，定魄，利九竅，益智慧，開發聰明，廣記不忘，利丈夫，壯陽道，止虛損夢洩。《抱朴子内篇》云：陵陽仲子服遠志二十年，有子三十七人，開書所視，便記而不忘。

單方：健忘：凡患心氣不足，多忘少喜誤者，丁酉日密自入市，買遠志着巾中，還去心，為末，溫酒調下一錢匕，日二三，久久有功。

明·鄭寧《藥性要略大全》卷三 遠志君 利九竅，寧心益智慧，聰明耳目，健志不忘，補虛勞，益精氣。《衍義》云：定心安魂，堅壯陽道，長肌肉，助筋骨，及婦人血禁失音，小兒客忤。伊尹云：主咳逆，強志倍力，定心氣，止驚悸，下膈氣，去皮膚中熱，面目黃。久服好顏色，延年。味苦，性溫，無毒。得茯苓、冬葵子、龍骨良。殺天雄、附子毒。畏珍珠、藜蘆、蠐螬。四月採根葉，陰乾。葉名小草。雷公云：用甘草湯煮一時，去心用。不則令人煩。

明·陳嘉謨《本草蒙筌》卷一 遠志 味苦，氣溫，無毒。莖類麻黃而青，兗州郡名泰山並屬山東。俱有。根名遠志，四月採收。用宜去骨取皮，甘草湯漬一宿。因苦下行，以甘緩之，使上發也。漉向日曝，乾入劑煎。畏真珠、藜蘆、蠐螬，宜冬葵、茯苓、龍骨。雄附雄黃、附子。大毒，亦能殺除。益精壯陽，強志倍力。辟邪氣，去邪夢，定心氣，安心神。增益智慧不忘，和悅顏色耐老。仍利九竅，亦補中傷。欬逆能敺，驚悸可止。治小兒驚癇客忤，療婦人血禁失音。小草，苗葉之名，古方曾用獲効。除胸痹心痛氣逆，《范汪方》治此證有小草丸。禁虛損夢魘精遺。

明·方穀《本草纂要》卷二 遠志 味苦，氣溫，無毒。心腎二經之藥也。主治欬逆，補不足，除邪氣，利九竅，益智慧，聰耳目，強志力，利丈夫，定心氣，止驚悸，益精髓，壯元陽，下膈氣，止夢泄之神藥也。葉名小草，所治皆同。雖不能及於遠志，而補陰益精之用，大略相當也。吾嘗用之之法，遠志補於陽，小草補於陰；遠志利於氣，小草益於氣。《本草》曰：根升稍降。此之謂也。

明·王文潔《太乙仙製本草藥性大全》卷一《本草精義》 遠志 一名蘇葩，一名葽繞，一名細草。生太山、寃句川谷，今河陝、京西州郡亦有之。根黃色，形如蒿根。苗名小草，似麻黃而青，又如畢豆葉，亦有似大青而小者，三月開花，白色，根長及一尺，四月採根葉陰乾。今云晒乾用。泗州出者，花紅，根葉俱大於他處。商州者根又黑色。俗傳夷門遠志最佳。古本通用遠志、小草，今醫但用遠志，稀用小草。

明·王文潔《太乙仙製本草藥性大全》卷一《仙製藥性》 遠志君 味苦，氣溫，無毒。得茯苓、冬葵子、龍骨良。殺附子、天雄毒。主治：療欬逆傷中，補不足，利九竅，益志慧，耳目聰明不忘，強志倍力，利丈夫，定心氣，止驚悸，益精壯陽，主夢邪，去心下膈氣。久服輕身不老，好顏色，延年。補註：《衍義》云：定心安魂魄，堅壯陽道，長肌肉，助筋骨及婦人血噤失音，小兒客忤。〇治人心孔惛塞，多忘喜誤，丁酉日密自至市買遠志，著巾角中，還爲末服之，勿令人知。〇《內篇》云：陵陽子仲服遠志二十年，有子三十七人。開書所視，便記而不忘。伊尹云：去皮膚中熱，面目黃。太乙曰：遠志凡使先須去心，否則令人悶。去心後用熱甘草湯浸一宿，漉起曝乾用。

明·皇甫嵩《本草發明》卷二 遠志上品之上，君。氣溫，味苦，無毒。發明曰：遠志苦，入心，而滋陰。溫能兼補，手足少陰經藥也。《本草》主益智慧，定心氣驚悸邪氣，安魂魄不迷，利九竅，耳目聰明不忘，去心下隔氣，小兒客忤，此皆主手少陰安定心(補)〔神〕之專功也。又主欬逆傷中，益精强志倍力，久服輕身悅顏，壯陽，長肌肉，助筋骨，去邪夢，婦人血噤失音，此皆溫補兼滋足少陰之功也。又兼治皮膚中熱，面目黃，抑亦苦能清熱歟。得茯苓、冬葵子、龍骨良。殺附子、天雄毒。凡用，須甘草煮，去心。

莖名小草，主益精，補陰氣，止虛損，夢洩。古方治胸痺心痛，逆氣膈中，飲食不下，小草丸。小草、桂心、蜀椒、乾薑、細辛各三兩，附子二分，炮，六味搗末，蜜丸梧子大，先食米汁下三丸，日三次，不知稍增，以知為度。禁猪肉、冷水、生葱、菜。

明·李時珍《本草綱目》卷一二草部·山草類上 遠志《本經》上品

〔釋名〕苗名小草《本經》 細草《本經》 棘菀《本經》 葽繞《本經》。時珍曰：此草服之能益智强志，故有遠志之稱。《世說》載謝安云：處則爲遠志，出則爲小草。《記事珠》謂之醒心杖。

〔集解〕《別錄》曰：遠志生太山及寃句川谷，四月採根葉陰乾。弘景曰：寃句屬兗州濟陰郡，今此藥猶從彭城北蘭陵來。用之去心取皮，一斤止得三兩爾。亦入仙方用。小草狀似麻黃而青。志曰：莖葉似大青而小。比之麻黃，陶不識也。禹錫曰：按《爾雅》云：葽繞，棘菀。郭璞注云：今遠志也。似麻黃，赤華，葉銳而黃。其上謂之小草。頌曰：今河、陝、洛西州郡亦有之。根形如蒿根，黃色。苗似麻黃而青，又如畢豆。葉亦有似大青而小者。三月開白花。根長及一尺。泗州出者花紅，根葉俱大於他處。商州出者根又黑色。俗傳夷門出者最佳。四月採根曬乾。古方通用遠志、小草。今醫但用遠志，稀用小草。時珍曰：遠志有大葉、小葉二種：陶弘景所説者小葉也，馬志所説者大葉也，大葉者花紅。

根　〖修治〗斅曰：凡使須去心，否則令人煩悶。仍用甘草湯浸一宿，暴乾或焙乾用。

〖氣味〗苦，温，無毒。之才曰：遠志、小草，得茯苓、冬葵子、龍骨良。畏珍珠、藜蘆、蜚蠊、齊蛤。弘景曰：藥無齊蛤，恐是百合也。權曰：是蠐螬也。恭曰：《藥錄》下卷有齊蛤，陶説非也。

〖主治〗咳逆傷中，補不足，除邪氣，利九竅，益智慧，耳目聰明，不忘，强志倍力。久服輕身不老《本經》。利丈夫，定心氣，止驚悸，益精，去心下膈氣，皮膚中熱，面目黄《別錄》。殺天雄、附子、烏頭毒，煎汁飲之之才。治健忘，安魂魄，令人不迷，堅壯陽道甄權。長肌肉，助筋骨，婦人血噤失音，小兒客忤《日華》。腎積奔豚好古。治一切癰疽時珍。

葉　〖主治〗益精補陰氣，止虛損夢洩《別錄》。

〖發明〗好古曰：遠志，腎經氣分藥也。時珍曰：遠志入足少陰腎經，非心經藥也。其功專於强志益精，治善忘。蓋精與志，皆腎經之所藏也。腎精不足，則志氣衰，不能上通於心，故迷惑善忘。《靈樞經》云：腎藏精，精舍志。腎盛怒而不止則傷志，志傷則喜忘其前言，腰脊不可以俛仰屈伸，毛悴色夭。又云：人之善忘者，上氣不足，下氣有餘，腸胃實而心肺虛，虛則營衛留於下，久之不以時上，故善忘也。陳言《三因方》，遠志酒治癰疽，云有奇功，蓋亦補腎之力爾。葛洪《抱朴子》云：陵陽子仲服遠志二十年，有子三十七人，能〔開書所視不忘〕，坐在立亡也。

〖附方〗舊三，新四。

心孔昏塞：多忘善誤。丁酉日密自至市買遠志，着巾角中，還爲末服之，勿令人知。《肘後方》。

胸痹心痛：逆氣膈中，飲食不下。小草丸：用小草、桂心、乾薑、細辛、蜀椒出汗各三兩，附子二分炮，六物擣下篩，蜜和丸梧子大。先食米汁下三丸，日三服，不知稍增，以知爲度。忌猪肉、冷水、生葱、菜。范汪《東陽方》。

喉痹作痛：遠志肉爲末，吹之，涎出爲度。《直指方》。

腦風頭痛：不可忍。遠志末嗃鼻。《宣明方》。

吹乳腫痛：遠志焙研，酒服二錢，以滓傅之。《袖珍方》。

一切癰疽：遠志酒：治一切癰疽發背癤毒，惡候侵大。有死血陰毒在中則不痛，傅之即痛。有憂怒等氣積，內攻則痛不可忍，傅之即不痛。或蘊熱在內，熱逼人手不可近，傅之即清凉。或氣虛冷，潰而不斂，傅之即斂。此本韓大夫宅用以救人方，極驗。若七情內鬱，不問虛實寒熱，治之皆愈。用遠志不以多少，米泔浸洗，搥去心，爲末。每服三錢，温酒一盞調，澄少頃，飲其清，以滓傅患處。《三因方》。

小便赤濁：遠志、甘草水煮半斤，伏神、益智仁各二兩，爲末，酒糊丸梧子大，每空心棗湯下五十丸。《普濟》。

題明・薛己《本草約言》卷一《藥性本草》　遠志　味苦，氣溫，無毒。陰中之陽，可升可降。通塞而利滯，暢外而慧中，理心神之驚悸，去耳目之昏聵。

《發明》云：苦入心而滋陰，溫能兼補，手足少陰經藥也。《本草》主利九竅，寧心神，益智慧，聰明耳目，健志不忘及小兒客忤。此皆主手少陰，安定心神之專功也。又壯陽道，長肌肉，助筋骨及婦人血噤失音。久服延年，悅顏色。此皆溫補兼滋足少陰之功也。又兼治皮膚中熱，面目黃，抑亦苦能清熱歟。江云：凡使先去心，否則令人煩。去心後用熱甘草湯浸一宿，漉起曝乾用。

明・梅得春《藥性會元》卷上　遠志　為君。味苦，氣溫。沉而降，陽也。無毒。畏蜘蛛、藜蘆、蠐螬。殺天雄、附子毒。得茯苓、葵子、龍骨良。苗名小草，似麻黃，無節。　主有寧心定志之妙，止夢中遺精，療欬逆傷中，補不足，強陰益精。令人智慧。定驚悸，聰耳明目，不忘。除邪氣，利九竅。強志倍力，利丈夫，安心神，補虛損，壯陽道。去心下膈氣，脾胃中熱，面目黃。

製法：去心，用甘草、黑豆湯浸煮，炒乾用。

明・杜文燮《藥鑒》卷二　遠志　氣溫，味苦，無毒。主和顏悅色，輕身耐老。利九竅而補中傷，除咳逆而驅驚悸，益智慧而善不忘。小兒驚癇客忤，非此莫治。婦人血噤失音，非此莫療。大都溫則能補，故能益精氣，壯陽神，強志倍力。苦則能泄，故能辟邪氣，去邪夢，安心定神。畏珍珠、藜蘆。

明・李中立《本草原始》卷一　遠志　始生太山及寃句川谷，今河陝、洛西州郡皆有之。莖葉青色而極細小，故苗名小草。三月開白花，亦有紅花者。其根長及一尺。昔陵陽仲子服此二十年，開書所視，永記而不忘。功能強志，故有遠志之稱。

根：　氣味：苦，溫，無毒。　主治：欬逆傷中，補不足，除邪氣，利九竅，益智慧，耳目聰明不忘，強志倍力，久服輕身不老。○利丈夫，定心氣，止驚悸；　益精，去心下膈氣，皮膚中熱，面目黃。○殺天雄、附子、烏頭毒，煎汁飲之。○治健忘，安魂魄，令人不迷，堅壯陽道。○長肌肉，助筋骨。婦人血噤失音，小兒客忤。○腎積奔豚。

葉：　主治：益精補陰，止虛損夢洩。

遠志，《本經》上品。【圖略】入藥根苗俱用。皮皺粗大者良。四月采。

修治：　遠志，甘草湯浸一宿，去骨暴乾，或焙乾用。

得茯苓、冬葵子、龍骨良，畏珍珠、藜蘆、蜚蠊、齊蛤。入足少陰腎經。

《肘後方》：　治心孔惛塞多忘，丁酉日密自至市買遠志，着巾角中還，為末服之，勿令人知。遠志：　君。

明・張懋辰《本草便》卷一　遠志君　味苦，氣溫，無毒。畏珍珠、藜蘆、蠐

蟲。凡使先去心，不則令人煩。　主欬逆傷中，補不足，除邪氣，利九竅，益志慧耳目，聰明不忘，定心氣，止驚悸，主夢邪，去心下膈氣。　葉名小草，主益精，補陰氣，止虛損夢洩。

明・李中梓《藥性解》卷三　遠志　味苦，性溫，無毒，入心、腎二經。補不足，除邪氣，益智慧，明耳目，寧怔忡，定驚悸，利九竅，治健忘，壯陽道，益精氣，長肌肉，助筋骨。及婦人血禁失音，小兒驚風客忤，皮膚熱，面目黃，久服悅顏色延年。甘草湯泡，去心用，得茯苓、冬葵子、龍骨良，畏珍珠、藜蘆、蜚蠊、齊蛤，忌猪肉、生葱、冷水，殺天雄、附子毒，葉名小草，主夢洩。　按：遠志苦入心經，溫能滋腎，而不足等症，咸本二經，故都治之。

明・繆希雍《本草經疏》卷六　遠志君　味苦，溫，無毒。主欬逆，傷中，補不足，除邪氣，利九竅，益智慧，耳目聰明，不忘強志，倍力，利丈夫，定心氣，止驚悸，益精，去心下膈氣，皮膚中熱，面目黃。久服輕身不老，好顏色，延年。莖名小草，主益精，補陰氣。止虛損，夢洩。

〖疏〗遠志感天之陽氣，得地之芳烈而生，故無毒，亦陽草也。其菖蒲之流乎？其味苦溫，兼微辛。為手少陰經君藥，兼入足太陰經。苦能洩熱，溫能壯氣，辛能散鬱，故主欬逆傷中，補不足。養性全神明，故除邪氣。陽主發散，故利九竅。心氣開通則智慧自益。《經》曰：心為君主之官，神明出焉。天君既定，五官自明，故耳目聰明，不忘強志。陽氣盛則力增長。男子屬陽，故利丈夫。定心氣，止驚悸者，心臟得補而實，故心氣定而驚悸止也。心火不妄動，則陽不妄舉，精不搖矣，故益精。心下膈氣，是心氣鬱而不舒也。皮膚中熱、面目黃者，濕熱在上部也。苦以洩之，溫以暢之，辛以散之，則二證自去矣。久服輕身不老，好顏色，延年者，心主血，心氣足則血色華於面。君主強明則十一官皆得職，故延年不老。陽氣日積，故身輕也。人之心腎，晝夜必交，心家氣血旺盛，則腎亦因之而實。腎藏精與志，腎實故志強也。莖名小草，性味略同，功用相近。故亦主益精補陰氣，止虛損夢洩。〖主治參互〗同茯神、人參、地黃、酸棗仁、丹砂，為鎮心定驚要藥。　同人參、白芍藥、酸棗仁、茯神、炙甘草、天竺黃、鈎藤鈎，治〔小〕兒心虛易驚。　加白檀香，治一切驚及慢驚。　同茯神、天竺黃、鈎藤鈎、丹砂、金箔、真珠、琥珀、膽星、犀角，治小兒急驚。　同人參、栢子仁、酸棗仁、麥門冬、五味子、當歸身、茯神、茯苓、益智仁、生地黃、甘草、沉香，治心氣弱，心血少，餒怯易驚，夢寐多魘，神不守舍，怔忡健忘，失志陽痿。　同茯神、人參、白术、龍眼、酸棗仁、木香、炙甘草，能歸脾益智。　入當歸六黃湯，能止陰虛盜汗。　加甘草，治婦人血噤失音，小兒客忤。　《古今錄驗》及《范汪方》治胸痹心痛，逆氣，膈中飲不下，小草丸：小草、桂心、蜀椒去目、乾薑、細辛各三兩，附子二分炮去皮臍，共為末，蜜丸如梧子大。先食米汁，下三丸，日三。不知稍增，以知為度。禁猪肉、冷水、生葱、菜。　遠志一味煎酒，治一切癰疽發背。病從七情憂鬱惱怒而得者，服之皆愈。　陳言《三因方》：用遠志酒，治一切癰疽發背，惡候浸大，有死血陰毒在中則不痛，傅之即痛。有憂怒等氣積怒攻則痛不可忍，傅之即不痛。或蘊熱在內，熱逼人手不可近，傅之即清涼。或氣虛冷，潰而不斂，傅之即斂。此本韓大夫宅用以救人方，極驗。若七情內鬱，不問虛實寒熱，治之皆愈。用遠志不拘多寡，米泔浸洗，搥去心，為末。每服三錢，溫酒一盞調，澄少頃，飲其清，以滓敷患處。　〖簡誤〗心經有實火，為心家實熱，應用黃連、生地黃者，禁與參、术等補陽氣藥同用。

明・倪朱謨《本草彙言》卷一　遠志　味苦、甘、辛，氣溫，無毒。手足少陰二經藥也。　陶隱居曰：出泰山及冤句川谷。冤句屬兗州濟陰郡，今從彭城北蘭陵來。河、陝、洛西州郡亦有之。有大葉、小葉二種，俱三月開花，四月采根。大者葉大花紅，根亦肥大。小者葉小花白，苗似麻黃而青。葉似大青而小，根形如蒿而黃色。苗即小草也。　蘇氏曰：泗州出者，花紅，根葉俱大；商州出者，根黑色。俗傳夷門出者最佳。修治：取遠志一斤，止得三四兩。此草服之能益智强志，故有遠志之稱。

遠志：李時珍通心氣，補腎氣之藥也。茹日江主利九竅，聰耳目而安神明；解鬱結，定驚悸而止夢泄。益精補腎，開心靈于未發之天；達衛調營，散瘡痍于已頑之疾。氣味清芳，無消無滯，不寒不燥，爲心腎二經養精養血之妙品也。《經》曰：腎藏精，精合志，腎精不足則志氣衰，不能上通于心，故迷惑善忘。遠志之功，專于益精强志，故治善忘特效。　繆仲淳先生曰：遠志感天之陽氣，得地之芳烈而生，陽草也。其菖蒲之流乎？其味苦甘辛而溫，爲手足少陰二經君藥。苦能養血，甘能養精，辛能散鬱，故利九竅、通心氣、益智慧。心有積想則氣鬱矣，心有伏痰則驚悸神亂而不寧矣。

心氣開通，則神志安而驚悸定。又相火自靖，意不妄動，則精不妄搖，陽不舉矣！心清則腎水自安，腎安則淫火自熄。瘡痍、夢想、動惕之證，何所有焉！

盧子繇先生曰：志，意也；心之所之，心之所嚮也。藏于腎而用于心，故處則爲意，出則爲志也。意居六根之六，志居五神之五，可謂遠也已矣。維爾之遠，乃可裨神明之欲動欲流，圓通無礙，令根身聰慧輕安也。如是則何有于器界六淫，潛入根身之中，而爲塡塞奔逆者哉。

王紹隆先生曰：遠志清虛芳烈，陽藥也。入手少陰經。蓋心爲君主之官，神明出焉。天君既定，五官自明，百體從令矣。

沈則施先生曰：遠志同人參、茯苓、白朮能補心，同黄耆、甘草、白朮能補脾，同地黄、枸杞、山藥能補腎，同白芍、當歸、川芎能補肝，同人參、麥冬、沙參能補肺，同辰砂、金箔、琥珀、犀角能鎮驚，同半夏、膽星、貝母、白芥子能消驚痰，同牙皂、鈎藤、天竺黄能治急驚，同當歸六黄湯能止陰虛盜汗，同黄耆四君子湯能止陽虛自汗。○獨一味煎膏，能治心下膈氣，心氣不舒。獨一味釀酒，能治癰疽腫毒，年久瘡痍從七情鬱怒而得者，服之漸愈。

陳氏《三因方》：用遠志酒治一切癰疽發背惡候，有死血陰毒在中，則不痛，傅之即痛；有憂怒等氣內攻則痛不可忍，傅之即不痛。或蘊熱在內，熱逼人手不可近，傅之即清涼；或氣虛冷潰不斂，傅之即斂；若七情內鬱，不問虛實寒熱，治之皆愈。用遠志不拘多少，米泔浸洗，搥去心爲末，每服三錢，溫酒調澄少頃，飲其清酒，以滓敷患處。

集方：方龍潭《本草切要》治耳目昏重，精神恍惚。用遠志三兩，棗仁二兩，當歸一兩，蒼耳仁五錢，枸杞子、甘菊花各四兩，爲丸，每早晚各服三錢，白湯下。○同前治情鬱神虛，怔忡驚悸，夢遺失精，及婦人夢與鬼交等證。用遠志三兩，棗仁二兩，黑山梔仁一兩，茯苓八錢，當歸、川芎各五錢，爲丸，每早晚各服三錢，白湯下。○同前治怔忡健忘，驚悸恍惚。用遠志、棗仁、當歸身、白茯苓各二兩，爲丸，每早晚各服三錢，白湯下。○《肘後方》治心孔昏塞，多忘善誤。丁酉日取遠志肉二兩，炒爲末，每晚臨睡時服一錢，白湯下。○《直指方》治喉痹作痛。用遠志炒爲末吹之，涎出爲度。○《三因方》治一切癰疽發背，惡毒。用遠志肉不拘多少，炒爲末，用好酒一盞，調末三錢，澄清，將酒飲之。其滓末敷患上，其毒痛者敷之即止，不痛者敷之即痛；熱者敷之清涼，冷者敷之溫暖；焮腫者敷之消減，平陷者敷之起發；未潰者敷之即潰，潰久不斂者敷之即斂。○《普濟方》治小便赤白濁。用遠志肉二兩，甘草一兩，茯苓五錢，益智仁三錢，共爲末，酒糊丸梧子大，每空心白湯下二錢。

續補集方：陳肖菴自製方治氣鬱成臌脹，諸藥不效者。用遠志肉四兩，麸拌炒，每日取五錢，加生薑三片，煎服。○治婦人無病而不生育者。用遠志一兩，和當歸身一兩炒燥，和勻，每用藥一兩，浸酒二壺，每日隨量蚤晚飲之，三月即受孕。○《方脉正宗》治小兒胎驚。用遠志肉三錢，天麻一錢，半夏五分，生薑二片，煎汁半盞，調天竺黄、硃砂末各二分與服。

明・顧逢柏《分部本草妙用》卷五腎部・溫補 遠志 苦，溫，無毒。去心，甘草湯浸一宿，焙乾用。 主治：利九竅，益智慧，耳目聰明不忘，強志倍力，定心氣，止驚悸，益精安魄，堅壯陽道，腎積奔豚，婦人血噤失音，男子虛損夢洩，七情致病，并治一切癰疽。 按：時珍曰：遠志非心經藥也，腎經氣分藥也。其功專于強志益精，治善忘。蓋精與志，腎所藏也。《經》曰：腎藏精，精合志。腎精虛，則志氣衰，不能上通于心，故迷惑而善忘也。益精則志自長，其功豈淺鮮哉？即七性內鬱，無論虛實寒熱，服之無不效。以之治死血陰毒，不痛者傅之即痛。憂怒攻痛不可忍，傅之即止。蘊熱逼人手者，傅之即涼。氣虛冷潰不斂，傅之即斂。浸酒治癰毒惡喉，更有奇效。○用遠志法：不拘多少，米泔浸，搥去心，為末，每服三錢，溫酒調沉，少頃飲其清者，以滓傅患處。

明・黄承昊《折肱漫録》卷三 腎藏志，故補腎藥中用遠志。

明・李中梓《醫宗必讀・本草徵要上》 遠志味苦、辛，溫，無毒，入心、腎二經。畏珍珠、藜蘆，殺附子毒，冷甘草湯浸透，去水焙乾。 定心氣，止驚益智，補腎氣，強志益精。治皮膚中熱，令耳目聰明。心君鎮定，則震撼無憂，靈機善運，故止驚益智。水府充盈，則堅強稱職，閉蟄封藏，故強志益精。水旺而皮熱可除，心安而耳目自利。按：遠志水火並補，殆交坎離而成既濟者耶。本功外善療癰毒，敷服皆奇；苦以泄之，辛以散之之力也。

明・鄭二陽《仁壽堂藥鏡》卷一〇下 遠志 《本草》云：遠志生太山川谷，河陝亦有之。色黄、肥潤為佳。 味苦，性溫，無毒。 入腎經。畏珍珠、藜蘆、蜚蠊、齊蛤。殺附子毒。用甘草湯浸，去木，焙乾。 《經》曰：補不足，除邪氣，利九竅，益智慧，耳目聰明，不忘強志，倍力。 隱居曰：利丈夫，定心氣，止驚悸，去膈氣。 甄權曰：堅陽道。 好古曰：腎積奔豚。 時珍曰：遠志入腎，非心經藥也。專於強志益精，治善忘。精與志皆腎所藏

也，精不足則志衰，不能上通於心，故善忘。《靈樞經》曰：腎藏精，精舍志。腎盛怒而不止則傷志。志傷則喜忘。又云：人之善忘者，上氣不足，下氣有餘。腸胃實而心肺虛。虛則榮衛留於下，久之不以時上，故善忘也。《三因方》遠志酒治癰疽，亦補腎之力耳。按：遠志，味苦殊辛，故能下氣而走。補厥陰。日華子云：遠志禁猪肉、冷水、生葱、菜。《經》曰：以辛補之。此水、木同源之義，前古未發也。苗名小草，止虛損，夢魘精遺。

明·蔣儀《藥鏡》卷一温部 遠志 消痰利氣，驅惕鎮驚。益腎水，又利膀胱。上通心志，而善忘以治。養心血，因生智慧，下與腎交而強志以全。其苗葉名小草，僅治遺精，蓋利小便者爾。

明·李中梓《頤生微論》卷三 遠志 味苦、辛，性溫，無毒。入腎經。畏珍珠、藜蘆、蜚蠊、齊蛤，殺附子毒。甘草湯浸半日，去木曝過焙乾。補腎強志，益精定心，止驚；治皮膚中熱，令耳聰明；療癰疽，敷服皆奇。按：遠志入腎，非心藥也。強志益精，治善忘。精與志皆腎所藏也，精虛則志衰，不能上通于心，故善忘。《靈樞經》曰：腎藏精，精合志，腎盛怒而不止，則傷志，志傷則喜忘。人之善忘者，上氣不足，下氣有餘，腸胃實而心虛，虛則營衛留于下，久之不以時上，故善忘也。味中兼辛，故下氣而走厥陰。《經》曰：以辛補之。此水木同源之義，前古未發也。

明·張景岳《景岳全書》卷四八《本草正》 遠志 味微苦、微辛，氣溫，陽也，升也。製以甘草湯，浸一宿，晒乾炒用。功專心腎，故可鎮心止驚，辟邪安夢，壯陽益精，強志助力。以其氣升，故同人參、甘草、棗仁，極能舉陷攝精，交接水火。但可為佐，用不宜多。神氣上虛者所宜，痰火上實者當避。

明·賈九如《藥品化義》卷四心藥 遠志 屬陽，體乾而輕，色蒼，氣和，味辛重而雄，性溫，能升，力豁痰，性氣重而味薄，入心經。遠志味辛重大雄入心，開竅宣散之藥。凡痰涎伏心，壅塞心竅，致心氣實熱，為昏瞶神呆，語言蹇澀，為睡臥不寧，為恍惚驚怖，為健忘，為夢魘，為小兒客忤，暫以此豁痰利竅，使心氣開通，則神魂自寧也。又取其辛能醒發脾氣，治脾虛火困，思慮鬱結，故歸脾湯中用之。及精神短少，竟有虛痰作孽，亦須量用。若心血不足，以致神氣虛怯，無痰涎可祛，即芎歸味辛尚宜忌用，況此大辛者乎？諸本草謂味辛潤腎，用之益精強志，不知辛重暴悍，戟喉刺舌，與南星、半夏相類。《經》曰腎惡燥，烏可入腎耶？特為訂誤，幸同志者辨之。用甘草湯浸去梗，即以此湯煮熟曬乾，用生則戟人之咽。

明·盧之頤《本草乘雅半偈》帙二 遠志《本經》上品 氣味：苦，溫，無毒。主治：主欬逆，傷中，補不足，除邪氣，利九竅，益智慧，耳目聰明，不忘，強志倍力。久服輕身不老。

覈曰：出泰山及冤句川谷，冤句屬兖州濟陰郡，今從彭城北蘭陵來，河、陝、雒西州郡亦有之。有大葉、小葉二種。俱三月開花，四月采根。大者葉大、花紅，根亦肥大，小者葉小、花白，苗似麻黃而青。葉似大青而小，根形如蒿而黃色。苗即小草也。修治：去心，否則令人煩悶。仍用甘草湯浸一宿，曝乾，或焙乾。得茯苓、冬葵、龍骨良。畏珍珠、藜蘆、蜚蠊、齊蛤。

紹隆王先生云：氣味芳烈，陽草也。菖蒲之流乎，入手少陰經。蓋心為君主之官，神明出焉。天君既定，五官自明，百體從令矣。

先人云：識深志遠，出處咸宜。苗短根長，司腎之物。

条曰：志，意也。心之所之，心之所嚮也。藏于腎而用于心，故處則為意，出則為志也。意居六根之六，志居五神之五，可謂遠也已矣。維爾之遠，乃可裨神明之欲動欲流，圓通無礙，令根身聰慧輕安也。如是則何有于器界六淫，潛入根身之中，而為填塞奔逆者哉。

明·李中梓《本草通玄》卷上 遠志 味苦，微溫，腎經氣分藥也。強志益精，治善忘。蓋精與志，皆腎所藏者，精不足，則志衰，不能上交於心，故善忘。精足志強，而善忘逾矣。壯陽固精，明目聰耳，長肌肉，助筋骨，理一切癰疽，破腎積奔豚，主治雖多，總不出補腎之功。或以為心經藥者，悮矣。甘草湯浸一宿，焙乾。

清·顧元交《本草彙箋》卷一 遠志 諸本皆云益精強志，爲足少陰腎經藥。仲淳《經疏》始正爲手少陰。慎齋先生云：茯神、遠志開胸膈，而使邪火下行。讀賈九如《化義》而其説益暢。蓋遠志味辛重大雄，入心，開竅宣散之藥。凡痰涎沃心，壅塞心竅，致心氣實熱，爲昏憒神呆，語言蹇澀，爲睡臥不寧，爲恍惚驚怖，爲健忘，爲夢魘，爲小兒客忤，暫以此豁痰利竅，使心氣開通，則神魂自寧。又取其辛能醒發脾氣，治脾虛久因，思慮鬱結，故歸脾湯中用之。及精神短少，竟有虛痰作孽，亦須量用。假若心血不足，以致神氣虛怯，無痰涎可祛，即芎、歸味辛，尚宜忌用，況此大辛者乎？諸本謂其味辛潤腎，用之益精強志，不知辛重暴悍，戟喉刺舌，與南星、半夏相類，《經》云腎

惡燥，烏能入腎耶？　但謂心氣開通，則陽不妄舉，腎精堅固可也。　若謂因益其精，令志氣強，得以上通於心，則誤矣。　故特彙慎齋、仲淳、九如諸家之論，以正自來之訛。

凡用須甘草湯浸，去梗，即以此湯煮熟，晒乾用。　生則戟人之咽，梗不去則令人煩悶。　《抱朴子》稱陵陽子仲服遠志二十年，有子三十七人。　亦各有稟氣之不同耳，烏可引以爲據？　其云久服輕身，亦謂心清則坎離交濟。　若凡人心虛血少，暫服且不可，何況久服？　陳言《三因方》遠志酒，治癰疽云有奇功，而李東璧乃云此亦補腎之功，大誤。　仲淳始云：　凡毒從七情憂鬱惱怒而得者服之，其方用遠志，不拘多寡，米泔水浸洗，搥去心，爲末，每服三錢，溫酒一盞，調澄少頃，飲其清，以滓敷患處，治一切癰疽發背，惡候浸大，有死血陰毒在中則不痛，傅之即痛；　有憂怒等氣積，怒攻則痛不可忍，傅之即不痛。　或蘊熱在內，熱逼人手不可近，傅之即清涼。或氣虛冷，潰而不斂，傅之即斂。　蓋其味苦溫兼辛，苦能洩熱，辛能散鬱，溫又能壯氣也。　凡吹乳腫痛者，多屬痰鬱，亦用前方甚效。　喉痺作痛，亦屬痰火，以遠志肉爲末，吹之涎出爲度。

清・穆石匏《本草洞詮》卷八　遠志　苗名小草。《世說》載謝安云：　處則為遠志，出則為小草。《記事珠》謂之醒心杖。　氣味苦溫，無毒。　入足少陰經，補不足，除邪氣，利九竅，益智慧，明耳目，強志倍力。　治腎積奔豚。　夫遠志入腎經，非心經藥也。　人之精與志，皆腎經所藏，腎精不足，則志氣衰，不能上通於心，故迷惑善忘。《靈樞經》曰：　腎藏精，精合志，腎盛怒而不止，則傷志，志傷則喜忘。　其前言腰脊不可以俛仰屈伸，毛悴色夭，又云人之善忘者，上氣不足，下氣有餘，腸胃實而心肺虛，虛則營衛留於下，久之不以時上，故善忘也。　遠志之功，專於益精強志，故治善忘甚效。　又《三因方》有遠志酒，治一切癰疽有死血，陰毒在中則不痛，傅之即痛；　有憂怒等氣所攻，則痛不可忍，傅之即不痛；　或蘊熱在內，熱逼人手，傅之即清涼；　或氣虛冷潰而不斂，傅之即斂。　不問虛實寒熱，治之皆愈。　用遠志米泔浸洗，搥去心，為末，每服三錢，溫酒一盞，調澄，少頃飲其清，以滓傅患處。　夫遠志補腎而兼利竅，宜乎內服外傅，並有功效也。

清・劉雲密《本草述》卷七上　遠志　三月開白花，根長及一尺，四月采根，曬乾。

根：　氣味：　苦，溫，無毒。　主治：　強志補中，定心氣，止驚悸，治健忘，益智慧，利九竅，耳目聰明，除邪氣，去心下膈氣，小便赤濁及腎積奔豚。又遠志酒治一切癰疽。　好古曰：　遠志，腎經氣分藥也。　王紹隆曰：　氣味芳烈，陽草也。　復曰：　苗短根長，司腎之物。　時珍曰：　遠志入足少陰腎經，非心經藥也。　其功專於強志益精，治善忘。　蓋精與志皆腎經之所藏也。　腎精不足，則志氣衰，不能上通於心，故迷惑善忘。《靈樞經》云：　腎藏精，精合志。　腎盛怒而不止，則傷志，志傷則喜忘。　其前言腰脊不可以俛仰屈伸，毛悴色夭。　又云：　人之善忘者，上氣不足，下氣有餘。　腸胃實而心肺虛，虛則營衛留於下，久之不以時上，故善忘也。　陳言《三因方》遠志酒，治癰疽有奇功，蓋亦補腎之力爾。　之頤曰：　藏於腎而用於心。　丹溪言其入心歸血。　希雍曰：　遠志感天之陽氣，得地之芳烈而生，故無毒，亦陽草也，其味苦溫，兼微辛。　為手少陰經君藥，兼入足太陰經。　苦能洩熱，溫能壯氣，辛能散鬱。　同茯神、人參、地黃、酸棗仁、丹砂，為鎮心定驚要藥。　同人參、柏子仁、酸棗仁、麥門冬、五味子、當歸身、茯神、茯苓、益智仁、生地黃、甘草、沉香，治心氣弱，心血少，餒怯易驚，夢寐多魘，神不守舍，怔忡健忘，失志陽痿。　同茯神、人參、白术、龍眼、酸棗仁、木香、炙甘草，能歸脾益智。

入當歸六黃湯能止陰虛盜汗。

愚按：　遠志味苦而氣溫，類以為入心，好古謂為腎經氣分藥者，以腎有相火，而苦溫亦入也。　若時珍所云益腎精，則志氣強而能上通於心，夫益腎精之味，寧獨遠志哉？　有腎氣虛者，閱書即心悸，不能及百行，嗣服滋陰益腎之劑，經數歲不輟，亦未及遠志也。　後遂終日披閱而不倦，則知遠志之獨以益志見長者，更有可思，不得概以益腎精言之也。《經》曰：　腎藏精，精合志，以水中宅火耳。　志者，固靜中之動機，所謂陰中陽也。　此味苦而至地，乃本於氣之溫，謂其就至陰而強志可也，志之強者，謂其感於離陽以上越也。　先哲曰：　腎氣不足，加熟地黃、遠志、牡丹皮。　夫腎精不足，非遠志所能益，腎精若足，則此味有合於人身陰中之陽，陽中之初動以效其離火之用，動而不詘者，試觀其采根定以孟夏，非取其陽之動而欲暢者，此味固乘之以出乎。《經》曰：　營衛留於下，久之不以時上，故善忘。　然則以此味治善忘，固為其舉精氣以上奉也。　若然，遠志誠為陽草，指為腎經氣分藥者，義固精矣。　然丹溪又謂其入心歸血者，云何？　蓋此味能於至陰之地

以發陽，還能於至陽之地以宅陰也。心屬離火，内陰而外陽。内者是神，外者是用。能於至陰之地二語，可謂中肯，可謂精詣。故遠志雖為腎家氣分藥，而最能寧心者，以其入心歸血，誠如朱丹溪先生之説也。蓋血者，真陰之化醇，入心歸血，正於至陽之地宅陰也。故強腎者，即以定心氣，因陽精上奉而陰隨之動，又以靜為君耳。抑治健忘，更益知慧者，若何？曰：《經》云：腎者，作強之官，伎巧出焉。治健忘而又益知慧者，精氣之上奉於心，而精中伎巧之出，亦併之而上也。故此味不得混言益腎精，又不得貿然謂補心氣，如盧之頤所云藏於腎，而用於心之一語者，庶幾微中矣。

又按：遠志、棗仁類，以為補心之劑，在遠志於前説已悉。如棗仁乃入肝膽血分者，炒熟則香甘入脾，而仍有酸意。蓋肝膽原為脾之用，即以炒熟入脾。香醒脾困，甘生脾血，而又有酸以收其耗散之氣，使血歸於脾，脾之脈固注心者也。此所以亦曰補心耳。如止以為補心，而不悉其後天化原之義，則憒憒矣。遠志乃先天化原，故二味俱用，以益心。大抵此二味入補心藥，須以血藥為主。

附方　遠志酒，治一切癰疽發背，癤毒，有死血陰毒在中則不痛，傅之即痛。有憂怒等氣積怒攻，則痛不可忍，傅之即不痛。或蘊熱在内熱逼，人手不可近，傅之即清涼。或氣虚冷潰而不斂，傅之即斂。此方用以救人極驗。若七情内鬱，不問虚實寒熱，治之皆愈。用遠志不以多少，米泔浸洗，搥去心，為末，每服三錢，溫酒一盞，調澄少頃，飲其清，以滓傅患處。

愚按：遠志謂能開鬱，果若斯論，則開鬱之義益明，人身止是水火二氣。腎氣者，水中火也。心血者，火中水也。能使腎氣上奉於心，則水亦隨火以升矣。水隨火升，則即能使心血下達於腎，而火亦隨水以降矣。如遠志，下即陰氣以升陽，上即陽氣以致陰，故所療諸證，非即水火互為升降之徵乎？水火即氣血之根，安得不宜於癰疽惡毒之各因哉？即如強志定氣等證，可以識升者機，如療赤濁，治奔豚，又可以識降者機，至若七情内鬱，悉由陰陽之不合而和也。《經》曰：調氣之道，在和陰陽，合則和矣。故遠志能開鬱者，亦其升降陰陽之功耳。

小便赤濁，遠志半斤，茯神、益智仁各二兩，為末，酒糊丸梧子大，每空心棗湯下五十丸。

希雍曰：心經有實火，為心家實熱，應用黃連、生地黃者，禁與參、术等補陽氣藥同用。

修治　去骨取皮，甘草湯漬一宿，因苦下行，以甘緩之，使上發也。漉出，曝乾。

清・郭章宜《本草匯》卷九　遠志　味苦，氣溫，陰中之陽，可升可降。入足少陰經。通塞而利滯，暢外而慧中。理心神之驚悸，去耳目之昏聵。除心下膈氣，驅腎積奔豚。癰疽吹乳堪除，焙研酒服，滓敷患處，極効。烏頭附毒能解。《別録》治皮膚中熱，面目黃者，濕熱侵上部也。苦以洩之，辛以散之，溫以暢之，則上症自去矣。

按：遠志，水火並補，殆交坎離而成既濟者耶。為腎經氣分藥，非心經藥也。其功專于強志益精，心君鎮定，則震撼無憂，靈機善運，故止驚益智；水府充盈，則堅強稱職，閉蟄封藏，故強知益精。蓋精與志皆腎所藏者，精虚則志衰，不能上發于心，故善忘。精足志強，而善忘愈矣。味中兼辛，故下氣而走厥陰。《經》曰：以辛補之。此水木同源之義也。凡一切癰疽，腎積奔豚，主治雖多，總不出補腎之功也。心家有實火者，禁用。

去心，心令人煩也。甘草湯浸一宿，焙乾用。畏珍珠、藜蘆。得茯苓、冬葵子、龍骨良。

清・蔣居祉《本草擇要綱目・平性藥品》　遠志　氣味：苦，溫，無毒。須去心。仍用甘草湯浸一宿，焙乾用。腎經氣分之藥也。　主治：欬逆傷中，補不足，除邪氣，利九竅，益智慧，強志倍力。婦人血噤失音，小兒客忤，腎積奔豚。治一切癰疽。但遠志入足少陰腎經，非心經之藥。其功專於強志益精，令不健忘。蓋精與志，皆腎經之所藏，腎精不足，則志氣衰不能上通於心，故迷惑而善忘也。《三因方》云：遠志酒治癰疽有奇功，蓋亦補腎之功也。

清・閔鉞《本草詳節》卷一　遠志　【略】按：遠志，功耑於強志益精，蓋精與志皆腎經所藏，腎藏精，精合志，人盛怒而不止則傷志，志傷則善忘，腰脊不可俛仰屈伸，毛悴色夭。《内經》云：善忘者，上氣不足，下氣有餘，腸胃實而心肺虚，虚則營衛留於下，久之不以時上，故善忘。是遠志腎經藥，非心經藥也明矣。其治癰疽，亦補腎之力耳。

清・王翃《握靈本草》卷二　遠志一名小草。出兗州濟陰郡。凡用須去心。甘草湯浸，焙用。　主治：遠志，苦，溫，無毒。主欬逆，傷中，補不足，除邪氣，利九竅。益聰明，不忘強志，倍力，堅壯陽道。一切癰疽。

清・汪昂《本草備要》卷一　遠志補心腎。　苦泄熱，溫壯氣，辛散鬱。主手少陰心，能通腎氣，上達于心。强志益智，補精壯陽，聰耳明目，利九竅，長肌肉，助筋骨。治迷惑善忘，驚悸夢洩，能交心腎。時珍曰：遠志入足少陰腎經，非心經藥也。强志益精，故治健忘。蓋精與志，皆藏于腎。腎精不足，則志氣衰，不能上通于心，故健忘夢洩也。腎積奔豚，一切癰疽。酒煎服。《經疏》曰：癰疽皆從七情憂鬱惱怒而得。遠志辛能散鬱。昂按：辛能散鬱者多矣，何獨遠志？《綱目》曰：蓋亦補腎之力耳。繆希雍，著《本草經疏》。　去心，甘草水浸一宿，曝用。畏珍珠、藜蘆，得茯苓、龍骨良。

清・吳楚《寶命真詮》卷三　遠志　【略】定心氣，補腎氣，强志益精，止驚益智，長肌肉，助筋骨，治皮膚中熱，水旺則皮熱除。去善忘，令耳目聰明，理一切癰疽，破腎積奔豚。主治雖多，總皆補腎之功。　按：遠志水火並補，殆交坎離而成既濟者耶。〇精與志皆腎所藏者，精不足，則志衰，不能上交於心，故善忘。精足志强，而善忘愈矣。

清・陳士鐸《本草新編》卷一　遠志　味苦，氣溫，無毒。而能解毒，安心氣，定神益智，多服强記，亦能止夢遺，乃心經之藥，凡心經虚病俱可治之。然尤不止治心也。肝、脾、肺之病俱可兼治，此歸脾湯所以用遠志也。而吾以為不止治心，肝、脾、肺也。夫心腎常相通者也，心不通于腎，則腎之氣不上交于心，腎不通于心，則心之氣亦不下交于腎。遠志定神，則君心寧靜而心氣自通于腎矣，心之氣既下通于腎，謂遠志但益心而不益腎，所不信也。是遠志乃通心腎之妙藥。故能開心竅而益智，安腎而夢遺，否則心腎兩離，何能强記而閉守哉。

或問：遠志既是心經之藥，心氣一虚，即宜多加以益心，何故前人少用也？不知心為君主，君心寧靜則火不上炎。心虚而少益其火，則心轉受大補之益。倘多用遠志以益心，必至添火以增焰，是益心而反害心矣。所以遠志止可少用，而斷不可多用也。

或問：遠志益心，而子又曰益腎，畢竟補心多于補腎，抑補腎多于補心乎？蓋遠志益心，自是心經主藥，補心多于補腎，何必辨哉。雖然心腎之氣，實兩相通也，既兩相通，則遠志之補心腎，又何有于兩異。惟是用藥者或有重輕，則補心補腎亦各有分別。補心之藥多用，遠志重在補心。補腎之藥多用，遠志重在補腎。補心補腎雖若有殊，而通心通腎正無或異也。

或問：遠志上通心而下通腎，有之乎？曰：有之。有則何以上通心者每用遠志，而下通腎者絕不用遠志耶？不知腎藥易通于心，而心藥難通于腎，故用腎藥，不必又用遠志，而用心藥，不可不用遠志也。

或問：遠志益心而不效，豈多用之故乎，然未嘗多用而仍然不效者何也？蓋腎氣乘之也。夫腎益心者也。雖曰水剋火，實水潤心也。然則腎何以乘心也。腎之乘心者，非腎氣之旺，乃腎氣之衰，腎水旺則腎益心，腎水衰則腎剋心也。不滋腎以益水，徒用遠志以益火，則火愈旺而心愈不安矣。毋怪其少用而亦不效也。苟用遠志于熟地、山茱之內，則腎得滋而心火胥受益矣。

或問：陳言《三因方》用遠志酒，治一切癰疽，發背、陰毒有效，子何略而不言？非不言也。陳言單舉遠志一味以示奇，其實酒中不止遠志也。單藉遠志以治癰，未有不敗者。蓋癰毒至于發背，其勢最横、最大，豈區區遠志酒汁傳之，即能奏功乎，此不必辨而知其非也。或用金銀花為君，佐之遠志則可，然亦蛇足之說。不若竟用金銀花半觔，加當歸一二兩，甘草四五錢，治之之為神。

或疑遠志不可治癰，前人何故載之書冊，以悞後人，想亦有功于癰，吾子未識耳。嗟乎！遠志治癰，余先未嘗不信，每用之而不效，今奉岐夫子之教，不覺爽然自失，悔從前悞信耳。至于用金銀花方治癰，屢獲奇效，故敢闢陳言而特載用新方，無使後人再悞如鐸也。

或疑遠志益心而不益腎，而吾子必曰兼益腎，似乎心腎之虧者，單用遠志一味，而心腎兩補矣。何以腎虚者，必另加補腎之藥，不單用遠志乎？不知遠志可引腎之氣以通心，非助腎之水以滋心也。故通心腎者，用遠志一味，而心腎已受兩益矣。若心腎兩虚者，烏可全恃遠志哉。

清・顧靖遠《顧氏醫鏡》卷七　遠志辛，苦，溫。入心腎二經。殺附子毒。甘草湯浸，去水用。　定心神而止驚悸，補腎氣而治健忘。腎藏精與志，志傷則善忘，其前言治健忘者，强志益精之功也。散心下鬱氣，療一切癰毒。皆辛散苦洩溫暢之力。心腎並補，為二經氣分之藥。若心家有寔火，應用黃連、生地者，禁與參、术補氣等藥同用。

清・李熙和《醫經允中》卷一九　遠志　去心，甘草湯浸一宿，焙乾用。苦，溫，無毒。可升可降，陰中陽也。主治益智安神，聰耳明目，補精壯陽，

腎積奔豚，婦人血噤失音，男子虛損夢洩，七情致病，兼治一切癰疽。遠志非心經藥也，腎經氣分藥也，功專強志益精。《經》曰：腎藏精，合志。腎精虛則志氣衰，不能上通于心，故迷惑而善忘也。益精則志自長，其功大矣。以之治死血陰毒，不痛者敷之即痛。憂怒氣鬱攻痛，敷之即止。氣虛冷潰不斂，敷之即斂。又去心為末，每服三錢，溫酒調，沉少頃，飲其清者，以查敷患處，能治癰毒。左尺脉微弱不起，用之立起；下焦膝冷者用之即溫。神妙無比。久服悦顏色，延年。苗葉名小草，亦治胸痺心痛，虛損遺精。

清·馮兆張《馮氏錦囊秘錄·雜症痘疹藥性主治合參》卷二　遠志感天之陽氣，得地之芳烈而生，故味苦辛，溫，無毒。亦陽草也，專入腎經，復走心、脾，三經之藥也。○米泔浸洗，搥去心，甘草濃汁煮透，晒乾用。　遠志，能去邪夢，定心神氣，增益智慧不忘。仍利九竅，亦補中傷，欬逆驚悸並敺。強志益精，禁夢遺精滑，斂心固腎，令耳目聰明。治小兒驚癇客忤，婦人血噤失音，功專補心，下以濟腎。若一切癰疽發背，從七情憂鬱而得者，單煎酒服，其滓外敷，投之皆愈。苦以泄之，辛以散之之力也。

主治痘疹合參：痘後心邪不安，用以寧神定志及被驚者宜之。

按：遠志入腎，非心藥也，故能強志益精，最治善忘。蓋精與志皆腎所藏者，精虛則志衰，不能上通於心，故善忘。《靈樞經》曰：腎藏精，精合志。腎盛怒而不止則傷志，志傷則喜忘。人之善忘者，上氣不足，下氣有餘，腸胃實而心虛，虛則榮衛留於下，久之不以時上，故善忘也。且味中兼辛，故又能下氣而走厥陰。《經》曰以辛補之，此水木同源之義也。

清·张璐《本經逢原》卷一　遠志苗名小草　辛、苦，溫，無毒。甘草湯泡，去骨，製過不可陳久，久則油氣戟入喉。《本經》主欬逆傷中，補不足，除邪氣，利九竅，益智慧，耳目聰明不忘，強志倍力，久服輕身不老。發明：遠志入足少陰腎經氣分，非心經藥也。專於強志益精，主夢泄。蓋精與志皆腎所藏，腎氣充，九竅利，智慧生，耳目聰明，邪氣不能為害。腎氣不足則志氣衰，不能上通於心，故迷惑善忘。不能閉蟄封藏，故精氣不固也。小便赤濁，用遠志、甘草、茯神、益智為丸，棗湯服效，取其為陰火之嚮導也。昔人治喉痹失音作痛，遠志末吹之，涎出為度，取其通腎氣而開竅也。又治婦人血噤失音，及一切癰疽搐鼻，治腦風，殺烏、附毒，惟水虧相火旺者禁服，以其善鼓龍雷之性也。《本經》言治欬逆傷中，詳遠志性溫助火，非欬逆所宜，當是嘔逆之誤，以其性稟純陽，善通諸竅，竅利則耳目聰明，強志不忘，皆益腎氣之驗。《別錄》云去心下膈氣，非嘔吐之類乎，一切陰虛火旺，便濁遺精，喉痹腫痛慎用。苗名小草，亦能利竅，兼散少陰風氣之結也。

清·浦士貞《夕庵讀本草快編》卷一　遠志《本經》　苗名小草。　此能強志，故名。謝安云：處則為遠志，出則為小草。　遠志苦溫，入足少陰氣分，非心經藥也。故能補陰益精，強志善記，壯陽倍力。《經》云：腎藏精，精合志，腎精不足則志氣衰，不能上通于心。故健忘驚悸，遺精夢擾，皆緣上氣不足，下氣有餘，腸胃實而心肺虛，虛則營衛留于下，久之不以時上，是以有忘惑諸症也。用此交坎離而成既濟，則魂魄自安，九竅自利矣。《抱朴》所載陵陽子仲服遠志二十年，生子三十七人，能坐在立亡。《本經》輕身不老，蓋有驗矣。

清·張志聰、高世栻《本草崇原》卷上　遠志　氣味苦，溫，無毒。主咳逆傷中，補不足，除邪氣，利九竅，益智慧，耳目聰明，不忘，強志倍力。久服輕身不老。　遠志始出太山及冤句川谷，今河洛、陝西州郡皆有之。苗名小草，三月開紅花，四月采根曬乾，用者去心取皮。李時珍曰：服之主益智強志，故有遠志之稱。　遠志氣味苦溫，根荄骨硬，稟少陰心腎之氣化。苦溫者，心也。骨硬者，腎也。心腎不交，則咳逆傷中。遠志主交通心腎，故治咳逆傷中。補不足者，補心腎之不足。除邪氣者，除心腎之邪氣。利九竅者，水精上濡空竅於陽，下行二便於陰也。神志相通，則益智慧。智慧益，則耳目聰明。心氣盛，則不忘。腎氣足，則強志倍力。若久服，則輕身不老。《抱朴子》云：陵陽子仲服遠志二十年，有子三十七人，開書所視，記而不忘，此輕身不老之一徵也。

清·劉漢基《藥性通考》卷五　遠志　味苦、辛，氣溫，入手少陰心經。聰耳明目，利九竅，長肌肉，助筋骨，治迷惑善忘，驚悸夢遺。能通腎氣，上達於心，安神益智，補精壯陽，能交心腎。○時珍曰：遠志入足少陰腎經，非心經藥也。強志益精，故治健忘。蓋精與志皆藏於腎，腎精不足，則志氣衰。不能上通於心，故健忘夢遺也。每用去心，用甘草浸一宿用。畏珍珠、藜蘆，得茯苓、龍骨良。又能治一切惡瘡癰疽，酒煎服良。凡癰疽之症，皆從七情憂欝惱怒而得也。遠志辛能散欝，故瘡易散也。然散欝之藥亦多矣，何獨遠志乎？蓋亦補腎之力耳。

清・姚球《本草經解要》卷一　遠志　氣溫，味苦，無毒。主欬逆，傷中，補不足，除邪氣，利九竅，益智慧，耳目聰明不忘，強志倍力。久服輕身不老。去心，甘草湯浸，晒乾用。　遠志氣溫，稟天春和之木氣，入足厥陰肝經。味苦無毒，得地南方之火味，入手少陰心經。氣溫味苦，入手厥陰心包絡。氣升味降，陽也。中者，脾胃也。傷中，脾胃陽氣傷也。遠志味苦下氣，氣溫益陽，氣下則欬逆除，陽益則傷中愈也。補不足者，溫苦之品，能補心肝二經之陽不足也。除邪氣者，溫苦之氣味，能除心肝包絡三經鬱結之邪氣也。氣溫益陽，陽主開發，故利九竅。九竅者，耳目鼻各二，口、大小便各一也。味苦清心，心氣光明，故益智慧。心為君主，神明出焉。天君明朗，則五官皆慧，故耳目聰明不忘也。心之所之謂之志，心靈所以志強。肝者，敢也。遠志暢肝，肝強故力倍。久服輕身不老者，心安則坎離交濟，十二官皆安。陽平陰秘，血旺氣充也。　製方：遠志同茯神、人參、生地、棗仁、丹砂，鎮心定驚。同木香、歸身、棗仁、人參、白朮、茯神、甘草、圓肉，名歸脾湯，治脾虛健忘。同人參、棗仁、栢仁、麥冬、五味、歸身、茯神、茯苓、益智、生地、甘草、沉香，治心虛神不守舍。專酒煎，治鬱症、癰疽。

清・周垣綜《頤生秘旨》卷八　遠志　滋陰溫補之藥也。益智慧，定心氣驚悸，利九竅，耳目聰明不忘，去心下隔氣。莖名小草，亦益精補陰。

清・王子接《得宜本草・上品藥》　遠志　味苦，辛。入足少陰經。主治健忘，得茯苓入腎通陽，得棗仁通心安神。

清・徐大椿《神農本草經百種錄》上品　遠志　味苦，溫。主欬逆，氣滯之欬。傷中，補不足，心主營，營氣順則中焦自足。除邪氣，利九竅，辛香疎達，則能辟穢通竅也。益智慧，耳目聰明，不忘，強志，心氣通則精足神全矣。倍力。心氣盛則脾氣亦強，而力生也。久服，輕身不老。氣和之效。　遠志氣味苦辛，而芳香清烈，無微不達，故為心家氣分之藥。心火能生脾土，心氣盛，則脾氣亦和，故又能益中焦之氣也。

清・黃元御《玉楸藥解》卷一　遠志　味辛，微溫。入手少陰心、足少陰腎經。開心利竅，益智安神。辛散開通，治心竅昏塞，胸膈痹痛。補腎壯陽，斂精止泄。療骨疽乳癰，一切瘡瘍腫毒。

清・吳儀洛《本草從新》卷一　遠志宣，散鬱，通心腎。　苦泄熱，溫行氣，辛散鬱。主手少陰心。強志益智，聰耳明目，利九竅。治迷惑善忘，驚悸夢洩，諸證皆因心腎不交所致，遠志能交心腎，故治之。皮膚中熱，腎積奔豚。一切癰疽，敷服皆效。《經疏》〔繆希雍著《本草經疏》。〕曰：癰疽皆從七情憂鬱惱怒而得，遠志辛能散鬱。并善豁痰。

按：遠志能交通心腎，并無補性，虛而挾滯者同養血補氣藥用，資其宣導，臻於太和。不可多用獨用，純虛無滯者忌之。大者佳。去心，甘草水浸一宿用。畏珍珠、藜蘆。得茯苓、龍骨良。

清・汪紱《醫林纂要探源》卷二　遠志　苦、辛，溫。苗名小草。小葉紅花，根長下達，中有硬心。苦堅辛潤，養水中之火，而宣達上下，益精強志。遠志以其功名也。水中之火，腎夾命門也。腎藏精藏志，水堅火靖，則專壹而精益志強矣。根有心，自下而上達於莖，以分布枝葉，亦腎水之敷榮而上行，以與心交濟也。能聰明耳目，治迷惑健忘，夢交驚悸，又能治癰疽積聚之鬱於七情而成者。去心，甘草水浸一宿用。以有小毒也。

清・嚴潔等《得配本草》卷二　遠志　得茯苓、龍骨、冬葵子良。畏珍珠、飛蠊、藜蘆、齊蛤。殺天雄、附子、烏頭毒。　辛、苦，溫。入手足少陰經氣分。開心氣，去心邪，利九竅，散癰腫。　得甘草、陳皮，治脾經鬱結。配川貝、茯神，除痰鬱，開心竅。佐茯苓，入腎經以泄邪。佐麥冬，散心鬱以寧神。若無邪，則散心之正氣。研末搐鼻，治腦風頭痛。米泔水浸，搥碎，去心用，不去心令人悶絕，再用甘草湯泡一宿，漉出日乾或焙乾用。生用則戟人咽喉。　心虛不寐，用之則有怔忡之患。腎氣不足，用之恐過提腎氣。二者禁用。

遠志一味，今皆以為補心安神之劑，其實消散心腎之氣。心腎一虛，鼓動龍雷之火，而莫有底止，虛怯者實所禁用。惟心氣鬱結，痰涎壅塞心竅，致有神呆健忘，寤寐不寧等症，用以豁痰利氣則可。若謂益精強志，使心腎交密，萬萬不能。觀仲淳《經疏》，九如化裁，自知從來之誤。

小草即遠志苗。　去血中鬱熱，散少陰風結。痘熱不起，用以發之。

題清・徐大椿《藥性切用》卷三　遠志　苦辛性溫，散鬱洩熱。入手少陰經，能通腎氣，上達於心，利九竅，交心腎。甘草水浸用。若純虛無滯鬱者，勿用。葉名小草，止洩益陰。

清・黃宮繡《本草求真》卷一　遠志補火通心。　遠志耑入腎。辛甘而溫，入足少陰腎經氣分，強志益精。凡夢遺善忘，喉痹失音，小便赤澀，因於腎水衰薄而致者，宜用是藥以補。蓋精與志皆藏於腎，腎氣充則九竅利，智慧生，

耳目聰明，邪氣不能為害。腎氣不足則志氣衰，不能上通於心，故迷惑善忘。時珍曰：遠志入足少陰腎經，非心經藥也。其功專於強志益精，治善忘。蓋精與志，皆腎經之所藏也。腎精不足則志氣衰，不能上通於心，故迷惑善忘。不能蟄閉封藏，故精氣不固也。昔人治喉痹失音作痛火衰喉痹。遠志末吹之，涎出為度，非取其通腎氣而開竅乎？一切癰疽背發，從七情憂鬱而得，單煎酒服，其渣外敷，投之皆愈。非苦以泄之，辛以散之之意乎？小便赤濁，用遠志、甘草、茯神、益智為丸，棗湯服效。非取遠志歸陰以為嚮導之藥乎？但一切陰虛火旺，便濁遺精，喉痹癰腫，慎勿妄用，去心，用甘草水浸一宿，曝乾焙乾用。斅曰：凡使須去心，否則令人煩悶。苗名小草，亦能利竅，兼散少陰風氣之結也。畏珍珠、藜蘆，得茯苓、龍骨良。

清・沈金鰲《要藥分劑》卷四　遠志　【略】鰲按：前腎皆以遠志為心家藥，至今守之。獨海藏以為腎經氣分藥，時珍亦以為入腎經，非心經藥。其功專于強志益精，治善忘，以精與志皆腎經之所藏，腎精不足，則志氣衰，不能上達于心，故迷惑善忘。二說是已。然心與腎畢竟交通，離開不得，非心氣足，不能下交于腎，而使腎之氣上通于心，故凡腎精充，腎氣旺，有以上達于心者，皆心氣先能充足，有以下注故也。則強志益精，治善忘，雖腎之所藏，而何莫非心歟？則前腎皆以遠志為心藥者論，其原二家以為腎藥者，據其功也。故余以為入心腎二經，一以見心為主，而腎為應；一以見心腎之不可離，二也。

清・楊璿《傷寒溫疫條辨》卷六補劑類　遠志　甘草湯浸，去心，炒。　味辛苦，氣溫。升也，陽也。功專心腎，故可鎮心定神，袪邪安夢，壯陽益精，強志助力。增益智慧不忘，和悅顏色耐老。治小兒驚癇客忤，療婦人口噤失音。因其氣升，同參、草、棗仁能舉陷攝精，交接水火，但可佐不可多。

小草，其苗葉也。除胸痹心疼氣逆，禁虛損夢遺精滑。古方定志丸：遠志、茯神、石菖蒲、人參為末，蜜丸。

附：琉球・吳繼志《質問本草》內篇卷二　遠志　生原野，春生苗，高五六寸，三四月開花。　遠志有大葉、小葉二種，根黃色，苗似麻黃而青，三月開白花，根長及一尺。泗州出者，花紅，根葉俱大於他處。商州出者，根又黑色。癸卯，潘貞蔚、石家辰。　先生定為遠志，中山醫家亦嘗充之，往往用之。繼志猶嫌其根甚小耳，猶堪入藥乎？否仰再喻。乙巳，再問潘貞蔚、石家辰。　此乃遠志也。根之小，不過地土薄耳，堪以入藥。乙巳，陳倬為代潘貞蔚、石家辰、陸澍再查。

清・羅國綱《羅氏會約醫鏡》卷一六草部　遠志　味苦辛，溫，入心腎二經。畏珍珠、藜蘆，殺附子毒。冷甘草水浸透，去心，焙乾用。　功補心腎。治驚悸健忘，心血足也。強志益智，聰耳明目，腎精足也。止夢洩，健筋骨，腎足之效。療癰毒。苦泄辛散。　按：遠志味辛，宜少用為佐，若火實上焦者避之。

清・陳修園《神農本草經讀》卷二上品　遠志　氣味苦，溫，無毒。主咳逆傷中，補不足，除邪氣，利九竅，益智慧，耳目聰明，不忘，強志，倍力。久服輕身不老。

按：遠志氣溫，稟厥陰風木之氣，入手厥陰心包。味苦，得少陰君火之味，入手少陰心。然心包為相火，而主之者，心也。火不刑金，則咳逆之病愈；火歸土中，則傷中之病愈。主明則下安，安則不外興利除弊兩大事，即補不足，除邪氣之說也。心為一身之主宰，凡九竅耳目之類，無一不待其使令，今得遠志以補之，則九竅利，智慧益，耳聰目明，善記不忘，志強力壯，所謂天君泰，百體從令者此也。又云久服輕身不老者，即《內經》所謂主明則下安，以此養生則壽之說也。夫曰養生，曰久服，言其為服食之品，不可以之治病，故經方中絕無此味。今人喜服藥丸為補養，久則增氣而成病。唯以補心之藥為主，又以四臟之藥為佐。如四方諸侯，皆出所有以貢天子，即乾綱克振，天下皆寧之道也。諸藥皆偏，唯專於補心，則不偏。《抱朴子》謂陵陽子仲，服遠志二十七年，有子三十七人。開書所視，記而不忘，著其久服之效也。若以之治病，則大失經旨矣。

清・黃凱鈞《藥籠小品》　遠志　開心氣，散鬱結，瘡家用以為膏。因諸痛癢瘡瘍，皆屬心火，取其開心氣，散鬱火也。甘草水浸去骨。

清・王龍《本草纂要稿・草部》　遠志　氣味苦溫。安魂魄，除邪氣，尤却邪夢。止咳逆，利九竅，更補中傷。治健忘，增益智慧。聰耳目，耐老輕身。強志倍力，益精壯陽。定心神，鎮驚悸。療婦人血噤失音，治小兒顛癇客忤。與小草同功。入足少陰經。

清・張德裕《本草正義》卷上　遠志　苦辛而升，氣溫。入心、腎。能鎮心止驚，辟邪安夢。同人參、甘草、棗仁可舉陷攝精，交接心腎。乃氣升而散，神氣上虛可用，痰火上盛勿宜。

清・楊時泰《本草述鉤元》卷七　遠志　三月開白花，根長及尺。四月采根，曝用。

味苦、微辛，氣溫芳烈。苦洩熱，溫壯氣，辛散鬱，腎經氣分藥。苗短根長，司腎之物，腎有相火，苦溫者入之。藏於腎而用於心之頤。主治強志補中，定心氣，止驚悸，治健忘，益智慧，利九竅，聰耳明目，除邪氣，去心下膈氣，小便赤濁，及腎積奔豚。又遠志酒治一切癰疽，奇效。同棗仁、茯神、人參、地黃、丹砂，為鎮心定驚要藥。同人參、柏仁、棗仁、麥冬、五味、歸身、益智、茯苓神、生地、甘草、沉香，治心氣弱，心血少，餒怯易驚，夢寐多魘，神不守舍，怔忡健忘，失志陽痿。同茯神、人參、白朮、炙草、棗仁、木香、龍眼肉，能歸脾益智。入當歸六黃湯，止陰虛盜汗。

附方：　遠志酒，凡一切癰疽發背癤毒，有死血陰毒在中則不痛，傅之即痛。有憂恚等氣積怒攻，則痛不可忍，傅之即不痛。或蘊熱在內，熱逼人手不可忍，傅之即清涼。或氣虛冷潰而不斂，傅之即斂，此方極驗。若七情內鬱，不問虛實寒熱，治之皆愈。用遠志不拘多少，米泔浸洗，搥去心，為末，每服三錢，溫酒一盞調，澄少頃，飲其清，以渣傅患處。小便赤濁，遠志八兩、茯神、益智各二兩，為末，酒糊丸梧子大，每空心棗湯下五十丸。

論：　遠志獨以益志見長者，以志固靜中之動機，所謂陰中陽也。此味苦而至地，乃本於氣之溫者，感於離陽以上越，有合於人身陰中之陽。陽之初動，以效其離火之用動而不詘者，先哲謂腎氣不足加熟地、遠志、丹皮。觀其采根，定以孟夏，非陽之動而欲暢者，此固乘之以出乎。《經》曰：　營衛留於下，久之不以時上，故善忘。此味之治善忘，固為其舉精氣以上奉也。然則遠志信為腎經氣分藥，乃又謂其入心歸血者丹溪。蓋能於至陰之地以發陽，還能於至陽之地以宅陰也。雖為腎家氣分藥，而最能寧心，以其入心歸血也。蓋血者真陰之化醇，入心歸血，正於至陽之地宅陰，動又以靜為君也。其益智慧者，以精氣上奉於心，而精中伎巧之出，并之而上也。之頤云：　藏於腎而用於心一語，庶幾微中矣。人身止是水火二氣，腎氣者，水中火也。心血者，火中水也。能使腎氣上奉於心，則水亦隨火以升矣，水隨火升，即能使心血下達於腎，而火亦隨水以降矣。歷參所療諸證，如強志定氣，可以識升者機。如赤濁奔豚，可以識降者機。至於調氣之道，在和陰陽，遠志能開鬱者，亦其升降陰陽之功也。棗仁治心，乃入脾膽血分者，炒熟則香甘而仍有酸意，蓋肝膽以脾為用，熟棗仁香醒脾困，甘生脾血，而又有酸以收其耗散之氣，使血歸於脾，脾之脈固注心者也，所以亦曰補心。大約遠志乃先天化原，棗仁乃後天化原，故二味俱用以益心。二味入補心藥須以血藥為主。

繆氏云：　心有實火，應用黃連、生地者，禁與參、朮等補陽氣藥同用。

修治：　去骨取皮，甘草湯漬一宿，因苦下行，以甘緩之，使上發也。漉出，曝乾用。

清・鄒澍《本經續疏》卷一　遠志　【略】或問劉潛江於遠志自詡陰中醒本作發。陽，陽中宅陰。兩語為中肯，不知當否？　予謂譬之燈膏盈而火闇者，必挑其芯，此陰中醒陽之意也。譬之燭必芯具而膏始得附，必火然而膏始得融，此陽中宅陰之意也。兩語者誠為扼要，且人之智慧、聰明、記憶、志力、運動皆火，其精血、津液、涕唾、泗洟、便溺皆膏，火以化膏為用，膏以資火為用，而火之餘燼，不可使留以翳夫火，故隨其所翳挑而翦之。遠志者，苗短根長，苗名小草，根長尺餘。根之長有以見其入膏之深，苗之短有以見其翦翳之淨，此益智慧、耳目聰明、不忘、強志、倍力之說也。陽之所在，即陰之所隨。陰之所資，即陽之所運。兩者必膠黏融液，竝無乖隔，斯得運動靈，開闔利，苟有纖塵干於其間，即機關窒強矣。遠志者根似牛膝，葉似麻黃，惟其入陰者深，出陽者淺，外出之力為入下之性所掣，是以不能如麻黃之大發其陽，隨竅皆透，而僅能去九竅之翳累，此除邪氣、利九竅之說也。震動於上，能使陽離於陰，洩澼於下，能使陰離於陽。離之甚者，上傷及下，下傷及上。離之淺者，則僅傷中。若上久震動在中，津液遂漓，而有陰不攝陽之兆，惟使陽能入陰，陰從陽化，乃得兩氣復相聯聚。遠志者，從上下下，最為有力，猶不能及泉，從下上上，終不能及其根之分寸，故僅能使由上病而傷中者復，此欬逆傷中、補不足之說也。三項之中，最精微者置之極後，極籠統者反著最前，何也？　是蓋順病之高下以為言，且以明遠志之用雖廣，而其實在由陽病以累及陰，其於由陰病而累及陽者，猶隔膜也。至若《別録》所著，皆《本經》注脚，曰去心膈氣、皮膚中熱、面目黃，即所謂欬逆傷中、補不足也。曰定心氣，止驚悸，即所謂益智慧、耳目聰明、不忘強志也。

古今本草家，類以遠志《本經》有不忘強志之文，《別録》有益精之文，遂互相牽合，謂惟能益精，故有不忘強志之效，不知味苦氣溫性燥之物，豈是益精之品，必也精本不虧，而運精之神有翳累，故撥去其翳累，而神自清，神清

而精自融液，謂為益精可也。《本神篇》曰腎藏精，精舍志。又曰腎盛怒而不止則傷志，志傷則喜忘，其前言明明因暴怒引火上浮，致神離於精耳，精亦何從驟虧？惟引其火使歸於精，精與神相合而自復，又何必益精？《千金·雜補門》治陰痿精薄而冷方後注：欲多房室倍蛇床，欲堅倍遠志，欲大倍鹿茸，欲多精倍鍾乳。亦可見用遠志者，為堅志意，非益其精之謂也。遠志何以能堅其志？蓋房室之事，源發於心，心有所憶謂之意，意之所存謂之志，其志不回，則其火不散，而陰不洩，此即與不忘強志倍力之經文一貫矣。於此見善忘即志不堅，志之不堅，即神之注於精不純一，其取義仍在遠志之苗短根長，自上下下，苦溫以醒發其火耳。益精云乎哉？

清·葉桂《本草再新》卷一　遠志味苦，性熱，無毒。入心、腎二經。　行氣散鬱，能通腎氣。上達於心，強志益智，聰耳明目，利九竅。行氣散鬱，故能利竅。治迷惑善忘，驚悸不寐，皮膚中熱，腎積奔豚，一切癰疽，並善豁痰。

清·吳其濬《植物名實圖考》卷七　遠志　《本經》上品。《爾雅》：葽繞，棘蒬。注：今遠志也，似麻黃，赤華葉銳而黃。語約而形容畢肖。《說文》：蒬，棘蒬，《繫傳》即遠志，又葽草也。四月秀葽，劉向說此味苦，苦葽，則葽與葽繞異物。釋《詩》者或即以葽為遠志。《圖經》載數種，所謂似大青而小，三月開花白色者，不知何處所產，今太原產者與《救荒本草》圖同，原圖解州遠志不應與太原產迥異。李時珍謂有大葉、小葉二種，滇南甜遠志，葉大花黃，土人亦不以入劑。蓋習用之品。藥肆所採，較當時州郡圖上者為可信也。

清·吳其濬《植物名實圖考》卷一〇　甜遠志　生雲南大華山。獨根獨莖，長葉疏齒。《馬志》所謂似大青而小者，蓋即此。根如蒿根色黃，長及一尺，皆與《圖經》說符。李時珍分大葉、小葉，《滇本草》分苦、甜，苦即小葉，甜即大葉耳。補心血，定驚悸，主治略同。但《本經》只言味苦，《滇本草》苦遠志治證悉如古方，甜者僅云同雞煮食。蓋苦能降，甜惟滋補耳。《救荒本草》圖亦是小葉者，夷門所產，自是小草。

清·趙其光《本草求原》卷一 山草部　遠志　苗名小草。　根荄骨硬，入腎。氣溫，入厥陰心包壯氣。味苦降心火。辛，散心鬱。無毒。是以辛溫達腎陽，使水隨火上，奉入心以為血；即以苦瀉心熱，使心火隨血下歸於腎，為交通心腎之品。主咳逆，火鬱刑金則咳逆。傷中，火鬱土中則傷中。補不足，補陰中之陽不足。除邪氣，心腎交通，鬱熱之邪自除。利九竅，溫通疏達，則水上濡陽竅，火下行二便陰竅。益智慧，心脾通利則智巧出。耳目聰明，心君通靈，五官之神亦全。不忘，《經》曰：營衛留於下，久之不以時上，故善忘；精上奉則不忘。強志，志者，心之所之，靜中初動之機，藏於腎，用於心，精感離陽以上達，則動而不詘。倍力，心主力，暢則力神。久服輕身不老。水火交，氣血通和也。治心昏塞或悸，同滋腎藥。鎮心定驚，同參、地、棗、神、丹砂。神不守舍，失志陽痿，同參、冬、歸、味、苓、神、甘、沉、棗仁、柏仁、智仁。喉痹痛瘖，末吹出涎。胸痹心痛，同桂、附、薑、細辛、川椒蜜丸，食後米飲下。陰虛盜汗，入當歸六黃湯。腎氣不足，方中加地、遠、丹皮。遺精，腎積奔豚，膚熱面目黃；助筋骨，壯陽，皆通陽除鬱之功。益心血。同補血藥。米泔浸洗，為末，酒調，澄清飲，以滓敷之，治一切癰疽發背，吹乳癤毒，不論陰陽皆效。蓋蘊熱除，則毒血行，火不傷中，則肌肉長。

《抱朴子》云：陵子仲服遠志二十年，有子三十七人，開書所視，記而不忘，此輕身不老之徵也。凡《本經》言久服者，皆作服食之品。故《經》方治急病之劑，並無此味，此心腎氣分之藥。心有實火，應用連、地者忌之。

始出泰山，今河洛、陝西皆有。四月采根，去骨取皮，甘草水浸曬，因苦下行，以甘緩之，使上發也。陳久勿用，恐油氣戟喉也。

清·葉志詵《神農本草經贊》卷一　遠志　味苦，溫。主欬逆傷中，補不足，除邪氣，利九竅，益智慧，耳目聰明，不忘強志，倍力，久服輕身不老。葉名小草。一名棘菀，一名葽繞，一名細草。生山谷。

喻志決遠，出處何差。近洛玉粲，浮泗丹葩。根疑鹿食，苗雜龍沙。醒心月朗，倍力風加。

《荀子》：人主必有足使喻志決疑於遠方者，然後可。《世說》：郝隆答桓公，處則為遠志，出則為小草。蘇頌曰：河洛陝西郡有之，開白花。泗州者花紅，根如蒿根，苗如麻黃。《書疏》：惟洛食近洛，而其兆得吉。劉楨賦：皦玉粲以耀目。《書》：浮於泗。《列仙傳》：顏燿丹葩。《詩》：呦呦鹿鳴，食野之蒿。《廣雅》：龍沙，麻黃也。《記事珠》：遠志為醒心杖。陸機詩：明月一何朗。《法書要錄》：風加而眾草靡。

清·文晟《新編六書》卷六《藥性摘錄》　遠志　辛甘而溫，入腎經氣分。補火，通心開竅，治夢遺善忘。○陰虛火旺者忌之。○去骨，甘草水浸一宿，曬乾焙用。

清・張仁錫《藥性蒙求・草部》 遠志八分、一錢 遠志氣溫，能甯心志。久服聰明，令人多記。去心，甘草水浸一宿用。交通心腎。并無補性，虛而挾滯者，同養血補氣藥用，資其宣導，臻於太和。不可多用、獨用。純虛無滯者忌。○山西白皮者佳。○葉名小草，益精，補陰氣，治虛損夢洩。

清・戴葆元《本草綱目易知錄》卷一 遠志 苦，溫。足少陰氣分藥。其功耑於強志益精，精志強，故能上通於心而定心氣，利九竅，益智慧，止驚悸，壯陽道，助筋骨，聰耳明目，定魄安魂。治迷惑善忘，欬逆傷中，心下膈氣，皮膚中熱，面目黃，婦人口噤失音，小兒客忤，腎積奔豚，一切癰疽。殺天雄、附子、烏頭毒，煎汁飲之。去心，甘草水浸一宿，焙用。

清・黃光霽《本草衍句》 遠志苦，溫。 下通腎氣，為腎經本藥。 上達心經。又為心家氣分之藥。心火能生脾土，心氣盛則脾亦和，故又能補中焦之氣也。 力能聰耳明目，功專強志益精。 健忘驚悸，安魂魄而不迷； 利竅奔豚，辛香疎達，能辟穢通竅。痺積腎曰奔豚。 消癰腫之初生。從七情之鬱而得，皆辛以散之，苦以泄之也。得茯苓入腎通陽，得棗仁通心安神。 乳吹腫者痛，遠志焙研，酒服二錢，以滓傅之。 一切癰疽，遠志酒治一切癰疽發背，癤毒惡喉，熳大有死血。陰毒在中則不痛，傅之即痛。有憂怒等氣積怒攻痛，可不傅，忍之即不痛。或蘊熱在內熱迫，人手不可近，傅之則清涼。或氣虛冷潰而不斂，傅之則斂。

清・陳其瑞《本草撮要》卷一 遠志 味苦辛，入足少陰經，功專治健忘。得茯苓入腎通陽，得棗仁通心安神。去心，甘草水浸一宿用。畏珍珠、藜蘆。得茯苓、龍骨良。

清・仲昴庭《本草崇原集說》卷一 遠志 【略】仲氏曰： 咳逆傷中，是心腎不交之實據。《本經》特先坐實，以起下文，若菖蒲辛溫，治咳逆，遠志亦治咳逆，只以性味不同，故咳逆之治，亦有上氣傷中之不同。凡主治之似同而實異者。《本經》悉於活潑潑地示人。今得《崇原》剖析，《經讀》讚揚，不啻雲開見日矣。又曰： 醫雖小道，來源甚大，讀《內經》全集者始知。但小為良醫，大為良相。《經讀》此解，所謂良相者，如時方天王補心丹、十味補心湯之遠志是也。

鶗鴂茶

清・何諫《生草藥性備要》卷上 鶗鴂茶 味甘，香，性溫。散熱毒，止咳嗽，理痰火。治蛇咬傷，又名蛇揔管。小葉的祛風，治咳膨脹，小兒五疳。其根，止牙痛。又名金不換，又名紫背金牛。

清・趙其光《本草求原》卷一 山草部 鶗鴂茶即紫背金牛、金不換，蛇總管。甘、辛，香溫。主咳嗽、痰火內傷，散熱毒瘰癧； 理蛇要藥。根，治牙痛、疳積。

瓜子金

明・蘭茂撰，清・管暄校補《滇南本草》卷下 苦遠志 性微寒，味甘、微苦。入心肝脾三經。養心血，鎮驚甯心，定驚悸，散痰涎。療五癇角弓反張，驚搐，口吐痰涎，手足戰搖，不醒人事。縮小便，治赤白濁，膏淋，滑精不禁，點滴不收，良效。

附方： 治滑精不禁，點滴不收，頭暈耳鳴，腰疼，小腹脹疼。苦遠志三錢，水煎，點水酒服。滑精加金櫻子一錢，白濁加臭椿皮一錢，赤濁加赤茯苓二錢。 又方： 治癇症驚搐，手足戰搖，角弓反張，不醒人事，口吐痰涎。苦遠志五錢，膽星一錢，皂角子十五粒，引用沙糖，水煎服。 又方： 治同前。苦遠志三錢，猪牙皂一錢，石菖蒲一錢，膽星一錢，辰砂，三分，另末。琥珀，伍分，另為末。 引用燈心煎藥，調二味服。

明・蘭茂《滇南本草》(叢本)卷上 苦遠志 味甘、微苦，性微寒。入肝脾二經。養心血，鎮驚寧心，定驚悸。散痰涎，療五種癇症，角弓反張，驚搐，口吐痰涎，手足戰搖，不省人事。縮小便，治赤白便濁，膏淋滑精不止，點滴不收，奇效。奇方： 治滑精，淋瀝點滴不收，頭暈耳鳴，腰疼，小肚酸脹。苦遠志三錢，引點水酒。滑精加金櫻膏一錢。白濁加臭椿皮一錢。赤濁加土茯苓二錢。奇方： 一人得癇症，手足戰搖，角弓反張，驚搐，不省人事，口吐痰涎。苦遠志五錢、膽南星一錢、皂角子十五粒，引沙糖。奇方： 治五癇症同前。苦遠志三錢、猪牙皂一錢、石菖蒲一錢、辰砂三分、膽南星五分、琥珀五分，引竹葉，煎湯調服。效驗過單方： 治產婦衣胞不下，用金鳳花，一名鳳仙花子，藥名急性子，半酒杯，擂碎，熱酒下，白滾水服，即下。 治咽喉疼痛，吼窩紅赤方： 射干三錢、陳皮三錢、牛蒡一錢、薄荷一錢、甘草一錢，煎服二劑，加黑玄參五錢。

清・吳其濬《植物名實圖考》卷一五 瓜子金 江西、湖南多有之。一名金鎖匙，一名神砂草，一名地藤草。高四五寸，長根，短莖，數莖為叢，葉如瓜子而長，唯有直紋一綫，葉間開小圓紫花，中有紫蕊，氣味甘。俚醫以為破

血、起傷、通關、止痛之藥，多蓄之。雲南名紫花地丁。《滇南本草》：紫花地丁味苦，性寒。破血，解諸毒，攻癰疽腫毒，治疥癩癬瘡。治小兒走馬牙疳潰爛，用紫花地丁新瓦焙為末，搽患處效。

清・劉善述、劉士季《草木便方》卷一草部 小草　辰沙草根苦溫辛，補精益氣强骨筋。聰耳明目通心腎，癰疽鬱結消散清。地黄連，遠志肉。

淫羊藿

宋・李昉《太平御覽》卷第九九三 滛羊霍　《本草經》曰：滛羊霍，一名剛前。味辛，寒。治陰痿，傷中，益氣強志，除莖痛，利小便。生上郡陽山。《吴氏本草經》曰：滛羊霍，神農、雷公：辛。李氏：小寒。堅骨。

宋・唐慎微《證類本草》卷八草部中品〔《本經・別録・藥對》〕　淫羊藿　味辛，寒，無毒。**主陰痿，絶傷，莖中痛，利小便，益氣力，强志，**堅筋骨，消瘰癧赤癰，下部有瘡，洗，出蟲。丈夫久服令人無子。**一名剛前。**生上郡陽山山谷。薯蕷爲之使。

〔梁・陶弘景《本草經集注》〕云：服此，使人好爲陰陽。西川北部有淫羊，一日百遍合，蓋食藿所致，故名淫羊藿。

〔唐・蘇敬《唐本草》〕注云：此草，葉形似小豆而圓薄，莖細亦堅，所在皆有，俗名仙靈脾者是也。

〔宋・掌禹錫《嘉祐本草》〕按：《蜀本》云：淫羊藿　溫。注云：生處不聞水聲者良。《藥性論》云：淫羊藿亦可單用。味甘，平。主堅筋益骨。日華子云：仙靈脾，紫芝爲使，得酒良。治一切冷風勞氣，補腰膝，强心力，丈夫絶陽不起，女人絶陰無子，筋骨攣急，四肢不任，老人昏耄，中年健忘。又名黄連祖、千兩金、乾雞筋、放杖草、棄杖草。

〔宋・蘇頌《本草圖經》〕曰：淫羊藿，俗名仙靈脾。生上郡陽山山谷，今江東、陝西、泰山、漢中、湖湘間皆有之。葉青似杏葉，上有刺，莖如粟稈，根紫色有鬚，四月開花白色，亦有紫色碎小獨頭子，五月採葉，曬乾〔用〕，湖湘出者葉如小豆，枝莖緊細，經冬不凋，根似黄連，關中俗呼三枝九葉草，苗高一二尺許，根葉俱堪使。

〔宋・唐慎微《證類本草》〕《雷公》云：凡使時呼仙靈脾，須用夾刀夾去葉四畔花枒盡後，細剉，用羊脂相對拌炒過，待羊脂盡爲度。每修事一斤，用羊脂四兩爲度也。《聖惠方》：治偏風，手足不遂，皮膚不仁，宜服仙靈脾浸酒方：仙靈脾一斤，好者細剉，以生絹袋盛於不津器中，用無灰酒二斗浸之，以厚紙重重密封不通氣，春夏三日，秋冬五日後旋開，每日隨性暖飲之，常令醺醺不得大醉。若酒盡，再合服之，無不效驗。合時切忌雞犬見之。《經驗方》：治瘡子入眼。以仙靈脾、威靈仙等分爲末，食後米湯下二錢匕，小兒半錢匕。《食醫心鏡》：益丈夫，興陽，理脚膝冷。淫羊藿一斤，酒一斗，浸經二日，飲之佳。

宋・鄭樵《通志》卷七五《昆蟲草木略》　淫羊藿　曰剛前，曰黄連祖，曰千兩金，曰乾雞筋，曰放杖草，曰棄杖草。關中曰三枝五葉草。舊云西川北部有淫羊，食此草一日百交。今通謂之仙靈脾。

宋・劉明之《圖經本草藥性總論》卷上　滛羊藿　俗名仙靈脾。味辛，寒，無毒。主陰痿絶傷，莖中痛，利小便，益氣力，堅筋骨，消瘰癧赤癰，下部有瘡。《藥性論》云：主堅筋益骨。日華子云：紫芝為之使。得酒良。治一切冷風勞氣，補腰膝，強心力，丈夫絶陽不起，女人絶陰無子，筋骨攣急，四肢不仁。薯蕷、紫芝為之使。生上郡。

明・朱橚《救荒本草》卷上之前　仙靈脾　《本草》名淫羊藿，一名剛前，俗名黄連祖、千兩金、乾雞筋、放杖草、棄杖草。又俗呼三枝九葉草。生上郡陽山山谷，及江東、陝西、泰山，漢中、湖湘、沂州等郡，并永康軍皆有之。今密縣山野中亦有。苗高二尺許，莖似小豆莖，極細緊，葉似杏葉頗長，近蒂皆有一缺；又似菉豆葉，亦長而光；梢間開花白色，亦有紫色花，作碎小，獨頭子；根紫色有鬚，形類黄連狀。味辛，性寒。一云性溫，無毒。生處不聞水聲者良。薯蕷、紫芝為之使。救飢：採嫩葉煠熟，水浸去邪味，淘淨，油鹽調食。治病：文具《本草》草部淫羊藿條下。

明・蘭茂撰，清・管暄校補《滇南本草》卷下　淫羊（霍）〔藿〕　性微溫，味微辛。入肝腎二經。興陽治痿，强筋骨。用剪剪去邊上刺，羊油拌炒。

明・滕弘《神農本經會通》卷一　滛羊藿　俗名仙靈脾。薯蕷、紫芝為之使。得酒良。五月採葉，晒。根葉俱堪使。陶云：服此使人好為陰陽。《局》云：用羊脂拌炒。味辛，氣寒，無毒。一云溫。又云甘，平。東云：療風寒之痺，補陰虚而助陽。

《本經》云：主陰痿絶傷，莖中痛，利小便，益氣力，強志，堅筋骨，消瘰癧赤癰，下部有瘡，洗出蟲。丈夫久服，令人無子。《蜀本》云：淫羊藿，溫。生處不聞水聲者良。《藥性論》云：亦可單用。味甘，平。主堅筋益骨。日華子云：治一切冷風勞氣，補腰膝，強氣力，丈夫絶陽不起，女子絶陰無子。筋骨攣急，四肢不任，老人昏弱，中年健忘。《局》云：仙靈脾是淫羊霍，羊

食多淫故有名。主病冷風勞氣病，絶陽不起亦能興。淫羊藿，即仙靈脾。補腎虛，興陽絶不起。

明・劉文泰《本草品彙精要》卷一〇 淫羊藿無毒 植生。

淫羊藿出《神農本經》：**主陰痿絶傷，莖中痛，利小便，益氣力，強志。**以上朱字《神農本經》。堅筋骨，消瘰癧，赤癰，下部有瘡，洗，出蟲，丈夫久服令人無子。以上黑字名醫所錄。【名】仙靈脾、黄連祖、千兩金、剛前、乾雞筋、放杖草、棄杖草。【苗】《圖經》曰：葉青似杏葉，上有刺，莖如粟稈，根紫色有鬚。四月開白花，亦有紫色碎小獨頭子。湖湘出者，苗高一二尺許，葉如小豆而圓薄，枝莖緊細，經冬不凋，根似黄連，關中俗呼三枝九葉草是也。其根、葉俱堪用。【地】《圖經》曰：生上郡陽山山谷及江東，陝西、泰山、漢中、湖湘間皆有之。【時】生：春生苗。採：五月取葉，以不聞水聲處者良。【收】曬乾。【用】葉、根。【質】莖如粟稈，葉似杏葉。【色】青。【味】辛。【性】寒。【氣】氣之薄者，陽中之陰。【臭】朽。【主】堅筋益骨。【助】山藥、紫芝爲之使。【製】《雷公》云：須用夾刀去葉四畔花枝盡後，細剉，每修事一斤，用羊脂四兩，相對拌炒過，待羊脂盡爲度。【治】療：日華子云：治一切冷風勞氣，筋骨攣急，四肢不仁，老人昏耄及健忘。補：日華子云：補腰膝，強心力，丈夫絶陽不起，女人絶陰無子。【合治】合酒浸服，療偏風，手足不遂，皮膚不仁。〇合威靈仙，食後米湯調服，療痘瘡入眼。

明・許希周《藥性粗評》卷三 陽衰不起，淫羊藿重起芳心。

淫羊藿，俗名仙靈脾，又有黄連祖、千兩金、乾雞肋等名。說者謂西川北部有淫羊，一日百遍交合，乃食藿所致，故名。關、陝諸郡山谷處處有之。五月採葉，暴乾。紫芝、薯蕷為之使。凡用以羊脂拌炒，又得酒良。味辛，性寒，無毒。主治丈夫絶陽不起，女人絶陰無子，冷風癆氣，筋骨攣急，四肢不仁，老人昏耄，中年健忘，壯陽益腎，乃寒而有補之藥。

單方：興陽：凡患陽痿不起，腰膝不利者，淫羊藿一斤，酒一斗，浸二日，溫飲之，不過一二日見效。去痿：凡患手足痿痹，風癱不起者，淫羊藿一斤好者，細剉，以生絹袋盛於不津器中，用無灰酒二斗浸之，厚紙重封，春夏三日，秋冬五日可開，每日隨性溫飲之，常令微醺醺，不可大醉，久當見效。如酒盡，如前再合，合時毋令雞犬見之。

明・鄭寧《藥性要略大全》卷四 淫羊藿一名仙靈脾。療風冷痹，補陰助陽。治陰痿及莖中痛，利小便，益氣力，強志，堅筋骨。治冷風勞氣，補腎虛及陽絶不起。易老云：治瘻癧赤癰及下部瘡。丈夫久服，令人無子。味苦、辛，性寒，無毒。洗去土用。《象》云：味甘，平。紫芝為之使，得酒良。

明・陳嘉謨《本草蒙筌》卷三 淫羊藿即仙靈脾。味辛，氣寒，無毒。莖細而堅，葉圓而薄。所在俱有，淩冬不凋，俗呼為三枝九葉草也。但生處不聞水聲者為美，凡採製須先酒浸過曝乾。剉碎對拌羊脂，每一斤用羊脂四兩。火炒脂盡為度。羊食貪合，故此著名。治男子絶陽不興，治女人絶陰不產。卻老景昏耄，除中年健忘。益骨堅筋，增力強志。久服有損，明載《本經》。

明・王文潔《太乙仙製本草藥性大全》卷二《本草精義》 淫羊藿 一名仙靈脾，一名剛前。生上郡陽山山谷，今江東、陝西、泰山、漢中、湖湘間皆有之。葉青似杏葉，上有刺，莖如粟稈，根紫色，有鬚。四月開花，白色，亦有紫色碎小獨頭子。五月採葉晒乾。湖湘出者莖細而堅，葉如小豆，圓而薄，淩冬不凋，俗呼爲三枝九葉草也。但生處不聞水聲者爲佳。

明・王文潔《太乙仙製本草藥性大全》卷二《仙製藥性》 淫羊藿 味辛，氣寒，無毒。主治：治男子絶陽不興，治女人絶陰不産。腹中痛堪療，小便澀可醫，瘰癧赤癰可消，下部瘡蟲洗出。却老人昏耄，除中年健忘。益骨堅筋，增力強志。久服有損，明載《本經》。補註：偏風，手足不遂，皮膚不仁。宜浸酒一斤好者，細剉，以絹袋盛於不津器中，用無灰酒二斗浸之，厚紙封不通氣，春夏三日，秋冬五日，隨日暖飲之，常令醺醺，不得大醉。若酒盡，再合，忌鷄犬見之。〇瘡子入眼，用威靈仙等分，爲末，食後米湯下二錢，小兒五分。〇益丈夫興陽，理腰膝冷，用一斤，酒一斗，浸三日，食之佳。太乙曰：凡使時呼仙靈脾，須用夾刀夾去葉四畔存枝盡後，細剉，用羊脂相對拌炒過，待羊脂盡爲度，每脩事一斤，用羊脂四兩爲度。

明・皇甫嵩《本草發明》卷三 淫羊藿中品上，臣。氣寒，味辛，無毒。俗名仙靈脾。發明曰：淫羊藿助陽，利水藏，致人淫慾。故《本草》主陰痿絶傷，莖中痛，婦人絶陰無子，利小便，益氣力，補腰膝，強志，堅筋骨，四肢拘急不仁，老人昏耗健忘。一切冷風，下部瘡洗出蟲，消瘰癧赤癰。丈夫久服無子，得非助人淫慾，多走泄真元歟。偏風，手足不隨，皮膚不仁，用仙靈脾浸酒，封瓶口，常服自驗。益陽，理腰膝冷，飲之常令醺醺，勿大醉。忌雞犬見。〇山藥為使。服之使人好為

陰陽。莖尖，葉圓薄，凌冬不凋，俗呼為三（凌）〔枝〕九葉草。生處不聞水聲者佳。羊食此，一日可百度，故名淫羊藿。得酒良。酒浸，晒乾，每斤用羊脂四兩，炒脂盡為度。

明·李時珍《本草綱目》卷一二草部·山草類上　淫羊藿《本經》中品。

〔釋名〕仙靈脾《唐本》　放杖草《日華》　棄杖草《日華》　千兩金《日華》　乾鷄筋《日華》　黄連祖《日華》　三枝九葉草《圖經》　剛前《本經》。弘景曰：服之使人好爲陰陽，西川北部有淫羊，一日百遍合，蓋食此藿所致，故名淫羊藿。時珍曰：豆葉曰藿，此葉似之，故亦名藿。仙靈脾、千兩金、放杖、剛前，皆言其功力也。鷄筋、黄連祖，皆因其根形也。柳子厚文作仙靈毗，入臍曰毗，此物補下，於理尤通。　〔集解〕《別録》曰：淫羊藿生上郡陽山山谷。恭曰：所在皆有。葉形似小豆而圓薄，莖細亦堅，俗名仙靈脾是也。頌曰：江東、陝西、泰山、漢中、湖湘間皆有之。莖如粟稈。葉青似杏，葉上有刺。根紫色有鬚。四月開白花，亦有紫花者，碎小獨頭子。五月採葉曬乾。湖湘出者，葉如小豆，枝莖緊細，經冬不凋，根似黄連。關中呼爲三枝九葉草。苗高一二尺許，根葉俱堪用。《蜀本草》言：生處不聞水聲者良。時珍曰：生大山中。一根數莖，莖粗如綫，高一二尺。一莖二椏，一椏三葉。葉長二三寸，如杏葉及豆藿，面光背淡，甚薄而細齒，有微刺。

根葉　〔修治〕斅曰：凡使時呼仙靈脾，以夾刀夾去葉四畔花枝，每一斤用羊脂四兩拌炒。待脂盡爲度。　〔氣味〕辛，寒，無毒。普曰：神農、雷公：辛。李當之：小寒。權曰：甘，平。可單用。保昇曰：性温。時珍曰：甘、香、微辛，温。之才曰：薯蕷、紫芝爲之使，得酒良。　〔主治〕陰痿絶傷，莖中痛，利小便，益氣力，强志《本經》。堅筋骨，消瘰癧赤癰，下部有瘡，洗出蟲。丈夫久服，令人無子《別録》。機曰：無子字誤，當作有子。丈夫絶陽無子，女人絶陰無子，老人昏耄，中年健忘，一切冷風勞氣，筋骨攣急，四肢不仁，補腰膝，强心力大明。　〔發明〕時珍曰：淫羊藿味甘氣香，性温不寒，能益精氣，乃手足陽明、三焦、命門藥也，真陽不足者宜之。

〔附方〕舊三，新五。　仙靈脾酒：益丈夫興陽，理腰膝冷。用淫羊藿一斤，酒一斗，浸三日，逐時飲之。《食醫心鏡》。　偏風不遂：皮膚不仁，宜服。仙靈脾酒：仙靈脾一斤，細剉，生絹袋盛，於不津器中，用無灰酒二斗浸之，重封，春、夏三日，秋、冬五日後，每日暖飲，常令醺然，不得大醉，酒盡再合，無不效驗。合時，切忌鷄犬婦人見。《聖惠方》。　三焦咳嗽：腹滿不飲食，氣不順。仙靈脾、覆盆子、五味子炒各一兩，爲末，煉蜜丸梧子大，每薑茶下二十丸。《聖濟録》。　目昏生翳：仙靈脾，生王瓜即小栝樓紅色者，等分，爲末。每服一錢，茶下，日二服。《聖濟總録》。　病後青盲：日近者可治。仙靈脾一兩，淡豆豉一百粒，水一碗半，煎一碗，頓服即瘳。《百一選方》。　小兒雀目：仙靈脾根、晚蠶蛾各半兩，炙甘草、射干各二錢半，爲末。用羊子肝一枚，切開摻藥二錢，紮定，以黑豆一合，米泔一盞，煮熟，分二次食，以汁送之。《普濟方》。　痘疹入目：仙靈脾、威靈仙等分，爲末。每服五分，米湯下。《痘疹便覽》。　牙齒虚痛：仙靈脾爲粗末，煎湯頻漱，大效。《奇效方》。

明·梅得春《藥性會元》卷上　淫羊藿　味辛，性寒，無毒。一名仙靈皮。山藥為使。生西川北郡，有淫羊，一日百遍合，蓋食此藥所致，因名。主治陰痿、絶傷，莖中痛，療風冷，補陰虚而助陽，益氣力，能堅筋，强志，消瘰癧。又治赤癰，利小便。下部有瘡，洗可出蟲。丈夫久服，令人無子，使人好為陰陽事。　製法：每一鎰用羊脂四兩，拌勻，妙過，待霍合為度。

明·李中立《本草原始》卷二　淫羊藿　俗名仙靈脾。始生上郡陽山山谷，今江東、陝西、泰山、漢中、湖湘間皆有之。葉青似杏葉，上有刺；莖如粟稈；根紫色，有鬚；四月開花白色，亦有紫色，碎小獨頭子；五月採葉，曬乾。陶隱居云：服此使人好為陰陽。西川北部有淫羊，一日百遍合，蓋食藿所致，故名淫羊藿。　氣味：辛，寒，無毒。主治：陰痿絶陽，莖中痛，利小便，益氣力，强志。○堅筋骨，消瘰癧赤癰，下部有瘡，洗出蟲。丈夫久服，令人無子。○丈夫絶陽無子，女子絶陰無子，老人昏耄，中年健忘，一切冷風勞氣，筋骨攣急，四肢不仁，補腰膝，强心力。

淫羊藿，《本經》中品。【圖略】生處不聞水聲者良。葉青似杏葉，有刺；莖淡紫，根深紫色。用葉者多，亦有用根者。關中呼為三枝九葉草。修治：淫羊藿，須用夾刀夾去葉四畔花刺盡後，細剉，用羊脂相對拌炒，待羊脂盡為度。每修事一斤，用羊脂四兩。

保昇曰：性溫。之才曰：薯蕷為之使，得酒良。亦使紫芝。《食醫心鏡》：益丈夫，興陽，理腰膝冷，淫羊藿一斤，酒一斗，浸經三日，飲之佳。

明·李中梓《藥性解》卷四　淫羊藿　味辛，性溫，無毒，入腎經。主絶陽不起，絶陰不育，莖中作痛，小便不利，益氣力，堅筋骨，丈夫久服，令人無子。每斤去花細剉，拌羊脂四兩，炒盡脂為度，山藥、紫芝為使，得酒良，一名仙靈脾。　按：仙靈脾入腎，而主絶陽等症，其為補也明甚，乃繼之曰久服無子，毋乃惑乎？不知此劑專助相火，令人淫慾不休，慾太甚則精氣耗。《經》曰：因而强力，腎氣乃傷，高骨乃壞，且命門之火，乘水之衰，挾土來尅，生之不保，其能嗣耶。

明·繆希雍《本草經疏》卷八　淫羊藿　味辛，寒，無毒。主陰痿絶陽，

莖中痛，利小便，益氣力，強志，堅筋骨，消瘰癧、赤癰，下部有瘡，洗出蟲。丈夫久服，令人無子。薯蕷為之使。

【疏】淫羊藿本得金土之氣，而上感天之陽氣，故其味辛甘，其氣溫而無毒。《本經》言寒者，誤也。入手厥陰，為補命門之要藥，亦入足少陰、厥陰。可升可降，陽也。辛以潤腎，甘溫益陽氣，故主陰痿絕陽，益氣力，強志。莖中痛者，肝腎虛也，補益二經，痛自止矣。膀胱者，州都之官，津液藏焉，氣化則能出矣。辛以潤其燥，甘溫益陽氣，以助其化，故利小便也。肝主筋，腎主骨，益腎肝則筋骨自堅矣。辛能散結，甘能緩中，溫能通氣行血，故主瘰癧赤癰，及下部有瘡，洗出蟲。丈夫久服令人無子者，因陽旺則陽道數舉，頻御女而精耗散，故無子也。一名仙靈脾。柳文作毘。毘者，人臍也。臍為命蒂，故主入命門。脩事如雷公法。【主治參互】淫羊藿，陽草也。甘溫益陽氣，辛則走而能補，宜與白蒺藜、甘枸杞、肉蓯蓉、五味子、牛膝、山茱萸同用，為補陽之妙劑。　漬醇酒飲，益丈夫，興陽道，理腰膝冷，亦治偏風不遂。大約每藿一斤，漬酒十斤，如常法，勿令過醉。脩事時忌雞、犬、婦人見。　與五味子等分為末，煉蜜丸如梧子大，每三十丸薑茶湯下，治三焦欬嗽，腹滿不飲食，氣不順。　《聖濟總錄》：治目昏生翳，用仙靈脾、生王瓜即小栝樓紅色者，等分為末。每服一錢，茶下，日三服。　《百一選方》治病後青盲目，日近者可治，仙靈脾一兩，淡豆豉一百粒，水一碗半，煎一碗，頓服即愈。　《普濟方》治小兒雀盲：仙靈脾、晚蠶蛾各半兩，炙甘草、射干各二錢半，為末，羊肝一枚切開，摻藥末二錢，紮定，以黑豆一合，米泔一盞，同煮熟。分二次食，以汁送之。　痘疹入目，用仙靈脾、威靈仙等分為末，每服五分，米湯下。　【簡誤】虛陽易舉，夢遺不止，便赤口乾，強陽不痿，竝忌之。

明・倪朱謨《本草彙言》卷一　淫羊藿　味辛、苦，氣溫，無毒。入手足厥陰、足少陰經，可升可降，陽也。爲命門之要藥。　《別錄》曰：淫羊藿出上郡陽山山谷，今所在皆有。　蘇氏曰：今江東、陝西、泰山、漢中、湘湖間亦有。　李氏曰：一根數莖，莖細極堅，高一二三尺。一莖三椏，一椏三葉，長二三寸，如豆藿葉，如杏葉，面光背淡，邊有細齒，薄而有刺。四月開花白色，亦有紫色者，碎小獨頭。經冬不凋，根似黃連，色紫多鬚。羊食此草而淫，故曰淫羊；藿，以形似菜也。《蜀本草》言生處不聞水聲者更良。修治：以夾刀夾去葉四畔花枝，用酒浸，曬乾用。

淫羊藿：强陽起氣，日華子發鬱動情之藥也。黃正暘稿前古主陰痿陽絕，蓋可知矣。故《大氏方》治男子陽弱不生，女人陰衰不育，老人昏耄失靈。此藥辛溫發達，鼓動相火。凡意索情疲，欲子而無其爲者，宜加用之。如年少之人，血熱氣强，精盛力充者，服之陰陽頻舉，意念妄爲，交御多而精血走耗，不惟無子，亦且損年。切宜戒之。

集方：《心鏡》治男婦精衰血冷，子嗣少成，服此宜節慾，謹養百日，一鼓而弄璋矣。用淫羊藿一斤，酒浸一日，曬乾，鹿角膠、龜板膠、鱉甲膠各六兩，切碎，好酒溶化，當歸、白朮、枸杞子、北五味子、黃耆、白芍藥、懷生地、牡丹皮、山藥、澤瀉各三兩，俱酒浸炒，川黃柏二兩，鹽水炒，共爲極細末，以三膠酒和爲丸，再加煉蜜少許，丸如黍米大。每空心服五錢，好酒下。○《聖惠方》治偏風手足不遂，皮膚麻木。以淫羊藿八兩，枸杞子、天麻各四兩，人參一兩，龍眼肉三兩，浸酒，隔湯蒸一日，每日薄飲，不得大醉，極妙。○《奇效方》治牙齒虛痛。以淫羊藿煎湯，汨漱立止。

明・李中梓《醫宗必讀・本草徵要上》　淫羊藿味辛，溫，無毒。入腎經。山藥為使，得酒良，用羊油拌炒。　強筋骨，起陽事衰，　利小便，除莖中痛。　陶弘景云：服之好為陰陽，別名仙靈脾、千兩金、棄杖草，皆矜其功力也。按：淫羊藿補火，相火易動者遠之。

明・張景岳《景岳全書》卷四八《本草正》　淫羊藿　味甘，氣辛，性溫。乃手足陽明、少陰、三焦命門藥也。主陽虛陽痿，莖中作痛。化小水，益精氣，強志意，堅筋骨，暖下部一切冷風勞氣，筋骨拘攣。補腰膝，壯真陰，及年老昏耄，中年健忘。凡男子陽衰，女子陰衰，艱於子嗣者，皆宜服之。服此之法，或單用浸酒，或兼佐丸散，無不可者。製法：每擇淨一斤，以羊脂四兩，同炒油盡用之。

明・盧之頤《本草乘雅半偈》帙六　淫羊藿《本經》中品　氣味：辛，寒，無毒。　主治：主陰痿絕陽，莖中痛，利小便，益氣力，強志。

覈曰：出上郡陽山山谷，江東、陝西、泰山、漢中、湖湘間皆有。一根數莖，莖細頗堅，高一二三尺，一莖三椏，一椏三葉，長二三寸，如豆藿，葉如杏葉，面光背淡，邊有細齒，薄而有刺。四月開花白色，亦有紫色者。碎小獨頭，經冬不凋，根似黃連，色紫多鬚，即仙靈脾也。景曰：西川北部，有獸曰淫羊，

與山羊無異，日群百遍，蓋食此藿所致也。羊食之而淫，故曰淫羊，若以為川北有淫羊似乎曲為之解矣。又名仙靈脾，當是取其益氣力，強志而名之耳。讀此真可信，夫人死為羊，羊死為人，否則胡同業相感如此。修治：取生處不聞水聲者乃良，以夾刀夾去葉之四畔花枝，每觔用羊脂四兩拌炒，待脂盡為度。薯蕷、紫芝為之使。得酒良。

条曰：羊性善群，淫羊功力相似，藿則以形舉也。莖高一二三尺，細緊勁直，經冬不凋，可想見其作用矣。一莖三椏，一椏三葉，具巽木生成之數，助長厥陰之用，堅固淫業者也。但不可久服，以有餘于用，不足于體，令人無子故也。兩手相摩，中有暖出，淫為因火為果，理固然矣。

清・顧元交《本草彙箋》卷一　淫羊藿　即仙靈脾。豆葉曰藿，此葉似之，故亦名藿。羊食之而淫，故名淫羊。性溫不寒，能益精氣，主陰痿絕陽，益氣強志。莖中痛者，亦肝腎虛也。故用此補益，而痛自除。丈夫久服，令人無子者，陽旺則陽道數舉，頻御女而精耗，故無子也。今人動以爲種子常服之劑，惑哉！

清・穆石匏《本草洞詮》卷八　淫羊藿　西川北部有淫羊，一日百遍合，蓋食此藿所致，故名。氣味辛寒，一云甘溫，無毒。能益精氣，補腰膝，堅筋骨。食之使人好為陰陽，惟真陽不足者宜之。

清・劉雲密《本草述》卷七上　淫羊藿一名仙靈脾。　頌曰：江東、陝西、漢中、湖湘間皆有之。　時珍曰：生大山中，一根數莖，莖粗如線，高一二尺，一莖二椏，一椏三葉，葉長二三寸，如杏葉及豆藿，面光背淡，甚薄而細齒，有微刺。

氣味：辛，寒，無毒。　普曰：神農、雷公：辛。　保昇曰：性溫。

時珍曰：甘、香、微辛，溫。　主治：陰痿絕傷，莖中痛，利小便，益氣力，強志《本經》。　日華子曰：丈夫絕陽無子，女人絕陰無子，老人昏耄，中年健忘，一切冷風勞氣，筋骨攣急，四肢不仁，補腰膝，強心力。　時珍曰：淫羊藿味甘氣香，性溫不寒，能益精氣，乃手足陽明、三焦命門藥也。真陽不足者宜之。　希雍曰：淫羊藿本得金土之氣，而上感天之陽氣，故其味辛甘，其氣溫而無毒。《本經》言寒者，誤也。入手厥陰，為補命門之要藥。亦入足少陰、厥陰，可升可降，陽也。辛以潤腎，甘溫益陽氣，宜與白蒺藜、甘枸杞、肉蓯蓉、五味子、牛膝、山茱萸同用，為補陽之妙劑。

愚按：淫羊藿，《本經》首主陰痿絕傷，日華子亦首言其療男子絕陽，女子絕陰，則謂入命門，補真陽者是也。蓋命門為腎中之真陽，即人身之元氣也。其所謂絕陽絕陰，不本之元氣，何以噓之於既槁？所謂益氣力，強志，並治冷氣勞氣，筋骨攣急等證，皆其助元氣之故。至若莖中痛，小便不利，皆肝腎氣虛所致。此味入腎而助元陽，即是補腎氣而肝腎固，同一治也。後人有因氣虛而陽道不興，用補中益氣湯入淫羊藿者，蓋以人有生以後，一切真陽托於後天之氣，補中益氣而入此味，則引之以歸元裕陽，還以同升，而真陽乃畢暢。如李瀕湖言其甘香，但微有辛溫，於斯義妙合矣。夫中土之甘，舉水火二氣，由此為權輿真陽具足者，能使地氣際天，以暢厥用。真陽不足者，又能使天氣達地，以噓其枯。此味甘香，能奏後天之功於絕陽絕陰，不概同於補陽之他味，如老人昏耄，中年健忘，皆元陽衰敗，而不能上升者也，以是思功，功可知矣。

須知此味以降為升，其升由於能降也。　希雍曰：虛陽易舉，夢遺不止，便赤口乾，強陽不痿，並忌之。

修治　以夾刀夾去葉之四畔花枝，每斤用羊脂四兩，拌炒，待脂盡為度。薯蕷、紫芝為之使，得酒良。　據此是止用葉，則必得莖葉俱全，一一如瀕湖所說者乃真。

清・郭章宜《本草匯》卷九　淫羊藿即仙靈脾。　味甘、辛，寒，保昇曰：性溫。可升可降，陽也。入手陽明三焦命門。強筋骨，起陽事衰。補腰膝，能益精氣。丈夫絕陽不興，女子絕陰不產。《本經》除莖中痛，堅筋骨者，肝腎虛也。二經得補，痛自泯矣。利小便者，膀胱為州都之官，津液藏焉，氣化則出。辛以潤之，甘溫益陽氣，以助其化矣。

按：淫羊藿，補火之物也。《本草》言寒，而時珍云其性溫，能益精氣，故真陽不足者，略用以鼓動之。陶弘景云服之好為陰陽，別名仙靈脾。故腰膝冷而陽不興者，飲仙靈脾酒而自愈。淫羊藿酒浸，飲之。若陽虛易舉，夢遺不止，陽強不痿者，不可用也。

一根數莖，莖粗如線，一莖二椏，一椏三葉，如杏葉及豆藿，面光背淡，甚薄而細，齒有微刺，酒潤，每斤用羊脂四兩拌炒，脂盡為度。山藥為使。

清・蔣居祉《本草擇要綱目・寒性藥品》　淫羊藿　氣味：辛，寒，無毒。以夾刀夾去葉之四畔花枝，每一觔用羊脂四兩拌炒，脂盡為度。　主治：益精氣，

補筋骨。療四肢不仁，驅一切冷風。乃手足陽明三焦命門之藥也。真陽不足者宜之。

清・王翃《握靈本草》卷二　淫羊藿所在皆有。上郡陽山者佳。一名仙靈脾。凡使時剪去四畔尖邊，每一斤用羊脂四兩拌炒，脂盡爲度。　主治：　淫羊藿，辛，寒，無毒。一云：性溫。主陰痿絶陽，莖中痛，利小便，益氣力，強志，補腰膝，強心力，令男女有子。

清・汪昂《本草備要》卷二　淫羊藿補腎命。　辛香，甘，溫。入肝腎。補命門，時珍曰：手足陽明三焦命門藥。益精氣，堅筋骨，利小便。治絶陽不興，絶陰不産，冷風勞氣，四肢不仁。手足麻木。一名仙靈脾。北部有羊，一日百合，食此藿所致，故名。去枝，羊脂拌炒。山藥爲使。得酒良。

清・吳楚《寶命真詮》卷三　淫羊藿　【略】強筋骨，起陽事衰，利小便，除莖中痛。補火之藥，服之好為陰陽，相火易動者遠之。

清・陳士鐸《本草新編》卷四　淫羊藿　一名仙靈脾。味辛，氣溫，無毒。云寒者，誤。用不必羊脂炒，亦不必去刺。入命門治男子絶陽不興，治女人絶陽不産，却老景昏耄，除中年健忘，益腎堅筋，增力強志。補命門而又不大熱，勝于肉桂之功，近人未知也，夫男女雖分陰陽，而五臟七腑正各相同，並無少異。男子命門寒則陽不舉，女子命門寒則陽不納，非男子絶陽不能生，女子絶陽尚可産也。《本草》言女人絶陰不産者，乃訛寫也。淫羊藿補陽而不補陰，取其補男女之陽，則彼此之化生不息。陰中有陽，則男子精熱而能施，女子亦精熱而能受。倘謂補其絶陰，則純陰無陽，何以生育乎？此等藥，中年以後之人，正可朝夕吞服，庶幾無子者可以有子。而《本草》又戒久服有損，想因命門有火而言之也。命門有火者，初服即不相宜，又何待日久始有損哉。

或疑淫羊藿溫補命門之火，故能興陽，然男子有陽道之勢，服之翹然興舉，故知其興絶陽也，若女子，又從何處驗之乎？曰：女子亦未嘗不可驗也。女子無陽，則小腹寒而痛，服淫羊藿則不痛矣。然此又無形，不足以驗也，更有有形之物，可以相驗。女子無陽，則玉爐之內有一物如含花之蕊者，必升舉而不可以手指相探。服淫羊藿，則含花之蕊必下降，而手指可探矣。此蕊，即胞胎之門戶，受精之口也，寒則縮，而溫則伸，猶男子寒則痿，而溫則堅也。以此相驗，斷不爽矣。而予更有説，無陽者，無命門之火也。無命門之火，原在腎之中，而不在腎之外，淫羊藿補命門之火也，補命門之火，亦在腎之中，而不在腎之餘，亦何必求驗于男女陰陽之物哉。

或問：補命門之火者，宜于男子而不宜于婦人，婦人火動，又安可救乎？夫婦人之慾火盛者，非命門之火旺，乃命門之火衰。命門火衰，無以安龍雷之火，而火必越出于肝中，以助肝木之旺。肝木旺，則慾火之心動矣。木能生火，又何制哉？往往有思男子而不可得者矣。治法瀉肝木之火，乃一時之權宜也。肝木既平，仍宜補命門之火，龍雷而下安于腎宮，而火無浮動之虞。可見婦人亦必須補命門也。婦人既宜補命門之火，安在淫羊藿，但宜于男子，而不宜于婦人哉，況淫羊藿婦人用之，又不止溫補命門也，更能定小腹之痛，去陰門之癢，暖子宮之寒，止白帶之濕。豈可疑止利于男子，而不用之于婦科哉？

或疑淫羊藿助男子之陽，多用之于丸內，未聞用之于湯劑，不識湯劑中亦可用之乎？曰：凡藥用之于湯者，即可用于丸，豈用于丸者，而獨不可用于湯乎？世醫之不用于湯劑，以體輕而不便入箱中也。鐸實有煎膏之法，備于藥籠中最便，因附載之。用淫羊藿，每次五觔，略揉碎，以滾水泡缸内二日，大鍋煮汁至濃者，先取起，又添水煎之，以色淡為度。去渣，將濃汁再煎如糊，乃用錫鍋盛之，再蒸煮如厚糊，少投鹿角膠，取其粘也，候冷切塊，晒之，則成膠矣。入湯劑中調服佳甚，入丸亦妙。

清・李熙和《醫經允中》卷二〇　淫羊藿　即仙靈脾。山藥、紫芝為使。每觔細剉，用羊脂四兩，炒盡脂為度，得酒良。入肝腎命門三經。　味辛，性溫，無毒。主治男子絶陽不興，女人絶陰不産，却老景昏耄，除中年健忘，益骨堅筋，增力強志。《本經》言其久服有損者，因其助火之物，久服恐興陽易舉，縱慾傷生耳，非藥之咎也。

清・馮兆張《馮氏錦囊秘錄・雜症痘疹藥性主治合參》卷二　淫羊藿又名仙靈脾，又名棄杖草。本得金土之氣，而上感天之陽氣，故其味辛甘，其氣溫而無毒。入手厥陰，為補命門之要藥。亦入足少陰、厥陰。辛以潤腎，甘溫益陽氣，故主陰痿絶陽。　淫羊藿，強筋骨，補腰膝，治男子絶陽不興，女子絶陰不産。然云丈夫久服，令人無子者，恐陽旺多慾，陰精耗散耳。

主治痘疹合參：治痘絶陽不起。

清・张璐《本經逢原》卷一　淫羊霍一名仙靈脾。　辛，溫，無毒。羊脂或

酒炒用。《本經》主陰痿絶傷，莖中痛，利小便，益氣力，強志。發明：淫羊藿手足陽明三焦命門藥也。辛以潤腎，溫以助陽，故《本經》治陰痿絶傷等證，真陽不足者宜之。堅筋骨，消瘰癧，一切冷風勞氣，筋骨攣急，四肢不仁，補腰膝，強氣力。一味仙靈脾酒，為偏風不遂之要藥，惟陰虚走精、強陽不痿禁服。

清・浦士貞《夕庵讀本草快編》卷一　淫羊藿《本經》、仙靈毗　按西川北部有淫羊，一日百遍合，蓋食此藿所致，故名。柳子厚文作仙靈毗。毗者，人臍之別稱。此物專補下，于理亦通。　淫羊藿味甘氣辛，性溫無毒，能益精氣，乃手足陽明三焦命門藥也。故專治丈夫絶陽無子，女人絶陰不生，老年昏耄，中歲健忘，陰痿腰疫，莖中作痛，真陽不足者，乃其專功也。若冷風勞氣，筋骨拘攣，四肢不仁，消瘰去翳，亦皆賴之。謂其腎主骨，胃主肉爾。

清・張志聰、高世栻《本草崇原》卷中　淫羊藿　氣味辛，寒，無毒。主治陰痿絶傷，莖中痛，利小便，益氣力，強志。　淫羊藿出上郡陽山山谷，江東陝西、泰山、漢中、湖湘間皆有。莖高一二尺，一莖三椏，一椏三葉，葉似杏葉，上有刺，關中呼為三枝九葉草。枝莖細勁，經冬不凋，四月開白花，亦有紫花者，生處不聞水聲者良。陶隱居云：西川北部有淫羊，一日百遍交合，蓋食此藿所致，因以為名。《唐本草》名仙靈脾，有仙靈脾酒，益丈夫，興陽，理腰膝冷。　羊為火畜，藿能淫羊，蓋稟水中之天氣，而得太陽陽熱之氣化也。稟水中之天氣，故氣味辛寒。得太陽之陽熱，故主治陰痿絶傷。太陽合膀胱寒水之氣，故治莖中痛，利小便。太陽之氣，上合於肺，內通於腎，故益氣力，強志。　淫羊藿稟太陽之氣，而功能治下，與紫萍稟太陽之氣，而浮越於膚表者，少有不同，故生處不聞水聲者良。欲使太陽之氣藏於水中，而不徵現於外也。聖人體察物性，曲盡苦心，學者潛心玩索，庶幾得之。

清・姚球《本草經解要》卷一　淫羊藿　氣寒，味辛，無毒。主陰痿絶傷，莖中痛，利小便，益氣力，強志。羊脂拌炒。　淫羊藿氣寒，稟天冬令之水氣，入足少陰腎經。味辛無毒，得地潤澤之金味，入手太陰肺經。氣味降多於升，陰也。陰者，宗筋也。水不制火，火熱則筋失其剛性而痿矣。淫羊藿入腎而氣寒，寒足以制火，而痿自愈也。絶傷者，陰絶而精傷也。氣寒益水，味辛能潤，潤則陰精充也。莖，玉莖也。痛者，火鬱於中也。熱者，清之以寒；鬱者，散之以辛。所以主莖中痛也。小便氣化乃出，辛寒之品，清肅肺氣，故利小便。肺主氣，腎統氣。寒益腎，辛潤肺，故益氣力也。氣力既益，內養剛大。所以強志，蓋腎藏志也。　製方：淫羊藿浸酒，治偏風不遂，水涸腰痛。同五味、覆盆丸，治三焦欬嗽。專為末，泡湯漱，治牙疼。

清・王子接《得宜本草・中品藥》　淫羊藿　味辛。入手足陽明經。功專益精氣，強心力。得無灰酒浸，治偏風皮膚不仁。

清・黃元御《玉楸藥解》卷一　仙靈脾　味辛、苦，微溫。入足少陰腎、足厥陰肝經。榮筋強骨，起痿壯陽。滋益精血，溫補肝腎。治陽痿不舉，陰絶不生，消瘰癧，起癱瘓，清風明目，益志甯神。亦名淫羊藿。羊脂拌炒。

清・吳儀洛《本草從新》卷一　淫羊藿〔補腎命。〕　辛，香，甘，溫。入肝、腎。補命門，益精氣，堅筋骨，利小便。治絶陽不興，絶陰不產，冷風勞氣，四肢不仁。手足麻木。相火易動遠之。一名仙靈脾。北部有羊，一日百合，食此藿所致，故名。去枝，羊脂拌炒。山藥為使，得酒良。

清・汪紱《醫林纂要探源》卷二　淫羊藿　甘、辛，溫。三枝五葉，如藿。一名仙靈脾。　補命門肝腎。能壯陽，益精，亦去寒痺。

清・嚴潔等《得配本草》卷二　淫羊藿一名仙靈脾。　得酒良。薯蕷、紫芝為之使。　辛，溫。入足少陰經氣分，兼入手足陽明三焦命門。助相火，強精氣，除風冷，解拘攣。　得覆盆、北五味，治三焦冷嗽。配威靈仙，治痘疹入目。君生薑、茶葉，治氣脹不食。浸無灰酒，治偏風不仁。　去花枝洗淨，剉細末，每斤用羊脂四兩拌炒，脂盡為度。　禁用與巴戟同。　巴戟、鎖陽、仙茅、淫羊藿，均須生地汁浸透，焙乾用。再重用滋陰之劑，以制其熱，庶無陽旺陰虧之患。今人動以此為種子良方，服之者多致陽亢陰竭，精液乾涸，反受其害，則惑之甚者也。

題清・徐大椿《藥性切用》卷三　淫羊藿　辛香甘溫，入肝腎而興陽益精。羊脂拌炒用。相火易動者遠之。

清・黃宮繡《本草求真》卷一　淫羊藿補火逐冷散風。　淫羊藿耑入命門，兼入肝腎。辛香甘溫，諸書皆載能治男子絶陽不興，女子絶陰不產。且能治冷風勞氣，四肢麻木不仁，腰膝無力。時珍曰：淫羊藿味甘氣香，性溫不寒，能益精氣，乃手足陽明三焦命門藥也，真陽不足者宜之。蓋因氣味甘溫，則能補火助陽，兼有辛香，則冷可除，而風可散耳！至云久服無子，恐其陽旺多慾，精氣耗散，無他故也。弘景曰：淫羊一日百合，蓋食此藿所致。去枝，羊脂拌炒，山藥為使，

得酒良。

清・沈金鰲《要藥分劑》卷四 淫羊藿 【略】鰲按：《別錄》言：久服無子。大明又治絕陰陽無子，何二說之相反歟？不知淫羊藿甘溫益陽，能補命門，故能療絕陰絕陽之無子，而使有子。《別錄》云者，非久服即能變性也，因陽道旺而慾必不節，頻御女而精反耗，故無子也。

清・楊璿《傷寒溫疫條辨》卷六熱劑類 淫羊藿 辛香甘溫。入肝、腎、命門。治絕陽不生，絕陰不成。

附：琉球・吳繼志《質問本草》內篇卷二 淫羊藿 生山谷，高尺許，一根生數莖，一莖生三椏，一椏生三葉，莖細如線，葉有微刺，初春生苗，至三四月開花。 淫羊藿莖細而堅，葉青似杏，葉上有刺，根紫色，有鬚，四月開白花，亦有紫花者，高一二尺，一莖三椏，一椏三葉，故關中呼為三枝九葉草。癸卯，潘貞蔚、石家辰。 是淫羊藿也，視其所生之處，察形色，嘗氣味，且研此草發生時候，及開花宜符(干)〔于〕醫書，故認名之。至其製用，則詳載在《綱目》。癸卯，周天章、李旭。 淫羊藿癸卯，馮岳溪。 觀此種名為淫羊藿，其性溫暖，能治助陽補陰。 其葉去針可用，此是藥也。癸卯，陳太枝、高萬年。 係中國之淫羊藿，第中國用葉，餘無他見。癸卯，陳文錦。 淫羊藿，大興陽道，能補腎經。 用葉莖，根不用。甲辰，周之良、鄧履仁、吳美山。

附：琉球・吳繼志《質問本草》外篇卷二 淫陰藿淫羊藿一種 生陰地，春生苗，高尺許，一莖生三椏，一椏生三葉，三四月開花。 俗名淫陰藿，又名白花草。癸卯，潘貞蔚、石家辰。 亦稱淫羊藿一種，閩中潘氏鑒為俗名淫陰藿，先生以為何如。乙巳，再問陸澍。 此亦淫羊藿種類，但藥性有陰陽之別耳。乙巳，陳倬為代陸澍再查。

清・羅國綱《羅氏會約醫鏡》卷一六草部 淫羊藿味辛溫，入腎、心包、肝三經。每一斤，以羊脂四兩同炒，油淨為度。或單用浸酒，或佐丸散俱可。 辛香甘溫，大補命門。主陽虛陽痿，益精氣，堅筋骨，暖下部，補腰膝。凡男子陽衰，女子陰虧，難於嗣者，皆宜服之。水火同補。 但慮久服，相火易動，耗散陰精，反致無子，又宜深知。

清・陳修園《神農本草經讀》卷三中品 淫羊藿 氣味辛，寒，無毒。主陰痿絕傷，莖中痛，利小便，益氣力，強志。羊脂拌炒。

陳修園曰：淫羊藿氣寒，稟天冬水之氣而入腎。味辛無毒，得地之金味而入肺；金水二臟之藥，細味經文，俱以補水臟為主。陰者，宗筋也，宗筋屬於肝木，木遇烈日而痿，一得氣寒之羊藿，即如得甘露而挺矣。絕傷者，絡脈絕而不續也。《金匱》有云：絡脈者，陰精陽氣所往來也。羊藿氣寒味辛，具水天之氣，環轉營運行而能續之也。莖，主莖也，火鬱於中則痛，熱者清之以寒，鬱者散之以辛，所以主莖中痛也。小便主於膀胱，必假三焦之氣化而出，三焦之火盛，則孤陽不化而為溺短、溺閉之症，一得羊藿之氣寒味辛，金水相涵，陰氣濡布，陽得陰而化，則小便利矣。肺主氣，腎藏志。孟夫子云：夫志，氣之帥也。潤肺之功歸於補腎，其益氣力強志之訓，即可於孟夫子善養剛大之訓悟之也。第此理難與時醫道耳！

葉天士云：淫羊藿浸酒治偏風不遂，水涸腰痛。

清・王學權《重慶堂隨筆》卷下 《本經》淫羊藿 氣寒，味辛，無毒。主陰痿絕傷，莖中痛，利小便，益氣力，強志。後人因《別錄》羊食而淫之說，遂改為性熱助陽，誤矣。夫羊性喜淫，乃其天賦，不必食此藿也。即謂食之益淫，故以命名，然人非羊也，食之何必淫？吾鄉畜羊者，秋冬以桑葉飼之，故羊之益人，惟杭、嘉、湖者為最。然桑葉者，蠶食之而成絲之物也，若謂人食淫羊之藿而亦淫，則羊食成絲之桑而亦絲矣。蓋體臟既殊，不能以一例論也。如礬石之為物也，蠶食之肥，鼠食之死。可見藥有定性，而體臟不同，則性亦隨之而變矣。余謂羊為火畜，藿稟水氣，羊果食藿而益淫，亦《內經》陰平陽秘之旨耳。惟葉氏云：淫羊藿氣寒，稟天冬令之水氣，入足少陰腎經，味辛無毒，得地潤澤之金味，入手太陰肺經。氣味降多於升，陰也。陰者，宗筋也。水不制火，火熱則筋失其剛性也而痿矣。淫羊藿入腎而氣寒，寒足以制火而痿自愈也。絕傷者，陰絕而精傷也。氣寒益水，味辛能潤，潤則陰精充也。莖，玉莖也。痛者，火鬱於中也。熱者清之以寒，鬱者散之以辛，所以主莖中痛也。小便氣化乃出，辛寒之品，清肅肺氣，故利小便。肺主氣，腎統氣，寒益腎，辛潤肺，故益氣力也。氣力既益，內養剛大，所以強志，蓋腎藏志也。此解真得其要者，故錄之以釋諸家之惑。且腎主骨，陰虛骨痿者亦為要藥。《經》云，腎苦燥，急食辛以潤之，正指此也。

〔王孟英〕刊：鄒氏《本經續疏》亦詳辨淫羊藿性不助陽，與《解要》合。體臟之殊，不但人物迥別，即人與人亦有大不同者。《居易錄》云：江南蕭某食香蕈則死，又有王生者，飲茶則死，必二三日始甦，醫無能識其故者。雄

嘗見黟人汪振聲，食鱉則醉，仁和趙子循茂才，飲蔗漿輒衄，定州楊素園大令，啖海參必發熱，須以大黃瀉之而安，皆不可以恒理測也。食物且然，而況於藥乎？用藥者可不知藥有定性、氣隨人異之說，而先辨別其臟性乎？

清・黃凱鈞《藥籠小品》 淫羊藿　性溫補腎，須輔入他藥，獨力無功。

清・王龍《本草纂要稿・草部》 仙靈脾　氣味辛寒。療男子絕陽不興，治女人絕陰不產。却老景昏耄，除中年健忘。益骨堅筋，增力強志。亦名淫羊藿。（百）〔北〕部淫羊日合百遍，食此藿所致。

清・莫樹蕃《草藥圖經》 （㶰）〔矮〕荷　（㶰）〔矮〕荷，即淫羊藿。所在皆有，葉形似小豆而圓，蒲莖細而堅，葉上有刺，根紫色有鬚，四月開白花，亦有紫花者，碎小，獨頭子。五月採葉，晒乾用，經冬不凋。根似黃連，辛寒，無毒。乃手足陽明三焦命門藥也。

清・張德裕《本草正義》卷上 淫羊霍　甘辛，性溫。腎、胃、三焦、命門藥。治陽衰陽痿，暖下部一切冷風勞風，筋骨拘攣，益精強志堅骨，補腰膝，助子嗣，善興陽道。用須羊油拌炒製過。

清・楊時泰《本草述鉤元》卷七 淫羊藿即仙靈脾。　江東、陝西、漢中、湖湘間皆有之，生大山中。一根數莖，莖粗如線，高一二尺，一莖二椏，一椏三葉，葉長二三寸，如杏葉及豆藿，面光背淡，甚薄而細，齒有微刺。

氣味甘香，辛溫。辛潤腎，甘溫益陽氣，可升可降，陽也。真陽不足者宜之。入手厥陰，為補命門、三焦要藥。亦入足少陰厥陰。主治陰痿絕傷，莖中痛，利小便，益氣力，強志《本經》。丈夫絕陽無子，女人絕陰無子，老人昏耄，中年健忘，一切冷風勞氣，筋骨攣急，四肢不仁，補腰膝，強心力。入補中益氣湯，治氣虛而陽道不興。蓋人自有生以後，一切真陽皆託於後天之氣，用補中加入此味，引之歸元裕陽，還以同升，而真陽乃畢暢也。與白蒺藜、甘枸杞、蓯蓉、五味、牛膝、山萸同用，為補陽妙劑。

論：淫羊藿入命門而補真陽。夫腎命真陽即人身之元氣也，凡絕陽絕陰諸病，不本之元氣，何以噓之於既槁乎。至於莖中痛，小便不利，皆肝腎氣虛所致，如能入腎而助元陽，即是補腎氣，而腎肝固同治者已。其味甘香，而微有辛溫。甘歸中土，舉水火二氣，由此為權輿。此品正以甘香，故能奏後天之功於絕陽絕陰，不概同於補陽之味。其於人之真陽不足者，既能使天氣達地以噓其枯；而真陽具足者，又能使地氣際天以暢厥用。如老人昏耄，中年健忘，皆元陽之衰敗而不能上升者也。以是思功，功可知矣。須知此味以降為升，其升由於能降也。

繆氏云：虛陽易舉，強陽不痿，夢遺不止，便赤口乾者，並忌。

修治：以夾刀翦去葉之四畔花枝，每斤用羊脂四兩拌炒，脂盡為度。山藥、紫芝為之使。得酒良。據此是止用葉，必得莖葉俱全，一一如瀕湖所說者乃真。

清・鄒澍《本經續疏》卷四 淫羊藿　【略】諸疏《本經》家類視陰痿為陽不充，淫羊藿之性偏寒，則難於置說，以故改寒為溫。辛溫之物治陰痿固當矣。不知於陰痿絕傷，莖中痛，小便不利，亦有當否耶？夫絕之訓為過，《後漢書・郭泰傳》注。陽過盛，陰不得與接；陰過盛，陽不得與接之謂也。又訓為斷《廣雅・釋詁》。陽道斷，不得至其處；陰道斷，不得至其處之謂也。假云陰過盛，陽不得與接，則莖中痛；云陰道斷，不得至其處，則小便不利，有是理乎？陰痿絕傷，莖中痛，小便不利者，陽盛於下，陰不能與相濟也。陽盛則吸水以自資，故小便不利。陽壅則溺道阻塞，故莖中痛。淫羊藿為物妙能於盛陽之月開白花，是致涼爽於陽中也。其一莖之所生，必三枝九葉，是導水聯木以向金也。一水數，三木數，九金數。導水以接火則火聚，聯木以生火則火安，致金就火則火劫而停者，皆應火金融液而下流，火聚則陰不痿，火安則莖中不痛。傍火之物下流，則小便利，不可謂無是理也。益氣力，強志，正與遠志之強志倍力對，彼則陽為陰翳，此則陽盛格陰，彼去翳而陽光舒，此陰入而陽光斂。陽舒則力寬裕而優厚，故曰倍。陽斂則力宛展而不衰，故曰益。《本經》之所主，皆有理可通。若云性溫，主真陽不足，縱使有說能辨，亦決不得一綫貫注。如此即如《別録》所載，瘰癧赤癰能消，下部有瘡能洗出蟲，又豈性溫補真陽者可為力哉？是以丈夫久服令人無子，必更為有子而後可通矣。明者自能稔之。

清・葉桂《本草再新》卷一 淫羊藿味辛，性燥，無毒。入肝、腎二經。　補命門，益精氣，堅筋骨，利小便，治絕陽不興，絕陰不產，冷風勞氣，四肢不仁。

清・吳其濬《植物名實圖考》卷八 淫羊藿　《本經》中品。《救荒本草》詳列各名，葉可煠食。柳柳州《仙靈脾》詩：乃言有靈藥，近在湘西原。服之不盈旬，蹩躠皆騰騫。又云：神哉輔吾足，幸及兒女奔。蓋此草為治腰膝之要藥。《救荒本草》云：密縣山中有之。滇大理府亦產，不止漢中諸郡，郄車而載。

清·趙其光《本草求原》卷一山草部　滛羊藿　一名仙靈脾。　氣寒而香，味辛帶甘，金土合德，能暢胃氣上致於肺，復使肺氣歸胃，以嘘枯竭而潤益腎精。凡因陰氣虚而絶陽不興，《經》曰陰虚則無氣，又火灼中筋則軟也。絶陰不產，陰傷則不孕。腰膝攣軟，入補中益氣湯以暢陽。蓋人生之後，真陽托於後天，後天衰而元陽不升，用此引之入腎而暢之耳。世以為溫補命門，大失《本經》之旨。三焦咳嗽，同五味、盆子。牙疼，為末，泡湯漱。莖中痛，尿不利，火鬱於中，宜辛散之，寒降之，肺肅則水行。浸酒飲，大能興陽，去腰膝軟。病後青盲，同淡豆豉煎服。痘疹入目。皆治。同靈仙研，米湯下。益氣力，辛益肺氣，寒潤腎氣，則壯火不至食氣。強志，腎足則志剛大。堅筋骨，消瘰癧、赤癰、下部瘡、洗出蟲。偏風不遂。水涸火動生風，浸酒日飲。北地有羊，食此，一日百合，故名。去枝取葉，羊脂拌炒，山藥為使，得酒良。

清·葉志詵《神農本草經贊》卷二　淫羊藿　味辛，寒。主陰痿絶傷，莖中痛，利小便，益氣力，強志。一名剛前。生山谷。

九葉三枝，植謀背水。紫溢柔鬚，青敷細齒。蹩躠騰騫，朸勑奮起。放杖逍遙，剛前振靡。朸，邱庚切；勑，枯懷切。

蘇頌曰：一名三枝九葉草。韓保昇曰：言生處不聞水聲者良，葉青似杏葉，根紫色有鬚。羅隱啟：更謀背水。李時珍曰：葉薄而細齒。柳宗元詩：蹩躠皆騰騫。《集韻》：朸人有力貌。日華子曰：一名放杖草。

清·文晟《新編六書》卷六《藥性摘錄》　淫羊藿　辛香甘，溫。入命門，兼入肝腎。治男子絶陽不興，女子絶陰不產。並治冷風勞氣，四肢麻木不仁，腰膝無力。〇火旺者忌之。〇去枝，羊脂拌炒。山藥為使，得酒良。

清·張仁錫《藥性蒙求·草部》　淫羊藿錢半　淫羊藿辛，溫腎命門。添精益氣，補火為能。一名仙靈脾。辛香，甘，溫。入肝、腎。補命門。〇去枝，羊脂拌炒。〇相火易動遠之。

清·劉善述、劉士季《草木便方》卷一草部　仙靈脾　淫羊藿辛味甘溫，益精利便強骨筋。陽衰陰絶補肝腎，四肢風痹勞氣清。用頭兜良。

清·戴葆元《本草綱目易知錄》卷一　淫羊藿　辛，香，甘，溫。手足陽明、命門、三焦藥。益精志，堅筋骨，補腰膝，強心力，利小便，消瘰癧赤癰。下部有瘡，洗之出蟲。治絶陽不興，絶陰不產，老人昏(髦)〔耄〕，中年健忘；一切冷風勞氣，筋骨攣急，四肢不仁，陰痿絶傷，莖中作痛。久服令人有子。去枝梗，用根葉，羊脂拌炒，得酒良。

清·黄光霽《本草衍句》　淫羊藿甘，溫。　益精氣，堅筋骨。入肝腎，補命門。陰痿莖痛，四肢不仁。真陽不足者宜之。得無灰酒浸，治偏風皮膚不仁。

清·陳其瑞《本草撮要》卷一　淫羊藿　味辛，入手足陽明經，功專益精氣，強心力。得無灰酒浸治偏風皮膚不仁。一名仙靈脾。去枝羊脂拌炒。山藥為使，得酒良。

清·李桂庭《藥性詩解》　賦得淫羊藿療風寒之痺得寒字。田春芳。　能補陰陽絶，淫羊力最寬。入肝尤入腎，醫痺又醫寒。按：淫羊藿性味辛香，氣乃甘溫。補益肝腎，療治風寒，且能治絶陽不興，絶陰不產也。

清·仲昴庭《本草崇原集説》卷中　淫羊藿　【略】仲氏曰：《本經》淫羊藿氣味辛寒七字，便與太陽標本之氣暗合。葉天士有浸酒治偏風不遂，水涸腰痛等語，係從唐人仙靈脾酒脱胎，緣此物辛寒，宜浸酒以助太陽陽熱之氣化。惜《經解》《經讀》但以辛寒補益水氣為辭，並不將太陽印證，則是辛寒主治亦不必專指淫羊藿也。故學者欲知《本經》藥性，必讀《崇原》。又曰：《經讀》為羊藿敘病因，意義層出，源委分明，絶非杜撰可比，是得力於《侶山堂》者。但《崇原》揭主治之理，語尚質。《經讀》陳主治之效，言近誇。羊藿之解，亦猶是也。然學者欲知其所以異，與其所以同，則又不在入門伊始之時，而在造道漸深之候矣。又曰：《本經》淫羊藿主治之病，專在下焦，曾以淫羊藿治之，總無不驗，故取《經讀》論病之善而存之，蓋論病既獨有所見，雖與經旨未必盡符，而主治之發明者，亦十得八九矣！

仙茅

宋·唐慎微《證類本草》卷一一草部下品〔宋·馬志《開寶本草》〕　仙茅　味辛，溫，有毒。主心腹冷氣不能食，腰脚風冷攣痹不能行，丈夫虛勞，老人失溺，無子，益陽道。久服通神强記，助筋骨，益肌膚，長精神，明目。一名獨茅根，一名茅爪子，一名婆羅門參。《仙茅傳》云：十斤乳石，不及一斤仙茅，表其功力爾。生西域，又大庾嶺。亦云：忌鐵及牛乳。二月、八月採根。今附。

〔宋·掌禹錫《嘉祐本草》〕按：日華子云：治一切風氣，延年益壽，補五勞七傷，開胃下氣，益房事。彭祖單服法：以米泔浸去赤汁出毒後，無妨損。

〔宋·蘇頌《本草圖經》〕曰：仙茅，生西域及大庾嶺，今蜀川、江湖、兩浙諸州亦有

之。葉青如茅而軟，復稍闊，面有縱理，又似椶櫚。至冬盡枯，春初乃生。三月有花如梔子黃，不結實。根獨莖而直，傍有短細根相附，肉黃白，外皮稍麁，褐色。二月、八月採根，暴乾用。衡山出者花碧，五月結黑子。謹按《續傳信方》敘仙茅云：主五勞七傷，明目，益筋力，宣而復補，本西域道人所傳。開元元年，婆羅門僧進此藥，明皇服之有效，當時禁方不傳。天寶之亂，方書流散，上都不空三藏始得此方，傳與李勉司徒、路嗣恭尚書、齊杭給事、張建封僕射服之，皆得力。路公久服金石無效，及得此藥，其益百倍。齊給事守縉雲，日少氣力，風瘮繼作，服之遂愈。八九月時採得，竹刀子刮去黑皮，切如豆粒，米泔浸兩宿，陰乾擣篩，熟蜜丸如梧子，每旦空肚酒飲任使下二十丸。禁食牛乳及黑牛肉，大減藥力也。《續傳信方》僞唐筠州刺史王顔所著，皆因國書編録，其方當時盛行。故今江南但呼此藥爲婆羅門參。

〔宋・唐慎微《證類本草》〕《海藥》云：生西域。麁細有筋，或如筆管，有節文理。其黃色多涎。梵云呼爲阿輸乾陁。味甘，微溫，有小毒。主風，補暖腰脚，清安五藏，强筋骨，消食。久服輕身，益顔色。自武城來，蜀中諸州皆有。葉似茅，故名曰仙茅。味辛，平。宣而復補，無大毒，有小熱，有小毒。主丈夫七傷，明耳目，益筋力，填骨髓，益陽不倦。用時竹刀切，糯米泔浸。雷公云：凡採得後，用清水洗令淨，刮上皮，於槐砧上用銅刀切豆許大，却用生稀布袋盛，於烏豆水中浸一宿，取出用酒濕抖了蒸，從巳至亥，取出暴乾。勿犯鐵，斑人鬚鬢。

宋・鄭樵《通志》卷七五《昆蟲草木略》　仙茅　曰獨茅根，曰茅瓜子，曰婆羅門參。傳云：十斤石乳，不及一斤仙茅。

宋・陳衍《寶慶本草折衷》卷一一　仙茅　一名獨茅根，一名茅爪子，一名婆羅門參，一名阿輸乾陁。生西域，及大庾嶺、蜀川、江湖、兩浙、衡山、武城，及戎州、江寧府。○二八九月採根，竹刀或銅刀刮去外皮，暴乾。又石灰同藏，不致蛀損。○忌鐵及牛乳、牛肉。

味辛、甘，平，溫，有小毒。○主心腹冷氣、不食，腰脚風冷攣痹不能行，虛勞失溺，無子，益陽，助筋骨，益肌膚，長精神，明目。十斤乳石，不及一斤仙茅。○日華子曰：治風氣，補五勞七傷，開胃下氣。○《圖經》曰：根獨莖而直，傍有短細根相附。肉黃白，皮麁褐，益筋力。宣而復補。服之禁食牛乳、牛肉，大減藥力也。○《海藥》云：主清安五藏，消食，填骨髓，用竹刀切，糯米泔浸。浸一宿後，酒拌了，暴燥。如欲末，以石磨各磨令細。○雷公云：勿犯鐵，斑人髭鬚。

明・蘭茂撰，清・管暄校補《滇南本草》卷中　仙茅　性溫，味辛、微鹹。入腎肝二經。治老人失溺，補腎興陽。又治婦人紅崩下血，攻癰疽排膿。

附方：治婦人紅崩下血，以成漏症。仙茅、三錢，為末。全秦歸、蛇果草，各等分，以二味煎湯，點水酒，將仙茅末送下。

補註：崩症日久，任督二脈虧損，脾氣虛而中氣下陷，腎氣虛而不能納血，猶已損之瓶，盛水必（浸）〔漫〕，故有漏症之說。此方秦歸養陰血，仙茅補任督而强陽道，而腎氣足，而無漏症矣。更取蛇果草之就下以澁血。

又方：治癰疽火毒，（浸）〔漫〕腫無頭，色青黑者。仙茅不拘多少，連根鬚，煎點水酒服。或以新鮮者，搗爛敷之，有膿者潰，無膿者消。

明・蘭茂《滇南本草》〔叢本〕卷中　仙茅　味辛、微鹹，性溫。入腎肝二經。治老人失溺，補腎，興陽道，暖腰膝。治婦人紅崩下血，攻癰疽排膿。奇方：治婦人紅崩下血，致成漏症。仙毛、三錢，為末。全秦歸、蛇菓草，用後二味煎湯，點水酒調仙茅末送下。註補：崩症日久，任督二脈虧損，脾氣虛而行中氣下陷也，腎氣虛而不能納血，猶瓶罐之積，腎水必浸，故有漏之說焉。是方秦歸養血，仙茅補任督而强陽道，故腎氣足而無漏症。取蛇菓草之就下以澀血。單方：治癰疽結毒，腫漫無頭，色皂單劑，仙毛連根鬚，煎湯，點水酒服。或有新鮮者，搗濫敷之。有膿者潰濫出頭，無膿者紅腫消散。

明・王綸《本草集要》卷三　仙茅　味辛，氣溫，有毒。以米泔浸去赤汁，出毒。忌犯鐵器，及食牛乳及黑牛肉。主心腹冷氣，不能食，腰脚風冷攣痹不能行。丈夫虛勞，老人失溺，益陽道，久服通神强記，助筋骨，益肌膚，長精神，明耳目。

明・滕弘《神農本經會通》卷一　仙茅　忌鐵及牛乳、黑牛肉。二月八月採根，以米泔浸去赤汁，出毒。一云烏豆水浸。　味辛，氣溫，有毒。東云：益腎，補元氣虛弱。

《本經》云：主心腹冷氣，不能食，腰脚風冷，攣痺不能行，丈夫虛勞，老人失溺無子，益陽道，久服通神强記，助筋骨，益肌膚，長精神，明目。日華子云：治一切風氣，延年益壽，補五勞七傷，開胃下氣，益房事。彭子單服法：以米泔浸去赤汁，出毒，無妨。《局》云：仙茅有毒味辛溫，主療風攣脚不伸。更治虛勞并冷氣，益陽堅骨長精神。仙茅，伸風者之脚攣，補虛堅骨。

明・劉文泰《本草品彙精要》卷一四　仙茅有毒　植生。

仙茅：主心腹冷氣不能食，腰脚風冷攣痹不能行，丈夫虛勞，老人失溺，無子，益陽道。久服通神，強記，助筋骨，益肌膚，長精神，明目。名醫所錄。【名】獨茅根、茅爪子、婆羅門參，梵云：阿輪乾陁。【苗】《圖經》曰：其葉如茅，青色，軟而稍闊，面有縱理，又似棕櫚，至冬盡枯，春初乃生，三月有花如梔子黃，不結實。其根獨莖而直，傍有短細根相附，肉黃白，外皮稍粗褐色。其葉似茅，故名仙茅也。傳云：十斤乳石不及一斤仙茅，表其功力耳。一種衡山出者，花碧色，五月結黑子，與此小異。【地】《圖經》曰：生西域及大庾嶺。今蜀川、江湖、兩浙諸州亦有之。【道地】戎州、江寧、衡山。【時】生：春初生苗。採：二月、八月取根。【收】暴乾。【用】根。【質】類芍藥而細小。【色】黃褐。【味】辛。【性】溫，散。

【氣】氣之厚者，陽也。【臭】香。【主】心腹冷氣，丈夫虛勞。【製】《雷公》云：凡採得後，用清水洗令淨，刮去皮，於槐砧上用銅刀切豆許大，卻用生稀布袋盛于烏豆水中浸一宿，取出，用酒濕拌了，蒸，從巳至亥，取出，暴乾，剉碎用。彭祖單服法：以米泔浸去赤汁，出毒後無妨損。【治】療：日華子云：除一切風氣，開胃下氣。《海藥》云：祛風，消食。補：日華子云：延年益壽，補五勞七傷。《海藥》云：補暖腰膝，清安五臟，強筋骨，明耳目。久服輕身，益顏色，填骨髓，益陽不倦。【忌】犯鐵器，斑人鬚鬢。若食牛乳、黑牛肉，大減藥力。

明・俞弁《續醫說》卷一〇　仙茅　洪州西山有諶母觀，母乃許旌陽授道之師也。觀有母所種仙茅，與今山野中所產不相遠，但採以作湯，則香味差別耳。若少年者飲之，至於口鼻皆出血，其性極熱也。此說出吳曾《能改齋漫錄》。

明・葉文齡《醫學統旨》卷八　僊茅　氣溫，味辛，有毒。以糯米泔浸去赤汁出毒，忌犯鐵器及食牛乳、黑牛肉。治心腹冷氣不能食，腰脚風冷攣痺不能行；丈夫虛勞，老人失溺，益陽道；久服通神強記，助筋骨，益肌膚，長精神，明耳目。

明・許希周《藥性粗評》卷三　仙茅用壯元陽之弱。

仙茅，即獨茅根也。葉青如茅而軟，腹稍闊，面有縱理，長五六寸，春初生苗，三月有花如梔子黃，不結實，其根大如指，長三四寸，獨莖而直，傍有短細根相附，肉黃白色，皮稍麄，褐色，好生亂茅叢中。服之可以通仙，故名。江南茅崗處處有之。一曰衡山出者花碧，五月結黑子。二八月採根，忌鐵器，以木鍬掘之，凡用以竹刀刮去粗皮，切如豆大，糯米泔浸二晝夜，頻頻易水，以赤水盡去出毒，陰乾，搗篩為細末，熟蜜丸如梧桐子大，甆瓶收貯，每旦空心，溫酒或米飲任意送下三十丸，忌食牛肉，減藥力。味辛、甘，性溫，有小毒。以米泔水浸去。主治五癆七傷，風痹虛冷，手足痿弱，元陽不足，無子，老人失溺，開胃下氣，生精補血，明目華色，壯陽道，益房事，助筋骨，平宣而有補，久服延年益壽，通神強記。傳云：十斤乳石，不及一斤仙茅，言其功之勝也。服食家以此為力省而功多，且載古人殊驗，茲不能具錄。

單方：壯陽延壽：方見前註。

明・鄭寧《藥性要略大全》卷七　仙茅　主心腹冷氣，不能食。腰脚風冷攣痺，五勞七傷，虛弱失溺，無子，益陽道，強筋力，益肌膚，消食明目。久服輕身通神。《珠囊》云：益腎扶元氣，補虛弱。味辛、苦，性溫，有毒。忌鐵及牛肉、牛乳。凡用以米泔水浸去赤汁，出毒，方可用此藥。葉青如茅而軟，稍闊，面有縱理，又似棕櫚。至冬盡枯，春初乃生。三月有花如梔子，黃，不結實。根獨莖而直，傍有細根附生。肉黃白、皮褐色。又衡山出者，花碧，結黑子。

明・陳嘉謨《本草蒙筌》卷二　僊茅　味辛，氣溫，有毒。西域多有，蜀浙亦生。葉青似茅，故此為譽。其根獨莖而直，旁附細根；內肉黃白多涎，外皮麄褐。二月八月採根曝乾。梵語呼阿輪乾陁，南人呼婆羅門蜜。咀禁鐵器，製浸米泔。去赤汁毒出無防，忌兩般牛肉牛乳。主心腹冷氣不能食，療腰足攣痹不能行。丈夫虛損勞傷，老人失溺無子。益肌膚，明耳目。助陽道，長精神。久久服之，通神強記。傳云：十斤乳石不及一斤僊茅，亦表其功力爾。誤服中毒舌脹者，急飲大黃朴硝數杯，仍以末摻舌間，遂旋愈也。

明・王文潔《太乙仙製本草藥性大全》卷一《本草精義》　仙茅　一名獨茅根，一名茅爪子，一名婆羅門參。生西域及大庾嶺，今蜀川、江湖、兩浙諸州亦有之。此藥葉青如茅而軟，稍闊，面有縱理，又似棕櫚，至冬盡枯，春初乃生。三月有花如梔子黃，不結實，根獨莖而直，傍有細根附生，肉黃白多涎，皮稍粗，褐色。二月八月採，根，曝乾用。衡山出者花碧，結黑子者佳。

明・王文潔《太乙仙製本草藥性大全》卷一《仙製藥性》　僊茅　味辛，氣溫，有毒。主治：主心腹冷氣不能食，療腰足攣痹不能行。丈夫虛損勞傷，老人失溺無子。扶元氣益腎，補虛弱風冷。益肌膚，明耳目，助陽道，

長精神。久久服之，通神強記。傳云十斤乳石不及一斤僊茅，亦表其功力耳。誤服中毒舌脹者急服大黃、朴硝數盃，仍以末摻舌間，遂旋愈也。　補註：　主丈夫五勞七傷，明耳目，益筋力，填骨髓，益陽不倦，療風氣，延年益壽，開胃下氣。八九月時採得，竹刀子刮去黑皮，切如豆粒，米泔浸兩宿，陰乾，擣篩，熟蜜丸如梧子大，每旦空肚酒飲任使下二十丸。禁食牛乳及黑牛肉，大減藥力也。即今江南但呼此藥爲婆羅門參。　太乙曰：　凡採得後，用清水洗令净，刮上皮，於槐砧上用銅刀切豆許大，却用生稀布袋盛於烏豆水中浸一宿，出用酒濕拌蒸，從巳至亥，取出曝乾。勿犯鐵，斑人鬚鬢。

明·皇甫嵩《本草發明》卷三　仙茅下品下，佐使。氣溫，味辛，有毒。　發明曰：　仙茅辛溫，助陽溫經之藥也。故《本草》主心腹冷氣不能食，以能溫胃也。腰脚風冷攣痺不能行，暖筋骨也。丈夫虚勞無子，益陽道，老人失溺，助陽氣也。益肌膚，助筋骨，久服長精神，明目，通神強記，皆溫經助腎之功。又云治一切風氣及五勞七傷，開胃下氣，益房事，與《本經》義同。《仙茅傳》云十斤乳石不及一斤仙茅，表其功力耳。雷公云：　採得清水洗淨，刮去皮，槐砧上銅刀切豆許大，以生稀布袋盛于烏豆水中浸一宿，取出，用酒同蒸半日，取出曝乾。勿犯鐵器，忌牛乳及黑牛肉，大減藥力。（食）彭祖單服法：　以米泔浸出赤汁，去毒後無妨損。

明·李時珍《本草綱目》卷一二草部·山草類上　仙茅《宋開寶》

【釋名】獨茅《開寶》　茅爪子《開寶》　婆羅門參珣曰：　其葉似茅，久服輕身，故名仙茅。梵音呼爲阿輪勒陁。頌曰：　其根獨生。始因西域婆羅門僧獻方於唐玄宗，故今江南呼爲婆羅門參，言其功補如人參也。

【集解】珣曰：　仙茅生西域，葉似茅，其根粗細有節，或如筆管，有節文理。〔花〕黄色多涎。自武城來，蜀中諸州亦皆有之。〔頌曰〕：　今大庾嶺、蜀川、江湖、兩浙諸州亦有之。葉青如茅而軟，且略闊，面有縱文。又似初生椶櫚秧，高尺許。至冬盡枯，春初乃生。三月有花如巵子花，黄色，不結實。其根獨莖而直，大如小指，下有短細肉根相附，外皮稍粗褐色，內肉黄白色。二月、八月採根暴乾用。衡山出者花碧，五月結黑子。時珍曰：　蘇頌所説詳盡得之。但四五月中抽莖四五寸，開小花深黄色六出，不似巵子。處處大山中有之，人惟取梅嶺者用，而《會典》成都歲貢仙茅二十一斤。

根　【修治】斅曰：　採得以清水洗，刮去皮，於槐砧上用銅刀切豆許大，以生稀布袋盛，於烏豆水中浸一宿，取出用酒拌濕蒸之，從巳至亥，取出暴乾。勿犯鐵器及牛乳，斑人鬢鬚。大明曰：　彭祖單服法：　以竹刀刮切，糯米泔浸，去赤汁出毒，後無妨損。　【氣味】辛，温，有毒。珣曰：　葉，微温，有小毒。又曰：　辛，平，宣而復補，無大毒，有小熱、小毒。

【主治】心腹冷氣不能食，腰脚風冷，攣痺不能行，丈夫虚勞，老人失溺無子，益陽道。久服通神強記，助筋骨，益肌膚，長精神，明目《開寶》。治一切風氣，補暖腰脚，清安五臟。久服輕身，益顔色。丈夫五勞七傷，明耳目，填骨髓李珣。開胃消食下氣，益房事不倦大明。

【發明】頌曰：　五代唐筠州刺史王顔著《續傳信方》，因國書編録西域婆羅門僧服仙茅方，當時盛行。云五勞七傷，明目益筋力，宣而復補。云十斤乳石不及一斤仙茅，表其功力也。本西域道人所傳。開元元年婆羅門僧進此藥，明皇服之有效，當時禁方不傳。天寶之亂，方書流散，上都僧不空三藏始得此方，傳與司徒李勉、尚書路嗣恭、給事齊杭、僕射張建封服之，皆得力。路公久服金石無效，得此藥，其益百倍。齊給事守（晉）〔縉〕雲日少氣力，風疹繼作，服之遂愈。八九月採得，竹刀刮去黑皮，切如豆粒，米泔浸兩宿，陰乾擣篩，熟蜜丸梧子大，每旦空心酒飲任便下二十丸。忌鐵器，禁食牛乳及黑牛肉，大減藥力。機曰：　五臺山有仙茅，患大風者，服之多瘥。時珍曰：　按《許真君書》云：　仙茅久服長生。其味甘能養肉，辛能養節，苦能養氣，鹹能養骨，滑能養膚，酸能養筋，宜和苦酒服之，必效也。又范成大《虞衡志》云：　廣西英州多仙茅，其羊食之，舉體悉化爲筋，不復有血肉，食之補人，名乳羊。沈括《筆談》云：　夏文莊公禀賦異於人，但睡則身冷如逝者，既覺須令人温之，良久乃能動。常服仙茅、鍾乳、硫黄，莫知紀極。觀此則仙茅蓋亦性熱，補三焦命門之藥也，惟陽弱精寒、禀賦素怯者宜之。若體壯相火熾盛者服之，反能動火。按張杲《醫説》云：　一人中仙茅毒，舌脹出口，漸大與肩齊。因以小刀剺之，隨破隨合，剺至百數，始有血一點出，曰可救矣。煮大黄、朴消與服，以藥摻之，應時消縮。此皆火盛性淫之人過服之害也。弘治間，東海張弼《梅嶺仙茅詩》，有使君昨日纔持去，今日人來乞墓銘之句。皆不知服食之理，惟借藥縱恣以速其生者，於仙茅何尤。

【附方】新二。

仙茅丸：　壯筋骨，益精神，明目，黑髭鬚。仙茅二斤，糯米泔浸五日，去赤水，夏月浸三日，銅刀刮剉陰乾，取一斤；蒼术二斤，米泔浸五日，刮皮焙乾，取一斤；枸杞子一斤；車前子十二兩；白茯苓去皮，茴香炒，柏子仁去殼，各八兩；生地黄焙，熟地黄焙，各四兩，爲末，酒煮糊丸如梧子大。每服五十丸，食前温酒下，日二服。《聖濟總録》。

定喘下氣：　補心腎。神秘散：　用白仙茅半兩，米泔浸三宿，曬炒；團參二錢半，阿膠一兩半，炒；鷄膍胵一兩，燒，爲末。每服二錢，糯米飲空心下，日二。《三因方》。

明·佚名氏《醫方藥性·草藥便覽》　仙茅根　其性甘。止屻血，去惡血，生新血。

明·梅得春《藥性會元》卷上　仙茅　味辛，氣溫，有毒。　主治心腹氣不能食，逐腰脚風冷氣，攣痺不能行，丈夫虚勞，老人失溺無子，益陽道，長精神，明目聰耳，益腎，補元氣，堅骨生肌。余曾見一人無子，嗜服此藥，後致吐血而殞，書此戒之。

明·杜文燮《藥鑒》卷二　仙茅　氣溫，味辛。足少陰劑也。益肌膚，明耳目，強陽事，壯精神，久服大有奇功。惟氣溫，故能除心腹冷氣，不能食。惟味辛，故能療腰足攣痹不能行。合氣與味，又能治大人虛損勞傷，老人失溺無子。忌牛肉、牛乳。

明·李中立《本草原始》卷三　仙茅　始生西域及大庾嶺，今蜀川、江湖、兩浙諸州亦有之。葉青如茅而軟且略闊，面有縱文，又似棕櫚。至冬盡枯，春初乃生。三月有花，如梔子花，黃色，不結實。其根獨莖而直，傍有短細根相附，肉黃白，外皮稍麄，褐色。二月、八月採根，暴乾。梵音呼為阿輪勒陁。始因西域婆羅門僧獻方於唐玄宗，故今江南呼為婆羅門參，言其功補如人參也。珣曰：其葉似茅，久服輕身，故名仙茅。仙茅：氣味：辛，溫，有毒。主治：心腹冷氣不能食，腰脚風冷攣痹不能行。丈夫虛勞，老人失溺無子，益陽道，久服通神強記，助筋骨，益肌膚，長精神明目。○治一切風氣，補暖腰脚，清安五臟。久服輕身，益顏色。丈夫五勞七傷，明耳目，填骨髓。○開胃消食下氣，益房事不倦。

仙茅，宋《開寶》。【圖略】修治：仙茅，以竹刀刮切，糯米泔浸去赤汁，出毒後無妨損。

謹按：《續傳信方》敘仙茅云：主五勞七傷，明目，益筋力，宣而復補。本西域道人所傳。開元元年，婆羅門僧進此藥，明皇服之有效，當時禁方不傳。天寶之亂，方書流散，上都不空三藏始得此方，傳與李勉司徒、路嗣恭尚書、齊杭給事張建封僕射，服之皆得力。路公久服金石無效，其得此藥，其益百倍。齊給事守縉雲，日少氣力，風瘆繼作，服之遂愈。八九月時採得，竹刀刮去黑皮，切如豆粒，米泔浸兩宿，陰乾，擣篩，熟蜜丸如梧子，每旦空肚酒飲，任使下二十丸。禁食牛乳及黑牛肉，大減藥力也。《續傳信方》偽唐筠州刺史王顏所著，皆因國書編錄其方，當時盛行，故今江南但呼此藥為婆羅門參。仙茅勿犯鐵，班人鬚鬢。

明·張懋辰《本草便》卷一　仙茅　味辛，氣溫，有毒。以米泔浸去赤汁出毒。忌犯鐵器及食牛乳及黑牛肉。　主心腹冷氣不能食，腰脚風冷攣痹不能行，丈夫虛勞，老人失溺，益陽道，久服通神，強記，助筋骨，益肌膚，長精神，明耳目。

明·李中梓《藥性解》卷四　仙茅　味辛，性溫，有毒，入肝、腎二經。主心腹冷氣，不能食，腰足攣痹，不能行，丈夫血損勞傷，老人失溺無子。強陽道，補精血，明眼目，堅骨髓。洗淨去皮，銅刀切如豆大，生稀布袋盛，于烏豆水中浸一宿，酒拌，蒸半日，晒乾用，勿犯鐵器，忌牛肉、牛乳。按：仙茅性溫，本入腎經，而肝者腎所生也。故兼入之。傳云：十斤乳石不及一斤仙茅，蓋表其功爾。中其毒者，令人舌脹，急煎大黃朴硝湯飲之，復以末摻舌間，即解。素有火症者勿用。

明·繆希雍《本草經疏》卷一一　仙茅　味辛，溫，有毒。主心腹冷氣不能食，腰脚風冷攣痹不能行，丈夫虛勞，老人失溺、無子，益陽道。久服通神強記，助筋骨，益肌膚，長精神，明目。

〔疏〕仙茅稟火金之氣，然必是火勝金微。雖云辛溫，其實辛熱有毒之藥也。氣味俱厚，可升可降，陰中陽也。入手足厥陰經。命門真陽之火，即先天祖氣。天非此火不能生物，人非此火不能有生。故真火一衰，則虛勞無子，陽道痿弱，老人失溺，風冷外侵，為腰脚不利，攣痹不能行，并不能生土，以致脾虛腹冷不能食。此藥味辛氣熱，正入命門補火之不足，則諸證自除，筋骨自利，皮膚自益也。命門之系，上通於心，相火得補，則君火益自振攝，故久服能通神強記也。長精神、明目〔者〕，言真陽足，陰翳消，肝腎俱補之極功耳。〔主治參互〕《聖濟總錄》仙茅丸：壯筋骨，益精神，明目，黑髭鬚。仙茅二斤，糯米泔浸五日，去赤水，夏月浸三日，銅刀刮剉，陰乾，取一斤。枸杞子一斤，車前子十二兩，白茯苓去皮茴香炒、柏子仁去殼各八兩，生地黃焙、熟地黃焙各四兩，為末，酒煮糊丸如梧子大。每服五十丸，食前溫酒下，日二服。〔簡誤〕凡味之毒者必辛，氣之毒者必熱。仙茅味辛，氣大熱，其為毒可知矣。雖能補命門，益陽道，助筋骨，除風痹，然而病因不同，寒熱迥別，施之一悞，禍如反掌。況世之人火旺致病者，十居八九。火衰成疾者，百無二三。辛溫大熱之藥，其可常御乎？凡一概陰虛發熱，欬嗽，吐血，衄血，齒血，溺血，血淋，遺精，白濁，夢與鬼交，腎虛腰痛，脚膝無力，虛火上炎，口乾咽痛，失志陽痿，水涸精竭，不能孕育，老人孤陽無陰，遺溺失精，血虛不能養筋，以致偏枯痿痹，胃家邪熱不能殺穀，胃家虛火，嘈雜易飢，三消五疸，陰虛內熱，外寒陽厥，火極似水等證，法竝禁用。

明·倪朱謨《本草彙言》卷一　仙茅　味苦、辛，氣熱，有小毒。氣味俱

厚，可升可降，陰中陽也。入手足厥陰經。　蘇氏曰：仙茅生西域及大庾嶺，川蜀、江湖、兩浙亦有。葉青如茅而軟，較茅稍闊，面有縱紋，似初生椶櫚狀。夏抽莖，勁直，至秋高尺許，冬至盡枯，春初復生也。三四月開花，深黃色，酷似梔子瓣，不結實。根獨枝而直，大如指頭，下有短細肉蕤相附。外皮粗褐，內肉黃白。二八月采根，曝乾。獨衡山出者，花色翠碧，結黑子。亦有白色花者。修治：以水浸，刮去皮，切作豆大，酒浸一宿。去赤汁，曬乾用。

仙茅：助陽氣，暖藏府，李時珍壯筋脉、强骨力之藥也。葛小溪稿《開寶》方：統治一切風氣冷痹，腰脊痿軟，足膝攣癱，不能行立；或陽道久虛，子嗣難成；或血室衰寒，胎娠罔育；或腎弱精寒，瞳人昏障；或脾虛氣憊，水穀不消。此藥培土益陽，凡屬陰凝痼冷之疾，總能治之。然味辛氣熱，性毒而烈。凡一切陰虛發熱，咳嗽吐血、衄血、齒血、溺血、淋血，遺精白濁，夢與鬼交；或虛火上炎，口乾咽痛；或水涸血竭，夜熱骨蒸；或腎虛有火，脚膝無力；或多慾精耗，不能種子；或血熱經枯，不能受孕；或多食辛熱炙煿之味，或久服金石丹火之藥，以致筋骨偏痹，攣癱不起；或胃火攻灼，邪熱不能消穀；或胃熱血耗，嘈雜易于作飢；或三消十藏，五疸八痢；或諸病外寒內熱，陽極發厥，火極似水等證，法并禁用。　李士材先生曰：仙茅辛熱雄健，助陽道，壯命門火。若心腹、若腰足、若筋骨，陽明、厥陰兩藏寒虛，以此潤宗筋，束骨而利機關，在所必需者也。倘壯火熾然，少火食氣者，誤服必有暴絕之禍。慎之慎之！

集方：《方氏本草》治一切風氣冷痹，腰脊痿軟，足膝癱攣，不能行立；或精虛血冷，子嗣難成；或瞳人寒障不明；或胃寒水穀不化等證，用仙茅一斤，酒浸五日，曬乾，炒，枸杞子、懷生地、覆盆子、人參、白朮、當歸、黃耆、牛膝、白芍藥、小茴香、甘菊花、蜜蒙花、知母各二兩，俱酒拌炒，煉蜜丸，每早服三錢，白湯下。〇治跌傷打傷，杖傷夾傷，或木石壓傷等證；或筋骨內損，血冷不散。用仙茅一味，傷在上部，作末子，食後服，每用二錢，酒下；傷在下部，作丸子，食前服，每用三錢，酒下；傷在遍身，浸酒蒸熟服，隨食前食後，亦隨量飲。

明・黃承昊《折肱漫録》卷三　仙茅助陽，原非常用之藥，有人極贊其功效。予宦南安，携十餘觔歸，以遺友應大室方伯，不受覆予柬云：此藥有毒，能殺人。予遂不敢以相遺，尚容再考。

明・李中梓《醫宗必讀・本草徵要上》　仙茅味辛，溫，有小毒。入腎經。忌鐵器，禁牛乳。糯米泔浸一宿，去赤汁則毒去。助陽填骨髓，心腹寒疼，開胃消宿食，强記通神。補而能宣，西域僧獻於唐玄宗，大有功力，遂名婆羅門參。廣西英州多仙茅，羊食之遍體化為筋，人食之大補。其消食者助少火以生土，土得乾健之運也；其强記者，腎氣時上交於南離故也。按：仙茅專於補火，惟精寒者宜之，火熾者有暴絕之戒。

明・蔣儀《藥鏡》卷一溫部　仙茅　入命門，而扶衰火，則虛損勞傷，陽道痿弱之仙方也。補相火，耑助君火，則通神强記，長精明目之聖藥也。脾虛腹冷不能食者，得其氣之溫，而運化自健。腰足攣痺不能行者，得其味之辛，而步履如常。

明・張景岳《景岳全書》卷四八《本草正》　仙茅　味辛，溫，有小毒，陽也。能助神明，强筋骨，益肌膚，培精血，明耳目，填骨髓，開胃消食，助益房事，溫利五臟，補暖腰脚。此西域婆羅門僧獻方於唐明皇，服之有效，久秘而後得傳。按許真君書云：仙茅久服，可以長生。其味甘能養肉，辛能養節，苦能養氣，鹹能養骨，滑能養膚，酸能養筋，宜和苦酒服之，必效也。然仙茅性熱，惟陽弱精寒，稟賦素怯者宜之。若體壯相火熾盛者，服之大能動火，不可不察。凡製用之法，於八九月采得，用竹刀刮去黑皮，切如豆粒，糯米泔浸兩宿，去赤汁，用酒拌蒸之，從巳至亥，製之極熟，自無毒矣。然後曝乾搗篩，熟蜜丸桐子大，每空心酒飲任下二三十丸。忌食牛乳及黑牛肉，恐減藥力也。若隨群補藥中為丸服之，無所不可。

明・盧之頤《本草乘雅半偈》帙一〇　仙茅宋《開寶》　氣味：辛，溫，有毒。主治：主心腹冷氣〔不能食〕，腰脚風冷攣痹不能行，丈夫虛勞，老人失溺無子，益陽道。久服通神强記，助筋骨，益肌膚，長精神，耳目聰明。

覈曰：生西域及大庾嶺，川蜀、兩浙亦有。葉青如茅而軟，略闊于茅，面有縱紋，似初生椶櫚狀。夏抽勁莖，秋高尺許，冬至盡枯，春初乃生也。三四月開花深黃色，似巵子瓣，不結實。根獨豎而直，大如小指，下有短細肉相附，外皮稍粗褐，內肉只黃白。二八月採根，暴乾。衡山者花翠碧，結黑子；亦有白花似巵子者。修事：東流水洗刮去皮，槐砧上以銅刀切作豆粒大，烏大豆水中浸一宿，醇酒拌挹，蒸之，從巳至亥，暴晒用。勿犯鐵及牛乳，恐班人髮也。

糸曰：仙茅陽草，足厥陰中治，足陽明氣化藥也。陽明之上，燥氣主之；厥陰之中，相火治之。設陽明標虛，厥陰中失者，則宗筋縱，攣痹不能行，及心腹冷氣，腰脚風冷，丈夫虛勞，老人失溺無子矣。仙茅主益陽道，潤宗筋，刺骨而利關機，為力甚易。陰平陽秘人，久服助筋骨，益肌膚，長精神，耳目聰明，通神強記，誠駐形久視所必需物耳。倘壯火熾然，少火食氣者，不堪僭服。以功齊雄附，而雄附但起貞下之元，此更長淫業之毒，慎之。慎之！

明·李中梓《本草通玄》卷上 仙茅 辛，溫，有毒，腎經藥也。益陽道，暖腰膝，強筋骨，美顏色，腹冷不能食，攣痺不能行，皆為要藥。按：仙茅宣而能補，頗稱良劑，但有小毒，服以縱慾者，自速其生，於仙茅何咎？忌鐵以糯米泔浸一宿，去赤汁陰乾用，便不損人。

清·顧元交《本草彙箋》卷一 仙茅 則辛熱而有毒矣。蓋凡味之毒者，必辛。氣之毒者，必熱也。其功力彷彿淫羊藿，王顏、許真君、范成大、沈括，皆歷記其效，今人則藉以恣慾助淫，速其斃矣。

清·穆石匏《本草洞詮》卷八 仙茅 其葉似茅，久服長生，故名。成都以充歲貢。廣西英州多仙茅，其羊食之，舉體悉化為筋，不復有血肉也。氣味辛甘，溫，有毒。治心腹冷氣不能食，腰脚風冷攣痺不能行，益陽道，助筋骨，開胃消食。許真君云：仙茅甘能養肉，辛能養節，苦能養氣，鹹能養骨，滑能養膚，酸能養筋，宜和苦酒服之，必效。王顏謂陽弱精寒，稟賦素怯者宜之。若體壯火熾者，非所宜也。東垣云：一人中仙茅毒，舌脹出口，漸大與肩齊，以小刀劈之，隨破隨合，劈致百數，始有血一點出，聊可施救。張弼《梅嶺仙茅詩》云：使君昨日纔持去，今日人來乞墓銘。此亦為藉藥縱欲者戒也，仙茅何咎哉？

清·劉雲密《本草述》卷七下 仙茅 覈曰：生西域及大庾嶺，蜀川、两浙亦有之。葉青如茅而軟，畧濶於茅，面有縱紋，似初生椶櫚狀，夏抽勁莖，秋高尺許，至冬盡枯，春初乃生也。三四月開花深黃色，似梔子，瓣不結實，其根獨莖而直，大如小指，下有短細肉蕤相附，外皮稍粗褐，內肉黃白色。二八月采根，曝乾用。衡山出者，花翠碧，五月結黑子。亦有白花似梔子者。

氣味 辛，溫，有毒。 珣曰：甘，微溫，有小毒。又曰：辛，平。宣而復補。無大毒，有小熱、小毒。

主治：心腹冷氣，不能食，腰脚風冷，攣痺不能行，丈夫虛勞，老人失溺，無子，益陽道，助筋骨，明耳目，長精神，能通神強記，益皮膚《開寶》。治一切風氣李珣。

希雍曰：仙茅稟火金之氣，然必是火勝金微，雖云辛溫，其實辛熱有毒之藥也。氣味俱厚，可升可降，陰中陽也。入手足厥陰經。命門眞陽之火，即先天祖氣，天非此火，不能生物，人非此火，不能有生。故眞火一衰，則虛勞，無子，陽道痿弱，老人失溺，風冷外侵，為腰脚不利，攣痺不能行，并不能生土，以致脾虛腹冷不能食。此藥味辛氣熱，正入命門，補火之不足，則諸證自除，筋骨自利，皮膚自益也。命門之系，上通於心，相火得補，則君火益自振攝，故久服能通神強記也。長精神，明目者，言眞陽足，陰翳消，肝腎俱補之極功耳。

愚按：諸本草於仙茅，主治大都補陰中之陽。繆希雍所云補命門眞陽之火是也。第陽以陰為主，《經》言出地者，陰中之陽，陽予之正，陰為之主，是以陰勝而陽不足者，陽不能為陰之政，豈謂仙茅非適治之味哉？如陰虛而陽亢者，陰又不能為陽之主矣。此味固為禁劑，即陰陽俱虛，而補陽亦必主以補陰。若漫言陽為陰之先，止恃此以補虛勞也，不亦絕其化原乎哉？此投劑者，於仙茅宜致慎也。或曰：桂附之補陽，何以不切切慎之？在之頤有云：仙茅功齊雄、附，但雄、附起貞下之元，此更深淫業之毒。慎之！慎之！如斯數語，是亦微中矣。然閱方書於諸證，主治更復寥寥，其亦有所鑒也乎。

李珣《海藥本草》：治一切風氣。蓋屬陽微，而風之虛者也。希雍曰：凡味之毒者必辛，氣之毒者必熱。仙茅味辛，氣大熱，其為毒可知矣。雖能補命門，益陽道，助筋骨，除風痺，然而病因不同，寒熱迥別，施之一悞，禍如反掌。況世之人，火旺致病者十居八九，火衰成疾者，百無二三。辛溫大熱之藥，其可常御乎？凡一槩陰虛發熱咳嗽，吐血、衄血、齒血、溺血、血淋，遺精白濁，夢與鬼交，腎虛腰痛，脚膝無力，虛火上炎，口乾咽痛，失志陽痿，水涸精竭，不能孕育。老人孤陽無陰，遺溺失精，血虛不能養筋，以致偏枯痿痹。胃家邪熱，不能殺穀。胃家虛火嘈雜易飢，三消五疸，陰虛內熱，外寒陽厥，火極似水等證，法並禁用。

修治 以竹刀刮切，糯米泔浸去赤汁，出毒後，無妨損。

清·郭章宜《本草匯》卷九 仙茅 甘、辛，微溫，有小毒，氣味俱厚，可升可降，陰中陽也。入手足厥陰三焦命門。壯陽事而暖腰脚，祛冷氣而填骨

髓。益精力，助筋骨，治攣痺不能行。明目，黑髭鬚。大明言消食者，助少火以生土，土得乾健之運，則胃強而食化。《開寶》言強記者，腎氣時上，交于南離，藥味辛熱，補命門火之不足，命門之系，上通于心，相火得補，則君火自振，故能通神強記。又長精明目者，真陽足則陰翳消，肝腎俱補之極功也。按：仙茅稟火金之氣，故專于補火。許真君云：久服仙茅，長生不老。其味甘能養肉，辛能養肺，苦能養氣，鹹能養骨，滑能養膚，酸能養筋。西域婆羅門僧獻此藥于唐玄宗，大有功効，宣而復補，江南呼為婆羅門參，言其功如人參也。梵音呼為阿輪勒陁。然雖曰辛溫，其實辛熱有毒。大抵味之毒者必辛，氣之毒者必熱。雖能補命門，助筋骨，但病因不同，寒熱迥別，施之一悞，禍如反掌。況世人火旺致病者十居八九，火衰成病者百無一二，則辛溫大熱之藥，其可常御乎？惟宜于陽弱精寒，禀賦素怯者。若陰虛發熱，欬嗽吐血，火極似水，外寒陽厥等證，法並禁用。若中其毒，舌脹出口，煮大黃、朴硝與服，仍以藥摻之，即消。

清水洗，竹刀刮去皮，米泔浸去赤汁，酒拌蒸之，暴乾用。犯鐵器、牛乳，斑人鬢鬚。

清・蔣居祉《本草擇要綱目・溫性藥品》 仙茅 氣味：辛，溫，有毒。採得以新水洗，刮去皮毛，用銅刀切如豆許大，稀布袋盛貯，投烏豆水中浸一宿，取出，用酒拌濕，蒸之，從巳至亥，曝乾，出毒，庶無妨損。忌鐵器及牛乳。 主治：開胃消食下氣，益房事不倦，補三焦命門之火。陽弱精寒，禀賦素怯者宜之。

清・閔鉞《本草詳節》卷一 仙茅 【略】按：仙茅，甘能養肉，辛能養肺，苦能養氣，鹹能養骨，滑能養膚，酸能養筋。宜和苦酒服之，自效。惟陽弱精寒，禀賦素怯者宜之。否則，反動相火，而成大害。

清・王翃《握靈本草》卷二 仙茅今川蜀、江湖、兩浙皆有之。其根粗細有節，或如筆管，有節文理，黃色。黑豆汁浸一宿，酒拌蒸半日，曝乾用。忌鐵器。 主治：仙茅辛，溫，有毒。主心腹冷氣，腰脚風冷攣痺，丈夫虛勞，老人失溺，陽痿無子。助筋骨，益肌膚，補精明目，房事無倦。

清・汪昂《本草備要》卷二 仙茅燥，補腎命。 辛，熱，有小毒。助命火，益陽道，明耳目，補虛勞。治失溺無子，心腹冷氣不能食，溫胃。腰脚冷痹不能行。暖筋骨。 相火盛者忌服。 葉如茅而略闊，根如小指，黃白多涎。竹刀去皮，切，糯米泔浸，去赤汁，出毒用。忌鐵。唐婆羅門始進此方，當時盛傳，服之多效。照前製，陰乾，蜜丸，酒服。禁牛乳、牛肉。許真君書云：甘能養肉，辛能養節，苦能養氣，鹹能養骨，酸能養筋，滑能養膚，和苦酒服之必效。

清・吳楚《寶命真詮》卷三 仙茅 【略】益陽道，暖腰膝，強筋骨，美顏色，填骨髓，攣痺不得行，心腹冷痛，開胃消宿食，助少火以生土。強記通神。腎氣時上交於南離故也。 補而能宣，頗稱良劑。西域僧獻於唐玄宗，大有功力，遂名婆羅門參。廣西英州多仙茅，羊食之遍體化為筋，人食之大補。〇精寒者宜，火熾當戒。

清・陳士鐸《本草新編》卷三 仙茅 味辛，氣溫，有毒。入腎。主心腹冷氣，療腰膝攣痹，不能行走，男子虛損勞傷，老人失溺，無子，益肌膚，明耳目，助陽道，長精神，久服通神強記。中仙茅毒者，含大黃一片即解，不須多用大黃也。此種藥近人最喜用之，以《本草》載其能助陽也。然而全然不能興陽。蓋仙茅氣溫，而又入腎，且能去陰寒之氣，以止老人之失溺，苟非助陽，烏能如此。而子獨謂全不興陽者，以仙茅之性，與附子、肉桂迥異。仙茅雖溫，而無發揚之氣，長于閉精，而短于動火。閉精，則精不易泄，止溺，則氣不外走，無子者自然有子，非因其興陽善戰，而始能種玉也。予辨明其故，使世之欲閉其精者，用之以固守其精。而元陽衰憊，痿弱而不舉者，不可惑于助陽之說，錯用仙茅，歸咎于藥之不靈也。

或問：仙茅閉精，而不能興陽，其說甚創，然子論之甚辨，豈亦有試之而云然乎？曰：余論其性耳，何試為然，而余亦曾自試之矣。予平日之陽，亦未甚衰也，服仙茅半年，全然如故。余不得其意，後遇岐天師之指示，而始爽然自失也。仙茅閉精，而不興陽，實身試而有驗，乃閱歷之語，非猜度之辭也。

清・李熙和《醫經允中》卷二〇 仙茅 入手足厥陰三焦經。弗犯鐵器。忌牛肉、牛乳。 辛，溫，有毒。主治心腹冷氣不能食，腰足攣痺不能行，丈夫虛損勞傷，老人失溺無子，壯陽道，明耳目，長精神，助筋力，久久服之，通神強記。但辛溫大熱，宜于陽弱精寒。若陰虛發熱，欬嗽吐血者禁用。倘服中毒舌脹者，飲大黃、朴硝數杯可解。

清・吳震方《嶺南雜記》 仙茅 出庚嶺嫦娥嶂。葉似蘭，根如萎蕤，色白。【略】九製服之，溫補元氣。唐明皇時，婆羅門僧進此方，服之有驗。古云：十斤乳石，不敵一斤仙茅。

清・馮兆張《馮氏錦囊秘錄・雜症痘疹藥性主治合參》卷三　仙茅稟火金之氣，故味辛，溫，有毒。氣味俱厚，入手足厥陰經。辛溫之氣，正補命門火之不足，所以諸證自除，筋骨陽道自旺。且命門之系，上通於心，相火得補，則君火益自振攝，故能通神強記，且真陽足，陰翳消，肝腎俱補，故能明耳目，但陽氣衰弱者最宜，陰虛火盛者切忌。　仙茅有毒，主心腹冷氣不能食，療腰足攣痹不能行。丈夫虛損勞傷，老人失溺無子。益肌膚，黑髭鬚，壯筋骨，填骨髓，明耳目，助陽道，長精神，久久服之，通神強記。

《聖濟總錄》：　仙茅丸，壯筋骨，益精神，明耳目，黑髭鬚。仙茅二觔，糯米泔浸五日，去赤水，夏月浸三日，銅刀刮去皮，酒拌蒸，剉碎，陰乾，取一斤，枸杞子一斤，車前子十二兩，白茯苓去皮，茴香炒，栢子仁去殼各八兩，生地黃焙、熟地黃焙各四兩，為末，酒煮糊丸如梧子大，每服五十丸，食前溫酒下，日二服。凡味之毒者必辛，氣之毒者必熱。仙茅味辛氣大熱，其為毒可知矣。雖能補命門，益陽道，助筋骨，除風痹，然而病因不同，寒熱迥別，施之一誤，禍如反掌。況世之人火旺致病者，十居八九，火衰成疾者百無二三，辛溫大熱之藥，其可常禦乎？凡一概陰虛發熱，咳嗽吐血，衄血、齒血、溺血、血淋，遺精白濁，夢與鬼交，腎虛腰痛，脚膝無力，虛火上炎，口乾咽痛，失志陽痿，水涸精竭，不能孕育，老人孤陽無陰，遺溺失精，血虛不能養筋，以致偏枯痿痹，胃家邪熱，不能殺穀，胃家虛火嘈雜易飢，三消五疸，陰虛內熱，外寒陽厥，火極似水等證，法竝禁用。

清・张璐《本經逢原》卷一　仙茅　辛，溫，有毒。忌犯鐵器，酒浸，焙乾用。　發明：　仙茅性熱，補三焦命門之藥，惟陽衰精冷、下元痿弱，老人失溺，無子，男子稟賦素虛者宜之。若體壯相火熾盛者服之，反能動火，為害叵測。按《醫說》云：　一人中仙茅毒，舌脹出口，漸大與肩齊，以小刀剺之，隨破隨合，剺至百數始有血一點出，曰可救矣。煮大黃、芒硝與服，以藥摻之，應手消縮。此皆火盛性淫之人過服之害也。然川產者少，偽充者多，不可不辯。

清・浦士貞《夕庵讀本草快編》卷一　仙茅《本經》、婆羅門參　其葉似茅，久服輕身如仙，故名。從西域婆羅僧貢方于唐明皇，故借為號。參者，譽其功同人參也。　仙茅氣味辛溫，有熱有毒，補三焦助命門藥也。自唐而後，製服之者，必藉其縱慾，多致夭折。故張弼有使君昨日纔持去，今日人來乞墓銘。拒且嚴矣。獨不思稟賦素怯，陽弱精寒，老人遺溺，男子虛勞者，非此不愈。是以旌陽美其久服長生，李珣譽其壯志悅顏，良有以也。若體氣本旺，相火熾盛，用恣淫樂，以火益火，髓竭精枯，毒發而斃，人自召之，豈仙茅之故哉？　醫者宜兩審而投，庶不負許、李之頌，而蹈張弼之譏也。

清・何諫《生草藥性備要》卷下　獨脚仙茅　味甜，性和。補腎，止痛。治白濁，煲肉食。十蒸九晒，用沙糖藏好，早晨送茶，能壯精神，烏鬚髮，理痰火。其根煲肉食，大有奇功。花黃色，葉似茅。又名蟠龍草。

清・劉漢基《藥性通考》卷六　仙茅　味辛，熱，有小毒。助命火，益陽道，明耳目，補虛勞，治失溺，無子，心腹冷氣，不能食，腰脚冷痺不能行，暖筋骨，溫脾胃。相火盛者忌服。葉如茅而略潤，根如小指，黃白多涎，竹刀去皮，切，糯米泔浸去赤汁出毒用。忌鐵。此藥大有益於人，今人不知用也。

清・王子接《得宜本草・上品藥》　仙茅　味辛，溫。主治風冷虛勞。得生地、枸杞、茴香、柏仁治腰脚攣痺。

清・黃元御《玉楸藥解》卷一　仙茅　味辛，氣溫。入足少陰腎、足厥陰肝經。壯骨強筋，暖腰溫膝。仙茅暖水榮木，復脈清風，滋筋力，益房幃，治玉麈痿軟，皮膚風癩。去毛，糯米浸汁，去赤汗。

清・吳儀洛《本草從新》卷二　仙茅〔燥，補腎命。〕　辛，熱。助命火，益陽道，明耳目，補虛勞。治失溺無子，心腹冷氣不能食，溫胃。腰脚冷痺不能行。暖筋骨。專於補火，唯精寒者宜之。唐婆羅門始進此方，當時盛傳服之多效。如法製，陰乾蜜丸酒服，禁食牛乳、牛肉。許真君書云：　甘能養肉，辛能養節，苦能養氣，鹹能養骨，酸能養筋，滑能養膚，和苦酒服之必效也。火熾者有偏絕之虞。葉如柔茅而略闊，根如小指，黃白多涎。竹刀去皮切，糯米泔浸一宿，去赤汁則毒出。忌鐵。

清・汪紱《醫林纂要探源》卷二　仙茅　辛，熱。葉如白茅而潤，根直下如小指，色黃白而多涎，花亦多涎，或開在頂而紅，或附根開而紅紫，如筒。用根，去皮，米泔浸，去赤汁。○有毒。　補命門火，強陽。皆茅類也。而與白茅正反，觀其形色可知。

清・嚴潔等《得配本草》卷二　仙茅　忌牛肉、牛乳，并忌鐵器。　辛，溫，有毒。入足少陰，兼足厥陰經血分。助相火，除風冷，強筋骨，益肌膚。得杞子、茴香，治腰脚攣痺。配焦术、甘草，治冷氣不食。　清水洗淨，竹刀刮去皮，以烏豆汁浸，或糯米泔浸，去赤汁出毒，酒蒸極熟用。　陰虛相火動者禁用。　中其毒，則舌脹出口，急煎大黃、芒硝飲之。復出，芒硝、大黃

末敷舌即解。

題清·徐大椿《藥性切用》卷四　仙茅　性味辛熱，入腎命而助火興陽，治虛勞失溺，或陽虛溺閉，耑於補火助陽，惟精寒火衰者宜之。有火者切忌。糯米泔浸去毒用。

清·黃宮繡《本草求真》卷一　仙茅補火散寒，除痹暖精。　仙茅耑入命門。辛熱微毒，據書皆載功耑補火，助陽暖精，凡下元虛弱，陽衰精冷，失溺無子，並腹冷不食，冷痹不行，靡不服之有效。以其精為火宅，火衰則精與血皆衰，而精自爾厥逆不溫，溺亦自爾失候不禁矣！此與附、桂、硫黃、胡巴、破故紙、淫羊藿、蛇床子、遠志同為一例。但附子則能以除火衰寒厥，肉桂則能以通血分寒滯，胡巴則能以除火衰寒疝，淫羊藿則能以除火衰風冷，蛇床子則能以祛火衰寒濕，硫黃則能以除火衰寒結，破故紙則能以理火衰腎瀉，遠志則能以除火衰怔忡，雖其所補則同，而效各有攸建。未可云其補火，而不分其主治於其中也。故凡火衰病見，用之不離附桂，餘則視症酌增，然亦須視稟賦素怯則宜。《沈括筆談》云：夏文莊公稟賦異於人，但睡則身冷如逝者，既覺，須令人溫之良久，乃能動，常服仙茅、鍾乳、硫黃莫知紀極，此稟賦素怯則宜。若相火熾盛，服之反能動火，為害叵測。張果老說云，一人中仙茅毒，舌脹出口，漸大與肩齊，因以小刀剺之，隨破隨合，剺至百數，始有血一點出，曰可救矣！煮大黃、朴硝服之，無害也。然川產者少，偽充者多不可不辨，以竹刀刮切，糯米泔浸去赤汁，酒拌濕蒸，勿犯鐵器。

附：琉球·吳繼志《質問本草》外篇卷一　風苔草仙茅　辛丑清舶漂到，採此種問之。　風颱草。陳宜春。　生原野，春生苗，夏開花。　風苔草，土藥。治牛產難，同生薑、紅糖服。壬寅，潘貞蔚、石家辰。　俗名冷飯草，其根毒鼠咬甚妙。甲辰，戴道光、戴昌蘭。

清·羅國綱《羅氏會約醫鏡》卷一六草部　仙茅　味辛，氣溫，入腎經。有毒，用糯米泔浸二日，去赤汁，則毒去矣。忌鐵器，禁牛乳，牛肉。　助命門相火，填骨髓，強筋骨，暖腰膝。溫腎之功。　治心腹寒痛，開胃口，消宿食，益火生土。　耳目聰明，心神強記。腎足，上交於心。

按：仙茅補火，男子精寒，婦人子宮虛冷不孕，最宜多服。若陰虛火盛者忌用。加於各補藥中，為丸服之，無所不可。

清·王龍《本草纂要稿·草部》　仙茅　氣味辛溫。主心腹冷氣不能食，療腰背攣痺不能行。丈夫虛損勞傷，老人失溺無子。益肌膚，聰耳明目。助陽道，生長精神。

清·張德裕《本草正義》卷上　仙茅　微甘辛，溫。陽也。能補益精血，壯骨強筋，開胃消食，尤助房事。陽虛精寒者最宜，陰虛有火者勿用。

清·楊時泰《本草述鉤元》卷七　仙茅　生西域及大（廋）〔庾〕嶺，蜀川、兩浙亦有之。葉如茅而軟，面有縱紋，似初生棕櫚狀，其根獨莖勁直，二八月采根，曝乾用。

味辛氣熱，有毒。凡味之毒者必辛，氣之毒者必熱。　氣味俱厚，可升可降，陰中陽也。入手足厥陰命門。宣而復補，主治心腹冷氣，不能食，腰脚風冷，攣痺不能行，丈夫虛勞，老人失溺無子，益陽道，助筋骨，明耳目，長精神，能通神強記。命門之系，上通於心，相火得補，則君火益自振攝故也。　益皮膚，治一切風氣。此屬陽微而風之虛者。　人身真陽之火，即先天祖氣，天非此火不能生物，人非此火不能有生，故真火一衰，則虛勞無子，陽痿失溺，或風冷外侵，為腰脚攣痺不行，并不能生土，以致脾虛腹冷不能食，此藥正入命門，補火之不足，則諸證自除，筋骨自利，皮膚自益也。仲淳。

論：仙茅補命門真陽之火。夫陽以陰為主，《經》言：出地者，陰中之陽，陽予之正，陰為之主。苟陰勝而陽不足者，陽不能為陰之政，豈謂仙茅非適治之味哉。如陰虛而陽亢，陰又不能為陽之主矣，此味固為禁劑。即陰陽俱虛之人，補陽亦必主以補陰，若漫言陽為陰先，不反絕其化原乎。或曰桂、附補陽，何以不切切致慎。之頤云仙茅功齊雄附，但雄附起貞下之元，此更深淫業之毒，斯語得之。

繆氏云：雖能補命門，益陽道，助筋骨，除風痺，然病因不同，寒熱迥別，施之一誤，禍如反掌。況世人火旺致病者，十居八九，火衰成疾者，百無二三。凡水涸精衰，不能孕育，老人孤陽無陰及失志陽痿，腎虛腰痛，脚膝無力，並血虛不能養筋，偏枯痿痹者，咸禁。

修治：以竹刀刮切，糯米泔浸，去赤汁，出毒後，方可用。

清·葉桂《本草再新》卷三　仙茅味辛，性熱，無毒。入肺、腎二經。　強陽道，補陰虧，溫中下濕，理腰脚氣，聰耳明目，兼治鼻血。

清·吳其濬《植物名實圖考》卷八　仙茅　唐開元中婆羅門僧進此藥。《開寶本草》始著錄。今大庾嶺產甚夥，土人以為茶飲。蓋嶺北泉澗陰寒，藉

此辛烈以為溫燥。服食者少，或有中其毒者。川中產亦多。

清・趙其光《本草求原》卷一山草部　仙茅　辛熱有毒。補三焦命火，益肺氣以壯陽道，健筋骨，長精神，明耳目，黑鬚，強記；命門之系通於心，相火足，君火自振。同杞子、二地、車前、苓、茴、柏仁、酒精丸，統治之。精冷無子，老人失溺，心腹冷氣，少食，腰脚冷，攣痹難行；暖筋骨。益皮膚，營衛亦溫。一切風虛。陽微之風。

功齊附子，但雄附起貞下之元，此深淫業之毒，惟偏於陰寒者可用。若陰虛及陰陽兩虛，補陽尤主補陰者，咸忌。中其毒者，舌脹出口，急以小刀破之，合則再破，以血出為度；服硝黃，以渣敷之。

山庾嶺、川蜀者良。竹刀去皮，切，糯米泔浸，去赤汁以出毒用。忌牛乳、牛肉、鐵器。

清・趙其光《本草求原》卷一山草部　獨脚仙茅即蟠龍草，花黃，似茅。甘，淡，平。壯精益腎，治內傷痰火，同長顛茄煎肉食。理白濁，泡肉食。烏髮黑鬚，延年。去膈噎。去黑皮，糯米泔浸一宿，九蒸九曬，砂糖藏之，每晨送茶妙。

清・文晟《新編六書》卷六《藥性摘錄》　仙茅　辛，熱，微毒。入命門，補火散寒，除痹暖精。○若相火熾盛者忌用。○川產良。竹刀切，糯米泔浸去赤汁，酒拌蒸用。忌鐵。

清・文晟《新編六書》卷六《藥性摘錄》　多服仙茅　舌脹大，難治。以小刀勢之至百十下，有血出及縮。即時用大黃、芒硝煎服二三碗，仍以青黛、蒲黃、黃柏末搽之，可愈。

清・張仁錫《藥性蒙求・草部》　仙茅錢半　仙茅辛熱，益火壯陽。暖筋健骨，精長神強。專於補血，惟精寒者宜之。

清・劉善述、劉士季《草木便方》卷一草部　僊茅　地棕辛熱助命門，溫胃冷氣耳目明。虛勞失尿益陽道，腰脚冷痹服能行。小地棕根，婆羅門參。

清・戴葆元《本草綱目易知錄》卷一　仙茅　辛，溫，有小毒。益陽道，填骨髓，補勞傷，明耳目，開胃消食，下氣定喘。治心腹冷氣不能食，腰脚冷痹不能行及一切風氣。暖腰脚，助筋骨，益房事不倦，老人失溺無子。然性熱，補三焦命門之藥，惟陽弱精寒、體素怯者宜之。若體壯，相火盛者忌。竹刀刮去黑皮，糯米泔，或黑豆水浸一宿，出毒用。忌鐵器。

清・陳其瑞《本草撮要》卷一　仙茅　味辛，溫，入足少陰、厥陰經，功專治風冷虛勞。得生地、枸杞、茴香、柏仁治腰脚攣痹。相火盛者忌。去皮切，糯米泔浸去汁出毒用。忌鐵。

清・李桂庭《藥性詩解》　賦得仙茅益腎扶元氣虛弱之衰得元字。王德潤。

能助虛衰氣，仙茅性最溫。扶陽除冷痺，補腎益真元。按：仙茅性味辛溫而熱，助命火，補虛勞，治失溺無子。心腹冷氣不能食，腰脚冷痺不能行。專於補火，精寒者宜之。竹刀切去皮，糯米泔浸一宿，去赤汁而毒出。忌鐵器。

羅浮參

清・趙學敏《本草綱目拾遺》卷三草部上　羅浮參　《羅浮山志》：羅浮所產人參，殊與本草人參不類，狀如仙茅。葉細莖圓，有紫花。三葉一花者為仙茅，一葉一花者為人參。根如人字，色如珂玉，煮汁食之，味與參無別，但微有膠漿耳。　味甘帶苦，生津養胃，補虛羸，潤肺。

丹參

宋・李昉《太平御覽》卷第九九一　丹參　《吳氏本草》曰：丹參，一名赤參，一名木羊乳，一名郄蟬草。神農、桐君、黃帝、雷公、扁鵲：苦，無毒。李氏：大寒。岐伯：鹹。生桐栢，或生太山山陵陰。莖華，小方，如荏毛，根赤，四月華紫。三月、五月採根，陰乾。治心腹痛。

宋・唐慎微《證類本草》卷七草部上品〔《本經・別錄・藥對》〕　丹參　**味苦，微寒**，無毒。**主心腹邪氣，腸鳴幽幽如走水，寒熱積聚，破癥除瘕，止煩滿，益氣**，養血，去心腹痼疾，結氣，腰脊強，脚痹，除風邪留熱。久服利人。**一名郄蟬草**，一名赤參，一名木羊乳。生桐柏山川谷及太山。五月採根，暴乾。畏鹹水，反藜蘆。

〔梁・陶弘景《本草經集注》〕云：此桐柏山，是淮水源所出之山，在義陽，非江東臨海之桐柏也。今近道處處有。莖方有毛，紫花，時人呼爲逐馬。酒漬飲之療風痹。道家時有用處，時人服多眼赤，故應性熱；今云微寒，恐爲謬矣。

〔唐・蘇敬《唐本草》〕注云：此藥冬採良，夏採虛惡。

〔宋・掌禹錫《嘉祐本草》〕按：《蜀本圖經》云：葉似紫蘇有細毛；花紫亦似蘇花；根赤，大者如指，長尺餘，一苗數根。今所在皆有，九月、十月採根。《藥性論》云：丹參，臣，平。能治脚弱疼痹，主中惡，治百邪鬼魅，腹痛，氣作聲音鳴吼，能定精。

蕭炳云：酒浸服之，治風軟脚，可逐奔馬，故名奔馬草，曾用有效。日華子云：養神定志，通利關脉，治冷熱勞，骨節疼痛，四肢不遂，排膿止痛，生肌長肉，破宿血，補新生血，安生胎，落死胎，止血崩帶下，調婦人經脉不匀，血邪心煩，惡瘡疥癬，癭贅腫毒，丹毒，頭痛赤眼，熱溫狂悶。又名山參。

〔宋・蘇頌《本草圖經》〕曰：丹參，生桐柏山川谷及泰山，今陝西、河東州郡及隨州亦有之。二月生苗，高一尺許。莖幹方稜，青色。葉生相對，如薄荷而有毛。三月開花，紅紫色，似蘇花。根赤大如指，長亦尺餘，一苗數根。五月採，暴乾。又云：冬月採者良，夏月採者虚惡。

〔宋・唐慎微《證類本草》〕《聖惠方》：治寒疝，小腹及陰中相引痛，白汗出欲死。以丹參一兩，杵爲散。每服熱酒調下二錢匕，佳。《千金方》：治落胎，身下有血。丹參十二兩，以酒五升，煮取三升，溫服一升，日三服。《梅師方》：治中熱油及火燒，除外痛。丹參八兩，細剉，以水微調，取羊脂二斤，煎三上三下，以傅瘡上。《肘後方》同。

宋・鄭樵《通志》卷七五《昆蟲草木略》　丹參　葉如薄荷，花如蘇。曰郄蟬草，曰赤參，曰木羊乳，曰山苓，《本草》作參。曰奔馬。俗謂之逐馬，言驅風之駃也。

宋・劉明之《圖經本草藥性總論》卷上　丹參　味苦，微寒，無毒。主心腹邪氣，腸鳴寒熱積聚，破癥除瘕，止煩滿，益氣養血，去心腹痼疾結氣，腰脊強，脚痺，除風邪留熱。《藥性論》云：臣。平。能治脚弱疼痺，主中惡，治百邪鬼魅。日華子云：養神定志，通利關脉，治冷熱勞，骨節疼痛，四肢不遂，排膿止痛，生肌長肉，破宿血，補新生血，安生胎，落死胎，止血崩帶下，調婦人經脉不匀，血邪心煩。又治惡瘡疥癬，癭贅腫毒丹毒，頭痛赤眼。畏鹹水，反藜蘆。

明・蘭茂撰，清・管暄校補《滇南本草》卷中　丹參　性溫，味苦。色赤似火，補心定志，安神寧心，治健忘怔忡，驚悸不寐。生新血，除瘀血。安生胎，落死胎。單劑有四物湯補血之功。

明・蘭茂《滇南本草》〔叢本〕卷上　丹參　味微苦，性微溫。色赤，相火在卦為離。入心經。補心生血，養心定志，安神寧心，健忘怔忡，驚悸不寐。生新血，去瘀血。安生胎，落死胎。一味可抵四物湯補血之功。

明・王綸《本草集要》卷二　丹參臣　味苦，氣微寒，無毒。畏鹹水，反藜蘆。五月採根，曝乾。又云：冬採良，夏採虚惡。主心腹邪氣，腸鳴幽幽如走水，寒熱積聚，破癥除瘕，止煩滿，益氣養血，破宿血，生新血，安生胎，落死胎，止血崩帶下，調婦人經脈不匀。治骨節疼痛，四肢不遂，腰脊強，脚痹軟弱，風邪留熱，頭痛眼赤，熱溫狂悶中惡，百邪鬼魅，腹痛惡瘡，癭贅腫毒，排膿止痛，生肌肉。

明・滕弘《神農本經會通》卷一　丹參　臣也。畏鹹水，反藜蘆。五月採根，暴乾。一云夏採良，冬採虚惡。

味苦，氣微寒，無毒。《本經》云：主心腹邪氣，腸鳴幽幽如走水，寒熱積聚，破癥除瘕，止煩滿，益氣養血，去心腹痼疾，結氣，腰脊強，脚痺，除風邪留熱，久服利人。陶云：時人服之多眼赤。故應性熱，今云微寒，恐謬。《藥性論》云：臣。平。治脚弱疼痺，主中惡，治百邪鬼魅，腹痛，氣作聲音鳴吼，能定精。蕭炳云：酒浸服之，治風軟脚，可逐奔馬，故名奔馬草。日華子云：養神定志，通利關脉，治冷熱勞，骨節疼痛，四肢不遂，排膿止痛，生肌長肉，破宿血，補新生血。安生胎，落死胎，止血崩帶下，調女人經脉不匀，血邪心煩。惡瘡疥癬，癭贅腫毒，丹毒，頭痛赤眼，熱溫狂病。《局》云：丹參益氣攻煩滿，補血安胎利月經。更治腸鳴如走水，去除積聚破瘕癥。丹參，補胎氣，兼利月經。

明・劉文泰《本草品彙精要》卷九　丹參無毒。

丹參出《神農本經》：**主心腹邪氣，腸鳴幽幽如走水，寒熱積聚，破癥除瘕，止煩滿，益氣。**以上朱字《神農本經》。養血，去心腹痼疾，結氣，腰脊強，脚痹，除風邪留熱。久服利人。以上黑字名醫所錄。〔名〕郄蟬草、赤參、木羊乳、奔馬草、山參。〔苗〕《圖經》曰：二月生苗，高尺許，莖幹方稜，青色，葉生相對，如薄荷而有毛，三月開花，紅紫色，似蘇花，根赤大如指，長一尺餘，一苗數根。冬月採者良，夏日採者虚惡，不甚佳也。〔地〕《圖經》曰：出桐柏山川谷及泰山，陝西、河東州郡亦有之。〔道地〕隨州。〔時〕生：二月生苗。採：五月、九月、十月取。〔收〕暴乾。〔用〕根粗壯者佳。〔質〕類川當歸而赤。〔色〕赤。〔味〕苦。〔性〕微寒，泄。〔氣〕氣薄味厚，陰也。〔臭〕腥。〔主〕養陰血，除邪熱。〔反〕藜蘆，畏鹹水。〔製〕去蘆，剉碎用。〔治〕療：《藥性論》云：治脚弱疼痹，主中惡，殺百邪鬼魅，腹痛氣作吼聲，能定精。日華子云：通利關脈，除冷熱勞，骨節疼痛，四肢不遂，排膿止痛，生肌長肉，破宿血，生新血，安生胎，落死胎，止血

崩、帶下，調婦人經脈不勻，血邪心煩，惡瘡，疥癬，癭贅，腫毒，丹毒，頭痛，赤眼熱，溫狂悶。補：日華子云：養神定志。〔合治〕合酒浸服，療風軟脚。○以一兩杵爲散，每服熱酒調下二錢匕，治寒疝，小腹及陰中相引痛，自汗出，欲死者。

明・許希周《藥性粗評》卷二 塊停援取於丹參。

丹參，一名赤參。二月生苗，高一尺許，莖方，青色，葉似薄荷，相對而生，有毛，三月開花，紅紫色，似紫蘇花，根赤，大如指，長尺餘，一莖數根。南北川谷處處有之。五月採根，暴乾。一說冬月採者更良。畏鹽水，反藜蘆。味苦，性微寒，無毒。主治中惡邪氣，骨蒸熱癆，癥瘕結塊，心腹痼疾，腰脚痿弱，風濕腫滿，骨節疼痛，惡瘡腫毒，眼赤血崩，養神定志，通經益氣，涼血安胎，排膿止痛，生肌長肉，破宿生新，通利關脉。

單方：寒疝陰痛：凡中寒疝，小腹及陰引痛，白汗出，欲死者，丹參一兩，為末，每服二錢匕，熱酒調下。熱油火燒：凡中熱油及湯火所燒，丹參杵為末，水調敷之，或以羊脂煎出膏者，相調更妙。

明・鄭寧《藥性要略大全》卷二 丹參臣。一名奔馬草。主治心腹邪氣，腸鳴幽幽如走水。散寒熱積聚，破癥瘕，止煩滿，益氣養血，去結氣，強腰脊。治脚痹，除風邪留熱。易老云：治脚弱痛痹，腹痛有氣作聲。註云：味苦，微寒，無毒。

明・陳嘉謨《本草蒙筌》卷二 丹參 味苦，氣微寒。無毒。山谷有，在處多，莖方稜，長尺餘。青色葉相對，似薄荷有毛。花紅紫夏開，根粗長冬採。畏寒水石也，反藜蘆。專調經脉勻，善理骨節痛。生新血去惡血，落死胎安生胎，破積聚癥堅，止血崩帶下，脚痹軟能健，眼赤腫可消。散癭贅惡瘡，排膿生肉。辟精魅鬼祟，養正敺邪。更治腸鳴幽幽，滾下如走水狀。

明・王文潔《太乙仙製本草藥性大全》卷一《本草精義》 丹參 一名郄蟬草，一名赤參，一名木羊乳。生桐栢山谷及泰山。今陝西、河東州郡及隋州亦有之。二月生苗，高一尺許，莖蘚方稜，青色，葉生相對如薄荷而有毛。

【下缺】

明・王文潔《太乙仙製本草藥性大全》卷一《仙製藥性》 丹參臣 味苦，氣微寒，無毒。主治：專調經脉勻，善理骨節痛。生新血，去惡血，落死胎，安生胎。破積聚癥堅，止血崩帶下。脚痹軟能健，眼赤腫可消。散癭贅惡瘡腫毒，排膿生肉，辟精魅鬼祟，養正驅邪。更治腸鳴幽幽滾下如走水狀。又主心腹邪氣痼疾，益氣養血，止煩滿結氣，寒熱風邪，四肢不遂，腰脊強，脚痹軟弱，頭疼，久服利人。

明・皇甫嵩《本草發明》卷二 丹參上品之下，君。氣微寒，味苦，無毒。發明曰：丹參色赤味苦，入心而益血，行氣之藥，以心主血脉也。故《本草》主益氣養血，去心腹邪氣寒熱，痼疾結氣，破積聚癥堅，腰脊強脚痺，腸鳴幽幽如走水。又云養神定志，通関脉骨節痛，四肢不隨，散癭贅惡瘡，排膿生肌，調經止崩帶，去宿血，生新血，安胎，此皆益血氣之用也。又主風邪留熱煩滿，丹毒赤眼，熱溫狂悶，謂非苦入心，寒治熱歟。○舊方治寒疝小腹引陰痛，自汗出欲死，用之為末，熱酒調二錢妙。此與砂參同，一方更詳之。

明・李時珍《本草綱目》卷一二草部・山草類上 丹參《本經》上品

〔釋名〕赤參《別錄》 山參《日華》 郄蟬草《本經》 木羊乳《吴普》 逐馬弘景 奔馬草時珍曰：五參五色配五臟。故人參入脾曰黄參，沙參入肺曰白參，玄參入腎曰黑參，牡蒙入肝曰紫參，丹參入心曰赤參，其苦參則右腎命門之藥也。古人捨紫參而稱苦參，未達此義爾。炳曰：丹參治風軟脚，可逐奔馬，故名奔馬草，曾用實有效。〔集解〕《別錄》曰：丹參生桐柏川谷及太山，五月採根暴乾。弘景曰：此桐柏在義陽，是淮水發源之山，非江東臨海之桐柏也。今近道處處有之。莖方有毛，紫花，時人呼爲逐馬。普曰：莖葉小房如荏有毛，根赤色，四月開紫花，二月、五月採根陰乾。頌曰：今陝西、河東州郡及隨州皆有之。二月生苗，高一尺許。莖方有稜，青色。葉相對，如薄荷而有毛。三月至九月開花成穗，紅紫色，似蘇花。根赤色，大者如指，長尺餘，一苗數根。恭曰：冬採者良，夏採者虛惡。時珍曰：處處山中有之。一枝五葉，葉如野蘇而尖，青色皺毛。小花成穗如蛾形，中有細子。其根皮丹而肉紫。

根 〔氣味〕苦，微寒，無毒。普曰：神農、桐君、黄帝、雷公：苦，無毒。岐伯：鹹。李當之：大寒。弘景曰：久服多眼赤，故應性熱，今云微寒，恐謬也。權曰：平。之才曰：畏鹹水，反藜蘆。〔主治〕心腹邪氣，腸鳴幽幽如走水，寒熱積聚，破癥除瘕，止煩滿，益氣《本經》。養血，去心腹痛疾結氣，腰脊強脚痹，除風邪留熱。久服利人《別錄》。漬酒飲，療風痹足軟弘景。主中惡及百邪鬼魅，腹痛氣作，聲音鳴吼，能定精甄權。養神定志，通利關脈，治冷熱勞，骨節疼痛，四肢不遂，頭痛赤眼，熱溫狂悶，破宿血，生新血，安生胎，落死胎，止血崩帶下，調婦人經脈不勻，血邪心煩，惡瘡疥癬，癭贅腫毒丹毒，排膿止痛，生肌長肉大明。活血，通心包絡，治疝痛時珍。

〔發明〕時珍曰：丹參色赤味苦，氣平而降，陰中之陽也。入手少陰、厥陰之經，心與包絡血分藥也。按《婦人明理論》云：四物湯治婦人病，不問産前産後，經水多少，皆可通用。惟一味丹參散，主治與之相同。蓋丹參能破宿血，補新血，安生胎，落死胎，止崩中帶下，調經脈，其功大類當歸、地黄、芎藭、芍藥故也。

〔附方〕舊二，新四。丹參散：治婦人經脈不調，或前或後，或多或少，産前胎不安，産後惡血不下，兼治冷熱勞，腰脊痛，骨節煩疼。用丹參洗净，切曬爲末。每服二錢，温酒調下。《婦人明理方》。落胎下血：丹參十二兩，酒五升，煮取三升，温服一升，一日三服。亦可水煮。《千金方》。寒疝腹痛：小腹陰中相引痛，白汗出，欲死。以丹參一兩爲末。每服二錢，熱酒調下。《聖惠方》。小兒身熱：汗出拘急，因中風起。丹參半兩，鼠屎炒三十枚，爲末。每服三錢，漿水下。《聖濟總録》。驚癇發熱：丹參摩膏：用丹參、雷丸各半兩，猪膏二兩，同煎七上七下，濾去滓盛之。每以摩兒身上，日三次。《千金方》。婦人乳癰：丹參、白芷、芍藥各二兩，㕮咀，以醋淹一夜，猪脂半斤，微火煎成膏，去滓傅之。孟詵《必效方》。熱油火灼：除痛生肌。丹參八兩剉，以水微調，取羊脂二斤，煎三上三下，以塗瘡上。《肘後方》。

明·梅得春《藥性會元》卷上 丹參 味苦，微寒，無毒。畏鹹水，反藜蘆。一名赤參，一名木羊乳。主治心腹邪氣，腸鳴幽幽如走水，寒熱積聚，破癥除瘕，止煩滿，益氣，養血，去心腹痼疾結氣，腰脊强脚痹，除風邪留熱。久服利人。

明·李中立《本草原始》卷一 丹參 始生桐柏山谷及泰山，今陝西、河東州郡及隨州皆有之。二月生苗，高一尺許。莖薛方稜，青色； 葉相對如薄荷而有毛； 三月開花，紅紫色，似蘇花； 根大如指，長尺餘，一苗數根，赤色，故名丹參。并人參、沙參、玄參、牡蒙，是為五參。五參五色，配五臟。故人參入脾，曰黄參； 沙參入肺，曰白參； 玄參入腎，曰黑參； 牡蒙入肝，曰紫參； 丹參入心，曰赤參。蕭炳云：酒浸服之，治風軟脚，可逐奔馬，故名奔馬草。氣味：苦，微寒，無毒。主治：心腹邪氣，腸鳴幽幽如走水，寒熱積聚，破癥除瘕，止煩滿，益氣。○養血，去心腹痛疾結氣，腰脊强，脚痹，除風邪留熱。久服利人。○漬酒飲，療風痹足軟。○主中惡及百邪鬼魅，腹痛氣作，聲音鳴吼，能定精。○養神定志，通利關脉，治冷熱勞，骨節疼痛，四肢不遂，頭痛赤眼，熱溫狂悶； 破宿血，生新血，安生胎，落死胎，止血崩帶下，調婦人經脉不匀，血邪心煩； 惡瘡疥癬，癭贅腫毒丹毒，排膿止痛，生肌長肉。

丹參，《本經》上品。【圖略】丹參一莖數十枝，皮赤而肉白。九月、十月采根，陰乾。修治：丹參，去土淨，用酒洗，細剉，日乾任用。

丹參，味苦，氣平而降，陰中之陽也。入手少陰、厥陰之經。心與包絡血分藥也。畏鹹水，反藜蘆。弘景曰：性熱，久服多眼赤。《聖惠方》：治寒疝，小腹及陰中相引痛，白汗出欲死，以丹參一兩，杵為散，每服熱酒調下二錢佳。丹參：臣。

明·張懋辰《本草便》卷一 丹參臣 味苦，氣微寒，無毒。畏鹹水，反藜蘆。主心腹邪氣，腸鳴，寒熱積聚，破癥除瘕，止煩滿，益氣養血，破宿血，生新血，安生胎，落死胎，止血崩帶下，調婦人經脉不匀，治骨節疼痛，四肢不遂，腰背强，脚痹軟弱，風邪留熱； 又治頭痛眼赤，腫毒排膿，生肌肉。

明·李中梓《藥性解》卷三 丹參 味苦，性微寒，無毒，入心經。養神定志，破結除癥，消癰散腫，排膿止痛，生肌長肉，治風邪留熱，眼赤狂悶，骨節疼痛，四肢不遂。破宿血，補新血，安生胎，落死胎，理婦人經脉不調，血崩帶下。按：丹參色赤屬火，味苦而寒，故入手少陽經，以療諸般血症。

明·繆希雍《本草經疏》卷七 丹參 味苦，微寒，無毒。主心腹邪氣，腸鳴幽幽如走水，寒熱積聚，破癥除瘕，止煩滿，益氣養血，去心腹痼疾結氣，腰脊强，脚痹，除風邪留熱。久服利人。畏鹹水，反藜蘆。

〔疏〕丹參，《本經》味苦，微寒。陶云：性熱，無毒。觀其主心腹邪氣，腸鳴幽幽如走水，寒熱積聚，破癥除瘕，則似非寒藥。止煩滿，益氣，及《别録》養血，去心腹痼疾結氣，腰脊强，脚痹，除風邪留熱，久服利人，又決非熱藥。當是味苦平微溫。入手足少陰、足厥陰經。心虚則邪氣客之，為煩滿結氣，久則成痼疾。肝虚則熱甚風生。肝家氣血凝滯，則為癥瘕。寒熱積聚，腎虚而寒濕邪客之，則腰脊强，脚痹。入三經而除所苦，則上來諸證自除。苦能洩，溫能散，故又主腸鳴幽幽如走水。久服利人，益氣養血之驗也。北方産者勝，俗名逐馬。〔主治參互〕入天王補心丹則補心。同牛膝、地黄、黄耆、黄檗，則健步。同當歸、牛膝、細辛，則下死胎。同鼈甲、牡蠣、牡丹皮、青蒿、延胡索、牛膝、乾漆、水赤蓼子，主寒熱積聚，破癥除瘕，心腹痼疾結氣。同麥門冬、沙參、五味子、甘草、青蒿、栝樓，止煩滿。同人參、麥門冬、酸棗仁、地黄，益氣養血。同牛膝、萆薢、木

瓜、豨薟、杜仲、續斷，主腰脊強，脚痹，除風邪留熱。《聖惠方》：獨用一兩為末，熱酒每服二錢，主寒疝，少腹及陰相引痛，白汗出欲死。《千金方》治墮胎下血，亦獨用丹參十二兩，酒五升，煮取三升，溫服，日三。蕭炳云：酒浸服之，治風軟脚，可逐奔馬，故名奔馬草。曾用有效。《梅師方》治中熱油及火燒，除外痛，用丹參八兩細剉，以水微調，取羊脂二斤，煎，三上三下，以傅瘡上。〔簡誤〕妊娠無故，勿服。

明·倪朱謨《本草彙言》卷一　丹參　味苦，氣微寒，無毒。色赤，氣平而降。入手少陰、厥陰經，心與包絡血分藥也。　李時珍曰：五參合五色，以配五藏。故人參曰黃參，入脾；沙參曰白參，入肺；紫參曰青參，入肝；丹參曰赤參，入心；玄參曰黑參，入腎。其苦參，則命門之藥也。○生陝西、河東州郡，及隨州皆有之。二月生苗，高尺許，莖方有棱，一枝五葉，葉對生。葉如野蘇而尖皺，青色有毛。三月至八月盛開小紫花，成穗如蛾形。又似紫蘇花，中有細子。一苗數根，大如指，長尺許。皮丹肉紫。

丹參：善治血分，去滯生新，日華子調經順脉之藥也。御醫耿長生稿主男婦吐衄，淋溺崩血之證。或衝任不和而胎動欠安，或產後失調而血室乖戾，或瘀血壅滯而百節攻疼，或經閉不通而小腹作痛，或肝脾鬱結而寒熱無時，或癥瘕積聚而脹悶痞塞，或疝氣攻沖而止作無常，或脚膝痹痿而痛重難履，或心腹留氣而腸鳴幽幽，或血脉外障而兩目痛赤。故《明理論》以丹參一物而有四物之功。補血生血，功過歸、地。調血斂血，力堪芍藥。逐瘀生新，性倍芎藭。婦人諸病，不論胎前產後，皆可常用，而時醫每用每效，此良方也。　朱東生先生曰：丹參入天王補心丹則養心，同四物湯則補血調血，治胎前一切病。同鱉甲、玄胡、牛膝、乾漆、赤蓼子、牡丹皮，除癥瘕積聚寒熱。同小柴胡合四物湯，加牡丹皮、香附、玄胡，治鬱結寒熱。同三稜、莪朮、牛膝、細辛、桃仁則破血，同當歸，川芎、枸杞、阿膠、地黃則補血。同麥門冬、沙參、北五味、知母，治肺虛勞。同人參、麥門冬、酸棗仁、地黃，則益氣養血。同牛膝、萆薢、木瓜、杜仲、續斷，治腰脊脚膝痿痹。同玄胡、小茴香、橘核，治男子沖疝。馬瑞峰先生曰：丹參能破宿血，補心血，安生胎，落死胎，止崩中帶下，調經脉，治腰脊百節疲痛。凡軟脚弱等病，以酒炒末服。藥平而效驗殊異。

集方：《婦人明理論》治男婦吐衄，淋溺崩血之證。用丹參一兩，當歸身三錢，懷熟地五錢，白芍藥二錢，黃芩、知母、茯苓、牡丹皮各一錢五分，甘草七分，水煎服。○治產後虛喘。予婦產後五日，食冷物，怒傷肝，又作泄，又作嗽，又三日泄不止，手足冷，卒然發喘，覺神氣飛蕩不守。一醫以丹參二錢、人參三錢、附子二錢，煎服如故。又加參、附，又不效。仲淳竟用人參三兩、附子五錢，童便製丹參五錢，鹽水炒，水五碗，煎二碗，徐徐進之。半日許，喘即霍然而定。楊石林方治婦人卒然風狂，妄言妄動，不避親疏，不畏羞恥。用丹參八兩，醋拌炒，研極細末，每早晚各服三錢，淡鹽湯調灌，三日即愈。

明·顧逢柏《分部本草妙用》卷二心部·寒補　丹參　苦，微寒，無毒。畏鹹水，反藜蘆。　主治：養神定志，通利關脈。治冷熱勞，骨節疼痛。破宿血，生新血，安生胎，落死胎，止血崩帶下，調經活血。通心胞絡，治疝痛腰痛，強脚痺如神。　按：丹參，其色合心，故入手足厥陰經，心與包絡血分藥也。不論產前後，一味丹參散，可與四物同功。其破宿生新，安生落死，其功尤效。以之治風軟脚，可逐奔馬，故其別名曰奔馬草。

明·李中梓《醫宗必讀·本草徵要上》　丹參味苦，微寒，無毒。入心經。畏鹹水，反藜蘆。安神散結，益氣養陰，去瘀血，生新血。安生胎，落死胎，胎前產後，帶下崩中。色合丙丁，獨入心家，專主血證。古稱丹參一味，與四物同功，嘉其補陰之勳也。按：丹參雖能補血，長於行血，妊娠無故勿服。

明·鄭二陽《仁壽堂藥鏡》卷一○下　丹參　味苦，氣微寒，無毒。根皮丹而肉紫者佳。酒洗用。　主益氣養血，涼心血，破宿血，生新血，安生胎、落死胎，止血崩帶下，經水不調。又治風軟脚，可逐奔馬。又名奔馬草。陶隱居云：丹參多服令人眼赤，其性熱矣。今云微寒，恐為謬耳。　日華子云：養神定志，通利關脉。

明·蔣儀《藥鏡》卷三平部　丹參　養心神而煩悶解，扶肝氣而風熱除。補腎之虛，使志定而骨壯。行氣與血，醫眼赤而消癰。熱酒調吞，寒疝頓平，并少腹及陰，相引痛者。酒煮溫服，墮胎立穩，且調經破瘀，兼補新焉。

明·李中梓《頤生微論》卷三　丹參　味苦，微寒，無毒。入心經。畏鹹水，反藜蘆。潤而鹹者佳。微焙用。安神散結，益氣養陰，去瘀血而生新血，安生胎而落死胎，理帶下崩中，療胎前產後。新補。

按：丹參色合南離，獨入心家，專主血症。古人稱丹參一味，兼四物之功，嘉其補陰也。胃氣虛寒者，斟酌投之。

明・張景岳《景岳全書》卷四八《本草正》　丹參　味微苦、微甘、微澀，性微涼，無毒。反藜蘆。能養血活血，生新血，行宿血，故能安生胎，落死胎，血崩帶下可止，經脈不匀可調。此心脾肝腎血分之藥，所以亦能養陰定志，益氣解煩，療眼疼脚痹，通利關節，及惡瘡疥癬，赤眼丹毒，排膿止痛，長肉生肌。

明・賈九如《藥品化義》卷四心藥　丹參　屬陰中有陽，體乾，色赤，氣和，味微苦，性涼，能升能降，力清心調血，性氣與味俱輕清，入心胞絡二經。丹參原名赤參，色赤味苦，與心相合，專入心經。蓋心惡熱，如有邪熱，則脈濁而不寧，以此清潤之，使心神常清，心清則氣順，氣順則沖和，而血氣皆旺也。取其微苦，故能益陰氣；味輕清，故能走竅。以此通利關節，調養血脈，主治心腹邪氣，寒熱痼疾，骨節腫痛，四肢不遂，經水不調，胎氣不安，血崩胎漏，丹毒凝聚，暴赤眼痛，此皆血熱為患，用之清養其正而邪自祛也。古人以此一味代四物湯，通主調經胎產諸失血症，大有奇功，盛後湖嘗讚為血藥中良劑。

明・盧之頤《本草乘雅半偈》帙三　丹參《本經》上品　氣味：苦，微寒，無毒。　主治：主心腹邪氣，腸鳴幽幽如走水，寒熱積聚，破癥除瘕，止煩滿，益氣。

覈曰：丹參，一名赤參、山參、逐馬、郄蟬草、奔馬草、木羊乳也。出陝西、河東州郡，及隨州，處處山中皆有。二月生苗，高尺許，方莖有稜。一枝五葉，葉對生，如薄荷葉而有毛。三月至九月，作小花成穗如蛾形，又似紫蘇花，中有細子，一苗數根，根大如指，長尺餘，皮丹肉紫。畏鹹水，反藜蘆。

先人云：丹赤心色，奔逐為緣，蟬速于化，郄速于蟬。又云：根多且久，發露太盡，氣藏之時，安能使有畜積耶。

条曰：丹固指色，入少陰心主。主夏氣病藏之邪，驅之使出，亦可指丹曰樞，使從闔之邪，從樞轉出，少陰為樞故也。心腹邪氣，腸鳴幽幽如走水狀，此寒熱積聚，癥瘕假形，雖屬病藏，實樞象耳。丹者，前三五分後三五，亦三十時中兩日半，三五之中曰月樞，三十之中曰日樞。

明・李中梓《本草通玄》卷上　丹參　苦，平，色赤，心與胞絡二經血分藥也。　補心血，養神志，止驚煩，祛積聚，破宿血，生新血，安生胎，落死胎。丹參一味抵四物湯四味之功，故胎前產後，珍為要劑。　酒潤微焙。

清・顧元交《本草彙箋》卷一　丹參　丹參色丹，入心無疑。并入心包與足厥陰經。心惡熱，心有邪熱，則脈濁而不寧。丹參清潤，使心神常清，心清則氣順血調，故心腹邪氣，寒熱痼疾，骨節腫痛，四肢不遂皆治。若經水不和，血崩胎動，以及丹毒凝聚，暴赤眼疼諸症，無非血熱爲患，得丹參以清之養之，靡不療矣。

清・穆石匏《本草洞詮》卷八　丹參　一名奔馬草。治風軟脚，可逐奔馬也。氣味苦，微寒，無毒。入手少陰、厥陰經血分。治心腹邪氣，腸鳴幽幽如走水，寒熱積聚，破癥瘕，止煩滿，治疝痛。漬酒療風痺足軟。《明理論》云：四物湯治婦人病，不問產前產後，經水多少，皆可通用。惟一味丹參散，主治與之相同，蓋丹參能破宿血，生新血，安生胎，落死胎，止崩帶，調經脈，一物而有四物之功也。

清・劉雲密《本草述》卷七上　丹參　二月生苗，高尺許，方莖有稜，三月至九月作小花，成穗如蛾形，又似紫蘇花，一苗數根，根大如指，長尺餘，皮丹肉紫，冬采者良。

根：氣味：苦，微寒，無毒。　普曰：神農、桐君、黃帝、雷公：苦，無毒。　弘景曰：久服多眼赤，故應性熱。今云微寒，恐謬也。　權曰：平。

諸本草主治：心腹邪氣，去心腹痼疾結氣，通利關脈，益氣養血，治寒熱積聚，破癥除瘕，療冷熱勞，骨節疼痛，腰脊強，脚痹，除風邪留熱，漬酒飲，療風痹足軟，療女子胎產，止血崩帶下，調婦人經脈不匀，血邪心煩。方書主治：中風發熱，水腫積聚，吐血，脇痛痹著痹，痼悸健忘，消癉。日華子曰：養神定志。　時珍曰：活血，通心包絡，治疝痛。　又曰：丹參色赤，味苦氣平。而降陰中之陽也，入手少陰、厥陰之經，心與包絡血分藥也。按《婦人明理論》云：四物湯治婦人病，不問產前產後，經水多少，皆可通用，唯一味丹參散主治與之相同。葢丹參能破宿血，補新血，安生胎，落死胎，止崩中帶下，調經脈，其功大類當歸、地黃、芎藭、芍藥，故也。時珍謂入手少陰、厥陰之經，固然。愚謂宜兼足少陰，細參各本草主治自明。且《本經》首言治心腹邪氣，《別錄》亦云去心腹痼疾結氣。《經》曰背為陽，陽中之陽，心也。腹為陰，陰中之陰，腎也。故曰必以心腎並言，而義乃完。其心腹相關之義，詳其腹痛論中。

希雍曰：丹參《本經》味苦微寒。陶云：性熱無毒。觀其一切主治，似非寒藥，然亦決非熱藥，當是味苦平，微溫，入手足少陰、足厥陰經。心之

所主者，血也。心虛則邪氣客之，為煩滿結氣。肝虛則熱甚風生，肝家氣血凝滯，則為癥瘕，寒熱積聚。腎虛而寒溼邪客之，則腰脊強，脚痹。入三經而除所苦，則上來諸證自除矣。　入天王補心丹則補心。　同牛膝、地黃、黃耆、黃檗，則健步。　同鼈甲、牡蠣、牡丹皮、青蒿、延胡索、牛膝、乾漆、水赤蓼子，主寒熱積聚，破癥除瘕，心腹痼疾結氣。　同麥門冬、沙參、五味子、甘草、青蒿、栝樓，止煩滿。　同牛膝、萆薢、木瓜、豨薟、杜仲、續斷，主腰脊強脚痹，除風邪留熱。　同人參、麥門冬、酸棗仁、地黃，益氣養血。　《聖惠方》獨用一兩為末，熱酒每服二錢，主寒疝少腹及陰相引痛，自汗出欲死。

愚按：丹參之根皮丹而肉紫，且其味苦，酌形與味，的入手少陰、厥陰經，李時珍之說是也。據其奏效者，似通利關脈一語，足以概之。然《別錄》謂其養血，而《本經》且謂益氣者，蓋所謂寒熱積聚，及冷熱為勞，人身之六氣所病，與外淫之受，一也。皆足以病乎氣，泣乎血，致不利於關脈也。《經》曰：經隧者，氣血所從出之道。細思此語，則通利關脈，非即其能養血益氣歟。第有稱其調經脈若四物。而先哲又以養神定志歸之者，豈盡屬通利關脈之功歟。曰：先明於通利關脈，其義為何若？乃得悉其養神定志者，若何關切耳？蓋其根皮丹肉紫而味苦，固為火之用藥，味歸形，形歸氣，《經》所謂勿逆夏氣者也。第其開花成穗，自三月以至九月，而采根必以冬時為良，是可參也。夫吐花成穗於木火之月，而采其根於金水之候，豈非反其所自始者，為得全金水之氣，以昌水火之用乎？得全金水之氣，以昌水火之用，正所謂二氣具足，時珍何以舍足少陰耶？此《經》所謂夏月蕃秀，使氣得泄者也，乃為具生血化血之全功。夫血原於水，而成於火，其義固不爽也。是則可謂之通利關脈，不可與他味之破泄者以論功也。唯其如是，故宿血宜破，新血宜生，生胎宜安，死胎宜落，自有合於天然之生化，而各各不戾其所宜者矣。雖然，茲味治血，而《本經》首言治心腹邪氣，腸鳴幽幽如走水。《別錄》亦謂去心腹痼疾結氣者，蓋氣為血之先也。又皆以心腹先言者，氣血之運於周身者，固先於腹，而心為火主，氣者火之靈，心又主脈。脈者，血之府也，脈之經絡於一身者，由血貫於脈之中，而血之能貫於脈中者，實由水火之二氣具足也。蓋水中有火而氣生，水上合於火而氣化，火中有水而血生，火下合於水而血化。水中有火四語，是《氣血精微論》所云。血化者，即化精也。要本於肺氣下歸命門，然後血化精，故曰火下合於水，而後血化。此品蓋水中有火，而水至於火，以達其氣化者。氣之所化，則血之滯者行。滯者行，而枯者亦生。是所謂非化不生，非生不化也。其能化能生者，政通利關脈之本也。繆希雍謂其非寒非熱，為苦平微溫者，是矣。或曰：《經》云：主不明，則十二官危。固言心也。又曰：血者，神氣也。然則心為十二官之主，能神而明之者，止賴此血乎？曰：人身之先天，惟此陰陽具於腎，人身之後天，惟此氣血主於心，氣血一息不周，則陰陽之元化病矣。此《經》所謂水火者，陰陽之(朕)〔徵〕兆也。然氣血即水火之化氣，而心主實握由氣化血之權，若不能握其化血之權，則主不明，而十二官危矣。故《日華子本草》治血之病於周身者，先云通利血脈，而通利血脈，更先云養神定志，養神定志者，以茲味能裕火大之用，而還其固有也。旨哉其言乎！故人身之變化而赤者，雖屬於中焦氣化，然為血之主者，則屬心及包絡，是主血之地，又為血所生化之先天，故補心丹類用茲味，然則流貫於一身，無微不徹，無氣不隨者，可不尋繹其生化之先天，而漫言何臟統血，何臟藏血哉？若方書之治，癇證悸證，暨於健忘，是其首及之功，即如《本經》之治寒熱積聚，破癥除瘕，《別錄》之腰脊強脚痹，日華子之冷熱勞，骨節疼痛，四肢不遂等證，猶為功之次及也。如是，而後知《本經》首言益氣，《別錄》次言養血，皆可得其主腦，而能善用茲味以奏功矣。

附方　丹參散治婦人經脈不調，或前或後，或多或少，產前胎不安，產後惡血不下，兼治冷熱勞，腰脊痛，骨節煩疼，用丹參洗净，切曬為末，每服二錢，溫酒調下。　落胎下血，丹參十二兩，酒五升，煮取三升，溫服一升，一日三服，亦可水煮。　寒疝腹痛，小腹陰中相引痛，白汗出欲死，以丹參一兩，為末，每服二錢，熱酒調下。　希雍曰：妊娠無故，勿服。

修治　去蘆，賣家多染色，須辨之。

清・郭章宜《本草匯》卷九　丹參即奔馬草。　苦平，微溫，陰中之陽也。入手少陰、厥陰經。補心血，養神志。止煩滿，除結氣。破宿血，生新血。安生胎，落死胎。益陰治疝，調經理崩。

按：丹參色合丙丁，氣平而降，心與包絡血分藥也。最能調經脈，養氣血，通利關脈骨節疼痛。古稱與四物同功者，嘉其補陰也。《明理論》云：四物湯治婦人病，不問產前產後，經水多少，皆可通用。惟一味丹參散，主治與之相同，其功大類當歸、地黃、川芎、芍藥故也。　故胎前產後，珍為要劑。漬酒飲之，能療風痺

足軟。服丹參可逐奔馬，所以有奔馬草之名。弘景云：久服多致眼赤，可見其性熱矣。《本草》言微寒者，恐謬。然雖能補血，長于行血，若娠妊無故，勿服。

酒潤，微焙。畏鹽水，反藜蘆。

清・蔣居祉《本草擇要綱目・寒性藥品》 丹參 氣味：苦，寒，無毒。平而降，陰中之陽也。入手少陰、厥陰之經，心與胞(胳)〔絡〕血分之藥也。主治：破宿血，生新血，安生胎，下死胎，止血崩帶下，調經脈不勻。排瘡瘍膿，止痛生肌長肉，定疝痛。畏：鹽水。反：藜蘆。

清・王翃《握靈本草》卷二 丹參近地處處有之。主治：丹參，苦，微寒，無毒。陶弘景云：多服眼赤，微寒，恐謬。養血，去心腹疾，養神定志，調經安胎，排膿止痛，活血，通心包絡。

清・汪昂《本草備要》卷一 丹參補心，生血，去瘀。氣平而降，《本經》：微寒。弘景曰：性應熱。味苦、色赤，入心與包絡。破宿血，生新血，瘀去然後新生。安生胎，養血。墮死胎，去瘀。調經脉，風寒濕熱，襲傷營血，則經水不調。先期屬熱，後期屬寒。又有血虚、血瘀、氣滯、痰阻之不同。大抵婦人之病，首重調經，經調則百病散。除煩熱。功兼四物，一味丹參散，與四物湯同。爲女科要藥。治冷熱勞，骨節痛，風痹不隨，手足緩散，不隨人用。《經》曰：足受血而能步，掌受血而能握。腸鳴腹痛，崩帶癥瘕，音征加。癥者有塊可徵。瘕者假也，移動聚散無常。皆血病。血虚血瘀之候。又治目赤，疝痛，瘡疥，腫毒，排膿生肌。鄭奠一曰：丹參養神定志，通利血脉，實有神驗。畏鹹水，忌醋，反藜蘆。

清・吳楚《寶命真詮》卷三 丹參 【略】益氣養陰，胎前產後，帶下崩中。

色合丙丁，獨入心家，專主血證。古稱丹參一味，與四物同功，故胎前產後，珍為要藥。丹參雖補血，亦行血，姙娠無故勿服。

清・王逊《藥性纂要》卷二 丹參 【略】東圃曰：心生血，丹參能行血中之氣，入平和調理之劑，非大攻大補之藥。但云有四物之功，而不若熟地、當歸之汁重味厚也。大抵與益母相類，行中有補。益母入肝，而丹參入心。與白蒺藜同用，則和肝運脾，寬心膈。《本經》有治心腹邪氣，腸鳴幽幽如走水，止煩滿之説，其用以此。

清・陳士鐸《本草新編》卷三 丹參 味苦，氣微寒，無毒。入心、脾二經。專調經脉，理骨筋酸痛，生新血，去惡血，落死胎，安生胎，破積聚癥堅，止血崩帶下。脚痹軟能健，眼赤腫可消。辟精魅鬼祟，養正祛邪，治腸鳴亦效。僅可佐使，非君臣之藥，用之補則補，用之攻則攻，藥籠中所不可缺也。其功效全在胎產之前後，大約產前可多加，產後宜少用，自然成功多，而取敗少也。

或問：丹參世所共用，吾子又亟稱之，吾恐損胃傷脾不少也。是言何變余之深也。雖然余譽丹參，一則曰僅可佐使，再則曰產後多用取敗，非戒之之辭乎。可用而用，非教人不可用而亦用也。

清・顧靖遠《顧氏醫鏡》卷七 丹參苦，平。入心經。反藜蘆。養血安神，心血有養，則神自安。調經治疝。養血則經水調，活血則疝痛止。去瘀血，生新血。安生胎，落死胎。女科恆用，外科亦宜。有消腫排膿，止痛生肌長肉之功。色赤味苦，為心經血分之藥。古稱丹參一味，與四物同功。雖能補血，長於行血，妊娠無故勿服。

清・李熙和《醫經允中》卷一七 丹參 畏鹽水。反藜蘆。專入心包絡。

苦，微寒，無毒。陰中陽也。主治破宿血，生新血，安生胎，落死胎，止血崩帶下，除煩熱，調經，消目赤，強脚痺，產後左寸浮洪及身有熱者，用之立效。雖能養陰，長于行血，姙娠無故弗服。

清・馮兆張《馮氏錦囊秘錄・雜症痘疹藥性主治合參》卷三 丹參味苦，微寒，無毒，因治軟脚，可逐奔馬，又名奔馬草。○清心除熱宜生用。養心血，止心痛，猪心血拌炒用。和心陰，理心氣，蜜酒拌炒用。 丹參，專調經脉平和，善理骨節疼痛。生新血，去惡血，落死胎，安生胎。破積聚癥堅，止血崩帶下。脚痹軟能健，眼赤腫可消。安神散結，益氣強陰。散癭贅惡瘡，排膿生肉，辟鬼祟精魅，養正敺邪。更治腸鳴幽幽，滚下如走水狀。功雖多於補血，然更長於行血，心與心包絡及肝經三家藥也。

按：丹參，色合南離，獨入心家，專主心症，古人稱丹參一味，兼四物之功，嘉其補陰也。雖能補血，然長於行血，故胃氣虚寒者少投，姙娠無故者勿服。

清・张璐《本經逢原》卷一 丹參 苦，平，微溫，無毒。酒炒用，反藜蘆。

《本經》主心腹邪氣，腸鳴幽幽如走水，寒熱積聚，破癥除瘕，止煩滿，益氣。

發明：丹參氣平而降，心與包絡血分藥也。《本經》治心腹邪氣，腸鳴幽幽如走水等疾，皆瘀血內滯而化為水之候。止煩滿益氣者，瘀積去而

煩滿愈，正氣復也。按：四物湯治婦人病，不問胎前產後，經水多少，皆可通用。惟一味丹參散，主治與之相同。蓋丹參能破宿血，生新血，安生胎，落死胎，止崩中帶下，調經脈之神品。然其性長於行血，妊娠無故勿服。大便不實者忌之。

清・浦士貞《夕庵讀本草快編》卷一　丹參《本經》、逐馬　色赤似參，能起風軟足痿，故名。丹參外赤內黑，火中有水，苦而微寒，陰中之陽也。入手少陰厥陰血分。故能安神定志，除風散痹，破宿血而養新血，安生娠而落死胎，一切崩中帶下，諸痿寒疝，並有奇效。而《明理論》所謂一服丹參，功兼四物是也。但《本經》主治獨言心腹邪氣，腸鳴幽幽如走水，破瘕散積，除煩益氣而已，並未指其益血，何也？蓋《本經》以其益心，心稟南離，如太陽一照，幽暗自除，以體言也。今專用其治血者，謂心生血，以用言也。

清・張志聰、高世栻《本草崇原》卷中　丹參　氣味苦，微寒，無毒。主心腹邪氣，腸鳴幽幽如走水，寒熱積聚，破癥除瘕，止煩滿，益氣。丹參出桐柏川谷及太山，今近道處處有之。其根赤色。大者如指，長尺餘，一苗數根。丹參、玄參，皆氣味苦寒，而得少陰之氣化，但玄參色黑，稟少陰寒水之精，而上通於天，丹參色赤，稟少陰君火之氣，而下交於地，上下相交，則中土自和。故玄參下交於上，而治腹中寒熱積聚，丹參上交於下，而治心腹邪氣，寒熱積聚。君火之氣下交，則土溫而水不泛溢，故治腸鳴幽幽如走水。破癥除瘕者，治寒熱之積聚也。止煩滿益氣者，治心腹之邪氣也，夫止煩而治心邪，止滿而治腹邪，益正氣所以治邪氣也。

清・劉漢基《藥性通考》卷四　丹參　味苦，色赤，氣平而降。補心，生血去瘀。入心與包絡。破宿血，生新血，瘀去然後新生。安生胎，養血，墮死胎，調經脈，除煩熱。功兼四物，一味丹參散，與四物湯同為女科要藥。治冷熱勞，骨節痛，風痺不隨，手足緩散，不隨人用。《經》曰：足受血而能步，掌受血而能握也。猶治腸鳴腹痛，崩帶癥瘕。癥者，有塊可癥。瘕者，假也，移動聚散無常，皆血病血虛，血之候。又治目赤疝痛，瘡疥腫毒，排膿生肌。畏鹹水，忌醋，反藜蘆。或問：丹參養神定志，通利血脈，實有神驗乎？○曰：風寒濕熱，襲傷營血，則經水不調，先期屬熱，後期屬寒。又有血虛血瘀，氣滯痰阻之不同。大抵婦人之病，首重調經，經調則百病散。

清・姚球《本草經解要》卷二　丹參　氣微寒，味苦，無毒。主心腹邪氣，腸鳴幽幽如走水，寒熱積聚，破癥除瘕，止煩滿，益氣。丹參氣微寒，稟天初冬寒水之氣，入手太陽寒水小腸經。味苦無毒，得地南方之火味，入手少陰心經。氣味俱降，陰也。心腹者，心與小腸之區也。邪氣者，濕熱之邪氣也。氣寒則清熱，味苦則燥濕，所以主之。腸，小腸也，小腸為寒水之府，水不下行，聚於腸中，則幽幽如水走聲響矣。苦寒清洩，能瀉小腸之水，所以主之。小腸為受盛之官，本熱標寒，所以或寒或熱之物，皆能積聚腸中也。其能破除之者，味苦下洩之力也。心與小腸為表裏。小腸者，心火之去路也。小腸傳化失職，則心火不能下行，鬱於心而煩滿矣。其主之者，苦寒清洩之功也。肺屬金而主氣，丹參清心瀉火，火不刑金，所以益氣也。製方：丹參同牛膝、生地、黃耆、黃柏，則健走飛步。同麥冬、沙參、五味、甘草、青蒿、花粉，治煩滿。同牛膝、木瓜、萆薢、豨薟、杜仲、續斷，治脊強脚痹。專一味治濕熱疝氣，白汗出欲死者。為末水丸，治耎脚病。

清・王子接《得宜本草・上品藥》　丹參　味苦。入手少陰、厥陰經。調婦人經脉，能抵四物之功。得山查炭、益母草清產後瘀血發熱。

清・徐大椿《神農本草經百種錄》上品　丹參　味苦，微寒。主心腹邪氣，赤走心，故能逐心腹之邪。腸鳴幽幽如走水，心與脾不和則鳴。寒熱積聚，破癥除瘕，赤走血，凡血病凝結者無不治之。止煩滿，心氣不舒。益氣。益心氣。此以色為治也，赤走心，心主血，故丹參能走心以治血分之病。又辛散而潤澤，故能通利而滌邪也。

清・黃元御《玉楸藥解》卷一　丹參　味甘，氣平。入足厥陰肝經。行血破瘀，通經止痛，癥瘕崩漏兼醫。磨堅破滯，行瘀血經脈，安胎。一切癰疽痂癩，瘿瘤疥癬皆良。本草謂其破宿血，生新血，落死胎，疎通血脈；治脚膝痿痹，走及奔馬。行血之良品也。

清・吳儀洛《本草從新》卷一　丹參〔補心，去瘀生新。〕　氣平而降，味苦色赤。入心與包絡。破宿血，生新血，瘀去然後生新。安生胎養血，墮死胎去瘀，調經脈，風寒濕熱襲傷營衛則經水不調，先期屬熱，後期屬寒。又有血虛、血瘀、氣滯、痰阻之不同。大抵婦人之病首重調經，經調則百病散。除煩熱，功兼四物，一味丹參散，功同四物湯。為女科要藥。治冷熱勞，骨節痛，風痺不隨，手足緩散，不隨人用。《經》曰：足受血而能步，掌受血而能握。癥瘕，癥者有塊可徵，瘕者假也，移動聚散無常，須分別治。

血虛血瘀之候。又治目赤，疝痛，瘡疥肿毒。排膿生肌。鄭奠一曰：丹參養神定智，通利血脈，實有神效。雖能補血，長於行血，無瘀斟酌用之。畏鹹水。忌醋。反藜蘆。

清·汪紱《醫林纂要探源》卷二 丹參 苦，微寒。莖葉扶疏，根細而疏散。入心而瀉火之妄，去瘀生新，調經脈之緩急。苦以瀉心。瀉心者，瀉火令之過熾也。心，用血者也，而主脈，心之用血太過，則血不給於用，陰虛勞熱之證作焉。且火盛則焦而血瘀，血不循於脈，而妄行則有痿痺，妄發則有瘡疥，妄聚則有癥瘕，妄下則有崩帶。丹參色赤入心，故能以苦瀉心之邪火，火不妄，則用血有節，而陰不虛，炎威不灼，而血不瘀，經脈之行有常，而諸血之證不作，瘀血去，新血自生，足以供心之用矣。又能治目赤及腸鳴腹痛之屬於血虛火鬱者。〇昔人謂丹參一味，可當四物，此亦不然。丹參自是丹參之用，四物自有四物之用。忌醋。反藜蘆。丹參主降泄，醋一於收。

清·嚴潔等《得配本草》卷二 丹參一名赤參，一名奔馬草。 畏鹽水，反藜蘆。

苦，微寒。入手少陰、厥陰經血分。養血活血，生新血，去宿血。治風邪留熱，除產後煩熱，開心腹結氣，調女人經脈，有孕能安，死胎可落，愈冷熱癆，止骨節痛。配白芷、芍藥、豬脂，敷乳癰。配查炭、益母草，酒炒，清血瘀。

丹參、茯神、犀角、川連、辰砂、赤石脂、淡竹葉、玄明粉，俱治心經之火，而用之各有攸當。心血不足以養神，神不安而虛火動者，丹參補之。心怯弱而火氣欲發者，茯神鎮之。心怯甚而虛火上炎、驚悸畢見者，辰砂降之。心血虧而心火橫發者，赤石脂斂之。心受暑熱而脈來混濁者，淡竹葉清之。心熱邪熾盛而心脈勁急者，川連平之。心火鬱結而心脈沉急者，犀角發之。心火燔灼而病多狂躁者，玄明粉滌之。若不分輕重以治，非但治之無效，抑且陰受其殃。

題清·徐大椿《藥性切用》卷三 紫丹參 味苦色赤，氣平而降，入心與包絡。破宿血，生新血，兼四物為女科要藥。雖能補益，長於行血，血虛無瘀者勿用。

清·黃宮繡《本草求真》卷八 丹參破心胞血瘀，安神志。四物湯亦有產前產後，不得妄用，為醫者勿拘死法可耳。 丹參耑入心胞絡，兼入肝。 味苦色赤，性平而降。時珍曰：五參五色配五臟，故人參入脾，曰黃參。沙參入肺，曰白參。玄參入腎，曰黑參。牡蒙入肝，曰紫參。丹參入心，曰赤參。其苦參則右腎命門藥也。古人捨紫參而稱苦參，未達此義。書載能入心包絡破瘀一語，已盡丹參功效矣！然有論其可以生新安胎，調經除煩，養神定志，及一切風痹，崩帶癥瘕，目赤疝痛，瘡疥腫痛等症。時珍曰：按婦人《明理論》云：四物湯治婦人病，不問產前產後，經水多少，皆可通用。唯一味丹參散主治與之相同。蓋丹參能破宿血，補新血，安生胎，落死胎，止崩中帶下，調經脉，其功大類當歸、地黃、芎藭、芍藥故也。總皆由其瘀去，以見病無不除，非真能以生新安胎，養神定志也。凡妊娠無故大便不實者，切忌。畏鹽水。忌醋。反藜蘆。

清·楊璿《傷寒溫疫條辨》卷六消劑類 丹參 反藜蘆。 味苦，性微寒。入心定神，破瘀除癥，消癰散腫，生肌排膿。治風邪留熱，眼赤狂悶，敺骨節疼痛，四肢不遂，破宿血，生新血，落死胎，安生胎，理婦女經脉不調，血崩帶下。鄭奠一曰：養神定志，通利血脉，實有神驗。一味丹參散，功同四物。溫酒調末三錢，治婦人經、胎、產諸證。

清·羅國綱《羅氏會約醫鏡》卷一六草部 丹參 味甘性澁，微熱，心脾肝腎四經血分之藥。畏鹹水，反藜蘆，忌醋。 養陰活血，去瘀生新。瘀去則新生。安生胎養血，下死胎去瘀。血崩赤帶可止，經脉不勻能調。治冷熱虛勞、骨節疼痛、手足不隨。皆血不足。化癥瘕，癥者有塊可徵，瘕者聚散無常，皆血病也。除煩躁。血虛發熱，甚則煩躁，婦人產後更多。古云丹參一味當四物，又云丹參養神定志，通利血脉，實有神驗，為女科之要藥也。但能補血，又長於行血，妊娠無故勿服。

清·陳修園《神農本草經讀》卷三中品 丹參 氣味苦，微寒，無毒。主心腹邪氣，腸鳴幽幽如走水，寒熱積聚，破癥除瘕，止煩滿，益氣。

張隱庵曰：丹參、玄參皆氣味苦寒，而得少陰之氣化。但玄參色黑，稟少陰寒水之精而上通於天；丹參色赤，稟少陰君火之氣而下交於地。上下相交，則中土自和。故玄參下交於上，而治腹中寒熱積聚；丹參上交於下，而治心腹寒熱積聚。君火之氣下交，則土溫而水不泛溢，故治腸鳴幽幽如走水。破癥除瘕者，治寒熱之積聚也；止煩滿益氣者，治心腹之邪氣也。夫止煩而治心邪，止滿而治腹邪，益正氣，所以治邪氣也。

陳修園曰：今人謂一味丹參功兼四物湯，共認為補血行血之品，為女科之專藥，而丹參之真功用掩矣。

清·王學權《重慶堂隨筆》卷下 丹參 降而行血，血熱而滯者宜之，故

為調經産後要藥。設經早或無血經停，及血少不能養胎而胎不安，與産後血已暢行者，皆不可惑於功兼四物之説，并以其有參之名而濫用之。即使功同四物，則四物湯原治血分受病之藥，并非補血之方，石頑先生已辨之矣。至補心之説，亦非如枸杞，龍眼真能補心之虚者，以心藏神而主血，心火太動則神不安，丹參清血中之火，故能安神定志，神志安則心得其益矣。凡温熱之邪傳入營分者則用之，亦此義也。若邪在氣分而誤用，則反引邪入營，不可不慎。

〔王國祥〕注行血宜全用，入心宜去梢用。

清・黄凱鈞《藥籠小品》 丹參 舊稱一味丹參，功兼四物，謂其亦能補血。凡血虚有痰，大便不實者，礙於四物而用之甚妙。兼補心血，天王補心丹用之是也。

清・王龍《本草纂要稿・草部》 丹參 味苦、辛，性微寒，無毒。調經脉和平，理骨節疼痛。去惡血而生新血，落死胎而安生胎。破積聚癥瘕，止血崩帶下。治腸鳴走水，散癭瘤惡瘡。翳目赤腫疼，排膿瘡生肉。

清・張德裕《本草正義》卷上 丹參 甘苦，澁，涼。能養血活血，生新血，行宿血，安生胎，墮死胎，調經脉。乃心、脾、肝、腎血分藥。亦能養血益氣，療目赤丹毒惡瘡。

清・楊時泰《本草述鉤元》卷七 丹參 根長尺餘，皮丹肉紫。賣家多染色，須辨之。冬采者良，去蘆用。

氣味苦平，微温。入手足少陰、手足厥陰經。心之所主者，血也。心虚則邪氣客之，為煩滿結氣；肝虚則熱甚風生，氣血凝滯，為癥瘕寒熱積聚；腎虚而寒，濕邪客之，則腰脊強脚痹。入三經而除所苦，諸證自平。 主心腹邪氣，腸鳴幽幽如走水，去心腹痼氣結氣，通利關脉，益氣養血，養神定志，治寒熱積聚，破癥除瘕，療冷熱勞，骨節疼痛，腰脊強脚痹，除風邪留熱，風痹足軟。漬酒飲。調婦女經脈不匀，胎産血崩帶下及血邪心煩。久服多眼赤。故應性熱。方書治中風發熱，水腫吐血，脇痛著痹，痫悸健忘，消癉。活血，通心包絡，治疝痛瀕湖。一味丹參散，功同四物湯，以其破宿血，補新血，安生胎，落死胎，止崩帶，調經脈故也。入天王補心丹則補心。同牛膝、地黄、黄耆、黄柏，能健步。同鱉甲、牡蠣、丹皮、青蒿、延胡、牛膝、乾漆、水赤蓼子，主心腹痼疾結氣，寒熱積聚，破癥除瘕。同麥冬、沙參、五味子、甘草、青蒿、栝蔞，止煩滿。同牛膝、萆薢、木瓜、豨薟、杜仲、續斷，主腰脊強脚痹，除風邪留熱。同人參、麥冬、棗仁、地黄，益氣養血。獨用一兩為末，熱酒每服二錢，主寒疝，少腹及陰相引痛，白汗出欲死。丹參散，治婦人經脈不調。或前或後，或多或少。産前胎不安，産後惡血不下，兼治冷熱勞，腰脊痛，骨節煩疼。用丹參洗淨切曬，為末，每服二錢，温酒調下。落胎下血，丹參十二兩，酒五升，煮取三升，温服一升，日三服，亦可水煮。

論：丹參皮丹肉紫而味苦，為火之用藥。據其奏效，似通利關脈一語足以概之。然《別録》謂其養血，《本經》且謂益氣，而先哲又以養神定志歸之，其義何若？蓋此味水火之二氣具足。其開花成穗，自三月以至九月，正《經》所謂夏月蕃秀使氣得泄者，而采根必以冬時，豈非反所自始，為得全金水之氣以昌木火之用乎。惟其如是，故宿血宜破，新血宜生，生胎宜安，死胎宜落，自有合於天然之生化，而不戾其所宜者。血原於水，而成於火，此味由生血化血之全功，而通利關脈，其通利不可與破氣之味同論。夫水中有火而氣生水，上合於火而氣化，氣化即化血；火中有水而血生火，下合於水而血化，血化即化精。要本於肺氣下歸命門，然後血化精。此品水中有火，而水至於火以達其氣化，氣之所化，則血之滯者行，枯者生，能化能生，政通利關脈之本也。人身之先天，惟此陰陽具於腎；人身之後天，惟此氣血主於心。氣血一息不周，則陰陽之元化病矣。惟心主實握由氣化血之權，故其變化而赤者，雖屬於中焦氣化，實主於心及包絡，是主血之地乃為血所生化之先天。然則流貫一身而無微不徹，無氣不隨者，可不尋繹其生化之先天，而漫言何臟統血、何臟藏血哉？明乎此則益氣養血，皆可得其主腦，而善用以奏功矣。

繆氏云：妊娠無故勿服。

清・鄒澍《本經續疏》卷二 丹薓 【略】腸鳴幽幽如走水，寒熱積聚，癥瘕煩滿，不必盡由心腹邪氣。而冠以心腹邪氣者，見諸證若不由心腹邪氣，則不得用丹薓也。心腹邪氣不僅為腸鳴幽幽如走水，寒熱積聚，癥瘕煩滿，而首揭心腹邪氣者，見諸證外若更有他病，縱係乎心腹邪氣，亦不得用丹薓也。然則《別録》所載諸證，若心腹痼疾結氣，風邪留熱，固與《本經》相應而相發明矣。惟養血及腰脊強，脚痹，豈亦可係於心腹邪氣耶？係乎心腹邪氣者，尚除腸鳴幽幽如走水，寒熱積聚，癥瘕煩滿外，不得用丹薓。況不係心腹邪氣，烏乎可用。殊不知養血，主腰脊強，脚痹，正以發明腸鳴幽幽如走

水，寒熱積聚，癥瘕煩滿係心腹邪氣所為耳。何以言之？夫腹而冠以心，則非胸中腹中之謂，邪氣而揭以心腹，則非表邪裏邪之謂。心者，主運量血脈；腹者，主客受水穀。血脈者，水穀精微之所由敷布；水穀者，血脈運量之所以資藉，不正之氣結於兩處，所資既滯，運量遂不靈，而極滑利道遠之所先受其殃，強者強，痹者痹矣。故惟腰脊強，脚痹而不發熱不痠疼，方可以知病在血脈而係乎心，故有煩。惟心煩而不發熱不痠疼，方有以知病在水穀之氣滯而係乎腹，故有滿，既煩且滿，則氣之環周不休者將盡為之痹，而尋其治遂不得不求之於能養血者矣。丹蔘之養血在取其色。丹蔘之色，外丹而內紫。紫者，赤黑相兼，水火竝形之色也。水火竝形而和，原係太和之象。惟其內雖紫而外則丹，丹不能入，紫不能出，則紫為寒熱積聚。丹為致生氣於寒熱積聚之象，惟能致生氣於寒熱積聚中，故逢春半而苗莖勃發，數根而共一苗，一苗而發多枝，一枝而標五葉，葉必相對，且皺而有文有毛，是其內引肝脾所統所藏之血，一歸心之運量，敷布於兩兩相對之經脈，且外及乎皮毛。尤可貴者，三月開花，九月乃已，他物之發揚底蘊無有過於此者。惟其如是，方有合乎血既盛而華遂不易衰。則其能使在內之血，方與熱為水穀之氣所搏激，而為聲凝而成塊者，無不血復為流動之血，熱化為溫煦之氣，而敷布周浹。豈復有腸鳴幽幽如走水之寒熱積聚與癥瘕煩滿之患哉？曰益氣者，正詡其流動溫煦之功，否則味苦氣寒，安能益氣？

清・葉桂《本草再新》卷一　丹參味苦，性平，無毒。入心、肺、腎三經。破宿血，生新血，安生胎，墮死胎，破血，故能墮胎。生血，故能安胎。調經脈，除煩化熱。

清・吳其濬《植物名實圖考》卷七　丹參　《本經》上品。處處有之，春花，亦有秋花者，南方地暖，得氣早耳。

清・趙其光《本草求原》卷一山草部　丹參　氣微寒，初冬之氣。瀉小腸濕熱；色赤，味苦，降心火下交以活血生血。主心腹邪氣，寒熱積聚，煩滿，濕熱客於小腸，不能傳心，夾於下則瘀滯為病。腸鳴幽幽如走水，小腸通達，脾土溫和，則水亦走。破癥瘕。火中有水，則血生火下；合於水，則血化。蓋血得溫和之氣以運行脈中，自然瘀化新生，通流無滯。益氣，經隧者，氣血從出之道。熱清血行，氣亦不病。養神定志，血活之功。安生胎，落死胎，止崩帶，不問胎前、產後，經水多少皆治，為調經脈之神品。並治濕熱疝痛，自汗欲死，俱為末酒服。骨節疼痛，四肢不遂，脊強，腎虛有濕也。合萆薢、杜、續、瓜、膝、豨薟。乳癰，同白芷。白芍醋醃，合豬膏煎塗。熱油火灼，研以羊脂調塗。脚軟，為末，水丸。又同芪、地、柏、牛膝，則健步。雖不破泄，而長於行血。妊娠無故勿服，大便不實者忌。又排膿、止痛、生肌，亦活血通脈之功耳。

同鼠屎炒研，漿水下。治小兒風熱拘急汗出。同當歸、牛膝、細辛，下死胎。同麥、味、沙參、花粉、青蒿、甘草，治煩滿。浸酒飲，治風痹，脚軟。

元參，滋水，以上交之功多；丹參，瀉火，以下交之功多。

清・葉志詵《神農本草經贊》卷一　丹參　味苦，微寒。主心腹邪氣，腸鳴幽幽如走水，寒熱積聚，破癥除瘕，止煩滿益氣。一名郄蟬草。生山谷。

自抱丹心，方稜青疊。獨幹叢根，一枝五葉。腸罷轆轤，身輕蹀躞。紅紫紛紛，飛蛾形接。

吳融詩：皇恩自抱丹心報。蘇頌曰：莖方有稜，青色，一苗數根。李時珍曰：一枝五葉，小花成穗如蛾形，紅紫色。陸龜蒙詩：愁因轆轤轉。蘇軾詩：蹀躞身輕山上走。蕭炳曰：治風軟脚，可逐奔馬，故名奔馬草。《列子》：形接為事。

清・文晟《新編六書》卷六《藥性摘錄》　丹參　味苦，色赤，性平而降。入心包絡，兼入肝。〇破心包血，去瘀生新，調經，除煩，養神定志。〇並治一切風痹，崩帶癥瘕，目赤，疝痛，瘡疥腫痛等症。〇凡妊娠，無故大便不實者，切忌。〇畏鹽水，忌醋，反藜蘆。

清・張仁錫《藥性蒙求・草部》　丹參紫參錢半、三錢　丹參味苦，破積調經。生新去瘀，補心安神。入心經。酒炒，去蘆用。古稱丹參一味，功兼四物。然雖能補血，長於行血，無瘀斟酌用之。妊娠無故勿服，惟血熱而滯者宜之。〇又有紫參，味苦，入肝經。功專破血逐瘀，得人參、阿膠治血吐不止。

清・屠道和《本草匯纂》卷三下血　丹參　耑入心胞絡，兼入肝。味苦，色赤，性平而降。入心胞絡，破血瘀，安神志。治頭痛目赤，寒熱積聚，百邪鬼魅，腹痛，氣作聲音鳴吼，腸鳴幽幽如走水，除風邪留熱，心腹痛疾，結氣邪氣，骨節疼痛，四肢不遂，腰脊強，冷熱勞，風痺足軟脚痺。破宿血，生新血，安生胎，墮死胎。除煩，養神定志，調經脈，活血，通心胞絡。並除崩帶，癥瘕疝痛。瘡疥癬癭，腫毒丹毒，排膿生肌止痛。總由瘀去則病除，非真能生新，安胎，養神定志也。妊娠大便不實者，切忌。雖能生血，究長於行血，若無瘀

者，須斟酌用之。畏鹽水，忌醋。反藜蘆。時珍曰：五參配五色五臟，故人參入脾，曰黄參。沙參入肺，曰白參。玄參入腎，曰黑參。(孔)[牡]蒙入肝，曰紫參。丹參入心，曰赤參。其苦參，則右腎命門藥也，乃人或捨紫參而稱苦參，其亦未達此義。按：《婦人明理論》云：四物湯治婦病，不問胎前産後，經水多少，皆可通用。惟一味丹參散，與之相同。蓋丹參生血安胎，止帶調經，其功大類當歸、地黄、芎藭、芍藥故也。

清·戴葆元《本草綱目易知錄》卷一 丹參 氣平而降，味苦色赤，入心經與包絡血分。破宿血，生新血，安生胎，落死胎，調經脈，除煩渴，功兼四物，為女科要藥。養神定志，通利關脈。治冷熱勞，骨節疼痛，腰脊強楚，風痹足軟，四肢不遂，溫熱狂悶，頭痛眼赤，腸鳴腹痛，癥瘕積聚，寒疝急疼。止血崩帶下，調血邪心煩。主中惡邪魅，腹痛腫毒丹毒，瘡癬癭贅，排膿生肌。反藜蘆。

清·黄光霽《本草衍句》 丹參 色赤味苦，氣降和平。主婦人之血分，入包絡與心經。安生胎兮落死胎，癥瘕積聚；去宿血兮生新血，帶下山崩。治足軟與痛痺，治耎脚可逐奔馬，又名奔馬草。調經脈以勻停。心煩目赤，腹滿腸鳴，能逐心腹之邪。心與脾不和，故腸鳴幽幽如走水。藥為女科之要，功兼四物之能。得山查炭、益母草，清産後惡血發熱。馮氏云：清心除熱，宜用生。養心血，止心痛，宜猪心血拌炒用。和心陰，調心氣，宜蜜、酒拌炒用。寒疝腹痛，小腹陰中相引痛，白汗欲死，用丹參末二錢，酒服。

清·陳其瑞《本草撮要》卷一 丹參 味苦，入手少陰經，功專調婦人經脈，抵四物之功。得山查炭、益母草清産後瘀血發熱。畏鹹水，忌醋，反藜蘆。

清·鄭奮揚著，曹炳章注《增訂偽藥條辨》卷一 丹參 古出桐柏川谷，今近道處處有之。其根赤色，大者如指長尺餘，一苗數根。氣味苦，微寒，無毒。主治心腹邪氣，寒熱積聚。《本草經》原文歷敍功用，未加益氣二字，蓋益正氣所以治邪氣也。近今市肆有一種土丹參，服之極能散血，又奚有益氣之功？不知用何種草根混充，殊可恨也。炳章按：丹參産安徽古城者，皮色紅，肉紫有紋，質燥體鬆，頭大無蘆，為最佳。滁州全椒縣，形狀同前，亦佳。産鳳陽定遠、白陽山漳洧者，蘆細質鬆，多細枝次。産四川者，頭小枝粗，肉糯有白心，亦次。鄭君所云土丹參，或即川丹參也。抑或福建土産之一種，別具形態，余未之見也。

石見穿

明·李時珍《本草綱目》卷二一草部·有名未用 石見穿時珍曰：主骨痛，大風癰腫。

小紅花

清·何諫《生草藥性備要》卷下 小紅花 治蛇纏腰瘡，散毒，去瘀生新，敷瘡如神。

老虎耳

明·佚名氏《醫方藥性·草藥便覽》 老虎耳 其性涼。治腸風下血為善。散心火最妙。

葉下紅

清·吴其濬《植物名實圖考》卷一〇 葉下紅 産建昌。一名小活血，一名紅花草。鋪地生，頗似紫菀，葉面青，背紫，碎紋粗澀如芥，背微光滑，長莖長葉。土人取根、葉，搥敷蛇頭指。按《本草綱目》：葉下紅主飛絲入目、腫痛，同鹽少許絹包，滴汁入目；仍以塞鼻，左塞右，右塞左。不詳其形狀，殆同名也。

勁枝丹參

清·吴其濬《植物名實圖考》卷一〇 勁枝丹參 與小丹參同，而葉小排生，花亦五葩並翹。

小丹參

清·吴其濬《植物名實圖考》卷一〇 小丹參 江、湘、滇皆有之。葉似丹參而小，花亦如丹參，色淡紅，一層五葩，攢莖並翹；唐錢起《紫參歌》序：紫參五葩連萼，狀飛鳥羽舉，俗名五鳳花。按形即此。而《本草》注但謂青穗葱花，亦有紅紫似水荭者，無五葩之説，殆詩人誤以丹為紫耶？

紫花地丁

明·蘭茂原撰，范洪等抄補《滇南本草圖説》卷四 紫花地丁 同前序之。性寒，味苦。破血，解癰疽痔漏如神。

清·吴其濬《植物名實圖考》卷一三 紫花地丁 生田塍中。赭莖對葉，葉似薄荷而圓；梢開長紫花，微似丹參花而色紫不白，與《本草綱目》地丁異。

黃芩

宋・李昉《太平御覽》卷第九九二 黃芩 《説文》曰：莶，黃芩也。《廣雅》曰：妊眉，黃文，内虚，黃芩也。《本草經》曰：黃芩，一名腐腸。味苦，平。生川谷。治諸熱。《范子計然》曰：黃芩出三輔。色黃者善。《吴氏本草》曰：黃芩，一名黃文，一名妬婦，一名虹勝，一名經芩，一名印頭，一名内虚。神農、桐君、黃帝、雷公、扁鵲：苦，無毒。李氏：小温。二月生赤黃葉，兩兩四面相值，莖空中，或方員，高三四尺，四月花紫紅赤，五月實黑，根黃。二月至九月採。

宋・唐慎微《證類本草》卷八草部中品〔《本經・别錄・藥對》〕 **黃芩** **味苦，平**、大寒，無毒。**主諸熱黃疸，腸澼洩痢，逐水，下血閉，惡瘡疽蝕火瘍，**療痰熱，胃中熱，小腹絞痛，消穀，利小腸，女子血閉，淋露下血，小兒腹痛。**一名腐腸，**一名空腸，一名内虚，一名黃文，一名經芩，一名妬婦。其子主腸澼膿血。生秭歸川谷及冤句。三月三日採根，陰乾。得厚朴、黃連止腹痛。得五味子、牡蒙、牡蠣令人有子。得黃耆、白斂、赤小豆療鼠瘻。山茱萸、龍骨爲之使，惡葱實，畏丹砂、牡丹、藜蘆。

〔梁・陶弘景《本草經集注》〕云：秭歸屬建平郡，今第一出彭城，鬱州亦有之。圓者名子芩爲勝，破者名宿芩，其腹中皆爛，故名腐腸，惟取深色堅實者爲好。俗方多用，道家不須。

〔唐・蘇敬《唐本草》〕注云：葉細長，兩葉相對，作叢生，亦有獨莖者。今出宜州、鄜州、涇州者佳。兗州者大實亦好，名㹠尾芩也。

〔宋・掌禹錫《嘉祐本草》〕按：《藥性論》云：黃芩，臣，味苦、甘。能治熱毒，骨蒸，寒熱往來，腸胃不利，破擁氣，治五淋，令人宣暢，去關節煩悶，解熱渴，治熱，腹中㽲痛，心腹堅脹。日華子云：下氣，主天行熱疾，丁瘡，排膿，治乳癰、發背。

〔宋・蘇頌《本草圖經》〕曰：黃芩，生秭歸山谷及冤句，今川蜀、河東、陝西近郡皆有之。苗長尺餘，莖幹麄如筯，葉從地四面作叢生，類紫草，高一尺許，亦有獨莖者，葉細長，青色，兩兩相對。六月開紫花，根黃如知母麄細，長四五寸，二月、八月採根，暴乾用之。《吴普本草》云：黃芩又名印頭，一名内虚。二月生赤黃葉，兩兩四四相值，其莖空中，或方圓，高三四尺。花紫紅赤，五月實黑，根黃。二月、九月採。與今所有小異。張仲景治傷寒心下痞滿瀉心湯，四方皆用黃芩，以其主諸熱，利小腸故也。又太陽病，下之利不止，有葛根黃芩黃連湯，及主妊娠安胎散亦多用黃芩。今醫家嘗用有效者，因著之。又《千金方》：巴郡太守奏加減三黃丸，療男子五勞七傷，消渴，不生肌肉，婦人帶下，手足寒熱者。春三月，黃芩四兩，大黃三兩，黃連四兩；夏三月，黃芩六兩，大黃一兩，黃連七兩；秋三月，黃芩六兩，大黃二兩，黃連三兩；冬三月，黃芩三兩，大黃五兩，黃連二兩。三物隨時合擣下篩，蜜丸大如烏豆，米飲服五丸，日三。不知，稍增七丸，服一月病癒。久服，走及奔馬，近頻有驗。食禁猪肉。又陶隱居云：黃芩圓者名子芩，仲景治雜病方，多用之。《千金翼》：治淋。黃芩四兩，袋貯之，水五升煮三升，分三服。梅師：治火丹。杵黃芩末，水調傅之。

金・張元素《潔古珍珠囊》〔見元・杜思敬《濟生拔粹》卷五〕 黃芩苦陰中微陽。酒炒上頸，主上部積血。東垣曰：泄肺火而解肌熱。肺苦氣，急食苦以泄之。

宋・劉明之《圖經本草藥性總論》卷上 黃芩 味苦，平，大寒，無毒。主諸熱黃疸，腸澼泄痢，逐水，下血閉，惡瘡疽蝕火瘍，療痰熱，胃中熱，小腹絞痛，消穀，利小腸，女子血閉淋露下血，小兒腹痛。《藥性論》云：臣。治熱毒骨蒸，寒熱往來，腸胃不利，破壅氣，治五淋，令人宣暢。去關節煩悶，解熱渴，治熱腹中㽲痛。日華子云：下氣，主天行熱疾，丁瘡排膿，治乳癰發背。得厚朴、黃連，止腹痛。得五味子、牡蒙、牡蠣，令人有子。得黃芪、白斂、赤小豆，療鼠瘻。山茱萸、龍骨為之使。惡葱實。畏丹砂、牡丹、藜蘆。

元・王好古《湯液本草》卷四 黃芩 氣寒，味微苦。苦而甘，微寒，味薄氣厚，陽中陰也。陰中微陽，大寒，無毒。入手太陰經之劑。《象》云：治肺中濕熱，療上熱，目中赤腫，瘀血壅盛必用之藥。泄肺受火邪上逆於膈，下補膀胱之寒不足，乃滋其化源也。《心》云：瀉肺中之火。潔古云：利胸中氣，消膈上痰。性苦寒，下痢膿血稠黏，腹疼後重，身熱，久不可者，與芍藥、甘草同用。《珍》云：除陽有餘，涼心去熱，通寒格。陰中微陽，酒炒上行，主上部積血，非此不能除。肺苦氣上逆，急食苦以泄之。《本草》云：主諸熱黃疸，腸澼泄痢，逐水，下血閉，惡瘡疽蝕，火傷，療痰熱，胃中熱，小腹絞痛。消穀，利小腸，女子血閉，淋露下血，小兒腹痛。東垣云：味苦而薄，中枯而飄，故能瀉肺火而解肌熱，手太陰劑也。細實而中不空者，治下部妙。陶隱居云：色深堅實者好。又治奔豚臍下熱痛。飄與實，高下之分，與枳實、枳殼同例。黃芩，其子主腸澼膿血。《本草》又云：得厚朴、黃連，治腹痛；得五味子、牡蒙、牡蠣，令人有子；得黃芪、白斂、赤小豆，療鼠瘻。山茱萸、龍骨為之使。惡葱實。畏丹砂、牡丹、藜蘆。張

仲景治傷寒心下痞滿，瀉心湯四方皆用黃芩，以其去諸熱、利小腸故也。又，太陽病下之利不止，有葛根黃芩黃連湯。亦主妊娠，安胎散內多用黃芩，今醫家常用有效者，因著之。《千金方》：巴郡太守奏加減三黃丸，療男子五勞七傷、消渴、不生肌肉，婦人帶下、手足寒熱者。久服之，得行及奔馬。甚驗。　陶隱居云：　黃芩，圓者名子芩，仲景治雜病方多用之。

元・朱震亨《本草衍義補遺》　黃芩　安胎者，乃上中二焦藥，降火下行也。縮砂安胎者，治痛行氣也。若血虛而胎不安者，阿膠主之。治痰熱者，假此以降其火也。○堅實者名子芩，為勝。破者名片芩。其腹中皆爛名腐腸，可入肺經也。其堅實條芩，入大腸除熱也。

元・佚名氏《珍珠囊・諸品藥性主治指掌》〔見《醫要集覽》〕　黃芩　味苦，平，氣寒，無毒。可升可降，陰也。其用有四：中枯而飄者瀉肺火，消痰利氣；細實而堅者瀉大腸火，養陰退陽；中枯而飄者除風濕留熱於肌表；細而堅實者，滋化源退熱於膀胱。

元・徐彥純《本草發揮》卷二　黃芩　成聊攝云：苦入辛而泄熱，黃芩、黃連之苦，以泄痞熱。又云：陽有餘，以苦除之。黃連、黃芩之苦，以除熱。　潔古云：治肺中濕熱，療上熱，目中赤腫，瘀肉壅盛，必用之藥。泄肺中火邪，上逆於膈上。補膀胱之寒水不足，乃滋其化源。《主治秘訣》云：性涼，味苦、甘，氣厚味薄，浮而降，陽中陰也。其用有九：瀉肺經熱，一也；夏月須用，二也；上焦及皮膚氣熱，三也；去諸熱，四也；婦人產後養陰退陽，五也；利胸中氣，六也；消膈上痰，七也；除上焦熱及皮濕，八也；安胎，九也。單製、二製、不製，分上、中、下也。酒炒上行，主上部積血，非此不能除。肺苦氣上逆，急食苦以泄之。正謂此也。又治下痢膿血稠粘，腹痛後重，身熱久不可者，與芍藥、甘草同用。易老又云：肌熱，及去痰用黃芩，上焦濕熱亦用黃芩，瀉肺火故也。瘡痛不可忍者，用苦寒藥，如黃芩、黃連，詳上下，分梢根，及引經藥用之。　東垣云：黃芩除陽有餘，涼心去熱，通寒格。又云：治發熱口苦。　海藏云：東垣言黃芩味苦而薄，中枯而飄，故能泄肺火而解肌熱，入手太陰經之劑也。細實而中不空也，治下部妙。　陶隱居云：色深堅實者好。圓者名子芩，又治奔豚，臍下熱痛。飄與堅有高下之分，與枳實、枳殼同例。黃芩，其子主腸澼膿血，其根得厚朴、黃連主腹痛。得五味子，牡蒙、牡蠣令人有子。得黃芪、白歛、赤小豆以療鼠瘻。張仲景治傷寒心下痞滿，瀉心湯四方皆用黃芩，以其主諸熱，利小腸故也。又太陽病下之利不止，有葛根黃芩黃連湯。而主妊娠安胎散內，多用黃芩。醫亦常用，《千金方》巴郡太守奏加減三黃丸，治男子五勞七傷，消渴，不生肌肉，婦人帶下，手足寒熱者，久服之，行及奔馬，甚驗。丹溪云：黃芩安胎者，乃上中二焦藥，降火行下也。縮砂安胎者，治痛行氣也。若血虛而胎不安者，阿膠主之。治痰熱者，假此以降其火也。

明・蘭茂撰，清・管暄校補《滇南本草》卷中　黃芩　性寒，味苦。上行瀉肺火，下行瀉膀胱火。男子五淋，女子暴崩，調經清熱。胎有火熱不安，清胎熱。除六經實火實熱，黃芩與黃連是也，熱症多用之。

附方：治婦人月水過多，將成崩症，甚效。黃芩，一錢，酒炒。臭椿皮一錢，黃柏，五分，炒黑。香附，一錢五分，童便浸。白芍一錢，土艾葉，一錢，炒。龜板，二錢，酥炙。不用引，煎服。

補註：月水過多不止，是陰血不足，以震動脾土胞絡之火，故血走失而越常度也。此方以黃柏、黃芩制火，白芍、龜板滋陰，為壯水之主，以鎮陽光。艾葉之苦，椿皮之澁，所以固脫。又以香附之辛，開其鬱熱耳。

明・蘭茂《滇南本草》〔叢本〕卷中　黃芩　味苦，性寒。上行瀉肺火，下降瀉膀胱火。男子五淋，女子暴崩。調經清熱，胎中有火熱不安，清胎熱，除六經寔火寔熱。所謂寔火可瀉，黃芩是也。奇方：治婦人月來過多，將成暴崩，治效。黃芩，一錢，酒炒。黃栢，一錢，炒黑色。香附，一錢五分，童便浸。白芍一錢，龜板二錢，臭椿皮二錢，土艾葉，一錢，炒。不用引，煎服。註補：月來過多不止，是陰血不足，以鎮動脾土胞絡之火，故血走失而越常度也。是方用黃芩、黃栢制火，芍藥、龜板滋陰，謂壯水之主，以鎮陽光也。艾葉之苦，椿皮之澀，所以固脫。香附之辛，開鬱熱耳。

明・王綸《本草集要》卷二　黃芩臣　味苦，氣平，寒。味薄氣厚，陽中陰也。無毒。入手太陰經。山茱萸、龍骨為之使。惡蔥實，畏丹砂、牡丹、藜蘆。三月三日採根，陰乾。　主諸熱黃疸，腸澼洩痢，逐水，下血閉，惡瘡（疸）〔疽〕蝕火瘍，目赤腫。解在肌風熱，泄肺受火邪上逆於膈上，消膈上熱痰及胃中濕熱。小腹絞痛，利小腸。主天行熱疾，丁瘡，乳癰發背。　枯飄者名宿芩，入肺經，酒炒上行，主上部積血。圓實者名子芩，入大腸，除熱，補膀胱不足，滋其化源，治下痢膿血，腹痛後重，身熱，與芍藥、甘草同用。又主妊娠，為安胎之

聖藥，清熱降火故也。又得厚朴、黃連，止腹痛。得五味子、牡蒙、牡蠣，令人有子。得黃耆、白斂、赤小豆，療鼠瘻。

明・滕弘《神農本經會通》卷一 黃芩 臣也。山茱萸、龍骨為之使，惡葱實，畏丹砂、牡丹、藜蘆。深色堅實者為好。《局》云：去心，剉，微炒。味苦，氣平，大寒，無毒。《湯》云：氣寒，味微苦。苦而甘，微寒。味薄氣厚，陽中陰也。陰中微陽，大寒。入手太陰經。東云：可升可降，陰也。中枯而飄者，瀉肺火，消痰利氣。細實而堅者，瀉大腸火，養陰退陽。中枯而飄者，除風濕留熱於肌表。細實而堅者，滋化源退熱於膀胱。又云：治諸熱五淋。珍云：涼心，去脾濕熱痢久不痊。上部積血，須酒炒。又利產後，安胎元。《衷》云：瀉心火，活血，通五淋，利小便。退疸，并泄痢，腸癰及乳癰，湯火傷，皆治。

《本經》云：諸主熱黃疸腸澼，洩痢，逐水，下血閉，惡瘡疽蝕，火瘍。療痰熱，胃中熱，小腹絞痛，消穀，利小腸。女子血閉，淋露下血，小兒腹痛。一名腐腸，其子主腸澼膿血。三月三日採根，陰乾。《本草》又云：得厚朴、黃連止腹痛，得五味子、牡蒙、牡蠣令人有子，得黃耆、白斂、赤小豆療鼠瘻。陶云：負者，名子芩，為勝。破者，名宿芩，其腹中皆爛，故名腐腸。惟取深色堅實者為好。《藥性論》云：黃芩，臣。味苦、甘。能治熱毒，骨蒸，寒熱往來，腸胃不和，破擁氣，治五淋，令人宣暢。去關節煩悶，解熱渴，治熱腹中㽲痛，心腹堅脹。日華子云：下氣，主天行熱疾。丁瘡排膿，治乳癰發背。《圖經》云：仲景治傷寒心下痞滿，瀉心湯四方皆用黃芩，以其主諸熱，利小腸故也。又太陽病，下之利不止，有葛根黃芩黃連湯，及主妊娠安胎散，亦多用黃芩有効。又《千金方》，巴郡太守奏加減三黃丸，療男子五勞七傷，消渴，不生肌肉，婦人帶下，手足寒熱者，黃芩、大黃、黃連，四季隨時加減，搗末蜜丸如烏豆，米飲服五丸，增至七丸，服一月病愈。久服，走及奔馬，有驗。食禁猪肉。又陶云：負者，名子芩。仲景治雜病方多用之。《象》云：治肺中濕熱，療上熱，目中赤腫，瘀肉盛，必用之藥。泄肺受火邪，上逆於膈上，補膀胱之寒，乃滋其化源也。《心》云：瀉肺中之火。潔古云：利胸中氣，消膈上痰。性苦寒，下痢膿血稠粘，腹疼後重，身熱，久不可者，與芍藥、甘草同用。珍云：涼心退熱。酒炒上行，主上部積血，非此不能除。肺苦氣上逆，急食苦以泄之。又主妊娠，為安胎之聖藥，清熱降火故也。丹溪云：安胎者，乃上中二焦藥，降火下行也。縮砂安胎者，治痛行氣也。若血虛而胎不安者，阿膠主之。治痰熱者，假此以其降火也。宿芩，名腐腸，可入肺經也。堅實條芩，入大腸除熱也。珍云：除陽有餘，涼心去熱，通寒格，陰中微陽。東垣云：味苦而薄，中枯而飄，故能泄肺火而解肌熱，手太陰劑也。細實而中不空者，治下部妙。陶隱居云：色深堅實者好。又治奔豚，臍下熱痛。飄與實，高下之分，與枳實、枳殼同例。黃芩，其子主腸癖膿血。又云：黃芩負者名子芩，仲景治雜病方多用之。張仲景治傷寒心下痞滿瀉心湯四方，皆用黃芩，以其去諸熱，利小腸故也。又太陽病下之利不止，有葛根黃芩黃連湯。亦主妊娠，安胎散內多用黃芩。今醫家常用有効者，固著之《千金方》也。郡太守奏加減三黃丸，療男子五勞七傷，消渴，不生肌肉，婦人帶下，手足寒熱者，久服之得行及奔馬，甚驗。剬云：黃芩苦味枯飄者，瀉肺除風熱在肌。堅者大腸除熱用，膀胱得助化源宜。《局》云：黃芩主熱除黃疸，止痢通淋治惡瘡。女子崩中并血閉，小兒腹痛用尤良。黃芩解熱通淋，女子崩因熱者。

明・劉文泰《本草品彙精要》卷一〇 黃芩 無毒 叢生。

黃芩出《神農本經》：**主諸熱黃疸，腸澼洩痢，逐水，下血閉，惡瘡，疽蝕，火瘍。**以上朱字《神農本經》。療痰熱，胃中熱，小腹絞痛，消穀，利小腸，女子血閉，淋露下血，小兒腹痛。○子，主腸澼，膿血。以上黑字名醫所錄。

【名】腐腸、空腸、內虛、黃文、經芩、妒婦、印頭、子芩、豚尾芩、宿芩。

【苗】《圖經》曰：苗長尺餘，莖幹粗如箸，葉從四面作叢生，類紫草。亦有獨莖者，葉細長，青色，兩兩相對。六月開紫花，根黃如知母粗細，長四五寸。又《吳普本草》云：二月生赤黃葉，兩兩四四相值，其莖空中或方圓，高三四尺，花紫紅赤，五月實黑，根黃有中枯而飄者，名腐腸。有細實圓者名子芩也。

【地】《圖經》曰：生秭歸山谷及冤句，今川蜀、河東、陝西近郡皆有之。陶隱居云：出彭城、鬱州。【道地】宜州、鄜州、涇州、兗州。

【時】生：春生苗。採：二月、三月三日、八月、九月取根。

【收】陰乾。

【用】根。

【色】黃。

【味】苦。

【性】平，大寒，泄。

【氣】氣薄味厚，陰中微陽。

【臭】香。

【主】諸熱。

【行】手太陰經，陽明經。

【助】山茱萸、龍骨爲之使。

【反】畏丹砂、牡丹、藜蘆，惡葱實。

【製】去粗皮及腐爛者，剉用，或酒炒。

【治】療：《藥性論》云：消熱毒，骨蒸，寒熱往來，腸胃不利，破壅氣，除

五淋，令人宣暢，去關節煩悶，解熱渴，治熱腹中疞痛，心腹堅脹。日華子云：下氣，主天行熱疾，疔瘡，乳癰，發背，排膿。東垣云：中枯而飄者，瀉肺火，消痰，利氣，除風濕，留熱於肌表；細實而堅者，瀉大腸火，養陰退陽，滋化源，退熱於膀胱。〖合治〗合白术，安胎。○合厚朴、黃連，止腹痛。○合五味子、牡蒙、牡蠣，令人有子。○合黃耆、白斂、赤小豆，療鼠瘻。

明・葉文齡《醫學統旨》卷八　黃芩　氣平、寒，味苦　無毒。可升可降，陰也。入手太陰經。山茱萸、龍骨為使，惡葱實，畏丹砂、牡丹、藜蘆，酒炒上行。治諸熱黃疸，腸澼熱洩，逐水，下血閉，惡瘡發背，乳癰丁瘡，火瘍，目赤腫；解在肌風熱，泄肺受火邪，消膈上痰熱，去胃中濕熱；小腹絞痛，利小腸，主天行熱疾。枯飄者瀉肺火，化痰利氣，除風濕留熱肌表。細實者入大腸，除熱，補膀胱不足，滋化源，下痢膿血，腹痛後重，清熱安胎之聖藥也。

明・許希周《藥性粗評》卷二　肺火瀉黃芩之苦，尤利安胎。

黃芩，一名黃文，一名內虛。春抽苗，高一尺許，莖麄如筯，內虛，葉長從地，作叢，兩兩四四相對，亦有獨莖生者，六月開紅紫色，結實黑色，根黃如知母，麄細不同，長四五寸，年久者內爛，故一名腐腸，謂之片芩，未爛者子芩也，謂之條芩。生川蜀、河陜川谷，今荊湘州郡亦有之，以西北出者為勝。二八月採根，暴乾。凡用有炒與酒製者。山茱萸、龍骨為之使，惡葱實，畏丹砂、牡丹、藜蘆。味苦、甘，性大寒，無毒。入手太陰肺、少陰心、足太陽膀胱經。主治諸熱痰火，黃疸洩痢，腹痛血閉，淋露瘡瘍，清上補下，宣暢關節。潔古云：治肺中濕熱，目中赤腫，瀉肺中火邪上逆於膈上，補膀胱之寒水不足。《主治秘訣》云：黃芩瀉肺經熱，婦人產後養陰退陽，利胸中氣，消膈上痰。酒炒上行，上部積血非此不除。又治下利膿血稠粘，腹痛後重，身熱久不可者，與芍藥、甘草同用。易老云：肌熱去痰用黃芩，上焦濕熱亦用黃芩，瀉肺火故也。東垣云：黃芩中枯而飄者能瀉肺火，而解肌熱細實而中不空者，治下部妙。大抵黃芩除熱之功，不可具述。又為安胎聖藥。丹溪云：黃芩安胎者，乃上中二焦藥，降火行下也。縮砂安胎者，治痛行氣也，若血虛而胎不安者，阿膠主之。《本草》云：黃芩得厚朴、黃連止腹痛，得五味子、牡蒙、牡蠣令人有子，得黃芪、白斂、赤小豆療鼠（癧）〔瘻〕。《圖經》云：張仲景治傷寒心下痞滿，瀉心湯四方皆用黃芩，以其主諸熱，利小腸故也。

單方：瘮傷：男子五瘮七傷，消渴發熱，婦人赤白帶下，手足寒熱黃瘦者，宜服三黃丸。春黃芩四兩，大黃三兩，黃連四兩；夏黃芩六兩，大黃一兩，黃連七兩；秋黃芩六兩，大黃二兩，黃連三兩；冬黃芩三兩，大黃五兩，黃連二兩。三物隨時搗為細末，篩過，相合，蜜丸如烏豆大，每服五丸或七丸，不拘時，米飲送下，日三四次，月餘而愈。禁食豬肉，久服走及奔馬。淋瀝：黃芩四兩，剉，袋盛之，水五升，煮三升，分三服。

明・鄭寧《藥性要略大全》卷二　黃芩臣　中枯而飄者名宿芩，又名片芩。消肺火，消痰利氣。酒炒上行。細實而堅者名子芩，又名實芩。瀉大腸火，養陰退陽。實芩除濕、留熱於肌表，子芩滋化源、退熱於膀胱。○退諸熱、治五淋、安胎之聖藥也。《湯液》云：上部積血，非此不能除。又云：色深堅實者治奔豚，臍下熱痛。其飄與實，高下之分耳。得厚朴、黃連，治腹中熱痛；得五味子、牡蒙、牡蠣，令人有子；得黃芪、白斂、赤小豆，療鼠瘻，主諸熱黃疸，腸澼洩痢。治痰熱。《十書》云：治痢，膿血稠粘，腹痛後重，身熱，胃中熱，小腹絞痛，利小腸，治女子淋露下血，小兒腹痛，治奔豚臍下熱痛。味苦，平、寒，無毒。可升可降，陰也。入手太陰肺經。山茱萸、龍骨為之使。惡葱實，畏丹砂、牡丹、黎蘆。去腐爛入藥。

明・賀岳《醫經大旨》卷一《本草要略》　黃芩　味苦性寒。治諸般實熱。中飄而枯者清肺熱；條實而堅者清大腸熱。此劑又為安胎聖藥，由其能降上中二焦之火，使之下行也。凡痰熱者，又假此以降之。宜炒用。

明・陳嘉謨《本草蒙筌》卷二　黃芩　味苦，氣平、大寒。味薄氣厚，可升可降，陰也，陰中微陽。無毒。所產尚彭城，屬山東。凡用擇深色。剔去內朽，刮淨外衣。薄片咀成，生炒如式。單惡葱實，勿令同煎。畏丹砂牡丹藜蘆，用山茱龍骨引使。枯飄者名宿芩，入手太陰，上膈酒炒為宜；堅實者名子芩，入手陽明，下焦生用最妙。宿芩瀉肺火，消痰利氣，更除濕熱，不留積於肌表間；子芩瀉大腸火，養陰退陽，又滋化源，常充溢於膀胱內。赤痢頻併可止，赤眼脹痛能消。得五味蒙蠣五味子、牡蒙、牡蠣。育妊娠，得白术砂仁安胎孕。療鼠瘻同耆斂赤豆，黃耆、白斂、赤小豆。治腹疼同厚朴黃連。又煎小清空膏，載丹溪方。單味而清頭腦。總除諸熱，收盡全功。子研細煎湯，治腸澼膿血。

明・方穀《本草纂要》卷一　黃芩　味苦，氣平、寒，味薄氣厚，陽中陰也，無毒。入手太陰肺經，上治肺火；入足太陽膀胱，下清化源；復入少陽膽經，能涼表裏邪熱；又入陽明大腸之經，潤大腸之燥，降三焦之火。殆

見痰火咳嗽，氣急喘盛，舍黄芩莫能清；小便赤濁，小腹急疾，非黄芩莫能療；大便秘結，壅塞不行，非黄芩莫能通。又曰：清肌退熱柴胡最佳，然而無黄芩不能凉達肌表；上焦之火山梔可降，然而舍黄芩不能上清頭目。《本草》云：氣清而親上，味濁而泄下，此劑味雖苦寒，而有泄下之理，體質枯飄而有升上之情，蓋善能治三焦之火者然也。又聞：方脉科以之清肌退熱，瘡腫科以之解毒生肌，光明科以之退翳明目，婦人科以之安胎止經，並山梔用降肺火從小便而出，並黄連用瀉脾火自大便而行，並大黄用瀉胃火而通利腸胃，並二陳用祛濕痰而止嗽清金。此蓋諸科半表半裏之藥也。

明・王文潔《太乙仙製本草藥性大全》卷一《本草精義》　黄芩　一名腐腸，一名空腸，一名内虚，一名黄文，一名經芩，一名妬婦。其子主腸澼膿血，生秭歸山谷及寃句，今川蜀、河東、陝西近郡皆有之。苗長尺餘，莖𠌫麄如筯，葉從地四面作叢生，類紫草，高一尺許；亦有獨莖者，葉細長，青色，兩兩相對，六月開紫花，根黄如知母麄細，長四五寸。二月、八月採根，曝乾用之。《吴普本草》云：黄芩又名印頭，一名内虚。二月生赤黄葉，兩兩四四相對，其莖空中，或方圓，高三四尺，花紫紅赤，五月實黑，根黄，二月、九月採。惡葱實，畏丹砂、牡丹、藜蘆。去腐爛入藥。

明・王文潔《太乙仙製本草藥性大全》卷一《仙製藥性》　黄芩臣　味苦，氣平寒，味薄氣厚，可升可降，陰也，陰中微陽，無毒。用山茱、龍骨引使。枯飄者名宿芩，入手太陰。上膈酒炒爲宜。堅實者名子芩，又名片芩，又名實芩，入手陽明，下焦生用最妙。主治：宿芩瀉肺火，消痰利氣，更除濕熱，不留積於肌表間。子芩瀉大腸火，養陰退陽，又滋化源，常充溢於膀胱内。一赤痢頻併可止，一赤眼脹痛能消。得五味子、牡蒙、牡蠣育妊娠，得白术、砂仁安胎孕。療鼠瘻，同〔黄耆、白斂、赤小豆〕；治腹疼，同厚朴、黄連。又煎小清空膏，單味而清頭腦。總除諸熱，收盡全功。子研細煎湯，治腸澼膿血，瀉痢腹痛後重堅實者。治奔豚臍下熱痛，治女子淋露下血，療小兒腹痛、痰熱，治五淋，安胎之聖藥。若上部積血，非此不能除。補註：治男子五勞七傷，消渴，不生肌肉，婦人帶下，手足寒熱者。春三月，黄芩四兩，大黄三兩，黄連四兩；夏三月，黄芩六兩，大黄一兩，黄連七兩；秋三月，黄芩六兩，大黄三兩，黄連三兩；冬三月，黄芩三兩，大黄五兩，黄連二兩。三物隨時合搗，下篩，蜜丸大如烏豆，米飲服五丸，日三，不知，稍增七丸，服一月病愈，久服走及奔馬，近頻有驗。○治火丹，杵黄芩末，水調傅之。○治淋，黄芩四兩，袋貯之，水五升，煮三升，分三服。

明・皇甫嵩《本草發明》卷二　黄芩中品之上，臣。氣平、寒，味苦、微甘。味薄氣厚。無毒。可升可降，陰也，陰中微陽。入手太陰經。　發明曰：黄芩苦寒，乃肺家本藥。蓋肺苦氣上逆，急食苦以瀉之。中枯而飄者名宿芩，瀉肺火，清上部，利胸中氣。故《本草》主消膈上痰熱，天行熱疾，諸熱黄疸，解肌風熱，治赤目脹痛，皆肺之部也，此專治之。又除胃中濕熱及消穀，蓋邪熱不殺穀，此能除熱，則胃和而穀消矣。又主血閉，女子淋痛，惡瘡疽蝕，火瘍丁腫，乳癰等屬肺胃之熱，故兼治之。堅實而細者名子芩，瀉大腸火，大腸，肺之府也。故《本草》主腸澼洩利，腹痛，小腹絞痛而挾熱者，此專治之。又逐水，治五淋。故傷寒瀉心湯内用之，以其治諸熱，利小腸也。色深堅實者，治奔豚，臍下熱痛，此皆兼治之。大段瀉肺熱為專也。《象》云：補膀胱之寒不足，蓋由清肺以滋其化源也。○同芍藥、甘草用，治下利膿血，腹痛後重。又安胎聖藥，胎動屬熱。得厚朴、黄連，止腹痛，清熱降火。得五味子、牡蒙、牡蠣，令人有子。得黄芪、白斂、赤小豆，療鼠瘻。山茱萸、龍骨為使。惡葱實、丹皮、砂參、丹參、藜蘆。

明・李時珍《本草綱目》卷一三草部・山草類下　黄芩《本經》中品

〔釋名〕腐腸《本經》　空腸《别錄》　内虚《别錄》　妬婦《吴普》　經芩《别錄》　黄文《别錄》　印頭《吴普》　苦督郵《記事》　内實者名子芩弘景　條芩《綱目》　㹠尾芩《唐本》　鼠尾芩弘景曰：圓者名子芩，破者名宿芩，其腹中皆爛，故名腐腸。時珍曰：芩《説文》作莶，謂其色黄也。或云芩者黔也，黔乃黄黑之色也。宿芩乃舊根，多中空，外黄内黑，即今所謂片芩，故又有腐腸、妬婦諸名。妬婦心黯，故以比之。子芩乃新根，多内實，即今所謂條芩。或云西芩多中空而色黔，北芩多内實而深黄。〔集解〕《别錄》曰：黄芩生秭歸川谷及寃句，三月三日採根陰乾。弘景曰：秭歸屬建平郡。今第一出彭城，鬱州亦有之。惟深色堅實者好。俗方多用，道家不須。恭曰：今出宜州、鄜州、涇州者佳。兖州大實亦好，名㹠尾芩。頌曰：今川蜀、河東、陝西近郡皆有之。苗長尺餘，莖幹粗如箸，葉從地四面作叢生，類紫草，高一尺許，亦有獨莖者，葉細長青色，兩兩相對，六月開紫花，根如知母粗細，長四五寸，二月、八月採根暴乾。《吴普本草》云：二月生赤黄葉，兩兩四四相值。其莖空中，或方圓，高三四尺。四月花紫紅赤。五月實黑根黄。二月至九月採。與今所説有小異也。

根　〔氣味〕苦，平，無毒。《别錄》曰：大寒。普曰：神農、桐君、雷公：苦，無毒。李當之：小溫。杲曰：可升可降，陰也。好古曰：氣寒，味微苦而甘，陰中微陽，入

手太陰血分。元素曰：氣凉，味苦、甘，氣厚味薄，浮而升，陽中陰也，入手少陽、陽明經。酒炒則上行。之才曰：山茱萸、龍骨爲之使，惡葱實，畏丹砂、牡丹、藜蘆。得厚朴、黃連，止腹痛。得五味子、牡蠣，令人有子。得黃耆、白斂、赤小豆，療鼠瘻。時珍曰：得酒，上行。得猪膽汁，除肝膽火。得柴胡，退寒熱。得芍藥，治下痢。得桑白皮，瀉肺火。得白术，安胎。

【主治】諸熱黃疸，腸澼泄痢，逐水，下血閉，惡瘡疽蝕火瘍《本經》。療痰熱胃中熱，小腹絞痛，消穀，利小腸，女子血閉淋露下血，小兒腹痛《別錄》。治熱毒骨蒸，寒熱往來，腸胃不利，破擁氣，治五淋，令人宣暢，去關節煩悶，解熱渴甄權。下氣，主天行熱疾，丁瘡排膿，治乳癰發背大明。凉心，治肺中濕熱，瀉肺火上逆，療上熱，目中腫赤，瘀血壅盛，上部積血，補膀胱寒水，安胎，養陰退陽元素。治風熱濕熱頭痛，奔豚熱痛，火咳肺痿喉腥，諸失血時珍。

【發明】杲曰：黃芩之中枯而飄者，瀉肺火，利氣，消痰，除風熱，清肌表之熱；細實而堅者，瀉大腸火，養陰退陽，補膀胱寒水，滋其化源。高下之分與枳實、枳殼同例。元素曰：黃芩之用有九：瀉肺熱，一也；上焦皮膚風熱風濕，二也；去諸熱，三也；利胸中氣，四也；消痰膈，五也；除脾經諸濕，六也；夏月須用，七也；婦人産後養陰退陽，八也；安胎，九也。酒炒上行，主上部積血，非此不能除。下痢膿血，腹痛後重，身熱久不能止者，與芍藥、甘草同用之。凡諸瘡痛不可忍者，宜芩、連苦寒之藥，詳上下分身梢及引經藥用之。震亨曰：黃芩降痰，假其降火也。凡去上焦濕熱，須以酒洗過用。片芩瀉肺火，須用桑白皮佐之。若肺虚者，多用則傷肺，必先以天門冬保定肺氣而後用之。黃芩、白术乃安胎聖藥，俗以黃芩爲寒而不敢用，蓋不知胎孕宜清熱凉血，血不妄行，乃能養胎。黃芩乃上中二焦藥，能降火下行，白术能補脾也。羅天益曰：肺主氣，熱傷氣，故身體麻木。又五臭入肺爲腥，故黃芩之苦寒，能瀉火補氣而利肺，治喉中腥臭。頌曰：張仲景治傷寒心下痞滿瀉心湯，凡四方皆用黃芩，以其主諸熱、利小腸故也。又太陽病下之利不止，喘而汗出者，有葛根黃芩黃連湯，及主妊娠安胎散，亦多用之。時珍曰：潔古張氏言黃芩瀉肺火，治脾濕；東垣李氏言片芩治肺火，條芩治大腸火；丹溪朱氏言黃芩治上中二焦火；而張仲景治少陽證小柴胡湯，太陽少陽合病下利黃芩湯，少陽證下後心下滿而不痛瀉心湯，並用之；成無己言黃芩苦而入心，泄痞熱。是黃芩能入手少陰陽明、手足太陰少陽六經矣。蓋黃芩氣寒味苦，色黃帶緑，苦入心，寒勝熱，瀉心火，治脾之濕熱，一則金不受刑，一則胃火不流入肺，即所以救肺也。肺虚不宜者，苦寒傷脾胃，損其母也。少陽之證，寒熱胸脇痞滿，默默不欲飲食，心煩嘔，或渴或否，或小便不利。雖曰病在半表半裏，而胸脇痞滿，實兼心肺上焦之邪。心煩喜嘔，默默不欲飲食，又兼脾胃中焦之證。故用黃芩以治手足少陽相火，黃芩亦少陽本經藥也。成無己注《傷寒論》，但云柴胡、黃芩之苦，以發傳邪之熱，芍藥、黃芩之苦，以堅斂腸胃之氣，殊昧其治火之妙。楊士瀛《直指方》云：柴胡退熱，不及黃芩。蓋亦不知柴胡之退熱，乃苦以發之，散火之標也；黃芩之退熱，乃寒能勝熱，折火之本也。仲景又云：少陽證腹中痛者，去黃芩，加芍藥。心下悸，小便不利者，去黃芩，加茯苓。似與《別錄》治少腹絞痛、利小腸之文不合。成氏言黃芩寒中，苦能堅腎，故去之，蓋亦不然。至此當以意逆之，辯以脈證可也。若因飲寒受寒，腹中痛，及飲水心下悸，小便不利，而脈不數者，是裏無熱證，則黃芩不可用也。若熱厥腹痛，肺熱而小便不利者，黃芩其可不用乎。故善觀書者，先求之理，毋徒泥其文。昔有人素多酒欲，病少腹絞痛不可忍，小便如淋，諸藥不效。偶用黃芩、木通、甘草三味煎服，遂止。王海藏言有人因虚服附子藥多，病小便閉，服芩、連藥而愈。此皆熱厥之痛也，學者其可拘乎？予年二十時，因感冒咳嗽既久，且犯戒，遂病骨蒸發熱，膚如火燎，每日吐痰碗許，暑月煩渴，寢食幾廢，六脈浮洪。遍服柴胡、麥門冬、荆瀝諸藥，月餘益劇，皆以爲必死矣。先君偶思李東垣治肺熱如火燎，煩躁引飲而晝盛者，氣分熱也。宜一味黃芩湯，以瀉肺經氣分之火。遂按方用片芩一兩，水二鍾，煎一鍾，頓服。次日身熱盡退，而痰嗽皆愈。藥中肯綮，如鼓應枹，醫中之妙，有如此哉。

【附方】舊三，新一十四。

三黃丸：孫思邈《千金方》云：巴郡太守奏加減三黃丸：療男子五癆七傷，消渴不生肌肉，婦人帶下，手足寒熱，瀉五臟火。春三月，黃芩四兩，大黃三兩，黃連四兩。夏三月，黃芩六兩，大黃一兩，黃連七兩。秋三月，黃芩六兩，大黃三兩，黃連三兩。冬三月，黃芩三兩，大黃五兩，黃連二兩。三物隨時合擣下篩，蜜丸烏豆大。米飲每服五丸，日三。不知，增至七丸。服一月病愈，久服走及奔馬，人用有驗。禁食猪肉。《圖經本草》。

三補丸：治上焦積熱，瀉五臟火。黃芩、黃連、黃檗等分，爲末，蒸餅丸梧子大，每白湯下二三十丸。《丹溪纂要》。

肺中有火：清金丸：用片芩炒爲末，水丸梧子大。每服二三十丸，白湯下。同上。

膚熱如燎：方見發明下。

小兒驚啼：黃芩、人參等分，爲末。每服一字，水飲下。《普濟方》。

肝熱生翳：不拘大人小兒。黃芩一兩，淡豉三兩，爲末。每服三錢，以熟猪肝裹吃，温湯送下，日二服。忌酒麪。《衛生家寶方》。

少陽頭痛：亦治太陽頭痛，不拘偏正。小清空膏：用片黃芩酒浸透，曬乾爲末。每服一錢，茶酒任下。東垣《蘭室秘藏》。

眉眶作痛：風熱有痰。黃芩酒浸、白芷等分，爲末。每服二錢，茶下。《潔古家珍》。

吐血衄血：或發或止，積熱所致。黃芩一兩，去中心黑朽者，爲末。每服三錢，水一盞，煎六分，和滓温服。《聖惠方》。

吐衄下血：黃芩三兩，水三升，煎一升半，每温服一盞。亦治婦人漏下血。龐安時《(卒)〔總〕病論》。

血淋熱痛：黃芩一兩，水煎熱服。《千金方》。

經水不斷：芩心丸：治婦人四十九歲已後，天癸當住，每月却行，或過多不止。用條芩心二兩，米醋浸七日，炙乾又浸，如此七次，爲末，醋糊丸梧子大。每服七十丸，空心温酒下，日二次。《瑞竹堂方》。

崩中下血：黃芩爲細末，每服一錢，霹靂酒下，以秤錘燒赤，淬酒中也。許學士云：崩中多用止血及補血藥。此方乃治陽乘於陰，所謂天暑地熱，經水沸溢者也。《本事方》。

安胎清熱：條芩、白术等分，炒爲末，米飲和丸梧子大。每服五十丸，白湯下。或加神麴。凡妊

娠調理,以四物去地黃,加白术、黃芩爲末,常服甚良。《丹溪纂要》。　產後血渴: 飲水不止。黃芩、麥門冬等分,水煎温服,無時。《楊氏家藏方》。　灸瘡血出: 一人灸火至五壯,血出不止如尿,手冷欲絶。以酒炒黃芩二錢爲末,酒服即止。李樓《怪證奇方》。　老小火丹: 黃芩末,水調塗之。《梅師方》。

子【主治】腸澼膿血《別錄》。

題明·薛己《本草約言》卷一《藥性本草》　黃芩　味苦,氣平,寒,無毒。中枯而飄陰也,可升可降。輕薄者,入手太陰經; 細實者,入手足陽明經。中枯而飄者,瀉肺火,消痰利氣; 細實而堅者,瀉大腸火,養陰退熱。中枯而飄者,除風濕留熱于肌表; 細實而堅者,滋化元退熱于膀胱。〇黃芩苦寒,乃肺家本藥。蓋肺苦氣上逆,急食苦以瀉之。枯飄者名宿芩,入肺經,酒炒上行,主上部積血,而消膈上熱痰。細實者名子芩,入大腸,除腹痛後重,而治下痢膿血。與芍藥、甘草同用,又主安胎聖藥,以清熱降火故也。又得厚朴、黃連,止腹痛。得五味子、牡蒙、牡蠣,令人有子。得黃芪、白斂、赤小豆,療鼠(瘻)〔瘻〕。縮砂安胎,治痛行氣; 黃芩安胎,降火下行。若血虛而胎不安者,阿膠主之。

明·梅得春《藥性會元》卷上　黃芩　味苦、平,氣寒。可升可降。無毒。山茱萸、龍骨為使。惡葱實。畏丹砂、牡丹、藜蘆。入手太陰肺經、手陽明大腸經。圓實者為子芩,力最勝。破者名宿芩。腹中腐者,名枯芩。俱入肺經藥。　其性中空而飄者,瀉肺火,消痰利氣,除風濕,留熱於肌表。細實而堅者,瀉大腸火,養陰退陽,滋化源,退熱於膀胱。退諸熱,而治五淋崩因熱者。療熱盛黃膽,止痢。若血崩虛寒者,不可用。安胎及胎因火動逆逼,上下衝心作喘者,急用以消之。須沉實者為最。降三焦火下行,及治痰熱,須用中空枯芩以其能救肺中之火,故感寒方内治太陰肺熱在胸。若去上焦濕熱,必須以此瀉其肺火。肺有濕亦宜用之,肺虛不宜多用,多則損肺,又當用天麥門冬、知母之類。又療腸澼、熱洩痢,逐水,下血閉,惡瘡發背、乳癰疔瘡、疽蝕火瘡,目赤腫,解肌肉中風熱,泄肺受火邪,消膈上痰熱,祛胃中濕熱,小腹絞痛,利小腸。主天行熱疾,下痢膿血,腹痛後重。得厚朴、黃連止腹痛; 得五味子、牡蠣,令人有子; 得黃芪、白斂、赤小豆,治鼠瘻。製法: 酒浸上行,酒炒入肺經,不炒入大腸經。

明·杜文燮《藥鑒》卷二　黃芩　氣寒,味苦,平。氣厚味薄,無毒。可升可降,陰也。主治諸經實熱。中枯而飄者,瀉肺火,清痰利氣。細實而堅者,瀉大腸火,養陰退陽。又枯者,除痰濕,去熱於肌表。堅者,滋化源,退熱於膀胱。見柴胡則寒,為少陽之妙劑。君白术則和,乃安胎之聖藥。若以猪膽炒之,又能瀉肝膽之火也。如以麥冬汁浸之,又能潤肺家之燥也。酒炒則清頭目,鹽制則利腎邪。大都治熱宜寒,泄實宜苦。黃芩氣味寒苦,必真有黃芩症,而後可用。若妄投之,則向為几席,今為碪碻矣。

明·王肯堂《傷寒證治準繩》卷八　黃芩　氣寒,味苦,無毒。可升可降,陰也,陰中微陽。入手太陰血分。潔: 氣涼,味苦甘,氣厚味薄,浮而升,陽中陰也。入手少陽、陽明經。酒炒則上行。垣: 黃芩之中枯而飄者,瀉肺火,利氣消痰,除風熱,消肌表之熱。細實而堅者,瀉大腸火,養陰退陽,補膀胱寒水,滋其化源。高下之分,與枳實、枳殼同例。潔: 黃芩之用有九: 瀉肺熱,一也; 上焦皮膚風熱風濕,二也; 去諸熱,三也; 利胸中氣,四也; 消痰膈,五也; 除脾經諸濕,六也; 夏月須用,七也; 婦人產後養陰退陽,八也; 安胎,九也。酒炒上行,主上部積血,非此不能除。下利膿血,腹痛後重,身熱久不能止者,與芍藥、甘草同用之。凡諸瘡痛不可忍者,宜黃連苦寒之藥,詳上下,分身稍及引經藥用之。頌: 張仲景治傷寒心下痞滿,瀉心湯凡四方,皆用黃芩,以其主諸熱,利小腸故也。又太陽病下之利不止,喘而汗出者,有葛根黃芩黃連湯,及主妊娠安胎散,亦多用之。珍: 潔古老人言: 黃芩瀉肺火,治脾濕。東垣言: 片芩治肺火,條芩治大腸火。丹溪言: 黃芩治上中二焦火。而仲景治少陽證小柴胡湯,太陽少陽合病下利黃芩湯,少陽證下後心下滿而不痛瀉心湯,並用之。成無己言: 黃芩苦而入心,泄痞熱,是黃芩能入手少陰陽明、手足太陰少陽六經矣。蓋黃芩氣寒味苦,色黃帶綠,苦入心,寒勝熱,瀉心火,治脾之濕熱,一則金不受刑,一則胃火不流入肺,即所以救肺也。肺虛不宜者,苦寒傷脾胃,損其母也。少陽之證,寒熱,胸脇痞滿,默默不欲飲食,心煩嘔,或渴或痞,或小便不利,雖曰病在半表半裏,而胸脇痞滿,實兼心肺上焦之邪,心煩喜嘔,默默不欲飲食,又兼脾胃中焦之證,故用黃芩以治手足少陽相火,黃芩亦少陽本經藥也。成無己注《傷寒論》但云柴胡、黃芩之苦,以發傳邪之熱,芍藥、黃芩之苦,以堅斂腸胃之氣,殊昧其治火之妙。楊士瀛《直指方》云: 柴胡退熱,不及黃芩。蓋亦不知柴胡之退熱,乃苦以發之,散火之標也。黃芩之退熱,乃

寒能勝熱，折火之本也。仲景又云：少陽病腹中痛者，去黃芩，加芍藥。心下悸，小便不利者，去黃芩，加茯苓。似與《別錄》治少腹絞痛，利小腸之文不合。成氏言：黃芩寒中，苦能堅腎，故去之。蓋亦不然，至此當以意逆之，辨以脉證可也。若因飲寒受寒，腹中痛，及飲水心下悸，小便不利，而脉不數者，是裏無熱證，則黃芩不可用也。若熱厥腹痛，肺熱而小便不利者，黃芩其可不用乎？故善觀書者，先求其理，毋徒泥其文。去皮併黑腐，鍘細，竹篩齊用。

明・李中立《本草原始》卷二 黃芩 始生秭歸川谷及宛句，今川蜀、河東、陝西近郡皆有之。苗長尺餘，莖蘚麄如筯。葉從地四面作叢生，類紫草，高一尺許；亦有獨莖者，葉細長青色，兩兩相對。六月開紫花。根黃色，長四五寸。二月、八月採根，暴乾。根圓實者，弘景名子芩，俗呼條芩。破者名宿芩，俗呼片芩。內心空腐色黯者，《本經》名腐腸，《別錄》名空腸，名內虛。吳普名妒婦，妒婦心黯，故以比之。《說文》芩作莶，謂其色黃也。氣味：苦，平，無毒。主治：諸熱黃疸，腸澼洩痢，逐水，下血閉，惡瘡疽蝕火瘍。○療痰熱，胃中熱，小腹絞痛，消穀，利小腸；女子血閉，淋露下血；小兒腹痛。○治熱毒骨蒸，寒熱往來，腸胃不利，破擁氣，治五淋，令人宣暢，去關節煩悶，解熱渴。○下氣，主天行熱疾，丁瘡排膿，治乳癰發背。○涼心，治肺中濕熱，瀉肺火上逆。療上熱，目中腫赤，瘀血壅盛，上部積血；補膀胱寒水，安胎，養陰退陽。○治風濕熱痛，頭痛，火欬，諸失血。

條芩形圓堅實，色黃者良。片芩破飄成片。枯芩中心朽爛。【圖略】《本經》云：三月三日採根，陰乾。修治：黃芩，治上膈病，酒炒為宜；治下焦病，生用最妙。

《別錄》曰：大寒，味薄氣厚，可升可降，陰也，陰中微陽。宿芩入手太陰血分，子芩入手少陽、陽明經。山茱萸、龍骨為之使，惡蔥實，畏丹砂、牡丹、藜蘆。得厚朴、黃連，止腹痛；得五味子、牡蠣，令人有子；得黃耆、白斂、赤小豆，療鼠瘻。得酒上行，得豬膽汁除肝膽火，得柴胡退寒熱，得芍藥治下痢，得桑白皮瀉肺火，得白术安胎。《梅師方》：治火丹，杵黃芩末，水調傅之。黃芩：臣。

明・張懋辰《本草便》卷一 黃芩臣 味苦，氣平、寒，味薄氣厚，陽中陰也，無毒。入手太陰經。惡葱實，畏丹砂、牡丹、藜蘆。主諸熱黃疸，腸澼泄痢，通水下血閉，惡瘡疽蝕，火瘍，目赤腫；解在肌風熱，泄肺受火邪上逆於膈上，消膈上熱痰，及胃中濕熱，小腹絞痛，利小腸；主天行熱疾，疔瘡、乳癰、發背。枯飄者名宿芩，入肺經；圓實者名子芩，入大腸。又主妊娠，爲安胎之聖藥也。

明・李中梓《藥性解》卷二 黃芩 味苦，平，性寒，無毒，入肺、大腸、膀胱、膽四經。主崩淋熱疸，痛痢惡瘡，解毒收口，去翳明目，調經安胎。中枯而飄者，瀉肺火，消痰利氣，除風濕留熱於肌表。細實而堅者，瀉大腸火，養陰退陽，滋化源，除熱于膀胱。山茱萸、龍骨為使，惡蔥實，畏丹砂、牡丹、藜蘆，沙參、丹參。按：芩，枯飄者有上升之象，故入肺，堅實者有下行之理，故入大腸諸經，性甚寒，苟無實火，不宜用之。

明・繆希雍《本草經疏》卷八 黃芩 味苦，平，大寒，無毒。主諸熱，黃疸，腸澼洩痢，逐水，下血閉，惡瘡疽蝕，火瘍，療痰熱，胃中熱，小腹絞痛，消穀，利小腸，女子血閉，淋露下血，小兒腹痛。其子主腸澼膿血。山茱萸、龍骨為之使。惡蔥實。畏丹砂、牡丹、藜蘆。

【疏】黃芩稟天地清寒之氣，而兼金之性，故味苦平無毒。《別錄》益之以大寒。味厚氣薄，陰中微陽，可升可降，陰也。入手太陰、少陰、太陽、陽明，亦入足少陽。其性清肅所以除邪，味苦所以燥濕，陰寒所以勝熱，故主諸熱。諸熱者，邪熱與濕熱也。黃疸、腸澼洩痢，皆濕熱勝之病也。折其本則諸病自瘳矣。苦寒能除濕熱，所以小腸利而水自逐，源清則流潔也。血閉者，實熱在血分，即熱入血室，令人經閉不通，濕熱解則榮氣清而經自行也。惡瘡疽蝕者，血熱則留結而為癰腫潰爛也。火瘍者，火氣傷血也，涼血除熱則自愈也。《別錄》消痰熱者，熱在胸中則生痰，火在少腹則絞痛，小兒內熱則腹痛，胃中濕熱去則胃安而消穀也。淋露下血，是熱在陰分也。其治往來寒熱者，邪在少陽也。五淋者，濕熱勝所致也。苦寒清肅之氣勝，則邪氣自解，是伐其本也。【主治參互】入仲景小柴胡湯，治傷寒寒熱，邪在少陽。亦治少陽瘧，往來寒熱。傷寒心下痞滿，瀉心湯凡四方，皆用黃芩，以其主諸熱、利小腸故也。又太陽病下之，利不止，喘而汗出者，有葛根黃芩黃連湯。又太陽少陽合病下利，黃芩湯。成無己言：黃芩苦而入心，泄痞熱，是黃芩能入手少陰陽明、手足太陰少陽六經明矣。蓋以苦入心，寒勝熱，泄心火，去脾濕，則胃火不熏蒸於肺，乃所以救肺也。

同芍藥、黃連、炙甘草、車前子、防風、升麻，治濕熱作泄腹痛。　同芍藥、黃連、炙甘草、滑石、升麻，治滯下腹痛。　潔古風熱有痰，眉眶作痛，酒浸黃芩，同白芷、天麻等分為末，每服二錢，茶調下。　同芍藥、麥門冬、白朮，能安胎清熱。　一味為末，酒服，治灸瘡血出不止。　一切火丹，為細末，雞子清調敷。又治驢馬負重傷破，洗淨傅之，主生肌肉。　【簡誤】黃芩為苦寒清肅之藥，功在除熱邪，而非補益之品。當與黃連並列。雖能清濕、利熱、消痰，然苦寒能損胃氣而傷脾陰，脾肺虛熱者忌之。故凡中寒作泄，中寒腹痛，肝腎虛而少腹痛，血虛腹痛，脾虛泄瀉，腎虛溏瀉，脾虛水腫，血枯經閉，氣虛小水不利，肺受寒邪喘欬，及血虛胎不安，陰虛淋露，法並禁用。

明・倪朱謨《本草彙言》卷一　黃芩　味苦，氣寒，無毒。味薄氣厚，可升可降，陰中陽也。入手太陰、少陰、太陽、陽明，及足少陽經。　陶隱居曰：黃芩生建平郡及冤句山谷，彭城、鬱州及宜州、鄜州、涇州，今川蜀、河東、陝西諸郡亦有。俱二月生苗，長尺餘，莖幹粗如箸，中空外方，葉色黃赤，從地四面叢生。五月開花，花色紫，實色黑，根色黃。根圓者名子芩，曰條芩，即小根之內實者。根破者名宿芩，即大根之內虛者。其心黑爛，故有腐腸、妒婦諸名。又一種獨莖者，其葉細長而青，根如知母，粗細長四五寸。八月采根暴乾。又云：西芩多中空而色黯，北芩多內實而深黃。兖州一種大而實者，名豘尾芩，亦妙。

黃芩：東垣清理三焦，消痰降火之藥也。蘇水門稿凡病痰火咳嗽，喘急氣盛，或黃疸濕熱，骨節煩疼；或小便赤濁，小腹急疾；或熱毒骨蒸，寒熱虛勞；或痢疾赤白，大便後重；或天行疾熱，目痛腫赤，六者非黃芩不能治。又曰：清肌退熱，柴胡最佳，然無黃芩不能凉肌達表。上焦之火，山梔可降，然舍黃芩不能上清頭目。《本草》云：氣清而親上，味重而降下。此劑味雖苦寒，而有泄下之理；體質枯飄，而有升上之情。故善能治三焦之火者也。所以方脉科以之清肌退熱，瘡瘍科以之解毒生肌，光明科以之散熱明目，婦女科以之安胎理經。此蓋諸科半表半裏之首劑也。　王少宇先生曰：按黃芩其性清肅，可以除邪；其味苦，可以燥濕；其氣寒，可以勝熱。故能瀉心火、泄痞熱，則邪火不流入肺，而金不受刑，即所以救肺也。傷寒少陽證，寒熱胸脇痞滿，心煩嘔，或渴，或小便不利，雖曰病在半表半裏，而係心肺上焦之邪，又兼脾胃中焦之證，故用黃芩，亦少陽本經藥也。前人云：柴胡退熱不及黃芩，不知柴胡之退熱，乃苦以發之，散火之標也；黃芩之退熱，乃寒以勝熱，折火之本也。《別錄》謂黃芩治小腹絞痛而利小腸，然仲景又云：腹中痛者，去黃芩，加芍藥；心下悸、小便不利者，去黃芩，加茯苓。似乎相反，蓋亦有說也。若因飲食受寒，腹中痛，及飲水多，心下悸，小便不利者，是裏無熱證，黃芩不可用也。若熱厥腹痛，肺熱而小便不利者，黃芩可不用乎？　高元鼎先生曰：黃芩苦能燥濕，苦能泄熱，苦能下氣。如中枯而輕飄者，主上行，清肺部而止嗽化痰，并理目赤、疽癰。細實而堅者下降，清大腸而除濕治痢，兼可安胎利濁。二用少有別也。　李時珍先生曰：黃芩入小柴胡湯，治傷寒寒熱，邪在少陽。亦治少陽瘧，往來寒熱。傷寒心下諸痞滿證，用諸瀉心湯。傷寒心下滿而鞕痛者，爲結胸，宜陷胸湯；心下滿而不鞕痛者，爲痞，用半夏瀉心湯；傷寒心下痞而復惡寒汗出者，用附子瀉心湯；傷寒汗出解之後，心下痞鞕，乾噫食臭，脇下有水氣，腹中雷鳴，下利者，用生薑瀉心湯；傷寒中風，醫反下之，下利日數十行，腹中雷鳴，心下痞鞕而滿，乾嘔心煩，用甘草瀉心湯。皆用黃芩以主諸熱、利小腸故也。又太陽病，下之利不止，喘而汗出者，有葛根黃芩黃連湯。又太陽少陽合病，下利，黃芩湯；若嘔者，黃芩加半夏生薑湯。成氏言：黃芩苦而入心，泄痞熱，清心火，去脾濕也。諸方故多用之。同白芍藥、黃連、炙甘草、滑石、升麻，治痢疾腹痛；同白芷、天麻，治風熱有痰，眉眶作痛；同白芍藥、麥門冬、白朮，能安胎清熱。治大人小兒火丹，爲末，用雞子清調敷。又治驢馬負重傷破，洗淨敷之，立生肌肉。　繆仲淳先生曰：黃芩爲苦寒清肅之藥，功在除熱邪、利痰氣。然苦寒能損胃氣而傷脾陰，脾肺虛熱者忌之。故凡中寒作泄，中寒腹痛，肝腎虛而少腹痛，血虛腹痛，脾虛泄瀉，腎虛溏瀉，脾虛水腫，血枯經閉，氣虛小水不利，肺寒喘咳，及血虛胎不安，陰虛淋露等證，法幷禁用。

集方：《方氏本草》治痰火咳嗽，氣盛喘急。用黃芩三錢，黑山梔、蘇子各一錢五分，茯苓、杏仁各一錢，水煎服。○同前治黃疸面目身黃，骨節煩疼，因濕熱者。用黃芩、秦艽、黑山梔、薄荷各二錢，茵陳三錢，水煎服。○同前治小便赤澁，或白濁淋閉不通。用黃芩、木通各三錢，茯苓一錢五分，甘草一錢，水煎服。○同前治骨蒸內熱，或虛勞寒熱。用黃芩三錢，知母、花粉、沙參、麥門冬、懷生地、地骨皮、黃柏各二錢，白芍藥、當歸各一錢五分，水煎服。

○同前治赤白痢疾，大便後重，不通順者。用黄芩、山查各三錢，枳殼、厚朴、白芍藥各二錢，川黄連一錢，甘草五分，水煎服。如腹痛閉滯不通者，本方加大黄一錢二分。○仲景方治傷寒三陽協熱利，口渴，下清水，日數行。用黄芩、柴胡、花粉、甘草各一錢，水煎服。○《眼科精義》治時行暴發赤眼，腫痛難忍者。用黄芩二錢，連翹、柴胡、龍膽草、防風各一錢五分，水煎服。○《聖惠方》治吐血衄血，或發或止。用黄芩一兩爲末，每服三錢，白湯調下。○《千金方》治血淋熱痛。用黄芩一兩，水煎熱服。○《瑞竹堂方》治婦人五十後，經水當斷不斷，每月經來反過多不止。用黄芩四兩，香附二兩，懷生地六兩，俱切片，俱用醋浸三日，曬乾炒爲末，醋糊爲丸梧桐子大。每早晚各服三錢，白湯下。○《丹溪纂要》治胎熱不安。用黄芩、白朮各等分，俱微炒爲末，煉蜜丸梧桐子大。每早服三錢，白湯下。○《普濟方》治小兒驚啼。用黄芩、人參各等分，爲細末，每服三五分，白湯調下。○楊氏《産寶》治産後發渴。用黄芩、麥門冬各五錢，水煎服。

續補方：《方脉正宗》治男婦相火時發不能忍。用黄芩一兩，懷生地五錢，甘草三錢，水煎服。○治老幼男婦無故夜熱盜汗，又能飲食，起居平常無他疾者。用黄芩一兩，麥門冬五錢，黑棗十個，水三碗，煎一碗服。○方伯諸安所手錄治痢疾後重不通，淋漓不斷。用黄芩一兩，白芍藥三錢，大黄二錢，甘草一錢，水四碗，煎一碗，食前服。○治春夏秋感冒，非時暴寒，亦有頭疼、惡寒發熱、脉浮緩、自汗，用黄芩、黄耆、羌活、桂枝、川芎、白芷、防風、甘草、生地黄各一錢五分，細辛五分，生薑三片。○治吞酸吐酸，酸水刺心不安者。用黄芩一兩，吴茱萸五錢，甘草四錢，茯苓三錢，陳皮二錢，芒硝一錢五分，其爲末，水發爲丸菉豆大，每食後服二錢，白湯下。

明・顧逢柏《分部本草妙用》卷四肺部・寒瀉　黄芩　苦，寒，無毒。山茱萸、龍骨為使，惡葱，畏丹砂、丹皮、藜蘆、沙參、丹參。　主治：諸熱黄疸，洩痢，逐水下血。療痰熱胃熱，熱毒，骨蒸寒熱往來，下氣降火，排膿散癰毒，瀉肺火濕熱，清上焦壅熱。補膀胱寒水，安胎，明目。火嗽肺痿，喉腥，諸失血，潤腸。　東垣曰：黄芩中枯而飄者，瀉肺火，利氣消痰，除風熱，清肌表之熱。細實而堅者，瀉大腸火，養陰退陽，補膀胱寒水。元素曰：黄芩之用有九：清肺熱，一也；上焦皮膚風熱風濕，二也；去諸熱，三也；利胸中氣，四也；清痰膈，五也；除脾濕，六也；夏月必用，七也；産後養陰退陽，八也；安胎，九也。予嘗用之，入肺則火清；入足太陽膀胱，下清化源；入少陽膽經，能涼表裏邪熱；入陽明大腸，能潤其燥，降三焦火。殆見痰嗽氣喘，舍芩莫清。小便赤，小腹急，非芩莫療。大便閟，非芩莫通。清肌退熱，柴胡讓之。清上焦火，山梔同之。目疾可以退瞖，婦人可以安胎，外科以之解熱毒，無非以其折火之本也。氣分之火，非芩奚用哉？　按：仲景少陽症腹痛，去芩加芍。心下悸，小便澀，去芩加苓。夫受寒腹痛，心下悸，小便不利，脉不數者禁用。黄芩，若熱厥腹痛，肺熱，而小便不利，可不用哉？善讀書者，當求之理，毋泥其文。

明・李中梓《醫宗必讀・本草徵要上》　黄芩味苦，性寒，無毒。入肺、大腸二經。山茱萸、龍骨為使，畏丹砂、牡丹、藜蘆。酒浸，蒸熟，曝之。中枯而大者，清肺部而止嗽化痰，并理目赤疔癰；堅實而細者，瀉大腸而除濕治痢，兼可安胎利水。苦能燥濕，苦能泄熱，苦能下氣，故治療如右。輕飄者上行，堅重者下降，不可不別也。楊仁齋謂：柴胡退熱不及黄芩，不知柴胡苦以發之，散火之標；黄芩寒以勝熱，折火之本。按：苦寒傷胃，證挾虛寒者均宜戒之，女人虛胎，亦不宜與。

明・鄭二陽《仁壽堂藥鏡》卷一〇下　黄芩　隱居云：黄芩，今第一出彭城。　氣寒，味微苦，苦而甘。微寒，味薄氣厚，陽中陰也。陰中微陽。大寒，無毒。　入手太陰經之劑。　《本草》云：主諸熱黄疸，腸(癖)〔澼〕洩痢，逐水，下血閉，惡瘡疽蝕，火瘍，療痰熱，胃中熱，小腹絞痛。消穀，利小腸，女子血閉，淋露下血，小兒腹痛。山茱萸、龍骨為使。惡葱實，畏丹砂、牡丹皮、藜蘆、沙參、丹參。　潔古云：治肺中濕熱，療上熱，目中赤腫，瘀肉壅盛必用之藥。泄肺中火邪，上逆於膈上。補膀胱之寒水不足，乃滋其化源。《主治秘訣》云：性涼，味苦、甘。氣厚味薄，浮而降，陽中陰也。其用有九：瀉肺經熱，一也；夏月須用，二也；上焦及皮膚氣熱，三也；去諸熱，四也；婦人産後養陰退陽，五也；利胸中氣，六也；消膈上痰，七也；除上焦熱及脾濕，八也；安胎，九也。單、二製、不製，分上、中、下也。酒炒上行，主上部積血，非此不能除。肺苦氣上逆，急食苦以泄之，正謂此也。又治下痢膿血稠粘，腹痛後重，身熱久不愈者，與芍藥、甘草同用。易老又云：肌熱及去痰，用黄芩。上焦濕熱，亦用黄芩，瀉肺火故也。瘡痛不可忍者，用苦寒藥，如黄芩、黄連。詳上下、分梢根及引經藥用之。　東垣云：

黃芩除陽有餘，涼心去熱，通寒格，又云：治發熱口苦。海藏云：東垣言黃芩味苦而薄，中枯而飄，故能泄肺火而解肌熱，入手太陰經之劑也。細實而中不空者，治下部妙。陶隱居云：色深堅實者好。圓者名子芩，又治奔豚臍下熱痛。飄與堅，有高下之分，與枳實、枳殼同例。黃芩，其子主腸澼膿血，其根得厚朴、黃連，主腹痛；得五味子、牡蒙、牡蠣，令人有子；得黃芪、白斂、赤小豆，以療鼠瘻。張仲景治傷寒心下痞滿，瀉心湯四方皆用黃芩，以其主諸熱、利小腸故也。又，太陽病下之，痢不止，有葛根黃芩黃連湯。而主妊娠安胎散內，多用黃芩。黃芩安胎者，乃上中二焦藥，降火下行也。縮砂安胎者，治痛行氣也。若血虛而胎不安者，阿膠主之。治痰熱者，假此以降其火也。堅實者名子芩，為勝；破者名宿芩，其腹中皆爛，名腐腸，可潤肺經也。其堅實條芩，入大腸除熱也。羅天益曰：肺主氣，熱傷氣，故身體麻木。又五臭入肺為腥，黃芩能瀉熱，去喉中腥臭。時珍曰：少陽頭痛，炙火出血。肺虛不宜服，苦寒傷脾，損其母也。仁齋謂柴胡退熱，不及黃芩。不知柴胡苦以發之，散火之標也。黃芩寒以勝熱，折火之本也。按：仲景云：少陽症腹中痛者，去黃芩，加芍藥。心下悸、小便不利者，去黃芩，加茯苓。似與隱居之說不合。不知受寒腹痛，心下悸，小便不利，脉不數者，禁用黃芩。若熱厥腹痛，肺熱而小便不利者，可不用乎？善讀書者，先求之理，毋泥其文。

明・蔣儀《藥鏡》卷四寒部　黃芩　枯者上升，故瀉肺而除寒濕。堅者下行，清大腸而涼膀胱。滋肺胃之津，滌膿血之痢。調血淋經閉，安胎動腹疼。止嗽消痰以退陽，新久弗論。泄火行熱而陰養，表裏毋拘。豬膽汁炒，能瀉肝膽之火。麥冬汁浸，能潤肺家之燥。酒炒則清頭目，鹽炒則利腎邪。瘍科以之解毒生肌，目病以之清珠退翳。鷄子清調，驢馬負重破傷，茲品可傅。為末酒服，灸瘡血出不止，是藥能醫。此蓋諸科半表半裏之藥也。然須知黃芩退熱，乃寒以勝之，折火之本也。茈胡退熱，乃苦以發之，散火之標也。

明・李中梓《頤生微論》卷三　黃芩　味苦，性寒，無毒。入肺、大腸二經。山茱萸、龍骨為使。惡葱實，畏丹砂、丹皮、藜蘆、沙參、丹參。蒸透曝乾。中枯而大者，清肺止嗽化痰，目赤疔癰。堅實而細者，瀉大腸火，除濕治痢，安胎利水。

按：陶隱居云：療腹痛，利小腸。仲景云：少陽症腹中痛者，去黃芩加芍藥；心下悸，小便不利者，去黃芩加茯苓。似與隱居之說不合，不知受寒腹痛，心下悸，小便不利，脉不數者，禁用黃芩。若熱厥腹痛，肺熱而小便不利者，可不用乎？善讀書者，先求其理，毋泥其文。

明・張景岳《景岳全書》卷四八《本草正》　黃芩　味苦，氣寒，氣輕於味，可升可降，陰中微陽。枯者善於入肺，實者善入大腸。欲其上者酒炒，欲其下者生用。枯者清上焦之火，消痰利氣，定喘嗽，止失血，退往來寒熱，風熱濕熱頭痛，解瘟疫，清咽，療肺痿肺癰，乳癰發背。尤祛肌表之熱，故治斑疹鼠瘻，瘡瘍赤眼。實者涼下焦之熱，能除赤痢，熱畜膀胱，五淋澀痛，大腸閉結，便血漏血。胎因火盛不安，酌佐砂仁、白朮。腹因火滯為痛，可加黃連、厚朴。大腸無火滑泄者，最當慎用。

明・賈九如《藥品化義》卷九火藥　黃芩　屬陰，體有枯有實，色黃，氣和，味苦，性寒能浮能降，力清熱，性氣與味俱厚，入肺胃大腸三經。黃芩中枯者名枯芩，細條者名條芩，一品宜分兩用。蓋枯芩體輕主浮，專瀉肺胃上焦之火，主治胸中逆氣，膈上熱痰，咳嗽喘急，目赤齒痛，吐衄失血，發斑發黃，痘疹瘡毒，以其大能涼膈也。其條芩主降，體重專瀉大腸下焦之火，主治大便閉結，小便淋濁，小腹結脹，腸紅痢疾，血熱崩中，胎漏下血，挾熱腹痛，譫語狂言，以其能清大腸也。同枳實紫朴能消穀食，因邪熱不殺穀，以此清胃則易消穀食。同柴胡退熱，柴胡散火之標，以此折火之本。同白朮安胎，蓋白朮健脾，但胎坐中宮，氣不運行，易生鬱熱，以此清熱，胎動自安。用豬膽汁拌製，入厥陰肝經，以清抑鬱之火，止胎前瘧寒戰震動，不使墮胎。

明・盧之頤《本草乘雅半偈》帙五　黃芩《本經》中品　氣味：苦，平，無毒。

主治：主諸熱黃疸，腸澼洩痢，逐水，下血閉，惡瘡，疽蝕，火瘍。

覈曰：出川蜀及河東、陝西，近道亦有。二月生苗，莖幹粗如筯子，中空外方，葉色黃赤，四四作叢而起，花色紫，實色黑，根色黃。一種獨莖者，其葉細長而青，兩兩相對，花、實、根色則一也。曰子芩根圓，曰條芩即小根之內實者，破者曰宿芩、曰片芩，即大根之內虛者，其腹皆爛，故有腐腸、妬婦諸名，謂妬婦心黯，芩腹心黑也。山茱萸、龍骨為之使。惡葱實，畏丹砂、牡丹、藜蘆。得厚朴、黃連止腹痛。得五味子、牡蠣令人有子。得黃耆、白斂、赤小豆療鼠瘻。

先人云：病從内實為證，諸熱為因者，對待能空之芩，則内無實。内無實，則無諸熱之因矣。

条曰：黄芩一曰腐腸，一曰内虚，有黄離之象。柔得乎中，體虚而用實也。荄中腐，乃腐化耳。故主腹腸諸熱，實滿于中，為黄疸澼痢，水停血閉失于腐化，反現腐敗者，對待治之。惡瘡、疽蝕、火瘍，實者虚之，熱者平之，若厚腸腹，併厚肌肉矣。

明·李中梓《本草通玄》卷上　黄芩　苦，寒，輕飄者入肺，堅實者入大腸。主風熱，濕熱，痰熱骨蒸，火欬，下痢，喉間腥氣，上部積血，寒熱往來，失血癰疽，安胎，瘰淋，養陰退陽。　李時珍云：潔古言黄芩瀉肺火，治脾濕。東垣言片芩治肺火，條芩治大腸火。丹溪言黄芩治三焦火。仲景治少陽症，小柴胡湯；太陽少陽合病下利，黄芩湯；少陽症下後心下滿，瀉心湯，並用之。蓋黄芩苦寒，入心勝熱，去脾濕熱，一則金不受刑，一則胃火不流入肺，即所以救肺也。肺虚不宜者，苦寒傷土，損其母也。少陽症，雖在半表半裏，而胸脇痞滿，實兼心肺上焦之邪。心煩喜嘔，默默不欲飲食，又兼脾胃中焦之症，故用黄芩以治手足少陽相火，黄芩亦少陽本經藥也。成無已但云柴胡、黄芩之苦，以發傳經之熱，芍藥、黄芩之苦，以堅斂腸胃之氣，殊昧其治火之妙。《直指》云：柴胡退熱，不及黄芩。蓋亦不知柴胡之退熱，乃苦以發之，散火之標也；黄芩之退熱，乃寒能勝熱，折火之本也。仲景又云：少陽症腹中痛者，去黄芩，加芍藥；心下悸，小便不利者，去黄芩，加茯苓。似與《别録》治少腹絞痛、利小腸之文不合。成氏言黄芩寒中，苦能堅腎，故去之，是亦不然。至此當以意逆之，辨以脉症可也。若因飲寒受寒，腹痛，及飲水心下悸，小便不利，而肺不數者，是裏無熱症，則黄芩不可用也。若熱厥腹痛，肺熱而小便不利者，黄芩可不用乎？余因感冒犯戒，蒸熱如火，吐痰廢食，遍服諸藥益劇。偶思東垣治肺熱，煩渴晝盛，氣分熱也，宜一味黄芩湯，遂用一兩，煎服，次日盡愈。藥中肯綮，效至此哉。　得酒，上行；得豬膽，除肝膽火；得柴胡，退寒熱；得芍藥，治下痢；得桑皮，瀉肺火；得白术，安胎。稍挾虚者，切勿輕用。

清·顧元交《本草彙箋》卷一　黄芩　中枯者名枯芩，體輕主浮，專瀉肺胃上焦之火，主治胸中逆氣，膈上熱痰，咳嗽喘急，目赤齒痛，吐衄失血，發斑發黄，痘疹瘡毒，大能涼膈。條細者名條芩，體重主降，專瀉大腸下焦之火，主治大便閉結，小便淋濁，小腹急脹，腸紅痢疾，血熱崩中，胎漏下血，挾熱腹痛，譫語狂言，大能清腸；同枳、朴清穀，以邪熱不殺穀也；同柴胡退熱，柴胡散火之標，黄芩折火之本也；同白术安胎，以胎坐中宫，氣不運行，易生鬱熱，以此清氣，胎動自安也。其或用枯芩，或用條芩，總宜斟酌上下，而分别用之。

凡胎前瘧寒慄振動，多致墮胎，宜用豬膽汁拌製，入厥陰肝經以清抑鬱之火。　眉眶作痛，係風熱有痰，黄芩酒浸，白芷等分，爲末，每服二錢，茶下。　崩中下血，黄芩爲細末，每服一錢，霹靂酒下，以秤錘燒赤，淬酒中也。許學士云：崩中多用止血及補血藥，此方乃治陽乘于陰，所謂天暑地熱，經水沸溢者也。　肺中有火，用清金丸，只片芩一味，炒爲末，水丸，白湯下。　李時珍自記年二十時，因感冒咳嗽既久，且犯戒，遂病骨蒸發熱，膚如火燎，每日吐痰碗許，暑月煩渴，寢食幾廢，六脈浮洪，遍服柴胡、麥冬、荊瀝諸藥，月餘益劇。其尊君偶思李東垣治肺熱如火燎，煩躁引飲而晝盛者，氣分熱也，宜一味黄芩湯，以瀉肺經氣分之火。遍按方用片芩一兩，水二鍾，煎一鍾，頓服。次日身熱盡退，而痰嗽皆愈。藥中肯綮，如鼓應桴如此。

清·穆石匏《本草洞詮》卷八　黄芩　芩者，黔也，黄黑色也，外黄内黑，故名黄芩。苦平，一云大寒，無毒。其用有六：瀉肺熱，一也；去上焦皮膚風熱風濕，二也；利胸中氣，三也；消痰，四也；肺脾經濕熱，五也；安胎，六也。中枯而飄者名片芩。瀉肺火，利氣消痰，清肌表之風熱。細實而堅者名條芩，瀉大腸火，養陰退陽，補膀胱寒水，滋其化源。羅天益云：肺主氣，熱傷氣，故身體麻木。又五臭入肺為腥，黄芩之苦寒，能瀉火補氣而利肺，故治喉中腥臭。朱丹溪云：黄芩、白术乃安胎聖藥，俗以黄芩為寒而不敢用，不知胎孕宜清熱涼血，血不妄行，乃能養胎。黄芩消痰由其降火，若肺虚者，多用傷肺，先以天門冬保定肺氣，而後用之可也。按黄芩苦入心，寒勝熱，瀉心火，治脾之濕熱，一則金不受刑，一則胃火不流入肺，即所以救肺也。肺虚不宜者，苦寒傷脾胃，損其母也。少陽證寒熱，胸脇痞滿，不欲飲食，心煩嘔，或渴，或小便不利，雖曰病在半表半裏，而係心肺上焦之邪，又兼脾胃中焦之證，故用黄芩，黄芩亦少陽本經藥也。楊士瀛謂柴胡退熱，不及黄芩。不知柴胡之退熱，乃苦以發之，散火之標也。黄芩之退熱，乃寒能勝

熱，折火之本也。《別錄》謂黃芩治小腹絞痛，利小腸。而仲景云腹中痛者，去黃芩，加芍藥。心下悸，小便不利者，去黃芩，加茯苓。似乎相反。成氏註云：黃芩寒中，苦能堅腎，故去之。蓋亦不然，若因飲寒受寒，腹中痛，及飲水心悸，小便不利者，是裏無熱證，黃芩不可用也。若熱厥腹痛，肺熱而小便不利者，黃芩可不用乎？李瀕湖謂年少壯時，因感冒咳嗽日久，且犯戒，遂病骨蒸，膚如火燎，每日吐痰盌許，寢食幾廢，六脉浮洪，遍服柴胡、麥冬、荊瀝諸藥，月餘轉劇，偶思李東垣治肺熱如火燎，煩躁引飲而晝盛者，氣分熱也，宜一味黃芩湯，以瀉肺經氣分之火。遂按方用片芩一兩，水煎頓服，次日身熱盡退，而痰嗽皆愈。藥中肯綮，如鼓應枹也。

清·劉雲密《本草述》卷七下

黃芩　弘景曰：圓者名子芩，破者名宿芩。時珍曰：宿芩乃舊根，多中空，外黃內黑，即今所謂片芩。子芩乃新根，多內實，即今所謂條，或曰西芩，多中空而色黔。北芩多內實而深黃。

根：氣味：苦，平，無毒。《別錄》曰：大寒。普曰：神農、桐君、雷公：苦，無毒。杲曰：可升可降，陰也。好古曰：氣寒，味微苦而甘。陰中微陽，入手太陰血分。潔古曰：氣涼，味苦甘。氣厚味薄，浮而升，陽中陰也。入手少陽、陽明經。

主治　諸熱黃疸，腸澼瀉痢，逐水，下血閉，惡瘡疽蝕，火瘍《本經》。治肺火，清上部，利胸中氣，消上膈痰熱及頭痛，並火逆肺咳肺痿，喉腥並失血證，熱毒骨蒸，肺主氣，終始三焦，三焦以腎與膀胱為氣之資始，故有熱毒骨蒸之證。寒熱往來，療胃中熱，腸胃不利，小腹挾熱疞音絞痛，利小腸，益膀胱寒水，治五淋，除天表風熱，及目中腫赤，瘀血壅盛，非此不除。上部積血，假之消散，治女子血閉，淋露下血，及安胎，產後養陰退陽諸《本草》。潔古曰：黃芩之用有九：瀉肺熱，一也；上焦皮膚風熱風溼，二也；去諸熱，三也；利胸中氣，四也；消痰膈，五也；除脾經諸溼，六也；夏月須用，七也；婦人產後養陰退陽，八也；安胎，九也。酒炒上行，主上部積血，非此不能。除下痢膿血，腹痛後重，身熱久不能止者，與芍藥、甘草同用之。凡諸瘡痛不可忍者，宜芩、連苦寒之藥，詳上下，分身梢，及引經藥用之。東垣曰：黃芩之中枯而飄者，瀉肺火，利氣消痰，除風熱，清肌表之熱。細實而堅者，瀉大腸火，養陰退陽，補膀胱寒水，滋其化源。高下之分，與枳實、枳殼同例。

門曰：中空而爛者，名腐腸。瀉肺受火邪氣逆，消膈上痰熱，及胃中溼熱黃疸。中破而飄者，名宿芩。瀉肺痰火，利氣，除時行風溼熱邪在表，寒熱往來，諸瘡、乳癰、背發、疔腫、火瘍用之排膿，一切上部實熱、痰熱、積血，假此降散。細實直而堅者，名條芩。瀉大腸火，逐水消穀，止熱瀉下痢膿血，腹痛後重，養陰退陽。細實圓而堅者，名子芩。去膀胱熱，滋化源，利小腸，治五淋，小腹絞痛，及女子血閉下血，又安胎者，由其能降上中二焦之火，使之下行也。天益曰：肺主氣熱傷氣，故身體麻木。又五臭入肺為腥，故黃芩之苦寒能瀉火補氣而利肺，治喉中腥臭。丹溪曰：黃芩降痰，假其降火也。凡去上焦溼熱，須以酒洗過用。片芩瀉肺火須用桑白皮佐之。若肺虛者，多用則傷肺，必先以天門冬保定肺氣，而後用之。黃芩、白术乃安胎聖藥，俗以黃芩為寒而不敢用，蓋不知胎孕宜清熱涼血，血不妄行，乃能養胎，黃芩乃上中二焦藥，能降火下行，白术能補脾也。時珍曰：予年二十時因感冒咳嗽，既久且犯戒，遂病骨蒸發熱，膚如火燎，每日吐痰盌許，暑月煩渴，寢食幾廢，六脈浮洪，偏服柴胡、麥門冬、荊瀝諸藥，月餘益劇。先君月池子諱言聞偶思東垣治肺熱如火燎，煩躁引飲，而晝盛者，氣分熱也。宜一味黃芩湯以瀉肺經氣分之火。遂按方用片芩一兩，水二鍾，煎一鍾，頓服，次日身熱盡退，而痰嗽皆愈。藥中肯綮，其捷應如此。李氏曰：得川芎調平心血，心平而熱自退，血不妄行。希雍曰：黃芩稟天地清寒之氣，而兼金之性，故味苦平無毒。《別錄》益之以大寒，味厚氣薄，陰中微陽，可升可降，陰也，入手太陰、少陰、太陽、陽明，亦入足少陽。同芍藥、黃連、炙甘草、車前子、防風、升麻，治溼熱作泄腹痛。同芍藥、黃連、炙甘草、滑石、升麻，治滯下腹痛。潔古風熱有痰，眉眶作痛，酒浸黃芩，同白芷、天麻，等分為末，每服二錢，茶調下。同芍藥、麥門冬、白术，能安胎清熱。

愚按：羅天益曰：肺主氣，熱傷氣，黃芩能瀉火益氣而利肺，則其為肺經氣分之劑無疑。在《本經》首言治諸熱，是舉其功之大概也。然次即承以黃疸腸澼洩痢，是就治諸熱之中，舉其病於溼熱者而言也。又次更承以逐水下血閉。則《本經》之主治諸熱者，功專於溼熱明矣。如潔古之瀉肺火，治脾溼，不同是療溼熱之義歟。苐以參證於治氣分之熱，其義是一是二歟，曰黃芩專主上焦之陽，陽中之陰者也。蓋在下焦，陰中有陽而氣生，在上焦，陽中有陰而氣化。《經》曰出地者陰中之陽，陽予之正，陰為之主。以此推之，則在天者陽中之陰，陰予之正，陽為之主矣。陰陽之分，無各為

之正者，則陰陽有分而無合，其為患也甚矣。如黄芩苦寒，治陽實而陰虚者，正使陽得陰而氣化也。只此一語，儘可通於治溼熱之義。蓋陽不得陰以化，則氣化不行，氣化不行，則熱能化溼，是則溼熱之治，正是氣化之所以得行也。夫何二之與有？雖然，《本經》首言諸熱，而不暢言溼熱者，從陽實之初證而言也。潔古更云：瀉肺火，治脾溼者，從其陽實陰虚，以致氣不能化者之後證言也。其治稍有分別，而其病於氣者，無二義也。故曰不外於氣分之治也。或曰黄芩所治，屬氣分之肺是矣。第氣終始乎上中下三焦者也，其治何獨在肺乎？曰：氣固終始乎三焦，而肺實主之，雖心肺胃，亦上焦合而營諸陽者也。唯是肺之熱除，則肺陰乃下降而入心，以和於孕坎之離，膻中之氣膻中乃心主之宮城自降而入胃，以和胃陽而與脾陰表裏。手太陽小腸，心之腑也，固與肺同司上焦之氣化者，即皆相因以及之，是皆受肺之益也，豈得不以主氣歸之乎？是責其功於宿芩也。至子芩洩大腸火，更因大腸與肺為表裏，自飛門至魄門，皆一氣之所貫耳。抑斯味屬氣分藥，乃有謂其入血分者，誤歟。曰：此血病固由於氣，先哲未及明悉，故是味治心胃小腸諸病，固其由肺而致者也。其能治心胃小腸，則自能治血。蓋其能降於心與胃者，肺陰也，肺陰乃陽中之陰，即氣之所以化血者也。心主血，而胃陽合於脾陰，鼓煽陰陽使液化血者也。故《經》曰泌其津液，變化而赤，是為血。小腸為氣化之腑，心胃因肺陰降，而氣中之血賴以資生，能生即能化，即資小腸之氣化以行，如潔古所治瘀血壅盛，上部積血。《別錄》所治女子血閉，淋露下血，固氣化之自應者也。蓋陽中之陰化而氣化乃行，氣化行而水道乃暢。《本經》云逐水，即又云下血閉，水與血是二是一，斯義固可參也。其又能療失血諸證，總因陰得育於陽中耳。凡此血證之治，即不外於治溼熱之義，皆如丹溪所謂上中二焦之劑也。而先哲又謂入手少陽三焦者，何歟？曰：三焦為水穀道路氣之所終始，既治肺矣，又何能離三焦。三焦屬腎與膀胱，所謂滋化源，補膀胱寒水，亦即在此。蓋足三陰並至於肺，如肺陰下降，即還返其真陰之元也。故曰滋化原，補膀胱寒水者在是耳。雖然，此治三焦之實熱，若三焦火鬱而為病者，則以升為治，不宜投斯苦寒降劑也。不獨三焦，即在肺熱屬氣虚者，亦未可妄投。蓋氣屬陽，陽主升，氣虚者陽虚也，其奉上者微，而反降之，是虚其虚也，老人亦宜慎之矣。故投斯味者，先審虚實，又必了然於何臟為專功，為次及，而奏效乃捷。如芩治肺氣分之熱為專功，而大腸即次之。清心胃之熱者，由肺而至，未有肺熱而心胃能清者也。小腸、膀胱又由心胃之治而至，未有心胃留熱而血能和，血不和而水道能清者也。抑人身溼熱之證，強居其半，如芩、連俱治溼熱，但黄芩治其由熱而化溼者，黄連治其由溼而化熱者，《內經》所謂治病必求其本，求其本，即芩、連兩味，便有分別若此矣，豈可漫然但以為俱清熱之劑，而滾同用之哉？抑茲味既治溼熱，又云療風溼者，其義何居？曰：黄芩皮根皆黄，而中有緑色。黄者中土色，而緑者為震坤相見，請得而悉之。蓋後天之氣，本於胃中穀氣以至於肺，而穀氣能合於膻中宗氣以至肺者，乃屬於肝，此正先哲所謂元氣、胃氣、風升之氣合而為一者也。此味苦寒而色乃黄是由胃至肺之用，乃中有震坤相見妙理，合於由胃至肺而肝實達之，故雖苦多甘少，實自苦歸甘，胃資於肝，舉其苦寒者，上而效用於肺，以清其氣分之熱也。試以小柴胡湯參之，其除寒熱也，芩豈專屬膽藥，固亦為膽之至於胃，以上達肺者，熱鬱而不清耳。張仲景先生製方妙有意義如此，先哲謂芩能除表熱，曰除熱，又曰除風熱，更曰除風溼，以其在中土中，而有風木之用也。雖然，肝膽清熱之劑亦須分氣血，一陰一陽，原有表裏，如梔子為血分藥，入厥陰肝，薛立齋每同丹皮用之，猶黄芩之入膽，而並柴胡者，其義不可參歟。

希雍曰：苦寒能損胃氣而傷脾陰，脾肺虚熱者忌之。故凡中寒作泄，中寒腹痛，肝腎虚而少腹痛，血虚腹痛，脾虚泄瀉，腎虚溏泄，血枯經閉，氣虚小水不利，肺受寒邪喘咳，及血虚胎不安，陰虚淋露，法並禁用。

修治　上行酒浸切炒，下行便浸炒，尋常生用或水炒。去寒性亦可除肝膽火，豬膽汁拌炒。先哲有用吴茱萸製芩者，為其入肝，散滯火也。

按：諸本草唯分宿芩、子芩，至李文清乃歧而為四，諒亦有據，宿芩即今所謂片芩也。

清・郭章宜《本草匯》卷九　黄芩　味苦氣寒，氣厚味薄，陰中微陽，可升可降，陰也。入手太陰、少陽、陽明，亦入足少陽經。主風濕熱，膚熱如燎。治骨蒸勞，寒熱往來。腸澼泄痢皆除，煩渴瘡瘍不缺。清肺部而化痰涎，理赤目而解頭痛。中枯而飄者上行，入手太陰上膈，宜酒。瀉肺金火，消痰利氣，除黄疸，清熱于肌表。細實而堅者下行，入手陽明下焦，宜生。瀉大腸火，宣暢關節，滋化元，去熱于膀胱。《本經》治血閉即熱入血室，令人經閉不通也。

者，實熱在血分也，用苦寒以除之，則榮氣清而血自行矣。又安胎者，胎孕宜清熱涼血也，血不妄行，乃能養胎，且又同白朮，則脾陰補而胎自安也。《別錄》消痰熱，少腹絞痛，消穀者，熱在胸中則痰生，熱在少腹則絞痛，小兒內熱則腹痛，除去胃中濕熱，則胃安而穀自消也。五淋，濕熱所致也。苦寒清肅之氣勝，則邪氣自解，是伐其本也。

按：黄芩禀寒金之性，除陽有餘，為清肅之劑，功在除邪熱，而非補益之品也。為肺家本藥。肺苦氣逆，急食苦以瀉之。然有餘者為宜。雖云安胎聖藥，若女人而虚者，未可與也。潔古謂其瀉肺火，治脾濕。東垣言片芩治肺火，條芩治大腸火，丹溪言治上中二焦之火，而仲景治少陽證小柴胡湯，太陽少陽合病下痢黄芩湯，少陽證下後，心下滿而不痛，瀉心湯並用之。成無己言其苦而入心泄痞熱。蓋黄芩苦入心，寒勝熱，瀉心火，去脾濕熱，一則金不受刑，一則胃火不流入肺，即所以救肺也。肺虚不宜者，苦寒傷土，損其母也。少陽證寒熱胸脇痞滿，默默不欲飲食，煩嘔，或渴或否，或小便不利，雖曰病在半表半裏，而脇胸痞滿，實兼心肺上焦之邪，心煩喜嘔，默默不欲飲食，又兼脾胃中焦之證，故用黄芩以治手足少陽相火，黄芩亦少陽本經藥也。成無己但言黄芩、柴胡之苦，以發傳邪之熱；芍藥、黄芩之苦，以堅斂腸胃之氣。殊昧其治火之妙。考之《直指方》云：柴胡退熱，不及黄芩。蓋亦不知柴胡之退熱，乃苦以發之，散火之標也。黄芩之退熱，乃寒能勝濕，折火之本也。仲景又云少陽證腹中痛者，去黄芩，加芍藥。心下悸，小便不利者，去黄芩，加茯苓。似與《別錄》治少腹絞痛利小腸之文不合。成氏言黄芩寒中，苦能堅腎，故去之。蓋亦不然。至此當以意逆之，辨以脉證可也。若因飲食受寒腹中痛，及飲水心下悸，小便不利，而脉不數者，是裏無熱證，黄芩不可用也。若熱厥腹痛，肺熱，而小便不利者，黄芩可不用乎？海藏治一人因虚服附子藥，病小便閉，飲以芩、連而愈。又有素多酒慾，少腹絞痛，小便如淋，用木通、甘草、黄芩三味遂止。此皆熱厥之痛也。又海藏自治感冒犯戒，蒸熱如火，吐痰廢食，暑月煩嗽，六脉俱浮洪，遍服麥冬、柴胡、荊瀝諸藥益甚。因思東垣治肺熱如火燎，煩渴晝甚，氣分熱也，宜一味黄芩湯，以瀉肺經氣分之火。按方用片芩一兩，煎服頓愈。藥中肯綮，劾至此哉，學者其可拘乎？稍挾虚寒者，宜切戒。

破爛者名宿芩，乃舊根，多中空，外黄內黑，即今所謂片芩也。圓者名子芩，乃新根，多內實堅，即今所謂條芩也。深色堅實者佳。刮去外衣內朽，咀片，酒炒上行，得猪膽汁除肝膽火，得柴胡退寒熱，得芍藥治下痢，佐桑皮瀉肺火，得白朮安胎，得厚朴、黄連止腹痛，得五味、牡蠣令人有子，得黄耆、白斂、赤小豆療鼠瘻。山萸、龍骨為之使。惡葱實。畏丹砂、丹皮、藜蘆。

清·蔣居祉《本草擇要綱目·寒性藥品》 黄芩 氣味：苦，平，無毒。可升可降，陰也。又微苦而甘，為陰中微陽，入手太陰血分。又氣涼，味苦、甘，陽中微陰，入手少陽、陽明經。主治：瀉肺經熱，清上焦及皮膚積熱，去諸熱。婦人產後，養陰退陽，利胸中氣，消膈上痰。除脾濕，安胎，療喉中腥臭，故傷寒心下痞滿瀉心湯，仲景凡四方，皆用黄芩，以其主諸熱利小腸故也。又太陽病下之痢不止，喘而汗出者，有葛根黄芩黄連湯。及妊娠安胎散，亦多用之。入小柴胡湯以治少陽症，入黄芩湯以治太陽少陽合病下利，入瀉心湯以治少陽症下後心下滿而不痛，總以黄芩之苦，可以發傳邪之熱，使寒能勝濕，折火之本也。若因飲食受寒腹中痛，及飲水心下悸，小便不利，而脈不數，則黄芩不可用。其熱厥腹痛，肺熱而小便不利者宜用之。若其人素多酒慾，病小腹絞痛，痛不可忍，黄芩宜急用之。若其感冒咳嗽既久，骨蒸發熱，膚如火燎，值暑月煩渴，六脈浮洪，服柴胡、麥門冬、荊瀝諸藥不效，引飲而晝益甚，此熱入氣分，與肺氣虚寒者不同，黄芩亦急用之。其制得酒上行，得厚朴、黄連止腹痛，得五味子令人有子，得黄芪療鼠瘻，得豬膽汁除肝膽火，得柴胡除寒熱，得芍藥治下利，得桑白皮瀉肺火，得白术安胎。惡：牡丹皮、丹砂、藜蘆。

清·王翃《握靈本草》卷二 黄芩秦蜀近地皆有之。中枯而飄者，瀉肺火上行。細實而堅者，瀉大腸火下行。主治：黄芩，苦，平，無毒。主諸熱黄疸，腸澼洩痢，逐水，下血閉，惡瘡疽蝕。療痰熱，胃中熱，熱毒，骨蒸往來寒熱，安胎，養陰退陽。

清·汪昂《本草備要》卷二 黄芩瀉火，除濕。苦入心，寒勝熱。瀉中焦實火，除脾家濕熱。治澼痢腹痛，便血曰澼。寒痛忌用。凡腹痛有寒熱、虚實、食積、瘀血、痰濕之不同。寒宜溫，熱宜清，虚宜補，實宜下，食宜消導，瘀血宜行散，痰濕宜化痰利濕。痛時手不可按者爲實痛，按之痛止者爲虚痛。寒熱往來，邪在少陽。黄疸五淋，血閉實熱在血分。氣逆，癰疽瘡瘍，及諸失血。消痰丹溪曰：黄芩降痰，假其降火也。按痰因火動，當先降火。利水，解渴安胎，胎孕宜清熱涼血，血不妄行則胎安。養陰退

陽，補膀胱水。酒炒則上行，瀉肺火，利胸中氣。肺主氣，熱傷氣，瀉熱所以保肺。治上焦之風熱、濕熱，丹溪曰：黃芩，上、中二焦藥。火嗽喉腥，五臭，肺爲腥。目赤腫痛。過服損胃，血虛、寒中者禁用。得柴胡退寒熱，得芍藥治痢，得厚朴、黃連止腹痛，得桑皮瀉肺火，得白朮安胎之聖藥。時珍曰：仲景治少陽症小柴胡湯，太陽少陽合病下利黃芩湯，少陽症下後心滿瀉心湯，幷用之。蓋黃連苦寒，入心瀉熱，除脾家濕熱，使胃火不流入肺，不致刑金，即所以保肺也。肺虛不宜者，苦寒傷土，損其母也。少陽症雖在半表半裏，而胸膈痞滿，實兼心肺上焦之邪；心煩喜嘔，默默不欲食，又兼脾胃中焦之症，故用黃芩以治手足少陽相火，黃芩亦少陽藥也。楊士瀛曰：柴胡退熱，不及黃芩。時珍曰：柴胡乃苦以發之，散火之標也；黃芩乃寒能勝熱，折火之本也。東垣治肺熱，身如火燎，煩躁引飲而晝盛者，宜一味黃芩湯，以瀉肺經氣分之火，黃芩一兩煎服。《本事方》用治崩中暴下。黃明者良。中虛者名枯芩，即片芩，瀉肺火，清肌表之熱。內實名條芩，即子芩，瀉大腸火，補膀胱水。上行酒炒。瀉肝膽火，猪膽汁炒。山茱萸、龍骨爲使，畏丹皮、丹砂。

清・陳士鐸《本草新編》卷二 黃芩 味苦，氣平，性寒，可升可降，陰中微陽，無毒。入肺經、大腸。退熱除煩，瀉膀胱之火，止赤痢，消赤眼，善安胎氣，解傷寒鬱蒸，潤燥，益肺氣。但可為臣使，而不可為君藥。近人最喜用之，然亦必肺與大腸、膀胱之有火者，用之始宜，否則，不可頻用也。古人云黃芩乃安胎之聖藥，亦因胎中有火，故用之于白朮、歸身、人參、熟地、杜仲之中，自然胎安。倘無火，而寒虛胎動，正恐得黃芩而反助其寒，雖有參、歸等藥補氣、補血、補陰，未必胎氣之能固也，況用參、歸等藥，欲望其安胎，萬無是理矣。

或問：黃芩清肺之品也，肺經之熱，必須用之，然亦有肺熱用黃芩而轉甚者，何也？曰：用黃芩以清肺熱，此正治之法也。正治者，治肺經之實邪也。肺經有實邪，黃芩用之，可以解熱；肺經有虛邪，黃芩用之，反足以增寒。蓋實邪宜正治，而虛邪宜從治也。

或問：黃芩舉世用之而無疑，與用知母、黃柏頗相同，乃先生止咎用知母、黃柏之悮，而不咎用黃芩，何也？曰：黃芩亦非可久用之藥，然其性寒而不大甚，但入于肺，而不入於腎。世人上熱多，而下熱者實少，清上熱，正所以救下寒也。雖多用久用，亦有損于胃，然腎經未傷，本實不撥，一用温補，便易還原，其弊尚不至于殺人。若知母、黃柏瀉腎中之火矣，腎火銷亡，脾胃必無生氣，下愈寒而上愈熱，本欲救陰虛火動，誰知反愈增其火哉。下火無根，上火必滅，欲不成陰寒世界得乎。此用黃柏、知母之必宜闢也。

或問：黃芩乃清肺之藥，肺氣熱，則腎水不能生，用黃芩以清肺金，正所以生腎水乎？曰：黃芩但能清肺中之金，安能生腎中之水。夫肺雖為腎經之母，肺處于上游，居高潤下，理之常也，何以清金而不能生水。蓋肺中之火乃邪火，而非真火也，黃芩止清肺之邪火耳，邪火散而真水自生，安在不可下生腎水。不知腎水之生，必得真火之養，黃芩能瀉邪火，而不能生真火，此所以不能生腎水也。予之取黃芩者，取其暫用以全金，非取其久用以益水。

或疑黃芩之寒涼，不及黃柏、知母，以黃芩味輕，而性又善散，吾子攻黃柏、知母宜也，併及黃芩，毋乃過乎？曰：黃芩之多用，禍不及黃柏、知母遠甚，余未嘗有過責之辭，獨是攻擊知母、黃柏，在于黃芩門下而暢論之，似乎併及黃芩矣。誰知借黃芩以論黃柏、知母，意重在黃柏、知母也。見黃芩之不宜多用，益知黃柏、知母之不可重用矣。世重寒涼，病深肺腑，不如此，又何以救援哉。

清・顧靖遠《顧氏醫鏡》卷七 黃芩苦，寒。入心、肺、胃、膽、大小腸六經。酒炒則上行，猪膽汁炒瀉肝膽之火。枯而飄者，瀉上焦之火。實而堅者，退下部之熱。瀉肺中火邪，去脾胃濕熱。止嗽降痰，而除喉中腥臭。瀉肺火，則咳嗽止，腥臭除。治痰者，取其火降，痰亦降。治痢醫疸，而止少腹絞痛。善治濕熱，故主痢疾、黃疸，火在少腹則絞痛，瀉火則痛止，亦止大熱腹痛。利小腸，治五淋。除濕熱之功。療天行熱疾，理目赤腫疼。安胎須用，疔癰亦箇。皆取其瀉火除熱也。苦寒清肅之藥，其功能治諸熱，而非補益之品，當與黃連並列，非係實火之症勿用。胎因血虛不安者，亦忌之。

清・李熙和《醫經允中》卷一八 黃芩 山萸、龍骨為使。惡葱。畏丹皮、藜蘆、沙參、丹參。兼入手足少陽經。苦，寒，無毒。可升可降，陰也。主治瀉肺火，潤腸，解熱毒骨蒸，寒熱往來，清上焦壅熱，補膀胱寒水，安胎，明目，火嗽肺痿，喉腥失血。黃芩中枯而飄者瀉肺火，利氣消痰，除風熱，清肌表之熱；細實而堅者瀉大腸火，養陰退陽，補膀胱寒水，同蒼白朮可安胎，治目疾可退瞖。惟實熱在血分，脉洪數，而小便不利者宜之，倘嘔噦受寒腹痛，心下悸，腹中動氣，脉遲小，與虛熱者，禁黃芩；大便泄者，雖有熱，當

用山梔，勿用黄芩，寒潤合之，脉理可也。

清・馮兆張《馮氏錦囊秘錄・雜症痘疹藥性主治合參》卷一 黄芩稟天地清寒之氣，而兼金之性，故味苦，平，大寒，無毒。入手太陰、少陰、太陽、陽明，亦入足少陽。其性清肅，所以除邪。味苦所以燥濕，陰寒所以勝熱，故去諸邪熱與濕熱也。〇入邪熱實症藥用，宜生；入脾胃瀉痢藥用，宜酒拌炒；入安胎藥用，宜條實者酒浸炒黄。 黄芩，瀉肺火，消痰利氣，除濕熱。不留積於肌表，瀉大腸火，養陰退陽。又滋化源，常充溢於膀胱，赤痢頻併，赤眼腫脹。得白术、砂仁安胎孕，同厚朴、黄連治腹疼。總除諸熱，收盡全功。中枯而大者，輕飄上行，清肺部而止嗽化痰，并理目赤。緊實而細者，沉重下降，瀉大腸而除濕，治痢兼可安胎。若脾虚腎虚，泄瀉血虚，胎氣不安，一切虚熱竝忌。

主治痘疹合參：宜酒炒用。瀉肺胃火，解熱毒，養陰退陽，上焦熱盛者可用。然中枯而飄者，瀉肺金之火，而消痰退熱於肌表。細實而堅者，瀉大腸之火而滋陰，兼退熱於膀胱。但於初起，以至灌漿，俱所禁服。惟收靨以後，餘熱毒盛者皆宜。安胎尤不可缺。如胃虚脾弱，脉沉細者，切勿混投。

清・张璐《本經逢原》卷一 黄芩 苦，寒，無毒。中空者為枯芩，入肺，細實者為子芩，入大腸，並煮熟酒炒用。 《本經》主諸熱黄癉，腸澼泄利，逐水下血閉，治惡瘡疽蝕火瘍。 發明：黄芩苦燥而堅腸胃，故濕熱黄癉、腸澼瀉痢為必用之藥。其枯芩性升，入手太陰經，清肌表之熱。條芩性降，瀉肝膽大腸之火，除胃中熱。得酒炒上行，主膈上諸熱。得芍藥、甘草治下痢膿血、腹痛後重、身熱。佐黄連治諸瘡痛不可忍。同黑參治喉間腥臭。助白术安胎，蓋黄芩能清熱涼血，白术能補脾統血也。此惟胎熱升動不寧者宜之，胎寒下墜及食少便溏者，慎毋混用。丹溪言黄芩治三焦火。仲景治傷寒少陽證，用小柴胡湯。汗下不解，胸滿心煩用柴胡桂薑湯。温病用黄芩湯。太陽少陽合病用葛根黄芩黄連湯。心下痞滿用瀉心湯。寒格吐逆用乾薑黄芩黄連人參湯等方，皆用黄芩以治表裏諸熱，使邪從小腸而泄，皆《本經》主諸熱之綱旨。其黄癉腸澼瀉痢之治，取苦寒以去濕熱也。逐水下血閉者，火鬱血熱之所致，火降則血行，水下而閉自通矣。昔人以柴胡去熱不及黄芩，蓋柴胡專主少陽往來寒熱，少陽為樞，非柴胡不能宣通中外。黄芩專主陽明蒸熱，陽明居中，非黄芩不能開泄蘊隆。一主風木客邪，一主濕土蘊著，詎可混論。芩雖苦寒，畢竟治標之藥，惟軀殼熱者宜之。若陰虚伏熱，虚陽發露，可輕試乎？其條實者兼行衝脈，治血熱妄行。古方有一味子芩丸，治婦人血熱，經水暴下不止者最效。若血虚發熱，腎虚挾寒，及妊娠胎寒下墜，脈遲小弱，皆不可用，以其苦寒而伐生發之氣也。

清・浦士貞《夕庵讀本草快編》卷一 黄芩《本經》、妬婦、腐腸 芩作莶，謂色黄也。妬婦、腐腸，以其中空心黯也。 黄芩味苦氣涼而升，陽中陰也，入手少陰陽明、手足太陰少陽六經藥也。故能瀉肺火，清大腸，利痰氣于胸鬲，除風熱之在肌表，有安胎解渴之功，兼涼血逐濕之效。且苦先入心，寒能勝熱，平心火則金不受刑，治胃熱則火不入肺，但肺虚者忌之，恐損其母氣也。而仲景治傷寒傳入少陽，雖云半表半裏，實以其胸脇痞滿兼心腹上焦之邪，喜嘔不食屬脾胃中焦之證。故用柴胡以散火之標，佐黄芩以折火之本。又曰：少陽症腹中痛者，去黄芩加芍藥；心下悸，小便不利者去黄芩加茯苓，似與《別錄》治少腹絞痛及利小腸之文不合。成氏註云：寒中堅腎，故減之。恐亦未然，是為隨症變遷可也。倘若飲食受冷腹中痛，及飲水心下悸，小便不利，而脉不數者，是裏無熱證，不可用也。若熱厥腹痛，肺熱便秘，黄芩其可缺乎？觀書而泥其文，便失之矣！而東垣又以中空而飄者瀉肺火，細實而堅者清大腸，得芍則治痢，得术則安胎，酒炒則上行，膽製則瀉木，與厚朴、黄連同劑則止腹痛，與五味、牡蠣為丸，令人有子。佐輔之功，大有關也。

清・張志聰、高世栻《本草崇原》卷中 黄芩 氣味苦，寒，無毒。主治諸熱，黄疸，腸澼，泄痢，逐水，下血閉，惡瘡，疽蝕，火瘍。 黄芩，《本經》名腐腸，又名空腸，又名妒婦，謂外皮肉，而內空腐，妒婦心黯，黄芩心黑同也。出川蜀及陝西河東，近道皆有。芩者，黔也，黑色也。其根黑而黄，故曰黄芩。 黄芩色黄內空，能清腸胃之熱，外肌皮而性寒，能清肌表之熱，乃手足陽明兼手太陰之藥也。主治諸熱黄疸，腸澼泄痢者，言諸經之熱，歸於胃土而為黄疸，歸於大腸而為泄痢。黄芩中空，主清腸胃之熱，故能治之。腸胃受濁，得肺氣通調，則水津四布，血氣運行，逐水下血閉者，黄芩外肌皮而清肌表。肌表清，則肺氣和，而留水可逐，血閉自下矣。火熱之氣留於肌肉皮膚，則為惡瘡疽蝕。惡瘡疽蝕名曰火瘍。黄芩治之，清肌表也。

清・劉漢基《藥性通考》卷五 黄芩 味苦，入心，性寒勝熱。瀉中焦實火，除脾家濕熱，治澼痢腹痛便血。白澼寒痛忌用。凡腹痛有寒熱、虚實、食

積、瘀血、痰濕之不同也。寒宜溫，熱宜清，虛宜補，實宜下，食宜消導，瘀血宜行散，痰濕宜化痰利濕。痛時手不可按者為實痛，按之痛止者為虛痛也，又治寒熱往來，黃疸，五淋，血閉氣逆，瘡瘍及諸失血，消痰利水，解渴，安胎，養陰退陽，補膀胱水。酒炒則上行，瀉肺火，利胸中氣，治上焦之風熱、濕熱。丹溪曰：黃芩上中二焦藥，火嗽喉腥，目赤腫痛。過服損胃，血虛寒中者禁用。黃明者良。中虛者名枯芩，即片芩，瀉肺火，清肌表之熱。內實者名條芩，即子芩，瀉大腸火，補膀胱水。上行酒炒，瀉肝胆火猪胆汁炒。山茱、龍骨為使，畏丹皮、丹砂。

清・姚球《本草經解要》卷二　黃芩　氣平，味苦，無毒。主諸熱，黃疸，腸澼洩痢，逐水，下血閉，惡瘡疽蝕，火瘍。酒炒。　黃芩氣平，稟天秋涼之金氣，入手太陰肺經。味苦無毒，得地南方之火味，入手少陰心經。氣味俱降，陰也。心者，火藏也，十二官之君，諸熱之主也。苦平清心，故主諸熱。黃疸者，濕熱乘脾之症也。脾為太陰濕土，土濕熱則本色現，而發黃疸。黃芩苦平清肺，肺亦太陰，太陰濕熱退，而脾疸亦平也。肺與大腸為表裏，大腸濕熱則腸澼洩痢，黃芩清肺，肺清則通調水道而濕熱下逐，腸肺復其燥金之性，而洩痢愈矣。肺司水道，熱則肺失清肅之令，而水道不通，水因而蓄焉。黃芩清肺，則氣化下及膀胱，而水下逐矣。血閉者，實熱在血分，而經閉不通也。心主血，味苦清心，則能下洩，所以主之。惡瘡疽蝕者，瘡疽敗壞，潰腐而不收口也。火瘍者，火傷瘡也。皆心有餘而腐壞肺之皮毛也。苦平清心肺，所以主諸痛痒瘡瘍也。　製方：黃芩同白芍、甘草，名黃芩湯，治濕熱腹痛及瀉痢。同白芍、甘草、半夏，治吐瀉。同白芍、麥冬、白术，治胎不安，內熱。

清・周垣綜《頤生秘旨》卷八　黃芩　清上部瀉肺火之藥也。胎動多屬熱，清熱莫如黃芩，故云安胎之聖藥。肺為清虛之物，惡熱氣所干，以此清熱甚當。所謂肺苦氣上逆，急食苦以瀉之。

清・王子接《得宜本草・中品藥》　黃芩　味苦，氣寒。中枯者瀉肺火，細實而堅者瀉大腸火。得白朮能安胎，得連藥治上焦積熱。

清・徐大椿《神農本草經百種錄》中品　黃芩　味苦，平。主諸熱，黃疸，大腸經中之鬱熱。腸洩洩痢，大腸府中之鬱熱。逐水，水在腸中者。下血閉，血之在陽明者使從大便出。惡瘡疽蝕，火瘍。陽明主肌肉，凡肌肉熱毒等病，此皆除之。此以形色為治，黃芩中空而色黃，為大腸之藥，故能除腸胃諸熱病。○黃色屬土屬脾，大腸屬陽明燥金，而黃芩之黃屬大腸，何也？蓋胃與大腸為出納水穀之道，皆統于脾。又金多借土之色以為色。義詳決明條下，相參益顯也。

清・黃元御《長沙藥解》卷二　黃芩　味苦，氣寒。入足少陽膽、足厥陰肝經。清相火而斷下利，泄甲木而止上嘔。除少陽之痞熱，退厥陰之鬱蒸。《傷寒》黃芩湯，黃芩三兩，芍藥二兩，甘草一兩，大棗十二枚；若嘔者加半夏半升，生薑三兩。治太陽少陽合病，自下利者，以太陽而傳少陽，少陽經氣內遏，必侵克戊土，而為嘔利。逆而不降，則壅逼上脘而為嘔；降則不舒，則鬱迫下脘而為利。利泄胃陽，則入太陰之藏，利亡脾陰，則傳陽明之府。少陽以甲木而化相火，易傳陽明而為熱。甘草、大棗補其脾精，黃芩、芍藥泄其相火也。《外臺》黃芩湯，黃芩三兩，半夏半升，人參三兩，大棗十二枚，乾薑二兩，桂枝一兩。治乾嘔下利者，以中氣虛寒，脾陷而賊於乙木，則為下利，胃逆而賊於甲木，則為乾嘔。人參、大棗補中培土，乾薑、桂枝溫升肝脾而止下利，黃芩、半夏清降膽胃而止乾嘔也。　傷寒小柴胡湯方在柴胡用之治往來寒熱，胸脇鞕滿。大柴胡湯方在柴胡用之治發熱汗出，心下痞鞕。半夏瀉心湯方在半夏用之治嘔而發熱，心中痞滿。生薑瀉心湯方在生薑用之治乾嘔，食臭，心下痞鞕。甘草瀉心湯方在甘草用之治水穀不化，心下痞鞕。附子瀉心湯方在附子用之治惡寒汗出，心下痞鞕。大黃黃連瀉心湯方在大黃用之治關上脈浮，心下痞濡。以少陽之經，自頭走足，下胸貫膈，由心下而行兩脇。經氣鬱遏，內攻戊土，胃氣被賊，脹滿不運，外逼少陽之經，結寒不開，是以心脇痞滿，結微則濡，結甚則鞕。少陽經鬱，相火升炎，黃芩清少陽之相火，以泄痞鬱之熱也。葛根黃芩黃連湯方在葛根用之治喘而汗出者。澤漆湯方在澤漆用之治咳而脈浮者，清相火之刑辛金也。乾薑芩連人參湯方在乾薑用之治食入即吐者，清甲木之克戊土也。《金匱》鱉甲煎丸方在鱉甲用之治瘧病結為癥瘕，清少陽之鬱火也。大黃䗪蟲丸方在大黃用之治虛勞內有乾血，清厥陰之燥熱也。當歸散方在當歸用之治妊婦諸病，清風木之鬱蒸也。黃土湯方在黃土用之治便後下血，清風木之疏泄也。　甲木清降，則下根癸水而上不熱。乙木溫升，則上生丁火而下不熱。足厥陰病，則乙木鬱陷而生下熱。足少陽病，則甲木鬱升而生上熱。以甲木原化氣於相火，乙木亦含孕乎君火也。黃芩苦寒，並入甲乙，泄相火而清風木，肝膽鬱熱之證，非此不能除也。然甚能寒中，厥陰傷寒脈遲，

而反與黃芩湯徹其熱。脈遲為寒，今與黃芩湯復除其熱。腹中應冷，當不能食，今反能食，此名除中，必死。小柴胡湯腹中痛者，去黃芩，加芍藥。心下悸，小便不利者，去黃芩，加茯苓。凡脈遲腹痛，心下悸，小便少者，忌之。

清上用枯者，清下用實者。內行醋炒，外行酒炒。

清·吳儀洛《本草從新》卷一　黃芩〔瀉火除濕。〕　苦入心，寒勝熱，瀉中焦實火，除脾家濕熱。治澼痢腹痛，寒痛忌用。凡腹痛，有寒熱、虛實、食積、瘀血、痰濕之不同。寒宜溫，熱宜清，虛宜補，實宜攻，食宜消導，瘀血宜行散，濕痰宜化痰利濕。痛時手不可按者為實痛，按之痛止者為虛痛。寒熱往來，邪在少陽。黃疸，五淋，血閉，實熱在血分。氣逆，癰疽瘡瘍，及諸失血。降痰，丹溪曰：黃芩降痰，假其降火也。痰因火動，當先降火。解渴，安胎，胎孕宜清熱涼血，血不妄行則胎安。瀉肺火，利胸中氣。肺主氣，熱傷氣，瀉熱所以利氣。治上焦之風熱濕熱，丹溪曰：黃芩，上中二焦藥。火嗽喉腥，五臭，肺為腥。目赤腫痛。黃芩得柴胡退寒熱，得芍藥治痢，得厚朴、黃連止腹痛，得桑皮瀉肺火，得白朮安胎之聖藥。時珍曰：仲景治少陽證小柴胡湯，太陽、少陽合病下痢黃芩湯，少陽證下後心滿瀉心湯并用之。蓋黃芩苦寒入心瀉熱，除脾家濕熱，使胃火不流入肺，不致刑金，即所以保肺也。肺虛不宜者，苦寒傷土，損其母也。少陽證雖在半表半裏，而心膈痞滿，實兼心肺上焦之邪；心煩喜嘔，默默不欲食，又兼脾胃中焦之證，故用黃芩以治手足少陽相火，黃芩亦少陽藥也。楊士瀛〔楊士瀛著《直指方》。〕曰：柴胡退熱不及黃芩。時珍曰：柴胡乃苦以發之，散火之標也；黃芩乃寒能勝熱，折火之本也。東垣治肺熱，身如火燎，煩躁引飲而晝盛者，宜一味黃芩湯，以瀉肺經氣分之火，黃芩一兩煎服。《本事方》治崩中暴下。苦寒傷胃，虛寒者均宜戒。胎前若非實熱而服之，陰損胎元矣。中虛者名枯芩，即片芩，瀉肺火，清肌表之熱。飄飄者上行。內實者名條芩，即子芩，瀉大腸火。緊重者下行。上行酒炒，瀉肝膽火猪膽汁炒。山茱、龍骨為使。畏丹皮、丹砂。

清·汪紱《醫林纂要探源》卷二　黃芩　苦，寒。一本四五莖，疏散叢植，葉略似竹，根長引下行，老則中虛色黃。主降火。枯芩：降瀉心火於高位以安肺，清肌表之熱。即老而中空者。以黃明為良。酒炒或浸使上行。主瀉肺熱，利胸膈，治熱嗽，喉腥，目赤腫痛，凡上焦之邪。子芩：徹邪熱於下行而厚大腸，除腸胃濕滯。又曰條芩，嫩長而中實者宜生用。治腹中急痛，腸澼下痢，淋閉失血，黃疸，痔瘻，堅腎水，去膀胱、小腸火，凡下焦邪熱之證。亦除寒熱往來。宜膽汁炒，引入肝膽，用同柴胡。虛寒者忌。

清·嚴潔等《得配本草》卷二　黃芩又名子芩，又名條芩。　舊根中空而枯者名片芩，又名枯芩。新根內實者名子芩，又名條芩。　龍骨、山茱萸為之使。畏丹砂、牡丹、藜蘆。惡蔥。　苦，寒。入手太陰、少陽、陽明經氣分。瀉三焦實火，祛肌表邪熱，利氣鬱，消膈痰，解喉腥，化斑疹，治瘡瘍，通腸閉，止熱痛，涼血安胎。　得黃耆、白斂、赤小豆，治鼠瘻。得厚朴、川連，止腹痛。得白芍，治下痢。得桑白皮，瀉肺火。得白朮，安胎。得米醋浸，炙七次為末，水服，治吐衄崩中下血。得酒炒為末服，治灸瘡出血。一人灸至五壯，血出不止如尿，手冷欲絕，服此即止。配人參為末，治小兒驚啼。配白芷、細茶，治眉眶痛。　酒炒，上行。生用，下行。豬膽汁炒，瀉肝膽火。片芩瀉肺胃上焦之火，子芩瀉大腸下焦之火。　痘疹灌漿時，大腸無火，肺氣虛弱，血虛胎動，皆禁用。　黃芩、山梔、甘菊、知母、麥冬、沙參、桑皮、地骨皮、花粉、紫菀，皆制肺金之火。蓋肺本清肅之府，最畏者惟火。故氣熱而欲泄之，桑皮、地骨皮之類。邪火而欲泄之，山梔、黃芩之類。金枯於火而欲泄之，沙參、麥冬之類。痰火而欲泄之，紫菀、花粉之類。木火侮金而欲泄之，甘菊、黃芩之類。腎火爍金而欲泄之，知母、地骨皮之類。其餘各經之火，皆能侵犯肺金，務在各祛其火，不治肺而肺無不治，勿得專用黃芩以治肺火。

題清·徐大椿《藥性切用》卷三　黃芩　性味苦寒，瀉肺火，退寒熱。中虛者名枯芩，入肺，以清肌表之熱。內實者名條芩，入大腸而清熱安胎。瀉火生用，退寒熱酒炒用。

清·黃宮繡《本草求真》　黃芩清上中二焦火熱與濕。　黃芩耑入心、脾、肺，兼入肝、大腸、膀胱。書載味苦入心，又載入肺瀉火，入脾除濕，入大腸以治腸澼腹痛。痢為腸澼，凡痢有寒有熱，痢屬於熱，則其形氣堅強，脈必滑實有力，身則畏熱喜冷，不欲衣被。渴則恣好冷水，愈涼愈快，隨飲隨消。小便熱赤濇痛不堪，下痢純紅。痛則便硬拒按，并或頭疼身熱，筋骨痠痛，此其症之實者也。痢屬於寒，則其形體薄弱，顏色清白，脈雖緊數，而無力無神，脈即真弦，而中虛似實。血則微紅不鮮，及或雜有紫紅、紫白屋漏水形，所下之物，或淺黃色淡，不甚臭穢。痛則不實不堅，或喜揉按，或喜暖熨，或胸腹如飢而不欲食，或胃脘作嘔而多呑酸，或數至圊欲出不出，或口雖渴而不欲飲冷，飲冷而不欲咽，此其症之虛者也。入小腸、膀胱以治淋閉，且治中焦實火，及邪在少陽膽經，得此以為清理，一藥而上下表裏皆治。其功力之泛涉，殆有難為耑主者耳。不知內火衝激，外邪傳入，皆能恣害。上如胸膈咽喉，下如肚腹二便，中如表裏之所，陰陽之界，無不病症悉形。以故腹痛腸澼痢，寒熱往來瘧，黃疸淋閉，胸高氣

喘，癰疽瘡瘍，火嗽喉腥，經閉胎漏，口渴津枯，一皆濕之所淫，熱之所侵，火之所勝。提出濕熱與火，為諸病之要。黄芩味苦性寒，枯而大者輕飄上升以清肺，肺清則痰自理矣。汪昂曰：痰因火動，當先降火。實而細者沉重下降以利便，便利則腸澼自去。酒炒則膈熱可除，而肝膽火熄。生用則實熱堪投，而腹痛斯愈。時珍曰：仲景治少陽症小柴胡湯，太陽少陽合病下痢黄芩湯，少陽症下後心下滿而不痛瀉心湯並用之。蓋黄芩味苦氣寒，色黄而綠，瀉心火而除脾濕。俾金不受胃火上刑，故能救肺。少陽之症，雖曰病在半表半裏，為胸脇痞滿，實兼心肺上焦之邪。心煩喜嘔，默默不欲飲食，又兼脾胃中焦之症，故用黄芩以治手足少陽相火，黄芩亦少陽本經藥也。楊士瀛《直指方》云：柴胡退熱不及黄芩，蓋亦不知柴胡之退熱，乃苦以發之，散火之標也。黄芩之退熱，乃寒能勝熱，折火之本也。且得白朮、砂仁以安胎，得厚朴、黄連以除腹痛，得芍藥以治痢，得柴胡以治寒熱往來，此雖合上與下，表裏皆治，而究止為上中二焦瀉火除熱與濕之味矣。東垣治肺熱，身如火燎，煩躁引飲而晝盛者，宜一味黄芩湯以瀉肺經氣分之火。方用黄芩一兩。但肺虛腹痛屬寒者切忌。時珍曰：肺虛不宜者，苦寒傷脾胃，損其母也。黄明者良，中虛者為枯芩，即片芩。內實者名條芩，即子芩。上行酒炒，瀉肝膽火。猪膽汁炒，山藥、龍骨為使，畏丹皮、丹砂。

清・楊璿《傷寒溫疫條辨》卷六寒劑類　黄芩　味苦，氣寒。氣輕於味，降而能升，陰中微陽。枯者入肺，條者入大腸。欲其上酒炒，欲其下生用。枯者清上焦之火，消痰利水，定喘止嗽，解溫疫熱毒，退往來寒熱，清咽利膈，尤祛肌表之熱，故治赤眼斑疹，鼠漏瘡瘍；條者涼下焦之熱，能除赤痢，熱畜膀胱，大腸秘結，便血漏血。胎因火動不安，酌佐砂仁、白朮。腸因火滯為疼，可加黄連、厚朴。仲景黄芩湯治太陽少陽合病，下利。

清・羅國綱《羅氏會約醫鏡》卷一六草部　黄芩　味苦，性寒，入肺大腸二經。山茱萸、龍骨為使，畏丹皮。中虛者名枯芩，瀉肺火；內實者名條芩，瀉大腸火。欲上行，用酒炒；欲瀉肝膽火，用猪膽汁炒。　苦入心，寒勝熱。枯者清中上二焦之火，消痰、痰因火動，當先降火。止嗽、定喘肺火，退寒熱往來，邪在肝經。除頭痛、屬風熱濕熱。喉腥、五臭，肺為腥。目赤、咽腫、肺癰、斑疹、瘡瘍退肺火。實者解下焦之熱，除澼痢、便血曰澼痢，熱者可用。五淋澁痛、熱蓄膀胱。大腸閉結、肺與大腸熱。便血漏血。下焦熱，炒黑用。胎因火盛不安，酌佐砂仁、白朮。腹因火鬱為痛，可加黄連、厚朴。按：性苦寒，胃虛滑泄。虛胎不安者，均忌之。

清・陳修園《神農本草經讀》卷三中品　黄芩　氣味苦，寒，無毒。主諸熱，黄疸，腸泄痢，逐水，下血閉，惡瘡，疽蝕，火瘍。

陳修園曰：黄芩與黄連、黄柏皆氣寒味苦而色黄，主治大略相似。大抵氣寒皆能除熱，味苦皆能燥濕，色黄者皆屬於土，黄而明亮者則屬於金，借土之色以為色，故五金以黄金為貴也。但黄芩中空似腸胃，腸為手陽明，胃為足陽明。其主諸熱者，指腸胃諸熱病而言也。黄疸為大腸澼經中之鬱熱，腸澼泄痢者，為大腸腑中之鬱熱。逐水者，逐腸中之水。下血閉者，攻腸中之蓄血。惡瘡、疽蝕、火瘍者，為肌肉之熱毒。陽明主肌肉，瀉陽明之火即所以解毒也。《本經》之言主治如此，仲景於少陽經用之，於心下悸易茯苓，於腹痛易芍藥，又於《本經》言外別有會悟也。

清・黄凱鈞《藥籠小品》　黄芩　入肺與大腸，同柴胡治往來寒熱；同白芍、甘草，治挾熱腹痛。血痢要藥，胎前能滋胞宮之陰，其用甚廣。虛寒者忌之。堅實者為子芩，清大腸；中空者為枯芩，瀉肺火。

清・王龍《本草纂要稿・草部》　黄芩　氣味苦寒。細實而堅者，瀉大腸火，養陰退陽滋化源，充溢於膀胱，赤痢並治。中枯而飄者，瀉肺火，消痰利氣，除濕熱，不留於肌表，赤眼能消。且同白朮、砂仁而安胎孕，得五味、牡蠣以育妊娠。山萸為使。酒炒為宜。

清・張德裕《本草正義》卷下　黄芩　苦，寒。清上火，酒炒清下火，生用解傷寒瘟疫熱邪。善退往來寒熱，清肺消痰，治喉痺，療肺痿肺癰，去肌表之熱，除濕熱之痢。胎因火動不安，佐砂仁、白朮。滯因火而痛，佐黄連、厚朴。無火忌用。

清・楊時泰《本草述鉤元》卷七　黄芩　圓者名子芩，新根內實。其直者條芩，破者名宿芩，乃舊根。中空外黄內黔，即今片芩。

氣寒，味苦，平。可升可降，陽中陰也。入手太陰氣分，並入手少陰、少陽、太陽、陽明經，亦入足少陽經。《本經》治諸熱黄疸，腸澼瀉痢，逐水，下血閉，惡瘡疽蝕，火瘍，凡諸瘡痛不可忍者，宜芩、連苦寒之藥，詳上下，分身梢及引經藥用之。瀉肺火，清上部，除天表風熱，皮膚間風熱風濕，目中赤腫，利胸中氣，消上膈痰熱及頭痛，并火逆肺欬肺痿喉腥，并失血證，瘀血壅盛，非此不除，上部積血，假之消散。上行用酒炒。療熱毒骨蒸，肺主氣，終始三焦，三焦以腎與膀胱為氣之資始，故有熱毒骨蒸之證治也。寒熱往來，除脾經諸濕，胃中熱，腸胃不利，小

腹挾熱疞痛，利小腸，益膀胱寒水，愈五淋及女子血閉淋露，下血安胎，能降上中二焦之火使之下行故也。產後養陰退陽諸本草。中空而爛者名腐腸，瀉肺受火邪氣逆，消膈上痰熱及胃中濕熱黃疸。中破而飄者名宿芩，瀉肺利氣，除時行風濕，熱邪在表，寒熱往來，諸瘡，乳癰背發，疔腫火瘍，用之排膿，一切上部濕熱，痰熱積血，假此降散。細實直而堅者名條芩，瀉大腸火，逐水消穀，止熱瀉，下痢膿血，腹痛後重，養陰退陽。圓而堅者子芩，去膀胱熱，利小腸，治五淋小腹絞痛及女子血閉下血門。肺主氣，熱傷氣，故身體麻木。又五臭入肺為腥，黃芩之苦寒，能瀉火補氣而利肺，故治喉中辛臭天益。骨蒸發熱，膚如火燎，六脈浮洪，煩躁引飲而晝盛者，此氣分熱也，宜瀉肺，用一味黃芩湯，片芩一兩，水二鍾，煎一鍾，頓服愈瀕湖。片芩瀉肺火，須用桑白皮佐之。若肺虛者，多用則傷肺，必先以天冬保定肺氣而後用之丹溪。得川芎調，平心血，心平而熱自退，血不妄行。得白朮，為安胎聖藥。俗以黃芩為寒而不敢用，不知胎孕宜清熱涼血，血不妄行，乃得養胎丹溪。下痢膿血，腹痛後重，身熱久不能止者，與芍藥、甘草同用之潔古。風熱有痰，眉眶作痛，用酒浸黃芩同白芷、天麻等分，為末，每服二錢，茶調下。同芍藥、炙草、黃連、升麻、防風、車前子，治濕熱作泄，腹痛。同芍藥、黃連、炙草、升麻、滑石，治滯下腹痛。同芍藥、麥冬、白朮，能安胎清熱。

論：羅天益云：肺主氣，熱傷氣，黃芩能瀉火益氣而利肺，則其為肺經氣分藥無疑。《本經》首言治諸熱，是舉其功之大概也，次即承以黃疸、腸澼泄痢，是就諸熱之中舉其病於濕熱者而言也，又次承以逐水下血閉，則其功專於濕熱明矣。第濕熱與氣分之熱，是一是二歟？曰：黃芩專主上焦之陽，陽中之陰藥也。人生陰陽生化之機，在下焦陰中有陽而氣生，在上焦陽中有陰而氣化，使陽不得陰以化，則熱能化濕。是濕熱之治，正氣化之所以得行耳，惟從陽實之初證而言，則為氣分之熱，從陽實陰虛以致氣不能化之後證而言，則為濕熱，雖治稍有別，而其病於氣者無二義也。大抵肺熱除，則肺陰下降入心，以和於孕坎之離。膻中心主之宮城之氣自降而入胃，以和胃陽而與脾陰表裏。手太陽小腸，心之腑也，固與肺同司上焦之氣化者，即皆相因以及之。是黃芩治肺氣分之熱為專功，而大腸即次之，清心胃之熱則由肺而及，未有肺熱而心胃能清者。利小腸、膀胱，又由心胃之治而及也。未有心胃留熱而血能和，血不和而水道能清者。能治心、胃、小腸，則并入血分而治血，蓋肺陰下降於心胃，即氣之所以化血者。心主血，而胃陽合於脾陰，鼓煽陰陽，即其使液化血者也。又小腸為氣化之腑，心胃因肺陰降而氣中之血賴以資生，能生即能化，小腸之氣化，即資之以行，如所治上部瘀積及女子血閉淋露下血，固皆氣化之自應者。蓋陽中陰化，而氣化乃行，氣化行而水道乃暢，水與血是二是一，斯義固可參也。其又能療失血諸證者，總因陰得育於陽中耳。又足三陰并至於肺，肺陰下降，即是還返其真陰之元，故能滋化原而補膀胱寒水。但此味惟治三焦之實熱，若三焦火鬱而為病，則以升為治，不宜投苦寒降劑，即肺熱屬氣虛者，亦未可妄投。以氣屬陽，陽主升，若奉上者微而反降之，是虛其虛也。是以老人慎用。夫人身濕熱之症類居強半，芩與連雖俱治濕熱，而黃芩治由熱而化濕者，黃連則治由濕而化熱者。《內經》謂治病必求其本，是芩、連兩味未可滾同而施用也。至於芩之治濕熱，又云療風濕者，以其味苦寒而色乃黃，本由胃至肺之用，且黃中有綠，實寓震坤相見妙理，合於由胃至肺，而肝實達之。後天之氣本於胃中穀氣以至肺，而穀氣能合於膻中宗氣以至肺者，乃屬於肝，此正所謂元氣、胃氣、風升之氣，合而為一者。又雖苦多甘少，實則自苦歸甘，胃資於肝，舉其苦寒者，上而效用於肺，以清其氣分之熱，是在中土中而有風木之用，故謂其能除表熱，又曰除風熱，且曰除風濕也。試參小柴胡湯之除寒熱，芩豈專屬膽藥者，固為膽之至於胃以上達肺者，熱鬱而不清耳。肝膽清熱之劑，須分氣血。如梔子為血分藥，入厥陰肝，薛立齋每同丹皮用之，猶黃芩之入膽而并柴胡。其義正可相參爾。

繆氏云：能損胃氣而傷脾陰，脾肺虛熱者忌。凡中寒泄瀉腹痛，法並禁用。

修治：尋常生用，或水炒去寒性亦可。上行，酒浸切炒。下行，便浸炒。除肝膽火，猪膽汁拌炒。更有用吳萸製芩者，欲其入肝散滯火也。

清·葉桂《本草再新》卷一　黃芩味苦，性寒，無毒。入心、肺二經。瀉中焦之實火，清肺中之虛熱，除脾家之濕氣，治上焦之諸風，解渴安胎，五淋血閉，調血化痰，癰疽瘡毒。

清·吳其濬《植物名實圖考》卷七　黃芩　《本經》中品。《圖經》及《吳普本草》具載形狀，而大小微異。今入藥以細者良。

雩婁農曰：黃芩以秭歸產著，後世多用條芩。滇南多有，土醫不他取也。張元素謂黃芩之用有九，然皆濕熱者，一服清涼散耳。《千金方》有三黃丸，療五勞七傷、消渴諸疾，又謂久服走及奔馬。夫黃芩苦寒矣，又加以黃

連、大黄，人非鐵石心腸，乃堪日朘而月削之也？ 夫世之陰淫、陽淫、雨淫、風淫、晦淫、明淫，其疾非一端。而所藥非所病，又或諱疾忌醫，以自戕其生者，因多矣。然有求長生服金石，丹毒暴躁，癰疽背裂，是不同擣椒而飲藥乎？ 又惜生太過，無病而為越吟者，紙裹銀鐺，無時離手，喜寒喜熱，不節不時，卒使藏腑血肉之軀，消磨於薰灼蕩滌之味，穀蔬不甘，尫羸益甚，若是人者，以不病而求病，果何所為而為此？ 夫漢唐之不振，皆人主不恤民，而奸貪得以濁亂天下，梁冀、楊國忠之惡，是物先腐而蟲生；人有疾而蠱甚，勢有固然，無足為怪。從未有勵精求治，飾以經術，君勤於政，相持以廉，乃多方病民，敲骨吸髓，使數百年平成之民，一旦騷然不安其生，而始終不悟。如王安石之相宋神宗者，夫安石不過慕富國強兵之術，如俗人之求長生耳，而假託官禮，以惑英明之主，與方士以房中術惑精強之人，而妄稱神仙丹訣者何異？ 病勢既亟，有國醫者排難而為之鍼砭，幾幾乎沈痼去而神明生，乃又溺於侍疾者與覡巫之群吠而恐嚇，不至於僵仆而不已。吾不知彼以醫誤人誤天下，又豈有所至樂而不得已耶？ 夫使宋神宗僅為安靜守成之主，不汲汲於拓邊聚財，變亂舊法，宋雖弱，人心不去，或歷數傳而不至南徙。李文正公不進利害文字，呂正獻公講天錫勇智，而引《易》，神武不殺，司馬文正公以嵬名山欲取諒祚以降，謂滅諒祚復生一諒祚，至引侯景之事為喻，其與諫唐憲宗之服金石者，非同一愛君之忱耶？ 語云：服食求神仙，多為藥所誤。此為有為者言之也。《漢書》曰：無藥得中醫。此為中人言之也。《孟子》曰：夭壽不貳，修身以俟之。所以立命也，人主知命則富強，神仙之惑可免矣；人臣而知命，則惱淫服食之患可免矣。

清·趙其光《本草求原》卷一 山草部 黄芩 芩者，黔也。一名妒婦，一名空腸。外皮黄，清肌肉。而內空黑青，入膀胱、膽。氣平，入肺、胃、大腸。味苦，入心。無毒。主治諸熱，心為熱主，肺為脈宗。苦平清心肺，則諸經之實熱皆除。黄疸，諸經定熱歸於胃，則濕鬱乘脾而土色現。腸澼泄痢，濕熱歸大腸也。逐水，肺氣清肅，則氣化下及膀胱而水自行。下血閉，心主血，肺陰降而入心，則氣行血化，瘀自下。惡瘡、疽蝕、火瘍，瘡疽腐潰不收，火傷成瘡，皆熱留於心主之痛癢、肺主之皮毛也。三焦實火。三焦者，肺氣之所終始，肺清則三焦亦清。

內空者為片芩、枯芩，性上行，涼心肺，清肌表風熱、內鬱之濕，膚熱如火，吐痰煩渴，晝甚，屬氣分者；青黄木土合德，使膽至於胃，以上行於肺，肺氣通調則水精四布。消胸膈熱痰，化穀清胃，濕熱降，痰食自化。利胸中氣，熱傷氣，清熱即保氣。天行熱疾，目赤腫痛，火嗽肺痿，喉腥，煩燥渴飲，皆氣分熱，酒炒一味頓服。或佐桑白。寒熱往來，柴胡宣通少陽之樞，黄芩開瀉膽胃之濕鬱，合以上達，故相佐為用。上部積血，濕熱頭痛。

內實為條芩、子芩，性降，瀉大小腸火，小腹絞痛，血閉淋露下血，熱毒骨蒸，關節煩悶，五淋，皆小腸、膀胱熱也，此補寒水，故治。又安胎，血熱則動。諸失血，血熱則妄行，一味子芩極妙。產後養陰退陽，治疔瘡、乳癰排膿。小兒驚啼，同參研，水飲下。肝熱生翳，同淡豉研，豬肝點食，忌酒、麵。太陽、少陽頭痛，酒炒研，茶、酒任下。風熱有痰、眉眶痛，同白芷、天麻，茶下。上下諸失血，末服或煎服。經水不斷，米醋浸炙七次，醋糊丸，酒下。妊婦胎熱，同歸、芎、芍、术，加神麯糊丸，米飲下。產後血渴，同寸冬煎。灸瘡血出，酒炒研，酒下。火丹，末，水或雞子清調塗。騾馬負重傷。主生肌，敷之。

按：枯芩皮厚，像肌肉；中空，像腸胃；黄又金土之色。條芩內青，像肝膽，為諸經熱濕要藥，此以形治也。酒炒，則上行；童便浸，則下行；豬膽汁炒，瀉肝膽火；肝滯，吳萸水炒；平常生用，或水炒。同連、芍、甘，治腹痛下痢；加半夏，止吐瀉；同川芎，平心熱止血；同芍、甘、連、升、滑石，治滯下腹痛；同連、朴，止腹痛；同桑白，瀉肺火；同連、芍、升、防、車前、甘草，治濕熱泄瀉腹痛。但苦寒損胃，凡氣虛、血虛、陰虛並忌。畏丹皮、丹砂。

黄芩治熱濕傷肺氣，黄連治濕熱傷心血。至黄芩治血積、血閉、失血者，亦由肺熱除，則肺陰入心生血，入胃而泌津液以變血，入二腸以化血，亦是氣化行而血乃暢耳。小柴胡用之，則亦欲其由膽至胃，以上達於肺也。

清·葉志詵《神農本草經贊》卷二 黄芩 味苦，平。主諸熱黄疸，腸澼泄利，逐水下血閉，惡創疽蝕火瘍。一名腐腸。生川谷。

修條尾似，黠鼠奔狆。黄深北塞，黔雜西原。枯飄利表，堅實滋源。督郵耐苦，決躁疏煩。

陶弘景曰：一名狆鼠尾芩。蘇恭曰：一名尾芩。李時珍曰：子芩新根，今謂之條芩。或言北芩深黄，西芩色黔。黔乃黄黑之色也。《易林》：沙漠北塞。岑參詩：西原驛路掛城頭。李杲曰：黄芩之中枯而飄者，利氣消痰，清肌表之熱。實而堅者，養陰退陽，瀉火補水，滋其化源。《記事

珠》：一名苦督郵。《易》：震為決躁。《中論》：疏煩以理之。

清・文晟《新編六書》卷六《藥性摘錄》 黃芩 味苦，性寒。書載入心，又云入肺瀉火，入脾除濕熱，入大腸以治腸澼腹痛，入小腸、膀胱以治淋閉，且治中焦實火，及邪在少陽膽經。○凡腹痛腸澼，熱痢寒熱往來，黃疸，秋燥胸高氣喘，癰疽瘡瘍，火嗽喉腥，經閉胎漏，口渴津枯，因於濕熱與火，皆宜用此調治。○惟肺虛腹痛，屬寒者切忌。○中虛者為枯芩，清肺即片芩。○內實者名條芩，下降。○上行酒炒，瀉肝膽猪膽汁炒。

清・張仁錫《藥性蒙求・草部》 黃芩枯芩錢半、條芩三錢 黃芩苦寒，枯瀉肺火。子清大腸，濕熱皆可。中枯者名枯芩，即片芩，瀉肺火，清肌表之熱。內實而堅者名條芩，瀉大腸火，又能安胎。若非實熱者，反暗損胎元矣。上行用酒炒，瀉肝胆火用猪胆汁炒。得柴胡治寒熱，得白芍治熱利，得白朮則安胎。

清・屠道和《本草匯纂》卷二瀉火 黃芩 耑入心、脾、肺，兼入肝、大腸、膀胱。味苦，性寒，無毒。清上中二焦實火，除脾家濕熱。瀉肺火上逆，肺中濕熱，涼心解渴，去關節煩悶，寒熱往來。天行時疾，風熱濕熱頭痛，火欬肺痿，胸高氣喘，喉痺喉腥，目中腫赤，瘀血壅盛，上部積血，諸失血，胃中熱，熱毒骨蒸，腸胃不利，小腹絞痛，奔豚腸澼，安胎養陰，退陽，治黃疸，破五淋。疔瘡排膿，療乳癰發背，惡瘡火瘍。女子血閉，淋露下血，小兒腹痛。苦寒傷胃，虛寒者戒之。胎前若非實熱而服，陰損胎元矣。酒炒則膈熱可除，而肝膽火熄。生用則實熱堪投，而腹痛自愈。但肺虛腹痛屬寒者忌。柴胡退熱，乃苦以發之，散火之標也。黃芩退熱，乃寒能勝熱，折火之本也。東垣治肺熱身如火燎，煩燥引飲而晝勝者，宜一味黃芩湯，以瀉肺經氣分之火。中虛者為枯芩，即片芩，瀉肺火，清肌表之熱。內實者名條芩，即子芩，瀉大腸火。上行酒炒，瀉肝膽火猪膽汁炒。山藥、龍骨為使。畏丹皮、丹砂。黃明者良。痢為腸澼，凡痢有寒有熱，痢屬熱，則形氣堅強，脈必滑實有力，身則畏熱喜冷，不欲衣被，渴則恣好冷水，愈涼愈快，隨飲隨消，小便熱赤澀痛不堪，下痢純紅，痛則(鞭)〔鞕〕硬拒按，並或頭痛身熱，筋骨痠痛，此實症也。痢屬寒，則形體薄弱，顏色青白，脈雖緊數而無力無神，脈即真(絃)〔弦〕而中虛似實，血則微紅不鮮，或雜有紫紅、紫白、屋漏形，下物或淺黃色淡，不甚穢臭，痛則不實不堅，或喜揉按，或喜暖熨，或胸腹如箕而不欲食，或胃脘作嘔而多吞酸，或數至圊欲出不出，或口雖渴而不欲飲，即飲亦不欲咽，此虛症也。肺虛不宜者，以苦寒傷脾胃，損其母也。

清・戴葆元《本草綱目易知錄》卷一 黃芩 苦入心，寒勝熱，瀉心肺邪火，除脾經濕熱，兼入大腸、三焦、膽經。補膀胱寒水，清肌表之熱。治風濕邪熱，肺熱火欬，頭痛奔豚，肺痿喉腥，目中腫赤，瘀血壅盛，及諸失血，腸澼瀉痢，小腹絞痛，天行熱疾，疔瘡排膿，乳癰發背，熱毒骨蒸，寒熱往來，腸胃不利，黃疸五淋，女子血閉，淋露下血，小兒腹痛。消痰利水，下氣消穀，養陰退陽，解渴安胎。酒炒則上行。猪膽汁拌，瀉肝膽火。過服損胃，血虛寒中，禁用。

清・黃光霽《本草衍句》 黃芩 味苦氣寒，可升可降。瀉肺經實火，為肺經氣分藥。利氣消痰；除脾家濕熱，又為手足陽明藥，能瀉大腸火。血痢腹痛。腹痛而脈數者可用，裏無熱症者不可用。寒熱往來，解在肌之風熱；頭疼嗽逆，理目赤之腫疼。善養陰以退陽，能安胎而解渴。去上部之積血，黃癉五淋；滋膀胱之化源，肺痿喉腥。得白朮、砂仁能安胎，得黃連、白芍治上焦積熱，得厚朴、黃連治腹痛，得芍藥治下痢，得桑皮瀉肺火，得柴胡退寒熱，得猪膽汁除肝膽火。崩中下血，黃芩為末，霹靂酒下，以秤錘燒赤，(滓)〔淬〕酒中也。許學士云：崩中多用止血及補血藥，此方乃治陽乘於陰，所謂天暑地熱，經水沸溢者也。灸瘡血出，一人灸至五壯，血出不止為尿，手冷欲絕，以酒炒黃芩二錢，酒服即止。黃芩內空腐，清腸胃之熱，外肌皮清肌表之熱，有徹內徹外之功。必審其內外皆熱，原本壯實，胃氣不虛，外不涉於毫毛，內不涉於經脈方用。若泛用之，則種禍不知幾許矣。

清・陳其瑞《本草撮要》卷一 黃芩 味苦，氣寒，入手太陰、少陰、少陽、太陽、陽明經，功專瀉火。得白朮安胎，得柴胡退寒熱，得芍藥治痢，得厚朴、黃連止腹痛。身熱如火燎，煩燥引飲而晝盛者，宜一味黃芩湯，以瀉肺經氣分之火，黃芩一兩煎服。《本事方》治崩中暴下，惟血虛中寒者禁用。瀉大腸火用子芩，瀉肺火用片芩。上行酒炒，瀉肝膽火猪膽汁炒。山茱、龍骨為使。畏丹皮、丹砂。

清・李桂庭《藥性詩解》 賦得黃芩治諸熱兼主五淋得淋字。李慶霖。 豈僅醫諸熱，猶兼治五淋。祛風宜白芷，瀉火必黃芩。按：黃芩苦涼，大寒。瀉中焦實火，除脾家濕熱。癰疽瘡瘍，黃疸五淋，及諸失血證。解渴降痰，瀉火安胎。苦寒傷胃，虛寒及虛熱者均宜避之。非若白芷芳香達竅，除

濕散風，治頭目昏痛，眉稜骨疼，鼻淵面皯，牙痛瘡癬，皮膚燥痒，活血排膿。又能解砒毒、蛇傷、產後傷風諸種頭痛。性燥，獨能耗血損氣，有虛火者勿用。

清·仲昴庭《本草崇原集說》卷中　黃芩　【略】〔批〕肺氣內行外達，黃芩主清腸胃肌表之熱，俾肺氣得以伸其權。【略】〔批〕修園曰：惡瘡疽蝕火瘍為肌肉之熱毒，陽明主肌肉，瀉陽明之火即所以解毒也，此可與《真傳》互相發明矣。

仲氏曰：《經解》以黃芩為心肺之主藥，改苦寒曰苦平，心熱肺熱，概以黃芩清之，誤亦不小。又曰：黃芩與黃連、黃柏，皆氣寒味苦色黃。主治大略相似，然相似之中，有不相似者在。惟《崇原》能辨三黃之主治異宜。又曰：黃芩得《崇原》《經讀》兩解，儼如暗室置燈，後錄《真傳》以警世人執迷不悟者。

清·周巖《本草思辨錄》卷一　黃芩　人知黃芩為少陽藥，而不識其所以然。竊思其色青勝於黃，得甲膽之氣，又中空似膽府，氣寒能清膽熱。膽屬少陽相火，相火者，佐君而行其令者也。人賴此火以動作云為，故氣分之熱，少陽為多。治氣熱之藥，亦惟黃芩為方中易見。

金以黃為貴而黃屬土，黃有土金相兼之德，故黃芩亦入肺胃與大腸，表裏之熱無不能解，《本經》所以主諸熱黃疸、腸澼泄利也。

黃連入心脾，而心脾皆主血。黃芩入膽肺，而膽肺皆主氣。鄒氏三偶之說，全然未當。即如黃芩湯，是用黃芩清少陽氣熱。其加芍藥，亦非用以入血。說詳芍藥。

《本經》黃連主腸澼腹痛，黃芩主腸澼，不主腹痛。觀仲聖黃芩湯、黃連湯之治，正相符合。蓋腹痛為太陽病，或寒或熱，必涉於血。黃連入脾清血熱而兼入心胃，故治腹痛亦治腸澼。黃芩為膽經氣藥，能由肺達腸胃，而不能入統血之脾，故治腸不治腹痛。潔古以為治脾濕者，未之詳審也。

一枝箭

明·張四維《醫門秘旨》卷一五《藥性拾遺》　一枝箭　一名雞翅苗，其梗紫色，葉對節生，七八月間果紅如椒狀，內有黑目，嫩葉極紅，如秋葉、經霜楓葉樣，山上處處有之。味辛，氣微溫，性平，無毒。陽中之陰。行氣血，散污濁，走經絡，除邪氣，解毒熱，攻腫毒，祛疔瘡，散初起發背并無名腫毒，其效如鼓應桴。先用葉一大撮，葱五根，薑五片，入酒搗爛，用滾白酒沖入，去渣服。將渣敷患處，取汗出即安。一周友誤食牛肉，生疔於嘴上，立時腫起，緩則不可救，服此即消，是其驗也。

韓信草

清·何諫《生草藥性備要》卷下　韓信草　味辛，性平。治跌打、蛇傷，祛風散血，壯筋骨，消腫，浸酒妙。一名大力草，一名耳挖草。

清·趙其光《本草求原》卷一山草部　韓信草即大力草、耳挖草、金茶匙。甘、辛，平。祛風，散血，消腫，治跌打，取汁酒調。壯筋骨，理蛇傷。浸酒妙。

紫參

宋·李昉《太平御覽》卷第九九〇　牡蒙　《吳氏本草》曰：牡蒙，一名紫參，一名衆戎，一名音腹，一名伏菟，一名童腸。神農、黃帝：苦。李氏：小寒。生河西山谷，或宛句商山。圓聚生，根黃赤，有文，皮黑中紫。五月華紫赤，實黑，大如豆。三月採根。

宋·李昉《太平御覽》卷第九九一　紫參　《本草經》曰：紫參，一名牡蒙，苦，寒，無毒。治心腹積聚，寒熱邪氣，利大便，通九竅。生河西及冤句。治牛病。生林陽。《建康記》曰：建康縣出紫參。《范子計然》曰：紫參出三輔。赤青色者善。

宋·唐慎微《證類本草》卷八草部中品〔《本經》·《別錄》·藥對〕　紫參　**味苦、辛，寒**，微寒，無毒。**主心腹積聚，寒熱邪氣，通九竅，利大小便**，療腸胃大熱，唾血，衄血，腸中聚血，癰腫，諸瘡，止渴，益精。**一名牡蒙**，一名衆戎，一名童腸，一名馬行。生河西及冤句山谷。三月採根，火炙使紫色。畏辛夷。

〔梁·陶弘景《本草經集注》〕云：今方家皆呼爲牡蒙，用之亦少。

〔唐·蘇敬《唐本草》〕注云：紫參，葉似羊蹄，紫花青穗，皮紫黑，肉紅白，肉淺皮深，所在有之。牡蒙，葉似及己而大，根長尺餘，皮肉亦紫色，根苗並不相似。雖一名牡蒙，乃王孫也。紫參，京下見用者是，出蒲州也。

〔宋·掌禹錫《嘉祐本草》〕按：吳氏云：牡蒙，神農、黃帝：苦。李氏：小寒。生河西或商山。圓聚生，根黃赤有文，皮黑中紫。五月華紫赤，實黑大如豆。《藥性論》云：紫參，使，味苦。能散瘀血，主心腹堅脹，治婦人血閉不通。

〔宋·蘇頌《本草圖經》〕曰：紫參，生河西及冤句山谷，今河中解、晉、齊及淮、蜀州郡皆有之。苗長一二尺，根淡紫色如地黃狀，莖青而細，葉亦青似槐葉，亦有似羊蹄者。五

月開花，白色似葱花，亦有紅紫而似水葒者。根皮紫黑，肉紅白色，肉淺而皮深。三月採根，火炙令紫色。又云：六月採，曬乾用。張仲景治痢，紫參湯主之。紫參半斤，甘草二兩，以水五升，煎紫參，取二升，內甘草，煎取半升，分溫三服。

宋·鄭樵《通志》卷七五《昆蟲草木略》　牡蒙　曰衆戎，曰童腸，曰馬行，即紫參也。唐明皇令方士姜撫採終南山之旱藕，作湯餅賜大臣者，即此草根也。

元·王好古《湯液本草》卷四　紫參　氣微寒，味苦、辛，無毒。《本草》云：主心腹積聚，寒熱邪氣，通九竅，利大小便。療腸胃大熱，唾血衄血，腸中聚血，癰腫諸瘡，止渴益精。仲景治痢，紫參湯主之。紫參半斤，甘草三兩，水五升，煎紫參取二升，卻內甘草，煎取半升，分溫三服。

明·蘭茂撰，清·管暄校補《滇南本草》卷中　紫參　性溫，味苦、甘，平。通行十二經絡，風寒濕痹，手足麻木，軟〔擅〕搖動，筋骨疼痛，半身不遂，痿軟流痰，為活絡强筋，(以)〔温〕筋暖絡要劑。舒筋活絡藥酒方：紫參三兩，秦歸二兩，川芎一兩，威靈仙五錢，桑寄生五錢，秦艽五錢，川牛膝五錢，洋桂枝五錢，陳木瓜一兩，老觀草五錢，防風五錢，膽南星三錢，陳皮一兩，薏苡仁五錢，用燒酒六斤，布袋貯藥，浸酒內，重湯煮一炷香，去火毒用。

明·蘭茂《滇南本草》〔叢本〕卷上　紫參　味苦，甘，平，性微溫。通行十二經絡，風寒濕痹，手足麻木，腿耎戰搖，筋骨疼痛，半身不遂。久年痿耎，流痰，活絡强筋，溫暖筋骨，藥酒方中要劑。筋骨活絡酒方：紫參三兩、秦歸二兩、川芎一兩、威靈仙五錢、桑寄生五錢、秦艽五錢、川牛(夕)〔膝〕五錢、老鸛草五錢、桂枝五錢、木瓜一兩、防風五錢、薏苡仁五錢、陳皮一兩、膽南星三錢，好酒六斤，重湯煎三炷香時，冷去火毒，每飲三杯。

明·王綸《本草集要》卷二　紫參使　味苦辛，氣寒，無毒。畏辛夷。三月採根，火炙，使紫色。　主心腹積聚，寒熱邪氣，通九竅，利大小便，療腸胃大熱，唾血衄血，腸中聚血，婦人血閉。癰腫諸瘡，仲景治痢用之。

明·滕弘《神農本經會通》卷一　紫參　使也。畏辛夷。三月採根，火炙使紫色。　味苦，辛，氣寒，微寒，無毒。《湯》同。

《本經》云：主心腹積聚，寒熱邪氣，通九竅，利大小便。療腸胃大熱，唾血衄血，腸中聚血，癰腫諸瘡，止渴益精。《藥性論》云：使。味苦。能散瘀血，主心腹堅脹，治婦人血閉不通。《圖經》云：仲景治痢，紫參湯，用紫參半斤，甘草二兩，以水五升，煎紫參，取二升，內甘草煎，取半升，分溫三服。

明·劉文泰《本草品彙精要》卷一一　紫參無毒　植生。

紫參出《神農本經》：**主心腹積聚，寒熱邪氣，通九竅，利大小便。**以上朱字《神農本經》。療腸胃大熱，唾血，衄血，腸中聚血，癰腫，諸瘡，止渴，益精。以上黑字名醫所錄。〔名〕牡蒙、衆戎、童腸、馬行。〔苗〕《圖經》曰：苗長一二尺，莖青而細，葉亦青，似槐葉，亦有似羊蹄者。五月開花，白色，似葱花，亦有紅紫色，似水葒者。根皮紫黑，肉紅白色，如地黃狀。《別錄》云：一種團聚而生，根黄赤有紋，皮黑中紫，五月華紫赤，其實黑大如豆。〔地〕《圖經》曰：生河西及冤句山谷，今河中、解、齊、淮、蜀州郡皆有之。〔道地〕滁州、濠州、眉州、蒲州、晉州。〔時〕生：春初生苗。採：三月、六月取實。〔收〕曬乾。〔用〕根脂潤者爲好。〔質〕類人參而團聚。〔色〕紫。〔味〕苦，辛。〔性〕寒，微寒。〔氣〕氣之薄者，陰中之陽。〔臭〕香。〔主〕心腹堅脹。〔反〕畏辛夷。〔製〕火炙令紫。〔治〕療：《藥性論》云：散瘀血，去心腹堅脹，婦人血閉不通。〔合治〕以半斤，用水五升，煎二升，內甘草二兩，煎取半升，分三服。療痢。

明·鄭寧《藥性要略大全》卷二　紫參使　主心腹積聚，寒熱邪氣，通九竅，利大小便，散腸胃大熱。吐血、衄血，腸中聚血，癰腫諸瘡，止渴，益精。〇以其味苦，能散瘀血，治心腹堅脹及女人血閉。　味苦、辛，氣寒，無毒。畏辛夷。葉似牡蒙，又似羊蹄，紫花，青穗，皮紫黑色，肉紅白色，肉淺皮深。處處有之，俗呼為牡蒙，實非牡蒙，乃王孫草也。

明·王文潔《太乙仙製本草藥性大全》卷一《本草精義》　紫參　一名牡蒙，一名衆戎，一名童腸，一名馬行。生河西冤句山谷，今河中解、晉、齊及淮，蜀州郡皆有之。苗長一二尺，根淡紫色，如地黃狀，莖青而細，葉亦青似槐葉，亦有似羊蹄者。五月開花，白色，似葱花，亦有紅紫而似水葒者，根皮紫黑，肉紅白色，肉淺而皮深。三月採根，火炙令紫色。又云：六月採，曬乾用。

明·王文潔《太乙仙製本草藥性大全》卷一《仙製藥性》　紫參使　味苦、辛，氣寒，無毒。　主治：主心腹積聚，寒熱邪氣，通九竅，利大小便。療腸胃大熱，唾血，衄血，腸中聚血，癰腫諸瘡，止渴益精，心腹堅脹，婦人血閉。仲景治痢用之。　補註：仲景治痢，紫參湯主之：紫參半斤，甘草二

兩，以水五升煎紫參，取二升，內甘草，煎取半升，分溫三服。

明・皇甫嵩《本草發明》卷二　紫參中品之上，臣。氣寒，味苦、辛，無毒。

發明曰：紫參苦寒，降榮中之火，辛能散結潤下。故《本草》主心腹積聚，寒熱邪氣，療腸胃大熱，唾血衄血，腸中積血，癰腫諸瘡，散瘀血，心腹堅脹，婦人血閉，止渴益精，通九竅，利二便。其降火散潤，槩可見矣。○仲景治痢，紫參湯主之。紫參半斤，甘草二兩，水五升，內甘草煎至半升，分三服。○紫參畏辛夷。

明・李時珍《本草綱目》卷一二草部・山草類上　紫參《本經》中品

【釋名】牡蒙《本經》　童腸《別錄》　馬行《別錄》　衆戎《別錄》　五鳥花《綱目》。時珍曰：紫參、王孫，並有牡蒙之名。古方所用牡蒙，多是紫參也。按《錢起詩集》云：紫參，幽芳也。五葩連萼，狀如飛禽羽舉。故俗名五鳥花。【集解】《別錄》曰：紫參生河西及冤句山谷，三月採根，火炙使紫色。普曰：紫參一名牡蒙，生河西或商山。圓聚生根，黃赤有文，皮黑中紫，五月花紫赤，實黑大如豆。弘景曰：今方家皆呼爲牡蒙，用之亦少。恭曰：紫參葉似羊蹄，紫花青穗。其根皮紫黑，肉紅白，肉淺皮深。所在有之。長安見用者，出蒲州。牡蒙乃王孫也，葉似及已而大，根長尺餘，皮肉亦紫色，根苗不相似。頌曰：今河中、晉、解、齊及淮、蜀州郡皆有之。苗長一二尺，莖青而細。其葉青似槐葉，亦有似羊蹄者。五月開花白色，似葱花，亦有紅紫而似水葒者。根淡紫，黑色，如地黃狀，肉紅白色，肉淺而皮深。三月採根，火炙紫色。又云：六月採，曬乾用。時珍曰：紫參根乾紫黑色，肉帶紅白，狀如小紫草。《范子計然》云：紫參出三輔，有三色，以青赤色爲善。

根【氣味】苦，寒，無毒。《別錄》曰：微寒。普曰：牡蒙，神農、黃帝：苦。李當之：小寒。之才曰：畏辛夷。【主治】心腹積聚，寒熱邪氣，通九竅，利大小便《本經》。療腸大熱，唾血衄血，腸中聚血，癰腫諸瘡，止渴益精《別錄》。治心腹堅脹，散瘀血，治婦人血閉不通甄權。主狂瘧瘟瘧，鼽血汗出好古。治血痢好古。牡蒙：治金瘡，破血，生肌肉，止通，赤白痢，補虛益氣，除脚腫，發陰陽蘇恭。

【發明】時珍曰：紫參色紫黑，氣味俱厚，陰也，沉也。入足厥陰之經，肝臟血分藥也。故治諸血病，及寒熱瘧痢癰腫積塊之屬厥陰者。古方治婦人腸覃病烏喙丸，所用牡蒙，即此物也。唐蘇恭注王孫引陳延之《小品方》：牡蒙所主之證，正是紫參。若王孫則止治風濕痹證，不治血病。故今移附於此。

【附方】舊一，新二。　紫參湯：治痢下。紫參半斤，水五升，煎二升，入甘草二兩，煎取半升，分三服。張仲景《金匱玉函》。　吐血不止：紫參、人參、阿膠炒等分，爲末，烏梅湯服一錢。一方去人參，加甘草，以糯米湯服。《聖惠方》。　面上酒刺：五參丸：用紫參、丹參、人參、苦參、沙參各一兩，爲末，胡桃仁杵和丸梧子大。每服三十丸，茶下。《普濟》。

明・李中立《本草原始》卷二　紫參　始生河西及冤句山谷，今所在有之。苗長一二尺，莖青而細，其葉青似槐，亦有似羊蹄者。五月開花白色，似葱花，亦有紅紫而似水葒者。根紫黑色，肉紅白色，肉淺而皮深，三月採根。火炙紫色，而治療頗同人參，故名紫參。按：《錢起詩集》云：紫參幽芳也，五葩連萼，狀如飛禽羽舉，故俗名五鳥花。氣味：苦，寒，無毒。主治：心腹積聚，寒熱邪氣，通九竅，利大小便。○療腸胃大熱，唾血衄血，腸中聚血，癰腫諸瘡，止渴益精。○治心腹堅脹，散瘀血。治婦人血閉不通。○主狂瘧瘟瘧，鼽血汗出。○治血痢。

紫參，《本經》中品。【圖略】根皮紫黑，肉紅白。修治：水洗，細剉。

《別錄》曰：微寒。之才曰：畏辛夷。《金匱玉函》：治痢，紫參半斤，水五升，煎二升，入甘草二兩，煎取半升，分三服。紫參：使。

明・張懋辰《本草便》卷一　紫參使　味苦、辛，氣寒，無毒。畏辛夷。主心腹積聚，寒熱邪氣，通九竅，利大小便；療腸胃大熱，唾血，衄血，腸中聚血，婦人血閉，癰腫諸瘡。仲景治痢用之。

明・繆希雍《本草經疏》卷八　紫參　味苦、辛，寒、微寒，無毒。主心腹積聚，寒熱邪氣，通九竅，利大小便，療腸胃大熱，唾血衄血，腸中聚血，癰腫諸瘡，止渴益精。畏辛夷。甄權：主散瘀血，婦人血閉不通。好古：主狂瘧，鼽血，血利。蘇恭：主金瘡。

【疏】紫參稟地之陰氣，兼得天之寒氣，故味苦辛，氣寒而無毒。氣味俱厚，陰也，降也。入足厥陰，亦入足太陽、陽明。專入血分，為除熱散結逐血之要藥。故主心腹積聚，寒熱邪氣，通九竅，利大小便，略同紫草也。苦以燥濕洩熱，辛以散結，寒以除邪氣，故療腸胃大熱，唾血衄血，腸中聚血。亦主癰腫諸瘡者，榮氣熱則留瘀而成癰腫，血涼而活，則自散也。能散瘀血，故主婦人血閉不通。瘧有血蓄則狂。陽明熱則鼽血。濕熱在腸胃，則血瘀滯而成血痢。除熱活血，故亦主金瘡。【主治參互】仲景《金匱玉函經》滯下純血，紫參湯主之。《聖惠方》治吐血不止，用紫參、阿膠、甘草等分，為末，烏梅湯或糯米湯服一二錢。【簡誤】婦人血枯經閉禁用。男子勞傷吐血，陽氣虛乏，脾胃弱者禁用。

明・倪朱謨《本草彙言》卷一　紫參　味苦、辛，氣寒，無毒。氣味俱厚，陰也，沉也。入足厥陰經肝藏血分藥也。《別録》曰：紫參生河西冤句山谷。　范氏曰：今河中淮郡、三輔、商山、蜀州亦有之。　蘇氏曰：莖高一二尺，葉似槐，亦有似羊蹄者。五月開花白色，酷似葱花，亦有紅紫而似水葒者。結實色黑，大如豆，圓聚而生。其根黄赤有紋，根皮紫黑，肉紅白色，肉淺皮深。三月采根，火炙紫色用。　李氏曰：炙過色紫，狀類小紫草。

紫參：李時珍涼血散血，行血止血之藥也。蔡心吾稿前古治心腹積聚，寒熱邪氣，通九竅，利二便等證，統屬血所爲患者，用之無疑也。故後世如《金匱》方、《別録》方、甄氏方，與蘇、王二氏方，共稱紫參治諸血病，如唾血，衄血，便血，溺血，淋血，腸中聚血，癰腫熱血，經阻瘀血，金瘡留血，下痢蓄血；或傷寒遺熱下血如豚肝；或陽明熱勝，血蓄如狂狀；或溫瘧寒熱，血結如昏迷；或婦人血閉不通，寒熱譫語，如見鬼祟；或男子血蘊腹脹，身面如黄疸諸證，用此苦以燥濕，辛以散結，寒以除熱，則諸證自平矣。如脾胃虚乏，與肝腎不足，男子陰虚失血，婦人血枯經閉，俱禁用之。

集方：《聖惠方》治唾血常發。用紫參四兩，牡丹皮、川貝母、麥門冬、當歸身、玄參、知母、乾葛、柿餅各二兩，甘草五錢，煎汁熬膏，煉蜜收成。每早午晚各服十茶匙，燈心湯化下。○同前治衄血，便血，淋血。用紫參五錢，水煎服。○如衄血，本方加大生地三錢；如便血，本方加地榆、蒼朮米泔浸，各二錢，赤石脂一錢五分。○如淋血，本方加丹參、玄胡索、白芍藥、懷生地，俱醋炒各二錢。○如溺血，本方加車前、茯苓、牡丹皮、麥門冬去心、建蓮子去心各三錢。○如腸中聚血，腹脹，本方加丹參，牡丹皮，玄胡索，桃仁，俱酒炒，各三錢。○如癰疽熱血，本方加金銀花、赤芍藥、牡丹皮、當歸、紅花、皂角刺各三錢。○如經阻瘀血腹痛，本方加紅花、當歸、牡丹皮、乾漆、玄胡索、香附各二錢。○如金瘡留血，腫脹硬痛，本方加當歸二錢，肉桂、木香各一錢。○如下痢蓄血，本方加赤芍藥、懷生地、牡丹皮、五靈脂各三錢。○如傷寒移熱于大腸，下血如豚肝，本方如柴胡、黄芩、川黄連各一錢，懷生地二錢，真阿膠三錢。○如傷寒陽明熱甚，蓄血如狂，本方加柴胡、牡丹皮、紅花、青皮各一錢，桃仁三錢，大黄一錢五分。○如溫瘧久發，發必昏迷如死，本方加半夏、柴胡各二錢，青皮、白薇、桃仁、杏仁、鱉甲各三錢。○如婦人血閉不通，或適來適斷，發寒熱，譫語如見鬼祟，病名熱入血室，本方加柴胡、牡丹皮、紅花、桃仁、玄胡索，俱酒炒，各三錢。○如男人血蘊腹脹，身面發黄如疸，痢疾積滯未清，早行兜澁；或瘧疾邪氣未散，速行止截，累有此證，本方加乾漆、牡丹皮、青皮、桃仁、龍膽草、茵陳草各二錢。已上數方，俱用水煎服。

續補方：《普濟方》治面上酒刺。用紫參、苦參、沙參各一兩五錢，共爲末，胡桃肉去皮，搗和丸梧子大，每服百丸，苦茶下。

明・鄭二陽《仁壽堂藥鏡》卷一〇下　紫參　《本草》云：紫參出河西、滁州。淡紫色。畏辛夷。　氣微寒，味苦、辛，無毒。《本草》云：主心腹積聚，寒熱邪氣，通九竅，利大小便。療腸胃大熱，唾血衄血，腸中聚血，癰腫諸瘡，止渴，益精。　仲景治痢，紫參湯主之。紫參半斤，甘草二兩，水五升，煎紫參取二斤，却內甘草，煎取半升，分溫三服。

明・盧之頤《本草乘雅半偈》帙一一　紫參《本經》中品　氣味：苦，寒，無毒。　主治：主治心腹積聚，寒熱邪氣，通九竅，利大小便。

覈曰：紫參，生河西、冤句山谷，今河中、淮郡、三輔皆有之。莖高一二尺，葉似槐；亦有狀羊蹄者，色青緑。五月開花，白色似葱。花，亦有紅紫水葒色者。實黑，大如豆，圓聚生根，黄赤有文。根皮紫黑，肉紅白，肉淺皮深。三月采之，火炙赤紫狀類小紫草。

參曰：赤黑兼色而得紫，參水火相射者，既濟之為參也。猶未離乎火味之苦，水寒之氣，金亦互，木亦交矣。故府藏咸入，根身並葉爾。藏在胸，府在腹。積者，五藏之所生；聚者，六府之所成也。積解聚散而寒熱平，清陽仍走上竅而利，濁陰仍走下竅而通矣。

清・顧元交《本草彙箋》卷一　紫參　專走肝臟，故治諸血病，爲除熱散結，逐血之要品。凡婦人血瘀，則經閉不通。瘧有血蓄則狂，陽明熱則衄血，濕熱在腸胃則血瘀滯而成血痢，榮氣熱則留瘀而成癰腫。紫參味苦氣寒，涼血活血，故亦主金瘡。其功略同於紫草也。

清・穆石匏《本草洞詮》卷八　紫參　五葩連萼，狀如飛禽羽舉，故一名五鳥花。又與王孫並名牡蒙。古方所用牡蒙，皆紫參也。五參五色配五臟，人參色黄入脾，沙參色白入肺，玄參入腎，丹參入心，紫參入肝也。氣味苦寒，無毒。入足厥陰經血分。治心腹積聚，寒熱邪氣，通九竅，利大小便，補虚益氣，除脚腫，發陰陽。

清・劉雲密《本草述》卷七上 紫參又名牡蒙。 紫參根乾皮紅紫色，肉帶紅白，五月開花，實黑大如豆。

根：氣味：苦寒，無毒。《別錄》曰：微寒。普曰：牡蒙，神農、黄帝：苦。李當之：小寒。主治：心腹積聚寒熱邪氣，通九竅，利大小便，療腸胃大熱，吐血衄血，腸中聚血，治婦人血閉，療金瘡，破血，生肌肉，治血痢，止渴，補虚益氣。時珍曰：紫參色紫黑，氣味俱厚，陰也，沉也，入足厥陰經肝臟血分藥也。故治諸血病，及癰腫積塊之屬厥陰者。希雍曰：紫參稟地之陰氣，兼得天之寒氣，故味苦辛，氣寒而無毒，氣味俱厚，陰也，降也，入足厥陰，亦入足陽明。專入血分，為除熱散結逐血之要藥。仲景佐以甘草，治下利。按古之所謂下利，即今之所謂泄瀉也。故方書於泄瀉證，有紫參湯，即此也。純血腹痛，名紫參湯。《聖惠方》治吐血不止，用紫參、阿膠、甘草，等分為末，烏梅湯或糯米湯，服一二錢。

愚按：紫參之治，專主血分，而血分之治，專主其滯者。試以《本經》主治參之，其云治心腹積聚寒熱邪氣，蓋心腹積聚，即血之滯，而寒熱邪氣因於血之滯也。在《經》云營之生病也，寒熱少氣，血上下行。又先哲曰：凡刺寒熱皆多血絡，必間日而取之，血盡乃止，乃調其虚實。若然，則《本經》所云寒熱邪氣之治，非專屬血，而紫參非的治血分之滯者乎？且其根淡紫黑色，肉紅白色，應是血分之劑也。第《別錄》言其治吐血衄血，腸中聚血，而先之以療腸胃大熱，然則《本經》謂苦寒者，乃得入血分而除大熱矣。但於五月開花，是雖苦寒而實透於至陽之氣化以出，即采根而用之，亦以六月陽極之候，又豈非因其乘陽氣以化陰者，以為入血分而奏宣瘀和血之功乎？若止用其苦寒以對待血滯，雖有大熱，恐亦不能不犯寒泣之忌也。即補虚益氣，如蘇恭所説者，豈能責之苦寒乎？由斯繹之，則各《本草》或曰微寒，或曰小寒，皆必有所見，而非臆説矣。夫兹味不甚寒，而能療大熱之溢血，是亦善物，乃方書用之不少概見也，何哉？

修治 六月采根，曬乾用。

清・王翃《握靈本草》補遺 紫參出太山。即牡蒙，今方罕用。 苦，微寒，無毒。主心腹邪氣，止煩滿，益氣，療風痺足軟，利胎產，止崩帶，排膿止痛，生肌長肉，活血，通心胞絡。

清・张璐《本經逢原》卷一 紫參即牡蒙，又名童腸。〇三四月間遍地茸生，高三五寸，逐層起薹，開紫花者是也。 苦、辛，寒，無毒。反藜蘆。《本經》主心腹積聚，寒熱邪氣，通九竅，利大小便。發明：紫參入足厥陰，兼入足太陽、陽明血分，故治諸血病，及寒熱血痢，癰腫積塊。即《本經》治心腹積聚、寒熱邪氣之謂。瘀血去，則九竅利，而二便通矣。古方治婦人腸覃烏喙丸中用牡蒙即紫參也。仲景治下痢、肺痛，用紫參湯，取其散積血也。但市人罕識其真，詳痢下肺痛皆胸中氣結之故，每以紫菀代之，雖氣味之寒溫不同，疎利之性則一。

清・浦士貞《夕庵讀本草快編》卷一 紫參《本經》、牡蒙 《錢起集》云：紫參，幽芳也，五葩連萼，狀如飛禽羽舉，故俗呼五鳥花。若悮為王孫，非矣。且五參配合五藏，人參入脾，沙參入肺，玄參入腎，紫參入肝，丹參入心，如苦參則非類矣。牡蒙苦寒，氣味俱厚，陰也沉也。入足厥陰血分，專治瘧邪寒熱，吐衄血痢，心腹積聚，腸胃大熱，皆緣肝氣拂鬱來侮脾土，以致變生諸症。但得此以理之，則謀慮得職而曲直作酸矣，故烏喙丸中用之以治婦人腸覃，便可知也。

清・張志聰、高世栻《本草崇原》卷中 紫參 氣味苦，寒，無毒。主治心腹積聚，寒熱邪氣，通九竅、大小便。紫參，《本經》名牡蒙，出河西及冤句山谷，今河中晉解齊及淮蜀州郡皆有之。苗長一二尺，莖青而細，葉似槐葉，亦有似羊蹄者。五月開細白花，似葱花，亦有紅紫，而似水葒者。根淡紫黑色，如地黄狀，肉紅白色，内淺皮深，三月采根，火炙乾便成紫色。又云六月采，曬乾用。《金匱》澤漆湯方，用紫參。本論云：咳而脈沉者，澤漆湯主之。《綱目集解》云：古方所用牡蒙，皆為紫參，而陶氏又以王孫為牡蒙，今用亦希。因《金匱》方有紫參，故存於此。

清・王子接《得宜本草・上品藥》 紫參 味苦。入足厥陰經。功專破結逐瘀。得甘草治下痢肺痛，得人參、阿膠治吐血不止。

清・黄元御《長沙藥解》卷三 紫參 味苦，微寒，入手太陰肺、手陽明大腸經。消胸中之痞結，止肺家之疼痛。《金匱》紫參湯，紫參半斤，甘草三兩。治下利肺痛。以肺與大腸相為表裏，腸陷而利作，則肺逆而痛生，則肺腸之失位，原於中氣之不運。蓋己土不升，則庚金陷，戊土不降，則辛金逆。甘草補中而培土，紫參清金而破凝，使肺腸之氣，各復其升降之舊也。澤漆湯方在澤漆用之治咳逆而脈沉者，以其清金而降逆也。紫參苦寒，清金

泄熱，降衝逆而破凝寒，清咳嗽而止疼痛。金清則肺氣收攝，故長於斂血。金清則肺氣通調，故長於行瘀。其諸主治，止吐衄，消癰腫，利小便，滑大腸，治金瘡，調血痢，破瘀血，通閉經，開胸膈積聚，散腹脇堅滿。

清·汪紱《醫林纂要探源》卷二　紫參　甘，苦，微寒。一名牡蒙。莖葉似人參，根形圓短，色紫潤。今藥肆不復識。入肝而緩肝之急，生血養血，去血中之邪熱。肝苦急，宜甘以緩之。凡苦降之味，皆以瀉心火，去熱邪之過。而色紫入肝，是能泄血分之邪熱。凡陰虛作熱，及癰疽瘡毒皆主之。今漢上有一種，紫色圓短如茄，亦以為人參，而功力不逮，入瘡科治痘證熱毒甚效。是則古所謂紫參也。反藜蘆。五參皆反藜蘆。蓋字古作薓，有浸潤從容之意。藜蘆辛，惡急遽，宜其兩相反也。

清·嚴潔等《得配本草》卷二　紫參一名牡蒙。畏辛夷。苦，寒。入足厥陰經血分。破結逐瘀。通九竅，利二便，退寒熱，除瘧痢。瘧有蓄血則狂，腸胃濕熱，致血瘀而成血痢。配阿膠、烏梅，治吐血。配甘草、龍芽草，治血痢。

清·黄宫繡《本草求真》卷八　紫參瀉肝血瘀。紫參耑入肝，兼入胃膀胱。又名牡蒙。味苦而辛，氣寒無毒，功耑入肝，逐瘀破血。兼入胃腑、膀胱，使血自為通利。故凡寒熱血痢，癰腫積塊，心腹積聚，因於血瘀阻滯而成者，無不可以調治。以其味苦則泄，味辛入肝，寒則勝熱，而使血從二便出矣！仲景治下痢腹痛，而用紫參湯以除，亦取散其積血之意。《聖惠方》治吐血不止，用紫參、人參、阿膠炒，等分為末，烏梅湯服一錢。一方去人參，加甘草，以糯米湯服。《普濟》用五參丸，治面上酒刺，用紫參、丹參、人參、苦參、沙參各一兩，為末。胡桃仁杵和為丸，茶下。但市人罕識其真，用以紫菀為代，雖其寒熱不同，而其疎利則一。反藜蘆。古方治婦人腸覃病烏喙丸。所用牡蒙，即此物也。

清·楊時泰《本草述鉤元》卷七　紫參　又名牡蒙。六月采根，曬乾。皮色紅紫，肉帶紅白。

苦、辛，微寒，氣味俱厚，陰也，降也。入足厥陰，亦入足陽明，為除熱散結逐血之要藥。主心腹積聚，寒熱邪氣，皆因於血之滯。通九竅，利大小便，治腸胃大熱，血痢吐衄，腸中聚血，婦人血閉，治諸血病及癰腫積塊之屬厥陰者，療金瘡，破血生肌肉，止渴，補虛益氣。佐甘草，治下利純血腹痛，名紫參湯。吐血不止，用紫參、阿膠、甘草等分，為末，烏梅湯或糯米湯服一二錢。

論：紫參專入血分，而血分之治，專主其滯者，何也？以此品五月開花，雖苦寒而實透於至陽之氣化以出，即采根亦以六月陽極之候，非因其乘陽氣以化陰者，入血則奏宣瘀和血之功乎。若止用其苦寒以對待血滯，雖有大熱，恐不免犯寒泣之忌矣。況補虛益氣，如蘇恭所說，豈能責之苦寒乎？由斯繹之，則茲味不甚寒而能療大熱之溢血，亦善物也。

清·吴其濬《植物名實圖考》卷七　紫參　《本經》中品。一名牡蒙。

《唐本草》注：紫參葉似羊蹄，牡蒙葉似及己，乃王孫也。《圖經》又謂莖青細葉似槐葉，亦有似羊蹄者，五月花，白色似葱花，亦有紅如水葒者，蓋有數種。滇南山中多有之，與《圖經》同。其如水葒者，蓋作穗色粉紅相似，花仍類丹參輩；如葱花者，梢端開細碎白花成簇，實似水芹、蛇床等，葉比槐葉尖長，莖葉同綠，根鮮時不甚紫。近時方書少用。《滇本草》：通行十二經絡，治風寒濕痹、手足麻木、筋骨疼痛、半身不遂、活絡強筋，功效甚多，宜溫酒服。

雩婁農曰：具收並蓄，醫師之良。今醫者但記十數湯頭，所知者不及百種，而治世間無窮之病；藥肆所收，又不過目前人所盡知之藥，偶有缺乏，展轉替代。使人之五藏如木石無知則已耳，若其五味、五色，各以類應，其能聽醫師之假借乎？夫以方治病，猶以律斷獄。東坡云：讀書不讀律，致君終無術。然三代而後，果能廢棄科條，以無為治天下乎？引律不當，何以斷罪？輕比重比，雖為獄吏舞法之具，而究不能妄援他條，肆其刀筆者，律為之也。記有竊賊例應刺左面者，吏誤刺其右，檢例知其誤，乃腐去其刺而改涅焉。醫不知藥，其為誤刺，可勝數乎？

清·趙其光《本草求原》卷一山草部　紫參　即牡蒙、童腸。苦、辛，微寒，得五月陽氣開花，專入心、肺、腸、胃血分，除熱，散結氣，逐瘀血。治心腹積聚，寒熱邪氣，通九竅，利大小腸，止下痢。肺痛及腹痛、一切血病、金瘡、癰腫積塊用之，可無過寒血澀之患。但少真者。

清·葉志詵《神農本草經贊》卷二　紫參　味苦、辛，寒。主心腹積聚，寒熱邪氣，通九竅，利大小便。一名牡蒙。生山谷。

三輔幽芳，青赤彌谷。飛羽翩翻，歧蹄排蹴。厚積陰沉，堅消心腹。火炙根溫，紫光熠煜。

《范子計然》曰：紫參出三輔，以青赤色為善。錢起序：紫參，幽芳也。五葩連萼，狀飛禽羽舉。張衡賦：眾鳥翩翻。蘇恭曰：葉似羊蹄。何遜《七召》：亦左排而右蹴。李時珍曰：氣味俱厚，陰也，沉也。甄權

曰：治心腹堅脹。蘇頌曰：三月采根，火炙紫色。柳宗元：晉問日晶熠煜。

清·文晟《新編六書》卷六《藥性摘錄》 紫參　又名牡蒙。味苦辛，氣寒。入肝。逐瘀破血，兼入胃府、膀胱，使血自為通利。〇治寒熱血痢，癰腫積塊，心腹積聚，因于血瘀阻滯而成者。〇市人以紫（苑）〔菀〕為代，雖熱不同，而疏利則一。〇反藜蘆。

清·仲昴庭《本草崇原集説》卷中 紫參　【略】仲氏曰：《論》《略》各方為經方，其未入《論》《略》者為古方。《千金》《外臺》等書，俱已收載所有澤漆湯中紫參，一作紫菀，與紫參湯並出《金匱》，豈後人不知紫參即是牡蒙，而改為紫菀歟！又按：王孫苦平，牡蒙苦寒，二物各有主治，陶氏比而同之，亦誤矣！又曰：玄參、丹參、紫參此三參同在中品前列，其氣味主治亦相同，然同中有異，豈可混用。必如《崇原》辨別清楚，而後驗病擇藥，不至倒行逆施。

拳參

宋·唐慎微《證類本草》卷三〇外草類〔宋·蘇頌《本草圖經》〕 拳參和淄州田野。葉如羊蹄，根似海蝦，黑色。五月採。彼土人擣末，淋煤腫氣。

明·劉文泰《本草品彙精要》卷四一 拳參　植生。

拳參：擣末淋煤，消腫氣。出《圖經》。【苗】《圖經》曰：葉如羊蹄，根似海蝦，黑色。【地】《圖經》曰：生淄州田野。【時】生：春生苗。採：五月取。

刀鎗草

清·趙學敏《本草綱目拾遺》卷四草部中 刀鎗草　《粵西叢載》：此草細葉黃花。止金瘡血。

閻石辣

清·何諫《生草藥性備要》卷上 閻石辣　性辛。入骨祛風，理跌傷腫痛，和酒搥爛，敷患處甚妙。一名山辣料。

紫茉莉根

清·趙學敏《本草綱目拾遺》卷七花部 紫茉莉　此草二三月發苗，莖逢節則粗如骨節狀，葉長尖光綠，前銳後大，小暑後開花，有紫、白、黃三色，又有一本五色者，花朝開暮合，結實外有苞，內含青子成簇，大如豌豆，久則黑子，內有白粉，宿根三年不取，大如牛蒡，味微甘，類山藥。陳扶搖《花鏡》：紫茉莉一名狀元紅，本不甚高，但婆娑而蔓衍易生，葉似蔓菁。

按：紫茉莉入夏開花，至深秋未已。白花者香尤酷烈，其花見日即斂，日入後復開，亦不經久，一日即萎。西人有食之者，去其外皮，鹽漬以佐饌，云能去風活血，無濁淋等症。然其性秉純陰，柔中帶利，久食恐骨軟，陽虛人尤忌之。性惡鐵，凡取用忌鐵器。

根：治乳癰白濁。花可浸酒。子名土山柰，取其粉，可去面上瘢痣粉刺。性寒《藥性考》。

清·吳其濬《植物名實圖考》卷二七 野茉莉　處處有之，極易繁衍。高二三尺，枝葉紛披，肥者可蔭五六尺；花如茉莉而長大，其色多種易變；子如豆深黑有細紋；中有瓤白色，可作粉，故又名粉豆花。曝乾作蔬，與馬蘭頭相類。根大者如拳黑硬。俚醫以治吐血。

清·劉善述、劉士季《草木便方》卷一草部 粉團花　粉子根甘紅白涼，體瘦勞傷補益強。頭昏目暗清利服，五淋崩帶（肫）〔燉〕羹嘗。紅、白入血氣二分。

粟米草

清·吳其濬《植物名實圖考》卷一五 粟米草　江西田野中有之。鋪地細莖，似萹蓄而瘦，有節；三四葉攢生一處；梢端葉間開小黃花如粟；近根色淡紅；根亦細韌。

番杏

附：琉球·吳繼志《質問本草》外篇卷三 番杏　辛丑之冬清舶漂到，採此種問之。番杏。鄭茂慶。

紫草

宋·李昉《太平御覽》卷第九九六 紫草　《爾雅》曰：藐，茈也。郭璞曰：可以染紫也。一名茈莨，《廣雅》云。《廣雅》曰：紫芀，紫草也。芀，音仍。《說文》曰：茈藐，紫草。《山海經》曰：勞山多茈草，一名紫英。《列仙傳》曰：昌容，常山之道士也。自稱殷王女，二百餘年而顏色如少，能致紫草與染家，得錢以遺孤老。《淮南子》曰：紫草生於山，不能生磐石之上。《抱朴子》曰：黃金成以為丸，以紫草煮一丸，咽其汁，可百日不飢。《博物志》曰：平氏陽山紫草特好，其他者色淺。《吳氏本草》曰：

紫草，節赤，二月花。《本草》曰：紫草，一名地血。

宋·唐慎微《證類本草》卷八草部中品〔《本經·别録》〕 **紫草** **味苦，寒，**無毒。**主心腹邪氣，五疸，補中益氣，利九竅，通水道，**療腹腫脹滿痛。以合膏，療小兒瘡及面皻側加切，**一名紫丹，一名紫芙**哀老反。生碭山山谷及楚地。三月採根，陰乾。

〔梁·陶弘景《本草經集注》〕云：今出襄陽，多從南陽新野來，彼人種之，即是今染紫者，方藥家都不復用。《博物志》云：平氏陽山紫草特好。魏國以染色，殊黑。比年東山亦種，色小淺於北者。

〔唐·蘇敬《唐本草》〕注云：紫草，所在皆有。《爾雅》云：一名藐。苗似蘭香，莖赤節青，花紫白色，而實白。

〔宋·掌禹錫《嘉祐本草》〕按：《廣雅》云：紫草，一名茈莀。《藥性論》云：紫草，亦可單用。味甘，平。能治惡瘡瘑癬。

〔宋·蘇頌《本草圖經》〕曰：紫草，生碭山山谷及楚地，今處處有之，人家園圃中或種蒔，其根所以染紫也。《爾雅》謂之藐，《廣雅》謂之茈莀。苗似蘭香，莖赤節青。二月有花，紫白色，秋實白，三月採根，陰乾。古方稀見使。今醫家多用治傷寒時疾，發瘡㾓不出者，以此作藥，使其發出。韋宙《獨行方》：治豌豆瘡，煮紫草湯飲。後人相承用之，其效尤速。

〔宋·唐慎微《證類本草》〕《雷公》云：凡使，須用蠟水蒸之，待水乾，取去頭并兩畔髭，細剉用。每修事紫草一斤，用蠟三兩，於鐺中鎔，鎔盡，便投蠟水作湯用。《聖惠方》：治惡蟲咬人，用紫草油塗之。又方：治卒小便淋瀝痛。用紫草一兩，搗羅爲散，每於食前，以井花水調下二錢匕。《産寶》治淋澁，産後同。《經驗後方》：治嬰兒童子患疹豆疾。用紫草二兩細剉，以百沸湯一大盞泡，便以物合定，勿令氣漏，放如人體溫，量兒大小，服半合至一合。服此，瘡雖出，亦當輕減。

宋·蘇軾《格物粗談》卷下 蟾酥入目，令赤腫盲，紫草汁洗點即消。

宋·劉明之《圖經本草藥性總論》卷上 紫草 味苦，寒，無毒。主心腹邪氣，五疸，補中益氣，利九竅，通水道。療腹腫脹滿痛，療小兒瘡及面皻。《藥性論》云：味甘，平。能治惡瘡瘑癬。壹云：治傷寒時疾，發瘡㾓不出。《産寶》：治淋瀝産後同。生碭山。今處處有之。

元·王好古《湯液本草》卷四 紫草 氣寒，味苦，無毒。《本草》云：主心腹邪氣，五疸；補中益氣，利九竅，通水道；治腹腫脹滿。去土，用茸。

元·李雲陽《用藥十八辨》〔見《秘傳痘疹玉髓》卷二〕 紫草 善解陽明之痘毒，若焦紫梟紅用之，則宜多用。眼睛遂黄，倘痘灰白，毫釐不可用，何允中單用一味紫草茸治痘，誤人多矣。評曰：紫草陽明專解毒，梟紅用此獲奇功。睛黄灰白應須禁，多用毫釐未免凶。

明·蘭茂原撰，范洪等抄補《滇南本草圖説》卷一〇 紫草 氣味甘鹹，大寒。主治：涼血活血，利九竅，通二便。治心腹邪痛，消水腫，退黄疸及諸瘡毒，服之可解。

明·王綸《本草集要》卷三 紫草 味苦，氣寒，無毒。三月採，陰乾。可以染紫者。 主心腹邪氣，五疸，補中益氣，利九竅，通水道。療腹腫脹滿痛。合膏，療小兒瘡及面皻。治傷寒時疾，發瘡㾓不出者，服此，使其發出，單煮湯飲。治豌豆瘡，其效尤速。又云：細剉二兩，百沸湯一大盞，泡，便以物合定，勿令泄氣，俟溫，量兒大小，服半合至一合，雖出當輕減。

明·滕弘《神農本經會通》卷一 紫草 三月採根，陰乾。可以染紫。去土，用茸。凡使須用蠟水蒸之，取去頭，并兩畔鬚，細剉用。 味苦，氣寒，無毒。《湯》同。《𧰼》云：通九竅，利水道，治脹消膨，醫五疸，療痘疹，腹心邪氣。

《本經》云：主腹心邪氣，五疸，補中益氣，利九竅，通水道，療腹腫脹滿痛。以合膏療小兒瘡及面皻。《藥性論》云：亦可單用。味甘，平。治惡瘡瘑癬。《圖經》云：多用治傷寒時疾，發瘡㾓不出者，以此作藥，使其發出。《獨行方》：治豌豆瘡，煑紫草湯飲。後人相承用之，其効尤速。剮云：紫草苦寒通九竅，腹心邪氣疸皆醫。消膨治脹利水道，豆㾓瘡危用最宜。《局》云：紫草苦寒通九竅，煎膏可療小兒瘡。更除腫疸宣淋閉，痘㾓時行用煑湯。紫草，苦寒。能制痘㾓之偏。

明·劉文泰《本草品彙精要》卷一〇 紫草無毒 植生。

紫草出《神農本經》：**主心腹邪氣，五疸，補中益氣，利九竅，通水道。**以上朱字《神農本經》。療腹腫脹滿痛，以合膏療小兒瘡及面皻音查。以上黑字名醫所録。

〖名〗紫丹、紫芙哀老切、藐、茈莀。

〖苗〗《圖經》曰：苗似蘭香，莖赤節青。二月有花，紫白色。秋結實，亦白。人家園圃或種蒔，其根所以染紫也。

〖地〗《圖經》曰：生碭山山谷及楚地，今處處有之。陶隱居云：襄陽、南陽。〖道地〗單州、東京爲勝。

〖時〗生：春生苗。採：三月取根。

〔收〕陰乾。〔用〕根色赤者爲好。〔質〕莖類威靈仙而粗壯。〔色〕紫。〔味〕苦。〔性〕寒。〔氣〕味厚于氣，陰也。〔臭〕香。〔主〕透斑瘡，利水道。〔製〕《雷公》云：凡使，須用蠟水蒸之，待水乾，取去頭並兩畔髭，細剉用。每修事，紫草一斤，用蠟二兩，於鐺中熔，熔盡，便投蠟水作湯用。〔治〕療：《圖經》曰：治傷寒時疾，發瘡疹不出，並豌豆瘡。《藥性論》云：療惡瘡，瘑癬。《別錄》云：治小便淋瀝痛，水調末服。亦治嬰兒、童子患疹痘疾。

明・葉文齡《醫學統旨》卷八　紫草　氣寒，味苦，無毒。治傷寒時疾，發瘡瘮不出；卒小便淋瀝痛，除五疸，通水道，腹腫脹滿，補中益氣。

明・鄭寧《藥性要略大全》卷七　紫草根　通九竅，退腫通淋，制痘疹之災，止心腹邪氣，治五疸及諸瘡。《十書》云：補中益氣，利九竅，通水道，療腹腫脹滿痛。合膏，治小兒瘡面皶。

明・陳嘉謨《本草蒙筌》卷三　紫草　味苦，氣寒，無毒。人家園圃，多有種栽。三月採根，可煎染紫。凡資入藥，去根取茸。益氣補中，通竅利水。治目黃成疸，療腹滿作疼。合膏敷瘑癬瘡瘍，單煮托豌痘瘡瘮。

明・王文潔《太乙仙製本草藥性大全》卷二《本草精義》　紫草　一名紫丹，一名紫芺，一名藐茝，一名茈莨。生碭山山谷及楚地，今處處有之。人家園內多種。採其根，所以染紫也。其苗似蘭香，莖赤節青。二月有花，紫白色，秋實而色白。二月採根，可煎染紫。凡資入藥，去根取茸。

明・王文潔《太乙仙製本草藥性大全》卷二《仙製藥性》　紫草　味苦，氣寒，無毒。　主治：止心腹邪氣，退癰腫諸瘡。益氣補中，通竅利水。治目黃成疸，療腹滿作疼。合膏敷瘑癬瘡瘍，單煮托豌豆瘡瘮。　補註：惡蟲咬人，用紫草油塗之。○卒小便淋瀝痛，用一兩爲細末，每食前以井花水調二錢服。○嬰童患疹痘疾，用二兩，細剉，以百沸湯一大盞泡，以物合定，勿令走氣，量兒大小，服半合至一合，服此瘡雖出亦當輕減。　太乙曰：凡使須用蠟水蒸之，待水乾取去頭并兩畔髭，細剉用。每脩事紫草一斤，用蠟三兩，於鐺中鎔，鎔盡便投蠟水作湯用。

明・皇甫嵩《本草發明》卷三　紫草中品上，臣。氣寒，味苦，無毒。　發明曰：紫草苦寒，惟清熱消毒除濕。故《本草》主心腹邪氣，治小兒托豌痘瘡疹瘡瘍，是清熱消毒為專。又利九竅，通水道，療腹腫脹痛，治五疸，是能除濕也。諸痛瘡瘍，皆屬濕熱。故合膏敷瘑癬瘡，小兒頭瘡及面皶最宜。又謂補中益氣者，非真有補益，不過清熱除濕之效耳。凡用之，去頭根，取茸。

明・李時珍《本草綱目》卷一二草部・山草類上　紫草《本經》中品

〔釋名〕紫丹《別錄》　紫芺音襖　茈莨《廣雅》。音紫戾。　藐《爾雅》。音邈。　地血《吳普》　鴉銜草時珍曰：此草花紫根紫，可以染紫，故名。《爾雅》作茈草。瑤、獞人呼爲鴉銜草。

〔集解〕《別錄》曰：紫草生碭山山谷及楚地，三月採根陰乾。弘景曰：今出襄陽，多從南陽新野來，彼人種之，即是今染紫者，方藥都不復用。《博物志》云：平氏陽山紫草特好，魏國者染色殊黑，比年東山亦種之，色小淺於北者。恭曰：所在皆有，人家或種之。苗似蘭香，莖赤節青，二月開花紫白色，結實白色，秋月熟。時珍曰：種紫草，三月逐壟下子，九月子熟時刈草，春社前後採根陰乾，其根頭有白毛如茸。未花時採，則根色鮮明；花過時採，則根色黯惡。採時以石壓扁曝乾。收時忌人溺及驢馬糞並煙氣，皆令草黃色。

根　〔修治〕斆曰：凡使，每一斤用蠟二兩溶水拌蒸之，待水乾，取去頭並兩畔髭，細剉用。

〔氣味〕苦，寒，無毒。權曰：甘，平。元素曰：苦，温。時珍曰：甘、鹹，寒。入手足厥陰經。

〔主治〕心腹邪氣，五疸，補中益氣，利九竅《本經》。通水道，療腫脹滿痛。以合膏，療小兒瘡，及面皶《別錄》。治惡瘡瘑癬甄權。治斑疹痘毒，活血凉血，利大腸時珍。

〔發明〕頌曰：紫草古方稀用。今醫家多用治傷寒時疾發瘡疹不出者，以此作藥，使其發出。韋宙《獨行方》治豌豆瘡，煮紫草湯飲，後人相承用之，其效尤速。時珍曰：紫草味甘鹹而氣寒，入心包絡及肝經血分。其功長於凉血活血，利大小腸。故痘疹欲出未出，血熱毒盛，大便閉澀者，宜用之。已出而紫黑便閉者，亦可用。若已出而紅活及白陷大便利者，切宜忌之。故楊士瀛《直指方》云：紫草治痘，能導大便，使發出亦輕。得木香、白术佐之，尤爲有益。又曾世榮《活幼心書》云：紫草性寒，小兒脾氣實者猶可用，脾氣虛者反能作瀉。古方惟用茸，取其初得陽氣，以類觸類，所以用發痘瘡。今人不達此理，一概用之，非矣。

〔附方〕舊三，新六。　消解痘毒：紫草一錢，陳皮五分，葱白三寸，新汲水煎服。《直指方》。　嬰童疹痘：三四日，隱隱將出未出，色赤便閉者。紫草二兩剉，以百沸湯一盞泡，封勿泄氣，待温時服半合，則瘡雖出亦輕。大便利者勿用。煎服亦可。《經驗後方》。　痘毒黑疔：紫草三錢，雄黄一錢，爲末，以胭脂汁調，銀簪挑破，點之極妙。《集簡方》。　癰疽便閉：紫草、栝樓實等分，新水煎服。《直指方》。　小兒白禿：紫草煎汁塗之。《聖惠方》。　小便卒淋：紫草一兩，爲散，每食前用井華水服二錢。《千金翼》。　產後淋瀝：方同上。《產寶》。　惡蟲咬人：紫草煎油塗之。《聖惠方》。　火黃

身熱：午後却涼，身有赤點。或黑點者，不可治。宜烙手足心、背心、百會、下廉。內服紫草湯：紫草、吳藍一兩，木香、黄連各一兩，水煎服。《三十六黄方》。

題明・薛己《本草約言》卷一《藥性本草》 紫草 味苦，氣寒，無毒。陰也，可升可降。解瘡毒，發內裏之痘疹。利水道，除腹中之積熱。○紫草苦寒，惟清熱消毒為專，又利九竅，通水道，兼能除濕也。

明・梅得春《藥性會元》卷上 紫草 味苦，氣寒，無毒。可入染房。主治心腹邪氣，傷寒時疾。發瘡疹不出，卒小便淋瀝痛，除五疸，利九竅，通水道，腹腫脹滿，補中益氣。以合膏，療小兒瘡及人面皶。

明・杜文燮《藥鑒》卷二 紫草 氣寒，味苦，無毒。其色紫，故能行血。其味苦，故能通竅利水。其氣寒，故能治腫毒癰疽。與大力子同用，善快痘瘡未發。與淫羊藿同用，能起痘瘡已快。攻血泡佐以紅花。消水泡並以茯苓，同川芎、赤芍，入青葙子，能醫眼目之赤障。用翹、連、荊、防兼皂莢刺，善消癰疽之紅腫。大都血家藥也。無問麻痘症，無論癰疽病，無問男女雜症，但見血紫血熱，及熱毒深者，俱宜用之。但瀉痢則忌。糯米監制無妨。

明・李中立《本草原始》卷二 紫草 始生碭山山谷及楚地，今處處有之。人家或種之。苗似蘭香，莖赤節青，二月開花紫白色，結實白色。三月采根陰乾。此草根紫，可以染紫，故名紫草。《別錄》名紫丹，一名紫芺。紫草：氣味：苦，寒，無毒。主治：心腹邪氣，五疸，補中益氣，利九竅。○通水道。療腫脹滿痛。以合膏，療小兒瘡及面皶。○治惡瘡瘑癬。○治斑疹痘毒，活血涼血，利大腸。

紫草，《本經》中品。【圖略】根紫色，外紫內白。修治：紫草，每一兩用蠟二錢，溶水浸之，待水乾，去蘆，剉用。或以酒洗剉用。入手足厥陰經。

《千金翼》：治卒小便淋瀝痛，用紫草一兩，搗羅為散，每於食前以井花水調下二錢。産後淋瀝同。

明・張懋辰《本草便》卷一 紫草 味苦，氣寒，無毒。主心腹邪氣，利九竅，通水道。合膏療小兒瘡，及面皶；瘡瘮不發者，服此發出。

明・李中梓《藥性解》卷四 紫草 味苦，性寒，無毒，入心、小腸二經。主心腹邪氣，脹滿作痛，癰腫諸毒，除五疸，利九竅，通水道，小兒血熱痘瘡，尤為要劑，取嫩茸，去髭用。按：紫草主血熱，本入心經。而小腸者，受盛而與心應者也，故并入之。邪氣諸症咸本于熱，今清其心而自愈矣。

明・繆希雍《本草經疏》卷八 紫草 味苦，寒，無毒。主心腹邪氣，五疸，補中益氣，利九竅，通水道，療腹腫脹滿痛。以合膏，療小兒瘡及面皶。

〔疏〕紫草稟天地陰寒清和之氣，故味苦、氣寒而無毒。入足少陰、厥陰。為涼血之聖藥，故主心腹邪熱之氣。五疸者，濕熱在脾胃所成，去濕除熱利竅，其疸自愈。邪熱在內，能損中氣，邪熱散即能補中益氣矣。苦寒性滑，故利九竅而通利水道也。腹腫脹滿痛者，濕熱瘀滯於脾胃，則中焦受邪而為是病，濕熱解而從小便出，則前證自除也。合膏藥，療小兒痘瘡及面皶，皆涼血之效也。〔主治參互〕同紅花子、生地黄、甘草、貝母、牡丹皮，濃煎，加生犀角汁，量兒大小，以四十九匙至半盞為度，治痘瘡深紅色，或紫或黑陷乾枯，便閉，神效。若在一朝及二朝內，稍有元氣，雖危可生。痘疔痘毒咸治之。惟痘毒須加黄耆、金銀花、鼠黏子。痘瘡夾斑瘮者，加硬石膏、麥冬、知母、竹葉。一二劑即去之。〔簡誤〕紫草苦寒而能通利九竅，痘瘡家氣虚脾胃弱，泄瀉不思食，小便清利者，俱禁用。

明・倪朱謨《本草彙言》卷一 紫草 味苦，氣寒，無毒。入足少陰、厥陰經。《別錄》曰：紫草生碭山山谷及楚地。李氏曰：今出襄陽，多從南陽新野來。二月逐壟下子，苗似蘭香，赤莖，青節，紫花，白實。其實秋月乃熟，春社前後采根，頭有白毛如茸，以石壓扁曝乾。收時忌人溺及驢馬糞，并烟火氣，不爾能令根色黄也。如未開花時采取，根色鮮明；如已開花，根色黯黰，染色不堪用也。雷氏曰：修治：每斤用蠟二兩溶水，拌蒸，待水乾，去頭并兩畔髭，細剉用。

紫草：李時珍涼血，解疹毒之藥也。吳養元前古主利九竅，通水道，散五疸，逐心腹邪氣，腫脹滿痛等疾。凡關濕熱血熱，氣閉火結之證，咸宜用之。後人推廣此意，通治斑疹痘毒，欲出未出之際，根暈紫黑，或已出，仍紫黑乾枯，口渴便閉、熱極者，投之即透發鬱毒，色轉紅潤，誠爲痘家起死回生之首劑也。如脾元薄弱之子，或痘色紅潤，或根暈淡紅及白陷下塌，與大便通利者，切宜忌之。徐仰垣先生曰：紫草涼血解毒，古方稀用。今時醫治傷寒熱極，與痘疹熱閉不出，以此發透，獨行有效。今人不達此理，一概用之，非矣！如前醫曾氏仁齋公有云：脾實協熱者可用，脾虚協寒者不可用。慎之！慎之！二句盡之矣。

集方：《直指方》治痘瘡深紅色，或紫或黑陷乾枯、便閉。用紫草三錢，

紅花子、筧橋生地、貝母、牡丹皮各一錢，甘草五分，濃煎汁，加生犀角汁十匙至五十匙，量兒大小和之。在二朝及三四五朝，稍有元氣，雖危可生，痘疔立解。如痘瘡夾斑疹者，本方加石膏、麥門冬、花粉、竹葉。如痘毒，須加黃耆、金銀花、鼠粘子、白芷各三錢。○治癰疽便閉。用紫草五錢，瓜蔞實一個打碎，水煎服。○李氏方治赤遊丹毒，紅暈如雲頭。用小鋒刀或磁碗鋒，劃去毒血，用紫草五錢，鼠粘子一兩，研細，水煎服。○《方氏本草》治五疸熱黃。用紫草三錢，茵陳草一兩，水煎服。○《千金翼》治小便淋血，小水不通。用紫草、瞿麥、滑石各三錢，甘草一錢，水煎服。○《方脉正宗》治吐血衄血不大凶，亦不盡止，起居如故，飲食如常。一歲之間，或發二三次，或發五六次，久必成勞。用紫草、懷生地各四兩，白果肉百個，茯苓、麥門冬各三兩，煎膏，煉蜜收，每早晚各服十餘茶匙，白湯下。

明・顧逢柏《分部本草妙用》卷七兼經部・寒瀉　紫草　苦，寒，無毒。入手足厥陰二經。蠟二兩，溶水拌蒸，水乾去頭髭，剉用。　主治：　心腹邪氣，利九竅，利大腸，治斑疹痘毒，活血涼血，瘡疥及傷寒斑毒。　按：　紫草為痘家長藥。然痘疹初出，血熱毒盛，大便閟澀者急用之。已出而紫黑，便結者，亦宜用。若紅潤及白陷，大便利者，用之反能作瀉，故《直指方》以木香、白朮佐之，恐其寒洩，而濟之以溫補也。當審明用之無悞。

明・李中梓《醫宗必讀・本草徵要上》　紫草味苦，寒，無毒。入心、胞絡、肝三經。　涼血和血，清解瘡瘍，宣發痘疹，通大小腸。按：　紫草涼而不凝，為痘家血熱之要藥。但痘證極重脾胃，過用則有腸滑之虞。按：　其性大苦大寒，脾胃所苦，食少而瀉者，切勿沾唇。

明・鄭二陽《仁壽堂藥鏡》卷一〇下　紫草　陶隱居云：　紫草生碭山，今出襄陽。治嬰兒痘瘡，服之頂發。　氣寒，味苦，無毒。　《本草》云：　主心腹邪氣，五疸，補中益氣，利九竅，通水道，治腹腫脹滿。　去土用茸。

明・蔣儀《藥鏡》卷四寒部　紫草　涼血最勝，清心更佳。濕熱之侵脾胃者祛，五疸除，九竅利。邪熱之盤心腹者解，中氣補，腫滿消。川芎、赤芍入青葙，醫眼目之赤障；　連翹、荊、防兼角刺，散癰疽之紅腫。大力子同用，催痘瘡于未發；　淫羊藿偕吞，起痘瘡于將現。攻血泡，佐以紅花；　消水泡，並以茯苓。其在痘瘡也，深紅紫黑，枯陷便閉者宜咀。若氣虛脾瀉，少食便利者禁用。瀉痢勉強投之，必須糯米監制。古方惟用草茸，取其初得陽氣，觸發痘疹。

明・張景岳《景岳全書》卷四八《本草正》　紫草　味苦，性寒，此手厥陰、足厥陰血分之藥。性寒而利，能涼血滑血，通利二便，故痘疹家宜用之。凡治痘疹，無論未出已出，但血熱毒盛，或紫或黑，而大便秘結者，宜用之。若已出紅活，不紫不黑，而大便如常通利者，即不可用。故曾世榮《活幼心書》云：　紫草性寒，小兒脾氣實者猶可用，脾氣虛者反能作瀉。又若古方惟用其茸，亦取其氣輕味薄，而有清涼升發之功也。此外，可用以解黃疸，消腫脹，及一切斑疹惡瘡，亦以其能利九竅，通水道，去濕涼血而然也。

明・盧之頤《本草乘雅半偈》帙六　紫草《本經》中品　氣味：　苦，寒，無毒。　主治：　主心腹邪氣，五疸，補中，益氣，利九竅。

覈曰：　出碭山山谷及楚地，今出襄陽，多從南陽新野來。二月逐壟下子，苗似蘭香，赤莖青節，紫花白實，其實秋月乃熟也。春社前後采根，頭有白毛如茸，以石壓扁，暴乾，收時忌人溺，及驢馬糞，并烟氣，能令根黃。如未花時采取，根色鮮明；　如已作花，根色黯惡，染色亦不堪用也。修事：　每觔用蠟二兩，熔水拌蒸，水盡為度，去頭并兩畔髭，細剉用。

先人云：　紫草色勝，蓋肝主色，而肝之色，又從風化。凡病變于色者相宜，然肝疏二便，餌之大小便利爲外徵也。

參曰：　紫，間色，水乘火色也。氣寒味苦，臭芳性潔，禀水氣澄湛之體，捍格之用。主心腹濁邪熱氣，鬱作五黃，損氣閉竅者，力能捍格而澄湛之。《別錄》廣心腹邪氣，及腫脹滿痛，利九竅，及通水道。若兒瘡，即熱濁於血；面皶，即熱濁于氣于色耳。蘄陽廣兒瘡，及斑疹豆毒，活血涼血，以利大腸。《經驗方》云：　痘瘡三日，隱隱將出，色赤便閉者相宜。曾世榮云：　脾實協熱者可用，脾虛協寒者不可用。慎之，慎之。　兒醫用藥尚新，無暇察色問證，詳確病因，致死生存亡，莫之能測。曾世榮及《經驗方》言簡意盡，德庇後世。

明・李中梓《本草通玄》卷上　紫草：　味甘，氣寒，入心胞絡及肝經血分。

治痲疹豆毒，涼血活血，通大小腸。　按：　紫草之用，專以涼血為功。痘疹毒盛則血熱，血熱則乾枯而毒不得越，得紫草涼之，則血行而毒出。世俗未明此旨，誤認為宣發之劑，非也。其性涼潤，便閉者乃為相宜。若大便利者，不敢多用。　嫩而紫色染手者佳。

清・顧元交《本草彙箋》卷一　紫草　古方罕用，後人多用。治傷寒時

疾，發瘡疹不出者，使其發出。其功長於涼血活血，利大小腸，故痘疹欲出未出，血熱毒盛，大便閉澀，及已出而紫黑，便閉，用之甚效。然止宜取其嫩茸，去髭，以其初得陽氣，觸類相感，所以用發痘疹。今人一概全用之，非矣。

《別錄》稱紫草能療面皶，故潤肌散用以治白屑風。麻油四兩，當歸五錢，紫草一錢，同熬，藥枯濾清，將油再熬，入黃蠟五錢，化盡，傾入磁器，澄冷，塗擦。

清·穆石匏《本草洞詮》卷八　紫草　根花俱紫，故名。今人用以染紫。氣味苦甘鹹，寒，一云溫，無毒。入手足厥陰經。主涼血活血，利大小腸，痘疹欲出未出，血熱毒盛，大便閉濇者，宜用之。已出而紫黑，便閉者，亦可用。若已出而紅活及白陷，大便利者，切宜忌之。古方惟用茸，取其初得陽氣。以類觸類，所以用發痘瘡。今人一概用之，非矣。

清·劉雲密《本草述》卷七下　紫草　時珍曰：種紫草三月，逐壟下子，九月子熟時刈草，春社前後采根，陰乾，其根頭有白毛如茸，未花時采則根色鮮明，花過時采則根色黯惡。

氣味：苦，寒，無毒。　權曰：甘，平。　時珍曰：甘，鹹，寒，入手足厥陰經。

主治：心腹邪氣，療五疸，利九竅《本經》。治斑疹痘毒，活血涼血，導大腸時珍。　時珍曰：紫草味甘鹹而氣寒，入心包絡及肝經血分。其功長於涼血活血，利大小腸，故痘疹欲出未出，血熱毒盛，大便閉濇者宜用之。已出而紫黑便閉者，亦可用。若已出而紅活及白陷，大便利者，切宜忌之。故楊士瀛《直指方》云：紫草治痘，能導大便，使發出亦輕。得木香、白朮佐之，尤為有益。又曾世榮《活幼新書》云：紫草性寒，小兒脾氣實者猶可用，脾氣虛者反能作瀉。古方惟用茸，取其初得陽氣，以類觸類，所以用發痘瘡。今人不達此理，一概用之，非矣。　之頤曰：紫，間色，水乘火色也。氣寒味苦，稟水氣澄湛之體，捍格之用，主心腹濁邪，熱氣鬱作五黃，損氣閉竅者，力能捍格而澄湛之。　希雍曰：紫草稟天地陰寒清和之氣，故味苦、氣寒而無毒，入足少陰、厥陰，為涼血之聖藥。五疸者，溼熱在脾胃也。溼熱多在血分，此味涼血除熱而又利竅，故疸自治。其治小兒斑疹痘瘡，更有專功。　同紅花子、生地黃、甘草、貝母、牡丹皮，濃煎，加生犀角汁，量兒大小，以四十九匙至半盞為度，治痘瘡深紅色，或紫或黑陷乾枯，便閉，神效。若在一朝及二朝內，稍有元氣，雖危可生。痘疔痘毒咸治之，惟痘毒須加黃耆、金銀花、鼠黏子；痘瘡夾斑疹者，加硬石膏、麥冬、知母、竹葉，一二劑即去之。　癰疽便閉，紫草、栝樓實等分，新水煎服。　火黃身熱，午後却涼，身有赤點或黑點者，不可治，宜烙手足心、背心、百會、下廉，內服紫草湯，紫草、吳藍一兩，木香、黃連一兩，水煎服。

愚按：血本於水，而化於火，其行水火之氣化者，脾胃也。故丹皮、紫草、紅花、茜根、蘇木，多以赤色應心火，而紫草則獨為間色。多以甘應脾胃，鹹應腎水，而丹皮則獨稟苦辛。夫應火者赤，在紫草盧氏謂為水乘火色，其義較精。蓋相火為水中之火，以上奉君火，而攝行君令，故心脈診於左寸，包絡之脈診於右尺也。所以其味甘鹹，應水土之化者，與紅花、茜根、蘇木同，而紫色則應乎包絡而入之也。赤黑相間曰紫，坎離交會之色也。　夫甘鹹之味同矣，而其用將無同歟？曰：紫草味固甘鹹，然其氣微寒，繆氏謂稟天地陰寒清和之氣者是，故涼包絡之血而解毒，不似三味之或兼辛溫，止以行血為功也。然則涼血者，與丹皮所入同乎？曰：微有不同，在丹皮由心而及包絡之用，在紫草則有包絡而行心之化，故其色不同也。二者之用何如？曰：丹皮本元陰之根於腎者，散其伏火以上奉，紫草則本相火之奉於心者，解其結熱以下行也。抑亦何以見之？曰：丹皮之苦而寒者，本於先天元陰，紫草之甘而寒者，兼於後天化醇也。蓋膻中為氣海，即為包絡之血會，《經》固曰人身之父母也。曰諸味不槩可同矣，又何以皆能入肝？蓋肝為血臟，在下則由陰而達陽，在上則承陽以馭陰。故凡入血之味，無不並入肝也。雖然，紫草尤有與諸味異者，曰利大腸。蓋包絡之血，涼而熱散，則胃與肝之血皆和，而大腸自利，豈紫草於大腸另有專功哉？試觀紅花、茜根、蘇木之能活血者，未必能涼血，遂不以利大腸著也。抑何以丹皮不然？緣紫草兼後天化醇，更切於胃與大腸故也。種種區別若是，用者其可不審之確哉？

又按：紅花、茜根、蘇木俱染紅，唯紫草染紫，其義固別。若丹皮則不能染色，以本於先天，而後天之化少也。夫肝主色，自入為青，入心為赤，入脾為黃，入肺為白，入腎為黑，故韭之色青，蒲黃色黃，桃仁白，百草霜黑，皆能入血而效，其用皆各有妙理，豈獨赤者又何疑於丹皮哉？抑鬱金亦苦寒而辛，不與丹皮同乎？何以有能染色也？丹溪曰：鬱金屬火與土而有水，即此言是則得之後天者多，故染有色，所以能用其氣以入血，與丹

皮殊也。然鬱金亦解痘毒，時珍亦謂其入心包絡。第考《經驗方》，二味所與同奏效者，在紫草固和以涼血之劑，在鬱金則煮以甘草，並入片腦及生豬血者，又何謂也？試叅之。

修治　凡資入藥，去根取茸，取其初發陽氣，用發痘瘡也。細剉，白湯泡用。收藏勿令近烟氣，致其色變。

清・郭章宜《本草匯》卷九　紫草　甘、苦、鹹，寒，入手足厥陰血分。涼血和血，清解瘡瘍，宣發痘疹，通大小腸。療目黃成疸，治身熱火黃。午後却涼，身有赤點，或黑點者，不可治，宜服紫草湯。紫草、吳藍、木香、黃連煎服。

按：紫草一味，人家園圃多有栽種。涼而不凝，為痘家血熱之要藥。夫痘疹，毒盛則血熱，血熱則乾枯，而毒不得發，得紫草涼之，則血行而毒出。世俗未明此旨，誤認為宣發之劑，非矣。第其性涼潤，必毒熱盛大，脾實便閉者，乃為相宜。若已出而紅活及白陷大便利者，切宜忌之。同紅花子、生地、甘草、貝母、牡丹皮濃煎，加生犀角，量兒大小，以四十九匙，至半盞為度。治痘瘡深紅色，或紫或黑，陷下枯乾便閉，神効。若在一二朝，稍有元氣者，雖危可生。

嫩而紫色染手者佳。去根，取茸用。

清・王翃《握靈本草》卷二　紫草今出襄陽，亦所在皆有。苗似蘭香，莖赤節青，根有白毛如茸。用蠟溶水，拌蒸。　主治：　紫草，苦，寒，無毒。主心腹邪氣，五疸，傷寒時疾，斑疹。

清・汪昂《本草備要》卷二　紫草瀉血熱，滑腸。　甘、鹹，氣寒。入厥陰心包、肝血分。涼血活血，利九竅，通二便。鹹寒性滑。治心腹邪氣，即熱也。水腫五疸，瘑癬惡瘡血熱所致。及痘瘡血熱毒盛，二便閉濇者。血熱則毒閉，得紫草涼之，則血行而毒出。大便利者忌之。《活幼心書》云：紫草性寒，小兒脾實者可用，脾虛者反能作瀉。古方惟用茸，取其初得陽氣，以類觸類，用發痘瘡。今人不達此理，一概用之，誤矣。瀉者忌用。　去頭、鬚，酒洗。

清・李熙和《醫經允中》卷二〇　紫草　入手足厥陰二經。　苦，寒，無毒。主治斑疹痘毒，活血涼血，及傷寒斑毒。夫痘疹毒盛則血熱，而毒不得發，得紫草涼之，則血行而毒出。第性寒潤，故血熱毒盛，大便閉濇者急用之。已出而紫黑便結者宜用之。若紅潤及白陷便利者用之作瀉。

清・馮兆張《馮氏錦囊秘錄・雜症痘疹藥性主治合參》卷二　紫草稟天地陰寒清和之氣，故味苦，氣寒而無毒。入足少陰、厥陰。為涼血之聖藥。〇軟嫩而紫色者佳，去根取茸。血分熱盛者生用，脾虛者酒淨焙。　紫草和膏，敷熱毒瘡瘍。煎服，涼血化斑，托豌豆瘡疹。利九竅水道，乃血熱痘中，滑肌通竅涼血必用之藥。但性苦寒通利，勿多服久服，以增中寒泄瀉之虞。

主治痘疹合參：　治痘紅紫目赤，血熱毒盛之症。此痘心經有熱，閉塞不通，血氣凝滯，毒盛色紫，用此涼血開竅，而熱毒發越，痘易起也。至於五六朝用，宜同粘米，蓋粘米能制紫草之餘寒。但終屬性寒滑利，不可久用過用，恐致泄瀉成虛。若非血熱及大便滑利者，勿用。

清・张璐《本經逢原》卷一　紫草　甘鹹，寒，無毒。色深紫而脆者良。淡紫質堅者曰紫梗，不入藥。《本經》主心腹邪氣，五疸，補中益氣，利九竅。　發明：　紫草入心胞絡及肝經血分，其功專於涼血活血，利大小腸，故痘疹欲出未出，血熱毒盛，大便閉澀，色乾枯，而毒不得越者宜之。已出而紫黑便閉者亦可用。蓋紫草涼血，血涼則毒出。世俗誤以為宣發之藥，非也。若已出而色紅活者不宜，或白陷，及大小便利者忌之。《本經》言，治心腹邪氣五癉者，乃活血利竅之義。發痘即活血利竅之大端也。言補中益氣者，營血和，則中氣受益矣。

清・浦士貞《夕庵讀本草快編》卷一　紫草《本經》　此草花紫根紫，可以染色，故名。　紫草苦鹹，無毒而化毒，活血而涼血，乃手足厥陰要藥也。凡痘疹欲出未出，血熱毒盛，大便閉濇者宜之。倘已出而色多紫黑，便閉而氣壯亦不可缺。若脾氣素虛，痘出紅活或白而陷下，皆當忌也。專取其茸為初得陽氣，以類觸類。今人不達此理，一概通治，非矣！夫痘雖曰天行，乃唐高宗永徽四年自西域傳入，小兒間有免者，乃淫火惡毒之氣所結，用此解之最當。若曰除心腹邪氣而利大腸，得非亦此理乎？

清・張志聰、高世栻《本草崇原》卷中　紫草　氣味苦，寒，無毒。主治心腹邪氣，五疸，補中益氣，利九竅。　紫草出碭山山谷，及襄陽、南陽新野所在皆有，人家或種之。苗似蘭香，赤莖青節，二月開花紫白色，結實白色，春社前後采根陰乾，其根頭有白毛如茸，根身紫色，可以染紫。　紫乃蒼赤之間色，紫草色紫，得火氣也。苗似蘭香，得土氣也。火土相生，能資中焦之精汁，而調和其上下，故氣味苦寒，主治心腹之邪氣。疸者，乾也，津液乾枯也。五疸者，驚疸、食疸、氣疸、筋疸、骨疸也。紫草稟火土之氣，滋益三焦，

故治小兒之五疳。補中者，補中土也。益氣者，益三焦之氣也。九竅為水注之氣，補中土而益三焦，則如霧如漚如瀆，水氣環復，故利九竅。

清・劉漢基《藥性通考》卷五 紫草 味甘、鹹，氣寒。入厥陰血分，心、肝二經。涼血活血，利九竅，通二便，治心腹邪氣，水腫五疸，瘡癬及痘瘡，血熱毒盛，二便閉濇者用之。瀉者忌用。去頭鬚，酒洗用。血熱則毒閉，得紫草涼之，則血行毒出。大便利者忌之。紫草性寒，小兒脾實者可用，脾虛者反能作瀉矣。

清・王子接《得宜本草・中品藥》 紫草 味苦，入手足厥陰經。功專涼血活血，利大小腸。得白朮、木香治痘瘡血熱，毒盛便閟。

清・徐大椿《神農本草經百種錄》中品 紫草 味苦，寒。主心腹邪氣，去心腹熱邪。五疸，濕熱在血中。補中益氣，營家之熱清，則中焦和利。利九竅，諸竅不為邪熱所閉。通水道。心氣通于小腸。 紫草色紫而走心，心主血，又其性寒，故能治血家之熱。

清・黃元御《玉楸藥解》卷一 紫草 味苦，氣寒。入足厥陰肝經。滑肝涼血，泄火伐陽。紫草疏利，涼血活瘀，寒胃滑腸。痘色紅紫之證，緣營閉衛虛，不能外達，庸工以為血瘀，用紫草治之，百治百死，今古不悟，可惡！

清・吴儀洛《本草從新》卷一 紫草〔瀉血熱，滑腸。〕 甘，鹹，氣寒。入厥陰血分心包、肝。涼血活血，利九竅，通二便。鹹寒性滑。治心腹邪氣即熱也，及痘瘡血熱毒盛，二便閉澀者。血熱則毒閉，得紫草涼之則血行而毒出。《活幼心書》〔曾世榮著《活幼心書》。〕云：紫草性寒，小兒脾實者可用，脾虛者能瀉。古方唯用茸，取其初得陽氣，以類觸類，用發痘瘡。今人不達此理，一概用之，誤矣。 便滑者勿用。去頭鬚，酒洗。

清・汪紱《醫林纂要探源》卷二 紫草 甘、鹹，寒。莖如蘇荏，根莖花實色皆紫，近根有紫茸。補心緩肝，散瘀活血。色紫赤，入心肝血分，心輭則能用血，肝緩則不失所藏，兼能滲熱濕，利小腸水，靖腎命火，治疸證，及一切惡瘡血熱之毒。

清・嚴潔等《得配本草》卷二 紫草 苦，寒。入手足厥陰經血分。主血中鬱熱，去心腹邪氣。利二便，解黃疸，消腫脹，托痘疹，化紫斑，利九竅，通脈絡，達皮毛。 配木香，治痘毒血熱。配栝蔞仁，治癰疽便秘。配藍葉、黃連、木香，治火黃身熱。身有赤黑點者不可治。 去根髭，取嫩茸，以甘草水浸炒用。血熱者生用。脾虛者酒淨焙，或同糯米炒用。 脾氣虛、便滑者禁用。

題清・徐大椿《藥性切用》卷三 紫草 甘鹹氣寒，入厥陰血分，而涼血活血，為痘瘡血熱專藥。便滑者忌之。

清・黃宮繡《本草求真》卷七 紫草入心胞、肝，涼血解毒。 紫草耑入心胞肝。甘鹹氣寒，色紫質滑，耑入厥陰血分涼血，血涼則九竅通，二便利，故凡血熱毒閉，而見心腹急痛，水腫不消，五疸病癬惡瘡，及痘瘡血熱毒盛，二便閉澁者，治當用此。俾血得寒而涼，得鹹而降，得滑而通，得紫而入，血涼毒消，而二便因以解矣！《活幼書》云：紫草性寒，小兒脾實者可用，脾虛者反能作瀉。奈世誤以為宣發之藥，不論毒閉與否輒用，殊失用藥意義矣！ 瀉者忌服。茸得陽氣之早，用宜取茸為正，酒洗用。紫草去頭鬚，《本經》云能補中益氣，似非。

清・楊璿《傷寒溫疫條辨》卷六消劑類 紫草茸 味甘鹹，氣寒。茸初得陽氣，和血涼血，利九竅，通二便。治溫病邪熱。小清涼散用之。 畜血黃疸，痘疹血熱，惡瘡瘑癬，皆血分濕熱所致也。

清・羅國綱《羅氏會約醫鏡》卷一六草部 紫草 味苦鹹，氣寒，入心、胞絡、肝三經。去根取茸。血熱生用，脾虛酒焙。 性寒而利。能涼血、活血、滑血，通二便，鹹寒能滑。托痘疹，凡痘疹血熱毒盛，或黑或紫，大便燥結者用之；否則忌用，恐脾氣虛者，反能作泄。同粘米用，能制寒性。 并解黃疸，消腫療脹，一切惡瘡。取其利水去濕涼血而然也。 瀉者忌之。

清・唐大烈《吴醫彙講》卷三〔唐迎川〕 辨紫茸之偽 痘科所用紫茸，即紫草之嫩苗也。《活幼新書》云：紫草性寒，小兒脾實者可用，脾虛者反能作瀉。古方惟用茸，取其初得陽氣，以類觸類，用發痘瘡。今人於前四朝，涼血利竅，則用紫草，若痘局佈齊後，改用紫茸，以血熱未清，於涼血中兼寓升發之義也。今肆中所用，色紫而形如松膏者，乃係洋内樹脂，與紫草茸迥異。醫俱不察而用之，不可不急為之辨。

清・黃凱鈞《藥籠小品》 紫草 涼厥陰血分，心包、肝。治痘瘡血熱，二便閉塞。

清・王龍《本草纂要稿・草部》 紫草 氣味苦寒。益氣補中，通竅利水。治目黃成疸，療腹滿作疼。合膏敷癘癬瘡瘍，單煎托豌豆瘡疹。

清・張德裕《本草正義》卷上 紫草 苦，寒。血分藥也。能涼血活血，解毒利便。凡痘瘡無論已出未出，血熱毒盛，或紫或黑，大便秘結者，皆宜

用。若已出紅活，不紫不黑，大便如常，不可用，以苦寒恐敗脾也。用茸者，取其輕揚之義。

清·楊時泰《本草述鉤元》卷七　紫草　三月下子，九月子熟時刈草，春社前後采根，陰乾。其根頭有白毛如茸，未花時采則根色鮮明，花過而采則黯惡。

氣味甘鹹寒。入手足厥陰、足少陰經。功專涼血活血，利大小腸。主斑疹痘毒，治心腹邪氣，療五疸，利九竅。味苦氣寒，水乘火色，稟水氣澄湛之體，捍格之用，凡心腹濁邪熱氣，鬱作五黃，損氣閉竅者，力能捍格而澄湛之之頤。五疸者，濕熱在脾胃也。濕熱多在血分，此味涼血除熱，而又利竅，故疸自愈仲淳。痘疹欲出未出，血熱毒盛，大便閉塞者，宜用。蓋包絡之血涼而熱散，則胃與肝之血皆和，而大腸自利。《直指方》云：紫草治痘，能導大便，使發出亦輕。得木香、白朮佐之，尤為有益，其已出而紫黑便閉者，亦可用。若已出而紅活及白陷大便利者，切忌。能令作瀉。同紅花子、生地、丹皮、貝母、甘草濃煎，加生犀角汁，量兒大小，以四十九匙至半盞為度，治痘瘡深紅色，或紫或黑陷，乾枯便閉，神效。若在一朝及二朝內，稍有元氣，雖危可生。并治痘疔痘毒，惟痘毒須加黃耆、金銀花、大力子；痘瘡夾斑疹者，加硬石膏、麥冬、知母、竹葉一二劑，即去之。癰疽便閉，紫草、栝蔞實等分，新水煎服。火黃身熱，午後却涼，身有赤點或黑點者不治。宜烙手足心、背心、百會、下廉，內服紫草湯，紫草、吳藍一兩，木香、黃連一兩，水煎服。

論：丹皮、紫草、紅花、茜草、蘇木，多以赤色應心火。而紫草獨為間色，多以甘應脾胃。鹹應腎水，血本於水，而化於火，其行水火之氣化者，脾胃也。而丹皮獨稟苦辛。夫應火者赤，紫草之見水乘火色者，以相火為水中之火，上奉君火而攝行君令，故心脈診於左寸，包絡之脈診於右尺也。所以甘鹹而應水土之化，其味與紅花、茜根、蘇木同，而紫色則應乎包絡而入之。夫甘鹹之味既同，將入血之用亦有同焉者，不知紫草味固甘鹹，氣則微寒，故主涼包絡之血而解毒，不似三味或兼辛溫，止以行血為功，且其涼血。又與丹皮所入不同，在丹皮由心而及包絡之用，紫草則由包絡而行心之化，一本元陰之根於腎者，散其伏火以上奉，一本相火之奉於心者，解其結熱以下行。蓋丹皮苦而寒，根於先天元陰；紫草甘而寒，兼於後天化醇也。惟紅花、茜根、蘇木能活血，未必能涼血，故不及利大腸。丹皮雖涼血，却不若紫草更兼後天化醇，而切於胃與大腸，故便閉宜之。又紅花、茜根、蘇木俱染紅，紫草染紫，若丹皮則不能染色，以本於先天而後天之化少也。夫肝主色，自入為青，入心為赤，入脾為黃，入肺為白，入腎為黑，故韭之色青，蒲黃色黃，桃仁白，百草霜黑，皆能入血而效其用，又何疑於丹皮哉。抑鬱金苦寒而辛，與丹皮同，何以又能染色？丹溪曰：鬱金屬火與土而有水。即此言，是得之後天者多，所以用其氣以入血，與丹皮殊，而染物有色也。

修治：入藥去根取茸，細剉，白湯泡用。古方惟用茸，取其初得陽氣，以類觸類，用發痘瘡，今人不達此理，一概用之，非矣。觸烟氣則色變，收藏者弗令近之。

清·葉桂《本草再新》卷一　紫草味甘、鹹，性寒，無毒。入肝、脾、腎三經。涼血活血，利九竅，通二便，治心腹邪氣及痘瘡血熱毒甚。

清·吳其濬《植物名實圖考》卷七　紫草　《本經》中品。《爾雅》：藐，茈草。《圖經》：苗似蘭，莖赤節青，二月花，紫白色，秋實白。今醫者治痘瘄破血多用紫草茸。《齊民要術》有種紫草法，近世紅藍，利贏十倍，而種紫草者鮮矣。《圖經》諸書，皆未詳的，湘中傜峒及黔滇山中，野生甚繁，根長粗紫黑，初生鋪地，葉尖長濃密，白毛長分許，漸抽圓莖，獨立亭亭，高及人肩，四面生葉，葉亦有毛，夏開紅筩子花，無瓣亦不舒放，茸跗半含，柔枝盈幹，層藹四垂，宛如瓔珞。《遵義府志》：葉似胡麻，幹圓，結子如蘇麻子，秋後葉落幹枯，其根始紅，較諸書敘述，簡而能類。李時珍謂根上有毛，而未言其花葉，殆亦未見全形。按《說文》：茈，草也。可以染流黃。臣鍇按《爾雅》：藐，紫草。注：一名茈莀，臣以為史儀制多言綠綟綬，即此草所染也。又按五方之間色，有留黃，其色紫、赤、黃之間，蓋玄冠紫緌萌於魯桓，漢魏綰綸，遂同褻服，貴紅藍而賤紫莂，鄭注：掌染草謂之紫莂。尚循奪朱之惡歟？

清·趙其光《本草求原》卷一 山草部　紫草根　色紫，水火之色。氣寒、臭香，味苦、甘、鹹，走血。無毒。此本水火之精，以滋中焦之汁，即藉中土以行水火之氣化，故能解心包、肝、脾、腎之結熱毒氣，莖赤，節青，故又入肝。以活血、涼血。血本於水，成於木；火必得脾胃散精歸肺而後入心，以成其生化。《經》曰中焦取汁，變化成赤，謂之血是也。此物花子俱白，又入肺。治心腹邪氣，血熱之邪。五疳，疳者，乾也。濕熱傷血則血乾，而成掠食筋骨氣之五疳。補中益氣。中焦陰液足則氣受益。利九竅，九竅為水注之氣，胃主之。則如霧，如漚，如瀆，而水氣環布也。通大小腸，

九竅利，則二便通調。水腫、脹滿、淋瀝，為末，井花水下。身黃熱有赤點，黑點不治，宜烙手足心、背心、百會、下廉，同大藍、川連、木香煎服。吾嘗治二人身橘黃，二便閉，周身黑點如淡墨，脈微，以薑、附合連、柏治之而愈。癰疽便秘，同蔞仁煎服。白禿，煎汁塗。惡蟲咬，煎油搽。惡瘡面齇，瘑癬，斑疹痘毒。

色深紫而脆者良。淡紫、質堅者，曰紫梗，不入藥。

紫草四月開花，至九月結子，刈苗采根則赤黯。性寒，功專涼血利竅，故痘疹隱隱、欲出未出、色赤乾枯，及已出而便閉，色紫黑者宜之。毒不得越，血涼痘自出。同陳皮、葱白煎。痘夾黑疔亦宜。同雄黃末，胭脂汁調點。若痘已齊布紅活，二便通調，則改用紫草茸。茸者，二月春社前采嫩苗連根，其根頭有白毛如茸，得春升之溫氣，元素曰：苦溫。指茸言。於血熱未清，用以活血，而寓升發之義也。若紅活，二便滑及白陷者忌之。至灰滯而便滑，則又宜蟲部之紫草茸，宜參觀之。

每斤用蠟二兩，溶水拌，蒸至水乾，去頭並兩畔髭用。同紅花、生地、貝、甘、丹皮、犀角，治痘瘡黑陷，痘疔危急，乾枯便閉；痘毒，加芪、蒡、銀花；夾斑疹，加石膏、知母、竹葉、麥冬。

清・葉志詵《神農本草經贊》卷二　紫草　味苦，寒。主心腹邪氣，五疸，補中益氣，利九竅，通水道。一名紫丹，一名紫芙。生山谷。

黃白青沙，紫根密擁。利埜興鋤，春耕分壟。色耀花前，堅憑石重。幾見雅銜，蘭香嘉種。

《群芳譜》：紫草宜黃白輭良之地及青沙地，秋耕深細，至春又轉耕之，逐壟下子。李時珍曰：此草花紫根紫，未花時采根，色鮮明，以石壓扁曝乾，猺獞呼為雅銜草。蘇恭曰：苗似蘭香。

清・文晟《新編六書》卷六《藥性摘錄》　紫草　甘鹹，氣寒。然紫質滑，入心胞肝。涼血解毒。○凡因血熱毒閉，而心腹急痛，水腫不消，五疸，瘑癬惡瘡，及痘瘡血熱毒盛，二便秘者，皆當用此。惟脾虛泄瀉者，忌服。○取茸，酒洗用。

清・張仁錫《藥性蒙求・草部》　紫草八分　紫草甘寒，滑腸涼血。癍疹痘瘡，熱毒莫缺。甘、鹹，氣寒。入心包、肝血分。利九竅，通二便，治心腹邪熱。○去頭鬚，酒洗用。○凡治痘疹，無論已出未出，但血熱毒盛，或紫或黑，而大便秘結者，宜之。若已出，或不紫不黑，而大便如常者，即不可用。古方惟用其茸，亦取其氣輕味薄，而有清淨升發之功。

清・屠道和《本草匯纂》卷二涼血　紫草　耑入心胞、肝。甘、鹹，氣寒，無毒。色紫質滑，入心胞、肝，涼血解毒。治心腹邪氣，通九竅，利二便。療五疳，消水腫。瘑癬惡瘡，斑疹瘡毒盛。和血，利大腸。合膏塗小兒瘡及面皶。《活幼書》云：紫草性寒，小兒脾胃實者可用。脾胃虛者反能作瀉，凡便滑者忌服。古方用茸以發痘瘡，取其初得陽氣，以類觸類。今人不達此理，一概用之，誤矣。

清・戴葆元《本草綱目易知錄》卷一草部　紫草　甘、鹹，氣寒。入手足厥陰血分。涼血活血，利九竅，通水道，利大腸。治心腹邪氣，五疳腫脹，瘑癬惡瘡，斑疹痘毒。以合膏，塗小兒瘡及面皶。血熱毒盛，二便閉澀者，宜之。瀉者，忌用。

清・黃光霽《本草衍句》　紫草　活血涼血，入厥陰之經。心包、肝。利竅通便，解熱毒之藥。氣實者能滑大腸，脾虛者勿犯寒性。痘瘡欲出未出，血熱毒盛者，及已出而色紫便閉，皆可用。

清・陳其瑞《本草撮要》卷一　紫草　味苦，入手足厥陰經，功專涼血活血，利大小腸。得白术、木香治痘瘡血熱，毒盛便秘。瀉者忌。去頭鬚酒洗。

清・仲昴庭《本草崇原集說》卷中　紫草　【略】仲氏曰：時法每以紫草配為涼劑，解痘毒，率多寒中變證，惟士宗先用桂枝湯，化太陽之氣，氣化則毒不留，又有桂枝湯加金銀花、紫草等法，見《真傳》，並詳《三字經》小注。

黑陽參

明・蘭茂撰，清・管暄校補《滇南本草》卷中　黑陽參　又名黑元參。性微寒，味苦微甘。滋養真陰，調血除熱，退諸虛癆熱，利小便，治熱淋膏淋。

明・蘭茂《滇南本草》〔叢本〕卷上　黑陽參　味苦、微甘，性微寒。滋養真陰，調血除熱，退諸虛勞熱，利小便，治血淋、膏淋。

狗屎花

明・蘭茂撰，清・管暄校補《滇南本草》卷中　狗屎花一名倒提壺，又名一把抓。性寒，味苦、微鹹。入肝腎二經。升降肝氣，利小便，消水腫。瀉胃火實熱，治黃疸眼仁發黃，周身發黃疸如金葉色。止肝氣疼，治七種疝氣疼痛。開白花者，治婦人白帶淋漓。開紅花者，治婦人紅崩赤帶，瀉膀胱火熱。

附方：治男女黃（胆）〔疸〕，眼輪黃如金箔，周身黃如金色，頭面浮腫，

兩足水腫。藍狗屎花根一兩，金鐘茵陳二錢，點水酒服。忌魚、羊、蛋、蒜。又方：治七種疝氣，小腸氣疼，膀胱氣疼，偏墜，腎子腫大，腎囊腫，堅硬光亮如水。倒提壺，或一兩，或五〔錢〕，要晒乾。荔枝核，七個，燒研。茴香子，一錢，炒。水煨，點水酒服。

明・蘭茂《滇南本草》〔叢本〕卷下 狗屎花一名倒提壺，一名一把抓。味苦，性寒。入肝腎二經。升降肝氣，利小便，消水腫，瀉胃中濕熱，治黄疸，眼仁發黄，周身黄如金。止肝氣疼，治七種疝氣疼。白花者，治婦人白帶、淋症。紅花者，治婦人赤帶紅崩，瀉膀胱火熱。單方：治男子、婦人白帶、黄疸、淋瀝，眼目白輪黄如金色，周身黄色，頭面黄腫，兩膀水腫。藍狗屎花一兩、金鐘茵陳五錢，引點水酒服。忌煎炒、魚、羊、蛋、蒜、豆。單方：治七種疝氣疼，小腸氣疼，膀胱氣疼，偏墜，腎子腫大，腎囊腫硬光亮如水。藍狗屎花葉、晒乾，五錢，或一兩。荔枝核、七個，火燒。茴香子，二錢，炒。水煨，臨服點水酒。

藍蛇風

清・劉善述、劉士季《草木便方》卷一草部 藍蛇風 南蛇(丰)〔風〕根本熱性，行氣活血搜風盡。風濕麻木酒煎服，能除臟腑風熱病。

黄連

宋・李昉《太平御覽》卷第九九一 黄連 《廣雅》曰：王連，黄連也。《范子計然》曰：黄連，出蜀都。黄肥堅者善。《神仙傳》曰：封君達服黄連五十餘年，入鳥鼠山，服練水銀百餘歲，常騎青牛行民間，有疾病者，不問識與不識，皆與藥即差。又曰：黑穴公服黄連得仙。《名山記》曰：扶容石，草多黄連。《湘州記》曰：邵陵夫夷縣衡山，出黄連。《永嘉記》曰：松陽縣，草有黄連覆地，土人取者必禱祠，若失神意，則化為異物。《本草經》曰：黄連，一名王連。味苦，寒。生川谷。治熱氣，目痛眦傷泣出，明目。生巫陽。《吴氏本草》曰：黄連，神農、岐伯、黄帝、雷公：苦，無毒。李氏：小寒。或生蜀郡太山之陽。

宋・唐慎微《證類本草》卷七草部上品〔《本經・別録・藥對》〕 **黄連** **味苦，寒**、微寒，無毒。**主熱氣，目痛眦傷泣出，明目，腸澼腹痛，下痢，婦人陰中腫痛**，五藏冷熱，久下泄澼膿血。止消渴、大驚，除水利骨，調胃厚腸，益膽，療口瘡。**久服令人不忘。一名王連。**生巫陽川谷及蜀郡、太山，二月、八月採。黄芩、龍骨、理石爲之使，惡菊花、芫花、玄參、白鮮，畏款冬，勝烏頭，解巴豆毒。

〔梁・陶弘景《本草經集注》〕云：巫陽在建平。今西間者，色淺而虚，不及東陽、新安諸縣最勝。臨海諸縣者不佳。用之當布裹挼去毛，令如連珠。俗方多療下痢及渴，道方服食長生。

〔唐・蘇敬《唐本草》〕注云：蜀道者麁大節平，味極濃苦，療渴爲最。江東者節如連珠，療痢大善。今澧州者更勝。

〔宋・馬志《開寶本草》〕注：醫家見用宣州九節堅重、相擊有聲者爲勝。

〔宋・掌禹錫《嘉祐本草》〕按：《蜀本圖經》云：苗似茶，花黄叢生，一莖生三葉，高尺許，冬不凋。江左者節高若連珠。蜀都者，節下不連珠。今秦地及杭州、柳州者佳。《藥性論》云：黄連，臣。一名支連。惡白殭蠶，忌猪肉，惡冷水。殺小兒疳蟲。點赤眼昏痛，鎮肝去熱毒。蕭炳云：今出宣州絕佳，東陽亦有，歙州、處州者次。陳藏器云：主羸瘦氣急。日華子云：治五勞七傷，益氣，止心腹痛，驚悸煩燥，潤心肺，長肉止血，并瘡疥，盜汗，天行熱疾。猪肚蒸爲丸，治小兒疳氣。

〔宋・蘇頌《本草圖經》〕曰：黄連，生巫陽川谷及蜀郡、泰山，今江、湖、荆、夔州郡亦有，而以宣城者爲勝，施、黔者次之。苗高一尺已來，葉似甘菊，四月開花，黄色。六月結實似芹子，色亦黄。二月、八月採根用。生江左者，根若連珠，其苗經冬不凋，葉如小雉尾草，正月開花作細穗，淡白微黄色，六七月根緊始堪採。古方以黄連爲治痢之最，《胡洽方》：載九盞湯，主下痢，不問冷熱、赤白、穀滯、休息、久下悉主之。以黄連長三寸三十枚秤重一兩半，龍骨如棋子四枚重四分，附子大者一枚，乾薑一兩半，膠一兩半，並切；先以水五合，著銅器中，去火三寸，煎沸便下，著生土上，沸止又上水五合，如此九上九下；内諸藥著火上，沸輒下，著土上，沸止又復，九上九下，度可得一升，頓服即止。又香連丸亦主下痢，近世盛行。其法以宣連、青木香分兩停同擣篩，白蜜丸如梧子，空腹飲下二三十丸，日再，如神。其久冷人，即用煨熟大蒜作丸。此方本出李絳《兵部手集方》，嬰孺用之亦效。又治目方用黄連多矣，而羊肝丸尤奇異，取黄連末一大兩，白羊子肝一具，去膜，同於砂盆内，研令極細，衆手撚爲丸如梧子。每食以暖漿水吞二七枚，連作五劑，差。但是諸眼目疾及障翳、青盲皆主之，禁食猪肉及冷水。劉禹錫云：有崔承元者，因官治一死罪囚出活之，囚後數年以病自致死。一旦，崔爲内障所苦，喪明逾年後，半夜歎息獨坐，時聞階除間悉窣之聲，崔問爲誰？曰：是昔所蒙活者囚，今故報恩至此，遂以此方告訖而沒。崔依此合服，不數月，眼復明，因傳此方於世。又今醫家洗眼湯，以當歸、芍藥、黄連等分停，細切，以雪水或甜水煎濃汁，乘熱洗，冷即再溫洗，甚益眼目，但是風毒赤目、花翳等，皆可用之，其説云：凡眼目之病，皆以血脉凝滯使然，故以行血藥合黄連治之，血得熱即行，故乘熱洗之，用者無不神效。

〔宋·唐慎微《證類本草》〕《雷公》云：凡使，以布拭上肉毛，然後用漿水浸二伏時，漉出，於柳木火中焙乾用。若服此藥得十兩，不得食豬肉；若服至三年，不得食豬肉一生也。《外臺秘要》：治卒心痛。黄連八兩，一味㕮咀，以水七升，煮取五升，絞去滓，寒温飲五合，日三服。又方：治目卒痒，目痛。末黄連，乳汁浸，點眦中止。《千金方》：治大熱毒純血痢。宣連六兩，以水七升，煮取三升半，夜露星月下，平旦空腹頓服之，少卧將息。《肘後方》：治眼淚出不止，濃汁漬綿乾拭目。又方：赤痢熱下，久不止。黄連末，雞子白丸，飲服十丸，三十丸即差。又方：治卒消渴，小便多。擣黄連，絹篩，蜜和，服三十丸，治渴延年。又方：赤白痢下，令人下部疼重，故名重下，出膿血如雞子白，日夜數十行，絞臍痛。治之：黄連一升，酒五升，煮取一升半，分再服，當小絞痛。《經驗方》：治暴赤白痢如鵝、鴨肝者，痛不忍。黄連、黄芩各一兩，以水二升，煎取一升，分三服，熱喫，冷即凝矣。《梅師方》：傷寒病，發豌豆瘡，未成膿方：黄連四兩，水三升，煎取一升，去滓分服。《斗門方》：治痔疾有頭如雞冠者。用黄連末，傅之即差，更加赤小豆末尤良。《簡要濟衆》：小兒吐血不止。以一兩去鬚，擣爲散，每服一錢，水七分，入豉二十粒，同煎至五分，去滓，溫服，量兒大小加減進。《博濟方》：治久患脾洩，神聖香黄散：宣連一兩，生薑四兩，一處以慢火炒，令薑乾脆，色深，去薑取連擣末，每服二錢匕，空心臈茶清下。甚者不過二服，差。《勝金方》：治眼黄連丸：宣連不限多少，搥碎，用新汲水一大椀，浸至六十日後，用綿濾過取汁入元椀内，却於重湯上熬，不住以匙蕩攪，候乾爲度。即穿地坑子可深一尺，以瓦鋪底，將熟艾四兩，坐在瓦上，以火然如灸法。然後以藥椀覆上，四畔封泥，開孔令煙出盡即止，取出刮下，丸如小豆大，每服十丸，甜竹葉湯下。又方：治久痢，累醫不差。黄連一兩爲末，以雞子白和爲餅，炙令如紫肝色，杵爲末，以漿水三升，慢火煎成膏。白痢加酒半盞同煎，每服半合，溫米飲調下，食前服。《廣利方》：治骨節熱積漸黄瘦。黄連四分，碎切，以童子小便五大合，浸經宿，微煎三四沸，去滓，食上分兩服，如人行四五里再服。《杜壬》：治氣痢瀉，裏急後重，神妙方：宣連一兩，乾薑半兩，各爲末。每用連二錢，薑半錢，和勻，空心溫酒下。《子母秘録》：因驚舉重，胎動出血。取黄連末，酒服方寸匕，日三服。孫尚藥同。又方：小兒赤白痢多時，體弱不堪。宣連濃煎，和蜜服。日六七服，量其大小，每煎三分水減二分，頻服。又方：小兒耳後月蝕瘡，末黄連傅之。又方：小兒鼻下兩道赤者名曰䘌，亦名赤鼻疳。鼻以米泔洗，傅黄連末，日三四度，佳。《姚和衆小兒方》：小兒食土。取好土濃煎黄連汁搜之，日乾與服。《抱朴子》：乳汁煎之，治目中百病。宋王微《黄連讚》：黄連味苦，左右相因。斷涼滌暑，闡命輕身。縉雲昔御，飛蹕上旻。不行而至，吾聞其人。梁江淹《黄連頌》：黄連上草，丹砂之次。禦孽辟妖，長靈久視。驂龍行天，馴馬匝地。鴻飛以儀，順道則利。

宋·寇宗奭《本草衍義》卷八　黄連　今人多用治痢，蓋執以苦燥之義。下俚但見腸虛滲洩，微似有血便即用之，更不知止。又不顧寒熱多少，但以盡劑爲度，由是多致危困。若氣實初病，熱多血痢，服之便止，仍不必盡劑也。或虛而冷，則不須服。餘如《經》。

宋·鄭樵《通志》卷七五《昆蟲草木略》　黄連　曰王連，曰支連。

金·張元素《潔古珍珠囊》〔見元·杜思敬《濟生拔粹》卷五〕　黄連苦純陰。瀉心火，心下痞。酒炒酒浸上頸已上。與芫花、菊花、殭蠶、欵花相反。

宋·劉明之《圖經本草藥性總論》卷上　黄連　味苦，寒、微寒，無毒。主熱氣目痛，眦傷泣出，明目，腸澼腹痛下痢，婦人陰中腫痛，五臟冷熱，久(不)〔下〕洩澼膿血出，煩渴，大驚，除水利骨，調胃厚腸，益膽，療口瘡。《藥性論》：殺小兒疳蟲。點赤眼昏痛，鎮肝，去熱毒。惡菊花、芫花、玄參、白鮮、殭蠶。畏欵冬、冷水。勝烏頭。解巴豆毒。忌猪血。

宋·張杲《醫説》卷八　服黄連　劉奉林，周時人，學道嵩山，四百年三合神丹，為邪物所敗，乃入委羽山，閉氣三日不息，今千餘年，猶未升仙，但服黄連，得不死爾，不能有所役使。

論黄連書　觀比聞公以眼疾餌黄連，至十數兩猶不已，不知果然否？審如所聞，殆不可也。觀頃年血氣未定，頗好方術之説，讀醫經數年，嘗記釋者云：服黄連、苦參久而反熱，甚以為不然，後乃信之。蓋五味入胃，各歸其所喜，故酸先歸心，甘先歸脾，辛先歸肺，鹹先歸腎。入肝則為溫，入心則為熱，入肺則為清，入腎則為寒，入肝則為至陰，而血氣兼之，皆為增其氣不已，臟氣有所偏勝，則必有所偏絕，黄連、苦參性雖大寒，然其味至苦，入胃則先歸於心，久而不已則心火之勝，火則熱，乃其理也。眼疾之生，本於肝之熱，肝與心為子母，夫心為子，肝為母，心火也，肝亦火也。腎，孤臟也。人嘗患一水不勝二火，今病本於肝，而久餌苦藥，使心有所偏勝，是所謂以火救火，命之曰益多其不可亦明矣。夫藥所以療疾，其過也適所以為疾。比聞初作時，十已損其七八，正宜節藥，慎護飲食，以俟其自平，非如決疣潰癰，可以忽然一朝去也。輒具以進，惟留意而聽之無忽《秦觀與喬希聖論黄連書》。

宋·張杲《醫説》卷一〇　小兒初生服藥　小兒初生，急以綿裹指，拭盡

口中惡血。若不急拭，啼聲一出，即入腹成百病矣。亦未須與乳，且先與拍破黃連，浸湯取濃汁，調朱砂細末，抹兒口中，打盡腹中舊屎，方可與乳兒。若多睡聽之，勿強與乳，則自然長而少病。

黃連愈癬　指揮使姚歡年八十餘，鬚髮不白，自言年六十歲患癬疥，周匝頂踵。或教服黃連，遂痛，久服故髮不白。其法：以宣連去鬚，酒浸一宿，焙乾為末，蜜元桐子大，日午臨臥，酒吞二十粒《東坡大全》。

元・王好古《湯液本草》卷四　黃連　氣寒，味苦。味厚氣薄，陰中陽也，升也。無毒。　入手少陰經。　《象》云：瀉心火，除脾胃中濕熱，治煩躁惡心，鬱熱在中焦，兀兀欲吐，心下痞滿必用藥也。仲景治九種心下痞，五等瀉心湯皆用之。去鬚用。　《心》云：瀉心經之火，眼暴赤腫，及諸瘡，須用之。苦寒者主陽有餘，苦以除之。安蛔，通寒格，療下焦虛，堅腎。《珍》云：酒炒上行，酒浸行上頭。《本草》云：主熱氣，目痛眦傷泣出，明目。腸澼腹痛下痢，婦人陰中腫痛。五臟冷熱，久下泄澼膿血，止消渴大驚，除水利骨，調胃厚腸，益膽，療口瘡。久服令人不忘。　《液》云：入手少陰，苦燥，故入心，火就燥也。然瀉心其實瀉脾也，為子能令母實，實則瀉其子。治血，防風為上使，黃連為中使，地榆為下使。　海藏祖方，令終身不發斑瘡，煎黃連一口，兒生未出聲時，灌之，大應。已出聲灌之，斑雖發，亦輕。古方以黃連為治痢之最。　《衍義》云：治痢有微血，不可執以黃連。為苦燥劑，虛者多致危困，實者宜用之。　《本草》又云：龍骨、理石、黃芩為之使，惡菊花、芫花、玄參、白鮮皮。畏款冬花。勝烏頭，解巴豆毒。

元・朱震亨《本草衍義補遺》　黃連　以薑汁炒，辛散衝熱有功。〇日華子云：治五勞七傷，止心腹痛，驚悸煩燥，天行熱疾及目痛。又：宋王微云：黃連味苦，左右相因。斷涼滌暑，闡命輕身。縉雲昔御，飛（畢）〔蹕〕上旻。不行而至，吾聞其人。又梁江淹云：黃連上草，丹砂之次。禦孽辟妖，長靈久視。驂龍行天，馴馬匝地。鴻飛以（宜）〔儀〕，順道則利。

元・佚名氏《珍珠囊・諸品藥性主治指掌》〔見《醫要集覽》〕　黃連　味苦，平，氣寒，無毒。沉也，陰也。其用有四：瀉心火，消心下痞滿之狀；主腸澼，除腸中混雜之紅；　治目疾暴發宜用；　療瘡瘍首尾俱同。

元・徐彥純《本草發揮》卷一　黃連　味苦，寒，無毒。主熱氣目痛，眦傷淚出，明目。腹痛下痢，止煩渴，益膽。殺小兒疳蟲。點赤眼昏痛，鎮肝，治驚悸煩躁。潤心肺，長肉，止血，並瘡疥，盜汗。　成聊攝云：苦入心，寒除熱。大黃、黃連之苦，以導瀉心下之虛熱。又云：上熱者泄之以苦，黃連之苦以降陽。又云：蚘得甘則動，得苦則安，黃連、黃蘗之苦以安蚘。　潔古云：瀉心火，除脾胃中濕熱。治煩躁惡心，鬱熱在中焦，兀兀欲吐。味苦，氣味俱厚，可升可降，陰中陽也。其用有五：瀉心熱，一也；　去中焦火，二也；　諸瘡必用，三也；　去風濕，四也；　赤眼暴發，五也。酒炒則上行。又云：去中焦濕與熱，用黃連瀉心火故也。眼痛不可忍者，用黃連、當歸根酒浸，煎服。宿食不消者，用黃連、枳實。　海藏云：入手少陰經。性苦燥，故入心。火就燥也。雖然瀉心，其實瀉脾也，為子能令母實，實則瀉其子。凡治血病，防風為上使，黃連為中使，地榆為下使也。一方：令小兒終身不發癍瘡，煎黃連一口，兒初生未出聲時，灌之，大驗。已出聲時灌之者，癍雖發亦輕。古方以黃連為治痢之最。《衍義》云：治痢兒有微血，不可執以黃連，為苦燥用之，虛者多致危困。若氣實初病，熱多血痢者，則宜用之。　丹溪云：以薑汁炒黃連，辛散衝熱有功。

明・蘭茂原撰，范洪等抄補《滇南本草圖說》卷四　滇連　主心痛逆而盛，心積伏梁。一名雲連。人多不識。生陡山。形似車前，小細子，黃色，根連結成條。此黃連功勝川連百倍。氣味苦寒，無毒。主治：熱氣目痛，背寒傷，泣出，明目。腸澼腹痛下痢，婦人陰中腫痛。久服令人不忘。〇治五藏冷熱，久下洩澼濃血，消渴，止心腹疼痛，除水利骨，調胃厚腸益膽，療口瘡。治五勞七傷，益氣，除煩燥，潤心肺，長肉止血。天行熱疾，羸瘦氣急。〇一治鬱熱在中，煩燥在心，兀兀欲吐，心下痞滿。主心病逆而盛，心積伏梁。

明・王綸《本草集要》卷二　黃連臣　味苦，氣寒。味厚氣薄，陰中陽也。無毒。入手少陰經。黃芩、龍骨為之使。惡菊花、芫花、玄參，畏款冬，勝烏頭，解巴豆毒。服之惡猪肉，忌冷水。　主熱氣目痛，（皆）〔眦〕傷泣出，明目，腸澼腹痛下痢，婦人陰中腫痛。久服令人不忘，鎮肝益膽，眼暴赤腫。久下赤白膿血，為治痢之最。解熱毒，瀉心火，止驚悸，止消渴，調胃厚腸，除脾胃中濕熱，煩燥惡心，鬱熱在中焦，兀兀欲吐，心下痞滿，及諸瘡腫毒必用之。又主形瘦氣急，小兒疳氣。酒浸炒上行，薑汁炒，辛散衝熱有功。　治痢，同木香搗末，白蜜丸如桐子大，空腹下二三十丸，日再服，神效。又方：與乾薑各為末，每服用連二錢，空

心溫酒下。久脾泄，用一兩，同生薑四兩，慢火炒，令薑乾，去薑取連，杵末，每空心茶調二錢。小兒食土。和好土，濃煎汁搜之，日乾與服。

明·滕弘《神農本經會通》卷一　黃連　臣也。黃芩、龍骨、理石為之使，惡菊花、芫花、玄參、白鮮，畏欵冬。勝烏頭，解巴豆毒。惡殭蠶。忌猪肉，惡冷水。去鬚、蘆用。　味苦，氣寒、微寒，無毒。《湯》云：味厚氣薄，陰中陽也。入手少陰經。東云：沉也，陰也。瀉心火，消心下痞滿之壯。主腸澼，除腸中混雜之紅。治目疾暴發宜用，療瘡瘍首尾俱同。又云：治冷熱痢，厚腸胃，止瀉。珍云：瀉心經熱，去中焦火，療風濕諸瘡，安蚘蟲，暴眼。上行須酒炒之。《走》云：明目，殺疳，除血痢，鎮肝益膽，解咽乾。

《本經》云：主熱氣目痛，眥傷泣出，明目。腸澼腹痛下痢。婦人陰中腫痛。五臟冷熱，久下洩澼膿血。止消渴，大驚，除水，利骨。調胃厚腸，益膽，療口瘡。久服令人不忘。二八月採。《藥性論》云：黃連，臣。殺小兒疳蟲。點赤眼昏痛，鎮肝，去熱毒。陳藏器云：主羸瘦氣急。日華子云：治五勞七傷，益氣，止心腹驚悸煩燥，潤心肺，長肉，止血。并瘡疥，盜汗，天行熱疾。猪肚蒸為丸，治小兒疳氣。《圖經》云：古方以黃連為治痢之最。《胡洽方》載九盞湯，主下痢，不問冷熱赤白，穀（帶）〔滯〕休息久下，悉主之。又香連丸主下痢，用宣連、青木香等分，搗末，白蜜丸如梧子，空腹飲下二三十丸，日再，如神。其久冷人，用煨熟大蒜作丸。又治目，羊肝丸用黃連末一大兩，白羊子肝一具，去膜，同於砂盆內研令極細，眾手撚為丸如梧子，每食以暖漿水吞三七枚，連服五劑，差。但諸眼目疾，及障瞖青盲，皆主之。禁食猪肉及冷水。又洗眼方，以芍藥、當歸、黃連等分，停細，以雪水或甜水煎濃汁，乘熱洗，冷再溫洗，甚益眼目。但是風毒赤目花瞖等，皆可用之。其説云：凡眼目之病，皆以血脉凝滯使然，故以行血藥合黃連治之。血得熱即行，故乘熱洗之，用者無不神効。《象》云：瀉心火，除脾胃中濕熱，治煩躁，惡心，鬱熱在中焦，兀兀欲吐，心下痞滿，必用藥也。仲景治九種心下痞，五等瀉心湯皆用之。去鬚用。《心》云：瀉心經之火，眼暴赤腫，及諸瘡須用之。苦寒者，主陽有餘，苦以除之。安蚘，通寒格，療下焦虛，堅腎。珍云：酒炒上行，酒浸行上頭。《液》云：入手少陰。苦燥，故入心，火就燥也。然瀉心，其實瀉脾也，為子能令母實，實則瀉其子。治血，防風為上使，黃連為中使，地榆為下使。丹溪云：以薑汁炒，辛散衝熱有功。海藏祖方，令終身不發癍瘡，煎黃連一口，兒生未出聲時灌之，大應。已出聲灌之，斑雖發亦輕。古方以黃連為治痢之最。《衍義》云：治痢有微血，不可執以為苦燥劑，虛者多致危困，實者宜用之。劊云：黃連味苦氣寒沉，主治便澼混雜紅。消痞瀉心除目病，療瘡瘍腫有深功。《局》云：黃連點眼能除熱，更治消中療口瘡。止痢厚腸攻腹痛，小兒疳氣用尤良。黃連，理丈夫諸熱，刼小兒疳熱，止痢厚腸。貴鷹爪。

明·劉文泰《本草品彙精要》卷八　黃連無毒　叢生。

黃連出《神農本經》：**主熱氣，目痛，眥傷，泣出，明目，腸澼，腹痛，下痢，婦人陰中腫痛，久服令人不忘。**以上朱字《神農本經》。五臟冷熱，久下泄澼膿血，止消渴，大驚，除水利骨，調胃厚腸，益膽，療口瘡。以上黑字名醫所錄。

【名】王連、支連。【苗】《圖經》曰：苗高尺許，一莖生三葉，葉似甘菊。四月開黃花，六月結實，似芹子而黃。江左一種根若連珠，其苗經冬不凋，葉似小雉尾草，正月開花，作細穗，淡白微黃色，其根於六七月後始堅實也。【地】《圖經》曰：生巫陽山谷及泰山，今江、湖、荊、夔州郡亦有之。陶隱居云：生臨海諸縣者不佳。《別錄》云：歙州、處州者次之。【道地】出宣城、秦地及杭州、柳州、蜀道、澧州、東陽、新安諸縣者最勝。【時】生：春生苗，四月開花。採：二月、八月取。【收】暴乾。【用】根連珠、九節者爲好。【質】類巴戟。【色】黃。【味】苦。【性】微寒，泄。【氣】味厚氣薄，陰中之陽。【臭】焦。【主】瀉心火，消痞滿。【行】手少陰經。【助】黃芩、龍骨、理石爲之使。【反】畏款冬花，惡菊花、白鮮皮、白殭蠶、芫花、玄參，勝烏頭。【製】去鬚生用，酒炒上行。【治】療：陶隱居云：止下痢及渴。《藥性論》云：小兒疳蟲，赤眼昏痛，鎮肝，去熱毒。日華子云：止心腹痛，驚悸，煩躁，潤心肺，長肉，止血並瘡疥，盜汗，天行熱疾。陳藏器云：羸瘦氣急。《湯液本草》云：瀉心火，除脾胃中濕熱，治煩，惡心，鬱熱在中焦，兀兀欲吐，心下痞滿。主陽有餘，眼暴赤腫，並諸瘡瘍及安蛔，通寒格，療下焦虛，堅腎。又能令人終身不發斑瘡，煎黃連一口，兒生未出聲時灌之，大應；已出聲灌之，斑雖出亦輕。《別錄》云：以㕮咀八兩，用水七升，煮五升，去滓，適寒溫，飲五合，日三服，療卒心痛及傷寒病，發豌豆瘡未成膿者。又爲末，傅小兒月蝕瘡。補：日華子云：五勞七傷，益氣。

【合治】合豬肚蒸爲丸，療小兒疳氣。〇以長三寸者三十枚，秤重一兩半，龍

骨如棋子四枚，重四分，附子大者一枚，乾薑一兩半，膠一兩半，並切，先以水五合，著銅器中，去火三寸煎沸便下，著生土上，沸止，又上水五合，如此九上九下，內諸藥著火上，沸輒下著土，沸止又復，九上九下，度可得一升，頓服，療下痢不問冷熱，赤白穀滯，休息久下之疾，即愈。〇合青木香各等分，同搗爲末，以白蜜丸如梧子大，空腹米飲下二三十丸，日再，如神。其久冷人即煨熟，大蒜作丸服。〇以末一大兩，合白羊子肝一具去膜，同於砂盆內研令極細，衆手撚爲丸如梧子大，每服以暖漿水吞三七枚，連作五劑，瘥。凡諸眼目疾及障翳、青盲皆主之。〇合當歸、芍藥等分，細切，以雪水或甜水煎濃汁洗眼，冷即再溫，甚益眼目，但是風毒赤目、花翳等皆可療之。〇末合乳汁浸點，止目卒癢並痛，煎之治目中百病。〇末合酒服方寸匕，日三，療妊婦因驚舉重，胎動出血。〇末合赤小豆末，等分，傅療痔疾，有頭如雞冠者，即瘥。

〔忌〕豬肉、冷水。　〔解〕巴豆毒、熱毒。

明・葉文齡《醫學統旨》卷八　黃連　氣寒，味苦，無毒。沉也，陰也。入手少陰經。黄芩、龍骨為使，惡菊花、芫花、玄參，畏欵冬，勝烏頭，解巴豆毒，忌猪肉、冷水。　治熱氣目痛，眦傷淚出，明目；　腹痛下痢，煩渴，益膽，殺小兒疳蟲；　點赤眼昏痛，鎮肝定驚悸煩躁，潤心肺，長肉止血，并瘡疥盜汗，解熱毒，瀉心火，除心下痞滿，脾胃中濕熱，厚腸胃，止熱嘔；　安蚘消積；　酒炒上行，薑汁炒辛散衝熱有功。

明・許希周《藥性粗評》卷一　邪火干心，仗彼黃連二劍。

黃連，一名王連。春後生苗，高尺餘，一莖三葉，似甘菊，叢生，四月開黃花，六月結實似芹子，色亦黃，苗經冬不衰，根作連珠，形亦似雞爪。生川蜀、荊湘及江左、山東、杭夔諸郡原野，而以宣州者〔勝〕。二月、八月採根，暴乾。凡用以布裹挼去毛鬚，隨病製用。黃芩、龍骨、理石為之使，惡菊花、芫花、玄參、白鮮，畏款冬花，勝烏頭，解巴豆毒，食忌猪肉。味苦，性寒，無毒。入手少陰心經。主治心火煩熱，昏惑，上膈不清，脾胃濕熱，消渴，血熱妄行，吐洪鼻衄，赤眼腫痛，下利膿血，諸瘡作痛，腸風痔漏，排膿涼血，養肝明目，調腸胃，利水道，久服令人不忘。酒浸上行。潔古云：眼痛不可忍者，黃連、當歸根酒浸，煎服。宿食不消者，黃連、枳實水煎服。海藏云：凡治血病，防風為上使，黃連為中使，地榆為下使。上中下以三部言。丹溪云：黃連以薑汁炒，辛散衝熱有功。

飛霞子曰：火分之病，黃連為主，五臟皆有火，其實一氣而已故。丹溪云：氣有餘便是火，分為一類。凡治本病，略炒，以從邪。本病火分之病也。實火以朴硝湯，假火以酒，虛火以醋，痰火以薑汁，俱浸透炒；　氣滯火以茱萸，食積洩以黃土，血疾癥瘕痛以乾漆，俱水拌同炒，去萸、土、漆；　下焦伏火以鹽水浸透，焙，目痛以人乳浸蒸，或點或服。生用為君，佐官桂少許，煎百沸，入蜜空心服，能使心腎交於頃刻。以茱萸炒者，加木香等分，生大黃倍之，水丸，治五痢皆神效。非彼但云瀉心火，而與芩、蘗諸苦藥例稱者比也。

愚按：六朝宋王微讚曰：黃連味苦，左右相因。斷涼滌暑，闡命輕身。縉雲昔御，飛蹕上旻。不行而至，吾聞其人。又梁江淹頌曰：黃連上草，丹砂之次。禦孽闢妖，長靈久視。驂龍行天，馴馬匝地，鴻飛以儀，順道則利。觀此黃連見重於古人久矣，其可忽諸。

單方：　心痛：凡患卒心痛者，黃連水濃煎溫服，若患血痢，以前水露過一夜，溫服。

眼疼：黃連剉，乳汁浸少頃，以古老錢一文點入。　脾瀉纏綿：黃連一兩，生薑四兩，并剉，共炒，以薑乾為度，去薑取連，搗末，每服二錢，空心溫茶調下，不過二服而愈。

骨蒸黃瘦：黃連四兩，剉，童子小便五合，浸一宿，微微煎滾，分二服，每歷一時再服，最效。

傷寒痘疹：凡患傷寒，因出痘疹，纔發未發成膿者，以黃連濃煎其湯服之，以殺其毒。

月蝕䘌疳：小兒若患月蝕，并鼻䘌疳蟲者，黃連米泔淨洗，為末傅之。

明・鄭寧《藥性要略大全》卷二　黃連臣　瀉心火，消心下痞滿之壯；除腸澼，去腸中混雜之紅。治目疾暴發之痛，療瘡瘍首尾俱同。《賦》曰：治冷熱痢，厚腸胃而止瀉。酒炒上行，酒浸上行頭角。薑汁炒，辛散衝熱有功，止驚癇，益膽氣。伊尹曰：苦燥，故入心，乃火就燥也。然曰：瀉心其實瀉肝也。子令母實，實則瀉其子。治血防風為上使，黃連為中使，地榆為下使。《衍義》云：治痢有微血，不可執以黃連，為苦燥之劑，虛者多致危困，實者宜用之。《十書》云：瀉心火，治脾胃中濕熱及鬱熱在中焦，惡心欲吐，心下痞滿必用之藥也。療下焦虛，堅腎。治火眼暴赤腫痛，及諸瘡熱氣，目痛眦傷淚出，明目。腸澼腹痛下痢，女人陰中腫痛，五臟冷熱，久下泄澼膿血。止消渴大驚，調胃厚腸，益膽療口瘡。《湯液》云：治一切風，破宿血，養新血及脉血。《賦》曰：鎮肝明目。味苦，氣寒，無毒。入手少陰心經。黃芩、龍骨為之使。惡菊花、芫花、玄參。畏款冬，勝烏頭，解巴豆毒，惡猪肉，忌飲冷水。又忌白鮮皮、殭蠶。

明・賀岳《醫經大旨》卷一《本草要略》　黃連：味辛性寒。以薑汁炒

用則止嘔，清心清胃，且治一切時氣，又解諸般惡毒穢毒，蓋以薑汁炒則和其寒而性輕，抑且小變其性，以引至熱處，而使之馴化，不使有牴牾之患也。其如欲上清頭目，口瘡之類，酒炒尤佳。如欲去下元之熱，生用亦可。勿聽子曰治消中；《補遺》曰滌者，又曰治煩躁；東垣曰療瘡瘍。皆所以清心清胃也。東垣曰厚腸胃，勿聽子之説亦如之，其不分寒熱之混言也。蓋腸胃為濕熱所撓，而為利為痛，得此苦寒之劑，則濕熱除而痛去，腸胃自而厚矣，非謂藥有厚腸胃也。苟或腸胃有寒者，不可誤用。又曰與木香同用，消心下痞滿，其伏梁心積，當些少用之；其如停食受寒，及傷寒下早所致者，其可以用此固冷之劑哉？其又曰除腸中混雜之紅宜矣。其又如陰虛下血，及損脾而血不歸脾者，亦不可用也。日華子曰治五勞七傷，止心腹痛與驚悸，其亦不分寒熱之混言耳，亦惟斟酌為用。

明·陳嘉謨《本草蒙筌》卷二　黄連　味苦，氣寒。味厚氣薄，可升可降，沉也，陰也，陰中微陽。無毒。宣連出宣城，屬南直隸。肥麄苗少；去苗收者。川連生川省，瘦小苗多。帶苗收者。並取類鷹爪連珠，不必分地土優劣。日曝待甚乾燥，布裹挼音落淨鬚苗。治諸火邪，依各製炒。火在上炒以醇酒，火在下炒以童便。實火朴硝，虛火釅醋。痰火薑汁，伏火火伏下焦者。鹽湯。氣滯火同吳茱萸，血瘕火拌乾漆末。食積瀉亦可服，陳壁土向東者妙。研炒之。硝茱漆土俱研細，調水和炒。肝膽火盛欲歐，必求猪膽汁炒。又治赤眼，人乳浸蒸。或點或吞，立能劫痛。勝烏附，烏頭、附子。畏欵冬。惡芫菊芫花、菊花。玄參，忌猪肉冷水。為使黄芩龍骨，入手少陰心經。巴豆遇之，其毒即解。可熬膏煎液，任合散為丸。香連丸廣木香和攙，為腹痛下痢要藥；茱連丸吳茱萸佐助，乃吞吐酸水神方。如止消渴便多，單研蜜為丸亦効。同枳殼治血痔，同當歸治眼瘡。佐桂蜜煎服空心。黄連為君，佐官桂少許，煎百沸入蜜，空心服之。使心腎交於頃刻。鎮肝涼血，凡治血，防風為上使，黄連為中使，地榆為下使。調胃厚腸。益膽止驚癎，瀉心除痞滿。去婦人陰戶作腫，愈小兒食土成疳。消惡瘡惡癰，卻濕熱鬱熱。○又種生羌胡國土，因以胡黄連為名。乾如楊柳枯枝，折斷一線煙出。氣平寒，味尤苦甚，心內黑，皮略淡黄。惡玄參菊花，亦解巴毒；忌猪肉悮食，令人洩精。療痨熱骨蒸，治傷寒欬嗽。溫瘧多熱即解，久痢成疳竟除。補肝膽劫目痛尤靈，理腰腎斂陰汗最捷。小兒盜汗潮熱，婦人胎蒸虛驚。並宜用之，不可缺也。

謨按：苦先入心，火必就燥。黄連苦燥，乃入心經。雖云瀉心，實瀉脾臟，為子能令母實，實則瀉其子也。但久服之，反從火化，愈覺發熱，不知有寒。故其功効惟初病氣實熱盛者服之最良，而久病氣虛發熱，服之又反助其火也。

明·方穀《本草纂要》卷一　黄連　味苦，氣寒，味厚氣薄，陰中陽也，無毒。入手少陰心經，善治心火；入足厥陰肝經，善治肝火；復入胃與大腸，能肥腸益胃。乃沉靜之藥也。是故驚悸、怔忡、健忘、恍惚，而心火不寧，非此不治；痛痒瘡瘍諸家，失血而邪熱有餘，非此不涼；又有目痛赤腫，睛散棨熱。乃肝之邪也，脇痛弦氣，心下痞滿，乃肝脾之邪也；嘔逆惡心，吞吐酸苦，乃脾之邪也；氣盛壅塞，關格不通，乃脾胃之邪也，非此劑不能治。七情聚而不散，六鬱結而不舒，雖用二陳以清氣可也，然無黄連之苦寒，則二陳獨不能清虛熱，有動於火也；陰極有變於陽也，用苦寒以黄連可也，然無溫補之劑，則黄連獨不能行。又云：大便不通用之，可以潤腸而下利；小便熱秘用之，可以清熱而行便，亦謂退暑熱而消蓄暑，其功專於瀉火清濕熱；而治疳熱，其功在於苦寒。是以予嘗有秘用之法，治氣之症，劑用二陳，少加黄連；治寒之症，劑用溫中，亦加炒連；治火之症，劑用黄連，加以芩佐；治鬱之症，劑用炒梔，尤兼薑連，乃千古不易之良法也。惟夫元虛不足之人，苦寒有不能投，薑製可也；陰分之病，苦寒或不能納，微炒可也。正所謂乘其機而發之，矢至弓驗，假以力而使之藥到病除者乎。

明·王文潔《太乙仙製本草藥性大全》卷一《本草精義》　黄連　生巫陽川谷及蜀郡、太山，今江湖荊夔州郡亦有之。但以宣城者爲勝，施、黔者次之。苗高一尺已來，葉似甘菊，四月開花，黄色，六月結實，似芹子，色亦黄。二月、八月採根用。生江左者根黄連珠，其苗經冬不凋，葉如小雉尾草，正月開花作細穗，淡白微黄色，六七月根緊，始堪採。

宣連：出宣城屬南直隸，肥麄苗少去苗收者。

川連：生川省，瘦小苗多帶苗收者，並取類鷹爪連珠，不必分地土優劣，日曝待甚乾燥，布裹挼淨鬚苗。

古方以黄連爲治痢之最，《胡洽方》載九盞湯，主下痢不問冷熱、赤白、穀滯、休息久下悉主之。惡菊花、芫花、玄參，畏款冬，勝烏頭，解巴豆毒，惡猪肉，忌飲冷水。○又忌白鮮皮、殭蠶。

按《衍義》云： 黃連今人多用治痢，蓋熱以苦燥之義，下俚但見腸虛滲泄，微似有血便即用之，更不知止，又不顧寒熱多少，但以盡劑爲度，由是多致危困。若氣實初病，熱多血利，服之便止，仍不必盡劑也； 或虛而冷，則不須服。餘如《經》。

明・王文潔《太乙仙製本草藥性大全》卷一《仙製藥性》　黃連　味苦，氣寒，味厚氣薄，可升可降，沉也，陰也，陰中微陽，無毒。入手少陰心經。黃芩、龍骨爲之使。　主治： 治諸火邪，依各製炒。火在上，炒以醇酒； 火在下，炒以童便； 實火朴硝，虛火釅醋，痰火薑汁，伏火下焦鹽湯。氣滯火同吳茱萸，血瘕火拌乾漆末，食積瀉亦可服，陳壁土向東者妙研炒之。硝、茱、漆上俱研細，調水和炒。肝膽火盛欲嘔，必求猪膽汁炒。又治赤眼，人乳浸蒸，或點或吞，立能劫痛。巴豆遇之，其毒即解。可熬膏煎液，任合散爲丸。香連丸： 廣木香和攙，爲腹痛下痢要藥。茱連丸： 吳茱萸佐助，乃吞吐酸水神方。如止消渴便多，單研蜜丸亦效。同枳殼治血痔，同當歸治眼瘡。佐桂蜜煎服空心，黃連爲君，佐官桂少許，煎百沸，入蜜空心服之。使心腎交於頃刻。鎮肝涼血，凡治血，防風爲上使，黃連爲中使，地榆爲下使。調胃厚腸； 益膽止驚癇，瀉心除痞滿。去婦人陰戶作腫，愈小兒食土成疳。消惡瘡惡癧，却濕熱鬱熱，療下焦虛堅。理腎弱，惡心欲吐，破宿舊血，養新血，腸澼血膿，調五臟冷熱，治肝胃口瘡。　補註： 治痢同木香，搗末，白蜜丸如桐子大，空腹下二三十丸，日再服，神效。又方： 與乾薑各爲末，每服用連二錢，空心溫酒下。〇久脾泄，用生薑四兩，黃連一兩，慢火炒，令薑乾，去薑取連，杵末，空心茶調二錢。〇小兒食土，以連濃煎汁，搜之，日乾與服。〇治心卒痛，黃連八兩，一味㕮咀，以水七升，煮取五升，絞去滓，寒溫飲五合，二三服。治目卒痒或痛，黃連末，乳汁浸，點眦中止。〇治因驚、舉重胎動出血，取末，酒服方寸匕，日三服。〇洗眼湯： 以當歸、芍藥、黃連等分，停細切，以雪水或甜水煎濃汁，乘熱洗，令即再溫洗，甚益眼目，但是風毒赤目、花翳等皆可用之。〇治小兒鼻下兩道赤者，名白䘌，亦名赤鼻、疳鼻。以米泔洗，傅黃連末，日三四度佳。〇治小兒赤白痢多時，體弱不堪，宣連濃煎，和蜜服，日六七服，量其大小，每煎三分，水減二分，頓服。〇治傷寒病發、豌豆瘡未成膿方： 黃連四兩，水三升，煎取一升，去滓，分服。〇治痔疾有頭如雞冠者，用黃連末傅之即差，更加赤小豆末尤良。　太乙曰： 凡使以布拭上肉毛，然後用漿水浸二伏時，漉出，於柳木火中焙乾用。若服此藥得十兩，不得食猪肉，若服至三年，不得食猪肉一生也。

明・皇甫嵩《本草發明》卷二　黃連上品之下，君。氣寒，味苦。氣薄味厚。無毒。可升，可降，陰也，陰中之陽。入手太陰經。　發明曰： 黃連瀉心火，又除脾家濕熱。非有二也，蓋苦以瀉心，實所以瀉脾，為子能令母實，脾乃心之子也。實則瀉其子，瀉脾即所以瀉心也。《本草》主口瘡，諸瘡腫毒，皆屬心火，乘脾土而生濕熱，為熱毒，黃連能解毒也。又益膽，目痛眦傷泣出及小兒疳氣，婦人陰中腫痛，皆屬肝火，此能瀉心火，而肝膽之火自清。亦瀉子之義。又消渴，煩躁惡心，鬱熱在中焦，嘔吐，心下痞者，清心胃之火也。故仲景治九種痞、五等瀉心湯皆用之。云厚腸胃者，以腸胃為濕熱所撓，為腸澼下痢膿血，腹痛，得此苦寒瀉濕熱，則利止痛除，腸胃自厚矣。故藏連、香連等丸皆用之。寧神，定驚悸健忘，以能瀉心火也。故安神定驚等丸皆用之。又主形瘦氣急，以瘦人多火，氣急由火升也。兼之安蚘，以味苦也。〇胃火上升作嘔，須薑汁炒用。薑主嘔，溫胃也。解諸惡穢氣，以薑汁炒，能和其寒也。上清頭目口瘡，宜酒炒引上行。如下元熱，宜生用，與木香用，消心下痞，腸中積滯。同吳茱萸炒，治肝火，兼脇與小腹邊痛。若胃中停食受寒及傷寒下蚤致痞，俱不可用。除腸紅因濕熱者固宜，若陰虛下血及損脾血下者，俱禁用此。惟實熱盛者宜服，若久病氣虛內熱者，服之反助火作熱。蓋苦先入心而化火，多服反從火化，久而增氣故也。黃芩、龍骨為之使。惡菊花、芫花、玄參。畏款花。勝烏頭。解巴豆毒。服之惡猪肉，忌冷水。

明・李時珍《本草綱目》卷一三草部・山草類下　黃連《本經》上品

【釋名】王連《本經》　支連《藥性》。時珍曰： 其根連珠而色黃，故名。　【集解】《別錄》曰： 黃連生巫陽川谷及蜀郡太山之陽，二月、八月採根。弘景曰： 巫陽在建平。今西間者色淺而虛，不及東陽、新安諸縣最勝。臨海諸縣者不佳。用之當布〔裹〕挼去毛，令如連珠。保昇曰： 苗似茶，叢生，一莖生三葉，高尺許，凌冬不凋，花黃色。江左者，節高若連珠。蜀都者，節下不連珠。今秦地及杭州、柳州者佳。頌曰： 今江、湖、荆、夔州郡亦有，而以宣城九節堅重相擊有聲者爲勝，施、黔者次之，東陽、歙州、處州者又次之。苗高一尺以來，葉似甘菊，四月開花黃色，六月結果實似芹子，色亦黃。江左者根若連珠，其苗經冬不凋，葉如小雉尾草，正月開花作細穗，淡白微黃色。六七月根緊，始堪採。恭曰： 蜀道者粗大，味極濃苦，療渴爲最。江東者節如連珠，療痢大善。澧州者更勝。時珍曰： 黃連，漢末李當之本草，惟取蜀郡黃肥而堅者爲善。唐時以澧州者爲勝。今雖吳、蜀皆有，惟以雅州、眉州者爲

良。藥物之興廢不同如此。大抵有二種：一種根粗無毛有珠，如鷹鷄爪形而堅實，色深黃；一種無珠多毛而中虛，黃色稍淡。各有所宜。

根　【修治】斆曰：凡使以布拭去肉毛，用漿水浸二伏時，漉出，於柳木火上焙乾用。時珍曰：五臟六腑皆有火，平則治，動則病，故有君火相火之説，其實一氣而已，黃連入手少陰心經，爲治火之主藥。治本臟之火，則生用之；治肝膽之實火，則以猪膽汁浸炒；治肝膽之虛火，則以醋浸炒；治上焦之火，則以酒炒；治中焦之火，則以薑汁炒；治下焦之火，則以鹽水或朴硝炒；治氣分濕熱之火，則以茱萸湯浸炒；治血分塊中伏火，則以乾漆水炒；治食積之火，則以黃土炒。諸法不獨爲之引導，蓋辛熱能制其苦寒，鹹寒能制其燥性，在用者詳酌之。

【氣味】苦，寒，無毒。《別錄》曰：微寒。普曰：神農、岐伯、黃帝、雷公：苦，無毒。李當之：小寒。之才曰：黃芩、龍骨、理石爲之使，惡菊花、玄參、白鮮皮、芫花、白殭蠶，畏款冬、牛膝，勝烏頭，解巴豆毒。權曰：忌猪肉，惡冷水。斆曰：服此藥至十兩，不得食猪肉；若服至三年，一生不得食也。時珍曰：道書言服黃連犯猪肉令人泄瀉，而方家有猪肚黃連丸、猪臟黃連丸，豈只忌肉而不忌臟腑乎。

【主治】熱氣，目痛眦傷泣出。明目，腸澼腹痛下痢，婦人陰中腫痛。久服令人不忘《本經》。主五臟冷熱，久下洩澼膿血，止消渴大驚，除水利骨，調胃厚腸益膽，療口瘡《別錄》。治五勞七傷，益氣，止心腹痛，驚悸煩躁，潤心肺，長肉止血，天行熱疾，止盜汗並瘡疥。猪肚蒸爲丸，治小兒疳氣，殺蟲大明。羸瘦氣急藏器。治鬱熱在中，煩躁惡心，兀兀欲吐，心下痞滿元素。主心病逆而盛，心積伏梁好古。去心竅惡血，解服藥過劑煩悶及巴豆、輕粉毒時珍。

【發明】元素曰：黃連性寒味苦，氣味俱厚，可升可降，陰中陽也，入手少陰經。其用有六：瀉心臟火一也，去中焦濕熱二也，諸瘡必用三也，去風濕四也，赤眼暴發五也，止中部見血六也。張仲景治九種心下痞，五等瀉心湯，皆用之。成無己曰：苦入心，寒勝熱，黃連、大黃之苦寒，以導心下之虛熱。蚘得甘則動，得苦則安，黃連、黃檗之苦，以安蚘也。好古曰：黃連苦燥，苦入心，火就燥。瀉心者其實瀉脾也，實則瀉其子也。震亨曰：黃連去中焦濕熱而瀉心火，若脾胃氣虛，不能轉運者，則以茯苓、黃芩代之。以猪膽汁拌炒，佐以龍膽草，則大瀉肝膽之火。下痢胃口熱禁口者，用黃連、人參煎湯，終日呷之。如吐再强飲，但得一呷下咽便好。劉完素曰：古方以黃連爲治痢之最。蓋治痢惟宜辛苦寒藥，辛能發散開通鬱結，苦能燥濕，寒能勝熱，使氣宣平而已。諸苦寒藥多泄，惟黃連、黃檗性冷而燥，能降火去濕而止瀉痢，故治痢以之爲君。宗奭曰：今人多用黃連治痢，蓋執以苦燥之義。下俚但見腸虛滲泄，微似有血，便即用之，又不顧寒熱多少，惟欲盡劑，由是多致危困。若氣實初病，熱多血痢，服之便止，不必盡劑。虛而冷者，慎勿輕用。杲曰：諸痛癢瘡瘍，皆屬心火。凡諸瘡宜以黃連、當歸爲君，甘草、黃芩爲佐。凡眼暴發赤腫，痛不可忍者，宜黃連、當歸以酒浸煎之。宿食不消，心下痞滿者，須用黃連、枳實。頌曰：黃連治目方多，而羊肝丸尤奇異。今醫家洗眼，以黃連、當歸、芍藥等分，用雪水或甜水煎湯熱洗之，冷即再溫，甚益眼目。但是風毒赤目花翳，用之無不神效。蓋眼目之病，皆是血脈凝滯使然，故以行血藥合黃連治之。血得熱則行，故乘熱洗也。韓懋曰：火分之病，黃連爲主，不但瀉心火，而與芩、檗諸苦藥列稱者比也。比目疾人，以人乳浸蒸，或點或服之。生用爲君，佐以官桂少許，煎百沸，入蜜空心服之，能使心腎交於頃刻。入五苓、滑石，大治夢遺。以黃土、薑汁、酒、蜜四炒爲君，以使君子爲臣，白芍藥酒煮爲佐，廣木香爲使，治小兒五疳。以茱萸炒者，加木香等分，生大黃倍之，水丸，治五痢。此皆得製方之法也。時珍曰：黃連治目及痢爲要藥。古方治痢：香連丸，用黃連、木香；薑連散，用乾薑、黃連；變通丸，用黃連、茱萸；薑黃散，用黃連、生薑。治消渴，用酒蒸黃連。治伏暑，用酒煮黃連。治下血，用黃連、大蒜。治肝火，用黃連、茱萸。治口瘡，用黃連、細辛。皆是一冷一熱，一陰一陽，寒因熱用，熱因寒用，君臣相佐，陰陽相濟，最得製方之妙，所以有成功而無偏勝之害也。弘景曰：俗方多用黃連治痢及渴，道方服食長生。慎微曰：劉宋王微《黃連贊》云：黃連味苦，左右相因。斷凉滌暑，闡命輕身。縉雲昔御，飛躍上旻。不行而至，吾聞其人。又梁江淹《黃連頌》云：黃連上草，丹砂之次。禦孽辟妖，長靈久視。驂龍行天，馴馬匝地。鴻飛以儀，順道則利。時珍曰：《本經》《別錄》並無黃連久服長生之説，惟陶弘景言道方久服長生。《神仙傳》載封君達、黑穴公，並服黃連五十年得仙。竊謂黃連大苦大寒之藥，用之降火燥濕，中病即當止。豈可久服，使肅殺之令常行，而伐其生發冲和之氣乎？《素問》載岐伯言：五味入胃，各歸所喜。（攻）〔故〕久而增氣，物化之常也。氣增而久，夭之由也。王冰注云：酸入肝爲溫，苦入心爲熱，辛入肺爲清，鹹入腎爲寒，甘入脾爲至陰而四氣兼之，皆增其味而益其氣，故各從本臟之氣爲用。所以久服黃連、苦參反熱，從火化也。餘味皆然。久則臟氣偏勝，即有偏絶，則有暴夭之道。是以絶粒服餌之人不暴亡者，無五味偏助也。又秦觀《與喬希聖論黃連書》云：聞公以眼疾餌黃連，至十數兩猶不已，殆不可也。醫經有久服黃連、苦參反熱之説。此雖大寒，其味至苦，入胃則先歸於心，久而不已，心火偏勝則熱，乃其理也。況眼疾本於肝熱，肝與心爲子母。心火也，肝亦火也，腎孤臟也，人患一水不勝二火。豈可久服苦藥，使心有所偏勝，是以火救火，其可乎？秦公此書，蓋因王公之説而推詳之也。我明荊端王素多火病，醫令服金花丸，乃芩、連、巵、檗四味，餌至數年，其火愈熾，遂至内障喪明。觀此則寒苦之藥，不但使人不能長生，久則氣增偏勝，速夭之由矣。當以《素問》之言爲法，陶氏道書之説，皆謬談也。楊士瀛云：黃連能去心竅惡血。

【附方】舊二十二，新四十。

心經實熱：瀉心湯：用黃連七錢，水一盞半，煎一盞，食遠溫服。小兒減之。《和劑局方》。

卒熱心痛：黃連八錢，㕮咀，水煎熱服。《外臺秘要》。

肝火爲痛：黃連，薑汁炒爲末，粥糊梧子大。每服三十丸，白湯下。左金

丸：用黄連六兩，茱萸一兩，同炒爲末，神麴糊丸梧子大。每服三四十丸，白湯下。《丹溪方》。伏暑發熱：作渴嘔惡及赤白痢，消渴，腸風酒毒，泄瀉諸病，並宜酒煮黄龍丸主之。川黄連一斤切，以好酒二升半，煮乾焙研，糊丸梧子大。每服五十丸，熟水下，日三服。《和劑局方》。陽毒發狂：奔走不定。宣黄連、寒水石等分，爲末。每服三錢，濃煎甘草湯下。《易簡方》。骨節積熱：漸漸黄瘦。黄連四分切，以童子小便五大合浸經宿，微煎三四沸，去滓，分作二服。《廣利方》。小兒疳熱：流注，遍身瘡蝕，或潮熱，肚脹作渴。猪肚黄連丸：用猪肚一個洗淨，宣黄連五兩，切碎水和，納入肚中縫定，放在五升粳米上蒸爛，石臼搗千杵，或入少飯同杵，丸緑豆大。每服二十丸，米飲下。仍服調血清心之藥佐之。蓋小兒之病，不出於疳，則出於熱，常須識此。《直指方》。三消骨蒸：黄連末，以冬瓜自然汁浸一夜，曬乾又浸，如此七次，爲末，以冬瓜汁和丸梧子大。每服三四十丸，大麥湯下。尋常渴，只一服見效。《易簡方》。消渴尿多：《肘後方》用黄連末，蜜丸梧子大。每服三十丸，白湯下。《寶鑒》用黄連半斤，酒一升浸，重湯内煮一伏時，取曬爲末，水丸梧子大。每服五十丸，温水下。崔氏：治消渴，小便滑數如油。黄連五兩，栝樓根五兩，爲末，生地黄汁丸梧子大。每牛乳下五十丸，日二服。忌冷水、猪肉。《總録》用黄連末，入猪肚内蒸爛，搗丸梧子大，飯飲下。濕熱水病：黄連末，蜜丸梧子大。每服二丸至四五丸，飲下，日三四服。《范汪方》。破傷風病：黄連五錢，酒二盞，煎七分，入黄蠟三錢，溶化熱服之。高文虎《蓼花洲閑録》。小便白淫：因心腎氣不足，思想無窮所致。黄連、白茯苓等分，爲末，酒糊丸梧子大。每服三十丸，煎補骨脂湯下，日三服。《普濟方》。熱毒血痢：宣黄連一兩，水二升，煮取半升，露一宿，空腹熱服，少卧將息，一二日即止。《千金方》。赤痢久下：累治不瘥。黄連一兩，鷄子白和爲餅，炙紫爲末，以漿水三升，慢火煎成膏。每服半合，温米飲下。一方：只以鷄子白和丸服。《勝金方》。熱毒赤痢：黄連二兩切，瓦焙令焦，當歸一兩焙，爲末，入麝香少許。每服二錢，陳米飲下。佛智和尚在閩，以此濟人。《本事方》。赤白久痢：並無寒熱，只日久不止。用黄連四十九個，鹽梅七個，入新瓶内，燒煙盡，熱研。每服二錢，鹽米湯下。楊子建《護命方》。赤白暴痢：如鵝鴨肝者，痛不可忍。用黄連、黄芩各一兩，水二升，煎一升，分三次熱服。《經驗方》。冷熱諸痢：胡洽九盞湯：治下痢，不問冷熱赤白，穀滯休息久下，悉主之。黄連長三寸三十枚，重一兩半，龍骨如棋子大四枚，重一兩，大附子一枚，乾薑一兩半，膠一兩半，細切。以水五合着銅器中，去火三寸，煎沸便取下，坐土上，沸止，又上水五合，如此九上九下。納諸藥入水内，再煎沸，輒取下，沸止又上，九上九下，度可得一升，頓服即止。《圖經本草》。下痢腹痛：赤白痢下，令人下部疼重，故名重下，日夜數十行，臍腹絞痛。以黄連一升，酒五升，煮取一升半，分再服，當止絞痛也。《肘後方》。治痢香連丸：李絳《兵部手集》治赤白諸痢，裏急後重，腹痛。用宣黄連、青木香等分，搗篩，白蜜丸梧子大。每服二三十丸，空腹飲下，日再服，其效如神。久冷者，以煨蒜搗和丸之。不拘大人嬰孺皆效。《易簡方》：黄連茱萸炒過四兩，木香麪煨一兩，粟米飯丸。錢仲陽香連丸：治小兒冷熱痢，加煨熟訶子肉。又治小兒瀉痢，加煨熟肉豆蔻。又治小兒氣虚瀉痢腹痛，加白附子尖。劉河間治久痢，加龍骨。朱丹溪治禁口痢，加石蓮肉。王氏治痢渴，加烏梅肉，以阿膠化和爲丸。五疳八痢：四治黄連丸：用連珠黄連一斤，分作四分，一分用酒浸炒，一分用自然薑汁炒，一分用吴茱萸湯浸炒，一分用益智仁同炒，去益智，研末。白芍藥酒煮切焙四兩，使君子仁焙四兩，廣木香二兩，爲末。蒸餅和丸緑豆大。每服三十丸，米飲食前下，日三服。忌猪肉冷水。《韓氏醫通》。傷寒下痢：不能食者。黄連一升，烏梅二十枚去核，炙燥爲末，蠟一棋子大，蜜一升合煎，和丸梧子大。一服二十丸，日三服。又方：黄連二兩，熟艾如鴨子大一團，水三升，煮取一升，頓服立止。並《肘後方》。氣痢後重：裏急或下泄。《杜壬方》薑連散：用宣連一兩，乾薑半兩，各爲末，收。每用連一錢，薑半錢，和勻，空心温酒下，或米飲下，神妙。《濟生方》秘傳香連丸：用黄連四兩，木香二兩，生薑四兩，以薑鋪砂鍋底，次鋪連，上鋪香，新汲水三碗，煮焙研，醋調倉米糊爲丸，如常，日服五次。小兒下痢：赤白多時，體弱不堪。以宣連用水濃煎，和蜜，日服五六次。《子母秘録》。諸痢脾泄：臟毒下血。雅州黄連半斤，去毛切，裝肥猪大腸内，紮定，入砂鍋中，以水酒煮爛，取連焙，研末，搗腸和丸梧子大。每服百丸，米湯下，極效。《直指方》。濕痢腸風：《百一選方》變通丸：治赤白下痢，日夜無度，及腸風下血。用川黄連去毛，吴茱萸湯泡過，各二兩，同炒香，揀出各爲末，以粟米飯和丸梧子大，各收。每服三十丸，赤痢甘草湯下黄連丸，白痢薑湯下茱萸丸，赤白痢各用十五丸，米湯下。此乃浙西河山純老方，救人甚效。《局方》戊己丸：治脾胃受濕，下痢腹痛，米穀不化。用二味加白芍藥，同炒研，蒸餅和丸服。積熱下血：聚金丸：治腸胃積熱，或因酒毒下血，腹痛作渴，脈弦數。黄連四兩，分作四分，一分生用，一分切炒，一分炮切，一分水浸曬研末。條黄芩一兩，防風一兩，爲末，麪糊丸如梧子大。每服五十丸，米泔浸枳殻水，食前送下。冬月加酒蒸大黄一兩。《楊氏家藏方》。臟毒下血：黄連爲末，獨頭蒜煨研，和丸梧子大，每空心陳米飲下四十丸。《濟生方》。酒痔下血：黄連酒浸，煮熟爲末，酒糊丸梧子大。每服三四十丸，白湯下。一方：用自然薑汁浸焙炒。《醫學集成》。鷄冠痔疾：黄連末傅之。加赤小豆末尤良。《斗門方》。痔病秘結：用此寬腸。黄連、枳殻等分，爲末，糊丸梧子大。每服五十丸，空心米飲下。《醫方大成》。痢痔脱肛：冷水調黄連末塗之，良。《經驗良方》。脾積食泄：川黄連二兩，爲末，大蒜搗和丸梧子大。每服五十丸，白湯下。《活人心統》。水泄脾泄：神聖香黄散：宣連一兩，生薑四兩，同以文火炒至薑脆，各自揀出爲末。水泄

用薑末，脾泄用連末，每服二錢，空心白湯下。甚者不過二服。亦治痢疾。《博濟方》。　吐血不止：　黄連一兩擣散：每服一盞，水七分，入豉二十粒，煎至五分，去滓温服。大人、小兒皆治。《簡要濟衆方》。　眼目諸病：　勝金黄連丸：用宣連不限多少，搥碎，以新汲水一大碗，浸六十日，綿濾取汁，入原碗内，重湯上熬之，不住攪之，候乾。即穿地坑子可深一尺，以瓦鋪底，將熟艾四兩坐在瓦上，以火然之。以藥碗覆上，四畔泥封，開孔出煙盡，取刮下，丸小豆大，每甜竹葉湯下十丸。劉禹錫《傳信方》羊肝丸：治男女肝經不足，風熱上攻，頭目昏暗羞明，及障翳青盲。用黄連末一兩，羊子肝一具，去膜，擂爛和丸梧子大。每食後暖漿水吞十四丸，連作五劑瘥。昔崔承元活一死囚，囚後病死。一旦崔病内障，逾年半夜獨坐，聞階除悉窣之聲，問之，答曰：是昔蒙活之囚，今故報恩。遂告以此方而没。崔服之，不數月，眼復明。因傳於世。　暴赤眼痛：　宣黄連剉，以鷄子清浸，置地下一夜，次早濾過，鷄羽蘸滴目内。又方：苦竹兩頭留節，一頭開小孔，入黄連片在内，油紙封，浸井中一夜。次早服竹節内水，加片腦少許，外洗之。《海上方》用黄連、冬青葉煎湯洗之。《選奇方》用黄連、乾薑、杏仁等分，爲末，綿包浸湯，閉目乘熱淋洗之。　小兒赤眼：　水調黄連末，貼足心，甚妙。《全幼心鑒》。　爛弦風眼：　黄連十支，槐花、輕粉少許，爲末，男兒乳汁和之，飯上蒸過，帛裹，熨眼上，三四次即效，屢試有驗。《仁存方》。　目卒癢痛：　乳汁浸黄連，頻點眦中。《抱朴子》云：治目中百病。《外臺秘要》。　淚出不止：　黄連浸濃汁漬拭之。《肘後方》。　牙痛惡熱：　黄連末摻之，立止。《李樓奇方》。　口舌生瘡：《肘後》：用黄連煎酒，時含呷之。赴筵散：用黄連、乾薑等分，爲末摻之。　小兒口疳：　黄連、蘆薈等分，爲末，每蜜湯服五分。走馬疳，入蟾灰等分，青黛減半，麝香少許。《簡便方》。　小兒鼻䘌：　鼻下兩道赤色，有疳。以米泔洗净，用黄連末傅之，日三四次。張傑《子母秘錄》。　小兒月蝕：　生於耳後。黄連末傅之。同上。　小兒食土：　取好黄土煎黄連汁搜之，曬乾與食。姚和衆《童子秘訣》。　預解胎毒：　小兒初生，以黄連煎湯浴之，不生瘡及丹毒。又方：未出聲時，以黄連煎汁灌一匙，令終身不出斑。已出聲者灌之，斑雖發亦輕。此祖方也。王海藏《湯液本草》。　腹中鬼哭：　黄連煎濃汁，母常呷之。《熊氏補遺》。　因驚胎動：　出血。取黄連末酒服方寸匕，日三服。《子母秘錄》。　妊娠子煩：　口乾不得卧。黄連末，每服一錢，粥飲下。或酒蒸黄連丸，亦妙。《婦人良方》。　癰疽腫毒：　已潰未潰皆可用。黄連、檳榔等分，爲末，以鷄子清調搽之。王氏《簡易方》。　中巴豆毒：　下利不止。黄連、乾薑等分，爲末，水服方寸匕。《肘後方》。

題明·薛己《本草約言》卷一《藥性本草》　黄連　味苦，氣寒，無毒。陰也，降也，入手少陰經。瀉心火，消心下痞滿之疾；主腸澼，除胃中混雜之紅。治目疾暴發宜用，療瘡瘍首尾俱同。得酒性之浮，除上熱而有效；假薑汁之辛，開熱鬱而有功。惡猪肉，忌冷水，解巴豆毒。〇味苦性寒，以薑汁炒用則止嘔、清心、清胃，且治一切時氣，又解諸般惡毒。蓋以薑汁炒，則和其寒而性輕，抑且小變其性，以引至熱處，而使之馴化，不使其有牴牾之患也。其如欲上清頭目口瘡之類，酒炒尤佳。如欲去下元之熱，生用亦可。或謂治消中，滌暑，治煩燥，療瘡瘍，皆以其清心、清胃也。又謂厚腸胃，蓋腸胃為濕熱所撓，而為痢、為痛，得此苦寒之劑，則濕熱除而痛去，脾胃自是而厚矣，非謂藥有厚腸胃也。苟或中有虚寒作瀉者，不可誤用。又與木香同用，消心下痞滿。同吴茱萸炒，治肝火兼脇與小腹邊痛。其伏梁心積，當此少用之。如停食受寒及傷寒早下所致者，其可用此固冷之劑哉。　又曰：除腸紅，因濕熱者為宜。若陰虚下血及損脾而血不歸脾者，則不可用也。又入少陰經，性苦燥，故入心，火就燥也。然瀉心火，又除脾家濕熱，非有二也。蓋苦以瀉心實，所以瀉脾，為子能令母實，實則瀉其子，瀉脾即所以瀉心也。又苦入心，寒除熱，大黄、黄連之苦，以導瀉心下之虚熱。治赤眼，乳汁浸點。

明·梅得春《藥性會元》卷上　黄連　味苦，氣寒。沉也，陽也。無毒。黄芩、龍骨為使。惡菊花、芫花、玄參。畏欵冬花。勝烏頭。解巴豆毒。忌猪肉、冷水。入手少陰心經。　主瀉心火，消心下痞滿之狀；療腸澼，除腸中混雜之紅。治目疾暴發痛、淚，治瘡瘍首尾皆同。厚腸胃而止瀉痢，除心熱兼療口瘡，五勞七傷，心腹疼痛，定驚悸，療煩燥，止消渴，除水氣。天行熱病，中暑，五臟冷熱，久下洩痢膿血，陰中腫痛，利骨，調胃益膽。與黄芩同用，療肝膽之火。又治熱積，薑汁炒，辛散衝熱有功。且治肝火，消舌上瘡，療小兒食傷，腹痛疳病。若以酒拌、晒乾，能治心煩。為末，老酒調服，治口瘡良。　製法：上行酒炒。衝熱、散火，薑汁炒。瘡瘍生用。

明·杜文燮《藥鑒》卷二　黄連　氣寒，味苦，氣薄味厚，無毒。沉也，陰也，手少陰藥也。以薑汁炒用，則止嘔吐，清心胃，且治一切時氣，又解諸般熱毒穢毒，及腫毒瘡瘍，目疾之暴發者。蓋黄連得薑汁製，則和其寒而性輕。抑且少變其性，以引至熱處，而使之馴化，正《經》所謂熱因寒用是也。與木香同用，為腹痛下痢要藥。與吴茱萸同用，乃吞吐酸水神方。同枳殼治血痔，同當歸治眼疾。佐桂、蜜使心腎交於頃刻，入薑、辛療心肺妙於須臾。欲上清頭目口瘡之類，酒炒為佳。欲瀉肝膽之火，猪膽蒸之為妙。取其入部而瀉之也。欲解痘瘡之毒，桔梗、麻黄汁炒之，取其達表而解之也。實火同朴

硝，虛火用釅醋。痰火用薑汁，伏火用鹽湯。米食積瀉者，壁土炒之。赤眼暴發者，人乳浸之。人乳汁浸川連，點眼兩角，治時火症目疾，非服藥也。東垣以為厚腸胃者，何也？　蓋腸胃為濕熱所撓，而為痢為痛，得此苦寒之劑，則濕熱去而痛止，則腸胃自厚矣。又曰：　與木香同用，治心下痞滿，併伏梁心積宜矣。若停食受寒及傷寒下早所使者，則不可用。又曰：　除腸中混雜之紅宜矣，如陰虛下血及損脾而血不歸脾者，概用之乎。又曰：　治五勞七〔情〕〔傷〕，定驚悸，止心腹痛，皆未分寒熱而混言之，用者宜斟酌可也。

明・王肯堂《傷寒證治準繩》卷八　黃連　氣寒，味苦，無毒。氣味俱厚，可升可降，陰中陽也。入手少陰經。其用有六：　瀉心藏火，一也；　去中焦濕熱，二也；　諸瘡必用，三也；　去風濕，四也；　赤眼暴發，五也；　止中部見血，六也。張仲景治九種心下痞，五等瀉心湯，皆用之。海：　入手少陰。苦燥，故入心，火就燥也。然瀉心，其實瀉脾也，為子能令母實，實則瀉其子。治血，防風為上使，黃連為中使，地榆為下使。去鬚，剉細用。

明・李中立《本草原始》卷一　黃連　始生巫陽川谷及蜀郡、太山之陽，今以宣城者為勝。苗高一尺以來，葉似甘菊，淩冬不凋。四月開花黃色，六月結實，似芹子，色亦黃。其根如鷹鷄爪連珠而色黃，故名黃連。　氣味：　苦，寒，無毒。　主治：　熱氣目痛，眥傷泣出，明目；　腸澼腹痛，下痢；　婦人陰中腫痛。久服令人不忘。○主五臟冷熱，久下洩澼膿血。止消渴、大驚，除水利骨，調胃厚腸，益膽。療口瘡。○治五勞七傷，益氣。止心腹痛，驚悸煩燥。潤心肺，長肉，止血。天行熱疾。止盜汗并瘡疥。豬肚蒸為丸，治小兒疳氣，殺蟲。○羸瘦氣急。○治鬱熱在中，煩燥惡心，兀兀欲吐，心下痞滿。○主心病逆而盛，心積伏梁。○去心竅惡血，解巴豆、輕粉毒。

出川省俗呼川黃連，產雅州俗呼雅黃連，生宣城俗呼宣黃連。有連珠無毛而堅實，色深黃者；　有無珠多毛而中虛，黃色稍淡者。黃連，《本經》上品。【圖略】入藥用根。二月八月采。凡用黃連，選粗大黃色鮮明，多節堅重，相擊有聲者為勝。小而連珠，無鬚者次之。無珠多毛，色淺而虛者不堪用。修治：　黃連去蘆及鬚，治本臟之火生用；　治肝膽之實火以豬膽汁浸炒；　治肝膽之虛火，以醋浸炒；　治上焦之火，以酒炒；　治中焦之火，以薑汁炒；　治下焦之火，以鹽水或朴消炒；　治氣分濕熱之火，以茱萸湯浸炒；　治血分塊中伏火，以乾漆水炒；　治食積之火，以黃土炒。不獨為之引導，蓋辛熱能制其苦寒，鹹寒能制其燥性，在用者詳酌之。

黃連：　氣味俱厚，可升可降，陰中陽也。入手少陰心經，為治火之主藥。黃連，黃芩、龍骨、理石為之使，惡菊花、玄參、白鮮皮、芫花，白殭蠶，畏款冬花、牛膝，勝烏頭，解巴豆毒。《斗門方》：　治雞冠痔，以黃連末傅之良。

黃連：　臣。蘇東坡收筆，黃連煎汁，調輕粉蘸筆頭，候乾收，不蛀。

明・張懋辰《本草便》卷一　黃連臣　味苦，氣寒，味厚氣薄，陰中陽也，無毒。入手少陰經。惡菊花、芫花、玄參，畏款冬，勝烏頭，解巴豆毒。　主熱氣目痛，眥傷泣出，明目，腸澼，腹痛下痢；　婦人陰中腫痛，鎮肝益膽，爲治痢之最；　解熱毒，瀉心火，止驚悸，調胃厚腸，除脾胃中濕熱，煩燥、惡心、痞滿，及諸瘡腫毒必用之。

明・李中梓《藥性解》卷二　黃連　味苦，性寒，無毒，入心經。主心火炎，目疾暴發，瘡瘍紅腫，腸紅下痢，痞滿泄瀉小兒疳熱，消口中瘡，驚悸煩躁，天行熱疾。黃芩、龍骨、連翹、滑石為使，惡菊花、芫花、玄參、白鮮、白殭蠶，畏款冬花，解巴豆、烏頭毒，忌豬肉、冷水。　按：　黃連味苦瀉心，治心火諸病不可缺。瀉痢雖屬脾經，正由火不能生土，況心與小腸相為表裏，心火瀉則小便亦利，而腸胃自厚矣。因寒得瀉者忌之，又久病氣虛，心火不盛者，用之則愈虛，虛火反熾。

明・繆希雍《本草經疏》卷七　黃連　味苦，寒，微寒，無毒。主熱氣，目痛眥傷淚出，明目，腸澼，腹痛下痢，婦人陰中腫痛，五藏冷熱，久下洩澼膿血，止消渴、大驚，除水，利骨，調胃厚腸，益膽，療口瘡。久服令人不忘。

〖疏〗黃連稟天地清寒之氣以生，故氣味苦寒而無毒。味厚於氣，味苦而厚，陰也，宜其下洩。欲使上行須加引導。入手少陰陽明、足少陽厥陰、足陽明太陰。為病酒之仙藥，滯下之神草。六經所至，各有殊功。其主熱氣，目痛眥傷淚出，明目，大驚，益膽者，涼心清肝膽也。腸澼，腹痛下痢，《別錄》兼主泄澼。泄者，瀉利也；　澼者，大腸下血也，俗呼為臟毒。除水利骨，厚腸胃，療口瘡者，滌除腸、胃、脾三家之濕熱也。久服令人不忘者，心家無火則清，清則明，故不忘。禪家習定，多飲苦茗，亦此義爾。〖主治參互〗同赤檉木葉，入三黃石膏湯，治痧瘮已透而煩躁不止，有神。入當歸六黃湯，加棗仁、龍眼，治盜汗，有神。同地黃、甘菊、荊芥穗、甘草梢，芎藭、柴胡、蟬蛻、木通，治風熱上攻，目赤痛。　黃連末一兩，同雄羊

肝一具，生搗勻，衆手丸如桐子。每服以滾漿水吞廿一丸。諸眼目疾，及障翳青盲皆主之。禁食猪肉，雖油汁亦勿入口，作六劑必效矣。　同當歸、甘菊花、人乳浸蒸，入明礬、銅綠各少許，洗目甚效。　同芍藥、蓮子、藕豆、升麻、甘草、滑石、紅麴，治一切滯下膿血。　同槐花、枳殼、乳香、沒藥，治滯下純血腹痛，煮服神效。　同五穀蟲、蘆薈、白蕪荑、青黛、白槿花、白芙蓉花，治小兒一切疳熱，如神。　同赤小豆為細末，傅痔瘡妙。　同乾葛、甘草、升麻、芍藥，治痧瘮後泄瀉。　同五味子、麥門冬、乾葛，治酒病酒傷，如神。　同五味子、甘草，煮濃汁漱口，治口糜口瘡良。　同麥門冬、五味子，治卒消渴，小便多，良。　同人參、蓮子，治虛人患滯下，及老人、產婦滯下不止。　〔簡誤〕黃連味大苦，氣大寒，群草中清肅之物。其處上經，譬猶皋陶之在虞廷，明刑執法，以禁民邪，是其職也。稷契夔龍之事，則非其任矣。故祛邪散熱，蕩滌腸胃，肅清神明，是其性之所長。而於補益精血，溫養元氣，則其功泊如也。凡病人血少氣虛，脾胃薄弱，〔心〕血不足，以致驚悸不眠，而無煩熱躁渴，及產後不眠，血虛發熱，泄瀉腹痛，小兒痘瘡，陽虛作泄，行漿後泄瀉，老人脾胃虛寒作瀉，陰虛人天明溏泄，病名腎泄，真陰不足，內熱煩躁諸證，法咸忌之。犯之使人危殆，大忌猪肉。

明·倪朱謨《本草彙言》卷一　黃連　味苦，氣寒，無毒。氣味俱厚，可升可降，陰中陽也。入手少陰、手足陽明經。　李時珍曰：黃連，漢取蜀郡，唐取澧州，皆以黃肥而堅者爲勝。今以雅州、宣州者亦良。苗似茶，叢生。一莖三葉，高尺許。四月開花，黃色。凌冬不凋。六月結實，似芹子，色亦黃。今江、湖、荆、夔州郡亦有，而以宣城九節、堅重相擊有聲者爲勝。滇、黔者次之。東陽、處州、歙州者又次之。江左者根黃連珠，其葉如小雉尾草，三月開花，作細穗，淡黃色。六七月根緊始堪采。諸處皆不如蜀道者，粗大，味極濃苦，療暑爲最。江東者節如連珠，治痢大善。有二種，一種根粗無毛，有連珠，形如鷹爪，質堅實，色深黃；　一種無珠、多毛，中虛，色淡黃。各有所宜。修治：　去蘆及鬚用。

黃連：　沉靜而凉，張氏《醫說》陰寒清肅之藥也。白尚之稿解傷寒疫熱，定陽明、少陰赫曦之傳邪，退心脾鬱熱，祛下痢赤白後重之惡疾。又如驚悸怔忡，煩亂恍惚，而神志不寧，痛癢瘡瘍，癍毒瘄痘，而邪熱有餘，黃連爲必用也。若目痛赤腫，睛散羞明，乃肝之邪熱也；　嘔逆惡心，吞吐酸苦，乃脾之邪熱也；　脇痛弦氣，心下痞滿，乃肝脾之邪熱也；　舌爛口臭，唇齒燥烈，乃心脾之邪熱也。均屬火熱內甚，陽盛陰衰之證，非此不治。設或七情之火聚而不散，六鬱之火結而不舒，用二陳以清之可也。然無黃連之苦寒，則二陳不能獨清。吐血衄血，妄奔于上，溲血淋血，妄泄于下，用四生以止之可也。然無黃連之少佐，則四生不能獨止。又有腸風下血，用之可以厚腸胃而止血，小便熱閉用之，可以清內熱而行便，又能退伏熱而消蓄暑。其功專于瀉火、清濕熱而治疳熱。其味在于苦寒，若胃虛不足，苦寒有不可投，薑汁製炒可也。陰分之病，苦寒有不能入，醇酒製炒可也。按法乘機而用，藥至病自除矣。但此藥稟天地清寒之氣以生，群草中肅清之物也。故祛邪散熱，蕩滌腸胃，肅靜神明，是其性之所長。而于初病氣實熱盛者，服之最良。若久病元虛，發熱用之，于補益精血、滋養元氣，則其功泊如也。凡病人血少氣虛，脾胃薄弱，血不足以致驚悸不眠，而兼煩熱躁渴，當用人參、酸棗仁、麥門冬、北五味、遠志之類。及產後不眠，當用當歸、川芎、茯苓、白芍之類。血虛發熱，當用薑炭、熟地、牡丹皮之類。泄瀉腹痛，當用於朮、肉桂、陳皮之類。小兒痘瘡，陽虛作瀉，行漿後泄瀉，當用參、朮、異功散之類。老人脾胃虛寒作瀉，陰虛天明溏瀉，當用參、耆、吳萸、白朮、補骨脂之類。真陰不足，內熱煩躁，當用當歸、白芍、龜膠、熟地、枸杞、山茱萸之類。諸證咸宜忌之。　沈則施先生曰：　黃連同西河柳、蟬蛻、牛蒡子、桔梗，治痧瘄已透，而煩燥不寧。同甘草、升麻、白芍藥，治痧瘄已透而泄瀉不止。同殭蠶、蟬蛻、升麻、生地，治痘疹火盛熱深不起。同木香、檳榔，治赤白痢疾。同人參、蓮肉，治老人、虛人、產後人痢疾不止。同乾薑末各等分，入冰片少許，共爲末，摻痘瘄後餘毒，致成牙疳臭爛。同明礬、銅青、人乳少許，泡湯洗暴赤眼。同蘆薈、蕪荑、白槿花、白芙蓉花各等分，治小兒一切熱疳。同枳實、白朮，治心下痞滿，宿食不化。　金靈昭先生曰：　黃連大苦寒之藥，用之降火燥濕，中病即止，不可久服。使肅殺之令常行，而伐其生發沖和之氣。若久服黃連、苦參，反致熱發，從火化也。《經》言五味入胃，酸入肝爲溫，苦入心爲熱，辛入肺爲清，鹹入腎爲寒，甘入脾爲至陰，而四氣兼之。凡諸食味專一，久則偏勝，即有偏絕，故有暴夭之患。況苦味更能損胃乎？修生之士，可不謹哉！　又立齋曰：　醫書有久服黃連、苦參反作熱之說。此雖大寒，其味至苦，入胃則先歸于心。久服不已，反增心氣而動虛火，人不知

也。屢見目病經年，屢服黃連，竟至昏障失明者。火病多服黃連，立見陽脫。

明・顧逢柏《分部本草妙用》卷二心部・寒瀉　黃連　苦，寒，無毒。治少陰心火本藥。黃芩、龍骨、連翹、理石為使，惡菊花、玄參、芫花、白鮮皮、殭蠶，畏款冬花、牛膝。解巴豆、烏頭毒。忌猪肉、冷水。生用治心經火；猪膽汁炒治肝膽實火，醋炒治肝膽虛火；上焦酒炒，中焦薑汁炒，下焦鹽水炒；治氣分濕熱之火，則以茱萸湯炒；治血分塊中伏火，則以乾漆水炒；去食積，則用黃土炒。若非因病製用，則投之不靈。黃肥堅實者為佳。主治：熱氣目痛眦傷，腸澼心腹痛，下痢，陰中痛，消渴，口瘡。除水厚腸胃，諸瘡疳氣。殺蟲。鬱熱在中，嘔吐痞滿。瀉心火風濕，安蚘，潤大便結，通小便秘，去心竅惡血。按：黃連為苦燥之劑，苦能勝熱，燥能制濕，所以為目疾危痢之要藥。故羊肝丸用之而洗眼，以連、歸、芍藥等分，用雪水、甜水煎湯，熱洗。治痢用秀連水火散，用乾薑、黃連。左金丸同吳茱萸，薑連散同生薑，口瘡方同細辛，治下血同大蒜，皆一冷一熱，寒因熱用，熱因寒用，陰陽相濟，而成功者也。丹溪佐以龍膽草瀉肝膽火，佐以人參救噤口痢，佐以茯苓治中焦濕熱。韓懋以心腎不交，佐以官桂少許，則交于頃刻，則知無溫補之劑，而黃連不能獨用也。然而燥寒之藥，中病即止，豈可久服，以伐冲和之氣乎？秦觀《與喬希聖書》云：久服黃連，反從熱火化，心火偏勝，是以火救火，其可乎？王荊端久服火熾，內障喪明，皆彰彰矣。岐伯曰：五味入胃，各歸所喜，攻久而增氣，物化之常也。氣增而久，夭之由也。觀此，寧特喪明乎？王冰註云：酸入肝為溫，苦入心為熱，辛入肺為清，鹹入腎為寒，甘入脾為至陰，而四氣兼之，皆增其味，而益其氣，各從本藏之氣為用。所以久服黃連、苦參，反熱從火化也。餘味皆然，久則臟氣偏勝，即有偏絕而暴亡之禍，釀于莫知，味可偏有所好乎。是以不食五味，不食煙火者，長年而成仙者有以夫。

明・李中梓《醫宗必讀・本草徵要上》　黃連味苦，寒，無毒。入心經。龍骨、連翹為使，惡菊花、玄參、芫花、白鮮皮、白殭蠶，畏款冬、牛膝，解巴豆、附子毒，忌猪肉。薑汁炒。　瀉心除痞滿，明目理瘡瘍。痢疾腹痛，心痛驚煩，殺蟲安蚘，利水厚腸。禀天地清寒之氣，直瀉丙丁。痞滿、目疾、瘡瘍、驚痛，南方亢上之象；泄痢、蚘蟲，濕熱之愆。苦以燥之，寒以清之，固宜痊也。韓懋曰：黃連與官桂同行，能使心腎交於頃刻。時珍曰：香連丸用黃連、木香，水火散用黃連、乾薑，左金丸用黃連、吳茱萸，薑黃散用黃連、生薑，口瘡方用黃連、細辛，皆一冷一熱，寒因熱用，熱因寒用，陰陽相濟，最得製方之妙。按：《素問》曰：五味入胃，各歸所喜攻。久而增氣，物化之常，氣增而久，夭之由也。王冰註云：增味益氣，如久服黃連反熱，從火化也。蓋大苦大寒，行隆冬肅殺之令，譬如皋陶明刑執法，是其職也。稷契夔龍之事，非其任矣。故第可蕩邪滌熱，焉能濟弱扶虛。如脾虛血少，以致驚煩痘瘡，氣虛作瀉，行漿後洩瀉，腎虛人五更洩瀉，陰虛煩熱，脾虛發瀉，法咸禁之。

明・鄭二陽《仁壽堂藥鏡》卷一〇上　黃連　《藥性論》云：黃連出宣州者絕佳。惡白殭蠶、冷水。忌猪肉。殺小兒疳蟲，點赤眼昏痛。鎮肝，去熱毒瘡痍。《唐本》注云：江東者節如連珠，療痢大善。氣寒，味苦。味厚氣薄，陰中陽也，升也。無毒。入手少陰經。《本草》云：主熱氣目痛，眦傷泣出，明目；腸澼腹痛下痢，婦人陰中腫痛，五臟冷熱，久下泄澼膿血，止消渴，大驚，除水利骨，調胃厚腸，益膽，療口瘡。久服令人不忘。酒炒則上行，薑汁炒，辛散衝熱有功。《本草》又云：龍骨、理石、黃芩為之使。惡菊花、芫花、玄參、白鮮皮。畏欵冬花，勝烏頭，解巴豆毒。成聊攝云：苦入心，寒除熱。大黃、黃連之苦，以導瀉心下之虛熱。又云：上熱者，泄之以苦。黃連之苦以降陽。又云：蚘得甘則動，得苦則安。黃連、黃蘗之苦以安蚘。潔古云：瀉心火，除脾胃中濕熱，治煩燥惡心，鬱熱在中焦，兀兀欲吐。味苦，氣味俱厚，可升可降，陰中陽也。其用有五：瀉心熱，一也；去中焦火，二也；諸瘡必用，三也；去風濕，四也；赤眼暴發，五也。又云：去中焦濕與熱，用黃連瀉心火故也。眼痛不可忍者，用黃連、當歸根，酒浸煎服。宿食不消者，用黃連、枳實。海藏云：入手少陰經。性苦燥，故入心，火就燥也。雖然瀉心，其實瀉脾也。為子能令母實，實則瀉其子。凡治血病，防風為上使，黃連為中使，地榆為下使也。一方：令小兒終身不發斑瘡，煎黃連一口，兒初生未出聲時，灌之，大驗。已出聲時灌之者，斑雖發亦輕。古方以黃連治痢，苦燥之義也。今人但見滲泄，便即用之，不顧寒熱，惟欲盡劑，多致危困。若氣實初病，熱多血痢者宜之。虛者慎勿輕用。韓懋曰：黃連生用為君，佐以官桂少許，能使心腎交於頃刻。士瀛曰：去心竅惡血。時珍曰：古方治痢用黃連、木香，水火散用黃連、乾薑，左金丸用黃連、吳茱萸，薑黃散用黃連、生薑，口瘡方用黃連、細辛，皆是一冷

一熱，寒因熱用，熱因寒用，陰陽相濟，最得製方之妙，所以有成功而無偏勝也。按：黄連大苦大寒之藥，用之降火燥濕，中病即止，豈可久服，使肅殺之令常行，而伐沖和之氣乎？《素問》曰：五味入胃，各歸所喜攻。久而增氣，物化之常。氣增而久，夭之由也。王冰註云：增味益氣，久服黄連、反熱從火化。秦觀《與喬希聖書》云：聞公眼疾，餌黄連不已。醫經有久服黄連反熱之説。此雖大寒，其味至苦，久而不已，心火偏勝，是以火救火，其可乎？我明荆端王，素多火病。醫令服黄連，餌至數年，其火愈熾，遂至喪明。嗚呼！此惟不達《素問》之旨耳！　宋王微《黄連贊》：黄連味苦，左右相因。斷涼滌暑，闡命輕身。縉雲昔御，飛蹕上旻。不行而至，吾聞其人。

陳藏器云：黄連主羸瘦氣急。　治諸火邪，各依製炒。火在上，炒以醇酒；火在下，炒以童便。實火朴硝，虚火釅醋。痰火薑汁，伏火鹽酒。氣滯火，同吴茱萸；血瘕火，拌乾漆末。食積作瀉，可用陳壁土炒之；肝膽火盛欲吐，必求猪膽汁炒。若治赤眼，人乳浸蒸，或點或吞，立能劫痛。香連丸，廣木香和攙，為腹痛下痢要藥；茱連丸，吴茱萸佐助，乃吞酸吐水神方。止消渴，便多單研，蜜丸亦效。佐桂、蜜煎服，使心腎頓交于頃刻。小兒食土成疳，大人調胃厚腸，鎮肝涼血。巴豆可解。

明・蔣儀《藥鏡》卷四寒部　黄連　治火毒中于心肝，目障目疼之聖藥。驅濕熱流于脾胃，便膿便血之靈根。平腸胃之嘔吐，而安蚘蟲。消胸腹之痞滿，而解煩渴。療瘡瘍，攻痔澼，婦人陰腫立瘳。祛食火，散胎毒，小兒疳積速愈。佐桂蜜而交心腎，入薑辛而療心肺。醇酒炒以清頭目，猪膽蒸以瀉肝膽。桔梗、麻黄汁炒，達表以解痘毒，蓋心與小腸相為表裏，心火瀉則便水自通，小便通而腸胃自厚。

明・李中梓《頤生微論》卷三　黄連　味苦，性寒，無毒。入心經。黄芩、龍骨、連翹為使。惡菊花、玄參、芫花、白鮮皮、白殭蠶，畏款冬花、牛膝，解巴荳、附子毒，忌猪肉。大如指，色鮮黄而堅重者佳。上焦酒炒，中焦薑汁炒，下焦吴茱萸拌炒。瀉心除痞滿，明目理瘡瘍，痢疾腹痛，心痛驚煩，殺蟲安蚘，利水厚腸，天行熱病，嬰兒疳積。

按：韓悉曰：黄連與肉桂同行，能使心腎交於頃刻。時珍曰：古人治痢用黄連、木香，水火散用黄連、乾薑，左金丸用黄連、吴茱萸，薑黄散用黄連、生薑，口瘡方用黄連、細辛，皆是一冷一熱，寒因熱用，熱因寒用，最得製方之妙，所以有成功而無偏勝也。《内經》曰：五味入胃，各歸所喜攻，久而增氣，物化之常，氣增而久，夭之由也。王冰註云：增味益氣，如久服黄連反從火化也。蓋大苦大寒，行隆冬肅殺之令，譬如皋陶明刑執法，是其職也，稷契夔龍之事，非其任矣。近世不明此義，見古人用以治痞滿、治疳積，每遇腹中不寬快者，輒用枳實、黄連，以為寬中消食之劑，獨不聞脾胃之氣，虚則白朮、陳皮補之，實則枳實、黄連瀉之，若不分虚實，一概用之，殺人必矣。故脾虚血少，以致驚煩，痘瘡氣虚作瀉，行漿後洩瀉，腎虚五更瀉，陰虚煩熱，氣虚蒸熱，脾虚發瀉，法咸禁之。

明・張景岳《景岳全書》卷四八《本草正・草部》　黄連　味大苦，氣大寒。味厚氣薄，沉也，降也，降中微升，陰中微陽。專治諸火，火在上，炒以酒。火在下，炒以童便。火而嘔者，炒以薑汁。火而伏者，炒以鹽湯。同吴茱萸炒，可以止火痛。同陳壁土炒，可止熱瀉。同枳實用，可消火脹。同天花粉用，能解煩渴。同木香丸，和火滯下痢腹痛。同吴茱萸丸，治胃熱吐吞酸水。總之，其性大寒，故惟平肝涼血，肅胃清腸涼膽，止驚癇，瀉心除痞滿。上可治吐血衄血，下可治腸澼便紅。療婦人陰戸腫痛，除小兒食積熱疳，殺蚘蟲。消惡瘡癰腫，除濕熱鬱熱。善治火眼，亦消痔漏。解烏附之熱，殺巴豆之毒。然其善瀉心脾實火，虚熱妄用，必致格陽。故寇宗奭曰：虚而冷者，慎勿輕用。王海藏曰：夏月久血痢，不用黄連，陰在内也。〇景岳曰：人之脾胃，所以盛載萬物，發生萬物，本象地而屬土。土暖則氣行而燥，土寒則氣凝而濕，土燥則實，土濕則滑，此天地間不易之至理。黄連之苦寒若此，所以過服芩、連者，無不敗脾，此其濕滑，亦自明顯易見。獨因陶弘景《别録》中有調胃厚腸之一言，而劉河間復證之曰：諸苦寒藥多泄，惟黄連、黄檗性冷而燥。因致後世視為奇見，無不謂黄連性燥而厚腸胃。凡治瀉痢者，開手便是黄連，不知黄連、黄檗之燥，於何見之？嗚呼！一言之謬，流染若此，難洗若此，誇理惑人，莫此為甚。雖曰黄連治痢亦有效者，然必其素稟陽臟，或多縱口腹，濕熱為痢者，乃其所宜。且凡以縱肆不節，而血氣正強者，即或誤用，未必殺人，久之邪去亦必漸愈，而歸功黄連，何不可也。此外，則凡以元氣素弱，傷脾患痢，或本無火邪，而寒濕動脾者，其病極多，若妄用黄連，則脾腎日敗，百無一生。凡患痢而死者，率由此類，可不寒心。余為此言，而人有未必信者，多以苦燥二字有未明耳，故余於《傳忠錄》辨河間條中，復詳言

苦味之理，以俟衛生仁者再為贊正，庶是非得明，而民生有攸賴矣。○道書言服黄連犯猪肉，令人泄瀉。

明・賈九如《藥品化義》卷九火藥 黄連 屬陰，體乾，色黄，氣和，味大苦，性寒而清，能浮能沉，力瀉心火，性氣薄而味厚，入心肝脾膽胃大腸六經。

黄連味苦，苦能燥濕而去垢，性寒，寒能勝熱而不滯。善理心脾之火，凡口瘡牙疼，耳鳴目痛，煩燥惡心，中焦鬱熱嘔吐痞悶，腸痹下痢，小兒疳積，傷寒吐蛔，諸痛瘡瘍，皆不可缺。入香連丸，祛腸中積滯，有厚腸之功。入吳茱丸，除吞吐酸水，有清胃之力。此皆一寒一熱，陰陽相濟，最得製方之妙。若薑製以和其寒，少變其性，引至熱所，不至牴牾，則能止嘔；酒炒引上，以清頭目；猪膽拌炒，瀉肝膽火；單炒黑用，脾虚熱瀉獨為妙劑；生用，癰腫解毒尤其所宜。但胃中停食及胃虚作嘔，傷寒下早致痞，皆宜禁用。川產肥大肉如黄金色者佳。

明・蕭京《軒岐救正論》卷三 黄連 性苦燥大寒，療諸熱濕熱及毒痢，與胃經吐血，藏毒下血，佐以他藥，最為有功。然必惟患實熱元氣胃氣未傷者，用之相宜。但中病即止，亦未可久服也。自《本草》厚腸胃之言一出，舉世醫者不分虚實，拘執《經》文，混行施治，豈知斯言蓋為毒痢積熱薰蒸腸胃，致腸垢刮削而下，用連以解熱，熱既消，則腸胃復原而自厚，所謂厚腸胃者以此。若人賦稟不實，雖有熱症，用之則反敗胃，漸耗真陽。甚有火衰虚火之症，而亦妄用，何也？故東垣曰：實火可瀉，芩、連之屬。虚火可補，參、耆之屬。而薛立齋一部醫案記其誤歿於芩、連苦寒之劑者，不可勝紀。雖然立齋治實火何曾廢芩、連不用，所貴乎立齋以異於劉朱者，為其善甄別虚實真假，故投藥如環，而愈出愈奇耳。《經》云：陽生陰長，無陽則陰無以生。又云：少火生氣。從未有沉陰無火之屬，而能生長萬物者。自此一經唤醒，當勿仍前執迷。

明・盧之頤《本草乘雅半偈》帙三 黄連《本經》上品 氣味：苦，寒，無毒。主治：主熱氣，目痛傷泣出，明目，腸澼腹痛，下痢，婦人陰中腫痛。久服令人不忘。

覈曰：漢取蜀產，唐取澧州，今取雅州、眉州者為良。苗似茶叢生，高尺許，一莖三葉，花黄色，凌冬不凋。有二種：一種根粗無毛，有連珠，形如鷹爪，質堅實，色深黄；一種無珠多毛，中虚，色淡黄，各有所宜也。凡使以布拭去肉及毛，漿水中浸二伏時，漉出，柳火焙乾用，忌猪肉。惡冷水。

先人云：苦寒凌冬，寒水之象。有節色黄，中土之制，判為心之用藥也。又云：熱氣上炎，即以炎上作苦之品，巽以入之，變易其性，以致和平。

条曰：黄取其色，連象其形，凌冬不凋，氣寒味苦，合得太陽寒水化氣。假此黄土，以為隄防不特默化其侮，反侮其侮以為用神。方隨機應變，絕無內顧之虞。太陽獨為上下內外主。炎上作苦，苦性走下，匹休太陽上及九天，下徹九泉，外彌膚腠，內達五中，故連可上治頭目，下及陰中，外療瘡瘍，內主腸胃。久服則遠于熱煩，而安于寧謐。故令人不忘，皆以火熱為本氣，火熱為標見，火熱為化氣者也。

明・李中梓《本草通玄》卷上 黄連：苦，寒，入心。為治火之主藥。瀉心火而除痞滿，療痢疾而止腹痛，清肝膽而明眼目，祛濕熱而理瘡瘍，利水道而厚腸胃，去心竅之惡血，消心積之伏梁。大明曰：治小兒疳氣，殺蟲。成無己曰：蚘蟲得苦則不動，黄連之苦以安蚘也。韓悉云：黄連與官桂同行，能使心腎交於頃刻。李時珍曰：黄連大苦大寒，用以降火，中病即止。安可久服使肅殺之令常行，而伐其生發之氣乎？《內經》曰：五味入胃，各歸所喜，攻久而增氣，物化之常也。氣增而久，夭之由也。王冰註云：增味益氣，如久服黄連，反從火化也。近代庸流喜用黄連以為清火神劑，殊不知黄連瀉實火，若虚火而悮投之，何異於操刃耶。愚謂黄連大苦大寒，行隆冬肅殺之令，譬如聖世不廢刑威，惟不得已而後敢用。若概施之，則暴虐甚而德意窮，民不堪命矣。喜用寒涼者，尚其戒諸。黄連止入心家，言清肝膽者，實則瀉子之法也。李時珍云：古方香連丸，用黄連、木香；薑連散，用乾薑、黄連；左金丸，用黄連、吳茱萸；口瘡方，用黄連、細辛。皆是一冷一熱，寒因熱用，熱因寒用，陰陽相濟，最得製方之玅。所以有成功而無偏勝也。清心火者，生用；清肝膽火者，吳茱萸拌炒。上焦之火宜酒炒，中焦之火宜薑汁炒，下焦之火宜鹹水炒。蓋辛熱能制其苦寒，鹹潤能制其燥耳。

清・顧元交《本草彙箋》卷一 黄連 稟天地清寒之氣，味苦而厚，治痢家以之爲君。蓋諸苦寒藥多泄，惟連、蘗則性冷而燥，故降火又能勝濕也。其曰久服令人不忘者，心家無火則清，清則明，故不忘。如人昏倦時飲苦茗，即此義耳。然以爲久服，斷恐不宜。陶弘景言道家久服長生，《神仙傳》載：

封君達、黑穴公並服黃連五十年得仙。此怪誕之不可信者。夫袪邪散熱，蕩滌腸胃，肅清神明，是其性之所長，即用以治痢，非有實熱，不宜盡劑，豈宜無端久服，常行肅殺之令，以伐其生發沖和之氣耶？益五味入胃，各歸所喜，酸入肝爲溫，苦入心爲熱，辛入肺爲清，鹹入腎爲寒，甘入脾爲至陰。黃連大寒，味至苦，入胃則先歸於心，久而不已，熱從火化，心火偏勝，反令暴絕。香連丸之合木香，水火散之合乾薑，左金丸之合吳茱萸，薑黃散之合生薑；治下血則合大蒜，治口瘡則合細辛；治消渴之用酒蒸，治伏暑之用酒煮；皆寒熱並用，以防其偏勝之害。周慎齋云：黃連能去心肝之火，引入心用一分，引入肝用三分，蓋慎之也。由此言之，寒如黃連，熱如附子，皆非常服之劑。而今人乃欲以一味附子而治百病，何哉？

時珍云：五臟六腑皆有火，平則治，動則病，黃連入手少陰心經，爲治火之主藥。治本臟之火，則生用之；治肝膽之實火，以猪膽汁浸炒；治肝膽之虛火，以醋浸炒；治上焦之火，以酒炒；治中焦之火，以薑汁炒；治下焦之火，以鹽水或朴硝炒；治氣分濕熱之火，以茱萸湯浸炒；治血分塊中伏火，以乾漆水炒；治食積之火，以黃土炒。不獨爲之嚮導，蓋辛熱能制其苦寒，鹹寒能制其燥性也。楊士瀛云：黃連能去心竅惡血。

服黃連不得犯猪肉，蓋令人泄瀉。今人泥於下痢不忌口之說，黃連、猪肉常並日而食，方將益其泄矣，反咎藥之無驗，豈非通俗之繆？

清・穆石匏《本草洞詮》卷八　黃連　根連珠而色黃，故名。氣味苦寒，無毒。入手少陰經。其用有六：瀉心臟火，一也；去中焦濕熱，二也；諸瘡必用，三也；去風濕，四也；治赤眼暴發，五也；止中部見血，六也。夫五臟六腑皆有火，平則治，動則病，雖有君火、相火之分，其實一氣而已。黃連為治火之主藥，治心經之火則生用，治肝膽之實火則以豬膽汁浸炒，治肝膽之虛火則以醋浸炒，治上焦之火則以酒炒，治中焦之火則以薑汁炒，治下焦之火則以鹽水炒，治氣分濕熱之火則以茱萸湯浸炒，治血分中伏火則以乾漆水炒，治食積之火則以黃土炒。諸法不獨引導，蓋辛熱制其苦寒，鹹寒制其燥性也。韓悉云：火分之病，黃連為主。治目疾以人乳浸蒸，或點或服之，佐以官桂少許，煎百沸，入蜜空心服之，能使心腎交於頃刻。入五苓、滑石，大治夢遺。以茱萸炒，加木香等分，生大黃倍之，水丸，治五痢。劉河間云：治痢惟宜辛苦寒藥，辛能發散，開通鬱結，苦能燥濕，寒能勝熱，使氣宜平而已。諸苦寒藥多泄，惟黃連、黃蘗性冷而燥，能降火而去濕，故治痢以為君也。寇宗奭云：今人多用黃連治痢，若初病氣實，熱多血痢，服之便止，不必盡劑。虛而冷者，慎勿輕用。諸家之論如此。夫黃連治目及痢為要藥，古方治痢香連丸，用黃連、木香；薑連散用乾薑、黃連；變通丸用黃連、茱萸；薑黃散用黃連、生薑。治消渴用酒蒸黃連，治伏暑用酒煮黃連，治下血用黃連、大蒜，治肝火用黃連、茱萸，治口瘡用黃連、細辛，皆一冷一熱，一陰一陽，寒因熱用，熱因寒用，君臣相佐，陰陽相濟，此得用黃連之妙者也。道書言：黃連久服長生。《神仙傳》載：封君達、黑穴公，並服黃連五十年仙去。夫黃連大苦寒之藥，用之降火燥濕，中病即止，豈可久服？使肅殺之令常行，而伐其生發沖和之氣乎？《經》言五味入胃，久而增氣，氣增而久，夭之因也。酸入肝為溫，苦入心為熱，辛入肺為清，鹹入腎為寒，甘入脾為至陰，而四氣兼之，皆增其味而益其氣，所以久服黃連、苦參，反熱從火化也。餘味皆然，久則偏勝，即有偏絕，故有暴夭之患矣。又道書言服黃連犯豬肉，令人泄瀉，而方家有豬肚黃連丸、豬臟黃連丸，豈忌肉而不忌臟腑耶？

清・劉雲密《本草述》卷七下　黃連　時珍曰：其根連珠而色黃，故名。　覈曰：漢取蜀產，唐取澧州，今取雅州、眉州者為良。苗似茶，叢高尺許，一莖三葉，花黃色，淩冬不凋。有二種：一種根粗無毛，有連珠，形如鷹爪，質堅實，色深黃；一種無珠，多毛，中虛，色淡黃。各有所宜也。《原始》曰：節多堅重，相擊有聲者佳，黃色鮮明者善，蘆多者劣。瘦小鬚多者不堪入藥。又曰：用連不必分地土，惟擇肥大連珠者。

根：氣味：苦，寒，無毒。《別錄》曰：微寒。普曰：神農、岐伯、黃帝、雷公：苦，無毒。李當之：小寒。潔古曰：黃連性寒味苦，氣味俱厚，可升可降，陰中陽也，入手少陰經。海藏曰：黃連苦燥，苦入心，火就燥也。凡治血病，防風為上使，黃連為中使，地榆為下使。李氏曰：瀉心實瀉脾，故目為中焦使藥。復曰：黃連經冬不凋，寒水之象，有節色黃，中土之制，心之用藥也。愚按：黃連及黃檗、黃芩，皆氣寒味苦，而其色皆黃。蓋水火之所以體物而不遺者，土也。連、檗流溼就燥，以行其氣化，故各歸於中土之色也。黃芩入手太陰肺，肺主氣，所謂陰陽合同而化者歸於肺，以為主也。又豈能離於中土哉？是則所謂三黃之義也。

主治：鬱熱在中，煩燥惡心，兀兀欲吐，心下痞滿，吞酸吐酸，或卒心

痛，熱嘔熱洩，一切溼熱腹痛，熱痢，五臟冷熱，久下洩澼膿血，療暑毒，一切天行熱毒，諸瘡瘍毒，治熱氣目痛，眦傷淚出，並脇及小腹邊痛。又小兒疳氣，婦人陰中腫痛，鎮肝涼血，調胃厚腸。　嵩曰：《本草》言其寧神，治驚悸健忘，以其能瀉心火也。故安神定驚等丸皆用之。　象曰：治中焦鬱熱煩燥，消渴，或兀兀欲吐，心下痞滿，必用藥也。仲景治九種心下痞，五等瀉心湯皆用之。按黃連佐枳殼，消痞甚速。　嘉謨曰：薑汁製炒，治上焦痰火。以吳茱萸佐之，治吞吐酸水要藥。　嵩曰：與木香同用，治心下痞，并腸中積滯，為腹痛下痢要藥。同吳茱萸用，治肝火兼脇與小腹邊痛。　丹溪曰：黃連去中焦溼熱，而瀉心火，若脾胃氣虛不能轉運者，以茯苓、黃芩代之。下痢，胃口熱，禁口者，用黃連、人參煎湯，終日呷之。如吐，再強飲，但得一呷下咽便好。　劉完素曰：古方以黃連為治痢之最。葢治痢，惟宜辛苦寒藥，辛能發散，開通鬱結，苦能燥溼，寒能勝熱，使氣宣平而已。諸苦寒藥多泄，惟黃連、黃蘗性冷而燥，能降火去溼，而止瀉痢，故治痢以之為君。　按《別錄》兼主泄澼。泄者，瀉利也。澼者，大腸下血也。即朱丹溪先生所云，則黃連入中土氣分，心為君火，氣乃火之靈也。然治血病，黃連為中使，為心主血，而黃連本寒水之化以入心，正所以調血，故《本草》言其治腸澼也。韓忞懋同曰：以黃土、薑汁、酒、蜜，四炒，為君，以使君子為臣，白芍藥酒煮為佐，廣木香為使，治小兒五疳。以茱萸炒者，加木香等分，生大黃倍之，水丸，治五痢。　時珍曰：古方治痢香連丸用黃連、木香，薑連散用乾薑、黃連，變通丸用黃連、茱萸，薑黃散用黃連、生薑，治消渴用酒蒸黃連，治伏暑用酒煮黃連，治下血用黃連、大蒜，治肝火用黃連、茱萸，治口瘡用黃連、細辛，皆是一冷一熱，一陰一陽，寒因熱用，熱因寒用，君臣相佐，陰陽相濟，最得製方之妙，所以有成功而無偏勝之害也。　愚按：各方似亦審其受病之淺深，臟腑之上下以製，使不止於一冷一熱之謂也。　希雍曰：黃連稟天地清寒之氣以生，故氣味苦寒而無毒，味厚於氣，味苦而厚，陰也，入手少陰陽明、足少陽厥陰、足陽明太陰。為病酒之仙藥，滯下之神草。六經所至，各有殊功。　同赤檉木葉入三黃石膏湯，治痧疹已透而煩躁不止，有神。　入當歸六黃湯，加棗仁、龍眼，治盜汗有神。　同地黃、甘菊、荊芥穗、甘草梢、芎藭、柴胡、蟬蛻、木通，治風熱上攻目赤痛。　同芍藥、蓮子、扁豆、升麻、甘草、滑石、紅麯，治一切滯下膿血。　同槐花、枳殼、乳香、沒藥，治滯下純血腹痛，煮服神效。　同麥門冬、五味子，治卒消渴，小便多良。　同人參、蓮子，治虛人患滯下，及老人產婦滯下不止。　同五穀蟲、蘆薈、白蕪荑、青黛、白槿花、白芙蓉花，治小兒一切疳熱如神。

愚按：　黃連之味苦氣寒，何以主治入心？　盧復所謂寒水之象，中土之制，判為心之用藥者，其義可思。　夫離中有坎，丁壬原有合也。　腎脈支者注胸中，然脾與肝腎同上行，而脾脈注於心中。　此味本寒水至陰，乃其花黃，六月結實亦黃，獨用根，根黃，六七月根緊，乃堪采，何以本至陰氣味，而色象與告成之時，俱歸中土，豈不深合斯義？　夫寒水之化，元合於離中之坎，乃具於中土以致之，如寒水不假黃婆，則水亦何得交於火？　此天然妙理，在物性亦有然者也。　即此以思，是黃連的入心，而心之用，唯中土最先。　昔哲曰：　心是天真神機開發之本，胃是穀氣充大真氣之標，標本相得，則膻中所留宗氣，乃能流布四臟而不為病，此《經》所云真氣者與穀氣並而充身之謂也。　所云膻中宗氣，即腎脈注於胸中之謂也。　然則胃中穀氣，所以充大宗氣，而脾脈之合腎肝以注心者，豈不為心之用歟？　心之用病，是即病乎心也。　故王海藏所云，雖曰瀉心，其實瀉脾。　朱丹溪先生所謂黃連治病在清心胃者，豈臆說哉？　夫人身一水不勝二火，而六淫七情與正氣戾者，即化為熱，從六淫則由肺而胃，從七情則由心而胃，由心者，此味的治矣。　然由肺病胃者，以肺陰不降而入心，即清中之濁，不能入胃而生血，以還為心病，是宜熱者寒之，此本至陰氣味，以歸中土者，皆非其的對乎？　故所治種種諸證，不越於中土，然皆本於陽中之太陽，不得合於寒水真陰以為病也。陽中之太陽，心也。此數語，是病機微義，主治要領，於鬱熱溼熱中的。　故先哲謂其卻鬱熱溼熱者是矣。　葢陽中少上聲陰，則氣鬱而化熱，鬱熱久則化溼，其相因以病也固如此。　此味本寒水之化，以為中土之用，更其性味兼得乎燥金，故其治熱之鬱，鬱之溼者，正對待以奏功也。　抑心之用，病莫先於中土，故其治亦莫先於中土矣。　在肝病亦何以次及之？　曰：　風水本達寒水之化以上奉者也，此味能致寒水之化以歸中土，則肝固陰中之少陽也，其氣亦暢矣。　中土又行氣於三陰三陽者，況在肝乎？　況有同氣相求者，製而引之，以入肝乎？　夫一切肝火之為病，未有不挾心火者，在肝經多鬱火溼火，同吳茱萸用之，豈不奏效？　其言鎮肝涼血者，更可思也。本寒水之化以入心，故能涼血，涼血即所以鎮肝，肝，血藏也，入心涼血，酒

炒。楊仁齋言：傷寒留蓄惡血，內外俱熱，有證與少陽相似者，如服小柴胡湯不效，當以黃連一分，赤茯苓半分，入燈心煎與之。又大小產熱入血室，小柴胡力所不及者，於內加靈脂，仍以黃連、赤茯苓佐之，蓋心主血，黃連、茯苓皆清心涼血之劑，所以收功。

又按：黃連謂厚腸胃，說者以為除溼熱即是能厚腸胃，不思如黃芩亦除溼熱，何以不然？蓋其入心者，就燥之性也。燥者即在苦寒中，足陽明胃、手陽明大腸皆燥金也。同氣相求，雖苦寒而能燥者，是即厚之歟。李氏曰：用吳茱萸炒，調胃厚腸。在黃芩亦有用茱萸製者，何以不厚腸胃耶？則其本心火之母而就燥，所以功效有異也。

附方　治痢香連丸，李絳《兵部手集》治赤白諸痢，裏急後重，腹痛，用宣黃連、清木香等分，擣篩，白蜜丸梧子大，每服二三十丸，空腹飲下，日再服，其效如神。久冷者以煨蒜擣和丸之，不拘大人嬰兒，皆效。《易簡方》黃連、茱萸炒過，四兩，木香麪煨一兩，粟米飯丸。丹溪治禁口痢，加石蓮肉。王氏治痢渴，加烏梅肉，以阿膠化和，為丸。氣痢後重，《濟生方》秘傳香連丸，用黃連四兩，木香二兩，生薑四兩，以薑鋪砂鍋底，次鋪連，上鋪香，新汲水三盌，煮，焙研，醋調，倉米糊為丸，如常日服五次。變通丸治赤白下痢，日夜無度，及腸風下血，用川黃連去毛，吳茱萸湯泡過，各二兩，同炒香，揀出，各為末，以粟米飯和丸梧子大，各收，每服三十丸，赤痢甘草湯下黃連丸，白痢薑湯下茱萸丸，赤白痢各用十五丸，米湯下。香連散，宣連一兩，生薑四兩，同以文火炒至薑脆，各自揀出，為末，水泄用薑末，脾泄用連末，每服二錢，空心白湯下，甚者不過二服。亦治痢疾。臟毒下血，蒜連丸，用獨囊蒜煨擣，和黃連末，為丸，日日米湯服之。

按：痢一證，唯黃連為要藥。而香連丸一製真有妙理。蓋黃連苦寒，則降者多，木香辛苦熱，辛多於苦，丹溪謂其氣上升，同於連用，是升以佐降也。且痢病概本於肺氣不行，潔古曰：木香能除肺中滯氣。夫以寒除熱，更調升降，而除其滯氣，故此方賴以永利也。後之或用薑，或用吳茱萸，亦自有別。生薑則由肺而胃，助苦寒以達氣，而熱乃行，似於氣分居多。吳茱萸則由肝而脾，助苦燥以除溼，而熱乃清，似於血分為多。蓋溼熱固在血分也，至伏暑證有用酒者，為干於心包絡，包絡主血也。久冷者及臟毒下血，並用煨蒜和丸，為其辛熱喜散，更能通五臟，而更清血分之著滯歟。義見大蒜條。希雍曰：凡病人血少氣虛，脾胃薄弱，血不足，以致驚悸不眠，而兼煩熱躁渴，及產後不眠，血虛發熱，泄瀉腹痛，小兒痘瘡，陽虛作泄，行漿後泄瀉，老人脾胃虛寒作瀉，陰虛人天明溏泄，病名腎泄，真陰不足，內熱煩燥諸證，法咸忌之，犯之使人危殆。大忌豬肉。

嵩曰：若胃中停食受寒，及傷寒下早致痞，俱不可用。除腸紅因溼熱者固宜。若陰虛下血，及損脾血下者，俱禁用。大都唯實熱盛者宜服。

修治　非真川黃連不效，折之中有孔，色如赤金者良。去鬚，切片，分開粗細，各置薑汁透，用綿紙襯，先用山黃土炒乾，研細，再炒至將紅，以連片隔紙放上，炒乾，再加薑汁，切不可用水，紙焦易新者，如是九次為度。赤痢用溼槐花拌炒，上法入痢藥中，至於治本臟之火，則生用之；治肝膽之實火，則以豬膽汁浸炒；治肝膽之虛火，則以醋浸炒；治上焦之火，則以酒炒；治中焦之火，則以薑汁炒；治下焦之火，則以鹽水或朴消炒；治氣分溼熱之火，則以茱萸湯浸炒；治血分塊中伏火，則以乾漆水炒。諸法不獨為之導引，蓋辛熱能制其苦寒，鹹寒能制其燥性，在用者詳酌之。丹溪治食積丸，首用黃連，以吳茱萸製連而治左，以益智製連而治右。後學須識此義，蓋用益智治右，多所未習也。

清・郭章宜《本草匯》卷九

黃連　味苦，氣寒，氣味俱厚，可升可降，陰中陽也。入手少陰經。瀉心火之鬱熱，治陽毒之發狂。清肝膽黃連專入心家，清肝膽者，實則瀉子之法也。而明眼目，暴發宜用。祛濕熱而療口瘡。理伏暑發熱，併腸風與酒毒；治三消蒸骨，及煩躁與白淫。心腎氣不足，思想無窮所至也。黃連、茯苓為末，酒糊丸，補骨脂湯下。除痞滿，止驚悸。去婦人陰戶作腫，解小兒胎毒丹瘡。未出聲時，以黃連煎汁，與一匙，終身不出癍。已出聲者，亦輕。香連丸，廣木香和攙，為腹痛下痢要藥。茱萸丸，吳茱萸佐助，乃吞酸吐水神方。久冷者以煨蒜搗和，丸之。得酒性之浮，除上熱而有効。假薑汁之辛，開熱鬱而有功。《別錄》稱其益膽者，無非涼心清肝膽之効也。兼主泄澼。泄者，瀉利也。澼者，大腸下血也。即俗呼為臟毒也。厚腸胃者，腸胃為濕熱所撓，而為痢為痛，得此苦寒之劑，滌去其溫熱，則脾胃自是而厚矣。

按：黃連稟天地清寒之氣，大瀉丙丁，惟不得已而後敢用，譬如聖世之不廢刑威也。古方以治濕熱痢為最者。治痢惟宜辛苦寒藥，黃連、黃蘗性冷而燥，能降火去濕，辛能發散，開通鬱結，苦能燥濕，寒能勝熱，使氣宣平，中病即止，豈可久服，使肅殺之令常行，而伐其生發沖和之氣乎？然蕩邪

滌熱，肅清神明，是其性之所近，而于補益精血，溫養元氣，則其功泊如也。《內經》云：五味入胃，各歸所喜攻，久而增氣，物化之常也。氣增而久，夭之由也。所以久服黃連，反熱從火化矣。世見古人用以治痞滿，治疳積，每遇腹中不寬快者，輒用枳實、黃連，以為寬中消食之劑，必宿食不消，心下痞滿者方可用。又執苦燥之義，凡遇腸虛滲泄，微似有血，便即用之，又不顧寒熱多少，必用盡劑，獨不聞脾胃之氣，虛則白朮、陳皮補之，實則枳實、黃連瀉之。若不分虛實，一概施之，殺人必矣。成無己曰：苦入心，寒勝濕，黃連、大黃之苦寒，能導心下之虛熱。蚘得甘則動，得苦則安，連、蘗之苦，足以安蚘。然雖瀉心火，若脾胃氣虛，不能轉運者，當以茯苓、黃芩代之。韓飛霞曰：人心腎不交者，黃連佐以官桂少許，煎百沸，入蜜空心服之，能使交于頃刻。則知無溫補之劑，而黃連不能獨用也。李時珍云：古方治痢用黃連、木香，薑連散用黃連、乾薑，變通丸用黃連、吳萸，薑黃散用黃連、生薑，治消渴用酒蒸黃連，治伏暑用酒煮黃連，治下血用黃連、大蒜，口瘡方用黃連、細辛，皆是一冷一熱，一陰一陽，寒因熱用，熱因寒用，陰陽相濟，最得製方之妙，所以有成功而無偏勝也。《本草》耑入心家者，火就燥也。然瀉心火，又除脾家濕熱，非有二也。蓋苦以瀉心，實所以瀉脾，為子能令母實，實則瀉其子，瀉脾即所以瀉心也。瀉痢雖屬脾經，正由火不能生土，況心與小腸為表裏，心火瀉則小便亦利，而腸胃自厚矣。東垣云：諸痛癢瘡，皆屬心火。故凡眼暴發赤，腫痛不可忍者，宜當歸、黃連，以酒浸煎用，不可過服。蓋眼疾本于肝熱，肝與心為子母，心火也，肝亦火也。腎孤藏也，一水不勝二火。若久服，使心有所偏勝，是以火救火，其可乎？若以連、歸、芍藥等分，煎湯熱洗，甚益眼目。然必是風毒赤目花翳，用之神効也。眼目之病，皆是血脉凝滯使然，故以行血藥合黃連治之，血得熱則行，故乘熱洗也。若下痢，胃熱口噤者，用黃連人參湯，終日煎呷，如吐再飲，但得一呷下咽便好。凡病血少氣虛，脾胃薄弱，及產後不眠，血虛發熱，溏泄腎泄，真陰不足，內熱煩躁等症，俱切戒。諸若口瘡糜痛，同五味、甘草煮膿汁嗽之。虛人滯下，同人參、蓮子。酒傷，同五味、麥冬、乾葛。又與當歸、甘菊、人乳浸蒸，入明礬、銅綠各少許，洗目甚効。同五穀蟲、蘆薈、白蕪荑、青黛、白槿花、白芙蓉花，治小兒一切疳熱。

有二種，一種根粗，無毛有連珠，如鷹雞爪形，而堅實，色深黃。一種無珠，多毛而中虛，黃色稍淡，各有所宜。然以宣城屬南直隸九節堅重，相擊有聲者為勝。日乾燥，布裹落淨鬚苗，各依製炒用。治心藏之火，則生用之。治肝膽之實火，則以猪膽汁浸炒。治肝膽之虛火，則以醋浸炒。治上焦之火，則以酒炒。治中焦之火，則以薑汁炒。治下焦之火，則以鹽水或朴硝炒。治氣分濕熱之火，則以茱萸湯浸炒。治血分塊中伏火，則以乾漆水炒。治食積之火，則以黃土炒。治五疳，則以黃土、薑汁、酒、蜜四炒。諸法不獨為之引導，蓋辛熱能制其苦寒，鹹寒能制其燥性，在用者詳酌之。黃芩、龍骨為之使。惡菊花、玄參、白鮮皮、芫花、白殭蠶。畏款冬、牛膝。解巴豆、輕粉、附子毒。大忌猪肉、冷水。

清·蔣居祉《本草擇要綱目·寒性藥品》 黃連 氣味：苦，寒，無毒。可升可降，陰中陽也。入手少陰心經。為治火之主藥。以布拭去肉毛，用漿水浸二伏時漉出，於柳木火焙乾用。然生用之，則治本經火熱。若以豬膽汁浸炒，則治肝膽之實火。以醋浸炒，則治肝膽之虛火。以酒炒，則治上焦之火。以薑汁，則治中焦之火。以鹽水或朴硝，則治下焦之火。以茱萸湯浸炒，則治氣分濕熱之火。以乾漆水炒，則治血分塊中伏火。以黃土炒，則治食積之火。蓋辛熱能制其苦寒，鹹寒能制其燥性。主治：除熱氣目痛眥傷淚出，明目，腹痛下痢，止煩渴，益膽。治小兒疳氣，殺蟲鎮肝。治驚悸，潤心肺，長肉止血。并瘡疥盜汗，安蚘定吐。但其性苦寒，不宜偏勝。古人治痢香連丸，用黃連、木香。薑連散用黃連、乾薑。變通丸用黃連、茱萸。薑黃散用黃連、生薑。治消渴用酒蒸黃連，治伏暑用酒煮黃連，治下血用黃連、大蒜，治肝火用黃連、茱萸，治口瘡用黃連、細辛，皆是一冷一熱，一陰一陽，熱因寒用，寒因熱用，君臣陰陽相佐濟，斯為良也。惡：菊花、白鮮皮、玄參、芫花、殭蠶、冷水。畏：款冬、牛膝。忌：冷水。

清·閔鉞《本草詳節》卷三 黃連 【略】按：黃連苦燥，苦入心，火就燥，瀉心者，其實瀉脾也，實則瀉其子也。故仲景五瀉心湯用之去濕熱之痞滿。諸瘡痛痒，屬心，故用之解毒。至痢疾一症，尊為神草，蓋痢疾屬脾，由心火受邪，不能生土，瀉其火邪，金無刑爍之患，而大腸自厚，臟腑之炎熇如失，所以黃連為要藥也。且諸寒藥多泄，惟黃連、黃栢性冷而燥，不但降火，尤能去濕止瀉，豈他寒藥可並哉？肰亦當視寒熱多少，不可槩行盡劑，而致危困。其有禁口不飲食者，此胃口有熱也，同人參煎湯，倘能強呷一口，下咽

便開矣。古人又有佐使之法，寒熱合用之法，如以猪膽汁拌炒，佐以龍膽草則大瀉肝膽之火，以醋炒則治肝膽之虚火，以酒炒則治上焦之火，以薑汁炒則治中焦之火，以鹽炒或朴硝炒則治下焦之火，以吴茱萸炒則治氣分濕熱之火，以乾漆水炒則治血塊中伏火，以黄土炒則治食積之火。同枳實則治宿食不消，心下痞滿；同黄芩、滑石則治夢遺。以黄土、薑汁、酒、蜜四炒為君，使君子為臣，白芍藥酒煮為佐，廣木香為使，則治小兒五疳。此佐使之法也。香連丸、薑連散、薑黄散，酒蒸治消渴，酒煮治伏暑。治下血合大蒜，治口瘡合細辛，加官桂少許，百沸湯入蜜交心腎于頃刻。此寒熱合用之法也。

清・汪昂《本草備要》卷二　黄連瀉火，燥濕。大苦，大寒。入心瀉火，王海藏曰：瀉心，實瀉脾也。實則瀉其子。鎮肝凉血，凡治血，防風爲上部之使，黄連爲中部之使，地榆爲下部之使。燥濕開鬱，解渴單用能治消渴。除煩，益肝膽，厚腸胃，消心瘀，能去心竅惡血。止盗汗。凉心。治腸澼瀉痢，便血曰澼，有臟連丸。濕熱鬱而爲痢，黄連治痢要藥。噤口者，熱壅上焦，同人參煎湯呷之，但得下咽便好。喻嘉言曰：下痢必先汗解其外，後調其內。首用辛凉以解表，次用苦寒以攻裏。《機要》云：後重宜下，腹痛宜和，身重宜除濕，脉弦宜去風，風邪內結宜汗，身冷自汗宜溫，膿血稠粘宜重劑以竭之。下痢，赤屬血分，白屬氣分。戴氏曰：俗謂赤熱、白寒者，非也。通作濕熱處治，但有新久、虚實之分。痞滿燥濕開鬱。仲景治九種心下痞，五等瀉心湯皆用之。腹痛，清熱。心痛伏梁，心積。目痛眦傷，人乳浸點或合歸、芍等分，煎湯熱洗，散熱活血。癰疽瘡疥，諸痛癢瘡，皆屬心火。酒毒胎毒，小兒初生，合甘草爲末，蜜調令嚥之。明目《傳信方》：羊肝一具，黄連一兩，搗丸，名羊肝丸，凡是目疾皆治。定驚。鎮肝。止汗解毒，除疳同猪肚蒸爲丸。殺蚘。蚘得苦則伏。虚寒爲病者禁用。久服黄連、苦參反熱，從火化也。昂按：炎上作苦，味苦必燥，燥則熱矣。且苦寒沉陰肅殺，伐傷生和之氣也。韓忞曰：黄連與肉桂同行，能交心腎于頃刻。時珍曰：治痢用香連丸，薑連丸用黄連、乾薑，薑黄散用黄連、生薑，左金丸用黄連、吴茱萸，治口瘡用黄連、細辛，止下血用黄連、大蒜，一陰一陽，寒因熱用，熱因寒用，最得製方之妙。出宣州者粗肥，出四川者瘦小。狀類鷹爪、連珠者良。去毛。治心火生用，虚火醋炒，肝膽火猪膽汁炒，上焦火酒炒，有吞酸嘈雜等症，亦有吐酸者名酢心，宜黄連、吴茱萸降火開鬱。酢，音醋。中焦火薑汁炒，下焦火鹽水或童便炒，食積火黄土炒。治濕熱在氣分，吴茱萸湯炒，在血分乾漆水炒。點眼赤人乳浸。時珍曰：諸法不獨爲之引導，蓋辛熱制其寒苦，鹹寒制其燥性，用者詳之。黄芩、龍骨爲使，惡菊花、玄參、殭蠶、白鮮皮，畏款冬、牛膝，忌猪肉。時珍曰：方有臟連丸、黄連猪肚丸，豈忌肉而不忌藏府乎？殺烏頭、巴豆毒。黄連瀉心火，佐以龍膽瀉肝膽火，白芍瀉脾火，石膏瀉胃火，知母瀉腎火，黄柏瀉膀胱火，木通瀉小腸火。黄芩瀉肺火，梔子佐之；瀉大腸火，黄連佐之；柴胡瀉肝膽火，黄連佐之；瀉三焦火，黄芩佐之。鄭奠一曰：熱鬱惡心，兀兀欲吐，用黄連數分甚效。

清・陳士鐸《本草新編》卷二　黄連　味苦，寒，可升可降，陰也，無毒。入心與胞絡。最瀉火，亦能入肝。大約同引經之藥，俱能入之，而入心，尤專經也。止吐利吞酸，善解口渴。治火眼甚神，能安心，止夢遺，定狂躁，除痞滿，去婦人陰戶作腫。治小兒食土作疳，解暑熱、濕熱、鬱熱，實有專功。但亦臣使之藥，而不可以為君，宜少用而不宜多用，可治實熱而不可治虚熱也。蓋虚火宜補，則實火宜瀉。以黄連瀉火者，正治也。以肉桂治火者，從治也。故黄連、肉桂，寒熱實相反，似乎不可並用，而實有並用而成功者。蓋黄連入心，肉桂入腎也。凡人日夜之間，必心腎兩交，而後水火始得既濟，火水兩分，而心腎不交矣。心不交于腎，則日不能寐；腎不交于心，則夜不能寐矣。黄連與肉桂同用，則心腎交于頃刻，又何夢之不安乎。

或問：苦先入心，火必就燥，黄連味苦而性燥，正與心相同，似乎入心之相宜矣，何以久服黄連，反從火化，不解心熱，而反增其焰者，何也？曰：此正見用黄連之宜少，而不宜多也。蓋心雖屬火，必得腎水以相濟，用黄連而不能解火熱者，原不可再瀉火也。火旺則水益衰，水衰則火益烈，不下治而上治，則愈增其焰矣，譬如釜內無水，止成焦釜，以水投之，則熱勢上沖而沸騰矣。治法當去其釜下之薪，則釜自寒矣。故正治心火而反熱者，必從治心火之為安，而從治心火者，又不若大補腎水之為得。蓋火得火而益炎，火得水而自息耳。

或問：黄連止痢而厚腸胃，吾子略而不談，何也？曰：此從前《本草》各書，無不載之，無俟再言也。然而予之不談者，又自有在。蓋黄連非治痢之物，瀉火之品也。痢疾濕熱，用黄連性燥而凉，以解濕而除熱似矣。殊不知黄連獨用以治痢，而痢益甚，用之于人參之中，治噤口之痢最神；用之于白芍、當歸之中，治紅赤之痢最效，可借之以瀉火，而非用之以止痢，予所以但言其瀉火耳。況上文曾言止吐利吞酸，利即痢也，又未嘗不合言之矣。至于厚腸胃之説，説者謂瀉利日久，下多亡陰，刮去脂膜，腸胃必薄矣，黄連既止瀉利，則腸胃之薄者，可以重厚。嗟乎！此臆度之語，而非洞垣之説

也。夫黃連性燥而寒涼，可以暫用，而不可久用。腸胃之脂膜既傷，安得一時遽厚哉。夫胃薄者由于氣血之衰，而腸薄者由于精水之耗。黃連但能瀉火，而不能生氣血、精水，吾不知所謂厚者，何以厚也。

或問：黃連瀉火，何以謂之益心，可見寒涼未必皆是瀉藥。曰：夫君之論，是欲揚黃柏、知母也。吾聞正寒益心，未聞正寒益腎。夫心中之火，君火也；腎中之火，相火也。正寒益心中之君火，非益心中之相火。雖心中君火，每藉心外相火以用事，然而心之君火則喜寒，心之相火則喜熱。以黃連治心之君火，則熱變為寒。以黃連治心之相火，則寒變為熱。蓋君火宜正治，而相火宜從治也。夫相火在心火之中，尚不用寒以治熱，況相火在腎水之內，又烏可用寒以治寒乎。昔丹溪用黃柏、知母，入于六味丸中，未必不鑒正寒益心，亦可用正寒以益腎也。誰知火不可以水滅，腎不可與心並論哉。或疑世人用黃連，不比用黃柏、知母，先生闢黃柏、知母，何必于論黃連之後，而大張其文瀾哉？嗟乎！是有說焉，不可不辨也。夫人生于火，不聞生于寒也。以瀉火為生，必變生為死矣。從來脾胃喜溫，而不喜寒，用寒涼降火，雖降腎火也，然胃為腎之關門，腎寒則胃寒，胃寒則脾亦寒。脾胃既寒，又何以蒸腐水穀哉。下不能消，則上必至于不能受，上下交困，不死何待乎，又肺金之氣，必夜歸于腎之中，腎火沸騰，則肺氣不能歸矣。然補其腎水，而益其肺金，則腎足，而肺氣可復歸于腎。倘腎寒則腎火不歸，勢必上騰于肺，而又因腎之寒，不敢歸于下，則肺且變熱，而咳嗽之症生。肺熱而腎寒，不死又何待乎。慨自虛火實火、正火邪火、君火相火之不明，所以治火之錯也。夫黃連，瀉實火也，補正火也，安君火也，不先將黃連之義，罄加闡揚，則虛火、邪火、相火之道，終不明于天下。吾所以于黃連門中，痛攻黃柏、知母，使天下後世知治火之藥，不可亂用寒涼，實救其源也。

清・顧靖遠《顧氏醫鏡》卷七 黃連苦，大寒。入脾、胃、肝、膽、大〔小〕腸六經，治心經之火生用，肝膽之火猪膽汁炒，上焦之火酒炒，中焦之火薑汁炒，下焦之火鹽水炒，食積之火黃土炒，氣分濕熱之火吳茱萸湯炒，血分塊中伏火乾漆水炒。忌猪內，解巴豆、附子毒。川產佳(心)。　瀉少陰君火，苦先入心，為瀉君火之主藥。去中焦濕熱。苦燥濕，熱勝寒也。止煩燥而定驚悸，君火得寧也。止痢疾而解酒毒。除濕熱之功，故赤白痢疾，及因酒毒下血腹痛者，必用之。天行熱病宜投，心下痞滿須簡。苦寒能清解熱邪也。除心腹之痛，療口舌之瘡。皆滌熱清火之功。目疼赤腫淚流必需，熱盛則為痛，為赤，為腫；肝熱則淚出，故為治目要藥。蚘動瘡家痘症均求。蚘蟲得苦則安，諸瘡皆屬心火，痘症必宜解毒。理婦人陰中腫痛，清肝火而自安。療小兒疳熱諸蟲。疳以濕熱為咎，故多生蟲，去濕熱，而苦又能殺蟲也。大苦大寒，但能袪邪滌熱，焉能濟弱扶虛，凡血少氣虛，脾胃薄弱者，均在禁例。

清・李熙和《醫經允中》卷一七 黃連　少陰心火本藥。黃芩、龍骨、連翹、理石為使。惡菊花、元參、芫花、白鮮皮、殭蠶。畏款冬花、牛膝。解巴荳、烏附毒。忌猪肉、冷水。生用治心火，猪膽汁炒治肝膽實火，醋炒治肝膽虛火。酒炒治上焦火，薑汁炒治中焦火，鹽水炒治下焦濕熱之火。去食積，則用黃土炒。因病製用，投之則靈。　苦，寒，無毒。主治瀉心火，厚腸胃，解胎毒，鬱熱在中，痞滿腸澼下利，陽毒發狂，口瘡目痛。黃連，寒燥之劑，苦能勝熱，燥能制濕，故為目疾、血痢之要藥。然血痢之中，多有腸結動氣，為醫誤下而致之者，亦有左寸微弱，而上焦有寒者慎弗輕用。惟治濕熱為當，至心腎不交，佐以肉桂少許，則交于頃刻，是知無溫補之劑，而黃連不能獨用也。書云：久服黃連，熱從火化，蓋以真陰耗竭，寒極生熱，夭之由也。凡脾胃薄弱，心火不盛，真陰不足，產後血虛發熱者戒之。

清・馮兆張《馮氏錦囊秘錄・雜症痘疹藥性主治合參》卷一 川黃連稟天地清寒之氣以生，故氣味苦寒而無毒。味厚於氣，味苦而厚，陰也。宜其下泄，欲使上行，須加引導。〇有用酒拌炒，有用薑汁拌炒，有同吳茱萸拌蒸，皆因苦寒太過，用此炒製少減其性，古人用寒遠寒之意也。　川黃連同木香治下痢，同枳殼治痔瘡，同官桂服使心腎交於傾刻。鎮肝涼血，調胃厚腸，益膽瀉心，燥濕開鬱，除煩解渴，殺蟲安蚘，利水明目，除痞消疳。清心火之鬱熱，治陽毒之發狂。暑熱下痢，酒毒痞滿，驚悸腸風，諸惡瘡濕熱鬱熱皆治。凡病人血少氣虛，脾胃薄弱，虛煩躁渴及產後血虛，發熱泄洩腹痛，一切似痢非痢，並宜切忌。胡黃連，治骨蒸勞熱，溫瘧多熱，久痢成疳，疳積久痢，補肝膽，劫目痛；一切濕熱、邪熱、陰分伏熱所生諸病，莫不消除。小兒盜汗勞熱，婦人胎蒸虛驚。

主治痘疹合參：川黃連，瀉心火。凡痘血熱而熱毒盛者，并酷暑患痘而又血熱者俱用，須酒拌炒。若未出時忌服，恐致冰伏也。然五味入胃，各歸所喜，久而增氣，物化之常，所以久服黃連，反從火化，氣增而久，偏勝之患生，夭折之由來，所以沖和平淡乃能久也。

清・张璐《本經逢原》卷一 黃連　苦，寒，無毒。產川中者，中空，色正

黃，截開分瓣者為上。雲南水連次之，日本吳楚為下。治心藏火生用。治肝膽實火，豬膽汁炒。治肝膽虛火，醋炒褐色。治上焦火，酒炒。中焦火，薑汁炒。下焦火，鹽水炒。氣分鬱結肝火，煎吳茱萸湯炒。血分塊中伏火，同乾漆末炒。食積火，黃土拌炒。○解附子、巴豆、輕粉毒，忌豬肉。《本經》主熱氣目痛眦傷淚出，明目，腸澼，腹痛下痢，婦人陰中腫痛。　發明：黃連性寒味苦，氣薄味厚，降多升少，入手少陰、厥陰。苦入心，寒勝熱，黃連、大黃之苦寒以導心下之實熱，去心竅惡血。仲景九種心下痞、五等瀉心湯皆用之。瀉心者，其實瀉脾，實則瀉其子也。下痢胃口虛熱口噤者，黃連、人參煎湯，時時呷之，如吐再飲。但得一呷下咽便好。諸苦寒藥多瀉，惟黃連、芩、檗性寒而燥，能降火去濕止瀉痢，故血痢以之為君。今人但見腸虛滲泄，微似有血，不顧寒熱多少，便用黃連，由是多致危殆。至於虛冷白痢，及先瀉後痢之虛寒證，誤用致死者多矣。諸痛瘍瘡，皆屬心火。眼暴赤腫痛不可忍，亦屬心火。兼挾肝邪俱宜黃連、當歸。治痢及目為要藥，故《本經》首言治熱氣目痛，及腸澼腹痛之患，取苦燥之性，以清頭目，堅腸胃，祛濕熱也。婦人陰中腫痛，亦是濕熱為患，尤宜以苦燥之。古方治痢香連丸，用黃連、木香。薑連散用乾薑、黃連。左金丸用黃連、吳茱萸。治消渴用酒蒸黃連。治口瘡用細辛、黃連。治下血用黃連、葫蒜，皆是寒因熱用，熱因寒用，而無偏勝之害。然苦寒之劑，中病即止，豈可使肅殺之令常行，而伐生發沖和之氣乎？醫經有久服黃連、苦參反熱之說，此性雖寒，其味至苦，入胃則先歸於心，久而不已，心火偏勝則熱，乃其理也。近代庸流喜用黃連為清劑，殊不知黃連瀉實火，若虛火而妄投，反傷中氣，陰火愈逆上無制矣。故陰虛煩熱、脾虛泄瀉，五更腎泄，婦人產後血虛煩熱、小兒痘疹氣虛作瀉及行漿後泄瀉，並皆禁用。

清·浦士貞《夕庵讀本草快編》卷一　黃連《本經》　附胡黃連　其根枝色黃，故名。若胡連，內黑外黃者佳。　黃連苦寒，氣味俱厚，入手少陰藥也。《經》云：苦入心，火就燥。故黃連能直折心家之伏火，去中焦之濕熱。如目赤瀉痢，吐血瘡瘍，皆從其化。而仲景治九種心下痞，立五等瀉心湯，用其苦寒能導心下之虛熱，且蚘得苦而相安。實則瀉其子，脾乃心之嗣也。但苦寒者多泄，惟黃連、黃柏性雖冷而燥，故為降火滯下之君藥。但不可多服者，恐肅殺之令伐其生發沖和之氣耳。《素問》所謂五味入胃，各歸所喜攻，久而增氣，物化之常也。氣增而久，夭之由也。王冰解之曰：酸入肝，為溫；苦入心，為熱；辛入肺，為清；鹹入腎，為寒；甘入脾，為至陰而四氣兼之。若增其味而益其氣，各從本藏之氣爲用，所以久服黃連、苦參而反熱者，從火化也。餘味皆然。久之藏氣偏勝，仆絕暴夭之道矣。而《神仙傳》封君達、黑穴公皆服黃連五十年而仙去，不足徵矣。但宋王微有闡命輕身，飛躍上旻之語；梁江淹又有禦孽辟邪，長靈久視之頌。服食之效未盡妄也。且其性與官桂同行，能使心腎交于頃刻。故治痢疾佐以木香，療口瘡輔以細辛，水火散制以乾薑，左金丸配以吳萸，皆一寒一熱，互相為用，易與成功。製方之妙，不可不思也。但血虛心煩，痘虛作瀉，陰極發躁，汗後作泄者，並皆禁用。致于胡連產雖異種，功用頗同。小兒驚癇，骨蒸勞熱，反為效捷。

清·張志聰、高世栻《本草崇原》卷上　黃連　氣味苦，寒，無毒。主治熱氣，目痛，眦傷泣出，明目，腸澼，腹痛下痢，婦人陰中腫痛。久服令人不忘。　黃連始出巫陽山谷及蜀郡、太山之陽，今以雅州者為勝。苗高尺許，似茶叢生，一莖三葉，淩冬不凋，四月開花黃色，六月結實如芹子，色亦黃，根如連珠，形如雞距，外刺內空。　黃連生於西蜀，味苦氣寒，禀少陰水陰之精氣。主治熱氣者，水滋其火，陰濟其陽也。目痛，眦傷泣出者，火熱上炎於目，則目痛而眦肉傷，眦肉傷則泣出。又曰：明目者，申明治目痛，眦傷泣出，以其能明目也。腸澼者，火熱內乘於陰，夫熱淫於內，薄為腸澼，此熱傷陰分也。腹痛下痢者，風寒暑濕之邪傷其經脈，不能從肌腠而外出，則下行腸胃，致有腸痛下痢之證。黃連瀉火熱而養陰，故治腸澼腹痛下痢。婦人陰中腫痛者，心火協相火而交熾也。黃連苦寒，內清火熱，故治婦人陰中腫痛。久服令人不忘者，水精上滋，瀉心火而養神，則不忘也。大凡苦寒之藥，多在中品下品，唯黃連列於上品者，陰中有陽，能濟君火而養神也。少陰主水而君火在上，故冬不落葉。　凡物性有寒熱溫清燥潤，及五色五味。五色五味以應五運，寒熱溫清燥潤以應六氣，是以上古司歲備物。如少陰君火，少陽相火司歲，則備溫熱之藥。太陽寒水司歲，則備陰寒之藥。厥陰風木司歲，則備清涼之藥。太陰濕土司歲，則備甘潤之藥。陽明燥金司歲，則備辛燥之藥。岐伯曰：司歲備物得天地之專精，非司歲備物則氣散也。後世不能效上古之預備，因加炮製以助其力。如黃連水浸，附子火炮，即助寒水君火之

火。後人不體經義，反以火炒黃連，尿煮附子。寒者熱之，熱者寒之，是制也，非制也。譬之鷹犬之力，在於爪牙。今束其爪，縛其牙，亦何貴乎鷹犬哉？

清・劉漢基《藥性通考》卷五　黃連　味大苦，大寒，入心。瀉火鎮肝，涼血燥濕，開鬱解渴，除煩，益肝胆，厚腸，消心瘀，止盜汗，涼心，治腸澼瀉痢，痞滿腹痛，心痛。目痛眦傷，人乳浸點。或合歸、芍等分，煎湯熱洗。散熱活血，癰疽瘡疥，酒毒胎毒，小兒初生，甘草為末，蜜調令噏之。明目定驚，止汗解毒，除疳。同猪肚蒸，為丸，殺蚘蟲。然虚寒為病者禁用。出宣州者粗肥，出四川者瘦小，狀如鷹爪，連珠者良。去毛。治心火生用，虚火醋炒，肝胆火猪胆汁炒，上焦火酒炒，中焦火薑汁炒，下焦火鹽水或童便炒，食積火黃土炒。治濕熱在氣分，吴茱萸湯炒；在血分，乾漆水炒。點眼赤，用人乳浸。黃芩、龍骨為使，惡菊花、玄參、(薑)〔殭〕蠶、白鮮皮，畏款冬、牛膝，忌猪肉，殺烏頭、巴豆毒。黃連瀉心火，佐以胆草瀉肝胆火，白芍瀉脾火，石膏瀉胃火，知母瀉腎火，黃栢瀉膀胱火，木通瀉小腸火。黃芩瀉肺火，梔子佐之；瀉大腸火，黃連佐之；柴胡瀉肝胆火，黃連佐之；瀉三焦火，黃芩佐之。凡熱欝惡心，兀兀欲吐者，用黃連數分，服之甚效。然實火宜瀉，虚火宜補，豈可盡用黃連可瀉哉？況黃連大寒大冷之藥也。若錯用之，往往殺人。清火之藥亦多，玄參、桔梗、黃芩、梔子、麥冬俱可用，況不傷人，何必用黃連哉？今用黃連，必用大補氣血之藥或熱藥之中，方可生人矣。

清・姚球《本草經解要》卷二　黃連　氣寒，味苦，無毒。主熱氣目痛，眦傷淚出，明目，腸澼腹痛下痢，婦人陰中腫痛。久服令人不忘。酒炒，吴萸同炒，薑汁炒。　黃連氣寒，稟天冬寒之水氣，入足少陰腎經。味苦無毒，得地南方之火味，入手少陰心經。氣味俱降，陰也。其主熱氣目痛者，心主火，火氣熱，心病舍肝，肝開竅於目也。黃連苦寒，所以清火也。手少陰之正，出於面，合目內眦，手少陰為心火，火盛則心系急而淚出。眦傷淚出，皆心火也。黃連清心，所以主之。實則瀉其子，心者，肝木之子也，清心則肝邪瀉，所以明目也。大腸為庚金之府，心火乘之，則津液化成膿血，痛而下痢矣。其主之者，寒以清火，苦以洩熱也。北方黑色，入通於腎，開竅於二陰，婦人陰中乃腎竅也。熱勝則腫，腫痛者，火盛也。黃連入腎，寒苦清火，所以主之。其久服令人不忘者，入心清火，火清則心明能記憶也。　製方：　黃連同西河柳、黃芩、黃栢、石膏、知母、甘草，治痧疹已透，煩躁不止。同當歸、棗仁、圓肉、生地、黃芩、黃柏、黃耆，治火症盜汗。同槐花、枳殼、乳香、沒藥，治痢純血腹痛。同五味、麥冬、乾葛，治酒病。同麥冬、五味，治卒消渴，小便多。同人參、蓮子，治虚痢。專為末丸，名瀉心丸，治心實心痛。同吴萸、神麴丸，治肝火作痛。同白术、陳皮、神麴丸，名四神丸，治胸中嘈雜作痛。同白茯，治思想所致白淫。同木香丸，名香連丸，治痢。同炮薑末，治氣痢後重。

清・周垣綜《頤生秘旨》卷八　黃連除脾濕，瀉心火之藥也。蓋苦以瀉心，實則瀉其子，瀉脾即所以瀉心也。瀉心火，則肝膽之火亦從而瀉矣。寧神定驚，蠲痢明目，止嘔寬痞，開欝消積，解毒除濕，皆瀉火之効也。惟實熱盛者為宜，若久病氣虚內熱者，服之反助火作熱，所謂苦先入心而化火，多服反從火化，久而增氣故也。

清・王子接《得宜本草・上品藥》　黃連　入手少陰經。性冷而燥，寒能勝熱。得枳實瀉痞滿，得烏梅、川椒則安蚘，得木香治滯下。

清・徐大椿《神農本草經百種錄》上品　黃連　味苦，寒。主熱氣，除熱在氣分者。目痛，眦傷淚出，明目，除濕熱在上之病。腸澼，腹痛下痢，除濕熱在中之病。婦人陰中腫痛。除濕熱在下之病。久服，令人不忘。苦入心能補心也。苦味屬火，其性皆熱，此固常理。黃連至苦，而反至寒，則得火之味與水之性者也，故能除水火相亂之病。水火相亂者，濕熱是也。凡藥能去濕者，必增熱，能除熱者，必不能去濕。惟黃連能以苦燥濕，以寒除熱，一舉兩得，莫神于此。〇心屬火，寒勝火，則黃連宜為瀉心之藥，而反能補心，何也？蓋苦為火之正味，乃以味補之也。〇若心家有邪火，則此亦能瀉之，而真火反得寧，是瀉之即所以補之也。苦之極者，其性反寒，即《內經》亢害承制之義。所謂火盛之極，反兼水化也。

清・黃元御《長沙藥解》卷四　黃連　味苦，性寒，入手少陰心經。清心退熱，泄火除煩。《傷寒》黃連湯，黃連三兩，桂枝三兩，甘草三兩，生薑三兩，人參二兩，大棗十二枚，半夏半升。治太陰傷寒，胸中有熱，胃中有邪氣，腹中痛，欲嘔吐者。以中氣虚寒，木邪克土，脾陷而賊于乙木，故腹中痛。胃逆而賊于甲木，故欲嘔吐。君火不降，故胸中有熱。薑、甘、參、棗溫中而補土，桂枝達乙木而止疼，半夏降戊土而止嘔，黃連清君火而泄熱也。　黃連阿膠湯，黃連四兩，黃芩一兩，芍藥二兩，阿膠三兩，雞子黃二枚，水五升，煎二升，去渣，入膠消化，內雞子黃，

攪，溫分三服。治少陰病，心煩，不得卧。少陰水火同經，水勝則火負，火勝則水負，火本不勝水，其所以勝者，火旺而土燥也。君火下蟄，則心清而善寐。君火上亢，則心煩而不卧。緣坎水根于離陰，燥土克水，消耗心液，神宇不清，是以生煩。黃連清君火而除煩，芩、芍清相火而泄熱，阿膠、雞子黃補脾精而滋燥土也。《金匱》黃連粉，黃連，研末，水調服。治浸淫瘡。以土濕火升，鬱生上熱，濕熱浸淫，結為毒瘡，從口而走，四肢則生，從四肢而入口則死。黃連泄濕熱之浸淫也。《傷寒》大黃黃連瀉心湯方在大黃治太陽傷寒，誤下成痞。附子瀉心湯方在附子治心下痞鞕，惡寒汗出。甘草瀉心湯方在甘草治心下痞鞕，乾嘔心煩。生薑瀉心湯方在生薑治心下痞鞕，乾噫食臭。半夏瀉心湯方在半夏治少陽傷寒，心下痞滿。葛根黃連黃芩湯方在葛根治中風，下後喘而汗出。乾薑芩連人參湯方在乾薑治厥陰吐下後，食入即吐。小陷胸湯方在栝蔞治小結胸，脈浮滑者。白頭翁湯方在白頭翁治厥陰下利，熱渴飲水者。烏梅丸方在烏梅治厥陰蚘厥，心中疼熱。皆用之，以其泄心君之火也。火蟄於土，土燥則火降而神清，土濕則火升而心煩。黃連苦寒，泄心火而除煩熱。君火不降，濕熱煩鬱者，宜之。土生於火，火旺則土燥，火衰則土濕。凡太陰之濕，皆君火之虛也。虛而不降，則升炎而上盛，其上愈盛，其下愈虛。當其土盛之時，即其下虛之會。故仲景黃連清上諸方，多與溫中暖下之藥並用，此一定之法也。凡泄火清心之藥，必用黃連，切當中病即止，不可過劑，過則中下寒生，上熱愈甚。庸工不解，以為久服黃連反從火化，真可笑也。

清・吳儀洛《本草從新》卷一　黃連瀉火燥濕。　大苦，大寒。入心瀉火，海藏曰：瀉心實瀉脾也，實則瀉其子。鎮肝涼血，凡治血，防風為上部之使，黃連為中部之使，地榆為下部之使。燥濕開鬱，解渴除煩，消心瘀，能去心竅惡血。止盜汗涼心。治腸澼瀉痢，便血曰澼，有臟連丸。因濕熱而痢者，黃連為要藥。嘉言曰：下痢必先解其外，後調其內，首用辛涼以解表，次用苦寒以清裏。下痢有虛實寒熱之分，白屬氣分，紅屬血分，紅熱白寒之說非也。實熱宜黃連，虛寒宜溫補。痞滿燥濕開鬱。仲景治九種心下痞，五等瀉心湯皆用之。嘈雜，吞酸吐酸，因肝火鬱而成者，宜黃連、吳萸降火開鬱。腹痛心痛伏梁心積。目痛眦傷，人乳浸點，或合歸、芍等分煎湯熱洗，散熱活血亦佳。癰疽瘡疥，諸瘡痛癢，皆屬心火。酒毒。明目，《傳信方》羊肝一具，黃連一兩，擣丸治目疾，名羊肝丸。定驚鎮肝，止嘔，奠一曰：熱鬱惡心，兀兀欲吐，用黃連數分甚效。解毒除疳，同猪肚蒸為丸。殺蚘，蚘得苦則伏。虛寒為病大忌。久服黃連、苦參，反熱從火化也。訒庵曰：炎上作苦，味苦必燥，燥則熱矣。且苦寒沉陰肅殺，伐陽生和之氣也。或用甘草以調其苦，或加人參以節制之，其庶幾乎。出宣州者粗肥，出四川者瘦小，毛多刺多能刺手。狀類鷹爪，連珠者良。新山連毛少刺少，不能刺手，色反黃，皮色反光，細，服之損人。去毛。治心火生用，肝膽火猪膽汁炒，上焦火酒炒，中焦火薑汁炒，下焦火鹽水炒，或童便炒。食積火黃土炒，濕熱在氣分吳萸湯炒，在血分醋炒。時珍曰：諸法不獨為引導，蓋辛熱制其苦寒，鹹寒制其燥性，用者詳之。黃芩、龍骨為使。惡菊花、玄參、僵蠶、白鮮皮。畏款冬、牛膝。忌猪肉。時珍曰：方有臟連丸、黃連猪肚丸，豈忌肉而不忌臟腑乎？殺烏頭、巴豆毒。

清・汪紱《醫林纂要探源》卷二　黃連　苦，大寒。有苗似竹，每枝三葉者。有苗如鳳尾草。好生陰巖絕險之處。根有拳曲如雞爪者，有如連珠者。其引長者不足用。川產緊實為良，徽甯產曰宣連，粗大而性尤寒勁。去毛刺，隨宜製炒，惟其所引也。主瀉心火。生用瀉心經實火，治心痛，痞隔，止盜汗自汗，及解百熱毒。〇或謂久服反熱，非通論也。苦從火化，當上炎而反下降，此則陰陽往復之理。若久服寒藥而反熱，則必無之理也。人固無久服者，果有之，必以寒死矣，安得反熱？但生於陰險之地，稟至陰之性，自宜慎用。然古人用藥，於寒涼中必加溫熱以劑之，於溫熱中必加寒涼以劑之，則無偏勝之患。且有寒熱並用者，韓懋曰：黃連與肉桂同行，能交心腎於俄頃。此可知用藥之法矣。靖虛火，治虛煩，止虛汗，醋炒。兼退五臟六腑之火。去肝膽火，膽汁炒，以鎮肝涼血定驚。治上焦肺火，酒炒以除熱咳。治中焦火，薑汁炒，以燥濕行痰。治下焦火，鹽水或童便炒，以除勞熱，逐瘀血，及淋癃下痔，赤白痢。治食積火，或土或米炒，以厚胃和脾。治氣分之濕熱，吳茱萸炒，謂之左金，亦以伐肝也。治血分之濕熱，黍炒，以止吐衄。點目，人乳浸，以治目赤眦傷。餘若瘡疥癰疽，酒毒胎毒，安胎殺蛔之用，皆可以意推矣。虛寒者忌。忌豬肉。

清・嚴潔等《得配本草》卷二　黃連　黃芩、龍骨、理石為之使。畏牛膝、款冬。惡冷水、菊花、玄參、白殭蠶、白鮮皮、芫花。忌豬肉。殺烏頭、巴豆、輕粉毒。　大苦，大寒。入手少陰經氣分。瀉心脾，涼肝膽，清三焦，解熱毒，燥濕開鬱。治心竅惡血，陽毒發狂，驚悸煩躁，惡心痞滿，吞酸吐酸，心腹諸痛，腸澼瀉痢，疳疾蟲症，癰疽瘡疥，暴赤目痛，牙疳口瘡，孕婦腹中兒啼，胎驚子煩，陰戶腫痛。　得木香，治熱滯。得枳殼，治痔瘡。得肉桂，使心腎相交。得吳茱萸，治挾熱下痢。得白芍，瀉脾火。得石膏，瀉胃火。得知母，瀉腎火。得黃芩，瀉肺火。得木通，瀉小腸火。得川柏，瀉膀胱火。得槐米，瀉大腸火。得山梔，瀉三焦火。配煨獨頭蒜，治臟毒下血。配川椒，安蛔蟲。配蘆薈末，蜜湯服，治小兒疳疾。加蟾炭等分，青黛減半，麝香少許，

搽走馬牙疳。配茯苓，去濕熱，治白淫。佐龍膽草，瀉肝膽火。佐枳實，消痞氣火脹。佐花粉，解煩渴。使細辛，治口瘡，止下血。各經瀉火藥得川連，其力愈猛。瀉心火，生用。火在上，酒炒；火在下，童便炒；火在中，薑汁炒；伏火，鹽水炒；火在氣分而痛，吳茱萸拌炒。食積成火，黃土炒；止瀉，壁土炒；肝膽火，醋炒或膽汁炒；熱結於下，朴硝拌炒。血中伏火，乾漆拌炒。虛熱妄用，必致格陽。真陰益乏。久服反化為熱。連性燥而不潤。不可食豬肉，恐令人作瀉。邪火橫逆，非至苦至寒之品不能退其熱勢。然發熱初起，邪火正欲攻擊而出，投川連遏抑其火，則邪將盤結而不散，致內傷氣血，熱邪愈炎，所謂寒之益熱也。又熱久陰氣大傷，胃液乾枯，宜急救胃陰，以制陽火，涼潤之劑在所必需。若用苦燥者治其熱，則愈燥而愈熱。蓋苦以降氣，氣降則陰不生；燥以耗血，血亡則津益竭。由是畏火起，與邪火交相攻擊，其斃也可立而待。

題清·徐大椿《藥性切用》卷三　川黃連　大苦大寒，入心瀉火，而燥脾濕。瀉火生用，燥濕炒用。猪膽汁炒，治肝膽火。酒炒治上焦火，薑汁炒治中焦火，鹽水炒治下焦火，吳茱湯炒治濕熱在肝膽氣分，醋炒治濕熱在心脾血分。無實熱者均忌。連非川產，反能瀉人。

清·黃宮繡《本草求真》卷六　黃連大瀉心火實熱。　黃連耑入心，兼入腸胃脾。大苦大寒，據書所載治功，備極表著，且以《別錄》中有厚腸胃一語，互為傳播，以至於今，謬尤莫闢，貽害無窮。詎知黃連止屬瀉心之品，除濕之味。好古曰：黃連苦燥，苦入心，火就燥，瀉心者，其實瀉脾也，實則瀉其子也。即云腸澼能止，口乾能除，痞滿腹痛能消，癰疽瘡瘍能愈，肝虛能鎮，與夫婦人陰蝕，小兒疳積，並火眼赤痛，吐血、衄血、諸毒等症，無不由此調治，亦何莫不因濕熱火退而言，豈於濕除火退之外，尚有治效之著哉！元素曰：黃連其用有六，瀉心臟火，一也；去中焦濕熱，二也；諸瘡必用，三也；去風濕，四也；赤眼暴發，五也；止中部見血，六也。朱震亨曰：下痢胃口熱噤口者，用黃連人參煎湯，終日呷之，如吐，再強飲，但得一呷下咽便好。劉完素曰：古方以黃連為治痢之最，蓋治痢惟宜辛苦寒藥，辛能發散，開通鬱結，苦能燥濕，寒能勝熱，使氣宣平而已。諸苦寒藥多泄，惟黃連、黃蘗性冷而燥，能降火去濕而止瀉痢，故治痢以之為君。杲曰：凡眼暴發赤腫痛不可忍者，宜黃連、當歸以酒浸煎之，宿食不消，心下痞滿者，須用黃連、枳實。況此性稟純陰，在人腸胃素厚，挾有燥濕火熱，服之過多，尚有偏性為害，而致胃陽頓絕，生氣澌滅。宗奭曰：今人多用黃連治痢，蓋執以苦燥之義。下裏但見腸虛滲泄，微似有血，便即用之。又不顧寒熱多少，惟欲盡劑，由是多致危困。時珍曰：黃連大苦大寒之藥，用之降火燥濕，中病即當止，豈可久服。使肅殺之令常行，而伐其生發冲和之氣乎！秦觀《與喬希聖論黃連書》云：聞公以眼疾餌黃連至十數兩，猶不已，殆不可也。醫經有久服黃連、苦參反熱之說，此雖大寒，其味至苦，入胃則先歸於心，久而不已，心火偏勝則熱，乃其理也。矧有脾陽素弱，因此一言流播，而可恃為常服者乎？今人一見火熾，不論是寒是熱，是虛是實，輒以取投，以致偏勝貽患，暗受夭折，殊堪嘆惜。時珍曰：黃連治目及痢為要藥。古方治痢，香連丸用黃連、木香，薑連散用乾薑、黃連，變通散用黃連、茱萸，薑黃散用黃連、生薑，治消渴用酒蒸黃連，治伏暑用酒煮黃連，治下血用黃連、大蒜，治肝火用黃連、茱萸，治口瘡用黃連、細辛，皆是一冷一熱，一陰一陽，寒熱互用之意，而無偏勝之害。汪昂曰：黃連瀉心火，佐以龍膽瀉肝膽火。白芍瀉脾火，石膏瀉胃火，知母瀉腎火，黃栢瀉膀胱火，木通瀉小腸火，黃芩瀉肺火，梔子佐之。瀉大腸火，黃連佐之。柴胡瀉肝膽火，黃連佐之。瀉三焦火，黃芩佐之。繡按柴胡瀉火，止就肝膽邪鬱而言。若內實火用此，愈增其害矣，不可不知。出四川，瘦小狀類鷹爪，連爪、連珠者良，薑汁炒。心火生用，虛火醋炒，肝膽火猪膽汁炒，上焦火酒炒，中焦火薑汁炒，下焦火鹽水炒，或童便炒，食積火黃土炒，濕熱在氣分吳茱萸湯炒，在血分乾漆水炒，眼赤人乳浸。黃芩、龍骨為使，惡菊花、玄參、殭蠶、白鮮皮。畏欵冬花、牛膝。忌猪肉。亦有不忌者，如臟連丸、黃連猪肚丸之類。

清·楊璿《傷寒溫疫條辨》卷六寒劑類　黃連川出。　味苦，大寒，味厚氣薄。諸涼藥皆潤，而此獨燥，降中微升，陰中微陽，專瀉諸火。古方有黃連解毒湯。火在上米酒炒，火在下童便炒，火而嘔者薑汁炒，火而伏者鹽水炒，吳茱萸炒止疼，陳壁土炒止瀉。同大黃治溫病邪熱，同枳實除宿食火脹，同花粉消痰熱煩渴，同廣木香治滯下瀉利腹疼，同吳茱萸治肝熱吞吐酸水。黃連六兩，吳茱萸一兩，名左金丸。清肝涼血，和胃厚腸，涼膽止驚癇，瀉心除痞滿，散陰戶腫疼，敺食積熱疳，去惡瘡癰腫，除濕熱鬱煩，善消痔漏，亦治火眼。解烏、附、巴豆毒，瀉血氣痰食火。若虛火犯之，反從火化助熱。仲景諸瀉心湯用之。

清·羅國綱《羅氏會約醫鏡》卷一六草部　黃連味大苦，性大寒，入心經。龍骨、連翹為使，惡元參、菊花，畏款冬、牛膝，忌猪肉。解巴豆、附子毒。出宣州者粗肥，出四川者瘦小。狀類鷹爪連珠者良。治心火生用，虛火醋炒，肝膽火猪膽汁炒，上焦火酒炒，中焦火薑汁炒，下焦火鹽水炒或童便炒，食積火黃土炒。治濕熱在氣分，吳茱萸湯炒，在血分，乾漆水炒。　瀉心火，涼血熱，凡治血，防風為上部之使，黃芩為中部之使，地榆為下部之使。

除痞滿，同枳實用。治痢疾、熱鬱可用，若本無火邪，而寒濕傷脾者忌用。熱瀉土炒、驚癇鎮肝，消心瘀。去心竅惡血。嘔吐、薑汁炒。煩渴、同花粉用，單服治消渴。火鬱腹痛，同吳茱萸用。心痛伏梁心積、目痛，安蚘，蟲得苦而伏。止盜汗涼心，退疳熱，同猪肚蒸為丸。吞酸，名醋心，同吳茱萸用。療惡瘡瘻腫、諸瘡痛癢皆屬心火。吐衄痔漏。涼血解毒。按：黃連苦寒，虛寒為病者忌之。

清·陳修園《神農本草經讀》卷一上品 黃連 氣味苦，寒，無毒。主熱氣目痛，眦傷淚出，明目，腸澼，腹痛，下痢，婦人陰中腫痛。久服令人不忘。

陳修園曰：黃連氣寒，稟天冬寒水之氣，入足少陰腎。味苦無毒，得地南方之火味，入手少陰心。氣水而味火，一物同具，故能除水火相亂而為濕熱之病。其云主熱氣者，除一切氣分之熱也。目痛，眦傷，淚出，不明，皆濕熱在上之病；腸澼，腹痛，下痢，皆濕熱在中之病；婦人陰中腫痛，為濕熱在下之病。黃連除濕熱，所以主之。久服令人不忘者，苦入心即能補心也。然苦爲火之本味，以其味之苦而補之。而寒能勝火，即以其氣之寒而瀉之。千古唯仲景得《本經》之秘。《金匱》治心氣不足而吐血者，取之以補心。《傷寒》寒熱互結心下而痞滿者，取之以瀉心。厥陰之熱氣撞心者，合以烏梅。下利後重者，合以白頭翁等法。真信而好古之聖人也。

清·趙學敏《本草綱目拾遺》卷三草部上 南連仙姑連、天姥連附。 一名土連，浙溫台金華山中俱有之，出處州者，名處連。以形大毛輕者好。性較川連尤寒。北人市去為馬藥。《百草鏡》：土黃連二月發苗，根葉與羊蹄大黃無異，但短小耳，三月抽莖，高有尺許，花細成穗，結實初青後紅，子藏棱中，夏至後枯。出浙江者，名慈連，安徽甯國府宣城出者粗肥，名宣黃連。性寒而不滯，入膏丹用最良。《吉氏家傳》：血痢，用宣連為末，以雞子搜作餅，炭火煅令通赤，蓋定勿泄氣，候冷研細，空心米飲下五分，大人一錢，以意加減。按：宣連，即今江浙東西一路所產黃連，皆當日宣州路也。

仙姑連 出台州仙居縣，邑人相傳吳魏時蔡經居此，故以名邑。王方平曾偕麻姑降其宅，今遺址猶存，其地產黃連，粗如雞距，皆作連珠形，皮色青黃，光潔無毛，味大苦寒，折之有烟，色如赤金者佳。療火症更捷於川產者，馬藥非此不可。

天姥連 出天台，皮色鼠褐，略有毛刺，味苦，入口久含有清甘氣。大瀉心火，性寒而帶散，故治目症尤效。

清·黃凱鈞《藥籠小品》 黃連 川產堅實，色如淡金者佳，餘不入藥。清心火為安危定亂之品，同瓜蔞、枳實，泄胸痞如神。又為熱痢要藥，凡熱邪入血分，非此不除。炒用厚腸胃，酒炒兼瀉肺火。《溫疫論》言其守而不走，亦與大黃對峙而言。泄痞何嘗不走，惟不能逐有形之邪耳。苦從火化，久服反能生熱，惟胸中有火，血分有熱相宜，否則須佐補藥，方為無弊。如同人參治噤口重痢，入六味湯治牙宣出血之類，其用不可枚舉。

清·王龍《本草纂要稿·草部》 川黃連 氣味苦寒。鎮肝涼血，治實熱目痛眦傷。調胃厚腸，主腸澼腹痛下痢。止煩渴，愈口瘡。瀉心熱，除痞滿，療欝熱。却實熱，益膽止驚癇。消惡瘡，天行熱狂並治。消惡癰，陰戶作腫咸醫。愈小兒食積成疳，療婦人子煩口渴。

清·吳鋼《類經證治本草·手少陰心臟藥類》 黃連 【略】誠齋曰：黃連涼而不滯，淂為寒藥中之最。

清·張德裕《本草正義》卷下 黃連 大苦，大寒。治一切火證。酒炒瀉上火，便炒瀉下火，薑炒止火嘔，鹽炒除伏火，茱萸炒止火痛，壁土炒止火瀉。同枳寔消火脹，同花粉解渴煩，同木香行火滯及腹痛熱痢，同茱萸治肝火吞酸脇痛。凡病因火而致者，皆治之。假熱無犯。

清·楊時泰《本草述鉤元》卷七 黃連 雅州、眉州者良。有二種，一根粗無毛，有連珠，形如鷹爪，其質堅實，其色深黃。一無珠多毛，中虛色淡黃，用各有所宜嚴。節多堅重，相擊有聲，色鮮明如赤金者善，蘆多者劣，瘦小鬚多者，不堪入藥《原始》。

根味苦而厚，氣寒而降，性冷而燥，陰也。入手少陰經，苦入心，火就燥。並入手陽明、足少陽厥陰、足陽明太陰。經冬不凋，寒水之象，有節色黃，中土之制，心之用藥也復。鎮肝涼血，本寒水之化以入心，故能涼血，涼血即所以鎮肝。調胃厚腸，主治鬱熱在中，煩燥消渴，或兀兀欲吐，心下痞滿，仲景治九種心下痞，五等瀉心湯，皆用之。吞酸吐酸，或卒心痛，並脇及小腹邊痛，熱嘔熱瀉，一切濕熱，腹痛熱痢，五臟冷熱，久下泄澼膿血，療暑毒及一切天行熱毒，諸瘡瘍毒，治熱氣目痛眦傷淚出，又小兒疳氣，婦人陰中腫痛諸本草。能瀉心火，故本草言其寧神，治驚悸安神定驚等丸皆用之嵩。凡治血病，防風為上使，黃連為中使，瀉心實瀉脾，故目為中焦使藥。地榆為下使海藏。蓋心為血主，黃連本寒水之化以入心，正所以調血而治腸澼諸病也。傷寒留蓄惡血，內外俱

熱，有證與少陽相似者，如服小柴胡不效，當以黃連一分，赤茯苓半分，入燈心煎與之。又大小產熱入血室，小柴胡力所不及者，於內加五靈脂，仍以黃連、赤芩佐之。蓋心主血，而連、芩皆清心涼血之劑也仁齋。黃連入中土氣分，去濕熱而瀉心火，若脾胃氣虛不能轉運者，以茯苓、黃芩代之丹溪。丹溪治食積丸，首用黃連，以吳萸製連而治左，以益智製連而治右。佐以枳殼，消痞甚速；用薑汁制炒，治上焦痰火嘉謨。同木香用，治心下痞，并腸中積滯，為腹痛下痢之要藥。同吳萸用，治肝火，兼脇與小腹邊痛，又為吞吐酸水要藥嵩。黃連為病酒之仙藥，滯下之神草，六經所至，各有殊功仲淳。諸苦寒藥多泄，惟連、柏性冷而燥，能降火去濕而止瀉痢，故治痢以之為君。蓋治痢惟宜辛苦寒藥，辛能發散，開通鬱結，苦能燥濕，寒能勝熱，使氣宣平而已守真。下痢，胃口熱，噤口者，用黃連、人參煎湯，終日呷之。如吐，再強飲，但得一呷下咽，便好丹溪。以黃土、薑汁、酒、蜜四炒為君，使君子為臣，酒白芍為佐，木香為使，治小兒五疳，以吳萸同炒，加木香等分，生大黃倍之，水丸，治五痢韓悉。治痢，用乾薑、黃連，名薑連散。治消渴，用酒蒸黃連。治口瘡，用細辛、黃連，不獨相制而無偏勝之患，亦審其受病之淺深，臟腑之上下以制使也。同赤檉葉入三黃石膏湯，治痧疹已透而煩燥不止。入當歸六黃湯，加棗仁、龍眼，治盜汗。同地黃、甘菊、荊芥穗、甘草梢、柴胡、川芎、木通、蟬蛻，治風熱上攻，目赤痛。同芍藥、扁豆、蓮子、升麻、滑石、甘草、紅麴，治一切滯下膿血。同槐花、枳殼、乳香、沒藥，治滯下純血腹痛。同人參、蓮子，治虛人患痢及老人產婦滯下不止。同麥冬、五味，治卒消渴，小便多。同五穀蟲、蘆薈、白蕪荑、青黛、白槿花、白芙蓉花，治小兒一切疳熱。

附方：香連丸，治赤白諸痢，裏急後重腹痛。用宣黃連、青木香等分，搗篩，白蜜丸梧子大，每服二三十丸下，日再服，神效。久冷者，以煨蒜搗和丸之。此李絳《兵部手集》方。《易簡》治痢，黃連用吳萸炒過四兩，木香麵煨過一兩，粟米飯丸。丹溪用治噤口痢，加石蓮肉。王氏治痢，渴加烏梅肉，以阿膠化和為丸。秘傳香連丸，治氣痢後重《濟生方》。黃連四兩，木香二兩，生薑四兩，以薑鋪砂鍋底，次鋪連，上鋪香，入新汲水三盌煮，焙研，醋調倉米糊為丸，如常日服五次。變通丸，治赤白下痢日夜無度及腸風下血。用川黃連去毛，吳萸湯泡過，各二兩，同炒香揀出，各為末，以粟米飯和丸梧子大，水收，每服三十丸。赤痢，甘草湯下黃連丸；白痢，薑湯下吳萸丸；赤白痢，各用十五丸，米湯下。薑黃散，用宣連一兩，生薑四兩，同以文火炒至薑脆，各自揀出為末，水泄用薑末，脾泄用連末，每服二錢，空心白湯下，甚者不過二服。亦治痢疾。蒜連丸，治臟毒下血，用獨囊蒜煨搗，和黃連末為丸，日日米湯服之。按：黃連為痢疾要藥，而香、連之製，升以佐降，真有妙理。蓋痢病概本於肺氣不行，木香能除肺中滯氣。夫以寒理熱，更調升降，而除其滯氣，故此方永利也。後之或用薑，或用茱，亦自有別。生薑由肺而胃，助苦寒以達氣，而熱乃行，似於氣分居多。吳萸由肝而脾，助苦燥以除濕，而熱乃清，似於血分為多，以濕熱固在血分也。至於伏暑用酒煮，為干於心胞絡，胞絡主血也。久冷及臟毒下血，並用煨蒜和丸，為其辛熱喜散，更能通五臟而清血分之滯着也。

論：黃連本寒水至陰氣味，而色象與告成之時，俱歸中土。其花黃，六月結黃實，根亦黃，六七月根緊乃堪采。蓋寒水不假黃婆，則何以得交於火。此天然妙理，在物性亦有然者也。離中裕坎，丁壬有合也。腎脈支者注胸中，而脾與肝腎同上行，脾脈注於心中。先哲曰：心是天真神機開發之本，胃是穀氣充大真氣之標，標本相得，則膻中所留宗氣，即督脈之注於胸中者。乃能流布四臟而不為病。即真氣與穀氣並而充身之謂。然則胃中穀氣所以充大宗氣，而脾脈之合腎肝以注心者，豈不為心之用歟。心之用病，是即病乎心也。海藏云：黃連瀉心，其實瀉脾。丹溪謂黃連治病，在清心胃，皆非臆說。夫人身一水不勝二火，而六淫、七情之與正氣戾者，即化為熱，從六淫則由肺而胃，肺陰不降入心，則清中之濁不能入胃而生血，以還為心病。從七情則由心而胃。此味主治，皆本於陽中之太陽不能合於寒水、真陰以為病者。陽中陰少，則氣鬱而化熱，熱鬱久則化濕。惟黃連本寒水之化，以為中土之用，其性味兼得乎燥金，故於鬱熱濕熱之病，最為中的。抑心之用病，莫先於中土，而黃連治熱之鬱，鬱而化濕者，亦莫先於中土，正對待以奏功也，能致寒水之化以歸中土。若風木本達寒水之化以上奉者，是以肝病即次及之，而又謂其能厚腸胃者，以燥性即在苦寒中，而手足陽明皆燥金，同氣相求故也。

繆氏云：凡病人血少氣虛，脾胃薄弱，泄瀉腹痛者，犯之危殆。服時大忌豬肉。惟實熱盛者宜服，若胃中停食受寒及傷寒下早致痞，俱不可用。除腸紅因濕熱者固宜，若陰虛下血及損脾血下者，俱禁用。

修治：入痢疾藥，取真川連折之，中有孔，色如赤金者，去鬚切片，分開

粗細，各置薑汁透，用綿紙襯，先用山黄土炒乾，研細，再炒至將紅，以連片隔紙放土上，炒乾，再拌薑汁，切不可用水，紙焦易新者，如是九次為度。若赤痢，則用濕槐花拌炒。至於治本臟之火，則生用。治肝膽實火，以豬膽汁浸炒。治肝膽虚火，醋浸炒。治上焦之火，則酒炒。治中焦火，薑汁炒。治下焦火，鹽水炒，朴硝炒。治氣分濕熱之火，以吴萸湯浸炒。治血分塊中伏火，乾漆水炒。諸法不獨為之導引，蓋辛熱能制其苦寒，鹽寒能制其燥性，用者詳之。

清·鄒澍《本經疏證》卷三　黄連　【略】黄連根株叢延，蔓引相屬，有數百株共一莖者，故名連。其治亦多蔓延淹久之證，如浸淫瘡黄連粉主之是矣。夫名浸淫，則非初起暴得之疾，亦非一治可瘳之候。故《傷寒論》《金匱要略》兩書，從未有新得之病用黄連者。

黄連根黄，花黄，實黄，皆具土色。四月開花，六月結實，七月根緊。適逢太陰濕土，陽明燥金主令時，宜乎為入脾胃之藥矣。乃仲景諸瀉心湯以之為關鍵，何歟？夫仲景溯諸瀉心證之源曰：病發於陽而反下之，熱入因作結胸，病發於陰而反下之，因作痞，結胸稱熱入，痞不稱熱入，可見所入之邪，非陽邪矣。陰邪結於陽位，心下痞鞕，非心病而何？心自病不能熯土，土遂不運，而乾噫食臭，乾嘔心煩，下利矣。腹中雷鳴者，心氣被遏，不能上行，下走腸間也。觀《本經》桔梗、丹參之治可見。夫心之為體，於卦象離。今被邪逼，則外陽內伐，內陰騰沸，故半夏、甘草、生薑三瀉心湯，治陰邪之未化者也。大黄黄連、附子二瀉心湯，治陰邪之已化者也。陰邪已化，不逼心陽，則在內之沸亂略定。惟在外之邪氣尚阻，則取二黄之泄熱，蕩去其邪，邪去正自安矣。惡寒汗出者，在上之陰邪纔化，在下之陰氣復逆，故輕取二黄之氣，以蕩熱除穢。重任附子之威，以追逐逆陰，使之異趨同歸，相成而不相背也。其未化者，陽餒朒於陽位，而恣肆於陰分，邪盤踞於清道，而潰泄於下焦，非乾薑、半夏、生薑之振散陰霾，不足以廓清心之外郭，非人蔘、黄連之養陰泄熱，不足以安擾心之內訌。然則直謂之補心可也，而曰瀉心何哉？夫稱謂當循其實，補者益其虚，瀉者泄其實。今者明因邪氣入伐，致臟內訌，若曰補，則嫌於無邪矣，顧可乎？《本經》所謂腸澼腹痛下利者，與此心同。蓋腸澼腹痛下利，多發於夏秋濕熱之交，盛暑之時，心氣發舒，其驗在汗。所謂汗為心液也，當此之時，或由口食寒膩，阻遏其發舒之氣，或由乘風取涼，使汗不得暢，於是火鬱於中，陰凝於外。因遂生濕，濕復生熱，寒熱與濕，輾轉膠固，故後世所製香連、薑連等法，均仿此意為之。

傷寒胸中有熱，胃中有邪氣，腹中痛，欲嘔吐者，黄連湯主之。少陰病，二三日以上，心中煩，不得卧，黄連阿膠湯主之。二方皆以黄連為君，二證皆發於心，可見黄連為瀉心火之劑矣。成無己曰：陰不得升，獨治於下，為腹中痛；陽不得降，獨治於上，為胸中熱，欲嘔吐。夫陰之升，其體由腎，其用由肝；陽之降，其源由肺，其責由心。然脾胃升降之樞，脾提腎肝之氣以升，胃曳心肺之氣而降，故治陰之不升，必兼治脾。治陽之不降，必兼治胃。是於黄連湯，又可參黄連為心胃之劑。嘔吐為胃病，故後世治嘔用黄連，其效最捷。蓋上升皆火之變見。人身之火，惟欲其降，升則為病，即所謂諸嘔吐酸，諸逆沖上，皆屬於火者也。尤在涇曰：陽經之寒變熱，則歸於氣。陰經之寒變為熱，則歸於血。陽經之熱，或有歸於血者。惟陰經之熱，則必不歸於氣。故三陰有熱結證，不用調胃承氣、小承氣，而獨用大承氣。諸下利證不已，必便膿血，是其驗也。心中煩，不得卧，熱證也。至二三日以上，乃心中煩，不得卧，則非始即屬熱矣。始即屬熱，心中煩不得卧者，為陰虚，陰虚則不得瀉火。今至二三日以上始見，則為陽盛，陽盛則宜瀉火。然致此陽盛，亦必其陰本虚，故阿膠、芍藥、雞子黄，無非救陰之品，瀉火則惟持芩、連。而芩止一兩，連乃四兩，此黄連之任，獨冠一方，無可議矣。通二方而觀，又可悟黄連一味，在黄連湯為溫劑中寒藥，在黄連阿膠湯，為補劑中瀉藥矣。

五臟六腑之精氣，皆上注於目，而為之精，精之窠為眼，骨之精為瞳子，筋之精為黑眼，血之精為絡，其窠氣之精為白眼，肌肉之精為約束，裹擷筋骨血氣之精與脈並為系。上屬於腦，後出於項中，是故瞳子黑眼法於陰，白眼赤脈法於陽，陰陽合揣而為精明。以是知目疾非一經之病。黄連所主之目痛，必兼眦傷泣出。又須識其目痛眦傷泣出，必因於熱氣所為，乃為的對之劑。此何以故？如上文所云痛有因於瞳子者，黑睛者，白眼者，則非矣。眦傷有因約束裹擷者，泣出有因風者、寒者、虚者，皆不得用矣。蓋惟傷在胞之內，白睛之外，始為赤絡之病。泣出隨眵，始為濕熱相摶。熱者傷心，黑脈屬心，《千金》《外臺》諸方用黄連為君者，其所敷陳諸病，如大棗煎之目熱眦赤，生赤脈侵睛，洗眼湯之目熱痛汁出，乳汁煎之淚出眦赤癢，黄連煎之眼赤痛除熱，莫不與《本經》相脗合，仍不外清心火、除濕熱二者而已。

古書語簡而意深，讀之者慎勿草草，如此條所謂婦人陰中腫痛者是也。夫陰中腫痛，丈夫亦有之，何獨於婦人？ 即婦人陰中為病，亦不止腫痛一端。《金匱要略》雖無明文，《千金》《外臺》所臚列者，如陰蝕、陰疳、陰中爛傷、陰癢痛、陰中有蟲、陰下脫、陰挺，皆不用黃連，而獨於腫痛則間用之。大抵陰中之疾，皆始於小便。小便不利，則濕壅熱生，濕與熱相傳，不得泄則腫。婦人前陰，又為血潮汐之常道，於是遂涉血為痛，理固然矣，黃連非能治腫痛也。陰中腫痛，須用之者，蓋陰中腫痛，必由濕熱。而燥濕之物，多足以助熱，清熱之物，多足以滋濕。惟黃連既能燥濕，又能清熱。他處腫痛，有因風者，有因寒者，有因火者，不必盡由於濕。故《本經》獨標出婦人也。雖然，丈夫陰中諸疾，亦無不由濕熱，黃連之治，獨標出婦人者何居？ 蓋惟丈夫多不涉及於血。即使停濕生熱，且涉及於血，亦宜通利，宜滋清，如導赤等方，而不宜燥。夫甘為濕化，苦為燥化，故凡味之甘者，雖性燥亦能壅氣為濕。味之苦者，縱如黃連之寒，獨不能因燥以激發其火耶。是知黃連之治濕治熱，須分別觀之。濕證之急者可用，緩者不可用。蓋濕緩者熱不盛，熱不盛則惡黃連之氣寒也。熱證之緩者可用，急者不可用。蓋熱證急者濕不盛，濕不盛則惡黃連之性燥矣。又黃連之治血熱，亦宜分別觀之。蓋惟氣分之熱，涉及血者可用，血分自生熱者不可用。以血似水，而性主流動。黃連之寒，恐其凝血，而其燥又恐涸血也。

或問黃連入心清熱燥濕，子既言之鑿鑿矣。獨不思烏梅丸、乾薑、黃連、黃芩、人參湯，任黃連皆重，而所治皆肝病乎？ 曰：篇中凡言入某臟某腑者，解釋其義如此耳，非鑿鑿言之也。試觀《本經》《別錄》，止言某藥治某病，而不言入某臟某腑。解之者不推明某病關係某臟某腑，何由知其病之所以然。而仲景書亦止以某病屬某經，某方主治某病，並不言某方治何臟何腑之病。譬如太陽病有惡風寒，而喘非肺病乎？ 心憒憒，心惕惕，心中悸，非心病乎？ 大義之所在，講論之所及，原不可一途論也。子以烏梅丸、乾薑、黃連、黃芩、人參湯。病為肝病，獨不思厥陰之為病。氣上撞心，心中疼熱，能不關於心乎。是二方之君黃連，《別錄》蓋已確然言之矣。曰黃連主五臟冷熱，久下洩澼膿血是也。夫冷熱天淵，何能久相守而不相入，必也。君主之火令不行，斯冷是冷，而熱是熱，冷是冷，熱是熱，斯一身所有津液，每日所增水穀，悉不化為精純以上騰，而紛紛墜累而下。冷多者為洩，熱多者為澼。澼甚者為膿血，冷輕者為痰飲，故烏梅丸治久利膿血，乾薑黃連黃芩人參湯治寒格吐下，白頭翁湯治熱利下重，小陷胸湯治飲滯停中，無不有藉於黃連。其病之輕重高下，係於冷熱孰多孰少。故或配以附子、乾薑、桂枝，或配以乾薑、人參，或配以秦皮、黃檗，或配以瓜樓、半夏，不全藉黃連，是可知黃連之治，未必在肝。烏梅丸證，乾薑黃連黃芩人參湯證，未必不係心矣。雖然，五臟冷熱，久下洩澼膿血一語，讀之當字字較量。觀下利圊穀者，與四逆湯，下痢便膿血者，與桃花湯，皆不用黃連。又可知洩澼膿血之未久者，及久而但關乎五臟之冷，不關乎五臟之冷熱相兼者，均與黃連不宜矣。

《千金方》之論消渴曰：凡積久飲酒，未有不成消渴。大寒凝海，而酒不凍，明酒性酷熱，物無以加。脯炙鹽鹹，酒客耽嗜，不離其口。三觴之後，制不由己。飲啖無度，咀嚼酢醬，不擇酸鹹。積年長夜，酣飲不解，遂使三焦猛熱，五臟乾燥，木石猶且焦枯，在人何能不渴。《外臺祕要》方述《古今錄驗方》曰：消渴病有三，一渴而飲水多，小便數，有脂似麩片，甜者，消渴也。二喫食多，不甚渴，小便少，似有油而數者，消中也；三渴飲水，不能多，但腿腫脚先瘦，小陰痿弱，數小便者，腎消也。消渴者倍黃連，消中者倍栝樓，腎消者加芒硝。由《千金》而言，酒是濕熱相兼之物，因酒致病，必係濕熱為源，所以宜用黃連也。由《外臺》而言，消渴略相似之病。有此三種，消中腎消，與黃連不宜，所以別乎可用黃連之的證也。反覆乎此二書，則庶幾欲用黃連止消渴者，知有別擇矣。

劉潛江云：說者謂黃連能除濕熱，即是厚腸胃。然黃芩亦除濕熱，何以不然。蓋黃連性燥，故入心而燥即寓味苦氣寒中。足陽明胃，手陽明大腸，皆屬燥金，同氣相求，是即厚之意也。惟黃連苦寒而燥，黃芩雖苦寒而不燥矣，是以不得以厚腸胃屬之。愚謂《別錄》謂黃連調胃厚腸，不得混而稱之曰厚腸胃也。夫腸胃中皆有脂膜一道包裹其內，所以護導滓穢使下行者。若有濕熱混於其間，則脂膜消鎔，隨滓穢而下。古人謂之腸澼，後人目為刮腸痢，亦曰腸垢。胃體廣大，容垢納污，雖有所留，亦未必剝及脂膜，故但和其中之所有，邊際自不受傷，故曰調。腸勢曲折盤旋，惟其曲折盤旋之處，更為濕氣留聚，濕阻熱益生，熱阻脂膜益消，去其所阻，則消爍之源絕，而薄者厚矣，故曰厚。凡人所食之物，不論青黑白赤，至胃悉變而黃，不得謂不象黃連之色。又人之臟腑，有獨治一處者，有兩相連屬者，從無似大腸之於小腸，

小腸之於胃，胃之於咽嗌，三腑相通，徹上徹下，連屬無隔，如此者，不得謂不像黃連之形。是黃連之調胃厚腸，原廣有意義，不必隘之以同氣相求一語也。惟苦寒而燥一語，實足貫徹黃連功能。如膽中清之腑，為濕熱所擾，則其中不清，故曰益膽水。濕流關節而生熱，則骨骱不利，故曰除水利骨，是在用之者意會焉可已。

清・葉桂《本草再新》卷一　黃連味苦，性寒，無毒。入心、肝二經。瀉火鎮肝，涼血燥濕，解渴除煩，止汗，兼治熱毒諸痢。俗謂燥濕，必須滲利，黃連性涼，以為非宜。然濕固多寒氣，亦有火氣，火必用瀉法，且連性寒而濇，何不可燥濕？若寒而滑，則不能用也。

清・吳其濬《植物名實圖考》卷七　黃連　《本經》上品。今用川產。其江西山中所產者，謂之土黃連。又一種胡黃連，生南海及秦隴。蓋即土黃連之類。湖北施南出者亦良。

雩婁農曰：黃連苦寒，而《漢武內傳》封君達服黃連五十餘年，《神仙傳》黑穴公服黃連得仙，此非蔡誕欺人語耶？秦少游論服黃連、苦參，久而反熱，其理極微。而東坡乃謂指麾使姚歡服黃連，愈癬疥，而髮不白，其法酒浸焙乾，蜜丸，酒吞每二十丸。或其人血過於熱，得此潤肺而行以酒，故效。若人人而用之，其可乎哉？王微贊：闡命輕身。江淹贊：長靈久視。皆拾道書剩語耳。俗名楷木為黃連木，其葉味苦，微相類。《丹陽縣志》：黃連山樹大十圍，即此。

清・趙其光《本草求原》卷一山草部　黃連　氣寒屬水。勝火，味苦屬火。燥濕，兼辛散鬱。惟川連兼辛，別產則否。色黃，入脾，使水交於火；得土以和之，故除水火相亂之濕熱內鬱。七情氣鬱，則火不合於水而化熱；六淫外鬱，則肺陰不入心而化熱；熱鬱久則清中之濁不降而化濕。肺脈注心中，為胃行濕熱，黃連瀉心，實瀉脾胃。主熱氣，生煎，瀉心火；豬膽汁炒，瀉肝膽實火；醋炒，治肝膽虛火；酒炒，瀉上焦火；薑汁炒，瀉中焦火；鹽炒或朴硝炒，瀉下焦火；氣分鬱結肝火，吳萸湯炒；血分塊中伏火，乾漆水炒；食積火，黃土炒。諸法不獨為之引導，乃辛熱制寒，鹹寒制燥也。目赤痛，心熱舍肝木，不升水於上也。研，雞子清調搽，並搽足心；或入生竹筒內封，浸井中一夜服，並加冰片點或乳浸點，或同歸、菊、白礬、銅綠蒸洗。風熱加荊芥、芎、蟬。眩爛眥傷淚出，心系合於內眥，心系急，則熱淚傷爛。同槐花、輕粉，乳蒸拭之、熨之。目昏及翳障青盲，同羊肝，酒丸，漿水下。腸澼腹痛下痢，婦人陰中腫痛，心火、相火交熾也，苦寒能就下。久服令人不忘。苦寒藥不可久服，惟此陰中有陽，濟君火而養神可久服，而列於上品。治上焦痰火，薑汁炒。中焦鬱熱，煩躁欲吐，心下痞滿，及腸中積滯，同木香、枳殼。肝火，或吞吐酸水，同吳萸。痧疹已透，煩躁不止，同西河柳，入三黃石膏湯。痧疹後泄瀉，同甘、葛、升、芍。火症盜汗，同芪、地、芩、柏、歸、棗仁、圓肉。伏暑發熱渴嘔，酒糊丸。陽狂，同寒水石研，甘草湯下。骨熱黃瘦，童便煎服。三消骨蒸，冬瓜汁七次浸曬為丸，大麥湯下。五疳，入豬肚蒸為丸，或以酒、蜜、土、薑四炒，同使君、芍、木香。消渴、尿多如油，生薑入豬肝蒸，同冬、味、花粉、生地為丸，牛乳下。思想成白淫，同茯苓，酒糊丸，故紙湯下。酒痔下血，水蒸搽，又酒、薑炒，糊丸；秘結，加枳殼。吐血，豉湯調下。口舌瘡，酒煎含，或同乾薑摻。口疳，同蘆、芩研蜜下；走馬疳，同蟾灰、青黛、麝香。小兒食土，煎汁拌黃土，曬乾與食。預防胎毒。初生，煎灌並浴，則少瘡斑、丹毒。腹中兒哭，煎濃，母常呷之。因驚胎動出血，末酒下。子煩渴不臥，酒蒸研，米飲下。癰疽腫毒，已潰未潰皆可。同檳榔研，雞子清調搽。中巴豆毒，利不止，同乾薑研，水下。邪結胸痞，同乾薑。最治酒病，同葛、味、麥冬。口糜，同五味、甘草含；口瘡，同細辛。一切疳熱，同五穀蟲、蘆薈、青黛、白槿花、白芙蓉花。下血腹痛，同乳、沒、枳、槐花。五痢，吳萸炒，同木香、大黃蜜丸。胸中嘈雜作痛，同朮、陳、神麴。肝熱作痛，同吳萸、神麴。除水，調胃厚腸，川連之功，別產不能。益膽，止驚悸，長肉，解時熱，殺蟲，心積伏梁，伏梁在左，吳萸制；在右，益智制。去心竅惡血，交心腎，同玉桂。敷痔，同赤小豆。諸痛瘡疥皆屬心火。鎮肝涼血，肝為血臟，涼血即鎮。脇及小腹邊痛。清心熱，不使舍於肝。

按：心主血，又主火。氣者，火之靈也。黃連入中土氣分，又清心調血，故氣熱、血熱皆可用。

同赤茯、燈心、靈脂入小柴胡，則清心去瘀，治熱入血室，症似少陽。按：黃連為治痢要藥，因痢皆由心肺濕熱下行腸胃而為澼也。下血曰澼。從七情，則由心入胃，黃連本心火之母以就燥，能清心散濕而厚腸胃。芩、柏亦苦燥而非心藥，又不能散鬱。腸胃皆燥金，同氣相求，固為主治，即外邪傷經絡，濕熱不外達，由肺而入腸胃，亦必肺陰不得入心生血，以還為心病，故仍以黃連為對症。其必佐以木香者，黃連寒苦主降，木香辛苦熱主升，又除肺中滯氣，以寒治熱，更調升降而除滯，故為妙劑。至製炒，則各視其受病何如。如心病，生用；若薑汁炒，或生薑同煮，是達肺胃氣分之氣也。吳萸水煮，或同炒，因心熱舍肝，肝不能達寒水以上升，而脾益病，故助苦

燥以行肝經血分之熱也。暑傷胞絡，則酒炒；　久冷及臟毒下血，用煨蒜搗丸，是辛通以散血滯也。雞子白為丸，則益大腸庚金；　土炒、醋調，倉米為丸，則益脾胃。冷熱痢，則合薑、附，或合訶子、玉蔻；　久痢，則加龍骨。酒煮，則去下重；　同參、蓮，治虛痢；　口噤，加石蓮；　渴，加烏梅、阿膠；　腸風，槐花拌炒，正不但以寒治熱已也。又赤白痢及腸風，黃連、吳萸等分，泡過同炒，揀出，各以米糊為丸。赤痢，甘草湯下黃連丸；　白痢，薑湯下吳萸丸；　赤白痢，米湯下二丸，各十五粒，方甚簡妙。

解烏頭、附子、巴豆、輕粉毒。忌豬肉。惡菊花、元參、鮮皮；　畏款冬、牛膝。大瀉實火，虛火妄投，反傷中氣，陰火愈熾，是熱又從火化也。故陰虛潮熱，脾虛泄瀉，五更腎瀉，婦人產後虛熱，滯下者，和人參、蓮子用。　痘疹氣虛作瀉及行漿後泄瀉，均忌。

川產者，細小中空，色如赤金，狀類鷹爪、連珠者良。雲南水連次之。

清・葉志詵《神農本草經贊》卷一　黃連　味苦，寒。主熱氣目痛，眦傷泣出，明目，腸澼腹痛下痢，婦人陰中腫痛。久服令人不忘。一名王連。生川谷。

珠連九節，色以黃標。鷹鞲欲脫，雉尾方翹。斷涼滌暑，禦孽辟妖。味能忘苦，導利中焦。

韓保昇曰：　節高若連珠。蘇頌曰：　宣城九節者為勝。根黃，葉如小雉尾。李時珍曰：　如鷹、雞爪形而堅實。王微贊：　斷涼滌暑。江淹頌：　禦孽辟妖，長靈久視。僧智舷詩：　不是性味移，頭陀能忘苦。張元素曰：　去中焦濕熱。

清・文晟《新編六書》卷六《藥性摘錄》　黃連　大苦，大寒。入心，兼入腸胃脾。○大瀉心火，除濕熱，治腸澼熱痢，口乾舌燥，痞滿腹痛，癰疽瘡瘍，及婦人陰蝕，小兒疳積。○並治火眼赤痛，吐血衄血諸毒症。○但不可常服，而脾胃素虛者，尤忌之。○薑汁炒。惡菊花、元參、殭蠶、白鮮皮。忌豬肉。

清・張仁錫《藥性蒙求・草部》　黃連胡黃連三分、六分　黃連味苦，瀉心除痞。清熱明目，厚腸止痢。大苦，大寒。入心瀉火，鎮肝涼血，燥濕開鬱，解毒除煩。○生用瀉心清熱，酒炒厚腸胃，薑汁炒止嘔吐。一云：　治肝膽之火，以豬膽汁炒；　治氣分濕熱，以吳萸炒；　治上焦火，以酒炒；　治中焦火，以薑汁炒；　治下焦火，以鹽水炒；　治血分塊中伏火，以乾漆水炒。諸法不獨為之引導，蓋辛熱能制其苦寒，鹹潤能制其苦燥，在用者詳酌之。又有水炒、土炒、蜜水炒、醋炒。○丹溪云：　黃連去中焦濕熱而瀉心火，若脾胃氣虛不能轉運者，則以黃芩、茯苓代之。黃連得枳實瀉痞滿，得木香治滯下，得吳萸泄肝火，得烏梅、川椒則安蚘。○折之中有孔，色如赤金，外有硬刺，或如雞爪，或有細毛者良。近時所用，俱是水連，體重無毛，無硬刺，用之多致泄瀉。○胡黃連性味、功同川連，治小兒潮熱，五疳，又能解吃烟毒，合茶服之效。

清・屠道和《本草匯纂》卷二瀉火　黃連　耑入心，兼入腸、胃、脾。大苦，大寒，無毒。大瀉心火實熱，治熱氣目痛，眦傷淚出，明目。鎮肝涼血，燥濕開鬱，解渴除煩。消心瘀，止盜汗，治鬱熱在中，煩燥惡心，兀兀欲吐，心下痞滿。心病逆盛，心積伏梁。去心竅惡血。解服藥過劑，煩悶嘈雜，吞酸吐酸，腹痛心痛，定驚，解酒毒及巴豆、輕粉毒，殺蚘。止腸澼，除(日)〔口〕乾，治癰疽瘡瘍，與婦人陰蝕，小兒疳積。並吐血衄血，調胃厚腸，益膽，療口瘡。虛寒為病，大忌。

清・趙晴初《存存齋醫話稿》卷一　黃連厚腸胃之說，竊嘗疑之。以謂厚者對待薄者而言者也，必使薄者不薄，始可謂之厚。若謂黃連能除溼熱，即是厚腸胃，其於厚字之義，終未安也。迨歷臨痢證，往往滓穢夾脂膜以俱下，名曰腸垢，亦名刮腸痢，乃恍然悟平人腸胃內本有脂膜，柔韌黏膩，緊貼於腸胃之四周，因病痢消爍逼迫而下，因下而腸胃內四周之脂膜漸薄。用黃連清溼熱，去其消爍逼迫之源，俾脂膜仍舊緊貼腸胃之內，乃所謂厚耳。雖然腸與胃原一氣貫通，但胃是胃，腸是腸，詎可混言？　痢疾下腸垢，未聞下胃垢也。有刮腸痢，未聞有刮胃痢也。而且腸勢盤曲，中空無幾，溼熱攪擾，易及周遭。或邪氣刮脂膜而下行，或積穢曳脂膜以下出。若夫胃體廣大，藏垢納污，縱有溼熱，未必傷及邊際，剝及脂膜也。於是黃連厚腸胃之說，竊又疑之，疑胃字之未安也。及攷《別錄》，則曰：　調胃厚腸。益恍然悟黃連厚腸胃之說，係後人混而稱之，非《別錄》之本文也。黃連能除胃中之溼熱，使胃氣復其沖和，故謂之調。黃連能除腸內之濕熱，使腸內脂膜不致消爍逼迫而下，故謂之厚。於以知古人下語，一字不苟，其精切有如是。

清・戴葆元《本草綱目易知錄》卷一　黃連　大苦，大寒。入心。瀉火，鎮肝涼血，躁濕開鬱，止渴除煩。益肝膽，潤心肺，定驚悸，止盜汗，調胃厚腸，明目止淚，益氣止血，除疳殺蟲。治天行熱病，陽毒發狂，腸澼腹痛，下瀉

膿血，暑熱時邪，熱壅內閉，膻中彌漫，神昏譫語葆元。鬱熱在中，煩躁惡心，兀兀欲吐，心下痞滿，目痛眦傷，心積伏梁，酒毒胎毒。同猪肚丸服，治小兒疳熱羸瘦，去心竅惡血，療婦人陰中腫痛。實熱者宜之，虛寒人忌用。殺烏頭、巴豆，輕粉毒。忌猪肉。隨症製用。

清・黃光霽《本草衍句》　黃連　味多苦燥，性大寒涼。耑瀉心藏火邪，心屬火，即為瀉心之藥，而反能補心，何也？苦為味之正，瀉之所以補之也。瀉邪火，而真火自安。痞滿消渴；仲景瀉心湯皆用之。能去中焦濕熱，濕熱乃水火相亂之病，凡去濕者必增熱，除熱者必不能去濕，惟黃連一舉兩得。調胃厚腸。鎮肝涼血，陰戶腫痛要藥；除濕熱在下之藥。開鬱燥濕，腸澼瀉痢良方。除濕熱在中之病。惡心心積，惡心，鬱熱在中焦，中焦兀兀欲吐。心積，曰伏梁。目痛眦傷。除濕熱在上之病。定驚止汗，消惡血於心竅；殺蟲解毒，止痛痒之瘡瘍。得枳實瀉痞滿，得烏梅、川椒則安蚘，得木香治滯下，得官桂少許能交心腎於頃刻。小兒口疳，黃連、蘆薈等分，為末，蜜湯入服五分。走馬疳，入蟾灰等分，青黛減半，麝香少許。小兒食土，取好黃連汁搜之，晒乾與食。

清・陳其瑞《本草撮要》卷一　黃連　味苦，大寒，入手少陰經，性燥，功專勝熱。得枳實瀉痞滿，得烏梅、川椒安蚘，得木香治滯下。得吳茱名左金丸，治肝膽鬱火左脇作痛。得豬臟名臟連丸，治便血血痢。得羊肝名羊肝丸，治目疾。得大蒜治下血，得肉桂能交心腎於片刻。腹大四肢瘦細如柴無力，大小便閉，名火鼓，得之燒火，為火所逼而成。以黃連、大黃、黃芩加木通、車前子神效。治心火生用，虛火醋炒，肝膽火豬膽汁炒，上焦火酒炒，中焦火薑汁炒，下焦火鹽水或童便炒，食火黃土炒，濕熱在氣分吳茱湯炒，在血分乾漆水炒，點赤眼乳浸。去胎毒合甘草末蜜塗乳頭，令小兒吮之。黃芩、龍骨為使。惡菊花、元參、蠶、白鮮皮，畏款冬、牛膝，忌豬肉，殺烏頭、巴豆毒。熱鬱欲吐，服黃連數分神效。

清・李桂庭《藥性詩解》　賦得宣黃連治冷熱之痢得連字。田春芳。　苦寒心主藥，惟獨是黃連。瀉熱除煩滿，開壅治痢纏。

前題李慶霖　冷熱痢相纏，除煩痞痛蠲。生肌需白斂，盜汗用黃連。

按：　黃連大苦大寒，入心瀉火，解熱除煩，消痞滿，止盜汗，古有當歸六黃湯。白斂雖能生肌止痛，亦能散結除熱。斂有赤、白二種，功用皆同。連有川、宣兩地，形狀略異。學者於此，而當留心求焉可也。

清・徐延祚《醫粹精言》卷三　黃連厚腸胃辨　黃連厚腸胃之說，竊嘗疑之。以謂厚者，對待薄者而言者也。必使薄者不薄，始可謂厚。若謂黃連能除溼熱即是厚腸胃，其厚之義，終未安也。迨歷臨痢證，往往滓穢夾脂膜以俱下，名曰腸垢，亦名刮腸痢。乃恍然悟：　平人腸胃內本有脂膜，柔韌黏膩，貼於腸胃之四周。因病痢消爍逼迫而下，因下而腸胃內四周之脂膜漸薄，用黃連清溼熱，去其消爍逼迫之源，俾脂膜仍舊緊貼腸胃之內，乃所謂厚耳。雖然，腸與胃原一氣貫通，但胃是胃，腸是腸，詎可混言？痢疾下腸垢，未聞下胃垢也。有刮腸痢，未聞有刮胃痢也。而且腸勢盤曲，中空無幾。溼熱攪擾，易及周遭。或邪氣刮脂膜而下行，或積穢曳脂以下出。若夫胃體廣大，藏垢納穢，縱有溼熱，未必傷及邊際，剝及脂膜也。於是黃連厚腸胃之說，竊又疑之。疑胃字之未安也。及攷《別錄》，則曰調胃厚腸。益恍然悟黃連厚腸胃之說，係後人混而稱之，非《別錄》之本文也。黃連能除胃中之溼熱，使胃氣復其中和，故謂之調；　黃連能除腸內之溼熱，使腸內脂膜不致消爍逼迫而下，故謂之厚。於以知古人下語，一字不苟，其精切有如是。

清・仲昂庭《本草崇原集說》卷一　黃連　【略】仲氏曰：　《崇原》因藥述證，全用聖經，熟極而流，非潛心數十年不辨也。學者得閱其書，何幸焉。至黃連苦寒瀉火，人人知之，然必病源之同異，神氣之遊行，體認無訛，方可言用。既有《崇原》開示，又得《經讀》指陳，而猶畏難求易，是棄材也。醫道雖小，豈容旁竄。又曰：　《素問》云，時有常位，而氣無必然。程子亦云：　司天之說不可信，除是堯舜之世，五風十雨始驗。然則《天元紀》等篇，不過借司天以明運氣之所在而調劑之耳。古昔盛時，道隆化洽，氣亦順序。惟運有太過不及。故曰：　必先歲氣，毋伐天和。歲氣者，歲運也。若六氣，則後世或以時至，或不以時至，而司天乃不足憑矣。又曰：　雖然五運居中，六氣環轉，運氣原不少離。病也，藥也，皆運氣中事，使因司天不足憑，遂疑運氣不足憑，是舉一而廢百也，烏乎可！

清・鄭奮揚著，曹炳章注《增訂偽藥條辨》卷一　黃連　偽名廣連，即洋川連。色不黃，中有花點，皮黑而有毛。按黃連以四川雅州出者為佳，故名雅連。形如雞距，故又名雞爪連。氣味苦寒，色極黃，易於辨識。近有辦峨嵋山所產者，價值甚昂，漳泉人最喜購之。若此種黃連，色不黃則名不稱，性味既殊，功用自劣，誤服之則貽害多矣。　炳章按：　黃連，背陰草根也。苗

似茶，經冬不凋，生於深山窮谷，幽僻無日照之處，必得凝寒之氣者為上。八九月出新。種類甚多，隨地皆產。且有野生、種植之別，惟四川野生者多佳品，為治療上之要藥。茲將其產別種類之形態，詳別於下：　四川峨嵋山產者，曰峨嵋連，蘆軟而綠，刺硬皮黃，切開空心，有菊花紋金黃色者，為最上品。潼州野出者，曰潼州連，蘆頭中空而圓，有硬刺，色黃帶青，頭尾均勻，切開亦有菊花紋，亦佳。馬湖所出者，與峨嵋山連相似，亦軟蘆硬刺，皮色青帶黑，首尾一樣，有節，均為佳品。紫岩溝、瓦屋山二山出者，瘦小有蜂腰，皮毛柔，軟蘆硬刺，亦佳。以上皆為川水連。亦有新老山之別，如新山，則條短刺硬，皮黑色，軟蘆多綠嫩者佳。老山則細長，蘆軟刺少而硬，色黃老者，為最佳。此皆野山出品。打箭爐出者，亦曰水連，皮黑刺少，無蘆頭，有杈枝，色黃，略次。重慶種出者，曰母珠連，硬蘆而扁，頭粗尾細，色黃更次。峒山種出者，曰峒連，蘆扁硬，刺略軟，色黃，切開空鬆者，亦次。四川石柱廳種出者，曰味連，形似雞爪連，亦次。嘉定管高廟所出者，曰嘉定連，俗名母連，種後五年出土，皮如鱗甲，肉色黃而帶紅，亦次。雅州產者曰雅連，岡山產者曰岡連，皆次。南川金佛山產者，曰金山連，蘆長連小，亦次。以上皆四川產也。雲南野出者，曰雲景連，體鬆蘆軟，形似雞脚爪，無蘆刺少，皮黑肉色黃，亦次。種者蘆硬刺軟，更次。廣西產者，曰新山連，皮光色黃，質重，斷則淡黃色者，亦甚次。處州出者，曰土連，皮黑肉實心，淡黃色，味雖苦，回味兼甜，亦極次。奇會工出者，曰會連，形似母連，皮略黑，肉空鬆，乃馬所食，不入藥用。雞屎連，色黑細小，斷則綠色而淡，亦極次，不入藥。近有日本產者，曰洋連，形色略同，皮光而有毛刺，肉色淡黃微白，更次，亦不堪入藥。自雲連至洋連終，俱屬側路偽品，服之甚為害人，醫者與病家，皆宜注意之。

清·周巖《本草思辨錄》卷一　黃連　王海藏云：黃連瀉心實瀉脾。劉氏釋之，謂中土為心之用。心之用病即病乎心，是直以心病統歸之脾病矣。脾病固能傳心，心病豈能不傳脾？夫苦入心，火就燥。黃連苦燥而寒，誠為手少陰除濕熱之藥，而其花黃實黃根黃，脾與腸胃亦皆其所司。特氣味俱厚，惟治血熱不治氣熱。故其功用首在心脾，次及腸胃。腸胃所治，亦屬血中之熱。肝腎亦得以黃連治者，蓋其莖葉隆冬不雕，根則狀如連珠，稟寒水之氣而直抵極下也。其為入血，更不待言矣。

《本經》黃連主腹痛，黃芩不主腹痛，顯以黃連為足太陰藥。《金匱》小柴胡湯腹中痛去黃芩，黃連湯腹中痛不去黃連，正與《本經》適合。然黃連湯是以乾薑、人參治腹痛，黃連、半夏治嘔吐，說詳大棗。嘔吐為胃病，而胃熱必侵其脾，故腹痛亦非純寒之證，兼有借於黃連。黃連所以標方名者，以病由胃中有邪氣，明黃連之所獨擅也。

諸瀉心湯，大黃、黃芩或用或否，黃連則無不用。心痞固非黃連不治，與乾薑並用，則為除胃熱之心痞，倚任之重，厥由於是。乃大黃黃連瀉心湯、附子瀉心湯，名為瀉心而加以大黃蕩實，幾令人疑。然而無庸疑也，二物同能瀉心，同能除胃熱。惟黃連燥而不走，協大黃則走。漬以麻沸湯而不煎，且須臾絞汁，不使藥力得盡，正是攻風痞之妙法。他處用以蕩實者，曾有是乎？尤在涇云：陽經之寒變為熱，則歸於氣；陰經之寒變為熱，則歸於血。陽經之熱，或有歸於血者；陰經之熱，則必不歸於氣。此即陰經之寒變熱，而以血藥泄熱者所謂氣痞，蓋血中之氣也。心下若按之不濡，脈若不浮，不得謂之氣痞，必不藥漬而不煎。脈浮在關上，又即胃熱用大黃、黃連之所以然。是方與論固兩相針對矣。至附子瀉心湯，寒熱互治，人所易曉，獨又加黃芩何耶？蓋附子氣藥，浮中沉無所不至，劉河間所謂烏、附氣暴能衝開道路者。以大黃、黃連攻痞而下泄，附子扶陽而上行。譬之剿匪，夾擊之後，難保無有餘匪之竄逸者。加黃芩，所以除氣熱之由夾擊而致者也。凡仲聖方計慮之周，類多如是，何見及者之鮮哉。

以大黃輔黃連之不逮，推其法以治滯下，變漬為煎，亦屬大妙。張潔古制芍藥湯，用黃連、木香於芍藥、大黃之中，頗得仲聖之意。直指之香連丸則少遜矣，蓋黃連苦燥，木香苦溫，皆氣味俱厚，二物並用，未足以相濟而不免於實腸。劉氏甚贊此方，謂氣虛而有熱者，舍寒涼無以為治，但寒涼必益其虛，和以木香，則寒涼更得奏功。竊謂木香固能調氣，然不能調氣虛有熱之氣。即寒涼藥，黃連與大黃亦殊不同。繆氏論木香云，肺虛有熱者慎毋犯之，劉氏何不審之甚。抑香連丸在《直指》，不得謂無深慮也。黃連二十兩，以吳茱萸炒令赤，去吳茱萸不用，木香四兩八錢，不見火，醋糊丸，配合炮製，悉有法度。總不欲以苦燥苦溫之性滯於腸間。後人紛紛加減，大失其旨。粗工又於病者初起而用之，閉門逐賊，鮮有不蒙其害者矣。

昔人以芍藥治腹痛為土中瀉木，余主鄒氏破陰結之說，獨謂以木疏土。說詳芍藥。若黃連治腹痛，真乃土中瀉木矣。夫肝與膽為表裏，熱必屬膽，寒

必屬肝，熱而不上沖，則為肝陽乘脾，腹乃作痛。左金丸治脇痛之方也，而以治腹痛極效，抑青丸亦然。一以吴茱萸一兩，佐黄連六兩，一以吴茱萸湯浸黄連一宿。蓋肝主疏泄，二味合用，使肝熱下泄而脾土得安，此固為土中瀉木矣。即就黄連思之，黄為燥金，苦能達下，亦具有制木之義。第以吴茱萸佐之，更開其去路耳。

黄連之用，見於仲聖方者，黄連阿膠湯、瀉心湯，治心也。五瀉心湯、黄連湯、乾薑黄連黄芩人參湯，治胃也。黄連粉，治脾也。烏梅丸，治肝也。白頭翁湯、葛根黄芩黄連湯，治腸也。其製劑之道，或配以大黄、芍藥之泄；或配半夏、栝蔞實之宣；或配以乾薑、附子之溫；或配以阿膠、雞子黄之濡；或配以人參、甘草之補。因證制宜，所以能收苦燥之益，而無苦燥之弊也。

水黄連

清·趙學敏《本草綱目拾遺》卷三草部上　水黄連　川中一種黄連，生於澤旁，遍身有黄毛如狗脊毛狀，名水黄連。頗細小，醫家不知用，布人以之偽充真川連出售，惟《祝氏效方》用之。《百草鏡》：水黄連打箭爐出者，形細長，少硬刺，較重於他連，以皮肉帶青色者為佳，出小西天者，色黑有毛者佳，無毛光黄者次之。治鼻疳：用百部三錢，切片，曬乾炒，取淨末二錢，地骨淨炒二錢，五倍子炒，黄蘗炒，甘草炒，各二錢，水黄連切片炒一錢，共為末，如鼻疳爛通孔者，以此調香油搽，立結痂愈。

鳳頭蓮

清·趙學敏《本草綱目拾遺》卷三草部上　鳳頭蓮　出臺灣内山，形如黄連，色紫，多細鬚茸茸然，分歧如鳳頭，故名。性平，治咽喉一切諸症。

升麻

宋·李昉《太平御覽》卷第九九〇　升麻　《廣雅》曰：周升麻，升麻也。《本草經》曰：升麻，一名周升麻。味甘、辛。生山谷。治辟百毒，殺百老殃鬼，辟瘟疾瘴邪毒蠱，久服不夭。生益州。《華陽國志》曰：收麻縣出好升麻。《吴氏本草》曰：升麻，神農：甘。

宋·唐慎微《證類本草》卷六草部上品〔《別録》〕　升麻　味甘、苦，平、微寒，無毒。主解百毒，殺百精老物殃鬼，辟瘟疫，瘴氣，邪氣，蠱毒。入口皆吐出，中惡腹痛，時氣毒癘，頭痛寒熱，風腫諸毒，喉痛口瘡。久服不夭，輕身長年。一名周麻。生益州山谷。二月、八月採根，日乾。

〔梁·陶弘景《本草經集注》〕云：舊出寧州者第一，形細而黑，極堅實，頃無復有。今惟出益州，好者細削，皮青綠色，謂之雞骨升麻。北部間亦有，形又虛大，黄色。建平間亦有，形大味薄，不堪用。人言是落新婦根，不必爾。其形自相似，氣色非也。落新婦亦解毒，取葉挼作小兒浴湯，主驚忤。

〔宋·馬志《開寶本草》〕按：別本注云：今嵩高出者色青，功用不如蜀者。

〔宋·掌禹錫《嘉祐本草》〕按：《藥性論》云：蜀升麻，主治小兒風，驚癇，時氣熱疾，能治口齒，風䘌腫疼，牙根浮爛惡臭，熱毒膿血，除心肺風毒熱，壅閉不通，口瘡，煩悶。療癰腫，豌豆瘡，水煎綿沾拭瘡上。主百邪鬼魅。陳藏器云：陶云人言升麻是落新婦根，非也，相似耳。解毒取葉作小兒浴湯，主驚。按今人多呼小升麻爲落新婦，功用同於升麻，亦大小有殊。日華子云：安魂定魄并鬼附啼泣，遊風腫毒，口氣疳䘌。又名落新婦。

〔宋·蘇頌《本草圖經》〕曰：升麻，生益州川谷，今蜀漢、陝西、淮南州郡皆有之，以蜀川者爲勝。春生苗，高三尺以來。葉似麻葉，並青色。四月、五月著花似粟穗，白色。六月以後結實，黑色。根紫如蒿根，多鬚。二月、八月採，日暴乾。今醫家以治咽喉腫痛，口舌生瘡，解傷寒頭痛，凡腫毒之屬殊效。細剉一兩，水一升，煎鍊取濃汁服之，入口即吐出毒氣，蜀人多用之。楊炎《南行方》：療熛疽湯用升麻。又有升麻膏、升麻揩湯，并療諸丹毒等。石泉公王方慶《嶺南方》：服乳石補壅法云：南方養生治病，無過丹砂。其方用升麻末三兩，研鍊了。光明砂一兩，二物相合，蜜丸如梧子，每日食後服三丸。又有七物升麻丸：升麻、犀角、黄芩、朴消、梔子、大黄各二兩，豉二升，微熬，同擣散，蜜丸。覺四肢大熱，大便難，即服三十丸，取微利爲知。若四肢小熱，於食上服二十丸，非但辟瘴，兼甚明目。

〔宋·唐慎微《證類本草》〕《雷公》曰：採得了，刀刮上麁皮一重了，用黄精自然汁浸一宿，出，暴乾，細剉，蒸了，暴乾用之。《聖惠方》：治小兒斑瘡及豆瘡，心躁眠卧不安，用川升麻一味，不計多少，細剉，水一盞煎，去滓取汁，以綿霑汁洗拭瘡盤上。《外臺秘要》：比歲有病天行發斑瘡，頭面及身，須臾周匝，狀如火燒瘡，皆戴白漿，隨決隨生，不治，數日必死，治差後，瘢黯彌歲方滅，此惡毒之氣所爲。以水煮升麻，綿霑洗之，苦酒煮彌佳，但躁痛難忍也。《千金翼》：治産後惡血不盡或經月半歲。升麻三兩，清酒五升，煮取二升半，分溫再服，當吐下惡物，極良。《肘後方》：喉痹。升麻剉含之，喉塞亦然。《梅師方》：治時行病發瘡。升麻五兩，以水、蜜二味同煎三沸，半服，半傅瘡。姚和衆：小兒尿血。蜀升麻五分，水五合，煎取一合，去滓，一歲兒，一日服盡。

宋・鄭樵《通志》卷七五《昆蟲草木略》 升麻　曰周麻，曰落新婦。

金・張元素《潔古珍珠囊》〔見元・杜思敬《濟生拔粹》卷五〕 升麻甘苦　陽中微陰。主脾胃，解肌肉間熱。脾痺非升麻稍不能除。手足陽明傷風引用之的藥也。

宋・劉明之《圖經本草藥性總論》卷上 升麻　味甘、苦，平，微寒，無毒。主解百毒，殺百精老物殊鬼，辟溫疫瘴氣邪氣，蠱毒入口皆吐出，中惡腹痛，時氣毒癘，頭痛寒熱，風腫諸毒，喉痛口瘡。《藥性論》云：主小兒風驚癇，時氣熱疾，能治口齒風䘌腫疼，牙根浮爛惡臭，熱毒膿血，除心肺風毒，熱壅閉不通，癰腫，豌豆瘡。日華子云：安魂定魄，并鬼附啼泣，遊風腫毒，口氣疳䘌。今醫家以治咽喉腫痛，口舌生瘡，解傷寒頭痛，凡腫毒之屬殊効。細剉一兩，水一升，煎取濃汁，服之，入口即吐出毒氣。

元・王好古《湯液本草》卷三 升麻　氣平，味苦、甘。微苦，微寒，味薄氣厚，陽中之陰也。無毒。陽明經本經藥，亦走手陽明經、太陰經。《象》云：能解肌肉間熱，此手足陽明經傷風之的藥也。去黑皮及腐爛者用。若補脾胃，非此為引用不能補。若得葱白、白芷之類，亦能走手足陽明、太陰。《心》云：發散本經風邪，元氣不足者，用此於陰中升陽氣上行。《珍》云：脾痹，非此不能除。《本草》云：主解百毒，殺百精老物殃鬼，辟瘟疫瘴氣，邪氣，蠱毒入口皆吐出，中惡腹痛，時氣毒癘，頭痛寒熱，風腫諸毒，喉痛口瘡。東垣云：升麻入足陽明，若初病太陽證便服升麻、葛根，發出陽明經汗，或失之過，陽明經燥，太陽經不可解，必傳陽明矣。投湯不當，非徒無益，而又害之也。朱氏云：瘀血入裏，若衄血吐血者，犀角地黃湯，乃陽明經聖藥也。如無犀角，以升麻代之。升麻、犀角，性味相遠，不同，何以代之？蓋以升麻止是引地黃及餘藥，同入陽明耳。仲景云：太陽病，若發汗，若利小便，重亡津液，胃中乾燥，因轉屬陽明。其害不可勝言。又云：太陽兀兀無汗者，葛根湯發之。若兀兀自汗者，表虚也，不宜用此。朱氏用升麻者，以表實無汗也。《訣》云：主肺痿欬唾膿血，能發浮汗。

元・李雲陽《用藥十八辨》〔見《秘傳痘疹玉髓》卷二〕 升麻　先賢曰：是痘不用升麻，以性寒故也。但痘最要起發鼎峻，升麻有提沉拔匿之功，有擘邪逐穢之捷。肺氣可用而鳴，脾氣可用而振，始末當用之。評曰：庸醫痘裏撇升麻，豈識升麻效可誇。痰喘若來須禁用，肺經一路莫抛他。

元・朱震亨《本草衍義補遺・新增補》 升麻　陽中微陰。主脾胃，解肌肉間熱，脾痹，非升麻稍不能除。手足陽明傷風，引用之的藥及發解本經風邪。若元氣不足者，用此於陰中升陽氣上行，不可缺也。《本草》云：治肺痿，欬唾膿血。

元・佚名氏《珍珠囊・諸品藥性主治指掌》〔見《醫要集覽》〕 升麻　味苦，平，氣微寒，無毒。升也，陰中之陽也。其用有四：引葱白散手陽明之風邪，引石膏止足陽明之齒痛，引諸藥遊行四經，升陽氣于至陰之下。因名之曰升麻。

元・徐彥純《本草發揮》卷一 升麻　味甘、苦，平，微寒，無毒。辟瘟疫瘴氣，頭痛喉痛，口瘡，時氣熱疾，牙根浮爛惡臭，豌豆瘡，口氣，疳䘌。成聊攝云：《玉函》曰大熱之氣，寒以取之，甚熱之氣，以汗發之。麻黃、升麻之甘，以發浮熱。潔古云：升麻，乃足陽明胃、足太陰脾行經藥也。若補脾胃，非此為引用不能補。若得白芷、葱白之類，亦能走手陽明、太陰，非此四經，不可用也。能解肌肉間熱，此手足陽明傷風引用之藥也。《主治秘訣》云：氣溫味辛，氣味俱薄，浮而升，陽也。其用有四：手足陽明引經一，升陽氣於至陰之下二，陽明經分頭痛三，去風邪在皮膚反至高之上四也。治脾痺，非升麻梢不能除。東垣云：主發散陽明經風邪，元氣不足者用此於陰中，以升其陽氣上行也。又云：引葱白散手陽明之風邪，引石膏止足陽明之齒痛。海藏云：升麻入足陽明，若初病太陽證，便服升麻、葛根，發出陽明經汗，或失之過，陽明經燥，太陽經不可解，必傳陽明矣。故投湯不當，非徒無益，而又害之也。朱氏云：瘀血入裏，若衄血吐血者，犀角地黃湯乃陽明之聖藥也。如無犀角，以升麻代之。升麻、犀角，性味相遠不同，何以代之？蓋以升麻，止是引地黃及餘藥同入陽明經耳。初病太陽證，服升麻可乎？仲景云：太陽若發汗，若下，若利小便，重亡津液，胃中乾燥，因而轉屬陽明病，其害不可勝言。仲景又云：太陽兀兀無汗者，葛根湯發之。若兀兀自汗者，表虛也，不宜用此。朱氏用葛根升(肝)〔陽〕者，以表實無汗也。

明・蘭茂撰，清・管暄校補《滇南本草》卷下 升麻　性寒，味苦平。升也，陰中之陽也。引諸藥(由)〔遊〕行四經，發表傷寒無汗，發表小兒痘疹要

藥。解諸毒瘡疽，止陽明齒痛，祛諸風熱。

補註：升麻湯，治小兒痘痧疹，不明發熱，頭痛，傷風咳嗽，乳蛾乍腮。升麻五分，前胡八分，(甘)〔乾〕葛五分，黄芩一錢，梔子，八分，炒。牛(膀)〔蒡〕子一錢，甘草三分，桔梗五分，薄荷五分，川芎一錢，引用燈心煎服。咳嗽加桑皮、陳皮、杏仁。喘加蘇子、川貝母。

補註：治小兒痧疹，發表後發熱咳嗽，痧疹內收，痰喘氣湊，咽喉疼痛，咳嗽音啞，肺熱等症。前胡一錢，茯苓一錢，連翹一錢，防風五分，桔梗八分，薄荷五分，淡竹葉水煎服。

明・蘭茂《滇南本草》〔叢本〕卷下　升麻　註補：升麻湯治小兒痧、麻、痘疹，不明症頭疼發熱，傷風咳嗽，乳蛾乍腮。升麻三分、前胡八分、(甘)〔乾〕葛五分、黄芩一分、梔子八分、牛蒡子一錢、甘草五分、桔梗五分、薄荷五分，引用燈心一束，煨服。咳嗽加桑白皮、陳皮、杏仁。喘促加蘇子、川貝。註補：治小兒痘疹，發毒後或發熱咳嗽，痧症内收咳喘氣湊，咽喉腫痛，咳嗽音啞，肺熱等症。升麻三分、前胡一分、連翹一錢、防風五分、桔梗八分、薄荷五分，引用淡竹葉一錢，煎服。

明・王綸《本草集要》卷三　升麻　味甘苦，氣平，微寒。味薄氣厚，陽中之陰也。無毒。陽明經本經藥，亦走手陽明經、太陰經。形輕而黑，堅實者第一。細削皮，青綠色者亦佳，謂之雞骨升麻。去黑皮并腐爛用。　主解百毒，殺百精殃鬼，辟瘟疫瘴氣，邪氣蠱毒，煎濃汁服之，入口皆吐出。治中惡腹痛，時氣毒癘，頭痛寒熱，小兒風癇，時氣熱風腫癰，喉痛口瘡，肺痿肺癰，咳唾膿血，瘡家之聖藥。主脾胃，解肌肉間熱，手足陽明經治風之的藥，及發散本經風邪。若元氣不足，陽氣陷下者，用此升提陽氣上行。又脾痹，非梢子不除。　天行時病，發斑瘡，頭面及身須臾周匝如火燒，不治數日死。用五兩，水煮，綿沾汁洗之。小兒斑瘡及豌豆瘡，心躁不安。治方同上。

明・滕弘《神農本經會通》卷一　升麻　形細而黑，極堅實者第一。細削皮青綠色者亦好，謂之雞骨升麻。用須去黑皮并腐爛。鬼臉升麻，消百毒，療瘮痘瘢瘡。

味甘、苦，氣平，微寒，無毒。《湯》云：微苦，微寒。味薄氣厚，陽中之陰也。陽明經本經藥，亦走手陽明經、太陰經。東云：升也，陰中之陽也。引葱白，散手陽明之風邪。引石膏，止足陽明之齒痛。引諸藥，遊行四經，升陽氣至陰之下。又云：消風熱腫毒，發散瘡痍。珍云：陽明引經藥，主本經頭痛，風邪在膚。及得葱白、白芷之類，亦能走手足陽明、太陰。《心》云：發散本經風邪，元氣不足者用此於陰中升陽氣上行。珍云：脾痺，非此不能除。東垣云：升麻入足陽明。若初病太陽證，便服升麻、葛根，發出陽明經汗。或失之過，陽明經燥，太陽經不可解，必傳陽明矣。投湯不當，非徒無益，而又害之也。朱氏云：瘀血入裏，若衄血吐血者，犀角地黄湯乃陽明經聖藥也。如無犀角，以升麻代之。升麻、犀角，性味相遠不同，何以代之？止是引地黄及餘藥同入陽明耳。仲景云：太陽病，若發汗，若利小便，重亡津液，胃中乾燥，因轉屬陽明，其害不可勝言。又云：太陽兀兀無汗者，葛根湯發之。若兀兀自汗者，表虛也，不宜用此。朱氏用升麻者，以表實無汗也。《訣》云：主肺痿欬唾膿血，能發浮汗。《局》云：升麻無毒解百毒，時氣傷寒用最宜。除熱去風攻齒痛，斑瘡疹痘更能醫。劇云：升麻苦除陽明風，引石膏能治齒疼。挾諸藥行四經分，升陽氣於至陰中。

明・劉文泰《本草品彙精要》卷七　升麻無毒　植生。

升麻：主解百毒，殺百精、老物、殃鬼，辟瘟疫、瘴氣、邪氣、蠱毒，入口皆吐出，中惡腹痛，時氣毒癘，頭痛，寒熱，風腫，諸毒，喉痛，口瘡。久服不夭，輕身長年。名醫所錄。　〔苗〕《圖經》曰：春生苗，高二三尺，葉似麻葉而青，四五月著白花似粟穗，六月結黑實。根紫如蒿根，有鬚，多孔，其孔如眼，用引諸藥上升，故俗謂之鬼眼升麻也。〔地〕《圖經》曰：出陝西及寧州、嵩高，淮南州郡皆有之。〔道地〕益州川谷及蜀川者爲勝。〔時〕生：春生苗。採：二月、八月取根。〔收〕暴乾。〔用〕根堅實者爲好。〔質〕類羌活而多鬚。〔色〕青白。〔味〕甘，苦。〔性〕平，微寒。〔氣〕氣厚味薄，陽中之陰。東垣云：陰中之陽。〔臭〕香。〔主〕解肌，升胃氣。〔行〕手陽明經、太陰經，足陽明經。〔製〕《雷公》云：以刀刮去粗皮一重，用黄精自然汁浸一宿，出蒸，暴乾用。〔治〕療：《圖經》曰：咽喉腫痛，口舌生瘡，解傷寒頭痛，並諸丹毒。《藥性論》云：小兒風驚癇，時氣熱雍閉不通，口瘡，煩悶。療癰腫，豌豆瘡，水煎綿沾拭瘡上。又日華子云：安魂定魄，鬼附啼泣，遊風腫毒，口氣疳䘌。丹溪云：理胃，解肌肉間熱，脾痹，手足陽明傷風引用之要藥，及發散本經風邪。補：《湯液本草》云：元氣不足者，用此于陰中升陽氣，于上行不可缺也。

〔合治〕合犀角、黄芩、朴硝、梔子、大黄各二兩，豉二升，微熬，同搗末，蜜丸，每服三十丸，治四肢大熱，大便難。○以五兩合水、蜜煎三沸，半服半傅，治時行病，發瘡。○合芍藥、葛根等分，甘草少許，治春溫頭疼，發熱，及小兒斑疹。〔禁〕升麻入足陽明，若初病太陽證便服升麻、葛根，發出陽明經汗，或失之過，陽明經燥，太陽經不可解，必傳陽明矣。投湯不當，非徒無益而又害之。〔代〕瘀血入裏，若衄血、吐血者，犀角地黄湯，乃陽明經聖藥也。如無犀角，以升麻代之。升麻、犀角性味相遠不同，何以代之？蓋以升麻止是引地黄及餘藥同入陽明爾。〔解〕喉痹腫，邪氣惡毒入腹。〔贗〕落新婦爲僞。

明・葉文齡《醫學統旨》卷八　升麻　氣平，味微苦，無毒。浮而升，陽也。手足陽明、足太陰行經藥。細削皮，青綠色者佳。去黑皮并腐爛用。　治瘟疫時氣，熱疾瘴氣，蠱毒、班疹、痘瘡，頭痛喉疼，傷風，口瘡，脾痺，解肌肉間熱，升提陽氣；引葱白散手陽明風邪，同石膏止足陽明齒痛；又為瘡家聖藥。

明・許希周《藥性粗評》卷一　升麻行遠以登高，蓖麻下達。

升麻，一名周麻。春生苗，高三四尺，葉似麻，四五月開花似粟穗，白色，六月以後結實黑色，莖紫如蒿，其根多鬚。蜀漢、淮湘山野處處有之，以川蜀如雞骨者勝。二月、八月採根，洗去泥，待乾，又洒酒蒸過，暴乾收貯。味甘、苦，性平、微寒，無毒。其氣上行，入足陽明胃、太陰脾經。主治瘟疫瘴癘，風寒熱疾，咽喉腫痛，牙根浮爛，頭疼腹痛，解百毒，殺百精翻蠱毒，安魂魄，升陽氣於至陰之下，去風邪於皮膚及至高之上。潔古云：〔若〕補脾非此為引用不能補，治脾痹非升麻稍不能除。東垣云：元氣不足者，用此於陰中以升其陽氣上行也。又引葱白，散手陽明之風邪手陽明大腸經；引石膏，止足陽明之齒痛足陽明胃經。丹溪云瘀血入裏，若吐血、衄血者，犀角地黄湯主之，乃陽明經之聖藥也，如無犀角，以升麻代之。

單方：　時氣斑瘡：升麻四五兩，水與蜜相合二三升，煎三四沸，取出，半服半洗，或用醋煮洗亦可。　寒熱諸毒：凡患傷寒頭痛，及咽腫口瘡，諸色腫毒，升麻一升，水一升，煎取濃汁服之，其毒隨吐皆出。

明・鄭寧《藥性要略大全》卷三　升麻　《珠囊》云：引葱白散手陽明之風邪，引石〔膏〕止足陽明之齒痛；引諸藥遊行四經，升陽氣於至陰之下。《賦》曰：消風熱腫毒，發散瘡痍。升提陽氣上行。《經》曰：解百毒，殺百鬼精邪氣，瘟疫瘴氣，蠱毒入口皆吐出。中惡腹〔痛〕，毒癘，頭痛寒熱，風腫，喉痛口瘡。能解肌肉間熱。此手足陽明經傷風之的藥也。併治小兒驚癇。朱氏云：衄血吐血者，犀角地黄湯，乃陽明經聖藥。如無犀角，以升麻代之。二藥性味相遠，何以代之？蓋升麻能引地黄等藥入陽明耳。易老云：若用補胃藥，非此為引不能補也。得葱白、白芷之類，亦能走手足陽明、太陰。脾痹非得升麻不能除。又云：發散本經風邪。味甘、苦，性平、微寒，無毒。陽明本經之藥，亦走手陽明、太陰二經。形輕而堅實、青綠色者佳。去腐爛黑皮用。

明・賀岳《醫經大旨》卷一《本草要略》　升麻　能解脾胃肌肉間熱，故能散手足陽明經風邪，此言是當。醫書皆以為元氣不足者用此，於陰中升陽則謬矣。愚以陽氣下陷者可升提之，元氣不足者升之，則下虛而元氣益不足矣。可不辨哉？惟下陷者宜用。

明・陳嘉謨《本草蒙筌》卷一　升麻　味苦、甘，氣平、微寒。氣味俱薄，浮而升，陽也。無毒。雖多陝地，惟尚益州。屬四川，今改成都府。入藥宜根，逢秋纔採。曝乾形輕實者第一，削出青綠色者亦佳。擇雞骨相同，去黑皮腐爛。乃足陽明、太陰行經之藥，凡補脾胃必此引之。若得白芷、葱白同煎，又走手經陽明、太陰。非此四經，不可用也。解百毒，殺百精殃鬼；釋諸瘴辟諸疫瘟邪。去傷風於皮膚，散發熱於肌肉。儻太陽證具誤服，是先引賊寇破家。東垣云：初病太陽證，便服升麻葛根湯，是遺太陽不惟遺經，反引太陽邪氣入于陽明不能解也，故曰引賊破家云。務認分明，切勿鹵莽。止頭痛喉痛齒痛，併中惡腹痛；理口瘡疥瘡斑瘡，及豌豆爛瘡。治風腫風癇，療肺癰肺痿。故聖藥為瘡家之號，的藥來風家之稱。升提元陽，不下陷陰分；挾引諸藥，同行達四經。東垣云：引葱白，散手陽明風邪；引石膏，止足陽明齒痛是也。稍子收取，堪治脾癉。久服不夭，輕身益壽。

謨按：仲景《傷寒論》云：瘀血入裏，若衄血、吐血者，犀角地黄湯主之。夫犀角，乃陽明聖藥也。又曰：如無犀角，代以升麻。其犀角、升麻氣味大相遠隔，何以代云？不過知升麻亦陽明經藥，用之以引地黄及諸藥同入陽明經爾。舍此他用，豈復能乎？

明・方穀《本草纂要》卷二　升麻　味甘、苦，氣平、微寒，味薄氣厚，陽中之陰也，無毒。陽明經引經藥，太陰經升提藥。主內傷元氣，脾胃虚敗，下

陷至陰之分；　或醉飽房勞，有傷陽氣，致陷至陰之中。二者之症不同，均之下陷者也，必須升麻以提之。又或嘔吐下利，過傷脾胃，或小腹、少腹急疾作痛，或大小便後重窘迫，或濕熱鎮墜腰膝，或瘡腫下陷黑紫，或風寒發散無汗，亦皆元氣下陷，邪氣反盛之故。苟非升麻不能扶正驅邪也。大抵此劑升提之藥，諸藥不能上行，惟升麻可以升之。觀其與石膏同治齒疼，意可見爾。古方又用於補中益氣，升陽益胃，升陽除濕諸湯，亦可詳矣。

明·王文潔《太乙仙製本草藥性大全》卷二《本草精義》　升麻　一名周麻。生益州山谷，及蜀漢、陝西、淮南州郡皆有之，以出蜀川者爲勝。及春生苗，高三尺，葉似麻葉並青色，四月、五月着花似粟穗，白色。六月以後結實，黑色。根紫如蒿根，多鬚。二月、八月採，日曝乾。今醫家以治咽喉腫痛，口舌生瘡，解傷寒頭痛。凡腫毒之屬，將水煎取濃汁服之，入口即吐出毒氣，蜀人多用之。　《珍珠囊》云：　引葱白散手陽明之風邪，引石膏止足陽明之齒痛，引諸藥遊行四經，升陽氣於至陰之下。　《藥性賦》云：　消風熱腫毒，發散瘡痍，升提陽氣上行。

明·王文潔《太乙仙製本草藥性大全》卷二《仙製藥性》　升麻　味甘、苦，氣平、微寒，味薄氣厚，陽中之陰也，無毒。陽明經本經藥，亦走手陽明經、太陰經。第一者形細而黑，極堅實，頃無復有。形大味薄不堪用之。主治：　主解百毒，殺百精殃鬼。辟瘟疫瘴氣、邪氣、蠱毒，煎濃汁服之，入口皆吐出。治中惡腹痛，時氣毒癘，頭痛寒熱，小兒風癇，時氣熱風腫癰，喉痛，口瘡，肺痿，肺癰，欬唾膿血，瘡家之聖藥。主脾胃，解肌肉間熱。手足陽明經傷風之的藥，及發散本經風邪。若元氣不足，陽氣在下者，用此升提陽氣上行。又脾痹非梢子不除。　補註：　天行時病，發斑瘡頭面及身，須臾周匝如火燒，不治數日死，用五兩水煮，綿沾汁洗之。小兒斑瘡及豌豆瘡，心燥不安，治方同上。〇朱氏云：　衄血、吐血者，犀角地黃湯，乃陽明經聖藥，如無犀角，以升麻代之。二藥性味相遠，何以代之？　蓋升麻能引地黃等藥入陽明耳。　太乙曰：　採得後刀刮上麄皮一重了，用黃精自然汁浸一宿，出暴乾，細剉，蒸了暴乾用。

明·皇甫嵩《本草發明》卷二　升麻上品之上，君。氣微寒，平，味甘、苦，無毒。味薄氣厚，浮而升，陽中陰也。陽明本經藥，亦走手陽明、足太陰。　發明曰：　升麻升散之功最大，解脾胃肌肉間熱，散手足陽明經風邪的藥也。〔治牙疼。〕《本草》云：　解諸毒，殺百精物殃鬼，辟瘟疫瘴邪氣蠱毒，入皆吐出。中惡腹痛，時氣頭疼寒熱，風腫諸毒，喉痛口瘡等候，皆升散解毒之能也。故云去風邪在表及至高之上。若陽氣下陷於陰分，用此升之，故補中益氣湯此與柴胡為佐使。若下元虛者，升之則下愈虛矣，慎之。〇引葱白散手陽明風邪及手太陰。引石膏止足陽明齒痛。引地黃諸藥同入陽明經，故治吐衄血，犀角地黃湯乃陽明聖藥，如無犀角，升麻代之。二味不同，不過是能引藥入陽明經云耳。若太陽經初病，遽服升麻、葛根，發出陽明經汗，必傳陽明燥熱之害，不可勝言矣。〔太陽初病遽不可服葛、升之說。〕治小兒風癇，豌痘斑瘡，心躁不寧及肺痿肺癰，欬吐膿血，瘡家聖藥也。又脾痺，非梢子不除。天行時病，發斑疹惡瘡，煮湯，綿沾洗之。形輕黑堅為上，去黑皮及腐者用。

明·李時珍《本草綱目》卷一三草部·山草類下　升麻《本經》上品

〔釋名〕周麻　時珍曰：　其葉似麻，其性上升，故名。按張揖《廣雅》及《吴普本草》並云，升麻一名周升麻。則周或指周地，如今人呼川升麻之義。今《別錄》作周麻，非省文，即脱誤也。

〔集解〕《別錄》曰：　升麻生益州山谷，二月、八月採根日乾。弘景曰：　舊出寧州者第一，形細而黑，極堅實。今惟出益州，好者細削，皮青緑色，謂之鷄骨升麻。北部亦有，而形虛大，黃色。建平亦有，而形大味薄，不堪用。人言是落新婦根，不然也。其形相似，氣色非也。落新婦亦解毒，取葉挼作小兒浴湯，主驚忤。藏器曰：　落新婦今人多呼爲小升麻，功用同於升麻，亦大小有殊也。志曰：　升麻，今嵩高出者色青，功用不如蜀者。頌曰：　今蜀漢、陝西、淮南州郡皆有之，以蜀川者爲勝。春生苗，高三尺以來。葉似麻葉，並青色。四月、五月着花，似粟穗，白色。六月以後結實，黑色。根如蒿根，紫黑色，多鬚。

根　〔修治〕斅曰：　採得刮去粗皮，用黃精自然汁浸一宿，暴乾，剉蒸再暴用。時珍曰：　今人惟取裏白外黑而緊實者，謂之鬼臉升麻，去鬚及頭蘆，剉用。　〔氣味〕甘、苦，平、微寒，無毒。元素曰：　性温，味辛微苦，氣味俱薄，浮而升，陽也，爲足陽明、太陰引經的藥。得葱白、白芷，亦入手陽明、太陰。杲曰：　引葱白，散手陽明風邪。引石膏，止陽明齒痛。人參、黃耆，非此引之，不能上行。時珍曰：　升麻，同柴胡，引生發之氣上行；同葛根，能發陽明之汗。　〔主治〕解百毒，殺百精老物殃鬼，辟瘟疫瘴氣邪氣，蠱毒入口皆吐出，中惡腹痛，時氣毒癘，頭痛寒熱，風腫諸毒，喉痛口瘡。久服不夭，輕身長年《本經》。安魂定魄，鬼附啼泣，疳䘌，遊風腫毒大明。小兒驚癇，熱壅不通，療癰腫豌豆瘡，水煎綿沾拭瘡上甄權。治陽明頭痛，補脾胃，去皮膚風邪，解肌肉間風熱，療肺痿咳唾膿血，能發浮汗元素。牙根浮爛惡臭，太陽鼽衄，爲瘡家聖藥好古。消斑疹，行瘀血，治陽陷眩運，胸脇虛痛，久泄下痢，

後重遺濁，帶下崩中，血淋下血，陰痿足寒時珍。

〖發明〗元素曰：補脾胃藥，非此爲引用不能取效。脾痹非此不能除。其用有四：手足陽明引經，一也；升陽氣於至陰之下，二也；去至高之上及皮膚風邪，三也；治陽明頭痛，四也。杲曰：升麻發散陽明風邪，升胃中清氣，又引甘温之藥上升，以補衛氣之散而實其表。故元氣不足者，用此於陰中升陽，又緩帶脈之縮急。此胃虚傷冷，鬱遏陽氣於脾土者，宜升麻、葛根以升散其火鬱。好古曰：升麻葛根湯，乃陽明發散藥。若初病太陽證便服之，發動其汗，必傳陽明，反成其害也。朱肱《活人書》言瘀血入裏，吐血衄血者，犀角地黄湯，乃陽明經聖藥。如無犀角，以升麻代之。二物性味相遠，何以代之？蓋以升麻能引地黄及餘藥同入陽明也。時珍曰：升麻引陽明清氣上行，柴胡引少陽清氣上行。此乃禀賦素弱，元氣虚餒，及勞役飢飽生冷内傷，脾胃引經最要藥也。升麻葛根湯，乃發散陽明風寒藥也。時珍用治陽氣鬱遏，及元氣下陷諸病，時行赤眼，每有殊效，神而明之，方可執泥乎？一人素飲酒，因寒月哭母受冷，遂病寒中，食無薑、蒜，不能一啜。至夏酷暑，又多飲水，兼懷怫鬱。因病右腰一點脹痛，牽引右脇，上至胸口則必欲卧。發則大便裏急後重，頻欲登圊，小便長而數，或吞酸，或吐水，或作瀉，或陽痿，或厥逆，或得酒少止，或得熱稍止。但受寒食寒，或勞役，或入房，或怒或飢，即時舉發。一止則諸證泯然，如無病人，甚則日發數次。服温脾勝濕滋補消導諸藥，皆微止隨發。時珍思之，此乃飢飽勞逸，内傷元氣，清陽陷遏，不能上升所致也。遂用升麻葛根湯合四君子湯，加柴胡、蒼术、黄耆煎服，服後仍飲酒一二杯助之。其藥入腹，則覺清氣上行，胸膈爽快，手足和暖，頭目精明，神采迅發，諸證如掃。每發一服即止，神驗無比。若減升麻、葛根，或不飲酒，則效便遲。大抵人年五十以後，其氣消者多，長者少；降者多，升者少；秋冬之令多，而春夏之令少。若禀受弱而有前諸證者，並宜此藥活法治之。《素問》云：陰精所奉其人壽，陽精所降其人夭。千古之下，窺其奥而闡其微者，張潔古、李東垣二人而已。外此，則著《參同契》《悟真篇》者，旨與此同也。又升麻能解散痘毒，惟初發熱時，可用解毒；痘已出後，氣弱或泄瀉者，亦可少用；其升麻葛根湯，則見斑後必不可用，爲其解散也。本草以升麻爲解毒、吐蠱毒要藥，蓋以其爲陽明本經藥。而性又上升故也。按《范石湖文集》云：李燾爲雷州推官，鞫獄得治蠱方：毒在上用升麻吐之，在腹用鬱金下之，或合二物服之，不吐則下。此方活人甚多也。

〖附方〗舊五，新八。

服食丹砂：石泉公王方慶《嶺南方》云：南方養生治病，無過丹砂。其方用升麻末三兩，研煉過，光明砂一兩，以蜜丸梧子大，每日食後服三丸。蘇頌《圖經本草》。

豌豆斑瘡：比歲有病天行發斑瘡，頭面及身，須臾周匝，狀如火燒瘡，皆戴白漿，隨决隨生，不治數日必死，瘥後瘢黯，彌歲方減，此惡毒之氣所爲。云晋元帝時，此病自西北流起，名虜瘡。以蜜煎升麻，時時食之。並以水煮升麻，綿沾拭洗之。葛洪《肘後方》。

辟瘴明目：七物升麻丸：升麻、犀角、黄芩、朴硝、巵子、大黄各二兩，豉二升，微熬同擣末，蜜丸梧子大。覺四肢大熱，大便難，即服三十丸，取微利爲度。若四肢小熱，只食後服二十丸。非但辟瘴，甚能明目。王方慶《嶺南方》。

卒腫毒起：升麻磨醋頻塗之。《肘後方》。

喉痹作痛：升麻片含咽。或以半兩煎服取吐。《直指方》。

胃熱齒痛：升麻煎湯〔飲〕，熱漱咽之，解毒。或加生地黄。《直指方》。

口舌生瘡：升麻一兩，黄連三分，爲末，綿裹含咽。《本事方》。

熱痱瘙癢：升麻煎湯飲，並洗之。《千金方》。

小兒尿血：蜀升麻五分，水五合，煎一合，服之。一歲兒，一日一服。姚和衆《至寶方》。

産後惡血：不盡，或經月半年。以升麻三兩，清酒五升，煮取二升，分半再服。當吐下惡物，極良。《千金翼方》。

解莨菪毒：升麻煮汁，多服之。《外臺秘要》。

挑生蠱毒：野葛毒。並以升麻多煎頻飲之。《直指方》。

射工溪毒：升麻、烏翣煎水服，以滓塗之。《肘後方》。

題明・薛己《本草約言》卷一《藥性本草》 升麻 味甘、苦，氣平，微寒，無毒。陽中之陰，入足陽明經及手陽明、太陰經。散陽明之風邪，解肌肉之浮熱，治咽喉之腫毒，療肺痿之膿血。升陽氣於至陰之下，因名曰升麻。令人中氣驟升，不可多服。升麻，亦陽明經藥也。若初病太陽，亦不可便服升麻。其治喉痛口瘡等候，皆升麻解毒之能也。〇引葱白，散手陽明之風邪；引石膏，止足陽明之齒痛。引地黄諸藥入陽明，以治吐衄；引參、芪於上達，以益元氣。若補脾胃，非此為引則不能補。醫書皆以為元氣不足者，用此於陰中升陽，非也。惟陽氣下陷者，可用此升提之。若元氣不足者，升之則下虚，而元氣益不足矣。慎之。形輕黑堅為上，去黑皮及腐者用。江云：如無犀角，以升麻代之。夫二物性味相遠，何以代之？不過知升麻亦陽明經藥，用之以引地黄及他藥入陽明耳。《發明》云：升麻升散之功最大，解脾胃肌肉間熱，散手足陽明經風邪藥也。

明・梅得春《藥性會元》卷上 升麻 味苦、平，氣微寒，無毒。浮而升，陽也。入手陽明大腸經、足陽明胃經、足太陰脾經行經藥。主引葱白，散手陽明大腸經之風邪。引石膏，止足陽明胃經之齒痛。引諸藥遊行四經，升陽氣於至陰之下。消風熱腫毒，發散瘡痍。鬼瞼，一云升麻，能教百毒消，痘瘮斑瘡寧可較？解一切毒，除熱，去風。傷寒時氣之要藥。治脾胃，解肌肉間熱。除手足陽明傷風，引經之要藥，及發散本經風邪。若元氣不足者，用此於中，升陽氣上行，不可缺也。《本草》云：治肺痿咳唾膿血。若與柴胡同用，以苦平之薄味，能升胃中之清氣，上騰而復其本位。又能引黄耆、甘草

甘溫之氣味上升，能補衛氣之散解而實其表，且能緩帶脈之急縮，謂脉之遲實而不能起者，非脈數而能緩也。辟瘟疫時氣，熱病瘴氣，殺精鬼，除蠱毒，入口皆吐。中惡腹痛，頭痛，喉痛，口瘡。凡用，細削去皮。青綠色者佳。如黑皮并腐爛者不用。其虛勞陽勝而咳血疾，並服之。急縮者戒之。

明・杜文燮《藥鑒》卷二　升麻　氣平，味苦，甘，氣味俱薄，無毒。升也，陰中之陽也。治肺痿吐膿血。古人犀角地黃湯每用之以代犀角者，止是引地黃等藥同入陽明耳。與葱白同用，則能引之以散手陽明之風邪。與石膏同用，則能引之以止足陽明之頭疼。補中益氣湯用之，提元氣從右而上。升麻葛根湯用之，驅邪熱從表而散，惟其能解脾胃肌肉間熱，故能散手足陽明經邪。諸方書以為元氣不足者用之，陰中升陽，則謬矣。蓋陽氣下陷者，可升提之。若元氣不足者，升之則下，益虛而元氣益不足矣。鹽水浸炒則提腎氣，甘草汁製則提脾胃之氣。若痰壅氣上有汗者，勿用。

明・王肯堂《傷寒證治準繩》卷八　升麻　氣平，味苦、甘。味薄氣厚，陽中之陰也。無毒。陽明經本經藥。垣：能解肌肉間熱，此手足陽明經傷風之的藥也。若補脾胃，非此為引用不能補。若得蔥白、白芷之類，亦能走手足陽明、太陰，發散本經風邪。元氣不足者，用此於陰中升陽氣上行。升麻入足陽明，若初病太陽證，便服升麻、葛根，發出陽明經汗，或失之過，陽明經燥，太陽經不可解，必傳陽明矣。投湯不當，非徒無益，而又害之也。朱氏云：瘀血入裏，若衄血吐血者，犀角地黃湯，乃陽明經聖藥也。如無犀角，以升麻代之。升麻、犀角，性味相遠不同，何以代之？蓋以升麻止是引地黃及餘藥同入陽明耳。仲景云：太陽病若發汗，若利小便，重亡津液，胃中乾燥，因轉屬陽明，其害不可勝言。又云：太陽几几無汗者，葛根湯發之。若几几自汗者，表虛也，不宜用此。朱氏用升麻者，以表實無汗也。修治：刮去黑皮，去腐爛，裏白者佳。剉細，竹篩齊之用。

明・李中立《本草原始》卷一　升麻　始生益州川谷，今蜀漢、陝西、淮南州郡皆有之，以蜀川者為勝。春生苗，高三尺以來，葉莖俱青色；四月、五月著花似粟穗，白色；六月以後結實，黑色；根如蒿根，紫黑色，多鬚。其葉似麻，其性上升，故名升麻。氣味：甘、苦，平，微寒，無毒。主治：解百毒，殺百精老物殃鬼，辟瘟疫瘴氣，邪氣、蠱毒，入口皆吐出。中惡腹痛，時氣毒癘，頭痛寒熱，風腫諸毒，喉痛，口瘡。久服不夭，輕身長年。○安魂定魄，鬼附啼泣，疳䘌，遊風腫毒。小兒驚癇，熱壅不通。療癰腫，豌豆瘡，水煎綿沾拭瘡上。○治陽明頭痛，補脾胃，去皮膚風邪，解肌肉間風熱。療肺痿欬唾膿血，能發浮汗。○牙根浮爛惡臭，太陽鼽衄，為瘡家聖藥。○消斑疹，行瘀血，治陽陷眩運，胸脇虛痛。久泄下痢後重，遺濁，帶下崩中，血淋下血，陰痿足寒。

升麻，《本經》上品。【圖略】皮黑多鬚。二月、八月采根。升麻形小而黑，極堅實，削去皮，青綠色者，謂之雞骨升麻，最佳。形虛大，肉黃白者次之，肉黑者下。修治：升麻，去鬚及蘆頭，剉用。

升麻：性溫，味辛，微苦，氣味俱薄，浮而升，陽也。為足陽明、太陰引經藥。得蔥白、白芷，亦入手陽明、太陰。引蔥白散手陽明風邪，引石膏止陽明齒痛。人參、黃耆，非此引之不能上行。同葛根能發陽明之汗，同柴胡引生發之氣上行。姚和衆《至寶方》：治小兒尿血，蜀升麻五分，水五合，煎取一合，去滓，一歲兒一日一服。

明・張懋辰《本草便》卷一　升麻　味甘，苦，氣平，微寒。味薄氣厚，陽明經藥，走手陽明經、太陰經。治中惡腹痛，時氣毒癘，小兒風癇，寒熱喉痛，肺癰欬唾膿血，瘡家之聖藥。主脾胃，解肌肉間熱，及發散風邪；若元氣不足，陽氣陷下者，用此升提陽氣上行。又脾痹非梢子不除。

明・李中梓《藥性解》卷二　升麻　味甘、苦，性微寒，無毒，入大腸、脾、胃、肺四經。引葱白散手陽明之風邪，引石膏止陽明之齒痛，引諸藥遊行四經，升陽氣於至陰之下，故名升麻。又主解百毒，殺精物，辟瘟疫，除蠱毒，止瀉痢。白芷為使，形輕而堅實青綠色者佳。按：升麻提氣解肌，故入此四經。然奉令之使，不能益人，若下元不足者用此升之，則下虛而元氣益虧矣。《藥性》乃曰：元氣不足者，用此於陰中升陽，恐非惟陽氣有餘而下陷者宜之。若初病太陽症，便服升麻以發陽明汗，是引賊入門，亦非所宜也。

明・繆希雍《本草經疏》卷六　升麻　味甘、苦，平、微寒，無毒。主解百毒，殺百精老物殃鬼，辟瘟疫、瘴氣、邪氣，蠱毒入口皆吐出，中惡腹痛，時氣毒癘，頭痛寒熱，風腫諸毒，喉痛口瘡。久服不夭，輕身長年。

〔疏〕升麻稟天地清陽之氣以生，陽草也。故味甘、苦，平、微寒，無毒。潔古又云：性溫，味辛、微苦。氣味俱薄，浮而升，陽也。為足陽明、太陰引經的藥。得葱白、白芷，緩帶脈之縱急。亦入手陽明大腸，升陽氣於至陰

之下。春氣生生而上升，升麻正得之，故主解百毒。感清陽之氣者，必能破幽暗，故殺百精老物殃鬼，辟瘟疫瘴氣邪氣，蠱毒入口皆吐出。凡云甘者，其氣必和，升則必散。和而散，故主中惡腹痛，時氣毒癘，頭痛寒熱。風腫諸毒，喉痛口瘡者，手少陽、足陽明太陰熱極故也。散三經之火，則二證愈矣。末載久服不夭，輕身長年，此豈發散之藥所能哉？無是理也。

【主治參互】升麻葛根湯，散足陽明之熱邪，發手太陰、陽明之斑疹及天行豌豆瘡，水煎，綿沾拭之。引葱白，散手陽明風邪。引石膏，止陽明經齒痛。或加生地黃、麥門冬、知母、牡丹皮、黃蘗、連翹、玄參，彌良。醋炒綠色升麻，君蓮肉、人參，治噤口痢有神。同石膏、知母、麥門冬、竹葉，治陽明熱極發斑，頭疼口渴。佐參、耆，引清陽之氣上升行陽道，故補脾胃藥中不可闕。入升陽散火湯，治陽氣鬱遏及元氣不足陽氣下陷。同荊芥、防風、黃芩、甘草、白芷，能去皮膚風邪。同葛根、荊芥、菊花、甘草，解肌肉間風熱，兼發浮汗。同葛根、連翹、玄參、甘草、生地黃、麥門冬，治牙根浮爛惡臭。為小兒斑瘄及天行瘡子家聖藥。天行瘡子即痘也，未見點時可用，見標之後不可用。同鬱金服，治蠱毒，不吐則下。同射干，水煎服，治射工溪毒，并以滓塗之。同生地黃、麥門冬、牛膝、蒲黃水煎，治小兒尿血。佐黃連、紅麴、滑石、白芍藥、蓮肉、甘草，為治一切滯下要藥。【簡誤】升麻屬陽而性升，其功用俱如經說。凡吐血、鼻衄、咳嗽多痰，陰虛火動，腎經不足，及氣逆嘔吐，驚悸怔忡，癲狂等病，法咸忌之。誤用多致危殆。

明・倪朱謨《本草彙言》卷一　升麻　味苦、微辛，氣寒。氣味俱薄，浮而升，陽也。爲足陽明、太陰引經之藥。蘇氏曰：升麻生蜀漢、陝西、淮南州郡，以川蜀者爲勝。春生苗，高三尺，葉似麻，莖青色。四五月開花似粟穗，白色。六月結實，黑色。根如蒿根，紫黑色，多鬚。陶弘景曰：舊出寧州者殊勝，形細而黑，極堅實。今出益州者細小而堅，削去皮，青綠色，謂之雞骨升麻，亦佳。北郡建平一種，虛大黃白色，味薄。嵩高一種，純青色，質亦堅。又一種，外黑裏白，質亦緊實，謂之鬼臉升麻，并不堪用，俱不如川蜀青綠色者爲最也。又一種落新婦根，其形相似，氣與色俱非，力同升麻。用于兒科解毒瘡痍方中稍可，餘不然也。用者不可不辨。修事去皮，暴乾用。

升麻：李東垣散表升陽之劑也。計日聞稿療傷寒，解陽明在表發熱、頭額痛、眼眶痛、鼻乾不得眠。之邪。辟瘟疫，吐蠱毒惡厲之氣，發痘瘖于隱密之時，化瘢毒于延綿之際。但味苦、寒平，稟天地極清之體，故能效升散之用。所以風寒之邪，發熱無汗；風熱之邪，頭風攻痛，并目疾腫赤，乳哦喉脹，升麻并皆治之。又如內傷元氣，脾胃衰敗，下陷至陰之分；或醉飽房勞，有損陽氣，致陷至陰之中；或久病瀉痢，陽氣下陷，後重窘迫；或久病崩中，陰絡受傷，淋瀝不止；或胎婦轉胞下墜，小水不通；或男子濕熱下注，腰膝沉重；或瘡毒內陷，紫黑脹痛；或大腸氣虛，肛墜不收，升麻悉能療之。此升解之藥，故風可散，寒可驅，熱可清，瘡疹可解，下陷可舉，內伏可托，諸毒可拔。又諸藥不能上升者，惟升麻可以升之。觀其與石膏、甘草治齒痛，與人參、黃耆補上焦不足，與桔梗、款冬治肺癰膿血，意可見矣。但屬陽性升，凡吐血衄血，咳嗽氣急，陰虛火動，及氣逆嘔吐，怔忡癲狂等證，一切禁用。

沈起愚先生曰：升麻稟天地清陽之氣以生，故能升陽氣于至陰之下，顯明滅暗，致新推陳，升麻兩得之矣。盧子繇先生曰：升即四氣之先機，時令之首兆也。《經》云：春三月，此謂發陳者是矣。設無成功之藏之入，亦無將來之生之升矣。所謂柔以時升，積小以高大，實非決驟之比。

《廣濟方》云：升麻葛根湯，散足陽明之熱邪，發手太陰、陽明之瘢疹，及天行豌豆瘡。〇治噤口痢。用升麻醋炒綠色，配蓮肉、人參，極驗。〇治過食冷物，陽氣鬱遏，四肢發熱，腹滿口不渴者。入升陽散火湯用之。〇治一切風毒熱毒，及瘢疹麻子等證。用升麻、牛蒡子、荆芥、玄參。〇治蠱毒、中惡、惡厲諸證。升麻同鬱金磨服。不吐則下。〇治小兒尿血。用升麻、生地、麥門冬、牛膝、蒲黃。〇治喉痹作痛。用升麻片含嚥，或用五錢煎服，取吐。〇治腫毒卒起。用升麻一段，磨醋，頻頻塗之。〇治口舌生瘡。用升麻一錢，川黃連三分，共爲末，不時含嚥。〇治熱疿瘙癢。用升麻煎湯飲，并洗之。〇產後惡血不盡，或經月經年。以升麻一兩，清酒二升，煮取一升頻服。當吐惡物，極良。〇解莨菪毒。用升麻煮汁，頻服之。〇解射工溪毒。用升麻、烏翣煎水服，以滓塗之。

續補集方：以下六方俱見《方氏本草》治瀉痢經月，脾胃衰虛，陽氣下陷，後重窘迫，與初病積滯後重不同，理宜補而升之。用升麻、白朮、乾薑、黃耆、人參各一錢五分，甘草、陳皮各八分，加黑棗三枚，水煎服。〇治婦人久病崩

中，陰絡受傷，淋瀝不止。用升麻、川芎各一錢，當歸身、人參、續斷、杜仲、石斛各一錢五分，龜膠、阿膠、炮薑灰、金櫻子各二錢，加黑棗三枚，水煎服。○治胎婦轉胞下墜，小水不通。用升麻、柴胡各一錢五分，當歸、川芎、牡丹皮、茯苓、車前子各一錢，加黑棗三枚，水煎服。○治男子濕熱下注，腰膝沉重，不能動履。用升麻二錢，牛膝、木瓜、白朮、茯苓、猪苓、肉桂、蒼朮、黃柏各一錢六分，水煎服。○治癰疽發背，裏氣空虛，毒氣內陷，瘡口紫黑脹痛。用升麻一錢五分，人參、黃耆、白朮、白芷、穿山甲各三錢，如虛極甚、大便泄者，加乾薑、肉桂、附子童便製，各四錢，水煎服。○治裏氣衰虛，大腸氣陷，肛墜不收。用升麻、柴胡各二錢，黃耆、白朮、人參、白芍藥、北五味子各一錢。內熱甚者，加川黃連八分，水煎服。○姚平子方治小便淋濁，澁痛不通。用升麻八錢，甘草五錢，滑石三錢，蓮子肉五十粒，水五碗，煎二碗服。○治感冒發熱惡寒，頭疼身痛，咳嗽喘急，或欲成疹。此藥專治風寒及四時不正，瘟疫妄行，并宜服之。用升麻、川芎、麻黃、白芷、紫蘇、陳皮、香附、赤芍藥、乾葛各二錢，甘草五分，生薑三片，水煎服。胸膈膨悶，加厚朴、枳殼；咳嗽喘急，加杏仁、半夏；嘔吐，加藿香、半夏；瘧，加草果、檳榔；痢，加枳殼、黃連。

明・顧逢柏《分部本草妙用》卷七兼經部・性平　升麻　甘、苦、平，無毒。入肺、脾、胃、大腸四經。堅實者佳。　主治：解百毒，殺精物，辟瘟瘴邪氣，蠱毒中惡腹痛，時氣毒癘，喉痛，口瘡。鬼附疳䘌，遊風腫毒。陽明頭痛，肺痿吐膿血，發汗，補脾健胃。小兒驚癇，熱壅牙根浮爛惡臭，太陽鼽衄，瘡家聖藥。時珍曰：消班疹，行瘀血，陽陷久泄痢，遺溺帶下，崩淋下血。

按：升麻能散陽明風熱，升胃中清氣，提陽氣于至陰之下，去至高之上，及皮膚風邪。又引甘溫之藥上升，以補衛實表。又緩帶脉之急。元氣不足者，用此于陰中升陽。胃虛，陽氣鬱遏者，宜與葛根升散其火鬱。若初症太陽症，便服升葛湯，必傳陽明，反致成害。舍此則凡老人虛人，氣多降而少升；秋冬之令多，春夏之令少，升麻引陽明清氣上行，豈可少哉？《內經》曰：陰精所奉其人壽，陽精所降其人夭。窺其奥者，幾人哉？入升麻能解痘毒，惟利于發熱時，不利于出痘後。

明・李中梓《醫宗必讀・本草徵要上》　升麻味甘、苦，平，無毒。入肺、胃、脾、大腸四經。青色者佳。忌火。　解百毒，殺精鬼，辟疫瘴，止喉疼、頭痛、齒痛、口瘡、癍疹，散陽明風邪，升胃中清氣。稟極清之氣，升於九天，得陽氣之全者也，故殺鬼辟邪。頭喉口齒，皆在高巔之上；風邪癍瘮，皆在清陽之分，總獲其升清之益。凡氣虛下陷，如瀉痢、崩淋、脱肛、遺濁，須其升提。虛人之氣，升少降多。《內經》曰：陰精所奉其人壽，陽精所降其人夭。東垣取人補中湯，獨窺其微矣。按：升麻屬陽性升，凡吐血、鼻衄，欬嗽多痰，陰虛火動，氣逆、嘔吐，怔忡癲狂，切勿誤投。

明・鄭二陽《仁壽堂藥鏡》卷一〇上　升麻　陶隱居云：升麻舊出寧州，極堅實。今惟出益州者好。　氣平，味苦、甘。微苦，微寒，味薄氣厚，陽中之陰也。無毒。　陽明經本經藥。亦走手陽明經、太陰經。《本草》云：主解百毒，殺百精老物殃鬼，辟瘟疫瘴氣、邪氣，蠱毒入口皆吐出。中惡腹痛，時氣毒癘，頭痛寒熱，風腫諸毒，喉痛口瘡。　成聊攝云：《玉函》曰：大熱之氣，寒以取之；甚熱之氣，以汗發之。麻黃、升麻之甘，以發浮熱。　潔古云：升麻乃足陽明胃、足太陰脾行經藥也。若補脾胃，非此為引用不能補。若得白芷、葱白之類，亦能走手陽明、太陰。非此四經，不可用也。能解肌肉間熱，此手足陽明傷風引用之藥也。《主治秘訣》云：氣溫，味辛。氣味俱薄，浮而升，陽也。其用有四：手足陽明引經，一；升陽氣於至陰之下，二；陽明經分頭痛，三；去風邪在皮膚及至高之上，四也。　好古治脾痹，非升麻梢不能除。又緩帶脉之急，胃虛陽氣鬱遏者宜之。　東垣云：主發散陽明經風邪。元氣不足者，用此於陰中以升其陽氣上行也。又云：引葱白散手陽明之風邪，引石膏止足陽明之齒痛。　海藏云：升麻入足陽明。若初病太陽症便服升麻、葛根，發出陽明經汗，或失之過。陽明經燥，太陽經不可解，必傳陽明矣。故投湯不當，非徒無益，而又害之也。朱氏云：瘀血入裏，若衄血、吐血者，犀角地黃湯，乃陽明之聖藥也。如無犀角，以升麻代之。升麻、犀角，性味相遠不同，何以代之？蓋以升麻止是引地黃及餘藥同入陽明經耳。初病太陽症，服升麻可乎？　仲景云：太陽〔病〕，若發汗、若下、若利小便，重亡津液，胃中乾燥，因而轉屬陽明病，其害不可勝言。仲景又云：太陽几几無汗者，葛根湯發之。若几几自汗者，表虛也，不宜用此。朱氏用葛根、升麻者，以表實無汗也。　升麻能令胃氣從右而上遷，柴胡能使胃氣從左而上達。　按：升麻引陽明清氣上行，柴胡引厥陰清氣上行，虛弱內傷

之要藥也。大抵老人之氣降者多，升者少，秋冬之令多，春夏之令少，及虛弱之人，並宜此藥。《素問》曰：陰精所奉其人壽，陽精所降其人夭。窺其奧者，潔古、東垣二人而已。

明・蔣儀《藥鏡》卷四寒部　升麻　奉令之使，不能益人。惟元氣有餘，而其陽下陷，方堪服此以升。若太陽初病，不可便用之，以發陽明之汗。能扶內傷，能扶脾胃，兼口瘡肺痿多功。能清濕滯，能清瀉痢，并火毒濕瘡有益。陰陽熱結，賴此提通。然亦能助虛火，喉毒癰腫，從此救治，而又易妨痰促。引葱白，散手陽明之風邪。領石膏，止足陽明之齒痛。消斑疹，止崩帶。補中益氣湯用之，提元氣從右而上。升麻葛根湯用之，驅邪熱從表而散。

明・李中梓《頤生微論》卷三　升麻　味甘、苦，性平，無毒。入肺、脾、胃、大腸四經。堅實而綠色者佳。解百毒，殺精鬼，辟瘟瘴蠱毒，中惡腹痛，頭痛齒痛，口瘡瘢疹。散陽明風邪，升胃中清氣。

按：升麻稟極清之氣，升于九天，故元氣不足者，用此于陰中升陽，如瀉痢崩淋，脫肛遺濁，須其升提。夫虛人之氣升少降多。《經》曰：陰精所奉，其人壽；陽精所降，其人夭。東垣摘入補中湯，獨窺其微矣。凡氣逆嘔吐者，切勿輕投。

明・張景岳《景岳全書》卷四八《本草正》　升麻　味微苦，氣平，氣味俱輕，浮而升，陽也。用此者，用其升散提氣，乃脾、胃、肺與大腸四經之藥。善散陽明經風寒，肌表邪熱，提元氣之下陷，舉大腸之脱泄，除陽明溫疫表邪，解膚腠風熱斑疹。引石膏除齒牙臭爛腫痛，引葱頭去陽明表證頭疼，佐當歸、肉蓯蓉可通大便結燥。凡癰疽痘疹，陽虛不能起發，及瀉痢崩淋，夢遺脱肛，陽虛下陷之類，用佐補劑，皆所宜也。若上實氣壅，諸火炎上，及太陽表證，皆不宜用。且其味苦氣散，若血氣太虛及水火無根者，並不可用。

明・賈九如《藥品化義》卷一一風藥　升麻　屬陰中有陽，體輕，色綠，氣和，味苦辛，云甘非。性平，云寒云溫皆非。能升，力升解，性氣輕而味重，入脾胃大腸三經。升麻體根，根主上升，性氣輕浮，善提清氣。少用佐參芪，升補中氣。柴胡引肝氣從左而上，升麻引胃氣從右而上。入補中益氣湯，有鼓舞脾元之妙，使清陽之氣上升，而濁陰之氣下降。其味苦辛，多用亦有發表解肌之助，又其質空通，善引參芪，益氣聰明。合柴胡治火鬱五心煩熱。若勞碌傷神，及肺有伏火者，恐升動陽氣，助火生痰，忌之。取青綠色者佳，色黑者勿用。

明・盧之頤《本草乘雅半偈》帙八　升麻《別錄》上品　氣味：苦，平，微寒，無毒。主治：主解百毒，殺百精老物殃鬼，辟瘟疫瘴氣，邪氣蠱毒，入口皆吐出，中惡腹痛，時氣毒癘，頭痛寒熱，風腫諸毒，喉痛口痛。久服不夭，輕身長年。

覈曰：出蜀漢、陝西、淮南州郡，蜀川者佳。春生苗，高三尺。葉似麻，並青色。四月着花似粟穗白色。六月結實黑色。根如蒿，多鬚，紫黑色。細小極堅，削去皮，青綠色者，謂之鷄骨升麻，功力殊勝也。虛大黃白色者不堪用。一種外黑裏白，質雖緊實，謂之鬼臉升麻。嵩高一種純青色，質亦堅，功力俱不如蜀川青綠色者為重也。一種落新婦根，形似色非，今人呼為小升麻，亦能解毒，取其葉，挼作小兒浴湯，主驚忤。其他用力則殊，大小亦別，不可不辨也。修事：刮去粗皮，黃精自然汁浸一宿，暴乾剉蒸，再暴用。

先人云：人身氣機，升出降入，謂之一周。能升則氣機無不周矣。又云：生陽之氣發揚，邪僻之陰自死。入口皆吐出，此其外徵。又云：長升即是長生，下者舉之，此為要藥。從混濁散漫之中，拔其精微之妙，的是樞機之劑。但上行須有真氣在，否則是煮沒米粥矣。上行即將來之生之升，真氣即成功之藏之入。又云：雷公炮製，用黃精自然汁浸一宿，即煉已築基，大裨體用，上行者有根可據矣。

条曰：升即四氣之先機，時令之首兆也。《經》云：春三月，此謂發陳者是矣。設無成功之藏之入，亦無將來之生之升矣。所謂柔以時升，積小以高大，實非決驟之比。故十龠曰升，登合之量也；大戴曰麻，群陰之長也。是以允升，天地俱生，萬物以榮。生勿殺，予勿奪，賞勿罰，此春氣之應，養生之道也。主治百疾，以及變遷，皆嚮晦入宴息而冥升。功能用晦而明，仍利于不息之貞。世以頓為升，此以升為漸，頓漸殊途，各宜體認。升麻稟天地清陽之氣以生，故能升陽氣于至陰之下，顯明滅暗，致新推陳，升麻兩得之矣。

明・李中梓《本草通玄》卷上　升麻　辛，平，入脾胃二經。主頭額間痛，牙根痛爛，肌肉間風熱，解百毒，殺鬼邪，辟瘟疫，消瘢疹，行瘀血，治陽陷眩暈，胸脇虛痛，久瀉脱肛，遺濁崩帶。東垣云：發陽明風邪，升胃中清氣，引甘溫之藥，以補衛實表，故元氣不足者，用此於陰中升陽，又緩帶脉之急。大抵人年五十以上，降氣常多，升氣常少。《內經》云：陰精所奉

其人壽，陽精所降其人夭。千古之下，窺其微者，東垣而已。　凡上盛下虛者勿與。

清・顧元交《本草彙箋》卷一　升麻　發散陽明風邪，升舉胃中清氣，又引甘溫之藥上升，以補衛氣之散，而實其表。故元氣不足者，用此于陰中升陽。凡胃虛傷冷，鬱遏陽氣於脾土者，宜升麻葛根湯，以升散其火鬱。但傷寒初病，太陽不宜即用升麻、葛根，發動其汗，致反傳陽明也。其治小兒痘疹，亦未見點時可用，見標之後不可用。

周慎齋云：　升麻用三分，上至胸中；　用四分，能升顛頂。此其大略，當亦視人強弱而損益之。　陽明經齒痛，用石膏必加升麻引之方效。　升麻得葱白、白芷，能緩帶脈之縱急。　繆仲淳治一切滯下要藥，用黃連、紅麯、滑石、白芍、蓮肉、甘草，必用醋炒綠色升麻，以緩緩升提。　李時珍記一人素飲酒，因寒月哭母受冷，遂病寒中。食必佐以薑、蒜，至夏酷暑，又多飲水，兼懷怫鬱，因病右腰一點脹痛，牽引右脇，上至胸口，則必欲臥。發則大便裏急後重，頻欲登圊，小便長而數，或吞酸，或吐水，或作瀉，或陽痿，或厥逆，或得酒少止，得熱少止。但受寒食寒，或勞役，或入房，或怒，或飢即發，止則諸症泯然，甚則日二三發。服溫脾勝濕，滋補消導藥，皆微止隨發。時珍思之，此乃飢飽勞逸，內傷元氣，清陽陷遏，不能上升所致。遂用升麻葛根湯，合四君子加柴胡、蒼朮、黃芪，煎服，仍飲酒一二杯助之。其藥入腹，則覺清氣上行，胸膈爽快，手足和緩，頭目精明，諸症如掃。每發一服即止，神驗。若減升麻、葛根，或不飲酒，則效便遲。大抵人年五十以後，其氣消者多，長者少，降者多，升者少，秋冬之令多，春夏之令少。若稟受弱，而有前諸症者，並宜此藥活法治之。

清・穆石匏《本草洞詮》卷八　升麻　葉似麻，性上升，故名。氣味甘苦辛平，微寒，無毒。為足陽明、太陰引經藥，亦入手陽明、太陰經。其用有四：　手足陽明引經，一也；　升陽氣於至陰之下，二也；　去至高之上及皮膚風邪，三也；　治陽明頭痛，四也。其用主於升胃中清氣，又引甘溫之藥上升，以補衛氣之散而實其表，又緩帶脉之縮急。凡胃虛傷冷，勞役飢飽，鬱遏陽氣於脾土者，宜升麻、葛根以升散其火鬱也。李瀕湖曰：　升麻引陽明清氣上行，柴胡引少陽清氣上行。升麻葛根湯乃發散風寒藥也。時珍用治元氣下陷，及時行赤眼諸病，每有殊効，神而明之，方可執泥乎？　一人素飲酒，因冬月哭母受冷，遂病寒中，至夏酷暑，又多飲水兼懷怫鬱，食無薑蒜，不能一啜，右腰一點脹痛，牽引右脇，上至胸口，則必欲臥，發則裏急後重，頻欲登圊，小便長而數，或吞酸，或吐水，或作瀉，或陽痿，或厥逆，或得酒少止，或得熱少止，但受寒、食寒，或勞役，或入房，或怒，或飢，即時舉發，止則諸證泯然如無病人，甚則日發數次，服溫脾勝濕，滋補消導諸藥，皆微止隨發。時珍思之，此乃飢飽勞役，內傷元氣，清陽陷遏，不能上升故也。遂用升麻葛根湯合四君子湯，加柴胡、蒼朮、黃耆，煎服，服後仍飲酒一二盃助之。其藥入腹，則覺清氣上行，胸膈爽快，手足和暖，頭目精明，神采煥發，諸證如掃。每發一服即止，若減升麻、葛根，或不飲酒，則效便遲。大抵人年五十以後，其氣消者多，長者少，降者多，升者少，秋冬之令多，而春夏之令少，並宜此藥活法治之。《素問》云：　陰精所奉其人壽，陽精所降其人夭。千古之下，窺其奧而闡其微者，潔古、東垣二人而已。又升麻能解痘毒，惟初發熱時可用。痘已出後，氣弱或泄瀉者可少用。若見斑後不可用，為其升散也。《本草》以升麻為解毒吐蠱要藥。李燾為雷州推官，鞫獄得治蠱方，毒在上用升麻吐之，在腹用鬱金下之，或合二物服之，不吐即下，此方活人甚多也。

清・劉雲密《本草述》卷七下　升麻　之頤曰：　蜀川者佳。春生苗，高三尺，葉似麻，並青色，四月著花似粟穗，白色，六月結實黑色。根如蒿，多鬚，紫黑色，細小，極堅削，去皮青綠色者，謂之雞骨升麻，功力殊勝也。虛大黃白色者不堪用。一種外黑裏白，質雖緊實，謂之鬼臉升麻。嵩高一種，純青色，質亦堅，功力俱不如。蜀川青綠色者為重也。

根：　氣味：　甘、苦，平，微寒，無毒。　潔古曰：　性溫，味辛微苦，氣味俱薄，浮而升，陽也，為足陽明、太陰引經的藥。得葱白、白芷，亦入手陽明、太陰。

主治：　升清陽，奉生氣，治陽陷眩暈，舉久泄，下痢後重，遺濁帶下，崩中，血淋下血，並解肌肉風熱，消遊風腫毒，及發散本經風邪，瘵喉痛，口瘡，牙根爛臭，辟時氣，毒癘邪氣，蠱毒，入口皆吐，又治小兒熱壅驚癇，更消斑疹。　潔古曰：　其用有四：　手足陽明引經，一也；　升陽氣於至陰之下，二也；　去至高之上及皮膚風邪，三也；　治陽明頭痛，四也。補脾胃藥，非此為引用，不能取效。治脾痹，非其梢不能除。風藥所以升舉元氣，即可以上達胃氣。然不若升麻之升舉胃氣於至陰，使胃中之鬱火散者，更為親切。　東垣曰：　升麻，

發散陽明風邪，升胃中清氣，又引甘溫之藥上升，以補衛氣之散，而實其表，參、耆非此不能上行，故元氣不足者，用此於陰中升陽，又緩帶脈之縮急，比胃虛傷冷，鬱遏陽氣於脾土者，宜升麻、葛根以升散其火鬱。　能曰：　勞倦內傷，脾虛下陷於至陰之分，醉飽房勞，陽氣致陷於至下之鄉，嘔吐下痢過傷，而小腹急痛，大小便難，腰滯而後重窘迫，瘡腫下陷黑紫，□寒發散無汗，所以陽氣下陷者，非此無以升提。溼盛脾痹者，非此無以發散。扶正驅邪之聖藥也。　時珍曰：　升麻引陽明清氣上升，柴胡引少陽清氣上行，此乃稟賦素弱，元氣虛餒，及勞役飢飽，生冷內傷脾胃，引經最要藥也。升麻葛根湯乃發散陽明風寒藥也，時珍用治陽氣鬱遏，及元氣下陷諸病，時行赤眼，每有殊效。神而明之，方可執泥乎？　一人素飲酒，因寒月哭母，受冷遂病寒中，食無薑蒜，不能一啜，至夏酷暑，又多飲水，兼懷怫鬱因病，右腰一點脹痛，牽引右脇，上至胸口，則必欲卧，發則大便裏急後重，頻欲登圊，小便長而數，或吞酸，或吐水，或作瀉，或陽痿，或厥逆，或得酒少止，或得熱稍止，但受寒食寒，或勞役，或入房，或怒，或飢，即時舉發，一止則諸證泯然如無病人，甚則日發數次，服溫脾勝溼，滋補消導諸藥，皆微止隨發。　時珍思之，此乃飢飽勞逸，內傷元氣，清陽陷遏，不能上升所致也。遂用升麻葛根湯合四君子湯，加柴胡、蒼术、黃芪，煎服，服後仍飲酒一二盃助之，其藥入腹，則覺清氣上行，胸膈爽快，手足和暖，頭目精明，諸證如掃，每發一服即止，若減升麻、葛根，或不飲酒，則效便遲。大抵人年五十以後，其氣消者多，長者少，降者多，升者少，秋冬之令多，而春夏之令少。若稟受弱而有前諸證者，並宜此藥活法治之。《素問》云：　陰精所奉，其人壽，陽精所降，其人夭。千古之下，窺其奧而闡其微者，張潔古、李東垣二人而已。外此則著《參同契》《悟真篇》者，旨與此同也。　希雍曰：　升麻稟天地清陽之氣以生，陽草也。故味甘、苦，平，微寒，無毒。　潔古又云：　性溫，味辛、微苦，氣味俱薄，浮而升，陽也，為足陽明、太陰引經的藥，亦入手陽明大腸，升陽氣於至陰之下，春氣生，生而上升，升麻正得之。　升麻葛根湯散足陽明之熱邪，發手太陰、陽明之斑疹，及天行豌豆瘡，水煎，綿沾拭之。　引葱白散手陽明風邪，引石膏止陽明經齒痛，或加生地黃、麥門冬、知母、牡丹皮、黃檗、連翹、玄參彌良。　醋炒綠色升麻，君蓮肉、人參，治噤口痢有神。　同石膏、知母、麥門冬、竹葉，治陽明熱極發斑，頭疼口渴。　佐參、耆，引清陽之氣上升行陽道，故補脾胃藥中不可闕。　入升陽散火湯，治陽氣鬱遏，及元氣不足，陽氣下陷。　同荆芥、防風、黃芩、甘草、白芷，能去皮膚風邪。　同葛根、荆芥、菊花、甘草，解肌肉間風熱，兼發浮汗。　為小兒斑疹及天行瘡子家聖藥。天行瘡子，即痘也，未見點時可用，見標之後不可用。　同鬱金服治蠱毒，不吐則下。　同生地、麥門冬、牛膝、蒲黃，水煎治小兒尿血。　佐黃連、紅麴、滑石、白芍藥、蓮肉、甘草，為治一切滯下要藥。

愚按：　升麻秉春陽之氣以生，華於夏，實於季夏以後，是氣暢於火，宿於土矣。謂非中土之的劑哉？　然實為黑色，其根亦紫黑色，是其暢於火宿於土者，不歸根於至陰之水，合於水土合德以立地，然後火土合德以際天耶。即味先苦後甘，非從下而上者之徵乎？　至其氣味俱薄，固已畢達，其浮升之功用矣。　雖然，升陽氣於至陰之下，此張潔古先生創義。然陽氣之在陰中者，何以與中土關切耶？　曰：　《經》云五藏皆稟氣於胃。　胃者，五藏之本也。　又云：　脾為胃行氣於三陰，亦為胃行氣於三陽，藏府各因其經而受氣於陽明，蓋胃之陽根於脾之陰，而脾與肝腎同會於關元者也。　然脾胃表裏，故《經》又云臍下三寸，關元也。　三結交者，陽明太陰也。　合而參之，則升麻之舉陽氣於至陰者，固直入陽明、太陰之元，而引清氣以上行，即并五臟六腑之氣，隨胃氣而上奉之矣。　此陽陷如泄痢後重，及崩帶諸證而皆治，誠如時珍所云云也。《范石湖文集》云：　李燾為雷州推官鞫獄，得治蠱方，毒在上，用升麻吐之，在腹，用鬱金下之，或合二物服之，不吐則下，此方活人甚多也。

希雍曰：　升麻屬陽而性升，凡吐血鼻衄，咳嗽多痰，陰虛火動，腎經不足，及氣逆嘔吐，驚悸怔忡，癲狂等病，法咸忌之。

修治　質輕而堅色黑者佳。　發散生用，補中酒炒，止咳汗蜜炒，治滯下醋拌炒。

清・郭章宜《本草匯》卷九　升麻　甘、辛、苦，平，微寒。　氣味俱薄，浮而升，陽也。　為足陽明、太陰引經的藥，亦入手陽明、太陰經。非此四經，不可用也。　治遊風腫毒，療陽陷眩運。　解癍癓升麻乃解散之物，見癍之後，必不可用。　消肺膿。　散肌肉間風熱，引葱白散手陽明之風邪。　止太陽之衄衂。　泄痢脫肛濁帶，崩淋下血不遺。　止頭痛喉痛齒痛，引石膏止足陽明之齒痛。　併中惡腹痛，理口瘡疥瘡癍瘡，及豌音含豆爛瘡。　牙根浮爛毒堪解，同葛根、連翹、玄參、甘草、生

地、麥冬治之。熱疿瘙癢煎洗良。辟瘟疫瘴氣，消蠱毒溪毒。蠱毒在上，升麻吐之。在腹，鬱金下之。合二物，不吐則下也。

按：升麻禀極清之氣，升散提氣之功最大，得陽氣之全者也。故補脾胃藥中，非此為引，未能取効。能升陽氣于至陰之下，發散陽明風邪，升提胃中清氣，又引甘溫之藥上升，以補衛實表，故元氣不足者，用此于陰中升陽。服升麻令人中氣驟升，然奉令之使，無益于人也。《藥性》乃曰元氣不足者，服此于陰中升陽，恐未便據信為然。惟陽氣有餘而下陷者，可用此以升提之，若元氣不足者，升之則下益虛而元氣愈不足矣。可不慎諸？若胃虛傷冷，鬱遏陽氣于脾土，為火鬱之病者，宜升麻、葛根以升散其火鬱。若初病太陽證，服之發動其汗，必傳陽明，反成其害矣。此所謂引賊破家也。東垣云：初病太陽證，便服升麻葛根湯，是遺太陽，不惟遺經，反引太陽邪氣入于陽明，不能解也。朱肱言瘀血入裏，吐衄吐血者，犀角地黃湯，乃陽明之聖藥也。如無犀角，以升麻代之。夫二物性味相遠，何以可代？不過以升麻亦陽明經藥，用以引地黃及餘藥同入陽明耳。仲景云：太陽證若發汗，若下，若利小便，重亡津液，胃中乾燥，因而轉屬陽明病，其誤不可言矣。又云：太陽兀兀無汗者，葛根湯散之。若兀兀自汗者，表實也，不宜用此。朱氏用葛根升麻者，以表實無汗也。大抵人年五十以後，降氣常多，升氣常少，秋冬之令多，春夏之令少，若氣禀素弱，內傷元氣，清陽陷遏，並宜此藥，活法治之。《玉函》曰：大熱之氣，寒以取之。甚熱之氣，以汗發之。麻黃、升麻之甘，可以發浮熱，引葱白散手陽明風邪，引石膏止陽明之齒痛，引地黃諸藥入陽明以治吐衄，引參、耆于上達以益元氣。同柴胡引生發之氣上行，柴胡引少陽清氣上行，升麻引陽明清氣上行。同葛根能發陽明風寒。凡吐血鼻衄，欬嗽多痰，陰虛火動，氣逆嘔吐，怔忡顛狂，上盛下虛等病，切勿誤投。

產多陝地，惟尚益州。今成都府。形細而黑，極堅實，削去皮青綠色者，謂之雞骨升麻。去鬚及頭蘆用。今惟取外黑裏白而緊實者，謂之鬼臉升麻。又有落新婦，亦解毒，今人多呼為小升麻，功用亦相同，然大小味色非也，煎湯浴小兒主驚忤。

清·蔣居祉《本草擇要綱·寒性藥品》 升麻　氣味：甘、苦，平，微寒，無毒。浮而升，陽也。為足陽明、太陰引經之藥。取(理)〔裏〕白外黑而緊實者，謂之鬼臉升麻。去鬚及頭蘆用。主治：辟瘟疫癘氣，頭痛，喉痛，口瘡，時氣熱疾，牙根浮爛惡臭。引葱白散陽明風邪，引石膏止陽明齒痛，引人參、黃芪而上行。同柴胡引生發之氣而上行，同葛根發陽明之汗，故升麻葛根湯為陽明發散之主方。若初發太陽症便用之，必傳陽明，反成其害。又升麻能解痘毒，惟初發熱時可用，已出後則氣弱不可用也。痘後泄瀉亦可炒用，見癍則忌解散不可用也。衄血吐血犀角地黃湯，無犀角以升麻代犀角，非升麻能代犀角，能引地黃及諸藥入陽明經也。太陽症兀兀自汗者，為表虛，並不可用。太陽兀兀無汗者，宜用此以發之。

清·閔鉞《本草詳節》卷二 升麻　【略】按：升麻屬陽，以升散為功。然奉令之使，不能益人。得葱白引散手陽明風邪，得石膏引止足陽明齒痛，得參、朮、芍藥兼治手足(大)〔太〕陰肌肉間風熱。同柴胡引生發之氣上行，同葛根能發陽明之汗。又引甘溫之藥上升，以補衛氣之散，而實其表，故元氣下陷者，用此於陰中升陽。又胃虛傷冷，鬱遏陽氣於脾土者，宜升麻葛根湯以升散其火鬱。補脾胃藥非此為向導不效，脾痺非此不除。但陽氣下陷者宜用，下虛氣不足者，愈升愈虛，禁用。

清·王翃《握靈本草》卷三 升麻川產者良。形細堅實，裏白外黑者，謂之鬼臉升麻。形與雞骨相似，輕實者第一。去鬚及頭蘆用。主治：升麻，甘、苦，平，微寒，無毒。主解百毒，殺百精，辟瘟疫瘴氣，蠱毒入口皆吐。陽明頭痛寒熱，中惡腹痛，風腫諸毒。【略】　選方：【略】牢牙散，用升麻四兩，羊脛骨灰二兩，草龍膽一兩五錢，羌活一兩，爲末，貼牙齦，治牙齦肉綻，及根動欲搖落，牙齒不長，牙黃口臭者。噤口痢，升麻醋炒綠色，同蓮肉、人參煎服，有效。

清·汪昂《本草備要》卷一 升麻輕，宣，升陽，解毒。甘、辛、微苦。足陽明、太陰胃、脾引經藥，參、耆上行，須此引之。亦入手陽明、太陰。大腸、肺。表散風邪，引葱白，散手陽明風邪；同葛根，能發陽明之汗；引石膏，止陽明頭痛、齒痛。升發火鬱，能升陽氣于至陰之下。引甘溫之藥上行，以補衛氣之散而實其表。柴胡引少陽清氣上行，升麻引陽明清氣上行，故補中湯用爲佐使。若下元虛者，用此升之，則下元愈虛，又當慎用。治時氣毒癘，頭痛陽明頭痛，痛連齒頰。寒熱，肺痿吐膿，下痢後重，後重者，氣滯也。氣滯于中，必上行而後能下降。有病大小便秘者，用通利藥而罔效，重加升麻而反通。丹溪曰：氣升則水自降。《經》曰：地氣上爲雲，天氣下爲雨。天地不交，則萬物不通也。久泄《經》曰：清氣在下，則生飧泄。脫肛，崩中帶下，能緩帶脈之縮急。足寒陰痿，目赤口瘡，痘瘡升葛湯，初發熱時可用，痘出後氣弱或泄瀉者可少

用，否則見斑之後，必不可用，爲其解散也。斑疹，成朵如錦紋者爲斑，隱隱見紅點者爲疹。蓋胃熱失下，衝入少陽，則助相火而成斑；衝入少陰，則助君火而成疹。風熱瘡癰。解百藥毒，吐蠱毒，殺精鬼，性陽、氣升、味甘故也。陰虛火動者忌用。朱肱《活人書》言瘀血入裏吐衄血者，犀角地黃湯，乃陽明聖藥。如無犀角，代以升麻。二藥性味相遠，何以爲代？蓋以升麻能引諸藥同入陽明也。朱二允曰：升麻性升，犀角性降，用犀角止血，乃借其下降之氣，清心肝之火，使血下行歸經耳。倘誤用升麻，血隨氣升，不愈涌出不止乎？古方未可盡泥也。裏白外黑，緊實者良，名鬼臉升麻，去鬚、蘆用。或有參、耆補劑，須用升、柴，而又恐其太升發者，升麻、柴胡，幷用蜜水炒之。別有一種綠升麻，繆仲醇用治滯下，每每有驗。

清・吳楚《寶命真詮》卷三 升麻 【略】散陽明風邪，升胃中清氣，主頭額間痛，治陽陷眩運。喉痛齒痛，胸脇虛痛，肌肉間風熱，解百毒，殺鬼邪，辟瘟疫，消瘢疹，行瘀血，久瀉脫肛，遺濁崩帶。○引甘溫之藥以補衛實表，故元氣不足者，用此於陰中升陽，又緩帶脉之急。稟極清之氣，升於九天，得陽氣之全者也。故所主治皆在清陽之分，總護其升清之益，凡氣虛下陷，須其升提。虛人之氣，升少降多。《內經》云：陰精所奉其人壽，陽精所降其人夭。東垣取入補中湯，獨窺其微矣。○凡上盛下虛，氣逆等證，俱勿用。

清・陳士鐸《本草新編》卷二 升麻 味苦、甘，氣平、微寒，浮而升，陽也，無毒。入足陽明、太陰之經。能升脾胃之氣。得白芷、葱白同用，又入手陽明、太陰二經，其餘他經，皆不能入。能辟疫氣，散肌膚之邪熱，止頭、齒、咽喉諸痛，併治中惡，化斑點瘡疹，實建奇功。療肺癰有效，但必須同氣血藥共用。可佐使，而亦不可以為君臣。世人慮其散氣，不敢多用是也，然而，亦有宜多用之時。本草如《綱目》《經疏》，尚未及言，況他書乎。夫升麻之可多用者，發斑之症也。凡熱不太甚，必不發斑，惟其內熱之甚，故發出于外，而皮毛堅固，不能遽出，故見斑而不能驟散也。升麻原非退斑之藥，欲退斑，必須解其內熱。解熱之藥，要不能外元參、麥冬與芩、連、梔子之類。然元參、麥冬與芩、連、梔子，能下行，而不能外走，必藉升麻，以引諸藥出于皮毛，而斑乃盡消。倘升麻少用，不能引之出外，勢必熱走于內，而盡趨于大小腸矣。夫火性炎上，引其上升者易于散，任其下行者難于解。此所以必須多用，而火熱之毒，隨元參、麥冬與芩、連、梔子之類而行，盡消化也。大約元參、麥冬用至一二兩者，升麻可多用至五錢，少則四錢、三錢，斷不可止用數分與一錢已也。

或問：升麻能止衄血，先生置而不講，豈仲景張夫子非歟？曰：以升麻為止血之藥，此不知仲景夫子用升麻之故也。夫吐血出于胃，衄血出于肺。止血必須地黃，非升麻可止。用升麻者，不過用其引地黃入于肺與胃耳，此等病，升麻又忌多用，少用數分，便能相濟以成功，切不可多至于一錢之外也。

又問升麻升而不降，何以大便閉結反用升提，必取于升麻，豈柴胡不可代耶？曰：升麻與柴胡，同是升提之藥，然一提氣而一提血。大便燥急，大腸經之火也。大腸有火，又由于腎水之涸也。欲潤大腸，舍補血之藥無由，而補血又責之補腎，使腎之氣通于大腸，而結閉之症可解。然則通腎之氣，以生血可也，而必加升麻于補腎、補血之中者，蓋陰之性凝滯而不善流動，取升麻而升提其陰氣，則肺金清肅之令行。況大腸與肺又為表裏，肺氣通，而大腸之氣亦通，肺氣通，而腎之氣更通，所以閉者不閉，而結者不結也。若用柴胡，雖亦入肝，能提〔升〕血分之氣，終不能入于大腸，通于肺、腎之氣，此柴胡之所以不可代升麻也。

或問：升麻與犀角迥殊，何以古人有無犀角，用升麻代之之語，以升麻、犀角同屬陽明也，然否？夫升麻雖與犀角同屬陽明，而仲景夫子用升麻以代犀角，非特為其同屬陽明也。犀角地黃湯所以治肺經之火也，犀角引地黃以至于肺，而升麻亦能引地黃以至于肺也。肺與大腸為表裏，清肺而大腸陽明之火自降，瘀血必從大便而出，是升麻清肺，正所以清陽明也。

或問：升麻用之于補中益氣湯中，豈慮柴胡不能升舉，故用之以相佐耶？曰：柴胡、升麻同用之補中益氣湯者，各升提其氣，兩不相顧，而兩相益也。柴胡從左而升氣，升麻從右而提氣，古人已言之矣。然而柴胡左升氣，而右未嘗不同提其氣，升麻右提氣，而左亦未嘗不共升其氣，又兩相顧，而兩相益也。

清・顧靖遠《顧氏醫鏡》卷七 升麻辛、甘、苦，溫。入肺、肝、大腸、胃四經。青色者佳。忌火。去風邪，言其去皮膚風邪者，入肺發散也。解肌熱。言其解肌肉間風熱者，入胃發散也。散邪氣於至高之上，故頭痛、喉疼、口瘡、齒痛，皆賴其散邪之功。升陽氣於至陰之下。故補中益氣湯，佐參、芪以升下陷清陽氣。瀉痢崩帶俱徵用，脫肛遺濁共尋求。皆賴提升之力也。屬陽性升，凡吐衄痰嗽、氣逆吐嘔，切勿

悮投。

清・李熙和《醫經允中》卷二〇　升麻　入肺、脾、胃、大腸四經。堅實者佳。　甘、苦，平，無毒。氣味俱薄，浮而升，陽也。主治邪氣遊風，腫毒陽明頭痛及喉痛齒痛。瘡家聖藥，消斑疹，辟瘟疫，吐蠱毒。療陽氣下陷，久泄，遺溺，帶下。　升麻能散陽明風熱，升胃中清氣，提陽氣于至陰之下，遷至高之上，及皮膚風邪；又引甘溫之藥上升，以補衛實表；又緩帶脉之急。若初症太陽即服升麻，必傳入陽明致害。惟老人、虛人，陽氣下陷者宜之。能解痘毒，利于初發熱時，不利于出痘後。升麻上行之藥，若元氣不足者，升之則下虛而元氣益不足矣。凡吐血鼻衄，氣逆嘔吐，上盛下虛者弗用。

清・馮兆張《馮氏錦囊秘錄・雜症痘疹藥性主治合參》卷一　升麻稟天地清陽之氣以生，故味甘，平，微寒，無毒。氣味俱薄，浮而升，陽也。為足陽明、太陰引經的藥，亦入手陽明大腸。○清熱散表宜生用，入升托補藥，蜜酒拌炒用，入升提收斂藥，宜醋炒用。　升麻，氣平微寒，乃手足陽明、太陰引經之藥。凡太陽證忌服，否則猶引賊破家。　主治殺百毒，百精殃鬼，辟諸瘴諸疫瘟邪。去傷風於皮膚，散發熱於肌肉。止頭痛，喉痛，齒痛，併中惡腹痛；理口瘡、疥瘡、斑瘡及豌豆爛瘡。治風腫風癎，療肺癰肺痿。升發火鬱，開提清氣，下痢後重，崩帶脫肛。能升陽氣於至陰之下，故補中湯用升麻。引足陽明清氣，右旋上行，用柴胡引；足少陽清氣，左旋上行，助參、耆、苓、术以補脾胃中之元氣。

主治痘疹合參：療肌肉間熱，主脾胃，解百毒，能升提陽氣，故用以升發痘毒出表，乃瘡家之聖藥。發熱時用以解發，但用太過，恐有倒陷之患，故不宜過用。痘後元氣下陷亦用之。

按：升麻稟極清之氣升於九天，故元氣不足者，用此於陰中升陽，如瀉痢崩淋脫肛遺濁等症，仗其升提，蓋虛人之氣，升少降多。《經》曰：陰經所奉其人壽，陽經所降其人夭。東垣摘入補中湯中，獨窺其微矣。但氣逆嘔吐，上盛下虛者，切勿輕投。

清・张璐《本經逢原》卷一　升麻　甘、苦，平，無毒。忌見火。解莨菪毒。《本經》辟溫疫瘴氣，邪氣蠱毒，入口皆吐出，中惡腹痛，時氣毒癘，頭痛寒熱，風腫諸毒，咽痛，口瘡。　發明：升麻能引清氣右升，足陽明本藥也。《本經》治疫瘴蠱毒，取性升上行也。治中惡腹痛，取開發胃氣也。治喉痛口瘡者，取升散少陽、陽明火熱也。同葛根則發散陽明風邪。同柴胡則升提胃中清氣，引甘溫之藥上升，故元氣下陷者，用此於陰中升陽，以緩帶脈之縮急。凡胃虛傷冷鬱遏陽氣於脾土，宜升麻、葛根以升散其火鬱。故補脾胃藥非此引用不效，脾痹非此不除。升麻葛根湯乃陽明發散藥，若初病太陽便服之，發動其邪，必傳陽明，反成其害也。又升麻葛根能發痘，惟初發熱時可用，見點後忌服，為其氣升發動熱毒於上，為害莫測，而麻疹尤為切禁，誤投喘滿立至。按：升麻屬陽性升，力能扶助陽氣，捍禦陰邪，故於淋帶瀉痢脫肛方用之，取其升舉清陽於上也。古方治噤口痢，用醋炒升麻，引人參、蓮肉扶胃進食，大有神效。凡上盛下虛，吐血欬血，欬嗽多痰，陰虛火動，氣逆嘔吐，怔忡癲狂諸證，皆在所禁。

清・浦士貞《夕庵讀本草快編》卷一　升麻《本經》　其葉似麻，其性上升，故名。　升麻甘溫，氣味俱薄，浮升屬陽也。為足陽明太陰引經，得葱白、白芷亦入手太陰陽明。故能升陽氣于至陰之下，散風邪于肌表之間。瘡瘍痘疹，泄痢崩血，肺痿吐膿，口臭齒齲，皆為要藥。凡人稟賦素弱，元氣虛餒，或飢飽生冷，勞役過度，內傷脾胃，中氣不足者，用之佐甘溫之品上升，以補衛氣之散而實其表。且緩帶脉之急縮，故補中益氣湯中用與柴胡同行，一引清氣從右而升，一領濁氣從左而降，轉否為泰之法也。又仲景葛根湯以散陽明之風寒，東垣散火湯能升太陰之鬱遏，二方利亦普矣。但《活人書》言傷寒瘀血入裏，吐血衄血者，以地黃湯為聖藥，云如無犀角，以升麻代之。考其二物，性味霄壤，何可代乎？蓋古人一時權宜，藉其引入陽明，平其亢盛。今人不察，一概代庖，致血奔湧。不死安待？可見立言之難也。李瀕湖治元氣內損，陰盛陽陷者，以葛根湯配合四君佐柴胡、蒼术、黃芪，以酒行勢，用即奏效。此乃窺陰精所奉其人壽之旨爾。大抵升麻、乾葛專走陽明，倘症在太陽，服早必引入胃，與夫痘疹既出，俱為禁劑。

清・張志聰、高世栻《本草崇原》卷上　升麻　氣味甘苦，平，微寒，無毒。主解百毒，殺百精老物殃鬼，辟瘟疫、瘴氣、邪氣，蠱毒入口皆吐出，中惡腹痛，時氣毒癘，頭痛寒熱，風腫諸毒，喉痛口瘡。久服不夭，輕身長年。

升麻今蜀漢、陝西、淮南州郡皆有，以川蜀產者為勝。一名周麻。春苗夏花，葉似麻葉，其根如蒿根，其色紫黑，多鬚。　升麻氣味甘苦平，甘者土也，苦者火也。主從中土而達太陽之氣。太陽標陽本寒，故微寒。蓋太陽稟寒水之氣而行於膚表，如天氣之下連於水也。太陽在上，則天日當空，光明清湛。

清湛，故主解百毒。光明，故殺百精老物殃鬼。太陽之氣，行於膚表，故辟瘟疫、瘴氣、邪氣。太陽之氣，行於地中，故蠱毒入口皆吐出。治蠱毒，則中惡腹痛自除。辟瘟疫瘴氣邪氣，則時氣毒癘，頭痛寒熱自散。寒水之氣，滋於外而濟於上，故治風腫諸毒，喉痛口瘡。久服則陰精上滋，故不夭。陽氣盛，故輕身，陰陽充足，則長年矣。　愚按：柴胡、升麻，皆達太陽之氣，從中土以上升，柴胡從中土而達太陽之標陽，升麻兼啟太陽之寒水，細辛更啟寒水之氣於泉下，而內合少陰，三者大義相同，功用少別。具升轉周遍之功，故又名周麻。　防風、秦艽、烏藥、防己、木通、升麻，皆紋如車輻，而升麻更覺空通。

清・劉漢基《藥性通考》卷五　昇麻　味辛、微苦，入足陽明、太陰引經藥，亦入手陽明、太陰大腸肺。表散風邪，引葱白散手陽明風邪，同葛根能發陽明之汗，引石膏能止陽明頭痛齒痛，昇發火鬱，能昇陽氣於至陰之下，引甘溫之藥上行，以補衛氣之散，而實其表。柴胡引少陽清氣上行，昇麻引陽明清氣上行，故補中湯用為佐使。若下元虛者，用此昇之，則下元愈虛，又當慎用。又治時氣毒癘，頭痛寒熱，肺痿吐膿，下痢後重。後重者，氣滯也。氣滯於中，必上行而後下降，有病大小便秘者，用通利藥罔效，重加昇麻，而反通也。丹溪曰：氣昇則水自降。《經》曰：地氣上為雲，天氣下為雨，天地不交，則萬物不通也。又治久泄脫肛，崩中帶下，足寒陰痿，目赤口瘡痘瘡，風熱瘡癰，百草毒，吐蠱毒，殺精鬼。陰虛火動者忌用。裏白外黑，緊實者良，名鬼臉昇麻。去鬚、蘆用。

清・姚球《本草經解要》卷二　升麻　氣平，微寒，味苦、甘，無毒。主解百毒，殺百精老物殃鬼，辟瘟疫瘴氣邪氣，蠱毒入口皆吐出，中惡腹痛，時氣毒癘，頭痛寒熱，風腫諸毒，喉痛口瘡。久服不夭，輕身長年。　升麻氣平微寒，稟天秋平冬寒金水之氣，入手太陰肺經、足太陽膀胱經、手太陽小腸經。味苦甘無毒，得地南方中央火土之味，入手少陰心經。味苦則燥，入足陽明胃經。氣味輕清，陽也。其解百毒者，升麻稟平寒之氣，氣平而寒，味甘而苦，能清能和，所以解毒也。其殺百精老物殃鬼者，升麻稟平寒之氣，則得清陽通達之性，能破幽暗，制精鬼也。瘟疫瘴氣邪氣，皆天地鬱塞薰蒸之氣也。平寒能清，苦能洩，甘能和，所以能辟之也。蠱毒，陰惡敗壞之毒，甘苦之味能和能解，故藥入口蠱即吐出也。其主中惡腹痛者，甘能解毒，苦能洩邪也。其主時氣毒癘頭痛者，甘平和毒，苦寒清熱，平苦又燥濕也。其主寒熱風腫諸毒者，平甘以和之，寒苦以清之，入膀胱能散寒熱風腫也。喉痛口瘡，火鬱於上也。其主之者，苦寒之味，火鬱發之也。久服不夭，輕身長年者，升麻為陰中之陽，能升陽氣於至陰之下，陰精所奉，其人壽也。蓋必佐補藥，方可久服耳。　製方：升麻同葱白，散陽明風邪。同石膏，止陽明齒痛。同葛根、白芍、甘草，名升麻葛根湯，治陽明之熱邪及癍疹。同人參、蓮子，治噤口痢。同石膏、知母、麥冬、竹葉，治陽明經風熱。同川連、紅麯、滑石、白芍、甘草，治痢。

清・周垣綜《頤生秘旨》卷八　升麻　升散解肌之藥也。元氣下陷，升之為宜。下元虛者，用之則愈虛矣。故方治吐血衄血犀角地黃湯云：如無犀角，以升麻代之。二味藥性不同，何取相代耶？不過因其能引諸藥入陽明經耳。若傷寒太陽初病，遽服升麻、葛根發出陽明經汗，必傳陽明而為燥熱之害。用藥者，可孟浪一擲耶？慎之！

清・王子接《得宜本草・上品藥》　升麻　味辛。入手陽明、手太陰、足太陰經。火在上非升不散，氣陷下非升莫舉，惟東垣善用之。得葱白散手陽明風邪，得石膏止陽明齒痛，得柴胡引生氣上升，得葛根發陽明之汗。

清・黃元御《長沙藥解》卷一　升麻　味辛、苦，微甘，性寒，入手陽明大腸、足陽明胃經。利咽喉而止疼痛，消腫毒而排膿血。《金匱》升麻鱉甲湯，升麻二兩、鱉甲手掌大一片、甘草二兩、當歸一兩、雄黃五錢、蜀椒一兩。水四升，煎一升，頓服。治陽毒為病，面赤斑斑如錦文，咽喉痛，吐膿血。陽毒之病，少陽甲木之剋陽明也。手足陽明，皆行於面，少陽甲木，從相火化氣，火之色赤，故面見赤色。足陽明之脈，循喉嚨而入缺盆，膽胃壅迫，相火淤蒸，故咽喉痛而吐膿血。其病五日可治，七日不可治。升麻、甘草，清咽喉而緩急迫，鱉甲、當歸，消凝瘀而排膿血，雄黃、蜀椒，泄濕熱而下逆氣也。　升麻鱉甲去雄黃蜀椒湯，升麻二兩、鱉甲手掌大一片、甘草二兩、當歸一兩。治陰毒為病，面目青，身痛如被杖，咽喉痛。陰毒之病，厥陰乙木之剋太陰也。厥陰乙木，開竅於目，木之色青，故面目青。脾主肌肉，足太陰之脈，上膈而挾咽，肝脾鬱迫，風木衝擊，故身及咽喉皆痛。升麻、甘草，清咽喉而緩急迫，鱉甲、當歸，破結滯而潤風木也。　陽毒、陰毒，病在肝膽，而起於外邪，非風寒束閉，鬱其臟腑，不應毒烈如是。升麻清利咽喉，解毒發汗，表裏疏通，是以奏效也。　《傷寒》麻黃升麻湯方在麻黃用之治厥陰病，咽喉不利，吐膿血，以其清咽喉而排膿血也。

升麻辛涼升散，清利咽喉，解肌發表，善治風寒侵迫，咽喉腫痛，嘔吐

膿血之病。最能解毒，一切蠱毒邪穢之物，入口即吐。避疫癘煙瘴之氣，斷泄利遺帶之恙，止吐衄崩淋諸血。消癰疽熱腫，平牙根臭爛，療齒疼，醫口瘡，胥有良效。　手陽明自手走頭，足陽明自頭走足，二經升降不同。升麻升提之性，入手陽明為順，入足陽明為逆。咽喉之病，以及口舌牙齒，其位在上，須用升麻而加清降之藥，自高下達，引火歸根。若足陽明他病，悉宜降藥，不宜升麻，惟用於涌吐方中乃可。後世庸工，以之升提足陽明胃府清氣。足陽明順下則治，逆上則病，何可升乎！

清·吳儀洛《本草從新》卷一　升麻輕、宣，升陽，解毒。　甘、辛、微苦。足陽明、太陰引經藥，脾胃，參、耆上行，須此引之。亦入手陽明、太陰大腸、肺。表散風邪，引葱白散手陽明風邪，同葛根能發陽明之汗，引石膏主陽明頭痛、齒痛。升散火鬱。能升陽氣於至陰之下，引甘溫之藥上行，以補衛氣之散而實其表。柴胡引少陽清氣上行，升麻引陽明清氣上行，故補中湯用為佐使。治時氣毒癘頭痛，陽明頭痛，痛連齒頰。寒熱肺痿，吐膿，下痢後重，後重者，氣滯也。氣滯於中，必上行而後能下降，有病大小便秘滯，用通利藥而罔效，重用升麻而反通。丹溪曰：氣升則水自降。久泄，《經》曰：清氣在下，則生飧泄。脫肛，崩中帶下，能緩帶脈之縮急。痘瘡，升葛湯，初發熱時可用，痘出後，或下陷泄瀉者可少用。否則，見點之後必不可用，為其解散也。斑疹，成朵如錦紋者為斑，隱隱見紅點者為疹。蓋胃熱失下，衝入少陽，則助相火而成斑；衝入少陰，則助君火而成疹。又有內傷陰證見斑疹者，微紅而稀少，此胃氣極虛，逼其無根之火游行於外。當補益氣血，使中有主則氣不外游，血不外散，忌用升散之品。風熱瘡癰。解百藥毒，吐蠱毒，殺精鬼。性陽氣升，味甘故也。陰虛火升者忌用。下元虛者用此升之，則下元愈虛。朱肱《活人書》言：瘀血入裏，吐衄血者，犀角地黃湯乃陽明聖藥。如無犀角，代以升麻。二藥性味相遠，何以云代？蓋以升麻能引諸藥同入陽明也。朱二允曰：升麻性升，犀角性降，用犀角止血，乃借其下降之氣，清心肝之火，使血下行歸經耳。儻誤用升麻，血隨氣升，不愈涌出不止乎？古方未可盡泥也。裏白外黑，緊實者良，名鬼臉升麻。去鬚、蘆用。或有參、耆補劑須用升、柴，而又恐其太升發者，并用蜜水炒之。別有一種綠升麻，繆仲醇用治下痢，每每有驗。〔繆仲醇著《廣筆記》。〕

清·汪紱《醫林纂要探源》卷二　升麻　甘、辛，寒。一莖直上，對節生葉如麻，根外黑內白，曰鬼臉升麻。亦有色青綠者，根多鬚散，以緊實為良。去蘆、鬚用。行肝氣於脾胃，以升達膻中，宣布肌肉，發鬱散邪。主宣達胃中之陽氣，以升之膻中，而散風溫之邪，達湮鬱之火，治時行頭痛，肺痿寒熱，而清升則濁降，故治下痢後重，及風熱飧泄，脫肛，崩帶。又帶脈並於脾胃，以繞腰一周，帶脈虛則下部失所繫，而中氣下陷，此能升提之。治足寒陰痿，又治痘及斑疹，以達肌肉間之邪熱也，脾胃主肌肉。解毒吐蠱，辟鬼氣。皆以其升陽也。陰虛者忌。下部為陰。

清·嚴潔等《得配本草》卷二　升麻　辛、微苦，微溫。入手陽明、足太陰經氣分。風邪客於陽明，非升不散。陽氣陷於至陰，非升不舉。消瘡癰，解百毒。得葱白、白芷，緩帶脈之急。佐乾葛、石膏，治胃火齒痛。同葛根，治脾土火鬱。胃傷寒冷，陽氣鬱而成火。同當歸、肉蓯蓉、懷牛膝，通大便虛燥。裏白外黑，緊實者良，名鬼臉升麻。多用則散，少用則升，蜜炙使不驟升。柴胡引少陽清氣上行，升麻引陽明清氣上行。傷寒初病太陽，痘疹見標，下元不足，升散元氣益虧。陰虛火炎，四者禁用。

題清·徐大椿《藥性切用》卷三　綠升麻　甘辛苦平，入手足陽明、太陰。生用表散風邪，升散火鬱。炒用能升陽氣於至陰之下，引甘溫之藥上行，以補衛氣之散，而實其表。陰虛火升者，忌之。按：柴胡、升麻均是升藥，但柴胡從左升，引少陽清氣上行。升麻從右升，引陽明清氣上行為異。

清·黃宮繡《本草求真》卷三　升麻升陽散熱。　升麻耑入脾胃，兼入肺、大腸。似與葛根一類，但此辛甘微苦，能引葱白入肺，發散風寒出汗。引石膏能治陽明頂巔頭痛、齒痛，引參、耆能入脾胃補脾，且同柴胡能引歸、耆、白朮甘溫之藥，以補衛氣之散。而實其表，并治一切風陷下痢。後重裏急，症不一端，有應用承氣大下者，有應用升柴上升者，要在辨症明確，以識升降之宜耳。不得概以升舉為事也！久泄，《經》曰：清氣在下，則生飧泄。脫肛，足寒陰痿，暨蠱毒精鬼，陽升則陰散。與一切風熱斑疹。斑疹有虛有實，須審兼症以治。汪昂曰：成朵如錦紋者為斑，隱隱見紅點者為疹。蓋胃熱失下，衝入少陽，則助相火而成斑。衝入少陰，則助君火而成疹。瘡毒靡不隨手輒應，以升其陽而散其熱，俾邪盡從外解，而濁自克下降。故又曰能以解毒，不似葛根功專入胃升津解肌，而不能引諸藥以實衛氣也。但升麻佐於葛根，則入陽明升津解肌有效。同柴胡升氣，則柴能升少陽肝經之陽，升麻能升陽明胃經之陽，一左一右，相需而成。時珍曰：大抵人年五十以後，其氣消者多，長者少，降者多，升者少，秋冬之令多，而春夏之令少。若稟受弱而有諸般陽虛等症者，並宜以升陽等藥活法治之。但陰火動，及氣虛汗出切忌。朱肱《活人書》言犀角地黃湯，如無犀角，可用升麻以代，意在引藥以入陽明耳。朱二允言犀角地黃湯不宜用升麻以代犀角，意在升麻能引陰血上湧，二者見解俱是，但須察其病氣淺深，臟氣偏純，以明治之得失。裏白外黑，緊實者良，名鬼臉升麻，細削，皮青綠色，謂雞骨升麻。

去鬚蘆，蒸暴用，入補劑，蜜水炒用。

清・楊璿《傷寒溫疫條辨》卷六散劑類　升麻　味苦辛，氣味俱薄，浮而升，陽也。入肺、脾、胃、大腸。升清陽之氣於濁陰之下，提胃氣之下陷，舉大腸之滑脫，散皮膚肌熱斑疹，解腹內下痢後重。引石膏毆齒牙熱腫，使葱白除陽明頭疼。《內經》曰：地氣上為雲，天氣下為雨。天地不交，則萬物不通也。升麻葛根湯：升麻、葛根、白芍二錢，甘草一錢，葱白、水煎服。此錢仲陽治陽明傷寒，發熱頭疼無汗，升發表邪之劑也。

附：琉球・吴繼志《質問本草》内篇卷二　升麻　生陰地，春生苗，高二三尺，三四月開花。升麻，手足陽明、太陰引經的藥。味甘苦，微寒，無毒。清胃火，寧腹痛，下陷者可升提，牙痛者立止。(球)〔捄〕陽者堪用。產西岐者色綠發萌。收貯須照《綱目》。壬寅，陸澍。俗名升麻，載在《綱目》。甲辰，戴道光、戴昌蘭。

清・羅國綱《羅氏會約醫鏡》卷一六草部　升麻　味微苦，氣浮，入脾胃肺與大腸四經。忌火，蜜炒。　善散陽明風寒、肌表邪熱。同葱白，散陽明風邪；同葛根，發陽明之汗。能引甘溫之藥，上行補氣而實表。同參芪用。治陽明頭痛、齒疼、喉痹，同石膏用。下痢後重、大小便閉。氣滯於中必上行，而後下降。凡久泄、脫肛、夢遺、崩中、帶下、癰疽、痘疹、陽虛下陷之類，用佐補劑，皆所宜也。按：升麻性陽氣升，凡諸火上炎，吐衄咳嗽，陰虛氣逆者，並不可投。

清・陳修園《神農本草經讀》卷二上品　升麻　氣味甘、平、苦，微寒，無毒。主解百毒，殺百精老物殃鬼，辟瘟疫瘴氣邪氣，蠱毒入口皆吐出，中惡腹痛，時氣毒癘，頭痛寒熱，風腫諸毒，喉痛口瘡。久服不夭，輕身延年。

張隱庵曰：升麻氣味甘、苦，平，甘者土也，苦者火也，主從中土而達太陽之氣，太陽標陽本寒，故微寒。蓋太陽稟寒水之氣而行於膚表，如天氣之下連於水也。太陽在上，則天日當空，光明清湛，清湛故主解百毒，光明故殺百精老物殃鬼。太陽之氣行於膚表，故辟瘟疫瘴氣邪氣。太陽之氣行於地中，故蠱毒入口皆吐出。治蠱毒，則中惡腹痛自除；辟瘟疫瘴氣邪氣，則時氣毒癘、頭痛寒熱自散。寒水之氣滋於外而濟於上，故治風腫諸毒、喉痛口瘡。久服，則陰精上滋，故不夭；陽氣盛，故輕身；陰陽充足，則長年矣。

嘗考凡物紋如車輻者，皆有升轉循环之用。防風、秦艽、烏藥、防己、木通、升麻，皆紋如車輻，而升麻更覺空通，所以升轉甚捷也。

清・趙學敏《本草綱目拾遺》卷三草部上　綠升麻　《從新》云：乃升麻之別一種。繆仲醇《廣筆記》用治下痢，每每有驗。性最竄捷，治痢疾下傷。按：升麻色綠者佳，非另一種也。

清・黃凱鈞《藥籠小品》　升麻　甘辛微苦，能引參耆補力入於脾胃，表散風邪，升散火鬱，能升清陽，治下痢後重，久泄脫肛，崩中帶下，痘瘡瘢疹。若陰虛火升者忌。

清・王龍《本草纂要稿・草部》　升麻　氣味甘苦而寒。提下陷之元陽，升胃中之清氣。解傷風之在表，散發熱之在肌。驅風癇，療痘瘡瘢疹。又能引葱白散手陽明之風邪，引石膏止足陽明之齒痛。

清・吴鋼《類經證治本草・足陽明胃腑藥類》　升麻　【略】誠齋曰：升麻乃胃經引經藥，宜少用，不宜多。專主脾陽下陷，九竅不通，頭目四肢無力，此補中益氣之方，加而用以發脾胃升騰之氣。如中蠱毒及食毒，煎服之取吐，不過應一時之急用。若頭目面齒之病，用之不但不效，而且引火上行。如胸中有濕邪，因熱而上攻頭面作腫，用之反助濕火上行，則輕病變重，倍加腫痛矣。復有腎氣虛者，切不可用，倘誤用之，升提真陽而上越，則必有暴亡之戒矣。復有脾陽虛而不勝濕，頭目四肢浮腫，此但健脾補火除濕而自愈。若錯認為補中益氣症而用之，則水氣泛濫而上行，攻胸腹而致腫滿矣。以青綠而極堅實者良。去鬚蘆，蜜炒用，吐毒。生用忌火。

清・張德裕《本草正義》卷上　升麻　苦，平。升散提氣，入肺、大腸、脾、胃。善散陽明經風寒邪熱，提元氣，舉脫洩，佐當歸、蓯蓉可通大便。痘瘡陽虛不起，佐溫補藥可托發。惟邪在太陽，及上實火炎，或水火無根，皆忌用。

清・楊時泰《本草述鉤元》卷七　升麻　蜀川者佳。根如蒿，多鬚而紫黑細小，極堅，削去皮，青綠色者謂之雞骨升麻，功力殊勝。虛大黃白色者，不堪用。一種外黑裏白，質雖緊實，謂之鬼臉升麻。一種純青色，質亦堅，功力俱遜川產青綠者。

根味微苦、甘，氣平，性溫。氣味俱薄，浮而升，陽也。為足陽明、太陰引經的藥。得葱白、白芷，亦入手陽明、太陰經。升清陽，奉生氣。治陽陷眩暈，舉久泄下痢後重，遺濁帶下崩中，血淋下血，并發散本經風邪，解肌肉風熱，消斑疹及遊風腫毒，辟時氣毒癘邪氣，蠱毒入口皆吐，療喉痛口瘡，牙根

爛臭，又治小兒熱壅驚癇諸本草。其用有四：手足陽明引經，一也。升陽氣於至陰之下，二也。去至高之上及皮膚風邪，三也。治陽明頭痛，四也。補脾胃藥非此引用不效，治脾痹非其梢不能除潔古。引參、耆上行，補衛氣之散而實其表，又緩帶脈之縮急，又凡胃虛傷冷，鬱遏陽氣於脾土者，宜升麻、葛根以升散其火鬱東垣。凡醉飽房勞，陽氣致陷於至下之鄉，或嘔吐、下痢過傷，而小腹急痛，或大小便難腰滯，而後重窘迫，或瘡腫下陷黑紫，并濕盛脾痹者，非此無以升提發散，扶正而驅邪也能。升麻葛根湯，本發散陽明風寒藥也，用治陽氣鬱遏及元氣下陷諸病，時行赤眼，殊效。一人寒月哭母受冷，遂病寒中，食無薑、蒜不能一啜，至夏酷暑，又多飲水，兼懷怫鬱，因病右腰一點脹痛，牽引右脇，上至胸口，則必臥下，大便裏急後重，頻欲登圊，小便長而數，或吞酸吐水，或作瀉厥逆陽痿，得酒得熱，病亦稍止，但受寒食寒，或入房勞役，或怒或飢，即時舉發，一止則諸證泯然，甚則日發數次。服溫脾勝濕滋補消導諸藥，皆微止隨發。此乃飢飽勞逸，內傷元氣，清陽陷遏不能上升所致也。遂用升麻葛根湯合四君加柴胡、蒼术、黄耆煎服，仍飲酒一二盃助之。其藥入腹，即覺清氣上行，胸膈爽快，手足和暖，頭目精明，諸證如掃，每發一服即止。若減升、葛，或不飲酒，則效便遲。大抵人年五十以後，其氣消者多，長者少，降者多，升者少，秋冬之令多，春夏之令少。若稟受弱而有前諸證者，并宜此藥活法治之。同鬱金服，治蠱毒，不吐則下。毒在上用升麻吐之，在腹用鬱金下之，或合二物服之。君人參、蓮肉，揀綠色升麻醋炒，治噤口利有神。同石膏、知母、麥冬、竹葉，治陽明熱極發斑，頭疼口渴。同荊、防、芩、甘、白芷，去皮膚風邪。同葛根、荊芥、菊花、甘草，解肌肉間風熱，兼發浮汗。同生地、麥冬、元參、連翹、甘草、葛根，治牙根浮爛惡臭。同生地、麥冬、牛膝、蒲黄，治小兒尿血。同黄連、紅麴、滑石、白芍、蓮肉、甘草，治一切滯下為要藥。升麻葛根湯，散胃經熱邪，發斑疹及天行豌豆瘡。水煎，棉沾濕之。引葱白，散手陽明風邪。引石膏，止陽明齒痛，或加生地、麥冬、知母、丹皮、黄柏、連翹、元參彌良。入升陽散火湯，治陽氣鬱遏及元氣不足，陽氣下陷。為小兒斑疹及痘瘡聖藥，未見點時可用，見標後不可用。

論：升麻稟春陽之氣以生，華於夏四月，實於季夏後六月，是氣暢於火而宿於土也。其實黑色，其根紫黑色，是暢於火宿於土者，歸根於至陰之水也。本水土合德以立地，然後火土合德以際天，即其氣味之薄，先苦後甘者，非從下而上，畢達其升浮之功乎。夫升陽氣於至陰之下，何以與中土相關？蓋胃之陽根於脾之陰，而脾與肝腎同會於關元。《經》云：臍下三寸，關元也。三結交者，陽明、太陰也。升麻直入陽明、太陰之元，引清氣以上行，即并五臟六腑之氣隨胃氣而上奉之矣，此治陽陷，如泄痢後重及崩帶諸證，誠如瀕湖所云也。

繆氏云：凡吐衄咳嗽，陰虛火動，氣逆嘔吐，及驚悸怔忡，癲狂等病，咸忌。

辨治：質輕而堅，色黑者佳。發散生用，補中酒炒，止咳汗蜜炒，治滯下醋拌炒。

清·王世鍾《家藏蒙筌》卷一五《本草》 升麻 【略】如《活人書》言，瘀血入裏，吐血衄血者，犀角地黄湯乃陽明經聖藥，如無犀角，以升麻代之。不思二物性味相遠，何以代之？彼以升麻能引地黄及餘藥同入陽明也。按：此雖屬有理，而細思實則不合。蓋升麻性升，犀角性降，今氣逆上吐，而復用此升提，不亦愈助其勢乎？可見古方亦有未可盡泥者。

清·葉桂《本草再新》卷一 升麻味甘、辛，性微寒，無毒。入肝、肺二經。表散風邪，升散火鬱，升而不降。治時氣毒癘，頭痛寒熱，肺痿吐膿，下痢後重，久泄脫肛，崩中帶下，痘瘡班疹，風熱瘡癰。

清·吴其濬《植物名實圖考》卷七 升麻 《本經》上品。《圖經》葉似麻葉，四五月花，如粟穗，白色，實黑根紫，今江西、湖廣有土升麻，與《圖經》異，別入草藥。

雩婁農曰：《漢書·地理志》：益州牧靡。李奇注：靡，音麻，即升麻，解毒藥。《酉陽雜俎》：建寧郡有牧靡山，鳥食烏喙中毒，輒飛集牧靡，啄牧靡草以解之。則升麻固滇産也。滇多烏喙，其俗方所用者，蓋其升麻也。葉如麻而花作穗，與《圖經》茂州升麻符，滇與蜀接，固應同彙，但《圖經》又列滁州、秦州、漢州三種。漢州産者，形如竹笋，今湖北土醫用以升表痘瘡者，其狀正同。其餘枝葉皆相彷彿，或即隱居所謂落新婦者。江西産者，花如絮，未知即滁州一類否也。李時珍盛稱升提之功，然未述其狀，僅有外黑內白、俗謂鬼臉升麻一語，其何地所産耶？《圖經》四種，判若馬牛，其果功用俱同耶？聖人有言未達不敢嘗。不覩厥物，聽命賣藥之手，可以謂之達耶？藥之生也，或離鄉而貴，或遷地弗良，醫不三世，不服其藥。以其明於

風土所宜、人情所愜，非貿貿者取所不知之物，以試其驗與否也。然則四方游手負藥籠以奔走逐食者，小則貪人病之痊以索酬，大則用迷惑之藥以肆劫。彼有意安民者，得不如鷹鸇之逐鳥雀乎？ 慶鄭曰：古者大事，必乘其產，生其水土，而知其人心，安其教訓而服習其道。用藥者亦何獨不然？余憫世之尚遠賤近者，不曰海舶之珍藥，則曰賈胡之而齎劑，試思農皇所嘗，不聞逾海。青囊一卷，豈來流沙。彼四裔之仰給大黃茶葉者，亦曰非此不能生活。不知文軫未播桂海，聲教未燭冰天時，彼何以蕃其種族耶？嗚呼！以跬步之居，而欲習梯航之俗，衛出公之好夷言，趙武靈之為胡服，其用夷變夏，抑用夏變夷，五百年後，當有知之者。

清・趙其光《本草求原》卷一山草部 升麻 氣平，入肺。微寒，入太陽、膀胱。味甘、苦，入心、脾、胃。無毒。紋如車輻，有升轉循環之用。防風、秦艽、防己、木通、澤瀉、台烏皆然。能升太陽水中之清陽，從中土以上達於肺，太陽本寒而標陽，其氣行於皮毛，而上於胃脾，為胃行其津液；又常藉下元之氣以散精歸肺，故脾與肝同會於關元。使天氣與水氣相通而轉運。主解百毒，太陽當空，光明清湛之效，又甘能解毒也。殺百精老物殃鬼，光明通達，幽暗自清。辟瘟疫瘴氣、邪氣，太陽之氣達於表，則天地鬱塞之氣自散。蠱毒入口皆吐出，初中，升麻吐之；久中，鬱金下之；二味合服，則不吐即下。舉脾胃之元以上升，則陰毒無所容。中惡腹痛，開發胃氣也。時氣毒癘，頭痛寒熱，清升表達也。風腫，甘和之，苦寒清之，升散之。風熱瘡癰毒卒腫，磨醋塗。喉痛，口舌瘡，同黃連，清散上鬱之火。久服不夭，升陽於陰中，則陰精上奉。《經》曰：陰精所奉，其人壽。輕身清氣上騰。延年，陰陽環轉也。引甘溫藥上行，補衛實表，以舉元氣下陷，柴胡升少陽清氣，此升陽明，故補中益氣並用之。陰虛陽陷帶下，同四物、柴胡、二朮、知、柏、夏、薑、茯苓。帶脈縱急，同葱白、白芷。便秘、肺痿吐膿、下痢後重，同連、芍、蓮、甘、紅麴、滑石，治滯下；醋炒，同參、蓮，治噤口痢。清氣升，濁陰自下也。久泄，清氣在下，則生飧泄。脫肛，崩中，瘡腫黑陷，升陽之力。目赤斑疹，同芍、甘、葛，去胃熱。陽明熱鬱，同乾葛。牙痛，同石膏，或加地、丹皮、冬、知、柏、麴、元參。濕盛脾痹，散火鬱。痘瘡，初起宜之，見點少用，泄瀉則忌。陽明風邪，同葱白。及風熱頭痛，同知、冬、竹葉、石膏。尿血，同冬、地、牛膝、蒲黃。熱痱瘙癢，一味煎飲，並洗。又治喉痹。明目，大便難，四肢大熱，同芩、犀、硝、黃、梔、豉蜜丸。又辟瘴。

再按：升麻舉陰中之陽，上升以扶陽禦陰，其性屬陽，故淋帶、瀉痢、脫肛用之，因氣陷也；噤口痢用之，引參、（蓮）〔連〕助胃也。凡下元虛弱，陰虛火動，致氣逆咳嗽，失血多痰，均忌。景岳補陰益氣煎用之以治陽虛外感。此症疸，桂柱湯啜粥以補陰。舉元煎用之以治亡陽，害人無算。惟陰虛痃瘧、陰虛便結，補陰益氣，同歸、地、淮、參、甘、陳、柴胡。尚為合劑。一味煎，多飲，可解各藥毒。

質輕，色黑，堅實者良。發散生用，補中酒炒；止咳汗蜜炒，治滯下用綠色的醋炒。

清・葉志詵《神農本草經贊》卷一 升麻 味甘、辛。主解百毒，殺百老物殃鬼，辟溫疾障邪毒蠱。久服不夭。一名周升麻。生山谷。

聚上曰升，奔魑走魅。深壅多鬚，紛垂素穗。雞骨拾堅，禽心藏智。新婦慚形，小星充備。

《易》：聚而上者謂之升。庾信賦：奔魑走魅。蘇頌曰：根如蒿根，黑色多鬚，四五月著花似粟穗白色。陶弘景曰：甯州者形細而黑，極堅。益州者青綠色，謂之雞骨升麻。《博物志》：鳥誤食中毒。急飛往牧靡山，啄此草以解之。陳藏器曰：落新婦，今人呼為小升麻，功用同，大小有殊。《詩》：嘒彼小星。《漢書・傳論》：宦者充備綺室。

清・文晟《新編六書》卷六《藥性摘錄》 升麻 辛甘微苦，入脾胃兼入肺、大腸。升陽散熱，佐治之効甚多。○陰虛火動及氣虛汗出，切忌。○去鬚蘆，蒸爆用。入補劑，蜜炒。

清・劉東孟傳《本草明覽》卷一 升麻 【略】按：仲景《傷寒論》云：瘀血入裏，若血若衄者，犀角地黃湯主之。又曰：如無犀角，代以升麻。升麻、犀角，氣味不同，何以云代？蓋犀角乃陽明聖藥也，升麻亦陽明經藥，不過用之以引地黃及諸藥同入陽明耳。舍此他用，豈復能乎。

清・張仁錫《藥性蒙求・草部》 升麻綠升麻二分、八分 升麻甘辛，散表透邪。升提下陷，火欝可加。去鬚、蘆用。入肺、脾、大腸、胃四經。恐其太升發者，用蜜水炒，或醋炒之。同葱白散陽明風邪，同石膏止陽明齒痛、頭痛，同葛根發陽明之汗。○別有一種綠升麻，仲淳謂治痢有功效。

清・屠道和《本草匯纂》卷一散熱 升麻 耑入脾、胃，兼入肺、大腸。辛、甘，微苦，微寒，無毒。升陽散熱。治陽明頭痛，補脾胃，去皮膚風邪，解肌肉間風熱。療肺痿欬唾膿血，能發浮汗。牙根浮爛惡臭，太陽鼽衄，為瘡

家聖藥。消斑疹，行瘀血。治陽陷眩運，胸脇虚痛，久泄下痢後重，遺濁帶下，崩中血淋下血，陰痿足寒。解百毒，殺百精老物殃鬼，辟瘟疫瘴氣邪氣，蠱毒入口皆吐出。中惡腹痛，頭痛喉痛，口瘡風腫，諸毒。安魂定魄，逐鬼附啼泣。疳䘌遊風腫毒，小兒驚癇，熱壅不通。療癰腫、豌豆瘡，水煎，綿沾拭瘡上。柴胡升肝經之陽，一左一右，相需而成。佐葛根則入陽明，生津解肌。但陰虚火升及氣虚汗出切忌。

清・戴葆元《本草綱目易知錄》卷一　升麻　甘、辛、微苦，足陽明、太陰引經藥。得葱白、白芷，亦入手陽明、太陰。表散風邪，升發火鬱，能升陽氣於至陰之下，引甘溫之藥上行，以補衛氣之散，而實其表。消斑疹，行瘀血，解肌肉間風熱，去皮膚中風邪。治頭痛寒熱，中惡腹痛，時氣毒癘，喉痛口瘡，牙齦腐爛，風腫諸毒，肺痿肺癰，欬唾膿血，下痢後重，久瀉脱肛，遺濁崩帶，血淋下血，足寒陰痿，小兒驚癇，熱壅不通，為發痘疹瘡家要藥。又能安魂定魄，治鬼附啼泣，疳䘌遊風。解百毒，殺精鬼，辟疫瘴邪氣蠱毒，入口皆吐出。陰虚火動者，忌。

清・黄光霽《本草衍句》　升麻　發散陽明表邪，升提胃中清氣。引行脾胃之經，若補脾胃，用此引經最要。助補甘溫之藥。能引甘溫上行，以補胃氣之散，而實其表。散火鬱於陰中，升陽發火鬱，能升陽氣於至陰之下。緩帶脈之急縮。去皮膚之風，痘瘡斑疹；解肌肉之熱，瀉痢帶崩。牙根浮爛，蠱毒鬼精，喉痛脱肛，兼時氣之毒厲；本經頭痛，及小兒之癎驚。虚陽下陷者相宜，下元虚弱者切忌。味辛，入手陽明、手太陰、足太陰經。火在上，非升不散。氣下陷，非升不舉。惟東垣善用之。得葱白散手陽明之風邪，得石（羔）〔膏〕止陽明齒痛，得柴胡引生氣上升，得葛根發陽明之汗。（琬）〔豌〕豆斑瘡，比歲病天行發斑瘡，頭面及身須臾周匝，狀如火燒瘡，皆載白漿，隨決隨生，不治數日必死，瘥後瘢黯彌歲，方減此惡毒之氣所為云。晉元帝時，此病自西北流起，名虜瘡。以蜜煎升麻，時時食之，并以水煮升麻，棉沾拭洗之。胃熱齒痛，升麻煎湯，熱嗽咽之解毒，或加生地。口舌生瘡，升麻一兩，黄連三分，為末，棉裹含嚥之。高士宗云：升麻升提之藥，今人遇元氣虚脱之症，每用升麻，欲提之使上，豈知升麻具升轉週遍之功，初病發散可用，若裏虚氣陷，當補益其元，助之使上，不可升提，升提則上下離脱，即便死矣。

清・陳其瑞《本草撮要》卷一　升麻　味辛，入手陽明、手太陰、足太陰經，功專升發。火在上非升不散，氣陷下非升莫舉，惟東垣善用之。得葱白散手陽明風邪，得石膏止陽明齒痛，得柴胡引生氣上升，得葛根發陽明之汗。陰虚火動者忌。去鬚蘆用。

清・李桂庭《藥性詩解》　賦得升麻消風熱腫毒得消字。李慶霖。　班疹兼風熱，升麻用最要。瘡痍雖可散，腫毒正堪消。　按：升麻性專輕揚，功專解毒，散表驅風，治痢解熱，表托痘瘡班疹不透，引發頭目清陽不升，時氣毒癘，帶下崩中，皆其升舉解發之功。用當無陰虚火升者宜。

前題楊昌霖　辛淡升麻苦，功偏治上焦。表清風熱去，毒散腫痍消。

按：升麻性味甘苦微辛，表散風熱，解發癰毒，本入足陽明、太陰引經之藥，亦入手陽明、太陰之經。宣暢清陽，引發清氣，升散鬱火，發散瘡痍，多利中上表分之病。用當裏白外黑，緊實者良，名鬼臉升麻。去鬚、蘆用。

前題田春芳　升麻辛以苦，腫毒最能調。解疹瘡尤散，除風熱亦消。

升麻甘苦微辛，為足陽明、太陰引經之藥。表散風邪，升散火欝，主解百毒，發散瘡痍，癰痘班疹，崩帶脱肛，皆其輕宣升陽解毒之力也。

白頭翁

宋・李昉《太平御覽》卷第九九〇　白頭翁　《本草經》曰：白頭翁，一名野丈人，一名胡王使者。味苦，温，無毒。生川谷。治溫瘧，瘿氣，狂易音羊。生嵩山。　《建康記》曰：建康出白頭翁。　《范子計然》曰：野丈人出洛陽。　《吳氏本草》曰：白頭翁，一名野丈人，一名奈何草。神農、扁鵲：苦，無毒。生嵩山川谷。治氣狂寒熱，止痛。

宋・唐慎微《證類本草》卷一一草部下品〔《本經・別錄》〕　白頭翁　味苦，溫，無毒、有毒。**主溫瘧狂易**音羊**寒熱，癥瘕積聚，瘿氣，逐血止痛，療金瘡。**鼻衄。**一名野丈人，一名胡王使者，**一名奈何草。生高山山谷及田野，四月採。

〔梁・陶弘景《本草經集注》〕云：處處有。近根處有白茸，狀似人白頭，故以爲名。方用亦療毒痢。

〔唐・蘇敬《唐本草》〕注云：其葉似芍藥而大，抽一莖，莖頭一花，紫色，似木堇花，實大者如雞子，白毛寸餘皆披下，以纛頭，正似白頭老翁，故名焉。今言近根有白茸，陶似不識。太常所貯蔓生者，乃是女萎。其白頭翁根，甚療毒痢，似續斷而扁。

〔宋・馬志《開寶本草》〕按：別本注云：今處處有。其苗有風則靜，無風而搖。

與赤箭、獨活同也。又云：驗此草叢生，狀如白薇，而柔細稍長。葉生莖頭如杏葉，上有細白毛。近根者有白茸，舊經陶注則未述其莖、葉，唐注又云：葉似芍藥，實大如雞子，白毛寸餘，此皆誤矣。

〔宋・掌禹錫《嘉祐本草》〕按：《蜀本圖經》云：有細毛，不滑澤，花蘂黃。今所在有之，二月採花，四月採實，八月採根，皆日乾。《藥性論》云：白頭翁，使，味甘、苦，有小毒。止腹痛及赤毒痢，治齒痛，主項下瘤癧。又云：胡王使者，味苦，有毒。主百骨節痛，豚實爲使。日華子云：得酒良。治一切風氣，及暖腰膝，明目，消贅。子功用同上，莖、葉同用。

〔宋・蘇頌《本草圖經》〕曰：白頭翁，生嵩山山谷，今近京州郡皆有之。正月生苗作叢，狀如白薇，而柔細稍長。葉生莖端，上有細白毛，而不滑澤。近根有白茸，正似白頭老翁，故名焉。根紫色，深如蔓菁。二月、三月開紫花，黃蘂，五月、六月結實。其苗有風則靜，無風而搖。與赤箭、獨活同。七月、八月採根，陰乾用。今俗醫用合補下藥，服之大驗，亦衝人。

〔宋・唐慎微《證類本草》〕《外臺秘要》治陰癩。白頭翁根，生者不限多少，擣之。隨偏腫處以傳之，一宿當作瘡，二十日愈。《肘後方》：小兒禿，取白頭翁根擣傅一宿，或作瘡，二十日愈。

宋・寇宗奭《本草衍義》卷一二 白頭翁 生河南洛陽界及新安土山中。性溫。止腹痛，暖腰膝，《唐本》注及《藥性論》甚詳。陶隱居失於不審，宜其排叱也。新安縣界兼山野中，屢嘗見之，正如《唐本》注所說。至今本處山中人賣白頭翁丸，言服之壽考，又失古人命名之意。

宋・鄭樵《通志》卷七五《昆蟲草木略》 白頭翁 曰野丈人，曰胡王使者，曰奈何草。狀似白薇，葉生莖端，上有白毛，近根處有白茸，正似垂白之翁。

宋・王介《履巉巖本草》卷下 粉草 一名白頭翁草。味苦，溫，無毒。主溫瘧寒熱，癥瘕積聚，癭氣，逐血止痛，療金瘡鼻衄。一名野丈人，一名胡王使者，一名粉乳草。兼療外痔，用根擣細貼之。一名白頭花。

宋・陳衍《寶慶本草折衷》卷一一 白頭翁使。子在內。 一名野丈人，一名胡王使者，一名奈何草。生嵩一作高山山谷，及河南洛陽、新安及近京、徐、商州。今處處田野有之。○七八月採根。○四五六月採子，並日乾。○並豚實為使，得酒良。

味苦、甘，溫，有小毒。○主溫瘧狂昜音羊，寒熱積聚，癭氣，逐血止痛，療金瘡鼻衄。○《唐本》註云：實大者如雞子，白毛寸餘披下，正似白頭老翁，故名焉。其根療毒痢，似續斷而扁。○《藥性論》云：止腹痛、齒痛，項瘤癧，百骨節痛。○日華子云：治風氣，暖腰膝，明目，消贅。子功用同上。○《圖經》曰：根紫色，今用合補下藥。○《外臺秘要》：治陰癩，根生擣，隨腫處傳之，一宿當作瘡，二十日愈。○《肘後方》：小兒禿，取根擣傅一宿，或作瘡，二十日愈。

元・王好古《湯液本草》卷四 白頭翁 氣寒，味辛、苦，無毒、有毒。

《本草》云：主溫瘧狂昜音羊寒熱，癥瘕積聚癭氣，逐血止痛，療金瘡鼻衄。

《心》云：下焦腎虛，純苦以堅之。一名野丈人，一名胡王使者。

元・尚從善《本草元命苞》卷五 白頭翁 為使。味苦，溫，無毒。一云：苦、甘，有毒。又曰胡王使者。主溫瘧寒熱狂昜音羊，破癥瘕積聚癭氣。療金瘡鼻衄，逐血止痛。治赤毒下痢，百節煩疼。暖腰膝，明目，止腹痛，溫中。傅男子陰疝偏腫，塗小兒白禿羶腥。生河南洛陽界及新安土山中。生苗，作叢狀，類白薇，柔細根有白茸，正似白頭老翁，花紫蕊黃，根紫色深。無風自搖，有風則靜。與赤箭、獨活同類。其苗有風則靜，無風自搖，與赤箭、獨活同也。七八月採根，乾陰。

元・佚名氏《珍珠囊・諸品藥性主治指掌》〔見《醫要集覽》〕 白頭翁 味苦，性溫，無毒。可升可降，陰中陽也。其用有四：傅男子陰疝偏腫，治小兒頭禿羶腥，鼻衄血非此不效，痢赤毒有此獲功。

元・徐彥純《本草發揮》卷二 白頭翁 東垣云：白頭翁，味苦，性寒。主下焦腎虛，純苦以堅之。海藏云：仲景治熱利下重者，白頭翁湯主之。《內經》云：腎欲堅，急食苦以堅之。利則下焦虛，是以純苦之劑堅之。

明・蘭茂原撰，范洪等抄補《滇南本草圖說》卷三 白頭翁 滇中最驗，如白微而柔細，稍長，莖上有毛，《本經》名野丈人。氣味苦，無毒。主治：溫瘧狂症寒熱，癥瘕積聚，氣癭，逐療金瘡鼻衄，止毒痢赤痢，腹痛齒疼，百節骨痛，一切風氣邪熱。暖腰膝。滇中多，明目退翳，解楊梅毒瘡，解汞毒入筋骨疼痛。

明・王綸《本草集要》卷三 白頭翁 味甘苦，氣溫。一云：寒，無毒。一云：有毒。得酒良。四月採。 主溫瘧狂昜寒熱，癥瘕積聚，腹痛癭氣，項下瘤癧。治赤毒痢甚效，逐血止痛。療金瘡，鼻衄齒痛，一切風氣，及百節骨

痛，暖腰膝。

明・滕弘《神農本經會通》卷一 白頭翁 使也。豚實為使。狀似白薇，葉生莖端，上有細白毛而不滑澤，近根有白茸，正似白頭老翁，故名焉。得酒良。四月採。 味苦，氣溫，無毒、有毒。《湯》云：氣寒，味辛、苦，無毒、有毒。東云：可升可降，陰中陽也。傅男子陰疝偏腫，治小兒頭禿羶腥。鼻衄血無此不効，痢赤血有此獲功。珍云：下焦腎虚，苦以堅之。《疌》云：治赤痢，衄血，男子陰疝偏腫，小兒頭禿腥羶。

《本經》云：主溫瘧，狂昜寒熱，癥瘕積聚癭氣，逐血止痛，療金瘡，鼻衄。《藥性論》云：白頭翁，使。味甘、苦，有小毒。止腹痛，及赤毒痢，治齒痛，主項下瘤癧。又云：胡王使者，味苦，有毒。主百骨節痛。豚實為使。日華子云：得酒良。治一切風氣，及暖腰膝，明目，消贅。子，功用同上，莖葉同用。《心》云：下焦腎虚，苦以堅之。劄云：白頭翁苦溫無毒，赤痢衄血得効速。男子偏腫陰疝長，小兒羶腥頭燥禿。《局》云：苦溫無毒白頭翁，溫瘧狂佯有勝功。止痛金瘡攻鼻衄，熱臍腸垢活人同。白頭翁，刮磨腸垢。

明・劉文泰《本草品彙精要》卷一四 白頭翁無毒，名醫云有毒。 叢生。

白頭翁出《神農本經》：**主溫瘧，狂昜音羊，寒熱，癥瘕積聚，癭氣，逐血，止痛，療金瘡。**以上朱字《神農本經》。鼻衄。以上黑字名醫所錄。 【名】野丈人、胡王使者、奈何草。 【苗】《圖經》曰：正月生苗，作叢，狀如白薇而柔細，稍長，葉生莖端，上有細白毛而不滑澤，近根有白茸，正似白頭老翁，故以名之。根紫色深如蔓菁，二月、三月開紫花，黃蕊，五月、六月結實，其苗有風則靜，無風自搖，與赤箭、獨活同爾。 【地】《圖經》曰：生嵩山山谷及近京州郡皆有之。【道地】商州、徐州。 【時】生：春生苗。採：二月取花，四月取實，七八月取根。 【收】暴乾。 【用】根、莖、葉。 【質】類軟柴胡而有白茸。 【色】黑。 【味】苦。 【性】溫。 【氣】氣薄味厚，陰中之陽。

【臭】朽。 【主】赤毒痢。 【助】豚實爲之使，得酒良。 【製】剉碎用。

【治】療：《藥性論》云：止腹痛，齒痛，及項下瘤癧，百骨節痛。日華子云：治一切風氣，明目，消贅，子功用與上莖葉同。《別錄》云：治陰㿗，用白頭翁根生者，不限多少，搗之，隨偏腫處傅之，一宿當作瘡，二十日愈。○小兒禿，取白頭翁根搗，傅一宿或作瘡，二十日愈。補：日華子云：暖腰膝。

明・許希周《藥性粗評》卷一 白頭翁克堅下利。

白頭翁，一名野丈人，一名老翁鬚，一名朝王使者。正月生苗作叢，葉似芍藥而大，生莖端，有細白毛，二三月開一花，紫色黃蘂，似木槿，五六月結實，大如雞子，近根下有白茸似白頭老翁，故名。其苗有風則靜，無風而搖，與赤箭、獨活相似。南北山野處處有之，七八月採根，晒乾。豚實為之使。得酒良。 味苦，性微寒，有小毒。其氣下行，入足少陰腎經。 主治傷寒溫瘧，下焦虚熱，下利不止，補腎明目，散血消癭。海藏云：仲景治腸垢協熱而利者，白頭翁湯主之。《内經》曰：腎欲堅，急食苦以堅之。利則下焦虚，是以純苦之劑堅之。

單方：大人陰㿗：大人莖頭腫爛者，生白頭翁搗取汁傅之，當變為他瘡，勿恐，二十日而愈。 小兒禿瘡：治法同前。

明・鄭寧《藥性要略大全》卷七 白頭翁使 敷男子陰疝偏腫，治小兒頭禿羶腥，療鼻衄，散赤毒痢疾。 《秘要》云：主寒熱，癥瘕積聚癭氣，逐血止痛，療金瘡，止腹痛及百節痛，齒痛，治項下瘤癧。 仲景用之治溫瘧，金瘡，衄血。○得酒治一切風氣，暖腰明目，消贅子。 味苦、甘，氣溫，無毒。可升可降，陰中陽也。根有白茸如鬚，故名翁鬚根。又云有毒。豚實為之使。莖葉同用。又云即女萎根。

明・陳嘉謨《本草蒙筌》卷三 白頭翁 味苦，氣溫。可升可降，陰中陽也。無毒。一云味甘、苦。有小毒。山谷田野，在處有之。苗作叢柔細稍長，葉生杪有毛不澤。毛細白色。風來反靜，風去則搖。與獨（滑）〔活〕、赤箭苗莖三者，無差異也。近根底處，白茸寸餘，狀類老翁，名由此得。交秋收採，向日曝乾。一云陰乾。入藥拯疴，蠡實為使。主溫瘧陽狂寒熱，治癥瘕積聚腹疼。逐血愈金瘡，敺風暖腰膝。消瘰癧，散癭瘤。小兒頭禿羶腥及兩鼻血衄神効，男子陰疝偏腫併百節骨痛殊功。牙齒痛亦除，赤毒痢必用。《經》云：腎欲堅，急食苦以堅之。痢則下焦虚，故必用此純苦之劑，以堅之也。

明・王文潔《太乙仙製本草藥性大全》卷二《本草精義》 白頭翁 一名野丈人，一名胡王使者，一名奈何草。生嵩山山谷，今近京州郡皆有之。正月生苗，作叢，狀如白薇而柔細稍長，葉生莖端，上有細白毛，而不滑澤，近根有白茸，正似白頭老翁，故名焉。根紫色，深如蔓菁，二月、三月開紫花，黃蘂，五月、六月結實，其苗有風則静，無風而搖，與赤箭、獨活同。七八月採根

陰乾用。今俗醫用合補下藥，服之大效，亦衝人。

明・王文潔《太乙仙製本草藥性大全》卷二《仙製藥性》 白頭翁 味苦，氣溫，可升可降，陰中陽也，無毒。一云味甘、苦，有小毒。得酒良。 主治：主溫瘧陽狂寒熱，治癥瘕積聚腹疼。逐血，愈金瘡，敺風，暖腰膝，消瘰癧，散癭瘤。小兒頭禿羶腥及兩鼻血衄神效，男子陰疝偏腫并百節骨痛殊功。牙齒痛亦除，赤毒痢必用。《經》云：腎欲堅，食苦以堅之。痢則下(應)〔虚〕，故必則用。 補註：陰癩，用根生搗，傅腫處一宿，成瘡二十日愈。〇小兒頭禿，取根搗，傅一宿，作瘡二十日愈。

明・皇甫嵩《本草發明》卷三 白頭翁下品下，佐使。氣溫，味苦、辛，無毒。可升可降，陰中陽也。 發明曰：白頭翁苦溫而辛，乃降散之劑。《本草》主溫瘧狂易寒熱，治癥瘕積聚，癭氣瘰癧，逐血，止腹痛，療金瘡。又云：主骨節痛，止赤毒痢，治齒痛及一切風氣。暖腰膝，得酒良。其苦溫帶辛之用見矣。《經》云：腎欲堅，急食苦以堅之。痢則下焦虚泄，故用此苦溫堅之也。男子陰癩，用白頭翁根搗，傅偏腫處一宿，當作瘡，二十日愈。小兒禿，取根搗傅之一宿，作瘡，二十日愈。〇近根有白茸似白頭老翁，故名焉。

明・李時珍《本草綱目》卷一二草部・山草類上 白頭翁《本經》下品

〖釋名〗野丈人《本經》 胡王使者《本經》 奈何草《別錄》。弘景曰：處處有之。近根處有白茸，狀似白頭老翁，故以爲名。時珍曰：丈人、胡使、奈何，皆狀老翁之意。

〖集解〗《別錄》曰：白頭翁生高山山谷及田野，四月採。恭曰：其葉似芍藥而大，抽一莖。莖頭一花，紫色，似木槿花。實大者如鷄子，白毛寸餘，皆披下，似纛頭，正似白頭老翁，故名焉。陶言近根有白茸，似不識也。太常所貯蔓生者，乃是女萎。其白頭翁根，似續斷而扁。保昇曰：所在有之。有細毛，不滑澤，花蕊黄。二月採花，四月採實，八月採根，皆日乾。頌曰：處處有之。正月生苗，作叢生，狀似白薇而柔細稍長。葉生莖頭，如杏葉，上有細白毛而不滑澤。近根有白茸。根紫色，深如蔓菁。其苗有風則静，無風而摇，與赤箭、獨活同也。陶注未述莖葉，蘇注言葉似芍藥，實如鷄子，白毛寸餘者，皆誤矣。宗奭曰：白頭翁生河南洛陽界，其新安山野中屢嘗見之，正如蘇恭所説。至今本處山中及人賣白頭翁丸，言服之壽考，又失古人命名之義。陶氏所説，失於不審，宜其排叱也。機曰：寇宗奭以蘇恭爲是，蘇頌以陶説爲是。大抵此物用根，命名取象，當準蘇頌《圖經》，而恭説恐別是一物也。

根 〖氣味〗苦，温，無毒。《別錄》曰：有毒。吴綬曰：苦、辛，寒。權曰：甘、苦，有小毒。豚實爲之使。大明曰：得酒良。花、子、莖、葉同。 〖主治〗温瘧，狂猲寒熱，癥瘕積聚癭氣，逐血止腹痛，療金瘡《本經》。鼻衄《別錄》。止毒痢弘景。赤痢腹痛，齒痛，百節骨痛，項下瘤癧甄權。一切風氣，暖腰膝，明目消贅大明。

〖發明〗頌曰：俗醫合補下藥甚驗，亦衝人。杲曰：氣厚味薄，可升可降，陰中陽也。張仲景治熱痢下重，用白頭翁湯主之。蓋腎欲堅，急食苦以堅之。痢則下焦虚，故以純苦之劑堅之。男子陰疝偏墜，小兒頭禿(羶)〔膻〕腥，鼻衄無此不效，毒痢有此獲功。吴綬曰：熱毒下痢紫血鮮血者宜之。

〖附方〗舊二，新三。 白頭翁湯：治熱痢下重。用白頭翁二兩，黄連、黄檗、秦皮各三兩，水七升，煮二升，每服一升，不愈更服。婦人産後痢虚極者，加甘草、阿膠各二兩。仲景《金匱玉函方》。 下痢咽腫：春夏病此，宜用白頭翁、黄連各一兩，(末)〔木〕香二兩，水五升，煎一升半，分三服。《聖惠方》。 陰癩偏腫：白頭翁根生者，不限多少，搗傅腫處。一宿當作瘡，二十日愈。《外臺秘要》。 外痔腫痛：白頭翁草，一名野丈人，以根搗塗之，逐血止痛。《衛生易簡方》。 小兒禿瘡：白頭翁根搗傅，一宿作瘡，半月愈。《肘後方》。

花 〖主治〗瘧疾寒熱，白禿頭瘡時珍。

題明・薛己《本草約言》卷一《藥性本草》 白頭翁 味苦，性溫，無毒。可升可降，陰中之陽也。其用有四：傅男子陰疝偏腫，治小兒頭禿羶腥，鼻衄血無此不效，痢赤毒有此獲功。

明・梅得春《藥性會元》卷上 白頭翁 味苦，性溫。可升可降，陰中之陽也。無毒。 主治男子陰疝偏墜之腫，治小兒頭禿腥膻之瘡，療傷寒寒熱溫瘧之狂，破癭瘤積聚之氣。鼻衄血無此不效，痢赤毒有此見功。并治金瘡，逐血止痛。

明・王肯堂《傷寒證治準繩》卷八 白頭翁 氣寒，味苦辛，無毒。氣厚味薄，可升可降，陰中陽也。主溫瘧狂易寒熱，癥瘕積聚，逐血止痛。張仲景治熱利下重，用白頭翁湯主之。蓋腎欲堅，急食苦以堅之。利則下焦虚，故以純苦之劑堅之。男子陰疝偏墜，小兒頭禿羶腥，鼻衄，無此不效。毒痢有此，獲功亦多。吴：熱毒下利，紫血鮮血者宜之。

明・李中立《本草原始》卷三 白頭翁 生嵩山山谷，今處處有之。苗作叢，狀如白微而柔細，稍長。葉生莖端，上有細白毛而不滑澤。近根有白茸，正似白頭老翁，故名焉。《本經》名野丈人，名胡王使者。《別錄》名奈何草。皆狀老翁之意。

《本經》下品。**【圖略】**根紫色，近根有白茸。七八月採根，陰乾。

氣味：　苦，溫，無毒。　主治：　溫瘧狂易寒熱，癥瘕積聚癭氣，逐血止腹痛，療金瘡，鼻衄。　止毒痢。　赤痢腹痛，齒痛，百節骨痛，項下瘤癧。　一切風氣，暖腰膝，明目消贅。　豚實為之使。　得酒良。　白頭翁：　使。

明・李中梓《藥性解》卷四　白頭翁　味苦，性溫，有小毒，入心、腎二經。　主溫瘧發狂，癥瘕積聚，癭瘤瘰癧，金瘡鼻衄，齒痛腹痛骨痛，赤毒痢下，男子陰疝偏腫，小兒頭禿羶腥。　豚實為使，得酒良。　按：　白頭翁味苦，本入心經。《經》曰：　腎欲堅，急入苦以堅之，故又入腎。　溫瘧等症，無非水衰火旺，故治之。

明・繆希雍《本草經疏》卷一一　白頭翁　味苦，溫，無毒。　主溫瘧，狂易音羊寒熱，癥瘕積聚，癭氣，逐血止痛，療金瘡、鼻衄。

【疏】白頭翁，《本經》味苦，溫，無毒。　吳綬益以辛寒。　詳其所主，似為得之。　東垣謂其氣厚味薄。　即能入血主血，應云氣味俱厚。　可升可降，陰中陽也。　入手足陽明經血分。　暑伏足陽明經，則發溫瘧；　伏手陽明經，則病毒痢，滯下純血。　狂易，鼻衄者，血熱也。　寒熱者，血瘀也。　癥瘕積聚，癭氣，靡不由血凝而成。　積滯停留則腹痛。　金瘡，血涼則痛自止。　苦能下泄，辛能解散，寒能除熱涼血，具諸功能，故悉主之。　殆散熱，涼血，行瘀之要藥歟！　前人所謂腎欲堅，急食苦以堅之。　痢則下焦虛，故以純苦之劑堅之。　男子陰疝偏墜，小兒頭禿腥羶。　鼻衄無此不效，毒痢有此獲功。　熱毒下痢紫血鮮血者，宜之。　【主治參互】仲景《金匱玉函方》白頭翁湯，治熱痢下重。　用白頭翁二兩，黃連、黃蘗、秦皮各三兩，水七升，煎二升，每服一升。　不愈更服。　婦人產後痢，虛極者，加甘草、阿膠各二兩。　《聖惠方》治下痢咽腫，春夏病此，宜用白頭翁、黃連各一兩，木香半兩，水五升，煎一升半，分三服。　《外臺秘要》治陰癩偏腫，用根生搗傅腫處。　一宿當作瘡。　廿日愈。　《衛生方》治外痔腫痛，用白頭翁草，一名野丈人，以根搗塗之，逐血止痛。　《肘後方》治小兒禿瘡，白頭翁根搗傅，一宿作瘡，半月愈。　【簡誤】白頭翁苦寒，滯下胃虛不思食，及下利完穀不化，泄瀉由於虛寒寒濕而不由於濕毒者，忌之。

明・倪朱謨《本草彙言》卷一　白頭翁　味苦，氣微寒，無毒。　可升可降，陰中陽也。　李時珍曰：　生山谷田野，在處有之。　春生苗作叢，狀似白薇而柔細稍長，葉生莖頭，如杏葉，上有細白茸毛而不滑澤。　近根有白茸，根似蔓菁，色深紫。　其苗有風不動，無風自搖，與赤箭、獨活、鬼臼同也。　二月作蕊，色黃，開花色紫，似木槿花。　修治：　二月采花，四月采實，八月采根，皆日乾用。　花、子、莖、葉、根，功無差等。　河南洛陽、新安山中多服此，云令人壽考。

白頭翁：　《平本草》涼血消瘀，解濕毒之藥也。淮醫李秋江稿解傷寒，治熱利之下重；　祛濕瘧，定狂惕之如迷。　又治癥瘕積聚，瘰癧寒熱，男子陰疝偏墜，小兒頭禿腥瘡，熱毒下痢，鮮血紫血者，咸宜服之。　因其味苦性寒，苦能下泄，寒能除熱，具諸功能，故悉主之。　殆散熱涼血行瘀之要藥歟！　楊太和先生曰：　張仲景治熱痢下重，用白頭翁湯主之，蓋取其腎欲堅、急食苦以堅之之意。　痢則下焦虛，故以純苦之劑堅之。　繆仲淳先生曰：　白頭翁苦寒滯下，胃虛不思食，及下利完穀不化，諸病由于虛寒寒濕，而不由于濕毒者忌之。

集方：　治熱痢下重。　用白頭翁一兩，川黃連、黃柏各五錢，水一升，煎三合服。　如婦人產後痢疾虛極者，本方加真阿膠一兩，甘草三錢。　○治溫瘧發作，昏迷如死。　用白頭翁一兩，柴胡、半夏、黃芩、檳榔各二錢，甘草七分，水煎服。　○治婦人癥瘕積聚。　用白頭翁不拘多少，酒炒爲末，每服三錢，白湯調服。　○治瘰癧延生，身發寒熱。　用白頭翁二兩，當歸尾、牡丹皮、半夏各一兩，炒爲末，每服三錢，白湯調下。　○治男子疝氣或偏墜。　用白頭翁、荔枝核各二兩，俱酒浸，炒爲末，每早服三錢，白湯調下。　○治小兒白禿頭瘡。　用白頭翁根搗爛，敷一宿，作濕瘡，半月後愈。

明・顧逢柏《分部本草妙用》卷五腎部・溫瀉　白頭翁　苦，溫，無毒。　權曰：　有小毒。　豚實為使。　主治：　止毒痢腹痛，瘤（瘧）〔癧〕，一切風氣。　暖腰膝，消癥瘕積聚，陰疝偏墜，小兒禿瘡。　白頭翁氣厚味薄，可升可降，陰中陽也。　仲景治熱痢下重，用此主之。　蓋腎欲堅，急食苦以堅之。　痢則下焦虛，故以苦劑堅之也。　而陰疝偏墜，禿瘡，鼻衄用之各效。　○《金匱玉函方》，治熱血痢下重，白頭翁二兩，黃連、黃蘗、秦皮各三兩，水七升，煮二升，每服一升，不愈再服。　產痢虛極者，加甘草、阿膠各二兩，神效。

明・鄭二陽《仁壽堂藥鏡》卷一〇下　白頭翁　《衍義》云：　白頭翁，生河南洛陽界。　氣寒，味辛、苦，無毒。　有毒。　《本草》云：　主溫瘧狂陽寒熱，癥瘕積聚癭氣，逐血止痛，療金瘡鼻衄。　東垣云：　白頭翁味苦、性寒。

主下焦腎虚，純苦以堅之。　海藏云：　仲景治熱利下重者，白頭翁湯主之。《內經》云：　腎欲堅，急食苦以堅之。利則下焦虛，是以純苦之劑堅之。

《藥性論》云：　白頭翁治齒痛，百骨節痛。

明・蔣儀《藥鏡》卷一温部　白頭翁　散熱而血凉，行瘀而泄下。既治熱毒之血痢也，又醫陰疝并鼻衄焉。

明・盧之頤《本草乘雅半偈》帙一一　白頭翁《本經》下品　氣味：　苦，溫，無毒。　主治：　主溫瘧，狂猲寒熱，癥瘕，積聚，癭氣，逐血，止腹痛，療金瘡。

覈曰：　白頭翁，一名白頭老人，一名王（主）〔使〕者，端居北位，今生吳越矣。他處雖時見，總不及兩地者為貴。春生作叢，主株分挺出于衆葉，發莖端如杏，葉上有縞白茸毛，若頭髮纏短之如翁也。近根亦有白茸，根似蔓菁，色深紫，其莖有風則靜，無風自搖，赤箭、獨活、鬼臼同性。河南洛陽，界新安山中，多服此，云令人壽考。　修治：　得酒良，花、子、莖、葉，功無差等。

条曰：　命名白頭翁，形色之相肖。亦白秉金用，頭為陽首。翁者，歷年久，事盡知，故有風自靜，無風自搖。驗體之能立，用之能行，是以首出庶物，不為八風所奪也。宜哉蕩中藏之垢穢，胡頸之癭瘤，溫瘧之狂猲，積聚之傳會，寒熱之癥瘕，金瘡之屠毒，百體治平，腹心患滅。

清・顧元交《本草彙箋》卷一　白頭翁　醫家鮮用。仲景《金匱玉函方》治熱毒下痢紫血鮮血者，白頭翁湯主之。大抵亦散熱涼血行瘀之藥也。

清・穆石鲍《本草洞詮》卷八　白頭翁　近根處有白茸，狀似白頭老翁，故名。其苗有風則靜，無風自搖，與赤箭、獨活同也。氣味苦溫，無毒。一云寒，有毒。治溫瘧、癥瘕、癭氣，逐血，止腹痛，療金瘡，治一切風氣，暖腰膝，明目消贅。仲景治熱痢下重，用白頭翁湯主之。蓋腎欲堅，急食苦以堅之。痢則下焦虛，故以純苦之劑堅之。男子陰疝偏墜，小兒頭禿羶腥，鼻衄，無此不效。

清・劉雲密《本草述》卷七下　白頭翁弘景曰：　此味近根處有白茸，狀似白頭老翁，故得名。七月采根，陰乾。　頌曰：　處處有之。正月生苗，作叢生，狀似白薇而柔細稍長，葉生莖頭，如杏葉，上有細白毛而不滑澤，近根有白茸，根紫色，深如蔓菁，其苗有風則靜，無風而搖，與赤箭、獨活同也。

根：　氣味：　苦，溫，無毒。　《別錄》曰：　有毒。　吳綬曰：　苦、辛，寒。　權曰：　甘，苦，有小毒。豚實為之使。　日華子曰：　得酒良。花、子、莖、葉同。　主治：　鼻衄血，赤毒痢，蠱痢腹痛，極效。又治溫瘧狂猲寒熱，癥瘕積聚，項下瘤癧，百節骨痛，陰疝偏墜，頭禿羶腥，兼止金瘡血出及痛。乃逐瘀解毒之劑也。　頌曰：　俗醫合補下藥甚驗，亦衝人。　東垣曰：　氣厚味薄，可升可降，陰中陽也。張仲景治熱痢下重，用白頭翁湯主之。蓋腎欲堅，急食苦以堅之。痢則下焦虛，故以純苦之劑堅之。男子陰疝偏墜，小兒頭禿羶腥，鼻衄無此不效，毒痢有此獲功。　吳綬曰：　熱毒下利紫血、鮮血者宜之。　希雍曰：　白頭翁，《本經》味苦溫無毒。吳綬益以辛寒，詳其所主，似為得之。東垣謂其氣厚味薄，既能入血主血，應云氣味俱厚，可升可降，陰中陽也，入手足陽明經血分。苦能下泄，辛能解散，寒能除熱涼血。

愚按：　張仲景治傳經熱痢在厥陰者，主白頭翁湯。先哲云此味逐血以療癖，秦皮洗肝而散熱，黃連調胃厚腸，黃柏除熱止瀉，是白頭翁為逐瘀解毒之劑矣。而東垣又謂痢則下虛，故以純苦之味堅之。合而思其所用，蓋熱傳厥陰而痢，其熱之入已深，熱深而真陰失守，有分利如豬苓湯，有清解如白頭翁湯，或攻下如大小承氣湯，蓋視其病證之淺深緩急，期於祛熱救陰而已。然則白頭翁雖用以逐瘀解毒，猶不等於承氣之峻攻，於諸味清解之中，藉此導瘀而行毒，使伏陽無留地，是乃所以救真陰也。然則誤等於破決攻擊，遂於陰氣有傷者，殊失此味之功用矣。即此一證類推，則可以善用於他證，故特著之。

希雍曰：　白頭翁苦寒滯下，胃虛不思食，及下利完穀不化，泄瀉由於虛寒、寒溼，而不由於溼毒者，忌之。

清・郭章宜《本草匯》卷九　白頭翁　味苦，氣溫，小毒。氣厚味薄，可升可降，陰中之陽也。入手少陰、足厥陰經。主溫瘧伏暑足陽明經，則發溫瘧。陽狂寒熱，治癥瘕積聚腹疼。傅男子陰癩偏腫，治小兒頭禿羶腥。鼻衄無此不効，赤痢伏暑手陽明經，則病毒痢純血。有此獲功。

按：　白頭翁，以狀似白頭老翁而名之也。本入心經。《經》曰：　腎欲堅，急食苦以堅之。故又入腎。溫瘧等症，無非水衰火旺，故治之。若胃虛不思食，及下利完穀，虛寒瀉泄等症，俱忌。

花、子、莖、葉同，得酒良。

清·蔣居祉《本草擇要綱目·溫性藥品》 白頭翁一名野丈人。花子莖葉同。 氣味：苦，溫，無毒。氣厚味薄，可升可降，陰中陽也。 主治：溫瘧狂易寒熱，癥瘕積聚癭氣，逐血，止腹痛。療金瘡鼻衄，止毒痢赤痢，腹痛，百節骨痛，項下瘤癧，一切風氣，暖腰膝，明目消贅。

清·王翃《握靈本草》補遺 白頭翁出洛陽，今處處有之。服之壽考，故名。苦，溫，無毒。 主溫瘧，寒熱毒痢。

清·汪昂《本草備要》卷二 白頭翁瀉熱，涼血。 苦堅腎，寒涼血。 入陽明胃、大腸血分。 治熱毒血痢，仲景治熱痢，有白頭翁湯，合黄連、黄柏、秦皮。東垣曰：腎欲堅，急食苦以堅之。痢則下焦虚，故以純苦之劑堅之。 溫瘧寒熱，齒痛骨痛，腎主齒骨，齦屬陽明。 鼻衄禿瘡，瘰癧疝瘕，血痔偏墜，搗傅患處。 明目消疣。 有風反靜，無風則搖，近根處有白茸。 得酒良。

清·陳士鐸《本草新編》卷三 白頭翁 味苦，氣溫，可升可降，陰中陽也。無毒。 一云味甘、苦，有小毒者，非。 主溫瘧陽狂寒熱，治癥瘕積聚，逐血，愈金瘡，敺風暖腰膝，療血衄疝腫，並療百節骨疼痛。 赤毒之痢，所必用也。

或問： 白頭翁，人多錯認是鳥名，誰知是《本草》之藥耶。《本草》言其功效頗多，皆不足深信。 惟傷寒中之下利，乃熱毒也，芩、連、梔子不足以解其毒，必用白頭翁，以化大腸之熱，而又不損脾氣之陰，逐瘀積而留津液，實有奇功也。 若胃虚寒不思食，及下痢完穀不化，寒濕不由于濕毒，俱宜忌之〔也〕。

清·李熙和《醫經允中》卷一九 白頭翁 豚實為使。 一云有小毒。 兼入手少陰經。 苦，溫，無毒。 主治止熱毒血痢腹痛，及陰疝偏墜，鼻衄症。腎欲堅，痢則下焦虚，以苦堅之也。 產後痢極虚，加甘草、阿膠神効。

清·馮兆張《馮氏錦囊秘錄·雜症痘疹藥性主治合參》卷三 白頭翁味苦、辛，寒，無毒。 辛能散，苦能泄，寒能除熱。所以外治溫瘧寒熱，瘰癧諸瘡，內治毒痢牙疼，鼻衄諸血，皆辛散除熱之功也。 白頭翁，主溫瘧陽狂，寒熱癥瘕，積聚腹疼。 逐血，愈金瘡，敺風，暖腰膝。 消瘰癧癭瘤，小兒頭禿羶腥，兩鼻衄血神效。 男子陰疝偏腫，百節骨痛殊功。 赤毒痢必用，牙齒疼亦除。 塗疔腫癰症，圍毒氣散漫。

清·张璐《本經逢原》卷一 白頭翁一名野丈人。 苦，微寒，無毒。 產齊魯。 苗長葉白者力優。 生柴胡中短小者力薄，得酒良。 《本經》主溫瘧狂瘍，寒熱癥瘕積聚，癭氣，逐血，止腹痛，療金瘡。 發明： 白頭翁味苦微寒，入手足陽明血分。《本經》言苦溫者，傳寫之誤也。 其治溫瘧狂瘍寒熱等症，皆少陽、陽明熱邪固結之病，結散則積血去，而腹痛止矣。《別錄》止鼻衄，弘景止毒痢，亦是熱毒入傷血分之候，仲景治熱痢下重，有白頭翁湯。 蓋腎欲堅，急食苦以堅之，痢則下焦虚，故以純苦之劑堅之。 男子陰疝偏墜，小兒禿頂，鼻衄，及熱毒下痢紫血、鮮血，用此並效。 但胃虚，大便完穀不化，痢久下稀淡血水者勿服，以其苦寒降泄也。

清·張志聰、高世栻《本草崇原》卷下 白頭翁根 氣味苦，溫，無毒。主治溫瘧，狂瘍寒熱，癥瘕積聚，癭氣，逐血，止腹痛，療金瘡。 白頭翁高山田野處處有之，正月生苗，葉如杏葉，上有細白毛，莖頭着花紫色，如木槿花，近根有白茸，根紫色深，如蔓菁，其苗有風則靜，無風而搖，與赤箭、獨活同也。 陶隱居曰： 近根處有白茸，狀如白頭老翁，故以為名。 寇宗奭曰： 白頭翁生河南洛陽界，於新安山野中屢嘗見之。 山中人賣白頭翁丸，言服之壽考。 不失古人命名之義。 白頭翁，無風而搖者，稟東方甲乙之氣，風動之象也。 有風則靜者，得西方庚辛之氣，金能制風也。 主治溫瘧者，溫瘧之邪，藏於腎臟，稟木氣則能透發母邪也。 狂瘍寒熱，溫瘧病也。 治癥瘕積聚，癭氣，逐血者，稟金氣則能破積聚而行瘀也。 止腹痛，乃腹中之痛，有由於積滯者，積滯去，故痛止也。 療金瘡，是和血行瘀之效。

清·王子接《得宜本草·下品藥》 白頭翁 味苦。 主治熱毒自利。 得秦皮、黄連、黄柏治厥陰熱利。

清·黄元御《長沙藥解》卷二 白頭翁 味苦，性寒。 入足少陽膽、足厥陰肝經。 清下熱而止利，解鬱蒸而涼血。 《傷寒》白頭翁湯，白頭翁三兩，黄連三兩，黄柏三兩，秦皮三兩。 治厥陰病，熱利下重，欲飲水者。 以己土濕陷，木鬱而生下熱，不能疏泄水道，則為下利。 緣風木之性，愈鬱則愈泄，水道不開，穀道必不能閉也。 足厥陰風木，手少陽相火，俱陷於大腸，故魄門鬱熱而重墜。 手少陽下陷，則足少陽上逆，君相合氣，升炎於上，故渴欲飲水。 白頭翁清少陽之相火，黄連清少陰之君火，黄柏、秦皮以泄厥陰之濕熱也。 白頭翁苦寒之性，並入肝膽，泄相火而清風木，是以善治熱利。 其諸主治，消癭瘤，平瘰癧，治禿瘡，化癥塊，清咽腫，斷鼻衄，收血利，止腹痛，醫外痔，療

偏墜。

清・吴儀洛《本草從新》卷一　白頭翁〔瀉熱涼血。〕　苦堅腎，寒涼血。入陽明血分胃、大腸。治熱毒下痢，仲景治熱痢有白頭翁湯，合黄連、黄檗、秦皮。東垣曰：腎欲堅，急食苦以堅之。痢則下焦虚，故以純苦之劑堅之。溫瘧寒熱，齒痛骨痛，腎主齒骨，齦屬陽明。鼻衄禿瘡，瘰癧疝瘕，血痔偏墜。搗敷患處。明目消疣。近根處有白茸，今藥肆中多於統柴胡内揀出用之，然必頭上有白毛者方真。得酒良。

清・汪紱《醫林纂要探源》卷二　白頭翁　苦，寒。四葉貼根，獨莖直上，近上亦有四葉對生，杪作獨花如蓊頭，近根處有白茸。堅腎瀉心，破結去熱。治熱毒血痢，攻瘕疝血痔，不專入陽明也，以除熱耳。人云有風不動，無風自動，亦不然。〇又按土人所用，有草生水澤中，亦名白頭翁，莖葉與此相似，味辛苦，氣薰，能行濕，去風，性溫，能治痺，豈所傳或譌歟。

清・嚴潔等《得配本草》卷二　白頭翁　得酒良。蠡實為之使。苦，寒。入手足陽明經血分。治熱毒血痢，療吐血衄血，驅溫瘧陽狂，消癭瘤瘰癧，塗疔瘡疽癰，圍毒氣散漫。配川連、木香，治下痢咽痛。配秦皮、川連、川柏，治挾熱痢。　白頭翁臨風偏靜，又能驅風。

題清・徐大椿《藥性切用》卷三　白頭翁　苦堅腎，寒涼血，入陽明血分，兼入厥陰。除熱痢下重。血分無熱者忌之。

清・黄宫繡《本草求真》卷八　白頭翁瀉腸胃熱毒。　白頭翁耑入腸胃。味苦性寒，何書用此以治痢便膿血。《經》云：腎欲堅，急食苦以堅之。痢則下焦虚損，故以純苦之劑以堅。如仲景之治挾熱下痢之用白頭翁湯之屬是也。湯用白頭翁、黄連、黄柏、秦皮。若使熱結不除，則腎愈虚愈解而痢莫愈。又書何以用此以治瘟瘧寒熱，齒痛骨痛，鼻衄禿瘡疝瘕等症，亦因邪結陽明，服此熱解毒清，則腎不燥擾而骨固。齒屬腎。胃不受邪而齒安。齦屬陽明。毒不上侵而衄止，熱不内結而疝與瘕皆却。疝，用此搗敷。風無熱熾，而小兒頭禿得除矣。總皆清解熱毒之力也。近根有白茸，得酒良。

清・楊璿《傷寒溫疫條辨》卷六寒劑類　白頭翁　近根有白茸，得酒良。味苦，性寒。堅骨涼血，入陽明血分。主火毒血痢，仲景白頭翁湯。溫瘧發狂，癥瘕積聚，瘰癧吐衄，齒骨疼痛，男子偏疝，小兒禿羶。

清・羅國綱《羅氏會約醫鏡》卷一六草部　白頭翁　味苦辛，寒，入胃與大腸血分。能外治溫瘧、寒熱、瘰癧諸瘡，内治熱毒、血痢、牙疼、鼻衄、諸血。皆辛散除熱之功也。并療陽狂、癥瘕、積聚、腹痛、陰疝、偏腫、百節骨痛。寒涼血，苦堅腎而然。有風反靜，無風則摇，近根處有白茸。得酒良。

清・趙學敏《本草綱目拾遺》卷四草部中　野丈人　《藻異》：葉似芍藥，花類木槿，白毛寸餘，披下如白頭翁。去腸垢，消積滯。

清・黄凱鈞《藥籠小品》　白頭翁　能清陽明血熱，胃、大腸。治熱毒血痢，血分無熱忌。藥鋪多於統柴胡内揀出，然必頭上有白毛者真。

清・王龍《本草纂要稿・草部》　白頭翁　氣味苦溫，無毒。治傷寒熱痢下重，暖腰膝百節骨疼。療癥瘕，止毒痢，瘤癧癭氣能除。止鼻衄，治金瘡陰(癩)〔㿗〕偏腫立效。

清・張德裕《本草正義》卷下　白頭翁　苦，涼。入胃、大腸。治熱毒血痢，溫瘧寒熱。

清・楊時泰《本草述鉤元》卷七　白頭翁　處處有之。近根處有白茸，以狀似得名。其苗有風則靜，無風而搖，與赤箭、獨活同。七月采根，陰乾用。

苦辛而寒。氣味俱厚，可升可降。能入血分，主血。為手足陽明經血分藥。苦能下泄，辛能解散，寒能除熱涼血。得酒良，豚實為之使。治赤毒痢、蠱痢、腹痛極效，又治鼻衄，溫瘧、狂易，寒熱癥瘕、積聚，項下瘤癧，百節骨陰痛，疝偏墜，頭禿羶腥，兼止金瘡血出及痛。皆逐瘀解毒之功。熱毒下利紫血鮮血者，宜之。

論：仲景治傳經在厥陰，熱痢下重者，主白頭翁湯，以此味逐血療澼。而東垣又謂痢下則虚，故以純苦之劑堅之。蓋熱傳厥陰而痢，其入已深，熱深而真陰失守，有分利如猪苓湯，清解如白頭翁，或攻下如大小承氣，惟視其淺深緩急，期於祛熱救陰而已。然則白頭翁於清解之中，導瘀行毒，使陽邪無伏留地，是乃所以救真陰也。即此可以類推其功矣。

繆氏云：凡滯下胃虚而不思食，及下利完穀不化，泄瀉不由於濕毒者，忌之。

清・葉桂《本草再新》卷一　白頭翁味苦，性寒，無毒。入胃經。治熱毒血痢，溫瘧骨痛，疝瘕瘰癧，有熱，其氣多滯，故生瘰癧。血痔明目。

清・吳其濬《植物名實圖考》卷八　白頭翁　《本經》下品。《唐本草》注謂花紫色，似木槿，實大如雞子，白毛寸餘，皆披下似白頭老翁。與《圖經》不同。今《寧都州志》云産白頭翁，採得亦不甚相類。姑圖其形狀以備考。陶蘇兩說，既大乖異，《圖經》宗陶說而加詳，然原圖殊不相肖。李青蓮有見野草中有白頭翁者，詩云：如何青草裏，亦有白頭翁。元張昱詩：疎蔓短於蓬，卑棲怯晚風，衹緣頭早白，無處入芳叢。詩人寓意有作，必非目所未見，而醫家乃至聚訟。《本草衍義》以蘇恭所述河南新安山中屢見之，太白往來東京，或即指此。惜非詠物詩體，不復揣侔。然有折取對明鏡，宛將衰鬢同之句，則非根上白茸矣。滇南有小一枝箭，亦名白頭翁，花老作茸，久不飛落，真如種種白髮也。鳥有白頭翁而無白頭婆，然則草之有白毛者以翁名之皆可。

清・吳其濬《植物名實圖考》卷九　白頭翁　生建昌。緒莖梢綠；長葉斜齒，面綠背淡；夏結青蓇葖，上有三四鬚，細如蠅足。土人云根解毒藥。

清・趙其光《本草求原》卷一山草部　白頭翁　正月生長，苗白，葉有白毛，近根又有白茸，金色。有風則靜，金能制風。無風自搖。性同獨活。氣寒清熱。味苦，燥濕，堅陰，濕熱則傷陰血。又具辛達風動升陽之用。凡肝膽風動火鬱，肝膽司相火。而濕不化，致肺、胃、大腸血滯者宜之。故為厥陰熱利下重，脈沉眩木內鬱，則沉弦。而渴肝熱則消渴。之主藥。仲景治熱入厥陰，急則承氣下之，緩則豬苓分利；不合分攻者，以白頭翁同連、柏、秦皮泄肝熱以散陽邪，四味皆苦，救腎陰以清脾濕。並治毒痢、血痢，升陽散火，是下者舉之也。下痢、咽腫，同黃連清上，木香醒中。溫瘧狂佯寒熱，邪久伏而傷腎陰，仍取木氣透發母邪。癥瘕積聚、癭瘤、瘰癧、逐血，止腹痛，皆熱邪內結之病，結散則血活痛止。療金瘡，逐瘀解毒之功。陰癩偏墜，搗塗一夜，當作瘡而愈。齒痛，腎主之骨。骨節病、衄血、禿瘡，搗敷。外痔。搗塗。

産齊、魯、河南洛陽。苗長、葉白者良。今人於柴胡中揀出短小紫皮、頭有白毛者用之，功多在少陽而力薄。得酒良。

清・葉志詵《神農本草經贊》卷三　白頭翁　味苦，溫。主溫瘧狂易，寒熱癥瘕，積聚癭氣，逐邪止痛，療金創。一名野丈人，一名胡王使者。生山谷。

陌上行行，儼逢群叟。紫注藥顏，皓盈蓬首。摩頂憐兒，免身贈婦。百節噓和，遐不黃耉。

應璩詩：古有行道人，陌上見三叟。陶弘景曰：近根有白茸，狀似白頭老翁，故名。蘇頌曰：根紫色深，如蔓菁。黃滔詩：微紅見藥顏。朱子詩：興來亂插飛蓬首。《孟子》：摩頂放踵而為之。張籍詩：身老特憐兒。葛洪曰：治小兒禿瘡。《史記・世家》：趙朔婦，免身生男。秦嘉有《贈婦詩》。張仲景曰：治婦人産後痢虛。甄權曰：治百節骨痛。宋祁序：噓和吐妍。《詩》：遐不黃耉。寇宗奭曰：新安山中，賣白頭翁丸，言服之壽考。

清・文晟《新編六書》卷六《藥性摘錄》　白頭翁　苦，寒。瀉腸胃熱毒。○治挾熱下痢，並瘟瘧寒熱，齒痛骨痛，鼻衄禿瘡，疝瘕等症。得酒良。○虛弱人忌服。

清・張仁錫《藥性蒙求・草部》　白頭翁錢半　白頭翁苦，瀉熱涼血。血痢血痔，用之最合。苦堅腎寒，涼血入陽明血分。治熱毒下痢，得酒良。○藥肆中多于統柴胡中揀出用之，必須頭上有白毛者方真。

清・屠道和《本草匯纂》卷三解毒　白頭翁　耑入腸胃。味苦，性寒，無毒。瀉腸胃熱毒。治溫瘧寒熱及一切風氣。明目。療鼻衄齒痛，骨痛熱毒，血痛腹痛，百節骨痛，暖腰膝，逐血消贅疣，項下瘤癧，癥瘕積聚。療金瘡，血痔偏墜。何書用此以治痢便膿血？《經》云：腎欲堅，急食苦以堅之。痢則下焦虛損，故以純苦之劑以堅。如仲景治挾熱下痢，用白頭翁、黃連、黃柏、秦皮，名白頭翁湯。邪結陽明，服此清熱解毒，則腎不燥擾而骨固。齒屬腎也，胃不受邪，而齒安。齦屬陽明也，毒不上浸而衄止。若熱不內結，則疝與瘕皆却。小兒頭禿得除，亦皆清熱解毒之力。近根有白茸，頭上有白毛者方真。得酒良。

清・戴葆元《本草綱目易知錄》卷一　白頭翁　辛苦而寒。涼血逐血，明目消贅，入手陽明經血分。治熱毒血痢，下重腹痛，溫瘧狂瘍，寒熱齒痛，百節骨痛，鼻衄金瘡，瘰癧癭氣，癥瘕積聚，陰疝偏腫，一切風氣，暖腰膝，得酒良。

清・黃光霽《本草衍句》　白頭翁　苦能堅腎，寒能涼血。入陽明二經。胃、大腸。治熱毒血痢。紫血、鮮血。溫瘧陽狂，齒痛可愈；禿瘡陰疝，用根搗敷

陰疝偏墜，小兒禿瘡皆用。鼻衄齊施。得秦皮、黃連、黃柏治厥陰熱利，皆清熱解毒之功。產後利虛極者，加甘草、阿膠。

清·陳其瑞《本草撮要》卷一　白頭翁　味苦，入手足陽明經血分，功專治熱毒下痢。得秦皮、黃連、黃柏治厥陰熱痢。若血分無熱者忌，得酒良。

翻白草

明·朱橚《救荒本草》卷上之後　雞腿兒　一名翻白草。出鈞州山野中。苗高七八寸，細長，鋸齒，葉硬玉諍切厚背白，其葉似地榆葉而細長，開黃花；根如指大，長三寸許，皮赤內白，兩頭尖䚡。味甜。　救飢：採根煮熟食，生喫亦可。

明·姚可成《食物本草》卷首王西樓《救荒野譜》　天藕兒食根。根如藕而小，熟食。稭葉不可食。　天藕兒，降平陸；活生民，如雨粟。昨日湖邊聞野哭，忽憶當年采蓮曲。

明·李時珍《本草綱目》卷二七菜部·柔滑類　翻白草《救荒》

【釋名】鷄腿根《救荒》　天藕《野菜譜》。時珍曰：翻白以葉之形名，鷄腿、天藕以根之味名也。楚人謂之湖鷄腿，淮人謂之天藕。

【集解】周（憲）〔定〕王曰：翻白草高七八寸。葉硬而厚，有鋸齒，背白，似地榆而細長。開黃花。根如指大，長三寸許，皮赤肉白，兩頭尖峭。生食、煮熟皆宜。時珍曰：鷄腿兒生近澤田地，高不盈尺。春生弱莖，一莖三葉，尖長而厚，有皺紋鋸齒，面青背白。四月開小黃花。結子如胡荽子，中有細子。其根狀如小白术頭，剥去赤皮，其內白色如鷄肉，食之有粉。小兒生食之，荒年人掘以和飯食。

根　【氣味】甘、微苦，平，無毒。　【主治】吐血下血崩中，瘧疾癰瘡時珍。

【附方】新七。

崩中下血：用湖鷄腿根一兩搗碎，酒二盞，煎一盞服。《瀕湖集簡方》。　吐血不止：翻白草，每用五七科㕮咀，水二鍾，煎一鍾，空心服。　瘧疾寒熱：翻白草根五七個，煎酒服之。　無名腫毒：方同上。　疔毒初起：不拘已成未成。用翻白草十科，酒煎服，出汗即愈。　渾身疥癩：端午日午時採翻白草，每用一握，煎水洗之。　臁瘡潰爛：端午日午時採翻白草，洗收。每用一握，煎湯盆盛，圍住熏洗，極效。劉松石《保壽堂方》。

明·周履靖《茹草編》卷二　天藕兒　碧藕兒，生天上，雲開忽見如船樣。青蓮燁燁墮地來，冰條玉筯蟠泥壤。野人束腹搜根荄，金莖乍入仙人掌。誰家少婦採蓮歸，歌聲半雜漁人漿。　根如藕而小，煮熟食。枝葉不可食。

明·李中立《本草原始》卷六　翻白草　《救荒本草》名雞腿根。《野菜譜》名天藕。高七八寸，葉硬而厚，有鉅齒，背白，似地榆而細長，開黃花。根如指大，長三寸許，皮赤肉白，剝去赤皮，其內白色如雞肉，生食、煮熟皆宜。《本草綱目》曰：翻白，以葉之形名也；雞腿、天藕，以根之味名也。

根：氣味：甘、微苦，平，無毒。　主治：吐血，下血，崩中，瘧疾，癰腫瘡疥。

新增。【圖略】楚人謂之湖雞腿，淮人謂之天藕。葉，今人作湯洗瘡疥用。葉正面色青，翻面色白。

《瀕湖集簡方》：治崩中下血，用湖雞腿根一兩，擣碎，酒二盞，煎一盞服。疔瘡初起，不拘已成未成，用翻白草十科，酒煎服，出汗即愈。臁瘡潰爛，端午日午時采翻白草，每用一握，煎湯盆盛，圍住熏洗，極效。

明·姚可成《食物本草》卷六菜部·柔滑類　翻白草一名雞腿根，一名天藕。翻白以葉之形名，雞腿、天藕，以根之味名也。高七八寸。葉硬而厚，有鋸齒，背白，似地榆而細長。開黃花。根如指大，長三寸許，皮赤肉白，兩頭尖峭。生食、煮熟皆宜。李時珍曰：雞腿兒生近澤田地，高不盈尺。春生弱莖，一莖三葉，尖長而厚，有皺文鋸齒，面青背白。四月開小黃花。結子如胡荽子，中有細子。其根狀如小白朮頭，剝去赤皮，其內白色如雞肉，食之有膩粉。小兒生食之，荒年人掘以和飯食。　翻白草根：味甘、微苦，平，無毒。主吐血下血崩中，瘧疾癰瘡。

附方：治疔毒不拘已成未成。用翻白草十科，酒煎服，出汗即愈。治臁瘡潰爛。端午日午時取翻白草，洗收。每用一握，煎湯盆盛，圍住薰洗，效。　治女子崩中下血，用雞腿根一兩搗碎，酒二盞，煎一盞服，大效。　治吐血不止。翻白草每用五七科㕮咀，水二鍾，煎一鍾，空心服即愈。

明·施永圖《本草醫旨·食物類》卷二　翻白草一名天藕，人多生食之，荒年人掘以和飯。　根：　味：甘、微苦，平，無毒。治：吐血下血，崩中瘧疾，癰瘡。

清·张璐《本經逢原》卷三　翻白草根　甘、微苦，平，無毒。　發明：翻白草出《救荒本草》，楚人謂之湖雞腿，淮人謂之天藕。時珍曰湖雞腿生近澤田地，高不盈尺，一莖三葉，尖長而厚，有皺紋鋸齒，面青背白，四月開小黃花，結子如胡荽子，中有細子，根狀如台术，兩頭尖，剝去赤皮，其內白色如雞

肉，食之有粉，小兒生食之，荒年掘以和飯食。兒科痘瘡拔疔方用之，取其涼潤解毒也。

清・王道純《本草品彙精要續集》卷八 翻白草無毒

翻白草根：主吐血下血，崩中，瘧疾，癰瘡《本草綱目》。【名】雞腿根、天藕。李時珍曰：翻白，以葉之形名，雞腿、天藕，以根之味名也。楚人謂之湖雞腿，淮人謂之天藕。【苗】周（憲）〔定〕王曰：翻白草，高七八寸，葉硬而厚，有鋸齒，背白似地榆，開黃花，根如指大，長三寸許，皮赤肉白，兩頭尖峭，生食煮食皆宜。【地】李時珍曰：雞腿兒，生近澤田地，高不盈尺，一莖三葉，尖長而厚，有皺紋鋸齒，結子如胡荽子，中有細子。【時】春生弱莖，四月開小黃花。【色】葉面青，背白，根赤，肉白色。【質】根狀如小白术頭，剝去赤皮，其内白色如雞肉，食之有粉。小兒生食之。荒年人掘以和飯食。【味】甘，微苦。【性】平。【治】吐血不止，翻白草每用五七科，㕮咀，水二鍾，煎一鍾，空心服。○崩中下血，用湖雞腿根一兩，搗碎，酒二盞，煎一盞服。○瘧疾寒熱，翻白草根五七個，煎酒服之。○無名腫毒，疔毒初起，不拘已成未成，用翻白草十科，酒煎服，出汗即愈。○渾身疥癩並臁瘡潰爛，端午日午時採翻白草，洗收，每用一握，煎濃水熏洗，效。

清・吴其濬《植物名實圖考》卷一二 翻白草 《救荒本草》錄入。云即雞腿兒，根白可食。《本草綱目》收入菜部。考此草僅可充飢，不任烹醃，宜入隰草。

清・劉善述、劉士季《草木便方》卷一草部 雞距草 雞脚草苦性微平，赤白久痢成疳靈。清利腸胃除風濕，惡犬咬傷塗能行。

龍牙草

宋・李昉《太平御覽》卷第九九三 狼牙 《本草經》曰：狼牙，一名牙子。味寒。生川谷。治邪氣，去白蟲，疥痔。生淮南。《建康記》曰：建康出狼牙。《范子計然》曰：狼牙出三輔。色白者善。《吴氏本草經》曰：狼牙，一名支蘭，一名狼齒，一名犬牙，一名抱牙。神農、黄帝：苦，有毒。桐君：鹹。岐伯、雷公、扁鵲：苦，無毒。或生寃句。葉青根黄赤，六月、七月華，八月實黑，正月、八月採根。

宋・唐愼微《證類本草》卷一〇草部下品〔《本經・別錄・藥對》〕 牙子 味苦、酸，寒，有毒。主邪氣熱氣，疥瘙惡瘍，瘡痔，去白蟲。一名狼牙，一名狼齒，一名狼子，一名犬牙。生淮南川谷及寃句。八月採根，暴乾。中濕腐爛生衣者，殺人。蕪荑爲之使，惡地榆、棗肌。

〔梁・陶弘景《本草經集注》〕云：近道處處有之，其根牙亦似獸之牙齒也。

〔宋・掌禹錫《嘉祐本草》〕按：《蜀本圖經》云：苗似蛇莓而厚大，深綠色。根萌芽若獸之牙。今所在有之。二月、三月採牙，日乾。《藥性論》云：狼牙，使，味苦。能治浮風瘙痒，殺寸白蟲，煎汁洗惡瘡。日華子云：殺腹藏一切蟲，止赤白痢，煎服。

〔宋・蘇頌《本草圖經》〕曰：牙子，即狼牙子。生淮南川谷及寃句，今江東、京東州郡多有之。苗似蛇莓而厚大，深綠色。根黑若獸之齒牙，故以名之。三月、八月採根，日乾。古方多用治蛇毒。其法：取獨莖狼牙擣，臘月猪脂和以傅上，立差。又楊炎《南行方》云：六月以前用葉，以後用根，生㕮咀，以木葉裹之，煻火炮令熱，用熨瘡上，冷即止。張仲景治婦人陰瘡亦單用之。

〔宋・唐愼微《證類本草》〕《聖惠方》：治陰瘡洗方：用狼牙五兩細剉，水五升煮至三升，溫洗之。《外臺秘要》：范汪治寸白蟲方：狼牙五兩，搗末，蜜丸如麻子，宿不食，明旦以漿水下一合，服盡差。又方：治金瘡。狼牙草莖葉熟擣傅貼之，兼止血。又方：治婦人陰蝕，若中爛傷。狼牙三兩，㕮咀，以水四升煮，去滓，内苦酒如雞子一杯，以綿濡湯瀝患處，日四五即愈。《千金方》：治小兒陰瘡，濃煮狼牙草洗之。又，治射工，即水弩子也。以狼牙葉冬取根，搗令熟傅之。

宋・鄭樵《通志》卷七五《昆蟲草木略》 牙子 曰狼牙，曰狼子，曰犬牙。今皆謂之狼牙子，以其根之萌若獸牙也。葉似蛇莓而大。

宋・王介《履巉巖本草》卷上 龍牙草 味辛、澁，溫，無毒。根治腫毒，葉治瘡癬。春夏採之，洗淨，揀擇去蘆頭，焙乾。不（許）〔計〕分兩，擣羅爲末，用米飲調一錢服，治赤白痢疾。

宋・王介《履巉巖本草》卷下 金粟狼牙草 治便血，此藥性溫，無毒。焙乾，入蚌粉、炒槐花、百藥煎爲末，米泔水調，每服三錢，空心服。亦治酒病。

宋・陳衍《寶慶本草折衷》卷一〇 牙子使。莖、葉附。 一名狼牙，一名狼齒，一名狼子，一名犬牙。生淮南川谷及寃句、江東、京東、江寧府，今處處有之。○二三八月採根牙，暴乾，勿使中濕，濕則大毒。○蕪荑為使，惡地榆、棗肌。

味苦，酸，寒，有毒。○主邪氣、熱氣、疥瘙、惡瘍瘡痔，去白蟲，中濕腐爛生衣者殺人。○《藥性論》云：治浮風。○日華子云：殺腹藏蟲，止赤白痢。○《圖經》曰：根黑色，若獸之齒牙，治蛇毒。取獨莖狼牙擣臘月猪脂和傅。治婦人陰瘡。亦單用之。

附：莖、葉。○治金瘡，止血。熟擣傅貼之。

明・朱橚《救荒本草》卷上之後　龍芽草　一名瓜香草。生輝縣鴨子口山野間。苗高一尺餘，莖多澁毛，葉形如地棠葉而寬大，葉頭齊團，每五葉或七葉作一莖排生，葉莖脚上又有小芽葉，兩兩對生，梢間出穗，開五瓣小圓黃花，結青毛蓇葖，有子，大如黍粒。味甜。　救飢：收取其子，或擣或磨，作麵食之。

明・王綸《本草集要》卷三　牙子使　味苦酸，氣寒，有毒。蕪荑為使。惡地榆。八月採根，曝乾。中濕腐爛生衣者，殺人。　主邪氣熱氣，疥瘙惡瘍瘡痔，去白蟲。治婦人陰瘡中爛，煎湯洗之。又治蛇毒，臘月猪脂擣和，傅上立差。

明・劉文泰《本草品彙精要》卷一三　牙子有毒。　植生。

牙子：主邪氣，熱氣，疥瘙，惡瘍，瘡痔，去白蟲。《神農本經》。　【名】狼牙、狼齒、狼子、大牙。　【苗】《圖經》曰：苗似蛇莓而厚大，深綠色，根黑若獸之齒牙，故以名之。　【地】《圖經》曰：生淮南川谷及冤句，今江東、京東州郡多有之。　【時】生：春生苗。採：三月、八月取根。　【收】暴乾。　【用】根。　【質】類狼牙。　【色】黑。　【味】苦，酸。　【性】寒，泄。　【氣】味厚于氣，陰也。　【臭】朽。　【助】蕪荑爲之使。　【反】惡地榆、棗肌。　【治】療：《圖經》曰：治婦人陰瘡。《藥性論》云：治浮風瘙癢，煎汁洗惡瘡。日華子云：殺腹臟一切蟲，止赤白痢，煎服。《別錄》云：小兒陰瘡，濃煮草汁洗之。○射工中人，已有瘡蠱毒痃者，取葉或根擣傅，又飲汁五六合，效。　【合治】獨莖者，細擣，合臘月豬脂傅蛇咬毒。○以五兩㕮咀，用水四升，煮取半升，去滓合苦酒一小盞，以綿濡湯瀝患處，日四五次，治婦人陰蝕，若中爛傷者，即愈。　【禁】根中濕腐爛生衣者殺人。

明・劉文泰《本草品彙精要》卷四一　龍牙草無毒　植生。

龍牙草：治赤白痢。根爲末，米飲調服一錢匕服之，無所忌。出《圖經》。　【苗】《圖經》曰：株高二尺以來，春夏有苗葉，至秋冬而枯。　【地】《圖經》曰：生施州。　【時】生：春生苗。採：春夏取根。　【用】根。　【味】辛，澀。　【性】溫。　【氣】氣之厚者，陽也。　【製】洗淨揀擇，去蘆頭，焙乾，擣羅爲末用。

明・王文潔《太乙仙製本草藥性大全》卷二《本草精義》　牙子　一名狼牙，一名狼齒，一名狼子，一名犬牙。生淮南川谷及冤句，今江東、京東州郡多有之。苗似蛇莓而厚大，深綠色，根黑，若獸之齒牙，故以名之。三月、八月採根，日乾用。

明・王文潔《太乙仙製本草藥性大全》卷二《仙製藥性》　牙子使　味苦，酸，氣寒，有毒。蕪荑爲之使。　主治：主邪氣熱氣，療疥瘙惡瘍。殺白蟲大效，醫瘡痔神功。採用煎湯洗，治婦女陰瘡中爛。臘豬脂擣傅，袪蛇毒立差。　補註：治陰瘡洗方：用五兩，剉，水五升，煮至三升，溫洗。○治寸白蟲：用五兩，擣末蜜丸，如麻子大，宿不食，明旦以漿水下一合，服盡即效。○金瘡，用莖葉熱擣傅貼之，兼止血。○婦人陰蝕，若中爛傷，用三兩，㕮咀，以水四升，煮，去滓，內苦酒如鷄子一杯，以綿濡湯瀝患處，效。○小兒陰瘡，濃煮汁洗之。及治射工，即水弩子也，以葉，冬取根，擣，令熟傅之。

明・李時珍《本草綱目》卷一七草部・毒草類　狼牙《本經》下品

【釋名】牙子《本經》　狼齒《別錄》　狼子《別錄》　犬牙吳普　抱牙吳普　支蘭李當之。弘景曰：其牙似獸之齒牙，故有諸名。

【集解】《別錄》曰：狼牙生淮南川谷及冤句。八月采根，暴乾。中濕腐爛生衣者，殺人。普曰：葉青，根黃赤，六月七月華，八月實黑，正月、八月采根。保昇曰：所在有之。苗似蛇莓而厚大，深綠色。根黑，若獸之牙。三月、八月采根，日乾。頌曰：今江東、汴東州郡多有之。時珍曰：《范子計然》云：建康及三輔，色白者善。

根　【氣味】苦，寒，有毒。《別錄》曰：酸。普曰：神農、黃帝：苦，有毒。桐君：辛。岐伯、雷公、扁鵲：苦，無毒。之才曰：蕪荑爲之使。惡地榆、棗肌。　【主治】邪氣熱氣，疥瘙惡瘍瘡痔，去白蟲《本經》。治浮風瘙痒，煎汁洗惡瘡甄權。殺腹臟一切蟲，止赤白痢，煎服大明。

【附方】舊六，新四。　金瘡出血：狼牙草莖葉，熟擣貼之。《肘後方》。　小便溺血：金粟狼牙草焙乾，入蚌粉、炒槐花、百藥煎，等分爲末。每服三錢，米泔空心調服。亦治酒病。《衛生易簡方》。　寸白諸蟲：狼牙五兩，擣末，蜜丸麻子大。隔宿不食，明旦以漿水下一合，服盡即瘥。《外臺秘要》。　蟲瘡瘙癢：六月以前采狼牙葉，以後用

根，生吮咀，以木葉裹之，煻火炮熟，於瘡上熨之，冷即止。楊炎《南行方》。　小兒陰瘡：　狼牙草濃煮汁洗之。《千金方》。　婦人陰癢：　狼牙二兩，蛇牀子三兩，煎水熱洗。《外臺秘要》。　婦人陰蝕：　瘡爛者。狼牙湯：　用狼牙三兩，水四升，煎取半升，以筯纏綿浸湯瀝洗，日四五遍。張仲景《金匱玉函》。　聤耳出汁：　狼牙研末，綿裹，日塞之。《聖惠方》。　毒蛇傷螫：　獨莖狼子根或葉，搗爛，臘猪脂和塗，立瘥。《崔氏方》。　射工中人：　有瘡。狼牙，冬取根，夏取葉，搗汁飲四五合，並傳之。《千金方》。

明・佚名氏《醫方藥性・草藥便覽》　龍牙草：　其性〔涼〕。治利症。解毒腸。

明・倪朱謨《本草彙言》卷五　狼牙　味苦、辛，氣寒，有毒。《別錄》曰：　狼牙，生淮南山谷及冤句。今江東、汴東州郡皆有。苗若蛇莓而厚，深綠色，根黑若狼獸之牙。又范子云：　出建康及三輔，色白者善。葉青、根黃赤。六七月作花，八月結實，黑色。十一月采根，日乾，如中濕腐爛生衣者，能殺人。

狼牙：　殺蟲去痔，吳普消一切疥癬之藥也。婺醫樓渠泉稿此藥竄烈有毒，凡病濕熱生蟲，如疥癬，如血痔，如小兒頭瘡，婦人陰蝕、陰癢諸疾，煎湯淋洗，立時見效。凡服食湯散中，不多用也。

集方：　《外臺》治寸白諸蟲。用狼牙一兩，微炒，搗末，水發爲丸，如菉豆大，隔宿不食，次早以白湯下五錢。蟲下即瘥。○同前治痔瘡痛癢，濕爛不收。用狼牙一兩，煎湯洗。○楊炎南方治蟲疥搔癢。用狼牙，根葉俱可，搗爛，炒熱擦之。○《外臺秘要》治女人陰癢。用狼牙煎湯，乘熱洗。○仲景《金匱方》治婦人陰蝕瘡爛。用狼牙煎湯，筯頭纏綿子，攪洗陰中，即愈。○《千金方》治小兒陰囊濕破成瘡，或莖頭疳爛。用狼牙煎湯洗。○瞿氏方治毒蛇螫傷。用狼牙根葉俱可，搗爛敷上立瘥。○《千金方》治射工中人有瘡。用狼牙，冬取根，夏取葉，搗汁四五合，飲之。

狼毒、狼牙二物，原非一種，偶錄及適并及之。

明・盧之頤《本草乘雅半偈》帙一一　狼牙《本經》下品　氣味：　苦，寒，有毒。　主治：　主治邪氣、熱氣、疥瘙、惡瘍、瘡痔，去白蟲。

覈曰：　生淮南川谷，及冤句，今江東、汴東州郡、建康、三輔多有之。苗似蛇莓葉厚而大，深綠色。六月華，八月實。實黑根白者佳，黑次之。設中濕，則易于腐爛。

彔曰：　狼牙象形，其善逐貪饕而腸直，治用類相同也。氣寒味苦，有毒，逐邪熱氣，秉毒攻毒，捷如影響。蓋風入蟲成，熱傷身竅，此以劇飲傷飽，至腸澼疽痔，陰蝕惡瘍，餌服固多奇驗，洗濯更易滌除也。

清・劉雲密《本草述》卷一〇　狼牙弘景曰：　其牙似獸之齒牙，故有是名。保昇曰：　所在有之。苗似蛇莓而厚大，深綠色，根黑若獸之牙。三月、八月采根，日乾。　時珍曰：　《范子計然》云：　出建康及三輔，色白者善。

根：　氣味：　苦，寒，有毒。　《別録》曰：　酸。　普曰：　神農、黃帝：　苦，有毒。　桐君：　辛。岐伯、雷公、扁鵲：　苦，無毒。　之才曰：　蕪荑為之使。惡地榆、棗肌。　主治：　邪氣熱氣，疥瘙，惡瘍瘡痔，去白蟲《本經》。治浮風瘙癢，煎汁洗瘡甄權。殺腹臟一切蟲，止赤白痢，煎服日華子。

愚按：　狼牙，在《本經》主治邪氣熱氣，乃方書用之治心痛，胃脘痛，屬口食寒物於裏者，乃同附子、巴豆、人參、乾薑、吳萸之類，以溫利之。豈《本經》氣味苦寒，不足據乎？　豈用諸辛熱而必藉此苦寒者，為溫利之先導乎？　第即《本經》言此味去白蟲，而方書治蟲，多言五臟勞熱之傷。夫勞熱之傷，即《經》所謂氣虛者，寒也。所云勞熱者，虛熱耳。此味能救陰氣之損，非專於苦寒主瀉者也。試觀《本經》主治，言邪氣熱氣，即繼以疥瘙惡瘍瘡痔，去白蟲，是則所云邪氣熱氣，即指陰中之氣而言也。故《肘後方》治金瘡出血，《衛生易簡方》療小便溺血，即此可通於治疥瘙，惡瘍瘡痔之義矣。蓋血固眞陰之化醇，而惡瘍瘡痔亦可以營氣不從，逆於肉裏。如《內經》之言癰疽者，得觸類而推之矣。至於蟲所生，不離風木與溼土，風木之氣鬱而不達，乃陷於溼土，溼土又不能達風木以上行，而風木陷於溼土中者，因化其厲氣為蟲也。方書言蟲，為溼熱鬱蒸而生，洵然哉。甄權謂其治浮風瘙癢，亦是此義耳。合諸說而繹之，則此味之主治邪氣熱氣者，固陰中之氣，而陰中之氣，即手太陰為陽中之少陰，下降入心，而血之化原在此也。唯血之化原裕，故陰中之太陰屬腎者，更藉以完其陰氣之損。如《千金方》用之洗小兒陰瘡，《金匱玉函方》用之以洗婦人陰蝕，豈非确徵乎哉？

或曰：　方書治蟲，多言五臟勞熱之傷，第何以獨不及肝也？　曰：　風木變眚，故蟲生焉。而所以致風木之變眚，此外四臟因勞傷而化蟲。總歸其病於肝也，此所以置肝而不與四臟並言也。

清・张璐《本經逢原》卷二　狼牙《本經》名牙子。　苦，辛，寒，有毒。以其形似獸牙故名。白者良。〇中濕糜爛生衣者殺人。　《本經》主邪氣熱氣，疥瘙，惡瘍瘡痔，去白蟲。　發明：　狼牙較狼毒之性稍緩，而所治亦相類。《金匱》九痛丸用狼牙，《局方》用狼毒。方用附子三兩，狼牙、人參、吳茱萸、乾薑各一兩，巴霜一錢，蜜丸梧子大，日服二三丸，治九種心痛，並卒中惡腹脹滿。又連年積冷流注心胸痛，及冷衝上氣，落馬墜車，血疾，皆主之。《本經》治邪氣熱氣，去白蟲，蓋心痛多有屬蟲積者，故前方用之亦治惡瘍瘡痔。《金匱》《外臺》《千金》並以煎洗陰瘡蝕癢，搗汁治射工溪毒，《肘後》以之搗貼金瘡，《外臺》以之蜜丸，漿水服一丸，治寸白蟲，皆取殺蟲解毒之功也。

清・張志聰、高世栻《本草崇原》卷下　狼牙根　氣味苦，寒，有毒。主治邪氣熱氣，疥瘙惡瘍，瘡痔，去白蟲。　狼牙，《本經》名牙子，《别錄》名狼齒，《吳普本草》名犬牙，又名抱牙。始出淮南川谷及冤句，今江東州郡所在有之，其根黑色，若獸之齒牙，故有諸名。　狼性靈智，此草根如獸之齒牙，而專以狼名者，疑取其上下靈通之義，寒水之氣上行，則能散在表之邪氣熱氣，以及皮膚之疥瘙惡瘍。苦寒之氣下泄，則能除在下之瘡痔，以及在內之白蟲。《金匱要略》曰：　少陰脈滑而數者，陰中即生瘡，陰中蝕瘡爛者，狼牙湯洗之。此草氣味苦寒，稟性純陰，故能治少陽之火熱瘡爛也。

清・何諫《生草藥性備要》卷下　龍牙草　味甜，性平。理跌打傷、止血，散瘡毒最妙。

清・黃元御《長沙藥解》卷二　狼牙　味苦，性寒。入足厥陰肝經。清乙木之鬱熱，療女子之陰瘡。　《金匱》狼牙湯，狼牙三兩，水四升，煮半升，以綿纏箸如繭，浸湯瀝陰，日四。　治婦人少陰脈滑而數，陰中生瘡蝕爛者。尺中候腎，尺脈滑數，是木鬱于水而生下熱，法當陰裏生瘡。溫熱蒸腐，故剝蝕而壞爛。狼牙清鬱熱而達乙木，止蝕爛而消痛癢也。　狼牙草苦寒清利，專洗一切惡瘡。其諸主治，止便血，住下痢，療瘡瘍蝕爛，治疥癬瘙癢，女子陰癢，理蟲瘡發癢，殺寸白諸蟲。

清・趙學敏《本草綱目拾遺》卷五草部下　石打穿鐵筅箒。　《葛祖方》一名龍芽草，石見穿，地胡蜂，地蜈蚣。　《百草鏡》地蜈蚣與神仙對坐相似，惟葉上有紫斑為別，且神仙對坐草之花，每節兩朵，此則攢聚莖端，或三四或五六相聚為別，疑即石見穿。　龍芽草生山土，立夏時發苗布地，葉有微毛，起莖高一二尺，寒露時開花成穗，色黃而細小，根有白芽，尖圓似龍芽，頂開黃花，故名金頂龍芽。一名鐵胡蜂，以其老根黑色，形似之。又一種紫頂龍芽，莖有白毛，葉有微毛，寒露時抽莖，開紫花成穗，俱二月發苗，葉對生貼地，九月枯，七月採。　按：　石打穿《綱目》於有名未用下列之，只言止骨痛大風癰腫，不言他用。而葛祖遺方載其功用甚廣，並有諸名考之。　《百草鏡》：　龍芽二種與地蜈蚣俱非一物，論其功用：　石打穿治黃疸，地蜈蚣治跌撲黃疸。故《百草鏡》因其用相同，於地蜈蚣下註，疑即石打穿，於龍芽草下註，亦名石見穿。治下氣活血，理百病，散痞滿，跌撲吐血，崩痢腸風下血，明明二種，功用各異，不知《葛祖方》何以混為一？此書傳自明末，或有舛訛，或有的識，未敢妄議，附識於此，以俟再考。

敏按：　蔣儀《藥鏡拾遺賦》云：　滾咽膈之痰，平翻胃之噦，石打穿識得者誰？　註：　噎膈翻胃，從來醫者病者群相畏懼，以為不治之症。余得此劑，十投九效，不啻如饑荒之粟，隆冬之裘也。乃作歌以誌之。歌曰：　誰人識得石打穿，綠葉深紋鋸齒邊。闊不盈寸長更倍，圓莖枝抱起相連。秋發黃花細瓣五，結實扁小鍼刺攢。宿根生本三尺許，子發春苗隨弟肩。大葉中間夾小葉，層層對比相新鮮。味苦辛平入肺臟，穿腸穿胃能攻堅。採掇莖葉擣汁用，蔗漿白酒佐使全。噎膈飲之痰立化，津嚥平復功最先。世眼愚蒙知者少，岐黃不識名浪傳。丹砂句漏葛仙事，余愛養生著數言。據歌中所言形狀，則又似鐵筅箒，故並存其説而附錄之。

癸丑，余親植此草於家園，見其小暑後抽薹，屆大暑即著花吐蕊，抽條成穗，儼如馬鞭草之穗。其花黃而小，攢簇條上，始悟馬鞭草花紫，故有紫頂龍芽之名。此則花黃，名金頂龍芽，與地蜈蚣絕不相類，因此草亦有地蜈蚣之名，故《百草鏡》疑為石見穿也。　《李氏草秘》：　石見穿生竹林等處，葉小如艾，而花高尺許，治打傷撲損膈氣，則石見穿之葉如艾，又與石打穿之葉深紋鋸齒不侔矣。　《葛祖方》：　消宿食，散中滿，下氣，療吐血各病，翻胃噎膈，瘧疾，喉痹，閃挫，腸風下血，崩痢食積，黃白疸，疔腫癰疽，肺癰，乳癰，痔腫。　乳癰初起：　《百草鏡》：　龍芽草一兩，白酒半壺，煎至半盌，飽後服。初起者消，成膿者潰，且能令膿出不多。

清・莫樹蕃《草藥圖經》　龍頭草　即寸八節，又名龍牙草，又名黃花草。凡生必有雙根，有五葉，亦有七葉者。四季長有。黃花草性能治吐血

症。龍頭草性治沙症要藥。味溫，無毒。

清·楊時泰《本草述鉤元》卷一〇 狼牙 所在有之。苗似蛇莓而厚大，深綠色，根黑若獸之牙。三八月采根，日乾用保昇。出建康及三輔，色白者善《范子計然》。

氣味苦辛酸寒，有毒。蕪荑為之使，惡地榆。主治邪氣熱氣疥瘙，惡瘍瘡痔，去白蟲，療浮風瘙癢，煎汁洗惡瘡，殺腹臟一切蟲，止赤白痢。方書治金瘡出血，小便溺血。心痛胃脘痛，屬口食寒物於裹者，同附子、巴豆、人參、乾薑、吳萸之類溫利之。

論：方書治蟲，多言五臟勞熱之傷。夫勞熱之傷，其本固氣虛也，氣虛者寒也。以故勞熱，虛熱耳。狼牙能救陰氣之損，非專於苦寒主瀉者。觀《本經》言邪氣熱氣，即繼以疥瘙瘍痔，並去白蟲，是所云邪氣熱氣，指陰中之氣而言也。陰中之氣，即手太陰，為陽中之少陰，下降入心，而血之化原在此者，惟血之化原裕，故陰中之太陰屬腎者，更藉以完其陰氣之損，所以《千金方》用洗小兒陰瘡，《玉函方》用洗婦人陰蝕也。

清·吴其濬《植物名實圖考》卷一二 龍芽草 【略】 按此草建昌呼為老鸛嘴，廣信呼為子母草，湖南呼為毛脚茵。以治風痰腰痛。考《本經》蛇含，陶隱居云用有黃花者，李時珍以為即小龍芽，或即此草。但《圖經》未甚詳晰。方藥久不採用，仍入草藥，以見禮失求野之義。《滇南本草》謂之黃龍尾，味苦性溫，治婦人月經前後紅崩白帶，面寒腹痛，赤白痢疾。杭芍二錢，川芎一錢五分，香附一錢，紅花二錢，黃龍尾三錢。行經紫黑加蘇木、黃芩；腹痛加延胡、小茴；白帶加白芷、木瓜；赤帶加土茯苓、赤木通、蛇果草、八仙草、甘草。

清·吴其濬《植物名實圖考》卷二四 狼牙 《本經》下品。詳《吳普本草》及《蜀本草》。

清·趙其光《本草求原》卷六毒草部 狼牙 一名牙子，又名抱牙，其根如獸牙也。俗名尖尾芋。苦，寒，有毒。性功同狼毒而稍緩。主治邪氣、熱氣，太陽之氣上行，則能清散在表之邪熱。疥瘙、惡瘍、瘡痔，苦寒，又能下泄也。陰瘡癢爛，少陰脈滑而數，乃生陰瘡。若寒，煎水洗，寒能治少陰、少陽之火熱瘡爛也。去寸白蟲，蜜丸，漿水服。九種心痛，卒中惡，腹脹滿，冷積心胸痛，亦有蟲積痛者。冷沖上氣，落馬墮車，血疾。《金匱》九痛並治之。此與人參、吳萸、乾薑各一兩，附子三兩，巴霜一錢，蜜丸如梧子大。日服二三丸。搗貼金瘡。

按：夾陰傷寒，亦有用此擦身，取其變黑者。同米炒，煮水飲，功與狼毒不殊，皆禀太陽之氣化也。中濕糜爛生衣者，殺人。其葉，蒸醋，貼爛瘡，最去腐，消腫，焙貼。洗風濕、爛脚。

清·葉志詵《神農本草經贊》卷三 牙子 味苦，寒。主邪氣，熱氣，疥搔，惡瘍，創痔，去白蟲。一名狼牙。生川谷。

擬狀蛇蔗，因時分選。春夏葉舒，秋冬根卷。齧猛貪狼，喙森噬犬。腐濕生衣，㕮咀刪翦。

韓保昇曰：苗似蛇莓而厚大。汪機曰：蛇莓，一名蛇蔗。楊炎曰：治蟲瘡，六月以前采葉，以後用根生㕮咀。《千金方》：射工中人，冬取根，夏取葉，搗汁飲。名醫曰：一名狼齒，一名狼子。中濕腐爛，生衣者殺人。吳普曰：一名犬牙。呂溫狀：刪翦奇邪。

清·劉善述、劉士季《草木便方》卷一草部 烏脚雞 烏脚雞平養陰血，婦女調經清血熱。滋陰養血風熱退，生血活血瘀血滅。

清·戴葆元《本草綱目易知錄》卷一草部 狼牙 根，苦，寒，有毒。治邪氣熱氣，疥瘙瘡痔，浮風瘙癢，止赤白痢。去寸白蟲，及殺腹臟一切蟲，水煎服。煎汁，洗惡瘡。葆按：狼毒、狼牙，俱根。《集註》：狼毒，葉似商陸有毛，狼牙葉似蛇莓無毛，其根若獸之牙。考《金匱》九痛丸用狼毒，而《條辨》用狼牙。註云：無狼牙，用狼毒代。致世俗訛傳狼牙是狼毒旁生之牙，引註以正其非。又查狼牙，《本草》不載治心痛，更易明矣。

清·鄭奮揚著，曹炳章注《增訂偽藥條辨》卷一 仙鶴草 徐友丞曰：仙鶴草似龍芽草而實非。光緒丙申年間，有畿東豐潤張雨人者，刊傳《仙鶴草圖說》，云：仙鶴草三葉之下，有耳葉者真，無耳葉者非。亦是一考據也。近據會員梅子剛君來函云：據友人肺癆專家陳君言，此草屢治血症，甚有效驗，並謂不宜紅棗同食，以紅棗性燥云。梅君又云：用以治瘰癧，甚有效驗。

炳章按：毛退之《中西醫話》云：龍芽草，多年生草，山野自生。高二三尺，葉為羽狀複葉，夏月出花軸，花黃五瓣，實多刺，俗稱仙鶴草。治吐血頗效。《百草鏡》云：龍芽草生山土，立夏時展苗布地，葉有微毛，起莖高一二尺，寒露時開花成穗，色黃而細小，根有白芽，尖圓似龍芽，頂開黃花，故名金頂龍芽，一名鐵胡峰，以其老根黑色形似之。《救荒本草》云：龍芽草一名瓜香草。生輝縣鴨子口山野間，苗高尺餘，莖多澀毛，葉如地棠葉而寬

大，葉頭齊團，每五葉或七葉作一莖排生，葉莖脚上，又有小芽葉兩兩對生，梢間出穗，開小圓五瓣黃花，結實毛膏突，有子大如黍粒，味甜。《植物名實圖考》云：此草建昌呼為老鸛嘴，廣信呼為子母草，湖南呼為毛脚茵。以治風痰腰痛。《滇南本草》謂之黃龍尾，味苦性溫，治婦人月經前後紅崩白帶，面寒腹痛，赤白痢疾。考諸家學說，併採鮮草察視，再使園中種植，將其生長目覩形狀辨之，確是仙鶴草無疑。茲將目覩形態，再辨於下：總莖圓，根如茜草根，根旁有白芽，葉互生，每莖七葉，尖端一葉，下六葉，兩兩對生，每對葉下有小耳葉兩對，亦對生，葉卵圓形，端尖，邊缺曲如鋸齒，葉面有糙毛，近根老葉枯萎，則紅褐色性硬，不若別種草木葉枯時皆黃也，正莖直上，八月間莖端成穗，開五瓣黃色小花，九月結子，如小米。證諸實驗，亦與《百草鏡》《救荒本草》《中西醫話》之龍芽草皆相符合，治吐血咯血皆效。徐君所云：仙鶴草非龍芽草辨，或誤以《百草鏡》之紫頂龍芽，或《李氏草秘》之石見穿。因仙鶴草開黃花，故曰金頂龍芽。紫頂龍芽開紫花，即馬鞭草也。《本草綱目拾遺》龍芽草亦收於石打穿下，石見穿云即石打穿。據炳章詳細考正，龍芽草當分二種：金頂龍芽，即仙鶴草。紫頂龍芽，即馬鞭草。石打穿即石見穿，別有一物。

紫背龍牙

宋・唐慎微《證類本草》卷三〇外草類〔宋・蘇頌《本草圖經》〕 紫背龍牙 生蜀中。味辛，甘，無毒。彼土山野人云：解一切蛇毒，甚妙。兼治咽喉中痛，含嚥之，便效。其藥冬夏長生，採無時。

明・劉文泰《本草品彙精要》卷四一 紫背龍牙無毒 植生。

紫背龍牙：治咽喉中痛，含嚥之便效。出《圖經》。 〖苗〗《圖經》曰：其藥冬夏長生。 〖地〗《圖經》曰：生蜀中。 〖時〗生：夏冬生。採：無時。 〖味〗辛，甘。 〖性〗溫。 〖氣〗氣之厚者，陽也。 〖解〗一切蛇毒，甚妙。

黃龍尾

明・蘭茂原撰，范洪等抄補《滇南本草圖説》卷四 黃龍尾 出嵩明州最良。性溫，味苦、澁。主治：婦人月經不調，或前或後，赤白帶下，面寒背寒，肚腹疼痛。

明・蘭茂撰，清・管暄校補《滇南本草》卷中 黃龍尾 出滇南嵩明州邵甸里為最。 性微溫，味苦，澁。治婦人月經或前或後，赤白帶下。治面寒腹痛日久，赤白血痢。附方：治婦人月經或前或後，有時腰痛，發熱氣脹之症。黃龍尾二錢，（杬）〔杭〕芍三錢，川芎一錢五分，香附一錢，紅花二分，水煎，點水酒服。如經血紫黑，加蘇木、黃芩；腹痛加延胡索、小茴香。 又方：治婦人白帶，黃龍尾三錢，川芎一錢，香附一錢，白芷二錢，酒炒。陳木瓜五分，引用白酒汁。如白帶黃色，加椿皮。 又方：治赤白帶，或兼白濁。 黃龍尾三錢，馬鞭稍根一錢，黑鎖梅根二錢，點水酒服。 補註：赤帶色黃有涎，令人頭目眩暈，身體寒熱往來，腰痛，四肢酸輭。小便淋漓，陰中痒痛，小便急脹，陰內或如蟲蝕，或兼白濁。

又方：治面寒疼痛，黃龍尾根不拘多少，焙乾，水煨，點燒酒服。

明・蘭茂《滇南本草》〔叢本〕卷中 黃龍尾 味苦，性溫。調月經或前或後，紅崩白帶，面寒（服）〔腹〕痛，赤白痢疾。杭芍二錢、川芎一錢五分、香附一錢、紅花二錢、黃龍尾三錢，行經紫黑，加蘇木、黃芩。（腸）〔腹〕痛加玄胡索、小茴香，點水酒服。 附方：治白帶。黃龍尾三錢、川芎一錢、香附一錢、白芷、二錢，酒炒。陳木瓜五錢，點白酒汁服。 附方：治婦人赤帶，帶土黃色，令人頭暈體困，寒熱往來，四肢酸軟，小便淋症，陰中痒痛，尿急腹脹。黃龍尾、土茯苓、赤木通、蛇菓草、八仙草、甘草，煎水，酒服。 附方：治同前症，少婦可用，老弱忌服。黃龍尾三錢、馬鞭梢根一錢、黑（所）〔鎖〕梅根一錢，點水酒服。單方：治面寒疼。黃龍尾為末，點燒酒煎服。

地榆

宋・唐慎微《證類本草》卷三〇有名未用・草木〔《別錄》〕 酸赭 味酸，主內漏，止血，不足。生昌陽山。採無時。

宋・李昉《太平御覽》卷一〇〇〇 地榆 《本草經》曰：地榆，止汗氣，消酒，明目。 《廣志》曰：地榆，可生食。 《神農本草經》曰：地榆，苦寒，主消酒。生冤句。

宋・唐慎微《證類本草》卷九草部中品〔《本經・別錄・藥對》〕 地榆 **味苦**，甘，酸，**微寒**，無毒。**主婦人乳痓痛，七傷，帶下病，止痛，除惡肉，止汗，療金瘡**，止膿血，諸瘻，惡瘡，熱瘡，消酒，除消渴，補絕傷，產後內塞，可作金瘡膏。生桐柏及冤句山谷。二月、八月採根，暴乾。得髮良，惡麥門冬。

〔梁・陶弘景《本草經集注》〕云：今近道處處有，葉似榆而長，初生布地，而花、子

紫黑色如豉，故名玉豉。一莖長直上，根亦入釀酒。道方燒作灰，能爛石也。乏茗時用葉作飲亦好。

〔宋・馬志《開寶本草》〕按：別本注云：今人止冷熱痢及疳痢熱極，效。

〔宋・掌禹錫《嘉祐本草》〕按：《藥性論》云：地榆，味苦，平。能治産後餘瘀疹痛，七傷，治金瘡，止血痢，蝕膿。蕭炳云：今方用，共樗皮同療赤白痢。日華子云：排膿，止吐血，鼻洪，月經不止，血崩，産前後諸血疾，赤白痢并水瀉，濃煎止腸風。

但是平原川澤皆有，獨莖，花紫，七八月採。

〔宋・蘇頌《本草圖經》〕曰：地榆，生桐柏及冤句山谷，今處處有之。宿根，三月內生苗，初生布地，莖直，高三四尺，對分出葉。葉似榆少狹細長，作鋸齒狀，青色。七月開花如椹子，紫黑色。根外黑裏紅，似柳根。二月、八月採，暴乾。葉不用，山人乏茗時，採此葉作飲亦好。古斷下方多用之。葛氏載徐平療下血二十年者，取地榆、鼠尾草各三兩，水二升，煮半，頓服。不斷，水漬屋塵，飲一小盃。投之，不過重作，乃愈。小兒疳痢，亦單煮汁如飴糖與服，便已。又毒蛇螫人，擣新根取汁飲，兼以漬瘡，良。崔元亮《海上方》：赤白下骨立者，地榆一斤，水三升，煮取一升半，去滓再煎如稠餳，絞濾，空腹服三合，日再。

〔宋・唐慎微《證類本草》〕《唐本》注云：主帶下十二病。孔氏《音義》云：一曰多赤，二曰多白，三曰月水不通，四曰陰蝕，五曰子藏堅，六曰子門僻，七曰合陰陽患痛，八曰小腹寒痛，九曰子門閉，十曰子宮冷，十一曰夢與鬼交，十二曰五藏不定。用葉作飲代茶，甚解熱。《聖惠方》：治婦人漏下赤白不止，令人黄瘦虚竭。以地榆三兩細剉，米醋一升，煮十餘沸，去滓，食前稍熱服一合。亦治吐血。《千金翼》：伐指逆腫。單煮地榆作湯漬之，半日愈。《肘後方》：療虎、犬咬人。地榆根末，服方寸匕，日一二服，傅瘡尤佳。葛氏：毒虵螫人。擣地榆根，絞取汁飲，兼以漬瘡。梅師方：治猘犬咬人。煮地榆飲之，兼末傅瘡上，服方寸匕，日三服，忌酒。若治瘡已差者，擣生韭汁，飲之一二升。《齊民要術》：地榆汁釀酒。治風痹，補腦。《三洞要録》：地榆草，剉，一升，稻米一升，白玉屑一升，三物取白露汁二升，置銅器中煮米熟，絞取汁。玉屑化爲水，名曰玉液。以藥內杯美醴中，所謂神玉漿也。

宋・寇宗奭《本草衍義》卷一〇 地榆 性沉寒。入下焦，熱血痢則可用；若虚寒人及水瀉白痢，即未可輕使。

金・張元素《潔古珍珠囊》〔見元・杜思敬《濟生拔粹》卷五〕 地榆苦甘酸 陽中微陰。治下部有血。與麥門冬相反。

宋・劉明之《圖經本草藥性總論》卷上 地榆 味苦、甘、酸，微寒，無毒。主婦人乳痓痛，七傷帶下病，止痛，除惡血，止汗，療金瘡，止膿血，諸瘻惡瘡熱瘡，消酒消渴，補絕傷。《藥性論》云：味苦，平。能治産後餘瘀疹痛，治金瘡，止血痢蝕膿。日華子云：排膿，止吐血鼻洪，月經不止，血崩，産前後諸血疾，赤白痢并水瀉，止腸風。徐平云：治下血二十年者，取地榆、鼠尾草各貳兩，水貳升，煮半，頓服。不斷，水漬屋塵，飲一小盃，投之不過重作乃愈。小兒疳痢，亦單煮汁，如飴糖與服，便已。又毒蛇螫人，搗新根取汁飲之。得髮良。惡麥門冬。

元・王好古《湯液本草》卷四 地榆 氣微寒，味甘、酸。苦而酸，氣味俱厚，陰也。《本草》云：主婦人乳産，七傷，帶下，月水不止，血崩之疾。除惡血，止疼痛，腸風泄血。《象》云：治小兒疳痢。性沉寒，入下焦，治熱血痢。去蘆。《心》云：去下焦之血。腸風下血及瀉痢下血，須用之。《珍》云：陽中微陰，治下部血。

元・佚名氏《珍珠囊・諸品藥性主治指掌》〔見《醫要集覽》〕 地榆 味苦、甘、酸，性微寒，無毒。沉也，陰也。其用有二：主下部積熱之血痢，止下焦不禁之月經。

元・徐彦純《本草發揮》卷二 地榆 潔古云：性寒，味苦。氣味俱薄，體沉而降，陰中陽也。專治下焦也。東垣云：治下焦血，腸風下血及瀉血下血須用之。又云：地榆味苦、甘、酸，陽中微陰。主婦人乳疾，七傷，帶下，治下部膿血。

明・朱橚《救荒本草》卷上之前 地榆 生桐栢山及寃句山谷。今處處有之，密縣山野中亦有。此多宿根，其苗初生布地，後擻葶直高三四尺，對分生葉，葉似榆葉而狹細頗長，作鋸齒狀，青色，開花如椹子，紫黑色，又類豉，故名玉豉。其根外黑裏紅，似柳根，亦入釀酒。藥燒作灰能爛石。味苦、甘、酸，性微寒。一云：沉寒，無毒。得髮良；惡麥門冬。救飢：採嫩葉煠熟，用水浸去苦味，換水淘淨，油鹽調食。無茶時用葉作飲，甚解熱。治病：文具《本草》草部條下。

明・王綸《本草集要》卷二 地榆 味苦甘酸，氣微寒。氣味俱厚，陰也。無毒。得髮良。惡麥門冬。主婦人乳痓痛，七傷帶下病，月水不止，血崩，産前後諸血疾。腸風血痢，赤白痢，及小兒疳熱，瀉痢極效。療金瘡止痛，除惡肉蝕膿，諸瘻惡瘡熱瘡，可作金瘡膏。性沉寒，入下焦，熱血痢則可，若虚寒人水瀉及冷痢，勿輕用。〇小兒疳痢，濃煮汁飲之。

明・滕弘《神農本經會通》卷一　地榆　得髮良。惡麥門冬。根外黑裏紅，似柳根。

味苦、甘、酸，氣微寒，無毒。《湯》云：氣微寒，味甘、酸，苦而酸，氣味俱厚，陰也。主下部積熱之血痢，止下焦不禁之月經。療崩漏，止血，止痢。珍云：治下焦血，腸風痢血，婦人乳疾，七傷帶下。《疌》云：主血痢，金瘡瘻漏惡瘡，吐衄，排膿止痛，醫乳，治蛇傷。

《本經》云：主婦人乳痓痛，七傷帶下病，止痛，除惡肉，止汗。療金瘡，止膿血，諸瘻惡瘡熱瘡。消酒，除消渴，補絶傷，產後內塞。可作金瘡膏。〔別〕本注云：今人止冷熱痢及疳熱痢極効。《藥性論》云：味苦，平。能治產後餘瘀，㽲痛，七傷。治金瘡，止血痢，蝕膿。蕭炳云：今方用共樗皮，同療赤白痢。日華子云：排膿，止吐血，鼻洪，月經不止，血崩，產前後諸血疾，赤白痢，并水瀉。濃煎止腸風。《象》云：治小兒疳痢。性沉寒，入下焦，治熱血痢。去蘆。主婦人乳痓，七傷帶下，月水不止，血崩之疾。除惡血，止疼痛，腸風泄血。《心》云：去下焦之血。腸風下血，及泄痢下血須用之。珍云：陽中微陰，治下部血。《衍義》曰：若虛寒人水瀉及冷痢，勿輕用。劄云：地榆酸苦性微寒，血痢投之即可安。入下部能消積熱，更安不禁血崩難。《局》云：地榆主兼諸般血，止痛排膿補絶傷。帶下能除十二病，并攻熱痢治金瘡。地榆，止血痢。

明・劉文泰《本草品彙精要》卷一一　地榆無毒　植生。

地榆出《神農本經》：**主婦人乳痓痛，七傷，帶下病，止痛，除惡肉，止汗，療金瘡。**以上朱字《神農本經》。止膿血，諸瘻，惡瘡熱瘡，消酒，除消渴，補絶傷，產後內塞。可作金瘡膏。以上黑字名醫所錄。〔名〕玉豉。〔苗〕《圖經》曰：宿根，生苗布地，莖直高三四尺，對分出葉。葉似榆，少狹細長，作鋸齒狀，青色。七月開花如椹子，紫黑色又如豉，故名玉豉。根外黑裏紅，似柳根。其葉山人乏茗時採之作飲。〔地〕《圖經》曰：生桐柏、冤句山谷及平原川澤，今處處有之。〔道地〕江寧府、衡州。〔時〕生：三月生苗。採：二月、八月取根。〔收〕暴乾。〔用〕根如綿軟者爲好。〔質〕類續斷而肥。〔色〕黑。〔味〕苦，甘，酸。〔性〕微寒，收。〔氣〕味厚于氣，陰也。〔臭〕腥。〔主〕月經不止，腸風瀉血。〔助〕得髮良。〔反〕惡麥門冬。〔製〕去蘆剉碎。〔治〕療：《圖經》曰：止小兒疳痢，煮之如飴糖，服之便愈。《唐本》注云：除帶十二病。孔氏《音義》云：一曰多赤，二曰多白，三曰月水不通，四曰陰蝕，五曰子臟堅，六曰子門僻，七曰合陰陽患痛，八曰小腹寒痛，九曰子門閉，十曰子宮冷，十一曰夢與鬼交，十二曰五臟不定。《藥性論》云：除產後餘瘀，㽲痛，七傷。愈金瘡，止血痢，蝕膿。日華子云：排膿，止吐血，鼻洪，月經不止，血崩，產前後諸血疾，及赤白痢，水瀉。濃煎止腸風。〔合治〕合鼠尾草療下血二十年者，等分水煎服。〔禁〕虛寒人及水瀉白痢者不可輕用。〔解〕搗根汁飲之，解毒蛇螫人、猘犬咬傷之毒。

明・葉文齡《醫學統旨》卷八　地榆　氣微寒，味苦、甘。陰也。無毒。得髮良。惡麥門冬。治婦人血崩帶下，月水不止，產前後諸血疾，腸風血痢便血，及小兒疳熱瀉痢；金瘡止痛，諸瘻惡瘡。性沉寒，入下焦，若虛寒人、水瀉冷痢者勿用。

明・許希周《藥性粗評》卷二　地榆挽血敗於下部。

地榆，一名玉豉。宿根三月內生苗，初生布地，莖直，高三四尺，對分出葉似榆少狹，細長作鋸齒狀，七月開花似椹子，紫黑色，根外黑裏紅，似柳根，道家燒作灰，能爛石。南北處處有之，山人乏茗時每以其葉代茗。二八月採根，暴乾。得髮良，畏麥門冬。餘說《本草》不載。味苦、甘、酸，性微寒，無毒。其氣沉下。主治諸瘻惡瘡，腸風下血，下部膿血，婦人乳痓，七傷帶下，產後內塞，補絶傷，除惡肉，排膿止痛，消酒毒，除消渴。潔古云：地榆體沉而降，專治下焦血。東垣云：瀉血下血須用之。

單方：赤白帶下：婦人漏下不止，黃瘦虛竭者，地榆三兩，剉，米醋一升，煮十餘沸，去滓，食前熱服一合，再服。蛇犬咬傷：凡被毒蛇或猘犬所傷者，速取地榆根搗絞汁飲之，以楂封其口，愈。代指腫疼：凡手指掀代逆腫者，煮地榆湯漬之。風痹補腦：搗地榆汁，和酒服之。

明・鄭寧《藥性要略大全》卷六　地榆　主下部積熱之血痢，止下焦不禁之月經。《經》云：治婦人乳產，七傷帶下，月水不止，產前後諸血，除惡血，止痛，腸風泄血。主濃血，諸瘻惡瘡。治金瘡，止血排膿。亦治上部見血。凡熱痢則可服，虛寒人□□□服。《賦》曰：療崩漏，止血、止痢。

明・陳嘉謨《本草蒙筌》卷三　地榆　味苦、甘、酸，氣微寒，氣味俱薄。陰中陽也。無毒。山谷俱有生長，八月採根曝乾。惡麥門冬，宜人頭髮。雖味苦、甘、酸、澁，氣微寒，無毒。得髮良。惡麥冬。洗去土用。

理血病，惟治下焦。止婦人帶下崩中，及月經不斷；卻小兒疳熱瀉痢，致積瘀時行。塞痔瘻來紅，禁腸風下血。散乳痓，愈金瘡。因性沉寒，故諸血熱者可用。倘若虛寒水瀉冷痢，切宜忌之。第一卷五加皮欵後謨按宜參看。

明・方穀《本草纂要》卷二　地榆　味苦、甘、酸，氣微寒，味厚，陰也，無毒。治下焦濕熱之藥。吾見便血、溺血、崩漏下血、濁血帶血、腸風痔血，或下痢日久而去血不止，或經水無期而乍往乍來，或產後血虛而惡露不盡，或下焦積熱而痔漏脫肛，是皆濕熱之症，非沉寒之氣不能清濕中之熱，非苦寒之味不能斂下焦之血，非陰寒之性不能利下焦之濕，所以必用地榆者也。然而施治之法，抑又異焉，與歸芍用，斂血而甚速；與歸朮用，實脾而有餘；與歸連用，清熱而不已；與歸苓用，治濕而有功；與歸萸用，止血中之痛；與歸薑用，溫經而益血。大抵酸斂寒收之劑，得補則守，得寒則凝，得溫暖而益血歸經，在善用者當自得之也。

明・王文潔《太乙仙製本草藥性大全》卷一《本草精義》　地榆　生桐柏及冤句山谷，今處處有之。宿根三月內生苗，初生布地，莖直高三四尺，對分出葉，葉似榆，稍狹細長，作鋸齒狀，青色。七月開花如椹子，紫黑色，根外黑裏紅，似柳根。二月、八月採曝乾。葉不用，山人乏茗時採此葉作飲，亦好。其性沉寒，入下焦，熱血痢則可用；若虛寒人及水瀉白痢，則未可輕使。如遇毒蛇螫人，可取地榆根，擣取汁飲，兼以漬惡熱瘡，其汁釀酒，能治風痹，補腦。

明・王文潔《太乙仙製本草藥性大全》卷一《仙製藥性》　地榆　味苦、甘、酸，氣微寒，氣味俱薄，陰中陽也，無毒。　主治：雖理血病，惟治下焦，止婦人胎前產後帶下、崩中及月經不斷。卻小兒疳熱，瀉痢，惡肉蝕膿致積瘀，時行塞痔瘻來紅，禁腸風下血，散乳痓，愈金瘡。　補註：療下血二十年者，取地榆、鼠尾草各二兩，水二升，煮半，頓服。若小兒疳痢，亦單煮汁與服。○治婦人漏下赤白不止，令人黃瘦虛竭，以地榆三兩，細剉，米醋一升，煮十餘沸，去滓，食前稍熱服一合。亦治吐血。○伐指逆腫，單煮地榆，作湯漬之半日愈。○療虎犬咬人，地榆根末，服方寸匕，日一二服，傅瘡尤佳。治猘犬咬人，煮地榆飲之，兼末傅瘡上，服方寸匕，日三服，忌酒。若治瘡上，服方寸匕，已差者，擣生韭汁三升，服之，兼末傅瘡。

明・皇甫嵩《本草發明》卷三　地榆中品下，臣。氣微寒，味苦、甘、酸。氣味俱厚，陰也，又陰中微陽。無毒。　發明曰：地榆雖理血病，性沉寒，惟治下焦。故《本草》主治婦人七傷，帶下崩中，月水不止，除惡血，止痛，腸風下血，諸瘻惡瘡，痔瘻來紅瀉痢下血，小兒疳痢，皆下部血熱也。又療金瘡，止膿血，除惡肉，止汗消酒，除消渴，補絕傷，產後內塞，散乳瘡痛。《衍義》曰：此性沉寒，故入下焦諸證，血熱痢者，可用。若清氣下陷，虛寒血泄久及水瀉冷痢白痢等症，宜忌之。得髮良。惡麥門冬。五加皮條內後可參看。

明・李時珍《本草綱目》卷一二草部・山草類上　地榆《本經》中品。校正：併入《別錄》有名未用酸赭。

【釋名】玉豉　酸赭弘景曰：其葉似榆而長，初生布地，故名。其花子紫黑色如豉，故又名玉豉。時珍曰：按外丹方言地榆一名酸赭，其味酸、其色赭故也。今蘄州俚人呼地榆爲酸赭，又訛赭爲棗，則地榆、酸赭爲一物甚明，其主治之功亦同，因併《別錄》有名未用，酸赭爲一云。　【集解】《別錄》曰：地榆生桐柏及冤句山谷，二月、八月採根暴乾。又曰：酸赭生昌陽山，採無時。頌曰：今處處平原川澤皆有之。宿根三月內生苗，初生布地，獨莖直上，高三四尺，對分出葉。葉似榆葉而稍狹，細長似鋸齒狀，青色。七月開花如椹子，紫黑色。根外黑裏紅，似柳根。弘景曰：其根亦入釀酒。道方燒作灰，能爛石，故煮石方用之。其葉山人乏茗時採作飲亦好，又可煠茹。

根　【氣味】苦，微寒，無毒。《別錄》曰：甘，酸。權曰：苦，平。元素曰：氣微寒，味微苦，氣味俱薄，其體沉而降，陰中陽也，專主下焦血。杲曰：味苦、酸，性微寒，沉也，陰也。之才曰：得髮良，惡麥門冬，伏丹砂、雄黃、硫黃。　【主治】婦人乳產，痓痛七傷，帶下五漏，止痛止汗，除惡肉，療金瘡《本經》。止膿血，諸瘻惡瘡熱瘡，補絕傷，產後內塞，可作金瘡膏，消酒，除渴，明目《別錄》。止冷熱痢疳痢，極效《開寶》。止吐血鼻衄腸風，月經不止，血崩，產前後諸血疾，並水瀉大明。治膽氣不足李杲。汁釀酒治風痹，補腦。擣汁塗虎犬蛇蟲傷時珍。　酸赭：味酸。主內漏，止血不足《別錄》。

【發明】頌曰：古者斷下多用之。炳曰：同樗皮治赤白痢。宗奭曰：其性沉寒，入下焦。若熱血痢則可用。若虛寒人及水瀉白痢，即未可輕使。時珍曰：地榆除下焦熱，治大小便血證。止血取上截切片炒用。其梢則能行血，不可不知。楊士瀛云：諸瘡，痛者加地榆，癢者加黃芩。

【附方】舊八，新六。　男女吐血：地榆三兩，米醋一升，煮十餘沸，去滓，食前稍熱服一合。《聖惠方》。　婦人漏下：赤白不止，令人黃瘦。方同上。　血痢不止：地榆曬研，每服二錢，摻在羊血上，炙熟食之，以捻頭煎湯送下。一方：以地榆煮汁作飲，每

服三合。《聖濟》。　赤白下痢：骨立者。地榆一斤，水三升，煮一升半，去滓，再煎如稠錫，絞濾，空腹服三合，日再服。崔元亮《海上方》。　久病腸風：痛癢不止。地榆五錢，蒼朮一兩，水二鍾，煎一鍾，空心服，日一服。《活法機要》。　下血不止：二十年者。取地榆、鼠尾草各二兩。水二升，煮一升，頓服。若不斷，以水漬屋塵飲一小杯投之。《肘後方》。　結陰下血：腹痛不已。地榆四兩，炙甘草三兩，每服五錢，水一盞，入縮砂四七枚，煎一盞半，分二服。《宣明方》。　小兒疳痢：地榆煮汁，熬如飴糖，與服便已。《肘後方》。　毒蛇螫人：新地榆根搗汁飲，兼以漬瘡。《肘後方》。　虎犬咬傷：地榆煮汁飲，並爲未傅之。亦可爲末，白湯服，日三。忌酒。《梅師方》。　代指腫痛：地榆煮汁漬之，半日愈。《千金方》。　小兒濕瘡：地榆煮濃汁，日洗二次。《千金方》。　小兒面瘡：焮赤腫痛。地榆八兩，水一斗，煎五升，温洗之。《衛生總微方》。　煮白石法：七月七日取地榆根，不拘多少陰乾，百日燒爲灰。復取生者，與灰合搗萬下。灰三分，生末一分，合之。若石二三斗，以水浸過三寸，以藥入水攪之，煮至石爛可食乃已。《臞仙神隱書》。

葉　【主治】作飲代茶，甚解熱蘇恭。

題明・薛己《本草約言》卷一《藥性本草》　地榆　味苦、甘、酸，氣微寒，無毒。陰也，降也。主下部積熱之血痢，止下焦不禁之月經。入手陽明、足厥陰經。地榆雖理血病，性沉寒，惟治下焦，故主婦人崩帶，月水不止，腸風下血，痔瘻熱瀉，血痢等證，皆下部血熱也。若清氣下陷，虚寒人水瀉及冷痢、白痢等疾宜忌之。

明・梅得春《藥性會元》卷上　地榆　味苦、甘、酸，性微寒。沉也，陰也。無毒。得髮良。惡麥門冬。　主治下部積熱之血痢，止下焦不禁之月經，療崩漏止血，止痛排膿，治金瘡，女人帶下，乳痓痛，胎前産後諸血疾，腸風下血及小兒疳熱、瀉痢，諸痔惡瘡。性沉寒，入下焦。若虚寒人、水瀉、冷痢者勿用。

明・杜文燮《藥鑒》卷二　地榆　氣微寒，味苦甘酸，無毒。沉也，陰也。主下部積熱之血痢，止下焦不禁之月水。塞痔（瘻）〔瘻〕來紅，療腸風下血。止婦人帶下崩中，却小兒疳熱積瘀。

明・李中立《本草原始》卷二　地榆　生桐柏及冤句山谷，今處處有之。宿根三月内生苗，初生布地，莖直高三四尺，對分出葉。葉似榆葉而稍狹細長，似鋸齒狀，青色。七月開花如椹子，紫黑色。根外黑裏赤。二月、八月採根，暴乾。因葉似榆，初生布地，故名地榆。　氣味：苦，微寒，無毒。主治：婦人乳産，痓痛七傷，帶下病，止痛止汗，除惡肉，療金瘡。○止膿血，諸瘻惡瘡，熱瘡，補絕傷，産後内塞，可作金瘡膏，消酒，除渴，明目。○止冷熱痢，疳痢極效。○止吐血，鼻衄，腸風，月經不止，血崩，産前後諸血疾，并水瀉。○治膽氣不足。○汁釀酒治風痹，補腦；擣汁塗虎犬蛇蟲傷。

地榆，《本經》中品。【圖略】根皮黑肉紫。　修治：水洗，剉用。　虚寒人及水瀉白痢，未可輕使。

《別録》曰：地榆，甘、酸，氣味俱薄，其體沉而降，陰中陽也，專主下焦血。之才曰：得髮良，惡麥門冬。《千金翼》：治伐指逆腫，單煮地榆作湯，漬之，半日愈。《臞仙神隱書》煮白石法：七月七日取地榆，不拘多少，陰乾百日，燒為灰，復取生者，與灰合搗萬下，灰三分，生末一分，合之，若石二三斗，以水浸過三寸，以藥入水攪之，煮至石爛可食止。

明・張懋辰《本草便》卷一　地榆　氣微寒，味甘、酸，苦而酸，氣味俱厚，陰也。　主婦人血崩之疾，除惡血，止疼痛，月水不通，帶下；　治腸風池血，赤白痢及小兒疳熱瀉痢極。

明・李中梓《藥性解》卷二　地榆　味苦、甘、酸，性微寒，無毒，入大腸、肝二經。　主下部積熱之血痢，止下焦不禁之月經，又主金瘡，除惡肉，崩中帶下。得髮良，惡麥門冬。　按：地榆沉寒屬陰，專入肝腸以理下焦，血症有熱者宜之。若虚寒下陷，血衰泄瀉者勿用。

明・繆希雍《本草經疏》卷九　地榆　味苦、甘、酸，微寒，無毒。主婦人乳痓痛，七傷，帶下病，五漏，止痛，除惡肉，止汗，療金瘡，止膿血，諸瘻惡瘡，熱瘡，消酒，除消渴，補絕傷，産後内塞，可作金瘡膏。得髮良。惡麥門冬。

〔疏〕地榆稟地中陰氣，而兼得乎天之微陽，故味苦甘酸，氣則微寒而無毒。氣薄味厚，沉而降，陰也。入足厥陰少陰、手足陽明經。婦人乳痓痛者，厥陰肝經有熱，以致血分熱壅所致也。七情傷於帶脈，故帶下也。五漏者，陽明大腸濕熱傷血病也。血熱則腫而作痛。惡肉者，亦血熱極則瘀，故腫而成惡肉也。傷則出血，血出必發熱而作痛，金瘡是也。膿血不止，皆血熱所致。諸瘻惡瘡，莫不由血熱所生。苦寒能涼血洩熱，熱散則血活腫消，故竝主如上諸疾也。性行而帶補，味兼甘酸，故補絕傷及産後内塞也。消酒，除渴，明目，止純血痢、疳痢極效。治腸風者，皆善袪濕熱之功也。

沉寒入下焦，故多主下部濕熱諸病。　〖主治參互〗地榆得金銀花等分，佐以芍藥、甘草、枳殼、黄連、烏梅，治血痢。如熱在心經，下利純鮮血，則加生犀角汁十五匙，神驗。　綿地榆四兩為君，加金銀花兩許，鯪鯉甲三片土炒，研細，水酒煎濃，空心溫熱服。治橫痃魚口，有神。雖甚，四服無不消者。若已成膿，更加鹽水炒黄耆五錢，白芷二錢，主速潰易合。去鯪鯉甲，并加牛膝、木瓜、殭蠶、黄蘗，治下疳陰蝕極效。　《聖惠方》治婦人漏下赤白不止，令人黄瘦。地榆三兩，米醋一斤，煮十餘沸，去滓。食前稍熱服一合。　崔元亮《海上方》治赤痢骨立者：地榆一斤，水三升，煎一升半，去滓，再煎如稠餳，絞濾，空腹時服三合，日再服。　《活法機要》治久病腸風，痛癢不止。地榆五錢，蒼术一兩，水二鍾，煎一鍾，空心服，一日一服。　《肘後方》治下血不止二十年者，地榆、鼠尾草各二兩，水二升，煮一升，頓服。若不斷，以水漬屋塵飲一小杯投之。　《宣明方》治結陰下血，腹痛不已。地榆四兩，炙甘草三兩，每服五錢，水一盞，入縮砂七枚，煎半盞，分二服。　《肘後方》治小兒疳痢，地榆煮汁，熬如飴糖，與服便已。《千金方》治大指腫痛，地榆煮汁漬之，半日愈。　〖簡誤〗地榆性寒而下行。凡脾胃虛寒作泄，白痢久而胃弱，胎產虛寒泄瀉，血崩脾虛作泄，法竝禁服。

明·倪朱謨《本草彙言》卷一　地榆　味苦、微酸，氣寒，無毒。沉而降，陰也。入足陰厥陰、手足陽明經。　陶隱居曰：生桐柏及冤句山谷，今處處平原川澤亦有。三月宿根布地作苗，獨莖直上，高三四尺，對分出葉，青色，似榆葉，稍狹細而長，邊有鋸齒。七月開花如椹。九月采根。根似柳，外黑內紅。根可釀酒。山人乏茗，摘葉亦可作飲。或作蔬用。

地榆：《別錄》苦寒，凉血止血之藥也。回回醫馬少川稿　達下焦，止腸風下血、痔痢之紅，消熱腫，治諸瘻惡瘡、乳癰之疾。其性苦寒酸收，療一切熱散氣流而動血者，故他書有吐衄溺血，月經妄行，或中酒熱及小兒疳熱積痢，兼可收治。總因血熱爲眚也。若脾胃虛寒泄瀉，癰瘡久病無火，并陽衰血證，幷禁用之。

集方：《活法機要》治腸風下血，穀道痛癢不止。用地榆一兩，蒼朮五錢，米泔浸一宿，水二碗，煎八分。食前服。〇《宣明方》治結陰下血，腹痛不已。用地榆四兩炒，甘草炒、砂仁炒、炮薑灰各一兩，共爲末，每服五錢。白湯調服。〇姚氏手集治乳癰諸瘻，用地榆三兩，蒲公英二兩，俱酒洗炒，乳香、沒藥各一兩，瓦上焙出汗，共爲細末。每服三錢，食後白酒調下。〇江魯陶方治吐血衄血，或溺中帶血，或糞前後見血。用地榆五錢，懷熟地三錢，當歸、白芍藥各二錢。如吐血，本方加牡丹皮、茜草各二錢；衄血加川黄連、炮薑末各一錢；溺血加玄參、車前子各二錢；便血加蒼朮、炮薑灰各三錢，俱用水二大碗，煎服。〇《肘後方》治小兒疳熱積痢。用地榆八兩，煮汁二次，砂鍋內熬如飴糖，不時與服，十茶匙，白湯調下。

明·姚可成《食物本草》卷一七草部·山草類　地榆處處平原有之。宿根三月內生苗，初生布地，獨莖直上，高三四尺。對分出葉，葉似榆葉而稍狹、細長，似鋸齒狀，青色。七月開花如椹子，紫黑色。根外黑裏紅，亦入釀酒。其葉山野人缺乏荈茗時採作飲，極香美適口，又可熯茹。其根燒作灰，能爛石，故煮石方中古人每用之。　地榆，味苦，微寒，無毒。主婦人乳產痓痛七傷，帶下五漏，止痛，止汗，除惡肉，療金瘡，止膿血，諸瘻惡瘡熱瘡，補絕傷，產後內塞，可作金瘡膏，消酒，除渴，明目，止冷熱痢、疳痢極效。止吐血鼻衄，腸風，月經不止，血崩，產前後諸血疾并水瀉。治膽氣不足。汁釀酒，治風痹，補腦。擣汁塗虎犬蛇蟲傷。

附方：治男女吐血及婦人漏下。用地榆三兩，米醋一升，煮十餘沸，去滓，食前服一合。　治血痢不止。用地榆晒研，每二錢，摻在羊血上炙熟食之，以捻頭煎湯送下。捻頭，即寒具，以麪為之，詳第九卷炊蒸類中。　治毒蛇傷人。新鮮地榆根擣汁飲，兼漬患處。　治久病腸風。地榆三錢，蒼朮等分，水煎服。　治赤白下痢骨立者。地榆一斤，水三升，煮一升半，去滓，再煎如稠餳，日服三合。

明·顧逢柏《分部本草妙用》卷五腎部·寒瀉　地榆　苦，微寒，無毒。得髮良。惡麥冬，伏丹砂、雄黄、硫黄。　主治：止冷熱痢疳痢，吐血鼻衄，腸風血崩，產後諸血疾，帶漏及金瘡熱毒等症。汁釀酒，治風痺，補腦。擣汁，塗虎犬、蛇蟲傷。　地榆性沉寒，專止下焦血。若熱血痢用之神效。若虛寒人及水瀉用之反劇。如治大小便血症，用上截切炒。梢，能行血，不可用，諸瘡者用之。

明·李中梓《醫宗必讀·本草徵要上》　地榆味苦，寒，無毒。入肝經，惡麥門冬。　止血痢腸風，除帶下五漏。味苦而厚，沉而降，善主下焦血證，兼去濕熱。按：地榆寒而下行，凡虛寒作瀉，氣虛下陷而崩帶者，法並禁之。

明・鄭二陽《仁壽堂藥鏡》卷一〇下　地榆　陶隱居云：地榆，今近道處處有。惡麥門冬。　氣微寒，味甘、酸。苦而酸，氣味俱厚，陰也。《本草》云：主婦人乳產七傷，帶下，月水不止，血崩之疾。除惡血，止疼痛，腸風泄血。《象》云：治小兒疳痢。性沉寒，入下焦，治熱血痢。去蘆。《心》云：去下焦之血，腸風下血，及瀉痢下血，須用之。《珍》云：陽中微陰。治下部血。

明・蔣儀《藥鏡》卷四寒部　地榆　清下焦之濕熱，理大腑之流紅。痔漏有功，崩痢尤驗。止婦人帶下，并療腸風。卻小兒熱疳，兼清瘀積。同金銀花、穿山甲，水酒濃煎熱服，治橫痃魚口最神。去山甲，加牛膝、木瓜、殭蠶、黃蘗，治下疳陰蝕極效。

明・張景岳《景岳全書》卷四八《本草正・草部》　地榆　味苦、微澁，性寒而降。既清且澁，故能止吐血衄血，清火明目，治腸風血痢，及婦人崩漏下血，月經不止，帶濁痔漏，產後陰氣散失。亦斂盜汗，療熱痞，除惡肉，止瘡毒疼痛。凡血熱者當用，虛寒者不相宜也。作膏可貼金瘡。搗汁可塗虎犬蛇蟲傷毒。飲之亦可。

明・賈九如《藥品化義》卷二血藥　地榆　屬陰，體乾而重，色赤，氣和，味苦，云帶酸甘皆非。性寒，能沉，力涼血，性氣薄而味厚，入肝大腸二經。因地榆色性氣味與赤芍相同，但味苦稍重，取其苦寒勝熱，用之涼血瀉肝。因體重而沉，專主下部，凡腸紅溺血，女人崩漏血淋，以此清之，不使下泄妄行而血自止矣。若下部失血，久則清氣下陷。性寒忌之。又以此除惡血定痛，治金瘡止血，解諸毒熱癰神妙。　體韌如緜，故名緜榆。凡涼血，枯芩為上使，黃連為中使，地榆為下使，因其體味芩輕、連重、榆更重耳。

明・盧之頤《本草乘雅半偈》帙五　地榆《本經》中品　氣味：辛、苦，微寒，無毒。　主治：主婦人乳產痓痛，七傷，帶下，五漏，止痛，止汗，除惡肉，療金瘡。

覈曰：生平原川澤。三月宿根布地作苗，獨莖直上，高三四尺，對分出青色葉，似榆葉稍狹，細而長，邊有鋸齒。七月開花如椹，根似柳，外黑內紅。根可釀酒，道方以之燒灰煮石。得髮良。惡麥門冬，伏丹砂、雄、硫。

条曰：地，坤道也，至柔而動也剛，煮石成糜，足徵剛而動矣。榆從俞，俞者，空中木，若舟楫之利，以濟不通，故主脈道壅塞，致營血不能分流經隧，而為帶下、五漏、乳產、汗出種種證形，若乘木之有功也。不但作舟楫，亦可作車乘，咸乘木之有功也。

明・李中梓《本草通玄》卷上　地榆　苦，寒，微酸，肝家藥也。善入下焦理血，凡腸風下血、尿血、痢血、月經不止，帶下崩淋、久瀉者，皆宜用之。　寇宗奭云：其性寒，專主熱痢。若虛寒及水瀉者不可輕用。　地榆雖能止血，多用能傷中氣。稍能行血，必當去之。　多以生用，見火無功。

清・顧元交《本草彙箋》卷一　地榆　專主下焦血分，古人用之以斷下。但性沉寒，熱血痢則可用，合樗皮用之。然須取上截，切片，炒用。其稍則能行血，不可不知。

楊士瀛云：諸瘡癢加黃芩，痛加地榆。蓋火盛則痛，火微則癢。　治血痢同地榆、金銀花等分，佐以芍藥、甘草、枳殼、黃連、烏梅。如熱在心經，下痢純鮮血，則加生犀角汁十五匙。

清・穆石匏《本草洞詮》卷八　地榆　其葉似榆，初生布地，故名。道方燒作灰，能爛石，故煮石方用之。采葉代茗亦好。氣味苦，微寒，無毒。除下焦熱，治大小便血證。其性沉寒，若熱血痢則可用。若虛寒人水瀉、白痢，未可輕使。取上截，切片炒用，止血。其稍則行血也。

清・劉雲密《本草述》卷七上　地榆　處處平原川澤有之。三月宿根布地作苗，獨莖直上，高三四尺，對分，出青色葉，似榆葉稍狹細而長，邊有鋸齒，七月開花如椹子，紫黑色，根外黑內赤，似柳根。

根：　氣味：　苦，微寒，無毒。《別錄》曰：甘、酸。　潔古曰：氣微寒，味微苦，氣味俱薄，其體沉而降，陰中陽也。專主下焦血。　東垣曰：味苦、酸，性微寒，沉也，陰也。　主治：下部積熱，血痢并腸風下血，療女子月經不止，血崩，產前後諸血疾，小兒疳痢，止痔瘻膿血。《別錄》曰：補絕傷。一名酸赭。主內漏，止血不足。　東垣曰：治膽氣不足。　頌曰：古者斷下多用之。　蕭炳曰：同樗皮治赤白痢。　宗奭曰：其性沉寒，入下焦。若熱血痢則可用，若虛寒人及水瀉白痢，即未可輕使。　門曰：熱痢初起亦不可用，恐濇早故也。　時珍曰：治大小便血證，止血。取上截，切片炒用。其稍則能行血，不可不知。　希雍曰：地榆稟地中陰氣，而兼得天之微陽，故味苦甘酸，氣則微寒而無毒，氣薄味厚，沉而降，陰也。入足厥陰少陰、手足陽明經。苦寒能涼血瀉熱，以兼甘酸，性行而帶補。

得金銀花等分，佐以芍藥、甘草、枳殼、黃連、烏梅，治血痢。如熱在心經，下利純鮮血，則加生犀角汁十五匙，神驗。

愚按：地榆，宿根，三月生苗，稟木之生氣以升也。於七月開花結子，乘金之收氣以降也。故其用在根。其根外黑內紅，合於子之紫黑色，豈非本於至陰之腎，能布地道生育之化，以為血之主者乎？故《本草》雖言其於上下血皆治，然而治效親切，於下焦更有功也。如療下焦血痢，腸風，女子崩中及月經不止，皆取腎司大小便之故也。血為真陰之化醇，故《別錄》有主內漏止血不足一語，是則地榆治血，固不徒取其寒也。入門謂熱痢不可驟用，良然。但指為濇者，誤矣。此味之用，宜於熱痢久而虛者，及女子崩中日久，月經不止，皆屬熱而虛者，以其微寒而帶補也。故曰古方斷下多用之。抑其氣味雖曰苦寒甚微，乃有酸合之，則專於沉降，本乎親下者，東垣謂為純陰是矣。純陰之性味，唯以對待積熱，亦宜有以佐之。如血痢不止，合於羊血；久病腸風，合於蒼朮；結陰下血，合於炙草並砂仁。即三方推之，以盡其用，非投劑者所宜留意乎哉？

血痢不止，地榆曬研，每服二錢，摻在羊血上，炙熟食之，以捻頭煎湯送下。

久病腸風，痛癢不止，地榆五錢，蒼朮一兩，水煎空心，日一服。結陰下血，腹痛不已，地榆四兩，炙甘草三兩，每服五錢，水一盞，入縮砂四七枚，煎一盞半，分二服。希雍曰：地榆性寒而下行，凡脾胃虛寒，作泄白痢，久而胃弱；胎產虛寒泄瀉，血崩，脾虛作泄，法並禁服。

修治　切之，如繇者良，酒洗。

清·郭章宜《本草匯》卷九　地榆　甘酸苦寒，氣味俱薄，沉而降，陰中陽也。杲曰：沉也，陰也。入足厥陰少陰、手足陽明經。主下部積熱之血痢，止下焦不禁之月經。除惡肉，血熱則瘀，故腫而成惡肉。療熱瘡，腸風痛癢，濕瘡膿爛。《本經》治婦人乳痓痛者，熱鬱肝經，以致血分壅滯而痛也。又治五漏，陽明大腸濕熱，傷血分也。用苦寒以涼之洩之，而症自平矣。

按：地榆，其性沉寒，善除下焦血熱，故痔瘻熱瀉，純血痢，疳痢，濕熱痢等症，用之極為相宜。然雖云能止血，多用必傷中氣。楊士瀛云：諸瘡痛者，加地榆。癢者，加黃芩。故《千金方》治大指腫痛，用地榆煮汁浸之而愈也。其梢能行血，必當去之。若氣虛下陷，脾弱水瀉，冷白痢，崩帶等疾，切宜禁之。

宜生用，見火無功。惡麥冬。伏丹砂、雄黃、硫黃。葉代茶飲，甚解熱。

清·蔣居祉《本草擇要綱目·寒性藥品》　地榆　氣味：苦，微寒，無毒。其體沉而降，陰中陽也。專主下焦血分。主治：腸風下血，瀉血下血。療婦人乳疾，七傷帶下，治下部膿血水瀉。白痢不可輕使，熱血痢間多用之。惡：麥門冬、雄黃。〔伏：〕丹砂、硫黃。

清·王翃《握靈本草》卷二　地榆處處有之。取上截，切片炒用。稍行血，不可用。

主治：地榆，苦，微寒，無毒。主婦人乳產崩帶，止冷熱痢、疳痢極效。吐衄，腸風，月經不止。發明：【略】東垣云：地榆酸苦而壞胃，須宿食消盡，空心服之。選方：【略】潔古治血痢，地榆丸，用地榆、當歸、阿膠、黃連、訶子、木香、烏梅，丸服。又熱痢不止，地榆七錢半，生地半兩，甘草炙二錢五分，煎服。

清·汪昂《本草備要》卷二　地榆濇，止血。苦、酸，微寒。性沉而濇，《本草》未嘗言濇，然能收汗止血，皆酸斂之功也。入下焦，除血熱。治吐衄崩中，血虛禁用。腸風，血鮮者爲腸風，隨感而見也；血瘀者爲藏毒，積久而發也。糞前爲近血，出腸胃；糞後爲遠血，出肺肝。血痢。蘇頌曰：古方斷下多用之。蘇頌，著《本草圖經》。寇宗奭曰：虛寒瀉痢及初起者忌用。似柳根，外黑裏紅。取上截，炒黑用。梢反行血。得髮良。惡麥冬。

清·吳楚《寶命真詮》卷三　地榆　【略】味苦而厚，寒而下行，多用有傷中氣。凡虛寒作瀉，氣虛下陷，而成崩帶者，并禁之。

清·陳士鐸《本草新編》卷三　地榆　味苦、甘、酸，氣微寒，陰中陽也，無毒。止婦人赤帶、崩下及月經不斷，却小兒疳熱，止熱痢，下瘀血，治腸風下血，愈金瘡。但治熱而不治寒，虛寒之人，不可輕用，地榆涼血之品也。血熱病，生用之涼血，正得其宜。然而血熱則必動，動則必有散失之虞。血寒則又凝，凝則必有積滯之患。過用地榆以涼血，則熱變為涼，而陰寒結于腸胃，將腹痛之症生，反致血崩下血而不可止，猶以為地榆之少也，更佐之以涼血之藥，熱必至死亡而後已，良可嘆也！

或問：地榆治大腸之血，實有奇功，新久皆可用之否？曰：不可也。大腸有火，則新舊皆宜；無火，則新舊皆忌，此言其常也。大腸前有火而後無火，則前宜而後不宜；久無火而暫有火，則久當忌而暫不宜忌，此言其變也。審常變而察可否，豈特用地榆一味為然哉。

或問：地榆涼大腸之血，單用一味，往往見功，而合用他藥，反致無效，何也？蓋單用一味，則功專而效速，合用他藥，未免拘牽矣。倘所用他藥盡入大腸之經，則調和于寒熱之間，贊勷于氣血之內，功既速成，而身亦甚健。惟其所用之他藥，非盡入于大腸經之味，則彼此異宜，上下違背，安能奏功乎。可見用藥貴純而不貴雜，不在單用與不單用也。

或疑地榆涼血，何以能止血也？不知地榆亦能補血也，倘徒涼血，則血正不能驟止，惟其涼血又兼補血，所以單味亦成功耳。

清·顧靖遠《顧氏醫鏡》卷七　地榆苦，寒。入肝腎胃大腸四經。　止血痢腸風，善去濕熱之功。除帶下崩漏。濕熱去則帶下止，血不熱則崩漏除。療諸瘡而定痛，諸瘡腫毒，莫不由血熱所生。涼血泄熱，則熱散血和，而腫消痛止矣。除惡肉而止膿。血熱極則鬱，故腫而成惡肉，膿血不止，亦血熱所致。沉寒入下焦，故多主下部濕熱諸病。脾胃虛寒而洩瀉，氣虛下陷而崩帶者，禁用。

清·馮兆張《馮氏錦囊秘錄·雜症痘疹藥性主治合參》卷三　地榆稟地中陰氣，兼得乎天之微陽，故味苦甘酸，微寒，無毒。氣薄味厚，沉而降，陰也。入足厥陰少陰、手足陽明經。為下部濕熱腸風、便血、血熱、血痢、疳痢之要藥。○宜酒拌炒用。

地榆，雖理血症，惟治下焦婦人崩帶，月經不斷，小兒疳痢，腸風下血，痔瘻來紅。但虛寒冷瀉，崩帶，切須忌服。

清·张璐《本經逢原》卷一　地榆　苦，濇，微寒，無毒。去稍，酒拌，炒黑用。

《本經》主婦人乳產痙痛，七傷帶下五漏，止痛，止汗，除惡肉，療金瘡。　發明：地榆入足厥陰，兼行手足陽明。體沉而降，善入下焦理血。《本經》主乳產痙痛，七傷帶下五漏者，是指去血過多，肝風內生之象。又云止汗止痛，除惡肉，療金瘡者，以其能和血也。若氣虛下陷而崩帶，及久痢膿血、瘀晦不鮮者，又為切禁。性能傷胃，誤服多致口噤不食。又凡瘡痛者，加地榆。癢者，加黃芩，以其能散血熱也。燒灰，香油調，敷火燙，乃借火氣引散血中之火毒耳。稍專行血，不可混用。

清·浦士貞《夕庵讀本草快編》卷一　地榆《本經》、玉豉　葉似榆而長，初生布地，花子紫黑如豉，故有二名。　地榆苦寒，氣味雖薄，體沉而降，陰中陽也。本草不言入肝，但云下焦血分之藥。考所治之症，如腸風便血，冷熱疳痢，月經不止，漸成崩漏，或胎產諸血，以及風痹。蓋取其味薄能升，力能斷下也。雖然，氣旺有餘者宜之，若虛寒水瀉，氣脫白痢，皆不可用。而東垣治膽氣不足，大明之治吐血衄血，得非甲乙同原，入肝無疑矣！

清·張志聰、高世栻《本草崇原》卷中　地榆　氣味苦，微寒，無毒。主治婦人產乳痙病，七傷，帶下，五漏，止痛，止汗，除惡肉，療金瘡。　地榆處處平原川澤有之，宿根在土，三月生苗，初生布地，獨莖直上，高三四尺，葉似榆葉而狹長如鋸齒狀，其根外黑裏紅，一名玉豉，又名酸赭。　地榆一名玉豉，其臭兼酸，其色則赭，故《別錄》又名酸赭，蓋稟厥陰木火之氣，能資肝臟之血也。主治婦人產乳痓病者，謂產後乳子，血虛中風而病。地榆益肝臟之血，故可治也。七傷者，食傷，憂傷，飲傷，房室傷，飢傷，勞傷，經絡營衛氣傷，內有乾血，身皮甲錯，兩目黯黑也。地榆得先春之氣，故能養五臟而治七傷。帶下五漏者，帶漏五色，或如青泥，或如紅津，或如白涕，或如黃瓜，或如黑衃血也。止痛者，止婦人九痛，一陰中痛，二陰中淋痛，三小便痛，四寒冷痛，五月經來時腹痛，六氣滿來時足痛，七汗出陰中如蟲嚙痛，八脇下皮膚痛，九腰痛。地榆得木火之氣，能散帶漏下之瘀，而解陰凝之痛也。止汗者，止產後血虛汗出也。除惡肉，療金瘡者，生陽氣盛，則惡肉自除，血氣調和，則金瘡可療。

清·劉漢基《藥性通考》卷五　地榆　味苦、酸，氣微寒，性沉而濇。本草未嘗言濇，然能收汗止血，皆酸收斂之功也。入下焦除血熱，治吐衄崩中。血虛忌用。腸風血痢，血鮮者為腸風，血瘀者為藏毒，積久而發也。糞前為近血，出腸胃。糞後為遠血，出肺肝。若虛寒瀉痢，及初起者，忌用。似柳根，外黑裏紅，取上截，炒黑用之。稍反行血。得髮良。惡麥冬。

清·周垣綜《頤生秘旨》卷八　地榆　理下焦血病之藥也。若清氣下陷，虛寒泄血，不宜用。

清·黃元御《玉楸藥解》卷一　地榆　味苦，氣寒。入足厥陰肝經。泄熱清肝，涼營止血。苦寒沉降，止吐衄便溺，崩漏金瘡諸血。但大凡失血證，內寒者多，而熱者少，庸工以治下焦血病最不通。

清·吳儀洛《本草從新》卷一　地榆〔澀，止血。〕　苦酸，微寒，性沉而澀。收汗止血，皆酸斂之功。入下焦。除血熱。治吐衄崩中，腸風血鮮者為腸風，隨感而見也；血瘀者為臟毒，積久而發也。糞前為近血，出腸胃；糞後為遠血，出肺肝。血痢。蘇頌曰：古方斷下多用之。氣血虛寒及初起者禁用。似柳根，外黑裏紅。取上截炒黑用。梢反行血。得髮良。惡麥冬。〔苏頌著《本草圖經》。〕

清・汪紱《醫林纂要探源》卷二　地榆　苦，酸，寒，濇。瘦莖直上，節上分枝，葉頗似榆，故名。莖上作花毬，圓長，紫黑，類椹與棗，故亦名酸棗。根分歧似柳而輭，外黑內紅。堅腎，去熱瀉肝，去瘀。色赤入下焦血分。主治血崩，血痢腸風。身頭止血。酸。炒黑用。梢行血。生用。

清・嚴潔等《得配本草》卷二　地榆　得髮良。惡麥冬。伏丹砂、雄黃、硫黃。苦、微酸、澀，微寒。入手陽明、足厥陰經。專理下焦血分，除下焦濕熱。治吐衄崩中，腸風血痢，膿血，諸瘻瘡瘍惡肉，虎犬蛇蟲傷毒，及產後陰氣散失。亦斂盜汗。得犀角，治熱痢。心熱下血。配黃芩，治瘡癢。火盛則痛，火微則癢。配蒼朮，治腸風痛癢不止。佐砂仁、甘草，治下血腹痛。止血，炒黑，用上截。其梢能行血。

題清・徐大椿《藥性切用》卷三　地榆　苦酸微寒，性沉而濇，入下焦血分。除血痢，止腸風。俱炒炭用。梢反行血，與根相反。

清・黃宮繡《本草求真》卷七　地榆清下焦血熱血崩。　地榆耑入肝腸胃。苦酸微寒，性沉而濇，諸書皆言因其苦寒，則能入於下焦血分除熱。俾熱悉從下解，又言性沉而濇。凡人症患吐衄崩中，腸風血痢等症，腸風下血，清而色鮮，四射如濺，乃風性使然。《素問》所謂久風入中，則為腸風飧泄是也。若肛門射血如線，或點滴不已者，乃五痔之血耳。得此則能濇血不解，按此不無兩歧，詎知其熱不除，則血不止，其熱既清，則血自安，且其性主收斂，既能清降，又能收濇，則清不慮其過泄，濇亦不慮其或滯，實為解熱止血藥也！但血熱者當用，虛寒者不宜用。久病者宜用，初起者不宜用。作膏可貼金瘡，擣汁可塗虎犬蛇蟲傷毒，飲之亦可。似柳根，外黑裏紅，取上截炒黑用，梢反行血。得髮良。惡麥冬。

清・楊璿《傷寒溫疫條辨》卷六濇劑類　地榆　味苦酸濇，性寒，氣味俱薄，陰中陽也。入肝與大腸。雖理血病，惟治下焦。禁腸風下血，塞痔瘻來紅，療月信不調，並帶下崩中，却疳熱瀉痢及積瘀時行。《綱目》曰：　地榆三兩醋煎，日三服盡，治下血痢血不止，並婦人漏下，赤白帶下。加鼠尾草三兩水煎，如前法服，治下血二十餘年者驗。又曰：　地榆三錢，炙甘草三錢，砂仁一錢水煎，治結血下血腹疼。

清・羅國綱《羅氏會約醫鏡》卷一六草部　地榆　味苦寒，入肝經。味苦厚，性沉降。治下焦血證，兼去濕熱，止吐衄崩中，血虛忌用。除腸風、詳載便血。血痢血熱，斂盜汗性澁，止赤腫瘡毒疼痛苦寒。

按：　地榆寒而下行，凡虛寒下血及崩帶者，並宜禁之。似柳根，取上截炒黑用。梢反行血。

清・黃凱鈞《藥籠小品》　地榆　：　苦酸，微寒，入下焦，除血熱腸風。血鮮者為腸風，血瘀者為臟毒。血痢，地榆有斷下之功，初起禁用。取上截炒用，梢反行血。

清・王龍《本草纂要稿・草部》　地榆　味苦、酸，性寒，無毒。行血用稍，止血取上。療崩漏止血止痢，治下焦積熱積瘀。塞痔漏腸風下血，却小兒瀉痢熱疳。虛寒水瀉忌服，寔熱下血堪宜。

清・吳鋼《類經證治本草・手陽明大腸腑藥類》　地榆　【略】誠齋曰：專治血熱為病，利血症凡血鮮者，為腸風；　血瘀者，為臟毒。糞前血為腸胃血，藥內可加之。糞後血者，出肺肝，宜斟酌用之。

清・張德裕《本草正義》卷下　地榆　苦，澁，性寒。治吐血衄血，腸風下血，經水不止。凡血熱宜涼而澁者，可用。寒者勿宜，或佐以溫。

清・楊時泰《本草述鉤元》卷七　地榆　一名酸赭。根味微苦、酸，氣微寒。氣薄味厚，沉而降，陰也。入足厥陰少陰、手足陽明經。專主下焦血。治下部積熱血痢，並腸風下血，女子月經不止，血崩，古者斷下多用之。產前後諸血疾，小兒疳痢，止痔瘻膿血。補絶傷，主內漏，止血不足《別錄》。治膽氣不足東垣。同樗皮，治赤白痢。得銀花等分，佐以芍藥、甘草、枳殼、黃連、烏梅，治血痢。如熱在心經，下痢純鮮血，則加生犀角汁十五匙，神驗。

附方：　血痢不止，地榆曬研，每用二錢，摻在羊血上，炙熟食之，以捻頭煎湯送下。久病腸風，痛癢不止，地榆五錢，蒼朮一兩，水煎，空心日一服。結陰下血，腹痛不已，地榆四兩，炙甘草三兩，每服五錢，水一盞，入縮砂四七枚，煎一盞半，分二服。

論：　地榆當七月而花實，乘金之收氣以降，故其用在根，其根外黑內紅，合於子之紫黑色，蓋本於至陰之腎，而布地道生育之化，宜於血痢崩漏之屬熱而虛者，為其微寒而帶補也。故斷下多用，而熱痢不可驟用。第其以純陰對待積熱，亦宜有以佐之。如血痢不止，合於羊血；　久病腸風，合於蒼朮；　結陰下血，合於炙草、縮砂。即三方推之，以盡其用可也。

繆氏云：　凡虛寒作泄，白痢胃弱及胎產泄瀉，血崩，脾虛作泄，法並禁服。

修治：切之如綿者良，酒洗。治大小便血證，止血取上截切片炒用。其杪則能行血，不可不知。

清・鄒澍《本經續疏》卷四　地榆　【略】凡物之色，赤應火，而黑應水。何以火誠赤，而水無色也？人之身，氣似火，而血似水。何以血反赤而氣無色也？夫亦所謂積厚流光耳。星星之然於燈燭，涓涓之盛於栝杓，又何嘗赤？又何嘗黑？惟其勃發燎原，回光返照，斯不勝其赤，幽元深邃，驀地無見，乃不勝其黑，試分之挹之，猶赤固非赤，黑亦非黑，是故無色乃色，有色乃非色也。人色之著於形體，何莫非以赤驗火，以黑驗水？至於周流之氣血，不有火盛而血益赤，火衰而血遂淡乎？是知有色者係火胎，水中無色者，乃水交於火，以故氣鼓血行，血隨氣順，為生人之符。氣違血散，血窒氣壅，為病人之本。地榆之根，黑外赤內，水火不相入，而偏際風木之極盛時生三月，遇風木之受制時榮七月，不似氣血之相違，乘間插入風邪以為病，乃轉能化風氣為生氣，以開紫黑色花，遂可驗氣已入血，血已隨氣耶。夫紫黑固水火相間之色也。婦人乳病甚多，此乳字當作生產解，漢以前生產皆謂為乳，曰產後者始自《金匱要略》也。不被風者不痓，《金匱要略》曰新產血虛多汗出，喜中風，故令病痓。痓不必皆痛，故產後痓不必盡可以地榆治，惟痓而且痛，乃地榆所專主也。以是推之，七傷，帶下病，亦非風不痛，巢元方曰：婦人帶下，六極之病，脈浮則腸鳴腹滿，脈緊即腸中痛，脈數則陰中癢痛生瘡，脈弦則陰疼掣痛。浮緊數弦，皆有風象者也。則地榆者不治別因之帶下，并不治七傷帶下病之不痛者，惟能為七傷帶下病止痛又可見矣。何況血去氣散，風乘虛入而為惡肉，風乘營衛之相遭，而鼓蕩為汗。金瘡被風而痛不可瘳，不皆為地榆所屬耶。《別録》之止膿血諸瘻惡瘡、熱瘡，產後內塞作金瘡膏，皆於《本經》推類言之。惟消酒，除消渴，補絕傷，則其義若別有在者。然氣盛而鼓風入血，何異血虛而風乘以入，風入而更耗其血，何異風入而大耗其津液，風橫梗於氣血之間，何異氣血之不相續，則仍是血虛氣違為根本，風氣攪擾於其間乃為病，而治之以化風氣為生氣，致氣血使調和得巽而相入矣。

清・葉桂《本草再新》卷一　地榆味苦，性微寒，無毒。入肺、腎二經。除血熱，治吐衄崩中，腸風血痢。氣血虛寒及初病者禁用。

清・吴其濬《植物名實圖考》卷八　地榆　《本經》中品。荒岡田塍多有之。《救荒本草》：葉可煠食，亦可作茶。李時珍謂俚人呼為酸赭，併入《別録》酸赭。

清・趙其光《本草求原》卷一山草部　地榆　微寒，滋腎水以制火；味苦，帶酸澀，瀉心肝火以燥濕；色赭入血，故治下焦血中濕熱。主乳產病痓，去血多，肝風內生，宜清肝養血。七傷，帶下五漏，或吐血，勞飢飲食，憂悲房室，傷其營衛經絡，內有乾血，皮膚甲錯，則帶下五色，或吐血，醋煎熱服。止痛、止汗。血滯則痛，血虛則汗出也。除惡肉，治金瘡，皆和血之功。血痢，同銀花、芍、甘、枳、連、烏梅；心熱加犀角；久痢，一味研末摻羊血上，炙熟食，稔頭湯下。腸風痛癢，同蒼术煎。陰結下血，同炙草、砂仁。赤血痢，熬膏服。小兒疳痢，方同上。血久崩，經不止，皆血熱而虛，若氣虛下陷忌之。蛇、虎、犬傷，煎飲，並敷。面瘡赤腫，煎洗。湯火傷，燒灰，油調塗，借火氣引散血中火毒也。消酒止渴，明目。汁釀酒，治風痹。但新熱痢，防其澀；寒痢，又忌其寒。

切之如綿者良。止血用上截，酒洗，炒用。其梢專行血，不可混施。

清・葉志詵《神農本草經贊》卷二　地榆　味苦，微寒。主婦人乳痓痛，七傷帶下病，止痛，除惡肉，止汗，療金創。生山谷。

平原榆布，特立莖苗。寶珠安用，玉豉常調。陽驕霧斂，金鑠石銷。茗香釀熟，藕佐山肴。

蘇頌曰：平原山澤處處有之，苗初生布地，獨莖直上，葉似榆葉。古詞：寧得一把地榆，安用明月寶珠。《煮石經》：何不食石用玉豉。註：地榆也。《群芳譜》：此草霧而不濡，太陽氣盛故也。燒灰能鑠金石，其根作飲若茗汁，釀酒。其葉又可煠食。歐陽修記：山肴野蔌。

清・文晟《新編六書》卷六《藥性摘錄》　地榆　苦、酸，微寒，性沉而濇。入腸胃。清下焦血熱。〇治吐衄崩中，腸風血痢等症。〇但血熱宜用，虛寒不宜。久症可用，初起勿投。〇搗汁可塗虎、犬、蛇、蟲咬傷。〇作膏，可貼金瘡。取上截炒黑用，下稍反行血。〇惡麥冬。

清・張仁錫《藥性蒙求・草部》　地榆錢半、三錢　地榆性平，治女人崩。下血諸症，賴以安寧。一云：苦、酸，微寒，性沉而濇。入下焦，除血熱，治大小便血症。止血取上截，炒黑用。凡氣血虛寒及初起痢崩禁用。

清・戴葆元《本草綱目易知錄》卷一　地榆　苦、酸，微寒。體沉而降，入下焦。除血熱，消酒除渴，明目止汗。治膽氣不足，止冷熱疳痢，水瀉，除惡肉，化膿血，止吐血鼻衄，腸風，療諸瘻，惡瘡熱瘡，婦人月經不止，血崩帶

下，乳產痓痛，胎前產後諸血症。汁釀酒飲，治風痹。搗汁，塗虎犬蛇蟲傷。研末，止金瘡血。油調，塗湯火灼傷葆元。血熱痢者宜之。虛寒人及水瀉白痢者，慎用。

清・黃光霽《本草衍句》 地榆 沉寒酸澀，斷下多功。除下焦之血熱，止吐衄之崩中。腸風血痢痔痢殊效，熱痢可用，倘虛寒之人及水瀉白痢，未可輕使。惡肉熱瘡金瘡可用。諸瘡痛者，加地榆。痒者，加黃芩。若止血，取上截炒用。其梢則能行血。 結陰下血，腹痛不已，地榆、甘草，入砂仁四枚，煎服。

清・陳其瑞《本草撮要》卷一 地榆 味苦酸，微寒，性沉澀，入足厥陰經，功專除血熱，治吐衄崩中，腸風血痢。若虛寒瀉痢初起並血虛者，均忌。得髮良。惡麥冬。炒黑用。

清・李桂庭《藥性詩解》 賦得地榆療崩漏止血止痢得榆字。湯克家。澀苦酸寒性，沉陰是地榆。漏崩疼可止，痢血熱能驅。 按：地榆苦酸，微寒，性沉而澀。入下焦，治熱血痢，去下焦之血腸風，及瀉痢下血，崩中血衄，婦人七傷帶下病，產後瘀疼。排膿，療金瘡。氣血虛者勿用。生山野。葉似榆而長，花子紫黑色，如豉，故一名玉豉。根外黑裏紅。採根炒用，稍反行血。得髮良。

清・仲昴庭《本草崇原集說》卷中 地榆 【略】仲氏曰：《本經》與《靈》《素》論略合為一家之言，不復有彼此痕跡，足見先聖後聖異世同符。又曰：地榆苦燥濕，微寒入陰，故修園曰：地榆燥在下之濕，言濕傷下焦血分，而撮痛作痢，此能療之。

委陵菜

明・朱橚《救荒本草》卷上之前 委陵菜 一名翻白菜。生田野中。苗初搨地生，後分莖叉，莖節稠密，上有白毛，葉彷彿類柏葉而極闊大，邊如鋸齒形，面青背白。又似雞腿兒葉，而却窄；又類鹿蕨葉，亦窄。莖葉梢間開五瓣黃花。其葉味苦，微辣。 救飢：採苗葉煠熟，水浸淘淨，油鹽調食。

清・何諫《生草藥性備要》卷上 番白貝 味淡，性平。血崩要用。一名白背桃。

清・劉善述、劉士季《草木便方》卷一草部 五疋風 五疋風熱味甘平，發汗解肌大有情。嗽咳風痰驚癇妙，洗眼消毒自安寧。

白地榆

明・蘭茂撰，清・管暄校補《滇南本草》卷中 白地榆一名鼠尾地榆。性溫，味苦，澁。治酒寒面寒疼，肚腹疼。

附方：治仝上。白地榆，為末，每服二錢，熱燒酒送下。

又方：治紅白痢、禁口痢累效。白地榆二錢，紅白痢用紅白烏梅，五枚，炒。山查一錢，水煎服。紅痢紅糖為引，白痢白糖為引。

管仲一名番白葉。 性寒，味苦，澁。治血崩白帶，大腸下血。用新瓦焙，治面寒疼，燒酒為引。

明・蘭茂《滇南本草》〔叢本〕卷中 白地榆、鼠地榆 味苦，澀，性溫。單方：治酒寒疼，焙為末，每服二錢，引點熱酒服。

雞兒頭苗

明・朱橚《救荒本草》卷上之後 雞兒頭苗 生祥符西田野中。就地妥他果切秧生，葉甚稀踈，每五葉攢生，狀如一葉，其葉花叉有小鋸齒，葉間生蔓，開五瓣黃花，根叉甚多，其根形如香附子而鬚長，皮黑肉白。味甜。 救飢：採根，換水煮熟食。

老鸛筋

明・朱橚《救荒本草》卷上之前 老鸛筋 生田野中。就地拖秧而生。莖微紫色，莖叉繁稠，葉似園荽葉，而頭不尖，又似野胡蘿蔔葉而短小，葉間開五瓣小黃花。味甜。 救飢：採嫩苗葉煠熟，水浸去邪味，淘洗淨，油鹽調食。

天麻

宋・唐慎微《證類本草》卷九草部中品〔宋・馬志《開寶本草》〕 天麻 味辛，平，無毒。主諸風濕痹，四肢拘攣，小兒風癇驚氣，利腰膝，强筋力。久服益氣，輕身，長年。生鄆州、利州、太山、嶗山諸山。五月採根，暴乾。葉如芍藥而小，當中抽一莖，直上如箭簳，莖端結實，狀若續隨子。至葉枯時，子黃熟。其根連一二十枚，猶如天門冬之類。形如黃瓜，亦如蘆菔，大小不定。彼人多生噉，或蒸煮食之。今多用鄆州者佳。今附。

〔宋・掌禹錫《嘉祐本草》〕按：別注又云：主諸毒惡氣，支滿，寒疝，下血。今處處有之。時人多用焉。莖似箭簳，赤色，故莖名赤箭也。《藥性論》云：赤箭脂，一名天麻，又名定風草。味甘，平。能治冷氣痡痺，攤緩不遂，語多恍惚，多驚矢志。陳藏

器云：天麻，寒。主熱毒癰腫。擣莖、葉傅之。亦取子作飲，去熱氣。生平澤。似馬鞭草，節節生紫花，花中有子，如青葙子。日華子云：味甘，暖。助陽氣，補五勞七傷，鬼疰，蠱毒，通血脈，開竅，服無忌。

〔宋・蘇頌《本草圖經》〕曰：天麻，生鄆州、利州、泰山、嶗山諸山，今京東、京西、湖南、淮南州郡亦有之。春生苗，初出若芍藥，獨抽一莖直上，高三二尺，如箭簳狀，青赤色，故名赤箭脂。莖中空，依半以上，貼莖微有尖小葉。梢頭生成穗，開花，結子如豆粒大。其子至夏不落，却透虛入莖中，潛生土內。其根形如黃瓜，連生一二十枚，大者有重半斤或五六兩。其皮黃白色，名白龍皮，肉名天麻。二月、三月、五月、八月內採。初取得，乘潤刮去皮，沸湯略煮過，暴乾收之。嵩山、衡山人或取生者蜜煎作果食之，甚珍。

〔宋・唐慎微《證類本草》〕雷公云：凡使，勿用御風草，緣與天麻相似，只是葉、莖不同。其御風草根、莖斑，葉皆白有青點。使御風草根，勿使天麻。二件若同用，即令人有腸結之患。修事天麻十兩，用蒺藜子一鎰，緩火熬焦熟後，便先安置天麻十兩於瓶中，上用火熬過蒺藜子，蓋內，外便用三重紙蓋并繫，從巳至未時，又出蒺藜子，再入熬炒，准前安天麻瓶內，用炒了蒺藜子於中，依前蓋。又隔一伏時後出，如此七遍，瓶盛出後，用布拭上氣汗，用刀劈，焙之，細剉，單擣。然用御風草，修事法亦同天麻。

〔宋・陳承《重廣補注神農本草並圖經》〕別說云：謹按：赤箭條下所說甚詳，今就此考之，尤爲分明。詳此，《圖經》之狀，即赤箭苗之未長大者。二說前後自不同，則所爲紫花者，又不知是何物也。若依赤箭條後用之爲是。

宋・沈括《夢溪筆談》卷二六《藥議》 赤箭即今之天麻也。後人既誤出天麻一條，遂指赤箭別為一物，既無此物，不得已又取天麻苗為之，滋為不然。《本草》明稱採根陰乾，安得以苗為之。草藥上品除五芝之外，赤箭為第一，此神仙補理養生上藥，世人惑於天麻之說，遂止用之治風，良可惜哉！以謂其莖如箭，既言赤箭，疑當用莖，此尤不然。至如鳶尾、牛膝之類，皆謂莖葉有所似，則用根耳，何足疑哉？

宋・唐慎微《證類本草》卷六草部上品〔《本經・別錄》〕 赤箭 味辛，溫。主殺鬼精物，蠱毒惡氣，消癰腫，下支滿，疝音山，下血。**久服益氣力，長陰，肥健，輕身增年。一名離母，一名鬼督郵。**生陳倉川谷、雍州及太山、少室。三月、四月、八月採根，暴乾。

〔梁・陶弘景《本草經集注》〕云：陳倉屬雍州扶風郡。按：此草亦是芝類。云莖赤如箭簳，葉生其端。根如人足，又云如芋，有十二子爲衛。有風不動，無風自搖。如此亦非俗所見，而徐長卿亦名鬼督郵。又復有鬼箭，莖有羽，其療並相似，而益人乖異，恐並非此赤箭。

〔唐・蘇敬《唐本草》〕注云：此芝類，莖似箭簳。赤色，端有花、葉，遠看如箭有羽。根、皮、肉汁與天門冬同，惟無心脉。去根五六寸，有十餘子衛，似芋。其實似苦楝子，核作五六稜，中肉如麪，日暴則枯萎也。得根即生噉音澹之，無乾服法也。

〔宋・掌禹錫《嘉祐本草》〕按：《藥性論》云：赤箭，無毒。

〔宋・蘇頌《本草圖經》〕曰：赤箭，生陳倉川谷、雍州及泰山、少室，今江湖間亦有之，然不中藥用。其苗獨莖如箭簳，葉生其端，四月開花，簳、葉俱赤，實似苦楝子，核作五六稜，中有肉如麪，日暴則枯萎。其根大類天門冬，惟無心脉耳。去根五六寸，有十餘子爲衛，似芋。三月、四月、八月採根，暴乾。今三月、四月採苗，七月、八月、九月採根。謹按：此草有風不動，無風則自搖。《抱朴子》云：按仙方中，有合離草，一名獨搖，一名離母，所以謂之合離、離母者，此草爲物，下根如芋魁，有游子十二枚周環之，去大魁數尺，雖相須，而實不連，但以氣相屬耳。如菟絲之草下有伏菟之根，無此菟，則絲不得上，亦不相屬也。然則赤箭之異，陶隱居已云，此亦非俗所見。菟絲之下有伏菟，亦不復聞有見者，殆其種類中時有神異者，乃如此耳。又陶、蘇皆云赤箭是芝類，而上有六芝條，五芝皆以五色生於五嶽，諸方所獻者，紫芝生高夏山谷。蘇云芝多黃白，稀有黑青者，紫芝最多，非五芝類，但芝自難得，縱獲一二，豈得終久服邪？今山中雖時復有之，而人莫能識其真，醫家絕無用者，故州郡亦無圖上，蓋祥異之物，非世常有，但附其說於此耳。凡採藥時月，皆先據《本經》而後著今土俗所宜，且赤箭《本經》但云三月、四月、八月採根，不言用苗，而今方家乃并用根苗，各有收採時月，與《本經》參差不同，難以兼著，故但從今法。其他藥有相類者，亦同此比。又按：《序例》云：凡採藥，其根物多以二月、八月採者，謂春初津閏始萌，未衝枝葉，勢力淳濃故也。至秋枝葉津閏歸流於下。今即事驗之，春寧宜早，秋寧宜晚，據此文意，採根者，須晚秋以後，初春以前，欲其苗梗枯落，至未萌芽時，氣味正完，乃可採耳。然其他藥類，生長及枯死有早晚，採之自隨其時，不必拘以春秋也。下又云：華、實、莖、葉，乃各隨其所熟，歲月亦有早晏，不必都依本文，是其義也。他亦同此比。

〔宋・陳承《重廣補注神農本草並圖經》〕別說云：謹按：今醫家見用天麻，即是此赤箭根。今《補注》與《圖經》所載，乃別是一物，中品之下又出天麻一目，注云出鄆州。考今之所出，赤箭根苗，乃自齊鄆而來者爲上。今翰林沈公括最爲博識，嘗解此一說云：古方用天麻者不用赤箭，用赤箭者即無天麻，方中諸藥皆同，而唯此名或別，即是天麻、赤箭本爲一物，並合用根也。今中品之下，所別出天麻一目，乃與此赤箭所說，都不相干，即明別是一物爾。然中品之下所爲天麻者，世所未嘗見用，今就此赤箭根爲天麻，則與今所用不相違。然赤箭則言苗，用之有自表入裏之功；天麻則言根，用之有自內達外之理。根則抽苗徑直而上，苗則結子成熟而落，返從簳中而下，至土而生，似此粗可識其外內主治之理。

宋·寇宗奭《本草衍義》卷七　赤箭　天麻苗也。然與天麻治療不同，故後人分之爲二。《經》中言八月採根暴乾，故知此即苗也。

宋·寇宗奭《本草衍義》卷一〇　天麻　用根，須別藥相佐使，然後見其功，仍須加而用之。人或蜜漬爲果，或蒸煮食。用天麻者，深思之則得矣。苗則赤箭也。

宋·鄭樵《通志》卷七五《昆蟲草木略》　赤箭　曰離母，曰鬼督郵，曰合離，曰獨搖，曰定風。有風不動，無風自搖。

宋·劉明之《圖經本草藥性總論》卷上　天麻　味辛，平，無毒。主諸風濕痹，四肢拘攣，小兒風癇驚氣，利腰膝，強筋力。《藥性論》云：能治冷氣㿏痹，癱緩不遂，語多恍惚，多驚失志。陳藏器云：主熱毒癰腫，搗莖葉傅之。亦取子作飲，去熱毒。日華子云：助陽氣，補勞傷，鬼疰蠱毒，通血脈關竅。

赤箭　味辛，溫。主殺鬼精物，蠱毒惡氣，消癰腫，下支滿，疝下血。久服益氣力，長陰肥健。《藥性論》云：赤箭，無毒。一名離母。一名鬼督郵。生陳倉川谷、雍州及太山、少室。三月、四月、八月採根，陰乾。

元·王好古《湯液本草》卷三　天麻　氣平，味苦，無毒。《象》云：治頭風。《本草》云：主諸風濕痹，四肢拘攣，小兒風癇驚氣，利腰膝，強筋力。其苗名定風草。

元·朱震亨《本草衍義補遺·新增補》　天麻　氣平和，味苦。一名定風草，即此是也。其苗名赤箭。主諸風濕痹，四肢拘攣，小兒癇驚及諸虛眩運，非此不能除也。凡使勿悞用御風草，與天麻相似，悞服則令人有腸結之患。戒之，慎之。

赤箭：謹按：今醫家見用天麻，即是此赤箭根。今《本草》別是一物。古方用天麻者，不用赤箭；用赤箭者，即無天麻，方中諸藥皆同。天麻、赤箭本為一物，今所用不相違。然赤箭則言苗，用之有自表入裏之功。天麻則言根，用之有自內達外之理。根則抽苗，徑直而上。苗則結子，成熟而落，從莖中而下，至土而生。似此粗可識其外內主治之理。

元·佚名氏《珍珠囊·諸品藥性主治指掌》〔見《醫要集覽》〕　天麻　味辛，平，性溫，無毒。降也，陽也。其用有四：療大人風熱頭眩，治小兒風癇驚悸，祛諸風麻痹不仁，主癱瘓語言不遂。

元·徐彥純《本草發揮》卷二　天麻　潔古云：治風痰眩運頭痛。

明·王綸《本草集要》卷三　天麻　味辛甘，氣平，無毒。五月採根，暴乾。其苗名定風草。主頭風，諸風濕痹，四肢拘攣，小兒風癇驚氣。利腰膝，強筋力，通血脈關竅。久服益氣輕身長年。又主諸毒惡氣，鬼疰蠱毒，支滿寒疝，熱毒癰腫。《衍義》云：凡用須別藥相佐使，然後見功，仍須多用之。

赤箭一云即天麻苗也。　味辛，氣溫，無毒。主殺鬼精物，蠱毒惡氣，消癰腫，下支滿，疝下血。久服益氣力，強陰肥健，輕身增年。赤箭則言苗，用之有自表入裏之功。天麻則言根，用之有自內達外之理。

明·滕弘《神農本經會通》卷一　天麻　其根形如黃瓜，連生一二十枚。肉名天麻。五月採根，暴乾。其苗名定風草。《局》云：酒浸一宿，焙。味辛，氣平，無毒。《湯》同。東云：降也，陽也。療大〔人〕風熱頭眩，治小兒風癇驚悸，祛諸風麻痹不仁，主癱緩，語言不遂。又云：除脾濕，祛風。《衷》云：去風，定搐，除驚，通竅，舒筋，補勞，治癰痺，通血，除蟲。

《本經》云：主諸風濕痺，四肢拘攣，小兒風癇驚氣，利腰膝，強筋力，久服益氣，輕身長年。別注云：主諸毒惡氣，支滿寒疝，下血。莖似箭簳，赤色，故莖名赤箭也。《藥性論》云：赤箭脂，一名天麻，又名定風草。味甘，平。能治冷氣，㿏痹，癱緩不遂，語多恍惚，多驚失志。陳藏器云：天麻，寒。主熱毒癰腫，搗莖葉傅之。亦取子作飲，去熱氣。日華子云：味甘，暖，助陽氣，補五勞七傷。鬼疰蠱毒，通血脉關竅。服無忌。《象》云：治頭風。《衍義》云：凡用，須別藥相佐使，然後見功，仍須多用之。丹溪云：氣平和，味苦。一名定風草，即此是也。其一名赤箭，主諸風濕痺，四肢拘攣，小兒癇驚，及諸虛眩運，非此不能除也。凡使，勿悞用御風草，與天麻似，悞服則令人有腸結之患，慎之。蒯云：天麻辛治驚癇藥，風熱頭眩得此蠲。麻痺不仁風可療，語言不遂瘓能痊。《局》云：天麻通竅主諸風，濕痺拘攣亦善攻。利膝強筋仍益氣，苗名赤箭治功同。天麻，逐諸風濕痺拘攣。

赤箭，一云天麻苗。《衍義》云：天麻苗也。然與天麻治療不同，故後分之為二。　味辛，氣溫。

《本經》云：　主殺鬼精物，蠱毒惡氣，消癰腫，下支滿，寒疝，下血。久服益氣力，長陰，肥健，輕身增年。三四八月採根，暴乾。陶云：有風不動，無風自搖。《藥性論》云：無毒。丹溪謹按《別說》云：今醫家見用天麻，即

是此赤箭根。今《本草補注》與《圖經》所載，乃別是一物。古方用天麻者，不用赤箭，用赤箭者，即無天麻。方中諸藥皆同。天麻、赤箭本為一物，今所用不相違。然赤箭則言苗，用之有自表入裏之功。天麻則言根，用之有自內達外之理。根則抽苗，徑直而上，苗則結子，成熟而落，從幹中而下，至土而生。似此粗可識其內外主治之理。

明・劉文泰《本草品彙精要》卷八　赤箭無毒　植生。

赤箭出《神農本經》：**主殺鬼精物，蠱毒，惡氣。久服益氣力，長陰肥健，輕身增年。**以上朱字《神農本經》。消癰腫，下肢滿疝音山，下血。以上黑字名醫所錄。〖名〗離母、鬼督郵、獨搖、合離草。〖苗〗《圖經》曰：赤箭，天麻苗也。獨莖如箭簳，葉生其端，有風不動，無風自搖。四月開花，簳葉俱赤，實似枯苦楝子，核作五六棱，中有肉如麵，日暴則枯萎。其根大類天門冬，惟無心脈耳。去根尺許，有十餘子，似芋而爲衛之。《抱朴子》云：仙方中謂此爲合離草者，由此物下根如芋魁，有遊子十二枚周環之，去大魁數尺，雖相須而實不連，但以氣相屬故也。〖地〗《圖經》曰：生陳倉川谷、雍州及泰山、少室，今江湖間亦有之。〖道地〗兖州。〖時〗生：春初生苗。採：三月、四月、八月取。〖收〗暴乾。〖用〗莖。〖質〗類箭簳而莖端有葉。〖色〗赤。〖味〗辛。〖性〗溫，散。〖氣〗氣之厚者，陽也。〖臭〗臊。〖主〗消癰腫，益元氣。〖製〗剉碎用。

明・劉文泰《本草品彙精要》卷一一　天麻無毒　植生。

天麻：主諸風濕痹，四肢拘攣，小兒風癎，驚氣，利腰膝，強筋力。久服益氣輕身，長年。名醫所錄。〖名〗定風草、龍皮、赤箭脂。〖苗〗《圖經》曰：春生苗，初出若芍藥，獨抽一莖直上，高三二尺，如箭簳狀，青赤色，故名赤箭脂。莖中空，依半以上，貼莖微有尖小葉，稍頭生成穗，開花，結子如豆粒大，其子至夏不落，卻透虛入莖中，潛生土內，其根形如黃瓜，連生一二十枚，大者有重半斤或五六兩，其皮黃白色。陶隱居云：莖端結實，狀若續隨子，至葉枯時，子黃熟，其根連一二十枚，如天門冬之類，亦如蘆菔，大小不定，彼人多生啖，或蜜漬爲果，或蒸煮食之。〖地〗《圖經》曰：出鄆州、利州、泰山、嶗山諸山，今京東、京西、湖南、淮南州郡亦有之。〖道地〗邵州、鄆州者佳。〖時〗生：春生苗。採：二月、三月、五月、八月取根。〖收〗暴乾。〖用〗根白而明淨者爲好。〖質〗類黃瓜而微小。〖色〗黃白。〖味〗辛。〖性〗平，散。〖氣〗氣之薄者，陽中之陰。〖臭〗香。〖主〗諸風，眩暈。〖製〗初取得，去蘆，乘潤刮去皮，蒸之，暴乾用。〖治〗療：《藥性論》云：治冷氣，瘰痹，癱瘓不遂，語多恍惚，多驚，失志。日華子云：殺鬼疰蠱毒，通血脈關竅。陳藏器云：療熱毒，癰腫。《別錄》云：主諸毒，惡氣，支滿，寒疝，下血。○子，去熱氣。補：日華子云：助陽氣，五勞七傷。〖禁〗御風草緣與天麻相似，只是根莖有斑，葉皆白，有青點。使御風草根，若與天麻同用，即令人有腸結之患。

明・葉文齡《醫學統旨》卷八　天麻　氣平，味苦、甘。無毒。降也，陽也。其苗名定風草。凡使必佐他藥，須多用之見效。治頭風，諸風濕痺，四肢拘攣，風痰眩暈，頭痛；利腰膝，強筋力，通血脉關竅，止麻；小兒風癎驚氣。

明・許希周《藥性粗評》卷二　痰眩苦風緝，天麻而消遣。

天麻，赤箭根也，一名定風草。春生苗，初出若芍藥，獨抽一莖直上，高三二尺，如箭簳，青赤色，此名赤箭。內空，半莖以上有尖葉，貼莖而生，莖端開花成穗，花中有子，如青葙子，至夏不落，葉枯時子方黃熟，其根如黃瓜形，多至一二十枚，大者重至半斤，黃白色，此名天麻。生山東州郡平澤，今湖南、淮南州郡亦有之，土人或以生啖，或作蜜煎果之類，甚珍。五月、八月採根，乘潤刮去麄皮，沸湯內略略煮過，暴乾收之。凡用濕紙包裹，熱灰中煨熟用之。所使並所畏惡，《本草》不載。味辛，性平，無毒。主治五癆七傷，風眩濕痺，四肢拘攣，小兒風癎驚氣，利腰膝，強筋力，久服益氣延年。古方白术半夏天麻湯，以治痰厥頭痛，丹溪以為眼黑頭旋，風虛內作，非天麻不能除者，此也。

明・鄭寧《藥性要略大全》卷四　天麻　療大人風熱頭眩，治小兒風癎驚悸。主諸風濕痹不仁，却癱緩語言不遂，利腰膝，強筋力。專治頭風。味辛、苦，性平，無毒。降也，陽也。五月採，日乾。其苗名定風草，一名赤箭。凡用，濕草紙包煨熟用。

定風草　味甘，氣平。治冷氣癱瘓。又云：性寒。主熱毒癰疽。

赤箭　殺蟲精蠱毒，消癰腫，下血，益氣力，長陰。味辛，性溫，無毒。獨莖似箭榦，赤色，端有花葉如箭羽。其子似苦楝子，五六稜，中肉如麵。《本草》言定風草、赤箭共一物。其根是天麻，未知是否？

明・陳嘉謨《本草蒙筌》卷一　天麻　味辛、苦，氣平，無毒。春初始生苗葉，彷佛芍藥成叢。中起梗二三尺高，因名赤箭；下發根王瓜般大，此謂天麻。鄆利二州，並屬山東。山谷俱有。秋月採取，乘潤刮皮。略煮沸湯，曝

乾入藥。治小兒風癇驚悸，療大人風熱頭眩。敺濕痹拘攣，主癱瘓蹇滯。通血脉開竅，利腰膝強筋。諸毒癰疽，並堪調愈。再考赤箭，原號定風。益氣力強陰，下支滿除疝。殺鬼精蠱毒，消惡氣腫癰。久服增年，輕身肥健。

謨按：《別說》云：天麻言根，用之有自內達外之理；赤箭言苗，用之有自表入裏之功。蓋根則抽苗徑直而上，豈非自內達外乎？苗則結子，成熟而落，反從幹中而下，至土而生，又非自表而入裏乎？以此而觀，麄可識其內外主治之理也。

明·方穀《本草纂要》卷二 天麻 味辛、甘，氣溫，無毒。主頭風、頭痛，諸風濕痹，四肢拘攣，小兒驚風，大人癇痓等症。大抵此劑利腰膝，強筋力，通血脉，去肢滿，開九竅，利周身，療癰腫之神藥也。《衍義》云：凡用天麻，須將別藥相佐使，然後見功有效，仍須多用之爲宜。

明·王文潔《太乙仙製本草藥性大全》卷二《本草精義》 天麻 一名赤箭脂，葉名定風草。生鄆州、利州、泰山、崂山諸山，今京東西、湖南、淮南州郡亦有之。春生苗，初出若芍藥，獨抽一莖直上，高三四尺，如箭簳狀，青赤色，故名赤箭脂。莖中空，依半以上，貼莖微有尖小葉，梢頭生成穗，開花結子如豆粒大，其子至夏不落，却透虛入莖中，潛生土內。其根形如黃瓜，連生一二十枚，大者有重半斤或五六兩，其皮黃色，名白龍皮，肉名天麻。二月、三月、五月、八月內採，初取得乘潤刮去皮，沸湯略煮過，曝乾收之。嵩山、衡山人或取生者蜜煎作果食之，甚珍。

赤箭：一名離母，一名鬼督郵。生陳倉川谷、雍州及太山、少室。今江湖間亦有之，然不中藥用。其苗獨莖如箭簳，葉生其端。四月開花，簳葉俱赤，實似枯苦楝子，核作五六稜，中有肉如麪，日曝則枯萎，其根大類天門冬，惟無心脉耳。去根五六寸有十餘子爲衛，似芋。三、四、八月採根暴乾。今三四月採苗，七八九月採根。謹按：此草有風不動，無風自搖。《抱朴子》云：按仙方中有合離草，一名獨搖，一名離母。所以謂之合離、離母者，此草爲物下根如芋魁，有游子十二枚周環之，去大魁數尺，雖相須而實不連，但以氣相屬耳。

明·王文潔《太乙仙製本草藥性大全》卷二《仙製藥性》 天麻 味苦、辛，氣平，無毒。降也，陽也。主治：主頭風、諸風，支滿寒疝，理諸毒惡氣，鬼疰蠱毒。治小兒風疳驚悸，療大人風熱頭眩。敺濕痹拘攣，主癱瘓蹇滯，通血脉開竅，利腰膝強筋，諸毒癰疽並堪調愈。久服益氣輕身，長年不老。葉名定風草。味甘，氣平。治冷氣瘙痹，癱瘓不遂，語多恍惚，多驚失志。又云性寒，主熱毒癰疽。補註：熱毒癰腫，搗莖葉傅之。又取子作飲，去熱氣。太乙曰：凡使勿用御風草，緣與天麻相似，只是葉莖不同，其御風草根莖斑，葉皆白，有青點。使御風草根，勿使天麻，二件若同用，即令人有腸結之患。修事：天麻十兩，用蒺藜子一鎰，緩火熬焦，熟後便先安置天麻十兩於瓶中，止用火熬過，蒺藜子蓋，內外便用三重紙蓋，并係從巳至未時，又出蒺藜子再入熬炒，准前安天麻瓶內，用炒了蒺藜子於中，依前蓋，又隔一伏時後出，如此七遍，瓶盛出後，用布拭上氣汗，用刀劈焙之，細剉，單擣。然用御風草，修事法亦同天麻。《衍義》云：天麻用根，須別藥相佐使，然後見其功，仍須加而用之。人或蜜漬爲果，或蒸煮食用天麻者，深思之則得矣。苗則赤箭也。赤箭：即天麻苗也。味辛，氣溫，無毒。主治：益氣力，強陰下支滿，除疝，殺鬼精蠱毒，消惡氣腫癰。久服增年，輕身肥健。

補註：赤箭則言苗，用之有自表入裏之功。天麻則言根，用之有自內達外之理。根則抽苗徑直而上，苗則結子成熟而落，返從簳中而下，至土而生，似此粗可識其外內主治之理。○赤箭，天麻苗也。然與天麻治療不同，故後人分之爲二，經中言八月採根曝乾，故知此即苗也。

明·皇甫嵩《本草發明》卷二 天麻 中品之下，臣。氣平，味辛、苦，無毒。發明曰：天麻，主風濕之藥。故《本草》療風濕痺，四肢拘攣，小兒風癇驚氣，頭風眩暈，屬風濕風痰等，皆能除。利腰膝，強筋力，通血脉關竅，諸風濕滯于關節者，皆能通利。須佐以別藥方見功。久服益氣輕身，助陽氣，補勞傷，非真補也。無乃除風濕之效歟。別注云：主諸毒惡氣，鬼疰蠱毒，支滿寒疝，熱毒癰腫，或不係于風濕而兼治之者，抑其辛散苦泄之用耳。

天麻苗曰赤箭，又名鬼督郵。味辛，氣溫，號定風。主益氣力，強陰，下支滿，除陰疝，殺鬼精蠱毒，消惡氣癰腫，辟溫疫。又云：味甘平，治冷氣痹痺，癱緩不遂，恍惚多驚失志，亦療風濕之劑。○天麻用根，有自內達外之理。赤箭言苗，有自表入裏之功。

明·李時珍《本草綱目》卷一二草部·山草類上 赤箭《本經》上品 天麻宋《開寶》。校正：天麻係宋本重出，今併爲一。

【釋名】赤箭芝《藥性》 獨搖芝《抱朴子》 定風草《藥性》 離母《本經》 合

離草《抱朴子》 神草《吴普》 鬼督郵《本經》。弘景曰：赤箭亦是芝類。其莖如箭簳，赤色，葉生其端。根如大魁，又云如芋，有十二子爲衛。有風不動，無風自摇。如此，亦非俗所見。而徐長卿亦名鬼督郵。又有鬼箭，莖有羽，其主療並相似，而益大乖異，並非此赤箭也。頌曰：按《抱朴子》云：仙方有合離草，一名獨摇芝，一名離母。所以謂之合離、離母者，此草下根如芋魁，有遊子十二枚周環之，以倣十二辰也。去大魁數尺，皆有細根如白髮，雖相須而實不相連，但以氣相屬爾。如菟絲之草，下有伏苓之根。無此則絲不得上，亦不相屬也。然則赤箭之異，陶隱居已云非俗所見；菟絲之下有伏苓，亦不聞有見者，殆其種類時有神異者而如此爾。時珍曰：赤箭以狀而名，獨摇、定風以性異而名，離母、合離以根異而名，神草、鬼督郵以功而名。天麻即赤箭之根，《開寶本草》重出一條，詳後集解下。【集解】《别録》曰：赤箭生陳倉川谷、雍州及太山、少室，三月、四月、八月採根暴乾。弘景曰：陳倉今屬雍州扶風郡。志曰：天麻生鄆州、利州、太山、勞山諸處，五月採根暴乾。葉如芍藥而小，當中抽一莖，直上如箭簳。莖端結實，狀若續隨子。至葉枯時，子黄熟。其根連一二十枚，猶如天門冬之類。形如黄瓜，亦如蘆菔，大小不定。彼人多生啖，或蒸煮食之。今多用鄆州者佳。恭曰：赤箭是芝類。莖似箭簳，赤色。端有花，葉赤色，遠看如箭有羽。四月開花，結實似枯苦楝子，核作五六稜，中有肉如麪，日暴而枯萎。其根皮肉汁，大類天門冬，惟無心脈爾。去根五六寸，有十餘子衛之，似芋，可生啖之，無乾服之法。頌曰：赤箭今江湖間亦有之，然不中藥用。其苗如蘇恭所説，但《本經》云三月、四月、八月採根，不言用苗。而今方家乃三月、四月採苗，七月、八月、九月採根，與《本經》參差不同，難以兼著，故但從今法。又曰：天麻今汴京東西、湖南、淮南州郡皆有之。春生苗，初出若芍藥，獨抽一莖直上，高三四尺，如箭簳狀，青赤色，故名赤箭芝。莖中空，依半以上，貼莖微有尖小葉。梢頭生成穗，開花結子，如豆粒大。其子至夏不落，却透虚入莖中，潛生土内。其根形如黄瓜，連生一二十枚，大者至重半斤，或五六兩。其皮黄白色，名曰龍皮。肉名天麻，二月、三月、五月、八月内採。初得乘潤刮去皮，沸湯略煮過，暴乾收之。嵩山、衡山人或取生者蜜煎作果食，甚珍之。宗奭曰：赤箭，天麻苗也。與天麻治療不同，故後人分爲二條。承曰：今醫家見用天麻，即是赤箭根。《開寶本草》又於中品出天麻一條，云出鄆州。今之赤箭根苗，皆自齊鄆而來者爲上。蘇頌《圖經》所載天麻之狀，即赤箭苗之未長大者也。赤箭用苗，有自表入裏之功；天麻用根，有自内達外之理。根則抽苗徑直而上，苗則結子成熟而落，返從簳中而下，至土而生，此粗可識其外内主治之理。今翰林沈括最爲博識，嘗云：古方用天麻不用赤箭，用赤箭不用天麻，則天麻、赤箭本爲一物明矣。機曰：赤箭、天麻一物也，《經》分爲二，以根與苗主治不同也。産不同地者，各有所宜也。時珍曰：《本經》止有赤箭，後人稱爲天麻。甄權《藥性論》云，赤箭芝一名天麻，本自明白。宋人馬志重修本草，重出天麻，遂致分辯如此。沈括《筆談》云：《神農本草》明言赤箭採根。後人謂其莖如箭，疑當用莖，蓋不然也。譬如鳶尾、牛膝，皆因莖葉相似，其用則根，何足疑哉？上品五芝之外，補益上藥，赤箭爲第一。世人惑於天麻之説，遂止用之治風，良可惜哉。沈公此説雖是，但根莖並皆可用。天麻子從莖中落下，俗名還筒子。其根暴乾，肉色堅白，如羊角色，呼羊角天麻；蒸過黄皺如乾瓜者，俗呼醬瓜天麻，皆可用者。一種形尖而空，薄如玄參狀者，不堪用。《抱朴子》云：獨摇芝生高山深谷之處，所生左右無草。其莖大如手指，赤如丹素。葉似小莧。根有大魁如斗，細者如鷄子十二枚繞之。人得大者，服之延年。按此乃天麻中一種神異者，如人參中之神參也。斆曰：凡使天麻勿用御風草，二物相似，只是葉莖不同。御風草根莖斑，葉背白有青點。使御風草即勿使天麻。若同用，令人有腸結之患。

【正誤】藏器曰：天麻生平澤，似馬鞭草，節節生紫花。花中有子，如青葙子，子性寒，作飲去熱氣。莖葉搗傅癰腫。承曰：藏器所説，與赤箭不相干，乃别一物也。時珍曰：陳氏所説，乃一種天麻草，是益母草之類是也。《嘉祐本草》誤引入天麻下耳。今正其誤。

【修治】斆曰：修事天麻十兩，剉安於瓶中。用蒺藜子一鎰，緩火熬焦，蓋於天麻上，以三重紙封繫，從巳至未取出。蒺藜炒過，蓋繫如前，凡七遍。用布拭上氣汗，刀劈焙乾，單搗用。若用御風草，亦同此法。時珍曰：此乃治風痹藥，故如此修事也。若治肝經風虚，惟洗净，以濕紙包，於糠火中煨熟，取出切片，酒浸一宿，焙乾用。

赤箭 【氣味】辛，温，無毒。志曰：天麻，辛，平，無毒。大明曰：甘，暖。權曰：赤箭芝一名天麻。味甘，平，無毒。好古曰：苦，平，陰中之陽也。【主治】殺鬼精物，蠱毒惡氣。久服益氣力，長陰肥健《本經》。輕身增年，消癰腫，下支滿，寒疝下血《别録》。天麻：主諸風濕痹，四肢拘攣，小兒風癇驚氣，利腰膝，强筋力。久服益氣，輕身長年《開寶》。治冷氣㾓痹，攤緩不隨，語多恍惚，善驚失志甄權。助陽氣，補五勞七傷，鬼疰，通血脈，開竅。服食無忌大明。治風虚眩運頭痛元素。

【發明】杲曰：肝虚不足者，宜天麻、芎藭以補之。其用有四：療大人風熱頭痛，小兒風癇驚悸，諸風麻痹不仁，風熱語言不遂。時珍曰：天麻乃肝經氣分之藥。《素問》云：諸風掉眩，皆屬於木。故天麻入厥陰之經而治諸病。按羅天益云：眼黑頭旋，風虚内作，非天麻不能治。天麻乃定風草，故爲治風之神藥。今有久服天麻藥，遍身發出紅丹者，是其祛風之驗也。宗奭曰：天麻須别藥相佐使，然後見其功，仍須加而用之。人或蜜漬爲果，或蒸煮食，當深思則得矣。

【附方】新二。 天麻丸：消風化痰，清利頭目，寛胸利膈。治心忪煩悶，頭運欲倒，項急，肩背拘倦，神昏多睡，肢節煩痛，皮膚瘙癢，偏正頭痛，鼻齆，面目虚浮，並宜服之。天麻半兩，芎藭二兩，爲末，煉蜜丸如芡子大。每食後嚼一丸，茶酒任下。《普濟方》。 腰脚疼痛：天麻、半夏、細辛各二兩，絹袋二個，各盛藥令匀，蒸熱交互熨痛處，汗出則愈。數日再熨。《衛生易簡方》。

還筒子　【主治】定風補虛，功同天麻時珍。

【附方】新一。　益氣固精：補血黑髮益壽，有奇效。還筒子半兩，芡實半兩，金銀花二兩，破故紙酒浸，春三、夏一、秋二、冬五日，焙研末二兩，各研末，蜜糊丸梧子大。每服五十丸，空心鹽湯溫酒任下。鄭西泉所傳方。鄧才《雜興方》。

題明・薛己《本草約言》卷一《藥性本草》　天麻　味辛、甘，氣平，無毒。陽也，升也。療大人風熱頭眩，治小兒風癇驚悸，祛諸風麻痹不仁，主癱瘓語言不遂。凡使，勿誤用御風草，與之相似，誤服令人有結腸之患。其真者，破之自然明亮有色。諸症皆風濕所為，天麻則主風濕之藥也。入足厥陰肝、太陽膀胱。凡用，濕草紙包煨用。　東垣曰：眼黑頭旋，乃風虛內作，非天麻不能除。其苗名定風草，獨不為風所動，乃治內風之神效也。又名赤箭。赤箭、天麻本一物，然赤箭則言苗，有自表入裏之功，天麻則言根，有自內達外之用。根則抽苗徑直而上，苗則結子，成熟而落，從榦中而下，至土而生，以此推之，可識其內外主治之理。

明・梅得春《藥性會元》卷上　天麻　味苦、甘，氣平。降也，陽也。無毒。其苗名定風草，與御風草相似，誤服令人患結腸，不可不慎。用明天麻，妙。　主療大人風熱頭眩，治小兒風癇驚悸，祛諸風麻痹不仁，治癱緩語言不遂，利腰膝，強筋力，通血脉，達關竅。主濕痹拘攣，逐諸風，益氣強筋。苗名赤箭。風痰眩暈，眼黑頭旋，風虛內作，非此不能除。　凡使必佐他藥，須多用之有效。

明・梅得春《藥性會元》卷上　赤箭　味辛，氣溫。即天麻苗也。一名定風草。有風不動，無風自搖，與御風草相似。註詳見天麻下。　主殺鬼精物及蠱毒惡氣，消癰腫，肢滿，寒疝下血。久服益氣力，長陰肥健。

明・杜文燮《藥鑒》卷二　天麻　氣平，味苦、辛，無毒。治小兒風癇驚悸，療大人風熱頭眩。敺濕痹拘攣，主癱瘓蹇滯。通血脉開竅，利腰膝強筋。痘毒可解，癰疽堪愈。何者？蓋痘毒癰疽，俱自臟腑而達之表也。此劑有自內而達外之理，苦以制熱固矣。然熱從何處出也，又有辛以散毛竅，使風熱之毒，悉從毛竅中出也。

明・李中立《本草原始》卷二　天麻　始生鄆州、利州、泰山、嶗山諸山，今京東、京西、湖南、淮南州郡亦有之。春生苗，葉如芍藥而小。當中抽一莖，直上如箭簳狀，青赤色，故名赤箭。莖端結實，狀若續隨子。其根形如黃瓜，連生一二十枚，猶如天門冬之類，味大辛而麻辣，故名天麻，俗呼為瓜天麻。　天麻：氣味：辛，平，溫，無毒。主治：諸風濕痹，四肢拘攣，小兒風癇驚氣，利腰膝，強筋力。久服益氣，輕身長年。○治冷氣瘰痹，癱緩不遂，語多恍惚，多驚失志。○助陽氣，補五勞七傷，鬼疰，通血脉，開竅，服食無忌。○治風虛眩運頭痛。

天麻，宋《開寶》。【圖略】皮黃白肉明亮者佳。形如羊角者，俗呼羊角天麻，不堪用。瓜天麻亦有皮蒼黑者，但以內肉膠色者為良。二月、八月采根，去皮，沸湯略煮過，日乾。修治：酒浸洗，以濕紙包於煻火中煨熟，取出切片，焙用。

好古曰：天麻，苦，平，陰中之陽也。

《衛生易簡方》：治腰脚疼痛，天麻、半夏、細辛各二兩，絹袋二箇，各盛藥令勻，蒸熱，交互熨疼處，汗出則愈，數日再熨。

明・張懋辰《本草便》卷一　天麻　味辛、甘，氣平，無毒。其苗名定風草。主頭風，諸風濕痹，四肢拘攣，小兒風癇驚氣，利腰膝，強筋力，通血脉關竅。又主諸毒惡氣，熱毒癰腫。

赤箭即天麻苗也。　味辛，氣溫，無毒。　主殺鬼精物，蠱毒惡氣，消癰腫，下支滿疝，下血。苗用之自表入裏之功，根用之自內達外之理。

明・李中梓《藥性解》卷三　天麻　味辛，性平，無毒，入肝、膀胱二經。療大人風熱眩暈，治小兒驚悸風癇，祛諸風麻痹不仁，主癱瘓語言不遂，利腰膝，強筋力，活血脉，通九竅，利周身，療癰腫。濕紙裹煨用，無畏忌，苗名赤箭，主用療同。　按：天麻去風，故入厥陰。去濕，故入膀胱。真有風濕，功效若神。癰腫之症，濕生熱也，宜亦治之。赤箭用苗，有自表入裏之功。天麻用根，有自內達外之理。不宜同劑，反致無功。

明・繆希雍《本草經疏》卷九　天麻　味辛，平，無毒。主諸風濕痹，四肢拘攣，小兒風癇驚氣，利腰膝，強筋力。久服益氣輕身。

【疏】天麻得土之辛味，兼感天之陽氣以生，故其味辛氣平無毒。大明云暖。浮而升，陽也。入足厥陰經。厥陰為風木之臟，諸風濕痹，四肢拘攣，小兒風癇驚氣，皆肝臟為邪氣所客致病。天麻入肝，味辛氣暖，能逐風濕外邪，則肝氣平和，前證自瘳矣。肝主筋，位居於下，故能利腰膝，強筋力也。風濕纏注則身重氣乏，能除風濕則身自輕，氣自益也。凡頭風眩暈，

與夫痰熱上壅,以致頭痛及眩,或四肢濕痹麻木,小兒風癇驚悸等證,所必須之藥。〖主治參互〗同朮、半夏、黃芩、前胡、橘皮、茯苓,治痰厥頭痛。同朮、橘皮、茯苓、車前,治飲在心下作支滿。同南星、前胡、橘皮、白前,消一切風痰。〖簡誤〗風藥多燥,風能勝濕故也。凡病人覺津液衰少,口乾舌燥,咽乾作痛,大便閉澀,病火炎頭暈、血虛頭痛,及南方似中風,皆禁用之。

明・倪朱謨《本草彙言》卷一　天麻　味辛、甘,氣溫平,無毒。乃厥陰經氣分藥也。　陶隱居曰：　赤箭生陳倉川谷、雍州、太山、少室諸處。今汴京東西、湖南、淮南州郡及山東鄆、利二州亦有。春生苗,初出如芍藥,獨抽一莖,挺然直上,高三四尺,莖中空,色正赤,貼莖杪之半,微有尖小紅葉。四月梢頭成穗,作花灰白色,宛如箭幹,且有羽者。有風不動,無風自搖。結實如楝子核,有六稜,中仁如白麪。至秋不落,却透空入莖中,還筒而下,潛生土內,根如芋,或如王瓜。去根三五寸,有遊子十二枚,環列如衛,皆有細根如白髮。雖相須,實不相連,但以氣相屬耳。大者重八兩或五六兩,皮色黃白,肉即天麻也。方家以三四月采苗爲赤箭,九月采根爲天麻。因功用稍異,後人分爲二種。○修治：　初得乘潤刮去皮,沸湯略煮過,暴乾收之。或潤時切片,焙乾用亦可。　李時珍曰：　嵩山、衡山,土人或取生者,蜜煎作果食,甚美。○其根暴乾,肉色堅白,如羊角色。明亮者,或沸湯煮過,或蒸過,黃皺如乾瓜者,皆可用。一種形尖而空,薄如玄參狀者,不堪用。○世人所用天麻,皆御風草根,非赤箭根也。御風莖葉與赤箭相似,獨莖色青,斑葉、背黃白,兼有青點。隨風動搖,子不還筒。治療稍同。性惟消劣,補益大謬矣。　沈則施曰：　另一種天麻草,生平澤,如益母草之類,似馬鞭草節節生花,花中有子如青葙子。子性寒,作飲去熱氣,莖葉搗傅癰腫,實非赤箭天麻也。

天麻：　祛風化痰,仲淳利周身、舒經脉之藥也。《西醫翟秉元稿》活腰膝,驅大人濕痹之痾；　通經絡,《開寶》蘇小兒搐搦之證。故主頭風頭痛,頭暈虛旋,癲癇强痓,四肢拘攣,語言不順,一切中風風痰等證。　沈則施先生曰：　天麻乃肝經氣分藥。《素問》云：　諸風掉眩,皆屬于肝。故天麻入厥陰之經,治諸風痰之證。　盧不遠先生曰：　苗名赤箭,挺直不屈,陽剛中正者也。力能獨運,不爲物移,故有風不動,無風自搖。見剛之體能立,用能行也,故能殺鬼邪,除惡毒。乃若因風動搖之病,如眩暈,如顫振,如驚癇攣癖,盡屬陰邪之證,惟陽剛之象能勝之。　陳廷采先生曰：　天麻言根,用之有自內達外之理。赤箭言苗,用之有自表入裏之功。蓋根則抽苗,徑直而上,豈非自內達外乎？　苗則結子,成熟而落,反從幹中而下,入土而生,又非自表入裏乎？　以此而觀,粗可識其內外表裏、主治精微之極致也。

集方：《普濟方》治風痰風濕,周身不利,經脉不舒,腰膝痿痹,幷頭風頭痛,眩暈虛旋,癲癇勁痓,或語言蹇澀不清,四肢攣拘,癱瘓等證。用天麻八兩,牛膝、當歸、川芎、枸杞子、半夏、膽星、白朮、五加皮、牡丹皮、防風、萆薢、羌活、木瓜、紅花、僵蠶各四兩,俱酒洗,炒,共爲末,懷熟地十兩,酒蒸爛,搗膏爲丸如梧桐子大。每服百餘丸,白湯好酒隨下。○《開寶》方治小兒風痰搐搦,不拘急慢驚風、風癇之證。用天麻四兩酒洗炒,膽星三兩,僵蠶二兩,俱炒,天竺黃一兩,明雄黃五錢,俱研細,總和勻,半夏麪二兩爲末,打糊丸如彈子大。遇是患者,用薄荷、生薑泡濃湯,調化一丸,或二三丸。　繆氏方治一人卒然眩暈,不能起坐。細論其人,好嗜燒酒,飲食少進。仲淳曰：　此中氣虛而酒熱之氣上升也。用天麻三錢,白朮二錢,人參一錢,黃連一錢,甘草五分,一劑即定。

明・姚可成《食物本草》卷一七草部・山草類　赤箭生鄆州、利州、太山、勞山諸處。葉如芍藥而小,當中抽一莖直上如箭幹。莖端結實,狀若續隨子。至葉枯時,子黃熟。其根連一十二枚,猶如天門冬之類,形如黃瓜,亦如蘆菔,大小不定。彼人多生噉,或蒸煮食之。蘇恭曰：　赤箭是芝類,莖似箭幹,赤色,端有花,葉赤色,遠看如箭有羽。四月開花結實,似苦楝子。核作五六稜,中有肉如麪,日暴則枯萎。其根皮肉汁,大類天門冬,惟無心脉爾。去根五六寸,有十餘子衛之,似芋,可生噉之。蘇頌曰：　赤箭生江湖間亦有之。春生苗,初出若芍藥,獨抽一莖,直上,〔高〕三四尺,如箭幹狀,青赤色,故名赤箭芝。莖〔中〕空,依半以上,貼莖微有尖小葉。梢頭生成穗,開花結子如豆大,其子至夏不落,却透虛入莖中,潛生土內。其根形如黃瓜,連生一十二枚。大者至重半斤,或五六兩,肉名天麻。二月、三月、五月、八月內采。初得乘潤刮去皮,沸湯煮過,暴乾收之。嵩山、衡山人,或取生者蜜煎作果食,甚〔珍〕之。　赤箭,味辛,溫,無毒。主殺鬼精物,蠱毒惡氣。久服益氣力,長陰肥健,輕身增年,消癰腫,下支滿,寒疝下血。

天麻　主諸風溼痹,四肢拘攣,小兒風癇驚氣,利腰膝,強筋力。久服益氣輕身長年。治冷氣𤸷痹,攤緩不隨,語多恍惚,善驚失志。助陽氣,補陽氣,補五勞七傷,鬼疰,通血脉,開竅,服食無忌。治風虛眩運頭痛。○李杲

曰：肝虛不足者，宜天麻、芎藭以補之。其用有四：療大人風熱頭痛，小兒風癇驚悸，諸風麻痹不仁，風熱語言不遂。〇李時珍曰：天麻乃肝經氣分之藥。《素問》云：諸風掉眩，皆屬於木。故天麻入厥陰之經而治諸病。按羅天益云：眼黑頭旋，風虛內作，非天麻不能治。天麻乃定風草，故為治風之神藥。今有久服天麻，遍身發出紅丹者，是其祛風之驗也。

明·顧逢柏《分部本草妙用》卷一肝部·温補　天麻　辛，溫，無毒。即赤箭根。赤箭，乃天麻苗也。又名定風草。有風不動，無風自搖者。若治風痺，將剉，安於瓶，用蒺藜暖火熬焦，蓋天麻上，紙封，巳至未取出，蒺藜炒過，再覆如前七遍，焙乾，搗用。若治肝風虛，洗淨，濕紙包，糠火中煨熟，切片，酒浸焙乾用。　主治：諸風濕痺，四肢拘攣不仁，小兒風癇驚氣，開竅通脉，殺鬼，治蠱惡氣，攤緩語亂，及風虛眩運，頭痛。《經》云：諸風掉眩，皆屬于木。天麻，厥陰本藥，專補肝虛。凡眼黑頭旋，風虛內作，非天麻不治。同芎藭合丸，消風利膈，治運化痰，解肢節痛和皮膚不仁也。同半夏蒸熟，可熨腰脚痛處，汗出則愈。

明·李中梓《醫宗必讀·本草徵要上》　天麻味辛，平，無毒。入肝經。酒浸、煨熟、焙乾。　風虛眩運，麻痹不仁，語言蹇澁，腰膝軟疼。殺精魅蠱毒，理驚氣風癇。肝為風木之臟，藏血主筋，獨入肝經，故主治如上。按：天麻雖不甚燥，畢竟風劑助火，若血虛無風者，不可妄投。

明·鄭二陽《仁壽堂藥鏡》卷一〇上　天麻　苗名赤箭。　日華子云：天麻生鄆州。味甘，暖。助元氣，補五勞七傷，通血脉，開關竅，服無忌。《象》云：治頭風。入肝經，濕紙裹，煨熟。酒浸，焙乾。《本草》云：主諸風濕痹，四肢拘攣，小兒風癇驚氣，利腰膝，強筋力。其苗名定風草。東垣曰：肝虛者，天麻補之。療風熱頭痛，小兒風癇驚悸，麻痹不仁，語言不遂。按：羅天益云：眼黑頭旋，風虛內作，非此不治。為風家神藥。《素問》曰：諸風掉眩，皆屬於肝。天麻獨入厥陰，故多功於風也。凡使勿悮用御風草，與天麻相似。悮服則令人有腸結之患。戒之！慎之！　赤箭：謹按：今醫家見用天麻，即是此赤箭根。今《本草》別是一物。古方用天麻者，不用赤箭。用赤箭者，即無天麻。方中諸藥皆同。天麻、赤箭，本為一物。今所用不相違，然赤箭則言苗，用之有自表入裏之功；天麻則言根，用之有自內達外之理。根則抽苗，徑直而上；苗則結子，成熟而落，從幹中而下，至土而生。似此粗可識其外內主治之理。

明·蔣儀《藥鏡》卷三平部　天麻　主頭風痰氣之眩，火症非宜。豁風癇痰氣之迷，又該驚悸。葢肝主筋，位居下，辛暖入肝，逐風散濕，故能利腰膝而強筋骨，活血脉而療癱疽。

明·李中梓《頤生微論》卷三　天麻　味辛，性溫，無毒。入肝經。大而透明者佳。酒浸煨透。主風虛眩暈，麻痺不仁，語言蹇濇，腰膝軟疼，殺精魅蠱毒，理驚氣風癇。按：天麻雖不甚燥，畢竟風劑助火，若血虛無風者，不可妄投。

明·張景岳《景岳全書》卷四八《本草正》　天麻一名赤箭，一名定風草。　味辛，平，陰中有陽。治風虛眩暈頭旋，眼黑頭痛，諸風濕痹，四肢拘攣，利腰膝，強筋骨，安神志，通血脉，止驚恐恍惚，殺鬼精蠱毒，及小兒風癇驚氣。然性懦力緩，用須加倍，或以別藥相佐，然後見功。

明·賈九如《藥品化義》卷三肝藥　天麻　屬陽，體重而實，色蒼白，氣和，味甘云辛云苦皆非，性平而緩云溫非，能升能降，力緩肝，性氣與味俱薄，入肝經。　天麻性氣和緩，《經》曰：肝苦急，以甘緩之。用此以緩肝氣，蓋肝屬木，膽屬風，若肝虛不足，致肝急堅勁，不能養膽，則膽腑風動，如天風之鼓蕩，為風木之氣，故曰諸風掉眩，皆屬肝木。由肝膽性氣之風，非外感天氣之風也。是以肝病則筋急，用此甘和，緩其堅勁，乃補肝養膽，為定風神藥。若中風風癇驚風，頭風眩暈，皆肝膽風證，悉以此治。若肝勁急甚，同黃連清其氣，又取其體重降下，味薄通利，能利腰膝，條達血脈，諸風熱滯於關節者，此能疏暢，凡血虛病中之神藥也。　取色白明亮者佳，油黑者不用。濕紙裹煨軟，切片，飯上蒸軟亦可。

明·蕭京《軒岐救正論》卷三　天麻　氣微辛，味甘平，質堅潤而沉。療諸風，主足厥陰經。而《本經》謂能益氣力，長陰肥健。大明子亦云補五癆七傷，助陽氣。鄧才《雜興方》取為益氣固精要藥。羅天益曰：眼黑頭眩，風虛內作，非天麻不能治。據此，則天麻何啻治風，尚為足少陰腎經滋補之劑。味此風虛內作四字，可知本虧致病，補助力優，豈羌活、防風、獨活、荊芥諸辛燥傷陰之物，所能比擬萬一哉？　余每用以療產後諸虛劇症及遺精失血，與挾虛傷寒頭痛，往往奏奇。世人奈何僅以風藥目之，是未悉乎天地造化萬物得氣之粹者之蘊矣。

明・盧之頤《本草乘雅半偈》帙一　赤箭《本經》上品　氣味：辛溫，無毒。　主治：主殺鬼精物，蠱毒惡氣。久服益氣力，長陰肥健，輕身增年。

覈曰：赤箭，一名神草、赤芝、鬼督郵、定風草、獨搖草、合離草。根名天麻，一名離母。生陳倉川谷、雍州、太山、少室諸處。春生苗，初出如芍藥，獨抽一莖，挺然直上，高三四尺，莖中空，色正赤，貼莖杪之半，微有尖小紅葉，四月梢頭成穗，作花灰白，宛如箭幹，且有羽者，有風不動，無風自搖。結實如楝子，核有六稜，中仁如麪，至秋不落，却透空入莖中，還筒而下，潛生土內。根如芋，去根三五寸，有游子十二枚，環列如衛，皆有細根如白髮，雖相須，實不相連，但以氣相屬耳。大者重半觔，或五六兩。皮色黃白，名曰龍皮，肉即天麻也。如此生成甚奇，天地生物亦不易矣。余鄉宋大司馬經略朝鮮，一時乏餉，夢中神授以物，指畫其處。覺而掘地，獲物如芋如卵，煮食勇力倍，嘗久未之識，覈赤箭生成，始知即是天麻耳。《本經》名概根苗，後人分苗曰赤箭，根曰天麻，功力稍有同異故耳。與六芝同類，力倍人參，故為仙家服食，藥之上品上生者也。但不易得，世人所用，皆御風草根，非赤箭也。御風莖葉，與赤箭相似，獨莖色青斑，葉背黃白，兼有青點，隨風動搖，子不還筒，治療稍合，補益大乖異矣。修治：宜剉置瓶中，每十兩，用蒺藜子一鎰，緩火炒焦，蓋于其上，綿紙三重，封繫瓶口，從巳至未，取出蒺藜，再炒再蓋，凡七遍。俟冷，淨布拭去汗氣，竹片剖開，焙乾搗用。

參曰：赤箭陽剛，陽剛中正者也。力能獨運，不為物移，故有風不動，無風自搖，見剛之體能立，用能行也。其苗從根而幹，虛中直達，符合少陽自下而上，從內而外，故增益氣力。其實從莖納筒，環列象歲，符合太陰從外而內，自上而下，故長陰肥健。既類靈芝，亦名神草。操升降之機，似河車之轉，故能增壽延年。又以弧矢之威，森衛之衆，潛返之力，故能殺鬼精除惡毒。乃若因風動搖，驚癇攣癖，盡屬陰邪之證，唯剛能勝之。獨恨土人以御風相混，致真者遁世，悲哉。吾未見剛者。

明・李中梓《本草通玄》卷上　天麻　甘，平，為肝家氣分之藥。　主風濕成痺，四肢拘攣，通血脈，強筋力，利舌本，疏痰氣，為中風家必需之要劑。元素云：止頭痛，理風虛眩暈。　酒浸一日夜，濕紙裹煨。

清・顧元交《本草彙箋》卷一　天麻附赤箭。　天麻性氣和緩。《經》云：肝苦急，以甘緩之。用此以緩肝氣。蓋肝屬木，膽屬風，肝虛不足，則急而堅勁，不能養膽，膽腑之風隨之而動，此肝膽性氣之風，非外感天氣之風也。天麻之甘和，能緩堅勁，乃補肝養膽，定風之勝藥。凡眼黑頭旋，風虛內作，非天麻不能治。今有久服天麻，遍身發出紅丹者，是其祛風之驗。

又按：天麻理風木之藏，雖不甚燥血虛，亦畏其動火。　赤箭，即其苗也。主用略同。但用苗自表而入裏，用根自內而達外，根則抽苗徑直而上，苗則結子，成熟而落，返從簳中而下，至土而生。此粗可識其外內主治之理矣。二者不得同劑。

清・穆石匏《本草洞詮》卷八　赤箭　亦芝類，有風不動，無風自搖，一名搖芝，一名定風草。根為天麻，形如芋魁，有遊子十二枚，周環之，倣十二辰，去大魁數尺，但以氣相屬耳。如菟絲草有茯苓根，無此則絲不得上。然亦不相屬也，天麻即赤箭根。氣味辛溫，無毒。赤箭有自表入裏之功，天麻有自內達外之理。主諸風濕痺，殺鬼精物，蠱毒惡氣，小兒風癇驚悸，久服益氣，輕身長年。羅天益云：眼黑頭旋，風虛內作，非天麻不能治，久服遍身發紅丹者，是其驗也。東垣謂肝虛不足者，宜芎藭、天麻補之。沈括《筆談》謂補益上藥，天麻為第一。《本經》稱其益氣強陰。蓋不止於祛風而已。雷斅云：凡使天麻，勿用御風草，使御風草勿使天麻，二物相似，若同用，有腸結之患。

清・劉雲密《本草述》卷七上　天麻一名定風草。　《本經》曰：赤箭。

承曰：今醫家見用天麻，即是赤箭根。之頤采諸說云：赤箭春生苗，初出如芍藥，獨抽一莖，挺然直上，高三四尺，莖中空，色正赤，貼莖杪之半，微有尖小紅葉，四月梢頭成穗，作花灰白，宛如箭幹，且有羽者，有風不動，無風自搖，結實如楝子，核有六稜，中仁如麪，至秋不落，却透空入莖中，還筒而下，潛生土內，根如芋，去根三五寸有游子十二枚，環列如衛，皆有細根如白髮，雖相須實不相連，但以氣相屬耳。大得重半斤或五六兩，皮色黃白，名曰龍皮，肉即天麻也。《本經》名概根苗，後人分苗曰赤箭，根曰天麻，功力稍有同異故耳。有御風草與赤箭相似，獨莖色青斑，葉背黃白，兼有青點，隨風動搖，子不還筒，治療稍合，補益大乖異矣。沈括《筆談》云：《神農本草》明言赤箭采根，後人謂其莖如箭，疑當用莖，蓋不然也。譬如鳶尾、牛膝，皆因莖葉相似，其用則根，何足疑哉？　愚按：沈存中號博識，況采根用之，據於《本經》哉？　如謂其苗結子從莖中歸土，為有異於根耶，不知正此為歸其

根也，何分同異？

氣味：辛，平，無毒。　日華子曰：甘，暖。　權曰：味甘，平，無毒。　好古曰：苦平，陰中之陽也。　主治：助陽氣，療風虛眩暈頭痛，並善驚失志，語多恍惚，補勞傷，利腰膝，強筋力，主諸風溼麻痹拘攣，冷氣𤸷痹，癱緩不隨，通血脈，開竅，小兒風癇驚氣，女子用之通經脈。　杲曰：肝虛不足者，宜天麻、芎藭以補之。其用有四：療大人風熱頭痛，小兒風癇驚悸，諸風麻痹不仁，風熱語言不遂。　時珍曰：天麻乃肝經氣分之藥。《素問》云：諸風掉眩，皆屬於木。故天麻入厥陰之經，而治諸病。按羅天益云：眼黑頭旋，風虛內作，非天麻不能治。天麻乃定風草，故為治內風之神藥。內風者，虛風是也。今有久服天麻藥，偏身發出紅丹者，是其祛風之驗也。　宗奭曰：天麻須別藥相佐使，然後見其功，仍須加而用之。　希雍曰：天麻得土之辛味，兼感天之陽氣以生，故其味辛氣平無毒。日華子云：暖，浮而升，陽也。入足厥陰經。厥陰為風木之臟，味辛氣暖，能逐風溼之邪，凡頭風眩暈，與夫痰熱上壅，以致頭痛及眩，或四肢溼痹麻木，小兒風癇驚悸等證，所必須之藥。　同朮、半夏、黃芩、前胡、橘皮、茯苓，治痰厥頭痛。　同朮、橘皮、茯苓、車前，治飲在心下作支滿。　同南星、前胡、橘皮、白前，消一切風痰。

愚按：天麻在方書類云療風，唯先哲羅天益言其神於治內風，且云內風者，虛風也。天麻苗名定風草，獨不為風所搖，故其功能如是斯說，固為創獲矣。雖然，其有風不動，無風自搖者，與獨活等，其功何為迥殊於獨活也？請暢虛風之義，乃得悉此品之功用乎。夫人身唯是陰陽合和以為氣，而風木由陰以達陽，故陰虛則風實，陽虛則風虛，先哲謂其助陽氣者，正與補風虛之義合矣。第虛風為病，在先哲曰有病於清陽不升，濁陰不降，肝木生發之氣不得升，致生虛風者，有因脾胃為病，致使土敗木侮而生虛風者。若然，是則虛風之病，不第其鬱而不達者，即侮所不勝而亦是也。此品之功，似能本乎清陽，而善其升降，鎮其數變，而貞夫動靜矣。何以明之？寇氏曰：赤箭為苗，天麻為根，根則抽苗，徑直而上，有自內達外之理，苗則結子，成熟而落，還返萃中而下，至土而生，有自表入裏之功，此粗可識其外內所主治也。如是，則茲物具有妙理，故其有風不動，無風自搖者，似與獨活同，而所以暢其風化，不使之獨靜，鎮其風變，不使之獨動者，則與獨活大異也。蓋其能暢風化，乃自內達外之理，升也。能鎮風變，乃自表入裏之功，降也。就其為升為降，而已妙於一動一靜，故併赤箭之功盡歸天麻。《神農本草》云：赤箭采根，其義固可參也。後人以苗與根分功而論，何鹵莽乃爾。不可謂根止能自內達外，而不能擅其歸根之妙用也。既已歸於根矣，而根猶不得擅歸之用乎？不然，何以能補風虛？蓋風為六氣之首，人身元氣必藉以為通天之本，元氣出於地中，而風化即與之並育並行矣，故治眩暈頭痛，及小兒驚氣風癇，皆風虛之不能達於陽也，是可謂之自內達外，然亦不外乎自表入裏之體。如治諸風溼痹，四肢拘攣，冷氣𤸷痹，癱緩不隨，皆風虛之，不能宣於陰也，是可謂之自表入裏，然即具有自內達外之用。治風溼拘攣，冷痹癱緩，正風化之能宣於陰，所謂通血脈，利關竅者也。風臟即血臟，故肝主經絡。是則天麻之功，殆亦侈乎。而時珍惜其止言治風也，不屬瞶瞶歟？或曰所云木乘土虛者，似木居其實矣，何以亦曰虛風？蓋胃者，五藏六府之本。《經》言之矣。又曰：脾為胃行氣於三陰三陽，而各經之受氣於陽明者，在風化更先受之，故中土虛衰，即風木之化原已傷，是不謂之風虛乎？所以風木之氣，固本於先天生氣，實與後天中氣相馭而行乃為陽氣，故清陽能升之九天之上，即能降之九地之下，全藉中土為樞，此前所云風虛之病，即侮所不勝者而亦是也。凡土衰木侮，往往病由於此，不知補脾育肝，但事苦寒以伐肝，亦往往坐此，以致夭枉也。若然，是則羅氏治虛風之義，即助陽氣一語，足以盡之矣。但陽實之風而亦用之，其何以得當耶？曰：所謂助陽氣者，原不能與參芪輩類視，在先哲曰肝虛者，宜天麻、芎藭以補之，非真補也。就風化之能達，即是補也。又療風證者，曰天麻、防風辛溫散之，非真散也。就風邪之不得狂，即為散也。此前所謂自內達外，不外於自表入裏之體也。蓋風化與元氣並行，陰即隨陽以為守也。況《經》曰虛者屬真氣，實者屬邪氣。若然，真氣得所守，而邪氣不自散乎？是以投之陽虛，固為的治，即投之陽實，固亦藉其有風不動之氣機，以妙其用乎。善乎寇氏之言又曰：用天麻，必須他藥相佐使，則攻補殊劑，但以茲為關捩子，亦庶幾盡變矣。

附方　天麻丸消風化痰，清利頭目，寬胸利膈，治心忪煩悶，頭暈欲倒，項急肩背拘倦，神昏多睡，肢節煩痛，皮膚瘙癢，偏正頭痛，鼻齆，面目虛浮，並宜服之。天麻半兩，芎藭二兩，為末，煉蜜丸如芡子大，每食後嚼一丸，茶

酒任下。

修治　時珍曰天麻是赤箭根，其根曝乾，肉色堅白如羊角色，呼羊角天麻。蒸過，黄皺如乾瓜者，俗呼醬瓜天麻，是皆可用也。一種形尖而空薄如玄參狀者不堪用。　斅曰：修事天麻，十兩剉，安於瓶中，用蒺藜子一鎰，緩火熬焦，蓋於天麻上以三重紙封繫，從巳至未，取出蒺藜，炒過，蓋繫如前，凡七遍，用布拭上氣汗，刀劈焙乾，單搗用。　時珍曰：此乃治風痹藥，故如此修事也。若治肝經風虚，惟洗浄，以溼紙包於糠火中煨熟，取出，切片，酒浸一宿，焙乾用。

清·郭章宜《本草匯》卷九　天麻　味甘辛，平，浮而升，陰中之陽也。入足厥陰、太陽經。主大人風熱眩運，治小兒風癇驚悸。祛濕痺拘攣，療癱瘓語塞。止頭疼，利舌本，强筋力，疏痰氣。

按：天麻乃肝經氣分之藥，有自内達外之功，為祛風濕之劑。《素問》云：諸風掉眩，皆屬于木。故天麻入厥陰而治諸病。李杲曰：肝虚不足，宜以此補。羅天益云：眼黑頭旋，乃風虚内作，非此不能治。然須别藥佐使加用，然後見其功能。其苗為定風草，故為治風之神藥。天麻有風不動，無風自動，故名定風。今有服天麻而發出紅丹者，是其祛風之驗也。雖云不甚燥，畢竟風劑助火，若血虚無風者，豈可妄投哉？凡津液衰少，口乾舌燥，咽乾作痛，大便閉濇，血虚頭運，及南方類中風者，皆禁用之。洗淨，以酒浸一日夜，濕紙包，糠火中煨熟，取出切片，焙用。破開明亮堅實者佳。御風草與之相似，誤服令人結腸。

清·蔣居祉《本草擇要綱目·平性藥品》　天麻　氣味：辛，溫，無毒。乃肝經氣分之藥。陰中之陽也。　主治：風痰眩運頭痛。療小兒風癇驚悸，麻痹不仁。

清·王翃《握靈本草》卷二　天麻今汴東西、湖南、淮南皆有之。一名赤箭，或云赤箭是苗，天麻是根。凡用洗淨，以濕紙包，于糠火中煨熟，取出切片，酒浸一宿，焙乾用。　主治：天麻，辛，溫，無毒。主殺蠱毒惡氣，益氣力，長陰肥健。諸風濕痺，風虚眩暈頭痛。助陽氣，補勞傷。

清·汪昂《本草備要》卷一　天麻宣，祛風。　辛，溫。入肝經氣分。益氣强陰，通血脉，强筋力，疏痰氣。治諸風掉眩，頭旋眼黑，語言不遂，風濕㿏音頑痹，小兒驚癇。諸風眩掉，皆屬肝木。肝病不能榮筋，故見前症。天麻入厥陰而治諸疾，肝氣和平，諸疾自瘳。血液衰少及類中風者忌用。風藥能燥血故也。昂按：風藥中須兼養血藥，制其燥也。養血藥或兼搜風藥，宣其滯也。古云：治風先治血，血行風自滅。　根類黄瓜，莖名赤箭。有風不動，無風反摇，一名定風草。明亮堅實者佳。濕紙包煨熟，切片，酒浸一宿，焙用。

清·吴楚《寶命真詮》卷三　天麻　【略】主風虚眩運，麻痺不仁，語言蹇澁，四肢拘攣，腰膝軟疼，通血脉，强筋力，利舌本，止頭痛，疏痰氣，理驚風，為中風家必需之藥。○肝為風木之藏，藏血主筋，獨入肝經，故主治如上。○風劑助火，血虚無風者勿妄投。

清·陳士鐸《本草新編》卷二　天麻　味辛、苦，氣平，無毒。入肺、脾、肝、膽、心經。能止昏眩，療風去濕，治筋骨拘攣癱瘓，通血脉，開竅，餘皆不足盡信。此有損無益之藥，似宜刪去。然外邪甚盛，壅塞于經絡血脉之間，舍天麻又何以引經，使氣血攻補之味，直入于受病之中乎。故必須備載。但悉其功用，自不致用之之悮也。總之，天麻最能祛外來之邪，逐内閉之痰，而氣血兩虚之人，斷不可輕用耳。

或問：天麻世人多珍之，何先生獨戒人以輕用乎？曰：余戒人輕用者，以天麻實止可祛邪。無邪之人用之，未有不受害者也。余所以言其功，又示其過，慮世之誤用以損人也。

清·顧靖遠《顧氏醫鏡》卷七　天麻辛，平。入肝經。酒浸，煨熟，焙乾。　治風痰，定眩運。諸風掉眩，皆屬於肝。東垣言：目黑頭旋，風痰内作，非此不能除，為治風神藥。頭風頭痛，亦用之也。療四肢濕痺麻木，風藥能勝濕也。醫小兒風癇驚風。小兒發癇，或因風邪，或因驚駭，入肝定風消痰，則安矣。雖不甚燥，畢竟風劑助火，若火炎頭運，血虚頭痛等症，咸忌。

清·李熙和《醫經允中》卷一七　天麻　赤箭乃天麻苗也。有風不動，無風自搖，又名定風草。亦益氣力，强陰。出山東鄆利二州山谷。明潤肥大者佳。濕紙包，糠火中煨熟，切片，酒浸焙乾用。　辛、苦，溫，無毒。浮而升，陰中之陽也。主治諸風濕痺，四肢拘攣不仁，中風風虚眩運，語言難澁，攤緩。肝脉浮大者倍用。《經》云：諸風掉眩，皆屬木。天麻厥陰本藥，專補肝虚。故小兒風疳驚悸，及大人眼黑頭眩，風虚内作，非天麻不治。同芎藭消風利膈，治眩化痰，解肢節痛，和皮膚不仁也。同半夏蒸熟，可熨腰脚痛處。天麻言根有自内達外之理，赤箭言苗有自表入裏之功。性各不同，用之

宜辨。

清·馮兆張《馮氏錦囊秘錄·雜症痘疹藥性主治合參》卷一　天麻得土之辛味，兼感天之陽氣以生，故其味辛，氣平，無毒。暖，浮而升，陽也。入足厥陰經。厥陰為風木之臟，故治一切風症。○揀囫圇肥大者，酒浸一日夜，濕粗紙裹煨，剉片用。　天麻，治小兒風癇驚悸，大人風熱頭眩，敺濕痹拘攣。主癱瘓語蹇，疎痰氣，通血脉，開竅，除風濕，利腰膝強筋，搜風潤燥，益氣強陰，為肝經治風之神劑，有自內達外之功。但雖曰肝虚不足者，以此補之，然係氣分之藥，必血藥佐之，則肝膽性氣內作之風，自可潛息矣。若血虚無風者，不可妄投，蓋雖不甚燥，畢竟是風藥，能助火耳。

主治痘疹合參：　療風熱頭眩，治麻痹驚癇。通血脉，開關竅。凡初發熱有前症者可用。

清·張璐《本經逢原》卷一　天麻《本經》名離母，一名定風草，莖名赤箭。　辛，平，微溫，無毒。濕紙裹煨熟，切片用。　《本經》主殺鬼精物，蠱毒惡氣。久服益氣力，長陰肥健。　發明：　天麻味辛濃厚，性升，屬陽，為肝家氣分藥。故肝虚不足，風從內生者，天麻、芎藭以補之。諸風掉眩，眼黑頭旋，風虚內作，非天麻不治。小兒驚痰風熱，服天麻即消。天麻乃定風草，久服則遍身發出紅斑，是驅風之驗也。按：　天麻性雖不燥，畢竟風劑，若血虚無風，火炎頭痛，口乾、便閉者，不可妄投。《本經》言殺鬼精物蠱毒惡氣者，以其能定風、鎮八方之邪氣也。久服益氣力、長陰肥健者，其性屬陽，陽生則陰長也。

清·浦士貞《夕庵讀本草快編》卷一　天麻《本經》　苗名定風草、赤箭。　赤箭，芝屬，有風不動，無風自搖，根名天麻，環生如芋，連生十二，合地支之數，為《本經》補益第一。　天麻辛溫，陰中之陽，肝經氣分藥也。《經》云：　諸風掉眩，皆屬於木。故當用此，以入厥陰而平風木諸症。如癱緩濕痹，眩運昏仆，語澁拘攣，小兒癇悸，並不可缺。取其散中有補，助陽益肝，通血開竅，又非羌、防峻駃之可比也。羅天益云：　眼黑頭旋，風虚內作，非此不除。定風之號，信不誣矣。服久而遍身發出紅丹，正乃祛風逐濕之效。

清·張志聰、高世栻《本草崇原》卷上　赤箭　氣味辛，溫，無毒。主殺鬼精物，蠱毒惡氣。久服益氣力，長陰，肥健。　《本經》名赤箭苗也。宋《開寶本草》名天麻根也。《本經》主治，根苗並論。今則但用天麻，不用赤箭矣。始出陳倉川谷、雍州，及太山、少室。春生苗，中抽一莖直上如箭竿，色正赤，貼莖梢之半，微有小紅葉，遠看如箭之有羽，有風不動，無風自搖，故有神草之名。根形如王瓜，皮色黄白，曬乾則黑，去根三五寸，有游子環列如衛，皆有細根如白髮，氣相通而實不相連，故根又有離母之名。　赤箭氣味辛溫，其根名天麻者，氣味甘平。蓋赤箭辛溫屬金，金能制風，而有弧矢之威，故主治殺鬼精物。天麻甘平屬土，土能勝濕，而居五運之中，故治蠱毒惡氣。天麻形如芋魁，有游子十二枚，周環之，以仿十二辰。十二子在外，應六氣之司天，天麻如皇極之居中，得氣運之全，故功同五芝，力倍五參，為仙家服食之上品。是以久服，益氣力，長陰，肥健。　李時珍曰：　補益上藥，天麻為第一。世人只用之治風，良可惜也。

清·劉漢基《藥性通考》卷五　天麻　味辛，溫，入肝經氣分。益氣強陰，通血脉，強筋骨，疎痰氣，治諸風眩暈，頭旋眼黑，語言不遂，風濕痛痺，小兒驚癇。諸風眩暈，皆屬肝木。肝病不能榮筋，故見眩暈。天麻入厥陰而治諸疾，肝氣平和，諸疾自瘳。凡血液衰少及類中風者，忌用風藥，能燥血故也。凡風藥中須兼養血藥，以制其燥也。養血藥或兼搜風藥，宣其滯也。古云：　治風先治血，血行風自滅。其根類黄瓜，莖名赤箭，有風不動，無風反搖，一名定風草。明亮堅實者佳。濕紙包煨熟，切片，酒浸一宿，焙乾用。

清·姚球《本草經解要》卷二　天麻　氣平，味辛，無毒。主諸風濕痹，四肢拘攣，小兒風癇驚氣，利腰膝，強筋力。久服益氣，輕身長年。　天麻氣平，稟天秋平之金氣。味辛無毒，得地西方之金味，入手太陰肺經。得天地之金氣獨全，故為制風木之上藥。氣降味升，陽也。肝為風木，諸風皆屬於肝。肝主血，血澁不通，則濕感成痹也。其主之者，天麻氣平味辛，入肺而通水道，能活血而散風也。四肢脾主之，因於濕則大筋耎短，而成拘攣也。肺亦太陰，水道通調，則太陰濕行，而脾濕解，拘攣愈矣。小兒風癇驚氣，皆肝經血虚氣亢，以致氣逆而驚癇也。天麻味辛，辛則潤血；　氣平，平則鎮驚也。辛平之品，潤肝血而平肝氣。肝主筋而位居下，故能利腰膝而強筋力也。久服辛平益肺，肺主氣，所以益氣，氣充身自輕而年自長也。　製方：　天麻同半夏、黄芩、前胡、陳皮、白茯，治痰厥頭痛。同白术、陳皮、白茯、車前，治飲在心下。同南星、前胡、陳皮、白茯，消一切風痰。

清·楊友敬《本草經解要附餘·考證》　天麻　《本經》主殺鬼精物、蠱

毒惡氣，久服益氣力，長陰肥健。《解要》所主，乃《開寶》也。

清·周垣綜《頤生秘旨》卷八 天麻 治濕痺風癇之藥也。苗曰赤箭，又名鬼督郵。用根，有自內達外之理。用苗，有自表入裏之功。

清·王子接《得宜本草·上品藥》 天麻 味辛。入足厥陰、足陽明經。得川芎則補肝，得白朮則去濕。

清·黃元御《玉楸藥解》卷一 天麻 味辛，微溫。入足厥陰肝經。通關透節，泄濕除風。治中風瘻痹癱瘓、腰膝牽強、手足拘攣之證，兼消壅腫。

清·吳儀洛《本草從新》卷一 天麻宣，祛風。 辛，溫。入肝經氣分。通血脈，疏痰氣。治諸風掉眩，頭旋眼黑，語言不遂，風濕瘰痺，小兒驚癇。諸風掉眩，皆屬肝木。肝病不能榮筋，故見前證。天麻入厥陰而治諸疾，肝氣和平，諸疾自瘳。凡血液衰少及非真中風者忌用。風藥能燥血故也。按：風藥同養血藥用，制其燥也；養血藥同搜風藥用，宣其滯也。古云：治風先治血，血行風自滅。根類王瓜，莖名赤箭。明亮堅實者佳。濕紙包煨熟，切片，酒浸一宿，焙。

清·汪紱《醫林纂要探源》卷二 天麻 辛，溫。葉對生，莖直上，中空如麻，花開頂上，結細子，子落還入莖中，名還筒子。根如黃瓜，長肥攢簇，聯附還抱，一根十數。補肝，主治諸風掉眩，上達巔頂，小兒驚癇。根類肝，氣直達。人言其有風不動，無風自動，蓋亦不必然也。 赤箭： 作湯浴，去風。即天麻苗也。

清·嚴潔等《得配本草》卷二 天麻即赤箭，一名定風草。 辛，溫。入足厥陰經氣分。止風虛眩暈，通血脈九竅。治癇定驚，殺鬼疏痰，有自內達外之功。 配川芎，治肝虛頭痛。肝氣喜暢。配白朮，去濕。 去殼，用蒺藜子同煮，去子，以濕紙包煨熟，取出切片，酒浸一宿，焙乾用。 肝虛則勁，膽不滋養，則風動於中，此肝膽性氣之風，非外感天氣也。天麻定肝膽之內風。但血虛者，畏其助火，火熾則風益勁。宜於補血之劑，加此為使，然亦不可久用，多則三四服而止。

題清·徐大椿《藥性切用》卷三 天麻 味辛性溫，入肝經氣分。諸風掉眩，頭旋眼黑，屬風痰滯伏者，非此不除。濕紙包煨熟用。子名還筒子，能定風益虛。若血液衰少，非真有風邪者，忌用。

清·黃宮繡《本草求真》卷三 天麻宜散肝經，氣鬱虛風。 天麻耑入肝。辛平微溫無毒，性升屬陽，為肝家氣分定風藥。蓋諸風眩掉，皆屬肝木，肝鬱不能榮筋，故見頭旋眼黑，語言不遂等症。天麻乃辛平之味，能於肝經通脉強筋，疎痰利氣，辛而不燥，得氣之平，則肝虛風作。自爾克治，故又名為定風草。若久服則遍身發出紅斑，是驅風之驗也。是以小兒驚癇，亦用此味以治。若使肝虛在血，症見口乾便閉及犯類中等症者，切不宜服。以其辛能燥血者故耳。血燥須用養血之劑，則風不除而自去矣。古云：治風先治血，血行風自滅。根類黃瓜，莖名赤箭，有風不動，無風反搖，明亮結實者佳。濕紙包裹，熟切片，酒浸一宿焙用。

清·楊璿《傷寒溫疫條辨》卷六散劑類 天麻 煨熱，酒炒。 味辛，氣平。入肝。療風熱眩暈，治驚悸瘛瘲，祛風濕瘰痹不仁，主癱瘓語言不遂，和血脉，疏痰氣，強筋骨，利九竅。《內經》曰諸風眩掉，皆屬肝木是也。易老曰頭旋眼黑，非天麻不能定是也。古方天麻丸：天麻、川芎等分為末，煉蜜丸，茶酒任下。主消氣散痰，清利頭目，寬胸快膈，治心忪煩悶，頭暈欲倒，項急肩背拘捲，神昏多睡，肢節煩疼，皮膚瘙痒，偏正頭疼，鼻齆，面目浮腫，並驗。河間曰：中風非外來之風，良由將息失宜，心火暴甚，腎水衰敗，不能制之，故猝倒無知也。莫如地黃飲子，補水火，和藏府，養氣血，通經絡，其證自愈。熟地四錢，肉桂、附子、蓯蓉、巴戟、山萸、茯苓、遠志、石斛、石菖蒲、麥冬、五味子一錢，薄荷七分，水煎服。亦可煉蜜丸服。此口噤身冷，四肢不收之良劑也。古人云：治風先活血，血活風自滅。非此之謂乎。

清·許豫和《許氏幼科七種·怡堂散記》卷下 天麻 苗名赤箭，一莖直上，有風不動，無風反搖，故又名定風草。歲生十二子，閏歲生十三子，其莖中空，子從中落，名還筒子，有還源之妙，返本歸根之義。不獨能治風，亦補肝腎之藥也。血虛生風者宜之。婦人肝熱生風，頭旋眼黑者，四物湯中加用多效。用治小兒驚掣，用之淺者也。

清·羅國綱《羅氏會約醫鏡》卷一六草部 天麻 味辛，入肝經。酒浸，煨熟，焙乾用。但性緩力輕，用須加倍。 入肝經氣分。治眩運、頭旋、麻痹、語塞、小兒驚癇，諸風掉眩，皆屬於肝，用此和肝，諸疾自瘳。利腰膝，強筋骨。此皆屬肝，宜此補之。

按： 天麻是治風神藥，但能燥血，須兼養血藥用之。

清·陳修園《神農本草經讀》卷二上品 赤箭 氣味辛，溫，無毒。主殺鬼精物，蠱毒惡風。久服益氣力，長陰，肥健。 張隱庵曰： 赤箭氣味辛溫，其根名天麻者，氣味甘平。蓋赤箭辛溫屬金，金能制風，而有弧矢之威，故主殺鬼精物。天麻甘平屬土，土能勝濕，而居五運之中，故能治蠱毒惡風。天麻形如魁芋，有游子十二枚周環之，以仿十二辰，十二子在外應六氣之司

天。天麻如皇極之居中，得氣運之全，故功同五芝，力倍五參，為仙家服食上品，是以久服益氣力，長陰肥健。　李時珍曰：補益上藥，天麻第一，世人止用之治風，良可惜也。

清·黃凱鈞《藥籠小品》　天麻　辛，溫，入肝氣分，通血脈，疏痰氣。治諸風眩掉，語言蹇滯，風濕痹痹，小兒驚癇。此燥血之品，非真中風忌用。

清·王龍《本草纂要稿·草部》　天麻　味苦、辛，氣平，無毒。治小兒風疳驚悸，療大人風熱頭眩。驅濕痺拘攣，主癱瘓塞滯。諸風麻痺不仁，風熱語言不遂。通血脉開竅，利腰膝強筋。諸毒癰疽，並堪調愈。

清·張德裕《本草正義》卷下　天麻　辛，平。治風眩頭旋眼黑，諸風濕痺，四肢拘攣，利腰膝，通血脉，殺鬼精蠱毒，小兒風癇。性平力緩，用輕無驗。

清·楊時泰《本草述鉤元》卷七　天麻　《本經》曰赤箭，一名定風草。春生苗如芍藥，獨抽一莖，高三四尺，莖中空，色正赤，宛如箭幹，且有羽者，有風不動，無風自搖，四月梢頭成穗，作灰白花，結實如楝子，至秋不落，卻透空入莖中，還筒而下，潛生土內。根如芋，去根三五寸，有游子十二枚，環列如衛，皆有細根，雖相須而實不相連，大者重半斤，或五六兩，皮色黃白，名曰龍皮，肉即天麻也。《本經》名概根苗，後人分苗曰赤箭，根曰天麻，功力稍有同異故耳。有御風草與赤箭相似，獨莖，色青斑，葉背黃白，兼有青點，隨風動搖，子不還筒，治療稍合，補益大乖異矣。

味辛、甘而緩，氣平。浮而升，陽也。肝經氣分藥。助陽氣，主風虛眩暈頭痛，眼黑頭旋，風虛內作，非天麻不能治。及痰熱上壅頭痛及眩，並善驚失志，語多恍惚，補勞傷，利腰膝，強筋力，逐諸風濕，久服天麻藥，偏身有發紅丹者，是祛風之驗也。治麻痹拘攣，冷氣痛痹，癱緩不隨，通血脈，利關竅，定小兒風癇驚氣，通女子經脈。肝虛不足者，天麻、芎藭以補之，能達風化即是補。更療風熱頭痛，或語言不遂東垣。同术、半夏、黃芩、前胡、橘皮、茯苓，治痰厥頭痛。同术、橘皮、茯苓、車前，治飲在心下作支滿。同南星、前胡、橘皮、白前，消一切風痰。

附方：天麻丸，消風化痰，清利頭目，寬胸利膈，治心忪煩悶，頭暈欲倒，項急肩背拘倦，神昏多睡，肢節煩痛，皮膚瘙癢，偏正頭痛，鼻齆，面目虛浮，並宜服之。天麻五錢、芎藭二兩，為末，煉蜜丸如芡子大，每食後嚼一丸，茶、酒任下。

論：天麻神於治內風。內風者，虛風也。夫人身惟是陰陽合和以為氣，而風木由陰以達陽，故陰虛則風實，陽虛則風虛。虛風為病，有因清陽不升，濁陰不降，肝木失其生發之氣而致者。有因脾胃為病，使土敗木侮而生虛風者。是則虛風之故，不第病於鬱而不達，即侮所不勝而亦然也。此品赤箭為苗，天麻為根。根則抽苗徑直而上，有自內達外之理；苗則結子熟落，還返幹中而下，有自表入裏之功。其有風不動，無風自搖，與獨活同，而所以暢風化，鎮風變者則大異。蓋能暢風化，乃自內達外之理，升也。能鎮風變，乃自表入裏之功，降也。就其為升為降，已并赤箭之功，盡歸於天麻，不可謂根之用，止能自內達外，而不擅歸根之妙矣。故治眩暈驚癇，乃風虛之不能達於陽者，用之自內達外，即不外乎自表入裏之體。療風證亦曰天麻、防風辛溫散之，非真散也，就風邪之不得狂即為散耳。又治風濕攣痹癱緩，此風虛之不能宣於陰者，藉之自表入裏，即具有自內達外之用。風臟即血臟，故肝主經絡，風化能宣於陰，即所謂通血脈利關竅是也。是則天麻之功，可止以治風為言乎。或問木乘土虛，似木居其實矣，何以亦曰虛風？不知風木之氣雖本於先天生氣，實與後天中氣相馭而行。若中土虛衰，即風木之化原已傷，得不謂之風虛乎。清陽之能升能降，全藉中土為樞，凡土衰木侮之病，不知補脾育肝，而但事苦寒以伐肝，多致夭枉，所以羅氏治虛風之義，即助陽氣一語足以盡之。顧何以陽實之風而亦用之？曰：人身風化，與元氣並行，陰即隨陽以為守。《經》曰：虛者屬真氣，實者屬邪氣，若真氣得所守，而邪氣不自散乎。是以投之陽虛，固為的治，即投之陽實，亦藉其有風不動之氣機，以妙夫闔捩之用矣。寇氏故云必須他藥相佐使，蓋攻補殊劑，皆得用之以盡其變也。

辨治：采後曝乾，肉色堅白如羊角，呼羊角天麻。蒸過，黃皺如乾瓜者，俗呼醬瓜天麻，皆可用。一種形尖而空薄如元參狀者，不堪用。

修事：天麻十兩剉，安於瓶中，用蒺藜子一鎰，緩火熬焦，蓋於天麻上，以三重紙封繫，從巳至未，取出蒺藜，炒過，蓋繫如前，凡七遍，用布拭上氣汗，刀劈焙乾，單擣用。此雷斅法，治風痹藥，須如此修事。用治肝經風虛者，洗淨，以濕紙包，於糠火中煨熟，取出切片，酒浸一宿，焙乾用。

清·鄒澍《本經續疏》卷一　赤箭　【略】赤箭春生苗，初出如芍藥，獨抽一莖，挺然直上，高三四尺，莖中空，色正赤，帖莖杪之半，微有尖小紅葉，四

月稍頭成穗作花灰白色，宛如箭簳，且有羽，有風不動，無風自搖，結實如楝子，核有六稜，中仁如麪，至秋不落，卻透空入莖中還筒而下，下潛生土內，根如芋，去根三五寸有游子十二枚，環列如衛，皆有細根白鬚，雖相須而實不相連，但以氣相屬耳。根大者重半斤或五六兩，皮色黄白，即天麻也。赤箭是其苗《乘雅》。

或曰陽極變陰，發轉為斂，天麻之莖實有焉。宜乎能出陽入陰，為功甚鉅，今觀《本經》《别録》所著，一若殊狹何哉？曰循環之數，天地僅足自主，不能制物也。火然而難離，水流而莫返，能使不浄盡無餘，其用已不小。何況水火之相遭，火金之相鑠，餘燼遺鏐，珍藏什襲，不令同腐敗者均為棄物，其功鉅不大哉！肌肉以火而豐，陰以火而強，力以火而大，氣以火而盛。然皆具往而不返之機，其取義猶赤莖之直上，支節不生，而孰知竟其所至，轉陽為陰，遂生六稜之實，且不墮他所，仍入莖中而歸根復命，是其往而能返。謂之益氣力，長陰肥健，不亦可乎？然則有游子十二圍環其根又何義？夫以環於中而言，則脾胃也。以十二而言，則臟腑之數也，經脈之數也。臟腑、經脈以氣血而環周一身，氣之所歸氣海也，血之所歸血海也。氣旋繞於上則支滿，旋繞於下則為疝氣。血離而旋繞他所則下血，氣血竝而旋繞他所則癰腫，皆痩削陰痿無力少氣之根，得歸其所當歸，不旋繞其不當旋繞，則不特益氣力，長陰肥健，且消癰腫、支滿、疝下血焉。是《本經》述其正面，《别録》抉其底蘊矣。主蠱毒惡氣者，俾正氣不助為虐，是取其功用。殺鬼精物者，彤矢為陰類所畏，是取其形象也。

劉潛江云：天麻在方書云療風，惟羅氏謂其治風，大明謂其助陽氣。兩説不相謀，果孰是耶？夫人身惟陰陽合和以為氣，而風木由陰以達陽，故陰虚則風實，陽虚則風虚。助陽氣者，正所以補風虚也，是故虚風為病，有緣於清陽不升，濁陰不降，致肝木生發之氣不得暢而生者。有因脾胃有病，致土敗木侮而生者。天麻為物，根則抽苗直上，有自内達外之理，苗則結子下歸，有自表入裏之象，即其有風不動，無風自搖，乃暢其風之鬱而不使濫，靜鎮其風之變而不使群動。暢風鬱乃自内達外之功，鎮風變乃自表入裏之效，就其一往一來而已。能使靜作動，返動為靜，是其功用斷在根，而不在苗。風為六氣之首，人身元氣通天之本也。元氣出於地，風化即與之竝育竝行，故其治小兒驚氣風癇《開寶》眩暈頭痛元素，皆風虚之不能達於陽也，可謂自内達外。然亦不外乎自表入裏之體，其治諸風濕痹《開寶》，冷氣㿏痹，癱緩不隨甄權，可謂自表入裏。然即具有自内達外之用，是則天麻之用殆亦侈乎？所云木乘土虚，是木居其實矣，何以亦曰風虚？蓋胃者，五臟六腑之本，食氣入胃，首即散精於肝中，土虚則風木之化源傷，可不謂風虚乎？就風氣之能達，是為宣陰。挽風氣之能回，是為和陽。和陽則所謂自表入裏者也，宣陰則所謂自内達外者也。

清・葉桂《本草再新》卷一　天麻味辛，性溫，無毒。入肝經。通血脈，疏痰氣，治諸風掉眩，風濕㿏痹，小兒驚癇。治諸風，故能止驚癇。

清・吴其濬《植物名實圖考》卷七　赤箭　《本經》上品。陶隱居未能決識。《夢溪筆談》謂即天麻，止用治風為可惜。《本草綱目》謂即還筒子。考柳公權有《求赤箭帖》，以為扶老之用。則宋以前尚為服食要藥。

清・趙其光《本草求原》卷一山草部　天麻　即赤箭之根。一名定風草。氣平，味甘、辛，無毒。氣味皆金，而歸於土。有風不動，無風自搖，妙動靜之機，故能制風以平木。根形如魁芋，有二十四子周環於外，以仿二十四氣，得土味以居五運之中。又莖直如箭，有羽，有弧矢示威之象，主殺鬼精物，蠱毒惡氣。久服益氣力，長陰肥健，甘辛升陽則氣生，平以降陰則血生。通血脈，利關竅，治諸風濕痹，拘攣癱瘓，肝為風臟，即血臟。肝血虚，則陽太升而為風；陰亦下鬱而為濕。痰厥，頭眩痛，冷痹，風癇驚氣，肝陽虚，則清不升，濁亦不降，致濕鬱而為寒風內振。利腰膝，強筋骨，通女子經脈。

同术、陳、苓、車，治飲在心下。同术、夏、苓、前、陳，治痰厥頭痛。同半夏、細辛熨腰脚痛。同星、陳、苓、前胡、白前，消一切風痰。同川芎為丸，茶酒嚼下，則補肝虚，治風熱頭痛，語言不遂煩眩欲倒，膚癢，面目虚浮，諸風麻痹，小兒癇驚。

羅天益謂天麻治内虚之風。虚風有二：一是肝陽虚，鬱而為風；一是脾虚，肝乘而為風。蓋肝木挾元氣上升，由陰達陽，不升則鬱而病，太升亦乘脾而病。天麻，一莖直生，有自内達外之功，能暢肝氣以上升。子熟則透空入莖，落地復生，有歸根復命之理。又能降肝氣而不致太升，且辛能潤血。平益肺，調水以行濕。故無論肝陽虚、陰虚，皆得佐之，以調其升降，為補益上藥。《本經》列為上品，是宣通升降而風自靜，非燥散也。今人止用之治風，故時珍惜之。

獨活，亦有風不動，無風自搖，但不能透空復生，升而不降，故無補益。天麻惟還苗歸根，根之功即同於苗莖，《本經》止言採根用，後人分赤箭用苗，天麻用根，故沈括非之。又御風草，功略似天麻，但隨風動搖，子不還筒，性溫，有小毒，無補益。今人以薑製用，皆此僞充耳。故吴世鎧謂其燥，治虚風，宜主以養陰。寇氏謂攻補殊劑，須分佐使者是也。

真天麻，根如芋，大者八兩，或五六兩，皮黄，肉堅白，明如羊角，蒸過如乾醬瓜。若形尖空薄如元參者，不堪用。以濕紙包煨熟，酒浸蒸焙用。

清・文晟《新編六書》卷六《藥性摘録》 天麻 辛，平，微溫。氣升，宣散肝經氣鬱虚風，通脈強筋，疏痰利氣，治諸風眩掉，頭旋眼黑，語言不遂及小兒驚癇等症。〇苦肝虚有血症見，口乾便閉，及犯類中等症，切忌。〇明亮者佳。濕帋包煨熟，酒浸一宿，焙用。

清・劉東孟傳《本草明覽》卷二 天麻 【略】按：天麻言根，有自内達外之理；赤箭言苗，有自表入裏之功。蓋根則抽苗，自下而上，豈非自内達外乎；苗則結子，落土而生，又非自表入裏乎。此可以識其内外主治之理矣。

清・張仁錫《藥性蒙求・草部》 天麻五分、八分 天麻辛平，風熱眩暈。驚悸風癇，癱瘓俱應。濕紙裹，煨熟用。一云：辛溫，入肝經氣分。通血脈，疏痰氣，治諸風掉眩，小兒驚癇。一名定風草，故為治風之神藥。久服則遍身發紅丹，是祛風之驗也。得川芎則補肝，得白术則去濕。〇血液衰少及真中風者忌用。

清・戴葆元《本草綱目易知録》卷一 天麻 辛，溫。入肝經氣分。益氣開竅，通血脈，利腰膝，強筋力，消癰腫。治諸風眩暈，頭旋眼黑，語多恍惚，善驚失志。風濕瘰痹，癱瘓不隨，寒疝下血，小兒風癇驚氣。殺鬼精物，蠱毒，惡氣。血液衰少，類中風者忌。凡用，紙包煨熟，切片，酒浸一宿，焙用。

清・黄光霽《本草衍句》 天麻辛，溫。 入肝經之氣分。通血脈以疎痰，治風虚頭痛眩運。頭旋眼黑。療小兒驚癇拘攣，麻痺不仁，語言蹇澀。利腰膝以強筋，敺濕痺而開竅。有自内達外之功，熄肝木諸風之疾。久服天麻，遍身發出紅丹者，是其祛風之驗。血液衰少，類中則忌。得川芎則補肝，得白术則去濕。

天麻在土，周環十二子，如十二辰以輔皇極。味甘，氣平。主補中土，便從中土以通十二經。今人認為風藥，但品味甚優，悮用無害。

清・陳其瑞《本草撮要》卷一 天麻 味辛，入足厥陰、足陽明經，功專通關透節，泄濕除風。得川芎補肝，得白术去濕。子名還筒子，定風補虚。血液衰少及非真中風者忌用。莖名赤箭，又名定風草。

清・李桂庭《藥性詩解》 賦得天麻主脾濕袪風之藥得袪字。田春芳。

欲覓疏風藥，天麻豈廢與。頭旋雖可却，脾濕最能袪。 按：天麻辛溫，入肝經氣分。疏通血脉，宣暢諸風。並主脾濕逐痰，頭旋眼黑，小兒驚癇。《經》謂諸風眩（晫）〔掉〕，皆屬肝木。肝病不能榮潤，始見前症。凡血液衰少及非真風者，當戒。

白及

宋・唐慎微《證類本草》卷三〇《有名未用・草木》〔《别録》〕 白給 味辛，平，無毒。主伏蟲，白瘲音癬，腫痛。生山谷。如藜蘆，根白相連，九月採。

宋・李昉《太平御覽》卷第九九〇 白及 《本草經》曰：白及，一名甘根，一名連及草。味苦，辛。治癰腫，惡瘡敗疽。生北山。又出建康。《晉宫閣名》曰：華林，白及三株。《建康記》曰：建康出白及。《吴氏本草》曰：白及，一名臼根。神農、黄帝：辛。李氏：大寒。雷公：辛，無毒。莖葉如生薑、藜蘆也。十月華，直上，紫赤，根白連。二月、八月、九月採。生冤句。

宋・唐慎微《證類本草》卷一〇草部下品〔《本經・别録・藥對》〕 白及 **味苦、辛，平、微寒，無毒。主癰腫惡瘡敗疽，傷陰死肌，胃中邪氣，賊風鬼擊，痱音肥緩不收，**除白癬疥蟲。**一名甘根，一名連及草。**生北山川谷，又冤句及越山。紫石英爲之使，惡理石，畏李核、杏人。

〔梁・陶弘景《本草經集注》〕云：近道處處有之。葉似杜若，根形似菱米，節間有毛。方用亦稀，可以作糊。

〔唐・蘇敬《唐本草》〕注云：此物，山野人患手足皸音軍拆，嚼以塗之，有效。

〔宋・掌禹錫《嘉祐本草》〕按：《蜀本》云：反烏頭。又《圖經》云：葉似初生栟音并櫚音閭椶也及藜蘆。莖端生一薹，四月開生紫花。七月實熟，黄黑色，冬凋。根似菱，三角，白色，角頭生芽。今出申州。二月、八月採根用。吴氏云：神農：苦。黄帝：辛。季氏：大寒。雷公：辛，無毒。莖葉如生薑、藜蘆，十月華，直上，紫赤，根白連，二月、八月、九月採。《藥性論》云：白及，使。能治結熱不消，主陰下痿，治面上

黚皰，令人肌滑。日華子云：味甘癥，止驚邪血邪，癇疾，赤眼癥結，發背瘰癧，腸風痔瘻，刀箭瘡，撲損，溫熱瘧疾，血痢，湯火瘡，生肌止痛，風痹。

〔宋・蘇頌《本草圖經》〕曰：白及，生北山川谷，又冤句及越山，今江淮、河、陝、漢、黔諸州皆有之，生石山上。春生苗，長一尺許。似栟櫚及藜蘆，莖端生一臺，葉兩指大，青色。夏開花紫。七月結實至熟，黃黑色。至冬葉凋。根似菱米，有三角，白色，角端生芽。二月、七月採根。今醫治金瘡不差及癰疽方中多用之。

〔宋・唐慎微《證類本草》〕《經驗方》：治鼻衄不止甚者。白及爲末，津調塗山根上，立止。

宋・鄭樵《通志》卷七五《昆蟲草木略》 白及 曰甘根，曰連及。葉如初生栟櫚，根如菱米。

金・張元素《潔古珍珠囊》〔見元・杜思敬《濟生拔粹》卷五〕 白及苦甘 陽中之陰。止肺澀。白斂同。

宋・劉明之《圖經本草藥性總論》卷上 白及 味辛、苦，平，微寒，無毒。主癰腫惡瘡，敗疽傷陰死肌，胃中邪氣，賊風鬼擊，痱緩不收，除白癬疥蟲。《藥性論》云：使。治熱結不消，主陰下痿，治面上皯皰。日華子云：止驚邪血邪，癇疾，赤眼癥結，發背瘰癧，腸風痔瘻，刀箭瘡，撲損，溫熱瘧疾，血痢。紫石英為之使。惡理石。畏李核、杏仁。

宋・陳衍《寶慶本草折衷》卷一〇 白及使。 一名甘根，一名連及草。生北山川谷及冤句、越山、江淮、河陝及申、漢、黔、興州。今處處石山上有之。○二、七、八、九月採根。○紫石英為使，惡理石，畏李核、杏人，反烏頭。○味苦、辛、甘，平，微寒，無毒。○主癰腫、惡瘡、敗疽，傷陰死肌，胃中邪氣，賊風鬼擊，痱音肥緩不收，除白癬疥蟲。○《唐本》註云：手足皸音軍坼，嚼以塗之。○《藥性論》云：治結熱，主陰痿，治面皯皰。○日華子云：止血邪癇疾，赤眼，（瘤）〔癥〕結，發背，瘰癧，腸風痔瘻，刀箭瘡，撲損，溫熱瘧疾，血痢。湯火瘡，生肌止痛，風痹。○《圖經》曰：根似菱米，三角，白色。○《經驗方》：治鼻衄。白及為末，津調塗山根上，立止。○按，相書山根在面部眉心之下。○寇氏曰：白及斂瘡。并見白斂條說。

元・王好古《湯液本草》卷四 白及 苦、甘，陽中之陰。味辛、苦，平，微寒，無毒。《珍》云：止肺澀。白斂治證同。《本草》云：主癰腫惡瘡，敗疽，傷陰死肌，胃中邪氣，賊風鬼擊，痱緩不收，白癬疥蟲。《藥性論》云：使。治熱結不消，主陰下痿，治面上皯皰。

元・尚從善《本草元命苞》卷五 白及 為使。又名甘根。味苦、辛，平，微寒，無毒。反烏頭。畏李核、杏仁。惡理石。紫石英為使。主癰腫惡瘡，死肌傷敗。治發背瘰癧，痔瘻腸風。療賊風鬼擊，痱緩不收。除胃中邪氣，面上皰皯。殺白癬疥蟲。刀箭瘡，撲損，止溫熱瘧疾，湯火瘡，生肌。產北山冤句，今河、陝、江淮。生石上，苗長尺許，似藜蘆，莖端生臺，夏開花紫，秋結實黃，根如菱葉，類杜若，二七月採之，陰乾。皰，皮教切，面生氣也。又面生瘡也。

元・徐彥純《本草發揮》卷二 白及與白斂同。 潔古云：白及，苦、甘，陽中陰也。止肺血澀，與白斂同。東垣云：白及味苦、辛，甘，陽中陰也。主癰腫，惡瘡敗疽，發背瘰癧，腸風痔漏，湯火瘡。

明・蘭茂撰，清・管暄校補《滇南本草》卷下 白及 性微溫，味辛，平。治癆傷肺氣，補肺虛，止咳嗽，消肺癆咳血，收斂肺氣。

明・王綸《本草集要》卷三 白及使 味苦辛，氣平，微寒，陽中之陰。無毒。紫石英為之使。惡理石，畏杏仁。 主癰腫惡瘡，敗疽傷陰死肌，胃中邪氣，賊風鬼擊，痱緩不收。除白癬疥蟲。

明・滕弘《神農本經會通》卷一 白及 使也。紫石英為之使。惡理石，畏李核、杏仁，反烏頭。根似菱，三角，白色，角頭生牙。二八月採根用。味苦、辛，氣平，微寒，無毒。一云味甘、辛。《湯》云：苦、甘，陽中之陰。《衷》云：消癰腫毒，性同白斂。治白癬破裂，療邪氣風緩。珍云：主諸癰瘡敗疽，并發背，腸風痔漏，瘰癧，湯火傷。

《本經》云：主癰腫，惡瘡敗疽，傷陰死肌，胃中邪氣，賊風鬼擊，痱緩不收。除白癬疥蟲。唐注云：此物山野人患手足皸音軍坼，嚼塗之有効。《藥性論》云：白及，使。治結熱不消，主陰下痿，治面上皯皰，令人肌滑。日華子云：味甘、辛。止驚邪血邪，癇疾，赤眼，癥結，發背，瘰癧，腸風痔瘻，刀箭瘡，撲損，溫熱瘧疾，血痢，湯火瘡。生肌止痛，風痺。《圖經》云：治金瘡及癰疽方中多用之。《經驗方》：治鼻衄不止，甚者，白及為末，津調塗山根上，立止。珍云：止肺澀，白斂治證同。《集》云：白斂、白及、及古今服餌方少用，多用於斂瘡方中。即《衍》。劊云：白及主消癰腫毒，性同白斂反烏頭。去除白癬并皸裂，更療邪風緩不收。白及，破癰疽，合皸裂。

與烏頭相反。

明·劉文泰《本草品彙精要》卷一三 白及無毒 植生。

白及出《神農本經》：**主癰腫惡瘡，敗疽，傷陰，死肌，胃中邪氣，賊風，鬼擊，痱音肥緩不收。**以上朱字《神農本經》。除白癬，疥蟲。以上黑字名醫所錄。

【名】甘根、連及草。【苗】《圖經》曰：春生苗，高一尺許，似栟櫚及藜蘆，莖端生一臺。葉似杜若，兩指大而青，四月開紫花，七月結實，熟時黃黑色，至冬葉凋，根似菱米，有三角，角端生芽，古方雖稀用，今人亦作糊用之。

【地】《圖經》曰：生北山川谷、冤句、越山及江淮、河、陝、漢、黔諸州，近道皆有之。【道地】興州、申州。【時】生：春生苗。採：二月、八月、九月取根。【收】暴乾。【用】根。【質】類菱而大小不一。【色】黃褐。

【味】苦，辛。【性】平，寒，泄。【氣】氣薄味厚，陰中之陽。【臭】香。

【主】癰疽，瘡腫，生肌，止痛。【助】紫石英爲之使。【反】烏頭，畏李核、杏仁，惡理石。【製】去蘆鬚剉碎用。【治】療：《唐本》注云：手足皸音軍拆，取嚼塗之，有效。《藥性論》云：治結熱不消，及陰下痿並面上皯皰，令人肌滑。日華子云：止驚邪，血邪，癇疾，赤眼，癥結，發背，瘰癧，腸風，痔瘻，刀箭瘡，撲損，溫熱瘧疾，血痢，湯火瘡，風痹。《別錄》云：鼻衄不止，以末津調塗山根，立愈。

明·葉文齡《醫學統旨》卷八 白及 氣微寒，味苦、辛，平，無毒。紫石英為之使，惡理石，畏杏仁。 治癰腫惡瘡敗疽，傷陰死肌，胃中邪氣賊風，鬼擊痱緩不收，除白癬疥蟲。

明·許希周《藥性粗評》卷一 白及散疽膿，類張儀之破縱。白及與白斂同。

白及，一名甘根。春生苗，葉長一尺許，似椶櫚及藜蘆與薑，莖端生一臺，四月開紫花，七月結實，熟時黃黑色，至冬葉凋，根似菱米，有三角，白色，角端生芽。江南川谷處處有之。二八月採根，暴乾。此物易蠹，須常晒暴。紫石英為之使，惡理石，畏李核、杏仁，反烏頭。味苦、辛、甘，性微寒，無毒。主治癰腫疽癤，瘰癧痔漏，癬疥，湯火諸瘡，皆能排膿，散血生肌，止痛，如張儀善破六國之縱焉。

單方：鼻衄不止：為末，以津調塗山根上，立止。手足皮皸：手足皴裂者，嚼以塗之，效。

明·鄭寧《藥性要略大全》卷三 白及使 破癰疽，合跟皸，消結熱，療陰瘻，治鼻衄，面皯金瘡，及肢體傷折。○止驚邪、血邪、癇疾，赤眼，癥結，發背，瘰癧，腸風痔瘻，刀箭瘡，撲損，溫熱瘧疾，血痢。湯火瘡，生肌止痛，風痹。東垣云：治腫毒，惡瘡傷敗死肌，胃中邪熱，賊風鬼擊，痱緩不收。除白癬疥蟲。○又治結熱不消，主陰下痿，治面上黯，治鼻衄、金瘡及手足傷折。○味甘，性平，無毒。紫石英為之使。惡理石，畏杏李仁。反烏頭。○又云：味苦、辛，微寒。

明·陳嘉謨《本草蒙筌》卷三 白及 味苦、辛，氣平、微寒。陽中之陰。無毒。多出石山，苗高尺許。葉青兩指大，莖端生一臺。花開紫紅，實熟黃黑。根如菱米，節間有毛。二八月採，〔暴〕乾，紫石英為使。惡理石，畏杏仁。名擅外科，功專收斂。不煎湯服，惟熬膏敷。除賊風鬼擊，痱緩不收；去潰瘍敗疽，死肌腐肉。敷山根額之下，鼻之上。止衄，塗疥癬殺蟲。作糊甚粘，裱畫多用。

明·王文潔《太乙仙製本草藥性大全》卷二《本草精義》 白及 一名甘根，一名連及草。生北山川谷，又冤句及越山，今江淮、河陝、漢黔諸州皆有之，生石山上。春生苗，長一尺餘，似棕櫚及藜蘆，莖端生一臺，葉兩指大，青色，夏開花，紫紅色，七月結實，至熟黃黑色，至冬葉凋，根似菱米，有三角，白色，節間有毛，二八月採，乾。惡理石，畏杏仁。名擅外科，功專收斂。不煎湯服，惟殼膏敷。

明·王文潔《太乙仙製本草藥性大全》卷二《仙製藥性》 白及使 味苦、辛，氣平、微寒，陽中之陰，無毒。紫石英爲之使。 主治：除賊風鬼擊，痱緩不收。去潰瘍敗疽，死肌腐肉。敷山根額之下，鼻之上。止衄。塗疥癬殺蟲。治結熱不消，陰瘻，癥癖。止腸風痔瘻，刀箭撲傷。去面皯，滑肌。住驚邪癇疾。作糊甚粘，裱畫多用。 補註：治鼻衄不止，甚者用爲末，津調塗山根上立止。

明·皇甫嵩《本草發明》卷三 白及氣平、微寒，味苦、辛，無毒。陽中之陰。 發明曰：白及，雖專外科，主收斂，然斂中有辛散之妙。故《本草》主癰疽腫惡瘡，敗疽傷陰，去潰瘍死肌腐肉，除胃中邪氣，賊風鬼擊，痱緩不收，其專主收斂可知也。又止肺澁，與白斂同用，使治熱結不消，主陰中瘻，治面上皯皰，令人肌滑。除白癬，塗疥癬，殺蟲，金瘡撲損，湯火灼瘡，生肌止痛。可見斂中有辛散之妙也。惟熬膏散傅瘡，不入湯藥。敷山根鼻上止衄血。作糊

甚粘，褙畫多用。

明・李時珍《本草綱目》卷一二草部・山草類上

白及《本經》下品。校正：併入《別錄》白給。

【釋名】連及草《本經》　甘根《本經》　白給時珍曰：其根白色，連及而生，故曰白及。其味苦，而曰甘根，反言也。《吴普》作白根，其根有白，亦通。《金光明經》謂之罔達羅喝悉多。又《別錄》有名未用白給，即白及也，性味功用皆同，係重出，今併爲一。【集解】《別錄》曰：白及生北山川谷及冤句及越山。又曰：白給生山谷，葉如藜蘆，根白相連，九月採。普曰：莖葉如生薑、藜蘆，十月花，直上，紫赤色，根白連，二月、八月、九月採。弘景曰：近道處處有之。葉似杜若，根形似菱米，節間有毛。方用亦稀，可以作糊。保昇曰：今出申州。葉似初生椶苗葉及藜蘆。三四月抽出一薹，開紫花。七月實熟，黄黑色。冬凋。根似菱，有三角，白色，角頭生芽。八月採根用。頌曰：今江淮、河陝、漢黔諸州皆有之，生石山上。春生苗，長一尺許。葉似栟櫚，兩指大，青色。夏開紫花。二月、七月採根。時珍曰：韓保昇所説形狀正是，但一科止抽一莖。開花長寸許，紅紫色，中心如舌。其根如菱米，有臍，如鳧茈之臍，又如扁扁螺旋紋。性難乾。

根【氣味】苦，平，無毒。《別錄》曰：辛，微寒。白給，辛，平，無毒。普曰：神農：苦。黄帝：辛。李當之：大寒。雷公：辛，無毒。大明曰：甘、辛。杲曰：苦、甘，微寒，性澀，陽中之陰也。之才曰：紫石英爲之使，惡理石，畏李核、杏仁，反烏頭。【主治】癰腫惡瘡敗疽，傷陰死肌，胃中邪氣，賊風鬼擊，痱緩不收《本經》。除白癬疥蟲。結熱不消，陰下痿，面上皯皰，令人肌滑甄權。止驚邪血邪血痢，癇疾風痹，赤眼癥結，温熱瘧疾，發背瘰癧，腸風痔瘻，撲損，刀箭瘡，湯火瘡，生肌止痛大明。止肺血李杲。

白給：主伏蟲白癬腫痛《別錄》。【發明】恭曰：山野人患手足皸拆者，嚼以塗之有效。爲其性粘也。頌曰：今醫家治金瘡不瘥及癰疽方多用之。震亨曰：凡吐血不止，宜加白及。時珍曰：白及性澀而收，得秋金之令，故能入肺止血，生肌治瘡也。按洪邁《夷堅志》云：台州獄吏憫一大囚。因感之，因言：吾七次犯死罪，遭訊拷，肺皆損傷，至於嘔血。人傳一方，只用白及爲末，米飲日服，其效如神。後其囚凌遲，劊者剖其胸，見肺間竅穴數十處，皆白及填補，色猶不變也。洪貫之聞其説，赴任洋州，一卒忽苦咯血甚危，用此救之，一日即止也。《摘玄》云：試血法：吐在水碗内，浮者肺血也，沉者肝血也，半浮半沉者心血也。各隨所見，以羊肺、羊肝、羊心煮熟，蘸白及末，日日食之。

【附方】舊一，新八。　鼻衄不止：津調白及末，塗山根上，仍以水服一錢，立止。《經驗方》。　心氣疼痛：白及、石榴皮各二錢，爲末，煉蜜丸黄豆大。每服三丸，艾醋湯下。《生生編》。　重舌鵝口：白及末，乳汁調塗足心。《聖惠方》。　婦人陰脱：白及、川烏頭等分，爲末，絹裹一錢納陰中，入三寸，腹内熱即止，日用一次。《廣濟方》。　打跌骨折：酒調白及末二錢服，其功不減自然銅、古銖錢也。《永類方》。　刀斧傷損：白及、石膏煅等分，爲末。摻之，亦可收口。《濟急方》。　手足皸裂：白及末水調塞之。勿犯水。《濟急方》。　湯火傷灼：白及末油調傅之。《趙真人方》。　疔瘡腫毒：白及末半錢，以水澄之，去水，攤於厚紙上貼之。《袖珍方》。

明・梅得春《藥性會元》卷上

白及　味苦、辛，平，氣微寒，無毒。紫石英為使。惡理石，畏杏仁。　主治癰腫惡瘡敗疽，傷陰死肌，膚中邪氣，賊風鬼擊，痱緩不收，殺白蘚疥瘡蟲。

明・李中立《本草原始》卷三

白及　始生北山川谷，又冤句及越山。今江淮、河陝、漢黔諸州皆有之。春生苗，長一尺許，似栟櫚及藜蘆。三四月生一薹，開紫花，七月實熟，黄黑色，冬凋。根似菱，有三角，角端生芽。二月、八月採根。其根白色，連及而生，故曰白及。一名連及草。白及　氣味：苦，平，無毒。主治：癰腫惡瘡敗疽，傷陰死肌，胃中邪氣，賊風鬼擊，痱緩不收。○止驚邪血邪血痢，癇疾風痹，赤眼癥結，溫熱瘧疾，發背瘰癧，腸風痔瘻，撲損、刀箭、湯火瘡，生肌止痛。○止肺血。

白及，《本經》下品。【圖略】根白色。作糊極粘，研末甚妙。

杲曰：苦、甘，微寒，性濇，陽中之陰也。之才曰：紫石英為之使，惡理石，畏李核、杏仁，反烏頭。　按：洪邁《夷堅志》云：台州獄吏憫一囚。因感之，因言：吾七次犯死罪，遭訊拷，肺皆損傷，至于嘔血。人傳一方，只用白及為末，米飲日服，其效如神。後其囚凌遲，劊者剖其胸，見肺間竅穴數十處，皆白及填補，色猶不變也。　《經驗方》：治鼻衄不止，津調白及末，塗山根上，立止。

明・張懋辰《本草便》卷一

白及使　味苦、辛，氣平，微寒，陽中之陰，無毒。惡理石，畏杏仁。　主癰腫惡瘡，賊風鬼擊。

明・繆希雍《本草經疏》卷一〇

白及　味苦、辛，平、微寒，無毒。主癰腫惡瘡敗疽，傷陰死肌，胃中邪氣，賊風鬼擊，痱緩不收，除白癬疥蟲。紫石英為之使。惡理石。畏李核、杏仁。反烏頭。

【疏】白及，《本經》味苦平。《別錄》加辛、微寒。李當之大寒。日華子加甘。東垣亦微寒，謂其性濇。陽中之陰，收也。辛為金味，收為金氣，其為

得季秋之氣，而兼金水之性者哉，宜乎入肺理傷有奇効矣。苦能洩熱，辛能散結，癰疽皆由榮氣不從，逆於肉裏所生，敗疽、傷陰死肌，皆熱壅血瘀所致，故悉主之也。胃中邪氣者，即邪熱也。賊風鬼擊，痱緩不收，皆血分有熱，濕熱傷陰之所生也。入血分以洩熱，散結逐腐，則諸證靡不瘳矣。

【主治參互】白及性濇，破散中有收斂，蓋去腐逐瘀以生新之藥也。得白斂、紅藥子，加腦、麝、乳、沒，治一切癰疽腫毒，止痛散結排膿，有神。一味為細末，米飲調三錢服，治損肺吐血有奇効。《經驗方》治鼻衄不止，津調白及末，塗山根上，仍以水服一錢，立止。《袖珍方》治疔瘡腫毒：白及末半錢，以水澄之，去水，攤於厚紙上貼之。《永類鈐方》治打跌骨折：酒調白及末二錢服，其功不減於自然銅、古銖錢也。《濟急方》治手足皸裂：白及末水調塞之，勿犯水。趙真人方：治湯火傷灼，白及末，油調傅之。【簡誤】癰疽已潰，不宜同苦寒藥服。

明·倪朱謨《本草彙言》卷一 白及 味苦，氣寒，性濇，無毒。陽中之陰也，收也。《別錄》曰：白及出北山山谷及冤句、越山。蘇氏曰：今江、淮、河、陜、漢、黔諸州亦有之。生石山上，春生苗，長尺許，葉如初生椶苗及藜蘆，兩指許大，色青翠。夏月葉中抽條，開紫色花，酷似草蘭，即箬蘭也。八月結實，黃黑色，根色白相連，似木菱，有三角，下有臍，又有螺旋紋。角頭生芽，節間有毛，方用甚少，質極粘膩，可以作糊。

白及：斂氣，滲痰，孫思邈止血消癰之藥也。李仁甫稿此藥質極粘膩，性極收澁，味苦氣寒，善入肺經。凡肺葉破損，因熱壅血瘀而成疾者，以此研末日服，能堅斂肺藏，封填破損，癰腫可消，潰敗可托，死肌可去，膿血可潔，有托舊生新之妙用也。如已上諸證非關肺藏者，用無與焉。如已關肺藏、不係肺葉外絡為病者，又無與焉。但此藥質膩性澁，苦平斂肺，如熱壅血瘀，肺葉潰損，服之可修。如肺氣鬱逆，有痰有火，有血迷聚于肺竅氣管之中，此屬統體一身氣道之故，理宜清肺之原，降氣之逆，痰血清而火自退矣。若徒用此藥粘膩封塞，無益也。劉默齋先生曰：白及苦寒收澁，農皇主癰疽惡瘡，取苦寒涼血也。去敗疽死肌，取苦澁以去浮垢也。又治痱緩不收，亦取苦寒收澁，斂束筋骨脉絡之意云。

集方：《本草發明》治肺熱吐血不止。用白及研末，每服二錢，白湯下。○治刀斧傷損肌肉，出血不止。用白及研細末，摻之即止血收口。○趙氏方治湯火傷灼。用白及研細末，麻油調敷。

明·顧逢柏《分部本草妙用》卷四肺部·性平 白及 苦，平，無毒。性澀，陽中陰也。紫石英為使，惡理石，畏李核、杏仁，反烏頭。主治：癰疽惡瘡癬疥，結熱陰痿，滑肌風痺，腸風面瘡，刀箭湯火，生肌止痛。專止肺血，去胃邪。白及性清而收，得肺金之令，故能入肺，止血生肌，治諸瘡毒。凡咯血甚危者，只用白及末，米飲日服，（服）其效如神。試血法：吐水盌中，浮者肺血，沉者肝血，半浮沉者心血。各隨所見，以羊肺、羊肝、心煮熟，蘸白及末，日日食之，大效。

明·李中梓《醫宗必讀·本草徵要上》 白及味苦，微寒，無毒。入肺經。肺傷吐血建奇功，癰腫排膿稱要劑。性收色白，合乎秋金，宜入相傳之經，以療諸熱之證。收中有散，又能排膿，花名箬蘭，貴重可喜。按：癰疽潰後，不宜同苦寒藥服。反烏頭、烏喙。

明·鄭二陽《仁壽堂藥鏡》卷一〇下 白及《本草》云：白及：紫石英為之使，惡理石，畏李核、杏仁，反烏頭。苦、甘。陽中之陰。味辛、苦，平，微寒。無毒。《珍》云：止肺澁。白斂治證同。《本草》云：主癰腫惡瘡，敗疽，傷陰死肌，胃中邪氣，賊風鬼擊，痱緩不收，白癬疥蟲。《藥性論》云：使。治熱結不消，主陰下痿，治面上皯皰。

明·蔣儀《藥鏡》卷三平部 白及 辛為金味，收為金氣，故損肺之吐血能醫。洩熱者苦，散結者辛，故癰疽與鼻衄能療。

明·張景岳《景岳全書》卷四八《本草正》 白及 味苦、澁，性收斂，微寒。反烏頭。能入肺止血，療肺癰肺痿。治癰疽敗爛惡瘡，刀箭湯火損傷，生肌止痛，俱可為末傅之。凡吐血不能止者，用白及為末，米飲調服即效。

明·盧之頤《本草乘雅半偈》帙六 白及《本經》下品 氣味：苦，平，無毒。主治：主癰腫惡瘡敗疽，傷陰，死肌，胃中邪氣，賊風，鬼擊，痱緩不收。

覈曰：出北山山谷及冤句、越山、江淮、河陜、漢黔諸州。春生苗，長尺許。葉如初生椶苗及藜蘆，兩指許大，色青翠。三四月葉中出條，開紫花，宛如草蘭，即箬蘭也。結黃黑實，根色白，似菱，有三角，角頭生芽，節間有毛，質極粘膩，可作糊也。紫石英為之使，惡理石，畏李核仁、杏核仁，反烏頭。

參曰：白，金；及，至也。金至斯堅，故主癰腫瘡疽，死肌痱緩，不但

堅形，亦可堅藏。填肺生葉，填脈生血，堅固歸金，金歸地大故也。杭郡獄中，有犯大辟者，生肺癰，膿成欲死，得單方服白及末，遂獲生全，越十年臨刑，其肺已損三葉，所損處，皆白及末填補，其間形色，猶未變也。

明・李中梓《本草通玄》卷上　白及　苦，寒，入肺。　止肺家之吐血，療諸瘡以生肌。　蘇恭云：　手足折裂者，嚼塗有效。　味濇善收，頗合秋金之德，故入肺止血，治瘡生肌。　凡吐血者，以水盆盛之，浮者，肺血也，羊肺蘸白及末食之；　沉者，肝血也，羊肝蘸食；　半浮半沉者，心脾之血也，羊心、羊脾蘸食。　微火略焙。

清・顧元交《本草彙箋》卷一　白及　性濇而收，得秋金之氣，故入肺，理傷有奇效。殆洩熱逐腐之品歟。

凡吐血不止，宜加白及。《夷堅志》載：　台州獄吏憫一大囚，囚感之，因言：　吾七犯死罪，遭訊拷，肺皆損傷，至於嘔血。人傳一方，止用白及爲末，米飲日服，其效如神。後其囚淩遲，劊者刳視，肺間竅穴數十處，皆白及末填補，色猶不變。洪貫之聞其說，赴任洋州，一卒忽苦咯血，危甚。用此救之，立止。《摘玄》試血法：　吐于水盌內，浮者肺血，沉者肝血，半浮半沉者心血，各隨所臟，以羊肺、羊肝、羊心煮熟，蘸白及末服之。跌撲折傷，亦以白及末酒調服之。刀斧傷者，白及同石膏摻，山野人患手足皸折者，水調白及末，塞之。磁器破碎，以鷄蛋清研白及，粘之即牢。

清・穆石匏《本草洞詮》卷八　白及　其根白色，連及而生，故名。　氣味苦平，一云微寒，無毒。治癰腫惡瘡，敗疽死肌，腸風痔瘻，撲損、刀箭、湯火瘡，陰下痿，面上皯皰，令人肌滑。　蓋白及性濇而收，得秋金之令，故能入肺，止血生肌，治瘡也。《夷堅志》云：　台州獄吏憫一囚，囚感之，因言：　吾七次犯死罪，遭訊拷，肺皆損傷，至於嘔血，人傳一方，用白及為末，米飲日服，其效如神。後其囚淩遲，肺間竅穴數十處皆白及填補，色猶不變也。洪貫之聞其說，一人苦咯血，甚危，用此救之，一日即止。《摘玄》云：　試血法：　吐在水盌內，浮者，肺血也；　沉者，肝血也；　半浮半沉者，心血也。　各隨所見，以羊肝、羊肺、羊心，煮熟，蘸白及末，日日服之。

清・劉雲密《本草述》卷七下　白及　斅曰：　出北山山谷及冤句、越山、江淮、河陝、漢黔諸州。　春生苗，長尺許，葉如初生椶苗及藜蘆，兩指許大，色青翠，三四月葉中出條，開紫花，宛如草蘭，即箬蘭也。　結黃黑實，根色白，似菱有三角，角頭生芽，節間有毛，質極粘膩，可作糊也。紫石英為之使。惡理石。畏李核、杏仁，反烏頭。　愚按：　根白者，金氣之所聚也。結實黃黑者，金氣之由母而趨子也。　觀其似菱有三角，而角頭即生芽，且質極粘膩，則其氣之所急歸，歸於其子也，都可想見矣。故《本經》首主惡瘡敗疽，傷陰死肌。　蓋惡瘡敗疽，是陽毒之傷其陰血者也。　唯金水子母之氣全，可以救療之。　如方書咯血之治，其為的對何疑？　但其采之時，方書多有參差，還當以八月及九月為當。　蓋取其歸陰之盛氣，固有其時耳。

根：　氣味：　苦，平，無毒。　《別録》曰：　辛，平，微寒。　普曰：　《神農》：　苦。黃帝、雷公：　辛。　日華子曰：　甘，辛。　東垣曰：　苦、辛，甘，微寒，性濇。陽中之陰也。　諸本草主治：　止肺血，療肺傷，傅癰腫，惡瘡敗疽，傷陰死肌，除白癬疥蟲，結熱不散，止驚邪血邪，並刀箭瘡，湯火瘡，生肌止痛。　方書主治咯血，小便不禁及治面。　頌曰：　今醫家治金瘡不瘥，及癰疽方多用之。　丹溪曰：　凡吐血不止，宜加白及。　時珍曰：　白及性濇而收，得秋冬之令，故能入肺，止血生肌治瘡也。　按《夷堅志》云：　台州獄中一巨囚，感獄吏善視之。因言其七次犯死罪，遭訊拷，肺皆損傷，至於嘔血，一方用白及為末，米飲日服，其效如神。　後其囚淩遲，劊者剖其胸，見肺間竅穴數十處，皆白及填補，色猶不變也。洪貫之聞其說，赴任洋州，一卒忽苦咯血甚危，用此救之，一日即止也。《摘玄》云試血法：　吐在水盌內，浮者肺血也，沉者肝血也，半浮半沉者心血也。　各隨所見，以羊肺、羊肝、羊心煮熟，蘸白及末，日日食之。　希雍曰：　白及，《本經》苦，平。而諸本草多謂其辛。東垣又曰：　苦，平，甘，微寒而性濇，為陽中之陰，收也。辛為金味，收為金氣，其為得季秋之氣，而兼金水之性者哉，宜乎入肺，理傷有奇效矣。　苦能洩熱，辛能散結，癰疽皆由榮氣不從，逆於肉裏所生。　散疽傷陰死肌，皆熱壅血瘀所致，能入血分，以洩熱散結逐腐，則諸證靡不瘳矣。又曰：　白及性濇，破散中有收斂，蓋去腐逐瘀以生新之藥也。　得白斂、紅藥子，加腦、麝、乳、沒，治一切癰疽腫毒，止痛散結，排膿有神。　一味為細末，米飲調三錢服，治損肺吐血有奇效。

愚按：　白及，其根白色，采以八月，是固得秋金之令矣。　然謂其功能在是，以其性濇而收也。　如止以收濇而已，亦何能補肺傷，止肺血，而臻此奇效乎？　按《本經》首言其治癰腫，惡瘡敗疽，傷陰死肌，而《別録》又云：

除白癬疥蟲，結熱不消。即日華子亦曰療血邪，或為其得深秋金令，有合於陽中之少陰，故於肺所患，如傷陰死肌，如結熱不消，統為病於肺之血邪者，唯此味對待之，即收令中而有洩熱散結之能，還即以奏收令之功者歟。即其先苦後辛，氣復微寒，從下而上，以致陰氣於肺者，不可以思其所長，不僅在於收濇乎哉？雖然如撲損，刀箭瘡，湯火瘡，俱能生肌止痛者，謂何？曰：如斯療治，雖不可以洩熱散結槩之，然未有不能和血而化其邪，乃能生肌止痛者也。總之，此味於治肺傷有專功。肺主皮毛，為天表之陽，陽在上焦，無陰則不能化，豈謂生肌療傷，不本於和陰而護陽哉？況其治血證，斯一徵矣。

附案　一女子年五旬，素因血虚生熱，血熱化風，有偏體疙瘩證，經年未痊。久之少陽相火并於陽明，而患喉痺。其疾暴，其勢盛，喉中陡似搔癢作嗽，氣上而嗆，偏喉頓有血泡纍纍，上腭一泡，大如雞卵，口塞不能合，氣涌上更急，少頃血泡盡破，血射如注，其泡皮盡行脫落，喉皆潰爛紅腫，異常痛不可忍，且滿口痰涎，如羹如糊。即此證条之，則其為血泡，為喉皮潰爛，諸證非熱壅於上，而大傷陰氣乎？故治療諸味，無非養陰退陽，活血袪風，兼以止痛。緣湯藥難於吞送，為末，或吹或點，諸證漸退。然喉中皮潰而肌未生，其痛不止，因皮破致時時作嗽，而血隨出。後於吹藥中入白及，磨漿合丸如芡實大，日夜噙化之，遂一切所患皆愈。是則此味和陰護陽，乃能生肌止痛者，愚雖以義揣之，或亦庶幾不謬也。

希雍曰：癰疽已潰，不宜同苦寒藥服。

修治　水洗八九，可磨汁作糊。

清・郭章宜《本草匯》卷九　白及　苦、辛，微寒，陽中之陰。入手太陰經。肺傷吐血建奇功，凡吐血者，以水盆盛之，浮者，肺也。羊肺蘸食。沉者，肝也。羊肝蘸食。半浮半沉者，心脾之血也。羊心羊脾蘸食。癰疽排膿稱要劑。鼻衄不止者，津調末塗山根。額之下，鼻之上。手足折裂者，嚼塗患處有効。名擅於外科，功專收斂。不煎湯服，惟熬膏敷。作糊甚黏，裱畫多用。

按：白及性濇善收，合秋金之德，宜入相傳之經，以療諸熱之證。收中有散，又能排膿。蓋去腐逐瘀以生新之藥也。故得白斂、紅藥子，加腦、麝、乳、沒，能止一切癰腫之痛，散結排膿有神。若癰毒已潰，不宜同苦寒藥服。花名箬蘭，貴重可喜。

微火略焙。紫石英為使。畏杏仁。反烏頭。

清・蔣居祉《本草擇要綱目・平性藥品》　白及根　氣味：苦，平，無毒。又：苦、甘，微寒，性濇。陽中之陰也。主治：癰腫惡瘡，敗疽傷陰死肌，胃中邪氣，賊風鬼擊，痱緩不收。除白癬疥蟲，結熱不消，陰下痿，面上皯皰，令人肌滑。止驚邪，血邪，血痢，癇疾，風痹，赤眼，癥結。溫熱瘧疾，發背，瘰癧，腸風，痔瘻。撲損刀箭瘡，湯火瘡，生肌止痛，止肺血。惡：理石。畏：李核、杏仁。反：烏頭。

清・王翃《握靈本草》卷二　白及處處有之。主治：白及，苦，平，無毒。主癰疽惡瘡，生肌止痛，止肺血。

清・汪昂《本草備要》卷一　白及濇，補肺，逐瘀生新。味苦而辛，性濇而收。得秋金之令，入肺止吐血。《摘玄》云：試血法，吐水內，浮者肺血也，沉者肝血也，半浮沉者心血也。各隨所見，以羊肺、肝、心蘸白及末，日日服之佳。肺損者能復生之。以有形生有形也。人之五藏，惟肺葉損壞者，可以復生。台州獄吏憫一重囚，因感之曰：吾七犯死罪，遭刑拷，肺皆損傷。得一方，用白及末米飲日服，其效如神。後囚淩遲，剖其胸，見肺間竅穴數十，皆白及填補，色猶不變也。治跌打折骨，酒服二錢。湯火灼傷，油調末敷。惡瘡癰腫，敗疽死肌。蓋去腐逐瘀生新之藥，除面上皯皰，皯音干，去聲，面黑氣。皰音砲，面瘡也。塗手足皴裂，令人肌滑。紫石英爲使，畏杏仁，反烏頭。

清・陳士鐸《本草新編》卷四　白及　味苦、辛，氣平、微寒，陽中之陰。入肺經。功專收斂，亦能止血。敗疽潰瘍、死肌腐肉，皆能去之。敷山根，止衄血。塗疥癬，殺蟲。此物近人皆用之外治，殊不知其內治更神，用之以止血者，非外治也。將白及研末，調入于人參、歸、芎、黃芪之內，一同吞服，其止血實神。夫吐血未有不傷胃者也，胃傷則血不藏而上吐矣。然而胃中原無血也，血在胃之外，傷胃則胃不能障血，而血入于胃中，胃不藏而上吐。白及善能收斂，同參、芪、歸、芎直入胃中，將胃中之竅斂塞，竅閉則血從何來，此血之所以能止也。況白及又不止治胃中之血，凡有空隙，皆能補塞。烏可徒借外治，而不亟用以內治乎？

或問：白及能填補肺中之損，聞昔年有賊犯受傷，曾服白及得愈，後賊被殺，開其胸膛，見白及填塞于所傷之處，果有之乎？此前人已驗之方也，何必再疑。白及實能走肺，填塞于所傷之處。但所言止用一味服之，此則失

傳之悮也。予見野史載此段，又不如此，史言受刑時，自云：我服白及散五年，得以再生，不意又死于此。人問其方，賊云：我遇雲遊道士，自稱越人，傳我一方：白及一觔、人參一兩、麥冬半觔，教我研末，每日飢服三錢，吐血症全愈。然曾誡我云：我救汝命，汝宜改過，否則，必死于刑，不意今死于此，悔不聽道士之言也。我傳方于世，庶不沒道士之恩也。野史所載如此。方用麥冬為佐以養肺，用人參為使以益氣，則白及填補肺中之傷，自易奏功，立方甚妙。惜道士失載其姓名。所謂越人者，意者即扁鵲公之化身耶。

清・顧靖遠《顧氏醫鏡》卷七 白及辛、苦，濇，微寒。入肝經。反烏頭。肺傷吐血宜徵，色白性收，合乎秋金，故入肺止血，兼辛則收中有散。癰腫排膿必簡。能入血分，有洩熱散結，去腐逐瘀之功。癰疽潰後，勿同苦寒藥用。

清・李熙和《醫經允中》卷一八 白及 紫石英為使。反烏頭。苦，平，無毒。性濇，陽中陰也。主治癰疽惡瘡，刀箭、湯火，生肌止痛，專止肺血。蓋去腐逐瘀以生新之藥也。試血法：吐血水盌中，浮者肺血，沉者肝血，半浮半沉者心血，各隨所見。以羊肺、羊肝、羊心煮熟，蘸白及末，日日食之，雖咯血甚者亦大効；不煎湯服，鼻衄不止者，津調末敷山根上効。

清・馮兆張《馮氏錦囊秘錄・雜症痘疹藥性主治合參》卷三 白及得季秋之氣，兼金水之性。故味苦辛，平，微寒，無毒。辛為金味，收為金氣，苦能洩熱，辛能散結，故治敗疽死肌，散結逐腐生新之要藥。既能斂毒排膿，生肌長肉，又治打跌骨折，酒調白及末二錢服之，其功不減於自然銅、古銖錢也。 白及，惟熬膏敷，功專收斂。然收中有散，又能腓膿，去潰瘍敗疽，死肌腐肉。敷山根止衄，塗疥瘡殺蟲。古方有用以作丸，治肺葉傷破出血，亦能如潰疽長肉平滿耳。

清・张璐《本經逢原》卷一 白及 苦、辛，平，微寒，無毒。反烏、附。《本經》主癰腫惡瘡，敗疽，傷陰死肌，胃中邪，氣賊風鬼擊，痱緩不收。發明：白及性濇而收，得秋金之氣，故能入肺止血，生肌治瘡。《本經》主敗疽傷陰死肌，皆熱壅血傷，胃中邪氣亦邪熱也。賊風痱緩，皆血分有熱，濕熱傷陰所致也。其治吐血咯血，為其性斂也。用此為末，米飲服之即止。試血法：吐水盆內，浮者肺血，沉者肝血，半浮半沉者心血，各隨所見。以羊肺、肝、心煮熟，蘸白及末每日食之，其治金瘡及癰疽方多用之。

清・浦士貞《夕庵讀本草快編》卷一 白及 其根色白，連及而生，故名。白及色白性濇而收，得秋金之令，入手太陰藥也。古方但用其治手足跛折，金瘡癰腫，疥癬肌濇，鬼擊痱痹。蓋以皮毛為肺之合，言其治標也。獨東垣李氏發其止肺血，補肺損，自明其治本也。以此推之，腸風瘻痔，血痢熱結，亦宜用之。得非手陽明與肺為表裏者乎？而《摘玄》又云：吐血在水，浮者屬肺，沉者屬肝，半沉半浮者屬心，各隨其宜。以羊肝、羊肺、羊心煮熟蘸服，無不立效。理益進乎微矣！

清・張志聰、高世栻《本草崇原》卷下 白及根 氣味苦，平，無毒。主治癰腫，惡瘡敗疽，傷陰死肌，胃中邪氣，賊風鬼擊，痱緩不收。 白及近道處處有之，春生苗，葉如生薑、藜蘆，三四月抽出一臺，開花紅紫色，長寸許，中心吐舌，宛若草蘭，今浙人謂之箬蘭。花後結實，七月中熟，黃黑色，根似菱，黃白色，有三角節，間有毛，可為末作糊，性稠粘難脫。 白及氣味苦平，花紅根白，得陽明少陰之氣化。少陰主藏精，而精汁生於陽明，故主治癰腫惡瘡，賊風痱緩諸證。

清・王子接《得宜本草・下品藥》 白及 味苦。主治金瘡癰毒。得黃絹、丹皮能補脬損。

清・徐大椿《神農本草經百種錄》下品 白及 味苦，平。主癰腫，惡瘡，敗疽傷陰，死肌，解毒生肌。胃中邪氣，養胃驅邪。賊風鬼擊，痱緩不收。和筋逐風。 此以質為治，白及氣味沖淡和平，而體質滑潤又極黏膩。入于筋骨之中，能和柔滋養，與正氣相調，則微邪自退也。

清・黃元御《玉楸藥解》卷一 白及 味苦，氣平。入手太陰肺經。斂肺止血，消腫散瘀。白及粘濇，收斂肺氣，止吐衄失血，治癰疽、瘰癧、痔瘻、疥癬、皯皰之病。跌打、湯火、金瘡之類俱善。

清・吳儀洛《本草從新》卷一 白及〔澀，補肺，化瘀生新。〕 苦辛而平，性澀而收。得秋金之令，入肺止吐血，《摘元》云：試血法，吐水內浮者肺血也，沉者肝血也，半浮沉者心血也，各隨所見。以羊肺、肝、心蘸白及末，日日服之佳。肺損者，能復生之。以有形生有形也。人之五臟，唯肺葉損壞者可以復生。治跌打折骨，酒服二錢。湯火灼傷，油調末敷。惡瘡癰腫，敗疽死肌。去腐逐瘀生新，除面上皯皰。皯音干，去聲，面黑氣；皰音炮，面瘡也。塗手足皸裂，令人肌滑。紫石英為使。畏杏仁，反烏頭。

清・汪紱《醫林纂要探源》卷二 白及 苦，濇，辛，寒。大葉如菘芥，抽莖作花，根下結荄多兩歧，肥白而粘滑，常數荄相連及。斂肺散瘀，降逆氣，能斂所難斂，

肺家專藥。花白入肺，形亦似肺，汁善膠粘，根相連及，功長於濇斂。治肺傷吐血，補肺填損，及跌傷折損，手足皸裂，去瘀血瘀肉，生新肉，所謂斂所難斂也。反烏頭。

清・嚴潔等《得配本草》卷二　白及　紫石英為之使。畏杏仁、李核仁。惡理石。反烏頭。　苦、澀，微寒。入手太陰經。治肺傷吐血，敷手足皸裂，湯火灼傷，金瘡疥癬，惡瘡癰毒，敗疽死肌，去腐生新。　得羊肝，蘸末，治肝血吐逆。得酒調服，治跌打骨折。配米飲，止肺傷吐血。配榴皮、艾，醋〔湯下〕，治心痛。　配黄絹、丹皮，補脬破損。和津敷山根上，止鼻衄。仍以水服一錢。

題清・徐大椿《藥性切用》卷三　肥白及　苦辛性平，氣濇而收，質潤兼補。入肺，止吐血衄血，肺損者能復生之。

清・黄宮繡《本草求真》卷四　白及入肺濇血散瘀。　白及耑入肺。　味苦而辛，性濇而收，微寒無毒。方書既載功能入肺止血，又載能治跌撲折骨，湯火灼傷，惡瘡癰腫，敗疽死肌，得非似收不收，似濇不濇，似止不止乎。不知書言功能止血者，是因性濇之謂也。血出於鼻，是由清道而至，血出於口，是由濁道而來，嘔血出於肝，吐血出於胃，痰帶血出於脾，咯血出於心，唾血出於腎。《摘玄》云：試血法，吐水内浮者，肺血也。沉者，肝血也。半浮半沉者，心血也。服白及須隨所見，以羊肺、肝、心同服者佳。　書言能治癰腫損傷者，是因味辛能散之謂也。此藥濇中有散，補中有破，故書又載去腐逐瘀生新。至云重因肺有白及一事，因剖而見，色猶不變。雖云肺葉損壞可以復生，然終涉於荒唐，未可盡信。台州獄吏憫一重囚，囚因感之云：吾七犯死罪，遭刑拷，肺皆損傷。得一方，用白及末米飲服，其效如神。後因淩遲，剖開胸，見肺間竅穴，皆白及填補，色猶不變也。手足皴裂，面上黑皰，即面瘡。並跌打損傷，酒調服。湯火灼傷，油調敷。用治亦效。紫石英為使，惡杏仁，反烏頭。

清・羅國綱《羅氏會約醫鏡》卷一六草部　白及味苦，平，微寒，入肺經。反烏頭。　辛為金味，收為金氣，得秋金之令。治肺損吐血、肺癰肺痿，白及末，米湯調服。療惡瘡敗爛、鼻衄火傷，去腐生新，排膿止痛，俱可為末敷之。跌打骨折。酒調末服二錢。　按：白及性寒，癰疽潰後，不宜用苦寒藥服。

清・王學權《重慶堂隨筆》卷下　白及　最粘，大能補肺，可為上損善後之藥。如火熱未清者，不可早用，以其性澀，恐留邪也。惟味太苦，宜用甘味為佐，甘則能戀膈，又宜噙化，使其徐徐潤入喉下，則功效更敏。其法以白及生研細末，白蜜丸龍眼大。臨臥噙口中或同生甘草為細末，甘梨汁為丸亦可。若痰多咳嗽久不愈者，加白前同研末，蜜丸噙化，真仙方也。

〔王孟英〕刊《癸巳類稿》謂吸亞片成脟者，專傷於肺，用白及末和梨汁為膏服可愈。近人載入《洗冤録》，實不儘然。以肺主出氣、腎主納氣而論，亞片煙之呼吸似不關於肺者，果係肺受灼爍而津液先損於上，此方却宜。然吸煙久而成病者，皆先損於下，而為下虚上實之證，以火搏其液而煙性升提，痰涎易壅於上也。抑王勳臣所謂呼吸由氣管而入氣府，並不由於肺乎？按《説文》：脟，瘢也。《廣韻》：杖痕腫也。今人呼病久破胭為脟瘡是也。不可附會於煙引。煙之稱曰引者，言其既吸之後，欲罷不能，必引之致死而後已，故謂之煙引。俗作癮者，以其音同也，然已失引之本義矣。豈可妄意穿鑿，謂吸亞片者必生瘡於肺哉！

清・黄凱鈞《藥籠小品》　白及　性濇，得秋令，入肺止吐血，肺損者能復生之，人之五臟，惟肺損壞者可以復生。為末酒沖二錢，治跌打折骨；油調，治湯火灼傷，除面上皯皰，皯，面上黑色。皰，面上瘡也。塗手足皸裂，研硃點𤸷，手摩不脱。

清・王龍《本草纂要稿・草部》　白及　氣味苦平而寒。除鬼擊賊風，痱緩不收。去敗疽潰瘍，死肌腐肉。固肺金，治吐血不止。敷山根，禁衄血時來。

清・張德裕《本草正義》卷下　白及　苦，澁，微涼。性歛，入肺。止血，療肺痿肺癰，癰疽惡瘡。若刀箭湯火損傷，為末可敷，生肌止痛。

清・楊時泰《本草述鉤元》卷七　白及　出北山及冤句、越山、江淮、河陝、漢黔諸州，根色白似菱，有三角，角頭生芽，節有毛，質極粘膩。

根味苦、辛、甘，氣微寒。性濇而收，陽中之陰，肺藥也。紫石英為之使。惡理石，畏李核、杏仁，反烏頭。止肺血，療肺傷，傅癰腫惡瘡敗疽，傷陰死肌。此陽毒之傷其陰血者。除白癬疥蟲，結熱不散，止驚邪血邪，並刀箭瘡傷火瘡，生肌止痛諸本草。方書治咯血，小便不禁。為面藥，凡金瘡不瘥，及癰疽方多用之。能入血分，洩熱散結，逐腐，第其性濇，破散中又有收斂，蓋去瘀即以生新之藥也仲淳。凡吐血不止，宜加白及丹溪。試血法：吐在水盌内，浮者肺血也，沉者肝血也，半浮半沉者心血也。各隨所見，以羊肺、羊肝、羊心煮熟，蘸白及末，日日食之瀕湖。一味為細末，米飲調三錢服，治損肺吐

血，有奇效。得白斂、紅藥子，加腦、麝、乳、沒，治一切癰疽腫毒，止痛散結排膿，有神。

附案：一婦年五旬，素因血虛生熱化風，偏體有疙瘩，經年不愈。久之，少陽相火并於陽明而患喉痹，疾暴勢甚，喉中陡癢，作嗽氣嗆，偏喉血泡纍纍，上腭一泡大如雞卵，口塞不合，氣涌更急。少頃，泡破血射如注，其皮盡脱，潰爛紅腫，痛不可忍，且滿口痰涎，如羹如糊。此其為血泡，為喉皮潰爛，皆熱壅於上，陰氣大傷。緣湯藥難吞，遂以養陰退陽活血止痛諸藥為末，或吹或點，諸證漸退。奈喉中皮潰而肌未生，痛不止，且因皮破致時作嗽而血隨出，後於吹藥中入白及磨漿合丸，日夜噙化之，所患悉愈。可知此味和陰護陽，乃能生肌止痛，理或然也。

論：白及得秋金之令，性濇而收，其根色白，金氣之所聚也。結實黃黑者，金氣之由母而趨子也。觀其似菱有三角，角頭生芽，質極粘膩，則其氣之所急歸，歸於其子矣。惟金水子母之氣全，故咯血之治是為的對。至采根當以八九月者，專取歸陰之盛氣也。其味先苦後辛，氣復微寒，從下而上，以致陰氣於肺，蓋即收令中而有洩熱散結之能，不僅著長於收濇。總之，此味治肺傷有專功，肺主皮毛，為天表之陽，陽在上焦，無陰則不能化也。

繆氏曰：癰疽已潰，不宜同苦寒藥服。

修治：水洗，入丸，可磨汁作糊。

清·葉桂《本草再新》卷一 白及味苦，性平，無毒。入肺、腎二經。 專止吐血，潤肺氣，降肺火，消癰去瘻。外症惡瘡以及跌打骨折，皆能治之。

清·吴其濬《植物名實圖考》卷八 白及 《本經》下品。山石上多有之。開紫花，長瓣微似甌蘭。其根即用以研朱者。凡瓷器缺損，研汁黏之不脱。雞毛拂之，即時離解。

雩婁農曰：黄元治《黔中雜記》謂白及根苗，婦取以浣衣，甚潔白。其花似蘭，色紅不香，比之箐雞羽毛，徒有文采，不適於用。噫！黄氏之言，其以有用為無用，以無用為有用耶？白及為補肺要藥，磨以膠瓷，堅不可坼，研朱點易，功並雌黄。既以供濯取潔，又以奇豔為容，陰崖小草，用亦宏矣。彼俗稱蘭草，僅存臭味，根甜蘊毒，葉勁無馨，徒為婦稚之玩，何裨民生之計？軒彼輊此，豈得為平？然其敍述山川事勢，皆有深識，覽者不潛察其先見，而綢繆預防，致數十年後復有征苗之師，其亦玩雄文之悚魄，而忽籌筆之遠猷，以有用之言，為無用之謀也乎？

清·趙其光《本草求原》卷一山草部 白及 辛平散結熱；苦能泄熱於下，以致陰於上；澀能收陰護陽以保肺。花開紅紫，又能逐瘀，故入肺，止吐血，試血法：吐水内，浮者肺病，沉者肝病，半浮沉者心病，各隨所見。以羊心、肺、肝點白及末，日日食。令肺損復生。肺主上焦之陽，得陰以化則不傷。為末，米飲下。敷癰腫惡瘡，為末，水調貼。敗疽傷陰死肌，熱壅血傷，則腫腐而肌不生。胃中邪氣，氣平清中，生胃汁以除邪熱。賊風鬼擊，痱緩不收，皆濕熱傷血所致。鼻衄，為末，津唾塗山根，仍水調服。心氣痛，同石榴皮蜜丸，艾、醋湯下。重舌鵝口，乳汁調，塗足心。陰脱，同川烏研，絹包納陰中，腹熱即止。打跌骨折，酒調服，功同自然銅。刀傷，同煅石膏摻之。手足皸裂，水調塗。湯火傷，油調末搽。白癬疥蟲，面生黑氣，面瘡、金瘡、發背，瘰癧，痔瘻，止痛生肌。喉中血泡潰爛；吹藥中加之。止驚邪，血痢，癎疾、風痹、癥結、溫熱瘧疾，皆散結和陰之功。令人肌滑。

同白蘞、黄藥子、乳、沒、冰、麝，治一切癰疽腫毒，止痛，散結，排膿神效。凡吐血不止，宜加之。癰疽潰後，不宜同苦寒藥用。

清·葉志詵《神農本草經贊》卷三 白及 味苦，平。主癰腫，惡創，敗疽，傷陰，死肌，胃中邪氣，賊風鬼擊，痱緩不收。一名甘根，一名連及草。生川谷。

科苗獨莖，根偏連及。舌吐紅尖，臍凝白汁。菱角歧分，螺紋旋密。陽中之陰，秋金收翕。

李時珍曰：其根白色，連及而生。但一科止抽一莖，開花勻紅色，中心如舌，其根如菱角，有臍，如凫茈之臍。又如扁螺旋紋。性濇，而收得秋金之令。李杲曰：此陽中之陰也。

清·文晟《新編六書》卷六《藥性摘錄》 白及 味苦而辛，性濇而收，微寒。入肺。濇血，散瘀生新，並治撲跌損傷折骨。〇敷湯火傷，惡瘡癰腫，敗疽死肌。〇惡杏仁，反烏頭。

清·張仁錫《藥性蒙求·草部》 白及錢半、二錢 白及辛平，能止吐血。肺損復生，打傷折骨。苦辛而平，性濇而收。肺損者復能生之。治湯火傷，亦用化瘀痛而生新。得黄絹、丹皮能補脬損。

清·陸以恬《冷廬醫話》卷五 質正 《夷堅志》謂台州獄囚遭訊考，肺傷嘔血，用白及為末，米飲日服，後其囚淩遲，劊者剖其胸，見肺間竅穴數十

處，皆白及填補，色猶不變。此說李東璧採入《本草綱目》，醫家皆信之，獨進賢舒馳遠詔《傷寒集註》謂隔諸脊骨，不得傷肺，何肺拷壞而骨不壞耶？且白及由食管入胃，不得由氣管入肺，其誑顯然云云。因思古方催生用鼠腎丸、兔腦丸，云其藥從兒手中出，由舒氏之說推之，則胎在腸外，藥入胃中，何以得入兒手乎？然觀徐靈胎《醫案》橫涇錢氏女腿癰成管，管中有飯粒流出，長興周氏子臂疽經年，所食米粒有從疽中出者，又《槐西雜志》治折傷接骨，用開元通寶錢燒而醋淬，研細為末，以酒調下，銅末自結而為圈，周束折處，曾以折足雞試之果然。此皆理之不可解者，是則昔人之說，未可竟斥為非矣。

清·戴葆元《本草綱目易知錄》卷一　白及　味苦而辛，性濇而收。得秋金之令，入肺止吐血，肺損者能復生之。治胃中邪氣，賊風鬼擊，痱緩不收，驚癇血痢，風痹赤眼，溫瘧癥結，發背瘰癧，腸風痔瘻，白癬疥蟲，結熱不消。跌打撲損，湯火灼，刀箭傷。惡瘡癰腫，敗疽死肌。去腐生肌，除面上皯皰，塗手足皸裂，令人肌滑。反烏頭。

清·黃光霽《本草衍句》　白及苦，平。　性澀而收，秋金主令。善止肺經吐血，能填本藏損傷。主治金瘡癰毒，得黃絹、丹皮能補脬損。

清·陳其瑞《本草撮要》卷一　白及　味苦，入手太陰經，功專療金瘡癰毒。得黃絹、丹皮能補脬損，並跌打折傷，手足皴裂，滑肌。紫石英為使。畏杏仁，反烏頭。重舌鵝口為末，乳汁調塗足心。

白如椶

清·吳其濬《植物名實圖考》卷九　白如椶　一名仙麻。江西、湖南山中多有之。狀如初生椶葉，青白色，有直紋，微皺；抽莖結實如建蘭花實，獨根。土醫採治風損，婦科敗血。

釵子股

宋·唐慎微《證類本草》卷八草部中品〔唐·陳藏器《本草拾遺》〕　金釵股　味辛，平，小毒。解諸藥毒，人中毒者，煮汁服之。亦生研更烈，必大吐下，如無毒，亦吐，去熱痰瘧瘴，天行蠱毒，喉閉。生嶺南山谷。根如細辛，三四十莖，一名三十根釵子股，嶺南人用之。

宋·唐慎微《證類本草》卷一〇草部下品〔前蜀·李珣《海藥本草》〕　釵子股　謹按陳氏云：生嶺南及南海諸山。每莖三十根，狀似細辛，味苦，平，無毒。主解毒癰疽，神驗。忠、萬州者佳。草莖功力相似，以水煎服。緣嶺南多毒，家家貯之。

明·許希周《藥性粗評》卷三　金釵半股，撥開蠱毒山嵐。

金釵股，一名三十根。根如細辛，三四十莖。出嶺南山谷，彼人用之以解諸毒。所採時月《本草》不載。味辛，性微寒，有小毒。主治熱痰，山嵐瘴氣，吐痰，解蠱毒與諸藥毒。

單方：　中蠱：凡服諸藥中毒及蠱毒者，以金釵股煮汁服之；或生研水下，更烈，必大吐下，如無毒，亦吐去熱痰。

明·李時珍《本草綱目》卷一三草部·山草類下　釵子股《海藥》。校正：併入《拾遺》金釵股。

〔釋名〕金釵股時珍曰：石斛名金釵花，此草狀似之，故名。　〔集解〕藏器曰：金釵股生嶺南及南海山谷，根如細辛，每莖三四十根。珣曰：忠州、萬州者亦佳，草莖功力相似。緣嶺南多毒，家家貯之。時珍曰：按《嶺表錄》云：廣中多蠱毒，彼人以草藥金釵股治之，十救八七，其狀如石斛也。又忍冬藤解毒，亦號金釵股，與此同名云。

根　〔氣味〕苦，平，無毒。　〔主治〕解毒癰疽神驗，以水煎服李珣。解諸藥毒，煮汁服。亦生研，更烈，必大吐下。如無毒，亦吐去熱痰。瘧瘴天行，蠱毒喉痹藏器。

附：琉球·吳繼志《質問本草》外篇卷一　松寄生釵子股　多著松樹上，三四月開花結實。　土名皆為松寄生，與桑寄生相類，但寄生不一，各樹木上俱有寄生，第有名未用之藥，不敢直指。壬寅，吳太茂、許永枝、王隆盛。　此一種俗名松寄生，與桑寄生同體，但《綱目》載桑、楓、松、桃、柳各木草上俱有寄生，各家條辨不一，今此類書名松蘿，又名女蘿，謂其色青而細長如帶也。至於氣味性用，《綱目》甚詳，毋庸嚽敘。壬寅，陈文錦。　敝地呼為蟲寄生，江西省名作海斑虎。甲辰，戴道光、戴昌蘭。

吉利草

晉·嵇含《南方草木狀》卷上草類　吉利草　其莖如金釵股，形類石斛，根類芍藥。交、廣俚俗多蓄蠱毒，惟此草解之極驗。吳黃武中，江夏李俣以罪徙合浦，初入境，遇毒，其奴吉利者偶得是草，與俣服，遂解。吉利即遁去，不知所之。俣因此濟人，不知其數，遂以吉利為名。豈李俣者徙非其罪，或俣自有隱德，神明啓吉利者救之耶？

明·李時珍《本草綱目》卷一三草部·山草類下　吉利草《綱目》

【集解】時珍曰：按嵇含《南方草木狀》云：此草生交廣，莖如金釵股，形類石斛，根類芍藥。吳黃武中，江夏李俣徙合浦遇毒，其奴吉利偶得此草與服，遂解，而吉利即遁去。俣以此濟人，不知其數也。又高凉郡産良耀草，葉如麻黃，花白似牛李，秋結子如小栗，煨食解毒，功亞於吉利草。始因梁耀得之，因以爲名，轉梁爲良耳。

根　【氣味】苦，平，無毒。　【主治】解蠱毒，極驗時珍。

清·蔣居祉《本草擇要綱目·平性藥品》　吉利草　氣味：苦，平，無毒。　主治：解蠱毒極驗。

清·王道純《本草品彙精要續集》卷二　吉利草無毒

吉利草：主解蠱毒極驗《本草綱目》。【地】李時珍曰：○嵇含《南方草木狀》云：此草生交廣。【質】莖如金釵股，形類石斛，根類芍藥。【味】苦。【性】平。【解】蠱毒。

紅花小獨蒜

清·吳其濬《植物名實圖考》卷二八　紅花小獨蒜　根如小蒜，大如指，葉如初生茅草，高五六寸，傍發紫箭，開小紫紅花，五瓣微尖，亦似蘭花而極小，心尤嬌豔。土人云與黃花者一類，大小二種。

蘭花雙葉草

明·蘭茂撰，清·管暄校補《滇南本草》卷上　蘭花雙葉草　上品仙草。味甘，有微毒。此草生山中朝陽處，形似蘭花，雙葉，黃色，冬天開草花。主治一切眼目雲翳遮睛，服之即愈。昔有夷人以此草摻銅如雪，先生聞之往看，審其性有白光，服之目視千里。又能救一切水腫、氣腫、血腫如神。

清·吳其濬《植物名實圖考》卷二八　蘭花雙葉草　生滇南山中。雙葉似初生玉簪葉，微有紫點，抽短莖，開花如蘭，上一大瓣，下瓣微小，兩瓣傍抱，中舌厚三四分，如人舌，正圓，色黃白，中凹，嵌一小舌如人咽，色深紫，花瓣皆紫點極濃。土醫云此真蘭花雙葉草也，《滇本草》所載即此。

小紫含笑

清·吳其濬《植物名實圖考》卷二八　小紫含笑　生雲南山中。紫莖抱葉，梢垂紫苞，開口如笑，內露黃白瓣，掩映參差，難為形擬。一名青竹蘭。

佛手參

清·張泓《滇南新語》　佛手參　中甸産參，花葉如遼陽，而根類人手，必五指。味微苦而甘勝，頗益脾。氣弱者食之，轉致中滿。

雞腎參

明·蘭茂原撰，范洪等抄補《滇南本草圖說》卷三　雞腎參　氣味甘辛，平，性溫，無毒。主治：足厥陰、足少陰虧損，能生血生精，而大補元氣。

明·蘭茂撰，清·管暄校補《滇南本草》卷中　雞腎參　形如雞腎，故名。性溫，味甘，微辛。治虛損，勞傷氣血。凡肝腎虛弱者，用之最良。或煮雞，或猪肉，或黃牛肉，亦可。

明·蘭茂《滇南本草》〔叢本〕卷上　雞腎參　味甘、微辛，性微溫。治虛損，勞傷氣血。形似雞腎，故名雞腎參。肝腎虛弱用之良。單方：治虛損勞傷，煮雞肉良。或煮猪肉、牛肉亦可。

獨葉一枝花

明·蘭茂撰，清·管暄校補《滇南本草》卷上　獨葉一枝花　上品仙草。此草夜光，如火罩定處即是也。先生用此煮靈砂成寶丹，點銅成銀，善通靈氣。一粒能治危症，有起死回生之功。此術不可妄用，亦無傳匪人。

獨葉一枝花：味甘、辛。此草生山中有水處，綠色者荷花葉，獨梗，梗上有花，根有二子，服者延年輕身。主治一切諸虛百損，五癆七傷，腰疼腿痛，其效如神。取根二子，用麥麵包好，入火內燒一時，為末，救瘟疫。取葉根煮硫黃成寶丹，能治百病如神。取汁點眼，夜能視物。取花為末，生肌長肉。此草同草菓搗爛，晒乾，為末合丸，每服一錢，以扁柏葉一錢同服之，烏鬚黑髮，八旬之人，亦能生子，久服必效。單服地草菓，治胃氣疼。

羊耳蒜

清·吳其濬《植物名實圖考》卷二八　羊耳蒜　生滇南山中。獨根大如蒜，赭色；初生一葉如玉簪葉，即從葉中發葶，開褐色花，中一瓣大如小指甲，夾以二尖瓣，又有三尖鬚翹起，蓋黃花小獨蒜之種族。

綠葉綠花

清·吳其濬《植物名實圖考》卷二九　綠葉綠花　生雲南山中。綠葉對茁，如白及而短；抽矮莖，梢端開花，如群蛙據草，綠背白足，裊裊欲墜，亦可名綠蟾蜍花。

石蠶

清·何諫《生草藥性備要》卷上　石蠶　味甜，性平。去風痰，煲鷄肉。

治風癱骨痛，又治跌打、蛇傷。紫背者佳。

白蝶花

晉·嵇含《南方草木狀》卷上草類　鶴草　蔓生，其花麴塵色，淺紫蒂，葉如柳而短，當夏開花，形如飛鶴，嘴翅尾足，無所不備。出南海。云是媚草，上有蟲，老蛻為蝶，赤黃色，女子藏之，謂之媚蝶，能致其夫憐愛。

清·吴其濬《植物名實圖考》卷二九　白蝶花　生雲南山中。長葉抱莖，開大白花，三瓣品列，内復擎出白瓣，形如蜂蝶，雙翅首尾，宛然具足，大瓣下又出一尾，長三寸許，質既皓潔，形復詭異，秋風披拂，栩栩欲活。

觀音竹

清·吴其濬《植物名實圖考》卷九　觀音竹　饒州山坡有之。似千層喜，春時短葉中抽細葶，發小葉，梢開綠花，長柄如石斛；一瓣長圓如小指甲，向上翹如首，下有三細尖瓣，下垂如足；復有一長瓣彎細如尾；白心點點，頗似青蛙翻肚；莖花齊發，長六七寸，殊狀罕儷。

老鴉蒜

明·朱橚《救荒本草》卷上之後　老鴉蒜　生水邊下濕地中。其葉直生，出土四垂，葉狀似蒲而短，背起劍脊，其根形如蒜瓣。味甜。救飢：採根煠熟，水浸淘淨，油鹽調食。

黄花獨蒜

清·吴其濬《植物名實圖考》卷二八　黄花獨蒜一名老鴉蒜。　黄花獨蒜生雲南山中。根如小蒜，葉似初生椶葉而窄，又似虎頭蘭葉而短，有皺，傍發箭，開五瓣黄花，紫紅心似蘭花、白及輩，而瓣圓短。

盤龍參

附：琉球·吴繼志《質問本草》外篇卷一　一線香鷂草　生原野，春生苗，高尺餘，夏抽莖作穗開花。俗名一線香，不堪入藥。癸卯，潘貞蔚、石家辰。　此種先生鑒為一綫香，中山呼之綬草，稱巴戟天一種何如？乙巳，再問潘石二氏。　此是一線香。乙巳，陳倬為代潘貞蔚、石家辰再查。

清·吴其濬《植物名實圖考》卷一五　盤龍參　袁州、衡州山坡皆有之。長葉如初生萱草而脆肥，春時抽葶，發苞如辮繩斜糾，開小粉紅花，大如小豆瓣，有細齒上翹，中吐白蕊，根有黏汁。衡州俚醫用之，滇南以治陰虛之症。其根似天門冬而微細色黄。

風蘭

清·吴其濬《植物名實圖考》卷二八　風蘭　生雲南。作叢，望之如碧蘆。葉微苞莖，潤肥對排，花與淨瓶無異，此種植之盆缶，亦茂。

淨瓶

清·吴其濬《植物名實圖考》卷一六　石蘭　石蘭，南安山石上有之。横根，先作一蒂如麥門冬色綠，蒂上發兩小葉，葉中抽小莖開花，瓣如甌蘭而短，心紅瓣綠，與甌蘭無異；花罷結實，仍如門冬累累相連，蓋即石斛一種。

清·吴其濬《植物名實圖考》卷二八　風蘭一名淨瓶。

風蘭生雲南臨安。横根，根上先生綠實，大如甜瓜有棱，形似田家碡碌；實上生長柄二葉，葉闊寸許，光潤無瑕，中抽莖開花，先有黄籜，籜坼落而花見，色皓潔如雪蘭；中二瓣窄細，舌有黄粉，邊茸茸如翦絨；莖花欹弱，翩反欲舞，懸之風中不萎。桂馥《札璞》：五月開曰淨瓶，似瓜生石上；兩葉，一大一小，廣寸許；花如雪蘭而小。即此。

吊蘭

清·吴其濬《植物名實圖考》卷一六　風蘭　產閩粵江西，贛南山中亦有之。一名弔蘭。根露石上，莖葉向下，倒卷而上，高四五寸；扁葉長二寸許，雙合不舒；五月開花似石斛，瓣與心均微似蘭而小。以竹筐懸之檐間，得風露之氣。自生自開，或寄生老樹上。

催生蘭

清·趙學敏《本草綱目拾遺》卷七花部　催生蘭　《粵志》：一名報喜蘭，風蘭之族，並非風蘭也。花如蠟梅而色紅紫，香味亦同，每莖作七八枝。懸樹間，勿侵地氣，遇有吉事則開。寤生者以花懸戶上即生。　闕涵《嶺南隨筆》：報喜遇吉事始開，種法以空為根，以露為命，與風蘭同。　主催生。

小二仙草

清·吴其濬《植物名實圖考》卷一〇　小二仙草　生廬山。叢生，赤莖高四五寸；小葉對生如初發榆葉，細齒粗紋，兩兩排生，故名。

胡黄連

宋·唐慎微《證類本草》卷九草部中品〔宋·馬志《開寶本草》〕　胡黄連　味苦，平，無毒。主久痢成疳，傷寒欬嗽，溫瘧骨熱，理腰腎，去陰汗，小兒驚癇，寒熱不下食，霍亂下痢。生胡國，似乾楊柳，心黑外黄。一名割孤露

澤。今附。

〔宋・蘇頌《本草圖經》〕曰： 胡黃連，生胡國，今南海及秦隴間亦有之。初生似蘆，乾似楊柳枯枝，心黑外黃，不拘時月收採。今小兒藥中多用之。又治傷寒勞復，身熱，大小便赤如血色者。胡黃連一兩，山梔子二兩去皮，入蜜半兩，拌和，炒令微焦，二味擣羅爲末，用猪膽汁和丸，如梧桐子大。每服用生薑二片，烏梅一個，童子小便三合，浸半日去滓，食後暖小便令溫，下十丸，臨卧再服，甚效。

〔宋・唐慎微《證類本草》〕《唐本》云： 大寒。主骨蒸勞熱，補肝膽，明目，治冷熱洩痢，益顔色，厚腸胃，治婦人胎蒸虚驚，治三消五痔，大人五心煩熱。出波斯國，生海畔陸地。八月上旬採。惡菊花，玄參，白鮮皮，解巴豆毒。服之忌猪肉，令人漏精。以人乳浸點目甚良。苗若夏枯草，根頭似烏觜，折之肉似鸜鵒眼者良。孫尚藥： 治小兒盜汗，潮熱往來。南蕃胡黃連、柴胡等分，羅極細，煉蜜和丸如雞頭大。每服二丸至三丸，銀器中用酒少許化開，更入水五分，重湯煮三二十沸，放溫，食後和滓服。

〔宋・陳承《重廣補注神農本草並圖經》〕別說云： 謹按： 胡黃連，折之塵出如煙者，爲真。

宋・鄭樵《通志》卷七五《昆蟲草木略》 胡黃連 似黃連而心黑。一名割孤露澤。

宋・劉明之《圖經本草藥性總論》卷上 胡黃連 味苦，平，無毒。主久痢成疳，傷寒欬嗽，溫瘧骨熱，理腰腎，去陰汗，小兒驚癇寒熱，不下食，霍亂下痢。《唐本》： 大寒。主骨蒸勞熱，補肝膽，明目，治冷熱洩痢，益顔色，厚腸胃，治三消五痔，大人五心煩熱。惡菊花，玄參，白鮮皮。解巴豆毒。忌猪肉，令人漏精。以人乳浸，點眼甚良。一云： 治傷寒勞復身熱，大小便赤如血。別云： 胡黃連，折之塵出如烟者為真。

明・王綸《本草集要》卷二 胡黃連 味苦，氣平，無毒。惡菊花，玄參。生胡國，似乾楊柳枝，心黑外黃，折之塵出如煙者真。忌猪肉，令人漏精。 主久痢成疳，傷寒咳嗽，溫瘧，骨蒸勞熱，補肝膽，明目，理腰腎，去陰汗。小兒驚癇寒熱，不下食，霍亂下痢，小兒藥多用之。又治婦人胎蒸虚驚。

明・滕弘《神農本經會通》卷一 胡黃連 臣也。惡菊花、玄參、白鮮皮，解巴豆毒。似乾楊柳枝，心黑外黃，折之塵出如煙者為真。又云： 苗若夏枯草，根頭似烏觜，折之内似鸜鵒眼者良。 生胡國。

味苦，氣平，無毒。《衷》云： 主骨蒸勞復，止嗽，明眸，療溫瘧，小兒驚癇疳熱。《本經》云： 主久痢成疳，傷寒欬嗽，溫瘧，骨熱，理腰腎，去陰汗，小兒驚癇寒熱，不下食，霍亂，下痢。《圖經》云： 小兒藥中多用之。又治傷寒勞復身熱，大小便如血色者。《唐本》云： 大寒。主骨蒸勞熱，補肝膽，明目，治冷熱洩痢。益顔色，厚腸胃。治婦人胎蒸虚驚，治三消五痔，大人五心煩熱。服之忌猪肉，令人漏精。以人乳浸，點目甚良。《局》云： 胡黃連主成疳痢，盜汗驚癇益小兒。折斷起煙塵者是，骨蒸勞熱用尤宜。 胡黃連，主勞熱骨蒸，兼小兒驚癇，疳痢。

明・劉文泰《本草品彙精要》卷一二 胡黃連無毒 叢生。

胡黃連： 主久痢成疳，傷寒欬嗽，溫瘧，骨熱，理腰腎，去陰汗，小兒驚癇，寒熱，不下食，霍亂，下痢。名醫所錄。 【名】割孤露澤。 【苗】《圖經》曰： 苗若夏枯草，初生似蘆，乾似楊柳枯枝，根頭似烏觜，心黑外黃，折之肉似鸜鵒眼者，小兒藥中多用之。 【地】《圖經》曰： 生胡國，今南海及秦隴間亦有之。《唐本》注云： 出波斯國海畔、陸地。 【道地】廣州。 【時】生： 春生苗。採： 八月上旬取根，又不拘時月取之。 【用】根折之，塵出如煙者爲真。 【質】類宣黃連而粗大。 【色】黑黃。 【味】苦。 【性】平，寒，泄。 【氣】氣薄味厚，陰中之陽。 【臭】香。 【主】骨蒸，疳熱。 【反】惡菊花、玄參、白鮮皮。 【製】剉碎用。 【治】療： 《唐本》注云： 治骨蒸勞熱，三消，五痔，並冷熱洩痢，及婦人胎蒸，虚驚，大人五心煩熱。補： 《唐本》注云： 補肝膽，明目，益顔色，厚腸胃。 【合治】合人乳汁浸點目甚良。○合柴胡等分爲末，蜜丸如雞頭大，每服一二丸，以酒少許，水五分化開，重湯煮二十沸，食後服之，治小兒盜汗，潮熱往來。 【忌】與豬肉同食，令人漏精。 【解】巴豆毒。

明・葉文齡《醫學統旨》卷八 胡黃連 氣平，味苦，無毒。沉也，陰也。惡菊花、玄參。 生胡國，似乾楊柳枝，心黑外黃，折之塵出如煙者真。忌猪肉，令人漏精。 治久痢成疳，傷寒欬嗽，溫瘧，骨蒸勞熱，補肝膽，明目，理腰腎，去陰汗； 小兒諸疳，驚癇寒熱，不下食，霍亂下痢，婦人胎蒸虚驚。

明・許希周《藥性粗評》卷二 胡黃連止骨蒸之沸。

胡黃連，本出胡地，故名。 初生似蘆，乾似楊柳，枯枝似烏嘴，心黑外黃，折之似鸜鵒之眼。出波斯國海畔陸地，今南海及秦隴間亦有之。八月上旬採根，陰乾，以折之塵出如烟者真。 惡菊花、玄參、白鮮皮。忌猪肉，令人漏精。能解巴豆之毒。 餘說《本草》不載。 味苦，性平，微寒，無毒。 主治溫瘧盜汗，骨蒸癆熱，傷寒欬嗽，久痢成疳，驚癇

霍亂，勞復發熱，小便如血，三消五痔，補肝明目，厚腸胃，益顏色。

單方： 眼澀： 胡黃連不拘多少，剉，以人乳浸黃，點之，妙。

明·鄭寧《藥性要略大全》卷二 胡黃連 治勞熱骨蒸，及小兒驚癇疳痢。

《本經》云： 主久痢成疳，治傷寒咳嗽，溫瘧，骨蒸，理腰腎，去陰汗。小兒驚癇寒熱不下食。霍亂下痢。 伊訓曰： 治骨蒸勞熱，補肝膽明目。 《金匱》云： 療女人胎蒸虛驚及三消病，大人五心煩熱。 味苦，氣平寒。 又云大寒，無毒。 惡菊花、玄參、白鮮皮。 解巴豆毒。 忌與猪肉同用，令人泄精。 似枯楊柳枝，外黃內黑，折之塵起如烟者為真。 乳汁浸，點目良。

明·王文潔《太乙仙製本草藥性大全》卷一《本草精義》 胡黃連 一名割孤露澤。 出波斯國，生海畔陸地，又種生羌胡國土，因以胡黃連爲名。 乾如楊柳，枯枝折斷，一線煙出。 氣平寒，味尤苦甚，心內黑皮略淡黃。 惡玄參、菊花，亦解巴豆毒，忌猪肉。 若悮食之，令人洩精。

明·王文潔《太乙仙製本草藥性大全》卷一《仙製藥性》 胡黃連 味苦，氣平寒，又云大寒，無毒。 主治： 治冷熱瀉痢，益顏色，厚腸。 調大人五心煩熱，理小兒驚痢霍亂。 療勞熱骨蒸，治傷寒欬嗽，溫瘧多熱即解，久痢成疳竟除。 補肝膽，刼目痛尤靈，理腰腎，歛陰汗最捷。 小兒盜汗潮熱，婦人胎蒸虛驚，並宜用之，不可缺也。 補註： 治小兒盜汗，潮熱往來，南蕃胡黃連、柴胡等分，研羅極細，煉蜜和丸如雞頭大，每服一丸至三丸，銀器中用酒少許化開，更入水五分，葱湯煮三二十沸，放溫，食後和滓服之。 又治傷寒，勞役身熱，大小便赤似血色者，胡黃連一兩，山梔子二兩，去皮，入蜜半兩，拌和，炒令微焦，二味擣羅爲末，用猪膽汁和丸，如梧桐子大，每服用生薑二片，烏梅一個，童子小便三合浸半日，去滓，食後暖小便令溫，下十丸，臨卧再服甚效。

明·皇甫嵩《本草發明》卷三 胡黃連中品下，臣。味苦，平，無毒。 發明曰： 胡黃連，苦能清熱，多理小兒病。《本草》雖云主傷寒咳嗽，溫瘧骨蒸，五心煩熱，理腰腎，去陰汗。 又補肝熱明目，冷熱痢，厚腸胃，三消五痔，婦人胎蒸虛驚，其實主小兒驚癇寒熱，疳熱成疳，不下食，霍亂下痢，無非清熱之劑也。 又解巴豆毒。 惡菊花、苦參。 忌猪肉，令人漏精。 生胡地，心黑外黃，折之塵如煙者真。

明·李時珍《本草綱目》卷一三草部·山草類下 胡黃連宋《開寶》

〔釋名〕割孤露澤 時珍曰： 其性味功用似黃連，故名。 割孤露澤，胡語也。

〔集解〕恭曰： 胡黃連出波斯國，生海畔陸地。 苗若夏枯草，根頭似鳥嘴，折之內似鸜鵒眼者良。 八月上旬採之。 頌曰： 今南海及秦隴間亦有之。 初生似蘆，乾則似楊柳枯枝，心黑外黃，不拘時月收採。〔承曰〕： 折之塵出如煙者，乃爲真也。

根 〔氣味〕苦，平，無毒。 恭曰： 大寒。 惡菊花、玄蔘、白鮮皮，解巴豆毒。 忌猪肉，令人漏精。

〔主治〕補肝膽，明目，治骨蒸勞熱三消，五心煩熱，婦人胎蒸虛驚，冷熱洩痢，五痔，厚腸胃，益顏色。 浸人乳汁，點目甚良蘇恭。 治久痢成疳，小兒驚癇寒熱不下食，霍亂下痢，傷寒咳嗽温瘧，理腰腎，去陰汗《開寶》。 去果子積震亨。

〔附方〕舊二，新一十三。 傷寒勞復： 身熱，大小便赤如血色。 用胡黃連一兩，山巵子二兩，去殼，入蜜半兩，拌和，炒令微焦爲末，用猪膽汁和丸梧子大。 每服十丸，用生薑二片，烏梅一個，童子小便三合，浸半日去滓，食後暖小便令温吞之，卧時再服，甚效。 蘇頌《圖經本草》。 小兒潮熱： 往來盜汗。 用南番胡黃連、柴胡等分，爲末。 煉蜜丸芡子大。 每服一丸至五丸，安器中，以酒少許化開，更入水五分，重湯煮二三十沸，和滓服。 孫兆《秘寶方》。 小兒疳熱： 肚脹潮熱髮焦，不可用大黃、黃芩傷胃之藥，恐生別證。 以胡黃連五錢，靈脂一兩，爲末，雄猪膽汁和丸綠豆大。 米飲服，每服一二十丸。《全幼心鑑》。 肥熱疳疾： 胡黃連丸： 用胡黃連、黃連各半兩，硃砂二錢半，爲末，入猪膽內扎定，以杖子釣懸於砂鍋內，漿水煮一炊久，取出研爛，入蘆薈、麝香各一分，飯和丸麻子大。 每服五七丸至一二十丸，米飲下。 錢乙《小兒方訣》。 五心煩熱： 胡黃連末，米飲服一錢。《易簡方》。 小兒疳瀉： 冷熱不調。 胡黃連半兩，綿薑一兩炮，爲末。 每服半錢，甘草節湯下。《衛生總微論》。 小兒自汗： 盜汗，潮熱往來。 胡黃連、柴胡等分，爲末，蜜丸芡子大。 每用一二丸，水化開，入酒少許，重湯煮一二十沸，温服。《保幼大全》。 小兒黃疸： 胡黃連、川黃連各一兩，爲末，用黃瓜一個，去瓤留蓋，入藥在內合定，麪裹煨熟，去麪，擣丸綠豆大，每量大小温水下。《總微論》。 吐血衄血： 胡黃連、生地黃等分，爲末，猪膽汁丸梧子大，卧時茅花湯下五十丸。《普濟方》。 血痢不止： 胡黃連、烏梅肉、竈下土等分，爲末，臘茶清下。《普濟方》。 熱痢腹痛： 胡黃連末，飯丸梧子大。 每米湯下三十丸。 鮮于樞《鈎玄》。 嬰兒赤目： 茶調胡黃連末，塗手足心，即愈。《濟急仙方》。 癰疽瘡腫： 已潰未潰皆可用之。 胡黃連、穿山甲燒存性，等分爲末，以茶或鷄子清調塗。《簡易方》。 痔瘡疼腫： 不可忍者。 胡黃連末，鵝膽汁調搽之。 孫氏《集效方》。

怪病血餘：　方見木部茯苓下。

題明・薛己《本草約言》卷一《藥性本草》　胡黃連　療骨熱，疳痢清寧。

《發明》云：　胡黃連苦能清熱，多理小兒。

明・梅得春《藥性會元》卷上　胡黃連　味苦，氣平。沉也，陰也。無毒。生胡國，似乾楊柳，心黑外黃，折之有煙塵飛出者真。惡菊花、玄參。忌猪肉，令人漏精。　主療男婦骨蒸勞熱，劫小兒食積、疳熱，及果食傷積；療久痢成疳，傷寒咳嗽，溫瘧。補肝膽，明目，理腰腎，去陰汗，小兒諸疳，驚癇寒熱，下痢霍亂，婦人胎蒸、虛驚。

明・杜文燮《藥鑒》卷二　胡黃連　療勞熱骨蒸，治傷寒咳嗽。溫瘧多熱即解，久痢成疳竟除。補肝膽切目疼尤靈，理腰腎斂陰汗最捷。大都苦先入心，入心則熱燥，此劑雖云瀉心，實瀉脾土，蓋子能令母實，實則瀉其子也。中病即已，不可久服，久則反從火化，愈覺發熱。故曰芩、連、(枝)〔梔〕子久服發熱，此之謂也。反花猪肉。

明・李中立《本草原始》卷二　胡黃連　始生胡國，呼為割孤露澤，今南海及秦隴間亦有之。初生似蘆，乾似楊柳枯枝，心黑外黃，不拘時月收採。其性味功用似黃連，故名胡黃連。胡黃連：　氣味：　苦，平，無毒。主治：補肝膽，明目。治骨蒸勞熱，三消，五心煩熱。婦人胎蒸虛驚，冷熱洩痢，五痔，厚腸胃，益顏色。浸人乳汁，點目甚良。治久痢成疳，小兒驚癇，寒熱不下食，霍亂下痢，傷寒欬嗽，溫瘧，理腰腎，去陰汗。去果子積。

胡黃連，宋《開寶》。【圖略】折之塵出如烟者真，肉似鸜鵒眼者良。皮黃白，亦有蒼黑者，肉有白點類梅花。

惡菊花、玄參、白鮮皮。解巴豆之毒。《濟急仙方》：　治嬰兒赤目，茶調胡黃連末，塗手足心即愈。

明・張懋辰《本草便》卷一　胡黃連　味苦，氣平，無毒。惡菊花、玄參，忌豬肉，令人漏精。　主久痢成疳，傷寒咳嗽，溫瘧，骨蒸勞熱，理腰腎，去陰汗；小兒驚癇寒熱不食，霍亂下痢；　又治婦人胎蒸虛驚。

明・李中梓《藥性解》卷四　胡黃連　味苦，性寒，無毒，入肝、膽、胃三經。主傷寒咳嗽，溫瘧發熱，骨蒸勞熱，三消五痔，補肝膽，明眼目，止瀉痢，益顏色，治小兒驚疳霍亂，大人五心煩熱，婦人胎蒸虛驚。惡菊花、玄參、白鮮皮，忌猪〔肉〕，解巴豆毒，折之出塵如煙者真。　按：　胡黃連苦寒，能瀉三經之火，小兒多熱症最宜。

明・繆希雍《本草經疏》卷九　胡黃連　味苦，平，無毒。主久痢成疳，傷寒欬嗽，溫瘧骨熱，理腰腎，去陰汗，小兒驚癇寒熱，不下食，霍亂，下痢。《唐本》云：　大寒，主骨蒸勞熱，補肝膽明目，治冷熱洩痢，益顏色，厚腸胃，治婦人胎蒸虛驚，治三消五痔，大人五心煩熱。惡菊花、玄參、白鮮皮，解巴豆毒。服之忌猪肉，令人漏精。折之塵出如煙者真。肉似鸜鵒眼者良。

〔疏〕胡黃連得天地清肅陰寒之氣，故其味至苦，其氣大寒，性則無毒。善除濕熱，故主久痢成疳，及冷熱洩痢，厚腸胃。傷寒欬嗽者，邪熱在手太陰、足陽明也。溫瘧骨蒸者，熱在骨間也。理腰腎，去陰汗者，腎虛濕熱下流客之，使熱伏腎間也。小兒驚癇寒熱，不下食者，熱則生風，故發驚癇，熱在胃口，故不下食也。心主五色，脾胃主肌肉，二經濕熱去，則顏色自佳也。三消五痔，大人五心煩熱者，無非濕熱在腸胃及火在五臟間也。大寒至苦極清之性，能清熱自腸胃以次於骨，一切濕熱、邪熱、陰分伏熱所生諸病，莫不消除。　〔主治參互〕蘇頌《圖經》治傷寒勞復，身熱，大小便赤如血色者。胡黃連一兩，山梔仁二兩，入蜜半兩，拌和，炒令微焦，二味擣羅為末，用豬膽汁和丸梧子大，每服用生薑二片，烏梅一枚，童便三合，浸半日，去滓，食後暖童便令溫，下十丸，臨臥再服，甚效。《全幼心鑒》治小兒疳熱，肚脹潮熱，髮焦，不可用大黃、黃芩傷胃之藥，恐生別證。以胡黃連五錢，五靈脂一兩，為末，雄豬膽汁和丸菉豆大。米飲服一二十丸。錢乙《小兒方訣》治脾熱疳疾，用胡黃連、川黃連各半兩，硃砂二錢半，為末，入豬膽內紮定，以杖子釣懸於砂鍋內，漿水煮一炊久，取出研爛，入蘆會、麝香各一分，飯和丸麻子大。每服五七丸至一二十丸，米飯下。　又方：　治小兒黃疸，胡黃連、川黃連各一兩，爲末，用黃瓜一箇，去瓤留蓋，入藥在內，合定，麪裹煨熟，去麪，擣丸菉豆大。量大小溫水下。〔簡誤〕胡黃連氣味苦寒之至，設使陰血太虛，真精耗竭，而胃氣脾陰俱弱者，雖見如上諸證，亦勿輕投。即欲用之，亦須與健脾安胃等藥同用，乃可無弊。慎之！

明・倪朱謨《本草彙言》卷一　胡黃連　味苦，氣寒，無毒。入手足太陰、足陽明、足厥陰經。沉也，降也。　蘇氏曰：　出波斯國及海南陸地，今秦隴間亦有之。初生苗若夏枯草，又如蘆。乾則似楊柳枯枝。根頭似鳥嘴，

折之內黑外黃，似鸛鵒眼，塵出如烟者良。不拘時月收采。

胡黃連：蘇頌退肝脾伏熱、濕熱之藥也。張仰垣稿此劑大寒至苦，極清之性，能清熱，自腸胃以及于骨，一切濕火邪熱、陰分伏熱所生諸病，莫不消除。故《陳氏方》：化五痔，截溫瘧，解熱痢，清黃疸，退骨蒸，明目疾，定驚癇寒熱，治小兒久痢成疳，皆取苦以洩之，寒以散之之意云。繆仲淳先生曰：胡黃連氣味苦寒之至，設使陰血大虛，真精耗竭，而胃氣脾陰俱弱者，雖見如上諸證，亦勿輕投。即欲用之，亦須與健脾養胃等藥同用乃可。沈則施先生曰：胡黃連統治小兒熱疳熱勞，一切虛羸怪異熱病。

集方：《活人書》治傷寒傳裏，裏熱入深，口燥煩渴，舌生芒刺，譫語狂言，揚手擲足等證。用川黃連三錢，枳實五錢，花粉、柴胡、知母、連翹、瓜蔞仁各四錢，水煎服。如大便結硬，本方加大黃三錢。○錢仲陽方治下痢赤白，後重裏急，脹閉不通。用川黃連五錢，木香三錢，白芍藥一兩，大黃酒煮過四錢，共爲末，水發爲丸如綠豆大，每服三錢，空心白湯下。○《保命集》治心經伏熱，常發驚悸，煩亂恍惚。用川黃連一錢五分，黑山梔、茯苓、犀角屑、丹參各二錢，水煎服。○《方氏本草》方治熱血疥癬諸瘡。用黃連一錢五分，連翹、生地、玄參、花粉、當歸各二錢，甘草五分，水煎服。○《全嬰要覽》治痘瘖初起，口燥煩渴，根窠不起，煩躁鬱亂，舌乾索飲，氣促不寧。用黃連二錢，玄參、惡實、桔梗、連翹、天花粉、紫草茸各一錢五分，甘草五分，水煎服。○《眼科心鏡》治目痛赤腫。用黃連一錢，柴胡、連翹各一錢五分，益母草三錢，水煎服。○《方脈正宗》治雜病嘔逆惡心，呑吐酸苦。用黃連、黃芩俱酒炒，乾薑各一錢，麥芽、枳實、厚朴、茯苓、砂仁各一錢五分，水煎服。○同前治脇痛弦氣，心下痞滿。用黃連、吳萸泡湯炒，黃芩各一錢，白朮、枳實、厚朴、青皮、茯苓各一錢二分，水煎服。○同前治舌爛口臭，唇齒燥裂。用黃連、吳萸湯泡，黃芩、白芍藥各一錢，五棓子一個，打碎，水煎，汨漱服。○《濟生方》治腸風下血。用黃連、地榆俱酒洗、炒，蒼朮、蒲黃各二兩，炮薑灰一兩，白芍藥醋炒三兩，柿餅六兩，切細，酒煮，爛搗膏爲丸梧桐子大。每早服五錢，白湯下。○治小便熱閉不通。用黃連、茯苓、車前子、黃柏、木通各一錢，滑石一錢五分，甘草七分，水煎，加白果汁十餘茶匙。因血瘀者加韭汁，如數匙亦可。○《方脈正宗》治盛夏酷暑，煩熱口渴。加黃連一錢，香薷、厚朴、木瓜、甘草、扁豆各一錢五分，陳皮七分，麥門冬三錢，知母二錢，水煎服。元虛加人參、黃耆各一錢五分。○《保嬰拔萃》治小兒內熱成疳。用川黃連、胡黃連、於白朮、茯苓、枳實各一錢五分，甘草一錢，共爲末，飴糖爲丸如龍眼核大。每早晚各服一丸，白湯下。○《韓氏醫通》治五疳八痢。用黃連一斤，以酒浸炒四兩，以生薑自然汁浸炒四兩，以吳萸一兩、泡湯浸炒四兩，以童便浸炒四兩。配廣木香、益智仁各二兩，白芍藥、使君子仁俱炒，俱研極細末，飴糖爲丸如綠豆大，每服六七十丸，米湯下，日服三次。○治肝虛不足，風熱上攻，眼目昏暗，隱澁羞明及翳障青盲等證。用真雅州黃連一兩爲末，嫩羊肝五個，煮半熟，去筋膜，擂爛成膏，和丸梧子大。每食後白湯送五十丸，日服二次。○《簡便方》治小兒口疳臭爛及走馬急疳。用雅州黃連、蘆薈各一錢，真蟾酥五釐，共研極細末，吹少許于患上，立止。

明·顧逢柏《分部本草妙用》卷二心部·寒瀉　胡黃連　苦，寒，無毒。心黑外黃，與川連異。解巴豆，忌猪肉。　主治：補肝膽，明目，厚腸胃，去骨蒸熱。乳汁點目甚良。去果子積，治久痢成疳。婦人胎蒸，小兒驚癇寒熱等症。功不及川連，多服令人漏精。

明·李中梓《醫宗必讀·本草徵要上》　胡黃連味苦，寒，無毒。入肝、膽二經。惡菊花、玄參，忌猪肉，折之塵出如煙者真。　主虛家骨蒸久痢，醫小兒疳積驚癇。清肝膽之熱，與黃連略似，但產於胡地者也。按：胡黃連大苦大寒，脾虛血弱之人，雖見如上諸證，亦勿輕投，必不得已，須與補劑同施。

明·蔣儀《藥鏡》卷四寒部　胡黃連　除濕熱，所以去陰汗。清風熱，所以定驚癇。久痢成疳，并腰腎伏熱同治。骨蒸溫瘧，與傷寒咳嗽俱遷。

明·張景岳《景岳全書》卷四八《本草正》　胡黃連　味大苦，大寒。其性味功用，大似黃連。能涼肝明目，治骨蒸勞熱，三消，吐血衄血，五心煩熱。療婦人胎熱，虛驚熱痢，及小兒疳熱驚癇。浸人乳點目甚良。

明·賈九如《藥品化義》卷九火藥　胡黃連　屬純陰，體乾而輕，色紫，氣和，味大苦，性寒，能沉，力涼血，性氣薄而味厚，入肝膽胃三經。　胡黃連色紫味苦，獨入血分而清熱。主治血虛骨蒸，五心煩熱，日晡肌熱，臟毒痔瘡，小兒驚癇疳積。丹溪云骨蒸發熱皆積所成，此能涼血益陰，其功獨勝。若夜則發熱晝則明了，是熱在血分，以此佐芎歸為二連湯，除熱神妙，又善解巴豆之毒。

明·李中梓《本草通玄》卷上　胡黃連　苦，寒，入心，旁通肝膽。　產

於胡地，而性味功用與黄連相類，故有是名。主〔五〕心煩熱，勞瘵骨蒸，小兒驚癎疳積，女人胎蒸，傷寒溫瘧，消果子積。折之塵出如煙者真。

清・顧元交《本草彙箋》卷一　胡黄連　色紫味苦，獨入血分而清熱。凡血虚骨蒸，五心煩熱，日晡肌熱，皆熱在血分也。臟毒痔漏，亦濕熱在腸胃，火在五臟間也。小兒驚癎，熱則生風也。疳積，熱在胃口也。理腰腎，去陰汗者，熱伏腎間也。胡連至苦極清，能清熱，自腸胃以次於骨，一切濕熱邪熱，陰分伏熱，所生諸症，莫不消除。

服胡連亦忌猪肉，令人漏精。　釋名割孤露澤，益胡語也。

清・穆石匏《本草洞詮》卷八　胡黄連　性味功用一如黄連，故名。折之塵出如烟者，真也。苦平，一云大寒，無毒。補肝膽明目，治骨蒸勞熱，三消，五心煩熱，婦人胎蒸虚驚，冷熱洩痢，五痔，厚腸胃，益顔色。浸人乳汁點目甚良。去果子積。合豬肉食令人漏精。

清・劉雲密《本草述》卷七下　胡黄連　恭曰：　胡黄連出波斯國，生海畔陸地。　頌曰：　今南海秦隴間亦有之。初生似蘆，乾則似楊柳枯枝，心黑外黄，折之塵出如烟者，乃為眞也。　內黑有白點類梅花，外淡黄色。

根：　氣味：　苦，平，無毒。　恭曰：　大寒。惡菊花、玄參、白鮮皮。解巴豆毒。忌豬肉，令人漏精。　諸本草主治：　補肝膽，明目，治骨蒸勞熱，三消，五心煩熱，療傷寒溫瘧，及冷熱洩痢。治小兒盜汗潮熱，久痢成疳，驚癎寒熱，不下食。婦人胎蒸虚驚，厚腸胃，理腰腎。浸人乳，點目甚良。方書主治：　目痛，目外障，目淚(目外)，治虚勞、傳尸勞潮熱，積聚，癎證，消癉，鼻口舌及蟲之治。　希雍曰：　胡黄連得天地清肅陰寒之氣，故其味至苦，其氣大寒，性則無毒。其所主諸證，以至苦大寒極清之性，能清熱自腸胃以次於骨，一切淫熱邪熱，陰分伏熱所生諸病，莫不消除。

附方　小兒潮熱往來，盜汗，用南番胡黄連、柴胡等分，為末，煉蜜丸芡子大，每服一丸至五丸，安器中，以酒少許化開，便入水五分，重湯煮二三十沸，和滓服。　小兒疳熱，肚脹潮熱，髮焦，不可用大黄、黄芩傷胃之藥，恐生別證。以胡黄連五錢，靈脂一兩，為末，雄豬膽汁和丸緑豆大，米飲服，每服一二十丸。　肥熱疳疾，胡黄連丸，用胡黄連、黄連各半兩，硃砂二錢半，為末，入豬膽內，紮定，以杖子釣懸於砂鍋內漿水煮一炊久，取出研爛，入蘆薈、麝香各一分，飯糊和丸麻子大，每服五七丸至一二十丸，米飲下。　小兒黄疸，胡黄連、川黄連各一兩，為末，用黄瓜一個，去瓤留蓋，入藥在內，合定，裹麪煨熟，去麪，搗丸緑豆大，每量大小，溫水下。　血痢不止，胡黄連、烏梅肉、竈下土等分，為末，臘茶清下。

愚按：　李氏東璧曰：　胡黄連，其性味功用似黄連，故其名乃爾。第觀其治勞，則有未能盡似也。按五勞證中，或發寒熱，或骨蒸作熱，或往來潮熱，或五心常熱，或自汗盜汗，如胡黄連正為主治之味，是其不盡似者也。第先哲類以療小兒疳疾，雖黄連亦多用之治疳，然不如茲味有專功，是則尤為可糸耳。宋錢乙曰：　諸疳皆脾胃之病，內亡津液之所致也。夫疳之所因固不一，然而疳之成也，未有不成於脾胃受病，內亡津液者。《經》曰：　三焦出氣，以溫肌肉，充皮膚為其津，其流而不行者為液。又曰：　五味入口，藏於腸胃。味有所藏，以養五氣，氣和而生津液相成。又曰：　脾主為胃行其津液者也。夫津液，皆三焦之氣化。三焦者，固水穀之道路，氣之所終始也。中焦治在脾胃，以終始上下二焦之氣化，脾胃先病者，自及於上下，即上下焦氣化之病，胥於中土受之，故疳病不越於脾胃。然未有上下二焦不病而成疳者也。其脾為胃行其津液，以脾主陰，胃主陽也。彼三焦之氣，固陰中之陽，無陰則陽無以化，脾陰困而胃陽乃亢，內亡津液者，亡其脾陰之用也。陰弱陽亢，而氣不化，氣不化，則血不生，於是風木之臟病矣。夫厥陰風木，固與下焦之命門通，至木火相煽，不惟中土愈病，即下焦眞陰之元，亦莫不病焉。此五心煩熱，骨蒸潮熱，種種諸證之所由起也。故童子之疳，在二十歲以上即為癆。先哲言之，俱以金水之氣微，木火之勢熾也。但在童子，則專責於土木之交病以為治耳。此味與黄連有不同者，黄連似專功於火土之相因，此味則似效長於木土之交病。觀先哲首言其補肝膽，而諸方多合豬膽以佐之，其義固可思矣。希雍謂其大寒，能清熱自腸胃以次於骨，蓋為其能除骨蒸，殊未究於厥陰肝木之為病也。然蘇恭亦曰大寒，而方書又謂其不等於黄芩、大黄之能傷胃，是豈此味不寒哉？　要亦土木交病之證，必此味合治之，乃為的劑，不似黄芩、大黄輩，唯一於清除胃熱，祇以傷陰，不能奏績耳。又有槩言疳屬溼熱，輒以白术燥之者，不如此證由於脾陰先虧，愈燥而愈劇，豈得同於脾氣之陷，而术能健之，可以生津益液哉？　如眞氣虚損，或用補脾養陰，如炒白芍、炙甘草之屬，少人參以救眞氣，要以胡黄連為主，斷不可以燥而益燥也。余

有所試矣，慎之！慎之！

希雍曰：胡黃連，氣味苦寒之至。設使陰血太虛，眞精耗竭，而胃氣脾陰俱弱者，雖見如上諸證，亦勿輕投。即欲用之，亦須與健脾安胃等藥同用，乃可無弊。慎之！　愚按：胡黃連，《本草》言苦平，蘇恭乃云大寒。然嘗其味，其苦不及黃連，則大寒之說，宜再審之。

清·郭章宜《本草匯》卷九　胡黃連　味苦，大寒，入足厥陰、少陽經。傷寒欬嗽勞骨蒸，補肝明目理腰腎。嬰兒黃疸疳積除，婦人胎蒸併瘧病。溫瘧用之。自汗陰汗斂最捷，目痛煩熱効靈應。菓子積滯此能除，勞復癰瘡飲即定。傷寒勞復，身熱，大小便赤如血色者用之。癰瘡以川山甲末，同雞子清調塗。蘇恭治三消五痔，五心煩熱者，無非濕熱在腸胃，及火在五藏間也。大寒至苦極清之性，能消熱自腸胃，以次于骨，故一切濕熱邪熱，陰分伏熱，所生諸病，莫不消除。《開寶》治小兒驚癇寒熱，不下食者，因驚癇皆風熱所致，熱在胃口，其能下食乎？

按：胡黃連大苦大寒，最能清肝膽之熱，專理小兒驚積，與黃連相似，但產于胡地者也。設使陰血太虛，真精耗竭，而胃氣脾陰俱弱者，雖見如上證，亦勿可輕投。必不得已，須與健脾安脾等藥同施為妥。

外黃心黑，乾如楊柳枯枝，折之塵出者，乃為真也。惡菊花、玄參、白鮮皮。解巴豆毒。忌猪肉，令人漏精。

清·蔣居祉《本草擇要綱目·寒性藥品》　胡黃連　氣味：苦，平，無毒。　主治：補膽肝，明目，骨蒸勞熱，婦人胎蒸，小兒驚癇。理腰腎，去陰汗，去果子積。性情功用，與黃連同。　惡：菊花、白鮮皮、玄參、芫花、殭蠶、冷水。畏：款冬、牛膝。

清·王翃《握靈本草》卷二　胡黃連南海秦隴皆有之。形似楊柳枯枝，心黑外黃，折之塵出如煙者真。　主治：胡黃連，苦，平，無毒。主補肝膽，明目，治骨蒸勞熱，三消，五心煩熱，泄痢五痔。去果子積。

清·汪昂《本草備要》卷二　胡黃連瀉熱，療驚疳。　苦，寒。去心熱，益肝膽，厚腸胃。治骨蒸勞熱，五心煩熱，心窩、手心、足心。三消渴而多飲爲上消，肺熱也。心移熱于肺，傳爲膈消是也。多食善飢爲中消，胃熱也，癉成爲消中是也。渴而小便數有膏爲下消，腎熱而水虧也。五痔，牝痔、牡痔、脉痔、腸痔、血痔。濕熱下流傷血分，無所施泄，則逼肛門而爲痔腫。溫瘧瀉痢，女人胎蒸。消果子積，爲小兒驚疳良藥。朱二允曰：解吃烟毒，合茶服之甚效。　性味功用似黃連，故名。出波斯國，今秦隴、南海亦有之。心黑外黃，折之塵出如烟者真。畏惡同黃連。

清·李世藻《元素集錦·本草發揮》　胡黃連　総瀉諸火，無論虛實上下皆可治，大有數驗。古方罕用，唯小兒積滯門用之，是即前人之未備也。予天水白虎湯，清火至神湯，用除大熱，非他藥可比。

清·顧靖遠《顧氏醫鏡》卷七　胡黃連苦，大寒。入肝膽二經。忌猪肉，解巴豆毒。折之塵出如烟者真。　退骨蒸勞熱，入肌附骨之熱，此能清之。然在初起時，脾胃健旺者可暫用而不可久也。治溫瘧三消。溫瘧病，熱在骨間，三消症皆從火斷。去陰汗，濕熱下流客之，故陰汗出，除濕熱則止矣。厚腸胃。去濕熱而腸胃自厚，與黃連之厚腸胃同，非補益而厚之也。痢疾疸家並用，以同為濕熱也。目赤痔痛均求。皆屬火症也。疳積甚靈，驚癇莫缺。大苦大寒，故能清腸胃，以及骨間一切濕熱邪熱，陰分伏熱，所生諸病，其功用相似黃連。產於胡地，故以胡名。胃虛脾弱者，雖見以上諸症，亦勿輕投。必不得已，須與保脾胃藥同施。

清·李熙和《醫經允中》卷一七　胡黃連　心黑外黃，與川連異。忌猪肉，解巴荳毒。兼入足厥陰、少陽經。　苦，寒，無毒。主治厚腸胃，清肝膽火，去骨蒸熱，和乳汁點赤眼甚良。治小兒久痢成疳。然初病氣實熱甚者宜之，久病氣虛發熱者，反助其火也。

清·张璐《本經逢原》卷一　胡黃連　苦，大寒，無毒。忌豬肉，犯之令人漏精。　發明：胡黃連苦寒而降，大伐藏府骨髓邪熱，除婦人胎蒸、小兒疳熱積氣之峻藥。同烏梅止小兒血痢，同雞肝治小兒疳眼，同豬胰療楊梅瘡毒，同乾薑治菓子積，皆取伐肝腎熱邪也。小兒腎氣本實，故可當此。若脾胃腎藏不足者，服之奪人天元，為害不淺。惟黴瘡用胡黃連、當歸、甘草、豬胰水，酒煎服，二劑輒效，以其直達下焦，善搜淫火之毒也。

清·劉漢基《藥性通考》卷五　胡黃連　味苦，寒。去心熱，益肝胆，厚腸胃，治骨蒸熱，五心煩熱。主消渴而多飲，為上消肺熱也。心移熱於肺，傳為鬲消是也。多食善飢，為中消胃熱也。渴而小便數有膏，為下消腎熱而水虧也。五痔濕熱下流，傷血分，無所施洩，則逼肛門而為痔腫。瘟瘧瀉痢，女人胎蒸，消菓子積，為小兒驚疳良藥。性味功用似黃連，故名。出波斯國，今秦隴、南海亦有之。心黑外黃，折之塵出如烟者真。與其用川黃連之殺人，不若用胡黃連平穩且不損矣。

清・王子接《得宜本草・中品藥》 胡黃連 味苦。主治骨蒸勞熱。得山梔、猪膽治傷寒勞復，得川連、硃砂、猪膽治肥熱疳疾。

清・吴儀洛《本草從新》卷一 胡黃連〔瀉熱療疳。〕 苦，寒。去心熱。治骨蒸勞熱，五心煩熱，心窩，手心，足心。三消，渴而多飲為上消，肺熱也，心移熱於肺，傳為膈消是也。多食善飢為中消，胃熱也，癉成為消中是也。渴而小便數有膏，為下消，腎熱而水虧也。五痔，牝痔、牡痔、脈痔、腸痔、血痔。濕熱下流傷血分，無所施洩，則逼肛門而為痔腫。溫瘧瀉痢，女人胎蒸。消果子積，為小兒疳熱良藥。二允曰：解吃烟毒，合茶服之效。出波斯國，今秦隴、南海亦有之。心黑外黃，折之塵出如烟者真。性味、功用、禁忌、畏惡俱同黃連，故名。

清・汪紱《醫林纂要探源》卷二 胡黃連 苦，寒。苗葉如蘆，根似連珠黃連，色稍枯黑，外黃內黑，中虛，折之塵出如煙。出波斯國，今秦隴、南海亦有之。功用同。治骨蒸勞熱，溫瘧，消渴，泄痢，以治小兒疳積、驚急尤良。

清・嚴潔等《得配本草》卷二 胡黃連 惡菊花、玄參、白鮮皮。忌豬肉，恐漏精。解巴豆毒。大苦，大寒。入足厥陰、少陰經血分。大伐臟腑邪熱，善搜淫蟲窠毒。消果積，療瀉痢，退胎蒸，除溫瘧，小兒盜汗驚疳，大人傷寒咳嗽。得川連、朱砂，治疳熱霍亂。得鵝膽、雞子清，調塗痔瘡腫痛不可忍。配梔子、豬膽，治傷寒勞復。配烏梅、灶下土，治血痢。配黃連為末，用黃瓜一個，去瓤留蓋，入藥合定，麵裹煨熟，去麵，搗丸綠豆大，量兒大小溫水下，治小兒黃疸。同豬胰、當歸、甘草，治黴瘡。米泔浸，柳木火焙乾用。怪症：十指斷壞，惟有筋連，無節肉，蟲出如燈心狀，長尺餘，遍身有綠毛卷，此名血餘。用胡連同赤茯苓煎服。

題清・徐大椿《藥性切用》卷三 胡黃連 性味苦寒，涼驚瀉熱。益肝膽，厚腸胃，治大人骨蒸，小兒疳熱。禁忌同川黃連。

清・黃宫繡《本草求真》卷六 胡黃連大瀉臟腑骨髓淫火熱邪。 胡黃連耑入臟腑骨髓。出於波斯國，近時秦隴、南海亦有，氣味功用，亦同黃連，因以連名。但此性耑達下，大伐臟腑骨髓淫火熱邪，凡骨髓勞熱，五心煩熱，三消五痔，溫瘧瀉痢惡毒等症，皆得以治。《經》曰：心移熱於肺為膈消，是渴而多飲，上消肺熱症也。又曰：二陽結而為消，是多食善飢，中消胃熱症也。渴而小便數有膏，為下消腎熱症也。又按《經》言痔因飽食，經脉横解，腸澼為痔，又言督脈生病痔漏。又按書言痔有牝痔、牡痔、脉痔、腸痔、血痔之分，皆濕熱下流傷於血分，無所施洩，則逼肛門而為痔腫。故同猪胰，以療楊梅惡瘡；且同乾薑，以治小兒菓積；同雞肝以治小兒疳眼；同烏梅以治小兒血痢；同甘草、猪胰以治黴瘡。又治婦人胎蒸，較之黃連治功同而稍異耳。但小兒腎臟不足，脾胃虛寒者，其切忌焉。心黑外黃，折之塵出如烟者真，畏惡同黃連。

清・楊璿《傷寒溫疫條辨》卷六寒劑類 胡黃連 味苦，性寒。入肝、膽、心、胃。與黃連同功。治溫病痎瘧，骨蒸勞嗽，三消五痔，五心煩熱，火毒血痢。同烏梅、伏龍肝等分為末，茶清調服。明耳目，益顏色，療胎蒸虛驚，除五疳蟲熱。胡黃連、黃連等分，丹砂減半，入猪膽內煮熱取出，加蘆薈同連數，麝少許，糯米粥丸服。

清・羅國綱《羅氏會約醫鏡》卷一六草部 胡黃連味苦，性寒，畏惡同黃連，功用略似黃連，但此入肝、膽二經。折之塵出如烟者真。治虛家骨蒸、五心燥熱、三消五痔、女人胎熱、小兒疳熱驚癇，明目療痢。

按：胡黃連雖退虛熱，必佐補藥可用，否則雖見上證，不可施用。

清・黃凱鈞《藥籠小品》 胡黃連 其性功用，並同黃連。今治小兒潮熱五疳等症，小兒五疳，即大人五勞也。幼科不辨曲折次第，概用成方治之。初起亦有得效，胃虛者服之，有死而已。蓋此等藥，極苦大寒，弱體不能勝耳。出波斯國，折之烟出者真。

清・王龍《本草纂要稿・草部》 胡黃連 氣味苦寒。補肝膽，却目痛尤靈。理腰腎，斂陰汗最捷。骨蒸勞熱堪除，五心煩熱並治。治傷寒咳嗽，解溫瘧熱多。厚腸胃，滅五痔。止小兒盜汗潮熱，療婦人胎熱虛驚。久痢成疳竟除，寒熱驚癇立效。

清・張德裕《本草正義》卷下 胡黃連 大苦，大寒。同於黃連，尤善涼肝明目，治骨蒸勞熱，小兒肝熱驚癇。浸人乳，可點眼。

清・楊時泰《本草述鉤元》卷七 胡黃連 本出波斯國海畔陸地，今南海、秦隴間亦有之。初生似蘆，乾則似楊柳枯枝，心黑外黃，內有白點類梅花，外澹黃色。折之塵出如烟者真。

根氣味苦平而寒。入足少陽、厥陰、陽明。惡菊花、元參、白鮮皮，忌猪肉。令人精漏。補肝膽明目，治骨蒸勞熱，三消，五心煩熱，療傷寒溫瘧，及冷熱洩痢，小兒盜汗潮熱，久痢成疳，驚癇寒熱不下食，婦人胎蒸虛驚，厚腸胃，理腰腎，解巴豆毒，浸人乳點目甚良諸本草。方書治目痛目淚外障，傳尸勞，

積聚，癎證，鼻口舌及蟲。自腸胃以次於骨，一切濕熱邪熱，陰分伏熱所生諸病，莫不消除。

附方：小兒潮熱盜汗，胡黃連、柴胡等分，為末，煉蜜丸芡子大，每服一丸至五丸，以酒少許化開，入水五分，重湯煮二三十沸，和渣服。小兒疳熱，肚脹髮焦，不可用大黃、黄芩傷胃之藥。以胡黃連五錢，靈脂一兩，為末，雄猪膽汁和丸綠豆大，每米飲服一二十丸。肥熱疳疾，用胡黃連、川連各半兩，硃砂二錢半，為末，入猪膽內，紮定，以杖子懸釣於砂鍋內，漿水煮一炊久，取出研爛，入蘆薈、麝香各一分，飯糊和丸麻子大，每服五七丸至一二十丸，米飲下。小兒黃疸，胡黃連、川連各一兩，為末，用黃瓜一個，去瓤留蓋，入藥合定，麵裹煨熟，去麵，搗丸綠豆大，每服量兒大小，溫水下。血痢不止，胡黃連、烏梅肉、竈下土等分，為末，臘茶清下。

論：胡黃連為勞熱主治之味，而療小兒疳疾更有專功。童子之疳，在二十歲以上，即為勞。夫疳之所因不一，然皆脾胃受病，內亡津液之所致，津液者三焦之氣化也。中焦治在脾胃，脾胃先病者，自及於上下，即上下焦氣化之病，胥於中土受之，故疳病不越於脾胃，然未有上下二焦不病而成疳者也。脾主陰，胃主陽，脾陰困而胃陽與三焦之氣俱無陰以化，內亡津液者，亡其脾陰之用也。陰弱陽亢而氣不化，血不生，於是風木之臟病矣。風木與下焦、命門通，至木火相煽，不惟中土愈病，即下焦真陰之原亦病矣，此五心煩熱，骨蒸潮熱諸證之所由起也。胡黃連與川連主治不盡同，川連專功於火土之相因，此則效長於木土之交病。疳疾專責於木土之交病。觀先哲言其補肝膽，而諸方多合猪膽以佐之，其義可思。第蘇氏繆氏均謂其大寒，而方書又謂其不等於芩、軍之傷胃，豈非土木交病之際，必此味合治之乃為的劑乎。不似芩、軍輩，一於清除胃熱，祇以傷陰。又有言疳屬濕熱，輒以白术燥之者，不知此證由於脾陰先虧，愈燥愈劇，初不同於脾氣之陷，用术健之可以生津益液也。惟以胡連為主，而補養脾陰，如炒芍、炙草之屬，少入人參以救真氣，庶為得之。

繆氏云：凡病陰血大虛，真精耗竭，而胃氣脾陰俱弱者，弗輕任，須與健脾安胃藥同施。

清・趙其光《本草求原》卷一山草部 胡連 色青黃，氣寒，味苦，無毒。清肝、膽、心、腎、腸、胃之濕熱、邪熱，骨髓陰分伏熱，使肝達寒水，上至於胃，以效用於肺，故明目，治骨蒸勞熱，五心煩熱，手足心、心窩熱，為末，米飲下。三消心熱上消，胃熱中消，腎熱下消。五痔，濕熱下流傷血，迫於肛門。溫瘧同柴胡。血痢，同烏梅、灶土。冷熱瀉痢，久痢成疳，同川連、朱砂研，入豬膽內蒸，加麝香、蘆薈、豬膽汁，飯為丸，米飲下。疳瀉，同炮薑為末，甘草湯下。疳熱腹脹，同五靈、豬膽汁和丸，米飲下。疳眼，同雞肝。小兒潮熱，同柴胡蜜丸，酒化，加水下。自汗、盜汗，方同上。黃疸，同川連為末，入黃瓜內，麵包煨，為丸，溫水下。吐衄血，同生地、豬膽汁丸，茅根湯下。小兒目赤，為末，茶調塗手足心。厚腸胃。與黃芩、大黃傷胃異。治癰疽，已潰、未潰，同煅山甲為末，茶或雞子清調搽。黴瘡，同歸、甘、豬胰、酒、水煎。楊梅瘡毒，同豬胰。傷寒勞復發熱，二便如血，同梔仁蜜炙焦、豬膽汁丸、生薑、烏梅、童便，食後漏下。消果積，同乾薑。解煙毒，合茶服。搽痔腫痛。鵝膽汁開搽。

出波斯國，心青黑，外黃，折之出塵如煙者真。畏惡同川連，功亦相近。忌豬肉，犯之令人漏精。

清・文晟《新編六書》卷六《藥性摘錄》 胡黃連 氣味功用均同黃連，但此性耑達下，大瀉臟腑、骨髓淫火熱邪。〇凡骨蒸勞熱，五心煩熱，三消五痔，溫瘧熱痢，惡毒等症，皆治。〇並治小兒疳積血痢。〇婦人胎蒸。〇但小兒腎臟不足及凡脾胃虛寒者，切忌。〇製法、畏惡，同黃連。

清・劉東孟傳《本草明覽》卷一 胡黃連 【略】按：苦先入心，火必就燥，黃連苦燥乃入心經，雖云瀉心，實泄脾臟。蓋子能實母，實則瀉其子也。但久服之，反從火化。故其功效，惟初病氣實熱盛者最宜。而久病氣虛發熱者勿用，用之則反助其火也。

清・戴葆元《本草綱目易知錄》卷一 胡黃連 苦，寒。明目，補肝膽，厚腸胃，理腰腎，去陰汗。治骨蒸勞熱，五心煩熱，三消五痔，霍亂瀉痢，咳嗽溫瘧。女人胎蒸虛驚，小兒驚癎寒熱，久痢成疳。去菓子積，為小兒驚疳良藥。乳汁浸，點目，甚良。解巴豆毒，忌猪肉。

清・黃光霽《本草衍句》 胡黃連 性味相似，同益肝膽。主婦人之胎蒸骨蒸勞熱，治小兒之血痢久利成疳。去果子之積，安腹中之蚘。得山梔、猪膽，治傷寒勞復。用川連、硃砂、猪膽，治肌熱疳疾。小兒疳熱，肚脹潮熱，髮黑，不可用大黃、黃芩傷胃之藥，恐生別症。以胡黃連五錢，五靈脂一兩，為末，雄猪膽汁丸，米飲下。

清・陳其瑞《本草撮要》卷一 胡黃連 味苦，寒，入手少陽經，功專去心熱，益肝膽，厚腸胃，治骨蒸勞熱，五心煩熱，三消五痔，溫瘧渴痢，胎蒸菓

子積，小兒驚疳。初起可用，日久胃虚者均忌。合茶服之解吃煙毒。禁忌畏惡俱同黄連。

馬先蒿

宋・唐慎微《證類本草》卷三〇有名未用《别録》 練石草 味苦，寒，無毒。主五癃，破石淋，膀胱中結氣，利水道小便。生南陽川澤。

〔梁・陶弘景《本草經集注》〕云： 一名爛石草。又云：即馬矢蒿。

宋・唐慎微《證類本草》卷九草部中品〔《本經・别録》〕 馬先蒿 味苦，平，無毒。主寒熱，鬼疰，中風，濕痹，女子帶下病，無子。一名馬屎蒿。生南陽川澤。

〔梁・陶弘景《本草經集注》〕云： 方云一名爛石草。主惡瘡。方藥亦不復用。

〔唐・蘇敬《唐本草》〕注云： 此葉大如茺蔚，花紅白色。實，八月、九月熟，俗謂之虎麻是也。一名馬新蒿。所在有之。茺蔚苗短小，子夏中熟。而初生，二種極相似也。

〔宋・馬志《開寶本草》〕按： 别本注云：近道處處有。三月、八月採莖、葉，陰乾。

〔宋・掌禹錫《嘉祐本草》〕按：《爾雅》云：蔚，牡菣。釋曰：蔚，即蒿之雄無子者。又曰：蔚，一名牡菣。《詩・蓼莪》云：匪莪伊蔚。陸璣云：牡蒿也。三月始生，七月華，華似胡麻華而紫赤，八月爲角，角似小豆角，鋭而長。一名馬新蒿是也。

〔宋・唐慎微《證類本草》〕《圖經》： 文具第六卷中白蒿條下。 《聖惠方》：治大風癩疾，骨肉疽敗，百節疼酸，眉鬢墮落，身體習習痒痛。以馬矢蒿細剉，炒爲末。每空心及晚食前，溫酒調下二錢匕。《外臺秘要》：治癩。馬先蒿，一名馬矢蒿。擣末服方寸匕，日三服，如更赤起，一年都差。

明・劉文泰《本草品彙精要》卷一一 馬先蒿無毒 叢生。

馬先蒿： 主寒熱，鬼疰，中風濕痹，女子帶下，病無子。《神農本經》。

〔名〕馬屎蒿、蔚、牡菣衍刃切、馬新蒿、爛石草、虎麻。 〔苗〕《圖經》曰：春生苗，葉如益母草，花紅白色，八九月有實，俗謂虎麻。《小雅》所謂匪我伊蔚是也。陸璣云：蔚，牡蒿。牡蒿，牡菣也。三月始生，七月華，似胡麻花而紫赤，八月爲角，角似小豆角，鋭而長。郭璞注《爾雅》蔚，牡菣，謂無子者。而陸云有子，二説小異，今當用有子者爲正。 〔地〕《圖經》曰：生南陽川澤，近道處處有之。 〔時〕生：春生苗。採：三月、八月取莖、葉。 〔收〕陰乾。 〔用〕莖、葉。 〔質〕類茺蔚苗而短。 〔色〕青。 〔味〕苦。 〔性〕平，泄。 〔氣〕味厚氣薄，陰中之陽。 〔臭〕香。 〔主〕祛風癩，散濕痹。 〔製〕去土及根，剉碎用。 〔治〕療：陶隱居云：消惡瘡。 〔合治〕細剉，炒爲末，每空心及晚食前溫酒調下二錢匕，治大風癩疾，骨肉疽敗，百節疼酸，眉鬢脱落，身體習習癢痛。

明・王文潔《太乙仙製本草藥性大全》卷二《本草精義》 馬先蒿 一名馬新蒿，一名爛石草，一名馬矢蒿。生南陽川澤，葉如益母草，花紅白色，八九月有實熟，俗謂之虎麻是也。《小雅》所謂採我伊蔚是也。所在有之。益母苗短小，實夏中熟，而初生二種極相似也。

明・王文潔《太乙仙製本草藥性大全》卷二《仙製藥性》 馬先蒿 味苦，氣平，無毒。 主治：主寒熱鬼疰，治百節酸疼。大風癩疾立治，中風濕痹即痊。療赤白帶下，能令身孕，骨疽。療眉毛脱落，身體癢痛拘攣。補註：大風癩疾，骨肉疽敗，百節酸疼，眉毛脱落，身體習習痹痛，以細剉炒爲末，每空心及晚食，以溫酒調下二錢。〇癩疾，用爲末，服方寸〔匕〕，日三服，如更末起，一年差。

明・皇甫嵩《本草發明》卷三 馬先蒿，味苦，平。類益母葉，花紅白色，俗名虎麻，一名馬新蒿。 主中風濕痺，女子帶下病，無子。理風濕癩瘍為專。

明・李時珍《本草綱目》卷一五草部・隰草類上 馬先蒿《本經》中品

〔釋名〕馬新蒿《唐本》 馬矢蒿《本經》 練石草《别録》 爛石草同上 虎麻

時珍曰：蒿氣如馬矢，故名。馬先，乃馬矢字訛也。馬新，又馬先之訛也。弘景曰：練石草，一名爛石草，即馬矢蒿。今方藥不復用之。 〔集解〕《别録》曰：馬先蒿、練石草，並生南陽川澤。恭曰：葉大如茺蔚，花紅白色。二月、八月採莖葉，陰乾用。八月、九月實熟，俗謂之虎麻是也。一名馬新蒿，所在有之。茺蔚苗短小，其子夏中熟。二物初生，極相似也。禹錫曰：按《爾雅》云：蔚，牡菣。注云即蒿之無子者。《詩》云：匪莪伊蔚。陸璣云：牡蒿也。二月始生，七月開花，似胡麻花而紫，亦八月生角，似小豆角，鋭而長。一名馬新蒿。是也。頌曰：郭璞以牡菣爲無子，而陸璣云有子，二説小異。今當用有子者爲正。時珍曰：《别録》牡蒿、馬先蒿，原是二條。陸璣所謂有子者，乃馬先蒿，而復引無子之牡蒿釋之，誤矣。牡蒿詳見本條。

〔氣味〕苦，平，無毒。《别録》曰：練石草，寒。 〔主治〕寒熱鬼疰，中風濕痹，女子帶下病，無子《本經》。練石草：治五癃，破石淋、膀胱中結氣，利水道小便《别録》。惡瘡弘景。

〔附方〕舊一。 大瘋癩疾： 骨肉疽敗，眉鬢墮落，身體癢痛。以馬先蒿，一名馬矢蒿，一名爛石草，炒搗末。每服方寸匕，食前溫酒下，一日三服，一年都瘥。《肘後方》。

附：琉球・吴繼志《質問本草》外篇卷二　番維蘭馬先蒿　生原野，春生苗，秋開花。　俗名番維蘭。甲辰，戴道光、戴昌蘭。

清・吴鋼《類經證治本草・經外藥類》　馬先蒿　【略】誠齋曰：《爾雅》《毛詩》所指，皆是牡蒿，非馬先蒿也。一種蔏蒿，一名抱娘蒿。生水間，葉如斜蒿而細科，二月生苗葉，香可食，抱根叢生，專能下氣破血。此《毛詩》所指蓼。蓼者，我是也。

清・吴其濬《植物名實圖考》卷一一　馬先蒿即角蒿。　馬先蒿，《本經》中品。陸璣《詩疏》：蔚，牡蒿。三月始生，七月華，華似胡麻，華而紫赤；八月為角，角似小豆角鋭而長，一名馬新蒿。據此則馬新蒿即角蒿。《唐本草》角蒿係重出，李時珍但以陸釋牡蒿為非，而不知所述形狀即是角蒿，則亦未細審。今以馬先蒿為正，而附角蒿諸說於後。

清・葉志詵《神農本草經贊》卷二　馬先蒿　味平。主寒熱，鬼注，中風濕痹，女子帶下病無子。一名馬屎蒿。生川澤。

先緣新近，藍以高瞻。麻花紫豔，豆角青尖。牡因子辨，邪遠名嫌。馬通臭味，鍊石炎炎。

蘇恭曰：一名馬新蒿，㬟子蒿。草之高者也。掌禹錫曰：七月開花，似胡麻花而紫赤。八月生角，似豆角鋭而長。李時珍曰：馬先蒿、牡（嵩）〔蒿〕，原是二種。《詩疏》：所謂有子者，乃馬先蒿。而復引無子之牡蒿釋之，誤矣。蒿氣如馬矢，先乃矢之訛，新又先之訛也。《北史・傳》：食采有邪蒿，邪峙令去之曰：此菜有不正之名。《禮》：禮不諱嫌名。《漢書・傳》注：以馬通薫之，馬矢也。名醫曰：一名鍊石草。陶弘景曰：又名爛石。《詩》：赫赫炎炎。

煤參

清・趙學敏《本草綱目拾遺》卷三草部上　煤參　出陝西西安等處，形如參，皮心俱青黑，故名。施柳南太守云：此參出陝西華山，食之多吐人，其性亦劣。　味微苦甘，同人參，功力則薄耳。

羊肝狼頭草

清・吴其濬《植物名實圖考》卷二三　羊肝狼頭草　生雲南太華山。細根獨莖，如拇指粗，淡黄色，有直筋；每節四枝，節如牛膝而大，有深窩；枝生膝上，四杈平分，莖如穿心而出，就枝生葉，如蒿而細，平勻如齒；花生窩中，左右各一，如豆花，黄色上矗，草中具奇詭者。《本草》狼毒以性如狼，故名。滇中毒草，亦多與以狼名，觀其名與形，知非佳草矣。

鬼羽箭

清・何諫《生草藥性備要》卷下　鬼箭羽　治生血箭，能去癲癇，辟邪。其頂上花，似箭羽；其葉，在根生，晒乾變黑色。處處有之。

鞭打繡球

清・吴其濬《植物名實圖考》卷二三　鞭打繡毬　毬生大理府。細葉，莖如水藻；近根處有葉大如指，梢端開淡紫花，尖圓如小毬。俚醫用之，云性溫，味微甘，治一切齒痛，煎湯含口吐之。

水香菜

宋・王介《履巉巖本草》卷中　水香菜　性涼，無毒。截四時傷寒不正之氣，不以多少，曒乾爲細末，每服壹錢至貳錢，熱酒調服。

公草母草

清・吴其濬《植物名實圖考》卷一五　公草、母草　産湖南田野間。高五六寸，綠莖細弱似鵝兒腸而不引蔓，公草葉尖，長半寸許，附莖三葉攢生，葉間梢頭，復發細長莖，開小綠黄花，大如黍米，落落清疎；母草葉短微寬，兩葉對生，葉間抽短莖，一莖一花。俚醫以治跌打，竝入婦科通經絡。二草齊用，單用不騐。

鹿茸草

清・吴其濬《植物名實圖考》卷一六　千重塔　江西山中近石處皆有之。細莖密葉，叢生，高五六寸；葉微似落帚而短，稍寬。土人云同螺蚌肉煎水服，能治咳嗽。

鹿茸草　生山石上。高四五寸，柔莖極嫩，白茸如粉；四面生葉，攢密上抱，葉纖如小指甲；春開四瓣桃紅花，三瓣似海棠花，微尖下垂，一瓣上翕，兩邊交掩，黄心全露。《進賢縣志》錄入藥類，不著功用。《别錄》：玉柏生石上如松，高五六寸，紫花，用莖葉。殆此類也。又《廬山志》：千年艾，觸油即萎。此草色白如艾，是矣。

龍膽

宋・唐慎微《證類本草》卷六草部上品〔《本經・别錄・藥對》〕　**龍膽**　**味苦，**寒、大寒，無毒。**主骨間寒熱，驚癇，邪氣，續絶傷，定五藏，殺蠱毒，**除

胃中伏熱，時氣溫熱，熱洩下痢，去腸中小蟲，益肝膽氣，止驚惕。**久服益智不忘，輕身耐老。一名陵游。**生齊朐山谷及冤句。二月、八月、十一月、十二月採根，陰乾。貫衆爲之使，惡防葵、地黃。

〔梁·陶弘景《本草經集注》〕云：今出近道，吴興爲勝。狀似牛膝，味甚苦，故以膽爲名。

〔宋·馬志《開寶本草》〕按：別本注云：葉似龍葵，味苦如膽，因以爲名。

〔宋·掌禹錫《嘉祐本草》〕按：《藥性論》云：龍膽，君。能主小兒驚癇，入心，壯熱，骨熱，癰腫，治時疾熱黄，口瘡。日華子云：小豆爲使。治客忤疳氣，熱病狂語及瘡疥，明目，止煩，益智，治健忘。

〔宋·蘇頌《本草圖經》〕曰：龍膽，生齊朐山谷及冤句，今近道亦有之。宿根黄白色，下抽根十餘本，類牛膝。直上生苗，高尺餘。四月生葉，似柳葉而細，莖如小竹枝，七月開花如牽牛花，作鈴鐸形，青碧色。冬後結子，苗便枯。二月、八月、十一月、十二月採根，陰乾。俗呼爲草龍膽。浙中又有山龍膽草，味苦澁，取根細剉，用生薑自然汁浸一宿，去其性，焙乾，搗，水煎一錢匕，溫服之。治四肢疼痛。採無時候。葉經霜雪不凋，此同類而別種也。古方治疸多用之。《集驗方》穀疸丸：苦參三兩，龍膽一兩，二物下篩，牛膽和丸，先食以麥飲服之，如梧子五丸，日三，不知稍增。《删繁方》治勞疸，同用此龍膽，加至二兩，更增梔子人三七枚，三物同篩搗，丸以猪膽，服如前法，以飲下之。其說云：勞疸者，因勞爲名；穀疸者，因食而勞也。《雷公》云：採得後陰乾。欲使時，用銅刀切去髭土頭了，剉，於甘草湯中浸一宿，至明漉出，暴乾用。勿空腹餌之，令人溺不禁。《聖惠方》：治蛔蟲攻心如刺，吐清水。龍膽一兩去頭，剉，水二盞，煮取一盞去滓。隔宿不食，平旦一頓服。《外臺秘要》：治卒下血不止。龍膽一虎口，以水五升，煮取二升半，分爲五服，差。《肘後方》：治卒心痛。龍膽四兩，酒三升，煮取一升半，頓服。

宋·鄭樵《通志》卷七五《昆蟲草木略》 龍膽 曰陵游。莖如小竹，根似牛膝。

金·張元素《潔古珍珠囊》〔見元·杜思敬《濟生拔粹》卷五〕 草龍膽 苦純陰。瀉肝熱，止眼睛疼。酒浸上行。

宋·劉明之《圖經本草藥性總論》卷上 龍膽草 味苦，寒、大寒，無毒。主骨間寒熱，驚癇邪氣，續絶傷，定五臟，殺蠱毒。除胃中伏熱，時氣溫熱，熱洩下痢。去腸中小蟲，益肝膽氣，止驚惕。日華子云：小豆為之使。治客忤疰氣，熱病狂語，瘡疥，明目止煩。生齊朐山谷及冤句。狀似牛膝。味甚苦，以膽為名。君。貫衆為之使。惡防葵、地黃。

宋·王介《履巉巖本草》卷中 龍膽草 味苦，寒，無毒。治酒毒，便血，腸風下血。曬乾爲末，空心食前陳米飲調一二錢服。又治雀盲，夜不見物者，用龍膽草一兩，黄連一兩，二味爲細末，食後用熟羊肝蘸藥末服。

元·王好古《湯液本草》卷四 草龍膽 氣寒，味大苦，氣味俱厚，陰也。無毒。《珍》云：純陰，酒浸上行。《心》云：除下焦之濕及翳膜之濕。《象》云：治兩目赤腫，睛脹，瘀肉高起，疼痛不可忍。以柴胡為主，治眼中疾必用之藥也。去蘆。

元·朱震亨《本草衍義補遺·新增補》 草龍膽 苦，寒。治赤目腫痛，睛脹，瘀肉高起，痛不可忍。以柴胡為主，治眼疾必用之藥也。酒浸上行。

元·佚名氏《珍珠囊·諸品藥性主治指掌》〔見《醫要集覽》〕 草龍膽 味苦，性寒，無毒。沉也，陰也。其用有二：退肝經之邪熱，除下焦之濕腫。

元·徐彥純《本草發揮》卷一 龍膽 味苦，寒，無毒。益肝膽氣，止驚惕，明目，止煩，小兒驚癇。潔古云：治兩目赤腫，睛脹，瘀肉高起，痛不可忍。以柴胡為主，龍膽為使，治眼中之病，必用藥也。《主治秘訣》云：性寒，味苦辛，氣味俱厚，沉而降，陰也。其用有四：除下部風濕，一也；除濕熱，二也；臍以下至足腫痛，三也；寒濕脚氣，四也。其用與防己同。

明·朱橚《救荒本草》卷上之前 龍膽草 一名龍膽，一名陵游，俗呼草龍膽。生齊朐山谷及冤句，襄州、吴興皆有之。今鈞州、新鄭山崗間亦有。根類牛膝，而根一本十餘莖，黄白色，宿根苗高尺餘，葉似柳葉而細短，又似小竹，開花如牽牛花，青碧色，似小鈴形樣。陶隱居注云：狀似龍葵，味苦如膽，因以為名。味苦，性寒、大寒，無毒。貫眾、小豆為之使，惡防葵、地黃。又云：浙中又有山龍膽草，味苦澁，此同類而別種也。救飢：採葉煠熟，換水浸淘去苦味，油鹽調食。勿空腹服餌，令人溺不禁。治病：文具《本草》草部條下。

明·蘭茂撰，清·管暄校補《滇南本草》卷中 龍膽草 性大寒，味苦。瀉肝經實火，止咽喉疼痛。煎，點水酒服。

明·蘭茂《滇南本草》〔叢本〕卷下 龍膽草 味苦，性寒。瀉肝經寔火，止喉痛。煎點水酒服。

明·王綸《本草集要》卷二 草龍膽君 味苦，澀，氣大寒。氣味俱厚，陰也。無毒。貫眾為之使。惡防葵、地黃。主骨間寒熱，驚癇邪氣，殺蠱毒，除

胃中伏熱，時氣溫熱，黃疸，下焦濕腫。熱洩下痢，去腸中小蟲。益肝膽氣，止驚惕。酒浸之則上行，治兩目赤腫，睛脹，瘀肉高起，疼痛不可忍。佐柴胡，眼疾必用之藥也。久服益智不忘，輕身耐老。空腹勿餌，令人溺不禁。又治癰腫口瘡，小兒驚癇，客忤疳氣。

明・滕弘《神農本經會通》卷一　草龍膽　君也。貫眾為之使。又小豆為使。惡防葵、地黃。二八月、十一二月採根，陰乾。《局》云：　去蘆，剉碎，甘草湯浸，漉出日乾。　味苦，氣寒，大寒，無毒。《湯》云：　氣寒，味大苦。氣味俱厚，陰也。無毒。東云：　沉也，陰也。退肝經之邪熱，除下焦之濕腫。《珍》云：　用同防己除濕熱，臍下之足濕腫疼。目疾藥中必用之，須以柴胡為主使。上行外行酒浸之，病成脚氣能通理。《叀》云：　散肝經之煩熱，除下焦之濕熱。

《本經》云：　主骨間寒熱，驚癇邪氣，續絕傷，定五臟，殺蠱毒，除胃中伏熱，時氣溫熱，熱洩下痢，去腸小蟲。益肝膽氣，止驚惕。久服益智不忘，輕身耐老。《藥性論》云：　龍膽，君。主小兒驚癇入心，壯熱骨熱，痘腫，治時疾熱，黃口瘡。日華子云：　小豆為使。治客忤，疳氣熱病狂語，及瘡疥，明目，止煩，益智，治健忘。《圖經》云：　山龍膽，味苦，澁。取根細剉，用生薑自然汁浸一宿，去其性，焙乾，搗水煎一錢匕，溫服，治四肢疼痛。古方治疸多用之。《集驗方》穀疸丸，苦參三兩，龍膽一兩，為末，牛膽和丸梧子大，每五丸，先食，以麥飲服之。《刪繁方》治勞疸，同用此龍膽加至二兩，更增梔子仁三七枚，同節搗丸，以猪膽服，如前法，以飲下之。其說云勞疸者，因勞為名。穀疸者，因食而勞也。《珍》云：　純陰。酒浸上行。《心》云：　除下焦之濕，及瞖膜之濕。《象》云：　治兩目赤腫，睛脹，瘀肉高起，疼痛不可忍，以柴胡為主，治眼中病必用之藥也。去蘆。丹溪云同《珍》《象》。《雷公集》云：　除黃疸，空腹勿餌，令人溺不禁。劊云：　草龍膽苦性沉寒，退散肝經之熱煩。若病下焦之濕腫，服之即可得痊安。《局》云：　龍膽主除溫熱病，亦堪止痢殺疳蟲。益肝明目除驚惕，治疸尤能奏大功。草龍膽，益肝虛，驚惕無憂，疳蟲可去。

明・劉文泰《本草品彙精要》卷八　草龍膽　無毒。附山龍膽。　植生。

草龍膽出《神農本經》：　**主骨間寒熱，驚癇邪氣，續絕傷，定五臟，殺蠱毒。久服益智不忘，輕身耐老。**以上朱字《神農本經》。除胃中伏熱，時氣溫熱，熱泄下痢，去腸中小蟲，益肝膽氣，止驚惕。以上黑字名醫所錄。〔名〕陵遊。

〔苗〕《圖經》曰：　苗因舊根而生，下抽根十餘本，類牛膝。直上生苗，高尺餘，四月生葉而細，莖如小竹枝。七月開花，如牽牛花而作鈴，其色青碧，冬後結子，苗葉遂枯。因味苦甚，故以膽爲名也。一種浙中所產者，名山龍膽草，其味苦澀，以薑汁製之，亦可入藥。其莖葉經霜雪不凋，與此相類，而非一種也，故附於此。〔地〕《圖經》曰：　生齊朐山谷及冤句，今近道亦有之。〔道地〕吳興爲勝。〔時〕生：　四月。採：　二月、八月、十一月、十二月。

〔收〕陰乾。〔用〕根肥長而脂潤者爲好。〔質〕類牛膝而赤。〔色〕赤黃。〔味〕大苦。〔性〕大寒，泄。〔氣〕氣味俱厚，陰也。〔臭〕朽。〔主〕瀉肝熱，除濕腫。〔助〕小豆、柴胡、貫衆爲之使。〔反〕惡防葵、地黃。〔製〕《雷公》云：　去蘆洗淨，銅刀剉碎，甘草水浸一宿，暴乾，用酒浸，上行。〔治〕療：　《藥性論》云：　小兒驚癇入心，壯熱，骨熱，癰腫，時疾，熱黃，口瘡。日華子云：　客忤疳氣，熱病，狂語，瘡疥，明目，止煩，益智，健忘。《湯液本草》云：　除下焦之濕及翳膜之濕，兩目赤腫，睛脹，瘀肉高起，疼痛。《別錄》云：　蛔蟲攻心如刺，吐清水，用水煎，空心服。卒下血不止，水煎服。《圖經》曰：　山龍膽草主四肢疼痛。〔合治〕合柴胡爲主，治目疾必用之藥。〇合酒煎服，治卒心痛。〔禁〕空心勿服，服之令人溺不禁。

明・葉文齡《醫學統旨》卷八　草龍膽　氣大寒，味苦，無毒。沉而降，陰也。貫眾為之使，惡防風、地黃。凡用去蘆。　治骨間寒熱，驚癇邪氣，殺蠱毒，除胃中伏熱，時氣溫熱黃疸，下焦濕腫，熱洩下痢，去腸中小蟲，益肝膽氣，止驚惕；　酒浸則上行，療兩目赤腫，睛脹翳膜，瘀肉高起，疼痛不可忍，佐柴胡，眼疾必用之藥；　又治小兒客忤疳氣。

明・許希周《藥性粗評》卷一　拔去眼中釘，除非龍膽。

龍膽，草名也，俗名草龍膽，一名陵遊。夏初生苗，抽十餘莖，似小竹枝，高尺餘，葉細，七月開花如牽牛花，作鈴鐸形，青碧色，冬後結子苗便枯，至明年宿根上復抽莖葉，根似牛膝。或云葉似龍葵，味苦如膽，故名。生山谷，江南處處有之，以吳興者為勝。二月、八月并冬採根，陰乾。凡用以銅刀切去髭土并蘆頭，以生薑自然汁，或甘草湯浸一宿，漉出，焙乾。貫仲為之使，惡防葵、地黃。　味苦、澁，性大寒，無毒。其氣下行，入足少陽膽、厥陰肝經。主治時氣溫熱，驚癇邪氣，胃中伏熱，熱洩下痢，兩目赤腫痛不可忍，解蠱毒，殺蚘蟲，定心痛，益肝膽氣，明目益智。潔古云：　治目赤腫，以茈胡為

主，龍膽〔酒浸〕。《主治秘訣》云：除下部風濕，臍以下至足腫痛，與防己同功。凡欲上行、外行，以酒浸之，空心勿服，令人溺不禁。

明・鄭寧《藥性要略大全》卷六　草龍膽　退肝經邪熱，除下焦濕腫，益肝虛，療驚惕，掃疳，去膀胱冷氣，止瀉痢，破癥瘕。《經》云：除胃中伏熱，時氣溫熱。主骨間客熱，止煩、洩痢，去腸中小蟲，益肝膽氣。止小兒驚癇，定五臟，明目益志。治健忘，續絕傷，殺蠱毒。東垣云：去翳膜之濕治兩目赤腫睛脹，瘀肉高起，疼痛不可忍者，以柴胡為主，此藥為佐。味大苦，氣大寒，無毒。去蘆、去泥用。純陰之劑，酒浸上行。貫眾、小豆為之使。惡防葵、地黃。

明・陳嘉謨《本草蒙筌》卷二　草龍膽　味苦、澁，氣大寒。氣味俱輕，陰也。無毒。山野俱有，苗高尺餘。葉類龍葵略尖，根同牛膝甚苦，故因名草龍膽也。須近冬月方採其根，甘草湯浸一宵，漉出曝乾待用。仗貫眾為使，惡防葵地黃。止洩痢去腸中小蟲，卻驚癇益肝膽二氣。胃中伏熱及時行溫熱能除，下焦濕腫併酒疸黃腫堪退。療客忤疳氣，治癰腫口瘡。敵驚癇，殺蠱毒。酒浸為柴胡轉佐，上行治眼目赤疼。努肉必加，瞖障通用。空腹勿服，令人溺遺。

明・方穀《本草纂要》卷二　草龍膽　味苦、澁，氣大寒，氣厚味厚，陰也，無毒。主益肝膽，止驚惕，除目脹，去努肉，治黃疸，利濕腫，清胃熱。是以吾嘗用法：治上焦之症，以酒洗之；治下焦之症，亦生用之。又常佐柴胡以之而治目疾，佐黃柏以之而治濕疾，佐歸芎以之而助肝益膽，佐苓朮以之而除胃中伏熱。但空腹勿餌，令人溺之不禁。

明・王文潔《太乙仙製本草藥性大全》卷一《本草精義》　草龍膽　一名陵游。生齊朐山谷及寃句，今近道亦有之。宿根黃白色，下抽根十餘本，類牛膝，直上生苗，高尺餘，四月生葉而細，莖如小竹枝，七月開花如牽牛花，作鈴鐸形，青碧色，冬後結子，苗便枯。二月、八月、十一月、十二月採根陰乾。俗呼為草龍膽。浙中又有山龍膽草，味苦澁，取根細剉，用生薑自然汁浸一宿，去其性，焙乾，搗，水煎一錢匕，溫服之，治四肢疼痛。採無時候。葉經霜雪不凋，此同類而別種也。惡防葵、地黃。

明・王文潔《太乙仙製本草藥性大全》卷一《仙製藥性》　草龍膽君　味苦、澁，氣大寒，氣味俱厚，陰也，無毒。貫衆為之使。主治：止洩痢，去腸中小蟲，却驚癇，益肝膽二氣。胃中伏熱及時行溫熱能除，下焦濕腫併酒疸黃腫堪退。療客忤疳氣，治癰腫，口瘡，敵驚癇，殺蠱毒。酒浸為柴胡輔佐，上行治眼目赤疼。努肉必加，瞖障通用。空腹勿服，令人溺遺。止瀉痢，破癥瘕，去膀胱冷氣；治健忘，續絕傷，退肝經邪熱。久服益智不忘，輕身耐老。補註：穀疸丸：苦參三兩，龍膽一兩，二物下篩，牛膽和丸，先食以麥飲服之，如梧子五丸，日三，不知稍增。《刪繁方》：治勞疸，同用此龍膽，加至二兩，更增梔子仁三七枚，三物同篩搗，丸以猪膽，服如前法，以飲下之。〇治蛔蟲攻心如刺，吐清水，龍膽去頭，剉，水二盞，煮取一盞，去滓，隔宿不食，平旦時一頓服之即差。治卒下血不止，龍膽一虎口，以水五升，煮取二升半，分為五服，差。〇治卒心痛，龍膽四兩，酒三升，煮取一升半，頓服。

太乙曰：採得後陰乾，欲使時用銅刀切去髭、土、頭了，剉，於甘草湯中浸一宿至明，漉出曝乾用，勿空腹餌之，令人溺不禁。

明・皇甫嵩《本草發明》卷二　草龍膽上品之上，君。氣大寒，味苦。氣味俱厚，陰也。無毒。　發明曰：此退肺經邪，兼除下焦濕。然益肝膽為專，故主驚癇邪氣，小兒客忤疳氣，續絕傷，皆肝經之風藥。又主骨間寒熱，胃中伏熱，〔下〕痢，去腸中小蟲，下焦濕及翳膜之濕。古方治疸病黃癉，寒濕脚氣，癰腫濕熱，熱病狂語，止煩及瘡疥良。由苦寒除熱，風以勝濕也。《本經》並不言治眼，今云明目，治目赤腫，睛脹，瘀肉高起痛甚，酒浸佐柴胡，治眼必用之藥，以目屬肝，能退肝經熱邪耳。〇純陰。須酒浸，上行及外行。其用與防己同。一云空腹勿服，令人溺遺，亦苦寒下泄之過。貫衆為之使。惡防葵、地黃。

明・李時珍《本草綱目》卷一三草部・山草類下　龍膽《本經》中品

〔釋名〕陵游（《本經》）。志曰：葉如龍葵，味苦如膽，因以爲名。〔集解〕《別錄》曰：龍膽生齊朐山谷及寃句，二月、八月、十一月、十二月採根陰乾。弘景曰：今出近道，以吳興者爲勝。根狀似牛膝，其味甚苦。頌曰：宿根黃白色，下抽根十餘條，類牛膝而短。直上生苗，高尺餘。四月生葉如嫩蒜，細莖如小竹枝。七月開花，如牽牛花，作鈴鐸狀，青碧色。冬後結子，苗便枯。俗呼草龍膽。又有山龍膽，味苦澀，其葉經霜雪不凋。山人用治四肢疼痛，與此同類而別種也。採無時候。

根　〔修治〕斅曰：採得陰乾。用時，銅刀切去鬚、土、頭了，剉細，甘草湯浸一宿，漉出，暴乾用。

〔氣味〕苦，澀，大寒，無毒。斅曰：空腹餌之，令人溺不禁。之才曰：

貫衆、小豆爲之使，惡地黄、防葵。〔主治〕骨間寒熱，驚癇邪氣，續絶傷，定五臟，殺蠱毒《本經》。除胃中伏熱，時氣温熱，熱泄下痢，去腸中小蟲，益肝膽氣，止驚惕。久服益智不忘，輕身耐老《别録》。治小兒壯熱骨熱，驚癇入心，時疾熱黄，癰腫口乾甄權。客忤疳氣，熱狂，明目止煩，治瘡疥大明。去目中黄及睛赤腫脹，瘀肉高起，痛不可忍元素。退肝經邪熱，除下焦濕熱之腫，瀉膀胱火李杲。療咽喉痛，風熱盗汗時珍。

〔發明〕元素曰：龍膽味苦性寒，氣味俱厚，沉而降，陰也，足厥陰、少陽經氣分藥也。其用有四：除下部風濕，一也；及濕熱，二也；臍下至足腫痛，三也；寒濕脚氣，四也。下行之功與防己同，酒浸則能上行，外行以柴胡爲主，龍膽爲使，治眼中疾必用之藥。好古曰：益肝膽之氣而泄火。時珍曰：相火寄在肝膽，有瀉無補，故龍膽之益肝膽之氣，正以其能瀉肝膽之邪熱也。但大苦大寒，過服恐傷胃中生發之氣，反助火邪，亦久服黄連反從火化之義。《别録》久服輕身之説，恐不足信。

〔附方〕舊四，新六。　傷寒發狂：草龍膽爲末，入鷄子清、白蜜，化凉水服二錢。《傷寒藴要》。　四肢疼痛：山龍膽根細切，用生薑自然汁浸一宿，去其性，焙乾擣末，水煎一錢匕，温服之。此與龍膽同類别種，經霜不凋。蘇頌《圖經本草》。　穀疸勞疸：穀疸因食而得，勞疸因勞而得。用龍膽一兩，苦參三兩，爲末，牛膽汁和丸梧子大。先食以麥飲服五丸，日三服，不知稍增。勞疸加龍膽一兩，巵子仁三七枚，以猪膽和丸。《删繁方》。　一切盗汗：婦人、小兒一切盗汗，又治傷寒後盗汗不止。龍肝草研末，每服一錢，猪膽汁三兩點，入温酒少許調服。《楊氏家藏方》。　小兒盗汗：身熱。龍膽草、防風各等分，爲末。每服一錢，米飲調下。亦可丸服，及水煎服。《嬰童百問》。　咽喉熱痛：龍膽擂水服之。《集簡方》。　暑行目澀：生龍膽擣汁一合，黄連浸汁一匙，和點之。《危氏得效方》。　眼中漏膿：龍膽草、當歸等分，爲末。每服二錢，温水下。《鴻飛集》。　蛔蟲攻心：刺痛，吐清水。龍膽一兩，去頭剉，水二盞，煮一盞，隔宿勿食，平旦頓服之。《聖惠方》。　卒然尿血：不止。龍膽一虎口，水五升，煮取二升半，分爲五服。《姚僧坦集驗方》。

題明·薛己《本草約言》卷一《藥性本草》　草龍膽　味苦，澁，氣大寒，無毒。陰也，降也。去肝經之邪熱，胃中之伏熱，下焦之濕熱。得酒浸而佐柴胡，有除目中熱毒之妙。其氣大寒，空心勿餌。〇療濕腫脚氣，止小兒驚癇。《發明》云：此退肝經邪，兼除下焦濕，然益肝膽為專，故主驚癇客忤。皆肝經風藥，濕腫脚氣良，由苦寒除熱，風以勝濕也。又治目赤腫睛脹，瘀肉高起，痛甚，酒浸佐柴胡，治眼必用之藥。以目屬肝，能退肝經熱邪耳。〇純陰上行，外行須酒浸。空腹勿服，令人遺溺，亦苦寒下泄之過。入足厥陰、少陽、少陰經。貫衆為之使，惡防葵、地黄。

明·梅得春《藥性會元》卷上　龍膽草　味苦、澀，性寒。沉也，陰也。無毒。貫衆為使。惡防葵、地黄。　主退肝經之邪熱，除下焦之濕腫。益肝膽，定驚，掃疳蟲，明眼目。治黄疸、赤眸腫痛、睛脹、翳膜、瘀肉高起，痛不可忍，以柴胡為君。治眼疾必用之藥。療骨間寒熱，驚癇邪氣，續絕傷，殺蠱毒，除胸中伏熱，時氣溫熱，熱泄下痢，去腸中小蟲，又治小兒客忤、疳氣。久服益智不忘。此藥勿空心服，餌之令人溺不禁。　製法：凡用去蘆，并出土頭，用甘草湯浸一宿。若上行，用酵酒浸。

明·杜文燮《藥鑒》卷二　龍膽草　氣寒，味苦，無毒。氣味俱厚，沉也，陰也。其用有四：除下部風濕，一也；除下焦濕熱，二也；除臍以下至足腫痛，三也；除寒濕足氣，四也。又曰：益肝膽氣。凡眼腫睛脹，瘀肉高起，痛不可忍者，以柴胡為君，膽草為使。此又眼病必用之藥也。小兒驚病，亦多用之。

明·李中立《本草原始》卷一　龍膽　生齊朐山谷及寃句，今出近道。根黄白色，下抽根十餘條，類牛膝而粗短。四月生苗，細莖如小竹枝。七月開花如牽牛花，作鈴鐸狀，青碧色。冬後結子。因葉如龍葵，根如膽苦，故名龍膽。俗呼龍膽草，亦名草龍膽。氣味：苦、濇，大寒，無毒。主治：骨間寒熱，驚癇邪氣；續絕傷，定五臟，殺蠱毒。〇除胃中伏熱，時氣溫熱，熱泄下痢，去腸中小蟲；益肝膽氣，止驚惕；久服益智不忘，輕身耐老。〇治小兒壯熱骨熱，驚癇入心，時疾熱黄癰腫，口乾。〇客忤疳氣，熱狂，明目，止煩，治瘡疥。〇去目中黄及睛赤腫脹，瘀肉高起，痛不可忍。〇退肝經邪熱，除下焦濕熱之腫，瀉膀胱火。〇療咽喉痛，風熱盜汗。

龍膽，《本經》上品。【圖略】二月、八月、十一月采根陰乾。根彷彿當歸。凡用根，肥長色黄白者佳。修治：以甘草湯浸一宿，去頭子，剉細，暴乾用。

氣味俱厚，沉而降，陰也。足厥陰、少陽經氣分藥也。貫仲、小豆為之使，惡地黄、防葵。《楊氏家藏方》：治婦人小兒一切盜汗，并傷寒後盜汗不止，龍膽草為末，每服一錢，豬膽汁三兩點，入溫酒少許，調服。姚僧垣《集驗方》：治卒然尿血不止，龍膽一虎口，水五升，煮取二升半，分為五服。龍

膽：君。

明・張懋辰《本草便》卷一　草龍膽君　味甘、澁，氣大寒，氣味俱厚，陰也，無毒。惡防葵、地黃。　主骨間寒熱，驚癇邪氣，殺蠱毒，除胃中伏熱，下痢，去腸中小蟲，益肝膽氣，止驚惕；　佐柴胡，眼疾必用之藥也。

明・李中梓《藥性解》卷二　草龍膽　味苦、澁，性寒，無毒，入肝、膽、腎、膀胱四經。退肝經之邪熱，除下焦之濕腫，明目定驚，治疸止痢，能殺疳蟲。小豆、貫眾為使，惡防葵、地黃。　按：《圖經》龍膽秋令開花，冬間結實，屬金與水，金能制木，水入腎家，膽與膀胱乃肝腎同部之腑也，故均入焉。夫目得肝血而能視，肝得腎水而後生，今益腎清肝，目之受明所自來矣。驚疳疸痢，皆肝膽症也，何弗治耶？

明・繆希雍《本草經疏》卷六　草龍膽　味苦、澁，大寒，無毒。　主骨間寒熱，驚癇邪氣，續絕傷，定五藏，殺蠱毒，除胃中伏熱，時氣溫熱，熱洩下痢，去腸中小蟲，益肝膽氣，止驚惕。久服益智不忘，輕身耐老。

〔疏〕草龍膽稟天地純陰之氣以生，故其味大苦澁，其性大寒而無毒。足厥陰、足少陰、足陽明三經藥。入足少陰，除本經之熱。腎主骨，故主骨間寒熱。熱極生風則發驚搐，重則變為癇病。濕熱邪氣之在中下二焦者，非此不去，熱去則諸證自解。五臟有熱則不安，熱除則五臟自定。苦澁而寒，故殺蠱毒。大苦大寒，故能滌除胃中所伏實熱，及時氣溫熱，熱洩下痢，去腸中小蟲。熱清則肝膽之氣亦清，故益肝膽氣而止驚惕也。久服益智不忘，輕身耐老，則非其任矣。　〔主治參互〕草龍膽同白芍藥、甘草、茯神、麥門冬、木通，主小兒驚癇入心，壯熱骨熱，時疾熱黃，口瘡。　同苦參、牛膽，治穀疸。　同苦參、蛆蟲灰、青黛，治小兒一切疳熱狂語及瘡疥。　治蚘蟲攻心如刺，吐清水：　龍膽二兩去頭，剉，水二盞，煎取一盞，去滓。隔宿勿進食，平旦時一頓服之即差。　同生地黃等分，治濕熱傷血分，浸大腸，以致卒下血。多服必效。　〔簡誤〕草龍膽味既大苦，性復大寒，純陰之藥也。雖能除實熱，胃虛血少之人不可輕試。凡病脾胃兩虛因而作泄者忌之。凡病虛而有熱者勿用。亦勿空腹服，餌之令人溺不禁。以其太苦，則下泄太甚故也。《炮炙論》以銅刀切去鬚、土頭，剉碎，甘草汁中浸一宿，漉出，曝乾用。

明・倪朱謨《本草彙言》卷一　龍膽草　味苦澁，氣大寒，無毒。氣味俱厚，沉而降，陰也。足厥陰、少陽經氣分藥也。　《別錄》曰：龍膽草，處處有之。葉如龍葵，味如膽苦，故名。以吳興者為勝。其宿根黃白色，下抽根十餘條，類牛膝而短。直上生苗，高尺餘。四月生葉，如嫩蒜而細。莖如小竹枝。七月開花，青碧色，如牽牛花，作鈴鐸狀。冬後結子，莖葉即枯。二、八、十一月采根曬乾用。一種石龍膽，味亦苦澁，其葉經霜不凋，與此同類而別種也。用治四肢疼痛。

龍膽草：瀉肝火，東垣清濕熱之藥也。繆仲平稿此藥稟天地純陰之氣以生，味大苦，性大寒，善攻一切實熱火證。故《別錄》主散目赤、去眵膜，退脚氣，消黃疸，利小便，化赤濁，療疳疾，解諸瘡，有徹上徹下之妙也。竊思相火寄在肝膽，有瀉無補。古方以龍膽益肝膽之氣者，正以其能瀉肝膽之邪熱也。肝膽之邪熱退，則他如病熱極生風，而為驚搐癇痓，蠱毒蟲積，瘟疫熱痢諸疾，可一劑而除矣。若老人、虛人幷久病之人，或脾虛胃弱，血少精衰，肝虛腎虛，虛火因而致疾者，不可輕用。　陳廷采先生曰：按龍膽稟天地純陰之氣，大苦大寒，但以蕩滌肝膽之熱為職。先哲謂苦寒伐標，宜暫不宜久。如聖世不廢刑罰，所以佐德意之無窮。苟非氣壯實熱之證，率爾輕投，其取敗也必矣。　沈瑞子曰：按《廣濟方》，治暴赤時眼，用龍膽草、柴胡、甘菊花，刺蒺藜、連翹。○治脚氣。用龍膽草、木瓜、漢防己、威靈仙、厚朴。○治黃疸。用龍膽草、澤瀉、茵陳、木通、苦參。○治赤白濁。用龍膽草、滑石、車前、木通、茯苓、猪苓。○治風熱急驚發搐，幷治癇痓。用龍膽草、鈎藤、蟬蛻、天竺黃、白芍藥、茯神。○治蟲積蠱毒。用龍膽草、升麻、烏梅、花椒。○治瘟疫熱疫。用龍膽草、犀角、川黃連、甘草。

續補集方：治傷寒熱極發狂。用龍膽草為極細末，白蜜湯調服二錢。○治蛔蟲攻心胃刺痛，吐清水，忌一切食物。用龍膽草一兩，水煎服，立止。○治咽喉腫痛。用龍膽草一把，搗汁，汩漱服之。○治卒然尿血，莖中痛。用龍膽草一把，水煎服。○治眼中膿漏。用龍膽草、當歸各等分，為末，每服二錢，食後白湯下。○治思慾不遂，敗精迷失溺道，小便脹閉不通，或腫脹欲潰者。用龍膽草一兩，淡竹葉八錢，生甘草五錢，水五碗，煎二碗，臨服加生白果肉三十個，搗汁沖入。○治蟢兒瘡，叢聚細水泡疼痛異常，或延纏背腋腰腹之間，又名白痺。用龍膽草搗敷，立時止痛消退。○治陰囊發癢，瘙之濕潤不乾，漸致囊皮乾澀，愈癢愈瘙，漸成風癬。用龍膽草二兩，五棓子五

錢，劉寄奴一兩，用水一甕，煎將滾，濾出渣，加樟腦末五分。俟湯通手浸洗《廣筆記》。

明・顧逢柏《分部本草妙用》卷一肝部・寒瀉　龍膽草　苦、澀，大寒，無毒。兼入膽經。貫眾、小豆為使，惡地黃、防風、葵子。　主治：　驚癇邪氣，殺蠱毒，去腸小蟲。益肝膽熱黃，癰腫，口乾，疳氣，疥瘡，目黃及赤腫瘀肉。退肝經邪熱，下焦濕熱，瀉膀胱火。　按：　龍膽大寒，如司冬令，宜暫不宜久。止能瀉相火，相火寄于肝膽故也，非能益肝膽也。久服損胃，反助火邪，即反從火化之義也。如空腹餌之，令人溺之不禁。

明・李中梓《醫宗必讀・本草徵要上》　龍膽草味苦、澀，大寒，無毒。入肝、膽二經。惡地黃，酒浸炒。　主肝膽熱邪，清下焦濕火，腸中小蟲癰腫，嬰兒客忤驚疳。稟純陰之氣，但以蕩滌肝膽之熱為職。按：　龍膽大苦大寒，譬之嚴冬，黯淡慘肅，冰凌盈谷，萬卉凋殘，人身之中，詎可令此氣常行乎？先哲謂苦寒伐標，宜暫不宜久，如聖世不廢刑罰，所以佐德意之窮，［苟］非氣壯實熱之證，率爾輕投，其敗必矣。

明・鄭二陽《仁壽堂藥鏡》卷一〇下　草龍膽　隱居云：　龍膽出襄州，今吳興者為勝。　味苦，故以膽名。　氣寒，味大苦。氣味厚，陰也。無毒。入肝、膽二經。　《心》云：　除下焦之濕及翳膜之濕。　《象》云：　治兩目赤腫，睛脹，瘀肉高起，疼痛不可忍。以柴胡為主，龍膽為使，治眼中之病必用藥也。《主治秘訣》云：　性寒，味苦、辛。氣味俱厚，沉而降，陰也。其用有四：　除下部風濕，一也；　除濕熱，二也；　臍以下至足腫痛，三也；寒濕脚氣，四也。貫眾、小豆為使。惡地黃、防葵。《經》曰：　驚癇邪氣，殺蠱毒。　隱居曰：　去腸中小蟲，益肝膽。　甄權曰：　熱黃癰腫，口乾。　大明曰：　客忤，疳氣。　明目，治疥。　潔古曰：　目黃及赤腫瘀肉。　東垣曰：　退肝經邪熱，下焦濕熱，瀉膀胱火。　時珍曰：　相火寄在肝膽，有瀉無補。　龍膽之益肝膽，正以其瀉邪熱也。　大苦大寒，能損胃中生發之氣，反助火邪。　亦久服黃連反從火化之義也。　按：　龍膽草大寒，比天地之嚴冬，萬卉凋落，人身中詎可令此氣行乎？先哲謂苦寒伐標，宜暫不宜久。如聖世不廢刑罰，所以佐德意之窮。恃而久用，其敗也必矣！　日華子云：　龍膽草治熱病狂語，血虛健忘。　空腹勿服，令人溺遺。

明・蔣儀《藥鏡》卷四寒部　草龍膽　除胃中伏火，消目內赤疼。益肝膽而驚悸平，殺蟲毒而黃疸退。下焦濕熱，此號仙丹。嬰孺積疳，是名神藥。蓋目得肝中之血，瞳府滋明，肝資目內之潮，木根逾茂，奏勛眸子，厥有自矣。雖然須知相火寄于肝膽，有瀉無補，故龍膽之益肝膽，功在泄其邪熱。生氣發于胃腑，忌苦畏寒，故苦寒久服氣勝，患其反從火化。空腹餌之，令人頻溺。

明・李中梓《頤生微論》卷三　龍膽草　味苦，濇，性大寒，無毒。入肝、膽二經。貫眾、小豆為使。惡地黃、防葵。酒浸炒。　主肝膽熱邪，下焦濕火，殺蟲，明目，小兒客忤疳氣，癰腫瘡瘍。

按：　龍膽草大苦大寒，譬之嚴冬，黯淡慘肅，冰凌盈谷，萬卉凋殘，人身之中，詎可令此常行乎？先哲謂苦寒伐標，宜暫不宜久。如聖世不廢刑罰，所以佐德意之窮，苟非氣壯實熱者，率爾輕投，其敗也必矣。

明・張景岳《景岳全書》卷四八《本草正》　龍膽草　味大苦，大寒。陰也，沉也。乃足厥陰、少陽之正藥。大能瀉火，但引以佐使，則諸火皆治。故能退骨蒸疳熱，除心火驚癇狂躁。胃火煩熱黃疸，咽喉腫痛。肝、腎、膀胱伏火，小水淋閉，血熱瀉痢。下焦濕熱癰腫，瘡毒疼痛。婦人血熱崩淋，小兒熱疳客忤。去目黃睛赤腫痛，殺蠱毒腸胃諸蟲，及風熱盜汗。凡肝腎有餘之火，皆其所宜。

明・賈九如《藥品化義》卷九火藥　龍膽草　屬純陰有金水，體乾，色灰帶紫，氣和，味大苦帶澀，性寒，能升，力瀉肝火，性氣與味俱厚，入肝膽胃三經。　膽草秋開花，得金令司權。金能制木，且味苦如膽，故專瀉肝膽之火。主治目痛頸癧，兩脇疼痛，驚癇邪氣，小兒疳積。凡屬肝經熱邪為患，用之神妙。其氣味厚重而沉下，善清下焦濕熱。若囊癰便毒下疳及小便澀滯，男陽挺腫脹或光亮出膿，或莖中癢痛，女人陰癃作痛，或發癢生瘡，以此入龍膽瀉肝湯治之，皆苦寒勝熱之力也。亦能除胃熱，平蚘蟲，蓋蚘得苦即安耳。但脾胃虛者少用。

明・盧之頤《本草乘雅半偈》帙三　龍膽《本經》上品　氣味：　苦濇，大寒，無毒。　主治：　主骨間寒熱，驚癇邪氣，續絕傷，定五藏，殺蠱毒。

覈曰：　處處有之，吳興者為勝。宿根黃白，直下抽根一二十條，類牛膝而短。直上生苗，高尺餘，類嫩蒜而細。七月開花，類牽牛，作鈴鐸狀。莖類竹枝，冬後結子，莖便焦枯。一種味極苦濇，經冬不凋，名石龍膽，類同而種

別。修治：取陰乾者，銅刀切，去鬚、土、頭了，剉細，甘草湯浸一宿，漉出暴乾。

条曰：細詳名義，合甲膽之體用。宜入肝之府，少陽之樞藥也。其氣寒，逆治熱為本，陽為標，相火為化者也。其味苦，苦曰炎上，苦性走下，苦能入骨，故主骨間寒熱，及驚則氣上，癇則氣下，不循樞象者也。續絕傷者，膽主解孚拆甲故也。定五藏者，五藏取決于膽，決而後能定也。蟲者死陰之屬，膽者生陽之屬，生陽之側，豈容死陰久據乎哉。合龍膽生成，的是少陽樞藥，為少陽之對待法。少陽化氣屬相火，龍膽氣味俱苦寒故也。龍，陽物也。呵氣成雲，既能變水，又能變火。《埤雅》云：龍火得濕則焰，得水則燔。以人火逐之則息，故人之相火似之。此以龍名，而兼取膽味，龍火之炎上，如甲拆之尺木，能升于天，不專主降，又能療目之火眚也。

明・李中梓《本草通玄》卷上　龍膽草　苦濇，大寒。肝膽經藥也。主肝經邪熱，下焦濕熱，目病赤腫瘀肉，小兒客忤疳氣，去腸中小蟲。時珍曰：相火寄在肝膽，有瀉無補，故瀉肝膽之熱正益肝膽之氣也，但大苦大寒，過服恐傷胃中生發之氣，及助火邪，亦久服黃連反從火化之義也。甘草湯浸一宿，晒乾用。

清・顧元交《本草彙箋》卷一　龍膽草　膽草得秋金之氣，金能勝水，味苦如膽，故專瀉肝膽二經之火。主治目痛頸癧，兩脇疼痛，驚癇邪氣，小兒疳積。凡屬肝經熱邪爲患，俱宜用之。其氣味厚重沉下，善清下焦濕熱，若囊癰便毒下疳，及小便澀滯，男子陽挺腫脹，或光亮出膿，或莖中癢痛，女人陰蝕等症，以此入龍膽瀉肝湯治之，皆苦寒勝濕之力也。亦能除胃熱，止蛔逆。蓋蛔得苦即安耳。

元素云：膽草下行之功，與防己同。酒浸亦能上行，佐柴胡爲眼疾必用之藥。空腹服龍膽，令人溺不禁，太苦則下泄耳。

清・穆石鉋《本草洞詮》卷八　龍膽草　葉如龍葵，其味如膽，故名。氣味苦濇，大寒，無毒。入足厥陰、少陽經氣分。除胃中伏熱，時氣溫熱，去目中黃，及睛赤腫脹，療咽喉痛。除下焦濕熱之腫，其下行之功與防己同，酒浸則能上行也。人之相火，寄在肝膽，有瀉無補，故龍膽能益肝膽之氣，正以其瀉肝膽之邪熱也。治目中疾必用之藥。但大苦寒，過服恐傷胃中生發之氣，亦有久服黃連反從火化之患耳。

清・劉雲密《本草述》卷七下　龍膽草　覈曰：處處有之，吳興者為勝。宿根黃白，直下抽根一二十條，類牛膝而短，直上生苗，高尺餘，類嫩蒜而細，七月開花，類牽牛，作鈴鐸狀，莖類竹枝，冬後結子，莖便焦枯。一種味極苦濇，經冬不凋，名石龍膽，類同而種別。

根：氣味：苦濇，大寒，無毒。潔古曰：龍膽味苦性寒，氣味俱厚，沉而降，陰也。足厥陰、少陽經氣分藥也。之頤曰：合龍膽生成，的是少陽樞藥，為少陽之對待法。少陽化氣屬相火，龍膽氣味俱苦寒故也。

主治：肝膽邪熱，下焦溼火腫痛，療骨間寒熱，驚癇邪氣，除胃中伏熱，溼熱黃疸，時氣溫熱，熱泄下痢，療目中腫痛諸患，治小兒壯熱骨熱，驚癇入心，時疾熱黃。

潔古曰：其用有四：除下部風溼，一也；及溼熱，二也；臍下至足腫痛，三也；寒溼脚氣，四也。下行之功與防己同。酒浸則能上行外行。又云：治兩目赤腫，睛脹，瘀肉高起，痛不可忍，以柴胡為主，龍膽為使，治眼中之病，必用藥也。東垣曰：退肝經邪熱，除下焦溼熱之腫。希雍曰：草龍膽稟天地純陰之氣以生，故其味大苦濇，其性大寒而無毒。足厥陰、足少陰、足陽明三經藥。草龍膽同白芍藥、甘草、茯神、麥門冬、木通，主小兒驚癇入心，壯熱骨熱，時疾熱黃，口瘡。同苦參、牛膽，治穀疸。同苦參、蛆蟲灰、青黛，治小兒一切疳熱狂語及瘡疥。同生地黃等分，治溼熱傷血分，浸大腸以致卒下血，多服必效。

愚按：百物之生，氣在味先，寒者水之氣，熱者火之氣，氣寒而味苦者，是本下降之氣而泄，氣熱而味苦者，即本上升之氣而泄。然陽者，其精奉於上，元氣以升為補，不若陰寒，其精降於下，合於味之苦者，乃為泄也。草龍膽其氣大寒，味甚苦，非就水中而大泄火者乎？肝膽為陰中之陽，故用以治肝膽火，並溼中蓄熱者，此為的對矣。然又云：療風溼者，蓋肝膽自為風木之臟，而藏血者，固易為溼熱之病也。第肝膽表裏相火寄焉，與手厥陰包絡、手少陽三焦歷徧於三焦之間，下合於腎脾之陰以病也，則為溼熱，上合於肺胃之陽以病也，則為風熱種種諸證，明其為本病也，為合病也。而此味之為主為輔，庶乎無誤矣。雖然，此等苦寒可以治後天氣血之病，不可以治先天元陰元陽之病，即治氣血，亦治有餘而為熱之病，非治不足而為熱之病也。夫相火在包絡三焦則為先天，在肝膽即為後天，後天藉先天以生，先天藉後天以成，即在相火亦然。此後天氣血諸病，以致累及

先天者，有時須於膽草也。惟肝膽為後天相火，故每與中五之土，相為用，相為病矣。東垣所謂元氣，風升之氣，穀氣合而為一者也。故骨間寒熱，此腎為肝之母也。療驚癇邪氣，心為肝之子也。治胃中伏熱黄疸等證，非木土相為用之故乎？如泄後天相火，致有傷穀氣，又豈得為肝之利益哉？故用者宜審。　土木相為用，相為病之義，見胡黄連條下。溼熱有虚有實，勿以膽草概治。

希雍曰：草龍膽味既大苦，性復大寒，純陰之藥也。雖能除實熱，胃虚血少之人不可輕試。凡病脾胃兩虚，因而作泄者，忌之。凡病虚而有熱者，勿用。亦勿空腹服餌之，令人溺不禁，以其太苦，則下泄太甚故也。

修治　銅刀刮去鬚土，剉細，甘草水浸一宿，曬。虚人酒炒黑。

清·郭章宜《本草匯》卷一〇　龍膽草　苦濇，大寒，氣味俱厚，沉而降，陰也。足厥陰、少陽經氣分藥，又入足少陰、陽明。解膽肝之邪熱，清下焦之濕火。熱伏胃中可除，赤睛腫脹能療。去腸蟲，理咽喉。穀疸勞疸並治，癰疽瘡熱皆驅。

按：龍膽草禀純陰之氣，專以蕩滌肝膽之熱為職。若濕熱邪氣之在中下二焦者，非此不去。時珍云：相火寄在肝膽，有瀉無補。故瀉肝膽之熱，正所以益肝膽之氣也。但大苦大寒，過服恐傷胃中生發之氣，反助火邪，亦久服黄連反從火化之義也。其用有四，一治下部風濕，一治濕熱，一治臍下至足腫痛，一治寒濕脚氣。先哲謂苦寒伐標，宜暫不宜久。如聖世不廢刑罰，所以佐德意之窮。苟非氣壯實熱之證，率爾輕投，其敗也必矣。若病虚而有熱及脾胃兩虚者，俱忌。下行之功與防己同，酒浸則能上行。外行以柴胡為主，治眼必用之藥也，以目屬肝，能退肝經熱耳。空腹餌之，令人溺不禁，亦苦寒下泄之過也。

甘草湯浸一宿，晒乾用。貫眾為之使。惡地黄。

清·蔣居祉《本草擇要綱目·寒性藥品》　龍膽草　氣味：苦，濇，大寒，無毒。沉而降，陰也。入足厥陰氣分。　主治：益肝膽氣，止驚惕，明目止煩，小兒驚癇。除下部風濕，除濕熱。臍以下至足瘇痛。酒浸則能上行外行，為柴胡使。泄火而療眼中疾，相火寄旺於肝膽，龍膽能瀉肝膽之熱邪，而瀉即是補也。但大苦大寒，過服恐傷胃中生發之氣，反助火邪，亦猶過服黄連，反從火化之義。　惡：地黄。

清·王翃《握靈本草》卷三　龍膽草出吴興者為勝。甘草湯浸一宿，晒乾用。

主治：龍膽草，苦，濇，大寒，無毒。主骨間寒熱，驚癇邪氣，退肝經邪熱，小兒驚熱，下焦濕熱，瀉膀胱火。

清·汪昂《本草備要》卷二　龍膽草瀉肝膽火，下焦濕熱。　大苦，大寒，沉陰下行。益肝膽而瀉火，相火寄于肝膽，有瀉無補，瀉其邪熱，即所以補之也。兼入膀胱、腎經。除下焦之濕熱，與防己同功。酒浸亦能外行、上行。治骨間寒熱，腎主骨。驚癇邪氣，肝經風火。時氣溫熱，熱痢疸黄，寒濕脚氣，足傷寒濕，則成脚氣。腫而痛者，爲濕脚氣，宜清熱利濕搜風。又有攣縮枯細，痛而不腫者，名乾脚氣，宜養血潤燥。咽喉風熱，赤睛努肉，瀉肝膽火，能明目。元素曰：柴胡爲主，龍膽爲使，目疾要藥。昂按：若目疾初起，宜發散，忌用寒凉。癰疽瘡疥。過服損胃。甘草水浸一宿，暴用。小豆、貫衆爲使。忌地黄。

清·王逊《藥性纂要》卷二　龍膽【略】東圃曰：龍膽草能清肝膽二經之熱，在方科用之中的，奏效最捷。施治嬰兒熱症尤宜。康熙丁巳八月，四兒甫四歲，每夜輒多言，起坐不寐，苦索茶湯而又不飲，頻云是藥不是茶，及放盞則又云要茶矣。如是者半月餘，延諸名家治之，投清熱定驚安神之劑皆無效。最後延一老醫孫君字效亭者，用龍膽、胡黄連、柴胡、青皮等藥二劑，夜即安寢。余因思之，嬰兒乃少陽也，小兒無憂愁思慮，七情之中惟怒而已。怒是肝病，肝主謀慮，疑而不決，亦肝病也。相火寄於肝，肝藏魂，又卧血歸於肝，肝開竅於目，肝熱則魂不寧，肝邪干心，故多言張目而不瞑。病不在心經也，所以用清心之藥不效，而用治肝之藥即愈也。後遇相火司天之年，嬰兒多患時行欬嗽發熱，都服平常治嗽清熱藥不應。予因憶及前方，并疏其説，眾皆從之，諸疾頓愈。

清·陳士鐸《本草新編》卷三　龍膽草　味苦、澁，氣大寒，陰也，無毒。其功專于利水消濕，除黄疸，其餘治目，止痢，退熱，却腫，皆推廣之言也。但此種過于分利，未免耗氣敗血，水去而血亦去，濕消而氣亦消。初起之水濕黄疸用之，不得不亟。久病之水濕黄疸用之，又不可不緩，正未可全恃之為利水神丹，消濕除瘅之靈藥也。

或謂龍膽草治濕熱最利，瘅病，正濕熱之病也，然用龍膽草以治黄疸，多有不效者，何也？黄疸實不止濕熱之一種也，有不熱而亦成黄病者。非龍膽草所能治也，龍膽草瀉濕中之熱，不能瀉不熱之濕也。

或疑龍膽草苦寒，雖為利濕熱之要藥，治黃之症，不能舍之他求，然而多服損胃，黃疸之病未必全消，元氣已大困矣。曰：治濕熱與治虛火大異。濕熱乃熱結于膀胱，虛火乃火炎于腎臟。熱結于膀胱，不用龍膽之苦寒，乃膀胱之熱不能下瀉。而濕且流于肢體，火炎于腎臟，一用知、柏之苦寒，則腎臟之火不能下歸，而寒且留于脾胃。予闢用黃柏、知母之失，而遇大寒之藥，不論其治病之有益無益，而盡戒人之不用也，不幾因噎廢食乎。龍膽草治黃疸，余所以教人亟用，而不可緩用也。

或問：龍膽草治黃疸，何以有效、有不效？先生謂龍膽，止治濕熱之黃膽，非濕熱者不能治，然實是濕熱，而仍不效，余不得其解也？夫濕熱之不同也，久矣。濕熱而入肝者，其熱易散；濕熱而入于膽者，其濕難祛。蓋濕熱之邪，無不從膀胱而瀉出也。膽主滲入，而不主滲出，膀胱止可瀉膽中已出之濕熱，而不能瀉膽中已入之濕熱。故在肝者易見功，在膽者難收效耳。

或問：龍膽草不能瀉膽中之濕熱，又用何藥以收功乎。子曰：瀉濕熱不用龍膽草，余未見其可也。然專用龍膽草，又苦不能去病。惟有加柴胡舒其膽中之氣，使濕熱之邪仍從外滲出，庶幾難于收效者，變為易于收功乎，而龍膽草正不必多用也。

或疑龍膽草利濕，利熱中之濕也，不識亦能利寒中之濕乎？曰：今人利濕，不問寒熱，一見水症，盡用龍膽草以利濕。不知龍膽草能瀉濕熱，又能瀉濕寒，但消濕熱其功速，消濕寒其功緩。速則去濕而元氣不傷，緩則未免有傷元氣矣，蓋速則龍膽草不必多用，而緩則龍膽草勢不得不久用矣。故利濕熱宜用龍膽草，而濕寒不宜用龍膽草也。

清・顧靖遠《顧氏醫鏡》卷七 龍膽草苦，澁，大寒。入肝膽二經。 主肝膽熱邪，清下焦濕火。能治臍下至足腫疼，濕熱脚氣諸疾，不行之功，同於防己。治目赤腫痛，瘀肉高起。酒炒則能上行外行，佐柴胡為目疾必用之藥。去腸中小蟲，嬰兒驚癇。理瘡疥，殺蠱毒。稟純陰之氣，但以蕩滌肝膽之熱為職。脾胃虛人，不可輕投。

清・李熙和《醫經允中》卷一七 龍膽草 貫眾、小荳為使。惡地黃、防風、葵子。 苦、澁，大寒，無毒。沉而降，陰也。主治退肝膽邪熱，療赤睛腫脹，除下焦濕熱，瀉膀胱實火。按：龍膽草大寒大苦，宜暫不宜久，非能益肝也。久服損胃，反助火邪。如空腹餌之，令人溺之不禁。

清・馮兆張《馮氏錦囊秘錄・雜症痘疹藥性主治合參》卷二 龍膽草稟天地純陰之氣以生，故其味苦，澁，大寒，無毒。足厥陰、足少陰、足陽明三經藥也。○銅刀切去蘆，酒洗晒乾，或用甘草汁浸一宿，晒乾用。 龍膽草，止洩痢，去腸中小蟲；卻驚癇，益肝膽二氣。胃中伏熱，及時行温熱。能除下焦濕腫，并酒疸黃腫堪退。療客忤疳氣，治癰腫口瘡。敵驚癇，殺蠱毒。酒浸為柴胡輔佐，上行治眼目赤疼，胬肉必加，翳障通用。空腹餌之，令溺不禁。

主治痘疹合參：專治痘疹，目赤腫痛，肝膽胃中實熱，宜酒洗晒乾用。虛人泄瀉並忌。

按：龍膽草大苦大寒，譬之嚴冬黯淡慘肅，萬卉凋殘，先哲謂苦寒伐標，宜暫不宜久。如聖世不廢刑罰，所以佐德義之無窮。苟非氣壯實熱者，率而輕投，其敗也必矣。

清・张璐《本經逢原》卷一 草龍膽 苦，濇，大寒，小毒。去蘆或酒炒，或甘草湯浸一宿用。凡用勿空腹服，令人小便不禁。《本經》主骨間寒熱，驚癇邪氣，續絕傷，定五藏，殺蟲毒。發明：草龍膽苦寒沉降，主肝經邪熱，下焦濕熱，酒癉黃腫，目病赤腫，瘀肉，小兒肝氣，去腸中小蟲。蓋肝膽濕熱，取苦寒以瀉之。時珍曰：相火寄在肝膽，有瀉無補。故瀉肝膽之熱，正益肝膽之氣。但大苦大寒，過傷胃中生發之氣，反助火邪，亦如久服黃連反從火化之義。《本經》主骨間寒熱，是指熱傷腎水而言，熱極生風則發驚搐，重則變為癇病，濕熱邪氣之在中下二焦者，非此不除，以其專伐肝膽之邪也。肝膽之邪去，而五藏安和，經脈之絕傷續矣。殺蠱毒者，去濕熱之患也。凡胃氣虛人服之必嘔，脾虛人服之必瀉。雖有濕熱，慎勿輕用。

清・浦士貞《夕庵讀本草快編》卷一 龍膽《本經》 葉似龍葵而味苦如膽，故因得名。 龍膽味苦性寒，沉厚而降，陰也，入足厥陰少陽氣分。故其功專療風濕之熱，消脚氣之腫。酒製則能上行，清頭目之赤而除咽痛；生用則下降可以瀉膀胱之火而止泄痢。夫相火寄在肝膽之間，有瀉無補，龍膽與之同性，瀉其熱邪，正所以益肝膽之氣也。但胃虛怯弱之人不可輕用。恐大苦大寒傷其生發，反從熱化。《别錄》稱久服輕身，不足信矣。

清・張志聰、高世栻《本草崇原》卷中 龍膽 氣味苦，濇，大寒，無毒。主治骨間寒熱，驚癇邪氣，續絕傷，定五臟，殺蠱毒。 龍膽始出齊朐山谷及

冤句，今處處有之，以吳興者為勝，宿根生苗，一窠有根十餘條，類牛膝而短，黄白色，其莖高尺餘，纖細狀如小竹枝，花開青碧色，冬後結子苗便枯，俗名草龍膽。又一種山龍膽，其葉經霜雪不凋，此同類而別種也。龍膽草根味極苦，氣兼澀，性大寒。莖如竹枝，花開青碧，稟東方木氣，故有龍膽之名。龍乃東方之神，膽主少陽甲木，苦走骨，故主治骨間寒熱。澀類酸，故除驚癇邪氣。膽主骨，肝主筋，故續絕傷。五臟六腑皆取決於膽，故定五臟。山下有風曰蠱，風氣升而蠱毒自殺矣。

清·劉漢基《藥性通考》卷五　龍胆草　味大苦，大寒。沉陰下行，益肝胆而瀉火。相火寄於肝胆，有瀉無補，瀉其邪熱，即所以補之也。兼入膀胱、腎經，除下焦之濕熱，與防己同功。酒浸亦能外行下行，治骨間寒熱，驚癇邪氣，時氣溫熱，熱痢黃疸，寒濕脚氣，咽喉風熱，赤睛努肉，癰疽瘡疥。過服損胃。甘草水浸一宿，暴用。小豆、貫眾為使，惡地黄。

清·周垣綜《頤生秘旨》卷八　草龍膽　退肝邪之藥也。治驚癇邪風，小兒客忤疳氣，去骨間寒熱，胃中伏熱，總是苦寒瀉肝為能。無實者施之，不免伐生化之道矣。譬諸西北寒冰之地，無生發之意焉。

清·王子接《得宜本草·中品藥》　龍膽　味苦，濇。入足厥陰、少陽經。功專清熱去濕。得柴胡治目疾，得蒼耳治耳中諸實症。

清·徐大椿《神農本草經百種錄》上品　龍膽　味苦、澀。主骨間寒熱，治肝邪犯腎之寒熱。驚癇邪氣，肝火犯心之邪。續絕傷，斂筋骨之氣。定五藏，斂藏中之氣。殺蠱毒。除熱結之氣。久服，益智不忘，收斂心中之神氣。輕身耐老。熱邪去而正氣歸，故有此效。藥之味澀者絕少，龍膽之功皆在于澀，此以味為主也。澀者，酸辛之變味，兼金木之性者也，故能清斂肝家之邪火。人身惟肝火最横，能下挾腎中之遊火，上引包絡之相火，相持為害。肝火清，則諸火漸息，而百體清寧矣。

清·黄元御《玉楸藥解》卷一　龍膽草　味苦，大寒。入足厥陰肝、足少陽膽經。清肝退熱，涼膽泄火。除肝膽鬱熱，治眼腫赤痛，瘀肉高起。療黵疸發黄，膀胱熱濇。除咽喉腫痛諸證。中寒者勿服。

清·吳儀洛《本草從新》卷一　龍膽草瀉肝膽火，下焦濕熱。　大苦，大寒。沉陰下行，入肝膽而瀉火，兼入膀胱腎經。除下焦之濕熱，與防己同功。酒浸亦能外行上行。治骨間寒熱，腎主骨。驚癇邪氣，肝經風火。時氣溫熱，熱痢疸黄，脚氣，足傷濕熱則成脚氣。腫而痛者為濕脚氣，宜清熱利濕搜風；痛而不腫，攣縮枯細者名乾脚氣，宜養血潤燥舒筋。咽喉風熱，赤睛努肉，瀉肝膽火能明目。元素曰：柴胡為主，龍膽為使，目疾要藥。訒庵曰：若目疾初起宜發散，忌用寒涼。癰疽瘡疥。大損胃氣，無實火者忌之。甘草水浸一宿，曝用。小豆、貫眾為使。忌地黄。

清·汪紱《醫林纂要探源》卷二　龍膽草　大苦，大寒。獨莖直上，葉對幹，厚而清綠，花色青碧，大如錢。生深山。堅腎水，瀉相火，除下焦濕熱，定肝膽虚邪。治骨蒸，黄疸，熱痢，亦治時行瘟熱，定小兒驚癇。引使上行，亦治咽喉熱痺，赤睛努肉。外治癰毒，瘡疥。虚寒者忌。

清·嚴潔等《得配本草》卷二　龍膽草　貫眾、赤小豆為之使。惡地黄、防葵。大苦，大寒。入足少陽、厥陰經氣分。瀉二經之邪熱，治下焦之濕腫。殺蛔蟲，療黄疸，通淋閉，愈驚疳，止瀉痢，消瘡癰，去喉痛，除目赤。得蒼耳子，治耳病。濕熱除也。得柴胡，治目疾。配防風，治小兒盜汗。佐大麥芽，治穀疸。和雞子清，治傷寒發狂。拌豬膽汁，治病後盜汗。　甘草水浸一宿，曝乾用。生用，下行。酒炒，上行。蜜炒，中行。豬膽汁拌炒，降火愈速。空心禁服。令人溺不禁，太苦則下泄也。大損胃氣，無實火者禁用。

題清·徐大椿《藥性切用》卷三　龍膽草　大苦大寒，沉陰下行，入肝膽瀉火。兼入膀胱腎經，以除下焦之濕熱。酒洗。亦能上行，大損胃氣，無實火者忌用。

清·黄宫繡《本草求真》卷六　龍膽草大瀉肝膽實火，兼除腎經濕熱。　龍膽草專入肝膽，兼入膀胱腎。大苦大寒，性稟純陰，大瀉肝膽火邪。時珍曰：相火寄在肝膽，有瀉無補，故龍膽之益肝膽之氣，正以其能瀉肝膽之邪熱也。兼入膀胱、腎經，除下焦濕熱，與防己功用相同。故書載治骨間寒熱，驚癇蠱膈，天行瘟疫，熱利疸黄，寒濕脚氣。脚氣因足傷於寒濕而成，但腫而痛者為濕脚氣，宜清熱利濕搜風，拘攣枯細，痛而不腫者名乾脚氣，宜養血潤燥。咽喉風痺，並酒炒，同柴胡則治赤睛胬肉。汪昂曰：目疾初起，宜發散，忌用涼藥。但此苦寒至極，馮兆張云其等於嚴冬，黯淡慘肅，萬草凋殘，苦寒伐標，宜暫而不宜久，如聖世不廢刑罰，所以佐德意之無窮。苟非氣壯實熱者，率爾輕投，其敗也必矣！甘草水浸，暴用。小豆、貫眾為使，惡地黄。

清·楊璿《傷寒溫疫條辨》卷六寒劑類　龍膽草　甘草湯浸，晒乾。　味苦，性大寒。入肝、膽、膀胱、胃。止瀉痢，去腸中小蟲，却驚癇，益肝膽二氣，

退胃中伏火及溫病發黃，除下焦濕熱，並酒疸黃胖，敺客忤疳氣，療癰疽口瘡。酒浸輔佐柴胡，上治眼目赤疼，胬肉必加，醫障通用。《局方》龍膽瀉肝湯：龍膽、黃芩、梔子、生地俱酒炒，木通、車前子、澤瀉、柴胡、當歸、甘草等分，煎服。利濕清熱瀉肝膽，諸方之準繩也。龍膽為末，以猪膽汁點溫酒，每調服一錢，治傷寒後盜汗。

清・羅國綱《羅氏會約醫鏡》卷一六草部　龍膽草味苦澁，大寒，入肝膽二經，惡地黃。酒浸炒。　稟純陰之氣，能滌肝膽實熱，兼入膀胱腎經，除下焦濕熱。退骨蒸腎主骨，治驚癇，肝經風熱。去目赤，瀉肝膽火，可佐柴胡；但目疾初起，宜發散，忌用寒涼。殺腸內諸蟲苦也，除小兒疳熱涼也、咽痛、癰腫，一切肝腎有餘之火。

按：　膽草性寒，非氣壯實熱者禁用。

清・陳修園《神農本草經讀》卷二上品　龍膽　氣味苦，澀，大寒，無毒。主骨間寒熱，驚癇邪氣，續絕傷，定五臟，殺蠱毒。

張隱庵曰：　龍乃東方之神，膽主少陽甲木，苦走骨，故主骨間寒熱。澀類酸，故除驚癇邪氣。膽主骨，肝主筋，故續絕傷。五臟六腑皆取決於膽，故定五臟。山下有風曰蠱，風氣升而蠱毒殺矣。

清・黃凱鈞《藥籠小品》　龍膽草　大苦大寒，清肝膽實火。故龍薈丸治肝火鬱結，大便不通，極傷胃氣，非肝經有實火者不用。

清・張德裕《本草正義》卷下　龍膽草　大苦，大寒。　肝膽之藥，大瀉肝火，引以佐使，諸火皆瀉。治疳熱驚癇，黃疸喉痺，肝腎膀胱伏火，小便淋閉，及下焦濕熱瘡瘍。專瀉肝腎有餘之火，否則不宜。

清・楊時泰《本草述鉤元》卷七　龍膽草　產吳興者勝，直下抽根一二十條，類牛膝而短。一種味極苦濇，經冬不凋，名石龍膽，類同而種別覈。

根苦，濇，大寒。氣味俱厚，沉而降，陰也。足厥陰、少陽經氣分藥，又入足少陰、陽明經。草龍膽是少陽樞藥，少陽化氣，屬相火，用苦寒對待治之之頤。主肝膽邪熱，下焦濕火腫痛，療骨間寒熱，驚癇邪氣，目中腫痛諸患。除胃中伏熱，濕熱黃疸，時氣溫熱，熱瀉下痢。治小兒壯熱骨熱，驚癇入心，時疾熱黃諸本草。除下部風濕及濕熱。肝膽為風木之臟，而藏血者，固易為濕熱之病。治臍下至足腫痛，并寒濕脚氣。下行之功與防己同，酒浸則能上行外行，治眼中之病必用，如兩目赤腫睛脹，瘀肉高起，痛不可忍，當以柴胡為主，膽草為使潔古。同苦參、牛膽，治穀疸。同生地，治濕熱傷血分，侵入大腸，以致卒下血。同白芍、甘草、茯神、麥冬、木通，主小兒驚癇入心，壯熱骨熱，時疾熱黃，口瘡。同苦參、蛆蟲灰、青黛，治小兒疳熱狂語及瘡疥。

論：　百物之生，氣在味先，寒者水之氣，熱者火之氣。氣寒味苦者，本下降之氣而泄。氣熱味苦者，即本上升之氣而泄。然陽者其精奉於上，元氣以升為補，不若陰寒，其精降於下，合於味之苦者，乃為泄也。龍膽草氣大寒，味甚苦，就水中大泄火熱，故用以治肝膽火，並濕中蓄熱者。夫肝膽表裏，為相火所寄，與手厥陰少陽，歷偏三焦之間，下合於脾腎之陰以病則為濕熱，上合於肺胃之陽以病則為風熱，種種見證，須明其為本病、為合病而用之，或主或輔，庶乎適宜。要之，此等苦寒，可以治後天氣血之病，不可以治先天元陰、元陽之病，即治氣血，亦治有餘而為熱之病，非治不足而為熱之病也。人身相火，在包絡、三焦則為先天，在肝膽即為後天，後天藉先天以生，先天藉後天以成，如後天氣血諸病，累及先天，有時須於膽草。惟肝膽為後天相火，故每與中五之土相為用、相為病，義見胡黃連條下。如泄後天相火，反致有傷穀氣，又豈得為肝之利益哉。故用者宜審。

繆氏云：　大寒純陰，能除實熱。胃虛血少之人，不可輕視，亦弗空腹服，令人溺不禁，以其太苦，下泄太甚也。

修治：　銅刀刮去鬚土，剉細，甘草水浸一宿，曬乾。虛人酒炒黑用。

清・鄒澍《本經續疏》卷一　龍膽　【略】龍膽至苦極寒，論其性體，定能逢熱則清，遇火則折，宜乎降洩無餘，堪與大黃鬬技爭捷矣。乃其功效，不曰蕩滌，不曰推逐，而曰主骨間寒熱，驚癇邪氣，續絕傷，定五臟，一若自內達外者何？　夫無平不陂，無往不復，惟其苦寒屆至極，斯不洩不降已寓其間。蓋苦本主發，龍膽苦之至而兼濇，濇者至苦之中有至酸也。酸稟春之發育，苦稟夏之暢達，乃相聯屬焉。則其寒非極洩而為極入矣。味陰而氣陽，陽唱則陰隨，故味之暢發，不能違氣之深入，然進銳者退必速，氣寒既引味苦以深入，而寒力先退，苦力方優，能不謂其功為暢發極內之火邪耶？　極內者何在？　軀體為骨，在五志為神，則龍膽之用在軀體，為除骨間寒熱，在五臟為除驚癇邪氣，又何疑焉？　極內所藏自極精微，其行止動作，皆暗相輸灌，默相交會，而有邪氣干於其間，則有形者為斷絕，無形者為不安。曰續絕傷，安五臟者，即骨間寒熱，除驚癇邪氣，散之效驗也。雖然，深中有淺，淺中亦有深，皮毛血脈固不得為深矣。在軀體之內，豈無捨五臟間神志外亦有深焉者

乎？《別録》緣其如此，故又補出驅六腑間邪熱一層。六腑中氣之極深者，第一則膽中清淨之氣，其次則腸胃、三焦中水穀運行之氣，熱邪干膽中清淨之氣，則爲熱洩下利，干腸胃、三焦中水穀運行之氣，則為胃中伏熱腸中小蟲，熱洩下利之上，又冠以時氣溫熱者，明下利非時氣溫熱，其故則在水穀不得為熱洩也。龍膽之功，由淺及深，在淺則去著物之熱，在深則除不著物之熱。《陰陽應象大論》曰：陽化氣，陰成形，此天地之規模，以生人生物者也。惟此能於陽分和化氣之樞，於陰分去成形之累，猶不可謂鍾生氣於病中，化病氣為生氣耶。《本經》列之上品，治非無由，而後人視為苦寒峻利，殊失厥旨，故其續增主治如黄疸、狂煩、疥瘡、癰腫、喉痛等證。盡是有形間病。然能於水中求火之所在，則亦不能不服其苦思深得也。

清・葉桂《本草再新》卷一 龍膽草味苦，性寒，無毒。入肝、腎二經。瀉火除邪，清下焦之濕熱，去肝膽之浮風。時氣濕熱，咽喉風熱，目紅起翳，癰疽瘡疥，亦兼治之。

清・吴其濬《植物名實圖考》卷八 龍膽 《本經》中品。《圖經》述狀甚詳。山中多有之。《救荒本草》：葉煠熟，浸去苦味，油鹽調食。勿空腹服，此草苦寒，莖葉微細，欲求果腹難矣。

雩婁農曰：龍膽草味極苦，故以膽名。為清膽熱要藥。然不可過劑，蓋《易》所謂苦節不可貞也。夏令陽氣方盛，一陰已伏，其味苦，而中央戊己，其味復甘。參耆味皆甘而微苦，陽中有陰，故性和而可久服。芩連味純苦，專於陰，故性偏而不可過節。卦九五曰：甘節，陽得中也；上六曰：苦節，陰之窮也。得乎中則得時則駕，不得時則蓬虆而行。盧懷慎之敝簀，杜祁公之髹器，性之所安，其情甘也。握耒甫田，而麾節忽若執鞭；啜菽嗽泉，而太牢同乎藜蓼。泰爾有餘，何苦之有？否則矯情抑欲，非偽則渝，公孫宏故人，譏其布被脱粟，夏侯亶晚節，致有奏妓隔簾，《北山移文》，請逐俗士，豹林辟穀，終喪清操，和洽曰：朝廷議吏有著新衣、乘好車者，謂之不情；形容不飾，衣裘弊壞，謂之廉潔。以故污辱其衣，藏其輿服，朝府大吏，或自挈壺飧以入官府，凡激詭之行則容隱偽矣，誠哉是言也！君子之道，素位而行，毋取苟難，國奢示儉，風之而已，強以所苦，流弊滋甚。苦藥生我，過則為患。故道貴可行，而法防終窮。抑又有説焉，人之豐豫者其情舒，舒，陽也；儉嗇者其情斂，斂，陰也。士君子安不忘危，富而能貧，功業盛大，守之以約。身名俱泰，剛柔中也。不然則郭汾陽、寇萊公、李忠定、文文山諸公，譬如春夏，萬物長嬴，天地為之炫耀，識者雖不免盛衰消長之慮，然陽氣滿盈。君子道長，亦泰象也。又不然則張安世之弋綈，馮道之茅庵，其硜硜自戢，取容當世，類皆性毗陰柔，迹非光大。其王恭、殷仲堪輩，徇小節，忘大義，尤無取焉。若又不然，則因首喪面而談詩書，蘇老泉所謂不近人情，鮮不為大奸慝者矣。世徒以藥之苦者為良，人之苦者為賢，其亦不可不辨。

清・趙其光《本草求原》卷一山草部 草龍膽 苦，大寒，瀉心、腎、膀胱，味又澀，類酸。莖如竹枝，花開碧青，又更大瀉肝膽相火濕熱，治骨間寒熱，苦走骨燥濕，寒益腎。除驚癇邪氣，肝與包絡俱熱也。同冬、芍、神、甘、木通，並治時熱、熱黄口瘡。續絶傷，腎主骨，肝主筋。定五臟，腑臟皆取決於膽。殺蠱毒，山下有風曰蠱，風氣升則愈。蛔蟲攻心，肝腎濕熱乘胃，則化風生蟲，水煮服。中下二焦濕熱，非此不除。臍下至足腫痛、寒閉濕而成熱之脚氣肢痛，薑汁浸焙，煎服。黄疸，同苦參、牛膽汁丸；勞疸，加梔子。一切盜汗，研入豬膽內，酒調服。小兒身有熱，同防風，米飲下。咽喉熱痛，擂水服，則寒水上滋。暑氣目澀，同黄連浸汁點。眼漏膿，同歸末水下。卒尿血，煎服。傷寒熱狂，為末，入雞子清，涼水、蜜調下。疳熱狂語，並瘡疥，同苦參、蛆蟲灰、青黛。時氣溫熱、溫痢，赤睛努肉，合柴胡。客忤癰腫，口乾，益肝膽氣，肝膽以瀉為補。但大苦大寒傷中，非相火乘胃、胃有伏熱而誤用之，反從火化而助火，故脾胃虚人雖有濕熱，服之每至嘔瀉，空腹服亦令人小便不禁。

甘草水浸曬，性本下行；同防己酒浸、酒炒，則上行外達。按相火在包絡、三焦為先天，在肝膽為後天；膽草治後天實火病及先天者，以腎為肝母，心為肝子，子母相連故也。若先天真陰虧，又當禁用。

清・葉志詵《神農本草經贊》卷一 龍膽 味苦，澀。主骨間寒熱，驚癇邪氣，續絶傷，定五藏，殺蠱毒。久服益智不忘，輕身耐老。一名陵游。生山谷。

茹苦若飴，味宜嘗膽。葵葉陽傾，竹枝露泫。銀蒜菀垂，金鈴孰撼。夏茂冬藏，宿根勿翦。

陳造詩：茹苦耐煎熬。李珣歌：嘗膽不苦味若飴。馬志曰：葉如龍葵，味苦如膽，故名。蘇頌曰：四月生葉如嫩蒜，細莖如竹枝。七月開花如牽牛，作鈴鐸狀。冬後結子，苗便枯。曹植表：葵藿之傾葉太陽。王勃

詩：露泫竹潭枝。歐陽脩詩：銀蒜鉤簾宛地垂。李商隱詩：鷹掣撼金鈴。《詩》：勿翦勿伐。

清・文晟《新編六書》卷六《藥性摘錄》 龍膽草 大苦，大寒。大瀉肝膽實火，兼除膀胱、腎經濕熱。○治骨間寒熱，驚癇蠱膈，天行瘟疫熱痢，疸黃，寒濕脚氣，咽喉風痹。○但此苦寒至極，非氣壯實熱者，切勿輕投。○甘草水浸，暴用。○惡地黃。

清・張仁錫《藥性蒙求・草部》 龍膽五分、八分 龍膽苦寒，退熱平肝。目疾暴發，用之頓安。大苦大寒，沉陰下行。入肝膽而瀉火，兼入膀胱腎經。清下焦之濕熱。酒浸亦能外行，治咽喉風熱，赤睛努目，癰疽瘡疥。○大損胃氣，無實火者忌之。○得柴胡治目疾，得蒼耳治耳中諸實症。

清・戴葆元《本草綱目易知錄》卷一 龍膽 苦，濇，大寒。沉陰下降，入足厥陰、少陽經氣分。益肝膽之氣，而瀉其邪熱，兼瀉膀胱火。續絶傷，止驚惕，殺蠱毒，療瘡疥，除下焦濕熱之腫，與防(杞)〔己〕同功。酒浸，亦能外行上行，治骨間寒熱，驚癇邪氣，時氣溫熱，熱瀉下痢，除胃中伏熱。去腸中小蟲，小兒壯熱，骨熱客忤，驚癇入心，疳氣熱狂。時疾黃疸，寒濕脚氣，風熱喉痛。睛赤腫脹，瘀肉高起，癰腫口乾。其性大苦寒，過服恐傷胃中生發之氣，虛寒者慎用。

清・黃光霽《本草衍句》 龍膽草 味濇苦寒，氣沉陰下，能瀉肝膽火邪，益肝膽氣，瀉即所以益之也。蠲除下部風濕。臍下至足腫痛者，宜用之。退骨間之伏熱，溫熱時行。去目中之發黃，(疽)〔疸〕黃毒痢。用療驚癇邪氣，肝火犯心之邪。可殺腸中小蟲。寒濕脚氣下行，與防己同功。胬肉赤睛上佐，以柴胡為主。功耑清熱去濕，得柴胡治目疾，得蒼耳治耳中諸實症。 穀疸勞疸，穀疸因食而得，勞疸因勞而得，用膽草、苦參各三兩，為末，牛膽汁和丸。勞疸加梔子三七枚，以猪膽汁和丸。 一切盜汗，婦人小兒一切盜汗，又治傷寒後盜汗不止，膽草研末，每服一錢。猪膽汁數點，入溫酒少許，調服。眼中漏膿，膽草、當歸為末，溫水服。

清・陳其瑞《本草撮要》卷一 龍膽草 味苦濇，入足厥陰、少陽經，功專清熱去濕。得柴胡治目疾，得蒼耳治耳中諸實症，過服損胃。甘草水浸一宿曝用。小豆、貫眾為使，忌地黃。

清・仲昴庭《本草崇原集說》卷中 龍膽 【略】仲氏曰：《本經》凡言寒熱，各有所主，惟《崇原》盡從藥性辨別出來，他症亦然，所以遵用極驗。

清・周巖《本草思辨錄》卷一 龍膽 黃芩主少陽之經熱，竹茹主少陽之腑熱，龍膽則主由少陽入厥陰之熱。其味苦中有澀，苦主發，澀主收，即發即收，其用在少陽者少，在厥陰者多，故用龍膽者皆取其瀉肝。凡肝之熱，有本臟挾膽而熱者，有為膽所侵侮而熱者。龍膽治膽侮肝之熱，能內極於骨間，謂之治肝無愧。以其未全離少陽，故瀉肝之氣熱，不瀉肝之血熱，龍膽之名，所由來也。

滇龍膽草

清・吳其濬《植物名實圖考》卷一〇 滇龍膽草 生雲南山中。叢根族莖，葉似柳微寬，又似橘葉而小；葉中發苞開花，花如鐘形，一一上聳，茄紫色，頗似沙參花，五尖瓣而不反捲，白心數點；葉既蒙密，花亦繁聚，逐層開舒，經月未歇。按形與《圖經》信陽、襄州二種相類，《滇本草》：味苦性寒。瀉肝經實火，止喉痛。治證俱同。

秦艽

宋・唐慎微《證類本草》卷八草部中品〔**《本經**・別錄・藥對》〕 **秦艽**膠字 **味苦**、辛，**平**、微溫，無毒。**主寒熱邪氣，寒濕風痹，肢節痛，下水，利小便，**療風，無問久新，通身攣急。生飛烏山谷。二月、八月採根，暴乾。昌蒲爲之使。

〔梁・陶弘景《本草經集注》〕云：飛烏或是地名，今出甘松、龍洞、蠶陵。長大黃白色爲佳。根皆作羅文相交，中多銜土，用之熟破除去。方家多作秦膠字，與獨活療風常用，道家不須爾。

〔唐・蘇敬《唐本草》〕注云：今出涇州、鄜州、岐州者良。本作札，或作糾、作膠，正作艽也。

宋・掌禹錫《嘉祐本草》按：《藥性論》云：秦艽，解米脂，人食穀不充悅，畏牛乳。點服之，利大小便。差五種黃病，解酒毒，去頭風。蕭炳云：《本經》名秦瓜，世人以療酒黃、黃疸大效。日華子云：味苦，冷。主傳尸，骨蒸，治疳及時氣。又名秦瓜，羅紋者佳。

〔宋・蘇頌《本草圖經》〕曰：秦艽，生飛鳥山谷，今河陝州軍多有之。根土黃色，而相交糾，長一尺已來，麁細不等。枝幹高五六寸，葉婆娑連莖梗，俱青色，如萵苣葉。六月中開花，紫色，似葛花，當月結子。每於春秋採根，陰乾。《正元廣利方》：療黃，心煩熱，口乾，皮肉皆黃。以秦艽十二分，牛乳一大升，同煮，取七合去滓，分溫再服，差。此方出於

許仁則。又崔元亮《集驗方》：凡發背疑似者，須便服秦艽牛乳煎，當得快利三五行，即差。法並同此。又治黃方，用秦艽一大兩細剉，作兩貼子，以上好酒一升，每貼半升，酒絞，取汁，去滓，空腹分兩服，或利便止。就中好酒人易治。凡黃有數種：傷酒曰酒黃；夜食誤飡鼠糞亦作黃；因勞發黃，多痰涕，目有赤脉，日益憔悴，或面赤，恶心者是。元亮用之，及治人皆得力極效。秦艽須用新好羅文者。

〔宋・唐慎微《證類本草》〕《雷公》云：凡使，秦并艽，須於脚文處認取：左文列爲秦，即治疾；艽，即發脚氣。凡用秦，先以布拭上黃肉毛盡，然後用還元湯浸一宿，至明出，日乾用。《聖惠方》：治傷寒，心神熱躁，口乾煩渴。用秦艽一兩，去苗細剉，以牛乳一大盞，煎至六分，去滓，不計時候，分溫二服。又方：治小便難，腹滿悶，不急療之殺人。用秦艽一兩去苗，以水一大盞，煎取七分，去滓，每於食後，分爲二服。孫真人：治黃疸，皮膚、眼睛如金色，小便赤。取秦艽五兩，牛乳三升，煮取一升，去滓，內芒消一兩，服。

金・張元素《潔古珍珠囊》〔見元・杜思敬《濟生拔粹》卷五〕 秦艽苦陰中微陽。去陽明經風濕痺，仍治口瘡毒。

宋・劉明之《圖經本草藥性總論》卷上 秦艽 味苦、辛，平、微溫，無毒。主寒熱邪氣，寒濕風痺肢節痛，下水利小便，療風無問新久，通身攣急。《藥性論》云：差五種黃病，解酒毒，去頭風。蕭炳云：療酒黃黃疸大効。日華子云：味苦，冷。主傳尸骨蒸，治疳及時氣。菖蒲為之使。畏牛乳。

元・王好古《湯液本草》卷三 秦艽 氣微溫，味苦、辛，陰中微陽。手陽明經藥。《象》云：主寒熱邪氣，風濕痹，下水，利小便。治黃病骨蒸。治口噤及腸風瀉血。去蘆用。《珍》云：去手陽明經下牙痛，口瘡毒，去本經風濕。《本草》云：菖蒲為之使。

元・佚名氏《珍珠囊・諸品藥性主治指掌》〔見《醫要集覽》〕 秦艽 味苦、辛，平，性微溫，無毒。可升可降，陰中陽也。其用有二：除四肢風濕若懈，療遍體黃疸如金。

元・徐彥純《本草發揮》卷二 (蓁)〔秦〕艽 潔古云：(蓁)〔秦〕艽，本功外又治口噤，腸風瀉血。《主治秘訣》云：性平，味鹹。養血榮筋，中風，手足不遂者用之。去手陽明下牙痛，及除本經風濕。東垣云：(蓁)〔秦〕艽味苦、辛，陰中微陽。主寒濕風痺，肢節痛，無問新久，通攣急，傳尸骨蒸。

明・王綸《本草集要》卷三 秦艽 味苦辛，氣平，微溫。陰中微陽，手陽明經藥。菖蒲為之使。羅紋者佳。主寒濕邪氣，寒熱風痹，肢節痛，下水，利小便。療風無問久新，通身攣急。治五種黃病，酒黃、黃疸大效。主傳尸骨蒸及時氣。治下牙痛，口瘡。黃疸，皮肉眼如金色，小便赤，心煩口乾，用五兩，牛乳三升，煮取一升，分溫再服，差。又方：加芒硝一兩。

明・滕弘《神農本經會通》卷一 秦艽 菖蒲為之使。畏牛乳。須用長大，黃白色，新好羅文者佳。根皆作羅文相交，中多銜土，用之熟破除去。味苦、辛，氣平，微溫，無毒。《湯》云：陰中微陽。手陽明經藥。東云：可升可降，陰中陽也。除四肢風濕若懈，療遍體黃疸如金。又云：攻風逐水，除肢節痛。珍云：養血榮筋，風痺寒邪，肢節痛，手足不遂，新舊攣急，下牙疼，傳屍骨蒸，並兼治之。《恚》云：利水，療疸，除風濕。

《本經》云：主寒熱邪氣，寒濕風痺，肢節痛，下水，利小便，療風無問久新，通身攣急。二八月採根，曝乾。《藥性論》云：秦艽，解米脂，人食穀不充悅。畏牛乳。點服之，利大小便。差五種黃病，解酒毒，去頭風。蕭炳云：療酒黃、黃疸大効。日華子云：味苦，冷。主傳屍骨蒸，治疳及時氣。《圖經》云：《廣利方》療黃，心煩熱，口乾，皮肉皆黃，秦艽、牛乳同煮，去滓，分溫再服，差。凡黃有數種：傷酒曰酒黃；夜食誤食鼠糞，亦作黃；因勞發黃，多痰涕，目有赤脉，日益憔悴，或面赤，惡心者是。《象》云：主寒熱邪氣。《象》又云：主風濕痺，下水，利小便，治黃病，骨蒸。治口禁，及腸風瀉血。去蘆用。珍云：去手陽明經下牙痛，口瘡毒，去本經風濕。創云：秦艽辛苦性微溫，利水施之亦有功。療遍體之金色疸，除風濕在四肢中。《局》云：秦艽能治濕寒風，勞熱時行亦善攻。治疸消浮何以用，蓋緣能使小便通。秦艽，治疸，及勞熱時行。

明・劉文泰《本草品彙精要》卷一〇 秦艽無毒 植生。

秦艽出《神農本經》：**主寒熱邪氣，寒濕風痹，肢節痛，下水，利小便。**以上朱字《神農本經》。療風無問久新，通身攣急。以上黑字名醫所錄。

【名】秦瓜。

【苗】《圖經》曰：枝幹高五六寸，葉婆娑連莖梗，俱青色，如萵苣葉。六月中開紫色花，似葛花，當月結子。根上黃色而相交糾，長一尺許，粗細不等。陶隱居云：根皆作羅紋相交，黃白色，中多銜土。

【地】《圖經》曰：生飛鳥山谷及石州、寧化軍、秦州、齊州，今河陝州軍多有之。陶隱居云：今出甘松、龍洞、蠶陵。【道地】涇州、鄜州、岐州者良。

【時】生：春生苗。採：二月、八月取根。

【收】暴乾。

【用】根羅紋者爲佳。

【質】形如防

風而粗虛。〖色〗土褐。〖味〗苦，辛。〖性〗平，微溫，散。日華子云：冷。〖氣〗味厚于氣，陰中微陽。〖臭〗腥。〖主〗風濕，黄疸。〖行〗手陽明經。〖助〗菖蒲爲之使。〖反〗畏牛乳。〖製〗《雷公》云：以布拭去黄毛，破開去土，湯洗，剉碎用。〖治〗療：《圖經》曰：黄病有數種，傷酒曰酒黄，夜食誤餐鼠糞亦作黄病，因勞發黄，多痰涕，目有赤脈，日益憔悴，或面赤，惡心，用之皆效。日華子云：主傳屍骨蒸，消疳及時氣。蕭炳云：治酒黄，黄疸大效。〖合治〗合牛乳點服之，利大小便，瘥五種黄病，去頭風及發背疑似者。○秦艽十二分，牛乳一升同煮七合，去滓，分溫再服，治黄疸，心煩熱，口乾，皮肉皆黄。〖禁〗多服解米脂，人食穀不充悅。〖解〗酒毒。

明・葉文齡《醫學統旨》卷八 秦艽 氣微溫，味苦、辛，無毒。可升可降，陰中微陽。手陽明經藥。菖蒲為之使。羅紋者佳。 治寒濕風痹，肢節痛無問新久，通身攣急，傳尸骨蒸，五種黄病，酒黄黄疸，下水利小便，養血榮筋，中風手足不遂。入手陽明，下牙痛、口瘡。

明・許希周《藥性粗評》卷二 秦艽養血以榮筋。

秦艽，一名秦瓜。莖高五六寸許，葉似萵苣，六月開花似葛，紫色，當月結子，根土黄色，長一尺許，相為交糾，麄細不等。生飛鳥山谷，今河陝州郡多有之，以新好并羅紋者佳。菖蒲為之使，餘說《本草》不載。 味苦、辛，性微溫，無毒。入手陽明大腸經。主治寒濕風痹，肢節攣急，傳尸骨蒸，黄疸浮腫，腫毒發背，下水利小便。潔古云：秦艽養血榮筋，中風手足不遂者宜之。

單方：傷寒煩熱：以一兩去苗，細剉，用牛乳一大盞，煎至六分，去滓，待溫，不拘時分爲二服。

發背起初：凡發背疑似者，即便以秦艽剉，用牛乳煎服，微利而差，不利再服。

黄疸成癆：不拘五種黄病，皮膚眼睛俱如金色，心熱口乾，小便赤澁者，秦艽五兩，牛乳三升，煮取一升，去滓納芒硝一兩，分服。 小便閉塞：凡腹中滿悶，小便不通者，此為惡證，以秦艽一兩，去苗，剉，水一大盞，煎取七分，去滓，食後分為二服，差。

明・鄭寧《藥性要略大全》卷五 秦艽 除四肢風濕，療遍身黄疸。

《賦》曰：攻風逐水，除肢節腫痛，利小便。 潔古云：主寒熱邪氣，風濕痹，治傳尸骨蒸及口噤，腸風瀉血。入手陽明，下牙痛、口瘡。 味苦、辛，平、微溫，無毒。可降可升，陰中陽也。菖蒲為之使。羅紋者佳。洗去土用。

明・陳嘉謨《本草蒙筌》卷一 秦艽 味苦、辛，氣平、微溫。可升可降，陰中陽也。無毒。出甘松龍洞及河陝諸州。長大黄白色為優，新好羅紋者尤妙。用菖蒲為使，入太陽手經。養血榮筋，除風痹肢節俱痛，通便利水。散黄疸遍體如金，除頭風解酒毒。止腸風下血，去骨蒸傳尸。

明・方穀《本草纂要》卷一 秦艽 味苦、辛，氣平，微溫，無毒。陰中微陽，入手陽明大腸經藥也。主風寒濕氣合而爲痹，肢節疼痛，遍身拘攣，五疸濕熱，一身盡痛，腸風臟毒，痔漏脱肛，並皆治之。嘗論此藥，辛所以入陽明，苦所以利大腸，苟能以酒洗之，酒助其性，則風症可以驅風，寒症可以清寒，濕症可以利濕，乃風寒濕之神藥也。是雖辛溫之劑，行陽明經潤燥之藥。

明・王文潔《太乙仙製本草藥性大全》卷一《本草精義》 秦艽 一名秦瓜。生飛鳥山谷，今河陝、甘松、龍洞有之。根土黄色，相交糾，長一尺，麄細不等，枝幹高五六寸，葉婆娑連梗，俱青色，如萵苣葉。六月中開花，紫色，似葛花，當月結子。每於春秋採根陰乾。長大黄白色爲優，新好羅紋者尤妙。

明・王文潔《太乙仙製本草藥性大全》卷二《仙製藥性》 秦艽 味苦、辛，平，微溫，無毒。可降可升，陰中陽也。菖蒲爲之使。入手太陽經。主治：主寒熱邪氣，療瀉血腸風。治中風通身攣急，理口噤舌瘡牙疼。養血榮筋，除風痹肢節俱痛。通便利水，散黄疸遍體如金。誅頭風，解酒毒，止腸風下血，去骨蒸傳尸。 補註：治傷寒心神熱燥，口乾煩渴，用一兩，去苗，細剉，以牛乳一大盞，煎至六分，去滓，不計時候分溫二服。治小便難，腹滿悶，不急療之殺人，用一兩，以水二大盞，煎七分，去滓，食後服。治黄疸，皮膚、眼睛如金色，小便赤，取五兩，牛乳三升，煮取一升，去滓，〔内〕芒消一兩服。凡發背疑似者，須便服秦艽牛乳煎，當得快利，三五行即差。又治黄方：用秦艽一兩，細剉，作兩貼，以上好酒一升，每貼半升酒，絞取汁，去滓，空腹分兩服。治凡黄有數種，傷酒曰酒黄，夜食誤食鼠糞，亦作黄，因勞發黄，多痰涕，目有赤脉，日益憔悴或面赤惡心者是。元亮用之，及治人皆得力，極效。秦艽須用新好羅文者。 太乙曰：凡使秦并艽，須於脚文處認取，左文列爲秦，即治疾，艽即發脚氣。凡用秦，先以布拭上黄肉毛盡，然後用還元湯浸一宿至明，出，日乾用。

明・皇甫嵩《本草發明》卷二 秦艽中品之上，臣。氣平，微溫，味苦、辛，無毒。可升可降，陰中微陽，手陽明藥。 發明曰：秦艽主風濕之藥，而活血榮筋，手足不隨妙藥。蓋血活則風滅，濕去則筋榮。故《本草》主寒熱、寒濕風痹，利水，

由辛散風邪，苦降濕熱也。療風不問新久，通身攣急，肢節痛為專治。頭風口噤，皆陽明風熱。又五種黃病，酒疸，解酒毒及腸風瀉血等候，皆陽明濕熱也。又治手陽明下牙口瘡，本經風濕。又云：主傳尸骨蒸，治疳及時氣，抑以苦能解熱歟。菖蒲為之使。去蘆，用羅紋者佳。

明・李時珍《本草綱目》卷一三草部・山草類下　秦艽音交。《本經》中品。

〔釋名〕秦糺《唐本》　秦瓜蕭炳。恭曰：秦艽俗作秦膠，本名秦糺，與糾同。時珍曰：秦艽出秦中，以根作羅紋交糾者佳，故名秦艽、秦糺。

〔集解〕《別錄》曰：秦艽生飛鳥山谷，二月八月採根暴乾。弘景曰：今出甘松龍洞、蠶陵，以根作羅紋相交長大黃白色者爲佳。中多(冲)〔衛〕土，用宜破去。恭曰：今出涇州、鄜州、岐州者良。頌曰：今河陝州郡多有之。其根土黃色而相交糾，長一尺以來，粗細不等。枝幹高五六寸。葉婆娑連莖梗俱青色，如萵苣葉。六月中開花紫色，似葛花，當月結子。每於春秋採根陰乾。

根　〔修治〕斅曰：秦艽須於脚文處認取：左文列爲秦，治疾；右文列爲艽，即發脚氣。凡用秦，以布拭去黃白毛，乃用還元湯浸一宿，日乾用。時珍曰：秦艽但以左文者爲良，分秦與艽爲二名，謬矣。

〔氣味〕苦，平，無毒。《別錄》曰：辛，微温。大明曰：苦，冷。元素曰：氣微温，味苦、辛，陰中微陽，可升可降，入手陽明經。之才曰：菖蒲爲之使，畏牛乳。　〔主治〕寒熱邪氣，寒濕風痹，肢節痛，下水利小便《本經》。療風無問久新，通身攣急《別錄》。傳尸骨蒸，治疳及時氣大明。牛乳點服，利大小便，療酒黃、黃疸，解酒毒，去頭風甄權。除陽明風濕，及手足不遂，口噤牙痛口瘡，腸風瀉血，養血榮筋元素。泄熱益膽氣好古。治胃熱虛勞發熱時珍。

〔發明〕時珍曰：秦艽，手足陽明經藥也，兼入肝膽，故手足不遂，黃疸煩渴之病須之，取其去陽明之濕熱也。陽明有濕，則身體酸疼煩熱；有熱，則日晡潮熱骨蒸，所以《聖惠方》治急勞煩熱，身體酸疼，用秦艽、柴胡各一兩，甘草五錢，爲末，每服三錢，白湯調下。治小兒骨蒸潮熱，減食瘦弱，用秦艽、炙甘草各一兩，每用一二錢，水煎服之。錢乙加薄荷葉五錢。

〔附方〕舊五，新六。　五種黃疸：崔元亮《海上方》云：凡黃有數種：傷酒發黃，誤食鼠糞亦作黃，因勞發黃，多痰涕，目有赤脈，益憔悴，或面赤惡心者是也。用秦艽一大兩，剉作兩帖。每帖用酒半升，浸絞取汁，空腹服，或利便止。就中飲酒人易治，屢用得力。《貞元廣利方》治黃病內外皆黃，小便赤，心煩口乾者。以秦艽三兩，牛乳一大升，煮取七合，分温再服。此方出於許仁則。又《孫真人方》：加芒硝六錢。　暴瀉引飲：秦艽二兩，甘草炙半兩。每服三錢，水煎服。《聖惠方》。　傷寒煩渴：心神躁熱。用秦艽一兩，牛乳一大盞，煎六分，分作二服。《太平聖惠方》。　急勞煩熱：方見發明下。　小兒骨蒸：同上。　小便艱難：或轉胞，腹滿悶，不急療，殺人。用秦艽一兩，水一盞，煎六分，分作二服。又方：加冬葵子等分，爲末，酒服一匕。《聖惠方》。　胎動不安：秦艽、甘草炙、鹿角膠炒，各半兩，爲末。每服三錢，水一大盞，糯米五十粒，煎服。又方：秦艽、阿膠炒、艾葉等分，如上煎服。《聖惠方》。　發背初起：疑似者。便以秦艽、牛乳煎服，得快利三五行，即愈。崔元亮《海上集驗方》。　瘡口不合：一切皆治。秦艽爲末摻之。《直指方》。

題明・薛己《本草約言》卷一《藥性本草》　秦艽　味苦、辛，氣平，溫，無毒。陰中之陽，可升可降，手陽明經也。除四肢風濕若懈，療遍體黃疸如金。陽明濕熱。去大腸之風毒，主傳尸之骨蒸，以苦能解熱。散而能滲之藥也。菖蒲為之使。　《發明》云：秦艽主風濕之藥，而活血(勞)〔榮〕筋，手足不隨妙藥。蓋血活則風滅，濕去則筋榮，故療風不問新久。通身攣急，肢節痛為專治。　江云：除骨節之疼痛。

明・梅得春《藥性會元》卷上　秦艽　味苦、辛，氣微溫。可升可降，陰中陽也。無毒。菖蒲為使。入手陽明大腸經，入足陽明胃經。　主除四肢風濕若懈，療遍身黃疸如金，攻風逐水。又除肢節之腫，治膽，時行勞熱，能消浮腫，利小便，主寒熱邪氣，寒濕風痹，無問新久，通身拘急，傳尸骨蒸，五種黃病。下水，養血，榮筋，中風手足不遂。入陽明，止牙疼、口瘡。　製法：去蘆、毛，用童便浸一宿，晒乾。凡使長潤黃色佳。

明・杜文燮《藥鑒》卷二　(蓁)〔秦〕艽　氣微溫，味苦、辛，無毒。可升可降，陰中微陽。手陽明經藥也。治口眼歪斜不正，主口噤腸風下血。下牙腫痛，口內瘡毒。養血榮筋，除風痹肢節俱疼。通便利水，去遍身黃疸如金。又能去本經風濕。以菖蒲為使。

明・李中立《本草原始》卷二　秦艽　始生飛鳥山谷，今河陝州郡多有之。其根土黃色而相交糾，長一尺已來，麄細不等。枝蘚高五六寸，葉婆娑、連莖梗，俱青色，如萵苣葉。六月中開花紫色，似葛花，當月結子。每於春秋采根，陰乾。以出秦中，根作羅紋交糾者佳，故名秦艽。秦艽：　氣味：苦，平，無毒。主治：寒熱邪氣，寒濕風痹，肢節痛，下水利小便。〇療風無問久新，通身攣急。〇傳尸骨蒸，治疳及時氣。〇牛乳點服，利大小便，療酒黃、黃疸，解酒毒，去頭風。〇除陽明風濕，及手足不遂，口噤牙痛，口瘡，腸風瀉血，養血榮筋。〇泄熱益膽氣。〇治胃熱，虛勞發熱。

秦艽，《本經》中品。【圖略】土黄色，以左文者為良。修治：秦艽，破開除土，去蘆，以濕布拭淨，日乾用。《別錄》曰：辛，微溫，陰中微陽，可升可降。入手陽明經。菖蒲為之使，畏牛乳。《貞元廣利方》：治黄疸，皮膚、眼睛如金色，小便赤，心煩口乾者，以秦艽三兩，牛乳一大升，煮取七合，溫服。又《孫真人方》加芒硝六錢。

明・張懋辰《本草便》卷一 秦艽 味苦、辛，氣平，微溫，陰中微陽，手陽明經藥。主寒熱邪氣，寒濕風痹，肢節痛，下水利小便。療風，治通身攣急，五種黄病、酒黄、黄疸大效。

明・李中梓《藥性解》卷三 秦艽 味苦、辛，性微溫，無毒，入胃、大小腸三經。主骨蒸，腸風瀉血，活筋血，利大小便，除風濕，療黄疸，解酒毒，去頭風。菖蒲為使，羅紋者佳。按：秦艽苦則涌洩，為陰，故入大小腸以療諸濕；辛則發散，為陽，故入陽明經以療諸風骨蒸之症；亦濕勝風淫所致，宜並理之。

明・繆希雍《本草經疏》卷八 秦艽 味苦、辛，平，微溫，無毒。主寒熱邪氣，寒濕風痹肢節痛，下水利小便。療風，無問久新，通身攣急。

〖疏〗秦艽感秋金之氣，故味苦平，《別錄》兼辛、微溫而無毒。潔古：氣微溫，味苦辛，亦可云微寒。陰中微陽，可升可降，降多於升。入手足陽明經。苦能洩，辛能散，微溫能通利。故主寒熱邪氣，寒濕風痹肢節痛，下水利小便。性能祛風除濕，故《別錄》療風無問久新及通身攣急。能燥濕散熱結，故日華子治骨蒸及疳熱。甄權治酒疸，解酒毒。元素除陽明風濕及手足不遂，腸風瀉血，養血榮筋。好古泄熱益膽氣。咸以其除濕散結、清腸胃之功也。雷公云：左文列為秦，即治病；右文列為艽，即發脚氣。先以布拭上黄肉毛令盡，用還元湯浸一宿，曬乾用。〖主治參互〗秦艽同乾葛、山茵蔯、五味子、黄連、白藊豆、木通、苜蓿，治酒疸。《聖惠方》治小便難，腹滿，不急治之，殺人。用秦艽一兩，去苗細剉，以水一大盞，煎取七分，去滓。每於食前分為三服。同薏苡仁、木瓜、五加皮、黄蘗、蒼术、牛膝，治下部濕熱作疼，或生濕瘡。孫真人治黄疸，皮膚眼睛如金色，小便赤，取秦艽五兩，牛乳三升，煮取一升，去滓，納芒硝一兩，分作三服。《正元廣利方》療黄疸，心煩，煩熱口乾，皮肉皆黄。以秦艽三兩，牛乳一大升，同煮，取七合，去滓，分溫再服，差。此方出許仁則。崔元亮《集驗方》凡發背疑似者，須便服秦艽牛膝煎，當即快利，三五行，即差。〖簡誤〗下部虛寒人及小便不禁者，勿服。

明・倪朱謨《本草彙言》卷一 秦艽 味苦、辛，氣溫，無毒。陰中微陽，可升可降。入手足陽明經。李時珍曰：出飛鳥山谷及甘松、龍洞、涇州、鄜州、岐州諸處。枝幹高五六寸，葉婆娑如萵苣葉，莖梗俱青，六月開花紫色，似葛花，當月結子。根黄白色，長尺許，作羅紋交糾。其文左列者佳，右列者次之。每于春秋二季采根，暴乾，拭去黄白毛用。紋中多土，宜洗去。

秦艽：清熱去濕，祛風利水，張元素養血榮筋之藥也。陸杏圃稿散風寒濕邪，療五疸蒸熱而發黄；通筋骨絡脉，去痿痹攣急之疼痛。又止腸風藏毒、痔血白帶、寒熱骨蒸等證。統屬陽明一經之病也。蓋陽明有濕，則身體煩疼；陽明有熱，則日晡潮熱、骨蒸；陽明有風，則腸澼痔血，寒熱淋帶。秦艽專入陽明，故盡能去之。盧不遠先生曰：人身直者爲經，横者爲絡，絡之下注者爲孫。肌腠之邪，多從孫入，次薄于絡，復溜于經，漸傳府藏。秦艽羅紋交糾，錯綜如織，象形從治法也。沈則施先生曰：秦艽味苦辛溫，感秋金之氣，故入手足陽明經。苦能洩，辛能散，溫能通，故主寒熱邪氣，濕熱黄疸，腸紅痔帶，或機關不利，爲痿、爲躄、爲縱、爲攣、爲麻、爲痛，而諸因濕、因熱、因風者，一併除之。凡病陰虛血燥，精竭髓衰之證，非配大滋養藥不可。

集方：王氏方共四首治風寒濕熱，鬱蒸成黄疸。用秦艽、茵陳各五錢，水煎服。〇治風寒濕熱，壅閉經絡，成痿痹癱瘓諸證。用秦艽、蒼朮，米泔浸，曬乾，各四兩，萆薢、黄柏、羌活、當歸、紅花各二兩，分作十劑，水煎服。〇治腸風便血，或白帶白濁不止。用秦艽八兩，黄連、炮薑各一兩，共爲末，每早服三錢，白湯下。〇治骨蒸夜熱。用秦艽、地骨皮各三錢，水煎服。

明・顧逢柏《分部本草妙用》卷六兼經部・溫瀉 秦艽 苦、辛，溫，無毒。手足陽明經，兼入肝膽，陰中微陽，可升可降。菖蒲為使，畏牛乳。左紋者良。去黄白毛，還元湯浸一宿，日晒乾用。主治：寒濕風痺，肢節痛，利小便。療風病通身攣急，傳屍骨蒸，疳氣黄疸，酒毒，頭風，手足不遂，口噤牙痛，腸血，養血榮筋。秦艽，乃去陽明濕熱之藥，故專主手足拘攣及黄疸之症。濕則酸疼煩熱，《聖惠方》用秦、柴各一兩，甘草五錢，為末，白湯下。治疸，用秦五錢，酒半升，浸絞汁，空心服。

明・李中梓《醫宗必讀・本草徵要上》　秦艽味苦、辛，平，無毒。入肝、胃二經。菖蒲為使，畏牛乳，左紋者良。　祛風活絡，養血舒筋，骨蒸黃疸，利水通淋。秦艽長於養血，故能退熱舒筋。治風先治血，血行風自滅，故療風無問久新。入胃祛濕熱，故小便利而黃疸愈也。按：下部虛寒及小便不禁、大便滑者，忌用。

明・鄭二陽《仁壽堂藥鏡》卷一〇上　秦艽　《圖經》云：秦艽生飛鳥谷。黃白色為佳。治小便難，腹脹滿。氣微溫，味苦、辛，陰中微陽。手陽明經藥。入大腸、胃二經。菖蒲為使，畏牛乳。左紋者良。《經》曰：寒濕風痹，肢節痛，利小便。隱居曰：療風病通身攣急。大明曰：傳屍骨蒸，疳氣，時氣。甄權曰：黃疸，酒毒，頭風。潔古曰：手足不遂，口噤牙疼，腸風瀉血，養血榮筋。按：秦艽，手足陽明經藥也，兼入肝、膽。故手足不遂、黃疸症需之。取其去陽明濕熱也。《珍》云：去手陽明經，下牙疼，口瘡痛。

明・蔣儀《藥鏡》卷一溫部　秦艽　主骨蒸，及養血而榮筋也。攻黃疸，兼腸風而瀉血也。祛風熱而平牙根之腫痛，并口內瘡毒。利小水而去風寒之濕痺，及肢節痛疼。正口眼之歪斜，資脫肛之痔漏。

明・李中梓《頤生微論》卷三　秦艽　味苦、辛，性微溫，無毒。入大腸、胃二經。菖蒲為使。畏牛乳。左紋者佳。祛風活絡，養血舒筋，骨蒸黃疸，利小便。

按：秦艽風藥中潤劑，散藥中補劑，故養血有功。中風恒用之者，治風先治血，血行風自滅之意乎？

明・張景岳《景岳全書》卷四八《本草正》　秦艽　味苦，性沉寒，沉中有浮，手足陽明清火藥也。治風寒濕痹，利小水，療通身風濕拘攣，手足不遂，清黃疸，解溫疫熱毒，除口噤牙疼口瘡，腸風下血，及虛勞骨蒸發熱，潮熱煩渴，及婦人胎熱，小兒疳熱瘦弱等證。

明・賈九如《藥品化義》卷一〇燥藥　秦艽　屬陰中有微陽，體微潤，色淡黃，氣香，味苦微辛，性涼云溫非，能升能降，力潤燥和血，性氣薄而味厚，入胃大腸肝膽四經。　秦艽味苦能降，帶辛能潤，又氣香而性涼，故獨專治燥。蓋燥因血熱，漸至血虧，大腸本屬陽明燥金，若血液衰耗，則大便乾結，煎熬肺金，不生腎水，至肺腎腸胃俱燥，諸症蜂起。咽乾口渴，煩悶痞滿，皮膚燥癢，通身攣急，肢節疼痛，及牙痛眼澀，浮腫黃疸，疳積酒毒，腸紅痔漏，皆宜用此清利臟腑而不推蕩，真良品也。且助天麻治風熱頭暈，同柴胡療骨蒸潮熱，合紫(苑)〔菀〕潤腸利便，佐牛膝利血滋陰，俱有神效。　去蘆頭沙土用。

明・盧之頤《本草乘雅半偈》帙五　秦艽《本經》中品　氣味：苦，平，無毒。

主治：主寒熱邪氣，寒濕風痹，肢節痛，下水，利小便。

覈曰：出飛鳥山谷，及甘松、龍洞、涇州、鄜州、岐州諸處。枝幹高五六寸，葉婆娑如萵苣葉，莖梗俱青。六月開花紫色似葛花，當月結子。根黃色，長尺許，作羅紋交斜，其文左列者佳，右列者不堪入藥，令人發脚氣病也。修治：認取脚文左列者，拭去黃白毛，還元湯浸一宿，日乾用。菖蒲為之使，惡牛乳。

先人云：人身直者為經，橫者為絡，絡之下注者為孫。肌腠之邪多從孫入，次薄于絡，復溜于經，漸傳府藏。秦艽羅紋，錯綜如織，象形從治法也。

條曰：根有羅紋，左旋者入藥，蓋天道左旋，而人生氣從之。《經》云：自古通天者生之本，天地之間，六合之内，其氣九州九竅，五藏十二節皆通乎天氣。數犯此者，則邪氣傷人，内閉九竅，外壅肌肉，衛氣散解，是以《本經》用治寒熱邪氣，或風寒濕痹，致骨節水道，反從地道右旋者，使順天運，以轉玉璣。數犯此者，此字指生氣言。《別錄》諸家，用治轉胞口噤，目闇耳鳴，即九竅内閉。用治癰疽黃疸，傳屍骨蒸，即肌肉外壅。用治手足不遂，通身攣急，即衛氣散解。設左右無別，天道逆矣。

明・李中梓《本草通玄》卷上　秦艽　味苦，性平，本入陽明，兼通肝膽。主陽明風濕，搜肝膽伏風，所以能養血榮經，除蒸退熱，理肢節痛及攣急不遂，黃疸酒毒。世俗不知其功能本於祛風，凡遇痛症，動輒用之，失其旨矣。能利大小便，滑泄者勿用。

清・顧元交《本草彙箋》卷一　秦艽　乃利陽明濕熱之藥，或以爲治燥者，未必確也。且《本經》亦止言其下水，利小便耳。若以治大便乾結，蓋或藉其推盪臟腑之力，非治燥也。凡陽明有濕，則身體酸疼煩熱，有熱則日晡潮熱骨蒸，此爲要藥。凡病手足不遂，黃疸煩渴之症，在所必須。產秦地，而根作羅紋交結，以左文者良，右文者即發脚氣。　傷寒煩渴，心神燥熱也，何以亦用秦艽？　專取其去熱耳。　然必與牛乳合用，以潤心家之燥。　秦艽治黃疸，而酒疸尤宜。用一大兩，剉作兩劑，每劑用酒半升，

浸絞取汁，空腹服。或用秦艽三兩，牛乳一大升，同煮，取七合，溫服。

清・穆石匏《本草洞詮》卷八　秦艽　出秦中。根作羅紋，交糾者佳，故名。以左文者為良。氣味苦平，無毒。入手足陽明經。治寒熱邪氣，寒濕風痺，肢節痛，下水利小便。蓋陽明有濕，則身體酸疼煩熱。陽明有熱，則日晡潮熱骨蒸。秦艽能去陽明之濕熱，故主之。

清・劉雲密《本草述》卷七下　秦艽音交，菖蒲為之使。　産於秦中，今河陝州郡多有之。其根長尺餘，粗細不等，土黄色，而相交糾，故曰秦艽。　春秋采根，陰乾。

根：氣味：苦，平，無毒。　《別錄》曰：辛，微溫。　潔古曰：氣微溫，味苦、辛，陰中微陽，可升可降，入手陽明經。　《主治秘訣》曰：性平，味鹹。

主治：寒熱邪氣，寒溼風痹，肢節痛《本經》。療風無問久新，通身攣急《別錄》。除陽明風溼及手足不遂，口噤，療腸風，瀉血，養血榮筋潔古。泄熱，益膽氣海藏。治胃熱虚勞，發熱瀕湖。除骨蒸日華子。療酒疸、黄疸甄權。下水利小便《本經》。　嵩曰：秦艽主風溼之藥，而活血榮筋，手足不隨，妙藥。

時珍曰：秦艽手足陽明經藥也，兼入肝膽，故手足不遂，黄疸煩渴之病須之，取其去陽明之溼熱也。陽明有溼，則身體酸疼煩熱，有熱則日晡潮熱骨蒸，所以《聖惠方》俱用秦艽也。　閬風曰：胸中熱結宜前胡，經絡熱結宜秦艽。　復曰：人身直者為經，横者為絡，絡之下注者為孫，肌腠之邪多從孫入，次薄於絡，復溜於經，漸傳腑臟。秦艽羅紋錯綜如織，象形，從治法也。

之頤曰：根有羅紋，左旋者入藥。蓋天道左旋，而人生氣從之。《經》云：自古通天者生之本，天地之間，六合之内，其氣九州九竅，五臓十二節，皆通乎天氣。數犯此者，則邪氣傷人，内閉九竅，外壅肌肉，衛氣散解，是以《本經》用治寒熱邪氣，或風寒溼痹，致骨節水道，反從地道右旋者，使順天運以轉玉璣。《別錄》諸家用治轉胞，口噤，目闇耳鳴，即九竅内閉。用治癰疸，黄疸，傳屍骨蒸，即肌肉外壅。用治手足不遂，通身攣急，即衛氣散解。設左右無別，天道逆矣。　中梓曰：秦艽風藥中潤劑，散藥中補劑，故養血有功，而中風恒用之。　希雍曰：秦艽感秋金之氣，故味苦平。《別錄》兼辛，微溫而無毒。潔古氣微溫，味苦辛，陰中微陽，可升可降，降多於升，入手足陽明經。　秦艽同乾葛、山茵蔯、五味子、黄連、白扁豆、木香、苜蓿，治酒疸。同薏苡仁、木瓜、五加皮、黄檗、蒼术、牛膝，治下部溼熱作疼，或生溼瘡。《聖惠方》急勞煩熱，身體酸疼，用秦艽、柴胡一兩，甘草五錢，為細末，每服三錢，白湯調下。　小兒骨蒸潮熱，減食瘦弱，用秦艽、炙甘草各一兩，每用一二錢，水煎服之。錢乙加薄荷葉五錢。

愚按：潔古云：秦艽本功外，又治口噤，腸風瀉血，蓋指此味為風劑也。第所謂本功，是療寒熱邪氣，寒溼風痹，肢節痛，通身攣急，無問風之新久者也。其所以能然，即盧復所謂秦艽羅紋錯綜如織，象形以治經絡之病者也。《經》曰：經隧者，氣血所從出之道也。故聖人獨守經隧，是能治經絡之病，即《本經》所云主治寒熱邪氣。潔古所謂能養血榮筋，以療諸痹之肢節痛，諸風之通身攣急者也。夫三陰經自下而上，所以達陽；三陽經自上而下，所以達陰。秦艽本微溫之氣，其味苦優而辛遜之，苦先而辛繼之，是自下而上也。然溫氣出自地，辛味根於苦，升已而降，自返其始，則又是自上而下也。其自地而升者，為達天氣，復自天而降者，為達地氣，故三陰三陽之經，無有或壅以為病，皆本於出地之風，能舉陰以升，而還能合陰以降也，所以貴乎左旋者此耳。夫肢節痛，似為溼病，通身攣急，是為風病，而獨以風劑名此味，正謂風虚則天氣不達於上而病於溼，風淫則地氣不達於下而病於風。總藉出地之風化，以一升一降轉旋之，故止歸其功於風耳。中梓謂為風藥中潤劑，散藥中補劑，豈不然哉？但羅紋貴於左旋者，請悉其義。曰：天體左旋，而人身之陽猶是自左而升。蓋離陰則無陽，肝之居左，主人身血分，故陽之升者，必由於左也。陰靜而陽動，靜為動之本，動為靜之先，陽不升，則地氣亦不升矣。《經》云：升者謂天，升已而降。降者謂地，是升則屬陽，降則屬陰，陰降而陽隨之，俱返其所自始也。故天之東升西降，而人亦猶之矣。使不本於天氣之左旋以為東升，烏能使地氣上升。俾陽之不離於陰者，遂得右旋以降，且返其始而旋轉不息乎？斯謂之履端於始，序乃不忒者也。抑盧氏所謂錯綜如織，象形以治經絡之病，抑又謂何？《經》云：陰氣從足上行至頭，而下行循臂至指端，陽氣從手上行至頭，而下行至足，是謂陰升而陽降也。《經》又曰：陽從左，陰從右，從左者升也，從右者降也，是則陰本下降，而陰之升者，乃隨陽以升也。陽本上升，而陽之降者，乃和陰以降也。就此而推錯綜微義，在人身經絡，有陽之順而升，乃得陰之逆而上，有陰之順而降，乃得陽之逆

而下，是陰陽之分者，順不俱順，逆不俱逆，而陰陽之合者，逆者不得不從乎順，而順者不得不從乎逆，造化玄機，付於人身，固是如此，而是物錯綜之形，適有合焉者矣。故從陰陽之分得其合，從陰陽之合得其分，乃能使氣血悉歸條理，而脈絡無不貫通，斯為通天者生之本，不啻如諸風劑，但以生升為功也，請得再悉言之。曰：諸氣血之患，不外虛實二義，虛者精氣，實者邪氣，此味由升降以運旋，舉虛實而咸宜。如治中風之大秦艽湯，正所謂養血榮筋，治其虛者也。如史國公酒方，治癱瘓頑麻，及寒溼諸風，是治其實者也。又如虛勞之治秦艽扶羸湯，治肺痿，骨蒸勞嗽寒熱，聲嘎，虛汗困倦，是治其虛者也。又二母湯治肺勞實熱，面腫喘嗽，煩熱骨痛，乍寒乍熱，此治其實者也。又虛中有實，如治骨蒸勞熱及虛勞嗽血，或一於養陰，或兼以益氣，乃於中秦艽同鼈甲而用，是於虛中化實，以為養陰益氣之助者也。至如痹證，類以為經絡之滯矣，詎知滯者，不分虛實乎？如防風湯治血痹，以邪入於血分，用之去血分風邪，兼以活絡者也。又如人參散，因肝氣虛而致血滯，用此於補肝氣中和血，以榮筋活絡者也。又如療著痹防風湯，治血痹皮膚不仁，用此同桂心、赤芍以活絡也。又黃芪酒，補腎肝之陽，以療風虛因陰滯見於諸證也。更用風劑通經絡，必須此味乃能活絡，以療諸痹也。更盜汗一證，類以為陽氣不固，或陰氣之虛所致矣。乃如麥煎湯，療營衛不調而盜汗者，更有四肢煩疼，面黃肌瘦等證，何以用此於中，既同鼈甲，又合乾漆，似通經活絡之義居多也。又如青蒿散，治虛勞盜汗，其見勞證不少，乃用此同青蒿、鼈甲，且合香附、烏藥、川芎，亦似為行氣活絡之劑，是皆為虛中有實之用也。又如黃疸證，茯苓滲溼湯，以此味為行溼清熱之君，是治其實者也。秦艽飲子，用之活絡，為益脾養血之助，是又治其虛者也。即此數證以推之，其用固不為少，然皆必明於虛實之所宜，而投主劑，此味或為之臣，或為之佐使，庶可以效經絡之治，不致罔功也。若然，《本草》何獨以風溼為言乎？曰：人身唯是水火二氣，而水火之體物不遺者，土也。《內經》太陰、陽明之異曰：陽者，天氣也。陰者，地氣也。陽受風氣，陰受溼氣，是風溼固即陰陽之正氣所化，亦即陰陽之戾氣所病也。陰陽順逆、分合之機，全藉於升降之不失宜，而升降之宜，固東升西降，如天包於地外。然地有經水，人有經脈，猶如地氣貫於天之中，故此風溼二氣，為陰陽之最先，而流通於經絡，以為生之本也。陰陽戾氣為病於經絡者，非此其誰先乎？《本草》舉其最切者言之，即可以包舉諸證之所用矣。或曰：治足陽明風熱，如頭風、口噤，又足陽明有溼，為身體酸疼煩熱，有熱為日晡潮熱骨蒸。又溼熱如黃疸、酒疸，以至手陽明所患，如下牙痛，腸風瀉血等證，是亦關於經絡乎？曰：氣血固責其化原於中土，而中土必資於活絡之風化，此土木之所以交相為用，而互相為病者也。如風熱病於肝，而自刑於胃土，溼熱病於胃，亦自及於肝而還乘於胃土，故胃土藉此味最切，此味當與柴胡殊用，而並有功於胃，況於手陽明本於足陽明以下行，尤為乙庚之合者哉。然風木溼土合病，而茲味於斯兼治，乃有養血活絡之功，緣血生於胃，納於肝也。如《聖惠》二方所治，一為陽明有溼，一為有熱，俱用甘草，俾合之化血，但前方有柴胡，而後方錢乙加薄荷，不離風木以行溼土之用，相助為理，試思腸風瀉血，固以肝之經絡不能納血，而風淫於腸胃，使血溢於所合之府耳。然則胃為氣血所生之地，而風木尤為生化之本，履端於始者，此一徵矣。

附方　孫真人治黃疸，皮膚眼睛如金色，小便赤，取秦艽五兩，牛乳三升，煮取一升，去滓，納芒消一兩，分作三服。《本草》秦艽惡牛乳，然治黃病又同用之，須条。　小便艱難，或轉胞，腹滿悶，不急療殺人，用秦艽加冬葵子，等分為末，酒服一匕。

修治　根有羅紋，以左旋者為佳。右列者不堪入藥，令人發脚氣病也。拭去黃白毛，水洗去土用。

清・郭章宜《本草匯》卷九　秦艽　苦平，辛溫，陰中微陽，可升可降。入手足陽明經。除四肢風痺濕痛，療遍體黃疸如金。陽明濕熱也。凡黃有數種，傷酒發黃，誤食鼠糞亦作黃。因勞發黃，多痰涕，目有赤脉，憔瘁，面赤，惡心是也。以艽浸酒，空心服。搜肝膽之伏風，主傳尸之骨蒸。以苦能解熱。活絡養血，益膽榮筋。

按：秦艽，散而能瀉之藥也。本手足陽明經藥，兼旁通乎肝膽，故手足不遂，黃疸酒毒之病須之，取其去陽明之濕熱也。陽明有濕，則身體酸疼；煩躁有熱，則日晡潮蒸。艽為風藥中潤劑，散藥中補劑，雖主風濕，而長于養血，是以能退熱舒筋，養血有功也。蓋血活則風滅，濕去則筋榮，故療風不問新久，通身攣急，四肢節痛，恒用之者。治風先治血，血行風自滅之意乎。世俗不知其功能本于祛風，凡遇痛症，動輒用之，失其旨矣。若下部虛寒，及小便不禁，大便滑者，忌用。

産秦中，洗淨，以布拭去黄白毛，還元湯浸一宿，日乾用。菖蒲為使。畏牛乳。左紋者良，右文者發脚氣。

清・蔣居祉《本草擇要綱目・溫性藥品》 秦艽以布拭去黄白毛，用童便浸一宿，晒乾用。 氣味： 苦，平，無毒。性又微溫。陰中微陽，可升可降。入手陽明經。 主治： 養血榮筋，除本經風濕口噤，腸風瀉血，通身攣急，肢節引痛。 畏： 牛乳。

清・閔鉞《本草詳節》卷三 秦艽 【略】按： 秦艽，風藥中潤劑，散藥中補劑。長于治風，實長于養血。治風先治血，血行風自滅，故療風無問久新也。陽明有濕，則身體酸痛煩熱，有熱，則潮熱骨蒸。秦艽入陽明而去濕熱，故小便利，黄疸愈，痺症痊也。下虚及大小便不禁者，勿用。

清・王翃《握靈本草》卷二 秦艽河陝皆有之。長大，黄白色者佳。須於脚文處認，取左文者，右文者發脚氣。 主治： 秦艽，苦，平，無毒。主寒熱邪氣，寒濕風痺，肢節痛，下水利小便。療酒疸，去頭風，治胃熱，虚勞發熱。

清・汪昂《本草備要》卷一 秦艽宣，去風濕。 苦燥濕，辛散風。去腸胃之熱，益肝膽之氣，養血榮筋。風藥中潤劑，散藥中補劑。 治風寒濕痺，《經》曰：風寒濕三氣雜至，合而爲痹。風勝爲行痹，寒勝爲痛痹，濕勝爲着痹。痹在于骨則體重，在脉則血濇，在筋則拘攣，在肉則不仁，在皮則寒。 通身攣急，血不榮筋。 虚勞骨蒸，時珍曰：手足陽明經藥，兼入肝膽。陽明有濕則手足酸痛寒熱，有熱則日晡潮熱骨蒸。《聖惠方》治急勞煩熱，秦艽、柴胡各一兩，甘草五錢，爲末，每服三錢。治小兒骨蒸潮熱，食減瘦弱，秦艽、炙甘草各一兩，每服一二錢，錢乙加薄荷五錢。 疸黄酒毒，腸風瀉血，口噤牙痛，齒下齦屬手陽明大腸經。張潔古曰： 秦艽能去下牙痛，及本經風濕。 濕勝風淫之症，利大小便。牛乳點服，兼治黄疸，煩渴便赤。 形作羅紋相交，長大黄白，左紋者良。菖蒲爲使，畏牛乳。

清・吴楚《寶命真詮》卷三 秦艽 【略】主陽明風濕，搜肝膽伏風，祛風活絡，養血舒筋，除蒸退熱，理肢節痛及筋攣不遂，黄疸酒毒，利水通淋。入胃祛濕熱，故小便利而黄疸愈。 治風先治血，血行風自滅。秦艽長於養血，故療風無論久新，而能退熱舒筋也。〇世俗不知其功能本於祛風，凡遇痛證，動輒用之，失其旨矣。〇能利大小便，滑泄不禁者勿用，下部虚亦忌用。

清・陳士鐸《本草新編》卷三 秦艽 味苦、辛，氣平、微溫，可升可降，陰中陽也，無毒。入大腸之經，養血榮筋，通利四肢，能止諸痛，通便利水，散黄疸。亦止頭風，解酒毒，療腸風下血。但小有補益，終非君藥。前人稱其能去骨蒸傳尸，此則所不敢信也。

或問： 秦艽散風邪之品，前人稱其能去骨蒸傳尸，而吾子不敢信，使余疑信相半，幸為我論之。曰： 骨蒸，癆瘵之漸也，内無真陰之水，以沖養其骨中之髓，故夜發熱而日不熱也。且夜熱之時，熱在骨中，而肉皮之熱反輕。此非外有邪犯，亦非邪入骨中，乃精自内空。必須填補真陰，少加退陰火之味，始能奏效。秦艽止能散内風，病既無風，用之不益加内熱乎。傳尸之症，乃勞瘵之已成也，内生尸蟲，食人精血，以致咳嗽不已，日事補陰尚難奏效，況益之以散風利水之藥，以重其虚乎。此余之所不敢信，而亦天下之所宜共信余言者也。

清・顧靖遠《顧氏醫鏡》卷七 秦艽辛、苦，平。入胃大腸肝三經。 祛風除濕而療肢節疼痛，養血榮筋而治通身攣急。長於養血，所謂治風先治血，血行風自滅。又能洩熱利水，而去濕熱。能理黄疸，可解酒毒。去陽明濕熱之功也。 下部虚寒人，及小便不禁，大便滑者，忌用。

清・李熙和《醫經允中》卷二〇 秦艽 入手足陽明經，兼入膽肝。陰中微陽，可升可降。菖蒲為使。畏牛乳。左紋者良。去黄白毛，還元湯浸一宿，晒乾用。 苦、辛，溫，無毒。主治寒濕風痺，肢節痛，手足攣急不遂。療黄疸，解酒毒。秦艽主陽明風濕，搜肝膽伏風。世俗不知其專主祛風，凡遇痛症輒概用之，失其旨矣。下焦虚寒滑泄者不用。

清・馮兆張《馮氏錦囊秘錄・雜症痘疹藥性主治合參》卷三 秦艽感秋金之氣，故味苦辛，平，微溫，無毒。入手足陽明經。苦能洩，辛能散，微溫能通利，故主寒熱邪氣，寒濕風痺肢節痛，下水利小便。性能祛風除濕，無問久新及通身攣急，能燥濕，散熱結腸風，瀉血養血榮筋之要藥。 秦艽，養血舒筋，除風痹，肢節俱痛，通便利水，散黄疸遍體如金，除頭風，解酒毒，止腸風下血，去骨蒸傳屍。其性養血祛風，入胃而除濕熱。故治攣急痹症者風也。黄疸便澀者，濕熱也。為風藥之潤劑。但下部虚寒人，小便不禁者勿服。

按： 秦艽，風藥中之潤劑，散藥中之補劑，故養血有功，中風多用之者，取祛風活絡，養血舒筋。蓋治風先治血，血行風自滅耳。

清・张璐《本經逢原》卷一 秦艽 苦，平，微溫，無毒。雷公云： 左文列為秦，治濕病。右文列為艽，治脚氣。今藥肆多右文者，慎勿混用。《本

經》主寒熱邪氣，寒濕風痹，肢節痛，下水，利小便。　發明：　秦艽陰中微陽，可升可降，入手足陽明，以其去濕也，兼入肝膽，以其治風也。故手足不遂，黃癉酒毒及婦人帶疾須之，陽明有濕，則身體痠痛，肢節煩疼及攣急不遂，有熱則日晡潮熱，用以祛風勝濕則愈。凡痛有寒熱或浮腫者，多挾客邪，用此以祛風利濕方為合劑，故《本經》治寒熱邪氣，寒濕風痹，肢節痛等證。若久痛虛羸，血氣不能營養肢體而痛，及下體虛寒，疼痠枯瘦等病，而小便清利者，咸非秦艽所宜。今庸師喜用秦艽，且不辨左文、右文，凡遇痛證，動輒用之，失其旨矣。

清・浦士貞《夕庵讀本草快編》卷一　秦艽《本經》、秦糺　此物產秦中，根作羅交糾，左旋者佳，糺、糾同。　秦艽苦辛，陰中微陽，入手足陽明二經，兼走肝家血分。如風濕攣痹，手足不遂，肢節作痛，遍體痠疼，得非陽明之濕熱乎？若傳尸骨蒸，新久勞熱，腸風瀉血，得非厥陰之風熱乎？故用秦艽以驅風養血，利水化濕，風去則水平，濕除則筋利，是以《聖惠方》重其功也。且其能益膽氣而利二便，得牛乳、菖蒲為佐，用更神矣。

清・張志聰、高世栻《本草崇原》卷中　秦艽　氣味苦，平，無毒。主治寒熱邪氣，寒濕風痹，肢節痛，下水，利小便。　秦艽出秦中，今涇州、鄜州、岐州、河陝諸郡皆有。其根土黃色，作羅紋交糾左右旋轉。李時珍曰：以左紋者良，今市肆中或左或右，俱不辨矣。　秦艽氣味苦平，色如黃土，羅紋交糾，左右旋轉，稟天地陰陽交感之氣，蓋天氣左旋右轉，地氣右旋左轉，左右者，陰陽之道路。主治寒熱邪氣者，地氣從內以出外，陰氣外交於陽，而寒熱邪氣自散矣。治寒濕風痹，肢節痛者，天氣從外以入內，陽氣內交於陰，則寒濕風三邪，合而成痹，以致肢節痛者，可愈也。地氣運行則水下，天氣運行則小便利。

清・劉漢基《藥性通考》卷五　秦艽　味苦、辛。散風去濕，去腸胃之熱，益肝胆之氣，養血榮筋，治風寒濕痺。風藥中潤劑，散藥中補劑。《經》曰：　風寒濕三氣雜至，合而為痺。風勝為行痺，寒勝為痛痺，濕勝為着痺。痺在於骨則體重，在脉則血濇，在筋則拘攣，在肉則不仁，在皮則寒。通身攣急，血不榮筋，虛勞骨蒸。時珍曰：　手足陽明經藥，兼入肝胆。陽明有濕，則手足酸痛寒熱，有熱則日晡潮熱骨蒸。《聖惠方》治急勞煩熱，秦艽、柴胡各一兩，甘草五錢，為末，每服三錢。治小兒骨蒸潮〔熱〕，食減瘦弱，秦艽、炙甘草各一兩，每服一二錢，薄荷五錢更妙。秦艽又能治疸黃酒毒，腸風瀉血，口禁牙痛。齒下齦屬手陽明大腸經，張潔古曰：　秦艽能去下牙痛，及本經風濕，濕勝風淫之症。利大小便，牛乳點服。兼治黃疸煩渴，便赤。形作羅紋相交長，黃白，左紋長者良。菖蒲為使，畏牛乳。

清・姚球《本草經解要》卷一　秦艽　氣平，味苦，無毒。主寒熱邪氣，寒濕風痹，肢節痛，下水，利小便。便浸晒。　秦艽氣平，稟天秋降之金氣，入手太陰肺經。味苦無毒，得地南方之火味，入手少陰心經。氣味俱降，陰也。皮毛屬肺，外感之邪氣從皮毛而入者，或寒或熱，感則肺先受邪。秦艽入肺，味苦能洩，所以主之。風寒濕三者合而成痹，痹則血澁不行矣。味苦入心，心主血。苦能散結，血行痹自愈也。肢節痛，濕流關節而痛也。秦艽氣平降肺，肺氣行則水道通，水道通，則濕下逐矣。其下水利小便者，皆通水道之功也。左文者良。　製方：　秦艽酒煎，治黃疸。專一兩，治小便難，腹滿。同柴胡、甘草，治急勞煩熱。同乾葛、茵陳、五味、川連、扁豆、木通、苡仁，治酒疸。同苡仁、木瓜、五加皮、黃柏、蒼朮、牛膝，治下部濕熱作痛及濕瘡。

清・王子接《得宜本草・中品藥》　秦艽　味苦、辛。入手足陽明，兼入肝膽。主治風濕攣痺。得獨活、桂心治產後中風。

清・黃元御《玉楸藥解》卷一　秦艽　味苦，氣平。入足厥陰肝經。發宣經絡，驅除風濕。治中風癱瘓、濕家筋攣骨痛、黃疸之證。

清・吳儀洛《本草從新》卷一　秦艽〔宣，祛風濕。〕　苦燥濕，辛散風。去腸胃之熱，疏肝膽之氣，活血榮筋。風藥中潤劑，散藥中補劑。治風寒濕痺，《經》曰：　風寒濕三氣雜至，合而為痺，風勝為行痺，寒勝為痛痺，濕勝為着痺。痺在於骨則體重，在脈則血澀，在筋則拘攣，在肉則不仁，在皮則寒。通身攣急，潮熱骨蒸，時珍曰：　手足陽明經藥，兼入肝膽。陽明有濕則手足痠痛寒熱，有熱則日晡潮熱骨蒸。《聖惠方》〔宋太宗有《太平聖惠方》。〕治急勞煩熱，秦艽、柴胡各一兩，甘草五錢，為末，每服三錢。又方治小兒骨蒸潮熱，食減瘦弱，秦艽、甘草各一兩，每服一二錢。錢乙〔錢乙著《小兒直訣》。〕加薄荷五錢。疸黃酒毒，腸風瀉血，口噤牙痛，齒下齦屬手陽明大腸經。張潔古曰：　秦艽能去下牙痛及本經風濕。濕勝風淫之證。利大小便，牛乳點服，兼治黃疸，煩渴便赤。下部虛寒，小便不禁，大便滑者忌用。形作羅紋相交，長大黃白，左紋者良。菖蒲為使。畏牛乳。

清・汪紱《醫林纂要探源》卷二　秦艽　苦，辛，平。大葉叢生，抽莖作花，根兩歧，各螺旋而下，左旋者良。色白黃長大，根上羅紋相交。補肝燥脾而善行下部，引木以疏土，能養血榮筋。辛補肝，苦燥脾，治風痰濕痺。肝脾之脈，皆行於足，風濕之痺，多在下部，此根如兩脚，故行於下。艽者，骫也，又交也。以風勝濕，引木疏土，故能引血榮筋，治攣急疸黃之證，及酒毒濕熱，小兒勞熱骨蒸，兼入血分，去血中風濕。

清・嚴潔等《得配本草》卷二　秦艽　菖蒲為之使。畏牛乳。　辛、苦，溫。入手足陽明經氣分。去風濕寒痹，療黃疸酒毒，舒筋養血。皆祛濕之功。　得肉桂，治産後中風。得牛乳，治傷寒煩渴，及發背初起，并治五種黃疸。一種誤食鼠糞作黃，多痰涕，目有赤脈，憔悴面赤、惡心者是也。配阿膠、艾，治胎動不安。佐柴胡，治風濕骨蒸。風入骨，故熱。　左紋者良，右紋者發脚氣。以布刷去黃白毛，童便浸一宿，炒乾用。　腎虛便多，血虛筋痛，二者禁用。

題清・徐大椿《藥性切用》卷三　秦艽　辛苦性平，祛風勝濕，活血舒筋。入手足陽明肝膽。亦治骨蒸潮熱，利大小便。左紋者良。

清・黃宮繡《本草求真》卷三　秦艽除腸胃濕熱，兼除肝膽風邪，止痹除痛。

秦艽耑入腸胃，兼入肝膽。　苦多於辛，性平微溫。凡人感冒風寒與濕，則身體酸痛，肢節煩疼，拘攣不遂，如風勝則為行痹。痹兼三氣皆有，茲止就其勝者而言。寒勝則為痛痹，濕勝則為着痹，痹在於骨則體重，痹在於脉則血濇，痹在於筋則拘攣，痹在於肉則不仁，痹在於皮則膚寒，至於手足酸疼，寒熱俱有，則為陽明之濕。潮熱骨蒸，則為陽明之熱。推而疸黃便濇，腸風瀉血，口噤牙痛，上齦屬胃，下齦屬大腸，秦艽能除風濕牙痛。　亦何莫不由陽明濕熱與風所成。　用此苦多於辛，以燥陽明濕邪，辛兼以苦，以除肝膽風熱。實為祛風除濕之劑。風除則潤，故秦艽為風藥中潤劑。濕去則補，故秦艽為散藥中補劑。《聖惠方》治急勞煩熱，身體酸疼，用秦艽、柴胡一兩，甘草五錢，為末，每服三錢，白湯調下。治小兒骨蒸潮熱，減食瘦弱，用秦艽、炙甘草各一兩，每用一二錢，水煎服之。加薄荷葉五錢。　然久痛虛羸，血氣失養，下體虛寒，痠疼枯瘦，小便利者，咸非所宜。　形作羅紋相交，長大黃白，左紋者良。　右紋勿用，菖蒲為使，畏牛乳。

清・沈金鰲《要藥分劑》卷一　秦艽　【略】鰲按：　感受風寒發熱，遍身疼痛，必以秦艽治之，以其能散結除邪也。　并能養胎。

清・楊璿《傷寒溫疫條辨》卷六散劑類　秦艽　味辛苦，散風勝濕，去腸胃之熱，益肝膽之氣，養血榮筋。　主風寒濕痹，周身攣拘，虛勞骨蒸，和血便利，去下牙疼。《直指》秦艽扶羸湯：　治肺痿骨蒸，勞嗽聲嗄，體倦自汗。　秦艽、鼈甲、當歸、地骨皮錢半，柴胡二錢，半夏、紫菀、人參、甘草一錢，生薑一錢二分，棗二枚，水煎。　此肺勞蒸嗽之劑也。

清・羅國綱《羅氏會約醫鏡》卷一六草部　秦艽味辛苦，微溫，入肝胃二經。酒浸用。

苦能洩，辛能散，微溫能通利。　祛風去濕，養血舒筋。　治周身攣急，骨節疼痛風也。　黃疸，便濇，腸風下血，濕熱也。　骨蒸勞熱養血，止牙痛。齒下齦屬陽明、大腸，能入胃清熱。　按：　下部虛寒，及小便不禁，大便溏泄者忌用。

清・陳修園《神農本草經讀》卷三中品　秦艽　氣味苦，平，無毒。　主寒熱邪氣，寒濕風痹，肢節痛，下水，利小便。

張隱庵曰：　秦艽氣味苦平，色如黃土，羅紋交糾，左右旋轉，稟天地陰陽交感之氣。　蓋天氣左旋右轉，地氣右旋左轉，左右者，陰陽之道路。　主治寒熱邪氣者，地氣從內以出外，陰氣外交於陽，而寒熱邪氣自散矣。　治寒濕風痹，肢節痛者，天氣從外以入內，陽氣內交於陰，則寒濕風三邪合而成痹以致肢節痛者，可愈也。　地氣運行則水下，天氣運行則小便利。

清・黃凱鈞《藥籠小品》　秦艽　苦燥濕，辛散風，活血榮筋。　治風寒濕痹，通身攣急，潮熱骨蒸，腸風泄血，一切濕勝風淫，皆能治也。

清・王龍《本草纂要稿・草部》　秦艽　味甘、辛，性平而溫。　養血榮筋，除風痺肢節並痛。　通便利水，散黃疸徧體如金。　解酒毒，誅頭風。　去腸風下血，療骨蒸傳屍。

清・張德裕《本草正義》卷下　秦艽　苦，寒。胃、大腸清火藥也。　治風熱濕痺，風濕拘攣，手足不遂，腸風挾熱下血。以能清火，故亦治骨蒸潮熱，小兒疳熱羸瘦。

清・楊時泰《本草述鉤元》卷七　秦艽　產於秦中，根長尺餘，粗細不等，土黃色而相交糾，故名。　春秋采根，陰乾用。　右列者不堪入藥，令人發脚氣病也。

氣微溫，味苦，平，兼辛。　陰中微陽，可升可降，降多於升。　入手足陽明經。　菖蒲為之使。《本經》主寒熱邪氣，寒濕風痹，肢節痛，下水利小便。　療風無問久新，通身攣急，除陽明風濕及熱，手足不遂，口噤，養血榮筋，益膽氣，泄熱，除虛勞發熱骨蒸，酒疸、黃疸，腸風瀉血諸本草。　入手足陽明兼入肝

膽，故手足不遂，黃疸煩渴之病須之，取其去陽明之濕熱。陽明有濕則身體酸疼煩熱，有熱則日晡潮熱骨蒸，所以《聖惠方》俱用艽瀕湖。胸中熱結，宜前胡；經絡熱結，宜秦艽閬風。人身直者為經，橫者為絡，絡之下注者為孫，肌腠之邪多從孫入，次薄於絡，復溜於經，漸傳腑臟，秦艽羅紋錯綜如織，象形，從治法也復。根有羅紋左旋者入藥，蓋天道左旋，而人生氣從之，邪氣傷人，逆乎天道，以致內閉九竅，外壅肌肉，衛氣散解，是以《本經》用治寒熱邪氣，或風寒濕痹致骨節水道反從地道右旋者。《別錄》諸家，用治轉胞口噤，目闇耳鳴，即九竅內閉也；癰疽黃疸，傳屍骨蒸，即肌肉外壅也；手足不遂，通身攣急，即衛氣散解也之頤。秦艽為風藥中潤劑，散藥中補劑，故養血有功，而中風恒用之。用乾葛、黃連、茵陳、五味、扁豆、木香、苜蓿，治酒疸。同薏仁、木瓜、蒼术、黃柏、五加皮、牛膝，治下部濕熱作疼，或生濕瘡。

附方：急勞煩熱，身體酸疼，用秦艽、柴胡各一兩，甘草五錢，為細末，每服三錢，白湯送下。小兒骨蒸潮熱，減食瘦弱，用秦艽、炙甘草各一兩，每用一二錢，水煎服之。錢乙加薄荷五錢。上二方俱用甘草，俾合之化血，而前有柴胡，後加薄荷，不離風木以行濕土之用，相助為理也。黃疸皮膚眼睛如金色，小便赤，取秦艽五兩，牛乳三升，煮取一升，去渣，納芒消一兩，分作三服。此《孫真人方》。秦艽惡牛乳，然治黃疸又同用之，須參。小便艱難，或轉胞腹滿悶，不急療殺人。用秦艽加冬葵子等分，為末，酒服一匙。

論：秦艽羅紋錯綜如織，象形以治經絡之病者也。夫三陰經自下而上，所以達陽；三陽經自上而下，所以達陰。艽本微溫之氣，其味苦優而辛遜之，苦先而辛繼之，是自下而上也。然溫氣出自地，辛味根於苦，升已而降，自返其始，則又是自上而下也。出地之風，能舉陰以升，而還能合陰以降，則天地氣達，而三陰三陽之經，無或壅遏以為病矣。夫肢節痛似為濕病，通身攣急是為風病，而獨以風劑名此味，正謂風虛則天氣不達於上而病於濕，風淫則地氣不達於下而病於風，總藉出地之風化，以一升一降轉旋之。所以紋貴左旋者，以人身之陽，離陰則無陽。自左而升，升者謂天，肝居左，主人身血分，故陽之升者，必由於左。升已而降，降者謂地，陰降而陽隨之，俱返其所自始也。使不本於天氣之左旋以為東升，烏能俾陽之不離於陰者，遂得右旋以降，且返其所始而轉旋不息乎。抑所謂錯綜如織，象形以治經絡之病者。《經》云：陰氣從足上行至頭陰升，而下行循臂至指端；陽氣從手上行至頭，而下行至足陽降。蓋陰本下降，而陰之升者，乃隨陽以升。陽本上升，而陽之降者，乃和陰以降。就此而推錯綜微義，則知人身經絡有陽之順而升，乃得陰之逆而上；有陰之順而降，乃得陽之逆而下。是陰陽之分者，順不俱順，逆不俱逆；而陰陽之合者，逆者不得不從乎順，順者不得不從乎逆。造化元機，付於人身者如此。而是物錯綜之形，適有合焉，不盡如諸風劑，但以生升為功也。至於茲味治病，本草獨以風濕為言，因風濕固即陰陽之正氣所化，人身惟是水火二氣，而水火之體物不遺者土也。《內經》太陰陽明之異，曰陽者天氣也，陰者地氣也。夫天包地外，而地氣貫於天之中，地有經水，猶人有經脈，故此風濕二氣，為陰陽之最先流通於經絡以為生之本者。亦即陰陽之戾氣所病。陽受風氣，陰受濕氣，此陰陽之戾氣為病於經絡者。舉其最切者言之，即可以包諸證之所用矣。或謂艽治足陽明風熱，如頭風口噤，其有濕則為身體酸疼煩熱，有熱則為日晡潮熱骨蒸，又濕熱如黃疸、酒疸，以及手陽明所患，如下牙痛腸風瀉血等證，是亦關於經絡乎？豈知人身氣血，惟責化原於中土，而中土必資於活絡之風化，以土木交相為用，而互相為病也。如風熱病於肝，自刑於胃土，濕熱病於胃，亦自及於肝，而還乘於胃土，故胃土藉此味最切。其治風木濕土合病，有養血活絡之功，緣血生於胃，納於肝也。此味當與柴胡殊用，而並有功於胃，況乎手陽明本於足陽明以下行，尤為乙庚之合者哉。彼夫腸風瀉血為病，乃肝之經絡不能納血，而風淫於腸胃，使血溢於所合之臟耳。然則胃為氣血所生之地，而風木尤為生化之本，此其一徵矣。

修治：拭去黃白毛，水洗，去土用。

清・鄒澍《本經續疏》卷四 秦艽 **【略】**秦艽主寒熱邪氣，寒濕風痹，且將胥六淫而盡治之，所不及兼者惟燥耳。其所造就抑何廣耶？夫是條之讀，當作主於寒熱邪氣中下水利小便，又主於寒濕風痹，肢節痛中下水利小便。蓋惟寒熱邪氣證，可以下水利小便愈者無幾，寒濕風痹，肢節痛證，可以下水利小便愈者亦無幾。此秦艽之功，殊不為廣，然必於兩證中求其的可以下水利小便愈者，而後秦艽之用得明，則已費推敲矣。況下水利小便復不得作一串觀，是秦艽所主，確亦實繁且殷也。凡苗短根長之物，皆能攝陽就陰，凝陽於陰，如遠志者可驗。特彼則著於神志，茲則隸於六淫，著神志者，攝火於水，而精自靈動。隸六淫者，化邪於水，而溺自流通，惟測識其有水可以化邪，此邪能從水化，有溺可以泄水，此水得隨溺通，斯秦艽之用方無誤也。但

屬寒邪雖有水氣，祗可使水從寒化，不得化寒為水，如小青龍湯證、真武湯證是也。風寒濕三氣雜至，合而成痹，其驟者雖有水氣，亦祗可令從溫洩，不得化水而洩，如白术附子湯證、甘草附子湯證、桂枝附子湯證是也。惟寒邪已與熱搏，其勢兩不相下，兼有水停於中，是其趣向本亦將從水化，與夫痹已經久，但行於外而絕於中，則均當使其合一，就而下之，縱使小便不利，亦自能去。不然，寒熱邪氣之下，何以不係他證，而肢節痛，亦寒濕風痹所固有，亦何必更係此三言於下耶？特通身攣急之候，則不必更論其新久，以寒濕風氣既偏於身，則已與中聯絡，遂不得俟其但肢節痛而後與秦艽。以秦艽原羅紋密織偏網合身也。後世以之治黄疸，是寒熱邪氣中有水之明驗。以之治煩渴，是寒濕風痹中有熱之確據。

清·葉桂《本草再新》卷一 秦艽味苦、辛，性平，無毒。入肝、胃二經。祛風活絡，養血舒筋，骨蒸黄疸，利水通淋。

清·吴其濬《植物名實圖考》卷七 秦艽 《本經》中品。《圖經》：河陝州軍有之。葉如萵苣，梗葉皆青。今山西五臺山所産形狀正同。《唐本草》字或作糺、作糾、作膠，正作艽。按《唐韻》作芁。此草根作羅紋，則芁字為近，古方為治黄要藥，今治風猶用之。

清·趙其光《本草求原》卷一山草部 秦艽 紋左旋而微辛，入肺。主升；氣平，屬金，入大腸與胃。味苦，入心。又主降。《別錄》曰：微溫，苦、辛。溫又入肝，主升，能先升以為降。故凡陽氣不達於上而病濕，與陰氣不達於下而病風者，咸主之。先賢謂其入胃、大腸，以其治濕也。又謂其入肝膽者，以其治風也。無毒。治寒熱邪氣，肺主之皮毛，感寒邪，則辛溫能散；感熱邪，則苦平能瀉。寒濕風痹，三氣合雜，則氣血不行，結滯於經絡而為痹，苦辛散結。肢節痛，身痛，攣急不遂，皆陽明有濕也。日晡潮熱，陽明客熱也。下水、通淋利小便，辛平以通降肺氣，則水道通調。治酒黄疸、酒毒，亦陽明濕熱耳。同乾葛、茵陳、五味、川連、扁豆、木通。五種黄疸，目赤、多痰、惡心，一味浸酒，取汁服，小便閉者以牛乳煎服，並治傷寒煩渴。一方加芒硝，因大便亦閉也。舒筋活絡，安胎，同甘草、阿膠、艾葉為末；或加鹿膠為末，以糯米湯煎服。發背初起，疑似者，以牛乳煎服，得快利即愈。瘡口不合。為末摻之。

前賢以為風藥中潤劑，散藥中補劑，無論風虚風實、肺虚虚勞、肺實熱勞，一挾客邪，症見寒症，或浮腫，皆可投主劑，血虚補血，氣虚補氣。而佐此行氣活血絡以祛風逐濕。倘氣血虚痛號與下體虚寒酸痛枯瘦、非關客邪，而小便清利者，咸忌之。今人不辨左紋右紋，一遇痛症即用之，誤矣。

按：秦艽，紋右旋者，發脚氣，不堪用。左旋者，治風濕為良。蓋天體左旋，人之臟腑竅絡皆通天氣，陽左升，陰乃右降。人身直者為經，横者為絡，絡之下注者為孫，外邪由孫入絡而後陷於經。若客邪外傷，則肝不左升，肺亦不右降，是以經絡不通而壅閉散解之症作也。《本經》主治，是舉外壅内閉而概言之耳。諸家用治小便難，或轉胞腹滿急，一味煎服，或加冬葵以酒煎。口噤、目暗、耳鳴、牙痛，即風、濕内閉九竅也。用治癰疸，黄疸，急勞煩熱酸痛，同柴胡、甘草末，滾水下。小兒骨蒸潮熱，上方去柴，加薄荷。即風濕外壅肌肉也。用治拘攣不遂，即衛氣散解也。

土、木、水、火交相為用，風熱病於肝，必刑胃上；濕熱病於胃，必及乎肝。其治腸風下血者，肝風淫於腸胃，則血溢也；其治痛痹者，濕鬱而心血内結，則肝筋無所榮也，惟此風濕合治，故主之。至盜汗肢痛，面黄肌瘦，與鱉甲、乾漆同用；虚榮盜汗，與青蒿、鱉甲、香附、川芎、台烏同用，則皆虚中有實，營衛不調，用之以通經活絡耳。拭去毛，洗土用。惡牛乳。

清·葉志詵《神農本草經贊》卷二 秦艽 味苦，平。主寒熱邪氣，寒濕風痹，肢節痛，下水，利小便。生山谷。

飛烏山畔，糾植交紛。苣青葉布，葛紫花芬。中剔沖土，左隱羅文。實成月計，化速絪緼。

名醫曰：生飛烏山谷。蘇頌曰：根土黄色而相交糾，葉青色如萵苣，葉花紫色似葛花，當月結子。陶弘景曰：中多沖土，用宜破去，根作羅文。李時珍曰：以左文者良。《漢書·紀》：月計有餘。《易》：天地絪緼，萬物化醇。

清·文晟《新編六書》卷六《藥性摘錄》 秦艽 苦多於辛，性平，微溫。除腸胃濕熱，兼除肝脾風邪，止風痹拘攣，除骨節酸痛，潮熱骨蒸，黄疸便澀，腸風瀉血，口噤牙痛等症。〇然久痛虚羸，下體虚寒，酸痛枯瘦，小便利者，俱忌之。〇左紋者良。畏牛乳。

清·張仁錫《藥性蒙求·草部》 秦艽錢半 秦艽苦辛，除濕榮筋。肢節風痛，下血骨蒸。時珍曰：手足陽明經藥，兼入肝膽。故去腸胃之熱，疏肝膽之氣，為風藥中潤品，散藥中之不傷陰也。

清・戴葆元《本草綱目易知錄》卷一　秦艽　苦、辛，微溫。入手足陽明，兼入肝膽。除陽明之風濕，而益膽氣。去頭風，解酒毒，療疳疾，除煩渴，利大小便，瀉熱下水，養血榮筋。治寒濕風痹，肢節疼痛，通身攣急，手足不遂，陽明風濕，酒黃黃疸，胃熱口瘡，口噤牙疼，虛勞發熱，傳尸骨蒸，腸風瀉血，左紋者良。

清・黃光霽《本草衍句》　秦艽　辛善散風，苦能燥濕。去腸胃之熱，益肝膽之氣。養血榮筋，風寒濕痺，勞熱骨蒸，通身攣急，酒毒腸風，黃疸並治。藥中之潤品，散藥中之補劑。得獨活、桂心治產後中風。　急勞煩熱，身體痠疼，用秦艽、柴胡一兩，甘草為末，白湯下。　小兒骨蒸潮熱，方用同上。

清・陳其瑞《本草撮要》卷一　秦艽　味苦辛，入手足陽明兼入肝膽，功專去風濕攣痹。得獨活、桂心治產後中風，得柴胡、甘草治勞熱，得薄荷、甘草治小兒骨蒸潮熱、食減瘦弱，獨用治齒下齦痛，以牛乳點服，並治黃疸煩渴便赤。菖蒲為使。畏牛乳，為末塗口瘡不合。

清・鄭奮揚著，曹炳章注《增訂偽藥條辨》卷一　秦艽　假艽出秦中，今涇州、鄜州、岐州、河陝諸郡皆有。其根土黃色，作羅紋交糾，左右旋轉。李時珍云：以左紋者良。今市肆偽品，即邊秦有毛，其枝尚小，匪特左右紋難辨，不知何物混充，又安能療病乎？　炳章按：秦艽，陝西甯夏府出者，色黃肥大，蘆少，左旋者佳。山西五臺山亦出，皮色略黑，肉黃白色，亦佳。以上皆名西秦艽。湖北產者，條細質鬆，毛屑較多，名漢秦艽，為次。

清・沈金鰲撰，劉鶚補正《要藥分劑補正》卷一宣劑　秦艽　味苦，平。主寒熱邪氣，寒濕風痺，肢節痛，下水，利小便《本經》。　辛，微溫。無毒。療風，無問久新，通身攣急《別錄》。　傳尸骨蒸，治疳疾及時氣大明。療酒疸，黃疸，解酒毒。去頭風甄權。治小便難，腹滿《聖惠》。除陽明風濕及手足不遂，口噤，牙痛，口瘡，腸風瀉血。又能養血榮筋元素。泄熱，益膽氣好古。治胃熱，虛勞發熱時珍。

經絡：感秋金之氣而生，陰中微陽，可升可降，降多於升。入手足陽明經《經疏》。兼入肝膽《得宜》。入胃、大腸兼肝膽經。為洩散疎利之品，乃胃與大腸驅除風濕之要藥芊綠。

合化：《聖惠方》曰：得甘草，治暴瀉引飲。一治小兒骨蒸潮熱，減食瘦弱。《太平聖惠方》曰：得牛乳，治傷寒煩渴，心神躁熱。得阿膠、艾葉，治胎動不安。孫真人曰：得牛乳、芒硝，治黃疸，皮膚眼睛如金，小便赤。《得宜本草》曰：得獨活、桂心，治產後中風。

論說：徐之才曰：菖蒲為使，畏牛乳。然治黃疸又用之，須參。李時珍曰：此手足陽明經藥，兼入肝膽，故手足不遂，黃疸煩渴之病，在所必需。取其能燥濕，散熱結，專祛陽明濕熱也。陽明有濕則身體酸疼煩熱，陽明有熱則日晡潮熱骨蒸，乃三痺必用之藥。沈芊綠曰：感受風寒發熱，遍身疼痛，必以秦艽治之，以其能散結除邪也。並能養胎。

禁忌：《經疏》曰：下部虛寒人及小便不禁者均忌。

出產：《圖經》曰：生飛鳥山谷。今河陝多有之。六月開花，紫色，似葛花。當月結子。春秋採根，陰乾。蘇恭曰：涇州、鄜州、岐州者良。時珍曰：以其出秦中，故名秦艽。根作羅紋交糾者佳。

炮製：雷公曰：凡使，以布拭去黃白毛乃用。還元湯浸一宿，晒乾用。

菊花參

明・蘭茂原撰，范洪等抄補《滇南本草圖說》卷三　菊花參　一名金錢參。氣味甘苦無毒。耑治：五勞七傷，諸虛百損，形體羸瘦，五心發燒等症最良。此藥世俗輕看，昔吳王勞疫多痰，日夜恍惚，不省人事，身似火盆。有內人陳圓圓用此一劑，精神照常。後問何藥有此大功，圓圓奏曰：菊花參。王使民尋此，賞金錢一文，故名金錢參。

明・蘭茂撰，清・管暄校補《滇南本草》卷上　菊花參　味甘，無毒。形似菊花，貼地而生，根似魚眼。採取用之，煮鷄食補血，煮猪肉食補腎，煮羊肉食補氣。單食此參，退虛燒熱症，神效。

明・蘭茂撰，清・管暄校補《滇南本草》卷中　金錢參一名菊花參，又名一顆松。　性微寒，苦味微甘。治勞傷虛熱不退，血氣虛弱，形體消瘦，虛癆發熱，午後怯冷，夜間發熱，五心煩熱，天明出汗盜汗等症。男婦並皆治之。

附方：金錢參五錢，嫩母雞一隻，去腸，入參於雞腹內，水煮爛服之。又方：水煎，用童便點，亦可。

明・蘭茂《滇南本草》〔叢本〕卷上　金錢參一名菊花參，一名一棵松。　味苦、微甘，性微寒。治勞傷、氣血久虛弱，熱不退、形體消瘦者效。金錢參五錢、笋雞一隻，去腸，將參入腹內。共合一處，煮溫食之。亦有不用雞，單劑水

煎，點水酒、童便服亦可。單方治男婦虚損勞傷，午後怕冷，夜間發熱，天明出汗，自汗，五心煩熱。

清・趙學敏《本草綱目拾遺》卷三草部上 菊花參 產雲南東川府巧家汛江邊，葉似菊花。功用同人參，力較遜。

白鮮

宋・李昉《太平御覽》卷第九九一 白鮮 《本草經》曰：白鮮，治酒風。

宋・唐慎微《證類本草》卷八草部中品〔《本經・別錄・藥對》〕 **白鮮味苦、**鹹，**寒，**無毒。**主頭風，黄疸，欬逆，淋瀝，女子陰中腫痛，濕痹，死肌不可屈伸起止行步，**療四肢不安，時行腹中大熱飲水欲走大呼，小兒驚癇，婦人産後餘痛。生上谷川谷及冤句。四月、五月採根，陰乾。惡螵蛸、桔梗、茯苓、萆薢。

〔梁・陶弘景《本草經集注》〕云：近道處處有，以蜀中者爲良。俗呼爲白羊鮮，音仙，氣息正似羊羶，或名白羶。

〔唐・蘇敬《唐本草》〕注云：此藥葉似茱萸，苗高尺餘，根皮白而心實，花紫白色。根宜二月採。若四月、五月採便虚惡也。

〔宋・掌禹錫《嘉祐本草》〕按：《藥性論》云：白鮮皮，臣。治一切熱毒風，惡風，風瘡，疥癬赤爛，眉髮脱脆。皮肌急，壯熱惡寒，主解熱黄、酒黄、急黄、穀黄、勞黄等良。日華子云：通關節，利九竅及血脉，并一切風痹，筋骨弱乏，通小腸水氣，天行時疾，頭痛眼疼。根皮良，花功用同上。亦可作菜食。又名金雀兒椒。

〔宋・蘇頌《本草圖經》〕曰：白鮮，生上谷川谷及冤句，今河中、江寧府、滁州、潤州亦有之。苗高尺餘，莖青，葉稍白如槐，亦似茱萸。四月開花，淡紫色，似小蜀葵。根似蔓菁，皮黄白而心實。四月、五月採根，陰乾用。又云：宜二月採，差晚則虚惡也。其氣息都似羊羶，故俗呼爲白羊鮮，又名地羊羶，又名金爵兒椒。其苗，山人以爲菜茹。葛洪治鼠瘻已有口，膿血出者，白鮮皮煮汁服一升，當吐鼠子乃愈。《李兵部手集方》療肺嗽，有白鮮皮湯方，甚妙。

宋・劉明之《圖經本草藥性總論》卷上 白鮮皮 味苦、鹹，寒，無毒。主頭風，黄疸，欬逆，淋瀝，女子陰中腫痛，濕痺死肌，不可屈伸行止，療四肢不安，時行腹中大熱，小兒驚癇，婦人産後餘痛。《藥性論》云：臣。治一切熱毒風。日華子云：通關利竅及血脉，一切風痺，筋骨弱乏，通小腸水氣，天行時疾頭痛，眼昏。惡螵蛸、桔梗、茯苓、萆薢。

明・王綸《本草集要》卷三 白鮮臣 味苦鹹，氣寒，無毒。惡螵蛸、桔梗、茯苓、萆薢。四月、五月採根，陰乾。根皮良。主頭風，黄疸，咳逆，淋瀝，女子陰中腫痛。濕痹死肌，不可屈伸起止行步。治一切熱毒風，風瘡疥癬赤爛，眉髮脱脆。

明・滕弘《神農本經會通》卷一 白鮮皮 臣也。惡螵蛸、桔梗、茯苓、萆薢。四月五月採根，陰乾。根皮良。味苦鹹，氣寒，無毒。東云：去風，治筋弱，療足頑痺。

《本經》云：主頭風，黄疸，欬逆，淋瀝，女子陰中腫痛，濕痺死肌，不可屈伸，起止行步。療四肢不安，時行腹中大熱，飲水大呼，小兒驚癇，婦人産後欲走餘痛。《藥性論》云：臣。治一切熱毒風，惡風，風瘡疥癬赤爛，眉髮脱，脆皮肌急，壯熱惡寒。主解熱黄、酒黄、急黄、穀黄、勞黄等良。日華子云：通關節，利九竅血及脉，并一切風痺，筋骨弱乏，通小腸水氣，天行時疾，頭痛眼疼。根皮良。花功用同上。亦可作菜食。又名金雀兒椒。《圖經》云：治鼠瘻已有口，膿血出者，白鮮皮煮汁，服一升，當吐鼠子，乃愈。《手集方》：療肺嗽有白鮮皮湯。《局》云：白鮮除疸通淋瀝，主療風癱起止難。又治疥瘡諸熱毒，女人陰腫小兒癇。白鮮，治疥瘡，利小便。

明・劉文泰《本草品彙精要》卷一〇 白鮮無毒。植生。

白鮮出《神農本經》：**主頭風，黄疸，欬逆，淋瀝，女子陰中腫痛，濕痹，死肌，不可屈伸，起止行步。**以上朱字《神農本經》。療四肢不安，時行腹中大熱飲水，欲走大呼，小兒驚癇，婦人産後餘痛。以上黑字名醫所錄。【名】白羊鮮、白羶、金雀兒椒、地羊羶。【苗】《圖經》曰：苗高尺餘，莖青葉稍白，如槐，亦似茱萸。夏開花淡紫色，似小蜀葵。根似蔓菁，皮黄白而心實，其氣羶似羊，故名地羊羶也。【地】《圖經》曰：生上谷川谷及冤句，今河中、潤州皆有。【道地】江寧府、滁州、蜀中。【時】生：春生苗。採：四月、五月取根。又云：宜二月取，差晚則虚惡。【收】陰乾。【用】根上皮。【質】類牡丹皮而白。【色】白。【味】苦，鹹。【性】寒，泄。【氣】味厚于氣，陰也。【臭】羶。【主】濕痹，風瘡。【反】惡螵蛸、桔梗、茯苓、萆薢。【治】療：《圖經》曰：鼠瘻已有口，膿血出者，煮汁服一升，當吐鼠子，愈。《藥性論》云：去一切熱毒，惡風，風瘡，疥癬，赤爛，眉髮脱，脆皮肌急，壯熱，惡寒，解熱黄、酒黄、穀黄、勞黄。日華子云：通關節，利九竅及血脈，

並一切風痹，筋骨弱乏，通小腸水氣，天行時疾，頭痛眼疼。

明·許希周《藥性粗評》卷三 煎鮮皮之白，豫讓無取於漆身。

白鮮皮，俗名白羊鮮。出山東、河北川谷。五月採根，陰乾。惡螵蛸、桔梗、茯苓、萆薢。味苦、鹹，性寒，無毒。主治頭風黄疸，欬逆淋瀝，風癩瘡疥，濕痹死肌，小兒驚癎，婦人産後餘痛，消熱涼血，安四肢。

單方：鼠瘻：已成膿血者，以白鮮皮煎湯，飲一升，當吐出鼠子，自愈。

明·鄭寧《藥性要略大全》卷五 白鮮皮臣 去風，治筋弱，療足頑痹，治疥癬，使通淋，治女人陰痛腫。《經》云：主頭風，黄疸，嗽逆，淋瀝。療濕痹死肌，不能屈伸者，及治小兒驚癎，女人産後欲走餘痛。易老云：治一切熱毒，風瘡疥癬赤爛，眉毛脱落。通關節，利九竅血脉，一切風痹。味苦、鹹，氣寒，無毒。惡螵蛸、桔梗、茯苓、萆薢。四、五月采根，陰乾，去骨用根皮。

明·陳嘉謨《本草蒙筌》卷二 白鮮 味苦、鹹，氣寒。無毒。山谷俱有，苗莖尺餘。嫩可作茹。葉稍白似槐葉尤繁，花淡紫，四月開。如蜀葵略小。根與蔓菁彷彿，心實皮色白黄。二月採根取皮，差晚則虚惡也。因齅作羊羶氣息，故俗加羊字呼名。俗呼為白羊鮮。惡桔梗、螵蛸及茯苓、萆薢。療遍身黄疸濕痹，手足不能屈伸。治一切癩毒風瘡，眉髮因而脱落。消女人陰腫或産後餘疼，止小兒驚癎併淋瀝欬逆。時熱發狂，飲水多多，煎服尤宜。葛洪治鼠瘻有膿，熬白鮮皮膏，吐出立愈；李兵部理肺嗽不已，製白鮮皮湯，飲下即差。

明·王文潔《太乙仙製本草藥性大全》卷二《本草精義》 白鮮皮 一名地羊羶，又名金雀兒椒。生上谷川谷及寃句，今河中、江寧府、滁州、潤州亦有之。苗高尺餘，莖青，葉梢白如槐，亦似茱萸。四月開花淡紫色，似小蜀葵，根似蔓菁，皮黄白而心實。四五月採根陰乾用。又云宜二月採根取皮，差脱則虚惡也。因齅作羊羶氣息，故俗加羊字呼名，俗呼爲白羊鮮。惡桔梗、螵蛸及茯苓、萆薢。

明·王文潔《太乙仙製本草藥性大全》卷二《仙製藥性》 白鮮皮 味苦、鹹，氣寒，無毒。主治：治筋弱，去頭風，手足頑痹。通關節，利九竅，清便通淋。療遍身黄疸濕痹，手足不能屈伸。治一切癩毒風瘡，眉髮因而脱落。消女人陰腫或産後餘疼，止小兒驚癎併淋瀝。欬逆，時熱發狂飲水，多多煎服尤宜。葛洪治鼠瘻有膿，熬白鮮皮膏，吐出立愈。李兵部理肺嗽不已，製白鮮皮湯飲下即差。

明·皇甫嵩《本草發明》卷三 白鮮中品上，臣。氣寒，味苦、鹹，無毒。發明曰：白鮮，苦寒清熱毒，除風濕之劑。故《本草》主天行時疾，頭目痛，腹中大熱飲水，欲走大呼，頭風欬逆，五黄症，通小腸水氣，通関節，利九竅血脉，女子陰中腫痛，産後餘痛，小兒驚癎，風濕痺死肌，手足不能屈伸，起止行步，四肢不安。又治一切熱毒風，惡風風瘡疥癬，赤爛眉髮脱，皮膚急，壯熱惡寒。大略清熱毒，除風濕之功居多矣。採用根皮。惡螵蛸、桔梗、茯苓、萆薢。

明·李時珍《本草綱目》卷一三草部·山草類下 白鮮音仙。《本經》中品。

〖釋名〗白羶弘景 白羊鮮弘景 地羊鮮《圖經》 金雀兒椒《日華》弘景曰：俗呼爲白羊鮮。氣息正似羊羶，故又名白羶。時珍曰：鮮者，羊之氣也。此草根白色，作羊羶氣，其子纍纍如椒，故有諸名。

〖集解〗《别錄》曰：白鮮皮生上谷川谷及寃句，四月、五月採根陰乾。弘景曰：近道處處有，以蜀中者爲良。恭曰：其葉似茱萸，高尺餘，根皮白而心實，花紫白色。根宜二月採，若四月、五月採，便虚惡矣。頌曰：今河中、江寧府、滁州、潤州皆有之。苗高尺餘，莖青，葉稍白，如槐亦似茱萸。四月開花淡紫色，似小蜀葵花。根似小蔓青，皮黄白而心實。山人採嫩苗爲菜茹。

根皮 〖氣味〗苦，寒，無毒。《别錄》曰：鹹。之才曰：惡螵蛸、桔梗、茯苓、萆薢。

〖主治〗頭風黄疸，咳逆淋瀝，女子陰中腫痛，濕痹死肌，不可屈伸起止行步《本經》。療四肢不安，時行腹中大熱飲水，欲走大呼，小兒驚癎，婦人産後餘痛《别錄》。治一切熱毒風、惡風，風瘡疥癬赤爛，眉髮脱，脆皮肌急，壯熱惡寒，解熱黄、酒黄、急黄、穀黄、勞黄甄權。通關節，利九竅及血脈，通小腸水氣，天行時疾，頭痛眼疼。其花同功大明。治肺嗽蘇頌。

〖發明〗時珍曰：白鮮皮氣寒善行，味苦性燥，足太陰、陽明經去濕熱藥也，兼入手太陰、陽明，爲諸黄風痹要藥。世醫止施之瘡科，淺矣。

〖附方〗舊一，新一。 鼠瘻已破：出膿血者。白鮮皮煮汁，服一升，當吐若鼠子也。《肘後方》。 産後中風：人虚不可服他藥者。一物白鮮皮湯，用新汲水三升，煮取一升，温服。陳延之《小品方》。

明·梅得春《藥性會元》卷上 白鮮皮 味苦、鹹，氣寒，無毒。惡螵蛸、桔梗、茯苓、萆薢。 主治頭風，壯筋弱而療足膝頑痹，利小便，止淋瀝，女子陰中腫痛，經水不通，濕痹、風癬、死肌，不可屈伸起止行步，四肢不安； 時

行腸中大熱飲水，欲走大呼，小兒驚癇；婦人產後餘痛，治疸，通淋及咳逆。

明・李中立《本草原始》卷二　白鮮　始生上谷川谷及冤句，今近道處處有之，以蜀中者為良。苗高尺餘，莖青，葉稍白如槐，亦似茱萸；四月開花，淡紫色，似小蜀葵；根似蔓菁，皮白而心實。四月、五月採根陰乾。其氣息都似羊羶，故俗呼為白羊鮮。陶弘景名白羶。《圖經》名地羊鮮。今人呼為白鮮皮。　氣味：苦，寒，無毒。　主治：頭風，黄疸，欬逆淋瀝，女子陰中腫痛，濕痹死肌，不可屈伸起止行步。○療四肢不安，時行腹中大熱飲水，欲走大呼，小兒驚癇，婦人產後餘痛。○治一切熱毒風，惡風，風瘡疥癬赤爛，眉髮脱，脆皮肌急，壯熱惡寒，解熱黄、酒黄、急黄、穀黄、勞黄。○通關節，利九竅及血脉。通小腸水氣，天行時疾，眼疼頭痛。其花同功。○治肺嗽。

白鮮，《本經》中品。【圖略】苗可為茹。根皮白色入藥。

白鮮皮，惡螵蛸、桔梗、茯苓、萆薢。　葛洪：治鼠瘻已有口，膿血出者，白鮮皮煮汁，服一升，當吐鼠子乃愈。　白鮮皮：臣。

明・張懋辰《本草便》卷一　白鮮臣　味苦、鹹，氣寒，無毒。惡螵蛸、桔梗、茯苓、萆薢。　主頭風，黄疸，欬逆，淋瀝，女子陰腫。治一切熱毒。

明・李中梓《藥性解》卷四　白鮮皮　味苦、鹹，性寒，無毒，入肺、小腸二經。主頭風黄疸，欬逆淋瀝，濕痹死肌，一切疥癩、惡風、疥癬、楊梅諸瘡，熱毒天行時疾，頭痛眼疼，女子陰痛，小兒驚癇，和血脉，通九竅，利小腸。惡螵蛸、桔梗、茯苓、萆薢。　按：白鮮皮入肺經，故能去風；入小腸，故能去濕。夫風濕既除，則血氣自活，而熱亦從此逝矣。

明・繆希雍《本草經疏》卷八　白鮮皮　味苦、鹹、寒，無毒。主頭風，黄疸，欬逆，淋瀝，女子陰中腫痛，濕痹死肌，不可屈伸起止行步，療四肢不安，時行腹中大熱飲水，欲走大呼，小兒驚癇，婦人產後餘痛。惡螵蛸、桔梗、茯苓、萆薢。

〔疏〕白鮮皮稟天地清燥陰寒之氣，其味苦寒。《別錄》兼鹹無毒。降多於升，陰也。入足太陰、陽明，兼入手太陽。苦能泄熱，寒能除熱，故主頭風有火證。性寒而燥，能除濕熱，故主五疸。欬逆者，實火上衝也。得寒而散，則欬逆止矣。淋瀝及女子陰中腫痛，亦皆下部濕熱乘虚客腎與膀胱所致也。濕痹死肌，不可屈伸起止行步者，地之濕氣，感則害人皮肉筋脈也。脾主四肢，惡濕而喜燥，今為濕邪所干，故四肢不安也。時行腹中大熱，因而飲水、大呼欲走者，邪熱盛也。小兒驚癇，亦熱則生風之候也。散濕除熱，蔑不濟矣。婦人產後餘痛，應是血虚而熱，非所宜也。〔主治參互〕得牛膝、石斛、薏苡仁、黄檗、蒼术，療足弱頑痹。去下部濕熱，多加金銀花，佐以漢防己，治下部一切濕瘡。〔簡誤〕下部虚寒之人，雖有濕證勿用。

明・姚可成《食物本草》卷一七草部・山草類　白鮮處處有之，以蜀中者為良。今河中、江寧府、滁州、潤州皆有之。苗高尺餘，莖青，葉稍白如槐，亦似茱萸。四月開花淡紫色，似小蜀葵花。根似小蔓菁，皮黄白而心實。山人采嫩苗為菜茹。　白鮮，味苦，寒，無毒。治頭風黄疸，欬逆淋瀝，女子陰中腫痛，溼痹死肌，不可屈伸起止行步。療四肢不安，時行腹中大熱飲水，欲走大呼，小兒驚癇，婦人產後餘痛。一切熱毒風，惡風風瘡，疥癬赤爛，眉髮脱，脆皮肌急，解熱黄、酒黄、穀黄、勞黄。通關節，利九竅，通小腸水氣。

附方：治產後中風，人虚不可服他藥者。一物白鮮皮湯，用新汲水三升，煮取一升，溫服。　治鼠瘻瘰癧、已破出膿血者。白鮮皮煮汁，服一升，當吐若鼠子也。

明・李中梓《醫宗必讀・本草徵要上》　白鮮味苦，寒，無毒。入脾經。惡桔梗、茯苓、萆薢。　主筋攣死肌，化濕熱毒瘡。地之濕氣，感則害人皮肉筋脉。白鮮皮善除濕熱，故療肌死、筋攣、瘡毒。　按：下部虚寒之人，雖有濕證，弗敢餌也。

明・蔣儀《藥鏡》卷四寒部　白鮮皮：入肺經以去風，入小腸以去濕。風濕既除，則血氣活，楊梅痺癬自光。風熱不生，則膀胱利，陰痛驚癇自止。

明・張景岳《景岳全書》卷四八《本草正》　白鮮皮　味苦，寒，性燥而降，乃手足太陰、陽明之藥。解熱黄，酒黄，急黄，穀黄，勞黄，通關節九竅，利血脉小水。治時行大熱飲水，狂躁叫呼，及婦人陰中腫痛，小兒風熱驚癇。尤治一切毒風風瘡，疥癬赤爛，楊梅瘡毒，眉髮脱落。此雖善理瘡瘍，而實為諸黄風痺要藥。

明・盧之頤《本草乘雅半偈》帙六　白鮮根皮《本經》中品　氣味：苦，寒，無毒。　主治：主頭風，黄疸，欬逆，淋瀝，女子陰中腫痛，濕痹死肌，不可屈伸起止行步。

頌曰：出河中、江寧、滁州、潤州，而蜀中者為勝。苗莖都青，葉色稍白，如槐葉，亦如茱萸葉。四月開花淡紫色，似小蜀葵花。根似小蔓青，皮黃白而中實。氣臭正似羊羶也，春采者堅白，夏采者虛惡。惡螵蛸、桔梗、茯苓、萆薢。

先人云：羶者肝之臭，當入肝，為肝之用藥，從治風氣者也。亦可入脾除濕，脾以肝為用耳。

糸曰：白曰金，鮮曰腥，金之色與臭也。欲以壽終，當首戒鮮。又不以壽終者曰鮮，故唯春采者堅白，夏采者虛惡。以方生則力銳，形腐則氣萎而力不專矣。味苦氣寒，對待以熱為病，以風為本，如風中頭而標頭風，鬱肌層而標黃疸，入毫竅而標欬逆，客膀胱而標淋瀝，侵陰中而標腫痛，更合濕曰痹，如痹肌而標死肌，痹筋而標不可屈伸，及起止行步不正也。設合寒本，氣味不相投矣。

明・李中梓《本草通玄》卷上　白鮮皮　氣寒，善行，味苦，性燥，入肺脾二經。主惡毒諸瘡，風癩疹癬，濕痺死肌，不可屈伸，通關節，利九竅及血脈，肺熱咳嗽，天行狂走，頭目痛。氣息似羊羶，多服損中氣。

清・顧元交《本草彙箋》卷一　白鮮　白鮮皮氣寒性燥，爲諸黃、風痺要藥。世醫止施之瘡科，以清濕清熱，未盡其材。但下部虛寒之人，雖有濕證，弗用。

清・穆石匏《本草洞詮》卷八　白鮮　根白作羊羶氣，故名。鮮者，羊之氣也。氣味苦寒，無毒。足太陰、陽明經主藥，兼入手太陰、陽明。治頭風，黃疸，欬逆，淋瀝，濕痺，一切熱毒，通關節，利九竅，為風痺要藥。世醫止施之瘡科，淺矣。

清・劉雲密《本草述》卷七下　白鮮　時珍曰：鮮者，羊之氣也。此草根白色，作羊羶氣。

根：氣味：苦，寒，無毒。《別錄》曰：鹹。恭曰：白鮮根皮白而心實，花紫白色，根宜二月采，若四月、五月采，便虛惡矣。

主治：通關節，利九竅，及血脈日華子。療一切熱毒風，惡風甄權。及淫痹死肌，不可屈伸起止行步，治黃疸，兼女子陰中腫痛《本經》。外治毒風癬瘡，眉髮脫落甄權。方書主治：中風痹，消癉脚氣，目外障，鼻舌。時珍曰：白鮮皮氣寒善行，味苦性燥，足太陰、陽明經去溼熱藥也，兼入手太陰、陽明，為諸黃風痹要藥。世醫止施之瘡科，淺矣。希雍曰：白鮮皮稟天地清燥陰寒之氣，其味苦寒。《別錄》兼鹹無毒，降多於升，陰也，入足太陰、陽明，兼入手太陽。性寒而燥，能除溼熱。得牛膝、石斛、薏苡仁、黃蘗、蒼朮，療足弱頑痹，去下部溼熱。多加金銀花，佐以漢防己，治下部一切溼瘡。復曰：羶者，肝之臭，當入肝，為肝之用藥，從治風氣者也。亦可入脾除溼，脾以肝為用耳。

愚按：白鮮根皮，始嘗之味微鹹，後微辛，後即純苦，苦中復有微辛。本草言其氣寒。夫鹹入血，苦寒之性有辛，而合之以入血，宜能清散血中之滯熱矣。《經》曰：肝臭臊，在《月令》曰羶，羶與臊同。鮮根之臭絕羶，當是木氣，且肝為藏血之臟，則此味不應入肝乎？中風證牛黃散，內治心臟中風，恍惚恐懼，悶亂不得睡臥，語言錯亂，方中用白鮮皮。見《準繩》。按：鮮皮本入肝，而曰治心臟中風者，肝固風臟，然由母以病子也。況采之唯春，入夏則虛惡，是非專稟木之用乎？盧復所言，固勝於時珍、希雍也。故甄權云治一切熱毒風，惡風。蓋肝為風木，不獨血虛能生風，即血滯者亦然。血之滯也，不獨寒能泣之，即熱而氣傷者亦能泣之。此味於是有專功，謂其通關節，利九竅及血脈者，不謬也。雖然，肺主諸氣而應乎金，他味之本於風木者多矣，何獨此味羶臭觸人乎？蓋木借金之氣以達，故其臭獨異。如是，即其色白可知矣。盧氏曰：脾以肝為用，亦可除溼。此語誠然。但脾以肝為用，而此之藉金氣以達者，肝更藉肺為用以致於脾，脾因肝之血和，肺之氣達，而溼熱乃散，故治溼痹及黃疸證。如所謂女子陰中腫痛，及筋病不可屈伸起止行步，非肝之病乎？如所謂黃疸，並溼疹死肌，又非脾與肺之病乎？雖肝腎屬下，其奏功多在下部，如希雍所云，然肝腎之病，未有脾肺之氣不達而能療者也，明者審之。

希雍曰：下部虛寒之人，雖有溼證，勿用。

修治　水洗，去粗皮。

清・郭章宜《本草匯》卷九　白鮮皮　味苦、鹹，寒，降多於升，陰也。入足太陰、陽明，兼入手太陰、太陽、陽明。療遍身黃疸濕痺，手足不能屈伸。治一切癩毒風瘡，眉髮因而脫落。消女子陰中腫痛，主小兒驚癇欬逆。解時熱發狂，通小腸水氣。治鼠瘻已破，及產後中風。《本經》主頭風者，內有火症也。熱以苦洩，熱以寒除，而頭風可去。《別錄》主濕，皮不可屈伸，四肢不

安者，地之濕氣，感則害人皮肉筋脉。脾主四肢，惡濕而喜燥，今為濕邪所干，故四肢不安也。

按：白鮮皮禀天地清燥陰寒之氣，故其氣寒而善行，為脾胃兩家去濕熱藥也。又為諸黄、風痺要藥。世醫止施之瘡科者，淺矣。然多服亦損中氣也。同牛膝、苡仁、黄蘗、蒼朮，能療足弱頑皮。去下部濕熱，多加金銀花，佐以漢防己，治下部一切濕瘡。若下部虚寒者，雖有濕症，勿用。

俗呼為白羊鮮，因其氣息似羊羶也。水洗去粗皮。惡螵蛸、桔梗、茯苓、萆薢。

清・蔣居祉《本草擇要綱目・寒性藥品》 白鮮根皮 氣味：苦，寒，無毒。又氣寒善行，味苦性燥。入足太陰、陽明經。去濕熱藥也。兼入手太陰、陽明，為諸黄風痹要藥。世醫止施之瘡科，淺矣。 主治：頭風黄疸，欬逆淋瀝，女子陰中腫痛，濕痹死肌，不可屈伸起止行步。療四肢不安，時行腹中大熱飲水，欲走大呼。小兒驚癇，婦人產後餘痛。治一切熱毒風，惡風風瘡，疥癬赤爛，眉髮脱落，皮肌急，壯熱惡寒。解熱黄、酒黄、急黄、穀黄、勞黄，通關節，利九竅及血脈，通小腸水氣，天行時疾，頭痛眼疼。其花同功，治肺嗽。 惡：螵蛸、桔梗、茯苓、萆薢。

清・王翃《握靈本草》補遺 白鮮皮生上谷，今江寧諸州皆有之。根皮黄白而心實。 苦，寒，無毒。 主黄疸，一切熱毒惡風，時行腹中大熱，解熱黄、酒黄、急黄、穀黄、勞黄。

清・汪昂《本草備要》卷二 白鮮皮通，祛風濕。 氣寒善行，味苦性燥。行水故燥。 入脾胃，除濕熱，兼入膀胱、小腸。行水道，通關節，利九竅。為諸黄、風痺之要藥。一味白鮮皮湯，治產後風。時珍曰：世醫止施之瘡科，淺矣。 兼治風瘡疥癬，女子陰中腫痛。濕熱乘虚客腎與膀胱所致。 根黄白而心實。取皮用。 惡桑螵蛸、桔梗、茯苓、萆薢。

清・顧靖遠《顧氏醫鏡》卷七 白鮮皮苦，寒。入脾經。 治痺症死肌筋攣，地之濕氣，感則害人皮肉筋脉，此藥善除濕熱，故主之也。 理熱毒風癩疥癬。寒能除熱，苦能殺蟲故也。 下部虚寒之人，雖有濕症，勿用。

清・李熙和《醫經允中》卷二〇 白鮮皮：入脾、胃、肺、大小腸。鹹，寒，無毒。主治一切癩毒風瘡，眉髮脱落。療遍身黄疸濕痺，手足不能屈伸。多服則損中氣，下部虚寒者弗服。

清・馮兆張《馮氏錦囊秘錄・雜症痘疹藥性主治合參》卷三 白鮮禀天地清燥陰寒之氣，其味苦鹹，寒，無毒。入足太陰陽明，兼入手太陽。苦能泄熱，寒能除熱，鹹能潤下，故治濕熱及下部諸症。 白鮮，又名白羊鮮。主筋攣死肌，化濕熱毒瘡。遍身黄疸濕痺，手足不能屈伸。癩毒風瘡，眉髮脱落，女人陰腫，產後餘疼。小兒驚癇，淋瀝欬逆，時熱時狂，飲水多多，煎服尤宜。治鼠瘻有膿，熬白鮮皮膏，吐出即愈。理肺嗽不已，製白鮮皮湯，飲下即瘥。

清・张璐《本經逢原》卷一 白鮮皮一名白羊鮮 苦、鹹，寒，無毒。《本經》主頭風黄癉，欬逆淋瀝，女子陰中腫痛，濕痺死肌，不可屈伸起止行步。 發明：白鮮皮氣寒善行，味苦，性燥，足太陰、陽明經去風濕熱藥也。兼入手太陰、陽明，為諸黄風痹要藥。《本經》所主皆風濕熱邪藴釀經中之病。《千金》治嬰兒風癇，熱則生風，胸中有痰，白羊鮮湯取其善祛風熱也。世醫秖施之於瘡科，淺矣。下部虚寒之人，雖有濕證，勿用。

清・張志聰、高世栻《本草崇原》卷中 白鮮根皮 氣味苦，寒，無毒。主治頭風，黄疸，咳逆，淋瀝，女子陰中腫痛，濕痹死肌，不可屈伸起止行步。

白鮮出河中、江寧、滁洲、潤州皆有之，以川蜀者為勝。 苗高尺餘，莖青葉稍白，四月開花紫白色，根皮白色，根心內實，其氣腥羶。 白鮮臭腥色白，氣味苦寒，禀金水之精，而治風熱之證，主治頭風，金能制風也。治黄疸，水能清熱也。 禀金氣而益肺，故治咳逆。禀水氣而益膀胱，故治男子淋瀝，女子之陰中腫痛。燥氣屬金，故治濕痹之死肌。水氣主骨，故治骨屬不可屈伸，及不可起止行步也。

清・王子接《得宜本草・上品藥》 白鮮皮 味苦。入手太陰、陽明經。主治風濕痛痺，鼠瘻已破者服之最效。

清・黄元御《玉楸藥解》卷一 白鮮皮 味苦，性寒。入手太陰肺、足太陽膀胱經。 清金止欬，利水清疸。 白鮮皮清金利水，治欬嗽上氣，黄疸溺癃，疥癬鼠瘻。

清・吳儀洛《本草從新》卷一 白鮮皮〔通，祛風濕。〕 氣寒善行，味苦性燥。 入脾胃除濕熱，兼入膀胱、小腸。行水道，通關節，利九竅，為諸黄風痺之要藥。一味白鮮皮湯治產後風。時珍曰：世醫止施之瘡科，淺矣。兼治風瘡疥癬，女子陰中腫痛。濕熱乘虚客腎與膀胱所致。下部虚寒，雖有濕證，勿可餌也。 根黄白而心實，取皮用。山人采嫩苗為菜茹。 惡桑螵蛸、桔梗、茯苓、萆薢。

清·汪紱《醫林纂要探源》卷二　白鮮皮　苦，寒。莖葉疏散而弱，根黃白散出。取皮用。瀉脾燥濕，行下焦，瀉小腸和膀胱。能治諸黃，去濕痺，又治諸瘡疥癬。

清·嚴潔等《得配本草》卷二　白鮮皮一名白羶。　惡桔梗、茯苓、萆薢、螵蛸。　苦，寒，性燥。入足太陰、陽明經。除濕熱，治諸黃，利九竅，通關節，祛風痹，行水道，療疥癬鼠瘻，退女人陰腫。　酒拌炒。　下部虛寒者禁用。

題清·徐大椿《藥性切用》卷三　白鮮皮　味甘性燥，氣寒善行，入脾胃而除濕熱。兼入小腸膀胱，行水道，利竅通關，為諸風頑痺耑藥。下部虛寒，雖有濕症，勿用。

清·黃宮繡《本草求真》卷五　白鮮皮瀉脾胃濕熱。　白鮮皮耑入脾胃。味苦與鹹，性寒無毒，蓋陽明胃土喜燥惡濕，一有邪入，則陽被鬱不伸而熱生矣。有熱自必有濕，濕淫則熱益盛，而風更乘熱至，相依為害，以致關節不通，九竅不利。見為風瘡疥癬，毛脫疸黃，濕痹便結，溺閉陰腫，欬逆狂叫，飲水種種等症。諸症皆就濕熱以論。治宜用此苦泄寒鹹之味，以為開關通竅，俾水行熱除風息，而症自克平。《肘後》治鼠瘻已破，出膿血，用白鮮皮煮汁服一升，當吐若鼠子也。又陳延之治產後中風人虛不可服他藥者，一物白鮮皮湯溫服。　奈世不察，猥以此為瘡瘍之外用，其亦未達本經主治之意耳！　然此止可施於脾胃堅實之人，若使素屬虛寒，切勿妄用。根黃白而心實者良。取皮用，惡桑螵蛸、茯苓、桔梗、萆薢。

清·羅國綱《羅氏會約醫鏡》卷一六草部　白鮮皮：　味苦寒，性燥，入脾、胃、小腸、膀胱四經。解熱苦寒除濕。利小水也。治諸黃，熱黃、酒黃、急黃、穀黃皆屬濕熱。療筋攣死肌，受地濕氣之害。善理一切瘡瘍、眉髮忽落、女人陰中腫痛、濕熱乘虛客腎與膀胱所致。小兒風熱驚癇、時行大熱、飲水狂燥。苦寒之效。

按：　下部虛寒者，雖有濕證，勿用。

清·黃凱鈞《藥籠小品》　白鮮皮　味苦性燥，入脾胃，除風濕，通關利竅，為諸黃風痹之要藥。

清·張德裕《本草正義》卷下　白鮮皮　苦，寒。性燥，脾、胃、肺、大腸藥。解五種黃疸，通九竅關節，風毒風瘡，楊梅瘡毒，為諸黃、風痺要藥。

清·楊時泰《本草述鉤元》卷七　白鮮皮　鮮者，羊之氣也。此草根皮白色，作羶氣。二月采者根心實，若四五月采，便虛惡。　根皮味微鹹，辛而苦，氣寒性燥。降多於升。手足太陰經去濕熱藥也，兼入手太陽、陽明。為諸黃風痹要藥。羶者，肝之臭，當入肝，為肝之用藥，從治風氣者也。亦復入脾除濕復。主治通關節，利九竅及血脈，療一切熱毒風、惡風及濕痹死肌，不可屈伸起止行步，治黃疸，兼女子陰中腫痛，外治毒風癬瘡，眉髮脫落諸本草。方書治消癉，中風，脚氣，目外障，鼻舌。得蒼术、黃柏、牛膝、石斛、薏苡，療足弱頑痹，去下部濕熱。多加金銀花，佐以漢防己，治下部一切濕瘡。《準繩》治心臟中風，恍惚恐懼，悶亂語錯，不臥。牛黃散方中用白鮮皮，由母以病子也。

論：　白鮮皮味始微鹹，後微辛，後即純苦，苦中復有微辛，本草言其氣寒。夫鹹應入血，今苦寒之性，合之以辛而入血，宜能清散血中之滯熱矣。《經》曰：　肝臭臊。白鮮皮之臭絕羶，當是木氣，且肝為藏血之臟，又為風臟，不獨血虛能生風，即血滯者亦然。血之滯也，不獨寒能泣之，即熱而氣傷者亦能泣之。此味寒燥而性善行，故謂其通關節，利九竅及血脈也。觀於采根以二月，入夏則虛惡，洵當專稟風木之用，而羶臭觸人，又其根皮色白，木固藉金氣以達者。盧氏曰：　脾以肝為用，亦可除濕，此之藉金氣以達者，肝更藉肺為用，以致於脾，脾因肝之血和，肺之氣達，而濕熱乃散。如陰中腫痛及筋病不可屈伸，此肝病也。如黃疸，濕痹死肌，此脾與肺之病也。大抵肝腎居下，其奏功雖多在下部，然未有脾肺之氣不達而能療者也。

繆氏云：　下部虛寒之人，雖有濕證，弗用。

修治：　水洗，去粗皮。

清·鄒澍《本經續疏》卷四　白鮮　【略】凡草之根，多於花實後津氣返本，方自堅實，獨白鮮於花實後則虛耗。豈非取其極升長時津氣反下行乎？凡草之氣，無論香臭腥臊，多發於枝葉花實，獨白鮮藏羶氣於根，豈非取其剔幽隱之邪乎？　故氣之因下蔽而致上泄，病之因內不通，而致外結室者能主之。蓋物莫能兩大，優於此必絀於彼。頭面多汗，欬吐痰涎，究竟所去者少。小便不通不爽，詎非所壅者多，此黃疸、淋瀝所由成。惟極於上者，能使之下，斯上者解，而下者亦解矣。且治病之法兩源而歸并一處，則當兩路剿除，兩歧而共出一源，則須直探一致。今內之結腫，能緣隙而外溢，外之強直，不得破結而內訌，此女子濕痹死肌，不可屈伸起止行步，只源於陰中腫痛者，可以專攻其內，而外自解也。凡上擾者多風，則下結者為濕。內壅者惟熱，則

外溢者是風。臭之羶者本屬風，既已藏於根柢，則可除上冒外迸之風。味之苦者本化燥，氣之寒者本已熱，既已託於體質，則可除內鬱下蔽之濕熱，此其所致雖有兩途，然濕熱遏甚而拒風，風氣阻礙而生濕熱，在白鮮功用原可視同一轍。此四肢不安、小兒驚癇、婦人產後餘痛之屬風，時行腹中大熱飲水、大呼欲走之屬濕熱，不妨舉一物而盡治矣。

清・葉桂《本草再新》卷一 白鮮皮味苦，性燥，無毒。入脾、胃二經。除濕熱，行水道，通關節，利九竅。治風瘡疥癬，女子陰中腫痛。

清・吳其濬《植物名實圖考》卷七 白鮮 《本經》中品。《圖經》：葉如槐，花似小蜀葵，根似蔓菁，俗名金雀兒椒。其苗可茹。今湖南產一種白鮮皮，與此異，別入草藥。

清・趙其光《本草求原》卷一山草部 白鮮根皮 臭羶，入肝，故又名羊鮮。色白，入二腸、肺。氣寒，味鹹，入腎清熱。苦，入心燥濕。無毒。苦寒合鹹入血，大能入血分，清肺、肝、脾、胃、二腸濕熱所化之風。治頭風，金制風。黃疸，清熱，燥濕之功。咳逆，白益肺。淋瀝，金水氣通，則水道調。女子陰中腫痛，濕痹死肌，不可屈伸行步，皆濕熱在肌骨也。通關節，利九竅血脈，肺清則治節行，而關竅通；肝和則脈濡。產後中風，虛人心臟中風、恍惚錯亂，木火血滯而生風，故牛黃散用之；或一味，新汲水煎服。一切熱毒風、風瘡，疥癬赤爛，眉髮脫落，肌急，皆血滯病。鼠瘻已破、出膿血，煮汁服。小兒驚癇，時疾頭痛、眼疼。

此乃諸黃風痹要藥。得蒼、柏、苡、斛、牛膝，治一切下部濕熱頑痹。世人但以此方加防己、銀花治下部濕瘡，淺矣。

清・葉志詵《神農本草經贊》卷二 白鮮 味苦，寒。主頭風。黃疸欬逆，淋瀝，女子陰中腫痛，濕痹死肌，不可屈伸，起止行步。生川谷。

莖類槐茱，遠搜棧閣。春孕堅凝，炎蒸虛惡。羶近白羊，纍垂金雀。表裏融通，黃消風却。

蘇頌曰：根青葉稍白，如槐，亦似茱萸。李洞詩：棧閣交冰柱。陶弘景曰：以蜀中者為良，俗呼白羊鮮。蘇恭曰：皮白而心實，根宜三月採。若四五月採，便虛惡矣。李時珍曰：此草根白色作羊羶氣，其子纍纍如椒。日華子曰：名金雀兒椒。為諸黃風痹要藥。任昉行狀：表裏融通。

清・文晟《新編六書》卷六《藥性摘錄》 白鮮皮 味苦與鹹，性寒。瀉脾胃濕熱。○治風瘡疥癬，毛脫，疸黃，濕痹，便結溺閉，陰腫欬逆，狂叫飲水等症。○脾胃堅實者可用，虛寒者勿投。○世人只外用於瘡瘍，皆未達《本經》主治之意。惡桔梗、茯苓、（華）〔萆〕薢、桑螵蛸。

清・張仁錫《藥性蒙求・草部》 白鮮皮錢半、三錢 白鮮皮寒，通袪風濕。濕熱諸黃，斯為要藥。氣寒善行，味苦性燥。入脾胃除濕熱，兼入膀胱、小腸，行水道。通關節，利九竅，為風痺要藥。兼治風瘡疥癬，女子陰中痛。川產者良。

清・劉善述、劉士季《草木便方》卷一草部 陽雀花根 白鮮皮苦通利竅，濕熱疥癬風痹要。祛風除濕脾胃藥，婦陰痒痛洗服妙。花甘明目除風淚，耳鳴煎粑利腎竅。飯參。

清・戴葆元《本草綱目易知錄》卷一草部 白鮮皮 氣寒善走，味苦性燥。入脾胃，除濕熱；兼入肺、大腸經，而通小腸、膀胱。利水道，通關節，利九竅及血脈，為諸黃疸風痹要藥。治一切熱毒風，惡風風瘡，疥癬赤爛，眉髮脫落，脆皮肌急，壯熱惡寒。解熱黃、酒黃、急黃、穀黃、勞黃。療天行時疾，頭痛眼疼，濕痹死肌，不可屈伸，起止行步，小兒驚癇，女子陰中腫痛，產後餘痛。

清・黃光霽《本草衍句》 白鮮皮 味苦性燥，氣寒善行。除脾胃大腸濕熱，療諸黃風痺疥瘡。主治風濕痛痺，鼠瘻已破者服之最效。《本經》云：治女人陰中腫痛，產後餘痛。 產後中風，人虛不可服他藥者，一物白鮮皮湯，新汲水煎服。

清・陳其瑞《本草撮要》卷一 白鮮皮 味苦，入手太陰、陽明經，功專除風濕痛痹鼠瘻，已破者服之最效。惡桑螵蛸、桔梗、茯苓、萆薢。

清・周巖《本草思辨錄》卷一 白鮮皮 白鮮之根作羊（毡）〔羶〕氣，（毡）〔羶〕屬風，宜治在下之風矣。而其根於四五月花開之後，即虛惡無用，是未花之前，其氣上注必力，且采於二月風木司令，自於治頭風極合。至味苦化燥，氣寒已熱，又能於濕熱大展其用，治淋瀝陰腫者，根走極下之驗也。治黃疸濕痹者，皮走肌肉之驗也。治四肢不安腹中大熱飲水者，皮黃白入肺胃之驗也。用之於濕熱，不必挾風，用之於風，不必挾濕而必挾熱，否則於是物無當矣。

白鮮皮

清・吳其濬《植物名實圖考》卷一〇 白鮮皮 生長沙山坡。叢生，赭莖，莖多斜刺，交互極密，嫩莖青綠；長葉排生，如蒴藋而有細齒，葉上亦有

暗刺甚澀，面緑，背青白。俚醫以散痰氣、行筋骨。

按：形狀與《本草》白鮮皮異，别是一種。

延胡索

宋・唐慎微《證類本草》卷九草部中品〔宋・馬志《開寶本草》〕 延胡索　味辛，溫，無毒。主破血，産後諸病因血所爲者，婦人月經不調，腹中結塊，崩中淋露，産後血運，暴血衝上，因損下血。或酒摩及煮服。生奚國。根如半夏，色黄。今附。

〔宋・掌禹錫《嘉祐本草》〕按：日華子云：除風治氣，暖腰膝，破癥癖，撲損瘀血，落胎，及暴腰痛。

〔宋・唐慎微《證類本草》〕《海藥》云：生奚國，從安東道來。味苦、甘，無毒。主腎氣，破産後惡露及兒枕。與三稜、鱉甲、大黄爲散，能散氣通經絡，蛀蚛成末者，使之惟良。偏主産後病也。《聖惠方》：治産後穢污不盡腹滿方：延胡索末，和酒服一錢，立止。又方：治墮落車馬，筋骨疼痛不止。用延胡索一兩，擣羅爲散，不計時候，以豆淋酒調下二錢匕。《勝金方》：治膜外氣及氣塊方：延胡索不限多少爲末，猪胰一具切作塊子，炙熟蘸藥末食之。《産書》：治産後心悶，手脚煩熱，氣力欲絶，血暈連心頭硬，及寒熱不禁。延胡索熬擣爲末，酒服一錢匕。《拾遺・序》云：延胡索，止心痛。酒服。

宋・方勺《泊宅編》卷八 周離亭嘗言作館職時，一同舍得疾，偏體疼，每作殆不可忍，都下醫或云中風，或云中濕，或云脚氣，用藥悉不效。疑氣血凝滯所致，為製一散，飲之甚驗。予未及問所用藥，沉思久之，因曰：據此證，非延胡索不可。周君大駭曰：何以知之？予曰：以意料之，恐當然耳。延胡索、桂、當歸等分，依常法治之為末，疾作時，溫酒調三四錢，隨人酒量頻進之，以知為度。蓋延胡索活血化氣第一品也。其後趙待制霆道引失節，支體拘攣，數服而愈。

宋・劉明之《圖經本草藥性總論》卷上 延胡索　味辛，溫，無毒。主破血，産後諸病因血所為者，婦人月經不調，腹中結塊，崩中淋露，産後血暈血衝，上因損下血，或酒摩及煮服。生奚國。根如半夏，色黄。日華子云：除風治氣，暖腰膝，破癥癖，撲損瘀血，落胎，及暴腰痛。《海藥》云：主腎氣，破産後惡露及兒枕。《聖惠方》治墮落車馬，筋骨疼痛不止。

元・王好古《湯液本草》卷三 延胡索　氣温，味辛。苦、辛，温，無毒。入手足太陰經。《象》云：破血治氣，月水不調，小腹痛，暖腰膝，破癥瘕。碎用。《液》云：治心氣痛、小腹痛，有神。主破血，産後諸疾，因血為病者。婦人月水不調，腹中結塊，崩漏淋露，暴血上行，因損下血。

元・朱震亨《本草衍義補遺・新增補》 玄胡　辛，溫。手足太陰經藥。《象》云：破血，治婦人月水不調，小腹痛及産後諸疾因血為病，皆可療之。

元・佚名氏《珍珠囊・諸品藥性主治指掌》〔見《醫要集覽》〕 玄胡索　味苦、辛，性溫，無毒。可升可降，陰中陽也。其用有二：活精血，療産後之疾；調月水，治胎前之證。

元・徐彦純《本草發揮》卷二 玄胡索　海藏云：一名延胡索，避宋諱也。治心氣痛，小腹痛如神。入足厥陰經。

明・王綸《本草集要》卷二 延胡索　味辛苦，氣溫，無毒。入手足太陰經。生奚國，如半夏色黄。主破血，産後諸病因血所為者。婦人月經不調，腹中結塊，崩中淋露，因損下血，産後血暈，暴血衝上，或酒摩及煮服。又治心氣痛，小腹痛，暴腰痛。

明・滕弘《神農本經會通》卷一 延胡索　生奚國。根如半夏，色黄。《局》云：微炒。味辛，氣溫，無毒。《湯》云：苦、辛，溫。入手足太陰經。東云：可升可降，陰中陽也。活精血，療産後之疾，調月水，主胎前之證。又云：理氣痛，血凝，調經。《衷》云：破血，活精血，安胎，小腸疼。能療産後疾，調攝産前經。

《本經》云：主破血，産後諸病，因血所為者，婦人月經不調，腹中結塊，崩中淋露，産後血運，暴血衝上，因損下血。或酒摩，及煑服。日華子云：除風治氣，暖腰膝，破癥癖，撲損瘀血，落胎，及暴腰痛。《海藥》云：味苦、甘。主腎氣，破産後惡露及兒枕。與三稜、鱉甲、大黄為散，能散氣，通經絡。蛀蚛成末者，使之惟良。偏主産後病也。《象》云：破血，治氣，月水不調，小腹痛，暖腰膝，破癥瘕。碎用。《液》云：治心氣痛，小腹痛有神。主破血，産後諸疾，因血為病者，皆可療之。丹溪云：同《象》、《液》。劍云：玄胡索溫味苦辛，破血又治小腸疼。活精血療産後疾，安胎調攝産前經。《局》云：延胡索主攻心痛，又治陰人月不調。破血治崩行腎氣，氣攻膽外亦能消。玄胡索，主腹痛，心疼。

明・劉文泰《本草品彙精要》卷一一 延胡索無毒。　蔓生。

延胡索：主破血，產後諸病因血所爲者，婦人月經不調，腹中結塊，崩中，淋露，產後血暈，暴血衝上，因損下血，或酒摩及煮服。名醫所錄。〔苗〕《圖經》曰：春生苗，作蔓延被，郊野或園圃間多有之。其根如半夏而色黃，至秋採之，爲產家之聖藥也。〔地〕《海藥》云：生奚國，從安東道來。〔道地〕鎮江爲佳。〔時〕生：春生苗。採：秋取根。〔收〕暴乾。〔用〕根。蛀蚛成末者爲好。〔質〕類半夏而堅小。〔色〕黃。〔味〕辛。〔性〕溫，散。〔氣〕氣之厚者，陽也。〔臭〕香。〔主〕破血，調氣。〔行〕手太陰經，足太陰經。〔治〕療：日華子云：除風治氣，暖腰膝，破癥癖，撲損瘀血，落胎，及暴腰痛。《海藥》云：主腎氣，破產後惡露及兒枕。《湯液本草》云：止心氣痛，小腹痛。〔合治〕合三稜、鼈甲、大黃爲散，能散氣，通經絡。〇以一兩搗羅爲散，不計時候，用豆淋酒調下二錢匕，療墮落車馬，筋骨疼痛不止。〇爲末合酒調服一錢匕，療產後心悶，手脚煩熱，氣力欲絕，血暈連心頭硬，及寒熱不禁。〇爲末合豬胰一具，切作塊子，炙熟，蘸藥末食之，療膜外氣及氣塊。〔禁〕妊娠不可服。

明・葉文齡《醫學統旨》卷八　玄胡索　氣溫，味苦、辛。無毒。可升可降，陰中陽也。入手足太陰、足厥陰經。生奚園，如半夏色黃。　治心氣痛，小腹痛，暴腰痛；　婦女月經不調，腹中結塊，崩中淋瀝，因損下血；　產後血暈，暴血衝上，破瘀血，破癥瘕，通月水；　諸病因血所為者皆可服。

明・許希周《藥性粗評》卷三　產證解纏於玄索。

玄胡索，一名延胡索。生奚國。根如半夏，色黃，或磨酒服。餘說《本草》不載。　味苦、甘、辛，性溫，無毒。入足厥陰肝經。主治癥癖結塊，月經不調，崩中淋露，產後血暈，暴血諸病，破血散風，通經絡，暖腰膝，愈撲損，凡血證皆宜之。

單方：產後血證：延胡索一二錢，為細末，溫酒調服，妙。

明・鄭寧《藥性要略大全》卷三　玄胡索　活精血療產後之疾，調月水治胎前之症。《賦》曰：理腹中氣痛凝血，調經有助。調理血氣之藥也。《十書》云：治心氣痛，小腹痛如有神。主破血，產後諸疾，因血為病者，婦人月水不調，腹中結塊，崩漏淋露，暴血沖心，因損下血。暖腰膝，破癥瘕。味苦、辛，性溫，無毒。可升可降，陰中陽也。生奚國。形如半夏，色黃如蠟。凡用時須以鹽水拌炒入藥。入手、足太陰脾、肺經。

明・陳嘉謨《本草蒙筌》卷三　延胡索即玄胡索。　味辛、苦，氣溫。無毒。來自安東，縣名，屬南直隸。生從奚國。因避宋諱，改玄為延。形類半夏色黃，用須炒過咀片。專入太陰脾肺，一云又走肝經。調月水氣滯血凝，止產後血衝血暈。跌撲下血、淋露崩中，心腹卒疼、小腹脹痛，並治之而即効也。

明・方穀《本草纂要》卷二　玄胡索　味辛、苦，氣温，無毒。入手足太陰經，乃破血之要藥也。主產後諸病，因血所爲。或積聚而停結，或蘊蓄而瘀滯，或脹，或滿，或瘕，或痛，或月水不調而腹中結塊，或崩中淋瀝而漏下不止，或惡露上逆而惡心眩運，是皆婦室血分之病，必以此劑治之者也。又於男子可治之症，然而心氣痛，小腹痛，暴腰痛，疝瘕痛，此又血分之痛也，而亦俱可用之。用之之法何如？彼欲其行血，則當以酒製；欲其止血，則當以醋炒；欲其破血，則當以生用；欲其調血，則當以炒用。苟使非血之病用之，無益也。奚其宜。

明・王文潔《太乙仙製本草藥性大全》卷一《本草精義》　延胡索　一名玄胡索。來自安東，生從希國，因避宋諱，改玄爲延。形類半夏，色黃如蠟。凡用塩水拌炒，咀片入藥，主腎氣，破產後惡露及兒枕，與三稜、鱉甲、大黃爲散，能散氣通經絡。蛀成末者使之惟良，偏主產後病也。

明・王文潔《太乙仙製本草藥性大全》卷一《仙製藥性》　延胡索　味辛、苦，氣溫，無毒。入太陰脾、肺，一云又走肝經。　主治：主腹中癥瘕結塊，活卒暴精血，暖膝腰疼，調月水氣滯血凝，止產後血衝、血暈，跌撲，下血淋露，崩中，心腹卒疼，小腹脹痛並治之。　補註：治產後穢污不盡腹滿方：延胡索末，和酒服一錢，立止。〇治墮落車馬，筋骨疼痛不止，用延胡索一兩，擣羅爲散，不計時候，以豆淋酒調下二錢。〇治膜外氣及氣塊方：延胡索不限多少，爲末，猪胰一具，切作塊子，炙熟，蘸藥末食之。〇治產後心悶，手脚煩熱，氣力欲絕，血暈連心頭硬，及寒熱不禁，延胡索熬擣爲末，酒服一錢匕。止心痛亦酒服。

明・皇甫嵩《本草發明》卷二　玄胡索中品之下。氣溫，味辛，一云味辛、苦。入手足太陰經。名延胡索。　發明曰：延胡索辛溫，入肺脾，主破血滯之藥也，兼止痛。故《本草》主破血，產後諸病因于血者。血暈，暴血衝上，月經不調，腹中結塊，崩中淋露及因損下血。又除風治氣，暖腰膝，破癥癖，撲損瘀血，落胎及暴腰痛，產後惡露并兒枕痛。又云：心腹卒痛酒服。小腹脹痛因于

血者，得酒良。

明・李時珍《本草綱目》卷一三草部・山草類下　延胡索宋《開寶》

【釋名】玄胡索好古曰：本名玄胡索，避宋真宗諱，改玄爲延也。【集解】藏器曰：延胡索生於奚國，從安東來，根如半夏，色黄。時珍曰：奚乃東北夷也。今二茅山西上龍洞種之。每年寒露後栽，立春後生苗，葉如竹葉樣，三月長三寸高，根叢生如芋卵樣，立夏掘起。

根【氣味】辛，温，無毒。珣曰：苦、甘。杲曰：甘、辛，温，可升可降，陰中陽也。好古曰：苦、辛，温，純陽，浮也。入手、足太陰經。【主治】破血，婦人月經不調，腹中結塊，崩中淋露，産後諸血病，血運，暴血衝上，因損下血。煮酒或酒磨服《開寶》。除風治氣，暖腰膝，止暴腰痛，破癥癖，撲損瘀血，落胎大明。治心氣小腹痛，有神好古。散氣，治腎氣，通經絡李珣。活血利氣，止痛，通小便時珍。

【發明】珣曰：主腎氣，及破産後惡露或兒枕。與三稜、鱉甲、大黄爲散甚良，蟲蛀成末者尤良。時珍曰：玄胡索味苦微辛，氣温，入手足太陰厥陰四經，能行血中氣滯，氣中血滯，故專治一身上下諸痛，用之中的，妙不可言。荆穆王妃胡氏，因食蕎麥麪着怒，遂病胃脘當心痛，不可忍。醫用吐下行氣化滯諸藥，皆入口即吐，不能奏功，大便三日不通。因思《雷公炮炙論》云：心痛欲死，速覓延胡。乃以玄胡索末三錢，温酒調下，即納入，少頃大便行而痛遂止。又華老年五十餘，病下痢腹痛垂死，已備棺木。予用此藥三錢，米飲服之，痛即減十之五，調理而安。按方勺《泊宅編》云：一人病遍體作痛，殆不可忍。都下醫或云中風，或云中濕，或云脚氣，藥悉不效。周離亨言：是氣血凝滯所致。用玄胡索、當歸、桂心等分，爲末，温酒服三四錢，隨量頻進，以止爲度，遂痛止。蓋玄胡索能活血化氣，第一品藥也。其後趙待制霆因導引失節，肢體拘攣，亦用此數服而愈。

【附方】舊三，新一十二。

老小咳嗽：玄胡索一兩，枯礬二錢半，爲末。每服二錢，軟餳一塊和，含之。《仁存堂方》。

鼻出衄血：玄胡索末，綿裹塞耳内，左衄塞右，右衄塞左。《普濟方》。

小便尿血：玄胡索一兩，朴硝七錢半，爲末。每服四錢，水煎服。《活人書》。

小便不通：捻頭散：治小兒小便不通。用玄胡索、川苦楝子等分，爲末。每服半錢或一錢，白湯滴油數點調下。錢仲陽《小兒直訣》。

膜外氣疼：及氣塊。玄胡索不限多少，爲末，猪胰一具，切作塊子，炙熟蘸末，頻食之。《勝金方》。

熱厥心痛：或發或止，久不愈，身熱足寒者。用玄胡索去皮，金鈴子肉等分，爲末，每温酒或白湯下二錢。《聖惠方》。

下痢腹痛：方見發明下。

婦女血氣：腹中刺痛，經候不調。用玄胡索去皮醋炒，當歸酒浸炒各一兩。橘紅二兩，爲末，酒煮，米糊丸梧子大，每服一百丸，空心艾醋湯下。《濟生方》。

産後諸病：凡産後，穢污不盡，腹滿，及産後血運，心頭硬，或寒熱不禁，或心悶、手足煩熱、氣力欲絶諸病。並用玄胡索炒研，酒服二錢，甚效。《聖惠方》。

小兒盤腸：氣痛。玄胡索、茴香等分，炒研，空心米飲，量兒大小與服。《衛生易簡方》。

疝氣危急：玄胡索鹽炒，全蝎去毒生用，等分爲末。每服半錢，空心鹽酒下。《直指方》。

冷氣腰痛：玄胡索、當歸、桂心三味，方見發明下。

肢體拘痛：方同上。

偏正頭痛：不可忍者。玄胡索七枚，青黛二錢，牙皂二個去皮子，爲末，水和丸如杏仁大。每以水化一丸，灌入病人鼻内，隨左右，口咬銅錢一個，當有涎出成盆而愈。《永類方》。

墜落車馬：筋骨痛不止。延胡索末，豆淋酒服二錢，日二服。《聖惠方》。

題明・薛己《本草約言》卷一《藥性本草》　玄胡索　味辛、苦，氣寒，無毒。陽中之陰，可升可降。破結血而止痛，活滯血而調經，治産後敗血之要藥也。《珍珠囊》云：活精血，療産後之疾。調月水，主胎前之證。即延胡索因避宋諱，改玄為延。專止痛調經及産後諸疾，為女(科)中之要藥，亦治男子心氣小腹痛。

○玄胡索辛温入肺脾，主破血滯之藥也，兼止痛。

明・梅得春《藥性會元》卷上　玄胡索　味苦、辛，性温。可升可降，陰中之陽。無毒。一名延胡索。入手太陰肺經、足太陰脾經、足厥陰肝經。主活精血，療産後之疾，調月水，胎前諸症，理氣痛凝血，截心腹疼，暴腰痛，下行腎氣，破腹中結塊，崩中淋瀝，因損下血，産後血暈，暴血衝上，癥瘕及産後諸疾，因血為病者，皆療之。

明・李中立《本草原始》卷二　玄胡索　今出茅山西上龍洞種之。每年寒露後栽，立春後生苗，葉如竹葉，高三寸許。根叢生如半夏，色黄。立夏掘取。始生胡地。玄，言其色也；索，言其苗交紐也。後避宋真宗諱，改玄為延也，今呼為延胡索。

氣味：辛，温，無毒。

主治：破血，婦人月經不調，腹中結塊，崩中淋露，産後諸血痛血運，暴血衝上，因損下血，煮酒或酒磨服。○除風治氣，暖腰膝，止暴腰痛，破癥癖、撲損瘀血，落胎。○治心氣、小腹痛有效。散氣，治腎氣，通經絡。○活血利氣止痛，通小便。

玄胡索，宋《開寶》。【圖略】茅山，皮皺，形小而黄；西玄胡索，外黑内黄。

修治：以茅山者為勝，炒過，咀片入劑。

好古曰：苦、辛，温，純陽，浮也，入手、足太陰經。

《聖惠方》：治産後穢污不盡、腹滿方：延胡索杵為末，和酒服一錢，立止。心痛亦酒服。

明・張懋辰《本草便》卷一 延胡索 味辛、苦，氣溫，無毒。入手、足太陰經。 主破血，產後諸病因血所爲者； 婦人月經不調，腹中結塊，崩中淋露，因損下血，產後血暈，暴血衝上，或酒摩及煮服。 又治心氣痛，小腹痛，暴腰痛。

明・李中梓《藥性解》卷二 玄胡索 味苦、辛，性溫，無毒，入心、肺、脾、胃四經。活精血，療產後之疾，調月水，主胎前之症，一切因血作痛之症並治，酒炒行血，醋炒止血，生用破血，炒用調血。 按： 玄胡索可升可降，為陰中之陽，故能行上下四經。此理血之劑也，苟非血症，用之無益。

明・繆希雍《本草經疏》卷九 延胡索 味辛，溫，無毒。主破血，產後諸病因血所為者，婦人月經不調，腹中結塊，崩中淋露，產後血暈。暴血衝上，因損下血。或酒摩及煮服。

【疏】延胡索稟初夏之氣，而兼得乎金之辛味，故味辛氣溫而無毒。入足厥陰，亦入手少陰經。溫則能和暢，和暢則氣行。辛則能潤而走散，走散則血活。血活氣行，故能主破血，及產後諸病因血所為者。婦人月經之所以不調者，無他，氣血不和，因而凝滯，則不能以時至而多後期之證也。腹中結塊，產後血暈，暴血衝上，因損下血等證，皆須氣血和而後愈，故悉主之也。崩中淋露，利守不利走，此則非與補氣血藥同用，未見其可。 【主治參互】君當歸、生地黃、牛膝、益母草、童便，則主產後血暈，有神。 得四物湯、白膠、牛膝、香附，則主婦人經阻少腹作痛，或結塊。 《活人書》治小便尿血，用延胡索一兩，朴硝七錢半，為末。每服四錢，水煎服。 非蓄血瘀滯者，不可用。 《勝金方》治膜外氣疼及氣塊，延胡索不限多少，為末，豬胰一具，切作塊子，炙熟，蘸末頻食之。 《聖惠方》治熱厥心痛，或發或止，久不愈，身熱足寒者。 用延胡索去皮，金鈴子肉等分，為末。每溫酒，或白滾湯下二錢。 《濟生方》治婦女血氣腹中刺痛，經候不調。 用延胡索去皮醋炒，當歸酒浸炒，各一兩，橘紅二兩為末，酒煮，米糊丸梧子大。每服一百丸，空心艾醋湯下。 《聖惠方》治產後諸病，凡產後穢污不盡腹滿，及產後血暈心頭硬，或寒熱不禁，或心悶手足煩熱，氣力欲絕諸病。 竝用延胡索炒研，酒服二錢。 《直指方》治疝氣危急： 用延胡索鹽水炒，全蝎去毒生用，等分為末，空心鹽酒下。 又方： 治冷氣腰痛。 用延胡索、當歸、桂心，等分為末，溫酒服三四錢，隨量頻進，以止為度。 《聖惠方》治墜落車馬，筋骨痛不止。 延胡索末，豆淋酒服二錢，日二服。 【簡誤】此藥性溫味辛，能走而不能守。故經事先期及一切血熱為病，凡崩中淋露，皆應補氣血，涼血清熱則愈。 一切辛走之藥，法所應禁。

明・倪朱謨《本草彙言》卷一 玄胡索 味苦、辛，氣溫，無毒。可升可降，陰中陽也。入手足太陰、厥陰經，行血中氣滯、氣中血滯之藥。 李時珍先生曰： 生東北夷方。今二茅山上龍洞及仁和筧橋亦種之。寒露後栽種，立春後生苗，高三四寸，延蔓布地，葉必三之，宛如竹葉，片片成个。細小嫩綠，邊色微紅，作花黃色，亦有紫色者。根叢生蔓延，結如芋粒，亦如半夏，但色黃耳。立夏後掘取，洗淨，酒浸蒸，曬乾。得蟲蛀末尤良。活血化氣第一。

玄胡索： 《開寶》通經絡，李東垣行血中氣滯、氣中血滯之藥也。保心宇稿 凡治男婦長幼一身上下諸因氣滯血滯爲病者，然于婦人爲尤宜。故病血氣積聚，腹中結塊，癥瘕脹滿； 或崩中淋瀝，漏下不止； 或惡露攻衝，惡心眩暈，是皆婦人血分之病也。又于男子可治之證，疝核痛，暴腰痛，心胃卒痛，小腹脹痛，是皆厥陰氣分之病也。俱以此藥治之。凡用之行血，酒製則行； 用之止血，醋製則止； 用之破血，非生用不可； 用之調血，非炒用不神。隨病制宜，應用無窮者也。但性味溫辛，能走而不能守，故經事先期，與一切血熱，或崩中淋露，應用補氣血、涼血清熱藥者。一切辛走之藥，法所必禁。

繆仲淳先生曰： 玄胡索稟初夏之氣，而兼得乎金之辛味，故辛溫則能和暢，和暢則氣行； 辛溫則能潤而走散，走散則血活。血活氣行，故能主破血，及產後諸病因血所爲者。婦人月經之所以不調者，無他，皆氣血不和，因而凝滯，則不能以時至，而多後期之證也。腹中結塊，產後血暈，暴血衝上，因損下血等證，皆須氣血和而後愈，故悉主之也。崩中淋露，利守不利走，此則非與補氣血藥同用，未見其可。

盧不遠先生曰： 名玄而色黃，醞金氣也。氣溫而味辛，秉金制也。以一春而備四氣，葉必三之，具木生數，象形對待，肝血之非其所藏，而玄爲破堅之綫索無疑矣。以言疾疢之證，因以言主治之功力，判屬血中之氣藥、氣中之用藥也。蓋氣主噓之，血主濡之。氣之所不噓，即血之所不濡矣。如腹中結塊，膜絡癥瘕之爲證，即血留營實之爲因。如臚腹氣塊盤繞之爲證，即氣滯衛實之爲因； 如崩中淋露，運衄衝暴之爲證，即血菀營泣之爲因； 如奔豚逆厥，百體疼煩之爲證，即氣弛衛薄之爲因。玄胡立鼓血中之氣，震行

氣中之用，虛則補，實則平，推陳致新之良物也。　茹永之先生曰：幽深邃遠曰玄，邊甸荒服曰胡。索，取而竭之也。此指玄胡索之功用，行瘀血、活滯血、推死血，凡人身藏府、膜原、溪谷、隧道，偏僻幽隱之處，一切行血藥之所不及至者，玄胡索取而竭之，無餘留矣。命名者以此也夫？

《廣濟方》：治產後血暈。用玄胡索、當歸、生地、牛膝、川芎、甘草、童便。○《聖惠方》：治產後諸病，凡產後穢污不盡腹滿，及產後血暈，心頭鯁悶，或寒熱不禁，手足煩熱，氣力欲絕者。用玄胡索酒炒、研末，酒服二錢。○《直指方》：治疝氣危急。用玄胡索鹽水炒，全蝎生用，各等分，研末，空心鹽酒下。○又方：治冷氣腰痛。用玄胡索、當歸、肉桂各等分，研末，溫酒服三四錢，隨量頻進，以愈爲度。○又方：治熱厥心痛，或發或止久不愈，身熱足寒者。用玄胡索、金鈴子肉，各等分爲末，白湯下二錢。○《濟生方》：治婦人腹中刺痛，經候不調。用玄胡索醋炒，當歸酒炒各一兩，香附醋炒一兩五錢，共爲末，神麴醋打糊爲丸，梧桐子大，每服百丸，空心白湯下。○《本草發明》治下痢腹痛。用玄胡索醋炒爲末，米飲調服三錢。○《衛生易簡方》治小兒盤腸氣痛。用玄胡索醋炒、大茴香炒，各等分爲末，大人三錢，小兒一錢，白湯調服。○《聖惠方》治墮落車馬，跌蹼筋骨痛不止。用玄胡索爲末，生酒調服三錢。

續補集方：《方氏本草》治男婦血氣積聚，腹中結塊，癥瘕脹滿，或崩中淋瀝，漏下不止；或穢露攻衝，惡心眩暈。用玄胡索四兩醋浸，炒，當歸身、川芎各一兩五錢酒洗，炒，香附三兩、童便浸炒，炮薑灰、牡丹皮焙各二兩，共爲末，水發爲丸梧子大，每早服三錢，白湯下。○治婦人女子經血不調，爲一切腹內脹滿、痛滯諸疾。用玄胡索醋炒，益母葉酒炒，香附米童便浸炒，當歸、川芎俱酒炒，各二兩，共爲末，煉蜜丸如梧子大，每早晚各食前服三錢，白湯下。裏寒大便不實者，加肉桂、木香、白朮各一兩。元本虛弱者，加人參、黃耆各一兩。

明·顧逢柏《分部本草妙用》卷六兼經部·溫瀉　玄胡索　辛溫，無毒。可升可降，陰中陽也。入心肺脾胃經。　主治：破血調經，崩淋血運血冲諸血，除風利氣，活血，破癥瘕瘀血，落胎。治心氣小腹痛有神，通腎經，利小便。　玄胡索行血中氣滯，氣中血滯，專理一身上下諸痛。舒筋，療疝破積除壅，妙不可言。乃活血下氣，第一品神劑也。止有胎者忌用。

明·李中梓《醫宗必讀·本草徵要上》　玄胡索味辛，溫，無毒。入脾、肝二經。酒炒。　破血下氣，止腹痛心疼；調經利產，主血暈崩淋。行血中氣滯，氣中血滯，理通身諸痛，療疝舒筋，乃活血化氣之神藥也。按：玄胡索走而不守，惟有瘀滯者宜之。若經事先期，虛而崩漏，產後血虛而暈，萬不可服。

明·鄭二陽《仁壽堂藥鏡》卷一〇下　延胡索　《海藥》云：延胡索，生奚國。破產後惡露及兒枕病。　氣溫，味辛，苦、辛，濕。無毒。　入手足太陰經。亦入脾、肝經。氣攻膽外，亦能消之。　《象》云：破血，治氣，月水不調，小腹痛，暖腰膝，破癥瘕。碎用。　《液》云：治心氣痛、小腹痛，有神。主破血，產後諸疾，因血為病者，婦人月水不調，腹中結塊，崩漏淋露，暴血上行，因損下血。　玄胡索行血中滯氣，氣中血滯。專理一身上下諸痛。舒筋療疝，妙不可言，乃活血化氣第一品藥也。

明·蔣儀《藥鏡》卷一溫部　延胡索　破癥瘕之結聚，止心腹之刺疼。調月水于胎前，清血運于產後。醋炒血止，酒炒血行。和血用炒，破血用生。蓄血瘀滯，因而小便尿血者，朴硝為佐，水煑晨吞。墮落車馬，致使筋骨疼痛者，荳酒和調，每日二服。

明·李中梓《頤生微論》卷三　玄胡索　味苦、辛，性溫，無毒。入心、肺、脾、胃四經。破血下氣，調經利產，止腹痛心疼，血暈崩淋。按：玄胡索行氣中血滯，血中氣滯，庶幾仙劑。虛人須與參朮同行，不爾損真。

明·張景岳《景岳全書》卷四八《本草正》　延胡索　味苦、微辛，氣微溫，入肝脾二經。善行滯氣，破滯血，血中氣藥。故能止腹痛，通經，調月水淋滯，心氣疼痛，破癥癖跌撲凝瘀。亦善落胎，利小便，及產後逆血上衝。俱宜以酒煮服，或用酒磨服亦可。然性惟破氣逐血，必真有血逆氣滯者方可用。若產後血虛，或經血枯少不利，氣虛作痛者，皆大非所宜。

明·賈九如《藥品化義》卷二血藥　元胡索　屬陰中有陽，體實而小，色黃，氣和味苦重，略辛云甘非，性涼，能降，力破血滯，性氣薄而味〔重〕厚，入脾胃肺肝四經。　元胡味苦能降，辛利竅，色黃入脾。蓋脾主統血，管理一身上下，血中氣滯，氣中血滯。用醋炒，治胸膈胃氣痛，小腹肝氣疼。酒拌炒，治經水不調，崩中淋瀝，產後惡露。生用，凡血凝滯者俱皆療治。但行血之品，胎前忌用。　擇色如黃金粗大者佳。

明·盧之頤《本草乘雅半偈》帙一〇　延胡索宋《開寶》　氣味：辛，溫，無毒。　主治：主破血，婦人經水不調，腹中結塊，崩中淋露，産後諸血病，血運，暴血衝上，因損下血。煮酒，或酒磨服。

覈曰：原名玄胡索，避宋真宗諱，易玄為延也。出奚國，從安東〔道〕來，奚即東北夷。今〔二〕茅山上龍洞，仁和筧橋亦種之。寒露前栽種，立春後生苗，高三四寸，延蔓布地，葉必三之，宛如竹葉，片片成箇，細小嫩綠，邊色微紅。作花黃色亦有紫色者。根叢生，樂蔓延，狀似半夏，但黃色耳。立夏掘起，陰乾者良。石灰煮曝者，性烈不堪入藥也。修事：酒潤，或醋潤，蒸之，從巳至亥，俟冷取出，焙乾，研細用。

先人云：名玄而色黃，醞全氣也。氣溫而味辛，秉金制也。以一春而備四氣，葉必三之，具木生數，象形對待肝血之非其所藏，而玄為破堅之線索無疑矣。

条曰：玄者，象幽而入覆之也。《荀子》云：周密則下疑玄矣。胡者，牛頷垂也，狼亦有之。《豳風》云：狼跋其胡，載疐其尾。又云：狼疐其尾，載跋其胡。索者，盡也，散也。《騷》云：憑不厭乎求索。《檀弓》云：吾離群而索居。以言疾疢之證因，以言主治之功力，判屬血中之氣藥，氣中之用藥也。蓋氣主噓之，血主濡之，氣之所不噓，即血之所不濡矣。如腹中結塊，募絡癥瘕之為證，既血留營實之為因。如臚腹氣塊，盤繞疝瘕之為證，即氣滯衛實之為因。如崩中淋露，運衄衝暴之為證，即血菀營泣之為因。如奔豚逆厥，百體疼煩之為證，即氣弛衛薄之為因。玄胡立鼓血中之氣，震行氣中之用，虛則補，實則平，致新推陳，推陳致新之良物也。雖象幽入覆之如胡，憑不厭乎求索之殆盡，命名玄胡索者以此。有是因必有是證，因證既顯，嘗法已具，始可與言變矣。

明·李中梓《本草通玄》卷上　玄胡索　辛，溫，入手、足太陰厥陰四經。行血利氣，止痛，落胎，通經絡，利小便。玄胡索兼理氣血，故能行血中氣滯，氣中血滯，理一身上下諸痛，確有神靈。時珍頌為活血化氣，第一品藥，非虛語也。往往獨行多功，雜以他藥便緩。上部酒炒用，中部醋炒用，下部鹽水炒。

清·顧元交《本草彙箋》卷一　延胡索　能行血中氣滯，氣中血滯，管理一身上下諸痛。雷公云：心痛欲死，速覓玄胡。凡胃脘食積，及下痢腹痛不可忍者，俱宜用之。而女科尤要，月事後期宜用也，腹中結塊宜用也，産後血暈宜用也。惟月事先期，係血熱爲病，辛走之藥，法所當禁。　本名玄胡索，避宋真宗諱，改玄爲延。

清·穆石匏《本草洞詮》卷八　玄胡索　味辛，氣溫，無毒。入手足太陰、厥陰四經。主活血利氣，止痛，行産後惡露及兒枕，蟲蛀成末者尤良。蓋玄胡通經絡，能行血中氣滯，氣中血滯，故治一身上下諸痛。明荊穆王妃食麪觸怒，遂病胃腕痛不可忍，醫用吐下、行氣、化滯諸藥，皆入口即吐，大便三日不通。因思雷斆云：心痛欲死，速覓玄胡。乃以玄胡末三錢，溫酒調下，即納入，少頃大便行而痛遂止。一人病下痢腹痛垂死，李東璧用此藥三錢，米飲服之，痛即減十之五，調理而安。一人病遍體痛不可忍，或云中風，或云中濕，或云脚氣，藥悉不效。周離亨言：是氣血凝滯所致，用玄胡、當歸、桂心等分，為末，溫酒隨量頻進，遂痛止。一人導引失節，肢體拘攣，亦用此數服而愈。此乃治血化氣第一品藥也。

清·劉雲密《本草述》卷七下　延胡索即玄胡索　之頤曰：今茅山上龍洞仁和筧橋亦種之。寒露前栽種。立春後生苗。高三四寸。延蔓布地。葉必三之。宛如竹葉。片片成個細小。嫩綠。邊色微紅。作花黃色。亦有紫色者。根叢生，樂蔓延狀，似半夏，但黃色耳。立夏掘起，陰乾者良。

根：氣味：辛，温，無毒。東垣曰：甘、辛，温。可升可降，陰中陽也。海藏曰：入足厥陰經。時珍曰：玄胡索味苦微辛，氣温。入手足太陰、厥陰四經。

主治：活血化氣要藥，治心氣小腹痛如神。治腎氣，止暴腰痛，通經絡，活精血，調女子月經，腹中結塊，崩中淋露，産後諸血病，血暈暴血衝上，並理男女膜外氣塊痛，撲損瘀血。時珍曰：能行血中氣滯，氣中血滯，故專治一身上下諸痛。

復曰：名玄而色黃，醞全氣也。氣温而味辛，秉金制也。以一春而備四氣，葉必三之，具木生數，象形對待肝血之非其所藏，而玄為破堅之線索無疑矣。　之頤曰：以言疾疢之證，因以言主治之功力，判屬血中之氣藥，氣中之用藥也。蓋氣主噓之，血主濡之，氣之所不噓，即血之所不濡矣。如腹中結塊，膜絡癥瘕之為證，即血留營實之為因。如臚腹氣塊，盤繞疝瘕之為證，即氣滯衛實之為因。如崩中淋露暈衄衝暴之為證，即血菀營泣之為因。

如奔豚逆厥百體疼煩之為證，即氣弛衛薄之為因。玄胡立鼓血中之氣，震行氣中之用，虛則補，實則平，致新推陳，推陳致新之良物也。　希雍曰：延胡索稟初夏之氣，而兼得乎金之辛味，故味辛氣溫而無毒，入足厥陰，亦入手少陰經。

君當歸、生地黃、牛膝、益母草、童便，則主產後血暈有神。　得四物湯、白膠、牛膝、香附，則主婦人經阻，少腹作痛或結塊。

愚按：《經》曰：血者，神氣也。即此一語思之，血原於金水，成於木火者也。延胡索栽種於寒露前，為其受深秋之氣也。乃飽歷三冬，至春後始有苗生，豈非由金而蘊釀乎？陰氣者為最厚歟？及其苗而蔓，葉而華，具周於一春，甫立夏而即掘其根以為用，似已告成功矣。盧復所謂以一春而備四氣者是也。又豈非由金而蘊釀乎？陰氣者，全暢於敷和之木，得陰中之少陽以為用歟。且其色黃者，金更育於土也。水還育於金，至木乃暢，其所育而畢達之矣。不使受火氣者，正以不傷金，不泄木，而大暢二者之生化也。夫水與血，是一是二，金孕水之元，而木達水之化，豈非血為體，而血中之氣即其用歟？時珍所謂能行血中氣滯，氣中血滯，是亦近之。第不如之頤所謂屬血中之氣藥，氣中之用藥者，更為中的也。故此味不得同於破血之劑，更不得以疏氣耗氣誣之矣。之頤能不作猶人語哉。雖然，以血為體者，心主血，肝藏血，故治心痛小腹痛有神。腎者水臟，具有血海。故治腎氣，止暴腰痛，血中之氣為用者。《經》曰：傷肺者，經氣不為使。又肝主渾身之經絡。《經》曰：五藏出於經隧以行血氣，經絡之氣行，而凡屬血藏肯和矣。能治偏體痛者，亦即在此。且血屬陰，下也；氣屬陽，上也，故此味先苦而居多，辛次之，祇有苦之半，又次微甘，是從陰中致陽之用，還以達陰之化者也。

按：之頤云氣之所不噓，即血之所不濡。此二語須理會。如醫案女子食蕎麪而怒，痛於胃脘當心，醫用吐下，行氣化滯藥，藥反吐，且便秘三日。蓋不知氣之所留，即病乎血也。故以此味為末，溫酒調下而愈。又一人五旬，外病痢，腹痛且危，此溼熱傷氣，即病乎血凝也。亦用此末，米飲服之愈。又一人偏體痛至極，治以中風，或中溼，或脚氣，俱不應。蓋冷滯乎氣，即泣其血也。故此味同當歸、桂心為末，溫酒服而愈。又有導引失節，肢節拘攣者，亦用此末而愈。然則就氣病以泣血，欲活血而即化氣者，此味果為要劑矣。

附方　膜外氣疼及氣塊，玄胡索不限多少，為末，豬胰一具，切作塊子，炙熟，蘸末頻食之。　疝氣危急，玄胡索鹽炒，全蠍去毒生用，等分，為末，每服半錢，空心鹽酒下。　偏正頭痛不可忍者，玄胡索七枚，青黛二錢，牙皂二箇，去皮子，為末，水和丸如杏仁大，每以水化一丸，灌入病人鼻內，隨左右口咬銅錢一箇，當有涎出成盆，而愈。

希雍曰：此藥性溫味辛，能走而不能守，故經事先期及一切血熱為病，凡崩中淋露，皆應補氣血，凉血清熱則愈，一切辛走之藥，法所應禁。

修治　粒粒金黃色者良。　能曰：欲其行血，當以酒製。欲其止血，當以醋炒。欲其破血，當以生用。欲其調血，當以炒用。

清・郭章宜《本草匯》卷一〇　延胡索　味苦、甘、辛，氣溫，可升可降，陰中陽也。入手足太陰、厥陰經。　破結血而止痛，活滯血而調經。治心氣小腹之疼，散血暈崩淋之患。通經下胎，消疼療癥。《本經》主婦人月經不調者，蓋婦人以氣血為主，氣血不和，因而凝滯，此月事之所以不能以時至也。延胡性辛溫，溫則和暢，和暢則氣行；辛則能潤而走散，走散則血活氣行而病調矣。

按：延胡索，活血化氣之神藥也。惟其氣血兼理，故能行血中氣滯，氣中血滯，通理一身上下諸痛，往往獨行功多。時珍云：昔有王妃食麵着怒，病脘心痛，諸藥皆不効。因思《雷公炮炙論》云：心痛欲死，速覓延胡。用此痛止。又有人遍體痛不可忍，中風中濕中氣之藥，無不雜投。周離亨言是氣血凝滯也。用玄胡、歸、桂，酒服遂止。乃知延胡是活血化氣第一品藥也。然走而不守，惟有瘀滯者宜之。若經事先期，虛而崩漏，產後虛而暈，血熱百病，皆應補氣凉血清熱，一切辛走之藥，萬不可服。

來自安東，縣名，屬江南省。生從奚國，如半夏，色黃。上部酒炒，中部醋炒，下部鹽水炒。

清・蔣居祉《本草擇要綱目・溫性藥品》　延胡索　氣味：辛，溫，無毒。可升可降，陰中陽也。入手足太陰經。　主治：破產後惡血，行血中滯氣，氣中血滯，故療心氣，小腹痛有神。達腎氣，通經絡立效。止下痢絞痛，妙不可述。

清・閔鉞《本草詳節》卷二　玄胡索　【略】按：玄胡索能行血中氣滯，

氣中血滯，故治一身上下氣痛，乃治血化氣要劑。往往獨行多功，襍以他藥便緩。若崩中淋露，利守不利走，非同大補氣血藥用不可。

清·王翃《握靈本草》卷三　延胡索出安東。上部酒炒，中部醋炒，下部鹽水炒。蟲蛀者尤良。　主治：延胡索，辛，溫，無毒。主破血，活血利氣。　發明：延胡索純陽，浮也。入手足太陰、厥陰四經。能行血中氣滯，氣中血滯，故止產後血衝血暈，跌蹼，下血淋露，崩中，心腹卒痛，小腹疼脹，又專治一身上下諸痛如神。

清·汪昂《本草備要》卷二　延胡索宣，活血，利氣。　辛、苦而溫。入手足太陰肺、脾。厥陰心包、肝。經。能行血中氣滯，氣中血滯，通小便，除風痹。治氣凝血結，上下內外諸痛，通則不痛。癥瘕崩淋，月候不調，氣血不和，因而凝滯，不以時至。產後血運，暴血上衝，折傷積血，疝氣危急。爲活血利氣第一藥。然辛溫走而不守，獨用力迅，宜兼補氣血藥。通經墜胎，血熱氣虛者禁用。　根如半夏。肉黃、小而堅者良。酒炒行血，醋炒止血。生用破血，炒用調血。

清·陳士鐸《本草新編》卷三　延胡索　味辛、苦，氣溫，無毒。入肺、脾二經，又入肝足厥陰。調月水氣滯血凝，止產後血冲血暈，跌撲損傷，下血崩淋，心腹卒痛，小腸脹疼，皆能主治。乃氣血中佐使之品，可偶用見長者也。產後亦宜少用，非曰用之于補氣、補血之內便可肆然多用耳。　或問：延胡索乃婦人所宜用，而子曰宜慎用者，何也？延胡索，破氣、破血之藥也。無氣之滯，無血之瘀，用之能安然無恙乎。用之于補血、補氣之內，補血而不能救其破血之傷，補氣而不能救其破氣之損，況全無補劑，其傷損之大，更何如哉。

清·顧靖遠《顧氏醫鏡》卷七　玄胡索辛，溫，苦。入肺脾肝心包絡四經。酒炒。

止腹痛心疼而治疝症，血凝氣滯則痛，溫則和暢而氣行，辛則走散而血和，痛自止矣。能調經利產而除血暈。血氣不和，因而凝滯，每多後期，而至活血利氣，經自如常。性能破血，故利產後諸病。行血中氣滯，氣中血滯，故專治一身上下諸痛，乃活血化氣之神藥也。走而不守，惟有瘀滯者宜之。若經事先期，產後血虛而暈，萬不可服。

清·李熙和《醫經允中》卷二〇　玄胡索　入心肺脾胃經。可升可降，陰中陽也。生用破血，酒炒行血，醋炒止血。　辛，溫，無毒。主治破血調經，逐癥瘕，落胎，治心氣小腹痛，散產後血暈。然走而不守，有胎及虛而崩漏者忌用。

清·馮兆張《馮氏錦囊秘錄·雜症痘疹藥性主治合參》卷三　延胡索稟初夏之氣，兼得乎金之辛味，故味辛，氣溫而無毒。入足厥陰，亦入手少陰經。性溫則能行能暢，味辛則能潤能散，所以為行氣活血要藥。但性能走而不能守，故經事先期，崩中淋露，一切血熱血虛竝宜戒之。行上部酒炒，中部醋炒，下部鹽水炒。

延胡索，因味辛溫，破血下氣。調月水氣滯血凝，產後血衝血暈。心腹卒疼，小腹脹痛。通經下胎，舒筋療疝，妙不可言。乃活血化氣第一品藥也。

按：延胡索，行氣中血滯，血中氣滯，通理一身上下諸痛，往往獨行功多，故調經藥中常用之。然既無益氣之情，絕少養榮之義，徒仗辛溫，攻凝逐滯，虛人當兼補藥同用，否則徒損無益。

清·张璐《本經逢原》卷一　延胡索即玄胡索。　苦，辛，溫，無毒。上部酒炒，中部醋炒，下部鹽水炒。　發明：延胡索色黃入脾胃，能活血止痛，治小便溺血。得五靈脂同入肝經，散血破滯。《炮炙論》曰，心痛欲死，急覓延胡，以其能散胃脘氣血滯痛也。蓋當歸、芍藥調腹中血虛痛，延胡、五靈治胸腹血滯痛。又延胡善行血中氣滯，氣中血滯，與當歸、桂心治一身上下諸痛，及經癸不調，產後血病，往往獨行多功，雜他藥中便緩。按延胡走而不守，惟有瘀滯者宜之。若經事先期，虛而崩漏，產後血虛而暈，咸非所宜。

清·浦士貞《夕庵讀本草快編》卷一　延胡索　本名玄胡索，因避宋真宗諱改玄為延，今復避帝諱，仍用延字。　延胡味苦微辛，純陽氣溫，入手足厥陰、太陰四經。凡血中氣滯，氣中血阻，崩中淋結，惡露兒枕，血運攻沖，身疼肺脹，肢節拘攣者，非此莫療，真乃活血化氣之神藥也。若心腹胃脘或時作痛，尤為第一。雷斅所謂心痛欲死，須覓延胡是爾。但其性好走而利，倘經事先期，或血脫崩漏，或產後虛暈者，斷不可用。以蹈虛虛之禍也。

清·劉漢基《藥性通考》卷五　延胡索　味苦而溫，入手足太陰肺經、脾經、厥陰、心包、肝經。能行血中滯氣，氣中血滯，通小便，除風痺，治氣凝血結，上下內外諸痛，通利則不痛也。癥癖崩淋，月候不調，氣血不和，因而凝滯，不以時至。產後血運，暴血上衝，折傷積血，疝氣危急，為活血理氣第一藥。然辛溫，走而不守，獨用力迅，宜兼補血藥。通經墮胎，血熱氣虛者禁用。根如半夏，肉黃小而堅者良。酒炒行血，醋炒止血，生用破血，炒用調

血，亦在人善用之耳。

清·姚球《本草經解要》卷一 延胡索 氣溫，味辛，無毒。主破血，婦人月經不調，腹中結塊，崩中淋露，產後諸血症，血暈，暴血衝上，因損下血，煮酒或酒磨服。 延胡索氣溫，稟天春升之木氣，入足厥陰肝經。味辛無毒，得地西方之金味，入手太陰肺經。氣味俱升，陽也。辛能散結，溫能行（逸）〔血〕，肝藏血，故入肝而破血。肝屬木，木性條達，鬱則肝血不藏，月經不調矣。辛溫暢肝，所以調經。腹為陰，腹中結塊，血結成塊也。辛能散結，溫能行血，所以主之。崩中，肝血不藏而下崩也。淋露，下之淋瀝不止也。辛溫氣味上升條達，肝氣暢而肝血藏，崩淋自止也。產後諸血症，指惡露未盡之病而言也。辛溫破血，所以主之。血暈，血閉而暈也，其主之者，藉其辛散之功也。暴血衝上，血挾邪氣而上衝也，其主之者，辛溫破血之力。然必佐他藥以成功也。因損下血，血傷而下也。辛溫活血，故佐酒則血歸經也。

製方：延胡索為末，酒服，治胃脘痛及下利腹痛。同歸身、生地、牛膝、益母花、童便，治產後血暈。同芎、歸、芍、地、白膠、牛膝、香附，治女人經阻，少腹痛。同朴硝，治蓄血。專為末，猪胰蘸服，治氣塊痛。同當歸、陳皮丸，治經水不調腹痛。同歸身、桂心末，治冷氣腰痛。

清·周垣綜《頤生秘旨》卷八 玄胡索 破血滯之藥也。產後諸血病，月經不調，血逆諸痛，心腹卒痛皆效。得酒良。

清·王子接《得宜本草·中品藥》 延胡索 味辛。入足太陰、厥陰經。功專破血行傷。得川楝子治熱厥心痛，得茴香治小兒盤腸痛。

清·黃元御《玉楸藥解》卷一 延胡索 味苦、辛，微溫。入足厥陰肝經。調經破血，化塊消癥。專行滯血，治經瘀腹疼，化積聚癥瘕，理跌撲損傷。

清·吳儀洛《本草從新》卷一 延胡索（宣，活血利氣。） 辛苦而溫。入手、足太陰肺脾、厥陰心包、肝。能行血中氣滯，氣中血滯，通小便，除風痺。治上下內外諸痛，通則不痛。癥癖崩淋，月候不調，氣血不和，因而凝滯，不以時至。產後血運，暴血上衝，折傷積血。為活血利氣之藥，然辛溫走而不守，獨用力迅，宜兼補氣血藥。通經墮胎，瘀滯有餘者宜之。經事先期，虛而崩漏，產後虛運，斷不可服。根如半夏。肉黃小而堅者良。酒炒行血，醋炒止血，生用破血，炒用調血。

清·汪紱《醫林纂要探源》卷二 延胡索 辛，苦，溫。蔓生弱枝，每枝三葉，根似半夏，三五簇生，肉色黃，形小堅實者良。通氣血之凝滯。辛補肝，而氣行於血中。苦瀉心，而血滲於氣中。凡蔓生，多能去滯。補肝，故除風痺。瀉心，故利小水，通氣血之凝滯，故治諸痛，調婦人月經，及產後血暈，暴血下崩上衝，凡婦人血證多宜之。又去癥瘕疝氣，及折傷瘀血。

清·嚴潔等《得配本草》卷二 延胡索一名玄胡索。 苦、辛，溫。入手足太陰、厥陰經血分。能行血中氣滯、氣中血滯。理一身內外上下諸痛，調月經，止痢疾，利小便，破癥癖跌撲凝瘀，善落胎，治產後諸血病。 得乳香、鉤藤，治盤腸氣痛。配全蠍，治疝氣危急。配川楝子，治熱厥心痛。并治小便不通。配益母草，行產婦惡血。 破血，生用。調血，炒用。行血，酒炒。止血，醋炒。上部，酒炒。中部，醋炒。下部，鹽水炒。 虛人血逆，當兼補藥用。經事先期，虛而崩漏，或經血枯少不利，產後虛運，或氣虛作痛者，皆禁用。

題清·徐大椿《藥性切用》卷三 延胡索 辛苦性溫，入手足厥陰、太陰。能行血中氣滯，氣中血滯。生用破血，炒用調血，酒炒活血，醋炒止血，必須炒黑。若經事先期，血虛崩中均忌。

清·黃宮繡《本草求真》卷四 延胡索行心肝血中氣滯，氣中血滯。 延胡索耑入心肝。氣味辛溫，無毒，入足厥陰肝、手少陰心經。能行血中氣滯，氣中血滯。故凡月水不調，月水或先或後，多因血氣凝滯。心腹卒疼，小腹脹痛，胎產不下，筋縮疝瘕，產後血衝血暈，跌仆損傷，不論是血是氣，積而不散者，服此力能通達。諸症皆屬氣血凝滯。以其性溫，則於氣血能行能暢，味辛，則於氣血能潤能散，所以理一身上下諸痛，往往獨行功多。方勺《泊宅編》云：一人病遍體作痛，殆不可忍，都下醫或云中風、中濕、腳氣，悉不效。周離亨言是氣血凝滯所致，用延胡索、當歸、桂心等分為末，溫酒服三四錢，隨量頻進，以止為度，遂痛止。蓋延胡索能活血化氣，第一品藥也。其後趙待制霆因導引失節，肢體拘攣，亦用此數服而愈。然此既無益氣之情，復少養營之義，徒仗辛溫攻凝逐滯，虛人當兼補藥同用，否則徒損無益。氣虛血熱切忌。 根如半夏，肉黃小而堅者良，酒炒行血，醋炒止血，生用破血，炒用調血。

清·楊璿《傷寒溫疫條辨》卷六消劑類 延胡索 味辛苦，氣溫。入肺、脾、心包、肝。行血中氣滯，氣中血滯。止腹疼，通經，調月水淋閉，除跌撲凝

血，散癥瘕疝氣，一切因血作疼之證，悉治之。生用破血，炒用調血，酒炒行血，醋炒止血，但其力迅墮胎，血枯勿加。延胡索、當歸、肉桂等分為末，溫酒調服三錢，治肢體拘疼，並冷氣腰疼，皆氣血凝滯所致也。

清・羅國綱《羅氏會約醫鏡》卷一六草部 延胡索 味辛，氣溫，入肺、脾、肝、心包四經。酒炒行血，醋炒止血，生用破血，炒用調血。欲上行酒炒，下行鹽水炒。能行氣中血滯，血中氣滯。調月水，氣血凝滯而痛。氣血不和，因不以時至。治產後血逆上衝，用酒煮或用酒磨。通經療疝，化癖舒筋、心腹小腹諸痛，除折傷積血。皆活血化氣之效。

按：延胡索走而不守，惟有瘀滯者宜之，若血虧氣虛、妊婦者，均忌之。

清・陳修園《神農本草經讀》附録 延胡索 氣味辛，溫，無毒。主破血，婦人月經不調，腹中結塊，崩中淋露，產後諸血症，血暈，暴血衝上，因損下血。煮酒或酒磨服。《開寶》

清・黃凱鈞《藥籠小品》 延胡索 辛苦，溫，能行氣血之滯，治上下內外諸痛，通則不痛。為活血利氣之要品，無瘀滯者忌。能墮胎。生用破血，炒用調血，醋炒止血。

清・張德裕《本草正義》卷上 延胡索 苦，溫。入肝、腎。行滯氣，破滯血，血中氣藥。止痛調經，亦善落胎。性惟破氣逐血，有血逆氣滯者，可用。若血虛或經枯不利，及氣血虛而作痛者，皆大忌。

清・楊時泰《本草述鉤元》卷七 延胡索 根叢生蔓延，狀似半夏，黃色。立夏掘起，陰乾者良。 味苦、微辛、微甘，氣溫。可升可降，陰中陽也。入手足太陰、厥陰，亦入手少陰經。活血化氣。治心氣小腹痛，膜外氣塊痛，理腎氣，止暴腰痛，通經絡，活精血，調女子月經，腹中結塊，崩中淋露，產後諸血病，血暈，暴血衝上，並撲損瘀血諸本草。專治一身上下諸痛瀕湖。以一春而備四氣，葉必三之，具木生數復。以言疾疢之證，因主治之功力，判屬血中氣藥，氣中用藥，蓋氣主噓之，血主濡之，氣之所不噓，即血之所不濡也。如腹中結塊，膜絡癥瘕，此血留營實之為因； 如臚腹氣塊盤繞疝癩，此氣滯衛實之為因； 如崩中淋露暈衄衝暴，此血菀營泣之為因； 如奔豚逆厥，百體疼煩，此氣弛衛薄之為因。元胡立鼓血中之氣，震行氣中之用，虛則補，實則平，推陳致新之良物也之頤。氣之所不噓，即血之所不濡，二語歷參醫案可見。有如食蕎麵而怒，痛於胃脘當心，醫用吐下行氣化滯藥，反吐且便秘，蓋不知氣之所留，即病乎血也。以此味為末，溫酒調服愈。又衰年病痢腹痛幾危，此濕熱傷氣，即病乎血凝也，亦用此末米飲調服愈。又偏體痛極，治以中風、中濕、脚氣俱不應，蓋冷滯乎氣，即泣其血也，同當歸、桂心為末，溫酒調服愈。又有導引失節、肢節拘攣者，亦用此末而愈。然則就氣病以泣血，欲活血而即化氣者，元胡果為要劑矣。君生地、當歸、牛膝、益母草、童便，主產後血暈有神。得四物、白膠、牛膝、香附，主婦人經阻少腹作痛，或結塊。

附方：膜外氣疼及氣塊，元胡不拘多少為末，豬胰一具，切作塊子，炙熟，蘸末頻食之。疝氣危急，元胡鹽炒，全蠍去毒生用，等分為末，每服半錢，空心鹽、酒下。偏正頭痛不可忍，元胡七枚，青黛二錢，牙皂二箇去皮子，為末，水和丸如杏仁大，每以水化一丸，灌入鼻內，隨左右，口咬銅錢一箇，當有涎出成盆而愈。

論：延胡栽種於寒露前，飽歷三冬，春後始苗，蘊釀乎陰氣為最厚。及其苗而蔓，葉而花，具周於一春，甫立夏而即掘其根以用，是蘊釀乎金水，而全暢於敷和之木，得陰中之少陽以為用。采時不使受火氣者，正以不傷金，不泄木為大暢，二者之大化也。夫水與血是一是二，金孕水之元，木達水之化，豈非血為體，而血中之氣即其用歟。之頤判為血中氣藥，氣中用藥最為中的，不得同於破血之劑，更不得以疏氣耗氣誣之。且血屬陰下也，氣屬陽上也，此味先苦而居多，辛次之，衹有苦之半，又次微甘，是從陰中致陽之用，還以達陰之化者也。

繆氏云：性味辛走，凡崩中淋露，應行清熱而補氣者，及經事先期，一切血熱為病者，宜禁。

修治：取粒粒金黃色者，行血酒製，止血醋炒，破血生用，調血炒用。

清・葉桂《本草再新》卷一 延胡索味辛，性溫，無毒。入肺、肝二經。能行血中氣滯，氣中血滯，通小便，治風痺，疝氣危急，為活血利氣要藥。氣滯於血中，其氣必逆； 血滯於氣中，其血必凝。行之利之，逆滯皆通。

清・吳其濬《植物名實圖考》卷八 延胡索 《開寶本草》始著錄。宋人《藥名詩》： 到處遷延胡索人。其入藥蓋已久，今茅山種之，為治婦科腹痛要藥。

清・趙其光《本草求原》卷一山草部 延胡索 色黃，入脾胃； 氣溫，行肝之逸氣； 味辛，達肺之鬱氣； 血藉氣行，血能濡，氣能噓。氣行血自暢。

肺鬱，則經氣不為使；肝鬱，則所司之經絡皆滯，而五臟之氣亦不能出於經隧以行血。故主破血。獨用為末，酒下，其功更專；雜以他藥，則力反緩。凡一身上下血中氣滯，氣中血滯而致痛者，皆宜。治胃脘痛，食滯氣留而血病。月經不調、腹中結塊、產後血滯諸病，跌墜傷痛，為末，豆淋酒下。或醋炒，同歸、橘酒糊丸，醋、艾湯下；或同歸、桂。鼻衄，為末，綿包塞耳，左衄塞右，右衄塞左。尿血淋露，同芒硝末，水煎服。崩中，皆肝調達血自歸經也。暴血沖上，血為邪鬱也。因損下血，氣弛衛薄則血流，酒煮服，鼓氣以止之。血暈，同歸、地、牛膝、母草、童便之類。經阻腹痛，上方加芎、歸、乳香、香附。蓄血，再加芒硝。氣塊痛及膜外氣疼，為末，豬胰蘸服。疝氣危急，鹽炒，同生全蠍去毒研，鹽酒下。血寒腰痛、體痛、肢節拘痛，同桂、歸酒下。偏正頭痛，同青黛，牙皂溫水下，隨左右口咬銅錢一個，當有涎出。下痢腹痛，濕熱傷氣而血凝也。為末，米飲下。熱厥心痛，或作或止，身熱足冷。同川楝，酒、水任下。小便不通，同上方，白湯滴油數點下。咳嗽，同枯礬末，軟餳和含之。落胎。

黃小而堅者良。酒炒，上行活血；鹽炒，下行調血；醋炒，治中止血；生用，破血。氣血虛、有瘀滯者，補氣血中少用；無瘀勿用。

清·文晟《新編六書》卷六《藥性摘錄》　延胡索　辛，溫。行心肝血中氣滯，氣中血滯。凡月水不調，心腹卒痛，小腹脹痛，胎產不下，筋縮疝瘕，產後血沖血暈，及跌撲損傷，服此力能通達。〇惟虛人當兼補藥同用，否則徒損無益。〇酒炒行血，醋炒止血，生用破血，熟用調血。

清·張仁錫《藥性蒙求》　延胡索錢半　延胡索溫，心腹諸疼。通經活血，消瘀之君。辛苦而溫，入肺、脾、心包、肝四經。能行血中氣滯，氣中血滯，治上下內外諸痛，走而不守，通經墮胎，瘀滯有餘者宜之。〇生用破血，炒用調血。

清·屠道和《本草匯纂》卷一溫散　延胡索　耑入心、肝。氣味辛溫，無毒。行心肝血中氣滯，氣中血滯。治月水不調，腹中結塊，崩中淋露，胎產不下，產後血暈，暴血衝上，落胎。除風治筋縮，破疝瘕，跌仆損傷瘀血，止痛活血利氣。暖腰膝，止暴腰痛，通小便。治心氣小腹有神。理週身濕痺，上下諸痛，往往獨行功多。方勺《泊宅編》云：一人病偏體作痛，殆不可忍。都中醫或言中風中濕脚氣，諸治悉不效。周離亨言是氣血凝滯所致，用延胡索、當歸、桂心等分，為末，溫酒服三四錢，隨量頻進，以止為度，痛遂頓止。蓋延胡索為活血利氣第一品藥也。然此既不益氣養營，徒仗辛溫攻凝逐滯，虛人當兼補藥同投，否則徒損無益。通經墮胎，瘀滯有餘者宜之。若經事先期，虛而崩漏，產後虛運，斷不可服。根如半夏，肉黃小而堅者良。酒炒行血，醋炒止血，生用破血，炒用調血。

清·戴葆元《本草綱目易知錄》卷一　延胡索　辛苦而溫。入手足太陰、厥陰經。能行血中氣滯，氣中血滯，通經絡，理腎氣，暖腰膝，通小便，活血利氣，止痛除風。治氣凝血結，上下內外諸痛。破癥癖，撲損瘀血，婦人月經不調，腹中結塊，崩中淋露，產後血運及諸血病，暴血上衝，因損下血，止暴腰痛，小腹疼，疝氣心痛，神驗。然辛溫走而不守，通經落胎，血虛無瘀滯者慎用。生用破血，炒則調血，酒炒行血，醋炒止血。

清·黃光霽《本草衍句》　延胡索　味辛而苦，性溫而行。調婦人之經脈，破腹內之癖癥。或心痛而欲死，或血暈而不醒。能行血中氣滯，氣中血凝；通利小腸腎氣，耑入太厥陰經。時珍曰：入手足太陰、厥陰四經。蓋活血化氣第一品藥也。一人遍身作痛不可忍，是氣血凝滯所致。用延胡索、當歸、肉桂而止。得金鈴子治熱厥心痛，得茴香治小兒盤腸。

清·陳其瑞《本草撮要》卷一　延胡索　味辛，入足太陰、厥陰經，功專破血行傷。得川楝子治熱厥心痛。得茴香治小兒盤腸痛。獨用力迅，宜兼補氣血藥。血熱氣虛者禁。酒炒行血，醋炒止血。生用破血，炒用調血。

老鴉草

附：琉球·吳繼志《質問本草》外篇卷一　老鴉草倭種延胡索　生陰地，九十月生苗，葉極柔潤，莖亦不硬，高六七寸，春開花。俗名老鴉草。癸卯，潘貞蔚、石家辰、

清·趙其光《本草求原》卷三隰草部　老鴉草　花如雀仔，淡、苦、辛，微溫。祛風消腫，治風痰，壯筋活絡。

天葵

明·蘭茂撰，清·管暄校補《滇南本草》卷下　天葵　性寒，味苦、辛。散諸瘡腫，攻癰疽，排膿定痛。治瘰癧，消散結核。治婦人奶結，乳汁不通，紅腫疼痛，乳癰乳岩，堅硬如石，服之或散或潰。

清·趙學敏《本草綱目拾遺》卷五草部下　一粒金丹　一名洞裏神仙，又名野延胡。江南人呼飛來牡丹，處處有之，葉似牡丹而小，根長二三寸，春開小紫花成穗，似柳穿魚，結子在枝節間，生青老黃，落地復生小枝，子如豆大，其根下有結粒，年深者大如指，小者如豆，一種黃花者乃蒿屬，根上亦無

子，採取不可悮用。　治跌打損傷風氣，消癰腫便毒瘰癧天蛇毒鴉翅毒，擣敷火丹痔腫風痹，閃肭腰痛。　腫毒初起：《百草鏡》：　取一粒金丹根上子一兩，擣汁，陳酒和服，并治瘰癧初起。

清・吴其濬《植物名實圖考》卷一三　天葵　一名夏無蹤。初生一莖一葉，大如錢，頗似三葉酸微大，面緑背紫；　莖細如絲，根似半夏而小；　春時抽生分枝極柔，一枝三葉，一葉三叉，翩反下垂；　梢間開小白花，立夏即枯。按《南城縣志》：　夏無蹤子名天葵，此草江西撫州、九江近山處有之，即鄭樵所謂菟葵，即紫背天葵者。春時抽莖開花，立夏即枯，質既柔弱，根亦微細，尋覓極難，秋時復茁，淩冬不萎。土醫皆呼為天葵。南城與閩接壤，故漁仲稔知之。此草既小不盈尺，又生於石罅砌陰下，安能與燕麥動搖春風耶？建昌俚醫以敷乳毒，極效。

黄花地錦苗

清・吴其濬《植物名實圖考》卷一三　黄花地錦苗　江西、湖南多有之。與紫花者相類，而葉莖瘦弱，莖微赤，葉尖細，花有跗，亦結小角。

地錦苗

明・朱橚《救荒本草》卷上之後　地錦苗　生田野中。小科苗高五七寸，苗葉似園荽音雖，葉間開紫花，結小角兒。苗葉味苦。　救飢：　採苗葉煠熟，水浸淘淨，油鹽調食。

明・蘭茂《滇南本草》〔叢本〕卷中　五味草，一名金鉤如意草。味有五，故名五味，性微寒。祛風，明目通翳，消散一切風熱。肺勞咳嗽，發熱，肝勞發熱，怕冷。走筋絡，治筋骨疼，痰火等症。昔太華山趙道人，久服此草，輕身延年，聽耳明目。　單方：　治眼目生玉翳，或生露翳青盲。五味草二錢、穀精草一錢，木賊草五分、青葙子五分，共合一處，煎湯服。

清・吴其濬《植物名實圖考》卷一二　地錦苗

地錦苗，江西園圃平野多有。春初發生莖，葉似胡荽而葉末稍圓，梢杈開紫花如小魚形，參差偃仰，跗當花中，尾尖首碩，有兩小瓣，開合如脣；　花罷結角，入夏漸枯。

按《救荒本草》：　地錦苗生田野中，小科苗高五七寸；　莖葉似園荽，葉間開紫花，結小角豆兒。苗葉味苦，煠熟浸淨，油鹽調食，即此。滇南謂之金鉤如意草，一名五味草。《滇本草》：　味有五，故名五味。性微寒，祛風明目，退翳，消散一切風熱肺勞、咳嗽發熱、肝勞發熱、怕冷，走筋絡，治筋骨疼、痰火等症。昔太華山趙道人服此藥，輕身延年，聽耳明目云。

土當歸

清・趙學敏《本草綱目拾遺》卷五草部下　土當歸　荷包牡丹之根，今人呼活血草，即土當歸也。　汪連仕云：　用其根搗汁，酒沖服之，令人沈醉，金瘡之聖藥也。

清・吴其濬《植物名實圖考》卷二七　荷包牡丹　《花鏡》：　荷包牡丹，一名魚兒牡丹。以其葉類牡丹，花似荷包，亦以二月開，因是得名。一幹十餘朵，纍纍相比，枝不能勝壓，而下垂若俛首然，以次而開，色最嬌豔。根可分栽，若肥多則花更茂而鮮。黄梅雨時亦可扦活。按此花北地極繁，過江漸稀。或以為即當歸，誤。

紅毛參

清・趙學敏《本草綱目拾遺》卷三《草部上》　紅毛參　《百草鏡》：　漳泉估舶從紅毛帶來，絕不類參形，長而粗，長者有三四尺，色紫黑，粗者如拇指，折之中有白點痕，有起花紋，與建參相似。　止瀉痢如神。

馬尾絲

清・趙學敏《本草綱目拾遺》卷四草部中　馬尾絲　《臺志略》：　此草葉細而長，花紅而小，根如荔子核，黄色，多細絲如髮，不拘鮮乾，皆可用。治蛇蜂諸毒。

黄精

宋・唐慎微《證類本草》卷六草部上品〔唐・陳藏器《本草拾遺》〕　救窮草　食之可絕穀生長。生地肺山大松樹下，如竹，出新道書。地肺山高六千丈，其下有之，應可求也。

宋・李昉《太平御覽》卷第九八九　黄精　《廣雅》曰：　黄精，龍御也。又曰：　黄精，葉似小黄也。　《抱朴子》曰：　黄精，一名菟竹，一名鷄格，一名岳珠。服其花，勝其實。花生十斛，乾之則可得五六升，服之十年，乃可得益。　《列仙傳》曰：　脩羊公，魏人也。止華陰山石室中，中有懸石，塌臥其上，塌盡穿陷，晷不食，時取黄精服之。　《神仙傳》曰：　王烈，字長能，邯鄲人也。常服黄精。　又曰：　白菟公服黄精而得仙。　《永嘉記》曰：　黄精，出松陽永寧縣。　《遊名山志》曰：　石室藥多黄精。　《博物志》曰：

黃帝問天姥曰：天地所生，豈有食之令人不死者乎？姥曰：太陽草，名黃精，餌食之，可以長生。

宋·唐慎微《證類本草》卷六草部上品〔《別錄》〕 黃精 味甘，平，無毒。主補中益氣，除風濕，安五藏。久服輕身延年，不飢。一名重樓，一名菟竹，一名雞格，一名救窮，一名鹿竹。生山谷。二月採根，陰乾。

〔梁·陶弘景《本草經集注》〕云：今處處有。二月始生，一枝多葉，葉狀似竹而短，根似萎蕤。萎蕤根如荻根及昌蒲，概音既節而平直；黃精根如鬼臼黃連，大節而不平。雖燥，並柔軟有脂潤。俗方無用此，而爲《仙經》所貴。根、葉、華、實皆可餌服，酒散隨宜，具在《斷穀方》中。黃精葉乃與鈎吻相似，惟莖不紫、花不黃爲異，而人多惑之。其類乃殊，遂致死生之反，亦爲奇事。

〔唐·蘇敬《唐本草》〕注云：黃精肥地生者，即大如拳；薄地生者，猶如拇指。萎蕤肥根頗類其小者，肌理形色都大相似。今以鬼臼、黃連爲比，殊無髣髴。又黃精葉似柳及龍膽、徐長卿輩而堅。其鈎吻蔓生，殊非比類。

〔宋·馬志《開寶本草》〕按：別本注今人服用，以九蒸九暴爲勝，而云陰乾者恐爲爛壞。

〔宋·掌禹錫《嘉祐本草》〕按：《抱朴子》云：一名垂珠。服其花，勝其實，其實勝其根。但花難得，得其生花十斛，乾之纔可得五六斗耳。而服之日可三合，非大有役力者，不能辦也。服黃精僅十年，乃可得其益耳，且以斷穀不及朮，朮餌令人肥健，可以負重涉險，但不及黃精甘美易食。凶年之時，可以與老小休糧，人食之謂爲米脯也。《廣雅》云：黃精，龍銜也。《永嘉記》云：黃精，出崧陽永寧縣。《藥性論》云：黃精，君。陳藏器云：黃精，陶云將鈎吻相似，但一善一惡耳。按：鈎吻即野葛之別名。若將野葛比黃精，則二物殊不相似，不知陶公憑何此說。其葉偏生，不對者爲偏精，功用不如正精。蕭炳云：黃精，寒。日華子云：補五勞七傷，助筋骨，止飢，耐寒暑，益脾胃，潤心肺。單服九蒸九暴，食之駐顔，入藥生用。

〔宋·蘇頌《本草圖經》〕云：黃精舊不載所出州郡，但云生山谷，今南北皆有之，以嵩山、茅山者爲佳。三月生，苗高一二尺以來，葉如竹葉而短，兩兩相對。莖梗柔脆，頗似桃枝，本黃末赤。四月開細青白花，如小豆花狀。子白如黍，亦有無子者。根如嫩生薑，黃色。二月採根。蒸過，暴乾用。今通八月採，山中人九蒸九暴，作果賣，甚甘美而黃黑色。江南人說：黃精苗葉稍類鈎吻，但鈎吻葉頭極尖而根細。蘇恭注云：鈎吻蔓生。殊非比類，恐南北所產之異耳。初生苗時，人多採爲菜茹，謂之筆菜，味極美，採取尤宜辨之。隋羊公《服黃精法》云：黃精是芝草之精也，一名萎蕤，一名仙人餘糧，一名苟格，一名菟竹，一名垂珠，一名馬箭，一名白及。二月、三月採根，入地八九寸爲上。細切一石，以水二石五斗煮去苦味，漉出，囊中壓取汁，澄清，再煎如膏乃止。以炒黑豆黃末相和令得所，捏作餅子如錢許大，初服二枚，日益之，百日知。亦焙乾篩末，水服，功與上等。《抱朴子》云：服黃精花勝其實。花，生十斛，乾之可得五六斗，服之十年，乃可得益。又《博物志》云：天老謂黃帝曰：太陽之草名黃精，餌之可以長生。世傳華佗漆葉青黏散云：青黏是黃精之正葉者，書傳不載，未審的否。

〔宋·唐慎微《證類本草》〕《雷公》云：凡使，勿用鈎吻，真似黃精，只是葉有毛鈎子二個，是別認處，若誤服害人。黃精葉似竹葉。凡採得，以溪水洗淨後蒸，從巳至子，刀薄切，曝乾用。《食療》：餌黃精，能老不飢。其法：可取甕子去底，釜上安置令得所，盛黃精令滿。密蓋蒸之，令氣溜，即暴之。第二遍蒸之亦如此。九蒸九暴。凡生時有一碩，熟有三四斗。蒸之若生，則刺人咽喉；暴使乾，不爾朽壞。其生者，若初服，只可一寸半，漸漸增之。十日不食，能長服之，止三尺五(升)〔寸〕。服三百日後，盡見鬼神，餌必昇天。根、葉、花、實皆可食之。但相對者是，不對者名偏精。《聖惠方》：神仙：服黃精成地仙，根莖不限多少，細剉陰乾，擣末，每日淨水調服，任意多少。一年之周，變老爲少。《稽神録》：臨川有士人虐所使婢，婢乃逃入山中，久之見野草枝葉可愛，即拔取根食之甚美，自是常食，久而遂不飢，輕健。夜息大樹下，聞草中動，以爲虎，懼而上樹避之。及曉下平地，其身欻然淩空而去，或自一峰之頂，若飛鳥焉。數歲，其家人採薪見之，告其主，使捕之不得，一日遇絕壁下，以網三面圍之，俄而騰上山頂。其主異之，或曰此婢安有仙骨，不過靈藥服食。遂以酒饌五味香美，置往來之路，觀其食否，果來食，食訖遂不能遠去，擒之，具述其故。指所食之草，即黃精也。《道藏神仙芝草經》：黃精，寬中益氣，五藏調良，肌肉充盛，骨體堅强，其力倍，多年不老，顔色鮮明，髮白更黑，齒落更生。先下三尸蟲：上尸，好寶貨，百日下；中尸，好五味，六十日下；下尸，好五色，三十日下，爛出。花、實、根三等，花爲飛英，根爲氣精。《博物志》：昔黃帝問天老曰：天地所生，豈有食之令人不死乎？天老曰：太陽之草，名曰黃精，餌之可以長生；太陰之草，名曰鈎吻，不可食之，入口立死。人信鈎吻之殺人，不信黃精之益壽，不亦甚乎。《靈芝瑞草經》：黃芝即黃精也。

宋·鄭樵《通志》卷七五《昆蟲草木略》 黃精 曰重樓，曰菟竹，曰雞格，曰救窮，曰鹿竹，曰龍銜，曰萎蕤，曰狗格，《本草》作苟格。曰(乖)〔垂〕珠，曰馬(前)〔箭〕，曰白及。陶弘景謂似鈎吻，非也。似蘘荷。

宋·劉明之《圖經本草藥性總論》卷上 黃精 味甘，平，無毒。主補中益氣，除風濕，安五臟，久服輕身。《藥性論》云：君。日華子云：補五勞七傷，助筋骨，止飢耐寒暑，益脾胃，潤心肺，神仙芝草。《經》云：寬中益氣，五臟調良，肌肉充盛，骨體堅強，其力倍多。二月採，陰乾。所在皆有，惟

茅山者最佳。

宋・張杲《醫說》卷八　服黃精　胎川（一書載臨川）有士人虐所使婢，婢乃逃入山中，久之見野草枝葉可愛，即拔取根食之甚美，自是常食，久而遂不飢輕健，夜息大樹下，聞草中動，以為虎，懼而上樹避之，及曉下平地，其身歘然淩空而去，自一峰之頂，若飛鳥焉。數歲，其家人採薪見，人告其主，使捕之不得，一日遇絕壁，下以網三面圍之，俄而騰其山頂。其主異之，或曰此婢安有仙骨？不過服靈藥食。遂以酒饌五味香美置往來之路，觀其食否。果來食，食訖遂不能遠去，就擒之。具述其故，指所食之草，即黃精也。

宋・陳衍《寶慶本草折衷》卷九　黃精　（根）一名氣精。生嵩陽即嵩山，及茅山、滁、丹、兗、解、商、相、洪州、荊門軍、永康軍。今南北處處山谷有之。

續說云：《局方》預知子丸用黃精乃蒸熟。按鉤吻一名野葛，入口則鉤人喉吻而致斃。《瑣碎錄》乃謂鉤吻花紫，而黃精花黃白也。或誤中鉤吻毒者，宜服葛根、羊血、桂心、葱涕，皆可以解之。

元・吳瑞《日用本草》卷六　黃精　味甘，平，無毒。九蒸九曝為勝。主補中益氣，除風濕，益脾潤肺。

明・朱橚《救荒本草》卷上之後　黃精苗　俗名筆管菜。一名重樓，一名菟竹，一名雞格，一名救窮，一名鹿竹，一名萎蕤，一名仙人餘糧，一名垂珠，一名馬箭，一名白及。生山谷，南北皆有之。嵩山、茅山者佳。根生肥地者大如拳，薄地者猶如拇指。葉似竹葉，或兩葉，或三葉，或四五葉，俱皆對節而生。味甘，性平，無毒。又云：莖光滑者謂之太陽之草，名曰黃精，食之可以長生。其葉不對節，莖葉毛鉤子者謂之太陰之草，名曰鉤吻，食之入口立死。又云：莖不紫，花不黃，為異。　救飢：採嫩葉煠熟，換水浸去苦味，淘洗淨，油鹽調食。山中人採根，九蒸九暴，食甚甘美。其蒸暴用瓮去底安釜上，裝置黃精令滿，密蓋蒸之，令氣溜即暴之，如此九蒸九暴，令極熟，若不熟，則刺人喉咽。久食長生，辟穀。其生者若初服，只可一寸半，漸漸增之，十日不食他食，能長服之止三尺，服三百日後，盡見鬼神，餌必升天。又云：花實極可食。罕得，見至難得。　治病：文具《本草》草部條下。

明・蘭茂撰，清・管暄校補《滇南本草》卷上　鹿竹　一名兔竹。味甘，性平，無毒。根如嫩生薑色，俗呼生薑，藥名黃精。洗淨，九蒸九晒，服之甘美。俗亦能救荒，故名救窮草，仙家多用。主補中益氣，除風濕，安五臟，久服輕身延年，不飢。治五癆七傷，助筋骨，耐寒暑，益脾胃，開心肺。能辟穀，補虛添精，服之效矣。

明・王綸《本草集要》卷二　黃精君　味甘，氣平，無毒。二月採，陰乾。單服，九蒸九曝，入藥生用。　主補中益氣，安五臟，益脾胃，潤心肺。除風濕，補五勞七傷，久服輕身延年，不飢，耐寒暑。《博物志》曰：太陽之草，名曰黃精，餌之可以長生。

明・滕弘《神農本經會通》卷一　黃精　君也。三月採，陰乾。單服九蒸九曝。入藥生用。今通八月採，以嵩山、茅山者為佳。花葉相對者是，不對者名偏精。鉤吻與黃精相似，誤採用之，殺人至死，須細認之。　味甘，氣平，無毒。

《本經》云：主補中益氣，除風濕，安五臟，久服輕身延年不（肌）〔飢〕。《藥性論》云：黃精，君。日華子云：補五勞七傷，助筋骨，止飢，耐寒暑，益脾胃，潤心肺。單服九蒸九暴，食之駐顏。入藥生用。《抱朴子》云：黃精斷穀不及朮，朮餌令人肥健，可以負重涉險，但不及黃精甘美易食，凶年可以與老小休糧，人食之謂為米脯也。別本注云：今人服用，以九蒸九暴為勝。而云陰乾者，恐為爛壞。《圖經》云：根如嫩生薑，黃色，二月採根，蒸過暴乾用。今通八月採。《博物志》：天老曰太陽之草，名曰黃精，餌之可以長生。太陰之草，名曰鉤吻，不可食之，入口立死。人信鉤吻之殺人，不信黃精之益壽，不亦甚乎。《局》云：黃精無毒味甘平，久服延年不老神。益氣補中安五臟，勿將鉤吻誤傷人。

明・劉文泰《本草品彙精要》卷七　黃精無毒。植生。

黃精：主補中益氣，除風濕，安五臟，久服輕身延年，不飢。名醫所錄。

〔名〕重樓、菟竹、雞格、救窮、鹿竹、葳蕤、垂珠、馬箭、白及、黃芝、仙人餘糧、太陽之草。　〔苗〕《圖經》曰：苗高一二尺，葉如竹葉而短，兩兩相對，莖梗柔脆，頗似桃枝，本黃末赤。四月開細青白花，如小豆花。子白如黍，亦有無子者。根如嫩生薑，黃色，肥地生者大如拳，薄地生者如拇指。山人蒸暴作果食之，甚甘美。　〔地〕《圖經》曰：生山谷，今處處有之。《永嘉記》云：出崧陽永寧縣。　〔道地〕嵩山、茅山。　〔時〕生：三月生苗。採：二月取根。　〔收〕暴乾。　〔用〕根肥而脂潤者佳。　〔質〕類嫩生薑。　〔色〕生黃，熟黑。　〔味〕甘。　〔性〕平，緩。　〔氣〕氣之薄者，陽中之陰。

【臭】腥。【主】補中益氣。【製】日華子云：九蒸九暴。《雷公》云：以溪水洗淨後蒸，從巳至子，薄切暴乾。【治】補：日華子云：五勞七傷，助筋骨，止飢，耐寒暑，益脾胃，潤心肺，駐顏。【贋】鉤吻爲僞。

明・盧和、汪穎《食物本草》卷二果類　黄精　味甘，平，無毒。補中益氣，除風濕，益脾潤肺。九蒸九暴食之。又言：餌之可以長生。

明・葉文齡《醫學統旨》卷八　黄精　氣平，味甘。無毒。治五勞七傷，補中益氣，安五臟，益脾胃，潤心肺，除風濕，耐寒暑，延年不飢。

明・許希周《藥性粗評》卷二　頭回黑髮現黄精。

黄精，一名菟竹，一名救窮。三月生苗，高一二尺，葉如竹葉而短且厚，兩兩相對，亦有不相對者，俗謂之偏精。莖亦似竹，亦似桃枝，柔脆，本黄末赤，四月開細青白花，如小豆花狀，子白如黍，亦有無子者，根如嫩薑黄色，根葉華實，皆可餌服，天老謂黄帝曰：太陽之精名黄精，服之可以長生。又曰：太陰之精名鉤吻，不可服之，入口立死。按：鉤吻與黄精相似，但黄葉有毛鉤子二個與黄精異耳。南北山谷處處有之。二月採根，久蒸久曝，待黄黑色，甘美不戟喉，方可收貯。古方不甚入藥，豈所稟中和，無以濟一偏之用耶？餘説《本草》不載。味甘，性平，無毒。主治五勞七傷，風濕羸弱，寬中益氣，養血駐顔，安五臟，長肌肉，堅筋骨，久服延年不飢，髮白變黑，可成地仙。荒歲可以代糧，此蓋上品仙藥也。《神農本草》列於草部之首，豈無謂與？

明・鄭寧《藥性要略大全》卷六　黄精　東垣云：補中益氣，安五臟，除風濕。久服輕身延年，益壽。　味甘，平，無毒。葉似萎蕤。凡使勿誤用鉤吻，能殺人。

明・陳嘉謨《本草蒙筌》卷一　黄精　味甘，氣平。無毒。山谷土肥俱出，茅山、嵩山獨良。莖類桃枝脆柔，一枝單長；葉如竹葉略短，兩葉對生。一説：其葉偏生不相對者為偏精，葉相對者為正精，正精功用尤勝。又華佗漆葉青黏散云：青黏即黄精之正葉者。未審的否。花開似赤豆花，實結若白黍米。亦有不結實者。並堪服餌，《抱朴子》云：服花勝實，服實勝根，但花難得，生花一斛只乾得一二升，非大有役力者不能辦也。勿厭採收。冬月挖根，嫩薑彷彿。僊家稱名黄精，俗多呼為野生薑也。洗淨九蒸九曝代糧，可過凶年。因味甘甜，又名米餔。入藥療病，生者亦宜。鉤吻略同，切勿誤用。安五臟六腑，補五勞七傷。除風濕，壯元陽，健脾胃，潤心肺。旋服年久，方獲奇功。耐老不飢，輕身延壽。小兒羸瘦，多啖彌佳。

謨按：《博物誌》曰：太陽之草名黄精，餌之可以長生；太陰之草名鉤吻，食之入口立死。夫鉤吻，野葛之別名也。人但信鉤吻殺人，並無敢食之者，何嘗信黄精延壽，而餌之不厭者耶？《本經》註中載古一婢，逃入深山，得黄精餌之，日間不飢，久漸輕身，飛越山頂，莫有能追之者，此亦非虚誣也。

明・王文潔《太乙仙製本草藥性大全》卷一《本草精義》　黄精　一名萎蕤，一名仙人餘糧，一名苟格，一名重樓，一名菟竹，一名雞格，一名垂珠，一名救窮，一名馬箭，一名白及，一名鹿竹。南北皆有之。嵩山、茅山出者爲佳。三月生苗，高一二尺，葉上相對如竹葉而短，莖梗柔脆，頗似桃枝，本黄末赤。四月開細青白花，如小豆花狀，子白如黍，亦有無子者。根如嫩生薑黄色，二月採根，蒸過曝乾用，今遇八月採。山中人九蒸九曝，作果賣，甚甘美而黄黑色。江南人説黄精苗葉稍煩鉤吻，但鉤吻葉頭極尖而根細。蘇恭注云鉤吻蔓生，殊非此類，恐南北所産之異耳。初生苗時人多採為菜茹，謂之畢菜，味極美，採取宜辯。隋陽公服黄精云：黄精是芝草之精也。

明・王文潔《太乙仙製本草藥性大全》卷一《仙製藥性》　黄精君。味甘，氣平，無毒。二月採，陰乾，單服九蒸九曝，入藥生用。主治：療補中益氣，安五臟六腑，益脾胃，潤心肺，除風濕，小兒羸瘦，多痰，彌佳；壯元陽，補五勞七傷。久服輕身延年，不飢，耐寒暑。補註：《博物志》曰：太陽之草名黄精，餌之可以長生；太陰之草名鉤吻，食之入口立死。夫鉤吻，野葛之別名也。人但信鉤吻殺人，並無敢食之者，何嘗信黄精延壽而餌之不厭者也？《本經》註中載：古一婢逃入深山，得黄精食之，日間不飢，久漸輕身，飛越山頂，莫有能追之者，此非虚誣也。〇餌黄精耐老不飢，其法：可取甕子去底，釜上安置令得所，盛黄精令滿，密蓋蒸之，令氣溜，即暴之，第二遍蒸之亦如此，九蒸九暴。凡生用時有一碩，熟有三四斗，蒸之，若生則刺人咽喉，暴使乾，不爾朽壞。〇神仙服黄精成地仙，根莖不限多少，細剉陰乾，搗末，每日净水調服，任意多少，一年之内變老爲少。〇黄精，寬中益氣，五臟調良，肌肉充盛，骨髓堅強，其力倍多，年不老，顔色鮮明，髮白更黑，齒落更生。先下三尸蟲，上尸好寶貨，百日下；中尸好五味，六十日下；下尸好五色，三十日下，爛出。花、實、根三等，花爲飛英，根爲精氣。太乙曰：凡使勿用鉤吻，真似黄精，只是葉有毛鉤子二個，是別認處，誤

服害人。黄精葉似竹葉。凡採得，以溪水洗淨後蒸，從巳至子，刀薄切，曝乾用。

明·皇甫嵩《本草發明》卷二　黄精上品之上，君。味甘，平，無毒。　發明曰：　黄精甘而平，補性和緩，製料他藥為佳，非攻疾藥也。《本草》主補中益氣，除風濕，安五臟，久服輕身延年。又云：　補勞傷，助筋骨，止飢耐寒暑，益脾胃，潤心肺。單服九蒸晒，食可駐顏。天老曰：　太陽之草名黄精，餌之可以長生。根、葉、花、實皆可食之。

明·李時珍《本草綱目》卷一二草部·山草類上　黄精《別錄》上品。校正：　併入《拾遺》救荒草。

【釋名】黄芝《瑞草經》　戊己芝《五符經》　菟竹《別錄》　鹿竹《別錄》　仙人餘糧弘景　救窮草《別錄》　米餔《蒙筌》　野生薑《蒙筌》　重樓《別錄》　鷄格《別錄》　龍銜《廣雅》　垂珠頌曰：　隋時羊公服黄精法云：　黄精是芝草之精也，一名葳蕤，一名白及，一名仙人餘糧，一名苟格，一名馬箭，一名垂珠，一名菟竹。時珍曰：　黄精爲服食要藥，故《別錄》列於草部之首，仙家以爲芝草之類，以其得坤土之精粹，故謂之黄精。《五符經》云，黄精獲天地之淳精，故名爲戊己芝，是此義也。餘糧、救窮，以功名也。鹿竹、菟竹，因葉似竹，而鹿兔食之也。垂珠，以子形也。陳氏《拾遺》救荒草即此也，今併爲一。嘉謨曰：　黄精根如嫩薑，俗名野生薑。九蒸九曝，可以代糧，又名米餔。　【集解】《別錄》曰：　黄精生山谷，二月採根陰乾。弘景曰：　今處處有之。二月始生，一枝多葉，葉狀似竹而短。根似萎蕤。萎蕤根如荻根及菖蒲，概節而平直；　黄精根如鬼臼、黄連，大節而不平。雖燥，並柔有脂潤。俗方無用此，而爲仙經所貴，根、葉、花、實皆可餌服，酒散隨宜，具在斷穀方中。其葉乃與鈎吻相似，惟莖不紫、花不黄爲異，而人多惑之。其類乃殊，遂致死生之反，亦爲奇事。斅曰：　鈎吻真似黄精，只是葉頭尖有毛鈎子二個，若誤服之害人。黄精葉似竹也。恭曰：　黄精肥地生者，即大如拳；　薄地生者，猶如拇指。萎蕤肥根，頗類其小者，肌理形色，大都相似。今以鬼臼、黄連爲比，殊無仿佛。黄精葉似柳及龍膽、徐長卿輩而堅。其鈎吻蔓生，葉如柿葉，殊非比類。藏器曰：　黄精葉偏生不對者名偏精，功用不如正精。正精葉對生。鈎吻乃野葛之別名，二物殊不相似，不知陶公憑何說此。保昇曰：　鈎吻一名野葛，陶說葉似黄精者當是，蘇說葉似柿者，當別是一物。頌曰：　黄精南北皆有，以嵩山、茅山者爲佳。三月生苗，高一二尺以來。葉如竹葉而短，兩兩相對。莖梗柔脆，頗似桃枝，本黄末赤。四月開青白花，狀如小豆花。結子白如黍粒，亦有無子者。根如嫩生薑而黄色，二月採根，蒸過暴乾用。今遇八月採，山中人九蒸九暴作果賣，黄黑色而甚甘美。其苗初生時，人多採爲菜茹，謂之筆菜，味極美，江南人說黄精苗葉稍類鈎吻，但鈎吻葉頭極尖而根細，而蘇恭言鈎吻蔓生，恐南北所産之異耳。時珍曰：　黄精野生山中，亦可劈根長二寸，稀種之，一年後極稠，子亦可種。其葉似竹而不尖，或兩葉、三葉、四五葉，俱對節而生。其根横行，狀如萎蕤，俗採其苗煠熟，淘去苦味食之，名筆管菜。陳藏器本草言青黏是萎蕤，見萎蕤發明下。又黄精、鈎吻之說，陶弘景、雷斅、韓保昇皆言二物相對。蘇恭、陳藏器皆言不相似。蘇頌復設兩可之辭。今考《神農本草》、《吴普本草》，並言鈎吻是野葛，蔓生，其莖如箭，與蘇恭之說相合。張華《博物志》云：　昔黄帝問天老曰：　天地所生，有食之令人不死者乎？　天老曰：　太陽之草名黄精，食之可以長生；　太陰之草名鈎吻，不可食之，入口立死。人信鈎吻殺人，不信黄精之益壽，不亦惑乎。按此但以黄精、鈎吻相對待而言，不言其相似也。陶氏因此遂謂二物相（對）〔似〕，與神農所說鈎吻不合。恐當以蘇恭所說爲是，而陶、雷所說別一毒物，非鈎吻也。歷代本草惟陳藏器辨物最精審，尤當信之。餘見鈎吻條。

根　【修治】斅曰：　凡採得以溪水洗净蒸之，從巳至子，薄切暴乾用。頌曰：　羊公服黄精法：　二月、三月採根，入地八九寸爲上。細切一石，以水二石五斗，煮去苦味，漉出，囊中壓取汁，澄清再煎，如膏乃止。以炒黑黄豆末，相和得所，捏作餅子，如錢大，初服二枚，日益之。亦可焙乾篩末，水服。詵曰：　餌黄精法：　取瓮子去底，釜内安置得所，入黄精令滿，密蓋，蒸至氣溜，即暴之。如此九蒸九暴。若生則刺人咽喉。若服生者，初時只可一寸半，漸漸增之，十日不食，服止三尺五寸。三百日後，盡見鬼神，久必昇天。根、葉、花、實皆可食之，但以相對者是正，不對者名偏精也。

【氣味】甘，平，無毒。權曰：　寒。時珍曰：　忌梅實，花、葉、子並同。　【主治】補中益氣，除風濕，安五臟。久服輕身延年不飢《別錄》。補五勞七傷，助筋骨，耐寒暑，益脾胃，潤心肺。單服九蒸九暴食之，駐顏斷穀大明。補諸虚，止寒熱，填精髓，下三尸蟲時珍。

【發明】時珍曰：　黄精受戊己之淳氣，故爲補黄宫之勝品。土者萬物之母，母得其養，則水火既濟，木金交合，而諸邪自去，百病不生矣。《神仙芝草經》云：　黄精寛中益氣，使五臟調良，肌肉充盛，骨髓堅强，其力增倍，多年不老，顏色鮮明，髮白更黑，齒落更生。又能先下三尸蟲：　上尸名彭質，好寶貨，百日下；　中尸名彭矯，好五味，六十日下；　下尸名彭居，好五色，三十日下，皆爛出也。根爲精氣，花實爲飛英，皆可服食。又按雷氏《炮炙論·序》云：　駐色延年，精煎神錦。注云：　以黄精自然汁拌研細神錦，於柳木甑中蒸七日，以木蜜丸服之。木蜜，枳椇也。神錦不知是何物，或云硃砂也。禹錫曰：　按《抱朴子》云：　黄精服其花勝其實，服其實勝其根。但花難得，得其生花十斛，乾之纔可得五六斗爾，非大有力者不能辦也。日服三合，服之十年，乃得其益。其斷穀不及术。术餌令人肥健，可以負重涉險；但不及黄精甘美易食，凶年可與老少代糧，謂之米脯也。慎微曰：　徐鉉《稽神錄》云：　臨川士家一婢，逃入深山中，久之見野草枝葉可愛，取根食之，久久不飢。夜息大樹下，聞草中動，以爲虎攫，上樹避之。及曉下地，其身欻然凌空而去，若飛鳥焉。數歲家人採薪見之，捕之不得，臨絶壁下網圍之，俄而騰上山頂。或云此婢安有仙骨，不過靈藥服食爾。遂以酒餌置往

來之路，果來，食訖，遂不能去，擒之，具述其故。指所食之草，即是黄精也。

〔附方〕舊一，新四。　服食法：《聖惠方》用黄精根莖不限多少，細剉陰乾搗末。每日水調末服，任多少。一年内變老爲少，久久成地仙。《臞仙神隱書》：以黄精細切一石，用水二石五斗煮之，自旦至夕，候冷，以手挼碎，布袋榨取汁煎之。渣焙乾爲末，同入釜中，煎至可丸，丸如鷄子大。每服一丸，日三服。絶糧輕身，除百病。渴則飲水。　補肝明目：黄精二斤，蔓菁一斤淘，同和，九蒸九曬，爲末。空心每米飲下二錢，日二服，延年益壽。《聖惠方》。　大風癩瘡：營氣不清，久風入脈，因而成癩，鼻壞色敗。用黄精根去皮，潔净溪水洗二斤，暴，納粟米飯中，蒸至米熟，時時食之。《聖濟總録》。　補虚精氣：黄精、枸杞子等分，搗作餅，日乾爲末，煉蜜丸梧子大。每湯下五十丸。《奇效良方》。

明・佚名氏《醫方藥性・草藥便覽》　黄精　其性甘。能補腎益津。

明・梅得春《藥性會元》卷上　黄精　味甘，氣平。無毒。　凡使，勿誤用鉤吻，因其形相似，只是葉有毛，誤用殺人。黄精葉似竹葉，無毛。　主治五勞七傷，補中益氣，安五臟，補脾胃，潤心肺，除風濕，耐寒暑，延年不飢。

明・穆世錫《食物輯要》卷六　黄精　味甘、微苦，平，無毒。　潤肺益脾，生氣血，去風濕，明目烏鬚。忌水蘿蔔。

明・李中立《本草原始》卷一　黄精　出茅山、嵩山者良。二月始生，一枝多葉，葉狀似竹而鹿兔食之，故《别録》名鹿竹、兔竹。根如嫩生薑，黄色，故俗呼為野生薑。洗淨，九蒸九晒，味甚甘美。代糧可過凶年，故《救荒本草》名救窮草，《蒙筌》名米餔。仙家以為芝草之類，以其得坤土之精粹，故謂之黄精。　氣味：　甘，平，無毒。　主治：　補中益氣，除風濕，安五臟。久服輕身，延年不飢。〇補五勞七傷，助筋骨，耐寒暑，益脾胃，潤心肺。單服九蒸九暴，食之駐顔斷穀。〇補諸虚，止寒熱，填精髓，下三尸蟲。

黄精，《别録》上品。【圖略】有一二歧者，亦有無歧者。生淡黄色，類白及；　熟深黑色，象熟地黄。有二三歧者。入藥用根，故予惟畫根形。後倣此。　按：《博物誌》曰：太陽之草名黄精，餌之可以長生。太陰之草名鉤吻，食之入口立死。人信鉤吻殺人，並無敢食之者，何嘗信黄精延壽而餌之不厭者耶？按此但以黄精、鉤吻相對待而言，非言其相似也。　修治：先以溪水洗潔淨，用木甑釜内安置得所，入黄精令滿，密蓋，蒸至氣溜，暴之。如此九蒸九暴。餌之若生，則刺人咽喉。若服生者，初時只可一寸半，漸漸增之，十日不食，服止三尺五寸，三百日後盡見鬼神，久必昇天。忌梅實。　昔臨川士家一婢逃入深山中，見野草枝葉可愛，拔根食之，久而不飢，夜宿大樹下，聞草中動，以為虎，懼而上樹避之。及曉下平地，其身欻然淩空而去，若飛鳥焉。數歲，家人采薪見之，捕之不得，臨絶壁下網圍之，俄而騰上山頂。或云此婢安有仙骨？不過靈藥服食。遂以酒餌置往來之路。果來，食訖，遂不能去。擒之，具述其故，指所食之草，即此黄精。

黄精，君。

明・羅周彦《醫宗粹言》卷四　製黄精法　黄精鮮者，用水煮，勿動蓋，直煮爛熟，濾起晒乾，復蒸之，又晒，若果九蒸九晒，食之可以延年，久服令人飛升。

明・張懋辰《本草便》卷一　黄精君。　味甘，氣平，無毒。　主補中益氣，安五臟，益脾胃，潤心肺，除風濕，補五勞七傷。《博物志》曰：太陽之草，名曰黄精，餌之可以長生。

明・吴文炳《藥性全備食物本草》卷二　黄精　味甘、微苦，平，無毒。潤肺益脾，生氣血，去風濕，明目烏鬚。忌水蘿蔔。服十年乃可延年不飢。其花勝其實，但難得耳。二月採正精〔根〕，陰乾入藥生用。若單服之，先用滾水綽去苦汁，九蒸九晒。但此物與鉤吻相似，誤用殺人。鉤吻即野葛，蔓生，葉頭尖處有兩毛鉤子；黄精如竹葉相對，根如嫩薑黄色。又偏精不用。

明・李中梓《藥性解》卷三　黄精　味甘，性平，無毒，入脾、肺二經。補中益氣，除風濕，安五臟，駐顔色，久服延年。　按：黄精甘宜入脾，潤宜入肺，久服方得其益，實勝於根，花勝於實，但難辨爾，與鉤吻相似，然鉤吻有毛鉤二個，誤服殺人。

明・繆希雍《本草經疏》卷六　黄精　味甘，平，無毒。主補中益氣，除風濕，安五藏。久服輕身延年不飢。黄帝曰：太陽之草，名曰黄精。餌之可以長生。

〔疏〕黄精，君，純得土之沖氣，而禀乎季春之令，故味甘氣和，性無毒。其色正黄，味厚氣薄，土位乎中，脾治中焦，故補中。脾土為後天生氣之源，故益氣。中氣強，脾胃實，則風濕之邪不能干，故除風濕。五臟之氣皆禀胃氣以生，胃氣者，即後天之氣也。斯氣盛則五臟皆實，實則安，故安五臟。臟安則氣血精三者益盛。氣滿則不飢，久服輕身延年，著其為効之極功也。雖非治療之所急，而為養性之上藥。故仙經累贊其能服餌駐顔，久

而彌勝矣。〔主治參互〕黃精同漆葉、桑椹、何首烏、茅山朮作丸餌，可以變白。久之殺三蟲，能使足溫而不寒。同朮久服，可輕身涉險不飢。同地黃、天門冬釀酒，可去風，益血氣。〔簡誤〕雷公云：凡使，勿用鉤吻，真似黃精，只是葉有毛鉤子二箇，是別認處。若誤服害人。黃精葉似竹葉，以溪水洗淨後蒸，從巳至子，竹刀薄切，曝乾用。

明·倪朱謨《本草彙言》卷一 黃精 味甘，氣平，無毒。蘇氏曰：黃精南北皆有，以嵩山、茅山者更佳。可劈根長二寸，稀種之，一年後即稠密。三月生苗，高一二尺。一根只一莖，莖梗柔脆，本黃末赤。葉如竹，不尖而短，或兩葉三葉、四五六葉，俱兩兩相對。若偏生不對者，偏精也。力少不及。四月開花，青白色，狀如小豆花。結子白色如黍粒。根如嫩生薑而黃，亦如鬼臼、黃連輩。一年一節，節大不平。肥地生者，大者如拳；瘠地生者，小者如拇指。二八月采根，以溪水洗淨，雖曝燥，亦柔潤有脂。甑上蒸熟，黃黑色，曝乾作果食，甚甘美。其苗嫩時采爲蔬，謂之筆菜。燀熟，淘去微苦味，極鮮美。又一種，苗葉酷類黃精，只是葉頭尖有毛，鉤子二個，但莖不紫赤，其莖蔓生，乃鉤吻也，誤食立死。

黃精：除風濕，補五藏，《別錄》益中氣之藥也。江春野《別錄》方稱爲可代穀，食之不飢，有延年之功。醫方雖未嘗用，久爲仙經所貴。根葉花實皆可餌食，湯酒丸散，隨病制宜。其性味甘溫而和，獨得戊己之淳氣，故曰黃精。能補中健力，氣血精三者咸益，則水火既濟，金木交參，而諸邪自去，百病不生矣。

集方：《聖惠方》治精神不足，肝虛目暗，毛髮憔槁，足膝乏力，幷大風癩瘡，一切頑疾，偏痹不愈，總能治之。用黃精五十斤，枸杞子、懷熟地、天門冬各十斤，於白朮、萆薢、何首烏、石斛各八斤，用水二石煮之，自旦至夕，候冷，入布袋榨取汁，渣再用水一石五斗，再如法煮，如法榨取汁，總和一處，文火熬之。其清汁十存其二，如飴糖，以煉蜜十斤收之。每早晚各服十大茶匙，湯酒皆可調下。此藥須冬月製方妙。

明·應廖《食治廣要》卷四 黃精 〔氣〕味：甘，平，無毒。主治：補中益氣，除風濕，安五藏，助筋骨，耐寒暑，益脾胃，潤心肺，止寒熱，填精髓，下三尸蟲。九蒸九晒食之，駐顏斷穀。《稽神錄》言：臨川士家一婢，逃入山中，食此能淩空而飛。後以酒餌置往來之路，食訖，遂不能去而擒之，具述其故。指所食之草，即是黃精也。

明·姚可成《食物本草·救荒野譜補遺·草類》 黃精食根。采根九蒸九曝，可以辟穀當糧。神艸黃精，濟我窮氓。代糧辟穀，且使長生。胡不食之，羽化身輕。受茲飢餒，苦志勞形。

明·姚可成《食物本草》卷一七草部·山草類 黃精一名戊己芝。為服食要藥，以其得坤土之精粹，故謂之黃精。《五符經》云黃精獲天地之淳精，故名為戊己芝，是此義也。根如嫩薑，俗名野生薑。九蒸九曝，可以代糧，又名米餔。○蘇頌曰：黃精南北皆有，以嵩山、茅山者為佳。二月生苗，高一二尺以來。葉〔以〕〔如〕竹葉而短，兩兩相對。莖梗柔脆，頗似桃枝，本黃末赤。四月開青白花，狀如小豆花。結子白如黍粒，亦有無子者。根如嫩生薑而黃色。二月采根，蒸過曝乾用。今遇八月采，山中人九蒸九曝，作果賣，黃黑色而甚甘美。其苗初生時，人多采為菜茹，謂之畢菜，味極美。江南人說黃精苗葉稍類鉤吻，但鉤吻葉頭極尖而根細，而蘇恭言鉤吻蔓生，恐南北所產之異耳。○李時珍曰：黃精野生山中。亦可劈根長二寸，稀種之，一年後極稠；子亦可種。其葉似竹而不尖，或兩葉、三葉、四五葉，俱對節而生。其根橫行，狀如葳蕤。俗采其苗，熯熟淘去苦味食之，名筆管菜。昔黃帝問天老曰：天地所生，有食之令人不死者乎？天老曰：太陽之草名黃精，食之可以長生。太陰之草名鉤吻，不可食之，入口立死。人信鉤吻殺人，不信黃精之益壽，不亦惑乎？按〔此〕是以黃精、鉤吻之良毒對待而言，非以其狀之相似而說也。後世紛紛辨其形體相類，謬矣。○餌黃精法：取甕子去底，釜內安置得所，入黃精令滿，密蓋，蒸至氣溜，即曝之。如此九蒸九曝，若生則戟人咽喉。服之久久，能見鬼神，昇騰天府。根、葉、花、實皆可食之，但以相對者是正精，不對者名偏精也。

黃精，味甘，平，無毒。主補中益氣，除風溼，安五臟。久服輕身延年不飢。補五勞七傷，助筋骨，耐寒暑，益脾胃，潤心肺。單服九蒸九曝食之，駐顏斷穀。補諸虛，止寒熱，填精髓，下三尸蟲。○李時珍曰：黃精受戊己之淳氣，為補黃宮之勝品。土者，萬物之母，母得其養，則水火既濟，木金交合，而諸邪自去，百病不生矣。《神僊芝草經》云：黃精寬中益氣，使五臟調良，肌肉充盛，骨髓堅強，其力增倍，多年不老，顏色鮮明，髮白更黑，齒落再生。又能逐下三尸蟲：上尸名彭質，好寶貨，百日下；中尸名彭矯，好五味，六十日下；下尸名彭居，好五色，三十日下，皆爛出也。《抱朴子》云：黃精服其花，勝其實；服其實，勝其根。但花難得，得其生花十斛，乾之纔可得五六斗爾。非大有力者，不能辦也。日服三合，服之十年，乃得其益。其斷穀不及朮，朮餌令人肥健，可以負重涉險，但不及黃精甘美易食，凶年可與老

少代糧。《稽神錄》云：臨川士家一婢，逃入深山中，久之，見野艸枝葉可愛，取根食之，久久不飢。夜息大樹下，聞草中動，以為虎攫，上樹避之。及曉下地，其身欻然淩空而去，若飛鳥焉。數歲，家人采薪見之，捕之不得，臨絕壁，下網圍之，俄而騰上山頂。或云此婢安有仙骨，不過靈藥服食爾！遂以酒餌置往來之路，果來，食訖，遂不能去，擒之，具述其故。指所食之草，即是黃精也。

附方　服食法：用黃精根莖不拘多少，細剉陰乾搗末，每日水調，任多少。一年內變老為少，久久成仙。

明·李中梓《醫宗必讀·本草徵要上》　黃精味甘，平，無毒。入脾經。補中益氣，去濕殺蟲。稟季春之令，得土之沖氣，味甘氣和，為益脾陰之劑。土旺則風濕自除，可久服而無偏勝之弊者也。

明·鄭二陽《仁壽堂藥鏡》卷一〇下　黃精　《永嘉記》云：黃精出崧陽永寧縣。　味甘，氣平，無毒。單服九蒸九曝，入藥生用。　主補中益氣，安五臟，除風濕，下三尸蟲。久服耐寒暑，不飢。《博物志》云：太陽之草，名曰黃精。服之可以長生。　蕭炳云：黃精氣寒。　《道藏經》云：黃精黃精，服久長生。髮白更黑，齒落重生。

明·蔣儀《藥鏡》卷三平部　黃精　甘入脾而補中，潤入肺而益氣。惟其中氣強，脾胃實，故能除風濕而壯筋骨，填精髓，而耐寒暑。實勝葉根，花更勝實。丸膏堪餌，酒散並宜。至若美容，加壽輕身斷穀，必俟久服修練，斯獲茲勳。

明·張景岳《景岳全書》卷四八《本草正》　黃精一名救窮草。　味甘、微辛，性溫。能補中益氣，安五臟，療五勞七傷，助筋骨，益脾胃，潤心肺，填精髓，耐寒暑，下三蟲，久服延年不飢，髮白更黑，齒落更生。張華《博物志》言天老曰：太陽之草名黃精，食之可以長生。太陰之草名鉤吻，不可食之，入口立死。此但以黃精、鉤吻對言善惡，原非謂其相似也。而陶弘景謂黃精之葉與鉤吻相似，誤服之害人。蘇恭曰：黃精葉似柳，鉤吻蔓生，葉如柿葉，殊非比類。陳藏器曰：鉤吻乃野葛之別名，二物全不相似，不知陶公憑何說此？是可見黃精之內本無鉤吻，不必疑也。

明·施永圖《本草醫旨·食物類》卷二　黃精《仙書》：太陽之草名黃精，食之長生；太陰之草名鉤吻，食之即死。　味：甘，平，無毒。補中益氣，除風濕，益脾潤肺。九蒸九暴食之。又言餌之，可以長生。

明·盧之頤《本草乘雅半偈》帙八　黃精《別錄》上品　氣味：甘，平，無毒。

主治：主補中益氣，除風濕，安五藏。久服輕身，延年不飢。

覈曰：隋羊公云：黃精，芝草之精也。《五符經》云：黃精獲天地之純精，故一名戊己芝。黃精一名戊己芝，當與黃芝交相匹配。充九土之精，以禦八風之侮。南北皆有，以嵩山、茅山者佳。三月生苗，高一二尺。一根只一莖，莖梗柔脆，本黃末赤。葉如竹，不尖而短，或兩葉三葉，四五六葉，俱兩兩相對，若偏生不對者，偏精也。四月開花青白，狀如小豆花。結子白色如黍粒，即名垂珠，言象形也。根如嫩薑而色黃，亦如鬼臼黃連輩。一年一節，節大不平，大者如拳，小者如拇指。一種莖葉根形俱相似，但莖不紫赤，葉尖有毛鉤二枚者，鉤吻也，誤服殺人。《博物志》云：黃帝問于天老曰：天地所生，有食之令人不死者乎？對曰：太陽之草名黃精，食之可以長生；太陰之(精)〔草〕名鉤吻，不可食，令人立死。今人但信鉤吻殺人，不信黃精益壽，不亦惑乎？修治：以溪水洗淨，蒸之，從巳至子，薄切暴乾，可入藥用。服食宜生，初時只可食一寸半，多則刺人咽喉，漸漸增之，十日不食，服止三尺五寸。三百日後，盡見鬼神，久則輕身飛行矣。忌梅實。

条曰：無緣自生，獨得土大之體用，故名黃精。一名戊己芝也。土位乎中，故補中而益中氣。為風所侵而土體失，濡濕泥濘而土用廢者，黃精補土之體，充土之用，即居中府藏，亦藉以咸安矣。形骸軀殼，悉土所攝，輕身延年不飢，總屬土事耳。

清·顧元交《本草彙箋》卷一　黃精　非治病所需，而爲服食之上品。其受氣於戊己，專補黃宮，令中氣強，脾胃實，則風濕之邪不能干，而五臟自安。仲淳《經疏》列於卷首，《仙經》著其駐顏斷穀，久服輕身。且其甘美易食，凶歲可以療飢，謂之米(鋪)〔餔〕也。

清·穆石匏《本草洞詮》卷八　黃精　得坤土之精粹，故名。氣味甘平，無毒。主補虛填精，安五臟，久服延年。陶氏列於草部之首，仙經以為五色芝草之類，以其受戊己之淳氣，故為補黃宮之勝品。土者，萬物之母，母得其養，則水火既濟，木金交合，而諸邪自去，百病不生矣。《神仙芝草經》曰：黃精寬中益氣，使五臟調良，骨髓堅滿，又能先下三尸蟲。上尸，名彭質，好寶貨，百日下；中尸，名彭矯，好五味，六十日下；下尸，名彭居，好五色，

三十日下，皆爛出也。根為精氣，花實為飛英，皆可服食。《抱朴子》謂服其實勝其根，服其花勝其實。但花難得，生花十斛，乾之纔得五斗，日服三合，十年乃得其益。昔黃帝問天老曰：天地所生，有食之令人不死者乎？天老曰：太陽之精名黃精，食之令人長生。太陰之精名鉤吻，食之入口立死。人信鉤吻殺人，不信黃精益壽，不亦惑乎？

清・丁其譽《壽世秘典》卷三 黃精黃精為服食要藥，故《別錄》列于草部之首。仙家以為芝草之類，以其得坤土之精粹，故謂之黃精。葉似竹而不尖，或兩葉、三葉、四五葉，俱對節而生。其根橫行如嫩薑黃色，俗名野生薑。八月采根，九蒸九曝，黃黑色，味甚甘美，可以代糧，又名米餔。 氣味：甘，平，無毒。治五勞七傷，助筋骨，耐寒暑，益脾胃，潤心肺。服餌駐顏，久而彌勝《日華》。補諸虛，止寒熱，填精髓，下三尸蟲《綱目》。 發明 《神仙芝草經》云：黃精寬中益氣，使五臟調良，肌肉充盛，骨髓堅強，其力增倍，多年不老，顏色鮮明，髮白更黑，齒落更生。根為精氣，花實為飛英，皆可服食。李時珍曰：忌梅，實、花、葉、子並同。

清・朱本中《飲食須知・果類》 黃精 味甘、微苦，性平。忌水蘿蔔。太陽之草名黃精，食之益人。太陰之草名鉤吻，食之即死。勿同梅子食。

清・何其言《養生食鑒》卷上 黃精根如嫩薑，俗名野生薑，九蒸九爆，可以代糧，又名米(餹)〔餔〕。

味甘，微苦，性平，無毒。潤肺益脾，主氣血，去風濕，明目，烏鬚。忌蘿蔔、梅子。

清・蔣居祉《本草擇要綱目・平性藥品》 黃精 氣味：甘，平，無毒。主治：補中益氣，除風濕，安五臟，久服輕身，延年不飢。補五勞七傷，助筋骨，耐寒暑，益脾胃，潤心肺。單服九蒸九暴，食之駐顏斷穀，補諸虛，止寒熱，填精髓，下三尸蟲。時珍曰：黃精受戊己之淳氣，故為補黃宮之勝品者。萬物之母，母得其養，則水火既濟，木金交合而諸邪自去，百病不生矣。

清・閔鉞《本草詳節》卷一 黃精 【略】按：黃精，受戊己之淳氣，故為補黃宮之勝品。土者萬物之母，母得其養，則水火既濟，木金交合，諸邪自去，百病不生。若用治病，則非所急也。

清・王翃《握靈本草》卷二 黃精生山谷，處處有之。 主治：黃精，甘，平，無毒。主補中益氣，除風濕，安五臟。九蒸九晒，服之駐顏斷穀。 選方：有服食法而無治療。

清・汪昂《本草備要》卷一 黃精平補而潤。 甘，平。補中益氣，安五藏，益脾胃，潤心肺，填精髓，助筋骨，除風濕，下三尸蟲。以其得坤土之精粹，久服不飢。氣滿則不飢。脂川有人虐使婢，婢逃入山，拔草根食之甚美，久食不飢。夜宿樹下，見草動疑爲虎，上樹避之，及曉而下，淩空若飛鳥。家人採薪見之，告其主，設網捕不得。或曰：此豈有仙骨？不過服食靈藥耳。遂設酒饌于路，果來食之，食訖遂不能去。擒而詢之，指所食之草，乃黃精也。 俗名山生薑。九蒸九晒用。仙家以爲芝草之類，服之長生。

清・李熙和《醫經允中》卷一八 黃精 與鉤吻相似，鉤吻有毛鉤二個，誤服殺人。 甘，平，無毒。主治安五臟，補中氣，健脾胃，潤心肺，壯元陽，除風濕，久服輕身延壽，小兒羸瘦，多啖更佳。

清・馮兆張《馮氏錦囊秘錄・雜症痘疹藥性主治合參》卷二 黃精得土之沖氣，禀乎季春之令，故味甘平，氣和無毒。其色正黃，味厚氣薄。〇以溪水洗淨後蒸，從巳至子，竹刀薄切，晒乾用。

黃精，安五臟六腑，補五勞七傷，除風濕，壯元陽，健脾胃，潤心肺。旋服年久，方獲奇功。耐老不飢，輕身延壽。小兒羸瘦，多啖彌佳。黃帝曰：太陽之草名黃精，餌之可以長生。味甘而厚，氣薄而平，能益脾陰填精髓也。

清・张璐《本經逢原》卷一 黃精 甘，平，無毒。勿誤用鉤吻，鉤吻即野葛，葉頭尖有毛鉤子，又名斷腸草，誤服殺人。黃精則莖紫花黃，葉似竹葉也。 發明：黃精為補中宮之勝品，寬中益氣，使五藏調和，肌肉充盛，骨髓堅強，皆是補陰之功。但陽衰陰盛人服之，每致泄瀉痞滿。不可不知。

清・浦士貞《夕庵讀本草快編》卷一 黃精、仙人餘糧 張華云：昔黃帝問天老曰：天地所生有食之令人不死者乎？答曰：太陽之草名曰黃精，食之長生；太陰之草名曰鉤吻，食之殺人，故號仙人餘糧。 黃精甘平，能益五藏，助筋骨而延年，取其受戊己之氣，為補黃宮之聖藥。夫土為萬物之母，母既得養則水火既濟，金木不戕，諸邪自退，百疾不生，自然精氣旺而骨髓充，顏色駐而鬚髮黑，三尸遁跡，長年可保。抱朴又謂花勝其實，實勝其根。今服其根，而得殊功，益可想花、實之更佳矣。

清・劉漢基《藥性通考》卷六 黃精 味甘，氣平。益氣，安五藏，益脾胃，潤心肺，填精髓，助筋骨，除風濕，下三蟲，以其得坤土之精氣，久服不飢。俗名山生薑，九蒸九晒用。仙家以為芝草之類，服之長生也。

清・王子接《得宜本草・上品藥》 黄精 味甘。功專補諸虚，安五藏。得枸杞補精益氣，得蔓菁養肝明目。

清・黄元御《玉楸藥解》卷一 黄精 味甘。入足太陰脾、足陽明胃經。補脾胃之精，潤心肺之燥。黄精滋潤醕濃，善補脾精，不生胃氣，未能益燥，但可助濕。上動胃逆，濁氣充塞，故多服頭痛，濕旺者不宜。《本草》輕身延年之論，未可盡信也。砂鍋蒸曬用。鉤吻，即野葛，形似黄精，殺人。

清・吴儀洛《本草從新》卷一 黄精〔平補氣血而潤。〕 甘，平。補中益氣，安五臟，益脾胃，潤心肺，填精髓，助筋骨，除風濕，下三尸蟲。以其得坤土之精粹，久服不飢，氣滿則不飢。却病延年。似玉竹而稍大，黄白多鬚，故俗呼為玉竹黄精。又一種似白及，俗呼為白及黄精，又名山生薑，恐非真者。去鬚，九蒸九曬用。每蒸一次必半日方透。

清・汪紱《醫林纂要探源》卷二 黄精 甘，溫。莖葉緊細，葉或對節或否，略似竹而莖弱，作蔓，節間垂鬚，綴小實如豆，根結塊如薑，故一名野生薑，一名鹿竹。色黄白，煮極熟則黑。山人當果實，九蒸晒，有功。補脾和胃，填精益髓，壯筋骨，殺尸蟲。按生黄精，實有辛蔹之味，戟人喉吻，惟蒸晒久，庶幾補養滋腎耳。然純陽能動命火，使血妄行，山中人飲汁杯許則衂，可知其性大熱，無庸過譽也。

清・嚴潔等《得配本草》卷二 黄精 一名仙人餘糧，一名龍銜，一名救窮草。忌梅實。 甘，平。入足太陰經。補中氣，潤心肺，安五臟，填精髓，助筋骨，下三蟲。 得蔓菁，養肝血。配杞子，補精氣。 洗淨砂泥，蒸曬九次用。 陰盛者，服之致泄瀉痞滿。氣滯者，禁用。

題清・徐大椿《藥性切用》卷三 黄精 性味甘平，補益中氣，潤養精血。功力輕緩，稍遜玉竹一籌。

清・黄宫繡《本草求真》卷一 黄精補脾陰。 黄精耑入脾，兼入肺腎。書極稱羨，謂其氣平味甘，治能補中益五臟，補脾胃，潤心肺，填精髓助筋骨，除風濕，下三蟲，且得坤土之精粹，久服不飢，其言極是。時珍曰：黄精受戊己之淳氣，故為真黄宫之勝品。土者萬物之母，土得其養，則水火既濟，木金交合，而諸邪自去，百病不生矣。但其所述逃婢一事，云其服此能飛，不無可疑，究其黄精氣味止是入脾補陰，若使挾有痰濕，則食反更助痰，況此未經火煆，食則喉舌皆痺，何至服能成仙？若使事果屬實，則人參更得天地中和之粹，又曷云不克成仙耶？細繹是情，殊覺謊謬，因并記之。根紫花黄，葉如竹葉者是，俗名山生薑，九蒸九晒用。

清・李文培《食物小録》卷下 黄精 甘，平，無毒。補中益氣，安五臟，益脾胃，潤心肺，填精髓，助筋骨，除風濕，下三蟲。久服不飢。九蒸晒者良。

附： 琉球・吴繼志《質問本草》内篇卷二 黄精 生田野。春生苗，其莖堅硬，葉略似竹，高一二尺。三四月開花結子。 黄精三月生苗，高一二尺。一枝多葉，葉似竹而短。四月開清白花，狀如小豆花。結子白如黍粒。亦有無子者。肥地生者即大如拳，薄地生者猶如拇指。根如嫩生薑而黄色。癸卯，潘貞蔚、石家辰。 黄精形狀與鉤吻相似，惟莖不紫、花不黄為異。此種苗葉與玉竹同。三四月開花，是黄精無疑。恒服能益壽延年。甲辰，陸澍。 觀其根，有類於本草圖之黄精薑也。俗名亦謂之山生薑。苐黄精薑之性平，補而潤，自宜尊酌。癸卯，陳文錦。

清・羅國綱《羅氏會約醫鏡》卷一六草部 黄精 味甘平，入脾經。九蒸九晒。 補脾益氣味甘。除風濕，下三蟲，土旺之用。安五臟，潤心肺，填精髓，耐寒暑。得土之沖氣，味甘氣平，久服方效。

按：黄精和緩之品，值急迫之頃，而欲恃為補益，不能也。

清・黄凱鈞《藥籠小品》 黄精 天生此味以供山僧服食。凡深山皆產，鮮者如葳蕤，須蒸透作黑色。能補脾益腎，其功勝於大棗。一僧患便血，久而不愈，有道友饋數斤，食盡而痊，亦補脾益腎之功也。

清・章穆《調疾飲食辯》卷四 黄精 《綱目》曰：其性大補中州脾胃，故名黄精。《瑞草經》曰黄芝，《五符經》曰戊己芝，皆此意也。葉似竹，或兩三葉，四五葉，對節生。《別録》名菟草，又曰鹿草，又曰重樓，又曰雞格。子圓而連綴，故《廣雅》曰垂珠，又曰龍啣。根似薑，故《蒙筌》曰野生薑。長食不害，可以救荒辟穀，故《蒙筌》曰米餔，《別録》曰救窮草，又曰仙人餘糧。《拾遺》曰有二種：一種葉對節者，名正精，力厚。一種不對者，名偏精，力薄。《圖經本草》曰：三月生，苗高一二尺，莖梗柔脆，四月開青白花，結子白如黍米，亦有無子者。其苗嫩時，可充菜茹，名畢菜。山中人呼筆管菜，是畢乃筆之訛也。《嘉祐本草》曰：服黄精，花勝於實，服實勝於根。但花生者十斛，乾之纔得五六斤，又必須服至十年乃有益，非大有力者，不能辦也。

按：此乃好奇之説，極不可信。黄精之力全在於根，謂莖葉花實均可服餌，均能補益則可，謂勝於根則不可。蓋凡諸草之根，如菜中之薯蕷、甘

藷、芋魁、百合、萊菔，藥中之地黃、門冬、何首烏、牛膝等，其枝葉花實俱可食，俱有用，而力並遜於根。所以然者，精華既注於根，則凡莖葉等自不能及，豐此者不得不嗇彼，造物之理，本如是也。又《別録》謂二月采根，亦非，宜七月以後采之。蒸曝久服，能補中益氣，除風濕，安臟腑，補勞傷，助筋骨，益脾胃，潤心肺。出《日華本草》。《聖濟總録》有治大風癩瘡方：用黃精納粟米中，蒸至米熟，時時食之。黃精宜蒸極熟。《食療本草》曰：帶生則戟人喉，此乃僅同粟米蒸熟，黃精尚未半熟，或借其戟喉之力以祛風乎。且與《別録》除風濕之言相合。有此患者，宜久服之。至於《博物志》：太陽之草名黃精，食之可以長生；太陰之草名鉤吻，食之入口即死。陶隱居緣此，遂謂二物相似。《炮炙論》《蜀本草》群以為然。《唐本草》《本草拾遺》並云鉤吻即野葛，與黃精極不相似。《綱目》曰：《博物志》但舉陰陽二草，言其良毒之性異，未嘗曰形同也。攷《神農本經》《吳普本草》，並言鉤吻是野葛，蔓生，莖如箭，是二物明明不相似也。當以《拾遺》《唐本》之言為正。

清・王龍《本草纂要稿・草部》 黃精　氣味甘平。安五臟六腑，補五勞七傷。除風濕，能壯元陽。健脾和胃，尤潤心肺。耐老不飢，輕身延壽。

清・張德裕《本草正義》卷上 黃精　甘，溫。補中益氣，安五臟，益脾胃，潤心肺，耐寒暑，下三蟲，久服延年，髮白更烏。《博物志》曰：太陽之草名黃精，服之長生。太陰之草名鉤吻，食之立死。

清・鄒澍《本經續疏》卷一 黃精　【略】黃精根既黃，幹復本黃末赤，是其歸根復命的在火土之化，以為補中益氣確鑿無疑。或謂其獻技效能在青白之花，青以勝土而除濕，白以勝木而除風。予則以為牽強附會。謂青屬木，獨不可以助風乎？謂白屬金，獨不可以凝濕乎？安在其能除風濕也。且黃精之補中益氣，本為除風濕耳，非補中益氣、除風濕兩分功效也。蓋黃精之寬緩猶夷，決非治外受風濕之物。所謂風必淫於外而不反之陽，所謂濕必滯於內而不化之氣。惟氣滯於內而不化津化血，斯陽淫於外，而不反本還原，此風濕是一氣之不諧，非兩氣之互合矣。不然，烏得以補中益氣之物治之耶？且氣血陰陽，皆綱維於中焦，惟其脾輸心化，方足供一身運動。然脾輸賴肝之疏，心化藉肺之布。倘肺不布，則心所化之陽淫於外而為風，肝不疏則脾所輸之精滯於中而為濕。青者風氣，白者燥氣。風濕之病，得風燥之化行濕，遂不能拒風於外，風遂不能旋濕於中，風則仍為陽氣而內歸，濕則化為津血而外布，此青白之用，所以密托於本黃末赤之體。而脾之力，尤在行氣於四末，此其兩兩相對之葉，又確然象人之手與足。黃精功用在四支痠疼遲重，不為風雨而增，不因晴明而減。又復中氣虛餒者，即輕身不飢，亦一以貫之矣。

清・葉桂《本草再新》卷一 黃精味甘，性平，無毒。入心、脾、肺、腎四經。補中益氣，安五臟，益脾胃，潤心肺，填精髓，助筋骨，除風濕。脾健，濕無可留。

清・吳其濬《植物名實圖考》卷一〇 滇黃精　根與湖南所産同而大，重數斤，俗以煨肉，味如山蕷；莖肥色紫，六七葉攢生作層，初生皆上抱；花生葉際，四面下垂如瓔珞，色青白，老則赭黃。此種與鉤吻極相類。滇人以其葉不反卷，芽不斜出為辨。按《救荒本草》鉤吻、黃精，莖不紫、花不黃為異。今北産莖緑，滇産莖紫，又惡可以此為別？大抵北地少見鉤吻，故皆言之不詳，具見毒草類。

清・吳其濬《植物名實圖考》卷八 黃精　《別録》上品。《救荒本草》謂其苗為筆管菜，處處有之。《抱朴子》云花實可服食。今醫方無用者，山西産與《救荒》圖同。

雩婁農曰：黃精一名葳蕤，既與委萎同名。黃帝問天老，曰：太陽之草，可以長生。而《本經》乃祇載委萎。至《別録》始出黃精。按圖列十種，丹州、相州細葉四五同生一節；餘皆竹葉，寬肥對生。《救荒本草》亦云：二葉、三葉、四五葉對節而生，而委蕤葉似竹葉，闊短而肥厚，又似百合葉頗窄小，根似黃精而小異。然則二物有別耶、無別耶？宋《圖經》：黃精苗高一二尺以來，葉如竹葉而短，兩兩相對。不言四五葉同生一處。萎蕤莖幹強直似竹，箭竿有節，葉狹而長，表白裏青，與《爾雅注》符。則寬葉為黃精、細葉四五同生一節者為萎蕤。如此分別，自為瞭目。但藥肆所售，玉竹細白極黏，與黃精全不相似。或即《圖經》所謂多鬚者。余採得細視，有細葉而多白鬚，如藥肆所售者；亦有大根與黃精同者。土醫謂根如黃精者是萎蕤，多白鬚者乃別一種，用之甚無力，其說乃與古合。滇南山中尤多黃精、萎葳，春初即開花，黃精高至五六尺，四面垂葉，花實層綴，根肥嫩可烹肉，大至數斤重，其偏精及鉤吻，皆以夏末秋初開花，偏精矮小，鉤吻有反鉤，根皆不肥，土人頗能辨之。太陰太陽之說，相傳自古。蘇恭獨創為鉤吻蔓生之說，後人遂以黃精、鉤吻絶不相類。東坡謂恭注多立異，又喜與陶公相反，幾至於罵者。

然細考之，陶未必非，恭未必是。余謂陶説有未確，然尚為疑似之詞。蘇則武斷者多，其不如陶遠矣。採黄精而並得鉤吻，是何異刺人而殺，而諉之曰兵？所幸極陰之地，毒草所叢，採靈藥者所不至；而極陽所照，毒物必殲，故誤者絶少。否則著書非貽害哉？

又按：黄精，原有對葉及數葉同作一層者，《圖經》雖列十種，大體不過兩端，今江湘皆對葉，滇南數葉一層，其根肥大無異。

按：與黄精相似者，除鉤吻、偏精外，湘中代以山薑。其根色極相類。又有一種觀音竹，滇中謂之淡竹，其莖紫葉柔，都不分别。惟梢端發杈生枝間，花微紫為異，此十圖内或不免有形似者耶。

黄精苗　《救荒本草》：【略】　按：圖即《爾雅》委萎，滇南所產黄精頗似之，此正鉤吻相似者。

清·趙其光《本草求原》卷一山草部　黄精頭。　甘，補脾陰以生精；平，助肺氣以行濕。故寬中、益氣，充肌肉，調五臟，潤心肺，壯筋骨，除風濕，補髓，兼下三蟲。濕熱則蟲生。　陽衰者忌。

莖紫，花黄，葉對生似玉竹者真。今真者甚少，辨見玉竹内。　葉尖有毛勾子者名鉤吻，能殺人。　九蒸九曬用。　其葉，消黄氣。煲魚肉食。

清·文晟《新編六書》卷六《藥性摘録》　黄精　氣平，味甘。補脾陰，潤心肺，填精髓，助筋骨，除風濕，下三蟲，久服不饑。　九蒸九曬用。　有痰濕者忌之。

清·張仁錫《藥性蒙求》　黄精錢半、三錢　黄精味甘，安和臟腑。五勞七傷，此藥均補。去鬚，九蒸九晒用。又名山生薑，恐非真者。

清·屠道和《本草匯纂》卷一溫補　黄精　耑入脾，兼入肺、腎。氣平，味甘。補脾陰，補中益氣，安五臟。健脾胃，潤心肺，填精髓，助筋骨，除風濕，耐寒暑，補五癆七傷，下三尸蟲，兼治癩疾。且得坤土之精粹，久服延年不飢。若使挾有痰濕，則食反助痰。俗名山生薑，九蒸九晒用。

清·劉善述、劉士季《草木便方》卷一　老虎薑　黄精甘平補土金，填精補髓壯骨筋。潤心除風安五臟，久瘍瘡勞服此珍。土靈芝。

清·戴葆元《本草綱目易知録》卷一　黄精　甘，平。補中益氣，安五臟，益脾胃，潤心肺，填精髓，助筋骨，除風濕，補諸虚，止寒熱，下三尸蟲。以其得坤土之精粹，久服不飢。洗淨，久蒸，晒用。忌梅實。

清·陳其瑞《本草撮要》卷一　黄精　味甘，入足太陰、陽明經，功專補諸虚，安五臟，得枸杞補精益氣，得蔓菁養肝明目。久服不飢，俗名山薑，九蒸九晒用。

萎蕤

宋·李昉《太平御覽》卷第九九一　委萎　《爾雅》曰：熒，委萎。郭璞注曰：藥草也。葉似竹，大者如箭，竿有〔節〕，葉狹而長，表白裏青，根大如指，長一二尺，可啖。

《吴氏本草經》曰：委萎，一名葳蕤，一名王馬，一名地節，一名蟲蟬，一名烏萎，一名熒，一名玉竹。神農：苦。一經：甘。桐君、雷公、扁鵲：甘，無毒。黄帝：辛。生太山山谷。葉青黄，相值如薑。二月、七月採。治中風暴熱，久服輕身。

宋·唐慎微《證類本草》卷六草部上品〔《本經·别録·藥對》〕　女萎、萎蕤　**味甘，平，**無毒。**主中風暴熱，不能動摇，跌筋結肉，諸不足，**心腹結氣，虚熱濕毒，腰痛，莖中寒及目痛眦爛淚出。**久服去面黑䵟，好顔色，潤澤，輕身不老。**一名熒，一名地節，一名玉竹，一名馬薫。生太山山谷及丘陵。立春後採，陰乾。畏鹵鹹。

〔梁·陶弘景《本草經集注》〕云：按《本經》有女萎，無萎蕤，《别録》無女萎，有萎蕤，而爲用正同，疑女萎即萎蕤也，惟名異爾。今處處有，其根似黄精而小異，服食家亦用之。今市人别用一種物，根形狀如續斷莖，味至苦，乃言是女青根，出荆州。今療下痢方多用女萎，而此都無止洩之説，疑必非也。萎蕤又主理諸石，人服石不調和者，煮汁飲之。

〔唐·蘇敬《唐本草》〕注云：女萎功用及苗、蔓與萎蕤全别，列在中品。今《本經》朱書是女萎能效，墨字乃萎蕤之效。今以朱書爲白字。

〔宋·掌禹錫《嘉祐本草》〕按：《爾雅》云：熒，委萎。釋曰：藥草也。一名熒，一名委萎。葉似竹，大者如箭竿，有節，葉狹長而表白裏青，根大如指，長一二尺，可啖。《藥性論》云：萎蕤，君。主時疾寒熱，内補不足，去虚勞客熱，頭痛不安，加而用之良。陳藏器云：女委、萎蕤，二物同傳，陶云同是一物，但名異耳。下痢方多用女萎，而此都無止洩之説，疑必非也。按女萎，蘇又於中品之中出之。云主霍亂，洩痢，腸鳴，正與陶注上品女萎相會，如此即二萎功用同矣，更非二物，蘇乃剩出一條。蘇又云：女萎與萎蕤不同，其萎蕤一名玉竹，爲其似竹；一名地節，爲其有節。《魏志·樊阿傳》青黏一名黄芝，一名地節，此即萎蕤，極似偏精。本功外，主聰明，調血氣，令人强壯。和漆葉爲散，主五藏，益精，去三蟲，輕身不老，變白，潤肌膚，暖腰脚。惟有熱不可服。晉嵇紹有胸中寒疹，每酒後苦唾，服之得愈。草似竹，取根、花、葉陰乾。昔華佗入山，見仙人所服。以告樊

阿，服之壽百歲也。蕭炳云：萎蕤，補中益氣，出均州。日華子云：除煩悶，止渴，潤心肺，補五勞七傷虛損，腰脚疼痛，天行熱狂，服食無忌。

〔宋·蘇頌《本草圖經》〕曰：萎蕤，生泰山山谷丘陵，今滁州、岳州及漢中皆有之。葉狹而長，表白裏青，亦類黄精。莖蘚强直，似竹箭蘚有節。根黄多鬚，大如指，長一二尺。或云可啖。三月開青花，結圓實。立春後採根陰乾用之。《本經》與女萎同條，云是一物二名。又云自是二物，苗、蔓與功用全别。《爾雅》謂熒，委萎上於爲切，下人垂切。郭璞注云：藥草也。亦無女萎之别名，疑别是一物，且《本經》中品，又别有女萎條。蘇恭云：即此女萎，今《本經》朱書是女萎能效，黑字是萎蕤之功，觀古方書所用，則似差别。胡洽治時氣洞下匶下有女萎丸，治傷寒冷下結腸丸中用女萎，治虛勞小黄耆酒，云下痢者加女萎。詳此數方所用，乃似中品女萎，緣其性温，主霍亂洩痢故也。又主賊風，手足枯痹，四肢拘攣，茵芋酒中用女萎。及《古今録驗》治身體瀝瘍斑剝女萎膏，乃似朱字女萎，緣其主中風不能動搖及去皯好色故也。又治傷寒七八日不解，續命鼈甲湯；治脚弱，鼈甲湯，並用萎蕤。及延年方：主風熱項急痛，四肢骨肉煩熱，萎蕤飲；又主虛風熱，發即頭熱，萎蕤丸。乃似此黑字女萎，緣其主虛熱濕毒，腰痛故也。三者主治既别，則非一物明矣。然陳藏器以爲更非二物，是不然矣。此女萎性平，味甘；中品女萎味辛，性温。性味既殊，安得爲一物？又云：萎蕤一名地節，極似偏精，疑既青黏，華佗所服漆葉青黏散是此也。然世無復能辨者，非敢以爲信然耳。

〔宋·唐慎微《證類本草》〕《雷公》云：凡使，勿用鈎吻并黄精，其二物相似。萎蕤只是不同，有誤疾人，萎蕤節上有毛，莖斑葉尖處有小黄點，採得先用竹刀刮上節皮了，洗淨，却以蜜水浸一宿，蒸了焙乾用。《外臺秘要》：主發熱口乾，小便澁，萎蕤五兩，煮汁飲之。《楊氏産乳》：療久痢脱肛不止。取女萎切一升，燒薰之。

宋·鄭樵《通志》卷七五《昆蟲草木略》 萎蕤 曰熒，曰地節，曰玉竹，曰馬薫，曰黄芝，曰玉女萎。

宋·劉明之《圖經本草藥性總論》卷上 萎蕤 味甘，平，無毒。主中風暴熱，不能動摇，跌筋結肉，諸不足，心腹結氣虛熱，濕毒腰痛，莖中寒，及目痛眦爛淚出。《藥性論》云：君。主時疾寒熱，內補不足，去虛勞客熱、頭痛。蕭炳云：補中益氣。日華子云：除煩悶，止渴，潤心肺，補五勞七傷虛損，腰脚疼痛，天行熱狂。畏鹵鹹。

元·王好古《湯液本草》卷四 葳蕤 氣平，味甘，無毒。《本草》云：主中風暴熱，不能動搖，跌筋結肉，諸不足。心腹結氣，虛熱濕毒，腰痛，莖中寒，及目痛眦爛淚出。久服，去面黑䵟。《心》云：潤肺除熱。

元·佚名氏《珍珠囊·諸品藥性主治指掌》〔見《醫要集覽》〕 萎蕤 味甘，平，無毒。降也，升也，陽中陰也。其用有四：風淫四末不用，泪出兩目眦爛，男子濕注腰疼，女子面生黑䵟。

元·徐彦純《本草發揮》卷二 萎蕤 東垣云：甘，平。潤肺除熱。

明·朱橚《救荒本草》卷上之後 萎蕤 《本草》一名女萎，一名熒，一名地節，一名玉竹，一名馬薫。生太山山谷及舒州、滁州、均州，今南陽府馬鞍山亦有。苗高一二尺，莖班，葉似竹葉，闊短而肥厚，葉尖處有黄點，又似百合葉，却頗窄小，葉下結青子如椒粒大，其根似黄精而小異，節上有鬚。味甘，性平，無毒。救飢：採根換水，煮極熟食之。治病：文具《本草》草部條下。

明·蘭茂《滇南本草》卷中 葳參 又名玉术。性平，味甘、微苦，又微溫。補中氣，健脾胃，氣血雙補。脾經多血多氣故也。葢脾胃為人身之總統，後天根本，灌溉經絡，長養百骸。脾胃充盛，人賴以生。蒸露三次，晒乾用。

附方：耑治男婦諸虛，肢體酸軟，自汗盜汗。葳參五錢，丹參二錢五分，水煎服。此方之意，效古書之八珍，葳參補氣，丹參補血也。

明·王綸《本草集要》卷二 女萎君，即萎蕤。味甘，氣平，無毒。畏鹵鹹。立春後採，陰乾。主中風暴熱，四肢拘攣，不能動搖，跌筋結肉，諸不足。補五勞七傷，主時疾寒熱，虛勞客熱，頭痛目痛，（皆）〔眥〕爛淚出。心腹結氣，濕毒脚膝痛，莖中寒。久服去面黑䵟，好顏色，潤澤，輕身不老。又云：主霍亂洩利。

明·滕弘《神農本經會通》卷一 女萎 君。即萎蕤。畏鹵鹹。立春後採，陰乾。凡使勿用鈎吻，并黄精，二物相似萎蕤。萎蕤節上有毛，莖斑，葉尖處有小黄點。味甘，氣平，無毒。《湯》同。東云：降也，升也，陽中陰也。風淫四末不仁，淚出，兩目眥爛。男子濕注腰疼，女子面生黑䵟。《珍》云：除肺熱。《東》云：除四大風，治目淚出爛，男子濕流腰痛，女子黑䵟面斑。

《本經》云：主中風暴熱，不能動搖，跌筋結肉，諸不足，心腹結氣，虛熱濕毒，腰痛，莖中寒，及目痛眥爛淚出。久服去面黑䵟，好顏色，潤澤，輕身不老。《藥性論》云：萎蕤，君。主時疾寒熱，內補不足，去虛勞客熱，頭痛不

安，加而用之良。日華子云：除煩悶，止渴，潤心肺，補五勞七傷，虛損，腰脚疼痛，天行熱，在服食無忌。《圖經》云：胡洽治時氣，洞下䘌下，有女萎丸。治傷寒冷下，結腸丸中用女萎。治虛勞小黄耆酒，云下痢者，加女萎。詳此數方所用，乃似中品女萎，緣其性溫，主霍亂洩痢故也。又主賊風，手足枯痺，四肢拘攣。茵芋酒中用女萎。及《古今録驗》治身體瘰瘍班剝，女萎膏。乃似朱字女萎，緣其主中風，不能動揺，及去皯好色故也。又治傷寒七八日不解，續斷鼈甲湯治脚弱，並用萎蕤。及《延年方》主風熱項急痛，四肢骨肉煩熱，萎蕤飲。又主虛風熱發即頭熱，萎蕤丸。乃似此墨字女萎，緣其主虛熱，濕毒腰痛故也。三者主治既別，則非一物明矣。此女萎性平，味甘。中品女萎味辛，性溫。性味既殊，安得為一物？《心》云：潤肺，除熱。剮云：萎蕤甘除四末風，治目淚出爛而矇。男子濕流腰胯痛，女人黑皯，面班重。《局》云：萎蕤根葉似黄精，可治腰疼濕氣蒸。手足拘攣枯痺弱，風濕賴此得功名。萎蕤，治痺弱筋攣，并風濕。

女萎，中品，其葉似白斂，蔓生，花白子細，用苗不用根，與上品萎蕤根者全別。味辛，氣溫。《本草》云：主風寒洒洒，霍亂，洩痢，腸鳴，遊氣上下無常，驚癇，寒熱百病，出汗。李氏《本草》云：止下，消食。

明・劉文泰《本草品彙精要》卷七　葳蕤無毒。　植生。

葳蕤出《神農本經》：**主中風暴熱，不能動揺，跌筋結肉，諸不足。久服去面黑皯，好顔色，潤澤。輕身不老。**以上朱字《神農本經》。心腹結氣，虛熱濕毒，腰痛，莖中寒及目痛，眦爛，淚出。以上黑字名醫所錄。【名】萎萎、地節、玉竹、馬薰，熒。【苗】《圖經》曰：葉狹而長，表白裏青，亦類黄精。莖幹強直似竹箭幹，有節，節上有毛，莖斑，葉尖處有小黄點。三月開青花，結青圓實，根黄多鬚，大如指，長一二尺，或云可啖。謹按：《本經》與女葳同條，云是一物二名，又云自是二物。然女葳味辛，性溫，主霍亂，洩痢。葳蕤味甘、平，主虛熱，濕毒，腰痛。況葳蕤用根而女葳用苗葉，二者主治既殊，實非一物矣。【地】《圖經》曰：生泰山山谷、丘陵，滁州、舒州、漢中。【時】生：初春生苗。採：立春後取根。【收】陰乾。【用】根。【質】類黄精而小異。【色】淡黄。【味】甘。【性】平，緩。【氣】氣厚于味，陽也。【臭】臊。【主】潤肺，除熱。【反】胃鹵鹹。【製】《雷公》云：竹刀刮去節皮，洗淨，以蜜水浸一宿，蒸，焙用。【治】療：《圖經》曰：虛熱，濕毒，腰痛。《藥性論》云：時疾寒熱，頭痛不安，加而用之。陳藏器云：調氣血。補：日華子云：除煩悶，止渴，潤心肺及天行熱狂。《藥性論》云：內補不足，虛勞，客熱。陳藏器云：聰耳明目，令人強壯。蕭炳云：補中益氣。日華子云：五勞七傷，虛損腰脚疼痛。【合治】合漆葉爲散，療五臟，益精，去三蟲，輕身不老，變白潤肌膚，暖腰腳。【贋】鈎吻、黄精爲僞。

明・許希周《藥性粗評》卷二　拘攣自有葳蕤。

葳蕤，一名萎蕤。《爾雅》謂之熒。高二三尺，葉狹而長，表白裏青，莖蘚強直似竹箭蘚，故一名地節，一名玉竹。三月開青花，結圓實，其根大如指，長一二尺。大低莖葉及根俱類黄精，其葉不對生，亦類偏精也。南北山谷處處有之，立春後採根，蜜水浸過，蒸熟焙乾。畏鹹鹵。餘說《本草》不載。味甘，性平，無毒。主治風溫風濕，手足拘攣，腰背滯痛，癆傷虛損，煩悶消渴，補中益氣，潤肺除熱，暖腰膝，久服去面皯，好顔色，變白輕身，殊與黄精同功。

單方：發熱口燥：凡遇天行時疫，發熱口乾，小便澁者，葳蕤五兩，煑汁飲之妙。

久痢脱肛：葳蕤切一升，燒煙薰之愈。

明・鄭寧《藥性要略大全》卷六　萎蕤君　治風淫，四體不仁，淚出，兩目眦爛。男子濕注腰疼，女人面生黑點。味甘，平，無毒。可升可降，陽中陰也。葉似黄精。又云即黄精也。切勿悮用鈎吻，能傷人。《湯液》云：氣平，味甘，無毒。主中風暴熱，不能動揺，心腹結氣，虛熱濕毒，腰痛，莖中痛，及目痛眦爛淚出。去面上黑點，潤肺除熱。《朝野集》云：主時氣寒熱病，內補不足，去虛勞，寒熱頭痛。

明・陳嘉謨《本草蒙筌》卷二　萎蕤、女萎　味甘，氣平。無毒。泰山山谷多生，滁州舒州俱有。葉長而狹，表白裏青，莖幹黄精相同，強直似竹有節。故一名玉竹，又名地節，咸取象也。根大如指，一二尺長。色黄多鬚，甘美可啖。開青花春末，結圓實夏初。入劑採根，竹刀刮淨，蜜水浸宿，文火烘乾。勿誤取鈎吻黄精，二物俱似萎蕤，但萎蕤節上有毛、莖斑，葉尖處有小黄點為異。須仔細辨認真假。考古方多用，畏鹵鹹勿加。益氣補中，潤肺除熱。主心腹結氣，虛熱濕毒。治腰脚冷痛，天行熱狂。止眦爛雙眸，逐風淫四末。澤容顔去面黑皯，調氣血令體康強。又種女萎，辛溫，氣味與萎蕤全別。似白斂蔓生，開白花結細子。在荊襄每名曰蔓地楚，今人常謬以為白頭翁。採得

陰乾，去頭上白蕊，剉成細片，拌豆淋酒蒸。從巳至申，方取曝用。主霍亂腸鳴洩痢，洒淅風寒；理遊氣上下無常，癲癇寒熱。消食毆積，出汗散邪。

讃按：萎蕤《本經》與女萎同條。考其諸註，有指一物二名，有謂自是二物。又後女萎與前女萎同名，亦云功用並同。信非二物，疑乃剩出一條也。但考陳氏所註，謂古方用者，又似差殊。胡洽治時氣洞下蠹下有女萎丸，治傷寒冷下結腸丸亦用女萎。治虛勞小黃耆酒，云下痢者加女萎。詳此數方所用，乃後加圈女萎，緣其性溫，主霍亂洩痢故也。又茵芋酒用女萎，主賊風手足枯痹，四肢拘攣。女萎膏治身體癧斑剝，乃似前與萎蕤同條女萎，緣其主風淫四末，及去黑䵟，澤容顏故也。陳藏器亦謂更非二物。是不然，況此女萎性平、味甘，後條女萎性溫、味辛。性味既殊，功用又別，安得為一物乎？又續命鱉甲湯治傷寒七八日不解，鱉甲湯治脚弱並用萎蕤。又萎蕤飲，主風熱項急痛，四肢骨肉煩熱。萎蕤丸，主風虛熱發即頭痛，乃似前與女萎同條萎蕤，緣其主虛熱濕毒故也。三者主治既殊，則非一物明矣。又云：萎蕤一名地節，極似偏精，疑即青黏，昔華佗所服漆葉青黏散是此也。然世無復能辨者，未敢為信，姑著之，以俟明達折衷爾。

明・皇甫嵩《本草發明》卷三　萎蕤上品上，君。氣平，味甘，無毒。　發明曰：萎蕤，潤肺，除虛熱之藥。蓋潤肺以滋水之化源，故能補虛除熱。《本草》主中風暴熱，不能動搖，跌筋結肉，心腹結熱，虛熱濕毒腰痛，莖中寒及目痛眦爛淚出。久服去面䵟，悅顏色。又主時氣寒熱，天行狂熱，內補不足，去虛勞客熱，頭痛不安，煩悶，止渴，潤心肺，補勞傷。東垣云：主中風，四末不仁。槩可見矣。畏鹵鹹。按：《本經》以墨字為萎蕤，以朱字為女萎，共為一條，似一物而二名。下本中品另立女萎一條，其功用與此又不同矣。

明・李時珍《本草綱目》卷一二草部・山草類上　萎蕤音威緌。《本經》上品。

【釋名】女萎《本經》　葳蕤《吳普》　萎移音威移。　委萎《爾雅》　萎香《綱目》　熒《爾雅》，音行。　玉竹《別錄》　地節《別錄》。時珍曰：按黃公紹《古今韻會》云：葳蕤，草木葉垂之貌。此草根長多鬚，如冠纓下垂之緌而有威儀，故以名之。凡羽蓋旌旗之纓緌，皆象葳蕤，是矣。張氏《瑞應圖》云：王者禮備，則葳蕤生於殿前。一名萎香。則威儀之義，於此可見。《別錄》作萎蕤，有文也。《說文》作萎移，音相近也。《爾雅》作委萎，字相近也。其葉光瑩而象竹，其根多節，故有熒及玉竹、地節諸名。《吳普本草》又有烏女、蟲蟬之名。宋本一名馬薰，即烏萎之訛者也。

【正誤】弘景曰：《本經》有女萎無萎蕤，《別錄》無女萎有萎蕤，而功用正同，疑女萎即萎蕤，惟名異爾。恭曰：女萎功用及苗蔓與萎蕤全別。今《本經》朱書是女萎功效，故《別錄》墨書乃萎蕤功效也。藏器曰：本草女萎、萎蕤同傳。陶云是一物。蘇云二物不同，於中品別出女萎一條。然其主霍亂洩痢腸鳴，正與上品女萎相合，則是更非二物矣。頌曰：觀古方書所用，胡洽治時氣洞下有女萎丸，治傷寒冷下結腸丸中用女萎，治虛勞下痢小黃耆酒中加女萎，詳此數方所用，乃似中品女萎，緣其性温主霍亂洩痢故也。又治賊風手足枯痹四肢拘攣茵蕷酒中用女萎，初虞世治身體癧瘍斑駁有女萎膏，乃似上品《本經》朱書女萎，緣其主中風不能動摇及去皯好色故也。又治傷寒七八日不解續命鱉甲湯，及治脚弱鱉甲湯，並用萎蕤，及延年方治風熱項急痛四肢骨肉煩熱有萎蕤飲，又主虛風熱發即頭痛，有萎蕤〔丸〕，乃似上品，《別錄》墨書萎蕤，緣其主虛熱温毒腰痛故也。三者既白，則非一物明矣，且萎蕤甘平，女萎甘温，安得爲一物？時珍曰：《本經》女萎，乃《爾雅》委萎二字，即《別錄》萎蕤也，上古鈔寫訛爲女萎爾。古方治傷寒風虛用女萎者，即萎蕤也，皆承本草之訛而稱之。諸家不察，因中品有女萎名字相同，遂致費辯如此。今正其誤，只依《別錄》書萎蕤爲綱，以便尋檢。其治洩痢女萎，乃蔓草也，見本條。

【集解】《別錄》曰：萎蕤生太山山谷及丘陵，立春後採，陰乾。普曰：葉青黃色，相值如薑葉，二月、七月採。弘景曰：今處處有之。根似黃精，小異。服食家亦用之。頌曰：今滁州、舒州及漢中、均州皆有之。莖幹强直，似竹箭簳，有節。葉狹而長，表白裏青，亦類黃精。〔根黃〕而多鬚，大如指，長一二尺。或云可啖。三月開青花，結圓實。時珍曰：處處山中有之。其根橫生似黃精，差小，黃白色，性柔多鬚，最難燥。其葉如竹，兩兩相值。亦可采根種之，極易繁也。嫩葉及根，並可煮淘食茹。

根

【修治】斅曰：凡使勿用黃精並鈎吻，二物相似。萎蕤節上有鬚毛，莖斑，葉尖處有小黃點，爲不同。採得以竹刀刮去節皮，洗净，以蜜水浸一宿，蒸了焙乾用。

【氣味】甘，平，無毒。普曰：神農：苦。桐君、雷公、扁鵲：甘，無毒。黃帝：辛。之才曰：畏鹵鹹。

【主治】女萎：主中風暴熱，不能動摇，跌筋結肉，諸不足。久服去面黑䵟，好顏色，潤澤，輕身不老《本經》。萎蕤：主心腹結氣，虛熱濕毒腰痛，莖中寒，及目痛眦爛淚出《別錄》。時疾寒熱，內補不足，去虛勞客熱。頭痛不安，加而用之，良甄權。補中益氣蕭炳。除煩悶，止消渴，潤心肺，補五勞七傷虛損，腰脚疼痛。天行熱狂，服食無忌大明。服諸石人不調和者，煮汁飲之弘景。主風温自汗灼熱，及勞瘧寒熱，〔脾〕痹胃虛乏，男子小便頻數，失精，一切虛損時珍。

【發明】杲曰：萎蕤能升能降，陽中陰也。其用有四：主風淫四末，兩目淚爛，男子

濕注腰痛，女子面生黑䵟。時珍曰：萎蕤性平味甘，柔潤可食。故朱肱《南陽活人書》治風温自汗身重、語言難出，用萎蕤湯，以之爲君藥。予每用治虚勞寒熱痁瘧，及一切不足之證，用代參、耆，不寒不燥，大有殊功，不止於去風熱濕毒而已，此昔人所未闡者也。藏器曰：陳壽《魏志·樊阿傳》云：青黏一名黄芝，一名地節。此即萎蕤，極似偏精。本功外，主聰明，調血氣，令人强壯。和漆葉爲散服，主五臟益精，去三蟲，輕身不老，變白，潤肌膚，暖腰脚，惟有熱不可服。晉嵇紹有胸中寒疾，每酒後苦唾，服之得愈。草似竹，取根花葉陰乾用。昔華陀入山見仙人所服，以告樊阿，服之壽百歲也。頌曰：陳藏器以青黏即葳蕤。世無識者，未敢以爲信然。時珍曰：蘇頌注黄精，疑青黏是黄精，與此説不同。今考黄精、萎蕤性味功用大抵相近，而萎蕤之功更勝。故青黏一名黄芝，與黄精同名；一名地節，與萎蕤同名。則二物雖通用亦可。

【附方】舊一，新六。

服食法：二月、九月採萎蕤根，切碎一石，以水二石煮之，從旦至夕，以手挼爛，布囊榨取汁，熬稠。其渣曬爲末，同熬至可丸，丸如鷄頭子大。每服一丸，白湯下，日三服。導氣脈，强筋骨，治中風濕毒，去面皺顔色，久服延年。《臞仙神隱書》。

赤眼澀痛：萎蕤、赤芍藥、當歸、黄連等分，煎湯熏洗。《衛生家寶方》。

眼見黑花：赤痛昏暗。甘露湯：用萎蕤焙四兩，每服二錢，水一盞，入薄荷二葉，生薑一片，蜜少許，同煎七分，卧時温服，日一服。《聖濟總録》。

小便卒淋：萎蕤一兩，芭蕉根四兩，水二大碗，煎一碗半，入滑石二錢，分三服。《太平聖惠方》。

發熱口乾：小便澀。用萎蕤五兩，煎汁飲之。《外臺秘要》。

乳石發熱：萎蕤三兩，炙甘草二兩，生犀角一兩，水四升，煮一升半，分三服。《聖惠方》。

癇後虚腫：小兒癇病瘥後，血氣上虚，熱在皮膚，身面俱腫。萎蕤、葵子、龍膽、茯苓、前胡等分，爲末。每服一錢，水煎服。《聖濟總録》。

題明·薛己《本草約言》卷一《藥性本草》 萎蕤 味甘，平，性温，無毒。降也，陽中之陰也。其用有四：理風淫於四末，除眦爛於雙睛，男子濕注腰痛能痊，女子面注黑䵟可滅。○萎蕤潤肺，除虚熱之藥。蓋潤肺以滋水之化源，故能補虚除熱。

明·梅得春《藥性會元》卷上 萎蕤 味甘，平，性温。降也，陽中之陰。無毒。畏鹵鹹。與鉤吻、黄精相似，但萎蕤節上有毛，莖斑，葉尖處黄點是真。

主治中風暴熱，不能動摇，跌筋結肉，諸不足，心腹結氣，虚熱濕毒腰痛，莖中寒及目痛、淚出、眼爛。久服去面䵟。

明·王肯堂《傷寒證治準繩》卷八 萎蕤 氣平，味甘，無毒。能升能降，陽中陰也。主中風暴熱，不能動摇，跌筋結肉，諸不足，心腹結氣，虚熱濕毒，腰痛，時疾寒熱，去虚勞客熱，頭痛不安，加而用之良。垣：潤肺除熱。

珍：萎蕤，性平，味甘。柔潤可食，故朱肱《活人書》治風溫自汗身重、語言難出，用萎蕤湯以之為君藥。予每用治虛勞寒熱，痁瘧，及一切不足之證，用代參、芪，不寒不燥，大有殊功。不止于去風熱濕毒而已，此昔人所未闡者也。與黄精、鉤吻二物相似，萎蕤節上有鬚毛，莖斑，葉尖處有小黄點為不同。采得以竹刀刮去節皮，洗淨，以蜜水浸一宿，蒸焙乾用。

明·張懋辰《本草便》卷一 女萎 君，即葳蕤。味甘，氣平，無毒。畏鹵鹹。

主中風暴熱，四肢拘攣不能動搖，補五勞七傷；主時疾寒熱，虛勞頭痛、目痛，皆爛淚出，心腹結氣，濕毒脚膝痛，莖中寒，又主霍亂洩利。

明·繆希雍《本草經疏》卷六 萎蕤 味甘，平，無毒。主中風暴熱，不能動搖，跌筋結肉，諸不足，心腹結氣，虛熱，濕毒，腰痛，莖中寒及目痛眦爛淚出。久服去面黑䵟，好顏色，潤澤，輕身不老。

【疏】萎蕤稟天地清和之氣，而得稼穡之甘，故《本經》甘平無毒，主諸不足。久服好顏色，潤澤，輕身不老。《別錄》又主心腹結氣，虛熱，腰痛，莖中寒，目痛眦爛淚出。甄權主內補不足，去虛勞客熱，頭痛不安，加而用之良。日華子謂其除煩悶，止渴，潤心肺，補五勞七傷虛損，腰脚疼痛。詳味諸家所主，則知其性本醇良，氣味和緩，譬諸盛德之人，無往不利，終始一節，故可長資其利，用而不窮。正如斯藥之能補益五藏，滋養氣血。根本既治，餘疾自除。夫血為陰，而主駐顏；氣為陽，而主輕身。陰精不足則發虛熱，腎氣不固則見骨痿及腰脚痛。虛而火炎則頭痛不安，目痛眦爛淚出。虛而熱壅則煩悶消渴。上盛下虛則莖中寒，甚則五勞七傷，精髓日枯，而成虛損之證矣。以一藥而所主多途，為效良夥，非由滋益陰精，增長陽氣，其能若是乎？迹其所長，殆亦黄精之類歟？其主中風暴熱，不能動搖，跌筋結肉，濕毒等證，皆是女萎之用。以《本經》二物混同一條故耳。或謂即青黏，理或有之。純而不駁，和而不偏，有益無損，故無簡誤。

昔彭城樊阿，少師事華佗，佗授以漆葉青黏散，服之利五藏，去蟲，輕身益氣，年至五百餘歲。青黏，生豐沛彭城及朝歌，一名地節，一名黄芝，主理五藏，益精氣。本出於迷人入山，見仙人服之，以告佗，佗以為佳。語阿，阿秘之。人見阿之壽而氣力強盛，問之，因醉誤說，人服多驗。後無復有人識青黏者。或云即黄精之正葉者。又云即萎蕤。

同黄精、桑椹、何首烏，能駐顏。

明・倪朱謨《本草彙言》卷一　葳蕤　氣味甘平，無毒。可升可降，陽中陰也。《別錄》曰：生太山山谷，及滁州、舒州、漢中、均州，江浙隨處山中多有。春生苗，莖强直似竹有節，故名玉竹。葉亦如竹，兩兩相值，葉端有黄色斑點。三月開青花，結實如珠。根大如指，長尺許，横行如荻根及菖蒲，節平直。多脂潤，雖燥亦柔。鬚節繁密，宛如冠纓下垂之綏，而有威儀之象。凡羽蓋旌旗之纓綏，皆象葳蕤是矣。又《瑞應圖》云：王者禮備，則葳蕤生于殿前。威儀之義，于此可見。修治：洗淨暴乾用。○又按《本經》有女萎，無葳蕤，《別錄》有葳蕤，無女萎。然女萎係蔓草，另是一物也。二物形相似，但葳蕤節有毛，莖斑，葉尖處有小黄點爲異。性亦相似，而稍有別者，治泄瀉洞下，霍亂腸鳴，遊氣上下。女萎之功，特于葳蕤爾。

葳蕤：《別錄》祛風濕，《本經》益筋脉，日華子補虛羸之藥也。林山公稿主中風暴熱，四肢拘攣，或頭風淫目，淚流眦爛；或傷寒風溫，自汗身重，語言難出；或寒熱痁瘧，形神勞損。凡一切元虛不足之人，方龍潭兼挾外邪風濕迷留之證，用代參、耆，不寒不燥，大有殊功，不止于去風濕、益筋脉而已也。王紹隆先生曰：葳蕤性本醇良，氣味平緩，禀天地清和之氣，而得稼穡之甘者也。故《農皇經》所主中風暴熱，不能動搖，跌筋結肉，諸不足證。此養營益精，潤澤血氣之驗也。外而目痛眦爛，淚出面鼾諸疾，咸得奏功。駐顏輕身，不老而仙，良有以也。繆仲淳先生曰：性禀醇和，如盛德君子，無往不利。故可資其利用而不窮。正如斯藥之能補益藏府，滋養血氣，根本既治，餘疾自除矣。純而不駁，和而不偏，有益無損之藥也。

集方：姜士農《本經錄》治中風暴熱，四肢拘攣，不能轉動。用葳蕤一兩，黄耆、當歸各五錢，膽星、天麻各三錢，水煎服。○《別錄》方治頭風淫目，淚流眦爛，或赤眼濇痛。用葳蕤三錢，白芍藥、防風、天麻各二錢，羌活、當歸、川芎、甘菊花各一錢，水煎服，并熏洗。○仲景方逸治傷寒風溫，自汗身重，語言難出，或多汗亡陽，手足搐搦，筋惕肉瞤等證，用葳蕤一兩，黄耆、人參、白朮各五錢，防風、半夏各二錢，水煎服。如多汗亡陽，加乾薑、附子各三錢。熱不退，加柴胡一錢五分。○吳侍醫手集治久瘧元氣虛損，愈發愈劇。用葳蕤一兩，人參、白朮各五錢，附子、懷熟地各三錢，半夏、牛膝、鱉甲、何首烏各二錢，水煎服。○《聖惠方》小便卒然成淋，澀脹不通。用葳蕤一兩，芭蕉根二兩，水五大碗，煎半服。○《聖濟總錄》治小兒癇病後身面虛腫。用葳蕤、茯苓各三錢，龍膽草一錢，水煎服。○龔小山方治熱痹，四肢風軟無力。用葳蕤、防風、黄耆、枸杞子各四兩，真羌活一兩，俱炒熱，浸酒飲。如不飲酒者，分作十帖，水煎服。

明・姚可成《食物本草》卷一七草部・山草類　萎蕤生泰山山谷。今滁州、舒州及漢中、均州皆有之。莖幹強直，似竹箭幹，有節。葉狹而長，表白裏青。亦類黄精而多鬚，大如指，長一二尺，或云可啖。三月開青花，結圓實。○李時珍曰：萎蕤處處山中有之。其根横生，似黄精差小，黄白色，性柔多鬚，最難燥。其葉如竹，兩兩相值。亦可採根種之，極易繁也。嫩葉及根竝可煮淘食茹。

萎蕤，味甘，平，無毒。主中風暴熱，不能動搖，跌筋結肉，諸不足。久服去面黑鼾，好顏色，潤澤，輕身不老。心腹結氣，虛熱溼毒腰痛，莖中寒及目痛眦爛淚出。時疾寒熱，內補不足，去虛勞客熱。頭痛不安，加而用之，良。補中益氣，除煩悶，止消渴，潤心肺，補五勞七傷虛損，腰脚疼痛，天行熱狂。服食無忌。服諸石人不調和者，煮汁飲之。

明・李中梓《醫宗必讀・本草徵要上》　萎蕤味甘，平，無毒，入肺、脾、肝、腎四經。畏鹵鹹。蜜水拌蒸。潤(脾)〔肺〕而止嗽痰，補脾而去濕熱，養肝而理眦傷淚出，益腎而除腰痛莖寒。萎蕤滋益陰精，與地黄同功，增長陽氣，與人參同力。潤而不滑，相而不偏，譬諸盛德之人，無往不利。

明・鄭二陽《仁壽堂藥鏡》卷一〇上　萎蕤　氣平，味甘，無毒。《本草》云：主中風暴熱，不能動搖。跌筋結肉，諸不足，心腹結氣，虛熱濕毒腰痛，莖中寒，及目痛眥爛淚出。久服去面黑鼾。《心》云：潤肺除熱。蕭炳云：萎蕤補中益氣。《本草》云：萎蕤畏鹵鹹。

明・蔣儀《藥鏡》卷三平部　萎蕤　質性醇良，氣味和緩。虛寒勞瘧最效，風溫自汗見長。故其于陰精則滋益，能使虛損之火息，而目痛眦爛，上盛下虛者適平。于陽氣則加增，更冷莖中之寒祛，而濕注腰疼，風淫四肢者盡解。若夫為養氣，為駐顏，為益血，數效全功，必須同黄精，同桑椹，同首烏，諸般製藥。

明・李中梓《頤生微論》卷三　萎蕤　味甘，性平，無毒。入肺、脾、腎、肝四經。畏鹵鹹。色白而肥大者佳。潤肺主嗽，補脾去熱。養肝而理眦傷淚出，益腎而除腰痛脛寒。

按：萎蕤滋益陰精，與地黄同功。增長陽氣，與人參同力。潤而不滑，和

而不偏，譬諸盛德之人，無處不宜，故神農收而為上品。自予拈出，近來用者多矣。

明・李中梓《本草通玄》卷上　葳蕤　甘，平，入脾，柔潤入腎。故能補中益氣，逐熱除蒸，治一切不足之症。用代人參，不寒不燥，大有殊功。朱肱用治風溫，亦為其能去風熱與濕也。但性味平和，力量寬緩，譬諸盛德之人而短於才者也。　水浸半日，飯上蒸透。

清・顧元交《本草彙箋》卷一　萎蕤附女萎。　萎蕤之用有四：主風淫四末，兩目淚爛，男子濕注腰痛，女子面生黑皯。李時珍云：萎蕤性味甘平，柔潤可食。故朱肱《活人書》以之治風溫，自汗身重，語言難出，用萎蕤湯，萎蕤爲君。予每用治虛勞寒熱痁瘧，及一切不足之症，以代參、芪，不寒不燥，大有殊功。李士材云：萎蕤滋陰益精，與地黄同功。增長陽氣，與人參並力。此或其譽之太過歟。

《本經》有女萎，無萎蕤。《別錄》有萎蕤，無女萎。而功用正同，疑女萎即萎蕤也。《瑞應圖》云：王者禮備，則葳甤生於殿前。威儀之義取此。

清・穆石匏《本草洞詮》卷八　萎蕤　草木葉垂之貌，如冠纓下垂之緌而有威儀，故以名之。《瑞應圖》云：王者禮備，則葳蕤生於殿前，是矣。氣味甘平，無毒。其用有四：去風淫四末，兩目淚爛，男子濕注腰痛，女子面生黑皯。李瀕湖云：萎蕤柔潤可食。《活人書》治風溫，自汗身重，語言難出，用萎蕤湯。予每用治虛勞，寒熱痁瘧，及一切不足之證，用代參耆，不寒不燥，大有殊功，不止於去風熱濕毒而已。黄精、萎蕤性味功用大抵相近。昔華陀入山，見仙人所服，以告樊阿，服之壽百歲也。

清・劉雲密《本草述》卷七上《山草部上》　萎蕤治目疾有蕤仁，另是一種，非萎蕤之實也。

正誤　嘉謨曰：按萎蕤，《本經》與女萎同條，考其諸註，有指一物二名，有謂自是二物。又後女萎與前女萎同名，亦云功用並同，信非二物，疑乃剩出一條也。但考陳氏所註，謂古方用者，又似差殊。胡洽治時氣洞洩䘌下有女萎丸，治傷寒冷下結腸丸，亦有女萎治虛勞小黄耆酒，云下痢者加女萎。詳此數方所用，乃後加圈女萎，緣其性溫，主霍亂洩痢故也。又茵芋酒用女萎，主賊風手足枯痹，四肢拘攣，女萎膏治身體癧瘍斑剝，乃似前與萎蕤同條，女萎緣其主風淫四末，及去黑皯，澤容顏故也。陳藏器亦謂更非二物，豈其然乎？況此女萎性平味甘，後條女萎性溫味辛，性味既殊，功用又別，安得為一物乎？又續命鼈甲湯治傷寒七八日不解，鼈甲湯治脚弱，並用萎蕤。又萎蕤飲主風熱，項急痛，四肢骨肉煩熱，萎蕤丸主風虛熱發，即頭痛，乃似前與女萎同條。萎蕤緣其主虛熱溼毒故也。三者主治既殊，則非一物明矣。又云：萎蕤一名地節，極似偏精，疑即青黏，即華佗所服漆葉青黏散，是此也。然世無復能辨者，未敢為信，姑著之以俟明達折衷爾。　時珍曰：《本經》女萎，乃《爾雅》委萎，二字即《別錄》萎蕤也。上古鈔寫訛為女萎爾。古方治傷寒風虛用女萎者，即萎蕤也。皆承《本草》之訛而稱之，諸家不察，因中品有女萎名字相同，遂致費辨如此，今正其誤。其治洩痢，女萎乃蔓草也。

愚按：《本經》萎蕤與同條之女萎。時珍所謂二名為承訛者是也。其後條加圈之女萎，則固與萎蕤殊者也。夫萎蕤葉長而狹，其莖幹似黄精，強直似竹，有節，根大如指，一二尺長，色黄多鬚，至女萎與之全別，似白斂而蔓生，況女萎之味辛而氣溫，更迥然與甘平者不同乎，其功用懸殊，前哲固已悉之矣。萎蕤用根，其根橫行，如荻根及菖蒲，概節平直，多脂潤，雖燥亦柔，鬚節冗密，宛如冠纓下垂之緌，而有威儀之義，故《別錄》以葳蕤名之。若女萎，用苗不用根，與之全別也。

根：　氣味：　甘，平，無毒。　普曰：神農：苦。桐君、雷公、扁鵲：甘，無毒。

東垣曰：萎蕤能升能降，陽中陰也。

《本經》主治：中風暴熱，不能動搖，跌筋結肉，諸不足。久服好顏色，潤澤，輕身不老。　各本草主補中益氣，調血氣，益精，療胃虛乏，主風淫四末，除煩悶，止消渴，潤心肺，療溼毒，腰痛心腹結氣，虛熱，時疾寒熱，及勞瘧寒熱痹，潤肌膚，暖腰膝，惟有熱不可服。《本經》言其補足，即各本草多謂補虛損。大抵肝脾和而氣血生，故病於肝脾之不和者，此味似為要藥。　時珍曰：萎蕤性平味甘，柔潤可食，故朱肱《南陽活人書》治風溫自汗，身重，語言難出，用萎蕤湯以之為君藥。予每用治虛勞寒熱，痁瘧，及一切不足之證，用代參、耆，不寒不燥，大有殊功，不止於去風熱溼毒而已，此昔人所未闡者也。

愚按：萎蕤之氣平味甘，是胃與脾之藥也。但五方正氣味云：胃土戊，其本氣平，其兼氣溫涼寒熱。脾土己，其本味鹹，其兼味辛甘酸苦，不與《內經》曰中土生甘在味為甘者異乎？蓋五行以勝己者為主，以己所勝者

為用。一云脾味本鹹者，就其所用而言也。然則氣平味甘，的為中土正劑矣，謂其補中益氣是也。第諸本草頌其功不一，而《本經》獨以中風暴熱為首治，其義云何？曰：中土職升降之樞，而榮衛因之以生化，乃一陰風木為獨使，就中土生化之地，神其升降以全其終始陰陽，而榮衛大通，故木之味亦甘。蓋即己所勝者，為用之義也。若然，則是物稟土為木用，木又用土之氣化，如之何《本經》不首以治風為功乎？陽主升，陽升而後陰隨之。陰主降，陰降而後陽從之。陰陽即榮衛之先天，榮衛乃陰陽之後天也。故土木之用，唯是升降相合，以盡其變而已。果其交相為用而升降咸宜，則就陰中達陽，而陰隨之以極上，《本草》所謂除煩悶，止消渴，潤心肺是也。即就陽中達陰，而陽隨之以極下，《本草》所謂治溼毒腰痛，虛損，腰脚疼痛。又方書中治脚弱風毒，攣痹氣上，大鼈甲湯中用之是也。如脾胃本病，方書嘔吐條內有漏氣證麥冬湯，有走哺證人參湯，咸得用之是也。如脾胃標病，方書治熱痹，肌肉熱極，體上如鼠走，唇口反壞，皮膚色變，用此於石楠散中是也。如肝之本病，方書金箔散治風驚，手足顫掉，神昏錯亂，如肝之子病，犀角丸治心臟中風，二方舉不遺此是也。又如榮衛交病，為時疾寒熱，又勞瘧寒熱痹，無不用之是也。種種治療，無非土木之交相為用也。乃粗者不研此理，漫擬之盛德君子，無往不宜，適供噴飯耳。愚常曰：人身土木不相為病，則生機全矣。若土木不相為用，則生理絕矣。此數語足為是物表章其功。土木不相為病，而相為用，此生理全也。正所謂無往不宜者歟。蓋惟中土握升降樞，而風木即用之以全終始陰陽之氣化，觀《本經》主治跌筋結肉，非土木交用之明徵歟。或曰一陰為獨使，固以風升為達陽矣。其能使陰降，而陽隨者，乃屬肺也，何以於肝亦有功乎？曰：金以己所勝者為用，其味酸，是金亦必合於木，以為降矣。謂其就中土而神其升降，豈曰不然？

修治　采根，用以竹皮刮去節皮，洗淨，蜜水浸一宿，蒸了焙乾用。

清・郭章宜《本草匯》卷九　葳蕤　味甘性平，能升能降，陽中陰也。入手太陰、足太陰、厥陰、少陰經。潤肺而止嗽痰，補脾而去濕熱。養肝而理眥爛淚出，益腎而除便濇莖痛。滋不足而逐蒸熱，潤心肺而益五藏。逐風淫于四表，除濕注之腰痛。

按：葳蕤滋陰益精，與地黃同功。增長陽氣，與人參同力。潤而不滑，和而不偏，不寒不燥，大補虛羸，能去風濕腰痛，目爛痁瘧，一切不足之症，以代人參。故朱肱用治風溫自汗，身重語難者，亦為其能去風熱與濕也。然亦不止去風熱濕毒而已，世俗用者絕罕，故特揭之。卒淋症，同芭蕉根、滑石煎治。瘧後虛熱，皮膚面腫，同葵子、茯苓、龍膽、前胡飲之。

凡使，勿用鉤吻、黃精，二物相似。節上有毛，莖斑，葉尖處有小黃點者真。竹刀刮去節皮，蜜水浸，蒸焙用。畏鹵鹹。

清・蔣居祉《本草擇要綱目・平性藥品》　萎蕤採得以竹刀刮去節皮，洗淨，用蜜水浸一宿，蒸焙乾用。　氣味：甘，平，無毒。能升能降，陽中陰也。　主治：風淫四末，兩目淚爛。男子濕注腰痛，女子面生皯黑。療風溫自汗，身重語言難出，虛勞寒熱痞瘧及一切不足之症。用代參、芪，不熱不燥，大有殊功。

清・閔鉞《本草詳節》卷二　萎蕤　【略】按：萎蕤稟清和之氣，得稼穡之甘，故能滋益陰精，增長陽氣，一切不足之症用之，可代人參。譬諸盛德之人，無往不利。奉議用治風溫，亦以其能去風熱與濕也。

清・王翃《握靈本草》卷二　萎蕤處處有之。形類黃精，毛莖斑葉，水浸半日，飯上蒸，焙乾用。　主治：萎蕤，甘，平，無毒。主中風暴熱，不能動搖，跌筋結肉，諸不足。時疫寒熱，虛勞客熱。補中益氣，除煩止渴，潤心肺，補五勞七傷。

清・汪昂《本草備要》卷一　萎蕤平補而潤，去風濕。　甘，平。補中益氣，潤心肺，悅顏色，除煩渴。治風淫濕毒，目痛眦爛，風濕。寒熱痁瘧，痁，詩廉切，亦瘧也。中風暴熱，不能動搖，頭痛腰痛，凡頭痛不止者屬外感，宜發散；乍痛乍止者屬內傷，宜補虛。又有偏頭痛者，左屬風與血虛，右屬痰熱與氣虛。腰痛亦有腎虛、氣滯、痰積、血瘀、風寒、濕熱之不同。凡挾虛、挾風濕者，宜葳蕤。莖寒自汗，一切不足之症。用代參、耆，不寒不燥，大有殊功。昂按：萎蕤溫潤甘平，中和之品。若蜜製作丸，服之數斤，自有殊功。與服何首烏、地黃者，同一理也。若僅加數分于煎劑，以爲可代參、耆，則失之遠矣。大抵此藥性緩，久服方能見功。而所主者多風濕、虛勞之緩症，故臞仙以之服食，南陽用治風溫，《千金》、《外臺》亦間用之，未嘗恃之為重劑也。若急虛之症，必須參、耆，方能復脉回陽，斯時即用萎蕤斤許，亦不能敵參、耆數分也。時醫因李時珍有可代參、耆之語，凡遇虛症，輒加用之，曾何益于病者之分毫哉？拙著《方解》，欲採萎蕤古方可以入補劑者，終不可得，則古人之罕用，亦可見矣。　似黃精而差小，黃白多鬚。二藥功用相近，而萎蕤更勝。竹刀刮去皮、節，蜜水或酒浸蒸用。畏鹹鹵。陶弘景曰：《本經》

有女萎，無萎蕤。《別錄》有萎蕤，無女蕤。功用正同，疑名異爾。

清・吴楚《寶命真詮》卷三　萎蕤　【略】潤肺而止嗽痰，補脾而去濕熱，養肝而理眦傷淚出，益腎而除腰痛莖寒。【略】滋益陰精，與地黄同功；增長陽氣，與人參同力。潤而不滑，和而不偏，不寒不燥，大有裨益。

清・陳士鐸《本草新編》卷三　萎蕤

萎蕤：味甘，氣平，無毒。一名玉竹，即華佗所食漆葉青黏散中之青黏也。入心、腎、肺、肝、脾五藏。補中益氣，潤津除煩。主心腹結氣，虛熱濕毒。治腰脚冷痛，定狂止驚，眼目流淚，風淫手足，皆治之殊驗。去黑䵟，澤容顏，烏髮鬚，又其小者。此物性純，而補虛熱，且解濕毒。凡虛人而兼風濕者，俱宜用之，但其功甚緩，不能救一時之急，必須多服始妙。近人用之于湯劑之中，冀目前之速效，難矣。且萎蕤補陰，必得人參補陽，乃陰陽有既濟之妙，而所收功用實奇。故中風之症，萎蕤與人參並服，必無痿廢之憂。驚狂之病，萎蕤與人參同飲，斷少死亡之病。蓋人參得萎蕤而益力，萎蕤得人參而鼓勇也。

或問：萎蕤，華元化加入漆葉，以黑髭鬚，近人用之而不驗，何也？蓋萎蕤原不能烏鬚，因得漆葉，則能黑矣，然而漆葉離萎蕤亦無效，二味兩相制而兩相成，今人用之不效者，非輕重之不同，即服食之不如法。猶記楚大中丞林公諱天擎者，曾服此方，年七旬而鬚髯如漆。問其服食方法，二味各等分，子、午、卯、酉之時，各服三分，數十年如一日也。天下能如林公之服法者乎。或一日服而一日不服，或早服而晚不服，或分兩之多寡不同，安得盡效哉。

或問：萎蕤功用甚緩，今人〔皆〕比于人參之補益，謂人參之功驟而無力，萎蕤之功緩而有成，然乎？否乎？嗟乎！萎蕤、人參，烏可同日而論。人參有近功，更有後力，豈萎蕤之可比。惟是萎蕤功緩，久服實有專效，如中風痿症，佐人參為調理之藥，殊有益耳。

或疑萎蕤為黄精之別種，黄精功用甚緩，宜萎蕤之功亦緩，先生刪黄精，取萎蕤，又謂之何？夫萎蕤實與黄精相同，刪黄精而不刪萎蕤者，取其治痿廢之症，宜于緩圖而得效，為不同于黄精也。

清・顧靖遠《顧氏醫鏡》卷七　萎蕤甘，平。入肺脾肝腎四經。蜜水拌蒸。

補中益氣，味甘歸脾，脾主中焦，故補中。脾為後天生氣之源，故益氣。潤肺止嗽。養肝而理目痛眦爛淚出，血虛火炎所致，又云頭痛不安加而用之，總借其滋補則火自降也。益腎而除虛熱腰痛莖寒。陰精不足，則為發熱，為腰痛，上盛下虛，則陰莖中寒，補腎則皆瘳。滋益陰精，與地黄同功。增長陽氣，與人參同力。潤而不滑，和而不偏，譬諸盛德之人，無往不利。時珍每用治虛損寒熱勞瘧，及一切不足之症，用代參、芪，不寒不熱，大有殊功。

清・李熙和《醫經允中》卷一八　葳蕤　一名肥玉竹。蜜水浸蒸，焙用。畏鹵鹹。

味甘，氣平，無毒。主治潤肺止嗽，補脾除熱，逐風淫四末，除濕冷腰疼，滋陰補陽。功在人參、地黄之下，但力緩，久服方能見効。凡使弗悮用鈎吻。須節上有毛，莖斑，葉尖處有小黄點者真。

清・馮兆張《馮氏錦囊秘録・雜症痘疹藥性主治合參》卷三　萎蕤稟天地清和之氣，入脾、肺、肝、腎四經，味甘，平，無毒。

萎蕤，一名玉竹。潤肺而止嗽痰，補脾而祛濕熱，養肝而理眦傷淚出，益腎而除腰痛莖寒。調養氣血，逐風淫四末成痹。益氣補中，去心腹結氣除煩。入脾肺以長氣分之陽，入肝腎以滋陰分之血。但性緩力薄，難取近功。

按：萎蕤雖曰滋益陰精，與地黄同功，增長陽氣。與人參同力，潤而不滑，和而不偏。譬諸盛德之人，無處不宜，故神農收為上品。但汁薄而不能如地黄之濃厚，力小而不能如人參之大補，性平和緩，難圖急效，陰陽竝資，未有專功，較之地黄之滋陰，人參之補元，已屬霄壤矣，豈可仗此以代挽回垂絕之藥乎！

清・张璐《本經逢原》卷一　葳蕤《本經》名女萎，又名玉竹。甘，平，無毒。肥白者良。入發散風熱藥生用。入補藥蜜水拌，飯上蒸熟用。《本經》主中風暴熱，不能動搖，跌筋結肉諸不足，久服去面黑䵟，好顏色潤澤，輕身不老。

發明：萎蕤甘潤性平，滋肺益腎，補而不壅，善調厥陰久襲之風，故《本經》治中風暴熱等病，皆取其養正祛邪之力也。《別錄》主心腹結氣，虛熱腰痛，莖中寒，目痛眦爛淚出。甄權主內補不足，去虛勞客熱，頭痛不安。《千金》治風溫，自汗身重，語言難出。萎蕤湯以之為君，其源本諸麻黄升麻湯，深得仲景之奧。時珍用治虛勞寒熱、痁瘧不足之證，用代參耆，不寒不燥，大有殊功，不止於去風熱溫毒而已。又主小便卒淋，發熱口乾，眼黑頭眩，目赤澀痛，其性雖潤，而無傷犯脾胃奪食泄瀉之虞。但其性之緩耳。

清・浦士貞《夕庵讀本草快編》卷一　萎蕤《本經》、女萎　此草根長多鬚，如冠纓下垂，故名。張氏云：王者禮修則萎蕤生于殿前，以其有威儀

也，萎，葳。　萎蕤味甘性平，柔潤不劣，陽中陰也。古人取其治四末風淫，兩目眵爛；　男子濕注腰疼，婦人面生黑䵟而已。殊不知潤而不滑，益陰精而與地黃同功；　和而不偏，壯陽氣而與人參同力。故虛勞寒熱、痁瘧風濕，俱不可缺。是以《活人書》治風濕自汗，身重言難者，有萎蕤湯。《樊阿傳》云：　同漆葉為散，能去三蟲，益五藏，良有以也。

清・張志聰、高世栻《本草崇原》卷上　葳蕤　氣味甘，平，無毒。主中風暴熱，不能動搖，跌筋結肉，諸不足。久服去面黑䵟，好顏色，潤澤，輕身不老。《本經》名女萎。《吳氏本草》名葳蕤。《別錄》名玉竹。《拾遺》名青粘。始出太山山谷及邱陵，今處處有之。女萎者，性陰柔而質滋潤，如女之委順相隨也。葳蕤者，女子嬌柔之意。玉竹者，根色如玉，莖節如竹也。青粘，莖葉青翠，根汁稠粘也。春生苗，莖直有節，其葉如竹，兩兩相對，其根橫生如黃精，色白微黃，性柔多脂，最難乾。按：　葳蕤葉密者，似乎對生，而實不相對。或云：　其葉對生者，即是黃精矣。今浙中采藥人揀根之細長者為玉竹，根之圓而大者為黃精，其實只是一種年未久者，故根細而長。年久者，其根大而圓。余求真黃精，種數十年不能得。　葳蕤氣味甘平，質多津液，稟太陰濕土之精，以資中焦之汁。中風暴熱者，風邪中人，身熱如曝也。不能動搖者，熱盛於身，津液內竭，不濡灌於肌腠也。跌筋者，筋不柔和，則踒蹶而如跌也。結肉者，肉無膏澤，則澀滯而如結也。諸不足者，申明中風暴熱，不能動搖，跌筋結肉，是諸不足之證也。久服則津液充滿，故去面上之黑䵟，好顏色而肌膚潤澤，且輕身不老。　愚按：　葳蕤潤澤滑膩，稟性陰柔，故《本經》主治中風暴熱，古方主治風溫灼熱，所治皆主風熱之病。近醫謂葳蕤有人參之功，無分寒熱燥濕，一概投之，以為補劑，不知陰病內寒此為大忌，蓋緣不考經書，咸為耳食所誤。

清・劉漢基《藥性通考》卷五　萎蕤　味甘，氣平，無毒。補中益氣，潤心肺，悅顏色，除煩渴，治風淫濕毒，目痛眥爛，寒熱痁瘧，中風暴熱，不能動搖，頭痛腰痛，自汗，一切不足之症，用代參、耆，不寒不燥，大有殊功。似黃精而差小，黃白多鬚，二藥功用相近，而萎蕤更勝。用竹刀刮去皮節，蜜水或酒浸蒸用。　然陰虛火動者慎用，其藥性燥，必加入滋補藥中可也。

清・姚球《本草經解要》卷一　萎蕤　氣平，味甘，無毒。主心腹結氣，虛熱濕毒，腰痛，莖中寒及目痛眥爛淚出。　萎蕤氣平，稟天秋降之金氣，入手太陰肺經。味甘無毒，得地中和濕土之味，入足太陰脾經。氣降味和，陰也。甘平之品，則能清能潤，故亦主心腹結氣也。其主虛熱者，甘能補虛，平可清熱也。濕毒腰痛，及莖中寒，目痛眥爛淚出，皆太陽膀胱之病也。膀胱之經起於目內眥，其直者下項挾脊，抵腰中，入循膂，絡腎，屬膀胱，膀胱本寒水之經，膀胱有濕毒，則濕氣走腰中而痛，走膀胱而莖中寒矣。於是膀胱(民)〔濕〕火上炎於經絡，目痛內眥爛而淚自出也。其主之者，膀胱之開合皆由氣化。萎蕤氣平益肺，肺氣降則小便通，濕行火降，而諸症平矣。蓋膀胱津液之府，肺乃津液之原，潤其原，則膀胱之濕亦行也。所謂治病必求其本者，如此。　製方：　萎蕤同黃耆，治老人大便閉。同漆葉，治陰虛，兼令人有子。

清・楊友敬《本草經解要附餘・考證》　萎蕤　《本經》主中風暴熱，不能動搖，跌筋結肉，諸不足。久服去面黑䵟，好顏色，潤澤，輕身不老。《解要》主《別録》也。《綱目》云：　治諸不足，用代參、耆，不寒不燥，大有殊功。《解要》內同漆葉方，即華陀漆葉青黏散。青黏世無能識，或云黃精之正葉者，或云即萎蕤也。然吾鄉有兩老儒，先後服此方皆致殞。或云漆葉乃五加皮葉，《本經》名豺漆也。里有兵子，臂痛不能挽弓，或教用萎蕤一斤、五加皮四兩，浸酒飲，盡一卣，健旺勝常。豈古方正爾？《綱目》殆誤附漆樹下耶？漆本有毒，《本經》久服輕身，及《抱朴子》云通神長生，皆難信！《綱目》謂因貨漆人雜桐油，故多毒。亦非！有割漆人誤覆漆遍體，瘡至莫救，向在山中親見，況服食乎？弘景云生漆毒烈，是也。古無用葉者，故氣味缺。《綱目》殆因古方，臆立主治耳。

清・王子接《得宜本草・上品藥》　萎蕤　味甘。入手太陰經。得石膏、乾葛治風溫自汗，身重，語言難出。

清・黃元御《長沙藥解》卷三　萎蕤　味甘，入手太陰肺經。清肺金而潤燥，滋肝木而清風。　《傷寒》麻黃升麻湯方在麻黃用之治厥陰病，咽喉不利，吐膿血者。以金受火刑，萎蕤清金而潤燥也。　萎蕤和平滋潤，化氣生津，解渴除煩，清金利水，益氣潤燥。其諸主治，止消渴，通淋澀，潤皮膚，去黑䵟，療目眥赤爛，治眼睛昏花。即玉竹，《三國志・華陀傳》以漆葉青黏散方，授弟子樊阿，謂可服食長生。青黏，即玉竹也。

清・吳儀洛《本草從新》卷一　萎蕤即玉竹。〔平補氣血而潤，去風濕。〕　甘，

平。補中益氣，除煩渴，潤心肺。治風淫濕毒，目痛眥爛，風濕。寒熱痁瘧，中風不能動搖，頭痛腰痛，凡頭痛不止者屬外感，宜發散；乍痛乍止者屬内傷，宜補虚；又有偏頭風，左屬風與血虚，右屬痰熱與氣虚。腰痛亦有腎虚、氣滯、痰積、瘀血、風寒、濕熱之不同，凡挾虚挾風濕者宜萎蕤。莖寒自汗，一切不足之證。用代參、地，不寒不燥，大有殊功。去毛，蜜水或酒浸，蒸用。畏鹹鹵。熬膏良。

清・汪紱《醫林纂要探源》卷二　玉竹　甘，溫。一名萎蕤。苗似黄精，根長細，不作塊，色黄白，多鬚。補脾緩肝，和陰陽，潤肌肉。補脾，故能益氣止汗，潤澤肌膚。緩肝，故治風淫四末，猝中風熱，及目痛眥爛，寒熱久瘧。然力量甚薄，李時珍謂可代參芪，亦過譽也。

清・嚴潔等《得配本草》卷二　萎蕤一名玉竹。畏鹵鹹。甘，平。入手足太陰、少陰經。柔潤補虚，善息肝風。治虚勞寒熱痁瘧，風溫自汗灼熱，頭疼目痛，泪出眦爛，男子濕注腰疼，小便頻數失精，一切虚損，挾風濕諸症。用代參、地，大有殊功。　得薄荷、生薑，治目痛昏暗。得芭蕉根、滑石，治卒淋。得葵子、龍膽草、茯苓、前胡，治小兒癎病後身面虚腫。配赤芍、當歸、黄連，煎湯熏洗眼赤澀痛。　竹刀刮去皮節，蒸用。止嗽，蜜水拌蒸。去風，酒拌蒸。

題清・徐大椿《藥性切用》卷三　萎蕤　即玉竹。甘平性潤，補中益氣，為風溫咽痛喘藥，用代參耆，功力稍緩。

清・黄宫繡《本草求真》卷一　萎蕤補肺陰止嗽，兼祛風濕。　萎蕤喘入肺，兼入肝脾腎。一名玉竹，味甘性平，質潤。據書載能補肺陰及入肝、脾、腎以祛風濕，與人參、地黄稱為補劑上品。如《本經》所論，以治中風暴熱等病。《别錄》所論，以治心腹結氣，虚熱腰痛，莖中寒，目痛背爛淚出。甄權所論，以治内虚不足，去虚癆客熱，頭痛不安。《千金》以治風溫，自汗身重，語言難出。時珍以治寒瘧，痁瘧不足，皆以萎蕤為主。並云：可以當參，其説未嘗不是。但此氣平力薄，既與人參力厚不若，復與地黄味濃不合。即使用至觔許，未有奇功，較之人參之補元，地黄之滋陰，不啻天淵矣。矧可用此當參以挽垂絶之傾乎？況書載云，祛風除濕，不無疎泄於補，更云不及，曷云可稱上劑耶？　肥白者良，似黄精而差小，黄白多鬚，竹刀刮去皮節，發散用生，補劑用蜜水拌，飯上蒸熟用。

清・楊璿《傷寒溫疫條辨》卷六補劑類　玉竹　一名萎蕤。味甘，氣平，性溫。陽中之陰。潤肺補中。主心腹結氣，腰脚冷疼，止眦爛雙眸，逐風淫四末。澤容顔，調氣血，全體康健。但性緩力微。《本草》言用代人參，若遇虚危證，縱加斤許，曾何益於毫末哉。惟多用常用，所主風濕虚勞之緩證耳。

附：琉球・吴繼志《質問本草》内篇卷二　玉竹　生田野，春生苗，高一二尺，三四月開花，結圓實，其根横行多鬚。　玉竹莖榦強直，似竹箭簳有節，其葉如竹，狹而長，表白裏青，三月開青花，結圓實，其根横生，似黄精差小，黄白色，性柔多鬚，最難燥。癸卯，潘貞蔚、石家辰。　玉竹，又名萎蕤。與黄精相似，惟根横生差小，黄白色，性柔多鬚，其葉如竹，實是玉竹。甲辰、陸澍。　觀其莖根，有似中國之玉竹。細按其實，又似黄精而差小，黄白多鬚。特恐地道不同，入藥自宜酌用。癸卯，陳文錦。　玉竹，緩脾養胃。用根莖，葉不用。甲辰，周之良、鄧履仁、吴美山。

清・羅國綱《羅氏會約醫鏡》卷一六草部　葳蕤一名玉竹。味甘平，入肺、脾、肝、腎四經。　滋益陰精，增長陽氣，不寒不燥，和平之品也。可止嗽痰潤肺，能去濕熱補脾。　治眥傷淚出養肝，除腰痛莖寒益腎。　大便乾燥。　日用二兩煎服性潤。

按：萎蕤陰陽並資，未有專功，性緩力薄，難圖急效。倘證屬迫促，雖用斤許，不及參、芪數分。若大便溏者，更為忌之。或生用，或蜜水拌蒸，隨宜。

清・陳修園《神農本草經讀》卷二上品　葳蕤　氣味甘，平，無毒。主中風暴熱，不能動摇，跌筋結肉，諸不足。久服去面黑皯，好顔色，潤澤，輕身不老。

張隱庵曰：　葳蕤氣味甘平，質多津液，稟太陰濕土之精，以資中焦之汁。主中風暴熱不能搖動者，以津液為邪熱所灼也。跌筋者，筋不柔和也。結肉者，肉無膏澤也。諸不足者，申明以上諸症，皆屬津液不足也。久服則津液充滿，故去面上之黑皯，好顔色而肌膚潤澤，且輕身不老也。　又曰：不寒不燥，用代參、芪之説，時醫信為補劑，虚症服此，百無一生，咎其誰職耶？陰柔之藥，豈堪重用？　古人除治風熱以外，絶不敢用。自李時珍有不寒不燥，用代參、芪之説，時醫信為補劑，虚症服此，百無一生，咎其誰職耶？

清・黄凱鈞《藥籠小品》　葳蕤　即玉竹。甘平益胃，潤燥祛風。能治病眼，見風淚出，婦人久服宜男。惟與痰多者相犯。微炒用。

清・王龍《本草纂要稿・草部》　萎蕤即玉竹。　氣味甘平，無毒。主風濕自汗灼熱，治小便頻數失精。潤心肺，益氣補中。止目疼，雙眸眦爛。除

濕毒天行熱狂，療四肢風淫末疾。虛勞不足能補，心腹結氣能開。不寒不燥，大有殊功。

清·張德裕《本草正義》卷上 玉竹一名萎蕤 甘涼而粘。能除煩熱，止消渴，潤心肺，益陰氣。餘無他長。

清·楊時泰《本草述鉤元》卷七 萎蕤 即玉竹，一名地節。辨疑：萎蕤，《本經》與女萎同條，其後又出加圈女萎一條，瀕湖謂《本經》女萎，乃《爾雅》委萎，即《別錄》萎蕤。上古鈔寫訛為女萎耳。其後條加圈之女萎，則固與萎蕤殊者，乃蔓草也。夫萎蕤葉長而狹，莖幹似黃精，強直似竹有節，其根黃色，橫行如荻根及菖蒲，概節平直多脂，雖燥亦柔，鬚節冗密，宛如冠纓下垂，而有威儀之象，故《別錄》以葳蕤名之，女萎似白斂而蔓生，用苗不用根，味辛氣溫，主治霍亂洩痢，與萎蕤之甘平者迥異。又治目疾有蕤仁，另是一種，非萎蕤之實也。根氣味甘平。為胃與脾之藥。能升能降，陽中陰也。《本經》主中風暴熱，不能動搖，跌筋結肉，諸不足，久服好顏色，潤澤輕身不老。各本草補中益氣，調血氣，益精，療胃虛乏，主風淫四末，潤肌膚，去黑䵟，除煩悶，止消渴，潤心肺，治心腹結氣虛熱，療濕毒腰痛，暖腰膝，除風溫時疾寒熱及勞瘧寒熱痹。惟有熱不可服。

論：五方正氣味云：胃土戊，其本氣平，其兼氣溫涼寒熱。脾土己，其本味鹹，其兼味辛甘酸苦。此與中土生甘在味為甘之說異，蓋五行以勝己者為主，以己所勝者為用。云脾味本鹹者，就其所用而言也。萎蕤氣平味甘，的為中土正劑，其功補中益氣，而《本經》獨以中風暴熱為首治者，以中土職生化之權，全賴風木為獨使，從生化之地，神其升降，以全其終始陰陽，而營衛乃大通，故木之味亦甘，即己所勝者為用之義也。然則是物稟土為木用，木又用土之氣化，如之何不首以治風為功乎。人身土木不相為病，則生機全，若土木不相為用，則生理絕，此物就中土而神其升降，故所治皆土木交用之明徵。跌筋結肉是也。大抵肝脾和而氣血生，凡病於肝脾之不和者，此味似為要藥。或曰：一陰為獨使，固以風升為達陽矣，其能使陰降而陽隨者肺也，何以亦係於肝乎？曰：金以己所勝者為用，其味酸，是金亦必合於木以為降也。謂其就中土而神其升降，豈曰不然。陽主升，陽升而後陰隨之。陰主降，陰降而後陽從之。陰陽即營衛之先天，營衛乃陰陽之後天也。故土木之用，惟是升降相合以盡其變而已。茲味就陰中達陽而陰隨之以極上，所以除煩悶，止消渴，潤心肺。就陽中達陰而陽隨之以極下，所以治濕毒，腰痛虛損，腰脚痛。又治脚弱，攣痹，氣上，大鼈甲湯用之。至如脾胃本病，有漏氣證，麥冬湯；此證身背熱，肘臂牽痛，其氣不續，膈間厭悶，食入則先嘔而後瀉，此風熱閉其腠理，經氣失道，邪氣內着故也。走哺證，人參湯，此證下焦實熱，其氣內結，不下向秘糟粕，而淤濁反蒸於胃，故二便不通，氣逆不續，嘔逆不禁也。咸用之。脾胃標病，有治熱痹，飢肉熱極，體上如鼠走，脣口反壞，皮膚色變。石楠散中用之。肝之本病，有治風驚，手足顫掉，神昏錯亂。金箔散；肝之子病，有治心臟中風，犀角丸，二方舉用之。又如營衛交病，為時疾寒熱，及勞瘧寒熱痹，無不用之。種種治療，無非土木之交相為用也。粗者不察，漫擬之盛德君子，無往不宜，適供噴飯。

修治：采根，以竹片刮去節皮，洗淨，蜜水浸一宿，蒸後焙用。

清·王世鍾《家藏蒙筌》卷一五《本草》 萎蕤一名玉竹。【略】 按：萎蕤與黃精功用相近，二藥俱性緩，非久服不能見功。

清·葉桂《本草再新》卷一 萎蕤味甘，性平，無毒。入心、脾、腎三經。 補中益氣，除煩渴，潤心肺，頭痛腰痛。

清·吳其濬《植物名實圖考》卷七 萎蕤 即《本經》女萎，上品。《爾雅》：熒，委萎。蓋《本經》亦是委萎，脫去委字上半，遂訛為女萎。《救荒本草》云：其根似黃精而小異。今細核有二種：一葉薄，如竹葉而寬，根如黃精多鬚，長白，即萎蕤也。一葉厚，如黃精葉圓短，無大根亦多鬚，俚醫以為別種，李衎《竹譜》亦俱載之。

雩婁農曰：古有委萎，或以為即葳蕤，目為瑞草。而黃精乃後出，諸書以委萎類黃精，然則古方蓋通用矣。陳藏器以青黏即萎蕤，東坡初閱《嘉祐本草》，乃知青黏是女萎，喜躍之至，而又不敢盡信。夫毛女食黃精而輕捷翻飛如猿猱，委萎得無類是？獨恠漆葉人所盡知，而醫方決不復用，然則即有華佗與之以方，其肯盡信乎？大抵山居谷汲之民，不見外事，無芻豢以濁其口腹，無靡曼以濁其耳目，無欣戚以濁其神明。獉獉狉狉，湛然太古。草木之實，皆自然五穀。南陽飲菊水，崖州食甘藷，皆獲上壽，彼服委萎者，即不地仙，亦當卻病難老。後世貴極富溢，乃思神仙，秦皇漢武姑不具論，李贊皇、高駢皆惑於方士，宋之朝臣，多服丹石，又希黃白，藏腑薰灼，毒發致危，良醫又製解丹毒之藥以拯之，其亦不智也已。記小說一事，山水陡發，有物

與木石俱下，苔髮鬣鬖，鄉人剔而視之，乃人也。蓋閉息不知幾年，而飛昇無術，塊然無知者。然其神氣清固，遠近聞以為仙，爭迎供之。初尚內視，漸思飲食，未幾而茹葷酒，又未幾而思人道，叩之者，即無要訣可傳，卒以醉慾而死，然則無靈根而得妙術，天上豈有愚盲神仙耶？聖人云：未知生，焉知死，若是知生便是不死。噫嘻！天上又豈有不忠孝神仙耶？

按近時所用萎蕤，通呼玉竹，以其根長白有節如竹也，與黃精絕不類，其莖細瘦，有斑圓綠，叢生，葉光滑深綠，有三勒道，背淡綠凸文。滇南經冬不隕，逐葉開花，結青紫實。與《爾雅》異。

清·趙其光《本草求原》卷一 山草部 萎蕤即玉竹。 氣平，屬秋。質多津，味甘。濕土之味。能清肺以平肝風，肺陰降則肝陽隨之以下，不致陽擾而成風。而滋中焦之汁。主中風暴熱不能動搖，脾主四肢，脾虛肝乘，則風淫四末；脾熱津傷，則不能調營衛，以濡肌腠。跌筋結肉，脾血不濡，則筋不和柔如跌折；肉無膏澤，而結澀凝滯。諸不足。言以上諸症，皆肺脾陰虛不足之病，時解謂其不寒不燥，無往不宜，非。久服好顏色，去黑皯，面上黑氣也。輕身不老，津液充足之功。澤肌膚，除煩渴、心腹結氣，肺脾分野，枯燥之病。風濕自汗，濕毒腰痛，虛損頭、腰、脚疼痛，莖中寒，目赤痛、黑花，眦爛淚出，肺為津液之原，脾為胃行其津液。肺脾陰虛不能行其化，則膀胱為津液之府，自濕熱鬱而成毒。膀胱經起目眦，下項挾脊，抵腰中絡腎，其支下膝後出外踝後至小趾。有濕熱則隨所結而為寒，為痛；火灼，則目痛淚爛；陰虧，則黑花。同薄荷、生薑少許煎服；又同歸、芎、川連熏洗。虛勞客熱，時疾寒熱，狂熱勞瘧，寒熱痹肉熱如鼠走，皆肺脾陰虛，營衛失其生化也。老人便秘，合北芪。尿淋數，同芭蕉根煎，調滑石末。乳石發熱，同炙甘、生犀。漏氣走哺，脾胃熱嘔也，麥冬湯、人參湯用之。陰虛臂痛，同豺漆葉，即五加皮葉也。此乃陰虛風濕之緩劑，使陰氣行而風濕自除，是治其本也。性雖潤而不犯脾胃，無奪食瀉泄之虞；但力薄，大症難以倚仗，內寒更忌。時珍用代參、芪，謬甚。

高世栻云：玉竹根色如玉，莖節如竹；葉密，似對生而實不對，其對生葉者即是黃精。今浙人採年淺、根細長者為玉竹；年久、根大而圓者為黃精，其實止是一種。予求真黃精種，數十年不能得。

取根，以竹刀刮去皮節，生用，或酒浸蒸焙，則散風熱；蜜拌蒸，補。肥白者良。畏鹹肉。

清·文晟《新編六書》卷六《藥性摘錄》 萎蕤 一名玉竹。甘，平。質潤，補肺陰，止嗽。兼入肝脾腎，除風濕。然氣平力薄，即使服至斤許，未有奇功。昔有可當人參之說，未免過譽。〇竹刀刮去皮節。發散生用。補劑蜜拌，飯上蒸熟用。

清·張仁錫《藥性蒙求》 玉竹二錢、三錢。 玉竹甘平，補血益氣。風濕可除，功同參地。一名萎蕤。去毛，蜜水浸，或酒浸蒸用。能除煩滿，潤心肺，治一切不足之證。用代參、地，不寒不燥，大有殊功。〇訒庵云：玉竹性緩，久服方能見效。而所主多風濕，虛勞之緩證，未嘗恃為重劑也。故古方補劑罕用之。

清·屠道和《本草匯纂》卷一 溫補 萎蕤 耑入肺，兼入肝、腎、脾。味甘，性平，質潤。一名玉竹。能補肺陰，及入肝、脾、腎，以祛風濕，補中益氣，除煩悶，止消渴，潤心肺，補五癆七傷。與人參、地黃，稱為補劑上品。治中風暴熱，身重不能動搖，跌筋結肉，頭痛不安，目痛眦爛淚出，虛勞客熱，風溫自汗，語言難出，寒瘧溫瘧，心腹結氣，虛熱濕毒，腰脚疼痛，莖中寒，小便頻數，失精。久服去面黑皯，使顏色潤澤，輕身不老。但氣平力薄，須多用方能見功。肥白者良，似黃精而差小，黃白多鬚，竹刀割去皮節。發散用生，補劑用蜜水拌飯上蒸熟用。

清·戴葆元《本草綱目易知錄》卷一 玉竹萎蕤。 甘，平。補中益氣，除煩悶，止消渴。治時疾寒熱，頭痛腰痛，天行熱狂，心腹結氣，風淫濕毒，目痛眦爛，中風暴熱，不能動搖。勞傷虛損，腰脚疼痛，莖寒失精，小便頻數。風溫自汗，勞瘧寒熱，一切不足之證。用代參耆，不寒不躁，大有殊功。

清·黃光霽《本草衍句》 萎蕤即玉竹。味甘，平。 潤肺止嗽，解渴除煩。用治濕毒風淫，可除莖寒腰痛。目眦赤爛泣出，中風暴熱身强，不能動搖。風溫自汗，痁瘧勞傷，乃為中和之品，難比參、耆之良。得石（恙）〔膏〕、乾葛，治風溫，自汗身重，語言出難。

清·陳其瑞《本草撮要》卷一 萎蕤 味甘，入手太陰經，功專補中益氣。得石膏、乾葛治風溫自汗身重，語言難出。諸不足，可代參、耆，然力薄鮮效。去皮節，或蜜水，或酒浸蒸用。畏鹽鹵。一名玉竹，一名地節。

鹿藥

宋·唐慎微《證類本草》卷一一 草部下品〔宋·馬志《開寶本草》〕 鹿藥 味甘，溫，無毒。主風血，去諸冷，益老起陽。浸酒服之。生姑臧已西。苗、根並似黃精。根，鹿好食今附。

明・劉文泰《本草品彙精要》卷一五　鹿藥無毒。　植生。

鹿藥：　主風血，去諸冷，益老，起陽，浸酒服之。名醫所錄。　〖苗〗《圖經》曰：　春生苗，高一尺以來，葉似竹而兩兩相對，苗根並似黄精。其根鹿好食，故名鹿藥也。　〖地〗《圖經》曰：　生姑藏已西。　〖時〗生：　春生苗。採：　夏秋取根。　〖收〗日乾。　〖用〗根。　〖質〗類黄精。　〖色〗黄白。〖味〗甘。　〖性〗溫，緩。　〖氣〗氣之厚者，陽也。　〖臭〗朽。　〖主〗益陽，去冷。　〖製〗酒浸用。

明・王文潔《太乙仙製本草藥性大全》卷二《仙製藥性》　鹿藥　味甘，氣溫，無毒。生姑藏，苗根並似黄精，根鹿好食，故名之。　主治：　主風血良方，去諸血秘劑。益老起陽甚佳，酒浸服之絕妙。

明・李時珍《本草綱目》卷一二草部・山草類上　鹿藥《開寶》志曰：　鹿藥甘，溫，無毒。主風血，去諸冷，益老起陽，浸酒服之。生姑臧已西，苗根並似黄精，鹿好食其根。時珍曰：　胡洽居士言鹿食九種解毒之草，此其一也。或云即是萎蕤，理亦近之。姑附以俟。

明・繆希雍《本草經疏》卷一一　鹿藥　味甘，溫，無毒。主風血，去諸冷，益老起陽，浸酒服之。生姑藏巴西，根苗竝似黄精，根鹿好食。俗呼鹿跑草，又名延壽果。

〔疏〕鹿藥得土中陽和之氣以生，故其味甘，其氣溫，其性無毒。甘能益血，甘能入脾，甘溫益陽氣，故能主風血，去諸冷，而益老起陽也。當與黄精、萎蕤、枸杞之類同科。氣味和平，性本無毒，補益之外，無别治療，故不著主治、簡誤。

委蛇

宋・唐慎微《證類本草》卷三〇有名未用・草木〔《别録》〕　委音威蛇音貽：　味甘，平，無毒。主消渴，少氣，令人耐寒。生人家園中，大枝長鬚，多葉而兩兩相值，子如芥子。

明・李時珍《本草綱目》卷一二草部・山草類上　委蛇音威貽《别録》曰：味甘，平，無毒。主消渴少氣，令人耐寒。生人家園中，大枝長鬚，多葉而兩兩相值，子如芥子。時珍曰：　此亦似是萎蕤，並俟考訪。

蕨參

明・蘭茂《滇南本草》〔叢本〕卷上　蕨參一名玉朮。味甘、微苦，性平，微溫。入脾。補氣血，補中健脾。脾經多氣多血，故氣血雙補。脾胃為人之摠，統後天根本，貫溉經絡，長養百體。脾胃盛，血資以為生者是也。蒸露三次，晒乾。單方：　治男婦虛症，肢體酸耎。蕨參五錢、丹參二錢五分，不用引，水煎服。註補：　此方之義，效古書八珍湯。是蕨參補氣，丹參補血。

知母

宋・李昉《太平御覽》卷第九九〇　提母　《爾雅》曰：　蕁，莐音沉藩音煩。生山上。葉如韭，一曰提母。　《范子計然》曰：　提母，出三輔。黄白者善。《吴氏本草》曰：　〔知〕母，一名提母。神農、桐君：　無毒。補不足，益氣。

宋・唐慎微《證類本草》卷八草部中品〔《本經・别録》〕　**知母**　**味苦，寒，**無毒。**主消渴熱中，除邪氣，肢體浮腫，下水，補不足，益氣，**療傷寒，久瘧，煩熱，脇下邪氣，膈中惡及風汗、内疸。多服令人洩。**一名蚳**音岐**母，一名連母，一名野蓼，一名地參，一名水參，一名水浚，一名貨母，一名蝭**音匙，又音提。**母，**一名女雷，一名女理，一名兒草，一名鹿列，一名韭逢，一名兒踵草，一名東根，一名水須，一名沈燔，一名蕁杜含切。〔宋・掌禹錫《嘉祐本草》〕按：《唐本》：　一名昌支。生河内川谷。二月、八月採根，曝乾。

〔梁・陶弘景《本草經集注》〕云：　今出彭城。形似菖蒲而柔潤，葉至難死，掘出隨生，須枯燥乃止。甚療熱結，亦主瘧熱煩也。

〔宋・掌禹錫《嘉祐本草》〕按：　《爾雅》云：　蕁，莐藩。釋曰：　知母也，一名蕁，一名莐藩。郭云：　生山上，葉如韭。范子云：　提母出三輔，黄白者善。吴氏云：知母，神農、桐君：　無毒，補不足，益氣。《藥性論》云：　知母，君，性平。主治心煩躁悶，骨熱勞往來，生産後蓐勞，腎氣勞，憎寒虛損，患人虛而口乾，加而用之。日華子云：　味苦、甘。治熱勞，傳尸疰病，通小腸，消痰止嗽，潤心肺，補虛乏，安心，止驚悸。

〔宋・蘇頌《本草圖經》〕曰：　知母，生河内川谷，今瀕河諸郡及解州、滁州亦有之。根黄色，似菖蒲而柔潤。葉至難死，掘出隨生，須燥乃止。四月開青花如韭花，八月結實。二月、八月採根暴乾用。《爾雅》謂之蕁徒南切，又謂之莐直林切藩是也。《肘後方》用此一物治溪毒大勝。其法：　連根、葉擣作散服之。亦可投水擣，絞汁，飲一二升。夏月出行，多取此屑自隨。欲入水，先取少許投水上流，便無畏。兼辟射工，亦可和水作湯浴之，甚佳。

〔宋・唐慎微《證類本草》〕《雷公》云：　凡使，先於槐砧上細剉，焙乾，木臼杵擣，勿令犯鐵器。《聖惠方》：　治姙娠月未足似欲産，腹中痛。用知母二兩末，蜜丸如梧桐

子大，不計時候，粥飲下二十丸。《楊氏產乳》同。

宋・鄭樵《通志》卷七五《昆蟲草木略》　知母，曰蚳母，曰連母，曰野蓼，曰地參，曰水參，曰水浚，曰貨母，曰蝭母，曰女雷，曰女理，曰兒草，曰鹿列，曰韭逢，曰兒踵草，曰東根，曰水須，曰莐藩，曰蕁，曰昌支。《爾雅》曰：蕁，莐藩。

金・張元素《潔古珍珠囊》〔見元・杜思敬《濟生拔粹》卷五〕　知母苦：陰中微陽。涼腎經本藥。上頸、行經皆酒炒。

宋・劉明之《圖經本草藥性總論》卷上　知母　味苦，寒，無毒。主消渴熱中，除邪氣、肢體浮腫，下水，補不足，益氣。療傷寒久瘧煩熱，脇下邪氣。《藥性論》云：君。治心煩躁悶，骨熱勞往來，產後蓐勞，腎氣勞，憎寒虛損。患人虛而口乾，加而用之。日華子云：治熱勞傳尸疰病，通小腸，消痰止嗽，潤心肺，補虛乏，安心，止驚悸。

元・王好古《湯液本草》卷四　知母　氣寒，味大辛。苦寒，味厚，陰也，降也。苦，陰中微陽，無毒。入足陽明經，手太陰，腎經本藥。《象》云：瀉足陽明經火熱，補益腎水膀胱之寒。去皮用。《心》云：瀉腎中火，苦寒，涼心去熱。《珍》云：涼腎，腎經本藥，上頸行經，皆須用酒炒。《本草》云：主消渴熱中，除邪氣，肢體浮腫，下水，補不足，益氣，療傷寒，久瘧煩熱，脇下邪氣，膈中惡，及風汗內疸。多服，令人泄。東垣云：入足陽明，手太陰，味苦，寒潤。治有汗骨蒸，腎經氣勞，瀉心。仲景用此為白虎湯，治不得眠者，煩躁也。煩者，肺也；躁者，腎也。以石膏為君主，佐以知母之苦寒，以清腎之源。緩以甘草、粳米之甘，而使不速下也。《經》云：胸中有寒者，瓜蒂散吐之。又云：表熱裏寒者，白虎湯主之。瓜蒂、知母味皆苦寒，而治胸中寒及裏寒，何也？答曰：成無已註云即傷寒寒邪之毒為熱病也。讀者要逆識之，如《論語》言亂臣十人，書言唯以亂民，其能而亂四方。亂，皆治也，乃治亂者也。故云亂民，亂四方也。仲景所言寒之一字，舉其初而言之，熱病在其中矣。若以寒為寒冷之寒，無復用苦寒之劑。兼言白虎證脈尺寸俱長，則熱可知矣。

元・朱震亨《本草衍義補遺・新增補》　知母　陰中微陽，腎經之本藥。主消渴熱中，下水，補不足，益氣。骨熱勞，傳屍疰病，產後蓐勞，消痰止嗽。虛人口乾，加而用之。

元・佚名氏《珍珠囊・諸品藥性主治指掌》〔見《醫要集覽》〕　知母　味苦，性寒，無毒。沉也，陰中陰也。其用有四：瀉無根之腎火，療有汗之骨蒸，止虛勞之陽勝，滋化源之陰生。

元・徐彥純《本草發揮》卷二　知母　成聊攝云：上熱者以苦泄之，知母、黃芩之苦，涼心去熱。潔古云：知母，治足陽明大熱，大補，益腎水，膀胱之寒。《主治秘訣》云：性寒，味苦，氣味俱厚，沉而降，陰也。其用有三：泄腎經之火，一也；作利小便之佐使，二也；治痢疾臍下痛，三也。腎經本藥，苦欲上頭引經，皆須用酒炒，刮去皮毛用。裏白者佳。東垣云：知母味苦，陰中微陽，涼腎經。海藏云：東垣言入足陽明經，手太陰經。味苦寒潤，治有汗骨蒸，腎經氣勞，瀉心。仲景用此為白虎湯，治不得眠者，煩躁也。煩者，肺也。躁者，腎也。以石膏為君主，佐以知母之苦寒，以清腎之源，緩以粳米、甘草之甘，而使之不速下也。《經》云：胸中有寒者，瓜蒂散主之。又云：表熱裏寒者，白虎湯主之。夫以瓜蒂、知母味皆苦寒，而治胸中之寒，何也？蓋成無已註云：即傷寒寒邪之毒，為熱病者也。讀者當逆識之。如《論語》言亂(人)〔臣〕十人之類，亂字訓作治字也。仲景所言寒之一字，舉其初而玄之，熱病在其中矣。若以寒字為寒冷之寒，則無復用寒苦之劑。兼言白虎湯證，尺寸俱長，則其熱可知之矣。

明・王綸《本草集要》卷二　知母君。　味苦辛，氣寒，無毒。足少陰經本藥。勿犯鐵器。行經上頸，酒炒用。　主消渴熱中，除邪氣，肢體浮腫，下水，補不足，益氣補腎水，瀉腎中火，治有汗骨蒸，熱勞往來，傳尸疰病。傷寒久瘧煩熱，消痰止嗽，潤心肺，患人虛而口乾加用之。又治溪毒大勝，兼辟射工。夏月出行，取屑自隨，欲入水，先取少許投上流。

明・滕弘《神農本經會通》卷一　知母　君也。凡使勿犯鐵器。上頸行經，皆須用酒炒，用須去皮。　味苦，氣寒，無毒。《湯》云：氣寒，味大辛苦，寒。味厚，陰也。苦，陰中微陽。東云：沉也，陰中陰也。瀉無根之腎火，療有汗之骨蒸，止虛勞之陽勝，滋化源之陰生。又云：止嗽，退骨蒸。《珍》云：瀉腎火，利小便，涼心去熱。酒炒上行。並治痢疾，臍下時疼。《東》云：性寒，除熱渴，去浮下水，潤心補肺，除勞熱，及利小便，安心怖。又却邪氣。入足陽明經、手太陰、腎經本藥。

《本經》云：主消渴，熱中，除邪氣，肢體浮腫，下水，補不足，益氣。療

傷寒久瘧煩熱，脇下邪氣，膈中惡，及風汗内疸。多服令人洩。二八月採根，曝乾。陶云：甚療熱結，亦主瘧熱煩。《藥性論》云：知母，君，性平。治心煩躁悶，骨熱勞往來，産後蓐勞，腎氣勞，憎寒虚損。患人虚而口乾，加而用之。日華子云：味苦，甘，治熱勞傳屍疰病，通小腸，消痰止嗽，潤心肺，補虚乏，安心止驚悸。《圖經》云：治溪毒大勝。夏月出行，多取此屑自隨，欲入水，先取少許投水上流無畏，兼辟射工。《象》云：瀉足陽明經火熱，補益腎水膀胱之寒。去皮用。《心》云：瀉腎中火，苦寒涼心，去熱。珍云：涼腎，腎經本藥。上頸行經，皆須用酒炒。東垣云：入足陽明、手太陽。味苦，寒潤，治有汗骨蒸，腎經氣勞，瀉心。丹溪云：陰中微陽，腎經之本藥。主消渴熱中，下水，補不足，益氣，骨熱勞，傳屍疰病，産後蓐勞，消痰止嗽。虚人口乾，加而用之。東垣云：仲景用此為白虎湯，治不得眠者，煩躁也。煩者，肺也。躁者，腎也。以石膏為君，主以知母之苦寒，以清腎之源，緩以甘草、粳米之甘，而使不速下也。《經》云：胸中有寒者，瓜蒂散吐之。又表熱裏寒者，白虎湯主之。瓜蒂、知母，味皆苦寒，而治胸中寒又裏寒，何也？荅曰：成無已註云：即傷寒寒邪之毒，為熱病也，讀者要逆識之，如《論語》言亂臣十人，《書》言唯以亂民，其能而亂四方，亂皆治也，乃治亂者也。故云：亂臣，亂四方也。仲景所言寒之一字，舉其初而言之，熱病在其中矣。若以寒為寒冷之寒，無復用苦寒之劑。兼言白虎，訂脉尺寸俱長，則熱可知矣。劊云：知母苦寒除腎火，能蠲有汗之骨蒸。補虚可療陽明熱，益腎滋源化氣黴。《局》云：薑皮知母能除熱，主療虚浮治口乾。止嗽消痰潤心肺，亦醫久瘧及傷寒。知母潤心肺，止嗽理傷寒。

明・劉文泰《本草品彙精要》卷一〇《草部》 知母無毒 叢生。

知母出《神農本經》：**主消渴，熱中，除邪氣，肢體浮腫，下水，補不足，益氣。**以上朱字《神農本經》。療傷寒久瘧，煩熱，脇下邪氣，膈中惡及風汗，内疸。多服令人泄。以上黑字名醫所錄。【名】蚳音岐母、連母、野蓼、地參、水參、兒踵草、水浚、貨母、女雷、女理、蝭音匙母、兒草、鹿列、韭逢、東根、水須、沈燔、昌支、薚徒含切。【苗】《圖經》曰：春生苗，葉如韭，四月開青花如韭花，八月結實。其根黄色，似菖蒲而柔潤。葉至難死，掘出隨生，須枯燥乃已。【地】《圖經》曰：生河内川谷，今瀕河諸郡，解州、滁州亦有之。陶隱居云：出彭城。【道地】衛州，威勝軍，隰州。【時】生：春生苗。採：二月、八月取。【收】陰乾。【用】根黄白，脂潤者爲好。【質】類菖蒲而柔潤有毛。【色】淡黄。【味】苦。【性】寒，泄。【氣】味厚于氣，陰也。【臭】香。【主】瀉腎火，補虚勞。【行】手太陰經，足陽明經、少陰經。【助】酒爲之使。【製】《雷公》云：去蘆及皮，槐砧上細切，焙，木臼内杵。上行須用酒炒。【治】療：《圖經》曰：解溪毒。陶隱居云：治熱瘧，熱煩。《藥性論》云：除心煩燥悶，骨蒸勞熱，産後蓐勞，腎氣勞，憎寒，患人虚而口乾。日華子云：除傳屍疰病，通小腸，消痰止嗽，潤心肺，安心止驚悸。《別錄》云：安胎下乳。補：日華子云：益虚乏。【忌】勿犯鐵器。

明・葉文齡《醫學統旨》卷八 知母 氣寒，味苦、辛。無毒。沉而降，陰也。入足陽明、手太陰、足少本藥。勿犯鐵。治虚勞有汗骨蒸，傳尸疰病，傷寒久瘧煩熱，止嗽消痰，潤心肺，滋腎水，消渴熱中，化班，除邪氣體腫，下氣補不足，益氣安心止悸；瀉腎中火，虚〔而〕口乾加用。

明・許希周《藥性粗評》卷二 火起腎經，知母噴一泓之水。

知母，一名提母。其名甚多。《爾雅》謂之蕁，又謂之莐藩。春生苗如韭而大，四月開青白花，亦如韭花，八月結實，根似水菖蒲，黄色柔潤，難乾。生河内及濱河州郡川谷，以肥厚者佳。二、八月採根，暴乾。凡用擇去毛皮，竹刀切之，勿犯鐵器。如作丸散，瓦器上焙乾用之。所使并所畏惡，本草不載。味苦，性寒，無毒。其氣下行，入足少陰腎經，亦入手太陰肺、足陽明胃經。主治傷寒久瘧，煩熱消渴，風汗浮腫，骨蒸尸疰，瀉腎經之火，益腎水，利小便，消痰止嗽，潤心肺，補虚乏。潔古云：大補益腎水膀胱之寒。海藏云：仲景用此為白虎湯，治不得眠者，煩躁也。煩者，肺也；躁者，腎也。以石膏為君，佐以知母之苦寒，以清腎之源，緩以粳米、甘草之甘，而使之不速下也。愚謂與茯苓同用，可以清下焦之熱；與黄芩同用，可以清上焦之熱，亦活物也。若欲上行，酒炒。

單方：半胎欲産：凡妊娠日月未足，腹痛欲産者，知母二兩，剉，焙乾，為細末，蜜丸如梧桐子大，每服不拘時，米飲送下二十丸，須預作下，待之。飲水辟毒：夏月入山飲水，恐犯溪毒，以知母末調水中飲之，自化。

明・鄭寧《藥性要略大全》卷二 知母 瀉腎火，補腎水。《賦》曰：止嗽，退骨蒸，截瘧。《珠囊》云：瀉無根之腎火，療有汗之骨蒸。止虚勞之陽勝，滋化源之陰生。東垣云：主消渴熱中，除邪氣，肢體浮腫，補中益氣，治傷寒久瘧煩熱。久服令人洩。治熱勞傳尸，通小腸，消痰止嗽，潤心

肺，補虛乏，安心止驚悸。仲景白虎湯中用此，治不得眠之煩燥。煩屬肺，燥屬腎。以石膏為君，佐以知母之苦寒，以清胃之源；緩以甘草、粳米之甘，而使之不速下也。味苦、辛，性寒，無毒。沉也。陰中陰也。入手太陰、足少陰肺腎二經。〇《十書》云：入肺腎胃三經，勿犯鐵，犯之損腎。若行上頸，酒炒用。

明・賀岳《醫經大旨》卷一《本草要略》 知母 味苦性寒。《衍義補遺》曰腎家之本藥。此藥為能滋陰降火，或腎虛火動，而消渴煩渴者，皆當用之。又治骨蒸勞熱，及虛火干肺而咳嗽者。其或肺中停寒而嗽者，及腎氣虛脫無火證，而尺脉微弱者，皆不宜用。用下用炒黃，用上用酒炒。

明・陳嘉謨《本草蒙筌》卷一 知母 味苦、辛，氣寒，氣味俱厚。沉而降，陰也，陰中微陽。無毒。多生徐解二州，並屬南直隸。形類菖蒲；柔軟肥白有力，枯黯無功。去淨皮毛，忌犯鐵器。引經上頸，酒炒纔升。益腎滋陰，鹽炒便入。乃足少陰本藥，而又入足陽明、入手太陰也。補腎水，瀉去無根火邪；消浮腫，為利小便佐使。初痢臍下痛者能卻，久瘧煩熱甚者堪除。治有汗骨蒸熱癆，療往來傳屍疰病。潤燥解渴，患人虛熱口乾，宜倍用之。止欬消痰。久服不宜，令人作瀉。仍治溪毒，河澗澡洗，先以藥末，投水上流，自無患矣。

謨按：東垣云：仲景用此為白虎湯，治不得眠者煩燥也。蓋煩者肺，燥者腎，以石膏為君，佐以知母之苦寒，以清腎之燥。緩以甘草、粳米之甘，使不速下也。《經》云：胸中有寒者瓜蒂散，表熱裏寒者白虎湯。瓜蒂、知母味皆苦寒，何謂治胸中寒也？曰：讀者當逆識之，如言亂臣十人，亂當作治。仲景言寒，舉其効言之，熱在其中矣。若果為寒，安得復用苦寒之劑？且白虎湯證，脉尺寸俱長，其熱明矣。豈可因其辭而害其意乎？

明・方穀《本草纂要》卷一 知母 味苦、辛，氣寒，無毒。足少陰本經之藥也。主陰虛不足，發熱自汗，百骨酸疼，欬嗽無痰，腿足無力，津液乾少，頭眩昏倦，小便黃赤，耳閉眼花，腰酸背拆，是皆陰虛火動之症，惟此劑可以治之也。蓋知母能補腎水，有滋陰之功；能瀉腎火，有生津之妙；能固腎氣，有實腎之理；此爲腎家之藥也。設若陰火攻冲，使咽痒而肺嗽，游火遍行，使骨蒸而有汗，胃火燔爍，使消渴而熱中，舍知母，其孰能治乎？由是觀之，滋陰降火不出於此劑之能瀉南補北，全仗於此劑之妙，所以知柏並行，非惟降火之功大，實在助水之功多；知貝並行，非惟清痰之治美，抑且益陰之理深，乃治陰之神藥也。生瀉熟補，生則養氣滋陰，熟則益血補陰；生則去皮去毛，熟則鹽酒炒用。

明・王文潔《太乙仙製本草藥性大全》卷一《本草精義》 知母 一名蚔母，一名連母，一名野蓼，一名地參，一名水參，一名水浚，一名貨母，一名蝭母，一名女雷，一名女理，一名兒草，一名鹿列，一名韭逢，一名兒踵草，一名東根，一名水須，一名沈燔，一名蕁，一名昌支。生河內川谷，今瀕河諸郡及解州、徐州亦有之。根黃色，似菖蒲而柔潤，葉至難死，掘出隨生，須燥乃止。四月開青花，如韭花，八月結實，二月、八月採根曝乾用。《爾雅》謂之蕁徒南切，又謂莸直林切藩是也。柔軟肥白，有力枯黚無功。

明・王文潔《太乙仙製本草藥性大全》卷一《仙製藥性》 知母君。味苦、辛，氣寒，氣味俱厚，沉而降，陰也，陰中微陽，無毒。去净皮毛，忌犯鐵器。引經上頸，酒炒纔升。益腎滋陰，鹽炒便入。乃足少陰本藥，而又入足陽明，入手太陰也。主治：補腎水，瀉去無根火邪；消浮腫，爲利小便佐使。初痢臍下痛者能却，久瘧煩熱甚者堪除。治有汗骨蒸熱癆，療往來傳尸疰病。潤燥解渴，患人虛熱口乾，宜倍用之。止欬消痰。久服不宜，令人作瀉。仍治溪毒，河澗澡洗，先以藥末投水上流，自無患矣。補註：辟射工，亦可和水作湯，浴之甚佳。治妊娠月未足，似欲産，腹中痛，用知母二兩，末，蜜丸如梧桐子大，不計時候，粥飲下二十丸。《楊氏産乳》同。〇治痰毒大勝其法：連根葉搗作散服之，亦可投水搗絞取汁一二升飲，效。太乙曰：凡使先於槐砧上細剉，燒乾，木臼杵搗，勿令犯鐵器。

明・皇甫嵩《本草發明》卷二 知母中品之上，臣。氣寒，味苦、辛，無毒。陰中微陽，降也，足少陰本經藥，入足陽明、手太陰經。發明曰：知母苦寒，滋陰降火，腎家本經藥也。味帶辛，又入肺經而潤燥，則金清而水源益滋，自能制火。故《本草》主消渴熱中，除邪，療傷寒久瘧煩熱，脇脇間邪氣及風汗肢體浮腫，內疽等，皆療之。又補腎水，益肺氣，故腎虛火動于肺，而咳嗽，心煩燥悶，骨蒸勞熱往來，腎勞虛損，産後蓐勞及患人口乾加用之。又安心，止驚悸，則潤心肺，涼心去熱悉見矣。《心》云：瀉足陽明胃火熱。蓋陽明亦屬燥金也。熱邪入胃，故白虎湯中用之，治煩躁不得眠。煩者，肺也。躁者，腎也。石膏為

君，佐知母以清腎之源，而煩躁自止。故云治消渴者，亦此也。多服令人泄，若肺中停寒而嗽及腎氣虛脱無火，尺中脉弱，與脾虛生熱，皆忌用。行下炒黄用，行上酒炒用。忌犯鐵器。

明·李時珍《本草綱目》卷一二草部·山草類上 知母《本經》中品

【釋名】蚳母《本經》。音遲。《説文》作芪。 連母《本經》 蝭母蝭音匙，又音提，或作萛。 貨母《本經》 地參《本經》 水參又名水須、水浚。 蕁《爾雅》音覃。 莐藩音沉煩。 苦心《别錄》 兒草《别錄》。又名兒踵草、女雷、女理、鹿列、韭逢、東根、野蓼、昌支。時珍曰：宿根之旁，初生子根，狀如蚳蝱之狀，故謂之蚳母。訛爲知母、蝭母也。餘多未詳。

【集解】《别錄》曰：知母生河内川谷，二月、八月採根暴乾。弘景曰：今出彭城。形似菖蒲而柔潤，葉至難死，掘出隨生，須枯燥乃止。禹錫曰：按《范子》云：提母出三輔，黄白者善。郭璞釋《爾雅》云：蕁，蝭母也。生山上，葉如韭。頌曰：今瀕河懷、衛、彰德諸郡及解州、滁州亦有之。四月開青花如韭花，八月結實。

根 【修治】斅曰：凡使，先於槐砧上剉細。燒乾，木臼杵擣，勿犯鐵器。時珍曰：凡用，揀肥潤裏白者，去毛切。引經上行則用酒浸焙乾，下行則用鹽水潤焙。

【氣味】苦，寒，無毒。大明曰：苦、甘。權曰：平。元素曰：氣寒，味大辛、苦。氣味俱厚，沉而降，陰也。又云：陰中微陽，腎經本藥，入足陽明、手太陰經氣分。時珍曰：得黄蘗及酒良，能伏鹽及蓬砂。

【主治】消渴熱中，除邪氣，肢體浮腫，下水，補不足，益氣《本經》。療傷寒久瘧煩熱，脇下邪氣，膈中惡，及風汗内疸。多服令人洩《别錄》。心煩躁悶，骨熱勞往來，産後蓐勞，腎氣勞，憎寒虛煩甄權。熱勞傳尸疰病，通小腸，消痰止嗽，潤心肺，安心，止驚悸大明。凉心去熱，治陽明火熱，瀉膀胱、腎經火，熱厥頭痛，下痢腰痛，喉中腥臭元素。瀉肺火，滋腎水，治命門相火有餘好古。安胎，止子煩，辟射工、溪毒時珍。

【發明】權曰：知母治諸熱勞，患人虛而口乾者，加用之。杲曰：知母入足陽明、手太陰。其用有四：瀉無根之腎火，療有汗之骨蒸，止虛勞之熱，滋化源之陰。仲景用此入白虎湯治不得眠者煩躁也。煩出於肺，躁出於腎，君以石膏，佐以知母之苦寒，以清腎之源；緩以甘草、粳米，使不速下也。又凡病小便閉塞而渴者，熱在上焦氣分，肺中伏熱不能生水，膀胱絶其化源，宜用氣薄味薄淡滲之藥，以瀉肺火，清肺金而滋水之化源。若熱在下焦血分而不渴者，乃真水不足，膀胱乾涸，乃無陰則陽無以化，法當用黄蘗、知母大苦寒之藥，以補腎與膀胱，使陰氣行而陽自化，小便自通。方法詳載木部黄蘗下。時珍曰：腎苦燥，宜食辛以潤之。肺苦逆，宜食辛以瀉之。知母之辛苦寒凉，下則潤腎燥而滋陰，上則清肺金而瀉火，乃二經氣分藥也。黄蘗則是腎經血分藥。故二藥必相須而行，昔人譬之蝦與水母，必相依附。補陰之説，詳黄蘗條。

【附方】舊二，新五。 久近痰嗽：自胸膈下塞停飲，至於臟腑。用知母、貝母各一兩爲末，巴豆三十枚去油，研勻。每服一字，用薑三片，二面蘸藥，細嚼咽下，便睡，次早必瀉一行，其嗽立止。壯人乃用之。一方不用巴豆。《醫學集成》。 久嗽氣急：知母去毛切五錢，隔紙炒，杏仁薑水泡去皮尖焙五錢，以水一鍾半，煎一鍾，食遠温服。次以蘿蔔子、杏仁等分，爲末，米糊丸，服五十丸，薑湯下，以絶病根。鄧筆峰《雜興方》。 妊娠子煩：因服藥致胎氣不安，煩不得卧者。知母一兩，洗焙爲末，棗肉丸彈子大。每服一丸，人參湯下。醫者不識此病，作虛煩治，反損胎氣。産科鄭宗文得此方於陳藏器《本草拾遺》中，用之良驗。楊歸厚《産乳集驗方》。 妊娠腹痛：月未足，如欲産之狀。用知母二兩爲末，蜜丸梧子大，每粥飲下二十丸。陳延之《小品方》。 溪毒射工：凡中溪毒，知母連根葉擣作散服，亦可投水擣絞汁飲一二升。夏月出行，多取其屑自隨。欲入水，先取少許投水上流，便無畏。兼辟射工。亦可煮湯浴之，甚佳。《肘後良方》。 紫癜風疾：醋磨知母擦之，日三次。《衛生易簡方》。 嵌甲腫痛：知母燒存性研，摻之。《多能方》。

題明·薛己《本草約言》卷一《藥性本草》 知母 味苦、微辛，氣寒，無毒。味厚，陰也，降也。足少陰本經之藥也，又入手太陰。瀉腎火，滋腎之水。潤肺燥，清肺之金。退邪氣不解之煩熱，療虛勞有汗之骨蒸。勿犯鐵器，犯之損腎。○知母苦寒，滋陰降火，乃腎家本經藥也。味帶辛，又入肺而潤燥，則金清而水源益滋，自能制火，故腎虛火動而消渴煩渴及虛火干肺而咳嗽者，皆當用之。其或肺中停寒而嗽者，及腎氣虛脱無火證而尺脉微弱者，皆不宜用。《心》云：瀉足陽明胃火熱。蓋陽明亦屬燥金也，熱邪入胃，故白虎湯中用此治不眠之煩燥，佐石膏以清胃之源，而煩燥自止，故云治消渴者亦此也。○補腎水，瀉去無根火邪；消浮腫，為利小便佐使。初痢臍下痛者能却，久瘧心煩熱者堪除。治有汗骨蒸熱癆，療往來傳屍疰病，潤燥解渴，患人口乾，宜倍用之。止欬消痰，久服不宜，令人作瀉。引經上頸，酒炒纔升。益腎滋陰，鹽炒便入。陰虛火動，溺炒降下。陽實水燥，蜜炙潤中。黄蘗均同四製，滋陰降火良方。

明·梅得春《藥性會元》卷上 知母 味苦，氣寒。沉而降，陰也。無毒。入足陽明胃經、手太陰肺經、足少陰腎本經藥。主瀉無根之腎火，療有汗之骨蒸；止虛勞之陽勝，滋化源之陰生。治咳嗽而潤心肺，消熱渴以理傷寒。治熱中，下水，補不足，益氣，勞熱、傳尸注病，産後蓐勞，久瘧煩熱，滋腎水，化熱斑，除邪氣，肢體浮腫，膈中惡，及風汗内疸，安心定悸。虛人口

乾，加而用之。與貝母同治久嗽、勞嗽、食積，化痰。與地骨皮同用，能降肺火。　製法：去毛，上行用酒炒，下行用鹽水炒。勿犯鐵器。

明・杜文燮《藥鑒》卷二　知母　氣寒，味苦。氣味俱厚，陽中陰也。主滋陰降火，或腎虛火動，而消渴煩渴者，皆當用之。補腎水，瀉無根火邪，消浮腫，為利水佐使。初痢臍下痛者能却，久瘧煩熱甚者堪除。又治骨蒸勞熱及虛火干肺而咳嗽者，或肺中停痰而咳嗽者，此足少陰本藥。而又入足陽明，手太陰也。若腎氣虛脱，無火症，而尺脉微弱者，不宜用之。引下鹽炒，引上酒浸。忌鐵。

明・王肯堂《傷寒證治準繩》卷八　知母　氣寒，味苦。氣味俱厚，沉而降，陰也，陰中微陽。腎經本藥，入足陽明、手太陰經氣分。垣：其用有四：瀉無根之腎火，療有汗之骨蒸，止虛勞之熱，滋化原之陰。仲景用此入白虎湯，治不得眠者，煩躁也，煩出於肺，躁出於腎，君以石膏，佐以知母之苦寒，以清腎之源，緩以甘草、粳米，使不速下也。又凡病小便閟塞而渴者，熱在上焦氣分，肺中伏熱，不能生水，膀胱絶其化源，宜用氣薄味薄淡滲之藥，以瀉肺火，清肺金，而滋水之化源。若熱在下焦血分，而不渴者，乃真水不足，膀胱乾涸，乃無陰則陽無以化，法當用黄檗、知母大苦寒之藥，以補腎與膀胱，使陰氣行，而陽自化，小便自通。凡用揀肥潤裏白者，去毛，切，引經上行則用酒浸焙乾，下行則用鹽水潤焙。忌鐵。

明・李中立《本草原始》卷二　知母　始生河内川谷，今瀕河諸郡及解州、滁州亦有之。根黄色，似菖蒲而柔潤。葉類韭，四月開花如韭花，八月結實，二月八月採根暴乾。補陰藥用之，以其能知血之母也，故名知母。　知母：氣味：苦，寒，無毒。　主治：消渴熱中，除邪氣，肢體浮腫，下水，補不足，益氣。〇療傷寒久瘧煩熱，脇下邪氣，膈中惡，及風汗内疸。多服令人泄。〇心煩躁悶，骨熱勞往來，産後蓐勞，腎氣勞，憎寒虛煩。〇熱勞傳尸疰痛，通小腸，消痰止嗽，潤心肺，安心，止驚悸。〇涼心去熱，治陽明火熱，瀉膀胱、腎經火，熱厥頭痛，下痢，腰痛，喉中腥臭。〇瀉肺火，滋腎水，治命門相火有餘。

知母，《本經》中品。【圖略】皮黄有毛，肉白。知母亦有無毛者。肥潤者佳。　知母狀如蚳，又一名蚳母。《爾雅》名蕁。修治：知母，揀肥潤肉白者，去毛切片，勿犯鐵器。引經上行則用酒浸焙乾，下行則用鹽水潤焙。

元素曰：氣寒，味大辛、苦，氣味俱厚，沉而降，陰也，陰中微陽。腎經本藥。入足陽明、手太陰經氣分。　知母，得黄蘗良，能伏鹽及蓬砂。《肘後方》：用知母治溪毒大勝。其法：連根葉搗作散服之，亦可投水搗絞汁，飲一二升。夏月出行，多取此屑自隨。欲入水，先取少許投水上流，便無畏。兼辟射工。亦可和水作湯浴之，甚佳。　知母，君。

明・張懋辰《本草便》卷一　知母君。　味苦、辛，氣寒，無毒。足少陰經本藥。勿犯鐵器。行經上頸酒炒用。　主消渴熱中，除邪氣，肢體浮腫，下水，補不足，益氣，補腎水，瀉腎中火，治有汗骨蒸熱，傷寒久瘧煩熱；消痰止嗽，潤心肺，患人虛而口乾加用之。

明・李中梓《藥性解》卷二　知母　味苦，性寒，無毒，入腎經。瀉無根之腎火，療有汗之骨蒸，止虛勞之陽勝，滋化源之陰生。勿犯鐵器，犯之損腎，燒去毛，鹽酒炒用。　按：知母入腎，為生水之劑，水盛則火熄。所謂壯水之主，以制陽光也。口渴乾欬眼花目眩，便赤腰痛，褥勞，煩躁不眠，此皆陽盛陰衰之症，服之皆愈。若肺家寒嗽，及腎氣虛脱無火者，禁用。

明・繆希雍《本草經疏》卷八　知母　味苦，寒。無毒。主消渴熱中，除邪氣，肢體浮腫，下水，補不足，益氣。療傷寒，久瘧煩熱，脇下邪氣，膈中惡，及風汗、内疸。多服令人泄。

【疏】知母稟天地至陰之氣，故味苦氣寒而無毒。《藥性論》兼平，日華子兼甘，皆應有之。入手太陰、足少陰經。苦寒能除煩熱，至陰能入骨，故主消渴，熱中，除邪氣。脾腎俱虛，則濕熱客之，而成肢體浮腫，肺為水之上源，腎屬水，清熱滋肺金，益水臟，則水自下矣。補不足者，清熱以滋金水之陰，故補不足。熱散陰生，故益氣。苦寒至陰之性，煩熱得之即解，故療傷寒，久瘧煩熱及脇下邪氣。凡言邪者，皆熱也。膈中惡，即邪惡之氣中於膈中也。風汗者，熱則生風，而汗自出也。内疸者，即女勞色疸也。熱火既散，陰氣即生，故主上來諸證也。多服令人泄者，陰寒之物，其味復苦，多則必傷脾胃生發之氣，故作泄也。【主治參互】入白虎湯，解傷寒陽明證。口渴，頭疼煩熱，鼻乾不得眠，加竹葉、麥門冬，名竹葉石膏湯。治陽明經前證，大渴引飲，頭疼欲破，因作勞而得者，加人參，名人參白虎湯。汗後煩熱不解亦用之。　同麥門冬、石膏、貝母、橘紅、鼈甲、青蒿、牛膝，治久瘧煩熱而渴。　同貝母、天門冬、麥門冬、沙參、甘草、桑白皮、枇杷

葉、五味子、百部，治陰虛欬嗽。　同黃檗、車前子、木通、天門冬、生甘草，治強陽不痿。　〔簡誤〕陽痿及易舉易痿，泄瀉脾弱，飲食不消化，胃虛不思食，腎虛溏泄等證，法竝禁用。

明・倪朱謨《本草彙言》卷一　知母　味甘、苦、辛，氣寒，無毒。　氣味俱厚，沉而降，陰也。腎經本藥，入足陽明、手太陰經氣分。　蘇頌曰：　出瀬河懷、衛、彰德及解州、滁州、彭城諸處。　一月宿根再發，四月開花，色青如韭。八月結實。根形似菖蒲而柔潤，至難死。掘出隨生，須枯燥乃止。　入藥揀肥潤裏白者去毛用。

知母：　日華子乃滋陰濟水之藥也。已下選方龍潭養腎水，有滋陰之功。魏景山稿瀉腎火，有生津之效。　故主陰虛不足，發熱自汗，腰痠背折，百節煩疼，津液乾少，咳嗽無痰，頭眩昏倦，耳閉眼花，小便黃赤，是皆陰虛火動之證，惟此可以治之。　又如傷寒邪熱有餘，煩渴引飲，目赤唇焦，若暑瘧熱煩悶亂，口燥咽乾，是皆內熱火盛之證，惟此可以清之。　又若陰火攻沖，使咽癢肺嗽，遊火遍行，使骨蒸有汗，胃火燔灼，使消渴熱中，舍知母其誰治乎？　則滋陰降火，瀉南補北，是知母之長技也。　故仲景用此入白虎湯，治陽明胃熱，大汗大渴。　君以石膏之辛寒，以清肺之源；　佐以知母之苦寒，以清腎之火；　緩以甘草、粳米之甘和，使不傷胃也。　又凡病小便閉塞而渴者，是熱在上焦氣分，由肺中伏熱不能生水，膀胱絶其化源，法當用麥冬、玄參、薄荷、桑皮，氣薄味薄，淡滲之藥，以瀉肺火，清肺金，滋水之上源，小便自行矣。　若小便閉塞而不渴者，是熱在下焦血分，乃真水不足，膀胱乾涸，無陰則陽無以化，法當用黃柏、知母大苦寒之藥，以補腎與膀胱，使陰氣行而陽自化，小便自通矣。周振公曰：　《本草》云：　腎苦燥，宜食辛以潤之；　肺苦逆，宜食辛以瀉之。知母辛苦而寒，下則潤腎燥而滋陰，上則清肺金而瀉火，乃氣分藥也。　非若黃柏苦寒走血分也。

集方：　方龍潭《本草切要》治陰虛不足，發熱自汗，腰痠背折，百節煩疼，咳嗽無痰，津液乾少，頭眩昏倦，耳閉眼花，小便黃赤等證。　用知母四兩，地骨皮、沙參、黃耆、牛膝、懷熟地、黃柏、川貝母、百合、麥門冬、菟絲子、山藥、山茱萸各二兩，人參一兩，或爲丸，或爲膏，每早晚各服三錢，白湯下。　○《傷寒蘊要》治傷寒邪熱內盛，齒牙乾燥，煩渴引飲，目昧唇焦。　用知母五錢，石膏三錢，麥門冬二錢，甘草一錢，人參八錢，水煎服。　○《方脉正宗》治暑瘧熱煩悶亂，口燥咽乾。　用知母、白芍藥各五錢，甘草一錢，柴胡、半夏、青皮、川黃連各一錢。　人虛加人參、黃耆各一錢五分，水煎服。　○鄧筆峰方治久近痰嗽氣急，胸膈閉塞。　用知母、川貝母各一兩，爲極細末，每服一錢，用生薑一片，蘸藥細嚼，嚥下便睡。　不過三四次愈。　○楊氏《産寶》治妊娠胎氣不安，煩不得臥，病名子煩。　用知母二兩炒爲末，棗肉丸如彈子大，早晚各服一丸，白湯化下。○治老人氣虛不大便。　用桔梗一兩，懷熟地五錢，紫(苑)〔菀〕一兩二錢，水煎服即通。　○治妊娠胎氣下陷，腰痠痛，小便頻數。　用桔梗五錢，當歸身三錢，白朮二錢，川芎一錢，甘草五分，加黑棗三個，生薑三片，水煎服。

明・顧逢柏《分部本草妙用》卷五腎部・寒瀉　知母　苦，寒，無毒。　雖入足陽明、手太陰，實足少陰本經藥也。　忌鐵器。　肥白者佳。　上行酒焙，下行鹽水潤炒。　主治：　消渴熱中，傷寒煩熱，産後蓐勞腎勞，通小腸，止痰嗽，定驚悸，瀉膀胱腎經火，滋腎水，治相火有餘。　按：　知母，其用有四：瀉無根腎火，療有汗骨蒸，止虛勞之熱，滋化源之陰。　仲景用入白虎湯治煩燥，以煩出于肺，燥出于腎也。　東垣用之以通小便閟而渴者，以肺中伏熱，膀胱絶源。　總之，清肺金而滋化源之意也。　若夫真水不足，膀胱乾涸，法當與黃檗同用。　黃檗為腎經血分補陰之藥，無陰則陽無以化，陰氣行而陽自化也。　然惟狂陽亢甚者宜之，倘腎水真枯，每用以瀉，則寒傷胃，潤滑腸，而真水受傷，其為害也。　有陰中而莫覺者，如柔順小人而認為君子，則國家之元氣日凋矣。　吾人動輒以知母滋陰，自悞而復禍人，可不審哉？

明・李中梓《醫宗必讀・本草徵要上》　知母味苦，寒，無毒，入肺、腎二經。忌鐵器，肥白者佳。去毛，鹽酒炒透。　清肺熱而消痰損欬，瀉腎火而利水滑腸。肢體腫浮為上劑，傷寒煩熱號神良。　瀉腎家有餘之火，是其本功，至夫清金治腫諸效，良由相火不炎，自當馴致也。　按：　知母陰寒，不宜多服，近世理癆，尊為上品，往往致泄瀉而斃。　故腎虛陽痿，脾虛溏泄，不思食，不化食者，皆不可用。

明・鄭二陽《仁壽堂藥鏡》卷一〇上　知母　《圖經》云：　生河內川谷。黃白者佳。　氣寒，味大辛。　苦寒，味厚，陰也，降也。　苦，陰中微陽。　無毒。入足陽明經，手太陰腎經本藥。　《本草》云：　主消渴熱中，除邪氣，肢體浮腫，下水，補不足，益氣，療傷寒，久瘧煩熱，脇下邪氣，膈中惡，及風汗內疸。　多服令人泄。　潔古云：　知母治足陽明大熱，大補益腎水膀胱之寒。

《主治秘訣》云：　性寒，味苦。氣味俱厚，沉而降，陰也。其用有三：　泄腎經之火，一也；　作利小便之佐使，二也；　治痢疾臍下痛，三也。堅白者佳。去皮毛用。引經上行，酒浸炒；　下行，鹽水炒。勿犯鐵。　海藏云：　東垣言：　入足陽明經、手太陰經。味苦、寒潤。治有汗骨蒸，腎經氣勞，瀉心。仲景用此為白虎湯，治不得眠者煩燥也。煩者，肺也；　燥者，腎也。以石膏為君主，佐以知母之苦寒，以清腎之源。緩以粳米、甘草之甘，而使之不速下也。《經》云：　胸中有寒者，瓜蒂散主之。又云：　表熱裏寒者，白虎湯主之。夫以瓜蒂、知母，味皆苦寒，而治胸中之寒，何也？　蓋成無己註云：　即傷寒寒邪之毒為熱病者也。讀者當逆識之，如《論語》言亂臣十人之類，亂字訓作治字也。仲景所言寒之一字，舉其初而言之，熱病在其中矣。若以寒字為寒冷之寒，則無復用苦寒之劑。兼言白虎湯脈尺寸俱長，則其熱可知之矣。　按：　知母瀉腎火，惟狂陽亢甚者宜之。若腎虛之人用以瀉之，則腎愈虛而虛火愈甚，況寒能傷胃，潤能滑腸，其害人也，隱而深。譬諸小人，陰柔巽順，似乎有德，而國家之元氣日受剝削，有陰移焉而莫覺者。尊生君子，可不謹乎？　日華子云：　知母治熱癆傳屍。

明·蔣儀《藥鏡》卷四寒部　知母　滋腎水以制心肺之火，所以止喘嗽于陰虛。養陰血而潤腸胃之枯，所以通陽旺之閉結。初痢臍下痛者能却，肺煩腎燥甚者堪除。上解瘟瘧之渴而生煩，惟寒嗽肺家不妥。下令小便之長而不濁，若腎虛氣脱非宜。故致脾寒作瀉者，久用所繇也。退有汗骨蒸者，專功所奏也。

明·李中梓《頤生微論》卷三　知母　味甘、苦，性寒，無毒。入肺、腎二經。忌鐵器。肥白而潤者佳。去毛，銅刀切片，鹽酒炒透。清肺經熱，消痰損欬，瀉腎家火，利水潤腸；　除傷寒煩熱，理肢體浮腫。

按：　知母瀉腎經有餘之火，惟狂陽亢甚者宜之。若腎虛而瀉之則愈虛，而虛火愈甚，況寒能傷胃，潤能滑腸，其害人也隱而深。譬諸小人陰柔巽順，似乎有德，至國祚已移，人猶莫覺其非者。近世治勞尊為上品，往往致上嘔下泄，遂至不救，良可憾也！　瀉相火是其本功，至夫清金止嗽，蓋相火不炎，自當馴致也。腸滑食少者，避之當如鴆毒。

明·張景岳《景岳全書》卷四八《本草正》　知母　味苦，寒。陰也。其性沉中有浮，浮則入手太陰、手少陰，沉則入足陽明、足厥陰、足少陰也。故其在上，則能清肺止渴，却頭痛，潤心肺，解虛煩喘嗽，吐血衄血，去喉中腥臭。在中則能退胃火，平消癉。在下則能利小水，潤大便，去膀胱、肝、腎濕熱，腰脚腫痛，并治勞瘵內熱，退陰火，解熱淋崩濁。古書言知母佐黃栢，滋陰降火，有金水相生之義，蓋謂黃栢能制膀胱、命門陰中之火，知母能消肺金，制腎水化源之火，去火可以保陰，是即所謂滋陰也，故潔古、東垣皆以為滋陰降火之要藥。繼自丹溪而後，則皆用以為補陰，誠大謬矣。夫知母以沉寒之性，本無生氣，用以清火則可，用以補陰則何補之有？第其陰柔巽順，似乎有德，倘元氣既虧，猶欲藉此以望補益，是亦猶小人在朝，而國家元氣日受其削，有陰移焉而莫之覺者，是不可不見之真，而辨之早也。

明·賈九如《藥品化義》卷九火藥　知母　屬陰中有微陽，體潤，色淡黃，氣和，味苦略辛，性涼，能升能降，力清火滋陰，性氣與味俱平。入肺胃腎三經。　知母味微苦略辛，蓋苦能堅腎，辛能潤腎，滋養腎水，獨擅其長。主治腎虛火動，陰火攻沖，虛勞痰嗽，有汗骨蒸，往來寒熱，咽癢心煩，蓋腎水生則虛火降，諸症自愈。取其體潤滋肺，性涼清肺，以療火瘧煩熱。熱病瘥後，產後蓐勞，久嗽無痰，有生津除熱之功。因其色黃入陽明經，以瀉胃熱。用在白虎湯，治邪熱入胃，胃火燔爍，消渴熱中。又治煩燥不睡，蓋煩屬肺氣，躁屬腎血，以此清胃即清肺腎之源，則煩躁自止。與黃柏並用，非為降火，實能助水。與貝母同行，非為清痰，專為滋陰。但脾虛便瀉忌之。　取肥大清白者佳。略炒去外毛用。條細油黑者不用。

明·盧之頤《本草乘雅半偈》帙六　知母《本經》中品。　氣味：　苦，寒，無毒。　主治：　主消渴熱中，除邪氣，肢體浮腫，下水，補不足，益氣。

覈曰：　出瀕河懷、衛、彰德、解州、滁州、彭城諸處。二月宿根再發，四月開花，色青如韭，八月結實，根至難死，掘出隨生。修治：　槐砧上剉細，木臼搗爛，勿犯鐵器。

条曰：　知母，天一所生，水德體用具備者也。故主濡潤燥涸，對待熱中，除邪氣，肢體浮腫，潤下水道者也。設舍肺金之母氣，難以游溢轉輸矣。何也，母氣之藏真高于肺，以行營衛陰陽，乃能游溢通調，轉輸決瀆耳。蓋益氣者，亦母益子氣；　補不足者，亦母能令子實也。原夫金為水母，知母者，如子知有母也。別名蝭母、蚳母者，依母彰名也。兒草、兒踵、昌支者，繇母命名也。水浚、水參、水須者，離母立名也。連母者，正顯子連母義。貨母

者，即子母遞遷以成變化也。知此則立名之義，或遠取物近取身，可深長思矣。

明・李中梓《本草通玄》卷上　知母　苦，寒，氣味俱厚，沉而下降，為腎經本藥，兼能清肺者。為其肅清龍雷勿使僭上，則手太陰無銷爍之虞也。瀉有餘之相火，理消渴之煩蒸。凡止欬安胎，莫非清火之用。多服令人泄瀉，亦令人減食。此惟實火燔灼者，方可暫用。若施之於虛損之人，如水益深矣。蓋苦寒之味行天地肅殺之氣，非長養萬物者也。近世未明斯義，悮以為滋陰上劑，勞瘵神丹，因而夭枉者不可勝數。余故特表而出之，永為鑒戒。

凡用須去毛，剉碎，以鹽酒久炒如褐色。

清・顧元交《本草彙箋》卷一　知母　瀉無根之腎火，療有汗之骨蒸。止虛勞之熱，滋化源之陰，迺其能事也。仲景用入白虎湯，治煩躁不得眠者。煩出於心躁，出於腎君，以石膏佐知母之苦寒，以清腎之源，緩以甘草、粳米，令無速下。又凡病小便秘塞而渴者，熱在上焦氣分，肺中伏熱，不能生水，膀胱絕其化源，宜用氣味俱薄，淡滲之品，以清肺金，而滋水源。假令熱在下焦而不渴，迺真水不足，膀胱失氣化之司，法當兼用黃柏，以滋腎與膀胱，使陰氣行而陽自化，小便自通。蓋知母入肺經氣分，黃柏入腎家血分，二藥必相附而行，以潤腎燥，而清肺逆。

陶節菴云：知母得山梔則降。時珍云：知母得酒浸，焙乾，則上行。用鹽水潤焙，則下行。又節菴云：參、芪得附子則補陽，知母得當歸則補陰。製知母不宜犯鐵。多服令人洩者，性寒味苦，有傷脾胃生發之氣，而作泄也。若肺家寒嗽，及腎家虛脫，無火者，禁用。

清・穆石匏《本草洞詮》卷八　知母　葉至難死，掘出隨生，枯燥乃止。氣味苦寒，無毒。入足陽明、手太陰經。其用有四：瀉無根之腎火，療有汗之骨蒸，止虛勞之熱，滋化源之陰。蓋腎苦燥，宜食辛以潤之。肺苦逆，宜食苦以瀉之。知母之辛苦寒涼，下則潤腎燥而滋陰，上則清肺金而泄火也。凡使欲上行，則用酒浸，焙乾。欲下行，則用鹽水潤焙。

清・劉雲密《本草述》卷七上　知母　形似菖蒲而柔潤，四月開青花如韭，八月結實，二月、八月采根，曝乾用。

根：氣味：苦，寒，無毒。日華子曰：苦、甘。權曰：平。潔古曰：氣寒，味大辛苦，氣味俱厚，沉而降，陰也。又云：陰中微陽，腎經本藥，入足陽明、手太陰經氣分。

《本經》主治：消渴熱中，除邪熱，肢體浮腫，下水，補不足，益氣。諸本草主瀉膀胱熱，腎之邪火有餘，滋腎陰，除肺熱，療腎虛，火炎肺嗽，或心煩燥悶，並骨熱勞往來，腎氣勞損，憎寒虛煩，並治足陽明火熱，更療傷寒久瘧煩熱，又安胎，止子煩，并產後蓐勞。久服泄。方書首治消癉，次咳嗽並及嗽血，久瘧虛勞，其餘證如喘證、淋證、口病又次之，更如中風，傷暑發熱，嘔吐，頭痛腰痛，小便不通，痿證，更又次之。其傷燥厥證，呃逆，洩血，身體痛，行痹、痛痹、著痹，痿厥脚氣癋瘲，虛煩悸證，盜汗，不得卧，怠惰嗜卧，不能食，遺精諸證皆用之，然其方不多見也。

東垣曰：知母其用有四：瀉無根之腎火，療有汗之骨蒸，止虛勞之熱，滋化源之陰。仲景用此入白虎湯，治不得眠者，煩躁也，煩出於肺，躁出於腎，君以石膏，佐以知母之苦寒，以清腎之源，緩以甘草、粳米，使不速下也。凡病小便閉塞而渴者，熱在上焦氣分，宜清肺中伏熱，以滋化源，所用氣味俱薄之藥是也。若熱在下焦血分而不渴者，宜滋真水，使陰氣行而陽自化，藥用黃柏、知母是也。時珍曰：知母味甘苦兼辛而氣寒，下則潤腎燥而滋陰，上則清肺金而瀉火，乃二經氣分藥也。黃柏則是腎經血分藥，故二藥必相須而行。希雍曰：與茯苓同用，可以清下焦之熱。與黃芩同用，可以清上焦之熱。之頤曰：知母天一所生，水德體用具備者也。故主濡潤燥渴，對待熱中潤下水道。設舍肺金之母氣，難以游溢轉輸矣。蓋母氣之藏，真高於肺以行營衛，陰陽乃能游溢，通調轉輸決瀆耳。希雍曰：知母稟天地至陰之氣，故味苦氣寒而無毒，《藥性論》兼平，日華子兼甘，皆應有之。

入白虎湯解傷寒陽明證口渴，頭疼煩熱，鼻乾，不得眠。加竹葉、麥門冬，名竹葉石膏湯，治陽明經前證，大渴引飲，頭疼欲破。因作勞而得者，加人參，名人參白虎湯，汗後煩熱不解亦用之。同麥門冬、石膏、貝母、〔橘〕紅、鼈甲、青蒿、牛膝，治久瘧煩熱而渴。同貝母、天門冬、麥門冬、沙參、甘草、桑白皮、枇杷葉、五味子、百部，治陰虛欬嗽。同黃檗、車前、木通、天門冬、生甘草，治強陽不痿。

愚按：知母苦寒相合，固為腎劑。第其味甘而苦，苦復兼辛，雖苦居其勝，然以甘始而以辛終，且於四月華，則氣暢於火，八月實，則氣孕於金，不

謂之入足陽明、手太陰氣分不可也。《本經》謂其補不足，益氣者，厥有旨哉？其所謂補不足，益氣者，從除邪氣，肢體浮腫下水來。《經》曰：三焦者，中瀆之府，水道出焉。屬膀胱，是孤之府也，是六府之所與合者。按：三膲即三焦，無形之腑，從頭至心，至臍，至足，為上、中、下三膲。又上膲在胃上口，主內而不出。中膲在胃中脘□□□下，主腐熟水穀。下膲在膀胱□□，主出而不內，以傳道也。《經》又云：二陰至肺，其氣歸膀胱，外連脾胃。夫三焦相火，本氣之元，乃屬膀胱而行水化，膀胱固屬腎也，更二陰之腎。至於上焦肺，由肺而氣歸膀胱，外連脾胃，是又合於《經》所謂飲入於胃，遊溢精氣，上輸於脾，脾氣散精，上歸於肺，通調水道，下輸膀胱，水精四布，五經並行也。水精四布，五經並行，即可以通於除邪氣，肢體浮腫之義。蓋水化即氣化也。悉此義，則知茲味之功，在清水化，固能瀉膀胱熱及腎之相火有餘者。然亦由胃肺合而致其苦寒之用於上，即由肺胃合而後達其苦寒之化於下也。《經》曰：水火者，陰陽之徵兆。《本經》即下水，以明此味能滋水源而益陰。然此味却本肺胃以行營衛而和陰陽，能由陽滋陰，即由陰存陽，此《本經》所謂補不足，益氣，與《經》言陰虛則無氣，無氣則死之旨合也。故如火炎肺嗽，消渴熱中，心煩燥悶，腎氣勞損，憎寒虛煩，并熱勞往來，無汗骨蒸，可謂其功用不克臻哉？第其滋水源而益真陰，肺腎本是相因，脾胃先為化原，乃因清熱以致其益氣之功，故不止於以寒對熱而已也。抑先哲謂此味治諸熱勞，患人虛而口乾者加用之，故方書治消癉為多，皆以救取真陰也。真陰本於天一之水，故多以治消渴，《本經》首治消渴熱中，良有以也。即如傷寒久瘧，有傷於後天氣血，以累及先天真氣，亦藉此金水滋生之味，乃可以勝邪熱，而還真陰。蓋此天一之真陰，實為後天生氣之元，所以《經》曰益氣者此耳。但苦寒之性味，用者宜審所宜，勿致反損中土生氣，而絕陰化於陽之本也。

附方　久近痰嗽，自胸膈下塞停飲至於臟腑，用知母、貝母各一兩，為末，巴豆三十枚，去油，研勻，每服一字，用薑三片，二面蘸藥，細嚼，咽下便睡，次早必瀉一行，其嗽立止。壯人乃用之。一方不用巴豆。　久嗽氣急，知母去毛，切五錢，隔紙炒，杏仁、薑水泡去皮尖，焙，五錢，以水一鍾半，煎一鍾，食遠溫服，次以蘿蔔子、杏仁等分，為末，米糊丸，服五十丸，薑湯下，以絕病根。

希雍曰：陽痿及易舉易痿，洩瀉脾弱，飲食不消化，胃虛不思食，腎虛溏洩等證，法並禁用。

修治　按先哲曰：知母葉至難死，掘出復生，須枯燥乃止。即此則其為至陰之味也可知。揀肥潤裏白者，去毛，切。引經上行則用酒浸，焙乾。下行則用鹽水潤，焙。勿犯鐵器。

清・郭章宜《本草匯》卷九　知母　味辛苦，寒，氣味俱厚，沉而降，陰也。又云：陰中微陽，腎經本藥。入足陽明、手太陰經氣分。滋金水而消痰捐嗽，療相火而止厥頭疼。治陽明之火熱，瀉膀腎之熏蒸。退邪氣不解之煩躁，療虛勞有汗之骨蒸。初痢腰臍痛者能却，久瘧口乾渴者皆除。陰虛火動，溺炒降下。陽實水燥，蜜炙潤中。《本經》治肢體浮腫下水者，脾腎俱虛，則濕熱客之，而成肢體浮腫。肺為水之上源，清金益水，而水自下矣。又益氣者，清熱以滋金水之陰，則熱散陰生，而氣自益也。

按：知母陰寒，乃腎家本藥。其味帶辛，故兼能清肺，是其肅清龍雷，勿使僭上，則手太陰無銷鑠之虞也。故命門相火有餘者，必用此以瀉之。而凡止渴，安胎，骨蒸有汗，莫非清火之功也。《本草》瀉足陽明胃火熱者，正以陽明亦屬燥金也。邪熱入胃，故仲景用以入白虎湯。治不眠之煩躁，煩出于肺躁，出于腎，君以石膏，佐以知母，而清腎源，緩以甘草、粳米，使不速下也。《經》云：胸中有寒者，瓜蒂散。表熱裏寒者，白虎湯。瓜蒂、知母味皆苦寒，何謂治胸中寒也？曰：讀者當逆識之，如言亂臣十人，亂當作治。仲景言寒，舉其効言之，熱在其中矣。若果為寒，安得復用苦寒之劑，且白虎湯證，脉尺寸俱長，其熱明矣，豈可因其辭而害其意乎？又凡病小便閉塞而渴者，熱在上焦氣分，肺中伏熱，不能生水，膀胱絕其化源，宜用氣味皆薄淡滲之藥，以瀉肺火，清肺金而滋水之化源。若熱在下焦血分，而不渴者，乃真水不足，膀胱乾涸，乃無陰則陽無以化，法當用黃蘗、知母大苦寒之藥，以補腎與膀胱，使陰氣行而陽自化，小便自通。時珍云：腎苦燥，宜食辛以潤之。肺苦逆，宜食辛以瀉之。知母之辛苦寒涼，下則潤腎燥而滋陰，上則清肺金而瀉火，乃二經之氣分藥也。黃蘗則是腎經血分，故二藥必須相輔而行。雖然，苦寒之味，非長養萬物者也，即實火燔灼，亦宜暫用。而世皆以為滋陰上劑，勞瘵神丹，虛病夭枉，何可勝數？必虛熱口乾者，宜倍用之。然多服令人減食泄洩，若腎虛陽痿，脾虛不食，肺中傷寒而嗽，尺脉微弱者，亦一槩施之，如水益深矣。戒之！戒之！氣急久嗽，知母去毛，切炒，杏仁、薑水泡去皮

尖，焙，煎飲。次以蘿蔔子、杏仁等分，為末，糊丸，薑湯下，絕根。又陽強不痿，同黃蘗、車前、木通、天冬、生甘草治之。

形類菖蒲，揀肥潤裹白者，竹刀去毛切，勿令犯鐵器，損腎故也。引經上行用酒浸焙，下行鹽水潤焙。

清·蔣居祉《本草擇要綱目·寒性藥品》 知母 氣味：苦，寒，無毒。沉而降，陰也。又云陰中微陽。入足陽明、手太陰氣分。 主治：瀉腎經之火，作利小便之佐使。療利疾重下痛，祛消渴及久瘧，煩熱。凡傷寒煩燥不得眠者，煩出于肺，燥出于腎，白虎湯君以石膏，佐以知母之苦寒，謂非大涼不能清腎之源也。然必緩之以甘草、粳米之甘，使不速下，用者酌之。又熱在下焦血分，煩擾懊憹，小便閉塞而不渴，乃真水不足，膀胱乾涸，無陰而陽無以化，法當補腎與膀胱，使陰氣行而陽氣化，小便自通。知母苦寒，能直達腎與膀胱，清邪熱以領正氣，瀉即補也。又熱在上焦氣分，肺中伏熱不能生水，膀胱絕其化源，其病小便閉塞而渴，知母氣薄味薄，瀉肺火而清肺金，亦瀉即是補也。後人不諳瀉補之義，竟以知母、黃蘗為滋陰補腎之劑，禍及脾胃，中氣致傷，則惑之甚也。用者慎之！

清·王翃《握靈本草》卷二 知母出河南諸郡。凡用揀肥潤裹白者。上行酒浸焙，下行鹽水炒。 主治： 知母，苦，寒，無毒。主消渴熱中，除邪氣，肢體浮腫，下水益氣，消痰止嗽。潤心肺，涼心，瀉肺火，滋腎水。治陽明大熱，命門相火有餘。安胎，止子煩。

清·汪昂《本草備要》卷二 知母瀉火補水，潤燥滑腸。 辛、苦，寒滑。上清肺金而瀉火，瀉胃熱，膀胱邪熱，腎命相火。下潤腎燥而滋陰，入二經氣分。黃柏入二經血分，故二藥必相須而行。消痰定嗽，止渴安胎莫非清火之用。治傷寒煩熱，蓐勞產勞。骨蒸，退有汗之骨蒸。燥渴虛煩，久瘧下痢，治嗽者，清肺火也。治渴者，清胃火也。退骨蒸者，瀉腎火也。利二便，消浮腫。小便利則腫消。東垣曰：熱在上焦氣分，便閟而渴，乃肺中伏熱，不能生水，膀胱絕其化源，宜用淡滲之藥，瀉火清金，滋水之化源。熱在下焦血分，便閟而不渴，乃真水不足，膀胱乾涸，無陰則陽無以化。宜用黃柏、知母大苦寒之藥，滋腎與膀胱之陰，而陽自化，小便自通。東垣治便秘，以渴不渴分之。丹溪曰： 小便不通，有熱有濕，有氣結于下，宜清、宜燥、宜升。又有隔二隔三之治。如肺不燥，但膀胱熱，宜瀉膀胱，此正治；如因肺熱不能生水，則清肺，此隔二之治；如因脾濕不運而精不上升，故肺不能生水，則燥胃健脾，此隔三之治。瀉膀胱，黃柏、知母之類；清肺，車前、茯苓之類；燥脾，二朮之類。昂按： 凡病皆有隔二隔三之治，不獨便閟也。然苦寒傷胃而滑腸，多服令人瀉。李士材曰： 苦寒肅殺，非長養萬物者也。世以其滋陰，施之虛損之人，如水益深矣，特表出以爲戒。 得酒良。上行酒浸，下行鹽水拌。忌鐵。

清·吳楚《寶命真詮》卷三 知母 【略】瀉有餘之相火，理消渴之煩蒸，清肺熱而消痰捐欬，利水滑腸，肢體浮腫可治，清金治腫良，由相火不炙。傷寒煩熱俱良。【略】腎虛陽痿，脾虛溏洩，減食不化者，俱不可用。

清·陳士鐸《本草新編》卷二 知母 味苦、辛，氣大寒，沉而降，陰也，無毒。入足少陰、陽明，又入手太陰。最善瀉胃、腎二經之火，解渴止熱，亦治久瘧。此物止可暫用，而不可久服。丹溪加入六味丸中，亦教人暫服，以瀉腎中浮遊之火，非教人長服也。近世竟加知母、黃柏，謂是退陰虛火熱之聖方，令人經年長用，以致脾胃虛寒，不能飲食，成癆成瘵者，不知幾千萬人矣。幸薛立齋、趙養葵論知母過寒，切戒久食，實見到之語，有功于世。總之，此物暫用，以瀉胃中之火，實可奪命；久用，以補腎中之水，亦能促命。謂知母竟可殺人，固非立論之純，謂知母全可活人，亦非持說之正也。

或問： 知母瀉腎，腎有補而無瀉，不可用知母，宜也。若用之以瀉胃，似可常用，何吾子亦謂止可暫用乎？曰： 胃火又何可常瀉也，五臟六腑皆仰藉于胃，胃氣存則生，胃氣亡則死。胃中火盛，恐其消爍津液，用石膏、知母以救胃，非瀉胃也。然而石膏過于峻削，知母過于寒涼，胃火雖救，而胃土必傷，故亦宜暫用以解氛，斷不宜常用以損氣也。 或問： 知母古人皆言是補腎滋陰妙藥，吾子乃言是瀉火之味，此余所以疑也。不知母疑也。天下味溫者能益人，未聞苦寒者而亦益也。知母苦而大寒，其無益于脾胃，又何必辨。惟是既無益于脾胃，何以瀉胃中之火，能奪命于須臾乎。似乎瀉即補之之義也。然而暫用何以相宜，久用何以甚惡？是瀉火止可言救腎。而終不可言補腎也。 或問： 知母性過寒涼，久服損胃，何不改用他藥以救胃，而白虎湯中必用知母，以佐石膏之橫，不以寒濟寒乎？嗟乎！何問之善也。夫白虎湯，乃治胃火之初起，單用石膏以救胃，猶恐不勝，故又加知母，以止其腎中之火，使胃火之不增焰也。若胃火已熾之後與將衰之時，知母原不必加入之也。或去知母，而易之天冬、元參之味，亦未為不可也。 或問： 知母、黃柏用之于六味丸中，朱丹溪之意以治陰虛火動也，是豈無見者

乎？嗟乎！陰虚火動，六味湯治之足矣，何必又用知母、黄柏以瀉火乎。夫火之有餘，因水之不足也，補其水，則火自息矣。丹溪徒知陰虚火動之義，而加入二味，使後人膠執而專用之，或致喪亡，非所以救天下也。或問：知母既不宜輕用，何不竟删去之，乃既稱其功，又闢其過耶？嗟乎！吾言因丹溪而發，豈謂知母之等于鴆毒哉。蓋知母止可用之以瀉胃火之有餘，而不可用之以瀉腎火之不足，故瀉胃火則救人，而瀉腎火則殺人也。丹溪止主瀉腎，而不主瀉胃，此生死之大關，不可不辨也。或問：李時珍發明知母是氣分之藥，黄柏是血分之藥。黄柏入腎，而不入肺；知母下潤腎，而上清肺金。二藥必相須而行，譬之蝦之不能離水母也。是黄柏、知母，必須同用為佳，而吾子謂二藥不可共用，得毋時珍非歟？曰：時珍殆讀書而執者也。不知黄柏未嘗不入氣分，而知母未嘗不入血分也。黄柏清腎中之火，亦能清肺中之火；知母瀉腎中之熱，而亦瀉胃中之熱。胃為多氣多血之腑，豈止入于氣分，而不入于血分耶？是二藥不必兼用，不可即此而悟哉。

清·顧靖遠《顧氏醫鏡》卷七　知母苦，寒。入肺胃腎三經。去毛，上行酒焙，下行鹽水焙。　瀉肺火，療喉中腥臭痰嗽。滋腎水，治命門相火有餘。故強陽不痿者，每同黄柏、天冬、甘草、車前治之，有效。能瀉肺、胃、膀胱、腎家諸經之火，而又能利水，浮腫自消矣。消肢體浮腫，諸病浮腫，皆屬於火。除傷寒煩燥。燥煩不眠者，肺熱則煩，腎熱則燥，胃不和則不卧也。善止消渴，能醫色疸。皆清熱滋陰之效。主瀉腎家之火，而又最能清肺胃之熱。陰寒之品，久服則令人洩，故腎虚陽痿，脾虚溏洩，不思食，不化食者，皆不可用。

清·李熙和《醫經允中》卷一九　知母　足少陰經本藥，又入足陽明、手太陰二經。忌鐵器。上行用酒焙，下行鹽水潤炒。　苦，寒，無毒。氣味俱厚，沉而降，陰也。主治消渴熱中，傷寒煩熱，止痰嗽，利小便，瀉膀胱腎經火，治相火有餘。其用有四：瀉無根腎火，療有汗骨蒸，止虚勞之熱，滋化源之陰。白虎湯治煩燥，以煩出于肺，燥出于腎也。惟狂陽亢甚者宜之，倘腎水枯，尺脉微弱者用之，則寒胃滑腸，而真水受傷，元氣日凋，陰中其害而莫覺者。吾人動輒以知母滋陰，自悮禍人，可不審與？《内經》云：陽勝則熱，陰勝則寒，此邪氣有餘也。又云：陽虚則外寒，陰虚則内熱，此正氣不足也。有餘者宜瀉之，故可用柴芩栢母之類，以瀉陽邪。若不足者宜補之，如概止用元參、地骨皮之類以壯腎水，而制陽光，則陰陽相配，水升火降矣。如用知母苦寒無毒，主治通小便，治淋逐膀胱邪，利竅墮胎，然小腸虚，下元衰者，服之反生他症。

清·馮兆張《馮氏錦囊秘録·雜症痘疹藥性主治合參》卷二　知母稟天地至陰之氣，故味苦、微甘，氣寒而無毒。入手太陰、足少陰經。○入清熱藥用宜生，入滋腎藥用，宜鹽酒拌炒。　知母，補腎水，瀉無根火邪，消浮腫，為利小便佐使。初痢臍下痛者能却，久瘧煩熱甚者堪除。治有汗骨蒸熱癆，療往來傳屍疰病。潤燥解渴，止欬消痰。上清肺金而瀉火，下潤腎燥而滋陰，為三經氣分藥。久服不宜，令人作瀉。

主治痘疹合參：治痘陰火上潮，諸熱不退，口渴好飲冷水，瀉氣分中之火。然疹家多用治痘，惟宜於痘後養陰退陽。

按：知母，瀉腎經有餘之火，惟狂陽亢甚者宜之。若腎虚而瀉之，則愈虚而虚火愈甚。況寒能傷胃，潤能滑腸，其害人也隱而深。譬諸小人，陰柔巽順，深受其禍，莫覺其非也。

清·张璐《本經逢原》卷一　知母　苦、甘，寒，無毒。肥白者良。鹽、酒炒用。　《本經》主消渴熱中，除邪氣，肢體浮腫，下水，補不足，益氣。　發明：知母沉降，入足少陰氣分及足陽明、手足太陰。能瀉有餘相火，理消渴煩蒸。仲景白虎湯、酸棗湯皆用之，下則潤腎燥而滋陰，上則清肺熱而除煩。但外感表證未除，瀉痢燥渴忌之，脾胃虚熱人誤服，令人作瀉減食，故虚損大忌。近世誤為滋陰上劑，勞瘵神丹，因而夭枉者多矣。《本經》言除邪氣，肢體浮腫，是指濕熱水氣而言。故下文云下水補不足，益氣，乃濕熱相火有餘，爍灼精氣之候，故用此清熱養陰，邪熱去則正氣復矣。

清·浦士貞《夕庵讀本草快編》卷一　知母《本經》、蚳母　宿根之傍初生子根，狀如蚳䖿，故謂蚳母。　知母苦辛，氣味俱厚，陰也，降也，為足少陰本藥，兼入肺、胃二經。故能療無根之腎火，滋有汗之骨蒸。《經》云：腎苦燥，急食辛以潤之；肺苦逆，宜食辛以瀉之。知母辛涼，下能潤腎燥而滋陰，上可清肺金而瀉火，實二家氣分藥也。故仲景治煩燥有白虎湯，謂煩出于肺，燥出于腎也。更有熱在下焦，上不發渴，乃真水不足，膀胱乾涸而成淋秘之症，用與黄柏同行，以滋其源，使陰氣行而陽自化，便自通矣。胃寒腸滑者禁用。

清·張志聰、高世栻《本草崇原》卷中　知母　氣味苦，寒，無毒。主治消渴熱中，除邪氣，肢體浮腫，下水，補不足，益氣。　知母，《本經》名連母，又名蚳母，又名地參，又名水參。出頻河懷、衛、彰德、解州、滁州、彭城諸處。形似菖蒲而柔潤，其根皮黃，肉白，而外毛，以肥大質潤者為佳。　知母質性滋潤，得寒水之精，故氣味苦寒，有地參、水參之名。　又名連母，蚳母者，皮有毛而肉白色，稟秋金清肅之氣，得寒水之精，而稟秋金之氣，須知水之有母也。　稟寒水之精，故主治消渴熱中。　皮外有毛，故除皮毛之邪氣。　肉厚皮黃，兼得土氣，故治肢體浮腫，下水。　補不足者，補腎水之不足。　益氣者，益肺氣之內虛。　夫金生其水，故補腎水之不足。　土生其金，故益肺氣也。

清·劉漢基《藥性通考》卷五　知母　味辛苦，氣寒，滑。上清肺金而瀉火，瀉胃熱、膀胱邪熱，腎命相火，下潤腎燥而滋陰。入二經氣分，黃栢入二經血分，故二藥必相須而行。又能消痰定嗽，止渴安胎。莫非清火之用，治傷寒煩熱，產勞骨蒸，燥渴虛煩，久瘧下痢。治嗽者，清肺火也。治渴者，清胃火也。退骨蒸者，瀉腎火也。又利二便，消浮腫。然苦寒傷胃而滑腸，多服令人瀉。得酒良，上行酒浸，下行鹽水拌。忌鐵。然氣體虛損之人忌用，必須入於八味地黃湯中，方可平穩矣。

清·姚球《本草經解要》卷一　知母　氣寒，味苦，無毒。主消渴熱中，除邪氣，肢體浮腫，下水，補不足，益氣。去毛，鹽水炒。　知母氣寒，稟天冬寒水之氣，入足少陰腎經。味苦無毒，得地南方之火味，入手少陰心經。氣味俱降，陰也。腎屬水，心屬火，水不制火，火爍津液，則病消渴，火薰五內，則病熱中，其主之者，苦清心火，寒滋腎水也。除邪氣者，苦寒之味能除燥火之邪氣也。熱勝則浮，火勝則腫。苦能清火，寒能退熱，故主肢體浮腫也。腎者，水藏，其性惡燥，燥則開合不利而水反蓄矣。知母寒滑，滑利關門，而水自下也。補不足者，苦寒補寒水之不足也。益氣者，苦寒益五藏之陰氣也。

製方：　知母同麥冬、石膏、貝母、陳皮、鱉甲、青蒿、牛膝，治久瘧煩渴。同桂枝、白芍、甘草、飴糖，治脾虛胃熱，多食而煩。同牛膝、生地、白芍、甘草、桂枝、桑枝，治手足牽引，夜臥不安。同白芍、花粉、甘草、桂枝，治柔痙驚呼，不安臥。同黃柏、車前、木通、天冬、甘草，治強陽不痿。

清·周垣綜《頤生秘旨》卷八　知母　滋陰降火，腎家藥也。潤燥則金清，而水源益滋，自能制火。故丹溪翁以黃檗、知母主勞瘵，腎虛火動，而咳嗽骨蒸勞熱。然多服令人泄，若肺中停寒而嗽，及腎氣虛脫無火，尺中脉弱，脾虛生熱，皆忌用。

清·王子接《得宜本草·中品藥》　知母　味苦。入手太陰、足陽明經。主治消渴煩熱。得麥冬則清肺止渴，得地黃則滋腎潤燥，得人參治姙娠子煩。

清·黃元御《長沙藥解》卷三　知母　味苦，氣寒。入手太陰肺、足太陽膀胱經。清金泄熱，止渴除煩。《傷寒》白虎湯方在石膏，《金匱》酸棗仁湯、方在酸棗，桂枝芍藥知母湯方在桂枝，並用之，以其清金而泄火，潤燥而除煩也。

知母苦寒之性，專清心肺而除煩燥，仲景用之，以泄上焦之熱也。甚敗脾胃，而泄大腸，火衰土濕，大便不實者，忌之。後世庸工，以此通治內傷諸病，滋水滅火，誤人性命，至今未絕。其諸主治，泄大腸，清膀胱。

清·吳儀洛《本草從新》卷一　知母〔瀉火補水，潤燥滑腸。〕　辛，苦，寒滑。瀉腎家有餘之火，膀胱邪熱服此亦清。因而上清肺金兼瀉胃熱。入二經氣分，黃蘗入腎經血分，故二藥每相須而行。潤腎滋陰，消痰定嗽，止渴除煩，火入於肺則煩。瀉腎家有餘之火是其本功。至於清金諸效，良由相火不炎，自當馴至也。安胎。能去胎前之熱。治傷寒煩熱。蓐勞骨蒸。退有汗之骨蒸。利二便，消浮腫。小便利則腫消。東垣曰：熱在上焦氣分，結秘而渴，乃肺中伏熱，不能生水，膀胱絕其化源，宜用滲濕之藥瀉火清金，滋水之化源。熱在下焦血分，便秘而不渴，乃真水不足，膀胱乾涸，無陰則陽無以化，宜用黃蘗、知母大苦寒之藥，滋腎與膀胱之陰而陽自化，小便自通。丹溪曰：小便不通，有熱有濕，有氣結於下，宜清宜燥宜升。又有隔二隔三之治，如肺不燥，但膀胱熱，宜瀉膀胱，此正治。如因肺熱不能生水則清肺，此隔二之治。如因脾濕不運而精不上升，故肺不能生水，則燥胃健脾，此隔三之治。瀉膀胱，黃蘗、知母之類；清肺，車前、茯苓之類；燥脾，二术之類。凡病皆有隔二隔三之治，不獨便閟也。傷胃滑腸，令人作瀉。李士材曰：苦寒肅殺，非長養萬物者也。世以其滋陰，用治虛損，則如水益深矣。得酒良。上行酒浸，下行鹽水拌。忌鐵。

清·汪紱《醫林纂要探源》卷二　知母　辛，苦，寒，滑。□□萱草，當中抽莖，直上花實，根下行□糾相附，旁小根圍繞，狀如蚳附。堅水潤腎，亦補肝。堅而潤，則不凝寒。潤仍堅，則不散漫。腎水壯而命火安，故合黃蘗以滋陰，治產後蓐勞，骨蒸勞熱。凡陰虧之甚，相火無制，必用勿疑。又辛能補肝，使肝木從容條暢，而燥金之氣不傷，故治久瘧。辛能行水，使膀胱滋潤，以行津液，故利小便，消腫。膀胱，腎之表也。瀉肺泄逆，而即以生水。瀉其過斂，泄其上逆，則高而不亢，故治熱嗽，止煩渴，消熱痰，治瀉痢。又斂而不燥，

上而能下，則金能生水矣，所謂治源也，所謂知母也。〇下行，鹽水拌。上行，酒浸。忌鐵。多服滑腸。

清・嚴潔等《得配本草》卷二　知母　得黃柏及酒良。伏硼砂、鹽。辛、苦，寒。入足少陰、手太陰經氣分。瀉腎火，除骨蒸，退邪熱，滋化源。療初痢臍痛，治久瘧酷熱，消痰定嗽，止渴除煩。得人參，治子煩。得地黃，潤腎燥。得萊菔子、杏仁，治久嗽氣急。配麥冬，清肺火。揀肥潤裏白者，去毛，銅刀切片。犯鐵器，損腎。欲上行，酒拌焙燥。欲下行，鹽水潤焙。腸胃滑泄，虛損發熱，二者禁用。邪熱伏於肺中，不能生水，膀胱絕其化源，秘塞不通，用知母清金，而泉源滋長，此所以有知母補陰之謂。若真水不足，膀胱失氣化之司，速當補腎，使陰氣行而陽自化，便自通也。知母苦寒，大傷腎水，尤宜禁用。

題清・徐大椿《藥性切用》卷三　肥知母　辛苦寒滑，瀉陽明有餘之熱，滋少陰不足之陰。潤燥(上)〔止〕欬，除煩安胎。酒浸炒清上，鹽水炒滋下。便滑者均忌之。

清・黃宮繡《本草求真》卷六　知母治肺久伏熱邪以清化。　知母耑入肺，兼入腎。辛苦微滑，能佐黃蘗以治膀胱熱邪，緣人水腫癃閉，本有屬血屬氣之分，肺伏熱邪，不能生水，膀胱絕其化源，便秘而渴，此當清肺以利水者也。熱結膀胱，真陰乾涸，陽無以化，便秘不渴，此當清膀胱以導濕者也。黃栢氣味純寒，雖能下行以除膀胱濕熱，但肺金不肅，則化源無滋，又安能上達於肺而得氣分俱肅乎？知母味辛而苦，沉中有浮，降中有升，既能下佐黃栢以泄腎水，復能上行以潤心肺。汪昂曰：黃栢入二經血分，故二藥必相須而行。俾氣清肺肅，而濕熱得解，是以昔人有云：黃栢無知母，猶水母之無蝦，誠以見其金水同源，子母一義，不可或離之義。震亨曰：小便不通，有熱有濕，有氣結於下，宜清、宜燥、宜升，又有隔二、隔三之治。如肺不燥但膀胱熱，宜瀉膀胱，此正治。如因肺熱不能生水，則清肺，此隔二之治。如因脾濕不運而津不上升，故肺不能生水，則燥胃健脾，此隔三之治。瀉膀胱黃栢、知母之類，清肺車前、茯苓之類，燥脾二术之類。故書皆言用此在上則能清肺止渴，却頭痛，潤心肺，解虛煩喘嗽，吐血、衄血，去喉中腥臭；在中則能退胃火，平消癉；在下則能利小水，潤大腸，去膀胱肝腎濕熱，腰脚腫痛。並治癆瘵內熱，陰火熱淋崩渴等症。若謂力能補陰，則大謬矣。補陰惟地黃為首。景岳謂此性最沉寒，本無生氣，用以清火則可的解。用以補陰，則何補之有，第其陰柔巽順，似乎有德。猶之小人在朝，國家元氣受其剝削，而有陰移而莫之覺者，是不可不見之真而辨之早也。讀此可為妄用知母、黃栢一箴。得酒良。上行酒浸，下行鹽水拌，忌銕。

清・楊璿《傷寒溫疫條辨》卷六寒劑類　知母酒、鹽水炒。　味苦辛，氣寒。氣味俱薄，性沉而降，陰也。上清肺金而瀉火，下潤腎燥而益氣，漏無根之浮火，退有汗之骨蒸，潤肺解渴，消痰止嗽。治傷寒煩燥，療溫病大熱，利二便，清浮腫。按：《本草》言其滋陰，又言滋化源者，正因苦寒滅火以救腎水，不致於涸耳。與黃栢略同，非真補腎也。時珍曰：知母佐黃栢，有金水相生之義，但黃栢入血分，知母入氣分，各一兩，肉桂二錢，為末，煉蜜丸，名滋腎丸，治下焦積熱，小便不通。此東垣治王善夫方也。

清・羅國綱《羅氏會約醫鏡》卷一六草部　知母　味苦，性寒，入肺腎二經氣分，黃柏入二經血分，二者相須而行。上行酒浸，下行塩水浸。忌鉄。上清肺火，下潤腎燥。消痰，火降則痰消。定咳清肺火，止渴，兼清胃火。退有汗之骨蒸瀉腎火。治傷寒煩熱、久瘧下痢，安胎，清熱之用。利二便，消水腫。小便利則腫消。

按：知母寒滑，用以瀉腎家有餘之火則可；如丹溪用以補陰，則大傷胃氣，發泄不食而死。故陰虛火炎者，切不可用。

清・陳修園《神農本草經讀》卷三中品　知母　氣味苦，寒，無毒。主消渴熱中，除邪氣，肢體浮腫，下水，補不足，益氣。

葉天士曰：知母氣寒，稟水氣而入腎，味苦無毒，得火味而入心。腎屬水，心屬火，水不制火，火爍津液，則病消渴；火熏五內，則病熱中。其主之者，苦清心火，寒滋腎水也。除邪氣者，苦寒之氣味能除燥火之邪氣也。熱勝則浮，火勝則腫，苦能清火，寒能退熱，故主肢體浮腫也。腎者水臟，其性惡燥，燥則開合不利而水反蓄矣。知母寒滑，滑利關門而水自下也。補不足者，苦寒補寒水之不足也。益氣者，苦寒益五臟之陰氣也。

愚按：《金匱》有桂枝芍藥知母湯，治肢節疼痛、身體尫羸、脚腫如脫，可知長沙諸方皆從《本經》來也。

清・王學權《重慶堂隨筆》卷下　知母　苦寒，清肺胃氣分之熱，熱去則津液不耗，而陰自潛滋暗長矣。然仲聖云：胃氣生熱，其陽則絕。蓋胃熱太盛，則陰不足以和陽，津液漸乾，而成枯燥不能殺穀之病，其陽則絕者，即津液涸竭也。清其熱，俾陽不絕，則救津液之藥，雖謂之補陽也可。乃後人

以為寒涼之品，非胃家所喜，諄諄戒勿輕用，輒從事於香燥溫補之藥者何哉？此議藥不議病之世界，所以致慨於喻氏也。

清・黃凱鈞《藥籠小品》　知母　滋腎瀉火，育陰滑腸，熱病陰不足者宜之，而便溏忌用。知、柏二味，寒而滋陰，其質粘膩可證也。故丹溪常用之，然配入養血劑中為善。

清・王龍《本草纂要稿・草部》　知母　氣味苦辛而寒。瀉無根之腎火，療有汗之骨蒸。止虛勞之熱，滋化源之陰。袪傷寒久瘧，潤心肺，安心。治陽明熱，除邪氣肢體浮腫。瀉肺經熱，解消渴虛煩熱中。止嗽消痰，涼心去熱。入足陽明、手太陰之經。

清・張德裕《本草正義》卷上　知母　甘苦而寒，入心、肺、肝、腎。上清心肺之熱，止渴除煩。下清肝腎之熱，滋陰退火。苦中帶甘，較黃柏有滋補之功，故亦能退骨蒸內熱。性寒敗陽，無火忌用。

清・楊時泰《本草述鉤元》卷七　知母　形似菖蒲而柔潤，葉至難死，掘出復生，須枯燥乃止。即此可知為至陰之味。二八月采根，曝乾用。

根氣寒，味甘。大苦兼辛，氣味俱厚，沉而降，陰也。又云：陰中微陽。腎經本藥，入足陽明、手太陰經氣分。《本經》主消渴熱中，除邪熱，肢體浮腫下水，補不足，益氣。諸本草瀉膀胱熱，腎之邪火有餘，滋腎陰，除肺熱。療腎虛火炎肺嗽，或心煩躁悶。並治足陽明火熱，傷寒久瘧，煩熱及骨，熱勞往來。腎氣勞損，憎寒虛煩。又安胎，止子煩，並產後蓐勞，久服泄。方書治喘淋口病，中風傷暑，發熱嘔吐，頭痛腰痛，小便不通，傷燥熱厥，呃逆溲血，身體痛痹，痿厥脚氣，瘛瘲煩悸，盜汗不得臥，怠惰嗜臥不能食，遺精諸證。知母稟天一水德，體用具備，故主濡潤燥渴，對待熱中。其潤下水道者，緣水得母氣，母氣之臟真高於肺，以行營衛陰陽，乃能遊溢通調轉輸決瀆耳之頤。知母其用有四：瀉無根之腎火，療有汗之骨蒸，止虛勞之熱，滋化源之陰。仲景用入白虎，治不得眠者，煩躁也。煩出於肺，躁出於腎，故君以石膏，佐以知母，清腎之源，緩以粳、甘，使不速下也。凡病小便閉塞而渴者，熱在上焦氣分，宜清肺中伏熱，用氣味俱薄之藥以滋化源。若熱在下焦血分而不渴者，宜滋真水，使陰氣行而陽自化，用黃蘗、知母是也東垣。知母下潤腎燥而滋陰，上清肺金而瀉火，乃二經氣分藥，黃栢則是腎經血分藥，故二藥必相須而行瀕湖。與茯苓同用，清下焦熱；與黃芩同用，清上焦熱希周。入白虎湯，解傷寒陽明證，口渴頭疼，煩熱，鼻乾不得眠，加竹葉、麥冬，名竹葉石膏湯，治陽明經前證，大渴引飲頭疼欲破。因作勞而得者，加人參，名人參白虎湯，汗後煩熱不解，亦用之。同麥冬、石膏、貝母、橘紅、鱉甲、青蒿、牛膝，治久瘧煩熱而渴。同貝母、天冬、麥冬、沙參、甘草、桑白皮、枇杷葉、五味子、百部，治陰虛欬嗽。同黃蘗、車前、木通、天冬、生甘草，治強陽不痿。

附方：久近痰嗽，自胸膈下塞停飲，至於臟腑，用知母、貝母各一兩，為末，巴豆三十枚，去油，研勻，每服一字，用薑三片，二面蘸藥，細嚼咽下，便睡，次早必瀉一行，其嗽立止，壯人乃用之。一方不用巴豆。久嗽氣急，知母去毛切五錢，隔紙炒，杏仁五錢，薑水泡去皮尖焙，以水一鍾半，煎一鍾，食遠溫服，次以蘿蔔子、杏仁等分為末，米糊丸，服五十丸，薑湯下，以絕病根。

論：知母苦寒相合，固為腎劑，第其味甘而苦，苦復兼辛，雖苦居其勝，然以甘始而以辛終，不謂之入肺胃氣分不可也。四月花則氣暢於火，八月實則氣孕於金。《本經》謂其補不足，益氣，乃從除邪氣肢體浮腫下水來，厥有深旨。《經》曰：三焦者，中瀆之府，水道出焉。屬膀胱，是孤之府也，是六府之所與合者。夫三焦相火，本氣之元，乃屬膀胱而行水化，膀胱固屬腎也。《經》又云：二陰至肺，其氣歸膀胱，外連脾胃合之，所謂飲入於胃，遊溢輸脾，脾氣散精，上歸於肺，通調水道，下輸膀胱，水精四布，五經並行，不即可明於除邪氣，肢體浮腫之義乎。蓋水化即氣化也。茲味之功，由胃肺合而致其苦寒之用於上，即由肺胃合而達其苦寒之化於下，故能瀉膀胱熱及腎之相火有餘者。《本經》即下水以明其補不足益氣，正以由陽滋陰，即由陰存陽，與所言陰虛則無氣，無氣則死之旨合也。至如火炎肺嗽，消渴熱中，心煩躁悶，腎氣勞損，熱勞患人虛而口乾者加用之。骨蒸等病，皆因清熱以致其益氣之功，不止於以寒對熱而已。又傷寒久瘧，有傷於後天氣血，以累及先天，必藉此金水滋生之味，乃可勝邪熱而還真陰，蓋天一真陰，實後天生氣之元，《經》所云益氣者此耳。但苦寒性味，用者當審所宜，勿致反損中土生氣，而絕陰化於陽之本也。

繆氏曰：陽痿及易舉易痿，脾弱不消，胃虛不納，腎虛溏洩等證，法並禁用。

修治：揀肥潤裏白者，去毛切。上行用酒浸焙乾，下行則鹽水潤焙。勿犯鐵器。

清·葉桂《本草再新》卷一　知母味辛、苦，性微寒，無毒。入心、肺二經。潤肺滋陰，益腎降火，消痰定嗽，止渴除煩，安胎。治傷寒煩熱，蓐勞骨蒸。能清其熱，故可治煩熱骨蒸。利二便，消浮腫。

清·吴其濬《植物名實圖考》卷七　知母　《本經》中品。《爾雅》：蕁，莐藩。注：一曰蝭母。今藥肆所售，根外黃，肉白，長數寸，原圖三種，蓋其韭葉者。

清·趙其光《本草求原》卷一山草部　知母　寒，冬氣。入腎，滋水；苦辛，火金之味。清心肺，瀉火，使金水相滋，而水知有母，故名。主治消渴、熱中，火爍金而水不能制也。除邪氣，去皮毛燥火之邪氣，以其皮外多毛也。肢體浮腫、下水，腎燥，則開合不利；肺熱，則不能調水以歸膀胱。故水蓄而為浮腫。《經》曰：熱勝則浮，火勝則腫。補不足，補腎水之不足。益氣。除食氣之壯火，則水化，即氣化，《經》曰陰虛則無氣，言精不化氣也。治久瘧煩熱，屍勞骨熱，脇下邪氣，久嗽，同杏仁、薑水炒，煎服；次以萊菔、杏仁、川貝糊丸，薑湯下。停飲，加巴豆同炒。胎動於煩，焙研、蜜丸，米飲、參湯任下。產後蓐勞驚悸，熱厥頭痛，下痢，喉中腥臭，腰痛，嗽血，喘淋，口病，尿血，呃逆，盜汗，遺精，痹痿，瘈瘲，風汗，內疸，皆是陰虛不能化陽，而濕熱為病也。此清腎氣分，黃柏清腎血分，故相須為用。

同冬、貝、橘、鱉、膝、青蒿、石膏，治久瘧煩渴。同柏、車、通、甘、天冬，治強陽不痿。入建中湯，治脾虛胃熱、多食而煩。同地、芍、膝、甘、桂枝、桑枝，治手足牽引。同芍、甘、桂枝、花粉，治柔痙驚呼不安。連根、葉，取汁飲及煎洗，解溪工毒。醋磨，搽紫雲風。燒研，摻嵌甲腫痛。但苦能化燥、瀉脾，寒能傷胃，若真陰虧，而非濕熱傷氣、相火有餘者，用之反有泄瀉減食之虞。肥白者良。酒炒上行，鹽炒下行。去毛，忌鐵器。

清·葉志詵《神農本草經贊》卷二　知母　味苦，寒。主消渴熱中，除邪氣，肢體浮腫，下水，補不足益氣。一名蚳母，一名連母，一名野蓼，一名地參，一名水參，一名水浚，一名貨母，一名蝭母。生川谷。

宿根分系，厥狀蝨蚳。呼聆眾母，踵接群兒。蒸收火定，熱濯陰滋。槐砧適性，鑌鐵相違。

李時珍曰：宿根之旁生子根，如蝨蚳之狀。《禮》：子產猶眾人之母也。名醫曰：一名兒草，又名兒踵草。李杲曰：其用有四：瘵有汗之骨蒸，瀉無根之腎火，止虛勞之熱，滋化源之陰。雷斅論：凡使，於槐砧挫細。勿犯鐵器。

清·文晟《新編六書》卷六《藥性摘錄》　知母　辛苦，微滑。治肺伏熱邪，入膀胱以清化源。○在上則清肺，止渴，卻頭痛，解虛煩喘嗽，吐血衄血，去喉中腥臭，在中則退胃火，平消痹，在下則利小水，潤大腸，去膀胱肝腎濕熱，腰脚腫痛，並治癆瘵內熱，陰火熱淋崩湧等症，皆不過用以清火也。○宜佐黃柏。○上行酒炒，下行鹽水拌。忌鐵。

清·劉東孟傳《本草明覽》卷一　知母　【略】按：東垣云：仲景用白虎湯，治不得眠者，煩躁也。蓋煩者，肺燥也。腎以石膏為君，佐以知母之苦寒，以清腎之燥，緩以甘草、糯米之甘，使不速下。《經》云：胸中有寒者瓜蒂散，表熱裏寒者白虎湯。瓜蒂、知母，味皆苦寒，何以治胸中寒也？然讀書者，當逆識之。仲景言寒，舉其效而言之，然熱在其中矣。若果為寒，安得復用苦寒之劑？且白虎湯症，脉尺寸俱長，其熱明矣。豈可因辭而害義乎。

清·張仁錫《藥性蒙求》　知母錢半、三錢。　知母味苦，瀉火滋陰。清金止嗽，有汗骨蒸。味苦，寒，性滑，入肺腎二經。生用清肺熱，瀉胃火，酒浸則上行，鹽水拌則下行。得麥冬則清肺止渴，得地黃則滋腎潤燥。○傷胃滑腸，令人作瀉。

清·屠道和《本草匯纂》卷二瀉火　知母　耑入肺，兼入腎。辛、苦，寒滑，無毒。治肺中久伏熱邪，以清化源。又佐黃柏，以治膀胱熱邪，瀉下焦有餘之火。因而上清肺金，入肺腎二經氣分。消痰止嗽，治傷寒煩熱，久瘧骨蒸，熱厥頭痛，喉中腥臭，肢體浮腫，心煩躁悶，消渴熱中，陽明火熱。產後蓐勞，安胎，止子煩，安心止驚悸，除熱勞，傳尸疰痛。下水通小腸，滋腎水，平命門相火。辟射工溪毒。黃柏雖除膀胱濕熱，但肺金不肅，則化源無滋，故必得知母之辛苦，沉中有浮，降中有升，既能下佐黃柏以泄腎水，復能上行以潤心肺，俾氣清肺肅，而濕熱得解。是以昔云黃柏無知母，猶水之無蝦也。誠以見其金水同源，子母一義，不可或離之義。性最沉寒，本無生氣，清火則可，補陰則謬。久服傷胃滑腸，令人作瀉。第其陰柔巽順，似乎有德，猶之小人在朝，國家元氣受其剝削，而有陰移而莫之覺者，是宜見之真而辨之早也。讀此，可為妄用知母、黃柏一箴。得酒良。上行酒浸，下行鹽水拌。忌鐵。震亨曰：小便不通，有熱有濕，有氣結於下，宜清宜燥宜升。又有隔二隔三之治，如肺不燥，但膀胱熱，宜瀉膀胱，此正治。如因肺熱，不能生水，則清肺，此隔二之治。如因脾濕不運，而津不上升，故肺不能生水，則燥胃健脾，

此隔三之治。瀉膀胱黄柏、知母之類，清肺車前、茯苓之類，燥脾二术之類。

清・戴葆元《本草綱目易知錄》卷一　知母　辛、苦，氣寒。上清肺金而瀉火，下潤腎躁而滋陰，入二經氣分，兼入足陽明經。涼心去熱，益氣安胎，消痰止嗽，止子煩，定驚悸，下水氣，通小腸。治傷寒久瘧，消渴熱中，傳尸骨蒸，心煩躁悶，熱厥頭痛，肢體浮腫，下痢腰痛，喉中腥臭，産後蓐勞。治相火有餘，辟射工溪毒。然寒胃滑腸，多服令人瀉。

清・黄光霽《本草衍句》　知母　寒滑入大腸，苦辛走肺腎。上清肺金而瀉火，下潤腎燥而滋陰。消痰定喘，止渴安娠。傷寒燥煩，煩出於肺，燥出於腎。退陽明之實熱，久瘧下痢。療有汗之骨蒸，肢體浮腫，為利便之使。喉中腥臭，滋化源之津。胃弱者非宜，陰虚者必慎。得麥冬清肺止渴，得大黄則能滋腎潤燥，得人參治妊娠子煩。　知母本寒水之性，而兼秋金之氣，猶水之知有母也，故名。土炎燥而皮毛熱，可内資中土之燥，外清皮毛之熱。若為補藥即非。

清・陳其瑞《本草撮要》卷一　知母　味苦，入手太陰、足陽明經，功專治消渴煩熱。得麥冬清肺止渴，得地黄滋腎潤燥，得人參治妊娠子煩，蓐勞骨蒸，久瘧下痢，然苦寒傷胃滑腸，多服令人瀉。得酒良。上行酒浸，下行鹽水拌。忌鐵。

清・李桂庭《藥性詩解》　賦得知母止嗽而骨蒸退得蒸字。田春芳。　知母甘寒苦，功能退骨蒸。燥煩原有效，痰嗽豈無應。

前題李慶霖　知母雖清肺，尤能退骨蒸。滋陰除熱結，止嗽化痰凝。

按：　知母本辛苦寒潤之藥，清有餘之火，滋不足之陰。消痰醫喘，止嗽除煩，并治傷寒煩熱，虚勞骨蒸。苦寒下潤，胃虚腸滑者禁忌。

清・仲昴庭《本草崇原集説》卷中　知母　【略】仲氏曰：　天士慣用清熱養陰之品，故知母就苦寒立論，面面俱圓，縱經旨未盡發明，而在《經解》中已為上乘文字，按雍、乾之世，六氣順時，不為大害。天士用藥，係一時之見地，非萬世之法程也，此之謂時手。

清・周巖《本草思辨錄》卷一　知母　知母為肺、胃、腎三經清氣熱之藥，潔古、東垣、丹溪，咸以知母與黄柏為滋陰之品，後人遂視為補劑。知母之潤，雖不似黄柏之燥，然寒滑下行，使熱去而陰生則有之，究無補性能益陰之不足。即以瀉邪火，亦當適可而止。否則降令太過，脾胃受傷，真陽暗損，誠有如李瀕湖所言者。

知母《本經》主消渴，《千金》《外臺》固恒用之，仲聖則更有精焉。止渴如五苓散，猪苓湯，文蛤散，皆無知母，白虎湯有知母而無渴證，加人參乃始治渴。蓋以陽明熱盛，清熱誠要；然膏、知無益陰生津之能，於清熱之中再加以人參，則病去而正即復，其用意之周密，《千金》《外臺》且遜之，況他人乎。桂枝芍藥知母湯，仲聖之用知母，即《本經》所謂除邪氣、肢體浮腫下水者。鄒氏解之，但以知母為治火阻於下，則未免膚淺。試歷引他說以補之。張隱庵云：　知母皮外有毛，故除皮毛之邪氣；肉厚皮黄，兼得土氣，故治肢體浮腫。張石頑云：　除邪氣肢體浮腫，是指濕熱水氣而言。葉香巖云：　腎惡燥，燥則開闔不利而水反蓄，知母寒滑，滑利關門而水自下。合觀三説，而此方之用知母，可曉然矣。

盧會

宋・唐慎微《證類本草》卷九草部中品〔宋・馬志《開寶本草》〕　盧會味苦，寒，無毒。主熱風煩悶，胸膈間熱氣，明目鎮心，小兒癲癇驚風，療五疳，殺三蟲及痔病瘡瘻。解巴豆毒。一名訥會，一名奴會。俗呼爲象膽，蓋以其味苦如膽故也。生波斯國，似黑餳。今附。

〔宋・掌禹錫《嘉祐本草》〕按：　《藥性論》云：　盧會亦可單用。殺小兒疳蚘，主吹鼻，殺腦疳，除鼻痒。《南海藥譜》云：　樹脂也，本草不細委之，謂是象膽，殊非也。兼治小兒諸熱。

〔宋・蘇頌《本草圖經》〕曰：　盧會，出波斯國，今惟廣州有來者。其木生山野中，滴脂淚而成。採之不拘時月。俗呼爲象膽，以其味苦而云耳。盧會治濕痒搔之有黄汁者，劉禹錫著其方云：　余少年曾患癬，初在頸項間，後延上左耳，遂成濕瘡。用班猫、狗膽、桃根等諸藥，徒令蜇蠚，其瘡轉盛。偶於楚州，賣藥人教用盧會一兩，研，炙甘草半兩，末，相和令勻，先以溫漿水洗癬，乃用舊乾帛子拭乾，便以二味合和傅之，立乾，便差，神奇。又治䘌齒。崔元亮《海上方》云：　取盧會四分，杵末，先以鹽揩齒令先淨，然後傅少末於上，妙也。

〔宋・唐慎微《證類本草》〕雷公云：　凡使，勿用雜膽，其象膽乾了，上有青竹文班并光膩，微微甘，勿便和衆藥擣。此藥先擣成粉，待衆藥末出，然後入藥中。此物是胡人殺得白象，取膽乾入漢中是也。

宋・鄭樵《通志》卷七六《昆蟲草木略》　盧會，曰訥會，曰奴會。俗呼為象膽，木中脂也。

宋・劉明之《圖經本草藥性總論》卷上　蘆薈　味苦，寒，無毒。主熱風

煩悶,胸膈間熱氣,明目鎮心,小兒癲癇驚風,療五疳,殺三蟲,及痔病瘡瘻,解巴豆毒。《藥性論》云:可單用,殺小兒疳蚘。主吹鼻殺腦疳,除鼻痒。《南海藥譜》云:兼治小兒諸熱。《海上方》:治䘌齒,以鹽指齒令淨,然後傅少末妙。

明・王綸《本草集要》卷三 蘆薈 味苦,氣寒,無毒。出波斯國。似黑錫木水滴脂淚而成。 主熱風煩悶,胸膈間熱氣,明目鎮心,小兒諸熱癲癇驚風。療五疳,殺三蟲,及痔病瘡瘻。解巴豆毒。 患癬在頸項間,延上耳頰。用一兩,研,炙甘草半兩,(未)〔末〕和匀,先以溫漿水洗過,帛拭乾,傅之神奇。䘌齒,取四分末,先以鹽指齒,洗淨後傅上。

明・滕弘《神農本經會通》卷一草部下 蘆薈 生波斯國。似錫。木生山野中,滴脂淚而成,採之不拘時月。一云似黑錫。 味苦,氣寒,無毒。雷公云:是白象膽乾之。更考。

《本經》云:主熱風煩悶,胸膈間熱氣,明目鎮心,小兒癲癇驚風,療五疳,殺三蟲,及痔病瘡瘻,解巴豆毒。《藥性論》云:亦可單用,殺小兒疳蚘。主吹鼻,殺腦疳,除鼻痒。《圖經》云:劉禹錫云患癬在頸項間,延上耳成濕瘡,用蘆薈一兩,研,炙甘草半兩,末,相和令匀,先以溫浆水洗癬,乃用舊乾帛子拭乾,便以二味合和傅之,立乾,差,神奇。又治䘌齒,《海上方》云:取蘆薈四分,杵末,先以鹽指齒令淨,然後傅少末於上,妙。《局》云:蘆薈俗呼為象膽,以其味苦故為名。小兒驚熱癲癇病,瘡痔疳蟲必用之。蘆薈,俗呼為象膽。主驚熱,殺疳蟲。

明・劉文泰《本草品彙精要》卷一九 盧會無毒 植生。

盧會:主熱風,煩悶,胸膈間熱氣,明目,鎮心,小兒癲癇,驚風,療五疳,殺三蟲,及痔病,瘡瘻。名醫所錄。 〖名〗訥會、奴會、象膽。 〖苗〗《圖經》曰:其木生山野中,滴脂淚而成,俗呼爲象膽,蓋以其味苦如膽而然也。《藥譜》云:樹脂也。《本草》不細委曲,謂是象膽,殊非矣。 謹按:此種多僞,若欲辨之,以磁盤貯熱水,取盧會如黄豆許兩粒,置於水内兩傍,其水底各出黄色一道,自然相接者乃爲真也。 〖地〗《圖經》曰:生波斯國,今廣州有之。 〖時〗生:無時。採:無時。 〖收〗以瓷器盛貯。 〖用〗脂,以明亮者爲好。 〖質〗類黑錫而堅硬。 〖色〗黑。 〖味〗苦。 〖性〗寒,泄。 〖氣〗氣薄味厚,陰也。 〖臭〗香。 〖主〗消疳,殺蟲。 〖製〗搗細用。 〖治〗療:《藥性論》云:殺小兒疳疣,吹鼻,殺腦疳,除鼻癢。《别録》云:除小兒諸熱。 〖合治〗以一兩,合炙甘草半兩,各爲末匀和,治癬。先以溫漿水洗後,絹帛拭乾,以傅之良。〇以四分杵末,先以鹽指齒令洗淨,然後傅少末於上,治䘌齒。

明・葉文齡《醫學統旨》卷八 蘆薈 氣寒,味苦。無毒。出波斯國,似黑錫,木滴脂淚而成。 治熱風煩悶,胸膈間熱氣,明目鎮心;小兒諸熱癲癇驚風,療五疳,殺三蟲,及痔病瘡瘻;解巴豆毒。

明・許希周《藥性粗評》卷三 齊蘆薈以殺疳蟲。

蘆薈,一名奴會,俗呼為象膽,以其味苦如膽故也。生波斯國,似黑錫,《南海藥譜》謂為樹脂。凡入丸藥,須另搗。 味苦,性寒,無毒。 主治胸膈熱氣,癲癇驚風,小兒五疳三蟲,齒䘌痔漏,瘡瘻風癬,除煩去熱,明目鎮心。

單方:濕癬:凡患風癬變為濕瘡者,蘆薈一兩,研,又炙甘草半兩,俱為末,相和,先以溫水洗癬令淨,舊布拭乾,以藥末傅之,立乾而愈。 蟲牙:先以鹽搽牙,復用水洗淨,次以蘆薈末擦上,最妙。

明・鄭寧《藥性要略大全》卷六 蘆薈 主熱風煩悶,胸膈熱氣,明目鎮心。治小兒驚癇,殺蟲,療痔病瘡瘻,解巴豆毒,可單用。殺蛇蟲,吹鼻去腦疳,除鼻痒,治驚熱及癬。 禹錫云:極治癬,療癲癇,驚悸,瘡痔,殺疳蟲。味苦,氣寒,無毒。以其味苦,故名象膽。波斯國木脂也。

明・陳嘉謨《本草蒙筌》卷四 蘆薈 味苦,氣寒。無毒。波斯國土所出,木滴脂淚結成。狀類黑錫,俗呼象膽。味苦故云。誤服巴豆,毒能解除。殺蟲去疳,鎮心明目。治小兒癲癇驚搐,療大人瘡瘻痔疽。癬發頸間,同甘草研匀敷効;䘌生齒縫,以鹽湯漱淨點差。

明・王文潔《太乙仙製本草藥性大全》卷三《本草精義》 蘆會 一名訥會,一名奴會,俗呼爲象膽,以其味苦如膽故也。生波斯國,今惟廣州有來者。其木生山野中,滴脂淚結成,狀類黑錫,採之不拘時候。

明・王文潔《太乙仙製本草藥性大全》卷三《仙製藥性》 蘆會 味苦,氣寒,無毒。 主治:殺蟲去疳,鎮心明目。治小兒顛癇驚搐,療大人瘡瘻痔疽。癬發頸間,同甘草研匀敷效。䘌生齒(縱)〔縫〕,以鹽湯漱净點差。補註:患癬後成濕瘡,用藥不效,用一兩研炙,甘草半兩,末和匀,先以溫漿水洗癬,舊帛拭乾,更以前末傅之即差。〇治𤺋腫,取四分爲末,先以鹽搗

末，令洗净，然後傅少末於上效。〇服巴豆毒，用之煎水服立解。　太乙曰：　凡使勿用雜膽，其象膽乾了，上有青竹文斑，并光膩微甘，〔勿〕便和衆藥搗，此藥先搗成粉，待衆末出，然後入藥中。　此物是胡人殺得白象取膽，乾入漢中是也。

明・皇甫嵩《本草發明》卷三　蘆薈中品下，臣。氣寒，味苦，無毒。俗名象膽，以其味苦也。入丸散用，解巴豆毒。　發明曰：　蘆薈苦寒，消風熱，小兒熱疳聖藥。故《本草》主小兒五疳，顛癇驚風，大人風熱煩悶，胸膈熱，明目鎮心，痔病瘡瘻，殺三蟲，皆苦寒消風熱之能也。濕痒搽有黄水及頭面風濕癬瘡，研蘆薈一兩，甘草半兩，先以溫漿洗，拭乾，敷藥便差。　又治齒䘌，蘆薈末之，先以鹽揩齒，洗淨，敷上妙。

明・李時珍《本草綱目》卷三四木部・香木類　盧會宋《開寶》。校正：　自草部移入此。

〔釋名〕奴會《開寶》　訥會《拾遺》　象膽時珍曰：　名義未詳。　藏器曰：　俗呼爲象膽，以其味苦如膽也。

〔集解〕珣曰：　盧會生波斯國。　狀似黑餳，乃樹脂也。　頌曰：　今惟廣州有來者。　其木生山野中，滴脂淚而成。　采之不拘時月。　時珍曰：　盧會原在草部。藥譜及圖經所狀，皆言是木脂，而《一統志》云：　爪哇、三佛齊諸國所出者，乃草屬，狀如鱟尾，采之以玉器搗成膏。　與前説不同，何哉？　豈亦木質草形乎。

〔氣味〕苦，寒，無毒。　〔主治〕熱風煩悶，胸膈間熱氣，明目鎮心，小兒癲癇驚風，療五疳，殺三蟲及痔病瘡瘻，解巴豆毒《開寶》。　主小兒諸疳熱李珣。　單用，殺疳蚘。　吹鼻，殺腦疳，除鼻癢甄權。　研末，傅䘌齒甚妙。　治濕癬出黄汁蘇頌。

〔發明〕時珍曰：　盧會，乃厥陰經藥也。　其功專於殺蟲清熱。　已上諸病，皆熱與蟲所生故也。　頌曰：　唐劉禹錫《傳信方》云：　予少年曾患癬，初在頸項間，後延上左耳，遂成濕瘡浸淫。　用斑蝥、狗膽、桃根諸藥，徒令蜇螫，其瘡轉盛。　偶于楚州，賣藥人教用盧會一兩，炙甘草半兩，研末，先以溫漿水洗癬，拭净傅之，立乾便瘥。　真神奇也。

〔附方〕新一。　小兒脾疳：　盧會、使君子等分，爲末。　每米飲服一二錢。《衛生易簡方》。

題明・薛己《本草約言》卷一《藥性本草》　蘆薈　入足厥陰肝、手少陰心。　明目鎮心，殺蟲療疥癬。　難得其真。　《發明》云：　苦寒消風熱，小兒熱疳聖藥。

明・梅得春《藥性會元》卷上　蘆薈　味苦，氣寒，無毒。　出波斯國。　俗呼為象膽。　有二種，剖之色黄細膩者為上；　其火薈性劣，不取。　解巴豆毒。　主治熱風煩悶，胸膈熱氣，明目鎮心，小兒癲癇，急慢驚風，療五疳，殺三蟲及痔疾瘡瘻。

明・李中立《本草原始》卷四　盧會　生波斯國。　木之脂淚凝聚而成，狀似黑餳，故《醫學入門》曰：　盧，黑色也。　會，裒也。　一名訥會，一名奴會。俗呼為象膽，蓋以其味苦如膽，故也。　氣味：　苦，寒，無毒。　主治：　熱風煩悶，胸膈間熱氣，明目鎮心，小兒癲癇驚風，療五疳，殺三蟲及痔病瘡瘻，解巴豆毒。　主小兒諸疳熱。　〇單用殺疳蚘。　吹鼻，殺腦疳，除鼻癢。　〇研末傅䘌齒甚妙。　治濕癬出黄汗。

宋《開寶》。　盧會係此木脂。　自草部移入此。　【圖略】修治：　先搗成粉，待衆藥末出，然後入藥中。

明・張懋辰《本草便》卷一　盧會　味苦，氣寒，無毒。　主胸膈熱氣，癲癇驚風。　療五疳，殺三蟲及痔病。

明・李中梓《藥性解》卷四　蘆薈　味苦，性寒，無毒，入心、肝二經。　消風熱，除煩悶，明眼目，治驚癇，殺三蟲，療五疳及疥癬痔漏諸瘡，解巴豆毒。　按：　蘆薈之苦，本入心經，而肝則其母也，故亦入之。　在小兒驚疳諸熱，尤為要藥。

明・繆希雍《本草經疏》卷九　蘆薈　味苦，寒，無毒。　主熱風煩悶，胸膈間熱氣，明目鎮心，小兒癲癇驚風，療五疳，殺三蟲，及痔病瘡瘻，解巴豆毒。　俗呼為象膽，蓋以其味苦如膽故也。　生波斯國。　似黑錫。

〔疏〕蘆薈稟天地陰寒之氣，故其味苦，其氣寒，其性無毒。　寒能除熱，苦能泄熱燥濕，苦能殺蟲，至苦至寒，故為除熱殺蟲之要藥。　其主熱風煩悶，胸膈間熱氣，明目，鎮心，小兒癲癇驚風，療五疳，殺三蟲者，熱則生風，熱能使人煩悶，熱除則風熱煩悶及胸膈間熱氣自解。　涼肝故明目，除煩故鎮心。　小兒癲癇驚風，熱所化也，五疳同為内熱脾胃停滯之證，三蟲生於腸胃濕熱，痔病瘡瘻亦皆濕熱下客腸臟，致血凝滯之所生，故悉主之。　能解巴豆毒，亦除熱之力也。　詳其功用，是足厥陰、足太陰二經藥，亦可兼入手少陰經。　〔主治參互〕同厚朴、橘紅、甘草、青黛、蕪荑、百草霜、旋覆花，為末，以砂仁湯吞，治小兒諸疳。　一歲一分，甚效。　《衛生易簡方》治脾疳，與使君子等分，為末。　每服一二錢，米飲調下。　李珣用以主小兒諸

疳熱。　甄權單用殺疳蚘，及吹鼻殺腦疳，除鼻癢。　蘇頌研末傅䘌齒，甚效。治濕癬出黃水，有神。　治大便不通。真蘆薈研細七錢，硃砂研如飛麪五錢，滴好酒和丸。每服三錢，酒吞。朝服暮通，暮服朝通。須天晴時修合為妙。　〖簡誤〗其味至苦，其性大寒，主消不主補。凡兒脾胃虛寒作瀉及不思食者，禁用。

明·倪朱謨《本草彙言》卷八　盧會　味苦，氣寒，無毒。沉也，降也。入心、肝、脾三經。　李氏曰：盧會，出波斯國及爪哇、三佛齊諸國。今廣州亦有之。生深山中，乃樹脂滴凝而成，狀如黑餳。又一說云：狀似鱉尾，乃草屬也。采取無時。　蘇氏曰：盧會原在草部，今移入木部。二說不同，何哉？豈是木質而草形，抑木形而草質者乎？

盧會：李與甄權合論涼肝殺蟲之藥也。桂汝薪稿宋《開寶》方主除心肺熱煩，去胸膈鬱火，大人痔瘻濕癬，小兒疳積蟲痞，癲癇驚痰諸疾。又去三蟲，消五臟。凡屬肝藏爲病，有熱者，用之必無疑也。但味極苦，氣極寒，諸苦寒藥無出其右者。其功力主消不主補。以上數證，因內熱氣强者可用，如內虛泄瀉、食少者禁之。　李瀕湖先生曰：盧會，乃厥陰經藥，其功專于殺蟲清熱，故治熱疳成積有效。　盧不遠先生曰：盧會，傳說有草木二種，或國異形別亦有之。味極苦，氣極寒，對治以熱爲因，爲疳、爲癖、爲熱聚所生之蟲病，莫不精良。

集方：已下六方出方氏《本草》。治痔瘻脹痛，血水淋漓。用盧會數分，白酒磨化，和冰片二三釐，調搽。○治濕瘡浸淫，延蔓成癬，或在頸項，或在手足，或在腰腹。用盧會五錢，甘草二錢，共研末。先以溫米泔水洗癬，拭淨，敷之立乾便瘥。○治小兒疳積、蟲積。用盧會三錢，使君子肉一兩，共研末。每服三分，白湯調下。○治大人小兒五種癲癇。用盧會三錢，生半夏一兩切碎、薑汁拌炒，白朮二兩酒炒，甘草五錢炒，共爲細末，水發爲丸，如黍米大。每服一錢五分，薑湯送下。○治小兒急驚風。用盧會、膽星、天竺黃、雄黃各一錢，共爲末，甘草湯和丸，如彈子大。每遇此證，用燈心湯化服一丸。○治蛔結心痛。用盧會一錢，剪碎如米粒大，用烏梅、花椒湯吞服。○治五種臌脹。用盧會、蟾酥各三錢，酒一盞，浸一日，蒸化如膏，以生半夏爲末二兩，巴霜三分和丸，如黍米大。每服十丸，淡薑湯早晚吞下。忌鹽、糖百日。

明·顧逢柏《分部本草妙用》卷一肝部·寒瀉　蘆薈　苦、寒，無毒。主治：熱風煩悶，胸膈熱，鎮心，療五疳，殺三蟲，吹鼻殺腦疳。研末傅䘌齒甚妙。治濕癬出黃汁，并療瘰瘡。　按：蘆薈，功專殺蟲清熱，故治疳疥獨神。

明·李中梓《醫宗必讀·本草徵要上》　蘆薈味苦，寒，無毒。入心、肝、脾三經。　主去熱明目，理幼穉驚風，善療五疳，能殺三蟲。稟陰寒之氣，寒能除熱，苦能泄熱，故除熱殺蟲及明目也。疳以濕熱為咎，濕熱去則愈矣。按：蘆薈大苦大寒，凡脾虛不思食者禁用。

明·蔣儀《藥鏡》卷四寒部　盧會　涼肝故明目，除煩故鎮心。五疳何自而生，總繇脾胃內熱，惟寒能退熱，兼療驚癇。三蟲何自而櫱，皆因脾胃濕蒸，惟苦能殺蟲，并醫瘻痔。

明·張景岳《景岳全書》卷四九《本草正》　蘆薈　味大苦，性大寒。氣味俱厚，能升能降。除風熱煩悶，清肺胃鬱火，涼血清肝明目，治小兒風熱急驚癲癇，五疳熱毒，殺三蟲，及痔漏熱瘡。單用殺疳蚘。吹鼻治腦疳鼻熱、鼻癢、鼻痔。研末傅蟲牙。同甘草敷濕癬殺蟲，出黃水極妙。

明·盧之頤《本草乘雅半偈》帙一〇　盧會宋《開寶》。　氣味：苦，寒，無毒。　主治：主熱風煩悶，胸膈間熱氣，明目，鎮心，小兒癲癇驚風，療五疳，殺三蟲，及痔病瘡瘻，解巴豆毒。

覈曰：出波斯國，今惟廣州來。生山野，滴脂成淚，狀似黑錫，木脂也。採不拘時。《一統志》曰：爪哇、三佛齊諸國者，狀似（鱉）〔鼊〕尾，草屬也，採得以玉器搗成膏。《方言》黑為盧，《書》云下土墳盧，宜乎狀似黑錫也。

先人云：有木草二種，或國異形別，無定準爾。味極苦，無出其右者。對治以熱為因，及熱聚所生之蟲類，莫不精良。

条曰：盧，飲區也，飯器也，腹前也。會，總合也，終始大計也。宜入足陽明胃。胃，飲府也，穀委也，行身之前也，精氣之總合也，經脈終始之大計也。味大苦，氣大寒，主濡陽明燥化，待標盛二陽，隕胃家邪實蟲結者也。故治五疳驚風，先因于風也。《經》云：風為陽邪。又云：風者百病之始也。致陽明失于遊溢，遂成穀鬱飲留，為燥為標，為實為結耳。《經》云：風中于前，陽明受之。故逐陽明之風，其力轉勝。若小兒驚癇，多從胎受，胎繫腹前故也。五痔瘡瘻，亦生于風。《經》云：勞汗當風，陷脈為瘻。又云：風客淫氣，精乃亡，邪傷肝也。因而飽食，筋脈橫解，腸澼為痔。至主鎮心黃汗，

此屬心脾，并可絕其上源。《經》云：二陽之病發心脾，有不得隱曲，女子不月，其傳為風消，其傳為息賁者，死不治。父執沈啟翁，庚申仲春，同先人結社紫芝禪院，誦《華嚴》大乘，頤往隨喜，夜坐與頤曰：療小兒諸疳，予家世授。疳非疳，乾也，燥也，宜從潤劑，勿輔心脾。否則轉病肺，便難治矣。越三日，讀《陰陽別論》，始解致病之因，變生之證，遂擬《方說》數十則，呈正啟翁，與所藏方，強半相合。大率諸疳皆本于風，內薄心脾，心脾不受，因轉屬二陽。二陽，陽明也。陽明居中，土也，無所復轉，即病陽明經矣。蓋陽明行身之前，維蒸持變，為形骸藏府營衛脈絡之本，病則蒸休變息，黃道不歸，女月不下，男精不瀉，喜正坐俯臥，有不得隱几而身曲。甚則府轉傳藏而風消，氣轉成金而戟肺者，死不治也。勿輔心脾者，當絕其上源，宜從潤劑者，法主乎中治，謂陽明之上，燥氣主之，不從標本，從乎中治。中治者，中見太陰濕土之化令，燥化專令，濕化待之，寒熱溫涼則逆也。至于氣運迭遷，藏府乘變，其旨幽玄，卒難闡發。頤念啟翁一夕之誨，永矢勿諼，略言大端，不敢妄泄其祕耳。有不得隱曲，晉注謂不得作隱蔽委曲之事謬甚矣。

明·李中梓《本草通玄》卷下　蘆薈　苦，寒，厥陰藥也。其用專主瀉肝滌熱，故能殺蟲，明目，療癬、蟲齒、小兒驚癇、疳痃。

清·顧元交《本草彙箋》卷五　蘆薈　蘆薈與阿魏，他本皆入草部，豈皆木質而草形者耶？

按蘆薈狀如黑餳，亦樹脂耳。味苦如膽，入厥陰經。其功專於殺蟲清熱，故諸疳用之。蘆薈消疳丸，治小兒傷食泄瀉，肚大青筋，腹脹疼痛，胸突骨高，手足細小，用蘆薈、蕪荑各二錢，草龍膽四兩，木香二錢，桔梗五錢，川連四兩，史君子肉二兩半，檳榔五錢，蟬蛻十一枚，去嘴足，洗去土，京墨五錢，炒去煙，大蛇蜈腿肉，瓦上焙乾，二兩，白巴豆二百粒，去油爲霜，絹包，放諸藥中煮乾，去巴霜不用，借氣耳。右爲末，入香油四兩，米醋一碗，建猪膽五枚，同浸一宿，次日入水二碗，文武火熬乾，不住手剗，勿令焦，再略焙乾，研細，又入輕粉一錢，青黛飛過五錢，再研勻，用白麪作餅，火煨至香熟，入鍋煮爛取出，搗糊，麻布絞去漿，和丸如黍米大，每服十五丸，空心米飲下。此秘方。五寶丹，專治小兒結核，蘆薈一兩，明礬二兩，貝母及乳香、沒藥各五錢，爲末，川黃蠟二兩，熔化，加白蜜二兩，攪勻，稍冷入前末，丸如芥子大，空心白沸湯送下二錢，臨睡酒下一錢。蓋瘰癧爲勞病之標，大人小兒皆然。故此方半從疳治，所謂勞病還從疳病醫也。此亦秘方。

清·穆石匏《本草洞詮》卷一一　盧會　一名象膽，以味苦如膽也。氣寒，無毒。入足厥陰經。治熱風煩悶，明目鎮心，小兒癲癇驚風，療五疳，殺三蟲，及痔病瘡瘻，䘌齒濕癬。其功專於殺蟲清熱。已上諸病，皆熱與蟲所生也。劉禹錫云：予少年曾患癬，初在頸項間，後延上左耳，遂成濕瘡浸淫，用斑蝥、狗膽、桃根諸藥，轉甚。一人教用盧會一兩，炙甘草半兩，研末，先以溫漿水洗癬，拭淨，傅之立乾，便瘥。

清·劉雲密《本草述》卷一二　盧會《藥譜》及《圖經》所狀皆言是木脂。一作蘆薈。俗呼象膽。　氣味：苦，寒，無毒。　主治：療小兒五疳，殺三蟲，及癲癇驚風，大人風熱煩悶，胸膈熱，明目鎮心，痔病瘡瘻《開寶》。

時珍曰：盧會乃厥陰經藥也。其功專於殺蟲清熱，已上諸病，皆熱與蟲所生故也。　之頤曰：主濡陽明燥化，待標盛二陽，隕胃家邪實蟲結者也。　希雍曰：盧會稟天地陰寒之氣，故其味苦，其氣寒，其性無毒。寒能除熱，苦能泄熱燥溼，苦能殺蟲。至苦至寒，故能除熱殺蟲，於小兒疳證為要藥。

同厚朴、橘紅、甘草、青黛、蕪荑、百草霜、旋覆花，為末，以砂仁湯吞，治小兒諸疳，一歲一分，甚效。　治大便不通，真盧會研細七錢，朱砂研如飛麪五錢，滴好酒和丸，每服三錢，酒吞，朝服暮通，暮服朝通。須天晴時修合為妙。　溼瘡癢搔有黃水，及頭面風溼癬瘡，研盧會一兩，甘草半兩，先以溫漿洗，拭乾，敷藥便差。

愚按：盧會類以為清熱，不知與他味清熱者何以別也？時珍謂為足厥陰藥，是矣。然亦止云殺蟲清熱，而未能明其義也。本草言其療五疳，殺三蟲，又有專言主小兒疳熱，又云單用殺疳蚘，乃偏簡疳方，用此味者十固八九矣。然而疳之為病，類原於脾，小兒脾胃失於調即易虛，由虛得積，由積成疳，錢乙云諸疳皆脾胃之病，內亡津液之所作也。夫脾主為胃行其津液者也，胃行氣於三陰三陽，而脾更為胃行之者也。亡其津液，是脾氣虛而不能為胃行氣矣。脾胃俱虛，此其所以成積也。苐足厥陰藥，何以專療脾胃乎？蓋脾以風木為用，而肝尤以溼土為化原，脾氣虛，則肝之化原病，即風氣亦不達，木還乘土而鬱於地藏矣。脾由虛有積，即蘊熱於中，更風客淫氣於溼土，則熱愈蘊，而風溼合化於土以為蟲。先哲所謂臟腑停積已久，莫不化為蟲者，此也。盧會本氣之寒，可以清熱，而味之苦為最，尤能就熱而泄之。如是，則風之淫氣不客於土，而蟲殺矣。如蕪荑治蟲，由於辛散風淫，亦能奏功於疳。然未若兹味泄足厥陰之風淫，於足太陰陽明

之中，而轉其虛滯。雖曰殺蟲，而其功有在殺蟲之先者也。雖然如龍薈丸治脇痛之木氣實者，亦有功於脾胃乎？曰：木氣實者，風淫也。風淫則火愈盛，製丸之義如是。然木勝則自乘其所勝，未始不相關也。即如明目鎮心，獨非泄風淫，以清心肝之陽乎，亦何必不關於脾胃，唯其病有脾之疳，能清熱而即以殺蟲，固時珍所未及悉者也。抑脾胃病疳，已大虛矣，苦寒如茲味，不傷陰乎？曰：用之泄陽存陰，以脾為至陰，乃為胃行其津液也。謂為熱疳要劑，豈不審其有益無咎，而為嘗試乎哉？

希雍曰：味至苦，性大寒，凡兒脾胃虛寒作瀉，及不思食者，禁用。

修治：色如黑餳，用數塊散水中，化則自合者為真。入藥須另研用。

清・郭章宜《本草匯》卷一五 蘆會即象膽。 味苦，大寒，入足厥陰、太陰經，又入手少陰經。主熱風煩悶，理驚癎驚風。殺五疳鼻癢，治䘌齒痔瘡。療溼癬，出黃汁。

按：蘆會，稟陰寒之氣，主消不主補，其功專于殺蟲清熱。疳以溼熱為咎，溼熱去則愈矣。故溼瘡頑癬，以蘆會一兩，炙甘草半兩，研末，先以溫漿水洗淨，拭乾傅之，極妙。凡脾胃虛寒作瀉，及不思食者，禁之。又以味若象膽，得名。

產波斯。狀似黑錫，木滴脂淚結成也。先擣成粉，然後入藥。解巴豆毒。

清・蔣居祉《本草擇要綱目・寒性藥品》 蘆薈 氣味：苦，寒，無毒。乃厥陰藥也。 主治：其功耑於殺蟲，清熱明目，鎮心，療小兒癲癎驚風，祛五疳，殺三尸。研末傅䘌齒甚妙。治濕癬出黃（汗）〔汁〕。

清・汪昂《本草備要》卷三 蘆薈瀉熱，殺蟲。 大苦，大寒。功耑清熱殺蟲，涼肝明目，鎮心除煩。治小兒驚癎五疳，傅齒䘌濕癬，甘草末和傅。吹鼻殺腦疳，除鼻癢。小兒脾胃虛寒作瀉者勿服。 出波斯國。木脂也，如黑錫，味苦、色綠者真。

清・顧靖遠《顧氏醫鏡》卷七 蘆薈苦，大寒。入心肝脾三經。黑如漆者佳。 去膈熱，胸膈間熱也。除煩悶。清熱之功。目疾宜求，目不因火則不病。疳病必簡。五疳同為內熱停滯之症，此能治諸疳熱，又善殺三蟲。至苦大寒，故為除熱殺蟲之要藥。苦藥皆燥，惟此性獨潤。一經滴水，即便黏手。昔人以硃砂為佐，用治大便不通者，得非取其寒潤之功歟。脾胃弱者大忌。

清・李熙和《醫經允中》卷一七 蘆薈 即象膽。解巴荳毒。苦，寒，無毒。主治五疳，殺三蟲，鎮心明目，功專殺蟲，清熱，故治疳疥癬久獨神。脾胃虛寒作瀉者禁之。

清・馮兆張《馮氏錦囊秘錄・雜症痘疹藥性主治合參》卷四 蘆薈稟天地陰寒之氣，故其味苦，寒，無毒。寒能除熱，苦能瀉熱燥濕，至苦至寒，故為除熱、去疳、殺蟲、明目、治驚之要藥。專入足厥陰經，亦入足太陰、手少陰。然性主消不主補，凡脾胃虛寒作瀉者，忌服。止入丸散，先擣成粉入也。

蘆薈，殺蟲去疳，鎮心明目。小兒顛癎驚搐，大人瘡瘻痔疽。癬發頸間，同甘草研勻敷效。䘌生齒縫，以鹽湯漱淨點搓。

清・张璐《本經逢原》卷三 蘆薈 苦，寒，小毒。 發明：蘆薈入厥陰肝經及衝脈。其功專於殺蟲清熱。衝脈為病，逆氣裏急及經事不調，腹中結塊上衝，與小兒疳熱積滯，非此不除。同甘草為末，治頭項頑癬甚效。但大苦大寒，且氣甚穢惡，僅可施之藜藿。若胃虛少食人得之，入口便大吐逆，每致奪食泄瀉而成羸瘦怯弱者多矣。有人背瘡愈後餘熱不除，或令服蘆薈藥三服，不數日而斃，傷胃之性於此可徵。

清・浦士貞《夕庵讀本草快編》卷五 盧會宋《開寶》、象膽 名義未詳，俗以其味苦似膽，故名。有草木二種，擣汁煎成。 盧曾苦寒，專入足厥陰之藥也。故其功長於清熱殺蟲，如胸膈熱悶，眼目昏澀，小兒癲癎，驚風疳疾，得非肝家之風熱而成者乎？如三蟲五痔、齒䘌溫痺，腦疳鼻癢，得非濕因熱而化生者乎？古方肥兒丸、當歸盧曾丸，並皆用之是也。《開寶》諸其鎮心者，雖云味苦入心，亦肝寧而子受蔭矣。

清・何諫《生草藥性備要》卷上 蘆薈 味劫，性平。涼血、止痛，治內傷，洗痔瘡如神。敷瘡疥，去油膩。仝粉莊糖擂作飲，茶送，止咳嗽神藥。搥鹽少許，敷瘡止痛。以入藥，埋口，治疳療濕癬。俗名勞偉。

清・劉漢基《藥性通考》卷六 蘆薈 味大苦、大寒，功耑清熱殺蟲，涼肝明目，鎮心除煩，治小兒驚癎，五疳。傅䘌齒濕癬，用甘草末和傅。吹鼻，殺腦疳，除鼻癢。小兒脾胃虛寒作瀉者，勿服。出波斯國。木脂也，如黑錫、味苦色綠者真也。然亦不可亂用，要看人之虛實而用之也。

清・王子接《得宜本草・下品藥》 蘆薈 味苦，寒。入足厥陰經。主治（鬲）〔膈〕熱。得使君子治小兒脾疳，得硃砂治老人風秘。

清・黃元御《玉楸藥解》卷二　蘆薈　味苦，性寒。入足厥陰肝經。殺蟲消痔，退熱除疳。蘆薈清熱殺蟲，治痔瘻疥癬。亦名象膽。

清・吴儀洛《本草從新》卷三　蘆薈（瀉熱殺蟲。）大苦，大寒。功專清熱殺蟲，涼肝明目，鎮心除煩。治小兒驚癇，敷蟲齒，以鹽湯漱淨敷之。濕癬，甘草末減半和敷。吹鼻殺腦疳，除鼻癢。脾胃虛者忌投。出波斯國。木脂也。味苦色綠者真。

清・汪紱《醫林纂要探源》卷三　蘆薈　大苦，大寒。出波斯國。亦木脂也。味苦，色綠，氣甚臭惡。一名象膽。瀉相火，安心神。清肝熱，明目，定小兒驚癇，殺口鼻齒牙内外諸疳，鎮心除煩，功專清熱，殺蟲消積。胃寒者忌投。

清・嚴潔等《得配本草》卷七　蘆薈　苦，寒。入足厥陰經。最捷於引經入肝。消風熱，殺三蟲，散瘰癧，治驚癇。鎮心明目，利水除腫。得朱砂，治風秘。配甘草，敷瘡瘻。佐使君子，治脾疳。入鹽湯，漱齒䘌。和甘草研敷亦可。　脾胃虛寒作瀉者禁用。〔上熄過入藥用。〕

題清・徐大椿《藥性切用》卷五　蘆會　大苦大寒，入肺肝而清痼熱，殺諸蟲。胃虛者切忌。

清・黃宮繡《本草求真》卷八　蘆薈除熱殺蟲。　蘆薈耑入肝，兼入脾心，即波斯國木脂。大苦大寒，功專殺蟲除疳，安心明目，最為小兒驚癇疳積上品。蘆薈，使君子等分為末，米飲下。且能吹鼻殺腦疳，及除鼻癢。劉禹錫《傳信方》云：予少年曾患癬，初在頸項間，後延上左耳，遂成濕瘡浸淫。用諸藥徒令蜇蠚，其瘡轉甚，偶於楚州賣藥人教用蘆薈一兩，炙甘草末半兩，研末，先以溫漿水洗癬，拭淨傅之，立乾便瘥。真神奇也。　然苦雖能殺蟲，寒能療熱，而氣甚穢惡。氣血得香則順，得臭則逆，所當慎投。僅可施之藜藿。若胃虛少食人得之，入口便大吐逆，遂致奪食泄瀉，因而羸瘦怯弱者多矣。　如黑（錫）〔餳〕，味苦色綠者真。

清・沈金鰲《要藥分劑》卷六　蘆薈　【略】鰲按：　近世以蘆薈為更衣藥，蓋以其清燥滌熱之功也。

清・羅國綱《羅氏會約醫鏡》卷一六草部　蘆薈　味苦寒，無毒，入心、肝、脾三經。稟陰寒之氣，能除一切邪熱。明目，除驚瀉火，療五疳，殺三蟲。濕熱所致，寒除熱，苦燥濕。　按：　性寒，脾虛者禁用。

清・趙學敏《本草綱目拾遺》卷四《草部中》　象鼻草　《職方考》：　出雲南府。　治丹毒，跌撲損傷。

清・黃凱鈞《藥籠小品》　蘆薈　木脂也，出波斯國。大苦大寒，功專清熱殺蟲，同膽草能瀉肝經實火。

清・王龍《本草纂要稿・木部》　蘆薈　氣味苦寒。鎮心明目，殺蟲去疳。療大人瘡瘻疽痔，治小兒驚搐顛癇。漱䘌生齒縫，敷癬發頸間。俗名象膽。

清・張德裕《本草正義》卷下　蘆薈　大苦，大寒。除風熱，清肺胃，涼肝明目，小兒風熱急驚，殺諸蟲。吹鼻可治腦疳鼻痔，敷牙可殺牙蟲。

清・楊時泰《本草述鉤元》卷一二　盧會　俗呼象膽。《藥譜》、《圖經》皆言是木脂。　味至苦，氣寒。為足厥陰肝經藥。主療小兒五疳，殺三蟲及癲癇驚風，大人風熱煩悶，胸膈熱，明目鎮心，痔病瘡瘻。主濡陽明燥化，隕胃家邪實蟲結之頤。其功專於除熱殺蟲，所主諸病，皆熱與蟲所生故也瀕湖。同厚朴、橘紅、甘草、青黛、蕪荑、百草霜、旋覆花為末，砂仁湯吞，治小兒諸疳，一歲一分，甚效。大便不通，更衣丸，須天晴時修合。真盧會研細七錢，朱砂五錢研如飛麪，滴好酒和丸，每服三錢，酒吞，朝服暮通。濕瘡癢搔有黃水及頭面風濕癬瘡，研盧會一兩、甘草五錢，先以溫漿洗，拭乾，敷藥便瘥。

論：　盧會為肝藥，本草言其療五疳，殺三蟲，簡疳方用此味者，十固八九。夫諸疳皆脾胃受病，内亡津液之所作也。胃行氣於三陰三陽，而脾更為胃行其津液，津液亡是脾氣虛而不能為胃行氣也，脾胃俱虛，積所以成。顧何以足厥陰藥而專療脾胃乎？　蓋脾以風木為用，肝又以濕土為化原，脾氣虛則肝之化原病，而風氣不達，木還乘土而鬱於地藏矣。脾虛有積，既已蘊熱於中，更風客淫氣於濕土，則熱愈蘊而風淫合化於土以為蟲，所謂臟腑停積已久，莫不化蟲者此也。盧會本氣之寒以清熱，而味之極苦，尤能就熱而泄之，如是則風之淫氣，不客於土而蟲殺矣。如蕪荑治蟲，由於辛散風淫，亦能奏功於疳，然未若茲味泄厥陰風淫於太陰陽明之中，而轉其虛滯，其功有在殺蟲之先者也。他如龍會丸治脇痛之木氣實者，木氣實則風淫，風淫則火愈盛，而乘其所勝，未始不與脾胃相關也。即明目鎮心之效，獨非泄風淫以清心肝之陽乎。抑脾胃病疳，已大虛矣，苦寒如茲味，烏可嘗試。不知脾為至陰，用此瀉陽以存陰，謂為熱疳要劑，豈不審其有益而無咎也哉？　至苦大寒，凡小兒脾胃虛寒作瀉及不思食者，禁用仲淳。

辨治：　色如黑餳，用數塊散水中化則自合者為真。入藥，須另研。

清・葉桂《本草再新》卷四　蘆薈味甘、淡，性寒，無毒。入心、肝二經。　治肝火，鎮肝風，清心熱，解心煩，止渴生津，聰耳明目，消牙腫，解火毒。

清・吳其濬《植物名實圖考》卷一七　象鼻草　生雲南。一名象鼻蓮。初生如舌，厚潤有刺，兩葉對生，高可尺餘，邊微內翕；外葉冬瘁，內葉即生，栽之盆玩，喜陰畏暵。蓋即與仙人掌相類。《雲南府志》：可治丹毒。產大理者，夏發莖，開小尖瓣黃花如穗，性涼，敷湯火傷，良。

清・吳其濬《植物名實圖考》卷三五　盧會　《本草拾遺》始著錄。木脂似黑錫，主治殺蟲拭癬。舊《雲南志》：蘆薈出普洱。

清・趙其光《本草求原》卷七香木部　蘆薈　大苦，泄熱；大寒，清熱。專瀉肝經風熱，不使乘制脾胃以成濕滯。胃行氣於三陰三陽，脾屬至陰，更為胃行其津液，風淫乘土則熱鬱於中，陰液不行，滯而成濕，宜此泄陽存陰。治五疳，脾熱亡津之病。殺蟲。風濕所化。除煩。主驚癇、胸膈熱，明目鎮心，心肝之火不擾也。通大便，同辰砂、酒為丸，酒下，泄心、小腸之火。敷䘌齒，濕瘡癢、搔有黃水及頭面風濕癬瘡。同甘草和敷。衝脈為病，逆氣裏急，及經事不調、腹中結塊上沖，非此不除。吹鼻，殺腦疳，除鼻癢。脾胃虛弱大忌。　出波斯國，木脂如黑錫，味苦色綠，散水中化而自合者真，須另研。

清・文晟《新編六書》卷六《藥性摘錄》　蘆薈　大苦，大寒。入肝，兼入脾、心。除熱殺蟲，消疳積。○且能吹鼻，殺腦疳，除鼻癢。○惟胃虛少食者，服之大吐逆。

清・張仁錫《藥性蒙求・木部》　蘆薈　蘆薈苦寒，涼肝明目。清熱殺蟲，驚癇亦服。大苦，大寒。脾胃虛者，大忌。○出波斯國。木脂也。味甘，色綠者為真。

清・屠道和《本草匯纂》卷三殺蟲　蘆薈　耑入肝，兼入脾、心。大苦，大寒，無毒。功專殺蟲，除疳涼肝，明目鎮心，除煩。除熱風煩悶，胸膈間熱氣，小兒驚癇疳積。殺三蟲及痔病瘡瘻。解巴豆毒。研末，傅䘌齒甚妙。治濕癬出黃汁。治蟲，用蘆薈、使君子等分，為末，米飲下。單用殺疳蚘，吹鼻殺腦疳及除鼻癢。然苦雖能殺蟲，寒雖能療熱，而氣甚穢惡，僅可施之藜藿人。若脾胃虛者，入口便大吐逆，遂致奪食瀉泄，因而羸瘦怯弱者多矣。出波斯國。木脂也，如黑(錫)〔餳〕。味苦色綠者真。劉禹錫《傳信方》云：予少年曾患癬，初在頸項間，後延上左耳，遂成濕瘡浸淫，用諸藥徒令蜇蠚，其瘡轉甚。偶遇楚州賣藥人，教用蘆薈一兩，炙甘草半兩，研末，先以溫漿水洗癬，拭淨傳之，立乾便瘥，真奇方也。氣血得香則順，得臭則逆，慎之。

清・戴葆元《本草綱目易知錄》卷四　蘆薈　苦，寒。厥陰經藥。其功耑於殺蟲，清熱明目，鎮心。療五疳，殺三蟲。治熱風煩悶，胸膈熱氣，小兒癲癇驚風及諸疳熱。傅䘌齒甚良。治濕癬出黃汁及痔病瘡瘻。吹鼻，殺腦疳，除鼻痒。解巴豆毒。小兒脾虛瀉者勿服。

清・陳其瑞《本草撮要》卷二　蘆薈　味苦，寒，入足厥陰經，功專涼膈熱。得使君子治小兒脾疳，得硃砂治老人風秘。得甘草共為末，調敷濕癬良。胃虛者忌服。亦名象膽。

油葱

清・吳其濬《植物名實圖考》卷三〇　油葱即羅幃草。　《嶺南雜記》：油葱形如水仙葉，葉厚一指，而邊有刺；不開花結子，從根發生，長者尺餘；破其葉，中有膏，婦人塗掌中以澤髮代油，貧家婦多種之屋頭。問之則怒，以為笑其貧也。　按：油葱，粵西人以其膏治湯火灼傷有效。又名羅幃花，如山丹，以為婦女所植，故名。

王孫

宋・唐慎微《證類本草》卷六草部上品〔唐・陳藏器《本草拾遺》〕　旱藕　味甘，平，無毒。主長生不飢，黑毛髮。生太行，如藕。

宋・李昉《太平御覽》卷第九九三　王孫　《本草經》曰：王孫，味苦，平。治五藏邪氣，濕痺，四支疼酸。生海西。　《吳氏本草經》曰：黃孫，一名王孫，一名蔓延，一名公草，一名海孫。神農、雷公：苦，無毒。黃帝：甘，無毒。生西海山谷，及汝南城郭垣下。蔓延，赤文，莖葉相當。

宋・唐慎微《證類本草》卷九草部中品〔《本經・別錄》〕　**王孫**　**味苦，平**，無毒。**主五藏邪氣，寒濕痹，四肢疼酸，膝冷痛**，療百病，益氣。吳名白功草，楚名王孫，齊名長孫，一名黃孫，一名黃昏，一名海孫，一名蔓延。生海西川谷及汝南城郭垣下。

〔梁・陶弘景《本草經集注》〕云：　今方家皆呼名黃昏，又云牡蒙，市人亦少識者。

〔唐・蘇敬《唐本草》〕注云：　《小品》述《本草》：牡蒙，一名王孫。《藥對》有牡蒙無王孫。此則一物明矣。又主金瘡，破血，生肌肉，止痛，赤白痢，補虛益氣，除脚腫，發陰陽也。

〔宋・掌禹錫《嘉祐本草》〕按：　《蜀本》注云：　葉似及己而大，根長尺餘，皮、肉

亦紫色。

宋・鄭樵《通志》卷七五《昆蟲草木略》 王孫 曰黃孫，曰黃昏，曰海孫，曰蔓延。又楚曰王孫，齊曰長孫。方家謂之牡蒙。

明・劉文泰《本草品彙精要》卷一二 王孫無毒。 植生。

王孫出《神農本經》：**主五臟邪氣，寒濕痹，四肢疼酸，膝冷痛。**以上朱字《神農本經》。療百病，益氣。以上黑字名醫所錄。【名】長孫、黃孫、黃昏、白功草、海孫、蔓延、牡蒙。【苗】《蜀本》注云：葉似及己而大，根長尺餘，皮肉亦紫色。《唐本》注云：《小品》述《本草》：牡蒙，一名王孫。《藥對》有牡蒙，無王孫，此則一物明矣。【地】《圖經》云：生海西川谷及汝南城郭垣下。【時】生：春生苗。採：秋取根。【收】暴乾。【用】根。【質】類及己。【色】紫。【味】苦。【性】平，泄。【氣】味厚于氣，陰也。【主】金瘡，止痛。【治】療：《唐本》注云：療金瘡，破血，生肌，止痛，赤白痢，除脚腫，發陰陽也。補：《唐本》注云：益氣，補虛。

明・鄭寧《藥性要略大全》卷七 王孫草 主五臟邪氣，寒濕痹，四肢酸疼，脚膝冷痛。《金(櫃)[匱]》云：止金瘡，破血，止痛生肌。療赤白痢，補虛益氣，除脚腫，發陰陽。 味苦，氣平，無毒。○一名牡蒙。又云：紫參即王孫草也。

明・王文潔《太乙仙製本草藥性大全》卷二《本草精義》 王孫草 一名牡蒙，又云紫參，吳名白功草，梵名王孫，齊名長孫，一名黃孫，一名黃昏，一名海孫，一名蔓延。生海西川谷及汝南城郭垣下，葉似及己而大，根長尺餘，皮肉亦紫色，市人亦少識者。

明・王文潔《太乙仙製本草藥性大全》卷二《仙製藥性》 王孫草 味苦，氣平，無毒。 主治：主五臟邪氣神功，敺風寒濕痹奇效。治四肢酸疼，理脚膝冷痛。止金瘡破血，住痛生肌。解赤白痢疾，補虛益氣。除脚腫仙方，發陰陽神劑。

明・皇甫嵩《本草發明》卷三 王孫下品下。味苦，平，無毒。生海西川谷及汝南城郭垣下。 發明曰：王孫能除風濕氣，故主五藏邪氣，寒濕痺，四肢痠疼，膝冷痛。療百病，益氣。又云：主金瘡破血。(生痛赤白痢)補虛益氣，除脚腫。吳曰功草，楚曰王孫，齊曰長孫。

明・李時珍《本草綱目》卷一二草部・山草類上 王孫《本經》中品。校正：併入《拾遺》旱藕。

【釋名】牡蒙弘景 黃孫《別錄》 黃昏《別錄》 旱藕普曰：楚名王孫。齊名長孫，又名海孫。吳名白功草，又名蔓延。時珍曰：紫參一名牡蒙，木部合歡一名黃昏，皆與此名同物異。 【集解】《別錄》曰：王孫生海西川谷，及汝南城郭垣下。普曰：蔓延赤文，(整延)[莖葉]相當。弘景曰：今方家皆呼爲黃昏，云牡蒙，市人少識者。恭曰：按陳延之《小品方》述《本草》：牡蒙一名王孫。徐之才《藥對》有牡蒙無王孫。此則一物明矣。牡蒙葉似及己而大，根長尺餘，皮肉皆紫色。藏器曰：旱藕生太行山中，狀如藕。時珍曰：王孫葉生顛頂，似紫河車葉。按《神農》及《吳普本草》：紫參一名牡蒙。陶弘景亦曰：今方家呼紫參爲牡蒙。其王孫並無牡蒙之名，而陶氏於王孫下乃云又名牡蒙，且無形狀。唐蘇恭始以紫參、牡蒙爲二物，謂紫參葉似羊蹄，王孫葉似及己。但古方所用牡蒙，皆爲紫參；後人所用牡蒙，乃王孫，非紫參也。不可不辨。唐玄宗時隱民姜撫上言：終南山有旱藕，餌之延年，狀類葛粉。帝取作湯餅，賜大臣。右驍騎將軍甘守誠曰：旱藕者，牡蒙也，方家久不用，撫易名以神之爾。據此牡蒙乃王孫也。蓋紫參止治血證積聚瘧痢，而王孫主五臟邪氣痹痛療百病之文，自可推也。蘇恭引《小品方》牡蒙所主之證，乃紫參，非王孫，故今移附紫參之下。

根 【氣味】苦，平，無毒。普曰：神農、雷公：苦，無毒。黃帝：甘。藏器曰：旱藕，甘，平，無毒。 【主治】五臟邪氣，寒濕痹，四肢疼酸，膝冷痛《本經》。療百病，益氣《別錄》。旱藕：主長生不飢，黑毛髮藏器。

明・梅得春《藥性會元》卷上 王孫 味苦，平，無毒。 主治五臟邪氣，寒濕痹，四肢痠疼，膝冷痛； 療百病，益氣。楚名王孫，齊名長孫，吳名白功草。

清・吳其濬《植物名實圖考》卷八 王孫 《本經》中品。《唐本草》注以為即牡蒙。甘守誠謂旱藕為蒙牡。今江西謂之百節藕，以治虛勞。俚醫猶有呼為王孫者，其根類初生藕，白潤而嫩，芽微紅，姜撫所進，狀類葛粉，乾而研之，當無異矣。《續博物志》因一名黃昏。遂誤以合歡為王孫。《游宦紀聞》辨探囊一試黃昏湯，為去五藏邪氣，其論確核。《嫏嬛記》：孫真人有黃昏散，夫妻反目，服之必和。亦當是合歡。此藥自唐時方家久不用，而江西建昌、廣信俗方猶用之。陳藏器云：甘平無毒，主長生不飢。其性固非千歲藟比，而長生之說，得非踵姜撫邪說乎？

清・葉志詵《神農本草經贊》卷二 王孫 味苦，平。主五藏邪氣，寒濕痹，四肢疼酸，膝冷痛。生川谷。

餌之延年，終南具有。呼聽多孫，訛沿兩牡。摩頂河車，剝膚旱藕。夜合黃昏，名同物否。

《唐書·傳》：姜撫言終南山有旱藕，餌之延年。甘守誠曰：牡蒙也，王孫別名。易名以神之耳。《詩》：終南何有。吳普曰：楚名王孫，齊名長孫，又名海孫。名醫曰：一名黃孫。《易林》：受福多孫。《詩》：並驅從兩牡兮。李時珍曰：古方所用牡蒙，是紫參。後人所用牡蒙，乃王孫，葉生巔頂，類紫河車葉。《孟子》：摩頂放踵。《易》：剝牀以膚。李時珍曰：一名黃昏，與夜合名同物異。

貝母

宋·李昉《太平御覽》卷第九九二 貝母 《毛詩·鄘風·載馳》曰：陟(陂)〔彼〕阿丘，言採其蝱。貝母也。《爾雅》曰：莔音蝱，貝母也。郭璞曰：根如小貝，員而白，華葉似韭。

宋·唐慎微《證類本草》卷八草部中品〔《本經·別錄·藥對》〕 **貝母** **味辛**、苦，平、微寒，無毒。**主傷寒煩熱，淋瀝，邪氣，疝瘕，喉痹，乳難，金瘡風痙，**療腹中結實，心下滿，洗洗惡風寒，目眩項直，欬嗽上氣，止煩熱渴，出汗，安五藏，利骨髓。**一名空草，**一名藥實，一名苦花，一名苦菜，一名商草，一名勤母。生晉地。十月採根，暴乾。厚朴、白薇爲之使，惡桃花，畏秦艽、礜石、莽草，反烏頭。

〔梁·陶弘景《本草經集注》〕云：今出近道。形似聚貝子，故名貝母。斷穀，服之不飢。

〔唐·蘇敬《唐本草》〕注云：此葉似大蒜。四月蒜熟時採良。若十月苗枯，根亦不佳也。出潤州、荆州、襄州者最佳，江南諸州亦有。味甘、苦，不辛。按《爾雅》一名莔，忙庚切也。

〔宋·掌禹錫《嘉祐本草》〕按：《爾雅》云：莔，貝母。注：根如小貝，員而白華，葉似韭。疏引陸璣云：其葉如栝樓而細小。其子在根下，如芋子，正白，四方連累相著，有分解也。《藥性論》云：貝母，臣，微寒。治虛熱，主難產，作末服之。兼治胞衣不出，取七枚，末，酒下。末，點眼去膚瞖。主胸脅逆氣，療時疾、黃疸。與連翹同主項下瘤癭疾。日華子云：消痰，潤心肺。末和沙糖爲丸，含止嗽。燒灰油〔調〕傳人畜惡瘡。

〔宋·蘇頌《本草圖經》〕曰：貝母生晉地，今河中、江陵府、郢、壽、隨、鄭、蔡、潤、滁州皆有之。根有瓣子，黃白色，如聚貝子，故名貝母。二月生苗，莖細青色，葉亦青，似蕎麥，葉隨苗出。七月開花碧綠色，形如鼓子花。八月採根，曬乾。又云：四月蒜熟時採之良。此有數種。《鄘詩》言采其莔，音蝱。陸璣疏云：貝母也。其葉如栝樓而細小，其子在根下，如芋子，正白，四方連累相著，有分解。今近道出者正類此。郭璞注《爾雅》云：白花，葉似韭，此種罕復見之。此藥亦治惡瘡。唐人記其事云：江左嘗有商人，左膊上有瘡，如人面，亦無它苦。商人戲滴酒口中，其面亦赤色。以物食之，亦能食，食多則覺膊內肉脹起。或不食之，則一臂痹。有善醫者，教其歷試諸藥，金石草木之類，悉試之無苦，至貝母，其瘡乃聚眉閉口，商人喜曰：此藥可治也。因以小葦筒毀其口灌之，數日成痂，遂愈，然不知何疾也。謹按：《本經》主金瘡，此豈金瘡之類歟！

〔宋·唐慎微《證類本草》〕《雷公》云：凡使，先於柳木灰中炮令黃，擘破，去內口鼻上有米許大者心一小顆，後拌糯米於鏊上同炒，待米黃熟，然後去米，取出。其中有獨顆團不作兩片無皺者，號曰丹龍精，不入用。若誤服，令人筋脉永不收。用黃精、小藍汁合服，立愈。

〔宋·陳承《重廣神農本草並經》〕《別說》云：謹按：貝母能散心胸鬱結之氣，殊有功，則《詩》所謂言采其蝱者是也。蓋作詩者，本以不得志而言之，今用以治心中氣不快，多愁鬱者，殊有功，信矣！

宋·鄭樵《通志》卷七五《昆蟲草木略》 貝母，曰空草，曰藥實，曰苦花，曰苦菜，曰商草，曰勤母，曰莔。《爾雅》曰：莔，貝母。《詩》云：言采其蝱。

宋·劉明之《圖經本草藥性總論》卷上 貝母 味辛、苦，平、微寒，無毒。主傷寒煩熱，淋瀝，邪氣疝瘕，喉痹乳難，金瘡風痙。療腹中結實，心下滿，惡風寒，目眩項直，欬嗽上氣，止煩熱渴出汗。安五藏，利骨髓。《藥性論》云：臣。治虛熱，主難產胞衣不下。點眼，去膚瞖。主胸脇逆氣，療時疾黃疸。與連翹同主項下瘤癭。日華子云：消痰，潤心肺，止嗽。燒灰，油傅人畜惡瘡。厚朴、白薇為之使。惡桃花。畏秦艽、礜石、莽草。反烏頭。

元·王好古《湯液本草》卷四 貝母 氣平，微寒，味辛、苦，無毒。《本草》云：主傷寒煩熱，淋瀝，邪氣，疝瘕，喉痹，乳難，金瘡，風痙。療腹中結實，心下滿，洗洗惡風寒，目眩項直，欬嗽上氣。止煩渴，出汗，安五臟，利骨髓。仲景：寒實結胸，外無熱證者，三物小陷胸湯主之，白散亦可。以其內有貝母也。《別說》：貝母能散胸中鬱結之氣，殊有功。《本草》又云：厚朴、白薇為之使，惡桃花，畏秦艽、礜石、莽草，反烏頭。海藏祖方，下乳三母散：牡蠣、知母、貝母三物為細末，猪蹄湯調下。

元·朱震亨《本草衍義補遺·新增補》 貝母 本草主傷寒煩熱，淋瀝，

瘕疝，喉痹，金瘡，腹中心下結實滿，咳嗽上氣。日華子云：消痰潤肺，及燒灰油調敷人惡瘡，至能斂瘡口。《別説》云：能散心胸鬱結之氣，殊有功。則詩人所謂言采其蝱者是也。蓋作詩者，本以不得志而言之。今用治心中氣不快，多愁鬱者甚有功，信矣。

元·徐彦純《本草發揮》卷二 貝母 成聊攝云：辛散而苦泄。桔梗、貝母之苦辛，用以下氣。海藏云：寒實結胸，無熱證者，仲景以小陷胸湯主之。白散亦可服，以其内有貝母也。《別説》云：貝母，能散心胸鬱結之氣殊有功。今用以治心口氣不快，多愁鬱者，信然。海藏祖方，下乳三母散，用牡蠣、知母、貝母三物，為細末，以猪蹄調下。

明·王綸《本草集要》卷二 貝母臣。味辛苦，氣平，微寒，無毒。厚朴、白薇為之使。畏秦艽、礜石，反烏頭。凡使去中心。主傷寒煩熱，淋瀝，邪氣疝瘕，喉痹乳難，金瘡風痙，腹中結實，心下滿，咳嗽上氣，消痰，潤心肺，散心胸鬱結之氣殊有功。《詩》云言采其虻者是也。與連翹同主項下瘤癭疾，敷惡瘡，至能斂瘡口。産難，及胞衣不出，取七枚，作末，酒調下。人畜惡瘡，燒灰，油調傳之。昔有人左膊有瘡如人面，歷試諸藥無苦。至貝母，瘡乃聚眉閉口，因以小葦筒毀其口，灌之，數日成痂愈。

明·滕弘《神農本經會通》卷一 貝母 臣也。厚朴、白薇為之使，惡桃花，畏秦艽、礜石、莽草，反烏頭。凡使去中心有獨顆團不作兩片無皺者，號曰丹龍精，不入用，若誤服，令人筋脉永不收。味辛、苦，氣平，微寒，無毒。《湯》云：同。東云：清痰止嗽，利心肺。《疌》云：消痰潤肺，治黄淋，及金瘡痙，目盲喉痺，下胎衣，兼主癭瘤。

《本經》云：主傷寒煩熱，淋瀝邪氣，疝瘕，喉痺乳難，金瘡風痙。療腹中結實，心下滿，洗洗惡風寒，目眩項直，欬嗽上氣，止煩熱渴，出汗，安五臟，利骨髓。十月採根，暴乾。《藥性論》云：貝母，臣，微寒。治虛熱。主難産，作末服之，兼治胞衣不出。取七枚，末，酒下。末點眼，去膚瞖。主胸脇逆氣，療時疾黄疸。與連翹同，主項下癭瘤疾。日華子云：消痰，潤心肺，末和沙糖為丸，含，止嗽。燒灰，油傳人畜惡瘡。《圖經》云：此藥亦治惡瘡，有人左膊上患瘡如人面，亦無他苦，以酒戲滴口中，其面赤色，以物食之，亦能食。歷試諸藥，悉無苦，至貝母，瘡乃皺眉閉口。因以小葦筒，毀其口，灌之，數日成痂，遂愈。仲景寒實結胸，外無熱證者，三物小陷胸湯主之。白散亦可，以其内有貝也。丹溪云：敷惡瘡，至能斂瘡口。《別説》云：能散心胸鬱結之氣，殊有功。則詩人所謂言采其蝱者是也。蓋作詩者，本以不得志而言之，今用治心中氣不快，多愁鬱者，甚有功，信矣。海藏祖方，下乳三母散，牡蠣、知母、貝母三物，為細末，用猪蹄湯調下。劊云：貝母寒平欬逆氣，主除煩熱療傷寒。更消腹結心下滿，止汗和中解鬱煩。《局》云：貝母能消煩鬱氣，亦能止咳治傷寒。商人瘡毒如人面，此藥才施病即安。貝母，治人面瘡，理傷寒，止嗽。

明·劉文泰《本草品彙精要》卷一〇 貝母無毒 植生。

貝母出《神農本經》：**主傷寒，煩熱，淋瀝，邪氣，疝瘕，喉痹，乳難，金瘡，風痙。**以上朱字《神農本經》。療腹中結實，心下滿，洗洗惡風寒，目眩，項直，欬嗽上氣，止煩熱渴，出汗，安五臟，利骨髓。以上黑字名醫所録。【名】空草、藥實、苦花、苦菜、商草、勤母、莔。【苗】《圖經》曰：春生苗，莖細，青色，葉亦青，似蕎麥葉，隨苗出。七月花開，碧緑色，形如鼓子花。其根圓而有瓣，黄白色，如聚貝子，故名貝母。陸璣《疏》云：其葉如栝樓而細小，其子在根下如芋子，正白，四方連累相著，有分解。其中獨顆而無兩瓣，亦無皺者，號曰丹龍精，不入藥用。《唐本》注云：又一種葉如大蒜，蒜熟時採之良。舊本云：十月採，恐苗枯，根亦不佳也。【地】《圖經》曰：生晉地及河中、江陵府，郢、壽、隨、鄭、蔡、潤、滁州皆有之。《唐本》注云：荊襄産者佳，江南諸州亦有。【道地】峽州、越州。【時】生：二月生苗。採：四月、八月取根。【收】暴乾。【用】根圓白不僵者佳。【質】類半夏而有瓣。【色】黄白。【味】辛，苦。【性】微寒。【氣】味厚于氣，陰中之陽。【臭】朽。【主】化痰，解鬱。【助】厚朴、白薇爲之使。【反】烏頭，畏秦艽、礬石、莽草，惡桃花。【製】《雷公》云：凡使，先于柳木灰火中炮黄，劈破，去内口鼻上有米許大者心一小顆，後拌糯米於鏊上同炒，待米黄熟，然後去米。生亦可用。【治】療：《圖經》曰：除惡瘡並人面瘡。《藥性論》云：退虛熱，催難産，爲末，點眼，去膚翳，消胸脇逆氣，並時疾，黄疸。日華子云：消痰潤肺。《衍義》曰：散心胸鬱結之氣。補：陶隱居云：斷穀，服之不飢。【合治】合酒調服，療胞衣不出。〇合連翹，療項下瘤癭疾。〇合沙糖爲丸，含化，止嗽。〇合油，傳人畜惡瘡。【禁】誤服丹龍精，令人筋脈不收。【解】若誤服丹龍精者，用黄精、小藍汁解之，立愈。【贗】丹

龍精爲僞。

明·葉文齡《醫學統旨》卷八 貝母 氣平，微寒，味辛。無毒。厚朴、白薇為之使；惡畏秦艽、礬石；反烏頭。凡用去心。 治傷寒煩熱，咳嗽上氣，痰涎喉痺，乳癰金瘡，風痓； 消瘿瘤痰核，斂人面惡瘡，腹中結實； 心下滿，潤心肺，止淋瀝，散心胸鬱結之氣殊有功。

明·許希周《藥性粗評》卷二 貝母散一胸之鬱。

貝母，一名空菜，一名藥實。《爾雅》謂之莔，《載馳》之詩曰言采其蝱是也。其名甚多。二月生苗，似蒜葉，亦有一種似蕎麥葉者，七月開花如鼓子，碧綠色，其子在根下，如小貝，圓白色，數粒連累相着而有分解。生河東鄭、蔡、潤、滁等州平野，今荊、襄諸州亦皆有之。十月採根，暴乾。一云四月蒜熟時採良。凡用灰中炮裂，去心，有獨顆不裂者名丹龍精，有毒，不可入藥，誤服令人筋脉不收。厚朴、白薇為之使，惡桃花，畏秦艽、礬石、莽草，反烏頭。味辛、苦，性平、微寒，無毒。其氣下行。主治傷寒煩熱，疝瘕淋瀝，喉痹乳難，目眩項強，咳嗽上氣。散胸中鬱結不快之氣，并惡瘡腫毒，昔商人有患人面瘡，竟以此愈之者，為其能散故也。

單方： 胎衣不下： 凡產難或胎衣不下者，取七枚，為末，酒調下良。 乳汁不通： 同牡蠣、知母三味，為細末，以猪蹄湯調下。

明·鄭寧《藥性要略大全》卷二 貝母臣 清痰止咳嗽，利心膽。《經》云： 主煩，淋瀝疝瘕，喉痹，乳難，金瘡，心腹結滿。惡風寒，項直，咳嗽上氣，止煩熱渴。出汗，安五臟，利骨髓，散胸中鬱結之氣殊有功。治虛熱產難。 註云： 味辛、苦，氣平、微寒，無毒。厚朴、白斂為之使。惡桃花。畏秦艽、礜石。反烏頭。凡用，以滾水泡五七次，去心。入藥與連翹同。治頸下瘿瘤。單用為末，可治人面瘡。 雷公云： 凡用先於柳木灰中〔炮〕令黃，擘破，去內口鼻。其有獨顆不分瓣、無皺者，號曰丹龍精，不入藥，悞服令人筋脉永不收。當用黃精、小藍汁合服立愈。

明·賀岳《醫經大旨》卷一《本草要略》 貝母 味辛、苦，性微寒。辛能散鬱，苦能降火。故凡心中不和而生諸疾者，皆當用之。《本草》主傷寒煩熱，淋瀝瘕疝，喉痺，金瘡，腹中心下結實，咳嗽上氣。日華子云： 消痰潤肺，燒灰敷於惡瘡而能斂口，皆取辛能散結。而苦降火，則氣血調暢，而瘡口自是其斂矣，非貝母性本收斂而斂之也。

明·陳嘉謨《本草蒙筌》卷二 貝母 味辛、苦，氣平、微寒，無毒。荊襄多生，苗莖青色。葉如大麥葉，花類豉子花。近冬採根，曝乾聽用。有瓣如聚貝子，故人以貝母名。黃白輕鬆者為良，油黑重硬者勿用。去心咀片，入肺行經。消膈上稠痰，久欬嗽者立効； 散心中逆氣，多愁鬱者殊功。仲景治寒實結胸，製小陷胸湯，以栝樓子、黃連輔斯作主。因味辛散苦瀉，故能下氣，今方改用半夏，悞也。海藏療產後無乳，立三母散，用牡蠣知母尊此為君。煮豬蹄湯調服。足生人面惡瘡，燒灰油敷收口。產難胞衣不出，研末酒服離懷。時疾黃疸能敺，赤眼膚瞖堪點。除疝瘕喉痹，止消渴熱煩。 又丹龍睛係獨顆瓣無分拆，儻悞煎服，令遍身筋不收持。藍汁黃精，合飲即解。

謨按： 世俗多以半夏有毒，棄而不用，每取貝母代之。殊不知貝母乃太陰肺經之藥，半夏乃太陰脾、陽明胃經之藥，何得而相代耶？ 且夫欬嗽吐痰、虛勞吐血咯血、痰中見血、咽痛喉閉、肺癰肺痿、婦人乳難癰疽及諸鬱證，此皆貝母為嚮導也，半夏乃為禁用。若涎者，脾之液也。美味膏粱炙煿大料，皆生脾胃濕熱。故涎化稠粘為痰，久則生火，痰火上攻，故令昏憒不省人事，口噤偏廢，僵仆蹇澁不語，生死旦夕。自非半夏、南星曷可治乎？ 若以貝母代之，則束手待斃矣。

明·方穀《本草纂要》卷一 貝母 味辛，氣平微寒，無毒。入手少陰、太陰、足太陰經之藥也。主開結氣，散鬱氣，平中氣，解毒氣，清心氣，破癥氣，攻痰氣，治火氣，此氣分理氣之藥也。吾見瘡毒之症，以之托裏，以之收斂，以之護心解毒。何也？ 蓋瘡毒所生，皆由氣鬱所聚。貝母爲辛苦之藥，辛可以散氣，苦可以下氣也。氣散則毒自解，氣下則毒自去。所以兼補氣之藥而爲托裏，兼和解之藥而爲收斂，兼發散破結之藥而爲護心解毒之論也。大抵貝母之劑，氣清而不濁，能潤乎心肺者也。是以胸膈窒塞，氣挾痰而上升，茲能疏通而不滯； 咽喉壅盛，痰隨火而上客，茲能利導而無虞。配知母以用之，可以清氣而滋〔陰〕； 配芩連以用之，可以清痰而降火； 配參朮以用之，可以行補而不聚； 配歸芎以用之，可以行氣而和榮； 配二陳湯代半夏用，可以開結散鬱平氣解毒清心降火，破癥攻痰等症也，治不可缺。凡用去心。畏烏頭。

明·王文潔《太乙仙製本草藥性大全》卷一《本草精義》 貝母 一名空草，一名藥實，一名苦花，一名苦菜，一名莔草，一名勤母。生晉地，今河中江陵府，郢、壽、隨、鄭、蔡、潤、滁州皆有之。根有瓣子，黃白色，如聚貝子，故名

貝母。二月生苗，莖細青色，葉亦青似蕎麥，葉隨苗出。七月開花，碧緑色，形如子花。八月採根，曬乾。又云：四月葱熟時採之良。此有數種：《鄘》詩言採其莔音蝱，陸璣《疏》云貝母也。其葉如栝樓而細小，其子在根下如芋子，正白四方，連累相著，有分解，今近道出者正類此。郭璞注《爾雅》云：白花，葉似韭，此種罕復見之。此藥亦治惡瘡。惡桃花，畏秦艽、礬石，反烏頭。凡用以滚水泡五七次，去心入藥，與連翹同。

明·王文潔《太乙仙製本草藥性大全》卷一《仙製藥性》 貝母臣　味辛、苦，氣平微寒，無毒。厚朴、白微爲使。　主治：消膈上稠痰，久欬嗽者立效；散心中逆氣，多愁鬱者殊功。仲景治寒實結胸，製小陷胸湯，以栝樓子、黄連輔斯作主。因味辛散苦泄，故能下氣。今方改用半夏，悮也。海藏療産後無乳，立三母散，用牡蠣、知母，尊此爲君。煮猪蹄湯調服。足生人面惡瘡，燒灰油敷收口。産難胞衣不出，研末酒服離懷。時疾黄疸能敺，赤眼膚瞖堪點。除疝瘕喉痹，止消渴熱煩。○又丹龍睛係獨顆瓣無分拆，儻悮煎服，令遍身筋不收持，藍汁、黄精合飲即解。　補註：産難及胞衣不出，取七枚作末，酒調下。○人畜惡瘡，燒灰油調傅之。昔有人左膊有瘡如人面，歷試諸藥無苦，至貝母瘡乃聚眉閉口，因以小葦筒毁其口灌之，數日成痂愈。○謹按：貝母能散胸中鬱結之氣，殊有功效，即《詩》所謂言采其蝱者是也。世俗多以半夏有毒，棄而不用，每取貝母代之，殊不知貝母乃太陰肺經之藥，半夏乃太陰脾、陽明胃經之藥，安得而相代耶？且欬嗽吐痰，虚勞吐血、咯血，痰中見血，咽痛喉閉，肺癰肺痿，婦人乳難、癰疽，及諸鬱證，皆貝母爲向導也，半夏乃爲禁用。若涎者，脾之液也，美味膏粱、炙煿大料，皆生脾胃濕熱。故涎花稠粘爲痰，久則生火，痰火上攻，故令昏憒，不省人事，口噤偏廢，僵仆，蹇澀不語，生死旦夕，非半夏、南星曷可治乎？若以貝母代之，則束手待斃矣。哀哉！

太乙曰：凡使先於柳木灰中炮令黄，擘破，去内口鼻上有米許大者心一小顆，後拌糯米于於鏉上，同炒，待米黄熟，然後去米，取出。其中有獨顆團，不作兩片無皺者，號爲丹龍精，不入藥用，若誤服，令人筋脉永不收。用黄精、小藍汁合服，立愈。

明·皇甫嵩《本草發明》卷二 貝母中品之上，臣。氣平，微寒，味辛、苦。氣味俱厚，降也，陰也，陰中微陽。無毒。入手太陰肺經藥。　發明曰：貝母辛能散鬱，苦能下氣，故《本草》主傷寒煩熱，淋瀝，邪氣疝瘕，喉痺乳難，金瘡風痓，腹中結實，心下滿，洗洗惡風寒，出汗。又胸脇逆氣，時疾黄疸，皆散邪開鬱之功也。又主目眩項直，欬嗽上氣，煩渴，消痰，潤心肺，乃其下氣之力也。然散鬱結之功為多，云安五藏，利骨髓，豈真能補哉？抑結散而氣血和平所致歟。○詩云采蝱療欝結之疾，人多愁欝者，用之良。與連翹同用，主項下癭疾。燒灰敷惡瘡，能歛瘡口，蓋散結散火，則氣調暢，而瘡口自歛，非本性能收斂也。厚朴、白薇為使。反烏頭。畏秦艽、礬石。用去心，若獨顆，不能兩片者，名丹龍精，誤服令人筋脉不收，以黄精、小藍汁合服之，立愈。

明·李時珍《本草綱目》卷一三草部·山草類下 貝母《本經》中品

【釋名】莔《爾雅》。音萌。　勤母《别録》　苦菜《别録》　苦花《别録》　空草《别録》　藥實弘景曰：形似聚貝子，故名貝母。時珍曰：《詩》云言採其莔，即此。一作蝱，謂根狀如蝱也。苦菜、藥實，與野苦蕒、黄藥子同名。

【集解】《别録》曰：貝母生晋地，十月採根暴乾。恭曰：其葉似大蒜。四月蒜熟時，採之良。若十月，苗枯根亦不佳也。出潤州、荆州、襄州者最佳，江南諸州亦有。頌曰：今河中、江陵府，郢、壽、隨、鄭、蔡、潤、滁州皆有之。二月生苗，莖細，青色。葉亦青，似蕎麥葉，隨苗出。七月開花，碧緑色，形如鼓子花。八月採根，根有瓣子，黄白色，如聚貝子。此有數種。陸璣《詩疏》云：莔，貝母也。葉如栝樓而細小。其子在根下，如芋子，正白，四方連累相着，有分解。今近道出者正類此。郭璞注《爾雅》言白花葉似韭，此種罕復見之。斆曰：貝母中有獨顆團不作兩片無皺者，號曰丹龍精，不入藥用。誤服令人筋脈永不收，惟以黄精、小藍汁服之，立解。

根

【修治】斆曰：凡使，先於柳木灰中炮黄，擘去内口鼻中有米許大者心一顆後，拌糯米於鏉上同炒。待米黄，去米用。

【氣味】辛，平，無毒。《别録》曰：苦，微寒。恭曰：味甘、苦，不辛。之才曰：厚朴、白微爲之使，惡桃花，畏秦艽、莽草、礜石，反烏頭。

【主治】傷寒煩熱，淋瀝邪氣疝瘕，喉痹乳難，金瘡風痙《本經》。療腹中結實，心下滿，洗洗惡風寒，目眩項直，咳嗽上氣，止煩熱渴，出汗，安五臟，利骨髓《别錄》。服之不飢斷穀弘景。消痰，潤心肺。末和沙糖丸含，止嗽。燒灰油調，傅人畜惡瘡，斂瘡口大明。主胸脇逆氣，時疾黄疸。研末點目，去膚瞖。以七枚作末酒服，治産難及胞衣不出。與連翹同服，主項下瘤癭疾甄權。

【發明】承曰：貝母能散心胸鬱結之氣，故《詩》云言採其莔是也。作詩者，本以不得志而言。今用治心中氣不快、多愁鬱者，殊有功，信矣。好古曰：貝母乃肺經氣分藥也。仲景治寒實結胸外無熱證者，三物小陷胸湯主之。白散亦可，以其内有貝母也。成無己云：

辛散而苦泄，桔梗、貝母之苦辛，用以下氣。機曰：俗以半夏有毒，用貝母代之。夫貝母乃太陰肺經之藥，半夏乃太陰脾經、陽明胃經之藥，何可以代？若虛勞咳嗽、吐血咯血、肺痿肺癰、婦人乳癰癰疽及諸鬱之證，半夏乃禁忌，皆貝母爲向導，猶可代也；至於脾胃濕熱，涎化爲痰，久則生火，痰火上攻，昏憒僵仆蹇澀諸證，生死旦夕，亦豈貝母可代乎？頌曰：貝母治惡瘡。唐人記其事云：江左嘗有商人，左膊上有瘡如人面，亦無他苦。商人戲以酒滴口中，其面赤色。以物食之，亦能食，多則膊内肉脹起。或不食，則一臂痹焉。有名醫教其歷試諸藥，金石草木之類，悉無所苦，至貝母，其瘡乃聚眉閉目。商人喜，因以小葦筒毀其口灌之，數日成痂遂愈，然不知何疾也。《本經》言主金瘡，此豈金瘡之類歟。

〖附方〗新一十七。憂鬱不伸：胸膈不寬。貝母去心，薑汁炒研，薑汁麪糊丸。每服七十丸，征士鎖甲煎湯下。《集效方》。化痰降氣：止咳解鬱，消食除脹，有奇效。用貝母去心一兩，薑製厚朴半兩，蜜丸梧子大，每白湯下五十丸。《筆峰方》。小兒晬嗽：百日内咳嗽痰壅。貝母五錢，甘草半生半炙二錢，爲末，沙糖丸芡子大，每米飲化下一丸。《全幼心鑒》。孕婦咳嗽：貝母去心，麩炒黄爲末，沙糖拌丸芡子大。每含咽一丸，神效。《救急易方》。妊娠尿難：飲食如故。用貝母、苦參、當歸各四兩，爲末，蜜丸小豆大，每飲服三丸至十丸。《金匱要略》。乳汁不下：三母散：貝母、知母、牡蠣粉等分，爲細末，每猪蹄湯調服二錢，此祖傳方也。王海藏《湯液本草》。冷淚目昏：貝母一枚，胡椒七粒，爲末點之。《儒門事親方》。目生弩肉：《肘後》用貝母、真丹等分爲末，日點。《摘玄方》用貝母、丁香等分爲末，乳汁調點。吐血不止：貝母炮研，温漿水服二錢。《聖惠方》。衄血不止：貝母炮研末，漿水服二錢，良久再服。《普濟方》。小兒鵝口：滿口白爛。貝母去心爲末，半錢，水五分，蜜少許，煎三沸，繳净抹之，日四五度。《聖惠方》。吹奶作痛：貝母末吹鼻中，大效。《危氏得效方》。乳癰初腫：貝母末，酒服二錢，仍令人吮之，即通。《仁齋直指方》。便癰腫痛：貝母、白芷等分爲末，酒調服或酒煎服，以滓貼之。《永類鈐方》。紫白癜斑：貝母、南星等分爲末，生薑帶汁擦之。《德生堂方》用貝母、乾薑等分爲末，如澡豆，入密室中浴擦，得汗爲妙。《談埜翁方》以生薑擦動，醋磨貝母塗之。《聖惠方》用貝母、百部等分爲末，自然薑汁調搽。蜘蛛咬毒：縛定咬處，勿使毒行。以貝母末酒服半兩，至醉。良久酒化爲水，自瘡口出，水盡，仍塞瘡口，甚妙。《仁齋直指方》。蛇蝎咬傷：方同上。

題明・薛己《本草約言》卷一《藥性本草》 貝母 味辛、苦，氣平，微寒，無毒。陽中微陰，可升可降，入手太陰肺少陰心、足少陽膽。利澁滯而散結氣，除煩熱而潤心肺。所以治嗽消痰，其性長於活利。江云：治胸膈痰氣最妙，止嗽性純。厚朴、白薇為之使，反烏頭，畏秦艽、礜石。用去心。若獨顆不能兩片者，名丹龍眼，不可入藥。《發明》云：辛能散鬱，苦能下氣，故凡心中不和而生諸疾者，皆當用之。《本草》主傷寒煩熱，淋瀝邪氣，疝瘕喉痹，乳癰金瘡，腹中心下結實，皆散邪開鬱之功也。又主咳嗽上氣，煩渴消痰，潤心肺，乃其下氣之力也。然散鬱結之功為多。〇與連翹同用，治頸瘤。燒灰敷於惡瘡，而能斂口。皆取辛能散結而苦降火，則氣血調暢而瘡口自斂矣，非貝母性本收斂而斂之也。

明・梅得春《藥性會元》卷上 貝母 味辛，氣平、微寒。無毒。厚朴、白薇為使。惡桃花。畏秦艽、礜石、莽草。反烏頭。治人面瘡，燒灰油調，傅之效。《詩》言采其蝱，即貝母也。大療鬱結。主清痰、止嗽而利心膽，理傷寒，大除煩熱。療金瘡、乳癰、喉痹、疝瘕、淋瀝，消心腹結實脹滿，消痰潤肺，解熱毒、惡瘡，能斂口生肌。散胸中鬱結之氣，及久思積慮，心中不快、多愁者甚效。凡文人詩客，吟作不就，心思太甚，胸膈鬱鬱生痰者最妙。去勞怯熱，極消癭瘤。惡風寒，目眩項直，安五臟，利骨髓。又治久嗽、勞嗽。與石膏同用，治胃火；與瓜蔞仁同用，治上半日嗽；與陳皮、黄芩同用，治口燥咽乾，痰成塊核。凡使須倍於別藥。去心，用龍潭白潤、大個者佳。

明・杜文燮《藥鑒》卷二 貝母 氣寒，味苦辛。辛能散鬱，苦能降火，故凡心中不和而生諸疾者，皆當用之。治喉痹，消癰腫，止咳嗽，療金瘡，消痰潤肺之要藥也。人多用之代半夏，誤矣。蓋貝母本手太陰之劑，而半夏乃足太陰、陽明之藥也。但煩渴熱極，諸失血及痰中帶血，陰虛火動而咳嗽者，禁用半夏，為其燥也。此皆以貝母為佐使者，宜矣。若脾胃之津液不能運行，因而成痰者，非半夏何以燥之？

明・王肯堂《傷寒證治準繩》卷八 貝母 氣平，味辛苦，無毒。主傷寒煩熱，淋瀝，邪氣風痙。療腹中結實，心下滿，洗洗惡風寒，目眩項直，咳嗽上氣，止煩渴，安五藏，利骨髓。海：貝母，乃肺經氣分藥也。仲景治寒實結胸，外無熱證者，三物小陷胸湯主之。白散亦可，以其内有貝母也。成無己云：辛散而苦泄，桔梗、貝母之苦辛，用以下氣，内口鼻中，有米許大者心一顆，宜去之。搗細用。

明・李中立《本草原始》卷二 貝母 始生晉地，今河中、江陵府，郢、壽、隨、鄭、蔡、潤、滁州皆有之。二月生苗，莖細青色；葉亦青，似蕎麥葉，隨苗出；七月開花碧綠色，形如鼓子花；十月採根，暴乾。根有瓣子，黄

白色，如聚貝子，故名貝母。《詩》云言采其莔，即此也。 氣味： 辛，平，無毒。 主治： 傷寒煩熱，淋瀝邪氣，疝瘕，喉痹，乳難，金瘡風痙。○療腹中結實，心下滿，洗洗惡風寒，目眩項直，欬嗽上氣，止煩熱渴，出汗，安五臟，利骨髓。○服之不飢，斷穀。○消痰，潤心肺，末和沙糖丸，含之止嗽。 燒灰油調，傅人畜惡瘡，斂瘡口。○主胸脇逆氣，時疾黃疸，研末點目去膚瞖。 以七枚作末，酒服，治產難及胞衣不出。與連翹同服，主項下瘤癭疾。

貝母，《本經》中品。【圖略】色白，兩瓣成一顆，有心。 西貝母色白，體輕，雙瓣。南貝母色青白，體重單粒。 凡用以黃白輕鬆者為良，油黑重硬者為劣。西者、南者俱宜入劑，而西者尤良。貝母中獨顆團，不作兩瓣者，號曰丹龍睛，誤服令人筋脉不收。今出近道者，葉如栝樓而細小，其子在根下如芋子，正白，四方連累相着，有分解也，入藥無能，堪醫馬而已。 修治： 貝母，於柳木灰中炮黃，去內口鼻中有米許大心一顆後，拌糯米於金鏉上同炒，待米黃，去米用。今惟去心任用。 近有無耻小人，以製過半夏削成兩瓣，內入鬚心，合為一顆，彷彿西貝母形狀欺人，深為可恨。買者宜細辨之。

《別錄》曰： 苦，微寒。厚朴、白微為之使，惡桃花，畏秦艽、莽草、礜石，反烏頭。 昔江左嘗有商人左膊上有瘡，類人面，亦無它苦。商人戲滴酒口中，其面亦赤色。以物食之，亦能食。食多則覺膊內肉脹起。或不食之，則一臂痹。有善醫者教其歷試金石草木之藥，無苦。至貝母，其瘡迺聚眉閉口。商人喜曰： 此藥可治也。因以葦筒毀其口灌之，數日成痂，遂愈。

貝母，臣。

明・張懋辰《本草便》卷一 貝母臣 味辛、苦，氣平、微寒，無毒。畏秦艽、礜石，反烏頭。凡使去中心。 主傷寒煩熱，淋瀝邪氣疝瘕，喉痹乳難，金瘡風痙。腹中結實，心下滿，欬嗽上氣，消痰，潤心肺，散心胸鬱結之氣。 主項下瘤癭疾，敷惡瘡至能斂瘡口。 又人面瘡敷之愈。

明・李中梓《藥性解》卷二 貝母 味辛、苦，性微寒，無毒，入心、肺二經。清心潤肺，止嗽消痰，主胸腹氣逆，傷寒煩熱，淋瀝瘕疝，喉痹，金瘡，人面瘡，瘻瘰諸惡瘡。去心研用，厚朴、白薇為使，惡桃花，畏秦艽、礬石、莽草，反烏頭。

按： 貝母辛走肺，苦走心，善能散鬱瀉火，故治胸腹云云等疾。

明・謝肇淛《五雜俎》卷一一 江左商人，在膊上有人面瘡，亦無它苦。戲滴酒口中，其面亦赤，以物飼之，亦能食。食多則膊內肉脹起，疑其胃也，不食之，則一臂瘠焉。有醫者教以歷試草木金石之藥，皆無苦，惟至貝母，則聚眉閉口。商人喜曰： 此藥必可治也！以葦筒抉其口灌之，遂結痂而愈。

明・繆希雍《本草經疏》卷八 貝母 味辛、苦，平，微寒，無毒。 主傷寒煩熱，淋瀝邪氣，疝瘕，喉痹，乳難，金瘡風痙，療腹中結實，心下滿，洗洗惡風寒。目眩，項直，欬嗽上氣，止煩熱渴，出汗，安五藏，利骨髓。厚朴、白薇為之使。畏秦艽。反烏頭。

〖疏〗貝母在地則得土金之氣，在天則稟清肅之令，故味辛平。《別錄》兼苦，微寒，無毒。入手太陰、少陰。陰中微陽，可升可降，陰也。色白象金而主肺，肺有熱，因而生痰，或為熱邪所干，喘嗽煩悶，必此主之。其主傷寒煩熱者，辛寒兼苦，能解除煩熱故也。淋瀝者，小腸有熱也。心與小腸為表裏，清心家之煩熱，則小腸之熱亦解矣。邪氣者，邪熱也。辛以散結，苦以泄邪，寒以折熱，故主邪氣也。《經》曰： 一陰一陽結為喉痹。一陰者，少陰君火也； 一陽者，少陽相火也。解少陰少陽之熱，除胸中煩熱，則喉痹自愈矣。乳難者，足厥陰、足陽明之氣結滯而不通，辛能散結氣，通其結滯則乳難自瘳。熱解則血涼，血涼則不痛，故主金瘡。熱則生風，故主風痙。《別錄》又療腹中結實，心下滿，洗洗惡風寒者，肺主皮毛也。目眩者，熱上攻也。項直即風痙也。欬嗽上氣，氣上逆也。煩熱渴，邪不解，汗不出者，邪熱盛也。其性專能散結除熱，則上來諸證皆自愈矣。病去則五臟自安，骨髓自利也。 〖主治參互〗同知母、前胡、葛根、麥冬、甘草，治陽明斑疹初發，壯熱，喘嗽有痰，不得眠，即《本經》所謂傷寒煩熱邪氣。君橘皮、前胡、石膏、知母、麥門冬、竹瀝，治痰瘧。 同知母、天麥門冬、桑白皮、枇杷葉、百部、桔梗、甘草，治肺熱欬嗽及胸中煩熱。 同生甘菊、紫花地丁、金銀花、白及、白斂、鼠黏子、甘草、夏枯草，治一切熱毒，消一切癰疽。 同鼠黏子、玄參、栝樓根、白殭蠶、甘草、桔梗，治風痙。 同鬱金、橘葉、連翹、栝樓根、鼠黏子、夏枯草、山茨菇、山豆根、玄參，消一切結核、乳巖、瘰癧。 同百部、百合、薏苡仁、麥冬、蘇子、鬱金、童便、竹瀝、魚腥草，治肺熱吐膿血。 同番降香、鬱金、橘紅、遠志、蘇梗、蘇子、香附、白豆蔻，開鬱痰。加撫芎、神麴，並解一切氣鬱。 〖簡誤〗寒濕痰及食積痰火作嗽，濕痰在胃，惡心欲吐，痰飲作寒熱，脾胃濕痰作眩暈，及痰厥頭痛，中

惡嘔吐，胃寒作泄，法應以辛溫燥熱之藥，如南星、半夏、天麻、蒼白朮、茯苓之類治之者，竝禁用。

明・倪朱謨《本草彙言》卷一　貝母　味苦，甘，氣寒，無毒。入手太陰、少陰經。可升可降，陰也。　李氏曰：　貝母生蜀中及晋地。又出潤州、荆州、襄州者亦佳。江南諸州及浙江金華、象山亦有，但味苦惡，僅可于破血解毒藥中用之。又河中、江陵，郢、壽、隋、鄭、蔡、滁州皆有。二月生苗，葉隨苗出，如蕎麥狀，莖細，青色。七月開花碧綠色，形如百合花，斜懸向下，上有紅脉，若似人肺。八月採根，根有瓣子，黄白色，如聚貝子。一種葉如栝樓而細小，子在根下，如芋子，正白色，連纍相着而可分解。一種葉如韭而花色白，根子亦作兩瓣也。《詩》云言采其蝱即此。其中有獨顆不作兩瓣者，名丹龍(睛)〔精〕。誤食能軟筋脉，以黄精、小藍汁服之立解。

貝母：　日華子開鬱下氣化痰之藥也。陸平林稿安肺氣横逆，止虚勞喘嗽之不寧；　退傷寒煩熱，定心神火躁之不眠。又散心胸鬱結不舒之氣，并多愁鬱者，殊有神功。乃肺經氣分之藥也。《甄權方》：　散逆滿，開喉痹，消瘰癧，點目瘴，仍取開鬱散結氣之效也。至于潤肺消痰，止嗽定喘，則虚勞火結之證，貝母專司首劑。故配知母，可以清氣滋陰；　配芩、連，可以清痰降火；　配參、耆，可以行補不聚；　配歸、芍，可以調氣和營。又配連翹，可以解鬱毒，治項下癭核；　配二陳，代半夏用，可以清肺消痰、和中降火者也。以上修用，必以川者爲妙。若解癰毒，破癥結，消實痰，傅惡瘡，又以土者爲佳。然川者味淡性優，土者味苦性劣，二者宜分别用。

繆仲淳先生云：　貝母甘苦而寒，在地則得土金之氣，在天則禀清肅之令。色白象金而主肺。肺有熱，因而生痰。或爲熱邪所干，喘嗽煩悶有痰，傷寒煩熱有痰，胸中鬱結有痰，頸項火癧有痰等證，必此主之。至如寒濕痰、食積痰，或濕痰在胃，惡心欲吐；　痰飲作寒熱，脾胃濕痰作眩暈，并痰厥頭痛，中惡嘔吐，胃寒嘔吐，法應以辛溫燥熱之藥，如南星、半夏、天麻、蒼朮、白朮、茯苓之類治之，貝母并禁用。

陳廷采先生曰：　世俗多以半夏有毒，棄而不用，每取貝母代之。殊不知貝母乃太陰肺經之藥，半夏乃太陰脾經、陽明胃經之藥，何得而相代耶？且夫咳嗽吐痰，虚勞吐血、咯血，痰帶血絲、血屑，咽痛喉閉，肺癰肺痿，婦人乳難癰疽，及諸氣鬱等證，此皆貝母爲專司也，半夏乃爲禁用。若涎者，脾之液也。美味膏粱，炙煿火食，皆生脾胃濕熱，故涎化稠粘爲痰，久則生火。痰火上攻，故令人昏憒不省人事，口噤僵仆，偏廢不仁，蹇澁不語，生死旦夕，自非半夏、南星，曷能治之？若以貝母代之，非所宜也。

《廣濟方》云：　治傷寒陽明壯熱，喘嗽有痰不得眠。用貝母、前胡、乾葛、黄芩、麥冬、玄參。○已下六方見方氏《本草》。治肺熱痰嗽及胸中煩熱。用貝母、知母、天冬、桑白、甘草、桔梗。○治一切熱毒。用貝母、紫花地丁、金銀花、鼠粘子、甘草、玄參。○治一切虚勞咳嗽，骨蒸夜熱。用貝母、天冬、麥冬、懷生地、地骨皮、沙參、茯苓、知母、丹皮。○治肺熱吐膿血。用貝母、百部、百合、薏苡、麥冬、蘇子、竹瀝、童便。○解一切氣鬱。用貝母、陳皮、蘇梗、香附、撫芎、黄芩。○治喉痹腫脹。用貝母、山豆根、桔梗、甘草、荆芥、薄荷。○《全幼心鑒》治小兒百日晬嗽痰壅。用川貝母三錢，甘草、廣橘紅各一錢，共爲末，每服三五分，熱蜜湯調服。○治小兒鵝口，滿口白爛。用金華貝母，去心爲末，白湯調，用白絹蘸藥抹之，日三四度。○危氏方治吹奶作痛。用川貝母末，酒調服二錢，仍令人吮之即消。○《直指方》解蜘蛛咬毒。縛定咬處，勿使毒行。川貝母末酒服五錢，良久，毒水自瘡口出，水盡仍塞瘡口，甚妙。并治蛇蝎咬傷。　續補集方：　《方脉正宗》治虚火喘嗽不寧。用川貝母一兩，去心，研細末，每服二錢，淡薑湯調下。○同前治傷寒心虚内熱有痰，煩躁，心神不寧，不能安睡。用川貝母五錢，研細末，每服二錢，燈心湯調下。○《廣筆記》治瘰癧，未破可消。用土貝母、甘草各二兩，微炒研末，肥皂二斤，去核，每個内藏班猫四個，用竹篾作架，放肥皂于上，蒸爛，取出班猫并肥皂皮筋，取淨肉，搗爛如泥，加入貝母、甘草末，爲丸如梧桐子大。每食後服一錢五分，白滚湯下。倘腹疼勿慮，是此藥追毒之故。○同上治頦下生硬塊，或似石癭。用土貝母、何首烏各三兩，連翹、鼠粘子、天花粉、蒼耳子、青木香、白及各二兩，黑棗百個，金銀花、紫花地丁、甘草、夏枯草各五兩，分作十劑，每劑用河水五碗，煎至二碗，徐徐服。

明・顧逢柏《分部本草妙用》卷四肺部・性平　貝母　辛，平，無毒。厚朴、白薇為使，畏秦艽，反烏頭。去心，拌糯米炒，待米黄，去米用。　主治：　傷寒煩熱，喉痺風痙，欬嗽上氣，消痰，潤心肺。敷斂瘡口，及人面瘡。去目瞖，胞衣不下。同連翹，治項瘤癭，散鬱結痰毒。

按：　貝母為肺經散鬱之藥，凡虚勞嗽血，肺痿肺癰，諸鬱痰症所宜也。俗

以半夏辛燥，貝母代之。抑知貝母乃肺藥，而半夏乃脾胃藥乎？脾胃濕熱成痰，久則生火，痰火上攻，昏憒僵仆蹇澀，生死旦夕，豈貝母可代乎？貝母清肺痰，半夏清脾胃痰，各有所主也，何可以性溫燥而亂用乎？只據外科痰毒，俱用貝母，不用半夏，即知肺主皮毛故也，尚有未明者乎？

明・李中梓《醫宗必讀・本草徵要上》 貝母味辛、苦，微寒，無毒。入心、肺二經。厚朴為使，畏秦艽，反烏頭。去心，糯米拌炒，米熟為度。 消痰潤肺，滌熱清心。喘欬紅痰要疾，胸中鬱結神哉！ 辛宜歸肺，苦宜歸心，大抵心清氣降，肺賴以寧，且潤而化痰，故多功于西方也。按：汪機曰：俗以半夏燥而有毒，代以貝母，不知貝母治肺金燥痰，半夏治脾土濕痰，何可代之？脾為濕土，故喜燥；肺為燥金，故喜潤。若痰在脾經，誤用貝母之潤，投以所惡，可翹首待斃。故寒痰、濕痰、風痰、食積痰、腎虛水泛為痰，均非貝母所司也。

明・鄭二陽《仁壽堂藥鏡》卷一〇上 貝母 《唐本》注云：貝母出蜀地、潤州、荊州。白色者佳。 氣平，微寒。味辛、苦，無毒。 《本草》云：主傷寒煩熱，淋瀝，邪氣，疝瘕，喉痹，乳難，金瘡風痙。療腹中結實，心下滿，洗洗惡風寒。目眩項直，咳嗽上氣。止煩渴，出汗，安五臟，利骨髓。《本草》又云：厚朴、白薇為之使。惡桃花，畏秦艽、礜石、莽草。反烏頭。羊肉所傷，經年不消，非此莫效。 海藏云：寒實結胸，無熱證者，仲景以小陷胸湯主之，白散亦可服，以其內有貝母也。《別說》云：貝母能散心胸鬱結之氣，殊有功。今用以治心口氣不快、多愁鬱者，信然！ 海藏祖方：下乳三母散：用牡蠣、知母、貝母，三物為細末，以猪蹄調下。 大明曰：消痰，潤心肺。傅人面瘡。 甄權曰：時疾黃疸，目翳，產難胞衣不出，項下癭瘤。 陳承曰：散鬱結。 汪機曰：俗以半夏有毒，代以貝母。貝母乃肺藥，半夏乃脾胃藥，何可以代？虛勞嗽血，肺痿，肺癰諸鬱，猶可代也。至脾胃濕熱，涎化為痰，久則生火。痰火上攻，昏憒僵仆蹇澁，貝母可代乎？ 按：成無己云：辛散而苦泄，用以下氣有功。久服多服，殊傷脾氣，人所不知。《詩》云：言采其莔。即貝母也。作詩者本以不得志而言，今用以治愁鬱者，其說蓋本於此。 日華子云：貝母消痰，潤心肺，末和砂糖為丸，含之。

明・蔣儀《藥鏡》卷四寒部 貝母 滌傷寒之熱煩，解心思之鬱結。胸膈悶鬱，氣挾痰而成毒，茲能行氣而疏散。咽喉腫痺，痰隨火而上壅，茲能降火而清和。所以兼滋補而為托裏，兼和解而為收斂。煎湯添母乳汁，搗粉傅人面瘡。味屬微寒，厥功在肺。肺癰既治，肺痿兼醫。蓋陰虛火動，而咳嗽煩渴及痰中見血，必需貝母以潤肺消痰。若脾胃之津液不能運行，因而生痰者，非半夏何以燥之。

明・李中梓《頤生微論》卷三 貝母 味苦、辛，性微寒，無毒。入心、肺二經。厚朴、白薇為使。畏秦艽、莽草、礬石，反烏頭。選白而大者，去心，糯米拌炒，米熟為度。消痰潤肺，滌熱清心。療喘嗽紅痰，除胸中鬱結，下胞衣，傅人面瘡，散項下癭癧。

按：貝母本功惟入肺治燥痰，久服非脾家所喜。汪機云：俗以半夏燥而有毒，代以貝母。不知貝母治肺金燥痰，半夏治脾土濕痰，何可代也？脾為濕土，故喜燥；肺為燥金，故喜潤。若痰屬脾經，悮投貝母，可翹首待斃。又《詩》云言采其莔，即貝母也。作詩者本以不得志而言，今用以治愁鬱者，其說蓋本於此。脾虛食少者禁用。

明・張景岳《景岳全書》卷四八《本草正》 貝母反烏頭。 味苦，氣平，微寒。氣味俱輕，功力頗緩，用須加倍。善解肝藏鬱愁，亦散心中逆氣，祛肺痿肺癰痰膿喘嗽，研末，沙糖為丸，含嚥最佳。降胸中因熱結胸，及乳癰流痰結核。若足生人面諸瘡，燒灰油調頻敷。產難，胞衣不出，研末用酒和吞。亦除瘕疝，喉痺，金瘡，并止消渴煩熱。赤眼翳膜堪點，時疾黃疸能敺。〇又如半夏、貝母俱治痰嗽，但半夏兼治脾肺，貝母獨善清金。半夏用其辛，貝母用其苦。半夏用其溫，貝母用其涼。半夏性速，貝母性緩。半夏散寒，貝母清熱。性味陰陽，大有不同，俗有代用者，其謬孰甚。

明・賈九如《藥品化義》卷八腎藥 貝母 屬陰中有微陽，體滑膩，色白，氣和，味苦帶微辛，性涼云微寒非，能降，力清痰，性氣與味俱厚而清，入心肺二經。 貝母味苦能下降，微辛能散鬱，氣味俱清，故用入心肺。主治鬱痰虛痰熱痰及痰中帶血，虛勞咳嗽，胸膈逆氣，煩渴熱甚，此導熱下行，痰氣自利也。取其下氣則毒去，散氣則毒解，用療肺痿肺癰咽痛喉痺，癭瘤痰核，癰疽瘡毒，此皆開鬱散結，血脈流通之功也。又取其色白體瓣象肺，性涼能降，善調脾氣，治胃火上炎，衝逼肺金，致痰嗽不止，此清氣滋陰，肺部自寧也。 取川產者佳，去心。用浙產者解毒亦效。

明・盧之頤《本草乘雅半偈》帙五 貝母《本經》中品。 氣味：辛，平，

無毒。　主治：主傷寒煩熱，淋瀝，邪氣，疝瘕，喉痹，乳難，金瘡，風痙。

斅曰：貝母，一名勤母、空草、苦菜、苦花。出晉地，潤州者最佳。今河中、江陵、郢、壽、隨、鄭、蔡、滁諸州亦有之。二月生苗，葉隨苗出，如蕎麥狀，莖葉並青。七月開花，碧綠色，形如百合，斜懸向下，上有紅脈，若似人肺。八月採根，根有瓣子，黃白色，如聚貝子。一種葉如栝樓而細小，子在根下，如芋子，正白色，連累相着而可分解。一種葉如韭而花色白，根子亦作兩瓣也。陰陽左右，各十有二，兩邊分解者，各得其平，丹龍精僅獨粒，則左難右難矣。修治：先于柳木灰中炮黃，擘去口中米許大心，再拌糯米同炒，俟米黃，去米用。勿用獨粒，不作兩瓣者，號丹龍精，誤服令人筋脈永不收，唯黃精、小藍汁服之可立解。厚朴、白薇為之使。惡桃花。畏秦艽、莽草、礬石。反烏頭。

先人云：形如聚貝，獨貴其母，若用空解，肺肝可施。

条曰：雖有多種，但苗葉別異，萼悉上昂，花悉下垂，此開機互闔，闔機互開，少陽膽之樞藥也。根形如貝，色白味辛，以金為用，肝之肺藥，肺之肝藥也。以太陰肺主開，厥陰肝主闔，靡不取決于少陽膽主樞者。如傷寒煩熱，喉痹風痙，乃開機反闔，不能轉開；如淋瀝，乃開機反折，不能互闔；如乳難，乃不能為開；如金瘡，乃不能為闔；如疝瘕，乃不能為開為闔也。貝母功力，能使闔者開，開者闔，闔折不能互開者，能使之互開；開折不能互闔者，能使之互闔；不能闔者，能順其闔；不能開者，能順其開；不能為開為闔者，能順其為開為闔也。蓋開與闔，莫不取決于樞，以為開闔故爾。萼主垂而昂，花主昂而垂，此陰陽顛倒象，金木互交機也。其使之互交，令之顛倒者，誰主之耶。

明・李中梓《本草通玄》卷上　貝母　味苦，微寒。　主煩熱，心下滿，潤肺，消燥痰，散項下癭瘰，傅惡瘡，收口〔生肌〕。　俗以半夏有毒，用貝母代之。殊不知貝母寒潤，治肺家燥痰之藥。半夏溫燥，治脾胃濕痰之藥。兩者天淵，何可代乎？　去心，同糯米炒，米熟為度，去米用。

清・顧元交《本草彙箋》卷一　貝母　能散心胸鬱結之氣。《詩》云：言采其莔。一作䖟，言根狀如䖟也。作詩者本以不得志而言，今用治心中氣不快，多愁鬱者，殊有功，信矣。用入心肺一切痰症，以此導熱下行，痰氣自利，以其能散結解毒，故肺痿、肺癰、癭瘤、痰核、癰疽瘡毒，俱宜用之。但今人以半夏治痰，惡其有毒，代以貝母，此悖謬之甚。貝母治肺家燥痰，半夏治脾家濕痰，性用相反，何可代耶？

歷攷諸本，貝母產地甚多，而不及川。今人多尚川貝母，別有象山貝母，大如龍眼，諸本亦未見，而味加苦且厚，無川產清和之氣，然用之亦效，瘍科更宜。凡用去心，糯米拌炒，米黃爲度。中有獨顆不作兩片無皺者，誤服令人筋脈永不收，以黃精、小藍汁解之。　貝母得瓜蔞則開結痰，與連翹同服主項下癭瘤疾。　唐人記有江左商人，患人面瘡，能飲食諸物。一名醫教其歷試諸藥，草木金石之類，悉無所苦。至貝母，其瘡乃聚眉閉目，因以小筒毀其口，灌之，數日成痂，遂愈。《本經》言治惡瘡，豈是謂歟？

清・穆石匏《本草洞詮》卷八　貝母　《詩》謂之莔，言采其莔，此也。氣味辛甘苦平，一云微寒，無毒。入手太陰經。治傷寒煩熱，邪氣疝瘕，喉痺乳難，金瘡風痙，療腹中結實，消痰。研末點目，去膚翳。和沙糖丸含止嗽。燒灰油調傅惡瘡，斂瘡口。以七枚作末，酒服，治產難及胞衣不出。與連翹同服，主項下瘤癭。蓋貝母能散心胸鬱結之氣，故治愁鬱甚良。而有消痰化毒之功，故治惡瘡最效。

清・劉雲密《本草述》卷七下　貝母《詩・鄘風》：言采其蝱。《朱子集傳》：蝱，貝母也。主療鬱結之疾。即此。　二月生苗，莖細青色，葉亦青，似蕎麥狀，葉隨苗出，七月開花碧綠色，形如百合，斜懸向下，上有紅脈，若似人肺，八月采根，根有瓣子，黃白色，如聚貝子。一種葉如栝樓而細小，子在根下如芋子，正白色，連累相著而可分解也。

根：　氣味：辛平，無毒。《別錄》曰：苦，微寒。

諸本草主治：潤肺清心，滌熱消痰，療喘嗽紅痰，除邪氣煩熱，開鬱結，和中氣，除心下實滿，並胸脇逆氣，治產難及胞衣不下，下乳汁，更疔腫瘤瘍，可以托裏護心，收斂解毒。　方書主治：欬嗽痰飲，喘虛勞瘧，鼻衄舌衄，欬嗽血，自汗瘖，小便不通淋，鼻病舌病。

好古曰：貝母乃肺經氣分藥也。仲景治寒實結胸，外無熱證者，三物小陷胸湯主之。白散亦可，以其內有貝母也。

按：外無熱證者，指無表證，而熱結於裏也。故可用此等湯散。小陷胸湯：半夏、黃連、栝樓實也。白散：桔梗、貝母、巴豆也。

文清曰：潤肺清心，消痰止嗽，和中氣，安五藏，乃怯證之要藥也。

承曰：貝母能散心胸鬱結之氣。故《詩》云言采其莔，是也。《詩》本是蝱，《爾

雅》作茵，音萌。作詩者本以不得志而言，今用治心中氣不快，多愁鬱者，殊有功信矣。　張機曰：俗以半夏有毒，用貝母代之。夫貝母乃太陰肺經之藥，半夏乃太陰脾經、陽明胃經之藥，何可以代？若虚勞欬嗽，吐血咯血，肺痿肺癰，婦人乳癰，癰疽，及諸鬱之證，半夏乃禁忌。皆貝母為向導，猶可代也。至於脾胃溼熱，涎化為痰，久則生火，痰火上攻，昏憒僵仆，蹇濇諸證，生死旦夕，亦豈貝母可代乎？　能曰：得厚朴可開脾鬱而清氣，助知母可療肺疾而滋陰，芩連而火鬱能消，參术而行補不膩，歸芎而行氣和榮，黄柏而諸瘡可療，君玄參而喉痹立消，臣桔梗而肺癰速解，連翹同治項下瘤癭，撫芎和解偏身氣痛，作末酒調可下難産胎衣，燒灰油調能敷惡瘡人面。　希雍曰：貝母在地則得土金之氣，在天則稟清肅之令，故味辛平。《別錄》兼苦微寒無毒，入手太陰、少陰，陰中微陽，可升可降，陰也。色白象金而主肺，肺有熱，因而生痰，或為熱邪所干，喘嗽煩悶，必此主之。其性專能散結除熱。

同知母、前胡、葛根、麥冬、甘草，治陽明斑疹初發，壯熱喘嗽有痰，不得眠，即《本經》所謂傷寒煩熱邪氣。　君橘皮、前胡、石膏、知母、麥門冬、竹瀝，治痰瘧。　同知母、天麥門冬、桑白皮、枇杷葉、百部、桔梗、甘草，治肺熱欬嗽及胸中煩熱。　同生甘菊、紫花地丁、金銀花、白及、白斂、鼠黏子、甘草、夏枯草，治一切熱毒，消一切癰疽。　同鼠黏子、玄參、栝樓根、白殭蠶、甘草、桔梗，治風痙。　同鬱金、橘葉、連翹、栝樓根、鼠黏子、夏枯草、山慈菇、山豆根、玄參，消一切結核，乳巖，瘰癧。　同百部、百合、薏苡仁、麥冬、蘇子、鬱金、童便、竹瀝、魚腥草，治肺熱吐膿血。　同番降香、鬱金、橘紅、遠志、蘇梗、蘇子、香附、白豆蔻，開鬱痰。加撫芎、神麴，并解一切氣鬱。

愚按：貝母在方書唯咳嗽用之居多。夫咳嗽固肺證也，不識何以獨專精於此臟乎？蓋茲味用其根瓣，其根采於八月，豈非取其受金氣之專歟？雖其味苦勝而辛微，第辛在苦後，且苦合於氣之微寒，以歸於辛，是二陰至肺之義也。況其色白而象金乎？海藏謂為肺經氣分藥，良不謬矣。雖然，茲味苦而合於氣之微寒者，是在地之陰也，乃便能至於在天之陽以益肺，其義概習焉而未之察也。試取其葉隨苗出之義，一推物理，又豈非其在地之陰，原合於在天之陽以為發育者。唯此種得其氣之精專，但有直透，更無濡留，能至於在天之陽，乃得宣其在地之陰，而奏功於華蓋以利五臟者，有如是乎。故以苦寒除熱，似不專功於茲味，而茲味之功所獨擅，在於有直透以開熱之結，無濡留以達氣之鬱，故同於諸味以治諸嗽，是先哲所謂氣血調暢，而疾自愈者也。同於諸味以治勞嗽，是先哲所謂消痰止嗽，潤肺清心，和中氣，安五臟，為怯證之要藥者也。若然，則方書主治於咳嗽證居多，豈非酌投其所最宜者歟？抑所云清心，而《本草》又云除心下實滿，并胸脇逆氣，猶與前義關切否？蓋腎脈支者從肺出，絡心注胸中，茲味既以在地之陰，和乎在天之陽，如陽中之太陽，心也。腎脈之支者，更從肺而絡之，則其和於在天之陽者，自由肺以及心，且未有心不清，而肺不燥者也。至於除心下實滿，并胸脇逆氣，亦不離前義以推之。蓋上有氣海曰膻中，下有氣海曰丹田，此之心下實滿，胸脇逆氣，皆病於膻中之氣陽，不得陰以化也。膻中固肺所居，如在天之陽，得和於在地之陰，以行其從升得降之玄機，又安得有實滿逆氣之為病哉？方書於小水不通及淋證亦用之，皆從升而得降者也。更方書主治衄血及嗽血證，固為肺經氣分藥，而能療血證者，蓋主血雖屬心，更藉肺陰下降，入心而生血，即腎脈支者，從肺出絡心之義也。又主下乳汁，以心與小腸，女子平居主月水，胎後主乳汁也。此正在地之陰合於在天之陽，以為化育者之一端也。則茲味功用之概，亦可明矣。

附方　產難及胞衣不出，以七枚作末，酒服。　化痰降氣，止欬解鬱，消食除脹有奇效，用貝母去心一兩，薑製厚朴半兩，蜜丸梧子大，每白湯下五十丸。　小兒晬嗽百日內，咳嗽痰壅，貝母五錢，甘草半生半炙二錢，為末，沙糖丸芡子大，每米飲化下一丸。　孕婦咳嗽，貝母去心，麩炒黄為末，沙糖拌丸芡子大，每含咽一丸，神效。　便癰腫痛，貝母、白芷等分，為末，酒調服，或酒煎服，以滓貼之。　與連翹同服，主項下瘤癭疾。

希雍曰：寒溼痰及食積痰，火作嗽，溼痰在胃，惡心欲吐，痰飲作寒熱，脾胃溼痰作眩暈，及痰厥頭痛，中惡嘔吐，胃寒作泄，法應以辛温燥熱之藥，如南星、半夏、天麻、蒼白术、茯苓之類治之者，並禁用。

修治　川貝母小而尖白者良。浙貝母極大而圓，色黄，不堪入藥。　薑汁泡去心，其中有獨顆團，不作兩片，無皺者，名丹龍精，損人筋脈。

清・郭章宜《本草匯》卷一〇　貝母　味、苦、辛，平，微寒，陰中微陽，可升可降，陰也。入手太陰、少陰、足少陽經。消痰潤肺，滌熱清心。欬嗽紅痰要矣，胸中鬱結神哉。點目昏，敺黄疸。惡瘡，油敷收斂。鵝口，繳淨抹塗。

滿口白爛，為末，蜜少許，入水煎，繳淨抹之，日四五度。仲景治寒實結胸，製小陷胸湯，以栝樓子、黄連，輔斯作主。因味辛散苦瀉，故能下氣，今方改用半夏，誤也。海藏料產後無乳，立三母散，用牡蠣、知母，尊此為君。煮猪蹄湯調服。《本經》主淋瀝者，小腸有熱也。心與小腸為表裏，清心家之煩熱，則小腸之熱亦解矣。又治邪氣喉痺。邪氣，邪熱也。辛以散結，苦以泄邪，寒以折熱，得此而邪氣除也。《經》曰：一陰一陽結為喉痺。一陰者，少陰君火也。一陽者，少陽相火也。解少陰少陽之熱，除胸中煩熱，喉痺自愈。又主乳難者，足厥陰、足陽明之氣結滯而不通也。辛能散結氣，通其結滯，則乳自瘳。

按：貝母苦、辛，辛宜歸肺，苦宜歸心。大抵心清氣降，而肺賴以寧，且潤而化痰，故多功于西方也。散心胸鬱結之氣居多。汪機曰：俗以半夏燥而有毒，代以貝母。不知貝母寒潤，乃太陰肺經之藥。肺為燥金，性喜潤，故其治也專主肺家燥痰。半夏溫燥，乃太陰脾經、陽明胃經之藥，脾為濕土，性喜燥，故其治也專主脾胃濕痰。兩者天淵，何可代乎？若痰在脾經，誤用貝母之潤，投以所惡，可翹首待斃矣。故凡寒濕痰，食積痰，脾胃濕痰，腎虛水泛為痰，及痰厥頭痛，中惡嘔吐，胃寒作泄等症，法應以辛溫燥熱之藥，如南星、半夏、天麻、蒼白术、茯苓之類治之者，均非貝母所司也。同天麥冬、桑皮、枇杷葉、百部、桔梗、甘草，治肺熱欬嗽，及胸中煩熱。同百部、百合、苡仁、麥冬、蘇子、鬱金、童便，治肺熱吐血。同番降香、鬱金、橘紅、遠志、蘇梗、蘇子、香附、白蔻，開鬱痰。加撫芎、神麯，開一切氣鬱。

產荊襄，黄白輕鬆者為良，油黑重硬者勿用。去心，糯米拌炒，米熟為度。厚朴為使。畏秦艽。反烏頭。獨顆，非兩片者，名丹龍眼，不可入藥。誤服令人筋脉永不收。用黄精、小藍汁合服，立愈。

清・蔣居祉《本草擇要綱目・寒性藥品》 貝母 氣味：辛，平，無毒。乃肺金氣分中藥也。 主治：腹中結實，心下痞滿。療時疾黄疸。和砂糖丸含，止嗽。燒灰油調，傅人畜惡瘡斂瘡口。作末酒服，治產難及胞衣不出。與連翹同服，主項下癭瘤。故傷寒寒實結胸，外無熱症者，三物小陷胸湯主之。白散亦可，以其內有貝母也。俗以半夏有毒，用貝母代之，不知貝母乃太陰肺經之藥，半夏乃太陰脾經、陽明胃經之藥。若虛勞咳嗽，吐血咯血，肺痿肺癰，婦人乳癰癰疽及諸鬱之症，半夏乃所禁忌，貝母可為向導也。至于脾胃濕熱，涎化為痰，久則生火，痰火上攻，昏憒僵仆蹇澁諸症，貝母切不可代，必用半夏。古人治人面瘡須用貝母，其入氣分，灼然可見。畏秦艽。

清・王翃《握靈本草》卷三 貝母蜀中出者良。大者出象山，亦可用。去心，同糯米炒。 主治：貝母，辛，平，無毒。主傷寒煩熱，淋瀝，邪氣，疝瘕，喉痺，乳難，金瘡風腫，消痰，潤心肺，散心胸鬱結。療惡瘡，治項下癭瘤。

清・汪昂《本草備要》卷一 貝母宣，散結瀉熱，潤肺清火。微寒，苦瀉心火，辛散肺鬱。入肺經氣分，心火降則肺氣寧。《詩》曰：言采其蝱。蝱即貝母也。取其解鬱。潤心肺，清虛痰。治虛勞煩熱，咳嗽上氣，吐血咯血，肺痿肺癰，喉痺君相之火。目眩，火熱上攻。淋瀝，小腸邪熱，心與小腸相表裏，肺爲氣化之源。癭瘤，化痰。乳閉產難。功專散結除熱，傅惡瘡，唐時有人膊上生瘡如人面，能飲酒食物，亦無他苦。遍投諸藥，悉受之。至貝母，瘡乃顰眉，灌之數日，成痂而愈。斂瘡口。火降邪散，瘡口自斂，非貝母性收斂也。〇俗以半夏燥毒，代以貝母，不知貝母寒潤，主肺家燥痰；半夏溫燥，主脾家濕痰。脫或誤用，貽誤匪淺。故凡風寒濕食諸痰，貝母非所宜也，宜用半夏、南星。 川產、開瓣者良，獨顆無瓣者不堪用。去心，糯米拌炒黄，搗末用。厚朴、白微爲使，畏秦艽，反烏頭。

清・吳楚《寶命真詮》卷三 貝母 【略】消燥痰而潤肺，滌煩熱以清心。喘嗽紅痰，胸中鬱結，項下癭癧，惡瘡收口，俱所必需。【略】 辛宜歸肺，苦宜歸心。大抵心清氣降，肺賴以寧，且潤而化痰，故多功於西方也。〇若痰在脾經，誤用貝母，投以所惡，可翹首待斃。故寒痰、濕痰、風痰、食積痰、腎虛水泛為痰，均非貝母所司。慎之！

清・陳士鐸《本草新編》卷二 貝母 味苦，氣平、微寒，無毒。入肺、胃、脾、心四經。消熱痰最利，止久嗽宜用，心中逆氣多愁鬱者可解，並治傷寒結胸之症，療人面瘡能效。難產與胞衣不下，調服于人參湯中最神。黄癉赤眼，消渴除煩，喉痹，疝瘕，皆可佐使，但少用足以成功，多用或以取敗。宜于陰虛火盛，不宜于陽旺濕痰。世人不知貝母與半夏，性各不同，懼半夏之毒，每改用貝母。不知貝母消熱痰，而不能消寒痰，半夏消寒痰，而不能消熱痰也。故貝母逢寒痰，則愈增其寒；半夏逢熱痰，則大添其熱。二品涇渭各殊，烏可代用。前人辨貝母入肺，而不入胃，半夏入脾胃，而不入肺經，尚不知貝母之深也。蓋貝母入肺、胃、脾、心四經，豈有不入脾、胃之理哉。正寒熱之不相宜，故不可代用也。

或問：貝母之療人面瘡，可信不可信乎？曰：此前人之成效，胡必疑之。然而有可疑者。人面瘡，口能食而面能愁，蓋有祟憑之矣。祟憑必須解祟，何以用貝母即解，予久不得其故，後遇岐天師于燕市，另傳治法，而後悟貝母之療人面瘡也，亦消其痰而已矣。夫怪病多起于痰，貝母消痰，故能愈也。如半夏亦消痰聖藥，何治人面瘡無效？不知人面瘡，乃熱痰結成熱毒，半夏性燥，燥以治熱，更添熱矣。貝母乃治熱痰聖藥，以寒治熱，而熱毒自消，又何疑哉。或問：貝母消痰，消熱痰也，然火沸為痰，非熱乎，何以用之而絕無效耶？曰：火沸生痰，乃腎中之火上沸，非肺中之火上升。貝母止可治肺中之火痰，不化腎中之火痰也。豈惟不能化腎中之火痰，且動火而生痰矣。夫腎中之火，非補水不能降，腎火之痰，亦非補水不能消。貝母消肺中之痰，必鑠肺中之氣，肺虛則腎水之化源竭矣，何以生腎水哉。腎水不生，則腎火不降。腎火不降，又何以健脾而消痰哉。勢必所用水穀不化精而化痰矣。然則用貝母以治火沸為痰，不猶添薪而望止沸乎。毋怪杳無功效也。或疑貝母不可治火沸為痰之症，吾用之于六味丸中，亦可以治之乎？曰：六味湯止治火沸為痰之聖藥也，加入貝母，則不效矣。蓋火沸為痰，乃腎中之真水上沸而成痰，非肺中之津液上存而為痰也。六味湯補水以止沸，非化痰以止火，倘加入貝母，則六味欲趨于腎中，而貝母又欲留于肺內，兩相牽掣，則藥必停于不上不下之間，痰既不消，火又大熾，不更益其沸，而轉添其咳嗽哉。此貝母斷不可入于六味湯丸之中，以治火沸為痰之病也。

清・顧靖遠《顧氏醫鏡》卷七　貝母辛、苦，微寒。入心肺二經。反烏頭。去心，研。川者佳。下氣消痰，止咳定喘。療痰紅吐衄之血，皆清金潤肺之功。散胸中鬱結之氣。辛主散也。兼治淋瀝，清心家之煩熱，則小腸熱亦解。復理喉痺。散結除熱，清心之功。乳難可通，肝胃二經之氣結滯，則乳不通，辛能散結通滯。外科亦簡。取其散結除熱，以消癰腫，痰症尤宜。辛宜歸肺，苦宜歸心。大抵心清氣降，肺賴以寧，且潤而化痰，故多功於西方。貝母治肺經燥痰，若脾經濕痰，及寒痰食積痰，並禁用之。

清・李熙和《醫經允中》卷一八　貝母　厚朴為使。畏秦艽。反烏頭。去心用。辛，平，無毒。主治喉痺咳嗽，散氣消痰，止消渴，潤心肺，人面惡瘡敷斂收口。同連翹治頭項瘤瘻，散鬱結痰毒。貝母肺經散鬱之藥，虛勞嗽血咯血，肺痿肺癰，痰症所宜也。俗以半夏辛燥，代以貝母，安知貝母肺藥，而半夏脾胃藥乎？脾胃濕熱成痰，久則生火，上攻昏憒，僵仆蹇濇，生死旦夕，豈貝母可代乎？惟外科用貝母，不用半夏，蓋以肺主皮毛故也。又有獨顆非兩片者，名丹龍眼，誤服令人筋脉不收，用黃精、小藍汁合服立愈。

清・馮兆張《馮氏錦囊秘錄・雜症痘疹藥性主治合參》卷一　貝母在地則得土金之氣，在天則稟清肅之令，故味辛苦，微寒，無毒。入手太陰、少陰。辛以散結，苦以泄邪，寒以折熱，故治熱結痰結諸症。○選大而白者，去心用。胃寒者粘米拌炒，米熟為度；或薑汁炒。

貝母，苦瀉心火，辛散肺鬱，消膈上稠痰，久咳嗽者立效。散心中逆氣，多愁鬱者殊功。時疾黃疸，疝瘕喉痺，清氣化痰，除熱解毒，吐血咯血，肺痿肺癰，散鬱通乳，清心潤肺，惡瘡諸毒並療，乳癰瘿癧必用，止消渴熱煩，敷人面瘡效，為散結除熱，解毒化痰之要藥。產難胞衣不出，並取研末酒服。但胃寒脾虛，寒痰停飲，痰厥頭痛，惡心泄瀉者並忌之。

主治痘疹合參：消痰止嗽，兼解熱毒，利心肺，除風熱，散心胸鬱結熱，痘後癰毒尤妙，兼能外敷惡瘡。

按：貝母功專入肺，以治燥痰。久服非脾家所喜，俗以半夏燥而有毒，代以貝母，不知貝母治肺金燥痰。蓋肺為燥金，故宜潤。半夏治脾土濕痰，脾為濕土，故宜燥。一潤一燥，勢實天淵。彼此誤投，為害不淺，何可代也！大者名土貝母，味大苦則性寒，其解毒化痰、散鬱除熱之功居多。小粒者為川貝母，味則微苦，則寒涼之性亦減，其清熱解毒之功則不及，而潤肺化痰之力尤優耳。

清・张璐《本經逢原》卷一　貝母　甘、苦，平，微寒，無毒。反烏頭。川者味甘最佳，西者味薄次之，象山者微苦，又次之。一種大而苦者，僅能解毒。並去心用。凡肺經藥皆當去心，不獨貝母也。其獨顆無瓣者名丹龍睛，誤服令人筋不收持。《本經》主傷寒煩熱，淋瀝邪風，疝瘕喉痺，乳難金瘡，風痙。發明：貝母乃手太陰肺經氣分藥，兼入手少陰心經。一名蝱，《鄘風》：言采其蝱。善解心胸鬱結之氣，故詩人以此寓焉。肺受心包火乘，因而生痰，或為邪熱所干，喘嗽煩悶，非此莫治。詳《本經》主傷寒煩熱者，甘寒能解煩熱也。淋瀝者，熱結二腸也。清心肺鬱熱而淋瀝通矣。疝瘕者，足厥陰之邪干手厥陰也。《經》曰：診得心脈搏滑急，為心疝，少腹當有形也。喉痺者，熱鬱結於上也。《經》云：一陰一陽結，謂之喉痺，心主三焦之脈，

皆絡於喉也。乳難者，鬱熱結於手足厥陰也。風痙者，金瘡熱鬱生風而成痙，總取解散鬱結之邪也。仲景治傷寒寒實結胸，外無熱證者，小陷胸湯主之，白散亦可。二方一主熱痰內結，一主寒實內積，雖同一例，治不可混也。俗以半夏性燥，用貝母代之，不知貝母寒潤，治肺家燥痰，痰因鬱結者宜之。半夏性燥，治脾胃濕痰，痰因濕滯者宜之。二者天淵，何可代用？若虛勞欬嗽，吐血咯血，肺痿肺癰，癰疽及諸鬱火證，半夏乃禁忌，皆貝母為嚮導也。至於脾胃濕熱，涎化為痰，久則生火，火痰上攻，昏憒僵仆，蹇濇諸證，生死旦夕，豈貝母可治乎？浙產者，治疝瘕，喉痹，乳難，金瘡，風痙，一切癰瘍。又同苦參、當歸治妊娠小便難，同青黛治人面惡瘡，同連翹治項上結核，皆取其開鬱散結，化痰解毒之功也。

清·浦士貞《夕庵讀本草快編》卷一 貝母《本經》、莔音萌，一作蝱。形如聚貝子，故名。蝱亦言其狀如虻也。 貝母微苦色白，乃手少陰、太陰氣分藥也。故能消痰潤肺，滌熱清心。火鬱而咳嗽吐紅，氣滯而胸脇逆脹者宜之。《詩》云言采其莔，蓋作詩者本于心志抑鬱，欲采此以解之。仲景獨窺其意，治寒實結胸，外無熱者，立白散及三物陷胸湯。成無己釋之曰：辛散而苦泄，桔梗、貝母之苦辛用以下氣而散聚是也。若催產下胞，喉痹乳癰，敷瘡點目，皆不越乎散血而順氣爾。倘腎虛水泛，風濕食積諸痰，非所宜矣。

清·張志聰、高世栻《本草崇原》卷中 貝母 氣味辛，平，無毒。主治傷寒煩熱，淋瀝邪氣，疝瘕，喉痹，乳難，金瘡風痙。 貝母，《爾雅》名莔，《國風》名虻。河中、荊襄、江南皆有，唯川蜀出者為佳，其子在根下，內心外瓣，其色黃白，如聚貝子，故名貝母。 貝母川產者味甘淡，土產者味苦辛。《本經》氣味辛平，合根苗而言也。根形象肺，色白味辛，生於西川，清補肺金之藥也。主治傷寒煩熱者，寒邪在胸，則為煩為熱。貝母清肺，故胸中之煩熱可治也。淋瀝邪氣者，邪入膀胱，不能隨太陽而出於膚表，則小便淋瀝。貝母通肺氣於皮毛，故淋瀝邪氣可治也。疝瘕乃肝木受病，治疝瘕，金能平木也。喉痹乃肺竅內閉，治喉痹，通肺氣也。乳難乃陽明津汁不通，金瘡風痓，乃陽明經脈受傷，貝母色白味辛，稟陽明秋金之氣，內開鬱結，外達皮膚故皆治之。

清·劉漢基《藥性通考》卷六 貝母 味苦，微寒，氣辛。瀉心火，散肺欝，潤心肺，清虛痰，治虛煩熱，咳嗽上氣，吐血咯血，肺痿肺癰。喉痺，君相之火。目眩，火熱上攻。淋瀝，小腸邪熱。又治癭瘤化痰，乳閉產難，功專散結除熱，傅惡瘡，斂瘡口。川產、開瓣者良。獨顆無瓣者，不堪用。去心，糯米拌炒黃，搗用。厚朴、白微為使，畏秦艽，反烏頭。火痰中必須之藥。

清·姚球《本草經解要》卷二 貝母 氣平，味辛，無毒。主傷寒煩熱，淋瀝邪氣，疝瘕，喉痹，乳難，金瘡風痙。去心，糯米炒。 貝母氣平，稟天秋平之金氣，入手太陰肺經。味辛無毒，得地西方之金味，入手陽明燥金大腸經。氣味降多於升，陰也。其主傷寒煩熱者，傷寒有五，風寒濕熱溫，而風與熱乃陽盛之症，陽盛所以煩熱也。貝母氣平則清，味辛潤散，故主之也。淋瀝者，膀胱有熱也。邪氣者，熱邪之氣也。膀胱以氣化為主。貝母味辛潤肺，肺乃主氣之藏，肺潤則氣化及於州都，小便通而不淋瀝矣。其主疝瘕者，肺氣不治，則不能通調水道下輸膀胱，因而濕熱之邪聚結成疝成瘕。貝母氣平，可以通調水道，味辛可以散熱結也。大腸之脈，其正者上循咽喉，火發於標，乃患喉痹。痹者，閉也，其主之者，味辛氣平，能解大腸之熱結也。肺乃津液之府，主乳難者，味辛能潤，潤則乳自通也。肺主皮毛，味辛氣平，則肺潤而皮毛理，可愈金瘡也。風痙者，風濕流於關節，致血不能養筋，而筋急也。貝母味辛，辛則散風濕而潤血，且貝母入肺，肺潤則水道通而津液足，所以風濕逐而筋脈舒也。 製方：貝母、薑汁丸，治憂鬱不伸。同厚朴丸，化痰降氣。同知母、牡蠣末，豬蹄湯調服，治乳汁不下。專末治吐血，衄血，吹鼻中治吹乳作痛。同知母、前胡、麥冬、葛根、甘草，治傷寒煩熱。同陳皮、前胡、石膏、知母、麥冬、竹瀝，治痰瘧。同白芷、白蒺藜，治鬱症乳癰。

清·楊友敬《本草經解要附餘·考證》 貝母 一名莔，讀萌，《詩》采莔。取能散心胸鬱結也。《本草》稱治乳難，蓋乳病多由鬱結，故相宜。又唐時有病人面瘡者，用貝母愈，正曼倩酒澆怪哉！取散鬱濁忿意也。蘇子容謂類金瘡，故宜貝母。豈其然乎？

清·周垣綜《頤生秘旨》卷八 貝母 散欝下氣之藥也。《詩》云言采其蝱，蓋指此也。病人多愁欝者，用之欝結散，則氣血平和，雖有煩熱，腹中結實，心下滿，胸脇逆氣，目眩，咳嗽，何慮其不退也。

清·王子接《得宜本草·中品藥》 貝母 味甘、苦。入手太陰經。功專潤肺化痰。得桔梗能下氣，得白芷消便癰。

清·黃元御《長沙藥解》卷三 貝母 味苦，微寒。入手太陰肺經。清

金泄熱，消鬱破凝。《傷寒》二白散方在桔梗，《金匱》當歸貝母苦參丸方在當歸，並用之，以其清金而泄熱也。　貝母苦寒之性，泄熱涼金，降濁消痰，其力非小。然輕清而不敗胃氣，甚可嘉焉。其諸主治，療喉痺，治乳癰，消癭瘤，去努肉，點翳障，傅瘡癰，止吐衄，驅痰涎，潤心肺，解燥渴，清煩熱，下乳汁，除咳嗽，利水道。

清・吳儀洛《本草從新》卷一　貝母〔宣，散結清火，潤肺，化燥痰。〕　甘，微寒。瀉心火，辛散肺鬱，入肺經氣分，心火降則肺氣寧。《詩》曰：言采其蝱。蝱，即貝母也。取其解鬱。潤心肺，化燥痰。治虛勞煩熱，咳嗽上氣，吐血咯血，肺痿肺癰，喉痺目眩，火熱上攻。淋瀝，小腸邪熱。心與小腸相為表裏，肺為氣化之源。癭瘤化痰，乳閉，產難。功專散結除熱，敷惡瘡，斂瘡口。火降邪散，瘡口自斂，非貝母性斂也。能入肺治燥，非脾家所喜。汪機曰：俗以半夏燥毒，代以貝母，不知貝母寒潤，主肺家燥痰，半夏溫燥，主脾家濕痰，何可代也。故凡風寒濕諸痰，貝母非所宜也，宜用半夏、南星。川產開瓣，圓正底平者良。浙產形大，亦能化痰散結解毒。并去心，糯米炒黃搗用。

清・汪紱《醫林纂要探源》卷二　貝母　苦，辛，寒。獨莖直上，長葉如蒜，開大花於頂，色可愛，根下亦如蒜分瓣，周處共抱，中心成椎，瓣成肥白，如牛蝱狀，故一名蝱。川產緊小多瓣者良，浙產大而鬆脆，只可用以外傅去毒，無瓣者勿用。散肺鬱，降逆氣，色白入肺，形亦似肺。行痰濕，辛能行水，苦而不燥。瀉心火，苦瀉心，形亦略似心包。快膻中之清氣。膻中為心之臣使，喜樂出焉。貝母潤心安肺，故古言其療鬱結，可忘憂，能治熱痰咳嗽，止虛勞煩熱，療吐血咯血，肺癰喉痺，通噎膈，下乳汁，催產滑胎，又治淋瀝。小腸，心之表也。又治癭瘤，散鬱結之效也。又傅惡瘡，治蛇蟲毒。去火散邪之效也。功主瀉肺。瀉其不當斂而斂者。反烏頭、附子。

清・嚴潔等《得配本草》卷二　川貝母　厚朴、白薇為之使。畏秦艽、莽草、礜石。惡桃花。反烏頭。　辛、苦，微寒。入手太陰經氣分。開心胸鬱結之氣，降肺火咳逆之痰。治淋疝乳難，消喉痹瘰癧，解小腸邪熱，療肺痿咯血。　得厚朴，化痰降氣。配白芷，消便癰腫痛。配苦參、當歸，治妊娠尿難。配連翹，治癭瘤。配瓜蔞，開結痰。導熱下行，痰氣自利。配桔梗，下氣止嗽。　川中平藩者，味甘，最佳，象山者味苦。　去時感火痰，去心，糯米拌炒，米熟為度，去米用。胃寒者薑汁炒。　貝母中有獨顆，不作兩片無皺者，號曰丹龍精，不入藥，誤服令人筋脈永不收。惟以黃精、小藍汁，服之立解。

寒痰停飲，噁心冷瀉，二者禁用。　怪症：江左有商人，左膊生瘡如人面，亦無他苦，戲以酒滴口中，其面赤色，以物食之，亦能食，多則膊肉脹起，或不食，則一臂痹焉。有名醫教其歷試金石草木之藥，悉無所苦。至貝母，其瘡乃聚眉閉目，商人喜，以小葦筒毀其口灌之，數日成痂遂愈。　川貝降肺經之火痰，杏仁行肺經之寒痰，白附去肺經之風痰，蔞仁滌肺經之結痰。肺經之虛痰，非阿膠不下。肺經之毒痰，非硝石不除。若濕痰發於脾經，半夏驅之使不滯。痰氣伏於脾經，旋覆推之使不停。血痰結於脾經，冬花開之使不積。又有濕熱在脾胃而成痰者，槐角理之，痰自清豁而弗生。實痰留於胃腑而致脹者，玄明蕩之，痰自消歸於烏有。如因痰而胃痛，贏殼止之。宿痰而成囊，蒼术除之。豁痰迷於心竅，遠志為功。破心經之痰鬱，賴有蕤仁。礞石滾痰之滯，肝經獨爽。鐵花開痰之結，肝臟自泰。腎經得青鹽，痰火頓息。腎中入蛤粉，痰熱皆除。至於腎經之虛痰，牡蠣逆之而見功。腎水泛為痰，熟地補之而奏績。膈上之痰兼火者，青黛療之，兼燥者花粉降之。惟大黃能下頑痰於腸胃，枳實能散積痰之稠粘。更有相火逆結之痰，解之者在殭蠶。脇下寒結之痰，豁之者需白芥。經絡中之風痰，南星可袪。鬱則荊瀝導之，結則牽牛散之，熱則竹瀝行之。驚風而生痰飲，非攻之不退，全竭之力也。風熱多致痰壅，非吐之不平，白礬之力也。常山逐痰積，狼毒開惡痰，檳榔墜痰癖，慈菇吐痰癎，川蓼子決風痰之上壅，馬兜鈴下梅核之痰丸。諸藥各有專治，諸痰別有分消。不知痰所從來，不審藥所職司，動以川、半為治痰之品，一概混施，未有能濟者也。　土貝母　味大苦，性寒。解毒化痰，散鬱除熱。療乳癰，袪痘毒。

題清・徐大椿《藥性切用》卷三　川貝母　味甘微寒，涼心散鬱，清肺而化熱痰。象貝形堅味苦，瀉熱功勝，不能解鬱也。土貝形大味苦，瀉熱解毒，外科耑藥。俱去心用之。

清・黃宮繡《本草求真》卷五　貝母清肺心痰熱。　貝母耑入肺，兼入心。辛苦微寒，世多用為治痰之藥，殊不知痰有因燥、因濕之不同。痰有風痰、寒痰、濕痰、火痰、燥痰、虛痰、熱痰之別，須在臨症細分。如果肺因火刑，水飲不化，鬱而為痰，此痰因於燥者也，脾胃虛寒，水飲停積，窒而不通，此痰因於濕者也。因以燥者，非用苦以瀉火，辛以散鬱，寒以折熱莫治。因以濕者，非用辛以散寒，濕以燥濕莫投，貝母味苦而辛，其性微寒，止於心肺燥鬱，痰食壅盛，及虛

勞煩熱，肺痿肺癰，喉痹咯血吐血，火刑於肺。目眩淋瀝，火移小腸。癭瘤乳閉，難産，惡瘡不斂等症服之，卒能有效。承曰：貝母能散心胸鬱之氣，故《詩》云言采其商是也。作詩者本以不得志而言，今用治心中不快，多愁鬱者殊有功，信矣。又唐人記其事云：江左嘗有商人，左膊上有瘡，如人面，亦無他苦。商人戲以酒滴口中，其面赤色；以物食之，亦能食。多則肉内脹起，或不食則一臂痹焉。有名醫教其歷試諸藥，金石草木之類，悉無所苦，至貝母乃聚眉閉目。商人喜，乃以小葦筒毁其口，灌之數日成痂，遂愈。然不知其何疾也。若使因於脾虚而見咳嗽不寧，混以貝母妄代，其失遠矣！蓋一宜半夏，一宜貝母，況半夏兼治脾肺，貝母獨清肺金；半夏用其辛，貝母用其苦；半夏用其溫，貝母用其涼；半夏性速，貝母性緩；半夏散寒，貝母清熱。氣味陰陽，大有不同。汪昂云：故凡風、寒、濕、食諸痰，貝母非所宜也。彼此誤投，為害不淺，大者為土貝母，大苦大寒。如浙江貝母之類。清解之功居多，小者川貝母，味甘微寒。滋潤勝於清解，不可〔不〕辨。川産開瓣者良。獨瓣不堪入藥，去心，米拌炒用。厚朴、白薇為使，畏秦艽，反烏頭。

清·楊璿《傷寒溫疫條辨》卷六消劑類　川貝母　反烏頭。味辛，氣寒，氣味俱輕，用須加倍。解肝經鬱怒，散心中逆氣，祛肺癰痰膿喘嗽，降胸中因熱結胸。足生人面瘡，燒灰油調頻敷；産難胞不下，研末用酒和吞。亦除瘕疝喉痹，亦止消渴煩熱，赤眼翳膜堪點，脾鬱黄疸能毆。但貝母治肺燥之痰嗽，與半夏治脾濕之痰嗽為不同耳，須辨之。

清·羅國綱《羅氏會約醫鏡》卷一六草部　貝母味辛苦，微寒，入心肺二經。去心，糯米拌炒。瀉心火苦也，散肺鬱辛也。治虚勞痰咳、心火降則肺寧。肺痿、肺癰、吐血、咯血、喉痹、消渴、皆君相之火。癭瘤、乳閉、産難、乳癰，散結除熱。傅惡瘡，人面瘡能飲食，治之即愈。斂瘡口。火降邪散。

按：貝母潤，治肺經燥痰；半夏燥，治脾經濕痰。誤用有害。若胃寒脾虚，惡心泄瀉，及腎虚水泛為痰者，均忌之。大粒者名土貝母，其解毒化痰、散鬱除熱之功居多。小者名川貝母，而潤肺化痰之力則優耳。二者俱反烏頭。

清·陳修園《神農本草經讀》卷三中品　貝母　氣味辛、平，無毒。主傷寒煩熱，淋瀝邪氣，疝瘕，喉痹，乳難，金瘡，風痙。陳修園曰：貝母氣平味辛，氣味俱屬於金，為手太陰、手陽明藥也。其主傷寒煩熱者，取西方之金氣以除酷暑，《傷寒論》以白虎湯命名，亦此意也。其主淋瀝邪氣者，肺之治節行於膀胱，則邪熱之氣除，而淋瀝愈矣。疝瘕為肝木受病，此則金平木也。喉痹為肺竅内閉，此能宣通肺氣也。乳少為陽明之汁不通，金瘡為陽明之經脈受傷，風痙為陽明之宗筋不利，貝母清潤而除熱，所以統治之。今人以之治痰嗽，大失經旨。且李士材謂貝母主燥痰，半夏主濕痰，二物如冰炭之反，皆臆說也。

清·黄凱鈞《藥籠小品》　貝母　川産為佳，瀉心火，散肺鬱，化燥痰，功專散結除熱。汪機曰：貝母涼潤，主肺家燥痰；半夏溫燥，主脾家濕痰。故凡風寒濕滯之痰，貝母非所宜也。象山貝母，去時感風痰，俱去心；土貝母外科用治痰毒。

清·王龍《本草纂要稿·草部》　貝母　氣味苦辛而寒。入肺行經，消膈上稠痰。久嗽驅煩止渴，散胸中逆氣悶愁。治傷寒煩熱，時疾黄疸兼驅。開腹中結實，赤眼膚翳並治。除疝瘕喉痺，療人面瘡瘍。

清·吴鋼《類經證治本草·手太陰肺臟藥類》　貝母　【略】時珍曰：【略】凡蜘蛛咬傷，縛定咬處，勿使毒行，以貝母末酒服半兩，甚則一兩，至醉，良久酒化為水，自瘡口出，水盡仍塞瘡口，甚妙。誠齋曰：毒蜂螫人，腫痛難忍者，亦以此法救之，立愈也。

清·張德裕《本草正義》卷上　川貝母　苦，涼。性緩，入肺、肝、心。解肝臟鬱熱，散心中逆氣，治肺痿肺癰，咳吐膿血，胸膈熱結，乳癰痰核，喉痺。並可療人面瘡，亦消目障翳。研末酒吞，可下胎衣。

清·翁藻《醫鈔類編》卷二三《本草》　貝母　【略】大者為土貝母，大苦大寒，如浙江貝母之類。清解之功居多。小者名川貝母，味甘微寒，滋潤勝於清解。川産開瓣者良，獨瓣者不堪入藥。去心，米拌炒用。

清·楊時泰《本草述鉤元》卷七　貝母　二月生苗，葉隨苗出，七月開花碧緑，形如百合，斜懸向下，上有紅脈似人肺。八月采根，根有瓣子黄白色，如聚貝子。一種子在根下，如芋子，正白色，連累相着而可分解。

氣味苦平，微寒。陰中微陽，可升可降，陰也。入手太陰、少陰，為肺經氣分藥。潤肺清心，開鬱結，和中氣，除邪氣煩熱，心下實滿，胸脇逆氣，滌熱消痰，療喘嗽紅痰，治産難及胞衣不下，下乳汁。凡疔腫瘤瘍，可以托裏護心，收斂解毒諸本草。方書治虚勞，消痰止嗽，和中氣，安五臟，為怯證之要藥。瘧痞，鼻衄舌衄，自汗，小便不通，淋，鼻病舌病。肺有熱因而生痰，或為熱邪所

干，喘嗽煩悶，必此主之，其性專能散結除熱仲淳。能散心胸鬱結之氣，用治心中不快多愁鬱者，殊有功承。俗以半夏有毒，用貝母代之。夫貝母乃太陰肺藥，半夏乃太陰、陽明脾胃藥，如何可代？若虚勞咳嗽，吐血咯血，肺痿肺癰，婦人乳癰，癰疽及諸鬱證，皆須貝母為向導，而忌半夏。至於脾胃濕熱，涎化為痰，久則生火，痰火上攻，昏憒僵仆，蹇濇諸證，此非貝母可代石山。同參、术用，行補不膩。與歸、芎用，行氣和榮。助知母療肺疾而滋陰，得厚朴開脾鬱而清氣，合芩、連能清火鬱，偕黄柏可療諸瘡，君元參立消喉痹，臣桔梗便治肺癰，同連翹主項下瘤瘿，和撫芎解偏身氣痛。燒灰油調，敷惡瘡人面。作末酒服，下難産胞衣能。孕婦咳嗽，貝母去心，麩炒黄為末，沙糖拌，丸芡子大，每含嚥一丸，神效。小兒晬嗽，百日内咳嗽痰壅。貝母五錢，生、炙甘草各一錢，為末，沙糖丸芡子大，每米飲化下一丸。化痰降氣，止咳解鬱，消食除脹，用貝母去心一兩，薑製厚朴五錢，蜜丸梧子大，每白湯下五十丸，有奇效。便癰腫痛，貝母、白芷等分，為末，酒調，或酒煎服，以渣貼之。同知母、前胡、葛根、麥冬、甘草，治斑疹初發，壯熱喘嗽，有痰不得眠。同知母、天麥冬、桑白皮、枇杷葉、百部、桔梗、甘草，治肺熱咳嗽及胸中煩熱。同番降香、鬱金、橘紅、遠志、蘇梗、蘇子、香附、白豆蔻，開鬱痰。加撫芎、神麴，並解一切氣鬱。同橘皮、前胡、石膏、知母、麥冬、竹瀝，治痰瘧。同大力子、元參、栝蔞根、僵蠶、桔梗、甘草，治風痙。同甘菊、紫地丁、金銀花、夏枯草、大力子、生甘草、白及、白斂，治一切熱毒，消一切癰疽。同鬱金、連翹、橘葉、栝蔞根、大力子、夏枯草、山茨菇、山豆根、元參，消一切結核乳巖瘰癧。同百部、百合、薏仁、麥冬、蘇子、鬱金、童便、竹瀝、魚腥草，治肺熱吐膿血。

論：貝母采根於八月，取其受金氣之專，其味苦勝辛微，辛在苦後，且苦合於氣之微寒以歸辛，是二陰至肺之義也。夫苦合於氣之微寒，為在地之陰，乃便能至於在天之陽以益肺者。觀其葉隨苗出，有直透而無濡留，則知功所獨擅，即在直透以開熱之結，無濡留以達肺之鬱矣。是以嗽疾主用獨多。抑以在地之陰，和乎在天之陽，如陽中之太陽心也。腎脈之支者，更從肺而絡之，則其由肺及心，無不和於陰而裕，從升得降之元機，又安有實滿逆氣之患哉。方書治小水不通及淋證，即皆從升得降之故。至以肺經氣分藥而能療血證者，蓋主血雖屬心，更藉肺陰下降入心而生之。又主下乳汁，心與小腸，女子平居主月水，胎後主乳汁。正見在地之陰，和於在天之陽，以為化育之一端也。

繆氏云：凡脾胃寒濕，生痰作嗽，及食積痰飲，中惡嘔吐，胃寒作泄，法當以辛溫燥熱治之者，並禁。

辨治：川貝母小而尖白者良，浙貝母極大而圓色黄，不堪入藥。薑汁泡，去心。其中有獨顆而不團作兩片無皺者，名丹龍精，損人筋脈。

清·葉桂《本草再新》卷一 貝母味甘苦，性寒，無毒。入心、肺二經。瀉中焦之火，散肺中之鬱。潤肺氣，兼補心氣，止吐血，兼能生血，化痰除煩，消癰痿，清頭目。婦人乳腫乳少，亦能治之。

清·吴其濬《植物名實圖考》卷七 貝母 《本經》中品。《爾雅》：莔，貝母。注：根如小貝，圓而白，華葉似韭。陸璣《詩疏》：葉如栝樓而細小，子在根下如芋子，正白。《圖經》云：此有數種，韭葉者罕復見之，今有川貝、浙貝兩種。按《陸疏》以為似栝樓葉而細小，郭注以為似韭葉。宋《圖經》以為似蕎麥葉，各説既不同，原圖數種，亦不甚符。今川中圖者一葉一莖，葉頗似蕎〔麥〕葉。大理府點蒼山生者，葉微似韭而開藍花，正類馬蘭花，其根則無甚異，果同性耶？張子詩：貝母階前蔓百尋，雙桐盤繞葉森森。剛強顧我蹉跎甚，時欲低柔警寸心。則又有蔓生者矣。

清·趙其光《本草求原》卷一山草部 川貝母 氣平，微寒。味甘淡，無毒。得土金之精，專開肺、胃、大腸之鬱熱内結。主傷寒煩熱，寒閉成熱。心下實滿，胸腹逆氣，皆膻中病見於肺部，甘寒解煩熱。同知母、前胡、甘、冬、葛用。淋瀝邪氣，肺清則氣化及於膀胱。疝瘕，肝經濕熱入於包絡，金清則木平。喉痹，喉為肺竅、大腸脈又上循喉咽，同元參以通肺清心。乳難，陽明熱結不通，則肺津亦涸。同知母、通草、珊瑚樹、豬蹄煎。金瘡風痙，肺之皮毛與陽明之經脈受傷，則津液不行，宗筋不利，熱結生風而成痙。憂鬱不伸，薑汁炒，薑汁糊丸。《詩》曰：言采其蝱。寓解鬱結之義。化痰降氣，同厚朴丸，並消食除脹。半夏燥濕滯之痰，此清熱潤燥以去熱鬱之痰。孕婦小兒咳嗽，麪炒，黄砂糖丸。吐血衄血，炒研，漿水下，肺清則陰降入心生血。妊娠尿難，同苦參、歸，蜜丸，亦肺氣通調之功。小兒鵝口，滿口白爛，鬱熱在上也。為末，蜜水煎抹之。難産，為末，酒下。痰瘧，同陳皮、前胡、知母、麥冬、竹瀝，或同生南星炒黄研，薑汁下。痰鬱，同鬱金、蘇子、香附、陳皮。火鬱，同芩、連。氣鬱身痛，同川芎。肺痿、肺癰，去膚翳努肉。同白丁香、乳汁點。

川産，味甘，尖小，底闊而白，開瓣者良；西産，味淡者，次之；各土微苦，又次之。尖上色黄，身不開瓣者，名金利子，殊無效。獨顆無瓣者，名丹

龍晴，誤服，令人筋不收持。去心，糯米拌炒，或薑汁泡炒。同桔梗，治肺癰；同百部、百合、苡仁、麥冬、蘇子、鬱金、童便、竹瀝，治肺熱吐膿血。寒痰、濕痰忌之。

清·葉志詵《神農本草經贊》卷二　貝母　味辛，平。主傷寒煩熱，淋瀝，邪氣，疝瘕，喉痹，乳難，金創，風痙。一名空草。

陟彼阿邱，物融心會。葉接苗生，根連蒂薈。采候熟葫，聚陳編貝。精結丹龍，筋摧脈害。

《詩》：陟彼阿邱。《詩注》：采蝱，貝母也。主療鬱結之疾。江休復詩：心會境物融。蘇頌曰：葉隨苗出。《詩疏》：貝母子在根下，連累相著。蘇恭曰：蒜熟時采之良。《爾雅翼》：大蒜為葫。陶弘景曰：形似聚貝子。雷斅論：貝母中有獨顆者，名丹龍精，誤服令人筋脈不收。

清·文晟《新編六書》卷六《藥性摘錄》　貝母　辛苦，微寒。清肺及心經痰熱，治心肺燥鬱，痰熱壅盛，及虛勞煩熱，肺痿肺癰，喉痹，咯血吐血，目眩，淋瀝，癭瘤瘰癧，乳閉難產，惡瘡不斂等症。○若脾虛咳嗽，及風寒濕食諸痰，皆當用半夏之辛溫，勿用貝母之苦涼也。○川產，開瓣者良。去心，米拌炒。反烏頭，畏秦艽。○土貝母，大苦、大寒。清熱之功居多。浙貝母同。

清·劉東孟傳《本草明覽》卷一　貝母　【略】按：世多以半夏為毒，棄而不用，每取貝母代之。殊不知貝母乃太陰肺經之藥，半夏乃太陰脾經陽明胃經之藥，何得相代？蓋咳嗽吐痰，虛勞吐血咯血，痰中帶血，咽痛喉痺，肺癰肺痿，痰疽諸鬱，及婦人產難，此皆貝母為嚮導藥也，半夏乃為禁用。若涎者，脾之濕也。美味膏粱，炙煿火料，皆生脾胃濕痰，故涎化稠粘為痰，久則生火，痰火上攻，故令昏憒，不省人事，(只)〔口〕噤偏廢，僵仆蹇(濕)〔澀〕不語，是非半夏、南星，曷可治乎？若以貝母代之，則束手矣。

清·張仁錫《藥性蒙求·草部》　貝母象貝錢半、土貝三錢。　貝母微寒，止嗽消痰。肺癰肺痿，開鬱除煩。川中開瓣者最妙。味甘。潤心肺，化燥痰，治虛勞煩熱，欬嗽上氣，吐血咯血，又能散結。○象貝出浙江象山，一名浙貝。皮糙味苦。獨顆無瓣，頂圓心斜，《拾遺》又謂亦分兩瓣。不如川貝，象荷花瓣也。但象貝苦寒，去時感風痰，開宣肺氣。入藥選圓白而小者佳。土貝母形大如錢，獨瓣不分，與川產逈反。各處均有，安徽、江南、浙江皆有之。味苦，性平，微寒。能散癰毒，化膿行滯，消痰。入藥選白大而皮細者佳。○俱去心，搗用。

清·屠道和《本草匯纂》卷二降痰　貝母　耑入肺，兼入心。辛、苦，微寒，無毒。瀉心火，散肺鬱，清心肺熱痰。治傷寒及虛勞煩熱，肺痿肺癰，咯血吐血，咳嗽上氣。療腹中結實，心下滿，洗洗惡風寒。目眩項直，喉痺，止汗，化燥痰，除淋瀝邪氣，疝瘕癭瘤，乳閉難產。金瘡風痙，惡瘡不斂等症。研末，點目去膚翳。以七枚研末，酒服，治產難及胞衣不下。與連翹同服，主項癭瘤疾。第世多用為治痰之藥，不知痰有風痰、寒痰、濕痰、熱痰、燥痰、虛痰、氣痰、食積痰、皮裏膜外痰之別。如肺受火(形)〔刑〕，水飲不化，鬱而為痰，此痰之因於燥者，則當用此。苦以瀉火，辛以散鬱，寒以折熱。若係脾胃虛寒，水飲停積，窒而不通，而見咳嗽不寧，此痰之因於濕者，則宜用半夏。若混以貝母妄投，其失遠矣。蓋一宜半夏，一宜貝母，況半夏兼治脾肺，貝母獨清肺金，半夏用其辛溫散寒性速，貝母用其苦涼清熱性緩，大有不同。貝母能散心胸鬱氣。

清·戴葆元《本草綱目易知錄》卷一　川貝母　味淡微寒，色白體潤，手太陰肺經藥。潤心肺，清虛痰，安五臟，利骨髓，能散心胸鬱結之氣，而清虛咳喘促之痰。治虛勞煩熱，汗出惡風，咳嗽上氣，吐咯衄血，肺痿肺癰，及時邪結胸，喉痹乳難，黃疸淋瀝，瘰癧癭瘤，胞衣不下。除煩止渴，順產安胎，斂瘡口，點目翳。反烏頭。凡用去心。

清·黃光霽《本草衍句》　貝母　辛解肺鬱，為肺經氣分藥。苦瀉心煩。散胸中結實之氣，治虛勞嗽逆之痰。潤心肺，除煩熱，下胞胎，理產難。癭瘤人面，人面瘡收口最效。金瘡乳巖。咯血吐血而不止，肺癰肺痿而難堪。《本經》用治傷寒煩熱淋瀝，喉閉乳巖，大都散結除熱之功。諸鬱之症，功耑潤肺化痰。得桔梗能下氣，得白芷消便癰。

憂鬱不伸，胸膈不寬，貝母去心，薑炒研，薑汁麵丸，征士鎖甲煎湯下。化痰降氣，止咳解鬱，消食除脹有奇效。用貝母去心一兩，製厚朴五錢，蜜丸，白湯下。

清·陳其瑞《本草撮要》卷一　貝母　味甘，入手太陰經，功專潤肺化痰。得桔梗下氣，得白芷消便癰。去心，糯米拌炒黃搗用。以生末塗人面瘡神效。厚朴、白薇為使。畏秦艽，反烏頭。

清·李桂庭《藥性詩解》　賦得貝母清痰止咳嗽得清字。李慶霖。　貝母消痰驗，功尤解鬱成。痿癰皆取治，咳嗽兩能清。按：貝母散結舒鬱，化燥清痰，且治肺之癰痿，血之吐衄，喉痺癭瘤，產難咳嗽。出四川，形圓底平

者良。

前題田春芳　貝母微寒苦，形圓底却平。火除痰自散，肺爽嗽能清。

按：　貝母微寒而苦，本散結清火，潤肺化燥，除熱清痰。虛勞煩渴，產難咳嗽，肺痿肺癰，吐血咳血。入肺經氣分。《毛詩》採用，取其解鬱利氣，即言採其蝱也。蝱，即貝母也。川產開瓣、圓正底平者良。

清・仲昴庭《本草崇原集説》卷中　貝母　【略】仲氏曰：　川貝、半夏，清理金土之氣以化邪，邪化則痰不生，故半貝丸治瘧有效。

清・鄭奮揚著，曹炳章注《增訂偽藥條辨》卷一　川貝母　偽名魯貝。粒扁，洗後皮脫，其粉即出。按貝母惟川蜀出者為佳。其子在根下，內心外瓣，其色帶白如聚貝子，故名貝母。蓋色白味辛，生於西川，故屬肺金之藥。浙貝尚不可混用，況魯貝乎？　更有一種名西珠貝母，係山慈菇偽充。又有一種偽貨，名西貝，其性不能潤肺化痰，更相反也。　炳章按：　川貝，四川灌縣產者，底平頭尖，肉白光潔而堅，味微苦兼甘，為最佳。平藩縣產者，粒團質略鬆，頭微尖，肉色白而無神，味亦微苦兼甘，亦佳。敍、富產者顆大而扁，肉白黃色，質鬆味淡，為次。魯京州大白山、松盤等處產者，曰魯京川，黃白色，頭尖，亦次。湖北荊州巴東縣產者，皮色帶黑，性硬而光，頭尖，肉呆白色，味苦，更次。陝西新開山產者，曰西貝，或名尖貝，顆扁頭尖，味甚苦，更不道地，鄭君所云，或指此種，然非山慈菇偽充。所云珠貝者，即小象貝也。蓋川貝中有獨顆不分瓣，不作二瓣合抱，皮無皺者，名(單)〔丹〕龍精，宜揀去之，誤服令人筋脉不收，惟用黃精小藍汁可解之。

川貝粉　今人肺燥咳嗽，每以川貝粉蒸梨，亦清潤單方也。詎料射利藥肆，研便之川貝粉，率以懷山藥研粉偽充。雖山藥無毒，其奈有外邪未能罷者，服之則留邪；　粘痰難出者，服之則助痰，為害匪義。如用川貝粉，須當面看其研末，方無此弊。　炳章按：　項元麟云：　川貝粉，市者以象貝漂洗代之，或以小山藥、天花粉偽之。余謂未必皆如是，此屬少數市儈昧良之行為，非可指普通而言如此也。

浙貝母

明・傅懋光《醫學疑問》　問：　頃年貝母，自天朝貿去者，大如栗瓣，其色且黃，近古所未見之物也。其形則略似，而大小極不相類，欲詳真假與否，切願詳知。　答曰：　貝母荊襄多生，因瓣如聚貝子，故人以貝母名。潔白輕鬆，形圓而如小算盤子者佳。邇來市家貿利，多採遼東或兩浙產者，即所問大如栗而其色黃、堅硬，竟抵貝母以欺眾目，本院不用。

明・張景岳《景岳全書》卷四八《本草正》　土貝母反烏頭。　味大苦，性寒。陰也，降也。乃手太陰，少陽，足陽明，厥陰之藥。大治肺癰肺痿，欬喘，吐血衄血，最降痰氣，善開鬱結，止疼痛，消脹滿，清肝火，明耳目，除時氣煩熱，黃疸淋閉，便血溺血，解熱毒，殺諸蟲，及療喉痺瘰癧，乳癰發背，一切癰瘍腫毒，濕熱惡瘡，痔漏金瘡出血，火瘡疼痛。為末可敷，煎湯可服。性味俱厚，較之川貝母，清降之功不啻數倍。

清・趙學敏《本草綱目拾遺》卷五草部下　浙貝土貝　今名象貝。去心炒。《百草鏡》云：　浙貝出象山，俗呼象貝母。皮糙味苦，獨顆無瓣，頂圓心斜，入藥選圓白而小者佳。○葉闇齋云：　甯波象山所出貝母，亦分兩瓣，味苦而不甜，其頂平而不尖，不能如川貝之象荷花蕊也。土人於象貝中揀出一二與川貝形似者，以水浸去苦味，曬乾，充川貝賣，但川貝與象貝性各不同。象貝苦寒，解毒利痰，開宣肺氣。凡肺家挾風火有痰者宜此。川貝味甘而補肺矣，不若用象貝治風火痰嗽為佳。若虛寒咳嗽，以川貝為宜。

張景岳云：　味大苦，性寒，陰也，降也，乃手太陰、少陽、足陽明、厥陰之藥。大治肺癰肺痿欬喘，吐血衄血，最降痰氣，善開鬱結，止疼痛，消脹滿，清肝火，明耳目，除時氣煩熱，黃疸淋閉，便血溺血，解熱毒，殺諸蟲，及療喉痺瘰癧，乳癰發背，一切癰瘍腫毒，溼熱惡瘡痔漏，金瘡出血，火瘡疼痛，為末可敷，煎湯可服。性味俱厚，較之川貝母清降之功，不啻數倍。反烏頭，又解上焦肺胃之火。　張石頑《本經逢原》云：　貝母浙產者，治疝瘕喉痺乳癰，金瘡風痙，一切癰瘍，同苦參、當歸治妊娠小便難，同青黛治人面惡瘡。同連翹治項上結核。皆取其開鬱散結化痰解毒之功也。

吹喉散：　《經驗廣集》：　治咽喉十八症俱效。大黑棗每個去核，裝入五倍子一個去蟲研，象貝一個去心研，用泥裹煨存性，共研極細末，加薄荷葉末少許，冰片少許，貯瓷瓶內，臨用吹患處，任其嘔出痰涎數次，即愈。　對口：　楊春涯《驗方》：　象貝母研末敷之，神效。

清・張德裕《本草正義》卷上　土貝母　大苦，性寒而降。入肺、胃、肝、三焦。大治肺痿肺癰，最降痰氣，尤解鬱熱。消腫止痛，明目清肝，療喉痺瘰癧，乳癰發背，一切瘡瘍腫毒，濕熱惡瘡。清降之功，較川貝母倍倍。

清・王世鍾《家藏蒙筌》卷一五《本草》 土貝母即浙貝母。反烏頭。 味大苦，寒。降之性過於川貝，亦能治肺痿肺癰咳嗽，吐血衄血，降痰氣，開鬱結，止疼痛，除煩熱，解毒殺蟲。若治喉痺，瘰癧，乳癰發背，一切癰瘍腫毒，濕熱惡瘡，痔漏出血，火瘡疼痛，為末可敷，煎湯可服，較之尖川貝母，清降之功實勝數倍，故宜用此。○虚熱嗽痰，宜用川貝母。實熱瘡症，宜用土貝母。

清・趙其光《本草求原》卷一山草部 浙貝母 氣平，味苦、辛，内開鬱結，外達皮膚，功專解毒，兼散痰滯。治疝瘕、喉痹、乳難、金瘡、風痙、方解俱見上。吹乳作痛，研，吹鼻。乳癰，初起，研酒服；或同白芷、蒺藜服，令人吮之。項下核及瘤癭，同連翹。一切結核、瘰癧、乳岩，俱同鬱金、橘葉、翹、蒡、花粉、桔草、山豆根、山茨、元參。妊娠尿難，同苦參、歸。便癰，同白芷煎，酒服，渣貼。紫白癜斑，同南星，或同百部末，生薑汁調搽。人面瘡，燒灰油調，或加青黛。蜘蛛、蛇蠍咬，縛定咬處，勿令毒行，為末，酒服至醉，瘡口出水盡，以末塞之。斂瘡口。火鬱散則斂。應是川貝。去心用。

清・戴葆元《本草綱目易知錄》卷一 浙貝母 味苦氣薄，色白而枯，入肺經氣分。功耑散結除熱，消腫敗癰。療腹中結實，心下滿，洗洗惡風，傷寒煩熱，頭痛目眩，寒熱汗出，喉痹乳難，脇疼項腫，時疾黄疸，淋瀝疝瘕，金瘡風痙。酒服，療產難，下胞衣。同連翹服，消項下癭瘤。燒灰，油調，傅惡瘡。反烏頭。葆按：貝母，《本草》未分川、浙兩種，使今用者胡猜，故照《綱目》主治，特詳分別。以細小尖頂色白光潤為川貝，理虚痰，潤肺躁，功勝。其較大、色黄而枯，瓣分、味苦為浙貝，解風熱，消癰腫，最良。又以詳形，以便省目。

苦子

明・蘭茂撰，清・管暄校補《滇南本草》卷中 苦子 性大寒，味苦、微甘。降也，陰也。消酒積，下氣，發汗，解大腸積熱。食之令人瀉下痰涎，腸微痛，推(胸)〔腸〕胃宿食，消滯，寬膨脹。

明・蘭茂《滇南本草》〔叢本〕卷中 苦子，味苦、甘，性大寒。降也。消酒積，下氣，發汗，解大腸積熱。吃之令人瀉下痰沫渾涎。腸痛，推腸胃宿食積滯，寬中消膨脹。治臁瘡年久不愈效方：輕粉、五棓子、銀硃、枯礬、滑石、黄栢、鉛粉、上冰片，共為末，桐油調搽，可全愈。又方：用杏仁、輕粉，共捶出油，為餅敷上，一日一換。

山慈姑

宋・唐慎微《證類本草》卷一一草部下品〔宋・掌禹錫《嘉祐本草》〕 山慈菰根 有小毒。主癰腫，瘡瘻，瘰癧，結核等，醋摩傅之。亦剝人面皮，除皯䵟。生山中濕地。一名金燈花。葉似車前，根如慈菰。零陵間又有團慈菰，根似小蒜，所主與此略同。新補。見陳藏器及日華子。

〔宋・唐慎微《證類本草》〕《經驗方》：貼瘡腫。以山慈菰，一名鹿蹄草，取莖、葉，擣爲膏，入蜜貼瘡口上，候清血出效。

宋・陳衍《寶慶本草折衷》卷一一 山慈菇團慈菇根在内。 一名山慈菇根。○《是齋方》用者名鬼燈檠。○《錄驗方》云：即玉簪花根也。玉簪花一名金燈花。○其葉一名鹿蹄草。生山中濕地。今人採根片開曬乾，或生取，並無時。有小毒。○主癰腫瘡瘻，瘰癧結核等，醋摩傅之。亦剝人面，除皯䵟。葉似車前葉，更較闊大。根如慈菰。零陵間又有團慈菰根，似小蒜，所主與此略同。

明・蘭茂撰，清・管暄校補《滇南本草》卷下 山慈菇 性微溫，味苦、辛。入脾肺二經。消陰分之痰，止咳嗽，治喉痺，止咽喉痛。治毒瘡，攻癰疽，敷諸瘡腫毒，有膿者潰，無膿者消。

明・蘭茂《滇南本草》〔叢本〕卷下 山慈菇 味辛，平，性微寒。入脾肺二經。收斂肺氣，止血濇血，大腸下血，痔漏瘡癰之症。單方：治痔瘡漏下膿血，癰疽毒瘡紅腫不出頭者，有膿出頭，無膿即散，水煨，點水酒服。

明・王綸《本草集要》卷三 山慈姑根 有小毒。主癰腫瘡瘻，瘰癧結核等，醋磨傅之。又取莖葉，搗為膏，入蜜貼瘡口上，候清血出，效。

明・滕弘《神農本經會通》卷一 山慈菰根 一名鹿蹄草。《本經》云：有小毒。主癰腫瘡瘻，瘰癧結核等，醋摩傅之。亦剝人面皮，除皯䵟。《經驗方》貼瘡腫，取莖葉搗為膏，入蜜，貼瘡口上，候清血出，効。《局》云：山慈菰是鬼燈檠，花即金燈濕地生。瘡腫癰疽瘰癧核，毒消萬病醋摩傅。山慈菰，諸瘡解毒最雄。

明・劉文泰《本草品彙精要》卷一五 山慈菰有小毒 植生。

山慈菰：主癰腫，瘡瘻，瘰癧，結核等，醋磨傅之，亦剝人面皮，除皯䵟。名醫所錄。

【名】金燈花、鹿蹄草。

【苗】《圖經》曰：春生苗，葉似車前，根如慈菇，零陵間又有團慈菇，根似小蒜，所主與此略同。

【地】《圖經》

曰：　生山中濕地及零陵間。〔道地〕吴中者佳。〔時〕生：　春生苗。採：　八月取根。〔收〕日乾。〔用〕根。〔質〕類榛子仁而極大。〔色〕白。〔味〕甘。〔性〕平，緩。〔氣〕氣厚于味，陽中之陰。〔臭〕朽。〔主〕癰腫，瘡毒。〔製〕剝去毛絮。〔合治〕莖葉搗爲膏，和蜜貼瘡腫，候瘡口有清血出，效。

明・許希周《藥性粗評》卷二　鬼燈檠高照，瘰癧潛踪。

鬼燈檠，一名山慈菇，即鹿蹄草根也。其花名金燈，葉似車前，根如小蒜。好生山中濕地，江南處處有之。大略《本草》不載。味甘，微辛，有小毒。主治癰腫瘡瘻，瘰癧結核，剝人面皮，去皯䵳。　單方：　瘰癧結核：　以山慈菇醋磨，傅之。　癰疽瘡腫：　取莖葉搗為膏，入蜜，貼瘡口上，候清血出，效。

明・鄭寧《藥性要略大全》卷七　山慈菇　解諸瘡毒，消癰疽腫毒，瘰癧。除皯䵳。　味淡，平，有小毒。　葉如車前，根如慈菇。　得醋良。　即鬼燈檠。一名金燈花，一名鹿蹄草。

明・陳嘉謨《本草蒙筌》卷三　山茨菇根　味辛、苦。有小毒。俗呼金燈籠，多生沙濕地。初春萌孽，葉如韭葉長青；二月開花，狀若燈籠，色白。瓣有黑點，子結三稜。立夏纔交，其苗即槁。依時掘地可得，遲久腐爛難尋。與老鴉蒜略同，在包裹上分別。蒜卻無毛光秃，茨菇包裹有毛。得之去皮，生焙任用。生搗為拔毒敷藥，頻換則靈；焙研合玉樞神丹，必資作主。消癰疽無名疔腫，散癮瘮有毒惡瘡。蛇虺嚙傷，並服神効。

明・王文潔《太乙仙製本草藥性大全》卷二《本草精義》　山茨菇根　一名金燈籠，一名鬼燈籠。多生沙濕地。初春萌蘖，葉如韭葉，長青，二月開花，狀若燈籠，色白，瓣有黑點，子結三稜，立夏纔交，其苗即稿，依時掘地可得，遲久腐爛難尋。與老鴉蒜略同，在包裹上分別，〔蒜〕却無毛光秃，茨菇包裹有毛。得之去皮，生焙任用。一名金燈花，葉似車前，根如慈菰。零陵間又有團慈菰，根似小蒜，所主與此略同。

明・王文潔《太乙仙製本草藥性大全》卷二《仙製藥性》　山茨菇根　味辛、苦，有小毒。　主治：　生搗爲拔毒傅藥，頻換則靈。焙研合玉樞神丹，必資作主。消癰疽無名疔腫，散癮瘮有毒惡瘡。蛇虺、毒蟲傷嚙，並服神效。鼠瘻瘰癧結核，醋摩傅靈。取莖葉搗爲膏，入蜜貼瘡口上，候清血出效。傅之亦剝人面皮，除皯䵳。

明・皇甫嵩《本草發明》卷三　山茨菰根下品下。味辛、苦，小毒。俗名金燈花。與老鴉蒜相似。又有圓茨菰根，似小蒜，與此畧同。　發明曰：　山茨菰根，消毒解熱，《本草》惟主癰疽疔腫，消瘰癧結核。（酸）〔醋〕摩敷之。亦剝人面皮，除皯。花如燈籠，色白，瓣有黑點，子結三稜，立夏即枯。又云葉如車前，根如茨菰。凡使去皮，生焙任用。生搗，為拔毒敷藥。焙研，合玉樞（神）〔丹〕。

明・李時珍《本草綱目》卷一三草部・山草類下　山慈姑宋《嘉祐》

〔釋名〕金燈《拾遺》　鬼燈檠《綱目》　朱姑《綱目》　鹿蹄草《綱目》　無義草

時珍曰：　根狀如水慈姑，花狀如燈籠而朱色，故有諸名。段成式《酉陽雜俎》云：　金燈之花與葉不相見，人惡種之，謂之無義草。又有試劍草，亦名鹿蹄草，與此同名，見後草之五。

〔集解〕藏器曰：　山慈姑生山中濕地，葉似車前，根如慈姑。大明曰：　零陵間有一種團慈姑，根如小蒜，所主略同。時珍曰：　山慈姑處處有之。冬月生葉，如水仙花之葉而狹。二月中抽一莖如箭簳，高尺許。莖端開花白色，亦有紅色、黃色者，上有黑點，其花乃衆花簇成一朵，如絲紐成可愛。三月結子，有三稜，四月初苗枯，即掘取其根，狀如慈姑及小蒜，遲則苗腐難尋矣。根苗與老鴉蒜極相類，但老鴉根無毛，慈姑有毛殼包裹爲異爾。用之，去毛殼。

根　〔氣味〕甘、微辛，有小毒。　〔主治〕癰腫瘡瘻瘰癧結核等，醋磨傅之。亦剝人面皮，除皮皯䵳藏器。　主疔腫，攻毒破皮，解諸毒蠱毒，蛇蟲狂犬傷時珍。

〔附方〕新五　粉滓面䵳：　山慈姑根，夜塗旦洗。《普濟方》。　牙齦腫痛：　紅燈籠枝根，煎湯漱吐。孫天仁《集效方》。　癰疽疔腫：　惡瘡及黃疸。慈姑連根同蒼耳草等分，搗爛，以好酒一鍾，濾汁温服。或乾之爲末，每酒服三錢。《乾坤生意》。　風痰癇疾：　金燈花根似蒜者一個，以茶清研如泥，日中時以茶調下，即卧日中，良久，吐出鷄子大物，永不發。如不吐，以熱茶投之。《奇效良方》。　萬病解毒丸：　一名太乙紫金丹，一名玉樞丹。解諸毒，療諸瘡，利關節，治百病，起死回生，不可盡述。凡居家遠出，行兵動衆，不可無此。山慈姑去皮洗極淨焙，二兩，川五倍子洗刮焙，二兩，千金子仁白者研，紙壓去油，一兩，紅芽大戟去蘆洗焙，一兩半，麝香三錢，以端午、七夕、重陽或天德月德黃道上吉日，預先齋戒盛服，精心治藥，爲末，陳設拜禱，乃重羅令勻，用糯米濃飲和之，木臼杵千下，作一錢一錠。病甚者連服，取利一二行，用温粥補之。凡一切飲食藥毒，蠱毒瘴氣，河豚、土菌、死牛馬等毒，並用凉水磨服一錠，或吐或利即愈。癰疽發背，疔腫楊梅等，一切惡瘡，風疹赤游，痔瘡，並用凉水或酒磨塗，日數次，立消。陰陽二毒傷寒，狂亂瘟疫，喉痹喉風，並用冷水入薄荷汁數匙化上。心氣痛並諸氣，用淡酒化下。泄瀉痢下，霍亂絞腸沙，用薄荷湯下。中風中氣，口緊眼歪，五癲五癇，鬼邪鬼胎，筋攣骨痛，並暖酒下。自縊、溺水、鬼迷，心頭温者，冷水磨灌之。傳尸癆瘵，凉水化服，取下惡物蟲積爲妙。久近瘧疾，將發時，東流水煎桃枝湯化服。女人經閉，紅花酒化服。小兒驚風，五疳五痢，薄荷湯下。頭風頭痛，酒研貼兩太陽

上。諸腹鼓脹，麥芽湯化下。風蟲牙痛，酒磨塗之，亦吞少許。打撲傷損，松節煎酒下。湯火傷，毒蛇惡犬，一切蟲傷，並冷水磨塗，仍服之。王璆《百一選方》。

葉　〔主治〕瘡腫，入蜜搗塗瘡口，候清血出，效慎微。塗乳癰、便毒尤妙時珍。

〔附方〕新一　中溪毒生瘡：朱姑葉搗爛塗之。生東間，葉如蒜葉。《外臺秘要》。

花　〔主治〕小便血淋澀痛，同地蘗花陰乾，每用三錢，水煎服《聖惠》。

明・梅得春《藥性會元》卷上　山慈菰　有小毒。　主治癰腫瘡瘻，瘰癧結核等病。醋摩之，亦剝人面皮，除皯䵟。一名燈花。葉似車前根。

明・李中立《本草原始》卷三　山慈菰　生山中濕地。葉如韭，花狀如燈籠而朱色，故一名金燈。根狀如水慈菰，故名山慈菰。　氣味：甘、微辛，有小毒。　主治：癰腫瘡瘻，瘰癧結核等，醋摩傅之。亦剝人面，除皯䵟。○主疔腫，攻毒破皮，解諸毒蠱毒，蛇蟲、狂犬傷。

山慈菰，宋《嘉祐》。【圖略】類獨蒜頭，色白，有毛殼包裹，用之去毛殼。《普濟方》：治粉滓面䵟，山慈菰搗為膏，夜塗旦洗。

明・繆希雍《本草經疏》卷一一　山慈菰　根有小毒。主癰腫瘡瘻，瘰癧結核等。醋磨傅之。亦剝人面皮，除皯䵟。

〔疏〕山慈菰，味辛氣寒，善散熱消結，故主癰腫瘡瘻，瘰癧結核等。昔人用醋磨傅，今人亦入服藥中。產處州遂昌縣，實非金燈花與鹿蹄草，葉似車前。〔主治參互〕入玉樞丹、紫金錠、大內觀音救苦錠，磨傅并服，消一切疔腫癰疽，解一切蛇蟲毒，有神。方中有大戟，用此不得服甘草，誤則殺人。　亦入乳巖、乳毒方用，相宜。　因無別用，故不著簡誤。

明・李中梓《醫宗必讀・本草徵要上》　山慈菇味甘、辛，平，有小毒。入胃經。　癰疽疔毒，酒煎服。瘰癧瘡痍，醋拌塗。治毒蛇狂犬之傷，傅粉滓癍點之面。花狀如燈籠而紅，根狀如慈菇而白。《酉陽雜俎》云：金燈之花，與葉不相見，謂之無義草。按：寒涼之品，不得過服。

明・張景岳《景岳全書》卷四八《本草正》　山慈菇一名金燈籠。　味甘、微辛，有小毒。治癰瘍疔腫瘡瘻，瘰癧結核，破皮攻毒，俱宜醋磨傅之。除䵟班，剝人面皮，宜搗汁塗之。并治諸毒蠱毒，蛇蟲狂犬等傷，或用酒調服，或乾摻之。亦治風痰癇疾，以茶清研服，取吐可愈。

明・盧之頤《本草乘雅半偈》帙九　山慈姑宋《嘉祐》　氣味：甘、辛，微溫，有小毒。　主治：主癰腫瘡瘻，瘰癧結核，醋摩傳之。剝人面皮，去皯䵟。

覈曰：生山中濕地，唯處州遂昌縣者良。冬月生苗，如秋葉而稍小，二月中抽一莖，高尺許。莖端作花，有白色、黄色、紅色三種，瓣上俱有黑點間雜，衆萼攢簇成朵，如絲絨紐結狀，甚可愛也。三月綴實，子有三稜。四月採根，形似慈姑而小，又似小蒜而毛，遲則苗腐難覓矣。一種葉如車前草，莖幹花實則一也。《酉陽雜俎》云：花與葉不相見，謂之無義草。今人多以金燈花、老鴉蒜根僞充之。但此根無毛而光，山慈姑茸毛固殼為異也。採得曝乾，修事去毛殼用。《本草》言葉如水仙花葉，正誤指金燈花、老鴉蒜為山慈姑矣。鬼臼一名馬目毒公，花不見天，為羞天山慈姑；葉不見花，為無義末忘本乎，本葉末乎。

參曰：山慈姑，剝人面皮，化人疣贅，其嚴命威殺，而言慈者何？然顔黯色，癰瘻痞瘰之人，面目可憎，厥形原無生人理矣。此以中藏慵悇，乃復現諸形色。山慈姑，慈憫姑恤，亭毒藏陰，既欲品成其形色寧惜剝化之勞乎。一名無義草，爰彼無義，啟我哀矜。宋玉《九辯》云：廓落兮羈旅而無友生，惆悵兮而私自憐，燕翩翩其辭歸兮，蟬寂寞而無聲。慈憫姑恤，何等思憶，何等悲心，猶言剝人面皮則恩稱怨，怨稱恩，所厚薄，所薄厚，信有之矣。果是沒良心，還是要出醜。

清・顧元交《本草彙箋》卷一　山慈姑附石蒜。　山慈姑散熱消結，故主癰腫瘡瘻，瘰癧結核等證。昔人用醋磨敷，今人服藥中亦用之矣。

石蒜，即一枝箭根，亦主敷貼腫毒，或疔瘡惡核，可水煎服取汗，及擣敷。然與山慈菰有異。山慈菰冬月生，葉如水仙而狹，二月中枯，一莖如箭簳，高尺許，莖端開花白色，亦有紅色、黄色者，上有黑點，其花乃衆花簇成一朵，如絲紐成，三月結子，有三稜，四月苗枯，即掘取其根，遲則苗腐難覓。以其花葉不相見，故名無義草。石蒜春初生，葉如蒜秧，背有劍脊，四散佈地，七月苗枯，平地生出一莖，長尺許，莖端開花四五朵，六出，色紅如山丹花狀，瓣長，黄葉，長鬚，根狀如蒜，皮色紫赤，肉白色；又一種，葉如大韭，四五月抽莖，開花如小萱，花黄白色者，謂之(銕)〔鐵〕色箭，功與一枝箭同。一枝箭根無毛，山慈菰有毛，殼包裹，爲異耳。　玉樞丹，即太乙紫金錠，用山慈菰去皮，洗淨，焙，川五倍子洗刮，焙，各二兩，千金子仁白者，研，紙壓去油，一兩，紅芽大戟，去蘆，洗，焙，一兩半，麝香三錢，以端午、七夕、重陽，或天德月德黄道上吉日預期齋戒虔製，爲末，臨期用糯米濃飲和

之，木臼杵千下，作每錠重一錢。病甚者連服，取利一二行，用溫粥補之。凡一切飲食藥毒、蠱瘴、河豚、土菌等毒，并用涼水磨服一錠，或吐或利，即愈。疔腫癰疽，暨一切惡瘡風瘮，赤遊痔瘡，並用涼水或酒磨塗，日數次，立清。心氣痛，并諸氣，用淡酒化下。霍亂、絞腸沙，薄荷湯下。小兒驚風，亦薄荷湯下。但方中有大戟，用此不得服甘草，誤則殺人。

清・穆石鉋《本草洞詮》卷八　山慈姑　根如水慈姑，故名。一名金燈花。與葉不相見，人惡種之，謂之無義草。味甘微辛，有小毒。治癰腫疔瘻，瘰癧結核等。醋磨傅之，攻毒破皮，解諸毒、蠱毒，蛇蟲、狂犬傷。

清・郭章宜《本草匯》卷一〇　山慈菇即金燈籠。　味甘、微辛，氣寒，小毒。入足陽明經。消粉滓瘢點，治狂犬蛇傷。生搗為拔毒敷藥，頻換則靈。焙研合玉樞神丹，必資作主。玉樞丹方：山慈菇焙二兩，川五倍焙二兩，紅芽大戟焙一兩，續隨子壓去油二兩，麝香三錢，一方加金箔十帖，牛黃、珍珠、琥珀、硃砂、雄黃、乳香、沒藥各三錢，名八寶玉樞丹。　散癰疽無名疔腫，療癮瘮有毒惡瘡。葉塗乳癰便毒。花主小便血淋。

按：山慈菇花狀如燈籠而紅，根狀如茨菰而白。《酉陽雜俎》云：金燈之花，與葉不相見。故又謂之無義草。能散熱消結。然寒涼之品，不得過服也。

根苗絕類老鴉蒜，但蒜根無毛，慈菇有毛，殼包裹為異。用去毛殼，焙，苗枯即掘，遲則苗腐難尋矣。忌甘草。

清・蔣居祉《本草擇要綱目・溫性藥品》　山慈菇　氣味：甘，微辛，有小毒。　主治：癰腫瘡瘻，瘰癧結核等，醋磨傅之。亦剝人面皮。除皯黷。主疔腫，攻毒，破皮。解諸毒，蠱毒，蛇蟲狂犬咬。

清・王翃《握靈本草》卷三　山慈姑即金燈花根。去毛殼用。　主治：山慈姑，甘、微辛，有小毒。主癰腫瘡瘻，瘰癧，解諸蟲毒。

清・汪昂《本草備要》卷二　山慈菇瀉熱，解毒。　甘、微辛，有小毒。功耑清熱散結。治癰瘡疔腫，瘰癧結核，醋磨塗。解諸毒蠱毒，蛇蟲、狂犬傷。根與慈菰、小蒜相類，去毛殼用。玉樞丹中用之。《廣筆記》云：出處州遂昌縣洪山，無毛，少真者，有毛誤也。

清・陳士鐸《本草新編》卷四　山慈菇根　味辛、苦，有小毒。消癰疽、無名疔毒，散癮瘮、惡瘡，蛇蠍嚙傷，治之並效。此物玉樞丹中為君，可治怪病。大約怪病多起于痰，山慈菇正消痰之聖藥，治痰而怪病自除也。或疑山慈菇非消痰之藥，乃散毒之藥也。不知毒之未成者為痰，而痰之已結者為毒，是痰與毒，正未可二視之也。

清・李熙和《醫經允中》卷二一　山茨菇：即金燈籠。入足陽明經。辛、苦，有小毒。主治狂犬、蛇傷，散一切無名疔腫，消有毒惡瘡。葉塗乳癰便毒。

清・馮兆張《馮氏錦囊秘錄・雜症痘疹藥性主治合參》卷三　山茨菇味辛能散結氣，寒能瀉熱，故主散熱消結，為癰腫瘡瘻瘰癧結核，醋磨外敷之要藥。亦可內服，總為解毒散結之方。

山茨菇根，生搗，為拔毒敷藥，頻換則靈。焙研，合玉樞神丹，必資作主，消癰疽無名疔腫，散癮疹有毒惡瘡。蛇虺嚙傷，瘰癧結核。功能散熱消結，故竝服神效。但性寒涼，不待過服。

清・张璐《本經逢原》卷一　山慈姑金燈花根也。九月開花，朱色，與葉不相見，故又名無義草。　甘、微辛，小毒。　發明：山慈姑攻堅解毒，治癰腫瘡瘻，瘰癧結核等證。紫金錠用之，亦是解諸毒耳。丹方治面上瘢痕用山慈姑末，和輕粉、硼砂末各少許，先用鹼水筆塗患處，次摻上藥，太乙膏蓋，日易一次，俟疙瘩消盡後，以鷹屎白、密陀僧末，蜜水調護，數日勿見風，日效。惟眼胞上者不可治，以其眨動不（輙）〔輟〕也。

清・浦士貞《夕庵讀本草快編》卷一　山慈菇宋《嘉祐》。　朱姑，花名金燈。　根狀如水慈菇，花狀如金燈而朱，故名。《酉陽雜俎》云：金燈之花與葉不相見，故人惡種之，謂之無義草。古云蚯蚓化為金燈，未知果否。朱姑味甘微辛，乃足陽明藥也。故痰癇瘰癧，疔腫瘡疽，並皆用之。太乙玉樞丹合配諸味，以為百病之總司，或敷或服，無有不效。蓋以其有小毒而能攻大毒，豁痰涎而善消諸腫也。

清・何諫《生草藥性備要》卷上　山茨菇　味淡、甜，性平。治苦傷。煲肉食，消瘡毒。

清・黃元御《玉楸藥解》卷一　山慈菇　味甘、辛，氣平。入足厥陰肝、足少陽膽經。消腫敗毒，軟堅化結。平瘡瘍腫硬，治癰疽、瘰癧、疔毒、結腫、䵟斑、粉滓諸證，湧吐風狂痰涎。

清・吳儀洛《本草從新》卷二　山慈姑〔瀉熱解毒。〕　甘，微辛而寒。功專

清熱散結。治癰瘡疔腫，瘰癧結核。醋磨塗。解諸毒、蟲毒、蛇蟲狂犬傷。根類慈姑小蒜。去毛殼。有毛殼包裹者真，故今人俱稱為毛姑。

清・汪紱《醫林纂要探源》卷二　山慈姑　甘，微辛，寒。葉如萱草，抽莖作花如龍爪，色黃，根圓如慈菰，無毛。出處州山中，衢州、建寧亦出。有毛者乃烏蒜，葉相似，紅花，名龍爪花。是處有之。有毒。清火散結。治癰疽疔腫，瘰癧結核，解一切蛇蟲毒。

清・嚴潔等《得配本草》卷二　山慈菇一名金燈。甘、微辛，寒，有小毒。入足陽明經。清熱散結。治疔腫、惡瘡、瘰癧，解諸毒。配茶清，吐風痰癇病。配蒼耳草，治癰疽疔腫。去毛殼用。敷腫毒，醋磨。

題清・徐大椿《藥性切用》卷四　山慈菇　甘微辛寒，功耑清熱解毒，散結消癰。搗塗蛇蟲、狂犬傷。

清・黃宮繡《本草求真》卷八　山慈菇瀉熱散結，治瘰等毒。　山慈菇耑入肺。味苦微辛，氣寒微毒，功耑瀉熱消結解毒。故凡症患癰疽，無名疔腫，癮疹惡瘡，蛇虺齒傷，瘰癧結核等症，用此外敷，醋磨塗。固可解散。內服亦可調治，總為結毒散結之方。《普濟方》治粉滓面皯，用山慈菇夜塗旦洗。但性寒涼，不可過服，根與慈葱、小蒜相類。去毛殼用。

附：琉球・吳繼志《質問本草》內篇卷三　山慈姑　生田野，冬生苗，兩葉對生，春抽小莖，高五六寸而開花，三四月葉枯。　山慈姑，釋名朱姑。與石蒜相似，惟石蒜葉上有毛，此種葉上無毛，是山慈姑無疑。太乙紫金錠之方中要藥。甲辰，陸澍。　山慈姑，能敗毒，瘡科內用，用根。甲辰，周之良、鄧履仁、吳美山。　中山稱為山慈姑，前年江南陸氏鑒為山慈姑，請得先生再喻益證之。乙巳，再問潘貞蔚、石家辰。　此一定是山慈姑也。乙巳，陳倬為代潘貞蔚、石家辰再答。

清・羅國綱《羅氏會約醫鏡》卷一六草部　山茨菇　味甘辛，寒，有小毒，入胃經。散熱解毒。治癰疽、疔瘡、瘰癧、結核，醋磨頻塗，內用酒煎服。解諸毒、蛇蟲狂犬傷。用酒調服。根與茨菇、小蒜相類，去殼用。出處州遂昌縣洪山，無毛，有毛者偽也。

清・黃凱鈞《藥籠小品》　山慈菇　甘辛，微寒，功專清熱散結，癰瘡疔腫解毒，去毛切。仙茅產浙東仙居縣，性溫補腎，不入丸料，只可浸酒服。

清・莫樹蕃《草藥圖經》　老鴉蒜　老哇蒜，即老鴉蒜。春初生葉如蒜秧，葉背有劍脊，四散布地，七月苗枯，暑後開花四五朵，六出，紅色如山丹花狀，黃蕊長鬚，其根狀如蒜，皮色赤紫，肉白色。治陰陽二毒，凡敷貼腫毒，或酒或醋搗爛敷之。能生能散，其蒜去外紫皮用，白酒炒，無毒。

清・張德裕《本草正義》卷上　毛慈菇　甘辛，平，有小毒。治癰瘍疔腫，瘰癧結核。欲攻毒破皮，可用醋磨塗。祛風痰癇疾，以清茶研末吞吐。亦療蛇、犬等毒。

清・葉桂《本草再新》卷三　山慈菇味甘、辛，性微寒，有毒。入肝、肺二經。治煩熱痰火，瘡疔痧痘，瘰癧結核，殺諸蟲毒。

清・吳其濬《植物名實圖考》卷一三　老鴉瓣　生田野中。湖北謂之棉花包，固始呼為老鴉頭。春初即生，長葉鋪地，如萱草葉而屈曲紫結，長至尺餘；抽葶開五瓣尖白花，似海梔子而狹，背淡紫，綠心黃蕊，入夏即枯；根如獨顆蒜，鄉人掘食之。味甘，性溫補。

清・趙其光《本草求原》卷一山草部　山慈菇　即金燈花根，又名鹿蹄草。甘，微辛，小毒。散堅解毒，治癰疽、疔腫、疔瘡瘻、瘰癧結核，醋磨塗，又同蒼耳末酒下。面皯瘢痕，先用鹹水塗患處，次同輕粉、硼砂少許塗之，蓋太乙膏，日易一次，俟疙瘩消盡，以鷹屎、陀僧、蜜調塗，數日勿見風。牙齦腫痛，煎漱。風痰癇疾，為末，日中茶調下，取吐；不吐，食熱茶。紫金錠用之，亦是解毒耳。眼胞上下不可用，以其剝人面皮，眨動不輟也。又治苦傷，同豬肉。理蛇傷。　葉，治瘡腫，乳癰，便毒及中溪毒生瘡。同蜜搗塗。花，治小便血淋澀痛。

清・文晟《新編六書》卷六《藥性摘錄》　山慈姑　味苦，微辛，氣寒，微毒。入肺。瀉熱散結解毒。○凡癰疽，無名疔腫，隱疾惡瘡，蛇虺齧傷，瘰癧結核等症，醋磨塗，可解散。內服，亦可調治。○但性寒涼，不可過服。○根與慈蔥、小蒜相類。去毛、殼用。

清・文晟《新編六書》卷六《藥性摘錄》　山慈菇　涼脾解毒。詳藥部。

清・張仁錫《藥性蒙求・草部》　山慈菇錢半、三錢。　山慈姑甘，辛有小毒。清熱散結，瘰癧疔瘃。解諸毒，蛇、蟲，狂犬傷。○根類慈姑小蒜，去毛殼。有毛殼包裹者真，故今人俱稱為毛慈姑。

清・戴葆元《本草綱目易知錄》卷一　山慈姑毛慈姑俗名。　甘、微辛，有小毒。治疔瘻癰腫，瘰癧結核，醋磨，傅之。亦剝人面皮，除皯黵。又主疔腫，攻毒破皮。解諸毒蟲毒，蛇蟲，狂犬傷。

清・陳其瑞《本草撮要》卷一　山慈菇　味甘微辛，有小毒，入足厥陰、

少陽經，功專清熱散結消腫。以醋磨塗良。並吐風狂痰涎。

土貝母

清・趙學敏《本草綱目拾遺》卷五草部下　土貝母　一名大貝母。《百草鏡》云：土貝形大如錢，獨瓣不分，與川產迥別，各處皆產，有出安徽六安之安山者，有出江南宜興之章注者，有出甯國府之孫家埠者，浙江惟甯波鄞縣之樟村及象山有之。入藥選白大而燥，皮細者良。《百草鏡》云：味苦性平，微寒無毒，能散癰毒，化膿行滯，解廣瘡結毒，除風溼，利痰。傅惡瘡，斂瘡口。茅昆來筆記：味大苦，專消癰疽毒痰，楊梅結毒，非此不除。

乳癰初起：白芷、土貝母各等分，為細末，每服三錢，陳酒熱服，護暖取汗，即消。重者再一服，如壯實者，每服五錢。楊春涯《驗方》：天花粉、乳香去油、沒藥、白芷、歸尾、土貝母、赤芍、獨活、川芎各一錢，甘草節、陳皮各八分，穿山甲三片，皂角刺一錢五分，金銀花二錢五分，防風一錢二分，好酒煎服。又方：白芷梢、土貝母、天花粉各三錢，乳香去油一錢五分，共炒研末，白酒漿調搽，再用酒漿調服三錢。乳癰：《外科全生》：紫河車草、浙貝各三錢，用黃糖拌勻，好酒和服盡醉，蓋被取汗。趙貢栽云：浙貝乃甯波土貝母也。治乳岩：葉氏《驗方》：陽和湯加土貝母五錢煎服，數日可消。〇姚希周《濟世經驗方》：治乳岩已破，用大貝母、核桃槅、金銀花、連翹各三錢，酒水煎服。瘰癧：不論已破未破，皆治。瑞安生《驗方》：土貝母半觔，牛皮膠四兩，敲碎，牡蠣粉炒成珠，去粉為細末，水發丸菉豆大，每日早晚用紫背天葵根三錢，或用海藻、昆布各錢半，煎湯吞丸三錢。〇又瘰癧膏藥：用牛皮膠水熬化一兩，入土貝母末五錢，攤油紙上貼之。《吉雲旅抄》：紫背天葵一兩五錢，土貝母、昆布、海藻各一兩，西牛黃三分，海螵蛸五錢，陳膽星三錢，桔梗一兩，共為細末。酒發為丸，如菉豆大，每日服六七十丸，好酒送下。《千金不易方》：治男婦小兒生瘰癧，內消：用土貝母研末，陳米醋調搽，數日即消。〇仙姑玉環散：治痰核瘰癧未潰，用此方。生南星、生半夏、土貝各等分，研末，醋蜜調勻敷。瘰癧初起：土貝研細，陳米醋和搽，數日暗消。〇又方：土貝母、大力子、全蟲洗各五錢，紫背天葵根、昆布洗、海藻洗各一兩，青皮、蟬退各三錢，甲片炒四錢，蜈蚣酒炙七條，當歸二兩，為末，蜜丸，砂仁湯下三錢，虛加人參。〇《種福堂》敷痰核瘰癧方：用生南星、生半夏、生大黃各一兩，大貝母、昆布、海藻、海浮石、銅綠、明礬各五錢，用商陸根汁、葱汁、薑汁、蜜四味調敷。〇又痰核瘰癧膏中用大貝母。痰核方：人參、甘草各六分，川芎、桔梗、陳皮、木香、烏梅各八分，當歸、白芷、防風、茯苓各一錢，半夏五分，生薑三片，黑棗二個，水二鍾，煎服。如患處有水不乾，加知母一錢，土貝母一錢。消瘰癧：《傳信方》：穿山甲和沙炒，牛皮膠切碎，麥殼炒，各二兩，土貝母、連翹各一兩，共為末，大人三錢，小兒二錢。治汗斑：《集驗》：土貝母一兩，南硼砂一兩，冰片一分，共研末，搽之即愈。《家寶方》：硼砂只用五錢，以暑月出汗時頻擦乃效。治鼠瘡：彙集關紹聖方：大鯽魚一尾，皂角內獨子每歲一個，川貝母三錢，土貝母二錢，將皂角子、貝母入魚肚內，黃泥包裹，陰陽瓦炭火焙乾存性，研為細末，每服三錢，食後黃酒調服，忌葷百日。手發背：《慈惠編》：生甘草、炙甘草各五錢，皂刺二錢五分，土炒，土貝五錢五分，半夏一錢五分，甲片二錢五分，炒黑，知母二錢五分，加葱薑，水酒煎二劑服，即愈。刀割斧砍，夾翦鎗箭傷損：《集驗》云：土貝母末敷之，止血收口。毒蛇咬：《祝氏效方》：急飲麻油一盌，免毒攻心，再用土貝母四五錢，為末，熱酒沖服，再飲酒盡醉，安臥少時，藥力到處，酒化為水，從傷口噴出。候水盡，將盌內貝母渣敷傷口。垂死者皆活。腫毒初起：《百草鏡》云：此方傳自異人，應驗如響。重者不過三服，輕者一二服，初起即散，已成者自潰，且易收口。甲片炙搗六錢，全當歸五錢，花粉八錢，白芷五錢，廣皮三錢，土貝母研二錢，銀花一兩，皂刺三錢，赤芍六錢，防風五錢，甘草節六錢，乳香炙另研一錢，沒藥炙另研一錢，蘇木二錢，川牛膝一錢，川斷五錢，酒水各半，煎汁去渣，將沒藥、乳香末調服取汗，忌雞、犬、孝服男女、僧尼觸犯，須避靜室服藥。趙貢栽云：此方專於攻散，藥力太重，惟可施於壯實之人，虛弱者勿服。

按：貝母有甜苦之分，有川象之別。《百草鏡》云：出川者曰川貝，出象山者名象貝，絕大者名土貝。川產者味甘，間有微苦，總不似他產之一味苦而不甘者也。入藥能補氣利痰而不寒，虛人宜之。象貝一味苦寒，能化堅痰，性利可知。若土貝，功專化膿，解癰毒，性燥而不潤。以象貝皆小，土貝獨大，於川產者亦異。《綱目》不分著功用，或其時尚未有此種耳。又《用藥識微》云：川貝中一種出巴東者獨大，番人名紫草貝母，大不道地。出陝西者名西貝，又號大貝。張石頑云：貝母川產味甘，最佳。西產味

薄，次之。象山者微苦，又次之。一種大而苦者，僅能解毒，並去心用。今川中亦産一種大如錢者，土人以之擣粉作漿，刷川綢用，不知入藥。然則土貝川中亦産，不特浙江也。憶庚子春有友自川中歸，貽予貝母，大如錢，皮細白而帶黄斑，味甘。云此種出龍安，乃川貝中第一，不可多得。信是，則川中之甜貝母亦有大者，不特金川子獨甜也，並附以俟考。

石蒜

晉·嵇含《南方草木狀》卷上草類　水蕉　如鹿葱，或紫，或黄。吴永安中孫休嘗遣使取二花，終不可致，但圖畫以進。

宋·唐慎微《證類本草》卷三〇外草類〔宋·蘇頌《本草圖經》〕　鼎州水麻　文附石蒜條下。

宋·唐慎微《證類本草》卷三〇外草類〔宋·蘇頌《本草圖經》〕　鼎州金燈　文附石蒜條下。

宋·唐慎微《證類本草》卷三〇外草類〔宋·蘇頌《本草圖經》〕　黔州石蒜　水麻生鼎州。味辛，温，有小毒。其根名石蒜。主傅貼腫毒。九月採。又，金燈花，其根亦名石蒜。或云即此類也。

明·劉文泰《本草品彙精要》卷四一　水麻　金燈　石蒜有小毒。植生。

石蒜：主傅貼腫毒。出《圖經》。〔地〕《圖經》曰：水麻，生鼎州，其根名石蒜，又名金燈花。金燈之根，亦名石蒜。或云三物共一類也。〔時〕生：春生苗。採：九月取莖、葉、根。〔用〕莖、葉、根。〔味〕辛。〔性〕温，散。〔氣〕氣之厚者，陽也。

明·李時珍《本草綱目》卷一三草部·山草類下　石蒜宋《圖經》

〔釋名〕烏蒜《綱目》　老鴉蒜《救荒》　蒜頭草《綱目》　婆婆酸《綱目》　一枝箭《綱目》　水麻《圖經》　時珍曰：蒜以根狀名，箭以莖狀名。〔集解〕頌曰：水麻生鼎州、黔州，其根名石蒜，九月採之。或云金燈花根，亦名石蒜，即此類也。時珍曰：石蒜處處下濕地有之，古謂之烏蒜，俗謂之老鴉蒜、一枝箭是也。春初生葉，如蒜秧及山慈姑葉，背有劍脊，四散佈地。七月苗枯，乃於平地抽出一莖如箭簳，長尺許。莖端開花四五朵，六出紅色，如山丹花狀而瓣長，黄蕊長鬚。其根狀如蒜，皮色紫赤，肉白色。此有小毒，而《救荒本草》言其可煠熟水浸過食，蓋爲救荒爾。一種葉如大韭，四五月抽莖，開花如小萱花黄白色者，謂之鐵色箭，功與此同。二物並抽莖開花後乃生葉，葉花不相見，與金燈同。

根　〔氣味〕辛，甘，温，有小毒。〔主治〕傅貼腫毒蘇頌。疔瘡惡核，可水煎服取汗，及擣傅之。又中溪毒者，酒煎半升服。取吐良時珍。

〔附方〕新三　便毒諸瘡：一枝箭，擣爛塗之即消。若毒太甚者，洗净，以生白酒煎服，得微汗即愈。王永輔《濟世方》。　産腸脱下：老鴉蒜即酸頭草一把，以水三碗，煎一碗半，去滓熏洗，神效。《危氏得效方》。　小兒驚風：大叫一聲就死者，名老鴉驚。以散麻纏住脇下及手心足心，以燈火爆之。用老鴉蒜曬乾、車前子等分，爲末，水調貼手〔足〕心。仍以燈心焠手足心，及肩膊眉心鼻心，即醒也。《王日新小兒方》。

明·鮑山《野菜博録·草部·根可食》卷二　老鴉蒜　生水邊下濕地中。其葉直生，出土四垂，葉狀似蒲短，背起劒脊。其根形如蒜瓣。味甜。

食法：採根煠熟，水浸淘淨，油鹽調食。

明·姚可成《食物本草·救荒野譜補遺·草類》　老鴉蒜食根。處處有之。春初生苗如蒜秧，七月乃枯。其根亦如蒜，肉色白。荒年煮食之，可充飢。　老鴉蒜，生田畔，荒年采得充晨爨。但願靈禽遺種多，飢人佩德難勝算。

明·姚可成《食物本草》卷一七草部·山草類　石蒜處處有之。俗云烏蒜、老鴉蒜。春初生葉如蒜秧及山慈姑葉，背有劒脊，四散布地。七月苗枯，乃於平地抽出一莖如箭幹，長尺許。莖端開花四五朵，六出，紅色，如山丹花狀而瓣長，黄蕊長鬚。其根狀如蒜，皮色紫赤，肉白色，歉年可煠熟水浸過食之。　石蒜，味辛，甘，温，有小毒。主傅腫毒，治疔瘡惡核，可水煎服取汗及擣傅之。又，中溪毒者，酒煎半升服，取吐，良。

附方：治産腸下脱。用老鴉蒜一把，水四五杓，煎四杓，熏洗神效。

清·蔣居祉《本草擇要綱目·温性藥品》　石蒜一名一枝箭。蒜以根狀名，箭以莖狀名。又曰金燈花根。　氣味：辛，甘，有小毒。　主治：傅貼腫毒，疔瘡惡核，可水煎服取汗及擣傅之。及中溪毒者，酒煎半升服，取吐良。

附：琉球·吴繼志《質問本草》内篇卷三　石蒜　生田野，二月中葉枯，夏生一莖如箭簳，高尺許，莖端著花，花罷生葉。　石蒜，葉背有劒脊，七月苗枯，乃於平地抽出一莖，如箭簳，長尺許，莖端開花四五朵，六出，紅色，如山丹花而瓣長，黄蕋長鬚，其根如蒜皮，色紫赤，肉白色。又有一種，葉如大韭，四五月抽莖，開花黄白色，功與此同。二物並抽莖，開花後乃生葉，花葉不相見。癸卯，潘貞蔚，石家辰。　是石蒜也。究研草品，生田野，二月中葉枯，夏生一莖如箭簳，高尺許，莖端著花，花謝生葉，則與《綱目》相符。至於

製法，宜依《綱目》用之。癸卯，李旭、周天章。　鬼蒜，外科用。癸卯，馮岳溪。此種先生鑒為萱花。然此種二月中葉枯，至於夏抽莖如箭簳，莖端開花，花謝生葉，花葉不相見。繼志按：《綱目》萱花條下，葉新舊相代，四時青翠，殊不相符。敝邑人以此種為鐵色箭，稱石蒜類。敝邑稱萱花者，圖於左以質統祈，再查。乙巳，再問陸澍。　此是石蒜，俗呼鬼蒜。若萱花，須如圖中樣式纔是。乙巳，陳倬為代陸澍再答。

清・趙學敏《本草綱目拾遺》卷四草部中　老鴉蒜　一名銀鎖匙，一名石蒜、一枝箭。

《百草鏡》云：石蒜春初發苗，葉似蒜，又與山茨菰葉相似，背有劍脊，四散布地，七月苗枯，中心抽莖如箭幹，高尺許，莖端開花，四五成簇，六出，紅如山丹，根如蒜，色紫赤，肉白，有小毒，理喉科。《綱目》主治失載。

金士彩云：此吐藥也，且令人瀉。治喉風痰核，白火丹。肺癰，煎酒服。

對口初起：《家寶方》：用老鴉蒜，搗爛，隔紙貼之，乾則頻換，其毒自消。

雙單蛾：《神醫十全鏡》：老鴉蒜搗汁，生白酒調服，嘔吐而愈。

洗痔漏：沈惠如傳方：老鴉蒜、鬼蓮蓬搗碎，不拘多少。好酒煎置瓶內先熏，待半日湯溫，傾出洗之，三次全愈。　痰火氣急：王都官方：蟑螂花，根即老鴉蒜，洗焙乾為末，糖調酒下一錢。

清・劉善述、劉士季《草木便方》卷一草部　老鴉蒜　石蒜辛甘性微溫，搗貼腫毒惡瘡珍。疔瘡結核煎酒服，湯火熱毒汁塗清。婆婆酸。

清・戴葆元《本草綱目易知錄》卷一草部　石蒜　老鴉蒜、一枝箭。根，辛、甘，溫，有小毒。傅貼腫毒，治疔瘡惡核，可水煎服，取汁，及搗傅之。中溪毒者，酒煎半升服，取吐良。

羅裙帶

清・趙學敏《本草綱目拾遺》卷四草部中　羅裙帶　《職方典》：出廣西南甯府。葉滑嫩，長二寸許，似帶。

治折傷損手足者，取葉火煨微熱，貼之即愈。

雷公鑿

清・吳其濬《植物名實圖考》卷一三　雷公鑿　江西平野有之，土人不識其名。固始呼為雷公鑿。狀如水仙葉長而弱，出地平鋪，不能挺立；本白末綠，有黑皮，極類水仙根而無涎滑。按：李時珍以老鴉蒜為即石蒜，引及《救荒本草》。而《湖南志》中或謂荒年食之，有因吐致死者。余謂《救荒本草》斷不至以毒草濟人，此是《綱目》誤引之過。考《救荒本草》並無花葉不相見之語，其圖亦無花實。此草根葉與老鴉蒜圖符，而生麥田中，鄉人取以飼畜，其性無毒。余嘗之味亦淡，荒年掘食，當即是此，斷非石蒜。

牛黃繖

清・何諫《生草藥性備要》卷上　文樹蘭　消熱毒。敷瘡，用酒糟。如或生〔用〕，或蜜糖搥葉敷患處。其葉長有尺餘，四季常青，又名萬年青。煲水洗外痔極良。

清・何諫《生草藥性備要》卷上　萬年青　味腥，性甜，平。似蘭花葉樣。取葉仝煲猪精肉，食止熱咳，止新吐血，理傷症。大腸結熱瀉血，小兒脫肛下血，俱煲肉食。

清・吳其濬《植物名實圖考》卷一五　牛黃繖　江西、湖南有之。一名千層喜，長葉綠脆，紋脈潤，層層抽長，如抱焦心，長者可三四尺，斷之有涎絲。俚醫以治腫毒，目為難得之藥。亦間有花，即廣中文殊蘭。踰嶺經冬葉隕，故少花，其葉甚長。仍兩圖之。又滇南有佛手蘭，葉亦相類。

清・趙其光《本草求原》卷三隰草部　萬年青　葉似蘭，甘平而腥。散瘀，止熱嗽並勞傷吐血。同豬肉煎。其根，能止血生血。又一種甘苦而寒，清火開氣，治咽喉急閉。取汁和醋少許灌之，吐痰立愈。子可催生。

佛手蘭

清・吳其濬《植物名實圖考》卷二八　佛手蘭　佛手蘭生雲南。根如蒜，大於蔓菁，環生，眾根如九子芋；葉長二三尺，似蘐草，寬寸餘，光滑細膩，同文殊蘭而根色深紫，突出土上；葉傍迸莖，扁闊挺立；發苞孕蕾，花在苞中，鉤屈如佛手柑，故名；花形開放，逼似玉簪，紫豔照耀，內外六瓣，瓣外紫內白，中亦紫稍淡，五六長鬚黑紫，端有橫蕊深黃，一苞五六花，先後參差，可半月餘。然老本亦僅一箭，新荑未易有花也。

天蒜

清・吳其濬《植物名實圖考》卷二八　天蒜　雲南圃中植之。根葉與佛手蘭無異，唯花色純白，紫鬚繚繞，橫綴黃蕊。按閩中金燈花亦名天蒜。未知與此同異。

文蘭樹

清・吳其濬《植物名實圖考》卷三〇　文蘭樹　產廣東。葉如萱草而闊長，白花似玉簪而小，園亭石畔多栽之。

按此草近從洋舶運至北地，亦以秋開。《南越筆記》：文殊蘭葉長四五尺，大二三寸而寬，花如玉簪、如百合而長大，色白甚香。夏間始開，是皆蘭之屬。江西、湖南間有之，多不花。土醫以其汁治腫毒，因有秦瓊劍諸俚名。

換錦花

清・吳其濬《植物名實圖考》卷三〇　換錦花　《南越筆記》：脫紅換錦，脫綠換錦，此換錦之所以名也。葉似水仙，冬生，至夏而落，獨抽一莖二尺許，作十餘花，花比鹿葱而大，或紅，或綠，葉落而花，故曰脫紅脫綠；花落而葉，故曰換錦，花與葉兩不相見也。

按此即石蒜一類，惟花肥多莖粗，稍異。

水仙

明・李時珍《本草綱目》卷一三草部・山草類下　水仙《會編》

【釋名】金盞銀臺時珍曰：此物宜卑濕處，不可缺水，故名水仙。金盞銀臺，花之狀也。

【集解】機曰：水仙花葉似蒜，其花香甚清。九月初栽於肥壤，則花茂盛，瘦地則無花。五月初收根，以童尿浸一宿，曬乾，懸火暖處。若不移宿根更旺。時珍曰：水仙叢生下濕處。其根似蒜及薤而長，外有赤皮裹之。冬月生葉，似薤及蒜。春初抽莖，如葱頭。莖頭開花數朵，大如簪頭，狀如酒杯，五尖上承，黃心，宛然盞樣，其花瑩韻，其香清幽。一種千葉者，花皺，下輕黃而上淡白，不作杯狀，人重之，指爲真水仙，蓋不然，乃一物二種爾。亦有紅花者。按段成式《酉陽雜俎》云：捺祇出拂林國，根大如鷄卵，葉長三四尺，似蒜中心抽條，莖端開花六出，紅白色，花心黃赤，不結子，冬生夏死，取花壓油，塗身去風氣，據此形狀，與水仙仿佛，豈外國名謂不同耶。

根　【氣味】苦、微辛，滑，寒，無毒。土宿真君曰：取汁伏汞，煮雄黃，拒火。

【主治】癰腫及魚骨哽時珍。

花　【氣味】缺。　【主治】作香澤，塗身理髮，去風氣。又療婦人五心發熱，同乾荷葉、赤芍藥等分，爲末，白湯每服二錢，熱自退也。時珍。出《衛生易簡方》。

明・佚名氏《醫方藥性・草藥便覽》　水仙子　其性甘。

清・王道純《本草品彙精要續集》卷二　水仙無毒。

水仙出《會編》：主癰腫及魚骨鯁《本草綱目》。〇花，主作香澤，塗身理髮，去風氣。又療婦人五心發熱，同乾荷葉、赤芍藥等分爲末，白湯每服二錢，熱自退也《衛生易簡方》。【時】冬月生葉，春初抽莖。【名】金盞銀臺。【地】叢生下濕處。【質】似蒜及薤，莖如葱頭，莖頭開花數朵，大如簪頭，狀如酒杯，五尖上承黃心，宛然盞樣，其花瑩韻，其香清幽。【收】張機曰：水仙花，葉似蒜，其花香甚清，九月初栽於肥壤，則花茂盛，瘦地則無花，五月初收根，以童尿浸一宿，曬乾，懸火暖處，若不移宿根更旺。【味】苦，微辛。【性】滑，寒。【臭】香。【合治】土宿真君曰：取汁伏汞，煮雄黃拒火。

題清・徐大椿《藥性切用》卷三　水仙根　味苦微辛，性寒體滑。瀉熱解毒，搗塗癰疽暴腫。花名金盞銀臺，作香澤塗身，去風氣。又療婦人五心煩熱。

清・趙學敏《本草綱目拾遺》卷三草部上　土藜蘆　汪連仕云：即千葉水仙花，黃白者入藥，紅者不可服。取根罨毒，曬燥研末，合通關散搐鼻，令人吐痰，一切風症多可用之。

清・趙學敏《本草綱目拾遺》卷七花部　水仙花子　能去風，澤肌膚，潤毛髮，治五心煩熱，嘈雜不甯，同荷葉、芍藥為末服。

清・葉桂《本草再新》卷二　水仙根味甘、苦，性寒，無毒。入心、肺二經。治癰疽瘡毒，以毒攻毒。排膿消腫，毒托出，膿亦可排出，膿毒皆盡，則腫消矣。解熱性寒，可以清熱。去風，療百蟲咬傷。

清・吳其濬《植物名實圖考》卷一六　水仙　水仙花，《本草會編》始收之。俗謂其根有毒。而《衛生易簡方》療婦人五心發熱，同乾荷葉、赤芍等分為末，白湯服之。恐未可信。其花不藉土而活，應入石草。

清・趙其光《本草求原》卷一山草部　水仙花　治婦人五心發熱，同乾荷葉、赤芍末，白湯下二錢。澤肌、理髮、去風。作香澤塗。其根，苦，辛，寒滑。治癰腫及魚骨鯁。

清・劉善述、劉士季《草木便方》卷一草部　金盞銀臺　水蒨花根名水仙，苦辛寒滑熱毒捐。實熱癰腫搗塗好，魚刺骨鯁能化堅。梳頭光。

清・戴葆元《本草綱目易知錄》卷一草部　水仙花金盞銀臺。治婦人五心發熱，同乾荷葉、赤芍等分，為末，白湯服二錢，熱自退也。作香澤塗身，

良。理髮，去風氣。

根：苦、辛，寒，滑。擣汁服，下魚骨骾。水磨，塗癰腫，毒腫。葆按：溫熱時毒，初腫一邊眼角，漸延滿面頸項，水仙根磨汁塗，留頂出毒氣，內服普濟消毒飲，若破皮流水，以三黃，加乳香、沒藥，傅。

晚香玉

清·吳其濬《植物名實圖考》卷二六 晚香玉　晚香玉北地極多，南方間種之。葉梗俱似萱草，莖梢夏發萼葖數十枚，旋開旋生長，開五瓣尖花，如石榴花蒂而長，晚時香濃。

白茅

晉·嵇含《南方草木狀》卷上草類 芒茅　芒茅枯時，瘴疫大作，交、廣皆爾也，土人呼曰黃茅瘴，又曰黃芒瘴。

唐·歐陽詢《藝文類聚》卷八二 茅　《爾雅》曰：藾，杜茅也。《說文》曰：菅，茅也。《易》曰：拔茅連茹，以其彙征吉茅。注：茅，一名茹子。又曰：藉用白茅无咎。《天官》：甸師祭祀供蕭茅。《禹貢》曰：荆州包匭菁茅。《毛詩》曰：白華菅兮，白茅束兮。又曰：野有死麕，白茅包之。又曰：晝爾于茅，宵爾索綯。《左傳》曰：齊侯伐楚，謂楚曰：爾貢包茅不入，王祭不供，無以縮酒，寡人是徵。《典錄》曰：武王伐殷，微子啓肉袒面縛，牽羊把茅，膝行而前。《六韜》曰：吕尚坐茅而漁。《尹文子》曰：堯為天子，土階三尺，茅茨不剪。《尸子》曰：殷湯救旱，素車白馬，身嬰白茅，以身為牲。《莊子》曰：小巫見大巫，拔茅而棄，此其所以終身弗如。《離騷》曰：索靈茅以蓬蓴。又曰：蘭芷變而不芬兮，荃蕙化而為茅。《史記·封禪書》曰：管仲說桓公云：古之封禪，江淮間一茅三脊，所以為藉也。《吴録地理志》曰：桂陽郴縣，有菁茅可染布，零陵有香茅，任土貢之。沈約《宋書》曰：有三脊茅，生石頭西岸。江夏王義恭累表勸封禪，上甚悦。

宋·唐慎微《證類本草》卷八草部中品〔《本經·別錄》〕 **茅根**　**味甘，寒**，無毒。**主勞傷虛羸，補中益氣，除瘀血、血閉，寒熱，利小便**，下五淋，除客熱在腸胃，止渴，堅筋，婦人崩中。久服利人。**其苗主下水。一名蘭根，一名茹根**，一名地菅，一名地筋，一名兼杜。生楚地山谷、田野。六月採根。

〔梁·陶弘景《本草經集注》〕云：此即今白茅菅。音姦。《詩》云：露彼菅茅。其根如渣芹，甜美。服食此，斷穀甚良。俗方稀用，惟療淋及崩中爾。

〔唐·蘇敬《唐本草》〕注云：菅花，味甘，溫，無毒。主衄血，吐血，灸瘡。

〔宋·掌禹錫《嘉祐本草》〕按：《藥性論》云：白茅，臣，能破血，主消渴。根治五淋，煎汁服之。陳藏器云：茅針，味甘，平，無毒。主惡瘡腫未潰者，煮服之。服一針一孔，二針二孔。生挼傅金瘡，止血。煮服之，主鼻衄及暴下血。成白花者，功用亦同。針即茅笋也。又云：屋茅，主卒吐血。細剉三升，酒浸，煮服一升。屋上爛茅，和醬汁研傅斑瘡、蠶齧瘡。一名百足蟲。茅屋滴溜水，殺雲母毒。日華子云：茅針，涼。通小腸，癰毒、軟癤不作頭，濃煎和酒服。花罯刀箭瘡，止血并痛。根主婦人月經不勻。又云：茅根，通血脉淋瀝，是白花茅根也。又云：屋四角茅，平無毒主鼻洪。

〔宋·蘇頌《本草圖經》〕曰：茅根，生楚地山谷、田野，今處處有之。春生苗，布地如針，俗間謂之茅針，亦可噉，甚益小兒。夏生白花茸茸然，至秋而枯。其根至潔白，亦甚甘美。六月採根用。今人取茅針，挼以傅金瘡，塞鼻洪，止暴下血及溺血者，殊效。劉禹錫《傳信方》：療癰腫有頭，使必穴方：取茅錐一莖正爾，全煎十數沸，服之，立潰。若兩莖即生兩孔，或折斷一枝爲二，亦生兩穴。白茅花，亦主金瘡，止血。又有菅，亦茅類也。陸璣《草木疏》云：菅，似茅而滑無毛，根下五寸中有白粉者，柔韌，宜爲索，漚之尤善。其未漚者名野菅。《詩》所謂白茅菅兮是此也。入藥與茅等。其屋苫茅經久者，主卒吐血。細剉三升，酒浸，煮服一升，良已。

〔宋·唐慎微《證類本草》〕《肘後方》：療熱。取白茅根四升剉之，以水一斗五升，煮取五升，適冷暖飲之，日三服。又方：諸竹木刺在肉中不出。取白茅根燒末，脂膏和塗之。亦治因風致腫。

宋·鄭樵《通志》卷七五《昆蟲草木略》 茅之根　曰蘭根，曰茹根，曰地筋，曰兼杜。茅之類甚多，惟白茅擅名。其苗初出地者，曰茅鍼。《爾雅》云：蒤，委葉。《詩》云：以薅荼蓼。皆謂茅鍼也。茅之花曰茅秀。《爾雅》蔈，荂荼是也。茅之葉如菅，故亦名地菅。《詩》云：白茅菅兮。又云：露彼菅茅。

宋·劉明之《圖經本草藥性總論》卷上 白茅根　味甘，寒，無毒。主勞傷虛羸，補中益氣，除瘀血血閉寒熱，利小便，下五淋，除客熱在腸胃，止渴堅筋，婦人崩中。《藥性論》云：茅，破血，主消渴。根，治五淋。日華子云：茅針，涼。通小腸癰毒，軟癤不作潰者，頭濃煎和酒服。花，罯刀箭金瘡，止血并痛。根，主婦人月經不勻，通血脉淋瀝，主鼻洪。一云：花，主衄血吐血，灸瘡。生援茅針汁，傅金瘡止血。煮服，主鼻衄暴下血。茅屋滴溜水，殺

雲母毒。

宋・王介《履巉巖本草》卷中 茅花 性暖，無毒。大能止血，用少許濃煎湯服，或塞鼻中，治鼻衄。

明・朱橚《救荒本草》卷上之後 茅芽根 《本草》名茅根，一名蘭根，一名茹根，一名地菅音奸，一名地筋，一名兼杜，又名白茅菅，其芽一名茅針。生楚地山谷，今田野處處有之。春初生苗布地如針，夏生白花茸茸然，至秋而枯。其根至潔白亦甚甘美。根性寒。茅針性平。花性溫。俱味甘，無毒。救飢：採嫩芽剝取嫩穰食，甚益小兒，及取根咂食甜味。久服利人。服食此可斷穀。治病：文具《本草》草部茅根條下。

明・蘭茂撰，清・管暄校補《滇南本草》卷中 茅根 性寒，味甘。入胃、小腸二經。祛瘀血，通血閉，止吐血、衄血，治血淋，利小便。止婦人崩漏下血。

明・蘭茂《滇南本草》〔叢本〕卷中 毛根 味甘、甜，性寒。入胃、小腸二經。祛瘀血，通血閉，止吐血衄血，瘀血，利小便，止婦人崩漏下血。

明・王綸《本草集要》卷二 茅根臣 味甘，氣寒，無毒。六月採。主勞傷虛羸，補中益氣。除瘀血，血閉寒熱，利小便，下五淋，止消渴，解腸胃熱，婦人崩中。〇苗如針，謂之茅針，可噉，益小兒。生挼，傅金瘡止血并痛。煮服之，主鼻洪及下血溺血；惡瘡腫未潰者，煮服之，主潰，一針一孔，二針二孔。〇花，亦主衄血吐血，金瘡。

明・滕弘《神農本經會通》卷一 茅根 臣也。即白花茅根。六月採，夏生白花。味甘，氣寒，無毒。東云：止血與吐衄。

《本經》云：主勞傷虛羸，補中益氣，除瘀血，血閉，寒熱，利小便，下五淋，除客熱在腸胃，止渴，堅筋，婦人崩中，久服利人。陶云：即今白茅菅，其根如渣芹，甜美，服食此斷穀甚良。俗方稀用，惟療淋及崩中。《藥性論》云：白茅，臣。能破血，主消渴。根，治五淋，煎汁服之。日華子云：茅根，主婦人月經不勻，通血脉淋瀝，是白花茅根也。《局》云：茅根，通血，除煩渴，通利溲便，治五淋，吐衄。灸瘡花更効。金瘡，按傳用茅針。白茅花，止吐血、衄血。

茅根苗 《本經》云：其苗主下水。陳藏器云：屋茅，主卒吐血，酒浸煮服。屋上爛茅，和醬汁研，傅班瘡、蠶嚙瘡。茅屋滴溜水，殺雲母毒。《圖經》云：屋苦茅經久者，主卒吐血，細剉，酒浸，煮服良。日華子云：屋角茅，平，無毒。主鼻洪。

茅花 《唐本》注云：菅花，味甘，溫，無毒。主衄血吐血，金瘡。日華子云：花，署刀箭瘡，止血并痛。《圖經》同。

茅針 陳藏器云：味甘，平，無毒。主惡瘡腫未潰者，煮服之，服一針一孔，二針二孔。生挼，傅金瘡止血。煮服之，主鼻衄及暴下血。成白花者，功用亦同。針即茅笋也。日華子云：茅針，涼。通小腸癰毒，軟節不作頭，濃煎，和酒服。《圖經》云：春生芽，布地如針，謂之茅針。可噉，甚益小兒。夏生白花，茸茸然，至秋而枯，其根至潔白，甚甘美。六月採根，人取茅針，挼以傅金瘡，塞鼻洪，止暴下血及溺血者，殊効。

明・劉文泰《本草品彙精要》卷一〇 茅根 無毒。附苗花根、屋茅。叢生。

茅根出《神農本經》：**主勞傷虛羸，補中益氣，除瘀血血閉，寒熱，利小便。苗主下水。**以上朱字《神農本經》。下五淋，除客熱在腸胃，止渴，堅筋，婦人崩中，久服利人。以上黑字名醫所錄。

〔名〕蘭根、茹根、地菅、地筋、兼杜。〔苗〕《圖經》曰：春生苗，布地如針，俗謂之茅針，可啖，甚益小兒。夏生白花，茸茸然，至秋而枯，其根至潔白，味亦甘美。陸璣《草木疏》云：菅似茅而滑，無毛，根下五寸中有白粉者，柔韌，宜爲索，漚之尤善。其未漚者，名野菅。《詩》所謂白茅菅兮是也。入藥功用與茅等，其屋苦茅用之，須經久者良。〔地〕《圖經》曰：生楚地山谷、田野，今處處有之。〔道地〕澶州、鼎州。〔時〕生：春生苗。採：四月取花，六月取根。〔收〕日乾。〔用〕根、花、苗、針。〔質〕根類茅香根而粗。〔色〕白。〔味〕甘。茅針：甘。花：甘。〔性〕寒，緩。茅針：平，涼。花：溫。〔氣〕氣之薄者，陽中之陰。〔臭〕香。〔主〕除瘀血，下五淋。〔製〕刷去沙土，剉碎用。〔治〕療：日華子云：療婦人月經不勻，通血脈，淋瀝。〇茅針通小腸，花署，刀箭瘡，止血並痛。〇屋四角茅，止鼻洪。《唐本》注云：菅花，止衄血，吐血，灸瘡。《藥性論》云：白茅，破血，並止消渴。陳藏器云：茅針，消惡瘡腫未潰者，煮服之，服一針一孔，二針二孔。生挼，傅金瘡，止血。煮服之，主鼻衄及暴下血。〔合治〕合脂膏，療諸竹木刺在肉中不出，及因風致腫。〇屋茅合酒煮，療卒吐血。〇屋上爛茅和醬汁研，傅斑瘡、蠶齧瘡。

〇茅針合酒煎服，療癰毒軟癤不作頭。〔禁〕妊娠不可服。〔解〕茅屋滴溜水，殺雲母毒。

明・葉文齡《醫學統旨》卷八 茅根 氣寒，味甘。無毒。治勞傷虛羸，補中益氣，除瘀血血閉寒熱，利小便，下五淋，止消渴，解腸胃熱；婦人崩中。〇苗如針，謂之茅針，可噉，益小兒；生挼傅金瘡止血并痛，煮服之，主潰，一針一孔，二針二孔。花治吐血衄血，金瘡。

明・許希周《藥性粗評》卷三 根出白茅，斬飛紅於口外。白茅根，俗名茅針也。好生水邊，江南處處有之。五月開白花，作穗，六月採花及根，陰乾。味甘，性寒，無毒。主治吐血衄血，金瘡出血，行血止渴，通五淋，利小便。

單方：瘡疱：凡患遍身瘡疱，不拘大人小兒，取白茅根同桃葉，煮水浴之，甚效。

熱淋：白茅根四斤，剉，以水一斗五升，煮取五升，令冷，仍暖過飲之，每日三服，妙。

明・鄭寧《藥性要略大全》卷七 茅根 止血與吐衄。〇花亦止吐衄。《經》云：主勞傷虛羸，補中益血，除瘀血血閉寒熱，利小便，下五淋，除客熱，止渴，堅筋及女人崩中。 味甘，性寒，無毒。杵碎入藥。

茅針 味甘，平，性涼，無毒。即茅笋也。通小腸，主惡瘡腫未潰者。煮服之，一針潰一孔，二針潰二孔。生挼傅金瘡止血。煮服止衄血及暴下血。

白茅臣。即茅花也。能破血而止消渴，止衄血、吐血，貼灸瘡。 味甘、鹹，可啖，甚益小兒。其花至夏茸茸然。其根至潔白甘美，亦可啖。治溺血、吐血、衄。治金瘡止血。 陳藏器云：治癰腫者，取茅錐一莖，正爾全者，煎數沸服之立潰。若用兩莖，即穿兩孔。或折斷一枝為二，亦穿二孔。最治刀箭傷。

明・陳嘉謨《本草蒙筌》卷二 茅根 味甘，氣寒。無毒。曠野平原，無處不產。本為蓋屋草，俗呼過山龍。收採洗去衣皮，搯斷忌犯鐵器。甘美可啖，斷穀甚良。下淋利小便，通閉逐瘀血。除客熱在腸胃，止吐衄因勞傷。解渴堅筋，補中益氣。苗破血且下水腫，花止血仍罯金瘡。又有茅針，一名茅笋。禁崩漏，塞鼻洪。腫毒未潰服之，一針便潰一孔。屋茅陳久，酒浸煎濃。吐衄血來，服亦即止。爛茅老屋上及蓋牆者。得醬汁和研，斑瘡蠶咬瘡可敷。屋四角茅收，治鼻洪尤驗。取茅屋滴溜水飲，殺雲母石毒，須知。〇又種菅音姦花，甘溫無毒。亦止吐衄，可貼灸瘡。

明・王文潔《太乙仙製本草藥性大全》卷一《本草精義》 茅根 即白茅菅。一名蘭根，一名茹根，一名地菅，一名地筋，一名兼杜。生楚地山谷田野，今處處有之。春生苗，布地如針，俗間謂之茅針。亦可噉。甚益小兒。夏生白花茸茸然，至秋而枯，其根至潔白，亦甚甘美。六月採根用。今人取茅針。又有菅，亦茅類也。《草木疏》云：菅似茅而滑，無毛，根下五寸中有白粉者，柔韌宜爲索，漚之尤善。其未漚者，名野菅，《詩》所謂白茅菅兮，是此也。 入藥與茅等共效。

明・王文潔《太乙仙製本草藥性大全》卷一《仙製藥性》 茅根臣 味甘，氣寒，無毒。 主治：下五淋，利小便，通血閉，逐瘀血，除客熱在腸胃，止吐衄因傷勞。主男子虛羸，治婦女崩漏，解渴堅筋，補中益氣。 苗：破血且下水腫。 花：止血，仍罯金瘡。 又有茅針，一名茅笋，禁崩漏，塞鼻洪，腫毒未潰，服之一針便潰一孔。 屋茅：陳久酒浸，煎濃，吐衄血來服，亦即止。 爛茅：得醬汁和研，斑瘡、蠶咬瘡可敷。 屋四角茅：收，治鼻洪尤驗。取茅屋滴流水飲，殺雲母石毒，須知。又種菅花，甘，溫，無毒，亦止吐衄，可貼灸瘡。 補註：療熱淋，取白茅根四升，剉之，以水一斗五升，煮取五升，適冷暖飲之，日三服。〇治竹木刺在肉中不出，取白茅根燒末，脂膏和塗之。亦治因風致腫。

明・皇甫嵩《本草發明》卷三 茅根中品下，臣。氣寒，味甘，無毒。 發明曰：茅根甘寒益血，血中之氣藥也。故《本草》主勞傷虛羸，補中益氣，除瘀血血閉，寒熱客熱在腸胃，止渴，堅筋，利小便，通血脈，下五淋，婦人崩中，久服利人。〇苗，主下水破血。〇茅針，一名茅笋。味甘寒。主塞鼻衄及暴下血，禁崩漏。腫毒未潰服之，一針便潰一孔。〇茅花，止血。仍罯金瘡，功用與茅針同。〇屋茅，陳久酒浸，煎濃，吐衄血來，服之即止。〇老墻屋上爛茅，得醬汁和研，班瘡蟲咬瘡可傳。茅根，即今白茅花根，如渣芹，甜美，服此斷穀甚良，俗方稀用。

明・李時珍《本草綱目》卷一三草部・山草類下 白茅《本經》中品。

〔釋名〕根名茹根《本經》 蘭根《本經》 地筋《別錄》時珍曰：茅葉如矛，故謂之茅。其根牽連，故謂之茹。《易》曰拔茅連茹，是也。有數種：夏花者爲茅，秋花者爲菅。二物功用相近，而名謂不同。《詩》云：白華菅兮，白茅束兮。是也。《別錄》不分茅菅乃二種，謂茅根一名地菅，一名地筋，而有名未用又出地筋，一名菅根。蓋二物之根狀皆如筋，可

通名地筋，不可並名菅也，正之。

【集解】《別錄》曰：茅根生楚地山谷田野，六月採根。弘景曰：此即今白茅菅。《詩》云露彼菅茅，是也。其根如渣芹甜美。頌曰：處處有之。春生芽，布地如針，俗謂之茅針，亦可啖，甚益小兒。夏生白花茸茸然，至秋而枯。其根至潔白，六月採之。又有菅，亦茅類也。陸璣《草木疏》云：菅似茅而滑無毛，根下五寸中有白粉者，柔韌宜爲索，漚之尤善。其未漚者名野菅，入藥與茅功等。時珍曰：茅有白茅、菅茅、黄茅、香茅、芭茅數種，葉皆相似。白茅短小，三四月開白花成穗，結細實。其根甚長，白軟如筋而有節，味甘，俗呼絲茅，可以苫蓋及供祭祀苞苴之用，《本經》所用茅根是也。其根乾之，夜視有光，故腐則變爲螢火。菅茅只生山上，似白茅而長，入秋抽莖，開花成穗如荻花，結實尖黑，長分許，粘衣刺人。其根短硬如細竹根，無節而微甘，亦可入藥，功不及白茅，《爾雅》所謂白華野菅是也。黄茅似菅茅，而莖上開葉，莖下有白粉，根頭有黄毛，根亦短而細硬無節，秋深開花，〔重〕穗如菅，可爲索綯，古名黄菅，《別錄》所用菅根是也。香茅一名菁茅，一名璚茅，生湖南及江淮間，葉有三脊，其氣香芬，可以包藉及縮酒，《禹貢》所謂荆州苞匭菁茅是也。芭茅叢生，葉大如蒲，長六七尺，有二種，即芒也。見後芒下。

茅根　【氣味】甘，寒，無毒。　【主治】勞傷虚羸，補中益氣，除瘀血血閉寒熱，利小便《本經》。下五淋，除客熱在腸胃，止渴堅筋，婦人崩中。久服利人《別錄》。主婦人月經不勻，通血脈淋瀝大明。止吐衄諸血，傷寒噦逆，肺熱喘急，水腫黄疸，解酒毒時珍。

【發明】弘景曰：茅根服食斷穀甚良。俗方稀用，惟煎汁療淋及崩中爾。時珍曰：白茅根甘，能除伏熱，利小便，故能止諸血噦逆喘急消渴，治黄疸水腫，乃良物也。世人因微而忽之，惟事苦寒之劑，致傷冲和之氣，烏足知此哉。

【附方】舊二，新一十三。　山中辟穀：凡辟難無人之境，取白茅根洗净，咀嚼，或石上曬焦擣末，水服方寸匕，可辟穀不飢。《肘後方》。　温病冷噦：因熱甚飲水，成暴冷噦者。茅根切，枇杷葉拭去毛炙香，各半斤，水四升，煎二升，去滓，稍稍飲之。龐安時《傷寒總病論》。　温病熱噦：乃伏熱在胃，令人胸滿則氣逆，逆則噦，或大下，胃中虚冷，亦致噦也。茅根切，葛根切，各半斤，水三升，煎一升半。每温飲一盞，噦止即停。同上。　反胃上氣：食入即吐。茅根、蘆根二兩，水四升，煮二升，頓服得下，良。《聖濟總錄》。　肺熱氣喘：生茅根一握，㕮咀，水二盞，煎一盞，食後温服。甚者三服止，名如神湯。《聖惠方》。　虚後水腫：因飲水多，小便不利。用白茅根一大把，小豆三升，水三升，煮乾，去茅食豆，水隨小便下也。《肘後方》。　五種黄病：黄疸、穀疸、酒疸、女疸、勞疸也。黄汗者，乃大汗出入水所致，身體微腫，汗出如黄蘗汁。用生茅根一把，細切，以猪肉一斤，合作羹食。《肘後方》。　解中酒毒：恐爛五臟。茅根汁，飲一升。《千金方》。　小便熱淋：白茅根四升，水一斗五升，煮取五升，適冷暖飲之。日三服。《肘後方》。　小便出血：茅根煎湯，頻飲爲佳。《談埜翁方》。　勞傷溺血：茅根、乾薑等分，入蜜一匙，水二鍾，煎一鍾，日一服。　鼻衄不止：茅根爲末，米泔水服二錢。《聖惠方》。　吐血不止：《千金翼》用白茅根一握，水煎服之。《婦人良方》用根洗擣汁，日飲一合。　竹木入肉：白茅根燒末，猪脂和塗之。風入成腫者，亦良。《肘後方》。

茅針：即初生苗也。《拾遺》。　【氣味】甘，平，無毒。大明曰：凉。　【主治】下水《別錄》。治消渴，能破血甄權。通小腸，治鼻衄及暴下血，水煮服之。惡瘡癰腫、軟癤未潰者，以酒煮服，一針一孔，二針二孔。生挼，傅金瘡止血藏器。

花　【氣味】甘，温，無毒。　【主治】煎飲，止吐血衄血，並塞鼻。又傅灸瘡不合蘇恭。罯刀箭金瘡，止血並痛大明。

屋上敗茅　【氣味】苦，平，無毒。　【主治】卒吐血，剉三升，酒浸煮一升服。和醬汁研，傅斑瘡及蠶嚙瘡藏器。〔屋〕四角茅，主鼻洪大明。

【發明】時珍曰：按陳文中《小兒方》治痘瘡潰爛，難靨不乾。多年墻屋上爛茅，擇洗焙乾，爲末摻之。此蓋取其性寒而解毒，又多受雨露霜雪之氣，兼能燥濕也。

【附方】新三　婦人陰癢：墻頭爛茅、荆芥、牙皂等分，煎水頻熏洗之。《摘玄方》。　大便閉塞：服藥不通者。滄鹽三錢，屋檐爛草節七個，爲末。每用一錢，竹筒吹入肛内一寸即通，名提金散。《聖濟錄》。　卒中五尸：其狀腹痛脹急，不得氣息，上冲心胸，旁攻兩脇，或磈礧涌起，或牽引腰脊，此乃身中尸鬼接引爲害。取屋上四角茅，入銅器中，以三赤布帛覆腹，着器布上，燒茅令熱，隨痛追逐，跖下癢即瘥也。《肘後方》。

題明・薛己《本草約言》卷二《藥性本草》　茅草根　止吐衄血，取汁煎嘗。茅草根係草部。

明・梅得春《藥性會元》卷上　茅根　味甘，性寒，無毒。即白茅花根。主治勞傷虚羸，補中益氣，止吐、衄血，消瘀血血閉，寒熱煩渴，通淋利小便，去腸胃中寒熱，婦人崩中。又能堅筋。　白茅花：止吐、衄血。　茅針：擣汁傅金瘡良。

明・李中立《本草原始》卷二　茅根　始生楚地山谷田野，今處處有之。春生苗，布地如針，俗謂之茅針。夏開白茸花。《易》曰藉用白茅即此也。根有節如管，故《本經》名地菅。《詩》云白華菅兮，白茅束兮，是也。《醫學入門》曰：茅，冒也，毛也，冒然而生，為地之芼也。　氣味：甘，寒，無毒。

主治：勞傷虛羸，補中益氣，除瘀血血閉，寒熱，利小便。○下五淋，除客熱在腸胃，止渴堅筋，婦人崩中。久服利人。○主婦人月經不勻，通血脉，淋瀝。○止吐衄諸血，傷寒噦逆，肺熱喘急，水腫黄疸，解酒毒。

茅根，《本經》中品。【圖略】根至潔白，味至甘美，甚益小兒。

《千金翼》：治吐血不止，用白茅根一握，水煎服之。　茅根，臣。

明・張懋辰《本草便》卷一　茅根臣　味甘，氣寒，無毒。　主勞傷虛羸，補中益氣，除瘀血，血閉寒熱。

明・李中梓《藥性解》卷四　茅根　味甘，性寒，無毒，入胃、小腸二經。逐瘀血，通血閉，止吐衄，下五淋，利小便，理勞傷。補虛羸，除腸胃客熱，治婦人崩漏。　按：茅根利水，本入小腸，而胃則其實受，故亦入之。

明・繆希雍《本草經疏》卷八　茅根　味甘，寒，無毒。主勞傷虛羸，補中益氣，除瘀血血閉寒熱，利小便，下五淋，除客熱在腸胃，止渴，堅筋，婦人崩中。久服利人。

〖疏〗茅根正稟土之沖氣，而兼感乎春陽生生之氣以生，故其味甘，氣寒而無毒。入手少陰，足太陰、陽明。勞傷虛羸必内熱，甘能補脾，甘則雖寒而不犯胃，甘寒能除内熱，故主勞傷虛羸。益脾所以補中，除熱所以益氣，甘能益血。血熱則瘀，瘀則閉，閉則寒熱作矣。寒涼血，甘益血，熱去則血和，和則瘀消而閉通，通則寒熱自止也。小便不利，由於内熱也，熱解則便自利。淋者血分虛熱所致也，涼血益血則淋自愈，而腸胃之客熱自解，津液生而渴亦止矣。肝藏血而主筋，補血涼肝則筋堅矣。血熱則崩，涼血和血，崩自愈矣。血熱則妄行，溢出上竅為吐，為咯，為鼻衄、齒衄，涼血和血則諸證自除。益脾補中利小便，故亦治水腫、黄疸，而兼理傷寒噦逆也。

〖主治參互〗同麥冬、生地、枸杞子，治勞傷内熱。　同生地、麥冬、蘇子、枇杷葉、白芍藥、甘草、蒲黄、童便，治諸血。　同牛膝、生地黄、童便，治血熱經枯而閉。　同竹茹、麥冬、石膏、人參，治傷寒胃熱噦逆。　同芍藥、赤小豆、赤白茯苓、車前子、薏苡仁、木瓜、石斛、木通，治水腫。　同枇杷葉、竹茹、麥門冬，治火炎内熱，反胃上氣。　同生地、天麥門冬、車前子、牛膝、白茯苓、黄檗、五味子、枸杞子、童便，治溺血。　〖簡誤〗因寒發噦，中寒嘔吐，濕痰停飲發熱，竝不得服。

明・姚可成《食物本草》卷一七草部・山草類　白茅處處有之。春生芽，布地如針，俗謂之茅針。亦可啖，甚益小兒。夏生白花，茸茸然，至秋而枯。其根至潔白，六月采之。○李時珍曰：茅有白茅、菅茅、黄茅、香茅、芭茅數種，葉皆相似。白茅短小，三四月開白花成穗，結細實，其根甚長，白軟如筋而有節。味甘，俗呼絲茅，可以苫蓋及供祭祀苞苴之用。其根乾之，夜視有光，故腐則變為螢火。菅茅只生山上，似白茅而長。入秋抽莖，開花成穗如荻花。結實尖黑長分許，粘衣刺人。其根短硬如細竹根，無節而微甘。黄茅莖上開葉，莖下有白粉。根頭有黄毛，根亦短而細硬無節。秋深開花，穗如菅，可為索綯。香茅生湖南及江淮間，葉有三脊，其氣香芬，可以包藉及縮酒。芭茅叢生，葉大如蒲，長六七尺，有二種。

茅根　味甘，寒，無毒。治勞傷虛羸，補中益氣，除瘀血血閉寒熱，利小便，下五淋，除客熱在腸胃，止渴堅筋，〔婦人〕崩中，久服利人；主婦人月經不勻，通血脉淋瀝，止吐衄諸血，傷寒噦逆，肺熱喘急，水腫黄疸，解酒毒。○李時珍曰：白茅根甘，能除伏熱，利小便，故能止諸血噦逆，喘逆消渴，治黄疸水腫，乃良物也。世人因微而忽之，惟事苦寒之劑，致傷沖和之氣，烏足知此哉！

茅針即初生苗也。　味甘，平，無毒。主下水消渴，能破血通小腸，治鼻衄及暴下血，水煮服之。惡〔瘡〕未潰者，以酒煮服，一針一孔，二針二孔。

茅花　味甘，溫，無毒。主吐血衄血并塞鼻。又傅灸瘡不合，署刀箭金瘡，止血并痛。

附方：治傷寒呃逆，此因熱甚飲水成暴冷啘者。用茅根切，枇杷葉拭去毛炙香，各八兩，水四升，煎二升服。　治反胃，食入即吐。茅根、蘆根各二兩，水四升，煮二升，頓服得下良。　治五種黄病，小便與汗俱如梔子汁。用生茅根一把細切，以猪肉一斤，合作羹食。　治小便熱淋。白茅根四升，水一斗五升，煮取五升服之。　治鼻中衄血不止。茅根為末，米泔水服二錢。　治吐血。用白茅根一握，水煎服之；婦人用根洗淨，搗汁日飲一合。飲酒太過，灼爛臟腑。喫茅根汁一升，良。　治小便出血。茅根煎湯，頻飲為佳。　治竹木入肉。白茅根燒末，猪脂和塗之。　治水腫因虛而成，小便不利。用白茅根一大把，小豆三升，水三升，煮乾去茅食豆，水從小便出也。　治婦人陰痒。墻頭爛茅、荊芥、皂莢等分，水煎熏洗。　治勞傷溺血。茅根、乾薑等分，入蜜一匙，水煎服。　凡人避難深山幽谷之中，取白茅根洗淨咀嚼，或石上晒焦搗末，水服方寸匕，可辟穀不飢。

明・李中梓《醫宗必讀・本草徵要上》　茅根味甘，寒，無毒。入肺經。

涼金定喘，治吐衄并血瘀； 利水通淋，祛黃疸及癰腫。茅針潰癰，茅花止血。甘寒可除內熱，性又入血消瘀，且下達州都，引熱下降，故吐血、衄血者急需之。針能潰癰，每食一針即有一孔，二針二孔，大奇。按：吐衄有因於寒、有因於虛者，非所宜也。

明·蔣儀《藥鏡》卷四寒部 茅根 稟土氣之冲和，感春陽而萌蘖。內熱則血瘀，瘀則氣滯，滯則津枯，惟寒以涼血，故補中而止吐衄。熱去則血和，和則瘀消，消則閉通，惟甘能益血，故扶脾而利淋便。葛根同煑，而溫病熱噦自寧。蘆根並煎，而反胃上氣亦止。苗芽號曰茅針，以酒煑服，頑癰速潰。茅花傅灸瘡不合，罨刀箭金傷，又能止衄除〔衂〕。瓦上敗茅，擇洗焙乾為末，可摻蜃痘瘡之潰爛，取其解毒燥濕也。

明·張景岳《景岳全書》卷四八《本草正》 茅根即白茅。 味甘，涼，性純美。能補中益氣，此良藥也。善理血病，凡吐血衄血，瘀血血閉，及婦人經水不調，崩中漏下。且通五淋，除客熱，止煩渴，堅筋骨，療肺熱噦逆喘急，解酒毒及黃疸水腫，久服大是益人。若治癰疽癧毒，及諸毒諸瘡諸血，或用根搗傅，或用此煮汁調傅毒等藥，或以酒煮服，無不可也。茅有數種，處處有之，惟白者為勝。春生芽，布地如鍼，故曰茅鍼，可以生噉，甚益小兒，功用亦同。

明·盧之頤《本草乘雅半偈》帙五 白茅《本經》中品 氣味：甘，寒，無毒。 主治：主勞傷虛羸，補中，益氣，除瘀血血閉，寒熱，利小便。

覈曰：出楚地山谷，及田野，所在亦有。春生苗，布地如針，俗呼茅針。三四月開花作穗，茸白如絮，隨結細子。至秋乃枯，根名茹。《易》曰拔茅連茹，以其彙，故其根牽連長冗，經寸成節，柔白如筋，甘甜如蔗，用以造飴，清滑可口也。根荄至秋，夜分時有青光，腐則化螢火。茅可苫蓋，及供祭祀苞苴之用，名曰茅絲。《詩》云：晝爾于茅，宵爾索綯。言穀人日力不足取茅于晝，而夜以繼之，故以為絲事方息，而麻事尋興，野功既訖，而宮功隨至，藏蔬于其秋，以助不給之冬，索于其夜，以補不足之晝。《列子》云：因以為波流，因以為茅靡。茅靡，稊也。稊，茅之始生也。《詩》云手如柔荑。荑稊一也。《相經》云：筋不束體，血不華色，手無春荑之柔，髮有寒蓬之悴，此蓋形之下矣。故勁強短促者，另成他類。別有只生山谷，入秋放花如荻，實尖黑，長分許，粘衣刺人者，菅也。又有莖端開葉，莖上有粉，根頭有毛者，黃菅也。又有生湖南，及江淮間，葉脊三稜，臭如蒲草，可以包藉縮酒者，菁也。又有叢生如蘆，葉大如蒲，高六七尺者，芒也。根都勁促，不堪藥用。

粲曰：茅之為物薄，而用可重也。體柔而性直，故先王用之以藉。《易》曰：藉用白毛，無咎。《象》曰：柔在下也。蓋兌金在上，巽柔在下，而柔麗乎中，慎斯術也以往，其無所失矣。誠陽中之陰，入手太陰肺，中見陽明中治法，以行營衛陰陽者也。蓋太陰肺，其始從中焦，明麗于內，慎斯于中，布氣以往，斯無所失，是以補中，氣乃益，勞乃復，傷乃續，虛乃實，羸乃充。以及除瘀血閉，寒熱便利，咸成布往之功力休徵爾。《別錄》：廣利便，及五淋，瘀血，及崩中，勞傷虛羸，及強筋堅骨，肥肌緻腠。大明：廣血閉，及月水不勻，血脈淋瀝。《肘後》：咀嚼茅根，辟穀不死，亦廣補中益氣爾。龐安常主溫病伏熱在內，令胸滿嘔噦，屬大下協熱所致。茅根建立中央，葛根起亟陰氣，更廣仲景先生葛根湯法，從中布氣，從肌解散爾。《肘後》療虛後水腫，為命門火衰，腎虛水泛，赤小豆主腎水之心穀，藉茅根之明麗，釜底燃薪，吸呼肺氣，營衛乃將，水道乃行也。若黃疸、穀疸、勞疸、黃汗、石水、色變于色、標見于皮者，猪為水畜，君以茅根，亦廣《肘後》治水方法，但前方偏于向右，此更兼于從左。若《千金》解中酒毒，恐爛藏府者，飲茅根汁，以滌中焦，還須佐以葛花，想更神異。若卒中五尸，致損生陽之屬，為腹痛脹急不得息，上衝心胸，旁攻兩脇，若魂礧然，牽引湧動尸鬼為害者，利以堅金，燒以茅火，追窮尋逐，令生陽以死死陰，壯百骸以轉中氣，助中氣以起百骸，餌食膚受，罔不有功，藉用白茅，何咎之有，慎之至也。

明·李中梓《本草通玄》卷上 茅根 甘，寒，入胃。 主內熱煩渴、吐衄，黃疸，水腫，消瘀血，通血閉，止喘嘔，利小便，亦良物也。世皆以其微而忽之，惟事苦寒，致傷冲和之氣，烏足知此〔哉〕！

清·顧元交《本草彙箋》卷一 白茅根 茅根感春陽生生之氣，味甘而氣寒，其性入血，下降，能除伏熱。凡血熱妄行，溢出上竅，爲吐爲咯，爲鼻衄、齒衄，以及噦逆喘急，消渴、黃疸、水腫諸症，又有止渴利小便之功。白茅，以供祭祀苞苴之用。蓋至潔之物，其根乾之，夜視有光，故腐則變而爲螢。茅花止血。茅針潰癰，每食一針，即有一孔。屋上敗茅，擇洗焙乾，爲末，能乾痘瘡潰爛難靨，取其性寒解毒，又多受雨露霜雪之氣，兼能燥濕也。

清・穆石匏《本草洞詮》卷八　白茅　一名地筋，葉如矛，根如筋，故名。《易》文：拔茅連茹。《禹貢》苞匭菁茅，《左傳》苞茅縮酒，此也。茅根，甘寒，無毒。主補虛堅筋，除瘀血淋瀝，療黄疸，解酒毒。其功在於除伏熱，利小便，故能止諸血，嘔逆喘急，消渴水腫，乃良物也。陶貞白言：茅根服食，可以斷穀。今人因其微而忽之耳。

清・劉雲密《本草述》卷七下　白茅頌曰：六月采根。　之頤曰：出楚地，山谷及田野所在亦有。春生苗，布地如針，俗呼茅針。三四月開花，作穗茸白如絮，隨結細子，至秋乃枯，根名茹。《易》曰：拔茅連茹以其彙。故其根牽連長冗，經寸成節，柔白如筋，甘甜如蔗，用以造飴，清滑可口也。故茅有數種，其根之勁強短促者，另成他類。有只生山谷，入秋放花如荻實，尖黑，長分許，粘衣刺人者，菅音間，草名，茅屬。也。又有莖端開葉，莖上有粉，根頭有毛者，黄菅也。又有生湖南及江淮間，葉脊三稜，臭如蒲草，可以包藉縮酒者，菁也。又有叢生如蘆，葉大如蒲，高六七尺者，芒也，根都勁促，不堪藥用。

根：　氣味：　甘，寒，無毒。　主治：　勞傷虛羸，補中益氣，除瘀血，血閉寒熱，止諸血吐衄，及婦人崩中漏下，月經不勻，通血脈淋瀝，除客熱在腸胃，止傷寒噦逆，肺熱喘急，止渴利小便，下五淋，並治水腫黄疸。　時珍曰：　白茅根甘能除伏熱，利小便，故能止諸血噦逆，喘急消渴，治黄疸水腫，乃良物也。多因微而忽之，惟事苦寒之劑，致傷沖和之氣也。惜哉！　希雍曰：　茅根正稟土之冲氣，而兼感乎春陽生生之氣以生，故其味甘氣寒而無毒，入手少陰、足太陰、陽明。甘寒能除内熱，除熱所以益氣血，熱則瘀，瘀則閉，閉則寒熱作。《本經》所註，一理也。又血熱則崩，或妄行上溢，即月水淋瀝，皆血分虛熱所致。小便不利，亦因於血分之熱也。即水腫黄疸，可以思其所治矣。總之，甘寒能和血，血和則令氣益，何所主諸證之不奏功哉？

同麥門冬、生地、枸杞子，治勞傷内熱。　同生地、麥冬、蘇子、枇杷葉、白芍藥、甘草、蒲黄、童便，治諸血。　同牛膝、生地黄、童便，治血熱經枯而閉。　同竹茹、麥冬、石膏、人參，治傷寒胃熱噦逆。　同芍藥、赤小豆、赤白茯苓、車前子、薏苡仁、木瓜、石斛、木通，治水腫。　同枇杷葉、竹茹、麥門冬，治火炎内熱，反胃上氣。　同生地、天麥門冬、車前子、牛膝、白茯苓、黄櫱、五味子、枸杞子、童便，治溺血。

愚按：　白茅春初而芽，春夏之交而華，茸茸然，乃至秋而即枯。用其根者，采以六月，豈非其始於木，暢於火，成於土乎？故其味止有甘，專乎土之氣也。夫土具四氣，氣之寒者亦土，然當火土司令之時，其氣不稟乎燥熱，反獨全其甘寒，是於至陽之中，而稟清和之陰，即以清陰而達其至陽之化者也。猶值陰寒之候，乃有獨稟陽和之氣者，不令陰氣益暢乎哉？之頤謂為陽中之陰者不妄，在《本經》首言其治勞傷虛羸，補中益氣，而徐言其除瘀血，血閉寒熱，利小便等證。先哲云牡丹皮、茅根、藕節、側柏，俱能清血分中火，血藥須之。豈非精察物理，知此味之能裕陰和陽乎？固非謂其以通利為功也。然亦不以止蓄為功，蓋其能行能止者，皆陽從外而依陰，陰從中而起陽，流行坎止，應乎自然之節爾。即以其甘寒謂能和血，血和而通塞不爽其天度者，猶為不達先聖之微義也。雖然，能除胃中伏熱，是扼其要語，熱散而陰和，如吐衄血證之治是也。熱散陰和而陽愈宣，如虛後水腫之治是也。即此二證，以推其類，其何不可以奏效，抑散伏熱，舉知其裕陰矣。而更謂其宣陽者，其義謂何？蓋在天之陽，無陰則陽無以化，猶夫在地之陰，無陽則陰無以化也。故此味入陽明胃，並及太陰脾，而兼之手太陰肺，此《本經》有補中益氣之説也。

附方　温病熱噦，乃伏熱在胃，令人胸滿則氣逆，逆則噦，茅根、葛根，煎汁飲之，噦止止服。　反胃上氣，食入即吐，茅根、蘆根，水煎飲之。　衄、吐血用之，概見方書。　虛後水腫，因飲水多，小便不利，用白茅根一大把，赤小豆三升，水三升，煮乾，去茅食豆，水隨小便下也。

希雍曰：　因寒發噦，中寒嘔吐，溼痰停飲，發熱，並不得服。

修治　洗淨搗爛，勿用露根。　白茅花　氣味：　甘，温，無毒。　主治：　煎飲，止吐，衄血，并塞鼻，又傅灸瘡不合日華子。　《準繩方》用茅花同諸味治尿血。

清・郭章宜《本草匯》卷一〇　茅根　味甘，氣寒，入手太陰、少陰、太陽、足太陰、陽明經。主内熱，涼金定喘，祛煩渴，利水通淋。吐衄血閼并治，黄疸酒毒皆除。其針潰癰，其花主血。《本經》治勞傷虛羸，補中益氣，除瘀血，血閉寒熱者，蓋虛羸之人必内熱，甘能補脾，甘則雖寒而不犯胃，甘寒能除内熱也。益脾所以補中，除熱所以益氣。甘能益血，血熱則瘀，瘀則閉，閉則寒熱作矣。寒涼血，甘益血，熱去則血和，和則瘀消而閉通，通則寒熱自止

也。《別錄》下五淋，除客熱在腸胃，止渴者，淋乃血分虛熱所致，涼血益血，則淋自愈，而腸胃之客熱亦解，津液生而渴亦止矣。又主婦人崩中者，血熱則妄行，溢出上竅，涼血和血，則崩自愈。

按：茅根感春陽生生之氣，甘寒能除伏熱，性又入血消瘀，且下達州都，引熱下降，故能止諸血噦逆，喘逆消渴，及五疸水腫，乃良物也。世人因其微而忽之，惟事苦寒之劑，致傷沖和之氣，烏足知此哉？若因寒發噦嘔吐等症，不得服也。其針即初生苗也。氣味甘涼，酒服能潰癰軟癤，每食一針，即潰一孔，二針二孔，大奇。其花甘溫能止吐血，又署金瘡。屋上敗茅能治痘瘡潰爛，癰靨不乾。焙乾摻之，取其性寒而解毒，又能燥濕也。洗去衣皮。忌鐵器。

清·蔣居祉《本草擇要綱目·寒性藥品》　茅根　氣味：甘，寒，無毒。主治：勞傷虛羸，補中益氣。除瘀血血閉寒熱，利小便，下五淋。除客熱在腸胃，止渴堅筋，婦人崩中。久服利人。主婦人月經不勻，通血脈淋瀝，止吐衄諸血。傷寒噦逆，肺熱喘急，水腫黃疸，解酒毒。但茅根甘能除伏熱，利小便，故能止諸血噦逆喘急，消渴，治黃疸水腫，乃良物也。世人因微而忽之，惟事苦寒之劑，致傷沖和之氣，烏足知此哉。

清·王翃《握靈本草》卷三　白茅根，處處有之。　主治：白茅根　甘，寒，無毒。主勞傷虛羸，補中益氣，除瘀血，血閉寒熱。利小便，止吐衄。傷寒噦逆，肺熱喘急，水腫，黃疸，熱淋，解酒毒，止渴。

清·汪昂《本草備要》卷二　白茅根瀉火，補中，止血，止噦。　甘，寒。入手少陰心、足太陰、陽明脾、胃。補中益氣，除伏熱，消瘀血，利小便，解酒毒。治吐衄諸血，心肝火旺，逼血上行，則吐血；肺火盛，則衄血。茅根甘和血，寒涼血，引火下降，故治之。撲損瘀血，搗汁服，名茅花湯。亦治鼻衄產淋。血閉寒熱，血瘀則閉，閉則寒熱作矣。淋瀝崩中，血熱則崩。傷寒噦逆，即呃逆。《說文》曰：噦，氣牾也。東垣作乾嘔之甚者，未是。肺熱喘急，內熱煩渴，黃疸水腫。清火行水。時珍曰：良藥也，世人以微而忽之，惟事苦寒之劑，傷沖和之氣，烏足知此哉！　茅針：潰癰癤。酒煮服。一針潰一孔，二針潰二孔。

清·吴楚《寶命真詮》卷三　茅根　【略】涼金定喘，利水通淋。治吐衄并血瘀，祛黃疸及癰腫。　甘寒可除內熱，性又入血消瘀，且下達州都，引熱下降，故吐衄皆需。然吐衄之因於寒與虛者，非所宜也。〇茅針潰癰，每食一針，即有一孔，二針二孔，大奇。茅花止血。

清·顧靖遠《顧氏醫鏡》卷七　茅根甘，寒。入肺胃二經。搗碎。　涼金定喘，療諸失血。甘寒能除內熱，則血不妄行。性又入血消瘀，故血閉而寒熱者宜之。利水通淋，能祛黃疸。內熱解則便自利，淋自愈。治黃疸，除熱利水之功也。中寒者勿用。

清·李熙和《醫經允中》卷二〇　茅根　入心、肺、脾、胃、小腸經。　味甘，氣寒，無毒。主治祛煩渴內熱，善利水通淋。花能止吐衄血；又署金瘡。針能潰癰軟癤，每食一針透一孔。屋上敗茅，治痘瘡潰爛難靨。

清·馮兆張《馮氏錦囊秘錄·雜症痘疹藥性主治合參》卷二　茅根稟土之沖氣，兼感乎春陽生生之氣以生，故味甘，氣寒，無毒。入手少陰、足太陰陽明。其能補脾，故雖寒而不犯胃，能治諸勞傷虛熱也。

茅根，下淋，利小便，通閉，逐瘀血，除客熱在腸胃，止吐衄，因勞傷補中益氣，兼止消渴，清肺熱，定喘，除黃疸、酒毒。茅鍼潰癰，每食一鍼一孔，二鍼二孔，大奇。茅花止血。　主治痘疹合參：茅根宜新掘，肥大白淨者，搗汁入藥，功效同前。

清·馮兆張《馮氏錦囊秘錄·雜症痘疹藥性主治合參》卷二　敗草即牆頭陳柴。既稟穀氣之餘，久受寒暑雨露日月精華，故為久潰瘡瘍之用最效耳。　敗草，宜東壁極陳者佳。或晒或焙，研細，或敷瘡上，或襯蓆間，善解痘毒，滲濕之功神效，爛痘之所必需。

清·张璐《本經逢原》卷一　白茅根一名地筋。　甘，寒，無毒。與百脈根相類，百脈根出巴西，他處罕得。《本經》主勞傷虛羸，補中益氣，除瘀血血閉寒熱，利小便。　發明：甘寒能降除伏熱，利小便，止渴。治傷寒呃逆、喘噦，主吐衄，便溺諸血。治黃癉，水腫，胃反上氣，五淋疼熱，及痘瘡乾紫不起，但嘔吐衄亦有因於寒者，即非所宜。《本經》主治勞傷虛羸者，以甘寒能滋虛熱，而無傷犯胃氣之虞也。補中益氣，胃熱去而中氣復，是指客邪入傷中州，漸成虛羸而言，非勞傷本病所宜。昔人攷本草功用，言白茅根與百脈根相類。今肅州不行歲貢，百脈根無從可得，而止渴去熱之用，白茅根裕如也。其茅花甘溫，色白輕虛，力能上升入肺，散熱止衄。屋上敗茅，研傅斑瘡濕爛，取其收濕之力也。

清·浦士貞《夕庵讀本草快編》卷一　白茅《本經》　茅葉如矛，其根牽

連，《易》曰拔茅連茹是也。茅可苫蓋，《詩》云書（而）〔爾〕于茅。及供祭祀苞苴之用，腐則化螢。茅之為物薄，而用之可重，體柔而性直，故先王用以為藉。其根則味甘而寒，入手太陰、足陽明，故能行營衛陰陽而佈氣於中焦者也。《本經》美其能補中益氣，則勞可復，傷可續，虛可實，羸可充，自然血閉通，寒熱止，小便利矣。後賢廣之曰：止五淋，通經脉，止崩中，皆祖除血閉、利小便之旨也。又廣之曰：傷寒噦逆，肺熱喘急，解酒毒，治黄疸，皆遵調中益氣之文也。《肘後》療腎虛水泛，以赤小豆為佐，取其赤豆為心之穀，白茅乃肺之象，營衛乃將，水道乃行也。《千金》用解酒毒，恐爛腸胃，取汁滿飲，佐以葛花，不恃保護中焦，濕熱盡滌矣。吐衄溺血及胃上氣，無不宜之，取其甘平益脾胃，微涼能除伏熱。隱居謂良物也。世人因微而忽之，惟事苦寒，致傷沖和，豈不惜哉？初出者謂茅針，耑止消渴而通水道，其花能止吐衄而斂金瘡，屋上敗茅能救五尸卒中，腹痛、脹急，氣沖胸脇，燒入銅器内，乘熱熨之，隨痛追逐，令生陽之氣，以驅死陰，壯百骸以轉中氣。餌食膚受，妄不有功。《易》曰：藉用白茅，無咎。慎之至也。

清·張志聰、高世栻《本草崇原》卷中 白茅根 氣味甘，寒，無毒。主治勞傷虛羸，補中益氣，除瘀血血閉，寒熱，利小便。 茅草處處田野有之，春生芽，布地如針，俗謂之茅針。其葉如矛，邊有鋒棱，又名刀茅。茅有白茅、菅茅、黄茅、香茅、芭茅數種，葉皆相似白茅，根甚潔白，味甘如蔗，其根柔軟如筋，故一名地筋，乾之夜視有光，故腐則變為螢火茅，葉可以苫蓋，及供祭祀苞苴之用。 白茅色白味甘，上剛下柔，根多津汁，稟土金水相生之氣化。主治勞傷羸瘦者。煩勞内傷，則津液不榮於外，而身體羸瘦。茅根稟水精而多汁，故治勞傷羸瘦。補中益氣者，中土内虛，則氣不足。茅根稟土氣而味甘，故能補中益氣。除瘀血血閉者，肝氣内虛，則血不榮經，而為瘀血血閉之證。茅根稟金氣而色白，故除瘀血血閉。肺金之氣外達皮毛，則寒熱自愈。皮毛之氣下輸膀胱，則小便自利。

清·劉漢基《藥性通考》卷六 白茅根 味甘，寒。入手少陰心經、足太陰、陽明脾胃。補中益氣，除伏熱，消瘀血，利小便，解酒毒，治吐衄諸血，血閉寒熱，淋瀝崩中，傷寒噦逆，肺熱喘急，内熱煩渴，黄腫水腫。茅針能潰癰癤，酒煮，服一針潰一孔，二針潰二孔也。此藥最良，世人以微而忽之。用之以治吐血症最神。凡心肝火旺逼血上行則吐血，肺火盛則衄血，茅根甘和血，寒涼血，引火下降，故治之。撲損瘀血，搗汁服，名茅根湯。亦治鼻衄，產淋。凡有吐血不止者，用茅根或花，加生地、墨斗衣，煎水，調童便、人乳服之，下喉而血散，人即活矣。

清·周垣綜《頤生秘旨》卷八 茅根 甘寒，益血之藥也。補中益氣，通血脉，久服有利於人。

清·王子接《得宜本草·中品藥》 茅根 味甘，氣寒。功專除熱止血。得豬肉治黄汗，得枇杷葉治冷啘。

清·黄元御《玉楸藥解》卷一 茅根 味甘，微寒。入手太陰肺、足太陽膀胱經。清金止血，利水通淋。白茅根清金利水，斂血通經。治喘噦煩渴，吐衄崩漏，經閉溺濇，水腫黄疸。初生茅鍼，止衄血、便血，收金瘡流血，消腫敗毒，下水潰癰，酒煎服，一鍼潰一孔，二鍼潰二孔。花止吐血，治金瘡流血。

清·吴儀洛《本草從新》卷一 白茅根〔瀉火消瘀，涼血解毒。〕甘，寒。入手少陰心、足厥陰、陽明脾胃。除伏熱，消瘀血，利小便，解酒毒。治吐衄諸血，心肝火旺，逼血上行則吐血，肺火盛則衄血。茅根甘和血，寒涼血，引火下降，故治之。撲損瘀血，搗汁服，名茅花湯，亦治鼻衄產淋。血閉寒熱，血瘀則閉，閉則寒熱作矣。淋瀝崩中，血熱則崩。傷寒噦逆，即呃逆。《說文》〔許慎著《說文解字》。〕周弼著《說文字原》。〕曰：噦，氣啎也。肺熱喘急，内熱煩渴，黄疸水腫。清火行水。時珍曰：良藥也。世人以微而忽之，唯視苦寒之藥傷沖和之氣，烏足知此哉？針能潰膿。酒蒸服，一針潰一孔，二針潰二孔。花能止血。吐血因於虛寒者非所宜也。

清·汪紱《醫林纂要探源》卷二 白茅根 甘，寒。降火清金，行水。能除火於心肺之部，治虛火迫上之吐衄，亦利小便。然血熱之不在上焦者，不能治。 茅針：甘，淡，寒。清金解熱，能潰癰癤。白茅初生未舒葉，形如針，中含白花，成穗如綿。小兒剝食之，曰茅蜜。按：茅，巽木之氣也。色白入肺，一陰之生，涼風解熱，是以清金散火。然針能潰癰癤者，巽善入，入而散之之義也。又初生時，生氣上而必舒，其形上銳，是以有潰癰之功，且去熱也。酒煮服之，一針潰一孔，二針潰二孔云。

清·嚴潔等《得配本草》卷二 白茅根根名茹根。 甘，寒。入手少陰、太陰，兼入足太陰、陽明經。善理血病。治吐衄諸血，瘀血血閉，經水不調，淋瀝崩中。除伏熱煩渴，胃熱噦逆，肺熱喘急。消水腫黄疸，通五淋，解酒毒。 配葛根，治溫病熱噦。汁煮豬肉，治五種黄疸。根配枇杷葉，治冷啘。因熱盛飲水，暴作冷啘。止血、治產淋用花，亦良。癰癤未潰者，用針，酒煎服，

一針潰一孔，二針二孔。消瘀血，童便浸，搗汁用。針可潰膿。花能止衄。

題清・徐大椿《藥性切用》卷三　白茅根　性味甘寒，入肺而涼血止血。

清・黃宮繡《本草求真》卷七　白茅根清胃火，消瘀血，利水道。　白茅根耑入胃肝。　味甘性寒，清熱瀉火，消瘀利水。凡苦寒之藥，未有不傷氣敗胃，此藥味甘性純，專理血病。凡一切吐血、衄血、血瘀、血淋、血崩、血閉，並噦逆喘急煩渴，黃疸水腫等症。因熱、因火而成者，服之熱除而血即理，火退而氣與水即消矣。吐血由於心肝火旺逼而上行，與衄血由於肺火所致，皆當用此水煎溫服，或為末，米泔水調服。且能解酒毒。恐爛五臟，用茅根汁飲一升。潰癰疽，及癧毒諸瘡，或用根搗敷，或用此煮汁調敷毒等藥，或以酒煮亦無不可。此藥甘不泥膈，寒不傷中，為治虛羸客犯中州之劑。時珍曰：良藥也，世人以微而忽之，惟事苦寒之劑，傷中和之氣，烏足知此哉！至云能以補中益氣，雖出《本經》，然亦不過因其胃熱既除而中氣自復，豈真補益之謂哉？經解之說，似未可信，茅以白者為良。初生茅針，可以生噉，甚益小兒，功用亦同。屋上敗茅，止衄敷瘡最妙。

清・羅國綱《羅氏會約醫鏡》卷一六草部　白茅根味甘寒，入心、肺、脾、胃四經。　除內熱甘寒，性入血分，下達州都，引熱下行。治吐、衄諸血、心肝火旺，逼血上行則吐血；肺火盛則衄血。茅根甘和血，寒涼血，故效。撲損瘀血、搗汁服，亦治鼻衄。血閉寒熱、血瘀則閉，閉則自作寒熱。淋瀝崩中、血熱則妄行。傷寒呃逆，解喘急肺熱、煩渴胃熱、黃疸水腫清火行水，療疽毒癧毒。用根搗敷，或酒煮服，俱效。

按：茅有數種，白者為勝，春生芽，布地如鍼，潰癰。酒煮服，一鍼鍼潰一孔，大奇。　按：血有因於虛者，非所宜也。

敗草　墻上朝東，或茅屋上陳草，久受寒暑雨露、日月精華之氣，解毒滲濕最效。善解痘毒，或痘爛，膿水不乾，癢痛不止。用草，或晒或焙，研細敷瘡；或襯席間睡於上，毒解而瘡即愈。

清・黃凱鈞《藥籠小品》　白茅根　甘，寒，清心潤肺，除脾胃伏熱，治吐衄諸血，肺熱咳嗽。

清・王龍《本草纂要稿・草部》　茅根　氣味甘寒。本為蓋屋草，俗呼過山龍。通閉逐瘀血，下淋利小便。止吐衄，治勞傷。除客熱在腸胃，解渴堅筋，補中益氣。

清・張德裕《本草正義》卷上　茅根　甘，涼，純美。善理血病，凡吐血衄血，血瘀血閉，經水不通，均為良藥。茅有數種，處處有之，惟白為勝。春生芽，布地如鍼，故又名茅鍼。

清・楊時泰《本草述鉤元》卷七　白茅根　春時布地如針，俗呼茅針。三四月開花作穗，茸白如絮。根名茹，經寸成節，柔白如筋，甘甜如蔗者是，宜六月采根用。其根之勁促者，另成他類。有入秋放花如荻，實尖黑，長分許，粘衣刺人者，菅也。有莖端開葉，莖上有粉，根頭有毛者，黃菅也。又有生湖南及江淮間，葉脊三稜，臭如蒲草者，菁也。包藉縮酒用。又叢生如蘆，葉大如蒲，高六七尺者，芒也。根都勁促，不堪入藥之頤。　味甘，氣寒。陽中之陰。入手少陰、足太陰陽明經。能除內熱，主勞傷虛羸，補中益氣，除瘀血閉寒熱，除熱所以益氣，血熱則瘀，瘀則閉，閉則寒熱作。治肺熱喘急，傷寒噦逆，及客熱在腸胃，止諸血吐衄，婦人崩中漏下，月經不勻，通血脈淋瀝，皆血分虛熱所致。止渴利小便，下五淋，並治水腫、黃疸諸本草。同麥冬、生地、杞子，治勞傷內熱。同生地、麥冬、蘇子、枇杷葉、白芍、甘草、蒲黃、童便，治諸血。同牛膝、生地、童便，治血熱經枯而閉。同竹茹、麥冬、石膏、人參，治傷寒胃熱噦逆。同枇杷葉、竹茹、麥冬，治火炎內熱，反胃上氣。又同蘆根水煎飲之，治反胃上氣，食入即吐。同赤白茯苓、赤小豆、車前子、薏仁、木瓜、石斛、木通、芍藥，治水腫。同生地、天麥冬、車前子、牛膝、茯苓、黃柏、五味、枸杞、童便，治溺血。溫病熱噦，伏熱在胃，令人胸滿氣逆，逆則噦。同葛根煎汁飲之，噦止輟服。虛後水腫，因飲水多，小便不利。用白茅根一大把，赤小豆三升，水三升煮乾，去茅，食豆水，隨小便下也。

論：白茅春夏之交而華，至秋即枯，故采根以六月，夫當火土司令時，其氣不稟乎燥熱，反全其甘寒，是於至陽之中而稟清和之陰，即以清陰達其至陽之化者。猶值陰寒之候，乃有獨稟陽和之氣者，自能令陰氣益暢。之頤謂為陽中之陰，不妄也。總紀其功，在除胃中伏熱而裕陰以和陽，所治吐衄諸血證，固非以通利為功，亦不以止蓄為事。蓋其能行能止者，皆陽從外而依陰，陰從中而起陽，流行坎止，應乎自然之節爾。丹皮、茅根、側柏、藕節，俱能清血分中火，血藥須之。至熱散陰和而陽愈宣，是以又有虛後水腫之效也。

繆氏云：凡因寒發噦，中寒嘔吐及濕痰停飲發熱，並不得服。

修治：掘土中得之，弗用露根，洗淨搗爛。

茅花：氣味甘溫。煎飲并塞鼻，止吐衄血。又傳灸瘡不合日華子。《準繩》方用茅花同諸味，治尿血。

清・鄒澍《本經續疏》卷四　茅根　【略】王輔嗣《易》注：茅之為物，拔其根而相牽引，故曰茹。茹，相牽引之貌。今觀夫茅，皆生墳壤。凡欹傾處有茅則不崩潰，以其互相牽引，能使土相屬也。低窪積水之地，則不生。有茅處則不積水，以其體滑能瀉水也。然生於燥土而偏多津。榮於春夏而偏色白，花茸茸然白而有光，偏開於初夏。葉枯後猶挺然殷赤，雖至得火即燎，亦不萎，是其於至陽中得濃陰，於至陰中得堅陽。惟其於至陽中得濃陰，故凡勞傷虛羸證中，能為之補中益氣也。於至陰中得堅陽，故凡瘀血、血閉證中，能為之除寒熱也。夫勞傷虛羸之須補中益氣者，定係火爍夫土，而土不黏。瘀血血閉之能為寒熱者，必是陽翳夫陰，而陰不服。土不黏即崩析之初階，陰不服即戰陽之著象，得生於剛土，十百比連，互相牽引而多津之物，使陰行於中，陽散於外，斯土遂受益，而成發育之功。陰得和陽而解鬬爭之擾，名曰補虛。非補虛也，濟陰氣於陽中，則陽自不偏剛而不能化氣耳。名曰通血，非通血也，和陽氣於陰分，則陰自不蓄怒，而與陽相爭耳。不然，《別録》是為《本經》點睛者也。其應勞傷虛羸，補中益氣，則曰除客熱在腸胃，止渴，堅筋。其應瘀血、血閉寒熱，則曰婦人崩中耶。利小便者，即其不受積水之能事。其苗下水者，即利小便之尤有力耳。

劉潛江云：白茅初春而芽，屆夏而花，用其根，采以六月。豈非以其始於木，暢於火，成於土乎？故味為甘，甘者專乎土也。然當火〔土〕司令時，偏不稟其燥熱，而獨全其甘寒，是能於至陽中稟清和之陰，即以清和之陰，轉達其至陽之化者也。觀《本經》所主，非以其裕陰和陽乎？固非謂其以通利為能，然亦不以止畜為功。蓋其能行能止者，皆陽從外而依陰，陰從中而起陽，流行坎止，得應自然之節耳。即謂其甘寒能和血，血和而通塞不爽其度者，猶淺之乎？視先聖之言也，其扼要只在熱散而陰和，陰和而陽愈宣。蓋在天之陽無陰則無以化，猶在地之陰無陽則亦無以化也。

清・葉桂《本草再新》卷二　白茅根味甘、苦，性寒，無毒。入心、肺二經。止吐血，除伏熱，肺虛呵喘，血閉小便不通，淋瀝崩中。

清・吳其濬《植物名實圖考》卷八　白茅　《本經》中品。古以縮酒，其芽曰茅針，白嫩可噉，小兒嗜之。河南謂之茅荑，湖南通呼為絲茅，其根為血症要藥。　雩婁農曰：《說文》⿱艹私，茅秀也。從草，私聲。《繫傳》云：此即今茅華未放者也。今人食之，謂之茅揠音軋。《詩》所謂手如柔荑，荑，秀也。汝南兒語，本古訓矣。紫茹未拆，銀線初含，苞解綿綻，沁鼻生津，物之潔，味之甘，洵無倫比。每憶餳簫吹暖，繡陌踏青，拔彙擘絮，繞指結環，某山某水，童子釣游，蓋因之有感矣。

清・趙其光《本草求原》卷一山草部　白茅根即地筋。　色白，氣平，味甘，無毒。生於春夏木火之交，具土、金、水相生之氣化，是於陽中裕陰，故能暢陰於中土以和上下之陽，清脾胃伏熱，生肺津以涼血，肺陰入心則生血，入腎則生精。為熱血妄行上下諸失血要藥。一味煎服，使陰陽和而行止，自不失其度。勞傷尿血，同薑煎蜜服。治勞傷虛羸，肺脾津充則肌肉生。補中益氣，陰者中土之守，陽得陰化則氣足。血瘀、血閉，清肺以平肝，則血活榮經。寒熱，血閉而氣不外達，則為寒熱。淋瀝尿秘，月事不調，皆血分虛，肺不下輸。因熱飲水而噦。同枇杷煎作茶。溫病胃熱，胸滿噦逆，同葛根。傷寒噦逆，同參、冬、竹茹、石膏。反胃上氣，同蘆根。肺熱氣喘，水煎，食後服。勞傷內熱，同冬、地、杞。虛後水腫，同赤小豆，或加苓、車、苡、通、川瓜、石斛。諸黃疸，煮豬肉食。中酒毒。搗汁飲。尿血，同地、冬、車、茯、柏、味、牛膝、杞子、童便。止諸血，同地、冬、蘇子、枇杷、甘、芎、童便、蒲黃。腸胃客熱作渴，陰和陽宣之功。血熱經枯而閉。同生地、牛膝、童便。

茅花：甘，溫。止尿血，吐血，衄血，俱煎飲，又塞鼻。刀箭金瘡血，罯之。灸瘡不合。

茅針：甘，平。潰癰癤，酒煮服，一針一孔，二針二孔。下水止渴，破血止血。

屋上敗茅：苦，平。治吐血，酒煮。痘瘡潰爛，焙乾研摻之。婦人陰癢，同荊芥、牙皂煎，熏洗。卒中五屍，腹痛脹急，氣上沖胸脇，或磈礧湧起，或牽引腰脊。以布覆腹燒茅，隨痛處逐之。此平寒解毒，兼受雨露霜雪之氣，以辟穢燥濕也。

清・葉志詵《神農本草經贊》卷二　茅根　味甘，寒。主勞傷虛羸，補中益氣，除瘀血血閉，寒熱，利小便，其苗主下水。一名蘭根，一名茹根。生山谷田野。

猗彼菅茅，白華潔質。三脊標靈，連茹彙吉。誘喻麕包，光留螢出。布地鍼穿，春郊比櫛。

《詩》：白華菅兮，白茅束兮。《易疏》：白茅用潔白之茅。《史記·書》：江淮之間，一茅三脊。呂巖說有《靈茅賦》。《易》：拔茅茹以其彙征吉。《詩》：野有死麕，白茅包之，有女懷春，吉士誘之。李時珍曰：其根夜視有光，腐則變為螢火。蘇頌曰：春生茅，布地如鍼，俗謂之茅鍼。《詩》：其比如櫛。

清·文晟《新編六書》卷六《藥性摘錄》　白茅根　味甘，性寒。清胃火，消瘀血，利水道。○凡吐血衄血，血瘀血淋血閉，並嗽逆喘急煩渴，黃疸水腫等症，因火因熱而成者，皆宜用此。且能解酒毒，潰癰疽。外敷癬痔諸症。○入藥水煎，或酒煮。○初生茅針可生痰，甚益小兒，功用畧同。○屋上敗茅止衄敷瘡最妙。

清·張仁錫《藥性蒙求·草部》　茅根五錢　茅根涼血，吐衄崩淋。瘀血能消，除熱通經。

清·劉善述、劉士季《草木便方》卷一　白茅草　茅草根甘消瘀熱，補中益氣治衄血。崩中淋瀝消黃疸，利便解酒止熱毒。

清·田綿淮《本草省常·果性類》　茅根　一名茹根，一名地筋。性寒。清熱利水，消瘀血，解酒毒，治吐衄一切血症。孕婦忌之。

清·戴葆元《本草綱目易知錄》卷一　白茅根　甘，寒。能除伏熱而入脾胃經。解酒毒，利小便，下五淋，止渴堅筋，補中益氣。治勞傷虛羸，肺熱喘急，傷寒噦逆，黃疸水腫。通血脈淋瀝，除客熱在腸胃，化瘀血，血閉寒熱，止吐衄諸血，婦人崩中及月經不勻。

清·黃光霽《本草衍句》　白茅根　益氣補中，除客熱而逐惡。通淋利水，古方多用療淋瀝，利小水，治水腫。療吐衄之勞傷，吐血衄血，除惡血。血閉血崩，通經血。喘急噦逆。肺熱則喘急，伏熱在胃即呃逆。消渴疸黃，兼能解酒之毒，足徵微物之良。味甘氣寒，功耑除熱止血。得猪肉治黃汗，得枇杷葉治冷脘。　溫病熱噦，乃伏熱在胃，令人胸滿，即氣逆，即噦，或大下。胃中虛冷，亦至噦也。茅根切，葛根切，各半斤，水煎服。　反胃上氣，食入即吐。茅根、蘆根煎服。小便出血，茅根煎湯飲之。　鼻衄不止，茅根為末，米泔水煎，服二錢。

清·陳其瑞《本草撮要》卷一　茅根　味甘，氣寒，入手少陰、足太陰陽明經，功專除熱止血。得猪肉治黃汗，得枇杷葉治嘔逆。花治鼻衄，產淋，解酒毒，肺熱喘急。茅針酒煮一根服，潰癰癤。

清·李桂庭《藥性詩解》　賦得茅根止血與吐衄。得根字。田春芳。　吐血猶兼衄，皆因火上存。功雖同藕節，效必用茅根。按：吐衄之緣，本屬心、肺、肝之火盛，迫血上行。茅根甘寒瀉火，消瘀涼血止衄，誠良藥也。人以微而忽之。

前題李慶霖　吐衄原因火，調方却忌溫。清陰惟柏葉，止血必茅根。

芭茅

清·劉善述、劉士季《草木便方》卷一草部　芭茅草　芭茅根甘搗汁服，虎狼野獸傷人畜。花治產後惡露脹，月閉血渴去瘀速。

黃茅

清·何諫《生草藥性備要》卷下　黃茅根　味甜，性平。治熱咳，止瀉肚，理小腸氣，蓋內傷亦效。其色白，入肺家，故能止咳，散癍疹，敷瘡，止崩漏。凡食鯇魚醉痰湧，仝生蟛蜞擂爛取汁灌飽，待吐出痰，即效。不可輕視，乃神方也。

清·吳其濬《植物名實圖考》卷八　黃茅即地筋。　黃茅生山岡。葉莖如菅而粗大，莖梢生葉，秋時開花，結實似菅而色黃，多針芒，尤刺人衣，種山者以覆屋、索綯、供薪，用之頗亟。河南通呼曰山草，亦曰荒草。嶺南秋深陰重，有瘴曰黃茅瘴，蓋蛇虺窟宅也。李時珍以其根為地筋，今從之。

清·趙其光《本草求原》卷一山草部　黃白茅根　甘，寒。清熱。黃者止水瀉，理心氣熱痛，小腸氣痛；白者入肺，止嗽，利水，通淋，汁調蜜服。散血，止吐下衄血，內傷，敷瘡。一株獨生者勝。

地筋

宋·唐慎微《證類本草》卷三〇有名未用·草木〔《別錄》〕　地筋　味甘，平，無毒。主益氣，止渴，除熱在腹臍，利筋。一名菅根，一名土筋。生澤中，根有毛。三月生，四月實白，三月三日採根。

〔梁·陶弘景《本草經集注》〕云：疑此猶是白茅而小異也。

〔宋·掌禹錫《嘉祐本草》〕按：陳藏器云：地筋，如地黃，根、葉並相似，而細多毛。生平澤。功用亦同地黃，李邕方用之。

明·李時珍《本草綱目》卷一三草部·山草類下　地筋《別錄》有名未用。

【釋名】菅根《別錄》　土筋同　【集解】《別錄》曰：地筋生漢中，根有毛，三月生，四月實白，三月三日採根。弘景曰：疑此即是白茅而小異也。藏器曰：地筋如地黃，根葉

並相似，而細多毛，生平澤，功用亦同地黄，李邕方中用之。時珍曰：此乃黄菅茅之根也，功與白茅根相同，詳見白茅下。陳藏器所説，别是一物，非菅根也。【氣味】甘，平，無毒。【主治】益氣止渴，除熱在腹臍，利筋《别録》。根、苗、花，功與白茅同時珍。

清・吴其濬《植物名實圖考》卷八 菅 《爾雅》：白華，野菅。葉莖如茅而莖長似細蘆，秋開青白花如荻而硬，結實尖黑，長分許，粘人衣，河南通呼為苓草。《本草綱目》：根可入藥，不及白茅。

芒

宋・唐慎微《證類本草》卷九草部中品〔唐・陳藏器《本草拾遺》〕 石芒味甘，平，無毒。主人、畜爲虎、狼等傷，恐毒入肉者。取莖雜葛根，濃煮服之，亦取汁。生高山，如芒，節短。江西人呼爲折草。六月、七月生穗如荻也。

宋・唐慎微《證類本草》卷一一草部下品〔宋・掌禹錫《嘉祐本草》〕 敗芒箔 無毒。主産婦血滿腹脹痛，血渴，惡露不盡，月閉，止好血，下惡血，去鬼氣疰痛癥結，酒煮服之。亦燒爲末酒下，彌久著煙者佳。今東人作箔，多草爲之。《爾雅》云：芒似茅，可以爲索。新補。見陳藏器。

明・劉文泰《本草品彙精要》卷一五 敗芒箔無毒。

敗芒箔：主産婦血滿，腹脹痛，血渴，惡露不盡，月閉，止好血，下惡血，去鬼氣疰痛，癥結，酒煮服之，亦燒爲末，酒下，彌久著煙者佳。今東人作箔，多草爲之。《爾雅》云：芒，以茅，可以爲索。名醫所録。

明・王文潔《太乙仙製本草藥性大全》卷二《仙製藥性》 敗芒箔 無毒。今人作箔多草爲之，芒似茅，可以爲索，彌久着烟者佳。燒爲末，酒下或酒煮服之。主治：主産婦血滿，腹脹疼痛，止血渴，惡露不盡，月閉。止好血，下惡血神效，去鬼疰，破癥瘕捷徑。

明・皇甫嵩《本草發明》卷三 敗芒箔下品下，佐使。無毒。發明曰：此破血之用，主産婦血滿腹脹，血渴，惡露不盡，閉止好血，下惡血，去鬼氣疰癥結，酒煮服之，亦燒末，煙下彌久，着煙者佳。東人作箔，《爾雅》云：箔茅，可以為索。

明・李時珍《本草綱目》卷一三草部・山草類下 芒《拾遺》。校正：併入《拾遺》石芒、敗芒箔。

【釋名】杜榮《爾雅》 芭芒《寰宇志》 芭茅時珍曰：芒，《爾雅》作莣。今俗謂之芭茅，可以爲籬笆故也。

【集解】藏器曰：《爾雅》：莣，杜榮。郭璞注云：草似茅，皮可爲繩索履屩也。今東人多以爲箔。又曰：石芒生高山，如芒而節短，江西呼爲折草，六七月生穗如荻。時珍曰：芒有二種，皆叢生，葉皆如茅而大，長四五尺，甚快利，傷人如鋒刃。七月抽長莖，開白花成穗，如蘆葦花者，芒也；五月抽短莖，開花如芒者，石芒也。並於花將放時剝其籜皮，可爲繩箔草履諸物，其莖穗可爲掃帚也。

莖 【氣味】甘，平，無毒。【主治】人畜爲虎狼等傷，恐毒入内，取莖雜葛根濃煮汁服，亦生取汁服藏器。煮汁服，散血時珍。

敗芒箔 【主治】産婦血滿腹脹血渴，惡露不盡，月閉，止好血，下惡血，去鬼氣疰痛癥結，酒煮服之。亦燒末，酒下。彌久着煙者佳藏器。

清・吴其濬《植物名實圖考》卷八 芒 《爾雅》：芒，杜榮。《本草拾遺》始著録。今人以為薦，多生池堰邊，秋深開花，遥望如荻，有紅白二種。生山者瘦短，為石芒。湖南通呼為芭茅。

清・戴葆元《本草綱目易知録》卷一 芒 莖，甘，平。煮汁服，散血。治人畜為虎狼等傷，恐毒入内，取莖和葛根濃煎汁服，亦生擣汁服。

莨草

清・吴其濬《植物名實圖考》卷八 莨草 莨草即小芒草，生岡阜，秋抽莖開花如莠，而色赤，芒針長，柔似白茅而大，其葉織履頗韌。

淮草

清・吴其濬《植物名實圖考》卷一三 淮草 生山岡，田家亦種之。葉如茅，而莖梢開短穗數十莖，結實如粟而小。其葉以覆屋，可廿年不易。

金絲草

明・李時珍《本草綱目》卷一三草部・山草類下 金絲草《綱目》

【集解】時珍曰：金絲草出慶陽山谷，苗狀當俟訪問。【氣味】苦，寒，無毒。

【主治】吐血咳血，衄血下血，血崩瘴氣，解諸藥毒，療癰疽丁腫惡瘡，凉血散熱時珍。

【附方】新三 婦人血崩：金絲草、海柏枝、砂仁、花椒、蠶蛻紙、舊錦灰，等分，爲末，煮酒空心服。陳光述傳。《談埜翁方》。癰疽丁腫：一切惡瘡。金絲草、忍冬藤、五葉藤、天蕎麥，等分，煎湯温洗。黑色者，加醋。又鐵箍散：用金絲草灰二兩，醋拌曬乾，貝母五兩，去心，白芷二兩，爲末，以凉水調貼瘡上，香油亦可。或加龍骨少許。天蛇頭毒：落蘇即金絲草、金銀花藤、五葉紫葛、天蕎麥，等分，切碎，用絶好醋濃煎，先熏後洗。

《救急方》。

清·王道純《本草品彙精要續集》卷二 金絲草無毒。

金絲草：主吐血，欬血，衄血，下血，血崩，瘴氣，解諸藥毒，療癰疽疔腫，惡瘡，涼血散熱《本草綱目》。〔地〕李時珍曰：金絲草，出慶陽山谷，苗狀當俟訪問也。〔味〕苦。〔性〕寒。〔合治〕婦人血崩，金絲草、海柏枝、砂仁、花椒、蠶蛻紙、舊錦灰等分爲末，煮酒，空心服。○癰疽疔腫，一切惡瘡，金絲草、忍冬藤、五葉藤、天喬麥等分煎湯，溫洗，黑色者加醋。○又鐵箍散，用金絲草灰二兩，醋拌，曬乾，貝母五兩，去心，白芷二兩，爲末，以涼水調貼瘡上，香油亦可，或加龍骨少許。○天蛇頭毒，金絲草、金銀花藤、五葉紫葛、天喬麥等分，切碎，用絕好醋濃煎，先熏後洗。

清·趙學敏《本草綱目拾遺》卷四草部中 金絲草 出陝西慶陽。性涼味苦，能去瘴，解諸藥之毒。

細辛

宋·李昉《太平御覽》卷第九八九 細辛 《山海經》曰：浮戲之山東有蛇谷，上多少辛。《管子》曰：五沃之土，羣藥生少辛。《范子計然》曰：細辛，出華陰。色白者善。《名山記》曰：松陽諸山，草多細辛。《永嘉記》曰：細辛，出松陽。《本草經》曰：細辛，一名小辛。味溫。生山谷。治欬逆，明目，通利九竅，久服輕身。生華陰。《吳氏本草》曰：細辛，一名少辛，一名細辛。神農、黃帝、雷公、桐君：辛，小溫。岐伯：無毒。李氏：小寒。如葵葉，赤色，一根一葉相連。二月、八月採根。

宋·唐慎微《證類本草》卷六草部上品〔《本經》·別錄·藥對〕 **細辛** **味辛，溫，**無毒。**主欬逆，頭痛腦動，百節拘攣，風濕痹痛，死肌，**溫中下氣，破痰，利水道，開胸中，除喉痹，齆音甕鼻，風癇，癲疾，下乳結，汗不出，血不行，安五藏，益肝膽，通精氣。**久服明目，利九竅，輕身長年。一名小辛。**生華陰山谷。二月、八月採根，陰乾。曾青、棗根爲之使，得當歸、芍藥、白芷、芎藭、牡丹、藁本、甘草共療婦人；得決明、鯉魚膽、青羊肝共療目痛。惡狼毒、山茱萸、黃耆，畏消石、滑石；反藜蘆。

〔梁·陶弘景《本草經集注》〕云：今用東陽臨海者，形段乃好，而辛烈不及華陰、高麗者。用之去其頭節。人患口臭者，含之多效，最能除痰，明目也。

〔宋·掌禹錫《嘉祐本草》〕按：《范子》云：細辛出華陰，色白者善。《吳氏》云：細辛，一名細草，神農、黃帝、雷公、桐君：辛，小溫。岐伯：無毒。季氏：小寒。如葵葉赤黑，一根一葉相連。《藥性論》云：細辛，臣。忌生菜，味苦、辛。治欬逆上氣，惡風風頭，手足拘急，安五藏六腑，添膽氣，去皮風濕痒，能止眼風淚下，明目，開胸中滯，除齒痛，主血閉，婦人血瀝腰痛。日華子云：治嗽，消死肌瘡肉，胸中結聚。忌狸肉。

〔宋·蘇頌《本草圖經》〕曰：細辛，生華山山谷，今處處有之，然它處所出者，不及華州者真。其根細而其味極辛，故名之曰細辛。二月、八月採根，陰乾用。今人多以杜蘅當之。杜蘅吐人，用時須細辨耳。杜蘅春初於宿根上生苗，葉似馬蹄形狀，高三二寸，莖如麥藁麤細，每窠上有五七葉，或八九葉，別無枝蔓。又於葉、莖間罅內，蘆頭上貼地生紫花，其花似見不見，闇結實如豆大，窠內有碎子似天仙子。苗、葉俱青，經霜即枯。其根成窠，有似飰帚密鬧，細長四五寸，微黃白色，味辛。江淮俗呼爲馬蹄香，以人多誤用，故此詳述之。

〔宋·唐慎微《證類本草》〕《雷公》云：凡使，一一揀去雙葉，服之害人，須去頭土了，用瓜水浸一宿，至明漉出，曝乾用之。《聖惠方》：治口臭及䘌齒腫痛。細辛煮取濃汁，熱含冷吐，差。《外臺秘要》：治卒客忤，停口不能言。細辛、桂心等分內口中。

〔宋·陳承《重廣補注神農本草並圖經》〕別說云：謹按：細辛非華陰者，不得爲細辛用。若杜蘅之類，自應依本性於用爾。又細辛若單用末，不可過半錢匕，多即氣悶塞不通者死。雖死無傷，近年關中或用此毒人者，聞平涼獄中嘗治此，故不可不記，非本有毒，但以不識多寡之用，因以有此。

宋·寇宗奭《本草衍義》卷七 細辛 用根，今惟華州者佳，柔韌，極細直，深紫色，味極辛，嚼之習習如椒。治頭面風痛不可闕也。葉如葵葉，赤黑，非此則杜蘅也。杜蘅葉，形如馬蹄(下)，故俗云馬蹄香。蓋根似白前，又似細辛。襄、漢間一種細辛，極細而直，色黃白，乃是鬼督郵，不可用。

宋·鄭樵《通志》卷七五《昆蟲草木略》 細辛 曰小辛，曰細草。而世以杜蘅亂其真。

金·張元素《潔古珍珠囊》〔見元·杜思敬《濟生拔粹》卷五〕 細辛辛純陽，主少陰苦頭痛。

宋·劉明之《圖經本草藥性總論》卷上 細辛 味辛，溫，無毒。主欬逆，頭痛腦動，百節拘攣，風濕痺痛死肌，溫中下氣，破痰，利水道，開胸中，除喉痺齆鼻，風癇癲疾，下乳結，汗不出，血不行。安五臟，益肝膽，通精氣。久服明目，利九竅。《藥性論》云：臣。忌生菜。味苦、辛。治欬逆上氣，惡風

風頭，手足拘急。除齒痛，主血閉，婦人血瀝腰痛。日華子云：治嗽，消死肌瘡肉，胸中結聚。忌狸肉、曾青。棗根為之使。得當歸、芍藥、白芷、芎藭、牡丹、藁本、甘草，共療婦人。得決明、鯉魚膽、青羊肝，共療目痛。惡狼毒、山茱萸、黄芪。畏消石、滑石。反藜蘆。細辛，非華陰者不得為細辛。若單用末，不可過半錢匕，多即氣悶塞不通者，即死，雖死無傷。

宋・王介《履巉巖本草》卷上 細辛 味極辛烈。主欬逆，頭痛腦運，百節拘攣，風(溫)〔濕〕痹痛。溫中下氣。破痰，利水道，開(胃)〔胸〕，除喉痹齆鼻，風癇癲疾，下乳結，汗不出，血不行；安五臟，益肝膽，通精氣。久服明目，利九竅，輕身長年。治口臭及䘌齒腫痛，細辛煮取濃汁，熱漱灌，令冷，吐出即差。

元・王好古《湯液本草》卷三 細辛 氣温，味大辛，純陽。性温，氣厚於味，陽也。無毒。少陰經藥，手少陰引經之藥。《象》云：治少陰頭痛如神，當少用之。獨活為使，為主用。去頭蘆並葉。華州者佳。《珍》云：主少陰經頭痛。《心》云：主諸項頭痛，諸風通用之。味辛熱，温陰經，散水寒以去內寒。《本草》云：主欬逆頭痛腦動，百節拘攣，風濕痹痛，死肌，温中下氣，破痰，利水道，開胸中，除喉痹，齆鼻，風癇癲疾，下乳結，汗不出，血不行，安五臟，益肝膽，通精氣。久服明目，利九竅。東垣云：治邪在裏之表，故仲景少陰證，用麻黄附子細辛湯也。易老云：治少陰頭痛。太陽則羌活，少陰則細辛，陽明則白芷，厥陰則川芎、吳茱萸，少陽則柴胡。用者隨經不可差。細辛香味俱細而緩，故入少陰，與獨活頗相類。《本草》又云：曾青、棗根為之使。得當歸、芍藥、白芷、川芎、牡丹、藁本、甘草，共療婦人。得決明、鯉魚膽汁、青羊肝，共療目痛。惡狼毒、山茱萸、黄芪，畏硝石、滑石，反藜蘆。《衍義》云：治頭面風痛，不可缺也。

元・朱震亨《本草衍義補遺・新增補》 細辛 氣溫，味辛。手少陰引經之藥。治諸頂頭痛，諸風通用之藥。獨活為使。溫陰經，去內寒。故東垣治邪在裏之表。《本草》云：主欬逆頭痛，百節拘攣。最能溫中下氣，破痰，利水道。若單服末不可過半錢匕，多即氣閉塞不通者死，故書于此。

元・佚名氏《珍珠囊・諸品藥性主治指掌》〔見《醫要集覽》〕 細辛 味辛，性溫，無毒。升也，陽也。其用有二：止少陰合病之首痛，散三陽數變之風邪。

元・徐彦純《本草發揮》卷一 細辛 味辛，溫，有小毒。主欬逆頭痛，風濕痺痛，溫中下氣，開胸中滯。益肝膽，明目，利九竅。治惡風頭風，止眼風淚下。除齒痛，治頭面痛，不可缺者也。成聊攝云：細辛、附子之辛，以溫少陰之經。潔古云：治少陰經頭痛如神。當少用之，獨活為之使。《主治秘訣》云：性溫味辛，氣厚於味，輕清上浮而升，陽中陰也。止諸陽頭痛，諸風通用。辛熱，溫少陰之經，散水寒，治內寒。東垣云：細辛味大辛，純陽，主手少陰經頭痛。又云：去風頭痛及皮膚風熱。海藏云：東垣言細辛治邪在裏之表，故仲景少陰證用麻黄附子細辛湯也。易老云：治少陰苦頭痛，太陽則羌活，少陰則細辛，陽明則白芷，太陰則蒼朮，厥陰則川芎、吳茱萸，少陽則柴胡，用者隨經不可差也。細辛香味俱細而緩，故入少陰，與獨活頗相類。

明・蘭茂撰，清・管暄校補《滇南本草》卷中 細辛 白花者可用，紫花者不入藥。性溫，味苦、辛。陰中陽也。祛風明目，止頭風，療牙齒，攻癰疽毒瘡。附方：治癰疽紅腫咬痛。細辛，不拘等分，煎湯，點酒服，有膿者潰，無膿者散。

明・蘭茂《滇南本草》〔叢本〕卷上 細辛白花者可用，紫花者不入藥。 味辛、苦，性溫。陰中之陽也。祛風明目，止頭風疼，療齒疼。攻癰疽瘡毒，點酒服，有膿者潰，無膿者散。

明・王綸《本草集要》卷三 細辛臣 味大辛，氣溫。氣厚於味，陽也。無毒。少陰經藥，手少陰經引經之藥。惡狼毒、山茱萸、黄耆，畏消石、滑石，反藜蘆。出華陰者良。陰乾。忌生菜。單用末，不可過半錢匕，氣塞不通死。 主咳逆，頭痛腦痛，百節拘攣，風濕痹痛，消死肌，溫中下氣，破痰，開胸中滯。除齒痛口臭，喉痹齆鼻，眼風淚下，風癇癲疾。下乳結，汗不出，血閉不行。安五臟，益肝膽，通精氣。久服明目，利九竅，輕身長年。治少陰頭痛如神，當少用之。獨活為使，諸風通用之藥。溫陰經，去內寒，治邪在裏之表，頭面風痛不可缺。得當歸、芍藥、白芷、芎藭、牡丹、藁本、甘草，共療婦人。得決明、鯉魚膽、青羊肝，共療目痛口臭，及䘌齒腫痛。煮取濃汁，熱含冷吐，差。

明・滕弘《神農本經會通》卷一 細辛 臣也。曾青、棗根為之使。惡狼毒、山茱萸、黄耆，畏消石、滑石，反藜蘆。出華陰。色白者良。其根細而其味極辛。今人多以杜蘅當之，杜蘅吐人，用時須細辨。忌生菜。單用末不

可過半錢匙，多氣悶塞，不通者死。去蘆頭并葉。　味辛，氣溫，無毒。《湯》云：氣溫，味大辛，純陽，性溫，氣厚於味，陽也。少陰經藥，手少陰引經之藥。東云：升也，陽也，止少陰合病之首痛，散三陽數變之風邪。又云：去頭風，止嗽，療齒痛。《疌》云：通竅，除風濕，治癇，主欬逆下氣，匀經，利乳，安五臟，生津液。

《本經》云：主欬逆，頭痛腦動，百節拘攣，風濕痺痛，死肌，溫中下氣，破痰，利水道，開胸中，除喉痺，齆鼻，風癇癲疾，下乳結，汗不出，血不行。安五臟，益肝膽，通精氣，久服明目，利九竅，輕身長年。生華陰。二八月採根，陰乾。《本草》云：得當歸、芍藥、白芷、芎藭、牡〔丹〕、藁本、甘草，共療婦人；得決明、鯉魚膽、青羊肝，共療目痛。陶云：人患口臭者，含之得効。最能除痰，明目。《藥性論》云：細辛，臣。忌生菜。味苦、辛。治欬逆上氣，惡風，風頭，手足拘急。安五臟六腑，添膽氣。去皮風濕痒，能止眼風淚下，明目，開胸中滯，除齒痛。主血閉，婦人血瀝腰痛。日華子云：治嗽，消死肌瘡肉，胸中結聚。忌狸肉。《心》云：止諸頭痛，諸風通用。味辛熱，溫陰經，散水寒，去內寒。東垣云：治邪在裏之表，故仲景少陰證用麻黃附子細辛湯。易老云：治少陰頭痛如神，太陽則羌活，少陰則細辛，陽明則白芷，厥陰則川芎、吳茱萸，少陽則柴胡也。細辛香味細而緩，入少陰，當少用為主，與獨活頗類，用為使。丹溪云：少陰引經藥。《本草》云：主欬逆頭痛，百節拘攣。最能溫中下氣，破痰，利水道。若單服，不可過半錢匙。《衍義》云：華州者佳，柔韌極細直，深紫色，味極辛，嚼之習習如椒。最治頭面風痛。葉如葵葉，亦黑。非此則杜蘅也，杜蘅葉形如馬蹄下。俗云：馬蹄香，根似白前，又似細辛。襄漢間一種細辛，極細而直，色黃白，乃是鬼督郵，不可用。創云：細辛辛溫乃無毒，升也為陽有二功。除風數變三陽證，去首少陰合病疼。《局》云：細辛下氣更溫中，主治拘攣痛痺風。明目破痰除腦痛，婦人血閉亦能通。細辛，溫中下氣，仍主腦疼。

明・劉文泰《本草品彙精要》卷八　細辛無毒。　叢生。

細辛出《神農本經》：**主欬逆，頭痛，腦動，百節拘攣，風濕痹痛，死肌。久服明目，利九竅，輕身長年。**以上朱字《神農本經》。溫中下氣，破痰，利水道，開胸中，除喉痺，齆音甕鼻，風癇，癲疾，下乳結，汗不出，血不行。安五臟，益肝膽，通精氣。以上黑字名醫所錄。　〖名〗小辛、細草。　〖苗〗《圖經》曰：葉如葵葉，赤黑色，一根一葉相連，根極柔韌而細。嚼之，其味辛烈如椒，故以名之。〖地〗陶隱居云：東陽、臨海、高麗。《圖經》曰：今處處有之。〖道地〗華陰山谷。〖時〗生：春生苗。採：二月、八月取根。〖收〗陰乾。〖用〗根細褐而長者爲好。〖質〗類馬蹄香。〖色〗土褐。〖味〗辛。〖性〗溫，散。〖氣〗氣厚于味，陽也。〖臭〗香。〖主〗頭痛齒痛。〖行〗手少陰經。〖助〗曾青、棗根爲之使。〖反〗藜蘆，惡狼毒、山茱萸、黃耆，畏硝石、滑石。〖製〗《雷公》云：揀去土並蘆頭、雙葉，瓜水浸一宿，至明漉出，暴乾，剉碎用。〖治〗療：陶隱居云：除痰，明目，食之去口臭。《藥性論》云：欬逆上氣，惡風，頭風，手足拘急，安五臟六腑，添膽氣，去皮風濕癢，能止眼風淚下，開胸中滯，除齒痛，血閉，婦人血瀝，腰痛。日華子云：止嗽，消死肌瘡肉，胸中結聚。《衍義》曰：頭面風痛。〖合治〗合當歸、芍藥、白芷、芎藭、牡丹、藁本、甘草，療婦人血病。〇合決明、鯉魚、膽青、羊肝，療目痛。〇合桂心，內口中，治卒客忤不能言。〖禁〗不可多用。及雙葉者，服之害人。〖忌〗生菜、狸肉。〖贗〗杜蘅爲僞。

明・葉文齡《醫學統旨》卷八　細辛　氣溫，味大辛。有小毒。浮而升，陽中陰也。少陰經本藥，手少陰引經藥。獨活為之使。惡狼毒、山茱萸、黃芪。畏消石、滑石。反藜蘆。出華陰者良。忌生菜。單用不過半錢(七)〔匕〕，氣塞不通死去。共蘆葉用。

治欬逆頭痛，風濕痺痛；溫中下氣，破痰利水，開胸中滯；益肝膽明目，通九竅；治惡風頭風，止眼風淚下，除齒痛喉痺，頭面風痛不可缺；溫少陰，散水寒內冷。

明・許希周《藥性粗評》卷一　頭面風生，細辛可扇。

細辛一名小辛。有三種：有一莖直上，細葉相對，高二三尺者；有一根一葉，其狀如葵，高尺餘者；有葉如車前子，高四五寸者；皆根極細，味極辛，故名。南北原野處處有之，以華陰及高麗者勝。有一種葉如馬蹄，高二三寸者，名杜蘅，俗名馬蹄香，根亦與細辛相似，服之吐人，不可不辨。但微硬且黃白色者，杜蘅也。柔韌及細，深紫色，嚼之習習有椒味者，細辛也。二八月採根，陰乾。凡用揀去雙葉并頭節，洗去土，瓜水浸一宿，晒乾。曾青、棗根為之使，惡狼毒、山茱萸、黃芪，畏硝石、滑石，反藜蘆。味辛，性溫，無毒。入手少陰心經。主治頭痛頭風，眼風下淚，齒痛面腫，口眼喎斜，皮膚風熱，風濕風痒，拘攣痛痹，癲癇，咳逆上氣，溫中下氣，破痰行血，明目，利水道，通精氣，消死肌，安五臟，益肝膽。易老云：細辛治少陰苦頭痛，太陽則羌活，少陰則細

辛，陽明則白芷，太陰則蒼术，厥陰則川芎、吳茱萸，少陽則茈胡，用者隨經不可差也。然考細辛單用不過半錢，多則氣反悶塞不通，或致死者，非本有毒也，過多之害也。

單方：牙疼口臭：細辛煎濃湯，乘熱含漱，冷則吐之，再含，自瘥。中風口噤：不拘大人小兒，中風口噤客忤者，細辛、桂心二味等分，剉，納入口中，須臾自甦。

明・鄭寧《藥性要略大全》卷二 細辛臣 止少陰合病之頭痛，散三陽數變之風邪。《賦》曰：去頭風，止嗽，療齒痛。《經》云：主咳嗽逆，頭痛腦動，百節拘攣，風濕痹痛，死肌，溫中下氣，破痰，利水道，開胸中滯，除喉閉，齆鼻，風。益肝膽精氣，明目，利九竅，去口臭，添膽氣，去皮氣濕痒，止眼中風淚，除齒痛。治女人血閉，血瀝腰痛，小兒顛癇。易老云：治少陰頭痛頭風如有神。又云：治頭風不可缺。《衍義》云：得歸、芍、芷、芎、牡丹、藁本、甘草，共療婦人諸疾。得決明、魚膽、羊肝，共治目痛。味辛，性溫。氣厚於味，無毒。陽也，升也。手少陰心引經之藥。惡狼毒、山茱萸、黄芪。畏滑石、硝石，反黎蘆。出華陰者良。陰乾，忌生菜。單用末不可過半錢匕。氣塞而不通者死。〇獨話、曾青、棗根為之使。

明・陳嘉謨《本草蒙筌》卷二 細辛 味大辛，氣溫。氣厚於味，升也，陽也。無毒。山澤多產，華陰縣名，屬陝西。獨良。葉類馬蹄，莖如麥蒿。其根甚細，其味甚辛。藥中惟採根煎，故因名曰細辛也。賣者多以杜衡假代，殊不知氣雖小異，入口吐人，不可不細擇耳！反藜蘆，忌生菜。畏滑石硝石，惡狼茱狼毒、山茱萸。黄耆。雖手少陰引經，乃足少陰本藥。或用獨（滑）〔活〕為使，或佐曾青棗根。止本經頭痛如神，治諸風濕痹立効。安五臟尤益肝膽，溫陰經旋去內寒。利竅通精，清痰下氣。得歸芍牡本芎芷甘草，當歸、芍藥、牡丹皮、藁本、川芎、白芷、甘草。療婦人血閉神方；得決明魚膽羊肝，石決明、青魚膽、青羊肝。止風淚目疼㓨劑。寒邪發在裏之表，合麻附三味煎湯。麻黄附子細辛湯，載仲景方。口臭及䘌齒腫疼，煮濃汁熱含；冷吐過半錢單服，令氣塞命傾。

明・方穀《本草纂要》卷二 細辛 味甘、辛，氣大温，無毒。氣厚於味，陽也。少陽經藥，少陰經引經藥。主頭風腦痛，百節拘攣，風濕痹痛；又消死肌，破結氣，治口臭，除鼻齆，止目淚，療牙痛，散口瘡，溫中氣，利九竅之聖藥也。吾嘗考之，此劑雖驅風逐冷，破氣除寒，尤爲至截。然而開臟腑之寒，非佐薑桂不能開；破諸積之冷，非佐薑附不能破；除少陰頭痛，非佐獨活不能除；療諸經之風，非佐防風不能療。乃爲至捷之藥，亦不能單行獨立而用治也。

明・王文潔《太乙仙製本草藥性大全》卷二《本草精義》 細辛 一名小辛。山澤多産，華陰獨良。葉類馬蹄，莖如麥稾，其根甚細，其味甚辛，藥中惟採根煎，故因名曰細辛。二月、八月採根陰乾，賣者多以杜衡假代，殊不知氣雖小異，入口吐人，不可不擇耳。反藜蘆，忌生菜，畏滑石、硝石，惡狼〔毒〕、茱〔萸〕、黄耆。雖手少陰引經，乃足少陰補藥，或用獨活爲使。《賦》云：止少陰合病之頭痛，散三陽數變之風邪。又曰：去頭風，止嗽，療齒痛。

明・王文潔《太乙仙製本草藥性大全》卷二《仙製藥性》 細辛臣 味大辛，氣溫，氣厚於味，升也，陽也，無毒。少陰經藥，手少陰經引經之藥。主治：療欬逆頭痛腦痛，百節拘攣，風濕痹痛，消死肌，溫中下氣，破痰開胸中滯。除齒痛，口臭，喉痹，齆鼻，眼風淚下，風癇頭疾，下乳結，汗不出，血閉不行。安五臟，益肝膽，通精氣，久服明目。利九竅，輕身長年。治少陰頭痛如神，當少用之。獨活爲使，諸風通用之藥。溫陰經，去內寒，治邪在裏之表，頭面風痛不可缺。補註：得當歸、芍藥、白芷、芎藭、牡丹、藁本、甘草，共療婦人。得決明、鯉魚膽、青羊肝共療目痛，止風淚目疼㓨劑。寒邪發在裏之表，合麻附三味煎湯，麻黄附子細辛湯，載仲景方。口臭及䘌齒腫疼，煮濃汁熱含，冷吐過半錢單服，令氣塞命傾。太乙曰：凡使一一擇雙葉，服之害人。須去頭土了，用瓜水浸一宿至明，漉出暴乾用之。

明・皇甫嵩《本草發明》卷二 細辛上品之上，君。氣溫，味辛。氣厚於味，陽也，升也。無毒。足少陰經藥，手少陰引經藥。香味俱細而緩。發明曰：細辛入少陰，以辛溫能溫陰經，散寒水，去內寒，治邪在裏之表藥也。本草主欬逆頭痛，腦動喉痺，齆鼻，屬少陰者，率療之。又主百節拘攣，風濕痺痛，癲癇，死肌，溫中下氣，破痰利水，開胸下乳結，汗不出，血不行。又主血閉，婦人血瀝腰痛，皆由溫陰經，去內寒，散寒水，辛溫之功多矣。寒除結散，汗出血行，則五藏安而精氣通，九竅利，肝膽益而目明，如《本草》所云也。又云治風眼泪下，除齒痛，必是犯寒者為宜。仲景治少陰症，麻黄附子細辛湯，治邪在裏之表藥有以也。治少陰頭痛如神，去頭面風痛不可缺。亦宜少用。獨活為之

使。若頭目諸症，因火熱屬陽經者，不可用。得歸、芍、芎、芷、丹皮、藁本、甘草，療婦人。得決明、鯉魚膽、青羊肝，療目痛。若單為末，用不過半錢，多則氣閉不通。惡狼毒、山茱萸、黄芪。畏硝石。反藜蘆。出華陰者真。深紫色，根細柔韌，而香味辛熱，過于獨活。葉如葵葉，似馬蹄，莖如麥藁，是杜若，呼為馬蹄香，多誤用。凡使須揀去雙葉，服之害人。

明·李時珍《本草綱目》卷一三草部·山草類下

細辛《本經》上品。

【釋名】小辛《本經》　少辛頌曰：華州真細辛，根細而味極辛，故名之曰細辛。時珍曰：小辛、少辛皆此義也。按《山海經》云，浮戲之山多少辛。《管子》云，五沃之土，群藥生少辛，是矣。

【集解】《別錄》曰：細辛生華陰山谷，二月、八月採根陰乾。弘景曰：今用東陽臨海者，形段乃好，而辛烈不及華陰、高麗者。用之去其頭節。當之曰：細辛如葵赤黑，一根一葉相連。頌曰：今處處有之，皆不及華陰者爲真，其根細而極辛。今人多以杜衡爲之。杜衡根似飯帚密鬧，細長四五寸，微黄白色，江淮呼爲馬蹄香，不可誤用。宗奭曰：細辛葉如葵，赤黑色，非此則杜衡也。杜衡葉如馬蹄之下，故俗名馬蹄香。（蘆）〔蓋〕根似白前，又似細辛。按沈括《夢溪筆談》云：細辛出華山，極細而直，柔韌，深紫色，味極辛，嚼之習習如椒而更甚於椒。《本草》云，細辛水漬令直，是以杜衡僞爲之也。東南所用細辛，皆杜衡也。杜衡黄白色，拳曲而脆，乾則作團，又謂之馬蹄。襄漢間又有一種細辛，極細而直，色黄白，乃是鬼督郵，亦非細辛也。時珍曰：《博物志》言杜衡亂細辛，自古已然矣。沈氏所説甚詳。大抵能亂細辛者，不止杜衡，皆當以根苗色味細辨之。葉似小葵，柔莖細根，直而色紫，味極辛者，細辛也。葉似馬蹄，莖微粗，根曲而黄白色，味亦辛者，杜衡也。一莖直上，莖端生葉如傘，根似細辛，微粗，直而黄白色，味辛微苦者，鬼督郵也。似鬼督郵而色黑者，及己也。葉似小桑，根似細辛，微粗，長而黄色，味辛而有臊氣者，徐長卿也。葉似柳而根似細辛，粗長，黄白色而味苦者，白薇也。似白薇而白直味甘者，白前也。

根

【修治】斅曰：凡使細辛，切去頭子，以瓜水浸一宿，暴乾用。須揀去雙葉者，服之害人。

【氣味】辛，温，無毒。普曰：神農、黄帝、雷公、桐君：小温。岐伯：無毒。李當之：小寒。權曰：苦、辛。之才曰：曾青、棗根爲之使。得當歸、芍藥、白芷、芎藭、牡丹、藁木、甘草，共療婦人。得決明、鯉魚膽、青羊肝，共療目痛。惡黄耆、狼毒、山茱萸。忌生菜、狸肉。畏消石、滑石。反藜蘆。

【主治】咳逆上氣，頭痛腦動，百節拘攣，風濕痹痛死肌。久服明目利九竅，輕身長年《本經》。温中下氣，破痰利水道，開胸中滯結，除喉痹，齆鼻不聞香臭，風癇癲疾，下乳結，汗不出，血不行，安五臟，益肝膽，通精氣《別錄》。添膽氣，治嗽，去皮風濕癢，風眼淚下，除齒痛，血閉，婦人血瀝腰痛甄權。含之，去口臭弘景。潤肝燥，治督脈爲病，脊强而厥好古。治口舌生瘡，大便燥結，起目中倒睫時珍。

【發明】宗奭曰：治頭面風痛，不可缺此。元素曰：細辛氣温，味大辛，氣厚於味，陽也，升也，入足厥陰、少陰血分，爲手少陰引經之藥。香味俱細，故入少陰，與獨活相類。以獨活爲使，治少陰頭痛如神。亦止諸陽頭痛，諸風通用之。味辛而熱，温少陰之經，散水氣以去内寒。成無己曰：水停心下不行，則腎氣燥，宜辛以潤之。細辛之辛，以行水氣而潤燥。杲曰：膽氣不足，細辛補之。又治邪氣自裏之表，故仲景少陰證，用麻黄附子細辛湯。時珍曰：氣之厚者能發熱，陽中之陽也。辛温能散，故諸風寒風濕頭痛痰飲胸中滯氣驚癇者，宜用之。口瘡喉痹䘌齒諸病用之者，取其能散浮熱，亦火鬱則發之之義也。辛能泄肺，故風寒咳嗽上氣者，宜用之。辛能補肝，故膽氣不足，驚癇眼目諸病，宜用之。辛能潤燥，故通少陰及耳竅，便澀者宜用之。承曰：細辛非華陰者不得爲真。若單用末，不可過一錢。多則氣悶塞不通者死，雖死無傷。近年開平獄中嘗治此，不可不記。非本有毒，但不識多寡耳。

【附方】舊二，新六。

暗風卒倒：不省人事。細辛末，吹入鼻中。《危氏得效方》。

虚寒嘔噦：飲食不下。細辛去葉半兩，丁香二錢半，爲末。每服一錢，柹蒂湯下。

小兒客忤：口不能言。細辛、桂心末等分，以少許内口中。《外臺秘要》。

小兒口瘡：細辛末，醋調，貼臍上。《衛生家寶方》。

口舌生瘡：細辛、黄連等分，爲末摻之，漱涎甚效，名兼金散。一方用細辛、黄蘗。《三因方》。

口瘡䘌齒：腫痛。細辛煮濃汁，熱含冷吐，取瘥。《聖惠方》。

鼻中息肉：細辛末，時時吹之。《聖惠方》。

諸般耳聾：細辛末，溶黄蠟丸鼠屎大，綿裹一丸塞之，一二次即愈。須戒怒氣，名聰耳丸。《龔氏經驗方》。

題明·薛己《本草約言》卷一《藥性本草》

細辛　味辛，氣温，無毒。陽也，升也，入手足少陰經。温腹内之陰寒，破胸中之結滯，止少陰之頭痛。當少用之，獨活為使。散諸經之風氣，治邪在裏之表藥也。〇香味俱細而緩，故入少陰。若太陽則羌活，陽明則白芷，太陰則蒼术，厥陰則川芎、吴茱萸，少陽則柴胡，用者隨經不可差也。〇細辛以辛温，故能温陰經、散寒水，以去内寒也。

江云：發少陰汗而止頭痛，兼醫欬嗽。仲景治少陰症，麻黄附子細辛湯，治邪在裏之表藥有以也。去頭面風痛不可缺。若頭目諸症，因火熱屬陽經者不可用。單服末不過半錢，多服氣悶。

明·梅得春《藥性會元》卷上

細辛　味辛，性温，無毒。一云有小毒。升也，陽也。獨活、曾青、棗根為使，惡狼毒、山茱萸、黄芪，畏硝石、滑石、藜蘆。為足少陰腎經引經藥。主治少陰合病之頭痛，散三陽數變之風邪，去頭風、止嗽，而醫齒鼻。温中下氣。仍主腦、腰疼，拘攣風痹，明目。破婦人痿，女人血閉。治諸頂頭痛，諸風通用。温少陰經，去内寒。故東垣治邪在

裏之表。又治欬逆頭痛，百節拘攣，破痰，利水道。治少陰腎經苦頭痛在額，開胸中滯，益肝膽，通九竅。止眼風淚下。除齒痛、喉痹、齆鼻，頭面風痛不可缺。散水寒內冷，瘋癇癲疾，下乳結，汗不出、血不行。安五臟，通精氣。若單服末，不得過五分，多則氣閉塞不通而死。

明·杜文燮《藥鑒》卷二　細辛　氣溫，味辛，氣厚味薄，無毒。浮而升，陽中陰也。止諸陽頭疼，風痹痛，開胸中滯，益肝膽明目，利九竅，眼淚齒痛。凡頭面諸風，不可缺也。東垣用之治邪在裏之表，《本草》主治咳逆，百節拘攣。最能溫中下氣破痰，蓋味本辛也。予嘗用之以利水道，何哉？不知諸辛入肺，肺氣賴辛以通暢，則滲下之官得令，所以能利水道也。大都不可重用，恐成氣閉之患。痘家氣粗，切不可用。

明·王肯堂《傷寒證治準繩》卷八　細辛　氣溫，味大辛。氣厚於味，陽也。無毒。少陰經藥，手少陰引經之藥。垣：治少陰頭痛如神，當少用之。獨活為使。溫陰經，散水寒，以去內寒。治邪在裏之表，故仲景少陰證用麻黃附子細辛湯也。易老：治少陰頭痛，太陽則羌活，少陰則細辛，陽明則白芷，厥陰則川芎、吳茱萸，少陽則柴胡，用者隨經不可差。細辛香味俱細而緩，故入少陰，與獨活相類。修治：揀去雙葉者，以瓜水浸一宿，曬乾，鍘細用。

明·李中立《本草原始》卷一　細辛　生華陰山谷，今處處有之，然他處所出者，不及華陰者真。葉如葵，赤黑色，其根細而其味極辛，故名之曰細辛。按《山海經》云：浮戲之山多少辛。《管子》云五沃之土，群藥生少辛，是矣。　氣味：　辛，溫，無毒。　主治：　欬逆上氣，頭痛腦動，百節拘攣，風濕痹痛，死肌；　久服明目，利九竅，輕身長年。○溫中下氣，破痰，利水道，開胸中滯結；　除喉痹，齆鼻不聞香臭，風癇癲疾；　下乳結，汗不出，血不行。安五臟，益肝膽，通精氣。○添膽氣，治嗽，去皮風濕痒，風眼淚下。除齒痛，血閉，婦人血瀝腰痛。○含之去口臭。○潤肝燥，治督脉為病，脊強而厥。○治口舌生瘡，大便燥結，起目中倒睫。　得當歸、芍藥、白芷、芎藭、牡丹皮、藁本、甘草，共療婦人；　得決明、鯉魚膽、青羊肝共療目痛。　以獨活為使，治少陰頭痛如神，亦止諸陽頭痛。

細辛，《本經》上品。【圖略】二月、八月采根，陰乾入藥。　氣香，色黃白，味極辛；　西細辛，根粗色黑，味微辛微苦。　《博物志》言杜衡亂細辛，自古已然。沈氏所說甚詳。大抵亂細辛者不止杜衡，用者當以根苗色味細辨之。葉如葵，柔莖，細根，色紫，味極辛，嚼之習習如椒而更甚於椒者，細辛也。葉似馬蹄，莖粗，根曲，色黃白，味微辛者，杜衡也，俗呼馬蹄香，當細辛用最多。一莖直上，莖端生葉如傘，根似細辛，微粗，直而色黃白，味辛微苦者，鬼督郵也。似鬼督郵而色黑者，及已也。葉似小桑，根似細辛，微粗長而黃色，味辛而有臊氣者，徐長卿也。葉似柳，而根似細辛，粗長，黃白色，而味苦者，白微也。

修治：　細辛切去頭子，以瓜水浸一宿，暴乾用。

氣厚于味，陽也，升也。入足厥陰、少陰血分，為手少陰引經之藥。曾青、棗根為之使，惡黃耆、狼毒、山茱萸，忌生菜、狸肉，畏消石、滑石，反藜蘆。龔氏《經驗方》：　治諸般耳聾，真細辛末溶黃蠟，丸鼠屎大，綿裹一丸塞之，二次即愈。　細辛，臣。

明·張懋辰《本草便》卷一　細辛臣　味大辛，氣溫，氣厚於味，陽也，無毒。少陰經藥，手少陰經引經之藥。惡狼毒、山茱萸、黃耆；畏消石、滑石，反藜蘆。主欬逆頭痛腦痛，百節拘攣，風濕痹痛，溫中下氣，破痰，開胸中滯，除齒痛，治少陰頭痛如神。當少用之。獨活爲〔之〕使，諸風通用之藥。溫陰經，去內寒，治邪在裏之表，頭面風痛不可缺。

明·李中梓《藥性解》卷二　細辛　味辛，性溫，無毒，入心、肝、膽、脾四經。止少陰合病之首痛，散三陽數變之風邪，主肢節拘攣，風寒濕痹，溫中氣，散死肌，破結氣，消痰嗽，止目淚，療牙疼，治口臭，利水道，除喉痹，通血閉。獨活、曾青、棗根為使，惡狼毒、山茱萸、黃芪，畏硝石、滑石，反藜蘆，忌生菜、狸肉。華陰者良。　按：　細辛辛溫，宜入心肝等經，以療在裏之風邪，其氣升陽，故上部多功。然諸症犯寒者可用，若因火熱屬陽症者忌之。單服末不可過半錢，多則氣塞不通者死。

明·繆希雍《本草經疏》卷六　細辛　味辛，溫，無毒。主欬逆，頭痛，腦動，百節拘攣，風濕痹痛，死肌，溫中，下氣，破痰，利水道，開胸中，除喉痹，齆鼻，風癇〔癲〕疾，下乳結，汗不出，血不行，安五臟，益肝膽，通精氣。久服明目，利九竅，輕身長年。

〔疏〕細辛稟天地陽升之氣以生，故其味辛溫而無毒。入手少陰、太陽經風藥也。風性升，升則上行，辛則橫走，溫則發散，故主欬逆，頭痛腦動，百節拘攣，風濕痹痛，死肌。蓋痹及死肌，皆是感地之濕氣，或兼風寒所成。風

能除濕，溫能散寒，辛能開竅，故療如上諸風寒濕疾也。《別錄》又謂溫中下氣，破痰開胸中，除喉痹齆鼻，下乳結，汗不出，血不行，益肝膽，通精氣，皆升發辛散，開通諸竅之功也。其曰久服明目，利九竅，輕身長年者，必無是理。蓋辛散升發之藥，其可久服哉？　〔主治參互〕同石膏，能治陽明火熱上攻，以致齒痛。　得當歸、芍藥、芎藭、牡丹、藁本、甘草、白薇，通治婦人子宮冷，不受孕。　得鯉魚膽、青羊肝、甘菊花、決明子，療目痛。　得甘草，療傷寒少陰咽痛。　得藁本、芎藭、白芷、荊芥、防風，治風頭痛。

得紫蘇、防風、甘草、桔梗、杏仁、薄荷、桑白皮，能解利傷風寒鼻塞。

〔簡誤〕細辛，風藥也，其性升燥發散，故凡病內熱，及火升炎上，上盛下虛，氣虛有汗，血虛頭痛，陰虛咳嗽，法皆禁用。即入風藥，亦不可過五分，以其氣味俱厚而性過烈耳。

明・倪朱謨《本草彙言》卷一　細辛　味辛，氣厚于味，陽也，升也。入足厥陰、少陰血分，爲手少陰引經之藥。

蘇氏曰：華州真細辛，根細而味極辛，故名。出華陰、高麗山谷中者爲上。今處處雖有，皆不及也。東陽臨海者亦可用。春生苗，一根則一葉相連。今多以杜衡爲之。　李時珍先生曰：杜衡亂細辛，自古已然，然又不止杜衡一物也。今以根苗色味細辨之：葉似小葵，莖柔根細，端直且長，色紫，味極辛辣，嚼之習習如椒者，細辛也。○葉似馬蹄，莖微粗，根似細辛而稍彎曲，色黃白，味亦辛者，杜衡也。○一莖直上，莖端生葉如繖狀，根似細辛而微粗，色黃白，味辛兼苦者，鬼督郵也。○根似鬼督郵而色黑者，及已也。○葉似小桑，根似細辛，而粗長，色深黃，味辛而有臊氣者，徐長卿也。○葉似柳葉，根似細辛而粗長，色黃白而味苦者，白薇也。○根似白薇而脆，色白者，白前也。凡使細辛，揀去雙葉者，服之害人。再切去頭上土了，日乾用。○杜衡、鬼督郵、徐長卿、白薇、白前，五種根皆粗肥，反于細辛之細；五種亦多曲，反于細辛之直。

細辛：散風寒，元素開關竅之藥也。朱正泉稿故主頭風腦痛，目風流淚，濕風痹痛，百節拘攣。又開肺氣，通鼻塞，治口臭，療牙疼，消死肌，破結氣，溫中氣，利九竅，皆升發辛散，開通諸竅，活諸脉絡之功也。又佐薑、桂，能驅藏府之寒；佐附子，能散諸疾之冷；佐獨活，能除少陰頭痛；佐荊、防，能散諸經之風；佐芩、連、菊、薄，又能治風火齒痛而散解諸鬱熱最驗也。但其性升散發燥，故凡病內熱，及火升炎上，上盛下虛，氣虛有汗，血虛頭痛，陰虛咳嗽，法皆禁用。即入風藥，亦不可過用壹錢，多則悶塞不通，昏暈如死。以其氣味俱厚而性烈故耳。　沈則施先生曰：按細辛辛熱純陽，祛風逐冷，行水通塞，攻齒䘌，定寒嗽，化痰飲。其用耑于辛香溫利之妙。《陳藎齋方》治婦人產後血閉不行，意在此乎？　王紹隆先生曰：肝木上行，春風上升，反于橫遍矣。此春轉成夏，升轉從出之機乎？《仲景方》：入小青龍湯，治傷寒表不解，心下有水氣，乾嘔發熱而咳。○入麻黃附子細辛湯，治傷寒少陰病，始得之，反發熱、脉沉者。○治少陰咽痛，用細辛、甘草。

集方：《廣濟方》：治陽明火熱上攻，以致齒痛。用細辛、石膏。○陳氏《集要》治婦人子宮冷、不受孕。用細辛、當歸、白芍藥、川芎、藁本、牡丹皮、白薇。○《祐中秘》治風頭痛。用細辛、藁本、川芎、白芷、荊芥、防風。○《方脉正宗》治傷風寒鼻塞。用細辛、紫蘇、防風、杏仁、桔梗、薄荷、桑白皮。○同前治肝腎虛，目風冷淚。用杞菊地黃丸加細辛。

續補集方：治中風卒倒，不省人事。用細辛爲末，吹入鼻中。○治胃虛作嘔呃。用細辛二錢，丁香一錢，爲末，每服一錢，柿蒂湯下。○治大人小兒口瘡。用細辛、黃連各等分，爲細末，摻之。○治牙宣齒䘌。用細辛二錢，水煎汁，乘熱汩漱含之，待冷吐去。○治鼻生瘜肉。用細辛爲細末，時時吹之。○九味羌活湯加減治傷風久咳，時吐冷涎。用細辛五分，半夏、陳皮、桂枝、防風、蘇子、杏仁各一錢，乾薑八分，甘草七分，北五味三分，黑棗三個，水煎服。如久嗽將成陰虛勞瘵者，不可服。

明・顧逢柏《分部本草妙用》卷六兼經部・溫瀉　細辛　辛，溫，無毒。入手少陰引經之藥，入足厥陰、少陰血分。曾青為使，惡黃耆、山茱萸，忌生菜，畏消石、滑石，反藜蘆。　主治：頭風腦痛，百節拘攣，風濕痺痛，死肌，利九竅，溫中下氣，開胸滯喉痺。含之去口臭，鼻齆。療牙痛，散口瘡，驅寒，潤肝燥。治督脉為病，脊強而厥。　按：細辛同獨活，治少陰頭痛如神。而諸陽頭痛，諸風寒熱，皆宜用之。水停心下，服北細辛尤效。杲曰：膽氣不足，細辛補之。辛能補肝，復能泄肺，故風寒嗽逆者宜之。時珍取其能散浮熱，能發鬱火，故凡風寒濕痰，驚癇之症，口瘡喉痺之疾，無一不用。但開寒佐以薑、桂，破積佐以薑、附，去風佐以防風，乃為至捷之藥也。

明·李中梓《醫宗必讀·本草徵要上》　細辛味辛，溫，無毒。入心、小腸二經。惡黃耆、山茱萸，畏滑石，反藜蘆。　風寒濕痹，頭痛鼻塞，下氣破痰，頭面遊風，百節拘攣，齒痛目淚。味辛性溫，禀升陽之氣而為風劑，辛香開竅，故主療如上。單服末至一錢，令人悶絕，辛藥不可多用也。按：細辛燥烈，凡血虛內熱，因成頭痛、欬嗽者，痛戒之。

明·鄭二陽《仁壽堂藥鏡》卷一〇上　細辛　陶隱居云：今用東陽臨海者，形段乃好，而辛烈不及華陰、高麗者。用則去其頭節。人患口臭者，含之多效。最能除痰明目。忌狸肉。　氣溫，味大辛。純陽。性溫，氣厚於味，陽也。無毒。　少陰經藥。手少陰經之藥。《本草》云：主欬逆頭痛腦動，百節拘攣，風濕痹痛，死肌，溫中下氣，破痰，利水道，開胸中，除喉痹，齆鼻，風癇癲疾，下乳結，汗不出，血不行，安五臟，益肝膽，通精氣。久服明目，利九竅。治惡風頭風，止眼風淚下，除齒痛，治頭面痛不可缺者也。　成聊攝云：細辛、附子之辛，以溫少陰之經。　潔古云：治少陰經頭痛如神。當少用之。獨活為之使。《主治秘訣》云：性溫，味辛，氣厚於味，輕清上浮而升，陽中陰也。止諸陽頭痛，諸風通用。辛熱，溫少陰之經，散水寒，治內寒。　東垣云：細辛，味大辛，純陽。主手少陰經頭痛。又云：去風頭痛及皮膚風熱。　海藏云：東垣言細辛治邪在裏之表，故仲景少陰症用麻黃附子細辛湯也。易老云：治少陰苦頭痛。太陽則羌活，少陰則細辛，陽明則白芷，太陰則蒼朮，厥陰則川芎、吳茱萸，少陽則柴胡。用者隨經，不可差也。細辛香味俱細而緩，故治少陰，與獨活頗相類。《本草》又云：曾青、棗根為之使。得當歸、芍藥、白芷、川芎、牡丹、藁本、甘草，共療婦人。得決明、鯉魚膽汁、青羊肝，共療目痛。惡狼毒、山茱萸、黃芪，畏硝石、滑石。反藜蘆。　療婦人血閉神方。得決明、魚膽、羊肝，止風淚目疼。　劫劑。

明·蔣儀《藥鏡》卷一溫部　細辛　鮮少陰合病之首痛，在裏溫中。散三陽數變之風邪，上部得力。齒因胃火而痛，石膏並清。目因肝熱而疼，決明偕效。肺氣賴以宣暢，味以辛而入肺也。滲下不失其官，利水道而下行也。通耳竅，疏便澁，且潤腎燥。去內寒，散浮熱，更補膽虛。療肢攣之與喉痺，醫口臭之與血閉。祇宜寒病，火症則非所該也。若或單服其末，恐有補肝閉氣之虞。

明·李中梓《頤生微論》卷三　細辛　味辛，性溫，無毒。入心、小腸二經。惡黃芪、山茱萸，畏滑石，反藜蘆。　主風寒濕痺，頭痛鼻塞，下氣破痰，頭面遊風，百節拘攣，齒疼目淚。新補。　按：細辛禀升陽之氣，辛香開竅，單服末至一錢，令人悶絕，則其燥烈可知。血虛頭痛者，痛戒之！

明·張景岳《景岳全書》卷四八《本草正》　細辛反藜蘆，忌生菜。　味大辛，氣溫，氣味俱厚，升也，陽也，有小毒。用此者，用其溫散。善祛陰分之寒邪，除陰經之頭痛，益肝溫膽利竅，逐諸風濕痹，風癇痎瘧，鼻齆不聞香臭，開關通竅，散風淚目疼。口臭牙蟲，煎湯含漱。過服亦散真氣，不可不知。此味辛甚，故能逐陰分之邪，陰分且然，陽分可知。舊云少陰、厥陰之藥，然豈有辛甚而不入陽分者？但陽證忌熱，用當審之。

明·賈九如《藥品化義》卷一一風藥　細辛　屬陽，體乾，色蒼，氣香，味辛，性溫，能升，力開竅，性氣與味俱厚，入肺心腎三經。　細辛味辛性溫，若寒邪入裏而在陰經者，以此從內托出，佐九味羌活湯，發散寒邪快捷。因其氣味辛香，故能上升。入芎辛湯，療目痛後羞明畏日，癮瀒難開。合通竅湯，散肺氣而通鼻竅。佐清胃湯，祛胃熱而止牙疼。此熱藥入寒劑，蓋取反以佐之之義也。但性烈助火，多用則氣閉不通，每劑止三四分耳。　取遼產者佳。水淨用，揀去雙葉者，服之害人。

明·盧之頤《本草乘雅半偈》帙三　細辛《本經》上品。　氣味：辛，溫，無毒。　主治：主欬逆上氣，頭痛腦動，百節拘攣，風濕痹痛死肌。久服明目，利九竅，輕身長年。

覈曰：出華陰、高麗山谷中者為上，今處處雖有，皆不及也。南陽臨海者亦可用。《山海經》云：浮戲之山多少辛。《管子》云：五沃之土群藥生，細辛是矣。春生苗，一根則一葉相連，今多以杜衡為之。《博物志》云：杜衡能亂細辛，振古已然頤為能亂細辛者，不止杜衡，當以根苗色味細辨之。觀此生成，盡情顯出，少陽火用之象。葉似小葵，莖柔根細，端直而長，色紫味辛，嚼之習習如椒者，細辛也。葉似馬蹄，莖微粗，根似細辛而曲，色黃白，味亦辛者，杜衡也。一莖直上，莖端生葉如繖狀，根似細辛而微粗，色黃白，味辛兼苦者，鬼督郵也。根似鬼督郵而色黑者，及己也。葉似小桑，根似細辛而粗長，色深黃，味辛臭臊者，徐長卿也。葉似柳葉，根似細辛而粗長，色黃白，味苦者，白微也。根似白微而脆，色白味甘者，白前也。修治：揀去

雙葉者，切去頭上子，以瓜水浸一宿，暴乾用。曾青、棗根為之使。得當歸、芍藥、白芷、芎藭、牡丹、藁本、甘草，共療婦人。得決明、鯉魚膽、青羊肝，共療目痛。惡黃耆、狼毒、山茱萸。忌生菜、狸肉。畏消石、滑石。反藜蘆。世人用細辛，不分真偽，繇辨之不早辨也。杜衡、鬼督郵、徐長卿、白微、白前五種，根皆粗肥，反于細辛之細，五種亦多曲，反于細辛之直。

紹隆王先生云：肝木上行，春風上升，反于橫偏矣。《經》云：無怒其志，使華英成莠，此春轉成夏，升轉從出之機乎。

先人云：密通精氣，顯益火大，青陽之象也。

条曰：細指形言，辛指味言。輕清柔勁，端直修長，當入少陽，宣達甲膽之用。自下而上，以行春令者也。故主春氣者病在頭，而為頭痛腦動，目不明，竅不利。此雖自下而上，不能宣達者也。欬逆上氣，此惟自下而上，不循倫次者也。百節拘攣，此不能自下而上，升從入令者也。痹痛死肌，此不得自下而上，反侮所勝者也。總屬肝用之過與不及，而獨偏向不及者歟。輕清柔勁，端直修長，即《內經》所謂春脈如弦，何如而弦。春脈者，肝脈也。萬物之所以始生也。故其脈之來，輕虛以浮，端直以長，以言肝木之用，效象天氣以為形容者也。細辛功用脗合，的是少陽用藥無疑矣。

明・李中梓《本草通玄》卷上　細辛　辛，溫，入足厥陰、〔足〕少陰血分，為手少陰引經之藥。主風寒濕頭痛，痰結氣壅；利九竅，明目聰耳通鼻，除齒痛膚癢，風眼淚出，口瘡喉痺，驚癇咳嗽。時珍曰：氣之厚者能發熱，陽中之陽也。辛溫能散，故風寒濕火痰氣者用之。用治口瘡齒疾者，取其散浮熱，火鬱則發之之義也。辛能瀉肺，故咳嗽上氣者，宜之。辛能補肝，故肝膽不足，驚癇目疾者，宜之。辛能潤燥，故通少陰，耳聾便澀者宜之。辛散太過，凡涉虛者，酌而投之。

清・顧元交《本草彙箋》卷一　細辛　辛，溫。若寒邪入裏，而在陰經者，以此從內托出。佐九味羌活湯，發散寒邪甚捷。仲景少陰症用麻黃附子細辛湯，得甘草療傷寒少陰咽痛。又入芎辛湯，療目痛後羞明畏日，癮澀難開。合通竅湯，散肺氣而通鼻竅。佐清胃湯，祛胃熱而止牙疼。其治少陰經之苦頭痛，以獨活爲使，其效如神。

成無己曰：水停心下不行，則腎氣燥，宜辛以潤之。細辛之辛，以行水氣而潤燥。細辛治足少陰腎苦頭痛，川芎治厥陰頭痛在腦，白芷治陽明頭痛在額，藁本治太陽頭痛在巔，蔓荊子治頭痛之連頭目，辛夷治頭痛之連鼻塞。今人一遇頭痛，不問何經，一概風藥混用之，殊可嘆也。僞者甚多，根直而色紫，味極辛者是。必遼産者佳。若單用末，不得過五分，多則氣悶塞不通而死。

清・穆石匏《本草洞詮》卷八　細辛　根細而味極辛，故名。嚼之習習如椒，而更甚於椒也。《博物志》言：杜衡亂細辛。然不止杜衡也，鬼督郵、及己、徐長卿、白薇、白前皆相類，鬼督郵、及己之亂杜衡，功不同，苗亦不同。徐長卿之亂鬼督郵，苗不同，功同。杜衡之亂細辛，則根苗功用皆仿佛矣。細辛，辛溫，一云寒，無毒。入足厥陰、少陰血分，為手少陰引經之藥。治欬逆上氣，頭痛腦痛，百節拘攣，風濕痺痛，破痰明目，利九竅，治督脉為痛，脊強而厥。大略細辛之用有四：辛溫能散，故風寒、風熱、頭痛、痰飲、胸中滯氣、驚癇者，宜用之，口瘡、喉痺、䘌齒諸病，取其散浮熱，亦火鬱則發之之義也；辛能泄肺，故咳嗽上氣者宜用之；辛能補肝，故膽氣不足，驚癇、眼目諸病宜用之；辛能潤燥，故通少陰，及耳閉便濇者宜用之。若單用末，不得過一錢，多則氣悶不通而死，雖死復甦，無毒故也。須揀去雙葉者，服之害人。

清・劉雲密《本草述》卷七下　細辛　沈括《夢溪筆談》云：細辛出華山，極細而直，柔韌深紫色，味極辛，嚼之習習如椒，而更甚於椒。時珍曰：根直而色紫，味極辛者，細辛也。時珍又備言他味，其根曲者，其色黃白，或黑色者，味雖辛而不甚，或兼微苦，或單苦者，或味甘者，皆非細辛。故必以根細而直，色唯有紫，味止有辛而且烈者，為真也。之頤曰：杜衡、鬼督郵、徐長卿、白薇、白前，五種根皆粗肥，反於細辛之細，五種亦多曲，反於細辛之直。

根：氣味：辛，温，無毒。普曰：神農、黃帝、雷公、桐君：小溫。權曰：苦、辛。潔古曰：細辛氣温，味大辛，氣厚於味，陽也，升也。入足厥陰、少陰血分，為手少陰引經之藥。香味俱細，故入少陰。與獨活相類，以獨活為使。之頤曰：細指形言，辛指味言。輕清柔韌，端直修長，當入少陽，宣達甲膽之用，自下而上，以行春令者也。諸本草主治：風寒頭痛，寒欬上逆，温中下氣，益肝膽，通精氣，開胸中滯結，破痰利水，療百節拘攣，風溼痹痛，下乳結，通血閉，除喉痹，齆鼻不聞香臭，療齒痛及風眼下

淚，口舌生瘡，婦人血瀝腰痛。　潔古曰：　治少陰頭痛如神，亦止諸陽頭痛，諸風通用之味。　按：　細辛治足少陰頭痛。少陰經不至頭，然為陰寒盛氣所逆，故亦主之。亦主諸陽頭痛者，亦陰寒鬱乎陽也。其主欬逆上氣，皆此類也。寒散則氣自下矣。　東垣曰：　止少陰合病之首痛，殺三陽數變之風邪。又曰：　細辛治邪在裏之表，故仲景少陰證用麻黃附子細辛湯也。

丹溪曰：　細辛溫陰經，去內寒，故東垣治邪在裏之表也。最能溫中下氣，破痰利水道。　按：　氣為寒所傷，故停水於上，痰亦即寒水所凝，不治一切痰也。

東垣曰：　膽氣不足，細辛補之。　復曰：　密通精氣，顯益火，大青陽之象也。　好古曰：　潤肝燥，治督脈為病，脊強而厥。細辛味辛，溫熱，以潤內寒，主頭痛腦痛，百節拘攣，風溼痹痛，汗不出，血不行，所以主足少陰，連及足厥陰也。　時珍曰：　氣之厚者能發熱，陽中之陽也。辛溫能散，故諸風寒風溼頭痛，痰飲，胸中滯氣，驚癇者，宜用之。口瘡喉痹，䘌齒諸病用之者，取其能散浮熱，亦火鬱則發之之義也。辛能泄肺，故風寒欬嗽上氣者宜用之。辛能補肝，故膽氣不足，驚癇眼目諸病，宜用之。辛能潤燥，故通少陰及耳竅，便濇者宜用之。但知以辛溫立論，未審何以別於他味之辛溫，何所見之淺也？　希雍曰：　細辛稟天地陽升之氣以生，故其味辛溫而無毒，升則上行，辛則橫走，溫則發散。

同石膏能治陽明火熱上攻以致齒痛。　得鯉魚膽、青羊肝、甘菊花、決明子，療目痛。　得甘草，療傷寒少陰咽痛。　同黃連等分，為末，治口舌生瘡，嗽涎，甚效。或用黃蘗。　同諸風藥治傷風頭痛，或傷風寒鼻塞。愚按：　細辛在方書類云足少陰藥，為手少陰引經，而潔古更以足厥陰與少陰並言，近盧氏止謂宜入足少陽矣。夫據其香味俱細，昔哲以為少陰本藥者是也。第再詳功用，如《本經》及《別錄》甄權所云，則其辛而熱，能溫足少陰之寒，固如潔古說，究其溫寒之用，致於內外周身而上行為最，是非肝不能也。在潔古以厥陰同少陰言者，良有深詣也。《別錄》謂其益肝膽，通精氣，亦扼要語。蓋肝膽固出地風氣，由陰而舉陽者也。茲味於至陰之藏，而溫其寒，不有益於肝膽乎？　肝膽合於是，則益致其由陰達陽之用，而精氣乃通。夫腎氣原至於肺，自地而達天也。肝合任而交督，自九地之下，以際於九天之上也。故茲物氣溫，較他氣之溫者有異，其辛味又較他辛味為烈。王紹隆曰：　肝木上行，春風上升，反於橫偏矣。是以在至陰之分，雖不倫於補陽諸味，然能就陰分而散寒邪，此先哲所謂治邪氣在裏之表也。推之以治百節拘攣，風溼痹痛，乳結血閉等證，皆陰中而通陽者也。即至陽之分，雖難比於行氣諸劑，然亦能就陽分而散陰結，此先哲所謂開胸中滯結者也。推之以治頭痛氣逆，痰飲水聚，喉痹齆鼻等證，皆陽中而通陰者也。雖非和血之正味，然陰中陽通，能資榮氣而使暢，此先哲所謂入厥陰少陰血分也。雖非驅風之正劑，然陽中陰通，能助風劑而使行，此先哲所謂諸風通用之味也。總因於辛溫達腎肝之氣，而在陰則能暢陽，在陽則能導陰，其所主諸證，如因火熱屬陽盛者，即皆相反而為害，因是可以盡其所長，而不致於誤投矣。然海藏所謂潤肝燥者，云何？　蓋其辛能達腎氣，即《經》所謂腎喜辛惡燥，辛能通腠理致津液也，能達腎氣，即以潤肝之陰氣。其所謂燥者，陰燥也。又治督脈為病，脊強而厥，足太陽夾督者也。太陽之氣，為少陰寒氣所鬱，而此能散內寒以通真陽，即以治督，況舉肝氣潤肝燥，而於督病不療乎？　須知此味本非益氣血之藥，然由其能紓腎陰而升肝陽，故有裨於人身者，如是，唯在用之有酌量耳。按：　宗奭曰治頭面風痛，細辛不可缺也。即東垣亦云去風頭痛，在潔古曰諸風通用，方書承襲而不察所宜，不幾誤乎？　蓋風從陽氣言之，然陽氣有虛實，如陰勝其陽，陽不足也。陽鬱於下而為風，宜達陽為主。如以寒涼降折，則陽愈鬱，而風愈甚。至陽勝其陰，陰不足也。陽壅於上而為風，宜和陰為主。如以辛溫升散，則陽愈壅而風愈甚。細辛之治，蓋治陽鬱之風，不治陽壅之風也。反是則為害滋甚。有中氣虛而時患傷風，竟以補中氣而愈者，不可忽此義以用細辛哉？　至其能治風溼痹痛，亦其陽虛化風，因之化溼者也。陽虛鬱風者，多化溼，明於諸風，而後可以善於施治矣。

希雍曰：　細辛升燥發散，凡病內熱及火升炎上，上盛下虛，氣虛有汗，血虛頭痛，陰虛欬嗽，法皆禁用。即入風藥，亦不可過五分，以其氣厚而性烈耳。《王龜齡集》曰：　細辛細而辛者，能通心竅，醋浸一宿，曬乾為末。

修治　揀去雙葉者，服之害人。洗浄，去泥沙。

清·郭章宜《本草匯》卷一〇　細辛　大辛，氣溫，氣厚於味，陽也，升也。入足厥陰、少陰血分，為手少陰引經之藥。溫腹內之陰寒，開胸中之結滯。止少陰頭痛如神，宜少用之，獨活為使。散頭面風氣有驗。若頭目諸症，因火熱屬陽經者，不可用。溫陰經，去內寒。通齆鼻，理血閉。刧風淚，療牙疼。去

皮風濕癢，治口臭喉痺。《本經》治濕痺死肌者，蓋痺及死肌皆是感地之濕氣，或兼風寒所成，風能除濕，溫能散寒，辛能開竅，故前症自療。

按：細辛稟升陽燥烈之氣，而為風劑，辛香開竅，能發少陰汗而止頭痛。溫少陰之經，散水氣以去內寒。水停心下不行，則腎氣燥，宜辛以潤之。細辛之辛，以行水氣而潤燥。杲曰：膽氣不足，細辛補之。又治邪氣自裏之表，故仲景少陰症用麻黃附子細辛湯，治邪在裏之表藥，有以也。時珍曰：氣之厚者能發熱，陽中之陽也。辛溫能散，故風寒濕火痰氣者用之。亦用治口瘡齒疾者，取其發散浮熱，火鬱則發之之義也。以其能散浮熱，能發火鬱，故風寒濕痰驚癇等症，口瘡喉痺之疾，無一不用。但開寒佐以薑、桂，破積佐以薑、附，去積佐以防風，乃為至捷。辛能瀉肺，故風寒咳嗽上氣者宜之。辛能補肝，故膽氣不足，驚癇目疾者宜之。辛能潤燥，故通少陰，及耳聾便濇者宜之。又治督脉為病，脊強而厥。若太陽則羌活，陽明則白芷，太陰則蒼朮，厥陰則川芎、吳萸，少陽則柴胡，用者隨經，不可差也。若涉虛內熱，及火升炎上，上盛下虛，氣虛有汗，血虛頭痛，陰虛嗽咳，脾胃兩虛作泄等症，皆當痛戒。即入風藥中，亦不可過五分，多則令人氣塞悶死。亦勿空腹服餌，令人溺不禁，以其太苦，則下泄太甚故也。

產華陰屬陝西者良。世多以杜衡等藥亂之，不可不辨。皆當以根苗色味細辨之，葉似小葵，柔莖，極細，根直，深紫色，味極辛，嚼之習習如椒者，細辛也。葉似馬蹄，莖微粗，根曲，似飯帚密鬧，細長，微黃白色，味亦辛者，杜衡也。作浴湯，香人衣體。一莖直上，莖端生葉如繖，似細辛，微粗而黃白色，味辛微苦者，鬼督郵也。有毒，治鬼疰邪惡之病。似鬼督郵而色黑者，及己也。入口令人吐血。治諸惡瘡，合疥瘡膏甚驗。有毒。葉似小桑，根似細辛，微粗長而黃色，味辛而有臊氣者，徐長卿也。有毒。抱朴子言上古辟瘟疫有徐長卿散，良効。葉似柳，而根似細辛，粗長，黃白色，而味苦者，白微也。似白微而白直，味甘者，白前也。二藥見前。使細辛，揀去雙葉，服之害人。去頭，土田瓜水浸一宿，晒乾用。棗根為之使。得當歸、芍藥、白芷、川芎、牡丹、藁本、甘草，共療婦人血閉。得決明、鯉魚膽、青羊肝，共療目痛。惡黃芪、狼毒、山萸。忌生菜、狸肉。畏硝石、滑石。反藜蘆。

清・蔣居祉《本草擇要綱目・溫性藥品》 細辛 氣味：辛，溫，無毒。輕清上浮而升，陰中陽也。入足厥陰、少陰血分，為手少陰引經之藥。入煎劑不可過一錢，多則令人氣悶。主治：散欬逆頭痛，風濕痹痛，溫中下氣。益肝膽明目，利九竅。治惡風頭風，止迎風淚下，除齒痛。故水停心下不行，則腎氣燥，宜細辛之辛，以行水氣而潤燥。邪氣自裏之表，則膽氣不足，用麻黃附子細辛湯，以清少陰之症。惡：山茱萸、黃芪。忌：生(茱)〔菜〕。畏：滑石。反：藜蘆。

清・閔鉞《本草詳節》卷二 細辛 【略】按：細辛，升發辛散，香味俱細，最能溫腎，散水寒，故入腎經。與獨(滑)〔活〕相類，治少陰頭痛如神。亦止三陽頭痛，諸風寒、風濕。痰飲，胸中滯氣，驚癇用者，取其辛溫能散。口瘡、喉痺、牙蝕用者，取其能散浮熱，火鬱則發之之義。水停心下，則腎氣燥，用之行水氣而潤燥。又辛能補膽氣不足，而潤肝燥。又治邪在裏之表，故仲景少陰症用麻黃附子細辛湯也。若單用，不可過半錢。凡血虛內熱，因成頭痛咳嗽者，禁用。

清・王翃《握靈本草》卷三 細辛處處有之。根細莖直而色紫，味極辛。反藜蘆。

主治：細辛，辛，溫，無毒。主欬逆上氣，頭痛腦動，拘攣痺痛死肌，明目，利九竅，喉痺鼻窒，乳結，汗不出，血不行，及督脈為病。

清・汪昂《本草備要》卷一 細辛宣散風濕，補肝潤腎。辛溫散風邪，故諸風痹痛，咳嗽上氣，頭痛脊强者宜之。耑治少陰頭痛，獨活爲使。辛散浮熱，故口瘡喉痹少陰火、鼻淵齒䘌者蟲蝕膿爛宜之。辛益肝膽，故膽虛驚癇，風眼淚下者宜之。水停心下則腎燥，細辛之辛，能行水氣以潤之。腎燥者，心亦燥，火屈于水，故燥也。《經》曰：腎苦燥，急食辛以潤之。雖手少陰心，引經乃足少陰腎。本藥能通精氣，利九竅，故耳聾鼻齆，音瓮，鼻塞不聞香臭也。風寒入腦，故氣不宣通。寒宜表，熱宜清。有瘜肉者，爲末吹鼻。、倒睫、便濇者宜之。散結溫經，破痰下乳，行血發汗。能發少陰之汗。仲景治少陰症反發熱，麻黃附子細辛湯，乃治邪在裏之表劑。然味厚性烈，不可過用。不可過一錢，多則氣不通，悶絕而死，雖死無傷可驗。開平獄嘗治此，不可不知。味極辛，產華陰者真。杜蘅、鬼督郵、徐長卿，皆可亂之。揀去雙葉者用。惡黃耆、山茱，畏硝石、滑石，反藜蘆。

清・吳楚《寶命真詮》卷三 細辛 【略】主風寒濕痺，頭痛鼻塞，下氣破痰。利九竅，明目聰耳，除齒痛膚癢，頭面游風，百節拘攣。療風眼淚出，口瘡喉痺，驚癇欬嗽。

清・陳士鐸《本草新編》卷三 細辛 味大辛，氣溫，升也，陽也，無毒。

入手足少陰。止頭痛如神，治諸風濕痹，尤益肝、膽之經。腎得之而溫。利竅清痰，止迎風淚眼，療婦人血閉，袪在裏之寒邪。口臭齒腫，含漱亦良。但止可少用，而不可多用，亦止可共用，而不能獨用。多用則氣耗而病增，獨用則氣盡而命喪。可不慎歟。

或問：細辛既能溫腎，自是補劑，何故又散氣耶？夫細辛，陽藥也，升而不沉，雖下而溫腎中之火，而非溫腎中之水也。火〔之〕性炎上，細辛溫火，而即引火上升，此所以不可多用耳。或問：細辛散人真氣，何以頭痛反能取效？蓋頭為太陽之首，清氣升而濁氣降，則頭目清爽。惟濁氣升而清氣降，則頭目沈沈欲痛矣，細辛氣清而不濁，故善降濁氣而升清氣，所以治頭痛如神也。但味辛而性散，必須佐之以補血之藥，使氣得血而不散也。

清・顧靖遠《顧氏醫鏡》卷七 細辛辛，溫。入心、肝、〔腎〕三經。反藜蘆。治少陰頭痛，故仲景治少陰症，有麻黃附子細辛湯，亦止諸陽頭痛，諸風通用。療風寒鼻塞。辛香開竅也。大辛純陽，凡血虛內熱，頭痛陰虛，火升鼻塞者，戒之。即入風藥，不過五分而止，其性最燥烈。

清・李熙和《醫經允中》卷二〇 細辛 入手少陰引經藥，入足厥陰、少陰血分。反藜蘆。氣大溫，升也，陽也。單服五錢令人命傾。辛，溫，無毒。主治利竅，散浮熱，發鬱火。療頭風腦痛，濕痺喉痺，口臭口瘡，䘌齒鼻齆，目疼，婦人血閉。但開寒佐以薑桂，破積佐以香附，去風佐以防風，為至捷之藥也。治督脉為病，脊強而厥。凡氣虛有汗，血虛頭痛，脉上盛下虛作泄者，皆不宜用。況辛散太過，即對症亦當以四五分為止，過半錢單服則令人氣塞悶死；空腹服之，亦令人溺不禁，以苦能下泄故也。

清・馮兆張《馮氏錦囊秘錄・雜症痘疹藥性主治合參》卷一 細辛稟天地陽升之氣以生，故其味辛溫而無毒。入手少陰、太陰經風藥也。

細辛亦止少陰頭痛，通鼻齅而療牙疼。辛能攻表，故在上之陽邪可解；溫能救裏，故在裏之伏邪可散。或用獨活為使，止本經頭痛如神，治諸風濕立效。溫陰經，除內寒，利竅通精，清痰下氣。得石決明、青魚膽、青羊肝止風淚目疼。劫劑過半錢，單服令氣塞命傾。蓋辛溫燥烈，不可常用。血虛頭痛者，尤宜戒之。

主治痘疹合參：療齒痛，開竅止嗽，百節拘攣，散頭面諸風，散水濕，治內寒，消死肌，又主喉痹。凡痘初發表及癢塌者，間有用之，不可常用多用，惟通關散皆用之，取散寒通竅也。

清・张璐《本經逢原》卷一 細辛 辛，溫，無毒。產華陰及遼東者良。反藜蘆。《本經》主欬逆頭痛腦痛，百節拘攣，風濕痹痛，死肌，明目，利九竅。

發明：細辛辛溫，上升入手、足厥陰、少陰血分，治督脈為病，脊強而厥。《本經》治欬逆，頭痛腦痛，善搜厥陰伏匿之邪也。獨活為使，治少陰頭痛如神，亦主諸陽頭痛。諸風藥用之治風濕痹痛，百節拘攣。去死肌、明目者，取辛以散結，而開經脈竅隧之邪也。味辛而熱，溫少陰之經，故仲景少陰證，用麻黃附子細辛湯，辛溫能散。故凡風寒風濕頭痛、口瘡、喉痹、䘌齒諸病用之，取其能散浮熱，亦火鬱發之之義也。辛能泄肺，故風寒欬嗽上氣者宜之。辛能補肝，故膽氣不足則肝氣有餘，驚癇眼目諸病宜之。辛能潤燥，故通少陰，諸經及耳竅閉塞者宜之。又主痰結濕火，鼻塞不利，凡口舌生瘡者，用細辛、黃連末摻之。凡血虛內熱火鬱，頭痛發熱欬嗽者戒用，以其辛烈耗真氣也。細辛辛之極者，用不過五分。

清・浦士貞《夕庵讀本草快編》卷一 細辛《本經》 附：杜蘅 產華州者其根細而辛，故名。《管子》云：五沃之上群藥生，少辛是也。今隨地生者謂之杜蘅，即馬蹄香，與細辛相似而麤短，其力薄，不堪入藥，但在香料中用之。細辛味大辛而氣溫，升陽之品也。入足厥陰少陰血分，兼為手少陰引經。如諸風寒濕，頭疼腦痛，胸中痰飲，咳逆滯氣用之者，取其辛能泄肺也。如膽氣不足，驚癇癲厥，眼目諸症用之者，以其辛能平肝也。若水停心下，腎氣不行，耳閉便濇用之者，以其辛能潤腎燥也。故仲景治傷寒少陰邪氣自裏之表用麻黃附子細辛湯，餘可類推矣。

清・張志聰、高世栻《本草崇原》卷上 細辛 氣味辛，溫，無毒。主咳逆上氣，頭痛腦動，百節拘攣，風濕痹痛，死肌。久服明目，利九竅，輕身長年。

細辛始出華陰山谷，今處處有之。一莖直上，端生一葉，其莖極細，其味極辛，其葉如葵，其色赤黑。遼冀產者，名北細辛，可以入藥。南方產者，名杜衡，其莖稍粗，辛味稍減，一莖有五七葉，俗名馬蹄香，不堪入藥。細辛氣味辛溫，一莖直上，其色赤黑，稟少陰泉下之水陰，而上交於太陽之藥也。少陰為水臟，太陽為水府。水氣相通，行於皮毛，皮毛之氣，內合於肺。若循行失職，則病咳逆上氣，而細辛能治之。太陽之脈，起於目內眦，從巔絡腦，若循行失職，則病頭痛腦動。而細辛亦能治之。太陽之氣主皮毛，少陰

之氣主骨髓，少陰之氣不合太陽，則百節拘攣。節，骨節也。百節拘攣，致有風濕相侵之痹痛。風濕相侵，傷其肌腠，故曰死肌。而細辛皆能治之。久服則水精之氣，濡於空竅，故明目，利九竅。九竅利，則輕身而長年。愚按：細辛乃《本經》上品藥也，味辛臭香，無毒。主明目利竅。宋元祐陳承謂：細辛單用末，不可過一錢，多則氣閉不通而死。近醫多以此語忌用，嗟嗟。凡藥所以治病者也，有是病，服是藥，豈辛香之藥而反閉氣乎？豈上品無毒而不可多服乎？方書之言，俱如此類，學者不善詳察而遵信之，伊黃之門，終身不能入矣。

清·劉漢基《藥性通考》卷五 細辛 味辛，溫，散風邪，故諸風痺痛、欬嗽上氣、頭痛脊強者宜之。耑治少陰頭痛。獨活為使，辛散浮熱，故口瘡喉痺、鼻淵齒䘌者宜之。辛益肝膽，故膽虛驚癇、風眼泪下者宜之。水停心下則腎燥，細辛之辛，能行水氣以潤之。雖手少陰引經，乃足少陰本藥。能通精氣，利九竅，故耳聾鼻齆、鼻不聞香、風寒入腦，故氣不通。寒宜表，熱宜清，有瘜肉者，為末，吹鼻而愈。倒睫便濇者宜之。散結溫經，破痰下乳，行血發汗，能發少陰之汗。仲景治少陰症及發熱，麻黃附子細辛湯，乃治邪在裏之表劑。然味厚性烈，不可過用至一錢，多則氣不通，悶絕而死。其味極辛。產華陰者真，揀去雙葉用。惡黃耆、山茱，畏硝石、滑石，反藜蘆。

清·姚球《本草經解要》卷一 細辛 氣溫，味辛，無毒。主欬逆上氣，頭痛，腦動，百節拘攣，風濕痹痛，死肌。久服明目，利九竅，輕身長年。細辛氣溫，稟天春升之木氣，入足厥陰肝經。味辛，無毒，得地西方之金味，入手太陰肺經。氣味俱升，陽也。肺屬金，而主皮毛。形寒飲冷，則傷肺，肺傷則氣不降，而欬逆上氣之症生矣。細辛辛入肺，溫能散寒，所以主之。風為陽邪，而傷於上，風氣入腦，則頭痛。腦動，風性動也，其主之者，風氣通肝，入肝辛散也。地之濕氣，感則害人皮肉筋骨，百節拘攣，濕傷筋骨也。風濕痹痛，濕傷肉也。死肌，濕傷皮也。細辛辛溫，散濕活血，則皮肉筋骨之邪散而愈也。久服辛溫暢肝，肝開竅於目，五藏精液上奉，故目明。辛溫開發，故利九竅。肝木條暢以生氣血，所以輕身長年也。製方：細辛同石膏，治陽明火熱齒痛。同芎、歸、芍、丹皮、藁本、甘草、白薇，治女子子宮冷不孕。同甘草，治傷寒少陰咽痛。同五味、白芍、甘草、肉桂、炮薑、黃耆、蘇梗，治欬逆上氣及筋骨疼痛。同白芍、甘草、桂枝、木通、歸身，治風濕痛。專為末，吹鼻，治卒倒不省人事。

清·周垣綜《頤生秘旨》卷八 細辛 邪在裏之表藥也。寒邪結表不得散，則為欬逆頭痛，百節拘攣，汗不得出，血不得行，以此辛溫，除寒散結，則汗出血行，五臟安而精氣通，九竅利，肝膽益而目明矣。必是犯寒者為宜。

清·王子接《得宜本草·中品藥》 細辛 味苦、辛。入足厥陰、少陰經。得黃連治口瘡齒䘌，得決明、鯉魚膽、青羊肝療目痛。

清·徐大椿《神農本草經百種錄》上品 細辛 味辛，溫。主欬逆，散肺經之風。頭痛腦動，散頭風。百節拘攣，風濕痹痛，死肌。散筋骨肌肉之風。久服，明目，利九竅，散諸竅之風。輕身長年。風氣除，則身健而壽矣。此以氣為治也，凡藥香者，皆能疏散風邪。細辛氣盛而味烈，其疏散之力更大。且風必挾寒以來，而又本熱而標寒。細辛性溫，又能驅逐寒氣，故其疏散上下之風邪，能無微不入，無處不到也。

清·黃元御《長沙藥解》卷三 細辛 味辛，氣溫。入手太陰肺、足少陰腎經。降衝逆而止咳，驅寒濕而蕩濁。最清氣道，兼通水源。《傷寒》小青龍湯方在麻黃治太陽傷寒，心下有痰氣，乾嘔，發熱而咳。用細辛、乾薑、五味降逆斂肺，以止咳嗽。《金匱》以治痰飲，咳逆倚息，飲去咳止。氣從小腹上衝胸咽，用桂、苓、五味、甘草，治其氣衝。衝氣既低，而又更咳胸滿者，用桂、苓、五味、甘草，去桂，加乾薑、細辛方在乾薑。治其咳滿。《傷寒》真武湯方在茯苓治少陰病內有水氣，腹痛下利。若咳者，加五味半斤，細辛、乾薑各一兩，是皆小青龍之法也。《金匱》厚朴麻黃湯方在厚朴，射干麻黃湯方在射干，皆用之以治咳而下寒者。麻黃附子細辛湯方在麻黃，麻辛附子湯方在桂枝，大黃附子湯方在大黃，赤丸方在烏頭，烏梅丸方在烏梅，皆用之，以治寒氣之衝逆也。

防己黃耆湯方在防己，治風濕脈浮，身重，氣衝者，加桂枝三分；下有陳寒者，加細辛三分。風木衝逆，則用桂枝，寒水衝逆，則用細辛。此治衝逆之良法也。

肺以下行為順，上行則逆，逆則氣道壅阻而生咳嗽，咳嗽之證，由於肺金不降，收氣失政，刑於相火，其間非無上熱，而其所以不降者，全因土溼而胃逆。戊土既濕，癸水必寒，水寒土濕，中氣不運，此肺金咳逆之原也。

當火炎肺熱之時，而推其原，本非緣寒氣衝逆，則由土濕堙塞，因而水飲停瘀者，十居七八。然則上熱者，咳嗽之標；水飲濕寒者，咳嗽之本也。

外感之咳，人知風寒傷其皮毛，而不知水飲濕寒實傷其腑臟。蓋濁陰充

塞，中氣不運，肺金下達之路既梗，而孔竅又閤，裏氣愈阻，肺無泄竅，是以宗氣壅迫衝逆而為咳。若使裏氣豁通，則皮膚雖閉，而內降有路，不至於此也。細辛溫燥，開通利肺胃之壅阻，驅水飲而逐濕寒，潤大腸而行小便，善降衝逆，專止咳嗽。其諸主治，收眼淚，利鼻塞，去口臭，除齒痛，通經脉，皆其行鬱通結，下衝逆之力也。

清·吳儀洛《本草從新》卷一 細辛〔宣散風寒濕，行水氣，潤腎燥。〕 辛，溫。散風寒，故諸風痺痛，咳嗽上氣，頭痛脊強者宜之。專治少陰之頭痛。辛散浮熱，故口瘡喉痺，少陰火。鼻淵齒䘌者宜之。蟲蝕膿爛。水停心下則腎燥，細辛之辛能行水氣以潤之。腎燥者心亦躁，火屈於水，故躁也。《經》曰：腎苦燥，急食辛以潤之。雖手少陰引經心，乃足少陰本藥腎。能通精氣，利九竅，故驚癇、耳聾、鼻齆、鼻塞不聞香臭。風寒濕熱入於腦，故氣不宣通。寒宜表，濕熱宜清。有瘜肉者為末吹鼻。風眼淚下、倒睫便澀者宜之。溫經發汗，能發少陰之汗。仲景治少陰證，反發熱者，麻黃附子細辛湯，乃治邪在少陰之表劑。行血下乳，散結破痰。味厚性烈，不可多用。味極辛，產華陰者良。北產者細而香，南產者稍大而不香，名土辛，又名馬辛。以其葉似馬蹄也。揀去雙葉者用。惡黃耆、山茱萸。畏硝石、滑石。反藜蘆。

清·汪紱《醫林纂要探源》卷二 細辛 辛，溫。葉大如葵，一莖兩葉，一上一旁，根細散如鬚，氣辛烈，色紫黑。出華陰者良。對葉者不用。補肝潤腎，宣達命門之氣，以竄達於九竅百骸，潛通咽後。命門並兩腎為生人之本，督脈為幹，百骸九竅無所不通。腎脈行於身前，亦上自咽後，以通營耳目。細辛一本兩葉，根細散辛烈，故有布散宣達，竄走百骸九竅之用。主治咳嗽上氣，脊強頭痛，行督脈及少陰腎經也。并治喉痺口瘡，鼻淵齒䘌，耳聾鼻塞，風目下淚，倒睫拳毛，皆宣達九竅之用也。又辛能行水散結，故能治心下停水，行痰，通經下乳。又辛以補肝，治膽虛驚癇。但性烈不可多服。反藜蘆。

清·嚴潔等《得配本草》卷二 細辛 曾青、棗根為之使。畏滑石、硝石。惡黃耆、狼毒、山茱萸。反藜蘆。忌生菜、狸肉。 辛、苦，溫。入足少陰、厥陰經血分。溫經發散。治風寒風濕，頭痛脊強，咳逆上氣，水停心下，痰結驚癇，喉痹咽閉，口瘡齒䘌，目淚倒睫，耳聾鼻齆，腰足痹痛，拘攣濕癢，奔豚瘕疝，乳結便澀。 得黃蠟為丸，綿裹塞耳聾。使川連，摻口瘡齒䘌。使桂心，治客忤。研末吹鼻中，治暗風卒倒，不省人事。并治鼻中息肉。 產華陰者良。北產者細莖色紫，味辛香。揀去雙葉者，田瓜水浸一宿，曝乾用。

風熱、陰虛、血虛頭痛者，禁用。 其性極辛烈。氣血兩虛者，但用一二分，亦能見效，多則三四分而止。如用至七八分以及一錢，真氣散，虛氣上壅，一時悶絕。

題清·徐大椿《藥性切用》卷三 北細辛 性溫味辛，表散寒邪，兼祛浮熱，乃手少陰引經，足少陰本藥。味極辛，能行水氣以潤燥，性極刄烈，不可多用獨用。

清·黃宮繡《本草求真》卷三 細辛宜散腎經風寒。 細辛 耑入腎，兼入肝膽。 味辛而厚，氣溫而烈，為足少陰腎溫經主藥。凡風寒邪入至陰而見本經頭痛，太陽頭痛在腦後，陽明頭痛在額，少陽頭痛在兩角，厥陰頭痛在巔頂，少陰頭痛在腦齒。腰脊俱強，口瘡喉痹，鼻淵齒䘌，水停心下，口吐涎沫。成無己曰：水停心下，不行則腎氣燥，宜辛以潤之，細辛之辛以行水氣而潤燥。耳聾鼻齆，倒睫便濇者，並宜用此調治，或用獨活為使。俾在表之陽邪可表，而在裏之伏邪可除。故書載能通關利竅，破痰下乳，行血發汗。仲景治少陰症反發熱，麻黃附子細辛湯以發少陰之汗。且走腎者，必兼肝與膽，膽虛驚癇及風眼淚下者，得此辛散宣通，而令淚收驚除。至書所云服能入腎潤燥，非是火盛水衰，陰被陽涸而成，實因陰盛陽衰，火屈於水而致也。遇此辛以除寒，溫以燥濕，則陰得解而不凝矣，豈剛燥不撓之謂也乎？時珍曰：氣之厚者，能發陽中之陽也。辛溫能散，故諸風寒、風濕頭痛、痰飲胸中滯氣、驚癇者宜用之。口瘡、喉痹、䘌齒諸病用之者，取其能散浮熱，亦火鬱則發之之義也。辛能泄肺，故風寒咳嗽上氣者宜用之。辛能散燥，故通少陰及耳竅，便濇者宜用之。世之論藥性者，每鮮如此體會，但知就燥論燥，而致固執不通，獨不思《經》有云腎苦燥，急食辛以潤之乎？然味厚性烈，所用止宜數分，過則氣塞命傾。承曰：細辛多則氣悶塞不通者死，雖死無傷。近年開平獄中嘗治此，不可不知。若血虛頭痛者，尤宜戒焉。產華陰者真。時珍曰：葉似小葵，柔莖細根，直而色紫，味極辛者，細辛也。杜衡、鬼督郵、徐長卿皆可亂之。去雙葉者用。雙葉服之害人。惡黃耆、山茱萸，畏硝石、滑石，反藜蘆。

清·楊璿《傷寒溫疫條辨》卷六散劑類 細辛 遼出者佳。味大辛，氣溫，氣味俱厚，升也，陽也，有小毒。入肝、腎。散陰分寒邪，逐本經頭疼。仲景有麻黃附子細辛湯。辛散利竅，除諸風濕痹，驅風淚眼疼。口臭牙疼，煎含。多服大散真氣。按：此物辛甚，故能大散陰分之寒邪。陰分且然，陽分可知，亦豈有辛甚而不入陽分者？但陽證忌熱，當慎用耳。

附：　琉球・吳繼志《質問本草》內篇卷三　細辛　生陰地，四時有葉，春開花，其根葉別包附上。　細辛，辛，溫，無毒。入足厥陰、少陰引經之藥。葉似葵，一梗一葉，處處皆有。北辛有根為上，馬辛有葉無根，次之。療百節拘攣，頭痛，利竅通關，風濕陰寒，皆用。壬寅，陸澍。　細辛，此北辛也，辛香，最地道。又種粗葉少根，香味次之，名麻辛。別包書之，不記其姓名。　作細辛，若用不知可否？　載在《本草備要》。甲辰，戴道光、戴昌蘭。

清・羅國綱《羅氏會約醫鏡》卷一六草部　細辛味大辛，氣溫，入心小腸二經。惡黃芪、山茱萸，畏滑石，反藜蘆。產華陰者真。　辛散諸風，治百節拘攣疼痛。祛陰分寒邪，性溫能發少陰之汗。少陰頭痛，獨活為使。口瘡喉痹，少陰火也，以辛散浮熱。口臭牙蟲，煎水含漱。通鼻開竅，為末吹之。除頭面游風、風眼目淚風也。

按：　細辛燥烈，不可過用，過一錢，悶絕而死。死亦無傷可驗。

清・吳瑭《醫醫病書》　細辛論　細辛，細而辛者也。一莖直上，端生一葉，其莖極細，其味極辛，《本經》稱其氣味辛溫，無毒，主咳逆上氣，頭痛腦動，百節拘攣，風濕痺痛死肌，久服明目，利九竅，輕身長年。張隱菴謂細辛乃《本經》上品藥也，味辛臭香，無毒，主明目，利竅。宋元祐陳承謂細辛單用末，不可過一錢，多則氣閉不通而死。近醫多以此語忌用。嗟嗟！　凡藥所以治病者也，有是病，服是藥，豈辛香之藥而反閉氣乎？　豈上品無毒而不可多服乎？　方書之言，俱如此類，學者不善詳察，而遵信之，醫門終身不能入(乎)〔矣〕。汪訒菴《本草備要》中，將單用末三字刪去，直謂之不可過一錢，多則悶絕而死，雖死無傷可驗。且引開平獄嘗治此以實之，其不通有如此哉？

清・陳修園《神農本草經讀》卷一上品　細辛　氣味辛，溫，無毒。主咳逆上氣，頭痛腦動，百節拘攣，風濕痹痛，死肌。久服明目，利九竅，輕身長年。　張隱庵曰：　細辛氣味辛溫，一莖直上，其色赤黑，稟少陰泉下之水陰，而上交於太陽之藥也。少陰為水臟，太陽為水腑，水氣相通行於皮毛，內合於肺，若循行失職，則病咳逆上氣，而細辛能治之。太陽之脈，起於目內眥，從巔絡腦，若循行失職，則病頭痛腦動，而細辛亦能治之。太陽之氣主皮毛，少陰之氣主骨髓，少陰之氣不合太陽，則風濕相侵。痹於筋骨，則爲百節拘攣；　痹於腠理，則為死肌。而細辛皆能治之。其所以能治之者，以氣勝之也。久服明目利九竅者，水精之氣濡於空竅也。九竅利，則輕身而延年矣。

又曰：　宋元佑陳承謂細辛單用末，不可過一錢，多則氣閉不通而死。近醫多以此語忌用，而不知辛香之藥豈能閉氣？　上品無毒之藥何不可多用？　方書之言類此者不少。學者不善詳察而遵信之，伊黃之門，終身不能入矣！

清・黃凱鈞《藥籠小品》　細辛　辛，溫，為心之引經，腎之本藥。溫經發汗，水停心下，治少陰咽痛，味厚性烈，不可多用。

清・王龍《本草纂要稿・草部》　細辛：　氣味辛溫。治諸風，却濕痺，尤能寧嗽。溫陰經，散水寒，更治內寒。安五臟，通精利竅。益肝膽，下氣清痰。治少陰頭痛，發寒邪在裏之表。辟口臭難聞，殺䘌蟲齒腫作痛。為足少陰之本藥，為手少陰之引經。獨活為使。少用為宜。

清・吳鋼《類經證治本草・手少陰心臟藥類》　細辛　【略】誠齋曰：理腎經之風邪，行心下之水氣。以極細而辛，揀去雙葉者。

清・張德裕《本草正義》卷上　細辛　大辛，大溫。氣味俱厚，陽也。用其溫散陰經寒邪，除陰經頭痛，療寒痹風癇，開關通竅。辛甚，不可過服。陰經尚然，陽經可知。

清・楊時泰《本草述鉤元》卷七　細辛　出華山。根細而直，色紫而柔，味極辛，嚼之習習如椒而更甚於椒。其根曲者，其色黃白或黑者，其味雖辛而不甚，或兼微苦，或單苦，或甘者，皆非細辛。杜衡、鬼督郵、徐長卿、白薇、白前五種，根皆粗肥多曲，反於細辛之細直。　氣溫，味大辛。氣厚於味，陽也，升也。升則上行，辛則橫走，溫則發散。入足厥陰、少陰血分，為手少陰引經藥。香味俱細，與獨活相類，故入少陰。《龜齡集》云：　細而辛者，能通心竅，醋浸一宿，曬乾為末用。獨活為之使。　細指形言，辛指味言，輕清柔韌，端直修長，當入少陽，宣達甲膽之用，自下而上，以行春令，故東垣云膽氣不足細辛補之之頤。主治風寒頭痛，治少陰頭痛如神，以經氣為陰寒盛氣所逆也。亦止諸陽頭痛者，陰寒鬱乎陽也。寒欬上逆，溫中下氣，寒散則氣自下。益肝膽，通精氣，開胸中滯結，破痰利水，氣為寒所傷，故停水於上，痰亦即寒水所凝，不治一切痰也。療百節拘攣，風濕痹痛，除喉痹，口舌生瘡，散齒痛，能散浮熱亦火鬱發之之義。通耳竅及鼽鼻不聞香臭，止風眼下淚，下乳結，通血閉，治婦人血瀝腰痛諸本草。止少陰合病之頭

痛，殺三陽數變之風邪東垣。溫陰經，去內寒，治邪在裏之表者丹溪。密通精氣，顯益火，大青陽之象也復。潤肝燥，辛能達腎氣，即以潤肝之陰氣。治督脈為病，脊強而厥者。辛溫以潤，內寒所主頭痛腦痛，拘攣痹痛，汗不出，血不行，皆從陰中以通真陽之功，通真陽即以治督。好古。同石膏，治陽明火熱上攻齒痛。得鯉魚膽、青羊肝、甘菊花、決明子，療目痛。得甘草，療傷寒少陰咽痛。同黃連等分，為末，治口舌生瘡，漱涎甚效，或用黃柏。

論：細辛香味俱細，少陰本藥也，其辛熱能溫足少陰之寒。究溫寒之用，所以致於內外周身，而上行為最者，非肝不能也。肝合任而交督，自九地之下際於九天之上。《別錄》所云益肝膽，通精氣，最為扼要。其在至陰之分，雖不倫於補陽諸味，却能就陰分而散寒邪。如邪氣在裏之表，及拘攣痹痛，乳結血閉，皆自陰中通陽。即至陽之分，雖難比於行氣諸劑，却能就陽分而散陰結。如散胸中積滯，及頭痛氣逆，痰飲水聚，喉痹齆鼻，皆在陽中通陰。陰中陽通，則能資榮氣而使暢矣。故又謂入厥陰、少陰血分。陽中陰通，則能助風劑而使行矣。所以謂諸風通用。總以辛溫達腎肝之氣，而暢陽於下，導陰於上，紓腎陰而升肝陽，最為有裨於人，而非益氣血之藥也。此味因潔古言諸風通用，而承襲者往往不察所宜，不知風從陽氣言之，有虛有實。如陽鬱於下而為風，自以達陽為主。若陽壅於上而為風，即宜以和陰為主，反加辛溫升散，則陽愈壅而風愈甚矣。細辛治陽鬱之風，不治陽壅之風，投之若誤，為害滋甚。有中氣虛而時患傷風，竟從補中氣而愈者，不可參此義以用細辛乎哉。至其能治風濕痹痛，亦由陽虛化風，因之化濕者也。凡陽虛鬱風者多化濕，不可不知。

繆氏云：凡病內熱及火升炎上，上盛下虛，氣虛有汗，血虛頭痛，陰虛咳嗽，法皆禁用。氣厚性烈，入藥不得過五分。

修治：雙葉者，服之害人，須揀去，洗淨泥沙。

清・葉桂《本草再新》卷一 細辛味辛，性溫，無毒。入肝、肺二經。散風邪，宣陽氣，利九竅，通經發汗，行血下乳，散結破痰，治喉痺欬嗽，牙腫頭痛，氣悶目昏。

清・吳其濬《植物名實圖考》卷七 細辛 《本經》上品。《圖經》：他處所出不及華山者真。《夢溪筆談》以為南方所用細辛皆杜蘅。今江西俚醫以葉大而圓者為杜蘅，葉尖長者為細辛，殊有分別，過劑亦能致人氣脫而死，不必華山所產。

雩婁農曰：《圖經》列細辛已數種，而及己、鬼都督、杜蘅輩，又復相似，今江西、湘、滇所用細辛，輒與《本草》不類，然皆能發汗脫陽。夫參、茯、术、草，種既不繁，醫者或以他藥代之，不能效，且誤人病。彼搜伐侵削之品，何其多也？韓信謂漢高不善將兵而善將將，古來名將如林，而能將將者，其郭令公、曹武惠乎？良醫必如太倉公、華佗，然後可用毒藥而不戕人；專閫必如郭令公、曹武惠，然後可用毒將而不縱兵。否則謹斥堠、嚴刁鬥、明軍令以行之，不妄殺者上將也；慎佐使、量緩急、度病勢而用之，不失一者上醫也。將不可妄遣，藥不可妄投，事有大小，而能死人則一而已。《周官》瘍醫療瘍，以五毒之藥攻之；《易》師卦之象曰：聖人以此毒天下。然則良醫之用藥，聖人之用兵，能起白骨登袵席，而未嘗不深知其毒而慎之。彼喜方而誇良藥，好武而事佳兵者，誠哉其不祥也。

清・趙其光《本草求原》卷一山草部 細辛 氣溫達肝，味辛達肺，無毒。一莖直上，其色赤黑，屬水。是具肝陽之升氣，開發腎與膀胱之陰水，外行皮毛而內合於肺者也。腎氣原藉肝氣為使，以上至於肺。主咳逆上氣，太陽寒鬱，則循行失職，水氣不能上通，故咳逆。頭痛腦動，太陽脈起目內眦，從巔絡腦，陰鬱陽而失職則痛動。百節拘攣，風濕痹痛死肌。太陽合肺，主皮毛，少陰主骨髓，二者不通合，則風濕閉於筋骨而拘攣，痹於肌腠而肌死。久服明目，利九竅，陰結開，則水精上濡空竅。輕身延年。生升之氣條達。治陽明熱齒痛，同石膏。目痛，同鯉膽、羊肝、甘菊、草決。傷寒咽痛，同甘草。鼻齆不聞香臭，風寒鬱於腦也。為末吹。口舌瘡，同川連或黃柏。風寒風濕，頭痛鼻塞，同風濕藥。諸陽頭痛，督脈病、脊強而厥，太陽夾脊而行，水氣通行，榮液濡布則寒燥俱失。乳結，血閉，胸中結滯痰結聚，濕火內鬱，喉痹，風眼下淚，驚癇卒倒，鼻瘜，為末吹鼻。耳聾，為末，黃蠟丸，塞耳。客忤，同桂納口中。齒䘌腫痛，煎水含。皆陰勝陽鬱之病，取其通陽以行陰，陰舒而肝膽自潤，非僅辛散、辛潤之旨也。故仲景麻黃附子細辛湯，因少陰內寒而太陽外熱，用附子助太陽之表陽，以內合少陰；麻、辛啟少陰之陰，以外合太陽，是交合內外陰陽法。麻黃附子甘草湯，因少陰病二三日無裏症，應解太陽之表熱，又恐過汗傷腎液，故減辛加甘，取中焦水穀之津以為汗。可知細辛原不僅散寒之比，乃達陰之用，所以少陰頭痛，獨活為使。虛寒嘔吐同丁香研，柿蒂湯下。並用之。

《本經》列此為上品。辛香之物，本可久服，惟血虛火鬱而非寒勝熱鬱者

忌之。且辛烈之性，單用亦不可過一錢，宜也。若謂多服反閉氣，則恐辛香之物未有能閉氣者。產華陰及遼東者良。其辛不甚，可多服。形小而辛甚者，能通心竅。揀去雙葉，醋浸一宿，曬為末。反藜蘆。

清・葉志詵《神農本草經贊》卷一 細辛 味辛，溫。主欬逆頭痛腦動，百節拘攣，風濕痹痛死肌。久服明目，利九竅。輕身延年。一名小辛。生山谷。

華陰五沃，小辛少辛。纖根獨立，雙葉非倫。椒聊含馥，葵影交新。杜衡貌似，劃偽覈真。

名醫曰：生華陰山谷。《管子》：五沃之土，群藥生少辛。馬融賦：蹉纖根。李當之曰：細辛一根一葉相連。雷斆論：雙葉者，服之害人。《晉書・傳》：非卿倫也。《夢溪筆談》：嚼之習習如椒。寇宗奭曰：葉如葵，赤黑色。駱賓王序：披玉葉以交新。蘇頌曰：今人多以杜衡為之。《唐書・傳》贊：剗偽以真。

清・文晟《新編六書》卷六《藥性摘錄》 細辛 味辛而厚，氣溫而烈，入腎兼入肝膽。宣散腎經風寒，凡少陰腎經頭痛在腦齒，及腰脊俱強，口瘡鼻淵，齒䘌，水停心下，口吐涎沫，耳聾鼻齆，倒睫，便濇，俱可用三五分佐藥。○惟血虛頭痛等症，忌之。○去雙葉者用。○惡黃芪、茱萸。○反藜蘆，半夏。

清・張仁錫《藥性蒙求・草部》 細辛二分、三分 細辛辛溫，少陰頭痛。利竅通關，風濕皆用。雖手少陰引經，乃足少陰本藥。能通精氣，利九竅。味厚性烈，不可多用。即入風劑，亦不可過五分。

清・屠道和《本草匯纂》卷一散寒 細辛 耑入腎，兼入肝、膽。味辛而厚，氣溫而烈。為足少陰腎經溫經主藥，宣散腎經風寒。凡風寒邪入少陰，而見本經頭痛，腰脊俱強，口瘡喉痺，鼻淵齒䘌，水停心下，吐涎沫，耳聾，鼻齆，倒睫，便濇，並宜此治。治諸惡瘡。頭瘡白禿，風瘡，皮膚如蟲癢，可煎汁洗，並傅之。通關利竅，破痰下乳，行血發汗。且走腎者，必兼肝膽，故膽虛驚癇及風眼下淚者，皆賴此治。或用獨活為使，俾在表之陽邪可表，而在裏之伏邪可除。然味厚性烈，所用止宜數分，過則氣塞命傾。若血虛頭痛者猶戒。產華陰者真。去雙葉用。

清・龍之章《蠢子醫》卷二 細辛宜大用 細辛猛烈上頭顛，頭疼如劈立時痊。有了火症不必用，有了寒疼他為先。若夫寒火夾雜候，有酒軍，有酒芩，有酒連，得此拔幟以登先。可以立大功，可以稱為仙。勝似平平淡淡藥，僅僅逐隊而隨班。凡用此等藥，看監製，看包羅，有了監製與包羅，縱然多用不生波。他如麻黃白芷與川芎，無不並此一樣看。譬如武侯在軍中，魏延不敢反。譬如汾陽掌大纛，懷恩無變遷。古人每每用數分，恒若禁止不敢添。不是古人無識見，古今氣運須細參。不是後人多明哲，如今疵癘大非前。我今幸生古人後，豈敢多改變。猶是前人意，總要善周全。不得不因氣運為變遷，不得不因疵癘為牽連。不怕此等藥，多倔強，多香竄，有了監製他為先，有了包羅他上前。如此英雄藥，使他抑鬱在土間，我亦不安然。

清・戴葆元《本草綱目易知錄》卷一 細辛 辛，溫。散風邪，故風濕痹痛，百節拘攣，皮風濕痒，咳嗽上氣，頭痛脊強者宜之。辛散浮熱，故口舌生瘡，喉痹鼻淵，齒痛齒䘌者宜之。辛益肝膽，故膽虛驚癇，暗風癲疾，風眼淚下者宜之。水停心下，則腎躁，細辛之辛，能行水氣以潤之。雖手少陰引經，乃足少陰、厥陰血分藥，能通精氣，利九竅，故耳聾鼻齆，目中倒睫，大便燥結者宜之。開滯結，通血閉，治婦人血瀝腰疼，溫中下氣，破痰下乳。口含之，去口臭。然味厚性烈，勿過用多用。反藜蘆。承曰：細辛單用，不可過一錢，多則氣悶塞不通而死，其死無傷驗。葆按：此非毒物，服多則氣全洩而斃。

清・黃光霽《本草衍句》 細辛 辛散浮熱，溫表邪寒。潤腎燥以瀉肺，腎苦燥，辛以潤之，辛能瀉肺。益膽氣而補肝。辛以補之。止諸陽之頭痛，除少陰之傷寒。能發少陰之汗。九竅通利，散諸竅之風。百節拘攣。風濕痺痛。溫陰經水氣散，水停心下不行，辛能行水氣。止咳逆痰飲安。兼治口臭口瘡，鼻淵鼻息，不聞香臭，鼻中息肉。目泣耳聾，眼風泣下。喉痺齒䘌。頭面風痛如神，皮風濕痒亦妙。上引心經，下療督脈。腎脈為病，脊強而厥。少用則病除，多犯令氣塞。若過一錢，則氣塞悶不通而死，雖死無傷。得黃連治口瘡齒䘌，得決明、鯉魚膽、青羊肝，療目病。

口舌生瘡，細辛、黃連為末，摻之，漱涎，甚效。鼻中息肉，細辛末時時吹之。

清・陳其瑞《本草撮要》卷一 細辛 味苦辛，入足少陰、厥陰經，功專宣達甲膽。得黃連治口瘡齒䘌，得決明、鯉魚膽、青羊肝，療目疾疼痛。惡黃耆、山茱，畏硝石、滑石，反藜蘆。

清・李桂庭《藥性詩解》 賦得細辛去頭風止嗽。得風字。田春芳。 細

辛雖止嗽，緣以去諸風。入腦醫鼻瘜，清頭治耳聾。　嗽自止。不因風寒之嗽者，及邪不在少陰之表分，均不可輕用此藥。

前題李慶霖　辛散細辛雄，功專善治風。清頭醫齒痛，利竅使鼻痛。

細辛辛散而烈，功專逐風，利九竅，散結滯，鼻淵齒痛，發汗溫經，雖手少陰引經，乃足少陰本藥。性烈，不可多用。

清・仲昴庭《本草崇原集說》卷一　細辛　【略】仲氏曰：經方對症發藥，藥味分兩搭配及煎法，服法，具有準繩。惟古今權度不同，須折算，大約古之一兩，抵今日二三錢。如麻黃附子細辛湯、大黃附子湯、桂甘姜棗麻辛附子湯內，將細辛折算，何止一錢。即欲從輕，亦須力能中病。苟折衷于長沙方治，則疑忌胥損矣。《崇原》所以教人詳察。

清・鄭奮揚著，曹炳章注《增訂偽藥條辨》卷二　細辛　偽名洋細辛。形雖似而無味。按細辛氣味辛溫。遼冀產者，名北細辛，可以入藥。南方產者名杜衡，其莖稍粗，辛味稍減，一莖有五七葉，俗名馬蹄香，不堪入藥。北產者其莖極細，其味極辛。若此種粗而無味，先失命名之義，又奚有治病之功乎？　炳章按：細辛六月出新。關東出者，為北細辛，根莖細青白，氣辛，葉少梗多為最佳。江南甯國涇縣出亦佳。江甯句容、滁州白陽山等處出，皆次。亳州出者為馬細辛，山東出為東細辛，均次，不堪藥用。

土細辛

附：琉球・吴繼志《質問本草》外篇卷一　土細辛　生陰地，四時有葉，春開花。　此一種，其生處葉形貼地，紫花，實處處之土產馬蹄香也。書名杜衡，亦人俗名土細辛。考其性用，載在《綱目》。但細辛出華山，根極細，色深紫，味極辛，嚼之習習如椒，而更甚於椒。本草又云：細辛水漬令直，是即杜衡偽也。今東南所用，多是杜衡，不得不明晰之。壬寅，陳文錦、李興成、盧亨春。　觀其形勢，葉莖實似土細辛，其味如胡椒，至於性用，可以體意。壬寅，許永枝、吴太茂、王隆盛。

清・莫樹蕃《草藥圖經》　馬蹄草　即馬蹄香。南省呼為馬蹄細辛。香料多用之。味甘，寒，無毒。治消渴熱痺。和鯽魚作羹食，下氣止嘔。治熱疸，厚腸胃，安下焦，逐水，解百藥毒，并蠱氣。

清・劉善述、劉士季《草木便方》卷一草部　土細辛　馬蹄草辛性平溫，風寒欬逆痰飲清。消渴下氣止嘔噦，瘿瘤藥毒可解輕。大小同性。

杜衡

宋・李昉《太平御覽》卷第九九一　杜衡　《博物志》曰：杜衡亂細辛。

宋・沈括《夢溪筆談》卷二六《藥議》　東方南方所用細辛，皆杜衡也，又謂之馬蹄香也，黃白拳局而脆，乾則作團，非細辛也。細辛出華山，極細而直，深紫色，味極辛，嚼之習習如椒，其辛更甚於椒，故本草云細辛，水漬令直，是以杜衡偽為之也。襄漢間又有一種細辛，極細而直，色黃白，乃是鬼督郵，亦非細辛也。

宋・唐慎微《證類本草》卷八草部中品〔《別錄》〕　杜衡　味辛，溫，無毒。主風寒欬逆。香人衣體。生山谷。三月三日採根，熟洗暴乾。

〔梁・陶弘景《本草經集注》〕云：根、葉都似細辛，惟氣小異爾。處處有之。方藥少用，惟道家服之。令人身衣香。《山海經》云：可療癭。

〔唐・蘇敬《唐本草》〕注云：杜衡葉似葵，形如馬蹄，故俗云馬蹄香。生山之陰，水澤下濕地。根似細辛、白前等。今俗以及已代之，謬矣。及已獨莖，莖端四葉，葉間白花，殊無芳氣，有毒，服之令人吐，惟療瘡疥，不可亂杜衡也。

〔宋・掌禹錫《嘉祐本草》〕按：《爾雅》云：杜，土鹵。注：杜衡也。似葵而香。《山海經》云：天帝山有草，狀如葵，其臭如蘼蕪，名曰杜衡，可以走馬，食之已癭。郭璞注云：帶之令人便馬，或曰馬得之而健走。《藥性論》云：杜衡，使。能止氣奔喘促，消痰飲，破留血，主項間瘤癭之疾。

〔宋・蘇頌《本草圖經》〕曰：杜衡，舊不著所出州土，今江淮間皆有之。苗、葉都似細辛，惟香氣小異，而根亦麤，黃白色，葉似馬蹄，故名馬蹄香。三月三日採根，熟洗，暴乾。謹按《山海經》云：天帝之山有草，狀如葵，其臭如蘼蕪，名曰杜衡，可以走馬，食之已癭。郭璞注云：帶之可以走馬，或曰馬得之而健走。《爾雅》謂之杜，又名土鹵。然杜若亦名杜衡，或疑是杜若。據郭璞注云：似葵而香，故知是此杜衡也。今人用作浴湯及衣香甚佳。

宋・寇宗奭《本草衍義》卷九　杜衡　用根，似細辛，但根色白，葉如馬蹄之下。市者往往亂細辛，須如此別之。《爾雅》以謂似葵而香是也。將杜衡與細辛相對，便見真僞。況細辛惟出華州者良。杜衡其色黃白，拳局而脆，乾則作團。

宋・鄭樵《通志》卷七五《昆蟲草木略》　杜衡　曰杜，曰土鹵。能香人衣體，南人以亂細辛。其葉似馬蹄，故亦名馬蹄香。《爾雅》云：杜，土鹵。

明・劉文泰《本草品彙精要》卷一一　杜衡無毒。　散生。

杜衡：主風寒欬逆，香人衣體。名醫所錄。〔名〕馬蹄香。〔苗〕《圖經》曰：苗葉都似細辛，惟香氣小異，而根亦粗，黄白色。葉似馬蹄，故名馬蹄香。《山海經》云：天帝之山有草，狀如葵，其臭如蘼蕪，食之可以已癭。郭璞注云：帶之可以走馬，或曰馬得之而健走也。今人作浴湯及衣香，甚佳。《衍義》曰：杜衡用根似細辛，但根色白，葉如馬蹄之下。市者往往亂細辛，須如此別之。《爾雅》以謂似葵而香是也。將杜衡與細辛相對，便見真僞。況細辛惟出華州者良，杜衡其色黄白，拳局而脆，乾則作團。〔地〕《圖經》曰：生江淮間及水澤下濕地，今處處皆有之。〔時〕生：春生苗。採：三月三日取根。〔收〕暴乾。〔用〕根。〔質〕類白薇，細小而拳促。〔色〕白。〔味〕辛。〔性〕溫，散。〔氣〕氣之厚者，陽也。〔臭〕香。〔主〕氣奔喘促，消痰飲。〔製〕去蘆梗葉，並洗去土，剉用。〔治〕療：《藥性論》云：破留血及項間瘤癭。〔贗〕及己爲僞。

明·鄭寧《藥性要略大全》卷二 杜蘅使。一名馬蹄香。 止氣奔喘促，消痰，破留血。治風寒咳逆。香人衣體。《經》云：主胸脇下逆氣，溫中，治風入腦戶頭腫痛，多涕淚出，眩倒，除氣臭，令人不忘。得辛夷、細辛良。味辛，性溫，無毒。一名馬蹄香。葉似馬蹄，根似細辛。即馬蹄辛也。惡柴〔胡〕、前胡。

明·皇甫嵩《本草發明》卷三 杜蘅中品上，臣。氣溫，味辛，無毒。

發明曰：杜蘅，辛溫令肺，故專主風寒欬逆。又能香人衣體。《藥性》云：止氣奔喘促，消痰飲，破留血，能主項間癭瘤之疾。葉似葵而香，形如馬蹄，根似細辛，惟氣小異。俗云馬蹄香。

明·李時珍《本草綱目》卷一三草部·山草類下 杜衡《別錄》中品。

〔釋名〕杜葵《綱目》 馬蹄香《唐本》 土鹵《爾雅》 土細辛《綱目》 恭曰：杜衡葉似葵，形似馬蹄，故俗名馬蹄香。頌曰：《爾雅》杜又名土鹵，然杜若亦名杜衡，或疑是杜若，而郭璞注云似葵，當是杜衡也。

〔集解〕《別錄》曰：杜衡生山谷，三月三日採根，熟洗暴乾。弘景曰：根葉都似細辛，惟氣小異爾。處處有之。方藥少用，惟道家服之。令人身衣香。恭曰：生山之陰，水澤下濕地。葉似槐，形如馬蹄。根似細辛、白前等。今俗以及己代之，謬矣。及己獨莖，莖端四葉，葉間白花，殊無芳氣。有毒，服之令人吐，惟療瘡疥，不可亂杜衡也。頌曰：今江淮間皆有之。春初於宿根上生苗，葉似馬蹄下狀，高二三寸，莖如麥藁粗細，每窠上有五七葉，或八九葉，別無枝蔓。又於莖葉間罅內蘆頭上貼地生紫花，其花似見不見，暗結實如豆大，窠內有碎子，似天仙子。苗葉俱青，經霜即枯，其根成空，有似飯帚密鬧，細長四五寸，粗於細辛，微黄白色，味辛，江淮俗呼爲馬蹄香。謹按《山海經》云：天帝之山有草焉。狀如葵，其臭如蘼蕪，名曰杜衡。可以走馬，食之已癭。郭璞注云：帶之可以走馬。或曰：馬得之而健走也。宗奭曰：杜衡用根似細辛，但根色白，葉如馬蹄之下。市人往往以亂細辛，將二物相對，便見真僞。況細辛惟出華州者良。杜衡色黄，拳局而脆，乾則出作團。詳細辛下。時珍曰：按《土宿本草》云：土細辛，葉圓如馬蹄，紫背者良，江南、荆湖、川陝、閩廣俱有之。取自然汁，可伏硫、砒，制汞。

根 〔氣味〕辛，温，無毒。〔主治〕風寒咳逆。作浴湯，香人衣體《別錄》。止氣奔喘促，消痰飲，破留血，項間癭瘤之疾甄權。下氣殺蟲時珍。

〔發明〕時珍曰：古方吐藥往往用杜衡者，非杜衡也，乃及己也。及己似細辛而有毒，吐人。昔人多以及己當杜衡，杜衡當細辛，故爾錯誤也。杜衡則無毒，不吐人，功雖不及細辛，而亦能散風寒，下氣消痰，行水破血也。

〔附方〕新六。 風寒頭痛：傷風傷寒頭痛發熱初覺者，馬蹄香爲末，每服一錢，熱酒調下，少頃飲熱茶一碗，催之出汗即愈，名香汗散。王英《杏林摘要》。 飲水停滯：大熱行極，及食熱餅後，飲冷水過多不消，停滯在胸不利，呼吸喘息者。杜衡三分，瓜蒂二分，人參一分，爲末。湯服一錢，日二服，取吐爲度。《肘後方》。 痰氣鼾喘：馬蹄香焙研，每服二三錢，正發時淡醋調下，少頃吐出痰涎爲驗。《普濟方》。 噎食膈氣：馬蹄香四兩，爲末，好酒三升，熬膏。每服二匙，好酒調下，日三服。孫氏《集效方》。 吐血瘀聚：凡吐血後，心中不悶者必止；若煩躁悶亂刺脹者，尚有瘀血在胃，宜吐之。方同飲水停滯。 喉閉腫痛：草藥金鎖匙，即馬蹄草，以根搗，井華水調下即效。《救急方》。

清·蔣居祉《本草擇要綱目·溫性藥品》 杜衡即土細辛。 氣味：辛，溫，無毒。 主治：風寒欬逆，作浴湯香人衣體。止氣奔喘促，消痰飲，破留血項間癭瘤之疾。下氣殺蟲。古方吐藥，往往用杜衡者，非杜衡也，乃及己也。及己似細辛而有毒，吐人。昔人多以及己當杜衡，杜衡當細辛，故爾錯誤也。杜衡則無毒，不吐人，功雖不及細辛，而亦能散風寒，下氣消痰，行水破血也。

清·张璐《本經逢原》卷一 杜衡俗名馬蹄香，又名杜葵。 辛，溫，無毒。

發明：杜衡香竄與細辛相似，故藥肆以之代充細辛。亦能散頭目風寒，下氣消痰，行水破血。但其氣濁，不能搜滌少陰經中之寒，稍遜細辛一籌耳。

清·汪紱《醫林纂要探源》卷二 杜蘅 辛，溫。性味功用同。葉厚而硬，似馬蹄，故名馬蹄香。亦一本兩葉，根粗而有塊，氣辛烈，曰南細辛，功力稍劣。

清·吴其濬《植物名實圖考》卷八 杜蘅 《別錄》中品。《山海經》有

之。《爾雅》：杜，土鹵。注：杜蘅也，似葵而香。《圖經》所述綦詳，惟不釋細辛形狀。陶隱居云：杜蘅根葉都似細辛，則俚醫以葉圓、長分別二種，不為無據。

雩婁農曰：《山海經》云：杜蘅可以走馬。注謂：佩香草能令馬疾走。其語不詳，豈物類相制，如《淮南萬畢術》，而今不傳耶？否則馬食杜蘅而有力善走，如宛馬嗜苜蓿耳。聖人格物，本於盡性，若予草木鳥獸，虞廷以命柏翳，此豈尋常委瑣事哉？《周官》設閩隸、貊隸，掌與鳥獸言；服不氏掌養猛獸，而教擾之；夏后氏之豢龍，能得龍之嗜欲；宣王時有梁鴦者，善養鳥獸，能馴虎豹。後世如種魚、咒雞、醫牛、相鶴，《禽經》《蠶書》，其體物情入於至微，甚至捕蛇、鬬鶉、蟋蟀、蠅虎之屬，亦教養有術焉。且獸醫賤業也，而與食醫同隸於冢宰，蓋以人之疾痛疴癢，推之於有知有生。而知夭札瘥癘，無不由於燥濕飢寒，故一一求其性情所喜惡而調燮之、時節之。況馬為國畜，地用所亟，夏庌、冬獻，教駣、攻駒，其法至詳。而漢時西北諸國，皆以能逐水草，谷量牛馬稱富強，故馬政以善牧為亟。夫一束芻，三升豆，此常料耳。東海之島，有龍芻焉，馬食之一日千里。西北多良馬，《酉陽雜俎》曰：瓜州飼馬以蘴草，沙州飼馬以茨萁，安北飼馬以沙蓬。譬之人焉。豆令重，榆令瞑，而服餌參朮者，亦能卻病而致康強。以此類物，將無同乎？人第見有馬者多鹽車之賈人，御馬者多魯國之東方，否則衣文繡、啖棗脯以養之者害之。世無王良、造父，則所謂相馬、通馬語者，洵為虛誕之說矣。詩人美衛文公之勤民，終以騋牝三千，而舉其要曰：秉心塞淵。為此詩者，其知道乎？

清・趙其光《本草求原》卷一山草部 杜衡 一名馬蹄香，又名杜葵。辛，溫，無毒。形似細辛，藥肆以之代充細辛，亦能散頭目風寒、下氣行水、止咳消痰、破血、殺蟲、治癭瘤。但氣濁，不能達少陰之水以舒陰，而上交於太陽，使水藏水府相通耳。同瓜蒂、人參末湯服，治飲水過多、停胸作喘，取吐即愈。此吐藥也。俗名金鎖匙。喉閉、腫痛，搗汁飲。

木細辛

宋・唐慎微《證類本草》卷一四木部下品〔唐・陳藏器《本草拾遺》〕 木細辛 味苦，溫，有毒。主腹內結積癥瘕，大便不利，推陳去惡，破冷氣，未可輕服。令人利下至困，生終南山，冬月不凋，苗如大戟，根似細辛。

明・王文潔《太乙仙製本草藥性大全》卷三《仙製藥性》 木細辛 味苦，氣溫，有毒。其苗如大戟，根似細辛，冬月不凋。主治：主腹內結積癥瘕，利大便，推陳致新，去惡氣而破冷氣。

山蕉根

清・劉善述、劉士季《草木便方》卷一草部 山蕉根 山蕉根辛解大毒，腦疽發背塗消速。散血消腫包瘰癧，蛇犬虎傷一齊除。氣味似細辛。

剪草

宋・唐慎微《證類本草》卷九草部中品〔宋・掌禹錫《嘉祐本草》新分條〕 翦草 涼，無毒。治惡瘡，疥癬，風瘙。根名白藥。新分條見日華子。〔宋・蘇頌《本草圖經》〕曰：翦草，生潤州。味苦、平，有毒。主諸瘡疥痂瘻蝕，及牛馬諸瘡。二月、三月採，暴乾用。〔宋・唐慎微《證類本草》〕陳藏器：翦草，味甚苦，平，無毒。主蟲瘡疥癬。浸酒服之。生山澤間，葉如茗而細，江東用之。治勞瘵方云：婺、台州皆有，惟婺州者可用。狀如茜草，又如細辛。每用一斤，淨洗爲末，入生蜜二斤，和爲膏，以器皿盛之，不得犯鐵器，九蒸九曝，日一蒸曝。病人五更起，面東坐，不得語，令匙抄藥，如粥服之，每服四兩，服已良久，用稀粟米飲壓之。藥冷服，粥飲亦不可太熱，或吐或下皆不妨。如久病肺損咯血，只一服愈。尋常欬嗽，血妄行，每服一匙可也。有一貴人，其國封病瘵，其尊人嘗以此方畀之，九日而藥成。前一夕，病者夢人戒令翌日勿亂服藥。次日將服之，爲屋上土墜器中，不可服。再合既成，又將服之，爲籍覆器，又不得食。又再合未就，而夫人卒矣。此藥之異如此。若小小血妄行，一啜而愈矣。

宋・鄭樵《通志》卷七五《昆蟲草木略》 剪草之根曰白藥。

宋・劉明之《圖經本草藥性總論》卷上 剪草 涼，無毒。治惡瘡疥癬風瘙。根名白藥。《圖經》：味苦，平，有毒。主諸瘡疥痂，及牛馬諸瘡。一云：治勞瘵，入生蜜，為膏服之，用冷粥飲，壓之。如吐，或下，不妨。如久病肺損咯血，只一服愈。尋常欬嗽血妄行，亦可。

宋・王介《履巉巖本草》卷上 剪草 味苦，平，無毒。治惡瘡，疥癬，風瘙。根名白藥。治久病肺損咯血，尋常欬嗽〔血〕妄行等病。每用一斤，淨洗爲末，入生蜜一斤，和爲膏，以器皿盛之，不得犯鐵器。九蒸九曝，日一蒸曝。病人五更起，面東坐，不得語，令匙抄藥，如粥服之。良久，用稀粥壓之。

宋・張杲《醫説》卷四 治勞瘵吐血 翦草，狀如茜草，又如細辛。婺、台二州皆有之，惟婺可用。其法：每取一斤，浄洗，碎為末，入生蜜一斤，和

成膏，以陶器盛之，不得犯鐵。日一蒸一曝，至九日乃止。治勞瘵吐血損肺及血妄行，名曰神傳膏。令病人五更起，面東坐，不得語言，用匙抄藥如食粥然，每服四匙，良久呷稀粟米粥壓之，藥只冷服，粟飲亦不可太熱，或吐或下皆無害。如久病肺損咯血，一服立愈《本事方》。

明·滕弘《神農本經會通》卷一　翦草　根名白藥。二三月採，暴乾用。氣涼，無毒。一云：味苦，平，有毒。

《本經》云：治惡瘡疥癬風瘙。《圖經》云：主諸瘡疥，痂瘻，及牛馬諸瘡。《局》云：剪草專治疥癬瘡，婺州產者最為良。根名白藥，金瘡用，末調雞子傳胎傷。翦草，入疥瘡之藥。

明·劉文泰《本草品彙精要》卷一二　翦草無毒。植生。

翦草：治惡瘡，疥癬，風瘙。名醫所錄。【名】根：白藥。【苗】陳藏器云：葉如茗而細黑色，生山澤間。今瘡家多用之。【地】《圖經》曰：生潤州、台州。【道地】婺州。【時】生：春生苗。採：二月、三月取。【收】暴乾。【用】莖、葉。【質】類茜草，亦如細辛。【色】黑。【味】苦。【性】平、凉、泄。【氣】氣之薄者，陽中之陰。【臭】香。【主】蟲瘡，疥癬。【製】九蒸九暴。【治】療：《圖經》曰：諸瘡，疥痂，瘻蝕及牛馬諸瘡，並治之。【合治】以一斤淨洗爲末，合生蜜二斤，和爲膏，用瓷器盛之，九蒸九暴，令病人五更起，面東用匙抄藥如粥服之，每服四兩，以稀粟米飲壓之，粥飲不可太熱，或吐或下，皆不妨。療久病肺損咯血，一服愈。尋常欬嗽，血妄行，每服一匙可也。【忌】犯鐵器。

明·許希周《藥性粗評》卷二　翦草除瘡疥之根。

翦草，白藥苗也。據《本草》云：根名白藥。又按：白藥條下未嘗言其苗為翦草，且二處圖形亦不相似，再詳之。葉如茗而細。生台、婺等州山澤，若是白藥之苗，江南處處有之。二三月採莖葉，暴乾入藥，九蒸九暴，每日一蒸一暴而成。若治外科，不必蒸暴。所生時月並諸略，本草不載。味苦，性平，無毒。主治咳嗽，肺損咯血，風瘙疥癬，惡瘡，各有奇功。

單方：癆瘵咳咯：凡病癆瘵，咳嗽咯血者，翦草一斤，淨洗，搗極爛，入生蜜二斤，攪搗為膏，勿犯鐵器，以甆器盛之，每日一蒸一暴，九日而成，五更起，坐向東不語，每服以四兩許，冷服，良久以粟米粥溫食壓之，或吐或下皆不妨，如瘵病或肺損咯血，只一服而愈，尋常咳嗽與血妄行，每服一匙可也。　疥癬惡瘡：以翦草浸酒，如量服之，又以其(楂)

〔渣〕挼擦遍身，可也。

明·鄭寧《藥性要略大全》卷七　剪草　治疥瘡之藥。《湯液》云：治惡瘡疥癬痂瘻。味苦，氣平、涼。有小毒。婺州產者良。根名白藥，治金瘡。古方以此為末，和蜜丸。九蒸九晒成膏，治一切失血。其花似小薊花而莖葉不同。

明·王文潔《太乙仙製本草藥性大全》卷二《本草精義》　翦草　根名白藥。舊不著所出州土，生潤州，今婺、台州皆有，惟婺州者可用。生山澤間，葉似茗而細，狀如茜草，又如細辛。二月、三月採，曝乾用。

明·王文潔《太乙仙製本草藥性大全》卷二《仙製藥性》　翦草　根名白藥。味苦平，氣涼，無毒。又云有毒。主治：主諸瘡疥痂瘻蝕，治惡瘡疥癬風瘙。牛馬諸瘡，塗之立效。補註：蟲瘡疥癬，採取浸酒服之良。○治癆瘵，每用一斤，净洗爲末，入生蜜二斤，和爲膏，以器皿盛之，不得犯鐵器，九蒸九曝，日一蒸曝，病人五更起，面東坐，不得語，令匙抄藥如粥服之，每服四兩，服已良久，用粟米飲壓之。藥冷服，粥飲亦不可太熱，或吐或下皆不妨，如久病肺損咯血，只一服愈，尋常咳嗽血妄行，每服一匙可也。有一貴人，其因時病瘵，其尊人嘗以此方畀之，九日而藥成，前一夕病者夢人戒令翌日勿亂食藥，次日將服之，爲屋上土墜器中，不可服。再合既成，又將服之，爲藉覆器，又不得食，又再合未就，而夫人卒矣。此藥之異如此，若小小血妄行，一點而愈矣。

明·皇甫嵩《本草發明》卷三　剪草中品下，臣。性涼，味苦，無毒。　發明曰：此惟性涼而散，故主惡瘡疥癬風瘙。酒浸服及治牛馬諸瘡。根名白藥。治牛馬諸氣。《本經》另分白藥條，與此氣味主治各異，恐非上條白藥也。

明·李時珍《本草綱目》卷一八草部·蔓草類　剪草《日華》

【集解】藏器曰：剪草生山澤間，葉如茗而細，江東用之。頌曰：生潤州。二月、三月采，暴乾用。時珍曰：按許叔微《本事方》言：剪草狀如茜草，又如細辛。婺、台二州皆有之，惟婺州者可用。其說殊詳，今遍詢訪無識者。或云即茜草也，未有的據。

根　【氣味】苦，涼，無毒。頌曰：平。　【主治】諸惡瘡疥癬風瘙，瘻蝕有蟲，浸酒服大明。主一切失血時珍。

【發明】元素曰：上部血，須用剪草、牡丹皮、天門冬、麥門冬。時珍曰：許學士《本事方》云：剪草治勞瘵吐血損肺及血妄行，名曰神傳膏。其法：每用一斤净洗，晒爲末，入

生蜜二斤，和爲膏，以器盛之，不得犯鐵器，一日一蒸，九蒸九暴乃止。病人五更起，面東坐，不得語言，以匙抄藥四匙食之。良久以稀粟米飲壓之。藥只冷服，米飲亦勿大熱，或吐或(否)〔下〕不妨。如久病肺損咯血，只一服愈。尋常嗽血妄行，每服一匙可也。有一貴婦病瘵，得此方，九日藥成。前一夕，病者夢人戒令翌日勿亂服藥。次日將服藥，屋上土墜器中，不可用。再合成，將服，爲(籍)〔貓〕覆器，又不得食。再合未就，而夫人卒矣。此藥之異有如此。若小小血妄行，只一啜而愈也。此藥絶妙若此，而世失傳，惜哉。

〔附方〕新二　風蟲牙痛：剪草、細辛、藁本等分，煎水熱嗽，少頃自止。《中藏經》。

風瘡瘙痒：滑肌散：治風邪客于肌中，渾身瘙痒，致生瘡疥，及脾肺風毒攻衝，生瘡乾濕，日久不瘥。用剪草七兩不見火，輕粉一錢，爲末，摻之。乾者麻油調摻。《和劑局方》。

明・繆希雍《本草經疏》卷九　剪草　涼，無毒。治惡瘡、疥癬、風瘙。根名白藥。葉如茗而細。

〔疏〕剪草稟天地清寒至陰之氣以生，故藏器云味苦，其氣寒涼，性應無毒。主諸惡瘡、疥癬、風瘙、瘻蝕者，以諸痛癢瘡瘍，皆屬心火。苦寒能降火而涼血清熱，故主之也。濕熱生蟲，苦能殺蟲，寒能除熱，故有蟲，浸酒服。

〔主治參互〕潔古專以主上部血，而與牡丹皮、天門冬、麥門冬同用。許學士《本事方》云：剪草治癆瘵吐血肺損及血妄行，名神傳膏。其法每用一斤，洗淨，曬為末，入生蜜二斤，和為膏，以器盛之，不得犯鐵器，九蒸九曝，日一蒸曝。病人五更起，面東坐，不得語言，以匙抄藥如粥服之，每服四兩，服已，良久，以稀粟米飲壓之。藥只冷服，米飲亦勿太熱，或吐或下皆不妨。如久病肺損咯血，只二服，愈。尋常咳嗽血妄行，每服一匙可也。有一貴婦病瘵，得此方，九日藥成。前一夕，病者夢人戒令翌日勿亂服藥。次日將服之，為屋上土墜器中，不可服。再合既成，又將服之，為婢覆器，又不得服。又再合未就，而夫人卒矣。此藥之異如此。若小小血妄行，一啜而愈矣。此藥絕妙若此，而世失傳，惜哉！《中藏經》治風蟲牙痛，剪草、細辛、藁本等分，煎水熱漱，少頃自止。《和劑局方》有滑肌散，治風邪客於肌中，渾身瘙癢，致生瘡疥，及脾肺風毒，攻衝生瘡，乾濕日久不瘥。用剪草七兩，不見火，輕粉一錢，為末摻之，乾者麻油調搽。〔簡誤〕剪草，大苦大寒之藥，雖治血熱妄行神效，若脾腎俱虛，胃口薄弱，見食欲嘔及不思食、泄瀉者，勿遽投之，法當先理脾胃，俟能進食而後施治乃可。

清・李熙和《醫經允中》卷二〇　剪草　根名白藥。葉如茗而細。《經疏》載其神異，故補入。　甘，寒，無毒。主涼血清熱，治惡瘡疥癬風瘙。許學士《本事方》云：剪草治勞瘵吐血，肺損及血妄行，名神傳膏。其法：每用一觔，洗淨，晒為末，入生蜜二觔，和為膏，以器盛之，不得犯鐵器，九蒸九晒，日一蒸曝。病人五更起，面東坐，不得語言，以匙抄藥，如粥服之，每服四兩，服已良久，以稀粟米飲壓之。藥只冷服，米飲亦弗太熱，或吐或下，皆不妨。如久病肺損咯血，只二服愈；尋常咳嗽，血妄行，每服一匙可也。然大苦大寒之藥，雖治症如左，若脾腎俱虛，胃口薄弱，飲食少進，嘔吐泄瀉者，弗遽投之，法當先理脾胃，飲食多進，而後施治乃可。

清・李熙和《醫經允中》卷二一　白藥子　即剪草根。　辛，涼，無毒，主涼血清熱。治喉中熱塞不通，時常腫痛。又治諸骨鯁，解野葛、生金、巴豆藥毒。

清・沈金鰲《要藥分劑》卷一　剪草　【略】鰲按：茜草、剪草，均為治血藥。但茜草止血，又能行血，故既止吐衄崩尿，又消瘀通經，是惟能行故能止也。剪草但止血而不行血，故吐咯損肺及妄行者，皆治。雖二藥之性皆涼，而用實不同如此。

清・吳其濬《植物名實圖考》卷一三　翦草　生江西九饒山坡。似相思草而葉對生不連，紫莖拖地。俚呼翦草，亦曰劉寄奴。治跌損。按《本事方》：翦草似茜，治血症有殊功。未知即此草否。

清・張仁錫《藥性蒙求・草部》　剪草錢半。　剪草苦寒，能止諸血。血熱妄行，損勞最合。入心、肝二經。為涼血止血之品。吐咯上部之血損肺，及妄行者皆治。

四大天王

清・吳其濬《植物名實圖考》卷九　四大天王　四大天王生南安。綠莖赤節，一莖四葉，聚生梢端；葉際抽短穟，開小白花，點點如珠蘭；赤根繁密。俚醫以治風損跌打、無名腫毒。

四對草

明・佚名氏《醫方藥性・草藥便覽》　四對草　其性熱。能退燒。胎產可用。

水晶花

清・吴其濬《植物名實圖考》卷九　水晶花　廣信、衡州山中有之。小科，葉如女貞葉，亦光潤，梢端夏開五出小白花，細如銀絲，朵朵如穗。俚醫用之。

水晶花又一種。

水晶花，衡山生者。葉似繡毬花葉而小，紫莖有節，花如銀絲，作穗長寸許，夏至後即枯。

鯰魚鬚

清・吴其濬《植物名實圖考》卷一〇　鮎魚鬚　生建昌。細莖如竹，有節。近根及梢皆紫色，葉聚頂巔，四面錯生，如扁豆葉而團，面緑，背本白，末淡緑，赭根攢簇，細長如魚鬚。土醫以根治勞傷，酒煎服。

及己

宋・唐慎微《證類本草》卷一〇草部下品〔《别録》〕　及己　味苦，平，有毒。主諸惡瘡疥痂瘻蝕，及牛馬諸瘡。

〔梁・陶弘景《本草經集注》〕云：今人多用以合瘡疥膏，甚驗。

〔唐・蘇敬《唐本草》〕注云：此草一莖，莖頭四葉，葉隙著白花。好生山谷陰虛軟地。根似細辛而黑，有毒。入口使人吐血。今以當杜蘅，非也。疥瘙必須用之。

〔宋・掌禹錫《嘉祐本草》〕按：《蜀本圖經》云：二月採根，日乾之。《藥性論》云：及己亦可單用，能治瘑疥。日華子云：主頭瘡，白禿，風瘙，皮膚痒蟲。可煎汁浸并傳。

明・劉文泰《本草品彙精要》卷一三　及己有毒。植生。

及己：主諸惡瘡，疥痂，瘻蝕及牛馬諸瘡。名醫所録。〔苗〕《唐本》注云：此草一莖，莖頭四葉，葉隙著白花，好生山谷陰處虛軟地。根如細辛而黑，今以當杜衡，非也。〔地〕《唐本》注云：處處山谷中有之。〔時〕生：春生苗。採：二月取根。〔收〕日乾。〔用〕根。〔質〕類細辛。〔色〕黑。〔味〕苦。〔性〕平，泄。〔氣〕味厚于氣，陰中之陽。〔臭〕朽。〔製〕洗去土用。〔治〕療：《藥性論》云：單用治瘑疥。日華子云：煎湯洗白禿瘡，皮膚瘙癢，並傳，效。〔禁〕不入湯藥，入口使人吐血。〔贋〕杜衡爲僞。

明・王文潔《太乙仙製本草藥性大全》卷二《本草精義》　及己　生虛谷陰虛軟地。此草一莖，莖頭四葉，隙著白花，根似細辛而黑，有毒，入口使人吐血。用赤牡衡，非也。二月採根，日乾用。

明・王文潔《太乙仙製本草藥性大全》卷二《仙製藥性》　及己　味苦，氣平，有毒。主治：主頭瘡白禿風瘙，治疥痂皮膚蟲痒，療惡瘡瘻蝕及牛馬諸瘡。補註：疥瘙瘡瘍，用以合膏傳甚效。○白禿頭瘡，可煎汁浸，並傳之差。

明・李時珍《本草綱目》卷一三草部・山草類下　及己《别録》下品。

〔釋名〕獐耳細辛時珍曰：及己名義未詳。二月生苗，先開白花，後方生葉三片，狀如獐耳，根如細辛，故名獐耳細辛。

〔集解〕恭曰：及己生山谷陰虛軟地。其草一莖，莖頭四葉，隙着白花。根似細辛而黑，有毒。今人以當杜衡，非也。二月採根，日乾。

根〔氣味〕苦，平，有毒。恭曰：入口使人吐血。〔主治〕諸惡瘡疥痂瘻蝕，及牛馬諸瘡《唐本》。頭瘡白禿風瘙，皮膚蟲癢，可煎汁浸並傳之大明。殺蟲時珍。

〔發明〕弘景曰：今人以合瘡疥膏，甚驗。時珍曰：今人不知及己，往往以當杜衡，却以杜衡當細辛，故杜衡諸方多是及己也。辯見細辛、杜衡二條。

〔附方〕新一　頭瘡白禿：獐耳細辛，其味香辣，爲末，以槿木煎油調搽。《活幼全書》。

清・趙學敏《本草綱目拾遺》正誤　吾杭西湖岳墳後山生一種草，高三四寸，一莖直上，頂生四葉，隙著白花，與細辛無二，土人呼為四葉蓮。按：此即《綱目》所載獐耳細辛，乃及己也。瀕湖於及己條下載其形狀云：先開白花，後方生葉，止三片。皆誤。

清・吴其濬《植物名實圖考》卷八　及己　《别録》下品。《唐本草》注：此草一莖四葉，今湖南、江西亦呼為四葉細辛，俗名四大金剛，外科要藥。

珠蘭

清・趙學敏《本草綱目拾遺》卷七花部　珠蘭　《藥性考》：珍珠蘭味辛，窨茶香鬱，其根有毒，可磨敷癰癤，今名雞爪蘭。《花經》云：真珠蘭一名魚子蘭，枝葉似茉莉花，發長條細蕊，與建蘭同時，香亦相似，而濃鬱過之，好清者取其蕊焙茶尤妙。但性毒，止可取其香氣，故不入藥。

張篁壬云：中條山有老道士，教人治狐魅，有一女子為雄狐所祟，教以用珠蘭根搗爛置牀頭，俟狐來交時，塗其莖物上，狐大嗥竄去，次日，野外得

一死狐。道士云：此根狐肉沾之即死，性能毒狐，尤捷效也。

清・章穆《調疾飲食辯》卷四　珍珠蘭　香氣甚濃，性熱而耗，點茶作果，所用無多，無所損益。

觀音茶

清・趙其光《本草求原》卷三隰草部　雞爪蘭　敷瘡消毒，擦飛癬妙。

明・佚名氏《醫方藥性・草藥便覽》　九節仔　其性涼。通骨節風。

清・何諫《生草藥性備要》卷上　觀音茶　味劫，性平。煲水飲，退熱。其種甚少。葉、梗，似鷄爪蘭；子，檬紅色。一名九節茶。

附：琉球・吴繼志《質問本草》外篇卷三　山金桔百兩金。　辛丑之冬清舶漂到，採此種問之。　山金桔。鄭茂慶。

清・趙學敏《本草綱目拾遺》卷三草部上　麻衣接骨　生背陰山脚下，或澗旁。穀雨後發苗，葉類苧麻，背不白，對節生，節下則粗如鶴膝，作紫色。敏按：接骨草數種，俱産深山澗隰旁，近地罕得，人家間有種之者，然麻衣接骨每不易得。玉接骨性凉味甘而補，能和中調血，生髓益津，其功不僅專治折損。麻衣接骨，性溫而行血，惟專治折損。故人多不傳其種，辛亥，予館臨安，遊西徑山寶珠寺，見山門外遍隙地皆麻衣接骨，形狀儼如土牛膝，而粗處作紫黯色，甚脆。折之從粗節處斷，視之，紫透中心，誠為佳草，不易得。而山僧土人悉皆莫識，故得滋育盈畦也。

治跌打損傷。

清・吴其濬《植物名實圖考》卷三八　接骨木　江西廣信有之。綠莖圓節，頗似牛膝；葉生節間，長幾二寸，圓齒稀紋，末有尖。以有接骨之效，故名。《唐本草》有接骨木，形狀與此異。

清・劉善述、劉士季《草木便方》卷一草部　威靈仙　九節風辛溫除風，風濕頑痹便結通。癥瘕積聚消黄腫，中風頭痛冷氣鬆。二種同性。

麻衣接骨

清・趙學敏《本草綱目拾遺》卷三草部上　紫接骨　生山上，與麻衣接骨相似，而葉莖俱紫，治跌撲勞傷損瘀。　汪連仕云：金寶相，一名金鉢盂。罨金瘡之聖藥。又能散風透膿，一夜即透，其葉如蝴蝶花，根如商陸，即皺皮葱。今呼麻葉接骨。

敏按：汪所論，當又是一種，亦非荔支草，而又不是似牛膝之一種接骨也。

徐長卿

宋・唐慎微《證類本草》卷三〇有名未用〔《本經・别録》〕　石下長卿　味鹹，平，有毒。主鬼疰，精物，邪惡氣，殺百精，蠱毒，老魅注易，亡走，啼哭，悲傷，恍惚。一名徐長卿。生隴西池澤山谷。

〔梁・陶弘景《本草經集注》〕云：此又名徐長卿，恐是誤爾，方家無用。此處俗中皆不復識也。

宋・李昉《太平御覽》卷第九九一　徐長卿　《本草經》曰：徐長卿，一名鬼督郵。味辛，温。生山谷。治鬼物百精蠱毒，疾疫邪氣，温鬼，久服强悍輕身。生太山。《吴氏本草》曰：徐長卿，一名石下長卿。神農、雷公：辛。或生隴西。三月採。

宋・唐慎微《證類本草》卷七草部上品〔《本經・别録》〕　徐長卿　**味辛，溫，無毒。主鬼物百精，蠱毒疫疾，邪惡氣，溫瘧。久服强悍輕身，**益氣延年。**一名鬼督郵。**生太山山谷及隴西。三月採。

〔梁・陶弘景《本草經集注》〕云：鬼督郵之名甚多。今俗用徐長卿者，其根正如細辛，小短扁爾，氣亦相似。今狗脊散用鬼督郵，當取其强悍宜腰脚，所以知是徐長卿，而非鬼箭、赤箭。

〔唐・蘇敬《唐本草》〕注云：此藥葉似柳，兩葉相當，有光潤，所在川澤有之。根如細辛微麄長，而有臊昔刀切氣。今俗用代鬼督郵，非也。鬼督郵别有本條在下。

〔宋・掌禹錫《嘉祐本草》〕按：《蜀本圖經》云：苗似小麥，兩葉相對，三月苗青，七月、八月著子，似蘿藦子而小，九月苗黄，十月凋。生下濕川澤之間，今所在有之，八月採。日乾。

〔宋・蘇頌《本草圖經》〕曰：徐長卿，生泰山山嵓谷及隴西，今淄、齊、淮、泗間亦有之。三月生青苗，葉似小桑，兩兩相當，而有光潤。七八月著子，似蘿藦而小。九月苗黄，十月而枯，根黄色，似細辛微麄長，有臊氣。三月、四月採，一名别仙蹤。

〔宋・唐慎微《證類本草》〕《雷公》云：凡採得，麄杵，拌少蜜令遍，用瓷器盛，蒸三伏時，日乾用。

宋・鄭樵《通志》卷七五《昆蟲草木略》　徐長卿　曰别仙蹤，曰鬼督郵。苗如小麥子，似蘿藦。

明・朱橚《救荒本草》卷上之後　尖刀兒苗　生密縣梁家衝山野中。苗高二三尺，葉似細柳葉，更又細長而尖，葉皆兩兩抪音布莖對生，葉間開淡黄

花，結尖角兒，長二寸許，麁如蘿蔔，角中有白穰及小匾黑子。其葉味甘。救飢：採葉煠熟，水淘洗淨，油鹽調食。

明・王綸《本草集要》卷三　徐長卿　味辛，氣溫，無毒。三月採。主鬼物百精蠱毒，疫疾邪惡氣，溫瘧，久服強悍輕身。

明・劉文泰《本草品彙精要》卷九　徐長卿無毒。叢生。

徐長卿出《神農本經》：**主鬼物百精，蠱毒，疫疾，邪惡氣，溫瘧。久服強悍，輕身。**以上朱字《神農本經》。益氣延年。以上黑字名醫所錄。【名】別仙蹤。【苗】《圖經》曰：三月生青苗，葉似小桑，亦有似柳葉，兩兩相對而有光潤。七八月著子似蘿摩而小，九月苗黃，十月而枯。根黃色似細辛，微粗長而有臊氣。《本經》又名鬼督郵。其鬼督郵別自有條，今俗以此代之，非也。【地】《圖經》曰：生泰山巖谷及隴西，今淄、齊、淮、泗間亦有之。【時】生：三月生苗。採：三月、四月、八月取根。【收】日乾。【用】根。【質】類細辛而粗長。【色】黃。【味】辛。【性】溫，散。【氣】氣之厚者，陽也。【臭】臊。【主】蠱毒，瘧痰。【製】《雷公》云：粗杵，拌少蜜令遍，用瓷器盛蒸三伏時，日乾用。

明・陳嘉謨《本草蒙筌》卷二　徐長卿　味辛，氣溫。無毒。淄齊淮間俱有，卑濕川澤纔生。春暖茂榮，冬寒枯槁。葉如柳葉兩兩相當，根類細辛匾匾短小。氣齅亦似，三月採收。麁杵以少蜜拌勻，磁甑蒸三伏曝用。去蠱毒疫疾，殺鬼物精邪。溫瘧祛，惡氣逐。久服強悍，輕身延年。

明・王文潔《太乙仙製本草藥性大全》卷二《本草精義》　徐長卿　一名鬼督郵，一名別仙踪。生泰山山岩谷及隴西，今淄齊、淮泗間亦有之。三月生青苗，葉似小桑，兩兩相當而有光潤。七八月著子似蘿藦而小，九月苗黃，十月而枯。根黃色，似細辛微粗長，有臊氣。三月、四月採。唐註云：此藥葉似柳，兩葉相當有光潤，根如細辛微粗長。今俗用代鬼督郵，非也。鬼督郵別有本條。

明・王文潔《太乙仙製本草藥性大全》卷二《仙製藥性》　徐長卿：味辛，氣溫，無毒。主治：主蠱毒鬼物百精，敺疫疾惡邪溫瘧。久服強悍輕身，自然延年益氣。太乙曰：凡採得，粗杵，拌少蜜令遍，用甆器盛，蒸三伏時，日乾用。

明・皇甫嵩《本草發明》卷三　徐長卿上品下，君。氣溫，味辛，無毒。發明曰：此類鬼督郵，而辛溫過之，惟解散邪毒。故本草主鬼物，殺百精蠱毒，疫疾邪惡氣，溫瘧。又服強悍益氣。生卑濕川澤，葉如柳葉，(雨雨)〔兩兩〕相當，根類細辛，匾匾短小，氣臭，亦似鬼督郵，實非也。

明・李時珍《本草綱目》卷一三草部・山草類下　徐長卿《本經》上品。校正今據《吳氏本草》，併入石下長卿。

【釋名】鬼督郵《本經》　別仙蹤蘇頌時珍曰：徐長卿，人名也，常以此藥治邪病，人遂以名之。《名醫別錄》於有名末用復出石下長卿條，云一名徐長卿。陶弘景注云：此是誤爾。方家無用，亦不復識。今考二條功療相似。按《吳普本草》云：徐長卿一名石下長卿。其爲一物甚明，但石間生者爲良。前人欠審，故爾差舛。弘景曰：鬼督郵之名甚多。今俗用徐長卿者，其根正如細辛，小短扁扁爾，氣亦相似。今狗脊散用鬼督郵者，取其強悍宜腰脚，故知是徐長卿，而非鬼箭、赤箭。

【集解】《別錄》曰：徐長卿生泰山山谷及隴西，三月採。又曰：石下長卿生隴西山谷池澤，三月採。恭曰：所在川澤有之。葉似柳，兩葉相當，有光澤。根如細辛，微粗長，黃色而有臊氣。今俗以代鬼督郵，非也。鬼督郵自有本條。保昇曰：生下濕川澤之間。苗似小桑，兩葉相對。三月苗青，七月、八月着子，似蘿藦子而小。九月苗黃，十月凋，八月採根，日乾。頌曰：今淄齊淮泗間皆有之，三月、四月採，謂之別仙蹤。時珍曰：鬼督郵、及己之亂杜衡，其功不同，苗亦不同也。徐長卿之亂鬼督郵，其苗不同，其功同也。杜衡之亂細辛，則根苗功用皆仿佛，乃彌近而大亂也。不可不審。

根

【修治】斅曰：凡採得粗杵，拌少蜜令遍，以瓷器盛，蒸三伏時，日乾用。【氣味】辛，温，無毒。《別錄》曰：石下長卿：鹹，平，有毒。普曰：徐長卿一名石下長卿。神農，雷公：辛。時珍曰：治鬼之藥多有毒，當從《別錄》。【主治】鬼物百精蠱毒，疫疾邪惡氣，温瘧。久服强悍輕身《本經》。益氣延年。又曰：石下長卿主鬼疰精物邪惡氣，殺百精蠱毒，老魅注易，亡走啼哭，悲傷恍惚《別錄》。

【發明】時珍曰：《抱朴子》言上古辟瘟疫有徐長卿散，良效。今人不知用此。

【附方】新二　小便關格：徐長卿湯：治氣壅關格不通，小便淋結，臍下妨悶。徐長卿炙半兩，茅根三分，木通、冬葵子一兩，滑石二兩，檳榔一分，瞿麥穗半兩，每服五錢，水煎，入朴硝一錢，温服，日二服。《聖惠方》。　注車注船：凡人登車船煩悶，頭痛欲吐者。宜用徐長卿、石長生、車前子、車下李根皮各等分，搗碎，以方囊繫半合於衣帶及頭上，則免此患。《肘後方》。

清・馮兆張《馮氏錦囊秘錄・雜症痘疹藥性主治合參》卷三　徐長卿　去蟲毒疫疾，殺鬼物精邪，祛溫瘧，逐惡氣。

清・何諫《生草藥性備要》卷下　料刁竹　味淡，性溫。浸酒要藥，能除

風濕，最效。

清・趙學敏《本草綱目拾遺》卷三草部上　竹葉細辛　即獐耳草，香勝細辛。治脫力虛黄汪氏方。

清・莫樹蕃《草藥圖經》　釣魚竿　又名一枝箭，又名遙逍竹。能治筋骨疼痛，能治跌打損傷要藥。清明前後有，到夏至後即難尋取。

清・吴其濬《植物名實圖考》卷一五　釣魚竿　《簡易草藥》：釣魚竿一名逍遙竹，一名一枝箭。治跌打損傷、筋骨痛疼要藥。清明前後有之，夏至後即難尋覓。按此草建昌俗呼了鳥竹，細莖亭亭，對葉稀疏，似竹而瘦，中惟直紋一道。土醫以治勞傷。

清・吴其濬《植物名實圖考》卷七　徐長卿　《本經》上品。《唐本草》注：所在川澤有之，葉似柳，兩葉相當，有光澤，根如細辛微粗長，黄色，有臊氣。《蜀本草》：子似蘿藦子而小，核其形狀，蓋即湖南俚醫所謂土細辛，一名九頭師子草，惟諸書都未詳及其花為疑。

雩婁農曰：《老子》云大道無名，天非道耶？顯而在上，不名天耶？聖非道耶？大而能化，不名聖耶？然匈奴謂天為撐犁，則不以天名天；西方謂聖為佛，則不以聖名聖。不以其名名，則天與聖果定名耶？醯雞以甕為天，豈非天而天之耶？酒客以清為聖，豈非聖而聖之耶？降而至於人物，其名非所獨耶？然子車鍼虎也，叔孫豹也，閔子馬也，令尹子蘭也，非物也。人無名以物名名，豈以物之名而物之耶？而物之為蠅虎、為謝豹、為駮馬、為馬蘭者，又豈以人名之而斬物名之耶？長卿也，王孫也，都郵也，使君也，非人也，物無名以人名名，豈以人之名而人之耶？而人之為長卿、為王孫、為都郵、為使君者，又豈以物名之而諱人名之耶？言明實者曰烏不烏、鵲不鵲，謂名烏必烏、名鵲必鵲耶？然天下之大，萬彙之繁，皆如烏之可名、鵲之可名耶？抑能使怵禁怵離之語名烏必呼烏，名鵲必呼鵲耶？由是推之，封邑、郡國，名之以別疆域也，古今地理之名有定耶？公卿、尹士，名之以別貴賤也，古今職官之名有定耶？地志無定而疆域改，以名改疆域耶？抑以疆域改名耶？官志無定而貴賤易，以名易貴賤耶？抑以貴賤易名耶？執實求名，則名斯在？執名求實，則名斯浮。名者實之賓，天下豈有一定之賓耶？故君子不為名。

清・趙其光《本草求原》卷一山草部　英雄草即料刁竹。根、葉、莖同用，治跌打散瘀。

清・葉志詵《神農本草經贊》卷一　徐長卿　味辛，溫。主鬼物百精蠱毒，疫疾邪惡氣溫瘧，久服強悍輕身。一名鬼督郵。生山谷。

言名名物，以作爾庸。寄懷幽石，別訪仙蹤。桑苗纖繞，柳葉毹茸。蠲疫驅瘧，不若不逢。

《家語》：高辛生而自言其名。《周禮》：辨其名物。《詩》：以作爾庸。吴普曰：一名石下長卿。蘇頌曰：一名別仙蹤。韓保昇曰：苗似小桑。蘇恭曰：葉似柳，兩葉相當。繁欽賦：微條纖繞。李商隱詩：垂柳碧毹茸。李華賦：養命蠲疫。楊萬里詩：不須杜句能驅虐。《左傳》：川澤山林，不逢不若。

鬼督郵

宋・唐慎微《證類本草》卷七草部上品〔唐・蘇敬《唐本草》〕　鬼督郵　味辛、苦，平，無毒。主鬼疰，卒忤中惡，心腹邪氣，百精毒，溫瘧疫疾，強腰脚，益膂力。一名獨搖草。

〔唐・蘇敬《唐本草》〕注云：苗惟一莖，葉生莖端若繖，音傘，根如牛膝而細黑。所在有之。有必叢生，今人以徐長卿代之，非也。《唐本》先附。

〔宋・掌禹錫《嘉祐本草》〕按：《蜀本》云：徐長卿、赤箭之類，亦一名爲鬼督郵，但主治不同，宜審用也。又《圖經》云，莖似細箭幹，高二尺已下。葉生莖端狀繖。蓋根橫而不生鬚，花生葉心，黄白色。二月、八月採根，所在皆有。

〔宋・唐慎微《證類本草》〕《雷公》云：凡採並細剉了，擣，用生甘草水煮一伏時，漉出用也。

宋・李昉《太平御覽》卷第九九一　鬼督郵　《本草經》曰：鬼督郵，一名赤箭，一名離母。味辛，溫。生川谷。殺鬼精物，治蟲毒惡氣，久服輕身益力，長陰肥健。生雍州。《建康記》曰：建康出鬼督郵。《吴氏本草》曰：鬼督郵，一名神草，一名閣狗。或生太山，或少室。莖如箭赤，無葉，根如芋子。三月、四月、八月採根，(用)(日)乾。治癰腫。

宋・鄭樵《通志》卷七五《昆蟲草木略》　鬼督郵　曰獨搖草。莖如箭幹，葉如繖蓋，花生葉心，根橫而不生須。徐長卿、赤箭俱有鬼督郵之名，而實異。

明・劉文泰《本草品彙精要》卷九　鬼督郵無毒。叢生。

鬼督郵：　主鬼疰，卒忤中，噁心，腹邪氣，百精毒，溫瘧，疫疾，強腰脚，益膂力。名醫所錄。　〔名〕獨搖草。　〔苗〕《唐本》注云：　苗惟一莖，葉生莖端若繖音傘，根如牛膝而細黑。今人以徐長卿代之，非也。《蜀本》注云：　徐長卿、赤箭之類。亦名鬼督郵，但主治不同，宜審用也。又《圖經》云：　莖似細箭簳，高二尺已下，葉生莖端，狀傘蓋，根橫而不生鬚，花生葉心，黃白色。　〔地〕《唐本》注云：　所在有之。　〔時〕生：　春初生苗。採：　二月、八月取根。　〔收〕曬乾。　〔用〕根。　〔質〕類牛膝而細黑。　〔色〕黑。　〔味〕辛，苦。　〔性〕平，泄，散。　〔氣〕氣之薄者，陽中之陰。　〔製〕《雷公》云：　細剉搗用，生甘草水煮一伏時，漉出用。

明·陳嘉謨《本草蒙筌》卷三　鬼督郵　味辛、苦，氣平。無毒。所在山谷，有必叢生。苗惟一莖，類小箭簳。葉出莖端如繖，根橫而不發鬚。花開葉心，其色黃白。二月八月，用惟採根。甘草水煮一伏時，漉曝乾任丸煎服。主鬼疰卒忤中惡及百精毒，去溫瘧時行疫癘併心腹邪。強脚肵，益膂力。腰腿諸疾，並可敺除。今醫不審其真，每每以徐長卿充代，乖戾殊甚。夫長卿、赤箭、鬼箭，雖皆有鬼督郵別名，而治大相異也。務（辯）〔辨〕的實，切勿混淆。

明·王文潔《太乙仙製本草藥性大全》卷二《本草精義》　鬼督郵　一名獨搖草。舊不著所出州土，今在處有之。苗惟一莖，似細箭簳，高二尺已下，葉生莖端，狀若傘蓋，根如牛膝而細黑，橫而不生鬚，花生葉心，黃白色。二月、八月採根。

明·王文潔《太乙仙製本草藥性大全》卷二《仙製藥性》　鬼督郵　味辛、苦，氣平，無毒。　主治：　主鬼疰卒忤中惡及百精毒，去溫瘧時行疫癘併心腹邪。強脚肵，益膂力。腰腿諸疾並可敺除。今醫不審其真，每每以徐長卿充代，乖戾殊甚！　夫長卿、赤箭、鬼箭雖皆有鬼督郵別名，而治大相異也。務辨的實，切勿混淆。　太乙曰：　凡採並細切了，搗，用生甘草水煮一伏時，漉出用之。

明·皇甫嵩《本草發明》卷三　鬼督郵上品下，君。氣平，味辛、苦，無毒。徐長卿、赤箭、鬼箭，皆有鬼督郵之別名，而治功各異，須辨真的。　發明曰：　鬼督郵專散邪解毒，故《本草》主鬼疰卒忤中惡，心腹邪氣，百精毒，去溫瘧，時行疫癘，強腰脚，益膂力，腰腿諸疾。狗脊散中用之，取其強悍，宜腰脚。用根，甘草水煮一伏時，晒乾用。苗一莖，似箭幹，花開黃白。

明·李時珍《本草綱目》卷一三草部·山草類下　鬼督郵《唐本草》

〔釋名〕獨摇草《唐本》時珍曰：　此草獨莖而葉攢其端，無風自動，故曰鬼獨搖草，後人訛爲鬼督郵爾。因其專主鬼病，猶司鬼之督郵也。古者傳舍有督郵之官主之。徐長卿、赤箭皆治鬼病，故並有鬼督郵之名，名同而物異。　〔集解〕恭曰：　鬼督郵所在有之。有必叢生，苗惟一莖，莖端生葉若傘狀，根如牛膝而細黑。今人以徐長卿代之，非也。保昇曰：　莖似細箭簳，高二尺以下。葉生莖端，狀如傘。花生葉心，黃白色。根橫生而無鬚，二月、八月採根。徐長卿、赤箭並有鬼督郵之名，而主治不同，宜審用之。時珍曰：　鬼督郵與及己同類，根苗皆相似。但以根如細辛而色黑者爲及己，根如細辛而色黃白者爲鬼督郵。

根　〔修治〕斆曰：　凡採得細剉，用生甘草水煮一伏時，日乾用。　〔氣味〕辛、苦，平，無毒。時珍曰：　有小毒。　〔主治〕鬼疰卒忤中惡，心腹邪氣，百精毒，溫瘧疫疾，强腰脚，益膂力《唐本》。

〔發明〕時珍曰：　按東晋《深師方》，治上氣咳嗽，邪嗽、鰁嗽、冷嗽，四滿丸，用鬼督郵同蜈蚣、芫花、躑躅諸毒藥爲丸，則其有毒可知矣。非毒藥不能治鬼疰邪惡之病，《唐本》云無毒，蓋不然。

清·馮兆張《馮氏錦囊秘錄·雜症痘疹藥性主治合參》卷三　鬼督郵　主鬼疰卒忤中惡及百精毒。去溫瘧，時行疫癘，併心腹邪，強脚肵，益膂力，腿腰諸疾，竝可敺除。今人每以徐長卿代，差混殊甚。

清·吴其濬《植物名實圖考》卷八　鬼都郵　《唐本草》始著録。徐長卿、赤箭皆名鬼都郵，《唐本草》注：　苗惟一莖，莖端生葉若繖狀，根如牛膝而細黑，與徐長卿別。《蜀本草》云：　根橫生，無鬚，花生葉心，黃白色，此種山草形狀，亦多有之，而莫能決識。

雩婁農曰：　漢太守置督郵，厥有南、北、東、西、中五部，司耳目而備咨諏焉，孫寶為京兆尹，署侯文以立秋，乃欲按豺狼之當道，以成天地之始遒。若乃趙勤行縣，葉與新野之令，望風而休，則桓虞以為良鷹之下韝也。閔孺部汾北，翁歸部汾南，所舉既當，而傷者亦無敢仇，至魏郡守索賄，欲逐繁陽令，而都郵獨以異政留陳球，蓋雖不免簿尉之罹箠楚，而於守猶緣之與輈。彼徐長卿、赤箭之同名，殆病豎懼其傷焉，將逃之而莫能留也。後世嚇老魅以鍾馗，而除瘧之草，皆詺曰鬼見愁。又昔有靈巫曰瑤甿，持拾櫨木棒以擊鬼，遂呼為無患，此非其儔歟？　唐以後廢其官於郡，而尋藥者遂溝瞀回惑，眩其說而互紊，非郯子所云不能紀遠，乃紀於近耶？　三代以還，文質迭進，

小儒僉僉，懵於古訓，而通千里之忞忞，乃益鄙而益信。雖然物之盛也，百名皆貴；物之衰也，百名皆廢。戰國尚王孫，今猶有見春草，而念來歸者乎？漢時重社叢，今猶有見枌榆，而知神所憑依者乎？《冬官》補以《考工》，誰識司空古官屬耶？將作尊以大匠，誰識主章司林麓耶？唐進士侯生，戲為除遷，羌活帶兩平章之號，黄芩備苦督郵之員，胡盧巴列都尉於胥曹，荊三稜以中尉而破堅，官名久汰，宜無傳焉。嗚呼！越王之頭猶在，不必購以千金；仙人之棗何存，孰敢誕為五利？漢官、唐典，珥貂蟬，拖金紫，登臺閣，而遊府寺者，徒令人感朽腐而墮涕淚，又何責備於依草附木，假託名位，冉冉焉不知春秋之百卉？

清・葉志詵《神農本草經贊》卷一　赤箭　味辛，溫。主殺鬼精物，蠱毒惡氣，久服益氣力，長陰肥健，輕身增年。一名離母。一名鬼督郵。生川谷。

標異赤芝，稈如立箭。角濈羊蕃，膚函龍見。豆粒還筒，芋魁鋪練。風定自搖，應辭夏扇。

謝靈運賦：既標異於前章。甄權曰：一名赤箭芝。張耒詩：遺稈如立箭。《夢溪筆談》：肉色堅白如羊角色。《詩》：其角濈濈。劉商詩：塞馬蕃羊臨霜霰。柳宗元文：仁函於膚。《孝經援神契》：德至於水泉，則黄龍見。蘇頌曰：其皮黄白色，名曰龍皮。結子如豆粒大，至夏不落，透入莖中，潛生土內，根如芋魁，有游子十二枚，周環之。李時珍曰：俗名還筒子。李損之詩：匝地如鋪練。陶弘景曰：有風不動，無風自搖。李益詩：涼軒辭夏扇。

雨點兒菜

明・朱橚《救荒本草》卷上之前　雨點兒菜　生田野中。就地叢生。其莖脚紫，梢青，葉如細柳葉而窄音側小，抪音布莖而生；又似石竹子葉而頗硬。梢間開小尖五瓣音辦紫花，結角比蘿蔔角又大。其葉味甘。　救飢：採葉煠熟，水浸，作過淘洗令淨，油鹽調食。

白薇

宋・唐慎微《證類本草》卷八草部中品〔《本經・別錄・藥對》〕　白薇　**味苦**、鹹，**平**、大寒，無毒。**主暴中風，身熱肢滿，忽忽不知人，狂惑邪氣，寒熱酸疼，溫瘧洗洗，發作有時**，療傷中淋露，下水氣，利陰氣，益精。一名白幕，一名薇草，一名春草，一名骨美。久服利人。生平原川谷。三月三日採根，陰乾。惡黄耆、大黄、大戟、乾薑、乾漆、山茱萸、大棗。

〔梁・陶弘景《本草經集注》〕云：近道處處有。根狀似牛膝而短小爾。方家用，多療驚邪風狂痓病。

〔宋・掌禹錫《嘉祐本草》〕按：《藥性論》云：白薇，臣。能治忽睡不知人，百邪鬼魅。

〔宋・蘇頌《本草圖經》〕曰：白薇，生平原川谷，今陝西諸郡及滁、舒、潤、遼州亦有之。莖、葉俱青，頗類柳葉。六七月開紅花，八月結實。根黄白色，類牛膝而短小。三月三日採根，陰乾用。今云八月採。

〔宋・唐慎微《證類本草》〕《雷公》云：凡採得後，用糯米泔汁浸一宿，至明取出，去髭了，於槐砧上細剉，蒸，從巳至申，出用。

宋・鄭樵《通志》卷七五《昆蟲草木略》　白薇　曰白幕，曰薇草，曰春草，曰骨美。

宋・劉明之《圖經本草藥性總論》卷上　白薇　味苦、鹹，平，大寒，無毒。主暴中風，身熱肢滿，忽忽不知人，狂惑邪氣，寒熱酸疼，溫瘧洗洗發作有時，療傷中淋露，下水氣，利陰氣，益精。《藥性論》云：臣。能治百邪鬼魅。陶隱居云：療驚邪風狂痓病。惡黄耆、大黄、大戟、乾薑、乾漆、山茱萸、大棗。生平原。

元・王好古《湯液本草》卷三　白薇　氣大寒，味苦、鹹，平，無毒。

《本草》云：主暴中風，身熱肢滿，忽忽不知人，狂惑邪氣，寒熱酸疼，溫瘧洗洗發作有時。療傷中淋露，下水氣，利陰氣，益精。近道處處有之，狀似牛膝，白前而短小。療驚邪風狂痓病。《液》云：《局方》中多有用之治婦人，以《本經》療傷中、下淋露故也。《本草》又云：惡黄芪、大黄、大戟、乾薑、乾漆、山茱萸、大棗。

元・徐彥純《本草發揮》卷二　白薇　海藏云：白薇，根狀似牛膝、白前而短小。療卒驚，邪風狂痓病。《局方》中多用治婦人，以《本經》療傷中淋露故也。

明・朱橚《救荒本草》卷上之後　白微　一名白幕，一名薇草，一名春草，一名骨美。生平原川谷，并陝西諸郡及滁州，今鈞州、密縣山野中亦有之。苗高一二尺，莖葉俱青，頗類柳葉而闊短，又似女婁脚葉而長硬毛澁，開花紅色，又云紫花。結角似地稍瓜而大，中有白瓤。根狀如牛膝根而短，黄

白色。味苦、鹹，性平、大寒，無毒。惡黃耆、大黃、大戟、乾薑、乾漆、山茱萸、大棗。救飢：採嫩葉煠熟，水浸淘淨，油鹽調食。并取嫩角煠熟，亦可食。治病：文具《本草》草部條下。

明·蘭茂撰，清·管暄校補《滇南本草》卷下　白龍鬚　一名白薇。性微温，味苦，澁。耑治寒疼，肚腹酸疼。單劑：或為末，每服一錢，燒酒為引，煎服。

明·王綸《本草集要》卷二　白薇臣　味苦鹹，氣平，大寒，無毒。惡黃耆、大黃、乾薑、乾漆、山茱萸、大棗。三月三日採根，陰乾。主暴中風，身熱支滿，忽忽不知人，狂惑邪氣，寒熱酸疼，温瘧洗洗，發作有時。療傷中淋露，下水氣。

明·滕弘《神農本經會通》卷一　白薇　臣也。惡黃耆、大黃、大戟、乾薑、乾漆、山茱萸、大棗。三月三日採根，陰乾。《局》云：去苗，糯米泔浸，蒸過用。如葱管者佳。味苦、鹹，氣平，大寒，無毒。《湯》同。

《本經》云：主暴中風，身熱肢滿，忽忽不知人，狂惑邪氣，寒熱酸疼，温瘧洗洗，發作有時。療傷中，淋露，下水氣，利陰氣，益精，久服利人。陶云：根狀似牛膝而短小。療驚邪風狂痓病。《藥性論》云：臣。治忽忽腫，不知人，百邪鬼魅。《局》云：白薇葱管者為奇，主治風狂忽不知。更療傷中淋露病，并除温瘧發無時。白薇，本消淋露，治風狂，除温瘧。

明·劉文泰《本草品彙精要》卷一一　白微無毒　植生。

白微出《神農本經》：**主暴中風，身熱肢滿，忽忽不知人，狂惑邪氣，寒熱酸疼，温瘧洗洗，發作有時。**以上朱字《神農本經》。療傷中淋露，下水氣，利陰氣，益精。久服利人。以上黑字名醫所錄。【名】白幕、春草、薇草、骨美。【苗】《圖經》曰：莖葉俱青，頗類柳葉，六七月開紅花，八月結實，根黃白色，類牛膝而短小者是也。【地】《圖經》曰：生平原川谷，今陝西諸郡及舒、潤、遼州亦有之。陶隱居云：近道處處有之。【道地】滁州。【時】生：春生苗。採：三月三日取根。【收】陰乾。【用】根。【質】類牛膝而短細。【色】黃白。【味】苦，鹹。【性】平，大寒。【氣】味厚于氣，陰中之陽。【臭】香。【主】風狂，温瘧。【反】惡黃耆、大黃、大戟、乾薑、乾漆、山茱萸、大棗。【製】《雷公》云：以糯米泔汁浸一宿，至明取出，去鬚了，於槐砧上細剉，蒸，從巳至申，出用。【治】療：陶隱居云：治驚邪，痓病。《藥性論》云：主百邪鬼魅。

明·葉文齡《醫學統旨》卷八　白薇　氣平、大寒，味苦、鹹。無毒。惡黃耆、大黃、大戟、乾薑、乾漆、山茱萸、大棗。治暴中風身熱支滿，忽忽不知人，狂惑邪氣寒熱酸疼，温瘧洗洗發作有時；療傷中淋露，下水氣，利陰氣，益精。

明·許希周《藥性粗評》卷二　白薇一名白幕。莖葉俱青，頗類柳葉，六七月開紅花，八月結實，根黃白色，類牛膝而短小。西北川谷處處有之。三月三日採根，陰乾。惡黃芪、大黃、大戟、乾薑、乾漆、山茱萸、大棗。凡用去苗鬚，糯米泔浸過，蒸熟。味苦、鹹，性寒，無毒。主治温瘧風狂，傷中淋露。海藏云：《局方》中多用，治婦人。單方：癰疽諸腫：凡患疔瘡發背，一切腫毒，但以白斂為末，水調傅之。湯火所傷：以白斂末傅之。

明·鄭寧《藥性要略大全》卷三　白薇臣　消淋瀝，治風狂及温瘧，暴中風，身熱肢強，不知人事，狂惑邪氣，寒熱酸疼，下水氣，利陰氣，益精，止驚邪風狂痓。女人傷中淋露。味苦、鹹，性大寒，無毒。如葱管者佳。惡黃芪、大黃、乾薑、乾漆、山茱萸、大棗、大戟。

明·陳嘉謨《本草蒙筌》卷二　白薇　味苦、鹹，氣平，大寒。無毒。近道處處俱生，根類牛膝短小。三月三日，收採陰乾。惡黃耆、大黃、乾薑，及乾漆、山茱、大棗。主中風身熱支滿，忽忽人事不知。療温瘧寒熱痠疼洗洗，有時發作。狂惑鬼邪堪卻，傷中淋露可除。利氣益精，下水滲濕。

明·王文潔《太乙仙製本草藥性大全》卷一《本草精義》　白微　一名白幕，一名薇草，一名春草，一名骨美。生平原川谷，今陝西諸郡及滁、舒、潤、遼州亦有之。葉莖俱青，頗類柳葉，六七月開紅花，八月結實，根黃白色，類牛膝而短小。三月三日採根陰乾用。今云八月採。惡黃耆、大黃、乾薑及乾漆、山茱、大棗。

明·王文潔《太乙仙製本草藥性大全》卷一《仙製藥性·草部》　白薇臣　味苦、鹹，氣平、大寒，無毒。主治：主中風，身熱肢滿，忽忽人事不知；療温瘧，寒熱痠疼洗洗，有時發作。狂惑鬼邪堪却，傷中淋露可除。利氣益精，下水滲濕，消淋瀝。止驚，治百邪鬼痓，久服利人。太乙曰：凡採得後，用糯米泔汁浸一宿至明，取出去髭了，於槐砧上細剉，蒸，從巳至申，取出用。

明·皇甫嵩《本草發明》卷三　白薇中品上，臣。氣大寒，味苦、鹹，平，無毒。發明曰：白薇，苦寒以除熱，鹹寒以利下。故本草主暴中風，身熱肢滿，

忽忽睡不知人，狂惑驚邪，寒熱疫疼，溫瘧洗洗，發作有時。又云：小兒狂痓痓，此皆屬熱之候也。又療傷中淋露，下水氣，滲濕氣，益精，久服利人，以醎寒能利下也。採根，陰乾，糯米泔浸一宿，去鬚，剉細，蒸熟用。惡黄芪、大黄、大戟、乾薑、大棗、乾漆、山茱萸。

明・李時珍《本草綱目》卷一三草部・山草類下 白微《本經》中品。

〔釋名〕薇草《别録》 白幕《别録》 春草《本經》 葞音尾 骨美 時珍曰：微，細也。其根細而白也。按《爾雅》：葞，春草也。微、葞音相近，則白微又葞音之轉也。《别録》以葞爲莽草之名，誤矣。〔集解〕《别録》曰：白微生平原川谷，三月三日採根陰乾。弘景曰：近道處處有之。頌曰：今陝西諸郡及舒、滁、潤、遼州亦有之。莖葉俱青，頗類柳葉。六七月開花，八月結實。其根黄白色，類牛膝而短小，今人八月採之。

根 〔修治〕斅曰：凡採得，以糯米泔汁浸一宿，取出去髭，於槐砧上細剉，蒸之從申至巳，曬乾用。時珍曰：後人惟以酒洗用。〔氣味〕苦、鹹，平，無毒。《别録》曰：大寒。之才曰：惡黄耆、大黄、大戟、乾薑、大棗、乾漆、山茱萸。〔主治〕暴中風身熱肢滿，忽忽不知人，狂惑邪氣，寒熱酸疼，溫瘧洗洗，發作有時《本經》。療傷中淋露，下水氣，利陰氣，益精。久服利人《别録》。治驚邪風狂痓病，百邪鬼魅弘景。風温灼熱多眠，及熱淋遺尿，金瘡出血時珍。

〔發明〕好古曰：古方多用治婦人，以本草有療傷中淋露之故也。時珍曰：白微古人多用，後世罕能知之。按張仲景治婦人産中虚煩嘔逆，安中益氣，竹皮丸方中用白微同桂枝一分，竹皮、石膏三分，甘草七分，棗肉爲大丸，每以飲化一丸服。云有熱者倍白微，則白微性寒，乃陽明經藥也。徐之才《藥對》言白微惡大棗，而此方又以棗爲丸，蓋恐諸藥寒凉傷脾胃爾。朱肱《活人書》治風温發汗後身猶灼熱，自汗身重多眠，鼻息必鼾，語言難出者，萎蕤湯中亦用之。孫真人《千金方》有詔書發汗白微散焉。

〔附方〕新五 肺實鼻塞：不知香臭。白微、貝母、款冬花一兩，百部二兩，爲末。每服一錢，米飲下。《普濟方》。 婦人遺尿：不拘胎前産後。白微、芍藥各一兩，爲末。酒服方寸匕，日三服。《千金方》。 血淋熱淋：方同上。 婦人血厥：人平居無疾苦，忽如死人，身不動摇，目閉口噤，或微知人，眩冒，移時方寤，此名血厥，亦名鬱冒。出汗過多，血少，陽氣獨上，氣塞不行，故身如死。氣過血還，陰陽復通，故移時方寤。婦人尤多此證。宜服白微湯：用白微、當歸各一兩，人參半兩，甘草一錢半。每服五錢，水二盞，煎一盞，温服。《本事方》。 金瘡血出：白微爲末，貼之。《儒門事親》。

明・梅得春《藥性會元》卷上 白薇 味苦、鹹，氣平。無毒。大寒。根狀似牛膝。惡黄芪、大黄、大戟、乾薑、乾漆、山茱萸、大棗。凡道處處有之，如葱管者佳。主治暴中風，身熱肢滿，忽忽不知人事，狂惑邪氣，寒熱酸疼，溫瘧洗洗，發作有時，療傷中淋露，下水氣，利陰氣，益精。

明・李中立《本草原始》卷二 白微 始生平原川谷，今陝西諸郡及滁、舒、潤、遼州亦有之。莖葉俱青，頗類桃葉，六七月開紅花，八月結實。根白色而微細，故名白微。氣味：苦，鹹，平，無毒。主治：暴中風，身熱肢滿，忽忽不知人，狂惑邪氣，寒熱酸疼，溫瘧洗洗，發作有時。○療傷中淋露，下水氣，利陰氣，益精。久服利人。○治驚邪，風狂痓病，百邪鬼魅。○風溫灼熱，多眠，及熱淋遺尿，金瘡出血。

白微，《本經》中品。【圖略】根黄白色，類牛膝而短小。三月三日採根，陰乾。

修治：白微，以酒洗之，剉用。

惡黄耆、大黄、大戟、乾薑、乾漆、山茱萸、大棗。《儒門事親》：治金瘡出血，白微為末，貼之。白微，臣。

明・張懋辰《本草便》卷一 白薇臣 味苦、鹹，氣平，大寒，無毒。惡黄耆、大黄、乾薑、乾漆、山茱萸、大棗。主暴中風，身熱支滿，忽忽不知人，狂惑邪氣，寒熱酸疼，溫瘧，淋瀝，下水氣。

明・李中梓《藥性解》卷四 白薇 味苦、醎，性大寒，無毒，入心、腎二經。主暴中風，身熱腹滿，忽忽不知人，狂惑鬼邪，寒熱酸疼，溫瘧洗洗發作，下水氣，利陰氣，定驚益精。以糯米泔浸一宿，去髭細剉，蒸用，惡黄芪、大黄、大戟、乾薑、大棗、乾漆、山萸。按：白薇味苦入心，鹹入腎，故主治如右。

明・繆希雍《本草經疏》卷八 白薇 味苦、鹹，平、大寒，無毒。主暴中風，身熱支滿，忽忽不知人，狂惑邪氣，寒熱酸疼，溫瘧洗洗，發作有時。療傷中淋露，下水氣，利陰氣，益精。久服利人。

〔疏〕白薇全禀天地之陰氣以生，《本經》味苦鹹平。《别録》益之以大寒、無毒可知已。暴中風、身熱支滿者，陰虚火旺則内熱，熱則生風，火氣煩灼，故令支滿。火旺内熱，則痰隨火湧，故令神昏忽忽不知人也。狂惑邪氣，寒熱酸疼，皆熱邪所致也。陰氣不足，則陽獨盛而為熱，心腎俱虚，則熱收於内而為寒，此寒熱之所以交作。寒熱作則榮氣不能内榮，是以肢體酸疼也。先熱而後寒者名曰溫瘧。瘧必因暑而發，陰氣不足則能冬不能夏，至

夏而為暑邪所傷，秋必發為溫瘧。故知溫瘧之成，未有不由陰精不守而得者。若夫陰精內守，則暑不能侵，瘧何自而作耶？上來諸證，皆由熱淫於內之所發。《經》曰：熱淫於內，治以鹹寒。此藥味苦鹹而氣大寒，宜其悉主之也。《別錄》療傷中淋露者，女子榮氣不足則血熱，血熱故傷中、淋露之候顯矣。除熱益陰，則血自涼，榮氣調和，而前證自瘳也。水氣亦必因於濕熱，能除熱則水道通利而下矣。終之以益精者，究其益陰除熱功用之全耳。

〔主治參互〕婦人調經種子方中，往往用之。不孕緣於血少血熱，其源必起於真陰不足。真陰不足則陽勝而內熱，內熱則榮血日枯，是以不孕也。益陰除熱則血自生旺，故令有孕也。其方以白薇為君，佐以地黃、白芍藥、當歸、蓯蓉、白膠、黃蘗、杜仲、山茱萸、天麥門冬、丹參，蜜丸，久服可使易孕。凡溫瘧、癉瘧，久而不解者，必屬陰虛，除瘧邪藥中，多加白薇主之則易瘳。凡治似中風證，除熱藥中，亦宜加而用之良。天行熱病得愈，或愈後陰虛內熱及餘熱未除者，隨證隨經應投藥中宜加之。

〔簡誤〕白薇苦鹹大寒之藥，凡傷寒及天行熱病，或汗多亡陽，或內虛不思食，食亦不消，或下後內虛，腹中覺冷，或因下過甚，洩瀉不止，皆不可服。

明・倪朱謨《本草彙言》卷一　白薇　味苦、鹹，氣溫，無毒。乃陽明經藥也。蘇氏曰：白薇出陝西，及舒、徐、潤、遼諸州。近以山東沂、濮、莒、萊諸州者稱勝。莖葉俱青，頗類柳葉。六七月開紅色花，遂結實。根似牛膝而細，長尺許，色黃微白，芳香襲人者，白薇也。色白微黃，折之易斷者，白前也。

白薇：《別錄》調經順脉之藥也。主中風，身熱忽忽而不知人。退溫瘧狂惑，洗洗而寒熱交作。又于婦人陽勝陰虛，則營血日損，血淋白帶，多不受孕。王紹泉稿此藥芳香寒燥，利濕養陰，故風可驅，瘧可解，經滯可行，淋帶可止，胎孕可育。諸因熱淫爲眚，此藥苦鹹氣寒，宜其悉主之也。究其益陰除熱，功用之全耳，但苦鹹大寒之性，病汗多亡陽，或內虛不食，腹中虛冷，泄瀉不止，皆不可服。

朱肱《活人書》：治風溫發汗後，身猶灼熱、自汗，身重多眠，鼻息必鼾，語言難出者，葳蕤湯中亦用之。又《胎產金丹》方中用白薇爲君，總療胎前產後百病。○《普濟方》治溫瘧癉瘧，久而不解者，必屬陰虛，除瘧邪藥中多加白薇則易愈。○又治似中風證，除熱去風藥中加白薇良。○王贊方又天行熱病未愈，或愈後陰虛內熱，及餘熱未除者，隨證隨經，應投藥中宜加用之。

續補集方：治婦人平居無疾苦，忽然頭眩，目閉口噤，身不動搖，不知人事。或有微知，移時方寤，名曰血厥。用白薇、當歸各一兩，人參三錢，甘草一錢，水煎服。此病不治，再發必成癎證。○治婦人遺尿，不拘已婚未婚，已產未產。用白薇、白芍各一兩，炒爲末，每服三錢，白湯調下。

明・鄭二陽《仁壽堂藥鏡》卷一〇下　白薇　《經》云：白薇生平原、川谷。今陝西、遼州有之。氣大寒，味苦、鹹，平。無毒。《本草》云：主暴中風，身熱肢滿，忽忽不知人，狂惑邪氣，寒熱酸疼，溫瘧洗洗，發作有時。療傷中淋露，下水氣，利陰氣，益精。近道處處有之，狀似牛膝，白前而短小。療驚邪、風狂、痓病。《液》云：《局方》中多用之治婦人，以《本經》療傷中、下淋露故也。《本草》云：惡黃芪、大黃、大戟、乾薑、乾漆、山茱萸、大棗。

明・盧之頤《本草乘雅半偈》帙六　白薇《本經》中品　氣味：苦、鹹，平，無毒。主治：主暴中風，身熱，支滿，忽忽不知人，狂惑邪氣，寒熱痠疼，溫瘧洗洗，發作有時。

覈曰：出陝西，及舒、滁、潤、遼諸州，近以山東沂濮、莒萊諸州者稱勝。莖葉俱青，頗類柳葉。六七月開紅色花，遂結實。根似牛膝而細，長尺許。色黃微白，芳香襲人者，白薇也；色白微黃，折之易斷者，白前也。修治：用糯米泔浸一宿，去髭，槐砧上剉細，蒸之，從申至巳，晒乾用。惡黃耆、大黃、大戟、乾薑、大棗、乾漆、山茱萸。

參曰：白薇，別名白幕。白者，金色，堅剛之體也。微者，隱也，隱身而行。幕者，軍行之幕，以隱身也。此指能治因所治證，以詮名耳。氣平，味苦鹹，平則不上不下，敦土德化，罔所不勝也。炎上作苦，苦性走下，苦能入骨。潤下作鹹，鹹性走血，鹹能耎堅，從巔及踵，淪膚徹髓，靡不周到者也。謂所勝因，善行數變，亦靡不周偏故也。故主因于暴風，隱身而為身熱肢滿，忽忽不知人，狂惑邪氣，寒熱痠疼，此風氣留其處，故隱身而嘗在也。或隱身而行，而為溫瘧洒洒，發作有時，此風倂衛居，隨衛氣之晝行于陽，夜行于陰，沉以內薄，故發有期，而時作時休也。此皆暴風數變之證，金以制之，制所勝也。惟其卒暴，故不覺其所從來。《別錄》主淋露遺尿，即風隱膀胱也。若水氣精

損，即風隱于腎，致令腎虛精涸，腎虛水泛也。若忽如死人，即風隱于血，致令血厥也。若溫病多眠，即風隱于脈道，致令衛氣不得晝行于陽也。若痙則風隱於筋，驚則風行致令氣上也。咸以暴風為因，寒則非所宜矣。

清・穆石匏《本草洞詮》卷八　白薇　《爾雅》謂之葞，微乃葞音之轉也。氣味苦鹹平，一云大寒，無毒。治暴中風，身熱肢滿，忽忽不知人，狂惑邪氣，寒熱酸疼，溫瘧，療傷中淋露，下水氣，利陰氣。仲景治婦人產中虛煩嘔逆，安中益氣，竹皮丸方中用白薇。《本事方》治婦人血厥，平居無疾苦，忽如死人，目閉口噤，移時方寤，此名血厥，亦名鬱冒。出汗過多，血少，陽氣獨上，氣塞不行，故身如死，氣過血還，陰陽復通，故移時方寤，婦人尤多，白薇湯主之。

清・劉雲密《本草述》卷七下　白薇近道處處有之。蘇頌曰：莖葉俱青，頗類柳葉。六七月開紅花，八月結實，其根黃白色，類牛膝而短小，今人八月采之。

根：氣味：苦、鹹，平，無毒。《別録》曰：大寒。

諸本草主治暴中風，身熱肢滿，忽忽不知人，狂惑邪氣，寒熱酸疼。療溫瘧洗洗，發作有時《本經》。及風溫灼熱多眠時珍。療傷中淋露，下水氣，利陰氣《別録》。方書主治：瘈瘲虛煩，小便不禁。時珍曰：白薇，古人多用。

按：仲景治婦人產中虛煩嘔逆，安中益氣。竹皮丸方用白薇，同桂枝一分，竹皮、石膏三分，甘草七分，棗肉為大丸，每以飲化一丸服。云有熱者倍白薇，則白薇性寒，乃陽明經藥也。徐之才《藥對》言白薇惡大棗，而此方又以棗肉為丸，蓋恐諸藥寒涼傷脾胃爾。朱肱《活人書》治風溫發汗後，身猶灼熱自汗，身重多眠，鼻息必鼾，語言難出者，萎蕤湯中亦用之。

希雍曰：白薇全稟天地之陰氣以生，《本經》味苦鹹，平。《別録》益之以大寒，無毒，可知已。

婦人調經種子方中往往用之，不孕緣於血少血熱，其源必起於真陰不足。真陰不足，則陽勝而內熱，內熱則榮血日枯，是以不孕也。益陰除熱，則血自生旺，故令有孕也。其方以白薇為君，佐以地黃、白芍藥、當歸、蓯蓉、白膠、黃檗、杜仲、山茱萸、天麥門冬、丹參，蜜丸，久服可使易孕。

凡溫瘧癉瘧久而不解者，必屬陰虛，除瘧邪藥中，多加白薇主之，則易瘳。又云：先熱而後寒者，名曰溫瘧。瘧必因暑而發，陰氣不足，則能冬不能夏，至夏而為暑邪所傷，秋必發為溫瘧。故知溫瘧之成，未有不由陰精不守而得者。若夫陰精內守，則暑不能侵，瘧何自而作耶？凡治似中風證，除熱藥中亦宜加而用之。

天行熱病得愈，或愈後陰虛內熱，及餘熱未除者，隨證隨經，應投藥中宜加之。

愚按：白薇於六七月開花，八月結實，而采根用之，亦以八月，是則茲味之用。蓋取其由陽歸陰之性味，以療其所對治之證。海藏曰：古方多用治婦人，以本草有治傷中淋露之故也。第此語出於《別録》。而《別録》乃謂大寒，與《本經》氣平懸殊，似有未當。蓋治傷中淋露，非純任苦寒之味所能奏功也。試觀治女子宮冷不孕，有白薇丸二方，更勝金丸。秦桂丸中俱用之，且既謂之治宮冷矣。猶然投大寒之味乎？在治法必不爾也。即胎前遺尿方有白薇散，止白薇、白芍二味等分，豈用白芍以收陰，乃同於大寒之味以瀉乎，苦寒本能亡陰，是亦知其不然也。更以產後胃弱不食，脈微，多汗亡血，發厥鬱冒等證，投白薇湯，是蓋因血虛而並傷氣也。用白薇、當歸各六錢，人參半之，又甘草較參半之。然則是證之用白薇，同於當歸諸味以療虛證者，猶得夢夢然，謂取其大寒乎，只此一證言之，則所云大寒，在《別録》亦為不察矣，是固女子之治也。至於不分男婦，如方書治風虛昏憒不(白)〔自〕覺知，手足瘈瘲，或為寒熱，血虛不能服發汗藥，獨活湯主之，此湯用白薇，同於人參、當歸、茯神、遠志、桂心、菖蒲、川芎、甘草，皆以治風虛血虛，而兼以半夏、細辛、羌獨、防風，以除虛風。試思入茲味於中，猶謂取其大寒乎哉？是則《本經》之氣平足據也。或曰：《本經》雖言氣平，然其主治暴中風，身熱肢滿，忽忽不知人，狂惑邪氣，似此，屬陽邪為病，何為不以大寒對待之，而反取氣之平者乎？曰：此陽邪氣狂，正由於陰氣不利也。《別録》利陰氣一語，正於《本經》之主治可作一註脚，曾謂陰氣不利者，可以大寒之劑，冀其得當乎？蓋繹《本經》首言暴中風，則茲味之治風證，舉風淫風虛而皆宜，如《本經》所治之風，是其淫者也。如前獨活湯之治，是其虛者也。至如婦人產中虛煩亂嘔逆，安中益氣，竹皮大丸主之，中用竹皮、石膏，所以清虛煩者足矣。然甘草為主，而更丸以棗肉，其安中補虛者，蓋取責於本也。又云：有熱者倍白薇，是取其歸陽於

陰，以化陽分之邪，正轉關之用。在此，時珍乃以大寒為功，不亦習誤而不知乎？又如風溫，治以萎蕤湯，詳其脈證，如脈陰陽俱浮，自汗出，身重多眠，鼻息必鼾，語言難出，此正風虚之證也，宜防己湯，投參、芪、生薑、白术、炙草，以防己為君。不則彷彿於白薇湯之治，以歸陽法也，何李時珍不辨其為虚，漫曰萎蕤湯中亦用之？殊不知風虚之治，如萎蕤湯，亦未可槩用耳。葢總之歸陽於陰，同於羌、獨、防風、石膏輩，治其風之淫，如萎蕤湯是也。同於參、芪、白术、炙草，治其風之虚，如防己湯是也。豈得不審其風之虚實，並其逐隊而投者，不一細為酌量乎哉？葢窺見此味之歸陽，不襲前說之誤，則於風淫風虚之治，皆可以奏功。不然，即此通而彼礙其能，不貽憒憒之誚歟。

附方　肺實鼻塞，不知香臭，白薇、貝母、款冬花一兩，百部二兩，為末，每服一錢，米飲下。　婦人血厥，人平居無疾苦，忽如死人，身不動搖，目閉口噤，或微知人，眩冒，移時方寤，此名血厥，亦名鬱冒。出汗過多，血少，陽氣獨上，氣塞不行，故身如死。氣過血還，陰陽復通，故移時方寤。婦人尤多此證，宜服白薇湯。　其方已見前論中，即此條立論，所云出汗過多，陽氣獨上，氣塞不行，益信子揣摩歸陽之(羲)〔義〕不妄也。

修治　以酒洗用。

清·郭章宜《本草匯》卷九　白微　味苦、鹹，寒，入手足少陰、陽明經。主中風身熱支滿，忽忽人事不知。療溫瘧寒熱，酸疼，洗洗，有時發作。風溫灼熱多眠，遺尿熱淋血厥。平居無疾苦，忽如死人，身不動搖，目閉口噤，或微知人，眩冒，移時方寤，此名血厥，亦名鬱冒。出汗過多，血少，陽氣獨上，氣塞不行，故身如死，氣過血還，陰陽復通，故移時方寤。婦人尤多此證。宜服白微湯，用白微、當歸各一兩，人參半兩，甘草一錢半，每服五錢，水一盞，煎溫服。《本經》主狂惑，邪氣寒熱，酸疼者，皆熱邪所致也。陰氣不足，則陽獨盛而為熱。心腎俱虚，則熱收于內而為寒，此寒熱之所以交作。寒熱作，則榮氣不能內榮，是以肢體酸疼也。

按：　白微禀陰寒之氣以生，苦而兼鹹，故入心而入腎。古人方中每多用之，後世罕知之也。所以調經種子方中，往往用之。夫不孕由于血少血熱，其源必起于真陰不足。陰不足，則陽勝而內熱，以致榮血日枯而不孕，用此以益陰，則血自生旺而孕矣。然必佐以地黃、歸、芎、蓯蓉、杜仲等藥，久服自効耳。凡內虚腹洩，飲食不消，汗多亡陽，及天行熱病，皆不可服。

產陝西，根似牛膝，色黃白，短小柔軟能彎者，白微也。去髭，酒洗，糯米泔浸亦可。蒸晒用。惡黃耆、大黃、大戟、乾薑、大棗、乾漆、山茱萸。

清·汪昂《本草備要》卷二　白微瀉血熱。　苦、鹹而寒。陽明、衝任之藥。利陰氣，下水氣。主中風身熱支滿，忽忽不知人，陰虚火旺，則內熱生風。火氣焚灼，故身熱支滿。痰隨火湧，故不知人。血厥，汗出過多，血少，陽氣獨上，氣塞不行而厥，婦人尤多。此症宜白微湯，白微、當歸各一兩，參五錢，甘草錢半，每服五錢。熱淋，溫瘧洗洗，寒熱酸痛，寒熱作，則營氣不能內營，故酸痛。婦人傷中淋露，血熱。《千金》白微散治胎前產後遺尿不知時，白微、芍藥等分，酒調服。丹溪曰：此即河間所謂熱甚廷孔鬱結，神無所依，不能收禁之意也。廷孔，女人溺孔也。產虚煩嘔。仲景安中益氣竹皮丸用之。《經疏》曰：古方調經種子，往往用之。蓋不孕緣于血熱血少，而其源起于真陰不足，陽勝而內熱，故營血日枯也。益陰清熱，則血自生旺而有子矣，須佐以歸、地、芍藥、杜仲、蓯蓉等藥。

似牛膝而短小柔軟。去鬚，酒洗用。惡大黃、大戟、山茱、薑、棗。

清·陳士鐸《本草新編》卷三　白薇　味苦、鹹，氣平、大寒，無毒。入心、脾二經。主中風身熱肢滿，忽忽人事不知。療溫瘧，寒熱痠疼洒洒，有時發作。狂惑鬼邪堪却，傷中淋露可除。利氣益精，下水滲濕。此佐使要藥，非君臣主藥也。用之必須用參、苓、芪、术，始可奏功。然亦不可出二錢之外，以其大寒損胃也。

或問：　白薇却邪定神，是有益于正氣之藥，多用何傷？夫邪病多熱，白薇寒以解熱而却邪，非補正而消邪也。大寒之物，多則損胃，所以戒之〔也〕。

或問：　白薇功用止此乎？夫白薇功用不止此，而其尤效者，善能殺蟲。用之于補陰之中，則能殺瘵之蟲也。用之健脾開胃之中，則能殺寸白蛔蟲也。以火焚之，可以辟蠅斷虱；以末敷之，可以愈疥而斂瘡也。

清·顧靖遠《顧氏醫鏡》卷七　白微苦、鹹，大寒。　治中風支滿神昏，陰虚火旺，熱極則生風，火氣燔爍，故心下支滿，痰隨火湧，故神昏不知。益陰除熱，則愈。除邪氣寒熱痠疼。熱邪傷人，陰氣不足，則陽獨盛而為熱，心腎俱虚，則熱收於內而為寒，寒熱作則榮氣不能內榮，而肢體痠疼，是熱淫於內，故治以鹹寒。遺溺血淋俱用，皆熱在下焦所致，益陰除熱自安。調經種子宜徵。經水先期乃因血熱，不孕多由陰虚內熱，榮血日枯之故，益陰除熱，則血自生旺而令能孕矣。凡天行熱病後，餘熱未除，及溫瘧瘴瘧，久而不能解者，必屬陰虚，除瘧邪藥中，類中風，除熱藥中，俱宜加入。中寒洩瀉者，勿用。

清・李熙和《醫經允中》卷二〇　白薇　入手足少陰、陽明經。惡大黄、大戟、黄芪、山萸、薑、棗。　苦、鹹，大寒，無毒。　主療中風身熱支滿，溫瘧寒熱，熱淋，血厥。內虛腹泄者弗服。

清・馮兆張《馮氏錦囊秘録・雜症痘疹藥性主治合參》卷三　白薇禀天地之陰氣以生，故味苦鹹，平，大寒，無毒。　白薇苦鹹而寒，兼入心腎，利陰氣，下水氣。中風身熱支滿，溫瘧寒熱痠疼。狂惑鬼疰堪卻，傷中淋露可除。　利氣益精，下水滲濕。　風溫灼熱，多眠遺尿，熱淋血厥。

清・张璐《本經逢原》卷一　白薇　苦、鹹，平，無毒。　《本經》主暴中風，身熱肢滿，忽忽不知人，狂惑邪氣，寒熱痠疼，溫瘧洗洗，發作有時。　發明：　白薇鹹平降泄，抑陽扶陰，為足陽明經本藥，兼行足少陰、手太陰。《本經》主暴中風身熱肢滿，是熱鬱生風，痰隨火湧，故令忽忽不知人，狂惑邪氣，寒熱痠疼，皆熱邪所致。溫瘧乃冬時伏邪，至春而發，繆氏《經疏》言，暑邪所傷，秋必發為溫瘧，恐非經旨。《別録》療傷中淋露者，女子傷犯陰中營血，而成淋露之疾，用以除熱益陰，則前證瘳矣。下水氣利陰氣者，總取益陰之功，真陰益而邪水下。　性善降泄，故久服利人。《金匱》治婦人產中虛煩，嘔逆，安中益氣，竹皮丸中用之。《千金》治風溫發汗後身灼熱，自汗，身重，多眠，鼻息必鼾，語言難出，萎蕤湯中用之。又治婦人遺尿，不拘胎前產後，有白薇芍藥湯，取其有補陰之功，而兼行手太陰，以清膀胱之上原，殊非虛寒不禁之比也。古方多用治婦人者，以《別録》有療傷中淋露之功也。　凡胃虛少食泄瀉及喘欬多汗，陽氣外泄者禁用。

清・張志聰、高世栻《本草崇原》卷中　白薇　氣味苦，鹹，平，無毒。　主治暴中風，身熱肢滿，忽忽不知人，狂惑邪氣，寒熱酸疼，溫瘧洗洗，發作有時。　白薇，《本經》名春生，出陝西及舒、滁、潤、遼諸處。其根黄白色，類牛膝，而短小柔軟可曲者，白薇也。堅直易斷者，白前也。《乘雅》云：　根似牛膝而細長尺許，色黄微白，芳香襲人者，白薇也。色白微黄，折之易斷者，白前也。　凡草木皆感春氣而生，唯《本經》號白薇為春生。謂其能啟水天之精氣，隨春氣而生升也。其味苦鹹，鹹者水也。苦者火也。禀太陽寒水之氣在下，標陽之氣在上也。根色黄白，又得陽明秋金之氣，而秋金之氣，合肺氣於皮毛，亦太陽之所主也。太陽標陽之氣，行於肌表，故主治暴中風。太陽寒水之氣，周於一身，故主治身熱。肢滿，風邪淫於四末也。忽忽，眩暈貌。忽忽不知人，風邪行於頭目也。夫風者，百病之長，善行數變。狂惑邪氣，風淫血分而涉於心包矣。寒熱酸痛，風淫肌腠而涉於經脈矣。白薇禀秋金之氣，故治諸風之變證。先熱後寒，名曰溫瘧。溫瘧洗洗，如水灑身之寒也。溫瘧發作有時，白薇禀寒水之氣，上行外達，故治溫瘧。又得太陽之標陽，故治溫瘧之洗洗。

清・王子接《得宜本草・中品藥》　白薇　味苦。入陽明經。　得桂枝、石膏、竹茹治胎前虛煩嘔逆，得人參、當歸、甘草治產後血厥昏冒。

清・黄元御《長沙藥解》卷三　白薇　味苦，微鹹，微寒。入手太陰肺、足太陽膀胱經。　涼金泄熱，清肺除煩。　《金匱》竹皮大丸方在竹茹用之治乳婦中虛，煩亂嘔逆有熱者。倍白薇，以其泄熱而除煩也。　白薇苦寒，長於清金而除煩熱，利水而通淋澀。其諸主治，通鼻塞，止血淋，清膀胱熱澀，斷胎產遺尿。

清・汪紱《醫林纂要探源》卷二　白薇　苦，鹹，寒。莖葉參差，頂花如金錢，根似牛膝而短，白色柔輭。去旁鬚，酒洗。　和水火，滲邪濕，去妄熱。治婦人血厥，傷中淋露，心下虛煩，及凡熱淋溫瘧，時寒時熱昏惑。

清・嚴潔等《得配本草》卷二　白薇　畏黄耆、乾薑、大棗、山茱萸、大黄、大戟、乾漆。　苦、鹹，寒。陽明衝任之藥。利陰氣，下水氣。治風溫灼熱，自汗身重，多眠鼻鼾，語言難出，及溫瘧血厥，熱淋遺尿。　得白芍，治血淋，熱淋及婦人遺尿。不拘胎前產後。配貝母、冬花、百部，治肺實鼻塞。配石膏、竹茹、甘草、桂枝，治胎前虛煩嘔逆。佐人參、當歸、甘草，治血厥。出汗過多，血少陽氣獨上，氣塞不行，故身如死。氣過血還，陰陽復通，故移時方寤。婦人尤多此症。　去鬚酒洗，或糯米泔浸一宿，蒸用。　血虛氣弱者禁用。　血虛頭痛者禁用。

題清・徐大椿《藥性切用》卷三　白薇　苦鹹微寒，陽既衝任之藥，退熱益陰，宜於血熱。　血虛者忌之。

清・黄宫綉《本草求真》卷六　白薇瀉肺燥熱。　白薇耑入肺。味苦而鹹，性寒無毒。　凡人陰虛火動，則內熱生風，火氣焚灼，身體壯熱，支滿痰湧，忽不知人，與夫汗出血厥，酸痛淋閉。其在婦人，則或廷孔鬱結。廷孔，婦人溺孔也。神無所依，而見淋露不淨，並血枯熱勝，而見虛煩上嘔，非不用此苦泄鹹降利水。使陰氣自上而下，則熱何由泄乎？是以《金匱》安中益氣竹皮丸，用此以治婦人產中虛煩嘔逆。《經疏》云：　古方調經種子，往往用之益不孕，緣於血

熱而少其源，起於真陰不足，陽勝而內熱，故營血日枯也。益陰清熱，則自生旺而有子矣，須佐以歸、地、芍藥、杜仲、蓯蓉等藥。又有白薇芍藥湯，以治婦人遺尿。《千金》葳蕤湯，用此以治風溫身熱汗出身重。白薇、芍藥等分，酒調服。不拘胎前產後，皆能補陰平陽而兼行肺，以清膀胱上源，並非虛寒不禁之比也。但胃虛泄瀉，陽氣外越者禁用。似牛膝而短小柔軟，去鬚酒洗用。惡大黃、大戟、山茱、薑、棗。

清・沈金鰲《要藥分劑》卷六　白微　【略】鰲按：白微并能除血癖。曾治一婦人，本係產後身熱，煩嘔之症。余用白微為君，加芎、歸、地二帖，本病解。其婦向有癖積藏左脇下，已八九年，服此藥身涼病退之後，至晚微覺腹痛墜下，如欲臨盆狀，少頃逐下一物，如茶杯大，極堅，不能破，色紅紫而間有白點，其脇下遂覺空快。按所謂癖積者，無有矣。次早邀余診之，脉亦和平矣。

清・羅國綱《羅氏會約醫鏡》卷一六草部　白薇　味鹹(百)(而)寒，入胃經衝任之藥。利陰氣，下水氣。治中風身熱昏迷、陰虛火旺，則內熱生風，故身熱；痰隨火湧，故昏迷。血厥、汗多後，少陽旺，氣塞不行而厥，婦人尤多此症。溫瘧、寒熱酸痛、寒熱作榮虧，故一身酸痛。婦人淋露、胎前產後遺尿不知，白薇、白芍等分為末，酒調服。調經多子。婦人不孕，因血虛而熱，陰不足而陽勝也，白薇益陰清熱，而有子矣。須佐以歸、地、白芍、杜仲、蓯蓉等藥。

按：性寒，脾虛作瀉者忌用。似牛膝，短小而柔軟，去鬚，酒洗用。惡大黃、山茱、薑、棗。

清・王學權《重慶堂隨筆》卷下　白薇　涼降，清血熱，為女科要藥。溫熱證邪入血分者，亦宜用之。何今世不用於女科而視為升散藥，不問邪之在氣在血，往往亂投，誤人不淺。不學無術，此其最也。

清・黃凱鈞《藥籠小品》　白薇　微寒，瀉陽明血熱，下水氣，療熱淋。

清・楊時泰《本草述鉤元》卷七　白薇　近道皆有。其根黃白色，類牛膝而短小，八月采之。

氣味苦寒，平。乃陽明經藥。主治暴中風，身熱肢滿，忽忽不知人，狂惑邪氣，寒熱酸疼，療溫瘧洗洗發作有時，及風溫灼熱多眠，傷中淋露，下水氣，利陰氣。方書治瘛瘲虛煩，小便不禁。溫瘧、癉瘧久而不解者，必屬陰虛，除瘧邪藥中，多加白薇主之則易瘳。凡人陰氣不足，則能冬不能夏，更為暑邪所傷，秋來發瘧，先熱後寒曰溫瘧，或但熱不寒為癉瘧，未有不由陰精不守而得者。若果陰精內守，則暑不能侵，瘧何自作。凡治似中風證，除熱藥中，亦宜加而用之。天行熱病得愈，或愈後陰虛內熱，及餘熱未除者，隨證隨經藥中宜加之。風溫發汗後，身體灼熱自汗壯實者，服葳蕤湯。中用白薇。風溫自汗出，脈陰陽俱浮，身重多眠，鼻息必鼾，語言難出，此正風虛之證也，宜防己湯，防己為君，佐以參、耆、朮、草、生薑治之。風虛昏憒，不自覺知，手足瘛瘲，或為寒熱，此證血虛不能服發汗藥，獨活湯主之。白薇、人參、當歸、茯神、遠志、桂心、菖蒲、川芎、甘草以治風虛、血虛，兼用半夏、細辛、羌、獨、防風，以除虛風。肺實鼻塞，不知香臭，白薇、貝母、款冬花一兩，百部二兩，為末，每服一錢，米飲下。婦人產中虛，煩亂嘔逆，安中益氣，竹皮丸主之。竹皮、石膏三分，白薇、桂枝一分，甘草七分，棗肉為大丸，每以飲化一丸服。有熱者倍白薇。此以甘草為主，而更丸以棗肉者，取責於本也。有熱則倍白薇，正欲其歸陽於陰，以化陽分之邪，而作轉闔之用爾。產後胃弱不食，脈微，多汗亡血，發厥鬱冒等證，用白薇湯，白薇、當歸各六錢，人參半之，甘草又半之。婦人血厥，平居無疾苦，忽如死人，目閉口噤，或微知人，眩冒移時方寤，亦名鬱冒。此因出汗過多，血少，陽氣獨上，氣塞不行，故身如死。氣過血還，陰陽復通，故移時方寤。宜服白薇湯。調經種子，用白薇為君，佐以地黃、白芍、當歸、蓯蓉、山萸、杜仲、白膠、黃柏、天麥冬、丹參，蜜丸，久服易孕。凡不孕緣於血少血熱，其原必起於真陰不足，陽勝而內熱，內熱則榮血日枯，是以不孕。益陰除熱，則血自生旺矣。胎前遺尿，白薇散，用白薇、白芍二味，等分服之。女子宮冷不孕，有白薇丸二方，又勝金丸、秦桂丸中俱用之。可知《別錄》大寒之說不信。

論：白薇花於夏末，實於秋中，而采根即以八月，味苦鹹平，蓋取其由陽歸陰之性味以為用，《本經》言其氣平足據也。《別錄》利陰氣一語，正於《本經》主治可作注脚。其治風證，舉風淫風虛而皆宜。如同於羌、獨、防風、石膏輩治風之淫，則萎蕤湯是也。同於參、耆、朮、草治風之虛，則防己湯是也。大約能歸陽於陰，以化陽分之邪，而作轉闔之用。觀於血厥鬱冒，病由出汗過多，陽氣獨上，氣塞不行，宜主白薇，則知歸陽之義不妄也。

修治：酒洗用。

清・葉桂《本草再新》卷一　白微味苦、鹹，性寒，無毒。入心、脾、腎三經。益

陰，消水利濕，主中風血厥，熱淋寒瘧，婦人陰虧難產。

清・吳其濬《植物名實圖考》卷七　白微　《本經》中品。《救荒本草》：嫩角嫩葉，皆可煠食，江西、湖南所產，皆同根長繁，故俚醫呼白龍鬚。

按細辛、及已諸藥皆用根，而根長多鬚，大率相類，諸家皆以根黃白、柔脆、粗細為別，然其苗葉皆絶不相類，而諸家或略之。故俚醫多無所從，唯因俗名採用，反不致誤亂也。

清・趙其光《本草求原》卷一山草部　白薇　根黃白，氣平。土金之氣色，入肺、胃、大腸。肺主氣，行於皮毛；而太陽標陽之氣，亦合於皮毛。味苦、鹹，無毒。水火之味，入心腎衝任，而太陽本寒而標陽，從下上行，亦水中有火。《本經》名為春生，言其啟寒水之精，隨春生之氣以升，即得苦鹹之味，引心肺之陽下歸，而益陰血以和陽火也。主暴中風，身熱肢滿，太陽外感，氣不周於皮毛四末。忽忽不知人，狂惑邪氣，風邪中於頭目，或淫於心包血分，則鬱冒狂惑。又有汗，多傷血。氣並于血，陽獨上不下，氣壅塞不行，忽如死人，移時氣過，血還方寤。用參、歸、甘合治之，名白薇湯，症名血厥，亦引陽歸陰耳。寒熱酸痛癱瘓，風淫肌腠及於經脈，則營血不行。中風血厥、熱淋、溫瘧洗洗，發作有時，先熱後寒，身如水洒，名溫瘧。大陽氣達，陰陽氣通則已。婦人陰虛難產，傷中淋露，胎前、產後遺尿不禁或血淋，亦陽不歸陰，致陰氣不約耳。方合白芍酒調，收陰以歸陽。宮冷不孕，陽不入陰則宮冷，陽勝於土則血枯，而衝任不利。方合歸、地、芍、杜、山萸、蓯蓉、丹參、白膠以調經。產虛煩嘔，同棗、甘益中，竹茹、石膏除煩。有熱倍此，以化陽歸陰。產婦虛弱，同雞燉食。肺實鼻塞、不知香臭，同冬花、貝母、百部末，米飲下。金瘡血出，為末摻。下水氣，利陰氣。總之陽歸而陰自利，足盡此物之功。俗本謂其大寒抑陽，豈宮冷虛風，亦可用大寒之品邪？

同羌活、防風、石膏，治風淫。同參、芪、朮、甘、玉竹，治虛風、鼻鼾、汗出、身重、語難、脈浮。同利水藥，能行膀胱氣上合於肺，以行治節。弘景用治驚邪、邪鬼，亦即《本經》狂惑之義。去鬚，酒洗。惡大戟、乾薑、乾漆。

清・葉志詵《神農本草經贊》卷一　白薇　味苦，平。主暴中風，身熱肢滿，忽忽不知人，狂惑邪氣，寒熱酸痛，溫瘧洗洗，發作有時。生川谷。

春草纖微，分陰屬婦。紅顫輕花，青歸細柳。煩洗清涼，狂回攻掊。禊節三三，秉蘭共友。

《爾雅》：葞，春草也。李時珍曰：微、葞音相近，微細也。其根細而白也。王好古曰：古方多用以治婦人。《易》：分陰分陽。《詩》：至于屬婦。蘇頌曰：根葉俱青，頗類柳葉。六七月開紅花。蘇軾詩：清涼洗煩煎。宋濂詩：良劑急攻掊。名醫曰：三月三日采根。《韓詩外傳》：鄭國之俗，上巳秉蘭草，祓除不祥。《宋書・志》：魏以後但用三月三日。

清・文晟《新編六書》卷六《藥性摘錄》　白微　苦而鹹，性寒。瀉肺燥熱。○治婦人溺孔鬱結，淋露不淨，並血枯熱盛，而見虛浮上嘔等症。○古方入萎蕤湯，治風熱汗出身重。○又有白微芍藥湯，治婦人遺溺。○但胃虛泄瀉，陽氣外越者切禁。○去鬚，酒洗用。惡大戟、大黃、山藥、薑、棗。

清・張仁錫《藥性蒙求・草部》　白微錢半　白微苦鹹，涼降益陰。調經種子，血熱宜清。去鬚，酒洗用。苦鹹而寒，陽明衝任之藥。清血熱，為女科中要藥。溫熱症，邪入血分，亦宜用之。

清・戴葆元《本草綱目易知錄》卷一　白薇　苦、鹹，平。陽明，衝任之藥。利陰氣，下水氣，治暴中風，身熱肢滿，忽忽不知人，溫熱多眠，熱淋遺尿，狂惑邪氣，寒熱酸疼，溫瘧洗洗，發作有時，驚風狂痓，百邪鬼魅，婦人傷中淋露，產後虛煩嘔逆。金瘡出血，為末，傅。

清・黃光霽《本草衍句》　白微　清熱利陰，安中益氣。入陽明之經，為衝任之使。中風身熱支滿，溫瘧寒熱痠痺。痺痛也。療男子之痓症，風溫灼熱汗多。《活人書》治風溫自汗，身重煩熱，語言不出，萎蕤湯中用之。治婦人之傷中，熱淋遺尿血厥。血厥症，忽然如死，默不知人，目閉口噤，移時方寤，因失血產後得之者多。此泄汗過多，血氣併於陽，獨上而不下，氣塞而不行。《本事方》治以白微湯。胎前產後遺尿，《千金方》治以白微散。河間所謂熱甚溺孔鬱結，神無所依，不能收禁之意也。得桂枝、石(羔)〔膏〕、竹茹，治胎前虛煩嘔逆；得人參、當歸、甘草，治產後血厥昏冒。即白微湯。婦人遺尿，不拘胎前產後，用白微、芍藥各一兩，為末，酒服。血淋熱淋，方用同上。

清・陳其瑞《本草撮要》卷一　白薇　味苦，入陽明經，功專治暴中風，身熱肢滿，忽忽不知人，狂惑邪氣，寒熱酸疼溫瘧。得桂枝、石膏、竹茹治胎前虛煩嘔逆，得人參、當歸、甘草治產後血厥昏冒。酒洗用。惡大黃、大戟、山茱、薑、棗。

清・仲昴庭《本草崇原集說》卷中　白薇　【略】仲氏曰：白薇之性用，盡于《崇原》；而功效之神速，無過《金匱》竹皮大丸、《傷寒》《小品》二加龍骨湯。所以《本經》白薇之良，非《別錄》白前之比也。按：《外臺》集方，《小

品》居多，見原敘。

清·鄭奮揚著，曹炳章注《增訂偽藥條辨》卷一 白薇 按白薇，《本經》名春生，出陝西及舒、滁、潤、遼諸處。其根色黄微白，柔軟可曲者，白薇也。或云色白微黄，堅直易斷者，白前也。假者即土白薇，條大而硬，色少帶黄。或云即白前偽充。形質既異，功用懸殊，萬不可誤用也。 炳章按：白薇產山東者，根皮赤黄色，内白黄色，形類牛膝實心，頭下有細鬚根，短而柔軟可曲。《乘雅》云：根似牛膝，而細長色黄微白，此即白薇，與《本經》之說吻合。陳嘉謨曰：白前形似牛膝，粗長堅直，空心有節，色黄白色，折之易斷。乃與近時白前形狀亦符合，《本草崇原集說》眉批云：蘇州藥肆，誤以白前為白薇。白薇為白前，相沿已久。近調查杭甬藥肆，相沿亦與江蘇同。近據鄭君說福建亦沿此謬習，惟吾紹欣幸早經考定改正，吾望閩蘇甬各藥界，亦當速為改正，免誤病家。

白龍鬚

明·蘭茂《滇南本草》〔叢本〕卷中 白龍鬚一名白微。 味苦，濇，性微溫。專治面寒疼，肚腹酸痛。跌打損傷，筋骨疼痛。單劑：或為末，每服二錢，燒酒送下。水煎，點酒服亦可。

老君鬚

清·趙學敏《本草綱目拾遺》卷五草部下 老君鬚 《百草鏡》云：此草立夏後發苗，葉似何首烏微狹，對生，莖與葉俱微有白毛，不似首烏莖葉之光澤，根類白薇，白色極多，故名。入藥用根。 王安《採藥錄》：老君鬚，生溪澗邊，起藤二三尺，梗青，根鬚白黄色，有數十條，能消痞。 按王三才《醫便》云：老君鬚春夏秋冬常有，青出眾草為尊，莖藤青，葉似櫝葉而尖小，根如鬚，白似芋頭根，牽藤而去，俗名社公口鬚，亦治腫毒。採根擂生酒服，渣敷患處。

味辛性熱，破瘀，毛氏癧痺方用之，治瘰癧。

治痞結：《醫便》：痞結年久成龜鼈者，累用極效。用老君鬚一味，春夏用莖葉，秋冬用根，不拘多少，用好生酒一罐，外用鯽魚一雙，和藥同入罐内，日落時煮，以魚熟為度。令患人先食魚，次飲酒，再以藥渣撲痞結所至。次早去之，大小便見物下即效。如不應，連服三五次，追其物無跡，而神效難言。 余曉園云：治風痹，消血瘕面黄痞塊。 汪連仕云：老君鬚根細如白薇，理氣消腫，通利關格，敗毒消癰，俱以酒煎服。 王安《采藥方》：金釵草根名老君鬚，合龍虎丹用，治三十六種風症癱瘓鶴膝等風。

清·劉善述、劉士季《草木便方》卷一草部 婆婆鍼線包 老君鬚溫辛化毒，久嗽殤勞虛腫除。補益強陰治傷勞，蛇蟲風狗傷服塗。 婆婆針袋兒。

白前

宋·唐慎微《證類本草》卷九草部中品〔《別録》〕 白前 味甘，微溫，〔宋·掌禹錫《嘉祐本草》〕按：《蜀本》云：微寒。無毒。主胸脇逆氣，欬嗽上氣。〔梁·陶弘景《本草經集注》〕云：此藥出近道。似細辛而大，色白，易折。主氣嗽方多用之。〔唐·蘇敬《唐本草》〕注云：此藥葉似柳，或似芫花，苗高尺許，生洲渚沙磧之上。根白，長於細辛，味甘，俗以酒漬服。主上氣，不生近道。俗名石藍，又名嗽藥。今用蔓生者，味苦，非真也。〔宋·馬志《開寶本草》〕按：別本注云：二月、八月採根，暴乾。根似牛膝、白薇。〔宋·掌禹錫《嘉祐本草》〕按：《藥性論》云：白前，臣，味辛。兼主一切氣。日華子云：治賁独腎氣，肺氣煩悶及上氣。〔宋·蘇頌《本草圖經》〕曰：白前，舊不載所出州土，陶隱居云出近道，今蜀中及淮、浙州郡皆有之。苗似細辛而大，色白，易折。亦有葉似柳，或似芫花苗者，並高尺許。生洲渚沙磧之上，根白，長於細辛，亦似牛膝、白薇輩。今用蔓生者，味苦，非真也。二月、八月採根，暴乾。《深師》療久欬逆上氣，體腫，短氣脹滿，晝夜倚壁不得卧，常作水雞聲者，白前湯主之。白前二兩，紫菀、半夏洗各三兩，大戟七合切，四物以水一斗，漬一宿，明旦煮取三升，分三服。禁食羊肉、餳，大佳。〔宋·唐慎微《證類本草》〕《唐本》云：微寒。主上氣衝喉中，呼吸欲絕。雷公云：凡使，先用生甘草水浸一伏時後漉出，去頭鬚了，焙乾，任入藥中用。《梅師方》：治久患呷呷欬嗽，喉中作聲，不得眠。取白前擣爲末，溫酒調二錢匕服。

宋·寇宗奭《本草衍義》卷一〇 白前 保定肺氣，治嗽，多用。白而長於細辛，但麤而脆，不似細辛之柔。以溫藥相佐使，則尤佳，餘如《經》。

宋·劉明之《圖經本草藥性總論》卷上 白前 味甘，微溫，無毒。主胸脇逆氣，欬嗽上氣。《藥性論》云：臣。味辛。兼主一切氣。日華子云：治賁豚腎氣，肺氣煩悶及上氣。《唐本》云：微寒。主上氣衝喉中，呼吸欲絕。

元·王好古《湯液本草》卷三 白前 氣微温，味甘，微寒，無毒。 《本

草》云：主胸脇逆氣，欬嗽上氣。狀似白薇、牛膝輩。《衍義》云：白前保定肺氣，治嗽多用，白而長於細辛，但粗而脆，不似細辛之柔。若以温藥相佐使則尤佳。仲景用。

明・王綸《本草集要》卷二 白前臣 味甘辛，氣微溫。一云：微寒，無毒。白而長於細辛，但粗而肥。 主胸脇逆氣，咳嗽上氣衝喉中，呼吸欲絕，不得眠，當作水雞聲。善能保定肺氣，治嗽多用之。以溫藥相佐使，尤佳。

明・滕弘《神農本經會通》卷一 白前 臣也。生州渚沙磧之上。根白色，長於細辛，大而易脆。二八月採根，暴乾。根似牛膝白薇。 味甘，氣微溫，無毒。一云味辛。蔓生者味苦，非真也。一云：微寒。《湯》云：氣微溫，味甘，微寒，無毒。

《本經》云：主胸脇逆氣，欬嗽上氣。《藥性論》云：味辛。主一切氣。日華子云：治賁豘腎氣，肺氣煩悶及上氣。《圖經》云：療久欬逆上氣，體腫，短氣脹滿，晝夜倚壁不得臥，常作水雞聲者，白前湯，白前二兩，紫菀、半夏洗，各三兩，大戟七合，水煎服。禁食羊肉。《衍義》云：保定肺氣，治嗽多用。若以溫藥相佐使，則尤佳。

明・劉文泰《本草品彙精要》卷一二 白前無毒。植生。

白前：主胸脇逆氣，欬嗽上氣。名醫所錄。【名】石藍。【苗】《圖經》曰：苗似細辛而大，色白，易折。亦有葉似柳，或似芫花苗者，並高尺許，生洲渚砂磧之上。根白，長於細辛，亦似牛膝、白薇輩。今用蔓生者，味苦，非真也。【地】《圖經》曰：生蜀中，及淮浙州郡皆有之。【道地】越州、舒州。【時】生：春生苗。採：二月、八月取根。【收】暴乾。【用】根粗脆者爲好。【質】類牛膝而白。【色】白。【味】甘。【性】微溫，緩。《蜀本》注云：微寒。【氣】氣薄味厚，陽中之陰。【主】保肺氣，止欬嗽。【助】得溫藥相佐使爲良。【製】《雷公》云：凡使，先用生甘草水浸一伏時，後漉出，去頭鬚，焙乾，任入藥中用。【治】療：陶隱居云：除氣嗽。《唐本》注云：治上氣衝喉中，呼吸欲絕者。日華子云：療賁豚，腎氣，肺氣，煩悶。【合治】以二兩合紫菀、半夏各三兩，大戟七合，水一斗，漬一宿，煮取三升，分三服，療久欬逆上氣，體腫，短氣脹滿，不得臥，常作水雞聲者。服此禁食羊肉、餳。

明・葉文齡《醫學統旨》卷八 白前 氣微溫，一云微寒，味甘、辛。無毒。白而長於細辛，但粗而脆，若以溫藥相佐使尤佳。 治胸脇逆氣咳嗽，上氣衝喉中，呼吸欲絕，不得眠，常作水鷄聲，善能保定肺氣，治嗽多用之。

明・陳嘉謨《本草蒙筌》卷二 白前 味甘、辛，氣微溫。無毒。出江浙蜀川，生洲渚砂磧。葉如柳樹葉，苗似芫花苗。根麄長與牛膝頗同，但堅脆音翠而柔軟鮮有。凡資入藥，秋後採根。甘草湯浸一宵，折去傍鬚焙用。咳嗽上氣能降，胸脇逆氣堪敺。氣壅膈，倒睡不得者殊功；氣衝喉，呼吸欲絕者立効。仍治氣塞咽嗌，時作水鷄聲鳴。故古人氣嗽方中，每每用之不遺，亦以其善主一切氣也。又能保定肺氣，溫藥佐使尤奇辨。

謨按：白薇、白前，近道俱有。苗莖根葉，形色頗同。儻誤採收，殺人頃刻，必(辯)〔〕認的實，方入藥拯疴。白前似牛膝，麄長堅脆易斷。白薇似牛膝，短小柔軟能彎。仍噬汁味相參，庶不失於差誤。此醫家大關鍵，匪特一藥為然。凡相類者，俱不可不細察爾。

明・王文潔《太乙仙製本草藥性大全》卷一《本草精義》 白前 舊本不載所出州土。陶隱居云出近道。今江浙蜀川生洲渚砂磧。葉如柳樹葉，苗似欵花苗，根麄長於細辛，白嫩，亦似牛膝，但堅脆，而柔軟，鮮有。凡資入藥，秋後採根，甘草湯浸一宵，折去傍其鬚，焙乾用之。渾似白薇，今用蔓生者，味苦，非真也。按：白薇、白前，近道俱有，苗莖根葉形色頗同，儻誤採收，殺人頃刻，必辨認的實，方入藥拯疴。白前似牛膝，麄長堅脆易斷；白薇似牛膝，短小柔軟能彎，仍噬汁味相參，庶不失於差誤。此醫家大關鍵，匪特一藥爲然，凡相類者，俱不可不細察耳！

明・王文潔《太乙仙製本草藥性大全》卷一《仙製藥性》 白前 味甘、辛，氣微溫，無毒。主治：欬嗽上氣能降，胸脇逆氣堪敺。壅膈倒睡不得者殊功，氣衝喉，呼吸欲絕者立效。仍治氣塞咽嗌，時作水鷄聲鳴，故古人氣嗽方中每每用之不遺，亦以其善主一切氣也，又能保定肺氣，溫藥佐使尤奇。

補註：治久患暇呷，欬嗽，喉中作聲，不得眠，取擣爲末，溫酒調二錢，頓服。〇久欬逆上氣，體腫短氣，脹滿，晝夜倚壁不得臥，常作水鷄聲者，白前湯主之：白前二兩，紫(苑)〔菀〕、半夏洗各三兩，大戟七合切，四物以水一斗，漬一宿，明旦煮取三升，分三服，禁食羊肉、餳，大佳。太乙曰：凡使先用生甘草水浸一伏時後漉出，去頭鬚了，焙乾，任入藥中用。

明・皇甫嵩《本草發明》卷三 白前中品下，為臣。氣微溫，一云微寒，味甘、

辛，無毒。　發明曰：白前甘辛入肺，主一切氣，保定肺氣。故本草主胸脇逆氣，咳嗽上氣，故《深師》療欬逆上氣，體腫短氣脹滿，倒睡不得，氣衝咽喉作水雞聲，呼呼欲絕，白前湯主之，正以其主諸氣，保定肺氣也。以溫藥佐使尤佳。治久嗽多用之。凡用，甘草水浸一伏時，漉出，去頭鬚，焙乾，任入藥用。禁食羊肉。白前似牛膝，粗長，堅脆易斷。又曰：白而長于細辛，但粗脆不似細辛之柔。白薇亦似牛膝而短小，柔軟能彎。若不辨明之，殺人。

明・李時珍《本草綱目》卷一三草部・山草類下　白前《別錄》中品

〖釋名〗石藍《唐本》　嗽藥同上　時珍曰：名義未詳。　〖集解〗弘景曰：白前出近道，根似細辛而大，色白，不柔易折，氣嗽方多用之。恭曰：苗高尺許，其葉似柳，或似芫花，根長於細辛，白色，生洲渚沙磧之上，不生近道。俗名石藍，又名嗽藥。今用蔓生者味苦，非真也。志曰：根似白微、牛膝輩，二月、八月採，陰乾用。嘉謨曰：似牛膝，粗長堅直易斷者，白前也。似牛膝，短小柔軟能彎者，白微也。近道俱有，形色頗同，以此別之，不致差誤。

根　〖修治〗斅曰：凡用，以生甘草水浸一伏時，漉出，去頭鬚了，焙乾收用。　〖氣味〗甘，微溫，無毒。權曰：辛。恭曰：微寒。　〖主治〗胸脇逆氣，咳嗽上氣，呼吸欲絕《別錄》。主一切氣，肺氣煩悶，賁豚腎氣大明。降氣不痰時珍。

〖發明〗宗奭曰：白前能保定肺氣，治嗽多用，以溫藥相佐使尤佳。時珍曰：白前色白而味微辛甘，手太陰藥也。長於降氣，肺氣壅實而有痰者宜之。若虛而長哽氣者，不可用也。張仲景治嗽而脈浮，澤漆湯中亦用之。其方見《金匱要略》，藥多不錄。

〖附方〗舊二，新一。　久嗽唾血：白前、桔梗、桑白皮三兩，炒，甘草一兩，炙，水六升，煮一升，分三服。忌猪肉、菘菜。《外臺》。　久咳上氣：體腫，短氣脹滿，晝夜倚壁不得卧，常作水鷄聲者，白前湯主之：白前二兩，紫菀、半夏各三兩，大戟七合，以水一斗，漬一宿，煮取三升，分作數服。禁食羊肉、餳糖大佳。《深師方》。　久患暇呷：咳嗽，喉中作聲，不得眠。取白前焙擣爲末，每温酒服二錢。《深師方》。

明・李中立《本草原始》卷二　白前　今蜀中及淮、浙州郡皆有之。苗似細辛而大，色白易折，亦有似柳，或似芫花苗者，並高尺許。生洲渚沙磧之上。根白色，長於白微。苗生於白微之前，故名白前。　白前　氣味：甘，微溫，無毒。　主治：胸脇逆氣，欬嗽上氣，呼吸欲絕。主一切氣，肺氣煩悶，賁豚腎氣。降氣下痰。

白前，《別錄》中品。【圖略】二月、八月採根，陰乾。根比白微麄長而脆。

修治：白前，先用甘草水浸一伏時後，漉出，去頭鬚了，焙乾任用。

《本草蒙筌》曰：似牛膝粗長，堅直易斷者，白前也；似牛膝，短小柔軟能彎者，白微也。以此別之，不致差誤。

明・李中梓《藥性解》卷四　白前　味甘、辛，性微溫，無毒，入肺經。主下氣，除嗽氣，寒呃上衝，不得睡卧，氣逆沖喉，呼吸欲絕，腹中時時作水雞聲。甘草水浸一宿，去頭鬚，子焙乾用，忌羊肉。　按：白前色白味辛，故入肺經，耑主一切氣症。

明・繆希雍《本草經疏》卷九　白前　味甘，微溫，《蜀本》云微寒。無毒。主胸脇逆氣，咳嗽上氣。

〖疏〗白前感秋之氣而得土之沖味，故味甘辛，氣微溫。蘇恭又謂微寒。性無毒，陽中之陰，降也。入手太陰肺家之要藥。甘能緩，辛能散，溫能下。以其長於下氣，故主胸脇逆氣，咳嗽上氣。二病皆氣升氣逆，痰隨氣壅所致。氣降則痰自降，能降氣則病本立拔矣。微溫，微寒，見人參條下。

〖主治參互〗寇宗奭曰：白前能保定肺氣，治嗽多用，以溫藥相佐使尤佳。仲景《金匱要略》治嗽而脈浮，用澤漆湯中有白前。苗似細辛而大，根色白，亦似白薇，又似牛膝，脆而易折，不若白薇之可彎而不折也。苦者非是。《外臺》方治久嗽吐血，用白前、桔梗、桑根白皮各三兩，甘草炙一兩，水六升，煮一升，分三服。忌豬肉、菘菜。《深師方》治久咳上氣，體腫短氣，晝夜倚壁不得臥，常作水雞聲者，白前湯主之：白前二兩，紫菀、半夏各三兩，大戟七合，以水一斗，漬一宿，煮取三升，分作數十服。第進一服，勿相繼，以須藥力之行。　〖簡誤〗白前辛溫，走散下氣之藥，性無補益。凡欬逆上氣，欬嗽氣逆，由於氣虛氣不歸元，而不由於肺氣因邪客壅實者，禁用。《深師方》中所主久欬上氣，體腫短氣脹滿，當是有停飲、水濕、濕痰之病，乃可用之。病不由於此者，不得輕施。

明・倪朱謨《本草彙言》卷一　白前　味甘，氣溫，無毒。手太陰經藥也。

陶氏曰：白前生洲渚沙磧上。苗高尺許，葉似柳，或似芫花，根似白薇，或似細辛。　陳氏曰：似牛膝，粗長堅直，色白微黃，折之易斷者，白前也。似牛膝短小，柔軟能彎，色黃微白，折之不斷者，白薇也。近道亦有，形色頗同。以此別之，不致差誤。　修治：水浸洗淨，去頭鬚，焙乾收用。

白前：李東垣泄肺氣，定喘嗽之藥也。張少懷稿療喉間喘呼，爲治咳之首

劑。寬胸膈滿悶，爲降氣之上品。前人又主奔豚及腎氣。然則性味功力，三因幷施，藏府咸入，腠理皮毛，靡不前至。蓋以功用爲名也。性惟走散，長于下氣，功無補益。凡欬逆上氣，咳嗽氣逆，由于氣虚、氣不歸源，而不由于寒邪客氣壅閉者禁之。《深師方》中所主久咳上氣，體腫短氣，脹滿不臥等證，當是有停飲、水濕、濕痰之故，乃可用之。病不由于此者，不得輕試。

集方：《方脉正宗》治冷哮久年頻發者。用白前、川貝母、乾薑、甘草各一錢，水煎服。〇同上治奔豚疝積。用白前三錢，吳茱萸二錢，白朮一錢，甘草五分，黑棗三個，水煎服。〇同上治五飲痰閉，氣逆不下。用白前酒炒，半夏、陳皮、茯苓各一兩，甘草五錢，白朮二兩，俱土拌炒，共爲末，竹瀝一碗，薑汁半盞，和匀，煎滚，調真神麴爲稀糊，作丸如黍米大，每服二錢，白湯下。

明・李中梓《醫宗必讀・本草徵要上》 白前味甘，平，無毒。入肺經。甘草湯泡，去鬚焙。療喉間喘呼欲絕，寬胸中氣滿難舒。感秋之氣，得土之味，清肺有神。喉中作水雞聲者，服之立愈。按：白前性無補益，肺實邪壅者宜之，否則忌也。

明・鄭二陽《仁壽堂藥鏡》卷一〇下 白前 陶隱居云：白前出近道，蜀中、淮、浙皆有之。氣微溫，味甘。微寒，無毒。《本草》云：主胸脇逆氣，咳嗽上氣。狀似白薇、牛膝輩。《衍義》云：白前保定肺氣，治嗽多用。白而長於細辛，但粗而脆，不似細辛之柔耶。日華子云：白前治奔豚。禁食羊肉。

明・盧之頤《本草乘雅半偈》帙九 白前《別録》下品 氣味：甘，微溫，無毒。主治：主胸脇逆氣，欬嗽上氣，呼吸欲絕。

覈曰：生州渚沙磧上，苗高尺許，葉似柳，或似芫。根似白薇，或似細辛。粗長堅直，色白微黄，折之易斷者白前也；細短柔靭，色黄微白，折之不斷者白薇也。修事：用生甘草水浸一伏時，漉出，去頭鬚了，焙乾收用。

条曰：在色為白，在藏歸肺矣。前者坐而至，不行而進也，當入手太陰陽明、足陽明，為治欬之君主藥。《經》云：欬嗽上氣，厥在胸中，過在手太陰陽明。又云：白脈之至也，喘而浮，上虚下實驚，有積氣在胸中，得之酒使内也。又云：藏真高于肺，以行營衛陰陽也；不行焉，則為厥為積矣。大明主奔豚，及腎氣，亦即下實上虚之象乎。然則白前功力，三因並施，藏府咸入，腠理皮毛，靡不前至，蓋以功用為名也。

黃帝問曰：肺之令人欬，何也？岐伯對曰：五藏六府皆令人欬，非獨肺也。帝曰：願聞其狀。岐伯曰：皮毛者，肺之合也，皮毛先受邪氣，邪氣以從其合也。其寒飲食入胃，從肺脈上至于肺則肺寒，肺寒則外内合邪，因而客之，則為肺欬。五藏各以其時受病，非其時，各傳以與之。人與天地相參，故五藏各以時治。時感于寒，則受病。微，則為欬；甚，則為泄、為痛。乘秋，則肺先受之；乘春，則肝先受之；乘夏，則心先受之；乘至陰，則脾先受之；乘冬，則腎先受之。帝曰：何以異之？岐伯曰：肺欬之狀，欬而喘息有音，甚則唾血；心欬之狀，欬則心痛，喉中介介如梗，甚則咽腫喉痹；肝欬之狀，欬則兩脇下痛，甚則不可以轉，轉則兩胠下滿；脾欬之狀，欬則右胠下痛，陰陰引肩背，甚則不可以動，動則欬劇；腎欬之狀，欬則腰背相引而痛，甚則欬涎。帝曰：六府之欬奈何？安所受病？岐伯曰：五藏之久欬，乃移于六府。脾欬不已，則胃受之，胃欬之狀，欬而嘔，嘔甚則長蟲出；肝欬不已，則膽受之，膽欬之狀，欬嘔膽汁；肺欬不已，則大腸受之，大腸欬狀，欬而遺矢；心欬不已，則小腸受之，小腸欬狀，欬而失氣，氣與欬俱失；腎欬不已，則膀胱受之，膀胱欬狀，欬而遺溺。久欬不已，則三焦受之，三焦欬狀，欬而腹滿，不欲食飲。此皆聚于胃，關于肺，使人多涕唾，而面浮腫氣逆也。右録《咳論》，以備条考。

清・顧元交《本草彙箋》卷一 白前 保定肺氣，喉間作水雞聲者，白前湯主之，白前、紫菀、半夏、大戟是也。然其辛溫走散，性無補益，凡咳逆上氣，由於氣虚，氣不歸元，而不由於肺氣客邪壅實者，萬不可用。

清・穆石匏《本草洞詮》卷八 白前 一名嗽藥。似牛膝而麤長，堅直易斷者，白前也。似牛膝而短小，柔軟能彎者，白薇也。氣味甘，微溫，一云微寒，無毒。入手太陰經。治胸脇逆氣欬嗽，腎氣奔豚。蓋白前甘而帶辛，長於降氣，治嗽多用。然肺氣壅實而有痰者宜之。若虚而長哽氣者，不可用也。

清・劉雲密《本草述》卷七下 白前 生州渚沙磧音迹，水渚有石者。上。苗高尺許，葉似柳，或似芫，根似白薇，或似細辛，秋後采之，粗長堅直，色白微黄，折之易斷者，白前也。細短柔靭，色黄微白，折之不斷者，白薇也。

根：氣味：甘，微溫，無毒。權曰：辛。恭曰：微寒。主治：胸脇逆氣，欬嗽上氣，呼吸欲絕《別録》。主一切氣，肺氣煩悶，賁豚腎氣日華子。

時珍曰：白前色白，而味微辛甘，手太陰藥也。長於降氣，肺氣壅實而有痰者宜之。若虚而長哽氣者，不可用也。之頤曰：在色為白，在藏歸肺矣。然當入手太陰、陽明、足陽明，為治欬之君主藥。《經》云：欬嗽上

氣，厥在胸中，過在手太陰、陽明。又云：白脈之至也，喘而浮，上虛下實，驚有積氣在胸中，得之酒使內也。又云：藏真高於肺，以行營衛陰陽也，不行焉則為厥為積矣。日華子主賁豚及腎氣，亦即下實上虛之象乎？然則此味三因並施，臟腑咸入，其功靡不前至，故以命名耳。希雍曰：白前感秋之氣，而得土之冲味，故味甘辛，氣微溫。蘇恭又謂微寒，性無毒，陽中之陰，降也，入手太陰肺家之要藥。甘能緩，辛能散，溫能下。先哲曰咳嗽，喉中作聲，一味白前妙。

《深師方》治久欬上氣，體腫短氣，晝夜倚壁不得臥，常作水雞聲者，白前湯主之，白前、紫(苑)〔菀〕、半夏、大戟各三兩，水一斗，漬一宿，煮取三升，分數十服，間進，以須藥力之行。

愚按：《別錄》主治首言胸脇逆氣，夫胸中固肺所治，而脇則陰陽升降之道路也。又云：欬嗽上氣，呼吸欲絕。呼吸即升降之氣，升降相隨，即陰陽之分而合也。肺為氣主者，以其貫心脈而行呼吸，呼吸欲絕，是有升無降，或陰或陽，皆能病之，如下之真陰不足，即無以召上之陽，無以吸上而氣不降，上之真陽不足，即不能生下之陰，無以歸下而氣亦不降，此皆屬虛，固非白前輩所可治也。唯是後天氣血之病，因於內外所感，偏勝所成者，上實而下即虛，下實而上即虛，隨其所主之味。而以茲味為前導，其庶乎近之？下之真陰虛者，即氣不歸元，人每患之。上之真陽虛者，即中氣大虛而失守。余曾患此，大劑參芪而愈。上實下虛，如痰熱上壅，下即陰虛，陽愈失陰而亢，氣固不降，下實上虛，如賁豚腎氣，上即陽虛，陰愈逼陽而僭，其氣亦不降。

希雍曰：白前辛溫，走散下氣，性無補益，凡逆氣，欬嗽氣上，由於氣虛，氣不歸元，而不由於肺氣因邪客壅實者，禁用。《深師方》所主治證，當是有停飲水溼，溼痰之病，乃可用之。病不由於此者，不得輕施。

修治　甘草水浸，去頭鬚，焙乾用。

清·郭章宜《本草匯》卷九　白前　味甘，微溫，權、恭：辛，微寒。陽中之陰，降也。入手太陰經。欬嗽上氣能降，胸脇逆氣堪敺。氣壅膈，倒睡不得者殊功。氣衝喉，呼吸欲絕者立効。仍治氣塞咽嗌，時作水雞聲鳴。

按：白前辛溫，走散下氣之藥也。性無補益，惟肺氣壅實，而有停飲濕痰者宜之。古人氣嗽方中，每每用之者，亦以其長于降氣也。若氣虛欬逆，氣不歸元，而非邪客壅實者，禁用。

根似白微、牛膝，粗長堅脆，色白易斷者，白前也。以其苗莖根葉，形色頗同，故必辨認的實，方可拯疴。仍須噬汁味相參，庶不失于差誤。然非特此一藥已也。生甘草水浸一宿，去頭鬚，焙乾用。忌羊肉。

清·蔣居祉《本草擇要綱目·平性藥品》　白前　氣味：甘，微寒，無毒。主治：脇逆氣，胸逆氣，呼吸欲絕，降氣下痰，手太陰也。然長於降氣，肺氣壅實而有痰者宜之。若虛而兀兀硬氣，則不可用之以泄化源。

清·王翃《握靈本草》卷三　白前近道有之。主治：白前甘，微溫，無毒。主胸脇逆氣，欬嗽上氣，呼吸欲絕。

清·汪昂《本草備要》卷一　白前瀉肺，降氣，下痰。辛、甘，微寒。長于降氣下痰止嗽，治肺氣壅實，胸膈逆滿。虛者禁用。似牛膝，粗長堅直易斷者，白前也；短小柔軟能彎者，白微也。近道多有，形色頗同，以此別之。白微見血藥類。去頭、鬚，甘草水浸一伏時，即一晝夜。焙用。忌羊肉。

清·吳楚《寶命真詮》卷三　白前　味甘平，無毒。入肺經。甘草湯泡去鬚，焙。療喉間喘呼，寬胸中氣滿。感秋之氣，得土之味，清肺有邪，喉中作水雞聲者，服之立效。肺實邪壅相宜，否則當忌。

清·顧靖遠《顧氏醫鏡》卷七　白前辛、甘，平。入肺經。湯泡去鬚，焙。胸脇逆氣能除，長於降氣故也。咳嗽上氣可安。咳則氣逆，痰隨上壅，但坐不得臥，痰如水雞聲者，服之立愈。性無補益，肺因邪客痰壅者宜之，若由氣不歸元所致者，忌用。

清·李熙和《醫經允中》卷一八　白前　甘，溫，無毒。主治欬嗽，上氣能降，胸膈逆氣堪敺。辛溫走散而無補益，故邪客壅實者宜之，氣虛欬逆者忌服。與白薇形色頗同，必須辨認的實，白前似牛膝粗長，堅脆易斷；白薇似牛膝短小，柔軟能彎。倘悞收採，殺人頃刻。

清·馮兆張《馮氏錦囊秘錄·雜症痘疹藥性主治合參》卷三　白前色白，形似白薇，又似牛膝，但脆而易折，不若白薇之可彎而不折也。感秋之氣，得土之沖味，味甘辛，氣微溫。一云微寒，無毒。陽中之陰，降也。入手太陰肺家之要藥。甘能緩，辛能散，溫能下，故善能下氣，治氣逆欬嗽濕痰，停飲短氣，水濕體腫脹滿，晝夜倚壁不得臥，喉作水雞聲者神效。

白前，似牛膝，粗長堅脆易斷，主欬嗽上氣能降，胸脇逆氣堪敺。氣壅膈，倒睡不得者殊功。氣衝喉，呼吸欲絕者立效。并氣寒咽嗌，時作水雞聲

鳴者，服之即瘳。

清・张璐《本經逢原》卷一　白前　甘、辛，微溫，無毒。　發明：　時珍曰：　白前入手太陰，長於降氣，肺氣壅實而有痰者宜之。《金匱》治欬嗽而脈沉者，用澤漆湯，以中有白前也。《深師》治久嗽上氣，體腫短氣，倚息不得臥，常作水雞聲者，用白前湯。《外臺》治久嗽吐血，用白前、桔梗、桑白皮、甘草，皆取其下氣耳。若虛嗽常哽氣者，不可用也。白前較白薇稍溫，較細辛稍平，專搜肺竅中風水。非若白薇之鹹寒，專泄肺胃之燥熱，亦不似細辛之辛竄，能治腎肝之沉寒也。

清・浦士貞《夕庵讀本草快編》卷一　白前《別錄》、石藍　生於洲渚沙磧之上，故有石藍之名。其葉似柳，根似牛膝而堅直易斷，頗與白薇相類，白薇之根可屈可揉，非若白前之脆也。　白前甘而微溫，嗽藥中之神品也。色白屬肺，人所共知，前之為義，世所未解。《素問》云：　陽明為前。則知不獨入手太陰、陽明，兼入足陽明矣。《經》云：　欬嗽上氣，厥在胸中，過在手太陰、陽明，曰向脉之至也。喘而浮，上虛下實，驚有積氣在胸中，得之酒，使內也。又曰：　藏真高於肺，以行營衛陰陽也，不行焉則為厥為積矣。故《日華》之主奔豚，《別錄》之下逆氣，非上虛下實之象乎？瀕湖又謂其長於降氣，肺實痰壅宜之，若虛而長哽氣者，斷不可用。仲景治嗽脉浮者，澤漆湯中加之，其意見矣。雖然，白前功力，三因並施，臟腑咸入，腠理皮膚靡不前至，命名以見其功，非泛泛也。

清・張志聰、高世栻《本草崇原》卷中　白前根附　氣味甘，微溫，無毒。主治胸脇逆氣，咳嗽上氣，呼吸欲絕。《別錄》附。　陶弘景曰，白前出近道，根似細辛而大，色白，不柔易折。蘇恭曰：　苗高尺許，其葉似柳，或似芫花，根長於細辛，白色生洲渚沙磧之上，不生近道，俗名石藍，又名嗽藥。馬志曰：　根似白薇、牛膝輩。陳嘉謨曰：　似牛膝粗長堅直，折之易斷者，白前也。似牛膝細短柔軟，折之不斷者，白薇也。近道俱有，形色頗同，以此別之，大致差誤。　寇宗奭曰：　白前能保定肺氣，治嗽多用，以溫藥相佐使尤佳。李時珍曰：　白前色白而味微辛甘，手太陰藥也。長於降氣，肺氣壅實而有痰者宜之。若虛而長哽氣者，不可用。張仲景治咳而脈浮者，澤漆湯中亦用之。愚以澤漆湯方有紫參，復有白前，故因紫參而附白前於此也。白前雖《別錄》收入中品，而仲祖方中先用之，則弘景亦因古方錄取，但出處不若《本經》之詳悉，學人須知之。

清・劉漢基《藥性通考》卷六　白前　味甘、辛，氣微寒。長於降氣，下痰止嗽，治肺氣壅實，胸膈逆滿。氣虛者忌用。似牛膝，粗長堅直、易斷者，白前也。短小柔軟、能彎者，白微也。近道多有，形色頗同，以此別之。去頭鬚，甘草水浸一伏時，焙用。忌羊肉。

清・王子接《得宜本草・中品藥》　白前　味甘、微辛。入手太陰經。功專降氣下痰。得桔梗、桑皮治咳嗽吐血。

清・黃元御《長沙藥解》卷三　白前　味甘辛，入手太陰肺經。降衝逆而止嗽，破壅塞而清痰。《金匱》澤漆湯方在澤漆用之治脈沉之咳。是緣水氣之裹衝，非由風邪之外閉。澤漆治其水氣，白前降衝逆而驅痰飲也。白前善降胸脇逆氣，心肺凝痰嗽喘，衝阻呼吸壅塞之證。得之清道立通，濁瘀悉下，宜於補中之劑並用乃效。

清・吴儀洛《本草從新》卷一　白前〔瀉肺降氣下痰。〕　苦，辛，微寒。長於降氣，下痰止嗽。治肺氣壅實，喉中作水鷄聲者服之立愈。胸膈逆滿。肺實者宜，否則忌也。似牛膝，粗長堅直，脆而易斷者白前也。短小柔軟，能彎不斷者白微也。近道多有，形色頗同，以此別之。去頭鬚，甘草水浸一伏時。焙用。忌羊肉。

清・汪紱《醫林纂要探源》卷二　白前　辛，甘，寒。獨莖直上，大葉，色白如織紋，根下共一蘆頭，而分鬚柔白，長似牛膝，乾則勁燥易斷。散肺之邪鬱，治痰嗽。以辛瀉也。

清・嚴潔等《得配本草》卷二　白前一名嗽藥。　忌豬羊肉、菘菜、飴糖。辛、甘，微寒。入手太陰經氣分。下胸脇逆氣，咳嗽上氣，呼吸喉中作水雞聲。痰氣壅盛也。　配紫菀、半夏、大戟，治久咳上氣。體腫、短氣、脹滿，晝夜不得臥，喉中常作水雞聲。配桔梗、桑皮，治久嗽吐血。佐蒼朮，治濕腫。　焙研為末，溫酒服一錢，治久嗽暇呷不得眠。去頭鬚，以生甘草水浸一宿，焙用。味苦者非真也。似牛膝粗長堅直易斷者，白前也。短小柔軟能彎不斷者，白薇也。　氣虛，虛痰，二者禁用。

題清・徐大椿《藥性切用》卷三　白前　辛甘微寒，入肺而消痰，降氣，能除肺實氣壅。肺虛者忌之。

清・黃宮繡《本草求真》卷五　白前搜肺中風水。　白前耑入肺。甘辛微

溫，為降氣祛風除痰要藥。緣人氣實則痰壅，痰壅則風作。風與痰氣膠固，則肺因爾不寧，而有喘嗽喘促體腫之病矣。非不用此以泄肺中實痰風邪，則氣曷降，而嗽曷止，是以《金匱》用以治咳嗽脉沉，《深師》白前湯用此以治久咳上氣。《深師方》體腫短氣脹滿，晝夜倚壁不得臥，常作水雞聲者，白前湯主之。白前二兩，紫菀、半夏各三兩，大戟七合，煮取溫服。禁食羊肉、飴糖。皆取降肺除痰之意。非若白薇氣味鹹寒，耑泄肺胃燥熱，細辛辛熱，耑發腎中寒邪也，此惟實者用之，虛者不宜用耳。似牛膝粗長堅直易斷者良。若短小柔軟能彎者是白薇，去頭鬚，甘草水浸一晝夜，焙用。忌羊肉。白前出近道，多有形色相同，須以此辨之。

清·沈金鰲《要藥分劑》卷六　白前　【略】鰲按：白前性無補益，雖寇氏稱其能保肺氣，但其功能耑于降氣，氣降故痰亦下，故惟肺氣壅寔兼有痰凝塞者，用之無不奏功。若虛而哽氣者，不可投也。

清·羅國綱《羅氏會約醫鏡》卷一六草部　白前味甘辛，微溫，入肺經。甘草湯泡去鬚，焙用。形似白薇，特脆而易折，不若白薇之軟而難折也。　甘能緩，辛能散，溫能下氣。治氣逆咳嗽，不能睡臥，氣壅膈也。療喘呼欲絕、氣衝喉也。喉中作水雞聲。氣塞咽嗌。揔之，能清肺家濕痰停飲、體腫脹滿，大有神功。

按：白前無補益，肺實邪壅者宜之，否則忌用。

清·黃凱鈞《藥籠小品》　白前　微寒，治肺氣壅實，喉中作水雞聲者，服之立愈。

清·王龍《本草纂要稿·草部》　白前　味甘、辛，性微溫，無毒。咳嗽上氣能降，胸脇逆氣堪驅。氣壅膈倒睡不得者殊功，氣衝喉呼吸欲絕者立效。治氣塞時作水雞聲，清肺金久成吐血嗽。

清·楊時泰《本草述鉤元》卷七　白前　生洲渚沙磧上。秋後采根，粗長堅直，色白微黃，折之易斷者，為白前。細短柔韌，色黃微白，折之不斷者，白薇也。　味甘、辛，氣微溫、微寒。陽中之陰，降也。手太陰肺家治欬要藥，更入手陽明、足陽明經。主胸脇逆氣，欬嗽上氣，呼吸欲絕《別錄》。又治肺氣煩悶，賁豚腎氣日華子。長於降氣，肺氣壅實而有痰者宜之。若虛而長哽氣者，不可用瀕湖。凡欬嗽而喉中作聲者，一味白前煎服妙。久欬上氣，體腫氣短，晝夜倚壁不得臥，常作水雞聲者，《深師》白前湯，白前、紫菀、半夏、大戟各三兩，水一斗，漬一宿，煮取三升，分數十服，間進，以須藥力之行。此有停飲水濕，濕痰為病，乃可用之。

論：白前主治首言胸脇逆氣。夫胸中固肺所治，而脇則陰陽升降之道路也。又主欬嗽上氣，呼吸欲絕。夫呼吸即升降之氣，陰陽之分而合者，肺為氣主，貫心脈而行呼吸。呼吸欲絕，是有升無降。或陰或陽，皆能病之，如下之真陰不足，不能召上之陽，即無以吸上而氣不降。此為氣不歸元。上之真陽不足，不能生下之陰，即無以歸下而氣亦不降。此中氣大虛而失守，須大劑參耆而愈。二者皆虛證，非白前可治也。惟是後天氣血之病，偏勝所成，上實而下即虛，如痰熱上壅，陽愈失陰而亢，氣固不降。下實而上即虛，如賁豚腎氣，陰愈逼陽而僭，其氣亦不降。隨其所主之味，而以茲味為前導，庶乎近之。此味三陰並施，臟腑咸入，其功靡不前至，故名。

繆氏云：走散下氣，性無補益。凡欬逆氣上，不由於邪客壅實者，禁用。

修治：甘草水浸，去頭鬚，焙乾用。

清·葉桂《本草再新》卷一　白前味甘、辛，性微寒，無毒。入肝、肺二經。　降氣下痰，止欬，治肺氣壅塞，胸膈逆滿。除逆滿，乃降氣之功。

清·吳其濬《植物名實圖考》卷八　白前　《別錄》中品。陶隱居云：根似細辛而大，色白，不柔易折。《唐本草》注：葉似柳，或似芫花，生沙磧之上，俗名嗽藥。今用蔓生者味苦非真。核其形狀，蔓生者即湖南所謂白龍鬚，已入蔓草草藥。其似柳者即此，滇南名瓦草。又蔓生一種。

清·趙其光《本草求原》卷一山草部　白前　色白，甘、辛，微溫，無毒。恭曰：微寒。專泄肝、肺、胃、大腸氣實以降痰。治胸脇逆氣，肺位胸中，主氣以行呼吸。肝治脇，為升降之道路，氣實而逆，久患喉呷，為末酒下。久嗽上氣，體腫不臥，常作水雞聲，同紫菀、半夏、大戟煎服，忌羊肉、飴糖。賁豚腎氣，下氣實也。久嗽唾血。同桔梗、桑白、炙草，忌豬肉。

俗名嗽藥，又名石藍。似細辛略大、白，又似牛膝，長堅易斷者是。白而短小、柔軟能彎者，白薇也。白薇升陰降陽，細辛通陽行陰，此則專泄風水之實氣。凡陰虛而氣不歸，中虛而氣失守者，均忌。　甘草水浸，去頭髭，焙乾用。

清·文晟《新編六書》卷六《藥性摘錄》　白前　甘辛，微溫。入肺。除風祛痰，治痰氣膠固，喘嗽喘促，體腫之病。去頭鬚，甘草水浸一夜，焙用。

○忌羊肉。

清・張仁錫《藥性蒙求・草部》 白前錢半 白前微寒，瀉肺降氣。止嗽下痰，肺虛最忌。辛、甘，微寒。去頭鬚，甘草水浸一伏時，焙用。○肺實者宜之。

清・戴葆元《本草綱目易知錄》卷一 白前 辛、甘。色白入肺，長於降氣，下痰，止嗽。治肺氣煩悶，胸脇逆氣，咳嗽氣促，呼吸欲絶，賁豚腎氣。能開肺氣壅閉，體實而有痰者，宜之。若虛而長哽氣，或久病者，忌用。

清・黃光霽《本草衍句》 白前辛，微溫。降氣下痰，肺經壅實之症；咳逆脹滿，喉內水雞之聲。得桔梗、桑皮治咳嗽吐血。久欬上氣，體腫短氣脹滿，晝夜倚壁不得臥，恆作水雞聲者，白前湯主之，白前二兩，紫(苑)〔菀〕、半夏各三兩，大戟七合，煎一宿服。忌羊肉。

清・陳其瑞《本草撮要》卷一 白前 味苦微辛，入手太陰經，功專降氣下痰。得桔梗、桑皮治咳嗽吐血。去頭鬚，甘草水浸一晝夜，焙用。忌羊肉。

清・仲昴庭《本草崇原集説》卷中 白前根 【略】〔批〕蘇州藥肆誤以白前為白薇，白薇為白前，相沿已久。

女青

宋・李昉《太平御覽》卷第九九三 女青 《本草經》曰：女青，一名雀翾。味辛，平。生山谷。治蠱毒，逐邪殺鬼。生朱崖。《羅浮山記》曰：又有男青似女青。《吴氏本草經》曰：女青，一名霍由祗。神農、黃帝：辛。

宋・唐慎微《證類本草》卷一一草部下品〔《本經・別録》〕 **女青 味辛，平，有毒。主蠱毒，逐邪惡氣，殺鬼，溫瘧，辟不祥。一名雀瓢。** 蛇銜根也，生朱崖。八月採，陰乾。

〔梁・陶弘景《本草經集注》〕云：若是蛇銜根，不應獨生朱崖。俗用是草葉，別是一物，未詳孰是。術云：帶此屑一兩，則疫癘不犯，彌宜識真者。《唐本》注云：此草即雀瓢也。葉似蘿摩，兩葉相對。子似瓢形，大如棗許，故名雀瓢。根似白薇。生平澤。莖、葉並臭。其蛇銜根，都非其類。又《別録》云：葉嫩時似蘿摩，圓端大莖，實黑，莖、葉汁黃白。亦與前説相似。若是蛇銜根，何得苗生益州，根在朱崖，相去萬里餘也？《別録》云：雀瓢白汁，主蟲蛇毒，即女青苗汁也。

〔宋・掌禹錫《嘉祐本草》〕按：《藥性論》云：女青，使，味苦，無毒。能治溫瘧寒熱，蛇銜爲使。

〔宋・唐慎微《證類本草》〕《圖經》：文具蛇銜條下。《肘後方》：辟瘟病。正月上寅日，擣女青末，三角縫囊盛，繫前帳中，大吉。《子母秘録》：治小兒卒腹皮青黑赤，不能喘息，即急用此方，并治吐痢卒死，用女青末內口中酒服。亦治大人。紫靈南君：《南岳夫人內傳》治卒死。擣女青屑一錢，安喉中。以水或酒送下，立活也。

明・朱橚《救荒本草》卷上之後 地稍瓜 生田野中。苗長尺許，作地攤科生，葉似獨掃葉而細窄尖硬，又似沙蓬葉，亦硬，週圍攢莖而生，莖葉間開小白花，結角，長大如蓮子，兩頭尖艄音哨，又似鴉嘴形，名地稍瓜。味甘。救飢：其角嫩時摘取煠食，角若皮硬，剝取角中嫩穰生食。

明・劉文泰《本草品彙精要》卷一四 女青有毒。蔓生。

女青：《神農本經》。【名】實：雀瓢。【苗】《唐本》注云：此即雀瓢也，葉似蘿摩，兩葉相對，子似瓢形，大如棗許，名雀瓢。根似白薇，生平澤，莖葉並臭。《別録》云：葉嫩時似蘿摩，圓端，大莖，實黑，莖葉汁黃白，亦與前説相似。《本經》云：蛇銜根，非也，若是蛇銜根，何得苗生益州，根在朱崖，相去萬餘里。然蛇銜亦自有條，信爲二種，明矣。【地】《圖經》曰：生朱崖。【時】生：春生苗。採：八月取。【收】陰乾。【用】莖、葉、汁。【質】類蘿摩。【色】綠。【味】辛。【性】平散。【氣】氣之薄者，陽中之陰。【臭】臭。【主】溫瘧，寒熱。【治】療：陶隱居云：帶此屑一兩，則疫癘不犯。【合治】末內口中，酒服，治大人小兒卒患腹皮青黑赤，不能喘息，並治吐痢卒死。○以末一錢安喉中，合酒或水送下，治卒死，立活。

明・王文潔《太乙仙製本草藥性大全》卷二《本草精義》 女青 一名雀瓢，即蛇含根也。葉似蘿藦，兩葉相對，子似瓢形，大如棗許，故名雀瓢。根似白薇。生平澤。莖葉並臭，其蛇啣根都非其類。又《別録》云葉嫩時似蘿藦，圓端大莖，實黑，莖葉汁黃白，亦與前説相似。若是蛇啣根，何待苗生益州，根在朱崖，相去萬里餘也。

明・王文潔《太乙仙製本草藥性大全》卷二《仙製藥性》 女青使。即蛇銜根也。 味辛，氣平，有毒。蛇銜爲之使。 主治：主蠱毒，逐邪惡氣，殺溫瘧而辟不祥。袪鬼疰大效，治寒熱尤良。 補註：辟瘟病，正月上寅日擣女青末，三角絳囊盛，繫前帳中大吉。○治小兒卒腹皮青黑，亦不能喘息，

即急用此方，并治吐痢卒死。用女青末，内口中，酒服。亦治大人。○《南岳魏夫人内傳》治卒死，搗女青末一錢，安喉中，以水或酒送下，立活也。

明·李時珍《本草綱目》卷一六草部·隰草類下　女青《本經》下品

【釋名】雀瓢《本經》　【集解】《别録》曰：女青，蛇衔根也。生朱厓，八月采，陰乾。弘景曰：若是蛇衔根，不應獨生朱厓。俗用者是草葉，别是一物，未詳孰是。術云：帶此〔屑〕一兩，則疫癘不犯，彌宜識真者。又云：今市人用一種根，形狀如續斷，莖葉至苦，乃云是女青根，出荆州。恭曰：此草即雀瓢也。生平澤，葉似蘿藦，兩相對，子似瓢形，大如棗許，故名雀瓢。根似白薇。莖葉並臭。其蛇衔都非其類。又《别録》云：葉嫩時似蘿藦，圓端大莖，實黑，莖葉汁黄白。亦與前説相似。若是蛇衔根，何得苗生益州，根在朱厓，相去萬里餘也。蘿藦葉似女青，故亦名雀瓢。藏器曰：蘿藦是白環藤，雀瓢是女青，二物相似，不能分别，終非一物也。機曰：蘿藦以子言，女青以根言，蛇衔以苗言，三者氣味功用大有不同。諸註因其同名雀瓢，而疑爲一物，又因其各出州郡，而復疑爲二物。本草明言女青是蛇衔根，豈可以根苗異地而致疑？如靡蕪、芎藭所産不同，亦將分爲二物乎。如赤箭、徐長卿同名鬼督郵，亦將合爲一物耶。時珍曰：女青有二：一是藤生，乃蘇恭所説似蘿藦者；一種草生，則蛇衔根也。蛇衔有大、小二種：葉細者蛇衔，用苗莖葉；大者爲龍衔，用根。故王燾《外臺秘要》龍衔膏，用龍衔根煎膏治癰腫金瘡者，即此女青也。陳藏器言女青、蘿藦不能分别，張揖《廣雅》言女青是葛類，皆指藤生女青，非此女青也。《别録》明説女青是蛇衔根，一言可據。諸家止因其生朱厓致疑，非矣。方土各有相傳不同爾，況又不知有兩女青乎？又《羅浮山記》云：山有男青似女青。此則不知是草生藤生者也。

根　【氣味】辛，平，有毒。權曰：苦，無毒。蛇衔爲使。　【主治】蠱毒，逐邪惡氣，殺鬼温瘧，辟不祥《本經》。

【附方】舊二，新一。人卒暴死：搗女青屑一錢，安咽中，以水或酒送下，立活也。《南岳魏夫人内傳》。吐利卒死：及大人小兒卒腹皮青黑赤，不能喘息。即急用女青末納口中，酒送下。《子母秘録》。辟禳瘟疫：正月上寅日，搗女青末，三角絳囊盛，繫帳中，大吉。《肘後方》。

清·吴其濬《植物名實圖考》卷五　地梢瓜　《救荒本草》。按：山西廢圃中極多，花如木犀，長柄下垂，清香出叢，瓜花皆駢，亦具異狀。瓜有白汁，老則子作絮，正如蘿藦。直隸人謂之老鸛瓢。按《詩義疏》蘿藦，幽州人謂之雀瓢。《唐本草》女青注：此草即雀瓢也。生平澤，葉似蘿藦兩相對，子似瓢形，大如棗許，故名雀瓢。根似白微，莖葉並臭，又云：蘿藦葉似女青，故亦名雀瓢。據此，則北語老鸛瓢即雀瓢矣。蘇恭謂子似瓢形頗肖，而葉則迥異蘿藦。或謂生肥地葉亦肥，似旋花葉。草木相似極多，究未知蘇説雀瓢又有别否。大抵二種子皆如針線，固應一類。《詩義疏》謂之雀瓢，蓋統言之。李時珍未見此草，輒以蘇説根實形狀為誤，可謂孟浪。而李氏所謂與蘿藦相似，子如豆者，乃臭皮藤。南方至多，北地無是物也。惟女青有雀瓢之名，而諸説紛紛無定解，故不即以入女青。此草花香而莖葉皆有白汁，氣近臭，亦可謂薰蕕同器矣。

清·葉志詵《神農本草經贊》卷三　女青　味辛，平。主蠱毒，逐邪惡氣，殺鬼温瘧，辟不祥。一名雀瓢。

青殊蘿藦，是草非藤。苗經蛇齧，根亦龍騰。飲難瓢貯，繫合囊承。蠲痾攘穢，福禄胥膺。藦，莫卧切。

名醫曰：蛇含根也。李時珍曰：女青有二，一是藤生，似蘿藦者。一是草生，即蛇含根也。又有大小二種，小者是蛇衔，用苗莖。葉大者為龍衔，用根。蘇恭曰：子似瓢形，大如棗許。葛洪曰：搗女青末三角，絳囊盛之，正月上寅日，懸帳中吉。陶弘景曰：帶此一兩，則疫癘不犯。郝經詩：蕩攘邪穢蠲祆痾。陸雲詩：福禄是膺。

草犀

宋·唐慎微《證類本草》卷六草部上品〔唐·陳藏器《本草拾遺》〕　草犀

根　味辛，平，無毒。主解諸藥毒。嶺南及睦婺間，如中毒草，此藥及千金藤並解之。亦主蠱毒、溪毒、惡刺、虎狼、蟲虺等毒，天行瘧瘴寒熱，咳嗽痰壅，飛尸，喉閉，瘡腫，小兒寒熱，丹毒，中惡，注忤，痢血等。並煮汁服之，其功用如犀，故名草犀，解毒爲最。生衢、婺、洪、饒間。苗高二三尺，獨莖，根如細辛，研服更良。生水中者，名木犀也。

〔宋·唐慎微《證類本草》〕《海藥》云：謹按：《廣州記》云：生嶺南及海中。獨莖，對葉而生如燈臺草，若細辛。平，無毒。主解一切毒氣，虎狼所傷，溪毒野蠱等毒，並宜燒碎服，臨死者服之得活。

明·李時珍《本草綱目》卷一三草部·山草類下　草犀《拾遺》

【釋名】時珍曰：其解毒之功如犀角，故曰草犀。　【集解】藏器曰：草犀生衢、婺、洪、饒間。苗高二三尺，獨莖，根如細辛。生水中者名水犀。珣曰：《廣州記》云：生嶺南及海中，獨莖，對葉而生，如燈臺草，根若細辛。

根　【氣味】辛，平，無毒。　【主治】解一切毒氣，虎狼蟲虺所傷，溪毒野

蠱惡刺等毒，並宜燒研服之，臨死者亦得活李珣。天行瘧瘴寒熱，咳嗽痰壅，飛尸喉痹瘡腫，小兒寒熱丹毒，中惡注忤，痢血等病，煮汁服之。嶺南及睦、婺間中毒者，以此及千金藤並解之藏器。

明・繆希雍《本草經疏》卷六　草犀根　味辛，平，無毒。主解諸藥毒。嶺南及睦、婺間，如中毒草，此藥及千金藤竝解之。亦主蠱毒、溪毒、惡刺、虎狼蟲虺等毒，天行瘧瘴寒熱，咳嗽痰壅，飛尸，喉閉，瘡腫，小兒寒熱，丹毒，中惡疰忤，痢血等，竝煮汁服之。其功用如犀，故名草犀，解毒為最。

〖疏〗草犀根得地之辛味，感天之寒氣以生。本草秖言辛平，詳治療功能，專主解諸藥毒，亦主蠱毒、溪毒、惡刺、虎狼蟲虺等毒，天行瘧瘴寒熱，咳嗽痰壅，飛尸，喉閉，瘡腫，小兒寒熱，丹毒，中惡疰忤，痢血，並煮汁服之。其功用如犀，故名草犀。解毒為最，生衢、婺、江、饒間。苗高二三尺，獨莖，根如細辛。研服更良。生水中者名水犀也。

清・蔣居祉《本草擇要綱目・平性藥品》　草犀獨莖，對葉而生，如燈臺草，根若細辛。　氣味：　辛，平，無毒。　主治：　解一切毒氣，虎、狼、蟲虺所傷，溪毒、野蠱、惡刺等毒，並宜燒研服之，臨死者亦得活。天行瘧瘴，寒熱欬嗽痰壅，飛尸喉痹瘡腫，小兒寒熱丹毒，中惡注忤，痢血等病，煮汁服之。嶺南及睦婺間中毒者，以此及千金藤並解之。

紫金牛

宋・唐慎微《證類本草》卷三〇外草類〔宋・蘇頌《本草圖經》〕　紫金牛生福州。味辛，葉如茶，上綠下紫。實圓，紅如丹朱。根微紫色。八月採，去心暴乾，頗似巴戟。主時疾膈氣，去風痰用之。

宋・王介《履巉巖本草》卷上　四對葉草　性暖，有毒。多入瘡癬等藥。爐火藥亦用之。

宋・陳衍《寶慶本草折衷》卷二〇　紫金牛　張松云：　一名紫金皮。生福州。〇八月採根，去心，暴乾。　味辛，平，無毒張松。〇主時疾膈氣，去風痰。　根，微紫色，頗似巴戟。葉上綠下紫，實圓，紅如丹朱。續說云：此物既去心而曝，故張松稱為紫金皮也。治風氣攻疰，頭面腫痒，手足麻痹，筋脉攣急，不能伸屈，骨節疼痛，脚膝緩弱，濕氣腫滿，婦人血風。

明・劉文泰《本草品彙精要》卷四一　紫金牛　植生。

紫金牛：　主時疾膈氣，去風痰用之。出《圖經》。　〖苗〗《圖經》曰：　葉如茶，上綠下紫，實圓，紅如丹朱。根微紫色，採之去心，頗似巴戟。〖地〗《圖經》曰：　生福州。〖時〗生：　春生苗。採：　八月取根。〖收〗暴乾。〖用〗根。〖色〗紫。〖味〗辛。〖性〗散。〖氣〗氣之厚者，陽也。〖製〗去心，剉碎用。

明・李時珍《本草綱目》卷一三草部・山草類下　紫金牛宋《圖經》

〖集解〗頌曰：　生福州。葉如茶葉，上綠下紫。結實圓，紅色如丹朱。根微紫色，八月採根，去心暴乾，頗似巴戟。　〖氣味〗辛，平，無毒。〖主治〗時疾膈氣，去風痰蘇頌。解毒破血時珍。

清・劉善述、劉士季《草木便方》卷一草部　矮茶荷　熱能除寒，風濕頑痹治不難。肺痿陳寒止久嗽，寒毒腫痛塗安然。

清・戴葆元《本草綱目易知錄》卷一　紫金牛　辛，平。解毒破血，去風痰。治時疾膈氣。葆按：　予幼年未識此藥，肆中亦不采辦，近戒洋煙方中用之，名紫背金牛，取其性味，亦屬中病。

九管血

明・佚名氏《醫方藥性・草藥便覽》　金龍爪　其性涼。治利後白帶。

清・吴其濬《植物名實圖考》卷九　九管血　生南安。赭莖，根高不及尺，大葉如橘葉而寬，對生；　開五尖瓣白花，梢端攢簇。俚醫以為通竅、和血、去風之藥。

硃砂根

明・李時珍《本草綱目》卷一三草部・山草類下　硃砂根《綱目》

〖集解〗時珍曰：　硃砂根生深山中，今惟太和山人採之。苗高尺許，葉似冬青葉，背甚赤，夏月長茂。根大如箸，赤色，此與百兩金仿佛。

根　〖氣味〗苦，涼，無毒。〖主治〗咽喉腫痹，磨水或醋咽之，甚良時珍。

明・佚名氏《醫方藥性・草藥便覽》　金涼傘　其性寒。退燒，散四肢火。

清・王道純《本草品彙精要續集》卷二　硃砂根無毒。

硃砂根：　主咽喉腫痹，磨水或醋咽之，甚良《本草綱目》。〖地〗李時珍曰：　硃砂根，生深山中。〖時〗夏月長茂，今惟太和山人採之。〖苗〗高尺許。〖質〗葉似冬青，葉背甚赤，根大如筯，赤色。〖味〗苦。〖性〗涼。

清・何諫《生草藥性備要》卷下　鳳凰腸　味甘，性平。治痰火、跌打，去瘀生新，寬筋續骨，醫牛馬聖藥。一名老鼠尾。

清・吴其濬《植物名實圖考》卷八　硃砂根　《本草綱目》始著錄。生太和山。葉似冬青，葉背甚赤；根大如筋，赤色。治咽喉腫痛，磨水或醋嚥之。

清・吴其濬《植物名實圖考》卷九　平地木　《花鏡》載之。生山中。一名石青子。葉如木樨，夏開粉紅細花，結實似天竹子而扁。江西俚醫呼為涼繖遮金珠，以其葉聚梢端，實在葉下，故名。根治跌打行血，和酒煎服。

鐵繖　生南安。綠莖如蒿，有直紋，旁多細枝；厚葉翠綠，背微紫，似平地木葉而齒圓長。俚醫以為活氣、行血、通絡之藥。此草葉韌，聚生梢端，故有鐵繖之名。

百兩金

宋・唐慎微《證類本草》卷三〇外草類〔宋・蘇頌《本草圖經》〕　百兩金　生戎州、雲安軍、河中府。味苦，性平。無毒。葉似荔枝，初生背面俱青，結花實後，背紫面青，苗高二三尺，有幹如木，淩冬不凋。初秋開花，青碧色，結實如豆大，生青熟赤。根入藥，採無時。用之搥去心，治壅熱，咽喉腫痛，含一寸許，嚥津。河中出者，根赤色如蔓青，莖細，青色。四月開碎黃花，似星宿花，五月採根，長及一寸，曬乾用，治風涎。

明・劉文泰《本草品彙精要》卷四一　百兩金無毒。　植生。

百兩金：　療壅熱，咽喉腫痛。取根含一寸許，嚥津，效。出《圖經》。

〖苗〗《圖經》曰：　葉似荔枝，初生背面俱青，結花實後背紫面青。苗高二三尺，有幹如木，淩冬不凋，初秋開花，青碧色，結實如豆大，生青熟赤，根入藥用。河中出者，根赤色如蔓菁，莖細，青色，四月開碎黃花，似星宿花，五月根長及一寸。〖地〗《圖經》曰：　生戎州，雲南軍、河中府亦有之。〖時〗生：　春生苗。採：　五月取根。〖收〗曬乾。〖用〗根。〖色〗白、赤。〖味〗苦。〖性〗平，洩。〖氣〗味厚於氣，陰中之陽。〖製〗凡使，根搥去心用。〖治〗療：　《圖經》曰：　去風涎。

明・李時珍《本草綱目》卷一三草部・山草類下　百兩金宋《圖經》

〖集解〗頌曰：　百兩金生戎州、雲安軍，苗高二三尺，有幹如木，葉似荔枝。初生背面俱青，結花實後，背紫面青，凌冬不凋。初秋開花青碧色，結實大如豆，生青熟赤。采根入葉，槌去心。河中府出者，根如蔓菁，赤色，莖細青色，四月開碎黃花，似星宿花。五月采根，長及一寸，晒乾用。

根　〖氣味〗苦、平，無毒。　〖主治〗壅熱，咽喉腫痛，含一寸嚥津。又治風涎蘇頌。

明・謝肇淛《五雜俎》卷一一　世宗末年，一日，患喉閉，甚危急。諸醫束手。江右一糧長運米入京，自言能治。上親問之，對曰：　若要玉喉開，須用金鎖匙。上首肯之，命處方以進，一服而安，即日授太醫院判，冠帶而歸。後有人以此方治徐華亭者，亦效。徐予千金，令上坐，諸子列拜之，曰：　生汝父者，此君也，恩德詎可忘哉！　金鎖匙，即山豆根也。以一草之微，而能為君相造命，而二人者，或以貴，或以富，始信張寶藏以蓽撥一方得三品官，不虚也。

清・蔣居祉《本草擇要綱目・平性藥品》　百兩金　氣味：　苦，平，無毒。　主治：　壅熱咽喉腫痛，合一寸嚥津。又治風涎。

清・褚人獲《堅瓠續集》卷一　長生草　生墻垣上，結紅菓，治喉病神效，名金鎖匙。永嘉張聰以世廟病喉，累日不語，諸醫奏藥不效，憂思不寢，遶庭獨步。有里人以解糧至京，與奴有識，因宿相府。窺見，問得之，曰：　小人能治。張曰：　當用何藥？　曰：　玉喉須用金鎖匙始開。張曰：　安得此嘉語？　殆天啟之也。即令治藥，而以奏御。藥進稍解，旋進旋效。官太醫吏目，賜鈔二錠。始來，受朴于邑令，及還，抗禮于庭矣。又呂文安木里居，亦病喉絕粒，有樵人過門，聞其故，自陳能治，其家皆笑。相聞喚入，飲藥立解，即前草也。呂大喜，令其子中舍蔡陽拜之，曰：　是生汝父也。問：　有家否？　曰：　有老母，恃柴日暮耳。給田一區。問：　有婦否？　曰：　母且不能贍，安能增口？　因出諸婢使擇，謬指一婢，乃呂所悦者，遂具裝奩與之。

清・吴其濬《植物名實圖考》卷一〇　山豆根　生長沙山中。矮科硬莖，莖根黑褐，根梢微白，長葉光潤如木犀而韌柔，微齒圓長，有齒處邊厚如卷；　梢端結青實數粒，如碧珠。俚醫以治喉痛。按：　形似與《圖經》不類，根味亦淡，含之有氣一縷入喉，微苦。又一種也。秋深實紅如丹，與小青無異。又名地楊梅。

清・劉善述、劉士季《草木便方》卷一草部　八爪金龍　八爪龍辛通關

節，四肢筋骨和血脉。祛風除濕清利藥，咽喉痹痛清邪熱。

走馬胎

清・何諫《生草藥性備要》卷下　走馬胎　味劫辛，性温。祛風痰，除酒病，治走馬風。

清・趙學敏《本草綱目拾遺》卷四草部中　走馬胎　出粵東龍門縣南困山中，屬廟子角巡司所轄。山大數百里，多低槽，深峻巖穴，皆藏虎豹，藥産虎穴，形如柴根，乾者内白，嗅之清香，研之膩細如粉，噴座幽香，頗甜淨襲人。

研粉敷癰疽，長肌化毒，收口如神。

清・趙其光《本草求原》卷一山草部　走馬胎　辛，澀，微温。壯筋骨，已勞倦，遠行宜食。祛風痰，理酒病。與走馬風異物同功，又治走馬風。俱浸酒良。

葉底紅

清・趙學敏《本草綱目拾遺》卷六木部　葉底紅　乃小木也。生山土，長不過一二尺，葉如石楠，四月生蕊，五六朵成簇，垂如脂麻鈴樣，花作青白色。六七月結小子如天竺子，霜後色紅，儼如天竺子而大，俗呼矮脚樟，以其似樟葉而本短也。山人每掘之入市，售作盆玩，又名葉下紅。《李氏草秘》：葉下紅一名平地木，長五六寸，莖圓，葉下生紅子，生山隰等處。

治吐血：楊春涯《經驗方》：葉底紅即矮脚樟，用二兩洗淨，木槌搗爛，豬肺一個洗血淨，將葉入肺管内，河、井水各三盌煮爛，至五更去葉，連湯食之。一二次愈，多食絶後患。

陶殿元語予云，某撫軍得宫傳秘方，治吐血勞傷，怯症垂危，久嗽成勞，無不立愈，曾經試驗多人，用平地木葉乾者三錢，豬肺連心一具，水洗淨血，用白湯焯過，以瓦片挑開肺管，將葉包裹，麻線縛好，再入水煮熟，先吃肺湯，然後去藥食肺，若嫌味淡，以清醬蘸食，食一肺後，病勢自減，食三肺，無不愈者。但所用乃平地木，與葉下紅有別，或一類相同，其性本通耶。

治偏墜疝氣：《李氏草秘》：搗汁沖酒服半盌，屢效。

清・吴其濬《植物名實圖考》卷九　短脚三郎　生南安。高五六寸，横根赭色，叢發，赭莖葉生梢頭；秋結圓實下垂，生青熟紅，與小青極相類而性熱。治跌打損傷、風痛，孕婦忌服。

清・張仁錫《藥性蒙求・木部》　平地木五錢　平地木葉，疝氣能療。黄疸可退，一説醫勞。一名葉底紅。乃小木也，長五六寸，不過一尺，莖圓，葉如石楠，葉下生紅子。生山隰等處。四月生蕊，花作青白色，六七月結子如天竹子稍大，霜後色紅，俗呼矮脚樟。〇宫傳秘方：治吐血勞傷，怯症垂危，久嗽成勞，無不立愈。用平地木乾葉三錢，豬肺連心一具，洗淨，以白湯焯過，瓦片挑開肺管，將葉包裹，麻線縛好，再入水煮熟，先吃湯，後去藥食肺；若嫌淡，以清醬蘸食，三肺後病勢自減，食三肺無不愈者。但所用為平地木，與葉下紅有別，或一類相同，其性本通耶。〇《李氏草秘》：搗汁，冲酒服，治偏墜疝氣屢效。近世以平地木治濕熱黄疸甚效。

小青

宋・唐慎微《證類本草》卷三〇外草類〔宋・蘇頌《本草圖經》〕　小青　生福州。三月生花，當月採葉。彼土人以其葉生擣碎，治癰瘡，甚效。

宋・王介《履巉巖本草》卷上　小青　三月生花，當月採葉，以其葉生搗碎，貼瘡癤癰疽等疾，甚有功效。兼治蛇傷，每用一握，細研，入香白芷半兩，用酒調下，却用手捻患處，候黄水出爲（較）〔效〕。治中暑毒，用葉先以井水浸去泥，控乾，入砂糖七文，一處擂取汁，急灌之。

明・劉文泰《本草品彙精要》卷四一　小青　植生。

小青：治癰瘡，擣葉傳之，甚效。出《圖經》。〔地〕《圖經》曰：生福州。〔時〕生：三月生花。採：三月取葉。

明・許希周《藥性粗評》卷三　小青讓大青一步，疫理天行。

小青，出福州。三月生花，當月採葉，陰乾。味苦，性寒，無毒。主治癰疽腫毒，搗葉傳之，甚效。

明・李時珍《本草綱目》卷一五草部・隰草類上　小青宋《圖經》

〔集解〕頌曰：小青生福州，三月生花，彼土人當月採葉用之。

葉　氣味缺。〔主治〕生搗，傅癰腫瘡癤甚效蘇頌。治血痢腹痛，研汁服，解蛇毒時珍。

〔附方〕新二　蛇虺螫傷：《衛生易簡方》用小青一握，細研，入香白芷半兩，酒調服。手挼患處，候黄水出爲效。〇《摘玄方》用小青、大青、牛膝葉同搗汁，和酒服，以渣傅之。

中暑發昏：小青葉井水浸去泥，控乾，入沙糖擂汁，急灌之。《壽域方》。

明・倪朱謨《本草彙言》卷三　小青　味苦，氣寒，無毒。　蘇氏曰：小青生與大青異種。惟産福州，三月開花。　小青：解毒，殺疳。朱丹溪清熱之藥也。王少宇稿治疳熱，退小兒疹後骨蒸。止血痢，療男子酒積腸紅。

陰寒清利之品，然過服亦剋脾氣。

集方：劉公晏方共三首治小兒痘瘖後羸瘦骨蒸，用小青草、銀柴胡各一兩，白朮、地骨皮、甘草、胡黃連、青蒿各五錢爲末，每服一錢。早晚白湯調送。○治酒毒，血痢腸紅諸證。用小青草、秦艽各三錢，陳皮、甘草各一錢。水煎服。○治癰疽瘡癤。用小青草搗爛，敷上即消。

清·嚴潔等《得配本草》卷三　小青　微苦，寒。入手足陽明經。治血痢腹痛，敷癰腫瘡癤。　得白芷，治蛇螫傷毒。配沙糖，治中暑神昏。

清·莫樹蕃《草藥圖經》　（矮矮）〔矮矮〕朵　鄉名（矮）〔矮〕茶。本草名小青花，名珠子桂。味溫，無毒。生搗，敷癰腫瘡癤甚效。又治血痢腹痛。研汁服，解蛇毒。中暑發昏，用小青葉，井水浸去泥，挖乾，入沙糖擂汁，急灌之。

清·吴其濬《植物名實圖考》卷九　小青　生南安。與俗呼矮茶之小青同名異物。大根無鬚，綠莖粗圓，頗似初發梧桐；對葉排生，似大青葉而短，微圓。俚醫以為跌打損傷要藥，每服不得過三分，忌多服。

清·吴其濬《植物名實圖考》卷一四　小青　宋《圖經》始著錄。亦無形狀，今江西、湖南多有之。生沙壖地，高不盈尺，開小粉紅花，尖瓣下垂，冬結紅實。俗呼矮茶。性寒，俚醫用治腫毒、血痢，解虵毒，救中暑，皆效。

雩婁農曰：此草短而淩冬，命曰小青，微之也。然粉花丹實，彌滿阬谷而移植輒不茂。百尺之松，盈握之梅，斷而揉之，盤屈於尊缶間，以供世俗之狎玩。彼干霄傲雪之概，亦安在哉？此小草乃有介然不可易者，因為歌曰：猗彼寸莖，被於陵阿。根髮如寄，葉棱不柯；生機斯淺，渺此幺麼。從其幺麼，霜霰若何？彼爾者華，其實則赤；在瘠而豐，處沃而腊。亦既封之，其葉有澤；雖則有澤，終不我懌。不懌奈何，亦返其初。巖巖苦霧，萋萋紫蕪，如鷦懸苕，如鳩搶榆，以生以蕃，何罣何筊。

清·趙其光《本草求原》卷三隰草部　小青　即今之製靛者。搗敷腫癤，治血痢、腹痛，殺百藥毒，解狼毒射罔發斑、砒石毒。取汁，治腹中鱉瘕及應聲蟲。其子，同貝母敷人面瘡，皆苦寒散結熱毒也。

靛沫及染缸水：主治亦同，而殺蟲更效。故治膈噎，以其經石灰所製也。

鹹酸蕻

清·何諫《生草藥性備要》卷上　鹹酸蕻　味甘、酸，性平。消腫、散毒、止痛，理跌打。一名喪間。

清·趙其光《本草求原》卷三隰草部　鹹酸蕻　甘、辛，平。消腫散毒，理跌打，止痛。浸酒，壯筋骨，洗小兒爛頭。

地湧金蓮

明·蘭茂原撰，清·范洪等抄補《滇南本草圖説》卷四　地湧金蓮　性寒，味苦，澁。主治：婦人白帶血崩日久，大腸下血，血症日久頭脫，服之可以固脫也。

明·蘭茂撰，清·管暄校補《滇南本草》卷中　地湧金蓮：性寒，味苦，澁。治婦人白帶紅崩日久，大腸下血。地湧金蓮煎湯，點水酒服。又血症日久欲脫，用之亦可以固脫。

明·蘭茂《滇南本草》〔叢本〕卷中　地湧金蓮　味苦，濇，性寒。治婦人白帶，血崩日久，大腸下血。單劑煎湯，點水酒服。血症日久，有脫之患，亦取以濇固脫。

清·吴其濬《植物名實圖考》卷二九　地湧金蓮　生雲南山中。如芭蕉而葉短，中心突出一花如蓮色黃，日坼一二瓣，瓣中有蕤，與甘露同；新苞抽長，舊瓣相仍，層層堆積，宛如雕刻佛座。王世懋《花疏》有一種金蓮寶相，不知所從來，葉尖小如美人蕉，三四歲或七八歲始一花，黃紅色而瓣大於蓮。按此即廣中紅蕉，但色黃為別。《滇〔南〕本草》：味苦濇，性寒，治婦人白帶久崩，大腸下血，亦可固脫。

清·劉善述、劉士季《草木便方》卷一草部　觀音蓮　觀音蓮辛解大毒，瘴瘧風癩消腫服。打痧氣痛利二便，牙痛清熱能明目。

仙人掌

宋·唐慎微《證類本草》卷三〇外草類〔宋·蘇頌《本草圖經》〕　仙人掌草　生台州，筠州。味微苦而澁，無毒。多於石壁上貼壁而生，如人掌，故以名之。葉細而長，春生，至冬猶青，無時採。彼土人與甘草浸酒服，治腸痔瀉血。不入衆使。

明·劉文泰《本草品彙精要》卷四一　仙人掌草無毒　麗生。

仙人掌草：與甘草浸酒服，治腸痔瀉血，不入衆藥使。出《圖經》。

〔苗〕《圖經》曰：多於石壁上貼壁而生，如人掌，故以名之。葉細而長，春生，至冬猶青。〔地〕《圖經》曰：生合州、筠州。〔時〕生：春生葉。採：無時。〔用〕葉。〔色〕青。〔味〕微苦而澀。〔性〕洩。〔氣〕味厚於氣，陰也。

明・李時珍《本草綱目》卷二〇草部・石草類　仙人掌草宋《圖經》

〔集解〕頌曰：生合州、筠州，多於石上貼壁而生。如人掌形，故以名之。葉細而長，春生，至冬猶有。四時採之。

〔氣味〕苦，澀，寒，無毒。〔主治〕腸痔瀉血，與甘草浸酒服蘇頌。焙末油調，摻小兒白禿瘡時珍。

清・趙學敏《本草綱目拾遺》卷八果部下　仙掌子　乃仙人掌上所生子也。《粵語》：仙人掌多依石壁而生，葉勁而長，若齟齬狀，開花儼如鳳形，子生花下，名曰鳳栗。葉曰鳳尾。芳發苞外類芋，渠內攢瓣如珠，各擎子珠於掌。一枝一掌，自下而上，子自青赤而黃，有重殼，外厚內薄。熟其仁食之，味甜兼芡栗，可以延年。又名千歲子。此草可辟火，廣人多植之堂側。性宜沙土，惡肥膩。

明黃佐《仙人掌賦・序》：仙人掌，奇草也。多貼石壁而生，惟羅浮黃龍金沙洞有之。葉勁而長，若齟齬狀。發苞時，外類芋魁，內攢瓣如翠球，各擎子珠如掌然，青赤轉黃，而有重殼，剖之，厚者在外如小椰，可為匕勺；薄者在裏如銀杏衣，而裏圓肉煨食之，味兼芡栗，可補諸虛，久服輕身延年，俗呼為千歲子，此與蔓生者名同物異也。《雲南通志》：仙人掌葉肥厚如掌，多刺，相接成枝，花名玉英，色紅黃，實似山瓜，可食。

味甘，性平，補脾健胃，益脚力，除久瀉。

敏按：《群芳譜》仙人掌出自閩粵，非草非木，亦非果蔬，無枝無葉，又并無花，土中突發一片，與手掌無異。其膚色青綠，光潤可觀。掌上生米色細點，每年只生一葉於頂，今歲長在左，來歲則長在右，層纍而上。植之家中，可鎮火災。如欲傳種，取其一片切作三四塊，以肥土植之，自生全掌矣。近日兩浙亦有，據所載當另是一種，與此全別，或名同物異歟。

清・吴其濬《植物名實圖考》卷一五　仙人掌　《嶺南雜記》：仙人掌，人家種於田畔以止牛踐；種於牆頭亦辟火災。無葉，枝青嫩而扁厚有刺，每層有數枝，杈枒而生，絕無可觀。其汁入目，使人失明。《南安府志》《三國志》載孫皓時，有菜生工人吴平家，高四尺，厚三分，如枇杷形，上廣尺八寸，下莖廣三寸，兩邊生綠葉，東觀案圖作平慮草，按此即今仙人掌，人呼為老鴉舌。郡中有高至八九尺及丈許者。《桂平縣志》：龍舌，青色，皮厚有脂，婦人取以澤髮。種土牆上可以辟火。《通志》附仙人掌下，當是潯州土名。《南越筆記》：瓊州有仙人掌，自下而上，一枝一掌，無花葉，可以辟火。臣謹按，《南安志》據《吴志》以仙人掌為即平露，足稱該洽。《南越筆記》云廣州種以辟火，殆即昔所謂慎火樹者。臣前在京師曾見之，生葉成簇，新綠深齒，綴於掌邊，道光乙未，供奉內廷。上命內侍出此草示臣，勅臣詳考以補《群芳譜》所未備，惜彼時未檢及《吴志》，深慚疎陋。又據內侍口述，此草頃在禁籞，忽開花，色如芙蓉，大若月季，禁中皆稱仙人掌上玉芙蓉云。向陽花木，雨露曲承，舒葩獻媚，物理常然。固不足言異徵也。越八年，臣備員湘撫，繪草木圖，敬述斯事，以見無知之物。偶經宸顧，尚能效靈；忝竊槐棘，有慚葵藿，亦恐草木笑人。又三年，臣移撫雲南，檢《滇志》云，仙人掌肥厚多刺，相接成枝，花名玉英，色紅黃，實如小瓜，可食。節署頗多，大者高及人肩，春末夏初開花結實，俱如志所述。因俾畫手補繪。回憶持節嶺嶠，依光禁籞，皆目覩斯卉。萬里昆明，與奇葩異萼，晨夕染濡，蓋是夙緣。獨怪嶺南紀載，殊不周詳，豈秉筆者未及審核，抑滇產異於他處耶？臣謹識。

清・吴其濬《植物名實圖考》卷二〇　仙人掌草　《圖經》仙人掌草生台州、筠州。味微苦而澀，無毒。多於石壁上貼壁而生，如人掌，故以名之。葉細而長，春生，至冬猶青，無時採。彼土人與甘草浸酒服，治腸痔瀉血，不入眾藥使。

明黃佐《仙人掌賦・序》：仙人掌者，奇草也，多貼石壁而生，惟羅浮黃龍金沙洞有之。葉勁而長，若齟齬狀。發苞時外類芋魁，內攢瓣如翠毬，各擎子珠如掌。然青赤轉黃，而有重殼。剖之，厚者在外如小椰，可為匕勺；薄者在裏如銀杏衣而裏圓肉，煨食之。味兼芡栗，可補諸虛，久服輕身延年。俗呼為千歲子，云移植惟宜沙土，粵州書院精舍中庭、後圃皆有之。予以其奇賦焉。

清・劉善述、劉士季《草木便方》卷一草部　仙人掌　仙人掌苦濇性寒，五痔瀉血治不難。小兒白禿麻油擦，蟲瘡疥癩洗安然。

神仙掌

清・趙其光《本草求原》卷三隰草部　神仙掌即霸王。　寒滑。消諸瘡初起，敷之。洗痔妙。其花，止吐血。煎肉食。

玉芙蓉

清・吴其濬《植物名實圖考》卷一七　玉芙蓉　生大理府。形似楓松樹脂，黄白色，如牙相粘，得火可然。俚醫云味微甘，無毒。治腸痔瀉血。

金剛杵

明・蘭茂原撰，范洪等抄補《滇南本草圖説》卷四　金剛杵　滇中最多，人用以為墻。其性寒。通大小便，胸中食積，痞塊能消，百病皆痊愈。夷人用此同蕎麵搗為丸，治臟結瘟病，服一丸即通瀉之。若瀉不止，速將於冷水內即止，故名冷水金丹。

明・蘭茂撰，清・管暄校補《滇南本草》卷上　金剛杵　味苦，有小毒。主治一切單腹脹，水氣血腫之症。燒灰為末，用冷水送下，一切可消。若生用，性同大黄、芒硝之烈。欲止者，雙手放在冷水內，即解也。夷人呼為冷水金丹。用者須審虚實，慎之。

錦地羅

清・何諫《生草藥性備要》卷上　怎地蘿　味淡，性寒。有紅、白二種：紅治紅痢，白治白痢。煲瘦肉食，湯作茶飲，能治小兒生疳。又名一朵芙蓉花，貼地生。

題清・徐大椿《藥性切用》卷三　錦地羅　性平微苦，治山嵐瘴毒，并諸中毒瘡毒。以根搗汁，酒服一錢，即解。

石龍牙草

清・吴其濬《植物名實圖考》卷一六　石龍牙草　生山石上。根如小半夏，春無葉有花，細莖如絲參差，開五瓣小白花，花罷黄鬚下垂，高三四寸。小草尤纖。

雜録

茅膏菜

宋・唐慎微《證類本草》卷六草部上品〔唐・陳藏器《本草拾遺》〕　茅膏菜　味甘，平，無毒。主赤白久痢，煮服之。草高一尺，生茅中。葉有毛，如油膩黏人手，子作角，中有小子也。

明・姚可成《食物本草》卷七菜部・柔滑類　茅膏菜生茅中，高一尺。有毛如油膩，粘人手，子作角生。　茅膏菜，味甘，平，無毒。煮服，主赤白久痢。

明・施永圖《本草醫旨・食物類》卷二

附録　茅膏菜：　味甘，平，無毒。煮服，主赤白久痢。生茅中，高一尺，有毛，如油膩粘人手，子作角生。　雞侯菜：　味辛，温，無毒。久食温中益氣。　孟娘菜：　味苦，小温，無毒。主婦人腹中血結，羸瘦。男子陰囊濕痒，強陽道。令人健行不睡，補虚，去痔瘻瘰癧癭瘤。生四明，諸山冬夏常有，葉似升麻，方莖，山人采茹之。　優殿：　味辛，温，無毒。温中去惡氣，消食。生安南，人種為茹。○以豆醬食之，芳香好味。

百倍

明・周履靖《茹草編》卷二　百倍　白頭翁，兩脚赤，履綦頻，蒼苔濕。不向人間煮鹿茸，却從宇內飡牛膝。　即牛膝。二月取嫩頭，湯焯過，醋滴食之。

地棠菜

明・朱橚《救荒本草》卷上之前　地棠菜　生鄭州南沙堈中。苗高一二尺，葉似地棠花葉，甚大，又似初生芥菜葉，微狹而尖。味甜。　救飢：　採嫩苗葉煠熟，油鹽調食。

明・鮑山《野菜博録》卷一　地棠菜　生山野中。苗高一二尺，葉似初生芥菜，微窄尖。味甜。　食法：　採嫩苗葉，煠熟，油鹽調食。

馬鞭花

清・吴其濬《植物名實圖考》卷一三　馬鞭花　廣饒平野有之。叢生赭莖，對節生枝，葉如初生柳葉，枝梢葉際發小枝，開小黄花，大如粟米，頗似山桂而更小。

迎風不動草

明・蘭茂撰，清・管暄校補《滇南本草》卷上　迎風不動草　生山中。獨莖，數枝，開黃花，大風吹不動。採取，治一切瞽目，復明，其效如神。

黃毛金絲草

明・蘭茂撰，清・管暄校補《滇南本草》卷上　黃毛金絲草　上品仙草。味辛，無毒。生山中，綠葉，貼地上，有一枝枝開黃花數朵，根上有大菓，其甜如蜜。此上品仙草，採之服久，輕身益壽，百病不生。病者得之，奇寶也。

金錢草

明・蘭茂撰，清・管暄校補《滇南本草》卷上　金錢草　上品仙草。味酸，無毒。生陸山，滇中甚多。葉似虎掌草，花似栗花，軟枝，三年生葉，一〔年〕分一椏，椏上生花。採服，壽活百十歲，其效如神。

青花黃葉草

明・蘭茂撰，清・管暄校補《滇南本草》卷上　青花黃葉草　味甘，無毒。花似大風子花，綠黃葉，開青花。今陸山甚多。採葉，治眼疾。採花，點翳眼，兼散腫。採根，為末，治瘴封眼，神效。

龍吟草

明・蘭茂撰，清・管暄校補《滇南本草》卷上　龍吟草　上品仙草。味甘平，無毒。生山中向陽處。斷根有絲，大葉，黃子，根大白色。採根服之，延年益壽，齒落重生，烏鬚黑髮，久服目視十里。上品仙草也。採葉服之，治大頭傷寒症神效。採梗，治舌上生瘡，名曰重舌，服之即愈。

白龍參

明・蘭茂撰，清・管暄校補《滇南本草》卷上　白龍參　味甘，無毒。生山中，有籐，籐上有葉，葉下有小黃花。根大而白，採取服之，延年益壽，同猪肉煑食，暖腎添精。同牛肉煑食，消氣。同羊肉煑食，補氣止汗。同鷄肉煑食，治癆病。生服令人白胖。婦人食之，止盜汗，治白帶。男子亦可，其效如神。

地草果

明・蘭茂原撰，范洪等抄補《滇南本草圖說》卷三　地草菓　氣味辛酸，性微寒。入肝，走陽明。破氣，舒肝鬱，風火暴赤眼疼痛，祛風退翳，白膜遮睛。乳結不通，紅腫成癰可效。滇中有三樣，紫花者散血，故治婦人乳結。白花者入肝，治眼。黃花，止腹中冷痛最效。

明・蘭茂撰，清・管暄校補《滇南本草》卷中　地草果　性微寒，味辛、酸。入肝。走陽明，破氣血，舒鬱。風火眼暴赤疼，祛風退翳，白膜遮睛。婦人乳結不通，紅硬腫。白花者，眼科良。紫花者，乳結效。黃花者，寒氣腹痛效。

附方：治暴赤火眼，風熱腫痛，羞明怕日，翳遮等症。地草果一錢，川芎一錢，廣木賊五分，蟬蛻一錢，去頭足。黃芩一錢，白蒺藜一錢，去刺，搗汁。白菊花一錢，梔仁一錢，羊肝一斤，水煎服。補註：肝氣散，則雲翳自退。肝氣結，則翳膜遮睛。肝氣實者可用，肝氣虛者忌之。

又方：治婦人乳結不通，或小兒吹乳，或自身壓著，頭疼，怕冷發熱，口渴，體困胸顫，脹硬痛如鍼刺。古方單劑，今加減。地草果二錢，川芎一錢五分，青皮五分，白芷一錢，花粉一錢，柴胡一錢，金銀花一錢，甘草節五分，點水酒服。補註：乳頭屬厥陰肝經，乳房屬陽明胃經。乳母不知調養，忿怒鬱結，厥陰之氣不行，陽明乳汁不得升騰，致有乳房紅腫疼痛，結核之症。此方地草果、青皮、川芎、柴胡行肝氣，（改）〔解〕肝結；白芷、花粉行陽明乳汁，令其升騰運化；甘草和中緩肝，金銀花消腫解熱，鬱解毒消，乳汁流通，或潰或敗，自愈。

明・蘭茂《滇南本草》〔叢本〕卷上　地草果　味辛、酸，性微溫。入肝經，走陽明。破血破氣，舒肝家鬱結之氣，風火眼暴赤疼痛，祛風退翳膜遮睛。蓋肝氣結而翳成，散肝氣而雲翳自退。但肝寔者可用，肝虛者忌之。治婦人奶乳閉結不通，腫脹硬疼。地草果開白花。綠花治眼科良。開紫花治奶結疼效。開黃花者治寒氣肚疼效。奇方：治婦人乳結不通，或小兒吹着，或身體壓注，乳汁不通，見症若頭疼怕冷發熱，口乾，身體發困，乳頭乳傍紅腫脹硬，咬疼如針刺，古方單劑治乳汁不通疼痛，今加增治之良效。地草果二錢，川芎錢半，青皮五分，北柴胡一錢，白芷一錢，天花粉一錢，金銀花一錢，甘草節五分，引點水酒服。註補：乳頭，厥陰肝經所屬。乳傍，陽明胃經所屬。乳母不知調養，忿怒鬱結，故厥陰之氣不行，陽明之乳不升，以致有乳房紅腫疼痛之症。是方地草果、青皮、川芎、柴胡行肝經鬱逆之氣，白芷、花粉行陽〔明〕乳汁之不升，甘草和中暖肝，銀花消紅腫熱毒。增補：治目疾暴赤，火眼風熱腫痛，羞明怕亮，翳膜遮睛。地草果一錢、川芎一錢、白蒺藜一錢、

廣木賊五分、穀精草一錢、白菊一錢、黄芩一錢、梔子一錢、蟬退一錢，引點羊肝一片，煎服。

土血竭

明・蘭茂原撰，范洪等抄補《滇南本草圖説》卷五　土血竭　性微溫，味苦、辛，微澁。主治：寬中下氣，消宿食痞塊，年久堅積，胃氣面寒。亦能消腫，血症可止。

明・蘭茂撰，清・管暄校補《滇南本草》卷上　土血竭　味辛。治一切瘀血作疼，跌打損傷，神效。

興陽草

明・蘭茂原撰，范洪等抄補《滇南本草圖説》卷六　興陽草：生山中。月白緑葉，葉上有粉霜，邊上有刺，根類陽物。性溫，味辛。入足少陰、足厥陰二經。主治：凡陽事不舉，痿縮不升，久無子嗣者，服之可以興陽治痿，其應如響。採草去刺，為末，丸桐子大，每服三個，可以復有子嗣。此草勿傳，匪人恐誤作春方藥，其過不小也。

金絲蓮

明・蘭茂原撰，范洪等抄補《滇南本草圖説》卷七　金絲蓮　形與地荷葉相似，延蔓而生，葉有六方，花開五瓣，黄色，似鈴，又名金獅鈴。氣味甘苦，微寒。耑治：包傷打傷，或無名腫毒，或筋骨疼痛，熬水薰蒸，即愈。

平兒草

明・蘭茂撰，清・管暄校補《滇南本草》卷中　瓶兒參　性溫平，味甘，無毒。治脾氣虚弱，中氣不足，飲食無味，五癆七傷，肢體酸軟，虚熱畏寒，面黄肌瘦。耑補脾胃，但脾胃有積痰，或有寒濕者，服之令人發水腫症，急煎苦菜湯(改)〔解〕之，小便一利，即消。評云：清中，除虚熱。

附方：治脾胃虚弱，中氣不足，勞傷虚損，瓶兒參三錢，為末。煨雞服，男用雌，女用雄。

補注：瓶兒參，瓶兒草，形體各異。瓶兒參棵矮，方莖，花與瓶兒草一樣，蒂葉皆同，獨花後無毛；根同瓶兒參一樣，但花後有毛，根大桿紅。

附案：昔史明九在羊廠，治爐烟瘴瘧，午後怕冷，晚上發熱，天明出汗方涼，用瓶兒參末三錢，水酒服，三次後即愈，神效。

明・蘭茂《滇南本草》〔叢本〕卷上　平爾參　味甘，平，性溫，無毒。治脾氣弱，中氣不足，飲食無味，五勞七傷，肢體酸耎，虚熱畏寒，面黄消瘦。此藥調治精神，養榮氣血，補中氣，平爾參三錢，笋雞一隻，將參入雞腹，煨服。但脾胃中如有積痰，或有寒濕者服之，令人發水腫。若服後遇身腫滿，即煎苦菜湯食之，令小便利數次，其腫自消。史明九用平爾參治石羊廠爐烟瘴氣，治午後怕冷作寒抖戰，夜晚發熱，天明出汗方涼。治烟瘴用平爾參末三錢，引水酒服三次，後用平兒參煨母鷄一隻食之。凡補虚用雞，男用雌，女用雄。

註補：平兒草、平爾參有辨別。平爾參枝梗矮，杆是方杆，花開一樣，但背無毛格，蒂葉同一樣，根小，杆紅色。平兒草梗高大，杆是圓杆，開花一樣，但花後有毛，蒂葉同一樣，根大，杆紅色。

瓶兒草

明・蘭茂撰，清・管暄校補《滇南本草》卷中　瓶兒草　性微溫，味淡。行經絡，消氣結散，瘰癧馬口，結核鼠瘡潰爛，膿血不止。補氣血虚弱。

附奇方：治痰核，結核氣瘰，馬口瘰癧。瓶兒草、大薊、蒲公英、牛蒡子，點水酒煎服。又方：治症同前。全歸二錢，瓶兒草三錢，連翹一錢，靈仙一錢，夏枯一錢，牛蒡子一錢，銀花一錢，防風五分，川貝母五分，水煎，點水酒服。又方：治氣血虚弱者。用瓶兒草一味，黄牛肉二兩，共一處煑爛，食之，三四服效。

明・蘭茂《滇南本草》〔叢本〕卷上　平兒草　味淡平，性微溫。行經絡，消結氣，散瘰癧、馬刀、結核，鼠瘡潰爛，膿血不止。奇方：治痰核氣瘰，馬刀瘰癧潰爛。平兒草、大薊、蒲公英、牛(旁)〔蒡〕子，引點水酒服。氣虚者用平兒草一味，黄牛肉二兩，共一處煑爛，吃三四次即效。增補：前方治同前症。全歸二錢、(五)〔平〕兒草三錢、連(蕎)〔翹〕一錢、防風五分、川貝母五分，引點水酒服。

大皮蓮

明・蘭茂原撰，范洪等抄補《滇南本草圖説》卷四　大皮蓮　性微溫，味苦、辛。性與小皮蓮同。主治：消瘀血而止血積疼痛，服之可效。婦人有妊忌之，不可妄用。○採小皮蓮，治跌打損傷。○服時忌生冷、魚、羊。

明・蘭茂撰，清・管暄校補《滇南本草》卷中　大皮蓮　性微溫，味苦、微辛。治瘀血結滯，腹疼，破血行血，跌打損傷瘀血，墜胎血塊等症。點水酒、童便服。

小皮蓮：　性微寒，味苦、微辛。治瘀血結滯，或產後腹痛，或經期腹痛，破血塊，破癥瘕，發熱頭痛，寒熱往來，有如瘟狀，退虛熱。　附方：　治痰血結滯，肚腹氣痛發熱。小皮蓮三錢，煎湯，點水酒、童便服。血虛忌服。　又方：　治退諸虛熱。小皮蓮三錢，水煨，露一夜，點水酒，清早溫服。

明・蘭茂《滇南本草》（叢本）卷中　大皮蓮　味苦、微辛，性微溫。治瘀血結滯，腹痛，破血行〔血〕，跌打損傷瘀血，墜胎血塊。

小皮蓮　治產後、經期腹痛，血塊，破癥瘕，發熱頭疼，寒熱往來有如瘧狀。單方：　治前症。小皮蓮三錢，煎湯點水酒、童便服。血虛者忌用。

雙果草

明・蘭茂撰，清・管暄校補《滇南本草》卷中　雙果草　性寒，味苦、微甘。治膏淋白濁，利小便，止腰疼，疝氣疼。

小仙草

明・蘭茂撰，清・管暄校補《滇南本草》卷中　小仙草　性微溫，味辛、苦。發散瘡癰，走經絡痰火，筋骨疼痛，手足痿輭，除風濕寒熱。煎，點水酒服。

梅花草

明・蘭茂原撰，范洪等抄補《滇南本草圖說》卷六　梅花草　形似梅花小朵，生石崖上。氣味甘苦，無毒。治婦人血崩血塊，散氣通經。利水，胃中冷痛，內疝癥瘕，即消。食積成痞，堅硬疼痛，服之立瘥。

芳草分部

綜述

當歸

宋・李昉《太平御覽》卷第九八九　當歸　《爾雅》曰：　薜，山蘄。《廣志》曰：　山蘄，當歸。今似芹而麄大。蘄，音巨申切。《吳志》曰：　曹公聞太史慈名，遺書以篋封之，發看，無所道，但貯當歸。《魏氏春秋同異》曰：　姜維得母書并當歸，維曰：　良田百頃，不在一畝，但有遠志，不見當歸。其（皆）〔背〕親殉利如此。　《范子計然》曰：　當歸，出隴西。無枯者善。　《秦州記》曰：　隴西襄武縣有牛山，是出當歸。　《建康記》曰：　建康出當歸，不堪用。　《廣州記》曰：　鄣平縣出當歸。　《博物志》曰：《神農經》曰下藥治病，謂大黃除實，當歸止痛。　崔豹《古今注》曰：　牛亨問：　將離別相贈以芍藥，何也？　荅曰：　芍藥，一名將離，故將別，贈以芍藥，猶相招，則贈以蘼蕪。　蘼蕪，一名當歸也。　《本草經》曰：　當歸，一名子歸。味甘，溫。生川谷。　主治逆止氣，溫瘧寒熱。生隴西。　《吳氏本草》曰：　當歸，神農、黃帝，桐君、扁鵲：　甘，無毒。岐伯、雷公：　辛，無毒。李氏：　小溫。或生羌胡地。

宋・唐慎微《證類本草》卷八草部中品〔《本經》・《別錄》・藥對〕　**當歸**　**味甘**，辛，**溫**、大溫，無毒。**主欬逆上氣，溫瘧寒熱洗洗**音癬**在皮膚中，婦人漏下，絕子，諸惡瘡瘍**音羊**，金瘡，煮飲之。**溫中止痛，除客血內塞，中風痓，汗不出，濕痹，中惡，客氣虛冷，補五藏，生肌肉。**一名乾歸。**生隴西川谷。二月、八月採根，陰乾。惡藺茹，畏菖蒲、海藻、牡蒙。

〔梁・陶弘景《本草經集注》〕云：　今隴西叨陽黑水當歸，多肉少枝，氣香，名馬尾當歸，稍難得。西川北部當歸，多根枝而細。歷陽所出，色白而氣味薄，不相似，呼爲草當歸，闕少時乃用之。方家有云真當歸，正謂此，有好惡故也。俗用甚多，道方時須爾。

〔唐・蘇敬《唐本草》〕注云：　當歸苗有二種：　於內一種，似大葉芎藭；一種似細葉芎藭，惟莖葉卑下於芎藭也。今出當州、宕州、翼州、松州，宕州最勝。細葉者名蠶頭當歸，大葉者名馬尾當歸，今用多是馬尾當歸，蠶頭者不如此，不復用。陶稱歷陽者，是蠶頭當歸也。

〔宋・掌禹錫《嘉祐本草》〕按：　《爾雅》云：　薜，山蘄。注《廣雅》曰：　山蘄，當歸也。當歸今似蘄而麄大〔者〕。吳氏云：　當歸，神農、黃帝、桐君、扁鵲：　甘，無毒。岐伯、雷公：　辛，無毒。季氏：　小溫。或生羌胡地。范子云：　當歸無枯者善。《藥性論》云：　當歸，臣，惡熱麪。止嘔逆，虛勞寒熱，破宿血，主女子崩中，下腸胃冷，補諸不足，止痢腹痛。單煮飲汁，治溫瘧，主女人瀝血腰痛。療齒疼痛不可忍。患人虛冷，加而用之。日華子云：　治一切風，一切血，補一切勞，破惡血，養新血及主癥癖。

〔宋・蘇頌《本草圖經》〕曰：　當歸，生隴西川谷，今川蜀、陝西諸郡及江寧府、滁州皆有之，以蜀中者爲勝。春生苗，綠葉有三瓣。七八月開花似時羅，淺紫色。根黑黃色。二月、八月採根，陰乾。然苗有二種，都類芎藭，而葉有大小爲異，莖梗比芎藭甚卑下。根

亦二種，大葉名馬尾當歸，細葉名蠶頭當歸。大抵以肉厚而不枯者爲勝。謹按：《爾雅》云：薜，布革切，山蘄，古芹字，巨斤切。郭璞注引《廣雅》云：山蘄，當歸也，似蘄而麄大。釋曰《說文》云：蘄，草也。生山中者名薜，一名山蘄。然則當歸，芹類也。在平地者名芹，生山中而麄大者名當歸也。

〔宋・唐慎微《證類本草》〕《雷公》云：凡使，先去塵并頭尖硬處一分已來，酒浸一宿。若要破血，即使頭一節硬實處。若要止痛止血，即用尾。若一時用，不如不使，服食無效，單使妙也。《外臺秘要》：治頭疼欲裂。當歸二兩，酒一升，煮取六合，飲至再服。又方：治心痛。當歸爲末，酒服方寸匕。《肘後方》：治小兒多患胎寒如啼，晝夜不止，因此成癇。當歸末一小豆大，以乳汁灌之，日夜三四度服，差。《葛氏方》：治小便出血，當歸四兩細剉，酒三升，煮取一升，頓服之。《梅師方》：治胎動下血，心腹疼，死生不知，服此湯，活即安，死即下。用當歸四兩，芎藭九兩，細剉，以酒三升，水四升，煎取三升，分服。《子母秘録》：治倒産，子死腹中。搗當歸末，酒服方寸匕。又方：治小兒臍風瘡久不差，用當歸末傅之。賈相公進過《牛經》：牛有尿血病，當歸、紅花各半兩，爲末，以酒半升煎，候冷，灌之差。支太醫方：治婦人百病，諸虚不足，當歸四兩，地黄二兩，爲末，蜜和丸如梧子大。食前米飲下十五丸。

〔宋・陳承《重廣神農本草並圖經》〕別說云：謹按：當歸，自古醫家方論，用治婦人産後惡血上衝，倉卒取效，無急於此，世俗多以謂唯能治血。又《外臺秘要》、《金匱》、《千金》等方，皆爲大補不足，決取立效之藥。氣血昏亂者，服之即定。此蓋服之能使氣血各有所歸，則可以於産後備急，於補虚速效，恐聖人立當歸之名，必因此出矣。

題宋・蘇軾《物類相感志》 當歸晒乾，乘熱收入缸，不令透風，則不蛀。

宋・寇宗奭《本草衍義》卷九 當歸 《廣雅》云山蘄古芹切，當歸也，似芹而麤大。《說文》云：蘄，草也，生山中者名薜音百。新書《圖經》以謂當歸，芹類也。在平地者名芹，生山中麤大者名當歸。若然，則今川蜀皆以平地作畦種，尤肥好多脂肉。不以平地、山中爲等差，但肥潤不枯燥者佳。今醫家用此一種爲勝。市人又以薄酒洒使肥潤，不可不察也。《藥性論》云：補女子諸不足，此說盡當歸之用也。

宋・鄭樵《通志》卷七五《昆蟲草木略》 薜 曰山蘄，曰白蘄，曰乾歸，曰文無。《爾雅》謂：薜，山蘄。又謂：薜，白蘄。即當歸也。葉似芎藭，有兩種：大葉者，謂之馬尾當歸；細葉者，謂之蠶頭當歸，此方家之別也。

金・張元素《潔古珍珠囊》〔見元・杜思敬《濟生拔粹》卷五〕 當歸 陽中微陰。頭破血，身行血，尾止血。治上酒浸，治外酒洗；糖色大辛，可能潰堅。與蒲黄、海藻相反。

宋・劉明之《圖經本草藥性總論》卷上 當歸 味甘、辛，溫、大溫，無毒。主欬逆上氣，溫瘧寒熱洗〔洗〕在皮膚中，婦人漏下絕子，諸惡瘡瘍金瘡，煮飲之。溫中止痛，除客血內塞，中風痓汗不出，濕痺，中惡客氣虚冷。補五藏，生肌肉。《藥性論》云：臣。惡熱麪，止嘔逆，虚勞寒熱，破宿血，主女子崩中，下腸胃冷，補諸不足，止痢腹疼。單煮飲汁，治溫瘧，主女人瀝血腰痛，治牙疼痛不可忍。患人虚冷，加而用之。日華子云：治一切風，一切血，補一切勞，去惡血，養新血，及癥瘕。自古醫家方論，用治婦人産後惡血上衝，倉卒取効，無急於此。世俗多以謂唯能治血。又《外臺秘要》《金匱》《千金》等方，皆為大補不足，決取立效之藥，氣血昏亂者服之即定。此蓋服之能使氣血各有所歸。支太醫方治婦人百病，諸虚不足，當歸四兩，地黄二兩，為末，蜜和丸，米飲下。惡藺茹。畏菖蒲、海藻、牡蒙。

元・王好古《湯液本草》卷三 當歸 氣溫，味辛甘而大溫，氣味俱輕，陽也。甘辛，陽中微陰，無毒。入手少陰經，足太陰經、厥陰經。《象》云：和血補血，尾破血，身和血。先水洗去土，酒製過，或火乾、日乾入藥，血病須用。去蘆用。《心》云：治血通用。能除血刺痛，以甘故能和血，辛温以潤內寒，當歸之苦以助心散寒。《珍》云：頭，止血；身，和血；梢，破血。治上，酒浸；治外，酒洗。糖色，嚼之大辛，可能潰堅。與菖蒲、海藻相反。《本草》云：主欬逆上氣，温瘧，寒熱洗洗在皮膚中，婦人漏下絕子，諸惡瘡瘍金瘡，煮汁飲之。温中止痛及腰痛，除客血內塞，中風痓，汗不出。濕痹中惡，客氣虚冷。補五臟，生肌肉。氣血昏亂，服之即定。有各歸氣血之功，故名當歸。雷公云：得酒浸過，良。若要破血，即使頭節硬實處；若要止痛止血，即用尾。若一概用，不如不使。易老云：用頭，則破血；用尾，則止血；若全用，則一破一止，則和血也。入手少陰，以其心主血也；入足太陰，以其脾裹血也；入足厥陰，以其肝藏血也。頭能破血，身能養血，尾能行血。用者不分，不如不使。若全用，在參、芪皆能補血；在牽牛、大黄皆能破血，佐使定分，用者當知。從桂、附、茱萸則熱；從大黄、芒硝則寒。諸經頭痛，俱在細辛條下。惟酒蒸當歸，又治頭痛，以其諸頭痛皆屬木，故以血藥主之。《藥性論》云：臣。畏生薑，惡濕麪。《經》云：當歸主欬逆上氣。當歸血藥，如何治胸中氣。《藥性論》云：

補女子諸不足。此說盡當歸之用矣。

元・朱震亨《本草衍義補遺・新增補》 當歸 氣溫，味辛。氣味俱輕，陽也，又陽中微陰。大能和血補血，治血證通用。雷公云：若破血即使頭一節硬實處。若止痛止血即用尾。若一概用，不如不使，服之無效。易老以為頭破血，身行血，尾止血。又云：身養血，若全用和血。《別說》云：大補不足，決取立效之藥。氣血昏亂，服之而定。氣血各有所歸之名，故名當歸。《本草》云：主欬逆上氣，溫瘧及女子諸疾不足。此說盡當歸之用矣。

元・佚名氏《珍珠囊・諸品藥性主治指掌》〔見《醫要集覽》〕 當歸 味甘，辛，氣溫，無毒。可升可降，陽也。其用有四：頭止血而上行，身養血而中守，梢破血而下流，全活血而不走。

元・徐彥純《本草發揮》卷二 當歸 成聊攝云：《內經》曰：脉者，血之府也。諸血皆屬心，通脉者必先補心益血。苦先入於心，當歸之苦，以助心血。 潔古云：當歸頭止血，尾破血，身和血。若全用，一破一止，亦和血也。使頭是一節硬實處，使尾是尖細處。《主治秘訣》云：性溫味辛，氣厚味薄，可升可降，陽中陰也。其用有三：心經本藥一也，和血二也，治諸病夜甚三也。治上治外，須以酒浸，可以潰堅。凡血受病，須用之。眼痛不可忍者，以黃連、當歸根酒浸，煎服。又云：血壅而不流則痛，當歸身辛溫以散之，使氣血各有所歸。 東垣云：當歸梢主癥瘕，破惡血，并產後惡血上衝，去諸瘡瘍腫結，治金瘡惡血。溫中潤燥，止痛。又云：當歸、熟地黃、牡丹皮，此三味於諸經和血生血涼血之藥也。又云：血刺痛用當歸，詳上下，用根梢，酒洗。糖黃色者，嚼之大辛，可能潰堅，治血通用。甘以和血，辛溫以潤內寒，苦以助心散寒。 海藏云：《別說》言產後惡血上衝，氣血昏亂者，服之即定。此蓋能使氣血各有所歸，恐聖人立當歸之名必因此出。入手少陰，以其心生血也。入足太陰，以其能養血也。入足厥陰，以其用藏血也。若今用在參芪皆能補血，用在牽牛、大黃，皆能破血，佐使分定，用者當知。從桂附、茱萸則熱，從大黃、芒硝則寒。論諸經頭痛，俱在細辛條下。惟酒煎當歸治諸頭痛，蓋諸頭痛皆屬肝木，故以血藥主之。《本經》云：當歸主欬逆上氣，當歸血藥，如何治胸中氣？《藥性論》云：補女子諸不足，此言盡當歸之用。

明・蘭茂《滇南本草》〔叢本〕卷中 當歸 味辛，微苦，性溫。其性走而不守，引血歸經，入心肝脾三經。止腹痛，面寒背寒，癰疽排膿定痛。

明・王綸《本草集要》卷二 當歸臣 味甘辛，氣溫。陽中微陰，無毒。入手少陰經，足太陰、厥陰經。畏菖蒲、海藻，惡熱麪。陰乾，酒浸用。 主咳逆上氣，溫瘧，虛勞寒熱。洗音癬在皮膚中，婦人漏下絕子，諸惡瘡瘍，金瘡，煮飲之。又溫中，止痢腹痛，療齒痛不可忍。酒蒸，治頭痛，諸頭痛皆屬木，故以血藥治之。治血通用，和血補血，破惡血，大補不足，決取立效之藥。氣血昏亂，服之即定，能使氣血各有所歸，故名當歸。婦人產後備急，男子補虛，速效，不可缺也。 頭止血，身和血，尾破血，全用無效。又云：全用和血。大抵全用在參、耆，皆能補血；在大黃、牽牛皆能破血；從桂、附則熱，從硝、黃則寒。

明・滕弘《神農本經會通》卷一 當歸 臣也。畏菖蒲、海藻、牡蒙，惡熱麪。陰乾，酒浸用。先洗去土，酒製，或火乾、日乾。 味甘、辛，氣溫，大溫，無毒。《湯》云：味辛甘而大溫，氣味俱輕，陽也。甘、辛，陽中微陰，入手少陰經、足太陰經、厥陰經。東云：可升可降，陽也。頭止血而上行，身養血而中守，梢破血而下流，全活血而不走。又云：補虛養血。珍云：助心散寒，除血刺痛，升降心經藥。頭能生血，身能和血，梢能散血，上治外治，須用酒浸。《衷》云：治血熱風崩。《藥性論》云：當歸，臣。

《本經》云：主欬逆上氣，溫瘧寒熱洗音癬在皮膚中。婦人漏下絕子，諸惡瘡瘍，金瘡，煮飲之。溫中止痛，除客血內塞，中風痓，汗不出，濕痺，中惡，客氣虛冷，補五臟，生肌肉。二八月採根，陰乾。《藥性論》云：止嘔逆，虛勞寒熱，破宿血，主女子崩中漏下，腸胃冷，補諸虛不足。止痢，腹疼，單煮飲汁。治溫瘧，主女人瀝血腰痛，治牙疼痛不可忍，患人虛冷，加而用之。日華子云：治一切風，一切血，補一切勞。破惡血，養血，及主癥癖。《別說》云：用治婦人產後惡血上衝，倉卒取効，無急於此，世俗多謂唯能治血。又《外臺秘要》《金(櫃)〔匱〕》《千金》等方，皆為大補不足，決取立効之藥，氣血昏亂者服之即定，能使血氣各有所歸，可以於產後備急，於補虛速効，當歸之名，必因此出矣。易老云：入手少陰，以其心主血也。入足太陰，以其脾裹血也。入足厥陰，以其肝藏血也。若全用，在參、芪皆能補血；在牽牛、大黃皆能破血。佐使定分，用者當知。從桂、附、茱萸則熱，從大黃、芒硝則寒。諸經頭痛，俱在細辛條下。惟酒蒸當歸，又治頭痛，以諸頭痛皆屬木，故以血

藥主之。珍云：　頭止血，身和血，稍破血，治上酒浸，治外酒洗，糖色嚼之大辛，可能潰堅。與菖蒲、海藻相反。丹溪云：　大能和血補血，治血證通用。用頭、用身、用尾，同雷公、易老。若全用，則和血。《象》云：　和血補血，尾破血，身和血，先水洗去土，酒製過，或火乾、日乾入藥。血病須用。《心》云：　治血通用，能除血刺痛。以甘，故能和血；　辛溫，以潤內寒。當歸之苦，以助心散寒。雷公云：　得酒浸過良。若要破血，即使頭一節硬實處。若要止痛止血，即用尾。若全用，則一破一止，則和血也。若一時用，不如不使。易老用同雷公，亦云：　頭能破血，身能養血，尾能行血，用者不分，不如不使。《經》云：　當歸主欬逆上氣。當歸，血藥，如何治胸中氣？《藥性論》云：　補女子諸不足。此說盡當歸之用矣。劊云：　當歸甘辛頭止血，身還養血潤於中。梢能破血流而下，全用能調榮氣充。《局》云：　當歸歸血所當歸，胎產虛勞各得宜。用尾要知能破血，用頭止血不須疑。當歸，主血，補虛勞，止血用頭，破血用尾。

明·劉文泰《本草品彙精要》卷一〇　當歸無毒。　植生。

當歸出《神農本經》：　**主欬逆上氣，溫瘧寒熱洗音癬在皮膚中，婦人漏下，絕子，諸惡瘡瘍音羊，金瘡，煮飲之。**以上朱字《神農本經》。溫中，止痛，除客血內塞，中風痓，汗不出，濕痹，中惡，客氣虛冷，補五臟，生肌肉。以上黑字名醫所錄。　【名】乾歸、山蘄。　【苗】《圖經》曰：　春生苗，綠葉，有三瓣。七八月開花，似蒔蘿，淺紫色，根黑黃色。然苗有二種，都類芎藭，而葉有大小爲異，莖梗比芎藭甚卑下。根亦二種，大葉名馬尾當歸，細葉名蠶頭當歸，大抵肉厚而不枯者爲勝。《廣雅》云：　山蘄，當歸也。似蘄而粗大。《說文》云：　蘄，草也，生山中者，名薜，又名山蘄。然則當歸，芹類也，在平地者名芹，生山中而粗大者名當歸也。　【地】《圖經》曰：　生隴西川谷，今陝西諸郡及江寧府、滁州皆有之。【道地】以川蜀及隴西四陽、文州、宕州、當州、翼州、松州者最勝。　【時】生：　春生苗。採：　二月、八月取根。　【收】陰乾。【用】根多韌潤者爲好。　【質】類前胡，大而多尾。　【色】黑黃。　【味】甘，辛。　【性】溫，散。　【氣】氣味俱輕，陽也。又云陽中微陰。　【臭】香。【主】諸血，瘡瘍。　【行】手少陰經，足太陰經、厥陰經。　【助】酒爲之使。【反】畏菖蒲、海藻、牡蒙，惡藺茹、濕麵。　【製】去土，酒洗，焙用。　【治】療：　《藥性論》云：　止嘔逆，虛勞寒熱，破宿血，女子崩中下血，腸胃冷，止痢，腹痛。單煮汁飲，治溫瘧，主女人瀝血，腰痛，並齒疼痛不可忍者。患人虛冷，加而用之。日華子云：　治一切風，一切血，破惡血及癥癖。《湯液本草》云：　除血刺痛。東垣云：　頭，止血。〇身，養血。〇稍，破血。〇全，活血。補：　《藥性論》云：　補諸虛不足。日華子云：　補一切勞，養新血。

【合治】合人參、黃耆，能補血。〇合大黃、牽牛，能破血。

明·俞弁《續醫說》卷一〇　當歸　血中主藥也。通肝經。頭、身、稍分三治，全用則活血。若氣血昏迷者，服之即定，能使氣血各有所歸也，故名之曰當歸。其功用，但從人參、黃耆則能補血，從大黃、牽牛則能破血，從官桂、附子、茱萸則熱，從大黃、芒硝則寒，此非無定性也，奪於群眾之勢，而不得不然耳。譬如生薑，人皆指以為熱，殊不知薑備五色，存皮則溫，去皮則熱。又如半夏之性，能為君子，能為小人者也。近之醫者，或治男婦血病，往往禁用當歸，書此以破其惑。

明·葉文齡《醫學統旨》卷八　當歸　氣溫，味甘、辛。無毒。可升可降，陽也。入手少陰、足太陰、厥陰經。畏菖蒲、海藻。惡熱麵。酒浸用。肥潤不枯燥，出蜀中者佳。頭止血，身和血，尾破血，全用無效，若用在參芪，皆能補血。　治咳逆上氣，溫瘧，虛勞寒熱，婦人漏下絕子，諸惡瘡瘍，金瘡跌撲。又溫中止痢，血刺腹痛，潤燥，療齒痛眼痛不可忍。酒蒸治頭風痛。大補血虛不足，止汗明目，養心定悸及諸血症，產後惡血上衝，臍腹急痛，癥瘕，胎動下血，氣血昏亂，服之即定，能使氣血各有所歸。

明·許希周《藥性粗評》卷一　血尋故道以當歸。

當歸一名乾歸，《廣雅》謂之山芹。春生苗，綠葉，有三瓣，似芹，亦似芎藭，高尺餘，秋開花淺紫色，似蒔蘿，根黑黃色，頭大而多稍。有二種，大葉者名馬尾當歸，小葉者名蠶頭當歸。生關、陝，川蜀山谷，有秦歸、川歸之名，但以肉厚不枯者為勝。二、八月採根，陰乾。凡用製法詳見下文。惡藺茹，畏菖蒲、海藻、牡蠣。味甘、苦、辛，性溫，無毒。入手少陰心、足太陰脾、厥陰肝經。主治寒熱虛癆，陰血不足，腸胃冷氣，痢疾腹痛，婦女血氣諸病，導血歸源，破舊養新，凡血受病必所用之。然分為三用，其頭止血，稍破血，身和血，不可全用。治上治外須以酒浸，可以潰堅。東垣云：　當歸稍主癥瘕，破惡血，并產後惡血上衝，去諸瘡瘍腫結。又云：　當歸、熟地黃、牡丹皮三味，於諸經為和血、生血、涼血之藥也。海藏云：　當歸入手少陰，以其心生血也。入足太陰，以其脾裹血也。入足厥陰，以其肝藏血也。

若令用在參、芪，皆能補血。用在牽牛、大黃，皆能破血。從桂、附、茱萸則熱，從大黃、芒硝則寒。愚謂參、芪等藥，須為血科取用，然後可以來當歸之佐。又諸經血不足者，則以當歸身生之，四物湯以之治血虛者此也。有餘者則以當歸稍破之，四物湯以之治血塊者此也。

飛霞子曰：當歸主血分之病，川產力剛，可攻秦產。性柔宜補。凡用本病酒製，而痰獨以薑汁浸透，導血歸源之理。熟地黃亦然。血虛以人參、赤石脂為佐，血熱以生地黃、薑黃、條芩，不絕生化之源。血積配以大黃，婦人形肥，血化為痰，二味薑浸，佐以利水道。要之血藥不容舍當歸。

單方：頭疼如破：不拘身稍二兩，酒一升，煮取六合，飲之，再服，愈。胎損欲危：胎動下血，心腹絞痛，死生不知者，當歸四兩，芎藭九兩，剉，以酒三升，水四升，煎取三升，分服，如胎尚活可安，死則可下，妊娠無虞。小兒好啼：此因胎中受寒，而致時時腹痛，故也。當歸末一小豆大，以乳汁灌之，日夜三四度服之，差。婦人百病：凡諸虛不足者，當歸四兩，熟地黃二兩，為末，蜜和丸如梧桐子大，每服二十丸，食前米飲送下，每日三次，數日見效。

明・鄭寧《藥性要略大全》卷二 當歸臣 其用有四：頭止血而上行，身養血而中守，稍破血而下流，全活血而不走。《賦》曰：補虛而養血。○當歸治血通用之藥。除血刺痛，補五臟，生肌，溫中，止痛。陳藏器云：辛溫以潤內寒，苦以助心散寒。療虛勞寒熱，暖腸胃，止腹痛，補虛冷。治牙痛，破瘀血，敺宿血，養新血，止女人崩中瀝血，腰痛漏下，子宮不結實者用此補之。《藥性》云：補女子諸不足。東垣云：斯言盡當歸之用矣。《經》云：主咳逆上氣。蓋當歸血藥，如何治胸中之氣？夫氣能引血，血不能引氣，不可信也明矣！《十書》云：心主血，脾裹血，肝藏血。當歸血藥也，故入此三經。諸經頭痛，俱用細辛。其酒蒸當歸，又治頭痛。諸痛皆屬木，故以血藥主之。味辛、甘，氣溫，無毒。可升可降，陽也。入手少陰心、足太陰脾厥陰肝三經。反菖蒲、海藻。畏生薑，惡濕麪。陰乾，酒浸洗用。○蓋全用同參、芪，皆能補血。同大黃、牽牛，皆能破血；從桂、附則熱，從大黃、芒硝則寒。

明・賀岳《醫經大旨》卷一《本草要略》 當歸 《本草》議論頭止血，稍破血，身養血。所用不同，於是而多用身，大能和血補血，諸血證皆用之。但流通而無定，由其味帶辛甘而氣暢也，重能補血耳，其隨所引到而各有用焉。與白术、芍藥、生熟地同用，則能滋陰補腎；與川芎同用，能上行頭角，治血虛頭疼；再入芍藥、木香少許，則生肝血以養心血；同諸血藥入以薏苡仁、牛膝，則下行足膝而治血不榮筋；同諸血藥入以人參、川烏、烏藥、薏苡仁之類，則能營於一身之表，以治一身筋寒濕毒。

明・陳嘉謨《本草蒙筌》卷一 當歸 味甘、辛，氣溫。氣味俱輕，可升可降。陽也，陽中微陰。無毒。生秦蜀兩邦，秦屬陝西，蜀屬四川。有大小二種。大葉者名馬尾當歸，黃白氣香肥潤。此為上品，市多以低假酒灑潤充賣，不可不察。小葉者名蠶頭當歸，質黑氣薄堅枯。此為下品，不堪入藥。一說：川歸力剛可攻，秦歸力柔堪補。凡覓拯病，優劣當分。畏薑藻蒲蒙，生薑、海藻、菖蒲、牡蒙。惡蕳茹濕麪。蘆苗去淨，醇酒製精。行表洗片時，行上漬一宿。體肥痰盛，薑汁漬宜。曝乾㕮咀，治血必用。東垣云：頭止血上行，身養血中守，尾破血下流，全活血不走。易老云：入手少陰，以心主血也。入足太陰，以脾裹血也。入足厥陰，以肝藏血也。若和劑在人參、黃耆，皆能補血，在牽牛、大黃，皆能破血。從桂附茱萸則熱，從芒硝大黃則寒。《別說》又云：能使氣血各有所歸，故因名曰當歸。逐跌打血凝，併熱痢刮疼滯住腸胃內；主欬逆氣上，及溫瘧寒熱洗在皮膚中；女人胎產諸虛，男子勞傷不足；眼疾齒疾痛難忍，癰瘡金瘡肌不生；中風攣踡，中惡昏亂；崩帶湛漏，燥澁焦枯，並急用之，不可缺也。又同川芎上治頭痛，以其諸頭痛皆屬肝木，故亦血藥主之。甚滑大便，瀉者須忌。

謨按：《正傳》云：當歸能逐瘀血、生新血，使血脈通暢與氣並行，周流不息，因以為號。然而中半已上，氣脈上行，天氣主之；中半已下，氣脈下行，地氣主之；身則獨守乎中而不行也。人身之法象亦猶是焉。故瘀血在上焦，與上焦之血少，則用上截之頭；瘀血在下焦，與下焦之血少，則用下截之尾；若欲行中焦瘀血，與補中焦血虛，則用中截之身。匪獨當歸為然，他如黃芩、防風、桔梗、柴胡亦皆然也。觀此一說，較前東垣雖殊，思亦近理不妄。采附篇末，憑人所宗。

又按：經云：主咳逆上氣。議者以當歸血藥，如何治胸中氣也？殊不知當歸非獨主血，味兼辛散，乃為血中氣藥。況欬逆上氣，非止一端，亦有陰虛，陽無所附，以致然者。今用血藥補陰，與陽齊等，則血和而氣降矣。《本經》所謂義或由斯。

明·方穀《本草纂要》卷一　當歸　味甘、辛，氣溫，陽中微陰，無毒。入手少陰經、足太陰、厥陰經，乃生血、養血、止血、活血之劑也。蓋吐血、衄血、溺血、便血，或經漏失血，或産崩損血，皆血虧也，常用歸頭以補之；如陰虚不足，精神困倦，或驚悸、怔忡、健忘、恍惚，皆血少也，必用歸身以養之；如瘡瘍目痛，癰疽腫毒，或跌蹼傷損，經閉淋瀝，皆血聚也，必用歸鬚以破之。本草云根升稍降，此之謂與？若夫風寒之症有不可用，恐滯寒邪也；氣鬱之症有不可用，恐滯氣不行也。予又聞之：歸芍同用，可以養血而斂血；歸芎同用，可以養血而行血；歸芪同用，可以養血而補血；歸朮同用，可以養血而生血。或者用之凉血，非配生地芩連不能凉；或者用之破血，非配稜朮薑桂不能破；或者用之止血，非配地榆烏梅不能止；或者用之清血，非配蒲黄山梔不能清。此不易之良法也，誠可秘之。

明·王文潔《太乙仙製本草藥性大全》卷一《本草精義》　當歸　一名乾歸。生隴西川谷，今川蜀、陝西諸郡及江寧府、滁州皆有之，以蜀中者爲勝。春生苗，緑葉有三瓣。七八月開花，似蒔蘿，淺紫色，根黑黄色。二月、八月採根陰乾。然苗有二種，都類芎藭，而葉有大小爲異，莖葉比芎藭甚卑下。根亦二種，大葉名馬尾當歸，細葉名蠶頭當歸。大抵以肉厚而不枯者爲勝。一說：川歸力剛可攻，秦歸力柔堪補。凡覔拯病優劣當分。畏薑、藻、蒲、蒙，惡蔄茹、濕麵。蘆苗去净，醇酒製精。行表洗片時，行上漬一宿。體肥痰盛，薑汁漬。宜曝乾。

明·王文潔《太乙仙製本草藥性大全》卷一《仙製藥性》　當歸臣　味甘、辛，氣溫，可升可降，陽也，陽中微陰，無毒。入手少陰經，足太陰、厥陰經。　主治：療欬逆，定驚氣，辟邪惡，除蠱毒鬼邪，去三蟲，久服通神。主身中老風，頭中久風，風眩上氣，溫瘧，虚勞，寒熱洗洗在皮膚中，婦人漏下絶子，諸惡瘡瘍，金瘡，煮飲之。又溫中止痢，腹痛。療齒痛不可忍。酒蒸，治頭痛。諸痛皆屬木，故以血藥治之，治血通用，和血、補血、破惡血，大補不足，決取立效之藥。氣血昏亂服之即定，能使氣血各有所歸，故名當歸。婦人産後備急，男子補虚速效，不可缺也。　補註：頭止血，身和血，尾破血，全用無效。又云：全用和血，大抵全用在參、耆皆能補血，在大黄、牽牛皆能破血，從桂、附則熱，從硝、黄則寒。〇治頭疼欲裂，當歸二兩，酒一升，煮取六合，飲至再服。〇治心痛，當歸爲末，酒服方寸匕。治小兒多患胎寒，好啼，晝夜不止，因此成癎。當歸末一小豆大，以乳汁灌之，日夜三四度服之。〇治小便出血，當歸四兩，細剉，酒三升，煮取一升，頓服之。〇治胎動下血，心腹疼，死生不知，服此湯，活即止，死即下。用當歸四兩，芎藭九兩，細剉，以酒三升，水四升，煮取三升，分服。〇治倒産子死腹中，擣當歸末，酒服方寸匕。〇治小兒臍風瘡久不差，用當歸末傅之即效。　太乙曰：凡使先去塵并頭尖硬處一分已來，酒浸一宿，若要破血，即使頭一節硬實處；若要止痛止血，即用尾；若一時併用，不如不使，服食無效，單使妙也。

明·皇甫嵩《本草發明》卷二　當歸中品之上，臣。氣溫，味甘、辛。可升可降，陽中微陰。無毒。入手少陰、足太陰、足厥陰經。　發明曰：當歸隨經主諸血通用，入手少陰，以心主血也。入足太陰，以脾裹血也。入足厥陰，以肝藏血也。故本草主漏下絶子，欬逆上氣，溫中，補五藏，生肌肉及一切虚勞，由其身能養血也。云止冷痢腹痛，女人瀝血腰痛，除血刺痛及齒痛，以其甘能和血也。又云諸惡瘡瘍，金瘡，皮膚瘙痒，濕痺，一切風，與客血内塞，宿血惡血及瘕癖等候，以其辛能活血行血也。又溫瘧寒熱，中風痓汗不出，中惡客氣，虚冷嘔逆等候，由其辛溫以潤内寒，苦以助心散寒，亦血中氣藥也。故補女人諸血不足，胎産備急，男子血虚及氣血昏亂，服之即定，有各歸氣血之功，足以盡當歸之用矣。〇兼參、芪能補血虚。與白朮、芍藥、地黄同用，能滋陰補腎。酒浸，與川芎同用，治血虚頭痛，血暈，療胎産尤良。入芍藥、木香少（計）〔許〕，生肝血而養心血。入牛膝、薏苡仁，（平）〔下〕行足膝，治血不榮筋。同諸藥入人參、川烏、烏藥、薏苡仁之類，能榮一身之表，治一身筋寒濕毒。合鱉甲、柴胡，定寒熱而除溫瘧。合陳皮、半夏，能止嘔。合遠志、棗仁，能養心定悸。與大黄、桃仁、牽牛同用，皆能破血。從附、桂則熱，從硝、黄則寒。行頭目多用頭，養血用身，和血活血行血全用，破血下血用梢。出蜀中者良，肉厚潤者佳。得酒良。惡蔄茹、熱麵。畏菖蒲、海藻、牡〔蒙〕。

明·李時珍《本草綱目》卷一四草部·芳草類　當歸《本經》中品。

〖釋名〗乾歸《本經》　山蘄《爾雅》　白蘄《爾雅》　文無《綱目》頌曰：按《爾雅》：薜，山蘄。又云：薜，白蘄。薜音百。蘄即古芹字。郭璞注云：當歸也，似芹而粗大。許慎《説文》云：生山中者名薜，一名山蘄。然則當歸，芹類也。在平地者名芹，生山中粗大者名當歸也。宗奭曰：今川蜀皆以畦種，尤肥好多脂，不以平地、山中爲等差也。時珍曰：當歸本非芹類，特以花葉似芹，故得芹名。古人娶妻爲嗣續也，當歸調血爲女人要藥，

有思夫之意，故有當歸之名。正與唐詩胡麻好種無人種，正是歸時又不歸之旨相同。崔豹《古今注》云：古人相贈以芍藥，相招以文無。文無一名當歸，芍藥一名將離故也。承曰：當歸治妊婦産後惡血上衝，倉卒取效。氣血昏亂者，服之即定。能使氣血各有所歸，恐當歸之名必因此出也。

【集解】《別録》曰：當歸生隴西川谷，二月、八月採根陰乾。弘景曰：今隴西四陽黑水當歸，多肉少枝氣香，名馬尾當歸。西川北部當歸，多根枝而細。歷陽所出者，色白而氣味薄，不相似，呼爲草當歸，缺少時亦用之。恭曰：今出當州、宕州、翼州、松州，以宕州者最勝。有二種：一種似大葉芎藭者，名馬尾當歸，今人多用；一種似細葉芎藭者，名蠶頭當歸，即陶稱歷陽者，不堪用，莖葉並卑下於芎藭。頌曰：今川蜀、陝西諸郡及江寧府、滁州皆有之，以蜀中者爲勝。春生苗，緑葉，有三瓣。七八月開花似蒔蘿，淺紫色，根黑黄色，以肉厚而不枯者爲勝。時珍曰：今陝蜀秦州、汶州諸處人多栽蒔爲貨。以秦歸頭圓尾多色紫氣香肥潤者，名馬尾歸，最勝他處；頭大尾粗色白堅枯者，爲鑱頭歸，止宜入發散藥爾。韓悉言：川産者力剛而善攻，秦産者力柔而善補，是矣。

根【修治】斆曰：凡用去蘆頭，以酒浸一宿入藥。止血破血，頭、尾效各不同。若要破血，即使頭一節硬實處。若要止痛止血，即用尾。若一併用，服食無效，不如不使，惟單使妙也。元素曰：頭止血，尾破血，身和血，全用即一破一止也。先以水洗净土。治上酒浸，治外酒洗過，或火乾、日乾入藥。杲曰：頭止血而上行，身養血而中守，梢破血而下流，全活血而不走。時珍曰：雷、張二氏所説頭尾功效各異。凡物之根，身半已上，氣脈上行，法乎天；身半已下，氣脈下行，法乎地。人身法象天地，則治上當用頭，治中當用身，治下當用尾，通治則全用，乃一定之理也。當以張氏之説爲優。凡曬乾乘熱紙封瓮收之，不蛀。

【氣味】苦，温，無毒。《別録》曰：辛，大温。普曰：神農、黄帝、桐君、扁鵲：甘，無毒。岐伯、雷公：辛，無毒。李當之：小温。杲曰：甘、辛，温，無毒。氣厚味薄，可升可降，陽中微陰，入手少陰、足太陰厥陰經血分。之才曰：惡蔄茹、濕麪，畏菖蒲、海藻、牡蒙、生薑，制雄黄。

【主治】咳逆上氣，温瘧寒熱洗洗在皮膚中，婦人漏下絶子，諸惡瘡瘍金瘡，煮汁飲之《本經》。温中止痛，除客血内塞，中風痓汗不出，濕痹中惡，客氣虚冷，補五臟，生肌肉《別録》。止嘔逆，虚勞寒熱，下痢腹痛齒痛，女人瀝血腰痛，崩中，補諸不足甄權。治一切風、一切氣，補一切勞，破惡血，養新血，及癥癖，腸胃冷大明。治頭痛，心腹諸痛，潤腸胃筋骨皮膚，治癰疽，排膿止痛，和血補血時珍。主痿癖嗜卧，足下熱而痛。衝脈爲病，氣逆裏急。帶脈爲病，腹痛，腰溶溶如坐水中好古。

【發明】權曰：患人虚冷者，加而用之。承曰：世俗多謂惟能治血，而《金匱》《外臺》《千金》諸方皆爲大補不足、決取立效之藥。古方用治婦人産後惡血上衝，取效無急於此。凡氣血昏亂者，服之即定。可以補虚，備産後要藥也。宗奭曰：《藥性論》補女子諸不足一説，盡當歸之用矣。成無己曰：脈者，血之府，諸血皆屬心。凡通脈者，必先補心益血。故張仲景治手足厥寒、脈細欲絶者，用當歸之苦温以助心血。元素曰：其用有三：一心經本藥，二和血，三治諸病夜甚。凡血受病，必須用之。血壅而不流則痛，當歸之甘温能和血，辛温能散内寒，苦温能助心散寒，使氣血各有所歸。好古曰：入手少陰，以其心生血也；入足太陰，以其脾裹血也；入足厥陰，以其肝藏血也。頭能破血，身能養血，尾能行血。全用，同人參、黄耆，則補氣而生血；同牽牛、大黄，則行氣而破血。從桂、附、茱萸，則熱；從大黄、芒硝，則寒。佐使分定，用者當知。酒蒸治頭痛，諸痛皆屬木，故以血藥主之。機曰：治頭痛，酒煮服(清)，取其(清)浮而上也。治心痛，酒調末服，取其濁而半沉半浮也。治小便出血，用酒煎服，取其沉入下極也。自有高低之分如此。王海藏言當歸血藥，如何治胸中咳逆上氣？按當歸其味辛散，乃血中氣藥也，況咳逆上氣，有陰虚陽無所附者，故用血藥補陰，則血和而氣降矣。韓悉曰：當歸主血分之病。川産力剛可攻，秦産力柔宜補。凡用，本病宜酒製，有痰以薑製，導血歸源之理。血虚以人參、石脂爲佐，血熱以生地黄、條芩爲佐，不絶生化之源。血積配以大黄。要之，血藥不容舍當歸。故古方四物湯以爲君，芍藥爲臣，地黄爲佐，芎藭爲使也。

【附方】舊八，新一十九。

血虚發熱：當歸補血湯：治肌熱躁熱，困渴引飲，目赤面紅，晝夜不息，其脈洪大而虚，重按全無力，此血虚之候也。得於飢困勞役，證象白虎，但脈不長實爲異耳。若誤服白虎湯即死，宜此主之。當歸身酒洗二錢，綿黄芪蜜炙一兩，作一服。水二鍾，煎一鍾，空心温服，日再服。東垣《蘭室秘藏》。失血眩運：凡傷胎去血，産後去血，崩中去血，金瘡去血，拔牙去血，一切去血過多，心煩眩運，悶絶不省人事。當歸二兩，芎藭一兩，每用五錢，水七分，酒三分，煎七分，熱服，日再。《婦人良方》。衄血不止：當歸焙，研末，每服一錢，米飲調下。《聖濟總録》。小便出血：當歸四兩，剉，酒三升，煮取一升，頓服。《肘後方》。頭痛欲裂：當歸二兩，酒一升，煮取六合，飲之，日再服。《外臺秘要方》。内虚目暗：補氣養血。用當歸生曬六兩，附子火炮一兩，爲末。煉蜜丸梧子大。每服三十丸，温酒下，名六一丸。《聖濟總録》。心下痛刺：當歸爲末，酒服方寸匕。《必效方》。手臂疼痛：當歸三兩切，酒浸三日，温飲之。飲盡，别以三兩再浸，以瘥爲度。《事林廣記》。温瘧不止：當歸一兩，水煎飲，日一服。《聖濟總録》。久痢不止：當歸二兩，吴茱萸一兩，同炒香，去萸不用，爲末，蜜丸梧子大。每服三十丸，米飲下，名勝金丸。《普濟方》。大便不通：當歸、白芷等分，爲末。每服二錢，米湯下。《聖濟總録》。婦人百病：諸虚不足者。當歸四兩，地黄二兩，爲末，蜜丸梧子大。每食前，米飲下十五丸。《太醫支法存方》。月經逆行：從口鼻出。先以京墨磨汁服，止之。次用當歸尾、紅花各三錢，水一鍾半，煎八分，温服，其經即通。《簡便方》。室女經閉：當歸尾、没藥各一錢，爲末，紅花浸酒，面北飲之，一日一服。《普濟方》。

婦人血氣：臍下氣脹，月經不利，血氣上攻欲嘔，不得睡。當歸四錢，乾漆燒存性二錢，爲末，煉蜜丸梧子大。每服十五丸，温酒下。《永類方》。　墮胎下血：不止。當歸焙一兩，葱白一握，每服五錢，酒一盞半，煎八分，温服。《聖濟總録》。　妊娠胎動：神妙佛手散：治婦人妊娠傷動，或子死腹中，血下疼痛，口噤欲死，服此探之，不損則痛止，已損便立下，此乃徐王神驗方也。當歸二兩，芎藭一兩，爲粗末，每服三錢，水一盞，煎令泣泣欲乾，投酒一盞，再煎一沸，温服，或灌之，如人行五里，再服，不過三五服便效。張文仲《備急方》。　產難胎死：横生倒生。用當歸三兩，芎藭一兩，爲末，先以大黑豆炒焦，入流水一盞，童便一盞，煎至一盞，分爲二服，未效再服。《婦人良方》。　倒產子死：不出。當歸末，酒服方寸匕。《子母秘録》。　產後血脹：腹痛引脇。當歸二錢，乾薑炮五分，爲末，每服三錢，水一盞，煎八分，入鹽、酢少許，熱服。《婦人良方》。　產後腹痛：如絞。當歸末五錢，白蜜一合，水一盞，煎一盞，分爲二服，未效再服。《婦人良方》。　產後自汗：壯熱氣短，腰脚痛不可轉。當歸三錢，黄芪合芍藥酒炒各二錢，生薑五片，水一盞半，煎七分，温服。《和劑局方》。　產後中風：不省人事，口吐涎沫，手足瘛瘲。當歸、荆芥穗等分，爲末，每服二錢，水一盞，酒少許，童尿少許，煎七分，灌之。下咽即有生意，神效。《聖惠方》。　小兒胎寒：好啼，晝夜不止，因此成癇。當歸末一小豆大，以乳汁灌之，日夜三四度。《肘後方》。　小兒臍濕：不早治，成臍風。或腫赤，或出水。用當歸末傅之。一方入麝香少許，一方用胡粉等分，試之最驗。若愈後因尿入復作，再傅即愈。《聖惠方》。　湯火傷瘡：焮赤潰爛，用此生肌，拔熱止痛。當歸、黄蠟各一兩，麻油四兩，以油煎當歸焦黄，去滓，納蠟攪成膏，出火毒，攤貼之。《和劑局方》。　白黄色枯：舌縮，恍惚若語亂者死。當歸、白术二兩，水煎，入生苄汁、蜜和服。《三十六黄方》。

題明·薛己《本草約言》卷一《藥性本草》　當歸　味甘、辛，氣溫，無毒。陽也，可升可降，入手少陰、足太陰厥陰經。血結滯而能散，血不足而能補，血枯燥而能潤，血散亂而能撫，此全體之能也。析而論之，各有優劣，根升而梢降，身緩而守中，善走者長於活血之效，善守者長於養血之功。氣血皆亂，服之即定，能使氣血各有所歸，故謂之當歸。畏菖蒲、海藻，惡濕麪。凡使，先去塵并頭尖硬處一分。諸血症皆用當歸，但流通而無定，由其味帶辛甘，而氣暢也，重能補血耳。隨所引到，而各有用焉。與白术、芍藥、生熟地同用，則能滋陰補腎；與川芎同用，能上行頭角，治血虚頭痛；再入芍藥、木香少許，則生肝血以養心血；同諸血藥入以薏苡仁、川牛膝，則下行足膝，而治血不榮筋；同諸血藥入以人參、川烏、烏藥、薏苡仁之類，則能營於一身之表，以治一身筋寒濕痛。○大抵用在參、芪，皆能補血；在大黄、牽牛，皆能破血。從桂、附、茱萸，則熱，從大黄、芒硝，則寒。○酒蒸又治頭痛，以諸頭痛皆屬肝木，故以血藥主之。但大便泄者不宜用，以活血助瀉故也。　又云：當歸、地黄戀膈引痰，如上焦痰嗽者忌之。　按：《經》云：主欬逆上氣。議者以當歸血藥，如何治胸中氣也？不知當歸非獨主血，味兼辛散，乃為血中氣藥。况欬逆上氣，非止一端，亦有陰虚，陽無所附，以致然者。今用血藥補陰，與陽齊等，則血和而氣降矣。《本經》所謂，義或由斯。　又云：川歸力剛可攻，秦歸力柔堪補。凡覓極病優劣，當分行表酒洗片時，行上酒漬一宿。體肥痰盛，薑汁漬，宜曝乾。

明·梅得春《藥性會元》卷上　當歸　味甘、辛，無毒。可升可降，陽中微陰。惡蔄茹，畏菖蒲、海藻、牡蒙。入手少陰心經，以心主血也。入足太陰脾經，以脾裹血也。入足厥陰肝經，以肝藏血也。頭引血而上行，身養血而中守，稍破血而下流，全活血而不走。　補血補虚勞，治血症通用。大補不足，決取立效之劑。氣血昏亂，服之而定，太和血脉。與川芎同用，能治血虚頭痛。《本草》云：　主治欬逆上氣，溫瘧寒熱，癬在皮膚中，及女子諸虚不足，漏下絕子，諸惡瘡瘍，金瘡跌撲。溫中止痛，除客血內塞，中風痓、汗不出，濕痹，中惡，客氣虚冷。補五臟，生肌肉。血刺腹痛，潤燥，療齒眼痛不可忍。治頭風痛，止汗，明目，養心定悸，胎前產後，惡血上衝，臍腹急痛，癥瘕胎動。是皆盡當歸之用矣。如治大便燥結，產後諸症，俱用身、稍。此劑能使氣血各有所歸，因名曰當歸。凡用肥大潤澤者佳。　製法：酒浸。冬浸一宿，春、秋浸半日，夏酒洗；切，焙乾用。

明·杜文燮《藥鑒》卷二　當歸　氣温，味辛、甘。氣味俱輕，可升可降，陽也。多用大益於血家，諸血證皆用之。但流通而無定，由其味帶辛甘而氣暢也，隨所引導而各至焉。入手少陰，以其心主血也。入足太陰，以其脾裹血也。入足厥陰，以其肝藏血也。與白术、白芍、生地同用，則能滋陰補腎。與川芎同用，則能上行頭角，治血虚頭疼。再入白芍、木香少許，則生肝血以養心血。同諸血藥，入以薏苡仁、牛膝，則下行足膝而治血不榮筋。同諸血藥，入以人參、川烏、烏藥、薏苡仁之類，則能榮一身之表，以治一身筋寒濕毒。佐黄芪、人參，皆能補血。佐牽牛、大黄，皆能破血。從桂、附則熱，從硝、黄則寒。入和血藥則血和，入斂血藥則血斂，入涼血藥則血涼，入行血藥

則血行，入敗血藥則血敗，入生血藥則血生，各有所歸也，故名當歸。痘家大便閉結，由熱毒煎熬真陰，以致大腸經血少故耳。玄明粉中重加當歸，則血生而大腸自潤矣。或曰痘瘡臨收之際用之，恐行血作痛，此又不通之論也。蓋腸胃既燥，則血藥儘能裏潤腸胃，將何者外行痘瘡哉？《經》云：有故無殞，亦無殞也。其斯之謂乎，便泄者勿用？

明・王肯堂《傷寒證治準繩》卷八 當歸 氣溫，味甘辛。氣味俱輕，陽也，陽中微陰。無毒。入手少陰經、足太陰經厥陰經。和血補血。尾破血，身和血。潔：其用有三：一心經本藥，二和血，三治諸病夜甚。凡血受病，必須用之。血壅而不流則痛，當歸之甘溫能和血，辛溫能散內寒，苦溫能助心散寒，使氣血各有所歸。海：入手少陰，以其心生血也。入足太陰，以其脾裹血也。入足厥陰，以其肝藏血也。頭能破血，身能養血，尾能行血，全用同人參、黃芪，則補氣而生血。同牽牛、大黃則行氣而補血。從桂、附、茱萸則熱，從大黃、芒硝則寒。佐使分定，用者當知。酒蒸治頭痛。諸痛皆屬木，故以血藥主之。修治：酒製，焙，晒乾，去蘆，鍘細用。

明・李中立《本草原始》卷二 當歸 始生隴西川谷，今川蜀、陝西諸郡及江寧府、滁州皆有之，以蜀中者為勝。春生苗，綠葉有三瓣；七八月開花似蒔蘿，淺紫色；根黑黃色。二月、八月采根，陰乾。然苗有二種，都類芎藭，而葉有大小為異。莖梗比芎藭甚卑小。根亦二種，大葉名馬尾當歸，細葉名蠶頭當歸。大抵以肉厚而不枯者為勝。謹按《爾雅》云：薜，山蘄。郭璞注引《廣雅》云：山蘄，當歸也，似芹而麄大。釋曰：《說文》云：蘄，草也，生山中者名薜，一名山蘄。然則當歸，芹類也。在平地者名芹，生山中而麄大者名當歸也。承曰：當歸治妊婦產後惡血上衝，倉卒取效。氣血昏亂者，服之即定。能使氣血各有所歸，故因名曰當歸。 當歸：氣味：苦，溫，無毒。 主治：欬逆上氣，溫瘧，寒熱洗洗在皮膚中，婦人漏下絕子，諸惡瘡瘍，金瘡，煮汁飲之。〇溫中止痛，除客血內塞，中風痓，汗不出，濕痹中惡，客氣虛冷。補五臟，生肌肉。〇止嘔逆，虛勞寒熱，下痢腹痛，齒痛，女人瀝血，腰痛，崩中，補諸不足。〇治一切風，補一切勞，治一切氣。破惡血，養新血，及癥癖腸胃冷。〇主痿癖嗜臥，足下熱而痛。衝脈為病，氣逆裏急；帶脉為病，腹痛，腰溶溶如坐水中。〇治頭痛，心腹諸痛，潤腸胃、筋骨、皮膚，治癰疽排膿止痛，和血補血。

當歸，《本經》中品。【圖略】馬尾當歸：頭圓尾多，色紫，氣香肥潤者，名馬尾當歸，最勝他處當歸。【圖略】蠶頭當歸：頭大尾粗，色白堅枯者，為蠶頭當歸，止宜入發散藥爾。 修治：去蘆頭，以酒浸一宿，或火乾、日乾入藥。

杲曰：頭，止血而上行；身，養血而中守；尾，破血而下流；全，活血而不走。 杲曰：甘、辛，溫，氣厚味薄，可升可降，陽中微陰。入手少陰、足太陰厥陰經血分。 當歸，惡藺茹，濕麵，畏菖蒲、海藻、牡蒙、生薑。賈相公進過《牛經》：牛有尿血病，當歸、紅花各半兩，為末，以酒半升，煎，候冷灌之，差。 當歸，臣。

明・張懋辰《本草便》卷一 當歸臣 味甘、辛，氣溫，陽中微陰，無毒。入手少陰經、足太陰厥陰經。畏菖蒲、海藻，惡熱麵。 主欬逆上氣，溫瘧，虛勞寒熱，癬在皮膚中，婦人漏下絕子，諸惡瘡瘍，金瘡，煮飲之。又溫中止痢腹痛，療齒痛不可忍。酒蒸治頭痛，諸頭痛皆屬木，故以血藥治之，治血通用，能使氣血各有所歸，故名當歸。 頭止血，身和血，尾破血，全用無效。又云全用和血。大抵全用在參耆皆能補血，在大黃、牽牛皆能破血；從桂附則熱，從硝黃則寒。

明・李中梓《藥性解》卷二 當歸 味甘、辛，性溫，無毒，入心、肝、肺三經。頭止血而上行，身養血而中守，稍破血而下流，全活血而不走。氣血昏亂，服之而定，各歸所當歸，故名。酒浸用，惡藺茹，畏菖蒲、海藻、牡蒙。

按：當歸，血藥也，心主血，肝藏血，脾裹血，故均入之。用分為四，亦親上親下之道也。

明・繆希雍《本草經疏》卷八 當歸 味甘、辛，溫、大溫，無毒。主欬逆上氣，溫瘧寒熱洗洗在皮膚中，婦人漏下絕子，諸惡瘡瘍，金瘡，煮飲之。溫中止痛，除客血，內塞，中風痓作痙，汗不出，濕痹，中惡客氣，虛冷，補五藏，生肌肉。惡藺茹、麪。畏菖蒲、海藻、牡蒙。

【疏】當歸稟土之甘味，天之溫氣。《別錄》兼辛，大溫，無毒。甘以緩之，辛以散之潤之，溫以通之暢之。入手少陰，足厥陰，亦入足太陰。活血補血之要藥，故主欬逆上氣也。溫瘧寒熱洗洗在皮膚中者，邪在厥陰也，行血則厥陰之邪自解，故寒熱洗洗隨愈也。婦人以血為主，漏下絕子，血枯故也。諸惡瘡瘍，其已潰者溫補內塞，則補血而生肌肉也。金瘡以活血補血

為要，破傷風亦然，竝煮飲之。內虛則中寒，甘溫益血，故能溫中。血凝則痛，活血故痛自止。血溢出膜外，或在腸胃，曰客血。得溫得辛則客血自散也。內塞者，甘溫益血之效也。中風痓，痓即角弓反張也。汗不出者，風邪乘虛客血分也。得辛溫則血行而和，故痓自柔而汗自出也。痹者，血分為邪所客，故拘攣而痛也。風寒濕三者合而成痹，血行則邪不能客，故痹自除也。中惡者，內虛，故猝中於邪也。客氣者，外來之寒氣也，溫中則寒氣自散矣。虛冷者，內虛血不榮於肉分，故冷也。補五臟、生肌肉者，臟皆屬陰，陰者血也，陰氣足則榮血旺而肌肉長也。患人虛冷，加而用之。

〖主治參互〗同川芎、芍藥、地黃，名四物湯，主婦人血分百病。加炒黑乾薑、炒黑豆、澤蘭、牛膝、益母草、蒲黃，治婦人產後百病。同桂枝、术、菊花、牛膝，主痹。同牛膝、鼈甲、橘皮、生薑，治瘧在陰分久不止。同酸棗仁、遠志、人參、茯神，治心血虛不得眠。同黃耆、生熟地黃、黃芩、黃連、黃蘗，治盜汗。同荊芥、白芷、芎藭、地黃，治破傷風。同續斷、牛膝、杜仲、地黃、鹿角屑、桂，治一切折傷踠跌，挫閃作疼。同川芎、人參，治難產及倒生。同益母草、紅藍花、蒲黃、牛膝，治產後血上薄心。同白膠、地黃、芍藥、續斷、杜仲，治婦人血閉無子。同地榆、金銀花、滑石、紅麴，治滯下純血，裏急後重。〖簡誤〗當歸性辛溫，雖能活血補血，終是行走之性，故致滑腸。又其氣與胃氣不相宜，故腸胃薄弱，洩瀉溏薄，及一切脾胃病，惡食不思食，及食不消，竝禁用之。即在產後胎前，亦不得入。

明・倪朱謨《本草彙言》卷二 當歸 味苦、辛、甘，性溫，無毒。入手少陰、足太陰、厥陰經，血分之藥也。《別錄》曰：當歸生隴西、川蜀山谷，人多栽蒔爲貨。及江寧、滁州亦有之，以蜀中者爲勝。春生苗，葉有三瓣。七八月開花，似蒔蘿花，淺紫色。根黑黃色。以肉厚而不枯者爲勝。二八月采根。李氏曰：出當州、宕州、翼州、松州、秦州、汶州。以宕州者最勝。有二種，一種似大葉芎藭者，名馬尾歸，今人多用；一種似細葉芎藭者，名蠶頭歸，乃溧陽出者，不堪用。按本草諸書，以秦歸頭圓尾多、色紫氣香、肥潤者名馬尾歸，最勝他處者。頭大尾粗、色白堅枯者，爲鑱頭歸，止宜入發散藥。

韓氏言川産者力剛而善攻，秦產者力柔而善補是矣。又江浙出一種土當歸，氣芳香，頭大尾少而短，性堅硬，肉色白，即鑱頭歸之類。〇又頭尾功效各異。凡物之根，身半已上，氣脉上行，法乎天；身半已下，氣脉下行，法乎地。人身法象天地，則治上當用頭，治中當用身，治下當用尾，通治則全用，乃一定之理也。

當歸：生血養血，時珍止血活血之藥也。須四可稿若吐血、衄血、淋血、便血，或經漏失血，或産崩損血，皆血走也。必用歸頭以止之。如陰虛不足，精神困倦；或驚悸怔忡，健忘恍惚，皆血少也，必用歸身以補之。如瘡瘍目痛，癰疽腫毒，或跌撲損傷，或經閉淋瀝，皆血聚也，必用歸梢以破之。如筋骨牽強，遍身疼痛，皆血滯也，必用歸頭、身、梢，全用以活之。蓋心主血，脾統血，肝藏血，歸爲血藥，故專入足三陰血藏，能引諸血，各歸其所當歸之處，故名當歸。如產後氣血昏亂，倉卒之際，服之即定，能使氣血歸還也。又脉者，血之府也。諸血皆屬心，凡通脉者，必先補心。補心必先益血。故仲景治手足厥寒，脉細欲絕，雖用參、附、薑、桂，必用當歸領之，即通脉歸旋之意也。又諸病夜甚者，血病也，宜用之。諸病虛冷者，陽無所附也，宜用之。又按《本經》主欬逆上氣，溫瘧寒熱洗洗在皮膚中。議者以當歸血藥，如何治欬逆上氣與溫瘧寒熱也？殊不知當歸非獨主血，按其味甘苦兼辛，辛中常有發散之意，乃血中氣藥也。況欬逆上氣，非止一端，亦有陰虛陽無所附，以致然者。用血藥補陰，則血和而氣降矣，何欬逆之不可已乎？溫瘧寒熱，不在皮膚外、肌肉內，而洗洗在皮膚中。觀夫皮膚之中，營氣之所會也。溫瘧延久，營氣中虛，寒熱交爭，汗出洗洗。用血藥養營，則營和而與衛調矣。營衛調和，何溫瘧之不可止乎？然性味溫辛，雖能補血養營，終是潤滑之體。大凡脾胃不實，洩瀉溏薄，與夫風寒未清，惡寒發熱，表證外見者，并禁用之。即在胎前產後，亦不得概投。

沈則施先生曰：歸、芍同用，可以養血而斂血；歸、芎同用，可以養血而補血；歸、朮同用，可以養血而生血。或者用之涼血，非配生地、芩、連不能涼；用之止血，非配地榆、烏梅、薑炭不能止。用之破血，非配稜、朮、桃、桂不能破；用之清血，非配蒲黃、山梔不能清。

集方：太醫朱法存方治婦人血分百病，用當歸、川芎、白芍、地黃，名四物湯。治婦人產後百病，本湯加炮薑、炮黑豆、澤蘭、牛膝、益母葉、蒲黃、玄胡索、香附。〇張一泉方治瘧在陰分，發久不止。四物湯加牛膝、鱉甲、陳皮、生薑、白朮、常山。〇東垣《調元集》治心血虛不得眠。四物湯加酸棗仁、遠志肉、

人參、茯苓。○同上治陰虛盜汗。四物湯加知母、黄耆。○《婦人良方》治産難及横生。四物湯加人參、益母葉，立安。○郭林甫《産寶方》治産後血上薄心。四物湯加益母葉、紅花、蒲黄、牛膝、玄胡索、炮薑。○《滑氏要言》治婦人血閉無子。四物湯加鹿角膠、川續斷、杜仲、白芷、細辛。○同上婦人臍下氣脹，月經不利，血氣上攻，嘔不得睡。四物湯加乾漆各等分，爲丸，每早服二十丸，溫酒下。○同前室女經閉。四物湯加真沒藥各一錢五分，爲丸，溫酒下。○《聖濟總錄》墮胎下血不止。用當歸一兩，葱頭二個，酒煎服。○張氏《備急方》婦人胎動不安，或子死腹中，口噤欲死。用當歸二兩，川芎一兩，炒焦黑豆一兩，童便酒煎。○《婦人良方》産後血脹，腹痛引脅。用當歸、炮薑各等分，爲末，每服三錢，白湯調服。○《婦人良方》産後腹痛如絞。當歸末五錢，白蜜一合，水煎服。○《聖惠方》産後中風，不省人事，口吐涎沫，手足瘈瘲。製附子、當歸、荆芥各五錢，煎服即甦。○東醫魏雅宜方頭痛如裂。用當歸二兩，水煎服。○《醫方直指》血虛發熱，煩渴引飲，目赤面紅，其脉洪大而虛，重按無力，此血虛故也。得于飢困勞役，證象白虎，但脉洪大、不長實爲異。誤服白虎必死。用當歸身一兩，黄耆二兩，水煎頻頻服。○《聖惠方》凡傷胎去血，産後去血，崩中去血，金瘡去血，拔牙去血，一切去血過多，心煩眩暈，悶絶不省人事。用當歸二兩，川芎一兩，水煎服。○周簡齋《自得集》内虛人目暗不明。用當歸六兩，製附子一兩，煉蜜爲丸梧桐子大，每服三十丸，溫酒下。○《聖濟總錄》手臂疼痛。用薑黄二兩酒炒，當歸三兩，浸酒服。○《古今醫鑒》治一切癰疽疔腫，不問陰陽虛實善惡，腫潰，太痛或不痛，然當服於未潰之先與初潰之時。如毒已大潰，不宜服。初用此劑，大勢已退，然後隨證調理，其功甚捷。用當歸、乳香、沒藥、土貝母、甘草節、白芷、花粉、赤芍藥各一錢，防風、陳皮、皂角刺各一錢五分，金銀花三錢，穿山甲三大片，切碎，炒黄色，用好酒、清水各一碗，煎至一碗，隨瘡上下以分飢飽服。能飲酒者，服藥後再飲三五杯，側卧片時，覺痛定回生。○治氣血兩虛，形神勞損，惡寒發熱，倦怠嗜卧，或煩熱作渴，飲食少思，面色痿黄；或下午潮熱，兩顴作赤。用當歸、川芎、白芍藥、懷熟地、人參、白朮、茯苓各二錢，甘草五分，加生薑一片，黑棗二枚，水煎服。

明・姚可成《食物本草》卷一九草部・芳草類　當歸古人娶妻，為嗣續也。當歸調血，為女人要藥，有思夫之意，故有當歸〔之〕名，正與唐詩胡麻好種無人種，正是歸時又不歸之旨相同。生川蜀、陝西諸郡，以蜀中者為勝。春生苗，綠葉有三瓣。七八月開花似蒔蘿，淺紫色，根黑黄色。以肉厚而不枯者佳。

當歸，味苦，溫，無毒。主欬逆上氣，溫瘧，寒熱洗洗在皮膚中，婦人漏下絶子，諸惡瘡瘍。治一切風，一切氣，補一切勞損，破惡血，養新血，治癰疽，排膿止痛，和血，治女子諸不足。

附方：　治去血過多眩運，不拘傷胎正産、崩中、金瘡、拔牙、跌磕，一切失血，心煩眩運，悶絶不省人事。當歸二兩，川芎一兩，每用五錢，水七分，酒三分，煎〔七〕分，熱服，日再。　治鼻中出血不止。當歸焙研末，每服一錢，米飲調下。　治小便出血。當歸四兩剉碎，酒三升，煮一升服。　治子死腹中不出。當歸末酒服方寸匕。　治横生倒産。用當歸三兩，芎藭一兩為末，先以黑豆炒焦，同流水、童便各一盞，煎一盞服。

明・顧逢柏《分部本草妙用》卷六兼經部・溫補　當歸　苦，辛，溫，無毒。入心肝脾三經。惡藺茹，畏菖蒲、海藻、牡蒙、生薑。酒洗去蘆用，頭止血，尾破血，身和血。氣血昏亂，各歸所當歸之經，故名。　主治：　欬逆上氣，溫瘧寒熱，女子漏下絶子，癰毒金瘡，溫中止痛，中風痓汗不出，濕痺，生肌。熱入血室瀝血，腰腹痛，虛勞下痢。治一切風，一切氣，一切勞，破惡血，養新血，及衝帶二脉病。　按：　當歸為血分要藥。其入手少陰，以其心生血也。入足太陰，以其脾裹血也。入足厥陰，以其肝藏血也。所以四物湯以之為君，倘佐之以參、耆，則生血而補氣。濟之以芍、芎，則養血而和血。配之以生地、芩、連，遂能涼血。配之以稜、朮、薑、附，遂能破血。從桂、附、茱萸則熱，從大黄、芒硝則寒。以之治産後血運極效，以之治夜劇諸病有功。血症固當用之，而欬逆上氣亦用之，何也？　歸為血中氣藥，陰虛陽無所附，故用血藥補陰，血和而氣自降矣。如風火寒邪欬逆，則不可用矣。

明・李中梓《醫宗必讀・本草徵要上》　當歸味甘、辛，溫，無毒。入心、肝、脾三經。畏菖蒲、海藻、生薑，酒洗去蘆。　去瘀生新，舒筋潤腸。溫中止心腹之痛，養營療肢節之疼。外科排膿止痛，女科瀝血崩中。心主血，脾統血，肝藏血，歸為血藥，故入三經，而主治如左。《本經》首言主欬逆上氣，辛散之勳也。頭止血，尾破血，身補血，全和血，能引諸血各歸其所當歸之經，故名當歸。氣血昏亂，服之即定。按：　當歸善滑腸，洩瀉者禁用；　入吐血劑中，須醋炒之。

明·鄭二陽《仁壽堂藥鏡》卷一〇上　當歸　《本草》云：當歸生川蜀、陝西。色白肥大為上。畏菖蒲、海藻、牡蒙。　氣溫，味辛、甘而大溫。氣味俱輕，陽也。甘、辛，陽中微陰。無毒。　入手少陰經，足太陽經、厥陰經。《主治秘訣》云：性溫，味辛。氣厚味薄，可升可降，陽中陰也。其用有三：心經本藥，一也；和血，二也；治諸病夜甚，三也。治上治外，須以酒浸。可以潰堅。凡血受病須用之。眼痛不可忍者，以黃連、當歸根，酒浸煎服。又云：血壅而不流則痛，當歸身辛溫以散之，使氣血各有所歸。東垣云：當歸梢主癥癖，破惡血，并產後惡血上衝。去諸瘡瘍腫結，治金瘡惡血，溫中，潤燥，止痛。又云：當歸、熟地黃、牡丹皮，此三味於諸經，和血、生血、涼血之藥也。又云：血刺痛用當歸，詳上下用根梢，酒洗。糖黃色者，嚼之大辛，可能潰堅，治血通用。甘以和血，辛溫以潤內寒，苦以助心散寒。成聊攝云：《內經》曰：脉者血之府也。諸血皆屬心，通脉者，必先補心益血。苦先入于心，當歸之苦以助心血。《論》云：補女子諸不足，此言盡當歸之用。本草云：主欬逆上氣，瘟瘧寒熱洗〔洗〕在皮膚中，婦人漏下絕子，諸惡瘡瘍、金瘡，煮汁飲之。溫中止痛，及腰痛，除客血內塞，中風痓，汗不出，濕痹中惡，客氣虛冷，補五臟，生肌肉。氣血昏亂，服之即定。有各歸氣血之功，故名當歸。雷公曰：得酒浸過良。若要破血，即使頭節硬實處。若要止痛、止血，即用尾。若一時用，不如不使。易老云：用頭則破血，用尾則止血。若全用，則一破一止，則和血也。入手少陰，以其心主血也；入足太陰，以其脾裹血也；入足厥陰，以其肝藏血也。頭能破血，身能養血，尾能行血。用者不分，不如不使。若全用，在參、芪，皆能補血；在牽牛、大黃，皆能破血。佐使定分，用者當知。從桂、附、茱萸則熱，從大黃、芒硝則寒。諸經頭痛，俱在細辛條下。惟酒蒸當歸，又治頭痛，以其諸頭痛皆屬木，故以血藥主之。《藥性論》云：臣。畏生薑，惡濕麪。

《經》云：當歸主欬逆上氣。按：當歸為血分要藥，《經》何獨言治欬逆上氣耶？辛溫而散，乃血中氣藥也。欬逆上氣，多有陰虛陽無所附者，用血藥補陰，則血和而氣亦降矣。況其微苦，原有直行之性乎？丹溪云：氣病補血，雖不中病，亦無害也。殊不知補血藥無過二地、當歸。若服過多，其性纏滯，每見胃氣弱，不能運行，血越上竅者，用此以為涼血補血之劑，反致胸膈痞悶，飲食少進，吐瀉短氣，嘔血，日漸危迫，此皆用血藥傷其沖和胃氣，安得謂無害耶？大抵血虛固不可專補其氣，而氣虛亦不可過補其血。在人斟酌為當也。

明·蔣儀《藥鏡》卷一溫部　當歸　身守中養血，頭止血上行，尾破血下流，全活血不走。氣溫而味帶辛甘，隨所引而各至焉。血實血虛大用，氣壅腸滑少加。抑又聞之，歸、芍合則養中帶斂，歸、芎合則養中帶行，歸、耆並則養中兼補，歸、朮並則養中兼生。配以生地、芩、連而血涼，配以稜、朮、薑、桂而血破。佐以地榆、烏梅而血止，佐以蒲黃、山梔而血清。痘家內熱煎熬，以致血枯便結者，玄明粉內加大把之當歸則血生，血生則大腸自潤。

明·李中梓《頤生微論》卷三　當歸　味甘辛，性溫，無毒。入心、脾、胃三經。惡蔄茹、濕麪，畏菖蒲、海藻、生薑。白而肥大堅實者佳。酒洗去蘆用。去瘀生新，舒筋潤腸，溫中，止心腹之痛，養營，療肢節之疼，治痢排膿，生肌止痛，調經祛風，理崩帶淋瀝。

按：當歸為血分要藥。辛溫而散，血中氣藥也。頭止血而上行，梢破血而下流，身養血而中守，全活血而不走。氣血昏亂，服之而定，能領諸血各歸其所當歸之經，故名當歸。若入吐衄、崩下藥中，須醋炒過，少少用之，多能動血耳。泄瀉家禁與。

明·張景岳《景岳全書》卷四八《本草正》　當歸　味甘、辛，氣溫。氣輕味重，可升可降，陰中有陽。其味甘而重，故專能補血。其氣輕而辛，故又能行血。補中有動，行中有補，誠血中之氣藥，亦血中之聖藥也。頭止血上行，身養血中守，尾破血下流，全活血不走。大約佐之以補則補，故能養營養血，補氣生精，安五臟，強形體，益神志。凡有形虛損之病，無所不宜。佐之以攻則通，故能祛痛通便，利筋骨，治拘攣癱瘓燥澀等證。營虛而表不解者，佐以柴、葛、麻、桂等劑，大能散表。衛熱而表不斂者，佐以六黃之類，又能固表。惟其氣辛而動，故欲其靜者當避之。性滑善行，大便不固者當避之。凡陰中火盛者，當歸能動血，亦非所宜。陰中陽虛者，當歸能養血，乃不可少。若血滯而為痢者，正所當用。其要在動、滑兩字。若婦人經期血滯，臨產催生，及產後兒枕作痛，俱當以此為君。小兒痘疹驚癎，凡屬營虛者，必不可少。

明·賈九如《藥品化義》卷三肝藥　當歸　屬陰，體濡潤，色黃而白，氣香，味辛帶甘云苦非，性溫，能升能降，力補肝，性氣與味俱厚，入肝脾二經。

當歸性溫能散，帶甘能緩，《經》曰：肝欲散，以辛散之；肝苦急，以甘緩

之。緩之散之，肝性所喜，即所謂補，故專入肝以助血海，使血流行。凡藥體性，分根升梢降中守，此獨一物而全備：頭補血上行，身養血中守，梢破血下行，全活血運行周身。治血虛不足，縱慾耗精，陰虛勞怯，去血過多，癰毒潰後，此皆血脫，用歸頭以補血也。治精神困倦，腰痛腿酸，女人血瀝，目痛牙疼，瘧久虛症，純血痢疾，此皆血少，用歸身以養血也。治諸腫毒，跌撲金瘡，皮膚澀（養）〔癢〕，濕痹瘕癖，經閉瘀蓄，此皆血聚，用歸梢以破血也。若全用，治血虛昏亂者，服之即安。有各歸氣血於經絡之功，故名當歸。取其氣香體潤，同參术用，滋脾陰。如脾虛者，米拌炒用，使無便滑之虞。凡痰涎者，恐其粘膩；泄瀉者，恐其滑腸；嘔吐者，恐其泥膈；氣喘聲啞者，恐其辛溫。心性喜斂，肺氣欲收，切宜忌之。皮黃肉白者佳，體枯小黑色油勿用。酒淨曬乾入藥。

明・蕭京《軒岐救正論》卷三 當歸、川芎 諸家本草論之詳矣。二物雖為治血之綱領，亦主於氣之用者。當歸氣辛味甘，而性主動，補中有行，行中得補，雖非純補，亦贊行功也。川芎氣辛味微苦，而性主竄，行多補少，但質略潤，非燥烈之比也。蓋血屬陰，體屬靜，靜中寓動，動靜得平，庶無患耳。靜太過則血滯，動有餘則血溢。歸、芎雖曰治血，固無定主也。血寒而凝者，佐以薑、桂；血熱而溢者，君以芩、芐。從人參、黃耆，則補氣而生血。同牽牛、大黃，則行氣而破血。同地黃、白芍則養血，同丹皮、香附則行血。血虛而枯者，主以參、术、熟地、阿膠，蓋血不自生，必惟陽氣之藥以為用，陽生陰長，故無陽則陰無以生也。產後血塊為患者，佐以失笑散，則消惡露。補中湯用當歸以益氣，羌活湯用川芎以散寒，蓋芎性上升宣散功多，血症惟寒凝壅滯者相宜。若失血血少，血崩血漏諸症，則須斟酌，恐愈擾其為靜之體也。當歸固云益血，然性溫主動，亦須配合得宜。仲景治手足厥寒，脉細欲絕者，用當歸之苦溫，以助心血，蓋歸亦心經之藥而通脉也。又佐黃耆為當歸補血湯，治血虛發熱，此症似白虎，而不得以白虎治也。一凡久病大便不通，論方書固不敢妄投承氣，而桃仁、火麻、枳殼之屬，是所必需，豈知桃仁味苦泄陰氣、辛散陽，火麻滑利傷胃，枳殼大耗真氣，亦非久病所宜。蓋由大病後水涸津枯，血燥液竭，以致廣腸乾澁，余每治此症，惟以人參、當歸、熟地各二三錢，白术減半，少佐陳皮、秦艽各數分，引以大棗三四枚，不一二劑遂通，且復精爽。此藥用參以生津，白术健脾而通津，況大腸主津，而參、术又為手足陽明之藥，陳皮亦理脾而調氣，熟地補陰潤燥，當歸活血濡腸，秦艽氣辛宣壅，大棗味甘緩急，此特從氣血上作用未有病，久而陰陽兩虧，昧本從標，可妄投火麻之屬，以傷元氣而至不救者也。雖曰補陰需歸，但陰虛有不同，若腎虛發熱咳嗽，虛火為患者，惟宜六味純甘至靜之物，故《經》云：脉小者，調以甘藥。而歸性溫竄，又非所宜。雖然歸、芎能行氣之滯，何獨療血？參、耆能止血之脫，又何獨益氣乎？

明・盧之頤《本草乘雅半偈》帙四 當歸《本經》中品 氣味：苦，溫，無毒。主治：主欬逆上氣，溫瘧寒熱洗洗在皮膚中，婦人漏下絕子，諸惡瘡瘍金瘡。

覈曰：生隴西川谷，今當州、宕州、翼州、松州、秦州、汶州多種蒔矣。仲春生苗布葉，似牡丹葉，嫩綠三瓣。七八月開花，似蒔蘿花，嬌紅可目。根黑黃色，肉厚不枯者為勝。秦州者，頭圓尾多，色紫氣香，肥潤多脂，名馬尾歸，此種最佳。他處者頭大尾粗，色白枯燥，名鑱頭歸，不堪用也。大都川產者力剛而善攻，秦產者力柔而善補。雷公云：去蘆頭，酒浸一宿，止血破血，頭尾効各不同，破宜使頭，止宜用尾，並服無効，單使為貴也。元素云：頭止血，尾破血，身和血，全用則一破一止矣。李杲云：頭止血而上行，身養血而中守，尾破血而下流，全活血而不走。時珍云：雷、張兩說，功効各異，大凡根荄身半已上，氣脉上行，法乎天；身半已下，氣脉下行，法乎地。而人身法象天地，則治上當用頭，治中當用身，治下當用尾，通治當全用，此一定之理。當以張說為優，以頤論之，雷說為當。《經》云：藏真高于肺，以行營衛陰陽也。藏真下于腎，腎藏骨髓之氣也。唯居上者乃能行，居下者乃能止，所謂欲舉必先按，欲按必先舉耳。而行中有止，止中有行，此又上下相糸之玅。收藏須晒乾，乘熱裹紙，封固甕中，則不蛀。

糸曰：古人相招以文無。文無，當歸也，蓋以功用為名矣。味苦氣溫，臭香色紫，當入心，為心之使藥，心之血分氣分藥也。祇判入血，便失當歸本來面目矣。何也？血無氣呴，則不能運行經隧，灌溉周身，彼此依循，互為關鍵。《經》云：藏真通于心，心藏血脉之氣也，如欬逆上氣，此即氣不于歸。皮膚之中，營氣之所舍也，溫瘧寒熱，不在皮膚外，肌肉內，而洗洗在皮膚中，此邪不于歸，營無歸向。若漏下，即血不歸還。絕子，即血無歸息。金瘡，即血不歸旋。瘡瘍，即氣不歸攝。當歸助氣之用，益血之體，能使氣血邪

氣各歸于所當歸之地。煮汁飲之，宣揚帥氣耳。唐詩云胡麻好種無人種，正是歸時又不歸，良有以也。

明・李中梓《本草通玄》卷上　當歸　甘辛微溫，入心、肝、脾三經。主一切風、一切氣、一切血，溫中，止頭目心腹諸痛，破惡血，養新血，潤腸胃，養筋骨，澤皮膚，理癰疽，排膿止痛生肌。　好古云：心主血，脾裹血，肝藏血，故入此三經。頭止血而上行，稍破血而下行，身養血而中守，全活血而不走。氣血昏亂，服之而定。能領諸血各歸其所當之經，故名當歸。脾胃瀉者，忌之。　去蘆，酒洗微焙。

清・顧元交《本草彙箋》卷二　當歸　當歸有導血歸源之義，或止，或破，或補，皆歸也。凡藥體性分根升、稍降、中守，此獨一物而全備。如遇去血過多，暨一切血脱證，宜用頭，以止血上行。遇經閉瘀蓄，暨一切血聚證，宜用稍，以破血下降。若一概血虚不足，精神困倦，腰痛腿酸，目痛牙疼，女人血淋等證，宜用身，以養血中守。故全用之，則活血而能不走。凡氣血昏亂者，服之即定。蓋兼升降，而又能補養，使血各歸於經絡也。但諸家止言其入心、脾、肝三經，從無言入肺經者，不知其味辛氣香，辛能入氣，香能通氣，肺先受之。《本經》首言主欬逆上氣者，以其有散氣之功也。周慎齋先生治久痢，氣血已虚，當歸禁用。蓋恐肺虚則大腸愈無斂束，此千古未發之秘。故凡腸胃薄弱，洩瀉溏薄，及一切脾胃病，惡食，不思食，及食不消，並宜禁用，皆惡其辛散耳。

川產者力剛善攻，秦產者力柔善補。皮黄肉白者佳，體枯小色黑油者無用。　製凡用酒，唯吐血醋的製，脾虚米拌炒，以防便滑。有痰薑製，以防粘膩。

凡婦人血分百病，總以當歸、川芎、芍藥，同地黄四物主之。產後百病，以四物加炒黑乾薑、炒黑豆、澤蘭、牛膝、益母草、蒲黄，加減用之。　治盜汗不止，用當歸六黄湯，六黄乃黄耆、生熟地黄、黄芩、黄連、黄柏也。

手臂疼痛，用當歸三兩，切，酒浸三日，溫服之，服盡，再以三兩浸，以瘥爲度。

清・穆石匏《本草洞詮》卷八　當歸　調血，為女人要藥。有思夫之意，故有當歸之名。古人相贈以芍藥，相招以文無，芍藥一名將離，當歸一名文無也。氣味苦辛，溫，無毒。入手少陰、足太陰厥陰血分。治咳逆上氣，溫中止痛，潤腸胃、筋骨、皮膚，和血補血。蓋心生血，脾裹血，肝藏血，當歸入此三經，故血病必用之。諸病夜甚者，血病也，宜用之。病人虚冷者，宜用之。脉者，血之府，諸血皆屬心，凡通脉者，必先補心益血，故仲景治手足厥逆，脉細欲絶者用之。產後惡露上攻，倉猝取效，氣血昏亂者，服之即定。血壅而不流則痛，故當歸能止痛，治頭痛，酒煮服清，取其浮而上也；治心痛，酒調末服，取其半沉半浮也；治小便出血，酒煎服，取其沉入下極也。凡治本病以酒製，有痰以薑製，血虚以熟地、石脂為佐，血熱以生地、條芩為佐。同人參、黄耆則補氣而生血，同牽牛、大黄則行氣而破血。從桂、附、茱萸則熱，從大黄、芒硝則寒。凡屬血病，不離當歸，第佐使分用，隨所配而見功也。王海藏謂：當歸血藥，如何治咳逆上氣？按當歸辛散，血中氣藥也。況咳逆上氣，有陰虚陽無所附者，用血藥補陰，則血和而氣降矣。川產者力剛而善攻，秦產者力柔而善補。雷斅謂：頭破血，尾止血。潔古、東垣皆謂：頭止血，尾破血。凡物之根，身半已上，氣脉上行，法乎天。身半已下，氣脉下行，法乎地。人身法象天地，則治上當用頭，治中當用身，治下當用尾，通治則全用，乃一定之理也。

清・劉雲密《本草述》卷八上　當歸　二月、八月采根。

時珍曰：今陝、蜀、秦州、汶州諸處，人多栽蒔為貨。以秦歸頭尾圓，多色紫，氣香，肥潤者，名馬尾歸，最勝他處。尾大頭粗，色白堅枯者，為鑱頭歸，止宜入發散藥爾。韓丞言川產者力剛而善攻，秦產者力柔而善補，是矣。

仲春生苗，布葉似牡丹葉，嫩綠，三瓣，七月開花似蒔蘿花，嬌紅可目，根黑黄色。

根：氣味：苦，溫，無毒。《別録》曰：辛，大溫。普曰：神農、黄帝、桐君、扁鵲：甘，無毒。岐伯、雷公：辛，無毒。李當之：小溫。東垣曰：甘、辛，溫，無毒。氣厚味薄，可升可降，陽中微陰。入手少陰、足太陰、厥陰經血分。　好古曰：入手少陰，以心主血也。入足太陰，以脾統血也。入足厥陰，以肝藏血也。　嘉謨曰：氣味俱輕，可升可降。

主治：養血，如本草，溫中，補諸不足，潤腸胃、筋骨、皮膚，女子漏下絶子，胎產備急，男子血虚及氣血昏亂，服之即定之類。能和血，如本草，止熱痢腹痛，女子瀝血腰痛，並除血刺痛，及齒痛，又溫瘧寒熱之類。能活血行血，如本草，諸惡瘡瘍，跌仆血凝，並濕痹風證攣跛，與客血內塞，宿血惡血，及癥癖之類。總為血病不可少之劑，證治不能槩定，唯在引用合宜。

之頤曰：　當歸味苦，氣溫，臭香，色紫。當入心，為心之使藥，心之血分氣分藥也。祇判入血，便失當歸本來面目矣，何也？血無氣煦，則不能運行經隧，灌溉周身，彼此依循，互為關鍵。《經》云藏真通於心，心藏血脈之氣也。當歸助氣之用，益血之體，能使氣血邪氣各歸於所當歸之地，煑汁飲之，宣揚帥氣耳。此段血中有氣。　成無己曰：　脈者，血之府，諸血皆屬心。凡通脈者，必先補心益血。故張仲景治手足厥寒，脈細欲絶者，用當歸之苦溫，以助心血。　陳承曰：　世俗多謂惟能治血，而《金匱》《外臺》《千金》諸方，皆為人補不足，決取立效之藥。古方用治婦人產後惡血上衝，取效無急於此。凡氣血昏亂者，服之即定。可以補虛，備產後要藥也。以上二段，養血。

張元素曰：　凡血受病，必須用之。血壅而不流則痛，當歸之甘溫能和血，辛溫能散內寒，苦溫能助心散寒，使氣血各有所歸。愚按：《經》云：　血氣者，喜溫而惡寒，寒則泣不能流，溫則消而去之。況溫而合於甘辛，所以為補血活血之要藥也。　虞摶曰：　當歸能逐瘀血，生新血，使血脈通暢，與氣並行，周流不息，因以為號。以上三段，和血行血。　王好古曰：　頭能破血，身能養血，尾能行血。按好古論，頭身尾未確。全用同人參、黄芪，則補氣而生血。同牽牛、大黄，則行氣而破血。從桂、附、茱萸則熱，從大黄、芒消則寒。佐使分定，用者當知。以下四段，隨引用以歸血。　韓忞曰：　當歸主血分之病。血虛以人參、石脂為佐。血熱以生地黄、條芩為佐。不絶生化之源。血積配以大黄。要之，血藥不容舍當歸。故古方四物湯以為君，芍藥為臣，地黄為佐，芎藭為使也。　門曰：　當歸全用，引以川芎、細辛之類，則治血虛頭痛、眼痛、齒痛。合諸血藥，入薏苡、牛膝，則下行而治血不榮筋，腰痛足痿。合諸血藥，入人參、川烏、烏藥、薏苡，則能榮表，以治一身筋寒濕毒。在參、芪，則補氣血虛勞，而止汗長肌。在芍、朮、地黄，則養血滋陰而補腎。合芍藥、木香，則能和肝而止痛。治痢合鼈甲、柴胡，則定寒熱而除溫瘧。合陳皮、半夏，則能止嘔。合遠志、酸棗，則能養心定悸。在桂、附，則熱而溫中散冷。在硝黄，則寒而通腸潤燥。在莪、稜、牽牛，則破惡血，而消癥痞，是皆隨所引藥為用。蓋味辛甘，而氣疏暢無定故也。　希雍曰：　當歸稟土之甘味，天之溫氣。《別録》兼辛，甘以緩之，辛以散之潤之，溫以通之暢之。入手少陰、足厥陰，亦入足太陰，活血補血之要藥。

同川芎、芍藥、地黄，名四物湯，主婦人血分百病。加炒黑乾薑、炒黑豆、澤蘭、牛膝、益母草、蒲黄，治婦人產後百病。　同桂枝、朮、菊花、牛膝，主痺。　同牛膝、鼈甲、橘皮、生薑，治瘧在陰分久不止。　同棗仁、遠志、人參、茯神，治心血虛不得眠。　同黄芪、生熟地、黄芩、黄連、黄檗，治盜汗。　同荊芥、白芷、芎藭、地黄，治破傷風。　同續斷、牛膝、杜仲、地黄、鹿角屑、桂，治一切折傷踠跌，挫閃作疼。　同川芎、人參，治難產及倒生。　同益母草、紅花、蒲黄、牛膝，治產後血上薄心。　同白膠、地黄、芍藥、續斷、杜仲，治婦人血閉無子。　同地榆、金銀花、滑石、紅麴，治滯下純血，裏急後重。

愚按：　當歸之味甘，次苦次辛，又復有甘辛者，烈而甘者終始相成也。夫甘為土味，乃氣血生化之地。而甘歸於苦，苦，火味，屬心，歸於血之所主也。苦而有辛，金味屬肺，因肺貫心脈以行呼吸，為血之所始也。抑心為血主者，云何？《經》曰：　心主脈。又曰：　脈者，血之府也。謂主血，不屬心乎？《經》曰：　血者，神氣也。以其原於水，而成於火，心離中有坎，坎從離化，離藉坎用，故曰神氣屬血也。雖然，腎脈原至於肺，由肺而乃入心，是金合於火以孕水也。火因金而和於水，則氣化，金孕水而親於火，則血生。此辛繼於苦後，而其味為烈也。當歸，血藥也。人身氣原於腎，而血乃原於心，是陽中生陰。秦中當歸，稟金氣獨厚，全得陽中生陰之化原。海藏：　血中氣藥。一語破的矣。故合於熟地，則能補髓。《經》曰：　氣之大別，清者上注於肺，濁者下走於胃。又曰：　手太陰受陰之清，其清者上走空竅，濁者下行諸經。蓋手太陰肺，乃經脈之所始也。至其終始皆甘者，更宜参矣。始便得甘者，即《經》所謂人受氣於穀，穀入於胃，以傳於肺是也。其終仍有甘者，即所謂中焦，並胃中出上焦之後，此所受氣者，必糟粕，蒸津液，化其精微，上注於肺脈，乃化而為血是也。合而繹之，是肺合於心，而後氣化，為血脈之所由始。肺合於脾，而後血化，為經脈之所由通。先哲謂為血中氣藥，可謂能悉其微，豈泛然血潤氣煦之說哉？　茲味稟於西土金氣，全具此生化微機，合先天後天之氣以為爐冶，故血所不足處，即有血之生氣以裕之潤之，血所乖阻處，又即有血之化氣以和之行之。　生則能化，化則能生，故養血而又和血行血，隨所引而莫不歸也。職此之故耳，如酒蒸，治頭疼等證，是宜於上也。酒煎，治小便出血等證，是宜於下也。酒調末，和心腹之刺痛，是宜於中也。如主熱痢刮疼，是治在腸胃也。如主中風攣踡，是治在經絡也。如治筋骨疼痛，

是治在筋骨也。如療風癬在皮膚中，是治在皮膚也。唯所主而使之，咸有所歸，無不得當矣。先哲製四物湯，有因乎時以加倍者，曰倍當歸以迎春氣，倍川芎以迎夏氣，倍芍藥以迎秋，倍地黄以迎冬。用當歸以生一陽，用芍藥以生一陰。即是繹之，當歸之甘苦辛而溫，可喻春生和氣，豈非血中履端之始乎？宜四物湯用之為君也，苐兹味以下溫而能歸血矣。乃有從大黄、芒消，以為寒用者，何居？養血固原於水，而成於火，其所謂心氣，固陰陽合和而化之真氣，非偏於陽者也。偏於陽，則血亦不得所歸矣。故有血虚而陽熾之病，當識此義，然後可以盡當歸之長。

附方　凡傷胎去血，產後去血，崩中去血，金瘡去血，拔牙去血，一切去血過多，心煩眩暈，悶絶不省人事，當歸二兩，芎藭一兩，每用五錢，水七分，酒三分，煎七分，熱服，日再。　內虚目暗，補氣養血，用當歸生曬六兩，附子火炮一兩，為末，煉蜜丸梧子大，每服三十丸，溫酒下，名六一丸。　大便不通，當歸、白芷等分，為末，每服二錢，米湯下。　室女經閉，當歸尾、沒藥各一錢，為末，紅花浸酒，面北飲之，一日一服。　墮胎下血不止，當歸焙一兩，葱白一握，每服五錢，酒一盞半，煎八分，溫服。　產難胎死，横生倒生，用當歸三兩，芎藭一兩，爲末，先以大黑豆炒焦，入流水一盏，童便一盞，煎至一盞，分爲二服，未效再服。　產後中風，不省人事，口吐涎沫，手足瘛瘲，當歸、荊芥穗等分，為末，每服三錢，水一盞，酒少許，童子小便少許，煎七分，灌之，下咽即有生意。

潔古曰：當歸頭止血，尾破血，身和血。若全用，一破一止，亦和血也。使頭是一節硬實處，使尾是尖細處。《類明》曰：凡藥根升而梢降者，根在上，梢在下故也。血下脱者，其根能引之上行，而止息也。血凝濇者，其梢能引之下行，而破散也。身在中，有和之義。　時珍曰：大凡根荄身半已上，氣脈上行，法乎天。身半已下，氣脈下行，法乎地。而人身法象天地，則治上當用頭，治中當用身，治下當用尾，通治當全用。此一定之理。　嘉謨曰：匪獨當歸為然，他如黄芩、防風、桔梗、柴胡，亦皆然也。　希雍曰：當歸辛溫，行走之性，故致滑腸。又其氣與胃氣不相宜，故腸胃薄弱，洩瀉溏薄，及一切脾胃病，惡食不思食，及食不消，並忌之。即產後胎前，亦須慎之。先哲曰：血熱者不宜用。愚謂可同酒製黄連用，以治心血虚熱。

修治　擇肥潤不枯燥者，用上行，酒浸一宿。治表，酒洗片時。血病，酒蒸。有痰，以薑製。導血歸源之理，若入吐衄崩下藥中，須醋炒過，少少用之，多則反能動血。

清·郭章宜《本草匯》卷一〇　當歸　苦、甘、辛，溫，氣厚味薄，可升可降，陽中微陰。入手少陰、足太陰、厥陰血分。血結滯而能散，血不足而能補。血枯燥而能潤，血散亂而能撫。亦能溫中止心腹之痛，養榮療肢節之疼。外科排膿止痛，女科瀝血崩中。去瘀生新，潤腸養筋。《本經》治溫瘧，寒熱洗洗在皮膚中者，邪在厥陰也。行血則厥陰之邪去，寒熱洗洗隨愈矣。又主漏下絶子者，蓋婦人以血為主也，見此症者，必有血枯之患矣。《别錄》治風痙汗不出者，因風邪乘虚客于血分也。得辛甘之味，則血行而和，痙自柔而汗自出。

按：當歸為血分要藥。氣血昏亂，服之即定。能領氣血各有所歸，患人虚冷須加用之。故仲景治手足厥寒，脉細欲絶者，用當歸之苦溫以助心血。凡血受病，諸病夜甚，不可少也。血壅而不流則痛，當歸之甘溫能和血，辛溫能散內寒，苦溫能助心散寒，用之而氣血自平。入手少陰，以其心生血也。入足太陰，以其脾裹血也。入足厥陰，以其肝藏血也。隨所引而各有用焉。分三治而通肝經，雖為血中主藥，然仲景傷寒血症三方，及熱入血室，皆不用之者，為其一滯中脘，二動痰涎，三壞胃氣。而血熱宜乎犀角、升麻、柴胡、生地，而非此所能退。血瘀宜乎桃仁、大黄，而非此所能除。故屏棄之。雜病用此，因其脉之滑數實，而當破血，宜從桃仁、紅花、大黄、蘇木。因其脉之濇數虚，而當補血，宜從四物加減。較此但能主後天血分受傷，為氣不虚，獨治血也。若氣虚血弱，當從長沙血虚，以人參補之，陽旺生陰血之義。而白朮、黄芪尚不齒及，何況四物之劑乎？與白朮、芍藥、生熟地，則滋陰而補腎。與川芎則上行頭角，治血虚頭痛。再入芍藥、木香少許，則生肝血以養新血。同諸血藥入薏苡仁、牛膝，則下行足膝，而治血不榮筋。同諸血藥入以人參、川烏、烏藥、苡仁之類，則能榮于一身之表，以治一身筋寒濕痛。同四物加炒黑乾薑、炒黑豆、澤蘭、牛膝、益母草，治婦人產後百病。同地榆、金銀花、滑石、紅麯，治帶下純血，裏急後重。同牛膝、鼈甲、橘皮、生薑，治瘧在陰分久不止。第欬逆上氣者，當歸血藥亦能治之，何也？不知當歸非獨主血，味兼辛散，乃是血中氣藥。況欬逆上氣，非止一端，亦有陰虚陽無所附以致然者。今用血藥補陰，與陽齊等，則血和而氣降矣。同人參、黄耆補氣而生血，同牽牛、大黄行氣而破血。從桂、附、

茱萸則熱，從大黃、芒硝則寒。酒蒸治頭痛。諸痛皆屬火，故以血藥主之。雖能治血補血，終是行走之性，與胃氣實不相宜。其性泥滯，風邪初旺，及氣欝者，宜少用之。凡腸胃薄弱洩瀉，及一切脾胃病，惡食不思食者，並禁用之。即在產後胎前，亦不可用。

生秦屬陝西蜀屬四川兩邦。有二種，頭圓，尾多色紫，氣香肥潤者，名馬尾當歸，為上品。色白，尾粗，堅枯，名鑱頭當歸，止宜入發散藥中。凡用，去頭尖硬處併塵土，微焙。行表，酒洗片時。行上，酒浸一宿。頭破血而上行，稍破血而下流，全活血而守中。體肥痰盛，薑汁炒，日乾。畏菖蒲、海藻、生薑。惡濕麵。

清・蔣居祉《本草擇要綱目・熱性藥品》 當歸 氣味：苦，溫，無毒。可升可降，陰中微陽。入手少陰、足太陰厥陰經血分。頭止血而上行，身養血而中守，稍破血而下流，全活血而不走。凡用以酒洗淨，晒乾入藥。 主治：欬逆上氣，溫瘧寒熱，婦人漏下絕子，諸惡瘡瘍，溫中止痛，補諸不足，和血補血。故脈者，血之府，諸血皆屬心，凡通脈必先補心益血。仲景治手足厥寒，脈細欲絕者，以當歸補助之。凡血受病，致壅而不流，乃致作痛。若散內寒，助心和血，使氣血各有所歸，以當歸向導之。入手少陰，以其心生血也。入足太陰，以其脾裹血也。入足厥陰，以其肝藏血也。然補氣須同人參、黃芪，行氣須同大黃、牽牛，引熱須從桂、附、茱萸，引寒須從芒硝、大黃。用本病宜酒製，有痰以薑製。導血歸源以人參、石脂為佐，血熱以生地、條芩為佐。古方四物湯，以當歸為君，芍藥為臣，地黃為佐，芎藭為使。總之，血藥不可舍當歸也。

清・閔鉞《本草詳節》卷一 當歸 【略】按：當歸能領昏亂之血各歸所當之經，故名當歸。所入三經，以心主血，肝藏血，脾裹血也。頭止血，身養血，尾破血，若全用一破一止，亦和血也。諸病夜甚，尤為要藥。成無己曰：脈者，血之府，諸血皆屬心。凡通脈者，必先補心益血，故仲景治手足厥寒脈細欲絕者，用其苦溫以助心血。海藏言：其味辛散，乃血中氣藥，故能治欬逆上氣。況有陰虛而陽無所附者，以血藥補陰，則血和而氣降矣。其用甚廣，大抵皆隨所引藥為補泄也。洩瀉者禁用。

清・王翃《握靈本草》卷三 當歸生秦蜀兩地者佳。治上酒浸一宿，治外酒洗片時，或日乾，或火焙用。有痰，以薑製。 主治：當歸，苦，溫，無毒。主欬逆上氣，溫瘧寒熱，婦人諸不足，諸惡瘡瘍。頭痛，心腹諸痛。癰疽排膿止痛。破惡血，養新血。

清・汪昂《本草備要》卷一 當歸補血，潤燥，滑腸。 甘溫和血，辛溫散內寒，苦溫助心散寒，諸血屬心，凡通脉者，必先補心，當歸苦溫助心。入心、肝、脾，心生血，肝藏血，脾統血。爲血中之氣藥。治虛勞寒熱，欬逆上氣，血和則氣降。溫瘧厥陰肝邪。澼痢，便血曰澼。頭痛腰痛，心腹諸痛，散寒和氣。風痓無汗，痓，音擎，上聲。身强項直，角弓反張曰痓。無汗爲剛痓，有汗爲柔痓。當歸辛散風，溫和血。產後亦有發痓者，以脫血無以養筋也，宜十全大補湯。痿痹癥瘕，筋骨緩縱，足不任地曰痿；風寒濕客于肌肉血脉曰痹；血凝氣聚，按之堅硬曰癥；雖堅硬而聚散無常曰瘕，尚未至癥也。癰疽瘡瘍。衝脉爲病，氣逆裏急；帶脉爲病，腹痛腰溶溶如坐水中，衝脉起于腎下，出于氣街，挾臍上行，至胸中，上頏顙，滲諸陽，灌諸經，下行入足，滲三陰，灌諸絡，爲十二經脉之海，主血。帶脉橫圍于腰如束帶，總約諸脉。及婦人諸不足，一切血症，陰虛而陽無所附者。潤腸胃，澤皮膚，養血生肌，血旺則肉長。排膿止痛。血和則痛止。然滑大腸，瀉者忌用。當歸爲君，白芍爲臣，地黃爲佐，芎藭爲使，名四物湯。治血之總劑，血虛佐以人參、黃耆；血熱佐以條芩、梔、連；血積佐以大黃、牽牛。昂按：血屬陰，四物能養陰，陰得其養，則血自生，非四物能生血也。若氣虛血弱之人，當用人參，取陽旺生陰血之義。多有過服四物陰滯之藥，而反致害者。使氣血各有所歸，故名。血滯能通，血虛能補，血枯能潤，血亂能撫。蓋其辛溫能行氣分，使氣調而血和也。東垣曰：頭止血而上行，身養血而中守，尾破血而下流，全活血而不走。雷斆、海藏幷云：頭破血。時珍曰：治上用頭，治中用身，治下用尾，通治全用。一定之理也。川產力剛善攻，秦產力柔善補。以秦產頭圓尾多、肥潤氣香者良，名馬尾當歸；尾粗堅枯者，名鑱頭當歸，只宜發散用。治血酒製，有痰薑製。昂按：當歸非治痰藥，薑製亦臆說耳。畏菖蒲、海藻、生薑，惡濕麵。

清・吳楚《寶命真詮》卷三 當歸 【略】主一切風，一切氣，一切血，去腐生新，養筋潤腸，溫中，止頭目心腹諸痛，養營，療肢節之疼，澤皮膚，理癰疽，排膿止痛，女科瀝血崩中。心主血，脾統血，肝藏血，入此三經，能領諸血各歸其所，當歸之經，故名當歸。氣血昏亂，服之而定。惟洩瀉者禁之。

○頭止血，尾破血，身養血，全和血不走。

清・陳士鐸《本草新編》卷一 當歸 味甘、辛，氣溫，可升可降，陽中之陰，無毒。雖有上下之分，而補血則一。東垣謂尾破血者，悞。入心、脾、肝

三臟。但其性甚動，入之補氣藥中則補氣，入之補血藥中則補血，入之升提藥中則提氣，入之降逐藥中則逐血也。而且用之寒則寒，用之熱則熱，無定功也。功雖無定，然要不可謂非君藥。如痢疾也，非君之以當歸，則腸中之積穢不能去；如跌傷也，非君之以當歸，則骨中之瘀血不能消；大便燥結，非君之以當歸，則鞕糞不能下；產後虧損，非君之以當歸，則血暈不能除。肝中血燥，當歸少用，難以解紛；心中血枯，當歸少用，難以潤澤；脾中血乾，當歸少用，難以滋養。是當歸必宜多用，而後可以成功也。倘畏其過滑而不敢多用，則功用薄而遲矣。而或者謂當歸可臣而不可君也，補血湯中讓黄芪為君，反能出奇以奪命；敗毒散中讓金銀花為君，轉能角異以散邪，似乎為臣之功勝于為君。然而當歸實君藥，而又可以為臣為佐使者也。用之彼而彼效，用之此而此效，充之五臟六腑，皆可相資，亦在人之用之耳。用之當，而攻補並可奏功；用之不當，而氣血兩無有效。用之當，而上下均能療治；用之不當，而陰陽各鮮成功。又何論于可君而不可臣，可臣而不可佐使哉。

或問：當歸補血，而補氣湯中何以必用，豈當歸非血分之藥乎？曰：當歸原非獨補血也，實亦氣分之藥，因其味辛而氣少散，恐其耗氣，故言補血，而不言補氣耳。其實補氣者十之四，而補血者十之六，子試思產後非氣血之大虧乎。佛手散用當歸為君，川芎為佐，人以為二味乃補血之聖藥也，治產後血少者，似乎相宜，治產後氣虚者，似乎不足。乃何以一用佛手散而氣血兩旺，非當歸補血而又補氣，烏能至此，是當歸亦為氣分之藥，不可信哉。

或問：當歸性動而滑，用之于燥結之病宜也，用之下利之症，恐非所宜，何以痢症必用之耶？夫痢疾與水瀉不同。水瀉者，脾瀉也。痢疾者，腎瀉也。脾瀉最忌滑，腎瀉最忌澁。而腎瀉之所以忌澁者何故？蓋腎水得邪火之侵，腎欲利而火阻之，腎欲留而火迫之，故有後重之苦。夫腎水無多，宜補而不宜瀉也。若下多亡陰，腎水竭而愈加艱澁矣。故必用當歸以下潤其大腸。大腸潤而腎水不必來滋大腸，則腎氣可安。腎氣安而大腸又有所養，火自不敢阻迫于腎矣，自然火散而痢亦安，此當歸所以宜于下痢而必用之也。

或問：當歸既是君主之藥，各藥宜佐當歸以用之矣，何以時為偏裨之將反易成功，得毋非君主之藥乎？士鐸曰：當歸性動，性動則無不可共試以奏功也。所以入之攻則攻，入之補則補。然而當歸雖為偏裨之將，其氣象自有不可為臣之意，倘駕御不得其方，未必不變勝而為負，反治而為亂也。

或問：當歸不宜少用，亦可少用以成功乎？曰：用藥止問當與不當，不必問多與不多也。大約當歸宜多用者，在重病以救危，宜少用者，在輕病以杜變。不敢多用，固非療病之奇，不肯少用，亦非養病之善也。

或問：當歸滑藥也，有時用之而不滑者何故？凡藥所以救病也。腸胃素滑者，忌用當歸，此論其常也。倘變生意外，内火沸騰，外火淩逼，不用潤滑之當歸，又何以滋其枯槁哉。當是時，吾猶恐當歸之潤滑，尚不足以救其焦涸也，烏可謂平日畏滑而不敢用哉。

或問：當歸專補血而又能補氣，則是氣血雙補之藥矣。曰：當歸是生氣生血之聖藥，非但補也。血非氣不生，氣非血不長。當歸生氣而又生血者，正其氣血之兩生，所以生血之中而又生氣，生氣之中而又生血也。苟單生氣，則胎產之門，何以用芎、歸之散，生血于氣之中。苟單生血，則止血之症，何以用歸、芪之湯，生氣于血之内。惟其生氣而即生血，血得氣而自旺，惟其生血而即生氣，氣得血而更盛也。

或問：當歸氣味辛溫，雖能活血補血，然終是行走之性，每致滑腸。繆仲醇謂與胃不相宜，一切脾胃惡飡與食不消，並禁用之。即在產後、胎前亦不得入，是亦有見之言也。嗟嗟！此似是而非，不可不亟辨也。當歸辛溫，辛能開胃，溫能暖胃，何所見而謂胃不相宜耶。夫胃之惡食，乃傷食而不能受也。辛以散之，則食易化。食不消者，乃脾氣寒也。脾寒則食停積而不能化矣，溫以暖之，則食易消。至于產前產後，苟患前症，尤宜多用，則胃氣開而脾氣健，始可進飲進食，產前無墮產之憂，產後無退母之怯。試問不用當歸以救產後之重危，又用何物以救之。豈必用人參而後可乎。夫人參止可治富貴之家，而不可療貧寒之婦，天下安得皆用人參以盡救之哉。此當歸之不可不用，而不可誤聽仲醇之言，因循坐視，束手而不相救也，如畏其滑腸，則佐之白朮、山藥之味，何不可者。

或疑當歸滑腸，產婦血燥，自是相宜。然產婦亦有素常腸滑者，產後亦可用當歸乎？曰：產後不用當歸補血，實無第二味可以相代。即平素滑腸，時當產後，腸亦不滑，正不必顧忌也。或過慮其滑，即前條所謂佐之白

术、山藥，則萬無一失矣。

或疑當歸乃補血之聖藥，凡見血症自宜用之，然而用之有效有不效者，豈當歸非補血之品乎？當歸補血，何必再疑，用之有效有不效，非當歸之故，乃用而不得其法之故也。夫血症有兼氣虚者，有不兼氣虚而血虚者，有氣血雙虚而兼火者，原不可一概用當歸而單治之也。血症而兼氣虚，吾治血而兼補其氣，則氣行而血自歸經；血症而氣血雙虚，吾平補氣血，而血亦歸經。血症氣血雙虚而兼火作祟，吾補其氣血而帶清其火，則氣血旺而火自消，又何至血症之有效有不效哉。

或問：繆仲(仁)〔醇〕謂疔腫癰疽之未潰者，忌用當歸，亦何所見而云然耶？夫仲(仁)〔醇〕之謂不可用者，恐當歸性動，引毒直走胃中，不由外發，致傷胃氣故耳。殊不知引毒外散，不若引毒內消之為速。用當歸于敗毒化毒藥中，正取其性動，則引藥內消，直趨大便而出，奏功實神。故已潰者斷宜大用，使之活血以生肌，即未潰者尤宜急用，使之去毒而逐穢也。

清·顧靖遠《顧氏醫鏡》卷七　當歸辛、甘，大溫。入心肝脾三經。酒洗，去蘆，入止血藥中醋炒。　去瘀生新，辛以散之潤之，溫以通之暢之，則瘀自行，甘以補之，則新自生。舒筋潤腸。筋得血養而舒，腸得滑劑而潤。溫中，止心腹之痛。寒則血凝氣滯而痛，得溫則血行而痛止，且歸為血中氣藥也。養營，療肢節之疼。和血活血之功。女科瀝血崩中。歸為血藥，故補女子諸不足。外科排膿止痛。亦和血活血之功。腫瘍忌當歸者，以辛溫和血，恐其散火也。已潰則補血而生肌肉矣。金瘡及破傷風，俱活血補血為要，故咸補之。主心血，脾統血，肝藏血，歸為血藥，故入三經，為活血補血之要藥。全和血，身補血，頭止血，尾破血，能引諸血各歸其所當歸之經，故名當歸。性能滑腸，泄瀉者禁用。

清·李熙和《醫經允中》卷二〇　當歸　入心肝脾三經。惡藺茹。畏菖蒲、海藻、生薑。酒洗去蘆用。頭止血，尾破血，身和血。氣血昏亂服之而定，能領諸血各歸所當歸之經，故名當歸。　苦、辛，溫，無毒。氣味俱輕，可升可降，陽中微陰。　主治諸瘧寒熱，跌打血凝，女子漏下絕孕，癰毒金瘡，熱入血室，瀝血崩中，腰膝痛，虚勞血弱，破惡血，養新血，去頑痺，生肌肉，潤腸胃，壯筋骨，溫中排膿，止痛，乃衝帶二脈為病。當歸為血中氣藥，血結滯而能散，血不足而能補。其入手少陰，以其心生血也；入足太陰，以其脾統血也；入足厥陰，以其肝藏血也。佐之以參芪，則生血而補氣，濟之以芎芍，則養血而和血。配之以生地、芩連，遂能涼血。配之以三稜、蓬朮，遂能破血。從桂附、吳萸則熱；從大黃、芒硝則寒。以之治產後血運極効，以之治夜劇諸症有功。脉遲小或遲浮者，陰虚而陽無所附也，速用勿疑。尾通便閉，療癥瘕尤妙。下截補下焦虚寒極驗。其性泥滯，如風寒咳逆，及大便溏泄者，即在胎前產後亦宜少用也。

清·馮兆張《馮氏錦囊秘錄·雜症痘疹藥性主治合參》卷一　當歸禀土之甘味，天之溫氣，故味甘辛，溫，無毒。甘以緩之，辛以散之潤之，溫以通之暢之。入手少陰、足厥陰，亦入足太陰，活血補血之要藥。○宜去蘆，切片。若入破血藥，宜梢尾生用。若入養血和血藥，或全或身，用酒拌炒。

當歸，治跌打血凝作脹，熱痢腸刮肛疼，溫瘧寒熱。舒筋潤腸，婦人胎前產後，男子五勞七傷。溫中止心腹之疼，養營，療肢節之疼，中風拘攣，崩中帶下，氣血分皆可用。能補能攻，并眼疾、齒疾疼痛，癰瘡、金瘡肌肉不長，一切燥澁焦枯，風藥中俱用。味辛而甘，氣溫而厚。甘以緩中，辛以散潤，溫以通暢。入肝、心、脾三經。血結滯而能散，血不足而能補，血枯燥而能潤，血散亂而能歸，誠血門之要藥。凡血受病，諸病夜甚，不可少也。但腸胃滑瀉及心氣耗散，咳血吐血並宜禁之。

主治痘疹合參：宜酒炒用，養血行血，治痘內血虚，不光潤紅活者宜之。如血熱血虚，同酒炒生地並用。若大便滑者禁之。

按：當歸為血分要藥。辛溫而散，血中氣藥也。頭止血而上行，梢破血而下流，身養血而中守，全活血而不走。氣血昏亂服之而定，能領諸血，各歸其所當歸之經，故名當歸。若人吐衄崩下藥中，須醋炒過，稍稍用之，多能動血，以其氣辛溫耳。泄瀉者禁與，以其味滑潤耳。

清·張璐《本經逢原》卷二　當歸　甘、辛，溫，無毒。蜀產者力剛可攻。秦產者力柔可補。凡治本病酒製，有痰薑汁製。白者為粉歸，性劣，不入補劑。　《本經》主欬逆上氣，溫瘧寒熱洗洗在皮膚中，婦人漏下，絕子，諸惡瘡瘍，金瘡，煮汁飲之。　發明：當歸氣味俱厚，可升可降，入手少陰、足太陰厥陰血分，凡血受病，及諸病夜甚必須用之。《本經》主欬逆上氣，溫瘧寒熱洒洒，婦人漏下絕子，皆取辛溫潤血之功。產後惡血上衝，亦必用之。《別錄》溫中止痛。甄權治下利腹痛，女人瀝血腰痛。好古治衝脈為病，逆氣裏急，帶脈為病，腹痛腰溶溶若坐水中。其功專於破惡血，養新血，潤腸胃，榮

筋骨，澤皮膚，理癰疽，排膿止痛，蓋血壅而不流則痛。當歸甘溫，能和營血，辛溫能散內寒，使氣血各有所歸。入手少陰心，主血也；入足太陰脾，裹血也；入足厥陰肝，藏血也。身能養血，尾能行血。同人參、黄耆則補氣而生血。同牽牛、大黄則行氣而瀉血。同桂、附、吴茰則熱。同大黄、芒硝則寒。血虚以人參、赤脂為佐，血熱以生地、條芩為佐。仲景治陽邪陷陰，手足厥寒，脉細欲絶，用當歸四逆湯，於桂枝湯加當歸、細辛、通草以通其血脈。即下痢脈大，氣不歸附，亦用此湯以歸附之。凡血虚發熱者，以當歸補血湯，方用當歸三錢，黄耆一兩，作三服。心下刺痛者，一味當歸酒煎服。專主血分諸病。海藏言當歸血藥，何《本經》治欬逆上氣。按當歸辛散，乃血中氣藥，故欬逆上氣有陰虚陽無所附者，用血藥補陰，則血和而氣降矣。凡衝任督帶病，皆不可少。惟泄瀉家、痰飲家禁用。

清・浦士貞《夕庵讀本草快編》卷二　當歸《本經》、文無　凡人娶妻為生子也。女人血盛則思夫歸，乃婦人要藥，故名。古人相贈以芍藥，相招以文無是也。　當歸味苦辛溫，氣厚味薄，可升可降，陽中微陰，其走諸經皆從血也。成無己曰：脉者血之府，諸血皆屬心，凡通脉者必先補心益血，則知歸乃手少陰本藥。入足太陰者，以其脾統血也。入足厥陰者，以其肝藏血也。治雖不同，如崩漏虚勞，胎動經閉，産後失血，昏亂攻沖，或寒熱瘧痢，心腹疼痛，痞癖中寒，客邪濕痺，以其辛溫能散內寒，消瘀和血也。至若欬嘔逆氣，痓汗不出，亦皆用之，以其味辛能散，血中氣藥。陰虚則陽無所附，用血藥補陰，血和而氣自降矣。《經》云：血主濡之。故四物湯用以為君是也。而仲景治傷寒手足厥冷，脉細欲絶者，佐以他藥，取其養榮益心也。又東垣治血虚發熱，症類白虎，脉無力者，用與黄芪，其劑亦賴其溫中固脱也。且同參、芪、白朮則補氣而生血，同牽牛、大黄則行氣而活血，同桂、附則熱，同硝、黄則寒，得酒則治頭痛諸痛，薑製則導痰理血，醋炒則攝血歇血，大抵為血中之神劑。能引諸血各歸其所，故曰當歸。今人但知頭能止血，尾能破血，身能補血而已。豈盡善哉？但其性善泄，凡陽滑洩利，不宜輕用。

清・張志聰、高世栻《本草崇原》卷中　當歸　氣味苦，溫，無毒。主治咳逆上氣，溫瘧寒熱洗洗在皮膚中，婦人漏下絶子，諸惡瘡瘍，金瘡，煮汁飲之。　當歸始出隴西川谷及四陽黑水，今川蜀、陝西諸郡皆有。春生苗，緑葉青莖，七八月開花，似蒔蘿嬌紅可愛，形圓象心，其根黑黄色，今以外黄黑，內黄白，氣香肥壯者為佳。　當歸花紅根黑，氣味苦溫，蓋禀少陰水火之氣。主治咳逆上氣者，心腎之氣上下相交，各有所歸，則咳逆上氣自平矣。治溫瘧寒熱洗洗在皮膚中者，助心主之血液從經脈而外充於皮膚，則溫瘧之寒熱洗洗然，而在皮膚中者，可治也。治婦人漏下絶子者，助腎臟之精氣從胞中而上交於心包，則婦人漏下無時，而絶子者，可治也。治諸惡瘡瘍者，養血解毒也。治金瘡者，養血生肌也。凡藥皆可煮飲，獨當歸言煮汁飲之者，以中焦取汁變化而赤，則為血。當歸滋中焦之汁以養血，故曰煮汁。謂煮汁飲之，得其專精矣。《本經》凡加别言，各有意存，如术宜煎餌，地黄作湯，當歸煮汁，皆當體會。

清・劉漢基《藥性通考》卷五　當歸　味甘、苦、辛，氣溫。入心、肝、脾三經。補血養血，活血和血，潤燥滑腸。尾破血，身活血。助心散寒，諸血屬心，(風)〔凡〕通脉者，必先補心。當歸苦溫助心，心生血，肝藏血，脾統血，為血中氣藥。治虚勞寒熱，欬逆上氣，血和則氣降。又治瘟瘧血痢，頭痛腰痛，心腹諸痛，風痙無汗，痿痺癥瘕，癰疽瘡瘍。女人經行，小腹作痛，及婦人諸不足，一切血症，陰虚陽虚。潤腸胃，澤皮膚。養血生肌，血旺則肉長。排膿止痛，血和則痛止。然滑大腸，瀉者忌用。當歸為君，白芍為臣，地黄為佐，川芎為使，名四物湯，治血之總劑。血虚加以人參、黄耆；血熱佐以條芩、梔、連；血積佐以大黄、牽牛。昂按：血屬陰，四物湯能養陰，陰得其養，則血自生，非四物能生血也。若氣虚血弱之人，當用人參，取陽旺生陰血之義。多有過服四物湯陰滯之藥，而反致害者。使氣血各有所歸，故名。血滯能通，血虚能補，血枯能潤，血亂能撫。蓋其辛溫能行氣分，使氣調而血和也。東垣曰：頭止血而上行，身養血而中守，尾破血而下流，全活血而不走。雷斅、海藏並云：頭破血。時珍曰：治上用頭，治中用身，治下用尾，通治全用，一定之理也。然川産力剛善攻，秦産力柔善補。以秦産頭圓尾多、肥潤氣香者良，名馬尾歸。尾粗堅枯者，名鑱頭歸，只宜發散。用治血，酒製。有痰，薑製。昂按：當歸非治痰藥也，薑製亦臆説耳。畏菖蒲、海藻、生薑，惡濕麪。

清・姚球《本草經解要》卷一　當歸　氣溫，味苦，無毒。主欬逆上氣，溫瘧寒熱洗洗在皮膚中。婦人漏下絶子，諸惡瘡瘍，金瘡，煮汁飲之。　當歸氣溫，禀天春升之木氣，入足厥陰肝經。味苦無毒，得地南方之火味，入手

少陰心經。氣升味厚，陽也。其主欬逆上氣者，心主血，肝藏血，血枯則肝木挾心火上刑肺金而欬逆上氣也。當歸入肝養血，入心清火，所以主之也。肝為風，心為火，風火為陽，但熱不寒者，為溫瘧，風火乘肺，肺主皮毛，寒熱洗洗在皮毛中，肺受風火之邪，不能固皮毛也。當歸入心入肝，肝血足則風定，心血足則火息，而皮毛中寒熱自愈也。婦人以血為主，漏下絕子，血枯故也。當歸補血，所以主之。諸惡瘡瘍，皆屬心火，心血足，則心火息。金瘡失血之症，味苦清心，氣溫養血，所以皆主之。用煮汁飲者，取湯液之功近而速也。

製方：當歸同黃耆名補血湯，治血虛發熱象白虎症。同川芎名佛手散，治失血眩暈。本味酒煮，治血虛頭痛。同知母治衄血不止。同牛膝、甘草梢治小便血。為末酒服，治心下刺痛。酒浸，治臂痛。用一兩，水煎露服，治溫瘧。用二兩，吳萸一兩，同炒，去萸為末，蜜丸，治久痢。同白芷，治大便不通。同生地，治婦人血虛。同川芎、砂仁，治胎動及胎死腹中。同炮薑，治產後血脹。同白蜜，治產後腹痛。同黃耆、白芍，治產後自汗。同白朮，治面黃色枯。同白芍、川芎等分，香附加三倍，丸，名調經丸，治經水不調。同麥冬、甘草，治熱病鄭語神昏。同茯苓、山藥、小麥，治腎燥洩瀉。同桂枝、白朮、甘菊、牛膝，治痹。同牛膝、鱉甲、陳皮、生薑，治瘧在陰分久不止。同棗仁、遠志、茯神、人參，治心虛不眠。同人參、川芎，治難產倒生。同白膠、地黃、白芍、續斷、杜仲，治女人血閉無子。同地榆、金銀花、紅麯、滑石，治利下純血。

清・周垣綜《頤生秘旨》卷八　當歸　隨經主血通用之藥也。古人命名之義非無為，如王不留行、硝石之類是也。當歸者，言其血之錯經妄行，以此投之，使其各歸經絡也。血各安其處，不補而補。今人認為補藥，豈不悞哉。

清・王子接《得宜本草・上品藥》　當歸　味苦、辛。入手少陰、足厥陰經。主治女子諸虛不足。得人參、黃耆則補氣生血，同牽牛、大黃則行氣破血，得桂、附、茱萸則熱，得大黃、芒硝則寒。

清・徐大椿《神農本草經百種錄》中品　當歸　味甘，溫。主欬逆上氣，潤肺氣。溫瘧寒熱，洒洒在皮膚中，皆風寒在血中之病。婦人漏下絕子，營血不足之病。諸惡瘡瘍，金瘡，營血火鬱及受傷之病。煮飲之。煮飲則能四達以行諸經。○按血在經絡之中流行不息。故凡用行血補血之藥，入湯劑者為多，入丸散者絕少。故古人治病，不但方不可苟，即法亦不可易也。　當歸辛香而潤，香則走脾，潤則補血，故能透入中焦營氣之分，而為補營之聖藥。○當歸為血家必用之藥，而《本經》無一字及于補血養血者，何也？蓋氣無形可驟生，血有形難速長。凡通閉順氣，和陰清火，降逆生津，去風利竅，一切滋潤通和之品，皆能令陰氣流通，不使亢陽致害，即所以生血也。當歸辛芳溫潤，兼此數長，實為養血之要品，惟著其血充之效，則血之得所養，不待言而可知。此等當參全經而悟其理。

清・黃元御《長沙藥解》卷二　當歸　味苦辛，微溫。入足厥陰肝經。養血滋肝，清風潤木。起經脈之細微，回肢節之逆冷。緩裏急而安腹痛，調產後而保胎前，能通妊娠之小便，善滑產婦之大腸。奔豚須用，吐蚘宜加。寒疝甚良，溫經最效。《傷寒》當歸四逆湯，當歸三兩，芍藥三兩，細辛二兩，通草三兩，甘草二兩，大棗二十五枚。治厥陰傷寒，手足厥冷，脈細欲絕。以肝司營血，而流於經絡，通於肢節。厥陰之溫氣虧敗，營血寒澀，不能充經絡而暖肢節，甘草、大棗補脾精以榮肝，當歸、芍藥養營血而復脈，桂、辛、通草溫行經絡之寒澀也。《金匱》當歸生薑羊肉湯，當歸三兩，生薑五兩，羊肉一片。治寒疝腹痛，脇痛裏急，及產後腹痛。以水寒木鬱，侵克己土。當歸補血而榮木，生薑、羊肉行滯而溫寒也。　當歸芍藥散，當歸三兩，芍藥一斤，芎藭三兩，白朮四兩，茯苓四兩，澤瀉半斤。治婦人妊娠、雜病諸腹痛，以脾濕肝鬱，風木賊土。歸、芎、芍藥，疏木而清風燥，苓、澤、白朮泄濕而補脾土也。　當歸貝母苦參丸，當歸四兩，貝母四兩，苦參四兩。治妊娠小便難，飲食如故。以膀胱之水，生於肺金而泄于肝木，金木雙鬱，水道不利。當歸滋風木之鬱燥，貝母、苦參清金利水而泄濕熱也。　當歸散，當歸一斤，芍藥一斤，芎藭一斤，黃芩一斤，白朮半斤，為散，酒服方寸匕。治胎產諸病，以胎前產後諸病，土濕木鬱而生風燥。芎、歸、芍、芩滋風木而清熱，白朮燥濕土而補中也。　火為陽，而水為陰，水中之氣是為陽根。陽根左升，生乙木而化丁火，火降而陽清，則神發焉。神旺於火，而究其本原，實胎於木，陽氣全升則神旺。木處陽升之半，神之初胎，靈機方肇，是謂之魂。魂藏於肝，而舍於血。肝以厥陰風木生於癸水，癸水溫升而化血脈。血者，木之精液，而魂之體魄也。風靜血調，枝幹榮滋，則木達而魂安。溫氣虧乏，根本失養，鬱怒而生風燥，精液損耗，本既搖落，體魄傷毀，魂亦飄揚，此肝病所由來也。於是肢寒脈細，腸痛裏急，便艱尿澀，經閉血脫，奔豚吐蚘，寒疝之類，由此生焉。悉當養血以清風燥。當歸滋潤滑澤，最能息風而養血。而辛溫之性，又與木氣相宜。酸則鬱，而辛則達，寒則凝，而溫則暢，自然之理也。血暢而脈充，故可以回逆冷而起細微。木達而土甦，故

可以緩急痛而安胎產。諸凡木鬱風動之證，無不宜之。但頗助土濕，敗脾胃而滑大便，故仲景用之，多土木兼醫。但知助陰而不知伐陽，此後世庸工所以大誤蒼生也。

清·吳儀洛《本草從新》卷一 當歸〔補血，潤燥滑腸。〕 甘溫和血，辛溫散內寒，苦溫助心散寒。諸血屬心，凡通脈者必先補心，當歸苦溫助心。入心、肝、脾。心生血，肝藏血，脾統血。為血中氣藥。治虛勞寒熱，咳逆上氣，血和則氣降。溫瘧厥陰肝邪。澼痢，頭痛腰痛，心腹肢節諸痛，散寒和血。跌打血凝作脹，風痙無汗，身強項直，角弓反張曰痙。無汗為剛痙，有汗為柔痙。當歸辛散風，溫和血。產後亦有發痙者，以脫血無以養筋也，宜十全大補湯。痿痺癥瘕，筋骨緩縱，足不任地曰痿，風寒濕客於肌肉血脈曰痺。痘證癰疽瘡瘍。衝脈為病，氣逆裹急；帶脈為病，腹痛滿，腰溶溶如坐水中。衝脈起於腎下，出於氣街，挾臍上行，至胸中，上頏顙，滲諸陽，灌諸經，下行入足，滲三陰，灌諸絡，為十二經脈之海，主血。帶脈橫圍於腰，如束帶，總約諸脈。及婦人諸不足，一切血證，陰虛而陽無所附者。潤腸胃，澤皮膚，去瘀生新，溫中養營，活血舒筋，排膿止痛，血和則痛止。使氣血各有所歸，故名。血帶能通，血虛能補，血枯能潤，血亂能撫，蓋其辛溫能行氣分，使氣調而血和也。東垣曰：頭止血而上行，身養血而中守，尾破血而下流，全活血而統治。雷斅、海藏〔雷斅著《雷公炮炙論》。〕并云頭破血。時珍曰：〔時珍曰：此雷公，是劉宋時雷斅，非黃帝時雷公也。〕治上用頭，治中用身，治下用尾，統治全用。極善滑腸，瀉者禁用。當歸為君，白芍為臣，地黃為佐，芎藭為使，名四物湯，治血之總劑。血虛佐以人參、黃耆，血熱佐以條芩、梔、連。訒庵曰：血屬陰，須得陽氣而生，四物純陰，不能生血，氣虛血弱之人當用參、耆，取陽旺生陰之義。川產力剛善攻，秦產力柔善補。以秦產頭圓尾多，肥潤氣香，裏白不油者為良，名馬尾當歸。尾粗堅枯者，名鑱頭當歸。只宜發散用，宜酒製。治吐血，宜醋炒。畏菖蒲、海藻、生薑。惡濕麵。

清·汪紱《醫林纂要探源》卷二 當歸 甘，辛，苦，溫。葉如芹而大，又如朮，其根首大尾細，多鬚如馬尾，紫黑，芳烈。好生石畔，秦蜀皆有，多用蜀產，貴潤粘。而粗者曰鑱頭當歸，稍劣。補脾和胃，去濕而血得所生，補肝緩肝，抑火而血得所藏。瀉心堅水，而血不竭於用。要之，辛以補肝，而性潤得所滋，以血得其歸為主，故曰當歸。全用則活血，用首止血之妄行，用身養血使中守，用尾行血以去瘀。所治證可類推。酒洗或炒，有痰薑汁炒。凡衝脈帶脈為病，及婦人經海，皆主治之。腸滑者忌。以性滋潤。

清·嚴潔等《得配本草》卷二 當歸 畏菖蒲、生薑、海藻、牡蒙。惡蔄茹、濕麵。制雄黃。性溫，味甘、辛。入手少陰、足厥陰、太陰經血分，血中氣藥。行血和血，養營調氣，去風散寒。療瘧痢痘疹，癰疽瘡瘍，止頭痛、心腹、腰脊、肢節、筋骨諸痛。皆活血之功。得茯苓，降氣。配白芍，養營。配人參、黃耆，補陰中之陽。配紅花，治月經逆行。從口鼻出，先以好京墨磨汁服，止之。君黃耆，治血虛發熱。症似白虎，但脈不長實，誤服白虎湯即死。佐荊芥、生附，治產後中風。佐柴、葛，散表。入瀉白散，活痰。入失笑散，破血。合桂、附、吳茱萸，逐沉寒。同大黃、芒硝破熱結。頭止血，上行。尾破血，下行。身和血，酒洗。吐血，醋炒。脾虛，粳米或土炒。治痰，薑汁炒。止血、活血，童便炒。恐散氣，芍藥汁炒。大便滑泄，自汗，辛散氣。肺虛，辛歸肺，肺氣散也。肝火盛，歸性溫。吐血初止，歸動血。脾虛不食，恐其散氣潤腸。六者禁用。當歸，言血之當歸經絡也。正使血之有餘者，不至泛溢於外。如血虛而用之，則虛虛矣。惟得生地、白芍以為之佐，亦有活血之功。

題清·徐大椿《藥性切用》卷三 白當歸 甘辛苦溫，入心肝脾三經。為養血溫藥，血滯能通，血虛能補，血枯能潤，血亂能撫。頭止血而上行，身養血而中守，尾破血而下行，全活血而流走。酒炒活血，醋炒止血。極善滑腸，泄瀉忌用。如不得已，土炒，可以益脾。糯粉炒，可以厚胃。用者詳之。

清·黃宮繡《本草求真·補類·温中》卷一 當歸入心生血。 當歸耑入心。辛甘溫潤，諸書載為入心生血上品。緣脉為血府，諸脉皆屬於心，心無血養，則脉不通，血無氣附，則血滯而不行。當歸氣味辛甘，既不慮其過散，復不慮其過緩，得其溫中之潤，陰中之陽，故能通心而血生，號為血中氣藥，故凡一切血症陰虛，陽無所附而見血枯、血燥、血閉、血脫等症，則當用此主治。按當歸頭則止血上行，身則養血中守，尾則破血下流，全則活血不走。出東垣。古方合白芍、芎藭、地黃同用，名為四物湯總劑。蓋謂得芎以為長養生發之機，地黃以為滋補化源之自，白芍以為救陰斂陽之本，則血始能以生。張景岳曰：治血之劑，古人多以四物為主，然亦有宜與不宜者。蓋補血行血，無如當歸，但當歸之性動而滑，凡因火動血者忌之。因火而嗽，因濕而滑者，皆忌之。行血散血，無如川芎，然川芎之性升而散，凡火帶血上者忌之。氣虛多汗，火不歸元者，皆忌之。生血涼血，無如生地，斂血清血，無如芍藥，然二物皆涼，凡陽虛者非宜也，脾弱者非宜也。脉弱身涼，多嘔便溏者，皆非宜也。故凡用四物以治血者，不可不察。若血虛而氣不固，則當佐以人

參、黃耆。血熱佐以條芩、梔、連。血積佐以大黃、牽牛。與夫營虛而表不解，則當佐以柴、葛、麻、桂。衛熱而表不斂，則當佐以大黃。隨其病之所向，以為出入加減，要使血滯能通，血虛能補，血枯能潤，血亂能撫。俾血與氣附，氣與血固，而不致散亂而無所歸耳，書命其名曰歸，即是此意。是以氣逆而見欬逆上(聞)〔氣〕者，則當用此以和血，血和而氣則降矣。寒鬱而見瘧痢腰腹頭痛者，則當用此以散寒，寒散而血則和矣。血虛而見風痓無汗者，則當用此以養血，血養而風則散矣。他如瘡瘍癰疽而見痛苦異常，肌肉失養而見皮膚不潤，並衝脉為病而見氣逆裏急，帶脉為病而見腹痛，腰如坐水。衝脉起於腎下，出於氣街，俠臍上行至胸中，上頏顙，滲諸陽，灌諸精，下行入足，灌諸絡，為十二經脉之海，主血。帶脉橫圍於腰，如束帶，總約諸脉。亦何莫不因血虛，氣無所附之意，得此則排膿痛止，癰消毒去，膚澤皮潤，而無枯槁不榮之患矣。然此味辛則散，氣虛火盛者切忌。味甘則壅，脾胃虛寒者則忌。體潤性滑，大腸泄瀉者則忌。不可不熟晰而明辨耳，至書既言當歸入心，而又曰入肝、入脾，無非因其血補，而肝與脾皆有統藏之意。脾統血，肝藏血。秦產秦州、汶州所出。頭圓尾多，色紫氣香肥潤，名馬尾當歸，其性力柔善補。川產尾粗堅枯，名鑱頭當歸，其性力剛善攻，只宜發散。收貯晒乾，乘熱紙封甕內，用宜酒洗。畏菖蒲、海藻、生薑，惡濕麵。

清·沈金鰲《要藥分劑》卷四 當歸 【略】鰲按：韓悉謂治痰以薑製，訒菴又謂當歸非治痰藥，薑製亦臆說。夫當歸固非治痰之品，然亦有陰虛痰盛，于治痰藥中不得不用當歸者。又以當歸性究滋補，非疏豁之物，故斟酌用之。製之以薑，使陰既得所補，而補陰之中，又得藉之開竅以治痰。韓說亦未盡非也。

清·楊璿《傷寒溫疫條辨》卷六補劑類 當歸 味甘辛，氣溫，味重氣輕，可升可降。其味甘而重，故補血，其氣輕而辛，故行血，補中有動，陰中有陽，血中氣藥也。頭止血上行，身養血中守，尾破血下流，全和血不走。佐以補藥則潤，故能養榮；佐以攻藥則通，故能止疼。榮虛而表不解，佐以葛根等劑，亦能散表；衛熱而表不斂，佐以六黃之類，亦能固表。惟其氣辛而動，欲其靜者當避之；惟其性滑而行，大便溏者當避之。若血滯為痢者，正所當用也。當歸導滯湯，治痢神效。其要在動滑二字。入心生血，入脾統血，入肝藏血，凡血分受病必用之。血壅而不流則疼，須當歸辛溫以散之，使血氣各有所歸。諸頭疼與心腹兩脇疼，俱屬肝木，故以血藥主之耳。當歸養血湯：黃耆一兩，當歸四錢，陽生陰長之義也。

清·羅國綱《羅氏會約醫鏡》卷一六草部 當歸 味甘辛，微溫，入心肝脾三經。畏生薑、菖蒲、海藻。酒洗用。 頭止血，身養血，尾去血，全用活血。能引諸血各歸其經，血滯能通，血枯能潤，血亂能撫，去瘀生新。其氣辛溫，能行氣分，使氣調而血和也。治虛勞、寒熱、頭痛、腰痛。血不足也。舒筋活癱，血足養肝。潤腸性滑，止痢活血，心腹諸痛，散寒和血。風痓無汗，辛散風，溫和血，產後痓者，以血脫無以養筋也。排膿止痛。血和則痛止。凡婦人崩漏調經，胎前產後，俱宜用之，誠血中之聖藥也。按：當歸辛溫，血虛有寒者，宜多用，血虛有熱者，宜少用。凡陰虛火動，大便不固者，忌之。入吐血、衄血劑中，須用醋炒，以其辛能動血也。

清·陳修園《神農本草經讀》卷三中品 當歸 氣味苦，溫，無毒。主咳逆上氣，溫瘧，寒熱洗洗在皮膚中，婦人漏中絕子，諸惡瘡瘍，金瘡。煮汁飲之。

參各家說：當歸氣溫，稟木氣而入肝。味苦無毒，得火味而入心。其主咳逆上氣者，心主血，肝藏血，血枯則肝木挾心火而刑金。當歸入肝養血，入心清火，所以主之也。肝為風，心為火，風火為陽，陽盛則為但熱不寒之溫瘧，而肺受風火之邪，肺氣怯不能為皮毛之主，故寒熱洗洗在皮膚中。當歸能令肝血足而風定，心血足而火息，則皮膚中之寒熱可除也。肝主藏血，補肝即所以止漏也。手少陰脈動甚爲有子，補心即所以種子也。瘡瘍皆屬心火，血足則心火息矣。金瘡無不失血，血長則金瘡瘳矣。煮汁飲之四字，則言先聖大費苦心，謂中焦受氣取汁，變化而赤，是謂血。當歸煮汁，滋中焦之汁，與地黃作湯同義。可知時傳炒燥、土炒，反涸其自然之汁，大失經旨。

清·黃凱鈞《藥籠小品》 當歸 辛，溫，血藥得酒良。凡遇血虛肝燥，筋失所養，婦人月事不調，必需之品。其用浩博，惟不宜於多痰邪熱便溏火嗽諸症。凡治痢疾及便血吐血衄等症，皆宜炒黑，則溫滑之性減，黑兼止血，可取也。頭行上，身行中，尾行下，兼行瘀。

清·王龍《本草纂要稿·草部》 當歸 氣味溫辛。治諸血，亦血中之氣藥也。頭載血而上行，身養血而中守，稍破血而下行，全活血而不走。是以入手少陰，以心主血。入足太陰，以脾生血。入足厥陰，以肝藏血也。和人參、黃芪有補血之功，配牽牛、大黃成破血之效。從桂、附則熱，同硝、黃則

寒。女子胎前產後，男子五勞七傷，崩中帶下，燥濕熱痢，腸刮肛疼。大便滑者忌用，跌打血凝宜施。

清·吴鋼《類經證治本草·手少陰心臟藥類》 當歸 【略】支太醫方，治婦人百病，諸虛不足：當歸四兩，地黄二兩，蜜丸梧子大，食前米飲下十五丸。誠齋曰：此方內加香附一兩，或丸或煮，酒服更勝。川產堅枯，名鑱頭當歸，只宜發散。以秦產頭圓尾多肥潤氣香者，名馬尾當歸，善補為良。油透者勿用。治血酒製，有痰薑製。

清·張德裕《本草正義》卷上 當歸 甘辛，溫，香。味重於氣，陰中有陽。功專補血，又能行血，補而動，行而補，血中氣藥。辛溫香動，若陰虛有火，及補陰宜靜者，忌之。性潤，亦能滑大便。

清·楊時泰《本草述鉤元》卷八 當歸 陝、蜀、秦、汶諸州多栽蒔為貨，以秦產頭尾圓，色紫氣香肥潤者為馬尾歸，最勝他處。尾大頭粗，色白堅枯者，為鑱頭歸，止宜入發散藥。二八月采根瀕湖。川產者力剛而善攻，秦產者力柔而善補韓悉。頭止血，尾破血，凡藥根升而梢降，根在上，梢在下，故也。血下脫者，其根能引之上行而止息，血凝澀者，其梢能引之下行而破散。身半和血。若全用，一破一止，亦和血也。使頭是一節硬實處，使尾是尖細處。凡根荄身半以上氣脈上行，身半以下氣脈下行，然則治上當用頭，治中用身，治下用尾，通治全用，匪獨當歸為然，他如柴、防、芩、桔皆是。潔古。根甘而苦辛，溫潤，氣厚於味，可升可降，陽中微陰。入手少陰、足太陰厥陰經血分。按：諸本草，一主養血，如溫中補諸不足，潤腸胃筋骨皮膚，女子漏下絕子，胎產備急，血虛及氣血昏亂，服之即定男子亦然。之類。一主和血，如止熱痢腹痛，女子瀝血腰痛，除血刺痛及齒痛，又溫瘧寒熱之類。一主活血行血，如諸惡瘡瘍，跌仆血凝，並濕痹風證攣踡，與客血內塞，宿血惡血瘕癖之類。證治不能概定，惟在引用合宜。當歸味苦氣溫，臭香色紫，當入心，為心之使藥，並入血分、氣分。若祇判入血，便失當歸本來面目矣。蓋血無氣煦，則不能運行經隧，灌溉周身，此味助氣之用，益血之體，其宣揚帥氣，能使氣血邪氣各歸於所當歸之地，故名。此段血中有氣。之頤。諸血皆屬心，凡通脈者，必先補心益血，故仲景治手足厥寒，脈細欲絕者，用當歸之苦溫以助心血無己。此品為治血補虛，決取立效之藥。古方用療產後惡血上衝，取效無急於此，凡氣血昏亂者，服之即定。陳承。以上二段養血。凡血壅而不流則痛，當歸之甘溫能和血，辛溫能助心散寒，使氣血各有所歸張元素。能逐瘀血，生新血，使血脈通暢，與氣並行，周流而不息。虞摶。以上二段和血行血。全用，同人參、黃耆則補氣而生血。同牽牛、大黃則行氣而破血。從桂、附、茱萸則熱，從大黃、芒消則寒。好古。合下三段隨引用以歸血。血虛以人參、石脂為佐，血熱以生地、條芩為佐，不絕生化之源韓悉。其氣疎暢無定，隨所引藥而為用。合川芎、細辛之類，治血虛頭痛，眼痛齒痛。合諸血藥，入薏仁、牛膝，下行，治血不榮筋，腰痛足痿。合人參、川烏、烏藥、薏仁，能榮表，治一身筋寒濕毒。合芍、朮、地黃，能養血滋陰而補腎。合芍藥、木香能和肝而止痛，治痢。合鼈甲、柴胡，定寒熱，而除溫瘧。合遠志、棗仁，則養心定悸門。同酒製黃連，可治心血虛熱。入四物湯，主婦人血分百病。加炒乾薑、炒黑豆、澤蘭、牛膝、益母草、蒲黃，治產後百病。同川芎、人參，治難產及倒生。同紅花、牛膝、益母草、蒲黃，治產後血上薄心。同地黃、芍藥、白膠、續斷、杜仲，治血閉無子。同桂枝、朮、菊花、牛膝主痹。同牛膝、鼈甲、橘皮、生薑，治瘧在陰分久不止。同棗仁、遠志、人參、茯神，治心血虛不得眠。同黃耆、二地、芩、連、黃檗，治盜汗。同荊芥、白芷、川芎、地黃，治破傷風。同牛膝、杜仲、續斷、地黃、鹿角屑、桂，治一切折傷踠跌，挫閃作疼。同地榆、銀花、滑石、紅麴，治滯下純血，裏急後重。凡傷胎去血及產後崩中，金瘡拔牙，一切去血過多，心煩眩暈，悶絕不省人事，當歸二兩、川芎一兩，每用五錢，水七分，酒三分，煎七分，熱服，日再。內虛目暗，補氣養血，用當歸生曬六兩，附子火炮一兩，為末，煉蜜丸梧子大，每服三十丸，溫酒下，名六一丸。大便不通，當歸、白芷等分，為末，每服二錢，米湯下。室女經閉，歸尾、沒藥各一錢，為末，紅花浸酒，面北飲之，一日一服。墮胎下血不止，當歸焙一兩，葱白一握，每服五錢，酒一盞半，煎八分，溫服。產難胎死或橫生倒生，用當歸三兩、川芎一兩，為末，先以大黑豆炒焦，入流水一盞、童便一盞，煎至一半，分為二服，未效再服。產後中風，不省人事，口吐涎沫，手足瘛瘲，當歸、荊芥穗等分，為末，每服三錢，水一盞，酒、童便各少許，煎七分灌之，下咽即有生意。

論：當歸味始甘，次苦，次辛，又復有甘，辛味烈，而甘則有始終相成者。夫甘為土味，乃氣血生化之地。甘歸於苦，苦火屬心，歸於血之所始也。苦而有辛，金味屬肺，因肺貫心脈以行呼吸，為血之所始也。夫血原於水而成於火，本腎脈之至肺，由肺而乃入心，是金合於火以孕水也。火因金而和

於水則氣化，金孕水而親於火則血生，此辛繼於苦而味為最烈也。至其始便得甘者，即所謂人受氣於穀，穀入於胃，以傳於肺者。是終仍有甘者，即所謂中焦並胃中，出上焦之後，此所受氣者蒸精液，化精微，上注於肺脈乃化而為血者。是合而繹之，肺合於心而氣化，為血脈之所由始。肺合於脾而血化，為經脈之所由通。海藏判為血中氣藥者，以血所不足處，即有血之生氣以裕之潤之。血所乖阻處，又有血之化氣以和之行之耳。如酒蒸治頭疼等證，是宜於上也。酒煎治小便出血等證，是宜於下也。酒調末和心腹刺痛，是宜於中也。又如治在腸胃，則主熱痢刮疼。治在經絡，則主中風攣踡。治在筋骨，則主疼痛。治在皮膚，則療風癬。惟所主而使之，咸有所歸焉。人身氣原於腎，而血乃原於心，是陽中生陰也。惟秦歸稟金氣獨厚，全得陽中生陰之化，原為血中氣藥。合於熟地，則能補髓。四物湯有因時加法，曰：倍當歸以迎春氣，倍川芎以迎夏氣，倍芍藥以迎秋，倍地黃以迎冬。用當歸以生一陽，用芍藥以生一陰，是當歸之甘苦辛而溫，可喻春生和氣，豈非血中履端之始乎。要知血原於水，而成於火，火為心氣，固陰陽合和而化之真氣，非偏於陽者也。偏於陽則有血虛而陽熾之病，血亦不得所歸矣。識此然後可以盡當歸之長。

繆氏云：辛溫行走，性潤滑腸，又其氣不宜於胃，故胃薄溏瀉者，並忌。血熱者不宜，即產後胎前，亦須慎用。

修治：擇肥潤不枯燥者用，上行酒浸一宿，治表酒洗片時，血病酒蒸，有痰薑製，若入吐衄崩下藥中，須醋炒過，少少用之，多則反能動血。

清·鄒澍《本經疏證》卷六 當歸 【略】凡用卉草，其發芽放葉時，可悟其力之所始。其吐花結實時，可知其力之所竟。以一歲配五臟，則冬腎，春肝，夏心，長夏脾，秋肺。以五臟配軀體，則肺皮毛，心血脈，脾肌肉，肝筋，腎骨。當歸發芽於仲春，開花於仲秋，其功始於肝，終於肺。始於肝，終於肺，其物應升而反降者，則以體者其性，氣味者其用。當歸體滑潤，故不能升。氣厚為陽，味薄為陰中之陽，陰足以撓陽，用不能違體，故遂展轉牽率，衹能上至於肺，外達於皮毛矣。其專入血分，則以肝藏血，脾統血，心主血，皆在所部之內。又其體滑潤象血之質，花嫣紅象血之色，故其為用。一言以蔽之曰治陽氣躓於血分，盡之矣。陽氣躓於上焦血分，則呼吸迫促，為咳逆上氣。陽邪躓於營衛血分，則經脈爭道，寒熱洗洗在皮膚中。陽氣躓於下焦血分，則血海不安，漏下絕子，中風中惡，客氣虛冷，皆氣為血撓之所致也。衝脈上行主血以時下，當歸之氣升體降似之，故治逆氣裏急。帶脈之性不升不降，橫束一身，當歸之體用相撓，衹能橫行者似之，故治腰溶溶如坐水中。

劉潛江曰：當歸味甘次苦次辛，又復甘苦為火而屬心，歸於血之所主矣。苦而有辛，是金火相合以孕水也。火因金而和於水則氣化，金孕水而親於火則血生。其始甘者，所謂穀入於胃，以傳於肺也。其終仍甘者，所謂中焦並胃中出上焦之後，此所受氣泌糟粕津液，化其精微上注於肺，乃化為血是也。肺合於心而氣化，為血脈之所由始；肺合於脾而血化，為經脈之所由通。故血所不足處，即有血之生氣以裕之潤之。血所乖阻處，即有血之化氣以和之行之。既能養血，又能和血行血，隨所引而莫不各歸其所當歸。斯言也，實得古聖命名之微義，於是物之體性備矣，而其用亦不外乎是。蓋血所不足，則氣襲而居之。行其氣而且裕之潤之，則血生矣。血性常流行，而乖阻，即氣為之也。和之行之，則氣不為血礙矣。氣通利而血流行，則各歸其所當歸之謂也。

少陽之往來寒熱，蓋如《素問》論瘧所謂陰並陽則熱，陽並陰則寒者，庶幾是矣。厥陰之厥深熱深，其亦猶此乎，而不知非也。夫仲景治少陽一於和解，故熱去寒亦解，寒解熱亦除。厥陰之治，則有溫有清，以是知熱退避寒則厥，寒退避熱則熱也。然退舍之際，寒熱何所匿耶。夫氣陽血陰，陽不勝陰，則寒匿於氣分。陰不勝陽，則熱匿於血分。夫然，故治寒必仍照顧血分之熱，此當歸四逆湯以當歸為君也。治熱必仍照顧氣分之寒，此白頭翁湯以白頭翁為君也。凡藥能於氣分中開陰氣者多，能於血分中開陽氣者少。故《厥陰篇》列六方，用當歸者至四，而四方皆以治厥，則當歸能開血分所鬱之陽氣可知矣。矧厥陰熱證之極致，曰口傷爛赤，曰下利膿血，曰必發癰膿，無不關乎血分。他如赤小豆當歸散之目赤如鳩眼，陽毒陰毒之喉痛，亦與此類耳。然當歸之短，不可不知也。烏梅丸中有當歸而主久利，則以退在偏裨也。麻黃升麻湯中有當歸，則與他物權均力侔也。他凡大便不固者，究與滑潤之物不相能，此則所宜深計也。

古人有治風先治血之論，豈漫然血藥足以當之。蓋必擇辛甘發散者用之，風乃能解。則芎藭、當歸其物也，芎藭治風陷於血，當歸治風躓於血。欲血中之風上行而散者宜芎藭，欲血中之風旁行而散者宜當歸。以風性喜升喜流蕩故也。然仲景治風，不用二物，即至厥陰，亦僅用歸不用芎者，則以二

物能治羈留之風，不能治鼓蕩之風。風雖陽邪，其驟也止能揚血使沸騰，不能入於血。其緩也方乘間抵罅入之。其至厥陰，厥陰性本升，血分有熱，正慮其升為喉痺，為口傷爛赤，焉得復用芎藭？要知當歸四逆湯、烏梅丸、麻黄升麻等方用當歸，亦止藉其托出血分，即繼以他藥推送使解，不全委以驅除之任。即如桂枝附子湯、白术附子湯、甘草附子湯證，至骨節煩疼掣痛，不能屈伸，邪亦未始不及血分，特以風本兼濕，濕忌滑潤，故遂置之不用。則治血之言，非特不可漫聽。即使宜於血分之物，如芎如歸，尚不得浪用，概可見矣。侯氏黑散治大風四肢煩重，心中惡寒不足者，虚勞諸不足，風氣百疾，薯蕷丸主之。治風先治血之楷模，蓋在乎此。菊花、防風、細辛、桂枝，是侯氏黑散中驅逐風邪物也。桂枝、防風、黄卷、茈胡、白蘞，是薯蕷丸中驅逐風邪物也。其侯氏黑散之芎藭，薯蕷丸之地黄、芎藭、芍藥，是與當歸並駕齊力者也。而菊花、薯蕷分數多至十倍，參、术、甘草亦不啻倍蓰，明明以之督率眾品，駕馭群才。若泥先治血一言，使以血藥為長，則豈復成方耶？即如賁豚湯芎、歸、芍疊用，以治氣上沖胸，腹痛往來寒熱，似乎其旨在和血祛風矣。不知祛風自有生葛、生薑，不過因其氣上沖，必飲邪憑藉厥陰風木之威，故臣以半夏、甘草之滌飲緩中，仍取芎、歸與芍，開解血分以和肝，實乃偏裨之資，不可與他物並論也。雖然，氣機既已上沖，風木勢難自屈，設不以芍之開結，歸之解散，芎之升發，使不佐威煽虐，則散者雖散，沖者自沖，不至元氣竭盡不止，此疊用之意所在，不可不知者也。

《本經》當歸治諸惡瘡瘍、金瘡，《别録》主溫中止痛，皆得為陽躋血中。乃《金匱要略》治肺癰之葶藶大棗瀉肺湯、桔梗湯、〔瀉〕白散、葦莖湯，腸癰之薏苡附子敗醬散、大黄牡丹皮湯，諸瘡瘍之排膿散、排膿湯，金瘡之王不留行散，腹滿痛之附子粳米湯、厚朴三物湯、大茈胡湯、大建中湯、大黄附子湯、大烏頭煎，皆置不用。於此可見仲景之用藥，批郤導窾，悉中肯綮之妙也。夫氣阻血中，必有致阻之由，知其由遂拔其本，塞其源。若從血中通其阻，因出其被阻之氣，是循流逐末之計矣。氣上而不下，則阻於上；下而不上，則阻於下；壅而不宣，則阻於中；外而不內，則阻於外。上者下之，下者上之，壅者宣之，外者泄之，又何暇待當歸？且痛多屬寒，寒者陰氣，更投滑潤之物，徒足以洩陽光致下利，如當歸生薑羊肉湯，亦未嘗不用，又何嘗不以之為君耶。於此觀之，當歸於陽留血分，未與血相得者，能治之。已與血相得而成膿者，非其所司也。《本經》云云，殆其始爾於陽躋血分之痛，能治之，陰氣結而痛者，亦非其所司也。

當歸能治血中無形之氣，不能治有形之氣。故癰腫之已成膿者，癥癖之已成形者，古人皆不用。獨於胎產諸方，用之最多。則以胎元固血分中所鍾之陽氣也，特既已成形，則月事不行，月事不行則氣滯於血者，非一端矣。檢胎產諸方，用當歸者六方，其與他物並駕齊驅為領袖者，當歸貝母苦參丸；當歸散一方，其肩隨他物為督率者；芎歸膠艾湯、當歸芍藥散、溫經湯三方，其所主證，若氣因血滯，為胞阻，為㽲痛。熱因血鬱，為便難。氣阻於血而生熱，無非血分中無形之蓄聚，是以氣行血即安。惟當歸生薑羊肉湯之治男子寒疝，腹中痛脇痛裏急，婦人產後腹中㽲痛，全似陰寒結於血分。特㽲痛與急痛有别，脇痛裏急又與腹痛裏急相殊。以是知為氣阻血中，乃氣之虚，非氣之實也。

清·葉桂《本草再新》卷一　當歸味甘，性溫，無毒。入心、肝、脾三經。治虚勞失血，寒熱欬嗽氣逆。血和則氣降，故止欬舒逆。頭痛腰痛，心腹痛，肢節痛，渾身腫脹，血脈不和，陰分不足，潤腸胃，澤皮膚。血和則皮膚自潤，血壯則腸胃亦寬。兼能安生胎，墮死胎。按當歸專走血分，頭可止血而上行，身可養血而中守，尾可破血而下流，全用活血而統治。

清·吴其濬《植物名實圖考》卷二五　當歸　《本經》中品。《唐本草》注：有大葉、細葉二種。宋《圖經》云：開花似蒔蘿，淺紫色。李時珍謂花似蛇床，今時所用者皆白花，其紫花者葉大，俗呼土當歸。考《爾雅》：薜，山蘄。又薜，白蘄。是當歸本有紫、白二種，今以土當歸附於後，大約藥肆皆通用也。

清·趙其光《本草求原》卷二芳草部　當歸　花紅，入血。根皮黑，肉黄，益脾汁。苦入心，溫達肝，以和營去寒。血寒則澀。辛入肺，通脈以行血，使血得氣而各歸其經以補血之動，為血中氣藥。血本於水為陰，成於木火為陽。必木升水歸脾，脾散精歸肺，而後金孕水，氣下注於心以成血。《經》曰毛脈合精，又曰中焦取汁，變赤成血是也。芍、地主降，益陰，補血之靜；芎、歸主升，行陽益血之動。無毒。主咳逆上氣，肺貫心脈以行呼吸，氣以血為家也。血枯而木火刑金，景岳貞元飲合地、甘納之，使氣得血而歸也。溫瘧，寒熱洗洗在皮膚，心肝血少，不能營脈而充皮毛，惟補血則肝風心火俱熄。故一味水煎露服，治單熱溫瘧；同鱉甲、柴胡，治寒熱瘧；同牛膝、鱉甲、薑、陳，

治陰分久瘧。婦人漏中絕子，補肝以藏血則漏止，胎從厥陰而結，腎精從胞中上交於心包乃有子，補心肝即所以種子。諸惡瘡瘍，皆屬心火無血以制。金瘡，損傷血，而成養血，則肌生。破傷風，同芎、地、芷、荊。跌折疼。同續、杜、牛膝、桂、地、鹿角，煮汁飲之。受氣取汁而成血，煮汁所以助氣，又滋中焦之汁也。今人炒用，涸其汁液，大失經旨。治血虛發熱，脈大無力，合炙芪。一切失血眩暈，同川芎水酒煎。衄血，同知母。尿血，同牛膝、甘梢酒煮。經不利而臍下氣脹，同乾漆煅，蜜丸酒下。產後血脹，同炮薑。產後腹痛，蜜水煎。婦人血虛，同生地。胎動及胎死，同川芎、砂仁。產後自汗、盜汗，同芪、芍；血熱加芩、連、地、柏。面黃色枯，同白朮。調經，同芎、芍等分，香附三倍。熱病，鄭語神昏，同麥冬、甘草。腎燥泄瀉，同淮山、蓯蓉、小麥。痹疼，同桂枝、朮、菊、牛膝。血不營筋，同血藥入牛膝、苡米。筋寒濕毒，同參、苡、川烏、台烏。心虛不眠，同棗、遠、神、參。經逆，先磨墨汁服止之，次用尾同紅花通經。經閉，歸尾、紅花、乳、沒浸酒。難生倒產，同芎、參。血閉無子，同地、芍、白膠、杜、續。純血痢、裏急後重，同地榆、銀花、紅麴、滑石。久痢，以吳萸水製，蜜丸，米飯下。和肝止痛，同木香、芍。又治痢。治婦人胎產諸虛百病，同四物、薑炭、炒黑豆、澤蘭、牛膝、母草、蒲黃。血虛頭痛、齒痛、眼痛，同川芎、細辛。目暗，同附子。心下痛，臂痛，酒煮飲。亦治頭痛。大便秘，同白芷，米煎。墮胎下血不止，同葱白酒煎。肝風內動者，君以巴戟。產後中風，同荊芥、童便酒煎。小兒好啼，感寒成癇，為末，乳汁調下。小兒臍濕，不治則成臍風腫赤。同胡粉、麝香摻。湯火傷瘡，油煎去渣，加黃蠟塗之。風痙，血無氣煦則不能溫達血脈，而筋急強直。溫中，潤腸胃、筋骨，澤肌膚，血主濡之。脈細欲絕，脈者血之府，血不充則細。血壅腰腹諸痛，血寒澀滯，以辛溫和之。溫痹攣蜷，癥瘕宿血，痿躄，足下熱痛，溫傷血停，宜歸尾以行之。衝脈為病，氣逆裏急；帶脈為病，腹痛，腰溶溶如坐水中。衝脈起於腎，夾臍上行至於胸中，滲諸陽，灌諸精，下行入足，滲三陰，灌諸絡，為十二經脈之血海。帶脈圍腰，而約諸脈，如衝帶之血不能上行，外達經絡，灌溉胸中，腰腹則病。宜當歸四逆加吳萸。生肌，血旺則肉長。排膿，血脈通則膿成。止痛。血和故也。

辛溫，能行，使氣煦而血和，故血滯可通，血虛可補，血寒可暖，血亂可撫。但善走而潤滑，便溏、食少者忌之。

血有陰陽動靜，四物湯一升一降，以調其陽動、陰靜之體，用為治血總方。佐參、芪，補氣攝血。血冷，加桂、附、吳萸；熱，佐芩、連；虛，加人參、赤石脂。歸同稜、莪、牽牛，破血積；同硝黃，治血燥；有痰，以薑製。

至氣虛血病，又非四物輩所能治。誠以臟腑之血，出於經隧，行於經絡，散於脈外，充於皮毛，皆由胃之穀氣與肺之真氣周流運達所致。若氣虛而不能至於經以行其血，則須君以參、芪乃可。

歸頭，上行止血；身，養血守中；尾，下行破血；全用，活血而不走。酒蒸洗，上行外達；醋浸，止血。

秦歸，頭圓、尾多，色紫、肥潤，善補。鑱歸，色白、尾大，堅而枯，止能發散。川歸，則善攻。

清・葉志詵《神農本草經贊》卷二 當歸 味甘，溫。主欬逆上氣，溫瘧寒熱，癬在皮膚中。婦人漏下絕子，諸惡創瘍金創，煮飲之。一名乾歸。生川谷。

各有攸歸，身其餘幾。細摘蠶頭，肥收馬尾。望遠遲遲，相招亹亹。血海增光，地仙是饉。

陳承曰：能使氣血各有所歸，當歸之名出此。李時珍曰：治上用頭，治下用尾，治中用身。《左傳》：身其餘幾。蘇恭曰：似細葉芎藭者，名蠶頭，不堪用。似大葉芎藭者，名馬尾。古諺：遠望可以當歸。孟郊詩：意恐遲遲歸。《古今注》：古人相招以文無。當歸也。摯虞賦：氣亹亹而愈新。《雲仙雜記》：竇淝以當歸為地仙。圓曰：使血海增光。

清・文晟《新編六書》卷六《藥性摘錄》 當歸 辛甘，溫，潤。入心兼入肝脾。導血歸源。其頭止血，身養血，尾破血，全則活血不走。惟脾虛惡食泄瀉者忌之。〇產秦州。尾多香潤紫色者良。宜酒洗。忌鐵，畏菖蒲、海藻，忌生薑、濕麪。

清・劉東孟傳《本草明覽》卷一 當歸 【略】按：《經》云：主欬逆上氣。夫當歸血藥，何以治胸中氣也？蓋當歸非獨主血，味兼辛散，乃為血中氣藥。況欬逆上氣，非止一端，亦有陰虛陽無所附，以致作逆者。今用血藥補陰，與陽齊等，則血和而氣降矣。《本經》之所謂義或由斯。又當歸能逐瘀血，生新血，使血脉通暢，與氣並行，周流不息，有各歸氣血之功，因以為名耳。

清・張仁錫《藥性蒙求・草部》 當歸錢半、三錢。當歸辛溫，使血歸經。扶虛益損，逐瘀生新。頭止血，上行；身養血，中守；尾破血，下流；全活血，不走。宜酒製。治吐血宜醋炒。體肥痰盛，用薑汁炒，恐泥膈也。〇甘溫和血，辛溫散內寒，

苦溫助心散寒，入肝心脾經，為血中氣藥。治衝脈為病，氣逆裏急，帶脈為痛，腹痛滿，腰溶溶如坐水中，及婦人諸不足血症，使氣血各有所歸，故名。其氣與胃不相宜，一切脾胃病均忌之。

清・屠道和《本草匯纂》卷一平補　當歸　耑入心。辛甘溫潤，生血上品，主一切血症，為血中氣藥。治血通用，能除血刺痛，主欬逆上氣，溫瘧寒熱，婦人漏下絕子，補女子諸不足，潤腸胃，澤皮膚，養血生肌，排膿止痛。凡血枯血燥、血閉血脫等症，皆當用此主治。他如癰疽瘡瘍，痛苦異常，金瘡失血，煮汁飲之，皆能溫中止痛。並衝脈為病而見逆氣裏急，帶脈為病而見腹痛腰如坐水，皆因血虛氣無所附之故，得此則除。客氣虛冷，客血內寒，中風中惡，補五臟，生肌肉，氣血昏亂，服之即定。有各歸氣血之功，故名當歸。按：　當歸頭則止血上行，身則養血中守，尾則破血下流，全則活血不走。血虛氣不固，佐以人參、黃耆；　血熱，佐以條芩、梔、連；　血積，佐以大黃、牽牛；　營虛表不解，佐以柴、葛、麻、桂；　衛熱表不斂，佐以大黃。寒鬱而見瘧痢腰腹頭痛者，用以散寒；　血虛而見風痙無汗者，用以養血。大便滑泄鶩溏者忌用。秦產頭圓，尾多色紫，氣香肥潤，名馬尾當歸，其性力柔善補。川產尾粗堅枯，名鑱頭當歸，其性力剛善攻，只宜發散。收貯：　晒乾，乘熱紙封甕內，宜用酒洗。畏菖蒲、海藻、生薑，惡濕麪。張景岳曰：　治血之劑，古人多以四物為主，然亦有宜與不宜者。蓋補血行血，無如當歸，但當歸之性動而滑，凡因火動血，因火而嗽，因濕而滑者，忌之。行血散血，無如川芎，然川芎之性升而散，凡火帶血上，氣虛多汗，火不歸元者，忌之。生血涼血無如生地，斂血清血無如芍藥，然二物皆涼，凡陽虛者非宜也。脈弱身涼，多嘔便溏者，皆非宜也。故用四物不可不察。

清・戴葆元《本草綱目易知錄》卷一　當歸　甘溫和血，辛溫散內寒，苦溫能助心散寒，入心、肝、脾三經，乃血中氣藥。治虛勞寒熱，欬逆上氣，溫瘧澼痢，頭痛腰痛，心腹諸痛，除客血內塞，中風痓汗不出，濕痹中惡，癰疽瘡瘍。排膿止痛，養血生肌，破惡血，養新血，止嘔逆，化癥癖，潤腸胃、筋骨、皮膚。主痿癖嗜卧，足下熱而痛；　衝脈為病，氣逆裏急，帶脈為病，腹痛，腰溶溶如坐水中；　婦人瀝血腰疼，漏下絕子，崩中胎動，補俱不足，胎產惡血上衝，及一切血證，陰虛而陽無所附者。然滑大腸，瀉者忌用。【略】湯火灼瘡，麻油四兩，當歸一兩，熬枯，去渣，入黃蠟一兩，溶化，攤貼。葆元驗，加黑猪毛一團，仝熬，更效。

清・黃光霽《本草衍句》　當歸　和血補血，辛溫甘溫。潤澤腸胃，散寒助心。為血中之氣藥，入太、少(於)〔與〕厥陰。心、肝、脾三經血分藥。溫中止心腹之痛，養營療肢節之疼。虛勞寒熱，欬逆氣賁，誠血家之要品。補不足於婦人，溫瘧熱痢，止痛排膿，兼為衝帶之脈病，衝脈為病，腹痛，氣逆裏急。帶脈為病，腹痛，腰溶溶如坐水中。各使氣血而歸真。得人參、黃耆則補氣生血，同牽牛、大黃則行氣破血，得桂、附、茱萸則熱，得大黃、芒硝即寒。血虛發熱，當歸補血湯。治肌熱燥熱，因渴引飲，目赤面紅，晝夜不息，其脈洪大而虛，重按全無力，此血虛之候也。得於飢困勞役，症似白虎，但脈不長實為異耳。若誤服白虎即死，宜此主之。當歸酒洗二錢，綿黃耆炙一兩，作一服，水煎溫服，日再服。

清・陳其瑞《本草撮要》卷一　當歸　味苦辛，入手少陰、足厥陰經，功專治女子諸虛不足。得人參、黃耆補氣生血，同牽牛、大黃行氣破血，得桂、附、茱萸則熱，得大黃、芒硝則寒滑大腸。治血酒製。畏菖蒲、海藻、生薑，惡濕麪。

清・周學海《讀醫隨筆》卷五　當歸　辛甘，香羶，大溫，入肝，通行氣血，開結散鬱，壯肝膽陽氣，化血脈寒痹。凡寒濕凝滯，筋骨疼痛、拘急，不能得汗者，以此溫通之。性雖能潤，而血分虛燥、肝胃火沖、暈眩、嘔吐、多汗者忌與，以其溫升開散也。秦產甘潤，川產辛劣。亦能通督脈，達巔頂，以升陽氣而辟陰邪鬼魅。

清・李桂庭《藥性詩解》　賦得當歸補虛而養血得虛字。　當歸辛潤燥，豈有一能與。力倍專涵血，功尤大補虛。　按：　當歸本屬心、肝、脾，血分之主藥，使血分各有所歸，因名之曰當歸。性潤滑腸，瀉者禁用。

前題李春林　四物當歸首，功專補血虛。榮調疼可止，氣壯力能餘。

當歸性本甘溫辛苦，為血分聖藥。《本經》謂其血瘀能通，血虛能補，血枯能潤，血亂能和，辛溫又能行氣，故使氣調而血有所歸，乃謂之當歸也。

前題李慶霖　歸有秦川品，當知緩與餘。秦生能補血，川產善攻虛。

原作意是辭非。按當歸本屬血分聖藥，功專補潤。有秦川二種，川產剛，善攻而散；　秦產柔，善補而潤。川產尾粗堅枯，名為鑱頭當歸；　秦產尾多肥潤，裏白不油，名為馬尾當歸。名同而性異，學者可不留心而精求乎？

清・仲昴庭《本草崇原集說》卷中　當歸　【略】仲氏曰：　《崇原》釋藥性，皆見道之言，最宜熟玩，若當歸一切主治，有非他藥所勝任者，亦必從源

說起，才得分明。又曰：《經讀》參諸家之説，取其淺而易知也。但經義有淺亦有深。深如《崇原》，先明稟氣，即始見終；淺如《經讀》，分疏心肝，因此識彼，要旨足以正蒙。

杜當歸

宋・王介《履巉巖本草》卷下　自摇草　性温，無毒。治風氣，活血，去頭風。一名杜當歸。

明・朱橚《救荒本草》卷上之後　杜當歸　生密縣山野中。苗高一尺許，莖圓而有線楞，葉似山芹菜葉而硬，邊有細鋸齒刺，又似蒼术葉而大，每三葉攢生一處，開黄花，根似前胡根，又似野胡蘿蔔根。其葉味甜。救飢：採葉煠熟，水浸作成黄色，换水淘洗淨，油鹽調食。治病：今人遇當歸缺，以此藥代之。

白芷

宋・李昉《太平御覽》卷九八三　白芷　《山海經》曰：號山其草多藥。郭璞注曰：藥，白芷也，一名香草也。《廣雅》曰：白芷葉謂之藥。《范子計然》曰：白芷出齊郡，以春取黄澤者善也。《本草經》曰：白芷，一名芳香。味辛，温。生河東。《吴氏》曰：白芷，一名虈許嬌切，一名苻離，一名澤分，一名葩。

宋・唐慎微《證類本草》卷八草部中品〔《本經・别録・藥對》〕　**白芷**　**味辛，温，**無毒。**主女人漏下赤白，血閉，陰腫，寒熱，風頭侵目淚出，長肌膚，潤澤可作面脂，**療風邪，久渴，吐嘔，兩脇滿，風痛，頭眩目痒。可作膏藥、面脂，潤顔色。**一名芳香，**一名白茝，一名囂許驕切，一名莞，一名苻蘺，一名澤芬。葉名蒿音歷麻，可作浴湯。生河東川谷下澤。二月、八月採根，暴乾。當歸爲之使，惡旋復花。

〔梁・陶弘景《本草經集注》〕云：今出近道處處有，近下濕地東間甚多。葉亦可作浴湯，道家以此香浴，去尸蟲，又用合香也。

〔宋・掌禹錫《嘉祐本草》〕按：《范子計然》云：白芷出齊郡，以春取黄澤者善也。《藥性論》云：白芷，君。能治心腹血刺痛，除風邪，主女人血崩及嘔逆，明目止淚出。療婦人瀝血腰痛，能蝕膿。日華子云：治目赤努肉，及補胎漏滑落，破宿血，補新血，乳癰發背，瘰癧，腸風，痔瘻，排膿，瘡痍疥癬，止痛，生肌，去面皯疵瘢。

〔宋・蘇頌《本草圖經》〕曰：白芷，生河東川谷下澤，今所在有之，吴地尤多。根長尺餘，白色，麄細不等，枝蘚去地五寸已上。春生葉，相對婆娑，紫色，闊三指許。花白微黄。入伏後結子，立秋後苗枯。二月、八月採根，暴乾。以黄澤者爲佳。楚人謂之葯，《九歌》云：辛夷楣兮葯房，王逸注云：葯，白芷是也。

〔宋・唐慎微《證類本草》〕《雷公》云：凡採得後，勿用四條作一處生者，此名喪公藤。兼勿用馬蘭，並不入藥中。採得後刮削上皮，細剉，用黄精亦細剉，以竹刀切，二味等分，兩度蒸一伏時後出，於日中曒乾，去黄精用之。《外臺秘要》：治丹癮瘮。白芷及根葉煮汁洗之，效。《子母秘録》：治小兒身熱。白芷煮湯浴兒，避風。

宋・寇宗奭《本草衍義》卷九　白芷　菵是也。出吴地者良。《經》曰能蝕膿。今人用治帶下，腸有敗膿，淋露不已，腥穢殊甚，遂至臍腹，更增冷痛。此蓋爲敗膿血所致。卒無已期，須以此排膿。白芷一兩，單葉紅蜀葵根二兩，芍藥根白者、白礬各半兩，礬燒枯别研，餘爲末，同以蠟丸如梧子大，空肚及飯前，米飲下十丸或十五丸。俟膿盡，仍别以他藥補之。

宋・鄭樵《通志》卷七五《昆蟲草木略》　澤芬　曰白芷，曰白茝，曰虈，曰莞，曰苻蘺。楚人謂之葯。其葉謂之蒚麻。與蘭同德，俱生下濕，故蘭茝之香為騷人所諷詠。

金・張元素《潔古珍珠囊》〔見元・杜思敬《濟生拔粹》卷五〕　白芷辛純陽，陽明經本藥。去遠。治正陽、陽明頭痛。

宋・劉明之《圖經本草藥性總論》卷上　白芷　味辛，温，無毒。主女人漏下赤白，血閉陰腫寒熱，風頭侵目淚出，長肌膚潤澤，療風邪久渴吐嘔。《藥性論》云：君。治心腹血刺痛，除風邪女人血崩，治瀝血腰痛。日華子云：治目赤努肉，及補胎漏滑落，破宿血，補新血，乳癰發背，瘰癧腸風痔瘻，排膿止痛。當歸為之使。惡旋覆花。

宋・張杲《醫説》卷七　白芷治蛇齧　臨川有人以弄蛇貨藥為業，一日方作場為蝮所齧，即時殞絶，一臂之大如股，少選徧身皮脹，作黄黑色，遂死。有道人方旁觀，出言曰：此人死矣，我有一藥能療，但恐毒氣益深，或不可治，諸君能相與證明，方敢為出力。衆咸竦踊勸之，乃求錢二十文以往，才食頃，奔而至，命汲新水，解裹中藥，調一升，以杖抉傷者口，灌入之，藥盡覺臍中搰搰然，黄水自其口出，腥穢逆人，四體應手消縮，良久復故，其人已能起，與未傷時無異，遍拜觀者，且鄭重謝道人。道人曰：此藥不難得，亦甚易辨，吾不惜傳諸人，乃香白芷一物也。法當以麥門冬湯調服，適事急不暇，姑

以水代之，吾今活一人，可行矣。拂袖而去。郭邵州沰得其方，嘗有鄱陽一卒，夜直更舍，為蛇齧腹，明旦赤腫欲裂，以此飲之即愈《夷堅志》。

元·王好古《湯液本草》卷三 白芷 氣温，味大辛，純陽，無毒。氣味俱輕，陽也。陽明經引經藥，手陽明經本經藥。行足陽明經，於升麻湯四味內加之。《象》云：治手陽明頭痛，中風寒熱，解利藥也。以四味升麻湯主之。《珍》云：長肌肉，散陽明之風。《心》云：治風通用，去肺經風熱。《本草》云：主女子漏下赤白，血閉陰腫寒熱，風頭侵目淚出，長肌膚潤澤可作面脂，療風邪，久渴吐嘔，兩脇滿，風痛頭眩目癢。日華子云：補胎漏滑落，破宿血，補新血。乳癰發背，一切瘡疥，排膿止痛生肌，去面皯疵瘢，明目。其氣芳香，治正陽陽明頭痛。與辛夷、細辛同用，治鼻病。內托，用此長肌肉，則陽明可知矣。又云：當歸為之使，惡旋覆花。

元·佚名氏《珍珠囊·諸品藥性主治指掌》〔見《醫要集覽》〕 白芷 味辛，氣溫，無毒。升也，陽也。其用有四：去頭面皮膚之風，除皮膚燥癢之症，止足陽膽頭痛之邪，為手太陰引經之劑。

元·徐彥純《本草發揮》卷二 香白芷 潔古云：治足陽明頭痛，中風寒熱。解利藥也。以四味升麻湯中加之，通行手足陽明經也。《主治秘訣》云：性溫，味辛，氣味俱輕，陽也。陽明行經之藥。治陽明經頭痛在額，及治風通用。去肺經風熱，頭面皮膚燥痒。東垣云：白芷味辛，純陽。治風邪，止渴，嘔吐，頭風侵目淚出，頭眩目痒，治目赤努肉。排膿，治瘡痍疥癬，長肌肉，散陽明經之風。又云：通行手陽明經，又為手太陰之引經。海藏云：其氣芳香，治正陽陽明頭痛。與辛夷、細辛同用，治鼻病。內托用此長肌，則陽明可知也。

明·蘭茂撰，清·管暄校補《滇南本草》卷下 白芷 性溫，味辛、微甘。升也，陽也。入陽明經。以辛入肺，止陽明頭痛之寒邪，四時發熱，祛皮膚遊走之風。止胃冷腹痛寒痛，除風濕燥癢頑痺，攻瘡癰，排膿定痛。治婦人漏下白帶散經，週身寒濕疼痛。

附：白芷散，治四時感冒風寒暑濕，頭疼發熱，乍寒乍熱，止陽明經頭風疼。又名香蘇白芷散。白芷一錢，香附一錢，蘇葉一錢，川芎一錢，黃芩一錢，石膏一錢，燒。防風一錢，甘草五分，引用生薑，水煎服。附：白芷湯，治婦人濕痰下注，入膀胱以成白帶漏下。白芷，用頭不用稍，二錢。蒼术一錢，川芎二錢，香附一錢，陳皮一錢，連鬚一錢，土茯苓二錢，引用糯米一撮，水煎，點水酒服，二三劑不效，加臭椿皮一錢，艾葉。二錢，炒。忌魚、羊、蛋、蒜、韭菜。補註：白芷湯，治婦人年少，素無病容，單有白帶症者用之。濕熱下注，此方用之效。婦人久病白帶下注，是氣虛下陷，多成虛癆病症，用之不效。

明·王綸《本草集要》卷三 白芷君 味辛，氣溫。氣味俱輕，陽也。無毒。陽明經引經藥，手陽明經本經藥。當歸為之使。惡旋覆花。主女人漏下赤白，血閉陰腫，寒熱風頭，侵目淚出，長肌膚，潤澤，可作面脂，去面瘢。手陽明頭痛，中風寒熱，解利藥也。治風通用，去肺經風熱。宜作寒。治心腹血刺痛，能蝕膿，乳癰發背，瘰癧，腸風痔瘻，一切瘡疥，排膿止痛，內托生肌。又與辛夷、細辛同用，治鼻塞病。

明·滕弘《神農本經會通》卷一 白芷 君也。當歸為之使。惡旋覆花。味辛，氣溫，無毒。《湯》云：味大辛。純陽，氣味俱輕，陽也。陽明經引經藥，手陽明經本經藥，行足陽明經。東云：升也，陽也。去頭面皮膚之風，除皮膚燥痒之痺，止足陽明頭痛之邪，為手太陰引經之劑。又云：止崩，治腫。療痔漏瘡瘍。珍云：陽明與肺同引，治頭痛及諸風，主頭風侵目流淚，目痒，頭眩，弩肉紅，皮膚燥痒麻痺，止吐止渴。排膿長肌，為瘡家諸藥之雄。《衷》云：長肌，伐熱風，定痛。療瘡癰。女人赤白并陰腫。去舊，生新血有功。

《本經》云：主女人漏下赤白，血閉陰腫，寒熱風頭侵目淚出。長肌膚潤澤，可作面脂。療風邪，久渴，吐嘔，兩脇滿，風痛頭眩，目痒。可作膏藥面脂，潤顏色。二八月採根，暴乾。《藥性論》云：白芷，君。能治心腹血刺痛，除風邪，主女人血崩及嘔逆，明目，止淚出。療婦人瀝血腰痛，能蝕膿。日華子云：治目赤努肉，及補胎漏，滑落，破宿血，補新血，乳癰發背，瘰癧，腸風痔瘻，排膿，瘡痍疥癬，止痛生肌，去面皯疵瘢。《象》云：治手陽明頭痛，中風寒熱，解利藥也。以四味升麻湯內加之。《心》云：治風通用。去肺經風熱。又與辛夷、細辛同用，治鼻塞病。珍云：長肌肉，散陽明之風。日華子云：明目，其氣芳香，治正陽陽明頭痛。與辛夷、細辛同用，治鼻塞病。內托用此長肌肉，則陽明可知矣。《衍義》曰：能蝕膿。今用治帶下，腸有敗膿，淋露不已，腥穢殊甚，至臍腹冷痛，此為敗膿血所致，須以此排膿，白芷一兩，單葉紅蜀根二兩，白芍、白礬各半兩，枯礬別研，餘為末，蠟丸梧子

大，空心飣前米飲下十丸、十五丸，俟膿盡，仍別以他藥補之。劊云：白芷辛溫去面風，陽明經藥引能通。治及痺疼膚燥痒，止足陽明頭痛攻。《局》云：太平白芷治風邪，大止頭疼及眼花。明目治崩通血脉，排膿止痛入瘡家。白芷，能除血崩，专攻頭痛及排膿。

明・劉文泰《本草品彙精要》卷一〇 白芷無毒。植生。

白芷出《神農本經》：**主女人漏下赤白，血閉，陰腫，寒熱，風頭侵目淚出，長肌膚，潤澤，可作面脂。**以上朱字《神農本經》。療風邪，久渴，吐嘔，兩脇滿，風痛，頭眩，目癢。可作膏藥面脂，潤顏色。以上黑字名醫所錄。〔名〕芳香、白茝音採、虈音囂、莞、苻蘺、澤芬。葉：蒚音歷麻、葯。〔苗〕《圖經》曰：根長尺餘，白色，粗細不等，枝蘚去地五六寸，春生葉，相對婆娑，紫色，闊三指許，花白微黃。入伏後結子，立秋後苗枯，楚人謂之葯。《九歌》云辛夷楣兮葯房。王逸注云：葯，白芷也。〔地〕《圖經》曰：出河東川谷、下澤及齊郡，今所在有之。陶隱居云：生下濕地，今近道處處有之。〔道地〕澤州、吳地尤勝。〔時〕生：春生葉。採：二月、八月取根。〔收〕暴乾。〔用〕根大而不蛀者佳。〔質〕類栝樓根而細。〔色〕白。〔味〕辛。〔性〕溫。〔氣〕氣味俱輕，陽也。〔臭〕香。〔主〕頭風侵目，排膿生肌。〔行〕手陽明經，足陽明經。〔助〕當歸爲之使。〔反〕惡旋覆花。〔製〕《雷公》云：採得後，刮削上皮，細剉，用黃精亦細剉。以竹刀切二味，等分，兩度蒸一伏時，後出於日中曬乾，去黃精用，或生用。〔治〕療：陶隱居云：作湯浴以去尸蟲。《藥性論》云：止心腹血刺痛，及嘔逆，明目止淚出，女人血崩，瀝血，腰痛，能蝕膿。日華子云：退目赤胬肉，止胎漏滑落，破宿血，消乳癰，發背，瘰癧，腸風，痔瘻，排膿，瘡痍，疥癬，止痛，生肌，去面皯，疵瘢。補：日華子云：生新血。〔贗〕喪公藤爲偽。

明・葉文齡《醫學統旨》卷八 白芷 氣溫，味大辛。無毒。升也，陽也。手陽明本經藥，足陽明引經藥。當歸為之使。惡旋覆花。治女子漏下赤白，血閉陰腫寒熱；頭風目淚，長肌膚，除燥痒，去面皯；手陽明頭痛中風，解利邪氣；去肺經風熱，頭眩目痒；一切瘡毒，排膿止痛生肌。與細辛、辛夷同醫鼻病。

明・許希周《藥性粗評》卷二 皮風散白芷之香，更蠲頭痛。

白芷，一名白茝。《爾雅》謂之苻離，楚人謂之葯，《楚辭・九歌》曰辛夷楣兮葯房是也。春生苗，葉闊三指許，紫色，相對而生，枝幹婆娑，去地五寸已上，高尺餘，夏開白花，微黃，伏後結子，秋後苗枯，根長尺餘，白色，根枝莖葉俱香烈，入香品。好生下澤濕地，出河東州郡，今近道亦皆有之，今以太平者勝。二、八月採根，刮削上皮，剉斷，蒸過，曒曬乾。其四條作一處生者，名喪公藤，不可入藥。當歸為之使，惡旋覆花。味辛，性溫，無毒。入手太陰肺、陽明大腸、足陽明胃經。主治寒熱風邪，頭目風眩，皮膚風痒，嘔吐痞滿，腸風瘰癧，乳癰發背，癮瘮瘡疥，心腹氣痛，婦人血氣崩漏壅閉，穢污腥臭，專治陽明頭痛在額，明目止淚，排膿散血，生肌止痛，潤澤肌膚。東垣云：白芷主清渴止嘔，頭風目赤，散陽明經之風邪。海藏云：與辛夷、細辛同用治鼻病，內托用此長肌。

單方：皮膚風瘮：凡頭面皮膚風氣瘙癢者，常以白芷煎湯，沐浴洗之。小兒熱癇：小兒丹瘮，反癇熱者，取白芷及莖葉不拘，作湯，避風處洗之。

明・鄭寧《藥性要略大全》卷二 白芷君 《珠囊》云：去頭面皮膚之風，除皮膚燥痒之痹。止足陽明頭痛之邪，為手太陰引經之劑。《經》云：治手陽明頭痛，中風寒熱，解利藥也。散陽明之風，去肺經風熱，治風通用之藥。治女人漏下赤白，血崩血閉，陰腫寒熱，頭痛侵目淚出。長肌肉，澤顏色，可作面脂，療風去面皯疵瘢。治心腹血刺痛及嘔逆，明目止淚。治女人瀝血腰痛，破宿血，補新血，療痔漏、乳癰發背，排膿生肌，止痛。味辛，氣溫，無毒。升也，陽也。陽明經引經藥。手陽明經本經藥。行足陽明經。當歸為之使。惡旋覆花。不蛀者良。〇處暑前後三日收者不蛀。

明・賀岳《醫經大旨》卷一《本草要略》 白芷 性溫味辛，微帶甘，故辛溫而走於肌肉，止足陽明頭痛，而不治他經也。此劑最能排膿長肉，而散面上風邪，及諸瘡瘍，皆當以此為佐。又云其能止崩。又以為手太陰引經之劑，意者味辛，但入肺故耳。

明・陳嘉謨《本草蒙筌》卷二 白芷 味辛，氣溫。氣味俱輕，升也，陽也。無毒。所在俱生，吳地尤盛。氣甚香竄，又名芳香。根收處暑蛀無，是日收，則不蛀。色選黃澤効速。惡旋覆，使當歸。通行手足陽明二經，又為太陰經之引使也。乃本經頭痛中風寒熱解利之要藥，亦女人漏下赤白血閉陰腫之僊丹。宜炒黑用。作面脂，去面瘢。散目癢，止目淚。去肺經風寒，治風通用；療心腹血痛，止痛多宜。外散乳癰背疽，內托腸風痔瘻。排膿消毒，長肉生肌。一切瘡瘍，並用調治。與細辛辛夷作料，治久患鼻塞如神。

〇葉名蒿麻，道家常採煎湯浴體，能殺尸蟲。

明·方穀《本草纂要》卷一 白芷　味辛，氣溫，氣味俱輕，陽也，無毒。入手太陰、陽明，足厥陰、少陽，足太陰、陽明經之藥也。蓋上行頭目，下抵腸胃，中達肢體，遍通肌膚，以至毛竅，而利泄邪，氣寒以之發散，風以之驅風，濕以之燥濕。是故頭痛目眩，四肢麻痹，肌膚不仁，或痒或痛或瘡，潰膿濕不乾，或兩目作瘴而翳膜昏澁，白芷皆能治之。大抵此劑各有所因，得紫蘇、麻黃，可以解表而外泄風寒；得防風、荊芥，可以驅風而散達皮膚；得藁本、川芎，可以上行頭目；得天麻、殭蟲，可以追逐面風；得山梔、黃芩，可以清清風熱於肌表；得獨活、蒼朮，可以散風濕於四肢；得黃芩、黃連，可以清濕熱於腸胃；得羌活、獨活，可以除痛痒於一身。至若陽明引經，無升麻、乾葛，不能善行此經；腸風泄瀉，無防風、白芷，不能善止其瀉。抑又聞之，風從汗泄，以之而發散驅風，風能勝濕，以之而助風燥濕，是皆白芷之功。此其治者，不可不知也。

明·王文潔《太乙仙製本草藥性大全》卷二《本草精義》 白芷　一名芳香，一名白茝，一名虉，一名莞，一名苻蘺，一名澤芬。葉名蒿麻，可作浴湯。生河東川谷下澤，今所在有之，吳地尤多。根長尺餘，白色，粗細不等，枝蘚去地五寸已上。春生葉，相對婆娑，紫色，闊三指許，花白微黃，入伏後結子，立秋後苗枯，以處暑日採，曝乾不蛀，色取黃澤者爲佳，效速。惡旋覆花。手足陽明二經，又爲手太陰經之引使也。

明·王文潔《太乙仙製本草藥性大全》卷二《仙製藥性》 白芷君　味辛，氣溫，氣味俱輕，升也，陽也，無毒。陽明經引經，手陽明經本經藥。當歸爲之使。蟲不蛀者爲良。　主治：乃本經頭痛中風、寒熱解利之要藥。亦女人漏下赤白、血閉陰腫之仙丹。宜炒黑用。作面脂去面瘢，散目癢，止目淚，去肺經風寒，治風通用。療心腹血痛，止痛多宜。外散乳癰背疽，內托腸風痔瘻。排膿消毒，長肉生肌，一切瘡瘍，並用調治。與細辛、辛夷作料，治久患鼻塞如神。〇葉名蒿麻，道家常採煎湯浴體，能殺尸蟲。　補註：治小兒身熱，白芷煮湯浴兒，避風。治丹癮疹，白芷及根葉煮汁洗之效。治帶下，腸有敗膿，淋露不已，腥穢殊甚，遂至臍腹，更生冷痛，此蓋爲敗膿血所致，卒無已期，須以此排膿。白芷一兩，單葉紅蜀葵根二兩，芍藥根白者、白礬各半兩，礬燒枯，別研，餘爲末，同以蠟丸如梧子大，空肚及飯前米飲下十丸，或十五丸，俟膿盡，仍別以他藥補之。　太乙曰：凡採得後勿用四條作一處生者，此名喪公藤，兼勿用馬蘭，並不入藥中。採得後刮削上皮，細剉用，黃精亦細剉，以竹刀切，二味等分，兩度蒸一伏時後出，於日中曝乾，去黃精用之。

明·皇甫嵩《本草發明》卷二 白芷中品之上，臣。氣溫，味辛，無毒。氣味俱輕，升也，陽也，陽明引經藥，手陽明本經藥，行足陽〔明〕經。　發明曰：白芷辛溫而輕，升走肌達于頭面，陽明經解利之要藥。故治手陽明頭痛，中風寒熱。本草主寒熱頭風，侵目淚出，療風邪，久渴吐嘔，脇滿風痛，頭眩目痒等，皆解利之功也。又長肌肉，潤澤，可作面脂，潤顏色，去面瘢，頭面皮膚燥痒，以能走肌達頭面也。陽明，氣血之海，故主女子崩漏赤白，血閉陰腫，多屬陽明，此能止之。又主癰腫瘰癧，痔瘻腸風，排膿止痛，手陽明大腸濕熱所致，故能療之。辛入肺，為手太陰引經，故散肺經風寒，與辛夷同用，治鼻塞鼻淵病。足陽明經，于升麻湯四味加之。當歸為之使。惡旋復花。

明·李時珍《本草綱目》卷一四草部·芳草類 白芷《本經》上品

〔釋名〕白茝音止，又昌海切。芳香《本經》　澤芬《別録》　苻蘺《別録》虉，許驕切。莞音官。葉名蒿麻音力、葯音約。　時珍曰：徐鍇云初生根幹爲芷，則白芷之義取乎此也。王安石《字說》云：茝香可以養鼻，又可養體，故茝字從臣，臣音怡，養也。許慎《說文》云：晉謂之虉，齊謂之茝，楚謂之蘺，又謂之葯。生於下澤，芬芳與蘭同德，故騷人以蘭茝爲詠，而本草有芳香、澤芬之名，古人謂之香白芷云。

〔集解〕《別録》曰：白芷生河東川谷下澤，二月、八月採根暴乾。弘景曰：今處處有之，東間甚多。葉可合香。頌曰：所在有之，吳地尤多。根長尺餘，粗細不等，白色。枝幹去地五寸以上。春生葉，相對婆娑，紫色，闊三指許。花白微黃。入伏後結子，立秋後苗枯。二月、八月採〔根〕暴〔乾〕。以黃澤者爲佳。斆曰：凡採勿用四條一處生者，名喪公藤。又勿用馬蘭根。

根　〔修治〕斆曰：採得刮去土皮。細剉，以黃精片等分，同蒸一伏時，曬乾去黃精用。時珍曰：今人採根洗刮寸截，以石灰拌勻，曬收，爲其易蛀，並欲色白也。入藥微焙。

〔氣味〕辛，溫，無毒。元素曰：氣溫，味苦、大辛，氣味俱輕，陽也。手陽明引經本藥，同升麻則通行手、足陽明經，亦入手太陰經。之才曰：當歸爲之使，惡旋覆花，制雄黃、硫黃。

〔主治〕女人漏下赤白，血閉陰腫，寒熱，頭風侵目淚出，長肌膚，潤澤顏色，可作面脂《本經》。療風邪，久渴吐嘔，兩脇滿，頭眩目癢。可作膏藥《別録》。治目赤努肉，去面皯疵瘢，補胎漏滑落，破宿血，補新血，乳癰發背瘰癧，腸風痔瘻，瘡痍疥癬，止痛排膿大明。能蝕膿，止心腹血刺痛，女人瀝血

腰痛，血崩甄權。解利手陽明頭痛，中風寒熱，及肺經風熱，頭面皮膚風痹燥癢元素。治鼻淵鼻衄，齒痛，眉棱骨痛，大腸風秘，小便去血，婦人血風眩運，翻胃吐食，解砒毒蛇傷，刀箭金瘡時珍。

【發明】杲曰：白芷療風通用，其氣芳香，能通九竅，表汗不可缺也。劉完素曰：治正陽明頭痛，熱厥頭痛，加而用之。好古曰：同辛夷、細辛用治鼻病，入內托散用長肌肉，則入陽明可知矣。時珍曰：白芷色白味辛，行手陽明庚金；性温氣厚，行足陽明戊土；芳香上達，入手太陽肺經。肺者，庚之弟，戊之子也。故所主之病不離三經。如頭目眉齒諸病，三經之風熱也；如漏帶癰疽諸病，三經之濕熱也。風熱者辛以散之，濕熱者温以除之。爲陽明主藥，故又能治血病胎病，而排膿生肌止痛。按王璆《百一選方》云：王定國病風頭痛，至都梁求明醫楊介治之。連進三丸，即時病失。懇求其方，則用香白芷一味，洗曬爲末，煉蜜丸彈子大。每嚼一丸，以茶清或荆芥湯化下。遂命名都梁丸。其藥治頭風眩運，女人胎前産後，傷風頭痛，血風頭痛，皆效。戴原禮《要訣》亦云：頭痛挾熱，項生磊塊者，服之甚宜。又《臞仙神隱書》言種白芷能辟蛇，則《夷堅志》所載治蝮蛇傷之方，亦制以所畏也，而本草不曾言及。宗奭曰：《藥性論》言白芷能蝕膿，今人用治帶下，腸有敗膿，淋露不已，腥穢殊甚，遂致臍腹冷痛，皆由敗膿血所致，須此排膿。白芷一兩，單葉紅蜀葵根二兩，白芍藥、白枯礬各半兩，爲末。以蠟化丸梧子大。每空心及飯前，米飲下十丸或十五丸。俟膿盡，乃以他藥補之。

【附方】舊一。新三十三。　一切傷寒：神白散，又名聖僧散，治時行一切傷寒，不問陰陽輕重、老少男女孕婦，皆可服之。用白芷一兩，生甘草半兩，薑三片，葱白三寸，棗一枚，豉五十粒，水二碗，煎服取汗。不汗再服。病至十餘日未得汗者，皆可服之。此藥可卜人之好惡也。如煎得黑色，或誤打翻，即難愈；如煎得黄色，無不愈者。煎時要至誠，忌婦人鷄犬見。《衛生家寶方》。　一切風邪：方同上。　風寒流涕：香白芷一兩，荆芥穗一錢，爲末。蠟茶點服二錢。《百一選方》。　小兒流涕：是風寒也。白芷末、葱白，搗丸小豆大，每茶下二十丸。仍以白芷末，薑汁調，塗太陽穴，乃食熱葱粥取汗。《聖惠方》。　小兒身熱：白芷煮湯浴之。取汗避風。《子母秘録》。　頭面諸風：香白芷切，以蘿蔔汁浸透，日乾爲末，每服二錢，白湯下。或以嗃鼻。《直指方》。　偏正頭風：百藥不治，一服便可，天下第一方也。香白芷炒二兩五錢，川芎炒、甘草炒、川烏頭半生半熟各一兩，爲末。每服一錢，細茶、薄荷湯調下。談埜翁《試效方》。　頭風眩運：都梁丸，見發明下。　眉棱骨痛：屬風熱與痰。白芷、片芩酒炒等分，爲末。每服二錢，茶清調下。《丹溪纂要》。　風熱牙痛：香白芷一錢，朱砂五分，爲末。蜜丸芡子大，頻用擦牙。此乃濠州一村婦以醫人者，廬州郭醫云：絶勝他藥也。或以白芷、吴茱萸等分，浸水漱涎。《醫林集要》。　一切眼疾：白芷、雄黄爲末，煉蜜丸龍眼大，朱砂爲衣。每服一丸，食後茶下，日二服。名還睛丸。《普濟方》。　口齒氣臭：《百一選方》用香白芷七錢，爲末。食後井水服一錢。《濟生方》用白芷、川芎等分，爲末，蜜丸芡子大，日噙之。　盜汗不止：太平白芷一兩，辰砂半兩，爲末。每服二錢，温酒下。屢驗。《朱氏集驗方》。　血風反胃：香白芷一兩，切片，瓦炒黄爲末。用猪血七片，沸湯泡七次，蘸末食之。日一次。《婦人良方》。　脚氣腫痛：白芷、芥子等分，爲末，薑汁和，塗之效。《醫方摘要》。　婦人白帶：白芷四兩，以石灰半斤，淹三宿，去灰切片，炒研末。酒服二錢，日二服。《醫學集成》。　婦人難産：白芷五錢，水煎服之。唐瑶《經驗方》。　胎前産後：烏金散：治胎前産後虚損，月經不調，崩漏及横生逆産。用白芷、百草霜等分，爲末。以沸湯入童子小便同醋調服二錢。丹溪加滑石，以芎歸湯調之。《普濟方》。　大便風秘：香白芷炒，爲末。每服二錢，米飲入蜜少許，連進二服。《十便良方》。　小便氣淋：結澀不通，白芷醋浸焙乾，二兩，爲末。煎木通、甘草酒調下一錢，連進二服。《普濟方》。　鼻衄不止：就以所出血調白芷末，塗山根，立止。《簡便方》。　小便出血：白芷、當歸等分，爲末。米飲每服二錢。《經驗方》。　腸風下血：香白芷爲末。每服二錢，米飲下，神效。余居士《選奇方》。　痔漏出血：方同上，並煎湯熏洗。《直指方》。　痔瘡腫痛：先以皂角煙熏之。後以鵝膽汁調白芷末塗之，即消。《醫方摘要》。　腫毒熱痛：醋調白芷末傅之。《衛生易簡方》。　乳癰初起：白芷、貝母各二錢，爲末。温酒服之。《秘傳外科方》。　疔瘡初起：白芷一錢，生薑一兩，擂酒一盞，温服取汗，即散。此陳指揮方也。《袖珍方》。　癰疽赤腫：白芷、大黄等分，爲末，米飲服二錢。《經驗方》。　小兒丹瘤：游走入腹必死。初發，急以截風散截之。白芷、寒水石爲末，生葱汁調塗。《全幼心鑒》。　刀箭傷瘡：香白芷嚼爛塗之。《集簡方》。　解砒石毒：白芷末，井水服二錢。《事林廣記》。　諸骨哽咽：白芷、半夏等分，爲末。水服一錢，即嘔出。《普濟方》。　毒蛇傷螫：臨川有人被蝮傷，即昏死，一臂如股，少頃遍身皮脹，黄黑色。一道人以新汲水調香白芷末一斤，灌之。覺臍中搰搰然，黄水自口出，腥穢逆人，良久消縮如故云。以麥門冬湯調尤妙，仍以末搽之。又經山寺僧爲蛇傷，一脚潰爛，百藥不愈。一游僧以新水數洗净腐敗，見白筋，挹乾，以白芷末，入膽礬、麝香少許摻之，惡水涌出。日日如此，一月平復。洪邁《夷堅志》。

葉　【主治】作浴湯，去尸蟲《別録》。浴丹毒癮疹風瘙時珍。

【附方】新一　小兒身熱：白芷苗、苦參等分，煎漿水，入鹽少許洗之。《衛生總微論》。

題明・薛己《本草約言》卷一《藥性本草》　白芷　味辛，氣溫，無毒。陽

也，升也，入手、足陽明經。頭風目疾能攻，皮膚燥癢可療，陽明頭痛非此不除，通治本經風邪之藥。排膿生肌，療瘡瘍邪氣之需。活血勝濕，主帶下赤白之妙。陽明氣血之海，故主女子崩漏赤白。血閉陰腫，多屬陽明，此能止之。○微(蒂)〔帶〕甘泥，故辛溫而走于肌肉，只治足陽明頭痛，而不治他經也。此劑最能排膿長肉，而散面上風邪及諸瘡瘍，皆當以此為佐。又能止崩，又以為手太陰引經之劑，意者味辛，更能入肺故耳。《發明》云：白芷辛溫而輕升，走肌達于頭面，陽明經解利之要藥也。

明・周履靖《茹草編》卷二　澤芬即白芷。　澧有蘭，汀有芷，茁初春，白似脂。摘來滋味多甘美，予以盛之助曉飡。頭目風邪亦能止，芳叢曉摘露猶滋，清水生肥是玉池。　摘嫩葉頭，鹽湯焯過，醯醋和食。

明・梅得春《藥性會元》卷上　白芷　味辛，氣溫。升也，陽也。無毒。入手陽明大腸經、足陽明胃經本經藥。入手太陰肺引經藥。惡旋覆花，當歸為使。　主祛頭面皮膚之風，除皮膚燥痒之痹。止手陽明頭痛之邪。止崩漏，治癰瘡腫諸毒，療赤白下痢。能排膿瘡，邊除風熱與痰。眉稜骨痛，類似頭風，同酒芩為末，效。療血閉陰腫，寒熱頭風，目淚，長膚肌，去面䵟，可作面脂；　肺經風熱，頭眩目痒。與細辛、辛荑，同醫鼻病。專治蛇咬，研末擦傷處，或搗汁浸咬處。

明・杜文燮《藥鑒》卷二　白芷　氣溫，味辛，氣味俱輕，無毒。升也，陽也。去頭面皮膚之風，除周身燥痒之痹。惟其性溫而走於肌肉，故能治足陽明頭痛。與辛夷、細辛同用，則治鼻病。與蒲公英同用，則能排膿。與內托散同用，則去腐爛而長肌肉。與續命湯同用，則治口眼而去歪斜。外散乳癰背疽，內托腸風痔瘻，誠諸瘡瘍、痘疹必要之藥也。又為手太陰引經之劑。意者，味辛但入肺耳。當歸為使。惡旋覆花。

明・李中立《本草原始》卷二　白芷　始生河東川谷下澤，今所在有之，吳地尤多。根長尺餘，白色，粗細不等。枝莖去地五寸已上；　春生葉，相對婆娑，紫色，闊三指許；　花白微黃，入伏後結子，立秋後苗枯；　二月、八月採根，暴乾。徐鍇云：　初生根莖為芷，則白芷之義取乎此也。許慎《說文》云：　晉謂之虈，齊謂之茝，楚謂之蘺，又謂之葯。生於下澤，芬芳與蘭同德，故騷人以蘭、茝為詠。《本經》名芳香，《別錄》名澤芬。今人每呼為香白芷。氣味：　辛，溫，無毒。　主治：　女人漏下赤白，血閉陰腫，寒熱頭〔痛〕，風侵目淚出，長肌膚，潤澤顏色，可作面脂。○療風邪，久渴吐嘔，兩脇滿，頭眩目癢。可作膏藥。○治目赤努肉，去面皯疵瘢，補胎漏滑落，破宿血，補新血，乳癰發背，瘰癧，腸風痔瘻，瘡痍疥癬，止痛排膿。○能蝕膿，止心腹血刺痛，女人瀝血，腰痛，血崩。○解利手陽明頭痛，中風寒熱，及肺經風熱，頭面皮膚風痹燥癢。

白芷，《本經》中品。【圖略】色白，氣香者佳。　修治：　采得根，洗刮寸截，以石灰拌勻，晒收，為其易蛀，并欲色白也。入藥水潤微焙，切片。

元素曰：　氣溫，味苦、大辛，氣味俱輕，陽也，手陽明引經本藥，同升麻則通行手足陽明經，亦入手太陰經。　白芷，當歸為之使，惡旋覆花，制雄黃、硫黃。　談埜翁《試效方》：　治偏正頭風，百藥不治，一服便可，天下第一方也。香白芷炒二兩五錢，川芎炒、甘草炒、川烏頭半生半熟各一兩，為末，每服一錢，細茶、薄荷湯調下。　白芷，君。

明・張懋辰《本草便》卷一　白芷君　味辛，氣溫，氣味俱輕，陽也，無毒。陽明經引經藥，手陽明經本經藥。惡旋覆花。　主女人漏下赤白，血閉陰腫，寒熱風頭侵目淚出，去面瘢。治風通用。

明・李中梓《藥性解》卷二　白芷　味辛，性溫，無毒，入肺、脾、胃三經。去頭面皮膚之風，除肌肉燥痒之痹，止陽明頭痛之邪，為肺部引經之劑。主排膿托瘡，生肌長肉，通經利竅，止漏除崩，明目散風，驅寒燥濕。當歸為使，惡旋覆花。　按：　白芷味辛，為肺所喜，而溫燥為脾胃所喜，宜其入矣。然香燥而發散，主治雖多，能傷氣血，不宜多用久用。

明・繆希雍《本草經疏》卷八　白芷　味辛，溫，無毒。主女人漏下赤白，血閉，陰腫，寒熱，風頭侵目淚出，長肌膚潤澤，可作面脂。療風邪，久渴宜作瀉，嘔吐，兩脇滿，風痛，頭眩，目痒。可作膏藥，面脂，潤顏色。

〔疏〕白芷得地之金氣，兼感天之陽氣，故味辛，氣溫，無毒。其氣香烈，亦芳草也。入手足陽明、足太陰。走氣分，亦走血分，升多於降，陽也。性善祛風，能蝕膿，故主婦人漏下赤白。辛以散之，溫以和之，香氣入脾，故主血閉陰腫，寒熱，頭風侵目淚出。辛香散結而入血止痛，故長肌膚。芬芳而辛，故能潤澤。辛香溫散，得金氣，故療風邪久瀉，風能勝濕也。香入脾，所以止嘔吐。療兩脇風痛，頭眩目痒，祛風之效也。兼可作膏藥、面脂，潤顏色，乃祛風散結之餘事耳。　〔主治參互〕同芍藥、黃耆、當歸、地

黃、續斷、杜仲、益母草、香附、白膠，主漏下赤白。加牛膝，主血閉陰腫寒熱。同甘菊、細辛、藁本、決明子、蒺藜子、荊芥穗、辛夷，治頭風侵目淚出。同黃耆、甘草、地黃、麥冬、五味子，能長肉。同黃耆、甘草、茜草、皂角刺、金銀花、夏枯草、地黃、赤芍藥，排膿止痛消癰腫。同升麻、柴胡、乾葛、羌活，治濕泄。同羌獨活、防風、荊芥、蒺藜、胡麻仁、甘菊花、何首烏，治風邪。同貝母、漏蘆、連翹、金銀花、夏枯草、蒲公英、紫花地丁、橘皮，消乳癰結核。《衍義》蝕膿方：白芷一兩，單葉紅蜀葵根二兩，白芍藥、白礬燒枯各半兩，別研，餘俱為細末，黃蠟丸如梧子大。空腹及飯前米飲下十丸或十五丸。俟膿盡，仍別以他藥補之。同雄黃燒，可以辟蛇。同白芍藥治痘瘡作痒及皮膚搔痒。【簡誤】白芷性升而溫，嘔吐因於火者，禁用。漏下赤白，陰虛火熾血熱所致者，勿用。癰疽已潰，宜漸減去。

明·倪朱謨《本草彙言》卷二　白芷　味辛、苦，氣溫，無毒。氣味俱輕，陽也。爲手陽明引經藥。《別錄》曰：生河東川谷，今仁和筧橋亦種蒔矣。春生苗葉，葉對生，花白微黃，入伏後結子。葉乾辛芳，可合香料。立秋後苗枯，根長尺餘，粗細不等，黃澤者爲佳。四條拌生者，名喪公藤，勿用。八月采，暴乾，去皮用。近時用石灰拌蒸，暴曬收藏不蛀，并欲色白，不特失其本性，而燥烈之毒最深。痘家、瘍家用之無忽也。

白芷：江魯陶稿上行頭目，下抵腸胃，中達肢體，遍通肌膚，以至毛竅而利泄邪氣。如頭風頭痛，目眩目昏；如四肢麻痛，脚弱痿痹；如瘡潰糜爛，排膿長肉；如兩目作脹，痛癢赤澀；如女人血閉，陰腫漏帶；如小兒痘瘡，行漿作癢，白芷皆能治之。但色白味辛，其氣芳香，能通九竅，入手足陽明、手太陰三經，專發陽明表邪爲汗，不可缺此。其所主之病皆三經之證也。如頭目昏眩之證，三經之風寒也；眉面口齒之證，三經之風熱也；漏帶瘡瘍之證，三經之風濕也。白芷具春升發陳之令，潔齊生物，風可以散，寒可以祛，濕可以燥，熱可以清，備治四邪，標本兼宜者也。○第性味辛散，如頭痛麻痹，眼目，漏帶癰瘍諸證，不因于風濕寒邪而因于陽虛氣弱者，陰虛火熾者，俱禁用之。

方龍潭先生曰：白芷辛溫發散，得紫蘇、乾葛，可以解表間寒邪；得防風、荊芥，可以祛皮膚風疾；得藁本、川芎，可以上行頭目；得天麻、殭蠶，可以追逐面風；得山梔、黃芩，可以清風熱于肌表；得獨活、蒼朮，可以療風濕于四肢；得黃芩、黃連，可以清濕于腸胃；得白薇、白朮，可以除白帶于經年。至若陽明引經，無升麻、乾葛不能行；腸風泄瀉，無防風、白朮不能止。

集方：《龐氏醫林》治頭風頭痛，侵目淚出，用白芷、甘菊、細辛、荊芥、辛夷。○同前治老人血虛痰眩，頭風淚出，用白芷、天麻、膽星、半夏、當歸、熟地、枸杞子。○《聖惠方》治四肢痿痹，麻木不仁，用白芷、薑黃、白朮、羌活、牛膝。○《古今醫話》治癰疽未潰，排膿止痛，用白芷、連翹、乳香、沒藥、歸尾、甘草、貝母、赤芍藥、穿山甲、皂角刺、金銀花。○立齋《發揮》治癰疽已潰，膿水清稀，胃弱不食，用白芷、人參、黃耆、肉桂、白朮、木香、砂仁。○越醫施溥生方治乳癰結核，用白芷、乳香、沒藥、瓜蔞、蒲公英、歸尾。○女醫章氏方治暴赤時眼，腫脹痛癢，用白芷、乾菊、防風、荆芥、赤芍、柴胡、龍膽草、連翹、草決明。○《女科濟陰錄》治女人血閉陰腫，寒熱帶下，用白芷、黃耆、當歸、生地、續斷、香附、牛膝、丹皮。○沈啓先方治痘疹作痛作癢，用白芷、白芍、防風、甘草，隨證加入。○繆氏方治十八種風邪，用白芷、羌活、防風、菊花、胡麻仁、何首烏、蕲蛇。○《醫林集要》治牙痛，用白芷、吳茱萸二味，浸湯漱涎。○《唐瑤方》治婦人難產，用白芷五錢，水煎服，立産。○《外科零笈》蝕膿方：用白芷一兩，單葉紅蜀葵根二兩，枯白礬五錢，俱爲細末，黃蠟熔化，入麻油少許，和藥爲丸梧桐子大，空心服十五丸，俟膿盡，再以他藥隨證補之。○《夷堅志》治毒蛇惡蝮傷人，即昏死，傷處腫大如股，少頃遍身皮脹，黃黑色，用白芷八兩，新水調灌。覺臍中搰搰然，口出黃水，腥穢逆人。良久消縮，仍以末搽患處。一人蛇咬，腿足腐敗見白筋，水洗淨，揩乾，以白芷四兩，膽礬末一錢，麝香少許，研勻摻之，惡水湧出，一月平復。

明·姚可成《食物本草》卷一六味部·調飪類　白芷生河東川谷下澤，今所在有之，吳地尤多。根長尺餘，粗細不等，白色。枝幹去地五寸以上。春生葉，相對婆娑，紫色，闊三指許。花白微黃。入伏後結子，立秋後苗枯。二月、八月采曝。今人取作香料，入諸肉脯，得其芬芳，以辟臭氣。

白芷，味辛，溫，無毒。主女人漏下赤白，血閉陰腫，寒熱頭風，侵目淚出。長肌膚，潤澤顏色，可作面脂。療風邪，久渴吐嘔，兩脇滿，頭眩目癢，目赤弩肉，去面皯疵瘢，補胎漏滑落，破宿血，補新血，乳癰發背瘰癧，腸風痔

瘻，瘡痍疥癬，止痛排膿。能蝕膿，止心腹血刺痛，女人瀝血，腰痛血崩。解利手陽明頭痛，中風寒熱及肺經風熱，頭面皮膚風痹燥癢。鼻淵鼻衄，齒痛，眉稜骨痛，大腸風秘，小便去血，婦人血風眩運，翻胃吐食，解砒毒蛇傷，刀箭金瘡。

附方：治口臭。用香白芷七錢為末，勻五服，每日食後開水服一次。

明·顧逢柏《分部本草妙用》卷六兼經部·溫瀉 白芷（細）〔辛〕，溫，無毒。入大腸肺胃三經。當歸為使，惡旋覆。炒用。主治：女人漏下，頭風，長肌。可作面脂。脇滿頭眩，補胎漏滑落，諸瘡止痛，排膿，目赤弩肉，陽明頭痛，肺經風熱，風痺瘙痒，婦人血風眩運。解砒毒，蛇傷金瘡。按：白芷，通九竅，為陽明并熱厥頭痛用藥。其色白味辛，行手陽明庚金，性溫氣厚，行足陽明戊土，芳香上達，入手太陰肺金。肺者，庚之弟，戊之子也。故病如頭目眉齒諸病，三經之風熱也。如漏帶癰疽諸病，三經之濕熱也。辛散風，溫除濕故耳。楊介治王璆病風頭痛，只一味白芷，名都梁丸，荊芥湯化下。

明·李中梓《醫宗必讀·本草徵要上》 白芷味辛，溫，無毒。入肺、胃、大腸三經。當歸為使，惡旋覆花，微焙。頭風目淚，齒痛眉疼，肌膚搔癢，嘔吐不寧。女人赤白帶下，瘡家止痛排膿。色白味辛，行手陽明庚金；性溫氣厚，行足陽明戊土；芳香上達，入手太陰辛金。肺者，庚之弟、戊之子也，故主治不離三經。按：白芷燥能耗血，散能損氣，有虛火者勿用。癰疽已潰，宜漸減去。

明·鄭二陽《仁壽堂藥鏡》卷一〇上 白芷《本草》云：白芷生河東川谷。氣溫，味大辛。純陽，無毒。氣味俱輕，陽也。陽明經引經藥。手陽明經本經藥。行足陽明經，於升麻湯四味內加之。《本草》云：主女子漏下赤白，血閉陰腫寒熱，風頭侵目淚出，長肌膚，潤澤，可作面脂。療風邪，久渴吐嘔，兩脇滿，風痛頭眩目痒。日華子云：補胎漏滑落，破宿血，補新血，乳癰發背，一切瘡疥，排膿止血生肌，去面皯疵瘢，明目。其氣芳香，治正陽陽明頭痛。與辛夷、細辛同用，治鼻病。內托用此長肌肉，則陽明可知矣。又云：當歸為之使。惡旋覆花。東垣云：白芷味辛，純陽。治風邪，止渴、嘔吐，頭風侵目淚出，頭眩目痒。治目赤弩肉，排膿，治瘡痍疥癬，長肌肉，散陽明經之風。又云：通行手、足陽明經。又為手太陰之引經。《主治秘訣》云：性溫，味辛。氣味俱輕，陽也。陽明行經之藥。治陽明經頭痛在額，及治風通用。去肺經風熱，頭面皮膚燥痒。其色白，味辛，行手陽明庚金。性溫，氣厚，行足陽明戊土。芳香上達，入手太陰辛金。肺者，庚之弟，戊之子也。故所主之病，不離三經。按：白芷，燥能耗血，散能損氣。中病即止，不宜久用。

明·蔣儀《藥鏡》卷一溫部 白芷 治頭風之侵目淚出，消癰腫而止痛排膿。陽明分之頭疼，燥癢皮膚並愈。漏下色之赤白，陰腫血閉齊攻。勝濕者風，泄風者汗。得天麻與殭蠶也，頭面之風痰以逐。得芩、連與蒼朮也，表裏之濕熱以驅。去腐爛以生肌，用之為內托之散。撥歪于於口眼，咀之為續命之湯。

明·李中梓《頤生微論》卷三 白芷 味辛，性溫，無毒。入肺、胃、大腸三經。當歸為使。惡旋覆花。微焙。主頭風目淚，齒痛眉疼，風痺搔痒，止痛排膿，蛇傷金瘡。按：色白味辛，行手陽明庚金，性溫氣厚；行足陽明戊土，芳香上達；入手太陰辛金，故主治不離三經。燥能耗血，散能損氣，有虛火者勿用。

明·張景岳《景岳全書》卷四八《本草正》 白芷 味辛，氣溫。氣厚味輕，升也，陽也。其性溫散敗毒，逐陽明經風寒邪熱，止頭痛頭風頭眩，目痛目癢淚出。散肺經風寒，皮膚班疹燥癢，治鼻鼽鼻淵，齒痛眉稜骨痛。大腸風秘，腸風尿血。其氣辛香達表，故治瘡瘍排膿止痒定痛，托癰疽肺癰瘰癧痔瘻，長肉生肌。炒黑用之，提女人血崩，漏下赤白，血閉陰腫。欲去鼾班，宜以生用，可作面脂。亦治蛇傷砒毒，金瘡傷損。

明·賈九如《藥品化義》卷一一風藥 白芷 屬陽，體重，色白，氣香，味辛，性溫，能升能降，力走肌疏散，性氣與味俱厚，入肺胃大腸三經。白芷色白氣香，味辛性溫，俱屬於陽，屬足陽明胃經藥。升頭面，通九竅，走肌肉，為疏風要藥，用治春分後熱病，助六神通解散，奏功甚捷。療風寒頭痛，頭風侵目，頭風脇滿，頭眩目癢，肺熱鼻塞，胃熱齒痛，皮膚燥癢，皆利竅散熱之力也。因能走肌達表，佐活命飲治諸癰腫，宣通毒氣。若痘瘡無膿作癢，以此排膿。虛寒不起，以此升發。但香燥耗血，辛散損氣，不宜久用。白芷合大黃等分，名宣毒散，治一切腫毒，一服即散。〇白芷一味為末，井水調三錢，治諸骨鯁，神方。

明·盧之頤《本草乘雅半偈》帙五　白芷《本經》中品　氣味：辛，溫，無毒。　主治：主女人漏下赤白，血閉，陰腫，寒熱，風頭，侵目淚出，長肌膚，潤澤顔色，可作面脂。

覈曰：所在有之，吳地尤多。近錢唐筧橋亦種蒔矣。春生苗，葉葉對生，花白微黃。入伏後結子，立秋後苗枯。根長尺餘，粗細不等，黃澤者為佳。修事：勿使四條一處生者，名喪公藤。又勿用馬蘭根。採得刮去皮，細剉，以黃精片等分，同蒸一伏時，晒乾，去黃精用。近時用石灰蒸煮，及拌石灰暴晒，為不易蛀，并欲色白，不特失其本性，而燥烈之毒最深，用之無忽也。當歸為之使。惡旋覆花，制雄黃、硫黃。毒家、痘疹家多用此，寧不寒心。

条曰：《楚辭》以芳草比君子，而言茝為多。茝，白芷也。一物多名。茝也，芷也，芳也，葯也，虈也，苻蘺也，澤芬也。其取象于草木之芳澤者，無所不備矣。王逸云：行清潔者佩芳，白茝之屬是也。具春生發陳之氣，潔齊生物者也。合從青陽高明之上，一陰隱僻之下，對待污濁者，齊之以潔，如女子漏下赤白，血閉陰腫寒熱。此一陰之下，血濁及氣濁也。如風頭侵目淚出，此青陽之上，氣濁及血濁也。長肌膚，即潔肌膚濁，以氣潔則氣精于肌也。澤顔色，即潔顔色濁，以血潔則血華于色也。可作面脂，此不獨餌可激濁，即膚受亦可表潔矣。暖然齊春仁之潔，鼎新革故之象乎。

明·李中梓《本草通玄》卷上　白芷　辛，溫，手陽明引經本藥也，兼入肺經。　解利手陽明頭痛，中風寒熱及肺經風熱，頭面皮膚風痺燥癢，眉稜骨痛，鼻淵衄齒痛，崩帶，能蝕膿。　東垣云：白芷療風通用，其氣芳香，能通九竅，表汗不可缺也。　時珍曰：白芷能辟蛇，故蛇傷者用之，亦制以所畏也。　微焙。

清·顧元交《本草彙箋》卷二　白芷　白芷芬芳，與蘭同德，故能升頭面，通九竅，走肌肉，爲疎風要品。風熱者，辛以散之；濕熱者，溫以除之；陽明之主藥也。故又能治血病、胎病，而排膿生肌止痛者，以能走肌達表，而宣通毒氣耳。

王定國病風頭痛，用香白芷一味，洗晒爲末，煉蜜丸彈子大，以茶清或荊芥湯化下，連進三丸，即時病失，命名都梁丸。蓋都梁醫者楊介所授方也。此藥兼治頭風眩運，及女人胎前産後傷風頭痛，血風頭痛俱效。　婦人帶下，腸有敗膿，淋露不已，腥穢殊甚，遂致臍腹冷痛，皆繇敗膿血所致。用白芷一兩，單葉紅蜀葵根二兩，白芍、枯礬各半兩，爲末，蠟化丸梧子大，空心米飲下十丸或十五丸，俟膿盡，廼以他藥補之。其漏下赤白，繇于陰虛血熱者，燥藥亦所當禁。

清·穆石鞄《本草洞詮》卷八　白芷　一作白茝，茝香可以養鼻，又可養體，故從㔖，音怡，養也。芬芳與蘭同德，故騷人以蘭茝為詠。氣味辛溫，無毒。入陽明經。治頭眩目癢，女人漏下赤白，破宿血，補新血，止痛排膿，長肌膚，澤顔色，可作面脂。東垣謂：療風通用，其氣芳香，能通九竅，表汗不可闕也。王璆云：王定國病風頭痛，至都梁求楊介治之，進藥三丸，即時病失。求其方，則香白芷一味，洗曬為末，蜜丸彈子大，以清茶或荊芥湯下。遂命名都梁丸。其藥治頭風眩暈，女人胎前產後傷風頭痛，血風頭痛皆效。《衛生方》有神白散，治時行一切傷寒，不問陰陽、輕重、老少男女、孕婦，用白芷一兩，生甘草半兩，薑三片，葱白三寸，棗一枚，豉五十粒，煎服取汗，病至十餘日未得汗者，皆可服之。

清·劉雲密《本草述》卷八上　白芷　春生苗，花白微黃，入伏後結子，立秋後苗枯，以處暑日采之。

根：氣味：辛，溫，無毒。　潔古曰：氣溫，味苦，大辛。氣味俱輕，陽也，手陽明引經本藥。同升麻則通行手足陽明經，亦入手太陰經。　主治：中風寒熱，正陽明頭痛，肺經風熱，解利手陽明頭痛，及眉稜骨痛，頸項強痛，風邪久渴，嘔吐，兩脇痛，及頭風眩暈。療破傷風，及大腸風秘。以上內外風邪之治，以下和氣活血不一之治。水腫積聚，腰痛，行痺、痛痺、著痺，心腹血刺痛。治女子血風眩暈，漏下赤白，血閉，陰腫寒熱瀝血，腰痛，補胎漏滑落，破宿血，補新血。治諸瘍，外散乳癰背疽，內托腸風痔瘻，排膿消毒，長肉生肌。治目病最多，鼻病、齒耳病亦不少。總之，純陽，故上升以療諸病，或治風，或和氣，或活血不一。

東垣曰：白芷療風通用，其氣芳香，能通九竅，表汗不可缺也。　劉守直曰：治正陽明頭痛，熱厥頭痛，加而用之。　好古曰：同辛夷、細辛，用治鼻病。入內托散用，長肌肉，則入陽明可知矣。　時珍曰：白芷色白，味辛，行手陽明庚金。性溫，氣厚，行足陽明戊土。芳香上達，入手太陰肺經。肺者，庚之弟，戊之子也。故所主之病，不離三經。如頭、目、眉、齒諸病，三經之風熱也。如漏帶癰疽諸病，三經之溼熱也。風熱者，辛以散之。溼熱

者，溫以除之。為陽明主藥。故又能治血病胎病，而排膿生肌止痛。又云：用香白芷一味，洗曬，為末，煉蜜丸彈子大，每嚼一丸，以茶清或荊芥湯化下，其藥治頭風眩暈，女人胎前產後傷風頭痛，血風頭痛，皆效。戴原禮《要訣》亦云：頭痛挾熱，項生磊塊者，服之甚宜。白芷一味為丸，名都梁丸。蓋因王定國病頭風痛，乃至都梁求名醫楊介治之，投此丸三服而愈也，故得此名。之頤曰：《楚辭》以芳草比君子，而言茝音芷。為多茝，白芷也。王逸曰：行清潔者佩芳，白茝之屬是也。具春生發陳之氣，潔齊生物者也。合從青陽高明之上，一陰隱僻之下，對待污濁者，齊之以潔。如女子漏下赤白，血閉陰腫寒熱，此一陰之下，血濁及氣濁也。如頭風侵目淚出，此青陽之上，氣濁及血濁也。長肌膚，即潔肌膚，濁以氣潔，則氣精於肌也。澤顏色，即潔顏色，濁以血潔，則血華於色也。按盧之頤所說，殊有精義。若時珍所云風熱濕熱等語，活套衹增厭耳。希雍曰：白芷得地之金氣，兼感天之陽氣，故味辛，氣溫，無毒。其氣香烈，亦芳草也。入手足陽明、足太陰走氣分，亦走血分，升多於降，陽也。

同芍藥、黃芪、當歸、地黃、續斷、杜仲、益母草、香附、白膠，主漏下赤白；加牛膝主血閉，陰腫寒熱。同甘菊、細辛、藁本、決明子、蒺藜子、荊芥穗、辛夷，治頭風侵目淚出。同黃芪、甘草、茜草、皂角刺、金銀花、夏枯草、地黃、赤芍藥，排膿止痛，消癰腫。同升麻、柴胡、乾葛、羌活，治溼泄。同羌活、獨活、防風、荊芥、蒺藜、胡麻仁、甘菊花、何首烏，治風邪。同貝母、漏蘆、連翹、金銀花、夏枯草、蒲公英、紫花地丁、橘皮，消乳癰結核。同白芍治痘瘡作癢，及皮膚搔癢。

愚按：白芷之療病，方書謂其功在辛溫，又或謂辛溫而芳香，不知諸味之辛溫者多，即諸香味亦未嘗不辛溫也，其治效何以別乎？又謂其氣味俱薄，辛溫兼以輕升，故走肌而達頭面，是則女子崩漏赤白諸證，并癰腫瘰癧之治，何所關切乎？皇甫嵩曰：白芷為陽明經解利之要藥。此一語似之，然亦未能大中肯綮也。夫手足太陰，而即有兩陽明為之府。《經》曰陽明者，兩陽合明也。又曰兩陽合明，故曰明。白芷本是芳草，且具春生發陳之氣，應於夏氣而蕃秀，其結子於伏後，是告成於陽，將生陰之時，正合於兩陽合明。而一切陰蝕之氣不能干也。《經》固曰所謂陽者，胃脘之陽也。此味合於正陽明，而入其經矣。陽明固氣血之海，有何風寒之邪不散於氣分，並血分之陰結，以為污濁者，不能解利乎？或曰：此味固氣分之藥，何以並入血分乎？曰：此兩陽明原從兩太陰而透者，是兩陽合明，即其陰之畢暢者，無等待也。如白芷稟夏氣，而氣味芳潔，亦應合於兩陽明之體用以為功，故其氣之潔以齊者，即陽中之邪為風，亦盡祛之。況於陰中之濁，不先致其潔以齊乎？觀其以當歸為使，則可見矣。第治風治血，要亦同其所宜者，乃能奏功。即諸方可取證也，或曰其氣味如是，似頭痛挾熱。戴原禮謂能治者，不盡然歟。曰天地之氣，至夏而陽盛陰衰，在氣化至此應爾，非偏至之戾氣也。況此味純辛而苦甚少，可與味之從火化者同論乎？但稟乎純陽之氣，在病因於火熱者，難以槩用獨用耳。如治頭痛之石膏散，川芎、石膏、白芷等分，由此類推，則可以善用於熱者矣。抑解利之藥，未必能補，如治女子漏下及胎漏滑落者，謂何？蓋秉陽明之正氣，以為解利，與破氣通血者不同，故即此以為補養，但亦不可與補益之味角長也。唯因病而投，或主或助，適其所宜可耳。

又按：潔古謂白芷為手陽明本藥，又通行兩陽明經，亦入手太陰經，其說是也。蓋人身之氣屬陽，胃有穀氣以充之，即有肺主之，更即有大腸以收之，故此種純陽，逢陰氣而告成功，至立秋則枯，應收氣也。則此味致陽明之氣，有始有卒，安得不通三經，以明其用乎？愚閱方書，如行痺、痛痺、著痺，無不用之。病於下焦腰膝者，亦逐於群隊中，是豈非胃氣之能致於三陰三陽，而肺為主，以達天氣，即歸於大腸之收降，以達地氣乎哉？故謂其有始有卒耳。蓋氣歸原，然後大腸司收氣，所謂腎開竅於二陰者也。氣歸原，乃得至於腎肝之分。然此止屬天氣之降者，正為地氣升之本也。

附方　風寒流涕，香白芷一兩，荊芥穗一錢，為末，蠟茶點服二錢。閩之建寧北苑，茶性味與諸方略不同，獨名蠟茶。　胎前產後虛損，月經不調，崩漏，及橫生逆產，用白芷、百草霜等分，為末，以沸湯入童子小便，同醋調服二錢，丹溪加滑石，以芎歸湯調之。　丹溪治癩疝，劑中有白芷，同蒼朮、神麴，以散水。　乳癰初起，白芷、貝母各二錢，為末，溫酒服。　癰疽赤腫，白芷、大黃等分，為末，米飲服二錢。

《衍義》云：治帶下，腸有敗膿，血淋露不已，腥穢殊甚，遂致臍腹冷痛，須此排膿，白芷一兩，單葉紅蜀葵根二兩，白芍藥、白枯礬各半兩，為末，以蠟化丸梧子大，每空心及食前米飲下十丸，或十五丸，俟膿盡，乃以他藥補之。

洪邁《夷堅志》云：有人被蝮傷即昏死，一臂如股，少頃偏身皮脹黃黑色。一道人以新汲水，調香白芷末一斤，灌之，覺臍中搰搰然，黃水自口出，腥穢逆人，良久消縮如故。云以麥門冬調尤妙。仍以末搽之。

即此二則，可以知白芷秉陽明之盛氣，故凡陰蝕之邪干於陽明者，自能除也。在物類之氣化相應，固如是爾。

希雍曰：白芷性升而溫，嘔吐因於火者禁用。漏下赤白，陰虛火熾，血熱所致者，勿用。癰疽已潰，宜漸減去。

修治　白色，不蛀者良。入藥微焙。治女子漏下等證，宜炒黑用。之頤曰：近時用石灰蒸煮，及拌石灰曝曬，為不易蛀。并欲色白，不特失其本性，而燥烈之毒最深，用之無忽也。

清・郭章宜《本草匯》卷一〇　白芷　味辛，氣溫，氣味俱輕，陽也，升也。手陽明引經本藥，亦入足陽明、手太陰經。其味辛，故入肺。解手陽明頭痛，主手太陰風熱。治皮膚風痺燥癢，療齒痛眉稜骨疼。排膿長肌，消毒有靈。瘢疵作脂能去，目淚風癢堪醫。

按：白芷療風通用，其氣芳香，能通九竅，表汗不可缺也。又能活血勝濕，色白味辛，行手陽明庚金。性溫氣厚，行足陽明戊土。芳香上達，入手太陰肺經。肺者，庚之弟，戊之子也。故所主不離三經。如頭目眉齒諸病，三經之風熱也。漏帶癰疽諸病，三經之濕熱也。風熱者，辛以散之。濕熱者，溫以除之。為正陽明主藥，故又能治血病胎病。而排膿生肌止痛也，熱厥頭痛加而用之。戴元禮云：頭痛挾熱，頂生磊塊者，服之甚宜。然燥能耗血，散能損氣，有陰虛火熾，及漏下赤白，血熱所致者，並禁用。癰疽已潰，宜漸減去。

刮去皮，蒸晒，微焙。當歸為之使。惡旋覆花。

清・蔣居祉《本草擇要綱目・溫性藥品》　白芷　氣味：辛，溫，無毒。陽也。為陽明經引經本藥，通行手足陽明經，亦入手太陰經。　主治：風邪，止渴嘔吐，頭風侵目，迎風淚出，頭眩目痒，目赤胬肉。治瘡痍疥癬，排膿，長肌肉。　惡旋覆花。

清・閔鉞《本草詳節》卷二　白芷　【略】按：白芷，療風通用，其氣芳香，能通九竅，表汗不可缺也。正陽明頭痛，熱厥頭痛，加而用之。然所主之病，不離庚辛戊，如頭目眉齒諸病，三經之風熱也。如漏帶癰疽，三經之濕熱也。風熱者，辛以散之；濕熱者，溫以除之。為陽明主藥。故又能治血病胎病，而排膿生肌止痛也。

清・王翃《握靈本草》卷三　白芷以黃澤者為佳。晉謂之（囂）〔虈〕，齊謂之茝，楚謂之蘺，又謂之葯。宜微焙用。　主治：白芷，辛，溫，無毒。主婦人漏下赤白，血閉陰腫，寒熱頭風，鼻衄齒痛，乳癰背疽，腸風痔瘻，止痛排膿，解利陽明頭痛，及肺經風熱、皮膚諸病。

清・汪昂《本草備要》卷一　白芷宣，發表，祛風，散濕。　辛散風，溫除濕，芳香通竅而表汗。行手足陽明，大腸、胃。入手太陰，肺，色白味辛，故入肺。而爲陽明主藥。陽明之脉營于面，故治頭面諸疾。治陽明頭目昏痛，楊吉老方：白芷湯泡四五遍，蜜丸彈子大，名都梁丸。每服一丸，荊芥點臘茶嚼下。吉老，名介，治王定國病時在都梁，因以名丸。眉稜骨痛，風熱與痰，同酒浸黃芩爲末，茶下。牙痛上齦屬足陽明，下齦屬手陽明，二經風熱。鼻淵，肺主鼻，風熱乘肺，上爍于腦，故鼻多濁涕而淵。《經》曰：腦滲爲涕，宜同細辛、辛夷治之。目癢淚出，面皯干，去聲。面黑氣。瘢疵，可作面脂。皮膚燥癢，三經風熱之病，及血崩血閉，腸風痔瘻，癰疽瘡瘍，三經濕熱之病。活血排膿，腸有敗膿血，淋露腥穢，致臍腹冷痛，須此排之。生肌止痛，解砒毒、蛇傷。先以繩扎傷處，酒調下白芷末五錢。種白芷，能辟蛇。又治產後傷風，血虛頭痛。自魚尾上攻，多在日晚，宜四物加辛、芷。魚尾，目之上角。如氣虛頭痛，多在清晨，宜芎、藁，倍參、耆。保壽堂治正、偏頭痛，白芷、川芎各三錢，搽牛腦上，加酒頓熟，熱食盡醉，其病如失。然其性升散，血熱有虛火者禁用。　色白、氣香者佳。或微炒用。當歸爲使，惡旋覆花。

清・吳楚《寶命真詮》卷三　白芷　【略】嘔吐不寧，女人赤白帶下，瘡家止痛排膿。癰疽已潰，宜漸減去。　療風通用，其氣芳香，能通九竅，表汗不可缺。〇有虛火者勿用。

清・陳士鐸《本草新編》卷三　白芷　味辛，氣溫，升也，陽也，無毒。入手足陽明二經，又入手太陰之經。治頭痛，解寒熱中風，止崩漏、赤白帶，血閉能通，散目中癢，止痢消瘕，治風通用，定心腹血痛，尤可外治各瘡癰痔漏，消毒生肌，殺蛇蟲，此藥可為臣使，未可恃之為君，止外治可以為君耳。蓋白芷辛散，多服恐耗散元陽也。

或問：白芷散氣，外治獨不懼其壞事乎？子之何慮之深也。此藥修合之時，便可驗其有無之效。我有一法辨之最佳。凡買白芷治病，其色甚

白，持回家中修合，忽變為黑色者，不必修合之也；變為微黃色者，半效；變為老黃色者，效少；變為黃黯色者，無效也。辨其色之白者，多用之即愈。否則，遞減用藥，又何至外治散人真氣哉。此藥最靈，故善變色。老醫自有知之者，非創說也。

清・顧靖遠《顧氏醫鏡》卷七　白芷辛，溫。入肺胃大腸三經。微焙。治頭風目淚，止齒痛眉疼。頭風，偏正頭風也。眉疼，眉稜骨疼也。肌膚瘙癢能除，去風則上症自除。腸風下血可止。入陽明氣分，兼入血分，氣香而性升故也。治白帶，亦借其升之力，又風能勝濕也。解蛇傷。敷服皆效。消癰散腫，止痛排膿。辛香散結，而入血消腫止痛，又能蝕膿故也。療風之品，其氣芳烈，能通九竅，陽明經額顱痛者，須用之。燥能耗血，散能損氣，陰虛血熱之人大忌。癰疽已潰，宜漸減去。

清・李熙和《醫經允中》卷二〇　白芷　入肺、大腸、胃三經。當歸為使。惡旋覆。炒用。解砒毒、蛇傷。　辛，溫，無毒。主治陽明頭痛，肺經風熱，風痺瘙癢，牙痛目淚，鼻塞鼻淵，排膿止痛。色白味辛，庚金也；性溫氣厚，戊土也。芳香上達入肺，故治頭目眉齒痛。然香燥而發散，能傷血氣，故內虛腹泄及汗多亡陽，癰疽已潰者弗服。葉名蒿蔴，煎湯浴體，能殺尸蟲。

清・馮兆張《馮氏錦囊秘錄・雜症痘疹藥性主治合參》卷一　白芷得地之金氣，兼感天之陽氣，故味辛，氣溫，無毒。入手足陽明、足太陰。走氣分，亦走血分，升多於降，陽也。性善祛風，能蝕膿濕。

白芷，治陽明頭痛、解利風寒之要藥。止目癢目淚，眉稜骨痛，牙痛鼻淵，赤白帶下，心腹血痛。外散一切乳癰癰疽；內托腸風痔漏，排膿長肉。為祛風燥濕之要藥。然陰虛火盛者之所切忌也。癰疽潰後，亦宜漸減。

主治痘疹合參：專治初熱頭疼，痘瘡無膿發癢，虛寒不起及不結靨，或爛或癩之症，但性辛燥，不宜用於血虛灌漿之時，惟搔癢甚者暫用。痘後手足發癰毒者亦用。若陰虛火盛者忌之。

按：白芷色白味辛，行手陽明庚金，性溫氣厚，行足陽明戊土，芳香上達，入手太陰辛金，故主治不離三經，一以溫散腠理之寒邪，一以解托留結之癰腫，皆取其辛溫走散也。但燥能耗血，散能損氣，陰虛火盛者勿用。

清・张璐《本經逢原》卷二　白芷即都梁香　辛、苦，溫，無毒。《本經》主女人漏下赤白，血閉陰腫，寒熱頭風，侵目淚出，長肌膚，潤澤顏色，可作面脂。

發明：白芷辛香升發，行手陽明。性溫氣厚，行足陽明。芳香上達，入手太陰。為解利陽明風熱頭痛，及寒熱頭風，侵目淚出之要藥。其所主之病不離三經，如寒熱頭風，眉稜骨痛，頭目齒痛，三經之風熱也。漏下赤白，癰疽，頭面皮膚風痺燥癢，三經之濕熱也。風熱者辛以散之，濕熱者溫以除之。都梁丸治崩漏赤白，深得《本經》之旨。性善祛風，女人漏下赤白，皆風入胞門所致。辛香入脾，故又能溫散，血閉陰腫及寒熱頭風，侵目淚出，總取辛散利竅之功。其長肌膚，潤澤顏色者，則有排膿長肉之力，所以外科用之。痘疹起脹，連皮腫者，於解毒藥內用之，預杜將來發癢之患。今人用治腸癰，有敗膿淋露不已，腥穢殊甚，遂致臍腹冷痛，須此排膿，膿盡乃以他藥補之。燒烟辟蟲蛇。為末，新汲水調，頻灌解蛇毒內攻。和膽礬、麝香摻蛇傷潰爛。但性溫而升，味苦而散。故嘔吐因於熱者、漏下赤白因於火者勿用。癰疽潰後亦宜漸減，以其能耗胃氣也。

清・浦士貞《夕庵讀本草快編》卷二　白芷《本經》、白茝、葯　生于下澤，芳香不減于蘭，故騷人蘭、茝同咏。　白芷色白味辛，入手陽明庚金；性溫氣厚，行足陽明戊土；且芳香上達，入手太陰肺經。肺者，庚之弟，戊之子也。故所主之病，不外三經，如頭目眉齒諸病，以及眩運便閉，乃三經之風熱也。崩漏諸痛，翻胃吐嘔，亦三經之濕熱也。風熱者辛以散之，濕熱者溫以除之，是為陽明主藥。凡血症胎病，鼻淵衄衂，傷寒發表，宣通九竅，排膿生肌，尤不可缺。但其性味燥能耗血，散能損氣，凡有虛火者，不可輕用。

清・張志聰、高世栻《本草崇原》卷中　白芷　氣味辛，溫，無毒。主治女人漏下赤白，血閉，陰腫，寒熱頭風侵目淚出，長肌膚，潤澤顏色，可作面脂。

白芷處處有之，吳地尤多，根長尺餘，粗細不等，色白氣香。　白芷臭香色白，氣味辛溫，稟陽明金土之氣化。主治婦人漏下赤白，血閉陰腫者。《經》云：陽明胃脈，其氣下行而主闔。白芷辛溫，稟陽明燥金之氣下行，則漏下赤白，血閉陰腫可治也。治寒熱頭風侵目淚出者，白芷芳香，氣勝於味，不但稟陽明燥金之氣下行，且稟陽明中土之氣上達，故寒熱頭風侵目淚出可治也。土主肌肉，金主皮膚，白芷得陽明金土之氣，故長肌膚，面乃陽明之分部，陽氣長，則其顏光，其色鮮，故潤澤顏色。白芷色白，作粉如脂，故可作面脂。

清・劉漢基《藥性通考》卷五　白芷　味辛。散風溫，除濕，芳香通竅而

表汗。行手足陽明大腸胃，入手太陰，而為陽明主藥。又治頭目昏痛，眉稜骨痛，牙痛鼻淵，目癢泪出，面皯瘢疵，皮膚燥癢，三經風熱之病，及血崩血閉，腸風痔瘻，癰疽瘡瘍，三經熱濕之病。活血排膿，生肌止痛。解砒毒蛇傷，先以繩扎傷處，酒調下白芷末五錢，自愈。人家種白芷能辟蛇。又治産後傷風，血虚頭痛。然其性昇散，血熱有虚火者禁用。色白氣香者佳。或微炒用。當歸為使，惡旋覆花。

清・姚球《本草經解要》卷二　白芷　氣溫，味辛，無毒。主女人漏下赤白，血閉，陰腫寒熱，頭風侵目淚出，長肌肉，潤澤顔色，可作面脂。　白芷氣溫，稟天春和之木氣，入足厥陰肝經。味辛無毒而芳香，得地西方燥金之味，入足陽明胃經、手陽明大腸經。氣味俱升，陽也。其主女人漏下赤白者，蓋肝主風，脾主濕，風濕下陷，則為赤白帶下。白芷入肝散風，芳香燥濕，故主之也。肝藏血，血寒則閉，氣溫散寒，故治血閉。陰者，男子玉莖，女人牝戶也，屬厥陰肝。腫而寒熱，肝經風濕也，濕勝故腫也。白芷入肝，辛可散風，溫可行濕，所以主之也。肝經會督脈於巔頂，風氣通肝，肝開竅於目，頭風侵目淚出，肝有風而疎洩也。其主之者，以辛溫可散風也。胃主肌膚，而經行於面，辛溫益胃，故長肌膚，芳香辛潤，故澤顔色也。可作面脂，乃潤澤顔色之餘事也。　製方：　白芷同黄耆、甘草、生地、麥冬、五味，能長肉。同辛夷、細辛治鼻症。同甘草、生薑、豆豉、大棗，名神白散，治一切傷寒。同貝母酒煎，治乳癰初起。同白芍、甘草、白茯、焦米，治胃虚洩瀉。

清・周垣綜《頤生秘旨》卷八　白芷　陽明經解利之藥也。輕升之性，走肌膚，達頭面，故祛風邪，解利亦在其中矣。

清・王子接《得宜本草・上品藥》　白芷　味辛，溫。通行手足陽明經。療風止痛，排膿。得土貝、瓜蔞治乳癰，得辛夷、細辛治鼻病，得單葉紅蜀葵根排膿，得椿根皮、黄蘗治婦人濕熱帶下。

清・修竹吾盧主人《得宜本草分類・下部補養並瘍科感症門》　白芷　辰砂同服，能斂心液。一人驚恐，自汗不止，曾服麻黄根、牡蠣，不效。以白芷一兩，為末，飛辰砂五錢，用茯神、麥冬煎湯，調服而愈。蓋此藥能斂心液故也。

清・徐大椿《神農本草經百種録》中品　白芷　味辛，溫。主女人漏下赤白，血閉陰腫，風在下焦而兼濕熱之證。寒熱。風在營衛。風頭侵目淚出，風在上竅。長肌膚，潤澤，可作面脂。風氣乾燥，風去則肌肉生而潤澤矣。凡驅風之藥，未有不枯耗精液者。白芷極香，能驅風燥濕，其質又極滑潤，能和利血脈而不枯耗，用之則有利無害者也。蓋古人用藥，既知藥性之所長，又度藥性之所短，而後相人之氣血，病之標本，參合研求，以定取舍，故能有顯效而無隱害。此學者之所當殫心也。

清・黄元御《玉楸藥解》卷一　白芷　味辛，微溫。入手太陰肺、手陽明大腸經。發散皮毛，驅逐風濕。辛溫香燥，行經發表，散風泄濕。治頭痛鼻淵，乳癰背疽，瘰癧痔瘻，瘡痍疥癬，風痹瘙癢，皯皰疵瘢之證。兼能止血行瘀，療崩漏便溺諸血，並醫帶淋之疾，刀傷蛇咬皆善，敷腫毒亦善。

清・吳儀洛《本草從新》卷一　白芷〔宣，發表，祛風燥濕。〕色白味辛，行手陽明庚金大腸；性溫氣厚，行足陽明戊土胃；芳香上達，入手太陰辛金肺，故主治不離三經。通竅發汗，除濕散風。治頭目昏痛，陽明之脈縈於面，故治頭面諸疾。楊吉老方，白芷湯泡四五遍，蜜丸彈子大，名都梁丸，每服一丸，荊芥點臘茶嚼下。眉稜骨痛，風熱與痰。同酒浸黄芩為末，茶下。牙痛，上齦屬足陽明，下齦屬手陽明，二經風熱。鼻淵，肺主鼻，風熱乘肺，上爍於腦，故鼻多濁涕而淵。《經》曰：腦滲為涕。宜同細辛、辛夷治之。目癢淚出面皯，干，去聲。面黑氣。瘢疵，可作面脂。皮膚燥癢，三經風熱之病，及血崩血閉，腸風痔瘻，癰疽瘡瘍，三經濕熱之病。活血排膿，腸有敗膿血，淋露腥穢，致臍腥冷痛，須以此排之。生肌止痛，解砒毒、蛇傷。先以繩扎傷處，酒調下白芷末五錢。種白芷能闢蛇。又治産後傷風，諸種頭痛。自魚尾上攻。血虚頭痛多在日晚，宜四物加辛、芷；氣虚頭痛多在清晨，宜芎、藁倍參、耆。《保壽堂〔劉松石《保壽堂經驗方》〕治偏正頭風，白芷、川芎各三錢，搽牛腦上，加酒頓熟，熱食盡醉，其病如失。燥能耗血，散能損氣，有虚火者勿用，癰疽已潰宜漸減去。色白氣香者佳。名官白芷。不香者名水白芷，不堪用。微焙。當歸爲使。惡旋覆花。

清・汪紱《醫林纂要探源》卷二　白芷　辛，溫。莖直上，枝各五葉，頂開獨花如菊，根下結塊，似芎藭，色白，氣甚馥。行木氣於土中，辛補肝，而辛香醒豁脾胃，行足陽明經。瀉肝邪於經隧，色白入肺，行手太陰、陽明。凡不當斂而斂者，皆為肺邪。以達頭面肌表。手足陽明脈皆行頭面。脾主肌肉，肺主皮毛，此能治頭面清痛，眉稜骨痛，牙痛，面皯，鼻淵，目淚，皆陽明分也。又治皮膚燥癢，則肺所主也。又治血崩血閉，腸風痔瘻，癰疽瘡瘍，排膿活血，生肌止痛，則辛本補肝，而能去血中之邪壅也。但性升散，陰血虚者忌。解砒毒、蛇毒。

清・嚴潔等《得配本草》卷二 白芷　當歸為之使。惡旋覆花。制雄黃、硫黃。　辛，溫。入手足陽明經氣分。其氣芳香，通竅發汗，除濕散風。退熱止痛，排膿生肌。凡鼻淵目淚，頭疼頰熱，眉棱骨痛，牙痛瘡瘻，項生塊磊，崩帶腸風，敗膿腥穢，因風濕致疾者，皆可施治。解砒石、蛇蟲毒。得辰砂，治盜汗不止，濕熱去也。并擦風熱牙痛。得荊芥、臘茶，治風寒流涕。得椿根皮，治濕熱帶下。配黃芩，治眉棱骨痛。濕熱致痛。配白芥子、生薑汁，調塗脚氣腫痛。配紅葵根、白芍、枯礬，以蠟化丸，治帶下敗膿。如膿盡，以他藥補之。佐蔞仁，治乳癰。和豬血，治血風。　色白氣香者佳。削去皮，切碎。用黃精等分拌蒸兩次，曬乾去黃精用。提女人崩帶，炒炭用。去面上䵟斑，生用。　其性燥烈而發散，血虛、氣虛者，禁用。癰疽已潰者勿用。怪症：　飢飽失時，不能消化，腹中生鱉，行止無常，人形削瘦者，用白芷為君，合雄黃、白馬尿和丸，童便下三錢，每日不斷，至愈而止。

題清・徐大椿《藥性切用》卷三　白芷　性味辛溫，色白入肺，氣香入脾，發手足陽明之表，祛風燥濕，治頭面口齒諸疾。血虛火炎者忌之。

清・黃宮繡《本草求真》卷三　白芷散足陽明胃經風濕。　白芷耑入胃，兼入肺、大腸。色白味辛，氣溫力厚，通竅行表，為足陽明胃經祛風散濕主藥，故能治陽明一切頭面諸疾。陽明之脉起於鼻，絡於目，故病多屬頭面。如頭目昏痛，王璆《百一選方》云：王定國病風頭痛，至都梁求明醫楊介治之，連進三丸，即時病失。懇求其方，則用香白芷一味，洗晒為末，煉蜜丸彈子大。每嚼一丸，以茶清或荊芥湯化下，遂命名都梁丸。眉棱骨痛，《丹溪纂要》屬治風熱與痰：　白芷、片芩酒炒，等分為末，每服二錢，茶清下。暨牙齦骨痛，用香白芷一錢，朱砂五分，為末蜜丸，頻用擦牙。或以白芷、吴茱萸等分，浸水漱涎。面黑瘢疵者是也。且其風熱乘肺，上爍於腦，滲為淵涕，移於大腸，變為血崩、血閉、腸風、痔瘻、癰疽，風與濕熱發於皮膚，變為瘡瘍燥癢，皆能溫散解托，而使腠理之風悉去，留結之癰腫潛消，誠祛風上達、散濕之要劑也。好古曰：　同辛夷、細辛，用治鼻病。入內托散，用長肌肉。宗奭曰：　《藥性論》言白芷能蝕膿，今人用治帶下，腸有敗膿，淋露不已，腥穢殊甚，遂致臍腹冷痛，皆由敗膿所致，須此排膿。白芷一兩，單葉紅蜀葵二兩，白芍藥、白枯礬各半兩，為末，以蠟化丸梧子大，每空心米飲下。俟膿盡，以他藥補之。又解蛇毒：　昔臨川有人被蝮傷，即昏死，一臂如股，少頃遍身皮脹黃黑色。一道人以新汲水調香白芷末一觔灌之。覺臍中搰搰然，黃水自口出，腥穢逆人，良久消縮如故，云以麥冬湯調尤妙。仍以末搽之。　然其性升散，血熱有虛火者禁用，色白氣香者佳。或微炒用，當歸為使，惡旋覆花。

清・楊璿《傷寒溫疫條辨》卷六散劑類　白芷　味辛，氣溫，味薄氣浮，升也，陽也。以其溫散祛毒，故逐陽明寒邪以止頭疼，去肺經風熱以發斑疹；　以其辛香達表，故消癰瘍排膿，止痒定疼，托腸痔久瘻，生肌長肉。炒黑提婦人漏下赤白，血閉陰腫。欲去面斑，仍須生用。為末，煉蜜丸彈子大，煎荊芥湯，點臘茶嚼下，治諸風頭疼。

附：　琉球・吴繼志《質問本草》外篇卷二　野白芷白芷一種　生田野濕地，苗高三四尺，三四月開花，五六月結實。按：　白芷葉可合香，芬芳與蘭同德，故有蘭芷為詠，又有芳香澤芬之名。其味苦、辛，不甘。圖中土名亦叫作野白芷，不堪入藥，非真白芷也。甲辰，潘貞蔚、石家辰。　根苗寔土產白芷，其氣味再有芬香，與地道相合無疑。辛丑，宋宜觀、林大明。　此草根有香氣，葉無香氣，茲附根與葉，再乞示教。癸卯，再問宋宜觀、林大明。　但白芷根有香，葉未必有香，細撿其氣味，似亦無致滋疑。甲辰，宋宜觀、林大明再查。

附：　琉球・吴繼志《質問本草》內篇卷三　白芷　春生苗，高五六尺，夏開花。　白芷釋名白茝，味辛，溫。入陽明、太陰。主治女人帶下腰疼，乳岩，男子額痛，便淋，瘋癢瘡痍，目赤瘰癧，功効如神。按：　白茝，山谷皆有，吴地更多。春生苗，葉相對婆娑，立秋後苗枯，宜正七月采根，刮皮晒乾，內潤澤者佳。葉洗癮疹瘢痧，透發甚捷。壬寅，陸澍。　白芷生下澤，芬芳，與蘭同德，長尺餘，粗細不等，白色，春生葉相對，紫色，濶三指許，花白微黃，入伏後結子，立秋後苗枯。凡采，勿用四條一處生者，此名喪公藤。壬寅，潘貞蔚、石家辰。　俗名白芷，載在《綱目》。甲辰，戴道光、戴昌蘭。

清・羅國綱《羅氏會約醫鏡》卷一六草部　白芷　味辛氣溫，入肺胃大腸三經。當歸為使，惡旋覆花。　辛散風，溫除濕，芳香通竅發表，逐陽明經風寒邪熱。止頭痛、頭風、目痛、齒痛、眉稜骨痛，陽明之脉營於頭面。除皮膚斑疹燥癢、鼻淵、大腸風閉、腸風尿血，皆肺經風熱，味辛，故入肺。瘡科止痛排膿，瘡潰宜少用。女人赤白帶漏。炒黑用。　按：　白芷辛散，血熱有虛火者禁之。

清・陳修園《神農本草經讀》卷三中品　白芷　氣味辛，溫。主女人漏下赤白，血閉陰腫，寒熱，風侵頭目淚出，長肌膚，潤澤，可作面脂。

清・黃凱鈞《藥籠小品》　白芷　色白味辛，入肺、胃、大腸三經。發汗除風濕，治頭目昏痛，目癢淚出，活血排膿，生肌止痛，又為瘡家聖藥，同大黃

煎服治癰疽發背。外用為末敷塗。虛而有火忌。不香者不入藥。

清·王龍《本草纂要稿·草部》 白芷 氣味辛溫。去肺經風寒，解頭痛中風寒熱。療心腹血痛，止赤白漏下血崩。作面脂去面瘢，止目痒，散目淚。眉稜骨痛咸醫，鼻淵鼻衄即止。托腸風痔瘻，消乳癰背疽。皮膚燥痒如神，久患鼻塞立效。排膿消毒，長肉生肌。入手太陰、手足陽明經。

清·張德裕《本草正義》卷上 白芷 辛，溫。氣香，陽也。散陽明風寒之邪，療頭痛頭風，目痛目癢，肺經風寒，皮膚斑疹，鼻淵，眉稜骨痛，大腸風秘，腸風尿血。以其辛香達表，又能敗毒排膿，止痒定痛。

清·楊時泰《本草述鉤元》卷八 白芷 入伏後結子，立秋後苗枯，宜以處暑日采之。根味純辛、微苦，氣溫香烈，氣味俱輕，升多於降，陽也。手陽明引經本藥，同升麻則通行手足陽明經，亦入手太陰經。色白味辛，行手陽明庚金，性溫氣厚，行足陽明戊土，芳香上達，入手太陰肺經，凡所主病不離三經。治中風寒熱，正陽明頭痛，逆厥頭痛，加而用之，挾熱而項生磊塊者尤宜。肺經風熱，解利手陽明頭痛及眉稜骨痛，頸項強痛，兩脇痛，頭風眩暈，療風邪，久渴嘔吐及破傷風，大腸風秘。以上內外風邪之治，以下和氣活血不一之治。水腫積聚，行痹痛痹着痹，腰痛心腹血刺痛，治女子血風眩暈，漏下赤白，血閉陰腫，寒熱瀝血腰痛，補胎漏滑落，破宿血，補新血，治諸瘍外散乳癰、背疽，內托腸風、痔瘻，排膿消毒，長肉生肌。治目病最多，鼻同辛夷、細辛用。齒耳病亦不少。其氣芳香能通九竅。總取其純陽上升，或以治風，或以和氣，或以活血。《楚辭》以芳草比君子，而言茝為多，即白芷也。具春生發陳之氣，潔齊生物者也。合從青陽高明之上，一陰隱僻之下，對待污濁者，齊之以潔。如女子漏下赤白血閉陰腫寒熱，此一陰之下血濁及氣濁也。長肌膚即潔肌膚，濁以氣潔，則氣精於肌也。澤顏色即潔顏色，濁以血潔，則血華於色也之頤。丹溪治癩疝劑中有白芷，同蒼术、神麴以散水。同甘菊、細辛、藁本、決明子、蒺藜子、荊芥穗、辛夷，治頭風侵目淚出。同羌、獨、荊、防、蒺藜、胡麻、首烏、甘菊，治風邪。同升麻、柴胡、葛根、羌活，治濕瀉。同芎、地、歸、耆、杜仲、續斷、白膠、香附、益母草，主漏下赤白。加牛膝，主血閉陰腫寒熱。同貝母、漏蘆、連翹、銀花、夏枯草、蒲公英、紫地丁、橘皮，消乳癰、結核。同黃耆、甘草、茜草、皂角刺、銀花、赤芍、生地、夏枯草，排膿止痛消癰腫。同白芍，治痘瘡作癢及皮膚搔癢。都梁丸，王定國病頭風痛，至都梁求楊介治之，投三服愈，故名。香白芷一味，洗曬為末，煉蜜丸彈子大，每嚼一丸，以茶清或荊芥湯化下，治頭風眩暈，女人胎前產後傷風頭痛及血風頭痛皆效。風寒流涕，香白芷一兩，荊芥穗一錢，為末，臘茶閩之建寧北苑茶名臘茶，性味與諸產略殊。點服二錢。胎前產後虛損，月經不調，崩漏及橫生逆產，用白芷、百草霜等分，為末，以沸湯入童便同醋調服二錢。丹溪加滑石，以芎歸湯調之。乳癰初起，白芷、貝母各二錢為末，溫酒服。癰疽赤腫，白芷、大黃等分，為末，米飲服二錢。排膿方，治帶下，腸有敗膿血，淋露不已，腥穢殊甚，漸致臍腹冷痛，白芷一兩，單葉紅蜀葵根二兩，白芍、枯礬各半兩，為末，以蠟化丸梧子大，每空心及食前，米飲下十丸或十五丸，俟膿盡，乃以他藥補之。有人被蝮傷昏死，一臂如股，少頃，徧身皮脹黃黑色，一道人以新汲水調香白芷末一斤灌之，覺臍中搰搰然，黃水自口出，腥穢逆人，良久，消縮如故，以麥冬湯調尤妙。仍以末搽之。即上二條，可見白芷秉陽明之盛氣，凡陰蝕之邪干於陽明者，自能除之。

論：人身手足太陰，各有陽明為之府，陽明者，兩陽合明也。《經》又言：兩陽合明，故曰明。白芷具春生發陳之氣，應於夏氣而蕃秀，其子結於伏後，其苗枯於立秋，正合於兩陽合明而秉其盛氣，故一切陰蝕之邪干於陽明者皆能除之。夫所謂陽者胃脘之陽也，胃為氣血之海，此味既合於正陽明而入其經矣，有何風寒之邪不散於氣分，並血分之陰結為污濁者不能解利乎。或疑氣分之藥何以並入血分，不知兩陽明原從兩太陰而透者，是以陽之合明，即其陰之畢暢無等待也。白芷即稟夏氣而芳潔，自應合陽明之體用以為功，故其氣之潔以齊者，即陽中之邪風也亦盡祛之，況於陰中之濁而不先致其潔齊乎。觀於以當歸為使可見矣。顧其氣味如是，何復治頭痛之挾熱者？夫天地之氣，至夏而陽盛，此氣化應然，初非偏至之戾氣也。況白芷純辛，而苦味甚少，與他物之純從火化者原難同論，惟純陽之氣，凡病因於火熱，概難獨用耳。即石膏散之合芎、芷以治頭痛，可以類推。至於女子漏下及胎漏滑落，非藉此味為補養，但秉陽明之正氣以為解利，與破氣通血者自是不同也。白芷為手陽明本藥，又通行兩陽明經，亦入手太陰經，何也？蓋人身陽氣，胃有穀氣以充之，即有肺以主之，更即有大腸以收之。白芷立秋則枯，應收氣也。此味純陽，故其致陽明之氣者，有始有卒，安得不通三經以明其用乎。閱方書治痹，概用於下焦腰膝之病，非胃氣之能致於三陰三陽，而肺為主以達天氣，即歸於大腸之收降以達地氣乎。氣歸原，然後大腸司收氣，以氣得至於腎

肝之分，而腎固開竅於二陰也。

繆氏云：性升而溫，嘔吐火逆者，禁用。漏下赤白，有由陰虛火熾而血熱者，亦忌。癰疽已潰，宜漸減去。

修治：白色不蛀者良，入藥微焙。治女子漏下等證，宜炒黑用。近時用石灰蒸煮，或拌石灰曝曬，為不易蛀，并欲色白也。不特失其本性，而燥烈之毒最深，用時無忽。

清·鄒澍《本經續疏》卷四 白芷 【略】苗短根長，本主攝陽入陰，以行陰中之化，遠志、秦艽莫不如是。惟白芷則以其味辛色白，性芳潔，而專象陽明燥金，故宜歸陽明。第陽明主腸胃，為穢濁之所叢集，而性潔者喜行清道，則其最相近而相隸屬者，莫如血海，故其用為入衝脈，為之行其陽，用以去其穢濁蕪翳。陰之既成形者，水火之屬，血也，淚也，涕泗也，津液也，溺也。今觀夫水，一若流行坎止，任其自然，絕無為之推挽者。然試思其所處之勢，或平坦曠蕩，而常停不動。若無風以澄泌其間，則凡納垢入汙，必不終日而泥滓騰揚，淤濁泛濫，或高下懸絕而傾瀉無餘。誠有風以宣障其間，則仍能傾者平，瀉者畜。如潮汐之逆行，如東風之溢漲，則亦可知其故矣。女人漏下赤白，風頭侵目淚出，肌膚枯槁，非水無風以宣障耶。血閉，陰腫寒熱，非水無風以澄泌耶。是皆陽明血分所屬，上則陽明脈所及，下則衝任所行也。雖然，衝任者上行，陽明者下行，以為有所隸屬，是何言歟？蓋惟其相並而相違，斯可以為節宣。若相並而相順，則直推送已耳。故《素問·骨空論》之述衝脈也，曰挾少陰而上行。《難經·二十八難》之述衝脈也，曰並足陽明之經，夾臍上行。惟其相違，乃所以相攝，且此以論脈絡，而無於藥也。若夫白芷辛溫，則其氣味為上行。苟並脈而論，則陽明下而此則上，衝脈上而陽明偏下，一順一逆之間，可見陽明能致衝脈不咸。而白芷則宣陽明之流，是漏下赤白者，陽明穢濁墜於衝，而衝遂為之逆也。血閉陰腫寒熱者，衝脈氣盛，陽明不能勝也。衝脈能鼓陽明之氣於上以和陰，則自無風頭侵目淚出之病。陽明能運衝脈之血於外以和陽，則肌膚自長而潤澤。是白芷之用，為其善致陽明之氣於衝脈，善調衝脈之血隨陽明，而其功只在去陽明之濁翳，致衝脈之清和矣。

清·葉桂《本草再新》卷一 白芷味辛，性平，無毒。入脾、肺二經。 通竅發汗，止頭痛，治風濕牙痛，鼻血，目癢多淚，皮膚痛癢。婦人血崩血枯以及產後傷風頭痛諸症。

清·吳其濬《植物名實圖考》卷二五 白芷 《本經》上品。滇南生者肥莖綠縷，頗似茴香，抱莖生枝，長尺有咫，對葉密擠，鋸齒槎枒，齟齬翹起，澀紋深刻，梢開五瓣白花，黃蕊外湧，千百為族，間以綠苞，根肥白如大拇指，香味尤竄。

清·趙其光《本草求原》卷二芳草部 白芷 即芳香。 春苗氣溫，達肝風；夏秀太陰主令。而香，燥脾濕；秋結子，而味辛，走肺、胃、大腸之氣，凡風濕鬱熱，致陽不上透而陰不化者，能治之。無毒。主女子漏下赤白，風濕內陷所致，同芪、歸、地、續、杜、母草、香附、白膠。加牛膝，治血閉陰腫。血閉，胃陽不達則肺脾之濁不化，而肝血亦結，陽通陰自利。陰腫寒熱，厥陰之筋脈絡陰器及女子牝戶，濕勝則腫，風濕相搏則寒熱。頭風侵，肝經會督脈於巔頂，風氣通肝，肝有風，頭面諸疾。宜以蘿蔔汁浸曬為末，白湯下，並嗃鼻。偏正頭風，加炒川芎、炒甘草、川烏半生半熟等分末，茶、薄荷湯下，絕效。一味蜜丸，茶清荊芥湯下，治頭風眩暈，並胎前、產後傷風頭痛，血風頭痛；又頭痛挾熱，項生磊塊皆效。眉棱骨痛，風熱有痰，同酒芩茶下。一切眼疾，肝有風則肝竅病，同雄黃、朱砂蜜丸茶下。涕淚出，同荊芥、菊、決末，茶下，治風熱；風寒，加細、藁、蒺、辛夷研，葱白湯下；仍以薑汁調芷末，塗太陽穴。時行風寒，同生、甘、薑、葱、棗，豉煎。牙痛，風熱，同朱砂；風寒，同吳萸擦妙。口臭，同川芎蜜丸含。盜汗，同朱砂末，酒下極效。血風反胃，炒研，以豬血點服。脚氣腫痛，同芥子、薑汁塗。崩漏難產，同百草霜、滑石末，芎歸湯或童便下。又能調經。大便風秘，末，米飲和蜜下。氣秘，醋浸焙研，木通、甘梢酒下。鼻衄，以所出血調芷末，塗山根。尿血，同歸末，米飲下。腸風下血，為末，米飲下。痔瘻出血，方同上，並煎熏。痔腫痛，同皂角煙熏，仍以鵝膽調芷末搽。一切熱毒癰腫，同大黃末，米飲下。同醋調塗。乳癰初起，同貝母酒服。疔瘡初起，同生薑擂酒服。丹瘤遊走，入服則死，急同寒水石、葱汁調塗。刀箭傷瘡，塗之。諸骨鯁，同半夏末，水下。解砒毒，水調服。蛇螫傷，以麥冬湯下，仍搽之；傷潰爛，加膽礬、麝香摻，神效。長肌肉，作面脂，澤顏色，肺脾主肌肉、皮毛，清陽上達，濁血俱化也。陽明頭目昏痛，陽明之脈營於面。同荊芥蜜丸，茶下，治一切胎產頭風、血風頭痛。破傷風，方同上。鼻淵，肺經風熱上灼，則腦滲為涕。同細辛、辛夷、麥冬。痘癢，皮膚燥癢，同白芍。產後傷風、血虛頭痛，自魚尾上攻，多在日晚，宜合四物；若氣虛頭痛，多在早晨，宜合參、芪、芎、藁。排膿活血，腸中有濕濁及敗膿血，致淋露帶下腥穢，臍腹冷痛，必須同紅蜀葵、白芍、枯礬蠟丸以排之；同芪、甘、地、冬、北味則長肉。消腫，同

芪、甘、茜、皂、地、芍、枯草、銀花亦排膿。止痛，陽達血行之功。目癢，胬肉，䵟疵瘢，瘰癧，疥癬，心腹腰痛。血滯則痛。所治皆風濕鬱傷於血之病，達陽以除風濕則血自行。至其治胎漏及胃虚泄瀉，同苓、术、甘、炒芍。則又升陽舉陷之力也。

種白芷，可辟蛇。當歸為使，惡旋覆。制硫黄、雄黄。

徐靈胎曰：去風藥多燥濕傷液，惟白芷極香，又極滑潤，故去風濕，利血脈而不耗液。

色白、不蛀者良。微焙用；漏下等症，炒焦用。時人以石灰蒸煮，防其易蛀，但本性失矣。

清・葉志詵《神農本草經贊》卷二 白茝 味辛，溫。主女人漏下赤白，血閉陰腫，寒熱風頭，侵目淚出，長肌膚，潤澤。可作面脂。一名芳香。生川谷。

騷人連詠，志潔稱芳。風迴養鼻，烟迷褰裳。蘅蘭共攬，蕭艾休攘。采遴黄澤，秋思江鄉。

《離騷》：扈江離與辟芷兮。又豈惟紉乎蕙芷。又雜杜衡與芳芷。《史記・傳》：屈原其志潔，故其稱物芳。李群玉詩：風迴日暮吹芳芷。《荀子》：側載芷，所以養鼻也。范成大詩：蘋芷迷烟路。謝混詩：褰裳順蘭芷。司馬相如賦：蘅蘭芷若。《九章》：攬大薄之芳芷。張衡賦：珍蕭艾於重笥兮，謂蕙芷之不香。蘇頌曰：以黄澤者為佳。僧德祥詩：一時秋思入江鄉。

清・文晟《新編六書》卷六《藥性摘録》 白芷 色白味辛，氣溫力厚。通竅行表，除陽明胃經風濕，如頭目昏痛，眉棱骨痛，暨牙齦宣痛，及肺熱腦漏鼻淵，與腸風血崩血閉，痓瘻，癰疽瘡瘍，燥癢等症，皆能溫散解托。○血熱有虚火，禁服。畏旋覆花。

清・張仁錫《藥性蒙求・草部》 白芷五分、錢半 白芷辛溫，陽明頭痛。除濕散風，血崩可用。入肺、胃、大腸三經，微焙。東垣曰：白芷療風通用，芳香通九竅，表汗要藥也。得椿根皮、黄柏治濕熱帶下。今人用治腸癰症排膿，膿盡乃以他藥補之。又治肌膚搔癢，齒痛眉疼，由於三經之風熱者。及腸風痔瘻，癰疽瘡瘍，由於三經之濕熱者。○燥能耗血，散能損氣，有虚火者勿用。癰疽已潰，宜漸減去。色白氣香者佳，不香不堪用。

清・屠道和《本草匯纂》卷一驅風 白芷 耑入胃，兼入肺、大腸。色白，味辛，氣溫，力厚。通竅行表，止心腹血刺痛，為足陽明胃經祛風散濕主藥。治陽明一切頭風諸疾，頭目昏痛，眉棱骨痛，暨牙齦骨痛，面黑斑疵。潤澤顔色，可作面脂。療風邪，久渴吐嘔，兩脇滿。破宿血，補新血，乳癰，發背，瘰癧，腸風，痔瘻，瘡痍，疥癬，止痛排膿，頭面皮膚瘙癢，鼻淵鼻衄，大腸風秘，小便去血，翻胃吐食，婦人血風眩運，漏下赤白，血閉陰腫，解砒霜毒，蛇傷，刀箭金瘡。然其性升散，血熱有虚火者禁用。色白氣香者佳。微炒用。惡旋覆花。當歸為使。入辛夷、細辛用，治鼻病。入内托散用，長肌肉。白芷能蝕膿，今人用治帶下，腸有敗膿，淋露不已，腥穢殊甚，遂致臍腹冷痛，皆由敗膿所致，須此排膿。此一兩，單葉紅蜀葵二兩，白芍藥、白枯礬各半兩，為末，以蠟化丸梧子大，空心米飲下。俟膿盡以他藥補之。治蛇傷，以新汲水調香白芷末一觔，灌之，覺臍中搰搰然，黄水自口出，腥穢逼人，良久消縮如故。又云：以麥冬湯調尤妙，仍以末搽之。

清・戴葆元《本草綱目易知録》卷一 白芷 辛散風溫除濕，芳香通竅而表汗。行手足陽明，入手太陰而為陽明主藥。治陽明頭痛，中風寒熱，眉棱骨痛，齒痛，鼻淵，鼻衄，目痒，目赤胬肉，面皯瘢疵，肺經風熱，頭面皮膚風痹燥痒，小便去血，大腸風秘，腸風陰腫，痔瘻乳癰，瘰癧疥癬，發背癰疽，止痛排膿。婦人血瀝腰疼，血崩血閉，胎産傷風，血風眩運，胎漏滑落，反胃吐食。解砒石，蛇傷，刀箭，金瘡。其性升散，血熱有虚火者慎用。家園種之，能辟蛇。

清・黄光霽《本草衍句》 白芷 辛散陽明之風溫，除腸胃之濕。芳香通竅，色白入肺。頭痛及於眉稜，眼昏同於目淚，皮膚燥痒，面皯瘢疵。排膿止痛，療帶漏兮癰疽；帶下，漏胎，崩漏。活血生肌，治腸風兮疥痔。齒痛鼻淵，蛇傷斧斫。藥不離乎三經，頭、目、眉、齒諸病，三經之風熱也。漏、帶、癰、疽諸病，三經之濕熱也。方用選於百一。王璆《百一選方》：用白芷一味為丸，茶清荊芥湯下，名都梁丸。治頭風眩暈，女人胎前産後傷風頭痛，血風頭痛皆效。戴氏云：頭痛挾熱，頭生磊塊者，服之甚宜。得土貝、瓜蔞治乳癰，得辛夷、細辛治鼻病，得桑葉、紅蜀葵根排膿，得椿根皮、黄柏治婦人濕熱帶下。 眉稜骨痛，屬風熱與痰。白芷、黄芩為末，清茶調下。 毒蛇傷螫，以新汲水調白芷末，灌之。又白芷末入膽草、白礬、麝香少許，搽之，惡水湧出，一月平復。

清・陳其瑞《本草撮要》卷一 白芷 味辛，溫，通行手足陽明經，功專療風止痛排膿。得土貝、瓜蔞治乳癰，得辛夷、細辛治鼻病，得單葉紅蜀葵根

排膿，得椿根皮、黄蘗治婦人濕熱帶下。其性升散，血熱有虚火者禁用。微炒。當歸為使。惡旋覆花。

芎藭

宋・李昉《太平御覽》卷第九九〇 芎藭 《春秋左傳》曰：宣公下楚師伐蕭，還無社與司馬卯言，號申叔展，曰：有山芎藭乎？杜預注曰：芎藭，所以禦濕，欲使無社逃泥水中。《説文》曰：芎藭者，香草也。杜預注曰：芎藭，所以禦濕，欲使無社逃泥水中。《山海經》（注）曰：號山洞庭之山，其草多芎藭。郭璞注曰：芎藭，一名江蘺，《吴録・地〔理〕志》曰：臨海縣有江蘺草，海水中正青，如亂髮，乾獻之，亦鹽藏，其汁名爲濡酪，《楚辭》所云〔江〕蘺是也。《范子計然》曰：芎藭生洽，無枯者善。《遊名山志》曰：横山諸小草多芎藭。《本草經》曰：芎藭，味辛，温。治中風入頭腦痛，寒痺。生武功。《吴氏本草》曰：芎藭，一名香果。神農、黄帝、岐伯、雷公：辛，無毒，香。扁鵲：酸，無毒。李氏：生温中熟寒。或生胡無桃山陰，或斜谷西嶺，或太山。葉香細，青黑文，赤如藁本，冬夏聚生，五月葉赤，七月實黑，端兩葉。三月採，根有節，似如馬銜狀。

宋・唐慎微《證類本草》卷七草部上品〔《本經・別録・藥對》〕 芎藭 **味辛，温**，無毒。**主中風入腦，頭痛，寒痹，筋攣緩急，金瘡，婦人血閉，無子，**除腦中冷動，面上遊風去來，目淚出，多涕唾，忽忽如醉，諸寒冷氣，心腹堅痛，中惡，卒急腫痛，脇風痛，温中内寒。一名胡窮，一名香果。其葉名蘼蕪。生武功川谷、斜谷西嶺。三月、四月採根，暴乾。得細辛療金瘡止痛，得牡蠣療頭風吐逆。白芷爲之使。

〔梁・陶弘景《本草經集注》〕云：今惟出歷陽，節大莖細，狀如馬銜，謂之馬銜芎藭。蜀中亦有而細，人患齒根血出者，含之多差。苗名蘼蕪，亦入藥，別在下說。俗方多用，道家時須爾。胡居士云：武功去長安二百里，正長安西，與扶風狄道相近；斜谷是長安西嶺下，去長安一百八十里，山連接七百里。

〔唐・蘇敬《唐本草》〕注云：今出秦州，其人間種者，形塊大，重實，多脂潤。山中採者瘦細。味苦、辛。以九月、十月採爲佳。今云三月、四月，虚惡非時也。陶不見秦地芎藭，故云惟出歷陽，歷陽出者，今不復用。

〔宋・掌禹錫《嘉祐本草》〕按：《蜀本圖經》云：苗似芹、胡荽、蛇牀輩，叢生，花白，今出秦州者爲善，九月採根乃佳。《吴氏》云：芎藭，神農、黄帝、岐伯、雷公：辛，無毒。扁鵲：酸，無毒。季氏：生温，熟寒。或生胡無桃山陰，或太山。葉香細，青黑文赤如藁本。冬夏叢生，五月華赤，七月實黑，莖端兩葉，三月採，根有節，似馬銜狀。《藥性論》云：芎藭，臣。能治腰脚軟弱，半身不遂，主胞衣不出，治腹内冷痛。日華子云：畏黄連。治一切風，一切氣，一切勞損，一切血，補五勞，壯筋骨，調衆脉，破癥結宿血，養新血，長肉，鼻洪吐血及溺血，痔瘻，腦癰，發背，瘰癧，癭贅，瘡疥及排膿，消瘀血。

〔宋・蘇頌《本草圖經》〕曰：芎藭，生武功山谷、斜谷西嶺。蘼蕪，芎藭苗也。生雍州川澤及冤句，今關陝、蜀川、江東山中多有之，而以蜀川者爲勝。其苗四、五月間生，葉似芹、胡荽、蛇牀輩，作叢而莖細。《淮南子》所謂夫亂人者，若芎藭之與藁本，蛇牀之與蘼蕪是也。其葉倍香。或蒔於園庭，則芬馨滿徑。江東、蜀川人採其葉作飲香，云可以已泄瀉。七、八月開白花，根堅瘦，黄黑色，三月、四月採，暴乾。一云九月、十月採爲佳，三月、四月非時也。關中出者，俗呼爲京芎，並通用，惟貴形塊重實，作雀腦狀者，謂之雀腦芎，此最有力也。蘼蕪一名蘄，古芹字，巨斤切，古方單用芎藭，含咀以主口齒疾，近世或蜜和作指大丸，欲寢服之，治風痰殊佳。

〔宋・唐慎微《證類本草》〕《聖惠方》：治婦人崩中下血，晝夜不止。以芎藭一兩剉，酒一大盞，煎至五分去滓，入生地黄汁二合，煎三兩沸，食前分二服。《千金方》：治崩中，晝夜不止。芎藭八兩，清酒五升，煎取二升半，分三服。不耐者，徐徐進之。《經驗後方》：治頭風，化痰。川芎不計分兩，用淨水洗浸，薄切片子，日乾或焙，杵爲末，煉蜜爲丸如小彈子大。不拘時，茶、酒嚼下一丸。《斗門方》：治偏頭疼。用京芎細剉，酒浸，服之佳。《靈苑方》：治婦人經絡，住經三個月。驗胎法：川芎生爲末，空心濃煎艾湯下一匙頭。腹内微動者，是有胎也。《續十全方》：治胎忽因倒地，忽舉動擎重促損，腹中不安及子死腹中。以芎藭爲末，酒服方寸匕，須臾一二服，立出。又方：風齒敗口臭，但含芎藭。《御藥院方》：真宗賜高公相國，去痰清目，進飲食，生犀丸：川芎十兩緊小者，粟米泔浸三日換，切片子，日乾，爲末作兩料。每料入麝、腦各一分，生犀半兩，重湯煮，蜜杵爲丸小彈子大。茶、酒嚼下一丸。痰，加朱砂半兩。膈壅，加牛黄一分，水飛鐵粉一分。頭目昏眩，加細辛一分。口眼喎斜，〔加〕炮天南星一分。《春秋注》云：麥麴鞠窮，所以禦濕。簡文帝《勸醫文》：麥麴芎藭，纔止河魚之腹。

宋・寇宗奭《本草衍義》卷八 芎藭 今出川中，大塊，其裏色白，不油色，嚼之微辛、甘者佳。他種不入藥，止可爲末，煎湯沐浴。此藥今人所用最多，頭面風不可闕也，然須以他藥佐之。沈括云：予一族子，舊服芎藭，醫鄭叔熊見之云：芎藭不可久服，多令人暴死，後族子果無疾而卒。又朝士張子通之妻病腦風，服芎藭甚久，亦一旦暴亡。皆目見者。此蓋單服耳，若

單服既久，則走散真氣。既使他藥佐使，又不久服，中病便已，則烏能至此也。

宋・鄭樵《通志》卷七五《昆蟲草木略》 芎藭　曰胡藭，曰香果，關中者曰京藭，蜀道者曰川芎。其葉曰蘼蕪，亦曰蘄茝，故《爾雅》：蘄茝，蘼蕪。亦曰茳蘺。以其芬香，故多蒔於園庭。苗似芹、胡荽、蛇牀輩，故《淮南子》云，亂人者，若芎藭之與藁本，蛇牀之與蘼蕪也。

金・張元素《潔古珍珠囊》〔見元・杜思敬《濟生拔粹》卷五〕 芎藭辛純陽。散諸經之風。

金・張元素《潔古珍珠囊》〔見元・杜思敬《濟生拔粹》卷五〕 貫芎辛純陽，少陽本藥。治頭痛，頸痛。

宋・劉明之《圖經本草藥性總論》卷上 芎藭　味辛，溫，無毒。主中風入腦頭痛，寒痺筋攣緩急，金瘡，婦人血閉無子，除腦中冷動，面上遊風去來，目淚出，多涕唾，忽忽如醉，諸寒冷氣，心腹堅痛，中惡卒急腫痛，脇風痛，溫中內寒。《藥性論》云：臣。能治腰脚軟弱，半身不遂。主胞衣不出，治腹內冷痛。日華子云：治一切風，一切氣，一切勞損，一切血，補五勞，壯筋骨，調衆脉，破癥結宿血，養新血長肉，鼻洪吐血及溺血，痔瘻腦癰發背，瘰癧癭贅瘡疥，及排膿消瘀血。得細辛，療金瘡止痛。得牡蠣，療風頭吐逆。白芷為之使。畏黃連。

元・王好古《湯液本草》卷三 川芎　氣溫，味辛，純陽，無毒。入手足厥陰經，少陽經本經藥。《象》云：補血，治血虛頭痛之聖藥。妊婦胎不動數月，加當歸，二味各二錢，水二盞，煎至一半，服，神效。《珍》云：散肝經之風，貫芎治少陽經苦頭痛。《心》云：治少陽頭痛及治風通用。《本草》云：主中風入腦頭痛，寒痹筋攣緩急，金瘡，婦人血閉無子，除腦中冷痛，面上遊風去來，目淚出，多涕唾，忽忽如醉，諸寒冷氣，心腹堅痛，中惡，卒急腫痛，脇風痛，溫中除內寒。日華子云：能除鼻洪、吐血及溺血，破癥結宿血，養新血。易老云：上行頭目，下行血海，故清神、四物湯所皆用也。入手足厥陰經。《衍義》云：頭面風不可缺也，然須以他藥佐之，若單服久服，則走散真氣，即使他藥佐之，亦不可久服，中病即便已。東垣云：頭痛甚者，加蔓荊子；頂與腦痛，加川芎；若頭痛者，加藁本；諸經苦頭痛，加細辛。若有熱者不能治，別有青空之劑，為緣諸經頭痛，須用四味。《本草》又云：白芷為之使，畏黃連。

元・朱震亨《本草衍義補遺》 芎　久服致氣暴亡，以其味辛性溫也，辛甘發散之過歟。《局方》以沉、麝、檀、腦、丁、桂諸香作湯，較之芎散之禍，（熟）〔孰〕為優劣，試思之。〇若單服既久，則走散真氣。既使他藥佐使，又不可久服，中病便已，則烏能至此也。《春秋註》云：麥麴鞠窮，所以禦濕。詳見楚子伐蕭。

元・佚名氏《珍珠囊・諸品藥性主治指掌》〔見《醫要集覽》〕 川芎　味辛，氣溫，無毒。升也，陽也。其用有二：上行頭角助清陽之氣止痛，下行血海養新生之血調經。

元・徐彥純《本草發揮》卷一 芎藭　味辛，生溫熟寒，無毒。主中風入腦頭痛，面上遊風，治一切風，治一切氣，一切血。破宿血，養新血，長肉。諸瘡瘍及排膿。潔古云：補血，治血虛頭疼之聖藥也。治妊婦數月胎動，加當歸，二味各二錢，水二斛，煎至一斛，服之神効。《主治秘訣》云：性溫，味辛、苦，氣味厚薄，浮而升，陽也。其用有四：手少陽引經，一也；諸經所痛，二也；助清陽之氣，三也；去濕氣在頭，四也。東垣云：頭痛須用川芎，如不愈，加各引經藥，太陽羌活，陽明白芷，少陽柴胡，太陰蒼朮，厥陰吳茱萸，少陰細辛，如頂巔痛去川芎，用加藁本。又云：芎藭味辛，溫，純陽。主中風入腦，頭面風。海藏云：易老言川芎上行頭角，下行血海，故清神，四物皆所用也。入手足厥陰。《衍義》云：頭面風不可缺也。然須以他藥佐之，若單服既久，則走散真氣。既以他藥佐之，又不可久服，中病便已可也。東垣云：頭痛甚者，加蔓荊子；頂與腦痛，加川芎；頭頂痛者，加藁本；諸經頭痛者，加細辛。若有熱者，不能治，別有清空之劑，能緣諸經頭痛，並用此四物。丹溪云：芎久服能致暴亡，以其辛溫也，辛甘發散之過歟。《局方》以沉、檀、腦、麝等諸香作湯，較之芎辛散之禍，孰為輕重，請試思之。

明・朱橚《救荒本草》卷上之前 川芎　一名芎藭，一名胡藭，一名香果。其苗葉名靡蕪，一名薇蕪，一名茳蘺。生武功川谷、斜谷西嶺，雍州川澤及冤句，其關陝、蜀川、江東山中亦多有，以蜀川者為勝。今處處有之，人家園圃多種。苗葉似芹，而葉微細窄，却有花。叉又似白芷，葉亦細。又如園荽葉微壯。又有一種，葉似蛇床子葉而亦麄壯，開白花，其芎人家種者，形塊

大，重實多脂潤，其裏色白。味辛、甘，性溫，無毒。山中出者瘦細，味苦、辛，其節大莖細，壯如馬銜，謂之馬銜芎。狀如雀腦者，謂之雀腦芎。此最有力。白芷爲之使；畏黃連。其蘼蕪味辛香，性溫，無毒。救飢：採葉煠熟，換水浸去辛味，淘净，油鹽調食。亦可煮飲，甚香。治病：文具《本草》草部條下。

明・王綸《本草集要》卷二 芎藭臣 味辛，氣溫，無毒。少陽經藥，入手足厥陰經。白芷為之使，畏黃連。形塊重實，色白者良。主中風入腦頭痛，寒痹筋攣緩急，金瘡，婦人血閉無子。治少陽頭痛，血虛頭痛之聖藥。散肝經風，頭面風不可缺。又，治一切血，破癥結宿血，養新血，鼻洪吐血溺血，痔瘻腦癰，發背瘰癧癭贅，排膿消瘀長肉。上行頭目，下行血海，通肝經血中之氣藥也。治一切氣，心腹堅痛，脇痛疝痛，溫中散寒，開鬱行氣燥濕。〇葉名蘼蕪，辛香，亦治風辟邪。《春秋注》云：麥麴鞠藭，所以禦濕。得細辛療金瘡止痛，得牡蠣療頭風吐逆。單服久服，則走散真氣，辛散故也。〇婦人經絡住，驗胎法，生為末，空心濃煎，艾湯下一匙，腹內微動，是有胎也。婦人崩中不止。一兩，剉，酒一大盞，煎五分，入生地黃汁二合，煎二三沸，食前分作二服。

明・滕弘《神農本經會通》卷一 芎藭 臣也。白芷為之使，畏黃連。今出川中，大塊，其裏色白，不油，嚼其形塊重實，而色白者良。《衍義》云：今出川中，大塊，其裏色白，不油，嚼之微辛甘者佳。他種不入藥，止可煎湯沐浴。

味辛，氣溫，無毒。《湯》云：純陽，入手足厥陰經、少陽經本經藥。東云：升也，陽也。上行頭角，助清陽之氣，止痛，下行血海，養新生之血，調經。又云：除風濕，補血清頭。《珍》云：主諸經頭痛，治頭頂風濕。本手少陽經藥也。《疌》云：上行頭角，清陽經，行養生血，止頭痛。

《本經》云：主中風入腦，頭痛，寒痺筋攣緩急，金瘡，婦人血閉無子。除腦中冷，動面上遊風去來，目淚出，多涕唾，忽忽如醉。諸寒冷氣，心腹堅痛，中惡，卒急腫痛，脇風痛，溫中散寒。三四月採根，暴乾。《藥性論》云：芎藭，臣。治腰脚軟弱，半身不遂。主胞衣不出，治腹內冷痛。日華子云：治一切風，一切氣，一切勞損，一切血。補五勞，壯筋骨，調衆脉，破癥結宿血，養新血，長肉。鼻洪，吐血及溺血，痔瘻，腦癰，發背，瘰癧，癭贅，瘡疥，及排膿消瘀血。《本草》又云：得細辛療金瘡止痛，得牡蠣療頭風吐逆。《心》云：治少陽頭痛。《象》云：補血，治血虛頭痛之聖藥。妊婦胎不動數月，加當歸二味，各二錢，水煎服效。珍云：散肝經之風、頭面風不可缺。及治風通用。易老云：上行頭角，下行血海，通肝經，血中之氣藥也。開鬱，行氣，燥濕。丹溪云：久服致人暴亡，以其味辛性溫也，辛甘發散之過歟。《局方》以沉、麝、檀、腦、丁、桂諸香作湯，較之芎散之禍，孰為優劣？若單服既久，則走散真氣，既使他藥佐使，又不可久服，中病便已，烏能至此也。《春秋注》云：麥麴鞠藭，所以禦濕。《珍》云：貫芎，治少陽經苦頭痛。易老云：上行頭目，下行血氣，故清神四物湯，所皆用也。入手足厥陰經。《衍義》云：頭面風不可缺也，然須以他藥佐之。若單服久服，則走散真氣，既使他藥佐之，亦不可久服，中病既便已。東垣云：頭痛甚者，加蔓荊子。頂與腦痛，加川芎。苦頭痛者，加藁本。諸經苦頭痛，加細辛。若有熱者，不能治，別有青空之劑，為緣諸經頭痛，須用四味。剷云：川芎氣溫味本辛，上行頭角清陽經。止頭疼能行血室，養新生血有神靈。《局》云：芎藭明目治頭疼，主療筋攣痺痛風。行血破癥除吐衄，瘡家止痛更排膿。川芎，治頭痛，主筋攣，形如雀腦。

蘼蕪：芎藭苗也。味辛，氣溫，無毒。《本經》云：主欬逆，定驚氣，辟邪惡，除蠱毒鬼疰，去三蟲。久服通神，主身中老風，頭中久風風眩。

明・劉文泰《本草品彙精要》卷八 芎藭無毒。叢生。

芎藭出《神農本經》：**主中風入腦，頭痛，寒痹，筋攣緩急，金瘡，婦人血閉，無子。**以上朱字《神農本經》。除腦中冷動，面上游風去來，目淚出，多涕唾，忽忽如醉，諸寒冷氣，心腹堅痛，中惡，卒急，腫痛，脇風痛，溫中內寒。以上黑字名醫所錄。【名】胡藭、香果。【苗】《圖經》曰：芎藭即蘼蕪根也，其苗四月、五月間生，葉似芹、胡荽、蛇牀輩，作叢而莖細。七月、八月開白花，根堅瘦，黃黑色。關中出者，俗呼爲京芎，並通用。惟貴形塊重實作雀腦狀者，謂之雀腦芎，此最有力也。吳氏云：葉香，細青黑文，赤如藁本。冬夏叢生，五月華赤，七月實黑，莖端兩葉，根有節似馬銜狀。《衍義》曰：今出川中大塊，其裏色白不油，嚼之惟辛甘者佳。他種不入藥，止可爲末，煎湯沐浴。此藥今人所用最多，頭面風不可闕也。然須以他藥佐之。【地】《圖經》曰：生武功川谷、斜谷、西嶺及關中、秦州、山陰、泰山。【道地】蜀川者爲勝。【時】生：四月、五月生苗。採：九月、十月取根。【收】暴乾。【用】根如雀腦者佳。【質】形類馬銜而成塊。【色】黑赤。【味】辛。

【性】溫，散。【氣】氣之厚者，陽也。【臭】香。【主】頭風腦痛。【行】手足厥陰經，手足少陽經。【助】白芷爲之使。【反】畏黃連。【製】水洗去土，剉用。【治】療：《圖經》曰：葉作香飲，止泄瀉。陶隱居云：齒根血出者，含之，瘥。《藥性論》云：主腰脚軟弱，半身不遂及胞衣不出，腹內冷痛。日華子云：除一切風，一切氣，一切血，一切勞損，調衆脈，破癥結，消宿血，養新血，長肉，止鼻洪，吐血及溺血，痔瘻，腦癰，發背，瘰癧，癭贅，瘡疥，排膿，消瘀血。《湯液本草》云：補血，主血虛頭痛之聖藥。散肝經之風，上行頭目，下行血海。○貫芎，治少陽經苦頭痛。補：日華子云：五勞七傷，壯筋骨。【合治】合當歸等分，水二盞，煎一盞服，治婦人數月胎不動。○末一匙，合艾湯調，如婦人經水三月不行，服此驗。腹內微動者是胎。○剉一兩，合酒一盞，煎五分，去滓，入生地黃汁二合，煎三沸，食前分二服，療婦人血崩，晝夜不止。【禁】久服則走散真氣。

明・葉文齡《醫學統旨》卷八　川芎　氣味辛。無毒。浮而升，陽也。白芷為使，畏黃連。形塊重實、色白者良。治中風入腦，頭痛目疾，面上遊風，一切風氣寒痺拘攣。破癥宿血，經閉無子，衄吐溺血。心腹堅痛，胸脇疼，溫中散寒，開鬱行氣，燥濕，諸瘡瘍排膿。上行頭目，下行血海，血虛頭疼之聖藥。若單服、久服，則耗散真氣，多致暴亡，戒之！

明・許希周《藥性粗評》卷一　川芎行頭角以清陽，撫芎解鬱。苗名蘼蕪，附。

川芎，芎藭也。一名胡藭。出川蜀者名川藭，出撫州者名撫藭，用各有主。《左傳》謂之鞠藭，所謂麥麯鞠藭，所以禦濕者是也。其葉名蘼蕪，高七八寸許，冬夏叢生，四五月間又抽新葉，狀似芹，與胡荽、藁本、蛇床之類。《淮南子》曰：夫亂人者，若芎藭之與藁本，蛇床之與蘼蕪是也。其氣味香烈，可入茶作飲，亦入香料薰衣。七八月開白碎花，每莖成叢，結小實，黑色，根堅實作塊，如雀腦狀者有力。好生山谷，好事者植於園圃，關、陝、川蜀處處有之，江東諸處出者，恐非道地。撫州出者另是一種，根小而虛。并九月、十月採根，陰乾。白芷為之使，畏黃連。製法《本草》不載。味辛，性生溫，熟寒，無毒。入手少陽三焦、厥陰包絡、足厥陰肝經。主治傷寒中風，頭痛腦暈，癱瘓寒痹，心腹冷氣，面上游風，婦人血氣諸病。散鬱氣，破宿血，養新血，排膿長肉，助清陽之氣上行頭角，明目，止眵淚。易老云：川芎上行頭角，下行血海，故清神，四物皆所用也。《衍義》云：此藥今人所用最多，頭面風不可缺也。然須以他藥佐之，蓋單服久服，則走散真氣。據沈括所云有單服既久，暴病而亡者，以此中病便已。

撫藭：丹溪云總解諸鬱，謂如氣濕火熱，痰血之鬱皆是。

蘼蕪：五月採，暴乾。味辛，性溫，無毒。主治欬逆驚邪，蠱毒鬼疰，身中老風，頭目眩暈，久服通神。郭璞贊云：蘼蕪香草，亂之蛇床，不隕其貴，自烈以芳。亦可謂見重古人矣。

單方：偏頭疼：川芎細剉，清酒浸，溫服之。　風口臭：但以川芎切破，含之。　崩中下血：川芎八兩，清酒五升，煎取三升，分三服，或徐徐進之。　經斷驗胎：婦人經斷三四月者，川芎細末，以濃艾湯下一匙，內覺微動者，是有胎也。　損胎不安：胎因妊娠頓跌，及舉重登高，內動不安，或死腹中不出者，以川芎細末，溫酒服方寸匕，須臾立安，死者須臾立下，不效再服。　化痰清上：久患風痰者，川芎不拘多少，洗淨薄切，焙乾，擣為細末，煉蜜丸如小彈子大，不拘時或茶或酒，嚼下一丸。

明・鄭寧《藥性要略大全》卷二　川芎　其用有二：上行頭角止痛，助清陽之氣；下行血海調經，養新生之血。《經》云：補血。治血虛頭痛之聖藥。散肝經之風，主中風入腦頭痛，寒痹筋攣緩急，治金瘡。《秘要》云：治婦人血閉無子，除腦中冷痛，面上遊風，淚出，多涕唾，諸寒冷氣，心腹堅痛，中惡，急腫痛，脇風痛，溫中除內寒。治吐血溺血，破癥結宿血，養新血。非久服之藥，能走散真氣。易老云：上行頭目，下行血海，故四物湯必用也。《衍義》云：治頭面風不可缺。然非久服之劑，凡中病即止。東垣云：頭痛甚者加蔓荊子，頂與腦痛加川芎，苦頭痛者加藁本。諸經苦頭痛加細辛。若有熱不能治，別有清空之劑。諸經頭痛，須用此四味。味辛，氣溫，無毒。升也，陽也。入手厥陰胞絡、足厥陰肝經，乃少陽本經之藥。又云：入手太陰心胞，白芷為之使。畏黃連。形塊重重結實、黃色不油者良。實大堅重，內外俱白，剉之成片者，西芎也。不入藥。

撫芎　《賦》云：走經絡之痛。　味苦、辛，氣溫，無毒。

芎藭臣　去諸風，明目止瘡痛，毆風濕，補血清頭。　《本草》云：主風入腦頭痛，寒痹筋攣，緩急金瘡。女人血閉無子。陳藏器云：除腦中冷痛及面上遊風來去，目淚出，多涕唾。忽忽如醉，諸寒冷氣，心腹堅痛，中惡卒痛腫痛，脇風痛。溫中，治內寒。《機要》云：白芷為之使。治腰脚軟弱，

半身不遂。治胎衣不出及腹内冷痛。《湯液》云：得細辛，同療金瘡，止痛。得牡蠣，治頭風吐逆。味辛，氣溫，無毒。忌、畏與川芎同。本與川芎一種，小者名芎藭。白芷為之使。

明·賀岳《醫經大旨》卷一《本草要略》　川芎　味辛，性溫。血藥中用之，能助血流行。奈何過於走散，不可久服多服，令人卒暴死。能止頭疼者，正以有餘者能散，不足者能引清血下行也。古人所謂血中之氣藥。信哉！惟其血中氣藥，故能卒散而又能引血上行也。癰疽藥中多用之者，以其入心而能散故耳。蓋心帥氣而行血，芎入心，則助心帥氣而行血，氣血行則心火散，邪氣不留，而癰腫亦散矣。東垣曰：下行血海，養新生之血者，非惟味辛性溫者必上升而散血，貴寧靜而不貴躁動。川芎味辛性溫，但能升散而不能下守，胡能下行以養新血耶？四物湯中用之者，特取其辛溫而行血藥之滯耳。豈真用此辛溫走散之劑，以養下元之血哉？是以雖用亦不可多而久服也。

明·陳嘉謨《本草蒙筌》卷二　芎藭　味辛，氣溫。升也，陽也。無毒。生川蜀名雀腦芎者，圓實而重，狀如雀腦，此上品也。用治凡病證俱優；產歷陽屬廬州府。名馬銜芎者，根節大莖細，狀如馬銜。含止齒根血獨妙。京芎關中所種，關中古西京多種蒔，因而得名。功專療偏頭疼。台芎出台州，屬浙江。只散風去濕；撫芎出撫郡，屬江西。惟開鬱寬胸。餘產入藥不堪，煮湯浴身則可。一名香菓，嘗載《圓經》。秋採曝乾拯疴，形擇重實潔白。油者勿用。惡黃耆、山茱、狼毒，畏硝石、滑石、黃連。反藜蘆，使白芷。乃手少陽本經之藥，又入手足厥陰二經。堪佐升麻，升提氣血。止本經頭痛，血虛頭痛之不可遺。餘經頭痛亦宜用，俱各加引經藥。散肝經諸風，頭面遊風之不可缺。上行頭目，下行血海。通肝經血中之氣藥也。治一切血，破癥結宿血，而養新血及鼻洪吐血溺血，婦人血閉無娠；治一切氣，毆心腹結氣，諸般積氣併脇痛痰氣疝氣，中惡卒痛氣塊。排膿消瘀長肉，兼理外科；溫中燥濕散寒，專除外感。得牡蠣，療頭風旋暈吐逆；得細辛，治金瘡作痛呻吟。同生地黃酒煎，禁崩漏不止；用陳艾湯調末，試胎孕有無。婦人經斷三四月，用此藥服之，腹内覺動是孕，否則病也。所忌須知，單服久服，犯則走散真氣，令人暴亡；務加他藥佐之，中病便已。蘼蕪係芎苗葉，地產又尚雍州。屬陝西。卻風眩，止泄瀉。除蠱毒鬼疰，主欬逆驚癇。

謨按：芎藭不宜單服久服，犯則走散真氣，令人暴亡，無乃因其氣味辛溫、辛甘發散之過，丹溪嘗此示人也。又古一婦人感患頭風，服芎半年，一旦暴死，亦載經註，垂戒叮嚀。迹此觀之，芎散之禍，信弗輕矣。故今明醫，每用四物湯治虛怯勞傷，減去其芎，亦鑒此轍。奈何鄉落愚民，罔明藥性，時採土芎煎茶，謂啜香美。體氣稍實，僥倖無虞，儻涉虛羸，鮮不蒙其禍者。惟婦天命，果真天作孽耶？抑自作孽耶？

明·方穀《本草纂要》卷一　川芎　味辛，氣溫，無毒。少陽經藥，入手足厥陰經，上治頭目，下調經水，中開鬱結，血中氣藥也。是故川芎常爲當歸使，非謂治血有功，而治氣亦神驗也。何則散風寒，破癥結，通宿垢，養新血，排膿潰，消瘀積，除脇痛，長肌肉，調經水，清寒濕，溫中氣，利頭目，調胎前，益產後之聖藥也。是以目痛赤腫，睛散榮熱，非此莫療；痛痒瘡瘍，癰疽寒熱，非此莫和；太陽頭痛，眉眶酸疼，非此莫去；驗胎有無，鼓舞血室，非此莫知；開達心孔，調攝精氣，非此莫通。吾嘗芎歸同用，可以養心血而通瘀血；芎芷同用，可以行頭目耳鼻之經絡；芎蘇同用，可以散初起之風寒；芎芪同用，可以治諸瘡，排膿托裏；芎苓同用，可以養心定志，而開達心氣；芎朮同用，可以溫中快氣，而又通行肝脾。若夫咳嗽痰喘有不可用，恐提氣上行也；熱劇火盛有不可用，恐助氣上騰也；中滿腫脹有不可用，恐引氣上升也。然則眼科、產科、瘡腫科，此其爲要藥，必須以好酒洗製用。

明·王文潔《太乙仙製本草藥性大全》卷一《本草精義》　芎藭　一名胡藭，一名香果。其葉名蘼蕪。生武功山谷、斜谷西嶺。蘼蕪，芎藭苗也。生雍州川澤及寃句，今關陝、蜀川、江東山中多有之，而以蜀川者爲勝。其苗四五月間生葉，似芹、胡荽、蛇牀輩，作叢而莖細。《淮南子》所謂大亂人者，若芎藭之與藁本，蛇牀之與蘼蕪是也。其葉倍香，或蒔於園庭，則芬馨滿徑。江東蜀川人採其葉作飲香，云可以已泄瀉。七、八月開白花，根堅瘦，黃黑色。三四月採來曝乾。一云九月、十月採爲佳，三、四月非時也。關中出者俗呼爲京芎，病通用，惟貴形塊重實。作雀腦狀者，謂之雀腦芎，此最有力也。蘼蕪一名蘄，古芹字，巨斤切。

川芎，芎藭之大者，如雀腦者是。味辛，氣溫，無毒，升也，陽也。入手厥陰胞絡、足厥陰肝經，乃少陽本經之藥。又云：入手太陰心胞。白芷爲之使，畏黃連。形塊重重結實，黃色，不油者良；實大堅重，内外俱白，剉之成

片者，西芎也，不入藥。其用有二：上行頭角止痛，助清陽之氣；下行血海調經，養新生之血。《經》云：補血，治血虚頭痛之聖藥；散肝經之風，主中風入腦，頭痛，寒痹，筋攣緩急，治金瘡。《秘要》云：治婦人血閉無子，除腦中冷痛，面上遊風淚出，多涕唾，諸寒冷氣，心腹堅痛；除惡急腫痛，脇風痛；溫中，除内寒；治吐血溺血，破癥結宿血，養新血。非久服之藥，能走散真氣。易老云：上行頭目，下行血海，故四物湯必用也。

撫芎：味苦、辛，氣溫，無毒。《賦》云：走經絡之痛。

蘼蕪：一名薇蕪，一名茳蘺。味辛，溫，無毒。乃芎藭苗名，亦入藥。生雍州川澤及冤句。四月、五月採葉曝乾。今歷陽處處亦有，人家多種之。葉似蛇牀，而香騷，人借以爲譬，方藥用甚希。《唐本》注云：此有二種，一種似芹葉，一種如蛇〔牀〕，香氣相似，用亦不殊爾。按《爾雅》云：蘄茝，蘼蕪。注：香草葉小如萎狀，疏引郭云如蔞蒿之狀。

明・王文潔《太乙仙製本草藥性大全》卷一《仙製藥性》

芎藭臣　味辛，氣溫，無毒。少陽經藥，入手、足厥陰經。惡黄耆、山茱、狼毒，畏硝石、滑石、黄連，反藜蘆。　主治：療中風入腦，頭痛，寒痹，筋攣緩急，金瘡，婦人血閉無子。治少陽頭痛、血虚頭痛之聖藥，散肝經風、頭面風不可缺。又治一切血，破癥結宿血，養新血，鼻洪吐血溺血，痔瘻，腦癰發背，瘰癧癭贅，排膿消瘀長肉。上行頭目，下行血海，通肝經，血中之氣藥也。治一切氣，心腹堅痛，脇痛，疝痛，溫中散寒，開鬱行氣，燥濕。○葉名蘼蕪，辛香，亦治風辟邪。　補註：《春秋註》云：麥麴鞠窮，所以禦濕。得細辛，療金瘡止痛，得牡蠣，療頭風吐逆。單服、久服則走散真氣，辛散故也。○婦人經絡住，驗胎法：生爲末，空心濃煎，艾湯下一匙，腹内微動，是有胎也。○婦人崩中不止，一兩剉，酒一大盞，煎五分，入生地黄汁二合，煎二三沸，食前分作二服。○治偏頭疼，用京芎，細剉，酒浸，服之佳。○風齒敗，口臭，但含芎藭。○治頭風化痰，川芎不計分兩，用净水洗浸，薄切片子，日乾或焙杵爲末，煉蜜爲丸，如小檡子大，不拘時茶酒嚼下一丸。

明・皇甫嵩《本草發明》卷二

芎藭上品之下，君。氣溫，味辛，無毒。浮而升，陽也。少陽本經藥，入手足厥陰經。芎者，穹也。主至高之位，頭病。　發明曰：川芎一味辛散，能助血流行，血中之氣藥也，上行頭目助清陽。故本草主風邪頭痛，中風入腦，頭面游風去來，目泪及寒痺筋攣，治風通用。内而寒氣鬱氣，中惡卒痛，心腹堅痛，疝氣，皆能散之，又助心帥氣而行氣血，則邪氣不留，凡夫癥結癰腫癭瘰等候亦散矣。所云下行血海，養新生之血者，必兼補藥，非專用此辛散之味真能補也，以其能破滯，消宿血血閉，而引清血下行耳。女人胎産調經必用之藥，不可單服、多服、久服，恐走散膽中元陽真氣。丹溪云久服能致暴亡，甚言走散之故也。凡心虚血少汗多，怔忡等候，俱禁用。四物湯中用之，以行血藥之滯，要滯行而新血亦得以養也。女人多氣多鬱，用此辛散之味，正《象》云治血虚頭痛之聖藥，以其行血而上行頭目也。如頭痛甚者，佐以蔓荊子。項與腦痛，苦頭痛，加藁本。如諸經苦頭痛，佐以細辛。得細辛止金瘡痛，得牡蠣療頭風吐逆。蜀産者名川芎，形圓，實色白，狀如雀腦者，上品也，治血虚胎産病俱優。焦枯者不堪用。産関中者名西芎，色微青，專療偏頭痛。産江浙、台州者，曰白芎，止散風去濕。撫州所産名撫芎，小而中虚，惟開鬱散氣，寬胸，皆非血虚之所宜用也。用者須審之。《象》云：姙婦胎不動數月，加當歸各二錢，煎至一半服，神效。故芎歸湯胎産前後妙藥。白芷為使。畏黄連。

明・李時珍《本草綱目》卷一四草部・芳草類

芎藭音穹窮。《本經》上品。

〔釋名〕胡藭《别録》　川芎《綱目》　香果《别録》　山鞠窮　《綱目》時珍曰：芎本作营，名義未詳。或云：人頭穹窿窮高，天之象也。此藥上行，專治頭腦諸疾，故有芎藭之名。以胡戎者爲佳，故曰胡藭。古人因其根節狀如馬銜，謂之馬銜芎藭；後世因其狀如雀腦，謂之雀腦芎。其出關中者，呼爲京芎，亦曰西芎；出蜀中者，爲川芎；出天台者，爲台芎；出江南者，爲撫芎，皆因地而名也。《左傳》：楚人謂蕭人曰：有麥麴乎？有山鞠窮乎？河魚腹疾奈何？二物皆禦濕，故以諭之。丹溪朱氏治六鬱越鞠丸中用越桃、鞠窮，故以命名。《金光明經》謂之闍莫迦。

〔集解〕《别録》曰：芎藭葉名蘼蕪，生武功川谷、斜谷西嶺，三月、四月採根暴乾。普曰：芎藭或生胡無桃山陰，或泰山。葉細香，青黑文，赤如藁本，冬夏叢生，五月花赤，七月實黑，附端兩葉。三月採根，有節如馬銜。弘景曰：武功、斜谷西嶺，俱近長安。今出歷陽，處處亦有，人家多種之。葉似蛇牀而香，節大莖細，狀如馬銜，謂之馬銜芎藭。蜀中亦有而細。恭曰：今出秦州，其歷陽出者不復用。其人間種者，形塊大，重實多脂。山中採者，瘦細。味苦、辛。以九月、十月採之爲佳，若三月、四月，虚惡非時也。頌曰：關陝、川蜀、江東山中多有之，而以蜀川者爲勝。四五月生葉，似水芹、胡荽、蛇牀輩，作叢而莖細。其葉倍香，江東、蜀人採葉作飲。七八月開碎白花，如蛇牀子花。根堅瘦，黄黑色。關中出者形塊重實，作雀腦狀者爲雀腦芎，最有力。時珍曰：蜀地少寒，人多栽蒔，深秋莖葉亦不萎也。清明後宿根生苗，分其枝橫埋之，則節節生根。八月根下始

結芎藭，乃可掘取，蒸暴貨之。《救荒本草》云：葉似芹而微細窄，有丫叉，又似白芷，葉亦細，又似胡荽葉而微壯，一種似蛇牀葉而亦粗。嫩葉可煠食。宗奭曰：凡用，以川中大塊，裏色白，不油，嚼之微辛甘者佳。他種不入藥，止可爲末，煎湯沐浴而已。

根　【氣味】辛，温，無毒。普曰：神農、黄帝、岐伯、雷公：辛，無毒。扁鵲：酸，無毒。李當之：生温，熟寒。元素曰：性温，味辛、苦，氣厚味薄，浮而升，陽也。少陽本經引經藥，入手、足厥陰氣分。之才曰：白芷爲之使，畏黄連，伏雌黄。得細辛，療金瘡止痛。得牡蠣，療頭風吐逆。

【主治】中風入腦頭痛，寒痹筋攣緩急，金瘡，婦人血閉無子《本經》。除腦中冷動，面上游風去來，目淚出，多涕唾，忽忽如醉，諸寒冷氣，心腹堅痛，中惡卒急腫痛，脇風痛，温中内寒《別録》。腰脚軟弱，半身不遂。胞衣不下甄權。一切風，一切氣，一切勞損，一切血。補五勞，壯筋骨，調衆脈，破癥結宿血，養新血，吐血鼻血溺血，腦癰發背，瘰癧癭贅，痔瘻瘡疥，長肉排膿，消瘀血大明。搜肝氣，補肝血，潤肝燥，補風虚好古。燥濕，止瀉痢，行氣開鬱時珍。蜜和大丸，夜服，治風痰殊效蘇頌。齒根出血，含之多瘥弘景。

【發明】宗奭曰：今人用此最多，頭面風不可缺也。然須以他藥佐之。元素曰：川芎上行頭目，下行血海，故清神及四物湯皆用之。能散肝經之風，治少陽厥陰經頭痛及血虚頭痛之聖藥也。其用有四：爲少陽引經，一也；諸經頭痛，二也；助清陽之氣，三也；去濕氣在頭，四也。杲曰：頭痛必用川芎。如不愈，加各引經藥：太陽羌活，陽明白芷，少陽柴胡，太陰蒼术，厥陰吴茱萸，少陰細辛，是也。震亨曰：鬱在中焦，須撫芎開提其氣以升之，氣升則鬱自降。故撫芎總解諸鬱，直達三焦，爲通陰陽氣血之使。時珍曰：芎藭，血中氣藥也。肝苦急，以辛補之，故血虚者宜之。辛以散之，故氣鬱者宜之。《左傳》言麥麴、鞠窮禦濕，治河魚腹疾。予治濕瀉每加二味，其應如響也。血痢已通而痛不止者，乃陰虧氣鬱，藥中加芎爲佐。氣行血調，其病立止。此皆醫學妙旨，圓機之士，始可語之。宗奭曰：沈括《筆談》云：一族子舊服芎藭，醫鄭叔熊見之云：芎藭不可久服，多令人暴死。後族子果無疾而卒。又朝士張子通之妻，病腦風，服芎藭甚久，一旦暴亡。皆目見者。此皆單服既久，則走散真氣。若使他藥佐使，又不久服，中病便已，則焉能至此哉？虞摶曰：骨蒸多汗，及氣弱之人，不可久服。其性辛散。令真氣走洩，而陰愈虚也。時珍曰：五味入胃，各歸其本臟。久服則增氣偏勝，必有偏絶，故有暴夭之患。若藥具五味，備四氣，君臣佐使配合得宜，豈有此害哉？如芎藭，肝經藥也，若單服既久，則辛喜歸肺，肺氣偏勝，金來賊木，肝必受邪，久則偏絶，豈不夭亡，故醫者貴在格物也。

【附方】舊七，新一十七。　生犀丸：宋真宗賜高相國，去痰清目，進飲食。生犀丸：用川芎十兩緊小者，粟米泔浸二日換，切片子，日乾爲末。分作兩料。每料入麝、腦各一分，生犀半兩，重湯煮，蜜和丸小彈子大。茶、酒嚼下一丸。痰，加朱砂半兩。膈痰，加牛黄一分，水飛鐵粉一分。頭目昏，加細辛一分。口眼喎斜，加炮天南星一分。《御藥院方》。

氣虚頭痛：真川芎藭爲末。臘茶調服二錢，甚捷。曾有婦人産後頭痛，一服即愈。《集簡方》。　氣厥頭痛：婦人氣盛頭痛，及産後頭痛。川芎藭、天台烏藥等分，爲末。每服二錢，葱茶調下。《御藥院方》加白术，水煎服。　風熱頭痛：川芎藭一錢，茶葉二錢，水一鍾，煎五分，食前熱服。《簡便方》。　頭風化痰：川芎洗切，曬乾爲末。煉蜜丸如小彈子大。不拘時嚼一丸，茶清下。《經驗後方》。　偏頭風痛：京芎細剉，浸酒日飲之。《斗門方》。　風熱上衝：頭目運眩，或胸中不利。川芎、槐子各一兩，爲末。每服三錢，用茶清調下。胸中不利，以水煎服。張潔古《保命集》。　首風旋運：及偏正頭疼，多汗惡風，胸膈痰飲。川芎藭一斤，天麻四兩，爲末。煉蜜丸如彈子大。每嚼一丸，茶清下。劉河間《宣明方》。　失血眩運：方見當歸下。　一切心痛：大芎一個，爲末。燒酒服之。一個住一年，兩個住二年。孫氏《集效方》。　經閉驗胎：經水三個月不行，驗胎法：川芎生爲末，空心煎艾湯服一匙。腹内微動者是有胎，不動者非也。《靈苑方》。　損動胎氣：因跌撲舉重，損胎不安，或子死腹中者，芎藭爲末。酒服方寸匕，須臾一二服，立出。《十全方》。　崩中下血：晝夜不止。《千金方》用芎藭一兩，清酒一大盞，煎取五分，徐徐進之。《聖惠》：加生地黄汁二合，同煎。　酒癖脇脹：時復嘔吐，腹有水聲。川芎藭、三稜炮各一兩，爲末。每服二錢，葱白湯下。《聖濟總録》。　小兒腦熱：好閉目，或太陽痛，或目赤腫。川芎藭、薄荷、朴硝各二錢，爲末。以少許吹鼻中。《全幼心鑒》。　齒敗口臭：水煮芎藭含之。《廣濟方》。　牙齒疼痛：大川芎藭一個，入舊糟内藏一月，取焙，入細辛同研末，揩牙。《本事方》。　諸瘡腫痛：撫芎煅研，入輕粉，麻油調塗。《普濟方》。　産後乳懸：婦人産後，兩乳忽長，細小如腸，垂過小肚，痛不可忍，危亡須臾，名曰乳懸。將芎藭、當歸各一斤，以半斤剉散，於瓦石器内，用水濃煎，不拘多少頻服。仍以一斤半剉塊，於病人桌下燒煙，令將口鼻吸煙。用盡未愈，再作一料。仍以蓖麻子一粒，貼其頂心。夏子益《奇疾方》。

題明・薛己《本草約言》卷一《藥性本草》

川芎　味辛，氣溫，無毒。陽也，可升可降，入手、足厥陰經。少陽經本經藥。助清陽而開鬱氣，活滯血而養新血。散肝經風邪外侵，止少陽首痛如裂。上行頭目，下行血海，血中之氣藥也。不可多服，多服則走真氣。〇川芎一味，辛散能助血流行，血中之氣藥也。上行頭目，助清陽，久服致氣暴亡，以其味辛性溫也。以他藥佐使則可服，中病則已，亦不可多服。多服久服俱令人卒暴死。過於走散故也。非惟味

辛性溫者，必上升而散，川芎味辛性溫，但能升散，而不能下守，胡能下行血海以養新血？四物湯用之者，特取其辛溫而行血藥之滯爾。滯行而新血亦得以養，非真用此辛溫走散之劑以養下元之血也。其能止頭痛者，正以其有餘者能散，不足者能引清血歸肝而下行也。古人所謂血中之氣藥，信哉。惟其血中氣藥，故癰疽藥中多用之者，以其入心而能散耳。蓋心帥氣而行血，芎入心則助心帥氣而行血，氣血行則心火散，邪氣不留而癰疽亦解矣。〇畏黃連，白芷為之使。根生堅大而重者，名芎藭。以川蜀者為勝，故今通謂川芎。為風藥、血藥之君，走經絡之痛。小者名撫芎。貫芎是莖間上升之氣所結，故能散頭面之風及開鬱。婦人經住驗胎法：研為末，空心濃煎艾湯下一匙，腹內微動是有胎也。

明・周履靖《茹草編》卷二 川芎 川云芎藭，生於隴中。根荄礧磈，其葉蘢茸。味以辛散，性以溫融。助清陽之正氣，袪頭目之邪風。醫家重用，烹茶亦通。 摘葉入茶中，能去風。

明・梅得春《藥性會元》卷上 芎藭 味辛，氣溫。升也，陽也。無毒。入手厥陰包絡、足厥陰肝經、手少陽三焦、足少陽膽經本經藥。白芷為使。撫芎定周身經絡之痛，總解諸鬱，俗名川芎。 主上行頭角，助清陽之氣而止痛，下行血海，養新生之血以調經。驅風濕，補血，止頭痛。治筋攣，定經絡。瘡家止痛之要藥。傷寒、內寒，手、足厥陰頭痛在腦，及手、足太陽頭痛必用之藥。如不愈，各加引經藥。主中風入腦，目疾流淚，緩急金瘡，多涕唾，忽忽如醉，面上遊風，一切風氣，寒痹拘攣，中惡卒急痛，腫脇風痛，破癥宿血，經閉無子。心腹堅痛，胸膈脇疼。溫中散寒，開鬱行氣。諸瘡排膿，血虛及頭痛。若單服、久服，則走泄真氣，多致暴亡，戒之。吐血、衄血者忌用，以其能行而不止也。得細辛，療金瘡止痛；得牡蠣，療頭風吐逆。 凡使形塊重實，其中色白如雲者佳。其苗名蘼蕪，久服通神。

明・杜文燮《藥鑒》卷二 川芎 氣溫，味辛，無毒。氣厚味薄，升也，陽也。血藥中用之，能助血流行，(柰)〔奈〕過於走散，不可久服多服，中病即已，過則令人暴卒死。能止頭疼者，正以有餘能散不足，而引清血下行也。古人所謂血中之氣藥者，以能辛散，又能引血上行也。癰疽藥中多用之者，以其入心而能散故耳。蓋心帥氣而行血，川芎入心則助心帥氣而行血，氣血行則心火散，邪氣不留而癰疽亦散矣。東垣謂下行血海者，非也。何者，血貴寧靜，不貴踈動，川芎味辛性溫，但能辛散，而不能下守，胡能下行以養新血哉？即四物湯中用之，特取辛溫以行地黃之滯耳。痘家血不活者，用杏仁汁製之，加少許以行肌表之血，何也？蓋芎之辛，但能行血，單用恐成內燥之患，必須杏仁汁製，外籍之以行表，內籍之以潤燥。若痘黑陷爛，則勿用。

明・李中立《本草原始》卷一 芎藭 香草也。四五月生葉，似水芹、胡荽、蛇床輩，作叢而莖細，其葉倍香。七八月〔間〕開碎白花，葉堪作飲。古人因其根節狀如馬銜，謂之馬銜芎藭；後世因其狀如雀腦，謂之雀腦芎；出關中者為京芎，亦曰西芎；出蜀中者為川芎；出天台者為台芎；出撫郡者為撫芎。皆因地而得名也，惟川為勝。故方中用芎，惟曰川芎。或曰：人頭芎窿窮高，天之象也。此藥上行，專治頭腦諸病，故有芎窮之名。 氣味：辛，溫，無毒。 主治：中風入腦頭痛，寒痹筋攣緩急，金瘡，婦人血閉無子。〇除腦中冷動，面上遊風去來，目淚出，多涕唾，忽忽如醉，諸寒冷氣，心腹堅痛，中惡卒急腫痛，脇風痛，溫中內寒。〇腰脚軟弱，半身不遂，胞衣不下。〇一切風，一切氣，一切勞損，一切血，補五勞，壯筋骨，調衆脉，破癥結宿血，養新血；吐血、鼻血、溺血，腦癰發背，瘰癧癭贅，痔瘻瘡疥。長肉排膿，消瘀血。〇搜肝氣，補肝血，潤肝燥，補風虛。〇燥濕，止瀉痢，行氣開鬱。

蜜和，丸芡實大，夜服，治風痰殊効。 齒根出血，含之多瘥。

芎藭，《本經》上品。【圖略】川雀腦者俗呼南芎。西芎多蘆，肉甚白，氣甚辛烈。〇已上俱根形。三、四月采根，日乾。凡用以川中大塊重實，作雀腦，皮色黃黑，肉色白，不油，嚼之微辛甘者佳。他種不入藥，止可為末，煎湯沐浴而已。九月采，佳。 修治：以淨水洗浸，切片，日乾用。芎藭：氣厚味薄，浮而升，陽也。少陽本經引經藥。入手足厥陰氣分。白芷為之使，畏黃連，伏雌黃，得細辛療金瘡止痛，得牡蠣療頭風吐逆。《靈苑方》：治婦人經水三箇月不行，驗胎法：川芎生為末，空心濃煎，艾湯下一匙，腹中微動者是有胎。《續十全方》：治胎氣因跌撲舉重，促損不安，及子死腹中，以芎藭為末，酒服方寸匕，須臾一二服立出。芎藭，臣。

芎藭今人所服最多，頭面風不可缺也。然須以他藥佐之。沈括云：予一族子舊服芎藭，醫鄭叔熊見之，云芎藭不可久服，多令人暴亡，後族子果無

疾而卒。又朝士張子通之妻病腦風，服芎藭甚久，一旦暴亡。皆目見者。此皆單服，久則走散真氣。若使他藥佐使，又不久服，中病便已，則烏能至此哉？由此觀之，芎藭久服為禍匪輕，奈何鄉落愚民，不知藥性，時采芎藭苗、蘼蕪煎茶，自謂香美。體氣壯健，僥倖無虞。儻涉虛羸，鮮不蹈其禍者？

明・張懋辰《本草便》卷一　芎藭臣　味辛，氣溫，無毒。少陽經藥，入手足厥陰經。畏黃連。　主中風入腦，婦人血閉，少陽頭痛，散肝經風、頭面風不可缺；上行頭目，下行血海，通肝經，血中之氣藥也。　葉名蘼蕪，辛香。亦治風辟邪。

明・李中梓《藥性解》卷二　川芎　味辛、甘，性溫，無毒，入肝經，上行頭角，引清陽之氣而止痛；下行血海，養新生之血以調經。久服令人暴亡。白芷為使，畏黃連，小者名撫芎，主開鬱。　按：川芎入肝經，能補血矣，何云暴亡？以其氣升陽，其味辛散，善提清氣，於上部有功，然宜中病即已。若久用，則虛逆且耗，故有此患，凡氣升痰喘火劇中滿等症，不宜用之。

明・繆希雍《本草經疏》卷七　芎藭　味辛，溫，無毒。主中風入腦頭痛，寒痹，筋攣緩急，金瘡，婦人血閉無子，除腦中冷動，動宜作痛。面上游風去來，目淚出，多涕唾，忽忽如醉，諸寒冷氣，心腹堅痛，中惡，卒急腫痛，脇風痛，溫中內寒。

〖疏〗芎藭稟天之溫氣，地之辛味，辛甘發散為陽，是則氣味俱陽而無毒，陽主上升，辛溫主散，入足厥陰經，血中氣藥。扁鵲言酸，以其入肝也。故主中風入腦頭痛，寒痹，筋攣緩急，金瘡，婦人血閉無子。《別錄》除腦中冷動，面上游風去來，目淚出，多涕唾，忽忽如醉，諸寒冷氣，心腹堅痛，中惡，卒急腫痛，脇風痛，溫中內寒。已上諸病，皆病在血分，正以其性走竄而絕無陰凝黏滯之性，故入血藥上行而不可多用耳。　〖主治參互〗同地黃、當歸、芍藥，為四物湯。通主入血分補益。　同荊芥、白芷、當歸、地黃、芍藥、朮、甘草，治破傷風。冬月加桂枝。　同當歸、地黃、乾漆、延胡索、五靈脂、芍藥、牡蠣粉、京三稜，治血瘕。　同白芷、茜根、黃耆、金銀花、生地黃，能排膿消瘀血。　同甘菊花、當歸、地黃、天門冬、白芍藥、炙甘草，專主血虛頭痛。火盛者加童便服。　同當歸尾、桂心、牛膝，治子死腹中。　同續斷、懷熟地、白膠、杜仲、山茱萸、五味子、人參、黃耆、酸棗仁，治血崩久不止。　〖簡誤〗芎藭性陽、味辛。凡病人上盛下虛，虛火炎上，嘔吐，咳嗽，自汗，易汗，盜汗，咽乾口燥，發熱作渴煩燥，法並忌之。

明・倪朱謨《本草彙言》卷二　芎藭　味辛、苦，性溫、平，無毒。少陽引經藥，入手足厥陰氣分。　李時珍先生曰：芎藭，蘼蕪根也。此藥上行，專治頭腦諸疾，故名芎藭。出川中者爲勝，出胡戎者曰北芎，關中者爲西芎，蜀中者爲川芎，天台者爲台芎，江右者爲撫芎。皆因地而名也。　蘇氏曰：蜀地少寒，人多栽蒔，秋深莖葉亦不萎也。清明後，宿根生苗，即分其枝，橫埋土中，則節節作根生苗也。四月生葉，似水芹，微窄，有叉。又似白芷而細，亦似胡荽而壯。又一種葉細似蛇床者，莖葉俱香，莖細節大，纖柔叢翠。五月采葉作飲，極香美。六七月開碎白花，如蛇床子花。八月後根下結芎藭。園圃種蒔者，根形塊大，實而多脂；山生者，細瘦辛苦。十月采根，非時則虛惡不堪用。關中出者，形塊重實，形如雀腦。蜀中出者，塊大色白不油，嚼之味辛而香也。楚人謂蕭人曰：有麥麴乎？有鞠藭乎？河魚腹疾奈何？二物皆能治水濕，故以喻之。丹溪治六鬱越鞠丸中，用此爲首品。

芎藭：上行頭目，下調經水，薛潭中開鬱結，時珍血中氣藥也。御醫門吉士稿嘗爲當歸所使，非第治血有功，而治氣亦神驗也。凡散寒濕，去風氣，明目疾，解頭風，除脅痛，養胎前，益產後，又癥瘕結聚，血閉不行，痛癢瘡瘍，癰疽寒熱，脚弱痿痹，腫痛却步，并能治之。味辛性陽，氣善走竄，而無陰凝黏滯之態。雖入血分，又能去一切風，調一切氣。凡鬱病在中焦者，須用川芎開提其氣以升之。氣升則鬱自降也。凡血痢已通而痛不止者，乃血虛氣滯，須加川芎，則使氣行血調，其痛立止也。故同蘇葉，可以散風寒，干表分；同耆、朮，可以溫中氣而通行肝脾；同歸、芍，可以生血脉而貫通營陰。若産科、眼科、瘡腫科，此爲要藥。凡病人上盛下虛，虛火炎上，咳嗽痰喘，自汗盜汗，咽乾口燥，發熱作渴，內熱生煩，陰極發躁，中氣短怯，并禁用之。

陳廷采先生曰：按川芎，《本草》言不宜單服久服，單服久服則走散真氣，令人暴亡。無乃因其氣味辛溫發散之故歟？前古醫工，每於四物湯中用川芎，十僅存一，亦鑒此戒，奈何鄉落愚民，罔明藥性，時采土芎烹茶，自謂香美可口。氣體稍實，僥倖無虞；儻涉虛羸，鮮不蒙其禍者，戒之慎之！司業者無忽也。

盧子繇先生曰：川芎古名穹窮。穹，高也；窮，究竟也。言主治作用也。故主風中頭腦，或腦痛，或頭腦俱痛，此風氣通于肝，亦即春氣者，病在

頭也。力能直達肝用，從踵徹巔，一鼓而邪自退矣。

集方：《御藥院方》婦人氣厥頭痛，及產後頭痛。用川芎、烏藥各等分爲末，每服二錢，茶調下。○《簡便方》風熱頭痛。用川芎、黃芩各等分爲末，每服二錢，白湯下。○《靈苑方》經水三月不行，驗胎法：用川芎、當歸、蘄艾各二錢，水煎服，微動者是胎，不動者非也。○《聖濟總錄》治酒癖脅脹，不時嘔吐，腹有水聲。用川芎、三稜，俱酒炒，各一兩爲末，每服二錢，白湯調下。○《全幼心鑒》小兒腦熱，好閉目，或太陽痛，或目赤腫。用川芎、薄荷葉、玄明粉各二錢，以少許吹入鼻內。○《廣濟方》齒敗口臭。川芎煎濃汁含之。○《本事方》牙齒腫痛。用大川芎一個，陳糟內藏一月，取焙，入細辛同研爲末，擦痛處。○《普濟》諸瘡腫痛。用川芎五錢爲末，入輕粉五分，麻油調搽。○《章氏醫鏗》治血瘕疼痛。用川芎、當歸、乾漆、玄胡索、五靈脂、白芍藥、三稜、牡蠣粉各等分，爲丸，每服三錢。○方君實傳治血虛頭痛。用川芎、甘菊花、當歸、白芍藥、熟地黃各二錢，水煎服。火盛者加童便。○《產寶方》治子死腹中。用川芎、當歸尾、肉桂、牛膝各三錢，爲末服。○《婦人良方》血崩久不止。用川芎、續斷、懷熟地、鹿角膠、杜仲、山茱萸、五味子、人參、黃耆、酸棗仁，各等分爲丸，每服三錢。

明・姚可成《食物本草》卷一九草部・芳草類　芎藭關陝、川蜀、江東山中多有之，而以蜀川者爲勝。四五月生葉，名蘼蕪，似水芹、胡荽、蛇牀輩，作叢而莖細。其葉倍香，江東、蜀人采葉作飲。〔七〕八月開碎白花，如蛇牀子花。根堅瘦，黃黑〔色〕。關中出者形塊重實，作雀腦狀者為雀腦芎。○李時珍曰：蜀地少寒，人多栽蒔，深秋莖葉亦不萎也。清明後，宿根生苗，分其枝，橫埋之，則節節生根。八月根下始結芎藭，乃可掘取，蒸暴貨之。《救荒本草》云：葉名蘼蕪，似芹而微細窄，有丫叉。又似白芷，葉亦細。又似胡荽葉而微壯。一種似蛇牀葉而亦粗，嫩葉可煠食。

芎藭苗及葉　味辛，溫，無毒。治欬逆，定驚氣，辟邪〔惡，除〕蠱毒鬼疰，去三蟲。久服通神。主身〔中〕老風，頭〔中久〕風風眩，作飲，止泄瀉。點茶，清頭目。

花　主入面脂。

根　味辛，溫，無毒。治中風入腦頭痛，寒痹筋〔攣緩急〕，金瘡，婦人血閉無子。除腦中冷動，面上游〔風去來〕，目淚出，多涕唾，忽忽如醉，諸寒冷氣，心腹〔堅痛，中〕惡卒急腫痛，脇風痛，溫中內寒。腰脚軟弱，〔半身不〕遂。胞衣不下。一切風，一切氣，一切血。補五〔勞，壯筋〕骨，調眾脉，破癥結宿血，養新血，吐血鼻血〔溺血，腦〕癰發背，瘰癧癭贅，痔瘻瘡疥，長肉排膿，消〔瘀血。搜〕肝氣，補肝血，潤肝燥，補風虛。燥溼，止瀉痢，行〔氣開〕鬱。蜜和大丸，夜服，治風痰殊效。齒根出血，含〔之多〕瘥。

附方：治婦人氣厥頭痛及產後頭痛。川芎、烏藥等分，為末，每服二錢，葱茶調下。治氣虛頭痛。川芎為末，臘茶調服二錢，甚捷。曾有婦人產後頭痛，一服即愈。治偏頭風，即半爿頭痛。川芎細剉浸酒，日飲之。治一切心痛。大川芎一个為末，燒酒服之，一个住一年，兩个住二年。治崩中下血不止。用川芎一兩，酒一盞，煎五分，徐徐服之。治跌撲損胎，子死腹中。川芎為末，酒服方寸匕，須臾〔一〕二服，立出。治產後乳懸，婦人產後，兩乳忽長，細小如腸，垂過小肚，痛不可忍，危亡須臾，名曰乳懸。將川芎、當歸各一斤，以半斤剉散，於瓦器內用水濃煎，不拘多少頻服。仍以一斤半剉塊，於病人床前燒煙，令將口鼻吸之。未愈，再作一料，仍以蓖麻子一粒研細，塗頭頂心。出夏子益《奇疾方》。

明・顧逢柏《分部本草妙用》卷一肝部・溫補　川芎藭　辛，溫，無毒。白芷為使，畏黃連。形實色白者佳。　主治：中風入腦頭痛，寒痺筋攣，血閉無子。腦寒遊風，一切風氣勞血，破宿血，養新血，吐、鼻、溺等血。腦癰發背，瘰癧。搜肝風，潤肝燥，補風虛，燥濕，開鬱。　按：川芎上行頭目，下行血海，少陽、厥陰頭痛，及血虛頭痛之聖藥也。但太陽加羌活，陽明同白芷，少陽須柴胡，太陰共蒼朮，厥陰與吳茱萸，少陰同細辛是也。又能解諸鬱，直達三焦，為通陰陽氣血之使。肝苦急，以辛補之。故利於血虛。辛以散之，故利於氣鬱。以之治濕瀉，其效更神。若以治血痢，其痛立止。何者？陰虧氣滯，得芎而氣行血隨，其旨葢微矣哉！但宜中病，不可多服，藥中不可多用，以其戕陰喪元，久必暴亡也。

明・李中梓《醫宗必讀・本草徵要上》　芎藭味辛，溫，無毒。入肝經。白芷為使，畏黃連。　主頭痛面風，淚出多涕，寒痹筋攣，去瘀生新，調經種子，長肉排膿。小者名撫芎，止利且開鬱。辛甘發散為陽，故多功於頭面。血和則去舊生新，經調而攣痹自解。長肉排膿者，以其為血中氣藥也。撫芎之止利開鬱，亦上升辛散之力。按：芎藭性陽，味辛，凡虛火上炎，嘔吐欬逆者，忌之。《衍義》云：久服令人暴亡。為其辛喜歸肺，肺氣偏勝，金來賊木，肝必

受侮，久則偏絕耳。

明·鄭二陽《仁壽堂藥鏡》卷一〇上　川芎　《本草》云：川芎生武功川谷。得細辛，療金瘡止痛；得牡蠣，療頭風吐逆。氣溫，味辛，純陽。無毒。入手足厥陰經。少陽經本經藥。《本草》云：主中風入腦頭痛，寒痹筋攣緩急，金瘡，婦人血閉無子，除腦中冷動，面上遊風去來，目淚出，多涕唾，忽忽如醉，諸寒冷氣，心腹堅痛，中惡卒急腫痛，脇風痛，溫中除內寒。甄權曰：腰脚軟弱，半身不遂，胞衣不下。大明曰：一切風，一切氣，一切勞，一切血。破宿血，養新血。吐血、鼻血、溺血，腦癰發背，瘰癧癭贅，痔瘻瘡疥，長肉排膿。好古曰：搜肝氣，潤肝燥，補風虛。白芷為之使。畏黃連。潔古云：補血，治血虛頭疼之聖藥也。治妊婦數月始動，加當歸，二味各二錢，水二盞，煎至一盞，服之神效。《主治秘訣》云：性溫，味辛、苦。氣味俱薄，浮而升，陽也。其用有四：手少陽引經，一也；諸經所痛，二也；助清陽之氣，三也；去濕氣在頭，四也。東垣云：頭痛須用川芎。如不愈，加各引經藥：太陽，羌活；陽明，白芷；少陽，柴胡；太陰，蒼朮；厥陰，吳茱萸；少陰，細辛。如頂巔痛，去川芎，用加藁本。又曰：芎藭：味辛，溫，純陽。主中風入腦，頭面風。海藏云：易老言川芎上行頭角，下行血海，故清神、四物，皆所用也。入手、足厥陰。《衍義》云：頭面風不可缺也。然須以他藥佐之。若單服既久，則走散真氣。按：《衍義》謂久服川芎，令人暴死。夫川芎，肝家藥也，若單服既久，則辛喜歸肺。肺氣偏勝，金來賊木。肝必受邪，久則偏絕，故曰暴死。使配合得宜，寧有此害哉？虞天民謂：骨蒸多汗及氣弱者，決不可服。其氣辛散，能泄真氣而陰愈虛也。同生地酒煎，禁崩漏不止。

明·蔣儀《藥鏡》卷一溫部　川芎　助清陽以止頭疼，行血海以疏經滯。排風以燥濕，安妊又催生。理欝氣以定諸疼，故曰血中氣藥。散暴寒以動火邪，故云久服暴亡。杏仁汁製，以痘家血不活者能使之活，蓋芎以行表，杏以潤燥。痘之黑陷爛者，切勿悞投。形小者撫芎，力專開欝。更有說焉，諸經頭痛，不同引藥，各宜分別。太陽羌活，陽明白芷，少陽茈胡，太陰蒼朮，厥陰吳茱萸，少陰細辛是也。

明·李中梓《頤生微論》卷三　川芎　味辛，性溫，無毒。入肝經。白芷為使。畏黃連。形實色白潤者佳。醇酒微煨用。主頭痛，面風淚出多涕，寒痹筋攣，去瘀生新，調經種子，長肉排膿。小者名撫芎，能止痢開鬱。

按：川芎亦血中氣藥。痘疹家不起發者往往用之，然亦不敢多用，為其上升也。寇宗奭謂久服川芎令人暴亡，以其辛喜歸肺，肺氣偏勝，金來尅木，肝必受侮，久則偏絕。若君臣佐使，配合得宜，寧致此害哉。虛火上炎，嘔吐欬逆者禁與。

明·張景岳《景岳全書》卷四八《本草正》　川芎　味辛、微甘，氣溫，升也，陽也。其性善散，又走肝經，氣中之血藥也。反藜蘆。畏硝石、滑石、黃連者，以其沉寒而制其升散之性也。芎、歸俱屬血藥，而芎之散動，尤甚於歸，故能散風寒，治頭痛，破瘀蓄，通血脉，解結氣，逐疼痛，排膿消腫，逐血通經。同細辛煎服，治金瘡作痛。同陳艾煎服，驗胎孕有無。三四月後，服此微動者，胎也。以其氣升，故兼理崩漏眩運。以其甘少，故散則有餘，補則不足。惟風寒之頭痛，極宜用之。若三陽火壅於上而痛者，得升反甚。今人不明升降，而但知川芎治頭痛，謬亦甚矣。多服久服，令人走散真氣，能致暴亡，用者識之。

明·賈九如《藥品化義》卷三肝藥　川芎　屬純陰，體重而實，色乾灰白鮮青，氣香味辛，性溫，能升能降，力緩肝，性氣厚而味薄，入肝脾三焦三經。

川芎，夫芎者，穹也，取至高之義。氣香上行，能升清陽之氣，居上部功多。因其性味辛溫，能橫行利竅，使血流氣行，為血中之氣藥。以其氣升，主治風寒頭痛，三焦風熱，頭面游風，暴赤眼腫，血虛頭暈，用之升解。以其辛散，主治胸膈鬱滯，脇肋疼痛，腰背拘急，腿足酸疼，寒痹筋攣，癥結癭瘰，用之疏散。以其性溫，流行血海，能通周身血脈，宿血停滯，女人經水不調，一切胎前產後，用之溫養。但單服及久服，反走散膽中真氣，故丹溪云久服能致暴亡。凡禁用者，如心虛血少，驚悸怔忡，肺經氣弱，有汗骨蒸，恐此辛溫香散故也。如火氣升上，吐衄咳嗽，熱據痰喘，中滿腫脹，恐此引氣上騰故也。蜀產體圓如雀腦，實大色白者佳。枯及油者勿用。小而中虛名撫芎，亦能開鬱寬胸。

明·施永圖《本草醫旨·食物類》卷二　芎苗　味辛，溫，無毒。主欬逆，定驚風，辟邪惡，除蠱毒鬼疰，去三蟲。久服通神。川中產者良。本地者點茶，亦清頭目。

明·盧之頤《本草乘雅半偈》帙四　芎藭《本經》中品　氣味：辛，溫，無

毒。主治：主中風入腦頭痛，寒痹，筋攣緩急，金瘡，婦人血閉無子。

覈曰：芎藭，蘼蕪根也。川中者勝，胡戎者曰胡芎，關中者曰京芎，蜀中者曰川芎，天台者曰台芎，江右者曰撫芎，皆以地得名也。清明後宿根生苗，即分其枝，横埋土中，節節作根生苗也。八月後〔根下〕始結芎藭，葉似芹，微窄有叉，又似白芷而細，亦似胡荽而壯，一種葉似蛇床而稍粗，莖葉俱香，莖細節大，纖柔青整，繁蕪蘼弱也。種莳者根形塊大，實而多脂；山生者細瘦辛苦。五月采苗，十月采根，非時則虛惡，不堪入藥矣。凡用其根，取川中大塊，色白不油，嚼之辛甘，形如雀腦者佳。白芷為之使。畏黄連。伏雌黄。得細辛，療金瘡止痛。得牡蠣，療頭風吐逆。

参曰：芎藭，諧聲。穹，高也，極也；窮，究竟也，言主治作用也。故主風中頭腦，或腦痛，或頭腦俱痛者，此風氣通于肝，亦即春氣者病在頭也。力能直達肝用，從踵徹巔，正鼓而邪自罷矣。風與寒合，斯成筋痹，或攣，或緩，或急者，此屬不直，直之使通也。併治金瘡者，仍轉動搖以成執持。血閉即血痹，逐而通之，使巳亥相合以結胞胎，寅申交會而成種子，皆究竟高遠之義。風氣通于肝，物各從其類，春氣者病在頭，魚涉負冰之候乎。巳亥相合，厥陰始結胞胎，寅申交會，少陽乃作乳字。

明・李中梓《本草通玄》卷上 川芎 味辛性溫，肝家藥也。主一切風、一切氣、一切血，血虚及腦風頭痛，面上游風，目淚多涕，昏昏如醉。除濕止瀉，行氣開鬱，去腐生新，調經種子，排膿長肉。蘊頌云：蜜丸，夜服，治風痰殊效。弘景云：止齒中出血。東垣曰：頭痛必用川芎，加引經藥，太陽羌活，陽明白芷，少陽柴胡，太陰蒼术，厥陰吳茱萸，少陰細辛是也。寇氏云：川芎不可久服，令人暴亡。單服既久，則辛喜歸肺，肺氣偏勝，金來賊木，肝必受邪，久則偏絕，是以夭亡。若藥具五味，備四氣，君臣佐使配合得宜，寧有此患哉？小者，名撫芎，專主開鬱。

清・顧元交《本草彙箋》卷二 芎藭附撫芎。芎藭，其性上行頭目，引清陽之氣而止痛；下行血海，養新生之血以調經。故頭痛者必用。然非引使不效，如太陽羌活，陽明白芷，少陽柴胡，太陰蒼术，厥陰吳茱萸，少陰細辛，是也。血痢已通，而痛不止者，必用，令氣行血調，其痛自已。感冒風寒，遍身骨節疼者，必用。蓋周身關節，乃少陽所司，川芎爲少陽經藥，故走關節。大抵川芎可用以治病，中病即止。今人用以爲血家常服之劑，走散真氣，死而不悟。且川芎既爲肝經主藥，以辛補之，以辛散之。醫家固守其説，假令服之既久，辛喜歸肺，肺氣偏勝，肝反受刑，久之偏絕，豈不暴亡？慎齋云：四物湯治血之有餘，不治血之不足。蓋有餘之血，溢而不歸於經，則用川芎上至巔頂，下至九泉，所以行血，當歸引血歸經，二味走而不守，故用芍藥酸斂，地黄直達丹田，二味守而不走，使血安於其位。若血不足，則孤陰不生，又必兼以四君，令陰生陽長可也。豈四物所能獨治哉？今人昧於藥性，并昧于湯方，如慎齋先生可爲開闢之賢聖矣。

關中産者爲京芎，亦曰西芎。蜀産爲川芎，出天臺者爲台芎，出江南爲撫芎。蜀産者勝。體圓如雀腦，實大色白者是。凡鬱在中焦，須撫芎開提其氣以升之，氣升則鬱自降，故撫芎專主解鬱，直達三焦，爲通陰陽氣血之使，與川芎不宜混用。凡經閉三四月，驗胎法：川芎生爲末，空心煎艾湯，服一匙，腹微中動者，胎也；不動者非。

清・穆石匏《本草洞詮》卷八 芎藭 人頭穹窿窮高，天之象也。此藥上行，專治頭腦諸疾，故名。氣味辛溫，一云生溫熟寒，無毒。少陽本經藥，兼入手足厥陰氣分。主搜肝氣，補肝血，潤肝燥，補風虚，上行頭目，下行血海。其用有四：為少陽引經，一也；諸經頭痛，二也；助清陽之氣，三也；去濕氣在頭，四也。凡諸頭痛，必用川芎。如不愈，加各引經藥，太陽羌活，陽明白芷，少陽柴胡，太陰蒼术，厥陰吳茱萸，少陰細辛。凡鬱在中焦者，須芎藭開提其氣以升之，氣升則鬱自降也。《左傳》：楚人謂蕭人曰：有麥麹乎，有山麹窮乎？河魚腹疾奈何？李東璧謂：治濕瀉，每加二味，其應如響也。血痢已通，而痛不止者，乃陰虧氣鬱，藥中加芎為佐，氣行血調，其病立止。但骨蒸多汗及氣弱人不可久服，其性辛散，令真氣走泄，而陰愈虚也。沈括云：一人舊服川芎。鄭叔曰：芎藭久服令人暴亡，後果無疾而卒。又一人病腦風，服芎藭久亦暴亡。此皆單服既久，走散真氣故也。出蜀中者為川芎，出關中者為西芎，出天台者為台芎，出江西者為撫芎。凡用以川中大塊，裏白不油，嚼之微辛甘者佳。撫芎亦能開鬱。他種不入藥，止可煎湯沐浴而已。

清・劉雲密《本草述》卷八上 芎藭白芷為之使。畏黄連。覈曰：清明後宿根生苗，分其枝，横埋之，則節節生根，八月根下始結芎藭。種莳者，根形塊大，實而多脂。山生者，細瘦辛苦。五月采苗，十月采根。非時則虛惡，

不堪入藥矣。宗奭謂取味之甘辛者，於芎藭之用方合。

根：氣味：辛，溫，無毒。普曰：神農、黄帝、岐伯、雷公：辛，無毒。扁鵲：酸，無毒。李當之：生溫熟寒。潔古曰：性溫，味辛、苦。氣厚味薄，浮而升，陽也。少陽本經引經藥，入手足厥陰氣分。

諸本草主治：中風入腦，頭痛，面上遊風，脇風痛。療諸寒冷氣，心腹堅痛，寒痺，筋攣緩急。治血虚頭痛，破癥結宿血，養新血，搜肝氣，補肝血，潤肝燥，補風虚，開鬱氣，行滯氣，燥濕止洩痢。蜜丸治風痰，並一切癰疽，諸瘡腫痛，長肉排膿。更治婦人血氣諸病。方書主治：目疾頭痛，中風眩暈，脚氣，脇痛腰痛，虚勞，破傷風，積聚，痙頸項強痛，行痺，自汗。消瘴疝，痰飲水腫，著痺瘛瘲，鬱，往來寒熱瘧脹滿，鼻衂，溲血下血，攣，譫妄悸，滞下脱肛，咳嗽，諸見血證，痺，顫振，癎，盜汗，淋中，寒傷濕傷，勞倦厥喘，嘔吐，耳衂吐血畜血，心痛，胃脘痛，腹痛，痛痺，鶴膝風，虚煩，循衣撮空，驚恐健忘，不得臥，不能食，痞，黄疸，泄瀉，大便不通，耳、鼻、齒、脣、舌、面，咽喉，髭髮。

潔古曰：川芎上行頭目，下行血海，故清神及四物湯皆用之。能散肝經之風，治少陽、厥陰經頭痛，及血虚頭痛之聖藥也。其用有四：為手少陽引經，一也；諸經頭痛，二也；助清陽之氣，三也；去濕氣在頭，四也。

東垣曰：頭痛必用川芎，如不愈，加各引經藥：太陽羌活，陽明白芷，少陽柴胡，太陰蒼术，厥陰吳茱萸，少陰細辛是也。又曰：頭痛甚者，加蔓荊子；頂與腦痛，加川芎；頭頂痛者，加藁本；諸經頭痛者，加細辛。若有熱者，不能治，别有清空之劑。此二條，專治風寒之頭痛也。丹溪曰：川芎味辛，但能升散，而不能下守。血貴寧靜，而不貴燥動，四物湯用之，以暢血中之氣，使血自生，非謂其能養血也。即癰疽諸瘡腫痛藥中多用之者，以其入心，而能散火邪耳。又開鬱行氣，止脇痛，心腹堅痛，諸寒冷氣疝氣，亦以川芎辛溫，兼入手足厥陰氣分，助行氣血，而邪自散也。又曰：鬱在中焦，須撫芎開提其氣，以升之氣，升則鬱自降，故撫芎總解諸鬱，直達三焦，為通陰陽氣血之使。時珍曰：芎藭，血中氣藥也。肝苦急，以辛補之。故血虚者，宜之辛以散之，故氣鬱者宜之。《左傳》言麥麴、山鞠窮禦溼，治河魚腹疾。鞠音菊，又音芎。鞠、窮字相連，即芎藭。予治溼瀉，每加二味，其應如響也。血痢已通，而痛不止者，乃陰虧氣鬱，藥中加芎為佐，氣行血調，其病立止。此皆醫學妙旨，圓機之士，始可語之。希雍曰：芎藭稟天之溫氣，地之辛味。辛甘發散為陽，是則氣味俱陽而無毒。陽主上升，辛溫主散，入足厥陰經，血中氣藥。扁鵲言酸，以其入肝也。

同荊芥、白芷、當歸、地黄、芍藥，為四物湯，通主入血分補益。同當歸、地黄、乾漆、延胡索、五靈脂、芍藥、牡蠣粉、京三稜，治血瘕。同白芷、茜根、黄芪、金銀花、生地黄，能排膿，消瘀血。同甘菊花、當歸、地黄、天門冬、白芍藥、炙甘草，專主血虚頭痛。火盛者，加童便服。同當歸尾、桂心、牛膝，治子死腹中。同續斷、懷熟地、白膠、杜仲、山茱萸、五味子、人參、黄芪、酸棗仁，治血崩久不止。

愚按：芎藭之生苗也，於三月，則其賦春氣已深，故其氣溫。至八月始於根下結芎藭，而以九十月采之，後其時則虚惡，是又得金氣之全者也。故其味由甘而辛，然甘大不敵辛也。夫氣稟於溫以生，而味結於根下者，又辛甘之陽，此所謂氣厚味薄，為浮升之陽也。更加取其枝横埋土中，則節節作根生苗，是非稟春深上升之氣，隨節而必透其陽，即隨陽所透，而必本於陰乎？至中秋根下乃結芎藭，此從陰透陽者，結於金氣司令之時，以合於人身天氣之肺，而至於極上。故茲物謂之能暢真氣，亦即謂之過用，能散真氣也。偏閲方書主治，大抵芎藭之用，能達陽於陰中，即能貫陰於陽中。只此二語，可以盡其用之微義。是則芎藭所主治者，始終在血分也。如其能達陽於陰中，不為就血而完氣之用乎？其節能貫陰於陽中，不為就氣而更完血之用乎？然其始終在血分者，即已裕其血中之氣，在人身何臟司其職，是唯肝司之，能由血而暢氣，即由氣而和血。故《經》曰：一陰為獨使，是茲味之治，首屬肝也。此海藏專以益肝為言，而曰搜肝風，補肝血，潤肝燥也。却又言補風虚者，云何？蓋肝屬血臟，原屬風臟也。抑《本經》首言風，更言寒，而《别録》首云冷，又復云風。舉二氣胥治之義，謂何？曰：即海藏補風虚一語，足以盡之味。先哲所謂腎肝同治，當於此義了然矣。以故日華子、王海藏更不及寒者，蓋謂能達陰中之陽，則風化斯行，而寒自散也。如治血虚頭痛，潔古謂之為聖藥者，云何？曰：地氣之升天者，是謂清陽能升，而天氣之還於地者，是謂濁陰能降。此固氣化血生之原也。如此味之，上至巓頂，下至血海者，不唯握升降清濁之樞

以為化原，實能由風臟血臟之化機以為生育，故治血虛之頭痛，此為聖藥耳。不唯是也，並日華子所謂調眾脈，破癥結宿血，養新血，即吐衄溺血，皆可推風虛之義以治之。惟風淫者，不任受也。第潔古又云：並入手厥陰氣分者，蓋肝之上行，而媾於肺，肺即媾於肝而下行。其下行者，乃合於足厥陰同氣之心包絡以生血焉。總以全肝之用也。潔古更云：少陽本經引經藥者，蓋能由陰而達陽，乃得陽倡而陰從，故曰引經，即所謂能暢血中之氣，云補風虛者也。明於陰中之陽不化，則可以悟諸血證之治，悉本風虛，明於風虛之義，則可以悟肝風，并肝血虛，又肝氣燥之故矣。蓋人身之氣血，能由此而升者，即由此而降。固東垣所謂履端於始，序乃不忒。此日華子所謂治一切風，一切血，一切氣，一切勞損，其理固不易也。雖然茲味之所宜投者，乃陽陷於陰中，及陽不能暢陰之證，如下之陰虛，不能守而陽僭於上，及上之陽盛，而陰不為之主者，妄投之適以滋害耳。寧止於久服，乃散真氣。如李東壁氏之所致慎云乎哉。大抵用芎藭，欲其暢陰，不可用之虛陰暢陰。虛陰之異，粗工多不致察。試取先哲所製四物湯叅之，湯中一用白芍以守陰，一用芎藭以達陽，其妙有調劑若此矣，豈可漫投乎哉？

愚按：方書芎藭之治，在目為最，即頭痛之治，猶次之。蓋以肝開竅於目，而人身六氣之首，唯風司之。肝固風臟也，又即血臟也，肝之開竅於目者，本此風升之元氣，以達陰中之陽上行。此《內經》所謂通天者，生之本也。是即俾陽中之陰皆暢，而血和於氣以化，是所謂目得血而能視者也。此數語於補風虛之義更暢。更合於下行而益明。試取一消瘴之腎瀝散，以治腎氣虛損者，用磁石為君，然却以芎藭及麥冬為臣，而他益陰氣、滋陰血之味，雖不一而足，第止為佐耳，則可知元氣為陰中之陽，而芎藭之與麥冬同為臣者，固就陰中透陽之義也。是則在下行者，必裕陰而乃透其陽以上行，在上行者，就暢陽而還化其陰以下行，不可識茲味之於血中氣，并氣中血，胥有妙用乎哉？惟神而明之，以為用而已矣。

附方　風熱頭痛，川芎藭一錢，茶葉二錢，水一鍾，煎五分，食前熱服。　風熱上衝，頭目眩暈，或胸中不利，川芎、槐子各一兩，為末，每服三錢，用茶清調下。胸中不利，以水煎服。　首風旋暈，及偏正頭疼，多汗惡風，胸膈痰飲，川芎藭一斤，天麻四兩，為末，煉蜜丸如彈子大，每嚼一丸，茶清下。　崩中下血，晝夜不止，《千金方》用芎藭一兩，清酒一大盞，煎取五分，徐徐進之。《聖惠方》加生地黃汁二合。

希雍曰：芎藭性陽味辛，凡病上盛下虛，虛火炎上，嘔吐咳嗽，自汗易汗盜汗，咽乾口燥，發熱作渴煩躁，法並忌之。　虞摶曰：骨蒸多汗，及氣弱之人，不可久服。其性辛散，令真氣走洩，而陰愈虛也。

修治無。

嵩曰：蜀產者名川芎，形圓實，色白不油，狀如雀腦者，上也。嚼之甘辛，治血虛胎產病，俱優。焦枯者不用。　西芎，產關中，色微青，專療偏頭痛。產後血虛與氣虛者，俱不可服。　台芎，產浙江台州，止散風去濕。　撫芎，產江西撫州，小而中虛，惟開鬱散氣寬胸，皆非血虛所宜用也，用者宜審之。《精義》曰：川芎形塊堅重結實，黃色不油者良。實大堅重，內外俱白，剉之成片者，西芎也，不入藥。撫芎走經絡之痛。

愚按：芎藭取蜀產，為得西方金氣，同於八月根下乃結也。他產便不合金氣之用矣。至云取黃色不油，不取白色者，此說為是。

清・郭章宜《本草匯》卷一〇　川芎即芎藭　味辛、苦，溫，氣厚味薄，浮而升，陽也。少陽本經引經藥，又入手足厥陰氣分。助清陽而開氣鬱，活滯血而養新血。療血虛腦風頭痛，去首面濕氣遊風。頭面風雖不可缺，然須以他藥佐之。上行頭目，下行血海。治一切風，一切氣，一切血。肝經之風能散，目淚多涕能除。破結宣滯有神功，血閉調經為要藥。

按：川芎性走竄而無凝滯，能助血流行，血中氣藥也。痘疹家不起發者，往往用之。然亦不敢多用，為其上升也。辛甘發散為陽，故其功多于頭面。寇宗奭謂多服令人暴亡，以其辛喜歸肺，肺氣偏勝，金來賊木，肝必受侮，久則傷絕。川芎，肝經藥也。若單服，久則辛喜歸肺，所以有偏絕之患。若具五味，君臣佐使配合得宜，寧致此哉？然其性升散，胡能下行血海以養新血？不知用于四物中者，特取其辛溫而行血藥之滯耳。滯行而新血亦得以養，非真用此辛溫走散之劑，以養下元之血也。其能止頭痛者，正以其有餘者，能散不足者能引清血歸肝而下行也。古人所謂血中之氣藥，信哉。惟其血中氣藥，故癰疽藥中亦多用之耳。凡骨蒸多汗，上盛下虛，虛火上炎，嘔吐欬嗽，及氣弱之人，俱不可服，能令真氣走洩，而陰愈虧也。若血痢已通，而痛不止者，乃陰虧氣鬱，少加為佐，氣行血調，其痛立止。若中焦有鬱，以撫芎開提其氣而升之，氣升而鬱自降矣。凡頭痛者，必須

用此，痛不愈，各加引經藥，太陽羌活，陽明白芷，少陽柴胡，太陰蒼朮，厥陰吳茱萸，少陰细辛。同麥麴則治濕禦瀉，其應如神。小者名撫芎，專解諸鬱，直達三焦，為通陰陽氣血之使。

產川蜀者佳。形塊重實，裏色白，不油，嚼之微辛甘者佳。出撫郡屬江西名撫芎，塊小，惟開鬱耳。餘產不堪入藥，僅可煮湯浴身。白芷為之使。畏黃連。

清·蔣居祉《本草擇要綱目·熱性藥品》 川芎 氣味：辛，溫，無毒。浮而升，陽也。少陽本經引經之藥，又入手足厥陰氣分。 主治：中風入腦頭痛，面上遊風。治一切(面)〔風〕，一切氣，一切血，破宿血，養新血，長肉，諸瘡瘍及排膿。凡鬱在中焦，須開提以升其氣，解諸鬱而通陰陽者，非川芎不為功。凡血痢已通而痛不止者，乃陰虧氣鬱也。若助清陽之氣，而能令氣行血調者，非川芎而誰濟。但單服過久，則辛喜歸肺，肺氣偏勝，恐金來賊木，故有暴亡之患。若配合得宜，定無此害。

清·閔鉞《本草詳節》卷一 川芎 【略】按：川芎上行頭目，下行血海，故清神及四物湯皆用之，能散肝經之風，治少陽、厥陰頭痛及血虛頭痛之聖藥也。如不愈，各加引經藥，太陽羌活，陽明白芷，少陽柴胡，太陰蒼朮，厥陰吳茱萸，少陰細辛。治濕瀉加川芎、麥芽，其應如響。血痢已通而痛不止者，乃陰虧氣鬱，加川芎佐諸藥，氣行血調，其痛立止。癰疽諸瘡腫痛多用之者，以其入心散火邪也。心腹堅痛，諸寒冷氣疝氣多用之者，亦以其入心，助行氣血而邪自散也。古人謂為血中氣藥，信哉。骨蒸多汗及氣弱之人不可久服，令真氣走散，而陰愈虛。又鬱在中焦，須撫芎開提清陽之氣，氣升則鬱自降，故撫芎總解諸鬱，直達三焦，為通陰陽氣血之使，此撫所以異于川也。

清·王翃《握靈本草》卷三 芎藭出蜀者為川芎，出關中者為西芎，出天台者為台芎，出江南者為撫芎，撫芎專主開鬱。凡堅瘦黃黑色者，川芎也。 主治：芎藭，辛，溫，無毒。主中風入腦頭痛，寒痺，婦人血閉無子。搜肝氣，補肝血，潤肝燥，補風虛，一切風氣，勞損血病，癰疽瘰癧等症。

清·汪昂《本草備要》卷一 芎藭補血潤燥，宣，行氣搜風。 辛，溫，升浮。為少陽膽引經，入手足厥心包、肝陰氣分，乃血中氣藥。助清陽而開諸鬱，丹溪曰：氣升則鬱自降，爲通陰陽血氣之使。潤肝燥而補肝虛，肝以瀉爲補，所謂辛以散之，辛以補之。上行頭目，下行血海衝脉，搜風散瘀，止痛調經。治風濕在頭，血虛頭痛，能引血下行，頭痛必用之，加各引經藥：太陽羌活，陽明白芷，少陽柴胡，太陰蒼朮，厥陰吳茱萸，少陰細辛。丹溪曰：諸經氣鬱，亦能頭痛。腹痛脇風，氣鬱血鬱，濕瀉血痢，寒痹筋攣，目淚多涕肝熱，風木爲病，諸風眩掉，皆屬肝木。及癰疽瘡瘍，癰從六府生，疽從五藏生，皆陰陽相滯而成。氣爲陽，血爲陰，血行脉中，氣行脉外，相并周流。寒濕搏之，則凝滯而行遲，爲不及；火熱搏之，則沸騰而行速，爲太過。氣鬱邪入血中，爲陰滯于陽；血鬱邪入氣中，爲陽滯于陰，致生惡毒，然百病皆由此起也。芎、歸能和血行氣而通陰陽。男婦一切血症。然香竄辛散，能走泄真氣，單服久服，令人暴亡。單服則藏有偏勝，久服則過劑生邪，故有此失。若有配合節制，則不至此矣。昂按：芍、地酸寒爲陰，芎、歸辛溫爲陽，故四物取其相濟以行血藥之滯耳。川芎辛散，豈能生血者乎？治法云：驗胎法：婦人過經三月，用川芎末，空心熱湯調一匙服，腹中微動者是胎，不動者是經閉。蜀產爲川芎，秦產爲西芎，江南爲撫芎。以川產大塊、裏白不油、辛甘者勝。白芷爲使，畏黃連、硝石、滑石，惡黃耆、山茱萸。

清·吳楚《寶命真詮》卷三 川芎 【略】主頭痛面風，淚出多涕，辛甘發散為陽，故多功於頭面。寒痺筋攣，經調而攣痺自解。除濕止瀉，行氣開鬱，去閼生新，調經種子，長肉排膿。○小者名撫芎，只止利開鬱。按：芎性陽，味辛，凡虛火上炎，嘔吐欬逆者忌之。《衍義》云：久服令人暴亡，為其辛喜歸肺，金勝賊木，肝必受侮，久則偏絕耳。○配合得宜者無忌。

清·陳士鐸《本草新編》卷二 川芎 味辛，氣溫，升也，陽也，無毒。入手、足厥陰二經。功專補血。治頭痛有神，行血海，通肝經之臟，破癥結宿血，產後去舊生新，凡吐血、衄血、溺血、便血、崩血，俱能治之。血閉者能通，外感者能散，療頭風甚神，止金瘡疼痛。此藥可君可臣，又可為佐使，但不可單用，必須以補氣、補血之藥佐之，則利大而功倍。倘單用一味以補血，則血動，反有散失之憂；單用一味以止痛，則痛止，轉有暴亡之慮。若與人參、黃芪、白朮、茯苓同用以補氣，未必不補氣以生血也；若與當歸、熟地、山茱、麥冬、白芍以補血，未必不生血以生精也。所虞者，同風藥並用耳，可暫而不可常，中病則已，又何必久任哉。

或問：川芎既散真氣，用四物湯以治癆怯，毋乃不可乎？不知四物湯中，有當歸、熟地為君，又有芍藥為臣，用川芎不過佐使，引入肝經，又何礙乎？倘四物湯，減去川芎，轉無效驗。蓋熟地性滯，而芍藥性收，川芎動而散氣，四物湯正藉川芎辛散以動之也。又未可鑒暴亡之失，盡去之以治虛

勞也。

或問：佛手散用川芎，佐當歸生血，為產門要藥，我疑其性動而太散，何以產後之症偏服之，而生血且生氣也？夫血不宜動，而產後之血，又惟恐其不動也。產後之血一不動，即凝滯而上沖，則血暈之症生矣。佛手散，正妙在于動也，動則血活，舊血易去，而新血易生。新血既生，則新氣亦自易長，又何疑川芎性動而太散哉。

或問：川芎散氣是真，何以補血藥必須用之？豈散氣即生血乎？曰：血生于氣，氣散則血從何生。不知川芎散氣，而復能生血者，非生于散，乃生于動也。血大動，則走而不能生；血不動，則止而不能生矣。川芎之生血，妙在于動也。單用一味，或恐過動而生變，合用川芎，何虞過動哉。所以為生血藥中之必需，取其同群而共濟也。

或問：川芎妙在于動而生血，聽其動可也。胡必用藥以佐之，使動而不動耶？不知動則變者，古今之通義。防其變者，用藥之機權。川芎得群補藥，而制其動者，正防其變也。雖然，天下不動則不變，不制其動而自動者，必生意外之變，其變為可憂。制其動而自動者，實為意中之變，其變為可喜。蓋變出意外者，散氣而使人暴亡；變出意中者，生血而使人健旺。血非動不變，血非變不化也。

或疑川芎生血出于動，又慮其生變而制其動，則動猶不動也，何以生血之神哉？曰：不動而變者，無為而化也。川芎過動，而使之不動，則自忘其動矣。其生血化血，亦有不知其然而然之妙，是不動之動，正治于動也。

或疑川芎生血，而不生氣，予獨以為不然。蓋川芎亦生氣之藥，但長于生血，而短于生氣耳。世人見其生血有餘，而補氣不足，又見《神農本草》言其是補血之藥，遂信川芎止補血，而不生氣，絕無有用之補氣之中。豈特無有用之于補氣，且言耗氣而相戒。此川芎生氣之功，數千年未彰矣，誰則知川芎之能生氣乎。然而川芎生氣，實不能自生也，必須佐參、朮以建功，輔芪、歸以奏效，不可嫌其散氣而不用之也。

或疑川芎生氣，終是創談，仍藉參、朮、芪、歸之力，未聞其自能生氣也。曰：用川芎，欲其自生氣也，固力所甚難。用川芎，欲其同生氣也，又勢所甚易。蓋川芎得參、朮、芪、歸，往往生氣于須臾，生血于眉睫，世人以為是參、朮、芪、歸之功也。然何以古人不用他藥以佐參、朮、耆、歸，而必用川芎以佐之，不可以悟生氣之說哉。

或疑川芎用之于佛手散中，多獲奇功，離當歸用之，往往僨事，豈川芎與當歸，性味之相宜耶？夫當歸性動，而川芎亦動，動與動相合，必有同心之好，毋怪其相得益彰也。然而兩動相合，反不全動，故不走血，而反生血耳。

或問：川芎性散而能補，是補在于散也。補在散，則補非大補，而散為大散矣。不知散中有補，則散非全散。用之于胎產最宜者，蓋產後最宜補，又慮過補則血反不散，轉不得補之益矣。川芎于散中能補，既無瘀血之憂，又有生血之益，妙不在補而在散也。

清・顧靖遠《顧氏醫鏡》卷七　川芎一名川藭。辛，溫，入肝經。主頭痛面風，止淚出涕多。辛散上升，故多有功於頭面，以其能治一切風也。去瘀生新，又能治一切血，血和則去舊生新。長肉排膿。以其為血中氣藥也。小者名撫芎，諸鬱能開，辛散之功。瀉痢可止。《左傳》言：同小麥麴禦濕，治河魚腹疾。時珍用治濕瀉，每加二味如神。血痢已通，而痛不止者，乃陰虧氣鬱，加芎為佐，氣行血調而愈。血虛頭痛之聖藥，諸頭痛必用川芎。如不愈，各加引經藥。凡虛火上炎，嘔吐咳逆者，忌之。單用久服，令人暴亡，為其辛散，走洩真氣故也。辛散之禍如此，司命者當知之。

清・李熙和《醫經允中》卷一七　川芎　使白芷，反藜蘆。少陽本經藥，又入手足厥陰氣分也。辛，溫，無毒。升也，陽也。生川蜀名雀腦者佳，出關中古西京次之，出台州只散風濕。上行頭目，下行血海，通肝經血中之氣藥也。治一切血，破癥結，衄血、吐血、溺血，婦人血閉無子。治一切氣，袪心腹結氣，諸般積氣，併脇痛，痰氣疝氣，兼理外科排膿，消瘀長肉，專除外感，溫中燥濕散寒，誠本經頭痛，血虛頭痛，頭面遊風之不可缺。但太陽加羌活，陽明同白芷，少陽同柴胡，太陰共蒼朮，厥陰與吳茱萸，少陰同細辛是也。能解諸鬱，直達三焦，為通陰陽氣血之使，能引清氣上升，故左寸微弱不至者，用之即至；以之治濕瀉，其效更神；以之治血痢，其痛立止。惟其陰虧氣滯，得芎而氣行血隨，其旨微矣。今人止知其性上升，能散有餘之邪，而不知亦能引血歸肝而下行也。《秘旨》云：腰脊疼痛，血不歸元者加之是也。但宜中病即止，不可久服，單服，其氣味溫辛，發散之過，必致暴亡也。

清・馮兆張《馮氏錦囊秘錄・雜症痘疹藥性主治合參》卷一　川芎稟天之溫氣，地之辛味，故味辛，氣溫，無毒。氣味俱陽，升也。

川芎，入手少陽經、手足厥陰經。止本經頭痛，血虛頭痛之不可遺。散肝經諸風，頭面遊風之不可缺。中風入腦頭疼，一切正偏俱效。上行頭目，下行血海，通肝經血中之氣藥也。治一切血，破癥結宿血，而養新血，及鼻洪吐血溺血，婦人血閉無娠。治一切氣，敺心腹結氣，諸般積氣，併脇痛，痰氣疝氣，中惡卒痛氣塊，排膿消瘀長肉，兼理外科，溫中燥濕除寒，專除外感。得牡蠣療頭風眩暈吐逆，得細辛治金瘡作痛呻吟。同地黃酒煎，禁崩漏不止。同陳艾湯調末，試胎孕有無。然氣味辛散，最忌久服單服，否則走散真氣，令人暴亡。撫芎主開鬱寬胸，直達三焦，為通陰陽氣血之使，氣升而鬱自散矣，故越鞠丸用之。

主治痘疹合參：能助清氣而利頭目，排膿消瘀，筋攣寒脾，解諸鬱直達三焦，為通陰陽氣血之使，引參耆而補元陽。同當歸治氣虛、血虛、血滯。搜肝風，潤肝燥，溫中散寒，開鬱行氣，燥濕皆不可缺。但性溫能走而發散，故七日前暫為升提導引。如頭面瘡不起發，或作癢者尤宜。七日後少用，蓋欲收斂，而惡發洩耳。且性味走竄上行，故功多於頭面。若一切血症禁之，恐引火上騰，以耗陰分也。

清·张璐《本經逢原》卷二　芎藭《綱目》名川芎。　辛，溫，無毒。蜀產者味辛而甘為上，他處產者氣味辛烈為下。反藜蘆。葉名蘼蕪。《本經》主中風入腦，頭痛寒痹，筋攣緩急，金瘡，婦人血閉無子。　發明：　芎藭辛溫上升，入肝經，行衝脈，血中理氣藥也。故《本經》治中風入腦，頭痛等證，取其辛散血分諸邪也。好古言搜肝氣，補肝血，潤肝燥，補風虛。又治一切風氣、血氣及面上遊風，目疾多淚，上行頭目，下行血海，故四物湯用之者，皆搜肝經之風。治少陽、厥陰頭痛，及血虛頭痛之聖藥。助清陽之氣，去濕氣在頭，頭痛必用之藥。血痢已通而痛不止，乃陰虧氣鬱，藥中加芎藭，氣行血調，其痛立止。《靈苑方》驗胎法：　以生芎藭末，艾湯服一錢匕，腹中微動者為胎。《千金方》治子死腹中，以芎藭末酒調方寸匕，須臾二三服，立出。凡骨蒸盜汗，陰虛火炎，欬嗽吐逆及氣弱之人不可服。其性辛散，令真氣走泄而陰愈虛也。

撫芎　辛，溫，無毒。產江左撫州，中心有孔者是。　發明：　撫芎升散，專於開鬱寬胸，通行經絡。鬱在中焦，則胸膈痞滿作痛，須撫芎開提其氣以升之，氣升則鬱自降，故撫芎總解諸鬱，直達三焦，為通陰陽氣血之使。然久服耗氣，令人暴亡。

清·浦士貞《夕庵讀本草快編》卷二　芎藭《本經》　產蜀曰川芎，產江南為撫芎。　人頭穹窿。窮，高天之象也。此藥上行頭腦，故名。　川芎味辛性溫，浮升本陽也，乃足少陽引經，兼入手足厥陰氣分。故上行頭目，下援血海，助清陽之聖藥，解諸欝之總司。《經》云：　肝苦急，急食辛以補之，故頭目諸風，筋攣寒痺，心腹冷氣，男婦諸血，非此莫療。以其為血中之氣藥，能潤肝燥，且兼辛散之力，而血痢泄瀉用之更宜。《左傳》云：　麥麴鞠藭禦濕，治河魚腹疾是也。但不可單服、久服者，因其辛，喜歸肺，金來剋木，木必受邪，故偏絕夭亡矣。凡虛火炎上，嘔吐欬逆者宜戒。

清·張志聰、高世栻《本草崇原》卷中　芎藭　氣味辛，溫，無毒。主治中風入腦頭痛，寒痹，筋攣緩急，金瘡，婦人血閉無子。　芎藭今關陝、川蜀、江南、兩浙皆有，而以川產者為勝，故名川芎。清明後宿根生葉，似水芹而香，七八月開碎白花，結黑子。川芎之外，次則廣芎，外有南芎，只可煎湯沐浴，不堪入藥。川芎之葉，名蘼蕪，可以煮食，《本經》列於上品。　芎藭氣味辛溫，根葉皆香，生於西川，稟陽明秋金之氣化。名芎藭者，乾為天、為金。芎，芎窿也。藭，窮高也。皆天之象也。主治中風入腦頭痛者，芎藭稟金氣而治風，性上行而治頭腦也。寒痹筋攣緩急者，寒氣凝結則痹，痹則筋攣緩急，馳縱曰緩，拘掣曰急。芎藭辛散溫行，不但上徹頭腦而治風，且從內達外而散寒，故寒痹筋攣，緩急可治也。治金瘡者，金瘡從皮膚而傷肌肉，芎藭稟陽明金氣，能從肌肉而達皮膚也。治婦人血閉無子者，婦人無子，因於血閉，芎藭稟金氣而平木，肝血疏通，故有子也。沈括《筆談》云：　川芎不可久服、單服，令人暴死。夫川芎乃《本經》中品之藥，所以治病者也，有病則服，無病不宜服。服之而病癒，又不宜多服。若佐補藥而使之開導，久服可也。有頭腦中風寒痹筋攣之證，單用可也。遂以暴死加之，謂不可久服、單服，執矣。醫執是說，而不能圓通會悟，其猶正牆而立也與。

清·劉漢基《藥性通考》卷五　川芎　味辛，溫。氣昇浮，為少陽引經之藥，入手足厥陰氣分，心包、肝、膽，乃血中氣藥，助清陽而開諸欝。丹溪曰：　氣昇則欝自降，為通陰陽氣血之使。潤肝燥，補肝虛。肝以瀉為補，所謂辛以散之，辛以補之。上行頭目，下行血海、衝脉，搜風散瘀，止痛調經，治風濕在頭，血虛頭痛，能引血下行，頭痛必用之。加各引經藥，太陽羌活，陽明白

芷，少陽柴胡，太陰蒼朮，少陰細辛，厥陰吳萸。丹溪曰：諸經氣欝，亦能頭痛也。又治腹痛脇痛，濕瀉血痢，寒痺筋攣，自泪多涕，及癰疽瘡瘍。癰從六腑生，疽從五臟生，皆陰陽相滯而成也。氣為陽，血為陰，血行脉中，氣行脉外，相並周流，寒熱搏之，則凝滯而行遲，為不及。火熱搏之，則沸騰而行速，為太過。氣欝邪入血中，為陰滯於陽；血鬱邪入氣中，為陽滯於陰，致生惡毒。然百病皆由此起也。川芎能和血行氣，而通陰陽，男婦一切血症。然香竄辛散，能走泄真氣，單服久服，令人暴亡。蜀産為川芎，秦産為西芎，江南為撫芎。以川産大塊、裏白不油、辛甘者勝。白芷為使，畏黄連、硝石、滑石，惡黄耆、山茱萸。然肌瘦多火之人，勞病吐血之人，並禁用，恐性燥動火也。昂按：芍、地酸寒為陰，芎、歸辛溫為陽，故四物取其相濟，以行血藥之滯耳。川芎辛散，豈能生血乎？治法云驗胎法：婦人過經三月，用川芎末，空心熱湯調服，腹中微動者是胎，不動者是經閉也。

清·姚球《本草經解要》卷二 川芎 氣溫，味辛，無毒。主中風入腦頭痛，寒痹筋攣，緩急金瘡，婦人血閉無子。川芎氣溫，稟天春和之木氣，入足厥陰肝經。味辛無毒，得地西方之金味，入手太陰肺經。氣味俱升，陽也。風為陽邪，而傷於上，風氣通肝，肝經與督脈會於巔頂，所以中風，風邪入腦頭痛也。其主之者，辛溫能散也。寒傷血，血澁則麻木而痹，血不養筋，筋急而攣。肝藏血而主筋，川芎入肝而辛溫，則血活而筋舒，痹者愈而攣者痊也。緩急金瘡，金瘡失血，則筋時緩時急也。川芎味辛則潤，潤可治急，氣溫則緩，緩可治緩〔急〕也。婦人稟地道而生，以血為主，血閉不通則不生育。川芎入肝，肝乃藏血之藏，生發之經，氣溫血活，自然生生不已也。製方：川芎同白芍、歸身、生地，名四物湯，治血虚。同甘菊、歸身、生地、白芍、甘草，治血虚頭痛。同歸身、桂心、牛膝，治子死腹中。同續斷、生地、白膠、杜仲、山萸、北味、人參、黄耆、棗仁，治血崩不止。

清·周垣綜《頤生秘旨》卷八 芎藭 辛散流行，血中氣藥也。至高之上，非風莫入，一有所礙，則為病焉。故投以芎藭之辛散而愈。九味羌活湯用之，取其辛甘發散耳。

清·王子接《得宜本草·上品藥》 川芎 味辛，溫。入手足厥陰經。治婦人血閉無子。得細辛療金瘡止痛，得牡蠣療頭風，得生犀角去痰清目，得臘茶療産後頭痛，得烏藥療氣厥頭痛。

清·黄元御《長沙藥解》卷二 芎藭 味辛，微溫。入足厥陰肝經。行經脉之閉澀，達風木之抑鬱。止痛切而斷泄利，散滯氣而破瘀血。《金匱》白术散方在白术用之養妊娠胎氣，心中痛者，倍加芎藭。當歸芍藥散方在當歸用之治妊娠腹中疼痛。膠艾湯方在阿膠，用之治妊娠胞阻，漏血腹痛。奔独湯方在李根白皮用之治奔独，氣衝腹痛，以風木鬱衝，則氣阻而痛作。芎藭疏木而達鬱，散滯氣而止疼痛也。溫經湯方在茱萸用之治婦人帶下，瘀血在腹，腹滿裏急，下利不止，以其風木鬱陷，則血瘀而利生。芎藭疏木達鬱，破瘀血而止泄利也。酸棗仁湯方在酸棗用之治虚勞，虚煩不眠。薯蕷丸方在薯蕷用之治虚勞風氣百病。當歸散方在當歸用之治婦人妊娠諸病。皆以其疏木而達鬱也。芎藭辛烈升發，善達肝鬱，行結滯而破瘀澁，止疼痛而收疏泄，肝氣鬱陷者宜之。其諸主治，癰疽、發背、瘰癧、瘿瘤、痔漏、疥癬諸瘡皆醫，口鼻、牙齒、便溺諸血皆止。

清·吳儀洛《本草從新》卷一 芎藭〔補血，去瘀，潤燥。宣，行氣抉風。〕 辛溫升浮。為少陽引經膽，入手、足厥陰心包、肝，乃血中氣藥。升清陽而開諸鬱，丹溪曰：氣升則鬱自降，為通陰陽氣血之使。潤肝燥而補肝虚，肝以瀉為補，所謂辛以散之，辛以補之。上行頭目，下行血海衝脈，搜風散瘀，止痛調經。治風濕在頭，諸種頭痛，東垣曰：頭痛必用之，如不愈，加引經藥，太陽羌活，陽明白芷，少陽柴胡，太陰蒼朮，少陰細辛，厥陰吳茱萸。丹溪曰：諸經氣鬱，亦能頭痛。偏正頭風，腹痛脇風，氣鬱血鬱，血痢，寒痺筋攣，目淚多涕肝熱，風木為病，諸風掉眩，皆屬肝木。及癰疽瘡瘍，癰從六腑生，疽從五臟生，皆陰陽相滯而成。氣為陽，血為陰，血行脈中，氣行脈外，相并周流。寒濕搏之，則凝滯而行遲，為不及；火熱搏之，則沸騰而行速，為太過。氣鬱邪入血中，為阻滯於陽；血鬱邪入氣中，為陽滯於陰。致生惡毒，百病皆由此起。芎、歸能活血行氣而通陰陽。痘瘡不起，頭面上不起發者用之尤宜。男、婦一切血證。芍、地酸寒為陰，歸、芎辛溫為陽，故四物湯取其相濟，以行血藥之滯耳。川芎辛散，豈能生血者乎？治法云：婦人經過三月，用川芎末，空心熱湯調一匙服，腹中微動者是胎，不動是經閉。凡氣升痰喘，虚火上炎，嘔吐咳逆，不宜用之。單服久服，令人暴亡。蜀産為川芎，秦産為西芎，江南為撫芎。以川産大塊，裏白不油，辛甘者良。白芷為使。畏黄連、硝石、滑石。惡黄耆、山茱萸。

清·汪紱《醫林纂要探源》卷二 芎藭 甘，辛，溫。苗葉花皆似芹而高大，根下結塊，色黄白。蜀産曰川芎，為良。陝産曰西芎，江南産曰撫芎，去濕而已。補肝搜

風，行血中之氣，推筋骨之濕。上徹巔頂，肝脈上會於巔，下徹血海，衝脈並肝脈而行。除寒開鬱，活脈舒筋。治證可類推。多用耗氣。香竄之過。

清·嚴潔等《得配本草》卷二　芎藭一名川芎。白芷為之使。畏黃連。伏雌黃。　辛，溫。入手足厥陰經氣分，血中氣藥。上行頭目，下行血海。散風寒，療頭痛，破瘀蓄，調經脈。治寒痹筋攣，目淚多涕，痘瘡不發，血痢滯痛，心脇諸痛。　得細辛，治金瘡。得麥麯，治濕瀉。得牡蠣，治頭風吐逆。得臘茶，療產風頭痛。配地黃，止崩漏。血不滯。配參、耆，補元陽。理氣之功。配薄荷、朴硝，為末，少許吹鼻中，治小兒腦熱，目閉赤腫。佐槐子，治風熱上衝。佐犀角、牛黃、細茶，去痰火，清目疾。　川產，裏白不油、辛甘者良。上行，少用。下行，多用。或濕用，白芷同蒸，焙乾去芷用。單服久服，肝木反受金氣之賊。辛歸肺，肺氣偏勝，肝反受刑，久則偏絕而猝死。　氣升痰喘，火劇中滿，脾虛食少，辛散氣。火鬱頭痛，皆禁用。　怪症：產後兩乳忽長，細小如腸，垂過小腹，痛不可忍，危亡須臾，名曰乳懸。川芎、當歸各一斤，以半斤剉散，於瓦器內用水濃煎頻服，以一斤半切片燒煙，令將口鼻吸煙。用盡未愈，再作一料，仍以蓖麻子一粒，貼其頂心。　撫芎藭　鬱在中焦，用此以開提其氣，氣升則鬱自降，為通陰陽血氣之使。與川芎不同。出江南者爲撫芎。當歸為行氣動血之藥，多服久服，則血氣消耗，筋力漸馳，猶漸成虛弱者。況芎藭走散真氣，與細辛、辛夷不遠，豈得為常服之劑。

題清·徐大椿《藥性切用》卷三　川芎　辛溫升浮，入手足厥陰，為足少陽引經。升清陽而開諸鬱，潤肝燥而補肝虛。上行頭目，下行血海，乃搜風散滯，止痛調經之專藥。但辛竄之劑，氣升火炎者，忌單服久服，令人暴亡。

清·黃宮繡《本草求真》卷三　川芎藭散肝氣，祛肝風。　芎藭耑入肝，兼入心包、膽。辛溫升浮，為肝、膽、心包血分中氣藥。故凡肝因風鬱，而見腹痛、脇痛、血痢、寒痹、筋攣目淚及癰疽一切等症，治皆能痊。癰從六腑生，疽自五臟成，皆屬血氣阻滯所致。緣人一身血氣周流，無有阻滯，則百病不生。若使寒濕內搏，則血滯而不行。為不及，其毒為陰。熱濕內搏，則血急而妄沸。為太過，其毒為陽。氣鬱於血，則當行氣以散血，血鬱於氣，則當活血以通氣，行氣必用芎歸，以血得歸則補，而血可活。且血之氣，又更得芎而助也，況川芎上行頭目，元素曰：川芎其用有四：為少陽引經，一也；諸經頭痛，二也；助清陽之氣，三也；去濕氣在頭，四也。下行血海，其辛最能散邪。血因風鬱，得芎入而血自活，血活而風自滅，又何有毒、有痹、有痛、有鬱，而致病變多端哉？是以四物用之以散肝經之風，頭痛必用以除其鬱。杲曰：頭痛必用川芎，如不愈，加各引經藥。太陽羌活，陽明白芷，少陽柴胡，太陰蒼朮，厥陰吴茱萸，少陰細辛是也。然氣味辛竄，能泄真氣，單服久服，令人暴亡。時珍曰：芎藭，肝經藥也，若單服既久，則辛喜歸肺，肺氣偏勝，金來賊木，肝必受邪，久則偏絕，豈不夭亡。驗胎法云：婦人過經三月，用芎數錢為末，空心熱湯調一匙服，腹中微動者是胎，不動者是經閉。蜀產大塊，裏白不油，辛甘者良。江南產者為撫芎，秦產為西芎，白芷為使，畏黃連、硝石、滑石，惡黃耆、山茱萸。

清·楊璿《傷寒溫疫條辨》卷六散劑類　川芎　味大辛，氣溫，升也，陽也。專入膽，並入心包、肝。氣中血藥也，助清陽而開諸鬱，四物湯用以宣血氣之滯耳。行氣和血而通陰陽，散風寒頭疼，破瘀血經閉，解氣結，逐腹疼，補肝虛脇風，排癰膿消腫。同艾葉服，驗胎孕有無。合細辛煎，治金瘡作疼。然升散太過，故風寒頭疼極宜。若三陽火壅於上而頭疼者，得升反甚。今人不明升降，一概用之，誤矣。多服久服致暴亡，極言其辛散太甚也。

清·羅國綱《羅氏會約醫鏡》卷一六草部　川芎味辛，微甘，氣溫，入肝經。白芷為使，畏黃連、硝石、滑石，惡黃芪、山茱萸，反藜蘆。蜀產為川芎，裏白者勝；秦產為西芎；江南產小者，名撫芎。　其性善走，為血中氣藥。潤肝燥，補肝虛。肝以瀉為補，所謂辛以散之，辛以潤之。治風濕頭痛、血虛頭痛，破瘀蓄，通血脉，祛脇痛，調經候，因辛散也。目淚多涕肝熱，理崩帶眩運，以氣升也。療癰疽瘡瘍，癰生六腑，疽生五臟，皆陰陽相滯而成，芎、歸能和血行氣而通陰陽。撫芎止利開鬱，亦上升辛散之功也。

按：川芎補不足而散有餘，以辛多而甘少也，若單服久服，令人走散真氣，能致暴亡。至於陰虛火炎，及三陽火壅於上而頭痛者，得升反甚。若不明升降，而但知川芎治頭痛，謬亦甚矣！

清·陳修園《神農本草經讀》卷三中品　川芎　氣味辛，溫，無毒。主中風入腦，頭痛，寒痹，筋攣緩急，金瘡，婦人血閉無子。　陳修園曰：川芎氣溫，稟春氣而入肝。味辛無毒，得金味而入肺。風為陽邪，而傷於上，風氣通肝，肝經與督脈會於巔頂而為病，川芎辛溫而散邪，所以主之。血少不能熱膚，故生寒而為痹；血少不能養筋，故筋結而為攣，筋縱而為緩，筋縮而為急，川芎辛溫而活血，所以主之。治金瘡者，以金瘡從皮膚以傷肌肉。川芎

稟陽明金氣，能從肌肉而達皮膚也。婦人以血為主，血閉不通，則不生育，川芎辛溫，通經而又能補血，所以治血閉無子也。

清・趙學敏《本草綱目拾遺》卷三草部上　撫芎　產江西撫州，中心有孔者是。　辛，溫，無毒。《逢原》云：　性最升散，專於開鬱寬胸，通行經絡。鬱在中焦，則胸膈痞滿作痛，須撫芎開提其氣以升之，氣升則鬱自降。　故撫芎總解諸鬱，直達三焦，為通陰陽氣血之使，然久服耗氣，令人暴亡矣。

按：　芎藭有數種，蜀產曰川芎，秦產曰西芎，江西為撫芎。《綱目》取川芎列名，而西芎、撫芎僅於註中一見，亦不分其功用。　蓋芎藭以蜀產為上，味辛而甘，他產氣味辛烈，遠不逮矣。　殊不知西芎與川芎，性不甚遠，俱為血中理氣之藥。　第西產不及川產者力厚而功大。　至撫芎則性專於開鬱上升，迥然不同，故石頑於川芎下另立撫芎一條，以明不可混，今從之。

芎歸飲：　《不藥良方》：　治失血湧吐，因飽食用力，或因持重努傷脈絡，用當歸二兩或三兩，酒浸洗，撫芎一兩，微炒，水三盌，酒一盌半，煎至八分，作二次服之。　取其引血歸經。　並治跌撲墮打而傷脈絡，令人大吐者。　二症中如有瘀血，或加大黃下之，或加桃仁紅花破之，或加鬱金、黃酒行之，審症酌加，其效更速。　《普濟方》：　一切熱癤時毒腫痛，撫芎煅研，入輕粉、麻油調塗。

清・黃凱鈞《藥籠小品》　芎藭　辛，溫，血中氣藥。　升陽開鬱，上行頭目，下行血海，止痛調經，治諸種頭痛，須加引經之藥。　一切風木為病。　凡氣升痰喘，虛火上炎，不宜用之。　單服久服，令人暴亡。　蜀產為川芎，南產為撫芎。

清・王龍《本草纂要稿・草部》　芎藭　氣味辛溫，浮而升，陽也。　助血流行，血中之氣藥也。　上行頭目而助清陽，下行血海而養新血。　風邪頭痛，氣欝胸疼，皆能散之。　女子調經不可缺，心虛出汗不可加。　多用則走散膽中元陽，耗其真氣。　師丹公集。

清・張德裕《本草正義》卷上　川芎　微甘辛，溫。　升而散，走氣中血藥。　芎、歸俱入血分，而芎之散動甚於歸，故能散風寒，除頭痛，破瘀通經，升走善散，鮮有補益。　凡火升及陰虛不宜動散者皆忌。

清・楊時泰《本草述鉤元》卷八　芎藭　種蒔者根形塊大，實而多脂，山生者細瘦辛苦。　蜀產名川芎，形塊堅重圓實，色黃不油，如雀腦，嚼之甘辛其味甘辛，於用方合。者上也。　治血虛胎產病俱優，焦枯者不用。　西芎產關中，色微青，專療偏頭痛，如產後血虛與氣虛者，俱不可服。　其實大堅重，內外俱白，剉之成片者，亦西芎也，不入藥。　台芎產浙江台州，止以散風驅濕。　撫芎產江西撫州，小而中虛，惟開鬱散氣寬胸，走經絡之痛，皆非血虛所宜用。

根味辛、苦，性溫。　氣厚味薄，浮而升，陽也。　少陽本經引經藥，入手足厥陰氣分。　生溫熟寒李當之。　白芷為之使。　畏黃連。　主中風入腦，頭痛血虛，頭痛面上遊風，脇風痛，療諸寒冷氣，心腹堅痛，寒痹筋攣緩急，破癥結宿血，養新血，搜肝氣，補肝血，潤肝燥，補風虛，開鬱氣，行滯氣，燥濕止瀉痢。蜜丸治風痰，並一切癰疽諸瘡腫痛，長肉排膿，更治婦人血氣諸病諸本草。　方書治目疾及耳鼻脣齒喉舌髭髮，中風眩暈，中寒傷濕，傷勞倦鬱，往來寒熱瘧，破傷風瘛瘲，振顫癇痙，頸項強痛，虛勞自汗，盜汗虛煩，循衣撮空，譫妄驚悸，健忘不得臥，不能食，喘厥咳嗽嘔吐，痞，鼻衄耳衄，吐血畜血，溲血下血諸見血證，心痛胃脘痛腰痛，脚氣鶴膝風，着痹痛痹行痹，消癉黃疸，痰飲水腫，脹滿泄瀉，滯下脫肛，大便不通，淋疝。　上行頭目，下行血海，助清陽之氣，去濕氣在頭，故治諸經頭痛潔古。　頭痛必用川芎，如不愈加各引經藥，太陽羌活，陽明白芷，少陽柴胡，太陰蒼术，厥陰吳萸，少陰細辛東垣。　又頭痛甚者，加蔓荊子；　頂與腦痛，用川芎；　頭頂痛，加藁本。　若有熱者不能治，別有清空之劑。此二條專治風寒頭痛。　芎藭血中氣藥。　扁鵲言：　酸以其入肝也仲淳。　肝苦急，以辛補之，故血虛者宜之，以辛散之，故氣鬱者宜之瀕湖。　味辛氣溫，但能升散，而不能下守，血貴寧靜，不貴燥動，四物用川芎以暢血中之氣，使血自生，非謂其能養血也。　即癰疽及諸瘡腫痛藥中多用之者，以其入心而能散火邪耳丹溪。　又鬱在中焦，須撫芎開提其氣以升之，氣升則鬱自降。　故撫芎總解諸鬱，直達三焦，為通陰陽氣血之使。　治濕瀉藥中，每加麥麴、芎藭，其應如響。即《左傳》治河魚腹疾意。　血痢已通，而痛不止者，乃陰虧氣鬱，加芎為佐，氣行血調，其病立止。　合四物，加荊芥、白芷、白术、甘草，治破傷風。　冬月加桂枝。　同當歸、地黃、芍藥、乾漆、延胡、五靈脂、京三稜、牡蠣粉，治血瘕。　同白芷、茜根、黃耆、銀花、生地，能排膿消瘀血。　同甘菊、當歸、地黃、天冬、白芍、炙草，專主血虛頭痛。　火盛者加童便服。　同歸尾、桂心、牛膝，治子死腹中。　同續斷、熟地、白膠、杜仲、山萸、五味、人參、黃耆、棗仁，治血崩久不止。　風熱頭痛，川芎一錢，茶葉二錢，水一鍾，煎五分，食前熱

服。風熱上衝，頭目眩暈，或胸中不利，川芎、槐子各一兩，為末，每服三錢，用茶清調下。胸中不利，以水煎服。首風旋暈及偏正頭疼，多汗惡風，胸膈痰飲，川芎一斤、天麻四兩，為末，煉蜜丸如彈子大，每嚼一丸，茶清下。崩中下血，晝夜不止，《千金》用川芎一兩，清酒一大盞，煎取五分，徐徐進之。《聖惠》加生地汁二合。

論：芎藭三月生苗，稟春氣已深，故溫。至八月始於根下結芎藭，而以九十月采之，後時則虛惡，是又得金氣之全者，故其味由甘而辛，辛勝甘劣也。夫氣稟於溫以生，而味結於根下者，又辛甘之陽，所以氣厚升浮，合於人身天氣之肺而至於極上，故茲物能暢真氣，亦即過用能散真氣也。偏閱方書主治，大抵能達陽於陰中，即能貫陰於陽中，始終在血分暢其氣者。故海藏專以益肝為言，而曰搜肝風，補肝血，潤肝燥，却又言補風虛者，以血臟原屬風臟，惟能達陰中之陽，則風化斯行而諸寒冷氣自散也。明於陰中之陽不化，可以悟諸血證之治悉本風虛，明於風虛之義，又可以悟肝風並肝血虛、肝氣燥之故矣。抑何以並入手厥陰氣分？蓋肝之上行而媾於肺，肺即媾於肝而下行，其下行者乃合於足厥陰同氣之心包絡以生血焉，總以全肝之用而已。人身清陽能升，濁陰能降，此氣化血生之原也。芎藭上至巔頂，下至血海，不惟握升降清濁之樞以為化原，實能由風臟血臟之化機以為生育，故治血虛頭痛為聖藥。至於調眾脈，破癥結宿血，養新血，以及吐衄溺血，皆可推風虛之義以治之。惟風淫者不任受耳。總之，陽陷陰中及陽不能暢陰之證，此味乃所宜投。如下之陰虛不守而陽僭於上及上之陽盛而陰不能為之主者，妄投適以滋害，寧止於久服乃散真氣哉。用芎藭止欲其暢陰，不可用之虛陰，暢陰虛陰之異，粗工多不致察。芎藭之治，在目為最，即頭痛猶次之，以肝開竅於目，而人身六氣之首惟風司之，肝固風臟，又即血臟也。本此風升之元氣，以達陰中之陽而上行。此《經》所謂通天者，生之本也。即俾陽中之陰皆暢，而血和於氣以化，是所謂目得血而能視者也。玩此則於補風虛之義更暢。更取消癉之腎瀝散以治腎氣虛損者，用磁石為君，却以芎藭及麥冬為臣，其他益陰氣、滋陰血之味止為佐，可知元氣為陰中之陽，而芎藭之與麥冬為臣者，固就陰中透陽之義也。是則在下行者，必裕陰而乃透其陽以上，在上行者，就暢陽而還化其陰以下，不可識茲味之於血中氣並氣中血，胥有妙用乎哉。

凡病上盛下虛，火炎咳嘔，咽乾口燥，發熱渴煩及自汗易汗盜汗者，法咸忌之仲淳。骨蒸多汗，及氣弱之人，不可久服，其性辛散，令真氣走泄而陰愈虛也虞摶。

清・葉桂《本草再新》卷一　芎藭味辛，性溫，無毒。入心、肝、脾三經。升陽明之火，開肝膽之鬱。氣敗多鬱，氣壯則鬱消。調血養血，去瘀生新，通經絡，利二便，却頭風，除濕熱。能升，故能去風，入血分，故可除濕熱。治癰疽瘡瘍，痘靨不起，調經安產。癰從六腑生，疽從五臟生，皆陰陽相滯而成。氣為陽，血為陰，血行脈中，氣行血外，相並周流。寒濕搏之則凝滯，火熱搏之則沸騰，氣鬱邪入血中，為陰滯於陽，血鬱邪入氣中，為陽滯於陰，主生惡瘡。〇芎、歸皆能和血行氣，故可通陰陽。

清・吴其濬《植物名實圖考》卷二五　芎藭《本經》上品。《左氏傳》山鞠窮即此。《益部方物記》謂葉落時，可用作羹。《救荒本草》：葉可調食、煮飲。今江西種之為蔬，曰藭菜；廣西謂之坎菜，其葉謂之江蘺，亦曰蘼蕪。李時珍謂大葉者為茳蘺，細葉者為蘼蕪，說亦辨。

雩婁農曰：申叔展曰：有山鞠藭乎？注謂所以禦濕。疏云：賈逵有此言。則相傳為此說，但不知若為用之。考《本草》，芎藭主中風寒痹、筋攣緩急，蓋風濕相為表裏，去風即以去濕也。苗曰蘼蕪，《爾雅翼》辨證甚核。然古昔草木之名，軼者多矣。《楚詞》香草，注者亦唯以《本草》《爾雅》為據。其習用如江蘺、白芷、杜衡、留夷輩，讀《本草》者皆知之，而杜若已無的識。若揭車、胡繩，則《本草》不載，無有訂為何物者矣。太史公曰：巖穴之士，趍舍有時，若此類堙滅而不稱，悲夫！夫以在山小草，為忠臣志士寄慨流連，其志潔，故其稱物芳，謂非無知者之至幸，乃或傳、或不傳如此。然則士不能與日月爭光，而但托大賢之門，冀附驥尾而致千里，則漢之黨錮、宋之黨人，載其名而不信其人者有之矣。載其名，幸也不信，其人豈不幸歟？

清・趙其光《本草求原》卷二芳草部　川芎　穹窿者天，天氣常通於肝，肝藏血，常引水中生陽上達於肺，而後條達無鬱。肺主天氣，《經》曰：三陰至於肺，一陰為獨使。三陰指腎，一陰指肝。芎產於川蜀，花白，子黑。金水氣。辛溫，上升達肝陽，上致於肺以接天氣，則血中氣行，如天之轉運，而血鬱自暢，故名無毒。主中風入腦頭痛，肝經與督脈會於巔頂，血鬱則肝陽不化，而風化不行，故宜辛溫以暢陽，非謂其祛風也。寒痹筋攣緩急，血鬱不能熱膚養筋，則寒而血泣為痹，筋結而攣，縱而緩，縮而急，陽暢則愈。金瘡，辛金之氣達血於皮毛，則肌肉生。婦人血閉無子。米泔浸胎從厥陰而結，肝血疏通則胞門清淨而受胎。凡一切頭痛、痹攣，俱可單用。

曬為末，治一切頭痛、氣虛，或風熱，或風痰，俱茶下。偏正頭風，有痰加天麻。又同槐子、生犀，加麝少許蜜丸，茶酒下，最清頭目之風火；若有痰，加朱砂、牛黃、鐵粉；目昏，加細辛；口眼喎斜，加南星。一切心痛，末酒下。試胎，經閉三月，生研，艾湯下。腹內微動為有胎，不動則非。跌撲胎動或死，酒下。崩中下血，同生地酒煎，陽暢則血歸。吐衄，尿血，齒衄，煎含。酒癖脇脹，嘔吐、腹有水聲，或寒濕相搏而滯於陰、或火濕沸騰而滯於陽則病。此能於下焦陰中以透陽，即能於上焦暢陽以化陰。合三稜末，葱白湯下。腦熱，目赤腫閉，同薄荷、朴硝末吹鼻。牙疼，入舊糟內藏一月取焙，同細辛研揩之。齒敗口臭，煎含。止涕淚，消瘀血腹堅，下胞衣，開諸鬱，木鬱達之，是指陽陷陰中，陽鬱不能暢陰之病。搜肝氣，潤肝燥，血行則潤。補肝虛，肝以辛散為補。諸風濕，血虛頭痛，諸風眩掉，皆屬於肝，清陽上行，陰濕自降。氣鬱亦能頭痛，故頭痛必用之。至各經風寒，須加引經藥，太陽羌活，陽明白芷，少陽柴胡，太陰蒼朮，少陰細辛，厥陰吳萸。痛甚，加蔓荊。寒冷氣，疝氣，濕瀉，皆通陽散鬱之功。血痢，散血歸肌腠，痢自止。腦癰，瘡瘍，瘰癧，癭贅，痔瘻，皆榮血不行所致。排膿長肉，產後乳長垂至小腹。名曰乳懸，苦痛危亡。同歸各八兩煎，頻服。另以之燒煙熏口鼻，又用蓖麻肉貼頂心。

芍守陰，芎達陽，升降之妙也。血是胃汁所變，故熟地補之；血以疏達而暢，故用川芎開導。但性升散，少用則暢真氣，多用則散真氣。血虛而滯者，須君補藥。即實滯而病，亦中病即止，不可多服。所治皆陽陷陰中及陽不暢陰之症。至陰虛而陽上僭及上陽盛而陰不主者，均忌。

芎治風虛目疾。蓋肝為風臟，本風升之氣以達於上，而開竅於目；生氣條達，上通則血和，風自熄，目自明也。

川產者，形圓，實色黃，不油，辛而甘為上，主補。次則廣芎、浙江台芎，散風濕。江西撫芎，小而中虛，開鬱寬胸，血虛勿用。各產堅白、辛烈，止可煎浴。其葉名靡蕪，可煮食。辛溫止咳，定驚，辟邪惡、蠱毒、鬼疰，殺蟲，止瀉，去老風。白芷為使，惡黃連。

清・葉志詵《神農本草經贊》卷一 芎藭 味辛，溫。主中風入腦，頭痛，寒痹筋攣緩急，金創，婦人血閉，無子。生川谷。

穿林間覓，橫理春分。蛇牀蘂碎，雀腦紋紛。翠含清露，香繞黃雲。調羹瀹茗，禦濕功勤。

蘇軾詩：穿林間覓野芎苗。李時珍曰：清明後，宿根生苗，分其枝而橫理之。蘇頌曰：七八月開碎白花如蛇牀子，根黃黑色作雀腦狀。蘇軾詩：濯濯翠莖滿，愔愔清露涵。黃庭堅詩：一穗黃雲繞几。宋祁贊：可糝於羹。韓琦詩：時摘嫩苗烹賜茗。《左傳注》：鞠藭，所以禦濕。

清・文晟《新編六書》卷六《藥性摘錄》 川芎 辛，溫。升浮，為肝膽心包血分中氣藥。凡肝因風鬱，而見腹痛脇痛，血痢寒痹筋攣，目淚癰疽等症，皆治。然氣味辛竄，單服久服，令人暴亡。○畏黃連、硝石，惡黃芪、山茱萸。

清・張仁錫《藥性蒙求・草部》 芎藭撫芎五分、錢半。芎藭辛溫，搜風潤燥。補血去瘀，頭疼最妙。性主升浮，為少陽引經，入手足厥陰經，為血中氣藥。升清陽而開諸欝，潤肝燥而補肝虛。上行頭目，下行血海，即衝脈也。止痛調經，治風濕在頭，諸種頭痛，及男婦一切血症。單服久服，令人暴亡。蜀產為川芎，良。○江南產為撫芎，專于開欝，且通經絡。若欝滯中焦，則胸膈痞滿作痛，須撫芎提其氣以升之，則欝自解矣。○酒浸用。

清・屠道和《本草匯纂》卷一驅風 川芎 耑入肝，兼入心胞、膽。氣味辛溫，無毒，升浮。搜肝氣，補肝血，潤肝燥，祛肝風，為肝膽心胞血分中氣藥。治中風入腦，頭痛，面上遊風去來，忽忽如醉。腰脚軟弱，半身不遂，婦人血閉無子，胞衣不下。燥濕，止瀉痢，行氣開鬱。凡肝因風鬱而見腹痛脇痛，血痢，寒痺，筋攣，目淚及癰疽等症，治皆能痊。上行頭目，下行血海，其辛最能散邪。血因風鬱，得芎入而血自活，血活而風自滅，是以四物用。散肝風頭痛，用以除鬱。氣味辛竄，能泄真氣，單服、久服，令人暴亡。畏黃連、硝石、滑石。

清・戴葆元《本草綱目易知錄》卷一 芎藭 辛，溫。升浮，入手足厥陰氣分，為少陽引經，乃血中氣藥。助清陽而開諸鬱，潤肝躁，補肝虛，調眾脈，破癥結，上行頭目，下行血海，搜風散瘀，止痛調經。補五勞，壯筋骨，破宿血，生新血。治風濕在頭，血虛頭痛，脇風腹痛，氣鬱血鬱，吐衄血淋，濕瀉血痢，寒痹筋攣，腰脚軟弱，半身不遂，面上遊風，目淚多涕，風木為病。婦人血閉無子，胞衣不下。腦疽發背，痔瘻瘡疥，瘰癧癭贅，及男婦一切風，一切氣，一切血，一切勞損。齒齦出血，含之多瘥。其性辛散，能走泄真氣，久服單服，令人暴亡。

清・黃光霽《本草衍句》 川芎辛，溫。上行頭目，下通血海。衝為血海。總解諸鬱，直達三焦，為通血氣之使，用助清陽之妙；潤燥補肝，通調經脈。治濕瀉而為良，時珍曰：予治濕瀉，每用川芎、麥麴，其應如響。血痢已通不止者，乃陰

虧氣鬱，用川芎為佐，氣行血調，其病立止。諸頭痛之必要。溫中散寒，主諸風之掉眩；血閉無子，破癥結之宿積。非為久服之藥，常存暴亡之戒。得細辛療金瘡止痛，得牡蠣療頭風，得犀角去痰清目，得臘茶治產後頭風，得烏藥療氣厥頭痛，得天麻治肝虛内風上淫。東垣曰：肝虛頭痛，用川芎、天麻以補之。婦人產後乳懸，婦人產後兩乳忽長細如腸，垂過小肚，痛不可忍，危亡須臾，名曰乳懸。將川芎、當歸各一斤，以半斤剉散，於瓦石器内，用水濃煎，不拘多少頻服，乃以一斤半剉塊，於病人床下燒烟，令將口鼻吸烟；用盡未愈，再作一料，以蓖麻子一粒，貼其頂心上，即愈。

清・陳其瑞《本草撮要》卷一 芎藭 味辛，溫，入手足厥陰經，功專療婦人血閉無子。得細辛療金瘡止痛，得牡蠣療頭風，得生犀角去痰清目，得臈茶療產後頭痛，得烏藥療氣厥頭痛，目淚多涕，木鬱為病，然單服多服，令人暴亡。經過三月，用末空心熱湯調一匙服，微動者是胎。齒敗口臭，水煮含之佳。白芷為使。畏黃連、硝石、滑石，惡黃耆、山茱萸。

清・李桂庭《藥性詩解》 賦得川芎祛風濕。得風字。田春芳。 四物川芎首，調經理氣工。升陽兼止痛，宣濕且驅風。按：地、芍、歸、芎，（木）〔本〕皆清養血分之藥，古人集方名為四物湯，以補養血分之虛。三者性皆純養而潤，味盡甘平而補，惟芎性辛溫，升浮宣鬱散風，上行頭目，下行血海，升發清陽，調止諸痛，為血中之氣藥。觀其治療之多，余故謂為四物之首也。雖倍治功，但性味辛浮，專用單服者，當知燥而傷榮也，是必合三味，始能化柔靜之性也。錄此以為血虛者戒。

賦得撫芎走經絡之痛得芎字。田春芳。 不有經絡痛，何能用撫芎。調榮原氣滯，散鬱使風通。原作未能盡善，另加改正。雖前謂非為吟咏而設，但深融本性，會通所治。就及本文，應入何經何臟，主治何病何症，或升或散，或降或沉，溫涼辛熱，瀉補濇收，《本經》皆有定載。本文字義，頗足以咏，雖非吟咏而設，亦不可苟簡而俗。惟其對仗，有不能至於極工者，蓋本文而無別字，不敢外求他字，強取至工，以辭而害本性之意也。除本文無字之外，餘皆務求精致而工穩，辭句務求而雅切，雖非吟咏，而吟咏自至，久則藥性深悉，學問精致，一二三子有不醫文兩進者乎？

前題李慶霖 生在江南地，因名號撫芎。搜風頭目爽，調氣血經通。

撫芎藭有三種，蜀產為川芎，秦產為西芎，江南為撫芎。以川產大塊，裏白不油，辛甘者良。秦芎力緩，撫芎力厚。三種功同相彷。

清・仲昴庭《本草崇原集說》卷中 芎藭 【略】〔批〕凡藥用違其長皆能作禍，何獨川芎，乃與上品細辛同受屈誣，醫之罪也。【略】 仲氏曰：侶山堂著《崇原》，是傳道人說法，《經讀》參《經解》是行道人說法。厥後《經讀》與《崇原》浹洽，高出《經解》一層，然參于《經解》處亦不少，如川芎之解在《經讀》，不過略加修飾而已。

清・鄭奮揚著，曹炳章注《增訂偽藥條辨》卷二 川芎 偽名洋川芎。形雖似而味薄，則功用自劣。按芎窮以四川產者為勝，故名川芎。氣味辛溫，根葉皆香。若此種洋川芎，味薄不辛，安能治病？更有一種南芎，止可煎湯沐浴，皆不堪入藥矣。 炳章按：本草一名芎藭。蜀省產地首推灌縣。有野生、家種之分，其莖高二尺，葉如芹，分裂尤細，秋間開白花五瓣，為繖形，花序全體芬馥，其根即芎藭也。產地聚集成都、重慶者多。形大圓為撫芎，藍田縣出者，嫩小，曰藍芎，陝西出扁小，為西芎，皆次。浙江溫州及金華出，曰南芎，更次。川芎各處雖出，因地命名，除蜀產者外，皆不道地。近年蜀省產額頗廣，足敷全國所需求，所以除川芎外，他如藍芎、西芎、南芎等，現出產較少，已在淘汰之列。近年日本雖亦有產，其形似是而非，氣味尤惡劣，不堪入藥，國人亦無購之者。

蘼蕪

唐・歐陽詢《藝文類聚》卷八一 蘼蕪 《廣志》曰：蘼蕪，香草。魏武帝以藏衣中。 《楚辭》曰：秋蘭兮蘼蕪，羅生兮堂下。緑葉兮素枝，芳菲兮襲予。 《管子》曰：五沃之土生蘼蕪。 《本草經》曰：蘼蕪，一名薇蕪。味辛。

贊 郭璞贊曰：蘼蕪善草，亂之蛇床，不隕其實。自別以芳，佞人似智，巧言如簧。

宋・唐慎微《證類本草》卷七草部上品〔《本經・別錄》〕 **蘼蕪 味辛，溫**，無毒。**主欬逆，定驚氣，辟邪惡，除蠱毒，鬼疰，去三蟲。久服通神。**主身中老風，頭中久風，風眩。**一名薇蕪**，一名茳蘺，芎藭苗也。生雍州川澤及冤句。四月、五月採葉，暴乾。

〔梁・陶弘景《本草經集注》〕云：今出歷陽，處處亦有，人家多種之。葉似蛇牀而香，騷人借以爲譬，方藥用甚稀。

〔唐・蘇敬《唐本草》〕注云： 此有二種： 一種似芹葉，一種如蛇牀。香氣相似，用亦不殊爾。

〔宋・掌禹錫《嘉祐本草》〕按： 《爾雅》云： 蘄茝，蘼蕪。注： 香草，葉小如萎狀。疏引郭云： 如萎蕤之狀。

〔宋・蘇頌《本草圖經》〕曰： 蘼蕪，《說文》已具芎藭條下。

〔宋・唐慎微《證類本草》〕《廣志》曰： 蘼蕪，香草。魏武帝以藏衣中。《管子》曰： 五沃之土生蘼蕪。郭璞贊曰： 蘼蕪香草，亂之虵牀。不隕其貴，自烈以芳。

宋・王介《履巉巖本草》卷上　川芎苗　味辛，溫，無毒。除腦中冷，治面上遊風去來，目淚出，多涕唾。及（褚）〔諸〕頭風。食後取苗細嚼，茶清送下。一名蘼蕪，一名薇蕪，一名茳蘺。

明・劉文泰《本草品彙精要》卷八　蘼蕪無毒。　叢生。

蘼蕪出《神農本經》： **主欬逆，定驚氣，辟邪惡，除蠱毒鬼疰，去三蟲，久服通神。**以上朱字《神農本經》。　主身中老風，頭中久風，風眩。以上黑字名醫所錄。

〔名〕薇蕪、江蘺、蘄茝。　〔苗〕《圖經》曰： 蘼蕪，即芎藭苗也。其苗四五月生，葉似芹及胡荽、蛇牀輩，作叢而莖細。七八月開白花，亦入藥用。《淮南子》所謂夫亂人者，芎藭之與藁本，蛇牀之與蘼蕪是也。其葉倍香，或蒔於園庭，則芬馨滿徑。故江東蜀人採其葉作飲，香也。　〔地〕《圖經》曰： 雍州川澤及冤句。〔道地〕今關陝、蜀川、江東山中皆有之。　〔時〕生： 春生苗。採： 四月、五月取葉。　〔收〕暴乾。　〔用〕葉、花。　〔質〕類蛇牀葉。　〔色〕葉青，花白。　〔味〕辛。　〔性〕溫，散。　〔氣〕氣之厚者，陽也。　〔臭〕香。　〔主〕祛風眩。　〔治〕療： 《圖經》曰： 止泄瀉。

明・李時珍《本草綱目》卷一四草部・芳草類　蘼蕪《本經》上品

〔釋名〕薇蕪《別録》　蘄茝《爾雅》　江蘺　《別録》頌曰： 蘄茝，古芹芷字也。時珍曰： 蘼蕪，一作蘪蕪，其莖葉靡弱而繁蕪，故以名之。當歸名蘄，白芷名蘺。其葉似當歸，其香似白芷，故有蘄茝、江蘺之名。王逸云，蘺草生江中，故曰江蘺，是也。餘見下。〔集解〕《別録》曰： 芎藭葉名蘼蕪。又曰： 蘼蕪，一名江蘺，芎藭苗也。生雍州川澤及冤句，四月、五月採葉暴乾。弘景曰： 今出歷陽，處處人家多種之。葉似蛇牀而香，騷人藉以爲譬，方藥稀用。恭曰： 此有二種： 一種似芹葉，一種似蛇牀，香氣相似，用亦不殊。時珍曰：《別録》言，蘼蕪一名江蘺，芎藭苗也，而司馬相如《子虛賦》稱芎藭、菖蒲，江蘺、蘼蕪；《上林賦》云： 被以江蘺，揉以蘼蕪。似非一物，何耶？ 蓋嫩苗未結根時，則爲蘼蕪； 既結根後，乃爲芎藭。大葉似芹者爲江蘺，細葉似蛇牀者爲蘼蕪。如此分別，自明白矣。《淮南子》云： 亂人者，若芎藭之與藁本，蛇牀之與蘼蕪。亦指細葉者言也。《廣志》云： 蘼蕪香草，可藏衣中。《管子》云： 五沃之土生蘼蕪。郭璞贊云： 蘼蕪香草，亂之蛇牀。不損其真，自裂以芳。又海中苔髮，亦名江蘺，與此同名耳。

〔氣味〕辛，温，無毒。　〔主治〕咳逆，定驚氣，闢邪惡，除蠱毒鬼疰，去三蟲。久服通神《本經》。　主身中老風，頭中久風、風眩《別録》。　作飲，止泄瀉蘇頌。

花

〔主治〕入面脂用時珍。

明・倪朱謨《本草彙言》卷二　蘼蕪　味辛，氣香，性溫，無毒。入手少陰、足少陽、厥陰經。　陳氏曰： 此芎藭苗也。其莖葉靡弱繁蕪，故名。生雍州川澤及冤句，今出歷陽，處處多種。四五月苗葉暴乾，蓋嫩苗未結根時，則爲蘼蕪，既結根後，乃爲芎藭。大葉似芹者，爲江籬。細葉似蛇床者，爲蘼蕪。亂人者，若芎藭之與藁本，蛇床之與蘼蕪，亦指細葉者相類而言也。又言蘼蕪香草，可藏衣中。

蘼蕪：《別錄》主頭風風眩之藥也。林德耀此藥氣味芳香清潔，故去風散濕。本草所稱，主欬逆，定驚氣，除蠱毒，消鬼疰。作飲止泄瀉，皆辛香發越鬱遏不正之氣歟！　盧不遠先生曰： 蘼蕪辛溫虛達，得青陽之氣，通甲膽之精，輔神明之用者也。

明・盧之頤《本草乘雅半偈》帙二　蘼蕪《本經》上品　氣味： 辛，溫，無毒。　主治： 主欬逆，定驚氣，辟邪惡，除蠱毒鬼疰，去三蟲。久服通神。

覈曰： 蘼蕪，芎藭苗也。《圖說》具芎藭條內。陶隱居云： 蘼蕪，一名江籬。《管子》云： 五沃之土，生蘼蕪。李時珍云： 莖葉靡弱而繁蕪，故以名之。《子虛賦》稱芎藭菖蒲，江籬蘼蕪。《上林賦》云： 被以江籬，揉以蘼蕪。似非一物。蓋嫩苗未結，苗名蘼蕪。既結根，名芎藭。大葉似芹名江籬，細葉似蛇床名蘼蕪。《淮南子》云： 亂人者，若芎藭之與藁本，蛇床之與蘼蕪。郭璞贊云： 蘼蕪香草，亂之蛇床。不損其真，自裂以芳。詩云： 山上采蘼蕪，山下逢故夫。《少司命》云： 秋蘭兮蘼蕪，羅生兮堂下；綠葉兮素枝，芳菲菲兮襲予。夫人兮自有美子孫，何為兮愁苦。蘭有國香，人服媚之，古以為生子之祥。而蘼蕪之根，主婦人無子也。

先人云： 得青陽之氣，通甲膽之精，輔神明之德者也。

条曰： 蘼蕪莖葉，輕虛端直，繁蕪靡弱，因名蘼蕪。合条芎藭，義意始備。

氣味辛溫，禀少陽甲膽之力，正中抽發，萬化為之一新。舒徐和緩，春之春藥也。對待急驟上逆，不循次第，而為欬逆驚氣者，原從至陰閉密之內，逗破端倪。故可辟除邪惡鬼疰，蠱毒三蟲。所謂生陽能死死陰也。若非通神，胡能有此功力乎！客曰：主身中老風，頭中久風，風眩者，何也？頤曰：風性宣發，久老身中，無風大性故。先須甲膽逗破端倪，乙木方能抽發。雖行木用，實補木體。客曰：止泄瀉，亦屬甲乙乎？頤曰：此正風木失制，敗亂所勝，亦須甲乙體用，從土甲拆，則土中之水，假借木力吮拔，雖屬仇讎，轉成三緣和合矣。

清·蔣居祉《本草擇要綱目·溫性藥品》 蘼蕪一名蘄茝。其葉似當歸，其香似白芷，故有蘄茝、江蘺之名。蘺草生江中，故又曰江蘺。 氣味：辛，溫，無毒。主治：欬逆，定驚氣，辟邪惡，除蠱毒鬼疰，去三蟲。久服通神，主身中老風，頭中久風風眩。作飲止泄瀉。 花：主治：入面脂用。

清·葉志詵《神農本草經贊》卷一 蘼蕪 味辛，溫。主欬逆，定驚氣，辟邪惡，除蠱毒鬼注，去三蟲。久服通神。一名薇蕪。生川澤。

將寄所思，行吟澤畔。颸颸秋風，霏霏清旦。翠掬衣霑，香通鼻觀。松菊齊儔，椒蘭並粲。

張翥詩：擬折芳馨寄所思。《史記·傳》：屈原行吟澤畔。湛方生賦：颸颸微扇。李賀詩：沙上蘼蕪花，秋風已先發。孟郊詩：草色瓊霏霏。曾肇詩：采采乘清旦。趙嘏詩：掬翠香盈袖。孟遲詩：莫送香風入客衣。陳樵詩：此時鼻觀通。蘇籀詩：介特有如松，繁華匪慚菊。《離騷》：覽椒蘭其若茲兮。

法落海

明·蘭茂撰，清·管暄校補《滇南本草》卷下 發落海一名土川芎。 性大寒，味辛，微苦。耑治面寒疼痛，心氣疼，肝氣疼，胃氣疼，兩脇疼。新瓦焙，為末，每服一錢，燒酒送下。

明·蘭茂《滇南本草》〔叢本〕卷中 發落海一名土川芎。 味辛、微苦，性大溫。專治面寒，胃氣、心氣、肝氣疼，兩肋脹疼。用新瓦焙，為末，每服一錢，熱燒酒服。

清·趙學敏《本草綱目拾遺》卷三草部上 法落梅 《金沙江志》：產雲南東川府法戛地。〇己酉，友人王鼎條患心腹痛，有客從滇帶此物來，呼為法落梅。用根，其形儼如上黨參，色亦黃白，味甘苦，服之疾愈。據云：彼中人皆名法落梅，而不知諸書何以作梅字耶？蔡雲白言：建參閩人呼法落梅。治心痛如神。

滇芎

清·吳其濬《植物名實圖考》卷二三 滇芎 野生，全如芹。土人亦呼為山芹。根長大粗糙，頗香。《滇本草》：味辛，性溫。發散癲疽。治濕熱，止頭痛。食之發病。

蛇床子

宋·李昉《太平御覽》卷第九九二 虵床 《吳氏本草經》曰：虵床，一名虵珠。《博物志》曰：虵床亂蘼蕪。

宋·唐慎微《證類本草》卷七草部上〔《本經·別錄·藥對》〕 **蛇床子** **味苦**、辛、甘，**平**，無毒。**主婦人陰中腫痛，男子陰痿，濕癢，除痺氣，利關節，癲癇，惡瘡**，溫中下氣，令婦人子藏熱，男子陰強。**久服輕身**，好顏色，令人有子。一名蛇粟，**一名蛇米**，一名虺牀，一名思益，一名繩毒，一名棗棘，一名牆蘼。生臨淄川谷及田野。五月採實，陰乾。惡牡丹、巴豆、貝母。

〔梁·陶弘景《本草經集注》〕云：近道田野墟落間甚多。花、葉正似蘼蕪。

〔唐·蘇敬《唐本草》〕注云：《爾雅》一名盱，音吁。

〔宋·掌禹錫《嘉祐本草》〕按：《蜀本圖經》云：似小葉芎藭，花白，子如黍粒，黃白色。生下濕地，今所在皆有，出揚州、襄州者良。採子暴乾。《爾雅》云：盱，虺牀。注：蛇床也，一名馬牀。《藥性論》云：蛇牀人，君，有小毒。治男子、女人虛濕痺，毒風瘰痛，去男子腰疼，浴男女陰，去風冷，大益陽事。主大風身痒，煎湯浴之差。療齒痛及小兒驚癇。日華子云：治暴冷，暖丈夫陽氣，助女人陰氣，撲損瘀血，腰跨疼，陰汗，濕癬，四肢頑痺，赤白帶下，縮小便，凡合藥服食，即挼去皮殼，取人微炒殺毒，即不辣。作湯洗病則生使。

〔宋·蘇頌《本草圖經》〕曰：蛇牀子，生臨淄川谷及田野，今處處有之，而揚州、襄州者勝。三月生苗，高三二尺，葉青碎作叢似蒿枝。每枝上有花頭百餘，結同一窠似馬芹類。四五月開白花，又似散水。子黃褐色如黍米，至輕虛。五月採實，陰乾。《爾雅》謂之盱，一名虺牀。

〔宋·唐慎微《證類本草》〕《雷公》云：凡使，須用濃藍汁，并百部草根自然汁，二味同浸三伏時，漉出日乾。却用生地黃汁相拌蒸，從午至亥，日乾。用此藥只令陽氣盛數，

號曰鬼考也。《千金方》：治産後陰下脱。虵床子絹袋盛，蒸熨之，亦治陰戶痛。又方：治小兒癬瘡。杵虵床末，和猪脂塗之。《金匱方》：溫中坐藥虵床子散方：虵床子人爲末，以白粉少許和令勻相得，如棗大，綿裹内之，自然溫矣。

宋・鄭樵《通志》卷七五《昆蟲草木略》 蛇牀 曰蛇粟，曰蛇米，曰虺牀，曰思益，曰繩毒，曰棗棘，曰牆蘼，曰盱，曰馬牀。《爾雅》所謂盱，虺牀也。花白，子如黍粒，葉似芎藭而細，亦香，故有牆蘼之名焉。

宋・劉明之《圖經本草藥性總論》卷上 蛇床子 味苦、辛、甘，平，無毒。主陰中腫痛，男子陰痿濕痒，除痺氣，利關節，癲癎，惡瘡，溫中下氣，令婦人子臟熱，男子陰強。《藥性論》云：君。療齒痛，治男女陰，去風冷，大益陽事，小兒驚癎。日華子云：治暴冷，暖丈夫陰氣，助女人陰氣，撲損瘀血，腰胯疼，陰汗(溫)〔濕〕癬，四肢頑痺，赤白帶下，縮小便。凡用取仁，微炒殺毒。作湯洗則生使。惡牡丹、巴豆、貝母。

宋・王介《履巉巖本草》卷中 蛇床子

味苦、辛、甘，平，無毒。除痹氣，利關節。癲癇惡瘡，溫中下氣，久服輕身，好顔色，令人有子。一名蛇粟，一名蛇米，一名蛇牀，一名思益，一名繩毒，一名棗棘，一名蘠蘼。

元・王好古《湯液本草》卷四 蛇床 味苦、辛、甘，平，無毒。《本草》云：主婦人陰中腫痛，男子陰痿濕癢，除痹氣，利關節，癲癇惡瘡，温中下氣，令婦人子臟熱，男子陰強。久服，輕身好顔色，令人有子。一名蛇粟、蛇米。五月採，陰乾。惡牡丹、巴豆、貝母。

明・朱橚《救荒本草》卷上之前 蛇床子 一名蛇粟，一名蛇米，一名虺牀，一名思益，一名繩毒，一名棗棘，一名牆蘼，《爾雅》一名盱。生臨淄川谷、田野，今處處有之。苗高二三尺，青碎作叢似蒿，枝葉似黄蒿葉，又似小葉蘼蕪，又似藁本葉。每枝上有花頭百餘結同一窠，開白花如傘蓋狀，結子半黍大，黄褐色。味苦、辛、甘，無毒，性平。一云有小毒。惡牡丹、巴豆、貝母。

救飢：採嫩苗葉煠熟，水浸淘洗淨，油鹽調食。治病：文具《本草》草部條下。

明・王綸《本草集要》卷三 蛇床子君 味苦辛甘，氣平，無毒。一云：小毒。惡牡丹、巴豆、貝母。五月採實，陰乾。凡入藥，挼去皮殼，去仁，微炒。若作湯洗病，則生使。

主婦人陰中腫痛，男子陰痿濕癢，陰痹氣，利關節，癲癇惡瘡，溫中下氣，令婦人子臟熱，男子陰強。治腰胯疼，四肢頑痹，陰汗濕癬。浴男子陰，去風冷。大風身癢，煎湯浴之，差。久服輕身，好顔色，令人有子。溫中坐藥，取仁為末，白粉少許，和勻，相得如棗大，綿裹納之。陰戶痛，及産後陰下脱。取子，絹袋盛，蒸熨之。

明・滕弘《神農本經會通》卷一 蛇床子 君也。惡牡丹、巴豆、貝母。凡合藥服食，即挼去皮殼，取仁，微炒殺毒，即不辣。作湯洗病，則生使。五月採實，陰乾。一云有小毒。虺床，即蛇床。味苦、辛、甘，氣平，無毒。《湯》同。《東》云：主陰濕痒麻，通血逐瘀，兼下氣，治惡瘡疥，強陰，去風，又溫中。

《本經》云：主婦人陰中腫痛，男子陰痿濕癢，除痺氣，利關節，癲癇，惡瘡，溫中下氣，令婦子臟熱，男子陰強，久服輕身，好顔色，令人有子。五月採實，陰乾。《藥性論》云：蛇床仁，君。有小毒。治男子女人虛濕痺毒風，瘴痛，去男子腰疼，浴男女陰，去風冷，大益陽事。主大風身痒，煎湯浴之差。療齒痛，及小兒驚癎。日華子云：治暴冷，暖丈夫陽氣，助女人陰氣，撲損瘀血，腰胯疼，陰汗濕癬，四肢頑痺，赤白帶下，縮小便。《局》云：苦甘無毒是蛇床，逐痺除風治惡瘡。陰内腫疼并濕癢，女男浴洗好煎湯。虺床蛇床同一種，治風濕癢及陰瘡。

明・劉文泰《本草品彙精要》卷九 蛇牀子無毒。叢生。

蛇牀子出《神農本經》：**主婦人陰中腫痛，男子陰痿濕癢，除痹氣，利關節，癲癇，惡瘡。久服輕身。**以上朱字《神農本經》。溫中下氣，令婦人子臟熱，男子陰強，好顔色，令人有子。以上黑字名醫所録。

〔名〕蛇粟、虺牀、思益、繩毒、盱音吁、蛇米、馬牀、牆蘼、棗棘。〔苗〕《圖經》曰：三月生苗，高一二尺，葉青碎似芎藭，作叢似蒿枝。每枝上有花頭百餘，結同一窠，似馬芹類。四五月開白花，又似傘狀，子黄褐色，如黍米，至輕虛。〔地〕《圖經》曰：生臨淄川谷及田野濕地，今處處有之。〔道地〕揚州、襄州、南京。〔時〕生：三月生苗。採：五月取實。〔收〕陰乾。〔用〕子。〔質〕類蒔蘿而細。〔色〕黄褐。〔味〕苦，辛，甘。〔性〕平，散。〔氣〕氣厚于味，陽中之陰。〔臭〕臭。〔主〕除風，益陽。〔反〕惡牡丹、巴豆、貝母。〔製〕《雷公》云：須用濃藍汁並百部草根自然汁二味，同浸三伏時，日乾，再以生地黄汁拌蒸，從午至亥，日乾用。又微炒殺毒即不辣。〔治〕療：《藥

性論》云：去男子女人虚，濕痹，毒風，𤺋痛，男子腰疼，浴男女陰，去風冷，大益陽事及大風身癢，煎湯浴之，瘥。療齒痛及小兒驚癇。日華子云：除暴冷，撲損，瘀血，腰胯疼，陰汗，濕癬，四肢頑痹，赤白帶下，縮小便。補：日華子云：暖丈夫陽氣，助女人陰氣。〔合治〕合豬脂，治小兒癬瘡。

明·葉文齡《醫學統旨》卷八　蛇床子　氣平，味苦、辛。有小毒。惡牡丹、巴豆、貝母。凡入藥挼去皮殼，取仁微炒，湯洗去土用。　治婦人陰中腫痛，男子陰痿濕癢；除痺氣，利關節；溫中下氣，令婦人子臟熱，男子陰強；療腰胯疼，四肢頑痺，陰汗濕癬惡瘡，大風身痒，煎湯浴之差。久服輕身，好顏色，令人有子。

明·許希周《藥性粗評》卷三　伯牛有疾，宜假寐於蛇床。

蛇床子，一名蛇米，一名虺床。《爾雅》謂之盱。三月生苗，高二三尺，葉青碎，作叢似蒿，枝亦似小葉芎藭，每枝上有花頭百餘，結同一窠，似馬芹類，四五月開白花，結子黃褐色，如黍米大，至輕虚。江南田野川谷處處有之，以揚州、襄州者良。五月採子，陰乾。凡用微炒，挼去皮殼。惡牡丹、巴豆、貝母。　味苦、辛、甘，性平，有小毒。　主治癲癇，風濕麻痹，疥癩惡瘡，婦人陰中腫痛，男子陰痿濕癢，溫中下氣，利關節，縮小便，久服婦人子宮暖，男子陰強輕身，好顏色。

單方：疥癩癢瘡：凡瘡癬疥癩，濕癢諸瘡，不拘大人小兒，以蛇床子煎湯洗之。胎產陰脫：凡產後陰下脫，及陰戶癢痛，以蛇床子一合，絹袋盛之，蒸熱，或炙熱熨之，數四自效。

明·鄭寧《藥性要略大全》卷六　蛇床子一名虺床。　除痹氣，利關節，顛癇，惡瘡。溫中下氣。令婦人臟熱，男子陰強。久服輕身好顏色，令人有子。《湯液》云：有毒。去男子腰痛，浴男子陰，去風冷，大益陽事。朱云：主大風身痒，治齒痛驚癇，陰汗濕癬，赤白帶下，縮小便，治女陰中腫痛，及男子陰痿、濕痒及陰瘡。　味苦、辛、甘，氣溫，無毒。惡牡丹、巴豆、貝母。凡用挼去皮殼，取仁微炒。若作湯洗病則生用。

明·陳嘉謨《本草蒙筌》卷二　蛇床子　味苦、辛、甘，氣平。無毒。在處田野俱產，揚州、襄州獨良。春發苗葉成叢，青碎彷彿蒿狀。開白花細綴百餘一窠，四五月開。結黃子輕虚粒如黍米。近秋收採，背日陰乾。所惡之藥有三：牡丹、巴豆、貝母。入藥取仁炒用，浴湯帶殼生煎。治婦人陰戶腫疼，溫暖子臟；療男子陰囊濕癢，堅舉尿莖。斂陰汗，卻癲癇，掃瘡瘍，利關節。主腰胯腫痛，祛手足痹頑。大風身癢難當，作湯洗愈；產後陰脫不起，絹袋熨收。婦人無娠，最宜久服。

明·王文潔《太乙仙製本草藥性大全》卷二《本草精義》　蛇床子　一名蛇粟，一名蛇米，一名虺牀，一名繩毒，一名棗棘，一名墻蘼。生臨淄川谷及田野，今處處有之，而揚州、襄州者勝。三月生苗，高二三尺，葉青碎作叢，似蒿枝，每枝上有花頭百餘，結同一窠，似馬芹類。四五月開白花，又似散水子，黃褐色，如黍米，至輕虚。五月採實，陰乾。凡合藥服食，即去皮殼取仁，微炒殺毒，即不辣。作湯洗病則生使。所惡之藥有三：牡丹、巴豆、貝母。入藥取仁炒用，浴湯帶殼生煎。

明·王文潔《太乙仙製本草藥性大全》卷二《仙製藥性》　蛇床子君　味苦、辛、甘，氣平，無毒。　主治：溫中下氣，悅色輕身。治婦人陰戶腫疼，溫暖子臟；療男子陰囊濕癢，堅舉尿莖。去風冷齒痛，驚癇。療濕癬，赤白帶淋。斂陰汗，却癲癇，掃瘡瘍，利關節。主腰膝腫痛，祛手足痹頑。大風身癢難當，作湯洗愈。產後陰脫不起，絹袋熨收。婦人無娠最宜久服。　補註：陰戶痛，產後陰下脫，用子將絹袋盛蒸，熨之效。〇小兒癬瘡，爲末和豬脂塗之。〇溫中坐藥：用仁爲末，以白粉少許和勻，相得如棗大，綿裹內之，自然溫矣。　太乙曰：凡使須用濃藍汁，并百部草根自然汁，二味同浸三伏時，漉出，日乾，却用生地黃汁相拌蒸，從午至亥，日乾用。此藥只令陽氣盛數，號曰鬼考也。

明·皇甫嵩《本草發明》卷三　蛇床子上品下，君。氣平，味辛，平，無毒。　發明曰：蛇床子苦而辛甘，陰中之陽，益陰分中陽道，故主男子陰痿不起，婦人陰中腫痛，令子臟熱，斂陰汗，陰間濕癢，溫中下氣，除痺氣，利関節，癲癇，惡瘡。浴男女陰，去風冷，益陽事。大風身癢，煎湯浴妙。又療齒痛，小兒驚癇，撲損瘀血，腰膝疼，四肢頑痺，赤白帶下，縮小便。治產後陰下脫不起，床子絹袋盛，蒸熨之。〇凡合藥服，挼去殼，取仁微炒殺毒，不辣。作湯洗病，生用之。

明·李時珍《本草綱目》卷一四草部·芳草類　蛇牀《本經》上品

〔釋名〕蛇粟《本經》　蛇米《本經》　虺牀《爾雅》　馬牀《廣雅》　墻蘼《別録》。又名思益、繩毒、棗棘。時珍曰：蛇虺喜卧於下食其子，故有蛇牀、蛇粟諸名。其葉似蘼蕪，故曰墻蘼。《爾雅》云：盱，虺牀也。

〔集解〕《別録》曰：蛇牀生臨淄川谷及田野，五月採實陰乾。弘景曰：田野墟落甚多，花葉正似蘼蕪。保昇曰：葉似小葉芎藭。花白，子如

黍粒，黄白色，生下濕地，所在皆有。以揚州、襄州者爲良。頌曰：三月生苗，高三二尺，葉青碎，作叢似蒿枝。每枝上有花頭百餘，結同一窠，似馬芹類。四五月乃開白花，又似傘狀。子黄褐色，如黍米，至輕虚。時珍曰：其花如碎米攢簇，其子兩片合成，似蒔蘿子而細。亦有細稜，凡花實似蛇牀者，當歸、芎藭、水芹、藁本、胡蘿蔔是也。

子 【修治】斅曰：凡使，須用濃藍汁並百部草根自然汁，同浸一伏時，漉出日乾。却用生地黄汁相拌蒸之，從巳至亥，取出日乾用。大明曰：凡服食，即挼去皮殼，取仁微炒殺毒，即不辣也。作湯洗浴，則生用之。 【氣味】苦，平，無毒。《别録》曰：辛、甘，無毒。權曰：有小毒。之才曰：惡牡丹、貝母、巴豆。伏硫黄。 【主治】男子陰痿濕癢，婦人陰中腫痛，除痹氣，利關節，癲癇惡瘡。久服輕身，好顔色《本經》。温中下氣，令婦人子臟熱，男子陰强。久服令人有子《别録》。治男子女人虚濕痹，毒風㾜痛，去男子腰痛，浴男子陰，去風冷，大益陽事甄權。暖丈夫陽氣、女人陰氣，治腰胯酸疼，四肢頑痹，縮小便，去陰汗濕癬齒痛，赤白帶下，小兒驚癇，撲損瘀血，煎湯浴大風身癢大明。

【發明】斅曰：此藥令人陽氣盛數，號曰鬼考也。時珍曰：蛇牀乃右腎命門、少陽三焦氣分之藥，神農列之上品，不獨輔助男子，而又有益婦人。世人捨此而求補藥於遠域，豈非賤目貴耳乎。

【附方】舊三，新十一。 陽事不起：蛇牀子、五味子、菟絲子等分，爲末，蜜丸梧子大。每服三十丸，温酒下，日三服。《千金方》。 赤白帶下：月水不來。用蛇牀子、枯白礬等分，爲末。醋麪糊丸彈子大，胭脂爲衣，綿裹納入陰户。如熱極，再换，日一次。《儒門事親方》。 子宫寒冷：温中坐藥，蛇牀子散：取蛇牀子仁爲末，入白粉少許。和匀如棗大，綿裹納之，自然温也。《金匱玉函方》。 婦人陰癢：蛇牀子一兩，白礬二錢，煎湯頻洗。《集簡方》。 産後陰脱：絹盛蛇牀子，蒸熱熨之。又法：蛇牀子五兩，烏梅十四個，煎水，日洗五六次。《千金方》。 婦人陰痛：方同上。 男子陰腫：脹痛。蛇牀子末，鷄子黄調傅之。《永類方》。 大腸脱肛：蛇牀子、甘草各一兩，爲末。每服一錢，白湯下，日三服。並以蛇牀末傅之。《經驗方》。 痔瘡腫痛：不可忍。蛇牀子煎湯熏洗。《簡便方》。 小兒癬瘡：蛇牀子杵末，和猪脂塗之。《千金方》。 小兒甜瘡：頭面耳邊連引，流水極癢，久久不愈者。蛇牀子一兩，輕粉三錢，爲細末，油調搽之。《普濟方》。 耳内濕瘡：蛇牀子、黄連各一錢，輕粉一字，爲末吹之。《全幼心鑒》。 風蟲牙痛：《千金》用蛇牀子、燭燼，同研，塗之。《集簡方》用蛇牀子煎湯，乘熱漱數次，立止。 冬月喉痹：腫痛，不可下藥者。蛇牀子燒煙於瓶中，口含瓶嘴吸煙，其痰自出。《聖惠方》。

題明・薛己《本草約言》卷一《藥性本草》 蛇床子 苦而辛甘，陰中之陽。益陰分中陽道，故主男子陽痿不起，婦人陰中腫痛。令子臟熱，斂陰汗，陰間濕痒。○又入手太陰肺、足少陰腎。肺主皮毛，治風濕瘡疥。服之壯顔色，強腎，令人有子。

明・佚名氏《醫方藥性・草藥便覽》 蛇床子 其性熱。去疥癬之蟲。

明・梅得春《藥性會元》卷上 蛇床子 味苦，有小毒。惡牡丹、巴豆、貝母。

主治婦人陰中腫痛，男子陽痿濕痒，除痹氣，利關節，溫中下氣，令婦人子臟熱，男子陽強，療腰胯痛，四肢頑痹，陰汗濕痒及癬，癲癇惡瘡，大風身痒，煎湯浴之差。久服輕身，好顔色，令人有子。 製法：去皮殼，取仁，微炒，煎湯洗去用。此劑只令湯氣盛數，號曰鬼考也。

明・李中立《本草原始》卷一 蛇牀 始生臨淄川谷及田野，今處處有之。三月生苗，高二三尺。葉青碎，作叢，每枝上有花頭百餘，結同一窠。子類小茴香而小，黄褐色，至輕虚。蛇喜食其子，故《本經》一名蛇粟，一名蛇米。蛇常棲息此草下，故名蛇牀。 子 氣味：苦，平，無毒。 主治：男子陰痿濕癢，婦人陰中腫痛，除痹氣，利關節，癲癇，惡瘡。久服輕身，好顔色。○溫中下氣，令婦人子臟熱，男子陰強，久服令人有子。○治男子、女人虚濕痹，毒風㾜痛，去男子腰痛，浴男子陰，去風冷，大益陽事。○暖丈夫陽氣、女人陰氣，治腰胯酸疼，四肢頑痹。縮小便，去陰汗，濕癬，齒痛，赤白帶下，小兒驚癇，撲損瘀血，煎湯浴大風身癢。

蛇牀子，《本經》上品。【圖略】子大如黍。色黄白。修治：蛇牀子，微炒用，作湯沐浴生用。○五月采子，陰乾。體輕虛。

蛇牀子，辛、甘。乃右腎命門、少陽三焦氣分之藥。 惡牡丹、貝母、巴豆，伏硫黄。 《千金方》：治陽事不起，蛇牀子，五味子，菟絲子等分為末，煉蜜為丸梧子大，每服三十丸，溫酒下，日三服。 蛇牀子，君。

明・張懋辰《本草便》卷一 蛇床子君 味苦、辛、甘，氣平，無毒。一云小毒。惡牡丹、巴豆、貝母。 主婦人陰中腫痛，男子陰痿濕癢，利關節，癲癇，惡瘡。溫中下氣，令婦人子臟熱，男子陰強。治腰胯疼，四肢頑痹，陰汗濕癬身痒，煎湯浴之差。

明・李中梓《藥性解》卷四 蛇床子 味苦、辛、甘，性平，有小毒，入肺、腎二經。主風寒濕痹，諸惡瘡癬，婦人陰中腫痛，男子陰痿濕癢，久服駐顔輕

身，令人有子。酒浸一宿，地黄汁拌蒸，焙乾用，惡牡丹皮、巴豆、貝母。

按：蛇床理風濕，宜入太陰，補虚痿，宜入少陰。

明・繆希雍《本草經疏》卷七　蛇床子　味苦、辛、甘，平，無毒。主婦人陰中腫痛，男子陰痿濕癢，除痹氣，利關節，癲癇，惡瘡，溫中下氣，令婦人子藏熱，男子陰強。久服輕身，好顔色，令人有子。

〖疏〗蛇床子味苦平，《別録》辛甘無毒。今詳其氣味，當必兼溫燥，陽也，故主婦人陰中腫痛，男子陰痿濕癢，除痹氣，利關節，惡瘡。《別録》溫中下氣，令婦人子藏熱，男子陰強。久服輕身，令人有子。蓋以苦能除濕，溫能散寒，辛能潤腎，甘能益脾，故能除婦人男子一切虚寒濕所生病。寒濕既除，則病去身輕。性能益陽，故能已疾，而又有補益也。雷公云：凡使，須用濃藍汁，并百部自然汁，二味同浸三伏時，漉出日乾，卻用生地汁拌蒸，從午至亥，日乾用。此藥只令陽氣盛數，號曰鬼考也。〖主治參互〗蛇床子同巴戟天、遠志、牛膝、何首烏、陽起石，治男子陰痿濕癢。同巴戟天、牛膝、杜仲、續斷、地黄、黄檗、白膠，治婦人陰中腫痛。同黄檗、山茱萸肉、五味子、茯苓、車前子、香附、川續斷、補骨脂，治一切帶下。赤者加白膠、阿膠。

明・倪朱謨《本草彙言》卷二　蛇床子　味苦，性熱，無毒。乃右腎與命門、手少陽、足厥陰四經氣分藥也。補足少陰之虚，去足少陰之濕，疏足厥陰之滯，扶命門之衰。《別録》曰：生臨淄川谷及田野墟落間。三月生苗，高二三尺，葉似蘼蕪，枝上有花頭百餘，同結一窠。四月開花，白色。結子攢簇，兩片合成，極輕虚，似蒔蘿子。亦有細棱。凡花實似蛇床者，當歸、芎藭、水芹、藁本、胡蘿蔔之類也。

蛇床子：壯陽助陰，甄權養腎命之藥也。王大生稿　暖子藏，起陰器于融和；厚丹田，壯陽元而久健。其氣味香溫而燥，逐冷痹，利關節，止腰痛，健四肢頑軟疼痛，除婦人冷帶黄白，及陰痿濕癢，陰中腫痛等疾。凡經久一切虚寒濕閉，氣滯陰霾之病，厥陰隱僻之痾，此藥鼓舞生陽，宣導塞道，不獨補助男子，且能有益婦人。世人捨此而覓補藥于他品，豈非棄和璞而碔砆是求乎？然腎家有火，下部有熱者，勿用也。

集方：王自明手集治男子陽道不起。用蛇床子、五味子、菟絲子、枸杞子、冬青子，各等分和勻，用黑豆煮濃汁，拌五子，日曬乾，再拌再曬，以五次爲度。微炒燥，磨爲末，煉蜜丸梧桐子大。每早服三錢，酒送下。〇治婦人子宫寒冷。用蛇床子爲末，水和爲丸如棗核大，綿裹納陰户中，自然溫也。并服前五子丸，尤善。〇《千金方》治産後陰脱。用蛇床子蒸熱，盛以絹袋，乘熱熨之。又以蛇床子五兩，用烏梅十四個，煎湯日洗五六次。洗方并治婦人陰痛。〇《普濟方》治小兒疳瘡，頭面耳邊連引，流水，癢極久不愈者。用蛇床子一兩，輕粉三錢，共爲細末，油調搽之。〇《全幼心鑒》治耳内濕瘡。用蛇床子二錢，川黄連一錢，輕粉五分，爲末吹之。〇《聖惠方》治冬月喉痹腫痛，不可下藥者。用蛇床子燒烟于瓶中，口含瓶嘴吸烟，其痰自出。〇《方脉正宗》治白帶因寒濕者。用蛇床子八兩，山茱萸肉六兩，南五味子四兩，車前子三兩，香附二兩，俱用醋拌炒，枯白礬五錢，血鹿膠、火炙醋淬五錢，共爲細末，山藥打糊爲丸梧子大，每早空心服五錢，白湯送下。〇治白帶因熱者。蛇床子八兩，山茱萸肉六兩，南五味子四兩，車前子二兩，川黄柏二兩，生地黄二兩，天花粉二兩，白芍藥二兩，俱用醋拌炒，共爲細末，煉蜜丸梧子大。每早空心服二錢，白湯下。

明・顧逢柏《分部本草妙用》卷五腎部・性平　蛇床　苦，平，無毒。乃右腎少陽、三焦氣分之藥。惡牡丹、貝母、巴豆，伏硫黄。主治：男子陰痿濕癢，婦人陰中腫痛，除痺氣，利關節，強陽，暖子宫，去濕癬瘡疥，赤白帶下。煎湯浴，大風身癢。按：蛇床，神農列之上品，不獨補男子，而更益婦人。世人捨此而求補藥于遠域，豈非賤目貴耳乎？

明・李中梓《醫宗必讀・本草徵要上》　蛇床子味苦、辛，溫，無毒。入脾、腎二經。　男子強陽事，婦人暖子宫。除風濕痹癢，擦瘡癬多功。去足太陰之濕，補足少陰之虚，強陽頗著奇功，人多忽之。寧知至賤之中，乃伏殊常之品耶？得地黄汁拌蒸三遍後，色黑乃佳。按：腎火易動者勿食。

明・鄭二陽《仁壽堂藥鏡》卷一〇下　蛇床　《本草》云：蛇床子生襄州者良。　味苦、辛、甘，平，無毒。《本草》云：主婦人陰中腫痛，男子陰痿濕痒，除痹氣，利關節，癲癇惡瘡，溫中下氣，令婦人子臟熱，男子陰強。久服輕身，好顔色，令人有子。一名蛇粟、蛇米。五月採，陰乾。惡牡丹皮、巴豆、貝母。　《藥性論》云：蛇床治小兒驚癇，大風身痒，煎湯浴之。

明・張景岳《景岳全書》卷四八《本草正》　蛇床子　味微苦，氣辛，性溫。乃少陽、三焦、命門之藥。辛能去風，暖能溫腎，故可溫中下氣，和關節，

除疼痛，開鬱滯。療陰濕惡瘡疥癬，縮小便，去陰汗，止帶濁，逐寒疝，漱齒痛。治男子陽痿腰疼，大益陽事。女人陰中腫痛，善暖子宮。男婦陽衰無子，小兒驚癇撲傷，俱可服。去皮殼微炒用之。凡治外證瘙癢，腫痛風瘡，俱宜煎湯薰洗。亦可為末摻敷，俱宜生用。

明・盧之頤《本草乘雅半偈》帙三　蛇床子《本經》上品　氣味：苦，平，無毒。　主治：主男子陰痿濕瘡，婦人陰中腫痛，除痹氣，利關節，癲癇，惡瘡。久服輕身，好顏色。

覈曰：生臨淄川谷，及田野墟落間。三月生苗，高二三尺，葉似蘼蕪，枝上有花頭百餘，同結一窠。四月放花白色，結子攢簇，兩片合成，極輕虛，似蒔羅子，亦有細稜。修治：用濃藍汁、百部草根汁，同浸一伏時，漉出日乾。却用生地黄汁，相拌蒸之，從巳至亥，取出暴乾。惡牡丹、貝母、巴豆。伏硫黄。

參曰：蛇虺性嗜蛇床，故一名蛇粟、蛇米。床者，喜卧于其下也。蛇性竄疾，獨居處隱僻，稟風木善行數變之體用耳。蛇床功用，靡不胳合。設非氣性相似，寧為蛇虺所嗜。男子陰痿濕癢，婦人陰中腫痛，正厥陰隱僻之地，氣閉不通所致。蛇床宣大風力，鼓舞生陽，則前陰疎泄，竄疾自如。并可伸癲癇之氣逆于藏，與關節之壅塞不開，痹去則身輕，肝榮則色其色矣。真堪作把握陰陽，維持風色之良劑也。風性不離動靜，竄疾即動性，隱僻即靜性耳。

明・李中梓《本草通玄》卷上　蛇床子　辛、甘，入腎。　溫腎助陽，祛風濕，癢痺，消惡瘡，暖婦人子宮，起男子陰痿，利關節，止腰痛。　蛇床入腎而補元陽，大有奇功，誰知至賤之中，乃伏殊常之品。舍此而別求補益，豈非貴耳賤目耶？　去殼，取仁，微炒。

清・顧元交《本草彙箋》卷二　蛇床子　蛇床子性溫燥，神農列之上品。不獨有益男子，而又有益婦人。不獨能益下部之陽，凡男婦一切虛寒濕所生病，皆能却治。今人惟知爲瘡家消腫去濕之藥，豈以其賤種而忽之耶？

蛇虺喜卧其下，食其子，故名蛇床。　陽事不起，以蛇床子、菟絲子、五味子等分，爲末，蜜丸，溫酒，日二服。其蛇床子先挼去皮殼，取仁，用濃藍汁、百部草根自然汁，同浸一伏時，漉出，日乾，再用生地黄汁相拌蒸之，從巳至亥，晒乾。若僅微炒，亦能殺毒，令不辣。　小兒癬瘡，以蛇床子杵末，和猪脂塗。或小兒疳瘡，頭面耳邊連引流水作癢，久不愈者，以蛇床子一兩，輕粉三錢，爲細末，油調，搽擦。

清・穆石匏《本草洞詮》卷八　蛇牀　蛇虺喜卧於下，食其子，故名。蛇牀，氣味苦甘辛平，無毒。入命門，三焦氣分。治男子陰痿濕癢，婦人陰中腫痛，除痺氣，利關節，治癲癇，惡瘡，浴男子陰，去風冷，大益陽事。此《神農》上品之藥，不但補助男子，且益婦人，世人舍此而求補藥於遠域，豈非貴耳賤目乎？

清・劉雲密《本草述》卷八下　蛇床子又名蛇粟。因蛇虺喜卧其下，食其子，故有此名。　生下溼地，所在皆有。三月生苗，高二三尺，葉青碎，作叢似蒿枝，每枝上有花頭百餘，結成一窠，四五月乃開白色，其子黄褐色，兩片合成，至輕虛，似蒔羅子而細，亦有細稜。凡花實似蛇床者，當歸、芎藭、水芹、藁、胡蘿蔔是也。　氣味：苦，平，無毒。《別録》曰：辛、甘，無毒。

主治：男子強陰，女子暖子臟，男子女子虛溼痺毒，風㿏痛，㿏音頑，手足麻痺也。溫中下氣，利關節，療腰胯酸疼，四肢頑痺。益陽事，縮小便，更治男子陰痿溼癢，女子陰中腫痛，去陰汗溼癬。煎湯浴大風身癢，多服令人有子。方書於治痿健忘、消瘅、赤白濁諸劑中亦用之。

時珍曰：蛇床乃右腎命門、少陽三焦氣分之藥，補助男子，而又有益婦人。世人何故捨此而求補藥於遠域也。　繆希雍曰：蛇床子味苦，平。《別録》辛、甘、苦。就火至地，辛歸金達天，甘屬土，合氣交，故能除溼益陽，不惟已疾，而又有補益也。

同巴戟天、遠志、牛膝、何首烏、陽起石，治男子陰痿溼癢。　愚按：陰痿溼癢，多由肝經溼熱，繆氏以辛溫之味，治之恐有未當。　同巴戟天、牛膝、杜仲、續斷、地黄、黄蘗、白膠，治婦人陰中腫痛。　同黄蘗、山茱萸肉、五味子、茯苓、車前子、香附、川續斷、補骨脂，治一切帶下赤者，加白膠、阿膠。

之頤曰：一名蛇粟、蛇米。床者，以蛇虺喜卧於其下也。蛇性竄疾，獨居處隱僻，稟木善行數變之體用耳。蛇床功用，靡不胳合。設非氣性相似，寧為蛇虺所嗜。男子陰痿溼癢，婦人陰中腫痛，正厥陰隱僻之地，氣閉不通所致。蛇床宣大風力，鼓舞生陽，則前陰疎泄，竄疾自如，并可伸癲癇之氣逆於臟，與關節之壅閉不開，真堪作把握陰陽之良劑也。

愚按：蛇床子四月放花白色，結子攢簇，兩片合成，極其輕虛。五月采實，夫實結於夏，而嘗之先有苦味，後轉為大辛，是火氣歸於金也。然由華

而實，華白色，而實輕虛，是金質復歸於火也。蓋火不歸金，則氣之體不全，金不歸火，則氣之用不昌，氣之體全，而乃歸命門，以孕其元，氣之用昌，而乃達三焦，以致其用。或曰：紫蘇亦火中之金，何以不歸命門？曰：火中之金，應歸命門元氣。蓋金水母子相戀，且反其所自始也。若紫蘇其見色紫，合於辛味，自應入心與肺矣。蓋命門為元氣之根，而心肺即為氣之用也。為氣之用，所以紫蘇為宣劑。故《本經》言治男子陰痿溼癢，婦人陰中腫痛，除痺氣，利關節，非指其用而言乎？而《別録》謂令女子子臟熱，男子陰強，非指其體而言乎？夫元氣之體用，全具於坎離。然而坎中孕離，離中宅坎，皆由其得金氣也。金為水母，火為金夫，惟水中有金，故坎中孕離，而水為火用，則元氣以生，惟火中有金，故離中蓄坎。而火為水用，則元氣以化。茲物乘夏火以結實，却火氣盡歸金味，賦輕虛以攢成，而金味仍是火質，火歸金，故令火為水用而暢陰，夫從妻也。金化火，乃得水為火用而達陽，子隨母也。此味由化歸生，復由生歸化，元氣之體用全者，於茲味可窺一班也。或曰：如之頤所云宣大風力，鼓舞生陽，其義不相戾歟。曰：蛇床所治諸證，皆由陽氣之不得鼓舞，以暢其用，無非屬風虛之為病也。為溼痺，為毒風，皆本諸此，如金火合而氣化，雖微物，而有天氣至地、地氣至天之化機，是即所以補風虛也。試觀其華實於夏火，而為質輕虛，豈非陰溼化為陽明，有鼓之舞之以暢天氣者乎？天氣暢則至地，地氣達則至天，火為水用而暢陰，此天氣至地，水為火用而達陽，此地氣至天，蓋陰暢則降，而陽隨之，陽達則升，而陰隨之也。是物以達陽而升為終事，却以暢陰而降為始事。始事、終事之義，是此味扼要語。此乃金火合，而歸於命門之實際也。金火合，則陰暢元氣，乃歸於命門。歸於命門，是非三焦之氣盛，能補風虛，原與足厥陰通者，能合而行上乎？此所謂地氣達則至天也。升降原相因，惟其地氣達則至天，故方書有用之治喉痺，并耳溼瘡，及齒牙風痛者。其方見《本草綱目》《準繩》。治腎虛耳聾二方，用蛇床子。或曰：據斯義，是不止療溼，而且療風。不止療風淫，更且療風虛矣。第如甄權所謂治男女虛溼痺，毒風㾜痛者，得與《本經》所云不少為差別否？曰：風與溼之用，人身具足，而風與溼之為病，無不相感以相化也。《本經》但未詳盡耳。大抵溼之痺，由於風虛，風虛乃病於陰氣，而為痺毒風之㾜，由於溼淫，溼淫乃病於陽氣。陽氣，即指陰中之陽。而為㾜痛，又何異同之有？第雖有天氣地氣之分，然咸不越於氣交以為治，《經》所謂氣交之分，人氣從之，萬物由之者也。故《別録》於此味云有溫中下氣之義，蓋脾腎肝同起於下，而《別録》於此味更云甘辛，辛合於甘以歸腎，是由母趨子，故得致津液而化陰中之陽。如菟絲、覆盆、蛇床，皆補陰氣之的劑，非苦辛熱偏勝也。

或曰：蛇床子之用，所謂天氣至地，地氣至天者，於何徵之？曰：《本草》所云強陰，是天氣至徵。而方書於健忘丸中用之，地氣至天也。此猶同宮水火之氣耳。若上以治面瘡，下以療痔疾，夫非上下極至之徵歟？更有可參者，如內補鹿茸丸治赤白濁，由於勞傷思想，陰陽兩虛者，其益陽之味頗多，即桂附亦用之矣，豈猶藉此味以達陽歟？是蓋因思想傷陰，是陽中之陰不化，陰傷而及於陽也。或藉此以化陽中之陰，而後真陽乃得復歟。更如消癉之白茯苓丸，因消中之後，胃熱入腎，消爍腎脂，令腎枯燥，遂致此疾，而丸中用滋腎陰，并除胃腎之枯燥者是矣，乃反用此味以達陽歟。毋亦陽陷於陰中而不化，藉此由陰之化以散陽歟。即此二治推之，則用此味，不得但勦陳說，祇以去溼達陽盡之矣。

附方　陽事不起，蛇床子、五味子、菟絲子，等分為末，蜜丸梧子大，每服三十丸，溫酒下，日三服。　赤白帶下，月水不來，用蛇床子、枯白礬，等分為末，醋麪糊丸彈子大，胭脂為衣，綿裹納入陰戶，如熱極，再換，日一次。　希雍曰：蛇床性溫燥腎，有火及下部有熱者，勿服。

修治　入丸散用，布包，挼去皮殼，取仁，微炒殺毒，即不辣也。作湯洗浴，則生用之。　酒浸一宿，以生地汁拌，久蒸焙乾用。　愚按：蛇床子之用，全在辣甚，炒猶不宜，不如雷氏用生地拌蒸之為當也。

清·郭章宜《本草匯》卷一〇　蛇牀子　苦平甘辛，小毒。陰中之陽，入足太陰、少陰經。立齋云：又入手太陰。溫腎助陽，益陰熱臟。祛風濕癢痺，消陰腫惡瘡。暖婦人子宮，浴男子陰痿。利關節，治腰膝酸疼，益陽氣，斂陰汗濕癬。却顛癇，掃瘡瘍。大風身癢難當，作湯洗愈。產後陰脫不起，絹袋熨收。

按：蛇牀子乃右腎命門、少陽三焦氣分之藥，能去足太陰之濕，能補足少陰之虛，大補元陽。人多忽之，寧知至賤之中，乃伏殊常之品耶。不獨于男子有功，而又有益于婦人，世人捨此而求補藥于遠域，豈非賤目貴耳乎？腎火易動，下部有熱者勿服。

産揚州、襄州者良。去殼取仁，以生地黄汁拌蒸，黑色，微炒，殺毒不竦，日乾用。惡丹皮、貝母、巴豆。伏硫黄。

清・蔣居祉《本草擇要綱目・平性藥品》 蛇床子凡使，須用濃藍汁，并百部草根自然汁，同浸一伏時，漉出，日乾，却用生地黄汁，相拌蒸之，從巳至亥，取出日乾用。凡服食挼去皮殼，取仁微炒，殺毒即不辣也。作湯洗浴，則生用之。 氣味： 苦，平，無毒。 主治： 男子陰痿濕癢，婦人陰中腫痛，除痹氣，利關節，癲癇惡瘡。久服輕身，好顔色。溫中下氣，令婦人子臟熱，男子陰強，久服令人有子。 治男子女人虚，濕痹毒風瘰痛，去男子腰痛，浴男子陰，去風冷，大益陽事，暖丈夫陽氣，女人陰氣。治腰胯酸疼，四肢頑痹，縮小便，去陰汗濕癬齒痛，赤白帶下，小兒驚癇，撲損瘀血。煎湯浴大風身癢。蓋蛇床乃右腎命門、少陽三焦氣分之藥，神農列之上品。不獨補助男子，而又有益婦人，世人捨此而求補藥於遠域，豈非賤目貴耳乎？

清・閔鉞《本草詳節》卷一 蛇床子 【略】按： 蛇床子，苦除濕，溫散寒，辛潤腎，甘益脾，主男婦一切虚寒濕所生之病。世賤而不用，何也？

清・王翃《握靈本草》卷三 蛇牀子似蒔蘿子而細，有細稜，黄褐色，至輕虚。産淄川者佳。凡用微焙。 主治： 蛇牀子，苦，平，無毒。主男子陰痿濕癢，婦人陰中腫痛，除痺氣，利關節。久服令人有子。 發明： 蛇牀子辛甘，乃右腎、命門、少陽、三焦氣分之藥。令男子陰強，婦人子臟熱。

清・汪昂《本草備要》卷二 蛇床子補腎命，去風濕。 辛、苦而溫。強陽益陰，補腎散寒，祛風燥濕。治陰痿囊濕，女子陰痛陰癢，濕生蟲，同礬煎湯洗。子藏虚寒，産門不閉，炒熱熨之。腎命之病，及腰酸體痹，帶下脱肛，喉痺齒痛，濕癬惡瘡，殺蟲止癢。風濕諸病。煎湯浴，止風癢。時珍曰：腎命、三焦氣分之藥，不獨補助男子，而且有益婦人。世人舍此而求補藥于遠域，豈非貴耳賤目乎？ 似小茴而細。微炒殺毒則不辣。以地黄汁拌蒸三遍佳。惡丹皮、貝母、巴豆。

清・吴楚《寶命真詮》卷三 蛇床子 【略】擦瘡癬立效。 去足太陰之濕，補足少陰之虚。強陽頗著奇功。誰知至賤之中，乃伏殊常之品，舍此而别求補益，豈非貴耳賤目耶？ 腎火易動者勿食。

清・陳士鐸《本草新編》卷三 蛇床子 味苦、辛，氣平，無毒。治陰戶腫疼且癢，溫暖子宫，療男子陰囊濕癢，堅舉尿莖，斂陰汗，却癲癇，掃瘡瘍，利關節，主腰膝胯痛，祛手足痹頑，治産後陰脱不起，婦人無娠，最宜久服，此藥功用頗奇。內外俱可施治，而外治尤良。若欲修合丸散，用之于參、芪、歸、熟、山茱之中，實有利益，然亦宜于陰寒無火之人，倘陰虚火動者，服之非宜〔也〕。

或問： 蛇床子外治實佳，內治未必得如外治。不知蛇床子內、外治無不佳也。吾言其內治之，益絶陽不起，用蛇床子一兩、熟地一兩，二味煎服，陽道頓興，可以久戰，大異平日，非內治之最佳乎？以之修合丸散，尤有久力。可見，蛇床子煎丸並用，無不佳妙。不可謂外治佳，而內治不佳也。

或問： 蛇床子除熟地同用之外，何藥更可並用？曰： 蛇床子同黄芪各一兩，興陽倍奇于用熟地，推之而當歸可並用也，推之而白朮可並用也，推之而杜仲可並用也，推之而菟絲子可並用也。或健脾，或安神，或益血，要在人善用之何如耳，安在不可出奇哉。

或疑蛇床子乃外治之藥，而可妄言內治乎，試之殺人，咎將安歸？曰：蛇床子實可內治，而世人以外治，而掩其內治之功，予所以表其奇也，豈好異哉。

清・顧靖遠《顧氏醫鏡》卷七 蛇床子辛、苦，溫。入脾腎二經。地黄汁拌蒸三次後，黑色乃佳。 善起男子陽事痿，性善益陽，治痿有奇功，不可以賤而忽之。 能溫婦女子宫寒。陰中寒冷，蜜丸綿裹，納入陰中。 止白帶，帶下如雞子清，不臭者宜之。 而擦瘡癬。洗陰癢，用猪肝、葱、椒、油煎，先納陰戶片時，以引蟲出，然後同白礬煎湯頻洗。男子陰汗，陰囊癢濕，並洗有效。 而浴癩風。溫燥之品，相火易動者勿服。

清・李熙和《醫經允中》卷一九 蛇床 右腎、三焦氣分藥。惡牡丹皮、貝母、巴荳。 苦，平，無毒。主治男子陰囊濕癢，堅舉陽莖； 婦人陰中腫疼，溫補子臟； 愈惡瘡，祛疥癬大風。身癢難當，作湯洗愈。産後陰脱不起，絹袋熨收。婦人無娠，最宜久服。神農列之上品，稱其溫腎而補元陽，大有奇功。不獨補男子，而更益婦人，舍此他求，惟賤目貴耳也。

清・馮兆張《馮氏錦囊秘録・雜症痘疹藥性主治合參》卷三 蛇床子味苦辛甘，平，無毒。陽也。〇凡使，須用濃藍汁并百部自然汁二味，同浸三伏時漉出，晒乾，卻用生地汁拌蒸，從午至亥，晒乾用。

蛇床子，治婦人陰戶腫疼，溫暖子臟，男子陰囊濕癢，堅舉尿莖，掃瘡癬，利關節，腰胯腫痛，手足痹頑，益陽氣。治腰膝酸疼，斂陰汗，除濕瘡疥癩，大風身癢難當，作湯洗愈。産後陰脱不起，絹袋熨收。婦人無娠，最宜久服。

但性溫燥，腎家有火，下部有熱者忌投。

清·张璐《本經逢原》卷二 蛇床 苦、辛，溫，無毒。《本經》主男子陰痿濕癢，婦人陰中腫痛，除痹氣，利關節，癲癇惡瘡。發明：蛇床辛香性溫，專入右腎命門、少陽三焦氣分。《本經》列之上品，不獨助男子壯火，且能散婦人鬱抑。非妙達《本經》精義，不能得從治之法也。但腎火易動，陽強精不固者勿服。

清·張志聰、高世栻《本草崇原》卷上 蛇床子 氣味苦、辛，無毒。主男子陰痿濕癢，婦人陰中腫痛，除痹氣，利關節，癲癇，惡瘡。久服輕身，好顏色。辛，舊作平，今改正。蛇床子，《本經》名蛇粟，又名蛇米。《爾雅》名虺床，以虺蛇喜臥於下，嗜食其子，故有此名。始出臨淄川谷及田野濕地，今所在皆有。三月生苗，高二三尺，葉青碎作叢似蒿，每枝上有花頭百餘，同結一窠，四五月开花白色，子如黍粒，黃褐色。蛇床子氣味苦辛，其性溫熱，得少陰君火之氣。主治男子陰痿濕癢，婦人陰中腫痛，稟火氣而下濟其陰寒也。除痹氣，利關節，稟火氣而外通其經脈也。心氣虛而寒邪盛，則癲癇。心氣虛而熱邪盛，則生惡瘡。蛇床味苦性溫，能助心氣，故治癲癇惡瘡。久服則火土相生，故輕身。心氣充盛，故好顏色。蛇，陰類也。蛇床子性溫熱，蛇虺喜臥於中，嗜食其子，猶山鹿之嗜水龜，潛龍之嗜飛燕，蓋取彼之所有，以資己之所無，故陰痿虛寒所宜用也。李時珍曰：蛇床子，《神農》列之上品，不獨助男子，且有益婦人，乃世人舍此而求補藥於遠域，且近時但用為瘡藥，惜哉！

清·何諫《生草藥性備要》卷下 蛇床子 不入服。敷瘡，止癢，洗痜癩。

清·劉漢基《藥性通考》卷六 蛇床子 味辛苦而溫。強陽益陰，補腎散寒，祛風燥濕，治陰痿囊濕，女子陰痛陰癢。濕生蟲，同礬煎湯洗。或子藏虛寒，產門不閉，炒熱熨之。腎命之病，及腰酸體痹，帶下脫肛，喉痹齒痛，濕癬惡瘡，風濕諸病，煎湯浴，去風癢。腎命三焦氣分之藥，不獨補助男子，而且有益婦人。世人舍此而求補藥於遠域，豈非貴耳而賤目乎？似小茴而細，微炒殺毒則不辣。以地黃汁拌蒸三遍佳。惡丹皮、貝母、巴豆。與當歸、黃芪、茯苓、枸杞、杜仲、故紙同用，善能興陽。

清·王子接《得宜本草·上品藥》 蛇床子 味苦。入少陽三焦經。功專強陽養陰。得五味、菟絲療陽痿，得烏梅治產後陰脫。

清·徐大椿《神農本草經百種錄》上品 蛇床子 味苦，平。主婦人陰中腫痛，男子陰痿、濕癢，皆下體濕毒之病。除痹氣，利關節，除濕痰在筋骨之證。癲癇，除濕痰在心之證。惡瘡。亦濕毒所生。久服輕身。濕去則身輕。蛇床生陰濕卑下之地，而芬芳燥烈，不受陰濕之氣，故入于人身，亦能于下焦濕氣所歸之處，逐其邪而補其正也。

清·黃元御《長沙藥解》卷四 蛇牀子 味苦辛，微溫。入足太陰脾、足厥陰肝、足少陰腎經。暖補命門，溫養子宮。興丈夫玉麈痿弱，除女子玉門寒冷。《金匱》蛇牀子散，蛇牀子為末，以米、白粉少許，和合如棗核大，綿裹納之，自溫。治婦人陰寒。蛇牀子溫肝而暖腎，燥濕而去寒也。蛇牀子溫燥水土，暖補腎肝，壯陽宜子，男女皆良。療前陰寒濕腫痛，理下部冷痹酸疼。斷赤白帶下，收溲尿遺失。浴疥癬痂癩，熏痔漏頑瘡，打撲驚癇，脫肛脫陰並效。漱牙痛，吹聤耳，浴男子陽萎絕佳。去殼，取仁，微研用。作浴湯，生用。

清·吳儀洛《本草從新》卷一 蛇床子〔補腎命，去風濕。〕 辛苦而溫。強陽補腎，散寒祛風，燥濕殺蟲。治陰痿囊濕，女子陰痛陰癢，濕生蟲，同礬煎湯洗。子藏虛寒，產門不閉，炒熱熨之。腎命之病，腰痠體痹，帶下脫肛，及頑癬惡瘡，擦之多效。風濕諸病。煎湯浴，止風癢。時珍曰：腎命、三焦氣分之藥。不獨補助男子，而且有益婦人，世人舍此而求補藥於遠域，豈非貴耳賤目乎？腎火易動者勿食。似小茴而細。微炒殺毒則不辣。以地黃汁拌蒸三遍佳。惡丹皮、貝母、巴豆。

清·汪紱《醫林纂要探源》卷二 蛇牀子 辛，苦，溫。莖葉花皆似川芎，子聚莖端細枝上如牀，似小茴而尤小，微有臭氣。語云：蛇牀亂蘼蕪。堅腎，潤命門，去下部寒濕，祛風殺蟲。能強陽，暖子宮，治陰痿囊濕，及腰酸痹痛，女子陰痛陰癢，產門不閉，帶下脫肛諸證。又治癬疥惡瘡，煎湯浴，止風癢。蓋味多苦，入腎守在下部。今但知用以治瘡，其補益腎命之功，失之久矣。

清·嚴潔等《得配本草》卷二 蛇床子 惡牡丹、貝母、巴豆。伏硫黃。辛、苦，溫。入右腎命門、手少陽經氣分。開鬱滯，祛風濕。療瘡癬諸痹。煎湯洗浴，立除皮瘡及大風瘙癢。得烏梅，洗陰脫陰痛。寒氣散也。得川連、輕粉，吹耳內濕瘡。配白礬，煎湯，洗婦人陰癢。能殺蟲。佐菟絲子，療陽痿。寒濕去也。去殼取仁，微炒殺其毒則不辣，酒浸日乾，以地黃汁拌蒸，焙

乾用。或用濃藍汁、百部汁同浸，漉出曬乾，再以生地汁拌蒸，曬乾用。若作湯洗瘡，生用。

題清・徐大椿《藥性切用》卷三　蛇床子　辛苦性溫，入腎命而祛風燥濕，除下體濕痒惡瘡，為外科專藥。

清・黄宮繡《本草求真》卷一　蛇床子補火燥濕宣風。　蛇床子耑入命門。辛苦性溫，功能入腎補命，祛風燥濕，故凡命門火衰而致風濕內淫，病見陰痿。蛇床子、五味子、菟絲子等分為末，蜜丸酒下。囊濕及女子陰戶蟲蝕，蛇床子一兩，白礬二錢，煎湯頻洗。子臟虛寒，取蛇床子仁為末，入白粉少許，和匀如棗，綿裹納之。産門不閉，暨腰痠體痹，帶下脫肛，脫肛，以蛇床子、甘草為末服，并以蛇床末敷。與夫一切風濕瘡疥等病，蛇床子一兩，輕粉四錢，為細末，油調抹。服之則陽莖舉，關節利。腰背強，手足遂，瘡疥掃，至於大瘋身癢難當，作湯浴洗。産後陰脫不收，用此絹袋熨收，但性溫燥。凡命門火熾及下部有熱者切忌。惡丹皮、貝母、巴豆，去皮殼，取仁微炒。

清・沈金鰲《要藥分劑》卷一　蛇床子　【略】鰲按：凡右腎命門有虛寒症者，宜用。若腎家有火，下部有熱及陽易舉者，雖有濕，宜斟酌用之。

清・楊璿《傷寒溫疫條辨》卷六燥劑類　蛇床子　味辛苦，氣溫。腎、命、三焦氣分之藥。強陽益陰，補精散寒，祛風燥濕。主男子陽痿囊濕，女子陰疼濕痒。同吳茱萸煎湯薰洗，或同白礬煎洗。子藏虛寒，産門不閉，及腰痠體痹，帶下脫肛，濕痒惡瘡，一切風濕之證。

清・羅國綱《羅氏會約醫鏡》卷一六草部　蛇床子味辛苦而溫，入脾腎二經。微炒去毒，以生地黄汁拌蒸半日，晒乾用。　去脾經之濕，補腎經之虛，益陽滋陰。治陽痿陰汗，縮小便，廣子嗣，健腰膝，溫補腎臟。利關節，除頑痹，辛能散風祛寒。止帶濁，補脾燥濕。療男子陰囊濕癢、女人陰痛陰癢，濕生蟲，同礬煎湯洗。子藏虛寒、産門不閉。炒熱熨之。婦人無娠，最宜久服。凡濕癬疥癩，殺蟲止癢。大風身癢，作湯熏洗。　按：蛇床子溫燥，腎家有火忌用。

清・黄凱鈞《藥籠小品》　蛇床子　辛苦，溫，強陽補腎，散風寒，燥濕殺蟲，治女子陰痛陰癢。同礬煎湯洗。時珍曰：不獨補助男子，而且有益婦人。世人舍賤求貴，豈有不負斯味乎？

清・王龍《本草纂要稿・草部》　蛇床子　味苦、辛，性平，無毒。斂陰汗，療陰囊濕痒。掃瘡瘍，祛手足頑痺。暖子宫，堅陽道，除陰戶腫痛。却顛癇，利關節，洗身痒難當。主腰胯腫痛，收産後脫陰。

清・吳鋼《類經證治本草・足少陰腎臟藥類》　蛇床子　【略】誠齋曰：若內服，挼去殼取仁，微炒，殺毒氣。入補藥，再用黄精自然汁拌蒸。若外用，宜生者，不必去殼。

清・張德裕《本草正義》卷下　蛇床子　苦辛，溫。三焦命門藥。辛去風濕，暖腎，療陰濕瘡癬，益陽事，暖子宫，男子陽痿，女人陰痛。去皮殼，炒熱用之。凡寒濕癢痛，俱可熏洗；或為末滲敷。

清・楊時泰《本草述鉤元》卷八　蛇牀子　因蛇虺喜臥其下，食其子，故又名蛇粟。下濕地所在皆有。其子輕虛，褐色，兩片合成，亦有細稜，凡花實似蛇牀者，當歸、芎藭、水芹、藁、胡蘿蔔。

氣味苦，而大辛微甘。乃右腎命門、少陽三焦氣分之藥。主治強陰，益陽事，縮小便，暖女子子臟，溫中下氣，利關節。療虛濕痹毒風瘰手足麻痹也。痛，腰胯痠疼，四肢頑痹，更治男子陰痿濕癢，女子陰中腫痛，去陰汗濕癬，煎湯浴大風身癢，多服令人有子。方書治痿，健忘，消癉，赤白濁諸劑中亦用之。苦就火至地，辛歸金達天，甘屬土合氣交，故能除濕益陽，不惟已疾而又有補益也仲淳。蛇性竄疾，居處隱僻，稟善行數變之體用，蛇牀功用，靡不脗合，設非氣性相感，寧為蛇虺所嗜耶。故凡厥陰隱僻之地，氣閉不通，得蛇牀宣大風力，鼓舞生陽，則前陰疎泄，竄疾自如，并可伸癲癇之氣逆於臟，與關節之壅閉不開，而作把握陰陽之良劑也之頤。同遠志、巴戟、牛膝、首烏、陽起石，治陰痿濕癢。按：此證多由肝經濕熱，不得概以辛溫之味治之。同巴戟、牛膝、杜仲、續斷、地黄、白膠、黄蘗，治婦人陰中腫痛。同黄蘗、山萸、五味、茯苓、車前子、香附、續斷、補骨脂，治一切帶下。赤者加白膠、阿膠。陽事不起，蛇牀、菟絲、五味等分，為末，蜜丸梧子大，每服三十丸，溫酒下，日三服。赤白帶下，月水不來，蛇牀子、枯礬等分，為末，醋、麪糊丸彈子大，胭脂為衣，綿裹納入陰戶，如熱極再換，日一次。

論：蛇牀以四月放花白色，結子攢簇，兩片輕虛，五月采實。夫實結於夏，而嘗之先苦後轉大辛，是火氣歸於金也。然花白色而質輕虛，金質復歸於火矣。火不歸金，則氣之體不全。金不歸火，則氣之用不昌。氣之體全，乃能歸命門以孕其元氣之用昌，乃能達三焦以致其用。《本經》治陰痿濕癢及陰中腫痛，除痹氣，利關節，指其用而言也。《別錄》令男子陰強，女子子臟

熱，指其體而言也。夫元氣之體用，全具於坎離，然坎中孕離，離中宅坎，皆由其得金氣也。金為水母，火為金夫，惟水中有金，故坎中孕離，水為火用，而元氣以生。惟火中有金，故離中蓄坎，火為水用，而元氣以化。茲物乘夏火以結實，而火氣盡歸金味，賦輕虚以攢成，而金味仍是火質，火歸金，故令火為水用而暢陰，此天氣至地，夫從妻也。金化火，乃得水為火用而達陽，此地氣至天，子隨母也。由化歸生，復由生歸化，元氣之體用似有獨全者。又蛇牀所治，類由陽氣之不得鼓舞以暢其用，風虚為病也。如金火合德而氣化，則雖微物，而有天氣至地，地氣至天之化機。試觀其質輕虚，豈非陰濕化為陽明，有鼓之舞之以暢天氣者乎。蓋天氣暢則至地，地氣達則至天。火為水用而暢陰，陰暢則降，而陽隨之；水為火用而達陽，陽達則升，而陰隨之。是物以達陽而升為終事，却以暢陰而降為始事，乃金火合而歸於命門之實際也。歸命門則三焦氣盛，其原與足厥陰相通者，自能合而行上矣。所以治喉痹、耳濕、牙風及腎虚耳聾諸方亦用之。《别録》於此味更云辛甘，辛合於甘以歸腎，是由母趨子，故得致津液而化陰中之陽，如菟絲、覆盆、蛇牀，皆補陰氣之的劑，非苦辛熱偏勝者也。蛇牀之用，所謂天氣至地，地氣至天者，於何徵之？如本草强陰，是天氣至地，而健忘丸用之，則地氣至天也，此猶同宫水火之氣耳。若上以治面瘡，下以療痔疾，夫非上下極至之徵歟。更如内補鹿茸丸治赤白濁，其益陽若桂、附亦用之矣，豈猶藉蛇牀以達陽者，蓋緣思想傷陰，乃是陽中之陰不化，陰傷而及於陽也，或藉此以化陽中之陰，而後真陽乃得復歟。又如消癉之白茯苓丸。因消中後胃熱入腎，消爍腎脂，令腎枯燥，遂致此疾。既滋腎陰而除胃腎之枯燥矣，乃反用此味以達陽者，毋亦陽陷陰中而不化，須藉此由陰之化以散陽歟。即此推之，不得但以去濕達陽，盡蛇牀之能事矣。然則紫大抵火中之金，應歸命門元氣，以金水子母相戀，且返其所自始也。然則紫蘇亦火中之金，何以不歸命門？曰：紫蘇紫色，合於辛味，自應入心與肺矣，命門為元氣之根，心肺即為元氣之用，為氣之用，所以紫蘇為宣劑。

其性溫燥，凡腎家有火，下部有熱者，勿服仲淳。

修治：作湯洗浴，則生用之。入丸散，用布包挼去皮殼取仁，微炒殺毒即不辣。酒浸一宿，以生地汁拌，久蒸焙乾用雷公。按：蛇牀子之用，全在辣甚，炒殊不宜，不若雷公用生地拌蒸之為當。

清・葉桂《本草再新》卷一　蛇牀子味辛，性溫，無毒。入脾、腎二經。强陽補腎，散寒祛風，燥濕殺蟲，治頑癬惡瘡。

清・吴其濬《植物名實圖考》卷二五　蛇床子《本經》上品。《爾雅》：盱，虺床。注：蛇床也。《救荒本草》：葉可煠食。

清・趙其光《本草求原》卷二芳草部　蛇床子苦、辛，溫、熱，得君相之火氣，專助命門三焦之火。主治男子陰痿同五味、菟絲蜜丸酒下。濕癢，同白礬煎洗。婦人陰痛陰腫，為末，雞子黄調敷；男子同。此以熱治寒濕也。除痹氣，利關節，火氣外通經脈。癲癇，心虚寒病。惡瘡，心氣虚而熱邪盛所致，溫助心氣，陽癰宜之從治，陰疽用之正治。赤白帶下，同枯礬，醋糊丸，納陰中。子宫冷，方同上。陰脱，同烏梅煎洗。亦治陰痛。脱肛，同甘草煎服，並為末敷。痔腫痛，煎湯熏洗。癬瘡，和豬脂塗。小兒甜瘡，頭面耳邊連引流水，癢極，加輕粉研，油調搽。耳内濕瘡，同黄連、輕粉吹。風蟲牙痛。煎漱。冬月喉痹腫痛，不可下藥。燒煙瓶中，口含瓶嘴吸之，痰自出。此藥助男子陽事，又大益婦人，《本經》列為上品。今人但用為瘡藥，惜哉。

清・葉志詵《神農本草經贊》卷一　蛇牀子　味苦，平。主婦人陰中腫痛，男子陰痿，濕痒，除痹氣，利關節，癲癇惡創。久服輕身。一名蛇米。生川谷及田野。

濕閟幽墟，虺蛇凝戀。芎葉槎丫，蒿枝峭蒨。百結同窠，雙粒合片。蘼弱蕪繁，令人目眴。

黄溍詩：蒼榛閟幽墟。李時珍曰：蛇虺喜卧於下，食其子。蘇軾詩：虺蛇不汝放。李邕妻溫氏表：歲時凝戀。韓保昇曰：下濕地皆有，葉似小葉芎藭。蘇頌曰：三月生苗，作叢似蒿枝，每枝有花頭百餘，結同一窠。李時珍曰：其子兩片合成。《淮南子》：亂人者，蛇牀之與蘼蕪。張名由詩：令人心目眴。

清・文晟《新編六書》卷六《藥性摘録》　蛇床子　苦，溫。入腎，補命門火，祛風燥濕，治男子陰痿囊濕，女子陰戶蟲蝕，子臟虚寒。〇和輕粉為末，油調，塗抹疥瘡。作湯，浴大風身癢。〇産後陰脱，用此絹袋盛熨收。但命門火熾及下部有熱者，忌服。〇惡丹皮、貝母、巴豆。去皮殼，取仁，微炒用。

清・張仁錫《藥性蒙求・草部》　蛇床子五分、一錢。蛇床子苦，辛溫散寒。祛風燥濕，補火功專。治陰痿囊濕，女子陰痛陰癢，子臟虚寒。微炒。

清・戴葆元《本草綱目易知録》卷一　蛇床子　辛、苦、甘，平。入右腎命門及手少陽三焦氣分藥。强陽益陰，補腎壯寒，溫中下氣，祛風燥濕，暖丈

夫陽氣，陰痿不起，益婦人陰器，子臟溫熱。利關節，縮小便，治男婦虚，濕毒風痹痛，腰胯酸疼，四肢頑痹。浴男子陰，去風冷，大益陽事，去陰汗囊濕。陰痛陰痒，赤白帶下。小兒驚癇，齒痛濕癬，癲癇惡瘡，撲損瘀血。煎湯浴大風身痒。凡服，去皮殼，取仁，微炒，洗藥生用。

清・黄光霽《本草衍句》 蛇床子苦，平。祛風燥濕，强陽益陰。煖虚寒之子臟，補右腎於命門。陰痿濕痒，陰戶腫疼。皆下體濕毒之病也。產門不閉而下脱，產後陰脱，絹盛蛇床子，炒熱熨之。大風作痒而浴身。腰痠膝痛，濕癬瘡淫。不獨補助男子，而又有益婦人。婦人無子，最宜久服。得五味、菟絲，療陽痿；得烏梅，治產後陰脱；得苦參、吴萸，洗陰痒效。產後陰脱，絹盛蛇床子，蒸熱熨之。又法：蛇床子五兩，烏梅十四個，煎水洗，日五六次。婦人陰痛，方用如上。

清・陳其瑞《本草撮要》卷一 蛇牀子 味苦，入少陽三焦經，功專强陽養陰。得五味、菟絲療陽痿，得烏梅治產後陰脱。同礬煎洗治陰痿囊濕，女子陰痛陰痒。炒蛇牀熨產門不閉。惡丹皮、貝母、巴豆。

藁本

宋・唐慎微《證類本草》卷八草部中品〔《本經・別録・藥對**》〕 藁本** **味辛、**苦，**溫、**微溫、微寒，無毒。**主婦人疝瘕，陰中寒腫痛，腹中急，除風頭痛，長肌膚，悦顔色，**辟霧露，潤澤，療風邪嚲曳，金瘡，可作沐藥面脂。實：主風流四肢。**一名鬼卿，一名地新，**一名微莖。生崇山山谷。正月、二月採根，暴乾，三十日成。惡䕡茹。

〔梁・陶弘景《本草經集注》〕云：俗中皆用芎藭根鬚，其形氣乃相類。而《桐君藥録》説芎藭苗似藁本，論説花實皆不同，所生處又異。今東山別有藁本，形氣甚相似，惟長大爾。

〔唐・蘇敬《唐本草》〕注云：藁本，莖、葉、根，味與芎藭小別。以其根上苗下似藁根，故名藁本。今出宕州者佳也。

〔宋・掌禹錫《嘉祐本草》〕按：《藥性論》云：藁本，臣，微溫。畏青葙子。能治一百六十種惡風鬼疰流入，腰痛冷，能化小便，通血，去頭風，䵟皰。日華子云：治癇疾并皮膚疵皯，酒齇，粉刺。

〔宋・蘇頌《本草圖經》〕曰：藁本，生崇山山谷，今西川、河東州郡及兖州、杭州有之。葉似白芷香，又似芎藭，但芎藭似水芹，而大藁本葉細耳。根上苗下似禾藁，故以名之。五月有白花，七八月結子，根紫色。正月、二月採根，暴乾，三十日成。

宋・鄭樵《通志》卷七五《昆蟲草木略》 藁本 曰鬼卿，曰地新，曰微莖。

金・張元素《潔古珍珠囊》〔見元・杜思敬《濟生拔粹》卷五〕 藁本辛、苦。陽中微陰。太陽經本藥。治巔頂痛，腦、齒痛。與青葙子相反。

宋・劉明之《圖經本草藥性總論》卷上 藁本 味辛、苦，溫、微溫、微寒，無毒。主婦人疝瘕，陰中寒腫痛，腹中急，除風頭痛，長肌膚，悦顔色，辟霧露，療風邪嚲曳，金瘡。《藥性論》云：臣。能治百六十種惡風鬼疰流入，腰痛冷，能化小便，通血，去頭風。日華子云：治癇疾，並皮膚疵皯，酒齇粉刺。畏青葙子。惡䕡茹。

元・王好古《湯液本草》卷三 藁本 氣溫，味大辛、苦，微溫。氣厚味薄，陽也，升也。純陽，無毒。太陽經本經藥。《象》云：太陽經風藥，治寒邪結鬱於本經。治頭痛、腦痛，大寒犯腦，令人腦痛，齒亦痛。《心》云：專治太陽頭痛，其氣雄壯。《珍》云：治巔頂痛。《本草》云：主婦人疝瘕，陰中寒腫痛，腹中急。除風頭痛，長肌膚，悦顔色，辟霧露，潤澤，療風邪嚲曳，金瘡，可作沐藥、面脂。實，主流風四肢。惡䕡茹。此與木香，同治霧露之氣；與白芷，同作面脂藥治療。仲景云：清明已前，立秋已後，凡中霧露之氣，皆為傷寒。又云：清邪中於上焦，皆霧露之氣，神朮白朮湯內加木香、藁本，擇其可而用之。此既治風，又治濕，亦各從其類也。

元・朱震亨《本草衍義補遺・新增補》 藁本 味辛、苦，陽中微陰，太陽經本藥。治寒氣鬱結，及巔頂痛，腦、齒痛。引諸藥上至巔頂。及與木香同治霧露之氣，是各從其類也。

元・佚名氏《珍珠囊・諸品藥性主治指掌》〔見《醫要集覽》〕 藁本 味苦、辛，性微溫，無毒。升也，陰中之陽也。其用有二：大寒氣客於巨陽之經，苦頭痛流於巔頂之上，非此味不能除。

元・徐彦純《本草發揮》卷二 藁本 潔古云：此太陽經風藥。治寒氣鬱結於本經，治頭疼腦痛，大寒犯腦，令人腦痛，齒亦痛。《主治秘訣》云：味苦，性微溫。氣厚味薄而升，陽也。太陽頭痛必用之藥，足太陽本經藥也。頂巔痛，非此不能除。東垣云：通行手足太陽經。氣力雄壯，治風通用。又云：治頭面及偏身皮膚風濕。海藏云：此與木香同治霧露之氣，與

白芷同作面脂藥。仲景云：清明以前，立秋以後，凡中霧露之氣，皆為傷寒。又云：清邪中於上焦，皆霧露之氣，神朮、白朮湯內加木香、藁本，擇其可而用之，此既治風又治濕，亦各從其類也。

明·朱橚《救荒本草》卷上之前　藁本　一名鬼卿，一名地新，一名微莖。生崇山山谷及西川河東、兗州、杭州。今衛輝輝縣栲栳圈山谷間亦有之。俗名山園荽。苗高五七寸，葉似芎藭，葉細小又似園荽葉而稀疎，莖比園荽莖頗硬直。味辛、微苦，性溫、微寒，無毒。惡䕡茹；畏青葙子。救飢：採嫩苗葉煠熟，水浸淘淨，油鹽調食。治病：文具《本草》草部條下。

明·蘭茂撰，清·管暄校補《滇南本草》卷下　藁本　性寒，味苦、辛。升也。寒氣容於巨陽之經，風寒邪流於顛頂之上。治頭風疼痛，止諸頭疼，明目。附奇方：治頭風疼痛，嘔吐痰涎，眼目發暈霧脹。藁本一錢，細辛三分，白菊花一錢，川芎一錢，法夏五分，黄芩一錢，甘草五分，羌活五分，引用生薑一片，水煎服。

明·王綸《本草集要》卷三　藁本臣　味辛苦，氣溫。氣厚味薄，陽也，升也。無毒。太陽經本經藥。惡䕡茹，畏青葙子。採根，暴乾，三十日成。主婦人疝瘕，陰中寒腫痛，腹中急。除風頭痛，長肌膚，悅顏色。太陽經風藥，治寒邪結鬱，及本經頭痛，頂巔痛，(太)〔大〕寒犯腦，腦齒痛，引諸藥上至巔頂。清明前，立秋後，凡中霧露之氣，皆清邪中於上焦，白术湯中加木香同治之，此既治風，又治濕也。

明·滕弘《神農本經會通》卷一《草部中》　藁本　臣也。惡䕡茹，畏青葙子。正二月採根，暴乾，三十日成。味辛、苦，氣溫，微溫，微寒，無毒。《湯》云：氣溫，味大辛、苦，微溫。氣厚味薄，陽也，升也。太陽經本經藥。純陽。東云：升也，陰中陽也。大寒氣客於巨陽之經，苦頭痛，流於巔頂之上，非此味不除。又云：除風，治婦人陰痛。《珍》云：治頂腦頭痛，遍身風濕。氣雄且壯，行經直至太陽中。《疌》云：清頭去痛，伐邪治癇，通血生肌，療陰腫，腹疼，瘕疝。

《本經》云：主婦人疝瘕，陰中寒腫痛，腹中急，除風頭痛，長肌膚，悅顏色。《湯》云：辟霧露，潤澤。療風邪嚲曳，金瘡。可作沐藥、面脂。實，主風流四肢。正二月採根，暴乾，三十日成。《藥性論》云：藁本，臣，微溫。畏青葙子。能治一百六十種惡風，鬼疰，流入腰痛冷，能化小便，通血，去頭風，皯皰。日華子云：治癇疾，并皮膚疵皯，酒齇粉刺。《象》云：太陽經風藥，治寒邪結欝於本經，治頭腦痛，太寒犯腦，令人腦痛，齒亦痛。《心》云：專治太陽頭痛，其氣雄壯。珍云：治巔頂痛。此與木香同治霧露之氣，與白芷同作面脂藥治療。仲景云：清明已前，立秋已後，凡中霧露之氣，皆為傷寒。又云：清邪中于上焦，皆霧露之氣，神术白朮湯內，加木香、藁本，擇其可而用之，此既治風，又治濕，亦各從其類也。丹溪云：味辛、苦，陽中微陰，太陽經本藥。治寒氣欝結，及巔頂痛、腦齒痛，引諸藥上至巔頂。與木香同治霧露之氣。劍云：藁本微溫味苦辛，治頭痛於頂巔中。太陽寒客能消散，婦人陰寒痛可通。《局》云：藁本除風入四肢，更除頭痛長膚肌。婦人主療陰寒痛，沐藥仍能作面脂。

明·劉文泰《本草品彙精要》卷一一《草部》　藁本無毒。植生。

藁本出《神農本經》：**主婦人疝瘕，陰中寒，腫痛，腹中急，除風，頭痛，長肌膚，悅顏色。**以上朱字《神農本經》。辟霧露，潤澤，療風邪嚲曳，金瘡，可作沐藥、面脂。○實，主風流四肢。以上黑字名醫所錄。〔名〕鬼卿、地新、微莖。

〔苗〕《圖經》曰：葉似白芷，香如芎藭，但芎藭似水芹而大，藁本葉細耳。五月有白花，七八月結子。根上苗下似禾藁，故以爲名也。陶隱居云：俗中皆用芎藭，其根鬚形氣乃相類。《桐君藥錄》言：芎藭苗似藁本，論說花實皆不同，所生處又異，今東山別有藁本，形氣甚相似，惟長大爾。〔地〕《圖經》曰：生崇山山谷，西川、河東州郡，兗州、杭州。《唐本》注云：出宕州者爲勝。〔道地〕并州、威勝軍、寧化軍。〔時〕生：春生苗。採：正月、二月取根。〔收〕暴乾三十日。〔用〕根粗大者爲好。〔色〕黑。

〔味〕辛，苦。〔性〕溫，散。〔氣〕氣厚味薄，陽也。丹溪云：陽中微陰。

〔臭〕香。〔主〕風邪頭疼。〔行〕足太陽經。〔反〕畏青葙子，惡䕡茹。

〔製〕去蘆，水浸潤，剉用。〔治〕療：《藥性論》云：治一百六十種惡風，鬼疰流入腰痛冷，能化小便，通血，去頭風，皯皰。日華子云：療癇疾並皮膚疵皯，酒齇粉刺。《湯液本草》云：太陽經風藥，逐寒邪結鬱於本經，治頭痛，腦痛，大寒犯腦，令人腦痛，齒亦痛，並巔頂痛。〔合治〕合木香療霧露之氣。○合白芷作面脂藥。

明·葉文齡《醫學統旨》卷八　藁本　氣溫，味辛、苦。無毒。升也，陽

也。太陽經本藥。畏青葙子。出宕州者佳。　治寒邪鬱結，頭腦頂巔痛，齒疼，頭面風及遍身皮膚風濕；　婦人疝瘕，陰寒腫痛，腹中急；　引諸藥上至巔。

明·許希周《藥性粗評》卷一　大寒犯腦，整吾藁本先鋒。

藁本，一名地新，一名微莖。春初生苗，高尺餘，葉似白芷，又似芎藭而細，五月開白花，七八月結子，根紫色，以其根上苗下似禾藁，故名。西川、河東、山東、浙東諸州郡原野皆有之，今以寧化（軍、并）州者為勝。正月二月採根，暴乾。惡蔄茹，畏青葙子。　味辛、苦，性溫一說微寒，無毒。　氣力雄壯，入足太陽膀胱經。　主治風寒鬱結，中風，中寒，中霧，寒邪犯腦，頂巔痛暈，一百六十種惡風鬼疰，腰冷腹急，婦人疝瘕，行氣散血，去皯皰，長肌膚，悅顏色。□□□與木香同治霧露之氣，與白芷同作面脂之藥。　仲景云：　清明以前，立秋以後，凡中霧露之氣，皆為傷寒，神朮湯、白朮湯中加木香、藁本，擇其可而用之。　東垣云：　通行手足大腸經，治風濕通用。　愚謂此與羌活相為伯仲。

明·鄭寧《藥性要略大全》卷二　藁本　治寒邪客於太陽經，頭痛顛頂痛，頭風腰痛，及流風四肢。治一百六種惡風，小兒癇疾。　主女疝瘕，陰中寒腫痛。　清小便血及腹中急。　去皮膚疵皯、皯皰，長肌肉，悅顏色，可作沐藥、面脂。　出粉刺及酒齄。　與木香同辟霧露瘴氣。　味苦、辛，性微溫，無毒。升也。　陰中陽也。　太陽小腸、膀胱本經去風之藥為妙。　惡蔄茹，畏青葙子。採根日乾用。

明·陳嘉謨《本草蒙筌》卷二　藁本　味辛、苦，氣溫。　氣厚味薄，升也，陽也，無毒。　多產河東，亦生杭郡。　春採根曝，三十日成。　因其根上苗下，狀與禾藁相同，故以藁本為名爾。　惡蔄茹，畏青葙。　氣力狀雄，風濕通用。　止頭痛巔頂上，散寒邪巨陽經。　得白芷作面脂，同木香辟霧露。○實以鬼卿為譽，主風流入四肢。

明·方穀《本草纂要》卷二　藁本　味辛、苦，氣溫，氣厚味薄，陽也，升也，無毒。　乃太陽經本經藥。　主婦人疝瘕等症，或陰中腫痛，或腹中急疾，惟此藥能利下焦之濕，能除小腸之氣，故宜用之也。　又或頭風頭痛，或巔頂痛，或大寒犯腦，更連齒痛，惟此藥能清上焦之邪，能除膀胱之氣，故亦宜投之也。　大抵藁本之劑，陽也，升也，在下之病可升，故入太陽小腸；　在上之病可清，故入太陽膀胱。

明·王文潔《太乙仙製本草藥性大全》卷二《本草精義》　藁本　一名鬼卿，一名地新，一名微莖。　生崇山山谷及兗州、西川，多產河東，亦生杭郡。　葉如白芷，香似芎藭，但芎藭似水芹而大，藁本似芎藭而葉細，自其根上苗下狀與禾稿相似，故以藁本名之。　五月有白花，七八月結子，根紫色，正二月採根曝乾，三十日成。　惡蔄茹、青葙子。

明·王文潔《太乙仙製本草藥性大全》卷二《仙製藥性》　藁本　味辛、苦，氣溫，氣厚味薄，升也，陽也，無毒。　主治：　氣力雄壯，風濕通用。　止頭痛頭風巔頂上，散寒邪客於太陽經。　治一百六種惡風，理四肢流風腰痛。　主女人疝瘕，陰中寒腫。　療小兒驚癇，腹中急疼。　去皮膚疵皯、皯皰。　長肌肉，潤澤顏色。　得白芷作沐藥、面脂，同木香辟霧露瘴氣。　去酒齄、粉刺，化小便立通。　實以鬼卿爲譽，主風流入四肢。

明·皇甫嵩《本草發明》卷二　藁本中品之上，臣。氣溫，味辛、苦，無毒。氣厚味薄，陽也，太陽經本經藥。其實名鬼卿，主風流四肢。　發明曰：　藁本味辛氣雄，上行巔頂，太陽經風藥，治寒邪欝結於本經是也。　故本草主風頭痛，辟霧露風邪，太陽頭腦痛，大寒犯腦，連齒痛，此專治也。　又婦人疝瘕，陰中寒腫痛，腹中急及羼曳，金瘡，皆辛溫散邪，開結之力也。　又長肌肉，悅顏色，作面脂，能上升頭面也。須兼白芷同用。　仲景云清邪于上焦霧露之氣，枳朮白朮湯用，加木香同治之。　《藥性》云：　治諸惡風鬼痓流入，腰痛冷，能化小便，通血，此既治風，又治濕，故東垣治頭面及遍身皮膚風濕也。惡蔄茹。

明·李時珍《本草綱目》卷一四草部·芳草類　藁本《本經》中品

【釋名】藁茇《綱目》　鬼卿《本經》　鬼新《本經》　微莖　《別録》恭曰：　根上苗下似禾藁，故名藁本。本，根也。時珍曰：　古人香料用之，呼爲藁本香。《山海經》名藁茇。

【集解】《別録》曰：　藁本生崇山山谷，正月、二月採根暴乾，三十日成。弘景曰：　俗中皆用芎藭根鬚，其形氣乃相類。而《桐君藥録》說芎藭苗似藁本，論說花實皆不同，所生處又異。今東山別有藁本，形氣甚相似，惟長大耳。恭曰：　藁本莖、葉、根味與芎藭小別。今出宕州者佳。頌曰：　今西川、河東州郡及兗州、杭州皆有之。葉似白芷香，又似芎藭，但芎藭似水芹而大，藁本葉細爾。五月有白花，七八月結子。根紫色。時珍曰：　江南深山中皆有之。根似芎藭而輕虛，味麻，不堪作飲也。

根　【氣味】辛，温，無毒。《別録》曰：　微寒。權曰：　微温。元素曰：　氣温，味苦、大辛，無毒。氣厚味薄，升也，陽也。足太陽本經藥。之才曰：　惡蔄茹，畏青葙子。

【主治】婦人疝瘕，陰中寒腫痛，腹中急，除風頭痛，長肌膚，悅顏色《本經》。辟

霧露潤澤，療風邪嚲曳，金瘡。可作沐藥、面脂《別録》。治一百六十種惡風鬼疰，流入腰痛冷，能化小便，通血，去頭風䵟皰甄權。治皮膚疵皯，酒齄粉刺，癇疾大明。治太陽頭痛巔頂痛，大寒犯腦，痛連齒頰元素。頭面身體皮膚風濕李杲。督脈爲病，脊强而厥好古。治癰疽，排膿内塞時珍。

【發明】元素曰：藁本乃太陽經風藥，其氣雄壯，寒氣鬱於本經，頭痛必用之藥。顛頂痛非此不能除。與木香同用，治霧露之清邪中於上焦。與白芷同作面脂。既治風，又治濕，亦各從其類也。時珍曰：《邵氏聞見録》云：夏英公病泄，太醫以虚治不效。霍翁曰：風客於胃也。飲以藁本湯而止。蓋藁本能去風濕故耳。

【附方】新三　大實心痛：已用利藥，用此徹其毒。藁本半兩，蒼术一兩，作二服。水二鍾，煎一鍾，温服。《活法機要》。　乾洗頭屑：藁本、白芷等分，爲末。夜擦旦梳，垢自去也。《便民圖纂》。　小兒疥癬：藁本煎湯浴之，並以浣衣。《保幼大全》。

實　【主治】風邪流入四肢《別録》。

題明·薛己《本草約言》卷一《藥性本草》　藁本　味辛、苦，氣溫，無毒。氣厚味薄，陽也，升也，入足太陽經。大寒氣客於巨陽之經，苦頭痛流於巔頂之上，辟霧露之濛鬱，發風邪之飄颺。○太陽經風藥，治寒邪結鬱於本經，又專治本經頭痛。其氣雄壯，能引諸藥上至巔頂。又治頭面及遍身皮膚風濕瘙痒。

明·梅得春《藥性會元》卷上　藁本　味苦、辛，性微溫。升也，陰中之陽。無毒。畏青葙子。入手太陽小腸、足太陽膀胱本經藥。出岩州者佳。

主治大寒氣客於巨陽之經，若頭痛流於巔頂之上。祛風入四肢，婦人陰腫疼痛。治寒邪鬱結頭腦，齒疼、頭面風，遍身皮膚風濕，腹中急，並寒疝瘕，療嚲曳，金瘡。可作沐藥、面脂，長肌膚，悅顏色。引諸藥上行至巔頂。俗名上芎。

明·李中立《本草原始》卷二　藁本　始生崇山山谷，今西川、河東州郡及兖州、杭州有之。葉似白芷香，又似芎藭，但芎藭似水芹而大，藁本葉細耳。根上苗下似禾藁，故名藁本。　氣味：辛，溫，無毒。　主治：婦人疝瘕，陰中腫痛，腹中急，除風頭痛；　長肌膚，悅顏色。○辟霧露，潤澤。療風邪嚲曳金瘡，可作沐藥、面脂。○治一百六十種惡風，鬼疰流入，腰痛冷，能化小便，通血，去頭風䵟皰。○治皮膚疵皯，酒齄粉刺，癇疾。○治太陽頭痛，巔頂痛，大寒犯腦，痛連齒頰。○頭面身體皮膚風濕。○督脉為病，脊強而厥。

藁本，《本經》中品。【圖略】根黑色。二月采根暴乾。

元素曰：氣溫味苦，氣厚味薄，升也，陽也。足太陽本經藥。　惡䕡茹，畏青葙子。

《保幼大全》：治小兒疥癬，藁本煎湯浴之。

明·張懋辰《本草便》卷一　藁本臣　味辛、苦，氣溫，氣厚味薄，陽也，升也，無毒。太陽經本經藥。惡䕡茹，畏青葙子。　主婦人疝瘕，陰中寒腫痛，腹中急，除風頭痛，長肌膚，悅顏色。太陽經風藥。治寒邪結鬱，大寒犯腦，腦、齒痛。引諸藥上至顛頂。治風又治濕也。

明·李中梓《藥性解》卷二　藁本　味苦、辛，性微溫，無毒，入小腸、膀胱二經。主寒氣客于巨陽之經，若頭痛流於顛頂之上，又主婦人疝瘕，陰中寒腫痛，腹中急疼，惡䕡茹，畏青葙子。　按：藁本上行治風，故理太陽頭痛，下行治濕，故婦人諸症，風濕俱治，功用雖匹，尤長於風爾。

明·鮑山《野菜博錄》卷二　藁本　一名鬼卿，一名地新，一名山園荽。苗高五七寸，葉似芎藭葉細小，又似園荽葉稀疎。莖比園荽莖頗硬直。味辛，微苦，性溫，微寒，無毒。　食法：採嫩苗葉煠熟，水浸淘淨，油鹽調食。

明·繆希雍《本草經疏》卷八　藁本　味辛、苦，溫、微溫、微寒，無毒。主婦人疝瘕，陰中寒腫痛，腹中急，除風頭痛，長肌膚，悅顏色，辟霧露，潤澤，療風邪嚲曳，金瘡。可作沐藥，面脂。　實：主風流四肢。惡䕡茹。

【疏】藁本感天之陽氣，兼得地之辛味，故味辛氣溫。《別錄》兼苦，從火化也。無毒。入足太陽經。溫能通，苦能泄，大辛則善散，氣厚則上升，陽也。婦人疝瘕，陰中寒腫痛，腹中急，皆太陽經寒濕邪為病也。風頭痛者，風中於太陽經也。此藥正入本經，故悉主之。凡癰瘡皆血熱壅滯，毒氣浸淫於肌肉，以致潰爛不收。辛散苦泄，則毒解滯消，肌肉自長矣。悅顏色者，即去風作面脂之義也。辟霧露，療風邪者，辛溫芬芳，開發升散之力也。嚲曳、金瘡，及甄權治一百六十種惡風鬼疰，流入腰痛冷，能化小便，通血，作沐藥、面脂。日華子去皮膚疵皯，酒齄粉刺。元素主太陽經頭痛，顛頂痛，及大寒犯腦，痛連齒頰。東垣主頭面身體皮膚風濕。皆風邪濕氣干犯太陽經所致也。好古主督脈為病，脊強而厥者，督脈竝足太陽經夾脊而上故也。　【主治參互】同羌活、細辛、川芎、葱白，治寒邪鬱於足太陽

經，頭痛、顛頂痛，非此不能除。　與木香同用，治霧露，療清邪中於上焦。　與白芷同作面脂。　治小兒疥癬，煎湯浴之，并以浣衣。　治風，又治濕，各從其類也。　【簡誤】溫病頭疼，發熱口渴，或骨疼，及傷寒發於春夏，陽證頭疼，產後血虛火炎頭痛，皆不宜服。

明・倪朱謨《本草彙言》卷二　藁本　味辛、苦，氣溫，無毒。氣厚味薄，升也陽也。足太陽本經藥。　《別錄》曰：藁本生崇山、西川，及河東、兖州、杭州，江南山谷中。苗葉酷似白芷，又似芎藭而稍細。五月開白花，七八月結子。根色紫，苗下根上似禾藁，故名藁本。春月采根曬乾用。今香料中多用此。近來市中以芎藭根鬚，僞充其形狀，氣味相似也。細究其莖葉，但芎藭似水芹葉而大，藁本似芎藭而葉少細爾。出宕州者佳。

藁本：升陽而發散風濕。上通巔頂，張元素下達腸胃之藥也。祝多士稿其氣辛香雄烈，能清上焦之邪，《別錄》辟霧露之氣。故治風頭痛，元素寒氣犯腦，以連齒痛；又能利下焦之濕，消陰障之氣，《本經》故兼治婦人陰中作痛，腹中急疾，疝瘕淋帶，及老人風客于胃，瀕湖久利不止。大抵辛溫升散，祛風寒濕氣于巨陽之經爲耑功，若利下焦寒濕之證，必兼下行之藥爲善。凡陽病頭痛發熱口渴者，產後頭痛、血虛火炎者，傷寒濕邪發于春夏者，皆不宜服。

李瀕湖先生曰：藁本乃太陽經風藥。一人病泄，醫以虛治不效。一醫云：風客于胃也，飲以藁本湯而止。蓋藁本能去風濕故耳。　沈則施先生曰：按《廣濟方》治寒邪鬱于足太陽經，頭痛及巔頂痛，用藁本、川芎、細辛、葱頭。

○仲景方治霧露清邪中於上焦。用藁本、木香。○《保幼大全》治小兒疥癬不愈。用藁本煎湯浴之，幷以浣衣。○《便民小集》治大人小兒乾白頭屑。用藁本、白芷，等分爲末，夜擦旦梳，垢自去也。○治乳癰。用白芷、雄鼠糞各二錢，共微炒爲末，用好酒調服。取一醉，立消。

明・顧逢柏《分部本草妙用》卷五腎部・溫瀉　藁本　辛，溫，無毒。入太陽膀胱經風藥。惡䕡茹，惡青葙。附腎。　主治：婦人疝瘕，陰中寒腫，除風，治一百六十種惡風，鬼疰頭風，鼾皰頭面，身體皮膚風濕。　按：藁本乃太陽經風藥，其氣雄壯，寒鬱本經頭痛必用之藥。巔頂痛，非此不除。同木香治上焦感霧露之邪，同白芷治面上風濕。風客于胃而成胃泄，非藁本湯不效。以其輕清上升，能去風濕耳。

明・李中梓《醫宗必讀・本草徵要上》　藁本味辛，溫，無毒。入膀胱經。惡䕡茹。　風家巔頂作痛，女人陰腫疝疼。辛溫純陽，獨入太陽，理風、寒、疝、瘕、陰痛，皆太陽經寒濕為邪。按：頭痛挾內熱者，及傷寒發於春夏，陽證頭痛，不宜進也。

明・鄭二陽《仁壽堂藥鏡》卷一〇上　藁本　《圖經》云：藁本：今西川、兖州、杭州有之。葉似白芷香。畏青葙子。治一百六十種惡風。　氣溫，味大辛。苦，微溫，氣厚味薄，陽也，升也。純陽。無毒。　太陽經本經藥。引諸藥上至巔頂。　《本草》云：主婦人疝瘕，陰中寒、腫痛，腹中急；除風頭痛，長肌膚，悅顏色，辟霧露，潤澤，療風邪軃曳，金瘡。可作沐藥、面脂。實：主流風四肢。惡䕡茹。　《象》云：太陽經風藥。治寒邪結鬱於本經。治頭痛腦痛，大寒犯腦，令人腦痛，齒亦痛。　《心》云：專治太陽頭痛。其氣雄壯。《主治秘訣》云：味苦，性微溫。氣厚味薄而升，陽也。太陽頭痛必用之藥。足太陽本經藥也。頂巔痛，非此不能除。　東垣云：通行手足太陽經，治風通用。又云：治頭面及偏身皮膚風濕。　海藏云：此與木香同治霧露之氣，與白芷同作面脂藥。仲景云：清明以前，立秋以後，凡中霧露之氣，皆為傷寒。又云：清邪中於上焦，皆霧露之氣，神术白术湯內加木香、藁本，擇其可而用之。此既治風，又治濕，亦各從其類也。　陶隱居云：近以芎藭根鬚。亂藁本，大失真。

明・蔣儀《藥鏡》卷一溫部　藁本　上行治風，理太陽巔頂之寒痛。下行治濕，療婦人陰內之腫疼。

明・李中梓《頤生微論》卷三　藁本　味苦、辛，微溫，無毒。入膀胱經。惡䕡茹，畏青葙子。太陽巔頂作痛，女人陰腫疝疼，胃風泄瀉。　按：內熱頭痛及春夏溫暑之病，不宜進也。

明・張景岳《景岳全書》卷四八《本草正・草部》　藁本　味甘、辛，性溫。氣厚味薄，升也，陽也。療諸惡風鬼疰，除太陽頂巔頭痛，大寒犯腦，痛連齒頰，及鼻面皮膚酒齇鼾刺，風濕泄瀉，冷氣腰疼，婦人陰中風邪腫痛。此足太陽經風癇霧露瘴疫之要藥。

明・賈九如《藥品化義》卷一一風藥　藁本　味辛氣雄，上行巔頂，入太陽膀胱經，治寒邪鬱結頭頂連齒痛，味又帶苦，亦能降下，佐秦艽羌活湯以療痔瘡，皆辛溫散邪開結之力也。

明·盧之頤《本草乘雅半偈》帙五　藁本《本經》中品　氣味：辛，溫，無毒。　主治：主婦人疝瘕，陰中寒腫痛，腹中急，除風頭痛，長肌膚，悦顔色。

覈曰：出西川，及河東、兖州、杭州諸處，多生山中。苗葉都似白芷，又似芎藭而稍細，五月開白花，七八月結子。根色紫，苗下根上，似禾之藁也。惡蘭茹，畏青葙子。

条曰：藁本，芳草也。為藁悴之本，故悦顔色，長肌膚，與白芷功用相符。宣發藏陰，精明形色，潔齊生物者也。如一陽之上，氣濁及血濁而致風頭痛；一陰之下，血濁及氣濁而致疝瘕，陰中寒腫痛，腹中急者，咸可齊之以潔也。精明形色，非藁悴之本乎。蓋形色之藁悴，繇陰不使陽以榮外，陽亦失守于中藏耳。

明·李中梓《本草通玄》卷上　藁本　苦、辛，微溫，足太陽本經藥也。主太陽巔頂痛，大寒犯腦，痛連齒頰，頭面身體皮膚風濕。　元素云：藁本乃太陽風藥，其氣雄壯，寒氣欝於本經，頭痛必用之藥。巔頂痛非此不除。與木香同用，治霧露之清邪中於上焦。與白芷同作面脂，既能治風，又能治濕，亦各從其類也。

清·顧元交《本草彙箋》卷二　藁本　味辛氣雄，上行巔頂，入太陽膀胱，治本經寒邪欝結，頭頂連齒痛。東垣主頭面、身體皮膚風濕，皆風邪濕氣干犯太陽經所致也。好古主督脈爲病，脊強而厥者，督脈竝足太陽經，夾脊而上故也。乃若溫病陽證之頭痛，與產後血虚火炎而頭痛者，非寒非濕，所宜禁之。

治婦人疝瘕，陰中寒腫痛，腹中急，蓋亦皆太陽經寒濕邪爲病耳。

清·穆石匏《本草洞詮》卷八　藁本　氣味辛溫，一云微寒，無毒。入足太陰經。治風頭痛，腹中急，婦人疝瘕，陰中寒腫痛，治督脉為病，脊強而厥，長肌膚，悦顔色，巔頂痛非此不能除。與木香同用，治霧露之清邪中於上焦；與白芷同作面脂甚佳。《邵氏聞見録》云：夏英公病泄，醫以虚治不效。霍翁曰：風客於胃也，飲以藁本湯而止。蓋藁本能去風濕故耳。

清·劉雲密《本草述》卷八上　藁本五月開白花，七八月結子，根紫色。　氣味：辛，溫，無毒。《別録》曰：微寒。　權曰：微溫。　潔古曰：氣溫，味苦，大辛，無毒。氣厚味薄，升也，陽也。足太陽本經藥。　東垣曰：通行手足太陽經。氣力雄壯。

主治：太陽頭痛，巔頂痛，大寒犯腦痛連齒頰，除風頭痛，頭面身體皮膚風濕。治婦人疝瘕，陰中寒腫。能化小便，通血，治癰疽，排膿內塞。

好古曰：治督脈為病，脊強而厥。　潔古曰：藁本，乃太陽經風藥，寒氣欝於本經頭痛，必用之藥。巔頂痛，非此不能除。與木香同用，治霧露之清邪中於上焦。與白芷同作面脂，既治風，又治濕，亦各從其類也。　東垣曰：治風通用。　《邵氏聞見録》云：夏英公病泄，太醫以虚治不效。霍翁曰：風客於胃也，飲以藁本湯而止。蓋藁本能去風濕故耳。藁本湯，即藁本、蒼朮二味。方見後。　之頤曰：與白芷功用相符，宣發藏陰精，明形色，潔齊生物者也。如一陽之上氣濁及血濁而致風頭痛。一陰之下血濁及氣濁而致疝瘕，陰中寒腫痛。腹中急者，咸可齊之以潔也。　希雍曰：藁本，感天之陽氣，兼得地之辛味，故味辛氣溫。《別録》：兼苦，從火化也。無毒。入足太陽經，溫能通，苦能洩，大辛則善散，氣厚則上升，陽也。

愚按：藁本，據潔古云為足太陽本經藥，東垣云通行手足太陽經，以此二說，揆於所用。在東垣為是，然就通行中而主治有別。夫手足少陰之藏，各有太陽為府，所以達水火之氣也。雖曰水中有火，火中有水，然水火之主，固已攸分。此羌活、藁本之所入，通行而各有專用者也。藁本就其治巔頂痛者而言之，手太陽固居上，而巔頂為督所主，足太陽特夾督而行，在手太陽則會諸陽於督，且本經秉風穴，為手三陽、足少陽之會，是諸陽之在天者。而手太陽本君火之主，亦司氣化之權，故此味之入手太陽者，能奏功於巔頂之督，是治在火中之元氣，豈得與治在水中元氣，如羌活者論哉？雖然，羌活是於水中達陽，藁本乃於火中化陰，所謂陽者，水中之火也。所謂陰者，火中之水也。皆治寒濕為病，但羌活本於水氣以達之，而此味則本於火氣以化之。繆仲淳氏致慎於溫熱諸證者是也。本火氣以化陰，故《本經》首主婦人疝瘕，陰中寒腫痛，腹中急。甄權又謂其能化小便通血也，皆主寒濕以為血所生病。若火熱傷氣以泣乎血者，則未可投也。《本經》謂其除風頭痛，即他本草亦多言其治風，此皆治陽虚，而風邪乘之，或陽虚而化風，所謂風虚之病，蓋能於陽中而宣其氣化，故治陽虚之風邪。若陰虚而風實者，未可投也。先哲又言其治風，亦治溼者，亦本陽虚，蓋陽虚化風者，氣之浮而不守也。陰不得陽，則不能化，因亦化溼，所謂衛氣

虛，致營氣不化者是。何以知陽虛之風？即好古所云治督脈為病，脊強而厥者知之。然須知非能補陽也，能使陽之虛者，不致其抑鬱而不達以為風也。大抵陽虛則陰實，非陰之正氣實，乃陽中不化之濁氣歸於陰也。故未著於有形，則化風著於有形。則如女子疝瘕等證，最宜熟審斯義。至如由熱化溼者，則亦未可投也。總主寒溼以為氣化諸病，故與羌活同為太陽藥也。而即其所本以用之，更有難與羌活例視者如此。第就寒鬱於本經而頭痛者，此味固不可少，但亦有別處，如寒自上受之而鬱於此經者，則宜散以此味之辛溫。若寒自下受之，鬱久而化熱，鬱熱上行，歸於此經，以致巔頂痛者，則不可恃此，宜以辛涼清氣分之火為主，佐以風藥，入茲味為引經，並藉溫散以責其本，是為不可無耳。若不因風寒，而上焦心肺胃諸熱，歸於手太陽氣化之府，以為頭痛者，其可混投乎哉？大抵頭痛屬陽虛，而易受風邪者，一受風邪，則陽氣益鬱而化熱，因陽氣之鬱，而遂病於營氣，不得流暢，甚者血分亦因以伏熱有鬱邪，補陽不可矣。欲清熱，因病於陽之虛也。其熱愈清而愈鬱，即陰血愈不暢，不得已以升舉。膽胃為疏風之主，而入風劑一味，於中少用清劑，或血分伏熱，欲導之，亦宜酌投。但要領在加藁本，則一舉而三善備。三善云何？一陽虛者，似補而非補也。一陽之鬱者，即陰之滯者，清之皆可達也。一熱可清，則風之鬱者，即可散也。更入川芎以濟之，則奏功益速矣。方見後。柴胡梢三分半，乾葛三分半，薑連分半，酒炒黑梔子二分半，酒丹皮三分，防風三分，藁本三分半，陳皮去白三分半，半夏三分，甘草分半，赤茯苓三分半，川芎二分，酒炒當歸分半，山查二分半，燈心為引十四枝。

又按：羌活、藁本，就其氣味以為區別。羌活先苦後辛，且苦多而辛少，是苦多而先者先至地，辛少者次合氣之溫以升，是其用本在足也。藁本先辛後苦，且辛多而苦不敵，是辛多而先者先至天，苦少者更合於氣之溫，而不為即降，是其用本在手，所以能治最上之病。又如大寒之犯腦者是也。若然，則其用豈專在上歟？何以《本經》主女子疝瘕，陰中寒腫諸證也？況曰：《經》云陽者上行極而下，若上焦之陽氣得化，則自導陰而下矣。藁本先極其辛，辛極而徐散，乃見苦味，苦味亦重，是則自上達下之證也。

一調養老人方，多滋陰藥，乃多用此味，則其義可糸也。

生乾地黃、熟乾地黃各五兩，川椒十兩，牛膝五兩，大黑豆一升，乾山藥五兩，雌雄何首烏各十兩，肉蓯蓉五兩，枸杞五兩，藁本十兩，製法見《安老利冊》。

又按：藁本為太陽經之劑，何以入胃去風？蓋心肺胃統主上焦元氣，東垣曰心與小腸乃脾胃之根蒂，故此味入手太陽，即用以治胃風耳。非其更入陽明經也。

附案　一婦季冬受寒甚，至仲春而巔頂並左後腦痛，是原病於足太陽寒水，寒久化熱，鬱熱上行，以病於手太陽，因風升之化不達，而病亦在足厥陰也。《經》謂過在巨陽厥陰者，誠然。診者云：手太陽熱甚於風，足厥陰熱勝於溼是也。更謂脾肺亦有鬱熱，心有微熱，余止治手太陽，而微兼肺，以上焦合而營諸陽，歸於手太陽之氣化，在肺主氣者也。並治足厥陰，以風升之化達，而手太陽之氣化乃暢，更微利小腸，以通血脈，而和其氣，並心經之熱，亦云故不必多治他經也。其方見後。酒片芩二分半，酒枯芩分半，蔓荊子二分半，防風分半，萸連二分半，柴胡三分，藁本三分，升麻二分，川芎二分，酒黃柏三分，當歸身三分，木通四分，牛膝三分，水煎，一劑愈。按：此亦治病於巔頂者之一，因見寒者，溫治之未盡耳。

附方　大實心痛，已用利藥，用此徹其毒。大實可用藁本者，以先用利藥故也。藁本半兩，蒼朮一兩，作二服，水二鍾，煎一鍾，溫服。即此方味之，則手太陽達心火之氣化，上會於督，下合於胃者，不止謂其驅風，其義固可糸矣。

希雍曰：溫病頭疼發熱，口渴，或骨疼，及傷寒發於春夏，陽證頭疼，產後血虛，火炎頭痛，皆不宜服。

修治　去蘆，水洗切。

清·郭章宜《本草匯》卷一〇　藁本　苦辛，微溫，氣厚味薄，升也，陽也。足太陽本經藥。大寒氣客于巨陽之經，苦頭痛流于巔頂之上。辟霧露之濛欝，發風邪之飄颺。辛溫芬芳，開發升散之力也。《本經》治婦人疝瘕，陰中寒腫痛，腹中急，皆太陽經寒客邪為病也。時珍治癰疽排膿血者，蓋癰瘡皆血熱壅滯，毒氣侵淫。用辛散苦洩，則毒解滯消矣。

按：藁本感天地之陽氣，獨入太陽，理風寒，其氣雄壯。寒氣欝于本經，頭痛必用之藥。巔頂痛，非此不能除。又治頭面及遍身皮膚風濕瘙癢。與木香同用，治霧露之清邪中于上焦，與白芷同作面脂，既能治風，又能治濕，蓋各從其類也。《見聞錄》云：有病泄作虛治不効者，霍翁曰：此風客于胃也。飲以藁本湯而止。蓋藁本能治風濕故耳。若溫病頭痛骨疼，內熱口渴，及傷寒發于春夏，陽證頭痛，產後血虛，不宜進也。

產河東及杭郡。惡藺茹。畏青葙子。

清・蔣居祉《本草擇要綱目・溫性藥品》 藁本 氣味：辛，溫，無毒。氣厚味薄，升也，陽也。足太陽本經藥。 主治：婦人疝瘕，陰中寒腫痛，腹中急，除風頭痛，長肌膚，悅顏色，辟霧露，潤澤。療風邪嚲曳，金瘡。可作沐藥面脂。治一百六十種惡風鬼疰，流入腰痛冷，能化小便，通血，去頭風鼾皰。治皮膚疵皯酒齇粉刺，癇疾，治太陽頭痛，巔頂痛，大寒犯腦，痛連齒頰，頭面身體皮膚風濕。督脈為病，脊強而厥。治癰疽，排膿，內塞。夫藁本乃太陽經風藥，其氣雄壯，寒氣鬱于本經頭痛必用之藥，巔頂痛非此不能除。與木香同用，治霧露之清邪中于上焦。與白芷同作面脂，既治風又治濕，亦各從其類也。 惡藺茹。畏青葙子。

清・王翃《握靈本草》卷三 藁本處處有之。根似芎藭而輕虛，味麻。 主治：藁本，辛，溫，無毒。主婦人疝瘕，陰中寒腫，腹中急，辟霧露，療風邪太陽巔頂痛，大寒犯腦，痛連齒頰。

清・汪昂《本草備要》卷一 藁本宣，去風寒濕。 辛溫雄壯，爲太陽經風藥膀胱。寒鬱本經、頭痛連腦者必用之。凡巔頂痛，宜藁本、防風、酒炒升、柴。治督脉爲病，脊强而厥。督脉幷太陽經貫脊。又能下行去濕，治婦人疝瘕，陰寒腫痛，腹中急痛，皆太陽寒濕。胃風泄瀉，夏英公病泄，醫以虚治不效。霍翁曰此風客于胃也，飲以藁本湯而愈。蓋藁本能除風濕耳。粉刺酒齇。音查，和白芷作面脂良。 根紫色，似芎藭而輕虚，氣香味麻。

清・吴楚《寶命真詮》卷三 藁本 【略】亦治女人陰腫疝疼。 辛溫純陽，獨入太陽，理風寒，疝瘕陰痛，亦皆太陽經寒濕為邪，與木香同。用治霧露之清邪中於上焦，與白芷同。作面脂，既能治風，又能治濕。頭痛挾內熱者及傷寒發於春夏，陽證頭痛，不宜用也。

清・李熙和《醫經允中》卷一九 藁本 太陽膀胱經風藥。惡藺茹。畏青葙子。 辛，溫，無毒。主治婦人陰中寒腫，治一百六十種惡風，頭風，皮膚風濕及大寒犯腦痛連齒頰。藁本，太陽風藥。其氣雄壯，寒鬱本經頭痛必用之。 藥同白芷治面上風濕。風客于胃而成胃泄，非藁本不治。以其輕清上升，能去風濕。若陽虚頭痛，產後血虚及尺脉微弱者弗用。

清・馮兆張《馮氏錦囊秘錄・雜症痘疹藥性主治合參》卷三 藁本感天之陽氣，兼得地之辛味，故味辛苦，氣溫，無毒。入足太陽經。溫能通，苦能洩，大辛則善散，氣厚則上升，陽也。

藁本，氣力壯雄，風濕通用。止頭痛巔頂上，散寒邪巨陽經。又能下行去濕，故治婦人陰腫瘕疝。子名鬼卿，主風入四體。藁本感天之陽氣，得地之辛味，故氣溫而苦，苦從火化，故其氣雄，能治巔頂頭痛也。然內熱頭痛及春夏溫暑之病，不宜進也。

清・张璐《本經逢原》卷二 藁本 辛、苦，溫，無毒。香而燥者良，臭而潤者勿用。 《本經》主婦人疝瘕，陰中寒腫痛，腹中急，除風頭痛，長肌膚，悅顏色。 發明：藁本性升，屬陽，為足太陽寒鬱經中，頭項巔頂痛及大寒犯腦連齒頰痛之專藥。女人陰腫疝疼，督脈為病，脊強而厥，亦多用之。霧露之邪中於上焦，須兼木香。風客於胃泄瀉，脾胃藥中宜加用之。今人只知藁本為治巔頂頭腦之藥，而《本經》治婦人疝瘕，腹中急，陰中寒等證，皆太陽經寒濕為病，亦屬客邪內犯之候，故用藁本去風除濕，則中外之疾皆瘳，豈特除風頭痛而已哉？云長肌肉，悅顏色者，外用作面脂之類是也。但頭痛挾內熱，春夏溫病，熱病，頭痛，口渴及產後血虛，火炎頭痛，皆不可服。

清・浦士貞《夕庵讀本草快編》卷二 藁本《本經》、藁茇 根上苗下似禾藁，故名本。本，根也。《山海經》名為藁茇。 藁本味苦大辛，溫而無毒，其氣雄壯，乃足太陽風藥也。若寒邪拂欝于本經，頭痛而連顛頂者，非此不除。或督脉為病，脊強而厥，婦人瘕疝，陰寒腫痛，亦不越乎太陽，故皆効也。若與木香同用，則除霧露之邪中于上焦； 與白芷並投或作面脂，可治風而兼治濕，此又各從其類矣。

清・張志聰、高世栻《本草崇原》卷中 藁本 氣味辛，溫，無毒。主治婦人疝瘕，陰中寒腫痛，腹中急，除風頭痛，長肌膚，悅顏色。 藁本始出崇山山谷，今西川河東、兗州、杭州山中皆有。根似芎藭而輕虛，味麻不堪作飲，正月、二月采根，曝乾三十日成。 藁，高也。藁本始生崇山，得天地崇高之氣，稟太陽標本之精。故下治婦人疝瘕，陰中寒腫痛，中治腹中拘急，上除頭風痛。蓋太陽之脈本於下，而上額交巔，出入於中上也。太陽陽氣有餘，則長肌膚，悅顏色。

清・劉漢基《藥性通考》卷五 藁本 味辛，溫。雄狀，為太陽經風藥。寒欝本經、頭痛連腦者必用之。凡巔頂痛，宜藁本、防風，酒炒升、柴。又治督脉為病，脊強而厥。督脉並太陽經貫脊。又能下行去濕，治婦人疝瘕，陰

寒腫痛，腹中急痛，皆太陽寒濕，胃風泄瀉。粉刺酒齄，和白芷搽之良。根紫色，〔似〕芎藭而輕虛，氣香味麻。

清・姚球《本草經解要》卷二 藁本 氣溫，味辛，無毒。主婦人疝瘕，陰中寒腫痛，腹中急，除頭風痛，長肌膚，悅顏色。 藁本氣溫，稟天春升之木氣，入足厥陰肝經。味辛無毒，得地西方之金味，入手太陰肺經。氣味俱升，陽也。婦人以血為主，血藏於肝，肝血少則肝氣滯，而疝瘕之症生矣。藁本溫辛，溫行辛潤，氣不滯而血不少，疝瘕自平也。厥陰之脈絡陰器，厥陰之筋結陰器，其主陰中寒腫痛者，入肝而辛溫散寒也。厥陰之脈抵小腹，肝性急，腹中急，肝血不潤也。味辛潤血，所以主之。風氣通肝，肝經與督脈會於巔頂，風邪行上，所以頭痛，其主之者，辛以散之也。肺主皮毛，長肌膚，味辛益肺之力，悅顏色，辛能潤血之功也。 製方： 藁本同木香，治霧露清邪中於上焦。同羌活、細辛、川芎、葱白，治寒鬱太陽頭痛。同白芷可作面脂。

清・楊友敬《本草經解要附餘・考證》 藁本 方云： 同木香，治霧露清邪中於上焦。清，去聲，寒也。本張潔古，其同白芷作面脂，取祛風濕，非僅香澤已也。

清・王子接《得宜本草・上品藥》 藁本 味辛，溫。入足太陽經。主治頭風。得木香治霧露之邪中於上焦，得白芷療風濕，可作面脂。

清・黃元御《玉楸藥解》卷一 藁本 味辛，微溫。入手太陰肺、足太陽膀胱經。行經發表，泄濕驅風。辛溫香燥，發散皮毛風濕，治頭皰、面皯、酒齄、粉刺、疥癬之疾。

清・吳儀洛《本草從新》卷一 藁本〔宣，去風寒濕。〕 辛，溫，雄壯。為太陽經風藥膀胱，寒鬱本經，頭痛連腦者必用之。凡巔頂痛，宜藁本、防風，酒炒升、柴。治督脈為病，脊強而厥。督脈并太陽經貫脊。又能下行去濕，治婦人疝瘕，陰寒腫痛，腹中急痛，皆太陽經寒濕。胃風泄瀉，夏英公病泄，醫以虛治不效。霍翁曰： 此風客於胃也。飲以藁本湯而愈，蓋藁本能除風濕耳。粉刺酒齄。和白芷作面脂良。 按： 頭痛挾內熱及傷寒，發於春夏，陽證頭痛，不宜進也。根紫色，似芎藭而輕虛，氣香味麻。惡䕡茹。

清・汪紱《醫林纂要探源》卷二 藁本 辛，溫。莖幹直上，枝分五葉，花聚頂，根下引，紫色，似芎藭而輕虛。補肝潤腎，達命門之氣，以直通於上下而布散之。命門當脊骨十四椎下，脊骨為督脈所行，下抵至陰，上達巔頂。肝脈亦上行，與督脈會於巔頂。藁本紫色，入肝，根本在命火，獨行督脈，以上達巔頂，故治頭頂痛，項脊強及癎痙諸證，以去其風濕，兼入衝任，而治瘕疝及胃風瀉泄。太陽經亦夾督脈而上行，然此非表藥也。

清・嚴潔等《得配本草》卷二 藁本 畏青葙子。惡䕡茹。 辛、苦，溫。入足太陽經氣分。主寒氣客於巨陽，止顛頂痛連齒頰。治腹中急痛，療婦人腫疝。皆太陽風濕所致。 配木香，治霧露之清邪中於上焦。配蒼术，治大實心痛。寒濕故也。配白芷末，夜擦旦梳，去頭垢白屑。 頭痛挾虛內熱、春夏陽證頭痛者，禁用。 頭痛不有使藥以為之引，則無效。然引經各有專司，勿得混用。陽明當用白芷，少陽應用柴胡，太陰蒼术為宜，厥陰川芎有效，少陰細辛略用，太陽藁本奏功。

題清・徐大椿《藥性切用》卷三 藁本 辛溫氣雄，善祛風寒濕邪，入太陽而兼治督脉。頭痛上連巔頂，帶濁由清陽下陷，必需之。

清・黃宮繡《本草求真》卷三 藁本治風犯太陽巔頂頭痛。 藁本耑入膀胱，兼入奇督。 據書載屬辛溫氣雄，能治太陽膀胱風犯巔頂，腦後俱痛，號為是經要藥。凡治巔頂頭痛，必兼防風，酒炒升、柴同入。且復言治脊強而厥，督與太陽之脉，並行於背。 並婦人疝瘕急迫腫痛，此雖病屬下見，及係太陽膀胱本經寒濕所致，然非風邪內犯，則病曷彩。藁本氣味辛溫，性雖上行，而亦下達，非謂用此以治太陽巔頂頭齒頰痛，功止上建，而於脊強而厥，竟不循經下行也。且據書言能治胃風泄瀉，霍翁曰： 風客於胃，飲以藁本湯而止，蓋藁本能治風濕耳。 又治粉刺酒齄。同白芷，作面脂。 亦是風干太陽連累而及。治則與之俱治，豈但治風頭痛而已哉？ 或謂其性頗有類於芎藭，皆能以治頭痛。然一主於肝膽，雖行頭目而不及於巔頂； 一主太陽及督，雖其上下皆通，而不兼及肝膽之為異耳。但春夏溫熱頭痛及血虛火炎頭痛者切忌。 根紫色，似芎藭而輕虛，氣香味麻，惡䕡茹，畏青葙子。

附： 琉球・吳繼志《質問本草》內篇卷三 藁本 春生苗，高二尺許，夏開花。 此一種，觀其花葉，形如白芷，嘗其根味，實是藁本。据《綱目》所載，各方皆有，惟出宕州者良。江南有一種，亦生於山中，其根似芎藭而輕虛，味又稍別者，不敢入藥。今貴國所編入藥，務要尊酌，庶不差悞。壬寅，陳文錦、李興成、盧亨春。

清・羅國綱《羅氏會約醫鏡》卷一六草部 藁本味辛氣雄而溫，入足太陽經。治本經頭痛連腦者，宜藁本、防風，酒炒升麻。 脊強而厥，屬太陽經督脉。婦人陰

腫作痛，皆太陽經陰寒。胃經風濕泄瀉，辛溫能除風濕。解酒齇粉刺。和白芷作面脂。 按：藁本氣雄味辛，若內熱頭痛，及春夏溫暑之病，不宜進也。

清·黃凱鈞《藥籠小品》 藁本 辛，溫，為太陽膀胱經風藥，本經寒鬱頭痛連腦者，必用之。又去風濕，療胃風泄瀉頭痛，不因寒傷太陽不可用。

清·王龍《本草纂要稿·草部》 藁本 氣味溫辛。驅頭痛于巔頂，散寒邪于巨陽。治癰疽排膿，去皮膚風濕。長肌膚，悅顏色。同木香辟霧露之邪，配白芷作面脂之用。

清·張德裕《本草正義》卷上 藁本 辛，溫。氣味俱薄，陽也。療惡風鬼疰，太陽頂巔頭痛，大寒犯腦，痛連齒頰，風濕滑瀉，冷氣腰疼。此為足太陽風癇，霜露瘴疫之要藥。

清·楊時泰《本草述鉤元》卷八 藁本 五月開白花，七八月結子，其根紫色。 大辛而苦，氣溫。溫能通，苦能泄，大辛則善散，氣厚則上升，陽也。足太陽本經藥。氣力雄壯，通行手足太陽經，並治督脈為病，脊強而厥。主太陽頭痛巔頂痛，大寒犯腦，痛連齒頰，除風頭痛；頭面身體皮膚風濕，東垣云：治風通用。治婦人疝瘕，陰中寒腫，能化小便通血，療癰疽排膿內塞。與白芷功用相符，宣發藏陰，精明形色，潔齊生物者也。如一陽之上，氣濁及血濁而致風頭痛；一陰之下，血濁及氣濁而致疝瘕陰中寒腫痛，腹中急者，咸可齊之以潔也之頤。與白芷同作面脂，既治風又治濕。與木香同用，治霧露之清邪中於上焦潔古。泄病風客於胃，作虛治不效，用藁本半兩，蒼术一兩，分二服，煎飲即止，以藁本能去風濕故耳。藁本為太陽經藥，何以入胃去風？蓋心肺胃統主上焦元氣。東垣曰：心與小腸乃脾胃之根蒂。故此味入小腸，即用以治胃風耳，非更入陽明經也。大實心痛，已用利藥，用此撤其毒，大實可用藁本者，以先用利藥故也。藁本半兩，蒼术倍之，作二服，水煎溫服。味此則手太陽達心火之氣化，上會於督，下合於胃者，不止謂其祛風，義固可參。 調養老人方，生熟地黃各五兩、雌雄何首烏各十兩、川椒十兩、牛膝五兩、乾山藥五兩、肉蓯蓉五兩、枸杞子五兩、大黑豆一升、藁本十兩，法製丸服。此方多滋陰藥，而必用藁本，其義可參。 一婦冬受寒，至春而巔頂並左後腦痛，此原病於足太陽寒水，寒久化熱，鬱而上行，以病於手太陽，因風升之化不達，而病亦在足厥陰也。《經》所謂過在巨陽、厥陰者，誠然。 診其脈手太陽熱甚於風，足厥陰熱勝於濕，心有微熱，脾肺亦有鬱熱，用酒片芩二分半、酒枯芩分半、蔓荊子二分半、防風分半、萸連二分半、柴胡三分、藁本三分、升麻二分、川芎二分、酒黃柏三分、歸身三分、木通四分、牛膝三分，水煎一服愈。此止治手太陽而微兼肺，以肺固主氣，而上焦合而營諸陽，則歸於手太陽之氣化也。並治足厥陰者，以風升之化達，而手太陽之氣化乃暢也。更微利小腸者，以通血脈而和其氣，則心經之熱亦去，不必多治他經也。詳此以明巔頂之病，不盡從乎寒者溫治耳。 凡陽虛而易受風邪以致頭痛者，一受風邪則陽氣益鬱而化熱，因陽氣之鬱而營氣遂不得流暢，甚者血分亦因以伏熱。論有鬱邪，則補陽不可矣。然欲清熱，則固病於陽之虛也，其熱愈清而愈鬱，即陰血愈不暢，不得已以升舉膽胃為疎風之本，於中少用清劑，或血分伏熱欲導亦酌導之。但其要領在用藁本，則一舉而三善備。一陽虛者，似補而非補也。一陽之鬱者，即陰之滯者，清之皆可達也。一熱可清，則風之鬱者，即可散也。更入川芎以濟之，奏功益速矣。 方用柴胡梢三分半、乾葛三分半、薑連分半、酒炒黑梔子二分半、酒丹皮三分、防風三分、橘紅三分半、半夏三分、赤苓三分半、甘草分半、酒炒當歸分半、山查二分半、藁本三分半、川芎二分，燈心為引十四枝。

論： 羌活、藁本通行手足太陽經，而各有專用。夫手足少陰之臟，各有太陽為之府，所以達水火之氣也，雖曰水中有火，火中有水，然水火之主，固有攸分。羌活是於水中達陽，藁本乃於火中化陰。所謂陽者，水中之火也。所謂陰者，火中之水也。 藁本入手太陽，能奏功於巔頂之督，巔頂為督所主，惟足太陽夾督而行，而手太陽則上會諸陽於督，且《本經》秉風穴為手三陽、足少陽之會，是諸陽之在天者在手太陽，本君火之主，亦司氣化之權也。 治在火中之元氣，與羌活治在水中元氣者不同，雖皆治寒濕為病，但羌活本於水氣以達之，藁本則本於火氣以化之。《本經》故首主疝、瘕及陰中寒腫痛腹中急，而甄權又謂其能化小便，通血也。 繆氏所以致慎於溫熱諸證也。 其除風頭痛，乃陽虛而風邪乘之，或陽虛而化風，以此味能於陽中宣其氣化，觀好古所治督脈為病，脊強而厥，可見。 非陰虛而風實者，所可投也。 其治風濕，亦本陽虛，蓋陽虛化風者，氣之浮而不守也。陰不得陽則不能化，因亦化濕，所謂衛氣虛致營氣不化者是。若夫由熱化濕者，未可投也。此味治陽虛之風，非能補陽也。但使陽之虛者，不致鬱而不達以為風耳。大抵陽虛則陰實，非陰之正氣實，乃陽中不化之濁氣歸於陰也，故未著於有形則化風，著於有形，則如女子疝、瘕等證，斯義最宜熟審。 至於寒鬱本經而頭痛，藁本固不可少，但亦有別處。如寒自上受而鬱於此經，則宜散以此味之辛溫。若寒自下受，鬱久而化熱，鬱熱上行以致巔頂痛者，則宜辛涼以清氣分之火，更佐風藥而入茲味為引經。

若由上焦心肺胃諸熱歸於手太陽氣化之腑以為頭痛者，其可混投乎哉？就藁、羌氣味以為區別：羌活先苦後辛，苦多辛少，是苦先至地而辛少者，次合氣之溫以升，其用本在足也。藁本先辛後苦，辛多而苦不敵，是辛先至天，苦更合於氣之溫而不即降，其用本在手也。惟上焦之陽氣得化，則自導陰而下，故能主疝瘕陰腫諸證，況藁本先極其辛，辛極而徐散，乃見苦味，苦味亦重，是即自上達下之驗也。

凡溫病頭痛發熱口渴或骨疼。及春夏陽證頭疼，并產後血虛火炎頭痛，皆不宜服仲淳。　修治：去蘆，水洗切。

清·葉桂《本草再新》卷一　藁本味辛，性溫，無毒。入心、脾二經。　治風濕痛癢，頭風目瘇，泄瀉瘧痢。

清·吳其濬《植物名實圖考》卷二五　藁本　《本經》中品。宋《圖經》：似芎藭而葉細。《救荒本草》謂之山園荽苗，可煠食。

清·趙其光《本草求原》卷二芳草部　藁本　辛，入肺。溫，入肝。無毒。達肝氣上行於肺，以散寒濕，使氣通而血行。治婦人疝瘕，疝音巽，與音山異。是乃寒濕鬱傷於血而心痛也。陰中寒腫痛，厥陰之脈絡陰器，厥陰之筋結陰器，寒濕致病，溫散即愈。腹中急，肝脈抵小腹，其性急寒，則血燥急引。除風頭痛連腦，督脈病，脊強而厥，風氣通肝，肝脈與督脈會於巔頂，肝虛為寒所鬱，則虛陽益以化風。胃風泄瀉，風木侮土則濕不化。大實心痛，利後同蒼朮煎服，以徹其毒。金瘡，疥癬，皮疵，面皯，酒皻，粉刺，俱煎洗。排膿，陰得陽化，則膿不內塞。長肌，辛益肺，皮毛自長。作面脂悅顏色，陽不鬱則陰不滯，榮氣流行，肌膚自潤，故老人滋陰方與陽虛受風症俱多用之。擦頭屑。同白芷夜擦且梳，垢自去。

羌活亦治寒濕，但苦勝辛，其用在下，是於陰中達陽。此則辛勝苦，其用在上，是於陽中化陰。凡陽虛受風，風益鬱陽，非此無以舉陽而化陰滯。今人但知其治頭痛，同芎、細、葱、羌活。而不知其治濕瀉同蒼朮。等症，遂以為太陽經藥，謬甚。　血虛與內熱之頭痛均忌。　去蘆，洗用。

清·葉志詵《神農本草經贊》卷二　藁本　味辛，溫。主婦人疝瘕，陰中寒腫痛，腹中急，除風頭痛，長肌膚，(說)〔悅〕顏色。一名鬼卿，一名地新。生山谷。

疇生五臭，潤澤程功。本儕禾藁，論若芎藭。毒披瘴霧，鬱散寒風。四支安暢，泮渙冬烘。

《管子》：五臭疇生藁本。名醫曰：潤澤療風邪，流於四肢。《禮》：程功積事。蘇恭曰：根上苗下似禾藁。《淮南子》：論人者，若芎藭之與藁本也。陳元素曰：太陽經風藥，其氣雄壯，寒氣鬱於本經，頭痛必用之。治霧露之清，邪中於上焦。蘇軾詩：遇境即安暢。王太真賦：牢落泮渙。《摭言》：頭腦冬烘。

清·文晟《新編六書》卷六《藥性摘錄》　藁本　辛，溫。氣雄。治太陽、膀胱風犯巔頂腦後痛，齒頰痛，脊強而厥，並婦人癥瘕急迫。又治胃風泄瀉。〇外同白芷末，治粉刺，酒皻。〇但春夏溫熱頭痛，及血虛火炎頭痛，切忌之。〇惡(蘆)〔藺〕茹，畏青箱子。

清·張仁錫《藥性蒙求·草部》　藁本錢半　藁本辛溫，除痛巔頂。寒濕可驅，風邪可屏。為太陽經風藥。寒鬱本經，頭痛連腦者，必用之。治督脈為病，脊強而厥。又能下行去濕，治婦人陰寒痛泄。

清·屠道和《本草匯纂》卷一驅風　(蒿)〔藁〕本　耑入膀胱，兼入奇督。辛溫，氣雄。治太陽風犯巔腦，痛連齒頰，為是經要藥。辟霧露，療風邪金瘡，悅顏色，治皮膚疵皯，可作沐藥面脂。除頭面、身體、皮膚風濕。治癰疽，排膿內塞。去頭風皯皰，去惡風鬼疰，流入腰痛冷。且治脊強而厥，並婦人疝瘕急迫腫痛。此雖病屬下見，乃係膀胱經寒濕所致，然非風邪內犯，病何由形。(蒿)〔藁〕本性雖上行，而亦下達，故亦能治。又治胃風泄瀉，粉刺酒皻，同白芷作面脂。但春夏溫熱頭痛，及挾內熱陽症，血虛火炎頭痛，切忌。

清·劉善述、劉士季《草木便方》卷一草部　茶芎頭　茶香根辛溫氣分，胸腹痞塊奔豚症。腸胃冷氣殺蚘蟲，頭目腰痛有效應。

清·戴葆元《本草綱目易知錄》卷一　藁本　辛，溫。雄壯，為太陽經風藥。頭痛連巔頂齒頰者，必用之。治督脈為病，脊強而厥，既除風，又去濕，故療頭面、身體、皮膚風濕，一百六十種惡氣鬼疰，流入腰疼冷。又能下行，療婦人疝瘕，陰寒腫痛，腹中急痛，胃風泄瀉，癇疾，粉刺面皰酒皻。

清·黃光霽《本草衍句》　藁本　耑主頭風，辛溫雄壯，止本經之頭痛。乃太陽經風藥，寒氣鬱於本經，頭痛必用。療督脈之脊強，大寒犯腦，痛連齒頰，霧露中人，邪在膈上。主婦人之疝瘕，陰寒急痛。陰中腫痛，腹中急痛。引諸藥於巔頂，胃風瀉恙。夏英公病瀉，以虛治不效。霍翁曰：此風客於胃也。飲以藁本湯而

止，能去風濕故耳。得木香，治霧露之邪中於上焦，得白芷，療風濕可用面脂。

清・陳其瑞《本草撮要》卷一 藁本　味辛，溫，入手太陰、足太陽經，功專治頭風脊強，陰寒腫痛，腹中急痛，胃風泄瀉，婦人疝瘕。得木香治霧露之邪中於上焦，得白芷療風濕，可作面脂獨用。煎湯浴疥癬良。惡䕡茹。

清・李桂庭《藥性詩解》 賦得藁本除風主婦人陰痛之用。得風字。王德潤。

藁本辛溫性，陰疼用有功。散寒醫腦痛，除濕去頭風。按：藁本性味辛溫，其氣雄壯，為太陽經風藥。寒邪鬱於本經，頭痛連腦者必用之。治巔頂痛。與本香同治霧露之氣。去蘆用。又能下行去濕，治婦人疝瘕陰痛，長肌肉，悦顔色。去面皯、酒齄、粉刺，可作沐藥面脂。凡頭痛挾熱者禁之。

葉似白芷，香似芎藭，根紫葉細，根上苗下，故名藁本。

滇藁本

清・吴其濬《植物名實圖考》卷二三 滇藁本　葉極細碎，比野胡蘿蔔葉更細而密。餘同《救荒本草》《滇本草》，治症無異。

清・劉善述、劉士季《草木便方》卷一《草部》 騷羊古　瘙瘍股辛消瘰癧，散血破癥跌損宜。能療蛇傷散腫毒，或服或塗用不離。

苦爹菜

附：琉球・吴繼志《質問本草》外篇卷一 苦爹菜前胡一種　生原野，苗高二三尺，秋開花。此一種俗名苦爹菜，敝地生山坑處。其性極涼，惟外科用，餘無他見。壬寅，陳文錦、李興成、盧亨春。

徐黄

宋・唐慎微《證類本草》卷三〇有名未用・草木〔《别録》〕 徐黄　味辛，平，無毒。主心腹積瘕。莖，主惡瘡。生澤中，大莖細葉，香如藁本。

蜘蛛香

明・李時珍《本草綱目》卷一四草部・芳草類 蜘蛛香《綱目》

【集解】時珍曰：蜘蛛香，出蜀西茂州松潘山中，草根也。黑色有粗鬚，狀如蜘蛛及藁本、芎藭，氣味芳香，彼人亦重之。或云猫喜食之。

根【氣味】辛，温，無毒。【主治】辟瘟疫，中惡邪精，鬼氣尸疰時珍。

清・王道純《本草品彙精要續集》卷二 蜘蛛香無毒　主辟瘟疫，中惡邪精，鬼氣屍疰《本草綱目》。【地】李時珍曰：蜘蛛香，出蜀西茂州松潘山中。【色】黑。【質】有粗髮，狀如蜘蛛。【味】辛。【性】溫。【臭】芳香。

積雪草

宋・唐慎微《證類本草》卷九草部中品〔《本經・別錄》〕 積雪草　味**苦，寒**，無毒。**主大熱，惡瘡癰疽，浸淫赤熛，皮膚赤，身熱。**生荆州川谷。

〔梁・陶弘景《本草經集注》〕云：方藥亦不用，想此草當寒冷爾。

〔唐・蘇敬《唐本草》〕注云：此草葉圓如錢大，莖細勁，蔓延生溪澗側，擣傅熱腫丹毒。不入藥用。荆楚人以葉如錢，謂爲地錢草，徐儀《藥圖》名連錢草，生處亦稀。

〔宋・馬志《開寶本草》〕按：陳藏器《本草》云：積雪草，主暴熱，小兒丹毒，寒熱，腹内熱結，擣絞汁服之。又按別本注云：今處處有，並入藥用。生陰濕地，八月、九月採苗、葉，陰乾。

〔宋・掌禹錫《嘉祐本草》〕按：《藥性論》云：連錢草亦可單用。能治瘰癧鼠漏，寒熱時節來往。日華子云：味苦、辛。以鹽挼貼，消腫毒并風瘮疥癬。

〔宋・蘇頌《本草圖經》〕曰：積雪草，生荆州川谷，今處處有之。葉圓如錢大，莖細而勁，蔓延生溪澗之側，荆楚人以葉如錢，謂爲地錢草，《徐儀藥圖》名連錢草。八月、九月採苗葉，陰乾用。段成式《酉陽雜俎》云：地錢葉圓，莖細有蔓，一曰積雪草，一曰連錢草。謹按《天寶單行方》云：連錢草，味甘，平，無毒。元生咸陽下濕地，亦生臨淄郡、濟陽郡池澤中，甚香。俗間或云圓葉似薄荷，江東吴越丹陽郡極多，彼人常充生菜食之。河北柳城郡盡呼爲海蘇，好近水生，經冬不死，咸、洛二京亦有。或名胡薄荷，所在有之。單服療女子小腹痛。又云：女子忽得小腹中痛，月經初來，便覺腰中切痛連脊間，如刀錐所刺，忍不可堪者。衆醫不別，謂是鬼疰，妄服諸藥，終無所益，其疾轉增。審察前狀相當，即用此藥。其藥，夏五月正放花時，即採取暴乾，擣篩爲散。女子有患前件病者，取二方寸匕，和好醋二小合，攪令勻，平旦空腹頓服之。每日一服，以知爲度。如女子先冷者，即取前件藥五兩，加桃人二百枚，去尖、皮熬，擣爲散，及蜜爲丸如梧子大。每日空腹以飲及酒下三十丸，日再服，以疾愈爲度。忌麻子、蕎麥。

〔宋・唐慎微《證類本草》〕陳藏器云：東人呼爲連錢，生陰處，蔓延地，葉如錢。

宋・寇宗奭《本草衍義》卷一〇 積雪草　今南方多有，生陰濕地，不必荆楚。形如水荇而小，面亦光潔，微尖爲異。今人謂之連錢草，蓋取象也。葉葉各生。擣爛，貼一切熱毒癰疽等。秋後收之，陰乾爲末，水調傅。

明・劉文泰《本草品彙精要》卷一二 積雪草無毒。　蔓生。

積雪草：主大熱，惡瘡，癰疽，浸淫，赤熛，皮膚赤，身熱。《神農本經》。

【名】地錢草、連錢草、胡薄荷、海蘇。【苗】《圖經》曰：葉圓如錢，莖細

而勁，五月開花，蔓延溪澗之側。荊楚人以葉如錢，謂之地錢草。《衍義》曰：此草今南方多生陰濕地，形如水荇而小，面亦光潔，微尖爲異爾。今人亦謂之連錢草，蓋取其象也。〔地〕《圖經》曰：生荊州川谷及咸陽、臨淄、濟陽郡濕地、池澤。今處處有之。〔時〕生：春生苗。採：八月、九月取苗、葉。〔收〕陰乾。〔用〕苗、葉、花。〔質〕類水荇，光潔而微尖。〔色〕青。〔味〕苦。〔性〕寒，泄。〔氣〕氣薄味厚，陰也。〔臭〕香。〔主〕熱腫，丹毒。〔治〕療：《唐本》注云：除暴熱，小兒丹毒，寒熱，腹內熱結，搗絞汁服。《藥性論》云：治瘰癧，鼠漏，寒熱時節來往。《衍義》曰：治一切熱毒，癰疽，搗末水調傅之。〔合治〕合鹽，挼貼腫毒並風疹，疥癬。○花，搗末方寸匕，合醋服，療女子小腹中痛，月經初來，腰中切痛連脊間，如刀錐所刺，忍不堪者。

明·王文潔《太乙仙製本草藥性大全》卷二《本草精義》 積雪草 生荊州川谷，今處處有之。葉圓如錢大，莖細而勁，蔓延生溪澗之側。荊楚人以葉如錢，謂爲地錢草。徐儀《藥圖》名連錢草。八月、九月採苗葉，陰乾用。段成式《酉陽雜俎》云：地錢，葉圓莖細，有蔓。一曰積雪草，一曰連錢草。謹按《天寶單行方》云：連錢草味甘平，無毒。原生咸陽下濕地，亦生臨淄郡、濟陽郡池澤中，甚香，俗間或云圓葉似薄荷。江東吳、越、丹陽郡極多，彼人常充生菜食之。河北柳城郡盡呼爲海蘇，近水生，經冬不死。咸、洛二京亦有，或名胡薄荷，所在有之。

明·王文潔《太乙仙製本草藥性大全》卷二《仙製藥性》 積雪草 味苦，氣寒，無毒。主治：主癰疽浸淫赤熛，治瘰癧鼠瘻惡瘡。皮膚赤身熱立止，風瘮疥腫毒即安。退往來寒熱，療大熱癬瘡。補註：女子忽得小腹中痛，月經初來便覺腰中切痛，連脊間如刀錐所刺，忍不可堪者，衆醫不別，謂是鬼疰，妄服諸藥，終無所益，其疾轉加。審察前狀相當，即用此藥。其藥，夏五月間放花時，即採取暴乾，搗羅爲散，女子有患前件病者，取二方寸〔匕〕，和好醋二小合調令勻，平日空心頓服之，每日一服，以知爲度。如女子先冷者，即取前件藥五兩，加桃仁二百枚，去尖皮，熬搗爲散，以蜜爲丸如梧子大，每日空心以飲及酒下三十丸，日再服，以疾愈爲度。忌麻子、蕎麥。

明·李時珍《本草綱目》卷一四草部·芳草類 積雪草《本經》中品

〔釋名〕胡薄荷《天寶方》 地錢草《唐本》 連錢草《藥圖》 海蘇 弘景曰：積雪草方藥不用，想此草以寒凉得名耳。恭曰：此草葉圓如錢，荊楚人謂爲地錢草，徐儀《藥草圖》名連錢草，餘見下。〔集解〕《別録》曰：積雪草生荊州川谷。恭曰：此草葉圓大如錢，莖細而勁，蔓生溪澗側，生處亦稀。頌曰：今處處有之，八九月採苗葉，陰乾用。段成式《酉陽雜俎》云：地錢葉圓莖細，有蔓延地，一曰積雪草，一曰連錢草。謹按《天寶單行方》云：連錢草生咸陽下濕地，亦生臨淄郡、濟陽郡池澤中，甚香。俗間或云圓葉似薄荷，江東吳越丹陽郡極多，彼人常充生菜食之。河北柳城郡盡呼爲海蘇，好近水生，經冬不死，咸陽、洛陽亦有之。或名胡薄荷，所在皆有。單服療女子小腹疼。宗奭曰：積雪草南方多有，生陰濕地，不必荊楚。形如水荇而小，面亦光潔，微尖爲異，葉葉各生，今人謂之連錢草，蓋取象也。時珍曰：按蘇恭注薄荷云：一種蔓生，功用相似。蘇頌《圖經》云：胡薄荷與薄荷相類，但味少甘，生江浙間，彼人多以作茶飲，俗呼爲新羅薄荷，《天寶方》所用連錢草是也。據二説，則積雪草即胡薄荷，乃薄荷之蔓生者爾。又臞仙《庚辛玉冊》云：地錢，陰草也。生荊、楚、江、淮、閩、浙間，多在宮院寺廟磚砌間，葉圓似錢，引蔓搏地，香如細辛，不見開花也。

莖葉 〔氣味〕苦，寒，無毒。大明曰：苦、辛。頌曰：甘，平，無毒。時珍曰：取汁結草砂，伏硫黄。

〔主治〕大熱，惡瘡癰疽，浸淫赤熛，皮膚赤，身熱《本經》。搗傅熱腫丹毒蘇恭。主暴熱，小兒寒熱，腹內熱結，搗汁服之藏器。單用治瘰癧鼠漏，寒熱時節來往甄權。以鹽挼貼腫毒，並風疹疥癬日華。胡菝蕳：主風氣壅併攻胸膈，作湯飲之立效士良。研汁點暴赤眼，良時珍。

〔附方〕舊二，新二。 熱毒癰腫：秋後收連錢草陰乾爲末，水調傅之，生搗亦可。寇氏《衍義》。 女子少腹痛：頌曰《天寶單行方》云：女子忽得小腹中痛，月經初來，便覺腰中切痛連脊間，如刀錐所刺，不可忍者。衆醫不別，謂是鬼疰，妄服諸藥，終無所益。其疾轉增。審察前狀相當，即用此藥。其藥夏五月正放花時，即採暴乾，搗篩爲糝。每服二方寸匕，和好醋二小合，攪勻，平旦空腹頓服之。每旦一服，以知爲度。如女子先冷者，即取前藥五兩，加桃仁二百枚。去皮尖，熬搗爲散，以蜜爲丸如梧子大。每旦空腹以飲及酒下三十丸，日再服，以愈爲度。忌麻子、蕎麥。《圖經本草》方。 男女血病：九仙驅紅散：治嘔吐諸血及便血，婦人崩中神效。用積雪草五錢，當歸酒洗，巵子仁酒炒，蒲黄炒，黄連炒，條黄芩酒炒，生地黄酒洗，陳槐花炒各一錢，上部加藕節一錢五分，下部加地榆一錢五分，水二鍾，煎一鍾服，神效。此方得之甚秘，此草與本草主治不同，不可曉也。董炳《集驗方》。 牙痛塞耳：用連錢草，即積雪草，和水溝污泥同搗爛，隨左右塞耳內。《摘玄方》。

明·姚可成《食物本草》卷一九草部·芳草類 積雪草生荊州川谷。葉圓大如錢，莖細而勁，蔓生，今亦處處有之。八九月采苗葉，可充生菜食之，與薄荷相類，但味少甘。生於江浙間者，彼人多以作茶飲，俗呼為新羅薄荷，又名地錢草。《庚辛玉冊》云：地錢，陰草也。生荊楚、江淮、閩浙間，多在宮院寺廟砌縫中。葉圓似錢，引蔓搏地，香如細辛，

不見其開花也。

積雪草莖葉　味苦，寒，無毒。治大熱惡瘡，癰疽浸淫，赤熛，皮膚赤，身熱。搗傅熱腫丹毒。主暴熱，小兒寒熱，腹內熱結，搗汁服之。單用治瘰癧鼠漏，寒熱時節來往。以鹽挼貼腫毒，并風疹疥癬。又治風氣攻胸，作湯飲之，立效。研汁點暴赤眼良。

附方：治女子少腹痛，月經初來，便覺腰中切痛連脊間，如刀錐不可忍。用積雪艸於夏五月采，晒乾，搗篩為末，每服方寸匕，好醋和勻，平旦服之。治齒痛。用連錢艸，即積雪艸，和水溝污泥同搗爛，隨左右塞耳內。

清・郭章宜《本草匯》卷一〇　積雪草　苦、辛，氣寒。治熱腫丹毒，療大熱疽癰。擣汁散腹內結熱，研汁點赤眼暴痛。療女子小腹疼，治小兒熱結病。

按：積雪草，陰草也。生于荊、楚、江、淮、閩、浙間，多在宮院寺廟磚砌間。葉圓似錢，引蔓搏地，香如細辛。葉葉各生，不見開花。即今人所謂連錢草是也。方藥不恆用，想以其寒涼故耳。考九仙驅紅散治嘔吐諸血及便血，婦人崩中，用積雪草為君，當歸、梔子、蒲黃、黃連、條芩、生地、陳槐花為佐，各酒炒，上部加藕節，下部加地榆，服之神效。此又與本草主治不同，不可不曉也。

清・李熙和《醫經允中》卷二一　積雪草　即連錢草。苦、辛，氣寒，無毒。治熱腫丹毒、癰疽，研汁點赤眼暴病。

清・何諫《生草藥性備要》卷上　老公根　味辛、甜，性溫。治白濁，散濕熱毒。一名葵蓬葉，一名崩口碗。滚水罨過，用薑、醋拌食。又治小腸氣發，洗疳瘡。

清・趙學敏《本草綱目拾遺》卷三草部上　金錢草　一名遍地香，佛耳草。俗訛白耳草，乳香藤、九里香、半池蓮、千年冷、遍地金錢。其葉對生，圓如錢，鈸兒草葉形圓，二瓣對生，象鐃鈸，生郊野溼地，十月二月發苗，蔓生滿地，開淡紫花，間一二寸則生二節，節布地生根，葉四圍有小缺痕，皺面，以葉大者力勝，乾之清香者真。三月採，勿見火，《綱目》有積雪草，即此。但所引諸書，主治亦小異，故仍為補之，至《綱目》所載，言其治女子少腹痛有殊效，其方已載《綱目》，此不贅述。　味微甘，性微寒，祛風，治溼熱。

《百草鏡》：跌打損傷，瘧疾，產後驚風，肚癰便毒痔漏，擦鵝掌風。汁漱牙疼。《葛祖方》：去風散毒，煎湯洗一切瘡疥，神效。《採藥志》云：發散頭風風邪，治腦漏白濁熱淋，玉莖腫痛，搗汁沖生酒吃，神效。

按：蔣儀《藥鏡》云：佛耳草下痰定喘，能去肺脹，止哮甯嗽，大救金寒，以之烈入熱部，豈以其氣辛耶。

白虎丹：《祝氏效方》：鮮野淡菜，即車前草。洗淨，加遍地香搗爛，用白酒和汁絞出，鵝毛蘸搽患處即消。疥瘡：《救生苦海》：鈸兒草加鹽少許，搓熟頻擦全化，然後洗浴，三次必愈。若用煎洗，反不見效。疔瘡走黃，毒歸心。《慈航活人書》：銅錢草，即遍地香，採葉搗爛，童便煎服，服後再飲好菜油二三盌，令吐，如吐，即不必服矣。再加生豬腦一個，同白樱子搗勻敷。

張介賓《本草正》：佛耳草，味微酸，性溫，大溫肺氣，止寒嗽，散痰氣，散風寒寒熱，亦止泄瀉。鋪艾捲作筒，用熏久嗽尤妙。

清・吳其濬《植物名實圖考》卷二五　積雪草　《本經》中品。《唐本草》注以為即地錢草，今江西。湖南陰濕地極多。圓如五銖錢，引蔓鋪地。與《本草衍義》《庚辛玉冊》所述極肖。或謂以數枚煎水，清晨服之，能祛百病者，此蓋陽強氣壯，藉此清寒之品，以除浮熱，故有功效，虛寒者恐不宜爾。又一種相似而有鋸齒，名破銅錢，辛烈如胡荽，不可服。

清・趙其光《本草求原》卷三隰草部　老公根即崩口碗、葵蓬菜。　甘、淡、辛，寒。除熱毒，治白濁，浸疳瘡，理小腸氣。滚水罨過，薑、醋拌食。

清・葉志詵《神農本草經贊》卷二　積雪草　味苦，寒。主大熱惡創癰疽，浸淫，赤熛，皮膚赤，身熱。生川谷。

葉葉對生，沿溪縈碧。海挹蘇融，雪霏寒積。重疊錢圓，參差荇坼。茶飲辛香，風生兩腋。

蘇恭曰：此草蔓生溪澗側。倪瓚詩：冷文縈碧暮烟和。蘇頌曰：一名海蘇。陶弘景曰：積雪草，以寒涼得名。寇宗奭曰：形如水荇，葉葉各生，今人謂之連錢草。蔡邕表：前後重疊。《詩》：參差荇菜。蘇頌曰：江浙人多以作茶飲。《庚辛玉冊》：引蔓搏地，香如細辛。盧仝詩：惟覺兩腋習習清風生。

清・戴葆元《本草綱目易知錄》卷一　積雪草胡薄荷　苦、辛，寒。治風邪浮熱，胸膈氣壅，瘰癧鼠瘻，寒熱往來，大熱惡瘡，皮膚赤腫，小兒寒熱，腹

內熱結。擣傅熱腫丹毒。和鹽擣貼風瘮疥癬。研汁點暴赤風眼。性過辛烈，老人體弱忌。【略】葆按：山人俗名小葉薄荷，以其葉小而厚，蒔缸內作茶飲，甚辛涼快膈。擣和白糖印餅，供菓食，覺胸膈爽快，但大耗氣，凡病虛及體弱食，定陡然氣陷，慎之。

地棠草

清・吴其濬《植物名實圖考》卷二三 地棠草 生雲南山阜。細蔓緑圓，葉大如錢，深齒齟齬，三以為簇；花開葉際。土醫云能散小兒風寒。

建參

清・趙學敏《本草綱目拾遺》卷三草部上 建參 《藥性考》：福參出閩浙，頗似人參，而性味辛熱，虛寒病宜之。歌云：又有福參，辛苦甘齊，性溫益氣，虛冷人宜。註：福參多食則喉痛，故知性熱。

乙未，予館剡川，故鄞屬也。聞有市建參者，往覓得之。儼如臺參中油熟一種大者，惟不能純透，亦有蘆，無竹節紋，味亦苦甘。以竹刀剖之，心空，不似遼參之堅實。劉贊之自閩回，言閩中近日大行，亦清補。兄患風火牙疼，煎湯漱口立愈。則性又帶寒散，或言其性熱者，猶未確也。

金御乘云：建人參性熱，獨不宜於產婦，與遼參形色氣味真相似，但遼參入口回味生津，此則回味稍濇，故功用亦殊。河南出光山參、嵩山參，儼與遼產無別，惟嚼之有渣，不糯，味亦淡。

粉沙參

宋・王介《履巉巖本草》卷上 人參苗 味甘，溫，無毒。殺金石藥毒。補五臟六腑，保中守神；治氣，消食開胃。治蜂蠍螫人方，用人參苗細嚼，急擦之。立效。

附：琉球・吴繼志《質問本草》外篇卷一 土人參防風一種 生高山，苗高一尺許，七八月開花，九十月結子。土党參，性冷。辛丑，陳得功、楊國棟。

據其根苗實，各方土產人參，即其性氣功用可知。辛丑，宋宜觀、林大明。

清・趙學敏《本草綱目拾遺》卷三草部上 土人參 各地皆產，錢塘西湖南山尤多，春二三月發苗如蒿艾，而葉細小，本長二三寸，作石緑色，映日有光，土人俟夏月採其根以入藥，俗名粉沙參，紅黨即將此參去皮淨煮極熟陰乾而成。味淡無用。《準繩》：劫瘴消毒散用之，呼為百丈光。甘，微寒，須蒸之極透，則寒去，氣香味淡，性善下降，能伸肺經治節，使清肅下行，補氣生津，治咳嗽喘逆，痰湧火升，久瘧淋瀝，難產經閉，瀉痢由於肺熱，反胃噎膈由於燥濇，凡有升無降之症，每見奇效。以其根一直下行，入土最深故也。

脾虛下陷，滑精夢遺，俱禁用。以其下行滑竅，孕婦亦忌。

白帶初起：《百草鏡》：土人參切片三兩，用陳紹酒飯上蒸熟，分作三服，吃完即愈。王安《采藥方》云：土人參補陰虛，對配茯苓熬膏，治楊梅結毒，酒煎服。

清・趙其光《本草求原》卷三隰草部 土人參即金雞爪、粉沙參。甘，平，微寒，蒸極透，則寒去。氣香味淡。伸肺經治節，使清肅下行。養血生津，消熱解毒。薑汁炒，則補氣生肌，托散瘡瘍。凡咳嗽，喘逆，痰壅火升，久瘧，淋瀝，難產，經閉，瀉痢，由於肺熱反胃噎膈、由於燥澀一切有升無降之症，每見奇效。

產江、浙，一直下生，入土最深，性下行滑竅。脾虛下陷、滑精夢泄及孕婦均忌。紅黨：即將此參去皮淨，煮極熟，陰乾而成。味淡無用。

隔山香

清・吴其濬《植物名實圖考》卷二五 隔山香即雞山香，方言無正字。隔山香生衡山。白根潤脆，枝莖挺疎，長葉光緑，三五勻秀，花如當歸、白芷，竟體皆芳，與風俱發，湘沅香草，宗生族茂。箋《騷》注《經》，不能繹贍，遂致遇物難名，倚席不講。萋萋嘉卉，見賞俚醫，幸乎不幸？

芍藥

唐・歐陽詢《藝文類聚》卷八一 芍藥 《本草經》曰：芍藥，一名白犬。生山谷及中岳。《古今注》：芍藥，一名可離。《毛詩》曰：惟士與女，伊其相謔，贈之以芍藥。

宋・李昉《太平御覽》卷第九九〇 芍藥 《山海經》曰：條谷之草多芍藥。洞庭之上多芍藥。《毛詩・溱洧》曰：唯士與女，伊其相謔，贈之以芍藥。《毛詩》：香草也。《詩義疏》曰：今芍藥子無香氣，非是也。未審今何草？司馬相如賦云：勺藥之和。（陽唯）〔揚雄〕賦曰：甘甜之和，芍藥之美，然勺藥又入食也。《廣雅》曰：黑攣夷，芍藥。《晉宮閣名》曰：暉章殿前，芍藥華六畦。《范子計然》曰：芍藥出三輔。《建康記》曰：建康出芍藥，極精好。《本草經》曰：芍藥，味苦、辛。生川谷。主治邪氣腹痛，除血痺，破堅積寒熱瘕，止痛。《吴氏本草》曰：一名甘積，一名解倉，一名鋌，一名餘容，一

名白术。神農：苦。桐君：甘，無毒。岐伯：鹹。李氏：小〔寒〕。雷公：酸。二月、三月生。

宋·唐慎微《證類本草》卷八草部中品〔《本經·別錄·藥對》〕　芍藥　**味苦**、酸，**平**、微寒，有小毒。**主邪氣腹痛，除血痹，破堅積，寒熱疝瘕，止痛，利小便，益氣**，通順血脉，緩中，散惡血，逐賊血，去水氣，利膀胱、大小腸，消癰腫，時行寒熱，中惡，腹痛、腰痛。一名白木，一名餘容，一名犁食，一名解倉，一名鋋。生中岳川谷及丘陵。二月、八月採根，暴乾。須丸爲之使。〔宋·掌禹錫《嘉祐本草》〕按：別本作雷丸，惡石斛、芒消，畏消石、鼈甲、小薊，反藜蘆。

〔梁·陶弘景《本草經集注》〕云：今出白山、蔣山、茅山，〔茅山〕最好，白而長大。餘處亦有而多赤，赤者小利，俗方以止痛，乃不減當歸。道家亦服食之，又煮石用之。

〔宋·馬志《開寶本草》〕按：別本注云：此有兩種：赤者利小便下氣；白者止痛散血。其花亦有紅、白二色。

〔宋·掌禹錫《嘉祐本草》〕按：吴氏云：芍藥，神農：苦。桐君：甘，無毒。岐伯：鹹。季氏：小寒。雷公：酸。《藥性論》云：芍藥，臣。能治肺邪氣，腹中疞痛，血氣積聚，通宣藏腑擁氣，治邪痛敗血，主時疾骨熱，强五藏，補腎氣，治心腹堅脹，婦人血閉不通，消瘀血，能蝕膿。日華子云：治風補勞，主女人一切病，并産前後諸疾，通月水，退熱除煩，益氣，天行熱疾，瘟瘴驚狂，婦人血運，及腸風瀉血，痔瘻，發背瘡疥，頭痛，明目，目赤努肉。赤色者多補氣，白者治血，此便是芍藥花根。海鹽、杭越俱好。

〔宋·蘇頌《本草圖經》〕曰：芍藥，生中岳川谷及丘陵，今處處有之，淮南者勝。春生紅芽作叢，莖上三枝五葉，似牡丹而狹長，高一二尺。夏開花，有紅、白、紫數種，子似牡丹子而小。秋時採根，根亦有赤白二色。崔豹《古今注》云：芍藥有二種，有草芍藥、木芍藥。木者花大而色深。俗呼爲牡丹，非也。又云：牛亨問曰：將離相别，贈以芍藥，何也？答曰：芍藥一名何離，故相贈；猶相招召，贈以文無，文無一名當歸；欲忘人之憂，則贈以丹棘，丹棘一名忘憂，使忘憂也；欲蠲人之忿，則贈以青裳，青裳一名合歡，贈之使忘忿也。張仲景治傷寒湯，多用芍藥，以其主寒熱，利小便故也。古人亦有單服食者。安期生服錬法云：芍藥二種：一者金芍藥，二者木芍藥。救病用金芍藥，色白多脂肉；木芍藥色紫，瘦多脉。若取，審看勿令差錯。若欲服餌，採得淨刮去皮，以東流水煮百沸，出陰乾。停三日，又於木甑内蒸之，上覆以淨黄土，一日夜熟，出陰乾，擣末。以麥飲或酒服三錢匕，日三。滿三百日，可以登嶺，絕穀不飢。《正元廣利方》：治婦女赤白下，年月深久不差者。取白芍藥三大兩，并乾薑半大兩，細剉，熬令黄，擣下篩，空肚和飲汁服二錢匕，日再，佳。又金創血不止而痛者，亦單擣白芍藥末，傅上即止，良驗。

〔宋·唐慎微《證類本草》〕《唐本》注：益好血。《雷公》云：凡採得後，於日中曒乾，以竹刀刮上麁皮并頭土了，剉之，將蜜水拌蒸，從巳至未，曒乾用之。《經驗後方》：治風毒，骨髓疼痛。芍藥二分，虎骨一兩，炙爲末，夾絹袋盛，酒三升漬五日，每服三合，日三服。《博濟方》：治五淋。赤芍藥一兩，檳榔一個，麵裹煨爲末，每服一錢匕，水一盞，煎七分，空心服。《廣利方》：治金瘡血不止，痛。白芍藥一兩，熬令黄，杵令細爲散。酒或米飲下二錢並得，初三服，漸加。初虞世：治咯血衄血。白芍藥一兩，犀角末一分，爲末。新水服一錢匕，血止爲限。

〔宋·陳承《重廣補注神農本草並圖經》〕《别説》云：謹按《本經》：芍藥生丘陵川谷，今世所用者，多是人家種植。欲其花葉肥大，必加糞壤，每歲八九月取其根分削，因利以爲藥，遂暴乾貨賣，今淮南真陽尤多。藥家見其肥大，而不知香味絕不佳，故入藥不可責其效。今考，用宜依《本經》所説，川谷丘陵有生者爲勝爾。

宋·寇宗奭《本草衍義》卷九　芍藥　全用根，其品亦多，須用花紅而單葉，山中者爲佳。花葉多即根虚。然其根多赤色，其味澀苦，或有色白麤肥者益好。餘如經。然血虚寒人，禁此一物。古人有言曰：減芍藥以避中寒，誠不或忽。

宋·許叔微《傷寒發微論》卷上　論桂枝湯用赤白芍藥不同：仲景桂枝湯加減法凡十有九證，但云芍藥。《聖惠方》皆用赤芍藥，孫尚方皆用白芍藥。《聖惠》乃太宗朝命王懷(德)〔隱〕等編集，孫兆為累朝醫師，不應如此背戾。然赤白補瀉，極有利害。嘗見仲景桂枝第四十七證云：病發熱，汗出，此為榮弱衛強，故使汗出。欲救邪風，宜桂枝湯。蓋風傷衛而邪乘之則衛強，榮雖不受邪，終非適平也，故衛強則榮弱。仲景以桂枝發其邪，以芍藥助其弱，故知用白芍藥也。榮既弱而不受病，乃以赤芍藥瀉之，決非仲景意。至於小建中，為尺遲血弱而設也。舉此皆用白芍藥，而仲景亦止稱芍藥，可以類推矣。

宋·鄭樵《通志》卷七五《昆蟲草木略》　鋋，曰何離，曰解倉，曰犁食，曰餘容，曰白朮，即芍藥也。以有何離之名，所以贈别用焉。古今言木芍藥是牡丹。崔豹《古今注》云：芍藥有二種，有草芍藥，有木芍藥。木者花大而色深，俗呼為牡丹，非也。安期生服錬法云：芍藥有二種，有金芍藥，有木芍藥。金者色白多脂，木者色紫多脈。此則驗其根也。然牡丹亦有木芍藥之名，其花可愛如芍藥，宿枝如木，故得木芍藥之名。芍藥著於三代之際，

《風》《雅》之所流詠也。牡丹初無名，故依芍藥以為名，亦如木芙蓉之依芙蓉以為名也。牡丹晚出，唐始有聞，貴游趨競，遂使芍藥為落譜衰宗。

金・張元素《潔古珍珠囊》〔見元・杜思敬《濟生拔粹》卷五〕 白芍藥甘酸 陰中之陽。白補赤散。瀉肝，補脾胃。酒浸行經，止中部腹痛。與石斛、硝石相反。

宋・劉明之《圖經本草藥性總論》卷上 芍藥 味苦、酸，平，微寒，有小毒。主邪氣腹痛，除血痺，破堅積寒熱，疝瘕止痛，利小便，益氣，通順血脉緩中，散惡血，逐賊血，去水氣，利膀胱、大小腸，消癰腫，時行寒熱，中惡腹痛腰痛。《藥性論》云：臣。強五藏，補腎氣，治心腹堅脹，婦人血閉不通，消瘀血，能蝕膿。日華子云：治風補勞，主女人一切病，并產前後諸疾。赤色者補氣，白者治血。惡石斛、芒消。畏消石、鼈甲、小薊。反藜蘆。

元・王好古《湯液本草》卷三 芍藥 氣微寒，味酸而苦。氣薄味厚，陰也，降也。陰中之陽，有小毒。 入手、足太陰經。《象》云：補中焦之藥，得炙甘草為佐，治腹中痛。夏月腹痛，少加黃芩，如惡寒腹痛，加肉桂一錢，白芍藥三錢，炙甘草一錢半，此仲景神方也。如冬月大寒腹痛，加桂二錢半，水二盞，煎一半。去皮用。《心》云：脾經之藥，收陰氣，能除腹痛，酸以收之，扶陽而收陰氣，泄邪氣，扶陰。與生薑同用，温經散濕通塞，利腹中痛，胃氣不通，肺燥氣熱。酸收甘緩，下利必用之藥。《珍》云：白補赤散，瀉肝補脾胃。酒浸行經，止中部腹痛。《本草》云：主邪氣腹痛，除血痺，破堅積，寒熱疝瘕，止痛，利小便，益氣，通順血脈，緩中，散惡血，逐賊血，去水氣，利膀胱。《衍義》云：芍藥，全用根，其品亦多。須用花紅而單葉者，山中者佳，花葉多則根虛。然其根多赤色，其味澀。有色白粗肥者，亦好，餘如經。然血虛寒人，禁此一物。古人有言減芍藥以避中寒。誠不可忽。今見花赤者，為赤芍藥；花白者，為白芍藥。俗云白補而赤瀉。 東垣云：但澀者為上。或問：古今方論中多以澀為收，今《本經》有利小便一句者，何也？東垣云：芍藥能停諸濕而益津液，使小便自行，本非通行之藥，所當知之。又問：有緩中一句，何謂緩中？東垣云：損其肝者緩其中。又問：當用何藥以治之？東垣云：當用四物湯，以其內有芍藥故也。赤者，利小便，下氣；白者，止痛，散氣血。入手、足太陰經。大抵酸澀者為上，為收斂停濕之劑，故主手、足太陰經。收降之體，故又能至血海而入於九地之下，後至厥陰經也。後人用赤瀉白補者，以其色在西方故補，色在南方故泄也。《本草》云：能利小便。非能利之也，以其腎主大小二便，既用此以益陰滋濕，故小便得通也。《難經》云：損其肝者緩其中。即調血也。沒藥、烏藥、雷丸為之使。《本草》又云：惡石斛、芒硝。畏硝石、鼈甲、小薊。反藜蘆。《液》云：腹中虛痛，脾經也，非芍藥不除。補津液停濕之劑。

元・朱震亨《本草衍義補遺》 白芍藥 酒浸炒，與白朮同用則能補脾，與川芎同用則瀉肝，與人參、白朮同用則補氣。治腹中痛而下痢者必炒，後重不炒。又云：白芍惟治血虛腹痛，諸腹痛皆不可治。〇芍藥，白補赤瀉。又云：赤者利小便，下氣，白者止痛散血。又云：血虛寒人，禁此一物。古人有言，曰減芍藥以避中寒。誠不可忽！

元・佚名氏《珍珠囊・諸品藥性主治指掌》〔見《醫要集覽》〕 白芍藥 味酸，平，性寒，有小毒。可升可降，陰也。其用有四：扶陽氣，大除腹痛；收陰氣，陡健脾經；墮其胎，能逐其血；損其肝，能緩其中。

元・徐彥純《本草發揮》卷二 白芍藥 成聊攝云：芍藥白補而赤瀉，白收而赤散也。又云：芍藥之酸，收斂津液而益榮。又云：正氣虛弱，收而行之。芍藥之酸，以收正氣。又云：酸收也，泄也。芍藥之酸，收陰氣而泄邪氣。又云：肺燥氣熱，以酸收之，以甘緩之。芍藥之酸，以斂逆氣。潔古云：白芍藥，補中焦之藥。炙甘草為輔，治腹中痛。如夏月腹痛，少加黃芩；惡熱而痛，加黃蘗。若惡寒腹痛，加肉桂一分，白芍藥二分，炙甘草一分半，此仲景神品藥也。如寒月大寒腹痛，加桂一錢半，水二盞，煎一盞服。《主治秘訣》云：性寒，味酸。氣厚味薄，升而微降，陽中陰也。其用有六：安脾經，一也；治腹痛，二也；收胃氣，三也；止瀉痢，四也；和血脈，五也；固腠理，六也。白補赤散，瀉肝補脾。酒浸引經，止中部腹痛。去皮用。 東垣云：芍藥味酸而苦，微寒，氣薄味厚，陰也，降也。收脾經之陰氣，能除腹痛。酸以收之，扶陽而收陰氣，泄邪氣。扶陰與棗、生薑同用，以溫經散濕，通塞。〔下〕利腹中痛，（謂）〔胃〕氣不通，肺燥氣熱，酸收甘緩，下利必用之藥也。《經》云：肺欲收，以白芍藥之酸收之。 海藏云：《衍義》言芍藥全用根。其品亦多，須用花紅而單葉，山中者為佳。花葉多，則根虛。然其根亦多赤色，其味澁。若有色白麄肥者益好。餘如經。然血

虛寒人，禁此一物。古人有言，減芍藥以避中寒，誠不可忽。今見花赤者為赤芍藥，花白者為白芍藥。俗云：白補而赤瀉。東垣云：但澁者為上。或問：古今方論以澁為收，今《本經》言利小便，何謂也？東垣曰：芍藥能停諸濕而益津液，使小便自行，非通利之也。又腎主大小二便，以此益陰滋濕，故小便通也。又問：緩中何謂？曰：損其肝者，緩其中，即調血也。又問：當用何藥？曰：當用四物湯，其內有芍藥故也。赤者利小便，下氣。白者止痛，散血。入手足太陰。大抵酸澁者，為收斂停濕之劑，故主手足太陰。收降之體，又能治血海，而入九地之下，復致厥陰也。後人用赤瀉白補者，以其色在西方，故補；在南方，故瀉也。丹溪云：白芍藥，酒浸，炒，與白朮同用，則補脾；與川芎同用補肝；與人參、白朮同用，則補氣。治腹中痛，不利者，必炒；後重者不炒。惟治血虛腹痛，諸腹痛皆不可治。

明・蘭茂《滇南本草》卷下　白芍藥　性微寒，味酸、微甘。主治瀉脾熱，止腹疼，止水瀉，收肝氣逆疼。調養心肝脾經血，舒經降氣，止肝氣疼痛。白芍藥湯，治肝氣疼痛，偶因動怒生氣，怕寒怕冷，左脇氣脹，上攻胸膈，或連胃口疼痛，飲食不思，背寒，腰脊疼痛，身體曲直俱難。附方：白芍藥二錢，青皮五分，川芎一錢，柴胡一錢，吳萸一錢，甘草八分，引用茴香子五分，煎服，或加木香、沉香、玄胡亦可。

明・蘭茂《滇南本草》〔叢本〕卷上　白芍　味酸，微甘，性微寒。主瀉脾熱，止腹痛，止水泄，收肝氣逆痛，調養心肝脾經血，舒肝降氣，止肝氣痛。白芍湯治肝氣疼痛，偶因動怒着氣，怯寒怕冷，左肋氣脹，上攻胸膈，或連胃口疼痛，背寒，腰脊把着疼痛，身體屈伸俱難。白芍三錢、青皮五分、川芎一錢、片柴胡一錢、吳萸一錢、甘草八分，外加木香、沉香、玄胡，不拘多少，引茴香子八分，煎服。

明・王綸《本草集要》卷二　芍藥臣　味苦酸，氣微寒。氣薄味厚，陰也，降也，陰中之陽。有小毒。入手足太陰經。雷丸為之使，惡石斛、畏消石、鱉甲、小薊，反藜蘆。有赤、白二種，花亦有二色。主邪氣腹痛，除血痹，破堅積，寒熱疝瘕，利小便，益氣，通順血脈，抑肝緩中，扶陽收陰，補血，散惡血，利大小腸，通月水，消癰腫，發背痔瘻。又下痢疾必用之，痢而腹中痛者，炒用；後重生用。脾經之藥。白者補，赤者瀉。赤者利小便，下氣。白者止痛，散血。得炙甘草為佐，治腹中痛。夏月少加黃芩，如惡寒而痛，加肉桂。又云：惟治血虛腹痛，蓋諸痛宜辛散，芍藥酸收故也。酒浸炒，與白朮同用，則能補脾。與川芎同用，則能瀉肝。與參、朮同用，則能補氣。又產後不可便用，以其酸寒，伐生發之氣也。又血虛寒人禁用。又云：冬月減芍藥，以避中寒。

明・滕弘《神農本經會通》卷一　白芍藥　臣也。須丸為之使，惡石斛、芒硝，畏消石、鼈甲、小薊，反藜〔蘆〕。有赤、白二種，花亦有赤白二色。味苦、酸，氣平，微寒，有小毒。《湯》云：氣薄味厚，陰也，降也，陰中之陽。入手足太陰經。東云：可升可降，陰也。扶陽氣，大除腹痛。收陰氣，陡健脾經。墮其胎，能逐其血。損其肝，能緩其中。又云：補虛，生新血，退熱。《珍》云：調血，瀉肝火，安脾，收胃氣。白補，固腠理，腹疼泄痢劑，行經必須酒浸之。《衷》云：消疼，去水，止疼，利便，補腎補氣，并消癰腫。

《本經》云：主邪氣腹痛，除血痺，破堅積寒熱，疝瘕，止痛，利小便，益氣，通順血脉，緩中，散惡血，逐賊血，去水氣，利膀胱大小腸，消癰腫，時行寒熱，中惡，腹痛腰痛。二八月採根，暴乾。《本注》云：白者，止痛散血。《藥性論》云：芍藥，臣。能治肺邪氣，腹中疞痛，血氣積聚，通宣臟腑擁氣，治邪痛敗血。主時疾骨熱，強五臟，補腎氣，治心腹堅脹。婦人血閉不通，消瘀血。能蝕膿。日華子云：治風補勞，主女人一切病，并產前後諸疾，通月水，退熱除煩，益氣。天行時疾，瘟瘴，驚狂，婦人血運，及腸風瀉血，痔瘻，發背，瘡疥，頭痛，明目，眼赤努肉。白者治血虛。《象》云：補中焦之藥，得炙甘草為佐，治腹中痛。夏月腹痛，少加黃芩。如惡寒腹痛，加肉桂一錢，白芍三錢，炙甘草一錢半，此仲景神方也。如冬月大寒腹痛，加桂二錢半，水二盞，煎一半，去皮用。《心》云：脾經之藥，收陰氣，能除腹痛。酸以收之，扶陽而收陰氣，扶陽與生薑同用。溫經散濕，利腹中痛，下利必用之藥。《珍》云：白補赤散，瀉肝，補脾胃。酒浸行經，止中部腹痛。《液》云：腹中虛痛，脾經也，非芍藥不除。補津液停濕之劑。丹溪云：酒浸炒，與白朮同用，則能補脾。與川芎同用，則能補肝。與參、朮同用，則能補氣。治腹痛而下痢者，必炒用；後重不炒。又云：白芍惟治血虛腹痛，諸腹痛皆不可治，蓋諸痛宜辛散，芍藥酸收故也。又白者補，赤者瀉。然血虛寒人，禁此一物。古人有言，減芍藥以避中寒，誠不可忽。又產後不可便用，以其酸寒，伐

生發之性也。《衍義》云：芍藥全用根，其品亦多，須用花紅而單葉者，山中者佳。花葉多，則根虛。然其根多赤色，其味澁。有色白粗肥者亦好，餘如經。然血虛寒人，禁此一物，古人有言，減芍藥以避中寒，誠不可忽。今見花赤者為赤芍，花白者為白芍。俗云：白補而赤瀉。東垣云：但澁者為上，古今方論中多以澁為收。今《本經》有利小便一句者，何也？東垣云：芍藥能停諸濕而益津液，使小便自行。本非通行之藥，所當知之。又問：又緩中一句，何謂緩中？東垣云：損其肝者，緩其中。又問：當用何藥以治之？東垣云：當用四物湯，以其內有芍藥故也。赤者利小便下氣，白者止痛散氣血，入手足太陰經。收降之體，故又能至血海，而入於九地之下，後至厥陰經也。後人用赤瀉白補者，以其色在西方，故補。色在南方，故泄也。《本草》云：能利小便，非能利之也。以其腎主大小二便，既用此以益滋濕，故小便得通也。《難經》云：損其肝者緩其中，即調血也。沒藥、烏藥、雷丸為之使。劊云：白芍酸寒有小毒，扶陽氣治腹間疼。墮胎通血強脾藏，能損肝經却緩中。《局》云：芍藥為臣味苦平，白堪止痛赤通經。補勞消血攻胎產，除熱能令眼目明。白芍藥，安胎，止痛。

赤芍藥　味苦、酸，氣平，微寒，有小毒。《湯》云：氣薄味厚，陰也，降也，陰中之陽也。入手足太陰經。《本注》云：赤者利小便下氣。日華子云：赤色者，多補氣。《圖經》云：仲景治傷寒湯多用芍藥，以其主寒熱，利小便故也。東云：破血，療腹痛，解煩熱。劊云：赤芍酸寒攻血痺，消癥破血逐經良。止疼解熱除癰腫，益血榮脾白芍強。赤芍藥，破血通經。

明・劉文泰《本草品彙精要》卷一〇　白芍藥有小毒　叢生。

芍藥出《神農本經》：**主邪氣，腹痛，除血痹，破堅積，寒熱，疝瘕，止痛，利小便，益氣。**以上朱字《神農本經》。通順血脈，緩中，散惡血，逐賊血，去水氣，利膀胱、大小腸，消癰腫，時行寒熱，中惡，腹痛，腰痛。以上黑字名醫所錄。

【名】白木、餘容、犁食、解倉、鋌。【苗】《圖經》曰：春生紅芽，作叢，莖上三枝五葉，似牡丹而狹長，高一二尺，夏開花有紅、白、紫色數種。子似牡丹子而小，秋時採根。《衍義》曰：芍藥全用根，其品亦多，但千葉者則根虛，須用單葉，山中者爲佳。【地】《圖經》曰：生中嶽川谷及丘陵，今處處有之。【道地】澤州、白山、蔣山、茅山、淮南、海鹽、杭越。【時】生：春生芽。採：二月、八月取根。【收】暴乾。【用】根堅實者爲好。【質】類烏藥而細白。【色】白。【味】苦，酸。【性】平，微寒。【氣】氣薄味厚，陰中之陽。【臭】腥。【主】腹痛，健脾。【行】手太陰經，足太陰經。【助】雷丸爲之使。【反】藜蘆，畏硝石、鼈甲、小薊，惡石斛、芒硝。【製】生用或炒用，酒浸行經。【治】療：《藥性論》云：主腹中疞痛，骨熱。日華子云：治女人一切病，產前後諸疾，通月水，退熱，除煩，驚狂，婦人血暈，腸風瀉血，頭痛，下痢及血虛腹痛。補：《藥性論》云：強五臟，益腎氣。日華子云：補勞，益氣。【合治】合白术，補脾。〇合川芎，補肝。〇合人參、白术，補氣。【禁】血虛寒人不可多服。

明・葉文齡《醫學統旨》卷八　芍藥　氣微寒，味酸而苦。有小毒。升而微降，陽中陰也。入手足太陰經。雷丸為使；惡石斛；畏消石、鼈甲、小薊；反藜蘆。有赤、白二種，白補而赤瀉，白收而赤散也。酒浸引經。治邪氣腹痛，除血痺，破堅積寒熱，疝瘕止痛，利小便；益氣，通順血脉，抑肝緩中，扶陽收陰；補血散惡血，利大小腸，通月水；消癰腫發背、痔瘻，止瀉痢，斂虛汗，收胃氣，安脾經；下痢腹痛者炒，後重生用。血虛寒人禁用。古人云：減芍藥以避中寒，產後不可便用，以其酸寒，伐生發之氣也。

明・許希周《藥性粗評》卷一　白芍藥，赤芍藥，腹部良工。

芍藥，一名餘客，一名犁食。春生紅芽，作叢，莖上三枝五葉，似牡丹而挾長，高一二尺，夏開花，有赤、白、紫數種，富麗可愛，子似牡丹而小，根如指大，亦有赤白二色；或曰赤白二色，其花隨之。《溱洧》之詩曰：贈之以芍藥。夫古人將別，贈以芍藥者，言其一名何離也。有贈以文無者，言其一名，當歸也。欲忘人之憂，則贈以丹棘，以其名忘憂也。欲蠲人之忿，則贈以青裳，以其名合歡也。因并附之，以見芍藥見重於古人久矣。江南川谷丘陵處處有之。二、八月採根，暴乾。須紅花單葉，山中者為佳。人家培種者多失本性，不堪入藥。凡用以竹刀刮去麄皮，剉碎，以蜜拌濕蒸過，亦有以炒製者。雷丸為之使，惡石斛、芒硝，畏硝石、鼈甲，反藜蘆。味酸、苦，性微寒，無毒。一曰有小毒。入手少陰肺、足太陰脾經。主治內熱邪氣，血痹疝瘕，腹痛腰痛，緩中益氣，利小便，通水氣，消癰腫，散惡血，利大小腸。皆曰白補而赤瀉，白收而赤散。故止腹痛，治瀉利，收復胃氣，安補脾經者，白芍藥之功也。利小便，瀉邪氣，散作痛之血，行內停之濕者，赤芍藥之功也。潔古云：白芍藥補中焦之藥，炙乾草為輔，治腹中痛，夏月腹痛，少加黃芩；惡熱而痛，加黃柏；惡寒而痛，加肉桂。丹溪

云：白芍藥酒浸，炒，與白术同用則補脾，與川芎同用則補肝，與人參、白术同用則補氣。治腹中痛，下痢者必炒，後重者不炒。炒則溫而不行，後重必炒者，欲其寒以下行也。海藏云：血虛寒人，禁此一物。古人有言，減芍藥以避中寒，誠不可忽。雖然既經炒過，則寒不必避矣。入藥先煮一二沸，次下餘藥。

單方：服食延年：白芍藥二十餘斤，竹刀刮去麄皮，取東流水煮百沸，出，陰乾，停三日，又入木甑內，以淨黃土蓋之，蒸一晝夜，取出去土，陰乾，剉搗為細末，每服酒下三錢，日三次，滿三百日後，可以登嶺，絕穀不飢。骨髓風痛：白芍藥二分，虎脛骨一兩，炙，共為末，絹袋盛之，入酒三升，浸五日後，每服三合，溫飲，日三服。金瘡血不止：刀斧所傷，流血不止而痛者，白芍藥搗為細末，傅上立止。赤白帶多年：白芍藥三兩，乾薑五錢，剉，共炒黃，搗爲細末，空心米調下二錢，日二三次，佳。

明・鄭寧《藥性要略大全》卷二 白芍藥臣 扶陽氣，大除腹痛；收陰氣，徒健脾經。〔墜其〕胎，能逐其血；損其肝，能緩其中。《賦》曰：補虛而生新血，退熱尤良。《本草》云：能利小便，以腎主大小二便。此藥益陰滋腎，故小便得通也。《湯液》云：腹中虛痛，脾經也，非此不除。補津液停濕之劑也。陳藏器云：治時行寒熱，中惡腹痛，腰痛，消癰腫。主治邪氣，止中部腹痛，除血痹，破堅積，寒熱疝瘕，止痛，利小便，益氣，通順血脉，緩中，散惡血，逐賊血，去水氣，利膀胱、大小腸。丹溪云：脾經之藥。散濕及腹痛，胃氣不通，肺燥氣熱。以其酸收、甘緩，下利必用之藥。俗云白補赤瀉。《衍義》云：〔白〕補，赤散，瀉肝補脾胃，酒浸行經。止中部腹痛。血虛寒人禁服。古云：減芍藥以避中寒。東垣云：澁者為上。或問：古今方中多以澁為收，今《本經》有利小便一句，何也？東垣云：芍藥能停諸濕而益津液，使小便自行，本非通利之藥。又問：有緩中一句，何為緩中？東垣云：損其肝者緩其中。又問：當用何藥以治之？東垣云：當用四物湯。以其內有芍藥故也。赤者利小便、下氣；白者止痛散氣。大抵為收降之藥，故能至血海九地之下，循至厥陰經也。《象》云：補中焦之藥，得炙甘草為佐，治腹中痛。味苦、酸，平，性寒，有小毒。入手、足太陰脾、肺二經。可升可降，陰也。沒藥、烏藥、雷丸為之使。惡石斛，畏硝石、鱉甲、小薊。反藜蘆。有赤白二種。白者止腹痛，須炒用，又能散血，治女人血閉。赤者利小便、下氣。

明・賀岳《醫經大旨》卷一《本草要略》 芍藥 味酸，性寒，收斂之劑也。東垣曰：可升可降，陰也。其云可降，猶之可也，其云可升，須以酒浸用之，以借升發也。其用猶有赤白之異焉，赤者瀉熱，而白者補虛也。赤者能瀉肝家火，故暴赤眼者，或洗或服，皆當用之。白者與白术同用則補氣，又下利腹痛者宜用之。蓋由腸胃濕熱，用此收斂之劑，則脾胃得正而邪毒不能作釁矣。《補遺》所謂治血虛腹痛，蓋謂其補虛耳。抑且收斂之酸寒以和濕熱之熾盛，則濕熱自是而釋矣，故腹中有寒而痛，當煨用之。

明・陳嘉謨《本草蒙筌》卷二 芍藥 味苦、酸，氣平、微寒。氣薄味厚，可升可降，陰中之陽。有小毒。近道俱生，淮南獨勝。開花雖顔色五品，入藥惟赤白二根。山谷花葉單，根重實有力；家園花葉盛，根輕虛無能。反藜蘆，惡硝斛。芒硝、石斛。畏硝石、龜甲、小薊，使烏藥、沒藥、雷丸。入手太陰肺經及足太陰脾臟。赤白因異，製治亦殊。赤芍藥色應南方，能瀉能散，生用正宜；白芍藥色應西方，能補能收，酒炒纔妙。若補陰，酒浸日曝，勿見火。赤利小便去熱，消癰腫，破積堅，主火盛眼疼要藥；白和血脉緩中，固腠理止瀉痢，為血虛腹痛捷方。已後數條，惟白可用。得甘草炙為輔佐，兼主治寒熱腹疼。熱加黃芩，寒加肉桂。與白术同用補脾，與參耆同用益氣，與川芎同用瀉肝。凡婦人產後諸病，切忌煎嘗，因其酸寒，恐伐生發之性故也。儻不得已要用，桂酒肉桂煎酒。漬炒少加。血虛寒人，亦禁莫服。《經》云：冬月減芍藥，以避中寒。則可徵矣。

謨按：芍藥何入手、足太陰也？蓋酸澁者為上，為收斂停濕之劑故爾。雖主手、足太陰，終不離於收降之體。又至血海而入九地之下，直抵於足厥陰焉。氣味酸收，又何利小便也？蓋腎主大小二便，用此益陰滋濕，故小便得通。仲景治傷寒每多用者，抑非以其主寒熱、利小便乎？一説：芍藥本非通利之藥，因其能停諸濕而益津液，故小便自利，於義亦通。又何謂緩中也？蓋損其肝者緩其中，即調血止痛之謂。丹溪云：芍藥惟止血虛腹痛，然諸痛並宜辛散，此僅酸收，故致血調，血調則痛自止，豈非謂緩中耶？

明・方穀《本草纂要》卷一 芍藥 味苦、酸，氣微寒，氣薄味厚，陰也，降也，陰中之陽，有小毒。入厥陰肝經，伐肝平木；入太陰脾經，健脾裏血。或曰：酸者，肝之味，肝得酸則邪盛而木旺，氣盛而土衰，又何有健脾裏血之功，伐肝平木之理？殊不知陰中之陽，氣薄而味厚，酸雖入肝，而苦寒亦

能平木，酸能歛血，而氣寒猶能生血。但赤者瀉，而白者補，赤入肝，而白入脾，赤者利下焦而破結，白者補血氣而和中。但用之者，少分辨爾。大抵此劑消癰腫，散瘡毒，調血室，行荣衛，止崩漏，去瘀結，破堅消積，抑肝緩中，扶陽助陰，益氣補血之聖藥也。吾嘗用治之法，與苓术用，則能和脾而健胃；與歸芎用，則能養血而和血；與木香用，則能調胃而行肝；與青皮用，則能瀉肝而平木；與萸連用，則能治痢而止痛。若夫產後不可輕用，恐酸寒之味而伐生發之性也。血虚生寒之人禁用，恐酸苦之性而反生其寒也。至如修製之法，又所宜知補血之劑，必宜酒炒；破血之劑，止宜生用。血虚腹痛，非火煨不能達血以止痛；溫經回陽，非薑桂附萸不能佐芍以陽復；凉血滋陰，非芩連不能並之以生陰；扶元益氣，非參术不能並之以歸元。雖曰血家之要藥，但爲臣使之戝，弗能單行獨立，隨當歸用治無不驗。

明・王文潔《太乙仙製本草藥性大全》卷一《本草精義》 芍藥 一名白术，一名餘容，一名犁食，一名解食，一名鋋。生中岳川谷及丘陵，今處處有之，淮南者勝。春生紅芽，作叢，莖上三枝五葉，似牡丹而狹長，高一二尺，夏開花，有紅、白、紫數種，子似牡丹子而小，秋時採根。根亦有赤白二色。崔豹《古今注》云：芍藥有二種，有草芍藥，木芍藥。木者花大而色深，俗呼爲牡丹。非也。又云：牛亨問曰：將離相別，贈以芍藥，何也？答曰：芍藥一名何離，故相贈。犹相招召贈以文無，文無一名當歸；欲忘人憂，則贈以丹棘，丹棘一名忘憂，使忘憂也；欲蠲人之忿，則贈以青裳，青裳一名合歡，贈之使忘忿也。張仲景治傷寒湯，多用芍藥，以其主寒熱，利小便故也。古人亦有單服食者，安期生服煉法云：芍藥二種，一者金芍藥。二者木芍藥。救病用金芍藥，色白多脂肉；木芍藥色紫瘦多筋，若取，審看勿令差錯。若取服餌，採得浄刮去皮，以東流水煎百沸，出，陰乾，停三日，又於木甑內蒸之，上覆以浄黄土一日夜，熟出陰乾，擣末，以麥飲，或酒服三錢，每日三，滿三百日可以登嶺，絕穀不飢。

白芍藥臣　味苦、酸，性寒，氣平，有小毒。賦云：扶陽氣，大除腹痛；收陰氣，陡健脾經。〔墮其〕胎，能逐其血。損其肝，能緩其中。又曰：補虚而生新血，退熱尤良。《本草》云：能利小便，以腎主大小二便，此藥益陰滋腎，故小便得通也。《湯液》云：腹中虚痛，脾經也，非此不除，補津液，停濕之劑也。惡石斛，畏硝石、鱉甲、小薊，反藜蘆。

赤芍藥　味苦、辛，性寒，有小毒。賦云：破血而療腹痛，亦解煩熱。○赤白二芍藥，酒浸炒，與白术同用，則能補脾；同川芎，則能瀉肝；同參芪，則能補氣。新產後不宜便服。服忌與白术同。二八月收取。

明・王文潔《太乙仙製本草藥性大全》卷一《仙製藥性》 芍藥臣　味苦、酸，氣微寒，氣薄味厚，陰也，厚也，陰中之陽，有小毒。入手足太陰經。沒藥、烏藥、雷丸爲之使。主治：療邪氣腹痛，除血痹，破堅積，寒熱疝瘕，利小便，益氣，通順血脉，抑肝緩中，扶陽收陰，補血，散惡血，利大小腸，通月水，消癰腫發背、痔瘻。又下痢疾必用之，痢而腹中痛者炒用，後重生用。補註：脾經之藥，赤白因異，製治不同。赤芍藥色應南方，能瀉能散，生用正宜；白芍藥色應西方，能補能收，酒炒纔妙。若補虚，酒浸日曝，勿見火。赤利小便，去熱消癰腫，破積堅，土火盛，眼疼要藥。白和血脉，緩中固腠理，止瀉痢。爲血虚腹痛，得炙甘草爲佐；治腹中痛，夏月少加黄芩；如惡寒而痛，加肉桂。又云惟治血虚腹痛，蓋諸痛宜辛散，芍藥酸收故也。又產後不可便用，以其酸寒伐生發之性也。又血虚人禁用。又云冬月減芍藥以避中寒。治風毒骨髓疼痛，芍藥一分，虎骨一兩，炙爲末，以絹袋盛，酒三升，漬五日，每服三合，日三服。治五淋，赤芍藥一兩，檳榔一個，麵裹煨，爲末，每服一錢匕，水一盞，煎七分，空心服。治金瘡血不止，痛，白芍藥一兩，熬令黄，杵細爲散，用酒或米飲下二錢並得，初三服，漸加。治咯血、衄血，白芍藥一兩，犀角末二分，爲末，新水服一錢匕，血止爲限。太乙曰：凡採得後，於日中曝乾，以竹刀刮上麄皮并頭土了，剉之，將蜜水拌蒸，從巳至未，曝乾用之。

明・皇甫嵩《本草發明》卷二 芍藥中品之上，臣。氣微寒，味苦、酸，平，有小毒。氣薄味厚，陰也，降也。酒浸亦能升。陰中之陽，入手足太陰經。　發明曰：芍藥酸寒，收歛之劑。扶陽收陰，助脾瀉肝之要藥也。故《本草》主諸腹痛，急能緩之。〔下痢用炒，後重用生。〕脾氣之散能收之，肺氣燥煩熱，時行寒熱，腸胃濕熱及腸風瀉血痔瘻，得此酸寒，歛而和之，此收歛停濕之劑，故主手足太陰，而潤燥健脾。本收降之體，又能下行血海，至厥陰而抑肝調血，故又治疝瘕，除血痺，腹中虚痛。本屬脾，以其瀉肝經之邪，而補中焦脾氣也。云利水道，通順血脉者，本非通行之性，以益陰滋濕，而益津液，則血脉順而小便自利，《心》云下利必用之藥也。故白者補虚，止痛散血。赤者瀉肝火，祛煩熱，治

暴赤眼，利膀胱、大小腸，消瘀通經下行。二芍性本同，但色白屬西方，則補而斂澁。赤屬南方，則瀉而微散耳。酒浸能行經，止中部腹痛，炙甘草為佐，治腹急縮痛。夏月熱腹痛，佐以黄芩，春秋減少。惡寒腹痛，加肉桂，冬月亦然。更治血虚腹痛，與白朮同用能補脾，同川芎用瀉肝，同參、朮用補氣血，同生薑用溫經散濕通塞。但虚寒人及初產但禁用，故冬月減芍藥，以避中寒。雷丸、烏藥、沒藥為使。反藜蘆。畏硝石、鱉甲、小薊。惡石斛、芒硝。

明・李時珍《本草綱目》卷一四草部・芳草類

芍藥芍音杓，又音勺。《本經》中品。

【釋名】將離《綱目》　犁食《别録》　白朮《别録》　餘容《别録》　鋌《别録》

白者名金芍藥《圖經》　赤者名木芍藥　時珍曰：芍藥，猶婥約也。婥約，美好貌。此草花容婥約，故以爲名。羅願《爾雅翼》言，制食之毒，莫良於勺，故得藥名，亦通。《鄭風詩》云：伊其相謔，贈之以芍藥。《韓詩外傳》云：勺藥，離草也。董子云：勺藥一名將離，故將别贈之。俗呼其花之千葉者爲小牡丹，赤者爲木芍藥，與牡丹同名也。

【集解】《别録》曰：芍藥生中岳川谷及丘陵，二月、八月採根暴乾。弘景曰：今出白山、蔣山、茅山最好，白而長尺許。餘處亦有而多赤，赤者小利。志曰：此有赤白兩種，其花亦有赤白二色。頌曰：今處處有之，淮南者勝。春生紅芽作叢，莖上三枝五葉，似牡丹而狹長，高一二尺。夏初開花，有紅白紫數種，結子似牡丹子而小。秋時採根。崔豹《古今注》云：芍藥有二種，有草芍藥，木芍藥。木者花大而色深，俗呼爲牡丹，非矣。安期生服鍊法：芍藥有金芍藥，色白多脂；木芍藥，色紫瘦多脈。承曰：《本經》芍藥生丘陵。今世多用人家種植者，乃欲其花葉肥大，必加糞壤。每歲八九月取根分削，因利以爲藥。今淮南真陽尤多，根雖肥大而香味不佳，入藥少效。時珍曰：昔人言洛陽牡丹、揚州芍藥甲天下。今藥中所用，亦多取揚州者。十月生芽，至春乃長，三月開花。其品凡三十餘種，有千葉、單葉、樓子之異。入藥宜單葉之根，氣味全厚。根之赤白，隨花之色也。

根　【修治】斆曰：凡採得，竹刀刮去皮並頭(上)〔土〕，剉細。以蜜水拌蒸，從巳至未，曬乾用。時珍曰：今人多生用。惟避中寒者以酒炒，入女人血藥以醋炒耳。

【氣味】苦，平，無毒。《别録》曰：酸，微寒，有小毒。普曰：神農：苦。桐君：甘，無毒。岐伯：鹹。雷公：酸。李當之：小寒。元素曰：性寒，味酸，氣厚味薄，升而微降，陽中陰也。杲曰：白芍藥酸，平，有小毒，可升可降，陰也。好古曰：味酸而苦，氣薄味厚，陰也，降也，爲手足太陰行經藥，入肝脾血分。之才曰：須丸爲之使，惡石斛、芒硝，畏消石、鱉甲、小薊，反藜蘆。禹錫曰：别本須丸作雷丸。時珍曰：同白朮補脾，同芎藭瀉肝，同人參補氣，同當歸補血，以酒炒補陰，同甘草止腹痛，同黄連止瀉痢，同防風發痘疹，同薑、棗温經散濕。

【主治】邪氣腹痛，除血痹，破堅積，寒熱疝瘕，止痛，利小便，益氣《本經》。通順血脈，緩中，散惡血，逐賊血，去水氣，利膀胱大小腸，消癰腫，時行寒熱，中惡腹痛腰痛《别録》。治臟腑擁氣，强五臟，補腎氣，治時疾骨熱，婦人血閉不通，能蝕膿甄權。女人一切病，胎前産後諸疾，治風補勞，退熱除煩益氣，驚狂頭痛，目赤明目，腸風瀉血痔瘻，發背瘡疥大明。瀉肝，安脾肺，收胃氣，止瀉利，固腠理，和血脈，收陰氣，斂逆氣元素。理中氣，治脾虚中滿，心下痞，脇下痛，善噫，肺急脹逆喘咳，太陽鼽衄目澀，肝血不足，陽維病苦寒熱，帶脈病苦腹痛滿，腰溶溶如坐水中好古。止下痢腹痛後重時珍。

【發明】恭曰：赤者利小便下氣，白者止痛散血。大明曰：赤者補氣，白者補血。弘景曰：赤者小利，俗方以止痛不減當歸。白者，道家亦服食之，及煮石用。成無己曰：白補而赤瀉，白收而赤散。酸以收之，甘以緩之，故酸甘相合，用補陰血。逆氣而除肺燥。又云：芍藥之酸，斂津液而益營血，收陰氣而泄邪熱。元素曰：白補赤散，瀉肝補脾胃。酒浸行經，(上)〔止〕中部腹痛。與薑同用，温經散濕通塞，利腹中痛，胃氣不通。白芍入脾經補中焦，乃下利必用之藥。蓋瀉利皆太陰病，故不可缺此。得炙甘草爲佐，治腹中痛，夏月少加黄芩，惡寒加桂，此仲景神方也。其用凡六：安脾經，一也；治腹痛，二也；收胃氣，三也；止瀉痢，四也；和血脈，五也；固腠理，六也。宗奭曰：芍藥須用單葉紅花者爲佳，然氣虚寒人禁之。古人云：減芍藥以避中寒。誠不可忽。震亨曰：芍藥瀉脾火，性味酸寒，冬月必以酒炒。凡腹痛多是血脈凝澀，亦必酒炒用。然止能治血虚腹痛，餘並不治。爲其酸寒收斂，無温散之功也。下痢腹痛必炒用，後重者不炒。産後不可用者，以其酸寒伐生發之氣也。必不得已，亦酒炒用之。時珍曰：白芍藥益脾，能於土中瀉木。赤芍藥散邪，能行血中之滯。日華子言赤補氣，白治血，欠審矣。産後肝血已虚，不可更瀉，故禁之。酸寒之藥多矣，何獨避芍藥耶？以此頌曰張仲景治傷寒多用芍藥，以其主寒熱、利小便故也。杲曰：或言古人以酸澀爲收，《本經》何以言利小便。曰：芍藥能益陰滋濕而停津液，故小便自行，非因通利也。曰：又言緩中何也。曰：損其肝者緩其中，即調血也，故四物湯用芍藥。大抵酸澀者爲收斂停濕之劑，故主手足太陰經收斂之體，又能治血海而入於九地之下，後至厥陰經。白者色在西方，故補；赤者色在南方，故瀉。

【附方】舊六，新一十。

服食法：頌曰：安期生服鍊芍藥法云：芍藥有二種，救病用金芍藥，色白多脂肉；其木芍藥，色紫瘦多脈。若取審看，勿令差錯。凡採得，净洗去皮，以東流水煮百沸，陰乾，停三日，又於木甑内蒸之，上覆以净黄土，一日夜熟，出陰乾，搗末。以麥飲或酒服三錢匕，日三。服滿三百日，可以登嶺，絶穀不飢。《圖經本草》。

腹中虚痛：白芍藥三錢，炙甘草一錢，夏月加黄芩五分，惡寒加肉桂一錢，冬月大寒再加桂一錢。水二盞，煎一半，温服。潔古《用藥法象》。

風毒骨痛：在髓中。芍藥二分，虎骨一兩，炙爲末，夾絹袋盛，酒三升，漬五日。每服三合，日三服。《經驗方》。

脚氣腫痛：

白芍藥六兩，甘草一兩，爲末。白湯點服。《事林廣記》。　消渴引飲：　白芍藥、甘草等分，爲末。每用一錢，水煎服，日三服。鄂渚辛祐之患此九年，服藥止而復作。蘇朴授此方，服之七日頓愈。古人處方，殆不可曉，不可以平易而忽之也。陳日華《經驗方》。　小便五淋：　赤芍藥一兩，檳榔一個，麵裹煨，爲末。每服一錢，水一盞，煎七分，空心服。《博濟方》。　衄血不止：　赤芍藥爲末，水服二錢匕。《事林廣記》。　衄血咯血：　白芍藥一兩，犀角末二錢半，爲末。新水服一錢匕，血止爲限。《古今録驗》。　崩中下血：　小腹痛甚者。芍藥一兩，炒黄色，柏葉六兩，微炒。每服二兩，水一升，煎六合，入酒五合，再煎七合，空心分爲兩服。亦可爲末，酒服二錢。《聖惠方》。　經水不止：　白芍藥、香附子、熟艾葉各一錢半，水煎服之。熊氏《補遺》。　血崩帶下：　赤芍藥、香附子等分，爲末。每服二錢，鹽一捻，水一盞，煎七分，温服。日二服，十服見效。名如神散。《良方》。　赤白帶下：　年深月久不瘥者。取白芍藥三兩，並乾薑半兩，剉熬令黄，搗末，空心水飲服二錢匕，日再服。《廣濟方》只用芍藥炒黑，研末，酒服之。《貞元廣利方》。　金瘡出血：　白芍藥一兩，熬黄爲末，酒或米飲服二錢，漸加之，仍以末傅瘡上即止，良驗。《廣利方》。　痘瘡脹痛：　白芍藥爲末，酒服半錢匕。《痘疹方》。　木舌腫滿：　塞口殺人。紅芍藥、甘草煎水熱漱。《聖濟總録》。　魚骨哽咽：　白芍藥嚼細咽汁。《事林廣記》。

題明・薛己《本草約言》卷一《藥性本草》　白芍藥　味苦、酸，氣微寒，有小毒。陰也，可升可降，入手足太陰經及足厥陰經。收陰氣而補血，治血虚腹痛之功；　扶陽氣而健脾，治脾虚下痢之效。收肺氣而斂汗，抑肝邪而緩中。血虚及寒人禁服，故曰減芍藥以避中寒。江云：　伐肝木，瀉脾火，療血虚之腹痛。〇芍藥酸寒收斂之劑，扶陽收陰，助脾瀉肝之要藥也。　腹中虚痛，脾經也，損其肝者緩其中，即調血也。　然酸寒乃收斂之劑，其云可升，須以酒浸用之，以借升發也。　酒浸炒，與白术同用，則能補脾；　與川芎同用，則能瀉肝；　與蒼术同用，則能補氣。　又下痢腹痛者宜用之，蓋由腸胃濕熱，用此收斂之劑，則脾胃得正，而邪毒不能作釁矣。　又治血虚腹痛，以其補虚，抑且以收斂之酸寒，和濕熱之熾盛，則濕熱自是而釋矣。　然須得炙甘草為佐。　夏月腹痛少加黄芩，惡熱而痛加黄蘗，惡寒腹痛加肉桂。　痢而腹中痛者炒用，後重生用。有赤、白、紅三種，今之市者，皆水紅種，並非真白芍也。没藥、烏藥、雷丸為之使。〇腹中虚痛本屬脾，以其瀉肝經之邪，而補中焦脾氣也。　丹溪云：　芍藥惟治血虚腹痛，餘腹痛皆不可治。　以諸痛喜辛散，芍藥酸收故也。　又產後不可使用，以酸寒能伐生發之性也。　〇脾經之藥，赤應南方，能瀉能散，生用正宜；　白應西方，能補能收，酒炒纔妙。　又云：　若補虚，酒浸日曝，勿見火。惡石斛，畏硝石、鼈甲、小薊。反藜蘆。　按：　酸澁為收，今《本經》有利小便一句者，何也？　蓋芍藥非能利小便也，以腎主大小二便，既用此以益陰滋濕，故小便得通也。

赤芍藥　氣味行經同於白芍。　散滯血，瀉血中之熱火；　行結氣，利小便之淋癃。　以其絳赤，不與白者同功。〇赤者瀉熱，而白者補虚；　赤者能瀉肝家火，而白者能除肝經邪。　故暴赤眼者，或洗或服，皆當用赤芍。　又能消癰腫，破積堅。

明・梅得春《藥性會元》卷上　白芍藥　味苦、酸、平，氣微寒。升而微降，陽中陰也。有小毒。雷丸為使。惡石斛、硝石、鱉甲、小薊。反藜蘆。入手太陰肺經、足太陰脾經。有赤白二種，白補而赤瀉，白收而赤散，俱為臣，得甘草為佐。　主扶陽氣，大除腹痛。收陰氣，陡健脾經。墮其胎，能逐其血；　損其肝，能緩其中。　補虚而生新血，退熱尤良。　亦可安胎止痛。　惟治血虚腹痛，其餘腹痛不治，以其酸寒收斂而無溫散之功故也。　產後禁用，蓋為伐生發之氣。　諸火不宜，恐酸寒斂火，而不能降解。　與白术同用，則能補脾；　與川芎仝用，則能補肝；　與人參、白术同用，則補氣。　治腹中痛，下痢須炒，後重者不炒。　一云血虚寒人禁用。　古人有減芍藥以避中寒，誠不可忽。

製法：　酒浸引經。

明・杜文燮《藥鑒》卷二　芍藥　氣微寒，味酸苦，氣薄味厚，有小毒。可升可降，陰也。入手足太陰二經。　生用則降，酒浸可升。　其用有赤、白之異，赤者瀉熱，白者補虚。　赤者能瀉肝家火，故暴赤眼洗與服。　同白者佐炙草，能治腹痛。　但夏月少加黄芩。　如惡寒者，加肉桂一錢，白芍三錢，炙草錢半，此仲景之神方也。　與白术同用，則能補脾。　與川芎同用，則能瀉肝。　與人參、白术同用，則補益元氣。　又下痢腹痛者宜用，蓋由腸胃濕熱，故用此收斂之劑，則脾胃得正，而邪毒不能作禍矣。　腹中有寒而疼，當煨用之。　婦人產後及血虚之人，必須酒炒。　古人四物湯用此劑之寒酸，以收當歸之辛散耳。　痘家血熱及血不歸根者，用此酸寒之劑，以斂血歸根極妙。　但血寒痘不發者勿用。　反藜蘆。

明・王肯堂《傷寒證治準繩》卷八　芍藥　氣微寒，味酸而苦，氣薄味厚，陰也，降也，陰中之陽，有小毒。　入手足太陰經。　垣：　補中焦之藥，得炙甘草為佐，治腹中痛。　夏月腹痛，少加黄芩。　如惡寒腹痛，加肉桂一錢、白芍

藥三錢、炙甘草一錢半，此仲景神方也。如冬月大寒腹痛，加桂二錢半，水二盞，煎一半，去皮用。脾經之藥，收陰氣，能除腹痛。酸以收之，扶陽而收陰氣。泄邪氣，扶陰。與生薑同用，溫經散濕，通塞利，腹中痛，胃氣不通，肺燥氣熱，酸收甘緩，下利必用之藥。白補赤散，瀉肝補脾胃。酒浸行經，止中部腹痛。東垣云：但澀者為上。或問：古今方論中多以澀為收，今《本經》有利小便一句者，何也？曰：芍藥能停諸濕，而益津液，使小便自行，本非通行之藥，所當知之。又問：有緩中一句，何謂緩中？曰：損其肝者，緩其中。又問：當用何藥次治之？曰：當用四物湯，以其內有芍藥故也。赤者利小便，下氣。白者止痛，散氣血，入手足太陰經。大抵酸澀者為上，為收斂停濕之劑，故主手足太陰經。收降之體，故又能至血海，而入於九地之下，後至厥陰經也。後人用赤瀉白補者，以其色在西方，故補色在南方，故泄也。《難經》云：損其肝者緩其中，即調血也。《本草》云：能利小便。非能利之也，以其腎主大小二便，既用此以益陰滋濕，故小便得通也。腹中虛痛，脾經也，非芍藥不除，補津液，停濕之劑也。修治：剉片，內熱者生用，中寒者酒炒用。

明・李中立《本草原始》卷二　芍藥　始生中岳川谷，今處處有之，淮南者勝。春生紅芽作叢，莖上三枝五葉，似牡丹而狹長，高一二尺。夏開花，有紅白紫數種。子似牡丹子而小。秋時採根，根亦有赤白二色。《醫學入門》曰：芍，灼也，灼灼其花。根能治病，故名芍藥。《本草綱目》曰：芍藥，猶婥約也。婥約，美好貌。此草花容婥約，故名芍藥。《詩》云：伊其相謔，贈之以芍藥。《韓詩外傳》云：芍藥，離草也。董子云：芍藥，一名將離，故將別贈之。《本經》白者名金芍藥，赤者名木芍藥。　芍藥：　氣味：苦，平，無毒。　主治：邪氣腹痛，除血痹，破堅積寒熱，疝瘕止痛，利小便，益氣。○通順血脉，緩中，散惡血，逐賊血，去水氣，利膀胱、大小腸，消癰腫，時行寒熱，中惡，腹痛腰痛。○治臟腑擁氣，強五臟，補腎氣。治時疾骨熱，婦人血閉不通，能蝕膿。○女人一切病，胎前產後諸疾。治風補勞，退熱除煩，益氣，驚狂頭痛，目赤，明目，腸風瀉血，痔瘻，發背瘡疥。○瀉肝，安脾肺，收胃氣，止瀉利，固腠理，和血脉，收陰氣，斂逆氣。○理中氣，治脾虛中滿，心下痞，脇下痛，善噫，肺急脹逆喘欬，太陽鼽衄，目澀，肝血不足。陽維病苦寒熱，帶脉病苦腹痛滿，腰溶溶如坐水中。○止下痢，腹痛後重。

芍藥，山谷花葉單，根重實有力；家園花葉盛，根輕虛無能。一云山谷芍藥花單瓣，類杓形，故名芍藥。《本草蒙筌》云：白芍藥色應西方，能補能收，酒炒纔妙，和血脉緩中，固腠理，止瀉痢，為血虛腹痛捷方。芍藥，《本經》中品。【圖略】白芍藥肉牙色。二月、八月采根。南芍藥亦有齊者，兩頭尖者多切片，肉極堅實。西芍藥亦有尖者，兩頭齊者多切片，肉有花文。凡用惟南為勝。

《本草蒙筌》云：赤芍藥：【圖略】色應南方，能瀉能散，生用止宜利小便，去熱消癰腫，破積堅，主火盛眼疼要藥。

赤芍藥，八月采根。

《別錄》曰：酸，微寒，有小毒。氣薄味厚，可升可降，陰中之陽。入手足太陰行經藥，入肝脾血分。　芍藥：雷丸為之使，惡石斛、芒消，畏消石、鼈甲、小薊，反藜蘆。　《博濟方》：治五淋，赤芍藥一兩，檳榔一箇，麵裹煨，為末，每服一錢，水一盞，煎七分，空心服。《古今錄驗》：治咯血、衄血，白芍藥一兩，犀角末二錢半，為末，新水服一錢匕，血止為限。　芍藥，臣。芍藥，凡婦人產後諸病，切忌煎嘗，因其酸寒，恐伐生發之性故也。儻不得已，要用桂、酒漬炒，少加。血虛寒人亦禁，莫服。冬月減芍藥，以避中寒。此經言可徵矣。

明・張懋辰《本草便》卷一　芍藥臣　味苦、酸，氣微寒。氣薄味厚，陰也，降也，陰中之陽。有小毒。入手、足太陰經。惡石斛，畏消石、鼈甲、小薊，反藜蘆。　主邪氣腹痛，除血痹，破堅積寒熱、疝瘕，利小便，益氣，通順血脉，抑肝緩中，扶陽收陰，補血散惡血，利大小腸，通月水，消癰腫，發背，痔瘻。又下痢疾必用之，痢而腹中痛者炒用，後重生用。　脾經之藥。白者補，赤者瀉。赤者利小便，下氣。白者止痛散血，產後不可便用，以其酸寒，伐生發之氣；又血虛寒人禁用。　又冬月減芍藥，以避中寒。

明・李中梓《藥性解》卷二　白芍藥　味酸、苦，性微寒，有小毒，入肝經。主怒氣傷肝，胸腹中積聚，腰臍間瘀血，腹痛下痢，目疾崩漏，調經安胎。赤者耑主破血利小便，除熱明目。雷丸、烏藥、沒藥為使，惡石斛、芒硝，畏硝石、鱉甲、小蘇，反藜蘆。　按：白芍酸走肝，故能瀉水中之火，因怒受傷之症，得之皆愈。積聚腹痛，雖脾之病，然往往亢而承制，土極似木之象也。《經》曰：治病必求於本。今治之以肝，正其本也。目疾與婦人諸症，皆血

之病得之，以伐肝邪，則血自生而病自已，故四物湯用之，亦以婦人多氣也。今竟稱其補血之效而忘其用，可耶？新產後宜酌用之，恐酸寒伐生生之氣也，血虛者煨用，痛痢者炒用。

明・繆希雍《本草經疏》卷八 芍藥 味苦，酸，平，微寒，有小毒。主邪氣腹痛，除血痹，破堅積，寒熱疝瘕。止痛，利小便，益氣通順血脈，緩中散惡血，逐賊血，去水氣，利膀胱大小腸。消癰腫，時行寒熱，中惡腹痛，腰痛。甄權：主婦人血閉不通。日華子：主女人一切病，胎前產後諸疾。治風補勞，退熱除煩，益氣，目赤，腸風瀉血。元素：主瀉肝，安脾肺，收胃氣，止瀉利，固腠理，和血脈，收陰氣，斂逆氣。好古：主理中氣，治脾虛中滿，心下痞，脇下痛，善噫。肺急脹逆喘欬。太陽鼽衄。目澀，肝血不足。陽維病苦寒熱。帶脈病苦腹痛滿，腰溶溶如坐水中。時珍：止下利腹痛後重。

【疏】芍藥稟天地之陰，而兼得甲木之氣。《本經》味苦，平，無毒。《別錄》加酸，微寒。氣薄味厚，升而微降，陽中陰也。又可升可降，陰也，降也。為手足太陰引經藥，入肝脾血分。《圖經》載有二種：金芍藥，色白；木芍藥，色赤。赤者利小便散血，白者止痛下氣。赤行血，白補血。白補而赤瀉，白收而赤散。酸以收之，甘以緩之，甘酸相合用，補陰血，通氣而除肺燥。故《本經》主邪氣腹痛，除血痹，破堅積，寒熱疝瘕，通順血脈，散惡血，逐賊血，消癰腫，婦人血閉不通，目赤，腸風瀉血，赤所治也。緩中，去水氣，利膀胱大小腸，中惡腹痛，腰痛，女人一切病，胎前產後諸病，治風補勞，退熱除煩，益氣，瀉肝安脾肺，收胃氣，止瀉利，固腠理，和血脈，收陰氣，斂逆氣，理中氣，治脾虛中滿，心下痞，脇下痛，善噫，肺急脹逆喘欬，太陽鼽衄，目澀，肝血不足，陽維病苦寒熱，帶脈病苦腹痛滿，腰溶溶如坐水中，止下痢腹痛後重，白所治也。詳味《圖經》，以金木分赤白，厥有深旨。芍藥味酸，寒得木化，金色白，故白者兼金氣者也。專入脾經血分，能瀉肝家火邪。故其所主收而補。制肝補脾，陡健脾經，脾主中焦，以其正補脾經，故能緩中。土虛則水泛濫，脾實則水氣自去，故去水氣。土堅則水清，故利膀胱大小腸。中焦不治則惡氣乘虛而客之，為腹痛，補脾則中自和而邪不能留，腹痛自止矣。脾虛則濕氣下流客腎，故腰痛，得補則脾氣運而上行，故腰痛自愈。女人以血為主。脾統血，故治女人一切病。胎前產後，無非血分所關，酸寒能涼血補血，故主胎產諸病。土實則金〔氣〕肅而木氣自斂，故治風除熱。益血，故能補勞退熱，除煩，脾統後天之元氣。得補則旺，故益氣。酸寒能瀉肝，肝平則脾不為賊邪所干，脾健則母能令子實，故安脾肺。胃氣屬土，土虛則緩而散，木化作酸，故收胃氣。脾虛則中氣下陷而成瀉利，東垣以中焦用白芍藥，則脾中升陽，又使肝膽之邪不敢犯，則瀉利自止矣。肺主皮毛腠理，脾主肌肉，而為肺之母，母能令子實，故固腠理。脾統血，脾和則血脈自和。酸斂入陰，故收陰氣，斂逆氣，理中氣。脾虛則中滿，實則滿自消。治中則心下不痞，瀉肝則脇下不痛。善噫者，脾病也，脾健則不噫。肝脾之火上炎，則肺急脹逆喘欬，酸寒收斂以瀉肝補脾，則肺自寧，急脹逆喘欬之證自除。涼血補血，則太陽鼽衄自愈。脾虛則目澀，得補則澀除。肝家無火則肝血自足。陽維病苦寒熱，及帶脈病苦腹痛滿，腰溶溶如坐水中，皆血虛陰不足之候也。肝脾和，陰血旺，則前證自瘳矣。

木芍藥色赤，赤者主破散，主通利，專入肝家血分，故主邪氣腹痛。其主除血痹、破堅積者，血瘀則發寒熱，行血則寒熱自止。血痹疝瘕，皆血凝滯而成，破凝滯之血，則痹和而疝瘕自消。涼肝故通順血脈。肝主血，入肝行血，故散惡血，逐賊血。榮氣不和則逆於肉裏，結為癰腫，行血涼血則癰腫自消。婦人經行屬足厥陰肝經，入肝行血，故主經閉。肝開竅於目，目赤者，肝熱也，酸寒能涼肝，故治目赤。腸風下血者，濕熱腸血也，血涼則腸風自止矣。【主治參互】白芍藥酒炒為君，佐以炙甘草，為健脾最勝之劑，能治血虛腹痛。同黃連、滑石、甘草、升麻、人參、蓮肉、藊豆、紅麴、乾葛，為治滯下之神藥。同人參、白朮、茯苓、炙甘草、肉豆蔻、橘皮、車前子，治脾虛泄瀉。酒炒白芍藥二兩，炙甘草二錢，蓮子去心五十粒，水煎。治痘瘡有熱作泄，熱甚加酒炒黃連一錢。同荊芥、防風、生地黃、黃耆、炙甘草，治腸風下血。同當歸、地黃、牛膝、炒黑乾薑、續斷、麥門冬、五味子，治產後血虛發熱。君白芷、炙甘草，治痘瘡血虛發癢。同黃耆、防風，治表虛傷風自汗。赤芍藥同藿香、橘皮、木瓜、甘草，治中惡腹痛。同芎藭、紅花、生地黃、當歸、白芷、荊芥，治破傷風發熱疼痛。同牛膝、當歸、地黃、延胡索、山查、澤蘭、紅藍花、五靈脂，治初產惡露不下腹痛，冬月加肉佳。同金銀花、白芷、鯪鯉甲、紫花地丁、夏枯草、茜草、生甘菊，消一切癰腫。同香附、當歸、地黃、延胡索、青皮，治經阻腹痛。加

五靈脂、蒲黄，能散惡血，逐敗血。　〔簡誤〕白芍藥酸寒，凡中寒腹痛，中寒作泄，腹中冷痛，腸胃中覺冷等證忌之。　赤芍藥破血，故凡一切血虚病及泄瀉，產後惡露已行，少腹痛已止，癰疽已潰，竝不宜服。

明・倪朱謨《本草彙言》卷二　白芍藥　味酸，性寒，無毒。可升可降。入手足太陰、厥陰經。乃肝脾血分藥也。

李時珍先生曰：芍藥，猶婥約也。婥約，美好貌。此草花容婥約，故名。《鄭風》詩云：伊其相謔，贈之以芍藥。出中嶽川谷丘陵，處處有之。出白山、蔣山、茅山者最好。今紹興、金華亦有。昔稱洛陽牡丹、廣陵芍藥，甲于天下。今藥中惟取廣陵者爲勝。十月生芽，至春乃長莖，至二三尺許，三枝五葉。花葉子實，酷似牡丹。名有三十餘件，第發芽在牡丹之前，作花在牡丹之後。夏初開花，有紅白紫數種。又有單瓣、千瓣、樓子之别。白者名金芍藥，赤者爲木芍藥。入藥只取白花單瓣之根，氣味全厚。然根之赤白，亦隨花之赤白也。修用：先别赤白，白根固白，赤根亦白。每根切取一片，各以法記。燒酒潤之，覆蓋過宿。白根固白，赤根轉赤矣。各以竹刀刮去皮用。今市肆一種赤芍藥，不知何物草根，瘍科多用消腫毒，人多不察。其爲害也殊甚。又白芍藥老根年久色赤，市人僞充赤芍藥，亦非。　倪朱謨曰：《本經》言赤白芍藥生山谷丘陵，後世多用人家種植者。乃欲其花葉肥大，必加糞壤。每歲八九月，取根分種。今淮南真陽尤多。根雖肥大而香味不佳，入藥少效。

白芍藥：扶陽收陰，方龍潭益氣斂血之藥也。蔡心吾稿酸能入肝，而苦寒亦能養木。酸能斂血，而氣寒尤能生血。然安血室，止崩漏，和營衛，斂虚汗，發痘疹，解毒痢，治胎產，止腹痛，其效甚捷。故同甘草止氣虚腹痛，同芎、歸止血虚腹痛，同查、朴止積滯腹痛，同砂仁止胎孕腹痛，同芩、連止熱痢腹痛，同薑、附、肉桂，止陰寒腹痛，同防風發痘疹于已出未出之際，同薑、棗散風寒于表熱裏虚之時。又同白朮補脾，同川芎補肝，同參、耆補氣，同歸、地補血，同木香行中有止，同麻黄藏中有發。或問今人以酸濇爲收，何以白芍藥能發邪氣？此藥春苗直上，挺透不屈。氣雖酸濇，用于發散藥中，又能助汗泄邪，取其斂而復伸，蓄而復通之意。據《本經》主邪氣腹痛，除血痹，破堅積、寒熱疝瘕等疾可知已。世稱氣味酸斂，唯堪降入，此不識臭味，不顧名義者矣。故仲景治傷寒，多用白芍藥，以其退寒熱、利小便也。有謂產後不可用者，以酸寒伐生發之氣，無温散之功。此説實齊東野人語也！況產後寒藥不避大黄，熱藥不避桂、附，補滯藥不避歸、地，流通藥不避烏藥、木香，何畏白芍藥之酸收耶？況能安血室，和營衛，豈產後有不可用之理乎？知幾之士，當自得之，毋爲耳食也。

繆仲淳先生曰：白芍藥養陰。凡中寒腹痛，中寒作泄，腹中冷痛，腸胃中覺冷諸證，忌之。赤芍藥破血，凡一切血虚病及泄瀉，產後惡露已行，少腹痛已止，癰疽已潰諸證，忌之。　沈則施先生曰：赤、白二芍藥，主治略同，而白補赤瀉，白收赤散。白芍藥益脾，能于土中瀉木；赤芍藥散邪，能行血中之滯。二者稍有不同耳。　沈起愚先生曰：白芍藥斂虚汗，發邪汗，與黄耆、白朮同性，會心者得之。

集方：冷秋暘醫稿治血室不調，轉生百病。用白芍藥、歸身、地黄、川芎四物湯。○同前治血崩漏下。用白芍藥、川黄柏、人參、薑灰。○同上治虚汗頻出不止。用白芍藥、北五味、黄耆、人參、白朮。○《保嬰秘要》治痘脚不起發。用白芍藥、防風、牛蒡子、荆芥。○同前治痘瘡血虚發癢。用白芍藥、白芷、甘草。○同前治痘瘡熱甚作瀉。用白芍藥、川黄連、甘草。○同前治痘瘡虚寒作瀉。用白芍藥酒炒，甘草、白朮土炒，肉桂，附子童便製，肉豆蔻。○沃子民《保命集》治下痢，不拘赤白，初起用白芍藥、川黄連、枳殼、甘草、青皮、木香、大黄、當歸。○同前治久痢。用白芍藥酒炒，於白朮土炒、木香、川黄連、升麻、人參、藊豆。○同前治腸風下血。用白芍藥、防風、荆芥、生地、黄耆、蒼朮。○婦醫郭懷山方治產後血虚發熱。用白芍藥、熟地、牛膝、薑灰、麥門冬、川續斷、北五味。○同前治產後惡露不下。用白芍藥、牛膝、歸尾、玄胡索、澤蘭、紅花、五靈脂。○《萬病回春》治時行赤白痢疾，腸胃中有風熱邪毒，發熱不退，及時行瘟疫，沿門闔境，皆下痢禁口者，服之神效。用白芍藥、羌活、柴胡、川芎、枳殼、桔梗、茯苓、薄荷、人參各一錢二分，甘草六分，黄連一錢五分，陳倉米三百粒，水煎服。○治童男室女，身發潮熱，咳嗽吐痰，夜出盜汗，飲食少進，四肢無力，漸至消瘦。用烏雞丸：用白芍藥、茯苓、生地黄、當歸、黄耆、人參、白朮、黄柏、知母、川貝母、地骨皮、秦艽、沙參、銀柴胡、黄芩各二兩，俱用酒拌炒，天門冬、麥門冬俱去心，各四兩，酒煮搗膏，前十四味，俱研爲細末，配入二冬膏，煉蜜和爲丸，梧桐子大，每早晚各食前服三四錢，白湯送下。

明・顧逢柏《分部本草妙用》卷一肝部・寒瀉　白芍藥　酸、苦，微寒，有小毒。雷丸為使，惡石斛、芒硝，畏硝石、鼈甲、小薊，反藜蘆。酒炒用。主治：邪風腹痛，除血痺，破堅積，通脉緩中，散惡血，利膀胱，治擁氣血閉，胎産諸疾。腸風瀉血。潔古曰：瀉肝安脾肺，收胃氣，止瀉痢，固腠理，收陰氣，斂逆氣，治中滿脇痛。陽維寒熱帶苦腹痛。赤者下氣破血，利水除熱。按：芍藥，為肝經本藥，又能入脾補中，此平肝木以培血海，損其肝者，緩其中，故也。其用凡六：安脾經，治腹痛，收胃氣，止瀉痢，和血脉，固腠理。然性味酸寒，必以酒炒，惟後重者不炒。産後者勿用，以其伐生氣也。時珍曰：白芍益脾，能于土中瀉木。赤芍散邪，能行血中之滯。大抵酸澀主于收斂，酸寒善于戕生。所以入手、足太陰經，為收斂之劑。治血海而入于九土之下，後至厥陰經。議補虚者審之，惟痢疾者在所必用。

明・黄承昊《折肱漫録》卷三　白芍藥為助脾瀉肝之要藥，治瀉補脾方中多用之。薛立齋獨言有損於脾，罕用此藥，想以其性寒耶。養生家審之。

明・李中梓《醫宗必讀・本草徵要上》　白芍藥味苦、酸，微寒，無毒，入肺、脾、肝三經。惡石斛、芒硝，畏鼈甲、小薊及藜蘆。煨熱酒焙。斂肺而主脹逆喘欬，腠理不固；安脾而主中滿腹痛，瀉痢不和；制肝而主血熱目疾，脇下作疼。赤者耑行惡血，兼利小腸。收斂下降，適合秋金，故氣寧而汗止。專入脾經血分，能瀉肝家火邪，故功能頗多。一言以蔽之，斂氣涼血而已矣。按：芍藥之性，未若芩、連之苦寒，而寇氏云：減芍藥以避中寒。丹溪云：産後勿用芍藥，恐酸寒伐生生之氣。嗟乎！藥之寒者，行殺伐之氣，違生長之機，雖微寒如芍藥，古人猶諄諄告戒，況大苦大寒之藥，其可肆用而莫之忌耶？

明・鄭二陽《仁壽堂藥鏡》卷一〇上　芍藥　氣微寒，味酸而苦。氣薄味厚，陰也，降也。陰中之陽。有小毒。入手足太陰經。《本草》云：主邪氣腹痛，除血痹，破堅積，寒熱疝瘕，止痛，利小便，益氣，通順血脉，緩中，散惡血，逐賊血，去水氣，利膀胱。沒藥、烏藥、雷丸為之使。《本草》又云：惡石斛、芒硝。畏硝石、鱉甲、小薊。反藜蘆。成聊攝云：芍藥白補而赤瀉，白補而赤散也。又云：芍藥之酸，收斂津液而益榮。又云：正氣虚弱，收而行之，芍藥之酸，以收正氣。又云：酸收也，泄也。芍藥之酸，收陰氣而泄邪氣。又云：肺燥氣熱，以酸收之，以甘緩之。芍藥之酸，以收逆氣。潔古云：白芍藥，補中焦之藥。炙甘草為輔，治腹中痛。如夏月腹痛，少加黄芩；惡熱而痛，加黄蘗；若惡寒腹痛，加肉桂一分，白芍藥二分，炙甘草一分半。此仲景神品藥也。如寒月大寒腹痛，加桂一錢半，水二盞，煎一盞服。《主治秘訣》云：性寒，味酸。氣厚味薄，升而微降，陽中陰也。其用有六：安脾經，一也；治腹痛，二也；收胃氣，三也；止瀉痢，四也；和血脉，五也；固腠理，六也。白補赤散，瀉肝補脾。酒浸引經，止中部腹痛。去皮用。東垣云：芍藥味酸而苦，微寒，氣薄味厚，陰也，降也。收脾經之陰氣，能除腹痛，酸以收之，扶陽而收陰氣，泄邪氣，扶陰。與棗、生薑同用，以溫經散濕，通塞，利腹中痛。謂氣不通，肺燥氣熱，酸收甘緩，下利必用之藥也。《經》云肺欲收，以白芍藥之酸收之。海藏云：《衍義》言芍藥全用根，其品亦多。須用花紅而單葉、山中者為佳。花葉多則根虚。然其根亦多赤色，其味澁。若有色白粗肥者益好，餘如經。然血虚寒人，禁此一物。古人有言：減芍藥以避中寒。誠不可忽。今見花赤者為赤芍藥，花白者為白芍藥。俗云白補而赤瀉。東垣云：但澁者為上。或問：古今方論以澁為收，今《本經》言利小便，何謂也？東垣曰：芍藥能停諸濕而益津液，使小便自行，非通利之也。又腎主大小二便，以此益陰滋濕，故小便通也。又問：緩中何謂？曰：損其肝者，緩其中。即調血也。又問：當用何藥？曰：當用四物湯。其内有芍藥故也。赤者利小便，下氣，白者止痛散血。入手、足太陰。大抵酸澁者，為收斂停濕之劑，故主手、足太陰。收降之體，又能至血海而入九地之下，復至厥陰也。後人用赤瀉白補者，以其色在西方，故補；在南方，故瀉也。丹溪云：白芍藥酒浸炒，與白术同用則補脾，與川芎同用補肝，與人參、白术同用，則補氣。治腹中痛，下利者必炒，後重者不炒。惟治血虚腹痛，諸腹痛皆不可。治産後勿用，以酸寒伐生生之氣也。按：芍藥平肝木以培血海，蓋損其肝者緩其中，非本功有補也。産後禁用，豈非瀉肝之故耶？議補虚者審之！日華子云：白芍治女子一切病，并胎前産後諸疾。通月水，退熱除煩，血暈頭痛，腸風瀉血。海鹽、杭越者俱好。

明・蔣儀《藥鏡》卷四寒部　芍藥　調濕益津，令水自行。抑肝補腎，令血自生。清胃安胎，腹中虚痛，春夏大加。生陰斂汗，血分虚寒，秋冬少下。當分白補而赤瀉，俱可逐舊以生新。痛痢用炒，後重用生。血虚用煨，産婦用忌。生用則降，酒浸可升。白芍屬金，耑入脾經血分。土實則金肅，而木

氣自斂，故風熱除，氣逆止。赤芍屬木，專入肝家血分，木平則土安，而血氣自疏，故腠理通，閉腫消。赤芍瀉肝火，投暴赤眼，而浸洗與煎服同功。白芍治腹痛，佐以炙甘，而夏芩冬桂酌配。痘家血熱及血不歸根者，用此酸寒，方能收斂。但血寒痘不發者，勿用。

明・李中梓《頤生微論》卷三　白芍藥　味酸、苦，微寒，有小毒。入肝經。雷丸為使。惡石斛、芒硝，畏鱉甲、小薊，反藜蘆。大而色白者佳。醇酒浸半日，煨透，切片，微炒。制肝而主血熱目疾，脇下作疼；安脾而主中滿腹痛，瀉痢不和；斂肺而主脹逆喘欬，腠理不固。赤者行惡血，利小腸。

按：芍藥收斂下降，行秋金之令，猶未若芩、連之寒。而寇氏云：減芍藥以避中寒。丹溪云：新產後勿用芍藥，恐酸寒伐生生之氣。蓋以藥之寒者，行殺伐之氣，違生長之機。雖微寒如芍藥，古人猶諄諄告戒，況大苦大寒之藥，其可肆用而莫之忌耶？

明・張景岳《景岳全書》卷四八《本草正》　芍藥反藜蘆。　味微苦、微甘，略酸，性頗寒。氣薄於味，斂降多而升散少，陰也。有小毒。白者味甘，補性多。赤者味苦，瀉性多。生者更涼，酒炒微平。其性沉陰，故入血分，補血熱之虛，瀉肝火之實，固腠理，止熱瀉，消癰腫，利小便，除眼疼，退虛熱，緩三消。諸證於因熱而致者為宜。若脾氣寒而痞滿難化者，忌用。止血虛之腹痛，斂血虛之發熱。白者安胎熱不寧，赤者能通經破血。此物乃補藥中之稍寒者，非若極苦大寒之比。若謂其白色屬金，恐傷肝木，寒伐生氣，產後非宜。則凡白過芍藥，寒過芍藥者，又將何如？如仲景黑神散，芍藥湯之類，非皆產後要藥耶？用者還當詳審。若產後血熱而陰氣散失者，正當用之，不必疑也。

明・賈九如《藥品化義》卷三肝藥　白芍藥　屬陰，體實，色白，氣和，味微苦略酸，性生寒炒涼，能升能降，力平肝，性氣薄而味厚，入肝脾肺三經。

白芍藥微苦能補陰，略酸能收斂，因酸走肝，暫用之生肝。肝性欲散惡斂，又取酸以抑肝，故謂白芍能補復能瀉，專行血海，女人調經胎產，男子一切肝病，悉宜用之調和血氣。其味苦酸性寒，本非脾經藥，炒用製去其性。脾氣散能收之，胃氣熱能斂之，主平熱嘔，止泄瀉，除脾虛腹痛，腸胃濕熱，以此瀉肝之邪而緩中焦脾氣。《難經》所謂損其肝者緩其中，同炙甘草為酸甘相合成甲己化土之義，調補脾陰神妙良法。取其色白，屬在西方，若久嗽者藉此以收肺。又治痢疾腹痛，為肺金之氣鬱在大腸，酸以收緩，苦以去垢，故丹溪治痢每劑用至三四錢，大有功效。若純下血痢，又非其所宜也。其力不能通行滲泄，然主利水道者，取其酸斂能收諸濕而益津液，使血脈順而小便自行，利水必用以益陰也。若痘瘡血不歸附者，用以斂血歸根。惟痧子忌之。凡諸失血後，及初產二十日內，肝臟空虛，不可以酸寒瀉肝，伐新生之氣，亦禁用。　白色粗大者佳，如細小者不堪用。伐肝。生補肝，行經酒炒，入脾肺炒用。

明・盧之頤《本草乘雅半偈》帙四　芍藥《本經》中品　氣味：苦，平，無毒。　主治：主邪氣腹痛，除血痹，破堅積，寒熱疝瘕，〔止痛〕，利小便，益氣。

覈曰：出中嶽川谷，及丘陵。今出白山、蔣山、茅山者最好。處處亦有，人家種蒔矣。昔稱洛陽牡丹、廣陵芍藥甲天下。今藥中亦取廣陵者為勝。十月生芽，至春乃長，赤莖叢生，三枝五葉，花葉子實，都似牡丹，第逗芽在牡丹之前，作花在牡丹之後。傳云驚蟄之節後二十五日芍藥榮是也。花有單葉千葉，千葉者，俗呼小牡丹，今群芳中，牡丹昌第一，芍藥第二，故世謂牡丹為華王，芍藥為華相。又或以為華王之副也。花之名，曰餘容、綽約、慶雲紅、蓮香白、醉芙蓉、步步嬌、玫瑰紫、緑衣郎、同心結、西施睡起、楊妃吐舌，概言之，曰花婢，種種幻巧，難以縷述。根之名曰鋋，曰犁食，曰白木，曰餘容，入藥只宜白花單瓣之根，氣味全厚，然根之赤白，亦隨花之赤白也。白者曰金芍藥，赤者曰木芍藥。概根莖花葉，統名曰離草，一名曰將離。修治：先別赤白，白根固白，赤根亦白，每根切取一片，各以法記，火酒潤之，覆蓋過宿，白根轉白，赤根轉赤矣。各以竹刀刮去皮併頭，剉細，蜜水拌蒸，從巳至未，晒乾用。今市肆一種赤芍藥，不知為何物草根，瘍瘻兒醫多用之，此習矣而不察，其為害殊甚也。須丸為之使。惡石斛、芒消，畏消石、鼈甲、小薊。反藜蘆。

条曰：《爾雅翼》云：芍藥花之盛者，當春暮祓除之時，故鄭之士女，取以相贈，董仲舒以為將離贈以芍藥者，芍藥一名可離，猶相招贈以文無。文無一名當歸也，然則相謔之後，俞使去爾。其根可以和五藏，制食毒，故古之遺法，馬肝食之至毒者，文成以是死，言食之毒，莫甚于馬肝，則制食之毒，宜莫良于芍藥。故獨得藥之名，猶食醬掌和庶羞之類，而醬又因以為名也。

《子虛賦》云：　芍藥之和，共而後御之。《南都賦》云歸鴈鳴鶵，香稻鮮魚，以為芍藥氣恬臭酸，百種千名，是因致其滋味也。故隱居一名犁食，蓋祓除不祥，制服食毒，和御衆情，則離中有合，合中有離，一勺之多，萬鈞之力矣。顧其時值閉藏，便行甲拆，一派生陽，絶不以黨錮為禁忌。則凡藥之所難及，力之所難到者，靡不騈馳翼驅，葉直以往，故引導最先。賚機極早，雖牡菌二桂，先聘通使，亦必藉之以為前驅。世稱氣味酸斂，唯堪降入，此不識臭味，不顧名義者矣。觀主邪氣入腹，遂閉拒成痛，芍從中開發，逐邪從內以出，至滌除血痹，入破寒熱疝瘕。已成堅積，唯堪消隕者，芍力轉倍。若小便不利，為癃為約，裨益肝氣，偏行疎泄，雖屬在下，先開在上，欲按則舉，欲舉則按，此必然之勢，芍亦兩得之矣。偏閱《別錄》方書，比量推度，盡人之性，則能盡物之性，不致為耳食所縛，藥物之幸大矣。

明・李中梓《本草通玄》卷上　白芍藥　味酸，微寒，為脾肺行經藥，入肝脾血分。　瀉肝安脾，收胃止瀉，實腠理，和血〔脈〕。痢疾腹痛，脾虛中滿，胎產諸疾，退熱除煩，明目，斂瘡口。　赤者破血下氣，利小便。　東垣曰：　芍藥酸濇，何以言利小便？　蓋能益陰滋濕而停津液，故小便自行，非通利也。　按：　芍藥微寒，未若芩、連、梔、栢之甚也？　而寇氏云：　減芍藥以避中寒。　丹溪云：　新產後勿用芍藥，恐酸寒伐生生之氣。　嗟乎藥之寒者，行殺伐之氣，違生長之機，雖微寒如芍藥，猶且諄諄告戒，況大苦大寒之劑，其可肆行而莫知忌耶。　避其寒，用酒炒。　入血藥，用醋炒。

清・顧元交《本草彙箋》卷二　芍藥　芍藥有赤白二種，而主用各別。白者斂氣涼血，赤者專行惡血，其大概也。白芍味酸，走肝，能瀉木中之火，因怒受傷之症，得之皆愈。肝性欲散惡斂，若過於踈散，故用白芍之微酸者以抑之，其苦酸性寒，本非脾經藥，炒用，製去其性，脾氣散能收之，胃氣熱能斂之。積聚腹痛，固脾病也。然往往亢而承制，土極似木，故用白芍，能於土中瀉木。凡木氣乘脾者，必需之。其血虛腹痛，多是血脈凝濇，用酒芍佐以炙甘草，爲酸甘相合，成甲己化土之義，調補脾陰。其色白入肺，凡久嗽者亦用之斂肺。而下痢腹痛者，爲肺金之氣鬱於大腸，酸以收緩，苦以去垢，故丹溪治痢，每用至三四錢，良有以也。惟純下血痢者，非宜耳。凡氣虛寒人，亦禁之。故古人云：　減芍藥以避中寒也。至於赤芍，既專破血，凡一切血虛病，及泄瀉、產後惡露已行，少腹痛已止，癰疽已潰者，並不宜服。白芍用以伐肝則生用之，補肝行經以酒炒，入脾、肺亦炒用，下痢腹痛炒用，後重者生用，女人血溢醋炒用之。消渴引飲，白芍、甘草等分，爲末，每用一錢，水煎，日三服。有人患此九年，服藥止而復作，得此方服之，七日頓愈。古人處方，殆不可曉，不可以平易忽之。

清・穆石匏《本草洞詮》卷八　芍藥　猶婥約也，美好貌。昔人言洛陽牡丹、揚州芍藥甲天下。有單葉、千葉、樓子之異。入藥宜單葉之根，氣味全厚，上不足者下有餘也。氣味苦甘酸平，一云小寒，無毒。行手足太陰經及足厥陰血分。其用凡六：　安脾經，一也；　治腹痛，二也；　收胃氣，三也；止瀉痢，四也；　和血脉，五也；　固腠理，六也。蓋芍藥之酸，斂津液而益營血，收陰氣而泄邪熱。同白朮補脾，同芎藭補肝，同人參補氣，同當歸補血，同甘草止腹痛，同黃連止瀉痢，同防風發痘疹，同薑棗溫經散寒。仲景治傷寒多用芍藥，以其主寒熱，利小便也。古人以酸濇為收，何以能利小便？曰：　芍藥能益陰，滋濕而停津液，故小便自行，非通利也。又言緩中，何也？曰：　損其肝者，緩其中，即調血也。但氣虛寒人禁之，所謂減芍藥以避中寒也。冬月必以酒炒。凡腹痛皆血脉凝濇，亦必酒炒用之。治下痢宜炒，治後重不炒。然止治血虛腹痛，餘並不治，為其酸寒收斂，無溫散之功也。產後不可用者，以酸寒伐生發之氣也，不得已亦酒炒用之。赤、白二芍，主治略同，而白補赤瀉，白收赤散；　白芍益脾，能於土中瀉木；　赤芍散邪，能行血中之滯。赤芍止痛不減當歸，白者道家亦服食也。

清・張志聰《侶山堂類辯》卷下　芍藥　氣味苦平，苦走血，故為血分之藥；　苦下洩，故《本經》主邪氣腹痛，除血痺，破堅積寒熱。因其破洩，故《太陰篇》云：　太陰為病，脉弱，其人續自便利，設當行大黃、芍藥者宜減之，以其人胃氣弱，易動故也。今人咸云芍藥主酸斂，而不知有大黃之功能。〇元如曰：　芍藥乃神農中品之藥。《本經》曰氣味苦平，後人增曰酸，而實未嘗酸也。盧子由曰：　市肆一種赤芍藥，不知為何物草根，兒醫瘍醫多用之，此習已而不察，其為害殊甚。

清・劉雲密《本草述》卷八上　芍藥　瀫曰：　昔稱洛陽牡丹、廣陵芍藥甲天下。今藥中亦取廣陵者為勝。十月生芽，至春乃長，赤莖，叢生，三枝五葉，花葉子實都似牡丹。苐逗芽在牡丹之前，作花在牡丹之後。傳云驚蟄之節後二十五日芍藥榮，是也。花有單葉、千葉，入藥只宜白花單瓣之根，氣味

全厚。然根之赤白，亦隨花之赤白也。白者曰金芍藥，赤者曰木芍藥。

根：氣味：苦，平，無毒。《別録》曰：酸，微寒，有小毒。普曰：神農：苦。桐君：甘，無毒。岐伯：鹹。雷公：酸。李當之：小寒。潔古曰：性寒，味酸。氣厚味薄，升而微降，陽中陰也。東垣曰：白芍藥酸，平，有小毒。可升可降，陰也。好古曰：味酸而苦，氣薄味厚，陰也，降也。為手足太陰行經藥，入肝脾血分。成無己曰：白補而赤瀉，白收而赤散。

愚按：白芍藥味酸，本為肝劑，而於脾最切者，以脾之主在肝也。既為脾之主，則即為肺之用，子母相生，而肝又以肺為主也。但白者由肝而效肺之用，故其色白，主氣主收。赤者由肝而效心之用，故其色赤，主血主散。又皆不離脾也。

白芍　諸本草白芍藥收陰氣，泄肝，安脾肺，收胃氣，理中氣，斂逆氣，和血脈，固腠理，治脾虛中滿，心下痞，脇下痛，善噫，肺急脹，逆喘咳，治風退熱，除煩，止下痢，腹痛後重，及血虛腹痛，並肝血不足，利小便，治婦人產前諸病，赤白帶下。

無己曰：芍藥之酸，收斂津液而益營，收陰氣而泄邪氣。又曰：正氣虛弱，收而行之。芍藥之酸以收正氣。又曰：酸以收之，甘以緩之，故酸甘相合，用補陰血，通氣而除肺燥。東垣曰：芍藥收脾經之陰氣，能除腹痛，酸以收之。扶陽而收陰氣，泄邪氣。扶陰與棗、生薑同用，以溫經散溼，通塞，利腹中痛，胃氣不通，肺燥氣熱。酸收甘緩，下利必用之藥也。《經》云：肺欲收，以白芍藥之酸收之。又曰：白芍又能治血海，而入於九地之下，後至厥陰經。按：東垣所謂扶陽者，真陽也。所泄之邪氣，乃邪火也。故收陰氣，即以扶陰而退邪火，則真陽自得所扶矣。

周彥曰：白芍有收陰補血之功能，去土中之木，又能引他藥入脾陰，而助生化之氣。《類明》曰：白芍藥瀉脾火，酸收苦泄，其入足太陰脾經，故酸收脾經之陰氣。陰氣既收，則火退矣。況其苦又能瀉火。愚按：白芍何以專瀉脾火？蓋其收陰氣者，即所以召陽，陽歸陰中，而邪火自散。脾屬太陰，收陰者，必先至脾，故瀉邪火，亦先於脾也。

之頤曰：芍藥時值閉藏，便行甲拆，一脈生陽，絕不以黨錮為禁忌，是所謂引導最先透機極早者也。世稱氣味酸斂，惟堪降火，殊失芍藥之功用矣。觀其主治，邪氣入腹，遂閉拒成痛，芍從中開發，逐邪從內以出，至滌除血痺，入破寒熱疝瘕已成堅積，唯堪消隕者，芍力轉倍。若小便不利，為癃為約，脾益肝氣，偏行疏泄，雖屬在下，先開在上，欲按則舉，欲舉則按，此必然之勢，芍亦兩得之矣。

時珍曰：同白朮補脾，同芎藭泄肝，同人參補氣，同當歸補血，以酒炒補陰，同甘草止腹痛，同黃連止瀉痢，同防風發痘疹，同薑、棗溫經散溼。

文清曰：隨所佐用而為寒熱，佐以柴胡、牡丹、山梔，則瀉火而除熱燥。佐以生薑、肉桂、乾薑，則溫經而散寒溼。惡寒腹痛則加桂，惡熱腹痛則加芩。

愚按：白芍之味苦而氣微寒，固屬陰也。其芽生於十月，至春乃長，是當陰極之時而生，值陽升之會而長，是陰中有微陽也。《經》曰：出地者陰中之陽，秉陰中之陽以出地者，是固在木矣。故其味酸，木秉陰中之陽，以首出者先，即不離於土矣。故又曰氣平而入脾也。東垣以中焦用白芍藥，則脾中升陽。即此義也。脾原與腎肝同居於下，以奉地氣，猶胃與心肺同居於上，以布天氣者也。白芍所稟，正合於腎之陰，肝之陰中陽以歸脾，而絡於胃也。夫陰致之陽，故胃能納陽合於陰，故脾能化，乃能致水穀精微之氣，合於膻中宗氣，以注於肺，而後心肺胃布其天氣以下濟焉。所以脾胃為中氣，若脾不得腎肝之陰氣，則胃陽何所本以致於心肺？《經》所謂至陰虛天氣絕，是也。此白芍謂其能理中氣。又云安脾肺也，雖然，天氣之為病，感於六淫。七情者，陽易傷乎陰，陽勝則陰即為之耗，陰耗則陽亦無所依，白芍本陰氣而酸收，故收脾之陰者，即能收胃之陽。《經》曰：所謂陽者，胃脘之陽也。胃陽收，而脾陰自化。其曰收胃氣，亦所以安脾肺也。如療洩痢，除後重，是其一耳。每洩痢久而亡陰，仍投他寒劑則益劇，以白芍收陰氣而除虛熱，則自奏效，是非收陰斂陽之故歟。但安肺之義，何居？曰：肺本陽中陰以下降，胃陽亢，而肺陰下降，值胃陽傷肺之證，此味能收陰和陽，以上接乎肺氣，而使之下降。《經》曰：肺欲收，以白芍之酸收之。先哲云：白芍本收降之體。又云：除肺燥，若然，是即所以安肺也。所謂斂逆氣者亦不外是。故謂其治善噫，并肺急脹逆喘咳也。抑此味本腎肝之用以治於脾。又曰：泄肝者何居？蓋肝為陰中之少陽，陰虛而陽實，故肝邪盛，本腎肝之陰以致於脾者，而還以馭肝之陽，故肝自泄，如治脇痛之證，亦治肝之陰虛而陽實者，此瀉肝亦即所以安脾肺也。是所謂損其肝

者，緩其中也。脾肺兩安，則中氣理。如療脾虛中滿，及心下痞，固為理中氣之不足，其血脈和，肝血足，即由中氣之理而奏效。《經》曰：傷肺者，脾氣不守，胃氣不清，經氣不為使，即此反而繹之，則脾肺安中氣理，而經氣固為使矣。謂得甘草為佐，其大能治腹痛者，云何？白芍本於腎肝以致者，甲木也。得甘草為甲己合，而化以益脾，雖肝為脾之用，以達生氣，然合而化土，乃木從土化，此正所謂白芍能去土中之木，真能瀉肝補脾。希雍謂其能陡健脾經，良不謬也。先哲曰：脾陰足，而萬邪息。此味獨主於收脾陰氣，遂下以固肝腎之陰，上以和心肺之陽。苟用之適其所宜，則此酸收者，罔不建功。苐如《本經》言其除血痺，破堅積，寒熱疝瘕，又《別録》以通順血脈，緩中，散惡血，逐賊血，消癰腫為言，及甄權所云治臟腑壅氣，婦人血閉不通等證，不幾幾乎與酸收之義戾乎？曰：不也。蓋有收儲，而後有發舒，此陰陽屈伸之玄理也。苐細酌茲味之酸收，是就出機以闔其功，非謂其入機也。蓋欲達未達之氣化，陰有餘地以為陽守，而陽還有節制，以為陰用者也。是其出於地中者，即伸而得屈，故散際於天上者，由屈而得伸，使陰中之陽，暴出於陰，則陽中之陰，易離於陽，是則陰陽不相依而氣化病，漸至陰陽有相離，而氣化危矣。試条潔古固腠理一語，不可悟陽之充於極表者，而陰亦不得離乎，是如茲味者，不為由剝得復之良劑乎？然則《本經》、《別錄》、甄權所云，乃其功之所及，而潔古所云收陰氣，瀉肝，收胃氣，安脾肺，正其體之所存，兼以用之所行，固未有或戾者也。但茲味酸寒，能除邪熱，不識用之以益氣為功之先歟。抑亦先除邪熱歟？曰：益氣即體之所存，除邪熱即用之所行也。更《經》有云氣虛者，寒也。乃先哲更謂氣虛寒者禁茲味，是將誰據乎？曰：陰能育乎陽，而陽鬱者以升陽為主。而此味在所忌，陰不能育乎陽，而陽亢者則以收陰為主，而此味所急需，但氣虛者，多由於耗散其陰中之陽。所云氣虛者，多由於耗散其陰中之陽，數語識為精詣。即方書療著痺證，類用黃芪，而多以白芍佐之，則其義可思也。前段屈伸立論，亦為發前哲之所未及矣。補陽而投此，以為陽之主，其誰曰不宜，故成無己云正氣虛弱，收而行之。之頤先導之說，亦為能竊其似矣。

又按：白芍治腹痛，丹溪以為止治血虛作痛者，殊未盡。方書謂其治急縮腹痛，是本於木侮土也。時賢曰腹中虛痛本屬脾，脾虛而肝乘之，白芍瀉肝邪，更專補中焦脾氣，此說中的。予治一僧腹痛，痛時並兩足不能伸，群醫束手。予以炒芍、炙甘草為主，佐他藥投之，隨手而愈。又方書以此二味，治脚氣腫痛者。又有以之治消渴引飲，謂曾患此病九年，服藥止而復作。授此方服之，七日而頓愈者。且云古人處方，殆不可曉，不知此消渴乃中消也。此二味補脾陰，和胃陽，其何不能治之有。至於一切血證，用之者以血本於真陰也。但為寒為熱，佐使之妙，以意消息之，則無不取效者。附錄數方，以類通之。

衄血咯血，白芍藥一兩，犀角末二錢半，為末，新水服一錢匕，血止為限。崩中下血，小腹痛甚者，芍藥一兩，炒黃色，柏葉六兩，微炒，每服二兩，水一升，煎六合，入酒五合，再煎七合，空心分為兩服。亦可為末，酒服二錢。赤白帶下，年深月久不瘥者，取白芍藥三兩，并乾薑半兩，剉熬令黃，搗末，空心水飲服二錢匕，日再服。

宗奭曰：芍藥，單葉紅花者佳。氣虛寒人禁之。古人云減芍藥以避中寒，誠不可忽。丹溪曰：芍藥瀉脾火，惟味酸，寒冬月必以酒炒。凡腹痛，多是血脈凝濇，亦必酒炒用。然止能治血虛腹痛，餘並不治，為其酸寒收斂，無溫散之功也。下痢腹痛，必炒用。後重者，不炒。產後不可用者，以其酸寒，伐生發之氣也。必不得已，亦酒炒用之。

赤芍藥　諸本草主治通順血脈，除血痺，破堅積寒熱，疝瘕止痛，通月經，去腸胃溼熱，利膀胱大小腸，利小便。療目赤，消癰腫，散惡血，除中惡腹痛。東垣曰：赤芍藥破瘀血而療腹痛，煩熱亦解。仲景方中多用之者，以其能定寒熱，利小便也。希周曰：宣通臟腑，利膀胱、大小腸，散作痛之血，行內停之溼者，赤芍也。

愚按：芍藥根有白、赤二種。時珍曰：根之赤白，隨花之色也。是其同時而芽，同時而長，同稟天地之陰，同兼甲木之氣，同致之於脾，但其色赤者之火，血原於水而成於火者也。火主昌揚，故專入血分以行之。其色白者之金，氣原於水而統於金者也。金主收斂，故專入氣分以收之。然要皆肝以為體，脾以為用。白者由木媾金而有酸，因金媾木而有濇。赤者由木歸火而有苦，以火達木，而有瀉，是皆不離肝也。白者由氣分而致血之用，赤者由血分而致氣之用，是皆不外脾也。近用赤芍，多於白芍中尋取，蓋市肆中

多不辨也。其白赤固分，然不甚大異。第白味有酸，赤味有苦，此其分辨處。乃繆氏以《本經》、《別録》、甄權云云者，專屬之赤，是未究赤者之所始也。以潔古云云者，專屬之白，是未究白者之所終也。第如赤芍苦而瀉，即以《本經》、《別録》所云者歸之，亦無不可。第宜因證投劑，審其陰虛而陽亢者則投白芍，取其收陰和陽以補之，陰實而陽鬱者，則投赤芍，取其升陰導陽以散之。尤貴於主輔相助，得其宜耳。方書列其功能，類混同而用之，殊未當也。

希雍曰：芍藥稟天地之陰，而兼得甲木之氣。《本經》味苦，平，無毒。《別録》加酸，微寒。氣薄味厚，升而微降，陽中陰也。又可升可降，陰也，降也。《圖經》載有二種：金芍藥色白，木芍藥色赤。詳味《圖經》，以金木分赤白，厥成深旨。成無己曰白補而赤瀉，白收而赤散之二語，亦可盡二芍之長矣。大都白者制肝補脾，陡健脾經。赤者調胃行肝，大利肝經。

白芍藥酒炒為君，佐以炙甘草，為健脾最勝之劑，能治血虛腹痛。同黄連、滑石、甘草、升麻、人參、蓮肉、藊豆、紅麴、乾葛，為治滯下之神藥。同人參、白朮、茯苓、炙甘草、肉豆蔻、橘皮、車前子，治脾虛洩瀉。酒炒白芍二兩，炙甘草二錢，蓮子去心五十粒，水煎，治痘瘡有熱作洩，熱甚加酒炒黄連一錢。同荊芥、防風、生地黄、黄芪、炙甘草，治腸風下血。同當歸、地黄、牛膝、炒黑乾薑、續斷、麥門冬、五味子，治產後血盛發熱。君白芷、炙甘草，治痘瘡血虛發癢。同黄芪、防風，治表虛傷風自汗。赤芍藥同橘皮、藿香、木瓜、甘草，治中惡腹痛。同芎藭、紅花、生地黄、當歸、白芷、荊芥，治破傷風發熱疼痛。同牛膝、當歸、地黄、延胡索、山查、澤蘭、紅藍花、五靈脂，治初產惡露不下腹痛。冬月加肉桂。同金銀花、白芷、鯪鯉甲、紫花地丁、夏枯草、茜草、生甘菊，消一切癰腫。同香附、當歸、地黄、延胡索、青皮，治經阻腹痛。加五靈脂、蒲黄，能散惡血，逐敗血。

希雍曰：白芍酸寒，凡中寒腹痛，中寒作泄，腹中冷痛，腸胃中覺冷等證，忌之。赤芍破血，凡屬血虛病，及泄瀉，產後惡露已行、少腹痛已止，癰疽已潰，並不宜服。

修治　之頤曰：先別赤白，白根固白，赤根亦白，每根切取一片，各以法記火酒潤之，覆蓋過宿，白根轉白，赤根轉赤矣。各以竹刀刮去皮并頭，剉細，蜜水拌蒸，從巳至未，曬乾用。今市肆一種赤芍藥，不知為何物草根，瘍瘻兒醫多用之，此習矣，而不察其為害殊甚也。　時珍曰：今人多生用，惟避中寒者，以酒炒。入女人血藥，以醋炒耳。　潔古曰：酒浸行經。　嵩曰：白芍本陰而降，然酒浸亦能升陰中之陽。白芍有拌川椒炒七次入藥者，蓋欲斂中土之濕而化，以命門真陽之氣也，是亦謂勝溼之劑。　愚按：之頤赤白之辨，大為習而不察者，破其沉錮。愚每用赤者，於所患絶無一效，是皆坐於不察也。得此為之一快。

清・郭章宜《本草匯》卷一〇　白芍藥　苦、酸，微寒，氣厚味薄，升而微降，陽中陰也。杲曰：可升可降，陰也。好古曰：氣薄味厚，陰也，降也。為手足太陰行經藥，又入肝脾血分。收陰氣而補血，治血虛腹痛之功。扶陽氣而健脾，治脾虛下痢之効。收肺氣而斂汗，抑肝邪而緩中。制肝補脾，脾經之所以陡健也。損其肝者緩其中，即調血也。瀉脾火，通血閉。補勞退熱，明目安胎。《別録》言去水氣利膀胱者，土虛則水不受制而泛濫，脾實則水氣自去，土堅水清，而膀胱利矣。又治腹痛者，中焦不治，則惡氣乘虛而客，補脾則邪不留，而中自和矣。又治腰痛者，皆由脾氣虛弱，濕氣下流，而客腎故也。補則脾氣運行，痛豈有不愈乎？日華主女人胎產一切諸病者，蓋女人以血為主也。《經》云：脾統血。則胎產前後，無非血分所關。酸寒能涼血補血，故可治胎產諸病。又治風除熱益血者，土實則金肅，而木氣自斂，其効當如是也。元素安脾肺者，酸寒之物，最能瀉肝，肝平則脾不為賊邪所干，脾健則母能令子實，而脾肺自安。脾虛則中氣下陷，而成瀉痢，東垣以中焦用白芍，則脾氣升陽，又使肝膽之邪不敢犯，則瀉痢可平矣。好古言心下痞，脇下痛，善噫者，亦皆脾病也。脾虛則中滿，實則滿自消，脾健則不噫，治中則心下不痞，瀉肝而脇亦理矣。肝家無火，則肝血自足，故寒熱腹痛，兩腰溶溶如坐水中者，皆血虛陰不足之候也。肝脾和，陰血旺，則前證瘳矣。

按：白芍藥，收補益脾，白者，色應西方，能收能補。能于土中瀉木，斂津液而益榮血，收陰氣而瀉邪熱。肺燥氣熱者，以酸收斂其逆氣。甘酸相合，故補陰血，通氣而除肺燥。然止能治血虛腹痛，餘腹痛皆不可治，以諸病喜辛散，芍藥酸收，無溫散之功也。其性雖寒，究未若芩、連、梔、栢之甚。而寇氏云減芍藥以避中寒，則氣虛寒人，當詳審而用矣。丹溪言新產後勿用者，蓋產後肝血已虛，不可更瀉，豈可令生生之氣，而為酸寒所伐乎？必不得已，酒炒用之可耳。或用肉桂浸酒拌炒，亦可。嗟嗟！藥之微寒如芍藥，古人

猶諄諄告戒，況大苦大寒之劑，其可肆行而莫之忌耶？酒浸炒，與白朮同用，則能補脾。與川芎同用，則能瀉肝。與人參同用，則補氣。同薑、棗溫經散濕，同黄連止瀉痢。下痢腹痛，必炒用。由腸胃濕熱，用此收斂之劑，則腸胃得正，而邪毒不能作釁矣。後重者，生用。夏月腹痛，少加黄芩。惡熱而痛，加黄栢。惡寒腹痛，加肉桂、《經》云減芍藥以避中寒，則可徵矣。炙甘草，此仲景神品藥也。如中寒腹痛作泄，胃中覺冷等症，俱忌。

市皆水紅種，非真白芍也。揀白者，刮去皮，蜜水拌蒸。避其寒，酒炒；入血藥，醋炒；血虚者，煨用。雷丸為之使。惡石斛、芒硝。畏鼈甲、小薊。反藜蘆。

清・蔣居祉《本草擇要綱目・寒性藥品》 赤白芍藥 氣味：苦，平，無毒。升而微降，陽中陰也。為手足太陰行經本藥，又入肝脾血分。主治：安脾經，治腹痛，固胃氣，止瀉痢，和血脈。與白术同用則補脾，與川芎同用則補肝，與人參、白术同用則補氣，與防風同用則發痘疹，同薑、棗用則溫經散濕。以酒炒則補陰，生用之則療後重。色白者西方之象，能于土中瀉水以益脾。色赤者南方之象，能行血中之滯以散邪。但言芍藥而能緩中者，彼之味酸濇收斂，似不相侔。然能損其肝，即以調其血，血調而中自和也。又言治傷寒多用白芍，以其主寒熱，利小便。彼之味酸濇為收，《本經》何以言之？然能益陰滋濕而停津液，故金能生水，小便自利，非彼通利也。

清・閔鉞《本草詳節》卷一 芍藥 【略】按：芍藥，白者益脾，能於土中瀉水。赤者散邪，能行血中之滯。葢白入脾經血分，能瀉肝補脾。而赤則專入肝家血分，而一於破散者也。故中滿諸症，或脾虛自病，或脾病而流入別經，白芍健補中州，收斂犯脾之肝邪，宜諸症自除。若腹痛，亦脾虚而惡邪客之，脾補則中氣自和，邪不能留。然止能治血虛腹痛，餘腹痛不治，以其無溫散之功也。産後忌用者，産後肝血已虛，不禁再瀉，且酸寒能伐生發之氣。必不得已，須桂酒炒之，大抵佐以柴胡、牡丹皮、山梔，則瀉火而除熱燥。佐以生薑、肉桂、乾薑，則溫經而散寒濕。夏月腹痛加芩，惡寒則加桂，惡熱則加黄栢，同參、术則補中氣，同川芎則瀉肝，同地黄則補陰血。至血痺諸症，或血凝為病，或血熱為祟，肝主血，赤芍入肝，散之涼之，又何不瘳之有？但血虚冷而中寒者，俱不可用也。

清・王翃《握靈本草》卷三 芍藥出淮南者佳。今人多生用，惟避中寒者以酒炒，入女人血藥以醋炒。反藜蘆。 主治：芍藥，苦，平。一曰：酸，微寒，無毒。主邪氣腹痛，除血痺，破堅積，寒熱疝瘕，止痛，利小便，益氣，瀉肝安脾肺，收胃氣，止瀉痢。

清・汪昂《本草備要》卷一 白芍補血，瀉肝，濇，斂陰。 苦、酸，微寒。入肝脾血分，爲手足太陰肺、脾行經藥。瀉肝火，酸斂肝，肝以斂爲瀉，以散爲補。安脾肺，固腠理，肺主皮毛，脾主肌肉。肝木不剋土，則脾安。土旺能生金，則肺安。脾和肺安，則腠理固。和血脉，收陰氣，斂逆氣，酸主收斂。散惡血，利小便，斂陰生津，小便自利，非通行之謂也。緩中止痛，東垣曰：《經》曰損其肝者緩其中，即調血也。益氣除煩，斂汗安胎，補勞退熱。治瀉痢後重，能除胃中濕熱。脾虛腹痛，瀉痢俱太陰病，不可缺此，寒瀉冷痛忌用。虞天民曰：白芍不惟治血虛，大能行氣。古方治腹痛，用白芍四錢，甘草二錢，名芍藥甘草湯。葢腹痛因營氣不從，逆于肉裏，白芍能行營氣，甘草能斂逆氣，又痛爲肝木剋脾土，白芍能伐肝故也。天民又曰：白芍止治血虛腹痛，餘痛不治，以其酸寒收斂，無溫散之功也。心痞脇痛，脇者，肝膽二經往來之道。其火上衝，則胃脘痛，横行則兩脇痛。白芍能理中瀉肝。肺脹喘噫噯同，癰腫疝瘕。其收降之體，又能入血海，衝脉爲血海，男女皆有之。而至厥陰。肝經。治鼻衄鼻血曰衄，音女六切。目濇，肝血不足，退火益陰，肝血自足。婦人胎産，及一切血病。又曰産後忌用。丹溪曰：以其酸寒伐生發之氣也，必不得已，酒炒用之可耳。時珍曰：産後肝血已虛，不可更瀉也。寇氏曰：減芍藥以避中寒。微寒如芍藥，古人猶諄諄告誡，況大苦大寒，可肆行而莫之忌耶？〇同白朮補脾，同參、耆補氣，同歸、地補血，同芎藭瀉肝，同甘草止腹痛，同黄連止瀉痢，同防風發痘疹，同薑、棗溫經散濕。 赤芍藥主治略同，尤能瀉肝火，散惡血，治腹痛堅積，血痹疝瘕，邪聚外腎爲疝，腹内爲瘕。經閉腸風，癰腫目赤。皆散瀉之功。白補而收，赤散而瀉。白益脾，能于土中瀉木；赤散邪，能行血中之滯。産後俱忌用。 赤白各隨花色，單瓣者入藥。酒炒用，制其寒。婦人血分醋炒，下痢後重不炒。惡芒硝、石斛，畏鱉甲、小薊，反藜蘆。

清・吴楚《寶命真詮》卷三 白芍藥 【略】瀉肝安脾，收胃止瀉，實腠和血，痢疾腹痛，脾虛中滿，胎産諸疾。退熱除煩，涼血明目，止喘欬，斂瘡口。〇赤芍，破血下氣，利小便。

清・蕭壎《女科經綸》卷五 産後宜用芍藥論 張景岳曰：按丹溪云芍藥酸寒，大伐發生之氣，産後忌之，此亦言之過也。夫芍藥之寒，不過于生血藥中，稍覺其清耳，非若芩、連輩之大苦大寒也。使芍藥猶忌如此，則他之

更寒者，猶為不可用矣。予每見產家過慎，或因太暖，或因年力方壯，飲食藥餌大補過度，以致產後動火，病熱極多，若盡以產後為虛，必須皆補，豈盡善哉？且芍藥性清，微酸而收，最宜于陰氣散失之證，豈不為產後要藥乎？不可不解也。

清·李世藻《元素集錦·本草發揮》 白芍 炒黃，枳實炒焦，能順導滯氣，使之下降。加四神散中，誠治氣病之妙藥也。予治氣方中每加之。

清·陳士鐸《本草新編》卷二 芍藥 味苦、酸，氣平、微寒，可升可降，陰中之陽，有小毒。入手足太陰，又入厥陰、少陽之經。能瀉能散，能補能收，赤白相同，無分彼此。其功全在平肝，肝平則不尅脾胃，而臟腑各安，大小便自利，火熱自散，鬱氣自除，癰腫自消，堅積自化，瀉痢自去，痢痛自安矣。蓋善用之，無往不宜，不善用之，亦無大害。無如世人畏用，恐其過于酸收，引邪入內也。此不識芍藥之功，惟求芍藥之過。所以，黃農之學，不彰于天下，而夭札之病，世世難免也，予不得不出而辨之。夫人死于疾病者，色慾居其半，氣鬱居其半。縱色慾者，肝經之血必虧，血虧則木無血養，木必生火，以尅脾胃之土矣。脾胃一傷，而肺金受刑，何能制肝。木寡于畏，而仍來尅土，治法必須滋肝以平木。而滋肝平木之藥，舍芍藥之酸收，又何濟乎。犯氣鬱者，其平日腎經之水，原未必大足以生肝木，一旦又遇拂抑，則肝氣必傷。夫肝屬木，喜揚而不喜抑者也，今既拂抑而不舒，亦必下尅于脾土，脾土求救于肺金，而肺金因肝木之旺，腎水正虧，欲顧子以生水，正不能去尅肝以制木，而木氣又因拂抑之來，更添惱怒，何日是坦懷之日乎。治法必須解肝木之憂鬱，肝舒而脾胃自舒，脾胃舒，而各經皆舒也。舍芍藥之酸，又何物可以舒肝乎。是肝腎兩傷，必有資于芍藥，亦明矣。然而芍藥少用之，往往難于奏效。蓋肝木惡急，遽以酸收少濟之，則肝木愈急，而木旺者不能平，肝鬱者不能解。必用至五六錢，或八錢，或一兩，大滋其肝中之血，始足以慰其心而快其意，而後虛者不虛，鬱者不鬱也。然則芍藥之功用，如此神奇，而可以酸收置之乎。況芍藥功用，又不止二者也，與當歸並用，治痢甚效；與甘草並用，止痛實神；與梔子並用，脇痛可解；與蒺藜並用，目疾可明；且也與肉桂並用，則可以祛寒；與黃芩並用，則可以解熱；與參、芪並用，則可以益氣。與芎、歸、熟地並用，則可以補血。用之補則補，用之瀉則瀉，用之散則散，用之收則收，要在人善用之，烏得以酸收二字而輕置之哉。

或問：芍藥有不可用之時，先生之論，似乎無不可用，得毋產後亦可用，而傷寒傳經亦可用乎？曰：產後忌芍藥者，恐其引寒氣入腹也，斷不可輕用。即遇必用芍藥之病，止可少加數分而已。若傷寒未傳太陽之前，能用芍藥，則邪尤易出。惟傳入陽明，則斷乎不可用。至于入少陽、厥陰之經，正須用芍藥和解，豈特可用而已哉。

或問：芍藥平肝氣也，肝氣不逆，何庸芍藥，吾子謂芍藥無不可用，毋乃過于好奇乎？夫人生斯世，酒、色、財、氣，四者並用，何日非使氣之日乎，氣一動，則傷肝，而氣不能平矣。氣不平，有大、小之分，大不平，則氣逆自大；小不平，則氣逆亦小。人見氣逆之小，以為吾氣未嘗不平也，誰知肝經之氣已逆乎。故平肝之藥，無日不可用也，然則芍藥又何日不可用哉。

或問：鬱症利用芍藥，亦可多用之乎？曰：芍藥不多用，則鬱結之氣，斷不能開。世人用香附以解鬱，而鬱益甚，一多用芍藥，其鬱立解，其故何也？蓋鬱氣雖成于心境之拂抑，亦終因于肝氣之不足，而鬱氣乃得而結也。用芍藥以利其肝氣，肝氣利，而鬱氣亦舒。但肝因鬱氣之結，則虛者益虛，非大用芍藥以利之，則肝氣未易復，而鬱氣亦未易解也。故芍藥必宜多用以平肝，而斷不可少用以解鬱耳。

或問：芍藥雖是平肝，其實乃益肝也。益肝則肝木過旺，不畏肝木之尅土乎？曰：肝木尅土者，乃肝木之過旺也。肝木過旺則尅土，肝木既平，何至尅土乎。因肝木之過旺而平肝，則肝平而土已得養。土得養，則土且自旺，脾胃既有旺氣，又何畏于肝木之旺哉。況肝木因平而旺，自異于不平而自旺也，不平而自旺者，土之所畏；因平而旺者，土之所喜。蓋木旺而土亦旺，土木有相得之慶，又何畏于肝木之尅哉。

或問：芍藥妙義，先生闡發無遺，不識更有異聞，以開予之心胸乎？曰：芍藥之義，烏能一言而盡哉，但不知吾子欲問者。用芍藥治何經之病也，或人以尅胃者，何以用芍藥耶。夫芍藥平肝，而不平胃，胃受肝木之尅，瀉肝而胃自平矣，何必疑。或人曰：非此之謂也。余所疑者，胃火熾甚，正宜瀉肝木，以瀉胃火，何以反用芍藥益肝以生木，便木旺而火益旺耶？曰：胃火之盛，正胃土之衰也。胃土既衰，而肝木又旺，宜乎尅土矣。誰知肝木之旺，乃肝木之衰乎。肝中無血則乾燥，而肝木欲取給于胃中之水以自養，而胃土之水，盡為木耗，水盡則火熾，又何疑乎。用芍藥以益肝中之血，則肝

足以自養其木，自不至取給于胃中之水，胃水不乾，則胃火自息，山下出泉，不可以濟燎原之火乎。此益肝正所以益胃也。或人謝曰：先生奇論無窮，不敢再難矣。

或又問曰：肝木之旺，乃肝木之衰，自當用芍藥以益肝矣，不識肝木不衰，何以亦用芍藥？曰：子何以見肝木之不衰也。或人曰：脇痛而至手不可按，目疼而至日不可見，怒氣而血吐之不可遏，非皆肝木之大旺而非衰乎。嗟乎！子以為旺，而我以為衰也。夫脇痛至手不可按，非肝血之旺，乃肝火之旺也，火旺由于血虚；目痛至日不可見，非肝氣之旺，乃肝風之旺也，風旺由于氣虚怒極。至血之狂吐，非肝中之氣血旺也，乃外來之事，觸動其氣，而不能洩，使血不能藏而外越，然亦因其平日之肝木素虚，而氣乃一時不能平也。三症皆宜用芍藥以滋肝，則肝火可清，肝風可去，肝氣可舒，肝血可止。否則，錯認為旺，而用瀉肝之味，變症蜂起矣。總之，芍藥毋論肝之衰旺、虚實，皆宜必用，不特必用，而更宜多用也。

或又問曰：肝虚益脾，敬聞命矣，何以心虚而必用芍藥耶？夫肝為心之母，而心為肝之子也，子母相關，補肝正所以補心，烏可棄芍藥哉。或人曰：予意不然。以心為君主之官，心虚，宜五臟兼補，何待補肝以益心哉。嗟乎！補腎可以益心，必不能舍肝木而上越；補脾可以益心，必不能外肝木而旁親；補肺可以益心，亦不能舍肝木而下降。蓋腎交心，必先補肝，而後腎之氣始可交于心之中，否則，肝取腎之氣，而心不得腎之益矣。脾滋心，必先補肝，而後脾之氣，始足滋于心之內，否則，肝盜脾之氣，而心不得脾之益矣。肺潤心，必先補肝，而後肺之氣，始得潤于心之宮，否則，肝耗肺之氣，而心不得肺之益矣。可見腎、脾、肺三經之入心，俱必得肝氣而後入，正因其子母之相親，他臟不得而間之也。三臟補心，既必由于肝，而肝經之藥，何能舍芍藥哉。非芍藥，不可補肝以補心，又何能舍芍藥哉。

或問：芍藥平肝之藥也，乃有時用之以平肝，而肝氣愈旺，何故乎？曰：此肺氣之衰也。肺旺，則肝氣自平，金能尅木也。今肝旺之極，乃肺金之氣衰極也，不助金以生肺，反助木以生肝，則肝愈旺矣，何畏弱金之制哉。此用芍藥而不能平肝之義也。

或問：芍藥不可助肝氣之旺，敬聞命矣。然有肝弱而用之，仍不效者，又是何故？此又肺氣之過旺也。肝弱補肝，自是通義。用芍藥之益肝，誰曰不宜。然而肝之所畏者，肺金也，肺氣大旺，則肝木凋零。用芍藥以生肝氣，而肺金輒來伐之，童山之萌芽，曷勝斧斤之旦旦乎。故芍藥未嘗不生肝經之木，無如其生之而不得也。必須制肺金之有餘，而後用芍藥以益肝木之不足。樵採不入于山林，枝葉自扶蘇于樹木，此必然之勢也，又何疑于芍藥之不生肝木哉？

或問：芍藥生心，能之乎？夫心乃肝之子也，肝生心，而芍藥生肝之物，獨不可生肝以生心乎，獨是生肝者，則直入于肝中，而生心者，乃旁通于心外，畢竟入肝易，而入心難也。雖然，心乃君主之宮，補心之藥不能直入于心宮，補肝氣，正所以補心氣也。母家不貧，而子舍有空乏者乎。即有空乏，可取之于母家而有餘。然則芍藥之生心，又不必直入于心中也。

或疑芍藥味酸以瀉肝，吾子謂是平肝之藥，甚則譽之為益肝之品，此僕所未明也。嗟乎！肝氣有餘則瀉之，肝氣不足則補之。平肝者，正補瀉之得宜，無使不足，無使有餘之謂也。芍藥最善平肝，是補瀉攸宜也。余言平肝，而瀉在其中矣，又何必再言瀉哉？

或疑芍藥赤、白有分，而先生無分赤、白，又何所據而云然哉。夫芍藥之不分赤、白，非創説也，前人已先言之矣。且世人更有以酒炒之者，皆不知芍藥之妙也。夫芍藥正取其寒，以涼肝之熱，奈何以酒製，而使之溫耶。既恐白芍之涼，益宜用赤芍之溫矣，何以世又尚白而不尚赤也？總之，不知芍藥之功用，而妄為好惡，不用赤而用白，不用生而用熟也，不大可哂也哉。

清・顧靖遠《顧氏醫鏡》卷七　白芍藥苦、酸，平，微寒。入肺脾肝三經。反藜蘆。酒焙。　安脾而止中滿，腹痛瀉利不和。理中氣，則脾寬而中滿消，脾和而腹痛止，中氣不下陷，而又使肝邪不敢犯，則瀉痢除。斂肺而止脹逆，喘咳腠理不固。斂逆氣，則火不上炎，而肺急脹，喘咳逆俱平，收陰氣則津不外泄，而腠理自固。制肝而主血熱，目疾脇下作痛。制肝則氣得平，肝火不旺，而肝血自足，無血熱目疾脇痛之患矣。赤者專行惡血，白補而赤瀉，白收而赤散故也。兼消癰腫。行血涼血之功也。專入脾經血分，能瀉肝家火邪，故功用頗多。一言以蔽之，曰斂氣涼血而已矣。同白术則補脾，同人參則補氣，同當歸則補血，同黃連止瀉痢，同炙甘草止腹痛。惟治血虚腹痛有效。仲淳云：脾虚中滿，夜劇晝靜，屬脾陰虚也。同山藥、茯苓、蓮肉、扁豆、石斛、棗仁，同為補脾陰之藥。凡腹中疼痛，中寒作泄，及腸胃中覺冷者，忌之。赤者破血，凡血虚諸症，及產後惡露已行，癰疽

已潰，勿用。

清・李熙和《醫經允中》卷一七　白芍藥　反藜蘆。惡石斛、芒硝。畏硝石、鱉甲、小薊。　酸、苦，微寒，無毒。一云有小毒。氣薄味厚，可升可降，陰中陽也。主治寒熱腹痛，腸風瀉血，瀉肝火，收胃氣，止瀉痢，固腠理。肝脉損小，脾氣虛寒者切不可用。按：芍藥能入脾補中，此平肝木以培血海，損其肝者緩其中故也。止瀉痢，固腠理，以其收斂之功也。性味酸寒，必以酒炒，惟後重者不炒。產後勿用，恐其伐生氣也。白芍益脾，能于土中瀉木，伐肝益脾，非真益脾也，故中寒腹痛泄瀉者禁用。赤芍散邪下氣，能行血中之滯，故利小便，消癰腫。為火盛眼疼要藥。虛寒人切宜禁服。

清・馮兆張《馮氏錦囊秘錄・雜症痘疹藥性主治合參》卷一　白芍藥稟天地之陰，得甲木之氣。味苦、酸，平，微寒，無毒。氣薄味厚，陰也，降也。酸寒得木花，色白兼金氣，為手足太陰引經，入肝、脾血分。載有二種，白補而赤瀉，白收而赤散。〇入脾胃藥酒拌炒，入養血藥蜜水拌炒，入平肝藥生用。

白芍藥，專入脾經血分，能瀉肝家火邪，補勞退熱，除煩益氣，瀉肝安脾，明目安胎，收胃氣，斂陰氣，心下痞，脇下痛。收肺氣而斂汗，抑肝邪而緩中。太陽鼽衄，肝血不足，而目澀。陽維病，苦寒熱不已。帶脉病，苦腹痛滿，腰溶溶如坐水中。胎前產後，女人一切病，和血脉，調中，治血熱血虛腹痛，止瀉痢，固腠理。白术補脾陽，白芍補脾陰。同參耆益氣，同川芎瀉肝。瀉痢用之者，及春月腹痛倍加者，取其和血，伸肝扶脾，能於土中瀉木，斂津液而益榮血，收陰氣而瀉邪熱也。產後及血虛寒人，并冬月腹痛戒之者，恐其酸寒伐生氣也。然佐以薑、桂，製以酒炒，合宜而用，有何方之可執哉！倘腹痛非因血虛者，不可誤用，蓋諸腹痛，皆宜辛散，而芍藥酸收故耳。赤者，專行惡血，兼利小腸。

主治痘疹合參：能養陰退陽，健脾補表，止腹涌而收陰，養血和血，涼血斂血。凡痘血散不歸，瘡潤不斂者，皆賴以收斂。七日前少用，惟七日後酒拌炒用。如手足瘡不起發癢塌者，此脾虛也，宜桂枝煎酒浸炒用。如脾寒肝脉弱者禁之。

按：白芍藥收斂下降，以秋金之令，猶未若芩、連之寒。而寇氏云：冬月減芍藥，以避中寒。丹溪云：新產後勿用芍藥，恐酸寒伐生生之氣。蓋以藥之寒者，行殺伐之氣。違生長之機，雖微寒如芍藥，古人猶諄諄告戒，況大苦大寒之藥，其可肆用而莫之忌耶！何今人用芍藥，則守前人一定之言，每於產後冬月，兢兢畏懼，及其芩、連、梔子，視為平常要藥。凡遇發熱，不論虛實，輒投貽害，每將依希浮越之虛陽，一任寒涼而喪盡，冤哉！

赤芍藥　赤芍藥，利小便，消癰腫，下結氣，療腸風，破積堅。治血痹，治火盛眼疼，去血瘀血熱，故瀉肝行血除熱，此其長也。倘病非實熱有餘者勿服。

主治痘疹合參：有瀉無補，利九竅小便，攻血痹止痛。專解血熱痘毒熱毒，化斑消腫並用，瀉血中之熱，行血中之滯。

清・张璐《本經逢原》卷二　白芍藥　酸、苦，平，微寒，無毒。入補脾藥酒炒。入止血藥醋炒。入和營藥，及下利後重、血熱癰毒藥，並酒洗生用。入血虛、水腫、腹脹藥，桂酒製用。反藜蘆。《本經》主邪氣腹痛，除血痹，利小便，益氣。發明：白芍藥酸寒，斂津液而護營血，收陰氣而瀉邪熱。蓋瀉肝之邪熱，所以補脾之陰，即《本經》主邪氣，腹痛，益氣之謂。故仲景以為補營首藥，入肝脾血分。及陽維寒熱、帶脈腹痛，補中下二焦，能於土中瀉木。為血痢必用之藥，然須兼桂用之，方得斂中寓散之義。建中湯之妙用，人所不知。蓋瀉痢皆太陰之病，建中專主太陰腹痛也。其治血痹，黃耆桂枝五物湯中用之。非深達《本經》妙理者不能也。又得炙甘草治腹中急痛，同白术補脾，同芎藭瀉肝，從人參補血虛，從黃連止瀉痢，同薑棗溫經散濕，在用者各得其宜耳。凡人陽氣虛衰，陰氣散漫，患腹脹滿急，於補中益氣藥中，加白芍藥一味以收陰，則陽虛不受陰制之脹，得陽藥便消矣。然氣虛內寒者不可用，古云：減芍藥以避中寒，誠不可忽。產後不可用，以其酸寒瀉肝，伐生發之氣也。小便不利者禁用，以膀胱得酸，收斂愈秘也。而真武湯中又用於利小便者，深得《本經》之旨。蓋真武湯本治少陰精傷，而證見虛寒，非太陽膀胱癃閉之候，以其能益陰滋血，培養津液，小便自行，非通利也。至於桂枝湯中，用以護營血，使邪不得內犯。建中湯中用以培土藏，而治陽邪內陷腹痛，此皆仲景用藥之微妙，端不外《本經》之義。其除血痹，破堅積，治寒熱疝瘕，止痛，利小便，皆指赤者而言，與白芍無預。因《本經》未分赤白，故一貫例之。

赤芍藥　酸、苦，微寒，無毒。酒洗用。《本經》除血痹，破堅積，寒熱

疝瘕，止痛，利小便。　發明：　赤芍藥性專下氣，故止痛不減當歸。蘇恭以為赤者利小便、下氣，白者止痛和血，端不出《本經》除血痹，破堅積，止痛，利小便之旨。其主寒熱疝瘕者，善行血中之滯也，故有瘀血留著作痛者宜之，非若白者酸寒收斂也。其治血痹，利小便之功，赤、白皆得應用。要在配合之神，乃著奇勣耳。

清・浦士貞《夕庵讀本草快編》卷二　芍藥《本經》、將離　芍藥，猶綽約也。此草花容綽約，故名。《鄭風》云：　伊其相謔，贈之以芍藥。　芍有赤白，酸苦而寒，氣厚味薄，可升而微降，陽中陰也。為手足太陰行經，入肝脾血分。成無己曰：　白補而赤瀉，白收而赤散，如欲安脾肺，調胃氣，和血收陰，腹痛虛勞，必用其白。　若散寒熱，破瘕疝，消癰逐血，去滯除風，須赤為良。故仲景治傷寒多用此味，以其專主寒熱而利小便也。謂其味酸性斂，益陰滋濕而停津液，故小便自行，非專通利也。又太陰為收斂之體，凡有瀉痢，固不可缺，以其能于土中瀉木而益脾氣耳。若甘溫相合，則潤脾燥而除逆氣，所謂酸以收之，甘以緩之也。至于佐使之良，又不可不審。如同白术則補脾，同芎藭則瀉肝，同人參則補氣，同歸芐則補血，同甘草則止腹痛，同黃連則止瀉痢，同防風則發痘疹，同薑棗則溫經散濕，得酒炒則活血而補陰也。惟產後不宜多服，恐寒涼剋伐生氣。

清・張志聰、高世栻《本草崇原》卷中　芍藥　氣味苦，平，無毒。主治邪氣腹痛，除血痹，破堅積，寒熱，疝瘕，止痛，利小便，益氣。　芍藥始出中岳山谷，今白山、蔣山、茅山、淮南、揚州、江浙、吳松處處有之，而園圃中多蒔植矣。春生紅芽，花開於三月四月之間，有赤白二色，又有千葉、單葉、樓子之不同，入藥宜用單葉之根，蓋花薄則氣藏於根也。開赤花者為赤芍，開白花者為白芍。　初之氣，厥陰風木。二之氣，少陰君火。芍藥春生紅芽，稟厥陰木氣而治肝。花開三四月間，稟少陰火氣而治心。炎上作苦，得少陰君火之氣化，故氣味苦平。風木之邪，傷其中土，致脾絡不能從經脈而外行，則腹痛。芍藥疏通經脈，則邪氣在腹而痛者，可治也。心主血，肝藏血，芍藥稟木氣而治肝，稟火氣而治心，故除血痹。除血痹，則堅積亦破矣。血痹為病，則身發寒熱。堅積為病，則或疝或瘕。芍藥能調血中之氣，故皆治之。止痛者，止疝瘕之痛也。肝主疏泄，故利小便。益氣者，益血中之氣也。益氣則血亦行矣。　芍藥氣味苦平，後人妄改聖經，而曰微酸。元明諸家相沿為酸寒收斂之品，凡裏虛下利者，多用之以收斂，夫性功可以強辯，氣味不可詭傳，試將芍藥咀嚼，酸味何在？　又謂：　新產婦人忌用芍藥，恐酸斂耳。夫《本經》主治邪氣腹痛，且除血痹寒熱，破堅積疝瘕，則新產惡露未盡正宜用之。若裏虛下利，反不當用也。又謂：　白芍、赤芍各為一種，白補赤瀉，白收赤散，白寒赤溫，白入氣分，赤入血分，不知芍藥花開赤白，其類總一。李時珍曰：　根之赤白，隨花之色也。盧子由曰：　根之赤白，從花之赤白也，白根固白，而赤根亦白，切片，以火酒潤之，覆蓋過宿，白根轉白，赤根轉赤矣。今藥肆中一種赤芍藥，不知何物草根，兒醫、瘍醫多用之。此習焉而不察，為害殊甚。愚觀天下之醫，不察《本經》，不辨物性，因訛傳訛，固結不解，咸為習俗所誤，寧不悲哉。

清・劉漢基《藥性通考》卷五　白芍　味酸，氣微寒。入肝脾血分，為手、足太陰行經藥。瀉肝火，安脾肺，固腠理。肺主皮毛，脾主肌肉，肝木不剋土，則脾安，土旺能生金，則肺安，脾和肺安，則腠理固矣。能和血脉，收陰氣，斂逆氣，散惡血，利小便，緩中止痛，益氣除煩，斂肝安胎，補勞退熱，治瀉痢後重，能除胃中濕熱，脾虛腹痛。然瀉痢俱太陰病，不可缺此。若寒瀉冷痛，忌用。又治心痞脇痛，肺脹喘噫，癰腫疝瘕。其收降之體，又能入血海，衝脉為血海，男女皆有之。又治鼻衄，目赤濇，肝血不足，婦人胎產，及一切血病。又曰產後忌用者，以其酸寒伐生發之氣也。必不得已，酒炒用之可耳。時珍曰：　產後肝血已虛，不可更瀉也。同白朮補脾，同參、耆補氣，同歸、地補血，同川芎瀉肝，同甘草止腹痛，同黃連止瀉痢，同防風發痘疹，同薑、棗溫經散濕。〇赤芍藥主治略同，尤能瀉肝火，散惡血，治腹痛堅積，血痺疝瘕，經閉，腸風癰腫，目赤，皆散瀉之功。白補而收，赤散而瀉。產後忌用。赤白各隨花色，單瓣者入藥。酒炒用，製其寒。婦人血分醋炒，下痢後重不炒。惡芒硝、石斛，畏鱉甲、小薊，反藜蘆。孕婦及氣血虛弱之人禁用，其性大寒，剋伐元氣也。

清・姚球《本草經解要》卷一　芍藥　氣平，味苦，無毒。主邪氣腹痛，除血痹，破堅積，寒熱疝瘕，止痛，利小便，益氣。赤者破血。　芍藥氣平，稟天秋收之金氣，入手太陰肺經。味苦無毒，得地南方之火味，入手少陰心經。氣味俱降，陰也。腹者，足太陰經行之地。邪氣者，肝木之邪氣，乘脾土作痛也。芍藥入肝，氣平伐肝，所以主之。血痹者，血澁不行而麻木也，芍藥入

心，苦以散結，故主之也。堅積，堅硬之積也。疝者，小腹下痛，肝病也。瘕者，假物而成之積也。寒熱疝瘕者，其原或因寒，或因熱也。芍藥能破之者，味苦散結，氣平伐肝也。諸痛皆屬心火，味苦清心，所以止痛。膀胱津液之出，皆由肺氣。苦平清肺，肺氣下行，故利小便。肺主氣，壯火則食氣，芍藥氣平益肺，肺清故益氣也。赤者入心與小腸，心主血，小腸主變化，所以行而不留，主破血也。　製方：芍藥醋炒則入肝。同白术補脾，同川芎瀉肝，同人參補氣，同歸身補血，同甘草止痛，同黄連止瀉，同薑、棗溫經散濕。同甘草，夏加黄芩，冬加桂枝，治腹中虛痛。同甘草，治消渴引飲。同犀角，治衄血咯血。同香附、熟艾，治經水不止。同香附末，鹽湯調服，治血崩帶下。同川連、滑石、甘草、升麻、人參、蓮心、扁豆、紅麯、乾葛，治痢。同荊芥、防風、生地、黄耆、甘草，治腸風。同歸身、生地、牛膝、炮薑、續斷、麥冬、五味，治產後虛熱。同黄耆、防風，治表虛自汗。同陳皮、藿香、木瓜、甘草，治中惡腹痛。同白术、白茯、猪苓、陳皮，治脾濕腹痛。

清·楊友敬《本草經解要附餘·考證》　芍藥　《本經》不分赤白。東垣云：白者止痛，散氣血。俗云白補赤瀉。《綱目》云：赤者利小便，下氣；白者止痛，散氣血。白芍益脾，能於土中瀉木；赤芍散邪，能行血中之滯。產後氣血已虛，不可更瀉，故禁用，非僅以其酸寒也。日華子謂主女人一切病，並及產後，用宜酒(妙)〔炒〕。愚意不若勿用為穩。

清·周垣綜《頤生秘旨》卷八　芍藥　酸寒收斂之藥也。土之所惡者木，故以芍藥伐木，則土自旺矣。故云酒炒白芍陡健脾經，言其能制賊邪也。婦人產後弗用者，為其酸收而伐生氣也。施於血痢腹痛者，為其抑肝救脾而斂其痛也。

清·王子接《得宜本草·中品藥》　芍藥　味酸。得人參益氣，得當歸養血，得白朮補脾，得川芎瀉肝。赤者利水行血。

清·徐大椿《神農本草經百種錄》中品　芍藥　味苦。主邪氣腹痛，肝氣乘脾則痛，斂肝氣則痛除。除血痹，肝邪凝滯之病。破堅積，寒熱疝瘕，肝邪結聚之氣。止痛，血和則痛止。利小便，肝氣下達于宗筋，故小便亦利。益氣。肝氣斂則受益。

芍藥花大而榮，得春氣為盛，而居百花之殿，故能收拾肝氣，使歸根反本，不至以有餘肆暴，犯肺傷脾，乃養肝之聖藥也。

清·黄元御《長沙藥解》卷二　芍藥　味酸，微苦，微寒。入足厥陰肝、足少陽膽經。入肝家而清風，走膽府而泄熱。善調心中煩悸，最消腹裏痛滿。散胸脇之痞熱，伸腿足之攣急。吐衄悉瘳，崩漏胥斷。泄痢與淋帶皆靈，痔漏共瘰癧並效。　《傷寒》桂枝加芍藥湯，桂枝三兩，甘草二兩，大棗十二枚，生薑三兩，芍藥六兩。治太陽傷寒下後腹滿痛，屬太陰者，以木養於土，下敗脾陽，己土濕陷，乙木遏鬱，而生風燥，侵克己土，是以腹痛。木賊土困，便越二陽，而屬太陰。薑、甘、大棗補土和中，桂枝達肝氣之鬱，加芍藥清風木之燥也。

小柴胡湯方在柴胡治少陽傷寒，腹中痛者，去黄芩，加芍藥。通脈四逆湯方在甘草治少陰病，下利，脈微，腹中痛者，去葱，加芍藥二兩。《金匱》防己黄耆湯方在防己治風濕，脈浮，身重，胃中不和者，加芍藥三分，蓋土濕木陷，鬱生風燥，風木衝擊，脾土被傷，必作疼痛。不以芍藥清風燥而泄木鬱，痛不能止也。傷寒真武湯方在茯苓治少陰病，腹痛，四肢沉重疼痛，而用芍藥。小建中湯方在阿膠治少陽傷寒，腹中急痛，而倍芍藥，皆此義也。四逆散方在甘草治少陰病，四逆，腹痛，用芍藥而加附子，法更妙矣。新加湯方在人參治太陽傷寒，發汗後身疼痛，脈沉遲者，桂枝加芍藥、生薑各一兩，人參三兩，以肝司營血，行經絡而走一身，汗泄營中溫氣，木枯血陷，營氣淪鬱而不宣暢，故身作疼痛，而脈見沉遲。木陷則生風，人參補血中之溫氣，生薑達經脈之鬱陷，芍藥清風木之燥也。　附子湯方在附子治少陰病，身體疼，手足寒，骨節痛，脈沉者，以血行於經絡，走一身而達肢節，水寒而風木鬱陷，是以脈沉。營血鬱濇，不能行一身而暖肢節，是以身疼而肢節寒痛。參、朮、苓、附，補火土而泄寒水，芍藥清風木之燥也。　芍藥甘草湯，芍藥四兩，甘草四兩。治太陽傷寒，脈浮，汗出，心煩惡寒，小便數，脚攣急。以陽虛土弱，脾陷胃逆，相火不降而心煩。風木不升而惡寒。風木疏泄，上下失藏，故汗出而尿數。津液耗傷，筋脈焦縮，故腿足攣急。甘草補其土虛，芍藥雙清木火以復津液也。

相火上鬱，則陽泄而煩心。小建中治少陽病，心悸而煩者，芍藥清相火之逆升也。　風木下鬱，則陽陷而惡寒。芍藥甘草附子湯芍藥三兩，甘草三兩，附子一枚。治太陽傷寒，發汗病不解，反惡寒者，以汗傷中氣，風木不達，陽氣鬱陷，則表病不解，而反加惡寒。緣陽不外達於皮毛也。陽氣之陷，因土虛而水寒，甘草補己土之虛，附子溫癸水之寒，芍藥清風木之燥也。　桂枝去芍藥湯桂枝三兩，甘草三兩，大棗十二枚，乾薑三兩。治太陽傷寒下後，脈促胸滿者，以表證未解，而誤下之，經陽內陷，為裏陰所拒，結於胸膈，則為結胸。若脈促者，

仲景脈法，脈來數時一止，名曰促。是經陽不至全陷，脈法陽盛則促，是為裏陰所壅逼。故表證猶未解也。可用桂枝表藥。若覺胸滿，則去芍藥，緣下傷中氣，裏陰上逆，表陽內陷，為裏陰所拒，是以胸雖不結，而亦覺壅滿。裏陽既敗，故去芍藥之酸寒，而以桂枝達其經陽也。若微覺惡寒，便是陽陷稍深，則於去芍藥方中加附子，以溫寒水也。　真武湯，下利者去芍藥，加乾薑二兩，以肝脾陽敗，則下陷而為泄利，故去芍藥之酸寒，而加乾薑之辛溫也。　陽根於水，升於肝脾，而化丁火。水寒土濕，脾陽鬱陷，下遏肝木升達之路，則鬱勃而克脾土，腹痛裏急之病於是生焉。厥陰以風木之氣生意不遂，積鬱怒發而生風燥，是以厥陰之病，必有風邪。風性疏泄，以風木抑遏，而行疏泄之令。若消、若淋、若泄、若痢、若崩、若漏、若帶、若遺，始因鬱而欲泄，究欲泄而終鬱，其或塞或通，均之風燥則一也。芍藥酸寒入肝，專清風燥而斂疏泄，故善治厥陰木鬱風動之病。肝膽表裏同氣，下清風木，上清相火，並有捷效。然能泄肝膽風火，亦伐脾胃之陽。傷寒太陰為病，脈弱，其人續自便利，設當行大黃、芍藥者，宜減之。以其人胃氣弱，易動故也。凡風木之病，而脾胃虛弱，宜稍減之。與薑、桂、苓、朮並用，土木兼醫。若至大便滑泄，則不可用矣。黃芩湯、大柴胡用之，治少陽之下痢，以甲木而克戊土，所以泄少陽之相火也。傷寒別經，及雜證下利，皆肝脾陽陷，不宜芍藥，其敗土伐陽，未如地黃之甚。然泄而不補，亦非虛家培養之劑也。《金匱》婦人腹痛，用芍藥諸方，總列於後。妊娠及雜病諸腹痛，當歸芍藥散主之方在當歸。產後腹痛，煩滿，枳實芍藥散主之方在枳實。產後虛羸，腹痛裏急，痛引腰背，雜病腹中痛，小建中湯主之方在膠飴。帶下少腹滿，痛經，一月再見者，土瓜根散主之方在土瓜根。

清·吳儀洛《本草從新》卷一　白芍藥〔補血，瀉肝，斂陰。〕　苦，酸，微寒。入肝、脾血分，白朮補脾陽，白芍補脾陰。為手、足太陰行經藥肺、脾。瀉肝火，酸斂肝，肝以斂為瀉，以散為補。安脾肺，固腠理，肺主皮毛，脾主肌肉，肝木不剋土則脾安，土旺能生金則肺安，脾和肺安則腠理固矣。和血脈，收陰氣，斂逆氣，酸主收斂。緩中止痛，東垣曰：損其肝者緩其中。即調血也。除煩斂汗，退熱安胎。治瀉痢後重，血虛腹痛，瀉痢俱太陰病，不可缺此。寒瀉冷痛忌用。古方治腹痛，白芍四錢，甘草二錢，名芍藥甘草湯。蓋腹痛因營氣不從，逆於肉裏，白芍能調營氣，甘草能緩逆氣。又痛為肝木剋脾土，白芍能伐肝故也。其治腹痛，止血虛腹痛，餘痛不治，以其酸寒收斂，無溫散之功也。脇痛，脇者，肝膽二經來往之道，其火上衝則胃脘痛，橫行則兩脇痛，白芍能理中瀉肝。肺脹喘噫噯同，脾熱易飢。其收斂之性又能入血海衝脈為血海，男女皆有之。而至厥陰肝經。治鼻衄目澀，肝血不足，小兒痘瘡，地紅血散，毒不附瘡，必用以斂附。婦人胎產及一切血病。同白朮補脾，同參、耆補氣，同歸、地補血，同芎藭瀉肝，同甘草止腹痛，同芩、連止瀉痢，同防風發痘疹，同薑、棗和營衛。酒炒加入補中益氣湯中治氣虛下陷，尤稱神妙。又曰產後忌用。丹溪曰：以其酸寒伐生生之氣也，必不得已，酒炒用之可耳。時珍曰：產後肝血已虛，不可更瀉也。寇氏〔寇宗奭著《本草衍義》。〕曰：減芍藥以避中寒。微寒如芍藥，古人猶諄諄戒謹，況大苦大寒，可肆行而莫之忌耶？按：產後虛熱多汗，陰氣失散，用白芍以收斂之，取微寒以退虛熱，正其相宜，前言亦失之太過耳。《景岳全書》內所論極為中正。

附：赤芍藥〔瀉肝，散瘀。〕　瀉肝火，散惡血，利小腸。治腹痛脇痛，堅積血痺疝瘕，邪聚外腎為疝，腹內為瘕。經閉腸風，癰腫目赤。皆散瀉之功。白補而斂，赤散而瀉。白益脾，能於土中瀉木；赤散邪，能行血中之滯。赤、白各隨花色，單瓣者入藥，酒炒用。制其寒。婦人血分醋炒，下痢後重不炒。惡芒硝、石斛。畏鱉甲、小薊。反藜蘆。

清·汪紱《醫林纂要探源》卷二　芍藥　酸，苦，寒。花單瓣者入藥，用根。白者補斂肺氣，固腠理。桂枝湯用之，表中有收也。降逆氣，除煩退熱。收心之散。瀉肝去瘀，瀉肝則能和脾，治腹痛、脇下痛。抑相火。入氣分功多。斂肺宜酒炒。赤者平肝瀉火，去瘀散血，調諸血痛，去血中之滯熱。入血分功多。瀉肝宜醋炒。以治血滯痔痢，宜生用。〇大要亦通用。或謂白補赤瀉，亦非也。反藜蘆。性味亦相反。

清·嚴潔等《得配本草》卷二　白芍藥　須丸、一作雷丸。烏藥、沒藥為之使。畏硝石、鱉甲、小薊。惡石斛、芒硝。反藜蘆。　酸、苦、微甘，微寒。入手足太陰、足厥陰經血分。瀉木中之火，土中之木，固腠理，和血脈，收陰氣，退虛熱，緩中止痛，除煩止渴。治脾熱易飢，瀉痢後重，血虛腹痛，胎熱不安。　得乾薑，治年久赤白帶下。得犀角，治衄血咯血。配香附、熟艾，治經水不止。配川芎，瀉肝。配薑、棗，溫經。配川連、黃芩，治瀉痢。配甘草，止腹痛，并治消渴引飲。肝火瀉，胃熱解也。君炒柏葉，治崩中下血。佐人參，補氣。佐白朮，補脾。用桂枝煎酒浸炒，治四肢痘瘡癢塌。脾虛也。研末酒服半錢，治痘脹痛，或地紅血散。　伐肝，生用。補肝，炒用。後重，生用。血溢，醋炒。補脾，酒炒。滋血，蜜炒。除寒，薑炒。多用，伐肝。少用，斂陰。

收少陰之精氣。　脾氣虛寒，下痢純血，產後，恐伐生生之氣。若少用，亦可斂陰。三者禁用。

題清・徐大椿《藥性切用》卷三　白芍藥　苦酸微寒，入肝脾血分，為手足太陰行經。瀉肝火，斂陰血，安脾肺，固腠理，乃血虛腹痛之耑藥。瀉火生用，斂陰炒用，酒炒和血，醋炒止血。

赤芍藥　苦辛微寒，瀉肝火，散惡血。酒炒活血，醋炒亦能止血，必須炒黑乃治血瘀經絡，不能歸經之血。如血虛者，切忌。按：白芍補而斂陰，赤芍散而瀉血。白益肝，能於土中瀉木，故瀉痢虛弱宜之。赤散邪，能行血中之滯，故傷寒營實宜之。

清・黃宮繡《本草求真》卷二　白芍入肝血分，斂氣。　白芍耑入肝。有白有赤，白者味酸，微寒無毒。功耑入肝經血分，斂氣。緣氣屬陽，血屬陰。陽亢則陰衰，陰凝則陽伏。血盛於氣，則血凝而不行。氣盛於血，則血燥而益枯。血之盛者，必賴辛為之散，故川芎號為補肝之氣。氣之盛者，必賴酸為之收，故白芍號為斂肝之液，收肝之氣，而令氣不妄行也。至於書載功能益氣除煩，斂汗安胎。同桂枝則斂風汗，同黃耆、人參則斂虛汗。補癆退熱，及治瀉痢後重，痞脹脇痛。脇為肝膽二經之處，用此則能理中瀉火。肺脹噯逆，癰腫疝瘕，鼻衄目濇，用此益陰退火而自治。溺閉，杲曰：白芍能益陰滋濕而停津液，故小便自利，非因通利也。何一不由肝氣之過盛，而致陰液之不斂耳。杲曰：四物湯用芍藥，大抵酸濇者為收斂停濕之劑，故主手足太陰收斂之體。元素曰：白芍入脾經，補中焦，乃下利必用之藥。蓋瀉利皆太陰病，故不可缺此。得炙甘草為佐，治腹中疼痛。夏月少加黃芩，惡寒加桂，此仲景神方也。其用凡六：安脾經，一也；治腹痛，二也；收胃氣，三也；止瀉利，四也；和血脉，五也；固腠理，六也。是以書言能理脾肺者，因其肝氣既收，則水不尅土，土安則金亦得所養，故脾肺自爾安和之意。杲曰：《經》曰：損其肝者緩其中，即調血也。產後不宜妄用者，以其氣血既虛，芍藥恐伐生氣之意也。馮兆張曰：產後芍藥佐以薑、桂，製以酒炒，合宜而用，有何方之可執哉？倘腹痛非因血虛者，不可誤用。蓋諸腹痛宜辛散，而芍藥酸收故耳。又曰：今人用芍藥，則株守前人一定之言，每於產後冬月，兢兢畏懼，及其芩、連、梔子，視為平常要藥。凡遇發熱，不論虛實輒投，致令虛陽浮越，惜哉！　然用之得宜，亦又何忌。同白朮則補脾，同參、耆則補氣，同歸、地則補血，同芎藭則瀉肝，同甘草止腹痛，同黃連止瀉痢，同防風發痘疹，同薑、棗溫經散濕。如仲景黑神散、芍藥湯，非皆產後要藥耶，惟在相症明確耳。出杭州佳，酒炒用，惡芒硝、石斛。畏鱉甲、小薊。反藜蘆、赤芍，其義另詳。

清・沈金鰲《要藥分劑》卷九　芍藥　【略】鰲按：本草載芍藥氣性功用，向來皆不分赤白，至《經疏》始條析之，其旨精微，今因從之。

清・楊璿《傷寒溫疫條辨》卷六補劑類　芍藥反藜蘆。　味微苦、微甘、微酸，氣微寒，氣薄於味，斂降多而升散少，陰中陽也。白補赤瀉。生用氣微涼，酒炒氣極平。其性降，故入血。補肝虛，瀉肝實，固腠理，消癰腫，止泄瀉，利小便，除眼疼，緩三消，斂血虛之發熱，敺血虛之腹痛。白者安胎熱不寧，赤者能通經破瘀。按：芍藥特補藥中之微寒者，非若極苦大寒之比，乃產後補血和氣之要藥也。若謂其色白屬金，寒伐生發，產後當忌，則凡白過芍藥，寒過芍藥者，又將何如？丹溪之言不可泥也。仲景芍藥甘草湯，治榮氣不足腹疼甚驗。

清・羅國綱《羅氏會約醫鏡》卷一六草部　白芍藥味苦、甘、酸，微寒，入脾、肝、肺三經。惡石斛、芒硝，畏鱉甲、小薊，反藜蘆。生用寒，煨熟酒炒，以制寒性。治血脫者，醋炒。　瀉肝火，味酸斂肝。肝以斂為瀉，以散為補。安脾肺，固腠理，止虛汗。木得斂而不尅土，則脾安；　土旺能生金，則肺安。肺主皮毛，肺安則腠理固，而汗自止。治熱瀉、癰腫目疼、脇痛鼻衄，除煩安胎、血虛發熱，性沉陰，能入血分，補虛涼血。除痢疾後重，屬胃中濕熱，若冷痢忌用。止血虛腹痛，能治血虛，又能行氣安脾。消中滿喘欬肺安，凡一切肝血不足之證。按：白芍仍補藥之稍寒者，古人戒產後勿用，似乎太執。若產後血虛而熱，陰氣散失者，正當用之。

赤芍：　尤瀉肝火，治腸風、瘡癬、目赤，通經破血。能散瀉也。產後忌之。

清・吳瑭《醫醫病書》　白芍論　《本經》稱白芍氣味苦，平，無毒，主治邪氣腹痛，除血痺，破堅積，寒熱疝瘕，止痛，利小便，益氣。並無酸味之明文。張隱庵謂後人妄改聖經，曰微酸，元、明諸家，相沿為酸寒之品。試將芍藥咀嚼，酸味何在？春生紅芽，稟厥陰木氣而治肝，花開三四月間，稟少陰君火而治心。塘按：芍藥，亥月生芽，藏於根中，仲春紅芽出於地上，春盡而後開花，何丹溪謂產後忌服，伐生生之氣？按陽生於子中，實根荄於亥，故古人禘祭，祭始祖所自出，必用亥月，以亥為始祖所自出也。芍藥亥月生芽，遍歷子、丑、寅、卯、辰、巳六陽之全，而後開花，豈伐生生之氣者哉？並未細心格物，無知妄作，莫此為甚。

清・陳修園《神農本草經讀》卷三中品　芍藥　氣味苦，平，無毒。主邪

氣腹痛，除血痹，破堅積，寒熱疝瘕，止痛，利小便，益氣

陳修園曰：芍藥氣平，是夏花而稟燥金之氣。味苦，是得少陰君火之味。氣平下降，味苦下泄而走血，為攻下之品，非補養之物也。邪氣腹痛、小便不利及一切諸痛，皆氣滯之病，其主之者，以苦平而泄其氣也。血痹者，血閉而不行，甚則為寒熱不調。堅積者，積久而堅實，甚則為疝瘕滿痛者，皆血滯之病，其主之者，以苦平而行其血也。又云益氣者，謂邪氣得攻而淨，則元氣自然受益，非謂芍藥能補氣也。今人妄改聖經，以酸寒二字易苦平，誤認為斂陰之品，殺人無算。試取芍藥而嚼之，酸味何在乎？張隱庵云：赤芍、白芍，花異而根無異。今肆中一種赤芍藥，不知何物之根，為害殊甚。

清・王學權《重慶堂隨筆》卷下　芍藥之味，《本經》苦，《別錄》加以酸字，酸苦湧泄為陰，是開泄之品耳。觀仲聖云：太陰病，脈弱，其人續自便利，設當行大黃、芍藥者，宜減之，以胃氣弱易動故也。故滯下為病，乃欲下而窒滯不通者，以此為主藥也。今人誤為酸斂，用以治虛瀉，殊欠考也。惟土受木乘而瀉者，用之頗宜。〔王孟英〕刊鄒氏《疏證》云：芍藥開陰結，大黃開陽結。故腸中燥結則用承氣，腹中滿痛多用芍藥。若心下滿痛，病在上焦之陽結，則當用陷胸，而芍藥在所忌矣。

清・黃凱鈞《藥籠小品》　芍藥　酸，斂血藥，凡遇血熱肝火必需之品，炒用。桂枝湯用之，能止傷風自汗，桂枝溫衛，芍藥收斂也；同甘草用之，能止腹痛，取其斂肝，甘草和脾也。在表在裏，無所不可，皆在用之得宜耳。病欲疏散者忌用。入脾藥中宜炒焦，取平肝不克土也。有赤白兩種，白者補而斂；赤者散而瀉，瘍科多用。

清・王龍《本草纂要稿・草部》　白芍藥　氣味酸寒而平，有小毒。收陰氣，止瀉痢腹痛。固腠理，和血脈緩中。瀉肝火而安脾土，通血閉而調月經。理中氣，療脾虛中滿。收胃氣，制土虛木侵。治血虛腹痛，炙草為佐。主寒熱腹痛，芩桂兼施。配白朮而能補脾，同川芎而能瀉肝。凡婦人產後諸病，血氣虛寒之人，皆宜禁之，因其酸寒，恐伐生發之性也。　赤芍藥：氣味同。驅堅積，消癰去熱。利小水，破血通經。治腹痛火眼，生用正宜，因其能瀉能散也。

清・吳鋼《類經證治本草・足厥陰肝臟藥類》　白芍　【略】誠齋曰：芍藥斂陰，能行血中之滯。仲景桂枝湯中用之，取其斂汗而能和血，是為行風之聖劑。散藥中加之，不致有過發越之害。虛人外感尤宜，中寒者少入。花白根白名白芍，花赤根赤名赤芍，單瓣者入藥。

清・張德裕《本草正義》卷上　芍藥　苦，微甘而畧酸。味重氣薄。白補赤瀉，生涼熟平。入血分，補血熱之虛，瀉肝火之實。止血虛腹痛，退血虛發熱，安胎熱不寧。赤惟破血通經。脾寒少施。

清・楊時泰《本草述鉤元》卷八　芍藥　入藥宜白花單瓣之根，氣味全厚，根之赤白，亦隨花之赤白。近用赤芍多於白芍中尋取，白味有酸，赤味有苦，此其分辨處。今市肆一種赤芍，不知為何物草根，瘍科兒醫多用之，為害殊甚。別赤、白法：白根固白，赤根亦白，每根切取一片，各以法記，火酒潤之，覆蓋過宿，白根轉白，赤根轉赤矣。

根味酸、苦，平，氣微寒。可升可降，陰也。為手足太陰行經藥，入肝脾血分。白補而赤瀉，白收而赤散，大都白者制肝補脾，陡健脾經，赤者調胃行肝，大利肝經成無己。芍藥時值閉藏，便行甲坼，一脈生陽，透機極早，世但稱其酸斂降火，而不知主治邪氣入腹閉拒成痛，力能從中開發，逐邪內出，至滌除血痹，入破堅積疝瘕，更利小便，何一非收而行之之效哉之頤。

論：白芍味酸，本為肝劑，而於脾最切者，以脾之主在肝也，既為脾之主，則即為肺之用，子母相生，肝又以肺為主也。但白者由肝而效肺之用，主氣主收，赤者由肝而效心之用，主血主散，總皆不離乎脾也。

白芍：主治酸寒收陰，酸苦泄肝，安脾肺，收胃氣，利胃氣不通。理中氣，斂逆氣，和血脈，固腠理，治脾虛中滿，心下痞，脇下痛，善噫肺急，脹逆喘欬，治風退熱除煩，止下痢腹痛後重凡泄病久而亡陰，投他寒劑則益劇，惟以白芍收陰氣而除虛熱，則自奏效。及血虛腹痛，肝血不足，利小便，治婦人產前諸病，赤白帶下諸本草。能治血海而入於九地之下，後至厥陰經東垣。能去土中之木，引他藥入脾陰而助生化之氣。得甘草則甲己相合，而木從土化，所謂去土中之木也。瀉脾補肝，故能陡健脾經。收脾經之陰氣，陰氣既收則火退，故又瀉脾火。白芍何以專瀉脾火？蓋收陰即所以召陽，陽歸陰中，而邪火自散。脾屬太陰，收陰必先至脾，故瀉邪火亦先於脾也。同白朮補脾，同芎藭泄肝，同人參補氣，同當歸補血，同甘草止腹痛，凡痛而急縮，甚或兩足不能伸，乃木侮土也。虛痛本屬脾，脾虛則肝乘之，白芍瀉肝邪，更專補中焦脾氣，是以取效。同黃連止瀉痢，同防風發痘疹，同薑、棗溫經散濕瀕湖。佐柴胡、丹皮、山梔，則瀉火而除熱燥。佐生薑、肉桂、

乾薑，則溫經而散寒濕。惡寒腹痛，則加桂。惡熱腹痛，則加芩。酒炒為君，佐以炙甘草，為健脾最勝之劑，能治血虛腹痛。同黃連、滑石、升麻、人參、甘草、蓮肉、扁豆、紅麴、乾葛，治滯下如神。同四君、肉蔻、橘皮、車前子，治脾虛泄瀉。酒炒白芍二兩，炙甘草二錢，蓮子去心五十粒，水煎，治痘瘡有熱作瀉。熱甚，加酒炒黃連一錢。君白芷、炙甘草，治痘瘡血虛發癢。同荊芥、防風、生地、黃耆、炙草，治腸風下血。同當歸、地黃、牛膝、炒黑乾薑、續斷、麥冬、五味，治產後血虛發熱。同黃耆、防風，治表虛傷風自汗。有以芍、甘二味治消渴九年久病，服七日頓愈者，此中消也。芍、甘補脾陰，和胃陽，洵能治之。衄血咯血，白芍一兩，犀角末二錢半，為末，新汲水服一錢匕，血止為限。崩中下血，小腹痛甚，芍藥一兩炒，黃柏葉六兩微炒，每服二兩，水一升，煎六合，入酒五合，再煎七合，空心，分兩服，亦可為末，酒服二錢。經水不止，白芍、香附、熟艾各一錢半，水煎服之。赤白帶下久不瘥，白芍三兩，乾薑半兩，剉熬令黃，搗末，空心水飲服二錢匕，日再服。

論：白芍酸苦微寒，固當屬陰。第在陰極之時而生，芽生十月。陽升之會而長，是陰中有微陽也。出地者陰中之陽，肝木應之，故其味酸。木秉陰中之陽以首出者，先不離於土，故又氣平而入脾也。東垣言中焦用白芍，則脾中升陽即此義。人身脾與腎肝，同居於下，以奉地氣，猶胃與心肺，同居於上，以布天氣。白芍所稟，正合於腎之陰，肝之陰中陽，以歸於脾，而絡於胃。夫脾不得腎肝之陰氣，則胃無所本，以致於心肺。《經》所謂至陰虛，天氣絕是也。惟陰致之陽，胃故能納；陽合於陰，脾故能化。能納能化，乃得致水穀精微之氣，上合膻中宗氣以注於肺，而後心肺胃布其天氣以下濟焉，所以脾胃為中氣也。其能理中氣，又云安肺者，以天氣為病，六淫、七情皆有。陽易傷陰。陽勝則陰即為之耗，陰耗則陽亦無所依。白芍本陰氣而收脾之陰，即能收胃之陽，故胃陽亢而肺陰不降者，此味收陰和陽，上接乎肺氣而使之下降，是即所為安肺也。《經》曰：肺欲收，以白芍之酸收之。無己云：除肺燥，即所云斂逆氣，并治善噫及肺急脹逆喘咳。皆不外是。至若本腎肝之用以致於脾，而又曰泄肝，於義何居？蓋肝為陰中之少陽，陰虛而陽實，故肝邪盛，本腎肝之陰以致於脾者，還以馭肝之陽，則肝自泄，而脾肺俱安矣。如治脇痛，乃肝之陰虛而陽實者，此瀉肝即所以安脾，所謂損其肝者，緩其中。脾肺俱安，則中氣理。所以療脾虛中滿及心下痞。中氣理則血脈和，而肝血可足矣。《經》曰：傷肺者脾氣不守，胃氣不清，經氣不為使。即此反而繹之，則脾肺安，中氣理，而經氣固為使矣。總之，脾陰足而萬邪息，此味獨主收脾陰氣，遂下以固肝腎之陰，上以和心肺之陽，苟用之而適其所宜，則酸收者罔不建效。第如破堅積疝瘕、除血痺、散惡血、逐賊血、通順血脈、消癰腫之治，治臟腑壅氣。其義似與酸收相戾，不知有收儲而後有發舒，此陰陽屈伸之元理也。茲味之酸收，當就出機以闡其功，而非謂其入機，蓋欲達未達之氣化，陰有餘地以為陽守，而陽還有節制以為陰用。是其出於地中者，即伸而得屈，故其際於天上者，由屈而得伸。使陰中之陽暴出於陰，則陽中之陰易離於陽，陰陽不相依而氣化病，漸至相離而氣化危矣。試參潔古固腠理一語，不可悟陽之充於極表者，陰亦不得相離乎。然則《本經》、《別錄》、甄權所云，乃其功之所及，而潔古所云收陰氣瀉肝，收胃氣安脾肺，正其體之所存，兼以用之所行也。抑又謂氣虛寒者，禁用芍，是說信否？曰：陰能育乎陽而陽鬱者，以升陽為主，此味在所當忌。若陰不能育乎陽而陽亢者，則以收陰為主，此味正所急需。但氣虛者多由耗散其陰中之陽，是以着痹用黃耆多以白芍佐之。補陽而投此，以為陽之主，誰曰不宜。

寇氏云：氣虛寒者避之。古人言減芍藥以避中寒，誠不可忽。

修治：冬月必以酒炒，下痢腹痛必炒用，惟後重者不炒。產後欲用，亦須以酒炒之丹溪。酒浸行經潔古。亦能升陰中之陽嵩。更有拌川椒炒七次入藥者，蓋欲斂中土之濕，而化以命門真陽之氣也，是亦為勝濕之劑。

赤芍：主治：通順血脈，除血痹，破堅積寒熱疝瘕，止痛，通月經，去腸胃濕熱，利膀胱大小腸及小便，療目赤，消癰腫，散惡血，除中惡腹痛諸本草。宣通臟腑，散作痛之血，行內停之濕希周。同橘皮、藿香、木瓜、甘草，治中惡腹痛。同芎、歸、生地、紅花、白芷、荊芥，治破傷風發熱疼痛。同歸、地、牛膝、延胡、山查、澤蘭、紅花、五靈脂，治初產惡露不下腹痛。冬月加肉桂。同銀花、白芷、穿山甲、紫地丁、夏枯草、生甘草、茜草，消一切癰腫。同歸、地、延胡、香附、青皮，治經阻。腹痛加五靈脂、蒲黃，能散惡血，逐敗血。

總論：芍根赤白，隨花之色。同稟天地之陰，同兼甲木之氣，同致之於脾。但其色赤者之火，血原於水而成於火也。火主昌揚，故專入血分以行之。色白者之金，氣原於水而統於金也。金主收斂，故專入氣分以收之，要皆肝以為體，脾以為用。白者由木媾金而有酸，因金媾木而有濇；赤者由木歸火而有苦，以火達木而有瀉，是皆不離肝也。白者由氣分而致血之用，赤者由血

分而致氣之用，是皆不外脾也。凡病陰虛而陽亢者，則投白芍，取其收陰和陽以補之；陰實而陽鬱者，則投赤芍，取其升陰導陽以散之爾。

繆氏云：赤芍能破血，凡病屬血虛及泄瀉，產後惡露已行，癰疽已潰，並不宜服。

修治：各以竹刀刮去皮併頭，剉細，蜜水拌蒸，從巳至未，曬乾用。二芍同。今人多生用，惟避中寒者以酒炒，入女人血藥以醋炒。

清·葉桂《本草再新》卷一 白芍藥味苦、酸，性微寒，無毒。入肝、脾二經。瀉肝降火，潤肺健脾。酸以斂肝，肝以斂為瀉，以散為補。斂其血，熱則無火矣，木不致尅土，土不受尅，脾必健，脾健則肺亦固，益脾土，正可以生金也。故肺又可以潤。養血和血，消濕止瀉，斂汗寬中。

赤芍藥：性味經臟同上。瀉肝火，和脾土，行血和血，治腹痛腰痛，調經滋腎，疝瘕，邪聚外腎為疝，腹內為瘕。利腸，分通小便。

清·吳其濬《植物名實圖考》卷二五 芍藥 《本經》中品。古以為和，今入藥，用單瓣者。雩婁農曰：《詩》贈之以勺藥。《陸疏》云：今藥草芍藥無香氣，非是也。《爾雅翼》以陸未識其華。蓋芍藥盛於西北，維揚諸花，始於宋世，故陸元恪僅見藥裹之根荄，而未覩金帶之綺麗。羅氏之言是矣。然古時香草，必以莖葉俱香而後名，如蘭、如蘇、如芷，皆竟體芬芳，不以花著。芍藥奇馥，都恃繁英，氣不勝色，時過即弛，與霜露飄零而臭味彌烈者，蓋未可伯仲也。陸氏之疑，其或以此。若以調和為據，則古今食饌，嗜好全殊，即所謂食馬肝、馬腸，猶合芍藥而鬻之者。士大夫久無此憲章，安得尋裂膚駃騠，而沃苦酒者一問之耶？

清·趙其光《本草求原》卷二芳草部 芍藥 冬芽，春長，夏花。氣平，金氣。味苦，火味，入心。無毒。本陰極陽升之時以生，而反得苦泄平降之氣味，是本陰之陽以升，遇肺而陽中之陰反以下降之義也。為泄陽以和陰，使肝制於肺，而反本歸根，不至肆瘧傷脾，而血自生也，非收陰補養之物也。血不升，動不行，故以芎、歸；不降，泄不守，故以白芍。主邪氣腹痛，風木之邪傷中土，脾絡不能從經外行則痛。合甘草，補土瀉木；熱加芩，寒加桂。除血痹，血濇不行而麻木，瀉血中之氣則行。破堅積、寒熱疝瘕，止痛，血滯久成積，則寒熱不調，或心痛，或小腹下痛，皆為疝，或假物成形為瘕，及一切血濇氣滯而痛，皆宜此伐肝泄氣以行血。利小便，肺氣降，則治節行，水道調。益氣，治噫，逆肺脹喘咳，皆壯火食氣之病，肺氣清降則愈。煩熱消渴，脾熱也，同甘草煎。下痢後重，泄氣行滯之功。目濇，肝血不足，泄陽存陰之效。婦人胎產諸病，如四物，芎、歸升陰中之陽，此降陽中之陰，是陰陽屈伸之理也。脚氣腫痛，同甘草末，白湯下，是脾虛肝乘，伐肝陽以補脾陰。風毒骨痛。同虎骨浸酒。至其治五淋、同檳榔。衄血、咯血、同犀角。崩血、腹痛帶下，炒，同香附末，鹽湯下；或加柏葉酒煎。經水不止，同香附、熟艾。金瘡血出，熬黃為末，酒下，並滲之。血痢必用，如建中湯，補土瀉木是也。無非瀉肝陽以救陰而血自止耳。若陽氣衰而腹痛滿急，補中益氣加之。腎寒而小便不利，如真武湯苓、薑、朮、附、芍。亦用之者，因精血亦傷也。桂枝湯用之者，表虛發熱實衛，尤須瀉經脈之邪熱也。桂枝合甘草，化陽以和衛；白芍合甘草，化陰則和營，兼滋陰以為汗也。建中湯用之者，陽邪內陷而腹痛，培土尤須瀉風木以通經脈也。太陽變少陽脈弦，故用之。桂枝、甘草湯去之者，誤汗而傷心之液，則心氣虛，欲補中扶陽，忌其苦瀉也。時說以白芍酸寒，監桂枝之發散，何以症因發汗過多，反減白芍，而不懼其太散乎？且酸收之物，豈能破積消腫、治血閉乎？少有知者，當自悟矣。參觀桂枝自明。

陳修園曰：白芍，苦平破滯，本瀉藥，非補藥也。同甘草，則滋陰止痛；同薑、棗、玉桂，則和營衛溫經；同朮，則補脾；同歸、地，則補血；同川芎，則瀉肝；同川連，則止痢；同防風，則發痘疹；同桂、薑，則急收陽氣，歸根於陰。又為補腎之品，古人用芍，或取其苦以泄甘，或取其苦以制辛，或取其攻利以行補藥之滯，皆善用其瀉以為補，非以其補而用之也。觀《本經》主治，皆攻瀉之用。故古法新產惡露未盡多用之，裏虛下痢泄瀉悉減之。必不得已，酒炒焦用。又治虛痢，同參、蓮、升、葛、甘、連、扁、滑、麯。腸風，同荊、防、芪、地、甘。產後虛熱，同歸、地、牛膝、續、味、冬、炮薑。表虛自汗，同芪、朮。中惡腹痛，同陳、藿、甘、木瓜。脾濕腹痛，同四苓、陳皮。赤白帶下，同乾薑熬黃研，米飲下。痘瘡血虛發癢，同白芷。此瀉肝安脾之功。其一切血症用之者，血本於脾汁，脾陰虛而肝乘，瀉肝火即以救脾陰也。若血寒而用，則全憑溫熱佐使。生用，攻下；醋炒，入肝，治血；酒浸蒸，升陽行經；酒炒焦，則避泄滑；川椒同炒七次，可去土中之濕。

清·文晟《新編六書》卷六《藥性摘錄》 白芍 味酸，微寒。入肝經血分，斂氣。〇益氣除煩，斂汗安胎，補癆退熱，及治瀉痢後重，痞脹脇痛，肺脹噯逆，癰腫疝瘕，鼻衄目濇。〇產後勿妄投。出杭州佳。酒炒用。惡芒硝、

石斛，畏鱉甲、小薊。○赤芍另詳。

清・文晟《新編六書》卷六《藥性摘録》 赤芍 入肝，與白芍主治畧同。但白則斂陰入營，赤則散邪行血。○凡腹痛堅積。血瘕疝痹經閉，目赤，因積熱而成者，用此則涼血去瘀，異于白芍之主補無瀉也。○惡芒硝、石膏，畏鱉甲，反藜蘆。

清・劉東孟傳《本草明覽》卷一 芍藥 【略】按：酸澁者主收，芍藥酸澁，及收斂停濕之劑，故能入肺脾二經。然不離乎收降之躰，故又至血海，而入九地之下，直抵乎肝經也。酸澁主收，何以利小便也？蓋芍藥本非通利之藥，因其停諸濕而益津液，故小便自利耳。況腎主大小便，芍藥益陰滋濕，小便安得而不利乎？仲景傷寒多用之者，以其主寒熱而利小便也。又何以緩其中也？即調血止血之謂。諸痛並宜辛散，而芍藥酸收，可以調血，血調則痛自止矣。故丹溪云：芍藥性主血虚腹痛，豈非緩中而然耶。

清・張仁錫《藥性蒙求・草部》 白芍錢半、三錢 白芍酸寒，養血益肝。收斂耗散，虚痢可安。伐肝生用，止痛炒用，酒炒能制其寒，婦人血分用醋炒，下痢後重不炒。○白芍能入血海，即衝脈也。又能補脾陰。○苦、酸，微寒，入肝脾血分。瀉肝火，和血脈，治婦人胎產，及一切血病。○葉香巖云：同人參補氣，同歸身補血，同白朮補脾，同川芎瀉肝，同甘草止痛，同黄連止瀉，同薑、棗溫經散濕，同犀角治衄血咯血，同香附、熟艾治經水不止。○丹溪云：產後用白芍，恐酸寒伐生生之氣，故勿用也。 赤芍錢半： 赤芍酸寒，能瀉能散。破血通經，赤睛功擅。酒炒。用婦人血分醋炒，用下痢後重不炒。瀉肝火，散惡血，利小腸，治積血脇痛腹痛，婦人經閉不行。

清・屠道和《本草匯纂》卷一收斂 白芍 耑入肝。味酸，微寒，無毒。耑入肝經血分，斂氣。瀉肝，安脾肺，收胃氣，能於土中洩木，清胃熱，固腠理，和血脈，收陰氣，斂逆氣。治邪氣腹痛腰痛，除血痺，破堅積，散惡血，逐賊血。治肺急脹逆喘咳，水氣滿，腰溶溶如坐水中。益氣除煩，斂汗安胎，補癆退熱。及治瀉痢後重，痞脹脇痛，肺脹噯逆，癰腫疝瘕，鼻衄目濇，溺閉，皆因肝氣過盛，致陰液不斂。能理脾肺者，因肝氣既收，則木不尅土，金亦得養。產後不宜妄用。出杭州佳。酒炒用。

清・戴葆元《本草綱目易知録》卷一 白芍 苦、酸，微寒。入肝脾經血分，為手足太陰行經藥。瀉肝火，安脾肺，固腠理，和血脈，收陰氣，斂逆氣，去水氣。利膀胱大小腸，緩中止痛，益氣除煩，補勞退熱，斂汗安胎。治時行寒熱，瀉痢後重，腸風瀉血，腹痛腰痛，心痞脇痛善噫，肺急脹逆喘咳，脾虚中滿，痔瘻，發背。其收降之體，又能入血海，而至厥陰。散惡血，逐敗血，治鼻衄崩血，調肝血不足。陽維為病，苦寒熱； 帶脈為病，苦腹痛滿，婦人胎前產後及一切血病。反藜蘆。

赤芍 功同白芍，尤能瀉肝火，散惡血，利大小腸。治腹痛堅積，血痹疝瘕，經閉腸風，癰腫目赤。白芍補而收，益脾，能於土中瀉水。赤芍散而瀉，化瘀，能行血中之滯。凡產後及肝血虚，不可更瀉，禁用。反藜蘆。【略】

清・黄光霽《本草衍句》 白芍藥 酸能斂肝，甘善緩中，固腠理而益營。瀉肝安肺，斂陰氣而退熱。收胃扶脾，止腹中之急痛。肝氣乘脾即痛，斂肝則痛除。散惡安胎，治瀉痢於後重。鼻衄目濇，心痞脇痛，兼療帶脈與陽維。帶脈為病，苦腹痛滿，腰溶溶如坐水中。陽維病，苦寒熱。血閉疝瘕，皆肝邪凝滯結聚之病。通用胎前同產後。白芍乃養肝之聖藥，又益脾陰，能土中瀉木。得人參益脾氣，得當歸補血，得白朮補脾，得川芎補肝。 腹中虚痛，白芍三錢，炙甘草一錢，夏月加黄芩五分，惡寒加肉桂一錢，冬月大寒再加桂一錢，水煎服。崩中下血，小腹痛甚者，炒白芍、炒柏葉，酒服。經水不止，白芍、香附、熟艾葉煎服。血崩帶下，赤芍、香附為末，鹽水少許煎服。 赤芍： 主治略同，補瀉則異。耑於散邪行血，尤善利水平肝。

清・陳其瑞《本草撮要》卷一 芍藥 味酸，入手足太陰經，功專制肝補脾。得人參補氣，得當歸養血，得白朮補脾，得川芎瀉肝，得甘草治腹痛，得黄連止痢，得防風發痘症，得薑棗溫經散濕。入藥炒用，血分醋炒，下痢後重生用。惡芒硝、石斛、鱉甲、小薊，反藜蘆。赤者利水行血。

清・仲昴庭《本草崇原集説》卷中 芍藥 【略】〔批〕芍藥非補養之物，若欲補養，須合他藥，當與《論》《略》中求之。【略】

仲氏曰：《傷寒・太陰篇》云：太陰為病，脈弱其人續自便利，設當行大黄芍藥者，宜減之，以其人胃氣弱易動故也。乃後人不參經論，徒信偽書，流毒生靈，伊于何底？士宗云：仲師死而真傳絶，蓋絶於偽書之害道，而人不知。又曰：今人以四物湯為補血主方，見湯内有芍藥，因信偽書之説，認為斂陰之品，而芍藥遂列補劑矣，訛謬相隨，至此已極。

清・周巖《本草思辨録》卷一 芍藥 芍藥十月生芽，正月出土，夏初開花，花大而榮，正似少陽漸入陽明，故得木氣最盛。根外黄内白，則為具木氣

於土中，而土生其金，金主攻利，又氣味苦平，故能入脾破血中之氣結，又能斂外散之表氣以返於裏。凡仲聖方用芍藥，不越此二義，以此求之方得。

芍藥，《別錄》酸微寒，隱庵輩多議其非。今取嚼之，卻帶微澀，澀者，酸辛之變味。況同一物而氣質有厚薄，安知古之不異於今。即《本經》之苦平與酸微寒並體之，皆不外斂之與破。識得芍藥之用，而無謂之吹求可已矣。

鄒氏於仲聖方之有芍藥，處處以破陰結解之，支離殊甚。桂枝湯因衛氣外泄不與營合，故於桂甘溫經驅風之中，用芍藥攝衛氣就營氣，營氣本未嘗結，何待於破，此斂之義也。當歸芍藥散治腹中疞痛，此破之義也。桂枝加芍藥湯治腹滿時痛，此斂與破兼者也。滿須斂，痛須破。何可執破陰結一說，以概諸方？

腹痛為太陰血中之氣結，芍藥以木疏土而破結，故為腹痛專藥。謂於土中瀉水者，猶屬膈膜之論。下利乃陰氣下溜，土德有慚，豈堪更從而破之，故下利斷非所宜。若滯下之利，則正宜決其壅滯，芍藥又為要藥。潔古芍藥湯用之而以方名，可謂得仲聖心法矣。

仲聖黃芩湯治下利，何以有芍藥？蓋太少合病，邪已近裏，無用葛根湯之理，治之宜從裏和。黃芩清少陽之熱而其氣輕，加芍藥以斂之，甘、棗以固之，則裏和而利止。且太少合病，則病氣未肯驟下，欲其裏和，焉得不斂，芍藥之不可少如是。

甘遂半夏湯證，曰脈伏，欲自利，利反快，雖利，心下續堅滿。脈伏者，有留飲在內。欲自利利反快者，利不即利，既利則快。心下續堅滿者，利後滿減，過時又續，顯係內有停阻，與滯下無異。芍藥能破堅積，正其所宜。且以甘遂逐在上之留飲，而又以芍藥斂而降之，則上下之邪盡去，用芍藥之妙有如此，而注家從未見及，可異也。

芍藥甘草附子湯證，曰發汗病不解，反惡寒者，虛故也。虛者陽虛，汗後氣已外散，故以附子扶陽，炙甘草補中，芍藥斂其外散之氣，方義易見。而鄒氏以芍藥甘草為得桂枝湯之半，盡太陽未盡之風邪。此與桂枝湯何涉？且以芍藥甘草當桂枝湯之用，不可謂非妄矣。

芍藥為太陰血中之氣藥，不能破血中之血結，且味澀則破而不泄，故凡下瘀血之方，芍藥得廁其間者，皆偏裨之任也。

芍藥若用為補劑，必配合得宜，如四物湯之類，方能獲益。辛祐之患消渴九年，止而復作，蘇朴授以芍藥甘草等分為末煎服，七日頓愈。陳日華謂古人處方，殆不可曉。實則無不可曉也，殆善師成無己酸以收之，甘以緩之，酸甘相合，用補陰血、斂逆氣、除肺燥之意耳。此最得用補之妙法，單用詎能即補。潔古謂入脾經補中焦，東垣謂色在西方故補，皆足貽誤後人。洄溪又但以為養肝之聖藥，其亦昧之至矣。

古有減芍藥以避中寒之說，寇氏然之，謂氣虛禁用。此亦仲聖早有以示人者。《傷寒・太陰篇》云：太陰病脈弱，其人續自便利，設當行大黃芍藥者宜減之，以其人胃氣弱，易動故也。以芍藥與大黃並稱，即可知芍藥之為芍藥，胃弱宜減。更可知應用而尚不可多用，何後人直以為補劑而不加深考耶？

胃弱既宜慎矣，乃防己黃芪湯下云胃中不和者，加芍藥三分，則何以解之？夫芍藥者，能斂外散之氣以返於裏者也。風濕脈浮身重汗出惡風，氣之外散為何如，故其證有兼喘者，有兼氣上沖者。和胃非他，斂胃氣使下降耳，豈芍藥而有和胃之專長。又肺與腸胃皆一氣直下，芍藥能斂氣入裏，即能下歸腸胃，故芍藥為脾藥，而兼為肺藥，為胃藥也。

赤芍藥

宋・王介《履巉巖本草》卷下　草芍藥　味苦、酸，平、微寒，有小毒。主邪氣，通順血脉，緩中，散惡血，去水氣，消癰腫。將離相別，贈以芍藥，一名何離，故相贈。猶〔相招召贈〕以文無，〔文無〕一名當歸。欲忘人憂，則以丹棘，丹棘一名忘憂。欲蠲人忿，則贈青裳，一名合歡。

明・蘭茂撰，清・管暄校補《滇南本草》卷下　赤芍藥　性寒，味酸、微辛。瀉脾火，降氣行血，破瘀，散血塊，止腹痛，退血熱，攻癰瘡，治疥癩。

明・蘭茂《滇南本草》〔叢本〕卷上　赤芍　味酸、微辛，性寒。泄脾火，降氣行血，破瘀血，散血塊，止腹痛，散血熱。攻癰疽，治疥癩瘡。

明・劉文泰《本草品彙精要》卷一〇　赤芍藥有小毒。　叢生。

赤芍藥：利小便，下氣，瀉肝，行經，通順血脈，散惡血，消癰腫。名醫所錄。　【名】花根。　【苗】《圖經》曰：春生紅芽，作叢，莖高一二尺，葉似牡丹而狹長，夏開花紅色，其實似牡丹子而小。《衍義》云：花赤者爲赤芍藥。

謹按：芍藥所重在根，須以花紅而單葉者，由其花不繁，則根氣實也。然有赤白二種，色既不同，其與白者所治必異，故後人用白補赤瀉，以其色在西

方故補，色在南方故瀉也。　〔地〕《圖經》曰：生中嶽川谷及丘陵，今處處有之。〔道地〕茅山者最勝。日華子云：海鹽、杭越者亦佳。〔時〕生：春生芽。採：二月、八月取根。〔收〕暴乾。〔用〕根肥實者爲好。〔質〕類烏藥而皮赤。〔色〕赤。〔味〕酸，苦。〔性〕微寒，泄。〔氣〕氣薄味厚，陰中之陽。〔臭〕腥。〔主〕活血，止痛。〔行〕手足太陰經。〔助〕雷丸爲之使。〔反〕藜蘆，畏硝石、鼈甲、小薊，惡石斛、芒硝。〔製〕以竹刀刮去粗皮，細剉微炒，生亦可用。〔治〕療：《藥性論》云：除血氣積聚，宣通臟腑壅氣，心腹堅脹，婦人血閉不通，消瘀血敗血。日華子云：治痔瘻，發背，瘡疥，目赤胬肉，明目。〔合治〕赤芍藥一兩，合檳榔一個，麵裹煨爲末，水煎服，治五淋。

明・鄭寧《藥性要略大全》卷二　赤芍藥　破血而療腹痛，亦解煩熱。○赤、白二芍藥，酒浸炒，與白术同用則能補脾，同川芎則能瀉肝，同參、芪則能補氣。新產後不宜便服。　味苦、辛，性寒，有小毒。伏忌與白术同。二八月收取。

明・梅得春《藥性會元》卷上　赤芍藥　氣、味、畏、惡、反、使俱同前。主破血而療腹痛，煩熱亦解，通經，除熱，明目，下氣，利小便、膀胱、大小腸，能祛水氣，療邪氣腹痛，逐賊血，消癰腫。

明・倪朱謨《本草彙言》卷二　赤芍藥　味酸、苦，性寒，無毒。陰也，降也。爲手足太陰行經藥。入肝脾血分。　王少宇先生曰：其生成出產未詳。客云：真赤芍藥出直隸，形色未詳。

赤芍藥：瀉肝火，消積血，姜氏《本草》散瘡瘍之藥也。韋心庵凡目痛赤腫，血脉纏睛，癰瘍腫潰，瘡疹痛癢；或婦人癥瘕腹痛，月經阻滯；或痢疾瘀積，紅紫不清，均可用之。或云能行血中之滯，止痛不減當歸。原其氣性酸寒，疏肝通滯，解毒氣，散鬱火于血分也。

《外科全書》治一切癰疽腫毒。用赤芍藥、乳香、沒藥、貝母、甘草、白芷、花粉、當歸尾、防風、紫花地丁、金銀花、皂角刺、穿山甲火煅各二錢，共爲末，酒調服。○岑石峰方赤眼腫痛。用赤芍藥、柴胡、龍膽草、連翹、防風、荆芥、甘草。○薛國球《開元記事》治婦人癥瘕塊痛。用赤芍藥、玄胡索、木香、乾漆、莪术、五靈脂、肉桂。○同前治經阻腹痛，并惡露不行。用赤芍藥、當歸尾、玄胡索、青皮、五靈脂、肉桂、紅花。○徐阿媽方治赤血毒痢，疼痛不通。用赤芍藥、當歸尾、木香、大黃酒炒、枳殼。○《聖惠方》治脚氣腫痛。用赤芍藥、木瓜、蒼术。○《千金方》治小便五淋。用赤芍藥、川牛膝。○《聖濟總錄》治木舌腫滿塞口殺人。用赤芍藥、甘草、蒲黃各等分，煎水熱漱。

明・賈九如《藥品化義》卷二血藥　赤芍藥　屬陰，體乾，色赤，氣和，味苦帶酸，性寒，能降，力瀉肝火，性氣薄而味厚，入肝小腸二經。　赤芍味苦能瀉，帶酸入肝，專泄肝火。蓋肝藏血，用此清熱涼血，入洞然湯，治暴赤眼；入犀角湯，清吐衄血；入神仙活命飲，攻諸毒熱癰，以消散毒氣；入六一順氣湯，瀉大腸閉結，使血脈順下，以其能主降，善行血滯，調女人之經，消瘀通乳。以其性稟寒，能解熱煩，祛內停之濕，利水通便。較白芍味苦重，但能瀉而無補。　內有花紋者佳，名金錢芍藥。

清・郭章宜《本草匯》卷一〇　赤芍藥　氣味行經，同于白芍。散滯血，瀉血中之熱火。下結氣，利小便之淋癃。《本經》治血痺破堅積者，血瘀則氣血凝滯，而發寒熱，行血則寒熱自止。又治血痺疝瘕，蓋血痺疝瘕，皆血凝而成，破其凝滯之血，則脾和而疝消。又消癰腫者，榮氣不和，則結為癰腫，涼血行血，而腫消矣。日華治目赤，腸風下血者，肝開竅于目也。肝熱則目赤，酸寒則肝自涼；濕熱傷血，則為腸風下血，血涼而目赤、腸風皆愈。

按：赤芍藥收斂下降，專入肝家血分，能行血中之滯，瀉肝家之火邪，其功長于利小便，破血下氣。若白者，止能除肝經邪耳。故暴赤眼者，或洗或服，皆當用赤芍。若血虛病及泄瀉，產後惡露已行，少腹痛已止，癰疽已潰，並不宜服。

清・嚴潔等《得配本草》卷二　赤芍藥　畏惡反使，與白芍藥同。　酸、苦，微寒。入足厥陰經血分。行血中之滯。通經閉，治血痺，利小腸，除疝瘕，瀉血熱，退目赤，消癰腫，療痘毒。　得檳榔，治五淋。配香附，治血崩帶下。　血虛、瘡潰、無實熱者，禁用。

清・黃宮繡《本草求真》卷七　赤芍瀉肝血熱。　赤芍耑入肝。與白芍主治略同，但白則有斂陰益營之力，赤則止有散邪行血之意；白則能於土中瀉木，赤則能於血中活滯。故凡腹痛堅積，血瘕疝痹，經閉目赤。邪聚外腎為疝，腹內為瘕。因於積熱而成者，用此則能涼血逐瘀。成無己曰：白補而赤瀉，白收而赤散，酸以收之，甘以緩之，故酸甘相合，用補陰血逆氣而除肺燥。與白芍主補無瀉，大相遠耳！大明指為赤白皆補，其說不切。日華子指為赤能補氣，白能治血，

其說尤不切耳，不可不知，至云產後忌用，亦須審其脉症，及臟偏勝若何耳。不可盡拘，如臟陽脉症俱實者，雖在產後，亦所不忌，臟陰脉症俱虛，即在產前，不得妄施，凡治病以能通曉脉症虛實為是。惡芒硝、石斛。畏鱉甲、小薊。反藜蘆。

清・趙其光《本草求原》卷二芳草部 赤芍 《本經》止有芍藥，並無赤、白之分，後人宗時珍及繆氏之說，謂白者由木媾金而酸澀，入氣分，主收主補；赤者由木歸火而有苦，入血分，主瀉主破。因花有赤、白，根亦隨之。頤則曰：白芍根白，赤根亦白，須切片，各以酒潤之，覆蓋一宿，白者仍白，味酸；赤者轉赤，味苦。吾嘗依法試之，同一根，而有變赤者，有不變者；以口嘗之，味俱極苦，而後帶微澀。故劉潛江曰：赤、白雖分，究不甚異。張隱庵、高世栻曰：赤芍、白芍，花異根同。今藥肆中一種赤芍，不知何物，瘍醫、兒醫多用之，為害殊甚。又或於白芍中尋取近赤者用之，皆拘於白氣、赤血，而過為細分耳。不知血原於水，成於火，火即氣之靈。白者媾金，由氣以致血，即《經》所謂毛脈合精也；心主脈，肺主皮毛，肺液入心，則金得火而化血。赤者歸火，由血以致氣。蓋肝藏血，為出地之少陽，歸於脾，絡於胃，其由陰出陽，必得火苦之氣，乃能合於膻中，以布心、肺、胃之天氣而下濟，是陰隨陽升，血生而氣亦長，《經》所謂至陰虛，天氣絕者，此也。白芍，芽於冬，長於春，莖皆赤，是陰得微陽以出地也；其苦而微澀者，正出地之陽，仍不離乎陰也，若陽離陰以暴出則氣化，危矣。故曰曲直作酸，伸而仍屈，乃木氣歸根之妙理。其花赤而根白者，氣原於水火，統於金，為血生之初也。其味苦而帶澀者，血原於水，成於火，而藏於肝也。金無火不能生血，非苦澀下行，則血上溢，故宗奭曰：芍藥單葉紅花者佳。正有合於《本經》無分赤、白，皆得以苦瀉為補也，安得以白為酸斂哉？

清・葉志詵《神農本草經贊》卷一 芍藥 味苦，平。主邪氣腹痛，除血痹，破堅積寒熱疝瘕，止痛利小便，益氣。生山谷及邱陵。

階翻綽約，花色隨科。金濃脂膩，紫瘦脈多。將離謔贈，具味滋和。酸收甘緩，深察弗訛。

謝朓詩：紅藥當階翻。李時珍曰：芍藥，猶婥約也。根之赤白，隨花之色。《古今注》：芍藥有二種，金芍藥色白多脂，木芍藥色紫多脈。一名將離，故將別以贈之。《詩》：伊其相謔。司馬相如賦：芍藥之和具而後御之。成無己曰：白補而赤瀉，白收而赤散。酸以收之，甘以緩之。武王鑰銘深察訛。

牡丹

宋・李昉《太平御覽》卷第九九二 牡丹 《廣雅》曰：白朮，牡丹也。《范子計然》曰：牡丹，出漢中河內。赤色者亦善。《遊名山志》曰：泉山多牡丹。《本草經》曰：牡丹，一名鹿韭，一名鼠姑。味辛，寒。生山谷。治寒熱癥傷，中風驚邪，安五藏。出巴郡。《吳氏本草》曰：牡丹，神農、岐伯：辛。李氏：小寒。雷公、桐君：苦，無毒。黃帝：苦，有毒。葉如蓬相值，黃色，根如指黑，中有核。二月(採)、八月採，日乾。可食之，輕身益壽。

宋・唐慎微《證類本草》卷九草部中品〔《本經・別錄・藥對》〕 牡丹 **味辛**、苦，**寒**、微寒，無毒。**主寒熱，中風，瘛**音契**瘲**音縱**痙，驚癇邪氣，除癥堅，瘀血留舍腸胃，安五藏，療癰瘡，**除時氣頭痛，客熱，五勞，勞氣，頭、腰痛，風噤，癲疾。**一名鹿韭，一名鼠姑。**生巴郡山谷及漢中。二月、八月採根，陰乾。畏菟絲子。

〔梁・陶弘景《本草經集注》〕云：今東間亦有。色赤者爲好，用之去心。按：鼠婦亦名鼠姑，而此又同，殆非其類，恐字誤。

〔唐・蘇敬《唐本草》〕注云：牡丹，生漢中。劍南所出者苗似羊桃，夏生白花，秋實圓綠，冬實赤色，淩冬不凋。根似芍藥，肉白皮丹，出劍南。土人謂之牡丹，亦名百兩金，京下謂之吳牡丹者，是真也。今俗用者異於此，別有臊氣也。

〔宋・掌禹錫《嘉祐本草》〕按：《藥性論》：牡丹，能治冷氣，散諸痛，治女子經脉不通，血瀝腰疼。蕭炳云：今出合州者佳。白者補，赤者利。出和州、宣州者並良。日華子云：除邪氣，悅色，通關腠血脉，排膿，通月經，消撲損瘀血，續筋骨，除風痹，落胎下胞，產後一切女人冷熱血氣。此便是牡丹花根。巴、蜀、渝、合州者上，海鹽者次。服忌蒜。

〔宋・蘇頌《本草圖經》〕曰：牡丹，生巴郡山谷及漢中，今丹、延、青、越、滁、和州山中皆有之。花有黃、紫、紅、白數色，此當是山牡丹。其莖便枯燥，黑白色，二月於梗上生苗葉，三月開花。其花、葉與人家所種者相似，但花止五六葉耳。五月結子，黑色，如雞頭子大。根黃白色，可五七寸長，如筆管大。二月、八月採，銅刀劈去骨，陰乾用。此花一名木芍藥。近世人多貴重，圃人欲其花之詭異，皆秋冬移接，培以壤土，至春盛開，其狀百變。故其根性殊失本真，藥中不可用此品，絕無力也。牡丹主血，乃去瘀滯。《貞元廣利方》：療因傷損血瘀不散者，取牡丹皮八分，合蝱蟲二十一枚，熬過，同擣，篩，每旦溫酒和散方寸

匕服，血當化爲水下。

〔宋·唐慎微《證類本草》〕雷公云： 凡使，採得後日乾，用銅刀劈破去骨了，細剉如大豆許，用清酒拌蒸，從巳至未，出，日乾用。《外臺秘要》： 治蠱毒方： 取牡丹根擣爲末，服一錢匕，日三服，良。《肘後方》： 下部生瘡已決洞者。服牡丹方寸匕，日三服。

宋·寇宗奭《本草衍義》卷一〇 牡丹 用其根上皮。花亦有緋者，如西洛潛溪緋是也。今禁苑又有深碧色者。惟山中單葉花紅者爲佳，家椑子次之。若移枝接者不堪用，爲其花葉既多發，奪根之氣也。何以知之？今千葉牡丹，初春留花稍多，來年花枝并葉便瘦，多是開不成。市人或以枝梗皮售於人，其乖殊甚。

宋·鄭樵《通志》卷七五《昆蟲草木略》 牡丹 曰鹿韭，曰鼠姑宿枝。其花甚麗，而種類亦多，諸花皆用其名，惟牡丹獨言花，故謂之花王。文人為之作譜記，此不復區別。然今人貴牡丹而賤芍藥，獨不言牡丹本無名，依芍藥得名，故其初曰木芍藥。古亦無聞，至唐始著。

金·張元素《潔古珍珠囊》〔見元·杜思敬《濟生拔粹》卷五〕 牡丹皮苦辛 陰中微陽。涼骨蒸。又治腸胃積血、衄血、吐血。手厥陰、足少陰，治無汗骨蒸也。地骨皮手少陽、足少陰，治有汗骨蒸也。

宋·劉明之《圖經本草藥性總論》卷上 牡丹 味辛、苦，寒、微寒，無毒。主寒熱中風，瘈瘲痙，驚癇邪氣，除癥堅瘀血，畱舍腸胃，安五臟，療癰瘡，除時氣頭痛，客熱五勞，勞氣頭腰痛風，癲疾。《藥性論》云： 治冷氣，散諸痛，女子經脈不通，血瀝腰疼。日華子云： 除邪氣，悅色，通關腠血脈，排膿，通月經，消撲損瘀血，續筋骨，除風痺，落胎下胞，產後一切女人冷熱血氣。畏菟絲。忌蒜。

元·王好古《湯液本草》卷五 牡丹皮 氣寒，味苦、辛。陰中微陽。辛、苦，微寒，無毒。手厥陰經、足少陰經。《象》云： 治腸胃積血，及衄血，吐血必用之藥。《珍》云： 涼骨蒸。《本草》云： 主寒熱，中風，瘛瘲痙，驚癇邪氣。除癥堅、瘀血留舍腸胃。安五臟，療癰瘡，除時氣頭痛，客熱，五勞之氣，腰痛，風噤，癲疾。易老云： 治神志不足。神不足者手少陰，志不足者足少陰。故仲景八味丸用之。牡丹乃天地之精，群花之首。葉為陽，發生； 花為陰，成實； 丹為赤，即火。故能瀉陰中之火。牡丹皮，手厥陰、足少陰，治無汗骨蒸。地骨皮，足少陰、手少陽，治有汗骨蒸也。

元·朱震亨《本草衍義補遺·新增補》 牡丹皮 苦、辛。陰中微陽，厥陰、足少陰之藥。治腸胃積血及衄血吐血之要藥。及治無汗骨蒸。一名百兩金。惟山中單葉花紅者為佳。

元·徐彥純《本草發揮》卷二 牡丹皮 潔古云： 治腸胃積血，及衄血吐血必用之藥。是犀角地黃湯中一味也。《主治秘訣》云： 辛苦，陰中陽也。涼骨熱。東垣云： 牡丹皮辛味苦，寒，陰中之陽。主除癥堅，瘀血留舍腸胃，婦人冷熱血氣，排膿，通經，涼骨蒸。又云： 去腸胃中留血，滯血於諸經，皆能和血、生血、涼血。海藏云： 易老言治神志不足。神不足者，手少陰也。志不足者，足少陰也。故仲景八味丸用之。牝牡乃天地之稱，牡為群花之首，葉為陽發生，花為陰成實。丹為赤，即火，故能瀉陰中之火。牡丹皮主手厥陰、足少陰無汗之骨蒸。地骨皮主足少陰、手少陽有汗之骨蒸。又云： 牡丹皮治胞中之火。

明·蘭茂撰，清·管暄校補《滇南本草》卷下 牡丹皮 性寒，味酸、辛。破血，行消癥瘕之疾。破血塊，除血分之熱。墮胎。孕婦忌服。

明·蘭茂《滇南本草》〔叢本〕卷上 丹皮 味酸、辛，性寒。破血行血，消瘕癥，破血塊，除血分之熱。墜胎。即芍藥尖是也。

明·王綸《本草集要》卷二 牡丹 味辛苦，氣寒。陰中微陽，無毒。入手厥陰經、足少陰經。畏菟絲子。採根皮，去心。 主寒熱中風，瘈瘲痓，驚癇邪氣，虛勞，無汗骨蒸熱。瀉陰中火，除癥堅，瘀血留舍腸胃不散，衄血吐血。女子經脈不通，血瀝腰痛，治胎下胞，產後一切冷熱血氣。治神志不足，安五臟。療癰瘡，排膿止痛。

明·滕弘《神農本經會通》卷一 牡丹皮 畏菟絲。二八月採根，陰乾。色赤者為好。用之去心。服忌蒜。《局》云： 去心，酒伴蒸，日乾。 味辛、苦，氣寒，微寒，無毒。《湯》云： 氣寒，味苦、辛。陰中微陽。辛、苦，微寒，無毒。手厥陰經、足少陰經。東云： 除結氣，破瘀血。《珍》云： 主寒熱風，及婦人寒熱血氣，癥堅，瘀血留腸胃，排膿通經，涼骨蒸。《疌》云： 破血通經，消撲損，驚癇，風痺，又排膿，亦且下胎。

《本經》云： 主（風）〔寒〕熱，中風，瘈瘲痙，驚癇邪氣，除癥堅瘀血留舍腸胃，安五臟，療癰瘡，除時氣頭痛客熱，五勞勞氣，頭腰痛，風噤，癲疾。《藥

性論》云：能治冷氣，散諸痛，治女子經脉不通，血瀝腰疼。日華子云：除邪氣，悦色，通關腠血脉，排膿，通月經，消撲損瘀血，續筋骨，除風痺。落胎下胞，産後一切女人冷熱血氣。《圖經》云：主血，仍去瘀滯。《廣利方》療因傷損血瘀不散者，取牡丹皮八分，合蝱蟲二十一枚，熬過，同擣篩，每日溫酒和散方寸匙服，血當化為水下。《象》云：治腸胃積血，及衄血吐血必用之藥。《珍》云：涼骨蒸。易老云治神志不定。神不足者，手少陰。志不足者，足少陰。故仲景八味丸用之。牡丹乃天地之精，群花之首，葉為陽發生，花為陰成實，丹為赤，即火，故能瀉陰中之火。牡丹皮，手厥陰、足少陰，治無汗骨蒸。地骨皮，足少陰、手少陽，治有汗骨蒸也。丹溪云：治腸胃積血，及衄血吐血之要藥。及治無汗骨蒸。一名百兩金，惟山中單葉紅花者為佳。《衍義》云：用其根上皮，市人或以枝梗皮售於人，其乖殊甚。劊云：牡丹皮能涼骨熱，腸胃積血亦能平。止吐衄蠛瀉陰火，無汗虚勞之骨蒸。《局》云：牡丹止痛除邪氣，主療驚癇及中風，通利月經消瘀血，續筋理骨療癰膿。牡丹，可行經下血。

明・劉文泰《本草品彙精要》卷一九 牡丹無毒。植生。

牡丹出《神農本經》：**主寒熱，中風，瘛音契瘲音縱痓，驚癇邪氣，除癥堅、瘀血留舍腸胃，安五臟，療癰瘡。**以上朱字《神農本經》。除時氣頭痛，客熱，五勞勞氣，頭腰痛，風噤，癲疾。以上黑字名醫所録。【名】鹿韭、鼠姑、百兩金、吳牡丹、木芍藥。【苗】《圖經》曰：其莖梗枯燥，黑白色，二月於梗上生苗葉，三月開花，有黄、紫、紅、白數色，其花葉與人家所種者相似，但花止五六瓣爾。五月結子，黑色，如雞頭子大，根黄白色，長五七寸，大如筆管，此山牡丹也，宜入藥用。近世人多貴重。圃人欲其花之詭異，皆秋冬移接，培以壤土，至春盛開，其狀百變，故其根性殊失本真，此品絕無力也。《唐本》注云：劍南者苗似羊桃，夏生白花，秋實圓綠，冬實赤色，淩冬不凋，根似芍藥，肉白皮丹，謂之吳牡丹者爲真。今俗用者異於此，別有臊氣也。【地】《圖經》曰：生巴郡山谷、漢中，丹、延、青、越、滁、和等州山中皆有之。日華子云：海鹽次之。【道地】巴蜀、劍南、合州、和州、宣州者並良。【時】生：二月生苗。採：二月、八月取。【收】陰乾。【用】根皮。【質】類地骨皮而堅赤。【色】紫。【味】辛，苦。【性】微寒，泄。【氣】氣薄味厚，陰中之陽。【臭】香。【主】無汗骨蒸，瀉陰中火。【行】手厥陰經，足少陰經。【反】畏菟絲子。【製】《雷公》云：凡使，採得後日乾，用銅刀劈破，去骨，細剉如豆許，用清酒拌蒸，從巳至未，出，日乾用。【治】療：《藥性論》云：除冷氣，散諸痛，治女子經脈不通，血瀝，腰疼。日華子云：袪邪氣，通關腠血脈，排膿，消撲損瘀血，續筋骨，除風痹，治胎下胞，産後一切疾，女人冷熱血氣。《湯液本草》云：治腸胃積血，衄血，吐血，及神志不足。《別録》云：治蠱毒及下部生瘡，並末服一錢匕，日三。補：日華子云：悦顔色。【忌】蒜。

明・葉文齡《醫學統旨》卷八 牡丹皮 氣寒，味辛、苦。無毒。陰中陽也。入手厥陰、足少陰經。畏菟絲子。去心木用。治吐血衄血，腸胃積血，癥堅瘀血，女子經脉不通，血瀝腰痛，下胞衣，産後一切冷熱血氣；退虚勞無汗骨蒸熱，瀉陰中火，療神志不足，安五臟，中風瘈瘲痓，驚癇邪氣，癰瘡，排膿止痛。

明・許希周《藥性粗評》卷一 通經應屬牡丹皮。

牡丹皮，牡丹花根皮也。一名木芍藥。高三四尺，二月於舊梗上生葉如掌大，三月開花有紅白二色，如芙蓉而大，繁麗可愛。周子所謂牡丹花之富貴者，是也。五月結子圓，綠色，如雞頭子大，根似芍藥，黄白色，五六寸長，如筆管大。生江南川谷，以巴蜀、漢中者為勝。近世出和、滁等州者亦良。二、八月擇單葉花紅者，採根，以銅刀劈破，去骨用皮，陰乾，清酒拌濕，蒸過收貯。人家種植者，多事穿鑿尖，其根性不甚入藥。畏菟絲子。味辛、苦，性微寒，無毒。入手少陰心、厥陰心包絡、足厥陰肝、少陰腎經。主治寒熱瘈瘲，驚癇邪氣，堅瘕瘀血，婦人血氣諸病，排膿散血，涼骨蒸。潔古云：腸胃積血及衄血、吐血之藥。東垣云：於諸經皆能和血、生血、涼血。易老云：神不足者，手少陰也；志不足者，足少陰也。故仲景八味丸用之。海藏云：牡丹皮主手厥陰、足少陰無汗之骨蒸，地骨皮主足少陰、手少陽有汗之骨蒸。愚謂無汗者，熱蒸在裏，血不足也，故以牡丹皮主之，所以涼之於內。有汗者，熱蒸在表，氣不足也，故以地骨皮主之，所以涼之於外。

單方：傷損瘀血：牡丹皮八分，同䖟蟲三十一枚，炒過，合擣為末，溫酒下一錢匕，血化為水而出。誤中蠱毒：牡丹皮擣末，酒調下一錢匕，日三四次，自消。

明・鄭寧《藥性要略大全》卷五 牡丹皮 除結氣，破瘀血，治虚勞骨蒸，衄血吐血，女經不通，血瀝。《經》云：除邪氣，悦顔色，通關節、腠理、血脈，排膿通經，散撲損瘀血，續筋骨，去風痹，落胎下胞。潔古云：治客

熱五勞氣，頭痛腰痛。　東垣云：　治冷氣，散諸風，治女人經閉及血瀝腰痛。《象》云：　治腸胃積血，及衄血吐血必用之藥。以此觀之，能破而能止也。《珍》云：　凉骨蒸，五勞腰痛。《本草》云：　主寒熱中風，瘛瘲痓病，驚癇邪氣，除癥堅瘀血留舍腸胃。安五臟，療癰瘡，除時氣頭痛客熱，五勞顛疾。　易老云：　治神志不足，及無汗之骨蒸。地骨皮治有汗之骨蒸。

味辛、苦、鹹，性寒，無毒。入手厥陰胞絡、足少陰腎。　《十書》云：　入膽、腎二經。畏菟絲子。採根皮，去心，水洗淨用。勿犯鐵器。

明·賀岳《醫經大旨》卷一《本草要略》　牡丹皮　諸藥性皆曰味苦辛，陰中微陽。一曰治腸胃積血，一曰除結氣，破瘀血；　其又曰治吐血衄血之要藥，及無汗骨蒸。意者其能養真血而去壞血，固真氣而行結氣故耳。

明·陳嘉謨《本草蒙筌》卷三　牡丹　味辛、苦，氣寒。陰中微陽。無毒。多生漢中巴郡，花開品色異常。富貴來先賢賛揚，賞玩為當世貴重。凡資治療，惟採根皮。家園花千層，根氣發奪無力；　山谷花單瓣，根性完具有神。赤專利多，白兼補最。入劑之際，不可不知。今市多取桔梗皮代充，或採五加皮雜賣。乖謬殊甚，選擇宜精。經入足腎少陰，及手厥陰包絡。忌葫蒜，畏菟絲。凉骨蒸不遺，止吐衄必用。除癥堅瘀血留舍於腸胃中，散冷熱血氣攻作於生產後。仍主神志不足，更調經水欠匀。治風癇，定搐止驚。療癰腫，排膿住痛。

謨按：　牡牡乃天地稱，牡則為群花首。花為陰成實，葉為陽發生。丹係赤色象離，陰中之火能瀉。故丹溪云：　地骨皮治有汗骨蒸，牡丹皮治無汗骨蒸。蓋有見於此爾。《本經》又云：　主神志不足。神不足，手少陰也；　志不足，足少陰也。張仲景八味丸用者，又非主於斯乎。

明·方穀《本草纂要》卷四　牡丹皮　味辛、苦，氣寒，陰中微陽，無毒。入手厥陰經，足少陰陽經，乃血分氣藥也。治一切冷熱血氣，女子經水不通及產後惡血不止，大人衄血、吐血、瘀血、積血、跌撲損血，並皆可治。蓋緣此藥其氣香，香所以通氣而行血也；　其味苦，苦所以止血而下氣也；　其氣寒，寒所以養氣而生血也；　其味辛，辛所以推陳而致新也。吾按用治之法，同歸芍而治陰中之火，同歸芎而治產後諸疾，同芩連而凉血止血，同稜朮而破血行血，同柴苓而治無汗骨蒸，同知貝而治驚癇鬱熱，同官桂而排膿定痛，同紅花而調經順脉。此爲血中氣藥，調氣則血自和，養血則氣自安者也。

明·王文潔《太乙仙製本草藥性大全》卷一《本草精義》　牡丹花　生巴郡山谷及漢中，今丹、延、青、越、滁、和州山皆有之。花有黄紫紅白數色，此當是山牡丹，其莖梗枯燥黑白色。二月於梗上生苗葉，三月開花，其花葉與人家所種者相似，但花止五六葉耳。五月結子，黑色如雞頭子大，根黄白色，可五七寸長，如筆管大。二月八月採，以銅刀劈去骨，陰乾用。此花一名木芍藥，近世人多貴重囿，人欲其花之詭異，皆秋冬移接，培以壤土，至春盛開，其狀百變，故其根性殊失本真，藥中不可用此品，絕無力也。牡丹主血，乃去瘀滯，用其根上皮。花亦有緋者，如西洛潛溪緋是也。今禁苑又有深碧色者。惟山中單葉花紅者爲佳，家椑子次之。若移枝接者不堪用。忌葫葱，畏菟絲。

明·王文潔《太乙仙製本草藥性大全》卷一《仙製藥性》　牡丹　味辛、苦，氣寒，陰中微陽，無毒。凡資治惟採根皮，家園花千層，根氣發奪無力；山谷花單瓣，根性無異，有神。赤專利多，白兼補，最入劑之際，不可不知。今市多取枝梗皮代充，或採五加皮雜賣，乖謬殊甚，選擇宜精。經入足腎少陰及手厥陰包絡。　主治：　主寒熱中風瘈瘲，安五臟虛勞，勞氣腰疼，除邪氣熱，瀉陰火。療癲疾，血瀝，下胎。凉骨蒸不遺，止吐衄必用。除癥堅瘀血留舍於腸胃中，散冷熱血氣攻作於生產後。仍主神志不足，更調經水欠匀。治風癇，定搐，止驚，療癰腫，排膿，住痛。　補註：　療傷損血瘀不散者，取牡丹皮八分，合䖟蟲二十一枚，熬過，同搗篩，每旦溫酒和散方寸匕服，血當化爲水下。〇治蠱毒方，取牡丹根，搗爲末，服一錢匕，日三服，良。〇下部生瘡已決洞者，服牡丹方寸匕，日三服。　太乙曰：　凡使採得後，日乾，用銅刀劈破，去骨了，細剉如大豆許，用清酒拌蒸，從巳至未，取出，日乾用。

明·皇甫嵩《本草發明》卷二　牡丹皮中品之下，臣。氣寒，味苦、辛，無毒。陰中微陽，入手厥陰、足少陰經。　發明曰：　牡丹皮苦寒，瀉陰中之火，能養真血而去壞血。苦而兼辛，能固真氣而行結氣。蓋血之所患者，火也，惟能瀉陰火，故本草治吐衄血為必用之藥。所謂養真血也，去瘀血留舍于腸胃者，去壞血也，壞血去而真血自生矣。又云中風瘈瘲痓，驚癇風噤，寒熱邪氣頭痛，癥瘕，癰瘡，五勞骨熱，腰痛，又女子經閉，血瀝腰痛，皆榮中血少，而熱氣鬱結，真氣日耗也。今苦以泄火，辛以散邪，則結氣行，而真氣亦固矣。要之滋陰養血必用之藥也。此能治無汗之骨蒸，地骨皮除有汗之骨蒸也。易老治

神志不足，神屬心志，屬腎。故天王補心丸用之補心，八味丸中用之補心腎也。採用根上皮。

明・李時珍《本草綱目》卷一四草部・芳草類

牡丹《本經》中品

【釋名】鼠姑《本經》　鹿韭《本經》　百兩金《唐本》　木芍藥《綱目》　花王

時珍曰：牡丹以色丹者爲上，雖結子而根上生苗，故謂之牡丹。唐人謂之木芍藥，以其花似芍藥，而宿幹似木也。群花品中，以牡丹第一，芍藥第二，故世謂牡丹爲花王，芍藥爲花相。歐陽修《花譜》所載，凡三十餘種。其名或以地，或以人，或以色，或以異，詳見本書。【集解】《別録》曰：牡丹生巴郡山谷及漢中，二月、八月採根陰乾。弘景曰：今東間亦有，色赤者爲好。恭曰：生漢中、劍南。苗似羊桃，夏生白花，秋實圓緑，冬實赤色，凌冬不凋。根似芍藥，肉白皮丹。土人謂之百兩金，長安謂之吴牡丹者，是真也。今俗用者異於此，別有臊氣也。頌曰：今出合州者佳，和州、宣州者並良。白者補，赤者利。大明曰：此便是牡丹花根也。巴、蜀、渝、合州者上，海鹽者次之。頌曰：今丹、延、青、越、滁、和州山中皆有，但花有黄紫紅白數色。此當是山牡丹，其莖梗枯燥，黑白色。二月於梗上生苗葉，三月開花。其花葉與人家所種者相似，但花瓣止五六葉爾。五月結子黑色，如鷄頭子大。根黄白色，可長五七寸，大如筆管。近世人多貴重，欲其花之詭異，皆秋冬移接，培以壤土，至春盛開，其狀百變，故其根性殊失本真，藥中不可用此，絶無力也。宗奭曰：牡丹花亦有緋者、深碧色者。惟山中單葉花紅者，根皮入藥爲佳，市人或以枝梗皮充之，尤謬。時珍曰：牡丹惟取紅白單瓣者入藥。其千葉異品，皆人巧所致，氣味不純，不可用。《花譜》載丹州、延州以西及褒斜道中最多，與荆棘無異，土人取以爲薪，其根入藥尤妙。凡栽花者，根下着白斂末辟蟲，穴中點硫黄殺蠹，以烏賊骨針其樹必枯，此物性，亦不可不知也。

根皮　【修治】斅曰：凡採得根日乾，以銅刀劈破去骨，剉如大豆許，用酒拌蒸，從巳至未，日乾用。

【氣味】辛，寒，無毒。《別録》曰：苦，微寒。普曰：神農、岐伯：辛。雷公、桐君：苦，無毒。桐君：苦：有毒。好古曰：氣寒，味苦、辛，陰中微陽，入手厥陰、足少陰經。之才曰：畏貝母、大黄、菟絲子。大明曰：忌蒜、胡荽，伏砒。【主治】寒熱，中風瘛瘲，驚癇邪氣，除癥堅瘀血留舍腸胃，安五臟，療癰瘡《本經》。除時氣頭痛，客熱五勞，勞氣頭腰痛，風噤癲疾《別録》。久服輕身益壽吴普。治冷氣，散諸痛，女子經脈不通，血瀝腰痛甄權。通關腠血脈，排膿，消撲損瘀血，續筋骨，除風痹，落胎下胞，産後一切冷熱血氣大明。治神志不足，無汗之骨蒸，衄血吐血元素。和血生血凉血，治血中伏火，除煩熱時珍。

【發明】元素曰：牡丹乃天地之精，爲群花之首。葉爲陽，發生也。花爲陰，成實也。丹者赤色，火也。故能瀉陰胞中之火。四物湯加之，治婦人骨蒸。又曰：牡丹皮入手厥陰、足少陰，故治無汗之骨蒸；地骨皮入足少陰、手少陽，故治有汗之骨蒸。神不足者手少陰，志不足者足少陰，故仲景腎氣丸用之，治神志不足也。又能治腸胃積血，及吐血、衄血必用之藥，故犀角地黄湯用之。杲曰：心虚，腸胃積熱，心火熾甚，心氣不足者，以牡丹皮爲君。時珍曰：牡丹皮治手足少陰厥陰四經血分伏火。蓋伏火即陰火也，陰火即相火也。古方惟以此治相火，故仲景腎氣丸用之。後人乃專以黄檗治相火，不知牡丹之功更勝也。此乃千載秘奥，人所不知，今爲拈出。赤花者利，白花者補，人亦罕悟，宜分別之。

【附方】舊三，新三。　癩疝偏墜：氣脹不能動者，牡丹皮、防風等分，爲末，酒服二錢，甚效。《千金方》。　婦人惡血：攻聚上面多怒。牡丹皮半兩，乾漆燒煙盡半兩，水二鍾，煎一鍾服。《諸證辨疑》。　傷損瘀血：牡丹皮二兩，虻蟲二十一枚，熬過同搗末。每旦温酒服方寸匕。血當化爲水下。《貞元廣利方》。　金瘡内漏：牡丹皮爲末，水服三指撮，立尿出血也。《千金方》。　下部生瘡：已決洞者，牡丹末，湯服方寸匕，日三服。《肘後方》。　解中蠱毒：牡丹根搗末，服一錢匕，日三服。《外臺秘要》。

題明・薛己《本草約言》卷一《藥性本草》

牡丹皮　味辛、苦，氣寒，無毒。陽中之陰，可升可降，入手厥陰、足少陰經。凉血熱，止上逆之吐衄；瀉陽火，治無汗之骨蒸。除腸胃之瘀血，破女子之堅瘕。○意者，丹皮養真血而去壞血，固真氣而行結氣，故能如此。○《發明》云：丹皮苦寒，瀉陰中之火，能養真血而去壞血。苦而兼辛，能固真氣而行結氣。蓋血之所患者，火也，惟能瀉陰火，故治吐衄血，為必用之藥。所謂養真血也，去瘀血留舍於腸胃者，去壞血也，壞血去而真血自生矣。又癥瘕五勞、骨熱腰痛、女子經閉血瀝，皆榮中血少而熱氣鬱結，真氣日耗也。今苦以泄火，辛以散邪，則結氣行而真氣亦固矣。要之，滋陰養血必用之藥也。

明・周履靖《茹草編》卷二

牡丹　綽約兮華露之姿，繁華兮暮春之日。沉香亭北，君王解顔。金谷園中，佳人並飾。一枝穠艷發奇香，萬卉叢中矜國色。當時號作花王，邇日兼供藥食。　摘花瓣，湯焯過，鹽、醋拌之。

明・梅得春《藥性會元》卷上

牡丹皮　味辛、苦，氣微寒，無毒。畏菟絲子。入手厥陰心胞絡，足厥陰肝經，足少陰腎經。　主除結氣，破瘀血，可行經下血，止痛祛邪，療驚癇、中風；療寒熱，續筋補骨，破癰膿，除癥堅，消腸胃積血，衄血、吐血，并痰中見血，宿血之要藥也。及治無汗骨蒸，産後寒熱似瘧，安五臟，療瘡癰，除時氣頭痛，客熱，勞氣，腰痛，風噤，癲疾。　製法：去木，酒拌蒸，銅刀剉之。一名百兩金。惟山中單葉、花紅者佳。

明・杜文燮《藥鑒》卷二

牡丹皮　氣寒，味苦辛、陰中微陽也。無毒。

涼骨蒸靈丹，止吐衄神方。惟其苦也，故除癥堅瘀血留舍於腸胃之中。惟其辛也，故散冷熱血氣收作於生產之後。月水欠勻者，服之即調。風癎時搐者，用之可定。癰疽用之消腫住痛，痘家用之行血排膿。清胃湯中止牙(疚)〔疼〕，快斑〔飲〕內散血熱。何也？為其養真血而攻壞血，固真氣而行結氣耳。又治手少陰神不足，足少陰志不足，故仲景八味丸用之。孕婦所忌。

明·李中立《本草原始》卷二　牡丹　始生巴郡山谷及漢中，今丹、延、青、越、滁、和州山中皆有之。花有黃、紫、紅、白數色。此當是山牡丹，其莖梗枯燥，黑白色。二月於梗上止發五六葉耳，花單瓣。五月結子黑色，類母丁香。根黃白色，可五七寸長，如筆管大。二月、八月采根，陰乾。《本草綱目》曰：牡丹以色丹者為上。雖結子，而根上生苗，故謂之牡丹。　牡丹根皮：氣味：辛，寒，無毒。　主治：寒熱，中風瘛瘲，驚癎邪氣，除癥堅瘀血留舍腸胃。安五藏，療癰瘡。○除時氣頭痛客熱，五勞勞氣頭腰痛，風噤，癲疾。○久服輕身益壽。○治冷氣，散諸痛，女子經脉不通，血瀝腰痛。○通關腠血脉，排膿，消撲損瘀血，續筋骨，除風痹，治胎下胞，產後一切冷熱血氣。○治神志不足，無汗骨蒸，衄血吐血。○和血涼血，治血中伏火，除煩熱。

牡丹，《本經》中品。【圖略】入藥用牡丹皮，乃根上皮，非枝幹上皮。此花一名木芍藥，近世人多貴重，圃人欲其花之詭異，皆秋冬移接，培以糞土，至春盛開，其狀百變，故其根性殊失本真。此品入藥，絕無力也。　修治：采山中單葉紅花牡丹根，以銅刀破之，去骨，酒洗淨，細剉，日乾用。

好古曰：氣寒，味苦、辛，陰中微陽，入手厥陰、足少陰經。　之才曰：畏貝母、大黃、菟絲子。　大明曰：忌蒜、胡荽，伏砒。　《千金方》：治癩疝偏墜，氣脹不能動者，牡丹皮、防風等分為末，酒服二錢，甚效。　《肘後方》：治下部生瘡已決洞者，服牡丹皮末方寸匕，日三，湯服。

明·張懋辰《本草便》卷一　牡丹　味辛、苦，氣寒，陰中微陽，無毒。入手厥陰經、足少陰經。畏菟絲子。　主寒熱中風，驚癎邪氣，虛勞無汗，骨蒸熱，瀉陰中火，女子經脉不通，血瀝腰痛。治胎下胞，產後一切冷熱血氣。治神志不足，安五臟，療癰瘡，排膿止痛。

明·李中梓《藥性解》卷三　牡丹皮　味辛、苦，性微溫，無毒，入肝經。治一切冷熱氣血凝滯，吐衄血瘀積血，跌撲傷血，產後惡血。通月經，除風痹，催產難。畏菟絲子，忌蒜。　按：丹皮主用，無非辛溫之功，禹錫等言其治冷，當矣。本草曰性寒，不亦誤耶！夫肝為血舍，丹皮乃血劑，固宜入之，本功耑主行血，不能補血，而東垣以此治無汗骨蒸，六味丸及補心丹皆用之，蓋以血患火爍則枯，患氣鬱則新者不生。此劑苦能瀉陰火，辛能疏結氣，故為血分要藥。

明·繆希雍《本草經疏》卷九　牡丹　味辛、苦，寒、微寒，無毒。主寒熱，中風瘈瘲痙，驚癎邪氣，除癥堅瘀血留舍腸胃，安五藏，療癰瘡，除時氣頭痛客熱。五勞勞氣，頭腰痛，風噤癲疾。

〔疏〕牡丹皮稟季春之氣，而兼得乎木之性。陰中微陽，其味苦而微辛，其氣寒而無毒，其色赤而象火，故入手少陰、厥陰，足厥陰，亦入足少陰經。辛以散結聚，苦寒除血熱，入血分涼血熱之要藥也。寒熱者，陰虛血熱之候也。中風瘈瘲痙，驚癎，皆坐陰虛內熱，榮血不足之故。熱去則血涼，涼則新血生，陰氣復。陰氣復則火不炎，而無因熱生風之證矣，故悉主之。癰瘡者，熱壅血瘀而成也。涼血行血，故療癰瘡。辛能行血，苦能泄熱，故能除血分邪氣，及癥堅瘀血留舍腸胃。藏屬陰而藏精，喜清而惡熱，熱除則五藏自安矣。《別錄》并主時氣頭痛，客熱，五勞勞氣，頭腰痛者，泄熱涼血之功也，甄權又主經脈不通，血瀝腰痛，此皆血因熱而枯之候也。血中伏火，非此不除，故治骨蒸無汗，及小兒天行痘瘡血熱。東垣謂心虛腸胃積熱，心火熾甚，心氣不足者，以牡丹皮為君，亦此意也。忌胡荽。赤花者利，白花者補。〔主治參互〕神不足者手少陰，志不足者足少陰。故仲景腎氣丸，用之治神志之不足。究竟牡丹皮乃入心經正藥，心主血，涼血則心不熱而陰氣得寧。用之腎經藥中者，陰陽之精，互藏其宅，神志水火藏於心腎，即身中坎離也。交則陰陽和而百病不生，不交則陰陽否而精神離矣。欲求弗夭，其可得乎？　入清胃散，治陽明胃經，血熱齒痛。　潔古曰：葉為陽，發生也；花為陰，成實也。丹者赤色，火也，故能瀉陰胞中之火。四物湯加之，治婦人骨蒸。又曰：牡丹皮入手厥陰、足少陰，故治無汗之骨蒸，然須與青蒿子、天麥門冬、沙參、地黃、五味子、牛膝、枸杞之屬同用，始得其力。〔簡誤〕牡丹皮，本入血涼血之藥，然能行血。凡婦人血崩，及經行過期不淨，竝忌與行血藥同用。

明·倪朱謨《本草彙言》卷二　牡丹皮　味辛香，性溫平，無毒。入手足

厥陰、手足少陽、手足少陰經。　按《本草別錄》諸書，牡丹出巴郡及漢中劍南，今丹、延、青、越、滁、和、宣七州。　其莖梗枯燥、黃白色，長五七寸，大如筆管。二月生苗，葉似芍藥。三月開花，有紅、黃、紫、白數色。色狀善變，花瓣止五六頁。五月結子，黑色，如雞豆大。此山牡丹也。大都丹、延以西，及褒斜道中尤多。與荊棘無異。土人皆取以爲薪。若劍南及合、和、宣州諸處，其花千葉起樓，肉白皮丹。其莖梗柔潤，秋實綠，冬實赤，土人謂之百兩金，長安謂之吳牡丹也。今俗用者異于此，別有臊氣也。

宗氏曰：　牡丹雖有紅黃白紫數種，入藥惟取山中單瓣花紅者，取根皮用。若人家種植，色豔，雖供目好，不堪入藥。蓋專精于花色者，則力不足于根皮矣。今市人或以枝梗皮充之，大謬！　閩中生一種牡丹花，夜開晝斂，其根長尺許，皮軟嫩，色紫白，入藥亦可用。　○凡栽牡丹花，根下着白斂末，可辟蟲。穴中着硫黃末，可殺蠹。以烏賊魚骨鍼之，其葉必枯。此物性人不可不知也。　沈起愚先生曰：　此花雖結子，而苗仍附根而生，故曰牡；　其花色赤，故曰丹。

牡丹皮：　清心、養腎、和肝，利包絡，時珍幷治四經血分伏火，血中氣藥也。趙天民稿善治女人經脈不通，及產後惡血不止。又治衄血吐血，崩漏淋血，跌蹼瘀血。凡一切血氣爲病，統能治之。蓋其氣香，香可以調氣而行血；　其味苦，苦可以下氣而止血；　其性凉，凉可以和血而生血。其味又辛，辛可以推陳血而致新血也。故甄權方治女人血因熱而將枯，腰脊疼痛，夜熱煩渴，用四物，重加牡丹皮最驗。又古方用此以治相火攻沖，陰虛發熱。且地骨皮治有汗骨蒸，爲腎與三焦用也；　牡丹皮治無汗骨蒸，爲腎與心包絡用也。故腎氣丸用之稱善。此爲血中氣藥，調血則氣自和，調氣則血自安者矣。又按《本經》主寒熱，中風，瘈瘲，驚癇邪氣諸疾，總屬血分爲眚。然寒熱中風，此指傷寒熱入血室之中風，非指老人氣虛痰厥之中風也。其文先之以寒熱二字，繼之以瘈瘲驚癇，可知已。況瘈瘲驚癇，正血得熱而變現，寒熱又屬少陽所主者也。　○牡丹皮本入血分，凉血熱之要藥。然能行血，是其專職。雖有和血生血調血之功，必兼大滋養藥乃可。凡婦人血崩及經行過期不淨，幷忌與行血藥同用。

張潔古先生曰：　葉爲陽，發生也；　花爲陰，成實也。丹者赤色，屬火也。故能瀉陰胞之火。四物湯加之，治婦人骨蒸，然須與青蒿子、天麥門冬、沙參、地黃、牛膝、龜膠、枸杞、知母之屬，始得其力。

繆仲淳先生曰：　神不足者，手少陰也；　志不足者，足少陰也。故腎氣丸用之，治神志之不足。究竟牡丹皮爲心經正藥。心主血，凉血則心不熱而陰氣得寧。用之腎經藥中者，陰陽之精，互藏其宅。神志水火，藏于心腎，即身中坎離也。交則陰陽和而百病不生，不交則陰陽否而精神離矣。欲求弗夭，其可得乎？

沈拜可先生曰：　按《深師方》用牡丹皮同當歸、熟地則補血，同莪朮、桃仁則破血，同生地、芩、連則凉血，同肉桂、炮薑則暖血，同川芎、白芍藥則調血，同牛膝、紅花則活血，同枸杞、阿膠則生血，同香附、牛膝、歸、芎，又能調氣而和血。若夫陰中之火，非配知母、白芍藥不能去；　產後諸疾，非配歸、芎、益母不能行。又欲順氣疏肝，和以青皮、柴胡；　達痰開鬱，和以貝母、半夏。若用于瘍科，排膿托毒凉血之際，必協乳香、沒藥、白芷、羌活、連翹、金銀花輩，乃有濟也。善治者，引用在乎臨證通變而已。

集方：　治便毒生于兩腿合縫之間。用牡丹皮、歸尾、金銀花、天花粉、白芷、赤芍藥各一錢，殭蠶、芒硝各二錢，穿山甲三大片火燒，大黃三錢，木鱉子五個，右剉一劑，好酒二碗煎滾，空心服。渣再煎，隨服，厚被蓋出汗，利一二次即消。　○治懸癰生於穀道之前、小便之後。初發甚癢，狀如松子。一月赤腫如桃，遲治則破，而大小便皆從此出，不可治矣。先服國老湯，不消，再服將軍散。用牡丹皮、大黃、貝母、白芷、甘草、當歸各五錢，其爲細末，酒調服二錢，空心吃。

明・顧逢柏《分部本草妙用》卷六兼經部・寒補　牡丹皮　辛，寒，無毒。入手少陰心經、足少陰腎經，乃血分氣藥也。陰中微陽。畏貝母、大黃、菟絲，忌蒜、胡荽，伏砒。　主治：　驚癇，癥堅瘀血。安五臟，療癰瘡客氣，五勞血瀝，腰痛。通關脈，續筋骨，除風痺。胎產冷熱血氣，神志不足，無汗骨蒸，和血生血，凉血，治血中伏火。　按：　丹皮治手、足少陰、厥陰四經血分伏火。伏火者，陰火也。陰火即相火也，故仲景腎氣丸用之。神不足者，手少陰。志不足者，足少陰。丹皮入手厥陰、足少陰，治無汗之骨蒸，地骨皮入足少陰、手少陽，治有汗之骨蒸。故仲景兼用之也。東垣以之治腎胃積熱，心火熾盛，心虛氣少者，以丹皮為君。而腸胃積血及吐衄血，必用之藥。故犀黃湯用之。火症舍此而用檗、母，其未知秘奥者哉。

明·鄭二陽《仁壽堂藥鏡》卷一〇上 牡丹皮 蕭炳云：今出台州者佳。白補、赤利。 氣寒，味苦、辛。陰中微陽。辛、苦，微寒，無毒。 手厥陰經，足少陰經。 《象》云：治腸胃積血，及衄血、吐血必用之藥。 《珍》云：涼骨蒸。 《本草》云：主寒熱，中風，瘈瘲，驚癇邪氣； 除癥堅瘀血留舍腸胃。安五臟，療癰瘡，除時氣頭痛客熱，五勞之氣，腰痛，風禁，癲疾。

易老云：治神志不足。神不足者手少陰，志不足者足少陰。故仲景八味丸用之。牡丹乃天地之精，群花之首，葉為陽，發生； 花為陰，成實； 丹為赤，即火。故能瀉陰中之火。牡丹皮： 手厥陰、足少陰。治無汗骨蒸。地骨皮： 足少陰、手少陽。治有汗骨蒸也。 時珍曰： 和血、生血、涼血，古方惟以此治相火，故腎氣丸用之。後人專用黃柏，不知丹皮之功更勝也。千載秘奧，人所不知。 按： 丹皮清火開鬱，則陰血既不受火燥，又不患阻滯。推陳致新，有殊功矣。 日華子云： 牡丹皮： 忌蒜。畏菟絲子。

明·蔣儀《藥鏡》卷三平部 牡丹皮 清腸胃之宿血，行積聚之瘀紅。除結氣，破瘀血，通經脈，下胞胎。調產後冷熱血氣攻作。補心腎而消腫癰。止骨蒸無汗，除血中伏火。調胎前經脈，下產後胞衣。癰疽用之消腫住痛，痘家用之涼血排膿。清胃湯中止牙疼，快癍湯內散血熱，何也？ 為其養新血而攻壞血，固真氣而行結氣耳。

明·李中梓《頤生微論》卷三 牡丹皮 味辛、苦，性微寒，無毒。入肝經。畏貝母、大黃、菟絲子，忌蒜、胡荽。和血生血，涼血行血，除風痺，主無汗骨蒸，清相火。 按： 丹皮，清東方雷火，是其本功，北方龍火，因而下伏，此乙癸同源之治也。古人惟以此治相火，故六味丸用之，後人專用黃柏，不知丹皮去功更勝也。千載秘奧，人所未知。

明·張景岳《景岳全書》卷四八《本草正》 丹皮 味辛、苦，氣微涼。氣味俱輕，陰中陽也。 赤者行性多，白者行性緩。入足少陰及手厥陰經。忌葫、蒜。涼骨蒸無汗，散吐衄瘀血，除產後血滯寒熱，祛腸胃蓄血癥堅，仍定神志，通月水，治驚搐風癇，療癰腫住痛。總之，性味和緩，原無補性。但其微涼而辛，能和血涼血生血，除煩熱，善行血滯，滯去而欝熱自解，故亦退熱。用此者，用其行血滯而不峻。

明·賈九如《藥品化義》卷三肝藥 牡丹皮 屬陰中有微陽，體皮乾，色紫，氣辛香，味微苦略辛，性微涼云寒云溫皆非，能降，力疏肝清血，性氣薄而味厚，入肝腎胞絡三經。 牡丹鍾天地之精，群花之首，發於冬而盛於春，特取其皮入肝，瀉陰中之火。因味苦則補陰，辛能散結，以此疏暢肝氣，使血清和，所妙在微苦略辛。味厚可降，故能降火而不推蕩，益血而不膩滯。若肝有餘，則火盛而逆血熱(忘)〔妄〕行，以其微苦下行降火，兼以辛散陽，用治吐血衄血，通經逐瘀。若肝不足，則榮中血少，熱氣鬱結，以其略辛，散結止痛，兼以苦益陰，用治牙痛腰痛，赤淋白帶，以此清熱疏鬱，使陰血不受火爍，不患阻滯，推陳致新，滋陰養血，為調經產後必用要藥。胎前忌之。以能去血中之熱，故痘瘡壯熱煩紅用為良劑。取其皮能降火散表，以丹皮治無汗骨蒸，地骨皮治有汗骨蒸，大有殊功。 川丹皮內外俱紫，氣香甚，味重，治肝之有餘。亳州丹皮外紫內白，氣和，味輕，治肝之不足。通取皮厚實而粗大者佳，去心酒洗用。 牡丹皮與紫參體色性味相同，世作丹皮，遂去紫參耳。今肆絕少，姑載之。盛後湖嘗嘆世莫知用。參者，參也，使之參贊本臟，古人取五色參，各從本臟色分配五臟： 以紫參益肝，丹參養心，人參養脾，沙參補肺，元參滋腎，各為主治，今為五臟藥之冠。

明·盧之頤《本草乘雅半偈》帙四 牡丹《本經》中品 氣味： 辛，寒，無毒。 主治： 主寒熱，中風，瘈瘲，驚癇，邪氣，除癥堅瘀血，留舍腸胃，安五藏，美顏色，療癰瘡。

覈曰： 出漢中、劍南，及丹州、延州、青州、越州、滁州、和州，近以洛陽者為勝。二月梗上生條，葉似芍藥。三月開花，色狀善變，其名或以姓，或以州，或以色，或以地，或旌其所異者而志之。姚黃、牛黃、左華、魏華，以姓著； 青州、丹州、延州紅，以州著； 細葉、麤葉、壽安、潛溪緋，以地著； 一(撒)〔擫〕紅、鶴翎紅、朱砂紅、玉板白、多葉紫、甘草黃，以色著； 獻來紅、添色紅、九蘂、真珠、鹿胎花、倒暈檀心、蓮花萼、一百五、葉底紫，皆志其異者。姚黃者，千葉黃花，出于民姚氏家，姚氏居白司馬坡，其地屬河陽，然花不傳河陽，傳洛陽，洛陽亦不甚多，一歲不過數朵。牛黃亦千葉，出于民牛氏家，比姚黃差小，宋真宗祀汾陰還過洛陽，留宴淑景亭，牛氏獻此花，名遂著。甘草黃，單葉，色如甘草，洛人善別花，見其樹，知為某花云，獨姚黃易識，其葉嚼之不腥。魏家花者，千葉肉紅華，出于魏相仁溥家，始樵者于壽安山中見之，斵以賣魏氏，魏氏池館甚大。傳者云： 此華初出時，人有欲閲之者。人稅十數錢，乃得登舟渡他至花所，魏氏日收十數緡，其後破亡，鬻其園宅，今

普明寺後，林池乃其地，僧耕之以植桑棗，花傳民家甚多。人有數其葉者，云至七百葉。錢思公有云：人謂牡丹花王，今姚黃真可為王，而魏花乃后也。鞓紅者，單葉深紅花，出青州，亦曰青州紅，故張僕射齊賢，有第西京賢相坊，自青州以馲駝馱其種，遂傳洛中，其色類腰帶鞓，故謂之鞓紅。獻來紅者，花大多葉，淺紅花，張僕射罷相居洛陽，人有獻此花者，因曰獻來紅。添色紅者，多葉花，始開而白，經日漸紅，至其落，乃類深紅，此造化之尤巧者。鶴翎紅者，多葉花，其末白而本肉紅，如鴻鵠羽色，細葉，麤葉、壽安者，皆千葉肉紅花，出壽安縣錦屏山中。細葉者尤佳。倒暈檀心者，葉紅，凡花近萼色深，至其末漸淺，此花自外深色，近萼反淺白，而深檀點其心，此尤可愛。一擫紅者，多葉淺紅花，葉杪深紅一點，如人以手指擫之。九蘂真珠紅者，千葉紅花，葉上有一白點如珠密，其葉蹙，其蘂為九叢。一百五者，多葉白花，洛陽花，以穀雨為開候，而此花嘗至一百五日開最先也。丹州、延州花，皆千葉紅花，不知其至洛之因。蓮花萼，紅花青鈇，三重如蓮花萼。左花者，千葉紫花，出齊民左氏家，葉密而齊如截，亦謂之平頭紫。朱砂紅者，多葉紅花，不知其所出，有民聞氏子者，善接花以為生，買地于崇真寺前，治花圃，有此花，洛陽豪家尚未有，故其名未甚著，花葉甚鮮，向日視之如猩血，葉底紫，千葉紫花，色如墨，亦謂之墨紫，花在叢中，旁心生一大枝，引葉覆其上，其開也，比他花可延十日之久。噫，造物者亦惜之耶。此花之出，比他花最遠。傳云：唐中宗有宦官，為觀軍容使者，花出其家，亦謂之軍容紫，歲久失其姓氏矣。玉板白者，單葉，長如拍板之狀，色如玉，深檀心，洛陽人家亦少有。潛溪緋者，千葉緋花，出于潛溪寺，寺在龍門山後，本唐相李藩別墅，今寺中亦無此花，而人家或有之，本是紫花，忽于叢中特出緋者，不過一二朵，明年移在他枝，洛陽人謂之轉枝花，故其接頭尤難得。鹿胎花者，多葉紫花，有白點如鹿胎之紋，故蘇相禹珪宅今有之。多葉紫，不知其所出。初姚黃未出時，牛黃為第一，牛黃未出時，魏花為第一，魏花未出時，左花為第一，左花之前，惟有蘇家紅、賀家紅、林家紅三類，皆單葉花，當時為第一，自多葉花千瓣出後，此花黜矣，今人不復種也。別有狀元紅、胭脂樓、醉西施、御樓春、壽陽紅、瑞霞蟬、灑金紅、膩玉紅、迎日紅、七寶冠、石家紅、鳳頭嬌、繡毬紅、赤玉盤、海雲紅、火餤奴、百葉仙人、嬌容三變，曰朱，曰品之以紅著者。紫則又有御衣紫、朝天紫、舞青猊、紫繡毬、葛衣紫、淡藕絲、紫雲芳、紫姑仙之類。若雪夫人、月宮花、玉芙蓉、萬卷書、無瑕玉、水晶球、粉奴香、合德裝，又白中之翹楚。而佛頭青，則先綠後白者矣。又黃之最艷者，如黃絨鋪錦、大素、小素、禁苑、慶雲、界金樓、小黃嬌、軟條黃、縷金黃、歐家碧，種種名相，難以盡述，總屬希世之珍，玄工之幻也。牡丹之名，初不載有文字，唯以藥錄本草。然于花中不為高第，大都丹延以西，及褒斜道中尤多，與荊棘無異。土人皆取以為薪，自唐則天以後，洛陽牡丹始盛，然未聞以名著者，如沈宋元白之流，皆善詠花草，當時有一華之盛者，彼必形于篇詠，而寂無傳焉。惟劉夢得有《詠魚朝恩宅牡丹》詩，但云一叢千萬朵而已，亦不云其美且異也。謝靈運言永嘉竹間水際多牡丹，今越花亦不及洛陽甚遠，是洛陽自古未有若今之盛也。而洛陽之俗，大抵好花，春時城中無貴賤皆插花，雖負擔者亦然。花開時，士庶競為遊遨，往往于古寺廢宅，有池臺處，為市井張幄帟，笙歌之聲相聞。最盛者月坡堤、張家園、棠棣坊、長壽寺、東街，與郭令宅，花落乃罷。蓋花之美，在朝露夕霞，清風明月，華情恬適，色神始艷，或烟雨霧籠，燈火掩映，更增容冶，若日午鬧喧，糟場羶會，此花罹困窮，轉添憔悴，及其盛時，每多風妬，亦造化之所忌也。從來洛陽至東京六驛，舊不進花，自徐州李相迪為留守時，始進御。歲遣衙校乘驛馬，一日一夜至京師，所進不過姚黃、魏黃三數朵，以菜葉實竹籠子，藉覆之使馬上不動搖，用蠟封花蒂，乃數日不落。大抵洛人家家有花，而少大樹者，蓋其花不接則不佳爾。春初時洛人于壽安山中斲小栽子，賣城市間，謂之山篦子。人家治地，為畦塍種之，至秋乃接。接花工尤著者，謂之門園子，豪家無不邀之。姚黃一接頭，直錢五千，秋時立契買之，至春見花，始歸其直，洛人甚惜，此花不欲傳，有權貴求其接頭者，或以湯中蘸殺與之。魏花初出時，接頭亦直錢三千，今尚直一千，接時須用社後重陽前，過此不堪矣。花之木，去地五七寸許，截之乃接，以泥封裹，用軟土擁之，以篛葉作菴子罩之，不令見日雨，惟南向留一小戶以達氣，至春乃去其覆，此接花之法也。花種必擇善地，盡去舊土，以細泥用白斂末和之。蓋牡丹根甜，多引蟲食，白斂能殺蟲，此種花之法也。澆花亦自有時，或用日未出時，或日出時。九月旬日一澆。十月、十一月，三日、二日一澆。正月，間日一澆。二月，一日一澆，此澆花之法也。一本發數朵者，擇其小者去之，只留一二朵，謂之打剝，懼分其脈也。花纔落，便剪其枝，勿令結子，懼其易老也。春初既去篛菴，便以棘數枝，置花叢上，棘氣暖，可以辟霜雹，不損花芽，

他大樹亦然，此養花之法也。花開漸小于舊者，蓋有蠹蟲損之，必尋其穴，以硫黃簪之。其旁又有小穴如鐵孔，乃蟲所藏處，花工謂之氣窗，以大針點硫黃末針之，蟲乃死。蟲死花復盛，此醫花之法也。烏賊魚骨，以針花樹，入其膚，花輒死，此花之忌也。入藥以山產紅花單葉之根皮為貴，蓋專精于花者，則力不足于根之皮矣。修事：用銅刀劈破，去骨，剉如大豆，好酒拌蒸，從巳至未，日乾用。畏貝母、大黃、菟絲子。忌蒜、胡荽。伏砒。

条曰：牡，門戶樞。丹，英華色也。取象與色，當入足少陽厥陰。以少陽經主樞府，主決斷；厥陰肝主色，主筋，主藏魂，主藏血，主謀慮故也。牡丹精勝者色，辛發者味，宣氣散生者性，合鼓吾身風大，以全木德者也。故主中風寒熱，瘈瘲驚癇，癰腫瘡瘍，謂外來風氣使然亦可，謂吾身風大不及亦可。癥堅瘀血，留舍腸胃，固肝主藏血，堅瘀留礙，則非所應藏物矣。所當決而斷之，安五藏，美顏色，十一藏皆取決于膽，安而後能慮，樞機其神乎。

花名補闕　天香白眉、碧玉點翠、焦白、焚香拱璧、閬苑仙姿、玉蟾、天香湛露、冰輪乍湧、玉藍、天香玉液、麗水金丹、勝瓊、玲瓏玉、金蛾舞翠、荊璞、玉龍鱗、月娥舞袖、和璧、黃金堆玉、海月輝天、淑素、玉砌瓊巵、玉燦銀光、璩素、飛瓊噴玉、玉兔淩春、金玉奇逢、瑤池玉露、玉輪星月雙輝、玉露含香、冰輪、月輪、苧蘿白、藍田玉、金纓白、瑞鳳樓、瓊瑤對燕、連城玉、建白、淡雲籠月、松綾白、素魁、金玉交章、鵝絨白、冰山、金玉交輝、瑤臺露、雪塔、軟玉、玉珍珠立、金莖露、彩玉、秋水神、栗玉香、露華、嫦娥墜、金菊黃、抒素、和玉香、瀟湘月、金丸、玉生香、真如玉、璽凝輝、雪剪絨、宛若玉、寒潭月影、玉勝粧、玉盤珠、韓家紅、笑微微、烏衣玄奇、龍翔鳳舞、金谷毓秀、千嬌百媚、名世紅輪、紅輪射翠、黃樓子、緑蝴蜨。

明·李中梓《本草通玄》卷上　牡丹皮　苦、辛，微寒，肝經藥也。清腎肝之虛熱，理無汗之骨蒸，涼血行血，通關腠，排膿消瘀，定吐衄血。時珍云：牡丹皮治腎肝血分伏火，伏火即陰火也，即相火也。古方惟以此治相火，故仲景腎氣丸用之。後人惟知黃栢治相火，不知丹皮更勝也。此千古秘奧，人所不知，赤者利血，白者補人，宜分別用之。肉厚者佳，酒洗微焙。

清·顧元交《本草彙箋》卷二　牡丹皮　牡丹爲群花之冠，皮色赤而味苦，故能瀉心包之火，爲心經正藥。心主血，涼血則心不熱，而陰氣得寧。用之腎經藥中者，陰陽之精互藏其宅，神志水火藏於心腎。神不足者，手少陰；志不足者，足少陰。仲景腎氣丸用之，使神志交而陰陽和，百病自治。潔古云：葉爲陽，發生也。花爲陰，成實也。丹色，火也。故能瀉陰胞之火。是故丹皮又入肝腎二經，治無汗之骨蒸。地骨皮則入心腎二經，治有汗之骨蒸。而青蒿子、天麥二冬、沙參、地黃、五味子、枸杞子、牛膝，乃其屬也。夫肝爲血舍，丹皮爲血劑，故宜入之。血患火燥則枯，患氣鬱結則新者不生。此劑苦能瀉心火，辛能疏結氣，故爲血分要藥。古方惟以此治相火，相火即伏火、陰火也，後人唯以黃柏治相火，不知牡丹之功更勝。其治腸胃積血及吐衄等症，亦爲其獨入心家，專理血藏。然亦以其長於行血，凡婦人血崩，及經行過期不淨，並忌與行血藥同用。

川丹皮內外俱紫，氣香甚，味厚，治肝之有餘。亳州丹皮外紫內白，氣和，味輕，治肝之不足。通取皮厚實而粗大者佳。去心，酒洗用。　丹皮、紫參，體色性味相同，世用丹皮，遂棄紫參矣。

清·穆石匏《本草洞詮》卷八　牡丹　以色丹者為上。雖結子而根上生苗，故謂之牡丹。根皮辛寒，無毒。除煩熱，安五臟，治五勞骨蒸，和血生血。蓋牡丹乃天地之精，為群花之首。丹者，赤色，火也。治手足少陰、厥陰四經血分伏火。伏火，即陰火也。陰火，即相火也。古方惟以此治相火，後人乃以黃蘗治相火，不知丹皮之功更勝也。地骨皮入足少陰、手少陽，故治有汗之骨蒸。牡丹皮入手厥陰、足少陰，故治無汗之骨蒸。神不足者手少陰，志不足者足少陰，故腎氣丸用之。又治腸胃積血及吐衄必用之藥，故犀角地黃湯用之。赤花者利，白花者補。根皮入藥為佳。或以枝梗皮充之，則謬矣。

清·張志聰《侶山堂類辯》卷下　牡丹皮　色赤，氣味辛寒，血分之藥也。不緣子生，故名曰牡。陰中之陽，升也。其味辛，故主發散中風寒熱邪氣，除癥堅瘀血。寒能涼血，故主瘈瘲驚癇。凡骨蒸勞熱，癰腫瘡瘍，丹皮為要藥。若吐血、衄血，大非所宜，以其上升故也。○元如曰：若因風寒而衄血者宜之，如陰火上炎者大忌。

清·劉雲密《本草述》卷八上　牡丹皮　氣味：辛，寒，無毒。《別録》曰：苦，微寒。普曰：神農、岐伯：辛。雷公、桐君：苦，無毒。桐君：苦，有毒。好古曰：氣寒，味苦辛。陰中微陽，入手厥陰、足少陰經。牡丹根皮氣寒，無毒。味先辛後苦，辛居其勝。

主治：血中結氣方書。行血中伏火，和血生血，涼血，除煩熱時珍。治神志不足，無汗之骨蒸，衄血吐血潔古。去腸胃留血《本經》。通關腠血脈日華子。安五臟《本經》。消撲損瘀血日華子。女子經脈不通，血瀝腰痛甄權。治胞

下胎日華子。主寒熱。希雍曰：寒熱者，陰虚血熱之候也。中風瘛瘲，驚癇邪氣《本經》。風噤癲疾《别録》。除風痺日華子。

潔古曰：牡丹乃天地之精，為群花之首。葉為陽，發生也。花為陰，成實也。丹者，赤色，火也。故能瀉陰胞中之火。四物湯加之，治婦人骨蒸。又曰：牡丹皮入手厥陰、足少陰，故治無汗之骨蒸。地骨皮入足少陰、手少陽，故治有汗之骨蒸。神不足者，手少陰。志不足者，足少陰。故仲景腎氣丸，用之治神志不足也。又能治腸胃積血，及吐血衄血必用之藥，故犀角地黄湯用之。愚按：地骨皮為氣分之劑，其所治者，是由陰中陰之熱，以鬱於陰中之陽氣，而熱薰蒸於表者也。所入足少陰、手少陽是也。牡丹皮為血分之劑，其所治者，是由陽中陰之熱，以沉於陰中陰之血而熱，煎熬於裏者也。所入手厥陰、足少陰是也。

東垣曰：心虚，腸胃積熱，心火熾甚，心氣不足者，以牡丹皮為君。

嵩曰：牡丹皮之用，能行結氣，而固真氣，去瘀血，而養真血，乃滋陰養血必用之藥也。又曰：血之所患者，火也。唯能瀉陰胞之火，故吐衄為必用之藥。愚按：結氣，即氣之結於血中者也。故所治諸證，本於辛苦，使血中之結氣行而瘀血化，是所謂能化則能生，故得謂之固真氣，而養真血，血中之伏火，即結氣所化也。丹皮能引血歸肝，故嘔吐血必用之。

希雍曰：牡丹皮禀季春之氣，而兼得乎木之性，陰中微陽，其味苦而微辛，其氣寒而無毒，其色赤而象火，故入手少陰、厥陰、足厥陰，亦入足少陰經。辛以散結聚，苦寒除血熱，入血分涼血熱之要藥也。血中伏火，非此不除。故治骨蒸無汗，及小兒天行痘瘡血熱。入清胃散治陽明胃經血熱齒痛。又曰：潔古謂丹皮治無汗骨蒸是矣。然須與青蒿子、天麥門冬、沙參、地黄、五味子、牛膝、枸杞之屬同用，始得其力。

愚按：牡丹皮，海藏謂其入手厥陰、足少陰經。蓋本於潔古所説，入此二經，能治無汗之骨蒸也。唯其入此二經，故潔古謂其能瀉陰胞中之火。蓋陰胞乃關元、血海，上與心包絡緊相應者也。《經》曰：胞絡者繫於腎。又曰：胞脈屬心，而絡於胞中。先哲釋曰：胞即子宫，相火之所在也。心主血脈，君火之所居也。陽氣上下交通，故胞脈屬心而絡繫於腎三胞中也。衝、任、督，皆起於胞宫。胞即所謂胞門子户，乃男子藏精、女子蓄血之處也。即胞脈屬心，而絡於胞中，可以知氣化血，血化精之義矣。肺陰下降入心，然後氣能化血。心氣下降入腎，然後血能化精。蓋氣化血者，金為火用也。血化精者，火為水用也。皆還其所自始也。火為水用，又何以赤化白？蓋水中有金，金氣不至於水中，是肺氣不歸命門，則亦不能化也。火中得金，而液化血，水中得金，而血化精，故玄門煉取水中金，又曰氣盛則精盈者，此也。是則潔古所謂瀉陰胞中之火者，謂非由此二經所專主乎，何以又云血中伏火？蓋六淫七情，或陰或陽，有戾氣以迸入血中者，即為伏火，便與本來之相火相煽，以相火原在水中，血固水所化，總而名之曰陰胞中之火也。抑此品何以有專功歟？曰：血赤色，而心主之。此品色丹，合於主血之心也。其氣寒，合於離中之坎也。其味辛而有苦，合於金火之合德也，合於離含坎，火得金，則歸心包絡而生血矣。辛散苦泄，更併於氣之寒，則降令行，而陰引陽以下，胞之脈通矣。其所散所泄者，乃血中之戾氣，即為除瘀和血也。其血中戾氣，而散且泄者，乃火得水，而胞脈通於心，水得火而胞絡固於腎，是為陰胞火泄，而神志俱補也。蓋火之精為神，每苦於離中之坎不足，水之精為志，每苦於坎中之離不足，如上下相召以相益，此品亦庶幾有之矣。雖然，此味抑先由腎而上奉於心乎，或先由心而下達於腎乎，曰血者，真陰之化醇也。從真陰以生血，則以腎為先；從血分以完陰，則以心為先。蓋心固主血，為後天之元神。《經》曰：血者，神氣也。東垣所謂心火熾盛，而心氣不足，以此為君，不可識其所宜先歟。然其所謂腸胃積熱能療者，亦以心包絡與胃口緊相應，固由心而及之耳。然後學輒謂取重於足厥陰肝者，然歟否歟？曰：一陰為獨使，《經》言之矣。此味固入手厥陰、足少陰，而和其血之原，至厥陰肝，特為之使，以行其生化之機者也。若上之心包絡，陰并於陽，則肝無以奉其下降之陰，氣亦由陰傷化火矣。如下之血海，陽乘乎陰，則肝無以達其上升之陽，氣亦因陽鬱化火矣。謂足厥陰不與之同病也可乎？但求其所入，不先責之為使者耳。故《本經》謂其治寒熱中風，瘛瘲驚癇，固血之病於風臟，而吐衄諸證，謂引血歸肝者，豈盡皆責之厥陰風木哉？如忘其源而責之流，其與憒憒者一問耳。

《本經》所云中風瘛瘲等證，類以為於此味無涉，不知血熱化風，殊大(開)〔閞〕切也。又世醫粗言此味之能行血，與他藥混施，不知其苦寒而多辛，苦寒能除熱，更辛以散之，直入陰中，而散伏火，伏火散，則血自行，不等於他藥之或兼辛溫，而逐瘀以行者也。其最能引血歸肝者，職是之故，

正所謂和血，不謂能疏瘀也。如止以為導瘀而已，何以天王補心丹用之，補心八味丸中用之，補心腎即此二方，便可以知此品之用矣。然功歸於涼血，如血病於寒濇者，此味似難槩用。

希雍曰：牡丹皮本入血涼血之藥，然能行血，凡婦人血崩及經行過期不淨，並忌與行血藥同用。

修治　根如筆管大者，以銅刀劈破，去骨，剉如大豆許，陰乾，酒拌蒸三時，日乾用。

清·郭章宜《本草匯》卷一〇　牡丹皮　苦、辛，微寒，陰中微陽，可升可降。入手厥陰、足少陰經。涼血熱，止上逆之吐衄。瀉陰火，治無汗之骨蒸。地骨皮治有汗骨蒸，牡丹皮治無汗骨蒸。養真血而去壞血，固真氣而行結氣。婦人經脉不通，男子氣脹偏墜。和血生血，涼血治血。除肝腎虛熱，療風痺腰痛。《本經》治中風瘈瘲驚癇者，皆陰虛內熱，榮血不足之故也。熱去則血涼，涼則新血生，陰氣復，由是火不炎，而無因熱生風之證矣。

按：丹皮，清東方相火，是其本功。北方龍火，因而下伏，此乙癸同源之義也。又能瀉陰胞中之火，丹係赤色，象離，故能瀉陰中之火。四物湯加之，治婦人骨蒸。又曰：丹皮入手厥陰、足少陰，故治無汗之骨蒸。地骨皮入足少陰、手少陽，故治有汗之骨蒸。神不足者手少陰，志不足者足少陰，故仲景腎氣丸用之，治神志不足也。然究竟是入心經主藥，心主血，涼血則心不熱，而陰氣得寧。用之腎經藥中者，陰陽之精，互藏其宅，神志水火，藏于心腎，即身中坎離也。交則陰陽和，而百病不生。不交則陰陽否，而精神離矣。欲求弗夭，其可得乎？血分伏火，非此不除。蓋伏火即陰火也，陰火即相火也。古人以此治相火，故六味丸中用之。後人知黃栢治相火，不知丹皮之功更勝也。凡婦人血崩，經行過期不淨，禁用。

生漢中、巴郡，赤者利血，白者補人。酒洗微焙。忌胡蒜。畏貝母、菟絲子、大黃。

清·蔣居祉《本草擇要綱目·寒性藥品》　牡丹皮凡採得，以銅刀劈破，去骨，用酒拌蒸，日中曬乾用。　氣味：辛，寒，無毒。陰中微陽，入手厥〔陰〕、足少陰經。　主治：除癥堅瘀血留舍腸胃，婦人冷熱血氣，排膿通經，涼骨蒸。丹者赤色，火也，故能瀉陰胞中之火。腎氣丸用之，治神氣之不足。犀角地黃湯用之，治腸胃之積血及吐血衄血。　畏：貝母、大黃、菟絲子。忌：胡荽、蒜。

清·閔鉞《本草詳節》卷一　牡丹皮　【略】按：牡丹皮入包絡、腎經。治無汗骨蒸，與地骨皮入腎、三焦經，治有汗骨蒸稍異。神不足者心，志不足者腎，故腎氣丸用之。又治腸胃積血及吐血衄血，故犀角地黃湯用之。若血分伏火，即心與包絡、肝腎之相火也，世但治以知、蘗，而不知牡丹皮之功更勝。但婦人血崩及經行過期不淨，並忌與行血藥同用。

清·王翃《握靈本草》卷三　牡丹皮生漢中、劒南，今丹、延、青、越、滁、和皆有。惟取紅白單瓣者入藥，赤者利，白者補。酒洗焙。　主治：牡丹皮，辛，寒，無毒。主寒熱中風，瘈瘲驚癇。除癥堅瘀血，女子經脈不通，血瀝腰痛。和血生血，無汗骨蒸，血中伏火。

清·汪昂《本草備要》卷二　牡丹皮瀉伏火而補血。　辛、苦，微寒。入手足少陰心、腎。厥陰心包、肝。瀉血中伏火，色丹故入血分。時珍曰：伏火即陰火也，陰火即相火也。世人專以黃柏治相火，不知丹皮之功更勝，故仲景腎氣丸用之。和血涼血而生血，血熱則枯，涼則生。破積血，積瘀不去則新血不生。通經脉。爲吐衄必用之藥。血屬陰，本靜，因相火所逼，故越出上竅。治中風五勞，驚癇瘛瘲，筋脉伸縮抽掣爲瘛瘲。或手足抽掣，口眼喎斜，卒然眩仆，吐涎身軟，時發時止爲癇。皆陰虛血熱，風火相搏，痰隨火湧所致。除煩熱，療癰瘡，涼血。下胞胎，退無汗之骨蒸。張元素曰：丹皮治無汗之骨蒸，地骨皮治有汗之骨蒸。神不足者手少陰，志不足者足少陰。故仲景腎氣丸用丹皮，治神志不足也。按：《內經》云：水之精爲志，故腎藏志；火之精爲神，故心藏神。

單瓣花紅者入藥，肉厚者佳。酒拌蒸用。畏貝母、菟絲、大黃，忌蒜、胡荽，伏砒。時珍曰：花白者補，赤者利，人所罕悟，宜分別之。

清·李世藻《元素集錦·本草發揮》　牡丹皮　能散冷熱血氣，凡婦人產後之疾，無論寒熱皆宜，用之以為佐助甚妙。

清·陳士鐸《本草新編》卷三　牡丹皮　味辛、苦，氣微寒，陰中微陽，無毒。種分赤、白，性味却同。入腎、肝二經，兼入心包絡。涼骨蒸之熱，止吐血、衄血、嘔血、咯血，兼消瘀血，除癥堅，定神志，更善調經，止驚搐，療癰腫，排膿住痛。亦臣、佐使之藥，而不可為君者也。仲景張夫子入之八味丸中，所以治漢武帝消渴之症也。消渴，本是熱症，方中加入桂、附，以火治火，奇矣。蓋此火乃相火，而非君火。相火者，虛火也，亦陰火也。實火可瀉，虛火必須滋補。陽火可以水折，陰火必須火引。地黃湯中既用熟地、山藥補木以

滋陰，不用附、桂以引火，則火不歸源，而渴終不可止。但既用桂、附以引火，而火歸于下焦，而上焦餘熱，何能頓清。吾恐命門之火已歸于腎宮，而心包之火仍炎于心位，熱必餘焰猶存，而渴仍不止也。故方中又加入牡丹皮，調和于心、肝、腎之際，滋腎而清其肝中之木，使木不助心包之火。而牡丹皮又自能直入于膻中，以涼其熱，下火既安，而上火亦靜，火宅之中，不成為清涼之境乎。此仲景夫子製方之神，而亦牡丹皮之功，實有如是之奇也。不特此也，牡丹皮在六味地黄丸中，更有奇義。腎有補而無瀉，用熟地、山藥以補腎，又何必用牡丹皮以滋其骨中之髓耶。若云瀉火，則已有澤瀉矣。若云健脾，則已用茯苓矣。若云澁精，則已用山藥矣。然則何所取，而又用牡丹皮哉？不知牡丹皮，所以佐五味之不足也。補陰之藥過于寒，則陰不能生，而過于熱，則陰亦不能生。六味丸中不寒不熱，全賴牡丹皮之力，調和于心、肝、脾、腎之中，使骨中之髓溫和，而後精閉于腎，內火瀉于膀胱，水濕化于小便，肺氣清肅，脾氣旺健，而陰愈生矣。

或問：地骨皮治有汗之骨蒸，牡丹皮治無汗之骨蒸，此前人之成說，吾子何略而不談？豈牡丹皮非治無汗之骨蒸耶，此鐸所亟欲辨者也。夫地骨皮未嘗不治無汗之骨蒸，牡丹皮未嘗不治有汗之骨蒸也。元素將二藥分有汗、無汗，為治骨蒸之法，余不知其何所見而分。據其論，牡丹皮牡而不牝，其色丹，象離陽中之火，能瀉，似乎牡丹皮乃陽中之陰，亦宜治有汗之骨蒸，而不宜治無汗之骨蒸矣。總之，牡丹皮乃治骨蒸之聖藥，原不必分有汗、無汗也。

或問：仲景張公製八味丸，經吾子之闡發奇矣，不識更有異聞乎？曰：醫道何盡，請于前論而再窮其義。夫火有上、下之分。下火非補不能歸，上火非涼不能息。補其在下之火，則火安而上不炎；涼其在上之火，則火靜而下亦戢。雖然牡丹皮補腎水，而不補腎火，似乎下火之炎上，不能使其歸于下也。然而，牡丹皮雖不能補腎中之火，實能補腎中之水，補水之不足，即能制火之有餘。火有所制，自然不敢沸騰，然後用附子、肉桂，引其下伏，則永藏於至陰之腎矣。牡丹皮又補腎以益心，而不能補腎以尅心者也，似乎上火趨下，不能使其靜于上也。然牡丹皮雖不能補腎水以尅心，實能補腎水以益心也，益心氣之不足，即能制心氣之有餘，必有所養，自然常能寧定。然後用附子、肉桂導其上通，則暗交于至陰之心矣。此前論所未及者，而闡發其奇又如此〔矣〕。

或又問仲景張公八味丸，已發異論，不識六味丸亦有異論乎？曰：六味丸中，別有微義也。牡丹皮用之于六味丸中，豈獨涼骨中之髓，以生陰水哉。夫獨陰不生，獨陽不長。六味丸中，乃純陰之藥也，茍不用陰中微陽之藥，入于群陰之內，雖以水濟火，似亦為陰虛者之所喜，然而孤陰無陽，僅能制火之有餘，不能生水之不足。丹皮雖亦是陰藥，入于腎經，但性帶微陽，入于六味丸，使陽氣通于陰之中，而性又微寒，但助陰以生水，而不助陽以動火。此仲景夫子立方之本意，鐸實有以窺其微而盡發之也。

或問：牡丹皮陰中微陽，又入于群陰之內，恐陽氣更微，雖各藥亦有兼于陽者，畢竟陰重而陽微也。不知他藥如茯苓、澤瀉、山茱萸、熟地、山藥之類，入于群陰之中，全忘乎其為陽矣。惟〔牡〕丹皮雖在陰藥之中，而陽之氣不絕，子試將六味丸嗅之，牡丹皮之氣未嘗全消，不可以悟其微陽之獨存，不為群陰所奪之明驗乎。惟牡丹皮于群陰之中，獨全其微，且能使茯苓、澤瀉、山茱萸、熟地、山藥之陽氣不散，以助其生陰之速。故牡丹皮用之于地黄丸中，尤非無意也。

或問：牡丹皮能退骨蒸之虛熱，是亦地骨皮之流亞也，乃先生止譽地骨皮之解骨蒸，而不及牡丹皮，豈別有意歟？夫牡丹皮之解骨蒸，雖同于地骨皮而微有異者，非解有汗與無汗也。牡丹皮之解骨蒸，解骨中之髓熱也；地骨皮之解骨蒸，解骨中之血熱也。骨中不止髓，髓之外必有血以裹之。骨中之髓熱，必耗其骨中之血矣；骨外之血熱，必爍其骨中之髓矣。故治骨蒸者，二味必須兼用，不可以有汗用地骨皮、無汗用牡丹皮也。此等論，實前人所未談，言之必驚世人，然予實聞之吾師，非鑿空而論也。髓中有血，斯亦何奇。余曾見人骨折者，骨中流血，與髓俱出，非明驗乎。獨是地骨皮涼骨中之血，牡丹皮涼骨中之髓，無人證吾言耳。

清·顧靖遠《顧氏醫鏡》卷七 牡丹皮辛、苦，微寒。入心與包絡、肝、腎四經。酒焙。 清血中之伏火，伏火即陰火也，陰火即相火也。人但知黄柏治相火，而不知丹皮之功更勝。涼無汗之骨蒸。除腸胃積血，以其能涼血行血也。治神志不足。心藏神，腎藏志，神志不足者，涼心血，清相火。涼血而又能行血，凡婦人血崩，及經水過期不淨，忌與行血藥同用。孕婦勿服。

清·李熙和《醫經允中》卷二〇 牡丹皮 入手少陰心經、足少陰腎經。

陰中微陽。畏貝母、大黃、菟絲子。忌蒜、胡荽。　苦，辛，寒，無毒。可升可降，陰中微陽。主治神志不足，無汗骨蒸，和血生血，涼血，治血中伏火。丹皮退熱涼血，苦能瀉陰火，辛能疏結氣，為血分要藥，故骨蒸吐血衄血必用，蓋以滋陰養血故也。惟心火熾盛，脉滑數者宜之。有汗弗用，為能走泄津液也。何栢齋云：丹溪論虚損之症，歸于陰虚，其言亦有所取，蓋以精血為陰也。所製補陰丸，用寒涼之類則偏矣。蓋虚損之症，皆下寒上熱，所謂水火不交也。其感于寒者，下焦作痛，不感寒者則不痛。至于上焦燥熱則一也，上焦方苦煩熱，得寒涼之藥則暫快，故喜服，不知寒涼之藥，不久下注，則下元愈寒，火熱為寒所迫上行，則上焦之熱愈甚，輾轉反復，遂至沉痼而不可救，陰受其害者多矣。然則治之奈何？補以溫熱，佐以寒涼，補三佐二，所謂熱因熱用者也，久之則精生熱退，而病愈矣。

清·馮兆張《馮氏錦囊秘錄·雜症痘疹藥性主治合參》卷一　牡丹皮　稟季春之氣，兼得乎木之性，陰中微陽。其味苦而微辛，其氣寒而無毒，其色赤而象火。且葉為陽，發生也；花為陰，成實也。丹者象離火也，故能瀉陰胞中之火，入心經正藥，兼入肝腎陰分。辛能行血，苦能泄熱，故能除血分邪熱及癥堅瘀血，并清理陽明也。○凡實熱者宜生用，若胃稍虚者，宜酒炒用。

牡丹皮，涼無汗骨蒸，止吐衄必用。除癥堅瘀血留舍於腸胃中，散冷熱血氣攻作於生産後。仍主神志不足，更調經水欠匀。治風癇，定驚止搐。療癰腫，排膿住痛。不特去血中之伏熱，而又有涼相火之神功。用黄栢以治相火，不若丹皮之功為勝也。然胃氣虚寒，經行過期不淨者勿服。

主治痘疹合參：治痘，涼血熱，化斑，腸胃積血，吐血鼻衄，能瀉陰中之火，其功多於清熱，而更長於行血，故婦人經漏不止及孕婦無故者禁之。

按：丹皮，清東方雷火，是其本功，北方龍火因而下伏，此乙癸同源之治也。古人惟此以治相火，故六味丸用之。後人專用黄栢，不知丹皮赤色象離，能瀉陰中之火，使火退而陰生，所以入足少陰，而佐滋補之用。若黄栢者，不過苦寒而燥，既可傷胃，久則敗陽，苦燥之性徒存，補陰之功何在！與丹皮之力不啻霄壤矣。但相火實旺，濕熱太重者暫用之，以少損其勢可也。

清·张璐《本經逢原》卷二　牡丹皮　苦，辛，平，無毒。酒洗去鹼土，曝乾。勿見火。　《本經》主寒熱，中風，瘈瘲，驚癇，邪氣，除癥堅瘀血留舍腸胃五藏，療癰瘡。　發明：牡丹皮入手、足少陰、厥陰，治血中伏火，故相火勝腎，無汗骨蒸為專藥。《本經》主寒熱，中風，瘈瘲，驚癇等證，以其味辛氣竄，能開發陷伏之邪外散。惟自汗多者勿用，為能走泄津液也。痘疹初起勿用，為其性專散血，不無根脚散闊之慮。王安道云：志不足者，足少陰病也。故仲景腎氣丸用之。後人惟知黄蘗治相火，不知丹皮之功更勝也。又癥堅瘀血留舍腸胃五藏，及陰虚吐血衄血必用之藥，以能行瘀血而又能安好血，有破積生新，引血歸經之功，故犀角地黄湯用之。凡婦人血崩及經行過期不淨，屬虚寒者禁用。又赤者利血，白兼補氣，亦如赤白芍藥之義，諸家言其性寒，安有辛香而寒者乎？

清·浦士貞《夕庵讀本草快編》卷二　牡丹《本經》花王　以丹者為上，雖結子而根上生苗，故名牡丹。凡栽此花，根下着白斂末辟蟲，點硫黄殺蠹而茂。　牡丹乃天地之精，群花之首。葉為陽而發生，花為陰而成實，獨取丹色，以法火也。根皮辛苦而寒，陰中微陽，入手厥陰心包絡，足少陰腎經，故專治神志不足，血中伏火，無汗骨蒸。夫神不足者主手少陰，志不足者主足少陰，故仲景腎氣丸用之是也。如經脉不調，血瀝腰痛，中風瘛瘲，吐衄便尿，取其能和血而辛散爾。至若心虚勞怯，相火熾盛，煎熬陰血，世人但知用黄栢、知母，獨不知丹皮功更勝于二物也。

清·張志聰、高世栻《本草崇原》卷中　牡丹　氣味辛，寒，無毒。主治寒熱中風，瘈瘲驚癇，邪氣，除癥堅瘀血留舍腸胃，安五臟，療癰瘡。　牡丹始出蜀地山谷及漢中，今江南、江北皆有，而以洛陽為盛。冬月含苞紫色，春初放葉，三月開花有紅白黄紫及桃紅、粉紅、佛頭青、鴨頭綠之色。有千葉、單葉、起樓、平頭種種不一，入藥唯取野生紅白單葉者之根皮用之。單瓣則專精在本，其千葉五色異種，只供玩賞之品。千葉者，不結子，唯單瓣者，結子黑色，如雞豆子大，子雖結，仍在根上發枝分種，故名曰牡。色紅入心，故名曰丹。　牡丹根上生枝，皮色外紅紫，內粉白，命名曰牡丹，乃心主血脉之藥也，始生西北，氣味辛寒，蓋稟金水相生之氣化。寒熱中風，瘈瘲驚癇。邪氣者，言邪風之氣，中於人身，傷其血脉，致身發寒熱，而手足瘈瘲，面目驚癇。丹皮稟金氣而治血脉之風，故主治也。癥堅瘀血留舍腸胃者，言經脉之血，不滲灌於絡脉，則留舍腸胃，而為癥堅之瘀血，丹皮辛以散之，寒以清之，故主除焉。花開五色，故安五臟，通調血脉，故療癰瘡。

清·姚球《本草經解要》卷二　丹皮　氣寒，味辛，無毒。主寒熱中風，瘛瘲，驚癇邪氣，除癥堅瘀血留舍腸胃，安五藏，療癰瘡。　丹皮氣寒，稟天

冬寒之水氣，入手太陽寒水小腸經。味辛無毒，得地西方之金味，入手太陰肺經。氣味降多於升，陰也。寒水太陽經行身之表，而為外藩者也。太陽陰虚，則皮毛不密，而外藩不固，表邪外入而寒熱矣。其主之者，氣寒可以清熱，味辛可以散寒解表也。肺經不能制肝，肝風挾濁火上逆，中風瘛瘲、驚癇之症生焉。丹皮辛寒，益肺平肝，肝不升，而肺氣降，諸症平矣。小腸者，受盛之官，與心為表裏。心主血，血熱下注，留舍小腸，瘀積成瘕，形堅可徵。丹皮寒可清熱，辛可散結，所以入小腸而除瘕也。五藏，藏陰者也。辛寒清血，血清陰足而藏安也。榮血逆於肉裏，乃生癰瘡。丹皮辛寒，可以散血熱，所以和榮而療癰瘡也。　製方：丹皮同防風末酒服，治癩疝。同麥冬、五味、白茯、甘草、木通、生地，治心包絡之火。

清・周垣綜《頤生秘旨》卷八　牡丹皮　瀉陰中之火，養真血，去壞血之藥也。陰中之火退，又何患無汗之骨蒸？榮中之氣順，又何患留舍之瘀血？

清・王子接《得宜本草・中品藥》　牡丹皮　味辛。入手足少陰、厥陰。功專治相火，勝于黄栢。得四物治無汗之骨蒸。

清・徐大椿《神農本草經百種録》中品　牡丹　味辛，寒。主寒熱，中風瘈瘲痙，驚癇邪氣，皆肝氣所發之疾。除癥堅，瘀血留舍腸胃，色赤走血，氣香能消散也。安五藏，五藏皆血氣所留止，血氣和則無不利矣。療癰瘡。清血家之毒火。牡丹為花中之王，乃木氣之最榮澤者，故能疏養肝氣，和通經脈，與芍藥功頗近。但芍藥微主斂，而牡丹微主散，則以芍藥味勝，牡丹氣勝。味屬陰，而氣屬陽也。

清・黄元御《長沙藥解》卷二　牡丹皮　味苦辛，微寒。入足厥陰肝經。達木鬱而清風，行瘀血而泄熱。排癰疽之膿血，化臟腑之癥瘕。《金匱》腎氣丸方在地黄用之治消渴，小便反多。以肝木藏血，而性疏泄，木鬱血凝，不能疏泄水道，風生而燥盛，故上為消渴，而下為淋濇，及其積鬱怒發，一泄而不藏，則膀胱失約，而小便不禁。丹皮行血清風，調通塞之宜也。鱉甲煎丸方在鱉甲用之治久瘧而為癥瘕。桂枝茯苓丸方在桂枝用之治妊娠宿有癥病。溫經湯方在茱萸用之治帶下瘀血在腹。大黄牡丹皮湯方在大黄用之治腸癰膿成，其脈洪數，以其消癥瘀而排膿血也。　牡丹皮辛涼疏利，善化凝血，而破宿癥，泄鬱熱而清風燥。緣血統於肝，肝木鬱陷，血脈不行，以致瘀澀而生風熱。血行瘀散，則木達風清，肝熱自退也。其諸主治，通經脈，下胞胎，清血熱，涼骨蒸，止吐衄，斷淋瀝，安撲損，續折傷，除癩風，消偏墜。

清・吴儀洛《本草從新》卷一　牡丹皮〔瀉伏火，去瘀。〕辛，苦，微寒。入手足少陰心、腎、厥陰心包、肝。瀉血中伏火，色赤，故入血分。時珍曰：伏火即陰火也，即相火也。世人專以黄檗治相火，不知丹皮之功更勝。和血涼血而生血，血熱則枯，涼則生。破積血，積瘀不去則新血不生。通經脈，止吐衄。血屬陰本靜，因相火所逼，故越出上竅。治驚癇瘈瘲。經脈伸縮抽掣為瘈瘲，或手足抽掣，口眼喎斜，卒然眩仆，吐涎身軟，時發時止為癇。皆陰虚血熱，風火相搏，痰隨火涌所至。除煩熱，療癰瘡涼血，下胞胎，退無汗之骨蒸。張元素曰：丹皮治無汗之骨蒸，地骨皮治有汗之骨蒸。神不足者手少陰，志不足者足少陰。仲景腎氣丸用丹皮，治神志不足也。按《內經》云：水之精為志，故腎藏志；火之精為神，故心藏神。胃氣虚寒，經行過期不淨者勿服，胎前亦宜酌用。單瓣花紅者入藥，時珍曰：花白者補，赤者利，須分別之。肉厚者佳，酒拌蒸用。畏貝母、菟絲、大黄。忌蒜、胡荽、伏砒。丹皮根搗末服，解中蠱毒。

清・汪紱《醫林纂要探源》卷三　牡丹皮　甘，鹹，微辛，微寒。單瓣紅花之根皮入藥。此有鹹味，鹹多於辛，人自不察。補心緩肝，和相火，行少陰之令，實心血主藥。色赤入心，甘鹹補心。甘能緩肝。相火者，心火之母，相火熾則心火不明，故必緩肝，而後心能行令也，君火以布散為明，以血液為用，二火合則血枯結，而心失所用矣。於是有神短心煩，積血瘀血，火氣妄行，聚為骨蒸，迫為吐衄恍惚，為驚癇瘈瘲之病。丹皮補心，以供血之用，緩肝以免火之妄，能去血中伏火，以和血生血，去積血，通經脈，故能除煩熱，止吐衄，治無汗之骨蒸，安心神之恍惚，治驚癇，定搐搦，及一切瘡癰大毒。○汗，心之液也。而無汗骨蒸屬之心者，其液內枯，其神明短縮也。兼瀉腎邪。腎之邪水渟汙而不行者，渟汙則朽而生熱矣，故八味丸中用之，亦以瀉腎邪也。

清・嚴潔等《得配本草》卷二　牡丹皮　畏菟絲子、貝母、大黄。忌蔥、蒜、胡荽。伏砒。以烏賊骨針其樹，必枯。　辛、苦，微寒。入手足少陰、厥陰經血分。瀉心胞伏火，清膻中正氣，除血中內熱，退無汗骨蒸。以其善行血滯，滯去而鬱熱自解。下胞胎，治驚癇，除瘛瘲，療癰腫，行瘀血。　配防風，治癩疝偏墜。入辛涼藥，領清氣以達外竅。入滋腎藥，使精神互藏其宅。　川生者，內外俱紫，治肝之有餘。亳州生者，外紫內白，治肝之不足。胃虚者，酒拌蒸。實熱者，生用。胃氣虚寒，相火衰者，勿用。以其涼少陰之火。　牡丹皮清神中之火以涼心，地骨皮清志中之火以安腎。丹皮治無汗之骨蒸，地骨

皮治有汗之骨蒸。丹皮、川柏，皆除水中之火，然一清燥火，一降邪火，判不相合。蓋腎惡燥，燥則水不歸元，宜用辛以潤之、涼以清之，丹皮為力。腎欲堅，以火傷之則不堅，宜從其性以補之，川柏為使。故川柏退邪火之勝劑，勿得以丹皮為穩於川柏，而置川柏於無用也。

題清・徐大椿《藥性切用》卷三 牡丹皮 辛苦微寒，入手足少陰、厥陰。瀉血中伏火，散瘀除煩，退無汗之骨蒸。生用涼血，酒炒和血。姙婦忌之。

清・黃宮繡《本草求真》卷六 丹皮瀉腎血分實火實熱，治無汗骨蒸。 牡丹皮耑入心腎肝。 辛苦微寒，能入手少陰心、足少陰腎、足厥陰肝，以治三經血中伏火。時珍曰：伏火即陰火也，陰火即相火也。相火熾則血必枯、必燥、必滯，與火上浮而見為吐、為衄。汪昂曰：血屬陰，本靜，因相火所逼，故越出上竅。虛損與風、與痰、與火相搏，而見五癆驚癇瘛瘲。瘛則筋急而縮，瘲則筋緩而伸，或伸或縮，手如拽鋸，謂之瘛瘲，即俗所謂為搐。驚則外有所觸，心無所主。癇則卒然昏仆，身軟吐痰，時發時止。五癆：一曰志癆，二曰心癆，三曰思癆，四曰憂癆，五曰疫癆。瘀結而見瘡瘍，癰毒產難，並無汗骨蒸。陰虛又兼邪鬱，故見無汗骨蒸。用此不特味辛而散血中之實熱，且有涼相火之神功，世人專以黃蘗治相火，而不知丹皮之功更勝。蓋黃蘗惡寒而燥，初則傷胃，久則敗陽，苦燥之性徒存，而補陰之功絕少。丹皮赤色象離，能瀉陰中之火，使火退而陰生，所以入足少陰而佐滋補之用，較之黃蘗，不啻霄壤矣。張元素曰：丹皮治無汗之骨蒸，地骨皮治有汗之骨蒸，神不足者手少陰心，志不足者足少陰腎仲景。腎氣丸用丹皮，治神志不足也。《內經》曰：水之精為志，故腎藏志。火之精為神，故心藏神。但補性少而泄性多，凡虛寒血崩，經行過期不盡者，為並禁焉。赤者利血，白者兼補氣，酒拌蒸用。忌蒜、胡荽。伏砒。

清・楊璿《傷寒溫疫條辨》卷六寒劑類 牡丹皮 味辛苦，氣寒，味薄氣輕，陰中陽也。入心、腎、心包、肝。瀉血中伏火，退無汗骨蒸，除產後滯血寒熱，祛腸胃畜血堅癥，和血涼血而生血，定神志，通月經，止吐衄，療瘡癰，治驚癇搐搦。皆因陰虛血熱，風火相搏，痰隨火湧所致。下胎胞住疼。《本草》言其善補而實無補性，但氣味和緩辛涼，善行血滯，滯去則瘀熱解、勞蒸退，雖行滯而不峻也。心藏神，腎藏志，心腎不足，則神馳而志衰。仲景八味丸用丹皮定神志也。

清・羅國綱《羅氏會約醫鏡》卷一六草部 牡丹皮味苦，微辛，心經正藥，兼入肝、腎陰分。白者補，赤者利。生用瀉實熱，胃虛者，宜酒浸炒。瀉血中伏火，即相火也，人知用黃柏，不知丹皮之功更勝。和血涼血而生血，血熱則枯，涼則生。去瘀生新。瘀不去，則新不生。治一切血熱、吐衄妄行、血屬陰，本靜，因相火逼而動之。中風、虛勞、煩熱、血虛則熱。驚癇、瘛瘲，筋脉伸縮抽掣為瘛瘲；手足亂動，口眼喎斜；卒然眩仆為癇病，皆陰虛血熱，風火相搏，痰隨火湧也。下胞胎，退無汗之骨蒸。與地骨皮退有汗之骨蒸不同。若經行過期而不淨者勿服。

清・陳修園《神農本草經讀》卷三中品 丹皮 氣味辛，寒，無毒。主寒熱，中風瘈瘲，驚癇邪氣，除癥堅瘀血留舍腸胃，安五臟，療癰瘡。陳修園曰：丹皮氣寒，稟水氣而入腎。味辛無毒，得金味而入肺。心火具炎上之性，火鬱則寒，火發則熱，丹皮稟水氣而制火，所以主之。肝為風臟，中風而害其筋則為瘈瘲，中風而亂其魂則為驚癇，丹皮得金味以平肝，所以主之。邪氣者，風火之邪也，邪氣動血，留舍腸胃，瘀積瘕堅，丹皮之寒能清熱，辛能散結，可以除之。肺為五臟之長，肺安而五臟俱安。癰瘡皆屬心火，心火降而癰瘡可療。

清・王學權《重慶堂隨筆》卷下 丹皮 雖非熱藥，而氣香味辛。為血中氣藥，專於行血破瘀，故能墮胎消癖。所謂能止血者，瘀去則新血自安，非丹皮真能止血也。血虛而感風寒者，可用以發汗。若無瘀而血熱妄行，及血虛而無外感者，皆不可用。惟入於養陰劑中，則陰藥借以宣行而不滯，并可收其涼血之功。故陰虛人熱入血分而患赤痢者，最為妙品。然氣香而濁，極易作嘔，胃弱者服之即吐，諸家本草皆未言及，用者審之。

清・黃凱鈞《藥籠小品》 丹皮 清肝經血熱之要藥，瘡家必需之品。同桑葉大能泄木，凡肝火為患，二味如軍中之弓矢，不可一日廢也。

清・王龍《本草纂要稿・草部》 牡丹皮 氣味辛苦而寒。骨蒸不遺，吐衄必用。除癥瘕血瘀留舍於腸胃內。散冷熱血氣攻作於生產後。治月水不調，主神志不定。療風癇驚搐，消癰腫排膿。

清・莫樹蕃《草藥圖經》 五朵雲即五色牡丹。 五朵雲，能治五臟通用。若得一本能發五色者，如獲至寶。能養五臟，長生，烏鬚黑髮。即名五色牡丹。

清・張德裕《本草正義》卷上 丹皮 苦辛，微涼。赤者行性多，白者行性緩。入腎、心包。退無汗骨蒸，散瘀血，和血涼血生血，善行血滯。療驚搐

風癇，亦能安神志。用取其涼血行滯之不峻。

清・楊時泰《本草述鉤元》卷八　牡丹皮　根皮味辛而有苦，氣寒。陰中微陽。入手厥陰、足少陰、足厥陰經。治血中結氣，行血中伏火涼血，辛以散結聚，苦寒除血熱，故入血分而涼血。除煩熱，和血生血，安五臟，治神志不足，中風瘈瘲，驚癇邪氣，風噤癲疾，通關腠血脈，除風痹，主寒熱，寒熱者陰虛血熱之候也。療無汗之骨蒸，衄血吐血，消撲損瘀血，去腸胃留血，女子經脈不通，血瀝腰痛，治胞下胎及天行痘瘡血熱諸本草。丹皮入手厥陰、足少陰，故治無汗之骨蒸。地骨皮入足少陰、手少陽，故治有汗之骨蒸潔古。蓋地骨皮為氣分之劑，其所治者由陰中陰之熱，以鬱陰中之陽氣而薰蒸於表者也，所入足少陰、手少陽是也。丹皮為血分之劑，其所治者由陽中陰之熱，以沉於陰中陰之血而煎熬於裹者也，所入手厥陰、足少陰是也。然須與青蒿子、天麥門冬、沙參、地黃、五味、枸杞、牛膝之屬同用，始得其力。能瀉陰胞中之火，故四物湯加之，治婦人骨蒸潔古。神不足者，手少陰。志不足者，足少陰。故腎氣丸用之以治神志不足。又心虛腸胃積熱，心火熾甚，心氣不足者，以丹皮為君東垣。能行結氣，氣之結於血中者，其伏火即結氣所化也。而固真氣，去瘀血而養真血，結氣行而瘀血化，能化則能生，故得謂之固真氣、養真血。為滋陰養血必用之藥耑。血之所患者火也。能瀉陰胞之火，故吐衄必用；能引血歸肝，故嘔吐血必用之。入清胃散，治陽明胃經血熱齒痛。

論：丹皮入手厥陰、足少陰，故能瀉陰胞中之火。夫陰胞乃關元、血海，上與心包絡緊相應者也。《經》曰：胞絡者繫於腎。又曰：胞脈屬心，而絡於胞中。先哲釋曰：胞即子宮，相火之所在也。心主血脈，君火之所居也。陽氣上下交通，故胞脈屬心，而絡繫於腎之胞中。是則茲物能瀉陰胞中之火者，非由手厥陰、足少陰所專主乎。顧又云血中伏火者，何也？蓋六淫、七情，或陰或陽，有戾氣以迸入血中，即為伏火，便與本來之相火相煽，以相火原在水中，血固水所化，總而名之曰陰胞中之火也。茲物丹色，合於主血之心，其氣寒，合於離中之坎，其味辛而有苦，合於金火之合德，離含坎，火得金則歸心包絡而生血矣。辛散苦泄，更并於氣之寒，則降令行而陰引陽以下，胞之脈通矣。其所散所泄者乃血中之戾氣，故即為之除瘀和血也。火得水而胞脈通於心，水得火而胞絡固於腎，是為陰胞火泄而神志俱補也。蓋火之精為神，每苦於離中之坎不足。水之精為志，每苦於坎中之離不足。如上下相召以相益，則此品庶幾有之矣。至其能療腸胃積熱者，以心包絡與胃口緊相應，固由心而及之耳。抑後學更取重於足厥陰肝，其理然歟？曰：此味入手厥陰、足少陰而和其血之原，夫一陰肝固為獨使，而行其生化之機者，使上之心包絡，陰并於陽則肝無以奉其下降之陰，氣亦由陰傷化火矣。如下之血海，陽乘乎陰則肝無以達其上升之陽，氣亦因陽鬱化火矣，謂足厥陰不與之同病也可乎。但求其所入，則由心入腎，不先責之為使者耳。夫《本經》所治寒熱、中風、瘈瘲、驚癇，固血之病於風臟血熱化風也。而吐衄諸證，謂其能引血歸肝者，豈盡責之厥陰風木哉。正未可忘乎其源也。直入陰中而散伏火，伏火散則血自行，非如他藥之兼辛溫而逐瘀以行者，其最能引血歸肝，職是之故。衝任督皆起於胞宮，胞即所謂胞門、子戶，乃男子藏精、女子蓄血之處也。即胞脈屬心而絡於胞中，可以知氣化血、血化精之義矣。肺陰下降入心，然後氣能化血。心氣下降入腎，然後血能化精。蓋氣化血者，金為火用也。血化精者，火為水用也，皆還其所自始也。火為水用，又何以赤化白？蓋水中有金，金氣不至於水中，是肺氣不歸命門，則亦不能化也。夫火中得金而液化血，水中得金而血化精，故元門煉取水中金，又曰氣盛則精盈者此也。

繆氏云：功歸涼血，如血病於寒濇者，似難概用。能行血，凡血崩及經行過期不淨，忌與行血藥同用。

修治：擇根如筆管大者，以銅刀劈破，去骨切片，陰乾，酒拌蒸三時，日乾用。

清・王世鍾《家藏蒙筌》卷一五《本草》　丹皮　味苦辛，微寒。陰中微陽，入手足少陰、厥陰。瀉血中伏火，和血，涼血，生血，破積血，通經脈，為吐衄宜用之藥。除癥堅瘀血留舍於腸胃，散寒熱血氣攻作於產後。能治陰火煩熱，尤涼骨蒸無汗。〇此有二種，不可不知。白者多補，赤者多利。

清・葉桂《本草再新》卷一　牡丹皮味辛、苦，性微寒，無毒。入心、腎二經。瀉血中伏火，和血涼血，生血破血，除煩熱，療癰瘡。

清・吳其濬《植物名實圖考》卷二五　牡丹　《本經》中品。入藥亦用單瓣者，其芽肥嫩，可醬食。種牡丹者必剔其嫩芽，則精脈聚於老幹，故有芍藥打頭，牡丹修脚之諺。　雩婁農曰：永叔栩《牡丹譜》，好事者屢踵之，可謂富矣。然蕃變無常，非譜所能盡，亦非譜所能留也。但西京置驛，奇卉露生，今則洛花如舊，而異萼絕稀，豈人工之勤、地利之厚不如故耶？抑造物者觀

人之精神所注與否，而為之盛衰耶？漢之經學、六朝駢麗、三唐詩詞碑碣，亦猶是矣，況乎有關於家國之廢興，世道之升降，而造物獨不視人所欲與之聚之，吾何敢信。

清・趙其光《本草求原》卷二芳草部 牡丹皮 氣寒，清腎與小腸、膀胱之熱。故腎氣丸用之，功勝黃柏。色紅，味辛而香，能開發陷伏之邪。凡熱伏血中，相火勝腎，無汗骨蒸腎熱則骨蒸，心熱則汗液涸。自汗者勿用，恐其走散津液也。以為要藥。無毒。主寒熱，太陽寒水不足，不能制心火以固皮毛，則邪風中入血脈，而火陷陰中，致火鬱則寒，火發則熱。中風瘈瘲，驚癇邪氣，風火相搏而害其筋則瘛瘲；痰隨火逆而亂神魂，則驚癇。丹皮本水氣以制心火，本金氣以平血脈之風，故治。除腸胃癥堅瘀血，風火結於血中，則經脈之血不能滲灌於絡脈，遂留舍於腸胃瘀積癥堅。丹皮寒除熱，辛散結。熱結去，血自行，非其能破瘀也。安五臟，臟，藏陰者也，肺為之長，肺陰足，則臟俱安。療癰瘡，心火降，營血通行於太陽所主之皮毛也。通關腠經脈，結散則血脈通調。治血熱吐衄，經滯瀝血腰痛，皆血因熱鬱。風痹，血熱化風。神志不足，心血熱則元神不主，腎精傷則志為火擾，故補心丹用之。瀉陰胞中火，胞絡繫於腎，胞脈屬於心，乃男藏經、女藏血之所，為衝任督之所起。肺親心火，則氣化為血；心氣入腎，腎上承肺氣，則血化為精。清肺腎以制心，使水、火、金相交，而精血盈，則胞安，故六味用之。排膿消撲損瘀血，同虻蟲末，酒下。婦人經滯惡血，同乾漆炭水煎服。金瘡內漏，中蠱毒，俱為末水服。癩疝氣脹偏墜，同防風末，酒下。血熱齒痛，入清胃散。散毒化癍，同犀、地、芍，名犀角地黃湯。痘瘡瘀滯。

痘疹初起勿用，恐散血而根脚闊也。婦人妊娠及血崩，並經行過期不淨，屬虛寒者忌之。酒拌蒸。

按：牡丹種類不一，其千葉密瓣者，止供玩賞。惟單葉單瓣野生者，取其根皮入藥。此物冬芽、春葉，三月開花，五色俱有，結子黑色，止用紅、白花者。其根，皮紅內白，具心火之色，兼金水相生之氣味，榮於木旺之時，故能入心肝血分，通經脈以行留滯。《本經》主治皆肝心血氣留滯之疾，留滯去，五臟自安。其除熱通經之功近白芍。但芍苦而瀉，此辛而散。

清・葉志詵《神農本草經贊》卷二 牡丹 味辛，寒。主寒熱，中風，瘈瘲，痙，驚癇邪氣，除癥堅瘀血留舍腸胃，安五藏，療癰創。一名鹿韭，一名鼠姑。生山谷。

百兩精金，丹延植盛。荊棘同儔，琅玕是競。豔思移姿，真香失性。枯燥形全，四經順令。

陶弘景曰：土人謂之百兩金。李時珍曰：丹州延州以西，及褒斜道中最多，與荊棘無異，其根入藥最良。白居易詩：根本是琅玕。蘇頌曰：世人欲花之詭異，秋冬移接，培以壤土，至春盛開，其狀百變，其根性殊失本真，不可入藥。溫庭筠詩：裁成豔思偏應巧。蘇軾詩：真香亦竟空。蘇頌曰：山牡丹，莖梗枯燥。李時珍曰：治手足少陰、厥陰四經伏火。

清・文晟《新編六書》卷六《藥性摘錄》 丹皮 辛苦，微寒。入心腎肝。○瀉腎經血分內熱。○治相火內熾，逼為吐衄，及風痰與火相搏，而見五癆驚癇瘛瘲，瘡瘍癰毒。○並治無汗骨蒸，較黃柏甚良。○但補性少，泄性多，凡虛寒血崩，經行過期不盡者，切忌。○酒拌蒸用。忌胡荽、蒜。

清・劉東孟傳《本草明覽》卷二 牡丹皮 【略】按：牡丹為群花之首。花為陰而成實，葉為陽而發生，乃赤色象離，能瀉陰中之火。丹溪云：地骨皮治有汗骨蒸，牡丹皮治無汗骨蒸。蓋謂此也。《本經》云：神志不足。神不足，手少陰心也；志不足，足少陰腎也。八味丸用之者，正此意耳。

清・張仁錫《藥性蒙求・草部》 牡丹皮錢半 牡丹皮苦，破血通經。血分有熱，無汗骨蒸。辛、苦，微寒，入心、腎、肝、心包經。瀉血中伏火，和血涼血而生血，止吐衄，除煩熱，胎前亦宜酌用。○酒拌蒸用。

清・屠道和《本草匯纂》卷二瀉火 丹皮 耑入心、腎、肝。辛、苦，微寒，無毒。瀉腎經血分實火實熱，治無汗骨蒸，並治心、腎、肝三經血中伏火。和血涼血而生血，破積血，止衄血吐血。主治寒熱中風，瘈瘲驚癇，除癥堅瘀血留舍，時氣頭痛，煩熱五勞，勞氣頭腰痛。風禁癲疾，散諸痛，療癰瘡，退無汗之骨蒸。治女子經脈不通，血瀝腰痛，下胞胎及產後一切冷熱血氣。時珍曰：伏火為陰火，即相火，熾盛則血必枯必燥必滯，與火上浮，因為吐為衄。汪昂曰：血屬陰，本靜，因相火所逼，故越出上竅。世人耑以黃柏治相火，而不知丹皮之功更勝。蓋黃柏苦寒而燥，初傷胃，久則敗陽，苦燥徒存，補陰絕少。丹皮赤色象離，能瀉陰中之火，使火退而陰生，所以入腎而佐滋補之用，較黃柏不啻天壤矣。元素曰：丹皮治無汗之骨蒸，地骨皮治有汗之骨蒸。神志不足者屬心與腎，仲景腎氣丸用丹皮，治神志不足也。《內經》曰：水之精為志，故腎藏志；火之精為神，故心藏神。但補性少，泄性多，凡胃氣虛寒，血崩經行過期不淨者，並禁。胎前亦宜酌用。赤者利血，白者兼補

氣。單瓣花紅者入藥，肉厚者佳。酒拌蒸用。【略】瘛則筋急而縮，瘲則筋緩而伸，或伸或縮手如曳鋸謂之瘛瘲，即俗所謂搐搦。驚則外有所觸，心無所主。癇則卒然昏仆，身軟吐痰，時發時止。五癆，一曰志癆，二曰心癆，三曰思癆，四曰憂癆，五曰疫癆。

清·戴葆元《本草綱目易知錄》卷一　牡丹皮　辛、苦，微寒。入手足少陰、厥陰經。瀉血中伏火，和血涼血而生血，除煩熱，去風痹，續筋骨，破積血，通關腠血脈，消撲損瘀血，為吐衄必用之藥。治時氣頭痛，客熱五勞，寒熱中風，驚癇瘈瘲，風噤癲疾。化堅癥瘀血留舍腸胃。療癰瘡，下胞胎，女子經脈不通，血瀝腰痛，產後一切冷熱血氣。退無汗之骨蒸，酒蒸用。忌蒜、胡荽、伏砒。

清·黃光霽《本草衍句》　牡丹皮　寒瀉陰中伏火，苦入肝腎心胞，四經血分伏熱。和血涼血而生新。驚癇瘛瘲，皆肝氣所發之疾。吐血衄血而散瘀。勞氣中風，退無汗之骨蒸。地骨皮退有汗之骨蒸。通經脈之滯痛，下胞胎，治神志不足。神不足者屬心，志不足者屬腎。除煩熱，逐相火有餘。李東垣云：心虛，腸胃積熱，心火熾甚，心氣不足者，以之為君。後人耑以黃柏治相火，又不知丹皮之功更勝。得四物湯治無汗之骨蒸，四物湯：熟地黃、當歸、白芍、川芎。

清·陳其瑞《本草撮要》卷一　丹皮　味辛，人手足少陰、厥陰經，功專治相火，勝於黃柏。得四物治無汗之骨蒸，酒拌蒸用。畏貝母、菟絲、大黃，忌蒜、胡荽，伏砒。

清·周學海《讀醫隨筆》卷五　丹皮不涼并桔梗　張石頑曰：牡丹皮雖涼，不礙發散也。竊嘗丹皮辛羶異常，能通行血分，非性涼之藥。蓋平而近溫者，功用在歸、芎之間，而其氣沉降，不致上僭，故為良品。　王孟英曰：丹皮雖涼血，而氣香走泄，能發汗，惟血熱有瘀者宜之。又善動嘔，胃弱者勿用。此論已略能不汩於舊說矣。動嘔一層，亦實有之，但物性終非上升者。丹皮之苦，不敵其辛；　桔梗之辛，不敵其苦。故二藥皆以降為用，而斂散不同矣。

清·鄭奮揚著，曹炳章注《增訂偽藥條辨》卷二　丹皮　偽名洋丹皮。肉紅皮黑條大，何種草根偽充，本不可知。按牡丹始出蜀地山谷及漢中，今江南江北皆有，而以洛陽為盛。入藥惟取野生。花開紅白，單瓣者之根皮用之。氣味辛寒而香，皮色外紅紫內粉白。乃心主血脉之要藥，奚容以贋品誤混？　用者當買蘇丹皮為美。　炳章按：丹皮產蘇州閶門外張家山閘口者，皮紅肉白，體糯性粉，無鬚無潮，久不變色，為最佳第一貨。產鳳凰山者，枝長而條嫩，外用紅泥漿過，極易變色，亦佳。產甯國府南陵縣木猪山者，名搖丹皮，色黑帶紅，肉色白起粉者，亦道地。滁州同陵及鳳陽府定遠出，亦名搖丹。有紅土、黑土之分。紅土者，用紅泥漿上，待後其土色紅汁浸入內肉，白色變紅；　黑土乃本色帶紫，久遠不變，亦佳。產太平府者，內肉起砂星明亮，性粳硬，為次。以上就產地分物質高下，其發售再以支條分粗細大小，以定售價貴賤。選頂粗大者，散裝木箱，曰丹王。略細小者曰二王。再下者作把，曰小把丹。最細碎作大把者，曰大把丹。其產地好歹與粗細，以別道地與否。然皆本國出品，非外國貨也。

清·周巖《本草思辨錄》卷一　牡丹　心為牡臟，主血脈。牡丹色丹，屬心。氣味辛寒。故能通血脈，除血熱。辛寒兼苦，直抵下焦，故又瀉腎臟陰中之火，及肝熱之由腎而致者。《本經》除癥堅瘀血留舍腸胃。蓋丹皮非腸胃藥，而腸胃有癥堅瘀血留舍則治之，義至精而至確也。

丹皮與大黃、桃仁、芒消，皆能治下焦血分之病。而仲聖方或四物並用，或有大黃、桃仁、芒消而無丹皮，或有丹皮而無大黃、桃仁、芒消，或有丹皮、桃仁而無大黃、芒消，或有大黃、桃仁而無丹皮、芒消。用舍之間，詎無深意。竊嘗玩索而得之矣。大黃、桃仁、芒消，是治客熱傳入之血結，病之驟得者。丹皮是治陰虛生熱之血結，病之漸致者。大黃、芒消、丹皮並滌血熱，而大黃下奪而厲，芒消鹹降而濡，丹皮去瘀生新而養陰，堪入於補劑。桃仁獨不涼血，而破由氣入血之閉滯。此四物功用之同而不同也。大黃牡丹湯，癰膿在大腸，丹皮、冬瓜仁，乃治此證之專藥。大黃、桃仁、芒消，則因發熱惡寒，必其始有外邪入裏，用以下奪而加之，故四物皆不可少。桃核承氣湯，表證未解而熱結膀胱，宜大黃、桃仁、芒消亟攻其邪，而無庸丹皮之養陰。溫經湯，病屬帶下而血瘀少腹，治以化氣調經為主，丹皮兼疏其瘀，而無取大黃、桃仁、芒消之傷正。桂枝茯苓丸，大意與溫經湯無異，而下癥以止漏，下癥為重，故用丹皮又加桃仁，二物性皆柔緩，不傷胎氣。若大黃、芒消之鹹苦下泄，則非所宜也。下瘀血湯，產婦有瘀血著臍下，非陰虛血熱之比，無需乎丹皮、芒消，既服枳實芍藥散而不愈，自非大黃不能下奪，桃仁、䗪蟲逐瘀而不峻，於產婦最宜，雖用大黃而蜜丸酒煮，用緩其性，仍所以顧產後之虛也。知

此五方用舍之道，而餘如鱉甲煎丸、腎氣丸，可類推矣。

鼠姑

宋·唐慎微《證類本草》卷三〇有名未用〔《別錄》〕 鼠姑 味苦，平、寒，無毒。主欬逆上氣，寒熱，鼠瘻，惡瘡，邪氣。一名𪇆音雪。生丹水。

〔梁·陶弘景《本草經集注》〕云：今人不識此鼠姑，乃牡丹又名鼠姑，罔知孰是。

清·趙學敏《本草綱目拾遺》正誤 《綱目》丹皮後附錄鼠姑，引《別錄》主治，另列一條。不知牡丹即鼠姑也。按：宋陸游詩云：行歇每依鵶舅影，挑頻時見鼠姑心。蓋宋人世俗無不呼鼠姑為牡丹。故註云：鼠姑，牡丹也。瀕湖復引陶弘景說，謂鼠姑今人不識。而牡丹一名鼠姑，鼠姑亦名鼠婦，未知孰是。在陶貞白時，或其名尚不甚傳，何瀕湖亦未考耶。《神農本經》：牡丹，一名鼠姑。瀕湖泥其文句，以為別有一物似牡丹者名鼠姑，又疑為鼠婦。不知鼠姑如果為草木耶，則神農下豈無一人考訂者？若為鼠婦當入蟲部，亦不應列於牡丹後矣。

木香

宋·李昉《太平御覽》卷第九九一 木香 《本草經》曰：木香，一名木蜜香。味辛，温，無毒。治邪氣，辟毒疫温鬼，強志，主氣不足，久服不夢寤魘寐，輕身致神仙。生永昌山谷。陶隱居云：此即青木香也。永昌不復貢，今皆從外國舶上來，云大秦國以療毒腫，消惡氣有驗。今皆用之。

宋·唐慎微《證類本草》卷六草部上品〔《本經·別錄》〕 **木香 味辛，溫**，無毒。**主邪氣，辟毒疫溫鬼，强志，主淋露**，療氣劣，肌中偏寒，主氣不足，消毒，殺鬼精物，溫瘧蠱毒，行藥之精。**久服不夢寤魘寐**，輕身致神仙。一名蜜香。生永昌山谷。

〔梁·陶弘景《本草經集注》〕云：此即青木香也。永昌不復貢，今皆從外國舶音白上來，乃云大秦國。以療毒腫，消惡氣，有驗。今皆用合香，不入藥用。惟制蛀蟲丸用之，常能煮以沐浴，大佳爾。

〔唐·蘇敬《唐本草》〕注云：此有二種，當以崑崙來者爲佳，出西胡來者不善。葉似羊蹄而長大，花如菊花，其實黃黑，所在亦有之。

〔宋·馬志《開寶本草》〕按：別本注云：葉似署預而根大，花紫色，功效極多，爲藥之要用。陶云不入藥用，非也。

〔宋·掌禹錫《嘉祐本草》〕按：《蜀本》云：今苑中種之，花黃，苗高三四尺，葉長八九寸，皺軟而有毛。《藥性論》云：木香，君。治女人血氣，刺心心痛不可忍，末，酒服之，治九種心痛，積年冷氣，痃癖癥塊脹痛，逐諸壅氣上衝，煩悶，治霍亂吐瀉，心腹㽲刺。《隋書》云：樊子蓋爲武威太守，車駕西巡，將入吐谷渾，子蓋以彼多瘴氣，獻青木香以禦霧露。《南州異物志》云：青木香，出天竺，是草根狀如甘草。蕭炳云：青木香功用與此同。又云：崑崙船上來，形如枯骨者良。日華子云：治心腹一切氣，止瀉，霍亂，痢疾，安胎，健脾消食，療羸劣，膀胱冷痛，嘔逆反胃。

〔宋·蘇頌《本草圖經》〕曰：木香，生永昌山谷，今惟廣州舶上有來者，他無所出。陶隱居云：即青木香也。根窠大類茄子，葉似羊蹄而長大，花如菊，實黃黑，亦有葉如山芋而開紫花者，不拘時月採根芽爲藥。以其形如枯骨者良。江淮間亦有此種，名土青木香，不堪入藥用，僞。蜀王昶苑中嘗種之，云苗高三四尺，葉長八九寸，皺軟而有毛，開黃花，恐亦是土木香種也。《續傳信方》著張仲景青木香丸，主陽衰諸不足，用崑崙青木香，六路訶子皮各二十兩，篩末，沙糖和之。駙馬都尉鄭某忘其名，去沙糖，加羚羊角十二兩，白蜜丸如梧子，空腹酒下三十丸，日再，其效甚速。然用藥不類古方，而云仲景者，不知何從而得之邪？《雜修養書》云：正月一日取五木煮湯以浴，令人至老鬚髮黑。徐鍇注云：道家謂青木香爲五香，亦云五木。道家多以此浴，當是其義也。又古方主癰疽五香湯中亦使青木香，青木香名爲五香，信然矣。

〔宋·唐慎微《證類本草》〕《海藥》：謹按《山海經》云：生東海崑崙山。《雷公》曰：凡使，其香是蘆蔓根條，左盤旋。採得二十九日，方硬如朽骨硬碎。其有蘆頭丁蓋子色青者，是木香神也。《外臺秘要》：治狐臭，若股內陰下恒濕臭，或作瘡。青木香，好醋浸，致腋下夾之，即愈。《傷寒類要》：天行熱病，若發赤黑斑如瘢。青木香二兩，水二升，煮取一升，頓服之效。孫尚藥：治丈夫、婦人、小兒痢，木香一塊，方圓一寸，黃連半兩，右件二味用水半升同煎乾，去黃連，只薄切木香焙乾爲末。三服：第一橘皮湯，第二陳米飲，第三甘草湯調下。此方李景純傳。有一婦人久患痢將死，夢中觀音授此方，服之遂愈。

〔宋·陳承《重廣補注神農本草並圖經》〕別說云：謹按：木香，今皆從外國來，即青木香也，陶說爲得，本在草部。而《圖經》所載廣州一種，乃是木類。又載滁州、海州者，乃馬兜鈴根，此山鄉俗名爾。治療冷熱，殊不相似。此三種，自當入一外類別名爾。

宋·寇宗奭《本草衍義》卷七 木香 專洩决胸腹間滯塞冷氣，他則次之。得橘皮、肉豆蔻、生薑相佐使絕佳，效尤速。又一種，嘗自岷州出塞，得生青木香，持歸西洛。葉如牛蒡，但狹長，莖高三四尺，花黃，一如金錢，其根則青木香也。生嚼之，極辛香，尤行氣。

金・張元素《潔古珍珠囊》〔見元・杜思敬《濟生拔粹》卷五〕 木香辛純陽。和胃氣，療中下焦氣結滯刺痛，須用檳榔為使。

宋・劉明之《圖經本草藥性總論》卷上 木香 味辛，溫，無毒。主邪氣，辟毒疫溫鬼，強志。主淋露，療氣劣，肌中偏寒。主氣不足，消毒殺鬼精物，溫瘧蠱毒，行藥之精。《藥性論》云：君。治女人血氣刺心，心痛不可忍，九種心痛，積年冷氣，痃癖癥塊脹痛，逐諸擁氣上衝煩悶，治霍亂吐瀉，心腹疞刺。日華子云：治一切氣，安胎，健脾消食，療羸瘦，膀胱冷痛，嘔逆反胃，止瀉，霍亂痢疾。一云：療毒腫，消惡氣。生永昌，今廣州者最佳。

元・王好古《湯液本草》卷四 木香 氣熱，味辛、苦，純陽。味厚於氣，陰中陽也。無毒。《象》云：除肺中滯氣，若治中、下焦氣結滯，須用檳榔為使。《珍》云：治腹中氣不轉運，和胃氣。《心》云：散滯氣，調諸氣。《本草》云：治邪氣，辟毒疫瘟鬼，強志，主淋露，療氣劣，肌中偏寒，主氣不足，消毒，溫瘧蠱毒，行藥之精。《本經》云：主氣劣、氣不足，補也；通壅氣、導一切氣，破也。安胎、健脾胃，補也；除痃癖塊，破也。與本條補破不同，何也？易老以為破氣之劑，不言補也。

元・朱震亨《本草衍義補遺》 木香 行肝經氣。火煨用，可實大腸。〇木香專泄胸腹間滯寒，冷氣多則用之。其崑崙青木香尤行氣。又，土青木香不入藥。

元・佚名氏《珍珠囊・諸品藥性主治指掌》〔見《醫要集覽》〕 木香 味苦、辛，氣微溫，無毒。降也，陰也。其用有二：調諸氣不可無，泄肺氣不可闕。

元・徐彥純《本草發揮》卷一 木香 味辛，溫，無毒。治九腫心疼，積年冷氣，痃癖癥塊脹痛。治霍亂吐瀉，心腹疼痛。治心腹一切氣，止痢疾，安胎，健脾消食，及膀胱冷痛，嘔逆翻胃。 潔古云：除肺中滯氣。若療中下焦氣結滯，須用檳榔為使。《主治秘訣》云：氣熱，味辛、苦，氣(若)〔味〕俱厚，沉而降，陰也。其用調氣而已。又云：辛，純陽。以和胃氣。 東垣云：木香味苦、辛，純陽。治腹中氣不轉運，助脾。又云：辛，溫，升降滯氣。 海藏云：木香治血氣刺，心痛冷積氣，痃癖癥瘕腹脹，通行一切氣。安胎，健脾。膀胱冷痛，嘔逆反胃，霍亂吐瀉，九種心疼，痢疾。《本經》云：主氣劣，氣不足，補也。《衍義》云：專泄決胸腹間滯寒冷氣，破也。安胎健脾，補也。除痃癖塊，破也。與本條言補不同，何也？易老以為調氣之劑，不言補也。 丹溪云：木香行肝經氣。火煨用，可實大腸。

明・王綸《本草集要》卷三 木香君 味辛苦，氣溫。味厚於氣，陰中陽也。無毒。形如枯骨，油重者良。主邪氣，辟毒疫溫鬼，主淋露，久服強志，不夢寤魘寐。調諸氣，散肺中滯氣，行肝氣。若治中下焦氣結滯，須檳榔為使。治心腹積年冷氣，痃癖脹痛，九種心痛，女人血氣刺痛，酒末服之。治腹中氣不轉運，和胃氣，止霍亂吐瀉，嘔逆反胃，安胎健脾，火煨。實大腸，和黃連治痢疾。又得生薑、橘皮相佐使絕佳。又療癰腫毒，又禦霧露之氣。 久痢不愈。取一塊方圓一寸，黃連半兩，水半升，煎同乾，去黃連，薄切，焙乾為末，作三服，一服橘皮湯下，二服陳米湯下，三服甘草湯下。

明・滕弘《神農本經會通》卷一 木香 君也。形如枯骨，苦口粘牙。油重者良。即青木香，從外國舶上來。 味辛，氣溫，無毒。《湯》云：味辛苦，氣熱，純陽，味厚於氣，陰中陽也。東云：降也，陰也。調諸氣不可無，泄肺氣不可缺。又云：理氣滯。《珍》云：運和胃氣。《叀》云：和胃，行肝氣，調和諸氣，瀉肺，治不中。

《本經》云：主邪氣，辟毒疫溫鬼，強志，主淋露。療氣劣，肌中偏寒。主氣不足，消毒，殺鬼精物，溫瘧，蠱毒。行藥之精，久服不夢寤魘寐，輕身。陶云：療毒腫，治惡氣。《藥性論》云：木香，君。治女人血氣刺心，心痛不可忍，末，酒服之。治九種心痛，積年冷氣，痃癖癥塊脹痛，逐諸壅氣上冲煩悶。治霍亂吐瀉，心腹疞刺。《隋書》云：青木香，以禦霧露瘴氣。日華子云：治心腹一切氣，止瀉，霍亂，痢疾，安胎，健脾消食。療羸瘦，膀胱冷痛，嘔逆反胃。《圖經》云：張仲景青木香丸，主陽衰諸不足。又古方，主癰疽。五香湯亦使青木香。《象》云：除肺中滯氣，行肝氣。若治中下焦氣結滯，須用檳榔為使。丹溪云：行肝經氣，火煨用，可實大腸，專泄胸腹間滯寒冷氣。青木香尤行氣。又土青木香，不入藥，馬兜鈴根也。和黃連治痢疾。珍云：治腹中氣不運轉，和胃氣。《心》云：散滯氣，調諸氣。《湯》云：《本經》云主氣劣氣不足，補也。通壅氣，導一切氣，破也。安胎，健脾胃，補也。除痃癖塊，破也。與本條補破不同，何也？易老以為破氣之劑，不言補也。又得橘皮相佐使，絕佳。劊云：木香味苦，氣微溫，和胃行肝氣有功，調和諸氣為神妙，瀉肺無斯治不中。《局》云：木香枯骨者為良，可作

癥瘕吐瀉方。止瀉健脾消毒腫，更除冷氣入膀胱。南木香，止痢健脾，氣疼是治。

明・劉文泰《本草品彙精要》卷七　木香無毒。植生。

木香出《神農本經》：**主邪氣，辟毒疫，溫鬼，強志。主淋露，久服不夢寤魘寐。**以上朱字《神農本經》。療氣劣，肌中偏寒。主氣不足，消毒，殺鬼精物，溫瘧，蠱毒，行藥之精，輕身，致神仙。除肺中滯氣，若治中下焦氣結滯，須用檳榔爲使。以上黑字名醫所錄。【名】蜜香。【苗】《圖經》曰：根窠大類茄子，葉似羊蹄而長大，花開如菊，其實黃黑色，以根形如枯骨者良。【地】《圖經》曰：出永昌山谷。【道地】崑崙及廣州舶上來者佳。【時】生：春生苗。採：不拘時取。【收】日乾。【用】根輕浮苦而粘齒者爲好。【質】類枯骨。【色】土褐。【味】辛，苦。【性】溫，散。【氣】味厚于氣，陰中陽也。東垣云：純陽。【臭】香。【主】調諸氣，止瀉痢。【助】得肉豆蔻、陳皮、生薑、檳榔爲佐使。【製】不見火，細剉用。【治】療：陶隱居云：消毒腫，除惡氣。《藥性論》云：九種心痛，積年冷氣，痃癖，癥塊，脹滿，逐諸壅氣上衝，煩悶及霍亂，吐瀉，心腹疞刺。日華子云：除心腹一切氣，止瀉，霍亂，痢疾，安胎，健脾，消食，及膀胱冷痛，嘔逆反胃。《衍義》曰：專泄決胸膈間滯塞冷氣。《湯液本草》云：去肺中滯氣及腹中氣轉運，和胃氣。丹溪云：行肝經氣，火煨可實大腸。【合治】爲末，合酒服，治女人血氣刺心，心痛不可忍。【贋】土青木香爲偽。

明・葉文齡《醫學統旨》卷八　木香　氣微溫，味苦、辛。無毒。沉而降，陰也。出廣州舶上，形如枯骨，油重者良。治九種心痛，積年冷氣，痃癖癥塊脹痛，霍亂吐瀉，心腹疼痛，嘔逆翻胃，止痢安胎，健脾消食；膀胱冷痛，女人血氣刺痛；調諸氣，散肺中滯氣；行肝氣，辟邪毒；火煨實大腸。西木香止痢腹痛如神。青木香調氣尤妙。

明・許希周《藥性粗評》卷二　五氣順布木香一炷之清。

木香，即青木香也。一名蜜香，道家謂之五木，亦名五香。葉似羊蹄菜而長大，莖高三四尺，開花如菊，結實黃黑色。兩廣處處有之，舶上來者形如枯骨最良。不拘時採根，經一月方硬。凡用不得見火。丹溪云：火煨可實大腸，如此則他經不得見火明矣。陳皮、肉豆蔻、生薑為之使。餘說《本草》不載。味辛，性溫，無毒。其氣沉而降，入手太陰肺經。主治邪氣瘟瘧，蠱毒，九種心疼，積年冷氣，癥塊淋露，腹痛，霍亂瀉痢，安中調氣，安胎，健胃消食，除脹滿。潔古云：除肺中滯氣，若中下焦滯氣，須用檳榔為使。丹溪云：木香行肝經氣。火煨用可實大腸。

單方：至老頭黑：道家正月一日取五木煮湯以浴，令人至老鬚髮黑。熱病發斑：天行熱毒，發赤黑斑如瘋者，青木香二兩，水二升，煮取一升，頓服之，效。久痢不瘥：不拘男婦小兒患此者，取木香方圓一寸，黃連半兩，同以水半升，煎乾，去黃連不用，以木香薄切，焙乾為末，分三服，第一服以陳皮湯下，第二服以陳米飲下，第三服以甘草湯下，便愈。世傳此方乃神人所授。陽衰不足：青木香、訶子皮、羚羊角各二十兩，篩末，白蜜丸如梧子大，每服空心酒下三十丸，日三。

明・鄭寧《藥性要略大全》卷六　南木香　《珠囊》云：調諸氣不可無，泄肺氣不可缺。《賦》曰：專理氣滯。伊訓云：木香二種。治女人血氣刺心心痛，及九種心痛，積年冷氣痃癖，逐諸壅氣，上沖煩悶；治霍亂吐瀉痢疾，冷痛，嘔逆反胃，健脾消食。《象》云：除肺中滯氣。若治中下焦結氣，須檳榔為之使。《珍》云：治腹中氣不轉運，和胃氣。《證類》云：治邪氣，辟毒疫瘟鬼，強志，主淋露，療氣劣，肌中偏寒。治氣不足，消毒，溫瘧蠱毒。東垣云：《本經》以木香主氣劣不足，補也。通壅氣，導一切氣，破也。安脾健胃，補也；除痰癖塊，破也。有補有破，何也？易老以為破氣之劑，不言補也。鄭七潭云：純以此味破氣，亦鮮獲效。但從臣使，亦有補瀉之殊，不虛言也。味苦、辛，氣微溫，無毒。降也，陽也。形如枯骨，苦口粘牙。凡入藥不見火。檳榔為之使。○形類犀涯。販者雜以此，宜選真者。其犀涯大苦，不堪入藥。又與番白芷形亦相類，甚能毒殺人。生痰，鎖喉甚速，盛於鴆鳥，尤當審辨也。其番白芷成片，似樹皮之形。皮上有點起如包釘為異爾。

明・賀岳《醫經大旨》卷一《本草要略》　木香　味苦、辛，性微溫。苦入心，辛入肺，故能入心而調諸氣，胸腹中壅滯及冷氣者多用之；經絡中氣滯痰結者亦當用之。《衍義補遺》以為行肝經氣者何哉？蓋心乃一身之主，一身氣血之所聽命者也。心有主，則能帥氣；肺氣調，則肝家動火自伏。惟人有怒氣，則肝氣拂逆而反忤其氣，況心有縱肝之情而不能制，則肝氣於是乎盛矣。或為拂鬱者有之，或為攻沖者有之，於此得木香之苦辛溫散則入心，惟苦辛溫散入心，則心氣疏暢，心氣疏暢則氣亦從而疏暢矣，氣疏暢，則肝氣之拂逆者自是其無有矣。實心之行，夫肝氣也，非肝氣之自行也，此又

不可不知。又煨用能入大腸，多用能泄肺氣。東垣以黄連制之，蓋氣行過於通暢，不無走泄之患也。

明・陳嘉謨《本草蒙筌》卷二 木香 味甘、苦，氣溫。味厚於氣，降也，陰中陽也。無毒。出自外番，來從閩廣。形如枯骨，苦口粘牙。凡欲用之，勿見火日。合丸散日際熏乾，煎熟湯臨服投末。氣劣氣不足能補，氣脹氣窒塞能通。和胃氣如神，行肝氣最捷。散滯氣於肺上膈，破結氣於中下焦。敺九種心疼，逐積年冷氣。藥之佐使，亦各不同。破氣使檳榔，和胃佐薑橘。止霍亂吐瀉，嘔逆翻胃；除痞癖癥塊，臍腹脹疼。安胎健脾，誅癰散毒。和黄連治暴痢，用火煨實大腸。辟瘟疫邪，禦霧露瘴。易老云：總調〔諸〕氣之劑，不宜久久服之。

謨按：王海藏謂《本經》云：主氣劣氣不足。《藥性論》謂：安胎健脾，是皆補也。《衍義》謂：瀉胸腹窒塞，積年冷氣。日華子謂：除痞癖癥塊，是皆破也。易老總謂調氣之劑，不言補，不言破，諸說不同何耶？恐與補藥為佐則補，與瀉藥為佐則瀉，故云然也。

明・方穀《本草纂要》卷三 木香 味苦、辛，氣微溫，無毒。入陽明胃經，能和胃氣；入厥陰肝經，能行肝氣；復入太陰肺經，能瀉肺氣。陽中之微陽。性走而不存，非若乾薑、吳萸之存守者也。惟其性走，是以兩脇作疼而氣閉咳嗽，或陰疝弦氣而攻引小腹，或少腹急脹而痛引睾丸，或胸脇鬱結而嘔逆惡心，或吐利泄瀉而癥瘕積聚，或痢疾腹痛而後重赤白，亦皆行太陰、厥陰之症也，用木香治之最妙。吾嘗香（更）〔萸〕同用，止腹痛最佳；香藿同用，去嘔逆爲美；香砂同用，開鬱結寒邪；香連同用，止下痢食積。此脾胃肝肺清寒理氣之藥也，治不可缺。又謂木香之劑，其性香燥，非寒濕之症，然亦不可過用。

明・王文潔《太乙仙製本草藥性大全》卷二《本草精義》 木香 一名蜜香。生永昌山谷，今惟廣川舶上有來者，他無所出。陶隱居云：即青木香也。根窠大，類茄子，葉似羊蹄而長大，花如菊，實黄黑。亦有葉似山芋而開紫花者。不拘時月採根芽爲藥。江淮間亦有之，此種名土青木香，不堪入藥用，僞。蜀王昶苑中亦嘗種之，云苗高三四尺，葉長八九寸，皺軟而有毛，開黄花，恐亦是土木香種也。凡買者，必自外番來。從閩廣，形如枯骨，苦口粘牙。凡欲用之，勿見火日。合丸散，日際熏乾，煎熟湯，臨時以末調服。

按王海藏謂：《本經》云主氣劣，氣不足；《藥性論》謂安胎健脾，是皆補也。《衍義》謂瀉胸腹窒塞，積年冷氣；日華子謂除痞癖癥塊，是皆破也。易老總謂調氣之劑，不言補，不言破，諸說不同，何耶？恐與補藥爲佐則補，瀉藥爲佐則瀉，故云然也。

明・王文潔《太乙仙製本草藥性大全》卷二《仙製藥性》 木香君 味甘、苦，氣溫，味厚於氣，降也，陰中陽也，無毒。主治：主邪氣，辟毒疫瘟鬼。治女人血刺痛淋露。氣劣、氣不足能補，氣脹、氣窒塞能通。和胃氣如神，行肝氣最捷。散滯氣於肺上膈，破結氣於中下焦。敺九種心疼，逐積年冷氣。藥之佐使，亦各不同。破氣使檳榔，和胃佐薑、橘。止霍亂吐瀉，嘔逆翻胃，除痞癖癥塊，臍腹脹疼。安胎健脾，誅癰散毒。和黄連治暴痢，用火煨實大腸。辟瘟疫邪，禦霧露瘴。易老云：總謂調氣之劑，不宜久久服之。

補註：治丈夫、婦人、小兒痢，用一塊，方圓一寸，黄連半兩，用水半升，同煎乾，去黄連，只薄切木香，焙乾爲末，三服。第一橘皮湯，第二陳米飲，第三甘草湯，調下。此方李景純傳。有一婦人久患痢將死，夢中觀音授此方，服之遂愈。

明・皇甫嵩《本草發明》卷二 木香上品之上，君。氣溫，味辛、苦。味厚于氣。無毒。陰中陽也。 發明曰：木香苦辛，調諸氣之要藥也。故凡胸腹中壅滯及冷氣，經絡中氣滯痰結皆用之，正謂調諸氣也。惟寒氣滯氣為宜。〔寒氣滯氣，陳薑為佐。〕故《本草》主邪氣，辟疫鬼精物，溫瘧蠱毒，主淋露，行藥之精。又治女人血氣刺心痛，九種心疼，積冷氣，痃癖癥塊，霍亂吐瀉，心腹𤺋痛，痢疾嘔逆反胃等候，皆散滯調氣之用也。又云：行肝氣，和胃氣，非有二也。蓋肺主持諸氣，肺氣調，肝家動火自伏。凡怒拂欝攻衝，得此辛散之，而肝氣自順，胃氣亦和矣。《本草》又療氣劣強志，久服不夢寤魘寐，輕身安胎，健脾，膀胱冷痛，此豈真有補哉？抑以能散滯調氣，而補益在其中？須佐以補藥可也。散寒滯得陳皮、生薑、荳蔻更佳。破氣降氣，使檳榔尤速。出廣州舶上，形如枯骨良。一種青木香，嚼之辛香，尤行氣。江淮間有一種土青木香，不堪入藥。

明・李時珍《本草綱目》卷一四草部・芳草類 木香《本經》上品

【釋名】蜜香《別録》 青木香弘景 五木香《圖經》 南木香 《綱目》時珍曰：木香，草類也。本名蜜香，因其香氣如蜜也。緣沉香中有蜜香，遂訛此爲木香爾。昔人謂之青木香。後人因呼馬兜鈴根爲青木香，乃呼此爲南木香、廣木香以別之。今人又呼一種

薔薇爲木香，愈亂真矣。《三洞珠囊》云：五香者，即青木香也。一株五根，一莖五枝，一枝五葉，葉間五節，故名五香，燒之能上徹九天也。古方治癰疽有五香連翹湯，內用青木香。古樂府云，氍毹毾㲪五木香，皆指此也。頌曰：《修養書》云：正月一日取五木煮湯以浴，令人至老鬚髮黑。徐鍇注云：道家謂青木香〔爲五香〕，亦云五木，多以爲浴是矣。《金光明經》謂之矩琵佗香。

【集解】《别録》曰：木香生永昌山谷。弘景曰：此即青木香也。永昌不復貢，今皆從外國舶上來，乃云出大秦國。今皆以合香，不入藥用。恭曰：此有二種，當以崑崙來者爲佳，西胡來者不善。葉似羊蹄而長大，花如菊花，結實黃黑，所在亦有之。功用極多。陶云不入藥用，非也。權曰：《南州異物志》云：青木香出天竺，是草根，狀如甘草也。頌曰：今惟廣州舶上來，他無所出。根窠大類茄子，葉似羊蹄而長大。亦有如山藥而根大開紫花者。不拘時月，採根芽爲藥。以其形如枯骨，味苦粘牙者爲良。江淮間亦有此種，名土青木香，不堪藥用。《蜀本草》言孟昶苑中亦嘗種之，云苗高三四尺，葉長八九寸，皺軟而有毛，開黃花，恐亦是土木香種也。斆曰：其香是蘆蔓根條，左盤旋。採得二十九日，方硬如朽骨。其有蘆頭丁蓋子色青者，是木香神也。宗奭曰：常自岷州出塞，得青木香，持歸西洛。葉如牛蒡，但狹長，莖高二三尺，花黃一如金錢，其根即香也。生嚼即辛香，尤行氣。承曰：木香今皆從外國來，陶説爲是。蘇頌《圖經》所載廣州者，乃是木類。又載滁(鬼)〔州〕、海州者，乃是馬兜鈴根。治療冷熱，殊不相似，皆誤圖耳。時珍曰：木香，南番諸國皆有。《一統志》云：葉類絲瓜，冬月取根，曬乾。

根 【修治】時珍曰：凡入理氣藥，只生用，不見火。若實大腸，宜麪煨熟用。

【氣味】辛，溫，無毒。元素曰：氣熱，味辛、苦，氣味俱厚，沉而降，陰也。杲曰：苦、甘、辛，微溫，降也，陰也。好古曰：辛、苦，熱，味厚於氣，陰中陽也。【主治】邪氣，辟毒疫溫鬼，强志，主淋露。久服不夢寤魘寐《本經》。消毒，殺鬼精物，溫瘧蠱毒，氣劣氣不足，肌中偏寒，引藥之精《别録》。治心腹一切氣，膀胱冷痛，嘔逆反胃，霍亂泄瀉痢疾，健脾消食，安胎大明。九種心痛，積年冷氣，痃癖癥塊脹痛，壅氣上衝，煩悶羸劣，女人血氣刺心，痛不可忍，末酒服之甄權。散滯氣，調諸氣，和胃氣，泄肺氣元素。行肝經氣。煨熟，實大腸震亨。治衝脈爲病，逆氣裏急，主脬滲小便秘好古。

【發明】弘景曰：青木香，大秦國人以療毒腫、消惡氣有驗。今惟制蛀蟲丸用之。常以煮汁沐浴大佳。宗奭曰：木香專泄決胸腹間滯塞冷氣，他則次之。得橘皮、肉豆蔻、生薑相佐使絶佳，效尤速。元素曰：木香除肺中滯氣。若治中下二焦氣結滯，及不轉運，須用檳榔爲使。震亨曰：調氣用木香，其味辛，氣能上升，如氣鬱不達者宜之。若陰火衝上者，則反助火邪，當用黃檗、知母，而少以木香佐之。好古曰：《本草》云：(生)〔主〕氣劣，氣不足，補也；通壅氣，導一切氣，破也。安胎，健脾胃，補也；除痃癖癥塊，破也。其不同如此。潔古張氏但言調氣，不言補也。機曰：與補藥爲佐則補，與泄藥爲君則泄也。時珍曰：木香乃三焦氣分之藥，能升降諸氣，諸氣膹鬱，皆屬於肺，故上焦氣滯用之者，乃金鬱則泄之也。中氣不運，皆屬於脾，故中焦氣滯宜之者，脾胃喜芳香也。大腸氣滯則後重，膀胱氣不化則癃淋，肝氣鬱則爲痛，故下焦氣滯者宜之，乃塞者通之也。權曰：《隋書》言樊子蓋爲武威太守，車駕入吐谷渾，子蓋以彼多瘴氣，獻青木香以禦霧露之邪。頌曰：《續傳信方》著張仲景青木香丸，主陽衰諸不足。用崑崙青木香、六路訶子皮各二十兩，搗篩，糖和丸梧子大。每空腹酒下三十丸，日再，其效尤速。鄭駙馬去沙糖用白蜜，加羚羊角十二兩。用藥不類古方，而云仲景，不知何從而得也？

【附方】舊二，新一十九。中氣不省：閉目不語，如中風狀。南木香爲末，冬瓜子煎湯灌下三錢。痰盛者，加竹瀝、薑汁。《濟生方》。氣脹懶食：即青木香丸，見發明下。熱者牛乳下，冷者酒下。《聖惠方》。心氣刺痛：青木香一兩，皂角炙一兩，爲末，糊丸梧桐子大，每湯服五十丸，甚效。《攝生方》。一切走注：氣痛不和。廣木香，溫水磨濃汁，入熱酒調服。《簡便方》。內釣腹痛：木香、乳香、没藥各五分，水煎服之。《阮氏小兒方》。小腸疝氣：青木香四兩，酒三斤，煮過，每日飲三次。孫天仁《集效方》。氣滯腰痛：青木香、乳香各二錢，酒浸，飯上蒸，均以酒調服。《聖惠方》。耳卒聾閉：崑崙真青木香一兩切，以苦酒浸一夜，入胡麻油一合，微火煎，三上三下，以綿濾去滓，日滴三四次，以愈爲度。《外臺秘要》。耳內作痛：木香末，以葱黃染鵝脂，蘸末深納入耳中。《聖濟録》。霍亂轉筋：腹痛。木香末一錢，木瓜汁一盞，入熱酒調服。《聖濟總録》。一切下痢：不拘丈夫婦人小兒。木香一塊，方圓一寸，黃連半兩，二味用水半升同煎乾，去黃連，薄切木香，焙乾爲末。分作三服：第一服橘皮湯下，二服陳米飲下，三服甘草湯下。此乃李景純所傳。有一婦人久痢將死，夢中觀音授此方，服之而愈也。孫兆《秘寶方》。香連丸方：方見黃連下。腸風下血：木香、黃連等分，爲末，入肥猪大腸內，兩頭紮定，煮極爛，去藥食腸。或連藥搗爲丸服。劉松石《保壽堂方》。小便渾濁：如精狀。木香、没藥、當歸等分，爲末，以刺棘心自然汁和丸梧子大，每食前鹽湯下三十丸。《普濟方》。小兒陰腫：小兒陽明經風熱濕氣相搏，陰莖無故腫，或痛縮，宜寬此一經自愈。廣木香、枳殼麩炒二錢半，炙甘草二錢，水煎服。《曾氏小兒方》。小兒天行：壯熱頭痛。木香六分，白檀香三分，爲末。清水和服。仍溫水調塗囟頂上取瘥。《聖惠方》。天行發斑：赤黑色。青木香一兩，水二升，煮一升服。《外臺秘要》。一切癰疽：瘡癤、疳瘻惡瘡、下疰臁瘡潰後，外傷風寒，惡汁臭敗不斂，並主之。木香、黃連、檳榔等分，爲末，油調頻塗之，取效。《和劑局方》。惡蛇虺傷：青木香不拘多少，煎水服，效不可述。《袖珍方》。腋臭陰濕：凡腋下、陰下濕臭，或作瘡。青木香以

好醋浸，夾於腋下、陰下。爲末傅之。《外臺秘要》。　牙齒疼痛：　青木香末，入麝香少許，揩牙，鹽湯漱之。《聖濟録》。

題明・薛己《本草約言》卷一《藥性本草》　木香　味辛、苦，氣溫，無毒。陽中之陰，降也。和胃氣之不和，行肝氣之鬱折，泄肺氣之上壅，散冷氣之內結。故曰調諸氣之不可無，泄肺氣之不可缺。○苦入心，辛入肺，故能入心而調諸氣，胸腹中壅滯及冷氣者多用之。經絡中氣滯痰結者，亦當用之。而以為行肝經氣者何哉？　蓋心乃一身之主，氣血之所聽命者也。心有主，則能帥氣，肺氣調，則肝家動火自伏。惟人有怒氣，則肝氣拂逆，而反忤其元氣。況心有縱肝之情而不能制，則肝于是乎盛矣。于此得木香之苦辛溫散，入心則心氣疏暢，氣亦從而疏暢矣。氣疏暢，則肝氣之拂逆者自是其無有矣。實心之行夫肝氣，非肝氣之自行也。又煨用能實大腸，多用能泄肺氣。東垣以黃連制之，蓋氣行過于通暢，不無走泄之患也。○此劑非真有補，抑以能散滯調氣而補益在其中，須佐以補藥可也。散寒滯，得陳皮、生薑、荳蔻更佳。破氣降氣，使檳榔尤速。

明・梅得春《藥性會元》卷上　木香　味苦、辛，氣微溫。陰也，降也。無毒。崑崙青木香能行氣，出廣州舶上，形如枯骨者佳。油重者妙。又一種土木香，不入藥。　主調諸氣不可缺，泄肺氣不可無。止痢健脾，氣疼是實。去膀胱冷氣，除癥瘕，止瀉痢腹痛如神。行肝氣，火煨用。實大腸，療氣劣，肌中偏寒，主氣不足，消蠱毒，殺鬼精物。耑泄胸腹中積滯寒冷之氣，治九種心痛，霍亂吐瀉，腹疼嘔逆，翻胃消食，強志安胎，女人血氣刺痛，辟邪毒，瘟疫、溫瘧。此乃順氣行藥之精。久服不寤寐夢魘。

明・杜文燮《藥鑒》卷二　木香　氣熱，味辛、苦。氣味俱厚，降也。蓋苦入心，辛入肺，故入心而調諸氣，胸腹中壅滯及冷氣，并經絡中氣滯痰結者，皆當用之。《補遺》以為行肝氣者，何哉？　以心乃一身之主，一身氣血之所聽命也。心有主則能帥氣，肺氣調則肝家動火自伏。惟人有怒氣，則肝家拂逆，而反忤其氣。況心有縱肝之情而不能制，則肝氣於是盛矣。或為拂鬱者有之，或為攻沖者有之，於此得木香之苦辛溫散入心，惟苦辛溫散入心，則心氣疏暢，則氣亦從而疏暢矣，氣暢則肝氣之拂逆者無有矣。實心之行乎肝氣也，非肝氣之自行也，此又不可不知。又煨用能入大腸，多用能泄肺氣。東垣以黃連製之，蓋氣行過於通暢，不無走泄之患也。降氣定痛，功為最上。痘家實熱，切宜深忌。

明・李中立《本草原始》卷一　木香　始生永昌山谷，今惟廣州舶上有來者。葉似羊蹄而長大，花如菊，實黃黑，亦有葉如山芋而開紫花者。不拘時，采根入藥，以形如枯骨者良。因其氣香如蜜，故《別錄》名蜜香。緣沉香中有蜜香，遂訛此為木香廣木香爾。古人謂之青木香，後人因呼馬兜鈴根為青木香，乃呼此為南木香以別之。其一株五根，一莖五枝，一枝五葉，葉間五節，故《圖經》名五木香。　氣味：　辛，溫，無毒。　主治：　邪氣，辟毒疫瘟鬼，強志，主淋露。久服不夢寤魘寐。○消毒，殺鬼精物，溫瘧蠱毒，氣劣，氣不足，肌中偏寒，引藥之精。○治心腹一切氣，膀胱冷痛，嘔逆反胃，霍亂，泄瀉，痢疾，健脾消食，安胎。○九種心痛，積年冷氣，痃癖癥塊脹痛，壅氣上衝，煩悶羸劣，女人血氣刺心，痛不可忍，末酒服之。○散滯氣，調諸氣，和胃氣，泄肺氣。○行肝經氣，煨熟實大腸。○治衝脉為病，逆氣裏急，主脬滲小便祕。

木香，《本經》上品。【圖略】肉黃白，氣香。　廣木香，形如枯骨者佳，肉色青者優，黃白者次之，色黑油者下。　修治：　木香凡入理氣藥，只生用，不見火。若實大腸，宜麪煨熟用。

氣熱，味辛、苦，氣味俱厚，沉而降，陰也。一云味厚於氣，陰中陽也，乃三焦氣分之藥。　孫兆《祕寶方》：　治丈夫、婦人、小兒痢，木香一塊，方圓一寸，黃連半兩，二味用水半升，同煎乾，去黃連，只薄切木香，焙乾為末，三服，第一橘皮湯，第二陳米飲，第三甘草湯下。此乃李景純傳。所傳有一婦人久患痢將死，夢中觀音授此方，服之遂愈。

明・張懋辰《本草便》卷一　木香君　味辛、苦，氣溫，味厚於氣，陰中陽也，無毒。　主邪氣，辟毒疫溫鬼，主淋露，調諸氣，散肺中滯氣，行肝氣，治腹中氣不轉運，和胃氣，止霍亂吐瀉，嘔逆反胃，安胎，健脾。

明・傅懋光《醫學疑問》　問：　方書有木香、南木香之名，小邦亦有木香云云之物，俗稱青木香，或於典賣處用之，而未知其的否？　至於南木香，則《本草》亦不言其詳。切願詳知。　答曰：　木香有青、南之異。青者出於天竺，是草根狀，若甘草；　南者出於廣州舶上，形如枯骨，苦口粘牙。其主治：　青者以療腫毒，消惡氣；　南者乃三焦氣分之藥，能升降諸氣。豈得以青、南同一用耶？

明・李中梓《藥性解》卷五 木香 味苦、辛，性微溫，無毒，入心、肺、肝、脾、胃、膀胱六經。主心腹一切氣疾，痃癖癥塊，九種心疼，止瀉痢，除霍亂，健脾胃，消食積，定嘔逆，下痰壅，辟邪氣瘟疫，殺瘧蠱精物。宜生磨用，火炒令人脹，形如枯骨、苦口粘牙者良。按：木香辛入肺，苦入心，溫宜脾胃。肝者，心之母也，膀胱者，肺所連也，故均入焉。蓋心乃一身之主，氣血之所聽命者也，有主則能塞氣，肺氣調則金能制木，而肝火自伏矣。凡人有怒，則肝氣拂逆，而反忤其元氣，心有從肝之情而不能制，則肝氣於是乎盛，或為拂逆，或為攻衝，得木香則心氣暢而正氣亦暢，肝氣何拂逆之有哉？實心之行夫肝也，非肝之自行也。東垣以黃連制之，恐其氣行過於通暢，不無走泄之患爾。

明・繆希雍《本草經疏》卷六 木香 味辛，溫，無毒。主邪氣，辟毒疫瘟鬼，強志，主淋露，療氣劣，肌中偏寒。主氣不足，消毒，殺鬼精物，溫瘧，蠱毒，行藥之精。久服不夢寤魘寐，輕身致神仙。

〔疏〕青木香，味辛，溫，無毒。是稟夏秋之陽氣以生，兼得土之陽精，故無毒。性屬純陽，故主邪氣，辟毒疫瘟鬼。陽主清明開發，故強志及不夢寤魘寐。行藥之精，皆陽盛氣烈之功也。〔主治參互〕同延胡索，治一切女人血氣刺心，痛不可忍。同牽牛、雷丸、檳榔，殺一切蟲。佐黃連、芍藥，治一切滯下。惟身熱作嘔逆、口渴者，勿用。同橘皮、砂仁、白豆蔻、紫蘇葉，調一切氣不通順，及冷氣攻痛作泄，大怒後氣逆，胸膈脹滿，兩脇作痛。〔簡誤〕詳其治療，與今白木香當是兩種。按《圖經》謂：生永昌，又云今惟廣州舶上有來者。一云出大秦國，一云產崑崙。則所出地土各異，是名同而實異可知已。《藥性論》云：當以崑崙來者為勝。此絕不可得。又云：西胡來者劣。今市肆所有，正白木香也。其味辛，其氣溫，專主諸氣不順。求其能辟毒疫瘟鬼，殺鬼精物，恐或未然也。肺虛有熱者，慎毋犯之。元氣虛脫及陰虛內熱，諸病有熱，心痛屬火者禁用。《傷寒類要》所載，治天行熱病，若發赤豆斑，用青木香水煮服者，蓋指崑崙來者一種，定非坊間所市廣州舶上世所常用之白木香也。

明・倪朱謨《本草彙言》卷二 廣木香 味苦、辛，氣溫燥。氣味俱厚，可升可降，陰中陽也。入手太陰、陽明，足太陰、厥陰經，諸經氣分藥。李時珍先生曰：木香，草類也。出天竺及崑崙南番諸國。今惟廣州舶上來。廣州一種，類木類藤，似是而非。滁州、海州一種，是馬兜鈴根，市肆以此相混，不可不慎也。《三洞珠囊》云：五香者，木香也。一株五根，一莖五枝，一枝五葉，葉間五節，故名五香。燒之上徹九天也。根形如枯骨，而味苦辛，粘牙者爲良。凡修事，入理氣藥，只生用，不可見火。欲實大腸藥，麪裹煨熟用。〇一說云：其香是蘆蔓根條，左盤旋。采得一月，方硬如朽骨。其有蘆頭丁蓋子、色青者，是木香神也。

木香：能升降諸氣，時珍乃三焦氣分之藥也。方龍潭稿蓋諸氣膹鬱屬於肺，故上焦氣滯用之者，乃金鬱則泄之也。中氣不運屬于脾，故中焦氣滯用之者，乃脾胃得芳香則行也。肝氣鬱則爲痛，大腸氣鬱則爲後重，膀胱氣鬱不化，則爲癃淋。故下焦氣滯用之者，乃塞者通之也。所以《類證》方治氣閉不利而兩脅作痛，或寒冷積滯而胃脘作疼，或痢疾腹痛而後重赤白，或陰疝弦氣而攻引小腹，是皆太陰、厥陰之證也，用木香治之最效。《本草》言治氣之總藥，和胃氣、通心氣、降肺氣、疏肝氣、快脾氣、暖腎氣、消積氣、溫寒氣、順逆氣、達表氣、通裏氣，管統一身上下內外諸氣，獨推其功。然性味香燥而猛，如肺虛有熱者，血枯脉燥者，陰虛火上衝者，心胃痛屬火者，元氣虛脫者，諸病有伏熱者，慎勿輕犯。

繆仲淳先生曰：木香稟木火之陽，具土大之精，清明開發、行藥之神。

盧子繇先生曰：木香，香草也。名木者，當入肝，故色香氣味，各具角木用。亦入脾，故根枝節葉，亦各具宮土數。入脾則奪土鬱，入肝則達木鬱。《經》云：木鬱則達之，土鬱則奪之。奪土即所以達木，達木即所以奪土。土以木爲用，木以土爲基也。凡上而霧露清邪，中而水穀寒痰，下而水濕淤留，爲痛爲脹，爲結爲滯之證，無不宜通。一涉燥熱，務宜斟量。

高元鼎先生曰：按木香，《圖經》謂生永昌，又云廣州舶上來，又云生大秦國，又云產崑崙，則所出地土各異，是名同而實異可知已。《藥性論》云：當以崑崙來者爲勝，此絕不可得。又云西胡來者劣。今市肆所有，止白木香也。其味辛，其氣溫，專主諸氣不順。求其能辟疫毒、殺鬼精邪物，恐或未然也。肺虛有熱者，慎勿犯之。《傷寒類要》所載治天行熱病，若發赤豆斑，用青木香水煮服者，蓋指崑崙來者一種，定非坊間所市。廣州舶上來，世所常用之白木香也。今之馬兜鈴之根亦名青木香，非是。

《廣濟方》：治女人一切血氣刺心，痛不可忍。用木香、牽牛、三稜、莪

朮，一服即定。加雷丸、苦楝根，并殺一切蟲積。〇孫兆子方治赤白疾痢。用木香、川黃連、白芍藥。惟身熱、唇紅、口渴者勿用。〇《和劑局方》治一切氣脉不通不順，及冷氣攻痛作泄，大怒後氣逆胸膈脹滿，兩脅作痛。用木香、陳皮、砂仁、白豆仁、紫蘇葉、防風。〇霍道生《家寶方》治中氣不省人事，閉目不語，如中風狀。用廣木香爲末，冬瓜子煎湯灌下二錢。有痰盛者，加竹瀝、薑汁。〇《外臺秘要》治耳卒聾閉。用廣木香一兩，枸杞子三兩，共爲末，每食後服二錢，白湯調服。〇三韓李景純方治一切下痢，不拘男婦小兒。用木香一兩，川黃連一兩，二味用水一升，同煎乾，去黃連，將木香焙乾爲末，每用三錢，分作三服。第一服陳皮湯下，二服米湯下，三服甘草湯下。〇刘羽石方治腸風下血。用木香、黃連各等分，爲細末，入肥猪大腸內，兩頭紮定，煮極爛，連藥共搗爲丸。每早服三錢，好酒下。〇《袖珍方》治惡蛇虺傷。用廣木香二錢煎服，立效。〇《外臺秘要》治腋下濕臭。用廣木香爲末，不時搽之自乾。〇《和劑局方》治思慮傷心脾，精神短乏，面黃肌瘦，飲食不甘等證。用木香、人參、白朮、黃耆、當歸、茯苓、棗仁、遠志肉、龍眼肉各一錢，水煎服，名歸脾湯。〇《方脉正宗》治婦人血瘀血滯，血脹血痛，或疝瘕，或癥癖，舉發不常者。用廣木香、小茴香、乳香、肉桂、玄胡索、香附、桃仁、砂仁各一兩，牛膝二兩，當歸三兩，川芎一兩五錢，白朮四兩，俱用酒拌炒過，研爲末，煉蜜丸梧子大。每服五錢，空心白湯下。

明・顧逢伯《分部本草妙用》卷六兼經部・溫瀉　木香　苦，辛，溫，無毒。入心、肺、脾、胃、肝、膀胱、大腸六經。檳榔為使。忌火。若實大腸，麪煨熟用。　主治：邪氣毒疫，夢魘消毒，殺鬼溫瘧，辟寒，嘔逆瀉痢，健脾消食，安胎，九種心疼，癖塊脹悶，散滯氣，開鬱調胃，泄肺脇腹痛。　按：木香為三焦氣分聖藥，能開提諸鬱。時珍曰：諸氣憤鬱，皆屬于肺，故開上焦氣滯，金鬱則泄之也。中氣不運，皆屬于脾，故開中焦氣滯，脾胃喜芳香也。大腸氣滯則厚重，膀胱氣滯則癃，肝鬱則痛，故開下焦氣滯，乃塞者通之也。以之治胸腹冷積則神，以之治寒痢則效。若以治陰火，是反助火邪矣。學者不可不知。

明・李中梓《醫宗必讀・本草徵要上》　木香味辛，溫，無毒。入肺、脾、肝三經。生用理氣，煨熟止瀉。　平肝降氣，鬱可開而胎可安，健胃寬中，食可消而痢可止。何患乎鬼邪蠱毒，無憂於冷氣心疼。氣味純陽，故辟邪止痛。吐瀉停食，脾疾也，土喜溫燥，得之即效；氣鬱氣逆，肝疾也，木喜疏通，得之即平。胎前須順氣，故能安胎。按：木香香燥而偏於陽，肺虛有熱，血枯而燥者，戒用。

明・鄭二陽《仁壽堂藥鏡》卷一〇上　木香　蕭炳云：木香，今永昌不復貢，惟廣州舶上有來者。形如枯骨者佳。　氣熱，味辛、苦，純陽。味厚於氣，陰中陽也。無毒。　入心、肺、脾、胃、肝、膀胱、大腸六經。入理氣藥，忌火。實腸藥，麪裹煨。　《本草》云：治邪氣，辟毒疫瘟鬼，強志。主淋露，療氣劣，肌中偏寒。主氣不足，消毒，瘟瘧蠱毒。行藥之精。　潔古云：除肺中滯氣。若療中下焦氣結滯，須用檳榔為使。《主治秘訣》云：氣熱，味辛、苦。氣味俱厚，沉而降，陰也。其用調氣而已。又云：辛，純陽。以和胃氣。　東垣云：木香味苦、辛，純陽。治腹中氣不轉運，助脾。又云：辛溫，升降滯氣。　海藏云：木香治血氣刺心痛冷，積氣痃癖，癥瘕腹脹。通行一切氣，安胎健脾，膀胱冷痛，嘔逆反胃，霍亂吐瀉，九種心疼，痢疾。《本經》云：主氣劣，氣不足，補也。《衍義》云：專泄決胸腹間滯塞冷氣，破也。安胎健脾，補也。除痃癖塊，破也。與本條言補不同，何也？易老以為調氣之劑，不言補也。　丹溪云：木香行肝經氣。氣鬱者宜之。若陰火沖上者，反助火邪。汪機曰：補藥為佐則補，瀉藥為君則泄。時珍曰：木香乃三焦氣分之藥。諸氣膹鬱，皆屬於肺。故上焦氣滯宜之者，乃金鬱則泄之也。中氣不運，皆屬於脾，故中焦氣滯宜之者，脾胃喜芳香也。大腸氣滯則後重，膀胱氣不化則癃淋，肝氣鬱則為痛，故下焦氣滯宜之者，乃塞者通之也。　按：肺氣調則金能制木而肝平，怒則肝逆而忤其元氣。心有縱肝之情，而不能制則肝盛。得木香則心暢而正氣亦暢，肝氣何逆之有哉？實心之行肝，非肝之自行也。

明・蔣儀《藥鏡》卷一溫部　木香　苦入心，辛入肺，芬芳入脾。氣逆痰壅，皆屬于肺，故上焦氣滯當用。中氣停積，皆屬于脾，故中焦氣滯應投。大腸氣結則後重，膀胱氣阻則癃淋，肝氣拂欝則作痛，故下焦氣滯相宜。戒投于心痛屬火，用夾黃連，防其走泄。禁用于肺虛有熱。生磨入藥，奏功尤易。總之是降氣定痛，敵寒勝濕之劑。《補遺》以為行肝氣者，蓋謂心乃一身之主，惟心能帥氣，則肺氣調，肺氣調則金能制木，而肝火自伏，實心之行乎肝氣，非肝氣之自行也。

明・李中梓《頤生微論》卷三　木香　味辛，性溫，無毒。入心、肺、脾、胃、肝、膀胱、大腸六經。入理氣藥，忌火；入止瀉藥，麪裹煨。行肝氣，泄肺氣，健脾氣，散滯氣，止瀉痢，定嘔吐。健脾消食，除心腹脇痛，脹滿積聚，開鬱，殺鬼，安胎。

按：木香乃氣分第一藥也。肺實主氣，肺氣調，則金能制木而肝平。怒則肝氣逆上，忤其元氣，心有縱肝之情，而不能制則肝盛，得木香則心暢而正氣亦暢，肝氣何逆之有哉？實心之行肝，非肝之自行也。氣虛及陰虛、火亢者禁與。

明・張景岳《景岳全書》卷四八《本草正》　木香　味苦、辛，性溫。氣味俱厚，能升能降，陽中有陰。行肝、脾、肺氣滯如神，止心腹脇氣痛甚捷。和胃氣，止吐瀉霍亂。散冷氣，除脹疼呃逆。治熱痢可佐芩連。固大腸火煨方用。順其氣，癥積惡逆自除。調其氣，安胎月經亦用。亦治疫癘溫瘧，亦殺蠱毒鬼精。若下焦氣逆諸病，亦可縮小便，亦能通秘結，亦能止氣逆之動血，亦能消氣逆之癰腫。

明・賈九如《藥品化義》卷一氣藥　木香　屬陽，體重而堅，色蒼，氣香竄，味辛而微苦，性熱，能升能降，力調諸氣，性氣與味俱厚，入肺脾肝三經。

木香香能通氣，和合五臟，為調諸氣要藥。蓋諸氣膹鬱，皆屬於肺，故上焦氣滯用之，為金鬱則泄之也。中氣不通，皆屬於脾，故中焦氣滯用之，為脾喜芳香也。大腸氣閉則後重，故下焦氣滯用之，為塞者通之也。以此治痞悶噯氣，水腫腹脹，痢疾脚氣，皆調滯散氣之功。但辛香屬陽，陽則升浮，如中焦下焦結滯，須佐檳榔墮之下行。因性香燥，同黃連黃芩治痢疾，同黃柏防己治脚氣，皆藉寒藥而制其燥，則用斯神矣。若怒氣拂逆攻衝，遍身作痛，以此使肺氣調，則肺氣自伏。若肝氣鬱，致脇肋小腹間痛，同青皮疏之，令肝氣行，則血順痛止。惟痘瘡實者忌用。　用廣木香體重實如枯骨而堅、嚼之粘牙者良。臨煎切入，無使隔久，恐香氣散無力。

明・盧之頤《本草乘雅半偈》帙三　木香《本經》上品　氣味：辛，溫，無毒。　主治：主邪氣，辟毒疫溫鬼，強志，主淋露。久服不夢寤魘寐。

覈曰：木香，草類也。出天竺及崑崙、南番諸國，今惟廣州舶上來。廣州一種，類木類藤，似是而非。滁鬼海州一種，是馬兜鈴根，市肆以此相混，不可不慎也。《三洞珠囊》云：五香者，木香也。一株五根，一莖五枝，一枝五葉，葉間五節，故名五香，燒之徹九天也。根形如枯骨而味苦辛、粘牙者為良。凡修事：入理氣藥，只生用，不可見火。欲實大腸，麪裹煨熟用。

繆仲淳先生云：稟木火之陽，具土大之精，清明開發，行藥之神。

先人云：上為木象，徹具春宣。

条曰：木香，香草也。名木者，當入肝，故色香氣味，各具角木用。亦入脾，故根枝節葉，亦各具宮土數。入脾則奪土鬱，入肝則達木鬱。《經》云：木鬱則達之，土鬱則奪之。奪土即所以達木，達木即所以奪土。土以木為用，木以土為基也。邪氣毒疫，溫鬼淋露，夢寤魘寐，致鬱土鬱木者，咸可達之奪之。強志者，即強木土之用，得以行其志耳。土大具體無用，吐生草木以為用也。木以土為基，又超出體用之外，以言能生之源。

明・李中梓《本草通玄》卷上　木香　性溫，味辛，氣味俱厚，沉而下降，統理三焦氣分。　主心腹痛，健脾胃，消食積，止吐利，安胎氣，理疝氣，療腫毒，辟鬼邪。　李時珍云：諸氣膹鬱，皆屬于肺。故上焦氣滯用之者，乃金鬱則泄之也。中氣不運，皆屬於脾，故中焦氣滯宜之者，脾胃喜芳香也。大腸氣滯則後重，膀胱氣不化則癃淋，肝氣逆上則為痛，故下焦氣滯宜之，乃塞者通之也。形如枯骨，味苦粘牙者良。　凡入理氣藥，只生用之。若欲實大腸，須以麪裹煨熟用。

清・顧元交《本草彙箋》卷二　木香　木香迺三焦氣分之藥，能升降諸氣。《經》云：諸氣膹鬱，皆屬於肺，故上焦氣滯者用之，金鬱則泄之也。中氣不運，皆屬於脾，故中焦氣滯者用之，廼脾胃喜芳香也。大腸氣滯則後重，膀胱氣不化則癃淋，肝氣鬱而爲痛，故下焦氣滯者用之，乃塞者通之也。但辛香屬陽，陽則升浮，如中下二焦結滯，須佐檳榔墜之下行。性香則燥，治痢同芩、連，治脚氣同黃柏、防己，皆得寒藥而制其燥矣。周慎齋云：木香破上焦之氣而下達，砂仁醒脾氣而上升，參苓白术散之用砂仁、木香，蓋取其交通上下之氣；歸脾湯用木香，亦此意也。蓋火鬱氣滯，脾氣不醒，不能上通于心，下達於肝，失其統屬之令。木香破上焦之滯，醒動脾氣，而後脾氣能淫氣於心，心始生血，散精於肝，肝始藏血，心肝歸依於脾，而後脾得以統血。且參、芪、术之補脾，當歸補肝，伏苓、棗仁、遠志補心，各守一經，性皆窒礙，得木香之流暢，則藥氣活動，三經流通，而無扞格之患。今之用歸脾湯者，反欲去木香，其意何哉？又云：四君子之用木香，治滯氣之在胸中。四物之

用沉香，治動氣之在臍下，此伊尹十全大補湯也。上古氣血皆厚，故用二香補而兼之以踈通。若近世之人，氣血單薄，故東垣以黄芪代木香，更益上焦之氣；以肉桂代沉香，溫暖陰血，使之發生也。蓋沉香、木香去滯則可，水臟衰微，相火炎盛者，多用沉香則反能燥血，水益枯，火益烈矣。肺虚用木香，恐益耗其氣，陰火衝上，反助火邪。今人用木香爲行氣之劑，不論氣虚；用沉香爲化氣之品，不論血虚，甚可懼也。

凡用木香化痰導氣，宜磨服。消食積，亦磨服。入溫補藥，則煎服大效。若實大腸，則麪煨熟用。或云多用能損肺氣，亦指肺虚而言，此即所謂青木香也。後人因呼馬兜鈴根爲青木香，乃呼此爲南木香、廣木香以别之。今人又呼一種薔薇爲木香，愈亂真矣。　體重實，如枯骨而堅，嚼之粘牙者良。

清・穆石匏《本草洞詮》卷八　木香　即五香，一株五根，一莖五枝，一枝五葉，葉間五節，故名五香。燒之能上徹九天也。《修養書》云：正月一日取五木香湯以浴，令人至老鬚髮黑也。氣味辛溫，無毒。治邪氣，殺鬼精物，溫瘧、蠱毒，治衝脉為病，逆氣裏急。蓋木香乃三焦氣分之藥，能升降諸氣。諸氣膹鬱，皆屬於肺，故上焦氣滯用之者，乃金鬱則泄之也。中氣不運者屬於脾，故中焦氣滯用之者，脾胃喜芳香也。大腸氣滯則後重，膀胱氣不化則癃淋，肝氣鬱則為痛，故下焦氣滯用之者，乃塞者通之也。《本草》言：生氣和胃氣，補也。通壅氣，導一切氣，破也。安胎健脾，補也。除痃癖癥塊，破也。蓋與補藥為佐則補，與瀉藥為佐則瀉耳。然惟氣鬱不達者宜之，若陰火衝上者，則反助火邪也。

清・劉雲密《本草述》卷八上　木香一名蜜香，青木香，五木香，南木香。　時珍曰：木香，草類也。本名蜜香，因其香氣如蜜也。緣沉香中有蜜香，遂訛此為木香爾。昔人謂之青木香，後人因呼馬兜鈴根為青木香，乃呼此為南木香、廣木香以别之。《三洞珠囊》云：五香者，即青木香也。一株五根，一莖五枝，一枝五葉，葉間五節，故名五香，燒之能上徹九天也。　承曰：木香皆從外國舶上來，陶說為是。蘇頌《圖經》所載，廣州者乃是木類。又載滁鬼海州者，乃是馬兜鈴根，治療冷熱，殊不相似，皆誤圖耳。

氣味：辛，溫，無毒。　潔古曰：氣熱，味辛苦。氣味俱厚，沉而降，陰也。　東垣曰：苦、甘、辛，微溫，降也，陰也。　海藏曰：辛苦，熱。味厚於氣，陰中陽也。

主治：氣劣，氣不足，調諸氣，和胃氣，行肝氣，散滯氣於肺上膈，破結氣在中下焦。療心腹冷痛，嘔逆反胃，霍亂，泄痢下，及膀胱小腸凝寒為病，並衝脈為病，逆氣裏急，散積年久冷聚塊，通行一切氣，安胎健脾。又主脬滲小便秘。　弘景曰：引藥之精。　宗奭曰：木香，專泄決胸腹間滯塞冷氣，他則次之。得橘皮、肉豆蔻、生薑相佐使絶佳，效尤速。　潔古曰：木香，除肺中滯氣。若治中下二焦氣結滯，及不轉運，須用檳榔為使。　東垣曰：木香味苦、辛，純陽。治腹中氣不轉運，助脾。又云：辛，溫。升降滯氣。　丹溪曰：木香行肝經氣火。煨用可實大腸。　又曰：調氣用木香，其味辛，氣能上升，如氣鬱不達者宜之。若陰火衝上者，則反助火邪，當用黄蘗、知母，而少以木香佐之。　時珍曰：木香，乃三焦氣分之藥，能升降諸氣，諸氣膹鬱，皆屬於肺，故上焦氣滯用之。中氣不運，皆屬於脾，故中焦氣滯宜之。大腸氣滯則後重，膀胱氣不化則癃淋，肝氣鬱則為痛，故下焦氣滯者宜之。　嵩曰：經絡中氣滯痰結，皆用之。　海藏曰：《本草》云主氣劣氣不足，補也。通壅氣，導一切氣，破也。安胎，健脾胃，補也。除痃癖癥塊，破也。其不同如此。潔古張氏但言調氣，不言補也。　機曰：與補藥為佐則補，與泄藥為君則泄也。　希雍曰：青木香味辛，溫，無毒。是稟夏秋之陽氣以生，兼得土之陽精，故無毒性。屬純陽，清明開發，行藥之神。　同延胡索，治一切女人血氣刺心痛不可忍。　同牽牛、雷丸、檳榔，殺一切蟲。　佐黄連、芍藥，治一切滯下。惟身熱，作嘔逆口渴者，勿用。　同橘皮、砂仁、白豆蔻、紫蘇葉，調一切氣不通順，及冷氣攻痛作泄，大怒後氣逆胸膈脹滿，兩脇作痛。　同乳香各二錢，酒浸，飯上蒸勻，仍酒調服，治氣滯腰痛。

愚按：木香產於南土，原稟地氣之陽，且氣溫而味苦辛，則東垣所謂純陽者是也。《經》曰陽者，其精奉於上。而潔古、東垣俱以為降者，云何？以是物味厚於氣，海藏謂其陽在陰中，誠爲不謬，即潔古、東垣所云降者之義也。先哲所說，非苦無以至地，非辛無以至天，此味苦多而居先，不可想其出地之陽乎？辛少而處後，不可想其由地而達天乎？《經》曰：通天者，生之本，是則降者皆為升用，升者亦旋為降用矣。東垣所謂能升降滯氣一語，可為扼要。且其根枝節葉，各具中土五數，非秉升降之樞者乎？

未有升降而能舍中土，是東垣所謂治腹中氣不轉運，而助脾者固其首及也。次則及肝，肝以一陰為獨使，升降神而肝之生化乃不窮。丹溪所云行肝經氣者，亦不謬也。如是，則何冷氣之不行，又何諸氣為病之不療乎？雖然，先哲謂此味專決瀉胸腹間滯氣而已，且所主者，亦唯冷氣而已，茲何言之大侈歟？曰：不也。氣之溫熱者本升，升乃氣之達。寒涼者本降，降乃氣之鬱。然未有若茲味稟於溫熱，乃從降而升，即自升而降，正合於陽從地升，復從天降，俾一切寒涼之著，皆無留行，此乃升降自然之機，不可以破瀉真氣目之也。至謂專主冷氣，詎知氣之行者，唯在溫熱，溫熱之對待者，唯是寒涼而已，又何可以此少之，但此中大有妙理。先哲所謂引藥之精者，豈謂此味專治冷氣乎哉？就升降氣行而善用之，如病於冷者之氣虛也，固用其所長，至病於氣虛而有熱者，舍寒涼何以治熱？又氣何以不因寒涼而益虛？和以茲味，俾寒涼更得奏其功，即治痢之香連丸，非其明徵歟。愚常治氣虛而病肝火者，投此味於苦寒中，其效乃捷。就此二則，不可推而廣之乎？至於補泄，亦因乎其為君者，時賢已言之矣。寒熱補泄，皆可藉此。然則謂能調一切氣，豈其妄哉？陶隱居引藥之精一語，豈非超然玄詣者歟？即繆仲淳氏所云，清明開發行藥之神，亦若為是物開生面矣。

希雍曰：詳其治療，與今白木香當是兩種。按《圖經》謂生永昌，又云今惟廣州舶上有來者，一云出大秦國，一云產崑崙，則所出地土各異，是名同而實異，可知已。《藥性論》云：當以崑崙來者為勝。此絕不可得。又云：西番來者劣。今市肆所有，正白木香也。其味辛，其氣溫，專主諸氣不順而已。肺虛有熱者，慎毋犯之。元氣虛脫，及陰虛內熱諸病，有熱心痛屬火者，禁用。《傷寒類要》所載，治天行熱病，若發赤豆斑，用青木香水煮服者，蓋指崑崙來者一種，定非坊間所市。廣州舶上，世所常用之白木香也。

修治　形如枯骨，味苦粘牙者良。凡入理氣藥，忌見火。入煎藥，磨汁，內熟湯中服。若實大腸，宜麪煨熟用。

清・郭章宜《本草匯》卷一〇　木香即青木香，後人因呼馬兜鈴根為青木香，乃呼此為南木香、廣木香，以別之。　味苦、辛，溫，氣熱。氣味俱厚，沉而降，陰也。好古曰：味厚于氣，陰中陽也。入手足太陰、足厥陰經。氣劣、氣不足能調，氣脹、氣窒塞能通。和胃氣如神，行肝氣最捷。散滯氣于肺上膈，破結氣于中下焦。順氣調中，逐寒散鬱，木香之力也。然但可刼滯氣之標，不能制正氣之本。毆九種心疼，逐積年冷氣。止霍亂吐瀉，嘔逆反胃，除痞癖癥塊，臍腹脹疼。安胎健脾，誅癰散毒。和黃連治暴痢，用火煨實大腸。破氣使檳榔，和胃佐薑桂。辟瘟疫邪，禦霧露瘴。化腋臭，燥陰濕。青木香以好醋浸，夾于腋下陰下，為末傅之。

按：木香，乃三焦氣分第一藥也。肺實主氣，肺氣調，雖能調氣，多用能瀉肺氣，不宜久服。則金能制木而肝平。怒則肝氣逆上，忤其元氣，心有縱肝之情，而不能制，則肝盛。得木香，則心氣疏暢，而肝氣之拂逆者，自是其無有矣。實心之行夫肝氣，非肝氣之自行也。胸腹間滯塞冷氣，及經絡中氣滯痰結，必須用之。若得橘皮、肉蔻、生薑相佐使，其効尤速。時珍云：諸氣憤鬱，皆屬于肺。故上焦氣滯用之，乃金鬱則瀉之也。中氣不運，皆屬于脾，故中焦氣滯宜之，脾胃喜芳香也。大腸氣滯則後重，膀胱氣不化則癃閉，肝氣鬱則為痛，故下焦氣滯宜之。乃塞者通之也。氣味純陽，故能辟邪止痛。所以吐瀉停食，脾疾也。土喜溫燥，得之即効。氣鬱氣逆，肝疾也。木喜疏通，得之即平。胎前須順氣，故能安胎也。若治中下二焦，氣結滯及不轉運，須用檳榔為使，因其香燥，而偏于陽，故肺虛有熱，血枯而燥，元氣虛脫，及陰虛內熱，諸病有熱心痛，陰火衝上者，則反助火邪，皆當禁用。不得已，用黃栢、知母，少佐木香。

出自外番，來從閩、廣。形如枯骨，味苦粘牙者良。凡入理氣藥，只生用之。若欲止瀉，須以麪裹煨熟用。

清・蔣居祉《本草擇要綱目・溫性藥品》　木香　氣味：辛，溫，無毒。沉而降，陰中陽也。乃三焦氣分之藥。凡入理氣藥，只宜生用，不可見火。若實大腸，宜麪煨熟用。　主治：心腹一切氣，膀胱冷痛，嘔逆反胃，積年冷氣，溫瘧蠱毒，女人血氣刺心。和胃泄肺，行肝經氣。但其性辛劣，最能上升，如氣鬱不達者宜之。若陰火沖上者，則反助火邪，不宜用也。凡諸氣膹鬱，皆屬於肺。上焦氣滯用之者，乃金鬱則泄之也。中氣不運，皆屬於脾，中焦氣滯用之者，脾胃喜其芳香也。大腸氣滯而後重，膀胱氣不化而癃淋，肝氣鬱則為痛，下焦氣滯而用之者，乃塞者通之也。

清・閔鉞《本草詳節》卷一　木香　【略】按：木香，三焦氣分之藥，能升降諸氣。諸氣膹鬱，皆屬於肺，故上焦氣滯用之者，金鬱則泄之也。中氣不運，皆屬於脾，故中焦氣滯用之者，脾胃喜芳香也。大腸氣滯則後重，膀胱

氣不化則癃淋，肝氣鬱則為痛，故下焦氣滯用之者，乃塞者通之也。丹溪謂行肝氣者，蓋苦入心，辛入肺，心肺氣調，而肝家鬱火自伏，便無攻衝拂逆之患，非肝氣之自行也。肺虚有熱及陰虚内熱者，禁用。

清・王翃《握靈本草》卷三　木香青木香出廣州舶上，形如枯骨、味苦粘牙者良。今肆中皆白木香，凡入理氣藥生用，欲實大腸，麵裹煨熟用。　主治：木香，辛，溫，無毒。治心腹一切氣，膀胱冷痛，反胃，霍亂，痢疾。和胃氣，洩肺氣，行肝氣。煨熟，實大腸。　發明：【略】肺虚有熱、陰虚内熱、諸病有熱、心痛屬火者，皆禁用。　選方：諸中痰涎，星香散，南星、木香為末，水調服。痰盛者加竹瀝、薑汁。

清・汪昂《本草備要》卷二　木香宣，行氣。　辛、苦而溫。三焦氣分之藥。能升降諸氣，泄肺氣，疏肝氣，和脾氣。怒則肝氣上。肺氣調，則金能制木而肝平，木不剋土而脾和。治一切氣痛，九種心痛，痛屬胃脘，曰寒痛、熱痛、氣痛、血痛、濕痛、痰痛、食痛、蛔痛、悸痛。蓋君心不易受邪，真心痛者，手足冷過腕節，朝發夕死。嘔逆反胃，霍亂瀉痢，後重同檳榔用。劉河間曰：痢疾行血則膿血自愈，調氣則後重自除。癃閉，痰壅氣結，痃癖癥塊，腫毒蠱毒，衝脉爲病，氣逆裏急。殺鬼物，禦瘴霧，去腋臭，實大腸，消食安胎。氣逆則胎不安。過服泄真氣。丹溪曰：味辛氣升，若陰火衝上者，反助火邪，當用黄柏、知母，少以木香佐之。王好古曰：《本草》主氣劣、氣不足，補也；通壅導氣，破也。安胎健脾胃，補也；除痰癖癥塊，破也，不同如此。汪機曰：與補藥爲佐則補，與瀉藥爲君則瀉。時珍曰：諸氣膹鬱，皆屬于肺。上焦氣滯用之者，金鬱泄之也。中氣不運，皆屬于脾，中焦氣滯用之者，脾胃喜芳香也。大腸氣滯則後重，膀胱氣不化則癃秘，肝氣鬱則爲痛，下焦氣滯用之者，塞者通之也。　番舶上來，形如枯骨、味苦粘舌者良，名青木香。今所用者，皆廣木香、土木香。　磨汁用。東垣用黄連製，亦有蒸用，麵裹煨用者。煨用實腸止瀉。　畏火。

清・吴楚《寶命真詮》卷三　木香　【略】統理三焦氣分，主心腹痛，辟鬼邪，氣味純陽，故辟邪止痛。健脾胃，消食積，止吐利，脾疾喜溫燥，得之即效。安胎氣，胎前須順氣，故能安胎。理疝氣，及一切氣鬱氣逆。肝木喜疏通，故得之即平。【略】肺虚有熱，血虚枯燥，俱勿犯。

清・陳士鐸《本草新編》卷二　廣木香　味甘、苦，氣溫，降也，陰中陽也。無毒。能補氣通氣，和胃氣，行肝氣，散滯氣，破結氣，止心疼，逐冷氣，安霍亂吐瀉，嘔逆翻胃，除痞癖癥塊、臍腹脹痛，安胎散毒，治痢必需，且辟疫氣瘴癘。但此物雖所必需，亦止可少用之為佐使，使氣行即止，而不可謂其能補氣，而重用之也。大約用廣木香由一分、二分，至一錢而止，斷勿出于一錢之外，過多反無效功，佐之補而不補，佐之瀉而亦不瀉也。

或問：廣木香與青木香，同是止痢之藥，子何取廣木香，而棄青木香也？蓋廣木香氣溫，而青木香氣寒耳。夫痢乃濕熱，青木香寒以去熱，似相宜，而余毅然删去者，惡青木香之散氣，雖有益于痢，終有損于氣也。若廣木香則不然，氣溫而不寒，能降氣而不散氣，且香先入脾，脾得之而喜，則脾氣自調，脾氣調而穢物自去，不攻之攻，正善于攻。此所以删青木香，而登廣木香也。

清・顧靖遠《顧氏醫鏡》卷七　木香辛，溫。入肺脾二經。生用理氣，煨熟止瀉。　調諸氣而開鬱，能消食而止瀉。療心腹冷氣之作疼，佐黄連、白芍以治痢。三焦氣分之藥，能升降諸氣。諸氣憤鬱，皆屬於金，故上焦氣滯者宜之，金鬱則洩之也，中氣不運，皆屬於脾，故中焦氣滯者宜之，脾胃喜芳香也。大腸氣滯則後重，膀胱氣不化則淋癃，肝氣鬱則為痛，故下焦氣滯者，宜之。塞者通之也。香燥而偏於陽，肺虚有熱，血枯而燥者，慎勿犯之。治下焦氣滯藥中，如後重須檳榔，淋癃須沉香，降下之品以佐之。

清・李熙和《醫經允中》卷二〇　木香　入心、脾、肺、胃、肝、膀胱、大腸經。檳榔為使。忌火。　苦、辛，溫，無毒。味厚于氣，陰中陽，降也。主治嘔逆翻胃，霍亂瀉痢，止九種心疼，逐積年冷氣，除癖塊脹悶，洩肺，脇腹痛，開鬱調胃，散滯行氣，安胎，健脾，誅癰散毒，祛瘟疫邪，禦霧露瘴。木香為三焦氣分藥，能開提鬱氣，諸鬱皆屬于肺，中氣不運皆屬于脾，脾胃喜芳香者也。大腸氣滯則後重，膀胱滯則癃，肝鬱則痛。木香調氣破結，開鬱去滯之聖藥。但多服過于通暢，不無走泄之患也。況性熱而偏于陽，以之治寒痢則効，若以治陰火，則反助火邪矣。尺脉洪大，肺熱血枯者勿用。

清・馮兆張《馮氏錦囊秘錄・雜症痘疹藥性主治合參》卷一　木香稟夏秋之陽氣以生，得土之陽精而成，故性純陽。味辛，氣溫，無毒。形如枯骨者佳。〇行積化滯，宜另磨沖服。若借以調氣，宜和劑同煎，若欲止瀉及治虚寒證候，宜火煨而用之。

木香，氣劣、氣不足能補，氣脹、氣窒塞能通，和胃氣如神，行肝氣最捷。散滯氣於肺上膈，破結氣於中下焦。敺九種心疼，逐積年冷氣。止霍亂吐瀉，嘔逆反胃，除痞癖癥塊，臍腹脹疼。安胎健脾，誅癰散毒。和黄連治暴

痢，用火煨實大腸破氣，使檳榔和胃，佐薑、桂兼除夢寐之魘。能行諸藥之精，且肺氣調則金能制木而肝平，怒則肝逆而忤其元氣，心有縱肝之情而不能制，則肝獨盛，得木香而心暢，則正氣亦暢，肝氣何逆之有哉！　實心之行肝，非肝之自行也。

主治痘疹合參：　和胃健脾，治痘痢，散諸滯氣如神。凡痘出不快者，用此順氣行毒，而痘出自快，頂陷可起。但多用久用，恐走洩太過，而熱症、燥症尤忌之。

按：　木香乃三焦氣分第一等藥也。氣味純陽，故能辟邪止痛。吐瀉停食，脾疾也，土喜溫燥，得之即效。氣鬱氣逆，肝疾也，木喜疏通，得之即平。胎前須順氣，故能安胎。但純陽香燥，陰虛切忌；　辛香走洩，脫症禁之。即平人久服，亦非所宜也。

清・張璐《本經逢原》卷二　木香　辛、苦，溫，無毒。形如枯骨，味苦、色淡黃者良。味鹹、色黑勿用。生用理氣，煨熟止瀉。《本經》主邪氣，辟毒疫，強志，主淋露。　發明：　木香氣香味厚，不獨沉而下降，蓋能理胃以下氣滯，乃三焦氣分之藥。兼入肺、脾、肝三經，能升降諸氣，故上焦氣膹滯鬱宜之者，金鬱則泄之也。然雖入肺而肺燥氣上者，良非所宜。其中焦氣滯不運宜之者，以脾胃喜芳香也。下焦氣滯後重宜之者，塞者通之也。若治中脘氣滯不運，心腹疼痛，以檳榔佐之，使氣下則結痛下散矣。《本經》辟疫毒邪氣，強志，主淋露，以其辛燥助陽，善開陰經伏匿之邪。大明治心腹一切氣，膀胱冷痛，嘔逆反胃，霍亂瀉痢，健脾消食安胎。甄權治九種心痛，積年冷氣，痃癖癥塊脹痛，壅氣上衝，煩悶，羸劣，女人血氣刺痛不可忍。然香燥而偏於陽，肺經有熱，血枯而燥，及陰火衝上者勿服。

清・浦士貞《夕庵讀本草快編》卷二　木香《本經》、蜜香　草本而根似木，香似蜜，故名。焚之辟疫，可達九霄。　木香辛溫而苦，氣味俱厚，陰也、降也，為三焦氣分之藥。能升降諸氣。惟氣欝不達者宜之。如上焦氣滯，煩悶反胃，皆屬于肺，故用此以泄金之欝；　中氣不運，脹滿痞癖，飲食不化，皆屬于脾，故用此以啟脾之敞，且脾喜芳香者也。至大腸氣滯則後重，膀胱氣阻則癃淋，肝氣拂欝則為痛，皆下焦之症，所謂塞者通之也。蓋氣順則胎安，寬中則痢止，麪煨則實腸，酒煮則治疝，與補藥儔則補，與泄藥伍則瀉，又不可不審爾。

清・張志聰、高世栻《本草崇原》卷上　木香　氣味辛，溫，無毒。主治邪氣，辟毒疫溫鬼，強志，主淋露。久服不夢寤魘寐。　木香始出永昌山谷，今皆從外國舶上來，昔人謂之青木香，後人呼馬兜鈴根為青木香，改呼此為廣木香以別之。《三洞珠囊》云：　五香者，木香也。一株五根，一莖五枝，一枝五葉，葉間五節，故名五香。根條左旋，采得二十九日方硬，形如枯骨，燒之能上徹九天，以味苦粘牙者為真。一種番白芷偽充木香，皮帶黑而臭腥，不可不辨。　木香其臭香，其數五，氣味辛溫，上徹九天，稟手足太陰天地之氣化，主交感天地之氣，上下相通。治邪氣者，地氣四散也。辟毒疫溫鬼者，天氣光明也。強志者，天一生水，水生則腎志強。主淋露者，地氣上騰，氣騰則淋露降。天地交感，則（陽）〔陰〕陽和，開合利，故久服不夢寤魘寐。夢寤者，寤中之夢。魘寐者，寐中之魘也。

清・劉漢基《藥性通考》卷五　木香　味苦、辛，氣溫而香。三焦氣分之藥。能昇降諸氣，泄肺氣，疏肝氣，和脾氣，治一切氣痛，九種心痛，嘔逆反胃，霍亂，瀉痢後重，癃閉，痰壅氣結，癖塊腫毒，蠱毒，衝脉為病，氣逆裏急，殺鬼物瘴霧，去腋臭，實大腸，消食安胎。過服泄真氣。　番船上來，形如枯骨，味苦粘舌者良。　磨汁用。　畏火。　體弱氣虛者禁用。

清・姚球《本草經解要》卷一　木香　氣溫，味辛，無毒。主邪氣，辟毒疫溫鬼，強志，主淋露。久服不夢寤魘寐。　木香氣溫，稟天春和之木氣，入足厥陰肝經。味辛無毒而香燥，得地燥金之正味，入足陽明胃經。氣味俱升，陽也。辛溫益胃，胃陽所至，陰邪惡毒鬼氣皆消，所以主邪氣，毒疫溫鬼也。辛溫之品能益陽明，陽明之氣能強志氣。淋露者，小便淋瀝不止，膀胱氣化，津液乃出。淋露不止，陽氣虛下陷也。陽者，胃脘之陽也。辛溫益胃，胃陽充，而淋露止也。久服則陽勝，陽不歸於陰，故不夢寤。陽氣清明，陰氣伏藏，故不魘寐也。　製方：　木香同延胡索，治女人血氣刺心痛不可忍。同牽牛、雷丸、檳榔，治蟲積。佐川連、白芍，治利。同陳皮、砂仁、白蔻、蘇葉，治氣不通順。

清・周垣綜《頤生秘旨》卷八　木香　苦辛，調諸氣之藥也。其味辛，故能散血氣刺痛，欝怒氣逆。

清・王子接《得宜本草・上品藥》　木香　味辛、苦。入手太陽經。功專調氣散滯。得黃連治滯下，得檳榔治下焦氣滯，得橘皮、肉果、生薑治腹間

滯塞冷氣，功效捷速。煨熟者，實大腸。

清・徐大椿《神農本草經百種録》上品 木香 味辛。主邪氣，辟毒疫溫鬼，氣極芳烈，能除邪穢不祥也。強志，香氣通于心。主淋露。心與小腸為表裏，心氣下交于小腸，則便得調矣。久服，不夢寤、魘寐。心氣通則神魂定。木香以氣勝，故其功皆在乎氣。《內經》云：心主臭。凡氣烈之藥皆入心。木香，香而不散，則氣能下達，故又能通其氣于小腸也。

清・黄元御《玉楸藥解》卷二 木香 味辛，微溫。入足太陰脾、足陽明胃經。止嘔吐泄利，平積聚癥瘕，安胎保妊，消脹止痛。木香辛燥之性，破滯攻堅是其所長，庸工以治肝家之病，則不通矣。肝以風木之氣，凡病皆燥，最不宜者。麪煨實大腸，生磨消腫病。

清・吳儀洛《本草從新》卷一 木香〔宣，行氣。〕 辛苦而溫。三焦氣分之藥。能升降諸氣，泄肺氣，疏肝氣，和脾氣。怒則肝氣上，肺氣調則金能制木而肝平，木不剋土而脾和。治一切氣痛，時珍曰：諸氣膹鬱，皆屬於肺，上焦氣滯用之者，金鬱泄之也。中氣不運，皆屬於脾，中焦氣滯用之者，脾胃喜芳香也。大腸氣滯則後重，膀胱氣不化則癃閉，肝氣鬱則為痛。下焦氣滯用之者，塞者通之也。中氣不省，閉目不語如中風狀，為末，冬瓜子煎湯灌下三錢。耳卒聾閉，切，一兩，酒浸一夜，入麻油一合，煎湯滴耳。嘔逆反胃，霍亂瀉痢後重，同檳榔用。劉河間曰：行血則便膿自愈，調氣則後重自除。癃閉痰壅，氣結痃癖，癥塊腫毒，衝脈為病，氣逆裏急。殺鬼物，御瘴霧，去腋臭，健胃寬中，醒脾消食，開鬱安胎。氣逆則胎不安。香燥而偏於陽，肺虚而熱，血枯而燥者慎勿與之。丹溪曰：味辛氣升，若陰火衝上者反助火邪，當用黄檗、知母，少以木香佐之。番舶上來，形如枯骨，味苦粘舌者良，名青木香。今人皆稱為廣木香、南木香。磨汁用，東垣用黄連製，亦有蒸用，麪裹煨用者。煨用實腸止瀉。畏火。木香內有番白芷，狀同，但色微黑，體鬆。今人稱馬兜鈴根為土青木香。

清・汪紱《醫林纂要探源》卷二 木香 辛，苦，微溫。土產苗如小木，南海來者不可詳。蓋用根也。形如枯骨，味多苦而粘舌為良。補肝泄肺，升下焦無形之氣以達於上，而蒸水穀，和氣血，降上焦有形之物，以行於下，而司決瀆，去滯壅，理衝脈之寒氣逆氣。上行治胃脘痛，嘔逆反胃，痰壅氣結，中守和脾消食，安胎，下行治瀉痢，癃閉，痞塊癥瘕，行衝脈，治寒氣上攻。又治霍亂，殺鬼物，去腋臭。凡一切不正之氣。多服耗氣。宜磨汁。

清・嚴潔等《得配本草》卷二 木香 辛、苦，溫。入三焦氣分，通上下諸氣。止九種心痛，逐冷氣，消食積，除霍亂吐瀉，破痃癖癥塊，止下痢後重，能健脾安胎。君散藥則泄，佐補藥則補。痘出不快者，用之更宜。得木瓜，治霍亂轉筋腹痛。得黄芩、川連，治暴痢。得川柏、防己，治脚氣腫痛。配煨薑，治冷滯。配枳殼、甘草，治小兒陰莖腫或痛縮。配沒藥，療便濁。如因熱邪而濁者，不宜用。配冬瓜子，治閉目不語。中氣不省也。佐薑、桂，和脾胃。使皂角，治心痛。合檳榔，療中下氣結。理氣，生用不見火。實腸，麪裹煨用。痰氣，磨汁。治痢，川連製。溫補調氣，入藥煎服。臟腑燥熱，胃氣虚弱，陰虚及氣脫者，禁用。氣滯於上，火鬱於中，則脾氣不醒。木香破滯而醒脾，使脾得淫氣於心，散精於肝，氣血調和，而肝脾之病自除。然今人氣多虚弱，血常不足，投香散之味，恐耗氣而燥血，氣血反滯而不暢，宜益氣滋陰為主，佐以木香，內調氣血，乃為盡善。

題清・徐大椿《藥性切用》卷三 廣木香 辛香苦溫，入三焦氣分。升降諸氣，力能泄肺，疎肝和脾，安胎調氣，生摩。厚腸煨用。有一種青木香，味稍較苦，功耑入肝疎逆，為疝氣耑藥。馬兜鈴根亦名青木香，亦可治疝，性稍涼耳。

清・黄宮繡《本草求真》卷四 木香疎肝醒脾，泄滯和胃。 木香耑入肝脾。味辛而苦，下氣寬中。為三焦氣分要藥，然三焦則又以中為要，故凡脾胃虚寒凝滯而見吐瀉停食，肝虚寒入而見氣鬱氣逆，服此辛香味苦，則能下氣而寬中矣。中寬則上下皆通，是以號為三焦宣滯要劑。宗奭曰：木香耑泄，快胸腹間滯塞冷氣，他則次之。得橘皮、肉豆蔻、生薑相佐使絕佳，效尤速。好古曰：《本草》云：生氣劣，氣不足，補也。通壅氣，導一切氣，破也。安胎健脾胃，補也。除痃癖癥塊，破也。其不同如此。潔古張氏但言調氣，不言補也。至書所云能升能降，能散能補，非云升類升柴，降同沉香，不過因其氣鬱不升，得此氣克上達耳。況此苦多辛少，言降有餘，言升不足，言散則可，言補不及，一不審顧，任書混投，非其事矣！番船上來形如枯骨、味苦粘舌者良，名青木香，非今所用馬兜鈴根者是也。今用皆廣木香、土木香。入理氣藥，磨汁生用。若實大腸，麪煨熟用。今醫妄以西香代木香治痢，殊謬。

清・楊璿《傷寒溫疫條辨》卷六消劑類 廣木香忌火。 味苦辛微甘，氣味俱厚，降也，陽中陰也。行肺、肝、脾氣滯如神，去心腹脇氣疼甚捷，和胃氣，止嘔瀉，散逆氣，除脹滿，氣順癥癖自散，氣調胎孕亦安。佐黄連治暴痢，

固大腸。《本草》言其性補，或以滯去食進，而脾自健耳，非真能補也。子和木香檳榔丸：推蕩一切實積，瀉痢食癨咸宜。木香、檳榔、青皮、陳皮、枳實、黃連、黃栢、三稜、莪术五錢，香附、大黃一兩，牽牛二兩。為末，芒硝水丸，量虛實服。清火利氣破滯，為摧堅峻品。濕熱積聚去，則二便調，而三焦通泰矣。蓋宿垢不淨，清陽終不能升也。

清·羅國綱《羅氏會約醫鏡》卷一六草部　廣木香味辛，氣溫，形如枯骨者佳。入肺、脾、肝三經。行積化滯，宜另磨沖服；若借以調氣，宜和劑同煎。煨熟止泄。辛溫，入三焦氣分，能升降諸氣，泄肺氣，辛以泄上焦肺氣之滯痛。和脾氣，香以運中焦脾氣之滯疼。疏肝氣。通以疏下焦肝氣之鬱結。治一切心腹胸脇氣逆諸痛，療熱痢、同芩連用。後重、屬大腸氣滯，同檳榔。癃閉，屬膀胱氣不化，同小茴、五苓之類。止吐瀉霍亂和胃，除脹痛呃逆散寒、癥積惡逆順氣、調經安胎，氣逆則不安。寬中消食健脾。　按：木香香燥而偏於陽，肺虛有熱，血枯而燥者，慎勿犯之。

清·陳修園《神農本草經讀》卷二上品　木香　氣味辛，溫，無毒。主邪氣，辟毒疫瘟鬼，強志，主淋露。久服不夢寤魘寐。

張隱庵曰：木香其數五，氣味辛溫，上徹九天，禀手足太陰天地之氣化，主交感天地之氣，上下相通。治邪氣者，地氣四散也。辟毒疫瘟鬼者，天氣光明也。強志者，天生水，水生則腎志強。主淋露者，地氣上騰，氣騰則淋露降。天地交感，則陰陽和、開闔利，故久服不夢寤魘寐。夢寤者，寤中之夢；魘寐者，寐中之魘也。

清·黃凱鈞《藥籠小品》　木香　辛，苦，溫，三焦氣藥，疏肝和脾，治一切氣痛，九種心痛，瀉痢後重。性香燥，肺燥血虛，慎勿與之。香連丸用之，取其破滯和脾止痛。廣產入藥。

清·王龍《本草纂要稿·草部》　木香　氣味甘苦而溫。氣劣氣不足能補，氣脹氣滯塞克通。和胃氣如神，行脾氣甚捷。散滯氣於肺上焦，破結氣於中下焦。驅九種心疼，逐積年冷氣。破氣使檳榔，和胃助薑橘。止霍亂吐瀉，反胃嘔逆。除痞癖癥塊，臍腹脹疼。安胎健脾，誅癰散毒。同黃連治暴痢，用火煨實大腸。辟瘟疫邪，禦霧露瘴。

清·吳鋼《類經證治本草·手少陽三焦藥類》　木香　【略】生永昌山谷，今惟廣州舶上有來者，他無所出。根窠大類茄子，葉似羊蹄而長大，花如菊，實黃黑色，亦有葉如山芋，而開紫花者。根如枯骨，大塊，青黃色，味苦粘舌者，此海外大秦國真青木香也。永昌不復貢。產廣州者，是木類，不佳。今花圃種之，花黃，苗高三四尺，葉八九寸，軟而有毛，此土青木香也，不入藥用。誠齋曰：如茄子者，是海外所產。青木香，今不復有之。市人所用如枯骨、味苦粘舌者，即廣州所產木類也。

清·張德裕《本草正義》卷上氣品類　木香　苦溫而香。行肝、脾、肺滯氣，止心胸腹脇疼痛，和胃調脾，除霍亂吐瀉，呃逆上衝。治熱痢，佐芩、連。固大腸，火煨用。氣虛勿宜。

清·楊時泰《本草述鉤元》卷八　木香　本名蜜香。香氣如蜜。昔人謂之青木香，後因馬兜鈴根呼為青木香，其治療冷熱相殊，乃呼此為南木香、廣木香以別之。又名五木香者，一株五根，莖五枝，枝五葉，葉間五節故也。燒之能徹九天。草類者從外國舶上來，一云出大秦國，一云產崑崙，以崑崙來者為勝，此絕不可得。又西番來者劣。產廣州者乃是木類。

苦甘微辛，其氣溫熱。氣味俱厚，沉而降，陰中陽也。主治氣劣氣不足，調諸氣，和胃氣，行肝氣，散滯氣於肺上膈，破結氣在中下焦，散積年久冷聚塊，通行一切氣，療心腹冷痛，嘔逆反胃，霍亂泄痢，下及膀胱小腸凝寒為病，又主脬滲小便秘，並衝脈為病逆氣裏急，安胎健脾諸本草。引藥之精弘景。功專泄決胸腹間滯塞冷氣，他則次之。得橘皮、肉蔻、生薑相佐使，其效尤速宗奭。除肺中滯氣。若治中下二焦氣結滯及不轉運，須用檳榔為使潔古。苦辛純陽，治腹中氣不轉運，助脾又能升降滯氣東垣。行肝經氣，火煨用可實大腸丹溪。辛能上升，氣鬱不達者，宜此調之。若陰火衝上，則反助火邪，當用黃蘗、知母，而少以木香佐之又。木香乃三焦氣分藥。諸氣膹鬱，皆屬於肺，故上焦用之。中氣不運，皆屬於脾，故中焦宜之。大腸氣滯則後重，膀胱氣不化則癃淋，肝氣鬱則為痛，故下焦復宜之瀕湖。經絡中氣滯痰結皆用之嵩。主氣劣氣不足，補也。通壅氣，導一切氣，破也。安胎健脾胃，補也。除痃癖癥塊，破也。其不同如此，故潔古但言調氣，不言補也海藏。佐補藥則補，隨泄藥則泄石山。禀夏秋陽氣以生，兼得土之陽精，性屬純陽，清明開發，行藥之神。同延胡，治女人血氣刺心，痛不可忍。同牽牛、雷丸、檳榔，殺一切蟲。佐黃連、芍藥，治一切滯下，惟身熱作嘔口渴者，勿用。同橘皮、砂仁、白蔻、蘇葉，調一切氣及冷氣攻痛作泄，大怒氣逆，胸膈脹滿兩脇作痛。同乳香各二錢，酒浸，飯上蒸勻，仍酒調服，治氣滯腰痛。

論：　木香產於南土，氣溫而味苦辛，純陽之藥也。陽者其精奉於上，何以諸家俱判為降？　以是物味厚，陽在陰中，苦多居先，辛少居後。《經》曰：通天者生之本。是則降者皆為升用，升者亦旋為降用，所以能升降滯氣也。然夫升降不能離乎中土，是物根枝節葉各具中五土數，非秉升降之樞者乎。然則助脾乃其首功，行肝即其次及，以升降神而肝之生化不窮也。生化不窮，則何冷氣之不行，又何諸氣為病之不療乎。凡物之氣，其溫熱者本升，升乃氣之達。寒涼者本降，降乃氣之鬱。惟茲味稟於溫熱，乃能從降而升，即自升而降，正合於陽從地升，復從天降，俾一切寒涼之著，皆無留行，此升降自然之機，不可以破泄真氣目之者也。就升降氣行而善用之，如病於冷者之氣虛，固為對待。至氣虛而有熱者，舍寒涼無以治熱。又或因寒涼而其氣益虛，和以茲味，俾寒涼無伐氣之患。如治痢之香連丸，又如治氣虛而病肝火者，投此味於苦寒中，其效乃捷。陶氏所由目為引藥之精，而繆氏又云清明開發行藥之神也。

繆氏云：　詳其治療，與今白木香當是兩種。今市肆所有，正白木香也，其味辛，其氣溫，專主諸氣不順而已。肺虛有熱者，慎無犯之。元氣虛脫，及陰虛內熱，諸病有熱，心痛屬火者，禁用。

修治：　形如枯骨、味苦粘牙者良。凡入理氣藥，忌見火。入煎藥，磨汁內熟湯中服。若實大腸，宜麪煨熟用。

清・鄒澍《本經續疏》卷一　木香　【略】強志之義，具見遠志。木香氣溫味辛苦，其氣芳鬱，宜乎性剛而散發者，豈亦能凝神於精，攝陽於陰耶？夫燈燭之譬，在於遠志，原喻以芯剔翳沁膏，厥功懋矣。然膏中有故，獨不能使燈不明乎？　即膏中有故，係滓厚而沉濁者，猶非木香能為力也。燈既張矣，飛蛾青蟲集焉，漬於膏而難出，將死未死，宛轉蠕動，膏蕩搖，燈亦為之不明，非剛者挑而去之不可，此木香所為強志也。夫木香之首功為主邪氣，則明非膏中所自有矣。曰毒曰鬼，皆陰也，必麗於陰。然毒而曰疫，鬼而曰溫，不猶么麽之類，雖屬夜出，然能飛揚者乎？　是木香之治，治陰厲之氣，反受質於陽，善飛揚而著人身之陰者，則導而出之於陽，以成其神，不搖於精，陽自攝於陽而不耗。夫陰之功，能入於陰，以其似枯骨也。能去陰中之客陽為累，以其氣溫味辛也。能不耗陰，以其質粘牙也。故夫淋露者，火在水中，致水流濇。夢寤魘寐者，神歸陰分，為熱所擾，皆陰中不靖，棲陽不穩之病。與遠志之使陽歸陰，而陽不受翳累者，原大相逕庭。至於《別録》所增治療，若主氣不足致毒鬼溫邪之伏於陰，氣劣不行，致陽之不得偏於外，皆注《本經》而推廣之詞。獨行藥之精一語，他味不常有。夫藥物行陽行陰者多矣。若陰中行陽，陽中行陰者則較寡。而此非特於陰中行陽，且能於陰中行陰，藥之精微，使合於陽而成化育，則亦以其味辛在苦中。而其質粘牙而不粘舌，比之龍骨粘舌而不粘牙者為不侔，以彼之攝火於土，則知此為攝火於水，仍能使交於火矣。

清・葉桂《本草再新》卷一　木香味苦、辛，性溫，無毒。入心、肝、腎三經。能溫能和，可降可升，治三焦之鬱氣，除五臟之積寒，活絡開竅，利濕，并可和脾化痰，兼能理氣。

清・吴其濬《植物名實圖考》卷二五　木香　《本經》上品。宋《圖經》著其形狀，云出永昌山谷。今惟舶上來者，他無所出。按《本經》所載，無外番所產，或古今異物。近時用木香治氣極效，蓋諸蕃志所謂如絲瓜者。凡番產皆不繪，茲從《本草衍義》圖之。然皆類馬兜鈴蔓生者，恐非西南徼所產。

雩婁農曰：　木香舊出雲南，《蠻書》云，永昌山在府南三日程，多青木香。《雲南志》：　車里土司出，或謂即古產里；　又西木香出老撾，皆不著形狀，大抵深塹絕巖，老木多香，種種殊名，亦難盡憑，夷玀負販，多集大理，粵人哀載，輒云海藥，惟皆枯槎，難譯其柯條花實。

清・趙其光《本草求原》卷二芳草部　木香　一莖五枝，一枝五葉，一葉五節。土數。色黃，臭香，氣味辛溫，能達肝脾之氣上至於肺；　又苦，能降氣入地。是升降諸氣使上下相通，為三焦氣分藥也。無毒。主邪氣，香以正之，辛溫以散之，則陰寒留着之邪氣自除。辟毒疫瘟鬼，陽從地升，復從天降，則太空光明，而天地鬱塞之氣自消。強志，腎藏志，神所存也。魂魄既辛溫通達，則志亦靜而明。主淋露，胃陽升則氣化出，肺陽降則治節行，故水道調。同沒藥、當歸末、荊棘心汁為丸，鹽湯下，治尿濁如精狀。久服不夢寤魘寐，陽氣清明則寤中無夢，陰氣四散則寐中無魘。治一切氣痛，苦泄上焦肺氣，香運中焦脾氣，溫達肝之鬱氣，辛散下焦大腸之滯氣、行膀胱之化氣。但辛溫升達，惟氣鬱不達，由於冷滯者宜之。若陰火沖上者，反助火邪，當君以知、柏方可。九種心痛，同炒皂角為丸，湯下。陽衰氣脹懶食，同訶子蜜丸，酒下；　有熱，牛乳下。內釣腹痛，同乳、沒水煎服。膀胱、小腸冷疝，酒煮，日飲。氣滯腰痛，同乳香酒蒸飲。血氣心痛，同延胡。耳內痛，以葱黃染鵝脂點末，納耳中。嘔逆反胃，霍亂下

痢，皆氣滯病。同黃連、白芍，惟身熱嘔逆口渴者勿用。安胎，氣短則安。除冷痰痃癖癥塊，升降不息，則留滯皆化，非以其破也。氣沖煩悶，衝脈為病，逆氣裏急，腸風下血，同川連，入豬腸內煮爛為丸。胃熱風濕陰腫，同枳殼、炙甘煎。天行赤黑斑，蛇虺傷，俱水煎服。潰瘡傷風，臭敗不斂，同川連、檳榔末，油搽。陰與腋濕臭，醋浸研敷。牙痛，同麝揩之，鹽湯漱之。殺蟲。同牽牛、雷丸、檳榔。

生用理氣。同橘皮、砂仁、白蔻、紫蘇，調一切氣不通順，及冷氣攻痛作泄，大怒後氣逆，胸脇脹痛。煨熟，健脾實腸止瀉。但香燥，肺虛有熱、元氣虛脫及陰虛血枯人忌之。番舶上來，淡黃，形如枯骨，味苦，粘牙者良。若皮黑，臭腥，味鹹者，番白芷偽充也，勿用。原名青木香，後人以馬兜鈴根名青木香，故改呼此為廣木香。

清・葉志詵《神農本草經贊》卷一 木香 味辛。主邪氣，辟毒疫、溫鬼，強志，主淋露。久服不夢寤魘寐。生山谷。

形符地數，香達天垂。五葉五節，五根五枝。魘驚夜靖，瘴毒朝披。嘗餘掛齒，分割蜜脾。

《易》：地數五。《三洞珠囊》：青木香，一株五根，一根五枝，一枝五節，一節五葉，故名五香。燒之上徹九天也。《隋書・傳》：吐谷渾多瘴氣，獻青木香以禦霧露。蘇頌曰：形如枯骨，粘牙者良。名醫曰：一名蜜香。

清・文晟《新編六書》卷六《藥性摘錄》 木香 辛而苦。疎肝醒脾，泄滯和胃，下氣安中。入理氣藥，磨汁生用。若實大腸，麪煨熟用。○陰虛氣薄者，切忌。

清・張仁錫《藥性蒙求・草部》 木香五分、八分 木香微溫，寬中散滯。諸氣能調，疏肝泄滯。辛苦而溫，三焦氣分之藥。能降諸氣，泄肺氣，疏肝氣，和脾氣。生用理氣，煨用實腸止瀉。一云：入血分，酒磨；入氣分，湯磨；燥濕治痰，薑汁磨。○番舶上來，形如枯骨，味苦粘舌者良。一名青木香，今人皆稱為廣木香、南木香。

清・屠道和《本草匯纂》卷一溫散 木香 耑入肝、脾。味辛而苦，氣溫，無毒。疏肝醒脾，散滯和胃，下氣寬中，為三焦氣分要藥。治邪氣，解毒疫瘟鬼，殺鬼精物，溫瘧蠱毒。膀胱冷痛，嘔逆反胃，霍亂泄瀉痢疾，九種心痛，痃癖癥塊，壅氣上衝。治心腹一切氣，煩悶逆氣裏急。主脬滲小便祕。女人血氣刺心痛不可忍，為末酒服。並治衝脈為病，健脾消食，安胎。木香耑泄決胸腹間滯塞冷氣，他則次之。得橘皮、肉荳蔻、生薑相佐使絕佳，效尤速。入理氣藥，磨汁生用。若實大腸，麪煨熟用。但香燥而偏於陽，肺虛而熱血枯而燥者，慎勿與之。

清・戴葆元《本草綱目易知錄》卷一 木香 辛苦而溫，三焦氣分藥。能升降諸氣，散滯氣，瀉肺氣，行肝氣，和胃氣。治一切氣痛，九種心痛，嘔逆反胃，霍亂瀉痢，痰壅氣結，痃癖癥塊，溫瘧蠱毒。大腸氣滯，則後重裏急；膀胱氣不化，則脬滲癃秘；衝脈為病，氣逆裏急。女人血氣刺心痛難忍，為末，酒服。強志健脾，消食安胎，禦瘴霧，去腋臭，療一切癰疽。解夢寤魘寐，殺鬼精物。生用理氣。麪裹煨熟，實大腸。過服，泄真氣。

清・黃光霽《本草衍句》 木香辛，溫。通行三焦，升降氣鬱，和胃實腸，疎肝瀉肺。降九種之心疼，療積年之冷氣。嘔逆痃癥，霍亂瀉痢。大腸氣滯而後重，膀胱不化而淋閉。謂氣滯而不運化也，又能通其氣於小腸也。消癰腫之毒，決壅安胎。禦霧露之邪，健脾化食。治衝脈之為病，苦逆氣於裏急。功耑調氣散滯，得黃連治滯下，得檳榔治下焦氣滯，得橘皮、肉果、生薑治腹間滯塞冷氣，功效捷速。煨熟者實大腸。小兒陰腫，小兒陽明經風熱，濕氣相搏，陰莖無故腫或痛縮，宜寬此一經自愈。木香、枳殼麸炒錢半，炙甘草二錢，水煎服。

清・陳其瑞《本草撮要》卷一 木香 味辛苦，入手太陽經，功專調氣散滯。得黃連治滯下，得檳榔治下焦氣滯，得橘皮、肉果、生薑治腹間滯塞冷氣。功效捷速。煨熟實大腸，過服損氣。畏火。

清・李桂庭《藥性詩解》 賦得木香理乎氣滯。得香字。田春芳。 辛苦性芬芳，開壅是木香。舒痰功最效，理氣力偏長。

前題李春霖 裏急痰壅閉，宜乎用木香。疏肝開鬱結，理氣禦嵐瘴。

按：木香本辛苦而溫，升降諸氣。《本草》謂為三焦氣分之藥，疏肝泄肺，通胃和脾，瀉痢後重，氣逆裏急，開鬱結，禦瘴霧。理一切氣痛，治九種心疼。霧瘴皆山嵐不正之氣，木香芬芳，疏達衛分，氣行則邪散，且香能避惡。惟香燥偏於陽，肺虛而熱，血枯而燥者，勿用。

清・周巖《本草思辨錄》卷二 木香 用木香者，多取其調氣，顧其氣味辛溫而厚，不無重濁之嫌，粘牙而苦，亦少宣泄之力，故必陰中伏陽之證，如《本經》所謂毒疫溫鬼者，最為相宜。否則，一切純寒無熱之氣滯等證，佐以生薑、橘、蔻，亦收殊效。世有以香連丸治痢而害即隨之者，非木香之過，而用木香者之過也。

木香非血藥，而有時血亦蒙其利者，則於歸脾湯見之。歸脾湯證為脾氣虛寒，不能攝血。其方用心、肝、脾三藏之藥，不為不多，獨有統率全方者三物。遠志醒心之陽，棗仁斂肝之陰，足為血之前導。然導之至脾，而脾之閉拒如故，則亦徘徊門外耳。木香者，能於脾中行陽，陽一動而熏然以和，血乃歸於其經，是木香者啟脾之鑰也。其能溫氣以蔭血者如是。

土木香

宋・張杲《醫說》卷八　治胡臭　胡臭，股內陰下恒濕，臭或作瘡，青木香好醋浸，致腋下夾之愈《外臺秘要》方。

明・劉文泰《本草品彙精要》卷七　青木香無毒。　植生。

青木香：　主婦人血氣刺心，痛不可忍，九種心痛，積年冷氣，痃癖，癥塊，脹痛，逐諸壅氣上衝，煩悶，霍亂，吐瀉，心腹疞刺。名醫所錄。　〔苗〕《圖經》曰：　春生苗三四尺，葉如牛蒡但狹，長八九寸，皺軟而有毛，夏開黃花如金錢，其根類甘草而辛香。又一種葉如山芋而開紫花者，江淮人呼爲土青木香也。〔地〕《圖經》曰：　出岷州及江淮間，苑中處處有之。〔時〕生：　春生苗。採：　不拘時。〔收〕日乾。〔用〕根。〔質〕類南苦參而黑褐。〔色〕青黑。〔味〕辛，苦。〔性〕溫。〔氣〕味厚于氣，陰中之陽。〔臭〕香。〔主〕行氣。

明・鄭寧《藥性要略大全》卷六　青木香一名土木香　調諸氣，下膈氣，止氣刺痛。味苦、辛，氣微溫，無毒。與廣木香同種。風土有異，故力有優劣爾。功用俱同。

明・王文潔《太乙仙製本草藥性大全》卷一《本草精義》　青木香　一名土木香。味苦辛，氣微溫，無毒。與廣木同種，風土有異，故力有〔優〕劣爾，功用俱同。調諸氣，下膈氣，止氣刺痛，即馬兜鈴根。其根名雲南根，似木香，小指大，赤黃色，七月採根，晒乾用。

明・王文潔《太乙仙製本草藥性大全》卷二《仙製藥性》　獨行根即青木香。　味辛、苦，氣寒，有毒。　主治：　主鬼疰積聚仙方，殺諸毒蛇毒秘法。治蠱毒如神，傳熱腫奇效。　補註：　療腫用根細搗，水調傅之效。○蛇咬毒，取根，水摩如泥，塗之差。○蠱毒，取根，水煮二兩，取汗，服即吐。

清・黃宮繡《本草求真》卷四　青木香散毒泄熱。　青木香耑入肺。　即馬兜鈴根，又名土木香者是也。味辛而苦，微寒無毒，諸書皆言可升可降，可吐可利。凡人感受惡毒而致胸膈不快，則可用此上吐，以其氣辛而上達也。感受風濕而見陰氣上逆，則可用此下降，以其苦能泄熱也。故《肘後》治蠱毒，同酒水煮服，使毒從小便出矣。惟虛寒切禁，以其味辛與苦。泄人真氣也，禿瘡瘙痒可敷。出《精義》。

清・羅國綱《羅氏會約醫鏡》卷一六草部　青木香即馬兜鈴之根也。味苦性寒微辛，有毒。　能吐能利，不可多服。煮汁服，可吐蠱毒鬼疰。搗末水調，塗疔腫、熱毒、蛇毒，日三次，立瘥。亦可敷瘙癢禿瘡。又能散氣，故疝家必需。

清・文晟《新編六書》卷六《藥性摘錄》　青木香　即馬兜鈴根。辛苦，微寒。入肺。散毒泄熱，凡感受風濕，而見陰氣上逆，用此下降。感受惡毒，而見胸肺不快，用此上吐。皆有効。○治蠱毒，用酒水煮服，使毒從小便出。○惟虛寒切禁。○禿瘡搔癢可敷。

艾納香

宋・劉明之《圖經本草藥性總論》卷上　艾蒳香　味甘，溫，無毒。去惡氣，殺蟲，主腹冷洩痢疾。《海藥》云：　主傷寒五洩，主心腹注氣，下寸白。

明・劉文泰《本草品彙精要》卷一二　艾蒳香無毒。　麗生。

艾蒳香：　去惡氣，殺蟲，主腹冷，洩痢。名醫所錄。　〔地〕《廣志》云：　出西國及剽國，似細艾。又有松樹皮綠衣，亦名艾蒳，可以和合諸香，燒之能聚，其煙青白不散，而與此不同也。〔時〕生：　無時。採：　無時。〔收〕陰乾。〔用〕綠衣。〔質〕類青苔。〔色〕青。〔味〕甘。〔性〕溫。〔氣〕氣之厚者，陽也。〔臭〕香。〔主〕辟瘟疫，去惡氣。〔治〕療：　陳藏器云：　除癬，辟疰。《別錄》云：　治傷寒，五泄，心腹注氣，下寸白蟲，止腸鳴。〔合治〕合蜂窠，浴脚氣，甚良。

明・王文潔《太乙仙製本草藥性大全》卷二《本草精義》　艾納香　舊本不著所出州土，今出西國，生剽國。苗似細艾，又有松樹皮綠衣，亦名艾納，可以和合諸香燒之，能聚其煙，青白不散，而與此不同也。

明・王文潔《太乙仙製本草藥性大全》卷二《仙製藥性》　艾納香　味甘，氣溫，無毒。　主治：　去惡氣，殺蟲奇方。主腹冷，洩痢妙劑。心腹注氣堪除，瘟疫脚氣能治。立止腸鳴，能下寸白。　補註：　辟瘟疫，取以燒之良。○脚氣合蜂窠浴之效。

明・皇甫嵩《本草發明》卷三　艾蒳香中品下，臣。氣溫，味辛，無毒。　發

明曰：此甘溫逐寒，辛散邪氣，故主惡氣，殺蟲，腹冷，去洩痢。又主癬辟蛀。又云：傷寒五洩，心腹注氣，下寸白，止腸鳴。燒之辟溫疫，合螯窠浴脚氣良。合香料尤宜。出西國，似細艾。又有松樹皮綠衣，亦名艾納，可用，和合諸香燒之，能聚其烟，青白不散，而實與此不同也。

明・李時珍《本草綱目》卷一四草部・芳草類 艾納香宋《開寶》

【集解】志曰：《廣志》云：艾納出西國，似細艾。又有松樹皮上綠衣，亦名艾納，可以和合諸香，燒之能聚其煙，青白不散，而與此不同。禹錫曰：案《古樂府》云：行胡從何方，列國持何來，氍毹毾㲪五木香，迷迭艾納及都梁。是也。

【氣味】甘，溫，平，無毒。【主治】惡氣殺蟲，主腹冷洩痢志。傷寒五洩，心腹注氣，止腸鳴，下寸白，燒之辟瘟疫，合蜂窠浴脚氣良珣。治癬辟蛇藏器。

清・何諫《生草藥性備要》卷下 大楓艾 味苦，性辛。祛風消腫，活血除濕，治跌打。一名牛耳艾。敷酒風脚亦佳。其藥，市中有等奸歹人用此偽造假冰片。

清・趙其光《本草求原》卷三隰草部 大風艾即牛耳艾。苦，溫，活血。祛風消腫，治跌打，理酒風脚，敷之。蛇傷口不合。同鹿耳翎敷。

兜納香

宋・唐慎微《證類本草》卷八草部中品〔唐・陳藏器《本草拾遺》〕 兜納香 味甘，溫，無毒。去惡氣，溫中，除暴冷。《廣志》云：生剽國。《魏略》曰：大秦國出兜納香。

〔宋・唐慎微《證類本草》〕《海藥》：謹按《廣志》云：生西海諸山。味辛，平，無毒。主惡瘡腫瘻，止痛生肌，並入膏用。燒之能辟遠近惡氣。帶之夜行，壯膽安神。與茆香、柳枝合爲湯浴小兒，則易長。

明・李時珍《本草綱目》卷一四草部・芳草類 兜納香《海藥》

【集解】珣曰：案《廣志》云：出西海剽國諸山。《魏略》云：出大秦國。草類也。

【氣味】辛，平，無毒。藏器曰：甘，溫。【主治】溫中，除暴冷藏器。惡瘡腫瘻，止痛生肌，並入膏用。燒之，辟遠近惡氣。帶之夜行，壯膽安神。與茅香、柳枝煎湯浴小兒，易長李珣。

清・蔣居祉《本草擇要綱目・平性藥品》 兜納香 氣味：辛，平，無毒。主治：溫中除暴冷，惡瘡腫瘻，止痛生肌，並入膏用。燒之辟遠近惡氣，帶之夜行壯膽安神。與茅香、柳枝煎湯，浴小兒易長。

馬蹄香

明・蘭茂原撰，范洪等抄補《滇南本草圖說》卷五 馬蹄香 一名鬼見愁。形似小牛舌，葉根黑，採枝葉入藥。性寒，味苦。主治：婦人午後潮熱，陰虛火動，頭眩發暈，虛勞可療。晒乾燒烟，可避邪物。

甘松香

宋・唐慎微《證類本草》卷九草部中品〔宋・馬志《開寶本草》〕 甘松香 味甘，溫，無毒。主惡氣，卒心腹痛滿，兼用合諸香，叢生，葉細。《廣志》云：甘松香出姑臧今附。

〔宋・掌禹錫《嘉祐本草》〕按：日華子云：治心腹脹，下氣。作浴湯，令人身香。

〔宋・蘇頌《本草圖經》〕曰：甘松香，出姑臧，今黔、蜀州郡及遼州亦有之。叢生山野，葉細如茅草，根極繁密，八月採，作湯浴令人體香。

〔宋・唐慎微《證類本草》〕陳藏器云：叢生，葉細，出涼州。《海藥》云：謹按《廣志》云：生源州，苗細引蔓而生。又陳氏云：主黑皮䵟䵳，風疳，齒䘌，野雞痔，得白芷、附子良。合諸香及裛衣妙也。

宋・劉明之《圖經本草藥性總論》卷上 甘松香 味甘，溫，無毒。主惡氣卒心腹痛滿。兼用合諸香。日華子云：治心腹脹下氣。作浴香，令人身香。《海藥》云：陳氏云主黑皮䵟䵳，風疳齒䘌，野雞痔。得白芷、附子良。合諸香及裛衣妙也。

元・王好古《湯液本草》卷四 甘松 氣平，味甘，溫，無毒。《本草》云：主惡氣，卒心腹痛滿。治黑皮䵟䵳，風疳齒䘌。

明・滕弘《神農本經會通》卷一 甘松香 八月採。味甘，氣溫，無毒。《湯》云：味甘，溫，氣平。東云：理惡氣，止痛。《本經》云：主惡氣，卒心腹痛滿。兼用合諸香。日華子云：治心腹脹，下氣。作浴湯，令人身香。《海藥》云：主黑皮䵟䵳，風疳，齒䘌，野雞痔。得白芷、附子良。合諸香及裛衣妙。劊云：甘松無毒味甘香，浴體令香可浴湯。下氣更能除惡氣，腹心痛滿是奇方。《局》同。甘松青，浴體令香，專辟惡氣。

明・劉文泰《本草品彙精要》卷一二 甘松香無毒。叢生。

甘松香：主惡氣，卒心腹痛滿，兼用合諸香。名醫所錄。　【苗】《圖經》曰：叢生，葉細如茅草，根極繁密，作湯浴令人體香。　【地】《圖經》曰：出姑臧山野，今黔、蜀州郡及遼州亦有之。《別録》云：出源州、凉州。【道地】文州。　【時】生：春生苗。採：八月取根莖。　【收】暴乾。　【用】根、莖。　【質】類茅草，紫而繁密。　【色】紫黑。　【味】甘。　【性】溫，緩。　【氣】氣之厚者，陽也。　【臭】香。　【主】消脹，下氣。　【助】得白芷、附子良。　【製】水洗去土。　【治】療：日華子云：治腹脹下氣。《廣志》云：去黑皮，䵟黯，風疳，齒䘌，野雞痔。

明・許希周《藥性粗評》卷三　浴甘松之香，西子不來於掩鼻。甘松香，葉細如草根，叢生山野，出黔蜀邊地。八月採葉，陰乾。得白芷、附子良。味甘，性溫，無毒。主治心腹冷痛，體氣不潔，中滿不快，下氣。煮湯作浴，令人身香。

明・鄭寧《藥性要略大全》卷六　甘松　浴體令香，專辟惡氣。治卒心腹痛滿，下氣，治黑皮䵟黯、風疳、齒䘌。《賦》云：理風氣止痛。味甘，氣溫，無毒。得白芷、附子良。可作衣香。即香草也。

明・王文潔《太乙仙製本草藥性大全》卷二《本草精義》　甘松香　《本經》不載所出州郡。出姑臧，今黔、蜀州郡及遼州亦有之。叢生山野，葉細如茅草，根極繁密。八月採用之，以合諸香尤良。

明・王文潔《太乙仙製本草藥性大全》卷二《仙製藥性》　甘松香　味甘，氣溫，無毒。主治：主惡氣卒痛即止，治心腹脹滿立除。入藥劑尤能下氣，作浴湯令人身香。

明・皇甫嵩《本草發明》卷三　甘松香中品下，臣。氣溫，味甘、辛，無毒。發明曰：甘松，氣辛溫香竄，故《本草》主惡氣，卒心腹痛滿能散之。用合香料為宜。又云：下氣，治心腹脹。作浴湯，令人身香。得白芷、白附子良。又主黑皮黯䵟，風疳齒䘌，野雞痔。

明・李時珍《本草綱目》卷一四草部・芳草類　甘松香宋《開寶》

【釋名】苦彌哆音扯。　時珍曰：産於川西松州，其味甘，故名。《金光明經》謂之苦彌哆。

【集解】志曰：《廣志》云：甘松出姑臧、凉州諸山，細葉，引蔓叢生，可合諸香及裛衣。頌曰：今黔、蜀州郡及遼州亦有之。叢生山野，葉細如茅草，根極繁密，八月採之，作湯浴，令人身香。

根　【氣味】甘，温，無毒。好古曰：平。　【主治】惡氣，卒心腹痛滿，下氣《開寶》。黑皮䵟黯，風疳齒䘌，野鷄痔。得白芷、附子良藏器。理元氣，去氣鬱好古。脚氣膝浮，煎湯淋洗時珍。　【發明】時珍曰：甘松芳香能開脾鬱，少加入脾胃藥中，甚醒脾氣。杜寶《拾遺録》云：壽禪師妙醫術，作五香飲，更加別藥，止渴兼補最妙。一沉香飲，二丁香飲，三檀香飲，四澤蘭飲，五甘松飲也。

【附方】新四。　勞瘵熏法：甘松六兩，玄參一斤，爲末。每日焚之。《奇效方》。　風疳蟲牙：蝕肉至盡。甘松、膩粉各二錢半，蘆薈半兩，猪腎一對，切炙爲末，夜漱口後貼之，有涎吐出。《聖濟總録》。　腎虛齒痛：甘松、硫黄等分，爲末，泡湯漱之，神效。《經效濟世方》。　面䵟風瘡：香附子、甘松各四兩，黑牽牛半斤，爲末。日用洗面。《婦人良方》。

題明・薛己《本草約言》卷一《藥性本草》　甘松、三柰，入手太陰肺。雖為開胃止噦，大都耗氣。且諸香真安息能殺蟲止勞，餘皆開竅惹勞。虛損之人宜聞與食之也。

明・梅得春《藥性會元》卷上　甘松香　味甘，溫，無毒。主治惡氣，卒心腹痛滿。兼用合諸香。叢生葉細。

明・李中立《本草原始》卷三　甘松香　今黔、蜀州郡及遼州亦有之。叢生山野，葉細如茅草，根極繁密。八月採根。始產川西松州，其味甘而香，故名甘松香。　甘松香：氣味：甘，溫，無毒。主治：惡氣，卒心腹痛滿，下氣。○黑皮䵟黯，風疳齒䘌，野鷄痔。得白芷、附子良。○理元氣，去氣鬱。○脚氣膝浮，煎湯洗。

甘松香，宋《開寶》。【圖略】根，色紫赤，味甘而氣香。

《奇效方》：治勞瘵熏法：甘松六兩，玄參一斤，為末，每日焚之。

明・倪朱謨《本草彙言》卷二　甘松香　味甘，性溫，無毒。入足太陰、陽明經。　李時珍先生曰：産于川西松州。其味甘香，故名。《廣誌》云：出姑臧、凉州諸山，今黔、蜀州郡及遼州亦有。葉細如茅，引蔓叢生，根極繁密。八月采根，作湯沐浴，令人體香。用合諸香，可以裛衣。

甘松：李時珍醒脾暢胃之藥也。伍少山稿《開寶》方主心腹卒痛，散滿下氣，皆取溫香行散之意。其氣芳香，入脾胃藥中，大有扶脾順氣，開胃消食之功。入八珍散、三合粉中，治老人脾虛不食、久瀉虛脫。溫而不熱，香而不燥，甘而不滯，至和至美，脾之陽分用藥也。與山柰合用更善。

明・顧逢柏《分部本草妙用》卷八雜藥部　甘松　甘溫，無毒。主治：惡氣，卒心腹痛，去氣鬱。得附子、白芷，去䵟𪒟，風疳齒蟲，野雞痔。　甘松芳香，能開脾鬱，少加于脾胃藥中，甚醒脾氣。

明・蔣儀《藥鏡》卷一溫部　甘松　醒脾開胃，善降惡氣。浴肌香體，能已心疼。

明・盧之頤《本草乘雅半偈》帙一〇　甘松香宋《開寶》　氣味：甘，溫，無毒。主治：主惡氣，卒心腹痛滿，下氣。

覈曰：甘松香，《金光明經》謂之苦彌哆。出姑臧、涼州諸山，今黔、蜀州郡，及遼州亦有。葉細如茅，引蔓叢生，根極繁密。八月采根，作湯沐浴，令人體香。用合諸香，及以裛衣。

參曰：臭味如松，香草也。宜入脾，脾味甘，脾臭香，脾之陽分用藥也。功奪土鬱，土鬱則奪之，行土用也。繇是天氣明，地氣清，土位乎中而暢于四支，美之至者也。地氣冒明，秖須降濁，濁降則明體自著，若欲升清，反致濁矣。

清・穆石匏《本草洞詮》卷八　甘松香　產於川西松州，而味甘，故名。氣溫，無毒。芳香能開脾鬱，入脾胃藥中醒脾氣，作湯浴，令人身香。

清・劉雲密《本草述》卷八上　甘松香時珍曰：產於川西松州。其味甘，故名。

根：　氣味：　甘，溫，無毒。　海藏曰：平。

主治：　惡氣卒心腹痛滿，下氣《開寶》。海藏曰：　理元氣，去氣鬱。

時珍曰：　甘松芳香，能開脾鬱，少加入脾胃藥中，甚醒脾氣。

愚按：　甘松香，亦芳草也。時珍謂其大醒脾氣，而海藏更謂其理元氣，去氣鬱者，似又不徒以芳香能醒脾見功矣。試即《準繩》治洩血方，以桑寄生為君，而臣以熟地、茯苓，茲味亦逐隊於為佐中，且云此方處劑，乃以補血之乘虛而妄行者，是則茲味見功於海藏理元氣一語，煞有可參。蓋同於補血虛者，以為理元氣之地，初不外於陽生陰中，大有斡旋，以俾元氣之流行，豈同於他味之芳香，僅以醒脾為功乎哉？

附方　腎虛齒痛，甘松、硫黃等分，為末，泡湯漱之，神效。

清・蔣居祉《本草擇要綱目・平性藥品》　甘松　氣味：　甘，溫，無毒。主治：　惡氣，卒心腹痛滿，下氣，黑皮𪒟，風疳齒䘌，野雞痔。得白芷、附子良。理元氣，去氣鬱。脚氣膝浮，煎湯淋洗。甘松芳香，能開脾鬱，少加入脾胃藥中，甚醒脾氣。

清・汪昂《本草備要》卷二　甘松香宣，理氣醒脾。　甘，溫，芳香。理諸氣，開脾鬱。治腹卒然滿痛，風疳齒䘌，脚膝氣浮。煎湯淋洗。　出涼州及黔蜀。葉如茅。根極繁密，用根。

清・李熙和《醫經允中》卷二一　甘松　甘，溫，無毒。主治惡氣，卒心腹痛，去氣鬱。得白附子去䵟𪒟，風疳齒蟲。煎湯洗脚氣膝腫。

清・张璐《本經逢原》卷二　甘松香　甘，溫，無毒。　發明：　甘松芳香升竄，能開脾鬱，少加脾胃藥中甚醒脾氣。主惡氣卒心腹痛滿，風疳齒䘌。得白芷、白附子良。脚氣膝腫，煎湯淋洗效。

清・劉漢基《藥性通考》卷六　甘松　味甘，溫。理諸氣，開脾欝，治腹中滿痛，風疳齒䘌，脚膝氣浮，煎湯淋洗。出涼州及黔、蜀。葉如茅，根極繁密，用根。

清・吳儀洛《本草從新》卷一　甘松香〔宣，理氣醒脾。〕　甘，溫。芳香理諸氣，開脾鬱。時珍曰：　少加入脾胃藥中甚醒脾氣。治風疳齒䘌，脚氣膝浮，煎湯淋洗。　卒然心腹痛滿惡氣。　忌同諸香。出涼州及黔蜀。葉細如茅草。用根。

清・汪紱《醫林纂要探源》卷二　甘松　甘，溫。葉叢生如茅，根鬚繁散垂，氣馥。　補脾，理氣開鬱。西涼、黔、蜀皆出。

清・嚴潔等《得配本草》卷二　甘松香　甘，溫。芳香能開脾鬱，少加入脾胃藥中，甚醒脾氣。煎湯淋洗脚氣膝浮。　君玄參為末，焚熏勞瘵。　產於川西松州。其味甘者佳。

題清・徐大椿《藥性切用》卷三　甘松香　辛溫芳香，稍帶甘味。功耑調氣解鬱，開胃醒脾。香散甚於藿香，虛人量用。

清・黃宮繡《本草求真》卷四　甘松醒脾開鬱，辟邪除惡。　甘松耑入脾。甘溫無毒，考書俱載芳香升竄，功能醒脾開鬱。凡因惡氣卒中，而見心腹痛滿，風疳齒䘌者，可同白芷並附子並用。《聖濟總錄》治風疳蟲牙蝕肉至盡，用甘松、膩粉各二錢半，蘆薈半兩，猪腎一對，切炙為末，夜漱口後貼之，有涎吐出。若脚氣膝腫，煎湯淋洗。惟寒濕則宜，熱濕者休用。此雖有類山柰，但山柰氣多辛竄，此則甘多於辛，故書載能入脾開鬱也。出涼州，葉如茅根緊密者佳。此屬草部，與松木、松香不同。

清・羅國綱《羅氏會約醫鏡》卷一六草部　甘松香味甘，氣溫，入脾經。

芳香理氣，能開脾鬱。治腹滿痛、齒䘌、脚膝氣腫。煎湯淋洗。但芳香散氣，多用暈人。

清・楊時泰《本草述鉤元》卷八　甘松香　產於川西松州，其味甘，故名。根味甘，氣溫，平。主治惡氣，卒心腹痛滿，下氣《開寶》。理元氣，去氣鬱海藏。芳香能開脾鬱，少入脾胃藥中，甚醒脾氣瀕湖。腎虛齒痛，甘松、硫黃等分為末，泡湯漱之，神效。

論：海藏以甘松理元氣而去氣鬱，似不徒芳香擅醒脾之功。閱《準繩》治溲血方，以桑寄生為君，熟地、茯苓為臣，而茲味逐隊為佐，且云此方處劑乃補夫血之乘虛而妄行者，是茲味之為元氣地，初不外於陽生，陰中藉之斡旋，以俾流行也。豈僅香能醒脾而已哉。

清・葉桂《本草再新》卷一　甘松香味辛、甘，性溫，無毒。入心、脾二經。理諸氣，開脾鬱，治風疳齒䘌，脚氣膝浮，心腹痛滿。芳香能散，氣滿自消。

清・吳其濬《植物名實圖考》卷二五　甘松香　《開寶本草》始著錄。《圖經》葉細如茅草，根極繁密，生黔、蜀、遼州。李時珍以壽禪師作五香飲，其甘松飲即此。滇南同三柰等為食料用，昆明山中亦產之，高僅五六寸，似初生茆而勁，根大如拇指，長寸餘，鮮時無香，乾乃有臭。

清・趙其光《本草求原》卷二芳草部　甘松香根　甘，溫，無毒。香升而竄，醒脾胃，以開氣鬱。主惡氣卒心腹痛滿，風疳蟲牙，同膩粉、蘆薈末，炒豬腰點貼，有涎吐出。腎虛止痛，同硫黃末，泡湯漱。脚氣膝腫，煎洗。面䵟，同黑丑、香附末，日用洗面。熏勞瘵，同元參燒。得白芷、附子良。海藏曰兼理元氣。同桑寄、地、苓，治尿血，是陰中元氣流行也。

清・文晟《新編六書》卷六《藥性摘錄》　甘松　甘，溫。入脾醒脾，開鬱辟邪，除惡。

清・張仁錫《藥性蒙求・草部》　甘松香五分、一錢。　甘松香根，性溫理氣。開鬱醒脾，心腹痛去。辛，甘，溫。芳香理諸氣，開脾鬱。卒然心腹痛滿，用根。挾虛者忌之。

清・戴葆元《本草綱目易知錄》卷一　甘松　甘，溫，芳香。理元氣，去氣鬱，少加入脾胃藥中，甚醒脾氣。治惡氣，卒心腹痛，黑皮䵟黯，風疳齒䘌，野鷄痔病。得白芷、附子良。脚膝氣浮，煎湯淋洗。【略】葆驗截瘧方：甘松、山柰各二分，細辛、蓽茇各一分，共末，分作六包，臨發日黎明，一包安脈門上，男左女右；一包安臍上，俱用帛縛。是夜，將藥棄之，三次，無不截。

清・陳其瑞《本草撮要》卷一　甘松香　味甘，溫，芳香，入足太陰經，功專理氣開鬱，治腹卒滿痛，風疳齒䘌。膝脚氣浮，煎洗良。腎虛齒痛，以甘松、硫黃等分為末，泡湯漱之神效。

山柰

明・劉文泰《本草品彙精要》卷一三　三賴無毒。叢生。

三賴：辟穢氣，作面脂，療風邪，潤澤顏色。為末擦牙，祛風止痛，及牙宣，口臭。今補。【苗】謹按：其根分蒔，春月抽芽直上，生一葉似車前而卷，至秋旁生一莖，開碎花，紅白色，不結子，其本旁生小根，作叢，每根發芽亦生一葉，至冬則凋，土人取根作段市之，其香清馥逼人可愛，今合香多用之。【地】出廣東，及福建皆有之。【時】生：春生苗。採：十月取根。【收】陰乾。【用】根。【色】白。【味】辛。【性】溫。【氣】氣之厚者，陽也。【臭】香。【製】碾細用。

明・許希周《藥性粗評》卷三　口氣薰人子，且含於三柰。

三柰子，味辛、甘，性微熱，無毒。主治風濕，通九竅，有口氣者含之可免。

明・鄭寧《藥性要略大全》卷六　三柰　專辟惡氣。　味辛，氣溫，有小毒。可作衣香。

明・李時珍《本草綱目》卷一四草部・芳草類　山柰《綱目》

【釋名】山辣《綱目》　三柰　時珍曰：山柰俗訛為三柰，又訛為三賴，皆土音也。或云：本名山辣，南人舌音呼山為三，呼辣如賴，故致謬誤，其說甚通。【集解】時珍曰：山柰生廣中，人家栽之。根葉皆如生薑，作樟木香氣。土人食其根如食薑，切斷暴乾，則皮赤黃色，肉白色。古之所謂廉薑，恐其類也。段成式《酉陽雜俎》云：柰祇出拂林國。長三四尺，根大如鴨卵，葉似蒜，中心抽條甚長，莖端有花六出，紅白色，花心黃赤，不結子，其草冬生夏死。取花壓油，塗身去風氣。按此說頗似山柰，故附之。

根　【氣味】辛，溫，無毒。【主治】暖中，辟瘴癘惡氣，治心腹冷氣痛，寒濕霍亂，風蟲牙痛。入合諸香用時珍。

【附方】新六　一切牙痛：三柰子一錢，麵包煨熟，入麝香二字，為末。隨左右嗜一字入鼻內，口含溫水漱去，神效。名海上一字散。《普濟方》。　風蟲牙痛：《仁存方》用山柰為末，鋪紙上捲作筒，燒燈吹滅，乘熱和藥吹入鼻內，痛即止。《攝生方》用肥皂一個去

穰，入山柰、甘松各三分，花椒、食鹽不拘多少，填滿，麵包，煅紅，取研，日用擦牙漱去。面上雀斑：　三柰子、鷹糞、蜜陀僧、蓖麻子等分，研勻，以乳汁調之。夜塗旦洗去。　醒頭去屑：　三柰、甘松香、零陵香一錢，樟腦二分，滑石半兩，爲末。夜擦旦篦去。《水雲録》。　心腹冷痛：　三柰、丁香、當歸、甘草等分，爲末，醋糊丸梧子大。每服三十丸，酒下。《集簡方》。

明・倪朱謨《本草彙言》卷二　山柰　味辛、甘，性溫，無毒。入足陽明、太陰、厥陰經。

李時珍先生曰：　山柰出廣中，人家亦多種蒔。根葉如薑、竹，樟木氣。土人食其根，如食薑云。切斷暴乾，皮赤肉白，古之所謂廉薑，恐其類也。《酉陽雜俎》云：　柰祇出佛林國，長三四尺，根大如鴨卵，葉長似蒜薤。中心抽莖甚長。莖端開花六出，色紅白，心赤黃，不結子。其草冬生夏死。取花壓油塗身，去風氣。按此說頗似山柰，故附之。

山柰：　李時珍暖中氣，辟寒瘴之藥也。辛溫而香，去寒暖胃。凡入山行，宜常佩之。除瘴癘惡氣。治心腹冷病，寒濕霍亂，停食不化，一切寒中諸證，用此宣散中黃之生氣，袪除瘴癘之死氣耳。

集方：　楊氏《集簡方》治心腹冷痛。用山柰、丁香、當歸、甘草，等分爲末，醋糊丸梧子大。每服五十丸，酒下。〇《普濟方》治一切牙痛。用山柰一錢，麪包煨熟，入麝香一字，共爲末，隨左右嗆少許入鼻內，口含溫滾水，漱去，立效。〇同前治面上雀斑。用山柰、蜜陀僧、鷹糞、蓖麻子肉，等分研勻，以乳汁調之，夜塗旦洗去。〇《水雲錄》醒頭去垢。用山柰、甘松、零陵香各一錢，樟腦五分，滑石五錢，共爲末，夜擦頭，旦篦去，立淨。

明・姚可成《食物本草》卷一六味部・調飪類　山柰生廣中，人家栽之。根葉皆如生薑，作樟木香氣。土人食其根如食薑，切斷暴乾，則皮赤黃色，肉白色。今人用入香料作肉脯，辛香辟臭。　山柰，味辛，溫，無毒。主暖中，辟瘴癘惡氣，治心腹冷氣痛，寒濕霍亂，風蟲牙痛。

明・顧逢柏《分部本草妙用》卷八雜藥部　山柰　辛，溫，無毒。　主治：　暖中，辟瘴癘，心腹冷痛，寒濕霍亂。風蟲牙痛，入合諸香用。

明・盧之頤《本草乘雅半偈》帙一〇　山柰《綱目》　氣味：　辛，溫，無毒。　主治：　主暖中，辟瘴癘惡氣，治心腹冷氣痛，寒濕霍亂，風蟲牙痛。入合諸香用。

覈曰：　時珍云：　出廣中，人家亦多種蒔矣。根葉如薑，作樟木氣。土人食其根，如食薑云。切斷暴乾，皮赤肉白。古之所謂廉薑，恐其類也。《酉陽雜俎》云：　柰祇出佛林國，〔苗〕長三四尺，根大如鴨卵，葉長如蒜薤，中心抽莖甚長，莖端開花六出，色紅白，心黃赤，不結子，其草冬生夏死。取花壓油塗身，去風氣。按此說頗似山柰，故附之。

參曰：　山，宣也。柰，遇也。味辛氣溫，臭香且辛也。對待寒中諸證者，宣散中黃之生氣，辟除瘴厲之死氣耳。宣氣散生，產生萬物者。山也，死陰之氣，奚柰何。

清・穆石匏《本草洞詮》卷八　山柰　一作山辣，俗訛為三柰，再訛為三賴，皆土音也。氣味辛溫，無毒。暖中，辟瘴癘惡氣，治心腹冷痛，寒濕霍亂，風蟲牙痛。取花壓油，塗身，去風氣。根合諸香用。

清・蔣居祉《本草擇要綱目・溫性藥品》　山柰根　氣味：　辛，溫，無毒。　主治：　暖中，辟瘴癘惡氣。治心腹冷氣痛，寒濕霍亂，風蟲牙痛。入合諸香用。

清・汪昂《本草備要》卷二　山柰宣，溫中，辟惡。　辛，溫。暖中辟惡。治心腹冷痛，寒濕霍亂，風蟲牙痛。　生廣中，根葉皆如生薑。入合諸香用。

清・李熙和《醫經允中》卷二一　山(奈)〔柰〕　辛，溫，無毒。主治辟瘴癘，心腹冷痛，寒濕霍亂，蟲牙痛。甘松、山(奈)〔柰〕俱開竅耗氣，虛損之人不宜聞與食也。

清・張璐《本經逢原》卷二　山柰　辛，溫，無毒。　發明：　山柰芳香，入陽明暖胃，辟瘴癘惡氣，治心腹冷氣痛，寒濕霍亂，風蟲牙痛，皆芳香正氣之力也。

清・劉漢基《藥性通考》卷六　山柰　味辛，溫。暖中，辟惡，治心腹冷痛，寒濕霍亂，風蟲牙痛。　生廣中。　根葉皆如生薑，入合諸香用。

清・吳儀洛《本草從新》卷一　山柰〔宣，溫中闢惡。〕　辛，溫。暖中，闢瘴癘惡氣。治心腹冷痛，寒濕霍亂，風蟲牙疼。忌同上。出廣中。根葉皆如生薑。與甘松、良薑俱入香料。

清・汪紱《醫林纂要探源》卷二　山柰　辛，溫。根葉皆似薑，氣甚芬芳。出廣中。蓋杜若之類也。補肝，溫中除寒，辟惡。治心腹寒痛，亦治霍亂，去濕殺蟲。

清・嚴潔等《得配本草》卷二　山柰一名山辣，一名三柰。　辛，溫。入足

太陰經。暖中辟惡，治心腹冷氣痛，寒濕霍亂，風蟲牙痛。配丁香、當歸、甘草，治心腹冷痛。

題清・徐大椿《藥性切用》卷三　山柰　性味辛溫，溫中辟瘴。散氣烈於甘松，虛人不宜輕用。

清・黃宮繡《本草求真》卷四　山柰暖胃辟惡。　山柰耑入胃。氣味芳香，功能暖胃辟惡，凡因邪氣而見心腹冷痛，寒濕霍亂，暨風蟲牙痛，用此治無不效。《仁存方》用山柰為末，鋪紙上，捲作筒，燒燈吹滅，乘熱和藥吹入鼻內，痛即止。《攝生方》用肥皂一個去穰，入山柰、甘松各三分，花椒、食鹽不拘多少，填滿，麵包，煅紅取研，日用擦牙漱去。以其氣味芬芳，得此則能溫胃辟惡耳。《水雲錄》治婦人頭〔屑〕，用山柰、甘松香、零陵香一錢，樟腦二分，滑石半兩，為末，夜擦，旦篦去。若使諸症概非濕穢，不得妄用。出廣東，根葉與生薑同，合諸香藥用。

清・羅國綱《羅氏會約醫鏡》卷一六草部　山柰味辛，氣溫，入胃經。溫中辟惡。治心腹冷痛、寒濕霍亂、風蟲牙痛。生廣中，根葉皆如生薑，入合諸香。

清・葉桂《本草再新》卷一　山柰味辛，性溫，無毒。入心、脾、腎三經。暖中，辟瘴癘惡氣，治心腹冷痛，寒濕霍亂，風蟲牙痛。

清・吴其濬《植物名實圖考》卷二五　三柰　《本草綱目》始錄入芳草。按《救荒本草》草三柰，葉似蓑草而狹長，開小淡紅花，根香味甘微辛，可煮食；葉亦可煠食。核其形狀，與今廣中所產無小異。蓋香草多以嶺南為地道，其實各處亦間有之，採求不及耳。

清・趙其光《本草求原》卷二芳草部　山柰即山辣、三柰。　辛，溫，無毒。香，入脾胃，暖中正氣，辟瘴癘惡氣，治心腹冷痛，同丁香、歸、甘丸，酒下。寒濕霍亂，風蟲牙痛，同甘松、花椒、食鹽入肥皂內，麵包煨紅研擦。面上雀斑，同鷹屎、陀僧、蓖麻子研，乳汁開搽。去頭屑。同甘松、零香、樟腦、滑石研，夜擦，日篦。

清・文晟《新編六書》卷六《藥性摘錄》　山柰　氣味芳香，暖胃辟惡。

清・張仁錫《藥性蒙求・草部》　山柰八分、一錢　山柰辛溫，溫中辟惡。霍亂因寒，虛人忌服。辛香伐氣，甚於甘松香，不宜輕服。俗作三柰。

廉薑

宋・唐慎微《證類本草》卷一一草部下品〔唐・陳藏器《本草拾遺》〕　廉薑　杜若注陶云：若似廉，按廉薑，熱。主胃中冷，吐水不下食。似薑，生嶺南、劍南，人多食之。

宋・鄭樵《通志》卷七五《昆蟲草木略》　廉薑，似山薑而根大，一名葰。

明・李時珍《本草綱目》卷一四草部・芳草類　廉薑《拾遺》

【釋名】薑彙《綱目》　蔟葰音族綏

【集解】弘景曰：杜若苗似廉薑。藏器曰：廉薑似薑，生嶺南、劍南，人多食之。時珍曰：按《異物志》云：生沙石中，似薑，大如蠃，氣猛近於臭。南人以爲齏，其法陳皮，以黑梅及鹽汁漬之，乃成也。又鄭樵云：廉薑似山薑而根大。

【氣味】辛，熱，無毒。

【主治】胃中冷，吐水，不下食藏器。溫中下氣，消食益智時珍。

明・姚可成《食物本草》卷一六味部・調飪類　廉薑其形似薑，生嶺南砂石中，氣猛近於臭，南人以為齏。其法：（陳）〔削〕皮，以黑梅及鹽汁漬之，乃成也。劍南人多食之。

廉薑，味辛，熱，無毒。治胃中冷，吐水不下食，溫中下氣，消食益智。

清・吴其濬《植物名實圖考》卷二五　廉薑　《齊民要術》引據甚詳。《本草拾遺》始著錄。南贛多有之。似山薑而高大，土人不甚食，以治胃痛甚效云。

清・劉善述、劉士季《草木便方》卷一草部　箭桿風　箭桿風辛解風毒，四肢麻木風濕服。中風頑痹煎湯洗，行血消瘀透筋骨。

山薑花

晉・嵇含《南方草木狀》卷上草類　山薑花　莖葉即薑也。根不堪食。於葉間吐花，作穗如麥粒，軟紅色。煎服之治冷氣甚效。出九真交趾。

宋・唐慎微《證類本草》卷三〇外草類〔宋・蘇頌《本草圖經》〕　山薑生衛州。味辛，平，有小毒。去皮間風熱，可作淋煠湯。又主暴冷及胃中逆冷，霍亂腹痛。開紫花，不結子。八月、九月採根用。

明・劉文泰《本草品彙精要》卷四一　山薑有小毒。　叢生。

山薑：去皮間風熱，可作淋煠湯，又主暴冷及胃中逆冷，霍亂腹痛。出《圖經》。

【苗】《圖經》曰：開紫花，不結子。【地】《圖經》曰：生衛州。【時】生：春生苗。採：八月取根。【用】根。【味】辛。【性】平，散。【氣】氣之薄者，陽中之陰。

明・李時珍《本草綱目》卷一四草部・芳草類　山薑《藥性》

〔釋名〕美草弘景曰：東人呼爲山薑，南人呼爲美草。時珍曰：與杜若之山薑，名同物異也。〔集解〕權曰：山薑根及苗，並如薑而大，作樟木臭，南人食之。又有獛子薑，黄色而緊，辛辣，破血氣殊强於此薑。頌曰：山薑出九真交趾，今閩廣皆有之。劉恂《嶺表録異》云：莖葉皆薑也，但根不堪食。亦與豆蔻花相似，而微小爾。花生葉間，作穗如麥粒，嫩紅色。南人取其未大開者，謂之含胎花，以鹽水淹藏入甜糟中，經冬如琥珀色，辛香可愛，用爲鱠，無以加矣。又以鹽殺治暴乾者，煎湯服之，極除冷氣，甚佳。時珍曰：山薑生南方。葉似薑，花赤色甚辛，子似草豆蔻，根如杜若及高良薑。今人以其子僞充草豆蔻，然其氣甚猛烈。

根　〔氣味〕辛，熱，無毒。〔主治〕腹中冷痛，煮服甚效。作丸散服，辟穀止飢弘景。去惡氣，温中，中惡霍亂，心腹冷痛，功用如薑甄權。

花及子　〔氣味〕辛，温，無毒。〔主治〕調中下氣，破冷氣作痛，止霍亂，消食。殺酒毒大明。

明·佚名氏《醫方藥性·草藥便覽》　山良薑　其性辣。解酒毒，退冷虚。

明·佚名氏《醫方藥性·草藥便覽》　山薑　其性辛。治吐瀉，去積。

明·姚可成《食物本草》卷一六味部·調飪類　山薑出九真交趾，今閩、廣皆有之。莖葉皆薑，花如豆蔻花而微小，生葉間。作穗如麥粒，嫩紅色。南人取其半開者，謂之含胎花，以鹽水淹藏，入甜糟中，經冬如琥珀色，辛香可愛，用為鱠，無以加矣。

山薑花　味辛，温，無毒。主調中下氣，破冷氣作痛，止霍亂，消食，殺酒毒。

清·吴其濬《植物名實圖考》卷二五　山薑　《本草拾遺》始著錄。江西、湖南山中多有之。與陽藿、茈薑無別，惟根如嫩薑，而味不甚辛，頗似黄精。衡山所售黄精，多以此偽為之。宋《圖經》山薑乃是高良薑，李時珍謂子似草豆蔻，甚猛烈，良是。而謂花赤色則未確，乃子赤色耳。

清·田綿淮《本草省常·菜性類》　山薑　一名美草。性熱。去腹中冷氣、冷疼。多食傷人。

紅豆蔻

明·鄭寧《藥性要略大全》卷四　紅豆　主治腸虚水瀉，心腹絞痛，霍亂，嘔吐酸水，解酒毒。不宜多服，令人舌粗，不能飲食。　味辛，性熱，無毒。云是良薑子，一名紅豆蔻。

附：琉球·吴繼志《質問本草》内篇卷三　良薑　生下濕地，四時有葉，三四月開花，結實，九十月熟。

按：高良薑形氣與杜若相似，而葉似山薑，高一二尺許，花紅紫色。細觀此種，係是良薑，子名紅豆蔻。辛丑，石家辰、潘貞蔚。　紅豆蔻。辛丑，陳得功、楊國棟。　將繪圖察形辨色，查對《綱目》，的係良薑。味苦、辛，熱，下氣溫中，霍亂轉筋。酒漬能攻。子名紅豆蔻，肆中呼之紅豆，春方極驗。壬寅，陸澍。

高良薑

宋·唐慎微《證類本草》卷九草部中品〔宋·馬志《開寶本草》〕　紅豆蔻　味辛，溫，無毒。主腸虚水瀉，心腹攪痛，霍亂，嘔吐酸水，解酒毒。不宜多服，令人舌麁，不思飲食。云是高良薑子，其苗如蘆，葉似薑，花作穗，嫩葉卷而生微帶紅色。生南海諸谷。今附。

〔宋·掌禹錫《嘉祐本草》〕按：《藥性論》云：紅豆蔻亦可單用。味苦、辛。能治冷氣腹痛，消瘴霧氣毒，去宿食，溫腹腸，吐瀉痢疾。

〔宋·唐慎微《證類本草》〕《海藥》云：擇嫩者，加入鹽，㬰㬰作朵不散落，須以朱槿染令色深。善醒於醉，解酒毒。此外無諸要使也。

宋·唐慎微《證類本草》卷九草部中品〔《别錄》〕　高良薑：大溫。主暴冷，胃中冷逆，霍亂腹痛。

〔梁·陶弘景《本草經集注》〕云：出高良郡，人腹痛不止，但嚼食亦效。形氣與杜若相似，而葉如山薑。

〔唐·蘇敬《唐本草》〕注云：生嶺南者，形大虚軟，江左者細緊，味亦不甚辛，其實一也。今相與呼細者爲杜若，大者爲高良薑。此非也。

〔宋·馬志《開寶本草》〕按：《陳藏器本草》云：高良薑，味辛，溫。下氣益聲，好顏色。煮作飲服之，止痢及霍亂。又按：别本注云：二月、三月採根，暴乾。味辛、苦，大熱，無毒。

〔宋·掌禹錫《嘉祐本草》〕按：《藥性論》云：高良薑，使。能治腹内久冷，胃氣逆，嘔吐，治風，破氣，腹冷氣痛，去風冷痹弱，療下氣冷逆衝心，腹痛吐瀉。日華子云：治轉筋瀉痢，反胃嘔食，解酒毒，消宿食。

〔宋·蘇頌《本草圖經》〕曰：高良薑，舊不載所出州土，陶隱居云出高良郡，今嶺南諸州及黔、蜀皆有之，内郡雖有而不堪入藥。春生莖、葉如薑苗而大，高一二尺許，花紅紫色如山薑。二月、三月採根，暴乾。古方亦單用，治忽心中惡，口吐清水者。取根如骰子塊，含之嚥津，逡巡即差。若臭亦含嚥，更加草豆蔻同爲末，煎湯常飲之佳。

〔宋·唐慎微《證類本草》〕《聖惠方》：治霍亂、吐利、腹痛等疾。高良薑一兩剉，

以水三大盞，煎取二盞半，去滓，下粳米二合，煮粥食之。《外臺秘要》：　備急霍亂吐利方：　火炙高良薑令焦香，每用五兩，打破，以酒一升煮三四沸，頓服。亦治腹痛氣惡。　蘇恭云：　凡患脚氣，每旦任意飽食，午後少食，日晚不食。如飢，可食豉粥。若暝不消，欲致霍亂者。即以高良薑一兩，打碎，以水三升，煮取一升，頓服盡即消。待極飢，乃食一椀薄粥，其藥唯極飲之良。若卒無高良薑，母薑一兩代之，以清酒一升，煮令極熟，去滓食之。雖不及高良薑，亦大效矣。《十全方》：　治心脾痛。以高良薑細剉，微炒杵末，米飲調下一錢匕，立止。

金・張元素《潔古珍珠囊》〔見元・杜思敬《濟生拔粹》卷五〕　高良薑辛純陽。溫通脾胃。

宋・劉明之《圖經本草藥性總論》卷上　高良薑　大溫。主暴冷，胃中冷逆，霍亂腹痛。《藥性論》云：　使。能治腹內久冷，胃氣逆嘔吐，治風，破氣腹冷氣痛，去風冷痺弱，療下氣冷逆衝心，腹痛吐瀉。日華子云：　轉筋瀉痢，反胃嘔食，解酒毒，消宿食。古方單用，治心中惡，口吐清水者，取根如骰子塊，含之嚥津，即差。苦臭，加甘草、豆蔻。

宋・王介《履巉巖本草》卷中　佛手　根名高良薑。大溫。主暴冷，胃中冷逆，霍亂腹痛。治心脾痛，以高良薑細剉，微炒，碾爲末，米飲湯調下壹錢至貳錢服。一名蠻薑。經霜採用。矮似佛手，結大子，花開亦大。

元・王好古《湯液本草》卷三　良薑　氣熱，味辛，純陽。《本草》云：　治胃中冷逆，霍亂腹痛，反胃嘔食，轉筋瀉痢。下氣，消宿食。《心》云：　健脾胃。

元・王好古《湯液本草》卷四　紅豆蔻　氣溫，味辛，無毒。《本草》云：　主腸虛水瀉，心腹絞痛，霍亂，嘔吐酸水。解酒毒。不宜多服，令人舌粗不能飲食。《液》云：　是高良薑子，用紅豆蔻復用良薑，如用官桂復用桂花同意。

元・忽思慧《飲膳正要》卷三　良薑　味辛，溫，無毒。主胃中冷逆、霍亂腹痛，解酒毒。

元・徐彥純《本草發揮》卷二　紅豆蔻　海藏云：　是高良薑子也。畏良薑。用紅豆復用良薑，如用官桂，復用桂花同意。

高良薑　潔古云：　氣熱，味辛，純陽。健脾胃。　東垣云：　良薑味辛，大溫，純陽。主胃中冷逆，霍亂腹痛，健脾胃。

明・蘭茂撰，清・管暄校補《滇南本草》卷下　良薑　性熱，味辛。治胃氣疼，面寒疼，肚腹疼痛。

明・王綸《本草集要》卷三　高良薑使　味辛苦，氣大溫。純陽。無毒。主暴冷，胃中冷逆衝心，霍亂腹痛，反胃嘔食，轉筋瀉痢，健脾胃，消宿食。

明・滕弘《神農本經會通》卷一　紅豆蔻　是高〔良〕薑子。　味辛，氣溫，無毒。《湯》同。東云：　止吐酸。

《本經》云：　主腸虛水瀉，心腹攪痛，霍亂，嘔吐酸水，解酒毒。不宜多服，令人舌粗，不思飲食。云是高良薑子。《藥性論》云：　亦可單用。味苦、辛。治冷瀉腹痛，瘧瘴，霧氣毒，去宿食，溫腹腸，吐瀉痢疾。《液》云：　用紅豆蔻復用良薑，如用官桂復用桂花同意。

高良薑　使也。二三月採根，暴乾。一云：　味辛苦，大熱，無毒。　氣大溫。《湯》云：　氣熱，味辛，純陽。東云：　止心氣疼之攻衝。《疌》云：　調心氣，主腹疼，并消食助胃，解酒毒，止吐瀉，及霍亂轉筋，兼除風冷。《珍》云：　主胃中冷逆，霍亂腹痛。

《本經》云：　主暴冷，胃中冷逆，霍亂腹痛。陶云：　腹痛不止，嚼食亦效。陳藏器云：　味辛，溫。下氣，益聲，好顏色。煮作飲服之，止痢及霍亂。《別注》云：　二月三月採根，暴乾。味辛、苦，大熱，無毒。《藥性論》云：　高良薑，使。治腹內久冷，胃氣逆，嘔逆，治風破氣，腹冷氣痛，去風冷痺弱。療下氣冷逆衝心，腹痛吐瀉。日華子云：　治轉筋瀉痢，反胃嘔食，解酒毒，消宿食。《心》云：　健脾胃。《局》云：　高良薑本出高良，下氣溫中好作湯。霍亂轉筋心腹痛，要知此藥是仙方。

明・劉文泰《本草品彙精要》卷一一　高良薑無毒。　叢生。

高良薑：　主暴冷，胃中冷逆，霍亂，腹痛。名醫所錄。　〖苗〗《圖經》曰：　春生，莖葉如姜苗而大，高一二尺許，花紅紫色，如山薑。陶隱居云：　形氣與杜若相似，生嶺南者形大虛軟，江左者細緊，亦不甚辛，其實一也。〖地〗陶隱居云：　出高良郡，今嶺南諸州及黔、蜀皆有之。〖道地〗儋州、雷州。　〖時〗生：　春生苗。採：　二月、三月取根。　〖收〗暴乾。　〖用〗根。　〖質〗類菖蒲而堅。　〖色〗赤。　〖味〗辛。　〖性〗大溫。　〖氣〗氣之厚者，陽也。　〖臭〗香。　〖主〗心腹冷痛。　〖製〗剉碎用。　〖治〗療：　《藥性論》云：　治腹久冷，胃氣逆，嘔吐，去風，破氣，腹冷氣痛，及風冷痹弱，並

下氣，冷逆衝心，腹痛，吐瀉。日華子云：治轉筋，瀉痢，反胃，嘔食，消食。陳藏器云：益聲，好顏色。〔合治〕爲末合米飲調服，治心脾痛，以一錢匕立止。〔解〕酒毒。

明·劉文泰《本草品彙精要》卷一二　紅豆蔻無毒。　叢生。

紅豆蔻：主腸虚水瀉，心腹攪痛，霍亂，嘔吐酸水，解酒毒。名醫所錄。〔苗〕《圖經》曰：其苗如蘆，高一二尺，葉似薑花，作穗，嫩葉卷而生，微帶紅色，其結實如豆而紅，即高良薑子也。〔地〕《圖經》曰：出南海諸國。〔時〕生：春生苗。採：秋取實。〔收〕暴乾。〔用〕實。〔質〕類益智而赤小。〔色〕紅。〔味〕辛。〔性〕溫，散。〔氣〕氣之厚者，陽也。〔臭〕香。〔主〕冷氣，腹痛。〔治〕療：《藥性論》云：消瘴霧氣毒，去宿食，溫腹腸，吐瀉，痢疾。〔禁〕多服令人舌粗，不思飲食。〔解〕酒毒。

明·葉文齡《醫學統旨》卷八　高良薑　氣熱，味辛。純陽。無毒。治胃中冷逆，霍亂腹痛，反胃嘔食，轉筋瀉痢，下氣健脾胃，消宿食。

明·許希周《藥性粗評》卷一　紅豆蔻、白豆蔻，並禦中寒。

紅豆蔻，高良薑子也。春生莖葉如薑，高二三尺，花作穗紅紫色，嫩葉卷，而生亦帶紅色，其根為良薑，另有本條。生南海諸谷，或云生高良郡，故名。其子畏良薑，有豆蔻則不用良薑，如人參之於蘆，桂之於花，皆出一體而自畏。所採之時與製法及所使，《本草》不載。味辛，性溫，無毒。主治胃寒氣冷，心腹疠疼，腸虚水瀉，霍亂不寧，解酒毒，消宿食。不可多服，令人舌麄，不思飲食。

明·許希周《藥性粗評》卷二　健脾見良薑之高。

高良薑，紅豆蔻之根也。此據《本草》紅豆蔻之條而言。然考良薑本條，又不言其子為豆蔻，再詳之。春生莖葉，如薑苗而大，高一二尺許，夏開花紅紫色，根與薑相似。或曰出高良郡，故名。今嶺南及黔、蜀諸州郡山谷亦皆有之。三月採根，暴乾。凡用剉，以麻油少許拌匀，炒過。所使并所畏惡，《本草》不載。或曰有良薑勿用豆蔻，蓋一體所生而相畏。味辛，性大溫，無毒。入足陽明胃、太陰脾經。主治内冷腹痛，霍亂吐瀉，翻食嘔沫，除寒消食，溫中下氣。東垣云：主胃中冷逆，霍亂腹痛，健脾胃。

單方：霍亂吐痢：不拘内冷腹痛等疾，以一兩，水三大盞，煎取二盞半，去滓，下粳米一合，煮粥食之。　飲食膨脹：以一兩，剉，水三升煎，取一升服之。

明·鄭寧《藥性要略大全》卷四　良薑　治心腹逆冷，氣痛攻沖，及嘔食翻胃，霍亂轉筋，健脾暖胃，消宿食，解酒毒，下氣，止瀉痢。　味辛、苦，性大熱。純陽，無毒。

明·陳嘉謨《本草蒙筌》卷二　高良薑　味辛、苦，氣大溫。純陽。無毒。高良係廣屬郡，今誌改名高州薑。乃地土所生，形多細小而緊。健脾消食，下氣溫中，除胃間冷逆衝心，卻霍亂轉筋瀉痢。翻胃嘔食可止，腹痛積冷堪毆。〇結實秋收，名紅豆蔻。善解酒毒，餘治同前。

明·王文潔《太乙仙製本草藥性大全》卷二《本草精義》　高良薑　舊不載所出州土，陶隱居云出高良郡，今嶺南諸州及黔蜀皆有之。内郡雖有，而不堪入藥。春生莖葉如薑苗而大，高一二尺許，花紅紫色，如山薑。二月、三月採根曝乾用。

紅豆蔻：即高良薑子。其苗似蘆，與杜若相似，葉似山薑，花作穗，嫩葉卷而生微帶紅色，結子如豆蔻，色紅紫，採收用。

明·王文潔《太乙仙製本草藥性大全》卷二《仙製藥性》　高良薑使　味辛、苦，氣大溫，純陽，無毒。　主治：健脾消食，下氣溫中，除胃間冷逆衝心，却霍亂轉筋瀉痢。翻胃嘔食可止，腹痛積冷堪毆。去風冷，治冷痹大效。益聲音、好顏色奇功。　補註：霍亂、吐痢、腹痛等疾，用一兩剉，以水三大盞，煎二盞半，去滓，下糯米一合，煮粥食。〇滿急霍亂吐利方：火炙令焦香，每用五兩，打破，以酒一升，煮三四沸，頓服。〇腹痛不止，但嚼食之亦效。〇心脾痛，細剉，微炒，爲末，米飲調下一錢立止。〇忽心中惡，口吐清水者，取根如骰子塊含之，嚥津逡巡即差。若臭亦含嚥，更加草豆蔻同爲末，煎湯常服。

紅豆蔻：味辛，溫，無毒。　主治：主腸虚水瀉，止霍亂、嘔吐，去宿食，溫腹腸、痢疾神效。解酒毒，吐酸水。瘴霧消除，能醫腹痛，善治心疼。久服令人舌麄，不思飲食。　《海藥》云：擇嫩者加以鹽，纍纍作朶不散落，須以朱槿染令色深。善醒於醉，解酒毒。此外無諸要使也。

明·皇甫嵩《本草發明》卷二　高良薑中品之下，臣。氣大溫，味辛，純陽，無毒。

發明曰：良薑氣熱，溫脾胃，散邪要藥。《本草》主暴冷，胃中冷逆衝心，霍亂腹痛，反胃吐嘔，轉筋瀉痢。消宿食，解酒毒。腹内久冷氣痛，去風冷痺弱，此皆寒邪停滯之候也。肺胃中有熱者忌之。出高良郡，故名之。

紅荳蔻中品下，臣。氣大溫，味辛，無毒。　發明曰：紅荳蔻與肉荳蔻同用，而辛溫過之。《本草》主腸虚水瀉，心腹攪痛，霍亂吐瀉，屬腸胃虚寒者，此能

溫之。去冷氣腹痛，消瘴霧氣毒，吐酸水，酒毒宿食，辛散以解之也。多服令人舌粗，不思飲食，其性熱可知。《液》云：是高良薑之子。解酒毒尤善。

明・李時珍《本草綱目》卷一四草部・芳草類　高良薑《別録》中品。校正併入《開寶本草》紅豆蔻。

【釋名】蠻薑《綱目》　子名紅豆蔻時珍曰：陶隱居言此薑始出高良郡，故得此名。按高良，即今高州也。漢爲高涼縣，吴改爲郡。其山高而稍涼，因以爲名，則高良當作高涼也。

【集解】時珍曰：出高良郡，二月、三月採根。形氣與杜若相似，而葉如山薑。恭曰：出嶺南者，形大虛軟，生江左者細緊，亦不甚辛，其實一也。今人呼細者爲杜若，大者爲高良薑，亦非也。頌曰：今嶺南諸州及黔、蜀皆有之，内郡雖有而不堪入藥。春生莖葉如薑苗而大，高一二尺許，花紅紫色，如山薑花。珣曰：紅豆蔻生南海諸谷，高良薑子也。其苗如蘆，其葉如薑，花作穗，嫩葉卷之而生，微帶紅色。嫩者入鹽，纍纍作朵不散落，須以朱槿花染令色深。善醒醉，解酒毒，無他要使也。時珍曰：按范成大《桂海志》云：紅豆蔻花叢生，葉瘦如碧蘆，春末始發。初開花抽一幹，有大籜包之。籜拆花見。一穗數十蕊，淡紅鮮妍，如桃杏花色。蕊重則下垂如葡萄，又如火齊瓔珞及剪綵鸞枝之狀。每蕊有心兩瓣，人比之連理也。其子亦似草豆蔻。

【修治】時珍曰：高良薑、紅豆蔻，並宜炒過入藥。亦有以薑同吴茱萸、東壁土炒過入藥用者。

根　【氣味】辛，大温，無毒。志曰：辛、苦，大熱，無毒。張元素曰：辛，熱，純陽，浮也。入足太陰、陽明經。

【主治】暴冷，胃中冷逆，霍亂腹痛《別録》。下氣益聲，好顔色。煮飲服之，止痢藏器。治風破氣，腹内久冷氣痛，去風冷痹弱甄權。轉筋瀉痢，反胃，解酒毒，消宿食大明。含塊咽津，治忽然惡心，嘔清水，逡巡即瘥。若口臭者，同草豆蔻爲末，煎飲蘇頌。健脾胃，寬噎膈，破冷癖，除瘴瘧時珍。

【發明】楊士瀛曰：噫逆胃寒者，高良薑爲要藥，人參、茯苓佐之，爲其温胃，解散胃中風邪也。時珍曰：孫思邈《千金方》言：心脾冷痛，用高良薑，細剉微炒爲末，米飲服一錢，立止。太祖高皇帝御製周顛仙碑文，亦載其有驗云。又穢迹佛有治心口痛方云：凡男女心口一點痛者，乃胃脘有滯或有蟲也。多因怒及受寒而起，遂致終身。俗言心氣痛者，非也。用高良薑以酒洗七次焙研，香附子以醋洗七次焙研，各記收之。病因寒得，用薑末二錢，附末一錢；因怒得，用附末二錢，薑末一錢；寒怒兼有，各一錢半，以米飲加入生薑汁一匙，鹽一捻，服之立止。韓飛霞《醫通書》亦稱其功云。

【附方】舊三，新八。

霍亂吐利：火炙高良薑令焦香。每用五兩，以酒一升，煮三四沸，頓服。亦治腹痛中惡。《外臺》。

霍亂腹痛：高良薑一兩剉，以水三大盞，煎二盞半，去滓，入粳米一合，煮粥食之，便止。《聖惠方》。

霍亂嘔甚：不止。用高良薑生剉二錢，大棗一枚，水煎冷服，立定。名冰壺湯。《普濟方》。

脚氣欲吐：蘇恭曰：凡患脚氣人，每旦飽食，午後少食，日晚不食。若飢，可食豉粥。若覺不消，欲致霍亂者，即以高良薑一兩，水三升，煮一升，頓服盡，即消。若卒無者，以母薑一兩代之，清酒煎服。雖不及高良薑，亦甚效也。

心脾冷痛：高良薑丸用高良薑四兩，切片，分作四分：一兩用陳廩米半合，炒黄去米；一兩用陳壁土半兩，炒黄去土；一兩用巴豆三十四個，炒黄去豆；一兩用斑蝥三十四個，炒黄去蝥。吴茱萸一兩，酒浸一夜，同薑再炒。爲末。以浸茱酒打糊丸梧子大，每空心薑湯下五十丸。《永類鈐方》用高良薑三錢，五靈脂六錢，爲末。每服三錢，醋湯調下。

養脾温胃：去冷消痰，寬胸下氣，大治心脾疼及一切冷物傷。用高良薑、乾薑等分，炮研末，麵糊丸梧子大，每食後橘皮湯下十五丸。妊婦勿服。《和劑局方》。

脾虛寒瘧：寒多熱少，飲食不思。用高良薑麻油炒、乾薑炮各一兩，爲末。每服五錢，用猪膽汁調成膏子，臨發時熱酒調服。以膽汁和丸，每服四十丸，酒下亦佳。吴开内翰，政和丁酉居全椒縣，歲瘧大作，用此救人以百計。張大亨病此，甚欲致仕，亦服之愈。大抵寒發於膽，用猪膽引二薑入膽，去寒而燥脾胃，一寒一熱，陰陽相制，所以作效也。一方只用二薑半生半炮各半兩，穿山甲炮三錢，爲末。每服二錢，猪腎煮酒下。《朱氏集驗方》。

妊婦瘧疾：先因傷寒變成者，用高良薑三錢剉，以獖猪膽汁浸一夜，東壁土炒黑，去土，以肥棗肉十五枚，同焙爲末。每用三錢，水一盞，煎熱，將發時服，神妙。《永類鈐方》。

暴赤眼痛：以管吹良薑末入鼻取嚏，或彈出鼻血，即散。談埜翁《試驗方》。

風牙痛腫：高良薑二寸，全蠍焙一枚，爲末摻之，吐涎，以鹽湯漱口，此乃樂清丐者所傳。鮑季明病此，用之果效。王璆《百一選方》。

頭痛搐鼻：高良薑生研頻搐。《普濟方》。

紅豆蔻《開寶》。　【氣味】辛，温，無毒。權曰：苦、辛，多食令人舌粗，不思飲食。時珍曰：辛熱，陽也，浮也。入手、足太陰經。《生生編》云：最能動火傷目致衄，食料不宜用之。

【主治】腸虛水瀉，心腹絞痛，霍亂嘔吐酸水，解酒毒藏器。冷氣腹痛，消瘴霧毒氣，去宿食，温腹腸，吐瀉痢疾甄權。治噎膈反胃，虛瘧寒脹，燥濕散寒時珍。

【發明】時珍曰：紅豆蔻李東垣脾胃藥中常用之，亦取其辛熱芳香，能醒脾温肺、散寒燥濕、消食之功爾。若脾肺素有伏火者，切不宜用。

【附方】新一。

風寒牙痛：紅豆蔻爲末，隨左右以少許搐鼻中，並摻牙取涎。或加麝香。《衛生家寶方》。

題明・薛己《本草約言》卷一《藥性本草》　良薑　味辛，氣熱，無毒。陽也，可升可降。溫脾胃，有除嘔吐之功。快逆氣，能消宿食之效。出高良郡，故名之。入足陽明胃、太陰脾。治心腹逆冷，氣痛攻沖及嘔食翻胃，霍亂轉

筋。健脾暖胃，消宿食，解酒毒，下氣止瀉痢。〇氣味辛熱，能溫脾胃而散邪，故凡有寒邪停冷之候者，宜服。若肺胃中有熱者，忌之。脾胃火不足者，用此以消陰翳。至於火症燥結，不可妄投。

明・梅得春《藥性會元》卷上 紅豆蔻 味辛，氣溫。無毒。 主治腸虛水瀉，心腹攪痛，霍亂吐瀉，解酒毒，止吐酸，消血殺蟲。不宜多服，不則令人舌粗，不思飲食。

高良薑 味辛，氣熱。純陽。無毒。 主治胃中之冷逆，心氣之攻沖，霍亂轉筋，心痛連頭，翻胃嘔食，瀉痢下氣，健脾消食。

明・李中立《本草原始》卷二 高良薑 今嶺南諸州及黔蜀皆有之。內郡雖有，而不堪入藥。春生莖葉如薑苗而大，高一二尺許。花紅紫色如山薑。陶隱居言此薑始出高良郡，故名高良薑。按高良即今高州也。漢為高涼縣，吳改為郡。其山高而清涼，因以為名。則高良當作高涼也。 氣味：辛，大溫，無毒。 主治：暴冷，胃中冷逆，霍亂腹痛。〇下氣益聲，好顏色。煮飲服之，止痢。〇治風破氣，腹內久冷氣痛，去風冷痹弱。〇轉筋瀉痢，反胃，解酒毒，消飲食。〇含塊嚥津，治忽然惡心，嘔清水，逡巡即瘥。若口臭者，同草豆蔻為末，煎飲。

高良薑，《別錄》中品。【圖略】色紫赤，氣辛烈。二月三月采根，截切暴乾。 修治：炒過入藥。俗呼良薑。

元素曰：辛，熱，純陽。入足太陰、陽明經。 《千金方》：治心脾痛，以高良薑細剉，微炒杵末，米飲調下一錢，愈。太祖高皇帝御製周顛仙碑文，亦載其有驗云。又穢跡佛有治心口痛方云：凡男女心口一點痛者，乃胃脘有滯，或有蟲也，多因怒及受寒而起，遂致終身。俗言心氣痛者，非也。用高良薑酒洗七次，焙研；香附子醋洗七次，焙研，各記收之。病因寒得，用薑末二錢，附末一錢；因怒得，用附末二錢，薑末一錢；寒怒兼有，薑附各一錢半，以米飲入生薑汁一匙，鹽一捻，服之立止。韓飛霞《醫通書》亦稱其功云。 高良薑，使。

紅豆蔻 生南海諸谷，高良薑子也。凡物盛多謂之蔻，此子形如紅豆，叢生，故名紅豆蔻。 氣味：辛，溫，無毒。 主治：腸虛水瀉，心腹絞痛，霍亂，嘔吐酸水，解酒毒。〇冷氣腹痛，消瘴霧毒氣，去宿食，溫腹腸，吐瀉痢疾。

紅豆蔻，宋《開寶》。【圖略】色淡紅，亦有紫紅者。 修治：紅豆蔻，微炒用。

李時珍曰：辛，熱，陽也，浮也。入手足太陰經。若脾肺素有伏火者，切不可用。 紅豆蔻，今人調食饌多用。權曰：苦辛，多食令人舌粗，不思飲食。

明・張懋辰《本草便》卷一 高良薑使 味辛、苦，氣大溫，純陽，無毒。主暴冷，胃中冷逆衝心，霍亂腹痛，反胃嘔食，轉筋，瀉痢，健脾胃，消宿食。

明・李中梓《藥性解》卷四 高良薑 味辛，性大溫，無毒，入脾、胃二經。主胃中冷逆，霍亂腹痛，除寒氣，去冷痹，止吐瀉，療翻胃，消宿食，解酒毒。按：良薑辛溫，脾胃所快，真有寒症者，服之甚驗。若有熱病者，誤投愈劇。

明・繆希雍《本草經疏》卷九 高良薑 大溫。主暴冷，胃中冷逆，霍亂腹痛。

〖疏〗高良薑稟地二之氣以生，本經大溫，藏器辛溫，元素辛熱。純陽，浮也。入足陽明、太陰經。二經為客寒所犯，則逆冷、霍亂、腹痛諸病生焉。辛溫暖脾胃而逐寒邪，則胃中冷逆自除，霍亂腹痛自愈矣。甄權治腹內久冷氣痛，去風冷痹弱。大明：主轉筋瀉痢，反胃，解酒毒，消宿食。蘇頌治惡心嘔清水。皆取其暖胃溫中，散寒祛冷之功也。 〖主治參互〗《外臺秘要》霍亂吐利，高良薑炙令香，每用五兩，以酒一升，煮三四沸，頓服。亦治腹痛中惡。《普濟方》霍亂嘔甚不止，用高良薑生剉二錢，大棗一枚，水煎冷服，立定。《永類鈐方》心脾冷痛，用高良薑三錢，五靈脂六錢，為末。每服三錢，醋湯調下。〖簡誤〗高良薑辛溫大熱，惟治客寒犯胃，胃冷嘔逆，及傷生冷飲食，致成霍亂吐瀉之要藥。如胃火作嘔，傷暑霍亂，火熱注瀉，心虛作痛，法咸忌之。

明・倪朱謨《本草彙言》卷二 高良薑 味辛，性大熱，無毒。純陽，浮也。入足太陰、陽明經。

陶氏云：此薑始出高良郡，故名。今嶺南諸州、浙閩諸處，及黔、蜀皆有之。春末始發葉，叢生。葉瘦如碧蘆，未開花先抽一幹，有大籜包之。籜拆花見，一穗數十蕊，淡紅，鮮妍如桃杏花蕊。重則下垂，如葡萄。又如火齊瓔珞及剪綵鸞枝之狀。有花無實，不與草豆蔻同種。每蕊有兩瓣相幷，如比

目連理也。　蘇氏曰：　出嶺南者，形大虛軟；　出江左者，細緊，亦不甚辛。其實一也。二三月采根，形氣與杜若相似。春生莖葉，如山薑。莖高一二尺，花紅紫色，如山薑花，結子名紅豆蔻。

高良薑：　李東垣祛寒濕，溫脾胃之藥也。梅高士稿《別錄》方：　主冬月卒中寒冷，陰寒霍亂，腹痛瀉利，及胃寒嘔吐，山嵐瘴瘧，逆冷諸證。若老人脾腎虛寒，泄瀉自利，婦人心胃暴痛，因氣怒、因寒痰者，此藥辛熱純陽，除一切沉寒痼冷，功與桂附同等。苟非客寒犯胃，胃冷嘔逆，及傷生冷飲食，致成霍亂吐瀉者，不可輕用。如胃熱作嘔，傷暑霍亂，火熱注瀉，心虛作痛，法咸忌之。　葉振華先生曰：　古方治心脾疼，多用良薑。寒者與木香、肉桂、砂仁，同用至三錢；　熱者與黑山梔、川黃連、白芍藥，同用五六分。于清火藥中，取其辛溫下氣止痛有神耳。若治脾胃虛寒之證，須與參、耆、半、朮同行，尤善。單用多用，辛熱走散，必耗沖和之氣也。

集方：　《外臺秘要》治冬月中寒，霍亂吐利，逆冷不溫。用高良薑一兩，酒半升，煮滾五六沸，頻頻服。○《聖惠方》治胃寒嘔吐，幷治泄瀉，逆冷不溫。用高良薑、白豆蔻、白朮各五錢，黑大棗五枚，煨，水二大碗，煎七分服。○丹溪方治山嵐瘴瘧，兼吐瀉逆冷者，用高良薑、草果仁炒、薑製半夏、厚朴、蒼朮炒，各三錢，烏梅三枚，煎服。○《脾胃論》治老人虛寒多瀉，用高良薑、補骨脂、乾薑，於白朮各三錢，炙甘草五分，人參二錢，水煎服。○李氏《集驗方》治脾虛寒瘧，寒多熱少，飲食不思。用高良薑切片，麻油拌炒炮薑各一兩，共爲末，每服五錢。用猪膽汁調成膏，臨發時熱酒沖服，立驗。○王璆《百一選方》治風牙腫痛。用高良薑三錢，全蝎一個，焙，共爲末搽之，吐涎，以鹽湯漱口立效。○《方脉正宗》治一切滯氣，心腹脹悶，疼痛，脅肋脹滿，嘔吐酸水痰涎，頭目眩暈，幷食積、酒積及米穀不化，或下利膿血，大小便結滯不快；　或風壅積熱，口苦咽乾，涕唾稠粘，此藥最能推陳致新，散鬱破結，活血通經，治氣分之聖藥也。用高良薑、檳榔、黃連、木香、枳殼、青皮、莪朮各一兩，黃柏二兩，香附、大黃各三兩，俱用酒拌炒，磨爲細末，加黑牽牛頭末四兩，水發丸如梧桐子大，每服一錢五分。臨臥時淡薑湯送下，以利爲度。○治小兒上吐下瀉。用高良薑、人參、白朮、茯苓、藿香、木香、甘草、肉豆蔻各七分，水煎服。

明・姚可成《食物本草》卷一六味部・調飪類　高良薑出高良郡，嶺南諸州及黔、蜀皆有之。春生莖葉，如薑苗而大，高一二尺許。花作穗，嫩葉卷之而生，微帶紅色。嫩者入鹽，纍纍作朵不散落，須以朱槿花染令色深。善醒醉，解酒毒。

高良薑，味辛，大溫，無毒。治積冷氣，止吐逆反胃，消穀下氣，寬膈進食。去白睛翳膜，補肺氣，益脾胃，理元氣，好顏色，解酒毒。

明・顧逢柏《分部本草妙用》卷三脾部・温瀉　高良薑　辛，熱，無毒。炒用。　主治：　脾胃冷痛，霍亂，止痢，氣痛冷痺，消宿食，治嘔惡，健脾胃，寬噎膈，破冷癖，除瘴瘧。　良薑，純陽之性，惟利胃脘冷痛，胸腹冷積，因怒受寒之症。與香附同用，更靈。

明・李中梓《醫宗必讀・本草徵要上》　高良薑味辛，溫，無毒。入脾、胃、肝三經。微炒。　溫胃去噎，善醫心腹之疼；　下氣除邪，能攻嵐瘴之瘧。古方治心脾疼多用良薑，寒者用之至二錢，熱者亦用四五分於清火劑中，取其辛溫下氣，止痛有神耳。按：　虛人須與參朮同行，若單用多用，犯沖和之氣耳。

明・鄭二陽《仁壽堂藥鏡》卷一〇下　紅豆〔蔻〕　氣溫，味辛，無毒。《本草》云：　主陽虛水瀉，心腹絞痛、霍亂，嘔吐酸水，解酒毒。不宜多，令人舌粗，不能飲食。　《液》云：　是高良薑子。用紅豆〔蔻〕復用良薑，如用官桂復用桂花同意。　禹錫云：　紅豆蔻治嵐瘴霧氣，善解酒毒。

高良薑　陶隱居云：　高良薑，出高良郡，嶺南者形大虛軟，江左者細緊。　潔古云：　氣熱，味辛，純陽。健脾胃。　東垣云：　良薑味辛，大溫，純陽。主胃中冷逆，霍亂腹痛，健脾胃。　禹錫云：　良薑治冷氣衝心。

明・蔣儀《藥鏡》卷一温部　高良薑　敵寒氣吐逆之痾，下心痛攻冲之氣。轉筋霍亂，酒毒兼鎔。是薑亦結子，人稱紅豆蔻，味辛性熱，其氣芬芳，溫肺醒脾，且疏噎膈，散寒燥濕，更裨腸虛。

明・張景岳《景岳全書》卷四八《本草正》　良薑子名紅豆蔻。　味辛，熱，純陽，浮也。入足太陰、陽明。治胃中逆冷，嘔吐清水，恶心霍亂，氣寒腹痛，解酒毒，消宿食，健脾胃，寬噎膈，除反胃，破冷癖，解瘴瘧，療轉筋瀉痢。同草豆蔻煎飲，亦治口臭。子名紅豆蔻，治用略同。

明・盧之頤《本草乘雅半偈》帙八　高良薑《別錄》中品　氣味：　辛，大溫，無毒。　主治：　主暴冷，胃中冷逆，霍亂腹痛。

覈曰：　唐詩云：　豆蔻稍頭二月初。《桂海虞衡志》云：　紅豆蔻花叢生，葉瘦如碧蘆，春末始發。未開花時，先抽一幹，有大籜包之，籜解花見。

一穗數十蕋，淡紅鮮妍如桃杏。蕋重則垂如葡萄，又如火齊瓔珞，及剪彩鸞枝之狀。有花無實，不與草豆蔻同種，每蕋心有兩瓣相並，詞人託興，如比目連理云。《資暇集》云：豆有圓而紅，其首烏者，舉世呼為相思子，即紅豆蔻之異名。其木斜斫之則有文，可為彈博局及琵琶槽。其樹大株而白，枝葉似槐。其花與皂莢花無殊。其子若穩豆處于甲中，通體皆紅。李善云：其實赤如珊瑚。徐氏《筆精》云：嶺南閩中有相思木，歲久結子，色紅如大豆，故名相思子。每一樹結子數斛，非紅豆也。《筆叢》謂溫廷筠詩：玲瓏骰子安紅豆，入骨相思知也無。相思子即紅豆者，亦謬矣。《方物略記》云：紅豆花白色，實若大豆而紅，以似得名，葉如冬青。

彖曰：高，崇也，倉舍同。良，善也。薑，界也。氣味辛大溫，對待暴冷為因。胃中冷逆，霍亂腹痛為證。《經》云：脾胃者，倉廩之官，使道閉塞而不通，形乃大傷，閔閔之當，孰者為良。具豆蔻之宣攝，肉蔻之剛㷗，白蔻之開發，三皆草實。此獨草荄，下焦亦得藉此以成決瀆矣。冥冥之當，舍此孰良。

明·李中梓《本草通玄》卷上　高良薑　辛、溫，獨入脾胃。主寒邪腹痛，止嘔吐，寬噎膈，破冷癖，除瘴瘧，消宿食。東壁土炒用。

清·顧元交《本草彙箋》卷二　高良薑　良薑辛溫，脾胃所快。故胃中冷逆，及心脾冷痛者用之。若有熱症，誤投愈劇。

子名紅豆蔻。東垣脾胃藥中多用之，亦取其辛熱，芳香醒脾，溫肺散寒，燥濕消食之功耳。周慎齋云：良薑溫丹田，細辛散痰飲。穢跡佛有治心口痛方云：凡男女心口一點痛者，乃胃脘有滯，或有蟲也。多因怒，或受寒而起，遂致終身。俗言心氣痛者，非也。用高良薑以酒洗七次，焙研，附子以醋洗七次，焙研，各記收之。病因寒得，用薑末二錢，附末一錢；因怒得，用附末二錢，薑末一錢；寒怒兼有，各一錢半。以米飲，加入生薑汁一匙，鹽一捻，服之立止。亦有胃火作痛者，宜辨之。

清·穆石匏《本草洞詮》卷八　高良薑　此薑始出高良郡，故名。氣味辛大溫，無毒。入足太陰陽明經。健脾胃，治噎膈，破冷癖，除瘴瘧。《千金方》言：心脾冷痛，米飲服高良薑末一錢，立止。洪武中御製周顛仙碑文亦載之。韓飛霞云：凡男女心口一點痛者，乃胃脘有滯，或有蟲也。多因怒氣及受寒而起，用高良薑以酒洗七次，焙研，香附子以醋洗七次，焙研，各記收之。病因寒得，用薑末二錢，附末一錢。因怒得，用附末二錢，薑末一錢。寒怒兼有，各一錢半，以米飲入生薑汁一匙，鹽一捻，服之立止。

清·劉雲密《本草述》卷八上　高良薑　時珍曰：按高良，即今高州也。漢為高涼縣，吳改郡，則高良當作高涼也。頌曰：內郡雖有，而不堪入藥。春生莖葉，如薑苗而大，高一二尺許，花紅紫色，如山薑花。

根：氣味：辛，大溫，無毒。志曰：辛、苦，大熱，無毒。潔古曰：辛，熱。純陽，浮也，入足太陰陽明經。

主治：內冷腹痛，霍亂吐瀉，翻食嘔沫，溫中下氣，破冷癖，療心脾久冷作痛，去風冷痺弱。楊士瀛曰：噫逆胃寒者，高良薑爲要藥，人參、茯苓佐之，爲其温胃，解散胃中風邪也。時珍曰：穢跡佛有治心口痛方云：凡男女心口一點痛者，乃胃脘有滯，或有蟲也。多因怒及受寒而起，遂致終身。俗言心氣痛者，非也。用高良薑，以酒洗七次，焙研。香附子以醋洗七次，焙研。各記收之。病因寒得，用薑末二錢，附末一錢。因怒得，用附末二錢，薑末一錢。寒怒兼有，各一錢半，以米飲加入生薑汁一匙，鹽一捻，服之立正。

希雍曰：高良薑禀地二之氣以生，《本經》大溫，藏器辛溫，潔古辛熱，純陽，浮也，入足陽明、太陰經。辛溫暖脾胃而逐寒邪。

附方　霍亂吐利，高良薑炙令香，每用五兩，以酒一升，煮三四沸，頓服。亦治腹痛中惡。心脾冷痛，高良薑三錢，五靈脂六錢，為末，每服三錢，醋湯調下。

愚按：辛溫辛熱之味，溫多就土，以土喜暖也。熱多就火，同氣相求也。有辛味勝於溫熱者，則又就金，如辛溫獨勝，其能開滯散結。辛溫兼苦，是又散而下行。良薑之辛溫固也，然其治冷氣，吐瀉翻食等證，乃其辛而兼苦，有下氣之功也。不然，《本草》所列諸味，為辛溫辛熱者亦多矣，何可不細審也？

又按：良薑之治冷而暖胃固也，其謂去風冷者，謂何？蓋陽氣大虛，則亦病於風，故不止曰風。而曰風冷者，此也。然即此可悟胃中冷逆，而為霍亂及反胃者，何也？夫升降者，一氣耳，陽并於陰，則升降之道窮，而中土實司升降之樞，故即病於中土，或為霍亂，甚則為反胃也。知此，則知此味之能奏功於陽也已。

希雍曰：高良薑，辛，溫，大熱。惟治客寒犯胃，胃冷嘔逆，及傷生冷飲

食，致成霍亂吐瀉之要藥。如胃火作嘔，傷暑霍亂，火熱注瀉，心虚作痛，法咸忌之。

修治　宜炒過入藥。亦有以薑同吴茱萸、東壁土炒過，入藥用者。

清・郭章宜《本草匯》卷一〇　高良薑　辛、苦，大熱，純陽，浮也。入足太陰、陽明經。溫胃去噎，善醫心腹寒痛。除邪下氣，能消障瘧宿食。治忽然惡心嘔清水，療下部脚氣併冷逆。

按：高良薑辛溫大熱，最能解散脾胃風寒停冷。古方多用以治心脾疼痛，噫逆胃寒者，取其下氣止痛有神耳。若病因寒而胃脘滯痛，用良薑，酒洗七次，焙研二錢，香附子醋洗七次，焙末一錢。因怒者，用附末二錢，薑末一錢。寒怒兼有，各一錢半，以米飲加入生薑汁一匙，鹽一捻，服之立止。凡男女心口一點痛者，乃胃脘有滯，或有蟲也。多因怒及受寒而起，遂致終身，俗言心〔氣痛〕者，非也。用此法治之。然止治〔客〕寒犯胃，及傷生冷可用。若肺胃有熱，心虚作痛，傷暑注瀉，火症燥結，皆宜忌之。脾胃火不足者，少用以消陰翳。虚人須與參、术同行，若單用多用，犯冲和之氣矣。

東壁土炒用。

紅豆蔻即高良薑子　味苦、辛，溫，陽也，浮也。入手足太陰經。腸虚水瀉痛心腹，霍亂嘔酸醒酒毒。噎膈反胃散寒邪，更辟瘴霧忌多服。

按：紅豆蔻辛熱芳香，最能醒脾溫肺，散寒燥濕，故東垣常用之脾胃藥中。然多食令人舌粗，不思飲食。《生生編》云：善能動火，傷目致衄，食料中亦不宜用。若脾肺素有伏火者，切不可用也。

炒過入藥。

清・朱本中《飲食須知・味類》　紅豆蔻　味辛，性溫。多食令人舌粗，不思飲食，最能動火，傷目致衄。食料中不宜用之。

清・蔣居祉《本草擇要綱目・熱性藥品》　良薑東壁土炒過，入藥用。　氣味：辛，大溫，無毒。純陽而浮。入足太陰、陽明經。　主治：胃中冷逆，霍亂腹痛，噫逆胃寒者宜之。人參、茯苓佐之，解散胃中之風邪。　紅豆蔻：　氣味：辛，溫，無毒。陽而浮也。入手足太陰經。　主治：腸虚水瀉，心腹絞痛，霍亂，嘔吐酸水。解酒毒，冷氣，消瘴霧毒氣。去宿食，溫腹腸吐瀉痢疾，治噎膈反胃，虚瘧寒脹。李東垣脾胃藥中常用之，亦取其辛熱芳香能醒脾，溫肺散寒，燥濕消食之功爾。若脾肺素有伏火者，切不宜用。

清・王翃《握靈本草》卷三　高良薑出高良，今高州。土炒用。　主治：高良薑，辛，大溫，無毒。主暴冷，胃中冷，霍亂腹痛，止痢，健脾胃，寬噎膈。【略】《選方》：【略】痢後小便利而腹中尚滿，痛不可忍，此名陰陽反錯，用高良薑、大梔子各三錢，或米飲，或酒調下三錢。

清・汪昂《本草備要》卷二　良薑宣，燥，暖胃散寒。　辛，熱。暖胃散寒，消食醒酒。治胃脘冷痛，凡心口一點痛，俗言心氣痛，非也，乃胃脘有滯或有蟲，及因怒、因寒而起。以良薑酒洗七次，香附醋洗七次，焙研。因寒者，薑二錢，附一錢；因怒者，附二錢，薑一錢；寒怒兼者，每錢半，米飲加薑汁一匙，鹽少許服。初梁緄患心脾痛，夢神授此方，二味等分服，後人各炒方用。霍亂瀉痢，吐惡噎膈，瘴瘧冷癖。肺胃熱者忌之。

出嶺南高州。子名紅豆蔻。溫肺散寒，醒脾燥濕，消食解酒。東垣脾胃藥中常用之。并東壁土炒用。

清・吴楚《寶命真詮》卷三　高良薑　味辛，溫，純陽，無毒。高良地土所產，今改高州，係廣屬郡。東壁土炒用。入脾胃二經。〇結實秘收，名紅豆蔻，善解酒毒，餘治同。

清・陳士鐸《本草新編》卷三　高良薑　良薑：味辛，氣大溫，純陽，無毒。入心與膻中、脾、胃四經。健脾開胃，消食下氣，除胃間逆冷，止霍亂轉筋，定瀉痢翻胃，祛腹痛心疼，溫中却冷，大有殊功。倘内熱之人悮用之，必至變生不測，又不可不慎也。高良薑止心中之痛，然亦必與蒼术同用為妙。否則，有愈、有不愈，以良薑不能去濕故耳。

或問：良薑最能解酒毒，何子之未言也？夫良薑辛溫大熱，治客寒犯胃者實效，倘胸腹大熱者，愈增煩燒之苦矣。良薑宜于治寒，而不宜于治熱也。酒性大熱，投之解酒，不以熱濟熱乎，繆仲醇謂其能解酒毒，此予所不信也。

清・李熙和《醫經允中》卷一八　高良薑　炒用。　辛，溫，無毒。主治脾胃冷痛，霍亂瀉痢，嘔惡，寬噎膈，破冷癖。純陽之性，惟利胃脘冷痛冷積；受寒之症，同香附用更靈。然辛溫大熱，中病即止，不宜多用也。子名紅荳蔻，散寒邪，辟瘴霧，功用同前。多用動火傷目致衄，令人舌粗不思飲食。

清・馮兆張《馮氏錦囊秘錄・雜症痘疹藥性主治合參》卷二　高良薑稟地二之氣以生，故味辛熱。純陽，浮也。入足陽明、太陰經，而治冷逆，逐寒邪諸症。

高良薑，健脾消食，下氣溫中，除胃間冷逆衝心，却霍亂轉筋瀉痢，翻胃嘔食可止，腹痛積冷堪毆。然治客寒犯胃，心腹冷痛並宜。若傷暑注瀉，心虛作痛，實熱腹疼切忌。子名紅豆蔻，炒過入藥，醒脾溫肺，散寒燥濕，故東垣常用之脾胃藥中，又善解酒毒，餘治同前。然善能動火傷目致衄，不可常用也。

清・张璐《本經逢原》卷二　高良薑　辛，大溫，無毒。煨熟用。子名紅荳蔻。

發明：良薑辛熱，純陽上升，入足陽明、太陰二經。為客寒所犯，則逆冷霍亂，腹痛諸病生焉。辛溫暖脾胃而逐寒邪，則胃中冷逆自除，霍亂腹痛自愈。甄權治腹內久冷氣痛，去風冷痹弱。大明主轉筋，瀉利反胃，解酒毒，消食。蘇頌治惡心嘔清水，皆取暖胃溫中散寒之功也。而寒疝小腹掣痛，須同茴香用之。產後下焦虛寒，瘀血不行，小腹結痛者加用之。若胃火作嘔，傷暑，霍亂禁用，為其溫燥也。〇紅荳蔻辛溫，主水瀉霍亂，心腹絞痛，止嘔進食，大補命門相火，故正元丹中用之。然能動火傷目致衄，不宜久服。

清・浦士貞《夕庵讀本草快編》卷二　高良薑《別錄》　子名紅豆蔻。始出高良郡，故名。考高良，即今之高涼州也。　良薑苦辛大熱，純陽之品，入足太陰、陽明二經。善治噫逆胃寒，泄瀉腹痛，健脾寬膈，破冷除瘴，乃其能也。若以參、苓佐之，非惟溫養胃氣，更可散中宮之風邪，故《千金方》治心脾冷痛者用之。近有華亭邑公陳子明乃高州人也，嘗語予曰：良薑非獨利于心膈，每見囚人被夾，即用此搗爛紮之，則旋復如故，又可驗其除痺續傷矣。

清・王子接《得宜本草・中品藥》　高良薑　味辛，氣溫。入足太陰、陽明經。得茯苓治胃寒噫逆，得粳米治霍亂腹痛。

清・黃元御《玉楸藥解》卷一　紅豆蔻　味辛，氣溫。入足太陰脾、足陽明胃經。治脾胃濕寒，痛脹皆消。療水穀停瘀，吐泄俱斷。善止霍亂瘧痢，能除反胃噎膈。去胸腹之酸穢，散山川之瘴癘。紅豆蔻調理脾胃，溫燥濕寒，開通瘀塞，宣導污濁。亦與草豆蔻無異，而力量稍健，內瘀極重者宜之。上熱易作鼻衄牙痛之家，盡屬中下濕寒；膽火不降，當溫燥中下，俟上熱不作而用之。去殼研用。紅豆蔻即良薑子，與良薑性同。

清・吳儀洛《本草從新》卷一　良薑〔宣，去惡氣。〕　辛，熱。暖胃散寒，消食醒酒。治胃脘冷痛，凡心口一點痛，俗言心痛，非也。乃胃脘有滯，或有蟲，及因怒因寒而起。以良薑酒洗七次，香附醋洗七次，焙研；因寒者，薑二錢，附一錢；因怒者，附二錢，薑一錢；寒怒兼者，每一錢五分；米飲加薑汁一匙，鹽少許，服。古方治心脾疼多用良薑，寒者用之至二錢，熱者亦用四五分於清火劑中，取其辛溫下氣，止痛有神耳。嵐瘴瘧疾，霍亂瀉痢，吐惡，噎膈冷癖。虛人須與參、朮同行，若單用多用，犯冲和之氣已。出嶺南高州。東壁土拌炒用。附：紅豆蔻〔宣，燥，溫肺醒脾。〕　溫肺散寒，醒脾燥濕，消食解酒。禁忌製用同上。

清・汪紱《醫林纂要探源》卷二　良薑　辛，熱。根葉亦似薑而開花結子。出高州。補肝暖胃，消食散寒，功用同上。紅豆蔻：溫中散寒，醒脾燥濕。即良薑子也。俱壁土炒。

清・嚴潔等《得配本草》卷二　高良薑　辛，熱。入足太陰、陽明經。暖胃散寒。治胃脘冷痛，霍亂瀉痢，冷痹瘴瘧。得香附，治胃口滯痛。得茯苓，治胃寒噫逆。配乾薑、豬膽，治脾虛寒瘧。配粳米，治霍亂腹疼。微炒，或東壁土拌炒，或吳茱萸煎湯浸炒。瀉因傷暑，痛由內虛，或兼內熱者，禁用。紅豆蔻即良薑子。辛，熱。入手足太陰經。溫肺醒脾，散寒燥濕，解酒毒，消食積。治霍亂吐瀉，心腹絞痛。東壁土拌炒，或吳茱萸泡湯浸炒。動火致衄、傷目，不可常用。脾肺素有伏火者禁用。

題清・徐大椿《藥性切用》卷三　高良薑　辛熱性烈，祛寒逐冷，除中脘作痛如冰。子名紅豆蔻，性稍輕浮，入脾肺而祛寒散結，微炒用。

清・黃宮繡《本草求真》卷四　良薑溫胃散寒除泄。　良薑耑入胃。氣味辛熱，治無他屬。凡因客寒，客寒為外至寒邪。積於胃脘，而見食積不消，絞痛殆甚。暨霍亂瀉痢，吐惡噎膈，瘴瘧冷癖，皆能溫胃却病。故同薑附則能入胃散寒，同香附則能除寒祛鬱。若傷暑泄瀉，實熱腹痛切忌。此雖與乾薑性同，但乾薑經炮經製，則能以去內寒，此則辛散之極，故能以辟外寒之氣也。心口痛方云：凡男女心口一點痛者，乃胃脘有滯或有蟲也。多因怒極受寒而起，遂致終身，俗言心氣痛者非也！用高良薑酒洗七次，同香附子醋洗七次，焙研，各記收之，因寒加薑末為君，附末佐之，因怒附末為君，薑末佐之，寒怒兼有平用，以米飲入生薑汁一匙，鹽一捻服之，宜止。子名紅荳蔻，氣味辛甘而溫，炒過入藥，亦是散寒燥濕補火，醒脾溫肺之味，且善解酒餘，並治風寒牙痛。與良薑性同，然有火服之，傷目致衄，不可不知。

清・羅國綱《羅氏會約醫鏡》卷一六草部　良薑　味辛，性溫，入脾、胃、肝三經。土炒。　暖胃散寒。治心脾疼痛，寒者用至二錢，熱者亦用四五分於清火劑中，取

其從治，清火止痛，最神。治冷逆翻胃、陰寒霍亂、嘔吐宿食、胃脘冷痛，療噎膈、瘴瘧。皆胃寒病。虛者宜於參术同用，庶不犯沖和之氣。子名紅豆蔻，醒脾消食，散寒燥濕，又解酒毒，餘治同前。然動火傷目，不可常用。

清・黃凱鈞《藥籠小品》 良薑 辛，熱，治胃脘冷痛，虛者可與參、术同行。出嶺南高州，土拌炒。

清・張德裕《本草正義》卷下 良薑 辛，熱。純陽而浮，入脾胃。治胃寒嘔吐清水，解酒毒，健脾胃，寬噎膈反胃，療轉筋霍亂。

紅豆蔻 功用略同良薑，即良薑子也。

清・楊時泰《本草述鈎元》卷八 高良薑 高良當作高涼，即今高州，漢為高涼縣。生內郡者不堪入藥瀕湖。

根味辛兼苦，氣溫熱。純陽，浮也。入足太陰陽明經。溫中下氣，療心脾久冷作痛，治內冷腹痛，霍亂吐瀉，翻食嘔沫，破冷癖，去風冷痹弱。噫逆胃寒者，高良薑為要藥。人參、茯苓佐之，為其解散胃中風邪也士瀛。穢跡佛方，凡男女心口一點痛者，乃胃脘有滯或有蟲，多因怒及受寒而起，遂致終身，俗言心氣痛者非也。用高良薑酒洗七次，焙研，香附子醋洗七次，焙研，各記收之。病因寒得，薑末二錢，附末一錢。因怒得，附末二錢，薑末一錢。寒怒兼有，各一錢半。以米飲加入生薑汁一匙、鹽一捻，服之立止。霍亂吐利，高良薑炙令香，每用五錢，以酒一升，煮三四沸，頓服，亦治腹痛中惡。心脾冷痛，高良薑三錢，五靈脂六錢，為末，每服三錢，醋湯調下。

論： 凡辛溫辛熱之味，溫多就土，以土喜暖也。熱多就火，同氣相求也。辛味勝於溫熱者，則就金。辛溫獨勝，即能開滯散結。辛溫兼苦，則又散而下行。如良薑之辛溫，治冷氣吐瀉翻食等證，以其辛而兼苦，有下氣之功也。人身中土，實司升降之樞，而升降者秖是一氣，若陽并於陰，則升降之道窮，故即病於中土，或為霍亂，甚則為反胃。其謂良薑能去風冷者，以陽氣大虛，則亦病於風，故不止曰風，而曰風冷，惟此能奏功於陽也。

此物用根，其仁即紅豆蔻，紅蔻辛熱，最能動火傷目致衄。 繆氏云：良薑辛溫大熱，惟客寒犯胃而嘔逆及傷生冷致成霍亂者，宜之。如胃火作嘔，傷暑霍亂，心虛作痛者，咸忌。 修治： 宜炒過入藥，亦有以薑同吳萸、東壁土炒用者。

清・鄒澍《本經續疏》卷四 高良薑 【略】凡味辛氣溫，芳香之物，類取其陰中通陽，而用其根，則有取於從土外達。凡根采掇於花實後者，類取其收藏。采掇於花實前者，類取其散發。若采掇於臨花發時，則一取其去病之速，一取其去驟來之病也。高良薑以春末開花，采根於二三月，而所主是暴冷，斯其義詎能外是哉？雖然，暴冷與痼冷又何別耶？夫痼冷於人身已有奠居之所，人身元氣已有附從之者，不比暴來之冷破空而入，主客之勢，既未相親，格拒之形又已著見。試觀下文所謂胃中冷逆，霍亂腹痛者，為何如證乎？若胃肯受其冷，冷以胃為窟者，則必下泄，決不上逆。若霍亂手足厥者，縱自吐利，必不腹痛，為非浸淫潰敗之由，此暴冷之所可徵，高良薑之所可用也。至其子，則性向下矣，故其功能在下，而亦與根不甚相差。

清・葉桂《本草再新》卷一 良薑味辛，性溫，無毒。入脾、腎、肝三經。 暖胃散寒，消食醒酒，治胃脘冷痛。

清・趙其光《本草求原》卷二芳草部 高良薑 辛，熱，主升散結滯；苦又主降，能壯心肺之陽，以升降脾胃，無毒。治胃寒噫逆，胃司升降之樞，喜暖。同乾薑、橘皮。霍亂，炒焦酒煮；或煎，取水煮粥。反胃，同大棗煎，冷服。脚氣欲吐，水煎服。胃脘痛，酒洗，同醋洗香附研。因寒者，薑二，附一；因怒者，附二，薑一。以米飲、薑汁、鹽少許，煎水下。心脾冷痛，用四兩，分四份，各以陳米、東壁土、巴豆、斑蝥同炒，取薑，再同吳萸酒炒為末，糊打為丸，或加五靈，醋湯下。有痰，陳皮湯下。脾虛寒瘧，寒多熱少，以麻油炒，同炮薑等分，豬膽汁和丸，酒下甚效。以寒發於膽，用膽汁引入膽也。目卒赤頭痛，為末吹鼻。風牙痛腫，同全蠍末，摻之，鹽湯漱，甚效。風冷痹痛，土以和風而奠，以冷風而傷。冷癖，止痢，解酒，消冷食，治口臭。同草蔻煎飲。炒用。出嶺南高州。寒疝及產後寒瘀、小腹痛，每加用之。

紅豆蔻，即其子也。辛，溫。溫肺，散寒，醒脾，燥濕，消食，解酒，止腸虛水瀉，止痢，去寒濕反胃腹痛，補命門火，故正元丹用之。但動火，傷目致衄，不宜久服。東壁土炒用。

清・文晟《新編六書》卷六《藥性摘錄》 良薑 氣味辛烈，溫胃除泄，散寒。〇凡因客寒積於胃(腕)〔脘〕，而見食積不消，絞痛殆甚，暨霍亂瀉痢，吐惡噎膈，瘴瘧冷癖，皆可用。〇若傷暑泄瀉，實熱腹痛，切忌。〇子名紅荳蔻。炒用，散寒濕，補火醒脾，溫肺，善解酒。有火者禁服。

清・張仁錫《藥性蒙求・草部》 良薑紅豆蔻五分 良薑辛熱，下氣溫中。轉筋霍亂，酒食能攻。入脾、胃、肝三經。暖胃散寒，治胃脘疼痛。〇其子名紅荳

蔻。溫肺散寒，醒脾燥濕，消食解酒。東壁土炒用。

清·屠道和《本草匯纂》卷一　溫散　良薑　耑入胃。氣味辛熱，無毒。溫胃散寒，除泄。治胃脘冷痛，消宿食，解酒毒，去食積不消絞痛殆甚及霍亂泄痢吐惡。寬胸膈，除瘴瘧，破冷澼，去腹內久冷，氣痛下氣，益聲好顏色。若傷暑泄瀉，實熱腹痛，切忌。虛人須與參、术同行，若單用多用，恐犯沖和之氣。忽然惡水，嘔清水，含塊嚥津須臾即瘥。口臭者同草豆蔻為末，兼飲。

清·田綿淮《本草省常·氣味類》　良薑　一名蠻薑。性熱。暖胃散寒，消食醒酒。治胃脘冷疼。

清·戴葆元《本草綱目易知錄》卷一　良薑　辛，熱。純陽，入足太陰、陽明經。健脾胃，寬噎膈，破冷癖，除瘴瘧，療反胃，消宿食，解酒毒。治胃中冷逆，霍亂腹痛，轉筋瀉痢，嘔惡清水，去風冷痹弱，腹冷氣痛，噫逆胃寒，入為要藥。肺胃熱者忌。【略】

紅豆蔻良薑子　辛，溫。入手足太陰。溫肺醒脾，散寒燥濕，解酒毒，去宿食，溫腹脹，消瘴霧、毒氣。治腸虛水瀉，心腹絞痛，噎膈反胃，霍亂痢疾，虛瘧寒脹，冷氣腹痛，嘔吐酸水。最能動火，致衄傷目，脾肺素有伏火者忌。

清·黃光霽《本草衍句》　高良薑　辛散腹內寒邪，熱除胃中冷痛。下氣溫中，健脾消食。治瘴瘧，反胃惡心；除霍亂，轉筋瀉痢。胃寒噫逆者相宜，楊氏云：噫逆胃寒者，良薑為要藥。人參、茯苓佐之，為其溫胃散解胃中風邪也。實熱腹痛者切忌。得茯苓治胃寒噫逆，得粳米治霍亂腹痛。　心口痛方：凡男子心口一點痛者，乃胃脘有滯，或有蟲也。多因怒及受寒而起，遂至終身。俗言心氣痛者，非也。用高良薑酒洗，焙研，香附子醋浸，焙，各記收之。病因寒得，用薑末二錢，附末一錢；因怒得，附末二錢，薑末一錢；寒怒兼有，各錢半；以米飲加入生薑汁一匙，鹽一捻，服之立止。　紅荳蔻：醒脾溫肺，燥濕散寒。腸虛水瀉腹痛，霍亂反胃嘔酸。東垣云：脾胃藥中常用之，取其消食之功耳。

清·陳其瑞《本草撮要》卷一　良薑　味辛，氣溫，入足太陰、陽明經，功專溫中下氣。得茯苓治胃寒噫逆，得粳米治霍亂腹痛，並主治暖痢冷癖。肺胃熱者忌之。子名紅荳蔻，並用東壁土炒用。

清·鄭奮揚著，曹炳章注《增訂偽藥條辨》卷三　高良薑　陶隱居言高良薑始出高良郡，故得此名。《別錄》云：氣味辛，大溫，無毒。主治暴冷，胃中冷逆，霍亂腹痛。近有偽品，色黑而暗不黃，根瘦無味，非高良所產，不可用，用之反有害矣。　炳章按：高良薑，廣東、海南出者，皮紅有橫節紋，肉紅黃色，味辛辣，為道地。出貨多，用途少，偽者鮮見。《南越筆記》云：高良薑出於高涼，故名。根為高良薑，子即紅豆蔻。子未坼，含胎鹽醃，經冬味辛香入饌。又云：凡物盛多謂之寇，是子如紅豆而叢生，故名紅豆蔻。今驗此花深紅如灼，與《圖經》花紅紫色相吻合。花罷結實，大如白果，有稜，嫩時色紅綠，子細如橘瓤，所謂含胎也。老則色紅，即《草木狀》之山薑，《楚辭》之杜若也。

杜若

唐·歐陽詢《藝文類聚》卷八一　杜若　《爾雅》曰：杜若，土鹵。《廣雅》曰：楚蘅也。《本草經》曰：杜若，一名杜蘅。味辛，微溫。久服益氣輕身。《范子計然》曰：杜若，生南郡漢中。《山海經》曰：天帝之山有草焉，狀如葵臭，如蘼蕪，名曰杜蘅。可以走馬。帶香草令人便馬，或曰馬得之健步。《離騷》曰：采芳洲兮杜若，將以遺兮下女。又曰：雜杜蘅與芳芷。又曰：山中人兮芳杜若，飲石泉兮蔭松柏。

詩　梁沈約《詠杜若詩》曰：生在窮絕地，豈與世相親。不顧逢采擷，本欲芳幽人。《古詩》曰：上山採蘼蕪，下山逢故夫。

賦　齊謝朓《杜若賦》曰：馮瑤圃而宣遊，藉幽蘭而夷與。覽茲榮之苑茂，紛為芳於清籞。觀夫結根擢色，發曜垂英。緣春巒以宣布，蔭凉潭而影清。

頌　梁江淹《杜若頌》曰：山中杜若，嘉爾翠質，不奇不俗，載華載實。同銜夕露，共烱朝日，夷陂無二，沉冥如一。

宋·沈括《夢溪筆談》卷三《補筆談》　杜若　即今之高良薑。後人不識，又別出高良薑條。如赤箭再出天麻條，天名精再出地菘條，燈籠草再出苦耽條，如此之類極多。或因主療不同，蓋古人所書主療，皆多未盡。後人用久，漸見其功，主療寖廣。諸藥例皆如此，豈獨杜若也。後人又取高良薑中小者為杜若，正如用天麻、蘆頭為赤箭也。又有用北地山薑為杜若者。杜若，古人以為香草。北地山薑何嘗有香？高良薑花成穗，芳華可愛。土人用鹽梅汁淹以為菹。南人亦謂之山薑花，又曰豆蔻花。《本草圖經》云：杜若苗似山薑，花黃赤，子赤色，大如棘子，中似豆蔻。出峽山、嶺南北。正是

高良薑，其子乃紅蔻也。騷人比之蘭芷。然藥品中名實錯亂者至多，人人自主一説，亦莫能堅决。不患多記，以廣異同。

宋・唐慎微《證類本草》卷七草部上品〔《本經・別錄・藥對**》〕　杜若　味辛，微溫，**無毒。**主胸脇下逆氣，溫中，風入腦戶，頭腫痛，多涕淚出，**眩倒目𥉂𥉂莫郎切，止痛除口臭氣。**久服益精，明目，輕身，**令人不忘。**一名杜蘅，**一名杜蓮，一名白連，一名白芩，一名若芝。生武陵川澤及冤句。二月、八月採根，暴乾。得辛夷、細辛良，惡茈胡、前胡。

〔梁・陶弘景《本草經集注》〕云：　今處處有。葉似薑而有文理。根似高良薑而細，味辛香。又絕似旋復根，殆欲相亂，葉小異爾。《楚詞》云：　山中人兮芳杜若。此者一名杜蘅，今復別有杜蘅，不相似。

〔唐・蘇敬《唐本草》〕注云：　杜若，苗似廉薑，生陰地，根似高良薑，全少辛味。陶所注旋復根，即真杜若也。

〔宋・掌禹錫《嘉祐本草》〕按：　《蜀本圖經》云：　苗似山薑，花黃赤，子赤色，大如棘子，中似豆蔻。今出硤州、嶺南者甚好。《范子計然》云：　杜蘅、杜若，出南郡、漢中，大者大善。

〔宋・蘇頌《本草圖經》〕曰：　杜若，生武陵川澤及冤句，今江湖多有之。葉似薑，花赤色，根似高良薑而小辛味，子如豆蔻。二月、八月採根暴乾用。謹按：　此草一名杜蘅，而中品自有杜蘅條。杜蘅，《爾雅》所謂土鹵者也。杜若，《廣雅》所謂楚衡者也。其類自別，然古人多相雜引用。《九歌》云：　采芳洲兮杜若。又《離騷》云：　雜杜蘅與芳芷。王逸輩皆不分別，但云香草也。古方或用，而今人罕使，故亦少有識之者。

〔宋・唐慎微《證類本草》〕《雷公》云：　凡使，勿用鴨喋草根，真相似，只是味效不同。凡修事，採得後，刀刮上黃赤皮了，細剉，用二三重絹作袋盛，陰乾。臨使以蜜浸一夜，至明漉出用。

宋・鄭樵《通志》卷七五《昆蟲草木略》　杜若　曰杜蘅，曰杜蓮，曰白蓮，曰白苓，曰若芝，曰楚蘅。根葉如山薑，花如荳蔻，騷人多取喻焉。故《楚辭》云：　山中人兮芳杜若。《九歌》云：　採芳洲兮杜若。又《離騷》云：　雜杜蘅與芳芷。唐貞觀中，敕下度支求杜若，省郎以謝元暉詩云芳洲採杜若，乃責坊州貢之，當時以為嗤笑。

《爾雅》：　一曰杜若、土鹵，香草也。

明・王綸《本草集要》卷二　杜若　味辛，氣微溫，無毒。得辛夷、細辛良。惡柴胡、前胡。採根，日乾。　主胸脇下逆氣，溫中，風入腦戶，頭痛腫，多涕淚出，眩倒目𥉂𥉂。除口臭氣，久服益精，明目輕身，令人不忘。

明・劉文泰《本草品彙精要》卷九　杜若無毒。　叢生。

杜若出《神農本經》：　**主胸脇下逆氣，溫中，風入腦戶，頭腫痛，多涕淚出。**眩倒目𥉂𥉂，止痛，除口臭氣，令人不忘。以上黑字名醫所錄。**久服益精明目，輕身。**以上朱字《神農本經》。　〔名〕杜蘅、杜蓮、白連、白芩、若芝。　〔苗〕《圖經》曰：　葉似薑，花赤色，根似高良薑而小，其子如豆蔻。按此草一名杜蘅，而中品自有杜蘅條。杜蘅，《爾雅》所謂土鹵者也；　杜若，《廣雅》所謂楚衡者也。其類自別，然古人多相雜引用。《九歌》云：　採芳洲兮杜若。又《離騷》云：　雜杜蘅與芳芷。王逸輩皆不分別，但云香草也。今醫家亦稀用之。　〔地〕《圖經》曰：　生武陵川澤及冤句。陶隱居云：　今處處有之。　〔時〕生：　春生苗。採：　二月、八月取根。　〔收〕暴乾。　〔用〕根。　〔質〕類高良薑而細。　〔色〕青白。　〔味〕辛。　〔性〕微溫，散。　〔氣〕氣之厚者，陽也。　〔臭〕香。　〔主〕頭痛，淚出。　〔助〕得辛夷、細辛良。　〔反〕惡柴胡、前胡。　〔製〕《雷公》云：　凡修事採得後，刀刮上黃赤皮了，細剉，用二三重絹作袋盛，陰乾，臨使以蜜浸一夜，至明漉出用。　〔贗〕鴨喋草爲僞。

明・鄭寧《藥性要略大全》卷六　杜若　下胸脇逆氣，溫中，治風入腦戶，頭腫痛，多涕淚，眩倒，除氣臭，令人不忘。　味辛，氣溫，無毒。得辛夷、細辛良。惡柴胡、前胡。

明・王文潔《太乙仙製本草藥性大全》卷一《仙製藥性》　杜若　味辛，氣微溫，無毒。得辛夷、細辛良。　主治：　主胸脇下逆氣，溫中，風入腦戶頭痛，腫【缺】

明・皇甫嵩《本草發明》卷三　杜若上品下，君。氣微溫，味辛，無毒。　發明曰：　杜若入肝胃，敺風，故主胸脇下逆氣，溫中，風入腦戶頭腫痛，多涕淚，眩目𥉂𥉂，止痛，除口臭，久服益精明目，令人不忘。得辛夷、細辛良。惡前胡、柴胡。葉似薑，根似高良薑，子如荳蔻，二三月採根，暴乾。

明・李時珍《本草綱目》卷一四草部・芳草類　杜若《本經》上品。　校正併入《圖經》外類山薑。

〔釋名〕杜衡《本經》　杜蓮《別録》　若芝《別録》　楚衡《廣雅》　獛子薑獛，音爪。《藥性論》。山薑，《別録》云：　一名白蓮，一名白芩。頌曰：　此草一名杜衡，而草部中品自有杜衡條，即《爾雅》所謂土鹵者也。杜若，即《廣雅》所謂楚衡者也。其類自別，古人多相雜引用。故《九歌》云：　採芳洲兮杜若。《離騷》云：　雜杜衡與芳芷。王逸輩皆不分別，

但云香草，故二名相混。古方或用，今人罕使，故少有識之者。［集解］《别録》曰：杜若生武陵川澤及冤句，二月、八月採根曝乾。弘景曰：今處處有之。葉似薑而有文理。根似高良薑而細，味辛香。又絶似旋葍根，殆欲相亂，葉小異爾。《楚辭》云山中人兮芳杜若，是矣。恭曰：今江湖多有之，生陰地，苗似廉薑，根似高良薑，全少辛味。陶云：似旋葍根者，即真杜若也。保昇曰：苗似山薑，花黄，子赤，大如棘子，中似豆蔻。今出嶺南、峽州者甚好。《范子計然》云：杜衡、杜若出南郡、漢中，大者大善。頌曰：衛州一種山薑，莖葉如薑。開紫花，不結子，八月採根入藥。時珍曰：杜若人無識者，今楚地山中時有之。山人亦呼爲良薑，根似薑，味亦辛。甄權注豆蔻所謂獛子薑，蘇頌《圖經》外類所謂山薑，皆此物也。或又以大者爲高良薑，細者爲杜若。唐時峽州貢之。

［修治］斅曰：凡使勿用鴨喋草根，真相似，只是味效不同。凡採得根，以刀刮去黄赤皮，細剉，用三重絹袋陰乾。臨使以蜜浸一夜，漉出用。

根 ［氣味］辛，微温，無毒。之才曰：得辛夷、細辛良，惡柴胡、前胡。蘇頌曰：山薑：辛，平，有小毒。［主治］胸脇下逆氣，温中，風入腦戶，頭腫痛，涕淚，久服益精明目輕身，令人不忘《本經》。治眩倒目䀮䀮，止痛，除口臭氣《别録》。山薑：去皮間風熱，可作煠湯，又主暴冷，及胃中逆冷，霍亂腹痛蘇頌。

［發明］時珍曰：杜若乃神農上品，治足少陰、太陽諸證要藥，而世不知用，惜哉。

清·趙學敏《本草綱目拾遺》卷八諸蔬部 鮮草果 《粤志》：人多種之為香料。即杜若，非藥中草果也。其苗似縮砂，三月開花作穗，色白微紅，五六月結子，其根勝於葉。味辛，溫，能除瘴氣，久服益精明目，令人不忘。

清·吴其濬《植物名實圖考》卷二五 杜若 《本經》上品。按芳洲杜若，《九歌》疊詠，而醫書以為少有識者。考郭璞有贊，謝朓有賦，江淹有頌，沈約有詩，豈皆未覩其物而空託採擷耶？韓保昇云：苗似山薑，花黄子赤，大如棘子，中似豆蔻。細審其說，乃即滇中豆蔻耳。蘇恭以為似高良薑，全少辛味。陶云，似旋葍根者即真杜若。李時珍以為楚山中時有之，山人亦呼為良薑。甄權所云獛子薑，《圖經》所云山薑，皆是物也。沈存中以為即高良薑，以生高良而名。余於廣信山中採得之，俗名連環薑，以其根瘦細有節，故名。有土醫云：即良薑也。根少味，不入藥用，其花出籜中，纍纍下垂，色紅嬌可愛，與前人所謂豆蔻花同，與良薑花微異。殆即《圖經》所云山薑也。余取以入杜若，以符大者為良薑、小者為杜若之説。但深山中似此者，尚不知幾許，姑以備考云爾。若劉圻父《采杜若詩》：素英緑葉紛可喜。又云：餐花嚼蕊有真樂。則亦韓保昇所云花黄一種。草豆蔻，花帶紅、白二色，非同良薑花紅紫灼灼也。至秋花之書，有以雞冠當之者，可謂刻畫無鹽，唐突西施。

雩婁農曰：昔人戲為杜仲作《杜處士傳》，若杜若者，顯於古而晦於今，其今之逸民歟？膏以明自煎，蘭以香自爇，杜若非所謂遺其身而身存者耶？

清·趙其光《本草求原》卷二芳草部 杜衡即杜若，一名山薑。葉似薑，有紋理，根似良薑而細，生紫花，無子，辛香而溫，無毒。主胸脇胃冷氣逆腹痛，明目，去皮間腦戶風痛眩暈。

清·葉志詵《神農本草經贊》卷一 杜若 味辛，微溫。主胸脇，下逆氣，溫中，風入腦戶，頭痛多涕淚出。久服益精，明目輕身。一名杜衡。生川澤。

葵狀蘼馨，烟霏露裛。幽坂崇岡，素英緑葉。香逐馬蹄，形猜鴨唼。悦茂茲榮，金芝鄰接。

《山海經》：天帝之山有草焉，狀如葵，臭如蘼蕪，名曰杜衡。杜甫詩：露裛思藤架，烟霏想桂叢。嵇康序：仰眺崇岡，俯察幽坂。劉圻父詩：素英緑葉紛可喜。《爾雅疏》：杜土鹵形如馬蹏，俗呼馬蹏香。雷斅論：鴨喋草根相似，味效不同。謝朓賦：覽茲榮之茂悦，廁金芝於芳叢。名醫曰：一名若芝。杜甫詩：鄰接意如何。

滇高良薑

清·吴其濬《植物名實圖考》卷二五 高良薑 滇生者葉潤根肥，破莖生葶，先作紅苞，光燄炫目。苞分兩層，中吐黄花，亦兩長瓣相抱。復突出尖，黄心長半寸許，有黑紋一縷，上綴金黄蕊如半米。另有長鬚一縷，尖擎小緑珠。俗以上元摘為玉蘭供養，故圃中多植之。按良薑、山薑、杜若、草果，葉皆相類，方書所載，多相合併。嶺南諸紀，述形則是，稱名亦無確詁，蓋方言侏儺，難為譯也。唯《南越筆記》，目覩手訂，又復《博雅》有稽。余使粤，僅寶山一過，未能貯籠。頃以滇南之卉與《南越筆記》相比附，大率可識。其云高良薑出於高凉，故名根為薑，子為紅豆蔻。子未坼曰含胎，鹽糟經冬，味辛香入饌。又云，凡物盛多謂之蔻，是子如紅豆而叢生，故名紅豆蔻。今驗此花，深紅灼灼，與《圖經》花紅紫色相吻合，花罷結實，大如白果有棱，嫩時色紅緑，子細似橘瓤，無慮數百，香清微辛，殆所謂含胎也。老則色紅。滇之婦

稚，皆識為良薑花。李雨村所述，雖刺取《嶺表録異》中語，然彼以為山薑，且云花吐穗如麥粒，嫩紅色，則是廣饒所產，與《桂海虞衡志》紅豆蔻同。志云此花無實，則所云為膾者，乃是花，非子也。余則以滇人所呼為定，而折中以李説。范云紅豆蔻，蓋即《草木狀》之山薑，而《楚詞》之杜若也。

豆蔻

唐・孫思邈《千金要方》卷二六《食治・果實》　豆蔻　味辛，溫，濇，無毒。溫中，主心腹痛，止吐嘔，去口氣臭。

宋・李昉《太平御覽》卷九七一　豆寇　劉欣期《交州記》曰：豆寇似杬樹，味辛，堪綜合檳榔嚼，治斷齒。《南方草物狀》曰：漏椝樹，子大如李實，二月華，七月熟。出興古。

宋・唐慎微《證類本草》卷二三果部上品〔《別録》〕　豆蔻　味辛，溫，無毒。主溫中，心腹痛，嘔吐，去口臭氣。生南海。

〔梁・陶弘景《本草經集注》〕云：味辛烈者爲好，甚香，可常含之。其五和糝素感切中物皆宜人。廉薑，溫中下氣；益智，熱；枸音矩橼音沿，溫；甘蕉、麂音几目并小冷爾。

〔唐・蘇敬《唐本草》〕注云：豆蔻，苗似山薑，花黄白；苗、根及子亦似杜若。枸橼，性冷，陶云溫，誤爾。

〔宋・馬志《開寶本草》〕注：此草豆蔻也，下氣止霍亂。

〔宋・掌禹錫《嘉祐本草》〕按：《蜀本圖經》云：苗似杜若。春，花在穗端，如芙蓉，四房，生於莖下，白色，花開即黄。根似高良薑。實若龍眼，而無鱗甲，中如石榴子。莖、葉，子皆味辛而香。十月收。今苑中亦種之。《藥性論》云：草豆蔻，可單用，能主一切冷氣。陳藏器云：山薑，味辛，溫。去惡氣，溫中，中惡霍亂，心腹冷痛，功用如薑。南人食之。根及苗并如薑，而大作樟木臭。又有獵子薑，黄色，緊，辛辣。破血氣，殊强此薑。又云：枸橼生嶺南，大葉，甘橘屬也。子大如盞。味辛、酸，性溫。皮，去氣，除心頭痰水，無別功。日華子云：豆蔻花，熱，無毒。下氣，止嘔逆，除霍亂，調中補胃氣。消酒毒。又云：山薑花，暖，無毒。調中下氣，消食，殺酒毒。

〔宋・蘇頌《本草圖經》〕曰：豆蔻，即草豆蔻也。生南海，今嶺南皆有之。苗似蘆，葉似山薑、杜若輩，根似高良薑。花作穗，嫩葉卷之而生，初如芙蓉，穗頭深紅色，葉漸展，花漸出，而色漸淡，亦有黄白色者。南人多採以當果。實尤貴，其嫩者，并穗入鹽同淹治，疊疊作朵不散落。又以朱槿花同浸，欲其色紅耳。其作實者，若龍眼子而銳，皮無鱗甲，中子若石榴瓣，候熟採之，暴乾。根、苗微作樟木氣。其山薑花，莖、葉皆薑也。但根不堪食，足與豆蔻花相亂而微小耳。花生葉間，作穗如麥粒，嫩紅色，南人取其未大開者，謂之含胎花。以鹽水淹藏入甜糟中，經冬如琥珀色，香辛可愛，用其鱠醋，最相宜也。又以鹽殺治暴乾者，煎湯服之，極能除冷氣，止霍亂，消酒食毒，甚佳。

〔宋・唐慎微《證類本草》〕雷公云：凡使，須去蒂并向裏子後，取皮，用茱萸同於鏊上緩炒，待茱萸微黄黑，即去茱萸，取草豆蔻皮及子，杵用之。《千金方》：治心腹脹滿，短氣。以草豆蔻一兩，去皮爲末，以木瓜生薑湯下半錢。《海藥》云：豆蔻，生交趾，其根似益智，皮殼小厚，核如石榴，辛且香。蒳草，樹也，葉如芄蘭而小。三月採其葉，細破陰乾之。味近苦而有甘。

宋・寇宗奭《本草衍義》卷一八　豆蔻　草豆蔻也，氣味極辛，微香。此是對肉豆蔻而名之。若作果，則味不和。不知前人之意，編入果部，有何意義？性溫而調散冷氣力甚速。花性熱，淹置京師，然味不甚美，微苦。必爲能消酒毒，故爲果。花乾則色淡紫。

宋・王繼先《紹興本草》卷六　豆蔻　紹興校定：豆蔻採實為用，乃草果子也。性味、主治已載《本經》。然但溫中理氣功力多矣。產南海。當從《本經》味辛、溫、無毒是矣。其花間有用之。雖云消酒毒，亦未聞的驗之據。

宋・鄭樵《通志》卷七六《昆蟲草木略》　豆蔻　曰草菓，亦曰草豆蔻。苗葉似山薑，杜若輩，根似高良薑，花作穗可愛。故杜牧云：豆蔻梢頭二月春。南人亦採其花，淹藏以當果品。

金・張元素《潔古珍珠囊》〔見元・杜思敬《濟生拔粹》卷五〕　草荳蔻辛純陽。益脾胃，去寒。又治客寒心胃痛。

宋・劉明之《圖經本草藥性總論》卷下　豆蔻　味辛，溫，無毒。主溫中，心腹痛嘔吐，去口臭氣。《藥性論》云：草豆蔻，可單用。能主一切冷氣。陳藏器云：去惡氣，溫中，中惡霍亂，心腹冷痛。日華子云：花，無毒。下氣，止嘔逆，除霍亂，調中補胃氣。消酒毒。又云：山薑花，暖，無毒。調中下氣，消食，殺酒毒。

宋・陳衍《寶慶本草折衷》卷一八　上品草豆蔻花附。○茲從今註及《圖經》加以草字。　一名豆蔻。生南海，及嶺南、交趾、宜州。○實熟時採，暴乾。味辛烈，溫，無毒。○主溫中，心腹痛，嘔吐，去口臭氣。○今註：下氣，止霍亂。○《圖經》曰：實若龍眼而銳，皮無鱗甲，中子若石榴瓣。○《千金方》：治心腹脹滿，短氣，以去皮為末，木瓜生薑湯下半錢。○寇氏曰：調

散冷氣甚速。

附：花。〇味微苦，熱，無毒。下氣，止嘔逆，除霍亂，調中，補胃氣，消酒毒。其花如芙蓉紅色，亦有黃白者，鹽淹作朵，不散落。又有山薑花，足與豆蔻花相亂而微小耳。

新增草果皮續附。 或云生廣西州郡。〇實熟時採，暴乾。 味辛，溫，無毒。〇主溫中，去惡氣，止嘔逆，定霍亂，消酒毒，快脾暖胃。治氣□□，赤白帶下，用草果去皮，每箇入乳香壹小塊，麪裹炮焦黃，和麪為末，米飲調服。集張松說。

續說云：草果為理脾之要，惜乎舊經未載，幸而王碩載於《易簡方》首，則草果之效始彰。如《局方》常山飲中用此草果，而許洪乃誤引草豆蔻說以註之，觀者殊覺疑似。繼有張松復廣其旨，於是草果之條益顯矣。然草果每去皮而取肉，今《三因》等方治痢斷下湯及治暴瘧者，亦以皮并肉剉入眾料，蓋皮又能發表也。

元・王好古《湯液本草》卷三 草豆蔻 氣熱，味大辛，陽也。辛溫，無毒。入足太陰經、陽明經。《象》云：治風寒客邪在胃口之上，善去脾胃客寒，心與胃痛。麪包煨熟，去麪用。《珍》云：益脾胃，去寒。《本草》云：主溫中，心腹痛，嘔吐，去口臭氣，下氣，脹滿短氣，消酒進食，止霍亂，治一切冷氣，調中補胃健脾，亦能消食。《衍義》云：性溫，而調散冷氣力甚速。虛弱不能飲食，宜此與木瓜、烏梅、縮砂、益智、麴蘗、甘草、生薑同用也。

元・忽思慧《飲膳正要》卷三 草果 味辛，溫，無毒。治心腹痛，止嘔，補胃，下氣，消酒毒。

元・尚從善《本草元命苞》卷五 草果 味辛，性溫，無毒。定霍亂，止嘔逆，去惡氣。解酒毒，健脾消飲。入太陰之倉，和胃溫中。行水穀之海，治瘧方中多用。如清脾湯、萬金散、草果飲之類，是也。進食藥內尤宜。如人參養胃湯、草果平胃散之類，是也。赤白帶下，同乳香煨，為末，飲服。方用草果，去皮，每箇入乳香一小塊，麪裹煨焦黃，和麪同為細末，米飲湯調服。寒熱交攻，共柴胡湯㕮咀煎餌。寒熱往來，飲食減少，方用小柴胡湯一兩半，入草果仁十分，平分二服，薑棗煎餌。《圖經》不載備要，詳該。吳郡旌表義門湯孟寔，七世同居，家藏此本，宋孟公猷所作，故述以拾遺。廣州嶺南所產。入藥用仁，去皮。

元・尚從善《本草元命苞》卷八 草豆蔻 辛，溫，無毒。攻冷氣，亦可單用。補脾胃，散積滯寒邪。止嘔吐，去口中臭穢。調中，令人能食。消酒，使之滌渴。生海南州郡，今交趾亦有，葉如杜若，根似良薑。春生花於穗內，初若芙蓉，色紅，葉漸展，花漸出，色漸淡，乃作實，無鱗甲，狀如龍眼子，元小，形若石榴，候熟採取，入藥暴乾。

元・朱震亨《本草衍義補遺・新增補》 草豆蔻 氣熱，味辛。入足太陰、陽明經。治風寒客邪在胃，痛及嘔吐，一切冷氣，麪裹煨用。《衍義》云：虛弱不能食者宜此。

元・佚名氏《珍珠囊・諸品藥性主治指掌》〔見《醫要集覽》〕 草豆蔻 味辛，性溫，無毒。浮也，陽也。其用有二：去脾胃積滯之寒邪；止心腹新舊之疼痛。

元・徐彥純《本草發揮》卷三 草豆蔻 潔古云：治風寒客邪在胃口之上，善去脾胃客寒，令人心胃痛。《主治秘訣》云：純陽，益脾胃，去寒。以麪裹煨熟，去麪用。 東垣云：胃脘痛，用草豆蔻。 海藏云：虛弱不能飲食，宜此與木瓜、烏梅、縮砂、益智、麴蘗、甘草、薑也。入足太陰、足陽明經。

明・王綸《本草集要》卷三 草豆蔻 味辛，氣溫，陽也。無毒。入足太陰、陽明經。麪包煨熟用。 主溫中，心腹痛，嘔吐霍亂，治風寒客邪在胃口，善去心胃客寒作痛，調散冷氣力甚速。消酒毒，去口臭氣。

明・滕弘《神農本經會通》卷一 草豆蔻 麪包，煨熱用。 味苦、辛，氣溫，無毒。《湯》云：氣熱，味大辛。陽也。辛，溫，無毒。入足太陰經，陽明經。東云：浮也，陽也。去脾胃積滯之寒邪，止心腹新舊之疼痛。《珍》云：去寒，益胃。

《本經》云：主溫中，心腹痛，嘔吐，去口臭氣，下氣，脹滿，短氣，消酒進食，止霍亂。治一切冷氣，調中，調胃健脾，亦能消食。《象》云：治風寒客邪在胃口之上，善去脾胃客寒。心與胃痛，麪包煨熟，去麪用。《珍》云：益脾胃，去寒。《衍義》云：性溫而調散冷氣，力甚速。虛弱，不能飲食，宜此與木瓜、烏梅、縮砂、益智、麴蘗、鹽、草薑也。丹溪云：氣熱，味辛。入足太陰、陽明經。治風寒客邪在胃痛，及嘔吐。一切冷氣，麪裹煨用。劊云：草豆蔻溫其味辛，補虛進食療心疼。胃脾積滯寒能逐，心腹久新痛可攻。

草果　味辛，氣溫，無毒。東云：益脾胃，止嘔吐。《疌》云：化瘧母，除濕，溫脾，及吐酸，消氣脹，解瘟辟瘴，逐寒痰。《本草》原缺。劊云：草果味辛消氣脹，主除濕勝治脾寒。解瘟辟瘴化瘧母，散逐寒痰及吐酸。草果仁，益氣溫中，共常山攻瘧。

明・滕弘《神農本經會通》卷三　豆蔻　即草豆蔻也。苗似山薑，味辛烈者為好，甚香。實若龍眼而銳，無鱗甲。子如石榴。　味辛，氣溫，無毒。《湯》云：氣熱，味大辛。陽也。辛，溫，無毒。入足〔太〕陰經、陽明經。東云：浮也，陽也。去脾胃積滯之寒邪，止心腹新舊之疼痛。《珍》云：去寒，益胃。

《本經》云：主溫中，心腹痛，嘔吐，去口鼻氣。《今注》云：下氣，止霍亂。《藥性論》云：草豆蔻可單用，能主一切冷氣。日華子云：豆蔻花，熱，無毒。下氣，止嘔逆，除霍亂，調中，補胃氣，消渴毒。陳藏器云：山薑，味辛，溫。去惡氣，溫中，中惡，霍亂，心腹冷痛。功用如薑，南人食之。根及苗并如薑，而大作樟木臭。日華子云：山薑花，暖，無毒。調中，下氣消食，殺酒毒。《湯》云：下氣，脹滿短氣，消酒進食，止霍亂，治一切冷氣，調中，調胃健脾，亦能消食。《象》云：治風寒客邪在胃口之上，善去脾胃客寒，心與胃痛，麪裹煨熟，去麪用。《珍》云：益脾胃，去痰。《衍義》云：性溫而調散冷氣，力甚速，虛弱不能飲食，宜此佐木瓜、烏梅、縮砂、益智、麴蘖、鹽、草薑也。丹溪云：氣熱，味辛。入太陰、陽明經。治風寒客邪在胃痛，及嘔吐，一切冷氣，麪裹煨用。查與一卷草豆蔻同，但有詳略。

明・劉文泰《本草品彙精要》卷七　草果無毒。

草果：溫脾胃，止嘔吐，霍亂，噁心，消宿食，導滯，逐邪，除脹滿，卻心腹中冷痛。今補。　〖地〗謹按：草果生廣南及海南。〖苗〗草果形如橄欖，其皮薄，其色紫，其仁如縮砂仁而大。又雲南出者名雲南草果，其形差小耳。〖用〗仁。〖質〗如橄欖。〖色〗皮紫仁白。〖味〗辛。〖性〗溫。〖氣〗氣之厚者，陽也。〖臭〗香。〖主〗截諸般瘧疾。〖製〗去皮杵仁。〖治〗山嵐瘴氣。〖合治〗治瘧疾藥中同青皮、厚朴、白朮、半夏、黃芩、柴胡、茯苓、甘草同煎爲清脾湯。同人參、厚朴、陳皮、蒼朮、茯苓、半夏、藿香、甘草同煎爲養胃湯。

明・劉文泰《本草品彙精要》卷三二　荳蔻無毒。附花、山薑花。　植生。

荳蔻：主溫中，心腹痛，嘔吐，去口臭氣。名醫所錄。　〖名〗草荳蔻。

〖苗〗《圖經》曰：荳蔻，即草荳蔻也。苗似蘆，葉似山薑、杜若輩，根似高良薑，微有樟木氣。花作穗，嫩葉卷之而生，初如芙蓉，穗頭深紅色，葉漸展，花漸出，而色漸淡，亦有黃白色者。其實若龍眼子而銳，皮無鱗甲，中子若石榴瓣。南人採當果，實尤貴。其嫩者并穗入鹽同淹治，疊疊作朵不散落。又以木槿花同浸，欲其色紅耳。閩中一種亦名草荳蔻，子白似縮砂子，殼如山梔，但味淡不香。東垣治胃口痛者，此也。又有一種山薑花，味辛，性溫，莖、葉皆薑，但根不堪食，亦與荳蔻花相似而微小耳，花生葉間，作穗如麥粒，嫩紅色，南人取其未大開者，謂之含胎花。以鹽水淹，藏入甜糟中，經冬如琥珀色，香辛可愛，用其鱠醋，最相宜也。二種苗、葉小異，而治療亦各有功，故併載之。〖地〗《圖經》曰：生南海，今嶺南皆有之。〖時〗生：春生苗。採：十月取。〖收〗暴乾。〖用〗實。〖色〗蒼褐。〖味〗辛。〖性〗溫，散。〖氣〗氣之厚者，陽也。〖臭〗香。〖主〗溫中理氣。〖行〗足太陰經、陽明經。〖製〗雷公云：凡使，須去蒂并向裏子後取皮，用茱萸同於鏊上緩炒，待茱萸微黃黑，去茱萸，取草荳蔻皮及子，杵用之。〖治〗療：《唐本》注云：下氣，止霍亂。《藥性論》云：一切冷氣。日華子云：荳蔻花，下氣，止嘔逆，除霍亂，調中，補胃氣，消酒毒。〇山薑花，調中，下氣，消食。陳藏器云：山薑，去惡氣，溫中，中惡，霍亂，心腹冷痛。〇草荳蔻，煨熟，治風寒客邪在胃口之上，及脾胃客寒，心與胃痛。

明・盧和、汪穎《食物本草》卷二果類　豆蔻　味辛，溫，無毒。主溫中，心腹痛，嘔吐。去口臭氣，鮮食佳。

明・葉文齡《醫學統旨》卷八　草豆蔻　氣熱，味辛。無毒。陽也。入足太陰、陽明經。麪包煨熟用。　治心腹胃脘痛，嘔吐霍亂，益脾胃；去寒邪脹滿，調散冷氣力甚速；消酒毒，去口臭氣。

明・許希周《藥性粗評》卷二　草果仁順氣以溫中。

草果仁，味辛，性溫，無毒。主治寒痰濕氣，瘴癘吐酸，下氣散寒，溫脾胃，消飲食。

明・許希周《藥性粗評》卷三　豆蔻緣草，過胃口以衝寒。

草豆蔻，《本草》止言豆蔻，在木部，其名草豆蔻者，蓋對肉豆蔻而言也。春生苗，似山薑，高七八尺，開花作穗，嫩葉卷之而生，初如芙蓉穗，頭深紅色，葉漸展而花漸出，其色漸淡，

結實似龍眼，而無鱗甲，中子若石榴，瓣瓣相綴，圓齊可愛。出廣南山谷，好事者植之園圃，候熟採實，暴乾。餘說《本草》不載。味辛，性溫，無毒。主治胃寒吐逆，心腹冷痛脹滿，溫中下氣，消酒毒，含之去口臭。

單方：胃寒嘔逆：以草豆蔻搥開，煎湯，乘熱稍稍服之。酒毒昏沉：以草豆蔻二三枚，搥開，鹽水浸過，煎湯，待溫服之。

明·鄭寧《藥性要略大全》卷三　草豆蔻　去脾胃積滯之寒邪，止心腹新舊之疼痛。《衍義》云：去胃口之風寒，除脾胃之客寒，及心腹疼痛。止霍亂嘔吐，溫中下氣，去口臭，消脹滿，消酒進食，補胃健脾，調中，毆一切冷氣。調短氣。味苦、辛，性溫、熱，無毒。浮也，陽也。入足太陰脾、陽明胃二經。《雷公炮炙》云：麵裹煨熟，研碎入藥。

草果　溫脾胃而止吐嘔。味辛，性溫，無毒。去殼研碎入藥。

明·陳嘉謨《本草蒙筌》卷二　草豆蔻　味辛，氣溫。陽也。無毒。交趾國名多生，嶺南亦有。苗類杜若梗，根似高良薑。花作穗，嫩葉卷之而生，葉漸舒，花漸出，如芙蓉淡紅；實結苞，至秋成殼而熟，秋方老，殼方黃，似龍眼微鋭。外皮有稜，如梔子稜。無鱗甲；中子連綴，亦似白豆蔻多粒。甚辛香。應時採收，曝乾收貯。入劑剝殼取子，行經惟胃與脾。去膈下寒，止霍亂吐逆；毆臍上痛，逐客忤邪傷。酒毒尤消，口臭即解。

謨按：草豆蔻用治中脘冷疼，鮮有得其真者，市家多以草仁假代，安獲奇功？考究《圖經》，著明形色，俾後醫士過目即知。匪但可取効病人，抑亦不受欺於賣者也。

草菓　味辛，氣溫。升也，陽也。無毒。惟生閩廣，八月採收。內子大粒成團，外殼緊厚黑皺。凡資入劑，取子剉成。氣每熏人，因最辛烈。夏月造生魚鱠，亦多用此釀成。故食饌大料方中，必仗以為君也。消宿食立除脹滿，去邪氣且卻冷疼。同縮砂溫中焦，佐常山截疫瘧。辟山嵐瘴氣，止霍亂惡心。

謨按：草菓，《本經》原未載名，今考方書，補其遺缺。但性辛烈過甚，凡合諸藥同煎，氣獨熏鼻，則可知矣。雖專消導，大耗元陽。老弱虛羸，切宜戒之。

明·方穀《本草纂要》卷四　草菓　味辛，氣溫，無毒。入太陰脾經，治脾之要藥也。蓋脾喜燥而惡濕，草菓氣味辛溫，能勝濕也。吾見濕鬱於中，胸滿腹脹；濕積於胃，吞酸吐酸；濕聚於脾，嘔吐惡心；濕蒸於內，黃疸黃汗，是皆濕之爲症也，惟草菓可以治之。又有元本不足，偶感山嵐瘴氣；或空腹早行，亦遇烟霧殺厲之氣；或避暑受凉，而爲瘧痢脾寒；或中寒感寒，而爲腹痛吐利；或受四時疫氣，而爲濕溫風溫；或食瓜桃生冷，而爲痰涎積聚，亦皆濕之爲症也，惟草菓並皆治之。大抵草菓之劑味辛，辛能散濕也；氣溫，溫能勝濕也。治濕之功甚大，而治脾之效甚速，由其性之烈也。若元虛不足之人，宜少用之。

明·王文潔《太乙仙製本草藥性大全》卷二《本草精義》　草豆蔻　交趾多生，嶺南亦有。苗類杜若，梗根似高良薑，花作穗，嫩葉卷之而生，葉漸舒，花漸出如芙蓉，淡紅，實結苞，至秋成殼而熟，秋方老，殼方黃，似龍眼微鈍，外皮有稜如梔子稜，無鱗甲，中子連綴，亦似白豆蔻多粒，甚辛香。應時採，曝乾，收貯。入劑中，剝殼取子。行經惟胃與脾。

明·王文潔《太乙仙製本草藥性大全》卷二《仙製藥性》　草豆蔻　味辛，氣溫，浮也，陽也，無毒。入足太陰脾、陽明二經。主治：去脾胃積滯之寒邪，止心腹新舊之疼痛。止霍亂嘔吐，下氣溫中，去口臭脹滿，消酒進食。健脾胃而調胃氣，祛冷氣而調冷疼。太乙曰：凡使用真者，麪裹煨熟，研碎入藥用。

明·皇甫嵩《本草發明》卷二　草荳蔻《本草》原載菓部內上品，今移草部。氣熱，味大辛，無毒。浮也，陽也。入足太陰經、陽明經。發明曰：草荳蔻辛熱，經行脾胃，而調散冷氣，其力甚速。故《本草》主溫中，心腹痛，嘔吐霍亂，去口氣，治風寒客邪在胃口，心與胃痛，一切冷氣積滯並治之。若除口臭，下氣脹滿，消酒進食，皆辛溫調散之功也。尚何中氣不調，脾胃之不健哉。〇虛弱人不能飲食，宜與木瓜、烏梅、砂仁、益智、麯糵、甘草、生薑兼用之。凡諸症屬胃火肺熱者，宜裁之。麵裹，煻火中熳煨熟用。殼方黃，似龍眼微鋭，外稜如梔子稜。辨真，市家以草仁假代之，宜辨。

草菓氣溫，味辛，無毒。升也，陽也。《本經》不載，方書補之。比與草豆蔻，形味不同。麪裹煨熟用也。

發明曰：草菓辛熱，專道滯逐邪，故消宿食，除脹滿，去邪氣，卻冷痛。同砂仁溫中，佐常山截疫瘧，辟山嵐瘴氣，止霍亂惡心。然辛烈過甚，大耗元陽，老弱虛羸，切宜戒用。

明・李時珍《本草綱目》卷一四草部・芳草類

豆蔻《別録》上品。校正：自果部移入此。

【釋名】草豆蔻《開寶》　漏蔻《異物志》　草果鄭樵《通誌》　宗奭曰：豆蔻，草豆蔻也。此是對肉豆蔻而名。若作果，則味不和。前人編入果部，不知有何義意？花性熱，淹至京師，味微苦不甚美，乾則色淡紫。爲能消酒毒，故爲果爾。時珍曰：按揚雄《方言》云：凡物盛多曰蔻。豆蔻之名，或取此義。豆象形也。《南方異物志》作漏蔻，蓋南人字無正音也。今雖不專爲果，猶入茶食料用，尚有草果之稱焉。《金光明經》三十二品香藥，謂之蘇乞迷羅細。

【集解】《别録》曰：豆蔻生南海。恭曰：苗似山薑，花黄白色，苗根及子亦似杜若。頌曰：草豆蔻今嶺南皆有之。苗似蘆，其葉似山薑、杜若輩，根似高良薑。二月開花作穗房，生於莖下，嫩葉卷之而生，初如芙蓉花，微紅，穗頭深色。其葉漸廣，花漸出，而色漸淡。亦有黄白色者。南人多採花以當果，尤貴其嫩者。並穗入鹽同淹治，疊疊作朵不散。又以木槿花同浸，欲其色紅爾。其結實若龍眼子而鋭，皮無鱗甲，皮中子如石榴瓣，夏月熟時採之暴乾，根苗微作樟木香，根莖子並辛香。珣曰：豆蔻生交趾。其根似益智，皮殼小厚。核如石榴而辛香，葉如芄蘭而小。三月採其葉，細破陰乾用，味近苦而有甘。時珍曰：草豆蔻、草果雖是一物，然微有不同。今建寧所産豆蔻，大如龍眼而形微長，其皮黄白，薄而稜峭，其仁大如縮砂仁而辛香氣和。滇廣所産草果，長大如訶子，其皮黑厚而稜密，其子粗而辛臭，正如斑蝥之氣。彼人皆用芼茶及作食料，恒用之物。廣人取生草蔻入梅汁，鹽漬令紅，暴乾薦酒，名紅鹽草果。其初結小者，名鸚哥舌。元朝飲膳，皆以草果爲上供。南人復用一種火楊梅僞充草豆蔻，其形圓而粗，氣味辛猛而不和，人亦多用之，或云即山薑實也。不可不辨。

【修治】斅曰：凡使須(用)〔去〕蒂，取向裏子及皮，用茱萸同於鏊上緩炒。待茱萸微黄黑，即去茱萸，取草豆蔻皮及子杵用之。時珍曰：今人惟以麵裹煻火煨熟，去皮用之。

仁　【氣味】辛，温，澀，無毒。好古曰：大辛熱，陽也，浮也。入足太陰、陽明經。

【主治】温中，心腹痛，嘔吐，去口臭氣《别録》。下氣，止霍亂、一切冷氣，消酒毒《開寶》。調中補胃，健脾消食，去客寒，心與胃痛李杲。治瘴癘寒瘧，傷暑吐下洩痢，噎膈反胃，痞滿吐酸，痰飲積聚，婦人惡阻帶下，除寒燥濕，開鬱破氣，殺魚肉毒。制丹砂時珍。

【發明】弘景曰：豆蔻辛烈甚香，可常食之。其五和糝中物，皆宜人。豆蔻、廉薑、枸橼、甘蕉、麂目是也。宗奭曰：草豆蔻氣味極辛微香，性温而調散冷氣甚速。虚弱不能飲食者，宜此與木瓜、烏梅、縮砂、益智、麴糵、甘草、生薑同用也。杲曰：風寒客邪在胃口之上，當心作疼者，宜煨熟用之。震亨曰：草豆蔻性温，能散滯氣，消膈上痰。若明知身受寒邪，口食寒物，胃脘作疼，方可温散，用之如鼓應桴。或濕痰鬱結成病者，亦效。若熱鬱者不可用，恐積温成熱也。必用巵子之劑。時珍曰：豆蔻治病，取其辛熱浮散，能入太陰陽明，除寒燥濕，開鬱化食之力而已。南地卑下，山嵐烟瘴，飲啖酸鹹，脾胃常多寒濕鬱滯之病。故食料必用，與之相宜。然過多亦能助脾熱傷肺損目。或云與知母同用，治瘴瘧寒熱，取其一陰一陽無偏勝之害。蓋草果治太陰獨勝之寒，知母治陽明獨勝之火也。

【附方】舊一，新九。　心腹脹滿：短氣。用草豆蔻一兩，去皮爲末。以木瓜生薑湯，調服半錢。《千金方》。　胃弱嘔逆：不食。用草豆蔻仁二枚，高良薑半兩，水一盞，煮取汁，入生薑汁半合，和白麵作撥刀，以羊肉臛汁煮熟，空心食之。《普濟》。　霍亂煩渴：草豆蔻、黄連各一錢半，烏豆五十粒，生薑三片，水煎服之。《聖濟總録》。　虚瘧自汗：不止。用草果一枚，麵裹煨熟，連麪研，入平胃散二錢，水煎服。《經效濟世方》。　氣虚瘴瘧：熱少寒多，或單寒不熱，或虚熱不寒。用草果仁、熟附子等分，水一盞，薑七片，棗一枚，煎半盞服。名果附湯。《濟生方》。　脾寒瘧疾：寒多熱少，或單寒不熱，或大便洩而小便多，不能食。用草果仁、熟附子各二錢半，生薑七片，棗肉二枚，水三盞，煎一盞，温服。《醫方大成》。　脾腎不足：草果仁一兩，以舶茴香一兩炒香，去茴不用；吴茱萸湯泡七次，以破故紙一兩炒香，去故紙不用；胡盧巴一兩，以山茱萸一兩炒香，去茱萸不用。右三味爲散。酒糊丸梧子大。每服六十丸，鹽湯下。《百一選方》。　赤白帶下：連皮草果一枚，乳香一小塊，麵裹煨焦黄，同面研細。每米飲服二錢，日二服。《衛生易簡方》。　香口辟臭：豆蔻、細辛爲末，含之。《肘後方》。　脾痛脹滿：草果仁二個，酒煎服之。《直指方》。

花　【氣味】辛，熱，無毒。　【主治】下氣，止嘔逆，除霍亂，調中補胃氣，消酒毒大明。

題明・薛己《本草約言》卷一《藥性本草》

草豆蔻　味辛，氣温，無毒。陽也，可升可降，入足太陰、陽明經。去脾胃積滯之寒邪，止心腹新舊之冷痛。《賦》云：安心腹之痛，去脾胃之寒。氣熱味辛，治風寒客邪在胃，痛及嘔吐，一切冷氣。麵裹煨熟用。《衍義》謂：虚弱不能食者，宜此。恐不如白豆蔻為良。

草菓　味辛，氣温，無毒。陽也，可升可降。散脾胃之寒，消久停之食，截老瘧之痰，止嘔吐之疾。入足陽明、太陰經。〇草菓辛熱，專道滯逐邪，故消宿食，除脹滿，去邪氣，却冷痛。同砂仁温中，同青皮泄肝邪，佐常山截疫瘧。然辛烈過甚，大耗元陽，虚弱人禁用。按：東垣諸書所以諸藥性之升降浮沉，大抵不離于氣味陰陽之道，故陽藥多浮，陰藥多沉，陰中之陽能升，陽中之陰能降，此造化自然之理也。或陽沉而陰浮，陽中之陰能升，陰中

之陽能降，而又不拘于氣味陰陽者，此根梢之上下，形質之重輕，地土之南北，時月之寒暑，稟賦不同，各有優劣。故今所註藥性，因其體用之能，故不拘于彼也。

明·梅得春《藥性會元》卷上　草豆蔻　味辛，氣熱。陽也。無毒。入足太陰脾經、足陽明胃經藥。出福建者佳，謂之建豆蔻。其土產穀樹子，勿用。凡使，麵裹煨熟用。　主去脾胃積滯之寒邪，止心腹新舊之冷痛。治風寒客邪在胃，痛及嘔吐、霍亂，一切冷氣，虛弱而不能食者，宜用之。且消酒毒，去口中臭氣，益脾胃，散冷氣力甚。

明·杜文燮《藥鑒》卷二　草菓　氣溫，味辛。升也，陽也。辟山嵐瘴氣，止霍亂惡心。辛則散，宿食立除。膨脹溫，則去邪氣。且却冷疼，同縮砂能溫中焦。佐常山，能截疫瘧。大都中病即已，不可多服。蓋此劑大耗元氣，而老弱虛羸之人，尤宜戒之。

草蔻　氣熱，味辛，浮也，陽也，無毒。入足太陰、陽明經藥也。惟其氣熱，故能治風寒客邪，一切冷氣及嘔吐諸症。惟其味辛，故能散滯氣，除胃脘之刺痛及兩脇之氣逆。大都熱則能行，辛則能散，故《經》曰：　寒者熱之，滯者散之，此之謂也。

明·李中立《本草原始》卷二　草豆蔻　始生南海，今嶺南皆有之。苗似蘆，葉似山薑、杜若輩，根似高良薑。花作穗，嫩葉卷之而生，初如芙蓉，穗頭深紅色，葉漸展，花漸出，而色漸淡。亦有黃白色者。實若龍眼而無鱗甲，中如石榴子。候熟採之，暴乾。按：　揚雄《方言》云：　凡物盛多曰寇，豆蔻之名，或取此義。豆，象形也。　草豆蔻：　氣味：　辛，溫，濇，無毒。　主治：　溫中，心腹痛，嘔吐。去口臭氣。〇下氣，止霍亂，一切冷氣。消酒毒。〇調中補胃，健脾消食，去客寒、心與胃痛。〇治瘴癘寒瘧，傷暑吐下，洩痢，噎膈反胃，痞滿吐酸，痰飲積聚，婦人惡阻帶下，除寒燥濕，開鬱破氣。殺魚肉毒。　制丹砂。

草豆蔻，《別錄》上品。【圖略】自果部移入此。辛香。　修治：　以麪裹，煻火煨熟，去麪用。

好古曰：　大辛，熱，陽也，浮也。入足太陰、陽明經。　《千金方》：　治心腹脹滿短氣，以草豆蔻一兩，為末，以木瓜、生薑湯下半錢。

明·李中立《本草原始》卷三　草果　生閩、廣。八月采實，內子大粒成團，外殼緊厚多皺。凡資入劑，去殼取仁。此草結實類果，故名草果。　氣味：　辛，溫，無毒。　主治：　消宿食，解酒毒，除胸膈脹滿，卻心腹冷痛。同縮砂溫中焦，佐常山截疫瘧，辟山嵐瘴氣，止霍亂惡心。

草果，新增。【圖略】味辛氣烈。造魚鱠，調食饌，仗此以為君。　修治：　草果，去殼取仁，剉用。升也，陽也。

明·張懋辰《本草便》卷一　草豆蔻　味辛，氣溫，陽也，無毒。入足太陰、陽明經。麵包煨熟用。　主溫中，心腹痛，嘔吐霍亂，治風寒客邪在胃口善。去心胃寒痛，調散冷氣力甚速。消酒毒，去口臭氣。

明·趙南星《上醫本草》卷一　草果仁　即草豆蔻仁。　辛，溫，濇，無毒。主治：　調中補胃，健脾消食，去客寒，溫中下氣，瘴癘霍亂，寒瘧傷暑，嘔吐瀉痢，噎膈反胃，痞滿吐酸，痰飲積聚，心腹胃痛，一切冷氣及婦人惡阻帶下。除寒燥濕，開鬱破氣，去口臭氣，殺魚、肉、酒毒，制丹砂。

附方　胃弱嘔逆不食：　用草豆蔻仁二枚，高良薑半兩，水一盞，煮取汁，入生薑汁半合，和白麵作撥刀，以羊肉臛汁煮熟，空心食之。　脾痛脹滿：　草果仁二箇。酒煎服之。

明·李中梓《藥性解》卷三　草豆蔻　味辛，性熱，無毒，入脾、胃二經。主風寒客邪在胃。其餘與白者同功，而性尤燥急，不及白蔻有清高之氣。按：　草豆蔻辛溫發散，故入脾胃而主風寒。多食大損脾胃，《衍義》謂其虛弱不食者宜此，恐非，胃火者大忌。　草菓　味辛，性溫，無毒，入脾、胃二經。主瘧疾胸腹結滯，嘔吐胃經風邪。　按：　草菓辛溫發散，與草蔻同功，故經絡亦同，多食亦損脾胃，虛弱及胃火者亦忌之。

明·繆希雍《本草經疏》卷九　豆蔻　味辛，溫，無毒。主溫中，心腹痛，嘔吐，去口臭氣。《開寶》：　主下氣，止霍亂，一切冷氣，消酒毒。東垣：　調中補胃，健脾消食，去客寒心與胃痛。〇自果部移入。

〖疏〗豆蔻得地二之火氣而有金，復兼感乎夏末秋初之令以生。故《別錄》謂其味辛，氣溫，而性無毒。海藏又云：　大辛熱，陽也，浮也。入足太陰、陽明經。蓋辛能破滯，香能入脾，溫熱能祛寒燥濕，故主溫中，及寒客中焦心腹痛，中寒嘔吐也。脾開竅於口，脾家有積滯則瘀而為熱，故發口臭，醒脾導滯則口氣不臭矣。辛散溫行，故下氣。寒客中焦，飲良不消，氣因閉滯則霍亂，又散一切冷氣，消酒毒者，亦燥濕、破滯、行氣、健脾、開胃之功

也。產閩之建寧者，氣芳烈，類白豆蔻，善散冷氣，療胃脘痛，理中焦。產滇、貴、南粵者，氣猛而濁，俗呼草果者是也。善破瘴癘，消穀食，及一切宿食停滯作脹悶及痛。【主治參互】入人參養胃湯，能消一切宿食，開拓中焦滯氣。《藥性論》云：草豆蔻單用，能主一切冷氣。《千金方》治心腹脹滿短氣：用草豆蔻一兩，去皮為末，以木瓜、生薑湯調服半錢。《聖濟總錄》治霍亂煩渴，草豆蔻、黄連各一錢半，烏豆五十粒，生薑三片，水煎服。《濟生方》治氣虚瘴瘧，熱少寒多，或單寒不熱，或虚熱不寒。用草果仁、熟附子等分，水一盞，薑七片，棗一枚，煎半盞服，名果附湯。《醫方大成》亦用治脾寒瘧，大便泄而小便多，不能食者。《百一選方》治脾腎不足，虚寒泄瀉。草果仁一兩，以舶上茴香一兩炒香，去茴不用；吳茱萸一兩，湯泡七次，同破故紙一兩炒香，去故紙不用；胡盧巴一兩，同山茱萸一兩炒香，去茱萸不用。三味為末，酒糊丸，每六七十丸，鹽湯下。《肘後方》香口辟臭，草豆蔻、細辛為末，含之。《直指方》治脾痛脹滿，草果仁二箇，酒煎服之。【簡誤】豆蔻性溫熱，味大辛，本是祛寒破滯，消食除瘴之藥。凡瘧不由於瘴氣，心痛胃脘痛由於火而不由於寒，濕熱瘀滯、暑氣外侵而成滯下赤白，裏急後重及泄瀉暴注，口渴，濕熱侵脾因作脹滿，或小水不利，咸屬暑氣濕熱，皆不當用，犯之增劇。

明・倪朱謨《本草彙言》卷二 草豆蔻 味辛、甘、苦、濇，性熱，無毒。浮也，陽也。入足太陰、陽明經。

《別録》曰：草果生南海及交阯，今嶺南皆有之。苗似蘆，葉似山薑、杜若，根似高良薑。氣如樟木香。二三月開花作穗，房生于莖下，嫩葉卷之而生。初如芙蓉花，微紅，穗頭深色，其葉漸廣，花漸出而色漸淡。亦有黄白色者，南人多采花以爲果，尤貴。其嫩者幷穗入鹽淹，疊疊作朵不散。又以木槿花同浸，欲其色紅爾。其結實至秋成殼而堅，秋方老，殼方黄，若龍眼而銳，皮殼厚，有棱如梔子棱。無鱗甲，皮中子連綴，如白豆蔻多粒。夏月熟時采之，暴乾。入劑剝殼取子用。

李氏曰：草豆蔻、草果雖是一物，細分辨，微有不同。今建寧所産草豆蔻，大如龍眼而形微長，其皮黄白，薄而有棱峭。其仁大如縮砂仁。其氣辛香而和。滇、廣所産草果，長大如訶子。其皮黑厚而棱密，其仁粗而味辛，臭如斑蝥之氣。廣人取生草豆蔻入梅汁，鹽漬令紅，暴乾薦酒。其初結小者名鸚哥舌。元朝飲膳，皆以草豆蔻爲上供。南人復用一種山薑實，僞充草豆蔻。其形圓而粗，氣味辛猛而不和，不可不辨。凡入藥用，須去蒂，帶皮連仁者打碎，微炒黄，再杵細用之。

草豆蔻：和中暖胃，李東垣消宿滯之藥也。何其玉稿專主中膈不和，呑酸吐水，心疼肚痛，泄瀉積冷。凡一切陰寒壅滯之病，悉主治也。其功用與白豆蔻相同。白者入脾胃，復入肺經，行氣而又有益氣之妙。草者僅入脾胃二經，長于利氣破滯而已。

集方：《方脉正宗》治傷寒濕暑氣，或停積水果、油膩、魚、麪、酒、茶，一切外感內傷，瘧痢瘴氣，爲嘔吐，爲痞脹，爲噫噦諸證。用草豆蔻五錢，蒼朮、厚朴、陳皮、甘草各三錢，俱炒燥，研細末，每早晚各服三錢，濃煎薑湯調下。

明・姚可成《食物本草》卷一九草部・芳草類 豆蔻 生南海，今嶺南皆有之。苗似蘆，其葉似山薑、杜若輩，根似高良薑。二月開花作穗房，生於莖下，嫩葉卷之而生。初如芙蓉花，微紅，穗頭深色。其葉漸廣，花漸出而色漸淡，亦有黄白色者。南人多采花以當果，尤貴其嫩者，并穗入鹽同淹治，疊疊作朵不散。○李時珍曰：豆蔻大如龍眼而形微長，其皮黄白，薄而稜峭，其仁大如縮砂仁而辛香氣和。滇廣所産，彼人皆用芼茶及作食料，恒用之物。廣人取生草豆蔻入梅汁，鹽漬令紅，暴乾薦酒，名紅鹽草果。其初結小者名鸚哥舌。元朝飲膳皆以草果為上供。南人復用一種火楊梅，僞充草豆蔻，其形圓而粗，氣味辛猛而不和，人亦多用之。或云即山薑實也，不可不辨。

豆蔻仁 味辛，溫，澁，無毒。主溫中，心腹痛，嘔吐，去口臭氣。下氣，止霍亂，一切冷氣，消酒毒。調中，補胃健脾消食，去客寒，心與胃痛，治瘴癘寒瘧，傷暑吐下洩痢，噎膈反胃，痞滿吐酸，痰飲積聚，婦人惡阻〔帶〕下，除寒燥溼，開鬱破氣，殺魚肉毒，制丹砂。○陶弘景曰：豆蔻辛烈，甚香，可常食之。和蔬饌中物皆宜久。○杲曰：風寒客邪在胃口之上，當心作疼者，宜煨熟食之。○朱丹溪曰：草豆蔻性溫，能散滯氣，〔則〕〔消〕膈上痰。若明知身受寒邪，口食寒物，胃脘作疼，方可溫散，用之如鼓應桴。或溼痰鬱結而成病者，亦效。若熱鬱者，不可用，恐積溫成熱也，必用巵子之劑。○李時珍曰：豆蔻治病，取其辛熱浮散，能入太陰陽明，除寒燥溼，開鬱化食之力而已。南地卑下，山嵐烟瘴，飲啖酸鹹，脾胃常多寒溼鬱滯之病，故食料必用，與之相宜。然過多亦能助脾熱，損肺傷目。

花 味辛，熱，無毒。主下氣，止嘔逆，除霍亂，調中補胃氣，消酒毒。

明・顧逢柏《分部本草妙用》卷三脾部・温瀉　草豆蔻　辛，溫，(濕)無毒。麫裹煨熟用。制丹砂。　主治：溫中，心腹痛，嘔吐，下氣，霍亂冷氣，補胃健脾，消食，去客寒心胃痛，寒瘧吐痢，噎膈痞滿，除寒燥濕，開鬱消積。

東垣曰：風寒客于胃，當心作痛，服之即愈。丹溪以之并消寒食，去濕痰鬱結，惟不用于熱鬱之症耳。時珍以南地卑下近濕，飲啖酸鹹，脾胃多寒濕鬱滯，非草豆蔻不開。此外非彼所能也。

明・李中梓《醫宗必讀・本草徵要上》　草豆蔻味辛，溫，無毒。入肺、脾、胃三經。去膜，微炒。　散寒，止心腹之痛；下氣，驅逆滿之疴。開胃而理霍亂吐瀉，攻堅而破噎膈癥瘕。辛能破滯，香能達脾，溫能散寒。按：草豆蔻辛燥，犯血忌，陰不足者遠之。

明・鄭二陽《仁壽堂藥鏡》卷一〇下　草豆蔻　氣熱，味大辛，陽也。辛，溫，無毒。　入足太陰經、陽明經。　《象》云：治風寒客邪在胃口之上。善去脾胃客寒，心與胃痛。麫包煨熟，去麫用。　《珍》云：去脾胃積滯之寒邪，止心腹胃脘之脹痛。　《本草》云：主溫中，心腹痛，嘔吐。去口臭，氣下，氣脹滿，短氣。消酒進食，止霍亂。治一切冷氣，調中補胃健脾，亦能消食。

日華子云：磨積塊，破血瘕，散結溫中。

草果　味辛，氣溫，無毒。皮黑皺者佳。去殼用。　主消宿食，除脹滿，去心腹冷痛，溫中截瘧，辟山嵐瘴氣，止霍亂惡心。　東垣云：草果仁，溫脾胃而止嘔吐，治寒濕寒痰之藥也。

明・蔣儀《藥鏡》卷一温部　草菓　寒脹能消，定氣滯之霍亂。脾積可導，攻痎瘧之濕寒。散濕最神，大傷元氣。與知母同用，治瘴瘧寒熱。蓋草菓治太陰獨勝之寒，知母治陽明獨勝之火，陰陽相濟，和平無欹矣。

明・蔣儀《藥鏡》卷二熱部　草荳蔻　蠲腹痛而嘔吐息，散脾寒而脹滿消。痰飲藉以導疏，冷氣仗為溫解。消中焦之積滯，劑入人參養榮之湯。治寒瘧因氣虛，同彼棗薑與熟附子。白蔻清高，草蔻燥急，耑主風寒客邪之在胃者。

明・李中梓《頤生微論》卷三　草果　味辛，性溫。入胃經。主瘴癘瘧疾，消痰化食，亦能散邪。新補。　按：草果氣猛而濁，如仲由未見孔子時氣象。若氣不實，邪不甚者，不必用之。

明・張景岳《景岳全書》卷四八《本草正》　草果亦名草豆蔻。　味辛，性溫熱。陽也，浮也。入足太陰、陽明。能破滯氣，除寒氣，消食，療心腹疼痛，解酒毒，治瘴癘寒瘧，傷暑嘔吐，瀉痢脹滿，反胃吐酸，開痰飲積聚噎膈，殺魚肉毒，開欝燥濕，辟除口臭，及婦人惡阻氣逆帶濁。此有二種，惟建寧所產，辛香氣和者佳。宜以麫裹，微火煨熟用之，或麫拌炒熟亦可。滇廣者氣辛而臭，大能損人元氣。

明・賈九如《藥品化義》卷一氣藥　砂仁　屬陽中有陰，體細，色肉白皮蒼，氣香，味辛帶苦，性溫，能降，力疏肝胃，性氣與味俱厚，入脾胃肺腎大小腸膀胱七經。　砂仁辛散苦降，氣味俱厚，主散結導滯，行氣下氣，取其香氣能和五臟，隨所引藥通行諸經。若嘔吐惡心，寒濕冷瀉，腹中虛痛，以此溫中調氣。若脾虛飽悶，宿食不消，酒毒傷胃，以此散滯化氣。若胎氣腹痛，惡阻食少，胎脹不安，以此運行和氣。肺有伏火忌之。

益(志)〔智〕　味辛，開發鬱結而和中，性溫善逐胃寒而止嘔。且溫以入腎，治腎氣虛，遺精，小便餘瀝，其功獨甚。

明・盧之頤《本草乘雅半偈》帙八　豆蔻《別録》上品　氣味：辛，溫，濇，無毒。　主治：主溫中，心腹痛，嘔吐，去口臭氣。

覈曰：豆蔻生南海，及交阯，今嶺南、八閩亦有，生成已詳条內。南人采花作果，尤貴嫩者。并穗入鹽淹治，疊疊作朵不散。更以木槿花合浸之，欲其色紅耳。廣中人，入梅鹽汁浸令紅，暴乾薦酒，名紅鹽草果。初結小者名鸚哥舌。元朝飲膳，皆以草果為上供。南人用火楊梅，偽充豆蔻，形圓而粗，氣辛而猛，山薑也，入藥不可不辨。修事：須去蒂，取向裏子及皮，用茱萸同于鏊上緩炒，待茱萸色微黄黑，即去茱萸，取豆蔻皮及子用之。

条曰：草實之中，名豆蔻者凡三，形色功能，各有同異。入足太陰、陽明府藏，手少陽三焦則一也。形似芭蕉，葉似杜若，高八九尺，冬夏不凋，開花淺黄色，綴實作朵似葡萄。初生微青，熟則轉白，孚圓似白牽牛，仁粒似縮砂蔤。氣味辛大溫，充腎間生陽，鼓肺氣呼吸，宣五穀味，主納主出者，白豆蔻也。初春抽苗，入夏作莖，開花結實似豆蔻，實圓微長，表有皺紋，裏肉斑纈似檳榔，無仁有肉，氣味辛溫，秉剛燥之用，溫中化食，宣五穀五畜味，為養為充者，肉豆蔻也。苗似荻蘆，葉似杜若，根似高良薑，二月開花作穗，房綴莖下，嫩葉卷之，初出似芙蓉，微紅色，穗頭色深，其葉漸開，花漸出，色漸淡矣。亦有黄白二色者，實似龍眼而鋭，皮色黄白，表無鱗甲，殼薄有稜峭，仁

粒似縮砂蔤而稍壯，氣味辛濇溫，宣攝中氣，溫中，益上焦，受納水穀，治心腹痛，嘔吐，去臭氣，宣五穀五果五菜味，為養為助為益者，豆蔻也。《開寶》名草豆蔻，《草物志》名漏蔻，《金光明經》名蘇乞迷羅細，鄭樵《通志》名草果。雖非果類，用充茶食，故有草果之稱。豆蔻，輔中益上，以宣為體，以攝為用。縮砂蔤，以攝為體，以宣為用。綴實在莖下，亦具有密義，雖與縮砂蔤同歸于退藏，至體用則迥別矣。豆蔻，効降肅之聚斂，終屬勉強，設久服盡劑，恐反亟奪其生陽，有餘于用，不足于體。故爾，唯白豆蔻三緣合和，體用平均，堪為匹配。但縮砂蔤專司于下，偏及上中；白豆蔻專司于中，偏及上下。用之者，果能各加料簡，不唯四種功力判然，即五穀糵，及飴麯櫨欀之屬，亦可比量條分，不致溷亂妄投矣。

明・李中梓《本草通玄》卷上　草豆蔻　辛、溫，入脾胃二經。溫中下氣，止心腹痛，嘔吐，噎膈瀉利。李時珍云：脾胃多寒濕鬱滯者，與之相宜。然多用能助脾熱，傷肺損目。麵裹煨，去皮。

清・顧元交《本草彙箋》卷二　草豆蔻附草果。草豆蔻辛溫發散，入脾胃而主風寒。但其性燥急，不及白豆蔻有清高之氣。若明知身受寒邪，口食寒物，胃脘作疼，乃可溫散用之。或濕痰鬱結成病者，亦效。熱鬱者不可用，必用梔子等劑。

豆蔻與草果，蓋一物而稍異。草豆蔻大如龍眼，形微長，皮黃白，薄而稜峭，仁大如縮砂仁，而辛香氣和。草果長大如訶子，皮黑厚而稜密，子粗而辛臭，如斑蝥之氣。草豆蔻産閩之建寧，草果産滇貴南粤。草果破瘴瘧，今人遇瘧輒用草果，皆未知本草者也。

清・穆石鲍《本草洞詮》卷八　草豆蔻　凡物盛多曰蔻，豆象形也。鄭樵謂之草果。仁辛濇溫，無毒。入足太陰、陽明經。主溫中，治心腹冷痛，嘔吐，開鬱破氣，殺魚肉毒。若身受寒邪，口食寒物，胃脘作疼，用之如鼓應桴。或濕痰鬱結者亦效。若熱鬱者不可用，恐積溫成熱也。南地卑下，山嵐烟瘴，飲啖酸鹹，脾胃常多寒濕鬱滯之病，故食料與之相宜。然過多亦助脾熱，傷肺損目。或云：與知母同用治瘴瘧寒熱，取其一陰一陽，無偏勝之害。蓋草果治太陰獨勝之寒，知母治陽明獨勝之火也。

清・劉雲密《本草述》卷八上　豆蔻　一名草豆蔻，一名草果。按《本草》初本，止載豆蔻，故《綱目》不另列草果。然實有不同處，其義詳後。氣味：辛，溫，濇，無毒。好古曰：大辛，熱。陽也，浮也，入足太陰、陽明經。

諸本草主治：溫中，心腹痛，嘔吐，健脾消食，去客寒心與胃痛，止霍亂，一切冷氣。治瘴癘寒瘧，洩痢，噎膈痞滿，痰飲積聚。統於除寒燥溼，開鬱行滯。方書主治：脹滿，心痛胃脘痛，泄瀉腹痛，喘，腰痛著痺，不能食，滯下，痰飲嘔吐，噎，脚氣瘛瘲，黃疸，疝。

宗奭曰：草豆蔻氣味極辛，微香，性溫，而調散冷氣甚速。虛弱不能飲食者，宜此。與木瓜、烏梅、縮砂、益智、麴糵、甘草、生薑同用也。東垣曰：風寒客邪在胃口之上，當心作疼者，宜煨熟用之。丹溪曰：草豆蔻性溫，能散滯氣，消膈上痰，若明知身受寒邪，口食寒物，胃脘作疼，方可溫散用之，如鼓應桴。或溼痰鬱結成病者，亦效。若熱鬱者，不可用，恐積溫成熱也，必用梔子之劑。時珍曰：豆蔻治病，取其辛熱浮散，能入太陰、陽明，除寒燥溼，開鬱化食之力而已。南地卑下，山嵐烟瘴，飲啖酸鹹，脾胃常多寒溼鬱滯之病，故食料必用，與之相宜。然過多亦能助脾熱，傷肺損目。或云與知母同用，治瘴瘧寒熱，取其一陰一陽，無偏勝之害。蓋草果治太陰獨勝之寒，知母治陽明獨勝之火也。時珍混同草豆蔻、草果而論，殊少分曉。希雍曰：豆蔻得地二之火氣，而有金，復兼感乎夏末秋初之令以生，故《別録》謂其味辛氣溫，而性無毒。海藏又云大辛熱，陽也，浮也，入足太陰、陽明經。辛能破滯，香能入脾，溫熱能祛寒燥溼。産閩之建寧者，氣芳烈，類白豆蔻，善散冷氣，療胃脘痛，理中焦。産滇、黔、南粤者，氣猛而濁，俗呼草果是也。善破瘴癘，消穀食，及一切宿食停滯，作脹悶及痛。

愚按：草豆蔻與草果，其效用有別，繆希雍之言固然。蓋其性味，原不可一視也。然須先別其形，次味其氣，而後因證以投之。李時珍曰：草豆蔻、草果，雖是一物，然微有不同。今建寧所産豆蔻，大如龍眼，而形微長，其皮黃白，薄而稜峭，其仁大如縮砂仁，而辛香氣和。滇廣所産草果，長大如訶子，其皮黑厚而稜密，其子粗而辛臭。正如斑蝥之氣，彼人皆用芼茶，芼熟而薦之也。茲曰芼茶，猶言以之為茶果耳。及作食料恒用之物。又陳嘉謨曰：草豆蔻殼黃，其形似龍眼，微鋭，外皮有稜如梔子稜，無鱗甲，中子連綴，亦似白豆蔻，多粒，甚辛香。草果內子大粒成團，外殼緊厚黑皺，其性辛烈過甚，凡合諸藥同煎，氣獨薰鼻，則可知矣。據此二說，合於蘇頌所云，言草豆蔻結實若龍眼子而鋭，皮中子如石榴，辨味辛香。是則前二說

有所本，而草果之外皮内肉，殊不類此也。陳嘉謨曰：草豆蔻用治中脘冷疼，鮮有得其真者。市家多以草仁假代，安獲奇功？又曰：草果性最辛烈，雖專消導，大耗元陽，老弱虛羸，切宜戒之。是則又明草豆蔻與草果之用，其取舍不宜混淆如斯也。雖然，草果仁亦有適宜於所患之證者，安得置而不用。附方於後。愚按：草果之用，嘉謨謂其大損元陽是也。苐方書用之以治各證，或臣或佐者，亦未嘗寥寥也。大都兼補益而行之，錄其所治證於後。瘧氣水腫脹滿，霍亂中暑，虛勞積聚，痰飲嘔吐，反胃，咳嗽血畜血，脇痛，消痺，泄瀉滯下。

愚按：草豆蔻之用，入脾胃也，以其香能入脾，其用之以散中土之寒，并寒之化溼，以為鬱為滯者。因其氣味合於辛香，而又本於溫也。試以《別録》首主溫中，《開寶》治一切冷氣，東垣去客寒心與胃痛，而時珍言治瘴癘寒瘧，如諸說者，不可以知其所主治，固專於外寒，或本於虛寒，而與脾胃溼熱之證，迥乎其不相謀哉？丹溪所云必明知身受寒邪，口食寒物云云，意蓋謂脾胃溼熱之證為多，恐誤用溫散之劑，反助溼中之熱，以滋劇也。至此，味之用與草果懸殊者，一則辛香而和，能散中土之寒邪，一則辛烈而臭，反耗脾胃之元陽，投劑者可不審諸。

用草果方　氣虛瘴瘧，熱少寒多，或單寒不熱，或虛熱不寒，世醫治瘧，類以寒多為寒，熱多為熱，即此条之，則有熱多寒少，虛熱不寒之證，皆本於氣虛也。用草果仁、熟附子等分，水一盞，薑七片，棗一枚，煎半盞，服，名果附湯。《醫方大成》亦用治脾寒瘧，大便泄而小便多，不能食者。　脾腎不足，虛寒泄瀉，草果仁一兩，以舶上茴香一兩，炒香，去茴不用，吳茱萸一兩，湯泡七次，同破故紙一兩炒香，去故紙不用，胡蘆巴一兩，同山茱萸一兩炒香，去茱萸不用，右三味為末，三味即草果仁、吳茱萸、胡蘆巴也。酒糊丸，每六七十丸，鹽湯下。

或曰：嘉謨云老弱虛羸戒用，草果是矣。苐如前二方，一則云氣虛瘴瘧，一則云脾腎不足，何以用草果也，詎知此二方有輔翼之味，非專用也。細審當自得之。

清・郭章宜《本草匯》卷一〇　草豆蔻　味濇辛，熱，陽也，浮也。入足太陰、陽明經。散寒止心腹之痛，下氣驅逆滿之疴。開胃而理霍亂吐瀉，攻堅而破噎膈寒瘧。開欝燥濕，消酒除脹。《別錄》主治口臭氣者，脾病也。脾開竅于口，脾家有積滯，則瘀而為熱，故發口臭，醒脾導滯則愈矣。《開寶》治霍亂者，皆因寒客中焦，飲食不消，氣因閉滯也，用此以驅寒破滯，則愈矣。按：草豆蔻辛烈微香，善調散冷氣，消膈上痰，若明知身受寒邪，口食冷物，胃脘作痛，方可溫散，用之如鼓應桴。或濕痰欝結成病者，亦可有効。蓋南地卑下，山嵐烟瘴，飲啖酸鹹，脾胃常多寒濕欝滯之病，故用之相宜。若過多，亦能助脾熱，傷肺損目。或云與知母同用，治瘴瘧寒熱，取其一陰一陽，無偏勝之害。蓋豆蔻治太陰獨勝之寒，知母治陽明獨勝之火也。辛燥犯血，陰不足者忌之。

生嶺南，麵裹煨，去皮用。味近苦而有甘，市家鮮有真者，治病安獲奇功？

清・朱本中《飲食須知・味類》　草豆蔻　味辛、濇，性溫。多食能助脾熱，傷肺損目。不如縮砂仁、白豆蔻之性氣和也。

清・蔣居祉《本草擇要綱目・溫性藥品》　豆蔻即草果。　氣味：辛，溫，濇，無毒。又：大辛，熱。陽也，浮也。入足太陰、陽明經。　主治：溫中，心腹痛嘔吐，去口臭氣，下氣，止霍亂，一切冷氣。消酒毒，調中補胃，健脾消食，去客寒心與胃痛。治瘴癘寒瘧，傷暑吐下，洩痢，噎膈，反胃，痞滿，吐酸，痰飲積聚，婦人惡阻帶下。除寒燥濕，開鬱破氣。殺魚肉毒。制丹砂。然豆蔻治病，取其辛熱浮散，能入太陰、陽明，除寒燥濕，開鬱化食之力而已。南地卑下，山嵐烟瘴，飲啖酸鹹，脾胃常多寒濕鬱滯之病，故食料必用與之相宜。然過多亦能助脾熱傷肺損目。或云與知母同用，治瘴瘧寒熱，取其一陰一陽，無偏勝之害，蓋草果治太陰獨勝之寒，知母治陽明獨勝之火。

清・蔣居祉《本草擇要綱目・熱性藥品》　草豆蔻　氣味：辛，溫，濇，無毒。純陽而浮。入足太陰、陽明經。　主治：風寒客邪，散滯氣，利膈上痰。若身受寒邪，口食寒物，胃寒作痛，用之如鼓應桴。若熱鬱者，則不可用，恐其積溫成熱，有偏勝之患也。

清・閔鉞《本草詳節》卷二　草豆蔻　【略】按：草豆蔻，辛能破滯，香能入脾，溫能祛寒燥濕。寒客中焦，飲食不消，藉其清高之氣，可與木瓜、烏梅、縮砂、益智、麹糵、甘草、生薑同用。若熱鬱，則不可用，恐積溫成熱，而傷肺損目也。

清・王翃《握靈本草》卷三　草豆蔻生南海。即草果。麪裹，煻火煨，去皮用。

主治：草豆蔻，辛，溫，濇，無毒。溫中，止心腹痛，補胃，健脾消食，消酒毒，痰飲積聚，除口氣，治瘴癘瘧，洩痢，咽膈。

清・汪昂《本草備要》卷二　草豆蔻一名草果。燥濕祛寒，除痰截瘧。　辛熱香散。暖胃健脾，破氣開鬱，燥濕祛寒，除痰化食。治瘴癘寒瘧，佐常山能截瘧。或與知母同用，取其一陰一陽，治寒熱瘴瘧。蓋草果治太陰獨勝之寒，知母治陽明獨勝之火。寒客胃痛，散滯氣，利膈痰，因滯因寒者多效。霍亂瀉痢，噎膈反胃，痞滿吐酸，痰飲積聚。解口臭氣、酒毒、魚肉毒。故食料用之。過劑助脾熱，耗氣損目。閩產名草蔻，如龍眼而微長，皮黃白，薄而稜峭，仁如砂仁而辛香氣和。滇廣所產名草果，如訶子，皮黑厚而稜密，子粗而辛臭。雖是一物，微有不同。麪裹煨熟，取仁用。忌鐵。

清・吴楚《寶命真詮》卷三　草豆蔻　【略】辛能破滯下氣，香能達脾，溫能散寒。驅逆滿，止心腹痛。開胃而能理霍亂吐瀉，攻堅而破噎膈癥瘕。〇脾胃多寒濕鬱滯者乃相宜。多用能助脾熱，傷肺損目，陰不足者并忌。

草果　【略】破瘴癘之瘧，消痰食之愆。〇氣猛而如瘧不由於嵐瘴，氣不實，邪不至盛者并忌。

清・顧靖遠《顧氏醫鏡》卷七　草豆蔻辛，溫。入脾胃二經。炒研。　散冷滯之氣，止心腹之疼。性溫熱，氣芳烈，因火熱作痛者，忌用。

清・李熙和《醫經允中》卷一八　草荳蔻　麪包煨熟用。　辛，溫，無毒。主治溫中下氣，止霍亂吐逆，客寒犯胃，祛寒燥濕，開鬱消積。多用助脾熱，傷肺損目。又草菓仁功用略同，截老瘧之痰，消久停之食。然辛烈過甚，雖專消導，大耗元陽，老弱虛羸尤當切戒，用者不可不辨。閩產名草蔻，如龍眼而微長，皮黃白，薄而稜峭；　滇廣所產名草菓，如訶子，皮黑，厚而稜密。

清・馮兆張《馮氏錦囊秘錄・雜症痘疹藥性主治合參》卷二　草豆蔻得地二之火氣而有金，復兼感乎夏(未)〔末〕秋初之令以生，故大辛，熱，無毒。陽也，浮也。草豆蔻，行經惟脾胃。去膈下寒，止霍亂吐逆；　毆臍上痛，逐客忤邪傷。酒毒尤消，口臭即解。破滯散鬱，消食化痰，祛寒燥濕。久服過服，耗陰傷肺。有血症而陰不足者，切戒。

草菓味辛而熱，氣猛而濁。故善破瘴，消穀食及一切宿實停滯，作脹悶及痛。佐常山截疫瘧。

草菓，消宿食，立除脹滿，去邪氣，且却冷疼。同縮砂溫中焦，佐常山截疫瘧，辟山嵐瘴氣，止霍亂惡心。然氣猛濁，若氣不實，邪不甚者，不必用之。

清・张璐《本經逢原》卷二　草豆蔻　辛，濇，溫，無毒。麪裹煨熟，去麪用。　發明：草豆蔻性溫，入脾、胃二經。東垣曰：風寒客邪在胃口之上，當心疼痛者宜之。丹溪曰：草豆蔻性溫，能散滯氣。若明知口食寒物胃脘作疼，或濕鬱成病者用之神效。若熱鬱者不可用，恐積溫成熱也。然多用能助脾熱，傷肺損目。故陰虛血燥者忌之。

草果亦名豆蔻　辛，溫，濇，無毒。去殼，生用。　發明：草果與草豆蔻總是一類，其草果治病，取其辛熱浮散，能入太陰、陽明，除寒燥濕，開鬱化食，利膈上痰，解麪食魚肉諸毒。與知母同用，治瘴瘧寒熱，取其一陰一陽，無偏勝之害。蓋草果治太陰獨勝之寒，知母治陽明獨勝之火也。然瘧亦有不由於山嵐瘴氣，而實邪不盛者忌服。凡濕熱瘀滯，傷暑暴注，溲赤口乾者禁用。

清・浦士貞《夕庵讀本草快編》卷二　荳蔻《別錄》、草果　《方言》云：凡物盛多者名蔻，又其形似豆也，宜于食料，故以果名。今人多以山薑實偽之，不可不辨。　草果大辛而熱，浮散屬陽。入足太陰、陽明，故能除寒燥濕，開鬱化食，散膈上之痰，療胃脘之痛，乃其績也。夫南方卑下，山嵐烟瘴，飲啖酸醲，脾胃常多寒濕鬱滯，虛痢痞噎，用之相宜。及婦人惡阻帶下，亦有殊効。但不可頻服，恐燥脾傷肺而損目，所謂積溫成熱也。古人治瘴瘧寒熱與知母同用，蓋取其治太陰獨勝之寒，知母治陽明獨勝之熱，一陰一陽，庶無偏勝爾。

肉荳蔻宋《開寶》、肉果　花實皆似荳蔻而無核，故名。肉果以別草果也。肉果苦辛而溫，手足陽明藥也。夫土愛暖而喜芳香，故用此以投其好。如泄瀉諸痢，虛冷積痛，霍亂痰飲，皆因倉廩失職，運化泛常，非此辛香不能調中溫胃而固腸止脫也。日華子稱其下氣，蓋脾得補而自能運化，則氣自下爾，非若陳皮、香附之駃泄可比也。寇氏未詳其實，遂以為不可服，誤矣！但病人有火，瀉痢初起，邪勢未衰者，不可驟與，恐其斂固而反增他疾。

清・劉漢基《藥性通考》卷六　草果　味辛，熱，香散。暖胃健脾，破氣開鬱，燥濕祛寒，除痰化食，治瘴痢寒瘧，寒咳，胃痛霍亂瀉痢，噎膈反胃，痞滿吐酸，痰飲積聚，解口臭氣、酒毒、魚肉毒，故食料用之。過服助脾熱，耗氣損目。閩產名草蔻，如龍眼而微長，皮黃白，薄而稜峭，仁如砂仁而辛香氣和。用麪裹，煨熟，取仁用。忌鐵。

清・周垣綜《頤生秘旨》卷八　草菓　導滯逐邪，消食之藥也。大耗元

氣，老弱虛羸，切弗妄用。

清·王子接《得宜本草·上品藥》 草豆蔻 味辛。入足太陰、陽明經。功專散滯氣，消（鬲）〔膈〕上痰。得熟附子治寒瘧，得烏梅治久瘧不止。

清·黃元御《玉楸藥解》卷一 草豆蔻 味辛，氣溫。入足太陰脾、足陽明胃經。燥濕調中，運行鬱濁，善磨飲食，能驅痰飲。治胃口寒濕作痛，療腹中腐敗成積，泄穢吞酸俱效，蠻烟瘴雨皆醫。痎瘧堪療，霍亂可愈。反胃噎膈之佳藥，嘔吐泄利之良品。化魚骨肉停留，斷赤白帶下。草豆蔻調和脾胃，溫燥寒濕，運行鬱濁，推宕陳宿，亦與砂仁相仿，而性氣頗烈，內鬱稍重者宜之。麵包糖煨，研，去皮。

清·吳儀洛《本草從新》卷一 草豆蔻〔燥濕祛寒。〕閩產名草蔻。 辛，溫，香散。暖胃健脾，燥濕祛寒。治寒客胃痛，霍亂瀉痢，噎膈反胃，痞滿吐酸。解口鼻，酒毒，魚肉毒。故食料用之。辛燥犯血，忌，陰不足者遠之。形如龍眼而微長，皮黃白，薄而棱峭，仁如砂仁，辛香氣和。去膜微炒。

草果〔除痰截瘧。〕滇廣所產名草果。 辛，熱。破氣除痰，消食化積瘧積。治瘴癘寒瘧，佐常山能截瘧。或與知母同用，取其一陰一陽，治寒熱瘴瘧。蓋草果治太陰獨勝之寒，知母治陽明獨勝之火。若瘧不由於嵐瘴，氣不實、邪不盛者并忌。形如訶子，皮黑厚而棱密，子粗而辛臭。麵裹煨熟，取仁用。忌鐵。

清·汪紱《醫林纂要探源》卷二 草豆蔻 辛，熱。一名草果。高莖，小葉，根下另發枝，花如蓮，中裹實。產閩中建寧者，大如龍眼而稍長，皮黃白色，殼薄而棱峭，仁似砂仁。主溫脾胃，開鬱結。功用略同肉豆蔻，而性尤烈。能治瘴瘧、寒瘧、食瘧，解臭氣及魚肉毒。然耗氣生熱，損目。

草果 辛葷尤烈，主治同。滇廣者如訶子，皮殼厚而色黑，棱密，子亦粗大，與閩產不同。以麪裹煨用。氣味不和，要非良品。 俱忌鐵。

清·嚴潔等《得配本草》卷二 草豆蔻一名草果。 味辛，微香，性溫。陽也，浮也。入足太陰、陽明經。達膜原，破鬱結，除寒燥濕，消積化痰。治瘴癘寒瘧，殺諸魚肉毒。 同知母，治寒熱瘴瘧。草果治太陰獨勝之寒，知母治太陰獨勝之熱。同熟附子、薑、棗，治脾寒瘧疾。寒多熱少，或單寒不熱，或大便泄，小便多，不能食。 滇廣所產，形如訶子，皮黑厚而棱密，子粗而辛臭。 麵裹，煻火煨熟，去皮研用。 瘧不由於瘴癘、氣不實、邪不盛者，禁用。

題清·徐大椿《藥性切用》卷三 草豆蔻 辛溫氣散，燥濕散滯，溫胃祛風。微炒用。

草果 性味辛烈，入胃而破氣，除痰消食化積。炒熟，取仁用。按草果、知母，一陰一陽，草果治太陰獨勝之寒，知母治陽明獨勝之熱。

清·黃宮繡《本草求真》卷四 草豆蔻逐胃口上風寒，止當心疼痛。 草豆蔻耑入脾胃。辛熱香散，功與肉蔻相似，但此辛熱，燥濕除寒，性兼有濇，不似肉蔻濇性居多，能止大腸滑脫不休也。又功與草菓相同，但此止逐風寒客在胃口之上，症見當心疼痛，不似草菓辛熱浮散，專治瘴癘寒瘧也。故凡濕鬱成病而見胃脘作疼，服之最為有效。若使鬱熱內成，及陰虛血燥者，服之為大忌耳。時珍曰：草豆蔻治病，取其辛熱浮散，能入太陰陽明，除寒燥濕，開鬱化食之力而已。南地卑下，山嵐烟瘴，飲啖酸鹹，脾胃常多寒濕鬱滯之病，故食療必用與之相宜。然過多亦能助脾熱，傷肺損目，或云與知母同用治瘴瘧寒熱，助其一陰一陽，無偏勝之害。蓋草菓治太陰獨勝之寒，知母治陽明獨勝之火也。 閩產名草蔻，如龍眼而微長，皮黃白，薄而棱峭，仁如砂仁而辛香氣和。滇廣所產名草菓，如訶子，皮黑厚而棱密，子粗而辛臭，雖是一物，微有不同。草菓其義另詳。 麵裹煨熟取仁。忌鐵器。

草菓溫胃逐寒，治瘴癘寒瘧。 草菓耑入胃。與草豆蔻諸書皆載氣味相同，功效無別，服之皆能溫胃逐寒，然此氣味浮散。出自漢廣。凡冒巔霧不正瘴瘧，服之直入病所而皆有效，故合常山用則能以截久瘧。同知母用則能以除瘴癘寒熱。義詳草豆蔻。同橘、半用則能以除膈上痰，同楂、麯用則能以解麵、濕、魚肉。若使非由瘋瘴，或因濕熱，而見瘀滯，與傷暑而見暴注溲赤口乾者，則並禁焉，忌鐵。

清·楊璿《傷寒溫疫條辨》卷六燥劑類 草豆蔻 味辛，氣燥，升也，陽也。入脾、胃。消痰食，除脹滿，祛寒濕，止霍亂瀉痢，辟山嵐瘴氣。但其性燥急，不如白蔻有清爽之氣，而辛溫發散，又與草果相似。同砂仁溫中，佐常山截瘧。胃燥發熱，三蔻並忌。

清·羅國綱《羅氏會約醫鏡》卷一六草部 草豆蔻味辛性溫，入肺、脾、胃三經。閩產者是，仁如砂仁，辛香氣和。或飯包煨，或麪拌炒熟，研碎用。 破滯氣，除寒氣，止心腹冷痛溫也。治脹滿、吐酸、積聚、噎膈，霍亂、瀉痢。辛熱香散。按：草豆蔻雖能暖胃健脾，但性辛燥，不得過服。若陰虛而血不足者禁之。殺魚肉毒、嗽除口臭。

草果味辛氣猛，入胃經。飯包煨熟用。 辛烈氣雄。治瘟疫初起，瘟疫，毒在膜

原，宜治以達原飲，同檳榔、厚朴用，可除伏邪盤踞。祛嶺南瘴氣，截瘧消痰。佐常山能截瘧，或與知母同用。草果治太陰之寒，知母治陽明之熱，取其一陰一陽。按：草果辛烈，若瘧疾者，氣不寔，邪不盛，須當酌用。

清・黃凱鈞《藥籠小品》 草果 辛，熱，溫脾破氣，除痰消食化積瘧積，治瘴瘧，寒痰凝於膜原，瘧久不住者，非草果不為功，但用須參培元之品。麵裹煨，取仁忌鐵。

清・王龍《本草纂要稿・草部》 草荳蔻 氣味辛溫。去膈下寒，止霍亂吐瀉。驅臍下痛，逐客忤邪傷。酒毒尤消，口臭即解。

草菓 氣味辛溫。消宿食，立除脹滿。去邪氣，堪却冷疼。同縮砂溫中焦，佐常山截疫瘧。辟山嵐障氣，止霍亂惡心。

清・張德裕《本草正義》卷上 草荳蔻 辛，熱。入脾、胃。破滯行氣，治瘴癘寒瘧，陰暑吐瀉，痰飲積聚，開鬱燥濕，利氣止痛。亦解酒毒、魚肉毒。此有二種，出建寧者名草蔻，辛香氣和。出滇廣者名草果，辛而氣烈，大能破滯損元。

清・楊時泰《本草述鉤元》卷八 草荳蔻 與草果實有不同。產閩之建寧者，形似龍眼而微長微銳，其皮黃白而薄，有峭稜如梔子，無鱗甲，中子連綴，大如縮砂，其氣辛香芳烈而和者是。若產於滇、廣氣猛而濁者，即呼草果。

氣味微苦而辛，微香性熱。陽也，浮也。入足太陰、陽明經。除寒燥濕，開鬱行滯，主溫中。治一切冷氣心腹痛，去客寒心與胃痛，健脾消食，止霍亂嘔吐，治瘴癘寒瘧，洩痢，噎膈痞滿，痰飲積聚。方書治喘噎不能食脹滿，瘛瘲，黃疸，腰痛著痹，脚氣，滯下，疝。草豆蔻極辛而溫，調散冷氣甚速宗奭。主散中土之寒，并寒之化濕以為鬱滯者。凡風寒客邪在胃口之上，當心作疼者，宜煨熟用之東垣。能散滯氣，消膈上痰，惟明知身受寒邪，口食寒物，胃脘作疼，方可用之溫散，或濕痰鬱結而成病者亦效。若熱鬱不可用，必需梔子之劑丹溪。虛弱不能飲食者，宜與木瓜、烏梅、縮砂、益智、麴櫱、甘草、生薑同用宗奭。用草豆蔻治中脘冷疼，鮮有得其真者，市家多以草仁假代，安獲奇功嘉謨。 總論詳前。

草果 草蔻之產滇、黔、南粵者，氣猛而濁，俗呼草果。其形長大如訶子，其皮黑厚緊厚而黑皺，異於草蔻之黃白而薄。而稜密，其子大粒成團，其性甚烈，其氣辛臭，正如斑蝥之氣。合諸藥同煎，氣獨薰鼻。

主治善破瘴癘，消穀食，及一切宿食停滯作脹悶及痛仲淳。性最辛烈，雖專消導，而大耗脾胃之元陽，老弱虛羸切戒之嘉謨。草果亦有適宜於所患之證者，方書用治瘧氣，水腫脹滿，霍亂中暑，虛勞積聚，痰飲嘔吐，反胃，咳嗽血，畜血脇痛，消癉，泄瀉滯下，或臣或佐，大都俱兼補益而行。與知母同用，治瘴瘧寒熱，取其一陰一陽，無偏勝之害。蓋草果治太陰獨勝之寒，知母治陽明獨勝之火也。氣虛瘴瘧，熱少寒多，或單寒不熱，或虛熱不寒，參此則知熱多寒少虛熱不寒之證，皆本於氣虛，不可但以寒多為寒、熱多為熱也。用草果仁、熟附子等分，生薑七片，棗一枚，水一盞，煎半盞服。果附湯，治脾寒瘧，大便泄而小便多，不能食者，即上方。脾腎不足，虛寒泄瀉，草果仁二兩同舶茴香一兩炒香，去茴不用，吳茱萸一兩湯泡七次，同破故紙一兩炒香，去故紙不用，胡盧巴一兩同山萸肉一兩炒香，去萸肉不用，三味為末，酒糊丸，每鹽湯下六七十丸。按：嘉謨云：老弱虛羸，戒用草果。此二方一則氣虛，一則脾腎不足，玩其各用輔翼之味，則知所以用草果矣。

清・葉桂《本草再新》卷一 草豆蔻味辛，性溫，無毒。入心、脾、肺三經。暖胃健脾，化痰消食，燥濕祛寒，治霍亂瀉痢，噎膈反胃，痞滿吐酸，瘴癘寒瘧。

清・趙其光《本草求原》卷二芳草部 草豆蔻 辛散外寒。溫淡而香，大溫中土。味又先苦，故燥濕。凡寒冷食滯及寒痰濕鬱而成病者宜之。無毒。主嘔吐，健脾，消食，冷氣脹滿，短氣，泄瀉，虛弱不食，同川瓜、烏梅、益智、麥芽、炙草、生薑。痰飲積聚，噎膈，霍亂煩渴，同川連、烏豆、生薑。及客寒侵而心胃痛，腹痛，腰痛，著痹，瘛瘲。但耗氣傷肺、損目，陰虛血燥人忌之。產於閩，如大龍眼，形圓，殼黃白、薄，有棱，仁如砂仁，亦名草果。其實形用與草果略別，面裹煨熟，取仁用，忌鐵。一種小的如白蔻，市人以之偽充白蔻，然味苦，功同草蔻。

草果仁亦名豆蔻。 辛，溫，芳烈，無毒。其散寒、破滯、燥濕、健脾、開胃功同草蔻。尤善消冷食停痰，破瘴治瘧，凡氣虛瘴瘧，或熱少寒多，或虛熱不寒，或單寒，同附子、薑、棗煎。寒熱瘴瘧，合常山、知母。取草果，一陽以治太陰之寒；知母，一陰以治陽明之熱。脾腎虛寒泄瀉，以小茴炒，合故紙、水炒吳萸肉、水炒盧巴，酒糊丸，鹽水下。赤白帶下，連皮，同乳香麵包，煨焦黃，連麵研，米飲下。水腫，滯下由於寒濕

鬱滯者，均宜。又治口臭，酒麪魚肉諸濕毒。故食料用之，煙瘴更宜。但功專消導，助脾熱耗氣，必兼補益而用。若濕熱傷暑，尿赤口乾及瘧非寒瘴，忌之。

産滇、廣，大如訶子，微長鋭，殼厚黑而皺，去殼生用，亦有煨炒者。草蔻，專入脾胃，散中土之冷食寒濕。草果，則深入膜原，提散瘴癘之外寒内陷。

清·文晟《新編六書》卷六《藥性摘録》 草豆蔻 辛，熱。香散，入脾胃。止當心疼痛，凡濕欝成病，而見胃（腕）〔脘〕作痛，服之有効。○若欝熱内成，及陰虚血燥者，忌之。○麪裹煨熟，取仁。忌鐵器。○草豆蔻，閩産如龍眼，皮黄白，薄而棱峭，仁如砂仁，而辛香氣和。

草菓 辛，熱。入胃。溫胃逐寒，治瘴癘寒瘧。○合常山，用截久瘧。○同知母，用除瘴癘寒熱。○同橘、半，用除膈上痰。○同楂、麯，用解麪、濕、魚肉。○若非由嵐瘴，或因濕熱而見瘀滯，與傷暑而見暴注，溲赤目乾者，並禁用。忌鐵。○草菓，滇廣所産。如訶子，皮黑厚而棱密，子粗而辛臭，氣味浮散，故其義微有不同。

清·張仁錫《藥性蒙求·草部》 草荳蔻五分 草荳蔻（濕）〔溫〕，寒邪犯胃。嘔吐脘疼，用之即愈。辛溫香散，暖胃健脾，燥濕袪寒。陰不足者忌之。○去膜，微炒用。

清·屠道和《本草匯纂》卷一溫散 草豆蔻 耑入脾、胃。辛熱香散，性兼有濇，無毒。燥濕除寒，逐胃口上風寒，止當心疼痛。凡濕鬱成病，而見胃脘作痛，服之最為有效。若使鬱熱内成及陰虚血燥者，服之為大忌耳。溫中調中，補胃健脾，消食開鬱，破氣治瘴。療寒瘧傷暑，吐下泄痢，噎膈反胃，痞滿吐酸，痰飲積聚，霍亂嘔吐，婦人惡阻帶下。消酒毒，殺魚肉毒。制丹砂。去口中臭氣。功與肉蔻相似，但彼濇性居多，能止大腸滑脱也。又功與草果相似，但彼辛熱浮散，專治瘴癘寒瘧也。閩産名草豆蔻，如龍眼而微長，皮黄白，薄而稜峭，仁如砂仁，辛香氣和。滇廣所産名草果，如訶子，皮黑厚而稜（蜜）〔密〕，子粗而辛臭。雖是一物，微有不同。與知母同用，治瘴瘧寒熱，一陰一陽，無偏勝之害。蓋草果治太陰獨勝之寒，知母治陽明獨勝之火。

清·戴葆元《本草綱目易知録》卷一 草菓仁 辛，熱。香散，入足太陰、陽明經。除寒燥濕，破氣開鬱，健脾胃，化食滯，消酒毒，止霍亂，去口臭氣。治瘴癘寒瘧，傷暑瀉痢，痰飲積聚，脾滿呑酸，婦人惡阻帶下，殺魚肉毒，制丹砂。一切寒濕壅鬱者，服之捷效。熱鬱者慎用。若多服，反助脾熱，傷肺損目。煨，去外殼用。【略】

草豆蔻 功同草菓，而性辛香氣和。能暢胃調中，健脾消食，理氣宣鬱，燥濕豁痰。治時行瘧疾，傷暑吐下，寒客胃痛，霍亂濕痢，噎膈反胃，腹脹痞滿，散冷滯氣，消膈上痰，解酒毒、魚肉毒。其性雖無草菓辛烈，然味辛香，不無耗氣傷津。溫邪熱鬱者，亦忌。麪裹，煨取用。【略】時珍曰：滇廣産者形長如訶子，有殼，名草菓，味辛氣烈；建寧州産者，形圓如龍眼，無殼，名草蔻，味辛氣和。葆按：草菓、草蔻，《本草》統名，得時珍註，分别使人易曉，亦未詳證分别，愚自臨症，以氣烈氣和，審體之強弱，用之屢驗，特為分列。

清·黄光霽《本草衍句》 草菓 燥濕袪寒，下氣開鬱。入太陰與陽明，煖脾胃而化食。寒邪客於胃口，冷痛吐酸。痰飲結於膈間，寒瘧瀉痢。止霍亂痞滿，解酒毒口氣。口中臭氣。性熱反能動脾，辛香多致傷肺。時珍曰：過多能助脾熱，傷肺損目。與知母同用，治瘴癘寒熱，取其一陰一陽，無偏勝之害。蓋草菓治太陰獨勝之寒，知母治陽明獨勝之熱也。主治寒熱鬱滯，得知母治瘴瘧，得烏梅截瘧，得木瓜、麴蘗療中虚惡穀。

清·陳其瑞《本草撮要》卷一 草豆蔻 味辛，入足太陰、陽明經，功專散滯氣，消鬲上痰。得熟附子治寒瘧，得烏梅治久瘧不止。含之去口臭。有内熱者宜忌。一名草蔻。

草果仁 味辛酸，入足太陰經，功專散寒濕鬱滯。得知母治瘴瘧，得烏梅截瘧，得木瓜、麴蘗療中虚。惡穀麪，裹煨用，忌鐵。一名草果。

草果

明·倪朱謨《本草彙言》卷二 草果仁 味辛、苦濇，性熱，無毒。浮也，陽也。入足太陰、陽明經。

陳廷采先生曰：生閩、廣。長大如荔枝。其皮黑厚，有直紋。内子大粒成團。凡入劑，取子剉碎用。但其氣熏人，最辛烈。夏月造生魚鱠，每多用此釀成。故食饌大料方中，必仗此爲要品也。

草果仁 治脾胃寒濕，方龍潭逐瘴癘之藥也。費五星稿蓋脾胃喜溫而惡寒，喜燥而惡濕，喜利而惡滯，喜香而惡穢。草果氣味香辛而熱，香能達脾，辛能破滯，熱能散寒與濕，故凡濕鬱于中，胸滿腹脹；濕積于脾，呑酸吐酸；濕聚于胃，嘔吐惡心；濕蒸于内，黄疸黄汗，是皆濕邪之爲病也。又有避暑受涼，而爲脾寒瘴瘧；或中寒感寒，而爲腹痛吐利；或食瓜桃魚腥

生冷，而爲冷積泄瀉，是皆寒與濕之爲病也。用草果幷能治之。又思東南土地卑下，每多山嵐霧瘴。又因飲啖魚腥、水果、酒、茶、粉、麵，脾胃常多寒濕鬱滯之病，故服食草果，與之相宜。或云：草果治濕之功大，治脾之效速，常與知母同用，治瘴瘧寒熱有驗。蓋草果治太陰獨勝之寒，知母治陽明獨勝之熱，正以一陰一陽合用，無偏勝之虞也。但草果性熱味辛，本是祛寒散濕、破滯消食、除瘴之藥，凡瘧疾由于陰陽兩虛，不由于瘴氣者；心痛胃脘痛由于火，而不由于寒濕飲食瘀滯者；泄瀉、暴注、口渴，由于暑熱，不由于魚腥生冷傷者；痢疾赤白、後重裏急，小水不利，因作脹滿，由于暑氣濕熱，不由暑氣濕寒者，皆不當用，用之增劇。

繆仲淳先生曰：草果仁能消一切宿食，開拓中焦滯氣，故人參養胃湯配之。《藥性論》云：草果仁單用，能主一切冷氣。李時珍先生曰：草果治病，取其辛熱浮散，能入太陰、陽明，除寒燥濕，開鬱化食之力而已。葉振華先生曰：草果辛溫，能散滯氣，膈上冷痰，若明知身受寒邪，口食冷物，胃脘作疼，方可溫散，用之捷如影響。或濕痰鬱結者亦效。若熱鬱者不可用，必用梔子之劑。

集方：《濟生方》治氣虛瘴瘧，寒多熱少；或單寒不熱，或大便泄而小便多，不能食者。用草果仁二錢，熟附子一錢，生薑七片，黑棗三枚，煎服。○唐公略《袖珍方》治脾胃兩虛，虛寒泄瀉。用草果仁、大茴香、吳茱萸，湯炮三次，補骨脂、胡盧巴、山茱萸肉，各一兩，俱炒黃爲末，飴糖丸梧子大。每早晚各服二錢，人參湯下。

明·李中梓《醫宗必讀·本草徵要上》 草果味辛，溫，入胃經。破瘴癘之瘧，消痰食之愆。氣猛而濁，如仲由未見孔子時氣象。按：瘧不由于嵐瘴，氣不實、邪不盛者，並忌。

清·郭章宜《本草匯》補遺 草果 大辛，氣熱，陽也，可升可降，入足太陰、陽明經。散脾胃之寒，消久停之食。截老瘧痰，止嘔吐疾。釋氣膨，除果積。

按：草果，氣猛而濁，專導滯逐邪，治脾寒濕寒痰之劑也。瘴癘之瘧，及一切冷氣膨脹，果積酒毒，宿食瘧母，惟此為能驅解。同砂仁溫中，同青皮泄肝邪，佐常山截疫瘧。然辛烈過甚，大耗元陽，虛人及胃火者，禁之。《本草》載與草蔻同條，不分主治。然雖為一物，治微有不同，今特詳之。

產滇、廣。長大如訶子，皮黑厚而稜密，子粗而辛臭。草蔻產建寧，大如龍眼，而形微長，皮黄白，薄而稜峭，其仁大如縮砂，而辛香氣和也。取仁麪裹，煨熟用。

清·王子接《得宜本草·上品藥》 草果仁 味辛、酸。入足太陰經。主治寒濕鬱滯。得知母治瘴瘧，得烏梅截瘧，得木瓜、麴蘗療中虛惡穀。

清·張仁錫《藥性蒙求·草部》 草果八分、一錢 草果味辛，消食除脹。截瘧解瘟，除痰辟瘴。麪裹煨熟，取仁用。○若瘧不由于嵐瘴氣，(不)〔而〕實邪不盛者，並忌。

白草果

清·吳其濬《植物名實圖考》卷二三 白草果 與草果同而花白瓣肥，中唯一縷微黄。土醫以為此真草果。

草果藥

明·蘭茂《滇南本草》卷中 草果藥 性大溫，味辛、苦。寬中理氣，消胸隔膨脹，化宿食胃氣，治九種胃疼，面寒背寒，消痞塊積滯。

明·蘭茂原撰，范洪等抄補《滇南本草圖說》卷四 草果藥 性大溫，味辛、苦。產滇中者最效。主治：寬中利膈，理氣消膨，化積消痞。或面寒背寒，九種氣疼，血塊，服之即消。

明·蘭茂撰，清·管暄校補《滇南本草》卷下 草菓藥形如草菓而小，故名。產於寧州薄溪後山。性大溫，味辛、微苦。寬中理氣，消胸膈膨脹，開胃，消宿食。附方：治九種胃氣疼痛，面寒疼，痞塊疼痛。草菓藥，新瓦焙二兩。木香三錢，共為細末，每服一錢，熱燒酒服。

清·吳其濬《植物名實圖考》卷二五 豆蔻即草果。 豆蔻，《別錄》上品。即草果。《桂海虞衡志》諸書，詳晰如繪。嶺南尚以為食料，唯《南越筆記》以為根葉辛溫，能除瘴氣。雲南山中多有之。根苗與高良薑相類而根肥，苗高三四尺。高良薑根瘦苗短，數十莖叢生，葉短，面背光潤，紋細，葉淡綠。草果莖或青或紫；葉長紋粗，色深綠。夏從葉中抽葶卷籜，綠苞漸舒，長萼分綻，尖杪淡黄，近跗紅赭，坼作三瓣白花：兩瓣細長，翻飛欲舞；一瓣圓肥，中裂為兩。黄鬚三莖，縈繞相糾，紅蕊一縷，未開如鉗，一花之中，備紅黄白赭四色。《圖經》諸說既不詳臚，而含胎充果，又與良薑之紅豆蔻、獵子薑之輭紅麥粒互相膠轕，若以三種並列，則花實幾無一肖，余就滇人所指

名而名之，不識嶺外所產與此同異。《滇南本草》：性溫，味辛，無毒。生山野中，或蔬圃地。葉似蘆，開白花，結果內含瓤，藏子如豆蔻而粒大，能消食積，解冷宿、結滯之鬱，開通胃脾，快利中鬲，令人多進飲食。今人多用為香料，調劑飲食甚良。又能祛除蠱毒，辟夷人藥毒，佩之能遠患也。

白豆蔻

晉·嵇含《南方草木狀》卷上草類　豆蔻花　其苗如蘆，其葉似薑，其花作穗，嫩葉卷之而生，花微紅，穗頭深色，葉漸舒，花漸出。舊說此花食之，破氣消痰，進酒增倍。泰康二年，交州貢一篚，上試之有驗，以賜近臣。

宋·唐慎微《證類本草》卷九草部中品〔宋·馬志《開寶本草》〕　白豆蔻　味辛，大溫，無毒。主積冷氣，止吐逆反胃，消穀下氣。出伽古羅國，呼爲多骨。形如芭蕉，葉似杜若，長八九尺，冬夏不凋，花淺黃色，子作朵如葡萄，其子初出微青，熟則變白，七月採今附。

〔宋·蘇頌《本草圖經》〕曰：白豆蔻，出伽古羅國，今廣州、宜州亦有之，不及蕃舶者佳。苗類芭蕉，葉似杜若，長八九尺而光滑，冬夏不凋，花淺黃色，子作朵如葡萄，生青熟白，七月採。張文仲：治胃氣冷，喫食即欲得吐。以白豆蔻子三枚，擣篩更研細，好酒一盞，微溫調之，併飲三兩盞，佳。又有治嘔吐白术等六物湯，亦用白豆蔻，大抵主胃冷，即宜服也。

金·張元素《潔古珍珠囊》〔見元·杜思敬《濟生拔粹》卷五〕　白荳蔻辛純陽。散肺中滯氣，主積冷氣，止吐逆反胃，消穀進食。

宋·劉明之《圖經本草藥性總論》卷上　白豆蔻　味辛，大溫，無毒。主積冷氣，止吐逆反胃，消穀下氣。《圖經》：張文仲治胃氣冷，喫食即欲吐，以白豆蔻子三枚，搗篩，更研細，好酒一盞，微溫調之，併飲二三盞佳。

元·王好古《湯液本草》卷三　白豆蔻　氣熱，味大辛，味薄氣厚，陽也。辛，大温，無毒。入手太陰經。《珍》云：主積冷氣，散肺中滯氣，寬膈，止吐逆，治反胃，消穀下氣進食，去皮用。《心》云：專入肺經，去白睛翳膜。紅者，不宜多用。《本草》云：主積聚冷氣，止吐逆反胃，消穀下氣。《液》云：入手太陰，別有清高之氣，上焦元氣不足，以此補之。

元·佚名氏《珍珠囊·諸品藥性主治指掌》〔見《醫要集覽》〕　白豆蔻　味辛，性溫，無毒。升也，陽也。其用有四：破肺中滯氣，退目中雲氣，散胸中冷氣，補上焦元氣。

元·徐彥純《本草發揮》卷二　白豆蔻　潔古云：蕩散肺中滯氣，寬膈進飲食。《主治秘訣》云：性熱，味辛，氣味俱薄，輕清而升，陽也。其用有五：肺經本藥，一也；散胸中滯氣，二也；感寒腹痛，三也；溫暖脾胃，四也；赤眼暴發，白睛紅者，用之少許，五也。東垣云：白豆蔻味辛，大溫，純陽。主積冷氣，止嘔逆翻胃，消穀下氣，去太陽目內大眦紅筋。海藏云：入手太陰經。別有清高之氣。上焦元氣不足，以此補之。

明·王綸《本草集要》卷三　白豆蔻　味辛，氣大溫。味薄氣厚，陽也。無毒。主積冷氣，止吐逆反胃，消穀下氣，胃冷宜服。又散肺中滯氣，入肺經，別有清高之氣，上焦元氣不足，以此補之。

明·滕弘《神農本經會通》卷一　白豆蔻　用須去殼。味辛，氣大溫，無毒。《湯》云：氣熱，味大辛。味薄氣厚，陽也。辛，大溫，無毒。入手太陰經。東云：升也，陽也。破肺中滯氣，退目中雲氣，散胸中冷氣，補上焦元氣。又云：治冷瀉。《珍》云：與肺經相宜。消穀下氣，破滯，溫脾，主嘔逆番胃，腹寒痛。白睛紅筋暴發眼，用之功亦奇。《疌》云：主反胃，諸般冷氣及冷吐。

《本經》云：主積冷氣，止吐逆反胃，消穀下氣。《圖經》云：張文仲治胃氣冷，喫食即欲吐，以豆蔻子三枚，擣篩，更研細，好酒一盞，微溫調之，併飲二三盞佳。又有治嘔吐，白朮等六物湯，亦用白豆蔻。大抵主胃冷，即宜服也。《珍》云：主積冷氣，散肺中滯氣，寬膈，止吐逆，治反胃，消穀下氣，進食。去皮用。《心》云：專入肺經，去白睛翳膜。紅者不宜多用。《液》云：入手太陰。別有清高之氣，上焦元氣不足，以此補之。劊云：白豆蔻味本辛溫，退翳還除冷在胸。上焦元氣尤能補，却消滯氣於肺中。《局》云：白荳蔻溫除冷氣，調和脾胃穀能消。若人喫食欲得吐，研細仍須好酒調。白豆蔻、蓽澄茄，溫脾健胃，消食寬膨。

明·劉文泰《本草品彙精要》卷一二　白豆蔻無毒。　植生。

白豆蔻：主積冷氣，止吐逆，反胃，消穀，下氣。名醫所錄。【名】多骨。【苗】《圖經》曰：形如芭蕉，葉似杜若，長八九尺而光滑。冬夏不凋，花淺黃色，子作朵如葡萄，其子初出微青，熟則變白。【地】《圖經》曰：出伽古羅國。今廣州、宜州亦有之，不及蕃舶者佳。【時】生：春生苗。採：七月取實。【收】暴乾。【用】實。【質】類縮砂蔤，碧而辛香。

〔色〕皮白，仁碧。〔味〕辛。〔性〕大溫，散。〔氣〕氣厚味薄，陽也。〔臭〕香。〔主〕諸氣，胃冷。〔行〕手太陰經。〔製〕去殼。〔治〕療：東垣云：破肺中滯氣，退目中雲氣，散胸中冷氣，補上焦元氣。〔合治〕合好酒調末服，療胃氣冷，吃食即欲吐。

明・葉文齡《醫學統旨》卷八 白豆蔻 氣熱，味辛。輕清而升，陽也。無毒。入手太陰經。出番舶者佳。治積冷氣，止吐逆反胃，消穀下氣，胃冷心腹痛，散肺中滯氣，寬膈進飲食；赤眼暴發，白睛紅翳；補上焦元氣。

明・許希周《藥性粗評》卷一 白豆蔻，莖如芭蕉葉，似杜若，高八九尺，冬夏不凋，花淺黃色，子作朵如蒲菊，然初出微青，熟則變白。出廣州，以番舶來者為勝。七月採子，其餘《本草》不載，後同。味辛，性大溫，無毒。主治胃冷翻食，消穀下氣。二藥皆入手太陰肺、足陽明胃經。皆驅寒邪，破滯氣，寬膈溫中之劑也。

單方：胃冷翻食：白豆蔻為末，溫酒調下二三錢，愈。

明・鄭寧《藥性要略大全》卷三 白豆蔻一名白砂仁。破肺中滯氣，退目中雲氣，散胸中冷氣，補上焦元氣。《賦》曰：寬膈，止翻胃，助脾。《神農本草》云：消穀下氣，溫胃，治冷積冷瀉。伊訓曰：止吐逆翻胃，去白睛翳膜。味辛，性大溫，無毒。升也，陽也。味薄氣厚。入手太陰肺經。不宜多服。去殼研碎用。

明・陳嘉謨《本草蒙筌》卷二 白豆蔻 味辛，氣大溫。味薄氣厚，陽也。無毒。原出外番，今生兩廣。苗類芭蕉最長，葉如杜若不凋。開花淺黃，結子作朵。生青熟白，七月採收。入手太陰肺經，別有清高之氣。散胸中冷滯，益膈上元陽。溫脾土卻疼，退目雲去障。止翻胃嘔，消積食膨。

明・王文潔《太乙仙製本草藥性大全》卷二《本草精義》 白豆蔻 出伽古羅國，今廣州、宜州亦有之，不及番舶者佳。苗類芭蕉，葉似杜若，長八九尺而光滑，冬夏不凋，花淺黃色，子作朵如葡萄，生青熟白，七月採。

明・王文潔《太乙仙製本草藥性大全》卷二《仙製藥性》 白豆蔻 味辛，氣大溫，升也，陽也，味薄氣厚，無毒。入手太陰肺經。主治：破肺中滯氣，退目中雲氣，散胸中冷滯，益膈上元陽。溫脾土，却目翳退障，止翻胃嘔，消積食膨。補註：胃氣冷，喫食欲吐，以子三枚，爲末，好酒一盞，微溫飲三兩盞，佳。○嘔吐，白术等六物湯亦用白豆蔻，大抵主胃冷，即宜服也。

明・皇甫嵩《本草發明》卷二 白荳蔻中品下，臣。氣大溫，味辛，無毒。味薄氣厚，陽也。發明曰：白荳蔻辛，入肺經，有清高之氣，散肺中冷滯，益上焦元氣。故《本草》主積冷氣上逆，吐逆反胃，消穀下氣，皆辛溫逐寒之力也。入肺經，去白睛翳膜，乃肺氣虛寒故耳。若紅膜不宜用。大抵胃冷宜服，胃火上炎而嘔逆不可用。肺熱禁用之。去外殼，搗用。

明・李時珍《本草綱目》卷一四草部・芳草類 白豆蔻宋《開寶》

〔釋名〕多骨 〔集解〕藏器曰：白豆蔻出伽古羅國，呼爲多骨。其草形如芭蕉，葉似杜若，長八九尺而光滑，冬夏不凋，花淺黃色，子作朵如葡萄，初出微青，熟則變白，七月採之。頌曰：今廣州、宜州亦有之，不及番舶來者佳。時珍曰：白豆蔻子圓大如白牽牛子，其殼白厚，其仁如縮砂仁，入藥去皮炒用。

仁 〔氣味〕辛，大温，無毒。好古曰：大辛熱，味薄氣厚，輕清而升，陽也，浮也。入手太陰經。〔主治〕積冷氣，止吐逆反胃，消穀下氣《開寶》。散肺中滯氣，寬膈進食，去白睛翳膜李杲。補肺氣，益脾胃，理元氣，收脱氣好古。治噎膈，除瘧疾寒熱，解酒毒時珍。

〔發明〕頌曰：古方治胃冷，吃食即欲吐及嘔吐六物湯，皆用白豆蔻，大抵主胃冷，即相宜也。恭曰：白豆蔻氣味俱薄，其用有五：專入肺經本藥，一也；散胸中滯氣，二也；去感寒腹痛，三也；温暖脾胃，四也；治赤眼暴發，去太陽經目内大眦紅筋，用少許，五也。時珍曰：按楊士瀛云：白豆蔻治脾虚瘧疾，嘔吐寒熱，能消能磨，流行三焦，營衛一轉，諸證自平。

〔附方〕舊一，新四。胃冷惡心：凡食即欲吐。用白豆蔻子三枚，搗細，好酒一盞，温服，併飲數服佳。張文仲《備急方》。人忽惡心：多嚼白豆蔻子最佳。《肘後方》。小兒吐乳：胃寒者。白豆蔻仁十四個，縮砂仁十四個，生甘草二錢，炙甘草二錢，爲末，常摻入兒口中。《危氏得效方》。脾虚反胃：白豆蔻、縮砂仁各二兩，丁香一兩，陳廩米一升，黄土炒焦，去土研細，薑汁和丸梧子大。每服百丸，薑湯下。名太倉丸。《濟生方》。産後呃逆：白豆蔻、丁香各半兩，研細，桃仁湯服一錢，少頃再服。《乾坤生意》。

題明・薛己《本草約言》卷一《藥性本草》 白豆蔻 味苦、辛，氣大溫，無毒。陽也，可升可降，入手太陰經。破肺中滯氣，退目中雲氣，散胸中冷氣，補上焦元氣。化穀氣之不消，止胃冷之吐逆。○主冷氣吐逆，消穀下氣，皆辛溫逐寒之力也。去白睛翳膜，乃肺氣虛寒故耳。若紅膜不宜用。大抵胃冷宜服，胃火上炎而嘔逆不可用，肺熱禁用之。○白入肺，自有清高之氣，

若草豆蔻，則專入脾胃，而其氣味又燥烈於白者，虛弱人止宜用白為良。江云：下氣寬中，又能消食。殼方黃，似龍眼，微銳，外稜似梔子稜方真。市家以草仁代，宜辨。

明・梅得春《藥性會元》卷上　白豆蔻　味辛，氣大溫。輕清而升，陽也。無毒。入手太陰肺經。出番舶者佳，生伽古羅國。　主破肺中滯氣，退目中雲氣，散胸中冷氣，補上焦元氣。治冷瀉，療癱止痛，溫脾健胃，消食寬膨，止吐逆、翻胃，下消穀，胃與心腹冷痛，寬膈進食。　赤眼暴發，白睛紅翳者，少加用之。　凡使，去殼微炒，研用。

明・杜文燮《藥鑒》卷二　白蔻　氣熱，味辛。輕清而升，氣味俱薄，無毒。陽也。其用有五：肺經本藥，一也；散胸中滯氣，二也；除感寒腹痛，三也；溫暖脾胃，四也；赤眼暴發，白睛紅，用少許即愈，五也。

明・穆世錫《食物輯要》卷八　白荳蔻　味甘，平，性溫，無毒。益脾胃，解酒消穀，止反胃，散肺中滯氣，去目內白膜。治瘧疾，能流行三焦，營衛，一轉而愈。

明・李中立《本草原始》卷二　白豆蔻　始出伽古羅國，今廣州、宜州亦有之，不及番舶者佳。苗類芭蕉，葉似杜若，長八九尺而光滑，冬夏不凋。花淺黃色，子作朵如葡萄，生青熟白。七月採，殼內子如豆，一團三四十粒，似草豆蔻，故名白豆蔻。　氣味：辛，大溫，無毒。　主治：積冷氣，止吐逆反胃，消穀下氣。〇散肺中滯氣，寬膈進食，去白睛翳膜。〇補肺氣，益脾胃，理元氣，收脫氣。〇治噎膈，除瘧疾寒熱，解酒毒。

白豆蔻，宋《開寶》。【圖略】殼白，仁似砂仁。　修治：去殼取仁，炒用。

味薄氣厚，浮而升，陽也。入手太陰經。

明・張懋辰《本草便》卷一　白豆蔻　味辛，氣大溫，味薄氣厚，陽也，無毒。　主積冷氣，止吐逆反胃，消穀下氣，胃冷宜服。又散肺中滯氣，上焦元氣不足，以此補之。

明・吴文炳《藥性全備食物本草》卷四　白豆蔻　味甘，平，性溫，無毒。益脾胃，解酒消穀，止反胃，散肺中滯氣，去目內白膜，治瘧疾，能行三焦榮衛，一轉而愈。

明・趙南星《上醫本草》卷一　白豆蔻仁　辛，大溫，無毒。主治：理元氣，收脫氣，益脾胃，補肺氣，散肺中滯氣及積冷氣，寬膈進食，噎膈反胃吐逆，消穀下氣，除瘧疾寒熱，去白睛翳膜，解酒毒。

附方　胃冷惡心：凡食即欲吐，用白豆蔻子三枚，擣細，好酒一盞，溫服併飲，數服佳。　脾虛反胃：白豆蔻、縮砂仁各二兩，丁香一兩，陳廩米一升，黃土炒焦，去土研細，薑汁和丸梧子大。每服百丸，薑湯下。〔名太倉丸。〕　人忽惡心：多嚼白豆蔻子，最佳。

明・李中梓《藥性解》卷三　白豆蔻　味辛，性溫，無毒，入肺、脾、胃三經。主消寒痰，下滯氣，退目中翳，止嘔吐，開胃進食，除冷瀉痢及腹痛心疼。炒去衣研用，白而圓滿者佳。　按：白豆蔻辛宜入肺，溫為脾胃所喜，故并入之。大抵辛散之劑，不能補益，藥性稱其補上焦元氣，恐無是理。但不甚刻削耳，世俗不察而信之，誤人不小。治寒氣神效，肺胃中有火及虛者忌之。

明・繆希雍《本草經疏》卷九　白豆蔻　味辛，大溫，無毒。主積冷氣，止吐逆反胃，消穀下氣。〔出伽古羅國，呼為多骨。其仁如縮砂蜜仁。〕入藥去皮焙用。

〖疏〗白豆蔻感秋燥之令，而得乎地之火金，故其味辛，其氣大溫，其性無毒。好古大辛熱，味薄氣厚，輕清而升，陽也，浮也。入手太陰，亦入足陽明經。味大辛也，氣大溫也，宜其主積冷氣，及傷冷吐逆，因寒反胃也。暖能消物，故又主消穀。溫能通行，故主下氣。東垣用以散肺中滯氣，寬膈進食，去白睛翳膜，散滯之功也。〖主治參互〗得人參、生薑、橘皮、藿香，治胃虛反胃及因寒嘔吐，殊驗。得半夏、橘紅、生薑、白朮、茯苓，治寒痰停胃作嘔吐似反胃。得橘皮、白朮、白蒺藜、決明子、甘菊花、蜜蒙花、木賊草、穀精草，理脾虛，白睛生障翳。得藿香、橘皮、木香，理上焦滯氣。加烏藥、香附、紫蘇，治婦人一切氣逆不和。佐參、朮、薑、橘，治秋深瘧發，寒多熱少，嘔吐胃弱，飲食不進，良。同藊豆、五味子、橘紅、木瓜，能解酒毒及中酒嘔吐惡心。　張文仲《備急方》治胃冷惡心，食已即欲吐。用白豆蔻三枚，擣細，好酒一盞溫服，併飲數服，佳。　《肘後方》治人忽惡心，多嚼白豆蔻子最佳。　《危氏得效方》治小兒吐乳胃寒者：白豆蔻、縮砂蜜各十四箇，生炙甘草各二錢，為末，常摻入兒口中。　《濟生方》治脾虛反胃，白豆蔻、縮砂蜜各二兩，丁香一兩，陳廩米一升，黃土炒焦，去土細研，薑汁和丸，每二三錢，薑湯下，名太倉丸。　〖簡誤〗白豆蔻辛溫，其

治在因寒嘔吐反胃，其不因於寒及陽虛者，皆不得入。故凡火升作嘔，因熱腹痛，法咸忌之。

明・倪朱謨《本草彙言》卷二　白豆蔻　味辛，氣溫，無毒。味薄氣厚，輕清而升，陽也浮也。入手太陰經。　陳氏曰：白豆蔻出伽古羅國，今廣州、宜州亦有之，但不及番舶來者佳。其草本似芭蕉，葉似杜若，長八九尺，光澤而厚，冬夏不凋。開花淺黃色，結子作朵，如葡萄初生微青，熟則變白。其殼白厚，其仁如縮砂蔤也。七八月采之，入藥去皮，炒用。

白豆蔻：溫中開胃，《開寶》消食下氣之藥也。湯濟菴稿凡冷氣哮喘，痰嗽無時；或宿食停中，嘔吐腹脹；或瘴瘧寒熱，久發不休；或中酒中氣，眩暈煩悶；或暴發赤眼，翳脉遮睛諸證，皆脾肺二藏之氣寒鬱不和之故也。用白豆仁辛溫開達，能行能運，李時珍能消能磨，流行三焦，榮衛一轉，諸證自平矣。凡喘嗽嘔吐，不因於寒而因於火者，瘧疾不因於瘴邪而因于陰陽兩虛者，目中赤脉白翳，不因於暴病寒風而因於久眼血虛血熱者，皆不可犯。又如火升作嘔，因熱腹痛，法咸忌之。

繆仲淳先生曰：白豆蔻感秋燥之令，而得地火金之氣，故其味大辛，性大溫，宜其入主手太陰、足陽明也。其治積冷吐逆，因寒反胃，暖能化物，故主消穀，溫能通行，故主下氣，羲皇言之詳矣。東垣用以散肺中逆氣，寬膈進食，去白睛翳膜，亦散滯之功也。

盧子繇先生曰：脾胃之受盛水穀以成醞釀，若鬴中之靡爛有形也。其所以成醞釀者，藉腎間動氣曰先天，又若鬴底之灼然薪炭耳。更藉肺氣吸呼曰後天，又若鬴底薪炭，輪機動扇，乃得灼然薪炭耳。白者肺色，潔白以成休德也。豆曰腎穀，受盛膹肉之鬴器也。味大辛，氣大熱，寧非火然泉達之機乎？

《廣濟方》：東垣治哮喘痰逆，不拘冷熱。用白豆蔻、麻黃、杏仁、桑白皮、甘草。○同前治宿食不消，中滿嘔逆。用白豆蔻、紅麴、砂仁、枳實、白朮。○同上治瘴瘧寒熱，嘔吐胃弱，飲食不進。用白豆蔻、人參、白朮、陳皮、半夏、厚朴、生薑。○張文中方治中酒嘔逆，惡心。用白豆蔻、陳皮、乾葛、木瓜、砂仁。○《醫通》治中氣厥逆，眩暈卒倒。用白豆蔻、人參、黃耆、木香、半夏、烏藥。○東垣《藥性論》治眼目赤障。用白豆蔻、桑皮、柴胡、生地、連翹、荆芥。○治脾虛白睛生翳障。用白豆蔻、白朮、白蒺藜、决明子、甘菊花、密蒙花、木賊草。○《調元寶笈》治胃虛反胃，及因寒嘔吐。用白豆蔻、人參、生薑、陳皮、藿香、白朮。○婦醫郭道子傳治婦人一切氣逆不和。用豆蔻、藿香、烏藥、陳皮、木香。○《肘後方》治人忽惡心。多嚼白豆蔻立止。○危氏《得效方》治小兒胃寒吐乳。用白豆蔻、砂仁各十四顆，炙甘草二錢，共爲細末，常摻入兒口中。○《濟生方》治脾虛反胃。用白豆蔻、砂仁各二兩，丁香一兩，陳白米一升，好淨黃土拌炒焦，去土細研，薑汁和丸，每二三錢，薑湯下。

明・顧逢柏《分部本草妙用》卷四肺部・溫瀉　白豆蔻　辛，大溫，無毒。去衣，微炒用。　主治：積冷氣吐逆，消穀，下氣，散肺中滯氣，寬膈進食。去白睛瞖，治赤眼暴熱，目內眦紅筋。治噎膈，瘧疾。　豆蔻開氣甚速，故能去胸中滯氣，感寒腹痛。但久服則元氣暗消，反成痼疾。但取其流行三焦榮衛，一轉而諸症皆平也。

明・李中梓《醫宗必讀・本草徵要上》　白豆蔻味辛，溫，無毒。入肺、胃二經。去衣微焙。　溫中除吐逆，開胃消飲食。瘧證宜投，目翳莫缺。感秋燥之令，得乎地之火金。味辛氣溫，為寬中去滯之需，翳膜遮睛，亦滯氣也。按：豆蔻辛溫，火升作嘔，因熱腹痛者忌。

明・鄭二陽《仁壽堂藥鏡》卷一〇下　白豆蔻　《圖經》云：白豆蔻出伽古羅國。其氣天香。去殼研細用。原出外番，今生兩廣。　氣熱，味大辛。味薄氣厚，陽也。辛，大溫。無毒。入手太陰經。　《珍》云：主積冷氣，散肺中滯氣，寬膈，止吐逆，治反胃，消穀下氣進食。去皮用。　《心》云：專入肺經，去白睛翳膜。紅者不宜多用。　《本草》云：主積聚冷氣，止吐逆反胃。消穀下氣。　《液》云：入手太陰，別有清高之氣。上焦元氣不足，以此補之。　按：豆蔻，開氣甚速，終是辛散。服之不已，令人元氣暗消，猶喜其香快而不覺，反成痼疾。君以參、耆，庶得相成。

明・蔣儀《藥鏡》卷一溫部　白豆蔻　益元陽，冷痛胃家亟去。消眼赤，氣凝肺管能開。療反胃而祛痰，進飲食而下積。故惡心吐食者，胃寒也，溫酒下，嚼三枚。小兒吐乳者，亦胃寒也，甘草、砂仁末子。

明・李中梓《頤生微論》卷三　白豆蔻　味辛，性溫，無毒。入肺經。老而光綻者佳。去衣微炒。主冷氣吐逆，消食下氣，寬膈進食，去白睛翳膜，脾虛瘧疾。　按：白豆蔻感秋燥之令，得乎地之火金。味辛氣溫，為脾家所喜。然元氣虛，須與參术同行，不爾損氣。

明·張景岳《景岳全書》卷四八《本草正》 白豆蔻 味辛，氣溫。味薄氣厚，陽也。入脾肺兩經。别有清爽之氣。散胸中冷滯，溫胃口止疼，除嘔逆翻胃，消宿食膨脹，治噎膈，除瘧疾，解酒毒，祛穢惡，能退翳膜，亦消痰氣。欲其速效，嚼嚥甚良，或為散亦妙。

明·賈九如《藥品化義》卷一氣藥 白豆蔻 屬純陽，體燥而細，色肉白皮蒼，氣香而雄，味大辛，性熱，能浮，力溫寬脹，性氣厚而味薄，入肺脾胃三經。 豆蔻氣香味辛，别有清高之氣，蕩散上焦結滯，專主肺胃，治胸中冷逆，胃冷嘔吐，脾虚瘧疾，肺寒眼白生翳，感寒腹痛，行氣之功甚捷，以其氣雄，辛熱純陽之品，服之暫快胸膈。虚人久用，消元氣，漸成痼疾，慎之。白豆蔻去殼炒香，搗碎用，不宜久宿。

草豆蔻 味辛却滯氣膈痰，性溫除胃疼冷物。風寒客邪在上部無不驅散，但鬱熱者忌用。

明·盧之頤《本草乘雅半偈》帙一〇 白豆蔻宋《開寶》 氣味：辛，大溫，無毒。 主治：主積冷氣，止吐逆反胃，消穀，下氣。

覈曰：出伽古羅國，呼為多骨。今廣州、宜州亦有之，不及番舶來者佳。本似芭蕉，葉似杜若，長八九尺，光澤而厚，冬夏不凋。開花淺黄色，結子作朵似葡萄，初出微青，熟則紅白，殼白而厚，仁似縮砂蔤也。修事：去皮，微炒用。

条曰：穀府之受盛水穀，以成醞釀，若鬴中之靡爛有形也。其所以成醞釀者，藉腎間動氣曰先天。又若鬴底之灼然薪炭耳。更藉肺氣吸呼曰後天。又若鬴底薪炭，輪機動扇，乃得灼然薪炭耳。白者肺色，潔白以成休德也。豆者腎穀，受盛臏肉之鬴器也。味大辛，氣大溫，寧非火然泉達之機乎。蔻者，寇也，當其完聚而即寇之也。是以醞釀成精氣，當其完聚。肺即寇之轉灌溉，朝百脈，留四藏，歸權衡，成休德矣。主治證名，能以此反復推度，便可迎刃而解。三緣和合，體用始備，宛如∴字，缺一已不成三。王維詩云：三點成∴猶有想。

明·李中梓《本草通玄》卷上 白豆蔻 辛、溫，入肺脾二經。散肺中滯氣，祛胃中停積，退目中雲翳，通噎膈，除瘧疾，解酒毒，止吐逆。楊士瀛云：主脾虚瘧疾，能消能磨，流行三焦，營衛一轉，諸症自平。《肘後方》云：患惡心者，惟嚼白豆蔻最佳。其功全在芳香之氣，一經火炒，便減功力。即入湯液，但當研細，待諸藥煎好，乘沸點服，尤妙。

清·顧元交《本草彙箋》卷二 白豆蔻 白豆蔻暖能消物，主傷冷吐逆，因寒反胃，脾虚瘧疾等症。睛白生翳，亦屬肺寒，白豆蔻能散肺家之凝滯，故兼主之。然暫用之藥也，久用即損真元，漸成痼疾。去殼，炒香，搗碎用。不宜久宿。

清·穆石匏《本草洞詮》卷八 白豆蔻 辛，大溫，無毒。入手太陰經。治積冷氣，止吐逆反胃，消穀下氣，去白睛翳膜，除瘧疫寒熱，解酒毒。楊士瀛謂治脾虚瘧疾，嘔吐寒熱，能消能磨，流行三焦，營衛一轉，諸證自平。大略取其除寒燥濕，開鬱化食之功耳。

清·劉雲密《本草述》卷八上 白豆蔻 其草冬夏不凋，其子圓大如白牽牛子，其殼白厚，其仁如缩砂仁。 氣味：辛，大温，無毒。 好古曰：大辛，熱。味薄氣厚，輕清而升，陽也，浮也，入手太陰經。

諸本草主治：胸中冷氣，蕩散肺中滯氣，寬膈進食，能去白睛瞖膜。又曰：白豆蔻别有清高之氣，可理上焦元氣，而收脱氣。治胃冷食即欲吐，除脾虚瘧疾寒熱。 方書主治：痞反胃不能食，傷飲食，脹滿積聚，嘔吐，心痛胃脘痛，消癉，泄瀉，大便不通，中氣中惡氣呃逆，肩背痛痹，盜汗。

陸養愚曰：白豆仁能益上焦，而通三焦清氣中之火，開鬱結之氣，除寒退風，消食積，止嘔逆，散胸膈之滯。佐血藥能通潤大小腸，使氣得周流，血自浸潤。如陽之過盛者，用寒涼以降之，少佐此味，以掣行周身，則寒涼之氣不滯於中，而邪氣自退，正氣不損矣。 楊士瀛曰：白豆蔻治脾虚瘧疾，嘔吐寒熱，能消能磨，流行三焦，營衛一轉，諸證自平。 希雍曰：白豆蔻感秋燥之令，而得乎地之火金，故其味辛，其氣大溫，其性無毒。好古大辛熱，味薄氣厚，輕清而升，陽也，浮也，入手太陰，亦入足陽明經。 得人參、生薑、橘皮、藿香，治胃虚反胃，及因寒嘔吐殊驗。 得半夏、橘紅、生薑、白朮、茯苓，治寒痰停胃作嘔吐似反胃。 得橘皮、白朮、白蒺藜、決明子、甘菊花、蜜蒙花、木賊草、穀精草，理脾虚，白睛生障瞖。 得藿香、橘皮、木香，理上焦滯氣。 加烏藥、香附、紫蘇，治婦人一切氣逆不和。 佐參、术、薑、橘，治秋深瘧發，寒多熱少，嘔吐胃弱，飲食不進，良。

愚按：盧之頤曰：草實之中，名豆蔻者凡三，形色功能各有同異，斯言是也。苐草肉二豆蔻，《本草》俱言其辛溫，白豆蔻亦言其辛，止謂其大溫

而已。在好古以草、白二種為辛熱。夫天地間唯是水火二氣主之，寒熱者，水火之氣，若溫涼，則水火之由漸而盛者也，是何可不細審？然氣之所附者味，而味之所由生者，氣也。即味以細為酌量，則亦可以知其氣矣。如草豆蔻、白豆蔻，俱言辛熱，但白者味辛，而絕無苦意，是專乎金氣也。細味之，先香辣而散，後微辣而涼。辛而涼者，金之氣也。此謂入手太陰肺，即香辣之味轉為辛涼，則所謂大溫者，是而猶非熱也，故其的治，入肺而效。其溫冷散滯之用，至草者先微苦而即辣，後辣中又微有淡甜，夫苦屬火味，是不專乎金也，由火中之金氣，而有歸於土之意，此謂入陽明胃，太陰脾，即苦而後辛，辛而不甚，甘則所謂熱者，或是而似不止於溫也，故其的治，入中土而效。其祛積寒，除胃痛之用，若肉豆蔻則先苦多於辣，後辣盛於苦，苦盡帶微辣微涼，是始而從火中之金氣，終而專金中之肅氣，此謂入手足陽明，而更切於大腸也。即其火始之金，終之則止，謂其辛溫，不可謂其熱也。故其的治，由中土而大效。其收令之用，至於草果之味，極其辛辣而不散，其氣猛而臭，誠如時珍所云，近斑蝥氣者，即味與氣，謂之大辛大熱也。又何疑焉？用以驅脾胃之寒溼鬱滯，又非其對證之藥乎？抑白豆蔻止入肺，何以亦兼溫胃，緣胃氣固上至於肺，而肺氣亦即下入於胃也。總之，三種皆南方所產，其時宜形狀，未能歷歷實稽，聊就氣味而區別之若此耳。然與前哲所云，某種入某經者，似亦不爽矣。

愚按：白豆蔻在《開寶本草》云主治積冷氣，而東垣云散肺中滯氣，至海藏更言其補肺氣，益脾胃，理元氣，收脫氣，夫東垣之散滯氣者，即《開寶》治冷氣之義，氣固以冷而滯也。至如海藏所云補肺氣，理元氣者，得勿以散冷化滯，即此便為補乎？以楊仁齊能消能磨，流行三焦，營衛一轉，諸證自平數語合之，亦或庶幾近之。第海藏收脫氣一語，似乎與散冷化滯者，有不相謀此處，可以細繹也。蓋此味海藏云入手太陰，第審其味乃先香辣而散，後微辣而涼，夫辛而涼者，金之氣味也，正合於陽中之少陰，由天而漸至於地之氣也。如使能升散，而不能降收，可謂得秋令之金氣，而能入手太陰乎？故方書因寒滯氣，而入此味於溫補中者，義固然矣。是此味和其味之溫補者，以治虛寒也。然有劑合寒熱而亦入此味者，則又以其能和寒熱之氣，而無不宜也，是遵何道哉？蓋正取其合於陽中之少陰，能升散而即能降收故，或逐隊於升散之陽，而陰未嘗不存乎其中；或逐隊於降收之陰，而陽已先為主於其內，即推而至於寒熱之味並投，而措之無不時宜者，此海藏所以謂其補肺氣，理脾胃元氣，而且云收脫氣也。若於此道深心者，試取陳藏器冬夏不凋一語，稍為尋繹，茲味何以隨冬夏而皆不凋也，是豈非寒熱胥宜之義歟。彼錮於習說者，何為不一致察乎哉？

附白豆蔻方　脾虛反胃，白豆蔻、縮砂仁各二兩，丁香一兩，陳廩米一升，黃土炒焦，去土，研細，薑汁和丸梧子大，每服百丸，薑湯下，名太倉丸。

希雍曰：白豆蔻，其治在因寒嘔吐反胃，其不因於寒及陽虛者，皆不得入。故或火升作嘔，因熱腹痛，法咸忌之。嵩曰：入肺經，去白睛瞖膜，乃肺氣虛寒故耳。若紅膜不宜用。

修治　藥煎成方，炒研，入一二沸即起。入丸，待諸藥細末後方入，勿隔宿。

清・郭章宜《本草匯》卷一〇　白豆蔻　味辛，大熱，味薄氣厚，輕清而升，陽也，浮也。入手太陰經。散胸中冷滯，益膈上元陽。溫胃冷惡心，退膜雲翳障。止翻胃嘔，胃冷，喫食即欲吐，豆蔻正相宜也。消食積膨。白入肺，自有清高之氣，若草豆蔻則專入脾胃，而其氣味又燥烈于白者，虛弱人止宜用白為良。

按：白豆蔻感秋燥之令，得地之火金，寬中去滯，流行膈膂，通轉營衛，為氣方標藥也。《本草》主冷逆下氣，亦賴其辛溫逐寒之力。若其去白睛翳膜，乃肺氣虛寒故耳。如紅膜不宜用矣。楊士瀛主脾虛瘧疾，嘔吐寒熱，能消能磨，能行三焦，營衛一轉，諸症自平。至于熱則消肌肉，寒則衰飲食之病以奏功，又非止為氣方標藥所司也。大抵胃冷宜服，火升作嘔，因熱腹痛，皆不可服。其用有五：一專入肺經，一散胸中滯氣，一去感寒腹痛，一溫暖脾胃，一治赤眼暴發，去太陽經目內大眥紅筋，用少許。得人參、生薑、橘皮、藿香，治胃虛反胃，因寒嘔吐。得半夏、橘紅、生薑、白朮、茯苓，治寒痰停胃作嘔。生廣中，去皮，研細。不見火，乘沸點服。

清・蔣居祉《本草擇要綱目・熱性藥品》　白豆蔻　氣味：大溫，無毒。輕清而升，陽也，浮也。入手太陰經。主治：散肺中滯氣，寬膈進飲食，溫暖脾胃，感寒腹痛，止嘔逆翻胃。去太陽經目內大眦紅筋，別有清高之氣，補上焦元氣之不足。

清・王翃《握靈本草》卷三　白豆蔻出伽古羅國，今出廣州。去皮，炒用。

主治：白豆蔻，辛，大溫，無毒。主積冷嘔逆，散肺中滯氣，寬膈進食，除瘧

寒熱。解酒毒，收脱氣。

清・汪昂《本草備要》卷二　白豆蔻宣，行氣，暖胃。　辛，熱。流行三焦，溫暖脾胃三焦利，脾胃轉，諸症自平。而爲肺家本藥。肺主氣。散滯氣，消酒積，除寒燥濕，化食寬膨。治脾虚瘧疾，感寒腹痛，吐逆反胃，肺胃火盛及氣虚者禁用。白睛翳膜，白睛屬肺，能散肺滯。太陽經目眦紅筋。太陽脉起目眦。番舶者良。研細用。

清・吴楚《寶命真詮》卷三　白豆蔻　【略】散肺中滯氣，袪胃中停積，退目中雲翳。亦去滯氣也。溫中除吐逆，通噎膈，療瘧疾，解酒毒。〇辛溫之味，若火升作嘔，因熱腹痛者禁之。

清・李世藻《元素集錦・本草發揮》　白豆蔻　別有清高之氣，治金虚木盛，霍亂吐瀉之疾用之，一轉而五藏皆平。其制肝之功最捷，人皆忽之。

清・陳士鐸《本草新編》卷三　白豆蔻　味辛，氣大溫，陽也，無毒。入手太陰肺經。別有清高之氣，非草豆蔻之可比也。散胸中冷滯之氣，益心包之元陽，溫脾胃，止嘔吐翻胃，消積食目翳。但此物最難識，鋪家多以草豆蔻充之，所以用多不效。總之，必須白者為佳，正不必問真假也。

或問：白豆蔻與砂仁相似，用砂仁，可不必用白豆蔻矣，而不知各有功效，砂仁宜用之于補藥丸中，而白豆蔻宜用之于補劑湯内。蓋砂仁性緩，而豆蔻性急也。

清・顧靖遠《顧氏醫鏡》卷七　白荳蔻辛，大溫。入脾胃二經。去衣，焙研。　溫中除吐逆，開胃消飲食。脾胃喜香、喜溫、喜通故也。瘧症宜投，能消能磨，流行三焦，榮衛一轉，寒熱自平。腹痛須簡。取其辛溫散寒，而又能散滯氣也。凡腹痛嘔吐，因火熱者，忌之。

清・李熙和《醫經允中》卷一八　白荳蔻　去殼炒用。　辛，大溫，無毒。主治散冷積惡心，退白膜瞖障，寬噎膈，止翻胃。白荳蔻開氣暖胃甚速，去胸中冷滯，益膈上元陽，右寸脉横弦細緊出魚際者，非此不治，但中病即止，多服恐戕元氣。

清・馮兆張《馮氏錦囊秘録・雜症痘疹藥性主治合參》卷二　白豆蔻感秋燥之令，得地之火金。味大辛，氣大溫，無毒。味薄氣厚，輕清而升，陽也，浮也。

白豆蔻，入手太陰肺。別有清高之氣，散胸中冷滯，益膈上元陽，溫脾土卻疼，退目雲去障。止翻胃嘔，消食積膨。若火升作嘔，因熱腹痛，肺火痰嗽者忌服。

清・張璐《本經逢原》卷二　白豆蔻俗名殼蔻。　辛，溫，無毒。忌見火，去淨膈膜，不爾令人膈滿。凡草果、草豆蔻、縮砂皆然，不獨白豆蔻也。　發明：白豆蔻辛香上升，入脾、肺二經，散肺中滯氣。治脾虚瘧疾，嘔吐寒熱，能消能磨，流行三焦，營衛一轉，諸證自平。古方治胃冷積氣，嘔逆反胃，消穀下氣，寬膈進食，解酒毒，皆相宜也。若火升作嘔，蘊熱作痛者勿服。

清・浦士貞《夕庵讀本草快編》卷二　白荳蔻宋《開寶》　以名白者，蓋對草、對肉而言也。　白蔻大辛而熱，氣厚味薄，輕清而升，陽也，浮也。感秋燥之令，得乎地之火金，為手太陰之本藥，故能散胸中之滯氣。胸中者肺之府也，且其性芳香，兼入脾胃而理元氣，開噎膈而進飲食。感寒腹痛，積冷吐逆，脾虚發瘧，酒毒目翳，並皆治之。蓋取其化氣而行三焦，能消能磨，營衛轉而諸症悉平矣。予每治病後惡食，木氣有餘者，用與黄連同劑，消穀下氣，功更神也。

清・劉漢基《藥性通考》卷五　白豆蔻　味辛，熱。流行三焦，溫暖脾胃、三焦，利脾，轉諸症自平，而為肺家本藥。散滯氣，消酒積，除寒燥濕，化食寬膨。治脾虚瘧疾，感寒腹痛，吐逆反胃。肺胃火盛及氣虚者禁用。白睛翳膜，太陽經目眥紅筋，行氣暖胃。出番產者良。炒研用。

清・姚球《本草經解要》卷二　白豆蔻　氣大溫，味辛，無毒。主積冷氣，止吐逆反胃，消穀下氣。　白蔻氣大溫，稟天木火之氣，入足厥陰肝經、手少陽相火三焦經。味辛無毒，得地西方燥金之味，入手太陰肺經、足陽明胃經。氣味俱升，陽也。肺主氣。積冷氣，肺寒也。氣溫溫肺，味辛散積，所以主之。食入反出，胃無火也。辛溫暖胃，故止吐逆反胃。胃中寒則不能化水穀，肺寒則不能行金下降之令。白蔻辛溫，所以胃暖則消穀，肺暖而下氣也。　製方：白蔻、丁香、砂仁、陳米、黄土、薑汁丸，名太倉丸，治反胃。同人參、生薑、陳皮、藿香，治胃寒嘔吐。同半夏、陳皮、生薑、白术、白茯，治寒痰作吐。同藿香、陳皮、木香，治上焦滯氣。同人參、白术、陳皮、生薑，治秋瘧胃虚不食。同扁豆、五味、橘紅、木瓜，治中酒嘔吐。

清・王子接《得宜本草・中品藥》　白豆蔻　味辛。入手太陰經。功專散滯破積。得砂仁、甘草治小兒吐乳，得砂仁、丁香、陳皮治胃反。

清・黄元御《玉楸藥解》卷一　白豆蔻　味辛，氣香。入足陽明胃、手太

陰肺經。降肺胃之衝逆，善止嘔吐，開胸膈之鬱滿，能下飲食，噎膈可效，痎瘧亦良。去睛上瞖障，消腹中脹疼。白豆蔻清降肺胃，最驅膈上鬱濁，極療惡心嘔噦。嚼之辛涼，清肅肺腑鬱煩，應時開爽，秉秋金之氣。古方謂其大熱，甚不然也。研細湯沖。

清・吴儀洛《本草從新》卷一　白豆蔻〔宣，行氣暖胃。〕　辛，熱。流行三焦，溫暖脾胃，三焦利，脾胃運，諸證自平。而為肺家本藥。肺主氣。散滯氣，消酒積，除寒燥濕，化食寬膨。治脾虛瘧疾，感寒腹痛，吐逆反胃，白睛翳膜，白睛屬肺，能散肺滯。太陽經目眦紅筋。太陽脈起目眦。火升作嘔，因熱腹痛，氣虛諸證，咸宜禁之。番舶者良。去衣，微焙，研細。

清・汪紱《醫林纂要探源》卷二　白豆蔻　辛，熱。抽莖大葉，抽穗作紅花，結白實，成穗，似砂仁而稍大。溫養命火，達中州而上浮膻中，瀉肺散寒潤燥。燥，清冷也。此上行穗生，色白故入肺，而辛潤能瀉清燥之邪，故主治寒瘧，破滯，解酒，止吐逆，和膻中，兼能溫脾胃，化食，去冷積。

清・嚴潔等《得配本草》卷二　白豆蔻俗呼豆仁。　辛，大溫。味薄氣厚，輕清而升，陽也，浮也。入手太陰經。散胸中滯氣，去感寒腹痛，溫脾暖胃。治赤眼暴發，去太陽經目內大眦紅筋。楊士瀛云：白豆蔻治脾虛瘧疾，嘔吐寒熱，能消能磨，流行三焦，營衛一轉，諸證自平。番舶來者佳。去殼微焙，研細用。　火升作嘔，因熱腹痛，氣虛諸症，皆禁用。

題清・徐大椿《藥性切用》卷三　白豆蔻　性味辛溫，流行三焦。快膈散滯，為肺家本藥，兼入脾胃。去殼，炒研用。殼主寬胸開胃，力較薄耳。

清・黄宫繡《本草求真》卷四　白豆蔻宜散肺分寒滯，溫暖脾胃。　白豆蔻耑入肺、脾、胃，兼入大腸。本與縮砂密一類，氣味既同，功亦莫別。然此另有一種清爽妙氣，上入肺經氣分，而為肺家散氣要藥，且其辛溫香竄，流行三焦，溫暖脾胃，而使寒濕膨脹，虛瘧吐逆，反胃腹痛，並翳膜必白睛見有白翳方用。目眦紅筋等症悉除。不似縮砂密辛溫香竄兼苦，功耑和胃醒脾調中，而於肺腎他部則止兼而及之也。是以肺胃有火，及肺胃氣薄切忌。故凡用藥治病，最宜審諒氣味，分別形質，以為考求，不可一毫忽略，竟無分別於其間耳。

清・楊璿《傷寒溫疫條辨》卷六燥劑類　白豆蔻　味辛，氣溫，味薄氣厚，升也，陽也。流行三焦，溫暖脾胃，實肺家本藥。別有清爽之氣，散胸中冷滯，溫胃口止疼，除嘔逆反胃，袪宿食脹膨，退目眦紅筋，去白睛翳膜。消痰氣，解酒毒。欲其速效，嚼嚥甚良。

附：琉球・吴繼志《質問本草》内篇卷三　白豆蔻　生溫暖之地，性畏寒。三四月發花，結實九十月熟。葉似山薑，根似良薑，結寔似砂仁。查草豆蔻，大如李，戥重四五錢不等，非草蔻。然味與白蔻相仝，略苦。再查白蔻，產伽古羅國，及自外國，一年有五隻舩來，名番舶，舩上有帶之，其白蔻形似杜若、良薑，外殼紫黑肥大者，為道地。廣東之廣州、宜州者，殼白肉小，香味亦薄，較比貴國產者同類，的係白豆蔻。味辛溫，氣厚輕清。入手太陰肺經。療胃痛嘔逆，破滯寬胸，袪目中白翳。噙之辟瘴，除瘧通噎。壬寅，陸澍。

白豆蔻，地道薄，故實小，功仝。帖中書之，不記其姓名。

清・羅國綱《羅氏會約醫鏡》卷一六草部　白豆蔻味辛，氣溫，入脾肺二經。去衣微炒。　行三焦，暖脾胃辛溫，利肺氣，除嘔逆。治翻胃、宿食，膨脹、噎膈，胃寒氣滯。袪瘧疾，脾虛生痰。去白睛翳膜，白睛屬肺，能散肺滯。解酒毒，胃口冷痛。除寒燥濕。　按：白豆蔻辛溫，火升作嘔、因熱腹痛、肺火痰嗽者忌之。

清・陳修園《神農本草經讀》附録　白豆蔻　氣味辛，溫，無毒。主積冷氣，止吐逆反胃，消穀下氣《開寶》。

清・黄凱鈞《藥籠小品》　白豆蔻　辛，熱，流行三焦，溫暖脾胃，散滯氣，除寒濕，化食寬膨，治久瘧脾虛，感寒腹痛。若因熱腹痛，氣虛火升，咸宜禁之。去衣研。草豆蔻產閩中辛溫香散，暖胃健脾，治客寒胃痛，霍亂吐瀉。辛燥耗血，陰不足者忌。

清・王龍《本草纂要稿・草部》　白荳蔻　氣味辛溫。消胸中冷氣，益膈上元陽。溫脾土却疼，退目雲去瘴。止反胃嘔，療食積膨。別有清高之氣。入手太陰經。

清・張德裕《本草正義》卷上　白荳蔻　辛，溫。味薄氣厚，入脾、肺。別有清芳之爽，解酒毒，消宿食，除膨脹，嘔逆反胃，散胸中一切冷滯。亦快氣調中之品。

清・楊時泰《本草述鉤元》卷八　白豆蔻　其草冬夏不凋，其子圓大如白牽牛子，其殼白厚，其仁如縮砂仁。

氣味香辣辛涼，性大溫。味薄氣厚，輕清而升，陽也，浮也。入手太陰，亦入足陽明經。主治胸中冷氣，蕩散肺中滯氣，寬膈進食，治胃冷食即欲吐，

除脾虛瘧疾、嘔吐寒熱，能消能磨，流行三焦，營衛一轉，諸證自平。去白睛翳膜，白睛翳膜，乃肺氣虛寒故耳。若紅膜不宜用。方書治痞，反胃脹滿積聚，嘔吐呃逆，心痛胃脘痛，肩背痛痹，消瘴盜汗泄瀉，大便不通，中氣中惡。白蔻仁別有清高之氣，可理上焦元氣而收脫氣。能益上焦，而通三焦清氣中之火，開鬱結，消食積，除寒退風，佐血藥能通潤大小腸，使氣得周流，血自浸潤。如陽過盛者，用寒涼降之，佐此以掣行周身，則寒涼不滯於中，而邪氣自退，正氣不損陸養愚。得人參、生薑、橘皮、藿香，治胃虛反胃及因寒嘔吐。得陳、夏、苓，加生薑、白朮，治寒痰停胃，作嘔吐似反胃。得陳皮、白朮、蒺藜、決明、甘菊、蜜蒙花、木賊草、穀精草，理脾虛白睛生障翳。得藿香、陳皮、木香，理上焦滯氣。加烏藥、香附、紫蘇，治婦人一切氣逆不和。佐參、朮、薑、橘，治秋深瘧發，寒多熱少，嘔吐胃弱，飲食不進。太倉丸，治脾虛反胃，白蔻、砂仁各二兩，丁香一兩，陳廩米一升，黃土同炒焦，去土，研細，薑汁和丸梧子大，每服百丸，薑湯下。

總論：白豆蔻、草豆蔻、肉豆蔻、草果。按：草實中，凡名豆蔻者三，皆南方所產，其形色功能，各有同異，而時宜狀類，未能歷稽，聊各就其氣味而區別之。夫天地間惟是水火二氣，為物生之主。寒熱者水火之氣，若溫涼則水火之由漸而盛者，不可不細審也。氣之所附者味，而味之所由生者氣，即味以細為酌量，則亦可知其氣矣。白豆蔻味辛而絕無苦意，是專乎金氣也。細味之先香辣而散，後微辣而涼，辛而涼者金之氣也，故宜入手太陰。即香辣轉為辛涼，則所謂大溫者是，而猶非辛熱也。故其的治，入肺而效溫冷散滯之用。亦兼溫胃者，胃氣上至於肺，肺氣即下入於胃也。草豆蔻味先微苦而即辣，後辣中又微有淡甜。夫苦屬火味，是不專乎金也。由火中之金氣而有歸於土之意。故宜入陽明胃及太陰脾。則所謂熱者或是，似不止於溫也。故其的治，入中土而效祛積寒、除胃痛之用。肉豆蔻先苦多於辣，後辣盛於苦，苦盡帶微辣微涼，是始而從火中之金氣，終而專金中之肅氣，故宜入手足陽明。其用更切於大腸。夫以火始，而以金終，則止為辛溫，不可謂其辛熱也。故其的治，由中土而大效收令之用。草果之味，極其辛辣而不散，其氣猛而臭，近於斑蝥，謂之大辛大熱，又何疑焉。用以驅脾胃之寒濕鬱滯，是為對證之藥。

論：白蔻仁散冷化滯，何以能收脫氣？蓋此味先香辣而散，後微辣而涼，夫辛而涼者金，正合於陽中少陰，由天而漸至於地之氣也。使能升散而不能降收，可謂得秋金之氣而入肺乎。故因寒滯氣，入此味於溫補中，固為正治，即劑合寒熱，而亦入此味者，以其能和寒熱之氣而無不宜。其草冬夏不凋，故寒熱胥宜。且正合於陽中少陰，能升散而即能降收，或逐隊於升散之陽，而陰未嘗不存乎其中，或逐隊於降收之陰，而陽已先為主於內，推之寒熱並投，而措無不宜，所以謂其補肺氣，理脾胃元氣，且收脫氣也。

凡作嘔因於火升，腹痛因於火熱者，忌用仲淳。

修治：藥煎成，方炒研，入一二沸即起，為丸，待諸藥細末後，方研入，勿隔宿。

清·葉桂《本草再新》卷一 白豆蔻味辛，性熱，無毒。入心、肝、脾三經。治腸中膨脹，濕困脾陽，燥胃舒氣，止寒涼，除瘧痢。

清·吴其濬《植物名實圖考》卷二五 白豆蔻《酉陽雜俎》載之。《開寶本草》始著錄。今廣州有之，形如《圖經》。

清·趙其光《本草求原》卷二芳草部 白豆蔻 氣大溫而香，以達木火之滯氣。味辛而涼，陽中之少陰。又由升散而降收金氣，故能流行三焦，消磨水穀以下氣，無毒。治肺胃冷積，吐逆反胃，同土炒倉米及砂仁、丁香末、薑汁和丸。惡心欲吐，生嚼，或研末酒下。小兒吐乳，同砂仁、炙甘、生甘末摻口。產後呃逆，同丁香末，桃仁湯下。中酒嘔吐，同木瓜、五味、扁豆、陳皮。寒痰作吐，同二陳、薑、朮。上焦氣滯，同陳、藿、木香。秋瘧少食，同參、朮、陳、薑，使三焦行，營衛轉，症自平。白睛生翳，天寒則陰雲四起，金翳則不明。同陳、朮、蒺、決、木賊、蒙花、甘菊、菊精。目外眥紅筋，太陽風寒也，用少許。寬膈，解酒。

按：此味辛溫而又涼，能和寒熱之氣，故升陽劑中、降收劑中與寒熱互用之劑皆可用之。佐入血藥，又能通潤二腸，使氣行血自潤。不論血寒、血熱，俱可於寒熱方中少佐之以行其升降。故海藏謂其理脾胃元氣，補肺氣，收脫氣。

番舶者良。忌見火。去殼膜用，留膜令人膈滿。凡草蔻、草果、砂仁皆然。

清·文晟《新編六書》卷六《藥性摘錄》 白豆蔻 辛，溫。氣竄，入脾肺胃，兼入大腸。宣散肺分寒滯，溫暖脾胃，治寒濕膨脹，虛瘧吐逆，反胃腹痛，白睛見有白翳，目眥紅筋等症。〇肺胃有火，及肺胃氣薄者，切忌。〇與砂

仁同類，同氣味。然此另有一種，清爽妙氣，上入於肺經氣分，而為肺家散氣妙藥。

清・張仁錫《藥性蒙求・草部》 白荳蔻五分、八分 白荳蔻辛，脾胃虛冷。化食寬膨，氣機調暢。辛熱。流行三焦，溫暖脾胃，而為肺家本藥。肺主氣也。散滯氣，消酒積，除寒燥濕。○去衣，微焙，研細。

清・屠道和《本草匯纂》卷一溫散 白豆蔻 耑入肺、脾、胃，兼入大腸。辛溫香竄，宣散肺分寒滯，溫暖脾胃。理元氣，收脫氣。消穀下氣，寬膈進食，治噎膈酒毒。本與縮砂氣味功用相同，然此另有一種清爽妙氣，而為肺家散氣要藥。且流行三焦，而治寒食膨脹，虛瘧吐逆，反胃腹痛，並翳膜目眦紅筋等症。不似縮砂辛溫，香竄兼苦，功耑和胃醒脾調中，而於肺腎則止兼及。肺胃有火，及因熱腹痛，火升作嘔，肺氣虛，胃氣薄者切忌。番舶者良。去衣，微焙研細。又用藥治病，最宜審諒氣味形質，詳細考求，不可一毫忽略，竟無分別。

清・戴葆元《本草綱目易知錄》卷一 白豆蔻 仁，辛，大溫。能消能磨。流行三焦，輸轉營衛，耑入肺經。散膈中滯氣，溫暖脾胃，消穀進食，理元氣，收脫氣，開噎膈，解酒毒。治寒積冷氣，吐逆反胃，脾虛瘧疾，感寒腹痛，赤白睛翳膜，赤眼暴發，太陽經目大眦紅筋。去殼用。【略】

殼： 味薄氣浮。清上焦，達膜原。退目中膚翳，解溫熱時邪。葆按：治時邪發熱，《溫病條辨》用取，直入膜原，輕可去實，意退目翳者，功同於仁，其殼尤勝。

清・黃光霽《本草衍句》 白蔻仁辛，溫。 流行三焦，溫暖脾胃。能消能磨，除寒燥濕。散肺中之滯氣，入肺經，別有清高之氣。進食寬胸。去腹痛之感寒，嘔吐反胃。赤眼暴發，退目中之紅筋。酒積可除，治脾虛之瘧疾。得砂仁、甘草，治小兒吐乳；得砂仁、丁香、蝟皮，治反胃。 產後呃逆，白豆蔻、丁香各五錢，研細末，桃仁湯服一錢，少頃再服。

清・陳其瑞《本草撮要》卷一 白豆蔻 味辛，熱，入手太陰經，功專散滯破積，脾虛瘧疾，感寒腹痛，白睛翳膜，目眦紅筋。得砂仁、甘草治小兒吐乳，得砂仁、丁香、陳皮治反胃。凡因熱受病者均忌。胃冷惡心，食下即吐，以三枚研末酒沖服。

縮砂蜜

宋・唐慎微《證類本草》卷九草部中品〔宋・馬志《開寶本草》〕 縮沙蜜 味辛，溫，無毒。主虛勞冷瀉，宿食不消，赤白洩痢，腹中虛痛，下氣。生南地。苗似廉薑，形如白豆蔻，其皮緊厚而皺，黃赤色，八月採。今附。

〔宋・掌禹錫《嘉祐本草》〕按：《藥性論》云： 縮沙蜜，君，出波斯國。味苦、辛。能主冷氣腹痛，止休息氣痢，勞損，消化水穀，溫暖脾胃。治冷滑下痢不禁虛贏方曰：熬末，以羊子肝薄切，用末逐片糝，瓦上焙乾爲末，入乾薑末，飯爲丸。日二服五十丸。又方： 炮附子末、乾薑、厚朴、陳橘皮等分爲丸，日二服四十丸。 陳藏器云： 縮沙蜜，味酸。主上氣欬嗽，奔豚鬼疰，驚癇邪氣。似白豆蔻子。 嵩陽子曰： 止痢。味辛、香。日華子云： 治一切氣，霍亂轉筋，心腹痛，能起酒香味。

〔宋・蘇頌《本草圖經》〕曰： 縮沙蜜，生南地，今惟嶺南山澤間有之。苗莖似高良薑，高三四尺。葉青，長八九寸，闊半寸已來。三月四月開花在根下，五、六月成實，五七十枚作一穗，狀似益智，皮緊厚而皺如粟文，外有刺，黃赤色。皮間細子一團，八漏，可四十餘粒，如黍米大，微黑色，七月、八月採。

〔宋・唐慎微《證類本草》〕《海藥》云： 今按陳氏，生西海及西戎諸國。味辛，平，鹹。得訶子、鱉甲、豆蔻、白蕪荑等良。多從安東道來。 孫尚藥： 治婦人姙娠偶因所觸，或墜高傷打，致胎動不安，腹中痛不可忍者。縮沙不計多少，熨斗内盛，慢火炒令熱透，去皮用人，擣羅爲末，每服二錢，用熱酒調下。須臾覺腹中胎動處極熱，即胎已安，神效。

宋・劉明之《圖經本草藥性總論》卷上 縮砂蜜 味辛，溫，無毒。主虛勞冷瀉，宿食不消，赤白洩痢，腹中虛痛，下氣。《藥性論》云： 君。主冷氣腹痛，止休息氣痢勞損，消化水穀，溫暖脾胃，治冷滑下痢不禁。陳藏器云：主上氣欬嗽，奔豚鬼疰，驚癇邪氣。日華子云： 治一切氣，霍亂轉筋，心腹痛。得訶子、鼈甲、豆蔻、白蕪荑等良。生南地。

元・王好古《湯液本草》卷三 縮砂 氣溫，味辛，無毒。 入手足太陰經、陽明經、太陽經、足少陰經。 《象》云： 治脾胃氣結滯不散，主勞虛冷瀉，心腹痛，下氣，消食。 《本草》云： 治虛勞冷瀉，宿食不消，赤白泄利，腹中虛痛，下氣。 《液》云： 與白檀、豆蔻為使，則入肺； 與人參、益智為使，則入脾； 與黃蘗、茯苓為使，則入腎； 與赤、白石脂為使，則入大小腸。

元・忽思慧《飲膳正要》卷三縮砂 味辛，溫，無毒。 主虛勞冷瀉、宿食不消，下氣。

元・朱震亨《本草衍義補遺》 縮砂 安胎止痛，行氣故也。○日華子云： 治一切氣，霍亂心腹痛。又云： 止休息痢。其名縮砂蜜。

元·徐彥純《本草發揮》卷二　縮砂蜜　潔古云：　治脾胃氣結滯不散，主虛勞冷瀉，心腹痛，下氣消食。　海藏云：　縮砂與檀香、白豆蔻為使，則入肺。與人參、益智為使，則入脾。與黃蘗、茯苓為使，則入腎。與赤、白石脂為使，則入大小腸。入手足太陰、手足陽明經。　丹溪云：　縮砂安胎止痛，行氣故也。

明·王綸《本草集要》卷三　縮砂蜜君　味辛苦，氣溫，無毒。　主虛勞冷瀉，宿食不消，赤白洩痢，止休息痢。溫脾下氣，治脾胃氣結滯不散，腹中虛冷痛。又能安胎，行氣故也。　與白檀香、豆蔻為使則入肺，與人參、益智為使則入脾，與黃栢、茯苓為使則入腎，與赤、白石脂為使則入大小腸。○妊娠因氣動胎，痛不可忍。炒熟，搗為末，酒調服三錢。

明·滕弘《神農本經會通》卷一　縮沙蜜　君也。八月採。得訶子、鱉甲、豆蔻、白蕪荑等良。《局》云：　和皮慢火炒。　味辛，氣溫，無毒。《湯》云：　入手足太陰經、陽明經、太陽經、足少陰經。東云：　止吐瀉，安胎，化酒食。《疌》云：　主消食下氣，及和中，下痢，治霍亂轉筋，及奔豚，欬逆。

《本經》云：　主虛勞冷瀉，宿食不消，赤白洩痢，腹中虛痛，下氣。《藥性論》云：　縮沙蜜，君。味苦、辛。能主冷氣腹痛，止休息痢，勞損，消化水穀，溫暖脾胃，治冷滑下利不禁，虛羸。陳藏器云：　味酸。主上氣欬嗽，奔豚，鬼疰，驚癇邪氣。日華子云：　治一切氣，霍亂轉筋，心腹痛。能起酒香味。《象》云：　治脾胃氣結滯不散，主勞虛冷瀉，心腹痛，下氣消食。《液》云：　與白檀、豆蔻為使則入肺，與人參、益智為使則入脾，與黃檗、茯苓為使則入腎，與赤白石脂為使則入大小腸。《海藥》云：　妊娠胎動不安，縮砂不計多少，熨斗內盛，慢火炒令熱透，去皮用(人)〔仁〕，搗末，服二錢，熱酒調下即安。丹溪云：　安胎止痛，行氣故也。日華子云：　治一切氣，霍亂心腹痛。又云：　止休息痢。　剮云：　縮砂下氣能消食，主療虛勞冷氣頻。　暖胃溫脾能止利，炒除腹痛保妊娠。即《局方》縮砂消食化氣，暖胃溫脾，乃婦人要藥。

明·劉文泰《本草品彙精要》卷一二　縮砂蔤無毒。　植生。

縮砂蔤：　主虛勞，冷瀉，宿食不消，赤白洩痢，腹中虛痛，下氣。名醫所錄。

【苗】《圖經》曰：　生南地者，苗似廉薑，形如白豆蔻，其皮緊厚而皺，黃赤色。又云苗莖似高良薑，高三四尺，葉青，長八九寸，闊半寸許，三月、四月開花在根下，五六月成實，五七十枚作一穗，狀似益智，皮緊厚而皺，如粟文，外有刺，黃赤色，皮間細子一團八隔，可四十餘粒，如黍米大，微黑色也。【地】《圖經》曰：　生南地，今惟嶺南山澤間有之。《藥性論》云：　出波斯國。【道地】新州。　【時】生：　春生苗。採：　七月、八月取實。　【收】暴乾。　【用】實。　【質】類白豆蔻，皮緊厚而皺，黃赤色。　【色】黑褐。【味】辛。　【性】溫，散。　【氣】氣之厚者，陽也。　【臭】香。　【主】快氣，消食。　【行】手足太陰經、陽明經、太陽經，足少陰經。　【助】得訶子、鼈甲、豆蔻、白蕪荑良。與白豆蔻爲使則入肺，與人參、益智爲使則入脾，與黃檗、茯苓爲使則入腎，與黑白石脂爲使則入大小腸。　【製】去皮土。　【治】療：《藥性論》云：　治冷氣，腹痛，止休息氣痢，勞損，消化水穀，溫暖脾胃。陳藏器云：　主上氣欬嗽，奔豚，鬼疰，驚癇，邪氣。日華子云：　除一切氣，霍亂轉筋，心腹痛，能起酒香味。　【合治】砂仁二錢，炒令熱透，爲末，合熱酒調服，治妊娠偶因所觸或墜高傷打致胎動不安，腹中痛不可忍者，服之須臾，覺腹中胎動處極熱，即胎已安。

明·盧和、汪穎《食物本草》卷四味類　砂仁　味辛，溫，無毒。主下氣，消食，脾胃氣結，冷瀉，腹痛。

明·葉文齡《醫學統旨》卷八　縮砂仁　氣溫，味辛、苦。無毒。入手足太陰、陽明經。去殼微炒，碾碎用。　治虛勞冷氣，宿食不消，赤白洩痢；溫脾下氣，止嘔吐霍亂，脾胃氣結滯不散，心腹中虛冷痛；又能安胎，行氣故也。

明·許希周《藥性粗評》卷二　嘗縮砂之蜜，可圖大於宅中。

縮砂蜜，省文謂之縮砂。春生苗，莖似高良薑，高三四尺，葉長八九寸許，闊半寸許。三四月開花在根下，五六月結實五六十枚，作一穗，狀似益智，皮殼緊厚而皺，有刺，黃赤色，內有細子一團，八漏，可四十餘粒，如黍米大，微黑色。本出波斯國。今嶺南山澤間亦有之。七月、八月採實，陰乾。凡用和皮慢火炒熟，去皮取仁。得訶子、鱉甲、白蕪荑良。餘說《本草》不載。　味辛，性溫，無毒。　主治虛癆咳嗽，冷氣腹痛，瀉痢奔豚，驚癇邪氣，宿食不消，溫中下氣，暖脾胃，消水穀，起酒香味。　海藏云：　縮砂與檀香、白豆蔻為使則入肺，與人參、益智仁為使則入脾，與黃柏、茯苓為使則入腎，與赤白石脂為使則入大小腸。入手足太陰、手足陽明經。

單方：　脾胃諸病：　不拘冷氣腹痛，霍亂瀉痢，飲食膨脹，凡見前證者，以製過砂仁一兩，為細末，用羊子肝薄切成片，將末逐片糝上，鋪瓦上焙乾，為末，又以乾薑三四錢為末，相和搗飯為丸梧桐子大，每服五十丸，米飲送下，日二服，殊效。　妊娠動胎：　妊娠

偶因跌撲傷打，觸動胎氣，腹痛不安者，以製過砂仁搗羅為末，每服二錢，熱酒調下，須臾覺胎氣暖熱，自安。

明・鄭寧《藥性要略大全》卷三　縮砂仁君。一名縮砂蜜。　主虛勞冷瀉，宿食不消，赤白瀉痢，腹中虛痛，下氣。治冷氣腹痛，止休息氣〔痢〕，咳嗽，奔豚，霍亂轉筋。《珠囊》云：止吐瀉，安胎，化酒食之劑。李氏云：妊婦因氣胎動痛脹之極安胎止痛。《湯液》云：同白檀香、白豆蔻則入肺；同益智、人參則入脾；同黄栢、茯苓則入腎；同赤白石脂入大腸。　味辛、苦，性溫，無毒。入手、足太陰、陽明、太陽，足少陰諸經。去殻炒熟，研細用。

明・賀岳《醫經大旨》卷一《本草要略》　縮砂　《衍義補遺》曰：縮砂安胎止痛，行氣故也。又引日華子曰治一切霍亂心腹痛，其能止痛行氣，概可見矣。又以止痢藥中用之，蓋亦取其止痛行氣之意。雖云其性辛溫，以熱攻熱，乃所以為順治也。東垣曰化酒食之劑，惟其辛溫行氣，則氣行而酒食亦為運化矣。《補遺》止痛行氣之説至矣。

明・陳嘉謨《本草蒙筌》卷二　縮砂蜜即砂仁。　味辛、苦，氣溫。無毒。産波斯國中及嶺南山澤。苗高三四尺許，類高良薑苗莖。葉有八九寸長。闊半寸許。開花近根嬌嬈，結實成穗連綴。皮緊厚多皺，色微赤黄；子八漏一團，粒如黍米，故名縮砂蜜也。秋採陰乾，精製如式。先和皮慢火炒熟，纔去殻，取仁研煎。與益智子、人參為使入脾，與白檀香、豆蔻為使入肺，黄蘗茯苓為使入膀胱腎，赤、白石脂為使入大小腸。除霍亂，止惡心。卻腹痛安胎，溫脾胃下氣。治虛勞冷瀉併宿食不消，止赤白洩痢及休息痢證。總因通行結滯，服之悉應如神。起酒味甚香，調食饌亦妙。

明・方穀《本草纂要》卷四　砂仁　味辛、苦，氣溫，無毒。入太陰脾經，行脾氣；入陽明胃經，和胃氣，治氣之美劑也。夫惟氣有虛實，砂仁治實而不治虛也。然而，安胎之劑，又佐以砂仁，何也？蓋此劑臣使之藥，得參歸可以安胎順氣也，得木香可以和胃行肝也，得人參益智可以行脾氣也，得黄柏茯苓可以行腎氣也，得白豆蔻可以行肺氣也，得赤白石脂可以行大小腸氣也。大抵此劑調冷氣，散結氣，破滯氣，和胃氣，清脾氣，溫中氣，行肝氣，安胎氣，此治氣之聖藥也。所以同木香用，治氣尤速。

明・王文潔《太乙仙製本草藥性大全》卷二《本草精義》　縮砂蜜　生南地，今惟嶺南山澤間有之。苗莖類高良薑，高三、四尺，葉青，長八九寸，闊半寸，色黑，三月、四月開花在根下，五六月成實，五七十枚作一穗，狀似益智，皮緊厚而皺如栗文，外有刺，黄赤色，皮間細子一團八隔，可四十餘粒，如黍米大，微黑色，七月、八月採。

明・王文潔《太乙仙製本草藥性大全》卷二《仙製藥性》　縮砂蜜　味辛、苦，氣溫，無毒。得訶子、鱉甲，豆蔻、白蕪荑良。　主治：與益智子、人參爲使入脾，與白檀香、豆蔻爲使入肺，黄蘗、茯苓爲使入膀胱、腎，赤石脂爲使入大小腸。除霍亂，止惡心，却腹痛，安胎，溫脾胃，下氣。治虛勞冷瀉併宿食不消，止赤白洩痢及休息痢。證總因通行結滯，服之悉應如神。起酒味甚香，調食饌亦妙。　補註：妊娠因氣動胎，痛不可忍，炒熟爲末，酒調服二錢即安。〇冷氣腹痛，休息痢腸滑不禁虛〔羸〕，炒爲末，以羊肝薄切，摻末，逐片瓦上焙乾，爲末，再入土乾薑末，飯爲丸，日二服五十丸。又方：炮附子末，乾薑、厚朴、橘皮等分爲丸，日二服四十丸。

明・皇甫嵩《本草發明》卷二　縮砂蜜中品之下，臣。氣溫，味辛，無毒。《藥性》云：味辛苦，入手足太陰經、陽明經、太陽經，足少陰經。　發明曰：縮砂辛溫，專溫中止痛行氣。故《本草》主虛勞冷瀉，赤白痢，腹中虛痛，宿食不消，下氣，霍亂轉筋，心腹痛冷氣，溫脾胃。其溫中，止痛行氣，可見矣。又療脾胃結滯氣。東垣云：化酒食。由辛溫而酒食運化，脾胃之結滯自散矣。其他治奔豚鬼疰，驚癇邪氣，取其辛散耳。又欬嗽上氣，是肺受風寒，以辛散之。若肺有伏火禁用。〇與白檀香、荳蔻為使，則入肺。與人參、益智為使，則入脾。與黄柏、茯苓為使，則入腎、膀。與赤白石脂為使，則入大小腸。入安胎飲或以酒調服，主胎動不安。

明・李時珍《本草綱目》卷一四草部・芳草類　縮砂蔤宋《開寶》

【釋名】時珍曰：名義未詳。藕下白蒻多蔤，取其密藏之意。此物實在根下，仁藏殻内，亦或此意歟。　【集解】珣曰：縮砂蔤生西海及西戎〔等地〕，波斯諸國。多從安東道來。志曰：生南地。苗似廉薑，子形如白豆蔻，其皮緊厚而皺，黄赤色，八月採之。頌曰：今惟嶺南山澤間有之。苗莖似高良薑，高三四尺，葉長八九寸，闊半寸已來。三月、四月開花在根下，五六月成實，五七十枚作一穗，狀似益智而圓，皮緊厚而皺，有粟紋，外有細刺，黄赤色。皮間細子一團，八隔，可四十餘粒，如大黍米，外微黑色，內白而香，似白豆蔻仁。七月、八月採之。辛香可調食味及蜜煎糖纏用。

仁　【氣味】辛，温，濇，無毒。權曰：辛、苦。藏器曰：酸。珣曰：辛、鹹，平。得訶子、豆蔻、白蕪荑、鱉甲良。好古曰：辛，温，陽也，浮也。入手足太陰、陽明、太陽、足少陰七經。得白檀香、豆蔻爲使，入肺；得人參、益智爲使，入脾；得黄檗、茯苓爲使，入腎；得赤白石脂爲使，入大小腸也。

【主治】虚勞冷瀉，宿食不消，赤白洩痢，腹中虚痛下氣《開寶》。主冷氣〔腹〕痛，止休息氣痢勞損，消化水穀，温暖（肝腎）〔脾胃〕甄權。上氣咳嗽，奔豚鬼疰，驚癇邪氣藏器。一切氣，霍亂轉筋，能起酒香味大明。和中行氣，止痛安胎楊士瀛。治脾胃氣結滯不散元素。補肺醒脾，養胃益腎，理元氣，通滯氣，散寒飲脹痞，噎膈嘔吐，止女子崩中，除咽喉口齒浮熱。化銅鐵骨哽時珍。

【發明】時珍曰：按韓悉《醫通》云：腎惡燥，以辛潤之。縮砂仁之辛，以潤腎燥。又云：縮砂屬土，主醒脾調胃，引諸藥歸宿丹田。香而能竄，和合五臟冲和之氣，如天地以土爲冲和之氣，故補腎藥用同地黄丸蒸，取其達下之旨也。又化骨食草木藥及方士鍊三黄皆用之，不知其性何以能制此物也。

【附方】舊二，新一十四。　冷滑下痢：不禁虚羸。用縮砂仁熬爲末，以羊子肝薄切摻之，瓦上焙乾爲末，入乾薑末等分，飯丸梧子大，每服四十丸，白湯下，日二服。又方：縮砂仁、炮附子、乾薑、厚朴、陳橘皮等分，爲末，飯丸梧子大，每服四十丸，米飲下，日二服。並《藥性論》。　大便瀉血：三代相傳者。縮砂仁爲末，米飲熱服二錢，以愈爲度。《十便良方》。　小兒脱肛：縮砂去皮爲末，以猪腰子一片，批開擦末在内，縛定，煮熟與兒食，次服白礬丸。如氣逆腫喘者，不治。《保幼大全》。　遍身腫滿：陰亦腫者。用縮砂仁、土狗一個，等分，研，和老酒服之。《直指方》。　痰氣膈脹：砂仁搗碎，以蘿蔔汁浸透，焙乾爲末。每服一二錢，食遠沸湯服。《簡便方》。　上氣咳逆：砂仁洗净炒研、生薑連皮等分，搗爛，熱酒食遠泡服。《簡便方》。　子癇昏冒：縮砂和皮炒黑，熱酒調下二錢。不飲者，米飲下。此方安胎止痛皆效，不可盡述。《温隱居方》。　妊娠胎動：偶因所觸，或跌墜傷損，致胎不安，痛不可忍者。縮砂熨斗内炒熱，去皮用仁，搗碎。每服二錢，熱酒調下。須臾覺腹中胎動處極熱，即胎已安矣。神效。孫尚藥方。　婦人血崩：新縮砂仁，新瓦焙研末，米飲服三錢。《婦人良方》。　熱擁咽痛：縮砂殼爲末，水服一錢。《戴原禮方》。　牙齒疼痛：縮砂常嚼之良。《直指方》。　口吻生瘡：縮砂殼煅研，擦之即愈。此蔡醫博秘方也。黎居士《簡易方》。　魚骨入咽：縮砂、甘草等分，爲末。綿裹含之咽汁，當隨痰出矣。王璆《百一選方》。　誤吞諸物：金銀銅錢等物不化者，濃煎縮砂湯飲之，即下。危氏《得效方》。　一切食毒：縮砂仁末，水服一二錢。《事林廣記》。

題明・薛己《本草約言》卷一《藥性本草》　砂仁　味辛、苦，氣溫，無毒。陽中之陰也，可升可降。消宿食，快脾胃之滯氣。療虚寒，止腸中之泄利。入手足太陰陽明太陽經、足少陰經。　《賦》云：理脾胃而行滯氣，吐瀉兼醫。○又能安胎止痛，行氣故也。　日華子云：治一切霍亂心腹痛。其能止痛行氣藥可見矣。又以止痢藥中用之，蓋亦取其止痛行氣之意。雖其性辛溫，以熱攻熱，乃所以為順治也。又為化酒食之劑，惟其辛溫行氣，則氣行而酒食亦化矣。又欬嗽上氣，是肺受風寒，以辛散之。若肺有伏火，禁用。○妊婦因氣動胎，痛不可忍，炒熟搗為末，酒調服二錢。　《液》云：與白檀、豆蔻為使，則入肺；與人參、益智為使，則入脾；與黄蘗、茯苓為使，則入腎；與赤白石脂為使，則入大小腸。

明・梅得春《藥性會元》卷上　縮砂仁　味辛、苦，氣溫。無毒。一名縮砂蜜。入手太陰肺經、手陽明大腸經、足太陰脾經、足陽明胃經。　主止吐瀉，安胎，化酒食，消食化氣，暖胃溫脾。去殼取仁，止瀉痢；炒過，治姙婦腹痛，安胎中用者，乃血中之氣藥，以其能治痛行氣也。又療虚勞冷氣，宿食不消，赤白痢及休息痢，霍亂心腹痛，脾胃氣結滯不散，心腹虚冷痛，乃婦人之要藥也。　製法：去殼碾碎。亦有應炒者。

明・杜文燮《藥鑒》卷二　縮砂仁　氣溫，味辛，無毒。佐黄芩為安胎之妙劑也。治一切霍亂吐瀉心腹絞痛，正以溫辛能止疼行氣故耳。又於止痢藥中用之，亦取此意。以益智、人參為使則入脾，以白檀、豆蔻為使則入肺，以黄栢、茯苓為使則入膀胱、腎，以赤白石脂為使則入大小腸。雖然其性溫辛，用之者以熱攻熱，乃所以為順治也。《經》曰：熱因熱用，此之謂也。東垣謂化酒食之劑，何哉？蓋惟溫辛行氣，則氣行而酒食亦為之運化矣。若痰火症，下虚上盛，水不制火等症，悞服即津枯喉燥，胸唇乾鬱，害匪輕矣。

明・穆世錫《食物輯要》卷八　砂仁　味辛，性溫，無毒。理脾胃，消水穀，治嘔吐瀉痢，氣結痞脹冷痛，安胎利產。得白豆蔻、檀香，入肺；得人參、益智，入脾；得黄栢、茯苓，入腎；得赤石脂，入大小腸。古人用製地黄，不惟引藥力直入丹田，且無泥膈之患。

明・李中立《本草原始》卷二　縮砂密　始生西海及西戎波斯諸國，今惟嶺南山澤間有之。苗莖似高良薑，高三四尺，葉青，長八九寸，闊半寸已來。三月、四月開花近根處，五六月成實，五七十枚作一穗，狀似白豆蔻，殼

有粟文，細刺，黄赤色。殼内細子一團，八隔，可四十餘粒，如黍米大，微黑色。八月採。此物實在根下，皮緊厚縮皺，仁類砂粒，密藏殼内，故名縮砂密也，俗呼砂仁。　氣味：辛，溫，濇，無毒。　主治：虚勞冷瀉，宿食不消，赤白洩痢，腹中虚痛下氣。○主冷氣痛，止休息氣痢，勞損，消化水穀，溫暖肝腎。○上氣欬嗽，奔豚鬼疰，驚癇邪氣，一切氣，霍亂轉筋，能起酒香味。○和中行氣，止痛安胎。○治脾胃氣結滯不散。○補肺醒脾，養胃益腎，理元氣，通滯氣，散寒飲，脹痞噎膈嘔吐，止女子崩中，除咽喉、口齒浮熱，化銅鐵骨鯁。

縮砂密，宋《開寶》。【圖略】味辛氣香。　修治：去殼取仁，慢火炒熟，杵碎入藥。煮酒及調食味多用。　珣曰：得訶子、豆蔻、白蕪荑、鼈甲良。陽也，浮也。入手足太陰、足少陰七經。　孫尚藥治婦人妊娠偶因所觸，或墜高傷打，致胎動不安，腹痛不可忍者，縮砂密不計多少，熨斗内盛，慢火炒令熱透，去皮用仁，搗羅為末，每服二錢，用熱酒調下，須臾覺胎動處極熱，即胎已安，神效。　縮砂密，君。

明·張懋辰《本草便》卷一　縮砂蜜君　味辛、苦，氣溫，無毒。　主虚勞冷瀉，宿食不消，赤白洩痢，脾下氣，治脾胃氣結滯不散，腹中虚冷痛。又能安胎行氣。

明·趙南星《上醫本草》卷一　縮砂仁　辛，溫，濇，無毒。主治：脾胃，補肺醒脾，養胃益腎，理元氣，通滯氣，溫暖肝腎，散寒飲脹痞，噎膈嘔吐，虚勞勞損，欬嗽，霍亂轉筋，一切瀉痢，宿食不消，腹中脹痛，冷氣痛，和中行氣，下氣上氣，治婦女崩中，止痛安胎，除咽喉口齒浮熱，奔豚鬼疰，驚癇邪氣，化銅鐵骨鯁。能起酒香味。

附方　冷滑下痢不禁虚羸：　用縮砂仁熬為末，以羊子肝薄切摻之，瓦上焙乾，為末，入乾薑末等分，飯丸梧子大。每服四十丸，白湯下，日二服。又方，縮砂仁、炮附子、乾薑、厚朴、陳橘皮等分，爲末，飯丸梧子大，每服四十丸，米飲下，日二服。　大便瀉血，三代相傳者：　縮砂仁為末，米飲熱服二錢，以愈為度。　上氣欬逆：　砂仁洗淨，炒，研，生薑連皮等分。擣爛，熱酒食遠泡服。　魚骨入咽：　縮砂、甘草等分，為末，綿裹含之，嚥汁，當隨痰出矣。　誤吞諸物：　金銀銅錢等物不化者，濃煎縮砂湯飲之，即下。　一切食毒：　縮砂仁末，水服一二錢。

明·李中梓《藥性解》卷三　砂仁　味辛，性溫，無毒，入脾、胃、肺、大小腸、膀胱、腎七經。　主虚寒瀉痢，宿食不消，腹痛心疼，咳嗽，腹滿奔豘，霍亂轉筋，祛冷逐痰，安胎止吐，下氣化酒食。炒去衣，研用。　按：　砂仁為行散之劑，故入脾胃諸經，性溫而不傷於熱，行氣而不傷於尅，太陰經要劑也，宜常用之。

明·繆希雍《本草經疏》卷九　縮砂蜜　味辛，溫，無毒。　主虚勞冷瀉，宿食不消，赤白泄痢，腹中虚痛，下氣。〔生南地，苗似廉薑，形如白豆蔻。俗名砂仁。〕

〔疏〕縮砂蜜稟天地陽和之氣以生，故其味辛，其氣溫，其性無毒。入足太陰、陽明、少陰、厥陰，亦入手太陰、陽明、厥陰。可升可降，降多於升，陽也。辛能散，又能潤，溫能和暢通達。虚勞冷瀉，脾腎不足也。宿食不消，脾胃俱虚也。赤白滯下，胃與大腸因虚而濕熱與積滯客之所成也。辛以潤腎，故使氣下行，兼溫則脾腎之氣皆和，和則冷瀉自止，宿食自消，赤白滯下自愈。氣下則氣得歸元，故腹中虚痛自已也。甄權用以止冷氣痛，止休息痢，消化水穀，溫暖肝腎。陳藏器用以主上氣奔豚，鬼疰邪氣。鬼疰必由於脾腎兩虚，陰陽乏絶故也。日華子用以主一切氣，轉筋霍亂。轉筋霍亂必由脾胃為邪所干，胃氣壅滯閉塞而成。楊氏用以止痛安胎。氣結則作痛，氣逆則胎不安。潔古用以治脾胃氣結滯不散，皆下氣散結，溫中和胃，入脾、入腎、入肝、入命門、入大腸之故耳。　〔主治參互〕縮砂蜜，氣味辛溫而芬芳，香氣入脾，辛能潤腎，故為開脾胃之要藥，和中氣之正品。若兼腎虚氣不歸元，非此為向導不濟，殆勝桂、附熱毒之害多矣。好古謂得人參、益智則入脾，得黄蘗、茯苓則入腎，得赤白石脂則入大小腸也。得人參、橘皮、藿香、白茯苓、白芍藥、炙甘草，治泄瀉兼嘔吐及不思食。得藿香、橘皮、木瓜，治霍亂轉筋，腹痛吐瀉。　獨用兩許，炒為末，入食鹽三錢，滾湯一碗，泡浸冷服，治乾霍亂，累效。　《藥性論》治冷滑下痢不禁瘦羸，以縮砂仁為末，以羊子肝薄切糁之，瓦上焙乾，為末，入乾薑末等分，飯丸梧子大。每四十丸，白湯下，日二服。　《直指方》治遍身腫滿，陰亦腫者。用縮砂仁、土狗一箇，等分研，和老酒服之。　《簡便方》治痰氣膈脹，用砂仁擣碎，以蘿蔔汁浸透，焙乾為末。每服二錢，食遠沸湯服。《簡便方》治上氣欬逆，用砂仁洗淨炒研，生薑連皮，等分擣爛，熱酒食遠泡

服。《溫隱居方》治子癇昏冒，用砂仁和皮炒黑，熱酒調下二錢，不飲者米飲下。此方安胎止痛，其效不可盡述。《孫尚藥方》治妊娠胎動，偶因所觸，或跌墮傷損，致胎不安，痛不可忍者。用砂仁熨斗炒熱，去皮用仁，擣碎。每服二錢，熱酒調下。須臾覺腹中胎動極熱，即胎已安矣。神效。《婦人良方》治婦人血崩，用砂仁於新瓦上焙，研末，米飲服三錢。《直指方》治牙齒疼痛，縮砂仁常嚼之良。《事林廣記》治一切食毒，用砂仁末，水服二錢。【簡誤】縮砂蜜，氣味辛溫，陽藥也。凡腹痛屬火，泄瀉得之暑熱，胎動由於血熱，咽痛由於火炎，小兒脫肛由於氣虛，腫滿由於濕熱，上氣欬逆由於火衝迫肺，而不由於寒氣所傷，皆須詳察簡別，難以概用。誤則有損無益，勿易視也。本非肺經藥，今亦有用之於欬逆者，通指寒邪鬱肺，氣不得舒，以致欬逆之證。若欬嗽多緣肺熱，此藥即不應用矣。

明·倪朱謨《本草彙言》卷二　縮砂仁　味辛，甘，濇，氣溫，無毒。陽也，浮也。入手足太陰、陽明、太陽、少陰八經。　蘇氏曰：生西海西戎波斯諸國，今從東安道來。嶺南山澤亦有。苗莖幷似高良薑，高三四尺，葉長八九寸，闊半尺許。三四月花開在根下，五月成實，五七十枚作一穗，似益智而圓，皮緊厚而皺，有粟紋，外刺黃赤，一團八隔，可四五十粒，形似黍稷，表黑裏白，辛香似白豆蔻仁。八月采取，氣味完固也。修事：去殼，焙燥，研細用。辛香，亦可充調食味。

砂仁：楊士瀛溫中和氣之藥也。陳五占稿治脾胃虛寒，腹痛吐瀉，或脾胃鬱滯，水穀不行；或傷酒停飲，嘔吐惡心；或寒暑不調，霍亂吐利；或肺中受寒，上氣咳嗽；或腎氣泛溢，奔豚走疰。又若上焦之氣梗逆而不下，下焦之氣抑遏而不上，中焦之氣凝聚而不舒，用砂仁治之，奏效最捷。然古方多用以安胎，何也？蓋氣結則痛，氣逆則胎不安。此藥辛香而竄，溫而不烈，利而不削，和而不爭，通暢三焦，溫行六府，暖肺醒脾，養胃益腎，舒達肝膽不順不平之氣，所以善安胎也。又有不宜用者，凡腹痛由于內熱，泄瀉由于火邪，胎痛由于血熱，腫滿由于濕熱，上氣欬嗽由于火衝迫肺者，咸宜禁之。

韓氏《醫通》曰：縮砂香而能運，屬土與火，主啓脾調胃，引諸藥歸宿丹田，調合五藏沖和之氣，故入補腎藥用。同地黃蒸和，取其達上下、濟水火也。

沈則施先生曰：砂仁溫辛香散，止嘔通膈，達上氣也；安胎、消脹，達中氣也；止瀉痢，定奔豚，達下氣也。與木香同用，治氣病尤速。

繆仲淳先生曰：縮砂蔤氣味辛溫而芬芳，香能入脾，辛能潤腎，故爲開脾胃之要藥，和中氣之正品。若兼腎虛，氣不歸元，非此爲向導不濟，殆勝桂、附熱毒之害多矣！王氏謂得人參、山藥、益智，則入脾；得黃蘗、茯苓則入腎；得酸棗仁、龍眼肉，則入心；得赤白石脂則入大小腸也。

盧子繇先生曰：其花實在根，若芙蕖之本，斂縮退藏之謂密矣。猶夫其息以踵，孕毓元陽，保任沖舉者也。是故升出降入，靡不合宜，寧獨對待陰凝，開發上焦，宣五穀味，蘇胃醒脾而已。即虛可補，胎可安，滑可濇，脫可收，滲可彌，奔豚可下。乃若解毒散滯，伸筋舒鬱，化痞却痛，徹飲調中，開噎膈，攝吐逆，此正開發上焦，宣五穀味，蘇胃醒脾之功力也。

集方：《方脉舉要》治泄瀉兼嘔吐，及不思食。用縮砂仁、人參、橘皮、藿香、白茯苓、白芍藥、炙甘草。○《方脉撮要》治乾霍亂累效。用縮砂仁兩許，炒爲末，入食鹽三錢，滾湯一碗泡浸，冷服。○《直指方》治遍身腫滿，陰亦腫者。用縮砂仁、土狗一個，等分研和，白湯服之。○陶隱居方治子癇昏冒。用砂仁和皮炒黑，熱酒調下二錢。不飲者米湯下。此方安胎止痛，其效不可盡述。○孫尚士方治妊娠胎動，偶因所觸，或跌墮傷損，致胎不安，痛不可忍者。用砂仁炒熱搗碎，每服二錢，熱酒調下，須臾覺腹中胎動極熱，即胎已安矣。○《方脉撮要》治傷飲食油膩，瓜果，酒麪，乳茶等物，用砂仁、蒼朮、草果、乾葛、陳皮、茯苓、生薑。○《醫方心鏡》治奔豚氣。用砂仁、茴香、吳茱萸、川黃連。

倪氏家傳介繁安胎方：初受孕時服。過五個月則不用。砂仁、藿香、陳皮、桔梗、益智仁、蒼朮、黃芩各二錢，甘草、蘇葉、厚朴各一錢，枳殼三錢，小茴香炒一錢五分，分作三服，每服水鍾半，煎七分，空心溫服。

《廣筆記》治男婦翻胃嘔吐，飲食不通。此是寒痰，在胃脘結阻，諸藥不效，此方極驗。用砂仁、沉香、木香各二錢，血竭、乳香、玄胡索各一錢五分，沒藥、麝香各八分，共研極細末。爛米糊爲丸，如彈子大。用辰砂末一錢五分，爲衣。見是患者，用燒酒磨服。男婦腹痛，諸氣作痛，產後諸氣攻心作痛，用陳酒磨服。小兒天弔作痛，啼叫不已，用葱湯磨服。○治男子婦人一切七情之氣不和，多因憂愁思慮，忿怒傷神；或臨食憂戚，或事不遂意，使抑鬱之

氣，留滯不散，停于胸隔之間，不能流暢，致心胸痞悶，脅肋虛脹，噎塞不通，吞酸噫氣，嘔噦惡心，頭目昏眩，四肢困倦，面色痿黄，口苦舌乾，飲食減少，日漸羸瘦；或大脹虛閉，或因病之後，胸中虛痞，不思飲食，并皆治之。用砂仁、茯苓、半夏、白朮、桑皮、大腹皮、青皮、紫蘇葉、肉桂、烏藥、木香、赤芍藥各二錢，甘草五分，生薑三片，黑棗三個，水煎服。如面目浮腫，加猪苓、澤瀉、車前、葶藶各一錢。氣塊耕痛，加三稜、莪朮各一錢五分。

明・姚可成《食物本草》卷一六味部・調飪類　縮砂密一名砂仁，生西海及西戎、波斯諸國，今嶺南多有之。苗莖似高良薑，高三四尺。葉長八九寸，闊半寸已來。三月、四月開花，在根下。五六月成實，五七十枚作一穗，狀似益智及豆蔻，皮緊厚而皺，有栗紋，外有細刺，黄赤色。皮間細子，一團八隔，可四十餘粒，如大黍米，外微黑色，內白而香，似白豆蔻仁。七月、八月采之，辛香可調食味及蜜煎糖纏果品用之。

縮砂密，味辛，溫，無毒。主虛勞冷瀉，宿食不消，赤白洩痢，腹中虛痛下氣，溫暖肝腎。欬嗽奔豚，鬼疰驚癇邪氣，霍亂轉筋，止痛安胎。治脾胃氣結滯不散，補肺醒脾，養胃益腎，理元氣，和中，散寒飲脹痞，噎膈嘔吐。止女子崩中，除咽喉口齒浮熱，化銅、鐵、骨鯁，又能發酒香味。

附方：治妊娠胎動，偶因所觸，或跌仆損，致胎孕不安，痛不可忍者。用砂仁於銅杓內炒脆為末，每用溫酒送下二錢。須臾覺腹中胎動極熱，即胎已安矣。治魚骨鯁。砂仁、甘草等分為末，綿裹含之咽汁，當隨痰出矣。治誤吞諸物，金、銀、銅錢等物不化者。濃煎砂仁湯飲之，即下。

明・顧逢柏《分部本草妙用》卷六兼經部・溫補　縮砂仁　辛，溫，澀，無毒。入于〔手〕足太陰陽明太陽、足少陰七經。白檀香、豆蔻為使，入肺經。人參、益智為使，入脾經。黄蘗、茯苓為使，入腎經。赤、白石脂為使，入大小腸也。主治：瀉痢，消宿食腹痛，溫暖肝腎，上氣欬嗽，奔豚，驚癇邪氣。霍亂轉筋，脾胃結滯，養胃益腎，宣滯散寒，止嘔。化銅、鐵、骨鯁。韓飛霞云：腎惡燥，以辛潤之。脾喜辛，以香醒之。引諸藥歸宿丹田，和五臟中和之氣。蒸地黄用之，取其達下也。然久服伐胃，不可不知。

明・黄承昊《折肱漫録》卷三　砂仁能下氣。凡中氣虛人不可服。

明・李中梓《醫宗必讀・本草徵要上》　縮砂仁味辛，性溫，無毒。入肺、脾、胃、大小腸、腎六經。炒去衣。　下氣而止欬嗽奔豚，化食而理心疼嘔吐。霍亂與瀉痢均資，鬼疰與安胎並效。芳香歸脾，辛能潤腎，開脾胃要藥，和中氣正品。若腎虛氣不歸元，非此嚮導不濟。鬼畏芳香，胎喜疎利，故主之。按：砂仁性燥，血虛火炎者，不可過用。胎婦食之太多，耗氣必致產難。

明・鄭二陽《仁壽堂藥鏡》卷一〇下　縮砂　《藥性論》云：縮砂出波斯國。溫脾暖胃，善治奔豚。氣溫，味辛，無毒。入手、足太陰經，陽明經，太陽經，足少陰經。《象》云：治脾胃氣結滯不散。主勞虛冷瀉心腹痛，下氣消食。《本草》云：治虛勞冷瀉，宿食不消，赤白泄痢，腹中虛痛，下氣。《液》云：與白檀、豆蔻為使則入肺，與人參、益智為使則入脾，與黄蘗、茯苓為使則入腎，與赤白石脂為使則入大小腸。丹溪云：縮砂：安胎、止痛，行氣故也。按：韓飛霞云：腎惡燥，以辛潤之，縮砂之辛以潤腎燥。又屬土，主醒脾，引諸藥歸宿丹田。香能和合五臟中和之氣，故蒸地黄用之，取其達下也。然好食不休，反伐胃氣。止吐瀉，安胎，化酒食之劑。溫脾胃，下氣通結滯之品。

明・蔣儀《藥鏡》卷一溫部　縮砂密　溫脾胃而寒氣散，磨食積而瀉痢平。安胎氣而嘔吐止，祛穢氣而霍亂寧。血虛多服，助火添痰。氣虛多服閉成脹發。問所與偕，理肺氣者白豆蔻，補脾者益智、人參，清腎者茯苓、黄栢，行大腸、行小腸者赤石脂、白石脂。佐以食鹽，泡湯冷飲，乾霍亂可平也。蘿蔔汁浸，焙乾餓服，因痰氣而作脹者可療也。連皮炒黑，熱酒調下，此又子癇昏冒之仙方也。

明・李中梓《頤生微論》卷三　縮砂仁　味辛，性溫，無毒。入肺、脾、大小腸、胃、腎、膀胱七經。微炒去衣。下氣化食，醒酒，止心腹脇痛，理奔豚，霍亂吐瀉，鬼疰安胎。按：芳香歸脾，辛能潤腎，為脾胃要藥。若腎虛氣不歸元，非此向導不濟。然性燥火炎者忌之。胎婦氣虛不可多服，反致難產，不可不知。

明・張景岳《景岳全書》卷四八《本草正》　砂仁　味辛、微苦，氣溫。和脾行氣，消食逐寒，除霍亂，止恶心。消脹滿，安氣滯之胎。卻腹痛，治藏寒之瀉。止小便洩痢，快胸膈開痰。平氣逆欬嗽，口齒浮熱。止女子崩中，鬼氣奔豚。欲其溫暖，須用炒研。入肺、腎、膀胱，各隨使引。亦善消化銅鐵骨哽。

明・盧之頤《本草乘雅半偈》帙一〇　縮砂密宋《開寶》　氣味：辛，溫濇，無毒。主治：主虛勞冷瀉，宿食不消，赤白洩痢，腹中虛痛，下氣。

頌曰：　生西海、西戎、波斯諸國。今從東安道來，嶺南山澤亦有。苗莖並似高良薑，高三四尺。葉長八九寸，闊半寸許。三四月花開在根下，五月成實，五七十枚作一穗，似益(志)〔智〕而圓，皮緊厚而皺，有粟紋，外刺黃赤。一團八隔，可四五十粒，形似黍稷，表黑裏白，辛香似白豆蔻仁。八月採取，氣味完固也。修事：　去殼，焙燥，研細用。

条曰：　花實在根，若芙蕖之本，歛縮退藏之謂蔤矣。唯能若伏若匿，乃得能升能出。固甲函孚，界列八隔，仁粒比砂，攢簇實裏，可謂至密也已。踈漏者曰砂鳴，則亟奪其氣味而力不充，猶夫其息以踵，孕毓元陽，保任沖舉者也。是故升出降入，靡不合宜，寧獨對待陰凝，開發上焦，宣五穀味，蘇胃醒脾而已。即虛可補，胎可安，崩可填，驚可鎮，癎可定，滑可濇，脫可收，滲可彌，奔豚可下；　及秋不能從外而內，冬不能自上而下；　與命門火衰，不能納氣歸元者，亦可使之從降從入矣。并命門火衰，不能生土，及春不能自下而上，夏不能從內而外者，亦可使之從升從出矣。乃若解毒散滯，伸筋舒鬱，化痞却痛，徹飲調中，開噎膈，攝吐逆，此正開發上焦，宣五穀味，蘇胃醒脾之功力也。毋僅瞻其升出，失却其降入，顧名思義，俯循垂象，則得之矣。以一物之奇，具金匱濟生之用。

明・李中梓《本草通玄》卷上　縮砂仁　辛，溫，入肺、脾、胃、腎四經。和中行氣，消食醒酒，止痛安胎，除上焦浮熱，化銅鐵骨哽。　同熟地、茯苓能納氣歸腎；　同檀香、白蔻能下氣安肺；　得白朮、陳皮能和氣益脾。炒香，去衣。

清・顧元交《本草彙箋》卷二　縮砂仁　縮砂仁爲開脾胃之要藥，和中氣之上品。性溫而不傷於熱，行氣而不傷於尅，隨所引藥，通行諸經。其色黑味辛，黑入腎，腎惡燥，辛以潤之。若腎虛氣不歸元，用之嚮導。入補腎藥，同地黃蒸用，取其達下，殆勝桂、附毒烈之害多矣。其能化銅鐵骨梗，何況水穀之屬？

本名縮砂密，取密藏之義。此物實在根下，仁藏殼內故也。

凡遍身腫滿，陰亦腫者，用縮砂仁、土狗〔腎〕一個，等分，研，和老酒服之。

痰氣膈脹，用砂仁擣碎，以蘿蔔汁浸透，焙乾爲末，每服二錢，食遠沸湯下。

子癎昏冒，用砂仁連殼炒黑，熱酒調下二錢，不飲者米飲下。此方安胎止痛，其效不可殫述，即或因有所觸，或跌墮傷損，致胎不安，痛不可忍者，用砂仁熨斗炒熱，去皮擣碎，酒下二錢，須臾覺腹中胎動極熱，即胎已安矣。

口吻生瘡，砂仁殼煅研，抹之即愈，此雖小疾，而人所常有。

清・穆石匏《本草洞詮》卷八　縮砂蜜　實在根下，仁藏殼內，有密藏之意，故名。氣味辛溫，無毒。入手足太陰、陽明、太陽、足少陰七經。和中行氣，止痛，安胎，消化水穀，溫暖脾腎，散寒飲脹痞，噎膈嘔吐，治虛勞冷瀉，止女子崩中，除咽喉口齒浮熱，化銅鐵骨哽。蓋縮砂屬土，天地以土為中和之氣，縮砂仁能和合五臟沖和之氣。且腎惡燥，以辛潤之，縮砂仁之辛以潤腎燥，引諸藥歸宿丹田，故用以蒸地黃，取其達下也。方士鍊三黃皆用之，則其消食化滯之功，益可推矣。

清・劉雲密《本草述》卷八上　縮砂密　時珍曰：　名義未詳。藕下白蒻多密，取其密藏之意。是物實在根下，仁藏殼內，亦或此意歟。苗莖并似高良薑，三四月花開在根下，五六月成實，五七十枚作一穗，狀似益知而圓，皮緊厚而皺，有粟紋，外有細刺，黃赤色，皮間細子一團八隔，可四五十粒，形似大黍米，表黑裏白，辛香似白豆蔻仁。八月采取，氣味完固也。

氣味：　辛，溫，濇，無毒。　權曰：　辛、苦。　藏器曰：　酸。　珣曰：　辛鹹，平。　好古曰：　辛，溫。陽也，浮也，入手足太陰、陽明、太陽、足少陰七經。得白檀香、豆蔻為使入肺，得人參、益智為使入脾，得黃檗、茯苓為使入腎，得赤白石脂為使，入大小腸也。

主治：　脾胃氣結滯不散，醒脾開胃，益腎和中，行氣散寒飲，脹痞噎膈嘔吐，虛勞冷瀉，宿食不消，止冷氣痛及休息痢，調女子崩中，安胎止痛，除咽喉、口齒浮熱。　韓懋曰：　縮砂屬土，主醒脾調胃，引諸藥歸宿丹田。香而能竄，和合五臟沖和之氣，如天地以土為沖和之氣，故補腎藥用，同地黃丸蒸取，其達下之旨也。　嘉謨曰：　所治諸證，總因通行結滯，服之悉應。　丹溪曰：　縮砂安胎，止痛行氣故也。又云：　治痢藥中用之，以熱攻熱，乃所以順治也。　據云：　則安胎止痛，投茲味者，須審其合否。而治痢必以散熱為主，但借此以從治之。　希雍曰：　縮砂密禀天地陽和之氣以生，故其味辛，其氣溫，其性無毒。入足太陰、陽明、少陰、厥陰，亦入手太陰、陽明、厥陰。可升可降，降多於升，陽也。

縮砂密，氣味辛溫而芬芳，香氣入脾，辛能潤腎，故為開脾胃之要藥，和中氣之正品。若兼腎虛，氣不歸元，非此為向導，不濟殆勝桂附熱毒之害

多矣。

得人參、橘皮、藿香、白茯苓、白芍藥、炙甘草，治泄瀉兼嘔吐，及不思食。得藿香、橘皮、木瓜，治霍亂轉筋，腹痛吐瀉。　獨用兩許，炒為末，入食鹽三錢，滚湯一碗泡浸，冷服，治乾霍亂累效。　又曰：　日華子用以主一切氣，轉筋霍亂。轉筋霍亂，必由脾胃為邪所干，胃氣壅滯閉塞而成。

之頤曰：　花實在根，若芙蕖之本，斂縮退藏之謂密矣，固甲函孚，界列八隔，仁粒比珠，攢簇實裏，可謂至密也已。猶夫其息以踵孕毓元陽，保任沖舉者也。是故升出降入，靡不合宜，寧獨對待，陰凝開發上焦，宣五穀味，蘇胃醒脾而已，即虛可補，胎可安，崩可填，驚可鎮，癇可定，滑可濇，脫可收，滲可彌，奔豚可下，及秋不能從外而內，冬不能自上而下，與命門火衰不能納氣歸元者，亦可使之從降從入矣。併命門火衰，不能生土，及春不能自下而上，夏不能從內而外者，亦可使之從入從出矣。乃若解毒散滯，伸筋舒鬱，化痞卻痛，徹飲調中，開噎膈，攝吐逆，此正開發上焦，宣五穀味，蘇胃醒脾之功力也。毋僅瞻其升出，失却其降入，顧名思義，俯循垂象則得之矣。

愚按：　縮砂密《本草》止言其辛溫濇，而後賢有言其辛兼苦，有言其辛兼鹹，有獨言其酸者。然初嘗之，即酸辣而有鹹，後轉微苦，仍兼酸辣鹹之味。苦味盡處，帶淡甜酸意，而唾渣有餘香也。大抵辛苦居多，而辛尤勝鹹，酸為少，而酸尤劣。夫鹹，水氣土之元。酸，木氣土之用。辛乃金氣土之化，即同具於鹹酸中，是鹹酸之味，得辛氣以暢也。因而轉苦者，達水木之化於火。火，土之所自生也。仍不離於鹹酸辛者，是不如他味之屬土者，專受氣於火也。苦盡而微有淡甜者，是五味皆歸於中土，以達其化也。唾渣有餘香者，金氣同於火氣，以終始之也。在本草止言辛溫濇也，是而後賢乃補其未盡者也。其謂脾之用也，是以脾為己土，其味本鹹，其兼味有辛甘鹹苦也。其所謂治種種各證者，以中土為四氣所生，而四氣即由中土所成，謂其為成數者，此也夫四氣皆由之以成矣。而前哲獨謂此味引諸藥歸丹田也，何居？　葢腎之味鹹，而脾之本味亦鹹，水土原合德以立地，此所謂鹹者，水氣為土之元，此希雍謂其能理腎氣歸元，然即引歸丹田之義也。就其花實結於根下，不可想見其歸元之徵乎？　或曰本草如《開寶》、甄權、張元素，皆主治虛冷損傷結滯，是得勿偏於辛溫。而所謂兼四味，備四氣者，其用猶不切乎？　曰此品乃氣分藥也。夫人身水中有火而氣生，所謂氣之體也。水上合於火而氣化，所謂氣之用也。如此品以四五月華，五月實，豈非能合於火，以全氣之用者歟？　用之治虛冷損傷結滯，豈非的對？似與他辛溫之祛冷行滯者，不少異也。但其有異於他味者，以其能具體耳。觀其華實俱藏根下，而實中即具四味，則其由水木以至火者，全以歸土而終始。又皆金氣以宣之，是非令中土為水火之樞，體全而後用暢者歟。不然，何以能理氣歸腎而還元，於是参之，則此味以辛溫療病者，固非其用之全也。方書中有鳳髓丹，所以瀉相火，滋腎水，乃用黃檗，而即有砂仁、甘草以佐之。如止以辛溫為功也，何不助相火之焰，而嘗試以滋困乎？　抑韓悉所云醒脾開胃，時珍所謂理元氣，通滯氣，其功將合五臟冲和之氣，如韓氏說乎？　將如辛苦溫之居勝，如諸本草乎？　曰此味花實在根，明具四味，謂非合五臟冲和之氣不可，但氣之化者。愚固云：　水上合於火矣。若使辛苦溫不居其勝，則亦未能盡其際蟠之用也。此味具體而微，致用而宏，謂其醒脾開胃，理元氣，通滯氣，功超他味也，亦不虛耳。雖然，水至於火，體之不存，用歸何地？　故用寒化以救水，而存氣之體，以入茲味於中，為中土宜行氣化之權輿，亦無不可。若倒行逆施，祇謂其能補虛損也，則憒憒極矣。水勝於火，則傷氣之用。火勝於水，則傷氣之體。火勝於水，則傷血之用。水勝於火，則傷血之體。前哲於治氣病，切戒辛燥，而不及明其所以然，殊有遺義，令淺學無處着手。

又按：　胃為戊土，其氣本平。其兼氣溫涼寒熱，脾為己土，其味本鹹，其兼味辛甘酸苦。人身以水火為氣元，而水火之樞屬中土，為氣生化地。水火升降屬肺，為氣宣布官。是物似有具足者，故為開胃上品，和中要藥。其治所兼入之經，須皆本於調脾中之腎，腎中之脾。葢脾腎原相因，而諸臟又因於脾胃者也。

希雍曰：　縮砂密氣味辛溫，固陽藥也。凡腹痛屬火泄滯，得之暑熱，胎動由於血熱，咽痛由於火炎，及小兒脫肛由於氣虛，腫滿由於溼熱，上氣欬逆由於火衝迫肺，而不由於寒氣所傷，皆須詳察簡別，難以槩用。誤則有損無益，勿易視也。本非肺經藥，今亦有用之於欬逆者，通指寒邪鬱肺，氣不得舒，以致欬逆之證，若欬嗽多緣肺熱，此藥即不應用矣。　中梓曰：　性燥火炎者忌之。胎婦氣虛不可多服，反致難產，不可不知。

修治　略炒，吹去衣，研用。入湯丸法，同白豆蔻。

清·郭章宜《本草匯》卷一〇　砂仁即縮砂蔤　味辛，氣溫，陽也，浮也。入手足太陰、陽明、太陽、足少陰七經。消宿食，快脾胃之滯氣。療虛寒，散膈噎之痞脹。醒脾補肺，養胃益肝。下氣安胎止瀉，和中化酒逐痰。痰氣膈脹，砂仁搗碎，以蘿蔔汁浸焙，湯服。《本草》治虛勞冷瀉，脾腎不足也。宿食不消，脾胃俱虛也。赤白滯下，胃與大腸因虛而濕熱與積滯客之所成也。辛以潤腎，故使氣下行，溫則脾腎之氣皆和，而諸症自愈。氣下則氣得歸元，故腹中虛痛亦已。楊氏用以止痛安胎，氣結則作痛，氣逆則胎不安，用此以導之耳。日華子用以治轉筋霍亂者，皆由脾胃為邪所干，胃氣壅滯閉塞而成也。

按：縮砂，屬土而能行散，性溫而不傷于熱，行氣而不傷于尅，醒脾調胃，引諸藥歸宿丹田，香而能竄，和合五藏，冲和之正品，太陰之要劑也。故補腎藥中，同地黄丸蒸，取其下達之旨也。若腎虛氣不歸元，非此向導不濟。縮砂勝于桂、附熱毒之害，多矣。同熟地、茯苓，能納氣歸腎。同檀香、白蔻能下氣安肺。得白朮、陳皮、人參、益智，能和氣益脾。得黄檗、茯苓為使，入腎。得赤、白石脂為使，入大小腸。然性燥，凡屬火病者忌之。本非肺經藥，乃有用之于欬逆者，通指寒邪鬱肺，氣不得舒，以致欬逆之證。若欬嗽多緣肺熱，此藥即不可投矣。胎婦氣虛，不可多服，反致難產，不可不知。產嶺南。先和皮慢火炒熟，去殼研用。

清·尤乘《食鑒本草·菜類》　砂仁　和胃醒脾，快氣調中，安胎。

清·何其言《養生食鑒》卷下　砂仁俗名宿砂。　味辛，性溫，無毒。治虛寒瀉痢，宿食不消，腹痛心疼，霍亂轉筋，定胎止吐，下氣消酒。食味雖辛，而不傷于熱也。

清·蔣居祉《本草擇要綱目·熱性藥品》　縮砂仁　氣味：辛，溫，濇，無毒。陽也，浮也。入手足太陰陽明太陽、足少陰經。　主治：脾胃氣結滯不散，虛勞冷瀉，心腹痛，下氣消食。其性屬土，故能醒脾調胃。引諸藥歸宿丹田，得白蔻為使則入肺，得人參、益智為使則入脾，得茯苓為使則入腎，與赤、白石脂為使則入大小腸，得條芩、白术為使則安胎。又沖和之氣，隨所入而得其平也。

清·閔鉞《本草詳節》卷二　縮砂仁　【略】按：縮砂屬土，味辛氣烈，故能醒脾胃結滯之氣。又引諸藥歸宿丹田，和合五臟沖和之氣。又辛潤腎燥。同地黄蒸用，取其達下。但病由火熱，非屬寒氣者，不宜服。

清·王翃《握靈本草》卷三　縮砂仁生西戎，嶺南亦有。炒香，去衣。　主治：縮砂仁，辛，溫，濇，無毒。和中，行氣止痛，安胎，消化水穀，溫暖肝腎。理元氣，通滯氣，散寒飲。

清·汪昂《本草備要》卷二　砂仁即縮砂蔤。宣，行氣，調中。　辛溫香竄。補肺益腎，和胃醒脾，快氣調中，通行結滯。治腹痛痞脹，痞滿，有傷寒下早、裏虛邪入而痞者，有食壅痰塞而痞者，有脾虛氣弱而痞者。須分虛實治之，不宜嵩用利氣藥，恐變爲鼓脹。鼓脹，內脹而外有形，痞脹惟覺滿悶而已，皆太陰爲病也。噎膈嘔吐，上氣咳嗽，赤白瀉痢，濕熱積滯，客于大腸，砂仁亦入大小腸經。霍亂轉筋，奔豚崩帶。祛痰逐冷，消食醒酒，止痛安胎，氣行則痛止，氣順則胎安。散咽喉口齒浮熱，化銅鐵骨鯁。王好古曰：得檀香、豆蔻入肺，得人參、益智入脾，得黄柏、茯苓入腎，得赤石脂入大小腸。《醫通》曰：辛能潤腎燥，引諸藥歸宿丹田。地黄用之拌蒸，亦取其能達下也。《經疏》曰：腎虛氣不歸元，用爲向導，殆勝桂、附熱藥爲害。　出嶺南，研用。

清·陳士鐸《本草新編》卷三　砂仁　味辛、苦，氣溫，無毒。入脾、肺、膀胱、大小腸。止嘔定吐，除霍亂，止惡心，安腹痛，溫脾胃，治虛勞冷瀉，消宿食，止休息痢，安胎頗良，但止可為佐使，以行滯氣，所用不可過多。用之補虛丸中絕佳，能輔諸補藥，行氣血于不滯也。

或問：砂仁消食之藥，入之補虛之中，似乎不宜，何以反佳？不知補藥味重，非佐之消食之藥，未免過于滋益，反恐難于開胃。入之砂仁，以甦其脾胃之氣，則補藥尤能消化，而生精生氣，更易易也。

或問：砂仁香能入脾，辛能潤腎，腎虛氣不歸元，非用此為嚮導不濟，殆勝桂、附熱毒之害多矣。曰：此不知砂仁者也。砂仁止入脾，而不入腎，引補腎藥入于脾中則可，謂諸補藥，必借砂仁引其由脾以入腎則不可也。《神農本草》並未言其入腎，不過說主虛勞冷瀉耳。夫冷瀉有專屬于脾者，何可謂脾寒俱是腎寒〔乎〕。

清·顧靖遠《顧氏醫鏡》卷七　砂仁辛，溫。入肺、脾、胃、大腸、肝、腎六經。炒去衣，研。　下氣而治嘔吐奔豚，可升可降，降多於升，故能下氣，下氣開胃，則嘔吐止。奔豚屬腎，火虛衰，陰氣凝結上攻，此能下氣，溫腎散結。化食而理心疼腹痛。醒脾氣則食化，散結氣則痛止。霍亂與瀉痢均資，霍亂因正氣壅塞，瀉由食停，痢由積滯，故成主之。鬼疰與安胎並效。鬼畏苦香，胎喜疏利。治中滿腫脹，脾虛中滿，佐補藥以和中氣。腫脹因或食積，或因痰、因氣、因水，皆用之以理氣。兼上氣咳嗽。指寒邪鬱肺，氣不

得舒之症，咳因肺熱者，不宜用之。開脾胃之要藥，和中氣之正品。若腎虛氣不歸元，非此向導不濟。性溫而燥，凡因熱火升，腹痛作嘔，傷暑作瀉，胎動由於血熱，腫脹由於燥熱，咳逆由於火冲，難以概投。孕婦食之太多耗氣，必至難産。

清·李熙和《醫經允中》卷二〇　縮砂仁　入手足太陰、陽明、太陽，足少陰七經。白檀香、白豆蔻為使入肺經；人參、益智為使入脾經；黄柏、茯苓為使入腎經；赤、白石脂為使入大小腸也。辛，溫，濇，無毒。主治止痢醒脾，逐痰養胃，消宿食腹痛，散膈噎痞脹，溫暖肝腎，上氣奔豚，去滯安胎，散寒止嘔。按：縮砂性溫而不傷于熱，行氣而不傷于剋，能通行結滯，引諸藥歸宿丹田。腎惡燥，以辛潤之；脾喜辛，以香醒之，取其達下也。然久服伐胃，不可不知。胎婦氣虛亦宜少用。

清·馮兆張《馮氏錦囊秘錄·雜症痘疹藥性主治合參》卷二　縮砂仁稟天地陽和之氣以生，味辛，氣溫，無毒。入足太陰、陽明、少陰、厥陰。亦入手太陰、陽明、厥陰。可升可降，降多於升，陽也。辛能散能潤，溫能和暢通達，故治一切虛寒凝結氣滯。

縮砂仁，辛溫香竄，補肺益腎，和胃醒脾，快氣調中，通行結滯。除霍亂惡心，却腹痛安胎，溫脾胃，下氣消食。治冷瀉赤白及休息痢，上氣奔豚，鬼疰邪疰，轉筋吐瀉，胃氣壅滯，丹田虛寒，能溫脾胃，困乏能醒。然未免香燥走竄，孕婦氣虛者，多服反致難産，不可不知。若肺熱咳嗽，氣虛腫滿，火熱腹痛，血熱胎動，皆宜禁用。

主治痘疹合參：去殼，炒研用。若治孕婦安胎者，宜帶殼炒研。凡痘腹中虛寒作痛，并脾胃氣結滯不散作悶，不思飲食，虛冷瀉痢嘔吐，消食健胃安胎，皆所必用，但氣味香燥，不利於灌膿之時及咳嗽喉痛音啞之症，均宜切忌。倘不得已投於陰虛有火之人，宜鹽湯浸炒用之。

清·张璐《本經逢原》卷二　縮砂密俗名砂仁。　辛，溫，濇，無毒。發明：縮砂屬土，醒脾調胃，為脾、胃、肺、腎、大小腸、膀胱七經之氣藥，能引諸藥歸宿丹田。治脾虛泄瀉，宿食不消，瀉痢白沫，腹中虛痛，寒飲脹痞，噎膈嘔吐，和中行氣，止痛安胎，用之悉效。同熟地、茯苓納氣歸腎。同檀香、豆蔻下氣安肺。得陳皮、白术和氣益脾。惟新産婦忌之，恐氣驟行動血也。今人治血痢亦多用之。若積欲盡時，良非所宜。又血虛火炎欬嗽禁用。妊婦氣滯者宜服。若氣虛者，多服反耗其氣，多致難産。南人性喜條暢，食品每多用之，北人性喜潛藏，藥中亦罕用者。

清·浦士貞《夕庵讀本草快編》卷二　縮砂蔤宋《開寶》　藕下白蒻曰蔤，此物實在根下，仁藏殼中，故名。砂仁辛溫而濇，浮陽之品。入手足太陰、陽明、太陽、足少陰七經，故專治虛勞泄痢，和氣安胎，補肺醒脾，養胃潤腎。且其性屬土，能導引諸藥而歸宿丹田，如天地以土為冲和之氣，而萬物皆賴以生之理也。又香能竄合五藏而各得其平。使其得檀香、白蔻則開肺，得人參、益智則補脾，得黄柏、茯苓則滋腎，得赤白石脂則固腸，得地黄蒸煮則達下也。若曰除咽喉口齒之浮熱，以及化銅鐵之骨鯁，別有神矣。

清·劉漢基《藥性通考》卷五　砂仁　味辛，溫，香。補肺益腎，和胃醒脾，快氣調中，通行結滯，治腹痛痞脹，噎膈嘔吐，上氣咳嗽，赤白瀉痢，霍亂轉筋，奔豚崩帶。祛痰逐冷，消食醒酒，止痛安胎，氣行則痛止，氣順則胎安。又散咽喉，口齒浮熱，化銅鐵骨(硬)〔鯁〕。出嶺南。炒研用。

清·姚球《本草經解要》卷二　縮砂仁　氣溫，味辛，澁，無毒。主虛勞冷瀉，宿食不消，赤白洩痢，腹中虛痛，下氣。薑汁炒。　砂仁氣溫，稟天春和之木氣，入足厥陰肝經。味辛澁無毒，得地西方燥金之味，入手太陰肺經、足陽明胃經、手陽明大腸經。氣味俱升，陽也。主虛勞冷瀉者，陽虛而作勞，則真氣愈耗，所以土冷而洩瀉也。砂仁氣溫益氣，味澀可以止洩也。辛溫溫胃，胃暖則宿食自消。赤白瀉利，腸寒積滯也。辛溫散寒，味澁止洩也。腹中虛痛，腹中陽氣虛而寒痛也。溫以益陽，辛以散寒，所以止之。肺主氣，下氣者，辛能益肺，肺平氣自下也。　製方：砂仁同人參、陳皮、藿香、白茯、白芍、炙草，治吐瀉不食。同藿香、橘紅、木瓜，治霍亂轉筋。同川附、炮薑、厚朴、陳皮飯丸，治冷利。連殼炒黑末，熱酒下二錢，安胎止痛。用兩許，炒為末，入鹽三錢，湯泡冷服，治乾霍亂。

清·周垣綜《頤生秘旨》卷八　縮砂蜜　溫中止痛，行氣之藥也。本草主虛勞冷瀉，赤白痢，腹中虛痛，宿食不消，下氣，霍亂轉筋，心腹痛冷氣，溫脾胃，其溫中止痛行氣可見矣。以酒調服，方可安胎。

清·王子接《得宜本草·上品藥》　縮砂蜜　味辛。功專消食散滯。得白朮、條芩能安胎。

清·黄元御《玉楸藥解》卷一　縮砂仁　味辛，氣香。入足太陰脾、足陽明胃經。和中調氣，行鬱消渴。降胃陰而下食，達脾陽而化穀。嘔吐與泄利

皆良，欬嗽共痰飲俱妙。善療噎膈，能安胎妊。調上焦之腐酸，理下氣之穢濁。除咽喉口齒之熱，化銅鐵骨刺之骾。清升濁降，全賴中氣，中氣非旺，則樞軸不轉，脾陷胃逆。凡[illegible]脹腫滿，痰飲欬嗽，噎膈泄利，霍亂轉筋，胎墜肛脫，穀宿水停，泄穢吞酸，諸證皆升降反常，清陷濁逆故也。泄之則益損其虛，補之則愈增其滿，清之則滋其下寒，溫之則生其上熱，緣其中氣堙鬱，清濁易位，水木下陷，不受宣泄，火金上逆，不受溫補也。惟以養中之味，而加和中之品，調其滯氣，使之迴旋轉軸運動，則升降復職，清濁得位，然後於補中扶土之內，溫升其肝脾，清降其肺胃，無有憂矣。和中之品，莫妙如砂仁。沖和條達，不傷正氣，調理脾胃之上品也。去殼炒研，湯沖服則氣足。

清・吳儀洛《本草從新》卷一　砂仁〔行氣。〕即縮砂密。　辛，溫，香竄。和胃醒脾，快氣調中，通行結滯。治腹痛痞脹，痞滿有傷寒下早，裹虛邪入而痞者，有食壅痰塞而痞者，有脾虛氣弱而痞者，須分虛實治之，不宜專用利氣藥，恐變為鼓脹。鼓脹內脹而外有形，痞脹唯覺痞悶而已，皆太陰為病也。霍亂轉筋，噎膈嘔吐，上氣咳嗽，奔豚崩帶，赤白滯痢。濕熱積滯客於大腸。砂仁亦入大小腸經。祛痰逐冷，消食醒酒，止痛安胎，散咽喉口齒浮熱，化銅鐵骨哽。好古曰：得檀香、豆蔻入肺，得人參、益智入脾，得黃蘗、茯苓入腎，得赤石脂入大小腸。《醫通》曰：辛能潤腎燥，引諸藥歸宿丹田。地黃用之拌蒸，亦取其下達也。《經疏》曰：腎虛氣不歸元，用為向導，殆勝桂、附熱藥為害。辛竄性燥，血虛火炎者勿用。胎婦多服耗氣，必致難產。出嶺南。炒，去衣，研。

清・汪紱《醫林纂要探源》卷二　砂仁　辛，溫。貼根生小葉，而後抽莖上達，實纍纍亦結貼根處，圓大如指拇，外有薄殼，中包細仁，數隔，扁形相砌，體質輕虛。一名縮沙蔤。出廣中，以陽春者為佳。潤腎補肝，補命門。其實在下，尤能溫子珠。和脾胃，開鬱結。輕虛上行，實主於溫養中州，而行氣於膻中，故能治寒熱噎隔，寒咳，嘔吐霍亂，散咽喉、口齒浮熱，消食醒酒。又祛逐寒痰，治赤白滯痢。蓋其品中和，然辛而不汗者，其用以仁，其行在中，不及表也。又合黃芩能安胎，以和陰陽之意。能化銅鐵，消骨梗，則命火之化也。

清・嚴潔等《得配本草》卷二　縮砂蔤俗呼砂仁。　得訶子、鱉甲、白蕪荑良。吳茱萸、青皮為使，入肝。白豆蔻、檀香為使，入肺。人參、益智仁為使，入脾。黃柏、茯苓為使，入腎。赤白石脂為使，入大小腸。　辛，溫。入手足太陰陽明、足少陰經氣分。醒脾胃通行結滯，引諸藥歸宿丹田。消食安胎，除腥穢，祛寒痰。治嘔吐瀉痢，脹痞腹痛，霍亂轉筋，奔豚骨骾。配土狗一個等分，研和酒服，治遍身腫滿，陰器亦腫。配熟附子、乾薑、厚朴、陳皮，治冷滑下痢不禁。配豆蔻、黃耆，入肺。安胎，帶殼炒熟研用。陰虛者，宜鹽水浸透炒黑用。理腎氣，熟地汁拌蒸用。痰膈脹滿，蘿蔔汁浸透焙燥用。孕婦氣虛，血熱胎動，肺熱咳嗽，氣虛腫滿，四者禁用。

題清・徐大椿《藥性切用》卷三　砂仁　即縮砂蜜。辛溫香竄，入脾胃而快氣調中，通行結滯止痛，安胎。多服耗氣。炒研，去衣用。

清・黃宮繡《本草求真》卷四　縮砂密溫脾暖胃快滯。　縮砂耑入脾胃，兼入肺、腎、大小腸、膀胱。　辛溫而濇，故書號為醒脾調胃要藥。然亦兼入肺、腎、大小腸、膀胱，是以同檀香、白豆蔻則能入肺，同人參、益智則能入脾，同黃蘗、茯苓則能入腎，同赤石脂則能入大小腸，其言醒脾調胃，快氣調中，則於腹痛痞脹有功。痛有喜按、拒按之別，若使痛喜手按，多屬脾胃虛寒，治須用此，否則切禁。痞有因寒、因熱、因暑、因濕、因痰、因氣、因血、因食之別，亦須審其兼症、兼脉以求，不可盡以砂仁為治也。入大腸則於赤白瀉痢有效，入肺則於咳嗽上氣克理。瀉痢由於寒濕者宜用，熱濕者勿用。至云止痛安胎，並咽喉口齒浮熱能消，亦是中和氣順之意。胎挾寒滯者始宜，熱屬虛浮者方用。若因實熱而云胎氣不和，水衰而見咽喉口齒燥結者服之，豈能是乎？故虛實二字，不可不細辨而詳察耳。出嶺南，研碎用。

清・楊璿《傷寒溫疫條辨》卷六消劑類　縮砂仁　味辛溫，氣香竄。入肺、脾、胃、大小腸、膀胱、腎。補肺益腎，和胃醒脾，行氣消食，醒酒逐寒，祛痰嗽逆咳，立止。療霍亂，大除惡心，消脹滿，安氣滯之胎。同枳殼服。却腹疼，敺藏寒之瀉。同乾薑、五味服。治瀉痢嘔吐膈噎，散咽喉口齒浮熱。欲其溫散，薑汁炒研。益智、人參為使，入脾、胃；白蔻、檀香為使，入肺；茯苓、黃栢為使，入膀胱、腎；赤石脂為使，入大小腸。總之，砂仁為行散之藥，故能引入七經。性溫而不傷於熱，行氣而不傷於尅，尤為太陰脾之要藥。常嚼最妙。《尊生書》曰：漫言水穀消融，且化骨鯁銅鐵。因收入消劑。安胎散治跌墜損傷。凡因所觸，致胎不安，痛不可忍者，砂仁炒熟，去皮為末，溫酒調服二錢，覺腹內胎動極熱則安矣。又方：砂仁、威靈仙、砂糖、醋煎服，治諸骨鯁。

清・羅國綱《羅氏會約醫鏡》卷一六草部　砂仁　味辛，性溫，入肺、脾、胃、大小腸、腎六經。炒用。開脾胃，芳香而性溫。潤腎燥辛也，若腎虛，氣不歸元，宜用此向

導。和中氣辛溫。治腹痛、噎膈、嘔吐、霍亂，祛痰，逐冷，消食，消脹，悉屬胃寒。赤白瀉痢，濕熱滯於大腸，砂仁亦能入之。安胎，止痛，因其氣滯，氣順則胎安，氣行則痛止，但須連殼炒研。不可過用，多服耗氣，必致難產。散咽喉口齒浮熱，醒酒，凡一切虛寒凝結氣滯之證所必須也。　按：砂仁性燥，若肺熱咳嗽，氣虛腫滿，火熱腹痛，血熱胎動，皆所禁用。

清・陳修園《神農本草經讀》附録　縮砂仁　氣味辛，溫、澀，無毒。主虛勞冷瀉，宿食不消，赤白泄痢，腹中虛痛，下氣《開寶》。

清・黃凱鈞《藥籠小品》　砂仁　辛，溫，和脾快氣，行結滯，治痞脹，溫中醒胃。性竄而燥，血虛火炎者忌。炒，去衣研。砂仁殼，辛香利氣，凡腹脹瀉痢等症，俱可用之，無砂仁燥竄之弊。

清・王龍《本草纂要稿・草部》　砂仁　氣味辛苦而溫。除霍亂惡心，却腹痛安胎。溫脾胃下氣，治虛勞冷瀉。消宿食，赤白洩痢。養胃氣，行滯結通經。

清・張德裕《本草正義》卷上　砂仁　苦辛，溫。和脾行氣，消食逐寒，除霍亂，止嘔惡，去脹疼。安氣滯之胎，調臟寒之瀉。快膈寬中，溫舒之品。

清・楊時泰《本草述鉤元》卷八　縮砂密　三四月花開根下，五六月成實，實在根下，仁藏殼內，取密藏之意，故名。八月采者，氣味完固。

味辛微苦而濇，氣溫芳竄。可升可降，降多於升，陽也。入手足太陰陽明太陽、足少陰七經。得白檀香、豆蔻為使入肺，得人參、益智為使入脾，得黃檗、茯苓為使入腎，得赤白石脂為使入大小腸。主脾胃氣結滯不散，醒脾開胃，益腎和中，行氣，散寒飲，消宿食，治脹痞，噎膈嘔吐，止冷氣痛，療虛勞冷瀉及休息痢，調女子崩中，安胎止痛，行氣故也。除咽喉口齒浮熱。所治皆通行結滯之功。縮砂屬土，芳香入脾，和合五臟沖和之氣，能引諸藥歸宿丹田，故補腎藥用同地黃丸蒸，取其達下也韓悉。香達脾，辛潤腎，故為開脾胃之要藥，和中氣之正品。若兼腎虛氣不歸元，用為向導，殆勝桂、附熱毒之藥多矣。日華用主一切氣，轉筋霍亂，緣是病必由脾胃為邪所干，其氣壅滯閉塞而成也。花實在根下，固甲函孚，界列八膈，砂粒攢簇，斂縮密藏，猶夫其息以踵，而孕毓元陽，保任沖舉，是故升出降入，靡不合宜。觀其補虛安胎，填崩鎮驚，滑可濇，脫可收，滲可彌，奔豚可下，及秋不能從外而內，冬不能自上而下，與命門火衰不能納氣歸元者，皆可使之從降從入矣。并命門火虛衰不能生土，及春不能自下而上，夏不能從內而外者，亦可使之從升從出矣。乃若解毒散滯，伸筋舒鬱，化痞却痛，徹飲調中，開噎膈，攝吐逆，此正開發上焦，宣五穀味，蘇胃醒脾之力也。毋僅瞻其升出，失却其降入之原之頤。得藿香、陳皮、木瓜，治霍亂轉筋，腹痛吐瀉。獨用兩許，炒為末，入食鹽三錢，滾湯一盌泡浸冷服，治乾霍亂累效。

論：　縮砂密初嘗之酸辣而有鹹，後轉微苦，仍兼酸辣鹹之味，苦味盡處帶澹甜酸意，而唾渣有餘香。大抵辛苦居多，而辛尤勝，鹹酸為少，而酸尤劣。夫鹹水氣，土之元。酸木氣，土之用。辛金氣，土之化。辛具於鹹酸中，是鹹酸之味，得辛氣以暢也。因而轉苦者，達水木之化於火，火即土之所自生也。不似他味之屬土者，專受氣於火，故苦中仍兼酸辣鹹味。苦盡而微有澹甜者，五味皆歸中土以達其化也。唾渣有餘香者，金氣同於火氣，以終始之也。夫中土為四氣所生，而四氣即由中土所成，是以脾為己土。其本味鹹，其兼味有辛甘酸苦，脾之屬土而本味亦鹹者，緣水土合德以立地。所謂鹹者，水氣為土之元。此物帶有鹹味，故能理腎氣歸元，而引諸藥入丹田也。豈徒花實結於根下，可想見歸元之義乎。顧或以所治皆虛冷結滯之病，其用當偏於辛溫，而所謂兼四味備四氣者，諒猶不切。不知縮砂乃氣分藥也。人身水中有火而氣生，氣之體也。水上合於火而氣化。氣之用也。此品華於春夏，實於盛夏，洵為合於火以全氣之用者，其假之祛冷行滯，雖與辛溫之他味無殊，而究其有異於他味者，全在乎具體耳。觀夫華實俱藏根下，而實中即具四味，則其由水木以至火者，全以歸土，而終始又皆金氣以宣之，非令中土為水火之樞，體全而後用暢，是以能理氣歸腎而還元乎。然則但以辛溫畢治療之能，固非其用之全矣。至瀕湖所謂理元氣，通滯氣，其功將合五臟沖和之氣，如韓氏説乎？抑辛苦溫實居其勝，如諸本草乎？曰：　此物明具四味，謂非合五臟沖和之氣不可，但氣之化也，必水上合於火，故非苦辛溫獨居其勝者，不能盡際蟠之用。縮砂惟具體而微，致用而宏，故其醒脾開胃，理元氣，通滯氣，功超他味，洵乎不虛。第水至於火，火固達水之用，若火傷乎水，則是體之不存，用歸何地？所以鳳髓丹用寒化以救水，而存氣之體，然後入茲味為中土宣行氣化之權輿，非可倒行逆施而漫謂其能補虛也。水勝於火，則傷氣之用、血之體。火勝於水，則傷氣之體、血之用。前哲於治氣病，切戒辛燥，而不及明其所以然，令淺學無着手處。

又胃為戊土，其氣本平，其兼氣溫涼寒熱。脾為己土，其味本鹹，其兼味辛甘酸苦。人身以水火為氣元，而水火之樞屬中土，為氣生化地，水火升降屬肺，為氣宣布官。縮砂具足是理，故為開胃上品，和中要藥，其治所兼入之經，皆本於調脾中之腎、腎中之脾。蓋脾腎原相因，而諸臟又因於脾胃者也。

繆氏云：此味固辛溫陽藥，凡腹痛屬火，瀉滯得之暑熱，胎動由於血熱，咽痛由於火炎，腫滿由於濕熱，欬逆由於火衝迫肺，及小兒脫肛由於氣虛，皆難概用。本非肺經藥，亦有用之於欬嗽者，乃寒邪鬱肺，氣不得舒之證，非此弗用。性燥火炎者，忌之。胎婦氣虛，多服反致難產，不可不知士材。

修治：略炒，吹去衣，研用。入湯丸，法與後白蔻同。

清・鄒澍《本經續疏》卷四 縮沙蜜 【略】或曰詳觀縮沙蜜、益智子形象氣味，不過與諸豆蔻等致用土金已耳。而覈本草主治，若一能宣火之用於水，一能攝水之氣於火，其義何居？曰以形象言，則二物皆挺發高大，而一則繫實於根，一則別繫低枝，花實皆蓄縮於下，是其導氣使歸，不與諸豆蔻之導氣以行者同，此其一也。以氣味言，則氣之香者屬土，天地間水火無土不能相入。味之辛者屬金，人間水火無金不能互交。導之行者，升降自由金木，導之歸者，往返自隨水火，是其交通陰陽，不與諸豆蔻之分理陰陽者同，此又其一也。然二物各有親切著裏之理。在縮沙蜜則皮黃赤而核微黑，味兼酸且鹹也。是火土之效用卻固護夫水，辛通之循職卻歸根於水，故曰主虛勞冷瀉，宿食不消，赤白泄利，腹中虛痛下氣，皆火土之氣隔礙不能下交於水，而水無防範，恣性橫流之候也。在益智子則皮黑核白，味兼微苦也。是水之衛乎外，能致火之斂於內，苦降之循其職，能致水遂滋火而火明，故曰主遺精虛漏，小便餘瀝，益氣安神，補不足，利三焦，調諸氣，皆水氣不斂，不能上交於火，而火萎餒不能自持之候也。以大致而言，則諸豆蔻主通，二物主攝。就二物而言，則縮沙蜜主降，益智子主升。然縮沙蜜之降，乃去其有形以歸無形。益智子之升，乃致其有形以稟無形。而其歸根復命之元，實亦與諸豆蔻等，為恃其辛涼收肅之力。蓋南國氣候，冬月類無退藏嚴密之令，而夏月之發越，多晝酷暑而夜即涼爽，是諸物之毓秀於是者，皆發中寓斂，與中土之發者自發、斂者自斂又不同也。

清・葉桂《本草再新》卷一 砂仁味辛，性溫，無毒。入心、脾二經。 和脾胃，破積滯，消膨脹，散風治邪，霍亂嘔吐，頭痛腰疼，溫中兼利水。

清・吳其濬《植物名實圖考》卷二五 縮砂蔤 縮砂蔤，《嘉祐本草》始著錄。《圖經》苗莖似高良薑，今陽江產者，形狀殊異，俗呼草砂仁。

清・趙其光《本草求原》卷二芳草部 砂仁即縮砂蔤。 陽春所產，先辛酸而鹹，次微苦，苦盡則甘淡，是由水木生火歸土，得辛散、辛潤之氣以暢達土化，水火者，氣之元也，其樞屬中土，故腎味鹹，脾味亦鹹。鹹者水氣，土之原也。火苦土之生，木酸土之用，金辛土之化，合五行中和之氣，以宣土化也。 故能升能降，為行氣散結、溫中和脾開胃之妙品。功超行氣諸味，亦不同於他品之補火生土也。 且花實在根，仁粒列八膈包裹，味又兼澀，有退藏收斂之意，故能理脾腎之氣歸宿丹田，故地黃用之同蒸，取其達下。 無毒。 虛勞，冷滑，瀉痢，陽虛作勞，則土氣益耗。為末，拌羊肝焙乾，同薑、附、朴、陳皮丸。 吐瀉不食，澀能止瀉。同參、苓、陳、甘、藿、芍。 宿食不消，腹虛寒痛，大便下血，為末，米飲頻服。 小兒脫肛，入豬腰內煮食，次服白礬丸。 身與前陰腫滿，同土狗等分研，酒下。 痰氣膈脹，以蘿蔔汁浸焙研，白湯下。 火衰或跌墜胎動，及子癇昏冒，連殼炒黑研，米飲或酒下。 血崩，方同上。 霍亂轉筋，同藿、橘、木瓜。 乾霍亂，炒二兩，入鹽三錢研，滾湯，冷服。 熱擁咽痛，殼為末，水服。 齒痛，常嚼之。 口瘡，殼煆擦之。 咳逆，炒，同生薑杵，熱酒下。 魚骨鯁，同甘草末，綿包含咽。 誤吞金銀諸物，煎湯飲，快氣之功。 解食毒，噎膈，刼痛，去飲，鎮驚癇，下奔豚。能升能降之功。

得人參、益智，運脾；得黃柏、茯苓，入腎；得赤、白石脂，入大、小腸。土產者，溫燥耗氣，不能入腎。 去殼略炒，吹去衣，研用。孕婦氣虛勿多服，恐致難產。

清・文晟《新編六書》卷六《藥性摘錄》 砂仁 辛，溫，性濇。溫脾暖胃，快滯，兼入肺、腎、小腸。詳藥部溫散。

縮砂蜜 即砂仁。辛溫而濇，入脾胃，兼入肺、腎、大、小腸。醒脾暖胃，快滯。○治腹脹痞脹，及赤白瀉痢，咳嗽止痛，安胎。○若因實熱而胎氣不和，水衰而見咽喉口齒燥結者，勿服。○出嶺南。研細用。

清・張仁錫《藥性蒙求・草部》 砂仁三分、六分 砂仁辛溫，通經破滯。止痛安胎，醒脾和胃。砂仁為行氣調中之品，開胃之要藥。胎婦多食耗氣，反(破)〔致〕產難。好古曰：得檀香、荳蔻入肺，得人參、益智入脾，得黃柏、茯苓入腎，得赤石脂入大小腸。地黃用之，拌蒸，取其下達也。○去衣，研。

清・屠道和《本草匯纂》卷一溫散　縮砂密　耑入脾、胃，兼入肺、大小腸、膀胱、腎。辛溫而濇，補肺益腎，和中行氣，止痛安胎，為醒脾養胃要藥。治虛勞冷瀉，宿食不消，赤白洩痢，腹中虛痛，冷氣痛，止休息氣痢，消化水穀，溫暖肝腎。上氣欬嗽，奔豚鬼疰，驚癇邪氣，霍亂轉筋，脾胃氣結滯不散。散寒飲脹痞，噎膈嘔吐。止女子崩中。除咽喉口齒浮熱。化銅鐵骨（哽）〔骾〕。起酒香味。痛有喜按、拒按之別，痛喜手按，多屬脾胃虛寒，治須用此，否則切禁。痞有因寒、熱、暑、濕、痰、氣、血、食八種之別，尤須審其兼症兼脈以求，不可盡以砂仁為治。瀉痢由於寒濕者宜，熱濕者忌。安胎惟挾寒滯者始宜，挾熱屬虛浮者勿用。且多服耗氣，必致難產。出嶺南。炒碎用。

清・戴葆元《本草綱目易知錄》卷一　砂仁　辛、苦，溫，濇。補肺醒脾，養胃益腎，快氣調中，通行結滯。治虛勞冷瀉，宿食不消，赤白瀉痢，腹中虛痛。散寒飲脹痞，噎膈嘔吐，上氣咳嗽，霍亂轉筋，奔豚崩帶，驚癇鬼疰。袪痰逐冷，和中醒酒，止痛安胎。散咽喉口齒浮熱。化銅鐵骨骾。【略】

砂仁殼：味淡體輕，色黃氣薄。通滯氣，進飲食，舒噎膈，滲濕熱，醒脾不助胃熱，保肺能益腎陰。治邪熱停膈，胃壅不宣，寒飲腫脹，上氣咳嗽，子癇昏冒，妊娠內動，熱壅咽疼，囊濕瀉痢。炒，研末，搽口吻生瘡。【略】葆按：凡脾弱不食，胃挾虛火，用砂仁，誠恐燥胃劫津，取其殼不辛味平，和冬瓜仁服，屢效驗。

清・黃光霽《本草衍句》　砂仁　辛溫潤腎，快氣調中，；香竄醒脾，和胃補肺。引諸藥歸宿丹田，地黃用之拌蒸，取其能下達也。《經疏》云：腎虛氣不歸元，用為向導，殆勝桂、附熱藥為害。行一切腹中滯氣。霍亂奔豚，嘔吐瀉痢。治腹痛，除痞滿，醒酒安胎。療噎膈，止帶崩，袪痰化食。消骨骾之銅鐵，散浮熱於喉齒。功耑消食散滯，得白朮、條芩能安胎。偏身腫滿，陰亦腫者，用縮砂仁、土狗一個，等分研和，老酒服。　子癇昏冒，砂仁和皮炒黑，熱酒調下二錢，不飲酒者米飲下。此方安胎止痛皆效，不可盡述。　妊娠胎動，偶因所觸，或跌墜傷損，致胎不安，痛不可忍者，砂仁炒去皮，用仁，搗研，服二錢，熱酒下，須臾覺腹中胎動極熱，即安矣，神效。

清・陳其瑞《本草撮要》卷一　砂仁　味辛，入手足陽明經，功專消食散滯。得白朮、條芩能安胎。一名縮砂蜜。

清・李桂庭《藥性詩解》　賦得縮砂止吐瀉安胎。得胎字。李慶霖。　縮砂雖治瀉，尤且可安胎。止吐疼宜散，調中胃自開。按：縮砂辛溫香竄，和胃醒脾，快氣調中，通行結滯，消食醒酒，止疼安胎，本脾胃藥，兼入大小腸。主治赤白痢瀉，嘔吐痞脹。性燥而動血，虛火盛者酌用。雖能安胎，多服耗氣，有致難產，用亦酌之。

清・吳汝紀《每日食物却病考》卷下　砂仁　味辛，溫，濇，無毒。下氣消食，勝脾養胃，安胎，溫暖肝腎，理元氣，通滯氣。胎氣因有觸動，痛不可忍者，炒熟，去皮搗碎，酒服一錢，覺腹中稍動，極熱即安。散寒飲，止腹痛。調和食品，則香美。尅化佐理藥物，則沖和潤達也。

清・鄭奮揚著，曹炳章注《增訂偽藥條辨》卷二　縮砂　偽名洋扣。味辣不香，色亦帶黃。更有一種廣扣，仁大味苦，均非真品。按縮砂仁產嶺南山澤間，近以陽春出者為佳，故一名春砂，狀似豆蔻，皮緊厚而皺，色黃赤，外有細刺，氣味甚香。胡得攙用洋扣、廣扣，魚目混珠，殊可恨也。炳章按：縮砂，即名陽春砂。產廣東肇慶府陽春縣者，名陽春砂，三角長圓形，兩頭微尖，外皮刺靈紅紫色，肉紫黑色，嚼之辛香微辣，為最道地。羅定產者，頭平而圓，刺短皮紫褐色，氣味較薄，略次。廣西出者，名西砂，顆圓皮薄，刺更淺，色赭黑色，香味皆淡薄，更次。鄭君所說味辣不香，或是西砂，必非洋扣。西砂圓形，惟殼與蔻不同，似難混充耳。

土蜜砂　縮砂仁在山採下，用蜜生浸，所以殺其燥烈之氣也。聞有以原殼砂，水浸透，以蜜煮過，其性仍燥，用者慎之。炳章按：近時之縮砂仁，外粉白色，內肉紫色，嚼之味辣，氣味香，皆廣西產，即西砂內仁也。其性質確燥，亦次，不若帶殼春砂之為道地也。

益智子

晉・嵇含《南方草木狀》卷中木類　益智子　如筆毫，長七八分，二月花，色若蓮。著實，五六月熟，味辛，雜五味中芬芳，亦可鹽曝。出交趾合浦。建安八年，交州刺史張津嘗以益智子粽餉魏武帝。

宋・唐慎微《證類本草》卷一四木部下品〔宋・馬志《開寶本草》〕　益智子　味辛，溫，無毒。主遺精虛漏，小便餘瀝，益氣安神，補不足，安三焦，調諸氣。夜多小便者，取二十四枚，碎，入鹽同煎服，有奇驗。按《山海經》云：生崑崙國今附。

〔宋・掌禹錫《嘉祐本草》〕按：陳藏器云：止嘔噦。《廣志》云：葉似蘘荷，長丈餘。其根上有小枝，高八九尺，無葉萼。子叢生，大如棗。中瓣黑，皮白，核小者名益

智。含之攝涎穢。出交趾。

〔宋·蘇頌《本草圖經》〕曰：益智子，生崑崙國，今嶺南州郡往往有之。葉似蘘荷，長丈餘。其根傍生小枝，高七八寸，無葉，花萼作穗生其上，如棗許大。皮白，中人黑，人細者佳。含之攝涎唾。採無時。盧循爲廣州刺史，遺劉裕益智粽，裕答以續命湯，是此也。

〔宋·唐慎微《證類本草》〕《齊民要術》：云：益智子，鬲涎穢。顧微《廣州記》云：益智，葉如蘘荷，莖如竹箭，子從心出。一枝有十子，子肉白滑，四破去之，或外皮蜜煮爲粽，味辛。

宋·李昉《太平御覽》卷九七二 益智 《十三國春秋》曰：安帝元年，盧循為廣州刺史，循遺劉裕益智粽，裕乃答以續命湯。顧徽《廣州記》曰：益智，葉如襄荷，莖如竹箭，子從心中出，一枝有十子，子肉白滑，四破去之，取外皮，蜜煑如粽子，味辛。《南方草物狀》曰：益智如筆毫，長七八分，二月華，五月、六月熟。味辛中芬香。出交趾、合浦。陳祁暢《異物志》曰：益智類意苡，長寸許，如枳實子。味辛辣，飲酒食之佳。

宋·鄭樵《通志》卷七六《昆蟲草木略》 益智子 葉似蘘荷，實如李核，去皮用之。其中仁如梔子、縮紗之類，可蜜煮為粽食。昔盧循為廣州刺史，遺劉裕益智粽。裕答以續命湯，是此也。按蘇軾記云：海南產益智，花實皆長穗，而分為三節，其實熟否以候歲之豐凶。其下節以候蚤禾，其上中亦然，大豐則實，凶歲皆不實，蓋罕有三節並熟者。其為藥也，止治益於智，其得此名，豈以知歲邪？

宋·劉明之《圖經本草藥性總論》卷下 益智子 味辛，溫，無毒。主遺精虛滿，小便餘瀝，益氣安神。補不足，安三焦，調諸氣。夜多小便者，取二拾四枚，碎，入鹽同煎，服有奇驗。陳藏器云：止嘔噦。一云：含之攝涎穢。生崑崙國及海南。

宋·陳衍《寶慶本草折衷》卷一四 益智子 一名益智。○衆方用去皮者，名益智人。一作仁。生崑崙國，及交趾、嶺南，及雷州。○採無時。味辛，溫，無毒。○主遺精虛漏，小便餘瀝，益氣安神，補不足，安三焦，調諸氣。夜多小便者，取貳拾肆枚，碎，入鹽同煎服。○陳藏器云：止嘔噦。○《圖經》云：如棗許大，皮白，中人黑。人細者佳，含之攝涎唾。

續說云：智本作知字者動而樂五孝切水，益智之名，固宜有行水之功，而今乃能止水。然以智名者，其坡仙謂花實之熟否，以候歲之豐歉，有先知之智，故得此名乎？

元·王好古《湯液本草》卷五 益智 氣熱，味大辛。辛，温，無毒。主君相二火。手足太陰經、足少陰經，本是脾經藥。《象》云：治脾胃中受寒邪，和中益氣，治多唾，當於補中藥內兼用之，勿多服。去皮用。《本草》云：主遺精虛漏，小便遺瀝，益氣安神。補不足，安三焦，調諸氣。夜多小便者，取二十四枚，碎之，入鹽同煎服，有神效。《液》云：主君相二火，手、足太陰，足少陰，本是脾藥。在集香丸，則入肺；在四君子湯，則入脾；在大鳳髓丹，則入腎。脾、肺、腎，互有子母相關。

元·尚從善《本草元命苞》卷七 益智子 味辛，溫。主遺精虛漏，止小便餘瀝。調諸氣，安三焦。定神氣，補不足。治夜多小便，《本經》云：夜多小便者，取二十四枚，碎，入鹽同煎，服之大有神驗。止嘔噦吐逆。按《山海經》生於崑崙，嶺南有，蕚州尤勝。葉似蘘荷，莖如竹箭，子從心出，形若棗大，皮白，中仁黑，含之攝涎唾。入藥去皮，無時採取。

元·徐彥純《本草發揮》卷三 益智子 潔古云：氣熱，味辛。治脾胃中寒邪，和中益氣。治人多睡，當於補中藥內兼用之。不可多服。海藏云：主君相二火，手足太陰、足少陰。本是脾藥，在集香丸則入肺，在四君子湯則入脾，在鳳髓丹則入腎。蓋脾、肺、腎互用者，有子母相關之意。

明·王綸《本草集要》卷四 益智子 味辛，氣溫，無毒。入手足太陰經、足少陰經，主君相二火。去皮用。主遺精虛漏，小便遺瀝，益氣安神，補不足，安三焦，調諸氣，治脾胃中受寒邪，止嘔噦，攝涎唾。當於補中藥內兼用之。夜多小便者。取二十四枚，碎，入鹽同煎，服有奇驗。

明·滕弘《神農本經會通》卷二 益智 用須去皮。味辛，氣溫，無毒。《湯》云：氣熱，味大辛。辛，溫，無毒。主君相二火。入手足太陰經、足少陰經，本是脾經藥。東云：安神，治小便頻數。《疌》云：調諸氣，治餘淋，止溺而有神。除嘔逆，更補精益氣，及安神。

《本經》云：主遺精虛漏，小便餘瀝，益氣安神，補不足，安三焦，調諸氣。夜多小便者，取二十四枚，碎，入鹽同煎，服有奇驗。陳藏器云：止嘔噦，益智。含之，攝涎穢。《圖經》云：攝涎唾。採無時。《象》云：治脾胃中受寒邪，和中益氣。治多唾，當於補中藥內兼用之，勿多服。去皮用。《液》云：主君相二火，手足太陰、足少陰。本是脾藥，在集香丸則入肺，在

四君子湯則入脾，在大風髓丹則入腎。脾、肺、腎互有子母相關。劍云：益智和中仍暖胃，主除虛滿及遺精。若入夜起多便溺，搥碎鹽煎効更奇。即《局方》益智子，澁精益氣，止小便多遺。

明・劉文泰《本草品彙精要》卷七　益智子無毒。　叢生。

益智子：　主遺精，虛漏，小便餘瀝，益氣安神，補不足，安三焦，調諸氣，夜多小便者，取二十四枚，碎之，入鹽同煎，服有神效。名醫所錄。【苗】《圖經》曰：益智子葉似蘘荷，長丈餘，其根傍生小枝，高七八寸，無葉。花萼作穗生其上，如棗許大，皮白，中仁黑，仁細者佳。【地】《圖經》曰：益智子生崑崙國，今嶺南州郡往往有之。【時】生：春。採：無時。【用】去皮用仁。【質】如棗許大。【色】黑。【味】辛。【性】溫。【氣】氣之厚者，陽也。【臭】香。【主】止嘔噦，攝涎穢。【行】手足太陰經，足少陰經。【製】去皮。【治】療：《湯液本草》云：治脾胃中受寒邪，和中益氣。治多唾，當於補中藥内兼用之。【合治】本脾經，在集香丸則入肺，在四君子湯則入脾，在鳳髓丹則入腎。【禁】多服。

明・葉文齡《醫學統旨》卷八　益智子　氣熱，味大辛。無毒。入手足太陰、足少陰經。主君相二火。去皮用。　治遺精虛漏，小便遺瀝，益氣和中，安神補不足，安三焦，調諸氣。療脾胃中寒邪，止嘔噦。人多涎唾。當於補中藥内兼用之。夜多小便。

明・許希周《藥性粗評》卷二　子有志以清神，偏誇益智。

益智子，葉似蘘荷，莖如竹箭，高丈餘，其根傍另抽小枝，亦高七八尺，無葉，開花作穗，子從心出，一枝有十子，如棗許大，皮白，中仁黑，四破去之，外皮或可蜜煮為粽。出交阯並廣州諸郡。昔盧循為廣州刺史，遺劉裕益智粽，裕荅以續命湯是也。採無時，餘説《本草》不載。味辛，性溫，無毒。入足太陰脾經。主治遺精虛漏，小便餘瀝，神昏好睡，益氣安神，補中，調諸氣，含之可攝涎穢。海藏云：本是脾藥，在集香丸則入肺，在四君子湯則入脾，在鳳髓丹則入腎。蓋脾肺腎互用者，有子母相關之意。潔古云：當於補藥中兼用之，不可多服。

單方：　夜多小便：　取益智子二十四枚，碎，入鹽同煎服，甚效。

明・鄭寧《藥性要略大全》卷三　益智　益氣安神，止遺精虛漏，小便頻數遺瀝。補不足，安三焦，調諸氣，和中，去脾胃寒邪。　味辛、苦，性溫，無毒。本脾經藥，入足少陰腎經。凡使須去皮，鹽水炒入藥。

明・陳嘉謨《本草蒙筌》卷二　益智　味辛，氣溫。無毒。嶺南州郡，歲歲有生。去殼取仁，研碎入藥。主君相二火，入脾肺腎經。在四君子則入脾，在集香丸則入肺，在鳳髓膏則入腎。三經而互用者，蓋有子母相關意焉。和中氣及脾胃寒邪，禁遺精併小便遺溺。止嘔噦而攝涎唾，調諸氣以安三焦。更治夜多小便，入鹽煎服立効。

明・方穀《本草纂要》卷四　益智　味辛，氣溫，無毒。和中暖胃之劑也。入手足太陰經、少陰經。主治心腎脾肺之藥也。故凡嘔吐，自利，中氣不清，皆因脾胃受寒；遺精虛漏，淋帶赤白，皆因胃氣虛冷；或小便遺溺，皆因心氣不足；或涕唾稠粘，皆因肺氣不和。用此益智之劑，調攝君相之火，健理脾肺之氣。若寒則溫之，虛則補之，滑則澁之，滯則和之，此中和之藥。如鹽炒兼補劑用，其治更佳。

明・王文潔《太乙仙製本草藥性大全》卷三《本草精義》　益智子　生崑崙國，今嶺南州郡往往有之。葉似蘘荷，長丈餘，其根傍生小枝，高七八寸，無葉，花萼作穗生其上，如棗許大，皮白，中瓣黑，皮白，核小者名益智，含之攝涎穢。出交趾。

明・王文潔《太乙仙製本草藥性大全》卷三《仙製藥性》　益智子　味辛，氣溫，無毒。入手足太陰脾經、足少陰腎經。主君相二火去皮用。主治：　主遺精虛漏，小便遺瀝，益氣安神。補不足，安三焦，調諸氣。治脾胃中受寒邪，止嘔噦，攝涎唾，當於補中藥内兼用之。　補註：夜多小便者，取二十四枚，碎，入鹽同煎服，有奇驗。《經》云益智。葉如蘘荷，莖如竹箭，子從心出，一枝有十子，子肉白滑，四破去之，或外皮蜜煮爲粽。

明・皇甫嵩《本草發明》卷四　益智子下品，佐使。氣熱，味辛，溫，無毒。主君相二火，手足太陰經，足少陰經，本是脾經藥。　發明曰：益智子，氣熱味辛，主君相二火不足，溫脾腎虛寒，又辛入肺而調氣，有母子相関之義。心、肺、腎、脾，三焦有寒邪及虛寒者用之為當也。故《本草》主遺精虛漏，小便餘瀝，是益腎之虛寒也。若腎經相火動而致遺瀝等候禁用之。又云：益氣安神，補不足，安三焦，是補元氣虛寒，心火、相火之不足也。若心經與三焦火動者，用之反耗元氣。治脾胃中寒邪，故能和中益氣，而多唾屬寒者亦治之，是主足太陰經藥也。而脾家有濕熱痰火，又不當用。至若能調諸氣，是辛以散肺經之寒氣，而肺熱者又禁之。要之，君相二火脾土之母也，益火之源，以消陰

翳，則脾胃之寒邪悉去矣。脾者，肺金之母也。脾胃之寒邪去，而肺氣自調矣。肺氣調而滋水之化源，腎氣自益矣。此母子相関之義，故云益智。凡用，去皮。用治虛寒之症，當于補藥內兼用之，勿多服。夜多小便者，取二十四枚，碎之，入鹽同煎，服之有神效。

明·李時珍《本草綱目》卷一四草部·芳草類　益智子宋《開寶》

【釋名】時珍曰：脾主智，此物能益脾胃故也，與龍眼名益智義同。按蘇軾《記》云：海南産益智，花實皆長穗，而分爲三節。觀其上中下節，以候早中晚禾之豐兇。大豐則皆實，大兇皆不實，罕有三節並熟者。其爲藥只治水，而無益於智，其得此名，豈以其知歲耶？此亦一説也，終近穿鑿。　【集解】藏器曰：益智出崑崙〔國〕及交趾，今嶺南州郡往往有之。顧微《廣州記》云：其葉似蘘荷，長丈餘。其根上有小枝，高八九寸，無華萼。莖如竹箭，子從心出。一枝有十子叢生，大如小棗。其中核黑而皮白，核小者佳，含之攝涎穢。或四破去核，取外皮，蜜煮爲粽食，味辛。晉盧循遺劉裕益智粽，是此也。恭曰：益智子似連翹子頭未開者，苗葉花根與豆無別，惟子小爾。時珍曰：按嵇含《南方草木狀》云：益智二月花，連着實，五六月熟。其子如筆頭而兩頭尖，長七八分，雜五味中，飲酒芬芳，亦可鹽曝及作粽食。觀此則顧微言其無華者，誤矣。今之益智子形如棗核，而皮及仁皆似草豆蔻云。

仁　【氣味】辛，温，無毒。　【主治】遺精虛漏，小便餘瀝，益氣安神，補不足，利三焦，調諸氣。夜多小便者，取二十四枚，碎，入鹽同煎服，有奇驗。藏器。治客寒犯胃，和中益氣，及人多唾。李杲。益脾胃，理元氣，補腎虛滑瀝。好古。冷氣腹痛，及心氣不足，夢洩赤濁，熱傷心系，吐血血崩諸證。時珍。

【發明】劉完素曰：益智辛熱，能開發鬱結，使氣宣通。王好古曰：益智本脾藥，主君相二火。在集香丸則入肺，在四君子湯則入脾，在大鳳髓丹則入腎，三藏互有子母相關之義。當於補藥中兼用之，勿多服。時珍曰：益智大辛，行陽退陰之藥也，三焦、命門氣弱者宜之。按楊士瀛《直指方》云：心者，脾之母，進食不止於和脾，火能生土，當使心藥入脾胃藥中，庶幾相得。故古人進食藥中，多用益智，土中益火也。又按洪邁《夷堅志》云：秀川進士陸迎，忽得吐血不止，氣蹶驚顫，狂躁直視，至深夜欲投户而出。如是兩夕，遍用方藥弗瘳。夜夢觀音授一方，命但服一料，永除病根。夢覺記之，如方治藥，其病時愈。其方：用益智子仁一兩，生朱砂二錢，青橘皮五錢，麝香一錢，碾爲細末。每服一錢，空心燈心湯調下。

【附方】新八　小便頻數：脬氣不足也。雷州益智子鹽炒，去鹽，天台烏藥等分，爲末，酒煮山藥粉爲糊丸，如梧子大。每服七十丸，空心鹽湯下。名縮泉丸。《朱氏集驗方》。

心虛尿滑：及赤白二濁。益智子仁、白茯苓、白术等分，爲末，每服三錢，白湯調下。

白濁腹滿：不拘男婦。用益智仁鹽水浸炒，厚朴薑汁炒等分，薑三片，棗一枚，水煎服。《永類鈐方》。

小便赤濁：益智子仁、茯神各二兩，遠志、甘草水煮各半斤，爲末，酒糊丸梧子大，空心薑湯下五十丸。

腹脹忽瀉：日夜不止，諸藥不效，此氣脱也。用益智子仁二兩，濃煎飲之，立愈。《危氏得效方》。

婦人崩中：益智子炒碾細，米飲入鹽，服一錢。《産寶》。

香口辟臭：益智子仁一兩，甘草二錢，碾粉舐之。《經驗良方》。

漏胎下血：益智仁半兩，縮砂仁一兩，爲末。每服三錢，空心白湯下，日二服。《胡氏濟陰方》。

題明·薛己《本草約言》卷二《藥性本草》　益智　味辛，氣溫，無毒。陽也，可升可降，入手足太陰、足少陰經。本是脾經藥，攝涎唾，止嘔噦，調諸氣於三焦，固遺精，縮小便，療虛寒於水臟。《發明》云：益智子氣熱味辛，主君相二火不足，溫脾腎虛寒。又辛入肺而調氣，有母子相關之義。心肺腎脾三焦有寒邪及虛寒者，用之為當也。故本草主遺精虛漏，小便餘瀝，是益腎之虛寒也。若腎經相火動，而致遺瀝等候，禁用之。《液》云：益氣安神，補不足，安三焦。是補元氣虛寒，心火相火之不足也。若心經與三焦火動者，用之反耗元氣。治脾胃中寒邪，故能和中益氣。而多唾屬寒者亦治之，是主足太陰經藥也。而脾家有濕熱痰火，又不當用。至若能調諸氣，是辛以散肺經之寒氣，而肺熱者又禁之。要之，君相二火，脾土之母也。益火之源以消陰翳，則脾胃之寒邪悉去矣。脾者，肺金之母也。脾胃之寒邪去，而肺氣自調矣。肺氣調，而滋水之化源，腎氣自益矣。此母子相關之義，故云益智。江云：止嘔吐而清小便之頻數。凡用，去皮，鹽水炒，入藥用。治虛寒之症，當於補藥內兼用之，勿多服。老人小便多者，取二十四枚打碎，入鹽少許，同煎服之，奇效。

明·梅得春《藥性會元》卷中　益智　味辛，氣溫，無毒。入足少陰腎經、手太陰肺經、足太陰脾經藥。主治君心、相包二火。主安神定志，益氣和中，補不足，調諸氣，去脾胃中寒邪，止嘔噦及遺精、虛漏，小便頻數，遺瀝。人多涎唾，當入補中湯。兼用治小水多者，取二十四枚，去殻，鹽水煮服，奇驗。

凡使去皮殻。

明·杜文燮《藥鑒》卷二　益智　氣熱，味大辛。主君相二火，手足太陰經、足少陰經。本是脾經藥也，故治脾胃中受寒邪，和中益氣。又治多唾，當於補藥中兼用之。不可多服。在集香丸則入肺，在四君子湯則入脾，在鳳髓丹則入腎。蓋脾肺腎互有子母相關之義也。惟其溫也，能治虛漏，遺精遺瀝，益氣安神，〔安〕三焦，夜多小便者，取二十四枚，碎之，入鹽煎湯，服有神

效。兼以女貞實、川萆薢更妙，乃補不足之劑也。惟其辛也，能調諸氣，能散諸鬱，能止諸疼。君烏藥、木香甚捷，又為辛散之劑也。

明・王肯堂《鬱岡齋筆麈》卷二　益智子　療滑脫之病甚効，蓋其功能收攝而不澀滯，故余於下利、遺精、帶下諸症，每喜用之，而味苦氣辛不堪噉。然古人每入食品，晉遠公《答盧循書》曰：損餉六種，深抱情至。益智乃是一方異味，即於僧中行之。《(二)〔三〕十六國春秋》曰：盧循為廣州刺史，遺裕益智粽，裕乃答以續命湯。觀雜和委雕盤，方永厭夜歡之咏，則當時以為奇食，故循之遺裕，猶其餉遠公，未必含譏諷也。其子止雜五味中，若椒桂之用，或鹽曝以下酒，而蜜煮為粽者，乃取其外皮耳。

明・李中立《本草原始》卷四　益智子　按《山海經》云：生崑崙國，今嶺南州郡往往有之。葉似蘘荷，長丈餘。其根傍生小枝，高七八寸，無葉。花萼作穗，生其上，如棗許大，皮白，中仁黑，仁細者佳。含之攝涎唾。采無時。《醫學入門》曰：服之益人智慧，故名。　仁：氣味：辛，溫，無毒。主治：遺精虛漏，小便餘瀝，益氣安神。補不足，利三焦，調諸氣，夜多小便者，取二十四枚，碎，入鹽同煎，服有奇驗。〇治客寒犯胃，和中益氣，及人多唾。〇益脾胃，理元氣，補腎虛滑瀝。〇冷氣腹痛，及心氣不足，夢洩赤濁，熱傷心系，吐血，血崩諸症。

益智子，宋《開寶》。【圖略】子如筆頭而兩頭尖，長七八分。　修治：去殼取仁用。

明・張懋辰《本草便》卷二　益智子　味辛，氣溫，無毒。入手足太陰經、足少陰經。主君相二火。去皮用。　主遺精虛漏，小便遺瀝，益氣安神，補不足，安三焦，調諸氣，治脾胃中受寒邪，止嘔噦，攝涎唾，當於補中藥內兼用之。

明・李中梓《藥性解》卷五　益智　味辛，性溫，無毒，入脾、胃、腎三經。主遺精虛漏，小便餘瀝，益氣安神，和中止嘔，去皮鹽炒用。　按：益智辛溫，善逐脾胃之寒邪，而土得所勝，則腎水無相尅之虞矣。遺精諸症，吾知免矣。

明・繆希雍《本草經疏》卷一四　益智子　味辛，溫，無毒。主遺精虛漏，小便餘瀝，益氣安神，補不足，安三焦，調諸氣。夜多小便者，取二十四枚，碎，入鹽同煎服，有奇驗。

〔疏〕益智子仁，得火土金之氣，故其味辛，其氣溫，其性無毒。入足太陰、足少陰經。惟辛故所以散結，惟溫故所以通行。其氣芳香，故主入脾。其稟火土與金，故燥而收斂。以其斂攝，故治遺精虛漏及小便餘瀝。此皆腎氣不固之證也。腎主納氣，虛則不能納矣。又主五液，涎乃脾之所統，脾腎氣虛，二臟失職，是腎不能納，脾不能攝，故主氣逆上浮，涎穢泛濫而上溢也。斂攝脾腎之氣，則逆氣歸元，涎穢下行。宜東垣用以治客寒犯胃，和中益氣及人多唾。王好古謂益智本脾家藥，主君相二火。故用以益脾胃，理元氣，補腎虛滑瀝。劉河間又謂益智辛熱，能開發鬱結，使氣宣通。皆以其香可入脾開鬱，辛能散結，復能潤下，於開通結滯之中，復有收斂之義故也。〔主治參互〕益智在集香丸則入肺，在四君子湯則入脾，在大鳳髓丹則入腎。當於補藥中兼用，不宜多服。佐人參、茯苓、半夏、橘皮、車前子，則攝涎穢立效。同藿香、蘇子、橘皮、枇杷葉、木瓜，止逆氣上壅。同五味子、山茱萸、炒鹽、人參，治小便頻數淋瀝。同人參、乾薑、橘皮、藿香，治因寒犯胃作嘔吐。〔簡誤〕益智乃脾腎二經之藥，其用專在脾，所以亦能入腎者，辛以潤之之故也。然其氣芳香，性本溫熱，證屬燥熱，病人有火者，皆當忌之。故凡嘔吐由於熱，而不因於寒；氣逆由於怒，而不由於虛；小便餘瀝由於水涸精虧內熱，而不由於腎氣虛寒；泄瀉由於濕火暴注，而不由於氣虛腸滑，法竝忌之。

明・倪朱謨《本草彙言》卷二　益智子　味辛，性熱，無毒。可升可降，陽也。入手足少陰、手足太陰四經。

陳氏曰：益智子出崑崙國及交阯，今嶺南州郡往往有之。顧微《廣州記》云：葉似蘘荷，長丈餘。根上有小枝，高七八寸。無花萼，另作葉如竹箭。子從心出，一枝有十子，叢生，形如小棗。核黑皮白。核小者佳，含之能攝涎穢。或四破去核，取外皮蜜煮爲粽，味極辛美。晉人稱益智粽，即此是矣。

《草木狀》云：益智子，二月連花着實五六月方熟。子如筆頭，兩頭尖，長七八分。雜五味中，飲酒芬芳。亦可鹽曝，及作粽食。顧微言無花者，誤矣！今之益智子，形如棗核，皮及仁皆如草豆蔻云。

李時珍先生曰：脾主智，此物能益脾胃，故名。與龍眼名益智義同。一說海南產益智子，花實皆長穗而分爲三節。觀其上中下節以候歲早中晚

禾之豐凶。大豐則皆實，小豐則半實，大凶皆不實。然罕有三節幷熟者。

益智子：東垣養胃扶脾，王好古溫中暖腎之藥也。詹中寰稿蓋脾土之爲性，得芳香高暢則行，遇鬱閉卑寒則塞。又脾爲倉廩之司，胃爲水穀之海。胃主受納，脾主消導。一納一消，運行不息，則心、脾、肺、腎遞相滋生，皆藉脾土之氣以榮養也。不善調理者，飲食失節，寒熱不調，則脾胃受病矣。益智辛香溫達，使鬱結宣通，陰退陽行。古方進食開胃藥中，必用益智，爲其于土中能益火故耳。觀《開寶》方能安神益氣，乃養心肺之陽也。通利三焦，乃調諸氣之滯也。若遺精，若虛漏，若小便餘瀝諸病，用此辛香溫清之性，乃固之、澀之、止之之意也。然施于老人陽虛，命門火衰，脾腎虛冷者合宜，若少壯火盛陰虛，龍火方熾，而爲遺精，爲虛漏，爲小便餘瀝者，禁之。

王紹隆先生曰：《經》言：心藏神，肝藏魂，肺藏魄，腎藏志。然四藏各守神則一，而獨脾舍神有兩，曰意與智也。然意者，脾土之體；智者，脾土之用。能益脾土之體用，故名益智云。日華子謂客寒犯胃，嘔吐自利，胃衰脾冷，食飲不入，腸府氣陷，大便久滑，腎氣衰虛，遺精虛漏，小便餘瀝，蓋脾腎以陰爲體，以陽爲用也。此藥味辛氣溫，功齊火熱，故能養胃扶脾，溫中暖腎者以此。若與參、耆、苓、朮幷用，培補土元，與鹿茸、枸杞、肉桂同用，添續陽髓，有何精遺瀝漏之不止乎？

劉默齋先生曰：益智辛溫，陽藥也。主君相二火之正氣，入脾肺腎三經。在四君子湯則入脾，在集香丸則入肺，在鳳髓丹則入腎。三經而互有子母相關之義。

集方：《醫林鴻寶》治脾腎虛弱，胃敗不能飲食。用益智子、人參、黃耆、白朮、砂仁、廣陳皮、穀芽。〇同前治心虛神怯，睡中多魘夢。用益智子、人參、川黃連、薑半夏、酸棗仁、石菖蒲、白茯苓、柏子仁、白朮、當歸身、硃砂、羚羊角各等，共爲末，每睡時服二錢，燈心湯下。〇同前治老人腎陽不固，無故遺精，或滑泄，或小便後時時滴瀝，或白濁。用益智子、人參、鹿茸、枸杞子、肉桂、附子、懷熟地、麥門冬、赤石脂、龍骨、牡蠣粉，各等，共爲末，蜜丸梧桐子大。每早晚各服三錢，白湯下。或少年人，本元虛冷無陽者，亦可用此，不在禁例。〇朱氏方治小便頻數，脬氣不足也。用益智子、鹽炒去鹽，台烏藥炒，各等，共爲末，山藥粉打糊爲丸梧子大。每早服三錢，白湯下。〇治客寒犯胃，嘔吐自利。用益智子倍用，吳茱萸湯泡二次，肉桂、木香、白朮、蒼朮各等，俱微炒燥爲末，每早晚各服三錢，好酒下。〇韋氏方治腹脹忽瀉，日夜不止，諸藥不效，此氣脫也。用益智子二兩，濃煎飲之，立愈。〇陳月坡《雜說》治勞形勞神，脾腎心氣久傷，或傷飢失飽，飲食失節，用資生丸；或歸脾湯方中倍加益智子，大效。〇《胡氏濟陰方》治崩血大衝，或吐血盈盆。用人參一兩，益智子五錢，濃煎冷服，立止。〇《方脉正宗》治遺尿失禁，不拘長幼男女。用益智仁、茯苓、白朮、熟地黃、黃耆、人參、當歸各一錢，升麻、甘草各五分，陳皮八分，每服五錢，水煎服。內虛寒者，加肉桂五分；年老者，再加附子；虛熱者，加天門冬、麥門冬各五分。

續補集方：《方脉正宗》治痰飲、濕熱、火鬱，三者滯于胃口，爲嘈雜病者，用益智子、半夏、陳皮、茯苓各一錢五分，甘草七分，黑山梔、黃連、黃芩、厚朴、砂仁、香附子、白豆仁各一錢，麥芽三錢，加生薑二片，食鹽一分，水煎服。〇同上治胃虛有寒痰，成噯氣者。用益智子、乾薑、肉桂、半夏、陳皮、人參、白朮各二錢，甘草七分，俱用酒拌炒。水二碗，煎一碗，溫和服。有挾火鬱者，即本方加薑汁炒黃連一錢。〇《萬病回春》治婦人噯氣胸緊，連十餘聲不盡，噯出氣，心頭略寬，不噯即緊，是火挾氣鬱也。用益智子、莪朮、檳榔、青皮、瓜蔞仁、蘇子各一兩，黃連、薑汁炒二兩，枳實麩炒、黑山梔、香附醋拌炒，各四兩，共爲細末，水發爲丸，梧子大。每早晚各食後服三錢，白湯送下。

明・姚可成《食物本草》卷一六味部・調飪類 益智子出崑崙及交趾，今嶺南州郡往往有之。其葉似蘘荷，長丈餘。其根上有小枝，長八九寸，無華萼。形如竹箭，子從心出。一枝有十子叢生，大如小棗。其中核黑而皮白，核小者佳，含之攝涎穢。或四破去核，取外皮蜜煮為糉食，味辛。晉盧循遺劉裕益智糉，是此也。今人雜五味中，飲酒芬芳，亦可鹽曝及作糉食也。

益智子，味辛，溫，無毒。治遺精虛漏，小便遺瀝，益氣安神，補不足，利三焦，調諸氣。夜多小便者，取二十四枚，入鹽同煎服。治客寒犯胃，和中益氣，令人多唾。治心氣不足，夢泄赤濁，熱傷心系，吐血血崩諸證。〇《夷堅志》云：秀州進士陸迎，忽得吐血不止，氣蹷驚顫，狂躁直視，至夜深，欲投戶而出。如是兩夕，徧用方藥弗瘳。夜夢觀音授一方，命但服一料，永除病根。夢覺記之，如方治藥，其病果愈。其方用益智仁一兩，硃砂二錢，青橘皮五錢，麝香一錢，碾為細末。每空心，燈心湯下一錢。

附方：治小便頻數，脬氣不足也。益智鹽炒，烏藥等分為末，酒煮山藥

粉為糊，丸如梧子大。每服七十丸，空心鹽湯下。名縮泉丸。　治心虛尿滑及赤、白二濁。益智仁、白茯苓、白朮等分為末，每服白湯下三錢。　治口氣臭。益智仁一兩，甘草二錢，為末舐之。

明・顧逢柏《分部本草妙用》卷六兼經部・溫補　益智仁　辛，溫，無毒。入心脾腎三經。去殼，鹽水炒。　主治：遺精虛漏，小便餘瀝。益氣安神，利三焦，調諸氣，開發鬱氣。治客寒犯胃，益脾進食，補腎冷腹痛，心氣不足。　益智為行陽退陰之藥，三焦氣弱者宜之。古人進食多用益智，以脾為心之母，火能生土，土中益火也。王好古曰：　益智本脾藥，主君相二火。在集香丸則入肺，在四君子則入脾，在大鳳髓丹則入腎，三臟有母子相關之義。補藥中宜兼用之，勿多服。

明・李中梓《醫宗必讀・本草徵要上》　益智仁味辛，溫，無毒。入心、脾、腎三經。去殼，鹽水炒，研細。　溫中進食，補腎扶脾。攝涎唾，縮小便，安心神，止遺濁。辛能開散，使鬱結宣通，行陽退陰之藥也。古人進食必先益智，為其於土中益火故耳。按：　益智功專補火，如血燥有熱，及因熱而遺濁者，不可誤入也。

明・鄭二陽《仁壽堂藥鏡》卷二　益智　《山海經》云：　益智子生崑崙國。《廣志》云：　葉如蘘荷，莖如竹箭。子從心出，一枝有十子。子肉白滑。今嶺南州郡往往有之。　氣熱，味大辛、辛，溫，無毒。　主君、相二火。手足太陰經、足少陰經。本是脾經藥。　《象》云：　治脾胃中受寒邪，和中益氣，治多唾。當於補中藥內兼用之，勿多服。去皮用。　《本草》云：　主遺精虛漏，小便遺瀝，益氣安神，補不足，安三焦，調諸氣。夜多小便者，取二十四枚，碎之，入鹽同煎服，有效。　《液》云：　主君、相二火，手、足太陰，足少陰，本是脾藥。在集香丸則入肺，在四君子湯則入脾，在大鳳髓丹則入腎。脾、肺、腎，互有子母相關。　按：　益智行陽退陰之藥，三焦氣弱者宜之。士瀛曰：　心者脾之母，進食不止于和脾，火能生土，當使心藥入脾藥中，庶幾相得。古人進食，多用益智，土中益火也。

明・蔣儀《藥鏡》卷一溫部　益智仁　溫脾胃而攝涎唾，暖膀胱而澁多尿。腹痛疝沖用之調氣，腸鳴腎泄藉此補虛。能滾反胃之痰，偏補命門之火。固辛香以宣發，且潤下而歛收。

明・李中梓《頤生微論》卷三　益智仁　味辛，性溫，無毒。入心、脾、腎三經。綻滿者佳。去殼，鹽水炒，研細。溫中進食，補腎扶脾，安神開鬱，攝涎唾，止小便餘瀝及夜多小便，夢泄精滑。　按：　益智行陽退陰之藥，三焦命門氣弱者宜之。楊士瀛云：　心者，脾之母，進食不止于和脾，火能生土，當使心藥入脾藥中，庶幾相得。古人進食，多用益智，土中益火也。血燥多火及因熱而遺濁者，法咸禁之。

明・張景岳《景岳全書》卷四八《本草正》　益智　氣味辛溫。能調諸氣，辟寒氣，治客寒犯胃，暖胃和中，去心腹氣滯疼痛，理下焦虛寒。溫腎氣，治遺精餘瀝夢泄，赤白帶濁，及夜多小便者，取二十餘枚，研碎，入鹽少許，同煎服之，有奇驗。此行陽退陰之藥，凡脾寒不能進食，及三焦命門陽氣衰弱者皆宜之。然其行性多補性少，必兼補劑用之斯善。若單服多服，未免過於散氣。

明・盧之頤《本草乘雅半偈》帙一〇　益智子宋《開寶》　氣味：　辛，溫，無毒。　主治：　主遺精虛漏，小便餘瀝，益氣，安神，補不足，利三焦，調諸氣。夜多小便者，取二十四枚，碎，入鹽同煎服，有奇驗。

覈曰：　出崑崙國，及交阯，今嶺南州郡，往往有之。顧微《廣州記》云：　葉似蘘荷，長丈餘。根上有小枝，高七八寸。無花萼。另作葉如竹箭，子從心出。一枝有十子叢生，大如小棗。核黑皮白，核小者佳，含之能攝涎穢，或四破去核，取外皮蜜煮為粽，味極辛美。晉盧循遺劉裕益智粽，即此是矣。嵇康《草木狀》云：　益智子，二月連花着實，五六月方熟，子如筆頭，兩頭尖，長七八分，雜五味中，飲酒芬芳，亦可鹽曝，及作粽食。　顧微言無華者，誤矣。今之益智子，形如棗核，皮及仁，皆如草豆蔻云。

參曰：　蘇長公《益智子記》，言海南產益智，花實皆長穗，而分為三節。觀其上中下節，以候早中晚禾之豐凶。大豐則皆實，大凶皆不實，罕有三節並熟者。其為藥只治水，而無益于智，其得此名，豈其知歲耶？瀕湖備錄其記，嫌其終近穿鑿耳。智者心有所知，知必有言，豈不知歲耶。　蓋不知五藏有七神，脾土舍其兩，曰意與智。意者，脾土之體；　智者，脾土之用。益智子，益脾智之土用，因名益智耳。顧莖發中央，綴子十粒，具土體之位育，土用之成數，昭然可徵矣。《尚書》曰：　土爰稼穡。緣土以生物為用，而爰生稼穡。最得土氣之真，即拈以徵土體之肥瘠淳暴、寒暖優劣之為性也。是知益智，既益土用之智，應與上中晚禾，互為豐凶者以此。其為藥以治水，亦有故焉。

蓋水體潤濕，水用動流，所賴挾持，不致泛濫者，維土體用，用作隄防。隄防跡洩，則為漏為瀝，為遺為滑，甚則為崩為潰，為泛為濫矣。味辛氣溫，功齊火熱者，脾以陽為用也。于是上中下焦，亦得藉之以驗豐凶。此非益于智，奚得此名。豈唯知歲，毋嫌穿鑿。

明・李中梓《本草通玄》卷上　益智仁　辛，溫，能達心與脾胃。進飲食，攝涎唾，止遺泄及小便多，止女人崩漏，亦能安養心神。《直指》云：心者脾之母，進食不止於和脾。蓋火能生土，故古人進食，必先益智，土中益火也。　去殼鹽水炒。

清・顧元交《本草彙箋》卷二　益智子　益智仁能於土中益火，宣鬱扶脾。腎藏智，故又有益腎之功。周慎齋云：益智治下焦虛寒，與山藥同用，則不起火，而專補脾胃。

小便頻數，脬氣不足也。雷州益智子，鹽炒，去鹽，天台烏藥等分，爲末，酒煮山藥粉爲糊，丸如梧子大，每服七十丸，空心鹽湯下，是爲縮泉丸。丹溪治遺精不止，用山藥爲君，加烏藥、益智仁，立效。　腹脹，忽瀉，日夜不止，諸藥不效，此氣脫也。用益智子仁二兩，濃煎飲之，立愈。

清・穆石匏《本草洞詮》卷八　益智子　脾主智，此物能益脾胃，故名。蘇東坡云：海南産益智。觀其上中下節，以候早中晚禾之豐凶。其為藥治水，而無益於智，其得此名，豈以其知歲耶？氣味辛溫，無毒。益氣安神，利三焦，調諸氣。此行陽退陰之藥，三焦命門氣弱者宜之。楊士瀛謂：心者，脾之母。凡進食不止和脾，火能生土，當使心藥入脾胃藥中，庶幾相得，故用益智，土中益火也。王海藏謂：益智主君相二火，在四君子湯則入脾，在集香丸則入肺，在鳳髓丹則入腎，三藏互有子母相關之義，當於補藥中兼用之。《夷堅志》云：一人忽得吐血不止，氣感驚顫，狂躁直視，至深夜欲投戶而出，如是兩夕，偏用方藥弗瘳。夜夢觀音授一方，夢覺記之，用益智子仁一兩，生硃砂二錢，青橘皮五錢，麝香一錢，碾為細末，每服一錢，燈心湯下。如法服之，果愈。

清・劉雲密《本草述》卷八上　益智子時珍曰：脾主智，是物能益脾胃故也。與龍眼名益智，義同。　覈曰：出崑崙國及交阯，今嶺南州郡往往有之。顧微《廣州記》云：葉似蘘荷，長丈餘，根上有小枝，高七八寸，無花萼，莖如竹箭，子從心出，一枝有十子，叢生，大如小棗核，黑皮白核，小者佳，含之能攝涎穢。或四破去核，取外皮，蜜煮為粽味，極辛美。晉盧循遺劉裕益智粽，即此是矣。嵇含《南方草木狀》云：益智子二月花，連著實，五六月方熟，子如筆頭而兩頭尖，長七八分，雜五味中飲酒芬芳。亦可鹽曝，及作粽食。顧微言無花者，誤矣。今之益智子，形如棗。核皮及仁皆如草豆蔻云。　仁：氣味：辛，溫，無毒。

諸本草主治：安神，療心氣不足，益元氣，利三焦，治夢洩赤濁，腎虛滑瀝，及夜小便數，益脾胃，和中，調諸氣。療客寒犯胃，冷氣腹痛，更治多唾。方書主治：健忘悸，遺精赤白濁，泄瀉，小水數，盜汗，下血，治心痛胃脘痛，腹痛脇痛，喘噎證，脹滿積聚痺，痺疝。

海藏曰：益智本脾藥，主君相二火。在集香丸則入肺，在四君子湯則入脾，在大鳳髓丹則入腎，三臟互有子母相關之義。當於補藥中兼用之，勿多服。　劉河間曰：益智辛熱，能開發鬱結，使氣宣通。　時珍曰：益智大辛，行陽退陰之藥，三焦命門氣弱者宜之。　按：陽士瀛《直指方》云：心者，脾之母，進食不止，於和脾火能生土，當使心藥入脾胃藥中，庶幾相得。故古人進食藥中多用益智，土中益火也。　希雍曰：益智仁得火土金之氣，故其味辛，其氣溫，其性無毒，入足太陰、足少陰經。辛故散結，溫故通行。其氣芳香，故主入脾。其禀火土與金，故燥而收斂。以其斂攝，故治遺精虛漏，及小便餘瀝。此皆腎氣不固之證也。腎主五液，涎乃脾之所統，脾腎氣虛，二臟失職，故主氣逆上浮，涎穢上溢。此味於開結滯之中，即能斂攝脾腎之氣，故著其功若此。

佐人參、茯苓、半夏、橘皮、車前子，則攝涎穢立效。　同藿香、蘇子、橘皮、枇杷葉、木瓜，止逆氣上壅。　同五味子、山朱萸炒鹽、人參，治小便頻數淋瀝。　同人參、乾薑、橘皮、藿香，治因寒犯胃作嘔吐。

愚按：益智仁之命名，固為脾藥。第《本草》言其辛溫，未嘗及苦也。茲味嘗之苦勝於辛，不似草豆蔻輩之辛多也。苦就火，海藏所謂主君相二火者是。不然，辛而兼溫者多矣，何以不皆主君相二火耶？苦屬心火，而並腎治者，腎為君火對化也，況《經》云胞之脈屬心，而絡於胞中。又手厥陰包絡，為小心相火之原，故主君火，而即兼相火，此味有之。然其為脾藥者，得勿以火乃土母，其苦辛而溫，並有香者之能入脾乎？曰：是固然矣。然而義未盡也。試思其益土，而何以反多治水，如上而涎唾，下而便

數遺瀝，更為精漏血失，凡此豈非皆腎所主之水以化乎？夫氣者，水所生，液者，氣所化，血又為液所化，精復為血所化，然皆不離乎氣，所謂本於陰而化於陽也。所謂君相二火主藥者，此也。人身唯水火二氣為主，而水火之所以能體物而不遺者，土也。然土稟成數，先藉於水火之生氣，在人身病於水，不能致其用於火者多矣。如此味乃治夫火，不能致其用於水者也。能致其火於水，是即土德行矣。抑所謂致火於水者，其義若何？曰：夫水火既濟，類知水能制火之亢，而未究於火能攝水之濫也，水濫則土德不行矣。益智子主君相二火，却效用於水，即蘇東坡《益智子記》言其治水，而顧微《廣州記》云含之能攝涎穢，且云二月連花著實，五六月方熟，其子如小棗，核黑皮白，是豈非顯水之用於子者，其氣固稟於火，而功乃先於水乎？蓋人身君火，火宅水於內，相火火攝水於外，不意茲物有合焉者，以故秉真陽之氣，而攝真陰，就是能分清濁，即能留其陰之清化，其陰之濁，一氣自然具足。有如是者，以為土德發育之先焉。故方書多用之治遺精濁證，原不以收斂為功也。繆氏揣其似，而曰收斂，誤也。方書用之療心胃，並腹冷痛，及寒喘者，此由陽攝陰以化，不以退陰為功也。瀕湖謂其行陽退陰，亦幾肖其貌耳。方書於脹滿積聚脾痺脇痛疝證用之，此以陽攝陰，陰歸陽和，非以開發鬱結為功也。如劉河間所云開發鬱結，使氣宣通，是衹得其氣之調而暢，未能明其所以調暢者也。惟明於火為體，水為用，能合以歸土，而水火之體物，還藉於土，然後知火之無或亢，水之無或濫者，乃得中土氣化不匱，中土氣化不匱，乃得水火二氣合化不息矣。此生數為成之始，成數為生之終，造化玄機，鍾於一物，而不遺者，得如是耳。故方書用於悸證健忘者，火之體也。用於遺精濁證，盜汗下血，泄瀉小水數者，水之用也。即海藏所云益脾胃，益元氣，不外此也。其用於脹滿積聚，鬲噎脾痺，脇痛等證，是中土大暢水火之用也。即東垣所云和中益氣，藏器所云利三焦，調諸氣者也。《難經》曰：三焦者，水穀之道路，氣之所終始，是中土原於水火也。《內經》曰：真氣者，與穀氣并而充身，是水火藉於中土也。知此，則陰陽之不合及偏勝者，當精究而無容貿貿以為施治矣。即此味所治諸證，必審其屬陽虛而不能攝陰者，乃為的對。若患於陰虛而不能歸陽者，茲味投之，適足以滋害也已。為其具病之治，正相反也。夫海藏禁其多用，猶屬宜用者，況其鹵莽而投之，誤乎。臨病之工，可不審諸？

附方　心虛尿滑，及赤白二濁，益智子仁、白茯苓、白朮，等分為末，每服三錢，白湯調下。　小便頻數，脬氣不足也。雷州益智子鹽炒，去鹽，天台烏藥，等分為末，酒煮山藥粉，為糊丸如梧子大，每服七十丸，空心鹽湯下，名縮泉丸。　小便赤濁，益智子仁、茯神各二兩，遠志、甘草，水煮，各半斤，為末，酒糊丸梧子大，空心，薑湯下五十丸。　腹脹忽泄，日夜不止，諸藥不效，此氣脫也。用益智子仁二兩，濃煎飲之，立愈。　嵩曰益智仁主君相二火不足，溫脾腎虛寒。又辛入肺而調氣，有母子相關之義。故主益氣安神，補不足，利三焦，是補元氣虛寒，心火相火之不足也。若心經與三焦火動者，用之反耗元氣。主遺精虛漏，小便餘瀝，是益腎之虛寒也。若腎經相火動，而致遺瀝等候，禁用之。主和中益氣而多唾，屬寒者亦治之，是治脾中寒邪也。而脾家有溼熱痰火，又不當用。至能調諸氣，是辛以散肺經之寒氣。而肺熱者，又禁之。本母子相關之義，心腎脾肺，胥為治之，然用之適病，乃得當也。

希雍曰：益智其氣芳香，性本溫熱，證患燥熱，病人有火者，皆當忌之。故凡嘔吐由於熱，而不因於寒氣，逆由於怒，而不由於虛，小便餘瀝由於水涸精虧內熱，而不由於腎氣虛寒，泄瀉由於溼火暴注，而不出於氣虛腸滑，法並忌之。

修治　去殼，炒，臨用研。

清·郭章宜《本草匯》卷一〇　益智　味辛，氣溫，可升可降，陽也。入手足少陰、足太陰經。安心神，止嘔噦。調諸氣于三焦，固遺精，縮小便。夜多便者，取二十四枚，搗碎，入鹽煎服，奇驗。療虛寒于水脹，開散鬱氣，善止吞酸。

按：益智專功補火，能使鬱結宣通，行陽退陰，通心脾子母藏之藥也。三焦命門氣弱者宜之。主君相二火不足，溫脾腎虛寒。又辛入肺而調氣，有子母相關之義。脾者，肺之母也。脾胃之寒邪去，而肺氣自調，肺氣調，而滋水之化元，腎氣自益矣。楊士瀛云：心者，脾之母。進食，不止于和脾，火能生土，當使心藥入脾藥中，庶幾相得。古人進食多用益智，為其土中益火也。諸辛香劑多耗神氣，惟此能益氣安神。然亦不可多服，與諸香藥同用則入肺，與滋補藥則入腎，與補氣藥則入脾。如血燥多火，及因熱而遺濁，脾家有濕熱痰火，心經與三焦火動者，俱禁服。治虛寒之症，當于補藥內兼用之，勿多服。如小便頻數，脬氣不足也。鹽水炒過，同烏藥等分，酒煮山藥糊丸，空

心鹽湯下，名縮泉丸，奇效。

產嶺南州郡。去殼，鹽水炒，研用。

清·蔣居祉《本草擇要綱目·熱性藥品》 益智仁 氣味：辛，溫，無毒。

主治：客寒犯胃，和中益氣。補腎虛滑瀝，三焦命門氣弱者宜之。蓋心者，脾之母，欲使食化，不必專于和脾，火能生土，當使心藥入脾胃藥中，益智仁能于土中益火也。然雖脾經本藥，在集香丸則入肺，在四君湯則入脾，在大鳳髓丹則入腎，三臟各有子母相顧之義，蓋隨所引而相補一臟也。

清·閔鉞《本草詳節》卷二 益智仁 【略】按：益智仁香燥而收斂，非專於開通者也。古人進食藥中，用於土中益火，在集香丸則入肺，在四君子湯則入脾，在大鳳髓丹則入腎，三臟互有子母相關之義。多服亦耗神氣。

清·王翃《握靈本草》卷三 益智仁生嶺南州郡。皮白核小者佳。去殼，鹽水炒。

主治：益智仁 辛，溫，無毒。主遺精虛漏，小便餘瀝，益氣安神，調諸氣。又治客寒犯胃，益脾胃。

清·汪昂《本草備要》卷二 益智子燥脾腎，補心腎。 辛，熱。本脾藥，兼入心腎。主君相二火，補心氣、命門、三焦之不足，心爲脾母，補火故能生土。能澀精固氣，《本草》未載。又能開發鬱結，使氣宣通，味辛能散。溫中進食，攝涎唾，胃冷則涎湧。縮小便。腎與膀胱相表裏，益智辛溫固腎。鹽水炒，同烏藥等分，酒煮，山藥糊丸，鹽湯下，名縮泉丸。治嘔吐泄瀉，客寒犯胃，冷氣腹痛，崩帶泄精。澀精固氣。因熱而崩濁者禁用。

出嶺南。形如棗核，用仁。

清·吳楚《寶命真詮》卷三 益智仁 【略】溫中和脾，進食止渴，攝涎唾，縮小便，安養心神，止女人崩帶。辛能開散，使鬱結宣通。行陽退陰之藥也。心者，脾之母，火能生土，故古人進食，必先益智，土中益火也。〇血燥有熱，及因熱而遺濁者，不可悮用。

清·陳士鐸《本草新編》卷三 益智 味辛，氣溫，無毒，入肺、脾、腎三經。能補君、相二火，和中焦胃氣，逐寒邪，禁遺精遺溺，止嘔噦，攝涎唾，調諸氣，以安三焦。夜多小便，加鹽服之最效，但不可多用，恐動君相之火也。然能善用之，則取效甚捷。大約入于補脾之內則健脾，入于補肝之內則益肝，入于補腎之中則滋腎也。

清·顧靖遠《顧氏醫鏡》卷七 益智仁辛，熱。入脾胃二經。鹽水炒，研。溫中進食，古人進食，必先益智，為其於土中益火故耳。益脾補腎。芳香歸脾，辛能溫腎。攝涎唾，脾為涎，腎為唾，補益二藏，則脾能統攝，腎能納氣歸元，不致泛濫上溢矣。縮小便。小便頻數淋瀝，因於腎氣不固，須佐補腎藥用。功專補火，非脾腎虛寒者，大忌。

清·李熙和《醫經允中》卷二〇 益智仁 入心脾腎三經。去殼，鹽水炒。

辛，溫，無毒。主治和中氣，逐脾胃寒邪，禁遺泄及小便餘瀝，止嘔噦而攝痰涎，安三焦以調諸氣，健脾暖腎，安神益智，行陽退陰之藥，三焦氣弱者宜之。勿多服。

清·馮兆張《馮氏錦囊秘錄·雜症痘疹藥性主治合參》卷一 益智得火土金之氣，故味辛，氣溫，無毒。入足太陰、足少陰經。辛所以散結，溫所以通行，芳香所以入脾，亦能入腎者，辛以潤之，故也。其稟火土與金，故燥而收斂，以為斂攝滑精，浮涎逆氣遺溺及溫中開胃進食之需，於開通結滯之中，復有收斂之義。然陰虛燥熱者戒之。

益智，主君相二火，入脾肺腎經。和中氣，散脾胃寒邪，禁遺精，縮小便遺溺，止嘔噦而攝涎唾，調諸氣以安三焦。夜多小便，入鹽煎服立效。古人進食多用益智，以能溫中開胃也。又能斂攝脾腎之氣逆者，藏納歸源，更為脾腎虛而且寒之要藥也。

按：益智行陽退陰，通心脾子母之藥。三焦命門氣弱者及心虛脾弱者宜之。心者脾之母，故進食不止於和脾，蓋使心藥入脾藥中，土中益火，火能生土也。若血燥多火及因熱而遺濁，三焦火動者禁之。

清·张璐《本經逢原》卷二 益智子 辛，溫，無毒。去殼，鹽水炒用。

發明：益智行陽退陰，三焦命門氣弱者宜之。脾主智，此物能益脾胃，理元氣，補腎虛滑精，胃虛多唾，女人崩漏。治心氣不足，夢泄，夜多小便，及冷氣腹痛，於土中益火也。《集驗方》縮泉丸治脬氣不足，方用益智子鹽炒，去鹽，與烏藥等分為末，酒煮山藥粉為糊，丸如梧子大，空心鹽湯下七十丸。丹方治夜多小便，取二十四枚入鹽同煎，服之有驗。按：益智功專補火，如血燥有火，濕熱暴注及因熱而遺濁，色黃乾結者，不可誤用也。

清·浦士貞《夕庵讀本草快編》卷二 益智仁宋《開寶》 子瞻云：海南產益智，花、實、穗分為三節，以候早、中、晚禾之豐凶，其名因此。益智大辛，行陽退陰之品，入脾暢氣之藥。能通君相，兼理三焦，惟命門氣弱者宜之。故在集香丸則入肺，在四君子則入脾，在鳳髓丹則入腎，且三經互為子母，便于取効。而楊士瀛又謂心者脾之母，古人進食藥中多用之，以其能于

土中益火也。李瀕湖又云：脾主智，此藥善能輔土，故曰益也。大凡心腎不足，遺精便瀝，崩中胎漏，以及勞傷心系而吐血者，用之立効。

清・劉漢基《藥性通考》卷六 益智子 味辛，熱。本脾藥，兼入心、腎。主君相二火，補心氣、命門、三焦之不足。心為脾母，補火故能生土，能濇精固氣，又能開發鬱結，使氣宣通，溫中進食。攝涎唾，胃冷則涎湧。縮小便，治嘔吐泄瀉，客寒犯胃，冷氣腹痛，崩帶泄精。出嶺南。形如棗核，用仁。

清・姚球《本草經解要》卷一 益智子 氣溫，味辛，無毒。主遺精虛漏，小便餘瀝，益氣安神；補不足，利三焦，調諸氣。夜多小便者，取二十四枚，碎，入鹽同煎服，有奇驗。鹽水炒。 益智氣溫，稟天春和之木氣，入足厥陰肝經。味辛無毒，得地西方之金味，入手太陰肺經。氣味俱升，陽也。其主遺精虛漏者，氣溫益肝，肝氣固，則不遺洩也。其主小便餘瀝者，味辛益肺，肺主氣，氣能收攝膀胱，稟氣化而行，所以膀胱亦固也。辛益肺，肺主氣，所以益氣，氣足則神安，故又安神。補不足者，辛溫之品，補肝肺陽氣之不足也。三焦者，相火之府。辛溫益陽，故利三焦。肺主氣，味辛潤肺，所以調諸氣，小便氣化乃出，益智固氣，所以小便多者煎服有效。 製方：益智同烏藥、山藥丸，名縮泉丸，治小便頻數。同白茯、白术末，治赤白濁。同遠志、茯神、甘草丸，治赤濁。同人參、白茯、半夏、陳皮、車前，治濕痰上泛。同藿香、蘇子、陳皮、木瓜、枇杷葉，治氣上逆。同五味、山萸、人參，治淋瀝。同人參、炮薑、陳皮、藿香，治胃寒嘔吐。

清・周垣綜《頤生秘旨》卷八 益智子 益脾腎虛寒之藥也。君相二火不足，則脾腎虛寒矣，用之為當。又入肺而調氣，有子母相關之義。

清・王子接《得宜本草・中品藥》 益智仁 味辛。入足太陰經。功專止遺濁，縮小便。得烏藥治小便頻數。

清・黃元御《玉楸藥解》卷一 益智仁 味辛，氣溫。入足太陰脾、足陽明胃經。和中調氣，燥濕溫寒，遺精與淋濁俱療，吐血與崩漏兼醫。凡男子遺精淋濁，女子帶下崩漏，皆水寒土濕，肝脾鬱陷之故，總之木鬱亦生下熱，而熱究不在脾胃，庸工謂其相火之旺，胡說極矣。其脾胃上逆，則病吐血，往往紫黑成碗，終損性命。益智仁溫燥濕寒，運行鬱結，戊己旋轉，金水升降，故治諸證。然非泄水補火，培土養中之藥，未能獨奏奇功。去殼，炒研，消食亦良。

清・吳儀洛《本草從新》卷一 益智子〔燥脾胃，補心氣、命門。〕辛，熱。本脾藥，兼入心、腎。主君相二火，補心氣、命門之不足，能澀精固氣，又能開發鬱結，使氣宣通，溫中進食，攝唾涎，胃冷則涎痛。縮小便。腎與膀胱相表裏，益智辛溫固腎。鹽水炒，同烏藥等分，酒煮山藥糊丸，鹽湯下，名縮泉丸。治客寒犯胃，令氣腹痛，嘔吐泄瀉，泄精崩帶。血燥有熱，因熱而崩帶遺濁者不可誤入也。出嶺南，形如棗核。取仁，鹽水炒。

清・汪紱《醫林纂要探源》卷二 益智子 辛，熱。叢生，大葉，抽莖作花，子如棗核，取仁用。補肝腎命門，溫脾胃，開鬱結。去腹中積寒滯濕，功用似茴香。然辛熱之品，或謂能濇精固氣，蓋未必也。

清・嚴潔等《得配本草》卷二 益智仁 辛，溫。入足太陰經氣分。能於土中益火，兼治下焦虛寒。開鬱散結，溫中進食，攝唾涎，縮小便。治冷氣腹痛，嘔吐泄瀉，及心氣不足，泄精崩帶。得茯神、遠志、甘草，治赤濁。配烏藥、山藥，治溲數。配厚朴、薑、棗，治白濁腹滿。同山藥，補脾胃。鹽拌炒，去鹽研用，或鹽水炒亦可。 怪症：腹脹多時，忽瀉不止，諸藥不效，此氣脫也。用益智仁二兩，煎濃汁服之，立愈。

題清・徐大椿《藥性切用》卷三 益智仁 性味辛溫，入脾而兼入心命。開心益智，能通君相補火，攝涎，縮小便。鹽水炒用。泄瀉遺濁有熱者，均忌。

清・黃宮繡《本草求真》卷四 益智溫胃逐冷，溫腎縮泉。 益智耑入脾胃，兼入腎。氣味辛熱，功耑燥脾溫胃，及斂脾腎氣逆，藏納歸源。氣逆因寒而起，故以益志散寒為斂，非收斂之斂也。故又號為補心補命之劑，是以胃冷而見涎唾，則用此以收攝。涎唾由於胃冷，收攝亦是溫胃，不當作甘補收斂看。脾虛而見不食，脾虛亦是脾寒，不食不可作中空宜補看。則用此溫理。只是散寒逐冷。腎氣不溫而見小便不縮，則用此鹽炒，與烏藥等分為末，酒煮山藥粉為丸，鹽湯下，名縮泉丸以投。以溫為縮。與夫心腎不足而見夢遺崩帶，則用此以為秘精固氣。以溫為固，非以收濇為固也。若因熱成氣虛而見崩濁、夢遺等症者，則非所宜。今人不審寒熱虛實，妄用益智固精，昧甚。此雖類於縮砂密，同為溫胃，但縮砂密多有快滯之功，此則止有逐冷之力，不可不分別而審用耳！出嶺南，形如棗核者，鹽炒用。

清・楊璿《傷寒溫疫條辨》卷六熱劑類 益智子鹽炒。 味辛，氣溫。入

心、腎。主君相二火，以補脾胃之不足。治遺精崩漏瀉泄，小便餘瀝。同烏藥酒煮，山藥丸，名縮泉丸。開鬱散寒，建中攝涎。合六君子湯。按：益智辛溫，善逐脾胃之寒邪，而土得所勝，則腎水無冷尅之虞矣。

清・羅國綱《羅氏會約醫鏡》卷一六草部　益智仁味辛，性溫，入心、脾、腎三經。去殼，鹽水炒，研碎用。主君相二火，如三焦、命門陽氣衰弱者皆宜。溫中進食，土中益火。攝涎唾。治泄瀉、嘔吐、腹痛，屬胃冷者宜之。縮小便，止遺精崩帶，溫腎之功。開鬱散結辛也。按：益智仁其性行多補少，須兼補劑用之，若獨用，則散氣。

清・黃凱鈞《藥籠小品》　益智仁　辛，溫，治脾陽鬱滯，冷氣腹痛，又能使氣宣通，溫中進食，攝涎縮小便。血燥有熱不宜用。出嶺南，取仁炒。

清・王龍《本草纂要稿・草部》　益智仁　氣味辛溫。和中氣，去脾胃寒邪。禁遺精，節小便遺溺。止嘔噦而攝涎唾，除諸氣以安三焦。入鹽煎治夜多小便，主君相火。入脾、胃、腎經。

清・張德裕《本草正義》卷上　益智仁　苦辛，熱。調諸氣，溫腎氣，縮小便，止遺精夢洩，赤白帶濁。客寒犯胃，心腹痛疼。行有餘而補不足，悮服散氣傷陰。

清・楊時泰《本草述鉤元》卷八　益智子　脾主智，是物益脾，故與龍眼同名益智。本出崑崙國及交阯，今嶺南州郡亦有之。二月花連着實，五六月方熟，核黑皮白，含之能攝涎穢，或四破去核，取外皮，蜜煮為粽，味極辛美，即名益智粽。

仁味苦而辛，氣溫而香。入足太陰、少陰經。主治安神，療心氣不足，益元氣，利三焦，治夢洩赤濁，腎虛滑瀝，及夜多小便，益脾胃和中，調諸氣，療客寒犯胃，冷氣腹痛，多唾。此由陽攝陰以化，不以退陰為功。方書治健忘悸，遺精，泄瀉，下血盜汗，喘噎，脹滿積聚，脾痹心痛及胃脘脇痛疝。在集香丸則入肺，在四君子湯則入脾，在大鳳髓丹則入腎，當於補藥中兼用之，勿多服海藏。其氣辛熱，能開發鬱結，使氣宣通河間。益智大辛，三焦、命門氣弱者宜之瀕湖。主君相二火不足，溫脾腎虛寒，又辛入肺而調氣，有母子相關之義，其主益氣安神利三焦，是補元氣虛寒，心火相火之不足也嵩。心者脾之母，火能生土，故進食不止於和脾，古人進食藥中多用益智，土中益火也士瀛。其稟火土與金，性燥而斂攝，所治遺精虛漏便數，多腎氣不固之證。又腎主五液，涎乃脾之所統，脾腎氣虛，二藏失職，故氣逆上浮，涎穢上溢。此味於開結滯之中，即能斂攝脾腎之氣，故著功若此瀕湖。佐人參、茯苓、半夏、陳皮、車前子，攝涎穢立效。同藿香、蘇子、陳皮、枇杷葉、木瓜，止逆氣上壅。同五味、山萸、人參炒鹽，治小便頻數淋瀝。同人參、乾薑、陳皮、藿香，治因寒犯胃嘔吐。心虛尿滑及赤白二濁，益智仁、白茯苓、白朮等分，為末，每服三錢，白湯調下。小便頻數，脬氣不足也，鹽炒益智、天台烏藥等分，為末，酒煮山藥糊丸，如梧子大，每服七十丸，空心鹽湯下，名縮泉丸。小便赤濁，益智仁、茯神各二兩，遠志、甘草水煮半兩，為末，酒糊丸梧子大，空心薑湯下五十丸。腹脹忽泄，日夜不止，諸藥不效，此氣脫也，用益智仁二兩，濃煎飲之立愈。

論：益智之味，苦勝於辛，不似草豆蔻輩辛多苦，就心火而並腎治者，腎為君火對化也。胞之脈屬心而絡於胞中，又手厥陰包絡為小心相火之原，故主君火而即兼相火。其為脾藥者，火乃土母，香能入脾也。益土何以反多治水？上而涎唾，下而便數遺瀝精漏血失。蓋氣者水所生，液者氣所化，血又為液所化，精復為血所化，然皆不離乎氣，所謂本於陰而化於陽也。人之一身唯水火二氣為主，而水火之所以體物不遺者土也。《難經》曰：三焦者，水穀之道路，氣之所終始，是中土原於水火也。《內經》曰：真氣者，與穀氣并而充身，是水火藉於中土也。知此則陰陽之不合及陰陽之偏勝者，當精究而無容賀賀以施治矣。大凡水不能致其用於火，為病固多；而火不能致其用於水，病亦不少。益智乃治夫火不能致其用於水者，能致其火於水，是即土德行矣。水能制火之亢，火更能攝水之濫，水濫則土德不行。觀其自二月連花着實，五六月方熟，是氣固稟於火也。而核黑皮白，特顯其水之用於仁。氣固稟於火，而功乃成於水。蓋緣人身君火，火宅水於內；相火，火攝水於外。以真陽之氣而攝真陰，茲物有合焉者。秉真陽以攝真陰，即能留其陰之清，化其陰之濁，此就是能分清濁，故其治濁，原非以收斂為功。繆氏收斂之說但揣其似。且以陽攝陰，陰歸陽和，所以脹滿積聚諸治，亦非以開發鬱結取效。河間宣通鬱結之說，但得其氣之調而暢，猶未悉其所以調暢也。惟明於火為體，水為用，能合以歸土，而水火之體物還藉於土，然後知火之無或亢，水之無或濫者，乃得中土氣化不匱，土化不匱，乃得水火二氣合化不息焉。此生數為成之始，成數為生之終，造化元機鍾於一物而不遺者。是以方書用治悸證健忘，火之體也。用治濁遺盜汗下血泄瀉，水之用也。用治脹滿

積聚膈噎脾痹脇痛，是土中大暢水火之用，即東垣所云和中益氣，藏器所云利三焦調諸氣者也。總之，病屬陽虚而不能攝陰，選用益智，乃為的對。若陰虚不能歸陽，投此適以滋害矣。

凡心經與三焦火動者，用之反耗元氣，或脾家有濕熱痰火并肺熱者，均禁嵩。性本溫熱，凡嘔吐由於熱，氣逆由於怒，小便餘瀝由於水虧精涸，內熱泄瀉由於濕火暴注者，切忌仲淳。

修治：去殼，或炒或煨，臨用研。

清・葉桂《本草再新》卷一 益智仁味辛，性溫，無毒。入心、脾、腎三經。溫中進食，補腎扶脾，攝涎唾，縮小便，安心神，止遺濁。

清・吳其濬《植物名實圖考》卷二五 益智子 詳《南方草木狀》。《開寶本草》始著錄。今廬山亦有之。盧循遺劉裕益智粽，粽即醬類，非角黍也。段玉裁辨之極精核，可以訂訛。

清・趙其光《本草求原》卷二芳草部 益智仁 溫而香，達肝以開脾鬱；辛散肺寒，開結而潤下；苦益心火以堅腎。無毒。主遺精虚漏，溫能固，苦能堅。小便頻數，餘瀝，肺寒不收，則注節失司。鹽炒，同台烏、山藥糊丸；或同鹽炒山萸、人參、五味，鹽湯下。尿滑白濁，同茯神末，白湯下；赤濁，加遠志，酒糊丸，薑湯下；腹滿，加厚朴，薑。益氣安神，肺暖則氣生，氣溫神亦定。補不足，治手足三陰之陽氣不足。利三焦，調諸氣，君相火足，則三焦無滯，真氣與穀氣並充周身。凡脹滿積聚膈噎，痞痹脇痛等症皆除。攝涎唾，胃腎冷，則火溢化陰之濁，留陰之清，全賴火以攝水。同參、陳、苓、半，車前立效。止氣逆，同藿、蘇子、枇杷、橘皮、木瓜。胃冷吐瀉，同參、薑、藿、橘。冷氣腹痛，火足則土生，氣宣則滯化。血崩，為末，米飲入鹽下。漏胎下血，同砂仁為末，白湯下。功能攝水健脾，故名益智，脾主智也。同甘草研，舐之，去口臭。

去殼炒，或鹽水炒，研用。原出交趾，今嶺南多有，形如棗核。君相火衰，忽泄不止。濃煎飲。

清・文晟《新編六書》卷六《藥性摘錄》 益智 辛，熱。功耑燥脾，溫胃逐冷，及斂脾腎氣逆，藏納歸源。治胃冷涎唾，脾虚不食，腎氣不溫，而見小便不禁，夢遺崩帶等症。○若因熱盛氣虚，而見崩濁夢遺等症，則非所宜。○去殼，鹽水炒用。○砂仁能快滯，此則只能逐冷。

清・張仁錫《藥性蒙求・草部》 益智仁一錢、五分 益智辛溫，補心益氣。遺溺遺精，溫中進食。本脾經藥，入心腎經。主君相二火，補心氣，命門之不足。能濇精固氣，攝唾涎。○形如棗核，取仁，研，鹽水炒。

清・戴葆元《本草綱目易知錄》卷一 益智仁 辛，熱。本脾藥，兼入心腎。主君相二火，補心氣，命門，三焦之不足。能濇精固氣，又能開發鬱結，使氣宣通，溫中進食。攝涎唾，縮小便，益脾胃，理元氣。治客寒犯胃，冷氣腹痛，腎虚滑瀝，遺精虚漏，心氣不足，夢洩赤濁，熱傷心系，吐血血崩。但大辛熱之性，少加脾肺腎三經補藥中，大有子母相關之義。若脈實有邪火者忌。夜多小便者，同鹽煎服，奇效。

清・黃光霽《本草衍句》 益智仁辛，溫。 本為脾藥，兼入腎經。開發鬱結，固氣濇精。能補命門三焦，陽行陰退。專主君相二火，母益子生。心為脾母，土中益火，火能生土也。故進食藥中多用之也。斂攝脾腎，滑瀝帶崩。大寒犯胃而多吐，脾主統攝痰涎，腎主吐。小便餘溺而頻行。功耑遺濁，縮小便。得烏藥治小便頻數。

清・陳其瑞《本草撮要》卷一 益智仁 味辛，熱，入足太陰經，功專止遺濁，縮小便。得烏藥治小便頻數。因熱而崩濁者禁用。

清・李桂庭《藥性詩解》 賦得益智安神。得神字。田春芳。 欲覓安神藥，何如益智仁。通心原益智，補命即安神。按：益智本是腎、脾、命三經主藥，兼以入心。性辛熱，補心氣、命門之不足，能濇精固氣，開發鬱結，宣通氣分。血燥有熱者不可輕用。

智本溫通脾，緣何謂益神。祇因辛熱厚，豈使怔忡存。余立此課，本欲引二三子早至佳境，深明藥性，用劑不謬，他日出時，拯民疾苦，一治一效，一病一愈，庶不負八方老幼之望，非敢謂好吟而設也。況余素屬苦吟，不善詩古，茲以教授諸生，敢不勉誨人不倦之心矣。因作未能認准何經，故再吟詠一首，以中人經之正。

蓬莪朮

宋・唐慎微《證類本草》卷九草部中品〔宋・馬志《開寶本草》〕 蓬莪茂味苦、辛，溫，無毒。主心腹痛，中惡疰忤鬼氣，霍亂冷氣，吐酸水，解毒，食飲不消，酒研服之。又療婦人血氣，丈夫奔豘。生西戎及廣南諸州。子似乾椹，葉似蘘荷，茂在根下並生。一好一惡，惡者有毒。西戎人取之，先放羊食，羊不食者棄之。今附。

〔宋・掌禹錫《嘉祐本草》〕按：陳藏器云：一名蓬莪，黑色；二名蒁，黄色；三名波殺，味甘，有大毒。《藥性論》云：蓬莪茂，亦可單用。能治女子血氣心痛，破痃癖冷氣，以酒、醋摩服，效。日華子云：得酒、醋良。治一切氣，開胃消食，通月經，消瘀血，止撲損痛下血，及内損惡血等。此即是南中薑黄根也。

〔宋・蘇頌《本草圖經》〕曰：蓬莪茂，生西戎及廣南諸州，今江浙或有之。三月生苗，在田野中。其莖如錢大，高二三尺。葉青白色，長一二尺，大五寸已來，頗類蘘荷。五月有花作穗，黄色，頭微紫。根如生薑，而茂在根下，似雞鴨卵，大小不常。九月採，削去麄皮，蒸熟暴乾用。此物極堅硬難擣，治用時，熱灰火中煨令透熟，乘熱入臼中，擣之即碎如粉。古方不見用者。今醫家治積聚諸氣，爲最要之藥。與京三稜同用之良，婦人藥中亦多使。

〔宋・唐慎微《證類本草》〕雷公云：凡使，於砂盆中用醋磨令盡，然後於火畔吸令乾，重篩過用。《十全博救方》：治小兒氣候止疼。蓬莪茂炮，候熱擣爲末，用一大錢，熱酒調下。孫用和：正元散，治氣不接，續氣短，兼治滑泄及小便數，王丞相服之有驗。蓬莪茂一兩，金鈴子去核一兩，右件爲末，更入鵬砂一錢，煉過研細。都和匀，每服二錢，鹽湯或溫酒調下，空心服。

宋・江少虞《宋朝事實類苑》卷六一 嶺南青薑，根下如合捧，其旁附而生者狀如薑，往往大於手，南人取其中者乾之，名蓬莪术，北人乃呼為蓬莪茂，字書亦無茂字，名之為术乃是。土人病泄痢者，取青薑磨酒煮服之，多愈，蓋蓬莪术和氣耳。

宋・鄭樵《通志》卷七五《昆蟲草木略》 蓬莪茂，似薑黄而不黄。

宋・劉明之《圖經本草藥性總論》卷上 蓬莪茂 味苦、辛，溫，無毒。主心腹痛，中惡疰忤鬼氣，霍亂冷氣，吐酸水，解毒，婦人血氣，丈夫奔豚。《藥性論》云：可單用，治女子血氣心痛，破痃癖冷氣。日華子云：得酒、醋良。治一切氣，開胃消食，通月經，消瘀血，止撲損痛，下血及内損惡血。一云：積聚為最要之藥，與三稜同之良。

元・王好古《湯液本草》卷四 蓬莪茂 氣温，味苦、辛，無毒。《象》云：治心膈痛，飲食不消，破痃癖氣最良。炮用。《本草》云：治婦人血氣，丈夫賁豚；治心腹痛，中惡，疰忤，鬼氣，霍亂冷氣，吐酸水；解毒，飲食不消。酒研服。《液》云：色黑，破氣中之血，入氣藥發諸香。雖為泄劑，亦能益氣，故孫用和治氣短不能接續，所以大小七香丸、集香丸散及湯内，多用此也。

元・朱震亨《本草衍義補遺・新增補》 廣（茂）〔茂〕 氣溫，味辛，平。主心膈痛，飲食不消。破痃癖氣最良。止痛，醋炒用。

元・徐彦純《本草發揮》卷二 蓬莪茂 海藏云：蓬莪茂，其色黑，破氣中之血，入氣藥中發諸香。雖為泄劑，亦能益氣，故孫用和治氣短不能續。所以大小七香丸，集香丸散及湯中多用此也。

明・王綸《本草集要》卷三 蓬莪茂 味苦辛，氣溫，無毒。火炮，醋炒用。得酒、醋良。主心腹痛，中惡疰忤鬼氣，霍亂冷氣，飲食不消，酒研服之。又療婦人血氣痛，破痃癖氣最良。通月經，消瘀血，治積聚諸氣為最要藥。婦人藥中多用。色黑屬血，破氣中之血，入氣藥能發諸香。

明・滕弘《神農本經會通》卷一 蓬莪茂 火炮，醋炒用。得酒、醋良。茂在根下，九月採，削去粗皮，黑色。味苦、辛，氣溫，無毒。東云：療心疼，破積聚。《走》云：治心腹疼痛，及快氣，通婦人血氣，治冷氣，宿食，奔豚。

《本經》云：主心腹痛，中惡疰忤，鬼氣，霍亂，冷氣，吐酸水，解毒，食飲不消，酒研服之。又療婦人血氣，丈夫奔豘。《藥性論》云：亦可單用，治女子血氣心痛，破痃癖冷氣，以酒醋摩服効。日華子云：得酒、醋良。治一切氣，開胃消食，通月經，消瘀血，止撲損痛，下血，及内損惡血等。《圖經》云：治積聚諸氣為最要之藥。與京三稜同用之良。婦人藥中亦多使。象云：治心膈痛，飲食不消，破痃癖氣最良。炮用。丹溪云：止痛，醋炒用。餘同。《液》云：色黑，破氣中之血，入氣藥能發諸香。雖為泄劑，亦能益氣，故孫用和治氣短不能接續。所以大小乳香丸、集香丸散及湯内多此也。《局》云：治心脾痛，理内傷。

明・劉文泰《本草品彙精要》卷一二 蓬莪茂無毒。 叢生。

蓬莪茂：主心腹痛，中惡疰忤鬼氣，霍亂，冷氣，吐酸水，解毒，食飲不消，酒研服之。又療婦人血氣，丈夫奔豚。名醫所錄。

〔名〕蓬莪、蒁、波殺。

〔苗〕《圖經》曰：春生田野，其莖如錢大，高二三尺，葉青白色，長一二尺，大五寸以來，頗類蘘荷。五月有花作穗，黄色，頭微紫，子似乾椹，根如生薑而茂在根下，似雞鴨卵，大小不常，並生一好一惡，惡者有毒。西戎人取時先放羊食，羊食者用之，羊不食者則棄之。陳藏器云：黑色者爲蓬莪，黄色者爲蒁，味甘有大毒者爲波殺也。

〔地〕《圖經》曰：生廣南諸州，今江浙亦

有之。〖道地〗西戎。〖時〗生：三月生苗。採：九月取根。〖收〗暴乾。〖用〗根堅實者爲好。〖質〗類芋。〖色〗黑黃。〖味〗苦，辛。〖性〗溫，泄，散。〖氣〗氣厚味薄，陽中之陰。〖臭〗香。〖主〗破積聚，消瘀血。〖助〗得酒醋良。〖製〗《圖經》曰：削去粗皮，蒸熟，暴乾用。此物極堅硬，難搗，治用時熱灰火中煨，令透熟，乘熱入臼中搗之，即碎如粉。《雷公》云：凡使，于砂盆中用醋磨令盡，然後於火畔吸令乾，重篩過用之。〖治〗療：日華子云：除一切氣，開胃消食，通月經及內損惡血。〖合治〗合酒醋磨服，治女子血氣，心痛，破痃癖，冷氣。

明・俞弁《續醫說》卷一〇　青薑　青薑順氣，化痰化癖，復於氣血功侔造化，雖十兩半夏、南星，抵不得青薑一兩。余攷《本草》俱不載。後閲江少虞《皇朝類苑》云：嶺南青薑，根下如合捧，其附旁而生者狀如薑，往往如大芋，南人取其中者乾之，名為术，土人病瀉痢者，用青薑磨酒服之多愈，蓋取其有和氣之功耳。王碩《易簡方》云：蓬莪术功能破癥消癖，其性猛烈，不宜常服。然今之所用者，乃紅蒲根耳。性雖相近，而功力實不同。真者如廣蓬术之狀，青黃黑色者為佳。如無真青薑，以老薑黃代之可也。

明・葉文齡《醫學統旨》卷八　蓬莪茂　氣溫，味苦、辛。無毒。火炮醋炒用，得酒醋良。　治心腹痛，中惡疰忤鬼氣，霍亂冷氣，飲食不消；婦人血氣痛，痃癖氣最良；通月經，消瘀血積聚，婦人藥中多用；破氣中之血，入氣藥能發諸香，治諸氣為最要藥也。

明・許希周《藥性粗評》卷一　氣短而促，术妙蓬莪。

蓬莪术，一名蓬莪茂。日華子云：南中薑黃根也。三月生苗，莖如錢大，高一二三尺，葉青白色，長一二尺，大可五寸許，頗類蘘荷，五月開花作穗，黃色，頭微紫，根如生薑而茂，在根下似雞鴨卵，大小不常，或二枚並生，一好一惡，西戎人取之並試，羊不食者有毒，棄之。生西戎及廣南諸州田野，今江浙亦有之。九月採茂，削去麁皮，蒸熟暴乾。此物極硬難搗，凡用熱灰中煨熟，乘熱入臼擣之，或沙盆中用醋磨令盡，然後置火邊炙，吸令乾如粉，重篩過用；或醋煮，剉，焙乾亦可。三稜為之輔，得酒醋良。所使并所畏惡，《本草》不載。味苦、辛，性溫，無毒。主治心腹冷痛，痃癖積塊，霍亂奔豚，飲食不消，婦人血氣不調，益氣開胃，通經散血，平撲損。海藏云：破氣中之血，入氣藥中發諸香。雖為泄劑，亦能益氣，故孫用和治氣短不能續。所以大小七香丸、集香丸散及湯中多用此也。

單方：經閉不通：酒磨溫服。氣短不續：以一兩，同金鈴子去核一兩，入煉過硼砂一錢，同研為細末，每服二錢，空心鹽湯或溫酒調下，日三四次，愈。

明・鄭寧《藥性要略大全》卷五　蒁藥　陳藏器云：味苦，性溫。色白。主惡氣疰忤心痛，血氣結聚。薑黃色黃，味辛，性溫，無毒。破血下氣，溫而不寒。鬱金色赤，味苦，性寒。主治馬熱病。三物相似而所用不同。蘇恭云不能分別三物。七潭云：據三物氣色、性味，分明三種。陳氏之言是也。

蓬莪术　療心疼，破積聚，消瘀血，通月經，破癥瘕，寧腹痛。伊訓云：治女人血氣痛，丈夫奔豚氣痛，霍亂冷氣，吐酸水。能破氣中之血，能益氣，開胃消食，治積聚。治諸氣為最要之藥。《十書》云：治心膈痛。雖破氣而又能益氣，故治短氣不能接續者用之。今大小七香丸、集香丸散及湯內多用此。

明・陳嘉謨《本草蒙筌》卷三　蓬莪茂　味苦、辛，氣溫。無毒。多產廣南諸州，或生江浙田野。子如乾椹，葉似蘘荷。莖錢大略高，根類薑成塊。茂生根底相對，似卵大小不常。九月採收，依前炮製。色黑屬在血分，氣中之血。專敺破痃癖，止心疼，通月經，消瘀血。治霍亂積聚，理惡疰邪傷。入氣藥仍發諸香，在女科真為要劑。丸求速効，摩酒單嘗。

明・方穀《本草纂要》卷二　蓬朮　味苦、辛，氣溫，無毒。氣中血藥也。主霍亂冷氣、心腹攻痛，積聚痞塊，每發無時；又破痃癖，通月水，消瘀血，開結氣，治氣中之血也。大抵此劑爲破氣血之藥。其性猛（勵）〔厲〕，虛人禁用，恐傷元氣。製宜醋炒。

明・王文潔《太乙仙製本草藥性大全》卷二《本草精義》　蓬莪茂　蓬莪茂生西戎及廣南諸州，今江浙或有之。二月生苗在田野中，其莖如錢大，高二三尺，葉青白色，長一二尺，大五寸已來，頗類蘘荷，五月有花作穗，黃色，頭微紫，根如生薑而茂，在根下似鷄鴨卵，大小不常，九月採，削去麁皮，蒸熟，曝乾用。此物極堅硬，難搗，治用時熱灰火中煨令透熟，乘熱入臼中搗之即碎如粉。古方不見用者，今醫家治積聚諸氣爲最要之藥，與京三稜同用之良，婦人藥中亦多使。

明・王文潔《太乙仙製本草藥性大全》卷二《仙製藥性》　蓬莪茂　味苦、辛，氣溫，無毒。主治：理丈夫之奔豘，治女人之血氣。色黑屬在血

分，氣中之血專敺。破痃癖，破癥瘕而止心疼，通月經，消瘀血而寧腹痛。治霍亂、積聚，理惡疰邪傷。吐酸益氣，開胃消食。入氣藥仍發諸香，在女科真爲要劑。凡求速效，摩酒單嘗。補註：治小兒氣候止疼，以火炮熟，爲末，用一錢，熱酒調下。〇正元散治氣不接續氣短，兼治滑泄及小便〔數〕，王丞相服之有驗。用蓬莪茂一兩，金鈴子去核一兩，同爲末，更入鵬砂一錢，煉過研細末，和勻，每服二錢，鹽湯或溫酒調下，空心服。太乙曰：凡使於砂盆中用醋磨令盡，然後於火畔吸令乾，重篩過用。

明·皇甫嵩《本草發明》卷二 蓬莪茂氣溫，味苦、辛，無毒。名蓬术。發明曰：蓬术黑色，屬血分，以其辛溫，破氣中之血藥也。故《本草》主心腹痛，中惡疰忤鬼氣，霍亂冷氣，吐酸水，治一切氣，開胃消食，賁豚痃癖積聚，通月信，血氣心痛，消瘀血，止撲損痛下血。今治積聚諸氣為要藥，女科中多用之。〇入氣藥仍發諸香，雖為泄劑，亦能益氣。孫用和治氣短不接續，大小七香丸、集香丸，散湯藥多用此。必氣不續者用之則可，若肺虚短氣不可用。〇凡求速效，摩酒單嘗，酒研服尤可。如三稜炮製入劑，功用頗同。

明·李時珍《本草綱目》卷一四草部·芳草類 蓬莪茂音述。宋《開寶》。

【釋名】蒁藥 【集解】志曰：蓬莪茂生西戎及廣南諸州。葉似蘘荷，子似乾椹，茂在根下並生，一好一惡，惡者有毒。西人取之，先放羊食，羊不食者棄之。藏器曰：一名蓬莪，黑色；二名蒁，黃色；三名波殺，味甘有大毒。大明曰：即南中薑黃根也。海南生者名蓬莪茂。頌曰：今江浙或有之。三月生苗。在田野中。其莖如錢大，高二三尺。葉青白色，長一二尺，大五寸以來，頗類蘘荷。五月有花作穗，黃色，頭微紫。根如生薑，而茂在根下，似鷄鴨卵，大小不常。九月採，削去粗皮，蒸熟暴乾用。 根 【修治】斅曰：凡使，於砂盆中以醋磨令盡，然後於火畔熁乾，重篩過用。頌曰：此物極堅硬，難擣治，用時熱灰火中煨令透，乘熱擣之，即碎如粉。時珍曰：今人多以醋炒或煮熟入藥，取其引入血分也。

【氣味】苦、辛，温，無毒。大明曰：得酒醋良。 【主治】心腹痛，中惡疰忤鬼氣，霍亂冷氣，吐酸水，解毒，食飲不消，酒研服之。又療婦人血氣結積，丈夫奔豚《開寶》。破痃癖冷氣，以酒醋磨服甄權。治一切氣，開胃消食，通月經，消瘀血，止撲損痛下血，及內損惡血大明。通肝經聚血好古。

【發明】頌曰：蓬莪茂，古方不見用者。今醫家治積聚諸氣，爲最要之藥。與荆三稜同用之良，婦人藥中亦多使。好古曰：蓬莪色黑，破氣中之血，入氣藥發諸香。雖爲泄劑，亦能益氣，故孫尚藥用治氣短不能接續，及大小七香丸、集香丸、諸湯散多用此也。又爲肝經血分藥。時珍曰：鬱金入心，專治血分之病；薑黃入脾，兼治血中之氣；蒁入肝，治氣中之血，稍爲不同。按王執中《資生經》云：執中久患心脾疼，服醒脾藥反服。用耆域所載蓬莪茂麵裹炮熟研末，以水與酒醋煎服，立愈。蓋此藥能破氣中之血也。

【附方】舊一，新七。 一切冷氣：搶心切痛，發即欲死。久患心腹痛時發者，此可絶根。蓬莪茂二兩醋煮，木香一兩煨，爲末。每服半錢，淡醋湯下。《衛生家寶方》。 小腸臟氣：非時痛不可忍。蓬莪茂研末，空心葱酒服一錢。楊子建《護命方》。 婦人血氣：游走作痛，及腰痛。蓬莪茂、乾漆二兩，爲末，酒服二錢。腰痛核桃酒下。《普濟方》。 小兒盤腸：内釣痛。以莪茂半兩。用阿魏一錢化水浸一日夜，焙研。每服一字，紫蘇湯下。《保幼大全》。 小兒氣痛：蓬莪茂炮熟爲末。熱酒服一大錢。《十全博救方》。 上氣喘急：蓬莪茂五錢，酒一盞半，煎八分服。《保生方》。 氣短不接：正元散：治氣不接續，兼治滑泄，及小便熱，王丞相服之有驗。用蓬莪茂一兩，金鈴子去核一兩，爲末。入蓬砂一錢，煉過研細。每服二錢。温酒或鹽湯空心服。孫用和《秘寶方》。 初生吐乳：不止。蓬莪茂少許，鹽一緑豆，以乳一合，煎三五沸，去滓，入牛黄兩粟大，服之甚效也。《保幼大全》。 渾身燎泡：方見荆三稜。

題明·薛己《本草約言》卷二《藥性本草》 莪术 味辛、甘，氣溫，無毒。陽中之陰，可升可降。消心腹之聚瘕，破諸氣之固結。既為治氣之需，又破氣中之血。入足陽明經。與三稜功用大率相同，但破血中氣、氣中血為少異耳。二味欲先入血則醋炒，欲先入氣則火炮用之。〇色黑屬血分，以其辛溫，破氣中之血藥也。今治積聚諸氣為要藥，女科中多用之。入氣藥仍發諸香，雖為泄劑，亦能益氣。故孫用和治氣短不接續，大小七香丸、集香丸，散及湯内多用此。然必氣不續者用之可，若肺虚短氣不可用。亦治小兒食積。

明·梅得春《藥性會元》卷上 蓬莪术 味苦、辛，氣溫。無毒。一云有小毒。 主治心疼中惡，疰忤鬼氣，霍亂冷氣，吐酸水，解毒，飲食不消，寧心脾腹痛，婦人血氣痛，療痃癖氣，通月經，消瘀血積聚，女人藥中多用之。能破氣中之血。入氣藥，能發諸香。治諸氣為最要之劑。孕婦忌之，以其能破血墮胎也。 凡使，火炮，切，醋炒用，因得醋良。

明·杜文燮《藥鑒》卷二 莪术 氣溫，味苦、辛，無毒。主心膈腹痛，飲食不消，除霍亂冷氣，止嘔吐酸水。又破痃癖及婦人血氣，男子奔豚。黑者屬血，故其色黑者，破氣中之血。大都若能泄實，辛能散積，此稜、术二劑，氣味皆苦辛，用之者中病即已，不可過服，以損真元。若用於破氣藥中，必須用補氣藥為主。用於破血藥中，必須用補血藥為主。用於消食藥中，必須用補

脾藥為主。此其大法也。

明・李中立《本草原始》卷二　蓬莪茂　始生西戎及廣南諸州，今江浙或有之。三月生苗在田野中，其莖如錢大，高二三尺。葉青白色，長一二尺，大五寸已來，頗類蘘荷。五月有花作穗，黃色，頭微紫，根如生薑而茂在根下，似雞鴨卵，大小不常。九月採，削去麄皮，蒸熟暴乾用。一名述藥，俗呼蓬术，亦呼莪术。茂音述。　氣味：　苦、辛，溫，無毒。　主治：　心痛腹痛，中惡疰忤鬼氣，霍亂冷氣，吐酸水，解毒，飲食不消，酒研服之。又療婦人血氣，丈夫奔豚。○破痃癖冷氣，以酒醋磨服。○治一切氣，開胃消食，通月經，消瘀血，止損折痛下血，及內損惡血。○通肝經聚血。　得醋良。　蓬莪茂，宋《開寶》。【圖略】九月採根。　修治：　以醋炒，或煮熟用。取其引入血分也。頌曰：　此物堅硬難擣治，用時熱灰火中煨令透，乘熱擣之，即碎如粉。　《保幼大全》：　治初生小兒吐乳不止，蓬莪茂少許，鹽一綠豆大，以乳一合，煎三五沸，去滓，入牛黃兩粟大，服之甚效也。

明・張懋辰《本草便》卷一　蓬莪茂　味苦、辛，氣溫，無毒。　主心腹痛，霍亂冷氣，通月經，消瘀血，治積聚諸氣爲最要藥。并破氣中之血。

明・李中梓《藥性解》卷三　蓬莪茂　味苦、辛，性溫，無毒，入肺、脾二經，開胃消食，破積聚，行瘀血，療心疼，除腹痛。利月經，主奔豘，定霍亂，下小兒食積。　按：　蓬莪茂與三稜相似，故經絡亦同，但氣中血藥為少異爾。性亦猛厲，但能開氣，不能益氣，虛人禁之，乃大便謂氣短不能續者亦宜用之，過矣。即大小七香丸，集香丸，都用以理氣，豈用以補氣乎？欲其先入血則醋炒，欲其先入氣則火炮，三稜亦然。

明・繆希雍《本草經疏》卷九　蓬莪茂　味苦、辛，溫，無毒。主心腹痛，中惡疰忤鬼氣，霍亂冷氣，吐酸水，解毒，食飲不消，酒磨服之。又療婦人血氣，丈夫奔豘。

【疏】蓬莪茂感夏末秋初之氣，而得土金之味，故其味苦辛，其氣溫而無毒。陽中陰，降也。入足厥陰肝經氣分，能破氣中之血。入氣藥發諸香。主積聚諸氣，為最要之藥。與京三稜同用之，良。心腹痛者，非血氣不得調和，即是邪客中焦所致。中惡疰忤鬼氣，皆由氣不調和，臟腑壅滯，陰陽乖隔，則疫癘、疰忤、鬼氣得以憑之。茂氣香烈，能調氣通竅，竅利則邪無所容而散矣。解毒之義亦同乎是。其主霍亂，冷氣，吐酸水，乃飲食不消，皆行氣之功也，故多用酒磨。又療婦人血氣結積，丈夫奔豘，入肝破血行氣故也，多用醋磨。鬱金入心亦入肝，專主血分，亦散肝鬱。茂與三稜專能行氣破積，薑黃行氣破血，入脾為多。　【主治參互】得人參、橘皮、縮砂蜜、京三稜、肉豆蔻、青皮、麥蘖、穀蘖、木香，消一切飲食停滯積聚及小兒癥癖，甚良。　楊子建《護命方》治一切冷氣衝心切痛，發即欲死，久患心腹痛時發者，蓬莪茂醋煮二兩，木香煨一兩，為末，淡醋湯下半錢。　《普濟方》治婦人血氣遊走作痛及腰痛，茂同乾漆等分，為末，酒服二錢。腰痛，核桃酒下。　《保幼大全》治小兒盤腸內釣痛。以茂半兩，用阿魏一錢，化水浸週時，焙研。紫蘇湯下一字。　《十全普救方》治小兒氣痛，以茂炮熟為末，熱酒服一錢。　《保幼大全》治初生吐乳下止，用茂少許，鹽二釐，乳一合，煎二五沸，去滓，入牛黃二釐，服之甚效。　《危氏得效方》治渾身燎泡，每箇出水，有靨一片，如指甲大，其泡復生，抽盡肌肉，即不可治。用茂同三稜，各五錢，為末，分三服，酒調連進，愈。　【簡誤】蓬莪茂行氣破血散結，是其功能之所長。若夫婦人、小兒氣血兩虛，脾胃素弱，而無積滯者用之，反能損真氣，使食愈不消而脾胃益弱。即有血氣凝結，飲食積滯。亦當與健脾開胃，補益元氣藥同用，乃無損耳。

明・倪朱謨《本草彙言》卷二　蓬莪朮　味苦辛，氣溫，無毒。陽中之陰，降也。入足厥陰肝經氣分藥也。　蘇氏曰：　蓬莪朮，生西戎及廣南諸郡州，今浙江亦或有之。三月生苗，在田野中。其莖如錢大，高二三尺，葉色青白，長一二尺，大五六寸，頗類蘘荷，五月黃花作穗，花頭微紫，根如生薑，而朮在根下，狀如雞鴨卵，大小不常。九月采削，去粗皮，蒸熟曬乾用。此物極堅硬難搗，用濕紙包裹，于灰火中煨令透，乘熱搗之，即碎如粉。今人多以醋炒、酒炒，亦良。好惡并生，惡者有毒，能殺人。好者無毒，能攻疾。土人取之，先放羊食，不食棄之。○陳氏藏器云：　一名蓬莪，黑色；二名蒁，黃色。三名波殺，味甘，有大毒也。

蓬莪朮：　行氣破血，日華爲血中氣藥也。楊小江稿特破血中之氣，入氣藥，發諸香，主諸氣諸血積聚，爲最要之品。若心腹攻痛，痞積氣塊而每發無時；若胃脘作疼，牽引背脅而痛難展側；若吞酸吐酸，刺心如醋而胸膈不清；若停食停飲，霍亂吐瀉而驀然暴作；若奔豚、疝瘕，攻疰小腹而挺痛勿安；若盤腸內釣，肚腹絞痛而面色青黑。凡病食、飲、氣、血、痰、火停結

而不運，或邪客中下二焦，藏府壅滯，陰陽乖隔，不得升降；或鬱久不通而致損脾元者，雖爲泄劑，用此頃能撥邪反正，諸疾自平，通胃行食，故本草稱爲益氣健脾，良有以也。又《孫氏方》治氣短不能接續，以集香丸及諸湯散中多用之，使結通滯行，陰陽和平，則短抑而不接續之氣自順矣。但行氣破血散結消滯，是其功能之所長。若婦人小兒，氣血兩虛，脾胃素弱，而無積滯者，不可妄投。即有血氣凝結，飲食積滯，亦當與健脾養胃、補益元氣藥同用，方無虛虛之失。

集方：《衛生方》治胃脘及心腹攻痛，連及背脅，痛不可忍。用蓬莪朮二兩，醋煮，木香一兩，牽牛初次末五錢，蔞仁霜五錢，共和勻，每服三錢，白湯調服。時發者可絕根。〇馬氏《小品》治霍亂吐利欲死。用蓬莪朮、藿香、滑石、檳榔、厚朴、葱頭，水煎冷服。〇《丹溪心法》治吞酸吐酸。用蓬莪朮一兩，川黄連五錢，吳茱萸五錢，同煮，去吳茱萸，水煎服。〇郎一安方治奔豚疝瘕。用蓬莪朮、肉桂、小茴香各等分，爲末服。〇《備急方》治盤腸内釣，面目仰視。用蓬莪朮、硼砂、鈎藤、膽星、石菖蒲各等分，水煎服。〇《濟陰良方》治婦女血瘕，痞塊攻作。用蓬莪朮一兩，乾漆五錢，共爲末，紅麴打稀糊，丸綠豆大，每早服五分。〇《保幼全書》治一切飲食停滯積聚及小兒癥癖。用蓬莪朮、陳皮、人參、砂仁、京三稜、肉豆蔻、青皮、麥芽、穀芽、木香。〇《保幼全書》治小兒盤腸内釣痛。以蓬莪朮五錢，阿魏一錢，化水浸蓬莪朮過時，焙乾研末，每用二分，紫蘇湯下。〇《萬病回春》治痢疾初起，裏急後重腹痛，膿血窘迫。壯盛人一劑尋愈。用莪朮煨一錢五分，生地、赤芍藥、歸尾、檳榔、枳殼、牽牛微炒搗碎，黄連、大黄各二錢，水煎，空心溫服，以利爲度。如見上證，虛弱人不便驟行者，以化積藥清之。用莪朮煨一錢，白芍藥、黄芩、黄連各一錢五分，升麻八分，檳榔、木香、當歸、枳殼各一錢二分。〇《方脉正宗》治下痢稍久，宜調和也。用莪朮煨五分，當歸、白芍藥、桃仁、川芎、黄連、黄芩各一錢二分，升麻六分，水煎服。人虛者，加人參、黄耆各二錢，白茯苓一錢。小便不通，加澤瀉、車前子各一錢。

明・顧逢柏《分部本草妙用》卷一肝部・溫瀉　蓬莪茂　苦、辛，溫，無毒。酒醋炒。　主治：心腹痛，婦人血氣結積，丈夫奔豚，消食，通經，去瘀血，破氣中之血。　按：蓬莪茂，性甚猛峻，虛人禁之。但能消積聚諸氣，為要藥耳。都用以理氣，不用以補氣也。

明・李中梓《醫宗必讀・本草徵要上》　蓬莪蒁味甘、甘、辛，溫，無毒。酒炒。　積聚作痛，中惡鬼疰。婦人血氣，丈夫奔豚。氣不調和，臟腑壅滯，陰陽垂隔，鬼厲憑之。蓬蒁利氣達竅，則邪無所容矣。按：蓬蒁誠為磨積之藥，但虛人得之，積不去而真已竭，重可虞也。或與健脾補元之藥同用，乃無損耳。

明・鄭二陽《仁壽堂藥鏡》卷一〇下　蓬莪茂　《本草》云：蓬莪茂生西戎及廣南諸州。根下並生一好一惡。惡者有毒。西戎人取之，先放羊食。羊不食者棄之。黑色者佳。泡過，醋炒用。　氣溫，味苦、辛。無毒。《象》云：治心膈痛，飲食不消。破痃癖氣最良。炮用。《本草》云：治婦人血氣，丈夫賁豚。治心腹痛，中惡疰忤鬼氣，霍亂冷氣，吐酸水，解毒，飲食不消。酒研服。《液》云：色黑，破氣中之血。入氣藥，發諸香。雖為泄劑，亦能益氣。故孫用和治氣短不能接續，所以大小七香丸、集香丸散及湯内多用。　按：蓬莪茂性甚猛峻，虛人禁之。乃《大全》謂氣短不能續者用之，過矣！即大小七香丸、集香丸，都用以理氣，豈用以補氣乎？

明・蔣儀《藥鏡》卷一溫部　蓬莪茂　破氣中之血，而導結積停經。療心腹之疼，而定奔㹠霍亂。先入血，因醋炒。先入氣，以火炮。性猛活像三稜，補藥同行兩便。

明・李中梓《頤生微論》卷三　蓬莪蒁　味苦、辛，性溫，無毒。酒浸煨透，切片炒。主積聚氣凝，心腹疼痛，消食通經。按：蓬莪蒁峻猛之性，誠為磨積之藥。但虛人服之，積不去而真已竭，重可虞也。每見世俗治積塊，旦暮用之，反成痼疾。元氣虛者，須與參朮同行，乃無損耳。

明・張景岳《景岳全書》卷四八《本草正》　蓬朮一名蓬莪茂。　味苦、辛，氣溫，有小毒。走肝經。善破氣中之血，通月經，消瘀血，療跌撲損傷血滯作痛。在中焦攻飲食氣滯不消，胃寒吐酸膨脹。在下焦攻奔豚痃癖，冷氣積聚，氣腫水腫。製宜或酒或醋炒用，或入灰火中煨熟，搗切亦可。但其性剛氣峻，非有堅頑之積不宜用。

明・賈九如《藥品化義》卷二血藥　蓬朮　屬陽，體堅而肥，色紫云黑非，氣和，味微辛，性溫而烈，能升能降，力破氣中之血，性氣薄而味厚，入肝經。

蓬朮色紫入肝，屬血分，以其味辛性烈，專攻氣中之血，主破積削堅，有星移電閃之能，去積聚癖塊，經閉血瘀，撲損疼痛，與三稜功用頗同，亦勿過服。

以醋炒用，又名莪术。

明・盧之頤《本草乘雅半偈》帙一〇　蓬莪茂宋《開寶》　氣味：苦、辛，溫，無毒。主治：主心腹痛，中惡，疰忤，鬼氣，霍亂，冷氣，吐酸水，解毒，食飲不消，酒研服之。又療婦人血氣結積，丈夫奔豚。

覈曰：生西戎、廣南諸州，江浙或有之。三月生苗，在田野間。莖如錢大，高二三尺。葉色青白，長一二尺，大五六寸，頗類蘘荷。五月黃花作穗，花頭微紫。根如生薑，而茂在根下，狀如雞鴨卵，大小不一。好惡並生，惡者有毒，西〔戎〕人取之，先放羊食，不食者，棄之。陳藏器云：一名蓬莪，黑色；二名蒁，黃色；三名波殺，味甘有大毒也。修事：九月采茂，削去粗皮，蒸熟暴乾，臨用時，于沙盆中醋磨令盡，然後火畔熇乾，重篩過用。

条曰：蓬莪茂，惡草荄也。根形如卵，好惡並生，惡者大毒殺人，好者毒藥攻疾。諧聲逢我戌，若逢君之惡，取戈自持，擊傷以滅之也。氣味辛溫，對待冷惡疰鬼為因，變遷種種形證，非此入破，未易剪除耳。好者尤稱毒藥，不得輕下毒手。

明・李中梓《本草通玄》卷上　蓬莪蒁　苦辛而溫，專走肝家。破積聚惡血，疏痰食作痛。李時珍云：鬱金入心，專司血病；薑黃入脾，治血中之氣；蓬蒁入肝，治氣中之血，稍為不同。多用醋炒，引入血分。

清・顧元交《本草彙箋》卷二　蓬莪茂　蓬莪茂利氣達竅，故爲磨積之藥，脾虛所禁。

茂，即蒁也。此物極堅，治時於熱灰火中煨透，乘熱擣之，即碎如粉。今人多以醋炒，或煮熟入藥，取其引入血分。

清・穆石匏《本草洞詮》卷八　蓬莪茂　一名蒁藥。苦辛溫，無毒。入足厥陰經。治一切氣，開胃進食，治心腹痛，中惡疰忤鬼氣，霍亂冷氣，吐酸水，療婦人血結，丈夫奔豚。凡治積聚諸氣，為最要之藥。雖為泄劑，亦能益氣，故孫尚藥用治氣短不能接續，七香丸、集香丸，諸湯散多用之。

清・劉雲密《本草述》卷八下　蓬莪茂音述。一名廣茂。　覈曰：生西戎、廣南諸州，江浙或有之。三月生苗，在田野間，莖如錢大，高二三尺，葉色青白，長一二尺，大五六寸，頗類蘘荷，五月黃花作穗，花頭微紫，根如生薑而茂，在根下狀如雞鴨卵，大小不等，九月采茂。

根：氣味：苦、辛，溫，無毒。主治：一切氣日華子。破痃癖冷氣甄權。丈夫奔豚，並霍亂冷氣，吐酸水，或心腹痛《開寶》。通肝經聚血好古。療婦人血氣結實甄權。通月經。止撲損痛下血，及內損惡血日華子。頌曰：蓬莪茂，古方不見用者。今醫家治積聚諸氣，為最要之藥，與荊三稜同用之良。婦人藥中亦多使。好古曰：蓬莪色黑，屬血，破氣中之血，入氣藥發諸香。雖為泄劑，亦能益氣，故孫尚藥用治氣短不能接續，及大小七香丸、集香丸，諸湯散多用此也。又為肝經血分藥。時珍曰：鬱金入心，專治血分之病。薑黃入脾，兼治血中之氣。蒁入肝，治氣中之血。稍為不同。按王執中《資生經》云：執中久患心脾疼脹，醒脾藥反脹，用耆域所載蓬莪茂，麫裹炮熟，研末，以水與酒醋煎服，立愈。蓋此藥能破氣中之血也。希雍曰：蓬莪茂感夏末秋初之氣，而得土金之味，故其味苦辛，其氣溫而無毒，陽中陰，降也，入足厥陰肝經氣分，能破氣中之血，主積聚諸氣為最要之藥。《本草》所謂心腹痛者，非血氣不得調和，即是邪客中焦，即中惡毒氣之為病，亦因臟腑壅滯，陰陽乖隔，以致外邪乘之。茂氣香烈，能調氣通竅，竅利則邪無所容而散矣。其主霍亂冷氣，吐酸水，及飲食不消，皆行氣之功也。故多用酒磨。又療婦人血氣結積，丈夫奔豚，入肝破血行氣故也。多用醋磨。

得人參、橘皮、縮砂密、荊三稜、肉豆蔻、青皮、麥蘖、穀蘖、木香，消一切飲食停滯積聚，及小兒癥癖甚良。

附方　一切冷氣搶心切痛，發即欲死，久患心腹痛，時發者，蓬莪茂醋煮二兩，木香煨一兩，為末，淡醋湯下半錢。婦人血氣遊走作痛，及腰痛，茂同乾漆等分，為末，酒服二錢。腰痛，核桃酒下。

愚按：蓬莪茂之味苦辛，是泄而散也。其氣復溫而通行，故主治積聚諸氣。乃先哲有謂其益氣者，蓋因其破氣中之血故也。夫血泣於氣中，則氣不能通，此味入氣藥，發諸香為能疏陽氣，以達於陰血，陰血達而氣乃益暢，如療痃癖冷氣，丈夫奔豚等疾，可想見其功用，非真有補益之能也。即所云治氣短不能接續者，亦是此義。但較他破血之劑有異，不可不察也。

希雍曰：蓬莪茂行氣，破血，散結，是其所長，若氣血兩虛，脾胃素弱，而無積滯者用之，反能損真氣，使食愈不消，而脾胃益弱。即有血氣凝結，飲食積滯，亦當與健脾開胃，補益元氣藥同用，乃無損耳。

修治　陳醋煮熟，剉，焙乾，或火炮，醋炒，得酒、醋良。

清·郭章宜《本草匯》卷一〇　蓬莪蒁　苦、辛，氣溫，陽中之陰，降也。入足厥陰氣分，又入手足太陰、足陽明經。消心腹之聚瘕，破諸氣之固結。既為治氣之需，又破氣中之血。入足陽明經，與三稜功用大率相同。但破血中氣，氣中血為少異耳。小腸疝氣非時痛，結積奔豚撲損宜。通月經，治瘀血，疏痰食，療喘急。《開寶》治中惡鬼疰者，由氣不調和，臟腑壅滯，陰陽乖隔，則疫癘鬼氣得以憑之也。莪蒁氣烈，能利氣通竅，竅利則邪氣無所容而散矣。

按：　莪蒁感夏末秋初之氣，而得土金之味，能破氣中之血，其性峻猛，誠為磨積之要藥。但虛人得之，積不去而真已竭，重可虞也。或與健脾補元之藥同行，乃無損耳。李時珍云：　鬱金入心，專司血病。薑黄入脾，兼治血中之氣。蓬蒁入肝，治氣中之血。稍為不同。若氣血兩虛，脾胃素弱，而無積滯者，不可用也。《本草》謂氣短亦宜用之，恐非。

產廣南，江浙亦有。極堅難擣，須熱灰火中煨令透，乘熱擣之，即碎如粉。得酒、醋良。或以醋磨盡，火乾用亦可。若欲先入血，則醋炒。欲先入氣，則火炮用之。

清·蔣居祉《本草擇要綱目·溫性藥品》　莪术酒、醋浸過，麵包煨熟用良。

氣味：　辛，溫，無毒。其色黑，能破氣中之血，入氣藥中，發諸香。主治：　雖為泄劑，亦能益氣，所以大小七香丸、集香丸散，皆因之以治氣短不相接續也。

清·蔣居祉《本草擇要綱目·熱性藥品》　蓬莪茂凡使於砂盆中，以醋磨令盡，然後于火畔熇乾，重篩過用。此物極堅硬，難擣治。用時熱灰火中煨令透，乘熱擣之，即碎如粉。今人多以醋炒，或煮熟入藥，取其引入血分也。　氣味：　苦、辛，溫，無毒。

主治：　心腹痛，中惡霍亂冷氣，吐酸水，解毒，食飲不消，酒研服之。又療婦人血氣結積，丈夫奔豚，破痃癖冷氣，以酒醋磨服。治一切氣，開胃消食，通月經，消瘀血。止撲損痛下血及内損惡血，通肝經聚血。

清·王翃《握靈本草》卷三　蓬莪茂生海南。南人亦謂之薑黄，浙江亦有之。以麪裹，炮熟用，或以醋煮，或以酒、醋磨服。　主治：　蓬莪茂，苦、辛，溫，無毒。主心腹痛，婦人血瘕，丈夫奔豚，肝經聚血。

清·汪昂《本草備要》卷二　莪蒁音述。瀉，破血，行氣，消積。　辛、苦，氣溫。入肝經血分。破氣中之血，能通肝經聚血。消瘀通經，開胃化食，解毒止痛。治心腹諸痛，冷氣吐酸，奔豚痃癖。酒、醋磨服。痃，音賢，小腹積。痃癖多見于男子，癥瘕多見于婦人。莪蒁香烈，行氣通竅，同三稜用，治積聚諸氣良。按：　五積：　心積曰伏梁，起臍上至心下；　肝積曰肥氣，在左脇；　肺積曰息賁，在右脇；　脾積曰痞氣，在胃脘右側；　腎積曰奔豚，在小腹上至心下。治之不宜耑用下藥，恐損真氣，宜于破血行氣藥中加補脾胃藥。氣旺方能磨積，正旺則邪自消也。《經》曰：　大積大聚，其可犯也，衰其大半而止，過者死。東垣五積方，用三稜、莪蒁，皆兼人參，贊助成功。按：　治積諸藥，神麯、麥芽化穀食，萊菔化麵食，硇砂、阿魏、山查化肉食，紫蘇化魚蟹毒，葛花、枳椇消酒積，麝香消酒積、果積，牽牛、芫花、大戟行水飲，三稜、莪蒁、鱉甲消癥瘕，木香、檳榔行氣滯，礞石、蛤粉攻痰積，巴豆攻冷積，大黃、芒硝攻熱積，雄黃、膩粉攻涎積，虻蟲、水蛭攻血積。雖爲泄劑，亦能益氣。王好古曰：　故治氣短不能接續，大小七香丸、集香丸，諸湯散中多用之。　根如生薑，茂生根下，似卵不齊。堅硬難搗。灰火煨透，乘熱搗之。入氣分。或醋磨、酒磨，或煮熟用。入血分。

清·吴楚《寶命真詮》卷三　蓬莪术　【略】破積聚惡血作痛，療丈夫奔豚，中惡鬼疰。氣不調和，臟腑壅滯，陰陽乖隔，鬼厲憑之，莪术利氣達竅，則邪無所容矣。

莪术為磨積之藥，但虛人得之，積不去而真已竭，重可慮也。或與健脾補元之藥同用，乃無損耳。

清·陳士鐸《本草新編》卷三　蓬莪茂　味苦、辛，氣溫，無毒。入肝、脾二經，血分中藥也。專破氣中之血，痃癖可去，止心疼，通月經，消瘀血，治霍亂，瀉積聚，理邪氣。乃攻堅之藥，可為佐使，而不可久用。專入于氣分之中以破血，雖破血，而不傷氣也。蓬莪茂與京三稜，同是攻堅之藥，余舍三稜而取蓬莪茂者，以蓬莪茂破血，而三稜破氣也。夫血乃有形之物，破血而氣猶不傷；　氣乃無形之物，破氣而血必難復。氣不傷，易于生血。氣不復，艱于生氣耳。

或問：　蓬莪茂入于氣分之中以破血，吾疑血破而氣亦破矣。夫入氣以破血，入腎于入血以破氣乎。雖氣血俱不可傷，而血鬱于氣之中，不得不消血也。然而，消藥必傷氣血，與其消氣，不若消血，況原病于血之瘀也。蓬莪茂專消氣中之血，但破血而不破氣。血有可破而破之，氣無壅滯，無可破也，又寧破氣哉。

清·顧靖遠《顧氏醫鏡》卷七　蓬莪蒁辛、苦，溫。入肝經。或醋，或酒炒。

治積聚諸氣，療心腹作痛。其功能行氣破血，散結消積，為氣中之血藥。磨積之要藥，虛人當與健脾胃、補元氣之品同用，乃無損耳。

清·李熙和《醫經允中》卷一七 蓬莪茂 兼入肺脾胃經。酒炒用。苦、辛，溫，無毒。主治消心腹痛，婦人血氣結積，去瘀血，墮胎，破氣中之血。性甚猛峻，虛人禁之。《本草匯》云：積聚癥瘕，皆由元氣不足，不能運行所致。欲其消也，必藉脾胃氣旺，方能銷磨平復，如專用克削，貽害非淺。

清·馮兆張《馮氏錦囊秘錄·雜症痘疹藥性主治合參》卷三 蓬莪茂感夏末秋初之氣，得火金之味，故其味苦辛，其氣溫而無毒。陽中陰，降也。入足厥陰肝經氣分。能破氣中之血，故一切氣血凝結，作痛俱效。

蓬莪茂，止心疼，通月經，消瘀血。破積聚痃癖，乃氣中之血藥也。欲先入氣，火炮用之。欲先入血，則用醋炒。

按：蓬茂攻削峻猛，誠為磨積之藥。但虛人服之，積滯未退，本元日虧。兼以參、术，乃無損耳。惟元氣壯盛者，則有病病當之也。

清·张璐《本經逢原》卷二 蓬莪茂即蓬蒁。 苦、辛，溫，無毒。入肝經藥，醋炒。入心脾藥，麪裹煨熟。入四物湯調經，羊血或雞血拌炒。發明：蓬莪茂入肝破血，治婦人血氣結積痛，痰癖冷氣，跌撲損痛，下血及內損惡血，通肝經聚血，蓋此藥專破氣中之血也。按：蓬蒁誠為磨積之藥，但虛人得之，積不去，而真已竭，更可虞也。須得參、术健運，補中寓瀉，乃得力耳。

清·浦士貞《夕庵讀本草快編》卷二 蓬莪茂宋《開寶》、蒁藥 茂音蒁，生于廣，故曰廣蒁。 莪茂苦辛而溫，直入肝經，乃氣中之血藥也。夫積聚作痛，中惡鬼疰，婦人血氣，男子奔豚，飲食不化，吞酸嘔吐，並皆宜之。蓋謂氣乃血之母，氣不調和則藏府壅滯，陰陽乖隔，鬼癘憑之。但用此以利氣達竅，則邪無所容矣。按：孫尚云：雖為泄劑，亦能益氣，凡人氣短不接續者宜之。且能發達諸香之氣，故大小七香丸與集香丸通用是也。雖然，虛乏之人欲磨其積，須佐培元之藥，庶不損爾。

清·何諫《生草藥性備要》卷上 （羌）〔薑〕七 味辣，性辛。似黃（羌）〔薑〕。搥敷瘡消腫、散血止痛。虛火動，食之立效。亦能止血，理跌打。

清·劉漢基《藥性通考》卷一 蓬莪朮 味苦、辛，氣溫，無毒。入肝、脾二經，血分中藥也。耑破氣中之血，痃癖可去，止心疼，通月經，消瘀血，治霍亂，瀉積聚，理邪氣。乃攻堅之藥，可為佐使，而不可久用。耑入於氣分之中以破血，雖破血而不傷氣，與京三稜同是攻堅之藥。乃舍三稜而取蓬莪（茂）〔茂〕者，以莪（茂）〔茂〕破血，而三稜破氣也。夫血乃有形之物，破血而氣猶不傷。氣乃無形之物，破氣而血必難復。氣不傷易於生血，血不復艱於生氣爾。

清·高鼓峰《四明心法》卷二 廣茂 即莪朮。凡行氣破血，消積散結皆用之。屬足厥陰肝經氣分藥。大破氣中之血，氣血不足者，服之為禍不淺。好古言：孫尚藥用治氣短不能接續。此短字乃是胃中為積所壅，舒氣不長，似不能接續，非中氣虛短不能接續也。若不足之短而用此，寧不殺人？又言其入氣藥，能發諸香，是又能入陽明也。

清·周垣綜《頤生秘旨》卷八 蓬莪茂 破氣分之血藥也。積聚諸氣，施之為要。肺虛短氣，用之非宜。

清·王子接《得宜本草·上品藥》 蓬莪术 味苦辛。主治血氣結積。得木香療冷氣攻心，得阿魏治小兒盤腸。

清·黃元御《玉楸藥解》卷一 莪术 味苦、辛，微溫。入足厥陰肝經。破滯攻堅，化結行瘀。蒁俗作术。消癖破血塊血癥，化府藏痼冷，散跌撲停瘀，通經開閉，止痛散結。醋炒。

清·吳儀洛《本草從新》卷一 蓬莪蒁〔瀉，行氣破血，消積。〕 辛苦而溫。主一切氣，又能通肝經聚血，行氣消瘀通經，化食止痛。治心腹諸痛，冷氣吐酸，奔豚痃癖，酒、醋磨服。痃，音賢，小腹積。痃癖多見於男子，癥瘕多見於婦人。莪蒁香烈，行氣通竅，同三稜用，治積聚諸病。按：五積，心積曰伏梁，起臍上至心下；肝積曰肥氣，在左脇；肺積曰息賁，在右脇；脾積曰痞氣，在胃脘右側；腎積曰奔豚，在小腹，上衝至心下。治之不宜專用攻伐，恐損真氣。宜於破血行氣藥中加補脾胃藥，氣旺方能磨積也。《經》曰：大積大聚，其可犯也，衰其半而止，過者死。東垣五積方用三稜、莪蒁，皆兼人參贊助成功。中惡鬼疰。臟腑壅滯，陰陽乖隔，鬼癘憑之。利氣達竅，邪無所容矣。虛人服之，積未去而真已竭，兼以參、术，或庶幾耳。根如生薑，莪生根下，似卵不齊，堅硬難搗，灰水煨透，乘熱搗之入氣分，或醋磨、酒磨，或煮熟用入血分。

清·汪紱《醫林纂要探源》卷二 莪蒁 辛，苦，溫。苗葉亦似鬱金，根作卵形，三五成簇，旁多芽，色青，味苦多於辛，堅硬難破，以灰火煨透，乘熱搗之。補肝瀉脾，色青入肝，補肝氣之行而達其瘀血。味苦瀉脾，發脾土之緩而行其濕氣。功長破積。

清·嚴潔等《得配本草》卷二　蓬莪茂音述，一名蒁藥。　得醋、酒良。辛、苦，溫。入足厥陰經氣分。破氣中之血。凡氣血凝結作痛者俱效。　配木香，療冷氣攻心。使阿魏，治小兒盤腸。積邪破也。　此物極堅硬難搗，須麵裹煨透，乘熱搗之。以醋炒，或以酒炒，能引入血分。或磨用，宜合參、朮，不損元氣。　病患積塊，攻之始破其結，補之益助其邪。然攻之不得其方，致令元氣日虧，積聚愈逞，醫者每致束手。當此惟有外用散氣消積膏藥，內用補氣滋陰等劑，庶幾攻補并得其效，莪茂非可輕進也。

題清·徐大椿《藥性切用》卷三　蓬莪朮　辛苦性溫，氣中血藥，入肝散瘀行氣，消癥瘕痃癖。醋摩醋炒。烈於鬱金，虛人酌用。

清·黃宮繡《本草求真》卷八　莪朮瀉肝氣分之血。

莪朮耑入肝。辛苦氣溫，大破肝經氣分之血。蓋人血氣安和，則氣與血通，血與氣附。一有所偏，非氣盛而血礙，即血壅而氣滯。三稜氣味苦平，既於肝經血分逐氣。莪朮氣味辛溫，復於氣分逐血，故凡氣因血窒而見積痛不解，吐酸奔豚，痞癖癥瘕等症者，須當用此調治。按之應手為癥，是因傷食所得。假物成形為瘕，是因傷血所得。見於肌膚，可見為痞，是因傷氣所得。結於隱癖，不見為癖，是因積聚所得。五積，肝積曰肥氣，在左脇下形如覆杯，有頭有足，如龜鱉狀。心積曰伏梁，起於臍上，大如手臂，上至心下。脾積曰痞氣，在胃脘，覆大如盤。肺積曰息奔，在右脇下，覆如大杯。腎積曰奔豚，發於少腹，上至心下，如豚奔走之象，或上或下，亦無定時。《經》曰：大積大聚，毒可犯也，衰其大半而止，過者死。故去積，須以甘溫調養。又曰：壯者氣行則已，怯者則着而成病。潔古云：壯人無積，惟虛人則有之，故養正則邪自除。俾氣自血而順，而不致閉結不解矣！　但蓬朮雖屬磨積之味。血積宜用桃仁、山甲、乾漆、大黃、𧕊蟲、蓬朮、瓦楞子。痰積宜用半夏、南星、白朮、枳實、礞石、硝石、風化硝、白芥子、海石、蛤粉。水積宜用大戟、甘遂、蕘花、芫花。酒積宜用乾葛、神麯、砂仁、豆蔻、黃連、乾薑、甘遂、牽牛。茶積宜用薑黃、茱萸、椒薑。癖積宜用三稜、莪朮、巴霜、大黃。肉積宜用山楂、阿魏、硝石。蟲積宜用雄黃、錫灰、檳榔、雷丸、蕪荑、使君子、鶴虱。瘧積宜用桃仁、鱉甲、草菓。若虛人服之，最屬可危，須得參、朮補助為妙，大者為廣朮。頌曰：此物極堅硬難搗。灰火煨透，乘熱搗之。或醋，或酒磨，或煮熟用。

清·楊璿《傷寒溫疫條辨》卷六攻劑類　莪朮　味苦辛，性溫。開胃進食，療心腹疼，行瘀血，破積聚，利月水，除奔豘，定霍亂，下小兒食積。性亦猛厲，大能開氣，不能益氣耳。古方三稜莪朮散：治渾身燎泡如棠梨狀，每個出水，有石如片，如指甲蓋大，其泡復生，抽盡肌肉，即不可治。三稜醋炒，莪朮醋炒等分，為末，每服一兩，日三夜一，溫酒調，連進以愈為度。一方加穿山甲減半。

清·羅國綱《羅氏會約醫鏡》卷一六草部　莪蒁　味苦辛，氣溫，火炮入氣分，醋炒入血分。肝經血分藥。　善破氣中之血，能通肝經聚血。消瘀血，通月經，療撲傷滯血作痛，婦人癥瘕，男子痃癖，小腹積也。治氣滯膨脹，氣腫水腫。香烈行氣，同三稜用，治積聚諸氣。　但其性剛氣烈，非有堅頑之積不宜用，兼以參朮，乃得無損，亦須適可而止。

清·黃凱鈞《藥籠小品》　蓬莪朮　辛苦，溫，行氣消瘀，通經化積，治心腹諸痛，奔豚痃癖。虛人服之，積未去而真已耗。須兼參、朮，庶幾焉耳。

清·王龍《本草纂要稿·草部》　蓬莪朮　氣味苦辛而溫。磨脾家之積聚，驅氣中之血凝。治霍亂不寧，理邪傷惡疰。止心疼兼驅痃癖，消瘀血更調月經。色黑，屬血虛者忌之。

清·張德裕《本草正義》卷上　蓬朮一名莪朮。　苦辛，溫，有小毒。走肝經，善破氣中之血，消瘀血，通月經，除膨脹。凡一切氣腫、水腫、血積、食積、氣積，皆能攻散。或酒、或醋炒熟用。其性猛峻，非有堅頑之積，不可輕用。

清·楊時泰《本草述鉤元》卷八　蓬莪茂　一名廣茂音述。　生西戎、廣南諸州，江浙或有之。根如生薑，而茂在根下，狀如雞鴨卵，大小不等。九月采茂。

氣味苦辛溫。陽中之陰，降也。入足厥陰肝經氣分，能破氣中之血。主治一切氣，破痃癖冷氣，並霍亂冷氣，吐酸水，皆行氣之功，多用酒磨。療心腹痛，通肝經聚血，丈夫奔豚，婦人血氣結實，多用醋磨。通月經，止撲損痛下血及內損惡血諸本草。治積聚諸氣為最要之藥，與三稜同用良頌。蓬茂色黑屬血，破氣中之血，入氣藥發諸香，雖為瀉劑，亦能益氣，故又治氣短不能接續好古。鬱金入心，專治血分之病；薑黃入脾，兼治血中之氣；莪茂入肝，治氣中之血，稍為不同瀕湖。心腹痛非血氣不調，即邪客中焦，中惡毒氣之為病，先因臟腑壅滯，陰陽乖隔，以致外邪乘之。茂氣香烈，能調氣通竅，竅利則邪無所容而散矣仲淳。得三稜、人參、陳皮、砂仁、肉蔻、青皮、木香、麥芽、穀芽，消一切停食積聚，及小兒癥癖。久患心脾疼，蓬茂麪裹炮熟，研末，以水與酒、醋煎服，立效。冷氣搶心切痛，發即欲死，及久患心腹痛時發者，蓬茂醋煮二兩，木香煨一兩，為末，淡醋湯下半錢。婦人血氣走痛及腰痛，蓬

茂、乾漆等分，為末，酒服二錢。腰痛，胡桃酒下。

論：　蓬茂之味，苦泄辛散，其氣溫而通行，故主積聚諸氣。乃有謂其益氣者，因破氣中之血而然也。夫血泣於氣中，則氣為之不利，此味既入氣藥而發諸香，則能疏陽氣以達於陰血，陰血達而氣乃益暢，非真有補益之功也。即所治氣短不能接續，義亦由之。下三稜條合論同參。

繆氏云：　是物行氣破血散結，即有凝滯，亦當與健脾胃補元氣藥同用。若氣血兩虛，脾胃素弱而無積滯者，用之反損真氣。

修治：　陳醋煮熟，剉焙乾，或火炮醋炒，得酒、醋良。

清・葉桂《本草再新》卷一　蓬莪蒁味苦，性溫，無毒。入心、腎二經。　破血行氣，消瘀通經，化食止痛，治心腹諸痛，冷氣吐酸，奔豚痃癖。

清・吳其濬《植物名實圖考》卷二五　蓬莪术　《嘉祐本草》始著錄。宋《圖經》浙江或有之。頗類蘘荷，莪在根下，如鴨雞卵。今所用者即此。昔人謂鬱金、薑黃、茂术三物相近，其實性不同，形亦全別。

清・趙其光《本草求原》卷二芳草部　蓬莪术即廣茂。　色黑，氣溫，入肝經血分，味苦、辛，火金之味。香烈利竅，故入心肺，以破氣中之血。苦泄、辛散，溫則通行。無毒。主一切積聚冷氣，醋煮，調木香末服。心腹諸痛，或客邪，或中惡、鬼疰，氣血壅滯所致。炒研，酒下。霍亂，吐酸水，飲食不消，行氣之力。通經、消瘀，婦人血氣遊走作痛，同乾漆末酒下；　腰痛，核桃酒下。肝經聚血，跌撲損痛下血及內損惡血，氣短不接，是血泣氣中，血行氣自暢。同川楝、煅硼砂炒研，酒或鹽湯下，兼治尿赤滑泄。上氣喘急，酒煎。男子奔豚，痃癖，皆腎積在小腹至心下。小腸氣痛，研，葱、酒下。小兒盤腸內釣，以阿魏水化，浸一日夜，焙研，紫蘇湯下。婦人癥瘕，飲食停積，同六君、稜芽、木香、肉蔻。初生吐乳，入鹽、乳煎，和牛黃服。心脾滯痛，食醒脾藥反脹，麵包煨研，酒、醋煎。渾身燎泡如棠梨，泡破水出，內有石片。泡復生，抽盡肌肉，不可治矣。同三稜末，酒連進。

辛、溫、香、烈本走氣，因色青黑入血，故凡血結實於氣中，或氣滯而致血停，雖未至結，皆宜此從氣入以破血。但破泄太過，須君補脾胃之品，使氣旺而積乃磨。

根如生薑，术在根下，色青黑，似卵不齊，醋炒，入肝；　火煆、酒炒，入心脾；　羊血或雞血拌炒，配入四物，則調經。

清・文晟《新編六書》卷六《藥性摘錄》　莪术　辛苦而溫。大瀉肝經氣分之血。〇凡氣因血窒而見積痛不解，吐酸奔豚，痞癖癥瘕等症，宜用此調治。〇若虛人服之，最屬可危，須得參、术補助為妙。〇灰火煨透，乘熱搗之，或醋磨、酒磨，或煮熟用。

清・張仁錫《藥性蒙求・草部》　蓬莪术錢半、三錢　蓬莪术苦溫，能消積聚。行氣破瘀，通經最易。辛苦而溫。主一切氣，又能通肝經聚血，治心腹諸痛。〇灰火煨透，乘熱搗之，入氣分。或醋磨、酒磨，或煮熟入血。〇張路玉云：入肝經藥，醋炒。入心、脾藥，麪裹煨熟。入四物湯調經，羊血或雞血拌炒。

清・戴葆元《本草綱目易知錄》卷一　莪蒁蓬莪茂　苦、辛，溫。入肝經血分。破氣中之血，消瘀通經，開胃化食，解毒，食飲不消，破痃癖冷氣。治心腹諸痛，中惡鬼疰，霍亂吐酸，婦人血氣結積，丈夫奔豚，內損瘀血，撲損下血。雖為泄劑，亦能益氣，醋酒炒用。

清・黃光霽《本草衍句》　莪(茉)〔蒁〕苦、辛，溫。　通血分於肝，破氣中之血。消瘀通經，開胃化滯。止腹痛之吐酸奔豚，療女人之血積氣結。得木香療冷氣攻心，得阿魏治小兒盤腸。

清・陳其瑞《本草撮要》卷一　蓬莪蒁　味苦辛，入足厥陰經，功專破氣中之血。得木香療冷氣攻心，得阿魏治小兒盤腸痛。灰火煨透，乘熱擣之，入氣分。或醋磨酒磨，或熟用，入血分。墮胎。虛者忌服。

薑黃

宋・唐慎微《證類本草》卷九草部中品〔唐・蘇敬《唐本草》〕　薑黃　味辛、苦，大寒，無毒。主心腹結積，疰忤，下氣破血，除風熱，消癰腫。功力烈於鬱金。

〔唐・蘇敬《唐本草》〕注云：　葉、根都似鬱金。花春生於根，與苗並出，夏花爛無子。根有黃、青、白三色。其作之方法，與鬱金同爾。西戎人謂之蒁藥。其味辛、少苦，多與鬱金同，惟花生異爾。唐本先附。

〔宋・掌禹錫《嘉祐本草》〕按：　陳藏器云：　薑黃真者，是經種三年已上老薑，能生花。花在根際，一如蘘荷。根節緊硬，氣味辛辣。種薑處有之，終是難得。性熱不冷，《本經》云寒，誤也。破血下氣。西蕃亦有來者，與鬱金、蒁藥相似。如蘇所附，即是蒁藥，而非薑黃，蘇不能分別二物也。又云：　蒁，味苦，溫。主惡氣疰忤，心痛，血氣結積。蘇云薑黃是蒁，又云鬱金是胡蒁。夫如此，則三物無別，遞相連名，總稱爲蒁，功狀則合，不殊。今蒁味苦，色青；　薑黃味辛，溫，無毒，色黃，主破血下氣，溫，不寒；　鬱金味苦，寒，色赤，主馬熱病，三物不同，所用各別。日華子云：　薑黃，熱，無毒。治癥瘕血塊，癰腫，通月

經，治撲損瘀血，消腫毒，止暴風痛冷氣，下食。海南生者，即名蓬莪蒁；江南生者，即爲薑黄。

〔宋・蘇頌《本草圖經》〕曰：薑黄，舊不載所出州郡，今江、廣、蜀川多有之。葉青緑，長一二尺許，闊三四寸，有斜文如紅蕉葉而小。花紅白色，至中秋漸凋。春末方生，其花先生，次方生葉，不結實。根盤屈，黄色，類生薑而圓，有節。或云真者是經種三年以上老薑，能生花，花在根際。一如蘘荷，根節堅硬，氣味辛辣，種薑處有之。八月採根，片切暴乾。蜀人以治氣脹，及産後敗血攻心，甚驗。蠻人生噉，云可以祛邪辟惡。謹按：鬱金、薑黄、蒁藥三物相近，蘇恭不細辨，所說乃如一物。陳藏器解紛云：蒁味苦，色青；薑黄味辛，溫，色黄；鬱金味苦，寒，色赤，主馬熱病，三物不同，所用全别。又劉淵林注《吴都賦》：薑彙非一。云薑彙大如螺，氣猛近於臭，南土人擣之以爲虀菱。一名廉薑。生沙石中，薑類也。其味大辛而香，削皮以黑梅并鹽汁漬之，乃成也，始安有之。據此，廉薑亦是其類，而自是一物耳。都下近年多種薑，往往有薑黄生賣，乃是老薑。市人買生噉之。云治氣爲最。醫家治氣藥大方中，亦時用之。

〔宋・唐慎微《證類本草》〕《千金翼》：瘡癬初生，或始痛痒。以薑黄傅之，妙。《經驗後方》：治心痛。薑黄一兩，桂穰三兩爲末，醋湯下一錢匕。

宋・劉明之《圖經本草藥性總論》卷上 薑黄 味辛、苦，大寒，無毒。主心腹結積疰忤，下氣破血，除風熱，消癰腫，功力烈於鬱金。日華子云：熱，無毒。治癥瘕血塊癰腫，通月經，治撲損瘀血，消腫毒，止暴風痛冷氣，下食。海南生者，名蓬莪术。江南生者，即為薑黄。一云：治氣為最。

元・忽思慧《飲膳正要》卷三 薑黄 味辛、苦，寒，無毒。主心腹結積，下氣破血，除風熱。

元・朱震亨《本草衍義補遺》 薑黄 東垣云：味苦、甘、辛，大寒，無毒。治癥瘕血塊，癰腫，通月經，消腫毒。○薑黄，真者是經種三年已上老薑也。其主治功力，烈於欝金。又治氣為最。

元・徐彦純《本草發揮》卷二 薑黄 東垣云：味辛，大寒，無毒。治癥瘕血塊，癰腫，通月經，消腫毒。

明・王綸《本草集要》卷二 薑黄 味辛苦，氣寒。又云：溫，無毒。色黄，類生薑而圓，有節，似鬱金。云是經種三年已上老薑也。主心腹結積疰忤，下氣脹，治氣為最。破血，通月經，治撲損瘀血，産後敗血攻心，消癰腫。其主治功力烈於鬱金。

明・滕弘《神農本經會通》卷一 薑黄 葉根都似欝金，但根盤屈，類生薑而負，有節。或云：真者是經種三年以上老薑，氣味辛辣。種薑處有之。八月採根，片切，暴乾。終是難得。性熱不冷。《本經》云寒，誤也。味辛、苦，氣大寒，無毒。東云：下氣，破惡血。《疌》云：主傷損，通經。彷彿欝金，治熱風，消癰，調血破血。又云：功烈鬱金，下氣通經，除壅滯。主治癥瘕，理損消癰，止暴風。《珍》云：大寒。通月經，治癥瘕腫毒。

《本經》云：主心腹結積疰忤，下氣破血，除風熱，消癰腫，功力烈於鬱金。日華子云：薑黄，熱，無毒。治癥瘕血塊，癰腫，通月經，治撲損瘀血，消腫毒，止暴風痛冷氣，下食。《圖經》云：治氣脹，及産後敗血攻心，甚驗。又治氣為最。陳藏器云：破血下氣。西蕃亦有來者，與鬱金、蒁藥相似。其蒁味苦，濕，色青，主惡氣疰忤心痛，血氣結積。鬱金味苦，寒，色赤，主馬熱病。三物不同，所用各别。丹溪云：東垣云味苦、甘、辛，大寒，無毒。治癥瘕血塊，癥腫，通月經，消腫毒。又云：薑黄真者是經種三年已上老薑是也，其主治功力烈於鬱金。又治氣為最。劍云：薑黄烈似鬱金功，理損消癰止暴風。主治癥瘕兼下氣，月經壅滯亦能通。即《局方》薑黄烈似鬱金功，下氣消癰，通經破血。

明・劉文泰《本草品彙精要》卷一一 薑黄無毒，附蒁藥。叢生。

薑黄：主心腹結積，疰忤，下氣，破血，除風熱，消癰腫，功力烈于鬱金。名醫所錄。

〔苗〕《圖經》曰：葉長一二尺許，闊三四寸，青緑色，有斜紋，如紅蕉葉而小。花紅白色，至中秋漸凋，春末復生，其花先生，次方生葉，不結實，根盤屈，黄色，類生薑而圓，有節。或云：真者是經種三年以上老薑，能生花，花在根際，一如蘘荷，根節堅硬，氣味辛辣，種薑處有之。按鬱金、薑黄、蒁藥，三物相近，蘇恭不細辨，所說乃如一物。陳藏器《解紛》云：蒁，味苦色青；薑黄，味辛溫色黄；鬱金，味苦寒色赤，三物不同，所用全别。〔地〕《圖經》曰：舊不載所出州郡，今江廣、蜀川多有之。〔道地〕宜州、澧州。〔時〕生：春生苗。採：八月取根。〔收〕暴乾。〔用〕根。〔質〕類生薑，圓而有節。〔色〕黄。〔味〕辛、苦。〔性〕大寒。又云溫。〔氣〕氣厚味薄，陽中之陰。〔臭〕香。〔主〕散瘡瘍，消積氣。〔製〕剉碎用。〔治〕療：《圖經》曰：消氣脹及産後敗血攻心，甚驗。生啖可以祛邪辟惡。日華子云：除癥瘕血塊，癰腫，通月經，消撲損瘀血，並腫毒，止暴風痛，冷氣，下食。《唐本》注云：蒁，主惡氣，疰忤心痛，血氣結積。《别

錄》云：瘡癬初生或始痛癢，爲末傅之。〔合治〕以一兩，合桂三兩爲末，醋湯下一錢匕，療心痛。

明・葉文齡《醫學統旨》卷八　薑黄　氣寒，味辛、苦。無毒。治癥瘕血塊癰腫，通月經，消腫毒；心腹結積疰忤，下氣脹；治氣為最，撲損瘀血，産後敗血攻心。

明・許希周《藥性粗評》卷二　薑蒲兩黄，氣血癥瘕之托。

薑黄，野薑也。春末生葉，長一二尺，闊三四寸，有斜文，如芭蕉，然花紅白色，生於根上，與苗並出，不結子，至秋漸凋，其根黄色，盤屈似生薑而圓，有節。江南山谷處處有之。八月採根，片切，暴乾收貯。餘說《本草》不載。味辛、苦，性大寒，無毒。主治心腹結積，疰忤癥瘕，血塊癰疽，腫毒風熱，撲損，下氣破血，通月經。《本草》云：功力列於鬱金。

蒲黄，蒲草花也。春初生葉，未出水時茸茸然，紅白色，可作茹，至夏長五六尺，如小昌蒲葉，土人取以編席。叢葉中抽梗作花，抱梗端如棒槌然，黄色，挼之成粉。江南池澤處處有之，夏中採下，暴乾收貯。餘說《本草》不載。味甘，性平，無毒。生用主治癥瘕血塊，通經行血，消腫毒。焙熟用主治血虚崩漏，補血生血。大抵二藥功用相同。

單方：瘡癬痛痒：薑黄為末，傅之。撲損墜傷：凡遭墜撲等傷，瘀血不出，令人煩悶作斃者，蒲黄末每以三錢，空心熱酒調下，日二三次。

明・鄭寧《藥性要略大全》卷五　薑黄　《珠囊》云：下氣，破惡血積滯。〇消癰，通月水。易老云：主心腹結積疰忤，下氣破血，除風熱，消癰腫。功力劣於鬱金。日華子云：味辛辣，性熱不冷。《本經》誤言寒也。一名蒁藥。

明・陳嘉謨《本草蒙筌》卷三　薑黄　味辛，氣溫。無毒。《圖經》云：是經種三年已上老薑也。多生江廣，江西、湖廣。亦産蜀川。色比鬱金甚黄，形較鬱金稍大。論主治功力，又烈過鬱金。破血立通，下氣最捷。主心腹結氣，併疰忤積氣作膨；治産血攻心，及撲損瘀血為痛。更消癰腫，仍通月經。

謨按：鬱金、薑黄兩藥，實不同種。鬱金味苦寒，色赤，類蟬肚圓尖。薑黄味辛溫，色黄，似薑瓜圓大。鬱金最少，薑黄常多。今市家惟取多者欺人，謂原本一物，指大者為薑黄，小者為鬱金。則世間之物，俱各大小不齊，何嘗因其異形而便異其名也？此但可與不智者道爾。若果為是，則鬱金亦易得者，又何必以山茶花代耶？

明・王文潔《太乙仙製本草藥性大全》卷一《本草精義》　薑黄　薑黄舊不載所出州郡，今江廣、蜀川多有之。葉青緑，長一二尺許，闊三四寸，有斜紋，如紅蕉葉而小，花紅白色，至中秋漸凋，春末方生，其花先生，次方生葉，不結實，根盤屈，黄色，類生薑而圓，有節。或云：真者，是經種三年以上老薑，能生花，花在根際，一如蘘荷，根節堅硬，氣味辛辣，種薑處有之。八月採根，片切曝乾用。

明・王文潔《太乙仙製本草藥性大全》卷一《仙製藥性》　薑黄　味辛、苦，氣寒，又云溫，無毒。主治：破血立通，下氣最捷。主心腹結氣併疰，積氣作膨。治産血攻心及撲損瘀血爲痛，更消癰腫，仍通月經。色比鬱金甚黄，形較鬱金稍大，論主治功力又烈過鬱金。補註：瘡癬初生或始痛痒，以薑黄傳之妙。〇治心痛，薑黄一兩，桂穰三兩，爲末，醋湯下一兩匙。〇按：鬱金、薑黄兩藥實不同種，鬱金味苦寒，色赤類蟬肚圓尖；薑黄味辛溫，色黄，似薑瓜圓大。鬱金最少，薑黄常多。今市家惟取多者欺人，謂原本一物，指大者爲薑黄，小者爲鬱金。則世間之物，俱各大小不齊，豈可因其異形而便異其名也？使鬱金之易，又何必以山茶花以代之耶？

明・皇甫嵩《本草發明》卷三　薑黄中品下，臣。氣溫，味辛、苦，無毒。《本經》言大寒，非也。發明曰：薑黄辛溫能散，治氣為最。故《本草》主心腹結積疰忤，破血下氣，除風熱，消癰腫，功力烈于欝金。又云：治癥瘕血塊，通月信及撲損瘀血痛，止暴風痛，冷氣。又治産後敗血攻心甚驗，蓋辛能散之謂歟。戴方：臂痛用薑黄，以此能入臂。

明・李時珍《本草綱目》卷一四草部・芳草類　薑黄《唐本草》

〔釋名〕蒁音述　寶鼎香《綱目》〔集解〕恭曰：薑黄根葉都似鬱金。其花春生於根，與苗並出，入夏花爛無子。根有黄、青、白三色。其作之方法，與鬱金同。西戎人謂之蒁。其味辛少苦多，亦與鬱金同，惟花生異耳。藏器曰：薑黄真者，是經種三年以上老薑，能生花。花在根際，一如蘘荷。根節堅硬，氣味辛辣，種薑處有之，終是難得。西番亦有來者。與鬱金、蒁藥相似。如蘇恭所説，即是蒁藥而非薑黄。又言薑黄是蒁，鬱金是胡蒁。如此則三物無別，遞相連名，總稱爲蒁，則功狀當不殊，而今鬱金味苦寒，色赤，主馬熱病；薑黄味辛溫，色黄；蒁味苦，色青。三物不同，所用各别。大明曰：海南生者，即蓬莪蒁；江南生者，即爲薑黄。頌曰：薑黄今江、廣、蜀川多有之。葉青緑，長一二尺許，闊三四寸，有斜文如紅蕉葉而小。花紅白色，至中秋漸凋。春末方生，其花先生，次方生葉，不結實。根

盤屈黄色，類生薑而圓，有節。八月採根，片切暴乾。蜀人以治氣脹，及産後敗血攻心，甚驗。蠻人生啖，云可以祛邪辟惡。按鬱金、薑黄、蒁藥三物相近，蘇恭不能分別，乃爲一物。陳藏器以色味分別三物，又言薑黄是三年老薑所生。近年汴都多種薑，往往有薑黄生賣，乃是老薑。市人買啖，云治氣爲最。大方亦時用之。又有廉薑，亦是其類，而自是一物。時珍曰：近時以扁如乾薑形者，爲片子薑黄；圓如蟬腹形者，爲蟬肚鬱金，並可浸水染色。蒁形雖似鬱金，而色不黄也。

根 〖氣味〗辛、苦，大寒，無毒。藏器曰：辛少苦多，性熱不冷，云大寒，誤矣。

〖主治〗心腹結積疰忤，下氣破血，除風熱，消癰腫，功力烈於鬱金《唐本》。治癥瘕血塊，通月經，治撲損瘀血，止暴風痛冷氣，下食大明。祛邪辟惡，治氣脹，産後敗血攻心蘇頌。治風痹臂痛時珍。

〖發明〗時珍曰：薑黄、鬱金、蒁藥三物，形狀功用皆相近。但鬱金入心治血；而薑黄兼入脾，兼治氣；蒁藥則入肝，兼治氣中之血，爲不同爾。古方五痹湯用片子薑黄，治風寒濕氣手臂痛。戴原禮《要訣》云：片子薑黄能入手臂治痛。其兼理血中之氣可知。

〖附方〗舊二，新二。 心痛難忍：薑黄一兩，桂三兩，爲末。醋湯服一錢。《經驗方》。 胎寒腹痛：啼哭吐乳，大便瀉青，狀若驚搐，出冷汗。薑黄一錢，没藥、木香、乳香二錢，爲末，蜜丸芡子大。每服一丸，鈎藤煎湯化下。《和劑方》。 産後血痛：有塊。用薑黄、桂心等分，爲末，酒服方寸匕。血下盡即愈。昝殷《産寶》。 瘡癬初生：薑黄末摻之妙。《千金翼》。

題明・薛己《本草約言》卷一《藥性本草》 薑黄 味辛、苦，氣溫，無毒。辛陽中之陰，可升可降。散結氣，療心腹之脹滿；破瘀血，通女子之月經。辛溫能散，治氣為最，故主心腹結積，消癰腫，治癥瘕及撲損瘀血等證，皆辛能散也。其功力烈于鬱金。入足陽明經。

明・梅得春《藥性會元》卷上 薑黄 味辛、苦，性大寒。無毒。是經種三年以上老薑也。 主治癥瘕血塊，破惡血，消癰腫，通月經，除風熱腫毒，心腹結積，疰忤，下氣脹，撲損瘀血，産後敗血攻心。又治氣為最藥，其功力烈於鬱金。 凡使切片，暴乾，麻油拌炒。

明・李中立《本草原始》卷二 薑黄 今江、廣、蜀川多有之。葉青緑，長一二尺許，闊三四寸，有斜文如紅蕉葉而小。花紅白色，至中秋漸凋，春末方生。其花先生，次方生葉，不結實。根盤屈，黄色，類生薑而圓，有節，故名薑黄。 氣味：辛、苦，大寒，無毒。藏器曰：性熱不冷。 主治：心腹結積疰忤，下氣破血，除風熱，消癰腫，功力烈於鬱金。治癥瘕血塊，通月經，治撲損瘀血，止暴風痛冷氣，下食。○祛邪辟惡，治氣脹，産後敗血攻心。○治風痹臂痛。

薑黄，《唐本草》。【圖略】片子薑黄形極似乾薑，肉色黄。八月采根，晒乾。 陳藏器曰：薑黄真者，是經種三年以上老薑，能生花，花在根際，一如蘘荷。根節堅硬，氣味辛辣。種薑處有之。 近時以扁如乾薑形者為片子薑黄，可浸水染色。 雷公云：切片，油炒。

《千金翼》：治瘡癬初生，或始痛痒，以薑黄末傅之妙。

明・張懋辰《本草便》卷一 薑黄 味辛、苦，氣寒，又云溫，無毒。 主心腹結積，通月經，産後敗血攻心，消癰腫，功力烈於鬱金。

明・李中梓《藥性解》卷四 薑黄 味辛、苦，性溫，無毒，經絡主治與鬱金同，功更烈。 按：薑黄，本草亦曰性寒，而陳藏器及日華子咸謂其熱，辨之悉矣！能傷元氣，用者審之。

明・繆希雍《本草經疏》卷九 薑黄 味辛、苦，大寒，無毒。主心腹結積，疰忤，下氣破血，除風熱，消癰腫。功力烈於鬱金。

〖疏〗薑黄得火氣多，金氣少，故其味苦勝辛劣，辛香燥烈，性不應寒，宜其無毒。陽中陰也，降也。入足太陰，亦入足厥陰經。苦能泄熱，辛能散結，故主心腹結積之屬血分者，兼能治氣，故又云下氣。總其辛苦之力，破血，除風熱，消癰腫，其能事也。日華子謂其能治癥瘕血塊，又通月經，及撲損瘀血。蘇頌謂其祛邪辟惡，治氣脹及産後敗血攻心。方書用以同肉桂、枳殼治右脇痛、臂痛，有效。戴元禮云：能入手臂治痛何？莫非下氣破血，辛走苦洩之功歟？察其氣味治療，乃介乎京三稜、鬱金之藥也。

〖主治參互〗得當歸、生地黄、牛膝、延胡索、肉桂，治一切積血，在腹中作痛。 《經驗方》治中寒心痛難忍：薑黄一兩，桂三兩，為末。醋湯服一錢。 《産寶》方治産後血痛有塊：用薑黄、桂心等分，為末。酒服方寸匕，血下盡即愈。 〖簡誤〗凡病人因血虛臂痛，血虛腹痛，而非瘀血凝滯，氣逆上壅作脹者，切勿誤用。誤則愈傷血分，令病轉劇。慎之！慎之！

明・倪朱謨《本草彙言》卷二 薑黄 味苦、辛，性燥而溫，無毒。陰中陽也，降也。入足太陰、厥陰經。

陳氏曰：薑黄出西番及海南，今江、廣、川蜀亦有。根莖都類鬱金。其花春生，色紅白，與苗幷出，即綴根際。入夏即爛，亦不生子。葉如紅蕉，色

青綠，長一二尺，闊三四寸，上有斜文。枝莖堅硬，根盤圓匾而屈，似薑而小，色黄有節。味苦臭重，爲別異也。辨之鬱金，根形惟圓，無旁枝，形狀如榧子肉，兩頭頗尖，隱隱有直棱，黄赤轉深，浸水并堪染色。若莪朮，色白微青，亦無氣臭。蘇氏言與同種者，謬矣！　倪朱謨曰：　薑黄色比鬱金甚黄，形較鬱金稍大。鬱金味苦寒，色赤，形如橄欖而圓尖；　薑黄味辛溫，色黄似薑瓜而圓大。鬱金最少，薑黄常多。今市家惟收多者欺人，謂原本一物，指大者爲薑黄，小者爲鬱金，謬誕極矣！　近時有匾如乾薑形者，爲片子薑黄。　功用同等，治臂痛更有效。

薑黄：　破血氣，《唐本草》利筋脉之藥也。桂谷溪稿其味苦辛，其性燥利。辛能散，苦能泄，燥利能行。故日華子治癥瘕血塊，腹中停瘀，善通月經及跌撲瘀血。蘇氏治氣脹及產後敗血攻心。入氣分走氣，入血分行血。古方同肉桂、枳殼，治兩脅痛，兩臂痛有效，何莫非下氣破血、辛走苦泄之功歟？　察其氣味治療，乃介乎鬱金、京三稜之中也。但其性燥烈消耗，有洩無補，凡病血虛臂痛，血虛腹痛，而非瘀血凝滯，氣逆壅脹者，切勿亂投。誤投則愈傷血分，令病轉劇，慎之！　慎之！　葉振華先生曰：　其形似薑，其色純黄，故名。雖爲破血通瘀，專奪土鬱者也，然功力固烈于鬱金。但鬱金泄金鬱，薑黄奪土鬱爲別異耳。

集方：　雷氏方治一切積血在腹中作痛。用薑黄、歸尾、牡丹皮、牛膝、生地黄、玄胡索、肉桂、香附子。○同前治跌撲瘀血，或痛或腫，疼痛不已。用薑黄、蘇木、歸尾、紅花、大黄、乳香、沒藥。○《薑齋方要》治產後敗血攻心，胸脅脹滿，煩悶嘔惡。用薑黄、玄胡索、沒藥、硫黄、火硝二味，醋煮乾，各等分，共爲末。每服二錢，白湯化下。○《經驗方》治中寒心痛難忍。用薑黄一兩，肉桂二兩，共爲末，醋湯調服一錢。○殷氏《產方》治產後血痛有塊。用薑黄、肉桂、五靈脂各等分，爲末，酒調方寸匕，血下盡即愈。○錢君暘家藏治兩脅痛，有血瘀氣滯者。用薑黄、柴胡、紅花、蘆薈、白芥子，各等分。○同前治臂痛有血瘀氣滯者。用薑黄、柴胡、桂枝、白朮、威靈仙、白芷、甘草各等分。○《廣筆記》治耳邊發腫，連太陽，腮齒俱痛不可忍。用薑黄、青木香、檳榔各三錢，大黄一兩，共爲細末。米醋和蜂蜜調勻，敷患處，中留一孔出氣。

明・李中梓《醫宗必讀・本草徵要上》　薑黄味苦、辛，溫，無毒。入肝、脾二經。　破血下氣，散腫消癰。辛散苦洩，故專功於破血下氣其旁及者耳。別有一種片薑黄，止臂痛有效。按：　血虛者服之，病反增劇。

明・鄭二陽《仁壽堂藥鏡》卷一〇下　薑黄　東垣云：　味辛，大寒，無毒。治癥瘕血塊癰腫，通月經，消腫毒。　陳藏器云：　薑黄功力烈於鬱金，治心痛，下氣為最。

明・蔣儀《藥鏡》卷一溫部　薑黄　泄熱以其苦也，散結以其辛也。故主血分之堅積，下氣能兼。又主氣結之臂疼，散癰尤善。

明・張景岳《景岳全書》卷四八《本草正》　薑黄　味苦、辛，性熱。　善下氣破血，除心腹氣結氣脹，冷氣食積疼痛，亦治癥瘕血塊，通月經，產後敗血攻心，及撲損瘀血，祛邪辟惡，散風熱，消癰腫。　功與欝金稍同，而氣味則尤烈。

明・盧之頤《本草乘雅半偈》帙九　薑黄《唐本草》　氣味：　苦，溫，無毒。　主治：　主心腹結積疰忤，下氣，破血，除風熱，消癰腫。功烈于鬱金。

覈曰：　出西番，及海南，今江、廣，川蜀亦有。　根莖都類鬱金，其花春生，與苗並出，即綴根際，色紅白，入夏即爛，亦不生子，葉如紅蕉，長一二尺，闊三四寸，上有斜文，色亦青綠。　枝莖堅硬，根盤圓扁，似薑而小，色黄有節，味苦臭重，為別異也。　鬱金根形唯圓，無旁枝，紋狀蟬腹，黄赤轉深，浸水並堪染色。　莪蒁色白肉明，亦無氣臭，言與同種者謬矣。

条曰：　花茁並出，黄流在中，宣木火之用，奪土大之鬱者也。　蓋風為土所不勝，木乘土中，則黄中廢，諸眚成。　薑黄力行升出之機，內風宣而外風息，土用行而黄中理，所謂吐生萬物而土鬱奪矣。　固功力烈于鬱金，鬱金洩金鬱，薑黄奪土鬱，為別異耳。

明・李中梓《本草通玄》卷上　薑黄　苦，溫。　善達肝、脾。　下氣破血，化癥瘕血塊，消癰腫。大者為片子薑黄，能入臂理痛。

清・顧元交《本草彙箋》卷二　薑黄　薑黄專主破血，下氣其旁及者耳。別有一種片薑黄，如乾薑形者，治風痺臂痛。若病人血虛臂痛，血虛腹中痛，而非瘀血凝滯者不宜，誤用致更傷血分。

薑黄、鬱金、蒁藥三物，形狀功用皆相近，但鬱金入心，治血；　而薑黄兼入脾，兼治氣；　蒁藥則入肝，兼治氣中之血耳。　鬱金味苦寒色赤，薑黄味辛溫色黄，蒁藥味苦色青爲異。

清・穆石匏《本草洞詮》卷八　薑黄　是三年老薑所生。西番亦有來

者。與鬱金、蒁藥相似，鬱金味苦寒，色赤。薑黃味辛溫，色黃。蒁苦溫，色青。扁如乾薑形者，為片子薑黃。圓如蟬腹形者，為蟬肚鬱金。蒁形似鬱金，而色不黃也。薑黃辛苦寒，一云熱，無毒。主祛邪辟惡，治氣脹，心腹結積，疰忤，下氣破血，除風熱，消癰腫，功力烈於鬱金。蓋薑黃、鬱金、蒁藥三物，形狀功用皆相近。但鬱金入心，專治血分之病；薑黃入脾，治血中之氣；蒁藥入肝，治氣中之血，為不同耳。古方五痺湯用薑黃，治風寒濕氣手臂痛，以薑黃能橫行手臂也。

清・劉雲密《本草述》卷八下　薑黃　恭曰：薑黃根葉都似鬱金，其花春生於根，與苗並出，入夏花爛，無子。頌曰：薑黃，今江廣蜀川皆有之。葉青綠，長一二尺許，闊三四寸，有斜紋，如紅蕉葉而小，花紅白色，至中秋漸凋，春末方生，其花先生，次方生葉，不結實，根盤屈，黃色，類生薑而圓，有節。八月采根，片切，曝乾。時珍曰：近時以扁如乾薑形者，為片子薑黃。圓如蟬腹形者，為蟬肚鬱金。並可浸水染色。

根：氣味：辛、苦，大寒，無毒。藏器曰：性溫不冷，云大寒，誤矣。嘉謨曰：辛，溫。試嘗之，果辛多苦少。詳其功用，似辛勝者為是。

諸本草主治：祛邪辟惡，療心腹結積，并冷氣心腹脹痛，及風痺臂痛，消癰腫，治女子產後血氣衝心。方書主治：氣證痞證，脹滿喘噎，胃脘痛，腹脇肩背及臂痛，痺疝。

時珍曰：薑黃、鬱金、蒁藥，三物形狀、功用皆相近。但鬱金入心治血，而薑黃兼入脾，兼治氣。蒁藥則入肝，兼治氣中之血為不同爾。古方五痺湯，用片子薑黃，治風寒溼氣，手臂痛。戴原禮《要訣》云：片子薑黃能入手臂治痛，其兼理血中之氣可知。之頤曰：薑黃力行升出之機，奪土大之鬱者也。土用行而黃中理。希雍曰：薑黃，辛香燥烈，性不應寒。陽中陰也，降也，入足太陰，亦入足厥陰經。

治中寒心痛難忍，薑黃一兩，桂三兩，為末，醋湯服一錢。得當歸、生地黃、牛膝、延胡索、肉桂，治一切積血在腹中作痛。

愚按：薑黃在蘇恭曰：於春生苗，而花並苗出。是之頤所謂力行生出之機，以宣木火之用者也。在蘇頌曰：春末方生，其花先生，葉乃次之，至仲秋則漸凋，是獨暢火大之用，似可以對待寒涼，如方書一端之治也。又二蘇所謂不結實，還即於八月采根者，是暢火大之氣，而歸於金，即并火金之氣，全力以歸乎土，有合於時珍入脾之說也。夫氣者，火之靈，而火以風木昌其氣，是始於木也。更以燥金化其氣，是終於金也。始於木，終於金，歸於土，而絕不受寒水之氣，以大成其火金之用，是則茲物所理者氣，而所兼者血也。蓋其氣昌則血生，氣化則血暢耳。抑取其氣化於金，更歸於土者，謂何？曰：陰陽之賦於物，亦猶人也，是得金為火妻，以育離中之坎，俾陽必得陰乃化耳，氣化則歸於土矣。緣木火之相生者，必經於胃，而火金之相化者，亦必歸於胃，中土固成始而成終者也。若一有不歸於胃者，必其火金不能相化，而氣不能生血，或血不足以化氣也。得其歸於土，則胃合於脾，俾氣之達於三陰三陽者，乃暢於臟腑，達於形體矣。此固衛先而營隨之義，不謂茲物適有合焉。試閱方書諸證之主治，如氣證痞證，脹滿喘噎，胃脘痛，腹脇肩背及臂痛痺疝，雖所投有多寡，然何莫非以氣為其所治之的，而血時有寓於氣中以為治者。或有本其所因，而氣血輕重之暫殊者，未有專為治血而用。茲味如《本草》所說也，且此味亦不等於破決諸劑，即血之能化者，固皆本於氣之能化也。木火之相生，必經於胃，此胃濁中之清，上注於肺也。火金之相化，亦必歸於胃，此肺清中之濁，內注於經，下溜於海也。此味能致血化者，較與他血藥，有原委不察，於是而漫謂其破血，詎知薑黃不任受破之一字也。

附案　一女子年三十外，於冬寒月通身怯寒，並頭痛，更背重墜而痛，下引腰腿，及腿肚痛，甚右臂痛不能舉。醫者以五積散為主，加羌活、烏藥，是散凝寒而行滯氣，似亦近之。然却止除怯寒，並腰痛而頭痛腿痛，及腿肚之痛，右臂不舉之痛，大都小愈耳。如背重墜而痛，則毫未應也，是何以故？蓋止知散寒，而不知達陽，止知行胃腎之氣，而不知達胸中之陽。夫陽受氣於胸中，而背固胸中之府也。予簡方書，有以薑黃為君，而羌活、白朮、甘草四之一，余加入附子三分，服頭飲，則背痛與諸痛去其三，復渣再如前劑，而止用其三之一，與前渣同煎服，竟而諸證悉霍然矣。書此於薑黃之後，見此味以達上焦之陽為其能，不混於治血，且不等於治氣之味。而余之所測，良不謬也。

希雍曰：《本草》多云治血病，第病因血虛臂痛，血虛腹痛，而非瘀血凝滯，氣逆上壅作脹者，切勿誤用。誤則愈傷血分，令病轉劇。慎之！慎之！

修治　此味《綱目》《本草》無修治，有云不宜見火者良。然葢此味之辛勝者，是其功用之徵，見火則去其辛矣。

清・郭章宜《本草匯》卷一〇　薑黃　味苦、辛，溫，陽中之陰，可升可降。入足厥陰、太陰經。散結氣，療心腹之脹滿。破瘀血，通女子之月經。除癥瘕，消血塊。化積膨，治臂痛。烈過欝金，下氣最捷。

按：薑黃得火氣多，金氣少，辛散苦洩，故專功于破血，下氣其旁及者耳。欝金入心治血，薑黃兼入脾，兼治氣為不同。別有一種片子薑黃，能入手臂治痛，其兼理血中之氣可知。方書用以同肉桂、枳殼，治右脇臂痛有效。凡病屬血虛者，切勿誤用，誤用則愈傷血分。慎之！

多生江、廣江西、湖廣，亦產蜀川。色比欝金甚黃，形較欝金稍大。兩藥實不同種，欝金味苦寒色赤，類蟬肚圓尖。薑黃味辛溫色黃，似乾薑圓大。今市家取以欺人，謂大者為薑黃，小者為欝金，此但可與不知者道耳。

清・蔣居祉《本草擇要綱目・溫性藥品》　薑黃　氣味：辛、苦，大寒，無毒。入心治血，兼入脾。　主治：祛癥瘕血塊，癰腫。通月經，消腫毒。五痹湯用之以治風寒濕氣手臂痛，此又兼理血中之氣也。

清・王翃《握靈本草》卷三　薑黃海南生者即蓬莪茂，江南生者即薑黃。薑黃、欝金、蓬茂，三物相近。或云薑黃乃三年老薑所生，非也。扁者謂片子薑黃，蟬腹形者為蟬肚欝金，非真欝金也。　主治：薑黃，辛、苦，大寒，無毒。一云：性熱。言大寒者，悮。主心腹結積，癥瘕血塊，風痺臂痛，下氣破血，功力烈於欝金。

清・汪昂《本草備要》卷二　薑黃瀉，破血，行氣。　苦、辛。《本草》大寒。藏器、大明曰：熱。色黃，入脾兼入肝經。理血中之氣，下氣破血，除風消腫，功力烈于鬱金。治氣脹血積，產後敗血攻心，通月經，療撲損。片子者能入手臂，治風寒濕痹。血虛臂痛者勿用。時珍曰：入臂治痛，其兼理血中之氣可知。出川廣。陳藏器曰：鬱金苦寒色赤，薑黃辛溫色黃，蒁味苦色青，三物不同，所用各別。《經疏》曰：薑黃主治，介乎三稜、鬱金之間。時珍曰：薑黃、鬱金、莪蒁，形狀功用，大略相近。但鬱金入心，專治血；薑黃入脾，兼治血中之氣；蒁入肝，治氣中之血，稍爲不同。今時以扁如乾薑者，爲片子薑黃；圓如蟬腹者，爲蟬肚鬱金，幷可染色。蒁形雖似鬱金，而色不黃也。

清・顧靖遠《顧氏醫鏡》卷七　薑黃辛、苦，溫。入肝脾二經。　除積血腹痛，其性破血，而能兼理血中之氣。止痺症臂痛。戴元禮云：片薑黃能入手臂治痛，辛散破血之功也。血虛服之，病反增劇。

清・李熙和《醫經允中》卷二〇　薑黃　入脾肝二經。辛，溫，無毒。主治消癰腫，治癥瘕，破血下氣最捷。別有一種片子薑黃，能入手臂，治痛風，但血虛者弗宜服。

清・馮兆張《馮氏錦囊秘錄・雜症痘疹藥性主治合參》卷三　薑黃得火金之氣，故其味苦辛，性寒，無毒。陽中陰也，降也。入足太陰、厥陰。苦能泄熱，辛能散結，故為破血下氣，血分氣分之要藥。

薑黃，性烈過鬱金，鬱金入心治血。薑黃兼入脾，兼治氣破血，立通下氣最捷。一切結氣積氣，癥瘕瘀血，血閉癰疽竝治。辛溫能散，專理氣中之血，內調心腹脹滿，外療手臂疼痛。若血虛腹痛臂疼，而非瘀血凝滯者，用之反劇。

清・张璐《本經逢原》卷二　薑黃　辛、苦，溫，無毒。藏器曰：辛少苦多，性熱不冷，或云大寒，誤矣。有二種，蜀川生者色黃質嫩有鬚，折之中空有眼，切之分為兩片者為片子薑黃。江廣生者質粗形扁如乾薑，僅可染色，不入湯藥。今藥肆混市誤人，徒有耗氣之患，而無治療之功也。　發明：薑黃、鬱金、蓬术三物形狀功用皆相近，但鬱金入心，專治心包之血。薑黃入脾兼治血中之氣。蓬术入肝兼治氣中之血，為不同耳。古方三痹湯用片子薑黃治風寒濕氣，手臂痛。戴元禮曰：片子薑黃能入手臂治痛，其兼理血中之氣可知，能治癥瘕癰疽，通經消腫毒，功力烈於鬱金，但血虛臂痛者服之，病必增劇。

清・浦士貞《夕庵讀本草快編》卷二　薑黃《唐本草》、蒁　附：欝金

種薑年久則生黃，蠻人生噉，云可辟邪。若欝金產于蜀，根似薑黃而小，外黃內赤如蟬肚者佳。善治馬熱，故云馬蒁。市價頗高，多以偽代。折之必以澄明脆徹、苦中帶甘者為真。　蒁與馬蒁，一類二種，蒁則辛而少苦，性熱而氣烈，得中宮之正色，乃入脾下氣之藥也。凡人血痞癥瘕，心腹結積，月經阻悶，皆足太陰之濕欝也。風熱消癰，腫惡疰忤，暴風卒痛，皆風木之尅土也。用此以溫中，則血欝散而氣自下矣。其片者能橫行手臂，故五痺湯用之，亦取其散血中之氣爾。若馬蒁，性雖屬火而土中有水，故能涼心而走包絡，且其性輕揚上行，能泄金中之欝，故有欝金之號。夫諸血妄沖，口鼻咯吐，或經脉逆行，是從火化，炎上之象也，俱宜用此以暢導之，則氣降而火亦降，血行

而引歸經矣。故古人有神丹仙藥之稱爾，但真陰虛極，火亢失血，不關脾肺氣逆者用之無益。

清・何諫《生草藥性備要》卷下　黃薑　味辛，性平。祛風消腫，理跌打。一名臭屎薑。

清・劉漢基《藥性通考》卷六　薑黃　味苦、辛，氣寒。色黃入脾，兼入肝經。理血中之氣，下氣破血，除風消腫，功力烈於鬱金。治風腫血積，産後敗血攻心，通月經，療撲損，入手足治風寒濕痺。出川廣中，樹葉如薑形，色黃，故曰薑黃也。然尅伐之藥，虛弱之人忌用，恐損傷氣血也。

清・姚球《本草經解要》卷二　薑黃　氣大寒，味辛、苦，無毒。主心腹結積，疰忤下氣，破血，除風熱，消癰腫。功力烈於鬱金。　薑黃氣大寒，禀天冬寒之水氣，入足少陰腎經、足太陽寒水膀胱經。味辛苦無毒，得地金火之二味，入手太陰肺經、手少陰心經。氣味俱降，陰也。心腹，心肺之分也。心主血，肺主氣，結積者，氣血凝結之積也。其主之者，辛能散氣，苦能破血也。疰忤者，濕熱內疰，性與物忤也。其主之者，苦寒清濕熱也。下氣者，苦寒降氣也。破血者，辛苦行血也。除風熱者，風熱為陽邪，外感太陽經，氣寒清熱，味辛散風也。苦寒而辛散，故又主癰腫。功力烈於鬱金者，氣較鬱金更寒也。　製方：　薑黃同肉桂、枳殼，治左脇痛。同當歸、生地、牛膝、延胡索、肉桂，治積血痛。同肉桂末，治中寒心痛。

清・王子接《得宜本草・中品藥》　片子薑黃　味苦、辛。功專下氣破血。得肉桂治寒厥胃痛，産後癥瘕。

清・黃元御《玉楸藥解》卷一　薑黃　味甘、苦，性寒。入足厥陰肝經。破血化瘕，消腫敗毒。破瘀血宿癥，消撲損癰疽；止心腹疼痛，平疥癬初生。

清・吴儀洛《本草從新》卷一　薑黃〔瀉，破血行氣。〕　味苦，辛，溫。色黃入脾，兼入肝經。理血中之氣，破血下氣，辛散苦泄，專於破血，下氣其旁及者耳。除風消腫。性更烈於鬱金。治血積氣脹，産後敗血攻心。通月經，療撲損。片子者能入手臂，治風寒濕痺痛。時珍曰：　入臂治痛，其兼理血中之氣可知矣。血虛者服之病反增劇。出川廣。藏器曰：　鬱金苦寒色赤，薑黃辛溫色黃，蒁味苦色青，三物不同，所用各別。《經疏》云：　薑黃主治介乎三稜、鬱金之間。時珍曰：　薑黃、鬱金、蓬蒁形狀功用大略相近，但鬱金入心，專治血，薑黃入脾，兼治血中之氣，蒁入肝，治氣中之血，稍為不同。今時以扁如乾薑者為片子薑黃，圓如蟬腹者為蟬肚鬱金。蒁形雖似鬱金，而色青不赤為異耳。

清・汪紱《醫林纂要探源》卷二　薑黃　辛，苦，溫。苗葉似鬱金，根下結黃塊，形扁如薑，故名。不香。行肝氣於脾，理血中之氣。功用亦似鬱金。然辛多苦少，氣較烈，根形作塊，氣不芳馥，又不能如彼之從容而達於上下也。有横行之力，治四肢之風寒濕痺。

清・嚴潔等《得配本草》卷二　薑黃片子薑黃。　苦、辛，溫。入足太陰兼足厥陰經血分。破血下氣。除風熱，消癰腫，功力烈於鬱金。　配肉桂，治心痛難忍，及産後血塊痛。　片子薑黃　善理血中之氣。治手臂風痹疼痛。以扁如乾薑形者，為片子薑黃。　血虛者禁用。

題清・徐大椿《藥性切用》卷三　薑黃　味苦辛溫，色黃入脾，兼入肝經。破氣散血，烈於鬱金。片子薑黃，横行手臂，理血中之氣，可為風寒濕痺引經。

清・黃宮繡《本草求真》卷八　薑黃破脾中氣血下行。　薑黃耑專入脾。味辛而苦，氣溫色黃，功用頗類鬱金、苦寒，色赤。三稜、苦平，皮黑肉白。蓬术、味苦，色黑。延胡索辛苦，色黃。但鬱金入心，專瀉心包之血。莪术入肝，治氣中之血，三稜入肝，治血中之氣，延胡索則於心肝血分行氣，氣分行血。此則入脾，既治氣中之血，復兼血中之氣耳。陳藏器曰：　此藥辛少苦多。藏器曰：性熱不冷。性氣過於鬱金，破血立通，下氣最速。凡一切結氣積氣，癥瘕瘀血，血閉癰疽，並皆有效。以其氣血兼理耳！　時珍曰：　古方五痹湯，用片子薑黃，治風寒濕氣手臂痛。戴原禮《要訣》云：　片子薑黃能入手臂治痛，其兼理血中之氣可知。若血虛腹痛臂痛，而非瘀血凝滯者，用之反劇。蜀川産者，色黃質嫩，有鬚，折之中空有眼，切之分為兩片者，為片子薑黃。《和劑方》治胎寒腹痛，啼哭吐乳，大便色青，狀若驚搐，出冷汗，薑黃一錢，沒藥二錢，乳香二錢，為末，蜜丸芡子大。每服一丸，鉤藤湯下。《經驗方》心痛難忍，用薑黃一兩，桂三兩，為末，醋湯服一錢。立效。廣生者，質粗形扁如乾薑，僅可染色，不可入藥，服之有損無益。

清・楊璿《傷寒溫疫條辨》卷六消劑類　薑黃廣產。　性味與鬱金相似，然較烈。下氣最捷，破血立通，調月信，消瘴腫。升降散用為佐。但稍損真氣，用宜慎之。

清・羅國綱《羅氏會約醫鏡》卷一六草部　薑黃味苦辛，溫，入肝脾二經。

色黃入脾，兼入肝經，破血下氣。治心腹氣結。氣脹、冷氣、食積、疼痛，辛溫下氣。療癥瘕、血塊，通月經，及撲損瘀血，散腫消癰。皆破血之用。別有一種片薑黃，止臂痛有效。若血虛腹痛臂痛，而非瘀血凝滯者，忌用。

清・黃凱鈞《藥籠小品》 薑黃 辛，溫，入脾及肝，破血下氣，除風消腫，治產後敗血攻心。片子者能入手臂，治風寒濕痹。血虛服之，病反增劇。出川廣。

清・王龍《本草纂要稿・草部》 薑黃 氣味辛溫。主心腹結氣，併疰忤積氣作膨。治產血攻心，及撲損瘀血作痛。調月經，破血立通。消癰腫，下氣最捷。

清・張德裕《本草正義》卷上 薑黃 苦辛，熱。善下氣，破血癥血塊，通月經，產後敗血攻心，撲損瘀血，腹脇氣結脹疼，冷氣食積。功與鬱金稍同，而此尤猛烈。

清・楊時泰《本草述鉤元》卷八 薑黃 江、廣、蜀、川皆有之。根葉都似鬱金，其花春生於根，與苗並出，花先葉生，入夏花爛，秋中漸凋，不結實，其根盤屈，黃色類生薑而圓有節。八月采根，片切曝乾用蘇恭、頌。近以扁如乾薑形者為片子薑黃，圓如蟬腹形者為蟬肚鬱金，並可浸水染色瀕湖。

味辛、苦，氣辛香，性溫，燥。陽中陰也。入足太陰，亦入足厥陰經。主治祛邪辟惡，療心腹結積冷氣，心腹脹痛，風痹臂痛，消癰腫及女子產後血氣衝心。方書治氣證、痞證，脹滿喘噎，胃脘痛，腹脇肩背及臂痛痹，疝。薑黃、鬱金、蒁藥三物，形狀功用皆相近，但鬱金入心治血，蒁藥則入肝，兼治氣中之血，而薑黃兼入脾，兼治氣，為不同瀕湖。能入手臂，治痛，其兼理血中之氣可知。又力行升出之機，奪土大之鬱，土用行而黃中理矣之頤。得當歸、生地、牛膝、延胡、肉桂，治一切積血在腹中作痛。中寒心痛難忍，薑黃一兩、桂三兩，為末，醋湯服一錢。

附案：一婦冬月怯寒頭痛，其背部重墜而痛，下引腰腿及腿肚更甚，右臂痛不能舉。醫以五積散加羌活、烏藥，散寒行滯，其怯寒腰痛果除，而頭及腿、腿肚、右臂之痛少輕，至背部重墜而痛則毫未應。此由秖知行胃腎之氣，而不知達胸中之陽故也。夫陽受氣於胸中，背固胸中之府也。以薑黃為君，入羌活、白朮、甘草四之一，更加附子三分，一劑知，再劑已。詳此以見薑黃能達上焦之陽，勿混於治血可也。

論：薑黃春末方生，花並苗出，是力行生出之機以宣木火之用也。花先葉生，秋仲漸凋，是獨暢火大之用以對寒涼之治也。不結實即於八月采根，是暢火大之氣而歸於金，即并火金之力以歸乎土，有合於入脾之說也。夫火之氣以風木昌，更以燥金化，始於木，終於金，歸於土，而絕不受寒水之氣以成其火金之用，是則茲物所理者氣，而所兼者血，以氣昌則血生，氣化則血暢耳。夫氣化於金，何以更歸於土？蓋金為火妻，以育離中之坎，此陽必得陰乃化也，氣化則歸於土矣。人身木火之相生，必經於胃，而胃乃以濁中之清上注於肺，火金之相化，亦必歸於胃，而肺乃以清中之濁內注於經，下溜於海，是中土固成始而成終者也。一有不歸於胃者，必其火金不能相化，非氣不能生血，即血不足以化氣矣。得歸於土，則胃合脾，以達氣於三陰三陽，乃暢於臟腑，而徹於形體矣。此衛先而營隨之義，薑黃適有合焉，不可謂其專治血，而漫等於破決諸劑也。

繆氏云：凡臂痛腹痛因於血虛，而非瘀凝氣壅作脹者，切勿誤用，誤則血愈傷，病轉劇。

修治：不宜見火，蓋辛勝是其功用，見火則辛去矣。

清・鄒澍《本經續疏》卷四 薑黃 【略】血結而氣違，血脫而氣濇，此其病固在血。而其咎實在血中之氣，與大氣相混淆也。血中之氣謂何？即中焦之營氣，所以帶引血液行於脈中者也。此其氣清純，雖與水穀之悍氣同出中焦，然一則直達上下，一則周流表裏。設清氣混於悍氣，隨而直達，則上為嘔血、吐血、衄血，下為大便下血。悍氣混於清氣，不隨而周流，則滯為惡血結為積血，陷為血淋尿血，溢為金瘡常破，不能生肌。大率血之結且滯者，必與氣違，故血積必下氣。血之陷者，氣因之遂濇，故血淋尿血，必為痛也。鬱金何以能治？蓋以其本行血中之氣，又其取用者，為四畔之子根，固繫屬於正根，而實不與正根混連者，為清純與剽悍，原各鍾生趣，雖呼吸相通而有別也。獨鬱金主治，並不言能除風熱，消癰腫。薑黃主治，則云破血，除風熱，消癰腫，功力烈於鬱金，何也？互文見義，其理可徹也。心腹結積疰忤，不關血分，不為下氣，風熱癰腫不結於血，不必冠以破血。此其於薑黃，蓋取其根盤結而有節也。氣與血相阻，即氣與血相違，氣因血而盤旋，血得氣而固結，一若有節以礙其流行者，殊不知流行自若，轉因有節而生氣得鍾，花在葉前，透達精英甚猛，比於鬱金行血中之氣者為更速。大抵二物均以春盡方

芽，屆秋便殞，有花無實，花白而紅，皆秉火金之氣化而榮，遇土金之氣化而歸於土，一似心肺之媾於上而生血，遂順流於中而稟脾之統轄，其能濬血分之源，行血中之氣，又何疑矣？特一則即根而盤錯，一則離根而圓渾，見其氣稟有純獷之殊，故其趨向有上下之別。大凡氣結血中，作痛下氣，在上而不見血者用薑黃。氣陷血中，作痛下氣，在下不見血者用鬱金。庶無誤矣。

清・葉桂《本草再新》卷一　薑黃味苦、辛，性溫，無毒。入肝、脾二經。　理血下氣，除風消腫，治血積氣脹，產後敗血攻心，通經，治風寒濕痺。

清・吳其濬《植物名實圖考》卷二五　薑黃　《唐本草》始著錄。今江西南城縣裏[illegible]都種之成田，以販他處染黃。其形狀全似美人蕉而根如薑，色極黃，氣亦微辛。《圖經》所云，葉有斜紋，如紅蕉葉而小，根類生薑，圓而有節，極確。乃又引《拾遺》老薑之說，殊為龐雜。陳藏器謂性大熱，蓋因老薑致誤。今薑黃染餻，食多則腹痛，豈非寒苦之證？近時亦不入藥用。

雩婁農曰：《閩書》：薑黃出邵武仙亭山，建昌與閩接，故宜。建昌之民曰始業薑黃者贏十倍，今滯而不售，不究所以。考唐時色重黃，詩人之詠，曰杏黃，曰鬱金，誠艷之也。《唐本草》，薑黃作之方法與鬱金同，則以鬱金、薑黃染者，其勝於支與槐也遠矣。夫尚黃者非唯正色，亦與金為近耳。昔時泥金、鏤金，唯掖庭用之，宋嚴銷金之禁，罰至重，元以降，金箔、金絲，煩費無等，凡繪畫撚織之屬，無物不具。其始以來自蕃舶，不之禁也。日新月異，其耗中國之金也，有紀極乎？然則中央之色，不為世俗所艷，非金飾之奪之也而何？

清・趙其光《本草求原》卷一山草部　黃薑即臭屎薑。　辛，溫。　功同山橘，更消腫。

清・趙其光《本草求原》卷二芳草部　薑黃　苦，益火、生氣；辛溫，達火、化氣。氣生化，則津液行於三陰三陽，清者注於肺，濁者注於經，流於海，而血自行，血藉氣行。是理氣散結而兼泄血也。辛通散，苦降泄。無毒。主心腹結積，氣寒則血澀結而成積。疰忤，寒濕內疰，與性相忤，苦辛散之。下氣破血，苦降泄也。除風熱，風鬱之熱，辛以散之。消癰腫，氣行血活，自不逆於肌肉。治癥瘕血塊、經閉、撲瘀，產後血痛，同桂末酒下。功力烈於鬱金。鬱金苦寒，入心，專治血；薑黃辛香，入脾於氣中，治敗血攻心；莪术色青，入肝，亦治氣中血，故化血更速。治冷氣心腹脹痛，小兒腹痛、啼哭吐乳，便青，冷汗，若驚搐，同乳、沒蜜丸，鉤藤湯下。風寒濕氣臂痛。三痹湯用之。若血虛臂痛，非因氣血滯者忌。得歸、地、牛膝、延胡、玉桂，治一切積血腹痛。同玉桂醋下，治心寒痛。

一女子感寒，服五積散，凡頭、身、腰、腿、臂痛皆愈，惟背重痛不應。後以薑黃、甘、术、羌活而痊。因背為胸中之府，為太陽，常獨靜，陰邪常客之。故陰寒不論自外入、自內生，多踞於背，此味達上焦胸中之陽，凡痞滿喘噎、胃脘肩臂寒痛皆治，不徒以治血見長也。

川產者，色黃嫩，有鬚，折之中空有眼，切之分為兩片者，名片子薑黃，忌見火。恐去其辛也。生江、廣者，質粗，形扁如乾薑，耗氣而無治療之功。

清・文晟《新編六書》卷六《藥性摘錄》　薑黃　味辛苦，氣溫。色黃入脾，破脾中氣血，下行。○凡結氣積氣，癥瘕瘀血，血閉癰疽，服之皆効。○若血虛腹痛臂痛，而非瘀血凝滯者，用之增劇。○川產良。色黃質嫩，有鬚，折之中空，有眼。切之為兩片，名片子薑黃。○廣產質粗，形扁如乾薑，只可染色，不堪入藥。

清・張仁錫《藥性蒙求・草部》　薑黃片薑黃五分　薑黃味辛，消瘀下氣。心腹痛疼，虛人忌服。味苦、辛，溫。入脾，兼入肝經。除風破血，主治界于鬱金、蓬术之間，理血中之氣藥也。○張路玉云：鬱金、薑黃、蓬术三物，形狀功用皆相近，但鬱金入心，專治心包之血；薑黃治脾，兼治血中之氣；蓬术入肝，兼治氣中之血為不同耳。○別有一種片子薑黃，能入手臂治痛，其兼理血中之氣可知。又治風寒濕痺之症，血虛臂痛非宜也。

清・戴葆元《本草綱目易知錄》卷一　薑黃　辛、苦，色黃，入足太陰經。理血中之氣，下氣破血，除風熱，消癰腫，功力烈於鬱金。治心腹結積，氣脹疰忤，癥瘕血塊，撲損瘀血，止暴風痛，冷氣下食，產後敗血攻心，通月經，辟邪惡。片子薑黃，治風寒濕氣，能入手臂，而除痹痛。【略】酒積腹痛便閉，薑黃、蘇木各一錢，酒煎服，葆驗。

清・黃光霽《本草衍句》　薑黃辛、苦，溫。　入肝脾之經，理血中之氣。破血除風，消腫治痺。風寒濕三氣合而為痺，蠲痺湯、五痺湯皆用之。　產後敗血而攻心，三氣作痛於手臂。得肉桂治寒厥胃痛，產後癥瘕。

清・陳其瑞《本草撮要》卷一　薑黃　味苦辛，性寒，入足厥陰經，功專下氣破血。得肉桂治寒厥胃痛，產後癥瘕。血虛臂痛者忌。墮胎。川廣產者佳。

清·鄭奮揚著，曹炳章注《增訂偽藥條辨》卷二　子薑黃　子薑黃，氣味辛苦而溫，是經種三年以上老薑所生，色黄入脾，兼治氣，匪特破血除風。聞有以黄北薑偽充，則貽害多矣。　炳章按：　子薑黄，福建邵武出者，色黄，皮黃黑色，有節縐紋者佳。四川產者，名川黄，略次。江南北地產者，色深黄，作顔料用之。廣西柳州產者，形似蟬肚，色深黃兼黑者次，作香料用之。

片薑黃　李時珍云：　以扁如乾薑形者，為片子薑黃。治風痺臂痛有奇功。今肆中有偽品，即薑黃假充，粒大皮粗，味辣，内不結潤，非片子也，勿用為是。　炳章按：　片薑黃與子薑黃，大小塊色皆不同。片薑黃比子薑黄大六七倍，切厚片，色淡黄兼黑，邊有鬚根，廣東潮州、浙江溫州俱出。

清·周巖《本草思辨錄》卷二　薑黃、鬱金　《唐本草》於鬱金曰辛苦寒，甚是。於薑黃曰辛苦大寒，其實溫而非寒。惟以為大寒，故云除風熱。鄒氏不察，亦沿其誤。並以薑黃主心腹結積，為治在上。鬱金主血淋尿血，為治在下。意在求精求切，而不知其實非也。

薑黃辛苦溫而色黃，故入脾治腹脹，片子薑黃兼治臂痛，是為脾家血中之氣藥。鬱金苦寒而外黃内赤，性復輕揚，故入心去惡血，解心包絡之熱。其治淋血尿血與婦人經脈逆行，皆相因而致之效，是為心家之血藥。此皆歷試不爽者，《唐本草》可不必過執矣。

鬱金

宋·唐慎微《證類本草》卷九草部中品〔唐·蘇敬《唐本草》〕　鬱金　味辛、苦，寒，無毒。主血積下氣，生肌止血，破惡血，血淋，尿血，金瘡。

〔唐·蘇敬《唐本草》〕注云：　此藥苗似薑黃，花白質紅，末秋出莖心，無實，根黃赤。取四畔子根，去皮，火乾之。生蜀地及西戎。馬藥用之，破血而補，胡人謂之馬蒁。嶺南者有實似小豆蔻，不堪噉。《唐本》先附。

〔宋·掌禹錫《嘉祐本草》〕按：　《藥性論》云：　鬱金，單用亦可。治女人宿血氣心痛，冷氣結聚。溫醋摩，服之。亦啖馬藥，用治脹痛。

〔宋·蘇頌《本草圖經》〕曰：　鬱金，《本經》不載所出州土。蘇恭云：　生蜀地及西戎，胡人謂之馬蒁。今廣南、江西州郡亦有之，然不及蜀中者佳。四月初生，苗似薑黃，花白質紅，末秋出莖心，無實，根黃赤。取四畔子根，去皮火乾之。古方稀用，今小兒方及馬醫多用之。謹按許慎《説文解字》云：　鬱，芳草也。十葉爲貫，百二十貫築以煮之爲鬱。鬱，今鬱林郡也。木部中品有鬱金香，云生大秦國。二月、三月有花，狀如紅藍，其花即香也。陳氏云：　爲百草之英。既云百草之英，乃是草類。又與此同名，而在木部，非也。今人不復用，亦無辨之者，故但附於此耳。

〔宋·唐慎微《證類本草》〕《經驗方》：　治尿血不定。以一兩搗爲末，葱白一握相和，以水一盞，煎至三合，去滓，溫服，日須三服。《經驗後方》：　治風痰。鬱金一分，藜蘆十分，各爲末，和令勻，每服一字，用溫漿水一盞，先以少漿水調下，餘者水漱口都服，便以食壓之。孫用和：　治陽毒入胃，下血，頻疼痛不可忍。鬱金五個大者，牛黃一皂莢子，别細研，二味同爲散。每服用醋漿水一盞，同煎三沸，溫服。《丹房鏡源》云：　灰可用結砂子。《説文》曰：　芳草也。十葉爲貫，百廿貫築以煮之爲鬱。从臼冖缶鬯，彡其飾也；一曰鬱鬯，百草之華。遠方鬱人所貢芳草。合釀之以降神。《周禮》：　鬱人，凡祭祀之祼，用鬱鬯。

宋·李昉《太平御覽》卷九八一　欝金　《説文》曰：　欝，芳草也。十葉為貫，築以煮之，為鬯一合而釀之，以降神也。《後周書》曰：　波斯國大月氏之别種也，地出氍毹瞿俞二音。、玄麞皮，及薰陸、欝金、蘇合、青木香等，胡椒、蓽撥、石蜜、千牛棗、香附子、訶黎勒、無食子、鹽緑、雌黄等物。《唐書》曰：　太宗時，伽毗國獻欝金香，似麥門冬，九月花開，狀似芙蓉，其色紫碧，香聞數十步，花而不實，欲種者取根。

唐·歐陽詢《藝文類聚》卷八一　鬱金　《説文》曰：　鬱金，芳草也。十葉為貫，百二十貫，采以煑之為鬯。一曰鬱鬯。百草之華，遠方所貢芳物，合而釀之以降神。

頌　晉左貴嬪《鬱金頌》曰：　伊此奇草，名曰鬱金。越自殊域，厥珍來尋。芬香酷烈，悦目欣心。明德惟馨，淑人是欽。窈窕妃媛，服之褵衿。永重名實，曠世弗沉。

宋·寇宗奭《本草衍義》卷一〇　鬱金　不香，今人將染婦人衣最鮮明，然不奈日炙。染成衣，則微有鬱金之氣。

宋·鄭樵《通志》卷七五《昆蟲草木略》　鬱金　即薑黄。《周禮》鬱人和鬱鬯。注云：　煮鬱金以和鬯酒。又云：　鬱為草若蘭。今之鬱金，作䔢藩臭。其若蘭之香，乃鬱金香，生大秦國，花如紅藍花，四五月採之即香。陳藏器謂《説文》云鬱，芳草也。十葉為貫，捋以煮之，用為鬯，為百草之英，合而釀酒，以降神也。然大秦國去長安四萬里，至漢始通，不應三代時得此草也。或云，鬱金與薑黃自别，亦芬馨，恨未識耳。

金·張元素《潔古珍珠囊》〔見元·杜思敬《濟生拔粹》卷五〕　（蔚）〔鬱〕

金辛苦　陰中微陽。涼心。

宋・劉明之《圖經本草藥性總論》卷上　鬱金　味辛、苦，寒，無毒。主血積下氣，生肌止血，破惡血，血淋尿血，金瘡。《藥性論》云：單用亦可。治女人宿血結聚，溫醋摩服。亦啖馬藥用之。治脹痛，破血而補。《經驗方》治尿血不定，葱白相和煎服。生蜀中者佳。胡人謂之馬蒁。

元・王好古《湯液本草》卷四　鬱金　味辛苦，純陰。《珍》云：涼心。《局方本草》：鬱金，味辛、苦，寒，無毒。主血積，下氣，生肌止血，破惡血，血淋，尿血，金瘡。《藥性論》云：單用亦可。治婦人宿血結聚，溫醋磨服。《經驗方》云：尿血不定，葱白相和，煎服，效。《本草》云：生蜀者佳。胡人謂之馬蒁，亦啖馬。藥用治脹痛，破血而補。

元・朱震亨《本草衍義補遺》　欝金　《本草》無香，屬火屬土與水。性輕揚，能致達酒氣於高遠也。正如龍涎無香，能散達諸香之氣耳。因輕揚之性，古人用以治欝遏不能散者，恐命名因於此始。○《周禮》人凡祭祀之祼，用欝鬯。又《說文》曰：芳草也，合釀之以降神。

元・徐彥純《本草發揮》卷二　鬱金　潔古云：鬱金，味辛、苦，純陰。涼心經。東垣云：鬱金，主積血下氣，主肌止血，破惡血，治陽毒入胃，下血頻痛。丹溪云：上行之藥也。

明・王綸《本草集要》卷二　鬱金：味辛苦，氣寒。純陽，無毒。色赤，似薑黃。主血積下氣，涼心止血，破惡血，血淋尿血。女人宿血氣心痛，溫醋摩服之。治金瘡，生肌。亦啖馬藥，主馬熱病，小兒方馬醫多用之。此芳草也，古用合釀酒以降神。《衍義》云不香。丹溪云：性輕揚，能致達酒氣於高遠，如龍涎無香，能散達諸香之氣耳。因輕揚之性，古人用以治鬱遏。

明・滕弘《神農本經會通》卷一　欝金　苗似薑黃，根黃赤，取四畔子根，去皮，火乾。味辛、苦，氣寒，無毒。《湯》云：味苦，純陽。《珪》云：療金瘡，破血下氣，除血淋宿血，生肌。《珍》云：主血積，下氣，陽毒入胃便血，涼心，生肌止血。

《本經》云：主血積，下氣，生肌止血，破惡血，血淋尿血，金瘡。唐注云：生蜀地及西戎，馬藥用之，胡人謂之馬蒁。破血而補。《藥性論》云：單用亦可，治女人宿血，氣結聚，溫醋摩服之。亦啖馬藥用，治脹痛。《圖經》云：蜀中者佳。小兒方及馬醫多用之。《經驗方》尿血不定，搗末，用葱白相和，煎服。丹溪云：《衍義》云無香，屬火屬土與水，性輕揚，能致達酒氣於高遠也。正如龍涎無香，能散達諸香之氣耳。用輕揚之性，古人用以治欝遏不能者，恐命名因此始。《周禮》〔鬱〕人，凡祭祀之〔祼，〕用欝鬯。《說文》曰：芳草也，合釀酒以降神。《珍》云：涼心。《局》云：鬱金蟬肚者最良，下氣寬中効豈常。安驥獸醫多用此，生肌破血理金瘡。鬱金，勝似薑黃，行經下氣。

明・劉文泰《本草品彙精要》卷一一　鬱金無毒。　叢生。

鬱金：主血積，下氣，生肌，止血，破惡血，血淋，尿血，金瘡。名醫所錄。

〔苗〕《圖經》曰：苗似薑黃，花白質紅，秋末出莖心而無實，根黃赤色，此即四畔子根也。《衍義》曰：鬱金不香，今人將染衣最鮮明，然不奈日炙，染成衣則微有鬱金之氣。〔地〕《圖經》曰：出西戎，今廣南、江西州郡亦有之。〔道地〕蜀地、潮州。〔時〕生：四月生苗。採：二月、八月取根。〔收〕刮去皮，火乾。〔用〕根蟬肚者爲好。〔質〕類薑黃輕浮而小。〔色〕黃赤。〔味〕辛，苦。〔性〕寒，泄。〔氣〕氣薄味厚，陰也。東垣云：純陰。〔臭〕香。〔主〕破惡血，散結氣。〔製〕剉碎或碾末用。〔合治〕合溫醋摩服之，療女人宿血氣，心痛，冷氣結聚。○以一兩搗爲末，合葱白一握相和，以水一盞，煎至三合，去滓，溫服，日三，療尿血不定。○以一分合藜蘆十分，各爲末，和勻，每服一字，用溫漿水一盞，先以少漿水調下，餘者水漱口都服，便以食壓之，療風痰。○以五個大者，合牛黃一皂莢子大，別細研二味，同爲散，每服用醋漿水一盞，同煎三沸，溫服，療陽毒入胃，下血頻，疼痛不可忍。

明・葉文齡《醫學統旨》卷八　鬱金　氣寒，味辛、苦。無毒。純陽。色赤似薑黃，中空。生蜀者佳。治血積下氣，涼心止血，破惡血，血淋尿血；女子宿血結聚脹痛，心氣疼，溫醋磨服之；又治金瘡生肌。

明・許希周《藥性粗評》卷二　苟得鬱金一錠，人心始涼。

鬱金香，草根名也。四月初生，苗似薑黃，花白質紅，末秋出莖心，不結實，根黃赤色。出蜀中及西戎，胡人謂之馬蒁。今嶺南、江西州郡亦有之，以蜀中如蟬肚者佳。冬採四畔子根，去皮，火乾。所使并所畏、惡，《本草》不載。入藥如無，以山茶花代之。許慎《說文》曰：鬱，芳草也。十葉為貫，百二十貫築以煮之為鬱。又曰：遠方鬱人所貢，合鬯釀之灌地以降神。味辛、苦，性寒，無毒。其氣上行。主治風痰積熱，積血惡血，血淋尿血，

金瘡生肌止痛，獸醫多用以治馬結。潔古云：鬱金純陰，涼心經。丹溪云：上行之藥也。愚謂心主血，心熱則血妄行，涼心即所以治血也。

單方：陽毒下血：陽毒入胃，下血頻痛者，以大者五個，牛黃一皂莢子大，別研二味，同為散，每服一錢，醋漿水煎二三沸，溫服。婦人宿癥：婦人血氣積聚，時或攻痛者，以溫醋磨服之。

明・鄭寧《藥性要略大全》卷五 鬱金 《經》云：味辛、苦，性寒，無毒。涼心，主血積下氣。治金瘡，生肌止血，破惡血，血淋尿血可單用。亦治女人宿血結聚，溫醋摩服。啖馬治脹痛，為之馬菜。《十書》云：鬱金香，療蠱野諸毒，心氣鬼疰，心腹間惡氣。味苦，性溫、平，無毒。只十二葉，為百藥之英。其花狀如紅藍。採其花，即是香也。古人用鬱鬯釀酒以降神，即此花也。

明・陳嘉謨《本草蒙筌》卷三 鬱金 味苦，氣寒。純陰。屬土與金，有水。無毒。色赤兼黃，生蜀地者勝；體圓有節，類蟬肚者真。倘或入藥難求，採山茶花可代。燒灰存性，研細調服。涼心經下氣，消陽毒生肌。禁尿血，除血淋，兼毆血氣作痛；破惡血，止吐血，仍散積血歸經。因性輕揚上行，又治鬱遏殊効。名由此得，曾載《本經》。

明・王文潔《太乙仙製本草藥性大全》卷一《本草精義》 鬱金 鬱金《本經》不載所出州土。蘇恭云：生蜀地及西戎，胡人謂之馬蒁。今廣南、江西州郡亦有之，然不及蜀中者佳。四月初生苗似薑黃，花白質紅，末秋出莖心無實，根黃赤，取四畔子根，去皮，火乾之。古方稀用，今小兒方及馬醫多用之。謹按許慎《說文解字》云：鬱，芳。又云：味苦性溫平，無毒。只十二葉，爲百藥之精英。其花狀如紅藍，採其花，即是香也。古人用鬱鬯釀酒以降神，今人用之以療馬，即此花草也。

明・王文潔《太乙仙製本草藥性大全》卷一《仙製藥性》 鬱金 味苦，氣寒，純陰，屬土與金，有水，無毒。主治：療蠱野諸毒，心氣鬼疰惡氣。治女人宿血結聚，止血，金瘡，涼心經，下氣消陽毒，生肌，禁尿血，除血淋兼嘔，血氣作痛，破血，止吐血，仍散積血歸經。因性氣輕揚，能致達酒氣於高遠。如龍涎無香，能散達諸香之氣耳，爲輕揚之性，治鬱遏殊奇。名由此得，曾載《本經》。補註：治尿血不定，以一兩擣爲末，葱白一握，相和，以水一盞，煎至三合，去滓，溫服，日須三服。〇治風痰，鬱金一分，藜蘆十分，各爲末，和令勻，每服一字，用溫漿水二盞，先以少漿水服下，餘者水嗽口都服，便以食壓之。〇治陽毒入胃，下血頻，疼痛不可忍，鬱金五個大者，牛黃一皂莢子，別細研，二味同爲散，每服用醋漿水一盞，同煎三沸，溫服。

明・皇甫嵩《本草發明》卷三 鬱金中品下。味辛苦，純陰，無毒。屬土與金有水。

發明曰：欝金苦辛輕散，涼心經，下氣之藥。蓋心主血，血熱則瘀遏不歸經，此能涼而散之。故《本草》主散積血，下氣，破惡血，血淋尿血，金瘡生肌，因輕揚上行，治欝遏不能散者殊效。又云：單用亦可治婦人宿血結聚，溫醋磨服。胡人謂之馬蒁，亦啖馬藥用。治脹痛，破血而補。有節如(蚶)〔蟬〕肚，色赤者真。

明・李時珍《本草綱目》卷一四草部・芳草類 鬱金《唐本草》

【釋名】馬蒁震亨曰：鬱金無香而性輕揚，能致達酒氣於高遠。古人用治鬱遏不能升者，恐命名因此也。時珍曰：酒和鬱鬯，昔人言是大秦國所産鬱金花香，惟鄭樵《通志》言即是此鬱金。其大秦三代時未通中國，安得有此草？羅願《爾雅翼》亦云是此根，和酒令黃如金，故謂之黃流。其説並通。此根形狀皆似莪蒁，而醫馬病，故名馬蒁。

【集解】恭曰：鬱金生蜀地及西戎。苗似薑黃，花白質紅，末秋出莖心而無實。其根黃赤，取四畔子根去皮火乾，馬藥用之，破血而補，胡人謂之馬蒁。嶺南者有實似小豆蔻，不堪啖。頌曰：今廣南、江西州郡亦有之，然不及蜀中者佳。四月初生苗似薑〔黃〕，如蘇恭所説。宗奭曰：鬱金不香。今人將染婦人衣最鮮明，而不耐日炙，微有鬱金之氣。時珍曰：鬱金有二：鬱金香是用花，見本條；此是用根者。其苗如薑，其根大小如指頭，長者寸許，體圓有橫紋如蟬腹狀，外黃內赤。人以浸水染色，亦微有香氣。

根

【氣味】辛、苦，寒，無毒。元素曰：氣味俱厚，純陰。獨孤及曰：灰可結砂子。

【主治】血積下氣，生肌止血，破惡血，血淋尿血，金瘡《唐本》。單用，治女人宿血氣心痛，冷氣結聚，温醋摩傅之。亦治馬脹甄權。涼心元素。治陽毒入胃，下血頻痛李杲。治血氣心腹痛，産後敗血衝心欲死，失心顛狂蠱毒時珍。

【發明】震亨曰：鬱金屬火與土有水，其性輕揚上行，治吐血衄血，唾血血腥，及經脈逆行，並宜鬱金末加韭汁、薑汁、童尿同服，其血自清。痰中帶血者，加竹瀝。又鼻血上行者，鬱金、韭汁加四物湯服之。時珍曰：鬱金入心及包絡，治血病。《經驗方》治失心顛狂，用真鬱金七兩，明礬三兩，爲末，薄糊丸梧子大。每服五十丸，白湯下。有婦人顛狂十年，至人授此，初服心胸間有物脱去，神氣洒然，再服而甦，此驚憂痰血絡聚心竅所致。鬱金入心去惡血，明礬化頑痰故也。龐安常《傷寒論》云：斑豆始有白泡，忽搐入腹，漸作紫黑色，無膿，日

夜叫亂者，鬱金一枚，甘草二錢半，水半碗煮乾，去甘草，切片焙研爲末，入真腦子炒半錢。每用一錢，以生猪血五七滴，新汲水調下。不過二服。甚者毒氣從手足心出，如癰狀乃瘥，此乃五死一生之候也。又《范石湖文集》云：嶺南有挑生之害，於飲食中行厭勝法，魚肉能反生於人腹中，而人以死，則陰役其家。初得覺胸腹痛，次日刺人，十日則生在腹中也。凡胸膈痛，即用升麻或膽礬吐之。若膈下痛，急以米湯調鬱金末二錢服，即瀉出惡物。或合升麻、鬱金服之，不吐則下。李巽巖侍郎爲雷州推官，鞫獄得此方，活人甚多也。

〖附方〗舊三，新十。　失心顛狂：方見發明下。　痘毒入心：方見發明下。　厥心氣痛：不可忍。鬱金、附子、乾薑等分，爲末。醋糊丸梧子大，朱砂爲衣。每服三十丸，男酒女醋下。《奇效方》。　產後心痛：血氣上衝欲死。鬱金燒存性，爲末二錢，米醋一呷，調灌即甦。《袖珍方》。　自汗不止：鬱金末，卧時調塗於乳上。《集簡方》。　衄血吐血：川鬱金爲末，井水服二錢。甚者再服。黎居士《易簡方》。　陽毒下血：熱氣入胃，痛不可忍。鬱金五大個，牛黄一皂莢子，爲散。每服用醋漿水一盞，同煎三沸，温服。孫用和《秘寶方》。　尿血不定：鬱金末一兩，葱白一握，水一盞，煎至三合，温服，日三服。《經驗方》。　風痰壅滯：鬱金一分，藜蘆十分，爲末。每服一字，温漿水調下。仍以漿水一盞漱口，以食壓之。《經驗方》。　挑生蠱毒：方見發明下。　中砒霜毒：鬱金末二錢，入蜜少許，冷水調服。《事林廣記》。　痔瘡腫痛：鬱金末，水調塗之，即消。《醫方摘要》。　耳内作痛：鬱金末一錢，水調，傾入耳内，急傾出之。《聖濟總録》。

題明・薛己《本草約言》卷一《藥性本草》　鬱金　味辛、苦，氣寒，無毒。陽中之陰，可升可降。丹溪云：上行之藥也。除失血，涼心熱之徵；散宿血，開鬱遏之驗。入手少陰心，乃清涼瀉火之品。色赤蟬肚者佳，今之市者皆薑黄也。治諸般血證。《發明》云：苦辛輕散，涼心經下氣之藥。蓋心主血，血熱則瘀血不歸經，此能涼而散之。丹溪云：性輕揚。因輕揚之性，古人用以治鬱遏。單用亦可治婦人宿血結聚，溫醋摩服之。

明・梅得春《藥性會元》卷上　鬱金　味辛、苦，氣寒。純陽。無毒。色赤似薑黄，中空，生蜀川者佳。又云芳草也。今釀酒以降神，以其性輕揚，能達諸氣于高遠也。正如龍涎無香，能達諸香之氣耳。以輕揚之性，故用以治鬱遏不能至者。主治血積，下氣，小便癃閉。生肌止血，破惡血，血淋，尿血，金瘡，吐衄，女子宿血結聚脹滿，心氣疼，溫醋磨服之。

明・李中立《本草原始》卷二　鬱金　今廣南、江西州郡亦有之，然不及蜀中者佳。四月初生苗，似薑黄。花白質紅，末秋出莖心，無實。根鋭圓有横紋，如蟬腹狀。色黄赤類金，始產鬱林郡，故名鬱金。氣味：辛、苦，寒，無毒。主治：血積下氣，生肌止血，破惡血，血淋尿血，金瘡。〇單用治女人宿血氣，心痛冷氣結聚，溫醋摩傅之。亦治馬脹。〇涼心。〇治陽毒入胃，下血頻痛。〇治血氣心腹痛，產後敗血衝心欲死，失心顛狂，蠱毒。

鬱金，《唐本草》。【圖略】形類莪朮，大小不常，色黄類金，根如蟬腹有節，皮黄肉赤者真。入藥剉用。

鬱金、薑黄二藥，原不同種。鬱金味苦寒，色赤，類蟬肚；薑黄味辛溫，色黄似薑爪，亦有似薑塊者。鬱金甚少，薑黄甚多。今市家惟取多者欺人，謂原是一物，指大者為薑黄，小者為鬱金。則一種之藥，大小不齊者多矣，何嘗因其異形，而便異其名也？夫何俗醫，不(味)〔昧〕諸本草蟬肚之語，而亦以薑黄之小者為鬱金，獨何歟！

元素曰：氣味俱厚，純陰。可浸水染衣。《袖珍方》：治產後血氣上衝心痛，鬱金燒灰為末，二錢，米醋調灌，甦。

明・張懋辰《本草便》卷一　鬱金　味辛、苦，氣寒，純陽，無毒。主血積，下氣，涼心止血；女人宿血氣心痛，溫醋摩服。

明・李中梓《藥性解》卷四　鬱金　味辛、苦，性溫，無毒，入心、肺二經。主下氣破血開鬱，療尿血淋血金瘡，楚產蟬肚者佳。按：鬱金，本草言其性寒，自《藥性論》始言其治冷氣，今觀其主療，都是辛散之用，性寒而能之乎？夫肺主氣，心主血，鬱金能行氣血，故兩入之。丹溪云：屬火而有土與水，古人用以治鬱遏不散者，故名。

明・繆希雍《本草經疏》卷九　鬱金　味辛、苦，寒，無毒。主血積，下氣，生肌，止血，破惡血，血淋，尿血，金瘡。

〖疏〗鬱金稟天令清涼之氣，而兼得土中金火之味，故其味辛苦，其氣寒而無毒。潔古論氣味俱薄，陰也，降也，入酒亦能升。入手少陰、足厥陰，兼通足陽明經。辛能散，苦能洩，故善降逆氣。入心、肝、胃三經，故治血積。氣降而和，則血凝者散，故主生肌止血。其破惡血，治血淋尿血，主金瘡者，調氣行血之功也。單用亦治女人宿血氣心痛，冷氣結聚，溫醋磨服之。入心涼血，故潔古用以涼心。入足陽明，故治陽毒入胃，下血頻痛。其性輕揚，能開鬱滯，故為調逆氣，行瘀血之要藥。

〖主治參互〗鬱金同韭菜、

番降香、當歸、生地黃、童便，能治怒氣傷肝吐血。又治鼻衄、唾血，喉中血腥氣及經脈逆行。有痰，方加竹瀝。　鬱金七兩，同明礬三兩，為細末，薄米糊為丸，梧子大。每服五十丸，白湯下。昔人曾治婦人癲狂，十年不愈，初服此藥，心胸間有物脫去，即神氣洒然，再服而蘇。此驚憂痰血，總聚心竅所致。此藥入心去惡血，明礬化頑痰故也。　龐安常《傷寒論》云：痘瘮始有白泡，忽搐入腹，漸作紫黑色，無膿，日夜叫亂者。鬱金一枚，甘草二錢半，水半碗煮乾，去甘草，切片，微火烘燥為末，入真片腦半錢。每用一錢，以生豬尾血五七滴，新汲水調下，不過二服，甚者毒氣從手足心出如癰狀乃瘥。此乃五死一生之候也。　又《范石湖文集》云：嶺南有采生之害，其術於飲食中行厭勝法，致魚肉能反生於人腹中，而人已死，則陰役其家。初得覺胸腹痛，次日刺人，十日則生在腹中也。凡胸膈痛，即用升麻或膽礬吐之。若膈下痛，急以米湯調鬱金末二錢服，即瀉出惡物。或合升麻、鬱金服之。不吐則下。李巽巖侍郎為雷州推官，鞫獄得此方，活人甚多。　【簡誤】鬱金本入血分之氣藥，其治已上諸血證者，正謂血之上行，皆屬於內熱火炎。此藥能降氣，氣降即是火降，而其性又入血分，故能降下火氣，則血不妄行。丹溪不達此理，乃謂其上行治血，則誤矣。凡病屬真陰虛極，陰分火炎，薄血妄行，溢出上竅，而非氣分拂逆，肝氣不平，以致傷肝吐血者，不宜用也。即用之亦無效。

明・倪朱謨《本草彙言》卷二　鬱金　味苦、辛，性溫，無毒。氣味俱薄，陰也降也。入酒亦能升。入手少陰、足厥陰、足陽明經。

李時珍先生曰：　鬱金出大秦國及西戎。今蜀地、廣南、江西州郡亦有，不及蜀中者佳。四月生苗，莖葉頗似薑黃，秋末復從莖心抽莖。黃花紅質，亦有白花紅質者。不結實。根如指頭，長寸許。體圓無枝，兩頭尖長，宛如橄欖核也。剖之外黃內赤，芳香可愛。修治：　取根下四畔子根，去浮皮用。

朱氏曰：　鬱金無香而性輕揚，能致達逆氣于高遠。古人用治鬱遏不能升者，恐命名因此也。浸水染衣甚鮮麗。微有香氣，經久不變其色。或云：形如棗核，兩頭尖圓，有橫紋如蟬肚者，是薑黃，非鬱金也。

鬱金：　清氣化痰，《唐本草》散瘀血之藥也。御醫米振斯稿 其性輕揚，能散鬱滯，順逆氣，上達高巔，善行下焦，爲心肺肝胃、氣血火痰、鬱遏不行者，最驗。故治胸胃膈痛，兩脅脹滿，肚腹攻疼，飲食不思等證。又治經脉逆行，吐血、衄血、唾血血腥。此藥能降氣，氣降則火降，而痰與血亦各循其所安之處而歸原矣。前人未達此理，乃謂止血生肌，錯謬甚矣！凡病屬真陰虛極，火亢吐血，溢出上竅，而非氣分拂逆、肝氣不平者，不宜用也。如脹滿、如膈逆、如疼痛，關乎胃虛血虛者，亦不宜用也。即用之亦不效。

集方：　王太和家珍治心胃作痛因寒者。用鬱金、木香、莪朮各等分，白湯磨服。〇《女科方要》治婦人脅肋脹滿、因氣逆者。用鬱金、木香、莪朮、牡丹皮，白湯磨服。〇《方脉粹言》治肚腹攻疼因血滯者。用鬱金、木香、莪朮、玄胡索，白湯磨服。〇同前治胃氣不和，停痰停火，飲食不思。用鬱金、川黃連、木香、白芥子、紅麯、麥芽、茯苓、甘草、白朮。〇同前治經脉不和，逆行于上，或吐血衄血。用鬱金、木香、烏藥、牡丹皮、玄胡索，白湯磨服。〇《本草發明》治男婦失心癲狂。用鬱金二枚，明礬泡湯磨服。此因驚憂痰血，絡聚心竅所致。鬱金入心去惡血，明礬化頑痰故也。〇同前治蠱毒中人，嶺南之處有之。于飲食行魘法也。初覺腹中微痛，次日刺人，十日則猪魚蛇蟲之蟲生在腹中也。凡覺胸膈脹痛，即用升麻煎汁，或膽礬泡湯吐之。若膈下痛急，以米湯調鬱金末二錢，服即瀉出惡物。或合升麻、膽礬同服，吐瀉幷作。昔李巽巖爲雷州推官，鞫獄得此方，活人甚多也。〇黎居士方治怒傷肝，吐血衄血。用鬱金、當歸、牡丹皮、生地黃、韭菜煎汁，調降香末服。〇《痘科瑣言》治痘疹始有血泡，忽搐入腹，漸作紫黑色，無膿，日夜叫喊。用鬱金二枚，甘草一錢，水一碗，煮乾。去甘草、切片，微火烘燥爲末，入真冰片二分，每用一錢，以生猪尾血五七滴，和新汲水七八匙調下。不過二服。甚者毒氣從手足心出，如癰狀，乃瘥。此乃九死一生之候也。

明・顧逢柏《分部本草妙用》卷二心部・寒瀉　鬱金　辛，苦，寒，無毒。入心及包絡。馬藥用之，又名馬蒁。古人用之，以治鬱遏不升者，色又黃，故名鬱金。

主治：　去心家積血，陽毒入胃，下血頻痛，血氣心腹痛，產後敗血冲心，失心癲狂，蠱毒，女子宿血及心氣痛。　按：　鬱金屬火與土，有水，其性輕揚上行，吐衄唾血，及經脉逆行竝宜。鬱金末加韮汁、薑汁，同童便服下，其血自清。痰中帶血，加竹瀝。鼻血上行，同韮汁。加四物湯用，凡驚憂，痰血絡聚心竅，〔鬱〕金能入心，去惡血，化頑痰，更有痰入心竅而癲狂者，非此不效。牛黃引邪入心，鬱金去心痰血痰中心者，寧用金而不用黃。〇一方：　用鬱金七兩，明礬三兩，為末，糊丸，白湯下。

明・李中梓《醫宗必讀・本草徵要上》 鬱金味辛、苦，寒，無毒。入肺、肝、胃三經。

血積氣壅，真稱仙劑；生肌定痛，的是神丹。能開肺金之鬱，故名鬱金。物罕值高，肆中多僞，折之光明脆徹，必苦中帶甘味者乃真。按：鬱金本入血分之氣藥，其治吐血者，為血之上行，皆屬火炎，此能降氣，氣降即火降，而性又入血，故能導血歸經。如真陰虛極，火亢吐血，不關肝肺氣逆，不宜用也，用亦無功。

明・鄭二陽《仁壽堂藥鏡》卷一〇下 鬱金 《本草》云：鬱金，西戎及蜀中者佳。鬱，芳草也。可作釀。《周禮》云：凡祭祀之祼，用鬱鬯。味辛、苦，純陰。《珍》云：涼心。《局方本草》：鬱金，味辛、苦，寒，無毒。主血損下氣，生肌止血，破惡血，血淋，尿血，金瘡。《藥性論》云：單用亦可治婦人宿血結聚，溫醋磨服。《經驗方》云：尿血不定，葱白相和煎服，效。《本草》云：生蜀者佳。胡人謂之馬蒁，亦啖馬藥。用治脹痛，破血而補。

明・蔣儀《藥鏡》卷一温部 鬱金 調逆氣而止心痛，行瘀血而抹金瘡。血溺血淋，并舒鬱結，臣以明礬，頑痰能化。故同末服，而醒癲癇也。

明・李中梓《頤生微論》卷三 鬱金 味辛、苦、甘，性溫，無毒。入肺、肝、胃三經。主血積氣滯，生肌定痛。按：鬱金能開肺金之鬱，物罕值高，肆中多以薑黃僞之。必光明脆徹、苦中帶甘味者真。虛人斟酌投之。

明・張景岳《景岳全書》卷四八《本草正》 鬱金 味苦、辛，氣溫。善下氣，破惡血，去血積，止吐血衄血，血淋尿血，及失心癲狂蠱毒。單用治婦人冷氣血積，結聚氣滯，心腹疼痛，及產後敗血衝心欲死，或散或丸，或以韭汁、薑汁、童便、井花水俱可，隨宜調服。若治痔漏腫痛，宜水調敷之。耳內腫痛，宜水調灌入，少頃傾出即可愈。

明・盧之頤《本草乘雅半偈》帙九 鬱金《唐本草》 氣味：辛、苦，寒，無毒。主治：主血積，下氣，生肌，止血，破惡血，血淋，尿血，金瘡。

覈曰：原從大秦國及西戎來，今蜀地、廣南、江西州郡亦有，不及蜀中者佳。四月生苗，莖葉都似薑黃，末秋復從莖心抽莖，黃花紅質，不結實，根如指頂，長寸許，體圓無枝，芳香色黃，橫紋宛如蟬腹也。古者合玄秬以釀酒，名之曰鬯。《周禮》鬱人掌祼器，凡祭祀賓客之祼事，和鬱鬯以實彝而陳之。浸水染衣，色極鮮麗，經久不變，炙之微有鬱氣也。

先人云：金本剋木，反為木用，故名鬱金。其輕達有金象，其高遠似春暄。

条曰：以鬱合秬，釀之成鬯，則酒色香而黃，在器流動，《詩》所謂黃流在中者是矣。周人尚臭，灌用鬯，陰達于九淵，陽徹于九天，故曰條暢于上下，致氣于高遠，所以降神也。《經》云：藏真高于肺，以行營衛陰陽也。設遏逆于中，則萎暢于四肢，為結、為積、為宿、為淋矣。與香薷合其德，略有異同。香薷偏于衛與陽，鬱金偏于營與陰。將形藏，彌玄府，敷幽門則一耳。秬者百穀之本，鬱者百草之華，合以成鬯。上暢于天，下暢于地，無所不暢。故天子以鬯為贄。

明・李中梓《本草通玄》卷上 鬱金 辛苦，入心。下氣破血，止心腹痛，產後敗血沖心，失心癲狂，衄血吐血，痘毒入心。《經驗方》云：一婦人患癲十年，用鬱金七兩，明礬三兩，為末，薄荷〔湯法〕丸。纔服五十丸，心胸間覺有物脫去，再服而甦。此因驚憂而痰與血凝於心竅也。

清・顧元交《本草彙箋》卷二 鬱金 鬱金稟天令清涼之氣，其性輕揚，能開鬱滯，故爲調氣行瘀血之要藥。產蜀地及西戎，彼人用以醫馬，或浸水染衣。蓋非罕物也，而此地奉爲珍異，肆多僞者，因其不可多得，遂惑其有起死之功。如附子，昔當騰貴時，其相張皇，謂非此不生也，今遍殺人矣。

酒和鬱鬯令黃如金，故謂黃流，然用花也。此是用根。其苗如薑黃，花白質紅，末秋出莖心而無實，其根黃赤，取四畔子根，去皮，火乾，大小如指頭，長者寸許，體圓有橫紋，如蟬腹狀，外黃內赤，折之光明脆徹，苦中帶甘。　凡血上行，皆屬內熱火炎。鬱金降氣，氣降即是火降。而其性又入血分，故能降下火氣，使血不妄行。如怒氣傷肝，吐血及鼻衄、唾血，喉中血腥氣，或經脈逆行，用鬱金同韭菜、番降香、當歸、生地黃、童便，有痰方加竹瀝。若係真陰虛極，陰分火炎薄血，妄行溢出上竅，而非氣分拂逆肝氣不平者，不在此例。　治失心顛症，用鬱金七兩，明礬三兩，爲細末，薄米糊丸梧子大，每服五十丸，白湯下。昔人曾治一婦人，顛狂十年不愈。初服此藥，覺心胸間有物脫去，即神氣洒然，再服而蘓。此驚憂痰血絡聚心竅所致，此藥入心，去惡血，明礬化頑痰故也。　嶺南有采生之害，其術於飲食中行厭勝法，致魚肉能反生於人腹中，而人已死，則陰役其家。初得覺胸腹痛，次日刺人，十日則生在腹中。凡胸膈痛，即用升麻或膽礬吐

之。若膈下痛，急以米湯調鬱金末二錢，服即瀉出惡物。或合升麻、鬱金服之，不吐則下。此鬱金能治蠱毒之一證也。

清・穆石匏《本草洞詮》卷八　鬱金　和酒令黃如金，謂之黃流鬱金，無香而性輕揚，能達酒氣於高遠。古人用治鬱遏不能升者，故命名以此也。氣味辛苦寒，無毒。下氣涼心，生肌止血，破惡血，產後敗血衝心欲死，失心顛狂，蠱毒。蓋鬱金輕揚上行，凡吐衄及經脉逆行，並宜鬱金末加韭汁、薑汁、童尿同服，其血自清。《經驗方》治失心顛狂，用真鬱金七兩，明礬三兩，為末，糊丸。有婦人顛狂十年，初服覺心胸間有物脫去，神氣灑然，再服而甦，此驚憂痰血結聚心竅所致。鬱金去惡血，明礬化頑痰也。范石湖云：嶺南有厭勝法，魚肉能反生於人腹中，而人以死，則陰役其家，初得覺胸腹痛，即用升麻或膽礬吐之，若膈下痛，急調鬱金末二錢服，即瀉出惡物也。

清・劉雲密《本草述》卷八下　鬱金　時珍曰：酒和鬱鬯，昔人言是大秦國所產。鬱金花香，惟鄭樵《通志》言即是此鬱金。其大秦三代時未通中國，安得有此草？羅願《爾雅翼》亦云：是此根和酒令黃如金，故謂之黃流，其說並通。　斆曰：生蜀地及西戎，今廣南、江西州郡亦有之，然不及蜀產者佳。四月生苗，似薑黃，花白質紅，末秋從莖心出，不結實，根如指，頂長者寸許，體圓，有橫紋如蟬腹狀，外黃內赤，不如薑黃純黃也。

根：氣味：辛、苦，寒，無毒。　潔古曰：氣味俱厚，純陰，涼心經。

諸本草主治：血氣心腹痛，及陽毒入胃，下血頻痛，療失心癲狂，血積蠱毒，尿血血淋，女子產後敗血衝心。　方書主治：發熱鬱，咳嗽齒衄，咳嗽血，溲血，頭痛眩暈，狂癇，滯下淋，並眼目鼻舌咽喉等證。

丹溪曰：鬱金無香，而性輕揚，能致達酒氣於高遠。古人用治鬱遏不能升者，恐命名因此也。　又曰：鬱金，屬火與土有水，其性輕揚上行，治吐血衄血，唾血血腥，及經脈逆行，並宜鬱金末，加韭汁、薑汁、童尿同服，其血自清。痰中帶血者，加竹瀝。　之頤曰：以鬱合秬釀之成鬯。秬，黑黍也。音巨。用秬黍釀酒，以香草合之，故曰鬱鬯。記曰：秬者，百穀之長。鬱者，百草之長。故先王煮以合鬯。周人尚臭，灌用鬯，陰達於九淵，陽徹於九天，故曰條暢於上下，致氣於高達，所以降神也。《經》云：藏眞高於肺，以行營衛陰陽也。設遏逆於中，則萎暢於四肢，為結為積，為宿為淋矣。與香薷合其德，略有異同。香薷偏於衛與陽，鬱金偏於營與陰。將行藏彌元府，敷幽門則一耳。

時珍曰：鬱金入心及包絡治血病。《經驗方》眞鬱金七兩，明礬三兩，為末，薄米糊丸梧子大，每服五十丸，白湯下。有婦人顛狂十年，此劑初服，心胸間有物脫去，神氣灑然，再服而甦，此驚憂痰血絡聚心竅所致，鬱金入心去惡血，明礬化頑痰故也。又龐安常《傷寒論》云：斑豆始有白泡，忽搐入腹，漸作紫黑色，無膿，日夜叫亂者，鬱金一枚，甘草二錢半，水半盌，煮乾，去甘草，切片，焙研為末，入眞腦子炒半錢，每用一錢，以生豬血五七滴，新汲水調下，不過二服，甚者毒氣從手足心出如癰狀，乃瘥。此乃五死一生之候也。　希雍曰：鬱金稟天令清涼之氣，而兼得土中金火之味，故其味辛苦，其氣寒而無毒，入手少陰、足厥陰，兼通足陽明經。　又曰：鬱金治諸血證者，謂血之上行，皆屬於內熱火炎，此藥能降氣，氣降即是火降。又本為血分氣藥，故血不妄行。丹溪不達此理，乃謂其上行治血，則誤矣。

鬱金同韭菜、番降香、當歸、生地黃、童便，能治怒氣傷肝吐血。

愚按：薑黃之味，辛勝於苦，且其氣溫。鬱金苦勝於辛，更其氣寒。方書俱以為入血，不知薑黃本於衛之陽，以入血，宣血中結滯之邪而利之也。鬱金本於營之陰，以入血，暢血中精微之化而行之也。若然，潔古謂為純陰，是亦近之矣。第其四月生苗，何以為純陰？曰：不觀其於末秋乃於莖中吐華乎？由火土而趨金水之交，以宣其所孕之精英，復不結實，而仍返於根，則其生於火土，成於金水也，豈不較然哉？故根猶存火土之質，而大蘊金水之精，所以氣寒而味苦也。抑潔古謂純陰，而丹溪乃云其性輕揚者，不幾於相戾歟？曰：即水土之質，而氣味大蘊金水，是固能化火土之濁。然即金水之化，而形質不離火土，是乃能成金水之清，更就其陰之精微，以肆其陽之脫化。金水之化，不離火土，正見非純陰。丹溪有曰古人所以治鬱遏不升者，故得此名，斯言微中矣。偏閱方書，此味之用俱從鬱主治，此丹溪所謂輕揚上行，庶幾得其功用之似。而潔古所謂純陰者，其義猶未盡也。或曰：然則繆仲淳所云，丹溪失言者非歟。曰：彼惡知之。大凡陰陽之氣能化，未有不本於升降者，能升未有不降者。丹溪豈以此味止能升哉？彼灌用鬯者，陰達於九淵，陽徹於九天，抑何說也？夫精微之化，其氣疏越而條達，故能去心經痰血之絡聚，并包絡與胃中血熱之毒，而悉能去之。至上而頭目一切，及下二便，並得投之，是豈不能降，而先哲顧不達此理哉？或曰：方書所療諸證，似宜以熱鬱一方之義通之，何以

謂純陰之說不盡然耶？曰：純陰之性味，必不能解鬱。而茲味使陽脫化者，乃其陰之精微也。固非以氣之辛散者為功，豈能純陰而不能化者，能奏效於上下耶？但當就根之黃赤，而却苦寒，兩不相忤以為理者，其義可熟參也。《本草》首云：主治血積，第血之周流由於氣，治血積未有不暢氣者。一女子胃口作痛，牽引兩脇并背，其痛不可忍。適有一方，用鬱金一錢五分，酒炒，香附三錢，條甘草一錢，用水及酒各一盞，煎服，立效。蓋其處劑，正合前義也。唯此味之散血積，較與他散血之味不同，論中所説甚明。如丹溪所謂其氣輕揚一語，便已言此味能由氣暢血矣。

附方　厥心氣痛不可忍，鬱金、附子、乾薑等分，為末，醋糊丸梧子大，硃砂為衣，每服三十丸，男酒女醋下。　按：鬱金，類同於寒涼而用，即此寒水上逆，與薑、附同用，則其不專以陰勝可知。　陽毒下血，熱氣入胃，痛不可忍，鬱金五大個，牛黃一皂莢子，為散，每服用醋漿水一盞，同煎三沸，溫服。　風痰壅滯，鬱金一分，藜蘆十分，為末，每服一字，溫漿水調下，仍以漿水一盞，漱口，以食壓之。　痔瘡腫痛，鬱金末水調，塗之即消。　中砒霜毒，鬱金末二錢，入蜜少許，冷水調服。

希雍曰：凡病屬眞陰虛極，陰分火炎薄血妄行，溢出上竅，而非氣分拂逆，肝氣不平，以致傷肝吐血者，不宜用也。即用之，亦無效。　嘉謨曰：鬱金倘難得眞者，采山茶花可代。茶花燒灰存性，研細調服。　又曰：按鬱金、薑黃兩藥，實不同種。鬱金味苦，寒，色赤，類蟬肚圓尖。薑黃味辛，溫，色黃似薑，瓜圓大。鬱金最少，薑黃常多。令市家惟取多者欺人，謂原本一物，指大者為薑黃，小者為鬱金。則世間之物，俱各大小不齊，何嘗因其異形，而便異其名也。此但可與不知者道爾。若果為是，則鬱金亦易得者，又何必以山茶花代耶？

修治　置生雞血中，化成水者眞。磨汁，臨服入藥。

清・郭章宜《本草匯》卷一〇　鬱金　辛苦，氣寒，氣味俱厚，純陰，入手少陰、太陰、足厥陰、陽明經。涼心經而下氣，消陽毒以生肌。治產後敗血衝心，療氣壅血積結聚。痰血絡聚心竅，欝金入心及包絡，治血病，故能去惡血。若明礬則化頑痰耳。膈下急痛必需。嶺南有挑生之害，于飲食中行厭勝法，魚肉能反生于人腹中，而人以死，急以米湯調服二錢，瀉出。或合升麻、欝金服之，不吐即下。顛狂厥氣亦治，蠱毒馬脹皆醫。以其辛散苦洩，故《唐本》言其善降逆氣也。

按：欝金稟清涼之氣，而兼得土中金火之味，能開肺金之欝，故名欝金。本入血分之氣藥，其治吐血者，為血之上升，皆屬火炎。此能降氣，氣降即火降。而性又入血，故能導血歸經也。丹溪言其性輕揚上行，而治血清血，恐非。凡病屬陰虛火炎，薄血妄行，溢出上竅，而非氣分拂逆，肺肝逆氣，不可輕投也。《蒙筌》云：凡藥中必用，倘頃刻難求，以山茶花抵代，亦可。

欝金有二：欝金香是用花，此是用根，色外黃內赤。產蜀地者為最。物罕值高，肆中多以薑黃偽充。體圓有橫紋，如蟬腹狀，圓尖而光明脆徹，苦中帶甘味者乃真。

清・蔣居祉《本草擇要綱目・寒性藥品》　鬱金　氣味：辛、苦，寒，無毒。屬火與土有水。其性輕揚，上行入心及胞絡。　主治：補血下氣，生肌止血，破惡血，治陽毒，祛胃下血頻痛。

清・王翃《握靈本草》卷三　鬱金生蜀地及西戎。其根外黃內赤，取四畔子根，微有香，古人謂之鬱金香者，其花也，鬱金用之醫馬，破血而補，胡人謂之馬蒁。江廣者不及蜀中。　主治：鬱金，辛、苦，寒，無毒。主血積下氣，生肌止血，破惡血，血淋尿血，金瘡，失心顛狂。

清・汪昂《本草備要》卷二　鬱金宣，行氣解鬱；瀉，涼血破瘀。　辛、苦，氣寒。純陰之品，其性輕揚上行，入心及包絡，兼入肺經。涼心熱，散肝鬱，下氣破血。行滯氣，亦不損正氣；破瘀血，亦能生新血。治吐衄尿血，婦人經脉逆行，經不下行，上爲吐衄諸症。用鬱金末，加韭汁、薑汁、童便服，其血自清。痰中帶血者，加竹瀝。血氣諸痛，產後敗血攻心，顛狂失心，顛多喜笑，尚知畏懼，症屬不足；狂多忿怒，人莫能制，症屬有餘。此病多因驚憂，瘀血塞于心竅所致。鬱金七兩，白礬三兩，米糊丸服，名白金丸。鬱金入心散惡血，明礬化頑痰故也。痘毒入心。鬱金一兩，甘草二錢半，煮乾，焙，研末，冰片五分，每用一錢，加猪血五七滴，新汲水下。治斑痘始有白泡，忽搐入腹，紫黑無膿。下蠱毒。同升麻服，不吐則下。　出川廣，體銳圓如蟬肚，外黃內赤，色鮮微香，味苦帶甘者真。市人多以薑黃僞之。

清・吳楚《寶命真詮》卷三　鬱金　【略】主積血氣壅，止心腹痛，衄血止血。為血上行，屬火炎，用此降氣，氣降即火降，而性又入血，故能導血歸經。失心顛狂，產後敗血沖心。昔人難求鬱金，寧採山茶花代，可見斷不可以薑黃混用也。○能開肺金之鬱，故名鬱金。本入血分之氣藥。○若人真陰虛極火亢吐血，不關肝肺氣逆者忌用。

清・陳士鐸《本草新編》卷三　鬱金　味苦，氣寒，純陰。無毒。入心、

肝、肺三經。血家要藥。又能開鬱通滯氣，故治鬱需之，然而終不可輕用也。因其氣味寒涼，有損胃中生氣，鬱未必開，而胃氣先弱，殊失養生之道矣。至于破血、禁血、止血，亦一時權宜之用，病去即已，而不可恃之為家常日用也。

或問：鬱金解鬱，自然不宜多用，但入之補劑之內，不識可常服乎？夫鬱金解鬱，全恃補劑，無補劑則鬱不能開，多補劑則鬱且使閉。故鬱金可暫用于補之中，而不可久用于補之內也。

或問：《范石湖文集》云：嶺南有采生之害，於飲食中行厭勝法，致魚肉生入腹中而死，服鬱金可解毒得生。有之乎？此李巽巖侍郎欺人語，不足信也。夫采生，即蠱毒也。鬱金並非解毒之藥，何能消之哉。

或問：鬱金為血家要藥，而朱丹溪又有治血則悮之語，何也？夫鬱金乃入血分之氣藥，其治諸血症，正因血之上行，皆屬于內熱火炎。鬱金能降氣，氣降而火自降矣，況性又入血分，故能降下火氣，則血自安經而不妄動也。丹溪之論，惟真正陰虛火動，以致嘔血、咳血，非關氣分之拂逆者，則宜忌之耳。

清・顧靖遠《顧氏醫鏡》卷七　鬱金辛、苦，寒。入心肺胃肝四經。折之光明脆徹，苦中帶甘味者真。但難得耳。　治血氣心腹之痛，以其為血分之氣藥，故治血積氣壅如神。止大怒氣逆之血。氣降則血歸經。能開鬱滯，故為調逆氣，行瘀血之要藥。陰虛火炎失血，非關氣逆嘔吐者，用亦無功。

清・李熙和《醫經允中》卷一七　鬱金　入心包絡，兼入肺胃二經。辛、苦，寒，無毒。主治去心家積血，陽毒入胃下血頻痛，產後敗血沖心，失心癲狂。鬱金善降逆氣，仍散積血歸經，衄血吐血，為末加韭汁、薑汁，同童便服下，其血自清。痰中帶血加竹瀝。有痰入心竅而癲狂，非此不效。嶺南有挑生蠱，于飲食中行厭勝法，魚肉能生人腹中而致死，急以米湯調服二錢，或合升麻服之，非吐即下而愈。

清・馮兆張《馮氏錦囊秘錄・雜症痘疹藥性主治合參》卷二　鬱金稟天令清涼之氣，兼得土中金火之味，故其味辛苦，其氣寒而無毒。氣味俱薄，陰也，降也。入酒亦能升，辛能散，苦能泄，故善降逆氣，入心、肝、胃三經。治鬱結血凝氣滯，體圓有橫紋如蟬肚，尖圓而光明脆徹，苦中帶甘味者真。

鬱金，味苦氣寒，服之涼心經而下氣，用之消陽毒以生肌，禁小便尿血，除尿管血淋。毆血氣作痛，破瘀積惡血，止吐血上升，仍散積血歸經。因性輕揚，專治鬱遏殊效。但凡真陰虛極，火炎薄血妄行，而非氣分拂逆，肝氣不平以致吐血者，不可用也。

主治痘疹合參：功效同前，古方用以發痘疹陷伏之症。大抵因瘀血鬱滯者可用，鬱金入心，專行血病。薑黃入脾，兼治血中之氣。蓬术入肝，治氣中之血。三稜入肝，治血中之氣。然痘瘡始終全賴氣血，凡如此品傷氣及血者，皆所禁用。

按：鬱金能開肺金之鬱，故名鬱金。性本峻厲，況肆中常以薑黃代之，攻削峻驟，徒有過而無功，虛人尤宜慎之。鬱金七兩，同明礬三兩為細末，薄米糊為丸梧子大，每服五十丸，白湯下，昔人曾治婦人癲狂，十年不愈。初服此藥心胸間有物脫去，即神氣洒然，再服而甦。此驚憂痰血總聚心竅所致，此藥入心，去惡血，明礬化頑痰故也。〇又《范石湖文集》云：嶺南有采生之害，其術於飲食中行厭勝法，致魚肉能反生於人腹中而死，則陰役其家。初得覺胸腹痛，次日刺人，十日則生在腹中也。凡胸膈痛即用升麻或膽礬吐之。若膈下痛，急以米湯調鬱金末二錢，服即瀉出惡物。或合升麻、鬱金服之，不吐則下。李巽嚴侍郎為雷州推官，鞫獄得此方，活人甚多。

清・张璐《本經逢原》卷二　鬱金　辛、苦，平，無毒。《本草》以為性寒，誤矣。安有辛香而寒之理？蜀產者體圓尾銳，如蟬腹狀，發苗處有小孔，皮黃而帶黑，通身粗皺如梧桐子紋，每枚約重半錢，折開質堅色黃中帶紫黑，嗅之微香不烈者真。若大小不等、色黃、皮起細橫紋、有鬚如線，折之中空、質柔、內外皆黃、其氣烈者，即片子薑黃也。體圓首尾相似，通身橫紋，發苗處無小孔，折開氣烈觸鼻者，染色薑黃中之小者也。蓬术則大塊、色青黑、最大者為廣茂，與此不類。蘇恭不能分別，乃為一物，謬矣。　發明：鬱金辛香不烈，先升後降，入心及包絡。治吐血、衄血、唾血血腥，破惡血。血淋，尿血，婦人經脈逆行，產後敗血衝心，及宿血心痛，並宜鬱金末加薑汁、童便同服，其血自清。痰中帶血者加竹瀝。又鼻血上行者加入四物湯。一婦患失心風癲十年，用鬱金四兩，佐明礬一兩為丸，硃砂為衣，纔服五十丸，心間如有物脫去，再服而甦。以鬱金入心去惡血，明礬化頑痰，硃砂安神故也。又能化癥瘕為水，嶺南蠱毒為害，初覺胸腹痛，即用升麻或膽礬吐之。若膈下急痛，以米湯調鬱金末三錢服之，即瀉惡物。或合升麻、鬱金服之，不吐則下，此李巽巖為雷州司理，鞫獄得此方，活人甚多。按：以上諸治，其功皆在破宿生新。今世誤以為諸血聖藥，病者不惜重費，醫者藉為射利，咸以薑

黄代充,為害非淺。凡屬陰虚失血,及陰火迫血上逆,咸為切禁。

清·姚球《本草經解要》卷二　鬱金　氣寒,味辛、苦,無毒。主血積下氣,生肌止血,破惡血,血淋尿血,金瘡。鬱金氣寒,稟天冬令之水氣,入足少陰腎經、手太陽寒水小腸經。味辛苦無毒,得地金火之二味,入手太陰肺經、手少陰心經。氣味降多於升,陰也。心主血,肺主氣,味苦破血,氣寒降氣,所以主血積下氣也。瘡口熱則腐爛血流,苦寒之品為末治外,能生肌止血也。破惡血者,即味苦破血積之功。其主血淋尿血者,則入小腸苦寒清血之力也。以其生肌止血,所以又主金瘡。製方:鬱金同韭菜、降香、歸身、生地、童便,治吐血衄血。同牛黄治陽毒失血。

清·王子接《得宜本草·中品藥》　鬱金　味辛。入手少陰、厥陰經。功專去惡血,破結聚。得明礬治失心癲狂,得甘草、片腦治痘毒入心。

清·吴儀洛《本草從新》卷一　欝金〔宣,解鬱遏,涼血破血。〕辛,苦,微甘,氣寒。其性輕揚,上行入心及包絡,兼入肺經。涼心熱,散肝鬱,破血下氣。治吐衄尿血,婦人經脈逆行,經不下行,上為吐衄諸證,用欝金末加韭汁、薑汁、童便服,其血自清,痰中帶血者加竹瀝。血氣諸痛,産後敗血攻心,癲狂失心,癲多喜笑,尚知畏懼,證屬不足;狂多忿怒,人莫能制,證屬有餘。因驚、憂、痰、血塞於心竅所致。用欝金七兩,白礬三兩,薄荷糊丸,名白金丸。欝金散惡血,白礬化頑痰。痘毒入心,因瘀血凝滯而痘疹陷伏者可用。陽毒。生肌定痛。能開肺金之鬱,故名。今醫用此開鬱,罕效。如真陰虚,火亢吐血,不關肺肝氣逆,不宜用也。近日鬱證多屬血虧,用破血之藥開鬱,鬱不能開而陰已先敗,致不救者多矣。出川廣。體鋭圓如蟬肚,外黄内赤,色鮮微香,折之光明脆徹,苦中帶甘者乃真。今市中所用者多是薑黄,并有以蓬莪蒁偽之者,俱峻削性烈,挾虚者大忌。

清·汪紱《醫林纂要探源》卷二　鬱金　辛,苦,寒。莖葉類芭蕉,根下圓長,横紋狀如蟬肚,外黄内赤,色鮮。降泄心肺之逆,以達於至陰之下,升達腎肝之氣,以宣於清明之境,氣陰而行於陽,以宣鬱行瘀。苗逐層包裹而以漸舒。根逐節駢聯而體下鋭。皮黄入脾土,内赤行血分,故能下氣,破血中之滯,治吐衄溺血,婦人逆經,及敗血攻心,痰涎入心,諸血滯痛之證。氣芬芳,又能宣達陰中之陽。蓋古人用和鬯以灌地降神,求神於陰,亦有所取類也。

清·嚴潔等《得配本草》卷二　鬱金　辛、苦,寒。入手少陰、厥陰經。涼心散鬱,破血下氣。治血氣心腹諸痛,婦人經脈逆行,吐血衄血,産後敗血衝心,失心顛狂,痰迷心竅,痘毒入心,挑生蠱毒。得甘草、豬心血、冰片,治痘毒入心。得明礬,治痰凝。配葱白,治尿血。配升麻,治挑生蠱毒。嶺南有挑生之害於飲食中者,魚肉能反生於人腹中,須此解之。佐藜蘆,決風痰壅滯。佐槐花,解熱毒。調韭汁、薑汁、童便,治逆經。沖淡竹瀝,降痰火。氣降火亦降。搗末用,或磨汁用。陰虚火炎,氣虚脹滯,吐血不關氣鬱者,禁用。

題清·徐大椿《藥性切用》卷三　川鬱金　辛苦微甘,氣香性寒,入心與包絡,兼入肺肝。涼心散鬱,破血下氣,為氣中血藥。婦人經脉逆行,血氣刺痛,摩服效速。若吐衄不因氣逆者,忌。廣鬱金破氣破血,少解鬱化氣之功。草鬱金性味尤烈,藜藿體實,暴怒氣逆血滯者,可以暫用。

清·黄宫繡《本草求真》卷八　鬱金入心散瘀通滯。鬱金耑入心。辛苦而平,諸書論斷不一。有言此屬純陰,其論所治,皆屬破氣下血之説。有言性溫不寒,其論所治,則有療寒除冷之謂。究之體輕氣竄,其氣先上行而微下達。凡有宿血凝積,及有惡血不堪之物,先於上處而行其氣。若使其邪、其氣、其痰、其血在於膈上而難消者,須審宜溫宜涼,同於他味,兼為調治之。震亨曰:鬱金屬火與土,其性輕揚上行,治吐血、衄血、唾血、血腥及經脉逆行,並宜鬱金末加韭汁、薑汁、童尿同服,其血自清,痰中帶血者,加竹瀝。又鼻血上行者,鬱金、韭汁加四物服之。如敗血衝心,加以薑汁、童便,去心瘋癲,明礬為丸,硃砂為衣。與受蠱毒,加以升麻之類。《經驗方》治失心癲狂,用真鬱金七兩,明礬三兩,為末,薄糊丸,白湯下。又婦人癲狂十年,至人授此,初服心胸間有物脱去,神氣灑然,再服而甦。此驚憂痰血絡聚心竅所致。鬱金入心去惡血,明礬化頑痰故也。又《范石湖文集》云:嶺南有挑生之害,於飲食中行厭勝法,魚肉能反生於人腹中,而人以死,則陰役其家。初得覺胸腹痛,次日刺人,十日則生在腹中也。凡胸膈痛,即用升麻或膽礬吐之。若膈下痛,即以米湯調鬱金末二錢服,即瀉出惡物。或合升麻、鬱金服之,不吐則下。若使惡血、惡痰、惡瘀、惡淋、惡痔,在於下部而難消者。俟其辛氣既散,苦氣下行,即為疎泄,而無鬱滯難留之弊矣!此藥本屬入心散瘀。《傷寒論》方云:斑痘始有白泡,忽搐入腹,紫黑無膿,用鬱金一兩,甘草二錢半,水半杯,煮乾,去甘草,切片,焙,研末。入冰片五分,每用一錢,以生猪血五七滴,新汲水下。因瘀去而金得泄,故命其名曰鬱金。書云此藥純陰而寒者,因性主下而言也。有云是藥性溫而言者,因氣味辛香主上而言也,各有論説不同,以致理難畫一耳。因為辨論正之,出川廣,圓如蟬肚,外黄内赤,色鮮微香帶甘者真,市人多以薑黄偽充。

清·楊璿《傷寒溫疫條辨》卷六消劑類　鬱金楚產蟬肚者佳。　味辛苦，性寒，純陰之品。入心、肺。主順氣破血開鬱，治尿血吐衄，毆血氣作疼，消血積歸經。經不下行，上為吐衄。鬱金二錢，和韭汁、薑汁、童便服，血自下行。有痰涎，入竹瀝。且善治蠱毒。同升麻煎服，不吐則下矣。其性輕揚上浮，故散鬱遏有功，入血分兼入氣分，行滯氣不損正氣，破瘀血，亦生新血。白金丸：治產後敗血攻心，癲狂失心者。鬱金七兩，白礬三兩，為末，米粥丸服。蓋鬱金入心散惡血，白礬化頑痰故也。

清·羅國綱《羅氏會約醫鏡》卷一六草部　鬱金味辛苦，性寒，入心、肺、肝、胃四經。　純陰之品，涼心熱，散肝逆，解肺金之鬱，故名。善降逆氣，破血中之滯，治吐血衄血、血上行，皆屬火炎，此能降氣，氣降即火降，而性又入血，故能導血歸經。產後敗血攻心、癲狂迷心、痘毒入心，鬱金一兩，甘草二錢半，煮乾，焙研末，入冰片四分，每用一錢，加猪血七滴，新汲水調下，治斑痘始有白泡，忽搐入腹，紫黑無膿。下蠱毒，同升麻用，不吐則下。療婦人經血逆行。用鬱金末加韭汁、薑汁、童便，其血自下。痰中帶血者，加竹瀝。如陰虛火亢吐血，非氣逆者勿用。

清·唐大烈《吳醫彙講》卷三　〔唐迎川〕辨鬱金之誤　鬱金一物，出於川產，野者色黑，不可多得。其川中所種者，皆係外白內黃，即今人誤呼為薑黃子者也。至肆中所用川鬱金，乃莪蒁中揀出莪蒁之子，因其色黑，與川中野鬱金相似而混之也。醫俱不究，反以川中種本之黃鬱金謂廣鬱金，或謂薑黃子，殊堪捧腹。余於弱冠時入川，即曾深究此品，當以種本之外白內黃者為是，勿泥薑黃子之說而廢之。

清·陳修園《神農本草經讀》附録　鬱金　氣味苦，寒，無毒。主血積，下氣，生肌止血，破惡血，血淋，尿血，金瘡《唐本草》。　陳修園曰：時醫徇名有二誤：一曰生脈散，因其有生脈二字，每用之以救脈脫，入咽少頃，脈未生而人已死矣。一曰鬱金，因其命名為鬱，往往取治於氣鬱之症，數服之後，氣鬱未解，而血脫立至矣。醫道不明，到處皆然，而江、浙、閩、粵尤其甚者。

清·黃凱鈞《藥籠小品》　鬱金　辛苦，微寒，入心及心包絡，并入肺，開心肝之鬱，治氣血諸痛。如陰虛火亢，不關心肝氣逆，不宜用也。出川廣者佳。

清·王龍《本草纂要稿·草部》　欝金　氣味苦寒。舒欝遏，涼心經而下血。破瘀積，消陽毒以生肌。止吐血上升，禁尿血下淋。散積血歸經，驅血氣作痛。

清·張德裕《本草正義》卷上　鬱金　苦辛，溫。善下氣，破惡血積血，氣滯腹疼，失心癲狂，產後敗血衝心欲死。用韭汁、薑汁、童便隨宜，研末調服。痔漏腫痛，用水調敷。耳內腫痛，水調灌入。

清·楊時泰《本草述鉤元》卷八　鬱金　生蜀地及西戎，今廣南、江西州郡亦有之，然不及蜀中者佳。四月生苗似薑黃，亦不結實，根如指頂，長者寸許，體圓有橫紋如蟬腹狀，外黃內赤，不如薑黃純黃也。

味辛而苦，氣寒，性輕揚，氣味俱厚。入手少陰、足厥陰，兼通足陽明經。主涼心經，治血氣心腹痛及陽毒入胃，下血頻痛，療失心癲狂，血積蠱毒，尿血血淋，女子產後敗血衝心。方書治發熱鬱，狂癇頭痛，眩暈欬嗽，齒衄欬血，滯下、淋，並目鼻舌喉等證。鬱金無香，而性輕揚，能達酒氣於高遠，古人用治鬱遏不能升者丹溪。周人尚臭，灌用鬯，以鬱合秬，釀之成鬯。陰達於九淵，陽徹於九天，故能條暢於上下，致氣於高遠以降神也之頤。與香薷合其德，略有異同。香薷偏於衛與陽，鬱金偏於營與陰，至於將形臟，彌元府，敷幽門，則一耳。又鬱金屬火與土而有水，治吐衄唾血血腥及經脈逆行，並宜磨末，加韭汁、薑汁、童便和服，其血自清。痰中帶血者，加竹瀝丹溪。入心及包絡，治〔血〕病。《經驗方》有驚憂痰血絡聚心竅，致成顛狂久病，用真鬱金七兩、明礬三兩，為末，薄米糊丸梧子大，每白湯下五十丸。有婦人初服此，心胸間如有物脫去，神氣灑然，再服而甦。此由鬱金入心去惡血，明礬化頑痰故也瀕湖。鬱金治諸血證之上行，皆屬於內熱火炎。蓋此藥能降氣，氣降即是火降，又本為血分氣藥，故血不妄行也仲淳。傷寒、斑痘，始有白泡，忽搐入腹，漸作紫黑色，無膿，日夜叫亂者，鬱金一枚、甘草二錢半，水半盌，煮乾，去甘草，切片烘研為末，入真腦子五分，每用一錢，以生猪血五七滴，新汲水調下，不過二服，甚者毒氣從手足心出如癰狀，乃瘥，此五死一生之候也龐安常。同番降香、韭菜、生地、當歸、童便，治怒氣傷肝吐血。胃口作痛，牽引兩脇並背，不可忍，鬱金一錢半，酒炒香附三錢，條甘草一錢，水酒各半，煎服立效。按：此味由氣暢血，性本輕揚，其散血積，與他散血之味不同。厥心氣痛不可忍，鬱金、附子、乾薑等分，為末，醋糊丸梧子大，硃砂為衣，每服三十丸，男酒女醋下。按：鬱金類同寒涼藥用，此與薑、附治寒水上逆，則其不

專以陰勝可知。陽毒下血，熱氣入胃，痛不可忍，鬱金五大個、牛黃一釐、皂莢子為散，每服用醋、漿水一盞，同煎三沸，溫服。風痰壅滯，鬱金一分、藜蘆十分，為末，每服一字，溫漿水調下，仍以漿水一盞漱口，以食壓之。痔瘡腫痛，鬱金末水調，塗之即消。中砒毒，鬱金末二錢入蜜少許，冷水調服。

論：　薑黃之味，辛勝於苦，其氣溫。鬱金苦勝於辛，其氣寒。方書俱以為入血，不知薑黃本於衛之陽以入血，宣血中結滯之邪而利之，鬱金本於營之陰以入血，暢血中精微之化而行之也。鬱金四月生苗，秋末乃於莖中吐華，由火土而趨金水，以宣其所孕，且其精英不結於實，仍返於根，根色黃赤，猶存火土之質，而大蘊金水之精，所以氣寒而味苦，即火土之質，而氣味全蘊金水，故能化火土之濁，即金水之化而形質不離火土，乃能就其陰之精微以肆其陽之脫化。夫精微之化，其氣疏越而條達，丹溪所謂輕揚上行，用治遏鬱不升，斯言微中矣。《本草》首主血積，夫血之周流由於氣治，血積未有不暢氣者。大凡陰陽之氣能化，未有不本於升降者，能升未有不降者。觀其去心經痰血之絡聚并包絡與胃中血熱之毒，上而頭面一切，下及二便，是豈升而不降者哉。至於潔古純陰之說，當不盡然，何者？茲味之使陽脫化，乃其陰之精微也，固非以氣之辛散為功，又豈純陰而不能化者，所得奏效於上下？且純陰性味，必不能解鬱也。試就根之黃赤而却苦寒，兩不相忤以為理，其義可參。

繆氏云：　凡陰虛火炎，薄血上溢，而非氣分拂逆傷肝致吐者，不宜用，即用亦無效。

辨治：　鬱金、薑黃，實不同種。鬱金味苦寒，色赤類蟬肚圓尖；薑黃味辛溫，色黃似薑瓜圓大。第鬱金最少，而薑黃常多。今市家欺人，謂原本一物，指其大者為薑黃，小者為鬱金，不可不察。倘難得真鬱金，可采山茶花燒灰存性，研細調服代之嘉謨。置生雞血中化成水者真。磨汁，臨服入藥。

清・葉桂《本草再新》卷一　鬱金味苦、辛，性平，無毒。入心、肝、肺三經。治心包氣痛，肝鬱不舒，肝氣沖胃，脾弱肝旺，涼心散熱，破血消痰。婦人經水不調，陰虛氣短。因血不和，又因氣鬱。舒其氣，和其血，經自通。

清・吴其濬《植物名實圖考》卷二五　鬱金　《唐本草》始著錄。今廣西羅城縣出，其生蜀地者為川鬱金。以根如螳螂肚者為真。其用以染黃者則薑黃也。考古鬱鬯用鬱釀酒，蓋取其氣芳而色黃，故曰黃流在中。若如《嘉祐本草》所引《魏略》生秦國，及《異物志》生罽賓，《唐書》生伽毗，則皆上古不賓之地，何由貢以供祭？《爾雅翼》考據甚博，李時珍分根、花為二條，亦騁辯耳。外裔所產，皆是夷言。鬱金之名，自是當時譯者誇飾假附。以之釋經，豈為典要？今皆附錄，以資考辨。

清・趙其光《本草求原》卷二芳草部　鬱金　禀水之寒氣，入腎、小腸。金火苦辛之味，入心肺。金中孕水，得火而化，故能開鬱氣，降逆氣，破血積，心血周流，每藉肺氣之暢。治吐血、衄血、唾血、血腥、血淋、尿血，皆惡血內滯之病。產後敗血沖心及宿血心痛，婦人經逆，或怒氣傷肝吐血，俱宜同降香為末，以韭汁、薑汁、童便下，或加歸、地；痰中帶血，加竹瀝。此皆血熱阻氣，氣降則火降而血下，乃血分之氣藥。若陰虛火炎致逆，非因氣分拂逆、肝氣不平所致，勿用。驚憂痰血入心而致癲狂，鬱金四兩，明礬一兩，米糊丸，朱砂為衣，名白金丸，以其入心去痰破血兼安神也。痘毒入心，用一兩，以生甘二錢半煮乾，去甘焙，研末，冰片五分，每用一錢，加入生豬血五七滴，新汲水下，治癍痘始有白泡，忽搐入腹，紫黑無膿者。下蠱毒，初中其毒，胸膈腹痛，同升麻末，米飲下。止金瘡血，生肌，瘡口熱則腐爛血流，苦寒之品為末，外治佳。厥心氣痛，同薑、附，醋糊丸，朱砂為衣，男酒、女醋下。吐衄血，為末，並水下。胃熱痛下血，同牛黃、皂角子末，醋漿水煎服。風痰壅滯，五棓、藜蘆末，溫漿水下。解砒毒，同蜜冷水下，痔腫，水調末搽。耳內痛，水調末傾入，即傾出。又同葱白煎服。止尿血，燒存性，醋下。治產後敗血沖心，塗乳上。止自汗。

按：　古人以鬱金合秬黍、香草釀酒，為鬱鬯，欲其陰達九淵，陽徹九天以降神。故之頤謂條暢上下，非純陰之品。所以寒水上厥心氣痛亦用之。且上而頭目，下而二便皆治，非以其能升能降乎？若內外色黃，皮起細橫紋，折之中空，其氣烈而不香者，片子薑黃也。

出川、廣，尖圓如蟬肚，外黃內赤，微香，味苦帶甘，置生雞血中化成水者真。但香雖能暢氣，究屬苦寒，降火以降氣，若非瘀血阻氣而氣滯，誤用則有血脫之患。磨汁或末調更效。又同香附、甘草、水酒煎服，治血熱入胃，胃痛引兩脇並背難忍。

清・文晟《新編六書》卷六《藥性摘錄》　鬱金　辛苦而平。入心。散瘀通滯。〇治敗血沖心，失心風癲。及下部惡血，惡瘡，惡汗，惡淋，惡痔蟲痛。

清・張仁錫《藥性蒙求・草部》　欝金錢半　欝金味苦，行血通瘀。清心涼血，肝欝能舒。辛、苦、微甘，氣寒。其性輕揚上行，入心及包絡，兼入肺經。治吐衄、尿血，婦人經脈逆行，血氣諸痛，產後敗血攻心，失心癲狂。〇仲醇曰：　欝金為血中之氣藥，

其治諸血症者，正謂血之上行，皆屬內熱火炎。此藥能降氣，氣降即火降，使血不妄行也。〇又能開肺金之欝，故名。陰虛火亢，吐血不關，肺肝氣逆，不宜用也。〇一云：行滯氣，亦不損正氣；破瘀血，亦能生新血。〇張路玉云：川產者體圓尾銳，如蟬腹狀，發苗處有小孔，皮黃而帶黑，通身粗黑，中帶紫縐如梧桐子，故每枚約重半錢，折開質堅色黃，嗅之微香不烈者真。若大小不等，內外色黃，皮起細橫紋，有鬚如線，折之中空質柔，其氣烈者，即片子薑黃也。體圓，首尾相似，通身橫紋，發苗處無小孔者，開氣烈觸鼻者，染色薑黃中之小者也。蓬术則大塊色青黑，最大者為廣茂，與此不類。蘇恭不能別，乃為一物，繆矣。欝金則辛香不烈，先升後降。〇《從新》云：今市上所用者，多是薑黃，并有蓬术偽之者。真者出川、廣兩處。

清・戴葆元《本草綱目易知錄》卷一　鬱金　辛、苦，寒。其性輕揚，上行入心及包絡。耑治血分病。利胸膈，散肝鬱，下逆氣，破惡血，止血生肌，涼心護心。治血淋尿血，吐衄金瘡，陽毒入胃，下血頻痛，溫熱時邪，胸脇氣逆葆元。婦人經血逆行，血氣諸痛，宿血心疼，冷氣積聚，產後敗血攻心，失心顛狂，下（桃）〔挑〕生蠱毒。

清・黃光霽《本草衍句》　鬱金　純陰氣寒，輕陽苦辛。涼心熱，散肝鬱，入包絡與太陰。兼入肺經。心腹氣痛，吐衄血淋。為吐血之聖藥。婦人經脈逆行，產後敗血上侵。生肌下氣，行滯氣而不損正氣，破血生新。陽毒入胃，癲狂失心，去心竅之惡血，發斑痘於深沉。功耑去惡血，破結聚。得明礬治失心癲狂，得甘草、片腦治痘毒入心。

清・陳其瑞《本草撮要》卷一　欝金　味辛，入手少陰、厥陰經，功專去惡血，破結聚。得明礬治失心癲狂，得甘草、片腦治痘毒入心經不下行，上為吐衄，及下為尿血，用欝金末、韭汁、薑汁、童便服。痰中帶血加入竹瀝。

清・鄭奮揚著，曹炳章注《增訂偽藥條辨》卷二　鬱金　辛苦微甘，氣寒，其性輕揚，上行入心及包絡，兼入肺經，涼心熱，散肝鬱，破血下氣。出川廣，體銳圓如蟬肚，皮黃肉赤，色鮮微者，折之光明脆徹，苦中帶甘者乃真。今市中所售者多是薑黃，并有以蓬莪术偽之者，俱峻削性烈，挾虛者大忌，用者慎之。況鬱金苦寒，色赤入心；薑黃辛溫，色黃入脾；莪术味苦，色青入肝。胡得混售而貽害耶？　炳章按：鬱金，山草之根，野生也。兩廣、江西咸有之，而以蜀產者為勝。上古不甚重，用以治馬病，故又名馬蒁，因其形象莪蒁也。自唐以後，始入藥料，治血症有功。本非貴重之品，清初吳亂未靖時，蜀道不通，貨少居奇，致價數倍。甚則以薑黃輩偽之者，然其形銳圓，如蟬腹狀，根杪有細鬚一縷，如菱臍之苗，長一二寸，市人因呼金錢吊蝦蟆。蟬肚，鬱金是也。其皮黃白有縐紋，而心內黃赤，剉開儼然兩層，如井欄。產四川重慶，惟本年生者嫩小而黃。若遺地未採，逾年而收，則老而深黯色如三七狀，為老廣鬱金。然老鬱金治血症，化瘀削積之力，勝於嫩者。若開鬱散痛，即嫩黃者亦效。乃近年傳黑者為野鬱金，黃者為假，并誤其為薑黃，殊不知此物本是野生，若薑黃皮有節紋，肉色深黃無暈，蓬蒁色黑無心，最易辨也。然老鬱金雖產四川，近今名稱廣鬱金。所謂川鬱金，乃溫州產也，色黯黑，形扁亦有心，惟不香耳。

蘘荷

宋・唐慎微《證類本草》卷三〇有名未用〔《別錄》〕　蘘音襄草　味甘、苦，寒，無毒。主溫瘧寒熱，酸嘶邪氣，辟不祥。生淮南山谷。

唐・孫思邈《千金要方》卷二六《食治・菜蔬》　白蘘荷　味辛，微溫，濇，無毒。主中蠱及瘧病。擣汁服二合，日二。生根：主諸瘡。

宋・唐慎微《證類本草》卷一一草部下品〔唐・陳藏器《本草拾遺》〕　鼠蘘草　莎草注，陶云：別有鼠蘘草，治體異此。有名無用條有蘘草，味苦，寒。主溫瘧寒熱，酸斯（利）〔邪〕氣。生淮南山谷，即此也。

宋・李昉《太平御覽》卷九八〇　蘘荷　《說文》曰：蘘，蘘荷也。一名荷苴。《廣雅》同。　崔豹《古今注》曰：蘘荷，似蓄苴而白蓄色紫，花生根中，花未敗時可食，久置則削爛不為實矣。葉似薑，宜蔭翳地，常依蔭而生也。　《搜神記》曰：余外婦姊夫蔣氏，有傭客得疾下血，醫以中蠱，乃密以蘘荷根布席下，不使知，乃狂言曰：食我蠱者，乃張小人也。乃呼（張）小，小已亡去。今世攻蠱，多用蘘荷根，往往驗。蘘荷，或謂嘉草。　《葛洪方》曰：人得蠱，取蘘荷葉着卧席下，不使知，立呼蠱姓名。

附：日・丹波康賴《醫心方》卷三〇　蘘荷　《本草》云：微溫。主蠱及瘧。陶（弘）景注云：今人赤者為蘘荷，白者為覆葅，葉同一種耳。於食用，赤者為勝；藥用，白者中蠱脹。其汁臥其葉，即呼蠱主姓名。多食損藥勢。又不利脚。人家種白蘘荷，亦云避蛇。蘇敬云：主諸惡瘡，殺螫蠱毒。根，主稻麥芒入目者，以汁注中即出。崔禹（錫）云：今常食之，有益無損。

宋・唐慎微《證類本草》卷二八菜部中品〔《別錄》〕　白蘘荷　微溫。主中蠱及瘧。

〔梁·陶弘景《本草經集注》〕云：今人乃呼赤者爲蘘荷，白者爲覆葅，葉同一種爾。於人食之，赤者爲勝。藥用白者。中蠱者服其汁，并卧其葉，即呼蠱主姓名。亦主諸溪毒、沙蝨輩，多食損藥勢，又不利脚。人家種白蘘荷，亦云辟蛇。

〔唐·蘇敬《唐本草》〕注云：根主諸惡瘡，殺蠱毒。根心主稻、麥芒入目中不出者，以汁注目中，即出。

〔宋·掌禹錫《嘉祐本草》〕按：《蜀本圖經》云：葉似初生甘蕉，根似薑牙，其葉冬枯。《藥性論》云：白蘘荷，亦可單用。味辛，有小毒。

〔宋·蘇頌《本草圖經》〕曰：白蘘荷，舊不著所出州土，今荆襄、江湖間多種之，北地亦有。春初生葉似甘蕉，根似薑而肥，其根莖堪爲葅。其性好陰，在木下生者尤美。潘岳《閑居賦》云蘘荷依陰，時藿向陽是也。宗懔《荆楚歲時記》曰：仲冬以鹽藏蘘荷，以備冬儲，又以防蠱。史游《急就篇》云：蘘荷冬日藏。其來遠矣。干寶《搜神記》云：其外姊蔣士先得疾下血，言中蠱，家人密以蘘荷置其席下。忽大笑曰：蠱我者，張小也。乃收小，小走。自此解蠱藥多用之。《周禮》庶氏以嘉草除蠱毒。宗懔以謂嘉草即蘘荷，是也。陳藏器云：蘘荷、茜根，爲主蠱之最。然有赤、白二種：白者入藥，昔人呼爲覆葅；赤者堪噉，及作梅果多用之。古方亦乾末水服，主喉痹。

〔宋·唐慎微《證類本草》〕雷公云：凡使，勿用革牛草，真相似，其革牛草腥、澁。凡使白蘘荷，以銅刀刮上麄皮一重了，細切，入砂盆中研如膏，只收取自然汁，煉作煎，却於新盆器中攤，令冷如乾膠煎，刮取研用。《聖惠方》：治風冷失聲，咽喉不利。以蘘荷根二兩，研，絞取汁，酒一大盞，相和令勻，不計時候，溫服半錢。《肘後方》同。《外臺秘要》：喉中及口舌生瘡爛。酒漬蘘荷根半日，含漱其汁，差。《肘後方》：治傷寒時氣溫病，頭痛壯熱，脉盛。可取生蘘荷根、葉合擣，絞汁，服三四升已。又方：治卒吐血，亦治蠱毒及痔血，婦人患腰痛。向東者蘘荷根一把，擣絞汁三升，服之。《經驗方》：治月信滯。蘘荷根細切，煎取二升，空心酒調服。《梅師方》：治卒中蠱毒，下血如雞肝，晝夜不絕，藏腑敗壞待死。葉密安病人席下，亦自說之，勿令病人知覺，令病者自呼蠱姓名。又方：治喉中似物吞吐不出，腹脹羸瘦。取白蘘荷根絞汁服，蠱立出。《荆楚歲時記》：蔣士先得疾下血，言蠱，密以根布席下，忽自笑曰：蠱食我者，張小也。乃收小，小走。

宋·寇宗奭《本草衍義》卷一九 白蘘荷 八九月間淹貯之，以備冬月作蔬果。治療只用生者。

宋·鄭樵《通志》卷七五《昆蟲草木略》 蘘荷 有白赤二種。陶弘景云，今人赤者為蘘荷，白者為覆葅。食用赤者，藥用白者。其性好陰，在木下者尤美。故潘岳《閑居賦》云蘘荷依陰，時藿向（陰）〔陽〕也。《搜神記》云：蔣士先得疾下血，言中蠱。家人密以蘘荷置其席下，忽大笑曰：蠱我者，張小也。乃收小。故以此為治蠱之最。《周禮》庶氏掌除蠱毒，以嘉草攻之。宗懔謂嘉草即此也。

宋·陳衍《寶慶本草折衷》卷二〇 白蘘音箱。荷赤者在内。○根附。一名覆葅，一名嘉草。○《炮炙論》云：一名白蘘莪，一名大母草。生荆襄，及江湖間，及北地種之。木下生者尤美。○八九月採。又仲冬以鹽淹。味辛，微溫，有小毒。○主中蠱及瘧。○陶隱居云：主諸溪毒，沙蝨。多食損藥勢，不利脚。種去聲亦辟蛇。○《圖經》曰：葉似甘蕉，有二種，白者入藥，赤者堪噉，乾末水服，主喉痹。○寇氏曰：淹貯以作蔬果，治療只用生者。

附：根。汁在内。○主惡瘡，殺蠱毒，治月經滯。根細切，煎，空心酒調服。又根心主稻麥芒入目，以汁注目中即出。其根似薑而肥。

明·劉文泰《本草品彙精要》卷三九 白蘘荷有小毒。植生。

白蘘荷：主中蠱及瘧。名醫所錄。

【名】嘉草、覆葅。【苗】《圖經》曰：春初生，葉似甘蕉葉，根似薑而肥，其根莖堪爲葅。其性好陰，在水下生者尤美。然有赤、白二種，白者入藥，昔人呼爲覆葅；赤者堪噉，及作梅果多用之。潘岳《閑居賦》云：蘘荷依陰，時藿向陽也。《周禮》庶氏以嘉草除蠱毒，宗懔巨禁切以謂嘉草即蘘荷是也。【地】《圖經》曰：荊襄、江湖間多種之，北地亦有。【時】生：春生葉。採：八九月取。【收】陰乾。【用】莖、葉及根。【味】辛，甘。【性】微溫。【氣】氣之厚者，陽也。【臭】朽。【主】惡瘡，喉痹。【製】《雷公》云：凡使，以銅刀刮上麤皮一重了，細切，入砂盆中研如膏，只收取自然汁，煉作煎，却於新盆器中攤令冷，如乾膠煎，刮取研用。【治】療：《圖經》曰：蘘荷，除喉痹，乾末，水服之。陶隱居云：白者，除溪毒及沙蝨輩。《唐本》注云：根，治諸惡瘡。○根心，去稻、麥芒入目中不出者，以汁注目中，即出。《別錄》云：根葉，除傷寒時氣，瘟病頭痛，壯熱，脉盛，生擣絞汁，服三四升，差。及治卒吐血，痔血，婦人患腰痛，取向東根一把，擣汁服之。又治喉中似物吞吐不出，腹脹羸瘦，亦取根汁服，蠱立出。○治卒中蠱毒，下血如雞肝，晝夜不絕，臟腑敗壞待死，以葉（蜜）〔密〕安病人席下，勿令知覺，使病者自呼蠱主姓名，差。

〔合治〕蘘荷根二兩研，絞取汁，合酒一大盞和勻，不計時溫服半錢，治風冷失聲，咽喉不利。〇根合酒漬半日，含漱其汁，治喉中及口舌生瘡爛。〇根細切，煎取二升，空心人酒調服，治婦人月信滯澀。〔禁〕多食損藥勢，又不利脚。〔解〕殺蠱毒。〔贋〕革牛草爲僞。

明・盧和、汪穎《食物本草》卷二 白蘘荷 微溫。主中蠱及瘧。有赤、白二種，根、莖、葉可為葅。

明・王文潔《太乙仙製本草藥性大全》卷五《本草精義》 白蘘荷 舊不著所出州土，今荊襄、江湖間多有之，北地亦有。春初生葉似甘蕉，根似薑而肥，堪爲葅。其性好陰，在木下生者尤美，〔蘘荷〕依陰，時藿向陽是也。仲冬以鹽藏蘘荷，以備冬儲，又以防蠱。干寶《搜神記》曰：蔣士先得疾下血，言中蠱，家人密以蘘荷置席下，忽大笑曰：蠱我者，張小〔小〕也。乃收小，小〔亡〕走，自此解蠱藥多用之。陳藏器云：蘘荷、茜根爲主蠱之最。然有赤白二種，白者入藥，昔人呼爲覆葅；赤者堪噉，及作梅果多用之。古方亦乾末，水服主喉痹。

明・王文潔《太乙仙製本草藥性大全》卷五《仙製藥性》 白蘘荷 味辛，氣溫，有小毒。 主治：主蠱毒甚效，治瘧疾尤靈。溪毒沙蝨輩毒屢效，多食損藥勢如神。根，主諸惡瘡，殺邪蠱毒，療吐血，口舌生瘡。 補註：治風冷失聲，咽喉不利，以根二兩，研絞取汁，酒和令勻，溫服半錢。〇喉中及口舌生瘡爛，酒漬根半日，含漱其汁差。〇傷寒時氣，溫病頭痛，壯熱脉盛，可取生根葉，合搗絞汁服。〇卒吐血蠱毒及痔血，婦人患腰痛，向東者根一把，搗絞汁服之。〇月信滯，根細切，煎，空心酒調服。〇卒中蠱毒下血如鷄肝，晝夜不絕，臟腑敗壞將死，葉密安病人席下，亦自說之，勿令病人知覺，令病者自呼毒姓名。〇稻麥芒入目中不出者，以汁注目中，即出。〇喉中似物吞吐不出，腹脹羸瘦，取根絞汁服，毒立出。 太乙曰：凡使勿用革牛草，真相似，其革牛草腥澁。凡使白蘘荷，以銅刀刮去麄皮一重，細切，入砂盆中研如膏，只收自然汁，煉作煎，却於新盆器中攤令冷如乾膠，煎，刮取研用。

明・皇甫嵩《本草發明》卷五 白蘘荷 微溫。 發明曰：此主中蠱之要藥，又治瘧。有赤白二種，白者入藥，呼為覆葅，赤者堪噉，作梅果多用之。古方亦乾末水服，主喉痺。白者，中蠱者服其汁，并臥其葉，即呼蠱主姓名。亦主溪毒沙蝨。亦云辟蛇。勿多食，《周禮》〔蔗〕〔庶〕氏以嘉草除蠱毒，即蘘荷是也。蘘荷、茜根，為主蠱之最，故併及之。〇荊襄江湖間多種之，北地亦有。葉似初生甘蕉，根似薑而肥，堪為葅。其性好陰，生木下者尤美。凡使，勿用革牛草，與蘘荷相似，但腥澁耳。凡用蘘荷，銅刀刮去粗皮，切，細研取汁，煎煉用之。

明・李時珍《本草綱目》卷一五草部・隰草類上 蘘荷《別録》中品。校正：自菜部移入此，併入有名未用，蘘草爲一。

〔釋名〕覆葅《別録》 蘘草《別録》 猼苴音博 葍苴《說文》 嘉草 弘景曰：《本草》白蘘荷，而今人呼赤者爲蘘荷，白者爲覆苴。蓋食以赤者爲勝，入藥以白者爲良，葉同一種爾。時珍曰：覆苴，許氏《說文》作葍苴，司馬相如《上林賦》作猼苴，與芭蕉音相近。《離騷・大招》云：醢豚若狗膾苴蓴。王逸注云：苴蓴，音博，蘘荷也。見《本草》。而今之《本草》無之，則脱漏亦多矣。〔集解〕《別録》曰：蘘草生淮南山谷。頌曰：蘘荷，荊襄江湖間多種之，北地亦有。春初生，葉似甘蕉，根似薑牙而肥，其葉冬枯，根堪爲葅。其性好陰，在木下生者尤美。潘岳《閒居賦》云蘘荷依陰，時藿向陽是也。宗懔《荊楚歲時記》云：仲冬以鹽藏蘘荷，用備冬儲，又以防蠱。史游《急就篇》云：蘘荷冬日藏，其來遠矣。然有赤白二種：白者入藥，赤者堪噉，及作梅果多用之。宗奭曰：蘘荷，八九月間腌貯，以備冬月作蔬果。治病止用白者。時珍曰：蘇頌《圖經》言荊襄江湖多種，今訪之無復識者。惟楊慎《丹鉛録》云：《急就章》注蘘荷即今甘露。考之本草形性相同，甘露即芭蕉也。崔豹《古今注》云：蘘荷似芭蕉而白色，其子花生根中，花未敗時可食，久則消爛矣。根似薑。宜陰翳地，依蔭而生。又按王旻《山居録》云：蘘荷宜樹陰下，二月種之。一種永生，不須鋤耘，但加糞耳。八月初踏其苗令死，則根滋茂。九月初取其傍生根爲葅，亦可醬藏。十月中以糠覆其根下，則過冬不凍死也。

〔修治〕斅曰：凡使勿用革牛草，真相似，其革牛草腥澀。凡使白蘘荷，以銅刀刮去粗皮一重，細切，入砂盆中研如膏，取自然汁煉作煎，新器攤冷，如乾膠狀，刮取用之。

根 〔氣味〕辛，溫，有小毒。思邈曰：辛，微温，澀，無毒。 〔主治〕中蠱及瘧，搗汁服《別録》。溪毒，沙蝨，蛇毒弘景。諸惡瘡。根心：主稻麥芒入目中不出，以汁注目即出蘇恭。赤眼澀痛，搗汁點之時珍。

蘘草 〔氣味〕苦，甘，寒，無毒。大明曰：平。 〔主治〕溫瘧寒熱，酸嘶邪氣，辟不祥《別録》。

〔發明〕弘景曰：中蠱者服蘘荷汁，並臥其葉，即呼蠱主姓名。多食損藥力，又不利脚。人家種之，亦云辟蛇。頌曰：按干寶《搜神記》云：外姊夫蔣士先，得疾下血，言中蠱。其家密以蘘荷置於席下，忽大笑曰：蠱我者，張小小也。乃收小小，小小亡走。自此解蠱藥多用之，往往驗也。《周禮》庶氏以嘉草除蠱毒，宗懔謂嘉草即蘘荷是也。陳藏器云：蘘荷、茜

根爲主蠱之最，謂此。時珍曰：《別録》菜部蘘荷，謂根也；草部蘘草，謂葉也。其主治亦頗相近，今併爲一云。

〔附方〕舊八，新一。　卒中蠱毒：下血如鷄肝，晝夜不絶，臟腑敗壞待死者。以蘘荷葉密置病人席下，勿令知之，必自呼蠱主姓名也。《梅師方》。　喉中似物：吞吐不出，腹脹羸瘦。取白蘘荷根擣汁服，蠱立出也。《梅師方》。　喉舌瘡爛：酒漬蘘荷根半日，含漱其汁，瘥乃止。《外臺秘要》。　吐血痔血：向東蘘荷根一把，擣汁三升服之。《肘後方》。　婦人腰痛：方同上。　月信澀滯：蘘荷根細切，水煎取二升，空心入酒和服。《經驗方》。　風冷失聲：咽喉不利。蘘荷根二兩，擣絞汁，入酒一大盞，和勻，細細服，取瘥。《肘後方》。　傷寒時氣：温病初得，頭痛壯熱，脈盛者。用生蘘荷根葉合擣，絞汁服三四升。《肘後方》。　雜物入目：白蘘荷根取心擣，絞取汁，滴入目中，立出。《普濟方》。

明·吴文炳《藥性全備食物本草》卷一　白蘘荷　味辛，氣溫，有小毒。葉似甘蕉，根似薑而肥，堪為葅。今荊襄江湖間多有之。主蠱毒，瘧疾，射工溪毒，吐血，口舌生瘡。《搜神記》曰：蔣士先得疾下血，言中蠱，家人密以蘘荷置蓆下，忽大笑曰：蠱我者，張小也。乃收小，小走。自此解蠱藥多用之。陳藏器云：蘘荷、茜根為主蠱之最，然有赤白二種，白者入藥，昔人呼為覆葅，赤者堪噉，及作梅果多用之，古方亦乾末水服，主喉痺。

明·姚可成《食物本草》卷一七草部·隰草類　蘘荷生荊襄江湖間，人亦種蒔之，北地亦有。春初生葉似甘蕉，根似薑芽而肥，其葉冬枯。根堪為葅。其性好陰，在木下生者尤美。○寇宗奭曰：蘘荷八九月間淹貯，以備冬月作蔬。《歲時記》亦云：仲冬〔以鹽藏蘘〕荷，用備冬儲。又以防〔蠱〕〔蝨〕。○李時珍曰：〔昔人云〕蘘荷江湖多種，今訪之，無復識者。惟〔楊升菴〕《丹鉛錄》云：《急就篇》註蘘荷，即今甘露。考之本草，形性相同。甘露即芭蕉也。崔豹《古今註》云：蘘荷似芭蕉而白色，其子花生根中，花未敗時可食，久則消爛矣。根似薑，宜陰翳地，依蔭而生。又按王旻《山居錄》云：蘘荷宜樹陰下，二月種之。一種永生，不須鋤耘，但加糞耳。八月初踏其苗令死，則根滋茂。九月初〔取其傍〕生根為葅，亦可醬藏。十月中以糠覆〔其根〕下，〔則過冬不凍死也〕。

蘘荷根　味辛，溫，有小毒。主中蠱及瘧，擣汁服。治溪毒、蛇蝨毒，及諸惡瘡。

根心　主稻麥芒入目中不出，以汁注目〔即出。赤〕眼澀痛，擣汁點之。

葉　味甘，寒，無毒。治溫瘧寒熱，酸嘶邪氣，辟不祥。○陶弘景曰：中蠱者服蘘〔荷汁，并〕臥其葉，即呼蠱主姓名。按干寶《搜〔神記》云：外姊夫〕蔣士先得疾下血，言中蠱，其家密以蘘荷置於席下。忽大笑曰：蠱我者，張小小也。乃收小小，小小亡走。自此解蠱藥多用之，往往驗也。多食損藥力，又不利脚。人家種之，亦云辟蛇虺諸毒蝨也。

附方：治卒中蠱毒，下血如雞肝，晝夜不絕，臟腑敗壞待死者，以蘘荷葉密置患人席下，勿令知之，必自呼蠱主姓名也。治喉中或舌上生瘡，酒浸蘘荷根半日，含漱其汁，瘥，乃止。

明·施永圖《本草醫旨·食物類》卷二　白蘘荷　微溫。主中蠱及瘧。有赤、白二種，根莖葉皆可為葅。

清·丁其譽《壽世秘典》卷三　蘘荷有赤、白二種，其性好陰，宜樹陰下種之。八月初，踏其苗令死，則根滋茂。九月初，取其傍生根為葅，亦可醬藏。十月中，以糠覆其根下，則過冬不凍死也。　氣味：辛，溫，無毒。治中蠱及瘧，擣汁服，治諸惡瘡，赤眼澀痛，擣汁點之。　發明：陶弘景：中蠱者，服蘘荷汁并臥其葉，即呼蠱主姓名。多食損藥力，又不利腳。人家種之亦可辟蛇。《周禮》：庶氏以嘉草除蠱毒。宗懍謂嘉草即蘘荷是也。

清·张璐《本經逢原》卷二　蘘荷即芭蕉之色白者。　辛，溫，有小毒。忌鐵。　發明：蘘荷有毒而能攻毒，為主蠱之最。中蠱者服蘘荷汁並臥葉上，即能呼出蠱主姓名。其治喉舌瘡爛，婦人月閉，及傷寒時氣，壯熱頭痛口瘡，用之皆取其辛散也。

清·趙學敏《本草綱目拾遺》正誤　蘘荷　東壁謂即上林猼且，而不知猼且乃芭蕉之轉聲也。方以智《物理小識》：蘘荷似蕉而小，又似蘆稷，三月開紅花，夏結緣刺，房內有黑子，其根似薑可葅。蛇不喜此，故又治蠱。

清·吴其濬《植物名實圖考》卷三　蘘荷　《別錄》中品。古以為蔬。宋《圖經》引據極晰，他說亦多紀其種植之法。惟《本草綱目》退入隰草，而蔬譜不復品列矣。《滇本草》圖其形，貴州諸志皆載之，此蔬固猶在老圃也。余前至江西建昌，土醫有所謂八仙賀壽草者，即疑其為蘘荷。以示滇學使家編修荔裳，編修曰：此正是矣。吾鄉植之南墻下，抽莖開花青白色，如荷而小，未舒時摘而醬漬之，細瓣層層如剝蕉也。余疑頓釋。他時再葅而啖之，種而蕃之，使數百年堙沒之嘉蔬，一旦伴食鼎俎，非一快哉？編修名存義，泰興人。

雩婁農曰：夫物顯晦固有時，乃有晦之而愈顯，顯而愈晦者，何也？

蘘荷，嘉草也，其葉如荷，故名以荷；其功除蠱，故名以嘉。依陰藏冬，列於蔬焉。詞人詠之，本草圖之，無異説也。近世《山居錄》《野菜譜》亦俱詳矣，楊升庵偶未之見，遂據蘘荷一名甘露，而以芭蕉之結甘露者當之。《本草綱目》《農政全書》轉相附會，而《滇志》乃謂芭蕉根可為菹，惜無試者。夫芭蕉，世無不知者。以芭蕉易為蘘荷，能使人不名芭蕉而名蘘荷乎？蘘荷，農圃皆知之。以蘘荷為即芭蕉，能使人種蘘荷如種芭蕉乎？芭蕉根不堪噉，脱以為茹，螫於口而刺於腹，不幾如蔡謨食蟛蜞，幾為勤學死乎？按《貴州志》有洋荷花，未開時取苞醋漬以食；《湖南志》有陽藿；《廣西志》有洋百合，謂即蘘荷。江西建昌土音呼如仙賀，皆方言聲音輕重耳。俗醫乃書作八仙賀壽草，誠堪解頤，然絕不以本草有芭蕉之説，而強目為蕉也。獨怪耳食之徒，捫鍾揣籥，且矜芭蕉、甘露之同名，以為能獨識蘘荷，於是蘘荷之名雖顯，而蘘荷之實益晦。且馬之貴者似鹿，有以鹿為馬者，馬果即鹿耶？雉之文者似鳳，有以雉為鳳者，雉果即鳳耶？唐時諛墓之文，言孝則曾、閔，言忠則稷、卨，言經術則鄭、服，言文詞則賈、馬。讀其文者，有以為即曾、閔、稷、卨、鄭、服、賈、馬耶？有善謔者云：於深山中見古衣冠人，詢之，曰：吾某邑某也，官於朝無奇績，亦無愧事，歿葬於某原，越數年，有豐碑突起於墓道，視之為吾姓名，而碑所紀皆古賢人事，非吾也，過者每捫之而頌古賢人，嘖嘖不絕口，吾懼罵，故逃之。今蕉之葉可以書，皮可以織，露可以飲而止餌，於世非無益者。乃忽有對芭蕉而頌其葉似荷，功治蠱，咀其露，掘其根，以為旨蓄禦冬；蕉若有知，不以為晦其所長而顯其所短耶？嗚呼！邾庶其之奔，不書盜而實盜首，曹孟德之死乃書漢而實漢賊，事不崇實，蓋之而彌彰，彰之而轉沒，一人之口，烏能使天下皆為悠悠之毀譽哉？

玉桃

清・吳其濬《植物名實圖考》卷二七　玉桃　葉如芭蕉，抽長莖，開花成串，花苞如小綠桃，花開露瓣，如黃蝴蝶花稍大，偶一有之，故人罕見。《花鏡》有地湧金蓮，差相彷彿。

樟柳頭

清・何諫《生草藥性備要》卷下　水蕉　味劫，性寒。治胎衣不下，取汁熬熱服。又利小水。根，能退熱毒，敷大瘡。花，紅色，形似觀音蘭。

清・何諫《生草藥性備要》卷上　樟柳頭　味酸、辛，性寒，有大毒。治水腫，消癰腫、惡瘡，落胎。殺〔蟲〕白者良；赤者不可服，悞食殺人。洗風痰最妙。又名商陸。

華撥

宋・唐慎微《證類本草》卷九草部中品〔宋・馬志《開寶本草》〕　華撥　味辛，大溫，無毒。主溫中下氣，補腰脚，殺腥氣，消食，除胃冷，陰疝痃癖。其根名華撥沒，主五勞七傷，陰汗核腫。生波斯國。此藥叢生，莖、葉似蒟醬，子緊細，味辛烈於蒟醬。今附。

〔宋・掌禹錫《嘉祐本草》〕按：日華子云：治霍亂冷氣，心痛血氣。陳藏器云：華勃沒，味辛，溫，無毒。主冷氣嘔逆，心腹脹滿，食不消，寒疝核腫，婦人内冷無子，治腰腎冷，除血氣。生波斯國，似柴胡黑硬。畢撥根也。

〔宋・蘇頌《本草圖經》〕曰：華撥，出波斯國，今嶺南有之，多生竹林内。正月發苗作叢，高三四尺，其莖如筯，葉青圓，闊二三寸，如桑，面光而厚。三月開花白色在表。七月結子如小指大，長二寸已來，青黑色，類椹子，九月收採，灰殺暴乾。南人愛其辛香，或取葉生茹之。黄牛乳煎其子，治氣痢神良。謹按：《唐太宗實録》云：貞觀中，上以氣痢久未痊，服它名醫藥不應，因詔訪求其方。有衛士進乳煎華撥法，御用有效。劉禹錫亦記其事云，後累試，年長而虚冷者，必效。

〔宋・唐慎微《證類本草》〕《海藥》云：謹按徐表《南州記》，本出南海，長一指，赤褐色爲上。復有華撥，短小黑，味不堪。舶上者味辛，溫。又主老冷心痛，水瀉虚痢，嘔逆醋心，産後洩痢，與阿魏和合良。亦滋食味。得訶子、人參、桂心、乾薑，治藏府虚冷，腸鳴洩痢，神效。陳藏器云：蒟醬，注蘇云：華撥叢生，子細味辛，烈於蒟醬。按華撥溫中下氣，補腰脚，煞腥氣，消食，除胃冷，陰疝痃癖。根名華撥沒。主五勞七傷，陰汗核腫。已出《拾遺》。生波斯國，胡人將來此，調食用之。《唐本》注：今人以調食味。雷公云：凡使，先去挺，用頭，醋浸一宿，焙乾，以刀刮去皮粟子令淨方用，免傷人肺，令人上氣。《聖惠方》：治冷痰飲惡心。用華撥一兩，擣爲末，於食前清粥飲調半錢服。《經驗後方》：治偏頭疼，絕妙。華撥爲末，令患者口中含溫水，左邊疼，令左鼻吸一字；右邊疼，令右鼻吸一字，效。

宋・寇宗奭《本草衍義》卷一〇　華撥　走腸胃中冷氣，嘔吐，心腹滿痛。多服走洩真氣，令人腸虚下重。

宋・劉明之《圖經本草藥性總論》卷上　華撥　味辛，大溫，無毒。主溫中下氣，補腰脚，殺腥氣，消食，除胃冷、陰疝痃癖。其根名華撥沒。主五勞七傷，陰汗核腫。日華子云：治霍亂冷氣，心痛血氣。陳藏器云：華撥

沒，味辛，溫，無毒。主冷氣嘔逆，心腹脹滿，食不消，寒疝核腫，婦人內冷無子，治腰腎冷，除血氣。

宋·張杲《醫說》卷六 乳煎蓽撥治氣痢 《獨異志》：唐貞觀中，張寶藏為金吾長上，嘗因下直歸櫟陽，路逢少年畋獵，割鮮野食，倚樹嘆曰：張寶藏身年七十，未嘗得一食酒肉，如此者可悲哉！傍有僧指曰：六十日內官登三品，何足歎也？言訖不見。寶藏異之，即時還京師。時太宗苦於氣痢，衆醫不效，即下詔問殿廷左右，有能治此疾者，當重賞之。寶藏曾困其疾，即具疏以乳煎蓽撥方，上服之立差。宣下宰臣與五品官，魏徵難之，逾月不進擬。上疾復發，問左右曰：吾前飲乳煎蓽撥有功，復命進之，一啜又平。因思曰：嘗令與進方人五品官，不見除授，何也？徵懼曰：奉詔之際，未知文武二吏。上怒曰：治得宰相，不妨已授三品官，我天子也，豈不及汝耶？乃厲聲曰：與三品文官，授鴻臚卿。時正六十日矣。其方每服用牛乳半升，蓽撥三錢匕，同煎減半，空腹頓服《良方》。

元·王好古《湯液本草》卷三 蓽撥 氣温，味辛，無毒。《本草》云：主温中下氣，補腰脚，殺腥氣，消食，除胃冷、陰疝、痃癖。《衍義》云：走腸胃中冷氣，嘔吐，心腹滿痛，多服走泄真氣，令人腸虛下重。

元·忽思慧《飲膳正要》卷三 蓽撥 辛，溫，無毒。主溫中下氣，補腰脚痛，消食，除胃冷。

元·吳瑞《日用本草》卷八 蓽撥 生波斯國。味辛，大溫，無毒。殺腥氣。主溫中下氣，補腰脚，消食，除胃冷，心腹痛，嘔逆脹滿，陰疝痃癖。

明·滕弘《神農本經會通》卷一 蓽撥 凡使先去挺，用頭，以刀刮去皮粟子，令淨方用，免傷人肺。生波斯國，嶺南亦有。味辛，氣大溫，無毒。《湯》同。東云：溫中。

《本經》云：主溫中下氣，補腰脚，殺腥氣，消食，除胃冷，陰疝痃癖。其根名蓽撥沒，主五勞七傷，陰汗核腫。日華子云：治霍亂冷氣，心痛血氣。陳藏器云：蓽勃沒，味辛，溫，無毒。主冷氣嘔逆，心腹脹滿，食不消，寒疝核腫，婦人內冷無子，治腰腎冷，除血氣。似柴胡黑硬，畢撥根也。《圖經》云：其子治氣痢神良。《海藥》云：舶上者味辛，溫。主老冷心痛，水瀉虛痢，嘔逆醋心，產後洩痢。與阿魏和合良。亦滋食味，得訶子、人參、桂心、乾薑治臟腑虛冷，腸鳴洩痢，神効。《衍義》云：走腸胃中冷氣，嘔吐，心腹滿痛。多服走泄真氣，令人腸虛下重。《局》云：蓽撥溫中仍下氣，比之蒟醬味尤辛。主除瀉痢心胸痛，更搐頭疼効若神。蓽撥，味加良薑辣。轉筋霍亂，心痛連巔。

明·劉文泰《本草品彙精要》卷一一 蓽撥無毒。附根。 叢生。

蓽撥：主溫中下氣，補腰腳，殺腥氣，消食，除胃冷，陰疝，痃癖。○根，名蓽撥沒。主五勞七傷，陰汗，核腫。名醫所錄。 【苗】《圖經》曰：此種多生林竹內，正月發苗，作叢，高三四尺。其莖如箸，葉青圓，闊二三寸，如桑，面光而厚。三月開花，白色在表，七月結子，如小指大，長二寸許，青黑色，類椹子。其根似柴胡而黑硬也。陳藏器云：此藥叢生，葉似蒟醬，子緊細，味辛烈於蒟醬也。【地】《圖經》曰：出波斯國，今嶺南有之。《海藥》云：出南海。【道地】端州。【時】生：春生苗。採：九月取穗。【收】灰殺，暴乾。【用】穗及根。【質】類椹子而長。【色】青黑。【味】辛。【性】大溫。【氣】氣之厚者，陽也。【臭】香。【主】冷氣，嘔逆。【製】《雷公》云：凡使，先去挺用頭，醋浸一宿，焙乾，以刀刮去皮粟子，令淨方用。免傷人肺，令人上氣。【治】療：日華子云：除霍亂冷氣，心痛血氣。《衍義》曰：走腸胃中冷氣，嘔吐，心腹滿痛。《別錄》云：止偏頭疼，研爲末，令患者口中含溫水，左邊疼令左鼻吸一字，右邊疼右鼻吸一字，瘥。陳藏器云：蓽撥沒，主冷氣，嘔逆，心腹脹滿，食不消，寒疝，核腫，婦人內冷無子，去腰腎冷，除血氣。【合治】合阿魏，療老冷，心痛，水瀉，虛痢，嘔逆醋心，產後洩痢。○合人參、桂心、乾薑、訶子，療臟腑虛冷，腸鳴洩痢。○合黃牛乳煎，治氣痢。【禁】多服走泄真氣，令人腸虛下重。

明·許希周《藥性粗評》卷三 霍亂收蓽撥之聲。

蓽撥一名畢勃。出嶺南諸番。九月採子，暴乾。彼人愛其辛香，以調飲食，然多食反泄真氣，令人腸虛下重。凡使先去挺，用頭醋浸一宿，焙乾，以刀刮去皮粟子令淨。味辛，性大溫，無毒。主治胃冷陰疝，痃癖，霍亂吐瀉，心腹脹滿，婦人內冷無子，溫中下氣，補腰膝，消食，殺腥氣，愈頭痛。

單方：冷痰飲：凡患上焦冷痰，每每惡心者，蓽撥一兩，擣為細末，每食前用清粥飲調下一錢，一日見效。偏頭疼：蓽撥為細末，含溫水一口，如左邊疼，用左鼻孔吸藥末一字，右邊疼，用右鼻孔吸藥末一字，妙。

明·鄭寧《藥性要略大全》卷四 蓽撥 溫中暖胃，止心腹冷瀉及陰疝

腎氣。治霍亂。潔古云：補腰脚，消食下氣，止心痛，殺腥氣。味辛，性溫，無毒。即胡椒花。又云：胡椒出佛誓國，此出波斯國，則二種矣。其氣味實相似焉。

明・陳嘉謨《本草蒙筌》卷三　蓽撥　味辛，氣大溫。無毒。出藩國中，產竹林内。苗作叢高二尺許，葉圓綠闊二寸餘。五月開花，白色在表。七月結子，小指般長。秋末收子陰乾，辛烈過於蒟醬。嶺南海舶，貿易常多。老黑者不堪，紫褐者為上。消宿食下氣，除胃冷溫中。痃癖陰疝痛並驅，霍亂冷氣疼立却。禁水洩虛痢，止嘔逆醋心。得訶子、人參、桂心、乾薑為丸，治臟腑虛冷、腸鳴、洩痢神効。仍殺腥穢，食味堪調。久服走泄真陽，令人腸虛下重。根名蓽撥沒，黑硬近似柴胡；能治諸勞傷，陰汗寒疝核腫。

明・王文潔《太乙仙製本草藥性大全》卷三《本草精義》　蓽撥　出波斯國，今嶺南皆有之。多生林内，正月發苗，高三四尺，作叢，其莖如筯，葉青圓，闊二三寸，如桑，面光而厚。五月開花，白色在表。七月結子如小指般長已來，青黑色，形狀類椹子，秋末收子陰乾。辛烈過於蒟醬。南海舶貿易常多，老黑者不堪，紫褐者爲上。南人愛其辛香，或取葉生茹之，黃牛乳煎其子，治氣痢神良。

明・王文潔《太乙仙製本草藥性大全》卷三《仙製藥性》　蓽撥　味辛，氣大溫，無毒。又云即胡椒花。　主治：消宿食下氣，除胃冷溫中。痃癖陰疝痛並驅，霍亂冷氣痛却禁。治水洩虛痢，止嘔逆醋心。得訶子、人參、桂心、乾薑爲丸，治臟腑虛冷，腸鳴洩痢神效。仍殺腥穢，食味堪調。久服走泄真陽，令人腸虛下重。　根名蓽撥沒，黑硬近似柴胡，能治諸勞傷，陰汗、寒疝、核腫。　補註：治冷痰飲，噁心，用一兩擣爲末，於食前清粥飲調半錢服。治偏頭疼絕妙，蓽撥爲末，令患者口中含溫水，左邊疼令左鼻吸一字，右邊疼令右鼻吸一字效。〇老冷心痛，水瀉虛痢，嘔逆醋心，產後洩痢，與阿魏和合良。亦滋食味。　太乙曰：凡使先去挺，用頭醋浸一宿，焙乾，以刀刮去皮粟子，令净方用，免傷人肺，令人上氣。

明・皇甫嵩《本草發明》卷三　蓽撥中品下，臣。氣大溫，味辛，無毒。　發明曰：蓽撥辛烈大溫，走泄冷氣，故《本草》主溫中，除胃冷痃癖，陰疝痛，補腰脚，消食下氣，殺腥氣，治霍亂冷氣，心痛血氣。又云：治嘔逆醋心，水瀉虛痢，產後泄痢。得訶子、人參、桂心、乾薑為丸，治臟腑虛冷，腸鳴洩痢。與阿魏和合，亦滋食味。多服走泄真陽，令人腸虛下重，以其辛烈故也。凡使，醋浸一宿，焙乾，刮去皮粟淨方用，免傷人肺，令人上氣。

明・李時珍《本草綱目》卷一四草部・芳草類　蓽茇宋《開寶》

【釋名】蓽撥時珍曰：蓽撥當作蓽茇，出《南方草木狀》，番語也。陳藏器《本草》作畢勃，《扶南傳》作逼撥，《大明會典》作畢蕟。又段成式《酉陽雜俎》云：摩伽陀國呼爲蓽撥梨，拂林國呼爲阿梨訶陀。

【集解】恭曰：蓽撥生波斯國。叢生，莖葉似蒟醬，其子緊細，味辛烈於蒟醬。胡人將來，入食味用也。藏器曰：其根名畢勃沒，似柴胡而黑硬。頌曰：今嶺南特有之，多生竹林内。正月發苗作叢，高三四尺，其莖如箸。葉青圓如蕺菜，闊二三寸如桑，面光而厚。三月開花，白色在表。七月結子如小指大，長二寸已來，青黑色，類椹子而長。九月收採，（殺）〔晒〕曝乾。南人愛其辛香，或取葉生茹之。復有舶上來者，更辛香。時珍曰：段成式言青州防風子可亂蓽茇，蓋亦不然。蓽茇氣味正如胡椒，其形長一二寸，防風子圓如胡荽子，大不相侔也。

【修治】斅曰：凡使，去挺用頭，以醋浸一宿，焙乾，以刀刮去皮粟子令淨乃用，免傷人肺，令人上氣。

【氣味】辛，大温，無毒。時珍曰：氣熱味辛，陽也，浮也。入手足陽明經。然辛熱耗散，能動脾肺之火，多用令人目昏，食料尤不宜之。　【主治】温中下氣，補腰脚，殺腥氣，消食，除胃冷，陰疝〔痃〕癖藏器。霍亂冷氣，心痛血氣大明。水瀉虛痢，嘔逆醋心，產後洩痢，與阿魏和合良。得訶子、人參、桂心、乾薑，治臟腑虛冷腸鳴〔泄痢〕，神效李珣。治頭痛鼻淵牙痛時珍。

【發明】宗奭曰：蓽茇走腸胃，冷氣嘔吐心腹滿痛者宜之。多服走泄真氣，令人腸虛下重。頌曰：按《唐太宗實録》云：貞觀中，上以氣痢久未痊，服名醫藥不應，因詔訪求其方。有衛士進黃牛乳煎蓽茇方，御用有效。劉禹錫亦記其事云，後累試於虛冷者必效。時珍曰：牛乳煎詳見獸部牛乳下。蓽茇爲頭痛鼻淵牙痛要藥，取其辛熱，能入陽明經散浮熱也。

【附方】舊二，新八。　冷痰惡心：蓽茇一兩，爲末，食前用米湯服半錢。《聖惠方》。　暴泄身冷：自汗，甚則欲嘔，小便清，脈微弱，宜已寒丸治之。蓽茇、肉桂各二錢半，高良薑、乾薑各三錢半，爲末，糊丸梧子大。每服三十丸，薑湯送下。《和劑局方》。　胃冷口酸：流清水，心下連臍痛。用蓽茇半兩，厚朴薑汁浸炙一兩，爲末，入熱鯽魚肉，研和丸綠豆大。每米飲下二十丸，立效。余居士《選奇方》。　瘴氣成塊：在腹不散。用蓽茇一兩，大黃一兩，並生爲末，入麝香少許，煉蜜丸梧子大，每冷酒服三十丸。《永類鈐方》。　婦人血氣：作痛及下血無時，月水不調。用蓽茇鹽炒，蒲黃炒，等分爲末，煉蜜丸梧子大。每空心温酒服三十丸，兩服即止。名二神丸。《陳氏方》。　偏頭風痛：蓽茇爲末，

令患者口含温水，隨左右痛，以左右鼻吸一字，有效。《經驗良方》。　鼻流清涕：　華茇末吹之，有效。《衛生易簡方》。　風蟲牙痛：　華茇末揩之，煎蒼耳湯漱去涎。《本草權度》：　用華茇末、木鱉子肉，研膏化開，嗃鼻。《聖濟總録》：　用華茇、胡椒等分，爲末，化蠟丸麻子大，每以一丸塞孔中。

華勃没　〔氣味〕辛，温，無毒。　〔主治〕五勞七傷，冷氣嘔逆，心腹脹滿，食不消化，陰汗寒疝核腫，婦人内冷無子，治腰腎冷，除血氣藏器。

題明・薛己《本草約言》卷一《藥性本草》　華撥　辛烈大溫，走泄冷氣。

明・梅得春《藥性會元》卷上　華撥　味辛，性大溫，無毒。　主溫中下氣，補腰脚，殺腥氣，消食，治胃冷，除轉筋霍亂，心疼痛連巔頂；　又能下氣，消陰疝痃癖。　其根名華撥没。　主五勞七傷，除陰汗，消核腫。　形似柴胡，色黑而硬。

明・李中立《本草原始》卷二　華撥　始出波斯國，番語也。　今嶺南有之，多生竹林内。　正月發苗作叢，高三四尺，其莖如筯。　葉青圓，闊二三寸，如桑，面光而厚。　三月開花，白色，在表。　七月結子，如小指大，長二寸已來，黑色，類椹子。　九月收採，灰殺暴乾。　陳藏器《本草》作畢勃没，《扶南傳》作逼撥，《大明會典》作畢薆。　李時珍《本草》曰：　華撥當作華茇。

華撥　氣味：　辛，大溫，無毒。　主治：　溫中下氣，補腰脚，殺腥氣，消食，除胃冷，陰疝痃癖。　○霍亂冷氣，心痛血氣。　○水瀉虚痢，嘔逆醋心，産後洩痢，與阿魏和合良。　得訶子、人參、桂心、乾薑，治臟腑虚冷腸鳴神效。○治頭痛，鼻淵牙痛。　○然辛熱耗散，能動脾肺之火，多用令人目昏。

華撥，宋《開寶》。【圖略】上乃子形。　修治：　去挺，以醋浸一宿，焙乾用。　缺華撥，市有以芥子造者。

華撥，氣熱，味辛，陽也，浮也。　入手、足陽明經。　《唐太宗實錄》云：貞觀中，上以氣痢久未痊，服它名醫藥不應，因詔訪求其方。　有衛士進黄牛乳煎華撥法，御用有效。　劉禹錫亦記其事，云後累試，年長而虚冷者必效。

明・李中梓《藥性解》卷四　華撥　味辛，性大溫，無毒，入肺、脾、胃、膀胱四經。　主溫中下氣，消食開痰，治陰疝，止霍亂，除瀉痢日久，療心腹冷痛。醋浸一宿，刮去皮粟子令淨，方用。　按：　華撥辛走肺家，溫宜脾胃，膀胱肺綰，故咸入之。

明・姚可成《食物本草》卷一六味部・調飪類　華茇茇，音撥，生波斯國。叢生，莖葉似蒟醬，其子緊細，味辛烈於蒟醬。　胡人將來，入食味用也。　今中原亦取作香料炙肉脯，除臭氣。　○蘇頌曰：　華茇，今嶺南時有之，多生竹林内。　正月發苗作叢，高三四尺，其莖如筯。　葉青圓如蕺菜，闊二三寸如桑，面光而厚。　三月開花，白色在表。　七月結子如小指大，長二寸已來，青黑色類椹子而長，九月收曝。　南人愛其辛香，或取葉生茹之。　復有舶上來者，更辛香。

華茇，味辛，大溫，無毒。　主溫中下氣，補腰脚，殺腥氣，消食，除胃冷、陰疝〔痃〕癖。　霍亂冷氣，心痛血氣。　水瀉虚痢，嘔逆醋心，産後洩痢。　與阿魏和合良。　得訶子、人參、桂心、乾薑，治臟腑虚冷腸鳴，又治頭痛鼻淵牙痛。能動脾肺之火，食料不可多用，令人目昏。　唐太宗以氣痢久未痊，服名醫藥不應，因詔訪求其方。　有衛士進黄牛乳煎華茇方，御用有效。　劉禹錫亦紀其事，後累試於虚冷者，必驗。

其根名華勃没　味辛，溫，無毒。　治五勞七傷，冷氣嘔逆，心腹脹滿，食不消化，陰汗寒疝核腫。　婦人内冷無子。　治腰腎冷，除血氣。

明・顧逢柏《分部本草妙用》卷六兼經部・溫瀉　華撥　辛，大溫，無毒。　入手、足陽明二經。　主治：　溫中，除胃冷，疝癖，水瀉虚痢，臟腑虚冷，鼻淵腹痛。　治乳癰有神效。　按：　華撥走腸胃，冷氣嘔吐，心腹滿痛者宜之。　多服泄真昏目，令人腸虚下重。　予嘗以之入乳癰方中，神妙不可言。

明・李中梓《醫宗必讀・本草徵要上》　華撥味辛，熱，無毒。入肺、脾二經。去涎。醋浸一宿，焙乾，刮去皮粟子淨。　溫脾除嘔逆，定瀉理心疼。　古方用此，百中之一，以其華撥辛熱耗散，能動脾肺之火，多用損目耶。

明・張景岳《景岳全書》卷四八《本草正》　華茇　味辛，大熱。　陽也，浮也。　入手足陽明，亦入肝、腎。　善溫中下氣，除胃冷，辟陰寒，療霍亂心腹疼痛，冷痰嘔逆吞酸，及虚寒瀉痢腸鳴。　其味大辛，須同參、朮、歸、地諸甘溫補劑用之尤效。　為末搐鼻，可解偏風頭痛。　揩齒可殺牙痛牙蟲。　又牛乳煎，治唐太宗氣痢方，詳列痢疾門。

明・盧之頤《本草乘雅半偈》帙一〇　華茇宋《開寶》　氣味：　辛，大溫，無毒。　主治：　主溫中，下氣，補腰脚，殺腥氣，消食，除胃冷，陰疝〔痃〕癖。

覈曰：　華茇，番語也。　陳藏器《本草》作畢勃，《扶南傳》作逼撥，《大明會典》作畢薆，摩伽陀國作華撥梨，拂菻國作阿梨訶陀，近世作華撥。　不知華茇名矣。　原出波斯國，今嶺南特有之。　多生竹林内，二月抽苗作叢，高三四

尺，莖如筋，葉如葴，色青形圓，闊二三寸，亦如桑，面光且厚。三月開花，白色在表。七月結子，如小指大，長二寸許，色青黑，類椹子而長。根如茈葫，但黑硬耳。九月採實曝乾，南人愛其辛芳，取葉生茹之。舶上來者，色臭更勝也。段成式言：青州防風子，可亂蓽茇，但形短耳。修事：去挺用頭，醋浸一宿，焙乾，刮去皮粟子令淨，否則傷人肺，令人上氣也。

条曰：畢者用以掩兔，《羽獵賦》云：荷垂天之畢也。犮者走犬，曳其足則犮矣。味大辛，氣大溫，故主溫中，對待冷陰至堅，下氣其驗也。殺腥氣者，秋金氣，肺主氣，肺臭腥故也。攻而舉之，若網羅之殆盡，蓋以功力為名也。嫌于無陽者，乃可攻而舉之。否則略開一面，庶不至網羅殆盡。

清・顧元交《本草彙箋》卷二　蓽撥附蓽澄茄。　蓽撥走腸胃，冷氣嘔吐，心腹滿痛者宜之。然辛熱耗散，能動脾肺之火，多用令人目昏。其治頭痛，鼻淵，牙疼等症，亦取其辛溫能入陽明經散浮熱也。周慎齋云：蓽撥溫肺而發表，蓽澄茄溫胃而去濕。

清・穆石匏《本草洞詮》卷八　蓽茇　蓽茇，味辛，氣大溫，無毒。入手足陽明經。主溫中下氣，補腰脚，殺腥氣，消食，除胃冷，陰疝痃癖。苐辛熱耗散，能動脾肺之火，多服令人目昏，腸虛下重。又為頭痛，鼻淵，牙疼要藥，取其辛溫能入陽明，散浮熱也。唐太宗患氣痢久未痊，下詔求方，有衛士進黃牛乳煎蓽茇方，御用有效。後屢試於虛冷者，必效。

清・劉雲密《本草述》卷八下　蓽撥　恭曰：蓽撥生波斯國。頌曰：今嶺南特有之。多生竹林內，正月發苗，作叢，高三四尺，三月開花白色，七月結子，如小指大，長二寸以來，青黑色，九月收采。　時珍曰：蓽撥氣味正如胡椒，但其形長一二寸。

子：　氣味：辛，大溫，無毒。　時珍曰：氣熱味辛。陽也，浮也，入手足陽明經。

主治：　溫中下氣，除胃冷藏器。及霍亂冷氣日華子。水瀉虛痢，嘔逆醋心，產後瀉痢。與阿魏和合良李珣。　時珍曰：治偏頭痛，鼻淵牙痛，取其辛熱，能入陽明經散浮熱也。

附方　冷痰惡心，蓽茇一兩為末，食前用米湯服半錢。　暴泄身冷，自汗甚則欲嘔，小便清，脈微弱，宜已寒丸治之，蓽茇、肉桂各二錢半，高良薑、乾薑各三錢半，為末，糊丸梧子大，每服三十丸，薑湯下。　婦人血氣作痛，及下血無時，月水不調，用蓽茇鹽炒，蒲黃炒，等分為末，煉蜜丸梧子大，每空心溫酒服三十丸，兩服即止，名二神丸。

愚按：蓽撥產於南方，固已受火土之氣矣。且先〔哲〕所云，槩治虛冷氣之為病者也。苐如日華子所治心痛血氣，及陳氏方療婦人血氣痛，及下血無時，月水不調者，是不徒泛泛然能治氣以及血，似更有妙理存焉。取時珍所謂能散浮熱，為頭痛鼻淵牙痛要藥，是若不徒以散寒冷為功矣。然閱方書，鼻淵之治，如南星飲，服後亦用蓽撥，而論中却亦言其所因風邪入腦，宿冷不消者，得勿散浮熱之言，猶未及精察歟。苐偏頭痛用之，又逐隊於寒味中，如一粒金方，其義又何謂歟？或其氣味固辛溫，而猶有和也，未可以大熱槩之歟。俟再審之。數年後再按諸本草，多言治冷，且有兼以虛冷言者。《經》云氣虛者，寒也。又唐太宗氣痢，此味煎牛乳用。劉禹錫云累試於虛冷者，必效。是則時珍之所謂浮熱者，得無因寒之鬱，而鬱氣為浮熱乎？先哲云：善均從眾，吾亦從眾可也。

宗奭曰：蓽撥，腸胃冷氣，嘔吐心腹滿痛者，宜之。多服走泄真氣，冷人，腸虛下重。　時珍曰：多服能動脾肺之火，令人目昏。

修治　凡使去梃用頭，以醋浸一宿，焙乾，以刀刮去皮粟子令淨乃用，免傷人肺，令人上氣。

清・郭章宜《本草匯》卷一〇　蓽茇　味辛，氣熱，陽也，浮也。入手足陽明經。消宿食而下氣兮，併臟腑之虛冷。理腸鳴與陰疝兮，化痃癖而如神。止嘔逆而醋心兮，偕瘴氣之成塊。殺腥穢而治痢兮，療鼻淵與牙疼。

按：蓽茇，大辛熱而耗散之劑也。最能動脾肺之火，惟胃冷嘔吐者宜之。亦宜于頭痛、鼻淵、牙痛，取其辛熱入陽明，能散浮熱也。其性急甚于胡椒，令人以調食味，不知多服則真氣走泄，令人腸虛下重。

產嶺南竹林內。去挺用頭，以醋浸一宿，焙乾，刮去皮粟子令淨，免傷肺，令人上氣。

清・朱本中《飲食須知・味類》　蓽茇　味辛，性熱。能動脾肺之火。多食令人目昏，食料不宜用之。

清・蔣居祉《本草擇要綱目・熱性藥品》　蓽茇凡使去挺用頭，以醋浸一宿，焙乾，以刀刮去皮粟子令淨乃用，免傷人肺，令人上氣。　氣味：辛，大溫，無毒。陽也，浮也。入手足陽明經。然辛熱耗散，能動脾肺之火，多用令人目昏。

主治：溫中下氣，補腰脚，殺腥氣，消食。除胃冷陰疝癖，霍亂冷氣，心痛血氣，水瀉虛痢，嘔逆醋心，產後洩痢。與阿魏和合良。得訶子、人參、桂心、乾薑，治臟腑虛冷腸鳴神效。治頭痛，鼻淵牙痛。但蓽茇走腸胃冷氣，嘔吐心腹滿痛者宜之。多服走泄真氣，令人腸虛下重。

清・王翃《握靈本草》卷三　蓽撥出嶺南。氣味如胡椒，長一二寸。醋浸一宿，焙乾，刮去皮粟子，免傷人肺。　主治：蓽撥，辛，大溫，無毒。主溫中下氣，為頭痛、鼻淵、水瀉、虛痢、嘔逆、齒痛要藥。

清・汪昂《本草備要》卷二　蓽茇一作撥。燥，除胃冷，散浮熱。　辛，熱。除胃冷，溫中下氣，消食祛痰。治水瀉氣痢，牛乳點服。虛冷腸鳴，亦入大腸經。冷痰惡心，嘔吐酸水，痃癖陰疝。辛散陽明之浮熱，治頭痛，偏頭痛者，口含溫水，隨左右以末吹一字入鼻效。牙痛寒痛宜乾薑、蓽茇、細辛，熱痛宜石膏、牙硝，風痛宜皂角、殭蠶、蜂房、二烏，蟲痛宜石灰、雄黃。鼻淵。多服泄真氣，動脾肺之火，損目。出南番，嶺南亦有。類椹子而長，青色。去挺用頭。醋浸。刮淨皮粟，免傷人肺。

清・李熙和《醫經允中》卷二〇　蓽撥　入手足陽明二經。　辛，大溫，無毒。主治臟腑虛冷，腸鳴泄痢，痃癖疝痛，鼻淵頭痛，齒痛，治乳癰有効。大辛熱而耗散之劑，多服泄真昏目，令人腸虛下重。

清・馮兆張《馮氏錦囊秘錄・雜症痘疹藥性主治合參》卷三　蓽撥　消宿食，下氣，除胃冷，溫中。痃癖陰疝痛立毆，霍亂冷氣疼竝却。禁水洩虛痢，止嘔逆醋心。得薑、訶、參、桂為丸，治臟腑虛冷，腸鳴洩痢神效。久服損目，走洩真陽。

清・张璐《本經逢原》卷二　蓽茇　辛，大溫，無毒。醋浸，刮去皮子，免傷肺上氣。　發明：蓽茇辛熱浮散，為頭疼、鼻淵要藥。取其能入陽明經散浮熱也。性能溫中下氣，治霍亂水瀉，心腹滿者宜之。然辛熱耗散能動脾胃之火，多用令人喘欬，目昏，腸虛下重，以其走泄真氣也。

清・劉漢基《藥性通考》卷六　蓽撥　味辛，氣溫，大熱。除胃冷，溫中下氣，消食祛痰，治水瀉氣痢，下乳，點服。又治虛冷腸鳴，亦入大腸經，冷痰，惡心嘔吐酸水，痃癖陰疝。辛散陽明之浮熱，治頭痛、偏頭痛者，口含溫水，隨左右，以末吹一字入鼻效。牙痛寒痛，宜乾薑、蓽撥、細辛，熱痛宜石膏、牙硝，風痛宜皂角、(薑)〔殭〕蠶、蜂房、二烏，蟲痛宜石灰、雄黃。又治鼻淵。多服泄真氣，動脾胃之火，損目。〇出南番，嶺南亦有。類椹子而長，青色，去挺用。頭醋浸，刮去皮粟，免傷人肺。

清・黃元御《玉楸藥解》卷一　蓽撥　味辛，氣溫。入足太陰脾、足陽明胃經。溫脾胃而化穀，暖腰膝而止痛。吐泄皆醫，疝瘕並效。蓽撥辛燥溫暖，治水穀不消、腸鳴水泄、心腹疼脹、嘔逆酸心之病甚佳。醋浸焙用。蓽撥與蓽澄茄性味相同，功效無殊，皆胡椒類也。

清・汪紱《醫林纂要探源》卷二　蓽茇　辛，熱。出嶺南。莖蔓葉大，實似桑葚而長，色青。此蓋扶留、蒟醬之類。去挺，米醋浸，刮淨皮粟用。去胸中沉寒。非良品。

清・嚴潔等《得配本草》卷二　蓽茇一名蓽撥。　辛，熱。入手足陽明經氣分，溫中下氣。散風寒，療頭痛。治水瀉腸鳴嘔逆，醋心牙痛，鼻淵，痃癖、陰疝。　得訶子、人參、肉桂、乾薑，治虛冷腸鳴神效。配胡椒，化蠟丸麻子大，治風蟲牙痛。每以一丸塞孔中。配肉桂、良薑，治暴泄身冷。配大黃、麝香，治瘴氣成塊。研末嗜鼻，隨左右，治偏頭風痛，及鼻流清涕，并擦牙疼。　去挺用頭，以醋浸一宿，焙乾，刮去皮粟子令淨，乃用。如不製，令人傷肺。多用損耳目，泄真氣，動脾火。

題清・徐大椿《藥性切用》卷三　蓽撥　性味辛熱，逐胃冷，祛痰涎下氣，散浮熱，止牙痛頭疼。(錯)〔剉〕，焙用。性能耗氣動火，不可多用。

清・黃宮繡《本草求真》卷四　蓽撥散胸腹寒逆。　蓽撥耑入胃，兼入脾、膀胱。氣味辛熱，凡一切風寒內積，逆於胸膈而見惡心嘔吐陽明胃府。見於下部而見腸鳴冷痢水瀉太陽膀胱經，發於頭面而見齒牙頭痛、鼻淵陽明胃經。停於肚腹而見中滿痞塞疼痛太陰經，俱可用此投治，以其氣味辛溫，則寒自爾見除。其曰：鼻淵頭痛。涕濃而臭者為淵，涕清而不臭者為鼽，鼻(生)〔淵〕有肉痛極而不下垂者為瘜肉，下垂而不痛者為鼻痔。亦是取其辛熱能入陽明以散浮熱之意，是以病患偏頭痛風，須先口含溫水，隨左右以此末吹鼻最效。牙疼必同乾薑、細辛調治，亦取能以除寒之意。熱痛，石膏、牙硝；風痛，皂角、殭蠶、蜂房、二烏；蟲痛，石灰、雄黃。總之，氣味既辛，則凡病屬寒起，皆可以投。然亦洩人真氣，不可任意多服，以致喘咳目昏，腸虛下重，喪其真氣也！

清・羅國綱《羅氏會約醫鏡》卷一六草部　蓽撥味辛，性烈，入脾肺二經。去挺，酒浸一宿，焙，刮淨皮粟。　溫中下氣。除嘔逆、吐酸，消宿食，祛冷痰。治水瀉氣痢、用牛乳煎服。虛寒腸鳴霍亂。皆脾胃寒冷之害。又散陽明之浮熱辛也，

療頭痛齒痛。方載頭齒門。　按：華撥大辛，須同參、术、歸、地諸甘溫補藥用之，尤效。多用能動脾肺之火，損目，宜加酌量。

清・張德裕《本草正義》卷下　華茇　辛而大熱，陽而上浮，入胃、大腸、肝、腎。善溫中暖胃，辟陰寒，療霍亂，除心腹痛疼，吞酸嘔逆，因寒瀉痢。研末搐鼻，可解偏風頭痛；擦牙，可殺牙蟲，止牙痛。

清・楊時泰《本草述鉤元》卷八　華撥亦作茇。生波斯國，今嶺南特有之。七月結子，如小指大，形長二寸以來，青黑色，氣味正如胡椒。九月收采。

子味辛氣熱，陽也，浮也。入手足陽明經。主治溫中下氣，除胃冷及霍亂冷氣，水瀉虛痢，嘔逆醋心，產後瀉痢。與阿魏和合良諸本草。能入陽明經散浮熱，治偏頭痛，鼻淵牙痛瀕湖。冷痰惡心，華撥一兩為末，食前用米湯服半錢。暴泄身冷，自汗，甚則欲嘔，小便清，脈微弱，宜已寒丸，華撥、肉桂各二錢半，良薑、乾薑各三錢半，為末，糊丸梧子大，每服三十丸，薑湯下。婦人血氣作痛及下血無時，月水不調，用二神丸，華撥鹽炒、蒲黃炒等分，為末，蜜丸梧子大，每空心溫酒下三十丸，兩服即止。

論：華撥產於南方，受火土之氣。稽本草，概治虛冷氣之為病，而瀕湖又謂能散浮熱，若不徒以散冷為功，或其氣味辛溫，而猶有和，未可以大熱概之。抑所謂浮熱者，得無因寒之鬱，而鬱氣為浮熱歟。

多服走泄真氣，令人腸虛下重宗奭。能動脾肺之火，令人目昏瀕湖。

修治：去梃用頭，醋浸一宿，焙乾，以刀刮去皮粟子令淨，乃用，不則傷肺，令人上氣。

清・葉桂《本草再新》卷一　華撥味辛，性熱，無毒。入肝、脾、腎三經。除胃冷，祛痰消食，下氣，治水瀉氣痢，虛冷腸鳴，嘔吐酸水，治痃癖陰疝，頭痛牙痛。

清・吴其濬《植物名實圖考》卷二五　華撥　華撥，《南方草木狀》《酉陽雜俎》皆載之。《開寶本草》始著錄。叢生，子亦如桑椹，近時暖胃方多用之。《酉陽雜俎》謂葉似蕺葉，則與蔞葉相類。

雩婁農曰：據《南方草木狀》，蒟醬、華撥一物也，以生於蕃國、番禺而異。《酉陽雜俎》亦云：葉似蕺，子似桑葚。《圖經》則大同小異。《唐本草》注云：似蒟醬子，味辛烈於蒟醬。凡物因地輒異，況隔瀛海萬里耶？而嶺南時有之，何以復有異同？然則一類二種，非必中外之分矣。乳煎華撥治痢，《傳信方》紀唐太宗患痢事；《太宗實錄》亦云，有衛士進黄牛乳煎華撥方，御用有效；而《獨異志》神其説，謂金吾長史張寶藏遇異僧，謂六十日當登三品，尋以方進，授鴻臚卿。太宗英主，即以重賞旌其治痢之功，獨不可以尚藥等官授之，而乃使為臚句傳以率蠻夷長耶，憲宗以術人柳泌為台州刺史，敬宗以道士劉從政為光禄少卿，至文宗以鄭注進藥方，漸至預政，甘露之變，實為戎首。若貞觀中即有予三品文職故事，則元和以後之政，為憲章祖述，而太宗乃作法於涼矣。李藩對憲宗曰：文皇帝服胡僧長生藥，遂致暴疾不救，誠可鑒矣。嗚呼！人主當疾痛難堪之時，得一良醫驟起沉痾，其所以酬之者，烏得不厚？然爵人衆共，既未可豐於所私，而天命所在，必有鬼神呵護而陰導之者。彼扁鵲、太倉公，亦安能生必死之人哉？且以方愈疾，私喜而賞之優，必以方不讐，私怒而罰之重。文成五利，寵以將軍通侯，而卒不免於誅。侯生、盧生，相謀亡去，遂致坑儒。然則摻術與用摻術者，可不儆懼乎？

清・趙其光《本草求原》卷二芳草部　華茇　辛散胃、大腸之浮熱，溫達肝，安胃下氣，為頭風痛、鼻淵要藥。俱為末吹鼻。無毒。補腰脚，殺腥氣，消食，除胃冷、陰疝、霍亂吐瀉，同良薑、乾薑、玉桂糊丸，薑湯下。冷痰惡心，為末，米湯下。心痛、口流清水，同薑汁，炒川朴，入鯽魚肉為丸，米飲下。風蟲牙痛，同木鱉仁吹鼻，同胡椒蠟為丸，塞鼻；或為末揩之。婦人血氣痛，或下血、經不調，鹽炒，同炒蒲黄蜜丸，酒下。瘴氣成塊，同生軍末，入麝蜜丸，酒下。臟腑虛冷腸鳴。同參、桂、薑、訶子。但辛熱耗散，走泄真氣，不宜多用。

醋浸，去皮、子，免傷肺上氣。

清・文晟《新編六書》卷六《藥性摘錄》　華撥　辛，熱。入胃，兼入脾、膀胱。散胸腹寒逆，噁心嘔吐。〇下部腸鳴，冷痢水瀉。〇上部齒牙頭痛，鼻淵。〇胸腹中滿，痞塞疼痛。凡因於寒者，俱治。〇然此泄人真氣，不可過服。病屬熱起者，尤忌。

清・張仁錫《藥性蒙求・草部》　華茇五分　華茇辛熱，能除胃冷。消食祛痰，胸中可暢。治水瀉氣痢，冷痰惡心，嘔吐酸水，痃癖陰疝。散陽明之浮熱，治頭痛牙痛之因寒者。〇古方用此方散氣故也。

清・戴葆元《本草綱目易知録》卷一　華茇　辛，熱。入手足陽明經。溫中下氣，暖胃消食，除寒冷，調臟腑，補腰脚，殺腥氣。治水瀉氣痢，虛冷腸鳴，嘔逆醋心，陰疝痃癖，霍亂冷氣，心痛血氣，產後瀉痢。其性辛，能散陽明

之浮熱，為頭痛、牙疼、鼻淵要藥。然多服走洩真氣，動脾肺之火，損目，令人腸虛下重。凡服，醋浸一宿，以刀刮去皮栗子令淨，免傷人肺。

清·陳其瑞《本草撮要》卷一 蓽撥 味辛，熱，入手足陽明經，功專除胃冷，溫中下氣，消食祛痰。得牛乳點服，治水瀉氣痢。得乾薑、細辛治牙因寒痛。鼻流清涕，以末吹之甚效。

蒟醬

晉·嵇含《南方草木狀》卷上草類 蒟醬 蓽茇也。生於蕃國者，大而紫，謂之蓽茇。生於番番者，小而青，謂之蒟焉。可以調食，故謂之醬焉。交趾、九真人家多種，蔓生。

宋·唐慎微《證類本草》卷九草部中品〔唐·蘇敬《唐本草》〕 蒟音矩醬 味辛，溫，無毒。主下氣溫中，破痰積。生巴蜀。

〔唐·蘇敬《唐本草》〕注云：《蜀都賦》所謂流味於番禺者。蔓生，葉似王瓜而厚大，味辛香，實似桑椹，皮黑肉白。西戎亦時將來，細而辛烈，或謂二種。交州、愛州人云：蒟醬，人家多種，蔓生。子長大，謂苗爲浮留藤。取葉合檳榔食之，辛而香也。又有蓽撥，叢生，子細，味辛，烈於蒟醬。此當信也。

〔宋·馬志《開寶本草》〕注：渝、瀘等州出焉。唐本先附。

〔宋·蘇頌《本草圖經》〕曰：蒟音矩醬，生巴蜀，今夔川、嶺南皆有之。昔漢武使唐蒙曉諭南越，南越食蒙以蒟醬，蒙問所從來，答曰：西北牂牱江廣數里，出番禺城下。武帝感之，於是開牂牱、越嶲也。劉淵林注《蜀都賦》云：蒟醬，緣木而生。其子如桑椹，熟時正青，長二三寸。以蜜藏而食之，辛香。溫調五藏。今云蔓生，葉似王瓜而厚大，實皮黑肉白，其苗爲浮留藤，取葉合檳榔食之，辛而香也。兩說大同小異，然則淵林所云乃蜀種。如此，今說是海南所傳耳。今惟貴蓽撥而不尚蒟醬，故鮮有用者。

〔宋·唐慎微《證類本草》〕《海藥》云：謹按《廣州記》云：波斯國文，實狀若桑椹，紫褐色者爲上，黑者是老，不堪。黔中亦有，形狀相似，滋味一般。主咳逆上氣，心腹蟲痛，胃弱虛瀉，霍亂吐逆，解酒食味。近多黑色，少見褐色者也。雷公云：凡使，採得後以刀刮上麁皮便擣，用生薑自然汁拌之，蒸一日了，出，日乾。每修事五兩，用生薑汁五兩，蒸乾爲度。《食療》：溫。散結氣，治心腹中冷氣。亦名土蓽撥，嶺南蓽撥。尤治胃氣疾。巴蜀有之。《齊民要術》：蒟子，下氣消穀。

宋·鄭樵《通志》卷七五《昆蟲草木略》 蒟醬 曰浮留。劉淵林《蜀都賦注》云：蒟醬緣木而生，其子如桑椹，熟時正青，以蜜藏而食之，辛香。生巴蜀、嶺南，司馬相如使蜀而求之也。其狀似蓽撥，故有土蓽撥之號。今嶺南人但取其葉及藤，合檳榔食之，謂之蔞，而不用其實。

明·劉文泰《本草品彙精要》卷一一 蒟醬無毒。蔓生。

蒟音矩醬：主下氣，溫中，破痰積。名醫所錄。

〖名〗土蓽撥。〖苗〗《圖經》曰：劉淵林注《蜀都賦》云：蒟醬緣木而生，其實似桑椹，熟時正青，長二三寸，以蜜藏而食之辛香，溫調五臟。今云：蔓生，葉似王瓜而厚大，實皮黑肉白，其苗爲浮留藤，取葉合檳榔食之，辛而香也。兩說大同小異，然則淵林所云乃蜀種如此，今說是海南所傳耳，今惟貴蓽撥而不尚蒟醬，故鮮有用者。〖地〗《圖經》曰：生巴蜀，今夔州、嶺南皆有之。《唐本》注云：出番禺城及西戎，交、愛、渝、瀘等州。《海藥》云：出波斯國。〖時〗生：春生苗。採：熟時取實。〖收〗暴乾。〖用〗實。〖質〗類桑椹。〖色〗皮黑肉白。〖味〗辛。〖性〗溫，散。〖氣〗氣之厚者，陽也。〖臭〗香。〖主〗調五臟，散結氣。〖製〗《雷公》云：凡使，採得後，以刀刮上粗皮，便搗，用生薑自然汁拌之，蒸一日了，出，日乾。每修事五兩，用生薑汁五兩，蒸乾爲度。〖治〗療：《海藥》云：治欬逆上氣，心腹蟲痛，胃虛瀉，霍亂吐逆。《食療》云：溫散結氣及心腹中冷氣，尤治胃氣疾，又下氣消穀。〖解〗酒食味。

明·許希周《藥性粗評》卷三 蒟醬破痰尤足取。

蒟醬，蔓生，其葉名浮留，似王瓜葉，合檳榔以食之，辛香可愛，其實名蒟醬。出川廣。八月熟，皮黑肉白，採得後以生薑自然汁拌蒸一日，晒乾用之。味辛，性溫，無毒。主治痰積心腹中冷氣，溫中下氣，消穀，養五臟。

明·王文潔《太乙仙製本草藥性大全》卷二《本草精義》 蒟醬 生巴蜀，今夔州、嶺南皆有之。昔漢武使唐蒙曉諭南越，食蒙以蒟醬，蒙問所從來？答曰：西北牂(犄)〔牱〕江廣數里，出番禺城下。武帝感之，於是開牂(犄)〔牱〕、越雋也。注《蜀都賦》云：蒟醬緣木而生，其子如桑椹，熟時正青，長二三寸，以蜜藏而食之，辛香調五臟。今云蔓生，葉似王瓜而厚大，實皮黑肉白，其苗爲浮留藤，取葉合檳榔食之，辛而香也。兩說大同小異。然則淵林所云乃蜀種，如此今說是海南所傳耳。今惟貴蓽撥而不尚蒟醬，故鮮有用者。

明·王文潔《太乙仙製本草藥性大全》卷二《仙製藥性》 蒟醬 味辛，氣溫，無毒。主治：主下氣溫中神效，治心腹冷氣奇秘。散結氣仙方，破

痰積妙劑。　補註：　散結氣，治心腹中冷氣，亦名土華撥。嶺南華撥尤治胃氣疾，巴蜀有之。　太乙曰：　凡使採得後，以刀刮上麄皮便擣，用生薑自然汁拌之，蒸一日了出，日曝乾。每脩事五兩，用生薑汁五兩，乾爲度。

明・李時珍《本草綱目》卷一四草部・芳草類　蒟醬蒟音矩。《唐本草》。

【釋名】蒟子《廣志》　土華茇《食療》　苗名扶惡士　蔞藤　時珍曰：　按嵇含云：　蒟子可以調食，故謂之醬，乃華茇之類也。故孟詵《食療》謂之土華茇。其蔓葉名扶留藤，一作扶檑，一作浮留，莫解其義。蔞則留字之訛也。

【集解】恭曰：　蒟醬生巴蜀中，《蜀都賦》所謂流味於番禺者。蔓生，葉似王瓜而厚大光澤，味辛香，實似桑椹，而皮黑肉白。西戎亦時將來，細而辛烈。交州、愛州人家多種之，蔓生，其子長大，苗名浮留藤。取葉合檳榔食之，辛而香也。頌曰：　今夔川、嶺南皆有之。昔漢武帝使唐蒙曉諭南越。越王食蒙以蒟醬，曰：　此出番禺城下。武帝感之，遂開牂牁、越嶲也。劉淵林注《蜀都賦》云：　蒟醬緣木而生，其子如桑椹，熟時正青，長二三寸。以蜜及鹽藏而食之，辛香。與蘇恭所説大同小異。蓋淵林所云乃蜀産，蘇恭所云乃海南者爾。今惟貴華茇而不尚蒟醬，故鮮有用者。李珣曰：《廣州記》云：　出波斯國，實狀若桑根，紫褐色者爲上，黑者是老根不堪。然近多黑色，少見褐者，黔中亦有，形狀滋味一般。時珍曰：　蒟醬，今兩廣、滇南及川南、渝、瀘、威、茂、施諸州皆有之。其苗謂之蔞葉，蔓生依樹，根大如箸。彼人食檳榔者，以此葉及蚌灰少許同嚼食之，云辟瘴癘，去胸中惡氣。故諺曰：　檳榔浮留，可以忘憂。其花實即蒟子也。按嵇含《草木狀》云：　蒟醬即華茇也。生於番國者大而紫，謂之華茇。生於番禺者小而青，謂之蒟子。《本草》以蒟易蔞子，非矣。蔞子一名扶留，其草形全不相同。時珍竊謂蒟子蔓生，華茇草生，雖同類而非一物，然其花實氣味功用則一也。嵇氏以二物爲一物，謂蒟子非扶留，蓋不知扶留非一種也。劉歆期《交州記》云：　扶留有三種：　一名穫〔扶〕留，其根香美；　一名扶留藤，其味亦辛；　一名南扶留，其葉青味辛是矣。今蜀人惟取蔞葉作酒麯，云香美。

【修治】斅曰：　凡採得後，以刀刮上粗皮，擣細。每五錢，用生薑自然汁五兩拌之，蒸一日，曝乾用。

根、葉、子　【氣味】辛，温，無毒。時珍曰：　氣熱味辛，陽也，浮也。　【主治】下氣温中，破痰《唐本》。咳逆上氣，心腹蟲痛，胃弱虚瀉，霍亂吐逆，解酒食味李珣。　散結氣，心腹冷痛，消穀孟詵。　解瘴癘，去胸中惡邪氣，温脾燥熱時珍。

【附方】新一　牙疼：　蒟醬、細辛各半兩，大皁莢五鋌，去子，每孔入青鹽燒存性，同研末，頻摻吐涎。《御藥院方》。

明・姚可成《食物本草》卷一六味部・調飪類　蒟醬蘇恭曰：　蒟醬生巴蜀中，《蜀都賦》所謂流味於番禺者。蔓生，葉似王瓜而厚大光澤，味辛香。實似桑椹，而皮黑肉白。西戎亦時將來，細而辛〔烈〕。交州、愛州人家多種之。蔓生，其子長大，苗〔名〕浮留藤。取葉合檳榔食之，辛而香也。○蘇〔頌〕曰：　蒟醬，今夔州、嶺南皆有之。昔漢武帝使唐蒙曉諭南越，越王食蒙以蒟醬，〔曰〕：　此出番禺城下。武帝感之，遂開牂牁、越嶲〔也〕。《蜀都賦》注云：　蒟醬緣木而生，其子如桑椹，熟時正青，長二三寸。以蜜及鹽藏而食之，辛香。今則惟貴華茇而不尚蒟醬，故鮮有用者。○李時珍曰：　蒟醬，今兩廣、滇南及川南、渝、瀘、威、茂、施諸州皆有之。其苗謂之蔞葉。蔓生依樹，根大如筯。彼人食檳榔者，以此葉及蚌灰少許同嚼食之，云辟瘴癘，去胸中惡氣。故諺曰：　檳榔浮留，可以忘憂。其花實即蒟子也。今蜀人惟取蔞葉作酒麴，云香美。

蒟醬，味辛，溫，無毒。主下氣溫中，破痰，欬逆上氣，心腹蟲毒痛，胃弱虛瀉；　霍亂吐逆，解酒食味。散結氣，心腹心氣冷痛，消穀。解瘴癘，去胸中惡邪氣。

清・张璐《本經逢原》卷二　蒟葉子名蒟醬。　辛，溫，無毒。　發明：　蒟葉辛熱，能下氣溫中，破痰，散結氣，解瘴癘。嶺南人以葉合檳榔食，取其辛香，能破瘴癘之氣也。其子可以調羹，故謂之醬，華茇之類也。

附：泰西・石鐸琭《本草補》　蔞葉蔞，音樓。　蔞即蒟也。按田撫軍蒙齋先生《黔書》云：　蒟華如流藤，葉如華撥，子如桑椹。或亦西域之種，陽蓝陰敷，膚白皮黑，其味辛香，近于桄榔之麫。嶺南人取其葉合檳榔食之，呼為蔞蒻，亦蔞也。又為九真之藤，根似芋而長，葉似天南星而大。黔人食檳榔者，購于滇，斷破之，長寸許，與石賁灰竝咀口中，赤如血。又瀝其油醢為醬，故曰蒟醬。今述其可治諸病者，取蔞葉浸以油，封固，曬半載，收貯待用，可留數十年。非獨疏積滯、消瘴癘已也。　手足紅疼，或腫起，以蔞葉油揉擦，用布包裹。　耳痛，滴蔞葉油數點于耳內。　刀傷、莿傷等，以綿莕浸濕蔞葉油，貼傷處，用布包裹。　背癰及癤毒等，以綿莕浸油，貼而裹之。初起毒即解散，已成即開口出膿，若擣爛油內蔞葉，敷綿莕上，貼之尤妙。　楊梅瘡，以綿莕內油包裹，易得潰決，易得出膿。潰決出膿後，易得生肌。若用油內葉擣爛，以布作膏藥貼之，更為捷也。　漏痔。治法見單方。

清・趙學敏《本草綱目拾遺》卷七藤部　蔞油按：　蔞即扶留藤。　蔞即蒟也。嶺南人取其葉合檳榔食，今人名櫓葉，用其葉封固，曬半載，收貯待用，可留數十年，非獨疏積滯消瘴癘，治病亦夥，惟西洋人有之。

治手足紅腫或疼，以蔞葉油揉擦，用布包裹，滴耳治耳痛；　刀傷莿傷，以棉花浸蔞油貼裹傷處；　又治背癰及癤毒，貼之，初起者即解散，已成即速

潰膿，亦可敷貼楊梅毒瘡漏痔，以上俱泰西應振鐸《本草補》。

清·吴其濬《植物名實圖考》卷二五 蒟醬 《唐本草》始著録。按《漢書·西南夷傳》： 南粤食唐蒙蜀枸醬，蒙歸問蜀賈人，獨蜀出枸醬。顔師古注： 子形如桑椹，緣木而生，味尤辛。今石渠則有之。此蜀枸醬見傳紀之始。《南方草木狀》則以生番國為蓽茇，生番禺者謂之蒟。交趾、九真人家多種，蔓生，此交滇之蒟見於紀載者也。《齊民要術》引《廣志》、劉淵林《蜀都賦注》皆與師古説同，而鄭樵《通志》乃云狀似蓽撥，故有土蓽撥之號。今嶺南人但取其葉食之，謂之蔞，而不用其實，此則以蒟子及蔞葉為一物矣。考《齊民要術》扶留所引《吴録》、《蜀記》《交州記》皆無即蒟之語，唯《廣州記》云，扶留藤緣樹生，其花實即蒟也，可以為醬，始以扶留為蒟。但《交州記》扶留有三種，一名南扶留，葉青，味辛，應即今之蔞葉。其二種曰穫扶留，根香美，曰扶留藤，味亦辛。《廣州記》所謂花實即蒟者，不知其葉青味辛者耶？抑藤根香辛者耶？是蒟子即可名扶留，而與蔞葉一物與否，未可知也。諸家所述蒟子形味極詳，而究未言蒟葉之狀。宋景文《益部方物略記》蒟贊云： 葉如王瓜，厚而澤。又云，或言即南方扶留藤，取葉合檳榔食之。玩贊詞並未及葉，而或謂云云。蓋闕疑也。唐蘇恭説與鄭漁仲同，蘇頌則以淵林之説為蜀産，蘇恭之説為海南産，李時珍則直斷蒟、蔞一物無疑矣。夫枸獨出蜀一語，已斷定所産，流味番禺，乃自蜀而粤，故云流味，非粤中所有明矣。余使嶺南及江右，其賁灰、蔞葉、檳榔三物，既合食之矣。撫湖南則長沙不能得生蔞，以乾者裹食之； 求所謂蘆子者，烏有也。及來滇，則省垣茶肆之累累如桑椹者，殆欲郄車而載，而蔞葉又烏有也。考雲南舊志，元江産蘆子，山谷中蔓延叢生，夏花秋實，土人採之，日乾收貨。蔞葉，元江家園遍植，葉大如掌，累藤於樹，無花無實，冬夏長青，採葉合檳榔食之，味香美； 一則云夏花秋實，一則云無花無實。二物判然。以土人而紀所産，固應無妄。余遣人至彼，生致蔞葉數叢，葉比嶺南稍瘦，辛味無别，時方五月，無花跗也。得蘆子數握。土人云： 四五月放花，即似蘆子形，七月漸成實，蓋蔞葉園種可栽以餉； 而蘆子産深山老林中，蔓長故但摘其實。《景東廳志》： 蘆子葉青花緑，長數十丈，每節輒結子，條長四五寸，與蔞葉長僅數尺者異矣。徧考他府州志，産蘆子者，如緬寧、思茅等處頗多，而蔞葉則唯元江及永昌有之，故滇南蘆多而蔞少。獨怪滇之紀載，皆狃於鄭漁仲諸説，信耳而不信目為可異也。《滇海虞衡志》謂滇俗重檳榔茶，無蔞葉則翦蔞子合灰食之，此吴人之食法。夫吴人所食乃桂子，非蘆子也。又以元江分而二之，為蒟有兩種，一結子以為醬； 一發葉以食檳榔。夫物一類而分雌雄多矣，其調停今古之説，亦是考據家調人媒氏。然又謂海濱有葉，滇黔無葉，以子代之，不知冬夏長青者，又何物耶？蓋元江地熱，物不蛀則枯葉，行數百里，肉瘠而香味淡矣。蘆子苞苴能致遠，乾則逾辣。滇多瘴，取其便而味重者餌之，其植蔞者則食蔞耳。嶺南之蔞走千里，而近至贛州，色味如新，利在而爭逐，亦無足異。蘆子為醬，亦芥醬類耳。近俗多以番椒、木橿子為和，此製便少。亦今古之變食也。《本草綱目》引嵇氏之言《本草》以蒟為蔞子，非矣。其説確甚，後人輒易之，故詳著其别。蓋蒟與蓽茇為類，不與蔞為類。朱子《詠扶留詩》： 根節含露辛，苕穎扶援緑。蠻中靈草多，夏永清陰足。形容如繪。曰根節、曰苕穎、曰清陰，獨不及其花實，亦可為《雲南志》之一證。《赤雅》： 蒟醬以蓽茇為之，雜以香草、蓽菝、蛤蔞也，蛤蔞何物也？豈以蔞同賁灰合食故名耶。抑别一種耶？《滇黔紀遊》： 蒟醬乃蔞蒻所造，蔞蒻則非子矣，蔞故不妨為醬。又李時珍引《南方草木狀》云《本草》以蒟為蔞子，非矣。蔞子一名扶留草，形全不同。今本並無此數語。《唐本草》始著蒟醬，嵇氏所謂《本草》，當在晉以前，抑時珍誤引他人語耶？染皂者以蘆子為上色，《本草》亦所未及。

清·吴其濬《植物名實圖考》卷二五 蔞葉 生蜀、粤及滇之元江諸熱地。蔓生有節，葉圓長光厚，味辛香。翦以包檳榔食之。《南越筆記》謂遇霜雪則萎，故昆明以東不植。古有扶留藤，扶留急呼則為蔞，殆一物也。醫書及傳紀，皆以為即蒟，説見彼。滇之蔞種於園，與粤同，重蘆而不重蔞，故志蔞不及粤之詳。莖味同葉，故《交州記》云藤味皆美。

清·趙其光《本草求原》卷二芳草部 蒟葉 辛溫，無毒。下氣，溫中，破痰，散結氣，祛風，解瘴癘。今人以之合檳榔食，亦取其辛香破瘴耳。其子名琦醬，可以調羹，亦蓽茇之類也。葉洗風毒、脚腫、疥癩。

清·戴葆元《本草綱目易知録》卷一 蒟醬矩。土蓽茇。 根、葉、子，氣熱味辛。溫中燥脾，破痰下氣，消穀。解酒食氣，散結氣，解瘴癘，去胸中邪惡氣。治欬逆上氣，胃弱虚瀉，霍亂吐逆，心腹冷痛及蟲痛。

假蒟

清·何諫《生草藥性備要》卷下 假元蔞 治癩，嗃耳鼻，止頭風； 治

痘眼去膜，消腫，敷跌打、大瘡極妙。一名盆蕫。

清·何諫《生草藥性備要》卷上　假蘗葉　味苦，性溫，無毒。祛風。產後氣虛脚腫，煮大頭魚〔食〕，或煲水洗極妙。其根治牙痛，洗爛脚。一名蛤蒟。釀苦瓜，封口好。又名不撥子。

清·趙其光《本草求原》卷三隰草部　假蒟葉俗名蛤蒟。　苦、辛，溫。祛風，治產後風，炒雞煮酒食。產後脚腫，同鰷魚煮醋。病後風寒，煎水洗脚。解新膏藥火毒，誤貼致起浮粒，腐爛流水。同檳、蒟葉、狗屎豆葉搗敷。根治牙痛，洗痔瘡洗脚。

肉豆蔻

宋·唐慎微《證類本草》卷九草部中品〔宋·馬志《開寶本草》〕　肉豆蔻　味辛，溫，無毒。主鬼氣，溫中，治積冷，心腹脹痛，霍亂中惡，冷疰，嘔沫、冷氣，消食止洩，小兒乳霍。其形圓小，皮紫緊薄，中肉辛辣。生胡國，胡名迦拘勒。今附。

〔宋·掌禹錫《嘉祐本草》〕按：《藥性論》云：肉豆蔻，君，味苦、辛。能主小兒吐逆，不下乳，腹痛，治宿食不消，痰飲。日華子云：調中下氣，止瀉痢，開胃消食，皮外絡下氣，解酒毒，治霍亂。味珍，力更殊。

〔宋·蘇頌《本草圖經》〕曰：肉豆蔻，出胡國，今惟嶺南人家種之。春生苗，花實似豆蔻而圓小，皮紫緊薄，中肉辛辣。六月、七月採。《續傳信方》：治脾泄氣痢等。以豆蔻二顆，米醋調麵裹之，置灰中煨令黃焦，和麵碾末。更以炒了欓子末一兩，相和。又焦炒陳廩米爲末，每用二錢匕煎作飲，調前二物三錢匕，旦暮各一，便差。

〔宋·唐慎微《證類本草》〕陳藏器云：大舶來即有，中國無。《海藥》云：謹按《廣志》云：生秦國及崑崙，味辛，溫，無毒。主心腹蟲痛，脾胃虛冷，氣併冷熱，虛洩赤白痢等。凡痢以白粥飲服佳。霍亂氣，併以生薑湯服良。雷公云：凡使，須以糯米作粉，使熱湯搜裹豆蔻，於煻灰中炮，待米團子燋黃熟，然後出，去米，其中有子取用。勿令犯銅。《聖惠方》：治冷痢，腹痛不能食。肉豆蔻一兩去皮，以醋麵裹煨令麵熟爲度，擣爲散，非時粥飲下一錢匕。

宋·寇宗奭《本草衍義》卷一〇　肉豆蔻　對草豆蔻言之。去殼，只用肉。肉油色者佳，枯白，味薄，瘦虛者下等。亦善下氣，多服則洩氣，得中則和平其氣。

宋·劉明之《圖經本草藥性總論》卷上　肉豆蔻　味辛，溫，無毒。主鬼氣，溫中，治積冷心腹脹痛，霍亂，中惡冷疰，嘔沫冷氣，消食止洩，小兒乳霍。《藥性論》云：君。味苦、辛。能主小兒吐逆，不下乳，腹痛，治宿食不消，痰飲。日華子云：調中下氣，止瀉痢，開胃消食。皮外絡，下氣，解酒毒，治霍亂。

元·王好古《湯液本草》卷四　肉豆蔻　氣溫，味辛，無毒。入手陽明經。《本草》云：主鬼氣，溫中，治積冷心腹脹痛，霍亂，中惡冷疰，嘔沫，冷氣，消食止泄，小兒傷乳霍亂。

元·朱震亨《本草衍義補遺》　肉豆蔻　屬金與屬土。溫中補脾，為丸。日華子稱其下氣，以其脾得補而善運化，氣自下也。非若陳皮、香附之駃泄，《衍義》不詳其實，謾亦因之，遂以為不可多服。○云多服則泄氣，得中則和平其氣。

元·徐彥純《本草發揮》卷二　肉豆蔻　海藏云：入手陽明經。丹溪云：肉豆蔻屬金與土。溫中補脾有功。日華子言其下氣，蓋以脾得補而善運化，其氣自下，非若香附、陳皮之駃泄也。《衍義》不詳其實謾爾，因此遂為不可多服。

明·王綸《本草集要》卷三　肉豆蔻君　味苦辛，氣溫，無毒。入手陽明經。湯搜米麵粉裹，灰火中煨黃熟用。油色肥實者佳。溫中開胃，下氣消食，治積冷，心腹脹痛，霍亂中惡，脾胃虛冷氣，併冷熱虛洩，赤白痢，小兒傷乳吐逆洩瀉之要藥。凡痢，以白粥飲服。霍亂氣，併生薑湯服。

明·滕弘《神農本經會通》卷一　肉豆蔻　君也。用須以湯搜米麪粉裹。灰火中煨黃熟，去米麪用。油色肥實者佳。味辛，氣溫，無毒。《湯》云：入手陽明經。東云：溫中，止霍亂，助脾。《疌》云：止瀉，補中，消膨，開胃，治痰飲及冷氣，解酒毒及心疼。

《本經》云：主鬼氣，溫中，治積冷心腹脹痛，霍亂，中惡冷疰，嘔沫，冷氣，消食，止洩，小兒乳霍。《藥性論》云：肉豆蔻，味苦、辛。主小兒吐逆，不下乳，腹痛，治宿食不消，痰飲。日華子云：調中下氣，止瀉痢，開胃消食，皮外絡，下氣，解酒毒，治霍亂，味珍，力更殊。丹溪云：屬金與土，溫中補脾。日華子稱其下氣，以其脾得補而善運化，氣自下也。非若陳皮、香附之駃泄。《衍義》不詳其實，謾亦因之，以為不可多服。又云：多服則泄氣，得中則和平其氣。《集》云：主脾胃虛冷氣，併冷熱虛洩赤白痢。凡痢，以

白粥飲服。霍亂氣，併生薑湯服。小兒傷乳，吐逆泄瀉之要藥。劊云：肉豆蔻溫能止痢，解醒消食更調中。主除霍亂心膨痛，益氣消脾虛冷攻。即《局方》肉豆蔻補脾治痢，尤調冷瀉。

明・劉文泰《本草品彙精要》卷一二　肉豆蔻無毒。　叢生。

肉豆蔻：主鬼氣，溫中，治積冷，心腹脹痛，霍亂，中惡，冷疰，嘔沫，冷氣，消食，止泄，小兒乳霍。名醫所錄。　【名】迦拘勒。　【苗】《圖經》曰：春生苗，花實似豆蔻，其形圓小，皮紫緊薄，中肉辛辣而有油色者爲佳。枯白味薄，瘦虛者爲下也。　【地】《圖經》曰：出胡國，今惟嶺南人家種之。《海藥》云：生秦國及昆侖。【道地】廣州。　【時】生：春生苗。採：六月、七月取實。　【收】暴乾。　【用】實。　【質】類橡子，無殼而皮皺。　【色】蒼褐。　【味】辛。　【性】溫，散。　【氣】氣之厚者，陽也。　【臭】香。　【主】止瀉痢，開胃消食。　【行】手陽明經。　【製】《雷公》云：凡使，須以糯米作粉，使熱湯搜裹豆蔻，於灰火中炮，待米團子焦黃熟，然後去米團，取用。　【治】療：《藥性論》云：治小兒吐逆，不下乳，腹痛，宿食不消，痰飲。日華子云：調中，下氣。《別錄》云：止心腹蟲痛，脾胃虛冷氣，並冷熱虛泄，赤白痢。　【合治】以二顆用醋調麵裹，煨黃焦，和麵碾末，合炒欓子末一兩，以炒陳米末二錢，煎飲調下三錢，治脾泄氣痢，日二服，瘥。○合生薑湯服，治霍亂吐利。　【禁】多服則洩氣，勿令犯銅器。　【解】酒毒。

明・葉文齡《醫學統旨》卷八　肉豆蔻　氣溫，味苦、辛。無毒。入手陽明經。麵包煨熟用。　治積冷心腹脹痛，霍亂泄瀉，脾胃虛冷氣，并冷熱赤白痢；小兒傷乳，吐逆久瀉；亦能溫中開胃，下氣，消食止泄之要藥也。

明・許希周《藥性粗評》卷二　溫補中州，肉還充於豆蔻。

肉豆蔻，胡名迦拘勒。春生苗，葉大如芭蕉，夏開花結實，頗似白豆蔻而圓小，皮紫緊薄，中肉以油色者佳。本出胡地，今嶺南亦有之。六七月採實，陰乾。凡使麵裹，熱灰中炮熟，以麵焦黃為度，取出，勿犯銅氣。所使并所畏惡大略，本草亦不詳載。味甘、辛，性溫，無毒。入手陽明大腸、足太陰脾經。主治心腹冷痛，霍亂瀉痢，溫中下氣，開胃消食，解酒毒。丹溪云：溫中補脾有功。日華子言其下氣，蓋以脾得補而運化，其氣自下，非若香附、陳皮之駃泄也。

單方：脾胃虛泄：醋調麵裹，煨熟，取肉為末，每以二三匙，調清粥食之，日再。宿食不消：以熟末每服一錢，煎陳皮湯送下。

明・鄭寧《藥性要略大全》卷三　肉果君。一名肉豆蔻。　補脾治痢，尤調冷瀉，解酒消食，調中暖胃，止霍亂，嘔沫下氣。治積冷，心腹脹痛，脾胃虛冷，痢疾，小兒傷乳吐逆。泄瀉之要藥也。　味苦、辛，性溫，無毒。湯搜米麵粉包煨黃(色)熟用，其油色黃實者良。收澁之劑也。

明・陳嘉謨《本草蒙筌》卷二　肉豆蔻　味苦、辛，氣溫。無毒。胡國多生，嶺南亦產。一名肉菓，形類彈丸。油色肥實佳，麵包煨熟用。所入經絡，惟手陽明。療心腹脹疼，卒成霍亂者可止；理脾胃虛冷，不消宿食者能溫。男婦傷暑血痢有功，小兒傷乳吐瀉立効。痢疾助之白粥飲，吐瀉佐以生薑湯。

明・王文潔《太乙仙製本草藥性大全》卷二《本草精義》　肉豆蔻　一名迦拘勒，一名肉菓。出胡國，今嶺南人家種之。春生苗，花實似豆蔻而圓小，狀類彈丸，皮紫緊薄，中肉辛辣。三四月採，曝乾。油色肥實佳，麵包煨熟用。所入經絡惟手陽明。

明・王文潔《太乙仙製本草藥性大全》卷二《仙製藥性》　肉豆蔻君　味苦、辛，氣溫，無毒。入陽明胃經。　主治：療心腹脹疼，卒成霍亂者可止。理脾胃虛冷，不消宿食者能溫。男婦傷暑血痢有功，小兒傷乳吐瀉立效。痢疾助之白粥飲，吐瀉佐以生薑湯。　補註：冷痢腹痛，不能食，用一兩，去皮，醋麪裹煨，麪熟爲度，搗爲散，非時粥飲下一錢，效。○脾洩氣痢，以一顆醋調麪裹，火煨令焦黃，和麪碾末，更以炒了欓子末一兩相和。又焦炒陳廩米，爲末，每用二錢，煎作飲，調前末三錢，旦暮各一服，即差。　太乙曰：凡使須以糯米作粉，使熟湯搜裹豆蔻於煻灰中炮，待米團子焦黃熟，然後出，去米，其中有子取用，勿令犯鐵。

明・皇甫嵩《本草發明》卷二　肉荳蔻中品之下，臣。氣溫，味辛，無毒。入手陽經。　發明曰：肉荳蔻屬金與土，氣味辛熱，能溫腸胃，逐寒氣。故《本草》主鬼氣，溫中，治積冷，心腹脹痛，霍亂，中惡冷疰，嘔沫，消食，止冷熱虛泄痢，小兒乳霍亂吐逆，由其辛熱溫腸胃故也。又止心腹蟲痛，解酒毒，調中下氣開胃。吐瀉者佐以生薑。腸胃中有熱者弗用。○皮外絡下氣，解酒毒，治霍亂。味珍，力更殊。形圓小，皮紫緊薄，肉辛味。凡用，須以糯米粉和餅裹之，或用麪，煻灰中煨黃，取子用。勿犯鐵器。

明・李時珍《本草綱目》卷一四草部・芳草類　肉豆蔻宋《開寶》

〔釋名〕肉果《綱目》　迦拘勒　宗奭曰：肉豆蔻對草豆蔻爲名，去殼只用肉。肉油色者佳，枯白瘦虚者劣。時珍曰：花實皆似豆蔻而無核，故名。

〔集解〕藏器曰：肉豆蔻生胡國，胡名迦拘勒。大舶來即有，中國無之。珣曰：生崑崙及大秦國。頌曰：今嶺南人家亦種之。春生苗，夏抽莖開花，結實似豆蔻，六月、七月採。時珍曰：肉豆蔻花及實狀雖似草豆蔻，而皮肉之顆則不同。顆外有皺紋，而内有斑纈紋，如檳榔紋。最易生蛀，惟烘乾密封，則稍可留。

實　〔修治〕斅曰：凡使，須以糯米粉熟湯搜裹豆蔻，於煻灰火中煨熟，去粉用。勿令犯鐵。

〔氣味〕辛，温，無毒。權曰：苦、辛。好古曰：入手足陽明經。

〔主治〕温中，消食止洩，治積冷心腹脹痛，霍亂中惡，鬼氣冷疰，嘔沫冷氣，小兒乳霍《開寶》。調中下氣，開胃，解酒毒，消〔食〕。皮外絡下氣大明。治宿食痰飲，止小兒吐逆，不下乳，腹痛甄權。主心腹蟲痛，脾胃虚冷，氣併冷熱，虚泄赤白痢，研末粥飲服之李珣。暖脾胃，固大腸時珍。

〔發明〕大明曰：肉豆蔻調中下氣，消〔食〕。皮外絡下氣。味珍，力更殊。宗奭曰：亦善下氣，多服則泄氣，得中則和平其氣。震亨曰：屬金與土，爲丸温中補脾。日華子稱其下氣，以脾得補而善運化，氣自下也。非若陳皮、香附之駃泄。寇氏不詳其實，遂以爲不可服也。機曰：痢疾用此澀腸，爲傷乳泄瀉之要藥。時珍曰：土愛暖而喜芳香，故肉豆蔻之辛温，理脾胃而治吐利。

〔附方〕舊一，新六。

暖胃除痰：進食消食。肉豆蔻二個，半夏薑汁炒五錢，木香二錢半，爲末。蒸餅丸芥子大，每食後津液下五丸、十丸。《普濟方》。

霍亂吐利：肉豆蔻爲末，薑湯服一錢。《普濟方》。

久瀉不止：肉豆蔻煨一兩，木香二錢半，爲末。棗肉和丸，米飲服四五十丸。又方：肉豆蔻煨一兩，熟附子七錢，爲末糊丸，米飲服四五十丸。又方：肉豆蔻煨，粟殼炙，等分爲末，醋糊丸，米飲服四五十丸。並《百一選方》。

老人虚瀉：肉豆蔻三錢，麵裹煨熟，去麪研，乳香一兩，爲末。陳米粉糊丸梧子大。每服五七十丸，米飲下。此乃常州侯教授所傳方。《瑞竹堂方》。

小兒泄瀉：肉豆蔻五錢，乳香二錢半，生薑五片，同炒黑色，去薑，研爲膏收，旋丸緑豆大。每量大小，米飲下。《全幼心鑒》。

脾泄氣痢：豆蔻一顆，米醋調麪裹，煨令焦黄，和面研末。更以欓子炒研末一兩，相和。又以陳廪米炒焦，爲末和匀。每以二錢煎作飲，調前二味三錢，旦暮各一服，便瘥。《續傳信方》。

冷痢腹痛：不能食者。肉豆蔻一兩去皮，醋和麪裹煨，搗末。每服一錢，粥飲調下。《聖惠方》。

題明・薛己《本草約言》卷一《藥性本草》　肉豆蔻　屬金與土，溫中補脾。○日華子稱其下氣，以脾得補而善運化，氣自下也。多服則泄氣，得中則和平其氣。○又名肉果。入足陽明、太陰經。為脾胃虛冷，瀉痢不愈之要藥，小兒傷乳吐瀉尤為至要。但未去之積，不可以此先澁。以糯米粉裹〔煨〕熟用。勿犯鐵器。氣味辛熱，能溫腸胃，逐寒氣。麪煨亦可。

明・梅得春《藥性會元》卷上　肉豆蔻　味辛，氣溫。無毒。入手陽明大腸經。

主溫中，止霍亂而補脾，治痢兼療冷瀉，解酒消食調中，治積冷心腹脹痛，脾胃虛冷，並冷熱赤白痢，小兒傷乳吐逆、久瀉。丹溪云：屬金與土，以其脾得補，善運化，氣自下也。非若陳皮、香附之駃泄。《衍義》不詳其實，漫亦因之，遂以為不可多服。多服則泄氣，得中則和平其氣。製法：麵包，煨熟用。

明・杜文燮《藥鑒》卷二　肉蔻　氣熱，味大辛。屬金與土，入手足太陰經藥也。惟其氣溫，故能溫中補脾。又言下氣者，蓋以脾得補而善運化，其氣自下，非若香附、陳皮之快泄也。惟其味辛，故能散肺中滯氣，除膈上吐逆，消穀食，開腹脹。合氣與味，又能止泄。大都溫能補脾，辛能散滯，脾得溫以補之，則運化之令司，而漏下之患除。肺得辛以散之，則精化之源司，而淡滲之令強。何泄之有？

明・李中立《本草原始》卷二　肉豆蔻　始生胡國，胡名迦拘勒。今惟嶺南人家種之。春生苗，花實似草豆蔻而圓小，皮紫緊薄，中肉辛辣。《衍義》曰：肉豆蔻，對草豆蔻言之。　肉豆蔻：氣味：辛，溫，無毒。主治：溫中消食，止洩。治積冷心腹脹痛，霍亂，中惡，鬼氣冷疰，嘔沫、冷氣，小兒乳霍。○調中下氣，開胃，解酒毒。消皮外絡下氣。○治宿食痰飲，止小兒吐逆，不下乳，腹痛。○主心腹蟲痛，脾胃虛冷氣，并冷熱虛洩，赤白痢，研末粥飲服之。○暖脾胃，固大腸。

肉豆蔻，宋《開寶》。肉油色者佳。一名肉果，紫色，外有皺紋，內有斑纈紋如檳榔紋。　修治：麪裹，於煻火中煨熟，去麪用。勿令犯銅。入手、足陽明經。

《普濟方》：治霍亂吐利，肉豆蔻煨為末，薑湯服一錢。　肉豆蔻，君。

明・張懋辰《本草便》卷一　肉豆蔻君　味苦、辛，氣溫，無毒。入手陽明經。湯搜米麵粉裹，灰火中煨黃熟。　溫中開胃，下氣消食，治積冷心腹脹痛，霍亂中惡，脾胃虛冷，赤白痢，小兒傷乳，吐逆泄瀉之要藥。

明・趙南星《上醫本草》卷一　肉豆蔻　一名肉果。宗奭曰：肉豆蔻

對草豆蔻為名，去殼只用肉，肉油色者佳，枯白瘦虛者劣。時珍曰：花實皆似豆蔻而無核，故名。　辛，溫，無毒。主治：溫中消食，止洩調中，下氣開胃，治積冷，心腹脹痛，霍亂中惡，鬼氣冷疰，嘔沫冷氣，解酒毒，消皮外絡下氣，小兒乳霍，暖脾胃，固大腸。

附方　老人虛瀉：肉豆蔻三錢，麵裹煨熟，去麵，研，乳香一兩為末，陳米粉糊丸梧子大。每服五七十丸，米飲下。　冷痢腹痛，不能食者：肉豆蔻一兩，去皮。醋和麵裹煨，擣末。每服一錢，粥飲調下。

明·李中梓《藥性解》卷三　肉豆蔻　味苦、辛，性溫，無毒，入肺、胃二經。療心腹脹痛，卒成霍亂，脾胃寒弱，宿食不消，虛冷瀉痢，小兒傷乳吐瀉，尤為要藥。糯米粉裹煨，忌見鐵器。　按：肉豆蔻即肉菓，辛溫之性。宜入脾胃，有未去之積者，不可先用。

明·繆希雍《本草經疏》卷九　肉豆蔻　味辛，溫，無毒。主鬼氣，溫中，治積冷心腹脹痛，霍亂中惡，冷疰，嘔沫、冷氣，消食止洩，小兒乳霍。糯米粉裹煨，去粉，擂碎。忌銅鐵器。

〔疏〕肉豆蔻稟火土金之氣，故味辛氣溫而無毒。入足太陰、陽明經，亦入手陽明大腸。辛味能散能消，溫氣能和中通暢。其氣芬芳，香氣先入脾，脾主消化，溫和而辛香，故開胃，胃喜暖故也。故為理脾開胃，消宿食，止洩瀉之要藥。香能辟惡除不祥，又中氣不虛，則邪惡之氣不能入，故主鬼氣及溫中。脾主中焦，胃為後天生氣之本，脾胃之陽氣旺，則積冷心腹脹滿，霍亂、中惡、冷疰、嘔沫、冷氣、食不消、洩不止、小兒乳霍，諸證自除矣。

〔主治參互〕君人參、補骨脂、吳茱萸、五味子、砂仁，為治腎泄及冷泄之聖藥。　得縮砂蜜、橘皮、人參、紅麴、山查肉、藿香、麥芽，為開胃進飲食，消宿食，止瀉之上劑。　獨用修事為末，以棗肉和丸，或為末，縮砂湯下，名公子登筵散。言服之即可赴席，其開胃進食消導之功烈矣。　《百一選方》治久瀉不止，用肉豆蔻一兩，木香二錢五分，為末，棗肉和丸。米飲下四五十丸。又方：　肉豆蔻煨一兩，熟附子七錢，為末，糊丸。米飲服四五十丸。　《瑞竹堂方》治老人虛瀉，肉豆蔻三錢煨研，乳香一兩，為末。《全幼心鑒》治小兒泄瀉，用肉豆蔻五錢，乳香二錢半，生薑五片，同炒黑色，去薑研為膏，收入密器，旋丸菉豆大。每量大小，米飲下。　《聖惠方》治冷痢腹痛不能食者：　肉豆蔻一兩，去皮，醋和麫裹煨，擣末。每服一錢，粥飲調下。　〔簡誤〕大腸素有火熱，及中暑熱泄暴注，腸風下血，胃火齒痛，及濕熱積滯方盛，滯下初起，皆不宜服。

明·倪朱謨《本草彙言》卷二　肉豆蔻　味辛，性溫，無毒。入足太陰、手陽明、足陽明經。　陳氏曰：　肉豆蔻即肉果，生崑崙及大秦國，中國無之。今嶺南人得種種蒔矣。春生苗，夏抽莖。開花結實，酷似草豆蔻，皮肉之顆則不同。其顆外有皺紋，內有斑纈紋。宛似檳榔，紫白相間。以油色肥實者佳。枯白瘦虛者劣。修製：　用麥麫熱湯和搜，團裹其實，糠火中煨熟，去麫用。

肉豆蔻：《開寶》暖胃消食，李珣止洩瀉之藥也。釋子冷菴稿凡病寒中積冷，陰寒霍亂，嘔吐涎沫，心腹脹痛，中惡冷氣，大腸滑泄，及小兒胃寒，乳食不消；　或吐乳，或下瀉諸證，此藥其氣芳香，其味辛烈，其性溫散，故入理脾胃藥中，療寒滯爲要劑，爲和平中正之品，運宿食而不傷。非若枳實、萊菔子之有損真氣也。下滯氣而不峻，非若香附、大腹皮之有泄真氣也。止泄瀉而不澁，非若訶子、罌萶殼之有兜塞掩伏而內閉邪氣也。日華子稱爲寒可散，邪可逐，滯可行，泄可止，實可寬，虛可補，斯言厥有義哉。○如大腸素有火者，中暑熱氣火之邪，熱泄暴注者，濕熱積滯方盛，痢疾初起者，皆不宜用。

沈則施先生曰：　肉果溫中補脾，而兼運化，治傷食瀉利大有殊效。

集方：　學生所陳氏方治腎泄及冷泄。用肉果、麫裹煨熟，砂仁、人參、補骨脂、吳茱萸、北五味子。○甄氏方治胃氣不和，宿食不消，新食不進，大便久瀉。用肉果、砂仁、厚朴、人參、白朮、紅麴、麥芽、穀芽、藿香、廣陳皮。○《百一選方》治冷痢久不止，腹痛不能食。用肉果一兩、去皮，米醋和麫裹煨，搗細，粗紙內去油爲末，每用一錢，米湯下。○李氏方治陰寒霍亂吐利。用肉豆蔻，麫裹煨，研去油，爲末，冷薑湯調服一錢。○公子登席散：　用肉豆蔻去油爲末，棗肉爲丸，服一二錢，砂仁湯下。其開胃進食、消導之功烈矣。○《百一選方》治久瀉不止。用肉豆蔻煨熟去油一兩，熟附子五錢，木香二錢，棗肉丸，米湯下二錢。○《全幼心鑒》治小兒泄瀉。用肉豆蔻火煨去油六錢，乳香二錢，生薑五片，同炒黑色，去薑，研爲膏，丸如綠豆大。每量大小，米飲下。○《廣筆記》脾腎雙補丸：　治天明腎泄。用肉豆蔻、車前子各十兩，人參、蓮肉、菟絲子、北五味、山茱萸肉、補骨脂、巴戟天、懷山藥各一斤，廣陳皮、縮砂仁各六兩，俱炒燥黃爲末，餳糖爲丸，如綠豆大，每服五錢，早晚各食

前服。如元虛而有火者，或火盛肺熱者，俱去人參、肉豆蔻、巴戟天、補骨脂。無錫秦公安患中氣虛不能食，食亦難化，時作泄瀉，胸膈不寬。一醫誤投青皮、枳、朴等破氣藥，下利完穀不化，面色黯白。仲淳即用脾腎雙補丸，一料而愈。〇一人患泄瀉，凡食一應藥粥、蔬菜，入喉覺如針刺，下咽即辣，因而滿腹絞辣，隨覺腹中有氣，先從左升，次從右升，氤氳遍腹，即欲登厠。彈響大泄，糞門恍如火灼。一陣方畢，一陣繼之。更番轉厠，逾時方得離厠。諦視所泄，俱清水盈器，白脂上浮，藥粥及蔬菜俱不化而出。甚至夢中大泄，了不收攝。諸醫或云停滯，或云受暑，或云中寒。百藥雖投，竟如沃石。月餘，大肉盡脫，束手待斃。診其脉，洪大而數，知其爲火熱所生，以川黄連三錢，白芍藥一錢，甘草八分，水煎一服即止。

明・顧逢柏《分部本草妙用》卷三脾部・温補　肉豆蔻　辛，溫，無毒。兼入胃、大腸。糯米粉裹煨，去粉用。忌鐵。　主治：溫中消食，止洩，治積冷，心腹脹痛，霍亂，中惡鬼氣分疰，心腹蟲痛，脾胃虛冷，赤白痢疾，暖固大腸。　丹溪曰：豆蔻屬金與土。日華稱其下氣，以脾得補而善運，氣自下也。非若陳皮、香附之泄，故為補脾之聖藥。以之治久痢如神。然未去之積，不可以此澀之。

明・李中梓《醫宗必讀・本草徵要上》　肉豆蔻味辛，溫。入胃、大腸二經。麵裹煨透，去油，忌鐵。　溫中消食，止瀉止痢，心疼腹痛，辟鬼殺蟲。丹溪云：屬金與土。《日華》稱其下氣，以脾得補而善運，氣自下也，非若陳皮，香附之泄耳。按：肉菓性溫，病人有火，瀉痢初起，皆不宜服。

明・鄭二陽《仁壽堂藥鏡》卷一〇下　肉豆蔻　《圖經》云：肉豆蔻出胡國。今嶺南人家種之。圓小，皮紫、緊薄。　氣溫，味辛，無毒。入手陽明經。　《本草》云：主鬼氣，溫中，治積冷心腹脹痛，霍亂中惡，冷疰，嘔沫冷氣，消食止泄。小兒傷乳霍亂。宗奭曰：多服泄氣。丹溪曰：屬金與土。日華稱其下氣，以脾得補而善運，氣自下也，非若陳皮、香附之泄。時珍曰：暖脾胃，固大腸。　按：肉豆蔻，即肉菓。辛中殊帶澁，故能固腸。有未去之積者，不可先以此澁之。　《廣志》云：肉豆蔻，主心腹腫痛，赤白痢疾，米醋調，麪裹之，置灰中煨令黄焦。

明・蔣儀《藥鏡》卷一温部　肉豆蔻　積寒久瀉以攻，傷食吐逆能治。專消肉積，亦妥脾家。脾得溫而運化，則漏下除。肺得辛而氣展，則淡滲施。五疳效及，止霍亂不難。八痢功全，澁積滯甚易。獨磨為末，棗肉丸，糖湯下，立時開胃進餐。佐以木香，棗肉丸米飲下，頃刻挽回久瀉。

明・李中梓《頤生微論》卷三　肉豆蔻　一名肉果。味辛，性溫，無毒。入胃、大腸二經。米粉裹煨去油。忌鐵器。　止瀉痢，溫中消食，開胃止嘔，辟鬼殺蟲。　按：肉果屬金與土。下氣者，心脾得補而善運，氣自下也，非若陳皮、香附之泄耳。瀉利初起者，不可早服。

明・張景岳《景岳全書》卷四八《本草正》　肉豆蔻　味苦、辛而澁，性溫。理脾胃虛冷，穀食不消。治大腸虛冷，滑泄不止。以其氣香而辛，故能行滯止痛，和腹脹，治霍亂，調中下氣，開胃進食，解酒毒，化痰飲，溫胃逐蟲，辟諸惡氣。療小兒胃寒傷乳吐瀉。以其能固大腸，腸既固則元氣不走，脾氣自健，故曰理脾胃虛冷，而實非能補虛也。麵包煨熟用，或剉如豆大，以乾麵拌炒熟，去麵，用之尤妙，蓋但欲去其油，而用其熟耳。

明・蕭京《軒岐救正論》卷三　肉荳蔻　溫中消食，止洩，治積，心腹冷痛，霍亂嘔吐，解醒下氣，赤白虛痢，為暖脾胃固大腸之要藥。蓋脾喜暖惡寒，喜香惡臭，故肉蔻之溫香，能治一切前症。寇宗奭曰：亦善下氣，多服則洩氣，得中則和平其氣。朱丹溪曰：屬金與土，溫中補脾。日華子稱其下氣，以脾得補而善運化，氣自下也。非若陳皮、香附之駃洩。寇氏不詳其實。遂以為不可多服也。誤矣。

明・盧之頤《本草乘雅半偈》帙一〇　肉豆蔻宋《開寶》　氣味：辛，溫，無毒。　主治：主溫中，消食，止洩，治積冷，心腹脹痛，霍亂，中惡，鬼氣，冷疰，嘔沫，冷氣，小兒乳霍。

覈曰：肉豆蔻，即肉果。生胡國，胡名迦拘勒。中國無有之，(令)〔今〕嶺南人得種種蒔矣。春生苗，夏抽莖，開花結實，都似草豆蔻，皮肉之顆則不同。其顆外有皺紋，內有斑纈紋，宛似檳榔，紫白相間也。修事：用糯米粉，熟湯和搜，裹包其實，糠灰火中煨熟，去粉用，勿犯鐵器。

条曰：樂音曰肉。《禮記》云：寬裕肉好之音也。方氏云：璧外謂之肉，內謂之好。輔氏云：肉好，猶言美滿，樂聲肥也。肉器曰豆。《詩》云于豆于登，豆薦葅醢，登盛大羹也。物盛曰蔻。《說文》云：從支從完，當其完聚而蔻之也。蓋府器之薦登穀者胃，其受盛者體，轉輸者用也。《事物異名》云：一名迦拘勒，一名脾家瑞氣。設具體無用，則穀食不消，心腹脹痛，霍亂飧

洩，嘔沫乳霍矣。此以寒中積冷，中惡鬼氣之所致。肉豆蔻秉剛燥氣味，鼓發中黄，寇之使出，所謂開發上焦，宣五穀味而為養，宣五畜味而為充，充則肌肥而美滿，養則膚潤而媚好，命名肉豆蔻者以此。以受為體，以輸為用，具體無用，則能受不輸，中消洞洩之類，可比量推度矣。

明·李中梓《本草通玄》卷上　肉果　辛，溫，善入手、足陽明。　暖脾胃，固大腸，消宿食，寬膨脹，止吐逆。　按：土性喜暖愛香，故肉果與脾胃最為相宜，其能下氣者，脾得補則健運，非若厚朴、枳實之偏於峻削也。以糯米粉裹於煻火中煨熟，去粉用，勿犯鐵器。

清·顧元交《本草彙箋》卷二　肉豆蔻　溫中消食，與諸豆蔻同。兼入大腸經，痢家用爲濇劑。爲小兒傷乳泄瀉之要藥。其云善下氣者，以脾得補而健運，氣自下也。非若陳皮、香附之駃泄。胡慎柔云：凡虚泄久痢，腸胃寒者，用此固之，非濇也。慎齋云：肉豆蔻溫胃，微去油，亦治胃寒作瀉。若久瀉，胃有鬱火者，須去油盡服之。

以棗肉和丸，或爲末，縮砂湯下，是名公子登筵散，言服之即可赴席，其開胃進食，消導之功烈矣。

清·穆石匏《本草洞詮》卷八　肉豆蔻　花實皆似豆蔻而無核，故名。氣味辛溫，無毒。入手足陽明經。主溫中消食，止洩，治積冷心腹脹痛，暖脾胃，固大腸。蓋土愛暖而喜芬香，故肉果之辛溫，理脾胃而治吐利。日華子稱其下氣，以脾得補而善運化，氣自下也。非若陳皮、香附之駃泄也。寇氏以為多服泄氣，亦過慎之詞矣。

清·劉雲密《本草述》卷八上　肉豆蔻　宗奭曰：肉豆蔻對草豆蔻為名。　時珍曰：花實皆似豆蔻而無核，故名。一名肉果。　氣味：辛，溫，無毒。　權曰：苦，辛。　好古曰：入手足陽明經。

諸本草主治：溫中下氣，暖脾胃，止洩，固大腸，治積冷心腹脹痛，霍亂冷疰，嘔沫，消宿食痰飲，療冷熱虚泄，赤白痢，止小兒吐逆，不下乳，腹痛。　方書主治：泄瀉滯下，積聚，瘧，水腫，不能食，傷飲食，虚勞，氣脹滿反胃，霍亂，諸逆衝上，痺，小便數，疝。

丹溪曰：肉豆蔻屬金與土，溫中補脾有功。日華子言其下氣。蓋以脾得補，而善運化，其氣自下，非若香附、陳皮之駃泄也。　《類明》曰：溫中補脾，泄痢久不已則用之。故《本草》言冷熱虚泄，久則雖熱者，其氣亦虚，非槩用以溫中也。　希雍曰：肉豆蔻禀火土金之氣，故味辛氣溫而無毒，入足太陰、陽明經，亦入手陽明大腸，為理脾開胃，消宿食，止泄瀉之要藥。

君人參、補骨脂、吳茱萸、五味子、砂仁，為治腎泄及冷泄之聖藥。　得縮砂蔤、橘皮、人參、紅麴、山查肉、藿香、麥芽，為開胃進食，消宿食，止瀉之上劑。　獨用修事為末，以棗肉和丸，或為末，縮砂湯下，名公子登筵散，言服之即可赴席，其開胃進食，消導之功烈矣。

愚按：肉豆蔻主治，惟於瀉泄證為多，而滯下次之，是即海藏所謂入手足陽明經者也。又李珣主脾胃虚冷氣，併冷熱虚洩，赤白痢，不尤為左券乎？然宜即甄權苦辛，合於《開寶》所謂辛溫者，以悉其主治之義也。味其先苦而辛，得火中之金氣，火為土母，是由肺以至乎胃，而效其溫中下氣之用也。後辛居勝，而終以微涼，得金中之肅氣，金主降收，是又由胃以至於大腸，而效其且降且收之用也。夫氣之溫者常升，然不全乎金之氣，則不能由肺以降。氣之降者屬金，然不禀乎溫之氣，則更不能由大腸以收，能使溫氣降而入中土者，全乎金也。故溫中治積冷，而善運化，能使收氣，更歸大腸者，本乎溫也。故溫中運化，而又有止洩痢之功。或曰茲味之效用者，固曰以火始，以金終，又何以止洩痢，復歸之溫乎？曰：惟其金始於火，故金能效收之用。夫苦溫則氣升，苦寒則氣降，其理固不易矣。即如方書主治積聚，亦以溫而助辛之用也。更条方書之治瀉泄滯下，有治風寒冷滑者，有治老人虚人之患茲證者，其俱得奏效之義，不外於《經》所云氣虚者寒也，不寧惟是。如痢證病於濕熱而氣虚者苦寒，黄連為主，用此味及木香佐之，乃能奏效。然豈止取其以溫味濟寒哉？蓋謂此味大能竟其肺之用也，夫肺氣能降亦能收，乃竟陽中少陰之用，金火合德，義固如是。《經》曰：魄門亦為五臟使，非此意歟。粗工用以止痢，而漫曰濇劑，何哉？但不可用之實熱下痢，其氣不大虚者耳，雖然，更有進而尋究，如方書療諸逆衝上，屬上盛下虚，又下元陽虚，而頭痛者，皆用黑錫丹，於諸溫補歸元中，却有肉豆蔻，則益信肺氣之能降能收者，乃所謂腎氣歸元也。愚於白芷條下，已粗悉其義，當合条之。

附方　老人虚瀉，肉豆蔻三錢，麪裹煨熟，去麪，研，乳香一兩，為末，陳米粉糊丸梧子大，每服六七十丸，米飲下。　脾泄氣痢，豆蔻一顆，米醋調麪，裹煨令焦黄，和麪研末，更以欓子炒，研末，一兩相和，又以陳廩米炒焦，

為末，和勻，每以二錢，煎作飲，調前二味三錢，旦暮各一服，便瘥。

希雍曰：大腸素有火熱，及中暑熱泄暴注，腸風下血，胃火齒痛，及溼熱積滯方盛，滯下初起，皆不宜服。

修治　時珍曰：肉豆蔻花及實，狀雖似草豆蔻，而皮肉之顆則不同類，外有皺紋，而內有斑纈紋如檳榔紋，最易生蛀，惟烘乾密封，則稍可留。去殼，但用肉，油色肥實者佳。用湯調糯米粉，或醋調麪，包灰火中煨黃熟，取出，以紙搥去油淨，勿令犯銅鐵。

按：良薑以下，砂仁、益智、白蔻、草蔻、肉蔻，皆止用仁。而良薑則用根並仁，紅豆蔻即其仁也。第紅蔻一種，先哲謂其辛熱，最能動火，傷目致衄，垂戒者不一而足，故無取焉。

清・郭章宜《本草匯》卷一〇　肉豆蔻即肉果　苦、辛，氣溫，入手足陽明、足太陰經。暖脾胃，固大腸。消宿食，止吐逆。治脾胃虛瀉冷痢，消痰飲嘔沫冷積。《開寶》治霍亂腹脹冷氣，食不消者，皆脾胃之陽氣不能運也。脾主中焦，胃為後天生氣之本。脾胃之陽氣旺，則諸症自平。

按：肉豆蔻屬金與土，土性喜暖愛香，故肉果與脾胃最為相宜。日華稱其下氣者，以脾得補而善運化，氣自下也。非若厚朴、枳實之偏于峻削耳，多服則泄氣。為脾胃虛冷瀉痢，小兒傷乳泄瀉不愈之要藥。但未去之積，不可以此先澀。若冷痢腹痛不能食者，用此最宜，君人參、補骨脂、吳茱萸、五味子、砂仁，為治腎泄及冷泄之藥。得縮砂、橘皮、人參、紅麴、山查、霍香、麥芽，為開胃進食，消宿食，止瀉痢之上劑。若病人有火，瀉痢初起，及中暑熱瀉，腸風下血，濕熱積滯方盛，皆不可服。

生嶺南。形類彈丸，油色肥實者佳。以糯米粉裹，于煻火中煨熟，去粉用。勿犯鐵器。

清・蔣居祉《本草擇要綱目・熱性藥品》　肉豆蔻　氣味：辛，溫，無毒。入手足陽明經。採得，須以糯米粉和包裹，投灰火煨熟用。　主治：宿食痰飲，積冷胸腹脹痛，霍亂嘔逆。性屬金而能上，可溫中以補脾。又稱其能下氣者，以脾得補而善運化，氣自下也。

清・閔鉞《本草詳節》卷二　肉豆蔻　【略】按：肉豆蔻，理脾胃，治吐利。土喜暖而愛芳香也。下氣者，脾得補而善運化，氣自下化，非若陳皮、香附之快泄。其腸胃有熱，胃火齒痛，滯下初起，均忌。

清・王翃《握靈本草》卷三　肉豆蔻出番國，今出嶺南。即肉果。糯米粉裹，煻火中煨。勿犯鐵落。　主治：肉豆蔻，辛，溫，無毒。主溫中消食，止洩，治積冷心腹痛，解酒，宿食痰飲。

清・汪昂《本草備要》卷二　肉豆蔻一名肉果。燥脾，澀腸。　辛溫氣香。理脾暖胃，下氣調中，逐冷祛痰，消食解酒。治積冷心腹脹痛，挾痰、挾食者并宜之。中惡吐沫，小兒吐逆，乳食不下。又能澀大腸，止虛瀉冷痢。初起忌用。出嶺南。似草蔻，外有皺紋，內有斑紋。糯米粉裹，煨熟用。忌鐵。

清・吳楚《寶命真詮》卷三　肉豆蔻　【略】療心腹痛，辟鬼殺蟲。　土性善暖愛香，故肉果與脾胃最為相宜。日華稱其下氣者，以脾得補而健運，非若枳、朴之峻削，陳皮之宣泄也。〇病人有火瀉利，初起不宜用。

清・陳士鐸《本草新編》卷三　肉豆蔻　味苦、辛，氣溫，無毒。一名肉果。入心、脾、大腸經。療心腹脹疼，止霍亂，理脾胃虛寒，能消宿食，專溫補心包之火，故又入膻中與胃經也。但能止下寒之瀉，而不能止下熱之痢，從前本草，多言治血痢有功，而不言其止瀉〔痢〕。夫瀉不同，五更時痛瀉五六次，到日間反不瀉，名大瘕瀉也。大瘕瀉者，腎瀉也。腎瀉，乃命門無火以生脾土，至五更亥子之時，正腎氣正令之會，腎火衰微，何能生土，所以作瀉。故大瘕病，必須補命門之火，火旺而土自堅矣。肉豆蔻，非補命門之藥也，然命門之火上通，心包之火不旺，而命門愈衰，故欲補命門，必須上補心包也。膻中，即心包，一物而兩名之，肉豆蔻補心包之火，補心包，正所以補命門也。況理脾胃寒虛，原其長技，命門旺，而脾胃又去其虛寒。脾胃得〔腎〕氣，自足以分清濁而去水濕，又何至五更之再瀉哉。

或問：肉豆蔻開胃消食，子舍而不談，反言其能止大瘕之瀉，亦何舍近而言遠乎？曰：言大瘕之瀉，正所以表肉豆蔻之開胃而消食也。凡人命門之火不旺，則下焦陰寒何能蒸腐水穀。下不能消，所以瀉也。瀉久則亡陰，陰亡則腎不能交于心包，而心包亦寒。心包寒，則火不能生胃，而胃亦寒。胃寒，則胃氣蕭索，又何能消食耶。肉豆蔻，溫補命門而通心胞，兩火相生于上下，水瀉止，而脾胃之氣自開，不求其消食而食自化。言止腎瀉，而開胃消食〔即〕在其中，又何必再言哉。

或問：肉豆蔻暖胃而健脾，溫腎而止瀉，故入之四神丸中，以治脾腎寒虛之作瀉，然而有效、有不效者，何故？蓋腎虛作瀉，又有不是命門之寒，故

服四神丸，而反多後重之症矣。夫腎虛未有不寒者，寒則瀉。不寒〔則〕何以瀉，此乃飲酒過多，又加色慾，使酒濕入于腎之中，故作瀉也。倘亦以肉豆蔻治之，安能如治腎寒者速效哉。

清·顧靖遠《顧氏醫鏡》卷七　肉豆蔻一名肉果。辛，溫。入脾胃大腸三經。麵裹煨透，忌鐵器。　暖脾胃而消宿食，固大腸而止洩瀉。病人有火，瀉痢初起，皆不宜服。

清·李熙和《醫經允中》卷一八　肉荳蔻　兼入胃、大腸。糯米粉裹煨，去粉用。　辛，溫，無毒。主治消宿食，止洩痢，暖脾胃，固大腸，肉蔻雖為補脾聖藥，惟久痢虛寒脫滑者宜之，倘有未去之積，以此澁之，必成大禍。

清·馮兆張《馮氏錦囊秘錄·雜症痘疹藥性主治合參》卷二　肉豆蔻稟火土金之氣，故味辛，氣溫而無毒。入足太陰陽明經，亦入手陽明大腸。辛能散能消，溫能和中通暢。香先入脾，暖能開胃，故為理脾開胃、消食止瀉之要藥。若濕熱積滯方盛，滯下初起，火熱暴注泄瀉者，禁用。〇宜麵裹火煨，搗去油用。

肉豆蔻，溫脾胃虛冷，心腹脹痛，宿食不消，滑瀉冷痢，尤為要藥。夫土性喜暖愛香，故肉果與脾胃最為相宜。

主治痘疹合參：　治痘，胃寒，泄瀉吐逆，咬牙寒戰之要藥。溫中開胃，消食下氣。言下氣者，以脾得補而善運化，氣自下也。但瀉痢初起者及有火者不可早服。

清·张璐《本經逢原》卷二　肉豆蔻俗名肉果。　辛，溫，無毒。糯米粉裹，煨熟用，勿犯鐵。　發明：　肉豆蔻辛香，入手足陽明，溫中補脾，寬膨脹，固大腸，為小兒傷乳、吐逆、泄瀉之要藥。二神丸合補骨脂，治腎瀉，蓋取補脾以治腎邪也。按脾土性喜芳香，故肉果與脾胃最為相宜。以其能下氣者，脾胃得補則健運。非若厚朴、枳實之峻削也。熱鬱暴注禁用，以其辛溫性滯也。

清·劉漢基《藥性通考》卷五　肉豆蔻　味辛，溫，氣香。理脾暖胃，下氣調中，逐冷祛痰，消食解酒。治積冷心腹脹痛，挾痰挾食者並宜之。中惡吐沫，小兒吐逆，乳食不下，又能濇大腸，止虛瀉。冷痢初起忌用。出嶺南，似草蔻，外有皺紋，內有班紋。糯米粉裹煨熟用，忌鐵。

清·姚球《本草經解要》卷一　肉豆蔻　氣溫，味辛，無毒。主溫中消食，止洩，治積冷，心腹脹痛，霍亂，中惡鬼氣冷疰，嘔沫冷氣，小兒乳霍。麪包煨。　肉蔻氣溫，稟天春和之木氣，入足厥陰肝經。味辛無毒，得地西方燥金之味，入足陽明燥金胃經、手陽明大腸經。氣味俱升，陽也。胃者，中州也。辛溫溫胃，所以溫中，胃溫則食易化，故主消食。大腸寒則鶩溏，辛溫溫腸，所以止洩。日積月累，積冷於腸，冬日重感於寒，則大腸病脹，胃亦妨於食而胃脹，脹則腹滿而心胃痛矣。肉蔻溫腸胃，胃陽充而脹平也。霍亂，胃有濕熱也。辛溫燥胃，霍亂自止。胃者，陽氣之原也。胃陽衰，則陰邪乘之，而患中惡冷疰矣。肉蔻溫胃，胃陽充則陰邪消，而中惡冷疰愈也。肝寒而陰氣上升，則嘔沫，而冷氣出矣。肉蔻溫肝，肝平嘔逆定也。小兒乳霍，胃寒不納也。辛溫散寒，所以亦主之也。　製方：　肉蔻同人參、補骨、吴萸、五味、砂仁，治冷洩。同砂仁、陳皮、人參、紅麯、查肉、藿香、麥芽，治洩消食。同木香、棗肉丸，治久瀉。同川附，米糊丸，治寒洩。

清·周垣綜《頤生秘旨》卷八　肉荳蔻　溫腸胃，逐寒氣之藥也。溫胃，微去油，亦治胃寒作瀉。若久瀉，腎有欝火，須去油盡用之。腸中有熱者，弗用。

清·王子接《得宜本草·中品藥》　肉果　味辛，溫。入手足陽明經。功專暖脾胃，固大腸。得木香、附子治久瀉不止。

清·黃元御《玉楸藥解》卷一　肉豆蔻　味辛，性溫，氣香。入足太陰脾、足陽明胃經。溫中燥土，消穀進食，善止嘔吐，最收泄利。治寒濕腹痛，療赤白痢疾，化痰水停留，磨飲食陳宿。　肉豆蔻調和脾胃，升降清濁，消納水穀，分理便溺，至為妙品。而氣香燥，善行宿滯，質性斂濇，專固大腸，消食止泄，此為第一。麪包煨研，去油湯沖。肉蔻辛香，頗動惡心，服之欲嘔，宜蜜小丸，烘乾湯送。

清·吳儀洛《本草從新·草部》卷一　肉豆蔻〔溫中澀腸。〕一名肉果。　辛，溫，氣香。理脾暖胃，下氣調中，《日華》稱其下氣，以脾得補而善運，氣自下也，非若陳皮、香附之泄耳。逐冷除痰，消食解酒，闢鬼殺蟲。治積冷，心腹脹痛，中惡吐沫，小兒吐逆，乳食不下，又能澀大腸，止虛瀉冷痢。病人有火，瀉痢初起，皆不宜服。出嶺南。似草蔻，外有縐紋。內有斑紋。糯米粉裹或麵裹煨熟，須去油淨。忌鐵。

清·汪紱《醫林纂要探源》卷二　肉豆蔻　辛，溫。一名肉果。莖葉似白豆蔻，實散垂，較圓大，如荔枝，殼有縐紋，殼內有斑紋。稬米粉裹煨。忌鐵。行相火於脾

胃，以去土中之積鬱。形似胃，故功專陽明，消食，去寒，行濕消痰，治心腹冷痛，止吐逆，亦能醒酒。

清・嚴潔等《得配本草》卷二　肉豆蔻一名肉果。　辛，溫。入手足陽明經。理脾暖胃，溫中下氣。化痰飲，消宿食，解酒毒，辟惡氣。治積冷，除心腹脹痛；澀大腸，止瀉痢滑泄，及小兒胃寒，傷乳吐瀉。　配木香，下氣消脹。脾健運，氣自下。配補骨脂，使戊癸化火，以運穀氣。　勿犯銅、鐵器，糯米粉裹煨熟，或麵裹煨熟，去油淨用。滯下初起，及暴注火瀉者，禁用。　肉果補土中之火，制土之濕也，亦所以潤土之燥。蓋脾本濕，虛則燥，然其燥有二，如夏火灼乾之燥，如秋涼清肅之燥。火盛以致燥者，當用水潤之，生熟地、麥冬之類是也。寒肅以致燥者，宜假火蒸之，肉果、附子之類是也。用寒用熱，治毋混施。

題清・徐大椿《藥性切用》卷三　肉豆蔻　即肉果。辛溫氣香，暖胃醒脾，固中澀腸。麪裹或糯粉包煨，研細用。吐瀉初起，忌之。

清・黃宫繡《本草求真》卷二　肉豆蔻芳草牙十五，燥脾溫胃，澀腸。　肉豆蔻耑入脾胃，兼入大腸。辛溫氣香，兼苦而澁，功耑燥脾溫胃澁腸，時珍曰：土愛暖而喜芳香，故肉豆蔻之辛溫，理脾胃而治吐利。行滯治膨消脹。凡脾胃虛寒，挾痰食，而見心腹冷痛，泄瀉不止，服此氣溫。既能除冷消脹，復能澁腸止痢。若合補骨脂同用，則能止腎虛泄也。至書所云能補脾氣，以其脾胃虛寒，服此則溫而脾自健，非真具有甘補之意也。氣逆而服即下，以其脾胃既舒而氣即下，非若厚朴、枳實之下為最峻也。但此止屬溫胃澁腸之品，若鬱熱暴注者禁用。出嶺南，似草蔻，外有皺紋，內有斑紋，糯米粉裹熟，去油用。忌鐵。

清・楊璿《傷寒溫疫條辨》卷六燥劑類　肉豆蔻麵包煨熟，去油切片，酒炒。味辛，氣香。理脾燥濕，行氣調中，逐冷祛痰，濇腸止瀉。治積冷腹內脹疼，惡心吐沫，療小兒胃寒吐瀉，乳食不下。因其固腸，則元氣不走，故曰能健脾胃，非真補益也。性尤善於下降，得中則和平，過用則洩氣耳。古方四神丸，治元陽衰憊，脾瀉腎瀉。肉蔻二兩，五味三兩，故紙四兩，吳茱萸一兩。《準繩》加木香五錢為末，生薑四兩，大棗百枚同煮，以棗肉丸，任下。

清・羅國綱《羅氏會約醫鏡》卷一六草部　肉豆蔻味辛，性溫，入胃、大腸二經。麪包煨，透去油。忌鉄。　理脾暖胃，辛溫氣香。下氣調中，脾得補而善運，氣自下也，非若陳皮、香附之泄耳。逐冷祛痰。治大腸虛冷滑泄，性溫而濇，初泄者忌用。開胃進食，除霍亂腹脹，挾痰挾食者並宜之。消食，解酒。並治小兒吐逆、乳食不下胃寒，行滯止痛。氣香而辛。　按：肉蔻性溫而濇，若濕熱積滯，火熱暴注泄瀉者禁用。

清・陳修園《神農本草經讀》附録　肉豆蔻　氣味辛，溫，無毒。主溫中，消食，止泄，治精冷，心腹脹痛，霍亂中惡，鬼氣冷疰，嘔沫冷氣，小兒乳霍《開寶》。

清・黃凱鈞《藥籠小品》　肉豆蔻一名肉果。　辛溫，理脾暖胃，下氣調中，逐冷祛痰，除心腹冷痛，腎臟虛寒，五更泄瀉，四神丸用之是也。麵裹煨。

清・王龍《本草纂要稿・草部》　肉荳蔻　氣味辛苦而溫。療心腹脹疼，卒成霍亂。理脾胃虛冷，食不能消。男婦傷暑血痢，小兒傷乳吐瀉。痢疾助之白粥飲，吐瀉助之生薑湯。入足陽明經。

清・張德裕《本草正義》卷下　肉果一名肉豆蔻。　苦辛，溫，澀。治脾胃虛寒，滑泄瀉痢。其氣辛香，又能行滯止痛，開胃進食。麪裹煨熟，去油為用。

清・楊時泰《本草述鉤元》卷八　肉豆蔻　一名肉果。花實皆似草豆蔻而無核，故名。然雖似草蔻，而皮肉之顆，實不同類，外有皺紋，內有斑纈紋如檳榔，最易生蛀，惟烘乾密封，則稍可留。

氣味苦辛溫。入手足陽明、太陰經。主治溫中下氣，暖脾胃，止瀉，固大腸。治積冷心腹脹痛，霍亂冷疰嘔沫，消宿食痰飲，療冷熱虛泄赤白痢，止小兒吐逆不下乳腹痛。方書治水腫積聚，脹滿不能食，瘧痹，反胃，霍亂，諸逆衝上，小便數疝。肉豆蔻溫中補脾有功，脾得補而善運，其氣自下，非若香附、陳皮之決泄也丹溪。泄痢久則用之，本草兼治冷熱虛泄，蓋泄久則雖熱者其氣亦虛，非概用以溫中也瀕湖。君人參、補骨脂、吳萸、五味、砂仁，為治腎泄及冷泄之聖藥。得縮砂、陳皮、人參、紅麴、山查、藿香、麥芽，為開胃進食，消食止瀉之上劑。獨用修事為末，棗肉和丸，或為末，縮砂湯下，名公子登筵散，開胃進食消導有殊功。老人虛瀉，肉豆蔻三錢，麪裹煨熟研，乳香一兩為末，陳米粉糊丸梧子大，每服六七十丸，米飲下。脾泄氣痢，肉豆蔻一顆，米醋調，麪裹煨令熟，和麪研末，更以欓子一兩，炒研末，相和，又以陳廩米炒焦為末，和勻，每以二錢煎作飲，調前二味三錢，旦暮各一服，便瘥。

論：肉豆蔻先苦而辛，得火中之金氣，火為土母，是由肺以至乎胃，而

效其溫中下氣之用也。後辛居勝，而終以微涼得金中之肅氣，金主降收，是又由胃以至於大腸，而效其且降且收之用者。夫氣之溫者常升，然不全乎金之氣，則不能由肺以降，氣之降者屬金，然不稟乎溫之氣，則更不能由大腸以收，此味能使溫氣降而入中土者，全乎金也。故溫中治積冷而善運化。能使收氣更歸大腸者，本乎溫也。故止洩痢。以火始而以金終，故金能效收之用。苦溫則氣升，其理固不易也。凡痢病於濕熱而氣虛者，於苦寒黃連主藥中，用此味及木香佐之，乃能奏效，此豈徒以溫味濟寒哉。蓋為能竟其肺之用耳。夫肺氣能降亦能收，乃竟陽中少陰之用，金火合德，義固如是。而粗工用以止痢，漫曰澀劑，彼惡乎知之。此味但不可施之實熱、下痢，其氣不大虛之人。抑更有宜進究者，黑錫丹療諸逆衝上，上盛下虛及下元陽虛而頭痛，何以於溫補歸元諸藥中，却用肉蔻，益信肺氣之能降能收，乃所謂腎氣歸元也。此義粗悉於白芷條下，當合參之。

繆氏云：大腸素有火熱及中暑熱泄暴注，腸風下血，胃火齒痛者，忌。又濕熱積滯方盛，滯下初起，皆不宜服。

修治：去殼，但用肉，油色肥實者佳，用湯調糯米粉，或醋調麪包，灰火中煨黃熟，取出，以紙搥去油淨，勿犯銅鐵。

清·葉桂《本草再新》卷一 肉豆蔻味辛，性溫，無毒。入心、脾、胃三經。理脾暖胃，下氣調中，逐冷除痰，消食殺蟲，治積冷心腹脹痛，中惡吐沫，小兒吐乳。

清·吴其濬《植物名實圖考》卷二五 肉豆蔻 《開寶本草》始著錄。今為治洩泄要藥。李時珍云，花實如豆蔻而無核，故名。

清·趙其光《本草求原》卷二芳草部 肉豆蔻 即肉果。氣溫達肝，味苦辛而涼，火中金氣。令肺氣下歸於胃、大腸，而能運能收，金本於火，則降而能運；火終於金，則運而能收。《經》曰：魄門為五臟使。言肺氣下歸而收攝也，世人以為澀者，陋也。無毒。主溫中下氣，消皮外絡中氣，豈澀者亦能消氣乎？開胃消食，解酒，善運之功。暖脾、止瀉、止痢，醋調，麪包煨，連麪研，入炒米粉為丸；老人虛瀉，加乳香；久瀉，腸滑，加附子、粟殼，醋糊丸。同參、陳、砂、藿、麥芽、麴，為開胃、消食、止瀉上品。除冷痰，同半夏、木香。積冷心腹脹痛，霍亂反胃，中惡吐沫，為末，白湯下。小兒吐乳冷瀉，同乳香，以薑汁炒為丸，米飲下。

同參、吳、味、故紙，治腎泄及冷瀉，黑錫丹用之，以治上盛下虛、諸逆上沖，元陽上浮而頭痛，皆取肺氣之降收以歸元也。又治水腫、蟲痛，則善運秋金之氣也。得川連、木香，治氣虛濕熱痢。

出嶺南，似草蔻，外有皺紋，內有斑紋，如檳榔。去殼，糯米粉或麪包煨熟，去油用。忌鐵。

清·文晟《新編六書》卷六《藥性摘錄》 山豆蔻 辛，溫。氣香兼苦而澀。燥脾，溫胃，澀腸。治心腹冷痛，虛寒泄瀉，久痢不止。○若鬱熱暴泄，及熱痢初起者，禁用。○出嶺南。外有縐紋，內有斑紋，麪裹煨熟，去油用。忌鐵。

清·張仁錫《藥性蒙求·草部》 肉果五分、八分 肉果辛溫，溫中遂冷。下氣澀腸，腹心痛脹。即肉荳蔻。氣香理脾暖胃，止虛渴冷痢。○麪裹煨熟，須去油盡淨。

清·屠道和《本草匯纂》卷一溫澀 肉豆蔻 耑入脾、胃，兼入大腸。辛溫氣香，兼苦而澀。燥脾溫胃，澀腸行滯，治膨消脹。治積冷氣，止嘔逆反胃，消穀下氣。散肺中滯氣，寬膈進食，去白睛翳膜。除瘧疾寒〔熱〕，解酒毒。補肺氣，益脾胃，理元氣，收脫氣。凡脾胃虛寒，挾有痰食，而見心腹冷痛，瀉泄不止，服此辛溫，既能除冷去脹，復能澀腸止痢。與補骨脂同用，則能止腎虛泄利。鬱熱暴注，因熱腹痛，火升作嘔，氣虛諸證，咸禁。出嶺南。糯米粉裹，煨熟去油用。忌鐵。

清·戴葆元《本草綱目易知錄》卷一 肉豆蔻 辛，溫。氣香。入手足陽明經。暖脾胃，固大腸，溫中消食，開胃止瀉，下氣解酒毒，消皮外絡下氣。治積冷，心腹脹痛，霍亂中惡，鬼氣冷疰，嘔惡冷沫。止小兒乳霍，吐逆，腹疼，宿食痰飲，心腹蟲痛，脾胃冷氣，冷熱虛瀉，赤白下痢，米粥服之。初起忌用。凡服，糯米粉裹，糠火煨。勿犯鐵器。

清·黃光霽《本草衍句》 肉豆蔻 調中下氣，暖胃澀腸。祛痰消食，性溫味香。治積冷心腹之脹痛，療小兒吐瀉之乳傷。脾虛滑痢，初起忌用。解酒為良。功耑暖脾胃，固大腸。得木香、附子治久瀉不止者。

清·陳其瑞《本草撮要》卷一 肉豆蔻 味辛，溫，入手足陽明經，功專暖脾胃，固大腸。得木香、附子治久瀉不止。煨用。一名肉果。

補骨脂

宋·唐慎微《證類本草》卷九草部中品〔宋·馬志《開寶本草》〕 補骨脂

味辛，大溫，無毒。主五勞七傷，風虛冷，骨髓傷敗，腎冷精流，及婦人血氣墮胎。一名破故紙。生廣南諸州及波斯國。樹高三四尺，葉小似薄荷。其舶上來者最佳。今附。

臣融錫等謹按《藥性論》云：婆固脂，一名破故紙。味苦、辛。能主男子腰疼膝冷囊濕，逐諸冷痹頑，止小便，利腹中冷。日華子云：興陽事，治冷勞，明耳目。南蕃者色赤，廣南者色綠。入藥微炒用。又名胡韭子。

〔宋·蘇頌《本草圖經》〕曰：補骨脂，生廣南諸州及波斯國，今嶺外山坂間多有之，不及蕃舶者佳。莖高三四尺，葉似薄荷，花微紫色，實如麻子，圓扁而黑，九月採。或云胡韭子也。胡人呼若婆固脂，故別名破故紙。今人多以胡桃合服。此法出於唐鄭相國。自敘云：予爲南海節度，年七十有五。越地卑濕，傷於內外，衆疾俱作，陽氣衰絶。服乳石補益之藥，百端不應。元和七年，有訶陵國舶主李摩訶，知予病狀，遂傳此方并藥。予初疑而未服，摩訶稽顙固請，遂服之。經七八日而覺應驗。自爾常服，其功神驗。十年二月，罷郡歸京，録方傳之。破故紙十兩，淨擇去皮洗過，擣篩令細，用胡桃瓤二十兩，湯浸去皮，細研如泥，即入前末，更以好蜜和，攪令勻如飴糖，盛於瓷器中。旦日以暖酒二合，調藥一匙服之，便以飯壓。如不飲人，以暖熟水調亦可。服彌久則延年益氣，悅心明目，補添筋骨。但禁食芸臺、羊血，餘無忌。此物本自外蕃，隨海舶而來，非中華所有。蕃人呼爲補骨鴟，語訛爲破故紙也。《續傳信方》載其事，其義頗詳，故并録之。

〔宋·唐慎微《證類本草》〕《海藥》云：惡甘草。雷公云：凡使，性本大燥毒。用酒浸一宿後漉出，却用東流水浸三日夜，却蒸，從巳至申出，日乾用。《經驗後方》：治腰疼，神妙。用破故紙爲末，溫酒下三錢匕。又方：治男子、女人五勞七傷，下元久冷，烏髭鬢，一切風病，四肢疼痛，駐顏壯氣。補骨脂一斤，酒浸一宿放乾，却用烏油麻一升和炒，令麻子聲絶，即播去，只取補骨脂爲末，醋煮麵糊丸如梧子大。早辰溫酒、鹽湯下二十丸。

宋·劉明之《圖經本草藥性總論》卷上　補骨脂　味辛，大溫，無毒。主五勞七傷，風虛冷，骨髓傷敗，腎冷精流，及婦人血氣墮胎。一名破故紙。《藥性論》云：味苦辛。能主男子腰疼，膝冷囊濕，逐諸冷痺頑，止小便利，腹中冷。日華子云：興陽事，治冷勞，明耳目。惡甘草。忌芸臺、羊血。

宋·張杲《醫說》卷八　補骨脂元　唐鄭相云：予為南海節度七十有五，越地卑濕，傷於內外，衆疾俱作，陽氣衰絶，乳石補益之藥，百端不應。元和七年，有訶陵國舶主李摩訶獻此方，經七八日而覺應驗，自爾常服，其功神驗。十年二月，罷郡歸京，録方傳之。其方用破故紙十兩，揀洗為末，胡桃肉去皮二十兩，研如泥，即入前末，更以好蜜煉，和均如飴，盛甆器中，旦日以溫酒化藥一匙服之，不飲酒，熟水下，彌久則延年益氣，悅心明目，補添筋骨。禁食芸臺、羊血。番人呼為補骨脂元《本事方》。

明·王綸《本草集要》卷二　補骨脂一名破故紙。味苦辛，氣大溫，無毒。惡甘草。忌羊肉。酒浸一宿，東流水洗，蒸半日，日乾。主五勞七傷，風虛冷痺，四肢疼痛，骨髓傷敗，陽衰腎冷精流，腰痛膝冷，囊濕，小便利，及婦人血氣。男子勞傷，下元虛冷，添精益氣。用一斤製，再用烏油麻一升，和炒，令麻子聲絶，播去麻子，取補骨脂為末，醋煮麪糊丸如梧桐子大，溫酒或鹽湯下。又方：同胡桃肉研爛為丸服。

明·滕弘《神農本經會通》卷一　補骨脂　一名破故紙。惡甘草，禁食芸臺并〔羊〕血。九月採，入藥微炒用。雷公云：性本大燥毒，用酒浸一宿，漉出，用東流洗，蒸半日，日乾。舶上來者佳。《局》云：酒浸，蒸，日乾。鹽炒亦得。味辛，氣大溫，無毒。東云：溫腎，補精髓與勞傷。《疌》云：主攻血氣及勞傷，陽衰腎冷與精流，合胡桃服之良。

《本經》云：主五勞七傷，風虛冷痺，骨髓傷敗，腎冷精流，及婦人血氣墮胎。《藥性論》云：味苦、辛。主男子腰疼膝冷囊濕，逐諸冷痺頑，止小便利，腹中冷。日華子云：興陽事，治冷勞，明耳目。入藥微炒用。《圖經》云：主卑濕傷於內外，眾疾俱作，陽氣衰絶。服乳石補益之藥，百端不應，破故紙十兩，淨擇去皮，洗過，為細末，用胡桃瓤二十兩，湯浸去皮，細研如泥，即入前末，以好蜜和勻，如飴糖盛於甆器中，旦日以暖酒二合，調藥一匙服之，便以飯壓。如不飲人，熟湯調服。彌久則延年益氣，悅心明目，補添筋骨。但禁食芸臺、羊血。《經驗方》：治腰疼神妙，故紙為末，溫酒下三錢匕。又治男子女人五勞七傷，下元久冷，烏髭鬚，一切風病，四肢疼痛，駐顏壯氣，補骨脂一斤，酒浸一宿，放乾，却用烏油麻一升和炒，令麻子聲絶，即播去，只取骨脂為末，醋煑麪糊丸梧子大，早辰溫酒鹽湯下二十丸。劍云：補骨脂名破故紙，主攻血氣理勞傷。陽衰腎冷精流出，研爛胡桃各服良。即《局方》補骨脂，名破故紙。扶腎冷，治夢泄精流。

明·劉文泰《本草品彙精要》卷一二　補骨脂無毒。植生。

補骨脂：主五勞七傷，風虛冷，骨髓傷敗，腎冷精流，及婦人血氣墮胎。名醫所錄。

【名】破故紙、婆固脂、胡韭子、補骨鴟。【苗】《圖經》曰：莖

高三四尺，葉似薄荷，花微紫色，實如麻子，圓匾而黑，或云胡韭子也。此物本自外蕃隨海舶而來，非中華所有，蕃人呼爲補骨鴟，語訛爲破故紙也。〔地〕《圖經》曰：出波斯國，今廣南諸州及嶺外山坂間。〔道地〕南蕃梧州。〔時〕生：春生苗。採：九月取實。〔用〕子。〔質〕類五味核而匾黑。〔色〕黑。〔味〕辛。〔性〕大溫。〔氣〕氣之厚者，陽也。〔臭〕香。〔主〕固精氣，止腰痛。〔反〕惡甘草。〔製〕《雷公》云：凡使，性本大燥毒，用酒浸一宿後漉出。卻用東流水浸三日夜。卻蒸從巳至申，出，日乾用。〔治〕療：《藥性論》云：治腰膝冷，疼痛，囊濕，逐諸冷頑痹，止小便利，腹中冷。日華子云：治冷勞，明耳目。補：日華子云：興陽事。〔合治〕以十兩去皮，洗淨爲末，用去皮胡桃瓤二十兩，細研入前末，內蜜和攪如飴，盛瓷器中，旦日以酒調服一匙，治濕傷內外衆疾。久服則延年益氣，悅心明目，補添筋骨，服後以飯壓下，如不飲酒，以湯調服。但禁食芸薹、羊血。

明・葉文齡《醫學統旨》卷八　破故紙　氣大溫，味苦、辛。無毒。惡甘草；忌羊肉。酒浸一宿，東流水洗，蒸半日，曝乾用。　治五勞七傷，風虛冷痺，四肢疼痛，骨髓傷敗，陽衰腎冷精流，腰痛膝冷，囊濕小便利，添精益氣，及婦人血氣。

明・許希周《藥性粗評》卷二　破故紙封精泄之門。

破故紙，一名補骨脂，蓋其音相近而兼呼者也。又一名胡韭子。莖高三四尺，葉似薄荷，花微紫色，實如麻子稍大，圓扁而黑。出波斯國及廣南諸州。九月採實，陰乾，以色赤黑者為佳。凡用以酒浸一宿，漉出蒸過，或以鹽炒，以鹽黃為度，取出播去鹽亦可。忌芸薹菜及羊血。餘說《本草》不載。味辛，性大溫，無毒。主治五癆七傷，血氣虛冷，骨髓傷敗，腎冷流精，陽氣衰弱，腰疼脚酸，囊濕，小便不禁，悅心明目，生精壯陽，補益筋骨，久服延年益氣，駐顏烏髭髮，亦仙品上藥也。與胡桃同服最良。

單方：壯陽益氣：凡陽衰氣弱，百痾俱作者，破故紙十兩，淨擇去皮，洗過，和鹽入瓦器中炒，以鹽焦為度，取出，播去鹽，搗篩為末，又取胡桃肉二十兩，湯浸去皮，細研如泥，却入前末，更以好蜜和攪令勻如飴糖，以甆瓶盛之，每旦空心溫酒二合，調藥一匙服之，便以飯壓上，七八日後便見奇效，久服延年不老。　烏髮駐顏：凡人衰老，髮白顏焦者，破故紙一斤，酒浸一宿，放乾，却用烏油蔴一升和炒，以蔴子聲絕為度，取出，播去蔴子，搗為細末，醋煮麵糊丸如梧子大，每旦空心以二十丸溫酒或鹽湯送下，久當見效。

明・鄭寧《藥性要略大全》卷三　補骨脂一名破故紙。《本經》云：主五癆七傷，虛冷，骨髓傷敗，腎冷精流，及婦人血氣墮胎。伊訓云：主男子腰痛膝冷囊濕，逐諸冷痹，止小便勤。又云：溫腎，補精髓與勞傷絕，夢泄遺精。《金櫃》云：治冷勞，明目，暖腹興陽事。入藥炒用。味苦、辛，氣大溫，無毒。惡甘草，忌芸薹、羊肉、羊血。雷公云：酒浸一宿，用東流水洗淨，文武火蒸半日，晒乾入藥。

明・陳嘉謨《本草蒙筌》卷一　補骨脂即破故紙。　味苦、辛，氣大溫。無毒。生廣西諸州，子圓扁而綠。鹽酒浸宿，浮酒面者，輕虛去之。蒸過曝乾。又同炒拌烏油麻，炒熟去麻單用；亦為丸搗胡桃肉，再加杜仲青鹽。即青娥丸。治男子勞傷，療婦人血氣。腰膝痠疼神効，骨髓傷敗殊功。除囊濕而縮小便，固精滑以興陽道。卻諸風濕痹，去四肢冷疼。惡甘草須知，忌芸薹羊肉。

明・方穀《本草纂要》卷二　破故紙　味苦、辛，氣大溫，無毒。入少陰腎經之藥也。主五劳七傷，陽虛腎冷，精道不固，驀然流出；或體虛襲風，四肢疼痛；或精髓傷敗，陽虛無力；或腎虛久冷，小便煩多；或陰囊濕痒，陰汗如水。吾嘗以鹽酒炒，令香熟，研細用。使鹹入腎經，酒行陽道，香則通氣，熟則溫補，治無不驗者也。

明・王文潔《太乙仙製本草藥性大全》卷一《本草精義》　補骨脂　一名破故紙。生廣南諸州及波斯國。今嶺外山坂間多有之，不及蕃舶者佳。莖高三四尺，葉似薄荷，花微紫色，實如麻子，圓扁而黑，九月採。或云胡韭子也，胡人呼若婆固脂，故別名破故紙。今人多以胡桃合服。惡甘草，忌羊血。

明・王文潔《太乙仙製本草藥性大全》卷一《仙製藥性》　補骨脂　味苦、辛，氣大溫，無毒。主治：療五勞七傷，風虛冷痹，四肢疼痛，骨髓傷敗，陽衰腎冷精流，腰痛，膝冷囊濕，小便利及婦人血氣墮胎。《賦》云：溫腎，補精髓與勞傷絕，夢泄遺精。《金匱》云：治冷勞，明目，暖腹，興陽事。入藥炒用。　補註：破故紙十兩，净擇去皮，洗過，搗篩令細，用胡桃瓤二十兩，湯浸去皮，細研如泥，即入前末，更以好蜜和攪，令匀如飴糖，盛於瓷器中，旦日以暖酒二合，調藥一碗服之，便以飯壓。如不飲人，以暖熟水調亦可。彌久則延年益氣，悅心明目，補添筋骨。但禁食芸薹、羊血，餘無忌。○治腰疼神妙，用破故紙爲末，溫酒下三錢匕。○治男子、女人五勞七傷，下

元久冷，烏髭鬢，一切風病，四肢疼痛，駐顔壯氣。補骨脂一斤，酒浸一宿，曝乾，却用烏油麻一升和炒，令麻子聲絶即濾去，只取補骨脂爲末，醋煮麵糊丸如梧子大，早晨溫酒、鹽湯下二十丸。　太乙曰：凡使性本大燥，每用酒浸一宿後漉出，却用東流水浸三日夜，却蒸，從巳至申，出，日曝乾用。

明・皇甫嵩《本草發明》卷二　補骨脂中品之下，臣。氣大溫，味辛，又云苦、辛，無毒。一名破故帋。　發明曰：此補腎家虛冷藥，故《本草》主勞傷風虛冷，骨髓傷敗，腎冷精流，腰膝冷，囊濕，諸冷痺頑，縮小便，腹冷，興陽，治冷勞，明目及婦人血氣墮胎，補腎家虛冷可知矣。氣大燥，用酒浸一宿，漉出，却用東流水浸三日夜，蒸小半日，乾用。惡甘草。忌羊血、芸薹。

明・李時珍《本草綱目》卷一四草部・芳草類　補骨脂宋《開寶》

【釋名】破故紙《開寶》　婆固脂《藥性論》　胡韭子《日華》　時珍曰：補骨脂言其功也。胡人呼爲婆固脂，而俗訛爲破故紙也。胡韭子，因其子之狀相似，非胡地之韭子也。

【集解】志曰：補骨脂生嶺南諸州及波斯國。頌曰：今嶺外山坂間多有之。四川合州亦有，皆不及番舶者佳。莖高三四尺，葉小似薄荷，花微紫色，實如麻子，圓扁而黑，九月採。大明曰：徐表《南州記》云：是胡韭子也。南番者色赤，廣南者色緑，入藥微炒用。

子　【修治】斆曰：此性燥毒，須用酒浸一宿，漉出，以東流水浸三日夜，蒸之，從巳至申，日乾用。一法：以鹽同炒過，曝乾用。　【氣味】辛，大溫，無毒。權曰：苦、辛。珣曰：惡甘草。時珍曰：忌芸薹及諸血，得胡桃、胡麻良。　【主治】五勞七傷，風虛冷，骨髓傷敗，腎冷精流，及婦人血氣墮胎《開寶》。男子腰疼，膝冷囊濕，逐諸冷痹頑，止小便，腹中冷甄權。興陽事，明耳目大明。治腎泄，通命門，暖丹田，斂精神時珍。

【發明】頌曰：破故紙今人多以胡桃合服，此法出於唐鄭相國。自叙云：予爲南海節度，年七十有五。越地卑濕，傷於內外，衆疾俱作，陽氣衰絶，服乳石補藥，百端不應。元和七年，有訶陵國舶主李摩訶，知予病狀，遂傳此方並藥。予初疑而未服，摩訶稽首固請，遂服之。經七八日而覺應驗，自爾常服，其功神效。十年二月。罷郡歸京，録方傳之。用破故紙十兩，净擇去皮，洗過曝，擣篩令細。胡桃瓤二十兩，湯浸去皮，細研如泥，更以好蜜和，令如飴糖，瓷器盛之。旦日以暖酒二合，調藥一匙服之，便以飯壓。如不飲酒人，以暖熱水調之，彌久則延年益氣，悦心明目，補添筋骨。但禁芸薹、羊血，餘無所忌。此物本自外番隨海舶而來，非中華所有。番人呼爲補骨脂，語訛爲破故紙也。王紹顔《續傳信方》載其事頗詳，故録之。　時珍曰：此方亦可作丸，溫酒服之。按白飛霞《方外奇方》云：破故紙屬火，收斂神明，能使心包之火與命門之火相通。故元陽堅固，骨髓充實，澀以治脱也。胡桃屬木，潤燥養血。血屬陰，惡燥。故油以潤之。佐破故紙，有木火相生之妙。故語云：破故紙無胡桃，猶水母之無蝦也。又破故紙惡甘草，而《瑞竹堂方》青娥丸內加之。何也？豈甘草能調和百藥，惡而不惡耶？　又許叔微學士《本事方》云：孫真人言補腎不若補脾，予曰補脾不若補腎。腎氣虛弱，則陽氣衰劣，不能熏蒸脾胃。脾胃氣寒，令人胸膈痞塞，不進飲食，遲於運化，或腹脇虛脹，或嘔吐痰涎，或腸鳴泄瀉。譬如鼎釜中之物，無火力，雖終日不熟，何能消化？濟生二神丸，治脾胃虛寒泄瀉，用破故紙補腎，肉豆蔻補脾。二藥雖兼補，但無斡旋。往往常加木香以順其氣，使之斡旋，空虛倉廩。倉廩空虛，則受物矣。屢用見效，不可不知。

【附方】舊二，新一十三。　補骨脂丸：治下元虛敗，脚手沉重，夜多盜汗，縱慾所致。此藥壯筋骨，益元氣。補骨脂四兩炒香，菟絲子四兩酒蒸，胡桃肉一兩去皮，乳香、没藥、沉香各研二錢半，煉蜜丸如梧子大。每服二三十丸，空心鹽湯、溫酒任下。自夏至起冬至止，日一服。此乃唐宣宗時，張壽太尉知廣州，得方於南番人。有詩云：三年時節向邊隅，人信方知藥力殊。奪得春光來在手，青娥休笑白髭鬚。《和劑方》。　男女虛勞：男子女人五勞七傷，下元久冷，一切風病，四肢疼痛，駐顔壯氣，烏髭鬚。補骨脂一斤，酒浸一宿，曬乾，却用烏油麻一升和炒，令麻子聲絶，簸去，只取補骨脂爲末，醋煮麵糊丸如梧子大，每服二三十丸，空心溫酒、鹽湯任下。《經驗方》。　腎虛腰痛：《經驗方》用破故紙一兩，炒爲末，溫酒服三錢，神妙。或加木香一錢。《和劑局方》青娥丸：治腎氣虛弱，風冷乘之。或血氣相搏，腰痛如折，俯仰不利，或因勞役傷腎，或卑濕傷腰，或損墜墮傷，或風寒客搏，或氣滯不散，皆令腰痛，或腰間如物重墜。用破故紙酒浸炒一斤，杜仲去皮，薑汁浸炒一斤，胡桃肉去皮二十個，爲末，以蒜搗膏一兩，和丸梧子大。每空心溫酒服二十丸，婦人淡醋湯下。常服壯筋骨，活血脈，烏髭鬚，益顔色。　妊娠腰痛：通氣散用破故紙二兩，炒香爲末，先嚼胡桃肉半個，空心溫酒調下二錢。此藥神妙。《婦人良方》。　定心補腎：養血返精丸：破故紙炒二兩，白茯苓一兩，爲末。没藥五錢，以無灰酒浸高一指，煮化和末。丸梧子大。每服三十丸，白湯下。昔有人服此，至老不衰。蓋故紙補腎，茯苓補心，没藥養血，三者既壯，自然身安。《朱氏集驗方》。　精氣不固：破故紙、青鹽等分，同炒爲末。每服二錢，米飲下。《三因方》。　小便無度：腎氣虛寒，破故紙十兩酒蒸，茴香十兩鹽炒，爲末。酒糊丸梧子大。每服百丸，鹽酒下，或以末糁猪腎煨食之。《普濟方》。　小兒遺尿：膀胱冷也。夜屬陰，故小便不禁。破故紙炒爲末，每夜熱湯服五分。《嬰童百問》。　玉莖不痿：精滑無歇，時時如針刺，捏之則脆，此名腎漏。用破故紙、韭子各一兩，爲末。每用三錢，水二盞，煎六分服，日三次，愈則止。夏子益《奇方》。　脾腎虛瀉：二神丸用破故紙炒半斤，肉豆蔻生用四兩，爲末，肥棗丸，研膏，和丸梧子大。每空心米飲服五七十丸。《本事方》加木香二兩，名三神丸。　水瀉久痢：破故紙炒一兩，粟殼炙四兩，爲末，煉蜜丸彈子大。每服一丸，薑、棗同水煎服。《百一選方》。　牙痛日久：腎虛也。補骨脂二兩，

青鹽半兩，炒研擦之。《御藥院方》。　風蟲牙痛：上連頭腦。補骨脂炒半兩，乳香二錢半，爲末擦之。或爲丸塞孔内。自用有效。《傳信適用方》。　打墜腰痛：瘀血凝滯。破故紙炒、茴香炒、辣桂等分，爲末。每熱酒服二錢。故紙主腰痛行血。《直指方》。

題明・薛己《本草約言》卷一《藥性本草》　破故紙　味苦、辛，氣大溫，無毒。陰中之陽，可升可降。治四肢之酸痛，腰膝之冷痛，陽事之衰憊，腎冷之流精。江云：補精髓勞傷。炒香為度。〇此味性本燥，又名補骨脂。惡甘草，忌羊肉。酒浸一宿，東流水洗，蒸半日，日乾，乃是少陰腎經之溫藥，亦入足太陰脾。主男子勞傷，下元虛冷添精益氣。《發明》云：此補腎家虛冷藥。

明・梅得春《藥性會元》卷上　破故紙　味苦、辛，氣大溫。無毒。一名補骨脂。惡甘草，忌羊肉。生廣南或波斯國，其船上來者佳。　主溫腎，補精髓與氣血勞傷，扶腎冷絕，止夢泄精殘，風虛冷痹，四肢疼痛，骨髓傷敗，陽衰腎冷精流，腰膝冷疼，囊濕小便利，添精益氣，及婦人血氣墮胎。　製法：酒浸一宿，東流水洗，蒸半日，暴乾用。

明・李中立《本草原始》卷二　補骨脂　始生廣南諸州及波斯國，今嶺外山坂間多有之，不及蕃舶上來者佳。莖高三四尺，葉似薄荷，花微紫色，實如麻子，圓扁而黑。九月採。胡人呼為婆固脂，而俗訛為破故紙也。名為補骨脂者，言其功也。　補骨脂：氣味：辛，大溫，無毒。　主治：五勞七傷，風虛冷，骨髓傷敗，腎冷精流，婦人血氣墮胎，男子腰疼膝冷囊濕，逐諸冷痹頑，止小便，腹中冷。〇興陽事，明耳目。〇治腎泄，通命門，暖丹田，斂精神。

補骨脂即破故紙。【圖略】色黑，氣香，類茴麻子。　修治：酒浸一宿，漉出，日乾，炒用。一法以鹽同炒過，日乾用。　日華子云：南蕃者色赤，廣南者色綠。

破故紙，今人多以胡桃合服，此法出於唐鄭相國。自敘云：予為南海節度，年七十有五，越地卑濕，傷於内外，衆疾俱作，陽事衰絕。服乳石補益之藥，百端不應。元和七年，訶陵國舶主李摩訶，知予病狀，遂傳此方并藥。予初疑而未服，摩訶稽首固請，遂服之。經七八日而覺應驗，自爾常服，其功神驗。十年二月罷郡歸京，錄方傳之。破故紙十兩，淨擇去皮，洗過，擣篩令細，用胡桃瓤三十兩，湯浸去皮，細研如泥，即入前末，更以好蜜和攪令勻如飴糖，盛於瓷器中。旦日以暖酒二合，調藥一匙服之，便以飯壓。如不飲酒人，以暖熟水調亦可，服彌久，則延年益氣，悅心明目，補添筋骨。但禁食芸薹、羊血，餘無忌。《經驗方》：治腰疼神妙，用破故紙為末，溫酒下三錢。《嬰童百問》：治小兒遺尿，破故紙炒為末，每夜熱湯服五分。

明・張懋辰《本草便》卷一　補骨脂一名破故紙。　味苦、辛，氣大溫，無毒。惡甘草，忌羊肉。　主五勞七傷，風虛冷痹，四肢疼痛，骨髓傷敗；陽衰腎冷精流，腰痛膝冷囊濕，小便利，及婦人血氣。

明・傅懋光《醫學疑問》　問：破故紙即補骨脂，而今典賣處或以輕麻實為破故紙。而用藥物之真假，人命之係干，而不知何所見，何所辨而用之耶？若亂真誤人，則其害非輕。若因土地之殊，形色之異為致疑而去之，則恐負天地生物救人之意。切願詳知。　答曰：破故紙即補骨脂，生廣西諸州，圓扁而綠，酒浸，浮酒面者去之，蒸過曝乾，微炒，拌烏油麻炒熟，去麻。所問用輕麻代故紙，毋乃泥於油麻之炒而誤用之耶？本院并未有以輕麻代故紙之說。

明・李中梓《藥性解》卷三　破故紙　味苦、辛，性大溫，無毒，入腎經。主五勞七傷，陽虛精滑，腰痛膝冷，囊濕腎寒。酒浸一宿，水浸三日，蒸用。惡甘草，忌羊肉、羊血、芸薹。　按：破故紙苦能堅腎，且性大溫，故耑走少陰，然氣燥不宜多用，命門有火及津枯者忌之。

明・繆希雍《本草經疏》卷九　補骨脂　味辛，大溫，無毒。主五勞七傷，風虛冷，骨髓傷敗，腎冷精流及婦人血氣，墮胎。一名破故紙。忌羊肉、諸血。得胡桃良。

【疏】補骨脂稟火土之氣，而兼得乎天令之陽，故其味辛，其氣大溫，性則無毒。陽中微陰，降多升少。入手厥陰心包絡、命門、足太陰脾經。能暖水臟，陰中生陽，壯火益土之要藥也。其主五勞七傷，蓋緣勞傷之病，多起於脾腎兩虛，以其能暖水臟，補火以生土，則腎中真陽之氣得補而上升，則能腐熟水穀，蒸糟粕而化精微。脾氣散精，上歸於肺，以榮養乎五臟，故主五臟之勞、七情之傷所生病。風虛冷者，因陽氣衰敗，則風冷乘虛而客之，以致骨髓傷敗，腎冷精流。腎主骨而藏精，髓乃精之本，真陽之氣不固，即前證見矣。固其本而陽氣生，是前證自除。男子以精為主，婦人以血為主。婦人血氣者，亦猶男子陽衰腎冷而為血脫氣陷之病，同乎男子之腎冷精流也。大溫而辛，火能消物，故能墮胎。　【主治參互】《三因方》治精氣不

固，用破故紙、青鹽，等分，同炒為末。每服二錢，米飲下。《普濟方》治小便無度，腎氣虛寒。用破故紙十兩酒蒸，茴香十兩鹽炒，為末，酒糊丸梧子大。每服百丸，鹽、酒下。或以末糝豬腎，煨食之。《嬰童百問》治小兒遺尿，膀胱冷也，夜屬陰，故小便不禁。用破故紙炒為末，每夜熱湯服五分。《和劑方》補骨脂丸，治下元虛敗，脚手沉重，夜多盜汗，縱慾所致。此藥壯筋骨，益元氣。補骨脂四兩炒香，菟絲子四兩酒蒸，胡桃肉一兩去皮，沉香研細一錢半，煉蜜丸如梧子大。每服二三十丸，空心鹽湯、溫酒任下。自夏至起，冬至止，日一服。此乃唐宣宗時，張壽太尉知廣州，得方於南番人。有詩云：三年時節向邊隅，人信方知藥力殊。奪得春光來在手，青娥休笑白髭鬚。《經驗方》治虛勞，男子女人五勞七傷，下元虛冷，一切風病，四肢疼痛，駐顏壯氣，烏髭鬚。用補骨脂一斤，酒浸一宿，曬乾，卻用烏油麻一升和炒，令麻子聲絕，簸去，只用補骨脂，為末，醋煮麪糊丸如梧子大。每服二三十丸，空心溫酒、鹽湯任下。又方：治腎虛腰痛。用破故紙一兩，炒為末，溫酒服三錢，神效。或加木香一錢。《和劑局方》青娥丸，治腎氣虛弱，風冷乘之。或血氣相搏，腰痛如折，俛仰不利，或因勞役傷腎，或濕痹傷腰，或墮跌損傷，或風寒客搏，或氣滯不散，皆令腰痛，或腰間如物重墜。用破故紙酒浸炒一斤，杜仲去皮切片，薑汁炒一斤，胡桃肉去皮二十箇，為末，以蒜擣膏一兩，和丸梧子大。每空心溫酒服二十丸，婦人淡醋湯下。常服壯筋骨，活血脈，烏髭鬚，益顏色。夏子益《奇疾方》治玉莖不痿，精滑無歇，時時如鍼刺，捏之則脆，此名腎漏。用破故紙、韭子各一兩，為末。每用三錢，水二盞，煎六分服，日三次，愈則止。

二神丸，治脾腎虛瀉：用破故紙炒半斤，肉豆蔻生用四兩，為末，肥棗研膏，和丸梧子大。每服五七十丸，空心米飲下。《本事方》加木香二兩，名三神丸。《直指方》治打墜腰痛，瘀血凝滯。用破故紙炒，茴香炒，辣桂等分為末。每熱酒服二錢。唐鄭相國自敘云：予為南海節度，年七十五。粵地卑濕，傷於內外，眾疾俱作，陽氣衰絕，服乳石補藥，百端不應。元和七年，有訶陵國舶主李摩訶，知予病狀，遂傳此方並藥。予初疑而未服。摩訶稽首固請，遂服之。經七八日而覺應驗。自爾常服，其功神效。十年二月，罷郡歸京，錄方傳之。用破故紙十兩，淨去皮，洗過，曝乾，酒浸蒸，再曝，擣篩令細；胡桃瓤二十兩，湯浸去皮，細研如泥。更以好蜜和，令如飴糖，瓷器盛之。旦日以暖酒二合，調下十匙服之，便以飯壓。如不飲酒人，以暖熟水調之。餌久則延年益氣，悅心明目，補添筋骨。但禁芸薹、羊肉，餘無所忌。此物本自外番隨海舶而來，非中華所有。番人呼為補骨脂，語譌傳為破故紙也。王紹顏《續傳信方》載其事頗詳，故錄之。

按：白飛霞《方外奇方》云：破故紙屬火，收斂神明，能使心包之火與命門之火相通。故元陽堅固，骨髓充實，濇以治脫也。胡桃屬木，潤燥養血，血屬陰，惡燥，故油以潤之。佐破胡紙，有木火相生之妙。故語云：破故紙無胡桃，猶水母之無蝦也。〔簡誤〕補骨脂，陽藥也。凡病陰虛火動，陽道妄舉，夢遺，尿血，小便短濇，及目赤，口苦，舌乾，大便燥結，內熱作渴，火升目赤，易飢嘈雜，濕熱成痿，以致骨乏無力者，皆不宜服。

明・倪朱謨《本草彙言》卷二 補骨脂 味辛、氣香，性熱，無毒。陽中微陰，降多升少。入手厥陰、足太陰及命門諸經。王景雲先生曰：補骨脂即破故子也。生波斯國及嶺南諸州。今嶺外山阪間多有之。四川合州亦有，皆不及番舶者佳。莖高三四尺，葉尖小，似薄荷，花微紫色，實如麻子，圓扁而黑。九月采，其性燥，須用鹽酒浸一宿，微炒用。

補骨脂：補腎命，暖丹田，方龍潭壯精髓之藥也。沈孔庭稿 夫腎與命門，水火真陽之所司也。何也？第腎有兩枚，而命門又居兩腎之中，脊骨十四椎之間，與臍相對，人身真陽之精，于此藏焉。火之源也，取象于坎。以一陽居于二陰之間耳。陰陽和平，則水火交濟而無患矣。陰陽離決，人變病焉。如陽虛腎冷，精道不固而自流；或脾腎衰敗，大便虛瀉而久泄；或肝腎流濕，陰囊濕漏而浸淫；或風濕冷痹，腰膝不用而痿躄等證。用補骨脂辛香而熱，以鹽酒浸炒香熟，使鹽入腎經，酒行陽道。香則通氣，熟則溫補，故四神、補腎諸丸內，加此藥以治脾腎虛寒者，用無不驗。凡病陰虛火動者，陽事妄舉者，夢遺尿血者，小便短赤者，口苦舌乾者，大便燥結者，內熱作渴者，火升目赤者，心嘈易飢者，溫熱成痿、以致骨乏無力者，均不宜用。

楊士行先生曰：古書言：今人多以胡桃肉合服，用補骨脂十兩，如前法修製，擣篩令細，用胡桃肉二十兩，湯炮去皮，細研如泥，以飴糖和丸梧子大，溫酒服之，久則益氣明目，悅顏色，延壽年，補健筋骨。但禁芸薹菜、羊血，餘無所忌。按白飛霞方云：補骨脂屬火，收斂神明，能使心胞之火與命門之火相通，使元陽堅固，骨髓充實。濇以治脫也。胡桃屬木，益命門，補三

焦，油潤以利血脉也。佐破故子，有木火相生之妙。孫真人言補腎不若補脾，又云補脾不若補腎。腎氣虛弱，則陽氣衰少，不能熏蒸脾胃。脾胃氣寒，令人胸膈痞塞，飯食難入。雖强進，終遲于運化。或腹脅虛脹，或嘔吐痰涎，或腸鳴泄瀉，譬之釜中之物，無火力，雖終日不能腐熟。故濟生二神丸，治脾胃虛寒泄瀉，用補骨脂補腎，肉豆蔻補脾。二藥雖皆補二藏之陽，但無斡旋培養之力。加木香以順其氣，使之斡旋運動。或加人參，以充其氣，使之培養元基，則倉廩開通，水穀行運，而脾胃自能受物消物矣。

繆仲淳先生曰：胃猶釜器也，腎命猶火薪也。補骨脂禀火土之氣而生，專暖水藏，壯火土，能補腎命真陽之氣。真陽之氣得補而上升于胃，則能腐熟水穀；下應于脾，則能蒸糟粕而運化精微，以榮養五藏之陽。如脾之陰濕而不食，腎之寒冷而精流，心之怯悸而默默，大腸虛陷而溏泄，婦人血冷水帶而腹疼，皆無陽也。此藥辛香燥烈，能起脾腎命門之陽氣，則五藏諸寒之病自除矣。若施于腎虛陰虛、血虛火盛者，反致取咎，豈云五勞七傷，概可用乎？

集方：凌旦峰家珍治陽虛腎冷，精道不固。用補骨脂酒浸一宿，青鹽炒，各二兩，菟絲子酒炒三兩，黄耆、白朮、肉桂、石斛各一兩，萆薢四兩，共爲末，煉蜜丸，每早服三錢。○同前治脾胃兩虛，天明溏泄、久泄。用補骨脂、酒製，肉豆蔻去油，白朮土拌炒，訶子肉去油，吳茱萸湯炮二次、去苦味，肉桂、炙甘草各一兩。○同前治肝腎虛寒，濕氣下流，陰囊濕漏多水。用補骨脂酒浸一宿、炒於白朮土拌炒，各四兩，蒼朮米泔水浸炒一兩，小茴香三兩。○同前治風濕寒氣，襲于足三陰經，腰膝痿躄。用補骨脂酒浸一宿，萆薢、防風、牛膝、木瓜、虎骨、當歸、川芎、羌活、白朮、蒼朮、薑黄、甘草、海桐皮、桂枝，酒煎溫和服。○郭侍郎傳治婦人陽氣不足，精神疲敗，白帶白淫。用補骨脂酒浸炒四兩，當歸、白朮、人參各一兩，肉桂、藁本、白芍藥、枸杞子各二兩，龍骨細末八錢。○《本事方》治腎氣虛寒，小便無度。用補骨脂酒浸一宿，小茴香鹽水炒各一兩，共爲末，每服三錢，丸散湯三法皆可治。○御製方腎虛牙痛日久。用補骨脂三兩，青鹽一兩，共炒匀爲末。每服二錢，丸散湯三法隨用。○《傳信方》治風蟲牙痛，上連頭腦。用補骨脂五錢，乳香二錢，炒研擦之。或爲丸塞孔內。○《直指方》治打墜腰痛，瘀血凝滯。用補骨脂三兩，酒浸半日，曬乾炒，大茴香炒三兩，肉桂一兩、不見火，共爲末。每用二錢，熱酒同服。

○《廣筆記》云：腎司二便，久泄不止，下多亡陰，當求責腎。補骨脂、白豆蔻、肉果、大茴香、北五味之屬，不可廢也。白朮、陳皮，雖云健胃除濕，救標則可。若多服反能瀉脾，以其燥能損津液故也。

明・顧逢柏《分部本草妙用》卷五腎部・温補　補骨脂即破故紙。辛，大溫，無毒。惡甘草。忌芸薹及諸血。得胡麻、胡桃良。浸一日，漉出，以東流水浸三日，蒸乾，鹽炒用。　主治：勞傷，骨髓傷敗，腎冷精流。婦人血氣墮胎，男子腰疼，膝冷冷痺，下元虛，興陽壯陰，暖丹田，斂精神。　按：破故紙屬火，收斂神明，能使心包之火與命門火相通，故元陽堅固，骨髓充實，澀以治脫也。須以胡桃去皮同合，潤燥養血。血惡燥，油以潤之，得木火相生之妙。是以青娥丸，為壯陰聖藥。孫思邈言補腎不若補脾，而我以為補脾不若補腎。腎虛則陽衰，陽衰則不能運化水穀，如釜中之物，無火燒之，則終日不熟。陰長則陽自旺，而脾自健矣。濟生丸用破故紙、肉豆蔻二藥兼補，予以為少加木香斡旋，其中則奏效尤捷。

明・李中梓《醫宗必讀・本草徵要上》　補骨脂味辛，溫，無毒。入腎經。惡甘草，忌羊肉、諸血。胡桃拌炒。　興陽事，止腎洩，固精氣，止腰疼。一名破故紙。暖水臟，壯火益土之要藥也。　按：補骨性燥，凡陰虛有熱，大便閉結者戒之。

明・鄭二陽《仁壽堂藥鏡》卷一〇下　補骨脂即破故紙。　《圖經》云：補骨脂生波斯國。其番舶上來者最佳。　味苦、辛，氣大溫，無毒。酒浸一宿，蒸半日用。　主男子傷勞陽衰，腎冷精流，腰痛膝寒，囊濕，縮小便多，止腎虛瀉痢，及婦人血氣痛。　《本草》云：補骨脂墮胎。惡甘草。　凡氣病用氣藥不效者，氣之所藏無以收也。方中用此，能使氣升降而歸於腎藏也。

明・蔣儀《藥鏡》卷二熱部　破故紙　起陽衰，燥陰濕。利婦人之血氣，益男子之髓精。止腎冷之精流，補腎虛之腰痛。腸鳴泄瀉應用，下虛上實須遵。氣燥浸蒸，理宜久夙。津枯火盛，誰敢少投。加肉蔻、木香，宜虛寒泄瀉。胡桃剝肉，皮褪泥研，煉蜜為丸，數錢酒下，明眸益腎，功爛岐黄。

明・李中梓《頤生微論》卷三　補骨脂　一名破故紙。味辛，性溫，無毒。入腎經。惡甘草，忌羊肉、諸血。胡桃肉拌炒。達命門，興陽事，固精氣，理腰疼，止腎泄。新補。　按：補骨脂暖補水藏，壯火益土之要劑。宜丸不宜煎。但性過于燥，陰虛火動，大便秘結者戒之。

明・張景岳《景岳全書》卷四八《本草正》 破故紙 味苦、辛，氣大溫。性燥而降。能固下元，暖水藏，治下焦無火，精滑帶濁，諸冷頑痹，脾、腎虛寒而為溏泄下痢。以其暖腎固精，所以能療腰膝痠疼，陰冷囊濕，縮小便，暖命門小腹，止腹中疼痛腎泄。以其性降，所以能納氣定喘。惟其氣辛而降，所以氣虛氣短，及有煩渴眩運者，當少避之。即不得已，用於丸中可也。忌羊肉、芸薹。

明・賈九如《藥品化義》卷七腎藥 補骨脂 屬陽，體乾而細，色皮黑肉黃，氣炒香，味辛帶苦，性溫，能沉，力溫腎，氣性與味俱厚，入腎脾二經。補骨脂氣香透骨，味辛入腎，專溫補足少陰經絡，主治陽道痿而精自流，丹田弱而尿不禁，小腹寒而陰囊濕，下元虛而腰膝軟，此皆少陰經虛寒所致，藉辛溫以暖之，則元陽堅固，骨髓充實矣。蓋腎主二便，若五更時大瀉一次者，為腎瀉，以此入四神丸溫補腎經，又取肉黃氣香更能醒脾，則腹瀉自止，脾虛自健。但性味辛溫，少年色慾勞損，陰虛內熱者，不宜用。用酒淘，微炒香，研碎入藥，俗名破故紙。

明・蕭京《軒岐救正論》卷三 補骨脂俗訛為破故紙。 《本草》稱治五癆七傷，風虛冷痛，骨髓傷敗，腎冷精流及婦人血氣墜胎，興陽事，明耳目。瀕湖曰：治腎泄，通命門，暖丹田，斂精神。按：白飛霞《方外奇方》云：補骨脂屬火，收斂精神，使心包之火與命門之火相通，故元陽堅固，骨髓充實，澁以治脫也。胡桃屬木，潤燥養血，血屬陰惡燥，故油以潤之，佐骨脂，有木火相生之妙。許學士云：孫真人言補腎不若補脾。予曰：補脾不若補腎，腎氣虛弱，則陽氣衰劣，不能薰蒸脾胃，脾胃氣寒，令人胸膈痞塞，不進飲食，遲于運化，或腹脇虛脹，或嘔吐痰延，或腸鳴泄瀉，譬如鼎釜中之物無火力，終日不熟，何能消化。濟生二神丸治脾胃虛寒泄瀉，用補骨脂補腎，肉荳蔻補脾，二藥雖兼補，但無斡旋，往往常加木香以順其氣，使之斡旋空虛倉廩，倉廩空虛則受物矣，屢用見效，不可不知。昔唐太尉張壽知廣州，服此得效，有詩云：三年時節向邊隅，人信方知藥力殊。奪得春光來在手，青娥休笑白髭鬚。愚以為此亦惟稟陰藏，而命火不充，下元虛冷，一切症屬沉寒者宜之。若陽藏而腸胃燥熱者，則反為害耳。是在人之有宜，有不宜，若以為燥毒，則謬論也。予每用此與參、附治元氣上脫，脉浮沉無力者，不拘陰陽，屢驗，可知其為納氣歸源、溫補真陽之善藥也。《本草綱目》云：氣味辛，大溫，無毒。惡甘草，忌芸薹及諸血，得胡桃、胡蔴良。故語云：補骨脂之無胡桃，猶水母之無鰕也。

明・盧之頤《本草乘雅半偈》帙一〇 補骨脂宋《開寶》 氣味：辛，大溫，無毒。主治：主五勞七傷，風虛冷，骨髓傷敗，腎冷精流，及婦人血氣墜胎。

覈曰：補骨脂，即婆固脂，俗訛為破故紙者是也。出波斯國，及嶺南諸州。今嶺外山坂間亦有之。莖高三四尺，葉尖小似薄荷，花色微紫，實似麻粒，圓扁而黑，宜九月採。修事：酒浸一宿，漉出，再用東流水浸三日夜，蒸之，從巳至申，日乾用。

參曰：骨者形之一，腎之合也。蓋形之所緜生，必先骨髓始，次及筋肉血脈皮毛曰五形，即藏之所緜生，亦必先腎之肝，肝之脾，脾之心，心之肺曰五臟。臟藏神，形載氣也。肝者筋之合，脾者肉之合。血脈者心之合，皮毛者肺之合。合則神與藏俱，氣與形俱矣。第腎獨有兩，左曰水，右曰命門火；水即髓之源，火即生之本。本于陰陽，其氣五藏五形，皆通乎生氣。失其所，則折壽而不彰，此壽命之本也。固色黑從腎，宜歸于左；辛溫從火，又當偏向于右矣。是以兩藏咸交，驅水火之精氣，補裨骨髓。髓者，骨之脂也。復從骨髓，淫氣于骨，散精于腎，次第森榮，互為變化，則凡五臟化薄，致五形離決，而為勞為傷；五形化薄，致五氣消亡，而為極為痹，仍可使之次第森榮，互為變化。所謂骨氣以精，謹道如法，長有天命。

明・李中梓《本草通玄》卷上 補骨脂 辛，溫。宜腎興陽事，止腎泄，暖丹田，斂精神。腰膝痠痛，腎冷精流者，不可缺也。白飛霞云：補骨脂屬火，收斂神明，能使心胞之火與命門之火相通。故元陽堅固，骨髓充實。《本事方》云：腎氣虛弱，則陽氣衰劣，不能熏蒸脾胃。令人痞滿少食。譬如釜中無火，雖終日不熟，何能消化？補骨補火，固能生土。更加木香以順氣，使之斡旋倉廩，倉廩空虛，則受物矣。揉去衣，以胡桃肉拌擦炒之。

清・顧元交《本草彙箋》卷二 補骨脂 補骨脂溫暖水臟，陰中生陽，壯火益水之要藥也。凡腎氣虛弱，則陽氣衰劣，不能薰蒸脾胃，脾胃氣寒，令人胸膈痞塞，飲食遲於運化，或腹脇虛脹，或嘔吐痰涎，或腸鳴泄瀉，此二神丸以故紙補腎，肉豆蔻補脾，加木香以轉運之，是爲三神丸也。凡虛勞症，多起

於脾腎兩傷，以故紙補火生土，則腎中真陽之氣得補，上升則能腐熟水穀，蒸糟粕而化精微，於是脾氣散精，上歸於肺，以榮養乎五臟也。丹溪云：久患氣症，氣不歸元，服藥無效者，以破故紙，爲君則效。若今人則動欲以附子歸元矣。

破故紙俗稱也，胡人又呼爲婆固脂。此物本外番隨海舶而來，非中華所有。唐鄭相國自叙云：予爲南海節度，年七十五，粵地卑淫，傷於內外，衆疾俱作，陽氣衰絕，服乳石補藥，百端不應。元和七年，有訶陵國舶主李摩訶，知予病狀，遂授一方并藥，服之，經七八日，覺有驗。自爾常服，其功日臻。用破故紙十兩，淨去皮，洗曝，酒浸蒸，再曝，搗篩令細，胡桃瓤二十兩，湯浸，去皮，細研如泥，更以好蜜和令如飴糖，瓷器盛之，旦日以暖酒二合，調藥十匙，服之便以飯壓；如不飲酒，以暖熟水代餌。久則延年益氣，悅心明目，補添筋骨。但禁芸薹、羊肉，餘無所忌。時珍云：此方亦可作丸，溫酒服之。按破故紙屬火，收斂神明，能使心包之火與命門之火相通，故元陽堅固，骨髓充實。澁以治脫也。胡桃屬木，潤燥養血，血屬陰惡燥，故油以潤之，佐破故紙，有木火相生之義。

凡腎氣虛弱，風冷乘之，或血氣相搏，腰痛如折，俛仰不利；或因勞役傷腎，或濕痺傷腰，或墮跌損傷，或風寒客搏，或氣滯不散，皆令腰痛。或腰間如物重墜，用破故紙酒浸炒一觔，杜仲去皮切，薑汁炒一觔，胡桃肉去皮二十個，爲末，以蒜搗膏一兩，和丸梧子大，空心溫酒服二十丸，婦人淡醋湯下，是爲青娥丸。又方：治打墜腰痛，瘀血凝滯，用破故紙炒，茴香炒，辣桂等分，爲末，每熱酒服二錢。慎齋云：破故紙溫腎且行氣，同小茴香治腰痛，及小腹澀痛，可以行陰中之氣滯。其性溫氣燥，若命門火熾，及精津枯者，未可混用。

小兒遺溺，膀胱冷也。夜屬陰，故小便不禁。用破故紙炒爲末，每夜熱湯服五分。凡小便無度，總屬腎氣虛寒，用破故紙十兩，酒蒸，茴香十兩，鹽炒，爲末，酒糊丸梧子大，每服百丸，鹽、酒下，或以末摻猪腎，煨食之。

清·穆石匏《本草洞詮》卷八　補骨脂　言其功。人訛為破故紙。氣味苦辛，大溫，無毒。通命門，暖丹田，斂精神，治腎泄，男子腰疼膝冷囊濕，逐冷痺。唐鄭相國自叙云：予為南海節度，年七十有五，越地卑濕，傷於內外陽氣衰虛，衆疾俱作，服乳石補藥，百端不應。有訶陵國舶主李摩訶，知予病狀，傳予一方，疑而未服。摩訶稽首固請，服之神效。用破故紙十兩，淨擇去皮，洗過曝搗篩細，胡桃瓤二十兩，湯浸去皮，細研如泥，以蜜和如飴餹，瓷器盛之，每旦以暖酒調一匙，服之，便以飯壓，久則悅心明目，補筋強骨，益氣延年也。李瀕湖言：此方亦可作丸，蓋破故紙屬火，收斂神明，能使心包之火與命門之火相通，故元陽堅固，骨髓充實。胡桃屬木，潤燥養血，佐破故紙有木火相生之妙。孫真人言：補腎不若補脾。許叔微言：補脾不若補腎。腎氣虛弱則陽氣衰劣，不能熏蒸脾胃，脾胃氣寒，令人胸膈痞塞，飲食遲於運化，或腹脇虛脹，或嘔吐痰涎，或腸鳴泄瀉，如釜中之物無火力，雖終日不熟，何能消化也？濟生二神丸，治脾胃虛寒泄瀉，用破故紙補腎，肉豆蔻補脾，二藥雖妙，但無斡旋，當加木香以順其氣，倉廩空虛，則受物矣。《和劑方》有補骨脂丸，用補骨脂四兩，胡桃肉一兩，乳香、沒藥各一錢五分，蜜丸梧子大，空心鹽湯或溫酒服三十丸，自夏至起，冬至止，日一服。此乃唐時張壽太尉得方於南番人。有詩云：三年時節向邊隅，人信方知藥力殊。奪得春光來在手，青娥休笑白髭鬚。此藥治下元虛敗，脚手沉重有效。補骨脂性燥毒，須酒浸一宿，漉出，以東流水浸三日，夜蒸之從巳至申，日乾用。

清·劉雲密《本草述》卷八下　補骨脂 時珍曰：一名胡韭子。因其子之狀相似，非胡地韭子也。　斆曰：補骨脂即婆固脂，俗訛為破故紙者是也。出波斯國及嶺南諸州，今嶺外山坂間亦有之。莖高三四尺，葉尖小似薄荷，花色微紫，實似麻粒，圓扁而黑，宜九月采。惡甘草、芸薹、羊血。但製方有與甘草同用者。芸薹即今油菜。

子：氣味：辛，大溫，無毒。權曰：苦、辛。

主治：通命門，歸元陽，治五勞七傷，風虛冷，骨髓衰敗，腎冷精流，腰痛膝冷囊溼，逐諸冷頑痺，並治腎泄，小便頻，及婦人血氣墮胎。

白飛霞《方外奇方》云：破故紙屬火，收斂神明，能使心包之火與命門之火相通。能收斂神明，乃能使心包絡之火與命門通，則老人上焦有虛熱者，可引之歸下矣。故元陽堅固，骨髓充實，澁以治脫也。胡桃屬木，潤燥養血。血屬陰，惡燥，故油以潤之，佐破故紙，有木火相生之妙。心包主血，命門主氣，相通則血歸於氣，故紙原補命門，乃其功歸於補髓者，由於血合氣，氣化精也。況有胡桃肉，木火相資，為血府生化之原，此所以能補腎益精髓也。故語云：破故紙無胡桃，猶水母之無鰕也。

之頤曰：骨者，形之一，腎之合也。蓋形之所繇生，必先骨髓始，次及

筋肉血脈皮毛。曰五形，即臟之所繇生，亦必先腎。腎之肝，肝之脾，脾之心，心之肺，曰五臟。臟藏神，形載氣也。肝者，筋之合。脾者，肉之合。血脈者，心之合。皮毛者，肺之合。合則神與臟俱，氣與形俱矣。第腎獨有兩，左曰水，右曰命門火。命門元陽，乃水中之火也。主靜而不動。三焦乃陰化陽，靜而動之初氣，故《難經》謂為元氣之別使，即海藏補腎與三焦之虛者，同用肉蓯蓉、故紙，而補命門止肉桂、附子，此亦足徵三焦與命門之所以異者也。水即髓之源，火即生之本。本於陰陽，其氣五臟五形皆通乎生氣，失其所則折壽而不彰，此壽命之本也。因色黑從腎，宜歸於左。辛溫從火，又當偏向於右矣。是以兩臟咸交，驅水火之精氣，補裨骨髓。髓者，骨之脂也。復從骨髓，淫氣於骨，散精於腎，次第森榮，互為變化，則凡五臟化薄，致五形離決，而為勞為傷。五形化薄，致五氣消亡而為極為痺。仍可使之，次第森榮，互為變化，所謂骨氣以精，謹道如法，長有天命。先哲曰：病因於腎經受寒者，非附子、破故紙不能通達關節，是則故紙可與附子同功乎？此義亦所當參也。

鄭相國傳方用破故紙十兩，淨擇去皮，洗過，曝，搗篩令細，胡桃瓤二十兩，湯浸去皮，細研如泥，更以好蜜，和令如飴餹，瓷器盛之。旦日以暖酒二合，調藥一匙服之，便以飯壓。如不飲酒人，以暖熱水調之。彌久則延年益氣，悅心明目，補添筋骨。但禁芸薹、羊血，餘無所忌。

許叔微學士《本事方》云：孫真人言補腎不若補脾。予曰：補脾不若補腎，腎氣虛弱，則陽氣衰劣，不能熏蒸脾胃，脾胃氣寒，令人胸膈痞塞，不進飲食，遲於運化，或腹脇虛脹，或嘔吐痰涎，或腸鳴泄瀉，譬如鼎釜中之物無火力，雖終日不熟，何能消化？濟生二神丸治脾胃虛寒泄瀉，用破故紙補腎，肉豆蔻補脾，二藥甚為切當。但當加木香以順其氣，使之斡旋，空虛倉廩，俾其受物，屢用見效，不可不知。

按：二神丸治晨泄，用骨脂補腎，肉蔻補脾，先哲言之矣。第二味俱苦辛，而辛為勝。即其采於九月，則知金合於水以下行。緣腎脾肺皆一氣所終始，而始於腎，生於脾，統於肺。其補腎脾，而皆以辛勝者，本於統氣者而治之，故能奏功。《經》云：通天者生之本，肺固五臟之蓋，而居其最上者也。

希雍曰：補骨脂稟火土之氣，而兼得乎天令之陽，故其味辛，其氣大溫，性則無毒，陽中微陰，降多升少，入手厥陰心包絡、命門、足太陰脾經，能暖水臟，陰中生陽，壯火益土之要藥也。

愚按：補骨脂之名，即《本草》謂其主治骨髓傷敗也。第先哲謂此味能使心包之火與命門火通，乃令元陽堅固，骨髓充實，却先言其能收斂神明。乃得如是，蓋緣人之神明，主於心，而心固火之主也。夫氣為火之靈，如得主火者，能收斂其神明，而離之為坎主者，又何元陽之不堅固乎？第所云骨髓充實者，即由元陽堅固所致。道家所謂氣盛則精盈，精盈則氣盛者，如斯義也。《經》曰：水之精為志，火之精為神。又曰：志者，骨之主也。又曰：腎主骨。腎為作強之官，故主骨也。骨者，髓之府。髓者，骨之充也。又曰：人始生，先成精，精成而腦髓生。也。又曰：髓者，地氣之所生。而神合而繹之，髓所以充骨，而精所以生髓，乃志先為骨之主，以為水精。而神更為志之先，以裕水化，能使天氣之火精靜斂，乃致地氣之水精充盈，是水火原為同宮，而神志自為相應。有如斯乎，即人身一切皆聽命於君主者，於是可窺一班，而陽為陰先之義亦足徵也。如骨髓原屬至陰之液所化，乃至陰之所以化液為髓者，則陰中之陽志固，陰中之陽欲出地者也。《本草》以風、虛、冷三字，冠於骨髓傷敗之前，明指陰中之陽虛，蓋風者出地之陽也。唯茲味，煞能即水攝火，即火運水，乃得陰陽相付，而後氣乃歸於腎之形，形乃歸於腎之器。腎之器，即骨是也。陰精乃得化髓以填骨空。蓋其收攝精氣者，皆即水攝火之元機，其補益形器者，又即火運水之妙理也。即水攝火，是火降於水中，則陰得陽化以益形，即火運水，是水升於火中，則陽得陰和以益氣，故下而益陰者，須得陽之動，上而益陽者，須得陰之靜。或曰：諸本草主治五勞七傷，男子腰疼膝冷囊溼，逐諸冷痺，須是為形器之補益者，非小也，是皆補骨髓之明效歟。曰：是固然矣。請更暢之。蓋此味能攝氣歸元，是《內經》所謂氣歸精也。氣歸精，是氣生精也。即此便得如《內經》所云精歸化矣。精歸化者，又《內經》所云精化為氣也。即此，又便得如《內經》所云氣生形，形歸氣矣。又何有骨髓衰敗，而病於五勞七傷，如腰疼諸證之不瘳耶？第世醫但知能補下焦陽虛耳，大為鹵莽。

附方　鄭相國傳方具前大得歸氣化精之妙，後來因證加減者，必本其義以製方。不然，直以為補陽虛則已。　定心補腎養血返精丸，破故紙炒二兩，白茯苓一兩，為末，沒藥五錢，以無灰酒浸高一指，煮化，煮化者，似單指沒藥也。和末丸梧子大，每服三十丸，白湯下。昔有人服此，至老不衰。蓋破故

紙補腎，茯苓補心，沒藥養血故也。　腎虛腰痛青娥丸治腎氣虛弱，風冷乘之，或血氣相搏，腰痛如折，俛仰不利，或因勞役傷腎，或溼痺傷腰，或墮跌損傷，或風寒客搏，或氣滯不散，皆令腰痛，或腰間如物重墜，用破故紙酒浸炒一斤，杜仲去皮切片，薑汁浸炒一斤，胡桃肉去皮二十個，為末，以蒜搗膏一兩，和丸梧子大，每空心溫酒服二十丸。婦人澹醋湯下，常服有大益。　妊娠腰痛，通氣散，用破故紙二兩，炒香，為末，先嚼胡桃肉半個，空心溫酒調下二錢，此藥神妙。　玉莖不痿，精滑無歇，時時如鍼刺，捏之則脆，此名腎漏，用破故紙、韭子各一兩，為末，每用三錢，水二盞，煎六分，服，日三次，愈則止。

種子方，真合州補骨脂沉實者一斤，以食鹽四兩，入滾湯乘熱浸一宿，曬乾，次用杜仲去皮，酒炒去絲四兩，煎濃湯，浸一宿，曬乾。次用厚黃蘗，去皮蜜炙四兩，煎濃湯浸一宿，曬乾。別用魚膠四兩，剪碎，以蛤粉炒成珠，同補骨脂炒香，磨細末，將胡桃肉搗如泥，盛以錫盆蒸之，取油和末，量加蜜搗和丸如梧子大，空心，用三錢，白湯或澹鹽湯吞，晚間或飢時更一服。老人及陽虛無火者宜此，有火者忌之。

希雍曰：補骨脂，陽藥也。凡病陰虛火動，陽道妄舉，夢遺尿血，小便短濇，及目赤口苦，舌乾，大便燥結，內熱作渴，火升目赤，易飢嘈雜，溼熱成痿，以致骨乏無力者，皆不宜服。愚按：此味主治腎氣虛冷，不可概施之腎陰虛冷。即腎氣虛冷，而原於腎陰有不足者，亦當酌主輔以投之。

修治　性大燥，酒浸一宿，漉出，用水浸三宿，蒸三時久，曝乾，緊急微炒。止泄麩炒，補腎用麻子仁炒。　此性燥毒，一法用鹽水浸一日，取出曝乾，再同鹽炒過用。

清・郭章宜《本草匯》卷一〇　補骨脂即破故紙。　苦辛，大溫，陰中之陽，可升可降。入足少陰經。虛弱腰疼之所宜，遺脫精寒之能固。壯陽事而墮胎氣，治腎漏之如刺。玉莖不痿，精滑無歇，時時如鍼刺，捏之則脆，此名腎漏，故紙、韭子各一兩，為末，每用三錢，水煎服。　暖丹田而祛膝寒，逐囊濕與頑痺。《開寶》治五勞七傷者，蓋緣勞傷之病，多起于脾腎兩虛，以其能暖水臟，補火以生土，則腎中真陽之氣得補而上升，則能熟腐水穀，蒸糟粕而化精微，脾氣散精，上歸於肺，以榮養乎五臟矣。又治風虛冷者，因陽氣衰敗，則風冷乘虛而客之，以致骨髓傷敗，腎冷精流。腎主骨而藏精髓，乃精之本。真陽之氣不固，即前證見矣。固其本而陽氣生，則前證自去。

按：補骨脂暖補水藏，壯火益土之要藥也。其性屬火，今人多以胡桃合服，收斂神明，能使心包之火與命門之火相通，故元陽堅固，骨髓充實。胡桃屬木，調燥養血，血屬陰而惡燥，故油以潤之，以是佐破故紙，有木火相生之妙焉。故語云：破故紙無胡桃，猶水母之無鰕也。《本事方》云：腎氣虛弱，則陽氣衰劣，不能薰蒸脾胃，令人痞滿少食。譬如釜中無火，雖終日不熟，何能消化？補骨補火，固能生土，更加木香以順氣，使之(幹)〔斡〕旋倉廩，倉廩空虛，則受物矣。此即補脾不如補腎之謂也。　宜丸不宜煎。但性過于燥，凡陰虛有熱，大便閉結，陽道妄舉，夢遺便短，易飢嘈雜，骨乏無力者，皆不宜服。若腎氣不固，《三因方》用故紙、青鹽等分，同炒末，每服米飲二錢。若小便無度，腎氣虛寒，《普濟方》用破故紙十兩，酒蒸，茴香十兩，鹽炒，為末，酒糊丸，鹽酒下。或以末摻猪腎中煨食，亦妙。若下元虛敗，脚手沉重，夜多盜汗，以補骨脂四兩，炒菟絲子四兩，酒蒸，胡桃去皮一兩，沉香研細一錢五分，蜜丸，空心鹽湯、溫酒任下。自夏至起，冬至止，諸如腎虛腰痛，陽氣衰絕，脾腎冷瀉等症，俱相宜也。

產廣西諸州。性燥，須用鹽、酒浸一宿，蒸過，晒乾炒用。惡甘草。忌芸薹及諸血。得胡桃、胡麻良。

清・蔣居祉《本草擇要綱目・溫性藥品》　補骨脂俗名為破故紙。　氣味：辛，大溫，無毒。　主治：五癆七傷，男子腰疼，時冷，婦人血氣，墮胎，興陽事，明耳目，治腎泄，通命門，斂精神。其性屬火，收斂神明，能使心胞絡之火與命門之火相通，故元陽堅固，骨髓充實，濇以治脫之義也。然又言故紙能補脾者，非補脾也，凡人腎氣虛弱，則陽氣衰劣，不能熏蒸脾胃，脾胃氣寒，則令人胸膈痞塞，不進飲食，遲於運化，遂或腹脇虛脹，或嘔吐痰涎，或腸鳴泄瀉，譬如鼎釜之物，若無火力，雖終日不熟。濟生二神丸治脾胃虛寒，用破故紙補腎，肉豆蔻補脾，脾腎互交，故紙補腎即所以補脾也。

清・閔鉞《本草詳節》卷二　補骨脂　【略】按：破故紙屬火，收斂神明，能使心包之火與命門之火相通，故元陽堅固，骨髓充實，濇以治脫也。胡桃屬木，潤燥養血，血屬陰，惡燥，故油以潤之，佐以破故紙，有木火相生之妙，故語云：破故紙無胡桃，猶水母之無蝦也。孫真人言補腎不若補脾，許叔微言補脾不若補腎，腎氣虛則陽氣衰劣，不能薰蒸脾胃，脾胃氣寒，令人胸膈痞塞，不進飲食，遲於運化，或腹脇虛脹，或嘔吐痰涎，或腸鳴泄瀉，濟生二

神丸治脾胃虛寒泄瀉，謂是釜中無火，用破故紙補腎，肉豆蔻補脾，加木香以順氣，使之斡旋空虛，倉稟自能受物，屢用取效，不可不知。

清・王翃《握靈本草》卷三　補骨脂番產，今出廣西。酒洗，浮面者去之，凡使揉去皮，以胡桃肉拌擦炒，或鹽、酒炒。　主治：補骨脂，辛，大溫，無毒。主五勞七傷，骨髓傷敗，腎冷精流，腰疼膝冷，囊濕，興陽事，明耳目，治腎泄，及婦人血氣墮胎。

清・汪昂《本草備要》卷二　破故紙一名補骨脂。燥，補命火。　辛、苦，大溫。入心包、命門。補相火以通君火，暖丹田，壯元陽，縮小便。亦治遺尿。治五勞七傷，五藏之勞，七情之傷。腰膝冷痛，腎冷精流，腎虛泄瀉，腎虛則命門火衰，不能熏蒸脾胃，脾胃虛寒，遲于運化，致飲食減少，腹脹腸鳴，嘔涎泄瀉，如鼎釜之下無火，物終不熟，故補命門相火，即所以補脾。破故紙四兩，五味三兩，肉蔻二兩，吳茱一兩，薑煮棗丸，名四神丸。治五更腎瀉。婦人血氣，婦人之血脫氣陷，亦猶男子之腎冷精流。墮胎。出南番者色赤，嶺南者色綠。酒浸蒸用，亦有童便乳浸，鹽水炒者。得胡桃、胡麻良。惡甘草。唐鄭相國方：破故紙十兩，酒浸蒸爲末，胡桃肉二十兩，去皮爛研，蜜和，每日酒調一匙，或水調服。白飛霞曰：破故紙屬火，堅固元陽；胡桃屬木，潤燥養血，有木火相生之妙。忌芸薹、羊血。加杜仲，名青娥丸。芸薹，油菜也。

清・陳士鐸《本草新編》卷二　補骨脂　即破故紙也。味苦、辛，氣溫，無毒。入脾、腎二經。治男子勞傷，療婦人血氣，止腰膝酸疼，補髓添精，除囊濕而縮小便，固精滑而興陽事，去手足冷疼，能定諸逆氣。但必下焦寒虛者，始可久服。倘虛火太旺，止可暫用，以引火歸原，否則，日日服之，反助其浮游之火上升矣。古人用破故紙，必用胡桃者，正因其性過于燥，恐動相火，所以制之使潤，非故紙必須胡桃也。

或問：補骨脂既不可輕用，而青娥等丸，何以教人終日吞服，又多取效之神耶？不知青娥丸，治下寒無火之人也。下寒無火者，正宜久服，如何可禁其少用乎。命門火衰，以致腰膝之酸疼，手足之逆冷，甚則陽痿而泄瀉。苟不用補骨脂，急生其命門之火，又何以回陽而續命乎。且補骨脂尤能定喘，腎中虛寒，而關元真氣上冲于咽喉，用降氣之藥不效者，投之補骨脂，則氣自歸原，正藉其溫補命門，以回陽而定喘也。是補骨脂，全在審其命門之寒與不寒而用之耳，余非不教人之久服也。

或問：破故紙雖善降氣，然亦能破氣，何子未言也？曰：破故紙，未嘗破氣，人誤見耳。破故紙，乃納氣歸原之聖藥，氣之不歸者，尚使之歸，豈氣之未破者而使之破乎？惟是性過溫，恐動命門之火，火動而氣動，氣動而破氣者有之。然而用故紙者，必非單用，得一二味補陰之藥以濟之，則火且不動，又何能破氣哉？

或問：補骨脂治瀉有神，何以脾瀉有宜有不宜乎？不知補骨脂，非治瀉之藥，不治瀉而治瀉者，非治脾泄，治腎泄也。腎中命門之火寒，是脾氣不固，至五更痛瀉者，必須用補骨脂，以溫補其命門之火，而瀉者不瀉矣。若命門不寒而脾自瀉者，是有火之瀉，用補骨脂正其所惡，又安能相宜哉。

或問：補骨脂無胡桃，猶水母之無蝦，然否？嗟乎！破故紙何藉于胡桃哉。破故紙屬火，收斂神明，能使心包之火與命門之火相通，不必核桃之油潤之，始能入心入腎也。蓋破故紙，自有水火相生之妙，得胡桃仁而更佳，但不可謂破故紙，必有藉于胡桃仁也。

或疑破故紙陽藥也，何以偏能補腎？夫腎中有陽氣，而後陰陽有既濟之美。破故紙，實陰陽兩補之藥也，但兩補之中，補火之功多于補水，制之以胡桃仁，則水火兩得其平矣。

或問：破故紙補命門之火，然其氣過燥，補火之有餘，恐耗水之不足。古人用胡桃以制之者，未必非補水也。不知胡桃以制破故紙者，非制其耗水也，乃所以助腎中之火也。蓋腎火非水不生，胡桃之油最善生水，腎中之水不涸，則腎中之火不寒，是破故紙得胡桃，水火有兩濟之歡也。

清・顧靖遠《顧氏醫鏡》卷七　補骨脂辛，大溫。入腎經。鹽水浸三日，胡桃油炒。　興陽事，補助相火之功也。固精氣，取其辛、大溫之氣，以壯真陽，使之涵乎陰精而不走。止腎洩，命門火衰，不能薰蒸脾胃、腐熟水穀，以致五更溏泄，丹田得暖，而泄自除。治腰疼，腎氣虛弱，或風冷乘之，或寒濕浸之，或因氣滯不散，或因跌撲瘀凝，皆取其辛散溫行，而又有暖補水藏之功。暖補水臟，壯火益土之要藥。大溫而燥，凡陰虛內熱之人，及大便閉結者，戒用。

清・李熙和《醫經允中》卷一九　補骨脂　即破故紙。惡甘草。忌芸薹及諸血。得胡桃、胡麻良。鹽水拌炒用。　辛，大溫，無毒。主治陽痿精流，男婦腰疼膝冷，囊濕冷痺腎泄，興陽壯陰，暖丹田，斂精神。以之治五勞七傷者，蓋勞傷之病多起于脾腎兩虛，故紙暖補水臟，壯火益土之要藥。能收斂神明，使心胞之火與命門相通，故元陽堅固，骨髓充實，濇以治脫也。須用胡

桃肉去皮，同合，潤燥養血。血惡燥，油以潤之，得木火相生之妙。腎虛則陽衰，陽衰則不能運化水穀，令人痞滿少食，如釜中之物，無火燒之，則物不熟，今得壯火益土之劑，則陽自旺而脾自健矣。但陰虛有熱，陽道妄舉，大腸閉結者弗用。

清・馮兆張《馮氏錦囊秘錄・雜症痘疹藥性主治合參》卷二 補骨脂稟火土之氣，兼得乎天令之陽，色黑又兼水德之化，味辛，氣大溫，無毒。陽中微陰，降多升少，入手厥陰心包絡命門、足太陰脾經。能暖水臟，陰中生陽，壯火益土，所以專治脾腎虛寒作瀉，腎冷精流遺尿，陽衰勞傷諸症也。

補骨脂，治男子勞傷，療婦人血氣，腰膝酸疼神效，骨髓傷敗殊功。除囊濕而縮小便，固精滑以興陽道。却諸風濕痹，去四肢冷疼。暖丹田，止腎瀉。若水虧火旺者，非其所宜。姙婦禁用，以其大溫而辛，火能消物墮胎耳。《和劑方》補骨脂丸，治下元虛敗，脚手沉重，夜多盜汗，縱慾所致。此藥壯筋骨，益元氣。補骨脂四兩炒香，菟絲子四兩酒蒸，胡桃肉一兩，去皮，沉香研細一錢半，煉蜜丸，如梧子大。每服二三十丸，空心鹽湯、溫酒任下。自夏至起，冬至止，日一服。此乃唐宣宗時，張壽太尉知廣州得方於南番人。有詩云：三年(持)〔時〕節向邊隅，人信方知藥力殊。奪得春光來在手，青娥休笑白髭鬚。○夏子益《奇疾方》治玉莖不痿，精滑無歇，時時如針刺，捏之則脆，此名腎漏。用破故紙、韭子各一兩為末，每用三錢，水二盞，煎六分服，日三次，愈則止。【略】

按：補骨脂，色黑，稟北方之正味，辛暖水臟之陽，故能達命門，興陽事，固精氣，理腰疼，止腎泄，壯火益土之要劑。但性過於燥，陰虛火動，大便秘結者戒之。

清・张璐《本經逢原》卷二 補骨脂俗名破故紙，字音相近之誤也。苦、辛，大溫，無毒。鹽、酒浸焙乾用，與胡麻同炒良。忌芸薹、羊肉、諸血。發明：補骨脂屬火，收斂神明，能使心胞之火與命門之火相通，使元陽堅固，骨髓充實，濇以固脫也。胡桃屬水，潤燥養血，血屬陰，惡燥，故油以潤之，佐補骨脂有水火相生之妙。故《局方》青娥丸用之。孫思邈言：補腎不若補脾。許學士言：補脾不若補腎。腎氣虛弱則陽氣衰劣，不能薰蒸脾胃，令人痞滿少食，譬如釜底無火，雖終日不熟，陽衰則飲食亦不能消化。濟生二神丸治脾腎虛寒泄瀉，用補骨脂補腎，肉豆蔻補脾，加吳茱萸以平其肝，加木香以順其氣，使之斡旋。若精傷溺赤濇痛者，去木香易五味子。腰膝痠疼、腎冷精流者用之屢效。凡陰虛有火，夢泄溺血，大便閉結者勿施。

清・浦士貞《夕庵讀本草快編》卷二 補骨脂宋《開寶》言其功能補骨脂也，俗訛傳為破故紙。骨脂屬火，辛溫而熱，收斂神明，能使心包之火與命門之火相通，故元陽堅固，骨髓充實，濇以治脫也。若同胡桃則有木火相生之妙。按：孫真人言補腎不若補脾，許叔微獨反之，曰補脾不若補腎。何哉？蓋謂腎氣虛則陽氣衰劣，不能薰蒸脾胃。胃氣寒則令人胸膈痞塞，遲于運化，或腹脇虛脹，腸鳴泄瀉，吐嘔吞酸，遺精胎墮，譬之釜中無火，安能熟腐飲食？用此理之則斡旋倉廩，無物不容矣。可見二神、四神之妙也。

清・劉漢基《藥性通考》卷五 補骨脂即破故紙也。味辛、苦，氣大溫。入心包、命門。補相火以通君火，暖丹田，壯元陽，縮小便。亦治遺尿，治五勞七傷，腰膝冷痛，腎冷精流，腎虛泄瀉，婦人血氣，墮胎。○出南番者色赤，嶺南者色綠。酒浸蒸用，亦有童便、乳浸，鹽水炒者。得胡桃、胡麻良。惡甘草。○凡腎虛則命門火衰，不能薰蒸脾胃，脾胃虛寒，遲於運化，以致飲食減少，腹脹腸鳴，嘔涎泄瀉，如鼎釜之下無火，物終不熟，故補命門相火，即所以補脾。○破故紙四兩，五味三兩，肉蔻二兩，吳茱萸一兩，薑煮棗肉為丸，名四神丸，治五更腎瀉。○唐鄭相國方：用故紙十兩，酒浸，蒸，為末，胡桃肉二十兩，去皮，研爛，蜜和，每日酒調一匙，或水調服下。白飛霞曰：故紙屬火，堅固元陽。胡桃屬水，潤燥養血，有水火相生之妙。忌芸薹、羊血。加杜仲，名青娥丸。

清・姚球《本草經解要》卷一 補骨脂 氣大溫，味辛，無毒。主五勞七傷，風虛冷，骨髓傷敗，腎冷精流及婦人血氣墮胎。鹽水炒。 補骨脂氣大溫，稟天陽明之火氣，入足陽明胃經。味辛無毒，得地西方之金味，入手太陰肺經。色黑而形如腎，入足少陰腎經。氣味俱升，陽也。其主五勞七傷者，五藏之勞，食、憂、飲、房室、飢勞，經絡營衛七者之傷，莫不傷損先天後天真氣而成也。補骨入腎補真陽以生土，先天與後天相接，腐水穀而化精微，則勞者可溫，而傷者可益矣。風虛冷者，邪風乘虛而入，以致患冷也。其主之者，辛溫可以散風祛冷也。腎主骨，骨髓傷敗，腎虛寒也。腎既虛寒，則氣不足攝精，精自流矣。補骨溫益陽氣，辛能潤髓，所以主之。婦人血氣，婦人血冷氣寒也。補骨溫肺，肺主氣，而為津液之化源，所以治血冷氣寒也。胎者，大氣舉之也。補骨辛溫，溫能活血，辛能散氣，氣血活散，所以墮胎也。製方：補骨脂四兩，菟絲子四兩，核桃肉一兩，沉香、乳香、沒藥各二錢半，丸，

治下元虛敗。同黑脂麻丸，治五勞七傷。同杜仲、核桃肉，名青娥丸，治腰痛。同白茯、沒藥酒丸，名返精丸，治心腎不交。同青鹽末，治精氣不固。同小茴香酒丸，治小便無度。同韭子末，治玉莖不痿。同肉蔻丸，名二神丸，治虛洩。同粟殼，治久痢不止。

清·周垣綜《頤生秘旨》卷八　補骨脂　補腎家虛冷藥也。溫腎行氣，同小茴香治腰痛，及小腹澁痛。可行陰中之滯氣。

清·王子接《得宜本草·中品藥》　補骨脂　味辛。入足少陰、厥陰經。主治腎冷精流。得菟絲子治下元虛憊，得杜仲、胡桃治腎虛腰痛，得茯苓、沒藥能定心補腎，得茴香治小便無度，得韭子治腎漏莖舉，得肉果治脾腎虛泄，得粟殼治洞瀉久利。

清·黃元御《玉楸藥解》卷一　補骨脂　味辛、苦，氣溫。入足太陰脾、足少陰腎、手陽明大腸經。溫脾暖腎，消水化食。治膝冷腰疼，療腸滑腎泄。能安胎墜，善止遺精。收小兒遺溺，興丈夫痿陽，除陰囊之濕，愈關節之涼。陽衰土濕之家，中氣堙鬱，升降失位，火金上逆，水木下陷，夜而陰旺濕增，心腎愈格，子半陽生之際，木氣萌生，不得上達，濕氣下鬱，遂興陽而夢泄，此宜燥土泄濕，升脾降胃，交金木而濟水火。道家媒合嬰兒姹女，〔首〕重黃婆。(元)〔玄〕理幽妙，醫工不解也。補骨脂溫暖水土，消化飲食，升達肝脾，收斂滑泄，遺精、帶下、溺多、便滑諸證甚有功效。方書稱其延年益壽，雖未必信，然要亦佳善之品也。鹽酒拌潤炒研，曬乾用。同青鹽、乳香搽日久牙痿。

清·吳儀洛《本草從新》卷一　破故紙（燥，補命火。）一名補骨脂。　辛，苦，大溫。入心包、命門。補相火以通君火，暖丹田，壯元陽，縮小便。亦治遺溺。治虛寒喘嗽，能納氣歸腎。腰膝痠痛，腎冷精流，火虛泄瀉，命門火衰，不能熏蒸脾胃，脾胃虛寒，遲於運化，致飲食減少，腹脹腸鳴，嘔涎泄瀉。如鼎釜之下無火，物終不熟，故補命門相火以生土。破故紙四兩，五味三兩，肉蔻二兩，吳萸一兩，薑煮棗丸，名四神丸，治五更泄瀉。婦人火衰婦人之血脫氣陷，亦猶男子之腎冷精流。墮胎。陰虛有熱，大便閉結者戒之。出南番者色赤，嶺南者色綠。酒浸蒸用，亦有童便、乳浸，鹽水炒者。得胡桃、胡麻良。惡甘草。唐鄭相國方，破故紙十兩，酒浸蒸，為末，胡桃肉二十兩，去皮爛研，蜜調如飴，每晨酒服一大匙，治虛寒喘嗽，腰脚痠痛。忌羊血、芸薹。加杜仲名青娥丸。飛霞曰：故紙屬火，堅固元陽，胡桃屬木，潤燥養血，有木火相生之妙也。

清·汪紱《醫林纂要探源》卷二　補骨脂　苦，辛，溫。莖高三四尺，葉小似薄荷，花微黑色，實如麻子，圓扁而黑。九月采，生嶺南諸州及波斯國，今嶺外山坂間多有之，四川合州亦有，皆不及番舶者，胡人呼為婆固脂，而俗訛為破故紙。酒浸蒸用，亦有童便乳浸，鹽水炒者。大補命火，暖丹田，壯元陽，縮小便。亦治小兒遺尿，膀胱病也。夜屬陰，故尿不禁。破故紙炒為末，每夜熱湯服五分。治虛寒喘嗽，能納氣歸腎。唐鄭相國寒嗽方，破故紙十兩，酒浸蒸，為末，胡桃肉二十兩，去皮，爛研，蜜調如飴，每晨酒服一大匙。忌羊血、芸薹。白飛霞曰：故紙屬火，堅固元陽，胡桃屬木，潤燥養血，有木火相生之妙。腰膝痠痛，腎冷精流，火虛瀉泄，命火微，則脾胃無以化水穀，譬如鼎釜之下無火，物終不熟，故補火即以生土，四神丸所以治腎瀉脾瀉。及婦人血脫氣陷，墮胎。凡陰虛有熱，大便閉結者戒之。如不得已，用於丸中可也。

清·嚴潔等《得配本草》卷二　補骨脂一名破故紙。　得胡桃、胡麻良。惡甘草。忌諸血、芸薹。　辛、苦，大溫。入命門、手厥陰經。暖腎臟以壯元陽，補相火以通君火。治腎冷精滑，帶濁遺尿，腹冷溏泄，腰膝酸疼，陰冷囊濕。　得肉果、大棗為丸，治脾腎虛泄，或加木香。得山梔、茯神，治上熱下寒。配茴香、肉桂，治血瘀腰疼。配胡桃、杜仲，治風寒腰痛。　暖上焦，酒炒蒸。暖腎，鹽水炒。恐其性燥，乳拌蒸，胡麻、胡桃拌蒸亦可。恐其熱入心臟，童便浸蒸。　陰虛下陷，內熱煩渴，眩運氣虛，懷妊溫燥氣降。心胞熱，二便結者，禁用。　怪症：玉莖不痿，精滑不止，時時如針刺，捏之則脆，名腎漏。配韭子各一兩，每三錢，水煎，日服三次，至愈而止。　氣不歸腎，動用破故紙納之。豈知氣之上泛，由精水之不足，水虛則生火，破故紙補命門之火，以火濟火，真水益涸，虛火益熾，火有餘，便是氣，其氣更浮於上而不下。且此動胞絡之火，君相火熾，煩而且躁，其病未有不危者矣。莫若重投熟地，佐以茯苓、磁石，加砂仁為使，則氣自歸元，乃至穩至當之劑也。

題清·徐大椿《藥性切用》卷三　破故紙　即補骨脂。辛苦大溫，入心包命門。補火生土，燥濕止瀉。鹽水炒用。多服單服能下氣。

清·黃宮繡《本草求真》卷二　補骨脂溫腎逐冷，澀氣止脫。　補骨脂即破故紙，耑入腎。辛苦大溫，色黑，何書皆載能斂神明，使心胞之火與命門之火相通。因而元陽堅固，骨髓充實，以其氣溫味苦，濇以止脫故也。時珍曰：按白〔飛〕霞《方外奇方》云：破故紙屬火，收斂神明，能使心胞之火與命門之火相通，故元陽堅固，骨髓充實，濇以止脫也。胡桃屬木，潤燥養血，血屬陰，惡燥，故油以潤之。佐破故紙，有水火相生之妙。故語云：破故紙無胡桃，猶水母之無蝦。凡五癆、五癆曰志癆、心癆、思

癆、憂癆、瘦癆。七傷，七傷曰：陰寒、陰痿、裏急精枯、精少、精清下濕、小便數、臨事不舉。因於火衰而見腰膝冷痛，腎冷流精，腎虚泄瀉，及婦人腎虚胎滑，用此最為得宜。許叔微學士《本事方》云：補脾不若補腎，腎氣虚弱則陽氣衰劣，不能上薰蒸脾胃，脾胃氣寒，令人胸膈痞塞，不進飲食，遲於運化，或腹脇虚脹，或嘔吐痰涎，或腸鳴泄瀉。譬如鼎釜中之物無火力，雖終日不熟，何能消化？濟生二神丸用破故紙補腎，肉豆蔻補脾，二藥雖兼補，但無斡旋，往往常加木香以順其氣，使之斡旋，空虚倉廩，（食）〔倉〕廩空虚，則受物矣，屢用見效，不可不知。若認症不真，或因氣陷氣短而見胎墮。應用參耆。水衰火盛而見精流泄瀉，應用滋潤，兼以清利。妄用補骨脂止脱，則殺人慘於利器矣。鹽水炒，得胡麻良，惡甘草。

清·楊璿《傷寒溫疫條辨》卷六熱劑類 破故紙鹽炒。味苦辛，氣大熱，性燥而降。壯元陽，暖水藏，治命火不足而精流帶濁，脾腎虚冷而溏瀉滑痢。以其補陽，故暖腰膝酸疼。以其性降，故能納氣定喘。然氣微宜避之。古方補骨脂丸：益元氣，壯筋骨，治下元虚敗，手足沉重，夜多盜汗，此恣慾所致也。破故紙四兩，菟絲餅四兩，胡桃仁一兩，沉香一錢五分。為末，煉蜜丸如桐子大，每服三十丸，鹽水溫酒按時令送下，自夏至起，冬至止。唐張壽知廣州，得方於南番，詩云：三年時節向邊隅，人信方知藥力殊。奪得春光來在手，青娥休笑白髭鬚。

清·羅國綱《羅氏會約醫鏡》卷一六草部 補骨脂辛苦大溫，入心包、命門二經。酒蒸，或鹽水炒用。忌芸薹、羊血，惡甘草。固下元，暖水藏。治下焦無火，腎冷精流，五更腎泄，脾虚發洩，補相火即所以補脾。縮小便，療遺尿，陰冷囊濕，皆屬命門火衰。除腰膝冷痛腎足，納氣定喘，以其性降。婦人血脱氣陷。亦猶男子之腎冷精流。按：補骨脂能補相火以通君火，脾土自旺。但性燥，凡血虚有熱，非其所宜，妊婦禁用。

清·陳修園《神農本草經讀》附録 補骨脂 氣味辛，溫，無毒。主五勞七傷，風虚冷，骨髓傷敗，腎冷精流，及婦人血氣、墮胎《開寶》。陳修園曰：墮胎者，言其人素有墮胎之病，以此藥治之，非謂以此藥墮之也。上文主字，直貫至此。蓋胎藉脾氣以長，藉腎氣以舉，此藥溫補脾腎，所以大有固胎之功。數百年來，誤以黄芩為安胎之品，遂疑溫藥礙胎，見《開寶》有墮胎二字，遽以墮字不作病情解，另作藥功解，與上文不相連貫。李瀕湖、汪訒庵、葉天士輩因之，貽害千古。或問《本經》牛膝本文，亦有墮胎二字，豈非以墮字作藥功解乎？曰彼頂逐血氣句來，唯其善逐，所以善墮。古書錯綜變化，難與執一不通者道。

清·黄凱鈞《藥籠小品》 破故紙即補骨脂。辛，溫，入心包命門。暖丹田，縮小便，治虚寒喘嗽，腰膝痠痛。若陰虚有熱，大便結實戒用。得胡桃肉良。

清·王龍《本草纂要稿·草部》 補骨脂 味苦、辛，性大溫，無毒。補男子勞傷，治女人血氣。腰膝痠疼神效，骨髓傷敗殊功。除囊濕，縮小便，固精滑興陽。治諸風，却濕痺，去四肢疼痛。

清·吳鋼《類經證治本草·足少陰腎臟藥類》 破故紙 【略】誠齋曰：補骨脂溫腎，行腰間血。若腰痛屬相火熾者，服之必增劇。出南番波斯者，色赤良。出嶺南者，帶綠色，不佳。他處色黑，不堪用。酒浸蒸，亦有用童便、鹽、乳製者，各隨其方。

清·張德裕《本草正義》卷下 補骨脂一名破故紙。苦辛，大溫。性燥而降。固下元，暖水臟，療虚寒，精滑帶濁，脾腎寒濕瀉痢。又能納氣定喘。乃辛燥而降，若氣虚氣短者，忌用。

清·楊時泰《本草述鉤元》卷八 補骨脂 出波斯國。一名胡韭子，即婆固脂，俗訛為破故紙。今嶺南諸州及嶺外山坂間亦有之。實似麻粒，圓扁而黑。宜九月采。

味苦、辛，氣大溫。陰中歸陽，降多升少。入手厥陰、心包絡、命門及足太陰經。惡甘草、芸薹、羊血。但製方有與甘草同用者。主治通命門，歸元陽。治五勞七傷風虚冷，骨髓衰敗，腎冷精流腰痛，膝冷囊濕，逐諸冷頑痹，並治腎泄小便頻及婦人血氣墮胎。稟火土之氣而兼得乎天令之陽，能暖水臟，為壯火益土之要藥仲淳。骨者形之一，腎之合也。蓋五形之所由生，必先骨髓，次及筋肉血脈皮毛，即五臟之所由生，亦必先腎，腎之肝，肝之脾，脾之心，心之肺，臟藏神，形載氣也。肝者筋之合，脾者肉之合，血脈者心之合，皮毛者肺之合，合則神與臟俱，氣與形俱矣。第腎獨有兩，左曰水，右曰命門火，水即髓之源，火即生之本，此壽命之基也。骨脂色黑從腎，宜歸於左，辛溫從火，又當偏向於右，兩臟咸交，驅水火之精氣，俾補骨髓。髓者，骨之脂也。復從骨髓，淫氣於骨，散精於腎，次第森榮，互為變化，則凡五臟化薄，致五形離決而為勞傷，五形化薄，致五氣消亡而為痹極，仍可使之森榮變化，所謂骨氣以精，長有天命也之頤。按：先哲言，凡病因於腎經受寒者，非附子、破

故紙不能通達關節，是則故紙可與附子同功乎，此義當參。破故紙佐以胡桃，有木火相生之妙，故紙屬火，收斂神明，能使心包之火與命門之火相通，然則老人上焦有虚熱者，可引之歸下矣。故元陽堅固而骨髓充實也。胡桃屬木，潤燥補血，血屬陰，惡燥，故油以潤之。語云：故紙無胡桃，猶水母之無蝦也白飛霞方。按：骨脂惟能收斂神明，乃能使心包絡之火與命門通，心包主血，命門主氣，相通則血歸於氣，故紙補命門，其功歸於補髓者，由於血合氣、氣化精也。況有胡桃肉木火相資，為血府生化之原，豈有不補腎而益精髓者乎。鄭相國方，久服延年益氣，悦心明目，補添筋骨，破故紙十兩洗曝搗篩令細，胡桃二十兩去皮細研，更以好蜜和令如飴，瓷器盛之，旦日以暖酒二合，不飲酒人以熱水調。調藥一匙服之，便以飯壓。忌芸薹、羊血。此方大得歸氣化精之妙。叔微《本事方》云：孫真人言補腎不若補脾。予曰：補脾不若補腎。腎陽氣衰，不能熏蒸脾胃，脾胃氣寒，令人胸膈痞塞，納少運遲，或腹脇虚脹，或嘔吐痰涎，或腸鳴泄瀉，譬如釜底無薪，終日不熟，何能消化。濟生二神丸治脾腎虚寒泄瀉，用故紙補腎，肉蔻補脾，甚為切當，但當加木香以順其氣，使之斡旋，俾空虚能受，屢用見效。按二神治晨瀉，味俱苦辛，而辛為勝，即骨脂之宜九月采，便知金合於水以下行矣。緣肺脾腎皆一氣所終始，始於腎，生於脾，統於肺，其補脾腎而皆以辛勝者，本於統氣者而治之，故奏功最切也。定心補腎，養血返精丸，破故紙炒二兩，白茯苓一兩為末，沒藥五錢以無灰酒浸，高一指，煮化，和末丸梧子大，每服三十丸，白湯下。昔有人服此，至老不衰。蓋故紙補腎，茯苓補心，沒藥養血故也。青娥丸，治腎虚腰痛如折，俛仰不利。凡風寒勞役，濕痺氣滯，墮跌，皆令腰痛，或如物重墜，用破故紙酒浸炒一斤，杜仲去皮切片薑汁浸炒一斤，胡桃肉去皮二十個，為末，以蒜搗膏一兩，和丸梧子大，每空心溫酒服二十丸。婦人淡醋湯下，常服有大益。通氣散，治妊娠腰痛，破故紙二兩炒香為末，先嚼胡桃肉半個，空心溫酒調下二錢，神妙。莖強精滑，時如鍼刺，捏之則脆，此名腎漏，破故紙、韭子各一兩，為末，每用三錢，水二盞，煎六分服，日三次，愈則止。種子方，真合州補骨脂一斤，以食鹽四兩入滾湯，乘熱浸一宿，曬乾，次用杜仲去皮，酒炒去絲四兩，煎濃湯浸一宿曬乾，次用厚黄蘗去皮蜜炙四兩，煎濃湯，浸一宿，曬乾，別用魚膠四兩翦碎，以蛤粉炒成珠，同補骨脂炒香磨細，將胡桃肉搗如泥，盛以錫盆，蒸之取油和末，量加蜜搗丸，如梧子大，空心用淡鹽湯吞三錢，晚間或飢時更一服。老人及陽虚無火者宜此，有火者忌之。

論：補骨脂色黑，宜歸左腎，而辛溫偏向命門，兩臟感交，驅水火之精氣，補裨骨髓，故諸本草皆主骨髓傷敗，其能使心包之火與命門火通，乃令元陽堅固，骨髓充實。而却必先言收斂神明者，緣人身一切皆聽命於君主，此陽為陰先之義，能使天氣之火精靜斂，乃致地氣之水精充盈，然則髓所以充骨，而精所以生髓，惟志先為骨之主以名水精，水之精為志。而神更為志之先以裕水化，故原其功之始，當在收斂神明也。夫骨髓原屬至陰之液所化，乃至陰之所以化液為髓者，全屬陰中之陽志，固陰中之陽欲出地者爾。《本草》以風虚冷，冠於骨髓傷敗之前，是明指陰中之陽虚。蓋風者，出地之陽也。骨脂歸氣化精，煞能即水攝火，即火運水，俾陰精化髓以填骨空。蓋其收攝精氣者，皆即水攝火之元機。其補益形器者，又即火運水之妙理也。即水攝火，火降於水中，則陰得陽化以益形矣。即火運水，水升於火中，則陽得陰和以益氣矣。故凡下而益陰者，須得陽之動，上而益陽者，須得陰之靜。第其主治腎氣虚冷，不可概施之腎陰虚冷，即腎氣虚冷而原於腎陰不足者，亦當酌主輔以投之。此味攝氣歸元，是《内經》所謂氣歸精也，氣歸精是氣生精也，即此便得如《經》所云精歸化矣。精歸化者，精化為氣也，即此又便得如《經》所云氣生形，形歸氣矣。又何有骨髓衰敗，五勞七傷腰疼膝冷及囊濕頑痺之不瘳耶。粗工但以能補下焦陽虚為言，鹵莽甚矣。又命門元陽乃水中之火也，主靜而不動，三焦乃陰化陽靜而動之初氣，故《難經》謂為元氣之別使。觀海藏補腎與三焦之虚者，同用蓯蓉、故紙，而補命門止用桂、附，此亦足徵三焦與命門之所以異矣。

繆氏云：凡陰虚火動，陽道妄舉，夢遺尿血，小便短澁，大便燥結，及目赤口苦，舌乾作渴，嘈雜易飢，濕熱成痿，以致骨乏無力者，皆不宜服。

修治：酒浸一宿，漉出，再以水浸三宿，蒸三時久，曬乾。緊急微炒用，止瀉麪炒，補腎麻子仁炒。性大燥，一法用鹽水浸一日，取出曬乾，再同鹽炒過用。

清·鄒澍《本經續疏》卷四 補骨脂 **【略】**骨髓、腎精，皆水屬也。凡水遇寒則凝，得熱斯流。今曰腎冷精流，於理已不合，加之骨髓傷敗，而冠以風虚冷。風虚冷者，果能使骨髓傷敗，腎冷精流乎？夫惟風虚冷乃能為骨髓傷敗，腎冷精流固也。然二義焉，一者風冷，而水遂涸也；一者風虚，而水

不漲也。風冷而水遂涸，驗之於四時之序。風虛而水不漲，驗之於潮汐之候。夫風從西北者為冷風，風從後來者曰虛風。一歲之中，熱則水漲，寒則水消。一潮之上，東南風則水漲，西北風則水不漲。蓋凝則成形，釋則成氣者，陽也。凝則成氣，釋則成形者，陰也。故曰陽化氣，陰成形，此水所以盛於夏，減於冬也。至陰之氣，當冬令閉密嚴厲，則水凝為寒也。轉瞬春融，不必霖雨，水自能盈，則寒釋為水也。天氣且然，何況人身？當五勞七傷之餘，遭蕭索飄零之局，髓之充於骨，精之藏於腎者，何能不化而為肅殺嚴厲以應之？於是靜而不動者，為之傷敗焉。動而不靜者，為之流散焉。於斯時也，得不以溫和之氣，踞於水中，轉冷風為融風，自然傷敗者復完，冷流者復聚，此則必有取於花紫而實黑且味辛氣熱之補骨脂矣。補骨脂何以能踞水中而轉融風？夫花紫固已赤黑相兼，水火相入，且黑實正是水色，而味辛氣熱，即伏其中，則辛之通，熱之行，直如風自東南來，解凍澤物，轉寒氣為溫氣也。婦人血氣墮胎者，承上之詞，亦以血氣虛冷傷敗，而不能繫胎元也。此物當與天雄之治陰寒精自出，巴戟天之治大風邪氣，陰痿不起互參也。

清·葉桂《本草再新》卷一　破故紙味辛，性溫，無毒。入腎經。補相火以通君火，暖丹田，壯元陽，縮小便，固精氣，治腰疼。

清·吴其濬《植物名實圖考》卷二五　補骨脂　《開寶本草》始著錄。即破故紙，形狀具《圖經》。今醫者多以代桂。

清·趙其光《本草求原》卷二芳草部　補骨脂即破故紙。色黑，形如腎。大溫，苦辛，為火中之金，能收斂神明，使心胞之火與命門之火交通，火降水中，則陰得陽以化精，而骨中脂充，故名。無毒。主五勞七傷，下元久冷，一切風虛，五臟化薄，則五氣消亡；五行離決，而為勞、為極、為痹，由是食、憂、飲、房、飢、經絡、營衛七者俱傷。營衛陽傷，則風易入而病冷，皆損先後二天真氣而成。此入腎壯陽以生土，使後天與先天相續，腐水穀而化精微，所謂勞者溫之也。又風者，出地之陽，陰中陽虛，則化為冷風。酒浸曬乾，以黑芝麻和炒至聲絕，去芝麻，醋糊丸，酒、鹽湯下。骨髓傷敗，手足沉重，氣盛則精充而益形。同胡桃、乳香、沒藥、沉香蜜丸，鹽湯、酒任下。腎冷精流，青鹽等分研，米飲下。尿多，同茴香鹽炒，酒糊丸，以鹽湯及米煨豬腰湯下。婦人血氣，溫肺益氣，則津液之化源足，而血脫氣陷可除。固胎，胎藉脾氣以長，肺腎氣以舉。如脾虛有火，以芩、术安之；臟寒，則同胡桃以溫固。治腰膝冷痛，酒炒，同薑汁炒杜仲、胡桃，以蒜膏為丸，酒、醋任下，名青娥丸。囊濕，諸冷痹痛，氣生精，精生形，形歸器，囊骨皆腎氣也。脾腎虛瀉，腎為二便之關，火不生土，則腸鳴腹脹，五更作瀉。以此補腎，合玉蔻、棗肉，以補脾，名二神；再合五味、吳萸以收之，名四神；或更加木香以運之，功尤捷。水瀉久痢，同粟殼蜜丸，薑、棗湯下。腎虛牙痛，同青鹽炒研擦。瘀血腰痛，同茴香、桂研，熱酒下，氣行則血活痛止。玉莖不痿，精滑而痛，名腎漏。同韭子研末，煎服，日三次。引火納氣，君相交通，而功在補髓，使血歸氣，氣統於肺，而下藏於腎。

同茯苓，以酒化沒藥為丸服，至老不衰，以故紙壯陽返精，苓定心，沒藥養血也。又唐鄭相國方，故紙酒蒸十兩，胡桃去衣廿兩，酒、蜜調服，益氣明目，水得火運則化氣。補髓生神，交通君相則火生神，而定志內斂。以胡桃屬木，入心潤燥養血。故紙屬火，入命門，故脫生氣，交通心腎，有木火相生、氣血合化之妙。

《經》曰：水精為志，火精為神。志者骨之主，髓者骨之充，是志為骨髓之用，而神更為志之先，以裕水化，必火精靜斂，而後水精充盈，是水火原同宮，而神志乃相應，知此可曉故紙之功矣。

出南番。補腎，用童便或乳浸，或鹽水浸炒；止泄，酒浸蒸，或麵炒。一法以鹽水、杜仲水、黄柏水，或生地水，三製故紙，合魚膠、蛤粉炒為末，胡桃油蜜丸，治老人陽虛及腎冷無子。然世有腎陰虛冷者，忌用。即腎氣虛冷由於腎陰虛者，亦當酌主輔。

忌芸薹、羊肉、豬血。

清·文晟《新編六書》卷六《藥性摘錄》　破故紙　辛甘，大溫。色黑，溫腎逐冷，濇氣止脫，凡五癆七傷，因於火衰，而見腰膝冷痛，腎滑流精，腎虛泄瀉，及婦人腎虛胎滑，皆宜用。○若因水衰火盛，而見精流泄瀉，或因氣陷而墮胎者，切忌。鹽水炒用。惡甘草。

清·張仁錫《藥性蒙求·草部》　破故紙錢半　破故紙溫，腰膝痠楚。喘嗽因虛，扶陽宜用。一名補骨脂。辛、苦，大溫。入心包、命門，補相火以通君火，暖丹田，壯元陽，縮小便，腎冷精寒，火虛泄瀉。○酒浸蒸用，亦有童便炒，鹽水炒者。得胡桃、胡麻良。○胎前及陰虛有熱，大便秘結者戒之。

清·屠道和《本草匯纂》卷一溫濇　補骨脂　耑入腎。氣味辛，大溫，無毒。即破故紙。辛苦大溫，色黑無毒。溫腎逐冷，濇氣止脫。興陽事，暖丹田，治耳鳴耳聾，兩足痿軟。能斂神明，使心胞之火與命門之火相通，因而元陽堅固，骨髓充實。療五癆七傷，肝腎虧損，男子腰膝冷痛，囊濕腎冷流精，

腎虛泄瀉。婦人腎虛胎滑。或因氣陷氣短而見胎墮，水衰火盛而見精流泄瀉，妄用止脫，則殺人矣。鹽水炒。惡甘草。

清・戴葆元《本草綱目易知錄》卷一　補骨脂　辛、苦，大溫。入心包命門。補相火以通君火，暖丹田，興陽事，縮小便，明耳目。治勞傷風虛，骨髓傷敗，腎冷精流。逐諸冷頑痹，腎虛瀉，男子腰疼，膝冷囊濕，婦人血脫，氣陷墜胎。凡用，水浸三日，蒸，鹽水炒。忌芸薹及諸血。

清・黃光霽《本草衍句》　破故紙又名補骨脂。　辛入心包，溫補命門，能使二火相通。用興陽事，善暖丹田，元氣收斂精神。精流腎冷，囊濕尿頻。能縮小便，治遺尿也。止腎虛之泄瀉，療腰膝之冷疼。勞傷男子，五勞七傷，骨髓傷敗。血氣婦人，婦人之血脫氣陷，亦猶男子之腎冷精流。得菟絲子治下元虛憊，得杜仲、胡桃治腎虛腰痛，得茯苓、沒藥能安心補腎，得茴香治小便無度〔，得韭子治腎漏〕莖舉，得肉果治脾腎虛泄，得粟殼治洞瀉久利。　玉莖不痿，精滑無歇時，如鐵刺，捏之則脆，此名腎漏，用破故紙、韭菜子各一兩，為末，每用五錢，煎服。

清・陳其瑞《本草撮要》卷一　破故紙　味辛，入足少陰、厥陰經，功專治腎冷精流。得菟絲子治下元虛憊，得杜仲、胡桃治腎虛腰痛，得茯苓、沒藥定心補腎，得茴香治小便無度，得韭子治腎漏莖舉，得肉果治脾腎虛泄，得粟殼治洞瀉久利。陰虛有熱，大便閉結忌之。出南番者色赤，嶺南者色綠。一名補骨脂。酒浸蒸，或童便乳汁鹽水拌炒用。得胡桃良，胡麻為使。惡甘草，忌羊肉、羊血、芸薹。唐鄭相國有青娥丸。

清・周巖《本草思辨錄》卷二　補骨脂　按《開寶》補骨脂主治，以五勞七傷冠首，而踵以風虛冷，是風虛冷由五勞七傷而致也。再繼之以骨髓傷敗，腎冷精流，又由風虛冷而致也。夫腎家之風，有因熱而生者，如天麻丸之用萆薢、元參、生地黃也。此則因虛冷而生風，故宜以味辛大溫之補骨脂拯之。虛冷生風之候，喻西昌所謂兩腎空虛，有如烏風洞，慘慘黯黯，漫無止息者是也。

辟汗草

清・吳其濬《植物名實圖考》卷二五　辟汗草　處處有之。叢生，高尺餘，一枝三葉，如小豆葉，夏開小黃花如水桂花，人多摘置髮中辟汗氣。按《夢溪筆談》芸香葉類豌豆，秋間葉上微白如粉汙。《說文》芸似苜蓿，或謂即此草。形狀極肖，可備一說。

野辟汗草

清・吳其濬《植物名實圖考》卷一〇　野辟汗草　產江西、湖南山坡間。一名趙公鞭。初生獨莖，似辟汗草；附莖生葉，三葉攢生，長五六分，亦能開合，類雞眼草而大；莖長尺許，梢頭發一綠毬，團如彈子，漸次黃黑，終不脫落；莖上始生小枝，枝上葉小如麥粒。莖既柔弱，毬復重欹，附枝紛披，宛欲低舞。按《本草拾遺》：無風獨搖草，帶之令夫婦相愛。生嶺南。頭如彈子，尾若鳥尾，兩片開合，見人自動，故曰獨搖草。土醫以祛邪熱，形頗似之。

草零陵香

明・朱橚《救荒本草》卷上之前　草零陵香　又名芫香。人家園圃多種之。葉似苜蓿葉而長大，微尖，莖葉間開小淡粉紫花，作小短穗，其子小如粟粒。苗葉味苦，性平。　救飢：採苗葉煠熟，換水淘淨，油鹽調食。　治病：今人遇零陵香缺，多以此物代用。

蘭

宋・寇宗奭《本草衍義》卷八　蘭草　諸家之說異，同是曾未的識，故無定論。葉不香，惟花香。今江陵、鼎、澧州山谷之間頗有，山外平田即無，多生陰地，生於幽谷，益可驗矣。葉如麥門冬而闊，且韌，長及一二尺，四時常青，花黃，中間葉上有細紫點，有春芳者，爲春蘭，色深；秋芳者，爲秋蘭，色淡。秋蘭稍難得。二蘭移植小檻中，置座右，花開時，滿室盡香，與他花香又別。唐白樂天有種蘭不種艾之詩，正爲此蘭矣。今未見用者。《本經》蘇注：八月花白，此即澤蘭也。

元・朱震亨《本草衍義補遺》　蘭葉　稟金水之清氣而似有火。人知其花香之貴，而不知為用有方。蓋其葉能散久積陳鬱之氣甚有力，入藥煎煮用之。東垣方中嘗用矣。東垣云：味甘性寒，其氣清香，生津止渴，益氣，潤肌肉。《經》云：消諸痹，治之以蘭是也。消渴證，非此不能凉。膽痹必用。〇即今之人栽植座右，花開時滿室盡香。

明・蘭茂撰，清・管暄校補《滇南本草》卷中　蘭花草　性寒，味苦、辛。治五淋便濁，利小便濕熱。　附方：治婦人赤帶，或紅白相間，或下陰作痒，小便急脹。蘭花草三錢，紅牛膝二錢，地膚子一錢，點水酒服。　附案：昔一人常患鼻血之症，每月數次，服此草斷其根，其效甚遠。

明·蘭茂《滇南本草》〔叢本〕卷中　蘭花草　味辛、苦，性寒。治五淋便濁，利小便，除濕熱。單方：治婦人赤白帶下，或下陰作痒，小便急，服之病。蘭花草三錢、紅牛(夕)〔膝〕一錢、地膚子，點水酒服。昔一人長出鼻血，每月三四次，吃此草斷根不發。

明·許希周《藥性粗評》卷二　消渴豈無蘭葉。

蘭葉，香草也。《離騷》以比君子者。其葉似鹿葱，起箭臺，開紅黃花，春秋不同，故俗有春蘭、秋蘭之號。江南山澗處處有之，今惟以洄溪者為佳，好事者須以盆植之，花開時其香極清。惟葉入藥，採無時，其名《本草》不載。味辛，性平，無毒。東垣云：其氣清香，生津止渴，益氣潤肌肉。《內經》曰消渴治之以蘭，是也。丹溪云：能散久積陳鬱之氣，甚有力。

明·王文潔《太乙仙製本草藥性大全》卷一《本草精義》　蘭草　俗呼爲燕尾香，陶公俱載澤蘭，八月開花，殊誤。今按《衍義》云：蘭草，諸家之說異同，是曾未的識，故無定論。葉不香，惟花香。今江陵、鼎、澧州山谷之間頗有，山外平田即無。多生陰地，生於幽谷益可驗矣。葉如麥門冬而闊且韌，長及一二尺，四時常青，花黃，中間葉上有細紫點，有春芳者爲春蘭，色深。秋芳者爲秋蘭，色淡。秋蘭稍難得。二蘭移植小檻中，置座右，花開時滿室盡香，與他花香又別。唐白樂天有種蘭不種艾之詩，正謂此蘭矣。

明·王文潔《太乙仙製本草藥性大全》卷一《仙製藥性》　蘭草　味辛、甘，氣平寒，無毒。　主治：利水道，刼痰癖，益氣生津，殺蠱毒，辟不祥，潤膚逐痹。膽癉必用，消渴須求。東垣有云：能散積久陳鬱之氣。《內經》亦曰：治之以蘭，除陳氣也。久服不老，輕身通神。　補註：按：蘭草生於深林，似慎獨也，故稱幽蘭。其葉長青，其莖深紫，與蕙相類，逢春出芽。一幹一花，而香有餘者，名蘭。一幹五六花而香不足者，名蕙。花同春開，但蘭先而蕙繼之。然江南之蘭只春芳鬱，荊、楚、閩、廣秋復再芳，故有春蘭秋蘭不同爾。丹溪云：幽蘭葉稟金水清氣而似有火。人知花香之貴，不知葉用有芳，如東垣之所云也。況藥味載諸《內經》甚少，而蘭獨擅名，非深有功力，其能致乎。

明·皇甫嵩《本草發明》卷三　蘭草上品下，君。氣平、寒，味辛、甘，無毒。即幽蘭，花開滿室幽香。　發明曰：蘭葉，稟金水清氣，而似有火。人知花之香，不知葉之妙也。《本草》主利水道，刼胸中痰癖，益氣生津，治消渴，殺蠱毒，辟百祥，潤膚逐痺，膽痺必用。散久陳欝之氣。《經》曰治之以蘭，陳氣也。又云消渴治以蘭，是也。久服輕身通神。

明·陳嘉謨《本草蒙筌》卷一　蘭葉　味辛、甘，氣平、寒。無毒。即春秋開花，蘭香葉也。幽谷深林，隨處俱有。葉長不瘁，花小甚香。凡入藥中，採葉煎服。利水道，劫痰癖，益氣生津；殺蠱毒，辟不祥，潤膚逐痹。膽癉必用，消渴須求。東垣有云：能散積久陳鬱之氣。《內經》亦曰：治之以蘭，除陳氣也。久服不老，輕身通神。

謨按：蘭草生於深林，似慎獨也，故稱幽蘭。其葉長青，其莖深紫。與蕙相類，逢春出芽。一幹一花，而香有餘者名蘭；一幹五六花，而香不足者名蕙。花同春開，但蘭先而蕙繼之。然江南之蘭只春芳郁，荊楚閩廣秋復再芳，故有春蘭秋蘭不同爾。丹溪云：幽蘭葉禀金水清氣，而似有火。人知花香之貴，不知葉用有方。如東垣之所云也。況藥味載諸《內經》甚少，而蘭獨擅名，非深有功力，其能致乎。

明·周履靖《茹草編》卷二　蘭英　懿此畹蘭，生於深谷。不以無人，芳芬自蓄。惟德斯馨，君子之淑。王者之香，能不我知。薄言採掇，永以佩攜。摘蘭英，泡湯服之。

明·梅得春《藥性會元》卷上　蘭葉　味辛，平，氣清香，無毒。　主治消渴，除疸痹，生津止渴，益氣潤肌。秉金水之清氣，而似有火。知其花香之貴，而不知為用有方。蓋其葉能散久積陳鬱之氣，甚有力。入藥煎煮之。東垣方中嘗用。《經》云：消諸痹，治之以蘭也。消渴症非此不能除。涼膽疸必用之劑。

明·姚可成《食物本草》卷一五味部·芬香類　蘭花生陰地幽谷，葉細而長，四時常青，花黃綠色，中間瓣上有細紫點。春芳者為春蘭，色深；秋芳者為秋蘭，色淡。開時滿室盡香，與他花香迥別。朱丹溪曰：蘭葉稟金水之氣，而似有火。人知其花香之貴，而不知其葉有藥方，蓋其葉能散久積陳鬱之氣，甚有力。即今栽置座右者。《淮南子》云：男子種蘭，美而不芳。則蘭須女子種之，故有女蘭之名。今時有蘭花酒，釀時以蘭花入其中，果屬芳烈。

蘭花，味辛，平，無毒。主利水道，殺蠱毒，辟不祥。久服益氣，輕身不老，通神明。除胸中痰癖，生血調氣養榮，可入面脂。

明·黃承昊《折肱漫録》卷三　《本草》云：人知蘭花之香，不知蘭葉之

妙，散陳鬱之氣，治消渴，利水道，益氣生津，潤膚逐痺。如此妙藥，而人多棄之不用，可惜也。蘭乃幽蘭。

清・李熙和《醫經允中》卷二〇　蘭葉　即幽蘭。生山林中者。入脾、胃、肺經。　甘，平，氣寒，無毒。主治利水消痰，解鬱止渴。按：蘭葉稟金水清芬之氣，不獨清肺開胃消痰，善能散積久陳鬱之結氣。《經》云治之以蘭，除陳氣也。

清・汪紱《醫林纂要探源》卷二　幽蘭根　苦，甘，溫。此謂山蘭，又曰土續斷。治腸風，塗癰腫。因辨蘭草、澤蘭，并及皮，惟根有用耳。

附：琉球・吳繼志《質問本草》附錄　報歲蘭　山陰自生，即建蘭之流亞也。葉長殆三尺，廣僅二寸，嚴冬抽莖，高出于葉上，一箭七八朵，方立春日始花矣，蠟瓣鮮麗，心有朱砂點，幽芳馥鬱，特濃于春晨，報歲之名，蓋原於此矣。按《閩書》拜節蘭，《廣東新語》賀正蘭，或俱一物也。

清・趙學敏《本草綱目拾遺》卷七花部　建蘭花葉、根　草蘭　建蘭有長葉、短葉、闊葉諸種，其花備五色。色黑者名墨蘭，不易得，乾之可治瞽目，能生瞳神，治青盲，最效；紅花者名紅蘭，氣臭濁，不入藥；黃花者名蜜蘭，可以止瀉；青色者惟堪點茶，或蜜浸，取其甘芳，通氣分；素心者名素心蘭，入藥最佳。蓋建蘭一莖數花，實蕙而非蘭也。《綱目》以薰草為蕙，即今零陵香，於蘭草下正誤條中言蘭草可佩，乃孩兒菊，古名都梁香是也，且斥寇氏、丹溪二家所解蘭草，混入世俗之蘭花為非，而以蘭花為幽蘭，與蘭草迴異，然何以不立幽蘭一條，不能無缺略之憾，因急補之。

素心建蘭花，乾之可催生，除宿氣，解鬱。蜜漬青蘭花，點茶飲，調和氣血，寬中醒酒。《閩小記》：建甯人家以蜜漬蘭花，冬月點茶，芳香如初摘。

葉：丹溪云：建蘭葉稟金水之氣，而似有火，不知其能散久積陳鬱之氣甚有力，今時醫用以通舒經絡，宣洩風邪亦佳。

《本草匯》云：蘭葉稟金水清芬之氣，似有火，獨走氣道，入西方以清辛金，不獨開胃、清肺消痰，善能散積久陳鬱之結氣。今人但賞花香，不知用葉，亦缺典耳。況藥味載《內經》甚少，蘭獨擅名，所謂治之以蘭，除陳氣也，故東垣方中每常用之，與藿香、枇杷葉、石斛、竹茹、橘紅，開胃氣之神品，入沉香、鬱金、白蔻、蘇子、蘆根汁，下氣開鬱，治噎膈之將成者。產閩中者力勝，江浙諸種力薄。辛平甘寒，陰中之陽，入手太陰、足陽明經，亦入足太陰、厥陰經。生津止渴，開胃解鬱，潤肌肉，調月經，養營氣。《本經》主利水道，因其走氣道，故能利水消渴，除胸中痰癖殺蠱毒不祥之氣者，蓋肺主氣，肺氣鬱結，則上竅閉而下竅不通；胃主納水穀，胃氣凝滯，則水穀不以時化，而為痰癖蠱毒不祥之氣。辛平能散結滯，芬芳能除穢惡，則上症自除《本草匯》。按：《綱目》蘭草條不指幽蘭，而《本草匯》草部有蘭草，所言皆指建蘭，即瀕湖所云幽蘭是也，今從其說補之。

根：名土續斷，治跌打和血。《物理小識》：幽蘭、建蘭根甘，宜入藥，其花可茹，葉以浸油黑髮。又云：都梁蘭根名土續斷，當是此也。《五雜俎》：蘭根食之能殺人，忌內服。

治痰嗽後吐血：劉羽儀《經驗方》云：先痰嗽後吐血而氣急者，用天冬、麥冬、生地、白芍、紫菀、山梔、桑皮、地骨皮等藥，如氣急去天冬加真蘇子，取蘭花根搗汁沖服，尤妙。

江夏程雲鵬著《慈幼筏痘門》載清地散花飲，凡痘見標三日，此方主之。有夾疹者，加蘭花根，額上灰滯色，加菊花、蘭花、梅花，或蘭花根亦可。又玉液春膏飲中，治背漿不足，加酒炒土蘭花。

草蘭　葉短而狹小，春花者名春蘭，秋花者名秋蘭，皆一幹一花；有一幹數花者，名九節蘭；其萼中無紅斑點色純者名草素，尤香。入藥一幹一花者良。

根：治瘋狗咬。《行篋檢秘》：取根四兩，水淨，入黃酒二盌，煎成一盌服完，其毒即從大小便化血而出。

清・吳其濬《植物名實圖考》卷二六　蘭花　即陶隱居所謂燕草。李時珍以為土續斷。《遯齋閑覽》以為幽蘭，其種亦多。山中春時，一莖一花、一莖數花者所在皆有。閩產以素心為貴。俗以蜜漬其花入茶。其根有毒，食之悶絕，茲圖不悉列。

雩婁農曰：《離騷草木疏》謂蘭可浴不可食，聞蜀士云，屢見人醉渴，飲瓶中蘭華水，吐利而卒者。又峽中儲毒以藥人，蘭華為第一。乃知甚美必有甚惡。蘭為國香，人服媚之，又當愛而知其惡也。嗚呼！蘭為上藥，豈毒草哉？不識真蘭，徒為謗書，皆緣以葉似麥門冬者為蘭，而終不自知其誤。誰實倡此謷言耶？洪慶善云：蘭草生水傍，澤蘭生水澤中，山蘭生山側，似劉寄奴而葉無椏，不對生，花心微黃赤。格物洵微矣。在山則山，在澤則澤，

易地皆然，豈殊臭味？無稽之說，舍旃舍旃！

清・劉善述、劉士季《草木便方》卷一草部　蕙草　蘭花根辛平止血，傷寒止汗消渴熱。中風面腫散五痔，脱肛酒服湯火滅。

樹頭花

清・吴其濬《植物名實圖考》卷一七　樹頭花　雲南老屋木板上皆有之。開三瓣紫花。《古今圖書集成》：順寧府產樹頭花，年久枯樹上所生，狀似吉祥草而葉稍大，開花如穗；一莖有花十餘朵，香逊幽蘭。狀頗相類。

紅蘭

清・吴其濬《植物名實圖考》卷二六　紅蘭　《邵陽縣志》：紅蘭生谷中。每經野燒，葉盡而花獨發，俗稱火燒蘭。花微赭，瓣有紅絲，心有紅點，惟香淡而不能久。

按紅蘭，長沙山中皆有之。葉厚勁而闊有光，與春蘭異。開花亦小，都無香氣。考《粵西偶記》：全州有赤蘭亭，亭左右前後皆大松千章，獨二松高大倍常。松上生赤蘭如寄生，葉似建蘭，花開赤色，香聞數里。聞有上樹分其種者，雷震而死。其言近誕。雖不知其色香何似，然既有紅蘭一種，則亦非曇花可比。古木常為神據，粵俗尚鬼，似此良多。又《南越筆記》有朱蘭，葉如百合，開只一朵，朵六出，別一種也。

百乳草

宋・唐慎微《證類本草》卷三〇外草類〔宋・蘇頌《本草圖經》〕　百乳草生河中府、秦州、劍州。根黃白色。形如瓦松，莖、葉俱青，有如松葉，無花。三月生苗，四月長及五六寸許。四時採其根，曬乾用。下乳，亦通順血脈，調氣甚佳。亦謂之百蘂草。

明・劉文泰《本草品彙精要》卷四一　百乳草無毒。　叢生。

百乳草：主下乳，亦通順血脈，調氣甚佳。出《圖經》。　〖名〗百蕊草。〖苗〗《圖經》曰：此即百蕊草也。三月生苗，四月長及五六寸，莖、葉俱青，有如松葉，無花，其根黃白色，形似瓦松也。〖地〗《圖經》曰：生河中府，秦州、劍州亦有之。〖時〗生：春生苗。採：四月取根。〖收〗曬乾。〖用〗根。〖色〗黃白。

明・李時珍《本草綱目》卷二一草部・苔類　百蕊草時珍曰：烏韭，是瓦松之生於石上者；百蕊草，是瓦松之生於地下者也。

茉莉

晉・嵇含《南方草木狀》卷上草類　末利　花似薔蘼之白者，香愈於耶悉茗。

明・李時珍《本草綱目》卷一四草部・芳草類　茉莉《綱目》

〖釋名〗柰花　時珍曰：嵇含《草木狀》作末利，《洛陽名園記》作抹厲，佛經作抹利，《王龜齡集》作没利，《洪邁集》作末麗。蓋末利本胡語，無正字，隨人會意而已。韋君呼爲狎客，張叔敏呼爲遠客。楊慎《丹鉛録》云：《晉書》都人簪柰花，即今末利花也。〖集解〗時珍曰：末利原出波斯，移植南海，今滇、廣人栽蒔之。其性畏寒，不宜中土。弱莖繁枝，綠葉團尖。初夏開小白花，重瓣無蕊，秋盡乃止，不結實。有千葉者，紅色者，蔓生者。其花皆夜開，芬香可愛。女人穿爲首飾，或合面脂。亦可熏茶，或蒸取液以代薔薇水。又有似末利而瓣大，其香清絶者，謂之狗牙，亦名雪瓣，海南有之。素馨、指甲，皆其類也，並附於下。

花〖氣味〗辛，熱，無毒。〖主治〗蒸油取液，作面脂頭澤，長髮潤燥香肌，亦入茗湯時珍。

根〖氣味〗熱，有毒。〖主治〗以酒磨一寸服，則昏迷一日乃醒，二寸二日，三寸三日。凡跌損骨節脱臼接骨者用此，則不知痛也汪機。

明・周履靖《茹草編》卷一　茉莉　隰有冰蕤，來自西國。閩廣移栽，清芬莫敵。引蔓兮柔枝，與蘭茝兮彷佛。含英晚露，吐穎朝陽，佳人簪鬟，騷客紉囊。五月炎曦，渴思彌彌。山齋茗椀，采香漬之。試熏茶籠，風味誰知。

摘花，浸冷熟水中一宿，蓋之不得出氣，服之極香。

明・佚名氏《醫方藥性・草藥便覽》　茉莉花　其性熱。其根有大毒。第一香。

明・姚可成《食物本草》卷一五味部・芬香類　茉莉原出波斯，移植南海，今獨盛於贛州。其性畏寒，不宜北土。弱莖繁枝，綠葉團尖，初夏開小白花，重瓣無蕋，秋盡乃止。花皆夜開，芬芳可愛。女人穿為首飾，或合面脂，亦可熏茶。又有一種，葉小花瘦，四瓣，有黃、白二色，名曰素馨。

茉莉花　味辛，熱，無毒。主溫脾胃，利胸膈。蒸油取液，作面脂，長髮，潤燥香肌。亦入浴湯。

清・穆石匏《本草洞詮》卷八　茉莉　茉莉花，氣味辛溫，無毒。蒸油取液，作面脂，頭澤長髮。香肌亦入茗湯。茉莉根性熱，有毒。以酒磨一寸服，則昏迷一日乃醒，二寸二日，三寸三日。凡跌損骨節脱臼接骨者用此，則不知痛也。

清・丁其譽《壽世秘典》卷三　茉莉《泉南雜志》云：末麗，俗名茉莉，嶺表人曰抹麗，謂能掩眾花也。性喜暖，畏寒。弱莖繁枝，綠葉團尖。初夏開小白花，重瓣無蕊，秋盡乃止，不結實。有千葉者，紅色者，蔓生者，其花皆夜開，色同瓊瑩，氣掩蘭芳，盛夏香尤酷烈，汴京謂南土諸花之最者。婦人穿為首飾，或合面脂，或蒸取液以代薔薇水。東坡目為暗麝。有似茉莉而瓣大，其香清絕者，謂之狗牙，亦名雪瓣。又有枝幹裊娜，葉似茉莉而小者名素馨，其花細瘦四瓣，有黃、白二色，采花壓油，澤頭甚香滑。蘇東坡謫儋耳，見黎女競簪茉莉，含檳榔，戲書几間曰：暗麝着人簪茉莉，紅潮登頰醉檳榔。

花：　氣味：　辛，熱，無毒。主蒸油取液作面脂，頭澤長髮，潤燥香肌，亦入茗湯。置之牀頭，最引蜈蚣。

根：　氣味：　熱，能毒人。知者極少。以酒磨一寸服，則昏迷一日乃醒，二寸二日，三寸三日。凡跌損骨節脫臼，接骨者用此，則不知痛也。

清・张璐《本經逢原》卷二　茉莉花　辛，熱，無毒。根熱有毒。發明：　茉莉花古方罕用。近世白痢藥中用之，取其芳香散陳氣也。其根性熱有大毒，以酒磨一寸，服即昏迷，一日乃醒，服二三寸二三日醒。惟接骨脫臼用以傅之，則不知痛也。

清・王道純《本草品彙精要續集》卷二　茉莉無毒

茉莉花：　主蒸油取液作面脂，頭澤長髮，潤髮香肌，亦入茗湯。〇根有毒，主以酒磨一寸，服則昏迷，一日乃醒，二寸二日，三寸三日，凡跌損、骨節脫臼接骨者，用此則不知痛也汪機。　〖名〗柰花，李時珍曰：　嵇含《草木狀》作末利，《洛陽名園記》作末厲，佛經作抹利，《王龜齡集》作沒利，《洪邁集》作末麗。蓋末利本胡語，無正字，隨人會意而已。韋君呼爲狎客，張叔敏呼爲遠客，楊慎《丹鉛錄》云晉書都人簪柰花，即今末利花也。　〖地〗李時珍曰：　末利，原出波斯，移植南海，今滇廣人栽蒔之，其性畏寒，不宜中土。〖時〗初夏開小白花，重瓣無蕊，秋盡乃止。　〖苗〗弱莖繁枝，綠葉團尖，不結實，有千葉者，紅色者，蔓生者，其花皆夜開，芬香可愛，女人穿爲首飾，或合面脂，亦可熏茶，或蒸取液以代薔薇水。又有似末利而瓣大，其香清絕者，謂之狗牙，亦名雪瓣，海南有之。素馨、指甲，皆其類也。

附錄素馨：　李時珍曰：　素馨，亦自西域移來，謂之耶悉茗花，即《酉陽雜俎》所載野悉蜜，花色枝幹嫋娜，葉似末利而小，其花細瘦，四瓣，有黃白二色，採花壓油，澤頭甚香滑也。

題清・徐大椿《藥性切用》卷三　茉莉花　性味辛溫，色白入肺，芳香入脾，功耑辟穢治痢，虛人宜之。

清・章穆《調疾飲食辯》卷四　茉莉花　根可合蒙汗藥，花可引蜈蚣，其毒何如，病人勿食。

清・葉桂《本草再新》卷一　茉莉花味甘，辛，性熱，無毒。入心、腎二經。能清虛火，能去積寒，並能治瘡毒，消疽瘤。

清・吳其濬《植物名實圖考》卷三〇　末利　見《南方草木狀》。《本草綱目》列於芳草。此草花雖芬馥，而莖葉皆無氣味；又其根磨汁，可以迷人，未可與芷、蘭為伍。退入群芳，祗供簪髻。

清・趙其光《本草求原》卷二芳草部　茉莉花　辛熱，無毒。去積寒、虛熱、疽瘡、毒瘤。蒸油，澤頭、長髮，作面脂，潤燥、香肌。入茶茗，亦佳。小者名素馨，功同。根，熱毒，酒磨一寸服，昏迷一日，二寸二日，三寸三日。凡接骨用之，則不知痛。

清・王孟英《隨息居飲食譜・調和類》　茉莉花　辛，甘，溫。和中下氣，辟穢濁，治下痢腹痛。熏茶、蒸露、入藥皆宜。珍珠蘭更勝。

清・劉善述、劉士季《草木便方》卷一草部　茉莉花　茉莉花根味辛熱，跌損折骨接續烈。閃挫骨節末酒服，昏迷一時醒痛歇。

素馨

晉・嵇含《南方草木狀》卷上草類　耶悉茗　耶悉茗花、末利花，皆胡人自西國移植於南海，南人憐其芳香，競植之。陸賈《南越行紀》曰：南越之境，五穀無味，百花不香，此二花特芳香者，緣自別國移至，不隨水土而變，與夫橘北為枳異矣。彼之女子以彩絲穿花心以為首飾。

明・李時珍《本草綱目》卷一四草部・芳草類　素馨時珍曰：素馨亦自西域移來，謂之耶悉茗花，即《酉陽雜俎》所載野悉蜜花也。枝幹裊娜，葉似末利而小。其花細瘦四瓣，有黃、白二色。採花壓油澤頭，甚香滑也。

清・吳其濬《植物名實圖考》卷三〇　素馨　《南方草木狀》：　耶悉茗花、末利花，皆胡人自西國移植於南海，南人愛其芳香，競植之。陸賈《南越行紀》曰：　南越之境，五穀無味，百花不香。此二花特芳香者，緣自別國移至，不隨水土而變，與夫橘北為枳異矣。彼之女子，以綵線穿花心，以為首飾。

素馨花比番禺所出為少，當有風土差宜故也。《龜山志》：素馨舊名耶悉茗，一名野悉密。昔劉王有侍女名素馨，其家上生此花，因名。《嶺外代答》：素馨花番禺甚多，廣右絕少。土人尤貴重，開時旋掇花頭，裝於他枝，或以竹絲貫之，賣於市，一枝二文，人競買戴。《嶺南雜記》：素馨較茉莉更大，香最芬烈，廣城河南花田多種之，每日貨於城中，不下數百擔。以穿花鐙、綴紅黃佛桑。其中婦女以綵線穿花繞髻，而花田婦人則不簪一蕊也。

《南越筆記》：素馨本名耶悉茗。珠江南岸有村曰莊頭，周里許，悉種素馨，亦曰花田。婦女率以昧爽往摘，以天未明，見花而不見葉，其稍白者則是其日當開者也，既摘覆以濕布，毋使見日，其已開者則置之。花客涉江買以歸，列於九門，一時穿燈者、作串與瓔珞者數百人，城內外買者萬家，富者以斗斛，貧者以升，其量花若量珠。然花宜夜，乘夜乃開，上人頭髻乃開，見月而益光豔，得人氣而益馥，竟夕氤氳，至曉猶有餘香，懷之辟暑，吸之清肺氣。花又宜作燈，雕玉鏤冰，玲瓏四照，遊冶者以導車馬。楊用修稱粵中素香燈為天下之絕豔，信然。兒女以花蒸油，取液為面脂、頭澤，謂能長髮、潤肌，或取蓓蕾，雜佳茗貯之，或帶露置於瓶中，經信宿以其水點茗；或作格懸繫甕口，離酒一指許，以紙封之，旬日而酒香徹，其為龍涎香餅、香串者，治以素馨，則韻味愈遠。隆冬花少曰雪花，摘經數日仍開；夏月多花，瓊英狼藉，入夜滿城如雪，觸處皆香，信粵中之清麗物也。

素興花

清·吳其濬《植物名實圖考》卷二九 素興花 生雲南。蔓生，藤葉俱如金銀花，花亦相類；初生細柄如絲，長苞深紫，梟梟滿架。漸開五瓣圓長白花，淡黃細蕊一縷外吐，香濃近濁。亦有四季開者。《滇略》云南詔段素興好之，故名。《志》謂即素馨，殊與粵產不類。蒙化廳有紅素興，又有雞爪花，相類而香遜。檀萃《滇海虞衡志》以為即與茉莉為儔，同出番禺之素馨，未免刻畫無鹽，唐突西施。

雞脚草

清·趙學敏《本草綱目拾遺》卷四草部中 雞脚草 汪連仕《采藥書》：即雞爪花，其子名勝光子。去星翳，明目清肝。根：行血治風，治大麻瘋、鶴膝瘋、雞爪風。

假素馨

清·趙學敏《本草綱目拾遺》卷七花部 假素馨 出廣中，青藤仔花也。《粵語》：青藤仔葉長三四寸，多芒刺，莖大如指而堅韌。人家日用之，猶北地之用柳條。煎湯洗瘡疥良。

指甲花

晉·嵇含《南方草木狀》卷中木類 指甲花 其樹高五六尺，枝條柔弱，葉如嫩榆，與耶悉茗、末利花皆雪白，而香不相上下，亦胡人自大秦國移植於南海。而此花極繁細，纔如半米粒許，彼人多折置襟袖間，蓋資其芬馥爾。一名散沫花。

明·李時珍《本草綱目》卷一四草部·芳草類 指甲花有黃、白二色，夏月開，香似木犀，可染指甲，過於鳳仙花。

嬭酣草

清·吳儀洛《本草從新》卷一 嬭酣草宣，溫中闢惡。芳香（癖）〔辟〕惡，去臭氣；辛溫和中，止霍亂吐瀉。尖葉大如指甲，有枝梗，夏月開細紫花成簇，結子亦細。今人俱盆內種之，婦女摘其頭以插髮。

題清·徐大椿《藥性切用》卷三草部 嬭酣草 芳香辛溫，溫中辟惡。禁忌同於山柰。

鬱金香

宋·唐慎微《證類本草》卷一三木部中品〔宋·馬志《開寶本草》〕 鬱金香 味苦，溫，無毒。主蠱野諸毒，心氣鬼疰，鵶鶻等臭。陳氏云：其香十二葉，爲百草之英。按《魏略》云：生秦國。二月、三月有花，狀如紅藍；四月、五月採花，即香也。今附。

〔宋·掌禹錫《嘉祐本草》〕按：陳藏器云：鬱金香，平。入諸香藥用之。《說文》鬱香，芳草也。十二葉爲貫，捋以煮之用爲鬯，爲百草之英，合而釀酒，以降神也。以此言之，則草也，不當附於木部。

〔宋·唐慎微《證類本草》〕陳藏器云：味苦，平，無毒。主一切臭，除心腹間惡氣鬼疰。入諸香藥用之。生大秦國。花如紅藍花，即是香也。

宋·劉明之《圖經本草藥性總論》卷下 鬱金香 味苦，溫，無毒。主蠱野諸毒，心氣鬼疰，鵶鶻等臭。陳藏器云：主一切臭，除心腹間惡氣，鬼疰。

明·滕弘《神農本經會通》卷二 欝金香 生大秦國。二三月有，狀如

紅藍，四五月採花即香也。

《本經》云：味苦，氣溫，無毒。主蠱野諸毒，心氣鬼疰，鴉鶻等臭。陳氏云：其香為百草之英。陳藏器云：味苦，平。主一切臭，除心腹間惡氣鬼疰。入諸香用之。《說文》：鬱金香，芳草也。十二葉為貫，將以煑之，用為鬯，為百草之英。合而釀酒，以降神也。以此言之，則草也，不當附木部。

明・劉文泰《本草品彙精要》卷一〇草部　鬱金香無毒。叢生。

鬱金香：主蠱野諸毒，心氣，鬼疰，鴉鶻等臭。名醫所錄。【地】《圖經》曰：陳氏云：其香十二葉，爲百草之英。按《魏略》云：二月、三月有花，狀如紅藍。陳藏器云：鬱金香平，入諸香藥用之。《說文》鬱金，芳草也。十二葉爲貫，將以煮之用爲（鬱）〔鬯〕，爲百草之英，合而釀酒，以降神也。【地】《圖經》曰：生秦國。【時】生：春生苗。採：四月、五月取莖、葉。【收】暴乾。【用】花、莖、葉。【質】花類紅藍。【色】黃。【味】苦。【性】溫，泄。【氣】氣厚于味，陽中之陰。【臭】香。【主】除一切臭。【治】療：陳藏器云：除心腹間惡氣，鬼疰。

明・王文潔《太乙仙製本草藥性大全》卷二《本草精義》　鬱金香　即芳草也。其香十二葉，爲百草之英。生大秦國，二三月有花，狀如紅藍，四五月採花，即香也。合而釀酒，以降神也。

明・王文潔《太乙仙製本草藥性大全》卷二《仙製藥性》　鬱金香　味苦，氣溫，無毒。主治：主蠱，點諸毒，除鴉鶻等臭。心腹惡氣，祛逐如神。中惡鬼疰，掃除如應。

明・李時珍《本草綱目》卷一四草部・芳草類　鬱金香宋《開寶》。校正：禹錫曰：陳氏言鬱是草英，不當附於木部。今移入此。

【釋名】鬱香《御覽》　紅藍花《綱目》　紫述香《綱目》　草麝香　茶矩摩佛書

頌曰：許慎《說文解字》云：鬱，芳草也。十葉爲貫，百二十貫築以煮之。鬱鬯乃百草之英，合而釀酒以降神，乃遠方鬱人所貢，故謂之鬱。鬱，今鬱林郡也。時珍曰：漢鬱林郡，即今廣西貴州潯、柳、邕、賓諸州之地。《一統志》惟載柳州羅城縣出鬱金香，即此也。《金光明經》謂之茶矩麼香。此乃鬱金花香，與今時所用鬱金根，名同物異。唐慎微《本草》收此入彼下，誤矣。按趙(民)〔古〕則《六書本義》：鬯字象米在器中，以匕扱之之意。鬱字從臼，奉缶置於几上，鬯有彡飾，五體之意。俗作鬱。則鬱乃取花築酒之意，非指地言。地乃因此草得名耳。

【集解】藏器曰：鬱金香生大秦國，二月、三月有花，狀如紅藍，四月、五月採花，即香也。時珍曰：按鄭玄云：鬱草似蘭。楊孚《南州異物志》云：鬱金出罽賓。國人種之，先以供佛，數日萎，然後取之。色正黃，與芙蓉花裹嫩蓮者相似，可以香酒。又《唐書》云：太宗時，伽毗國獻鬱金香，葉似麥門冬，九月花開，狀似芙蓉，其色紫碧，香聞數十步，花而不實，欲種者取根。二說皆同，但花色不同，種或不一也。《古樂府》云中有鬱金蘇合香者，是此鬱金也。晉左貴嬪有《鬱金頌》云：伊有奇草，名曰鬱金。越自殊域，厥珍來尋。芳香酷烈，悅目怡心，明德惟馨，淑人是欽。

【氣味】苦，温，無毒。藏器曰：平。【主治】蠱野諸毒，心腹間惡氣鬼疰，鴉鶻等一切臭。入諸香藥用藏器。

清・吴其濬《植物名實圖考》卷二五　鬱金香　此嶺南所繪，殆李時珍所謂鬱金花耶。

茅香

宋・唐慎微《證類本草》卷九草部中品〔宋・馬志《開寶本草》〕　茅香花　味苦，溫，無毒。主中惡，溫胃止嘔吐，療心腹冷痛。苗、葉可煮作浴湯，辟邪氣，令人身香。生劍南道諸州。其莖、葉黑褐色，花白，即非白茅香也今附。

〔宋・掌禹錫《嘉祐本草》〕按：陳藏器云：茅香，味甘，平。生安南，如茅根。日華子云：白茅香花塞鼻洪，傅久不合灸瘡，罯刀箭瘡，止血并痛。煎湯止吐血，鼻衄。

〔宋・蘇頌《本草圖經》〕曰：茅香花，生劍南道諸州，今陝西、河東、京東州郡亦有之。三月生苗，似大麥。五月開白花，亦有黄花者。或有結實者，亦有無實者，並正月、二月採根，五月採花，八月採苗。其莖、葉黑褐色而花白者，名白茅香也。

〔宋・唐慎微《證類本草》〕陳藏器：白茅香，味甘，平，無毒。主惡氣，令人身香美。煮服之，主腹内冷痛。生安南，如茅根，作浴用之。《海藥》云：謹按《廣志》云：生廣南山谷，味甘，平，無毒。主小兒遍身瘡疱，以桃葉同煮浴之，合諸名香甚奇妙，尤勝舶上來者。《肘後方》：治熱淋。取白茅根四斤剉之，以水一斗五升，煮取五升，令冷，仍暖飲之。日三服。又方：諸竹木刺在肉中不出。取白茅根燒末，脂膏和塗之，亦治因風致腫。

宋・唐慎微《證類本草》卷三〇外草類〔宋・蘇頌《本草圖經》〕　香麻　生福州。四季常有苗、葉而無花。不拘時月採之。彼土人以煎作浴湯，去風甚佳。

宋・寇宗奭《本草衍義》卷一〇　茅香　花白，根如茅，但明潔而長，皆可作浴湯，同藁本尤佳。仍入印香中，合香附子用。

明・滕弘《神農本經會通》卷一　茅香花　正二月採根，五月採花，八月採苗。其莖葉黑褐色，而花白者名白茅香也。

味甘，氣溫，無毒。一云味甘，平。

《本經》云：主中惡，溫胃，止嘔吐，療心腹冷痛。苗葉可煑作浴湯，辟邪氣，令人身溫。日華子云：白茅香花，塞鼻洪，傅久不合灸瘡，署刀箭瘡，止血并痛。煎湯止吐血鼻衄。陳藏器云：白茅香，味甘，平，無毒。主惡氣，令人身香美。煑服之，主腹內冷痛。生安南，如茅根。《局》云：茅香薰體可令香，辟惡應須煑作湯。止嘔溫脾除中惡，腹心冷痛用之良。

明・劉文泰《本草品彙精要》卷一二　茅香花無毒，附白茅香花。　叢生。

茅香花：主中惡，溫胃，止嘔吐，療心腹冷痛。苗葉，可煮作浴湯，辟邪氣，令人身香。名醫所錄。【苗】《圖經》曰：苗似大麥，五月開白花，亦有黃花者，或有結實者，亦有無實者。其莖葉黑褐色而花白者，名曰茅香，即非白茅香也。又有一種白茅香，味甘，平，無毒。生安南，如茅根。《衍義》曰：茅香花白根如茅，但明潔而長，皆可作湯浴也。【地】《圖經》曰：生劍南道諸州。今陝西、河東、京東州郡亦有之。【道地】丹州、峕嵐軍、淄州。【時】生：三月生苗。採：正二月取根，五月取花，八月取莖。【收】暴乾。【用】花及根。【質】花似蘆花而輕軟，根如茅根而潔白。【色】白。【味】苦。【性】溫，泄。【氣】氣厚于味，陽中之陰。【臭】香。【主】辟惡，止血。【治】療：日華子云：白茅香花塞鼻洪，傅久不合灸瘡，署刀箭瘡，止血並痛。煎服止吐血鼻衄。陳藏器云：白茅香，主惡氣，令人身香美。煮服，止服內冷痛。《別錄》云：白茅根，煮汁飲之，治熱淋疾良。【合治】白茅根，燒末合脂膏塗諸竹木刺在肉中不出，亦治因風致腫。

明・劉文泰《本草品彙精要》卷四一　香麻　叢生。

香麻：去風，以苗葉煎湯浴之甚佳。出《圖經》。【苗】《圖經》曰：四季常有苗葉而無花。【地】《圖經》曰：生福州。【時】生：春生新葉。採：無時。【用】苗葉。

明・鄭寧《藥性要略大全》卷六　茅香花　主中惡，溫胃止嘔吐，療心腹冷痛。味苦，氣溫，無毒。又云甘、平。苗葉可煮湯，浴身令香，辟邪氣冷痛。

明・王文潔《太乙仙製本草藥性大全》卷一《本草精義》　茅香花　生劍南道諸州，今陝西、河東、京東州郡亦有之。三月生苗，似大麥。五月開白花，亦有黃花者，或有結實者，亦有無實者，並正月、二月採根，五月採花，八月採苗。其莖葉黑褐色，而花白者，名曰茅香也。

明・王文潔《太乙仙製本草藥性大全》卷一《仙製藥性》　茅香花　味苦，氣溫，無毒。主治：治中惡，溫胃止嘔吐，療心腹冷痛。苗葉：可煮浴湯，辟邪氣，令人身香。日華子云：花塞鼻洪，傅久不合灸瘡，署刀箭瘡，止血并痛。煎湯，止痛、血、鼻衄。補註：小兒遍身瘡疱，以桃〔葉〕同煮，遍身浴之。合諸名香甚奇妙，尤勝舶上來者。〇治熱淋及諸竹木刺在肉中不出者，方見茅根下茅香花。白根如茅，但明潔而長，皆可作浴湯，同藁本尤佳。仍入印香中，合香附子用。

明・皇甫嵩《本草發明》卷三　茅香花中品下，臣。氣溫，味苦，無毒。一云茅香味甘。　發明曰：茅香花能溫胃逐邪，故主中惡，止吐嘔，心腹冷痛。苗葉煮作浴湯，辟邪氣，令人身香。又云：主小兒遍身瘡疱，以桃葉同煎浴之。其莖葉黑褐色，花白，即非白茅香也。生(薊)劍南道諸州。　白茅香花塞鼻洪，傅久不合灸瘡，署刀箭瘡止血并痛，煎湯止吐血衄血。

明・李時珍《本草綱目》卷一四草部・芳草類　茅香宋《開寶》。校正：併入宋《圖經》香麻。

【釋名】嗢尸羅《金光明經》　香麻時珍曰：蘇頌《圖經》復出香麻一條，云出福州，煎湯浴風甚良，此即香茅也。閩人呼茅如麻故爾。今併爲一。

【集解】志曰：茅香生劍南道諸州，其莖葉黑褐色，花白色，即非白茅香也。頌曰：今陝西、河東、汴東州郡亦有之，遼、澤州充貢。三月生苗，似大麥。五月開白花，亦有黃花者。有結實者，有無實者。並正月、二月採根，五月採花，八月採苗。宗奭曰：茅香根如茅，但明潔而長。可作浴湯，同藁本尤佳。仍入印香中，合香附子用。時珍曰：茅香凡有二：此是一種香茅也；其白茅香，別是南番一種香草，唐慎微《本草》不知此義，乃以白茅花及白茅香諸注引入茅香之下。今並提歸各條。

花　【氣味】苦，温，無毒。　【主治】中惡，溫胃止嘔吐，療心腹冷痛《開寶》。

【附方】新一　冷勞久病：茅香花、艾葉四兩，燒存性，研末，粟米飯丸梧子大。初以蛇牀子湯下二十丸至三十丸，微吐不妨，後用棗湯下，立效。《聖濟總録》。

苗、葉　【主治】作浴湯，辟邪氣，令人身香《開寶》。

明・梅得春《藥性會元》卷上　茅香花　味苦，溫，無毒。　主治中惡，溫胃止嘔吐，療心腹冷痛。葉苗可作浴湯，辟邪氣，令人身香。

明・倪朱謨《本草彙言》卷二　茅香　味苦，性溫，無毒。入足陽明、太陰經。　李時珍先生曰：　茅香生劍南、福州道諸處。今陝西、河東、汴東州郡亦有。遼、澤州充貢。三月生苗，似大麥。其莖葉緑色。五月開花色白，亦有黄花者。有結實者，有無實者，并正月、二月采根，五月采花，八月采苗，日乾。其莖葉黑褐色，氣甚芬香，花葉用治同。一說茅香凡有二，此是〔一〕種香茅也，非若南番一種香草，名白茅香，與此各類。

・茅香：　李東垣溫胃祛寒之藥也。王景雲稿止嘔吐，療心腹之冷痛，《開寶》而奔豚寒疝可醫。却瘡痍，李珣去皮膚之風，而煮湯作浴必用。乃辟邪去穢之良草也。今時方湯液中，鮮有用者。入香料每必需之。但氣香性熱，凡陰虚血熱咳嗽，與胃熱作嘔之證，不可用此。

清・何諫《生草藥性備要》卷上　香(苗)〔茅〕　味辛。祛風消腫，僻腥穢。止水瀉，同米炒，燈水飲，立止。

附：琉球・吳繼志《質問本草》外篇卷二　藕節草香茅　生陰地岸阪間，夏生穗。　俗名藕節草，外科用其煎湯，洗瘡疥，能除濕熱。甲辰，戴道光、戴昌蘭。

清・吳其濬《植物名實圖考》卷二五　茅香花　《嘉祐本草》始著録。宋《圖經》苗似大麥，五月開白花，亦有黄花。生劍南。《海藥本草》云：　生廣南山谷。

白茅香

宋・劉明之《圖經本草藥性總論》卷上　茅香花　味苦，溫，無毒。主中惡，溫胃止嘔吐，療心腹冷痛。日華子云：　白茅香花塞鼻洪，傅久不合灸瘡，罯刀箭瘡，止血并痛，煎湯止吐血鼻衄。《海藥》云：　主兒偏身瘡疱，以桃葉同煮，浴之。

明・李時珍《本草綱目》卷一四草部・芳草類　白茅香《拾遺》

【集解】藏器曰：　白茅香生安南，如茅根，道家用作浴湯。珣曰：　《廣志》云：　生廣南山谷，合諸名香甚奇妙，尤勝舶上來者。　時珍曰：　此乃南海白茅香，亦今排香之類，非近道之白茅及北土茅香花也。

根　【氣味】甘，平，無毒。　【主治】惡氣，令人身香。煮湯服，治腹內冷藏器。小兒遍身瘡疱，合桃葉煎湯浴之李珣。

清・蔣居祉《本草擇要綱目・平性藥品》　白茅香　氣味：　甘，平，無毒。　主治：　惡氣，令人身香。煮湯服，治腹內冷。小兒遍身瘡疱，合桃葉煎湯浴之。

清・吳其濬《植物名實圖考》卷二五　白茅香　《本草拾遺》始著録。但云如茅根，是未見其莖葉也。今湖南有一種小茅香，俚醫用之，根亦如茅，疑即其類，附以俟考。

芸香草

唐・歐陽詢《藝文類聚》卷八一　芸香　《禮記・月令》曰：　仲冬之月，芸始生。　《倉頡解詁》曰：　芸蒿似邪蒿，香可食。　《洛陽宫殿簿》曰：　顯揚殿前芸香一株，徽音殿前芸香二株，含英殿前芸香二株。　《晉宫閣名》曰太極殿前芸香四畦，式乾殿前芸香八畦。

賦　晉傅咸《芸香賦》曰：　携昵友以逍遥兮，覽偉草之敷英。慕君子之弘覆兮，超託軀於朱庭。俯引澤於丹壤兮，仰汲潤乎泰清。繁茲緑蕤，茂此翠莖。葉莘蓰以纖折兮，枝婀娜以迴縈。衆春松之含曜兮，鬱蓊蔚以葱青。

晉成公綏《芸香賦》曰：　美芸香之循潔，禀陰陽之淑精。去原野之蕪穢，相廣厦之前庭。莖類秋竹，葉象春檉。　晉傅玄賦曰：　月令仲冬之月，芸始生。　鄭玄曰：　芸香，草也。世人種之中庭。

明・蘭茂原撰，范洪等抄補《滇南本草圖説》卷三　韭葉芸香草昔武侯入滇，得此以治眾軍之瘴氣。　形似蘭花，但葉有細白毛，韭葉軟，此草葉硬。此外又有蛤蟆芸香草、猓玀芸香草，性異於此。氣味苦、辛，性溫、微寒。主治：　山嵐瘴氣，不服水土，有感冒風寒暑濕，四時不正之氣，乍寒乍熱，體困酸軟，寒熱往來，似瘧非瘧，或發瘴瘧，胸膈膨脹，飲食無味，肚腹疼痛，嘔水瀉等症。○逢水毒可解。此草上有白毛者真，若無者非是，須辨之。

明・蘭茂撰，清・管暄校補《滇南本草》卷中　韮葉芸香草　性微寒，味辛微苦。治山嵐瘴氣，不服水土。有感冒風寒暑濕，四時不正之氣，乍寒乍熱，體困酸軟，寒熱往來，似瘧非瘧。或發瘴瘧，胸膈膨脹，飲食無味，肚腹疼痛，嘔吐水瀉等症。

附方：　治傷暑霍亂，嘔吐水瀉，肚腹疼痛，頭疼，發熱怕寒，或中烟瘴，不服水土。韭菜芸香草一錢，木瓜五分，蒼术一錢，陳皮一錢，厚朴一錢，甘草五分，生薑一片，水煎服。忌油葷。此方治四時感冒風寒暑濕，頭疼體困，乍寒乍熱，煩渴飲水，汗解而愈。

補註：昔武侯入滇，得此草以治烟瘴。此草生永昌、普洱、順甯，茶山地方。形如蘭花，但葉有細白毛，且如韮葉，但韮葉則軟，芸香草硬。

清·趙學敏《本草綱目拾遺》卷五草部下 芸香草 《職方考》：出雲南府，能治毒瘡。入夷方者，攜以自隨，如嚼此草無味，即知中蠱。急服其汁，吐之可解。按：《雲南志》：出昆明，有二種：五葉者名五葉芸香，韮葉者名韮葉芸香。治瘴瘧。

《藥性考》云：生成五葉，產昆明，治瘡毒等疾，專能解蠱，擣汁服之。韮葉芸香能截瘴瘧，夷人多邪蠱，攜此草嚼之無味，即知中毒。《雲南志》：解蠱，治毒瘡，一切瘡毒瘴瘧，並擣汁服。《藥性考》：味辛，治症同。

迷迭香

唐·歐陽詢《藝文類聚》卷八一 迷迭 《廣志》曰：迷迭，出西域。

詩 《樂府歌》詩曰：觀鍮毾㲪五木香，迷迭艾納及都梁。

賦 魏文帝《迷迭賦》曰：坐中堂以遊觀兮，覽芳草之樹庭。重妙葉于纖枝兮，揚脩榦而結莖。承靈露以潤根兮，嘉日月而敷榮。随迴風以摇動兮，吐芳氣之穆清。薄西夷之穢俗兮，越萬里而來征。豈衆卉之足方兮，信希世而特生。　魏王粲《迷迭賦》曰：惟遐方之珍草兮，産崑崙之極幽。受中和之正氣兮，承陰陽之靈休。揚豐馨於西裔兮，布和種於中州。去原野之側陋兮，植高宇之外庭。布萋萋之茂葉兮，挺苒苒之柔莖。色光潤而采發兮，似孔翠之揚精。

宋·唐慎微《證類本草》卷九草部中品〔唐·陳藏器《本草拾遺》〕 迷迭香 味辛，溫，無毒。主惡氣，令人衣香，燒之去鬼。《魏略》云：出大秦國。《廣志》云：出西海。

〔宋·唐慎微《證類本草》〕《海藥》云：味平，不治疾，燒之祛鬼氣。合羌活爲丸散，夜燒之，辟蚊蚋。此外别無用矣。

明·李時珍《本草綱目》卷一四草部·芳草類 迷迭香《拾遺》

【集解】藏器曰：《廣志》云：出西海。《魏略》云：出大秦國。時珍曰：魏文帝時，自西域移植庭中，同曹植等各有賦。大意其草修幹柔莖，細枝弱根。繁花結實，嚴霜弗凋。收採幽殺，摘去枝葉。入袋佩之，芳香甚烈。與今之排香同氣。

【氣味】辛，温，無毒。　【主治】惡氣，令人衣香，燒之去鬼藏器。珣曰：性平不温。合羌活爲丸，燒之。辟蚊蚋。

藿香

唐·歐陽詢《藝文類聚》卷八一 藿香 《南州異物志》曰：藿香，出海遼國。形如都梁，可著衣服。中吴時外國傳曰：都昆在扶南南三千餘里，出藿香。劉欣期《交州記》曰：藿香似蘇合。

頌 梁江淹《藿香頌》曰：桂以過烈，麝以太芬，摧沮夭壽，夭抑人文。誰及藿香，微馥微薰，攝靈百仞，養氣青雲。

宋·唐慎微《證類本草》卷一二木部上品〔《別錄》，《嘉祐本草》新分條〕 藿香 微溫。療風水毒腫，去惡氣，療霍亂心痛。

〔宋·掌禹錫《嘉祐本草》〕按：《南州異物志》云：藿香出海邊國，形如都梁，可著衣服中。《南方草木狀》云：味辛。榛生，吏民自種之，五六月採暴之，乃芬爾。出交趾、九真諸國。日華子云：味辛。

〔宋·蘇頌《本草圖經》〕曰：藿香，舊附五香條，不著所出州土，今嶺南郡多有之，人家亦多種植。二月生苗，莖梗甚密，作叢，葉似桑而小薄，六月、七月採之暴乾，乃芬香，須黄色然後可收。又《金樓子》及《俞益期牋》皆云：扶南國人言：衆香共是一木。根便是栴檀，節是沉水，花是雞舌，葉是藿香，膠是薰陸。詳《本經》所以與沉香等共條，蓋義出於此。然今南中所有，乃是草類。《南方草木狀》云：藿香，榛生，吏民自種之，正相符合也。范曄《和香方》云：零藿虚燥。古人乃以合熏香。《本經》主霍亂，心痛。故近世醫方治脾胃吐逆爲最要之藥。

〔宋·陳承《重廣補注神農本草並圖經》〕别說云：謹按：藿香《圖經》云：二月生苗，舊雖附五香條中，今詳枝梗殊非木類，恐當移入草部爾。又雞舌香，補注引《藥性論》及《齊民要術》，《圖經》引《三省故事》及《千金》，皆謂是母丁香。又引《抱朴子》用入眼方，則其說自相矛盾。若《藥性論》謂入香中，令人身香及爲丁子香，則可以爲母丁香。若《抱朴子》爲可入眼，則丁香恐非宜入眼。若含香者，則丁香含之，口中熱臭不可近，蓋嘗試之。若以乳香中所揀者含之，雖無香味，却得口中無臭，以其無味，故有諸淡利九竅之理。諸方多用治小兒驚癇，亦欲達九竅也。又下條丁香注所說用丁香，自當用母者，然未知其果否也。又薰陸、乳香，《圖經》有云：今人無復别者。今按西出天竺、單于，南出波斯等國，西來者色黄白，南來者色赤紫。《圖經》稱木生海邊沙上，盛夏木膠出，則是日久相重疊者，不成乳頭，雜以土石，其成乳者，是新出，未雜沙石也。薰陸，總名也。乳者，是薰陸之乳頭也。今松脂、楓脂中，亦皆如是者多矣。

金·張元素《潔古珍珠囊》〔見元·杜思敬《濟生拔粹》卷五〕 藿香甘苦純陽，微陰。補衛氣，益胃氣，進飲食，又治吐逆霍亂。

宋・劉明之《圖經本草藥性總論》卷下　藿香　微溫。療風水毒腫，去惡氣，療霍亂心痛。日華子云：　味辛。近世醫方治脾胃吐逆，為最要之藥。出海邊國，今嶺南多有。

宋・陳衍《寶慶本草折衷》卷一二　藿香　出海邊國及交趾、九真、嶺南郡及蒙州。亦多種植。〇五、六、七月採，暴乾。　味辛、甘張松，微溫，無毒同上。〇療風水毒腫，去惡氣霍亂心痛。〇《圖經》曰：　莖梗甚密，葉似桑而小薄。治脾胃吐逆最要。

續說云：　張松謂藿香葉發散寒邪，而艾原甫亦取為感冒傷寒之用。又溫中快氣，治口臭上壅，常以煎湯灌漱，尤妙也。

元・王好古《湯液本草》卷五　藿香　氣微溫，味甘、辛，陽也。甘苦，純陽，無毒。　入手足太陰經。《象》云：　治風水，去惡氣，治脾胃，吐逆，霍亂，心痛。去枝、梗用葉。《心》云：　芳馨之氣，助脾開胃，止嘔。《珍》云：　補衛氣，益胃進食。《本草》云：　主脾胃嘔逆，療風水毒腫，去惡氣，療霍亂心痛。溫中快氣，治口臭，上焦壅，煎湯漱口。入手足太陰。入順氣烏藥湯則補肺，入黃芪四君子湯則補脾。

元・尚從善《本草元命苞》卷六　藿香　微溫，又曰味辛。開胃口進食，除霍亂止吐。散風水毒腫，溫中焦，快氣。煎湯灌漱，除口中之臭。調氣補脾，入太陰之經。手足太陰。出嶺南州郡，六七月採之，暴乾。有芬香氣味，色黃者可收入藥。莖梗密作叢，葉似桑小薄。

元・佚名氏《珍珠囊・諸品藥性主治指掌》〔見《醫要集覽》〕　藿香葉　味甘，氣溫，無毒。可升可降，陽也。其用有二：　開胃口能進〔飲〕食，止霍亂仍除嘔逆。

元・徐彥純《本草發揮》卷三　藿香　潔古云：　性溫，味苦。氣厚味薄，浮而升，陽也。補胃氣，進飲食。去枝莖，用葉。東垣云：　藿香，芳馨之氣，特助脾開胃止嘔。海藏云：　溫中快氣，治口臭，上焦壅，煎湯漱口。入手足太陰經。入勻氣烏藥則補肺，入黃芪四君子則補脾。

明・蘭茂撰，清・管暄校補《滇南本草》卷中　土藿香　性微寒，味苦。涼胃熱，治小兒牙疳潰〔濫〕〔爛〕，出膿血，口臭嘴腫。入枯礬少許，為末，搽牙根上。如刀傷流血，去礬，加龍骨少許。

明・蘭茂《滇南本草》〔叢本〕卷下　土藿香　味苦，性溫、涼。治胃熱，治小兒牙根潰濫，出膿流血，嘴腫口臭，為末，枯〔凡〕〔礬〕少許。或刀傷木刺血流不止，土藿香末搽上即愈，不入〔凡〕〔礬〕，加龙骨少許。

明・王綸《本草集要》卷四　藿香　味甘辛，氣微溫。陽也。入手足太陰經。療風水腫毒，去惡氣，治口臭，霍亂心痛。芳香之氣，助脾開胃，溫中快氣，治吐逆為最要之藥。上焦壅，煎湯嗽口。入順氣烏藥則理肺，入黃耆、四君子湯則理脾。

明・滕弘《神農本經會通》卷二　藿香　六七月採之，暴乾。乃芬香，須黃色，然後可收。用葉，去枝梗。入手足太陰經。味甘，辛，氣微溫，陽也。甘，苦，純陽，無毒。東云：　可升可降，陽也。開胃口，能進飲食，止霍亂，除嘔逆。又云：　辟惡氣，定霍亂。《珍》云：　開胃，助胃氣，止嘔，又進食。《衷》云：　散風邪心疼，霍亂，袪惡氣，風水腫浮，脾胃吐逆，通能治之。《本經》云：　療風水毒腫，去惡氣，療霍亂心痛。《圖經》云：　治脾胃吐逆，為最要之藥。《象》云：　治風水，去惡氣，治脾胃吐逆，霍亂心痛。去枝梗，用葉。《心》云：　芳馨之氣，助脾開胃，止嘔。《珍》云：　補衛氣，益胃進食。溫中快氣，治口臭，上焦壅，煎湯漱口。入手足太陰經，入順氣烏藥則補肺，入黃芪四君子湯則補脾。劊云：　藿香葉甘氣本溫，溫中快氣治心疼。開胃口能時飲食，止霍亂除嘔逆攻。《局》云：　藿香去惡仍消腫，主治心疼霍亂良。近世醫家除吐逆，用為要藥載醫方。藿香，止霍亂吐嘔，痛連心腹。

明・劉文泰《本草品彙精要》卷一三　藿香無毒。叢生。

藿香：　療風水毒腫，去惡氣，霍亂，心痛。名醫所錄。　〔苗〕《圖經》曰：　二月生苗，莖梗甚密，作叢，葉似桑而小薄，六月、七月採，暴之乃芬香，須黃色，然後可收。又《金樓子》及《俞益期箋》皆云：　扶南國人言衆香共是一木，根便是栴檀，節是沉水，花是雞舌，葉是藿香，膠是薰陸。詳《本經》所以與沉香等共條，蓋義出於此。然今南中所有乃是草類。《南方草木狀》云藿香榛生，吏民自種之，正相符合也。一云形如都梁，可著衣服中，蓋取其芬香爾。　〔地〕《圖經》曰：　舊不著所出州土，今嶺南郡多有之，人家亦多種植。《別錄》云：　出交阯、九真諸國，蒙州、廣東諸州。　〔時〕生：　二月生苗。採：　七月、八月取。　〔收〕暴乾。　〔用〕葉。　〔質〕類桑葉而小薄。〔色〕青黃。　〔味〕甘，辛。　〔性〕微溫，散。　〔氣〕氣之厚者，陽也。〔臭〕香。　〔主〕溫中快氣，助脾開胃。　〔行〕手足太陰經。　〔製〕去枝梗，

水洗去土用。〔治〕療：《圖經》曰：治脾胃，吐逆。《湯液本草》云：溫中下氣，止嘔，及治口臭，上焦壅，煎湯嗽口。補：《湯液本草》云：補衛氣，益胃進食。〔合治〕合烏藥，順氣，補肺。○合黄耆、參、朮，補脾。

〔贋〕棉花葉爲僞。

明·葉文齡《醫學統旨》卷八 藿香 氣微溫，味甘、辛。無毒。浮而升，陽也。入手足太陰經。洗去土、梗用。治霍亂心腹痛，嘔吐，發散寒邪，助脾開胃，溫中快氣，風水腫毒；去惡氣口臭，瘴氣寒瘧。入烏藥順氣散則理肺，入黄芪四君子湯則補脾。

明·許希周《藥性粗評》卷一 藿得堅曹參之守，為清淨畫一之臣。藿香，春生苗，高四五尺，莖梗甚密，作叢，葉似桑而小薄。出交趾并嶺南諸郡，今以蒙州者勝。六月採莖葉，暴乾，芬香可愛，其餘《本草》不載。味辛、甘，性微溫，無毒。入手太陰肺、足太陰脾經。主治霍亂嘔吐，驚癇，心痛氣疼，風水二腫，利九竅，安脾胃，正元氣，使經絡不亂，外邪不侵，譬之曹參為相，有清淨畫一之功焉，故入正氣散中為調中要藥。海藏云：藿香入勻氣烏藥則補肝，入黄芪四君子則補脾。其功可想矣。

明·鄭寧《藥性要略大全》卷六 藿香 開胃口，進食，止霍亂，除嘔逆，止心痛，辟惡氣。《機要》云：療風水毒腫。醫方治脾胃吐逆，為最要之藥也。《十書》云：溫中快氣。入烏藥順氣散則補肺，入黄芪四君子則補脾。味甘、辛，微溫，無毒。升也，陽也。又云：可升可降，入手、足太陰脾、肺二經。

明·陳嘉謨《本草蒙筌》卷二 藿香 味辛、甘，氣微溫。味薄氣厚，可升可降，陽也。無毒。嶺南郡州，人多種蒔。七月收採，氣甚芬香。市家多攙棉花葉、茄葉假充，不可不細擇爾。揀去枝梗入劑，專治脾肺二經。加烏藥順氣散中，奏功于肺；加黄耆四君子湯內，取効在脾。入傷寒方，名正氣散。理霍亂俾嘔吐止，開胃口令飲食增。禁口臭難聞，消風水延腫。

明·方穀《本草纂要》卷四 藿香 味甘、辛，氣微溫，陽也，無毒。入足太陰脾經，健脾開胃；入手太陰肺經，溫中快氣，此中州至要之藥也。是故嘔吐惡心，自利泄瀉，飲食不入，或食入反出，或揮霍變亂而不吐不瀉，或心腹鬱結而積聚疼痛，或脹滿蠱毒而水氣風腫，或山嵐瘴氣而似瘧非瘧，或濕熱不清而吞酸吐酸，或上焦蘊熱而口臭舌爛，是皆脾肺之症，非藿香莫能治也。大抵藿香之劑，專治脾肺。是以古之用法，入烏藥順氣，散則能理肺；入黄芪四君子湯，則能理脾，其意俱可見也。

明·王文潔《太乙仙製本草藥性大全》卷三《本草精義》 藿香 舊附五香條，不載所出州土，今嶺南州郡多有之，人家亦多種植。二月生苗，莖甚密，作叢，葉似桑而小薄。六月、七月採之，曝乾乃芬香，須黄色然後可收。《異物誌》云：出海邊國，形如都梁，可著衣服中。又《金樓子》《俞益期箋》云：扶南國人言衆香共是一木，根便是栴檀，節是沉木，花是雞舌，葉是藿香，膠是薰陸。今南中所有乃是草類，《南方草木狀》云藿香榛生，吏民自種之，正相符合也。

明·王文潔《太乙仙製本草藥性大全》卷三《仙製藥性》 藿香 味甘、辛，微溫，無毒。升也，陽也。又云可升可降，入手足太陰脾肺二經。主治：開胃口，進飲食，止霍亂，除嘔逆，止心痛，快氣溫中，辟惡氣結，除口臭、霍亂。治脾胃吐逆，實爲最要之藥。共合薰香，乃助芳香之氣。上焦壅，煎湯漱口，療風水腫毒立消。入烏藥順氣散則補肺，入黄芪四君子則補脾。

明·皇甫嵩《本草發明》卷四 藿香上品，君。氣微溫，味甘、辛。陽也。又云：甘、苦。純陽。無毒。入手足太陰經。 發明曰：藿香甘溫，入脾而助脾開胃之功居多。兼之辛溫入肺，而補衛快氣。故《本草》主嘔吐逆，霍亂，心痛，溫中及風水毒腫，去惡氣，進食。其助脾開胃之功驗矣。兼之補衛氣，而不使寒侵，快氣以去上焦壅及治口臭，煎湯漱之，為入肺耳。要之，溫中快氣四字，又足以該手足太陰之經矣。故入烏藥順氣則助肺，入黄芪四君子則補脾，入香砂養胃、開胃等湯則益胃也。

明·李時珍《本草綱目》卷一四草部·芳草類 藿香宋《嘉祐》。校正：承曰：宜入草部。

〔釋名〕兜婁婆香時珍曰：豆葉曰藿，其葉似之，故名。《楞嚴經》云：壇前以兜婁婆香煎水洗浴。即此。《法華經》謂之多摩羅跋香，《金光明經》謂之鉢怛羅香，皆兜婁二字梵言也。《涅槃》又謂之迦算香。

〔集解〕禹錫曰：按《廣志》云：藿香出海邊國。莖如都梁，葉似水蘇，可着衣服中。嵇含《南方草木狀》云：出交趾、九真、武平、興古諸〔國〕〔地〕，吏民自種之。叢生，五六月採，日乾乃芬香。頌曰：藿香嶺南多有之。人家亦多種。二月生苗，莖梗甚密，作叢，葉似桑而小薄，六月七月採之。須黄色乃可收。《金樓子》及《俞益期箋》皆云：扶南國人言：

五香共是一木。其根是旃檀，節是沉香，花是鷄舌，葉是藿香，膠是薰陸。故《本草》以五香共條，義亦出此。今南中藿香乃是草類，與嵇含所説正相符合。范曄《合香方》云零藿虚燥，古人乃以合香。即此扶南之説，似涉欺罔也。時珍曰：藿香方莖有節中虚，葉微似茄葉，潔古、東垣惟用其葉，不用枝梗。今人併枝梗用之，因葉多僞故耳。《唐史》云：頓遜國出藿香，插枝便生，葉如都梁者，是也。劉歆期《交州記》言藿香似蘇合香者，謂其氣相似，非謂形狀也。

枝葉 〖氣味〗辛，微温，無毒。元素曰：辛、甘。又曰：甘、苦，氣厚味薄，浮而升，陽也。杲曰：可升可降，陽也。入手、足太陰經。〖主治〗風水毒腫，去惡氣。止霍亂心腹痛《别録》。脾胃吐逆爲要藥蘇頌。助胃氣，開胃口，進飲食元素。温中快氣，肺虚有寒，上焦壅熱，飲酒口臭，煎湯漱之好古。〖發明〗杲曰：芳香之氣助脾胃，故藿香能止嘔逆，進飲食。好古曰：手、足太陰之藥。故入順氣烏藥散，則補肺；入黄芪四君子湯，則補脾也。

〖附方〗新六 升降諸氣：藿香一兩，香附炒五兩，爲末，每以白湯點服一錢。《經效濟世方》。霍亂吐瀉：垂死者，服之回生。用藿香葉、陳皮各半兩，水二盞，煎一盞，温服。《百一選方》。暑月吐瀉：滑石炒二兩，藿香二錢半，丁香五分，爲末。每服一二錢，淅米泔調服。《禹講師經驗方》。胎氣不安：氣不升降，嘔吐酸水。香附、藿香、甘草二錢，爲末。每服二錢，入鹽少許，沸湯服之。《聖惠方》。香口去臭：藿香洗净，煎湯，時時噙漱。《摘玄方》。冷露瘡爛：藿香葉、細茶等分，燒灰，油調塗葉上貼之。《應驗方》。

題明·薛己《本草約言》卷二《藥性本草》 藿香 味辛，氣微溫，陽也，可升可降，入手、足太陰經。開胃口，能進飲食；止霍亂，仍除嘔逆。去枝莖用葉，以其芳馨之氣，助脾故也。○治吐逆最要之藥也。《十書》云：溫中快氣。此四字足以該於手足太陰之經矣。故入烏藥順氣則補肺，入黄芪四君子則補脾，入人參養胃及正氣散則開胃也。《發明》云：藿香甘溫，入脾而助脾，開胃之功居多，兼之辛溫入肺，而補衛快氣。

明·梅得春《藥性會元》卷中 藿香 味甘、辛，氣微溫，無毒。入足陽明胃經藥。主開胃，進飲食，止嘔，療心痛。定霍亂而辟惡氣，除口臭而散寒邪。助脾快膈辟瘴氣，治寒瘧、止嘔逆之良劑也。胃寒及不和而少食者，加而用之。

明·杜文燮《藥鑒》卷二 藿香 氣溫，味辛、甘，無毒。氣厚味薄，可升可降之劑也。專治脾肺二經，入烏藥順氣散中，成功在肺。加黄芪四君子湯，取效在脾。故能開脾胃，進飲食，止霍亂，定嘔逆，乃傷寒方之要領，為正氣散之聖藥也。其曰禁口臭難聞者，得非氣味之芬香故耳。其曰清風消腫者，得非氣味之溫辛故耳。

明·李中立《本草原始》卷三 藿香 按《廣志》云：出海邊國。莖如都梁，葉似水蘇，可著衣服中。頌曰：嶺南多有之，人家亦多種。二月生苗，莖梗甚密，作叢。葉似桑而小薄。五六月采，日乾乃芬香。《本草綱目》云：豆葉曰藿。此葉似之，故名藿香。藿香：氣味：辛，微溫，無毒。主治：風水毒腫，去惡氣，止霍亂心腹痛。○脾胃吐逆為要藥。○助胃氣，開胃口，進飲食。○溫中快氣，肺虛有寒。○上焦壅熱，飲酒口臭，煎〔藥〕湯漱之。

藿香，《别録·木部》上品，今移草部。【圖略】氣芬香，莖微方。六月、七月采。藿香圓莖，葉頗類茄葉而小，亦像豆葉。古人惟用其葉，不用枝梗。今人并枝梗用之，因葉多偽故耳。

杲曰：可升可降，陽也，入手足太陰經。《百一選方》：治霍亂吐瀉垂死者，服之回生，用藿香葉、陳皮各五錢，水二鍾，煎一鍾，溫服。

明·張懋辰《本草便》卷二 藿香 味甘、辛，氣微溫，陽也。入手足太陰經。療風水腫毒，去惡風，治口臭，霍亂心痛。芳香之氣，助脾開胃，溫中快氣，治吐逆爲最要之藥。上焦壅，煎湯漱口。

明·李中梓《藥性解》卷四 藿香 味甘、辛，性微溫，無毒，入肺、脾、胃三經。開胃口，進飲食，止霍亂，除吐逆。按：藿香辛溫，入肺經以調氣，甘溫，入脾胃以和中。治節適宜，中州得令，則臟腑咸安，病將奚來？

明·繆希雍《本草經疏》卷九 藿香 微溫。療風水毒腫，去惡氣，療霍亂心痛。自木部移入。

〔疏〕藿香稟清和芬烈之氣，故其味辛，其氣微溫，無毒。潔古：辛甘，又曰甘苦。氣厚味薄，浮而升，陽也。東垣：可升可降，陽也。入手、足太陰，亦入足陽明經。風水毒腫，病在於脾，惡氣內侵，亦由脾虛邪入，霍亂心腹痛，皆中焦不治之證。脾主中焦，香氣先入脾，理脾開胃，正氣通暢，則前證自除矣。蘇頌以為脾胃吐逆為要藥。潔古謂其助胃氣，開胃口，進飲食。海藏謂其溫中快氣。肺虛有寒，及寒鬱熱壅於上焦，飲酒口臭，煎湯飲之。皆辛溫入肺入脾，清上治中之功也。〖主治參互〗得縮砂蜜炒

鹽，治霍亂。　得人參、橘皮、木瓜、茯苓、縮砂蜜，治吐瀉轉筋霍亂。　得木香、沉水香、乳香、縮砂蜜，則辟惡氣，治中惡心腹疞痛。　入順氣烏藥散則補肺，入黃耆四君子湯則補脾。　入桂苓甘露飲，治中暑吐瀉。　得木香、丁香、紫蘇葉、人參、生薑，治暴中寒邪，吐逆不止。　《經效濟世方》升降諸氣，藿香一兩，香附炒五兩，為末，每以白湯點服一錢。　《百一選方》治霍亂吐瀉垂死者，服之回生。　用藿香葉、陳皮各半兩，水煎，溫服。《禹講師經驗方》治暑月吐瀉：　滑石二兩，藿香二錢五分，丁香五分，為末。每服二錢，淅米泔調服。　〔簡誤〕藿香雖能止嘔、治吐逆，若病因陰虛火旺，胃弱欲嘔及胃熱作嘔，中焦火盛熱極，溫病熱病，陽明胃家邪實，作嘔作脹，法竝禁用。

明・倪朱謨《本草彙言》卷二　藿香　味辛，性溫，無毒。氣厚味薄，可升可降，陽也。入手足太陰經。

劉禹錫先生曰：　藿香生海邊國，及交阯、九真、武平、興古諸國，今嶺南亦有之。二月宿根再發，亦可子種。苗似都梁，方莖叢生，中虛外節，葉似荏蘇，邊有鋸齒。七月作穗，開花似蓼。房似假蘇，子似茺蔚。五六月未作穗時，采莖曝乾，甚芳香。古人用藿葉，爲能敷布宣發，後世因藿葉多僞，并枝莖用之。今枝莖尤多僞耳。市家多攙棉花葉、茄葉僞充，不可不擇。

藿香：王好古溫中快氣，張元素開胃健脾之藥也。王嘉生稿然性味辛溫，稟清和芬烈之氣，故主脾胃，進飲食，辟穢氣爲專用。凡嘔逆惡心而泄瀉不食，或寒暑不調而霍亂吐利，或風水毒腫而四末虛浮，或山嵐蠱瘴而似瘧非瘧，或濕熱不清而吞酸吐酸，或心脾鬱結而積聚疼痛，是皆脾肺虛寒之證，非此莫能治也。故海藏氏治寒痹于三焦，溫肺理脾，和肝益腎，意在斯歟！但氣味辛熱，雖能止嘔、治吐逆，若病因陰虛火升作嘔者，或胃熱作嘔者，或少陽溫病熱病作嘔者，或陽明胃家邪實作嘔，并作脹作瀉諸證，并禁用之。

葉振華先生曰：　芬芳藿烈，定寒暑二氣交發爲祟，并中惡客忤，變亂于俄頃，致反正氣者，乃可立定。命名曰藿者，以此入烏藥順氣散則理肺，入黃芪四君子湯則理脾。入正氣散，治傷寒在表之邪；　入桂苓甘露飲，治中暑、安吐瀉也。

集方：　《經效濟世》治氣逆不和，升降諸氣。用藿香葉一兩，香附子四兩，俱炒燥爲末，每取一錢，白湯調服。○《方脉大全》治陰寒吐瀉，并傷生冷者。用藿香葉一兩，廣陳皮五錢，丁香三錢，俱研細末，白湯調下。○《經驗方》治暑月吐瀉。用藿香葉五錢，滑石三錢，俱研細末，白湯調，冷服。○《聖惠方》治胎氣不安，氣不升降，嘔吐酸水。用藿香葉、香附、甘草各二錢，廣陳皮一錢，共爲末，每服二錢，白湯下。○《摘玄方》治口臭。用藿香葉煎湯，時時噙漱。

續補集方：　治久瘧、久痢不止。用藿香、甘草、人參、茯苓、半夏、陳皮、厚朴、當歸、草果仁、白朮、川芎各一錢，烏梅二個，白芍藥一錢五分，水煎服。○瘧疾熱多，加柴胡、黃芩各一錢；　寒多，加官桂七分、乾薑一錢；　汗多，加白朮、黃耆、知母各一錢；　口渴，加麥門冬、天花粉各一錢五分；　胸中脹悶，加青皮、砂仁各八分。○痢疾腹痛，加枳殼一錢，木香五分；　痛甚，加川黃連一錢；　不食，加麥芽、神麴各二錢。其加減大略，瘧、痢兩可互用。此方係龔雲林先生常用便手得效者，故借而錄之。

明・顧逢柏《分部本草妙用》卷三脾部・温補　藿香　辛，微溫，無毒。氣厚味薄，浮而升陽也。　主治：　止霍亂，心腹痛，吐逆要藥。溫中快氣，助胃進食。　東垣曰：　芳香可以助脾胃，故能止嘔逆，進飲食也。入順氣烏藥散，又補肺。入黃芪四君子，則補脾也。

明・黃承昊《折肱漫録》卷三　藿香須自種乃真。

明・李中梓《醫宗必讀・本草徵要》上　藿香味辛，微溫，無毒。入脾、肺二經。　溫中開胃，行氣止嘔。稟清和芳烈之氣，為脾肺達氣要藥。按：《楞嚴經》謂之兜婁婆(氣)〔香〕，取其芳氣，今市中售者不甚芳香，或非真種。若陰虛火旺，胃熱作嘔，法當戒用。

明・鄭二陽《仁壽堂藥鏡》卷一〇下　藿香　《本草》云：　藿葉香，心腹痛、吐逆最要藥也。專辟瘴邪。　氣微溫，味甘、苦。陽也，甘苦純陽。無毒。　入手足太陰經。　《象》云：　治風水，去惡氣，治脾胃吐逆，霍亂心痛。去枝梗，用葉。　《心》云：　芳馨之氣，助脾開胃，止嘔。　《珍》云：　補衛氣，益胃進食。　《本草》云：　主脾胃嘔逆，療風水毒腫，去惡氣，療霍亂心痛，溫中快氣。酒口臭，上焦壅，煎湯嗽口。入手足太陽。入順氣烏藥則補肺，入黃芪四君子湯補脾。市家多以棉花葉假充，不可不辨。但氣不香。

明・蔣儀《藥鏡》卷一温部　藿香　開胃以助脾，理肺以快氣。止嘔暑

穢之痛嘔，療感山嵐而寒熱。芬芳堪敵口臭，燥熱以致結陽。得砂仁與炒鹽，平中惡之霍亂。加丁香與滑石，止吐瀉於炎天。

明・李中梓《頤生微論》卷三 藿香 味辛，性微溫，無毒。入肺、脾二經。主溫中開胃，行氣止嘔吐，定心腹痛。按：《交州記》比藿香於蘇合，《楞嚴經》謂之兆婁婆香，皆取其芳香。今售者不甚芳香，或非真種耳。

明・張景岳《景岳全書》卷四八《本草正》 藿香 味辛、微甘，氣溫。氣味俱薄，陽也，可升可降。此物香甜不峻，善快脾順氣，開胃口，寬胸膈，進飲食，止霍亂嘔吐，理肺化滯。加烏藥等劑，亦能健脾。入四君同煎，能除口臭。亦療水腫，亦解酒穢。

明・賈九如《藥品化義》卷一氣藥 藿香 屬純陽，體乾枯鮮潤，色乾蒼鮮青，氣浮香，味甘、辛云苦非，性溫，能升能降，力行胃氣，性氣厚而味薄，入脾、肺、胃三經。藿香甘溫入脾，兼辛入肺，其氣芳香。善行胃氣，以此調中治嘔吐霍亂。以此快氣，除穢惡痞悶。且香能和合五臟，若脾胃不和，用之助胃而進飲食，有醒脾開胃之功。辛能通利九竅，若嵐瘴時疫用之，不使外邪內侵，有主持正氣之力。凡諸氣藥，獨此體輕性溫，大能衛氣，專養肺胃。但葉屬陽，為發生之物，其性銳而香散，不宜多服。茴香氣者佳。薄荷氣者乃異種薄荷，非藿香也。曬乾取葉同梗用。○與豆醬同食，墮胎，忌之。

明・盧之頤《本草乘雅半偈》帙九 藿香宋《嘉祐》 氣味：辛，微溫，無毒。

主治：主風水毒腫，去惡氣，止霍亂心腹痛。

覈曰：藿香出交阯、九真、武平、興古諸國。吏民多種之，今嶺南頗饒，所在亦有。二月宿根再發，亦可子種。苗似都梁。方莖叢生，中虛外節。葉似荏蘇，邊有鋸齒。七月擢穗，作花似蓼。房似假蘇，子似茺蔚。五六月未擢穗時，採莖葉曝乾。可着衣中，用充香草。踰時則性緩無力矣。潔古、東垣惟用藿葉，為能敷布宣發，後世因藿葉多偽，并枝莖用之，今枝莖尤多偽耳。《唐史》云：頓遜國出藿香，插枝便生，葉如都梁。范曄云：零藿虛燥，芬芳之氣，經久不變。

先人云：氣亂于腸，遂作霍亂。致亂止氣者，惡氣耳。藿虛燥芬馥，具不逆不撓，入群不亂義，乃可立定其亂，因名曰藿。方之奇方急方，劑之宣劑輕劑燥劑也。

条曰：南嶽曰霍，假之標方域，表功能也。《本草》列釋典名相，如《楞嚴》之兜婁婆香，《法華》之多摩羅跋香，《金光明》之鉢怛羅香，《涅槃》之迦算香，皆藿分名。木本也，即扶南國所言，五香共一木，根旃檀，節沉香，膠熏陸，花雞舌，葉藿香者是矣。正且所須，草本也。即《南方草木狀》所載之生成，而嶺南尤多有之。《詩》云食我場藿，香草也。蓋草木至南曰任，任化育，而于時為夏，域其方者，功能更忽霍而迅疾矣。是主霍疾亂作于俄頃，揮霍紛紜，其如搖反諸手，若去惡氣為對待，治風水毒腫為達木，止心腹痛，及壅腫為發火；定吐逆，穌脾胃為奪土。土鬱奪之，火鬱發之，木鬱達之，正所以任化育而于時為夏，為正位四氣主，命曰藿香正氣者以此。應劭《風俗通》云：南方衡山，一名曰霍，霍者萬物盛長，垂枝布葉，霍然而大，誠所謂任化育而于時為夏為大。草木至南曰任，相見乎離也，大人以繼明炤于四方，宜為正位四氣主。

明・李中梓《本草通玄》卷上 藿香 辛，溫，脾肺之藥也。開胃進食，溫中快氣，止心腹痛，為吐逆要藥。東垣謂其芳香助胃，故能止嘔進食。今市中售者，殊欠芳香，定非真種，安望其有功耶？凡使，須水洗淨。

清・顧元交《本草彙箋》卷二 藿香 稟清和芳烈之性，能止諸邪，驅不正之氣，（藿）〔霍〕亂吐逆者必需。但葉屬陽，主發生，其性銳而香散，不宜多服。其莖方，有節，中虛，今人恐葉多僞，連枝梗用之，不知葉主散，莖主通，各有不同耳。

清・穆石匏《本草洞詮》卷八 藿香 豆葉曰藿，其葉似之，故名。氣味辛，微溫，無毒。入手足太陰經。主溫中快氣，止霍亂。芳香之氣助脾胃，故能止嘔逆，進飲食。入順氣烏藥散則補肺，入四君子湯則補脾也。肺虛有寒，上焦壅熱，煎湯嗽之。

清・劉雲密《本草述》卷八下 藿香 之頤曰：嶺南頗饒，所在亦有。二月宿根再發，亦可子種，苗似都梁。陶弘景曰：澤蘭亦名都梁香。方莖叢生，中虛外節，葉似荏蘇，邊有鋸齒，七月擢穗作花似蓼，房似假蘇，子似茺蔚。五六月未擢穗時采莖葉，曝乾。可著衣中，用充香草。踰時則性緩無力矣。

葉：氣味：辛，微溫，無毒。潔古曰：辛、甘。又曰：甘、苦，氣厚味薄，浮而升，陽也。東垣曰：可升可降，陽也，入手足太陰經。

諸本草主治：正氣，助胃氣，開胃口，去惡氣，止霍亂，定嘔逆，及心腹痛。散寒溼暑溼，鬱熱溼熱，蘊積邪熱，並風熱燥甚。並治外感寒邪，內傷飲

食，或飲食傷冷，溼滯，消風水毒氣浮腫，及山嵐瘴氣，不伏水土，寒熱作瘧等證。飲酒口臭，煎湯嗽之。　方書主治：霍亂，氣脹滿，消痺泄瀉，中風反胃，傷暑頭痛發熱，瘧，眩暈，酒毒黃疸，中寒、中溼、中氣、中惡，傷飲食積聚，痰飲咳嗽，嘔吐關格，心痛胃脘痛，痿，盜汗，不能食，滯下，蠱毒。

范曄《合香方》曰：零藿虛燥，古人乃以合香。　東垣曰：芳香之氣助脾胃，故藿香能止嘔逆，進飲食。　好古曰：溫中快氣，療肺虛有寒，上焦壅熱。二語是一氣合說。　門曰：行氣入肺，專開胃。又曰：本芳香開胃助脾之劑，但入發表散藥則快氣，入補脾藥則益氣，入理氣藥則快脾滯。

復曰：氣亂於腸，遂作霍亂。致亂正氣者，惡氣耳。藿虛燥芬馥，具不逆不撓，入群不亂義，方可立定其亂，因名曰藿。方之奇方、急方，劑之宣劑、輕劑，燥劑也。　之頤曰：應邵《風俗通》云：南方衡山，一名曰藿。藿者，萬物盛長，垂枝布葉，霍然而大也。夫草木至南曰任，任化育，而於時為夏，豈非相見於離乎？大人以離明照四方，是宜為正位四氣主。　又曰：潔古、東垣惟用藿香葉，取其敷布宣發。　希雍曰：藿香秉清和芬烈之氣，故其味辛，其氣微溫，無毒。入手足太陰，亦入足陽明經。

得縮砂密炒鹽，治霍亂。　得人參、橘皮、木瓜、茯苓、縮砂密，治吐瀉轉筋霍亂。　得木香、沉水香、乳香、縮砂密，則辟惡氣，治中惡心腹疞痛。入順氣烏藥散則補肺，入黃耆四君子湯則補脾，入香砂養胃開胃氣湯則益胃，入桂苓甘露飲則治中暑吐瀉。　得木香、丁香、紫蘇葉、人參、生薑，治暴中寒邪，吐逆不止。

愚按：藿香生苗於二月，擢穗於七月，乃於五六月未擢穗，先采其莖葉，豈非以其稟火土之氣，即應其時而取其莖葉以為用乎？故曰踰時則性緩無力也。苐其味先辛次甘，最後苦，辛勝，甘遜之，苦則微矣，是火土之氣歸於燥金，金仍歸土，所謂由肺以致脾之用者也。故舉言其開胃助脾，詎知其由火親土，而火氣即已宿於土，由土化金，而金氣還以暢乎土，此所以謂其能助胃氣，開胃口，謂其能正氣，而去惡氣者，皆在是也。葢胃之氣能上致於肺矣，而肺之氣或為他氣所亂，不得還其正氣，則胃氣即不能行，而胃口亦為之不開。此味由燥金之氣，以為敷布宣發，故於胃能療一切亂氣以有功。偏閱方書，所治不獨六氣之淫由於外受，并七情之偏，極於內鬱者，無不能佐平治之主劑，而歸於正也。不獨中土虛弱，亟行補益，即積邪凝聚，必事祛除者，無不寓以定亂之正氣，而返於元也。或曰：大火屆臨，焦石流金，乃茲味反得乘之以正氣，豈謂偏勝之氣，乃可戡亂歟？曰：須就由火歸土之義以求之。夫天地有大橐籥焉，有宣布，有蓄藏，如宣布之極於外者，即中所蓄藏之蘊，便有脈脈禪代而密移者，萬物統在其氣中而不知也。是物雖微，似獨賦有大火之精氣，而其禪代密移之微，亦已全畀矣。試觀其踰時則力緩，便可以窺其一二。緣天地橐籥之微，每神於禪代之候，其宣布欲盡時，即是禪代交承處，是則天地之氣，原非偏勝，而取此味之定亂者，又豈以偏勝為功哉？固有橐籥者存焉耳，苐橐籥之機，實藉土以為轉關，即四時之序，其禪代處不能離土，猶謂大火之氣，其出機入機，能外中五之土乎？故六氣必以火為主，葢氣乃火之靈也。火遊行於六氣之中，必以土為歸。葢陽火出於地，亦藏於地也。《內經》曰：胃行氣於三陰三陽，而脾亦為之行氣於三陰三陽，此可識火不能離土，即陽不能離陰之義矣。

附方　升降諸氣，藿香一兩，香附炒五兩，為末，每以白湯點服一錢。胎氣不安，氣不升降，嘔吐酸水，香附、藿香、甘草二錢，為末，每服二錢，入鹽少許，沸湯調服之。

希雍曰：藿香雖能止嘔，治吐逆，若病因陰虛火旺，胃弱欲嘔，及胃熱作嘔，中焦火盛熱極，溫病熱病，陽明胃家邪實，作嘔作脹，法並禁用。

修治　自種者良。揉之如薰香氣者真，薄荷香者非也。水洗，去土、梗，用葉。

清・郭章宜《本草匯》卷一〇　藿香　甘、辛，微溫，味薄氣厚，可升可降，陽也。入手足太陰經。開胃口，能進飲食。止霍亂，行氣除嘔。治肺虛有寒，主暑月吐瀉。《別錄》治風水毒腫，病在于脾，惡氣內侵，亦由脾虛，故邪得而侵入。又治霍亂心腹痛者，皆中焦不治之證。脾主中焦，香氣先入脾，理脾開胃，正氣通暢矣。蘇頌以脾胃吐逆為要藥。海藏謂其溫中快氣，肺虛有寒，及寒欝熱壅于上，煎湯飲之，皆辛溫入肺入脾，清上治中之功也。

按：藿香稟清和芳烈之氣，為脾肺達氣要藥。入脾而助脾，故能止嘔進食。《楞嚴經》謂之兜婁婆香，取其芳氣。今市中售者，不甚芳香，或非真種。入順氣烏藥散則補肺，入黃芪四君子則補脾，入桂苓甘露飲治中暑吐瀉。得人參、橘皮、木瓜、茯苓、縮砂，治吐瀉轉筋霍亂。得木香、丁香、蘇

葉，人參、生薑，治中寒吐逆不止。然雖能止嘔治吐，若病因陰火虛旺，胃弱欲嘔，及胃熱作嘔，中焦火盛，邪實作脹，法並禁用。

清・蔣居祉《本草擇要綱目・平性藥品》　藿香　氣味：　辛，微溫，無毒。可升可降，陽也。入手足太陰經。　主治：　風水毒腫，去惡氣，止霍亂，脾胃吐逆，溫中快氣，上焦壅熱。飲酒口臭，並湯嗽之。

清・蔣居祉《本草擇要綱目・溫性藥品》　藿香葉　氣味：　辛，微溫，無毒。浮而升，陽也，可升可降。入手足太陰經。　主治：　風水毒腫，去惡氣，止霍亂心腹痛，脾胃吐逆為要藥。助胃氣，開胃口，進飲食，溫中快氣。肺虛有寒，上焦壅熱。飲酒口臭煎湯漱，芳香之氣助脾胃，故藿香能止嘔逆，進飲食，乃手足太陰之藥，故入順氣烏藥散則補肺，入黃芪四君子湯則補脾也。

清・閔鉞《本草詳節》卷二　藿香　【略】市家多攙棉花葉、茄葉假充，不可不辨。【略】　按：　藿香辛溫，入肺以調氣，甘溫入脾胃以和中，故入發表藥則快氣，入補脾藥則益氣，入順氣藥則理肺滯，有清上治中之功。

清・王翃《握靈本草》卷三　藿香出嶺南，今南中亦有之。方莖，虛中，似水蘇。惟用其葉，不用枝梗。　主治：　藿香，辛，微溫，無毒。去惡氣，止霍亂，脾胃吐逆為要藥。開胃進食，溫中快氣。　發明：【略】杲曰：　凡胃氣薄者，不必入口，聞其氣即嘔，亦因其人而用之。

清・汪昂《本草備要》卷二　藿香宣，去惡氣。　辛、甘，微溫。入手足太陰。肺、脾。快氣和中，開胃止嘔，胃弱、胃熱而嘔者忌用。去惡氣，進飲食。治霍亂吐瀉，心腹絞痛，肺虛有寒，上焦壅熱。能理脾肺之氣。古方有藿香正氣散。正氣通暢，則邪逆自除。　出交廣。方莖有節，葉微似茄葉。古惟用葉，今枝莖亦用之，因葉多偽也。

清・陳士鐸《本草新編》卷三　藿香　味辛、甘，氣微溫，可升可降，陽也，無毒。入脾、肺二經。定霍亂有神，止嘔吐尤效，開胃消食，去臭氣，利水腫。但亦可爲佐使，而不可為君臣。蓋藿香逐邪甚速，未免耗氣亦多，故佐氣血之藥往往取效，否則，無功耳。

或問：　藿香散暑氣，子未言也？不知藿香雖散暑氣，亦散真氣也。用藿香以散暑，是猶執熱以止熱，余所以不言耳。雖霍亂亦暑症之一，然用藿香以定霍亂，實取其降氣，非取其消暑，又不可不知〔也〕。

或問：　藿香為定喘奇方，而子何以未言？夫藿香定喘，乃言感暑氣而作喘也，非藿香于治暑之外而更定喘也。余所以止言其治霍亂逐邪，而不言其定喘。夫喘症多生于虛，誤認虛喘為實喘，下喉即便殺人。故不敢言藿香之定喘，實有微意耳。

清・顧靖遠《顧氏醫鏡》卷七　藿香辛，微溫。入肺脾二經。忌見火。　能開胃進食，取其芳香也。止吐瀉霍亂。開胃理脾，正氣通暢之功也。　陰虛火旺，胃熱作嘔者，勿用。

清・李熙和《醫經允中》卷一八　藿香　兼入肺經。　辛，微溫，無毒。氣厚味薄，浮而升，陽也。主治理脾開胃，溫中快氣，止霍亂心腹痛，中寒吐逆要藥。然其氣味浮而升，邪氣犯胃嘔逆甚効，痰壅食氣則不効矣。

清・馮兆張《馮氏錦囊秘錄・雜症痘疹藥性主治合參》卷二　藿香稟清和芬烈之氣，味辛，氣溫，無毒。氣厚味薄，浮而升，陽也。入手足太陰，亦入足陽明經。故治風水毒腫，惡氣內侵，霍亂腹痛，溫中快氣之要藥。

藿香，揀去枝梗入劑。專調脾肺二經，理霍亂，止嘔吐，開胃口，進飲食。治口臭難聞，消風水延腫。以馨香之正氣，能辟諸邪；以性味之辛溫，通療諸嘔。但腎熱胃弱作嘔者，非其所宜。若受寒受穢腹痛者，實為要藥。

主治痘疹合參：　開胃溫中進食，止嘔吐，去惡寒。

按：　《楞嚴經》謂之兜婁婆香。稟清和芳烈之氣，為脾肺達氣要藥。若陰虛火旺，胃熱作嘔者，戒之。

清・張璐《本經逢原》卷二　藿香　辛，微溫，無毒。廣產者良，但葉甚少。土人每以排草葉偽充，最難辨別。須於莖上擇取色綠未經黴壞者方效。

發明：　藿香入手足太陰。芳香之氣助脾醒胃，故能止嘔逆，開胃進食。溫中快氣，去瘴氣，止霍亂，治心腹痛。凡時行疫癘，山嵐瘴瘧，用此醒脾健胃，則邪氣自無容而愈矣。但陰虛火旺，胃虛作嘔，內無留滯者不可用。恐反傷正氣，引邪內入。江浙土產者伐胃消食，其莖能耗氣，用者審之。

清・浦士貞《夕庵讀本草快編》卷二　藿香宋《嘉祐》　豆葉曰藿，其葉似之而香，故名。　藿香辛溫而散，苦而味薄，浮升而陽也。入手足太陰二經，故能溫中快氣，而為吐逆之要藥。夫水土不伏，泄瀉霍亂，或胃口不開，飲食不進者，皆中焦鬱遏也。肺虛有寒，風水毒腫，惡氣凝滯，飲酒口臭，皆金氣之拂逆也。但用此芳香之味，以開導而升降之，無不愈矣。故合平胃散而有

正氣之名也。且其入順氣烏藥散則補肺，入黃芪四君子則補脾，又不可不知爾。

清・劉漢基《藥性通考》卷六　藿香　味辛、甘，微溫，入手足太陰肺、脾。快氣和中，開胃止嘔。胃弱胃熱而嘔者忌用。去惡氣，進飲食，治霍亂吐瀉，心腹絞痛。肺虛有寒，上焦壅熱，能理脾肺之氣。古方有藿香正氣散，正氣通暢，則邪逆自除。出交廣。方莖有節，葉微似茄葉。古惟用葉，今枝梗亦用之，因葉多僞也。

清・姚球《本草經解要》卷二　藿香　氣微溫，味辛、甘，無毒。主風水毒腫，去惡氣，止霍亂心腹痛。　藿香氣微溫，稟天初春之木氣，入足少陽膽經、足厥陰肝經。味辛甘，無毒，得地金土之二味，入手太陰肺經、足太陰脾經。氣味俱升，陽也。風水毒腫者，感風邪濕毒而腫也。其主之者，風氣通肝，溫可散風，濕毒歸脾，甘可解毒也。惡氣，邪惡之氣也。肺主氣，辛可散邪，所以主之。霍亂，脾氣不治，揮霍擾亂也。芳香而甘，能理脾氣，故主之也。心腹亦脾肺之分，氣亂於中則痛，辛甘而溫，則通調脾肺，所以主之也。

製方：　藿香同香附末，升降諸氣。同陳皮，治霍亂。同滑石、丁香，治夏月吐瀉。同香附、甘草，治胎氣不安。同白茯、半夏，治風水毒腫。

清・周垣綜《頤生秘旨》卷八　藿香　助脾開胃之藥也。溫中快氣，其功專在脾胃二經。氣味辛溫，兼能入肺而補衛。

清・王子接《得宜本草・上品藥》　藿香　味辛。入手足太陰經。主治霍亂腹痛。得滑石治暑月泄瀉。

清・黃元御《玉楸藥解》卷一　藿香　味辛，微溫。入足太陰脾、足陽明胃經。降逆止嘔，開胃下食。藿香辛溫下氣，善治霍亂嘔吐、心腹脹滿之病。煎，漱口臭。

清・吳儀洛《本草從新》卷一　藿香〔宣，去惡氣。〕辛、甘，微溫。入手、足太陰肺、脾。快氣和中，開胃止嘔，去惡氣，進飲食。治霍亂吐瀉，心腹絞痛，上中二焦邪滯。稟清和芳烈之氣，為脾肺達氣要藥。《局方》有藿香正氣散，正氣通暢則邪逆自除。陰虛火旺及胃熱胃虛作嘔者戒用。出交、廣。方莖有節，葉微似茄葉。古唯用葉，今枝梗亦用，因葉多僞也。

清・汪紱《醫林纂要探源》卷二　藿香　辛，甘，溫。莖似蘇，葉如紫蘇而小。出兩廣。補肝和脾，瀉肺邪之清冷，舒胸膈之熱鬱。主治霍亂，故名。

清・嚴潔等《得配本草》卷二　藿香　辛、甘，微溫。入足太陰、陽明經氣分。溫中快氣，理脾和胃，為吐逆要藥。治上中二焦邪氣壅滯，霍亂吐瀉，心腹絞痛，去惡氣，療水毒，除飲酒口臭。　得滑石，治暑月吐瀉。加丁香，尤效。配豆仁，治飲酒口臭。　廣產者良。　葉主散，莖主通。　胃弱胃熱而嘔、陰虛火旺者，禁用。

清・黃宮繡《本草求真》卷四　藿香醒脾止惡，宣胸止嘔。　藿香耑入脾胃肺。辛香微溫，香甜不峻，但馨香氣正能助脾醒胃以辟諸惡，故凡外來惡氣內侵，而見霍亂嘔吐不止者，須用此投服。如藿香正氣散用此以理脾肺之氣，俾正氣通而邪氣除。俾其胸開氣寬，飲食克進。寒去正復。故同烏藥順氣散則可以利肺，同四君子湯則可健脾以除口臭，但因熱作嘔，勿服。

清・沈金鰲《要藥分劑》卷一　藿香　【略】鰲按：　藿香惟入肺經，故古方治鼻淵以之為君，以其能引清陽之氣上通巔頂也。

清・楊璿《傷寒溫疫條辨》卷六消劑類　藿香葉廣出。　味辛甘，氣溫。氣味俱薄，香甜不峻，快脾順氣，開胃進食，除口臭水腫，止霍亂吐瀉。藿香五錢，陳皮五錢，黃土澄水煎服。理脾滯，同烏、沉等劑。健脾土，入六君同煎。

清・羅國綱《羅氏會約醫鏡》卷一六草部　藿香味辛，微溫，入脾、肺二經。枝葉同用，以葉多僞也。　稟清和芳香之氣，為脾肺快氣要藥。溫中開胃，止嘔進食。胃弱、胃熱而嘔者，大非所宜。治霍亂吐瀉、心腹絞痛冷也、肺虛有寒、上焦壅滯。右寸脉緊，用以運脾肺之氣。健脾胃，同烏藥用。除口臭。同四君用。若陰虛火旺而嘔逆者禁用。

清・陳修園《神農本草經讀》附録　藿香　氣味辛、甘，溫，無毒。主風水毒腫，去惡氣，止霍亂，心腹痛《別録》。

清・黃凱鈞《藥籠小品》　藿香　出交廣，辛微溫，入肺脾。快氣和中，開胃止嘔，去惡氣，治霍亂吐瀉，心腹絞痛，上中二焦邪滯。若胃家有熱，戒用。梗勝於葉。

清・王龍《本草纂要稿・草部》　藿香　氣味辛溫。理霍亂，俾嘔吐止。開胃口，令飲食增。辟口臭難聞，消風水延腫。辟惡甦腹心疼，快氣止傷暑瀉。療肺虛有寒，治上焦壅熱。加烏藥順氣散奏功於肺，加黃芪四君子湯助效於脾。入手足太陰經。

清・張德裕《本草正義》卷上　藿香　辛溫而甘，氣味俱輕。善能快脾

利氣，開胃寬中，止霍亂嘔吐，暑邪滯悶。香甜不峻，輕和之品。

清・楊時泰《本草述鉤元》卷八　藿香　嶺南頗饒，所在亦有。二月宿根再發，亦可子種，七月擢穗作花，子似茺蔚。五六月未擢穗時，采莖葉曝乾，可著衣中，用充香草，踰時則性緩無力之頤。潔古、東垣惟用葉，取其敷布宣發。

葉味辛兼甘，微苦，氣微溫。氣厚味薄，浮而升，陽也。入手足太陰，亦入足陽明經。主正氣，去惡氣，助胃氣，開胃口，止霍亂，定嘔逆及心腹痛，散寒濕暑濕，鬱熱濕熱，蘊積邪熱，並風熱燥甚，並治外感寒邪，內傷飲食，或飲食傷冷濕滯，消風水毒氣浮腫，及山嵐瘴氣，不伏水土，寒熱作瘧等證。飲酒口臭，煎湯漱之。方書治脹滿消癉，中風，反胃，傷暑頭痛，發熱眩暈，酒毒黃疸，中寒中濕，中氣中惡，積聚，痰飲欬嗽，關格，心痛胃脘痛，痿盜汗，不能食，瀉泄滯下蠱毒。溫中快氣，療肺虛有寒，上焦壅熱。二語是一氣合說。好古。行氣入肺，功專脾胃門。本芳香開胃助脾之劑，但入發散藥則快氣，入補脾藥則益氣，入理氣藥則快脾滯又。氣亂於腸，遂作霍亂，致亂正氣者，惡氣耳，藿虛燥芳馥，方莖中虛而有節。具不逆不撓，入群不亂義，立定其亂，因名曰藿，方之奇方急方，劑之宣劑輕劑燥劑也復。得砂仁炒鹽，治霍亂。得人參、茯苓、橘皮、木瓜、砂仁，治吐瀉轉筋霍亂。得木香、沉香、乳香、縮砂，辟惡氣，治中惡心腹疞痛。得木香、丁香、人參、蘇葉、生薑，治暴中寒邪，吐逆不止。入烏藥順氣散則補肺，入黃耆四君子湯則補脾，入桂苓甘露飲治中暑吐瀉。升降諸氣，藿香一兩、香附炒五兩，為末，每以白湯點服一錢。胎氣不安，氣不升降，嘔吐酸水，香附、藿香、甘草二錢為末，入鹽少許，沸湯調服之。

論：藿香二月苗，七月穗，夏時未穗先采其莖葉，遲則性緩而無力。其味先辛次甘，最後苦，辛勝甘遜，苦則微，是火土之氣歸於燥金，金仍歸土，由火親土，而火氣即已宿於土，由土化金，而金氣還以暢乎土。所以能助胃氣，開胃口正氣而去惡氣也。蓋胃之氣上致於肺，使肺氣或為他氣所亂，則胃氣即不能行，而胃口亦為之不開，此味由燥金之氣，以敷布宣發，不獨六氣之淫，祛其外受，并七情之偏，極於內鬱者，無不佐主劑而平治之。即中土虛弱，亟行補益者，亦堪定以正氣而還返之。要當就由火歸土之義，以求其功用，非恃有火令偏勝之氣乃能戡亂也。夫天地有大橐籥焉，為宣布，為蓄藏。當宣布之極於外，而其中蓄藏之蘊，便有脈脈禪代而密移者，萬物統在其氣中而不知也。是物賦有大火之精氣，則其禪代密移之微，固已全畀矣。惟天地橐籥神機，其宣布欲盡時，即是禪代交承處，是天地之氣，原非偏勝，而取此味之定亂者，又豈以偏勝為功哉。要知陰陽橐籥，總藉土為轉關，故四序之禪代，俱不能離土，且六氣必以火為主，而火遊行於六氣之中必以土為歸，因陽火出於地，亦藏於地也。《經》言胃土行氣於三陰三陽，而脾土亦為之行氣於三陰三陽，此可識火不能離土，即陽不能離陰之義矣。

雖治嘔吐，若中焦火盛熱盛，及邪實作嘔作脹者，並禁仲淳。

辨治：自種者良，揉之如檴香氣者真，薄荷香者非也。水洗，去土、梗，用葉。

清・鄒澍《本經續疏》卷四　霍香　【略】霍之為言，護也。太陽用事，護養萬物也。《白虎通德論・巡狩》。霍者，萬物盛長，垂枝布葉，霍然而大。《風俗通・山澤》。香土之臭也。《小戴記・月令》注。由是言之，則霍香乃得火之發舒暢茂，得土之敦厚化育者也。既能發舒暢茂，則惡毒陰厲者，逢之輒消；既能敦厚化育，則惡毒陰厲者，遇之輒化。緣於乘春以生，遇夏即茂，屆秋擢穗開花，體天地之正令，而體方有節，叢密虛衷，又具天地之嚴整。惟其氣味不內存而外馳，故終為宣導良劑，能剿除亂畧以扶危定傾，不能坐鎮雅俗以消化頑梗。不然，其能豈止於為風水去毒腫，為霍亂去惡氣心痛耶？雖然，風水霍亂，仲景述之甚析，辨之甚明，《傷寒論》《金匱要略》可考也。乃風水證並無毒腫，霍亂證並無心痛，何也？夫惡毒之氣，與六淫之偏勝固是有別，而人身元氣則原有常被其傷犯者，皆猝然之間闕其機關也，非俄頃之故，則殊途而同歸者，終不能有纖微分辨於其中。故風水本係風病，若間有腫而難移之處，則當明其為毒。霍亂本係寒病，若兼心痛，則當知為惡氣。惡氣與毒，無風寒之引，原不能深入人身臟腑。風寒無惡氣與毒，則僅能為風水、霍亂，而不得有腫及心痛，是故仲景只道其常，至其兼候變遷，要令人深思旁蒐以應之。此古人之書，所以疏而該也。若使《霍亂篇》《水氣篇》必羅致瑣屑，如此則雖百倍其籍且不能備。即霍香之用，亦緣此可明。若厥逆無脈之霍亂，身重汗出，惡風之風水，不以之治矣。

清・葉桂《本草再新》卷一　藿香味苦、辛，性微寒，無毒。入心、肝、肺三經。解表散邪，利濕除風，清熱止渴，治嘔吐霍亂，瘧痢瘡疥。○梗，可治喉痺，化痰止欬嗽。

清・吴其濬《植物名實圖考》卷二五　藿香　《南方草木狀》有之。《嘉祐本草》始著錄。今江西、湖南人家多種之，為辟暑良藥。蓋以其能治脾胃吐逆，故霍亂必用之。《別錄》有藿香，不著形狀。《圖經》云舊附五香條，疑其以為扶南之香木也。

雩婁農曰：《山海經》謂薰草，其葉如麻，今觀此草，非類麻者歟？《別錄》藿香舊載木類，宋《圖經》據《草木狀》諸說，以為草本，其即《別錄》之藿香與否，未可知也。薰、藿一聲之轉，海上之藥，都出後世，余疑藿香即古薰草。若零陵香則葉圓小，殊不類麻，以藿為薰，雖屬剏說，然其功用、氣味，實為蘭匹，不猶愈於以一枝數花之葉如茅者，強名曰蕙，而不可服食者乎？

清・趙其光《本草求原》卷二芳草部　藿香　氣微溫，初春木氣。達肝膽，味辛甘而香，又宣肺以調暢脾胃，故溫中快氣，同香附，升降諸氣。開胃進食，火者氣之木，出於地，亦藏於地。甘溫辛通，則火歸宿土中，而金亦宣化於土，故胃氣行。止霍亂吐瀉，脾胃行氣於三陰三陽，肝又為升降之使，肺受邪不能宣化於土，則土木相忤，陰陽亂，而升降失；正氣通，則逆亂除。同砂仁、陳皮煎服。暑月吐瀉，同滑石、丁香研，米泔下。心腹痛，亦肺脾氣亂也。主風水毒腫，風氣通於肝，溫則散；水濕毒歸脾，甘溫可除。去惡氣，香能正氣。補肺，入順氣烏藥散。補脾，入北芪、四君。肺虛有寒，上焦鬱熱，外寒鬱或七情飲食內鬱成熱，皆各隨泄散補益，而加此以定亂。胎動吐酸，同香附、甘草末，鹽湯下。酒毒，口臭，煎湯嗽。下蠱毒，貼冷露瘡爛。同細茶燒灰開油。

同參、陳、砂仁、苓、木瓜，治霍亂吐瀉轉筋；同苓、夏，治風水毒腫；同木香、沉香、乳香、砂仁，治中惡腹痛；同參、薑、木香、丁香、蘇葉，治暴中寒吐逆。出交、廣，方莖有節，揉之如茴香者真，如薄荷者偽。

清・文晟《新編六書》卷六《藥性摘錄》　藿香　辛香微溫，醒脾止惡，宣胸止嘔。凡惡氣內侵，而見霍亂嘔吐者，宜用。但因熱作嘔者，勿服。

清・張仁錫《藥性蒙求・草部》　藿香錢半、三錢　藿香微溫，霍亂暑濕。發散風寒，能除嘔逆。味辛、甘，入肺、脾、胃三經。快氣和中，開胃去惡氣。古用葉，今枝梗亦用，因葉多偽也。○陰虛及胃熱者不用。

清・屠道和《本草匯纂》卷一溫散　藿香　耑入脾、胃、肺。辛香，微溫，無毒。香甜不峻，醒脾止惡，宣胸止嘔。治風水毒腫，去惡氣，止霍亂心腹痛，為脾胃吐逆要藥。開胃進食，溫中快氣，治肺虛有寒，上焦熱壅，飲酒口臭，煎湯漱。藿香正氣散用，理脾肺之氣，俾正氣通而邪氣自除。故同烏藥順氣散則可利肺，同四君子湯則可健脾以除口臭。但陰虛火旺及胃虛胃熱作嘔者，勿服。

清・劉善述、劉士季《草木便方》卷一草部　藿香　(合)〔藿〕香甘溫開胃氣，霍亂嘔瀉胃寒秥。心腹絞痛能思食，辛苦一種治不異。

清・戴葆元《本草綱目易知錄》卷一　藿香　辛、甘，微溫。入手足太陰經。助胃氣，去惡氣，開胃口，進飲食。止霍亂，心腹痛，為脾胃吐逆要藥。溫中快氣，治肺虛有寒，上氣壅熱，風水毒腫。飲酒口臭，煎湯漱之。

清・黄光霽《本草衍句》　藿香　芳香助脾開胃，辛甘快氣溫中。止吐逆霍亂腹痛，去惡氣風水毒腫。得滑石治暑月泄瀉。霍亂吐瀉垂死者，服之回生。用藿香葉、陳皮各半兩，煎服。胎氣不安，氣不升降，嘔吐酸水，香附、藿香、甘草二錢，為末，每服二錢，入鹽少許，沸調服。

清・陳其瑞《本草撮要》卷一　藿香　味辛甘，微溫，入手足太陰經，功專快氣和中，開胃止嘔，以及霍亂吐瀉，心腹絞痛，肺虛有寒，惟胃弱胃熱而嘔者忌。得滑石治暑月泄瀉。

清・鄭奮揚著，曹炳章注《增訂偽藥條辨》卷二　藿香　偽名次藿香。氣味不香，不知何處所產。更有一種洋藿香，性味更別，葉梗皆然，用之無益而有害。按藿香產於嶺南交趾為正地道，故近日由廣東辦來者為良。氣味芬香，功能醒脾和胃，宣氣開鬱，最得天地之正氣，且方莖有節，中虛，葉似桑而小薄，用者當明辨之。　炳章按：藿香《本草》名兜婁婆香，產嶺南為最道地，在羊城百里內之河南寶岡村及肇慶者。五六月出新，方梗白毫綠葉，揉之清香氣繞鼻而濃厚，味辛淡者，名廣藿香。廣東省垣各山貨行，收買揀淨發行，首推巨昌與泰昌為最道地。如雷州、瓊州等處產者，名海南藿香，即今所謂洋藿香也。其氣薄而濁，味辛辣燥烈，葉細而小，梗帶圓形，莖長根重，為最次。其他如江浙所產之土藿香，能乘鮮切片，烈日晒乾，貯於缸甏，使香氣收貯不走，入藥效能亦甚強，不亞於廣藿香也。

野藿香

附：琉球・吴繼志《質問本草》外篇卷二　五節冠藿菜　春生苗，夏開花。敝地無此花，江浙兩處名喚五節冠，人家盆內多種之為玩。甲辰，戴道光、戴昌蘭。

清・吳其濬《植物名實圖考》卷二五　野藿香　南安山中多有之。形如藿香，葉色深綠，花色微紫，氣味極香，疑即古所謂薰草葉如麻者。蓋自蘭草今古殊名，而蕙亦無確物矣。

白龍鬚

清・何諫《生草藥性備要》卷上　白龍鬚　味辛，性平。一門止咳。

廣藿香

題清・徐大椿《藥性切用》卷三　廣藿香　辛溫芳香，入手足陽明、太陰二經。力能醒脾，祛暑快胃辟穢，為吐瀉腹痛專藥。梗主和胃化氣，而少溫散之力。土藿香但能溫胃，殊欠芳香之用。鮮藿滴露，氣味清徹，善能達邪，暑症寒熱最宜。

排草香

明・李時珍《本草綱目》卷一四草部・芳草類　排草香《綱目》

【集解】時珍曰：排香草出交趾，今嶺南亦或蒔之，草根也，白色，狀如細柳根，人多僞雜之。案范成大《桂海志》云：排草香狀如白茅香，芬烈如麝香，人亦用以合香，諸香無及之者。又有麝香木，出古城，乃老朽樹心節，氣頗類麝。

根　【氣味】辛，温，無毒。　【主治】辟臭，去邪惡氣時珍。

清・蔣居祉《本草擇要綱目・溫性藥品》　排草香　氣味：辛，溫，無毒。　主治：辟臭，去邪惡氣。

清・张璐《本經逢原》卷二　排草香　辛，溫，無毒。　發明：芳香之氣，皆可辟臭，去邪惡氣。鬼魅邪精，天行時氣，並宜燒之。水煮洗水腫浮氣，與生薑、芥子煎湯，浴風瘧效。

清・黃宮綉《本草求真》卷四　排草香辟惡宣滯。　排草氣味芳香耑入脾。據書載能祛惡辟臭，除魅與天時行，並宜燒之。水腫浮氣風瘧，可用生薑、芥子煎湯浴洗。玩此氣味芳香，僅可以辟邪魅鬼惡，使之氣不克勝，至於水腫浮氣，亦須香以通達，使之氣伸浮散，故止可入外用。今婦人用此入油省頭。若使作湯以服，則經絡遍佈。雖曰祛邪扶正，而正氣或虛，則又因香而斲敗矣。香散之極。故古人製方，有宜於外者，則即以外為主而內不投。有宜於內者，則即以內為要而外不行。即云諸香有類於斯，內亦見用，然此補少泄多，古人獨於此味別為外治而不內入，未必不有意義於其中也。

清・趙其光《本草求原》卷二芳草部　排香草根　辛溫，無毒。辟臭，去邪惡氣；燒之，治鬼魅時疫。同土薑、芥子煎浴，治風瘧佳。

清・文晟《新編六書》卷六《藥性摘錄》　排草香　氣味芳香，能除惡辟臭，除魅與時行病，並宜燒之。水腫風瘧，可同生薑煎洗。○勿內服。

耕香

宋・唐慎微《證類本草》卷八草部中品〔唐・陳藏器《本草拾遺》〕　耕香　味辛，溫，無毒。主臭鬼氣，調中。生烏滸國。《南方草木狀》曰：耕香，莖生細葉。

明・李時珍《本草綱目》卷一四草部・芳草類　耕香藏器曰：生烏(許)〔滸〕國，莖生細葉，味辛溫，無毒，主鬼氣，調中去臭。時珍曰：二香皆草狀，恐亦排草之類也，故附之。

瓶香

宋・唐慎微《證類本草》卷一〇草部下品〔前蜀・李珣《海藥本草》〕　瓶香　謹按陳藏器云：生南海山谷，草之狀也。味寒，無毒。主天行時氣，鬼魅邪精等。宜燒之。又於水煮，善洗水腫浮氣，與土薑、芥子等煎浴湯，治風瘧，甚驗也。

藒車香

宋・唐慎微《證類本草》卷一〇草部下品〔唐・陳藏器《本草拾遺》〕　藒車香　味辛，溫。主鬼氣，去臭及蟲魚蛀蚛。生彭城。高數尺，白花。《爾雅》曰：藒車，芞音乞輿。郭注云：香草也。《廣志》云：黃葉白花也。

〔宋・唐慎微《證類本草》〕《海藥》按：《廣志》云：生海南山谷。陳氏云：生徐州。微寒，無毒。主霍亂，辟惡氣，裛衣甚好。《齊民要術》云：凡諸樹木蛀者，煎此香冷淋之，善辟蛀蚛也。

明・李時珍《本草綱目》卷一四草部・芳草類　(藒)〔藒〕車香《拾遺》

【集解】藏器曰：《廣志》云：藒車香生徐州，高數尺，黃葉白花。《爾雅》：藒車，芞輿。郭璞云：香草也。珣曰：生海南山谷，《齊民要術》云：凡諸樹木蟲蛀者，煎此香冷淋之，即辟也。時珍曰：《楚詞》：畦留夷與藒車。則昔人常栽蒔之，與今蘭香、零陵相類也。

【氣味】辛，温，無毒。珣曰：微寒。　【主治】鬼氣，去臭，及蟲魚蛀蠹藏器。治霍亂，辟惡氣，熏衣佳。珣。

香薷

唐·孫思邈《千金要方》卷二六《食治·菜蔬》　香菜　味辛，微溫。主霍亂腹痛吐下，散水腫、煩心，去熱。

宋·唐慎微《證類本草》卷二八菜部中品〔《別録》〕　香薷音柔。　味辛，微溫。主霍亂腹痛吐下，散水腫。

〔梁·陶弘景《本草經集注》〕云：家家有此，惟供生食。十月中取，乾之，霍亂煮飲，無不差。作煎，除水腫尤良。

〔宋·掌禹錫《嘉祐本草》〕按：蕭炳云：今新定、新安有石上者，彼人名石香葇，細而辛，更絕佳。孟詵云：香葇，溫。又云：香戎，去熱風。生菜中食，不可多食。卒轉筋，可煮汁頓服半升，止。又，乾末止鼻衄，以水服之。日華子云：無毒。下氣，除煩熱，療嘔逆，冷氣。

〔宋·蘇頌《本草圖經》〕曰：香薷音柔，舊不著所出州土。陶隱居云：家家有之。今所在皆種，但北土差少，似白蘇而葉更細。十月中採，乾之，一作香葇，俗呼香茸。霍亂轉筋，煮飲服之，無不差者。若四肢煩冷，汗出而渴者，加蓼子同切，煮飲。胡洽治水病洪腫，香葇煎：取乾香葇五十斤，一物剉，内釜中，以水淹之，水出香葇上一寸，煮使氣力都盡，清澄之，嚴火煎，令可丸。一服五丸如梧子，日漸增之，以小便利好。壽春及新安有。彼間又有一種石上生者，莖、葉更細，而辛香彌甚，用之尤佳。彼人謂之石香薷。《本經》出草部中品，云：生蜀郡，陵、榮、資、簡州及南中諸山巖石縫中生。二月、八月採苗、莖、花、實俱亦主調中，溫胃，霍亂吐瀉，今人罕用之，故但附於此。

〔宋·唐慎微《證類本草》〕雷公云：凡採得，去根，留葉，細剉，曝乾。勿令犯火。服至十兩，一生不得食白山桃也。《外臺秘要》：治水病洪腫，氣脹，不消食，乾香薷五十斤焙，用濕者亦得，細剉内釜中，水浸之，出香薷上數寸，煮使氣盡，去滓清澄之，漸微火煎令可丸。服五丸如梧子大，日三，稍加之，以小便利爲度。《千金方》：治口臭，香薷一把，以水一斗，煮取三升，稍稍含之。《肘後方》：舌上忽出血如鑽孔者。香薷汁，服一升，日三。《食醫心鏡》：主心煩，去熱。取煎湯作羹煮粥及生食並得。《子母秘録》：小兒白禿髮不生，汁出，燥痛，濃煮陳香薷汁，少許脂和胡粉，傅上。

宋·寇宗奭《本草衍義》卷一九　香薷　生山野，荊湖南、北，二川皆有。兩京作圃種，暑月亦作蔬菜，治霍亂不可闕也，用之無不效。葉如茵蔯，花茸紫，在一邊成穗。凡四五十房爲一穗，如荊芥穗，別是一種香，餘如《經》。

宋·劉明之《圖經本草藥性總論》卷下　香薷　味辛，微溫。主霍亂腹痛吐下，散水腫。孟詵云：去熱風，卒轉筋。又乾末，止血衄，以水服之。

日華子云：無毒。下氣，除煩熱，療嘔逆冷氣。一云：苗、莖、花、實，俱亦主調中溫胃，霍亂吐瀉。《肘後方》治舌上忽出血如簪孔者，香薷汁服之愈。

宋·王介《履巉巖本草》卷下　紫花香葇　性溫，無毒。截四時傷寒，細研爲末，熱酒調一錢服之。

宋·陳衍《寶慶本草折衷》卷二〇　香薷音柔。汁在內。　一名香葇，一名香戎，一名香茸。生壽春，及新安、荊湖南北、二川、兩京。今所在山野皆有。或作圃種之。○十月採，乾。○忌火及山桃。　味辛，平，涼，見薄荷續說。無毒。○主霍亂腹痛、吐下，散水腫。○孟詵云：去熱風，卒轉筋，可煮汁，服半升。又乾末止鼻衄，以水服之。○日華子云：下氣，除煩熱，嘔逆。○《圖經》曰：似白蘇而葉更細。四肢煩，汗出而渴，加蓼子同切，煮飲。○《肘後方》：治舌上忽出血如簪扎，香薷汁服壹升，日三。○寇氏曰：暑月作蔬菜。葉如茵蔯，花茸紫，在一邊成穗。　續說云：張松謂香薷治中暑，艾原甫亦言為解暑之要藥。

元·王好古《湯液本草》卷六　香薷　味辛，微温。《本草》云：主霍亂腹痛吐下，散水腫。

元·尚從善《本草元命苞》卷九　香薷音柔。　味辛，微溫，無毒。主霍亂腹痛吐下，散水腫氣脹不消。除煩熱，調上止嘔吐，溫胃。南地蒔之，北方羌少。似白蘇，葉細，以十月採之。

元·朱震亨《本草衍義補遺》　香薷　屬金與水。而有徹上徹下之功，治水甚捷。肺得之則清化行，而熱自下。又云：大葉香薷治傷暑，利小便。濃煎汁成膏，為丸服之，以治水脹病效。○《本草》言治霍亂不可缺也。

元·徐彥純《本草發揮》卷三　香薷　丹溪云：大葉香薷，治傷暑，利小便。濃煎汁成膏，為丸服之，以治水脹効也。

明·蘭茂撰，清·管暄校補《滇南本草》卷下　香薷　性溫，味苦、辛。解表除邪，治中暑頭疼，暑瀉肚腸疼痛，暑熱咳嗽，發汗，溫胃中和。

附香薷飲：治中暑發熱，頭疼煩渴，出汗，腹痛水瀉，小便短，身體作困。香薷二錢，扁豆二錢，炒。神紬二錢，梔子二錢，炒。赤茯苓三錢，荊芥穗一錢五分，引用燈心草，煎服。

明·蘭茂《滇南本草》〔叢本〕卷下　香薷　香薷飲治中暑發熱，頭疼煩渴，出汗，肚腹疼痛，水泄，小便短少，身體作疼。香薷二錢、扁豆二錢，炒。神

麯二錢、赤茯苓二錢、荊芥穗錢半，引燈草煎服。昔一人得傷寒症，頭疼發熱，咽喉腫疼，飲食不下，口吐痰涎，舌胎黃厚，用解表發散之藥，至十五六天不愈，得此方全愈。荊芥穗、生甘草、赤木通，引用黑豆十五粒，水煨吃一服，喉痛止一半。二服去黑豆，加牛蒡子、連翹，至三服全愈。

明・王綸《本草集要》卷五　香薷　味辛，氣微溫，無毒。　主霍亂腹痛吐下，治霍亂不可缺也。下氣，除煩熱，調中溫胃，治傷暑，利小便，散水腫，治水甚捷，有徹上徹下之功。肺得之則清化行，而熱自下。又治口氣甚捷，蓋口臭是脾有鬱火，溢入肺中，失其清和甘美之意，而濁氣上干故也。

明・滕弘《神農本經會通》卷五　香薷　十月中取，乾之。　味辛，氣微溫。《湯》同。一云：無毒。

《本經》云：主霍亂腹痛，吐下，散水腫。日華子云：無毒。下氣，除煩熱，療嘔逆冷氣。雷公云：治水病洪腫氣脹，不消食。《千金方》云：治口臭。《子母秘録》云：小兒白禿，髮不生，汗出，慘痛，濃煮陳香薷汁少許，脂和胡粉傅之。丹溪云：屬金與水，而有徹上徹下之功，治水甚捷。肺得之則清化行而熱自去。又云：大葉香薷，治傷暑，利小便，濃煎汁成膏為丸，服之，以治脹滿，効。《本草》言治霍亂不可缺也。《湯》云：《本草》同《本經》。《集》云：治口臭甚捷，蓋口臭是脾有欝火，溢入肺中，失其清和甘美之氣，而濁氣上干故也。劊云：香薷下氣除煩熱，消腫調中暖胃家。霍亂轉筋心腹痛，佐方煮飲服之差。即《局方》香薷，霍亂轉筋，心腹痛，除煩消暑。

明・劉文泰《本草品彙精要》卷三九　香薷無毒。　植生。

香薷：主霍亂腹痛吐下，散水腫。名醫所錄。　【名】香茸、香葇、香戎、石香柔。　【苗】《圖經》曰：香薷，似白蘇而葉更細，一作香葇，俗呼香戎。又一種石上生者，莖葉更細而辛香彌甚，用之尤佳，今人謂之石香薷也。《衍義》曰：葉如茵蔯，花茸紫，在一邊成穗，凡四五十房爲一穗，如荊芥穗，別是一種香氣，暑月亦可作蔬菜食之，治暑氣不可闕者也。　【地】舊不著所出州土，今蜀郡、陵榮資簡州及南中諸山岩石間皆有之。【道地】江西新定、新安者佳。　【時】生：二月生苗。採：八月、十月中採。　【收】日乾。　【用】莖、葉、穗。　【質】類白蘇而葉細。　【色】黃綠。　【味】辛。　【性】微溫。　【氣】氣之厚者，陽也。　【臭】香。　【主】消暑氣，止霍亂。　【製】去根，莖、葉剉細用，勿令犯火。　【治】療：陶隱居云：作煎，除水腫。日華子云：下氣，除煩熱，療嘔逆，冷氣。孟詵云：乾末，止鼻衄，水服之。《別録》云：水病洪腫，氣脹，不消食，取乾者五十斤，濕者亦得，剉內釜中，水浸之，出香薷上數寸，煮使氣盡，去滓，沉清之，微火煎令可丸如梧子大，一服五丸，三日稍加之，以小便利爲度。○石香薷，苗、莖、花、實俱調中溫胃，療霍亂吐瀉，又口臭，取一把以水一斗煮取三升，稍稍含之。療舌上忽出血如鑽孔者，煮汁服一盞，日三次，愈。　【合治】合蓼同切煮飲，療霍亂轉筋，轉加四肢煩冷，汗出，而渴者。○陳香薷濃煮汁少許，合脂和胡粉，傅小兒白禿瘡，髮不生，汁出，滲痛。

明・盧和、汪穎《食物本草》卷一菜類　香薷　味辛，氣微溫，無毒。主霍亂，腹痛吐下，下氣，除煩熱，調中溫胃，治傷暑，利小便，散水腫，又治口氣。人家暑月多煮以代茶，可無熱病。一種香菜，味甘可食，三月種之。

明・葉文齡《醫學統旨》卷八　香薷　氣微溫，味辛。無毒。　治霍亂腹痛吐瀉，下氣除煩熱，調中溫胃，解暑，利小便，散水腫，治水甚捷，有徹上徹下之功。肺得之，則清化行而熱自下矣。

明・許希周《藥性粗評》卷一　托香薷而清化，見徹上徹下之功。

香薷，一作香葇，俗名香茸。春生苗，高尺餘，莖葉俱細，氣味辛香，可作菜，亦可煮羹。荊、湘、川、廣原野處處有之，以石上生者更佳。七八月採，去根，暴乾，用紙包封掛，收勿令近火，日久者良。味辛、甘，性微溫，無毒。主治中暑內熱，煩渴霍亂，吐瀉腹痛，下氣調血，消水腫，利小便，溫中養胃。丹溪云：香薷治水甚捷，有徹上徹下之功，肺得之則清化行而熱自下。

單方：心熱內煩：香薷葉同米作粥食之。　水腫氣脹：乾香薷十餘斤，水煮味盡，去渣，微火煎至稠粘，取下，丸如梧桐子大，每服五丸，另煮香薷水送下，日三次，稍稍加服，以小便利為度。　口臭：香薷煎濃湯，含漱吐之，再含，或嚥下數口亦可。　鼻洪鼻血不止：香薷乾者，擣羅為細末，冷水調下一錢匕。

明・許希周《藥性粗評》卷三　香薷蹈白圭之轍，壅注他邦。

香薷，一作香葇。莖高尺餘，似白蘇，葉細聞之有香氣。石縫內生者，謂之石香葇，其葉尤細，入藥尤佳。三月生葉，七八月開茸紫花，凡四五十房為一穗，穗中有子。江南平野處處有之，有蒔之於園圃者，土人夏月以煎水飲之解暑。二、八月連苗莖花實採之，去根，暴乾，以紙封其莖葉，懸掛不落，陳久者尤利入藥。餘說《本草》不載。　味辛，性微溫，無毒。

入手太陰肺經。主治內熱，霍亂嘔逆，腹痛冷氣，清肺解熱，消暑止衄，調中養胃，利小便，尤散水腫，能壅注下行。有似白圭治水之事焉。丹溪云：大葉香薷濃煎汁成膏，為丸，服之以治水脹。

單方：水腫：凡患水氣浮腫，內脹不消者，香薷不拘新陳五十斤，去根土，剉，入釜用水淹沒，煮使味濃氣盡，撈去滓，慢火煎成膏，可丸取下，丸如梧桐子大，每服空心五丸，另煎香薷湯送下，日漸增數枚，以小便通為度而愈。心煩：凡上膈煩熱，肺氣不清者，可煎香薷湯，以之煮粥，時時食之，差。鼻洪：凡患鼻衄出血不止者，用乾香薷搗末，冷水調下一錢匕，差。舌血：凡患舌上忽爾出血如鑽孔者，香薷煎湯，待溫，每服一升，日再。

明・鄭寧《藥性要略大全》卷四 香薷 下氣，除煩熱，主霍亂腹痛吐下，散水腫，調中溫胃。味辛，性微涼，無毒。石上者良。

明・賀岳《醫經大旨》卷一《本草要略》 香薷 《衍義補遺》曰香薷屬金與水，而有徹上徹下之功，治水腫，利小便甚捷，助肺家清化之氣，故能治暑，使火不得爍金也。

明・陳嘉謨《本草蒙筌》卷二 香薷音柔。 味辛，氣微溫，無毒。三伏堪為菜蔬，兩京亦每栽種。入藥拯病，隨處可收。大葉者種優，陳年者効捷。主霍亂中脘絞痛，治傷暑小便澁難。散水腫有徹上徹下之功，肺得之清化行熱自下也。去口臭有撥濁回清之妙，脾得之鬱火降氣不上焉。解熱除煩，調中溫胃。〇又有一種名石香薷，延生臨水附崖，葉細辛香彌甚。今多採此，拯治亦佳。

明・方穀《本草纂要》卷七 香茹 味辛、香，氣微溫，無毒。治水之聖藥也。何也？吾見傷暑而用香茹，即消蓄水；霍亂而用香茹，即利水道；水腫而用香茹，即行小便。大抵香茹之劑，辛溫治水，有徹上徹下之功，肺得之則清氣化行，而蘊熱自下；脾得之則濁氣不干，而水道流行。所以傷暑之人得香茹，而除煩熱；夏月吐利之症得香茹，而調中暖胃；口臭之人得香茹，而清和甘美。蓋此藥《本經》收爲馨香之劑，而專取徹上徹下之功，故也。

明・王文潔《太乙仙製本草藥性大全》卷五《本草精義》 香薷 一名香菜，一名香茸。舊不著所出州土，今處處有之，所在皆種，但北土差少。似白蘇而更細小。十月中採，曝乾用。

明・王文潔《太乙仙製本草藥性大全》卷五《仙製藥性》 香薷音柔。 味辛，氣微溫，無毒。主治：霍亂中脘絞痛，治傷暑小便澁難。散水腫有徹上徹下之功，肺得之清化行熱自下也。去口臭，有撥濁回清之妙。脾得之鬱火降氣不上焉。解熱除煩，調中溫胃。補註：水病洪腫，氣脹，不消食，乾者五十斤燒，用濕者亦得，細剉入釜中，水浸之出香薷上數寸，煮使氣盡，去滓，清澄之，漸微火煎令可丸。〇霍亂轉筋，煮汁服之無不差。〇口臭，用一把，以一斗煮取三升，稍稍含之。〇主心煩去熱，取煎湯、作羹、煮粥及生食並得。〇小兒白禿，髮不生，汁出樄痛，濃煮陳汁，少許脂和胡粉傅上。〇舌上忽出血如簪孔者，煎汁服一升，日二服。太乙曰：凡採得去根留葉，細剉曝乾，勿令犯火，服至十兩，一生不得食白山桃也。

明・皇甫嵩《本草發明》卷五 香薷味辛，溫。 主霍亂，腹痛吐下，散水腫。愚按：時方多治暑邪，而《本經》不言。要之，霍亂吐下，必是因暑濕邪而作者耳。所在皆有，北土差少。似白蘇而葉更細。十月採，乾。一種石上生者，（經）〔莖〕葉細，而辛香尤甚，用之尤佳，名石香薷。又《本經》出草部中品，有云石香菜，二月八月採苗莖花實，但主調取溫胃，霍亂吐瀉。但今人罕用，故附于此。

明・李時珍《本草綱目》卷一四草部・芳草類 香薷音柔。《別録》中品。

校正：自菜部移入此。

〔釋名〕香菜《食療》 香茸同上 香菜《千金》 蜜蜂草《綱目》 時珍曰：薷，本作菜。《玉篇》云菜菜，蘇之類是也。其氣香，其葉柔，故以名之。草初生曰茸，孟詵《食療》作香戎者，非是。俗呼蜜蜂草，象其花房也。〔集解〕弘景曰：家家有此，作菜生食，十月中取乾之。頌曰：所在皆種，但北土差少，似白蘇而葉更細，壽春及新安皆有之。彼間又有一種石香菜，生石上，莖葉更細，色黃而辛香彌甚，用之尤佳。吴人以爲茵陳用之。宗奭曰：香薷生山野間，荆湖南北、二川皆有之。汴洛作圃種之，暑月亦作蔬菜。葉如茵蔯，花茸紫，連邊成穗，凡四五十房爲一穗，如荆芥穗，别是一種香氣。時珍曰：香薷有野生，有家蒔。中州人三月種之，呼爲香菜，以充蔬品。丹溪朱氏惟取大葉者爲良，而細葉者香烈更甚，今人多用之，方莖，尖葉有刻缺，頗似黄荆葉而小，九月開紫花成穗。有細子細葉者，僅高數寸，葉如落帚葉，即石香薷也。

〔修治〕斅曰：凡採得去根留葉，剉曝乾，勿令犯火。服至十兩，一生不得食白山桃也。時珍曰：八九月開花着穗時，採之陰乾，入用。

〔氣味〕辛，微温，無毒。〔主治〕霍亂腹痛吐下，散水腫《別録》。去熱風。卒轉筋者，煮汁頓服半升，即止。爲末水服，止鼻衄孟詵。下氣，除煩

熱，療嘔逆冷氣大明。春月煮飲代茶，可無熱病，調中溫胃。含汁漱口，去臭氣汪穎。主脚氣寒熱時珍。

【發明】弘景曰：霍亂煮飲無不瘥者，作煎除水腫尤良。頌曰：霍亂轉筋者，單煮服之。若四肢煩冷，汗出而渴者，加蓼子同煮服。震亨曰：香薷屬金與水，有徹上徹下之功，解暑利小便，又治水甚捷，以大葉者濃煎丸服。肺得之清化行而熱自降也。時珍曰：世醫治暑病，以香薷飲爲首藥。然暑有乘凉飲冷，致陽氣爲陰邪所遏，遂病頭痛，發熱惡寒，煩躁口渴，或吐或瀉，或霍亂者。宜用此藥，以發越陽氣，散水和脾。若飲食不節，勞役作喪之人，傷暑大熱大渴，汗泄如雨，煩躁喘促，或瀉或吐者，乃勞倦内傷之證，必用東垣清暑益氣湯、人參白虎湯之類，以瀉火益元可也。若用香薷之藥，是重虛其表，而又濟之以熱矣。蓋香薷乃夏月解表之藥，如冬月之用麻黄，氣虛者尤不可多服。而今人不知暑傷元氣，不拘有病無病，概用代茶，謂能辟暑，真癡前説夢也。且其性溫，不可熱飲，反致吐逆。飲者惟宜冷服，則無拒格之患。其治水之功果有奇效。一人妻自腰以下胕腫，面目亦腫，喘急欲死，不能伏枕，大便溏泄，小便短少，服藥罔效。時珍診其脈沉而大，沉主水，大主虛，乃病後冒風所致，是名風水也。用千金神秘湯加麻黄，一服喘定十之五。再以胃苓湯吞深師薷术丸，二日小便長，腫消十之七，調理數日全安。益見古人方皆有至理，但神而明之，存乎其人而已。

【附方】舊四，新六。

一切傷暑：《和劑局方》香薷飲：治暑月卧濕當風，或生冷不節，真邪相干，便致吐利，或發熱頭痛體痛，或心腹痛，或轉筋，或乾嘔，或四肢逆冷，或煩悶欲死，並主之。用香薷一斤，厚朴薑汁炙，白扁豆微炒，各半斤，剉散，每服五錢，水二盞，酒半盞，煎一盞，水中沉冷，連進二服立效。《活人書》：去扁豆，入黄連四兩，薑汁同炒黄色用。

水病洪腫：胡洽居士香薷煎：用乾香薷五十斤，剉，入釜中，以水淹過三寸，煮使氣力都盡，去滓澄之。微火煎至可丸，丸如梧子大。一服五丸，日三服，日漸增之，以小便利則愈。蘇頌《圖經本草》。

通身水腫：深師薷术丸：治暴水風水氣水，通身皆腫，服至小便利爲效。用香薷葉一斤，水一斗，熬極爛去滓，再熬成膏，加白术末七兩，和丸梧子大。每服十丸，米飲下，日五、夜一服。《外臺秘要》。

四時傷寒：不正之氣。用水香薷爲末。熱酒調服一二錢，取汗。《衛生易簡方》。

心煩脇痛：連胸欲死者。香薷擣汁一二升服。《肘後》。

鼻衄不止：香薷研末，水服一錢。《聖濟總録》。

舌上出血：如鑽孔者。香薷煎汁服一升，日三服。《肘後方》。

口中臭氣：香薷一把，煎汁含之。《千金方》。

小兒髮遲：陳香薷二兩，水一盞，煎汁三分，入猪脂半兩，和勻，日日塗之。《永類鈐方》。

白禿慘痛：即上方入胡粉，和塗之。《子母秘録》。

題明・薛己《本草約言》卷二《藥性本草》 香薷 味辛，氣微溫，無毒。陽也，可升可降，入手太陰、足陽明經。調中氣而止霍亂，除煩熱而清暑氣，利小便之不行，治水飲之四溢。○香薷屬金與水，而有徹上徹下之功，治水腫、利小便甚捷，助肺家清化之氣，故能治暑，使火不得爍金也。又治口氣甚捷，蓋口臭是脾有鬱火溢入肺中，失其和美清甘之意，而濁氣上干故也。消暑毒，與白扁豆同功。熱服瀉之。按：時方多治暑邪，而《本經》不言。要之，霍亂吐下，必是因暑濕邪而作者耳。○出自江右，硬梗石生者良。若土香薷軟苗者，不過解暑，其他無效，最能損真氣。

明・佚名氏《醫方藥性・草藥便覽》 香茹 其性苦、辣。[illegible]熱，能消風邪。

明・梅得春《藥性會元》卷中 香薷 味辛，氣微溫，無毒。主治霍亂腹中吐瀉，下氣，除煩熱，調中溫胃，辟口臭，大解傷暑氣，利小便，散水腫。俱作湯服，消水脹甚捷，有徹上徹下之功。肺得之則清化而水自下。用大葉者濃煎成膏丸而服之。《本草》言治霍亂不可闕也。

明・杜文燮《藥鑒》卷二 香薷 氣微溫，味辛，無毒。屬金與水。有徹上徹下之功，治水腫，利小便甚捷。肺得之則化原清，何也？行熱自下也。有撥濁回清之妙，去口臭，解煩熱最佳，脾得之則鬱火散，何也？降氣不上也。惟其溫也，似助火爍金，然辛重於溫，故能益精治水，使火不得以爍金也。

明・李中立《本草原始》卷二 香薷 所在皆種，但北土差少。似白蘇而葉更細。壽春及新安皆有之。《綱目》曰：薷本作葇。《玉篇》云：葇，菜蘇之類是也。其氣香，其葉柔，故名香薷。《食療本草》名香葇。又有一種，生石上，莖葉更細，色黄而辛香彌甚，用之尤佳，宋《開寶》名石香葇。氣味：辛，微溫，無毒。主治：霍亂腹痛吐下，散水腫。○去熱風卒轉筋者，煮汁，頓服半升即止。為末水服，止鼻衄。○下氣，除煩熱，療嘔逆冷氣。○春月煮飲代茶，可無熱病，調中溫胃，含汁漱口，去臭氣。○主脚氣寒熱。

香薷，《本經》中品。【圖略】苗葉花實俱用。

石香葇：氣味：辛，香，溫，無毒。主治：調中溫胃，止霍亂吐瀉，心腹脹滿，腹痛腸鳴，功比香薷更勝。制硫黄。修治：去根，剉用，勿令犯火。服至十兩，一生不得食白山桃也。

《聖濟總錄》：治鼻衄不止，香薷研末，水服一錢。

明・張懋辰《本草便》卷二 香薷 味辛，氣微溫，無毒。主霍亂腹

痛、吐下，治霍亂不可缺也。下氣，除煩熱，調中溫胃，治傷暑，利小便，散水腫，治水甚捷，有徹上徹下之功，肺得之則清化行，而熱自下。又治口氣甚捷，蓋口臭是脾有鬱火溢入肺中，失其清和甘美之意，而濁氣上干故也。

明·吴文炳《藥性全備食物本草》卷一 香薷 味辛，氣微溫，無毒。主霍亂，中脘絞痛；治傷暑小便澁難，消水腫，有徹上徹下之功，肺得之清化行，熱自下也；去口臭，有潑濁回清之妙，脾得之鬱火降，氣不上焉；解熱除煩，調中溫胃；舌上忽出血如簪孔者，煎汁服一升，日二服，瘥。

明·李中梓《藥性解》卷四 香薷 味辛，性微溫，無毒，入肺、胃二經。主下氣，除煩熱，定霍亂，止嘔吐，療腹痛，散水腫，調中溫胃，最解暑氣。

按：香薷性溫，其除熱解暑之功，何若是其著也！不知炎威酷暑，則臟腑伏陰，胸腹有凝結之憂，而皮膚多蒸熱之氣，得香薷之辛以散之，溫以解之，而傷暑之症，從茲遠矣。熱服令人泄瀉，久服耗人真氣。江右硬梗石生者良，土香薷苗軟，但能解暑，其他無效。

明·繆希雍《本草經疏》卷九 香薷 味辛，微溫。主霍亂腹痛吐下，散水腫。菜部移入。

【疏】香薷，丹溪謂其有金與水，然亦感夏秋之氣以生者，故其味辛，其氣微溫而無毒。可升可降，陽也。入足陽明、太陰，手少陰經。辛散溫通，故能解寒鬱之暑氣，霍亂腹痛。吐下轉筋，多由暑月過食生冷，外邪與內傷相並而作。辛溫通氣，則能和中解表，故主之也。散水腫者，除濕利水之功也。孟詵謂其去熱風，卒轉筋者，煮汁頓服半升即止。為末，水調服，止鼻衄。日華子謂其下氣，除煩熱，療嘔逆冷氣。汪穎謂其夏月煮飲代茶，可無熱病。調中溫胃。含汁嗽口，去臭氣。【主治參互】香薷飲，有十味者，有六味者，有加黄連者。雖同為袪暑之藥，然脾、胃、腎俱虚之人，當以十味者為準。除有肺熱咳嗽病者，去人參、白术、黄耆。治水腫以之為君，當同人參、朮、木瓜、茯苓、橘皮、白芍藥、車前子，良。《和劑局方》香薷飲，治一切傷暑，或暑月卧濕當風，或生冷不節，真邪相干，便致吐利，或發熱頭痛體痛，或心腹痛，或轉筋，或乾嘔，或四肢逆冷，或煩悶欲死：竝用香薷一斤，厚朴薑製、藊豆微炒各半斤，剉散，每用五錢，水二盞，煎一盞，水中沉冷，連進二服，立效。《活人書》去藊豆，入黄連四兩，薑汁同炒黄色。《外臺秘要》治水病，洪腫氣脹，食不消。乾香薷五十斤，剉入釜中，以水淹過三寸，煮使氣盡，去滓澄之，微火煎至可丸，丸如梧子大。一服五丸，日三服，漸加之，以小便利則愈。宜有朮同煎。《外臺秘要》薷朮丸，治暴水，風水，氣水，通身皆腫，服至小便利為效：用香薷葉一斤，熬成膏，加白朮末七兩，如丸梧子大。每服十丸，米飲下，日五夜一服。《肘後方》治心煩，脇痛連胸欲死者。香薷搗汁二升服。《聖濟總錄》治鼻衄不止，香薷研末，水服一二錢。《肘後方》治舌上出血，如鑽孔者。香薷煎汁，服一升，日三進。《千金方》治口臭，香薷一把，煎汁含之。《食醫心鏡》主心煩，去熱。取煎湯，作羹煮粥及生食亦得。《子母秘錄》治小兒白秃髮不生，汁出燥痛。濃煮陳香薷汁，入猪脂少許，和胡粉傅之。

《衍義》云：治霍亂不可缺，用之無不效。雷公云：凡採得，去根留葉，細剉曝乾，勿令犯火。服至十兩，一生不得食白山桃也。【簡誤】香薷性溫，不宜熱飲，故治乘涼飲冷，寒與暑氣相搏激，是陽氣為陰邪所遏，以致頭疼發熱惡寒，煩躁口渴，或吐，或瀉，或霍亂者，宜用此藥以發越陽氣，散水和脾則愈。若夫飲食不節，勞役斲喪之人，傷暑熱而病大熱大渴，汗泄如雨，煩躁喘促，或瀉或吐者，乃勞倦內傷之證，宜從東垣人參白虎湯、清暑益氣湯、桂苓甘露飲之類，以瀉火益元可也。然中熱不吐瀉者，宜人參白虎湯；吐瀉者，宜清暑益氣湯、桂苓甘露飲。設用香薷，是重虚其表而又濟之以溫，則誤矣。蓋香薷乃夏月解表之藥，表無所感，而中熱為病，何假於此哉？誤則損人表氣。戒之！戒之！

明·倪朱謨《本草彙言》卷二 香薷 味辛、甘，性溫，無毒。可升可降，陽也。入足陽明、太陰，手少陰經。寇氏曰：香薷生山野間，荆、湖南北二州皆有之。中州人作圃，三月種之，暑月可作蔬食。四月生苗，葉似茵陳，穗似荆芥，花似水蘇。其莖方，其葉尖、有缺，似黄荆葉而小。九月開花，色紫作穗，凡四五十房爲一穗。香氣清烈可羡。丹溪氏惟取大葉者。又有細子細葉者，僅高數寸，葉如落帚，延生臨水附崖，芬芳更甚，即石香菜也。九月開花著穗時采之更佳。凡修治，去根留葉，曝乾，勿令犯火氣。

香薷：李時珍和脾治水之聖藥也。金山臺稿主山嵐瘴癘，寒熱蠱毒，脚氣疝氣，水腫濕熱等證。又傷暑用之，即消蓄水。霍亂用之，即定煩躁。水腫用之，即行小便。其辛溫利水，有徹上徹下之效；甘溫和脾，有撥濁回清之功。所以肺得之，則清氣化行而蘊熱自下；脾得之，則濁氣不干而水道流

行也。世醫治暑病，以香薷飲爲首藥。凡暑月乘凉飲冷，致陽氣爲陰邪所遏，遂病頭疼，發熱惡寒，煩躁口渴，或吐或瀉，或霍亂者，宜用此藥，以發越陽氣，散寒和脾可也。若飲食失節，飢餓傷脾之人；或大暑行途，赤日負重之人；或勞傷氣力，房帷斲喪之人，如傷暑邪，大熱大渴，汗泄如雨，煩躁喘促，或吐或瀉者，乃内傷勞倦受熱之證，必用清暑益氣湯，人參白虎湯、桂苓甘露飲之類，以清火益元可也。然中熱不吐瀉者，宜人參白虎湯；吐瀉者，亦宜桂苓甘露飲。若用香薷之藥，是重虚其表而又濟之以熱，大謬矣！蓋香薷乃夏月解表之藥，表無所感而中熱爲病，何假于此哉？誤用則損伐表氣，戒之！今人但知暑月宜用香薷飲，不問有病無病，在表在裏，或虚或實，或陰或陽，概用此飲，謂能辟暑，互相傳服。强壯無病者倖免，而氣虚有他病者，蒙害多有不覺。且其性溫善湧，熱飲反至吐逆。苟明此理，則香薷可用不可用無誤也。

邵行甫先生曰：暑與熱同義而異名，中暑即中熱也，何分之有？歷代醫家乃有中暑、中熱之分，吾不知其所謂！假如道中行人，酷日躦程；野中農夫，暄天勞力，津竭汗盡，咽喉如燒，飢未得食，渴未得飲，勞未得息，卒然昏冒，不省人事，身體發熱，名爲中熱。雖謂之中暑亦可也。至于素享富貴之人，其性不耐寒暄。每至暑月，即池亭水閣，以安其身；浮瓜沉李，以供其口；環冰揮扇，以祛其熱；藤簟竹床，以取其凉。炎蒸不來，清風滿座。内有伏陰，外受凉氣，汗不流而肌理密，陰愈侵而陽不發，卒然昏眩，寒熱交作，嘔吐腹痛，乃爲夏月感寒，非中暑也。法當溫以理其中，辛以散其表，不可執中暑之説，而用治暑之劑也。宜以生薑、葱白、木香、陳皮、羌活、紫蘇之類。

集方：南僧海玉傳治嵐蒸瘴氣寒熱，或蠱毒脹滿，用香薷四兩，厚朴薑水炒，大腹皮酒洗，各一兩，俱炒燥爲末，每服三錢，白湯煎服，得吐即解。○同前治暑熱受寒濕，因食水果油膩等物，隨病脚氣或疝氣。用香薷一兩，橘核、厚朴、檳榔、木瓜、小茴香、蒼朮各八錢，共爲末，每服三錢，白湯送下。脚氣疝氣兼治。○馬瑞雲方治陰霍亂，吐瀉不止，惡寒不渴，手足厥逆。用香薷一兩，木香、肉桂、人參各三錢，共爲末，每服三錢，生薑湯下。○同前治熱霍亂，大熱大渴，煩渴引飲。用香薷一兩，川連、滑石各三錢，共爲末，每服二錢，白湯下。○《外臺秘要》已下共三方治水病浮腫。用香薷八兩，車前二兩，茯苓三兩，共爲末，白湯調，冷服三錢。○治暴水、風水、氣水，通身浮腫。用香薷一斤，熬爛去渣，再熬成膏，加白朮末八兩，和丸梧子大，每服一錢，白湯下。服至小便通利爲效。○治水腫。以香薷爲君，當同人參、苓、朮、木瓜、陳皮、白芍藥、車前子，良。○《和劑局方》治一切傷暑，或暑月臥濕當風，或生冷不節，真邪相干，便至吐利；或發熱頭痛體痛，或心腹痛，或轉筋，或乾嘔，或四肢逆冷，或煩悶欲死。用香薷二兩，厚朴薑製、藊豆微炒，各一兩，川黄連五錢炒，水五大碗，煎二碗，頓冷服，立效。○香薷飲有十味者，有六味者，有加黄連者。雖同爲祛暑之藥，然脾、胃、腎俱虚之人，當以十味者爲準。除有肺熱咳嗽病者，去人參、白朮、黄耆。○《肘後方》治心煩脅痛連胸欲死者。用香薷搗汁二升，服。○《聖濟錄》治鼻衄不止。香薷研末，水調服一二錢。○《千金方》治口臭。以香薷一把，煎汁含之。○《衍義》云：治霍亂，香薷不可缺，用之無不效。

明·姚可成《食物本草》卷一九草部·芳草類 香薷有野生，有家蒔。方莖，尖葉，有刻缺，頗似黄荆葉而小。九月開紫花成穗。有細子細葉者，僅高數寸。中州人三月種之，呼為香菜，以充蔬品。

香薷，味辛，微溫，無毒。治霍亂腹痛吐下，散水腫，去熱風。卒轉筋者，煮汁頓服半升，即止。為末水服，止鼻衄。下氣，除煩熱，療嘔逆冷氣。春月煮飲代茶，可無熱病，調中溫胃。含汁漱口，去臭氣。主脚氣寒熱。○朱丹溪曰：香薷屬金與水，有徹上徹下之功。解暑，利小便。又治水甚捷，以大葉者濃煎丸服。肺得之，清化行而熱自降也。

附方：治通身水腫，深師薷朮丸，治暴水、風水、氣水，通身皆腫，服至小便利為效。用香薷葉一斤，水一斗，熬極爛，去滓，再熬成膏，加白朮末七兩，和丸梧子大，每服十丸，米飲下，日五、夜一服。

明·顧逢柏《分部本草妙用》卷四肺部·溫瀉 香薷 辛，微溫，無毒。

主治：解暑清肺，霍亂腹痛吐下，散水腫，除煩熱，溫胃，脚氣寒熱。香薷屬金與水，有徹上徹下之功，解暑治水甚捷，肺得之而清化行，熱自降也。世醫治暑病，動以香薷為首藥。如果乘涼飲冷，陽氣為陰邪所遏，頭痛發熱，惡寒煩燥，吐瀉霍亂者，宜以此發越陽氣，散水和脾。若飲食不節，勞役斲喪，傷暑大熱汗渴，煩燥喘促吐瀉者，勞倦內傷之症，而亦用此，不亦重虛其表，而益其熱乎？此非清暑益元、人參白虎湯不可。奈何不問有病無病，概

以代茶，不猶痴人前說夢耶？

明·黄承昊《折肱漫録》卷三　香薷乃散陽氣，導真陰之劑，真中暑方可用。今人畏暑輒浸冷而快服之，適所以招暑而取病耳。若元氣素虚及房勞過度者，尤不宜服。立齋云：人有患暑症，沒而手指甲或肢體青黯者，皆不究其因，不溫補其內，而泛用香薷之類，所悮也。

明·李中梓《醫宗必讀·本草徵要上》　香薷味辛，微溫，無毒。入肺、胃二經。忌見火。

主霍亂水腫，理暑氣腹疼。治乘涼飲冷，陽氣為陰邪所遏，以致頭疼發熱，煩躁口渴，吐瀉霍亂，宜用之以發越陽氣，散水和脾則愈。若勞役受熱，反用香薷，是重虚其表，而又濟之以溫，則大誤矣。按：香薷乃夏月解表之劑，無表邪者戒之。

明·鄭二陽《仁壽堂藥鏡》卷一〇下　香薷一名石香葇。《本草》云：香薷調中溫胃，脹滿腸鳴。味辛，性微溫，無毒。入肺、胃二經。硬梗、石生者良。隱居曰：霍亂腹痛。大明曰：下氣，除煩熱。丹溪曰：屬金與水，有徹上徹下之功。解暑，利小便，治水甚捷。肺得之清化行而熱自降也。時珍曰：世醫治暑以香薷為首，然暑有乘涼飲冷，陽氣為陰邪所遏，頭痛發熱，惡寒煩躁，口渴，或霍亂吐瀉，宜用此以發越陽氣。若勞役鑿喪之人，傷暑大熱大渴，汗泄如雨，煩躁喘促，或吐或瀉，乃內傷之症，必用東垣清暑益氣湯、人參白虎湯以瀉火益元可也。若用香薷，是重虚其表，而又濟之以熱矣。氣虚者尤不可服。今人不問有病無病，謂能辟暑，概用代茶，真癡前說夢也。性溫不可熱服，反致吐逆。冷服則無拒格之患。按：香薷治水腫甚捷，今人罕知用者。深師薷朮丸、胡居士香薷煎，皆有神功，不誣也。去口臭，有撥濁回清之妙。脾得之，鬱火一降，氣不上焉。

明·蔣儀《藥鏡》卷一温部　香薷　口得之，則鬱火散而臭息。肺得之，則清化行而熱消。同參、朮、茯苓、木瓜，捷驅水腫。同厚朴、黄連、稨豆，頓解暑煩。霍亂吐瀉之靈苗，調胃和中之仙草。血衄舌上，一味單煎。鼻衄不休，搗汁水咽。然惟乘涼飲冷，陰邪閉遏清陽，而患頭痛，惡寒發熱等症者，此能發越陽氣，散水和脾。至若飲食不節，勞役斲喪之人，病由內傷，必須清暑益氣、人參白虎等劑，以瀉火益元，則庶幾可耳。

明·李中梓《頤生微論》卷三　香薷　味辛，性溫，無毒。入肺、胃二經。石生硬梗者良。發散夏月淒愴寒邪，下氣，定霍亂腹痛，利小便，治水腫甚捷。

按：香薷味辛性溫，為夏月發散陰寒之劑，如納涼過度，飲冷太多，陽氣為陰邪所遏，以致頭痛發熱，煩燥口乾，吐瀉霍亂宜用之。以發越陽氣，散水和脾則愈。若勞役受熱，反用香薷，是重虚其表，反助其熱，害人不淺。近世市人多煎混售，嘿受其禍者，曷可勝數。

明·張景岳《景岳全書》卷四八《本草正》　香薷　味苦、辛，氣寒。氣輕，能升能降。散暑熱霍亂，中脘絞痛，小便澁難，清肺熱，降胃火，除躁煩，解欝滯。為末水服，可止鼻衄。煮汁頓飲，可除風熱轉筋，去口臭。濕熱水腫者可消，中寒陰臟者須避之。

明·賈九如《藥品化義》卷一一風藥　香薷　屬陽有金與水，體輕，色青，氣香，味辛，性微溫，能升能降，力解暑邪，性氣與味俱輕清，入肺胃二經。香薷味辛氣香，辛香主散，體質輕揚，輕可去實，能下氣解暑散熱。夫暑者陽氣，陽邪內侵，謂之伏暑。若暑傷心肺，則引飲口燥，煩悶咽乾惡心。暑傷脾胃，則腹痛霍亂吐痢。以此消解，使心肺得之，清化之氣行；使脾胃得之，鬱熱之火降。香薷飲須煎冷服，《經》曰：治溫以清，冷而行之。火令炎蒸，流金爍石，入井水沉冷服之，取冷而行之之義也。但脾虚人，或有慾事者，及女經適來，又當禁用。取其氣味清香，此為清藥，解散熱邪，調中清胃，能除口臭，撥濁回清；此亦通氣藥，膀胱氣化則小便利，治水腫甚捷。若夏月乘涼飲冷，感陰邪者恐誤認暑症，切忌之。

明·蕭京《軒岐救正論》卷三　香薷　氣香味辛，諸家咸稱為治暑要藥。但暑有不同，而方法亦隨異設。若乘涼飲冷，致陽氣為陰寒所遏，遂病頭痛發熱，惡寒口燥，或霍亂而成吐瀉，固宜用此，以升散風寒，消水和脾，古方亦有用大順散者。蓋暑月之用香薷，亦猶三冬之用麻黄，若氣虚則不宜輕用也。其有起居失宜，飲食失節，勞役斲喪之人，中暑大汗，燥渴喘促，脉見芤虚，或遲細，或吐或瀉，乃勞倦內傷不足之症，須清暑益氣湯，或人參白虎湯，去石膏及苦寒之味，而主以益氣清火之品，則善矣。又有傷暑而兼夾陰，尤須舍時從症，倘此而概投香薷，耗泄真陽，必變而為惕瞤，亡陽之禍，殊犯虚虚之戒。若形氣俱實而傷暑者，投以瓜水之屬，無不愈也。今人暑月不拘有無傷暑，煎此代茶。豈知氣香主竄，味辛主散，元氣虚者，反以招暑取中，亦如久飲川芎，而得暴亡之害者也。又有謂香薷善治諸水，蓋水多主藏虚，惟

形氣未嬴，病在經腑者，《深師》薷术丸用之可效，但不得一例視也。唯能明于氣化之義者，斯可與語治水之方矣。試思氣化之義云何。

明・施永圖《本草醫旨・食物類》卷二 香薷 味：辛，氣微溫，無毒。止霍亂，腹痛吐下，下氣除煩，調中溫胃，治傷暑，利小便，散水腫。又治口氣，暑月煮以代茶，可消熱病。又有一種香菜，味甘，可食，三月種之。○香薷宜冷，不宜熱，冷却暑氣，熱則無益。

明・盧之頤《本草乘雅半偈》帙八 香薷《別錄》中品 氣味：辛，微溫，無毒。主治：主霍亂，腹痛吐下，散水腫。

覈曰：生山野間，荊湖南北、二川皆有，中州人作圃種之，呼為香菜，用充蔬品。四月生苗，葉似茵蔯，穗似荊芥，花似水蘇，氣味則迥別也。一種葉大莖方，似牡荊葉而尖小；一種葉最細，僅高數寸，葉似落帚，芬芳轉勝，乃石香薷也。九月開花著穗時，采之彌佳。去根，取莖葉暴乾。修事：各隨方製，勿令犯火，服至十兩，一生不得食白仙桃矣。

參曰：香臭也，薷柔也。亦工于區別解釋也。以言其臭香，其質柔，其功力工于區別解釋也。世固熟知其功力工于治暑，第未暇詰其能治之因，所治之證，謹守水中頓冷飲法，亦未暇詰其飲法之宜忌，失却香薷幾多功績矣。蓋暑氣流行曰暑淫，肺金受邪曰金鬱。暑淫則勝己所勝之金，金鬱則必待己所生之水，為母復所不勝之暑，暑自降心而退舍焉。然則香薷功力，既屬解釋肺金之助品，宜乎全具區別水大之體用者也。是故別水之體，區水之用，其功獨著。《經》云：飲入于胃，遊溢精氣，上輸于肺，通調水道，下輸膀胱。顧精氣之不遊不溢，水道之不通不調，亦令金受其鬱，則鬱金之因，不獨暑氣而已。香薷功力，亦不獨僅逆暑氣而已。即遊溢精氣，通調水道，亦即所以穌金之鬱，設舍遊溢其精氣，上輸于肺，亦無繇通調其水道，下輸于膀胱。香薷功力，又屬精氣之助品矣。《經》云：金鬱則泄之。疏云：解表利小水也。顧玄府閉，則表氣拒，幽門闔，則膀胱癃。亦令金受其鬱，即開提玄府，啟闢幽門，亦即所以穌金之鬱。設舍開提其玄府，亦無繇啟闢其幽門。香薷功力，又屬玄府之助品矣。玄府毛孔，幽門濁道也。《經》云：藏真高于肺，以行營衛陰陽也。顧營泣脈中，衛弛脈外，陽失衛固，陰亡起亟，亦令金受其鬱。即整營于脈中，肅衛于脈外，固陽之守，起陰之使，亦即所以穌金之鬱。設舍高源之藏真，營衛陰陽，亦無繇將行其形藏。香薷功力，又屬藏真之助品矣。至于肺主氣，氣壅亦令金鬱；肺竅鼻，鼻窒亦令金鬱；肺為開，開折亦令金鬱；肺司聲，聲嘶聲瘖，亦令金鬱；肺通朝使，朝使廢，亦令金鬱；肺行呼吸，呼吸賁，呼吸弛，亦令金鬱；肺華皮毛，毛落皮聚，亦令金鬱。乃若悲傷肺，憂愁亦傷肺，泣則勢亂難支，弛則斫廢無度。陰者藏精而起亟，陽者衛外而為固；陽在外，陰之使也。陰在內，陽之守也。肺朝百脈，爲百脈之使。陰在肺者朝使之官，治節出焉。魄失奠安亦傷肺，形寒飲冷亦傷肺，治節不出亦傷肺。與逆秋氣則太陰不收，肺氣焦滿，均名之曰金鬱。以及種種鬱金之因，變生種種金鬱之證。咸可穌之，穌之即所以泄之。《經》言金鬱則泄之，泄之之義，又不獨疏言解表利小水而已矣。《別錄》主治霍亂。霍亂者，陰陽舛錯，固屬藏真失于將行，第水穀不泌，亦失于區別。率爾吐下，寧非土鬱乎。土鬱則奪之，香薷功力，又工于奪土之鬱矣。即治五水暴聚成腫，固屬精氣失于遊溢轉輸，第水以潤為體，溉為用，聚則具體無用，寧非水鬱乎。水鬱則折之，香薷功力，原工于折水之鬱。今更昭然顯著矣。諦觀致病霍亂五水之因，又寧獨暑氣為本，本風亦可，本寒亦可，本濕亦可，本虛亦可，本實亦可，本營衛不調亦可，本飲食失節亦可。香薷功力，不獨僅逆暑氣，亦昭然顯著矣。《簡易方》主四時傷寒不正之氣，斯足徵矣。即《局方》香薷飲，陳列因證，治暑月臥濕當風，生冷不禁，以致真邪相干，遂成吐逆，或發熱頭痛體痛，或心腹痛，或轉筋乾嘔，或四肢逆冷，煩悶欲死者，佐以藊豆、厚朴，剉末作散，以酒以水，煮之成飲，更足徵矣。設僅逆暑氣，大明亦胡以主療嘔逆冷氣，而反從治其本寒，與標陰之因證者乎。瀕湖有云：夏月之用香薷，猶若冬月之用麻黃，又足徵矣。《肘後方》治舌上出血如鑽孔。《聖惠方》治鼻中衄血不止。《外臺秘要》方治吐血如湧泉。《永類鈐方》治小兒髮遲，髮即血之餘也。誦此四方，則知藏真高于肺，以行營衛陰陽之機彀矣。《局方》煎之以酒以水，水中頓冷飲，胡洽居士水熬作圓，《深師方》取汁煉膏，《簡易方》搗篩成末，酒調熱服取汗，此各因其勢而利導之。又寧獨水中頓冷飲，反佐以取之之一法乎。更觀古人稱香薷曰膳膏，則得之矣。頤偶有所得，不避譏嫌，推廣如此。或藉此尋求五鬱之因證，比量藥石之功力，不致為耳食所束縛，則草木疾疢之幸大矣。

明・李中梓《本草通玄》卷上 香薷 辛，溫，入肺。發散暑邪，通利小便，定霍亂，散水腫。世醫治暑，概用香薷，殊不知香薷為辛溫發散之

劑。如納涼飲冷，陽氣為陰邪所遏，以致惡寒發熱、頭痛、煩渴，或霍亂吐瀉者，與之相宜。若勞役傷暑，汗多煩喘，必用清暑益氣湯。如大熱大渴，人參白虎湯，以瀉火益元。若用香薷，是重虛其表，反助其熱矣。今人不知暑傷元氣，概用香薷代茶，不亦誤乎。《外臺秘要》用香薷一斤，熬膏，加白朮末七兩，丸如桐子，米飲送下。治通身水腫，頗著神功。忌火，亦忌日〔曬〕。

清·顧元交《本草彙箋》卷二 香薷 爲治暑之主藥。暑者，陽氣也。陽邪內侵，謂之伏暑。暑傷心肺，則引飲口燥，煩悶咽乾，惡心。暑傷脾胃，則腹痛霍亂吐利。以此消解，使心肺得之清化之氣行；脾胃得之鬱熱之火降。而香薷飲必澄冷服者，以香薷性溫，熱服反致吐逆，須冷服之，方免拒格耳。《經》云：治溫以清冷而行之，火令炎蒸，流金爍石，入井水沉冷飲之，取冷而行之之義也。但傷熱中暑固宜有辨。傷熱者爲熱所傷症也，故沃之以清涼，而中寓解散之意。中暑者爲寒所中傷也，如夏月乘涼飲冷，寒暑相搏，以致陰邪遏抑陽氣，頭痛發熱，惡寒煩躁，口渴，或吐或瀉，或霍亂者，宜香薷飲以發越陽氣，散水和脾。然使脾胃俱虛，無肺熱咳嗽病，又宜十味香薷飲，不宜專用六味。若夫飲食不節，勞役斲喪之人，傷暑大熱大渴，汗泄如雨，煩躁喘促，或瀉或吐，乃勞倦內傷之症，宜從東垣人參白虎湯、清暑益氣湯、桂苓甘露飲之類，以瀉火益元可也。其中熱不吐瀉者，宜人參白虎。中熱吐瀉，宜清暑益氣、桂苓甘露。此又有微辨，如前等證設用香薷，是重虛其表，而又濟之以熱矣。夫香薷爲夏月解表之劑，如冬月之用麻黃，氣虛者斷不宜多服。今人不知暑傷元氣，不拘有病無病，概作茶飲，謂能辟暑，豈不惑哉？

香薷屬金與水，有徹上徹下之功，解暑利小便，治水甚捷，故除水腫有奇效。李時珍記一士妻，自腰以下胕腫，面目俱腫，喘急欲死，不能伏枕，大便溏泄，小便短少，脈沉而大，沉主水，大主虛，乃病後冒風所致，是名風水。用千金神秘湯加麻黃，一服喘定十之五，再以胃苓湯吞深師薷朮丸，二日小便長，腫消十之七，調理數日全安。薷朮丸，用香薷葉一觔，熬成膏，加白朮末七兩，和丸梧子大，每服十丸，米飲下，日五夜一服，凡暴水、風水、氣水，通身皆腫，服至小便利爲度。 香薷一把，煎汁含漱，能除口臭，亦取其清徹胃家鬱熱。

清·穆石匏《本草洞詮》卷八 香薷 其氣香，其葉柔，故以名之。氣味辛，微溫，無毒。調中溫胃，治霍亂腹痛吐下，療嘔逆，散水腫，主脚氣寒熱，含汁嗽口去臭氣。蓋香薷屬金與水，有徹上徹下之功。解暑利小便，以大葉者濃煎汁服。肺得之清化行而熱自除也。世醫治暑病，以香薷飲為首藥，凡暑月乘涼飲冷，致陽氣為陰邪所遏，遂病頭痛，發熱惡寒，煩躁口渴，或吐或瀉，或霍亂者，宜用此藥，以發越陽氣，散寒和脾。若飲食不節，勞役作喪之人傷暑，大熱大渴，汗泄如雨，煩躁喘促，或瀉或吐者，乃勞倦內傷之證，必用清暑益氣湯，人參白虎湯之類，以瀉火益元可也。若用香薷之藥，是重虛其表，而又濟之以熱矣。蓋香薷乃夏月解表之藥，如冬月之用麻黃，氣虛者尤不可服。今人不知暑傷元氣，不拘有病無病，概用代茶，謂能辟暑，真癡人前說夢矣。且其性溫，不可熱飲，反致吐逆也。

清·劉雲密《本草述》卷八下 香薷音柔。 之頤曰：生山野間，荊湖南北、二川皆有之，中州人作圃種之，呼為香菜，用充蔬品。四月生苗，葉似茵蔯，穗似荊芥，花似水蘇，氣味則迥別也。一種葉大莖方，似牡荊葉而尖小；一種葉最細，僅高數寸，葉似落帚，芬芳轉勝，乃石香薷也。九月開花，著穗時采之彌佳。 氣味：辛，微溫，無毒。

諸本草主治：散肺邪氣，助肺清化。脾胃得之鬱開氣下，撥濁回清，治霍亂腹痛吐下，散水腫，利小水，止衄吐，療中暑，內熱煩渴要藥。 方書主治：中暑傷暑，瘧，霍亂。

丹溪曰：香薷，屬金與水，而有徹上徹下之功，治水甚捷。肺得之則清化行，而熱自降。又云：大葉香薷治傷暑，利小便，濃煎汁成膏，為丸服之，以治水脹病效。《本草》言治霍亂不可缺也。

時珍曰：香薷飲胥謂治暑首藥，然暑有乘涼飲冷，致陽氣為陰邪所遏，遂病頭痛發熱惡寒，煩躁口渴，或吐或瀉，或霍亂者，宜用此藥，以發越陽氣，散水和脾。若飲食不節，勞役斲喪者，傷暑大熱大渴，汗泄如雨，煩躁喘促，或瀉或吐，乃勞倦內傷之證，必用東垣清暑益氣湯，人參白虎湯之類，以瀉火益元可也。若用香薷之藥，是重虛其表，而又濟之以溫，則誤矣。蓋香薷乃夏月解表之藥，按：此語不確。如冬月之用麻黃，氣虛者豈可多服？但其功在治水。一女子自腰以下〔附〕〔胕〕腫，面目赤腫，喘急欲死，不能伏枕，大便溏泄，小便短少，服藥罔效。時珍診其脈沉而大，沉主水，大主虛，乃病後冒風所致，是名風水。用千金神祕湯加麻黃，一服喘定十之五，再以胃苓湯吞

深師薷朮丸二日，小便長，腫消十之七，調理數日全安。於此見古人方，皆有至理。而此味治水之功，果有奇效也。

之頤曰：香薷世類用之治暑，而未暇究其所以能治暑也。蓋暑氣流行，曰暑淫；肺金受邪，曰金鬱。暑淫則傷金，而侮其所勝，金鬱則藉子水以救母，而復其所不勝。《經》曰：飲入於胃，遊溢精氣，上輸於肺，通調水道，下輸膀胱。顧精氣之不遊不溢，水道之不通不調，亦令金受其鬱。香薷大能別水之體，區水之用，不即能和金之鬱乎？第舍遊溢其精氣，上輸於肺，亦無由通調水道，下輸膀胱，是香薷之功力，在精氣也。《經》云：金鬱則泄之。疏云：解表，利小水也。顧元府汗孔也閉，則表氣拒；幽門水道也闔，則膀胱癃，亦令金受其鬱。即開提元府，啟闢幽門，亦即所以和金之鬱，設舍開提其元府，亦無由啟闢其幽門，是香薷之功力又在元府也。《經》曰：藏真高於肺，以行營衛陰陽也，顧營泣脈中，衛弛脈外，陽失衛固，陰亡起亟，亦令金受其鬱，即整營於脈中，肅衛於脈外，固陽之守，起陰之使，亦即所以和金之鬱，設舍高源之藏真，營衛陰陽亦無由將行其形藏，是香薷功力，更在藏真也。《本草》云治霍亂腹痛吐下，散水腫，夫五水暴聚成腫，固精氣失於遊溢轉輸，而霍亂者，陰陽舛錯，屬藏真失於將行也。而香薷胥治之，然諦審致病霍亂五水之因，寧獨暑氣為本風，亦可本寒，亦可本溼，亦可本虛，亦可本實，亦可本營衛不調，亦可本飲食失節，亦可是則香薷之胥治者，其功力僅以逆暑氣而為用乎？即略證於一二，如《易簡方》主四時傷寒不正之氣，日華子主嘔逆冷氣，不可以推廣其用，而固不僅於逆暑氣歟。更《肘後方》治舌上出血如鑽孔，《聖惠方》治鼻中衄血不止，王燾《外臺秘要》方治吐血如涌泉，李仲南《永類鈐方》治小兒髮遲，髮即血之餘也。誦此四方，則知藏真高於肺，以行營衛陰陽之機轂矣。又於鬱金條下，有云鬱金與香薷合其德，略有異同。香薷偏於衛與陽，鬱金偏於營與陰，將形藏彌元府，敷幽門則一耳。

希雍曰：香薷，丹溪謂其有金與水，然亦感夏秋之氣以生者，故其味辛，其氣微溫而無毒，可升可降，陽也，入足陽明、太陰、手少陰經。

香薷飲有十味者，有六味者，有加黃連者，雖同為祛暑之藥，然脾胃腎俱虛之人，當以十味者為準，除有肺熱咳嗽病者，去人參、白朮、黃耆。

治水腫以之為君，當同人參、朮、木瓜、茯苓、橘皮、白芍藥、車前子良。

深師即梅師薷朮丸治暴水風水氣水，通身皆腫，服至小便利為效，用香薷葉一斤，水一斗，熬極爛，去渣，再熬成膏，加白朮末七兩，和丸梧子大，每服十丸，米飲下，日五夜一服。

愚按：香薷之治，止《別録》首言其主霍亂，腹痛吐下，散水腫。而日華子言其下氣，除煩熱，療嘔逆冷氣，乃治暑病者，槩為要藥。而於《別錄》、日華子所主之證，未一體察，亦漫以為治暑耳。孰如盧之頤氏能悉其所以治暑者乎？《經》曰：藏真高於肺，以行營衛陰陽也。夫心、肺、胃、上焦，合而營諸陽，而先哲曰營之機不動，則衛氣不布。若香薷其功力在陽中之陰，消其鬱邪，助其清化，乃俾陽氣得以宣布，而中氣因之轉化者也。然其義何若？曰：脾腎之陰，上至於肺，故曰肺為陽中之少陰也。肺陰即合於離中之坎，以行其清化。蓋心包絡主血，因肺陰下降而生。肺之治在胸中，胸中即膻中，固心主之宮城也。夫肺陰因陽以生，而肺陽即因陰以化。在下焦，陽得陰以生。而上焦，則陰得陽以生。在下焦，陰得陽以化。而上焦，則陽得陰以化。此所以胃脘之陽，即得陰氣而宜化，中氣乃為轉運，清升濁降，而霍亂水氣之胥治也。且此味苗生於四月，至九月乃開花著穗，是其稟於火上之氣以生者，乃化於金水之氣以成也。是非暑淫之的對乎？或曰：暑者，相火行令，每先於心包絡之經，從其類也，第何以即病於胃？蓋心包絡與胃口緊相應，故暑侵包絡，未有不傷胃者，至心包絡與胃合病，未有不上乘肺者，是先傷其肺陰，以病乎肺之陽也。如此品於陽中之陰，能消其鬱邪，助其清化，誠如朱丹溪先生所云，屬金與水，肺得之則清化行者也。清化行，舉包絡與胃胥治，即肺亦得司其主氣之職矣。抑《別録》首治霍亂者，云何？蓋心外陽而內陰，內者是主，外者是用。而脾腎之陰，本至於肺者也。如肺中脾胃之陰，不得下降入心，則陽無主。熱傷氣者，謂其陽中之陰傷也。陽無主一語，乃精實詣。而上焦之清濁相干，亂於胸中，氣不升降，為胸痞腹疞，或吐或下，所謂為揮霍變亂，起於卒然者也。是以先哲謂此疾，多在夏秋之交，縱寒月有之，亦多由伏暑而然。如《別録》所主，豈為妄乎？第《本草》云：治水腫，又療鼻衄，細推物理，應得如是。不審方書，治此二證，用之殊寥寥也，何哉？

李瀕湖指為夏月解表之藥，若然，何以又云散水腫有奇效？況所采血證諸方，豈非和營之的證？猶以解表詆之，則亦未之深思耳。

修治　八九月開花著穗時采之，去根留葉，陰乾。勿令犯火。

之頤曰：《局方》煎之以酒以水，水中頓冷飲。胡洽居士《百病方》：水熬作圓。深師即梅師《集驗方》取汁煉膏。《簡易方》搗篩成末，酒調熱服取汗。此各因其勢而利導之，不獨水中頓冷飲，反佐以取之之一法也。

清・郭章宜《本草匯》卷一〇　香薷　味辛，微溫，可升可降，陽也。入手太陰、少陰、足陽明、太陰經。發散夏月淒涼寒邪，通利傷暑小便澀難。散水腫，有徹上徹下之功，去口臭有撥濁回清之妙。解熱除煩，調中溫胃。《別錄》主霍亂腹痛，轉筋吐下者，多由暑月過食生冷，外邪與內傷相併而作也。辛溫則能通氣，和中解表而自愈矣。

按：香薷屬金與水，最能發散暑邪，有徹上徹下之功，又治水甚捷。肺得之清化行，而熱自降。乃夏月解表之劑，無表邪者不可用也。如冬月之用麻黃，惟暑傷元氣者可用。世醫治暑病，每以為首，不知乘涼飲冷，暑有乘涼飲冷之辨。致陽氣為陰邪所遏，以致頭疼發熱，惡寒煩燥，口渴，吐瀉霍亂，宜用以發越陽氣，散水和脾則愈。若勞役作喪之人，傷暑受熱必用。東垣清暑益氣湯，人參白虎湯之類，以瀉火益元可也。若用香薷，是重虛其表，而又濟之以熱矣，氣虛者尤不可多服，其性溫，須冷飲方無拒格之患。今人解暑每用代茶，真癡人前說夢也。《外臺秘要》用香薷一觔熬膏，加白朮末七兩，丸如桐子大，米飲送下，治通身水腫，頗著神功。

忌火，亦忌日。陳年者良。

清・蔣居祉《本草擇要綱目・平性藥品》　香薷　氣味：辛，微溫，無毒。屬金與水，有徹上徹下之功。　主治：解暑，利小便。又治水甚捷，肺得之而清化行也。但飲食不節，勞役作苦之人，倘患傷暑，而致大熱大渴，汗泄如雨，煩躁喘促，或瀉或吐，須益元氣以降火，不可概用以重虛其表。唯夏月乘涼飲冷，致陽氣為陰邪所遏，患頭痛發熱惡寒，煩躁口渴，或吐或瀉，或霍亂者，宜用之以發越陽氣，散水和脾。俗人用代茶湯，謂能解暑，誤之甚也。又其性溫，不可熱飲，反致吐逆。

清・閔鉞《本草詳節》卷三　香薷　【略】按：香薷，屬金與水，有澈上澈下之功。解暑利小便，又治水甚捷。肺得之清化行，而熱自降也。世治暑病，惟首香薷飲。（肰）〔伏〕暑有乘涼飲冷，陽氣為陰邪所遏，遂頭痛，發熱惡寒，煩燥口渴，或吐或瀉，或霍亂者，用此發越陽氣，散水和脾。若飲食不節，勞役斲喪之人傷暑，大熱大渴，汗泄如雨，煩燥喘促，或瀉或吐者，乃勞倦內傷之症，必用清暑益氣、人參白虎、桂苓甘露飲之類，以瀉火益元。若概用香薷，是重虛其表，而又濟之以熱矣。蓋香薷乃夏月解表之藥，如冬月之用麻黃，今人用以代茶，癡哉！

清・王翃《握靈本草》卷三　香薷所在皆有，北土差少。忌火，亦忌甘。不可熱飲，反致吐逆。　主治：香薷，辛，微溫，無毒。主霍亂腹痛吐下，散水腫。

清・汪昂《本草備要》卷二　香薷宣，通，利濕，清暑。　辛散皮膚之蒸熱，溫解心腹之凝結。屬金水而主肺，爲清暑之主藥。肺氣清，則小便行而熱降。暑必兼濕，治暑必兼利濕，若無濕，但爲乾熱，非暑也。治嘔逆水腫，熬膏服，小便利則消。脚氣、口氣。煎湯含漱。單服治霍亂轉筋。時珍曰：暑月乘涼飲冷，致陽氣爲陰邪所遏，反中入內，遂病頭痛，發熱惡寒，煩躁口渴，吐瀉霍亂，宜用之以發越陽氣，散暑和脾則愈。若飲食不節，勞役作喪之人，傷暑大熱大渴，汗出如雨，煩躁喘促，或瀉或吐者，乃內傷之症。宜用清暑益氣湯、人參白虎湯之類，以瀉火益元可也。若用香薷，是重虛其表，而濟之熱矣。蓋香薷乃夏月解表之藥，如冬月之用麻黃，氣虛者尤不宜多服。今人謂能解暑，概用代茶，誤矣！李士材曰：香薷爲夏月發汗之藥，其性溫熱，只宜于中暑之人。若中熱者誤服之，反成大害，世所未知。按潔古云：中暑爲陰症、爲不足，中熱爲陽症、爲有餘。《經》曰：氣盛身寒，得之傷寒；氣虛身熱，得之傷暑。故中暑宜溫散，中熱宜清涼。身寒，寒字當熱字看，傷寒必病熱。　陳者勝。宜冷飲，熱服令人瀉。

清・陳士鐸《本草新編》卷三　香薷　味辛，氣微溫，無毒。入肺、胃、心、脾四經。主霍亂，中脘絞痛，治傷暑如神，通小便，散水腫，去口臭，解熱除煩，調中溫胃，有徹上徹下之功，撥亂反正之妙，能使清氣上升，濁穢下降也。但宜冷飲，而不可熱飲，宜少用，而不可大用。少用，則助氣以祛邪；大用，則助邪以耗氣。冷飲，則順邪而解暑；熱飲，則拒邪而格熱。此又用香薷者所宜知也。

或問：香薷解暑，宜有暑氣，盡可解之，何以有解有不解也？豈多用之故，抑熱飲之故耶？夫香薷熱飲、多用，固難見效，然亦有冷飲、少用而亦不效者。蓋香薷止能散暑氣之邪，不能助正氣之乏也。正氣虛而後暑邪中，祛暑不補正氣，烏能效耶？故香薷飲，宜多加參、术為妙矣。

或疑香薷祛暑，必須補正氣，然有補正氣以祛暑而暑邪愈熾者，豈香薷不可用乎？抑正氣不可補乎？曰：補正祛邪，王道也；單祛邪不補正，霸道也。補正多于祛邪，王道之純也；祛邪多于補正，霸道之譎也。補正

而不敢祛邪，學王道而誤者也；祛邪而又敢于瀉正，學霸道而忍者也。以上六者，皆能祛暑。今謂補正氣以祛暑氣，是王霸兼施之道也，烏有暑氣之不解，而反謂暑邪愈熾，疑于正氣之不可補哉？香薷用于補正之中，正千古不易之論也。

或問：香薷用于補正之中，畢竟宜多宜少？曰：香薷解暑，感暑症者，自宜以香薷為君，而多用之。倘元氣素虚，又宜以香薷為佐，而以補氣之藥為君，倘元氣大虚，又不可以香薷為臣，而以香薷為使，少少入之。總在人臨症而善用之也。

或疑香薷解暑之外無他用，而《本草》稱其功用甚多，亦可信之乎？此固不可盡信也。然暑症多端，凡與暑症同時病者，香薷俱有以治之，則又不可謂香薷于解暑外，竟無他用矣。

清・顧靖遠《顧氏醫鏡》卷七　香薷辛，微温。入心脾胃三經。忌見火。解寒鬱之暑氣，理霍亂之吐瀉。夏月乘凉飲冷，陽氣為陰邪所遏，以致頭痛，發熱惡寒，無汗，霍亂吐瀉，用之以發越陽氣，散水和脾，則愈。辛散温通，為夏月解表而帶和中之藥。又能散水腫者，除濕利水之功也。若勞役受熱，反用香薷，重虚其表，而又濟之以温，大誤。故無表邪者不可用。今人謂能避暑，概用代茶，真癡人說夢也。

清・李熙和《醫經允中》卷一八　香薷　入手太陰、少陰、足陽明、太陰。辛，微温，無毒。主治發散暑邪，通利水道，止霍亂，散水腫，解熱除煩，調中温胃。動而得之為中熱，靜而得之為中暑。蓋酷熱之時，富貴人過于乘凉飲冷，暑氣反為寒所遏，不能發越，致生煩燥，霍亂轉筋等疾。香薷之辛温，宣通血氣，則陰陽和而病解矣。若農人旅人之勞役受熱，是暑則氣消也，反服辛散之劑，則重虚其表，而益其熱矣。

清・馮兆張《馮氏錦囊秘錄・雜症痘疹藥性主治合參》卷二　香薷感夏秋之氣以生，味辛氣微温無毒。入足陽明太陰、手少陰經。辛散温通，故能解寒鬱之暑氣，猶內傷生冷，外受暑邪，外邪內傷相併而作霍亂吐瀉諸症，用此辛温通氣和中解表乃愈。若勞役斷喪，內傷元氣，及受暑熱而大寒大渴短氣少氣者並宜忌。此辛温走洩，以蹈虚虚之戒。

香薷，主霍亂中脘絞痛，傷暑小便澀難。散水腫，有徹上徹下之功，肺得之，清化行，熱自下也。去口臭，有撥濁回清之妙，脾得之，鬱火降，氣不上焉。解熱除煩，調中温胃。然辛温走散，元氣虚者，不可過投。中熱者，尤所禁用。且因味辛性温，宜凉飲，不宜熱服。

主治痘疹合參：夏月痘疹暫用，以清暑氣，宜陳久者良。

按：香薷，味辛氣温，為夏月發散陰寒之劑。如納凉飲冷過度，陽氣為陰邪所遏，以致頭痛發熱，煩躁口乾，吐瀉霍亂，宜用之以發越陽氣，散水和脾則愈。若勞役受熱用之，是重虚其表，反助其熱，益耗真陰，害人不淺。

清・张璐《本經逢原》卷二　香薷　辛，微温，無毒。江西白花者良。

發明：香薷辛温，先升後降，故熱服能發散暑邪，冷飲則解熱利小便，治水甚捷。世醫治暑病以香薷飲為首藥。然暑有乘凉飲冷，致陽氣為陰邪所遏，遂病發熱惡寒，頭痛煩躁，口渴或吐或瀉或霍亂者，宜用此發越陽氣，散水和脾。若飲食不節，勞役作喪之人，傷暑發熱，大渴煩渴，喘促者，乃勞倦內傷之證，必用清暑益氣。如大熱大渴，又宜人參白虎之類，以瀉火益元。更有汗出如雨，吐瀉脫元，四肢清冷，脈微欲脫者，又須大順漿水散等方救之。若用香薷飲，是重虚其表，頃刻脫亡矣。今人不知，概用沉冷代茶，若元氣虚人服之，往往致病。蓋香薷乃夏月解表之藥，如冬月之用麻黄，氣虚者豈可漫用。《深師》香薷丸治通身水腫，以香薷熬膏，丸白术末，日三夜一服，米飲下之，效。

清・浦士貞《夕庵讀本草快編》卷二　香薷《別錄》、香葇　薷一作葇。《玉篇》云：葇，蘇之類也。氣香葉葇，故名。香薷辛而微温，屬金與水，有徹上徹下之功，利便解暑之妙。脚氣水腫用之更宜。但暑非一種，醫者不察，均投香薷，謬矣！若乘凉飲冷，致陽氣為陰邪所過，遂病頭疼身熱，惡寒煩燥，口渴吐瀉，霍亂轉筋，宜用此以發越陽氣，散水和脾而愈。若飲食不節，勞役作喪，大熱大渴，汗泄如甫，煩燥喘促，乃勞倦內傷之症，須東垣清暑益氣、人參白虎之類瀉火益元可也。若悞用香薷，是重虚其表，又濟之以熱矣。夫香薷乃夏月解表之藥，與冬月麻黄對待而設。可笑今人每至伏中，不論元氣壯弱，概以代茶，謂能辟暑，何異與癡人之前更說夢耶？特表而戒之。若曰散水腫，消水風，亦不過温能散脾之濕，辛能利肺之氣。故胡洽居士有香薷煎，深師有薷术丸，良可考矣。惟有中暍一症，不論冬夏，用之亦良。

清・何諫《生草藥性備要》卷下　香薷　治中暑，仝扁豆煎水飲效。葉似荆芥，梗細小。

清・劉漢基《藥性通考》卷六　香薷　味辛，氣温。散皮膚之蒸熱，解心

腹之凝結，屬金水而主肺，為清暑之主藥。肺氣清，則小便行而熱降。暑必兼濕，治暑必兼利濕。若無濕，但為乾熱，非暑也。又能治嘔吐水腫，脚氣口氣，霍亂轉筋。用陳者勝。宜冷飲，熱服令人瀉。

清·姚球《本草經解要》卷四 香薷 氣微溫，味辛，無毒。主霍亂，腹痛吐下，散水腫。 香薷氣微溫，禀天初春之木氣，入足少陽膽經。味辛無毒，得地西方燥金之味，入手太陰肺經、手陽明大腸經。氣味俱升，陽也。夏月濕熱之氣鬱於太陰、陽明，則揮霍擾亂，而腹痛吐瀉矣。其主之者，溫能行氣，辛可解濕熱也。肺者，相傳之官，主通調水道，下輸膀胱。香薷味辛潤肺，所以主散水腫也。 製方： 香薷同人參、白术、木瓜、白茯、白芍、陳皮、車前，治水腫。同白术丸，治水腫，以小便利為效。

清·王子接《得宜本草·中品藥》 香薷 味辛，溫。功專散暑和水。得厚朴治傷暑寒證，得白朮治暑濕水腫。

清·黃元御《玉楸藥解》卷一 香薷 味辛，微溫。入足陽明胃、足太陽膀胱經。利水泄濕，止嘔斷痢，溫胃調中，治霍亂、腹痛、吐利之證。利小便，消水腫，止鼻衄，療脚氣。庸工用之治暑病。

清·吳儀洛《本草從新》卷一 香薷〔宣通利濕，消暑退熱。〕 辛散皮膚之蒸熱，溫解心腹之凝結，屬金水而主肺，為清暑之主藥，肺氣清則小便行而熱降。暑必兼濕，治暑必兼利濕，若無濕，但為乾熱，非暑也。治嘔逆水腫，熬膏服，小便利則消。脚氣，口氣，煎湯含漱。單服治霍亂轉筋。香薷乃夏月解表之品，無表邪者戒之。其性溫熱，陰暑宜用以溫散。若陽暑則清涼，誤服之反成大害。時珍曰：有處高堂大廈，納涼太過，飲冷太多，陽氣為陰邪所遏，反中入內，遂病頭痛惡寒，煩躁口渴，吐瀉霍亂，宜用之以發越陽氣，散邪和脾則愈。若飲食不節，勞役作喪之人傷暑，汗出如雨，煩躁喘促，或瀉或吐者，乃內傷之證。宜用清暑益氣湯、人參白虎湯之類以瀉火益元。若用香薷，是重虛其表，而益之熱矣。今人謂能解暑，概用代茶，是開門揖盜也。 陳者良。 宜冷服。《經》所謂治溫以清，涼而行之也。熱服作瀉。

清·汪紱《醫林纂要探源》卷二 香薷 辛，溫。莖喬直上，小葉細枝。有二種，家香薷溫，石香薷平。 得金之和氣，瀉肺，舒鬱暑，散結行水。好生石砌。味辛，得金之和也。肺金主斂而氣清燥，人感暑熱之氣，則有溽濕隨之，乃復遏於淒清，則暑濕鬱而不得舒，以有煩熱頭痛躁渴之病，此肺之斂所不當斂，而失其和也。久之則瘧痢，以清燥而起矣。此味辛以瀉肺行水，肺不妄斂，則暑熱自散，熱散水行，而小便利矣。故為清暑之藥，其氣行於中上，治霍亂，安嘔逆，解煩躁，消水腫。多服耗氣。實辛散之藥，熱非清遏不得多用。以陳久為良。

清·嚴潔等《得配本草》卷二 香薷音柔。 忌山白桃，并忌見火。辛，溫。入手太陰、足陽明經氣分。發散暑邪，通利小便。治霍亂轉筋，胸腹絞痛，嘔逆泄瀉，遍身水腫，脚氣寒熱，口中臭氣。 配厚朴，治陰暑。配白术，治水腫。 陳者良。宜冷飲，若熱服令人吐瀉。 火盛氣虛、寒中陰臟、陰虛有熱者，禁用。 夏日之香薷，如冬月之麻黃，散寒邪使陽氣得升也。陽氣為陰寒所遏，一切吐瀉等症，從此蜂起，所謂陰暑也，香薷為宜。若暑熱淫於五內，症必大熱大渴，氣喘汗泄，吐瀉不止，元氣消耗，所謂陽暑也，非白虎、清暑益氣等湯不可。倘用香薷散其真氣，助其燥熱，未有不誤者矣。

題清·徐大椿《藥性切用》卷三 香薷穗 性味辛溫，散暑理濕，為夏月冒暑解表之藥，無表邪者忌。

清·黃宮繡《本草求真》卷三 香薷宣散三伏濕熱。 香薷耑入脾、胃、心。氣味香竄，似屬性溫，並非沉寒。然香氣既除，涼氣即生，所以菀蒸濕熱，得此則上下通達，而無鬱滯之患。搏結之陽邪，得此則煩熱頓解，而無固結之弊矣，是以用為清熱利水要劑。然必審屬陽臟，其症果屬陽結，而無虧弱之症者，氣虧血弱。用此差為得宜。若使禀賦素虧，飲食不節，其症有似燥渴而見吐瀉不止者，用此等於代茶，寧無誤乎？ 時珍曰：世醫治暑病，以香薷散為首藥，然暑有乘涼飲冷，致陽氣為陰邪所遏，遂病頭痛發熱惡寒，煩躁口渴，或吐或瀉，或霍亂者，宜用此藥以發越陽氣，散水和脾。若飲食不節，勞役作喪之人傷暑，大熱大渴，汗泄如雨，煩躁喘促，或瀉或吐者，乃勞倦內傷之症，必用東垣清暑益氣湯、人參白虎湯之類以瀉火益元可也。若用香薷之藥，是重虛其表而又濟之以熱矣。蓋香薷乃夏月解表之藥，如冬月之用麻黃，氣虛者尤不可多服。而今人不知暑傷元氣，不拘有病無病，概用代茶，謂能辟暑，真癡人說夢也。 今人但知暑即是熱，熱即是暑。暑為陰症，熱為陽症。《經》曰：氣盛身寒，得之傷寒，氣虛身熱，得之傷暑，故中暑宜溫散，中熱宜清涼。 暑熱混為一氣，而不知暑屬何形，熱屬何象？暑陰熱陽。 暑何因是而名，熱何因是而號，暑何因何體氣而至，體陰召暑。 熱何因何體氣而召，體陽召熱。 暑何用於香薷不宜，氣虛傷暑，再加香薷散氣，是益虛矣。 熱何用於香薷則效，熱因邪鬱，散邪而熱自除。 其中旨趣，在人領會，未可為粗心人道也。 陳者良，宜冷服。 時珍曰：熱服令人瀉。

清·楊璿《傷寒溫疫條辨》卷六寒劑類 香薷 味苦辛，香散氣輕，有徹

上徹下之功。療霍亂中脘絞疼，治傷暑小便濇難，清肺熱撥濁四陰，降胃火鬱滯潛解，去口臭水腫，亦消除煩熱。麻黄為冬月發汗要藥，香薷為夏天散暑良劑。《局方》香薷飲：香薷、白扁豆、厚朴、黄連等分。水煎，治中暑熱盛，口渴心煩。濕加茯苓、木瓜，虛加人參、白术、陳皮、炙甘草，名十味香薷飲。

附：琉球・吴繼志《質問本草》外篇卷一　香茹長松。生原野，春生苗，初秋開花結子。俗名香菇，載在《綱目》。甲辰，戴道光、戴昌蘭。

清・羅國綱《羅氏會約醫鏡》卷一六草部　香薷　味辛，氣溫，入肺胃二經。治夏熱乘涼飲冷，陽氣為陰寒所遏，以致頭痛發熱，煩躁口渴，吐瀉霍亂，六脉浮緊，用此以發越陽氣，如冬月之用麻黄也。若中熱者忌之。詳暑證門。皆治之。清小便，治暑者，必利濕。消濕腫，小便清則腫消。治口臭。煎湯含漱。按：香薷乃夏熱受寒解表之劑。若勞役受熱，大渴大寒，而元氣傷者，宜用清暑益氣湯之類，誤用香薷，是重虛其表，而濟之熱，其危也必矣。味辛溫，宜涼服。

清・陳修園《神農本草經讀》附録　香薷　氣味辛，微溫，無毒。主霍亂腹痛吐下，散水腫《别録》。

清・黄凱鈞《藥籠小品》　香薷　辛，散皮膚之蒸熱，溫解心腹之凝結，治嘔逆水腫，霍亂轉筋。香薷為夏月解表之品，其性溫熱，感寒宜之。若陽暑宜清涼，誤服之反成大害。香薷飲宜冷服。

清・王龍《本草纂要稿・草部》　香薷　氣味辛溫。理霍亂中脘絞痛，散傷暑小便澁難。利水腫有徹上徹下之功，肺得之清化行，熱自下也。去口臭有撥濁回清之妙，脾得之欝火降，氣不止焉。解熱除煩，調中溫胃。

清・張德裕《本草正義》卷上　香薷　苦辛，香，涼。解暑熱霍亂，中脘絞痛，清肺熱胃熱，除悶滯煩躁，風熱轉筋，胃熱口臭，濕熱水腫。臟寒勿宜。

清・楊時泰《本草述鉤元》卷八　香薷　荊湖、南北中州、二川皆有之。四月生苗，葉似茵陳，穗似荊芥，花似水蘇，氣味則迥别。一種葉大莖方，一種葉最細，僅高數寸，芬芳轉勝，乃石香薷也。九月開花著穗時，采之彌佳。

味辛，氣微溫。可升可降，陽也。入足陽明太陰、手少陰經。主治散肺邪氣，助肺清化，脾胃得之，鬱開氣下，撥濁回清。定霍亂腹痛吐下，散水腫，利小水，止吐衄，療中暑内熱煩渴為要藥。香薷屬金與水，而有徹上徹下之功，治水甚捷，肺得之則清化行而熱自降丹溪。大葉者治傷暑利小便，煎濃汁，成膏丸服，治水脹病效又。香薷飲，為治暑首藥。然傷暑有乘涼飲冷，陽氣為陰邪所遏，遂病頭痛發熱，惡寒煩渴，或吐瀉霍亂者，宜用此以發越陽氣，散水和脾。若飲食不節，勞役斲喪而傷暑，大熱大渴，汗泄如雨，煩躁喘促，或瀉或吐者，必用清暑益氣及人參白虎之類，以瀉火益元可也瀕湖。香薷功在治水。一女子自腰以下胕腫，面目赤腫，喘急不能伏枕，大便溏泄，小便短少，診其脈沉而大，沉主水，大主虛，此乃病後冒風所致，名曰風水。用《千金》神秘湯加麻黄，一服喘少定，再以胃苓湯吞《深師》薷术丸，二日小便長，腫大消，調理數日全安。於此見古人方皆有至理，而此味治水之功，果有奇效也又。香薷治暑，世未究其所以然。蓋暑氣流行曰暑淫，肺金受邪曰金鬱。《經》曰：飲入於胃，遊溢精氣，上輸於肺，通調水道，下輸膀胱。設精氣不遊不溢，致水道不通不調，則令金受其鬱，香薷大能别水之體，區水之用，由遊溢上輸，以通調歸下，是其功力在精氣也。《經》云：金鬱則泄之，解表利小水是也。使元府閉而幽門闔，則令金受其鬱，香薷開提其元府，即以啟闢其幽門，是其功力又在元府也。《經》曰：藏真高於肺，以行營衛陰陽也。顧營泣衛弛，又當令金受其鬱，香薷整營於脈中，肅衛於脈外，第舍高源之藏真，實無以將行其形臟，是其功力更在藏真也。本草所主霍亂腹痛吐下及散水腫，夫五水暴聚成腫，固精氣失於遊溢轉輸，而霍亂者，陰陽舛錯，乃藏真失於將行也，香薷胥治之。諦審霍亂五水致病之因，微獨暑氣為本，本風亦可，本寒、本濕亦可，本虛、本實亦可，本營衛不調亦可，本飲食失節亦可，是則香薷功力不僅著於逆暑氣而成病者矣。觀《易簡》主四時傷寒不正之氣，日華主嘔逆冷氣，《肘後》治舌上出血如鑽孔，《聖惠》治鼻衄不止，《外臺》治吐血如涌泉，《永類鈐方》治小兒髮遲，髮即血之餘也。誦此則知藏真高於肺以行營衛陰陽之機彀矣之頤。鬱金與香薷合其德，略有異同。香薷偏於衛與陽，鬱金偏於營與陰，將形藏，彌元府，敷幽門，則一耳又。治水腫以之為君，同參、术、木瓜、茯苓、橘皮、白芍、車前子良。治暑香薷飲，有十味者，脾胃腎俱虛之人當用此，若肺熱咳嗽者，去參、芪、白术用。有六味者，有加黄連者。《深師》薷术丸，治暴水風水氣水，通身皆腫，服至小便利為效。用香薷葉一斤，水一斗，熬極爛，去渣，再熬成膏，加白术末七兩，和丸梧子大，每服十丸，米飲下，日五夜一服。

論：香薷生苗於四月，至九月乃開花着穗。稟於火土之氣以生，而化於金水之氣以成，故以對治暑淫為的劑。夫暑者相火行令，每先犯於心包之

經，從其類也。心包與胃口緊相應，暑侵心包，未有不傷胃者，至包絡與胃合病，又未有不上乘肺者，是先傷肺陰，以病乎肺之陽也。此品屬金與水，能於陽中之陰，消其鬱邪，助其清化，而有徹上徹下之功，肺得之則清化行，清化行則包絡與胃胥治，而肺亦得司其主氣之職矣。夫心肺胃上焦合而營諸陽，第營之機不動，則衛氣不布。香薷功力在和金鬱，俾陽氣得以宣布，而中氣因之轉化，其義若何？蓋脾腎之陰，上至於肺，肺即合於離中之坎，以行其清化，而包絡主血，亦因肺陰之下降以生。至於胃脘之陽，得陰氣而宣化，而中氣乃為轉運，斯清升濁降，霍亂水氣之所由平也。霍亂之本，因人心外陽而內陰，內者是主，外者是用，如肺中脾腎之陰不得下降入心，則陽無主，而用乃亂，熱傷氣者，謂其陽中之陰傷也。清濁相干，氣不升降，為胸痞腹疞，或吐或下，揮霍變亂，起於卒然矣。此疾多在夏秋之交，縱寒月有之，亦多由伏暑而然。瀕湖以香薷為夏月解表之藥，若然，何以又云散水腫有奇效，況所采血證諸方，豈非和營之的證，而猶以解表誣之耶。

修治：八九月采之，去根留葉，陰乾，勿令犯火。《局方》煎之以酒以水，水中頓冷飲，胡洽水熬作圓，《深師》取汁熬膏，《簡易》搗篩成末，酒調，熱服取汗，此各因其勢而利導之，不獨水中頓冷飲反佐以取之之法也。

清·鄒澍《本經續疏》卷五 香薷 【略】霍亂係水之潰決，水腫係水之停漲。通塞迥殊，狀候絶異。乃一物並可治之，則兩病本有聯合之理。《千金方》以兩病並隸於三焦，良以三焦者決瀆之官，水道出焉。水道不通，汪洋無制，若齧土而頹，則為霍亂；若充廓而停，則為水腫。原理之常，無甚異也。特香薷一物，能兼治二者，則應究其所以焉。《經脈別論》曰：飲入於胃，游溢精氣，上輸於脾，脾氣散精，上歸於肺，通調水道，下輸膀胱，水精四布，五經並行，合於四時五臟陰陽揆度以為常也。則似水道之行，全由脾、肺、膀胱，絶無與於三焦者，不知其游溢散精，通調下輸，皆三焦為之也，何以故？《營衛生會篇》曰上焦出於胃上口，並咽貫膈而布胸中，走腋循太陰，還至陽明，是非其輸脾之道乎？又曰中焦亦竝胃口出上焦之後，此所受氣泌糟粕，蒸津液，化其精微，上注於肺脈，乃化為血，是非其歸肺之道乎？又曰下焦者，別廻腸注於膀胱而滲入焉，是非其下輸膀胱之道乎？合於四時五臟陰陽揆度以為常者，即《五癃津液別篇》所謂天暑衣厚為汗，天寒衣薄為溺與氣是也。則三焦者，詎非導水之江河耶。夫三焦屬少陽，少陽為相火，故其決齧為病，停蓄成災，厥由有二，一者陰霾，一者暖漲。陰霾者，火衰不能激水；暖漲者，火盛反致水溢。香薷則治暖漲者也。夫暖漲不似夏月之溝澮皆盈乎，而復上潤溽暑，大雨時行，苟無日以烜之，風以蕩之，其為決齧匪難停蓄則固然也。獨香薷者，偏以四月感相火而生，歷屆濕土燥金以暢茂條達，至寒水得令，乃告成功，一似乎輸脾歸肺，導入膀胱之旨，直截了當，不假炫飾。而其味辛氣微溫，即具天暑衣厚為汗，天寒衣薄為溺與氣於其中，三焦運化既通，停蓄且不能，則又何從決齧耶？世人於香薷類以為發汗，或以為利水，究竟問其於何發汗，於何利水，則亦終是渺茫。孰知《別録》於霍亂證下下腹痛兩字即是利水之端，於水腫證上冠一散字，即是發汗之旨。試思仲景辯論霍亂最詳，何以獨無腹痛？《外臺秘要》列水腫之用香薷者，曰水病洪腫氣脹，曰風水、暴水、氣水，曰卒腫滿，身面皆洪大，則可知其浮於外而不行者，則能為之汗，阻於下而不行者，則能為之利，是其治水為行火土中化，乃目為夏月麻黃。夫麻黃雖能治水，然實行金水中化者，無從混稱亂指也。

清·葉桂《本草再新》卷一 香薷味辛，性溫，無毒。入心、肺二經。解心腹之積寒，清肺家之虛熱。降氣開胃，利小便，消水瘇，治霍亂嘔吐。能除積寒，則其氣正，故可治霍亂。

清·吴其濬《植物名實圖考》卷二五 香薷 《別錄》中品。江西亦種以為蔬，凡霍亂及胃氣痛，皆煎服之。

清·趙其光《本草求原》卷二芳草部 香薷 《別錄》氣微溫，禀初春氣，入肝以散營衛之凝結。味辛，得金味，助肺以理清化。又甘而香，是暢脾胃，宣肺鬱以調營衛，所謂藏真高於肺，以行營衛陰陽也。為解表利水之要藥，無毒。氣味俱升，但苗於四月，花於九月，是生於火土，成於金水，陽中之陰物也。主霍亂腹痛、吐下，濕熱傷肺，則金鬱而失其清化。凡胃中游溢上輸之陰氣不能通調下降，則上焦清濁相干，亂於胸中，而諸症作。此能散金鬱。散水腫，肺主皮毛汗孔，為水道上源。又《經》曰：藏真高於肺，以行營衛。金鬱則汗孔閉，水道藏真，皆失將行，故水聚。辛溫解表，得金水之氣以利水，則金鬱可泄。傷暑無汗，中熱有汗，宜白虎清暑等方；若無汗，或有汗而惡風，為外傷暑風，暑必兼濕，無濕則為乾熱，非暑也。香薷功專利水，古人極言其治水甚捷；亦兼徹表，故又借以治暑，因治暑必兼利濕也。後人竟以為治暑專藥，而此外用之寥寥，惜哉。止衄、吐血，藏真理，營衛調，肝血藏矣。暑瘧，發於夏秋之交，兼見霍亂吐瀉

等症，皆伏暑而然。脚氣，亦濕熱病。口氣。煎湯含漱。陳者勝。取汗，熱服，或酒調末服； 治水，冷服。

熬為膏，合白朮丸，米飲下； 或胃苓湯吞，治水腫。脈沉大，沉主水，大主虛，虛而冒風，名曰風水； 久病，加參、瓜、苓、橘、芍，以尿利為度。同鬱金，調達營衛。

之頤曰： 凡水病，本風、本寒、本虛、本實、本營衛飲食不調，皆宜加香薷。《肘後》治舌出血如鑽孔，《聖惠》治衄，《外臺》方治吐血如湧，李仲南治發遲方，皆用香薷。

清・文晟《新編六書》卷六《藥性摘錄》 香薷 氣味香竄，微溫，入脾、胃、心。宣散陽邪濕熱，除煩利水，是夏日解表之藥。體陽召熱者，當用陳者良，宜冷服。○若氣虧血弱，體陰召暑，及飲食不節，勞役作喪之人，傷暑大熱大渴，汗泄如雨，煩燥喘促，或瀉或吐者，宜用清暑益氣湯，或人參白虎湯，切勿妄投香薷。○近有夏月以香薷代茶者，必致悞人。

清・張仁錫《藥性蒙求・草部》 香薷五分、一錢 香薷味辛，暑天解表。下水消煩，其功甚好。辛散皮膚之蒸熱，溫解心腹之凝結。乃夏月解表之品。無表邪者戒之。陳者良。

清・陸以湉《冷廬醫話》卷五 藥品 李東壁謂香薷乃夏月解表之藥，猶冬月之用麻黃，氣虛者尤不可多服。今人謂能解暑，概用代茶，誤矣。程氏鍾齡謂香薷乃消暑要藥，而方書稱為散劑，俗稱為夏日禁劑，夏既禁用，則當用於何時？ 此不經之說，致令良藥受屈。此二說程杏軒《醫述》並載之。余謂李說為是，程說不可從。香薷雖非夏日禁劑，然維陽氣為陰邪所遏，用以發越陽氣則宜，其餘中暑之病，均不可用。今人夏月又有以藿香代茶者，亦誤。夏月可常服以滌暑者，惟陳青蒿耳。余每于秋仲採青蒿洗晒收藏，次年夏入甑煎露，用以代茶，殊勝。

清・屠道和《本草匯纂》卷一 散熱 香薷 耑入脾、胃、心。性微溫，味辛，氣香竄，無毒。宣散三伏濕熱，為滌熱利水清暑之主藥。治霍亂腹痛吐下，散水腫，去熱風，卒轉筋骨，煮汁頓服半升即止。為末水服，止鼻衄。春月煮飲代茶，可無熱病。含汁漱口，去臭氣。去脚氣寒熱。必審屬陽臟，果屬陽結虧弱之症，用方得宜。若稟賦素虧，飲食不節，其症有似燥渴，而吐瀉不止及無表者，均宜慎之。蓋暑為陰邪，熱為陽症，《經》曰氣盛身寒得之陰寒，氣虛身熱得之傷暑，故中暑宜溫散，中熱宜清涼。是傷暑由氣虛，再加香以散氣，則益虛矣。中熱因邪鬱，得香以散邪，而熱自除。今人但知暑即是熱，熱即是暑，不知暑屬何形，熱屬何象，其誤多矣。陳者良，宜冷服。

清・戴葆元《本草綱目易知錄》卷一 香薷 辛，微溫。屬金與水。利小便，散水腫，去熱風，止鼻衄。調中溫胃，下氣除煩熱。療嘔逆冷氣，霍亂腹痛吐下，卒轉筋，及脚氣寒熱。其性能徹上下，清化肺氣，治水氣甚捷，為夏月中暑解表之要藥。若涉虛及內傷暑邪者，忌。煎汁，漱口，去臭氣。陳者良。冷服。

清・黃光霽《本草衍句》 香薷 溫解心腹之凝結，辛散皮膚之熱風。發越陽氣，中暑之病，因乘涼飲冷致陽氣為陰邪所遏宜用。此藥發越陽氣，散水和脾也。溫胃調中。清肺氣而下降，肺得之清化行而熱自降。去濁氣之上冲。凡口臭者，是脾鬱火溢，於肺中失其清和之氣，而濁氣上干，故治口氣甚捷之也。霍亂吐瀉，為夏月解表之藥，水腫脚氣有清徹上下之功。功耑散暑利水，得厚朴治傷暑寒症，得白朮治水濕水腫。

通身水腫，深師茹朮丸治暴水風水氣水，通身皆腫，服至小便利為效。用香薷葉一斤，熬爛，去滓，再熬成膏，加白朮末七兩，和丸，米飲夜服。

舌上出血如鑽，乳香、香薷煎汁服。口中臭氣，香薷煎水含之。

清・陳其瑞《本草撮要》卷一 香薷 味辛，溫，入足陽明太陰、手少陰經，功專散暑利濕。得厚朴治傷暑寒證，得白朮治暑濕水腫，單服治霍亂轉筋。宜冷飲，熱則瀉。

石香葇

宋・唐慎微《證類本草》卷八草部中品〔宋・馬志《開寶本草》〕 石香葇 味辛，香，溫，無毒。主調中溫胃，止霍亂吐瀉，心腹脹滿，臍腹痛，腸鳴。一名石蘇。生蜀郡陵、榮、資、簡州及南中諸處，在山巖石縫中生。二月、八月採。苗、莖、花、實俱用今附。

宋・寇宗奭《本草衍義》卷九 石香葇 處處有之，不必山巖石縫中，但山中臨水附崖處或有之。九月、十月尚有花。

宋・王介《履巉巖本草》卷中 石香葇 味辛、香，溫，無毒。主調中溫胃，止霍亂吐瀉，心腹脹滿，心腹痛，腸鳴。苗莖花實俱可用。

元・徐彥純《本草發揮》卷二 石香葇 丹溪云： 香薷屬金與水，而有徹上徹下之功，治水甚捷。肺得之則清化行，而熱自下。又云： 大葉香薷

去暑，利小水，濃煎汁成膏丸而服之，可治水脹。

明·劉文泰《本草品彙精要》卷一一　石香葇無毒。　叢生。

石香葇：　主調中，溫胃，止霍亂，吐瀉，心腹脹滿，臍腹痛，腸鳴。名醫所錄。

〔名〕石蘇。　〔苗〕《圖經》曰：　苗葉類萱草，根似石菖蒲，生山巖石縫中。《衍義》曰：　石香葇處處有之，不必山巖石縫中，但山中臨水附崖處或有之，九月、十月尚有花。　〔地〕《圖經》曰：　生蜀郡，陵、榮、資、簡州及南中，今處處有之。　〔時〕生：　春生苗。採：　二月、八月取莖。　〔收〕陰乾。　〔用〕莖、花、實。　〔色〕青綠。　〔味〕辛。　〔性〕溫，散。　〔氣〕氣之厚者，陽也。　〔臭〕香。　〔主〕調中，溫胃。

明·王文潔《太乙仙製本草藥性大全》卷五《本草精義》　石香葇　一名石蘇。生蜀郡，陵、榮、資、節州及南中諸處，在山岩石縫中生。莖葉更細而辛香彌甚，用之尤佳。彼人謂之石香葇。二月、八月採苗莖，花實俱用。

明·王文潔《太乙仙製本草藥性大全》卷五《仙製藥性》　石香薷　味辛香，氣溫，無毒。　主治：　主調中溫胃，止霍亂吐瀉。心腹脹滿服之立消，脚腹絞痛用之即效。腸鳴服之大有神效。　按：《衍義》云：　石香葇處處有之，不必山岩石縫中，但山中臨水附崖處或有之。九月、十月尚有花。

明·皇甫嵩《本草發明》卷三　石香葇中品上，臣。味辛香，溫，無毒。　發明曰：　石香葇辛能散邪，調中溫胃之劑。故止霍亂吐瀉，心腹脹，臍腹痛，脹鳴。二八月採，苗、莖、花、實俱用，九十月尚有花。

明·李時珍《本草綱目》卷一四草部·芳草類　石香葇宋《開寶》附。

〔釋名〕石蘇　〔集解〕志曰：　石香葇生蜀郡陵、榮、資、簡州，及南中諸處，生山巖石縫中，二月、八月採。苗莖花實俱可用。宗奭曰：　處處有之。但山中臨水附崖處或有之，不必山巖石縫也。九月、十月尚有花。　時珍曰：　香薷、石香薷，一物也，但隨所生而名爾。生平地者葉大，崖石者葉細，可通用之。

〔氣味〕辛香，温，無毒。　〔主治〕調中温胃，止霍亂吐瀉，心腹脹滿，腹痛腸鳴《開寶》。　功比香薷更勝蕭炳。　制硫黃時珍。

明·吴文炳《藥性全備食物本草》卷一　石香葇　味辛香，氣溫，無毒。主調中溫胃，止霍亂吐瀉，心腹脹滿腸鳴，服之大有神効。

附：　琉球·吴繼志《質問本草》外篇卷二　蒲薑石香薷　春生苗，秋作穗開花，高一二尺。　俗名蒲薑，入雞腹蒸服，可治沙疾。甲辰，潘貞蔚、石家辰。　俗名蒲薑，入雞腹內蒸熟，治痧疾，今人罕用。甲辰，孫景山。　俗名蒲薑，仝棉花子入雞種腹內，炖熟，能療沙疾。其法斯對月服，譬如上月初一得此疾，待至下月初一服此藥，用舊老酒為汁，切忌水氣。甲辰，戴道光、戴昌蘭。

清·吴其濬《植物名實圖考》卷二五　石香薷附　《開寶本草》始附入。今湖南陰濕處即有，不必山崖。葉尤細瘦，氣更芳香。

大葉香薷

清·吴其濬《植物名實圖考》卷二五　大葉香薷　生湖南園圃，葉有圓齒，開花逐層如節，花極小，氣味芳沁。蓋香草之族，而軼其真名。

荔枝草

明·李時珍《本草綱目》卷二一草部·有名未用　荔枝草時珍曰：《衛生易簡方》：治蛇咬犬傷及破傷風。取草一握，約三兩，以酒二碗，煎一碗服，取汗出效。

清·何諫《生草藥性備要》卷下　荔枝草　治跌打傷，去瘀如神，洗痔瘡，治酒頂，煲酒服。一名水羊耳。如荔枝葉；　有子，如荔枝一樣。

蝦蟆草　敷大瘡最效。葉似藤菜，一邊花背拱。又名百毒散。

清·趙學敏《本草綱目拾遺》卷三草部上　山牛膝　一名蘇木紅，今人呼荔支紅，又名透血紅。產富陽竹園內，善能理瘡并刀箭入肉。　活血、化瘀、寬筋，理跌打損傷，治破傷風，七十二般惡疾，非此不除，功勝川產汪氏方。

清·趙學敏《本草綱目拾遺》卷五草部下　荔枝草　一名皺皮葱，丹術家入爐火用。　《百草鏡》云：　荔枝草冬盡發苗，經霜雪不枯，三月抽莖，高近尺許，開花細紫成穗，五月枯，莖方中空，葉尖長，面有麻纍，邊有鋸齒，三月採。辛亥，予寓臨安署中，見荒圃中多此物，葉深青，映日有光，邊有鋸齒，葉背淡白色，絲筋紋皺，綻露麻纍，凹凸最分明，淩冬不枯，皆獨瓣，一叢數十葉，點綴砌草間，亦雅觀也。

性涼，涼血。《葛祖遺方》：　治咽喉十八症，消癰腫，楊梅痔瘡。　急驚：　《集聽》：　荔枝草汁半鍾，水飛過硃砂半分，和勻服之，立愈。　小兒疳積：　《集聽》：　荔枝草汁入茶盃內，用不見水雞軟肝一個，將銀鍼鑽數孔，浸在汁內，汁浮於肝，放飯鍋上蒸熟食之，即愈。　喉痛或生乳蛾：《救生苦海》：　用荔枝草搗爛，加米醋絹包裹，縛筯頭上，點入喉中數次，愈。雙單蛾：　《集效方》：　雪裏青一握，搗汁，半茶鍾滾水沖服，有痰吐出，如無痰，將雞毛探吐，若口乾，以鹽湯醋湯止渴，切忌青菜菜油。　痔瘡：　《活人

書》：雪裹青汁炒槐米為末，柿餅搗丸，如桐子大，每服三錢，雪裹青煎湯下。白濁：張緑漪傳方：雪裹青草，生白酒煎服。無名腫毒：葉天士效方：雪裹青一握，鮮者佳。加金翦刀同搗爛，入酒糟半鍾，共搗敷，不必留頭，輕者自散，重者雖出膿無妨。

治鼠瘻：《經驗廣集》：用過冬青，即荔枝草，又名天名精。五六枚，同鯽魚入鍋煮熟，去草及魚，汁飲數次，愈。汪連仕《草藥方》：鳳眼草即荔枝草，土人稱為賴師草，醫家名隔冬青，涼血止崩漏，散一切癰毒最效。

清・趙其光《本草求原》卷三隰草部 百毒散即貼地淵荽。甘、辛，平。消惡毒、陽毒瘡，理跌閃、刀傷。

荔枝草即水羊耳艾。 葉如息香，子如小豆大，形如荔枝。洗內外痔如神，治折傷，散瘀血。

雪裹青即過冬青。 苦，寒，瀉熱。治咽喉急閉。取汁灌立效。 生田塍間，如天名精而小。葉布地生，無枝梗，四時不凋，雪天開小白花。

清・劉善述、劉士季《草木便方》卷一草部 癩客螞草 野芝麻苦寒解毒，白禿疥癩風癬除。脚脛瘡痒黄水止，殺蟲乾水調油塗。癩子草，野卜荷。

東紫蘇

清・吴其濬《植物名實圖考》卷二三 東紫蘇 生昆明山野。叢生，細葉深齒，穗如夏枯草，蓋石香薷之類。

落馬衣

清・何諫《生草藥性備要》卷下 白紫蘇 味香，性平。能下氣，除風濕。一名假紫蘇。

清・何諫《生草藥性備要》卷下 落馬衣 味香，性温。消風散熱，去毒瘡，除筋骨疼痛。十蒸九晒蜜汁為丸，止痛，壯筋骨。若腎虚人，其頭浸酒飲亦妙。其葉對生。

野草香

清・吴其濬《植物名實圖考》卷二三 野草香 雲南偏地有之。牆瓦上亦自生，莖葉微類荊芥，頗有香氣，秋作穗如狗尾草而無毛，開淡紅白花。滇俗中元，盂蘭，必以為供，蓋(蒟)[蒻]車、胡繩之類，而失其名。

活血丹

宋・王介《履巉巖本草》卷下 連錢草 味苦，寒，無毒。主大熱，惡瘡癰疽，主小兒丹毒寒熱，腹內熱結，擣汁服之，立差。

明・姚可成《食物本草・救荒野譜補遺・草類》 地錢兒食葉。一名積雪艸。葉圓如錢，生宮院寺廟砌縫中，延蔓(搏)[鋪]地。八九月采之，可充生菜濟飢。 地錢兒，生荒砌。洪鈞鑄就資荒歲。既可療民飢，更喜無官稅。囊橐虚兮釜甑空，滿庭天雨相周濟。

附：琉球・吴繼志《質問本草》外篇卷二 乞食碗連錢草 春生苗，蔓延於籬下。俗名乞食碗，用七葉為丸，塞鼻中，男左女右，瘧作之日，以此截之。甲辰，潘貞蔚、石家辰。 俗名乞食碗，患瘧疾者，男左女右，用七葉為丸，塞鼻中。甲辰，孫景山。 俗名乞食碗，善治瘧疾，瘧未發之前，男左女右，用七葉為丸，塞在鼻中。甲辰，戴道光、戴昌蘭。 係是中國俗名乞食碗，患瘧疾者熱多寒少，用十四葉滚一丸，入鼻中。甲辰，陳文錦。

清・吴其濬《植物名實圖考》卷一三 活血丹 產九江、饒州，園圃、階角、墻陰下皆有之。春時極繁，高六七寸，綠莖柔弱，對節生葉；葉似葵菜初生小葉，細齒深紋，柄長而柔；開淡紅花，微似丹參花，如蛾下垂；取莖葉根煎飲，治吐血、下血有驗。入夏後即枯，不易尋矣。

清・吴其濬《植物名實圖考》卷一一 馬蹄草 江西、湖南皆有之。綠莖細弱，蔓生對葉；葉大於錢，末微尖，後缺如馬蹄，圓齒光潤；莖近土即生鬚。俚醫以為跌打損傷要藥。雖傷重擣敷即愈。故又名透骨消。

清・趙其光《本草求原》卷三隰草部 金錢艾即透骨消。 辛、澀，微温。祛風濕，止骨痛。浸酒，舒筋活絡，止跌打閃傷。取汁調酒更效。

清・劉善述、劉士季《草木便方》卷一草部 過墻風 (聞)[過](濇)[墻](丰)[風]辛除風熱，小兒驚風臍風貼。風濕瘙痒洗服去，四肢少腹腫脹捷。

香草

附：泰西・石鐸琭《本草補》 香草 西國產香草，山野徧生。樹高尺許，枝榦糾曲，經冬不凋，華小而色紫白，成熟時中有小黑粒。春時插之即活。惡肥而喜潔，遇夏則生小蟲，因蠅卵所致。見小白點與絲網，宜去之。衣袖觸動，芬芳襲人，可紉以為佩。施用甚廣，聊為疏之。 采其華，藏衣箱中，能辟諸蟲。 心懷憂悶，以布包華，置左肋之傍。未知與萱草孰為優劣？ 除蝨蚤、壁蝨，取枝葉暴乾為粉，以布包，貼肌膚上。須多收而勤佩，

斯為善耳。　瘟疫嵐瘴，焚其枝葉，能屏除之。　房室黴溽，以枝葉熏燎，煙緼滿室，惡氣自去。　體受風寒，以枝葉煎湯澡浴，寢睡數刻，欻然而瘉。　食不知味，以葉煎酒，空腹飲之，同以麪食，便舌本津津而饜飫。　面有黑瘢，取葉，或水、或酒濃煎，每晨傅臉，能滅瘢而滋顏。　齒痛及動搖，以醋煎葉，乘熱擦之、漱之。　胃火盛而口臭，同前法治。　頭多風痱，並髮穢觸人，與記含不堅固，取葉煎水，服時加醋，匪特除頭之外疾，并裨頭之內司。蓋人之記含在腦故也。

清・趙學敏《本草綱目拾遺》卷五草部下　香草　石振鐸《本草補》：西國產香草，山野徧生，樹高尺許，枝幹虬曲，經冬不彫。花小而色紫白，成實時中有小黑粒，春時插之即活，惡肥而喜潔。遇夏即生小蟲，因蠅卵所致，見小白點與絲網，宜去之。衣袖觸動，芬芳襲人，可紉以為佩。采其花藏衣箱中，能辟諸蟲。焚其枝葉，能辟除瘟疫嵐瘴，房屋溽穢氣自除。

主治解鬱，凡心懷憂悶，以布包置左脇下之傍，能令胸膈舒暢。　除蚤蝨，壁蝨，取枝葉暴乾為粉，以布包貼肌膚上，須多乃效。〇體受風寒不快，以枝葉煎湯浴之，浴後睡片時，即愈。〇食不知味，以葉煎酒，空腹飲之，同麪食，使舌本津津饜飫。〇面有黑瘢，取葉或水或酒濃煎，每晨塗面，能滅斑滋顏。〇齒痛動搖，醋煎葉，乘熱擦之漱之。〇又治胃火盛口臭，頭多風痱，并髮穢觸人，與記舍腦也不堅固，取葉煎水，服時加醋，不特除頭外之病，并裨頭之內司，蓋人之記舍在腦故也。

敏按：　以上所說，皆出泰西石氏《本草》，核其形狀功用，則似今人所名奶孩兒草近是。但奶孩草正名奶酣草。見霜即萎，並非經冬不彫。入春子種，其宿根亦不發，亦罕有尺許虬曲之枝榦，或泰西地暖土肥，如粵中之茄，可以經冬成樹，或又別有一種木本者，姑存其說以俟考。

荆芥

宋・唐慎微《證類本草》卷二八菜部中品〔《本經・別錄》〕　**假蘇**　**味辛，溫，**無毒。**主寒熱鼠瘻，瘰癧生瘡，破結聚氣，下瘀血，除濕痹。一名鼠蓂，**一名薑芥。　生漢中川澤。

〔梁・陶弘景《本草經集注》〕云：　方藥亦不復用。

〔唐・蘇敬《唐本草》〕注云：　此藥即菜中荆芥是也，薑、荆，聲訛耳。先居草部中，今人食之，錄在菜部也。

〔宋・馬志《開寶本草》〕按：　陳藏器《本草》云：　荆芥，去邪，除勞渴，出汗，除冷風，煮汁服之。擣和醋，傅丁腫。

〔宋・掌禹錫《嘉祐本草》〕按：　《蜀本》注引《吳氏本草》云：　名荆芥，葉似落藜而細，蜀中生噉之。《藥性論》云：　荆芥，可單用。治惡風賊風，口面喎邪，遍身𤸷痹，心虛忘事，益力添精，主辟邪毒氣，除勞。久食動渴疾，治丁腫。取一握，切，以水五升，煮取二升，冷，分二服。主通利血脈，傳送五藏不足氣，能發汗，除冷風。又擣末和醋封毒腫。孟詵云：　荆芥，多食熏人五藏神。　陳士良云：　荆芥，主血勞，風氣壅滿，背脊疼痛，虛汗，理丈夫脚氣，筋骨煩疼及陰陽毒，傷寒頭痛，頭旋目眩，手足筋急。《本草》呼爲假蘇，假蘇又別。按假蘇葉銳圓，多野生，以香氣似蘇，故呼爲蘇。　日華子云：　荆芥，利五藏，消食下氣，醒酒。作菜生、熟食，并煎茶，治頭風并出汗。豉汁煎，治暴傷寒。

〔宋・蘇頌《本草圖經》〕曰：　假蘇，荆芥也。生漢中川澤，今處處有之。葉似落藜而細，初生香辛可噉，人取作生菜。古方稀用。近世醫家治頭風，虛勞，瘡疥，婦人血風等爲要藥。並取花實成穗者，暴乾入藥，亦多單用，效甚速。又以一物治產後血暈，築心眼倒，風縮欲死者。取乾荆芥穗，擣篩，每用末二錢匕，童子小便一酒盞，調熱服，立效。口噤者，挑齒，閉者灌鼻中，皆效。近世名醫用之，無不如神。云：　醫官陳巽，處江左人，謂假蘇、荆芥實兩物。假蘇葉銳圓，多野生，以香氣似蘇，故名之。蘇恭以《本經》一名薑芥，薑、荆聲近，便爲荆芥，非也。又以胡荆芥俗呼新羅荆芥。石荆芥，體性相近，入藥亦同。

〔宋・唐慎微《證類本草》〕陳藏器：　一名薑芥，即今之荆芥是也，薑、荆語訛耳。按張鼎《食療》云：　荆芥一名析蓂。《本經》既有荆芥，又有析蓂，如此二種，定非一物。析蓂是大薺，大薺是葶藶子，陶、蘇大誤，與假蘇又不同，張鼎亦誤爾。荆芥本功外，去邪，除勞渴，主丁腫，出汗，除風冷，煮汁服之。杵和酢傅丁腫。新注云：　產後中風，身強直，取末，酒和服，差。《食療》：　性溫。辟邪氣，除勞，傳送五藏不足氣，助脾胃。多食熏五藏神。通利血脈，發汗，動渴疾。又，杵爲末，醋和，封風毒腫上。患丁腫，荆芥一把，水五升，煮取二升，冷，分二服。《經驗方》：　產後中風，眼反折，四肢搐搦，下藥可立待應效。如聖散：　荆芥穗子爲末，酒服二錢，必效。《集驗方》同。《經驗後方》：　治一切風，口眼偏斜。青荆芥一斤，青薄荷一斤，一處砂盆內研，生絹絞汁於瓷器內，看厚薄煎成膏，餘滓三分去一分，漉滓不用，將二分滓，日乾爲末，以膏和爲丸，如梧桐子大。每服二十丸，早至暮可三服。忌動風物。　孫真人：　荆芥，動渴疾。

宋・寇宗奭《本草衍義》卷一九　假蘇　荆芥也，只用穗。治產後血暈及中風，目帶上，四肢強直。爲末二三錢，童子小便一小盞，調下嚥，良久，即活，甚有驗。又治頭目風，荆芥穗、細辛、川芎等爲末，飯後湯點二錢。風搔遍身，濃煎湯淋渫或坐湯中。

宋・劉明之《圖經本草藥性總論》卷下　荊芥　味辛，溫，無毒。主寒熱鼠瘻，瘰癧生瘡，破結聚，下瘀血，除濕痺。陳士良云：主血勞，風氣壅滿，背脊疼痛，虛汗，理丈夫脚氣，筋骨煩疼，及陰陽毒，傷寒頭痛，頭旋眼眩，手足筋急。穗，產後血暈。一名假蘇。日華子云：利五臟，消食下氣，醒酒。煎茶，治頭風出汗。豉汁煎，治暴傷寒病。

宋・陳衍《寶慶本草折衷》卷二〇　假蘇胡荊芥在內。　一名荊芥，一名薑芥，一名鼠蓂。生漢中川澤，及成、岳州。今處處有之。○取花實成穗，暴乾。

味辛烈艾氏，平，涼，見薄荷續說。無毒。○主寒熱，鼠瘻，瘰癧，生瘡，破結聚，下瘀血，除濕痹。○陳藏器云：去邪，除勞渴，出汗，除冷風，煮汁服。擣和醋傅丁腫。○《藥性論》云：治惡風賊風，口面喎斜，遍身痛痹，辟邪毒氣，久食動渴疾，通利血脉，傳送五藏。○陳士良云：主血勞，風氣壅滿，背脊疼痛，理脚氣，筋骨煩疼，及陰陽毒，傷寒頭痛，頭旋目眩，手足筋急。○日華子云：利五藏，消食，下氣，醒酒，治頭風。○《圖經》曰：葉似落藜而細，治瘡疥，婦人血風。又有胡荊芥，俗呼新羅荊芥、石荊芥，體性相近，入藥亦同。○寇氏曰：只用穗，治產後血暈，及中風目帶上，四肢強直。為末貳叁錢，童子小便壹小盞，調下。又治頭目風，荊芥、細辛、川芎等分為末，飯後湯點叁錢。風搔遍身，濃煎湯淋，或坐湯中。

續說云：世之所用荊芥者，即此假蘇是也。舊經言性溫，固失本真。張松性寒之説，尤其太過。今稽之方書，參其治療，酌以平涼二字，而訂之於薄荷條後，并論之矣。

元・王好古《湯液本草》卷六　荊芥穗　氣溫，味辛、苦。《本草》云：辟邪毒，利血脈，通宣五臟不足氣。能發汗，除勞渴。杵，和醋，封毒腫。去枝、梗，手搓碎用，治產後血暈如神。動渴疾。多食薰五臟神。破結氣。

元・尚從善《本草元命苞》卷九　假蘇　一名荊芥。其味辛，溫，無毒。主寒熱鼠瘻，瘰癧生瘡。治賊風留滯，喎斜口面。下瘀血，除濕痺頑麻。利五臟，助脾胃能食。理丈夫脚氣，筋骨煩疼。治婦人血風，肢節強痛。辟邪氣，除勞利血脉，發汗。煎茶療頭風，和酢封下腫。單(困)〔用〕除產後血暈，多服薰五臟之神。生漢中川澤，今在處有之。葉似落藜而細，初生辛香，可食。採花實成穗，暴乾入藥用，單服速効。

元・吳瑞《日用本草》卷八　荊芥　一名假蘇。《夷堅志》云：食黃顙魚不可食。　味溫，無毒。煎茶治頭風。　主寒熱，鼠瘻，瘰癧，瘡疥，下瘀血，理脚氣，頭旋眼暈，去賊風，口眼喎斜，遍身風痒，虛勞血風。

元・徐彥純《本草發揮》卷三　荊芥　潔古云：氣溫，味辛。氣味俱薄，浮而升，陽也。辟邪毒，利血脈，宣通五臟不足氣，能發汗，除勞冷。擣和醋，封腫毒。東垣云：主清利頭目。

明・朱橚《救荒本草》卷下之後　荊芥　《本草》名假蘇。一名鼠蓂，一名薑芥。生漢中川澤，及岳州、歸德州，今處處有之。莖方窊面，葉似獨掃葉而狹小，淡黃綠色，結小穗，有細小黑子，銳圓。多野生，以香氣似蘇，故名假蘇。味辛，性溫，無毒。　救飢：採嫩苗葉煠熟，水浸去邪氣，油鹽調食。初生香辛，可噉，人取作生菜醃食。　治病：文具《本草》菜部假蘇條下。

明・蘭茂撰，清・管暄校補《滇南本草》卷上　假蘇　一名荊芥。南方呼為薑芥。花似掃箒，夏末採之。然滇南之荊芥，與別省不同，惟南荊芥，功效不同。味辛，性溫，無毒。主治口眼歪斜，通利血脈，化瘀血死血，治頭風如神。夷人用此治跌打損傷，并敷毒瘡亦效。治吐血清目，疎風化痰，養肌，筋骨疼痛，解酒即醒，目昏，效如神。猛籠夷人作菜，令不染瘟疫，兼之男婦老幼，從不落齒，皆呼為穩齒菜。

明・蘭茂撰，清・管暄校補《滇南本草》卷下　荊芥穗　性微溫，味辛、苦。上清頭目諸風，止頭痛，目明，解肺、肝、咽喉熱痛，消腫，除諸毒，發散瘡癰。治便血，止女子暴崩。消風熱，通肺氣，鼻竅塞閉。

附方：治寒邪伏於肺腑，頭目腫，鼻流清涕，目珠脹疼，羞明怕日。荊芥穗一錢，白菊花一錢五分，川芎一錢，梔仁二錢，引用燈心草。又荊芥湯：治咽喉紅腫，乳蛾疼痛，飲食不下，發熱，口吐痰涎，頭痛。昔一人得傷寒症，頭疼發熱，咽喉腫痛，飲食不下，口吐痰涎，舌胎黃厚。用解表發散之藥不效。致十五六日，得此方全愈。荊芥穗五錢，生甘草二錢，赤木通二錢，引用黑豆十五粒，水煎服，一服喉疼止一半，二服去黑豆，加牛蒡子、連翹，三服全愈。

明・王綸《本草集要》卷五　假蘇荊芥也。　味辛苦，氣溫。取花實成穗者，曝乾用。　主寒熱鼠瘻，瘰癧生瘡，破結聚氣，下瘀血，除濕痹，辟邪氣，通利血脈，傳送五臟，能發汗動渴，除冷風，治頭風眩運，婦人血風等為要藥。

治產後血暈，搗末，童便調，熱服二錢匕，如神。口噤者，挑齒灌之，或灌鼻中。產後中風身強，直取末，酒和服。又杵末，醋和，封風毒丁腫。

明·滕弘《神農本經會通》卷五 假蘇 荊芥是也。取花實成穗者，暴乾入藥。初生香辛可噉，人取作生菜。用須去枝梗。 味辛，氣温，無毒。《湯》云：氣溫，味辛、苦。東云：清頭目，便血，疎風散瘡。《疌》云：去風，通氣，下瘀，除痺，除寒熱陰陽毒，治頭疼，瘰癧瘡。

《本經》云：主寒熱，鼠瘻，瘰癧生瘡，破結聚氣，下瘀血，除濕痺。陳藏器云：去邪，除勞渴，出汗，除冷風，煮汁服之。擣，和醋傅丁腫。《藥性論》云：可單用，治惡風賊風，口面喎邪，遍身㾓痺，心虛忘事，益力添精。主辟邪毒氣，除勞。久食動渴疾。治下腫，取一握，切，以水五升，煮取二升，冷分二服。主通利血脉，傳送五臟不足氣，能發汗，除冷風。又擣末，和醋封毒腫。孟詵云：多食，熏人五藏神。陳士良云：主血勞，風氣壅滿，背脊疼痛，虛汗，理丈夫脚氣筋骨煩疼，及陰陽毒。傷寒頭痛，頭旋目眩，手足筋急。日華子云：利五臟，消食下氣，醒酒。作菜生熟食，并煎茶，治頭風，并出汗。豉汁煎，治暴傷寒。《圖經》云：治頭風，虛勞，瘡疥，婦人血風等為要藥。亦多單用，効甚速。又治產後血暈，築心眼倒，風縮欲死者，取乾荊芥穗，擣末，用二錢匕，童便一酒盞調，熱服立効。口噤者，挑灌；閉者，灌鼻中皆効。《經驗方》：產後中風，眼反折，四肢搐搦，下藥可立効。如聖散，荊芥穗子為末，酒服二錢匕，効。《湯》云：《本草》云辟邪毒，利血脉，通宣五臟不足氣，能發汗，除勞渴。杵，和醋封毒腫。去枝梗，手搓碎用。治產後血暈如神，動渴疾。多食，熏五臟神，破結氣。劄云：假蘇本即名荊芥，下氣除勞治血風。瘡疥傷寒為要藥，更除血暈與頭疼。即《局方》荊芥，主血風血暈，瘡疥，傷寒。

明·劉文泰《本草品彙精要》卷三九 荊芥無毒。 植生。

荊芥：主寒熱，鼠瘻，瘰癧，生瘡，破結聚氣，下瘀血，除濕痹。《神農本經》。

〔名〕鼠蓂、薑芥、假蘇。

〔苗〕《圖經》曰：荊芥，即假蘇也。葉似落藜而細，初生香辛可噉，人取作生菜食之。江左人以其香氣似蘇，故名假蘇。又有胡荊芥，俗呼爲新羅荊芥。石荊芥，體性相近，入藥亦同。〔地〕生漢中川澤，今處處有之。〔時〕生：春生苗。採：夏秋取。〔收〕暴乾。〔用〕花實，成穗者佳。〔質〕葉似落藜而細。〔色〕青。〔味〕辛，苦。〔性〕溫，散。〔氣〕氣味俱薄，陽中之陰。〔臭〕香。〔主〕祛風發汗。〔製〕去根，剉碎用。〔治〕療：《圖經》曰：除頭風，虛勞，瘡疥，婦人血風。《唐本》注云：去邪出汗，除冷風，煮汁服之。《藥性論》云：治惡風賊風，口面喎斜，遍身㾓痹，心虛忘事，辟邪毒氣。治疔腫，取一握，切，以水五升煮取二升，冷，分二服，主通利血脉，傳送五臟不足氣。日華子云：利五臟，消食下氣，醒酒，作菜生熟食之。陳士良云：治血勞，風氣壅滿，背脊疼痛，虛汗，丈夫脚氣，筋骨煩疼及陰陽毒，傷寒頭痛，頭旋目眩，手足筋急。補：《藥性論》云：益氣添精。〔合治〕擣末合酢，封疔腫及風毒腫。○合茶煎食之，止頭風，并出汗。○合豉汁煎服，治暴傷寒。○穗擣篩爲末，每服二錢匕，合童子小便一酒盞調，熱服，治產後血暈，築心眼倒，風縮欲死者。○爲末，合酒服二錢匕，治產後中風，身強直，眼反折，四肢搐搦。○青荊芥一斤，青薄苛一斤，以砂盆內一處研，生絹絞汁於瓷器內，看厚薄煎成膏，餘滓三分去一分，漉滓不用，將二分滓日乾爲末，以膏和爲丸如梧桐子大，每服二十丸，早至暮，可三服。忌食動風物。〔禁〕多食，薰五臟神。久食，動渴疾。

明·盧和、汪穎《食物本草》卷一菜類 假蘇 味辛，溫，無毒。主除寒熱、鼠瘻瘰癧、生瘡，破結聚氣，下瘀血，除濕痹，辟邪氣，通利血脉，傳送五臟。能發汗，動渴消，除冷風，治頭風眩暈、婦人血風等為要藥。治產後血暈并產後中風身僵直者，搗為末，童便調，熱服。口噤者挑齒灌之，或灌鼻中，神效。末和醋，傳丁腫風毒，即差。初生新嫩辛香可噉，人取以作生菜。即今之荊芥也。

明·葉文齡《醫學統旨》卷八 荊芥 氣溫，味辛、苦。無毒。浮而升，陽也。取花實成穗者，曝乾用。 治寒熱鼠瘻，瘰癧生瘡。破結聚氣，下瘀血。除濕痺，辟邪氣，通利血脉，傳送五臟。能發汗，動渴疾；祛風癩賊風，口眼喎斜，腫毒風疹，冷氣頭風眩運，婦人血風等為要藥。產後血暈，搗末童便調服二錢如神；口噤者，挑齒開灌之；產後中風，酒和服；醋調敷風腫疔腫。

明·許希周《藥性粗評》卷三 荊芥入湯，汗家自有制度。

荊芥，一名假蘇，一名鼠蓂。葉似蘇而尖長，青色，有辛香之氣，春時抽葉，長三四尺許，夏開花成穗，結小實，葉盛時亦可作茹。江南川澤處處有之。秋採花實成穗者，暴乾入

藥。餘說《本草》不載。味辛，性溫，無毒。其氣浮而升，入手太陰肺、陽明大腸經。主治傷寒中風，口眼喎斜，濕痹風氣，頭痛目眩，陰陽二毒，背脊酸疼，手足筋急，血癆邪氣，心虛忘事，丁瘡腫毒，出汗，行氣消食，破血，益力添精，下瘀血，解酒毒，宣通五臟，發散壅滯，清利頭目。尋常可入茶煎飲多食亦能動渴。

單方：產後中風：凡產後血暈中風，不醒人事，口噤欲死者，乾荊芥穗擣篩為末，每用二錢，童子小便一大盞，燒熱調服，立效。如口噤，挑開灌之，不能開者灌鼻中。丁腫諸毒：凡患丁瘡腫毒，取荊芥一握，水五升，煎取三升，候冷，分為二服；又更杵末，和醋封之，甚效。

明・鄭寧《藥性要略大全》卷四 荊芥穗 《經》云：破結氣，下瘀血，利五臟，消食下氣，醒酒，去諸風，辟邪毒。利血脉，能發汗，止勞渴。治產後血暈如神。《珠囊》云：清頭目，便血風瘡之用。味辛，性涼，無毒。採取乾，陳久者良。

明・賀岳《醫經大旨》卷一《本草要略》 荊芥 性涼而輕。能涼血疎風，諸瘡瘍風熱皆當用之。

明・陳嘉謨《本草蒙筌》卷二 荊芥 味辛、苦，氣溫。氣味俱薄，浮而升，陽也。無毒。山谷生，在處有。作蘇香氣，又名假蘇。夏末採收，陰乾待用。須取花實成穗，能清頭目上行。發表，能解利諸邪，通血脉傳送五臟。下瘀血，除濕痹，破結聚，散瘡痍。擣和醋，敷風腫疔瘡；研調酒，理中風強直。仍治產後血暈，杵末攙入童便。

明・方穀《本草纂要》卷七 荊芥 味辛、苦，氣微溫，性輕清，治風之要藥也，無毒。主傷風肺氣不清，頭風掉搖眩運，血風產後偶中冷風，時然仆厥，目風眼瘴流淚，熱風瘡瘍痛痒，疥癬疙瘩，麻痹不仁之類也。大抵此劑辛溫可以散風，苦溫可以治風也。又能清頭目，去肌膚下瘀血，血中風藥也。

明・王文潔《太乙仙製本草藥性大全》卷五《本草精義》 假蘇 一名荊芥，一名薑芥，一名析蓂，一名鼠蓂。生漢中川澤，今處處有之。葉似落藜而細，初生香辛可噉，人取作生菜，古方稀用，近世醫家治頭風，虛勞，瘡疥，婦人血風等爲要藥，並取花實成穗者，曝乾入藥，亦多單用，效甚速。又以一物治產後血運，築心眼倒，風縮欲死者。取乾荊芥穗，擣篩，每以末二錢，童子小便一酒盞調，熱服立差。口噤者，挑齒，閉者灌鼻中，皆效，近世名醫用之，無不如神云。醫官陳巽處，江左人，謂假蘇、荊芥實兩物，假蘇葉銳圓，多野生，以香氣似蘇，故名之。蘇恭以《本經》一名薑芥，薑別聲近，便爲荊芥，非也！又有胡荊芥，俗呼新羅荊芥、石荊芥，體性相近，入藥亦同荊芥，本功外去邪除勞渴。主疔腫，出汗，除風冷，煮汁服之，杵和酢傅疔腫，產後中風酒服差。

明・王文潔《太乙仙製本草藥性大全》卷五《仙製藥性》 假蘇即荊芥也。味辛、苦，氣溫，氣味俱薄，浮而升，陽也，無毒。主治：主寒熱，破結聚氣，祛鼠瘻，療瘰癧瘡。須取花實成穗，能清頭目上行。發表汗，解利諸邪。通血脉，傳送五臟。下瘀血，除濕痹，散瘡痍。擣和醋，敷風腫疔瘡。研調酒，理中風強直。仍治產後血暈，杵末攙入童便。補註：產後中風，眼反折，四肢搐搦，下藥可立待應效。如聖散：荊芥穗子爲末，酒服二錢匕效。○一切風，口眼偏斜，青荊芥一斤，青薄荷一斤，一處炒，砂盆內研，生絹絞汁於甆器中，看厚薄煎成膏，餘滓三分去一分，漉滓不用，將二分滓日乾爲末，以膏和爲丸如梧子大，每服二十丸，早至暮可二服，忌動風物。○治疔腫，取一握，切，以水五升，煮取二升，冷分二服，主通利血脉，傳送五臟不足氣，能發汗除冷風。又擣末和醋封毒腫。○利五臟，消食下氣，醒酒，作菜生熟食，并煎茶。治頭風并出汗，豉汁煎治暴傷寒。

明・皇甫嵩《本草發明》卷五 荊芥《經》云：假蘇氣溫，性微涼，味苦，平，無毒。氣味俱薄，浮而升，陽也。先在草部，因人食之，錄在菜部。發明曰：荊芥，辛溫而輕涼，能散邪，涼血疎風，其大致如此。故《藥性》云：辟邪毒，解風邪，利血脉，宣通五臟，能發汗除風冷。又云：療陰陽毒，傷寒頭痛目眩，手足筋急，皆其辛溫之用也。又云：破結聚氣，下瘀血，除濕痺，主寒熱瘰癧，諸瘡瘍。又治頭風眩暈，惡風賊風，口眼喎斜，遍身痛痺。婦人血風，產後血暈，乃其涼血疎風之功居多矣。云動渴疾，或是云除勞渴，恐非也。○產後血暈，擣末，童便調服二錢如神。口噤者，挑齒嚾之。產後中風，取末，和酒服之。又拌末，醋和，封風腫疔毒。油燈上燒穗黑，能止血。

明・李時珍《本草綱目》卷一四草部・芳草類 假蘇《本經》中品。校正：自菜部移入此。

【釋名】薑芥《別録》 荆芥《吴普》 鼠蓂《本經》 弘景曰：假蘇方藥不復用。恭曰：此即菜中荆芥也，薑芥聲訛爾。先居草部，今録入菜部。士良曰：荆芥，《本草》呼

爲假蘇。假蘇又别是一物，葉鋭，多野生，以香氣似蘇，故呼爲蘇。頌曰：醫官陳巽言，江左人謂假蘇、荆芥實兩物，蘇恭以《本草》一名薑芥，荆薑聲訛，謂爲荆芥，非矣。時珍曰：按《吴普本草》云：假蘇一名荆芥，葉似落藜而細，蜀中生啖之。普乃東漢末人，去《别録》時未遠，其言當不謬，故唐人蘇恭祖其説，而陳士良、蘇頌復啓爲兩物之疑，亦臆説爾。曰蘇、曰薑、曰芥，皆因氣味辛香，如蘇、如薑、如芥也。

【集解】《别録》曰：假蘇生漢中川澤。頌曰：今處處有之。葉似落藜而細，初生香辛可啖，人取作生菜。古方稀用，近世醫家爲要藥，並取花實成穗者，曝乾入藥。又有胡荆芥，俗呼新羅荆芥。又有石荆芥，生山石間。體性相近，入藥亦同。時珍曰：荆芥原是野生，今爲世用，遂多栽蒔。二月布子生苗，炒食辛香。方莖細葉，似獨帚葉而狹小，淡黄緑色。八月開小花，作穗成房，房如紫蘇房，内有細子如葶藶子狀，黄赤色，連穗收採用之。

【正誤】藏器曰：張鼎《食療本草》荆芥一名菥蓂，誤矣。菥蓂自有本條，見草部。時珍曰：汪機《本草會編》言假蘇是白蘇，亦誤矣，白蘇乃荏也。見後。

莖穗 【氣味】辛，温，無毒。詵曰：作菜食久，動渴疾，熏人五臟神。反驢肉、無鱗魚，詳後發明下。

【主治】寒熱鼠瘻，瘰癧生瘡，破結聚氣，下瘀血，除濕疸《本經》。去邪，除勞渴冷(風)〔氣〕，出汗，煮汁服之。搗爛醋和，傅丁腫腫毒藏器。單用治惡風賊風，口面喎斜，遍身𤸷痹，心虚忘事，益力添精，辟邪毒氣，通利血脈，傳送五臟不足氣，助脾胃甄權。主血勞，風氣壅滿，背脊疼痛，虚汗，理丈夫脚氣，筋骨煩疼，及陰陽毒傷寒頭痛，頭旋目眩，手足筋急士良。利五臟，消食下氣，醒酒。作菜生熟皆可食，並煎茶飲之。以豉汁煎服，治暴傷寒，能發汗日華。治婦人血風及瘡疥，爲要藥蘇頌。産後中風身强直，研末酒服孟詵。散風熱，清頭目，利咽喉，消瘡腫，治項强，目中黑花，及生瘡陰𤸷，吐血衄血，下血血痢，崩中痔漏時珍。

【發明】元素曰：荆芥辛苦，氣味俱薄，浮而升，陽也。好古曰：肝經氣分藥也，能搜肝氣。時珍曰：荆芥入足厥陰經氣分，其功長於祛風邪，散瘀血，破結氣，消瘡毒。蓋厥陰乃風木也，主血，而相火寄之，故風病血病瘡病爲要藥。其治風也，賈丞相稱爲再生丹，許學士謂有神聖功，戴院使許爲産後要藥，蕭存敬呼爲一捻金，陳無擇隱爲舉卿古拜散。夫豈無故而得此隆譽哉？按《唐韻》：荆字舉卿切，芥字古拜切。蓋二字之反切，隱語以秘其方也。又曰：荆芥反魚蟹河豚之説，本草醫方並未言及，而稗官小説往往載之。按李(廷)〔鵬〕飛《延壽書》云，凡食一切無鱗魚，忌荆芥。食黄鱨魚後食之，令人吐血，惟地漿可解。與蟹同食，動風。又蔡絛《鐵圍山叢談》云：予居嶺嶠，見食黄顙魚犯薑芥者立死，甚於鉤吻。洪邁《夷堅志》云：吴人魏幾道啖黄顙魚羹，後採荆芥和茶飲。少頃足癢，上徹心肺，狂走，足皮欲裂。急服藥，兩日乃解。陶九成《輟耕録》云：凡食河豚，不可服荆芥藥，大相反。予在江陰見一儒者，因此喪命。《(韋)〔葦〕航(細)〔紀〕談》云：凡服荆芥風藥，忌食魚。楊誠齋曾見一人，立致於死也。時珍按：荆芥乃日用之藥，其相反如此，故詳録之，以爲警戒。又按《物類相感志》言：河豚用荆芥同煮，三五次换水，則無毒。其説與諸書不同，何哉？大抵養生者，寧守前説爲戒可也。

【附方】舊四，新二十七。

頭項風强：八月後，取荆芥穗作枕，及鋪牀下，立春日去之。《千金方》。

風熱頭痛：荆芥穗、石膏等分，爲末。每服二錢。茶調下。《永類鈐方》。

風熱牙痛：荆芥根、烏桕根、葱根等分，煎湯頻含漱之。

小兒驚癇：一百二十種。用荆芥穗二兩，白礬半生半枯一兩，爲末，糊丸黍米大，朱砂爲衣。每薑湯下二十丸，日二服。《醫學集成》。

一切偏風：口眼喎斜。用青荆芥一斤，青薄荷一斤，同入砂盆内研爛，生絹絞汁，於瓷器中煎成膏，漉去滓三分之一，將二分日乾，爲末，以膏和丸梧子大。每服三十丸，白湯下，早暮各一服。忌動風物。《經驗方》。

中風口噤：荆芥穗爲末，酒服二錢，立愈，名荆芥散。賈似道云：此方出《曾公談録》，前後用之甚驗。其子名順者，病此已革，服之立定，真再生丹也。

産後中風：華佗愈風散：治婦人産後中風口噤，手足瘛瘲如角弓，或産後血運，不省人事，四肢强直，或心眼倒築，吐瀉欲死。用荆芥穗子，微焙爲末。每服三錢，豆淋酒調服，或童子小便服之。口噤則挑齒灌之，齗噤則灌入鼻中，其效如神。大抵産後太眩，則汗出而腠理疏，則易於中風也。時珍曰：此方諸書盛稱其妙。姚僧坦《集驗方》以酒服，名如聖散，云藥下可立待應效。陳氏方名舉卿古拜散。蕭存敬方用古老錢煎湯服，名一捻金。王貺《指迷方》加當歸等分，水煎服。許叔微《本事方》云：此藥委有奇效神聖之功。一婦人産後睡久，及醒則昏昏如醉，不省人事。醫用此藥及交加散，云服後當睡，〔睡中〕必以左手搔頭，用之果然。昝殷《産寶方》云：此病多因怒氣傷肝，或憂氣内鬱，或坐草受風而成，急宜服此藥也。戴原禮《證治要訣》名獨行散。賈似道《悦生隨抄》呼爲再生丹。

産後迷悶：因怒氣發熱迷悶者。獨行散：用荆芥穗，以新瓦半炒半生爲末，童子小便服一二錢。若角弓反張，以豆淋酒下。或剉散，童尿煎服極妙。蓋荆芥乃産後要藥，而角弓反張，乃婦人急候，得此證者，十存一二而已。戴原禮《要訣》。

産後血運：築心眼倒，風縮欲死者。取乾荆芥穗搗篩末，每用二錢匕，童子小便一酒盞，調勻，熱服立效。口噤者挑齒，口閉者灌鼻中，皆效。近世名醫用之，無不如神也。《圖經本草》。

産後血眩：風虚，精神昏冒。荆芥穗一兩三錢，桃仁五錢去皮尖，炒爲末，水服三錢。若喘加杏仁去皮尖炒，甘草炒，各三錢。《保命集》。

産後下痢：大荆芥四五穗，於盞内燒存性，不得犯油火，入麝香少許，以沸湯些須調下。此藥雖微，能愈大病，不可忽之。《深師方》。

産後鼻衄：荆芥焙研末，童子小便服二錢，海上方也。《婦人良方》。

九竅出血：荆芥煎酒，通口服之。《直指方》。

口鼻出血：如涌泉，因

酒色太過者。荆芥燒研，陳皮湯服二錢，不過二服也。　吐血不止：《經驗方》用荆芥連根洗，搗汁半盞服。乾穗爲末亦可。《聖惠方》用荆芥穗爲末，生地黄汁調服二錢。　小便尿血：荆芥、縮砂等分，爲末。糯米飲下三錢，日三〔服〕。《集簡方》。　崩中不止：荆芥穗於麻油燈上燒焦，爲末。每服二錢，童子小便服。此夏太君娘娘方也。《婦人良方》。

痔漏腫痛：荆芥煮湯，日日洗之。《簡易方》。　大便下血：《經驗方》用荆芥炒爲末。每米飲服二錢，婦人用酒下，亦可拌麪作餛飩食之。《簡便方》用荆芥二兩，槐花一兩，同炒紫爲末。每服三錢，清茶送下。　小兒脱肛：荆芥、皂角等分，煎湯洗之，以鐵漿塗上。亦治子宫脱出。《經驗方》。　陰癩腫痛：荆芥穗瓦焙爲散，酒服二錢，即消。《壽域神方》。　小兒臍腫：荆芥煎湯洗净，以煨葱刮薄出火毒，貼之即消。《海上方》。

瘰癧潰爛：癧瘡牽至胸前兩腋，塊如茄子大，或牽至兩肩上，四五年不能療者，皆治之，其驗如神。武進縣朱守仁傳云其項不能回頭，用此數日減可。如瘡爛破者，用荆芥根下一段剪碎，煎沸湯温洗，良久，看爛破處紫黑，以針一刺去血，再洗三四次愈。用樟腦、雄黄等分，爲末，麻油調，掃上出水。次日再洗再掃，以愈爲度。《活法機要》。　丁腫諸毒：荆芥一握切，以水五升，煮取二升，分二服冷飲。《藥性論》。　一切瘡疥：荆芥末，以地黄自然汁熬膏，和丸梧子大。每服三十五丸，茶酒任下。《普濟方》。　脚椏濕爛：荆芥葉搗傅之。《簡便方》。　纏脚生瘡：荆芥燒灰，葱汁調傅，先以甘草湯洗之。《摘玄方》。

小兒風寒：煩熱有痰，不省人事。荆芥穗半兩焙，麝香、片腦各一字，爲末，每茶服半錢。大人亦治。《普濟方》。　頭目諸疾：一切眼疾，血勞，風氣頭痛，頭旋目眩。荆芥穗爲末，每酒服三錢。《龍樹論》。　癃閉不通：小腹急痛，無問久新。荆芥、大黄爲末，等分，每温水服三錢。小便不通，大黄減半；大便不通，荆芥減半。名倒换散。《普濟方》。

題明・薛己《本草約言》卷二《藥性本草》　荊芥　味辛、苦，氣溫，無毒。陽中之陰，升也。發玄府，療邪風之首痛；通血脉，治血風之眩暈。性涼而輕，能涼血疏風，諸瘡瘍風熱，皆當用之。一名假蘇。取花實成穗者，暴乾用。《本草》主頭風眩暈，婦人血風，産後血暈云云。皆其涼血疏風之功也。○産後血暈，搗末，童便調，熱服二錢，如神，口禁者，挑齒灌之。○産後中風，口禁強直，荊芥、當歸等，名荊歸湯，又名愈風湯，治産後驚風反張，神效。○經絡不見于傳，大抵入手太陰肺、陽明大腸。其穗治産暈如神。今人但遇風症，即用荊、防，不知風在皮裏膜外者，非荊芥不能發泄，非若防風之入肉骨也。有汗者不宜多服。無畏忌。陳久者良。

明・佚名氏《醫方藥性・草藥便覽》　荊芥　其性辣、熱。去諸風。治惡邪熱。

明・梅得春《藥性會元》卷中　荊芥　味苦、辛，氣溫。浮而升，陽也。無毒。一名假蘇。　主清頭目而止便血，踈風散瘡之腫，療傷寒而能發汗，除勞，解熱之邪；疔腫，風腫可消，風暈、血暈可止。鼠瘻瘰癧，及瘡痒瘀血濕痹，并結氣賊風風癩，口眼喎邪，腫毒，頭風眩暈。婦人産後昏迷中風，酒和服。止鼻衄，醋調敷。能通利血脉，傳送五臟。動渴疾，治風疹冷氣，與薄荷是治頭痛之本藥，惟止左邊偏頭痛，當審而加之。與四物同用，止婦人崩中及月水不止，神效，女人血風要藥也。　凡使，取花實成穗者，日乾用。

明・杜文燮《藥鑒》卷二　荊芥　氣溫，味辛、苦。氣味俱薄，升也，陽也。能涼血踈風，上清頭目，辟邪毒，宣五臟，除勞渴，通血脉，除濕痹，破結氣，行瘀血，解肌表，諸瘡瘍風熱皆用之。與羌活同用，能除血濕。與蟬蜕同用，能散風邪。與紅花同用，能行惡血。與蘇子同用，能下諸氣。惟其氣溫而輕，故能開腠理。和醋搗爛敷腫毒立瘥，又治産後血暈如神。大都中病即已，不可過服，過則蒸五臟神。表虚者禁用。

明・李中立《本草原始》卷六　假蘇　蘇恭曰：即菜中荊芥是也。《别錄》名薑芥。始生漢中川澤，今處處有之。葉似落藜而細，初生辛香可噉，人取作生菜。古方稀用，近世醫家治頭風虚勞瘡疥，婦人血風等為要藥，並取花實成穗者，暴乾入藥。曰蘇、曰薑、曰芥，皆因氣味辛香如蘇、如薑、如芥也，今人惟呼荊芥。　莖、穗　氣味：辛，溫，無毒。　主治：寒熱鼠瘻，瘰癧生瘡，破結聚氣，下瘀血，除濕疸。○去邪，除勞渴冷風，出汗，煮汁服之。擣爛醋和，傅丁腫。○單用治惡風賊風，口面喎斜，遍身𤸷痹，心虚忘事，益力添精，辟邪毒氣，通利血脉，傳送五臟不足氣，助脾胃。○主血勞，風氣壅滿，背脊疼痛，虚汗，理丈夫脚氣，筋骨煩疼，及陰陽毒，傷寒頭痛旋目眩，手足筋急。○利五臟，消食下氣，醒酒。作菜生熟皆可食，并煎茶飲之。以豉汁煎服，治暴傷寒能發汗。○治婦人血風及瘡疥為要藥。○産後中風，身強直，研末酒服。○散風熱，清頭目，利咽喉，消瘡腫，治項強，目中黑花，及生瘡陰癩，吐血衄血，下血血痢，崩中痔漏。

荊芥，《本經》中品。【圖略】葉似掃帚。夏末采收。

詵曰：作菜食久，動渴疾，熏人五臟神。○反驢肉、無鱗魚及蟹。　元素曰：辛、苦，氣味俱薄，浮而升，陽也。好古曰：肝經氣分藥也，能搜肝

氣。《經驗方》：治產後中風，荊芥穗子微炒，為末，酒服二錢匕，效。

明・張懋辰《本草便》卷二 假蘇荊芥也。 味辛、苦，氣溫。 主寒熱鼠瘻、瘰癧，破結聚氣，下瘀血，除濕痹，辟邪氣，通利血脈，傳送五臟，能發汗動渴，治頭風眩暈，婦人血風等爲要藥。

明・吳文炳《藥性全備食物本草》卷一 假蘇即荊芥。 味辛、苦，氣溫，氣味俱薄，浮而升，陽也，無毒。 葉似落藜而細，初生香辛可啖，人取作生菜。古方稀用，近世醫家治頭風，虛勞，瘡疥，婦人血風等為要藥，又利五臟，消食下氣，醒酒。

明・趙南星《上醫本草》卷三 荊芥 一名薑芥，一名假蘇，處處有之，初生作菜，生熟皆可食，氣味辛香，如蘇、如薑、如芥也。時珍曰：荊芥原是野生，今為世用，遂多栽蒔。二月布子生苗，炒食辛香，方莖細葉，似獨帚葉而狹小，淡黃綠色，八月開小花，作穗成房，房如紫蘇，房內有細子如葶藶子狀，花色赤，連穗收采用之。

莖穗：辛，溫，無毒。主治：寒熱惡風，賊風口面喎斜，遍身㾦痹，筋骨煩疼，及陰陽毒，傷寒頭痛，頭旋目眩，手足筋急，心虛忘事，益力添精，辟邪毒氣，通利血脈，傳送五臟不足氣，助脾胃，破聚氣，下瘀血，除濕疸，散風熱，清頭目，利咽喉，消瘡腫，治項強，目中黑花，及鼠瘻瘰癧，生瘡陰癩，吐血衄血，下血血痢，治婦人血風崩中，痔漏。 作菜食久動渴疾，熏人五臟神。反驢肉。凡服荊芥藥者，忌食一切魚蟹。

附方 頭項風強：八月後，取荊芥穗作枕及鋪牀下，立春日去之。

中風口噤：荊芥穗為末，酒服二錢，立愈，名荊芥散。賈似道云：此方出《曾公談錄》，前後用之甚驗。其子名順者，病此已革，服之立定，真再生丹也。 產後中風：華佗愈風散，治婦人產後中風口噤，手足瘛瘲如角弓，或產後血暈，不省人事，四肢強直，或心眼倒築，吐瀉欲死。用荊芥穗子，微炒為末。每服三錢，豆淋酒調服，或童子小便服之。口噤則挑齒灌之，齗噤則灌入鼻中，其效如神。 口鼻出血如涌泉，因酒色太過者：荊芥燒研，陳皮湯服二錢，不過二服也。 瘰癧潰爛：癧瘡牽至胸前、兩腋，塊如茄子大，或牽至兩肩上，四五年不能療者，皆治之，其効如神。武進縣朱守仁傳，云其項不能回頭，用此數日減可。 如瘡爛破者，用荊芥根下一段，剪碎，煎沸，湯溫洗，良久，看爛破處紫黑，以鍼一刺去血，再洗三四次愈。用樟腦、雄黃等分，為末，麻油調，掃上去水。次日再洗再掃，以愈為度。 小兒臍腫：荊芥煎湯洗淨，以煨葱刮薄出火毒，貼之即消。

明・李中梓《藥性解》卷四 荊芥 味辛、苦，性微溫，無毒，入肺、肝二經。主結氣瘀血，酒傷食滯，能發汗，去皮毛諸風，涼血熱，療痛痒諸瘡，其穗治產暈如神，陳久者良。 按：荊芥行血療風，則太陰厥陰之入，固其宜也。今人但遇風症，輒用荊、防，此流氣散之相沿爾，不知風在皮裏膜外者，荊芥主之，非若防風之入骨肉也，有汗者勿用。

明・繆希雍《本草經疏》卷九 假蘇 味辛，溫，無毒。主寒熱鼠瘻，瘰癧生瘡，破結聚氣，下瘀血，除濕痹。自菜部移入。

〔疏〕假蘇，荊芥也。得春氣，善走散，故其氣溫，其味辛，其性無毒。升也，陽也。春氣升，風性亦升，故能上行頭目。肝主風木，故能通肝氣，行血分，能入血分之風藥也，故能發汗。其主寒熱者，寒熱必由邪盛而作，散邪解肌出汗，則寒熱自愈。鼠瘻由熱結於足少陽、陽明二經，火熱鬱結而成。瘰癧為病，亦屬二經故也。生瘡者，血熱有濕也，涼血燥濕，瘡自脫矣。破結聚氣者，辛溫解散之力也。下瘀血，入血分，辛以散之，溫以行之之功用也。痹者，風寒濕三邪之所致也。祛風燥濕散寒，則濕痹除矣。

〔主治參互〕得白頸蚯蚓，同搗取汁，解陽明經熱病汗出，立已。得童子小便調服，立蘇血暈。《千金方》治頭項風強，八月後取荊芥穗作枕及鋪牀下，立春日去之。又方，治風熱牙疼，用荊芥根、烏桕根、葱根，等分煎湯，頻含漱之。《經驗方》治一切偏風、口眼喎斜：用青荊芥一斤，青薄荷一斤，同搗汁，於磁器中熬成膏，留三分之一，將二分日乾為末，以膏和丸如梧子大。每三十丸白湯下，早暮各一服，忌動風物。 又方，治中風口噤，荊芥穗為末，酒服二錢，立愈，名荊芥散。賈似道云：此方出《曾公談錄》，前後用之甚驗。其子名順者，病已革，服之立定，真再生丹也。 華佗愈風散，治婦人產後中風口噤，手足瘈瘲如角弓；或產後血暈不省人事，四肢強直；或心眼倒築，吐瀉欲死。用荊芥穗微焙，為末，每服三錢，豆淋酒調服，或童便服之。口噤則挑齒灌之，齦噤則灌入鼻中，其效如神。大抵產後虛甚則汗出而腠理疏，易於中風也。 戴原禮獨行散，治產後迷悶，因怒發熱而得者。用荊芥穗，以新瓦半炒半生，為末，童便服一二錢。若角弓反張，以豆淋酒下，或剉散童便煎服，極妙。蓋荊芥乃產後要藥，而

角弓反張乃婦人急候，得此證者十存一二而已。《圖經本草》治產後血暈，築心眼倒，風縮欲死者。取荊芥末二錢匕，童便調勻熱服，立愈。口噤者灌鼻中皆效。近世名醫用之，無不如神也。《保命集》治產後血眩暈風虛，精神昏冒。荊芥穗一兩三錢，桃仁去皮尖五錢，為末，水服三錢。若喘加杏仁去皮尖炒，甘草炙，各三錢。《婦人良方》治產後鼻衄，荊芥穗末，童便服二錢，海上方也。《簡便方》治大便下血，用荊芥二兩，槐花一兩，同炒紫為末，每三錢，清茶送下。《活法機要》治瘰癧潰爛，牽至胸前、兩腋，塊如茄子大，或牽至兩肩上，四五年不能療者，皆治之，其效如神。晉陵朱守仁傳，云其項不能回顧，用此數日減可。如瘡爛破者，用荊芥根下一段剪碎，煎沸待溫洗，良久，看爛破處紫黑，以鍼一刺去血，再洗三四次愈。用樟腦、雄黃，等分為末，麻油調掃上，出水。次日再洗再掃，以愈為度。《普濟方》治一切疥瘡：荊芥末，以地黃自然汁熬膏，和丸如梧子大。每服三十五丸，茶酒任下。《龍木論》治一切眼疾，血勞風氣頭痛，頭旋目眩。用荊芥穗末，每酒服三錢。《普濟方》治癃閉不通，小便急痛，無問久新。荊芥、大黃為末，等分，每溫水服三錢。小便不通，大黃減半；大便不通，荊芥減半。名倒換散。【簡誤】荊芥，風藥之辛溫者也。主升，主散，不能降，亦不能收。病人表虛有汗者忌之。血虛寒熱，而不因於風濕風寒者勿用。陰虛火炎面赤，因而頭痛者，慎勿誤入。

明・倪朱謨《本草彙言》卷二　荊芥　氣香，味辛，性溫，無毒。升也，陽也。入足厥陰，足少陽、陽明經氣分藥也。寇氏曰：荊芥，《本草》呼爲假蘇，又云薑芥。因其氣味辛芳，如蘇、如薑、如芥也。今在處有之。多野生，古方稀用。今爲俗尚，遂多栽蒔。二月布子，生苗。方莖，細葉。葉狹小而色淡黃若綠，似落籬而細，初生炒食，香辛可噉，或作生菜。八月開小花，作穗成房。房內有細子，如葶藶子，色黃赤。連穗收用。又有胡荊芥，生北地。又有石荊芥，生山石間。體性相近，入藥亦同。

荊芥：輕揚之劑，甄權散風清血之藥也。苗天秀稿主傷風肺氣不清，喉風腫脹難開，頭風腦痛眩運，血風產後昏迷，痰風卒時仆厥，驚風手足搐搦，目風腫澀流淚，濕風黃疸悶滿，熱風斑疹痘瘄，瘡疥疙瘩，幷寒熱鼠瘻，龍潭瘰癧生瘡之類。凡一切風毒之證，已出未出、欲散不散之際，以荊芥之生用，可以清之。又腸風便血，崩中淋血，暴吐衄血，小腸溺血，凡一切失血之證，已止未止、欲行不行之勢，以荊芥之炒黑，可以止之。大抵辛香可以散風，苦溫可以清血，爲血中風藥也。但氣味香辛而發，主升主散，不能降下，亦不能收入。凡病表虛有汗者，血虛寒熱者，氣虛眩暈者，老人腎陽虛而目昏流淚者，少年陰虛火炎，因而面赤頭痛者，咸宜禁之。

繆仲淳先生曰：荊芥輕揚，得春氣而善走散。春氣升，風性亦升，故能上行頭目。風木通肝，故能達肝氣、行血分而去血分之風。辛以散之，溫以行之，若風痰，若血暈，若斑疹，若痘黃，若目障流淚等疾，皆藉此以流通也。

集方：《方脉切要》治傷風寒，肺氣不清，咳嗽氣促。用荊芥、前胡、乾葛、杏仁、紫蘇葉、桑白皮、桔梗、生薑、葱白，煎服。如傷風熱咳嗽，氣促聲啞者，用荊芥、薄荷、玄參、乾葛、杏仁、黃芩、桑白皮、連翹、鼠粘子、桔梗、甘草。〇陳孟明方治喉閉腫脹，水飲不下。用荊芥八兩，水五六碗，煎汁二碗，徐徐飲之，立消。〇劉桂翁方治頭風痛攻腦中。用荊芥、天麻、防風、白芷各一錢，甘草六分，全蝎五個，水煎服。〇《經驗方》治一切偏風，口眼喎斜。用生荊芥一斤，生薄荷一斤，同搗汁，于磁器中熬成膏，配入天麻、茯苓末，以膏和丸，如梧桐子大，每服百丸，白湯下。〇賈似道方治產後血風眩暈。用荊芥八兩，當歸、川芎各二兩，共爲末，每服三錢，白湯調服。〇同前又方，用荊芥搗汁，加童便少許，立甦血暈。〇同上治中風口噤。用荊芥穗爲末，白湯調服三錢，立效。〇楊運同方治風痰卒時仆厥，痰涎壅塞。用荊芥、殭蠶、全蝎、膽星、半夏、陳皮各一錢，煎服。〇《保嬰切要》治小兒卒患驚風，手足搐搦，目睛不正。用荊芥、殭蠶、膽星、半夏、天竺黃、川黃連、薄荷、鈎藤。〇于士林《家傳方》治肝經風熱，眼澁流淚。用荊芥、玉竹、防風、草決明、川芎、白芷、生地、牡丹皮。〇周一庵手抄治風濕熱蒸，脾鬱成疸。用荊芥、秦艽、茵陳、防風、猪苓、茯苓、黑山梔、川黃連。〇《兒科心萃》治熱風斑毒。用荊芥、玄參、黃芩、防風、羌活、薄荷、桂枝減半。〇同前治痘瘄已出未透。用荊芥、蟬蛻、牛蒡子、桔梗、甘草、川芎、山查、防風。痘加紅花、殭蠶；瘄加黃連、石膏。〇王侍中方治一切瘡疥。用荊芥、金銀花、土茯苓，等分爲末，熟地黃熬膏，爲丸梧子大。每早晚各服百丸，茶酒任下。〇《方脉正言》治腸風便血，不拘糞前糞後。用荊芥炒黑，槐花略炒，蒼朮米泔浸，熟地黃酒蒸，北五味炒，各等分，炮薑減半，共爲末，煉蜜丸梧桐子大，每早服五錢，白湯下。〇《林敦五家學》治女人血崩不止。用黑荊芥、牡丹皮、玄胡索醋炒、人參、當歸、川芎、白芍藥、甘草、熟地

黃各等分，水煎服，或作丸亦可。○同前治男婦血淋尿血。用荆芥、牡丹皮、茜草、川黃連、薄荷、生地黃、甘草等分，煎服，或作丸亦可。○《聖惠方》治吐血衄血，暴出不止。用荆芥四兩、生地黃三兩，白芍藥一兩，水十碗，煎三碗，徐徐服。○《婦科良方》治産後衄血。用荆芥水煎，童便和服。○《陳藎齋醫案》治婦人産後中風口噤，手足瘈瘲如角弓；或産後血暈，不省人事，四肢强直；或心眼倒築，風縮欲死；或兼吐瀉。用荆芥穗微焙爲末，每服三錢，童便調服。口噤則挑齒灌之，齦噤則灌入鼻中。其效如神。大抵産後虚甚，則汗出而腠理疏，易于中風也。○戴元禮《要訣》治産後迷悶，因怒發熱而得者。用荆芥穗半炒半生爲末，童便調服二錢。若角弓反張，用豆淋酒下，或童便煎服極妙。蓋荆芥乃産後要藥，而角弓反張乃婦人急候，得此證者，十存一二而已。○《萬病回春》方倒換散：治癃閉不通，小便急痛，無問久新。用荆芥、大黃爲末，等分。小便不通，大黃一錢，荆芥二錢；大便不通，荆芥一錢，大黃二錢，白湯調服。○《活法機要》治瘰癧潰爛，牽至胸前兩腋，塊如茄子大；或牽至肩上，四五年不能療者。其項不能回顧，用此數日減可。如瘡爛破者，用荆芥根下一段，剪碎煎沸，待溫洗，良久，看破爛處紫黑，以針一刺去血，再洗三四次愈。用樟腦、雄黃，等分爲末，麻油調，鵝羽掃上，出水，次日再洗、再掃，以愈爲度。○《普濟方》治小兒病風寒，煩熱有痰，不省人事。用荆芥穗五錢，焙爲末，加片腦五釐，每用薑湯調服五分。○治腸風便血，不問新久，及糞前糞後，皆可服。用荆芥四兩炒黑，槐角三兩，蒼朮米泔水浸炒，黃柏、防風、當歸、川芎、懷熟地、山茱萸肉、白芍藥各二兩，升麻、細辛各八錢，分作十劑。每劑加蓮子十枚，水二碗，煎八分，食前服。○治婦人腸風便血。用荆芥四兩炒黑，當歸、川芎、白芷、牡丹皮、川續斷、白朮、黃耆、香附童便浸，曬乾，白薇、杜仲各二兩，共爲末，煉蜜丸，每服三錢，食前白湯送下。○治脫肛翻出不收，有寒有熱。凡瀉痢內熱氣虛，或老人氣血虛憊；或産婦用力過度，或小兒藏氣不足，氣陷不舉，俱有脫肛證也。以參耆湯加減，用荆芥、人參、黃耆、當歸、生地黃、白朮、白芍藥、茯苓、升麻、桔梗、陳皮各一錢，甘草五分，黑棗頭十個，水煎服。內熱加黃芩、黃連各一錢；內寒加乾薑、肉桂一錢二分，小兒減半。

明・應麐《食治廣要》卷三 假蘇即荆芥。

氣味：辛，溫，無毒。祛風散邪，去瘀血，破結氣，消瘡毒。凡食一切無鱗魚，最忌之。又按《葦航紀談》云：凡服荆芥風藥，忌食諸魚。楊誠齋曾見一人，犯之立死。日用之物，相反如此，故詳及之，以為警戒。

明・姚可成《食物本草》卷一九草部・芳草類 假蘇一名荆芥，處處有之。葉似落藜而細，初生香辛可噉。○李時珍曰：荆芥原是野生，今為世用，遂多栽蒔。二月布子，生苗方莖細葉，淡黃綠色。八月開小花，作穗成房，房如紫蘇。房內有細子，如葶藶子狀。其苗炒食，辛香可噉，人取以作生菜。

假蘇莖穗 味辛，溫，無毒。治寒熱鼠瘻，瘰癧生瘡，破結聚氣，下瘀血，除溼痹。去邪，除勞渴冷風，出汗，煮汁服之。擣爛醋和傅丁腫腫毒。單用治惡風賊風，口面喎斜，遍身𤸷痹，心虚忘事，益力添精，辟邪毒氣，通利血脉，傳送五臟不足氣，助脾胃。主血勞，風氣壅滿，背脊疼痛，虚汗，理丈夫脚氣，筋骨煩疼及陰陽毒，傷寒頭痛，頭旋目眩，手足筋急。利五臟，消食下氣，醒酒。作菜生熟皆可食，并煎茶飲之。以豉汁煎服，治暴傷寒，能發汗。治婦人血風及瘡疥為要藥。産後中風身强直，研末酒服。散風熱，清頭目，利咽喉，消瘡腫，治項強，目中黑花及生瘡陰癩，吐血衄血，下血，血痢，崩中痔漏。○李時珍曰：荆芥反魚蟹河豚之說，本草醫方竝未言及，而稗官小說往往載之。按李(廷)〔鵬〕飛《延壽書》云：凡食一切無鱗魚，忌荆芥。食黃鱨魚後食之，令人吐血，唯地漿可解。與蟹同食，動風。又蔡絛《鐵〔圍〕山叢(話)〔談〕》云：予居嶺嶠，見食黃顙魚犯荆芥者，立死，甚于鉤吻。洪邁《夷堅志》云：吳人魏幾道啖黃顙魚羹，後采荆芥和茶飲，少頃足癢，上徹心肺，狂走，足皮欲裂，急服藥，兩日乃解。陶九成《輟耕錄》云：凡食河豚，不可服荆芥藥，大相反。予在江陰，見一〔儒者〕因此喪命。《(韋)〔葦〕航(細)〔紀〕談》云：凡服荆芥風藥，忌食魚。楊誠齋曾見一人立致于死也。時珍按：荆芥乃日用之藥，其相反如此，故詳錄之，以為警戒。又按《物類相感志》言：河豚用荆芥同煮三五次，換水則無毒。其說與諸書不同，何哉？大抵養生者，寧守前說為戒可也。

附方：治産後鼻衄。荆芥焙研末，童子小便服二錢，海上方也。治小兒一百二十種驚風。用荆芥穗二兩，白礬一兩，半生半枯為末，糊丸黍米大，硃砂為〔衣〕，每薑湯下二十丸，日二服。治中風，頭項強直。八月後以荆芥穗作枕及鋪蓆下，立春日去之。治中風口噤。荆芥穗為末，酒服二錢，立愈，名荆芥散。賈似道云：此方出《曾公談錄》，前後用之甚驗。其子

名順者,病將革,服之立定,真再生丹也。　治產後中風口噤,手足瘈瘲,〔如〕角弓反張;　或產後血暈,不省人事,四肢強直;　或心眼倒築,吐瀉欲死。其方名華佗愈風散。用荊芥穗子,微焙為末,每服三錢,豆淋酒調服,或童便服之。口噤則挖齒灌之,斷噤則灌入鼻中,其效如神。大抵產後氣血俱虛,腠理疎而易於中風也。此方諸書盛稱其妙,先賢極贊其能。一婦產後睡久,及醒,昏不知人,用此立見應效。　治瘰癧潰爛,延至胸前兩肩,如茄子大。四五年不能療者,皆治之,其效如神。武進縣朱守仁傳云其項不能回顧,用此數日減可。如瘡爛破者,用荊芥根〔剪〕下一段切碎,煎湯溫洗,良久,看爛破處紫黑,以針一刺去血,再洗三四次愈。用樟腦、雄黃等分為末,麻油調,掃上出水,次日再洗再掃,以愈為度。　治口鼻出血如涌泉,因酒色太過所致。荊芥燒研,陳皮湯服二錢,不過二服效。　治崩中不止。荊芥穗於麻油燈上燒焦為末,每服二錢,童便下。此夏太君娘娘方也。　治疔腫諸毒。荊芥一握切碎,以水五升,煮取一升,分二服,冷飲。　治一切偏風,半身不遂,口眼喎邪。用青荊芥、青薄荷各一斤,同入砂盆內研爛,生絹絞汁,於瓦器中煎成膏。漉去滓三分之一,將二分日乾為末,以膏和丸梧子大,每服三十丸,白湯下,早暮各一服,忌動風物。　治吐血不止。用荊芥連根〔洗,搗〕汁半盞,〔服〕乾穗為末亦可。　治痔漏。用荊芥煮湯,日日洗之。

明·顧逢柏《分部本草妙用》卷一《肝部·溫瀉》　假蘇即荊芥。　辛,溫,無毒。反驢肉、無鱗魚、河豚、蟹、茶等物。　主治:瘰癧、濕疸結聚,疔腫,治惡風,口面喎斜,瘺痺,辟邪毒,通血脉,助脾胃,脚氣,筋骨煩疼。產後中風,身強直。研末,酒服,散風熱,清頭目,利咽喉。吐衄下血,崩中痔漏,項強,莖穩,治危痢。　按:荊芥能搜肝風,長于祛風邪,散瘀血,破結氣,消瘡毒。蓋厥陰,風木也,主血而相火寄之,故風病、血病、瘡病為要藥。予嘗以穩治血痢,并產後痢,功效異常,所以有再生丹、神聖功、一捻金、舉(輕)〔卿〕古拜散之隆譽也。惟服芥者,凡所忌宜,遵而毋忽。今人遇風症,輒用荊防,不知風在皮裏膜外者,荊芥主之,非若防風之入人骨肉也。

明·李中梓《醫宗必讀·本草徵要上》　荆芥味辛,溫,無毒。入肝經。反驢肉、無鱗魚、河豚、蟹、黃鱔魚。　主瘰癧結聚,瘀血濕痺。散風熱,清頭目,利咽喉,消瘡毒。長於治風,又兼治血,何也?為其人風木之藏,即是血海,故並主之。今人但遇風證,概用荊、防,此流氣散之相沿耳;不知風在皮裏膜外者宜之,非若防風入人骨肉也。

明·鄭二陽《仁壽堂藥鏡》卷四　荊芥穗　《本草》云:一名薑芥。生漢中川澤。　氣溫,味辛、苦。入肝經。惡驢肉、河豚。　《本草》云:辟邪毒,利血脉,通宣五臟不足氣,能發汗,除勞渴。杵,和醋封毒腫。去枝梗,手搓碎,用治產後血暈如神。動渴疾。多食薰五臟神。破結氣。　《經》曰:鼠瘻、瘰癧,破結聚,下瘀血,除濕痹。甄權曰:口眼喎斜,瘺痹,心虛,忘事,辟邪氣。士良曰:傷寒頭痛,頭旋目眩,手足筋急。大明曰:消食醒酒。蘇頌曰:疥瘡,婦人血風。孟詵曰:產後中風。好古曰:搜肝氣。時珍曰:散風熱,清頭目,利咽喉,消瘡腫,治項強,療諸血。　按:荊芥治風,賈相國稱為再生丹,許學士謂有神聖功,戴院使命為產後要藥,蕭存敬呼為一捻金,陳無擇隱其名為舉(輕)〔卿〕古拜散。夫豈無故而得此隆譽哉!雖然,用之者亦必審其理。今人但遇風症,輒用荊、防,此流氣散之相沿耳。不知風在皮裏膜外者,荊芥主之,非若防風之入人骨肉也。　燒灰,止便血如神。

明·蔣儀《藥鏡》卷一溫部　荊芥　辛香而邪辟,溫苦而散癭。行胸膈積血之凝,清腸胃瘀血之膩。散乎風邪而頭痛止,疎乎血熱而目暗除。婦人血風血運,小兒風疹癍瘡。陽明熱病,與白頸蚯蚓,搗汁酒吞。口眼喎斜,以等分薄荷,熬膏頻服。酒調穗末,產後中風而口噤立甦。童便煎服,產後迷悶而鼻衄並醒。蓋皮裏膜外之風,荊芥主之,非若防風之入骨與肉也。

明·李中梓《頤生微論》卷三　荊芥　味辛,性溫,無毒。入肝經。反驢肉、河豚、蟹、黃鱔魚。　主風熱瘡疹,瘰癧,結聚瘀血,濕瘟,清頭目,利咽喉。　按:荊芥治風,賈相國稱為再生丹,許學士謂有神聖功,戴院使命為產後要藥,蕭存敬呼為一捻金,陳無擇隱其名為舉(輕)〔卿〕古拜散。夫豈無故而獲此隆譽哉?雖然用者須審察的當。今人但遇風症,輒用荊、防,此流氣散之相沿耳。不知風在皮裏膜外者,荊芥主之,非若防風之入人骨肉也。

明·張景岳《景岳全書》卷四八《本草正》　荊芥　味辛、苦,氣溫。氣厚味薄,浮而升,陽也。用此者,用其辛散調血,能解肌發表,退寒熱,清頭目,利咽喉,破結氣,消飲食,通血脉,行瘀滯,助脾胃,辟諸邪毒氣,醒酒逐濕。療頭痛頭旋,脊背疼痛,手足筋急,瘺痹脚氣,筋骨煩疼,風濕疝氣,止下血血

痢，崩淋帶濁。若産後中風強直，宜研末酒服甚妙。擣爛醋調，傅疔瘡腫毒最佳。亦鼠瘻、瘰癧、血風、瘡疥必用之要藥。

明・賈九如《藥品化義》卷一一風藥　荆芥　屬陽中有陰，體輕，色青，氣雄，味辛兼苦，性凉，能升能降，力凉血疏風，性氣厚而味輕，入肝經。　荆芥味辛能疏風，兼苦能凉血。若生用，解散風邪，清利頭目，發散壅滯，療頭風眩暈，目痛齒痛咽痛，口瘡頤腫，瘡瘍痛癢，痘瘡不起，皆取疏散之意也。若炒黑用，須炒極黑存性，治腸紅下血，女經崩漏，産後血暈，取其凉血及血遇黑則止之義也。因肝喜疏散，以此入血分，善搜肝中結滯之氣，丹溪用治産後，良有深意。

明・施永圖《本草醫旨・食物類》卷二　假蘇　味：辛，溫，無毒。主除寒熱鼠瘻，瘰癧生瘡。破結聚氣，下瘀血，除濕痹，辟邪氣，通利血脉。傳送五臟，能發汗，消渴，除冷風。治頭風眩暈，婦人血風等為要藥。治産後血暈，并産後中風身僵直者，搗為末，童便調，熱服。口噤者，挑齒灌之，或灌鼻中，神效。末和醋，傅疔腫風毒即差。初生新嫩者，辛香可噉，取之，可作生菜。即今之荆芥也。

明・盧之頤《本草乘雅半偈》帙四　假蘇《本經》中品　氣味：辛，溫，無毒。主治：主寒熱鼠瘻瘰癧，生瘡，破結聚氣，下瘀血，除濕疸。

覈曰：假蘇，即荆芥。竊似盧蘇，原屬野生，今為俗用，遂多種蒔。二月布子生苗，方莖細葉，似落籬而細。八月開小花，作穗成房，房如水蘇，內有細子似葶藶，色黄赤，連穗收用。

条曰：假者蘇之，故名假蘇。如假寒熱為鼠瘻，為瘰癧；假氣為結，為聚；假血為瘀；假濕為疸；假偽非真者，蘇蘇震行，緩散自釋矣。別名疆萸、荆芥。疆畫界分，荆方芥辛也。言能畫疆界，殊方域，悉新以辛也。界域相連，依真傍假呼盧，應六性相近也。

明・李中梓《本草通玄》卷上　荆芥　辛，溫，入肺、肝二經。散風熱，清頭目，利咽喉，消瘡毒，祛瘰癧，破結聚，下瘀血。　按荆芥本功治風，又兼治血者，為其入風木之藏，即是藏血之地，故並主之。　與河豚、黄顙魚、驢肉相反，若同日食之，多致喪命，不可不痛戒也。　荆芥穗，炒黑，治下焦血有功。

清・顧元交《本草彙箋》卷二　荆芥　荆芥得春升之氣，而能上行頭目，入肝木之藏，而能通肝氣，以行血分。又入太陰，能療皮裏膜外之風。若生用，解散風邪，清利頭目，發散壅滯，療頭風眩暈，目痛齒痛咽痛，口瘡頤腫，瘡瘍痛癢，痘瘡不起，皆取疏散之意。若炒黑用，須炒極黑存性，治腸紅下血，女經崩漏，産後血暈，取其凉血，及血遇黑則止之義也。但其性主升主散，不能降，亦不能收，病人表虚有汗，自宜禁用。

本名假蘇，其穗耑治婦人産後中風口噤，手足瘛瘲，或産後血暈，不省人事，四肢強直，或心眼倒築，吐瀉欲死，以荆芥穗微焙，研末，用豆淋酒調服二三錢，或童便服之。口噤則挑齒灌，齦噤則灌入鼻中，立可回生。蓋産後虚甚則汗出，而腠理疎，風氣乘虚直中血分，故荆芥穗能去血中之風也。凡用以陳久者良。最忌魚、蟹、河豚之屬。本草醫方並未言及，而稗官小説往往載之，極言其禍。此乃日用之藥，不可不謹誌之，以爲警戒。　大便下血，以荆芥莖穗二兩，槐花一兩，同炒，研末，每清茶送下三錢，效。

清・穆石匏《本草洞詮》卷八　荆芥　一名假蘇，一名薑芥。皆因氣味辛香如蘇、如薑、如芥也。氣味辛溫，無毒。入足厥陰經氣分。主散風熱，清頭目，利咽喉，消瘡腫，治項強，目中黑花及生瘡陰癩，吐血衄血，下血血痢，崩中痔漏。其功在於祛風邪，散瘀血，破結氣，消瘡毒四者而已。蓋風木主血，而相火寄之，故風病、血病、瘡病為要藥。其治風也，賈似道稱為再生丹，許叔微謂有神聖功，蕭存敬呼為一捻金，陳無擇隱為舉卿古拜散。《唐韻》荆字，舉卿切，芥字，古拜切，隱語以秘其方也。夫豈無故而得此隆譽哉？華陀愈風散，治産後中風口噤，手足瘛瘲如角弓，或血運不省人事，或心眼倒築，吐瀉欲死，用荆芥穗子微焙，為末三錢，豆淋酒調服，或童便服，口噤則掘齒灌之，齗噤則灌入鼻中，其效如神。武林郭醫産世傳牡丹十三方內，治産後血運血崩，專用炒黑荆芥。蓋産後去血過多，腹內空虚，則自生風，故嘗有崩暈之患，不待外風襲之也。荆芥祛風，而血見黑則止，故炒黑用之耳。荆芥反河豚，《本草》並未言及，而稗官小説載之，云有立致於死者，不可不慎。

清・劉雲密《本草述》卷八下　荆芥　莖穗：　氣味：辛，溫，無毒。

潔古曰：荆芥辛苦，氣味俱薄，浮而升，陽也。嵩曰：《經》云荆芥氣溫，性微凉，味苦，平，無毒。氣味俱薄，浮而升也。好古曰：肝經氣分藥也，能搜肝氣。

諸本草主治：惡風賊風，口面喎邪，手足筋急，或偏身痛痺，通血脈，除

瘂疸，散結聚氣，轉送五臟不足氣。又主血勞風氣壅滿，背脊疼痛，虚汗，搜肝氣，散風熱，清頭目，治頭痛頭旋目眩，目疾，利咽喉，治吐衄下血血痢，崩漏，婦人血風，及產後中風為要藥。消瘡腫，及寒熱鼠瘻瘰癧。諸方書主治：中風，及頭痛目，患咽喉鼻證，眩暈癔瘲狂癇，痰飲咳嗽嘔吐，發熱黃疸，下血，二便秘，及淋，并脚氣脱肛。

金閶風曰：肝熱生風，故名血風。曰勞者，病入血虚，月候不行，而發熱不止也。時珍曰：荊芥入足厥陰經氣分，其功長於祛風邪，散瘀血，破結氣，消瘡毒。蓋厥陰乃風木也，主血而相火寄之，故風病，血病，瘡病為要藥。

愚按：荊芥之用，取花實成穗者，是其功重於穗也。在《本經》止言辛溫，潔古益之以苦，皇甫嵩更云性微涼。夫此味雖以二月布子，生苗歷夏而秋，至八月方開小花結穗，然則穗結於仲秋，是《本經》言味辛氣溫者，蓋全乎辛之味以成，其溫升之氣也。《經》曰：生之者氣，成之者味。而嵩言其性微涼，性又氣味之主也。故嘗之先辛後苦，辛勝而苦微，辛苦中俱帶涼味，是又兼乎苦之味，以成其涼降之氣也。何以明其為降？所謂非苦無以至地是也。然則先哲多謂其浮升，又有謂清而升舉，為血中要藥者，猶有遺義歟。曰：血以升舉為要藥，更以升而兼降者為全功，是物得之，但降即在升中。世多習於浮升之說，而不及察耳。茲味全得金氣，其能溫升者，歸其所始也。有溫升而後有涼降，天地之氣固如是，萬物莫能違也，故曰歸其所始。如本乎氣之溫，成於味之辛者，合春和木氣得之升舉，是為能達陰氣，俾陽乘陰以出也，而後而臟之風不病。甄權所謂通血脈者，是故《本經》首言其破結聚氣，下瘀血，除瘂痺也。《本經》所謂破結積氣，即甄權傳送五藏不足之氣也。蓋其溫升者，原屬於陽，陽升而陰亦隨之以暢氣矣，是為能傳送氣也。由於味之辛，更稟乎性之涼者，合秋爽金氣得之涼降，是為能和陽氣，俾陰得先陽以暢也，而後風臟之血不病。王海藏所謂能搜肝氣者是，故陳士良主治血勞風氣壅滿，背脊疼痛，虚汗，理丈夫脚氣，筋骨煩疼。海藏所謂搜肝氣，即士良所謂主血勞風氣壅滿，背脊疼痛，筋骨煩疼諸證也。蓋其涼降者，原屬於陰，陰降而陽亦隨之而和血矣，是謂能搜肝氣也。且氣有餘即是火，《經》曰陽病發於血。故時珍謂其治吐血衄血，下血血痢，崩中痔漏也。雖然茲味有溫升，並又有涼降。溫升者，俾陽得乘陰以出，是固治風矣。而血已和，涼降者俾陰得先陽以暢，是謂裕血矣，而風亦平。蓋風屬氣之陽也，陽出陰中，故《本經》不言治風，但云下瘀血，除瘂疸是，固可思在士良主治風氣壅滿，本於血勞，又治風氣有筋骨煩疼。風氣壅滿，是血虚而熱盛，故曰血勞筋骨煩疼，是肝腎陰虚，而血不榮於筋骨。是其裕陰以平風者，更可思也。或曰以溫升治風而血和，類能知之。但以裕血而風平，其精義何若？曰：肝之氣有餘，為陽勝於陰，則血熱，血中之熱不除，久則血虚而為血勞風，是血熱化風，血熱而虚，尤化風，此固涼降之治也。至如吐衄諸證，因陽盛而病乎血，所謂陽病發於血，與病於風之證，同原而標異耳。故此種不等於他風劑，其性味似全屬金，似乎以天氣接引地氣，能升而達在地之鬱陰，即能降而化在天之亢陽，故雖不專主於溫升，然佐升散得宜，毋論外因風寒而陽鬱，即內之七情致血分有滯以鬱陽者，則肝氣抑而為風，而此能由紓陰以達之，雖亦不專主於涼降，然佐清降得宜，毋論內因肝熱而陽僭，即外之六淫致血分有熱以僭陽者，則肝氣淫而為風，而此能裕陰以和之。蓋風臟不離乎血原，相因以為病，唯此味能相因以為功，所以累致隆譽，不可與風劑例視者也。故欲達陽者，即當思紓陰之義，欲和陽者，即當思裕陰之義，庶幾善用此味，以奏成效，更条以諸方之治，乃可推類而盡變矣。隆譽，賈丞相稱為再生丹，許學士謂有神聖功，戴院使許為產後要藥，蕭存敬呼為一捻金，陳無擇隱為舉卿古拜散。按《唐韻》荊字，舉卿反；芥字，古拜切。蓋二字之反切，隱語以秘其方也。

又按：荊芥穗之用，上行為多，而頭目尤最，不謂之非風劑也。第世醫所謂風劑，則有不可例視者，即治中風證於犀角防風湯，同犀角、滑石、石膏、山梔、連翹、黃芩以除熱，而又合於諸風劑中，是謂治陽之淫者也。在追風如聖散，以川烏、草烏、蒼术為君，臣以石斛，微佐達陽風劑而茲與焉，是又導陽之鬱者也。更入補骨脂丸中，其治因肝腎風虚為病，補精血，達元陽，化陰滯，與專於導陽者又異矣。即此風證，用之以補精血治中，已與導鬱之治有異，矧可執清散一法，謂盡茲味之用乎？又如頭痛及眉骨痛證諸方，以治風熱者固不少矣。然如治雷頭風之愈風餅子，乃散天表之陽，而兼於陽之不達以為鬱者也。又如上清散治頭痛，眉骨眼痛，是療風熱而有血滯者也。又如治頭痛之清上瀉火湯，主於清上瀉火，而微兼涼血，非以治風也。又治頭痛之大追風散，因於肝臟久虚，血氣衰弱，風毒上攻以為患，其治主益肝氣，而化陰暢陽，以消風毒，非以清散為功也。又人參消風

散治頭風屑，雖治風而有通經和肝，清氣散壅之義焉。又就此一證衾之，則茲味之用，寧止以散風一例可槩乎？且於療目疾中為多，固以風木之臟，開竅於目也，不當推前二證所主之義，以盡其變乎？第風木之氣，自下而上，所謂陰中之少陽屬地氣，如天氣之不濟以交於地者，祇有孤陽，而陽中無陰，其何以交而為既濟乎？唯茲味所稟有異正，合於陽中少陰，在上天氣為主，一迎於地氣之欲達天者，而即能暢之，不使欲達之陽，還鬱於陰也。乃陽中之陰，更合於元陽所生之地氣以交之，不使陽之上際於天者，無所歸而出於陰之中也。《經》曰：陽出之陰則怒，非肝之失其職者乎？若祇謂茲藥能疎風，而未明於所以能靜風之微，豈非夢夢者乎？試思產後血虛風證，只投此一味，便得奏功如神，是遵何道哉？風藥多燥以竭陰，而此味於產後及失血大汗之後風證，殊有奇功。若槩以散風目之，而與風藥例論者，謂之夢夢是也。唯其於溫升之中，便有涼降，正所謂由陰達陽，即由陽歸陰，故能治前證有奇功，此所謂有陰陽合化之妙，而後治風乃神也。故惟究於斯義，然後知中風之治陽淫，頭痛之清上瀉火，又頭痛及眩暈之治風熱，狂證之清心熱，和血而化壅，舉皆同此味者，非助諸味以清熱消風，乃本諸歸陽於陰之義也。然後知中風之導陽鬱，頭痛衝骨眼痛之散血滯，頭風屑之通經和肝，清氣散壅，又風癇之化陰滯，通經絡，達陽壅，悉得用之。亦非助諸味以祛風散陽，乃本諸由陽徹陰之義也。然後知中風之補精血，達元陽，化陰滯，頭痛之益肝氣，化陰暢陽，以消風毒，癮瘲之養陰和陽，以消風之留滯。類用之於中者，固知者非取以散風，葢原本於由陽徹陰，由陰化陽之全用也。若於茲味襲一散風之浮說，則其於產後及失血大汗後之風，不幾虛其所虛，而致促生哉？且更衾之二便，如大便虛秘，益血潤腸丸，治老人此證，而入斯味。又小便秘之蒲黃散，治心腎有熱者，亦同諸藥用之，即淋證莖中痛，車前子散，清熱利水者同用之，彼夢夢者定知其不為散風矣。則茲物之能裕陰以和血也，不可思歟。雖然，治血之逆行，何為於諸方不多見，而優於下行者乎？曰：此味致精於肝也專，而大腸以乙庚相合，故病於大腸之血，藉是為親切耳。如槐花散、拔萃結陰丹，皆治腸風及臟毒下血也。濟生加減四物湯治腸風下血不止也，當歸和血散治腸澼溼毒下血也，是可槩為施治乎？或曰：世醫類以為散風耳。夫風與燥熱同氣，陽也。今乃謂其由陽徹陰，即由陰化陽，是無不宜也。於何而證之？曰：請以其宜於熱，并宜於寒者明之。唯熱與寒而皆宜，乃見此味有陰陽合化之妙，非他風劑所可例也。如發熱之清神散，固消風壅化痰涎之諸病，是亦兼乎熱矣。至洗心散則專治心肺積熱，以患於諸證者也。又嘔吐之荊黃湯，以荊芥為主，却治上焦氣熱上衝，以為吐食，是皆治其熱者之屬陽也。至寒溼同氣，則為陰矣。乃如金沸草散內有麻黃以治寒咳，又如旋覆花湯之治產後寒嗽，有麻黃、五味，此二方中俱入荊介，豈非寒亦能治，而并宜於陰之用歟？或曰：既如是，陽與陰皆宜矣，何為治上焦，且上行而極者，其主治最多，而下行如脚氣諸證，寥寥不多見歟？曰：此乃天氣精專之劑。《經》曰：雲霧不精，則上應白露不降。雲霧精者，天氣之陽合於地氣之陰，蘊釀變化，極其精微，而後血之生化有地，猶之白露降也。先哲曰：人身膻中之氣，猶雲霧也。其義是謂膻中之氣欲化耳。夫血生化於陽中之陰，治風原不離血，精於雲霧之天氣，乃有膻中血會，血乃得涼降而歸血海，即以荊黃散治上焦氣熱吐食，是非一證歟。若然，則其氣化絪蘊於上，以為雲霧之精，又何疑於上下主治之有多少乎哉？故有陰陽合化之妙，而後治風乃神，一語破的。試即療風氣傳化腹內瘀結而目黃，風氣不得泄，為熱中煩渴引飲，主清龍散，中以荊芥為君，葢謂其專精於肝，而妙陰陽之化以化結也，豈得不謂之風劑？但逐粗工之言，而止謂其散風則不可，故曰難與風劑例視也。

附方　一切偏風，口眼喎斜，用青荊芥一斤，青薄荷一斤，同入砂盆內，研爛，生絹絞汁於瓷器中，煎成膏，漉，去滓三分之一，將二分日乾為末，以膏和丸梧子大，每服三十丸，白湯下，早暮各一服。忌動風物。中風口噤，荊芥穗為末，酒服二錢，立愈。名荊芥散。賈似道云：此方出《曾公談錄》，前後用之甚驗。其子名順者，病此已革，服之立定，真再生丹也。產後中風口噤，手足瘛瘲如角弓，或產後血暈不省人事，四肢強直，用荊芥穗微焙，為細末，先以炒大豆黃卷，以酒沃之，去黃卷，取清汁，調前末三五錢，和滓服之，輕者一服，重者二三服，即愈。童便調亦得。并治一切失血，及汗後搐搦。王貺《指迷方》加當歸等分，水煎服。口噤則挑齒灌之，齗噤則灌入鼻中，其效如神。大抵產後太眩，則汗出而腠理疎，則易於中風也。昝殷《產寶方》云：此病多因怒氣傷肝，或憂氣內鬱，或坐草受風而成，急宜服此藥也。

產後迷悶，因怒發熱而得者，用荊芥穗以新瓦半炒半生，為末，童便服一二錢。若角弓反張，以豆淋酒下。或剉散，童便煎服，極妙。葢產後角弓反張，

乃婦人危證，而荊芥固為要藥也。按：服荊芥，類用酒或童便，一則紓陰以達陽，故用酒，一則裕陰以和陽，故用童便，似同為化風，而其用實有別也。　產後血眩風虛，精神昏冒，荊芥穗一兩三錢，桃仁五錢，去皮尖，炒為末，水服三錢。若喘，加杏仁，去皮尖炒，甘草炒，各三錢。　產後下痢，大荊芥四五穗，於盞內燒存性，不得犯油火，入麝香少許，以沸湯些須調下，此藥雖微能愈大病，不可忽之。　口鼻出血如涌泉，因酒色太過者，荊芥燒研，陳皮湯服二錢，不過二服也。崩中不止，荊芥穗於麻油燈上燒焦，為末，每服二錢，童子小便服。此夏太君娘娘方也。　頭目諸疾，一切眼疾，血勞風氣，頭痛頭旋目眩，荊芥穗為末，每酒服三錢。余於晚年有偏頭痛之證，最後簡得此方服之，其效甚捷，茲真神藥也，更妙在同酒服。

愚按：血乃陰陽二氣之所生化，荊芥穗能升陽於陰中，還能降陰於陽中，故於調血為要藥。然何以不離風臟？蓋風木由陰中之陽而升，本於寒水，由陽中之陰而降，合於燥金，故血所生化之陰陽，唯是臟以為權輿，其不離風臟以調血者，職是故耳。謂茲味專精於肝，而能妙陰陽之化以化結，豈不然哉？其有所治之證，一似非血證者，實亦不能外於血以為病也。

先哲云：氣虛人慎服，因其辛多也。故有微炒用者，以殺辛氣。　希雍曰：陰虛火炎面赤，因而頭痛者，禁用。

修治：陳者良。去梗取穗，若用止血，須炒黑。

清・郭章宜《本草匯》卷一〇　假蘇即荊芥　味辛、苦，溫，氣味俱薄，浮而升，陽也。入手太陰、足厥陰經。散風熱，清頭目。利咽喉，消瘡腫。發表汗，治崩暈。頭項強直，作枕及舖牀下。產後迷悶，半生半炒溺去聲服。血勞風氣壅滿，脊疼目黑皆良。《本經》主寒熱者，寒熱必由邪盛而作，散邪解肌，寒熱自愈。又治鼠瘻瘰癧者，由熱結于足少陽、陽明二經，火熱欝結而成也。解之散之，而結自消矣。

按：荊芥以假蘇名者，因其有紫蘇香氣之謂也。性善走散，故能上行頭目，袪散風邪。治風兼治血者，為其入風木之藏，即是藏血之地也。故風病、血病、瘡病家，俱為要劑。今人每遇風症，槩用荊、防，此流氣散之相沿耳。不知風在皮裏膜外者宜之，非若防風入人骨也。瘰癧潰爛，牽至胸前，四五年不能療，用荊芥根下一段剪碎，煎沸湯溫洗，良久，看破處紫黑，以鍼一刺，去血再洗三四次愈，用雄黃等分，為末，麻油掃上，出水，次日再洗，以愈為度。纏脚生瘡，以荊芥燒灰，葱汁調傅，先以甘草湯洗之。病人氣虛寒熱，表虛有汗，陰虛火炎面赤，因而頭痛者，俱禁用。

荊芥穗炒黑，治下焦血有功。與河豚、黃顙魚、驢肉相反，若同日食之，多致喪命，不可不痛戒也。

清・朱本中《飲食須知・菜類》　荊芥　味辛，性溫。可作菜，食久動渴疾，熏人五臟神。反驢肉、無鱗魚。勿與黃顙魚同食，與蟹同食動風。

清・蔣居祉《本草擇要綱目・寒性藥品》　荊芥　氣味　辛，溫，無毒。浮而升，陽也。入足厥陰經氣分。　主治：寒熱鼠瘻，瘰癧生瘡。破結聚氣，下瘀血。除濕疸，去邪，除勞渴。冷風出汗，煮汁服之。擣爛醋和，傅丁腫腫毒。治惡風賊風，遍身𤻲痹，心虛忘事，益力添精。通利血脈，傳送五臟不足氣，助脾胃。主血勞風氣壅滿，背脊疼痛虛汗。理脚氣，筋骨煩疼及陰陽毒。傷寒頭痛頭旋目眩，手足筋急及發斑。蓋荊芥入足厥陰經氣分，其功長于祛風邪，散瘀血，破結氣，消瘡毒。蓋厥陰乃風木也，主血而相火寄之，故風病、血病、瘡病為要藥。　反：驢肉、無鱗魚、河豚。

清・閔鉞《本草詳節》卷三　荊芥　【略】按：荊芥，乃血分之風藥，故入太陰、厥陰。蓋肝為風木主血，而相火寄之，此所以治風血瘡三病也。然治風在皮裏膜外，非若防風之入骨肉，有汗者勿用。

清・王翃《握靈本草》卷三　荊芥生漢中，今處處有之。一名假蘇。其穗炒黑，治下焦血。凡食一切無鱗魚，同食必死。凡魚亦宜避之。　主治：荊芥，辛，溫，無毒。主寒熱瘰癧，鼠瘻生瘡，破結氣，下瘀血，散風熱，清頭目，利咽喉，消瘡腫，吐血衄血，下血血痢，崩中痔漏。

清・汪昂《本草備要》卷一　荊芥一名假蘇。輕，宣，發表，祛風，理血。　辛苦而溫，芳香而散。入肝經氣分，兼行血分。其性升浮能發汗。又云：止冷汗、虛汗。散風濕，清頭目，利咽喉。治傷寒頭痛，中風口噤，身强項直，口面喎斜，目中黑花。其氣溫散，能助脾消食。氣香入脾。通利血脉。治吐衄腸風，崩中血痢，產風血運，產後去血過多，腹內空虛，則自生風，故常有崩運之患，不待外風襲之也。荊芥最能散血中之風。華佗愈風散，荊芥三錢，微焙爲末，豆淋酒調服，或童便服，諸家云甚效。瘰癧瘡腫。清熱散瘀，破結解毒，結散熱清，則血凉而毒解。爲風病、血病、瘡家聖藥。荊芥功本治風，又兼治血者，以其入風木之藏，即是藏血之地也。李士

材曰：　風在皮裏膜外，荊芥主之，非若防風能入骨肉也。　連穗用，穗在于巔，故善升發。治血炒黑用。凡血藥用山梔、乾薑、地榆、棕櫚、五靈脂等，皆應炒黑者，以黑勝紅也。　反魚蟹、河豚、驢肉。

清・李世藻《元素集錦・本草發揮》　荊芥　反無鱗魚、蟹，柿子反蟹，蜜反生葱，小兒食猪肉反炒豆，此十八反之外也。犯則殺人，記之！

清・陳士鐸《本草新編》卷三　荊芥　味辛、苦，氣溫，浮而升，陽也，無毒。能引血歸經，清頭目之火，通血脉，逐邪氣，化瘀血，除濕痹，破結聚，散瘡痍。治產後血暈有神，中風強直，亦能見效。但入之血分之藥中，使血各歸經，而不至有妄行之虞。若入之于氣分藥中，反致散氣。夫荊芥性升，與柴胡、升麻相同，乃柴胡、升麻入之補氣之中，能提氣以升陽，而荊芥獨不能者，以荊芥雖升而性浮動，補陽之藥，最惡動也，血過凝滯，荊芥入之浮動則易流，所以可引之以歸經。氣易散亂，荊芥入之不更助其動乎。氣過動必散，此所以不可用之于補氣之藥耳。

或問：　荊芥引經，走血分甚速，走氣分甚遲，前人言之，而子尚未闡揚，願暢談之。曰：　荊芥本陽藥，而非陰藥。陽入陰則行速，陽入陽則行遲。夫陽屬氣，而陰屬血。血行遲，而氣行速。荊芥入血而速者，乃血行遲，而若見荊芥之行速也；　荊芥入氣而遲者，乃氣行速，而若見荊芥之行遲也。非荊芥走血分甚速，走氣分獨遲也。

或問：　荊芥引血歸經，亦有引之而不歸經者乎？　夫荊芥炒黑，則引血歸經，生用則引氣歸經。引血歸經者，有益于血；　引氣歸經者，有益于氣。〔有〕益于血者，血無亂動之虞；　益于氣者，氣有過動之失。氣過動，而血不能靜矣，故用荊芥必須炒黑也，炒黑以治，無不歸經〔也〕。

或問：　荊芥亦能入腎乎？　荊芥何能入腎也。雖然，用之補腎藥中，未嘗不可入腎，但必須炒至純黑，則腎屬黑，正可同色以相入。夫荊芥之藥，本不必引入腎經。蓋腎有補而無瀉也，惟腎亦有感邪之日，而祛腎中之風邪，風藥原無幾味，與其用豨薟、防己之類以伐腎中之邪，不若用炒黑荊芥，雖散邪，而不十分耗正之為得也。

清・顧靖遠《顧氏醫鏡》卷七　荊芥辛，溫。入肝經。反驢肉、無鱗魚、河豚、蟹黃、鰭魚。　祛風邪，除寒熱。散邪解肌，寒熱除矣。頭痛目眩可安，亦散邪之功。便血崩中皆治。能入血分之風藥，性升而上行也。童便調末，炒研細末。而理胎產血暈。其功能散瘀血，以其入血分，而有辛散溫行之力，童便引之，功更捷矣。生地君之，而治遍身疥瘡。血熱有濕則瘡，涼血除濕自愈。風藥主升主散，表虛有汗，非關外邪，寒熱頭痛目眩者，忌之。

清・李熙和《醫經允中》卷一七　荊芥　一名假蘇。反驢肉、無鱗魚、蟹、河豚等物。兼入手太陰經。發散連穗用，止血炒黑用。辛，溫，無毒。主治散風熱，清頭目，破結氣，消瘡毒。治產後血暈，中風強直，血痢腸風。

按：　荊芥能搜肝風，長于祛風散瘀，解毒，為風病、瘡病要藥。風在皮裏膜外者，荊芥主之，非若防風之入骨肉也。有汗弗服。

清・馮兆張《馮氏錦囊秘錄・雜症痘疹藥性主治合參》卷一　荊芥一名假蘇。禀得春氣，故善走散。味辛，氣溫，無毒。升也，陽也。春氣升，風性亦升，故能上行頭目。肝主風木，故通肝氣行血分，而為血分之風藥。且能散邪解肌發汗，散瘀除痹及產後血暈中風口噤之要藥。〇入疏散藥宜生用，入止血及血分藥宜用穗炒黑。

荊芥，入肝經氣分，兼行血分。其性升浮，故能發汗散風熱，解肌表，清頭目，解諸邪，通血脉，下瘀血，除濕痹。散瘡痍，吐衄，腸風，崩中血痢，產後血暈，瘰癧瘡腫。

主治痘疹合參：　寒熱瘡疹，皮膚作癢，疎風解肌，通利血脉。同發散藥去風除熱，表發痘瘡，瘡後用以退癰腫，解餘熱。其功長於去風邪，散瘀血，破結氣，消瘡毒，為風病、血病、瘡病之主藥。若便製炒黑，神治產後血暈血崩，蓋產後去血過多，腹內空虛，風從內生，非外襲也，故作崩暈。荊芥去風散瘀，黑能止血，辛能散結而不滯，故其效如神。

按：　荊芥氣味輕揚，凡風在皮裏膜外者，惟此主之。許學士謂有神聖功，非若防風之入人骨肉也。

清・张璐《本經逢原》卷二　荊芥又名假蘇。　辛，微溫，無毒。產後止血，童便製黑用。凡食河豚及一切無鱗魚與驢肉俱忌之；　食黃鱨魚後服之，令人吐血，惟地漿可解。與蟹同食動風。《本經》主寒熱鼠瘻，瘰癧生瘡，破結聚氣，下瘀血，除濕疽。　發明：　荊芥穗入手太陰、足厥陰氣分，其功長於祛經絡中之風熱。觀《本經》所主，皆是搜經中風熱痰血之病。又能清頭目，去瘀血，破結氣，消瘡毒。故風病、血病、瘡病、產後為要藥。治風兼治血者，以其入風木之藏，即是藏血之地，故並主之。華元化治產後中風、口噤發痙，及血暈不醒，荊芥末三錢，豆淋酒調服神效。產後血暈，熱童便調

服。而表虛自汗，陰虛面赤者禁用。今人但遇風證，概用荊芥，此流氣飲之相沿耳。

清・浦士貞《夕庵讀本草快編》卷二　假蘇《本經》、荊芥　氣味辛香，如蘇如芥，故名。假以別紫也。　荊芥苦辛，氣味俱薄，浮升主陽也，為肝經氣分之藥。故其功長于散風寒，清頭目，除瘀散結，瘰疽起痺，蓋厥陰為風木之本，即是血海，故風病血病並皆治也。況肝喜疎泄，投其所好，功易成爾。但今人一遇風寒，輒用荊、防，互相沿襲。獨不知風寒初客于皮〔裏〕膜之外者宜之，非若防風之入人骨肉也。又不可久服，恐薰五臟之神而致奇疾，且與無鱗魚相反，犯之必死。日用之常，可不謹哉？

清・張志聰、高世栻《本草崇原》卷中　荊芥　氣味辛，溫，無毒。主治寒熱鼠瘻，瘰癧生瘡，破結聚氣，下瘀血，除濕疸。　荊芥，《本經》名假蘇，以其辛香如蘇也，處處有之，本係野生，今多栽種，二月布子生苗，辛香可茹，方莖細葉，淡黃綠色，八月開小花，作穗成房，如紫蘇。房內有細子黃赤色，今采者，凡莖葉穗子一概收用。　荊芥味辛，性溫臭香，稟陽明金土之氣，而肅清經脈之藥也。寒熱鼠瘻，乃水臟之毒，上出於脈，為寒為熱也。本於水臟，故曰鼠，經脈空虛，故曰瘻，此內因之瘻也。瘰癧生瘡，乃寒邪客於脈中，血氣留滯，結核生瘡，無有寒熱，此外因之瘻也。荊芥味辛性溫，肅清經脈，故內因之寒熱鼠瘻，外因之瘰癧生瘡，皆可治也。其臭芳香，故破結聚之氣。破結聚，則瘀血自下矣。陽明之上，燥氣主之，故除濕。

清・劉漢基《藥性通考》卷五　荊芥　味辛、苦，能溫能散，入肝經氣分，兼行血分。其性昇浮，能發汗。又云：　止冷汗虛汗，散風濕，清頭，利咽喉，治傷寒頭痛，中風口噤，身強項直，口面喎斜，目中黑花。其氣溫散，能助脾消食，氣香入脾，通利血脈。治吐衄腸風，崩中血痢，產風血運。產後去血過多，腹中空虛，則自生風，故常有崩運之患，不待外風襲之也。荊芥最能散血中之風，華佗愈〔風〕散用荊芥三錢，微焙，為末，豆淋酒調服，或童便服，諸家云甚妙。瘰癧瘡腫，清熱散瘀，破結解毒，結散熱清，則血涼而毒解，為風病血病諸家聖藥。荊芥功本治風，又兼治血者，以其入於風木之藏，即是藏血之地也。○李士材曰：　風在皮裏膜外，荊芥主之，非若防風能入骨肉也。連穗用，穗在於巔，故善昇發。治血炒黑用，凡血藥炒黑者，以黑勝紅也。反魚蟹、河豚、驢肉。然生用則引氣歸經，炒黑則引血歸經也。

清・姚球《本草經解要》卷四　荊芥　氣溫，味辛，無毒。主寒熱，鼠瘻瘰癧生瘡，破積聚氣，下瘀血，除濕疸。　荊芥氣溫，稟天春升之木氣，入足少陽膽經、足厥陰肝經。味辛無毒，得地西方之金味，入手太陰肺經。氣味俱升，陽也。少陽膽經行半表半裏，邪客之則往來寒熱。荊芥辛溫，和解少陽，所以主之。鼠瘻瘰癧生瘡，皆少陽火鬱之症。荊芥辛以達風木之氣，溫以發相火之鬱，鬱火散而風寧，諸症平矣。飲食入胃，散精於肝，肝不散，精氣聚而積聚成矣。荊芥入肝，溫能行氣，所以主之。肝藏血，血隨氣行，肝氣滯，則血亦滯而瘀焉。溫可行氣，辛可破血，故下瘀血也。肺者，通調水道之官也，水道不通，則濕熱成疸。荊芥辛能潤肺，肺治則水道通，所以除濕疸也。

製方：　荊芥同童便，治產後衄血。同槐花，治大便下血。同生地，治疥瘡。荊芥穗末，酒服二錢，治中風口噤，兼治產後風噤迷悶。

清・王子接《得宜本草・中品藥》　荊芥　味辛。入足厥陰經。主治產後血暈。得石膏治風熱頭痛，得甘草洗爛癧神效。

清・黃元御《玉楸藥解》卷一　荊芥　味辛，微溫。入足厥陰肝經。散寒發表，除風。治鼻口喎斜、肢體痿痹、筋節攣痛、目眩頭旋之證。消瘡痍疥癩，痔瘻瘰癧，除吐衄崩漏，脫肛陰癩。

清・吳儀洛《本草從新》卷一　荊芥〔輕宣發表，祛風理血。〕一名假蘇。　辛苦而溫，芳香而散。入肝經氣分，兼行血分。其性升浮，能發汗，散風濕，利咽喉，清頭目。治傷寒頭痛，中風口噤，身強項直，口面喎斜，目中黑花。其氣溫散，能助脾消食，氣香入脾。通利血脈。治吐衄腸風，崩中血痢，產風血運，產後去血過多，腹內空虛則自生風，故常有崩運之患，不待外風襲之也。荊芥最能散血中之風。華佗愈風散，荊芥三錢，微焙微末，豆淋酒調服，或童便服。諸家云甚效。瘰癧瘡腫。清熱散瘀，破結解毒。結散熱清則血涼而毒解。為風病、血病、瘡家聖藥。功本治風，又兼治血者，以其入風木之臟，即是藏血之地也。今人但遇風證，概用荊、防，此流氣散之相沿耳，不知唯風在皮裏膜外者宜之。若風入骨肉者須防風，不得混用。連穗用。穗在於巔，故善升發。治血炒黑用。凡血藥，用山梔、乾薑、地榆、棕櫚、五靈脂等皆應炒黑者，以黑勝紅也。反魚、蟹、河豚、驢肉。

清・汪紱《醫林纂要探源》卷二　荊芥　辛，苦，溫。苗葉略似蘇，亦曰野蘇。然蘇之花實聚附莖端，此則成穗疏散。補肝瀉肺，上行祛頭目之風，除經隧之濕。清頭目，發汗，治頭風痛，及諸證強直。宜生用。去血中之風濕，解血分之蘊熱。

治腸風，及婦人崩帶血暈瘀血，及瘰癧瘡腫。宜酒炒黑。俱連穗用。取其上行，亦以能潤。反魚蟹、驢肉。紫蘇能解之。

清・嚴潔等《得配本草》卷二 荊芥即假蘇。一名薑芥。 反魚、蟹、河豚、驢肉。 辛、苦，溫。入足厥陰經氣分，兼入血分。散瘀破結，通利血脈。祛風邪，清頭目，利咽喉，消瘡毒。治中風口噤，身直項強，口面喎斜，目中黑花，及吐衄崩中，腸風血痢，產風血暈，最能祛血中之風，為風病血病瘡病產後要藥。 得童便，治產後中風。配靈脂炭，止惡露不止。配生石膏，治風熱頭痛。配槐花炭，治大便下血。配縮砂末，糯米飲下，治小便尿血。佐桃仁，治產後血暈。若喘，加杏仁、炙甘草。調陳皮湯，治口鼻出血如湧泉。因酒色太過者。 血暈用穗。止血，炒炭〔尤勝〕。散風，生用。敷毒，醋調。止崩漏，童便炒黑。 表虛有汗者禁用。 服荊芥者，混食魚、蟹、河豚、驢肉，犯之立死，甚於鉤吻，惟地漿可解。 風在皮裏膜外者，荊芥主之。風在骨肉者，防風主之。

題清・徐大椿《藥性切用》卷三 荊芥穗 辛苦性溫，芳香氣散，入肺肝氣分，兼入血分，為風邪血病之耑藥。治風生用，治血炒黑用。 然惟風在皮裏膜外者宜之，若風入骨肉，又須防風，不得混用。

清・黃宮綉《本草求真》卷三 荊芥散肝肌膚氣分風邪，仍兼血分疎泄。 荊芥耑入肝。 辛苦而溫，芳香而散，氣味輕揚，故能入肝經氣分，驅散風邪。凡風在於皮裏膜外，而見肌膚灼熱，頭目昏眩，咽喉不利，身背疼痛者，用此治無不效。時珍曰：其治風也。賈丞相稱為再生丹。許學士謂有神聖功。戴院使許為產後要藥。蕭存敬呼為一捻金。陳無擇隱為舉卿古拜散。夫豈無故而得此隆譽哉？ 不似防風氣不輕揚，驅風之必入人骨肉也，是以宣散風邪，用以防風之必兼用荊芥者，以其能入肌膚宣散故耳。 且既入於肝經風木之臟，則肝即屬藏血之地，故又能以通利血脈。俾吐衄、腸風、崩痢、產後血暈、瘡毒癰腫、血熱等症，靡不藉其輕揚，以為宣泄之具。 寧於風木之臟既於其氣而理者，復不於血而治乎！ 本入肝經氣分，兼入肝經血分。 玩古方產後血暈風起，血去過多則風自內生，故常有崩暈之患，不待外風襲之也。 有用荊芥為末，同酒及或童便調治。 崩中不止，有用炒黑荊芥以治，於此可見其概矣。 連穗用，治血須炒黑。穗在於巔，故善升發，黑能勝赤，故必炒黑。 反魚蟹、河豚、驢肉。

清・沈金鰲《要藥分劑》卷一 荊芥 【略】鰲按：荊芥入肝經，本為治風之劑。 然言去瘀，吐衄、血痢、崩漏，婦人血風，產後血暈等症，以風木之臟，即為藏血之地，故本入肝家氣分，亦兼行血分也。 風在皮裏膜外者，荊芥主之，非若防風能入骨肉也。

清・楊璿《傷寒溫疫條辨》卷六散劑類 荊芥穗 味辛，氣散，浮而升，陽也。 其味辛，散血中之風，故解肌表，消頭目發痘疹，通血脉，療疼痒諸瘡，去皮毛諸風； 其性升，故提血崩眩暈； 其氣散，故行五藏瘀血。華佗愈風散：荊芥穗醋炒燥，為末，豆淋酒調服三錢，治產後血暈不省，並中風危篤，及妊娠腰疼，且能發表。《千金》曰：一以去風，一以消血結。後人加芎、歸煎，並驗。

清・羅國綱《羅氏會約醫鏡》卷一六草部 荊芥味辛苦而溫，入肝經氣分，兼入血分。 發汗散風。 逐瘀血，破結氣辛也，清頭目，利咽喉，解肌清熱，性浮味苦。 助脾消食。氣香而溫，故入脾經。 治產後中風、強直昏迷，研末酒服。 并吐血、衄血、腸風、崩中、血痢，用穗炒黑。 散瘰癧、瘡腫、破結清熱。 痘後癰腫餘熱，療痘癢濕痺。辛散而苦。 為瘡病、風病、血病聖藥。 但風在皮裏膜外者宜之，非若防風之入人骨肉也。

清・陳修園《神農本草經讀》卷三中品 荊芥 氣味辛，溫，無毒。 主寒熱，鼠瘻，瘰癧，生瘡，破結聚氣，下淤血，除濕疸。

參： 荊芥氣溫，稟木氣而入肝膽。 味辛無毒，得金味而入肺。 氣勝於味，以氣為主，故所主皆少陽相火、厥陰風木之症。 寒熱往來，鼠瘻、瘰癧、生瘡等症，乃少陽之為病也。 荊芥辛溫以發相火之鬱，則病愈矣。 飲食入胃，散精於肝，肝不散精，則氣滯而為積聚。 肝藏主血，血隨氣而運行。 肝氣一滯，則血亦滯而為瘀，乃厥陰之為病也。 荊芥辛溫以達肝木之氣，則病愈矣。其除濕疸者，以疸成於濕。 荊芥溫而兼辛，辛入肺而調水道，水道通則濕疸除矣。 今人炒黑，則變為燥氣而不能達，失其辛味而不能發，且謂為產後常用之品，昧甚！

清・黃凱鈞《藥籠小品》 荊芥 辛苦，溫，散皮裏膜外之風，發汗勝濕，利咽喉，清頭目，為風病血病瘡家要藥。 治血炒黑用。

清・王龍《本草纂要稿・草部》 荊芥 氣味辛苦而溫。 清頭目上行，發表解利諸邪。 通血脉，傳送五臟，下瘀蓄血。 除濕痺，散瘡痍。 破結聚於皮膚，治血暈於產後。

清・張德裕《本草正義》卷上 荊芥 苦辛，香，溫。 氣厚。 用其辛散調

血，解肌發表，清頭目，利咽喉，行瘀滯，辟諸邪毒風，止下血下痢，產後中風強直。宜研末，酒調服。亦治鼠瘻瘰癧瘡疥。

清・楊時泰《本草述鉤元》卷八　荊芥　莖穗味辛、微苦，氣溫，性微涼。氣味俱薄，浮而升也。肝經氣分藥，能搜肝氣。主惡風賊風，口面喎邪，手足筋急，或偏身痹痹，通血脈，除濕痹，散結聚氣，轉送五臟不足氣，又主血勞，風氣壅滿，是血虛而熱盛。背脊疼痛虛汗，筋骨煩疼，是肝腎陰虛而血不榮於筋骨。搜肝氣，散風熱，清頭目，治頭痛頭旋目眩目疾，利咽喉。凡吐衄下血，血痢，崩漏，婦人血風及產後中風為要藥。消瘡腫，並寒熱鼠瘻瘰癧。方書治鼻證，瘛瘲狂癇，痰飲咳嗽，嘔吐，二便秘淋，脚氣脫肛。肝熱生風，故名血風。勞者病久血虛，月候不行，發熱不止也閬風。祛風邪，散瘀血，破結氣，消瘡毒。蓋厥陰風木主血，而相火寄之，故風病、血病、瘡病為要藥瀕湖。一切偏風口眼喎斜，用荊芥一斤、薄荷一斤，同入砂盆內研爛，生絹絞汁，瓷器中煎成膏，漉去渣三分之一，將二分日乾為末，以膏和丸梧子大，每服三十丸，白湯下，早暮各一服，忌動風物。中風口噤，荊芥穗為末，酒服二錢，立愈，名荊芥散。產後中風口噤，手足瘛瘲如角弓，或血暈肢強，不省人事，荊芥穗微焙為細末，先以大豆黃卷炒，用酒沃之，去黃卷，取清汁調前末三五錢，和渣服，輕者一服，重者二三服愈。童便調亦得。大抵產後太眩，則汗出腠理疎，易於中風，且多因怒氣傷肝，或憂氣內鬱，或坐草受風而成，急宜服此。上方并治一切失血及汗後搐搦。《指迷》加當歸等分，水煎服，口噤則挑齒灌之，齗噤則灌入鼻中，神效。產後迷悶，因怒後發熱而得。荊芥穗半生，以其半置新瓦上炒為末，童便服一二錢。若角弓反張，豆淋酒下，或剉散，童便煎服極妙。蓋角弓反張，乃產後危證，惟荊芥為要藥。按：荊芥用酒服，則紓陰以達陽。用童便服，則裕陰以和陽。同一化風，而用實有別。產後風虛，血眩昏冒，荊芥穗一兩三錢、桃仁去皮尖炒五錢，為末，水服三錢。若喘，加杏仁去皮尖炒、炙甘草各三錢。產後下痢，荊芥四五穗，於盞內燒存性，弗犯油火。入麝少許，以沸湯些須調下。此藥雖微，能愈大病，不可忽。口鼻出血如涌泉，因酒色太過者，荊芥燒研，陳皮湯服二錢，兩服愈。崩中不止，荊芥穗於麻油燈上燒焦為末，每用童便調服二錢。一切頭目諸疾及血勞風氣頭痛，頭旋目眩，荊芥穗為末，每酒服三錢，神妙。

論：荊芥以二月布子生苗，歷夏而至八月方開小花結穗，功重於穗。《本經》言味辛氣溫者，蓋全乎辛味以成其溫升之氣也。嵩言其性微涼者，以性為氣味之主，此品先辛後苦，辛勝而苦微，辛苦中俱帶涼，是兼乎苦味，以成其涼降之氣也。本乎氣之溫，成於味之辛，合春和木氣之升舉，是為能達陰氣，俾陽得乘陰以出，故能通血脈，破結聚氣，傳送五藏不足氣，除濕痹，下瘀血，此屬陽升而陰亦隨之以暢氣。陽乘陰以出，則風治矣，而血已和。抑以味之辛，更稟乎性之涼，合秋爽金氣之涼降，是為能和陽氣，俾陰得先陽以暢，故能搜肝氣，治血勞，風氣壅滿，背脊疼痛，筋骨煩疼，更理丈夫脚氣，此屬陰降而陽亦隨之以和血。陰先陽以暢，則血裕矣，而風亦平。揣其性味，似全屬金，宛以天氣接引地氣，能升而達在地之鬱陰，即能降而化在天之亢陽。故雖不專主於溫升，然佐升散得宜，則無論外因風寒而陽鬱，即內因七情致血分有滯以鬱陽者，肝氣抑而為風。此能紓陰以達之。雖不專主於涼降，然佐清降得宜，則無論內因肝熱而陽僭，肝之氣有餘則陽勝而血熱，熱久則血虛而為血勞風，需此涼降之治也。即外感六淫致血分有熱以僭陽者，肝氣淫而為風。此更能裕陰以和之。惟風臟、血臟俱屬肝，而荊芥之致精於肝也專，故為血中要藥。蓋血以升舉為要，藥更以升而兼降者為全功。茲味全得金氣，其能溫升者有溫升而後有涼降，歸其所始耳。且氣有餘即是火。《經》曰：陽病發於血。瀕湖故謂其治吐衄諸血證及痔漏也。荊芥治血之逆而尤優於下行者。又荊芥之用，上行為多，而頭目為最，不可謂非風劑也。第與世醫所謂風劑，則有不可例視者，蓋人身風木之氣，自下而上，乃陰中之少陽，屬地氣者也。如天氣之下濟以交於地者，陽中無陰，而祇有孤陽，其何以交於陰而為既濟乎。惟荊芥所稟，正合於陽中少陰，在上主天氣，一迎於地氣之欲達於天者，而即能暢之，不使欲達之陽，還鬱於陰也。且陽中之陰，更合於元陽所生之地氣以交之，不使陽之上際於天者，無所歸而離決於陰之中也。《經》曰：陽出之陰則怒，非肝之失其職乎。若謂茲藥祇能疎風，而未明所以靜風之微，豈非夢夢乎。明於斯旨，然後知中風之治陽淫犀角防風湯。頭痛之清上火清上瀉火湯，痛暈之去風熱，狂證之清心熱，非助諸味以清消風熱，乃本諸歸陽於陰之義也。然後知中風之導陽鬱追風如聖散，頭痛眉骨眼痛之散血滯上清散，頭風屑之清氣散壅人參消風散，風癇之化陰滯，達陽壅，亦非助諸味以祛散風陽，乃本諸由陽徹陰之義也。然後知中風之補精血，達元陽，化陰滯補骨脂丸。頭痛之益肝氣，化陰暢陽以消風毒大追風散，瘛瘲之養陰和陽以消風滯，類用荊芥於中者，非取以散風，乃原本於由陽徹陰，

由陰化陽之全用也。若徒襲一散風之浮說，則試思產後血虛風證，何以投此一味，便奏神功。風藥多燥以竭陰，此獨於產後及失血，并大汗後風證，用奏殊功者，緣其溫升之中，便有涼降，所謂由陰達陽，即由陽歸陰，有陰陽合化之妙，而治風乃神也。又何以於大腸血病，最為親切乎。況乎風與燥熱同氣，陽也。今惟此味由陽徹陰，即由陰化陽，是以宜於熱，並宜於寒，如金沸草散，佐麻黃以治寒咳。旋覆花湯，佐麻黃、五味以治產後寒嗽。第陰陽既如是其咸宜，何以上行而極者主治最多，而下行如脚氣等證，究屬僅見？不知荊芥乃天氣精專之劑。《經》曰：雲霧不精，則上應白露不降。雲霧精者，乃天氣之陽合於地氣之陰，醞釀變化，極其精微而後血之生化有地，猶之白露降也。膻中之氣猶雲霧，是謂膻中之氣欲化耳。夫血生化於陽中之陰，精於雲霧之天氣，乃由膻中血會，得涼降而歸於血海。然則氣化絪蘊於上以為雲霧之精，可不疑於治上治下之有多少矣。總之，茲味專精於肝，而妙陰陽之化以化結，正惟有陰陽合化之妙，而治風乃神。所以清龍散治風氣傳化，腹內瘀結而目黃，風氣不得泄，為熱中煩渴引飲，用荊芥為君。不可止謂其散風而與風劑例視也。

陰虛火炎面赤，因而頭痛者，禁用仲淳。氣虛人慎服，因其辛多也。

修治：陳者良，去梗取穗，有微炒用以殺辛氣者，若用以止血，須炒黑。

清·鄒澍《本經續疏》卷五 假蘇 【略】《諸病源候論》曰：瘰瘻病之生，或因寒暑不調，故氣血壅結，或由飲食乖節，故毒流經脈，皆能使血脈結聚，寒熱相交，久則成膿而潰漏。又曰：瘰癧，瘻者，由風邪毒氣客於肌肉，隨虛處停結，如梅李棗核等，大小兩兩相連在皮間，時發寒熱。此言其因也。《靈樞·寒熱篇》曰：瘰癧鼠瘻在於頸腋者，皆寒熱之毒氣留於脈而不去。此言其處也。又曰：鼠瘻之本，皆在於臟，其末出於頸腋之間，浮於脈中，未著於肌肉，而外為膿血。此言其本也。夫在前曰喉嚨，在後曰項背。今曰頸腋，則在側矣。喉嚨屬陽明，項背屬太陽，頸腋則屬少陽。少陽者，陰未盡化，陽氣尚稚，已出乎陽，未離乎陰也。未離乎陰，故風入則搏血；已出乎陽，故血結則留濕。陽氣尚稚，故氣易結聚；陰未化盡，故血易壅瘀。荊芥為物，妙在味辛而轉涼，氣溫而不甚，芳香疏達，可使從陽化陰，而氣中結聚得破；從血驅風，而血中壅瘀得行，濕痹得去。氣不結聚，血不壅瘀，濕不停著，則寒熱除。而鼠瘻、瘰癧之在頸腋者，雖至已潰成瘡，既無來源，則亦烏能不已？善夫！劉潛江之言曰：荊芥以春令布子生苗，歷夏及秋方開花結子，故全乎辛之味者，以成其溫升之氣也。然嘗之先辛後苦，俱帶涼味，是又升中復兼降矣。本乎氣之溫，成乎味之辛者，合春和之升舉，是為能達陰氣，俾陽得乘陰以出也。而血藏之風遂不病，由乎餘味之苦，更成於轉味之涼者，合秋爽之肅降，是為能和陽氣，俾陰得先陽以暢也。而風藏之血亦不病，蓋以氣味全似挹天氣以接引地氣，能升而達在地之鬱陰，即能降而化在天之亢陽，故雖不專主於溫升，然佐升散得宜，不特外因風寒而陽鬱，即內之七情致血分有滯以涸陽者，皆得仗此紓陰以達之。雖亦不專主於涼降，然佐清降得宜，不特內因肝熱而陽僭，即外之六淫致血分有熱以迫陽者，皆得仗此裕陰以和之。蓋風藏不離乎血，原相因以為病，惟此則能相因以為功，所以不可與他風劑例視。而欲達陽，必思所以紓陰；欲和陽，必思所以裕陰。則庶幾善用此，而獲成效矣。

清·葉桂《本草再新》卷一 荊芥味苦、辛，性溫，無毒。入心、脾二經。散風解表止汗，寬中消濕利水。除寒涼，消瘡癱。

清·吴其濬《植物名實圖考》卷二五 假蘇 《本經》中品。即荊芥也。固始種之為蔬，其氣清芳，形狀與醒頭草無異。唯梢頭不紅、氣味不烈為別，野生者葉尖瘦，色深綠，不中噉。與黃顙魚相反。南方魚鄉，故鮮有以作葅者。

《野菜贊》云：荊芥苗煠作蔬，魚肉忌之，犯無鱗魚即死，與鯉犯紫荊、食鱔飲燒酒殺人等疾。鼠蓂辛苦，命之曰芥，荊則云矜，芥為言介。肉食斯仇，君子攸戒，我食無魚，咀嚼何害？

清·趙其光《本草求原》卷二芳草部 荊芥 《本經》氣溫，味辛，無毒。得春升之氣，酉金之味，而辛中兼涼，是溫升之中具有涼降之用。故能由陰以達肝膽相火於上，即由陽以降肺陰於下，有陰陽合化之妙焉。主寒熱，邪客少陽，則寒熱往來，宜溫以達風木之氣。鼠瘻、瘰癧、生瘡，皆少陽火鬱也。辛能發相火之鬱。破結聚氣，飲食入胃，散精於肝，肝不散精，則氣結而積聚。溫以升達肝陽，則陰滯皆暢。下瘀血，肝藏血，血隨氣行。肝氣滯，則血亦滯而為瘀。溫以達之，則陽暢陰中而血脈通；辛涼降之，則陰和陽內而血氣生矣。除濕疸，疸成於濕，辛入肺而調水道，水道通，則濕自降。治吐衄血，下血，血痢，血賴升以舉，賴降以歸，升而兼降，故治。婦人崩漏及產後血虛勞風，血虛則肝熱化風，風動則血益燥而不行，因之崩漏經阻，或血不榮而筋骨煩疼，或熱盛而氣壅滿；或胸中之陽無陰以依。又為虛汗背脊痛，名曰血風勞。陽升而陰暢，則風臟之血不病；陰

降而陽和，則血臟之風不生。其所以平風者，皆涼降生血以除熱之力。故凡風寒外鬱及七情內鬱致肝抑成熱而為風，皆可佐清降以治之，以風臟不離乎血，血行風自滅也。《本經》不言其治風，但言下瘀，主寒熱，正以其和也。不知者，乃以散風之味概視之，則末矣。華佗愈風散，荊芥穗焙末，酒調，治中風口噤；豆淋酒調服或童便調，治血虛病風及崩漏。風藥多燥以竭陰，而產後及失血、汗後風症，止此一味投之，便有奇功，於此可思。療風化熱結，煩渴目黃，風氣內傳，肝抑為熱之病，陰陽合化則結熱除，故清龍散用之為君。穗尤佳，苗於春，結穗於秋，穗在巔善升，得秋氣又善降。宜生用。今人治血俱炒黑，欲殺辛升也。不知血以升舉而行，失其辛溫則不能達變涼為燥，又不能降，大謬。又按：調血者必治肝，以肝藏血，血成於金水，肝由水中之陽以升，復由金中之陰以降也。此味專入肝以神升降，故為血病致風之要藥。

為末服，治產後衄血。以童便下，取其裕陰以和陽，治崩中、中風口噤，兼產後風噤迷悶，及一切目疾，偏正頭痛目眩。以酒下，取其舒陰以達陽。同桃仁，治產後血暈，風虛昏冒；喘加杏、甘。燒存性，合麝少許湯下，治產後痢；去麝，陳皮湯下，治酒色太過，口鼻出血如湧。同槐花，治下血。同生地，治疥瘡。同犀、梔、翹、芩、滑石、石膏、防風，治中風。以上皆治熱淫之風病。同川草烏、蒼朮、石斛，名如聖散，治風寒外受陽鬱者。於此可知，寒熱之劑皆得用此味也。

清・葉志詵《神農本草經贊》卷一 假蘇 味辛，溫。主寒熱鼠瘻，瘰癧生創，破結聚氣，下瘀血，除濕痹。一名鼠蓂。生川澤。今名荊芥。

如蘇久假，味亦辛溫。旅生掇野，樹藝澆園。藏同鼠樸，毒禁魚飧。摘蔬閒覓，礙石盤根。

蘇恭曰：氣味辛香，如蘇。《孟子》：久假而不歸。《後漢書注》：野穀不因種植而生，曰旅生。柳宗元詩：掇野代嘉肴。《周禮》：大司徒二曰樹藝。庾信賦：石堰水而澆園。李時珍曰：荊芥原是野生，今為世用。遂多栽蒔，布子生苗。炒食。《戰國策》：應侯曰：周人謂鼠未腊者為樸。《公羊傳》：趙盾方食魚飧。《輟耕錄》：凡食河豚，不可食荊芥。蘇軾詩：穿林閒覓野芎苗。方千詩：須知礙石作盤根。蘇頌曰：又有石荊芥，生山石間，體性相近。

清・文晟《新編六書》卷六《藥性摘錄》 荊芥 辛苦而溫，芳香而散，入肝氣分。驅風邪，仍兼血分疎泄。凡風在於皮裏膜外，而見肌膚灼熱，頭目昏眩，咽喉不利，身背疼痛者，皆可用此。又治吐衄腸風，血崩血痢，產後血暈，瘡毒癰腫，血熱等症。連穗用。治風邪，生用。治血分，炒黑。〇反魚蟹、河豚、驢肉。

清・張仁錫《藥性蒙求・草部》 荊芥錢半 荆芥味辛，頭目可清。諸風在表，服此通靈。辛苦而溫，芳香而散，入肝經氣分，又行血分。其性升浮，宣表祛風理血，為風病、血病、瘡家之聖藥。惟風在皮裏膜外者最效。若風入骨肉者，又宜防風，不可混也。〇連穗用，善升發。治血，炒黑用。〇訒菴云：產後去血過多，腹內空虛，則自生風，故常有崩暈之患，不待外風襲之也。荊芥最能散血中之風。荊芥用三錢，微(培)〔焙〕為末，(血)〔豆〕淋，酒或童便服，大效。

清・屠道和《本草匯纂》卷一驅風 荊芥 耑入肝。辛苦而溫，芳香而散。入肝經氣分，驅散風邪，仍兼血分疏泄。治惡風賊風，口面喎斜，心虛忘事，辟邪毒氣，通血脈，助脾胃。去邪，除勞渴，鼠瘻瘰癧，破結聚氣，下瘀血，除濕疸。消水下氣，醒酒發汗，治目中黑花及痔漏，更為瘡疥要藥。凡風在於皮裏膜外而見肌膚灼熱，頭目暈眩，咽喉不利，身背疼痛，治無不效。又能通利血脈，俾吐衄，腸風，崩利，產後血暈，瘡毒癰腫，血熱等疾，皆藉此輕揚宣泄。古方產後血暈風起，因血去過多，則風自內生，用荊芥末同酒或童便調服。治崩中不止，用炒黑荊芥以治。連穗用治血，須炒黑。反魚、蟹、河豚、驢肉。

清・劉善述、劉士季《草木便方》卷一草部 荊芥 荊芥辛溫除傷風，中風口噤頭目鬆。腸風崩痢鼻衄止，穗除血風安胎功。

清・田綿淮《本草省常・菜性類》 荊芥 一名薑芥，一名假蘇，一名鼠蓂。性溫。發汗散寒，祛風理血，清頭目，利咽喉。同魚、鼈、鰕、蟹、河豚、驢肉食，殺人。

清・戴葆元《本草綱目易知錄》卷一草部 荊芥 辛、苦，芳香，入肝經氣分，兼行血分。其性升浮，能發汗散風熱，清頭目，利咽喉，消癰腫。治傷寒頭痛，頭旋目眩，手足筋急，中風口噤，身強項直，惡風賊風，口面喎邪，目中黑花，遍身痛痹，血風勞氣，背脊疼煩，脚氣陰癩。其氣溫散，又能助脾消食，下氣醒酒，通利血脈。治吐衄腸風，崩中血痢，產風血運，瘰癧痔瘻，疔瘡濕疸，破結下瘀，清熱解毒，為風病、血病、瘡家聖藥。治血炒黑用。反魚蟹、河豚、驢肉，無鱗魚。

清・黃光霽《本草衍句》　荊芥　辛溫發汗散風，芳香助脾消食。能利咽喉，用清頭目。搜肝氣而入肝，通血脈而散惡。暴中之頭痛頭眩，口眼喎斜；新產之血運血風，身項強直。皮膚作痒，遍身瘰痺。為瘡家之要藥，兼血病之佐使。吐衄崩中，腸風血痢。得石(羔)〔膏〕治風熱頭痛，得甘草(治)洗爛癧神效。　產後中風，華佗愈風散治婦人產後中風，口噤，手足瘛瘲如角弓，或產後血暈不省人事，四肢強直，或心眼倒築，吐瀉不止欲死。用荊芥穗子微焙，為末，每服三錢，豆淋酒服，或童便服。口噤，即挑齒灌之。　產後鼻衄，荊芥研末，童便服二錢。

清・陳其瑞《本草撮要》卷一　荊芥　味辛，入足厥陰經，功專治產後血暈。得石膏治風熱頭痛，得甘草洗爛癧。頭旋目暈，荊芥穗微炒三錢，酒煎服神效。若用酒洗元參一錢，荊芥穗一錢，泡湯常飲亦可。治血炒黑用。反魚蟹、河豚、驢肉。風在皮裏膜外，荊芥主之。

清・李桂庭《藥性詩解》　賦得荊芥穗清頭目便血。得清字。湯克家。荊芥穗辛溫苦，芳香理氣榮。血行瘡瘍愈，風散目頭清。按：荊芥辛苦而溫，芳香而散，入肝經氣分，兼行血分。其性升浮，散風寒，清頭目。治傷寒頭痛，筋骨煩疼，血勞風氣，瘰癧瘡瘍，崩中血痢，產風血運，為風病、血病、瘡病聖藥。治血炒黑用。穗在於巔，故善升發也。

清・吳汝紀《每日食物却病考》卷上　假蘇　即荊芥也。初生嫩苗辛香，可作菜瞰。其梗葉，為瘡疥之要藥，破結聚，下瘀血，除濕，通利血脈。產後中風，口噤身僵者，童便調末，挑齒灌之，或灌鼻中，神効，酒服亦可。和醋，傅疔腫良。

清・仲昴庭《本草崇原集說》卷中　荊芥　【略】仲氏曰：鼠瘻係惡疾，諸家絕少驗方，惟隱菴即於《本經》得用藥之法，又於《內經・骨空論》中得灸刺之法，見《類辨》。其所著《針灸秘傳》，更利於病，乾隆時已散失。琢崖惜之。又曰：荊芥治鼠瘻等症，人皆語焉不詳，惟隱菴見藥知性，見病知源，故言之有物。若《經讀》所參，不過從氣味解到厥陰，從寒熱悟到少陽，從少陽、厥陰拍合荊芥之主治，然而詮釋至此，固已煞費苦心矣。又曰：《經讀》言飲食入胃，肝不散精為病，其病因亦有與荊芥相宜者，在人領會。

清・鄭奮揚著，曹炳章注《增訂偽藥條辨》卷二　荊芥　《本經》名假蘇。味辛性溫臭香，處處有之。本係野生，今多栽種。近有一種偽品，並無香味，又安能治寒熱，破結聚，下瘀血而除濕疸乎？　炳章按：荊芥三月出新。江南孟河、(陸宛)〔宛陵〕產者，莖細短，穗多色綠，為最佳。太倉出者，穗多氣香，亦佳。蕭山龕山出者，梗粗葉綠，穗少氣香，略次。江西、山東產者，梗粗穗紅不香。南京出，性硬，皆極次。其他各處皆出，總要梗紅穗多，葉綠氣香者為道地。

清・周巖《本草思辨錄》卷二　荊芥　考古治頭項風強，一切偏風中風口噤，及吐血衄血下血，多重任荊芥，是其所司，總不離血中之風。能於血中散風，即係於血中行氣，海藏故謂之肝經氣藥。但肝經之氣，不能不涉及少陽，《本經》所主鼠瘻瘰癧，即少陽病也。　荊芥散血中之風，為產後血運第一要藥。其芳溫之性，又足以療瘰癧瘡疥，然無非利血脈、去風毒而已。謂荊芥為溫升則兼涼降，為涼降則兼溫升，要其溫勝於涼，氣亦帶濁，於外感風寒用之，必涉血分頭目昏眩者始得。《永類鈐方》治風熱頭痛，與石膏辛涼之味等分為末，茶調下，制劑亦妙矣。

土荊芥

清・吳其濬《植物名實圖考》卷二三　土荊芥　生昆明山中。綠莖有棱，葉似香薷，葉間開粉紅花；花罷結筩子，三尖微紅，似紫蘇蒴子而稀疏。土人以代假蘇。

薄荷

唐・孫思邈《千金要方》卷二六《食治・菜蔬》　蕃荷菜：味苦、辛，溫，無毒。可久食，却腎氣，令人口氣香潔。主辟邪毒，除勞弊。形瘦疲倦者，不可久食，動消渴病。

宋・唐慎微《證類本草》卷二八菜部中品〔唐・蘇敬《唐本草》〕　薄荷　味辛、苦，溫，無毒。主賊風傷寒發汗，惡氣，心腹脹滿，霍亂，宿食不消，下氣。煮汁服，亦堪生食。人家種之，飲汁發汗，大解勞乏。

〔唐・蘇敬《唐本草》〕注云：莖、葉似荏而尖長，根經冬不死，又有蔓生者，功用相似。《唐本》先附。

〔宋・掌禹錫《嘉祐本草》〕按：《藥性論》云：薄荷，使。能去憤氣，發毒汗，破血，止痢，通利關節。尤與薤作菹相宜。新病差人勿食，令人虛汗不止。陳士良云：吳菝蔄，能引諸藥入榮衛，療陰陽毒，傷寒頭痛，四季宜食。又云：胡菝蔄，主風氣壅，併攻胸膈，作茶服之，立效。俗呼爲新羅菝蔄。日華子云：治中風失音，吐痰，除賊

風，療心腹脹，下氣，消宿食及頭風等。

〔宋・蘇頌《本草圖經》〕曰：　薄荷，舊不著所出州土，而今處處皆有之。莖、葉似荏而尖長，經冬根不死，夏秋採莖葉，暴乾。古方稀用，或與薤作齏食。近世醫家治傷風，頭腦風，通關格及小兒風涎，爲要切之藥，故人家園庭間多蒔之。又有胡薄荷，與此相類，但味少甘爲別。生江浙間，彼人多以作茶飲之，俗呼新羅薄荷。近京僧寺亦或植一二本者。《天寶方》名連錢草者是。石薄荷，生江南山石上，葉微小，至冬而紫色，此一種不聞有別功用。凡新大病差人，不可食薄荷，以其能發汗，恐虛人耳。字書作菝蕳。

〔宋・唐慎微《證類本草》〕《食療》：　平。解勞，與薤相宜。發汗，通利關節。杵汁服，去心藏風熱。《外臺秘要》：　治蜂螫。挼貼之，差。《經驗方》：　治水入耳。以汁點，立效。《食醫心鏡》：　煎豉湯，暖酒和飲，煎茶，生食之，並宜。

宋・寇宗奭《本草衍義》卷一九　薄荷　世謂之南薄荷，爲有一種龍腦薄荷，故言南以別之。小兒驚風，壯熱，須此引藥，猫食之即醉，物相感爾。治骨蒸熱勞，用其汁與衆藥熬爲膏。

宋・劉明之《圖經本草藥性總論》卷下　薄荷　味辛、苦，溫，無毒。主賊風，傷寒發汗，惡氣心腹脹滿，霍亂，宿食不消，下氣。飲汁，發汗，大解勞乏。《藥性論》云：　使。能去積氣，發毒汗，破血止痢，通利關節。新病差人勿食，令人虛汗不止。陳士良云：　能引諸藥入榮衛，療陰陽毒、傷寒頭痛。又主風氣壅併攻胸膈。日華子云：　治中風失音，吐痰，除賊風，療心腹脹，下氣，消宿食及頭風。

宋・王介《履巉巖本草》卷上　猫兒薄荷　治傷風、頭腦風，通關膈，及小兒風涎，爲要切之藥。人家園庭多種之。猫兒食之似覺醉倒，俗云薄荷乃猫兒酒也。性極凉無毒。每日食後隨茶嚼三兩片，大能凉上鬲，去風痰。

宋・陳衍《寶慶本草折衷》卷二〇　薄荷使。汁及諸菝蕳在內。

一名蔢傍个切蕳火个切。分血藤說。○一名南薄荷，一名菝蕳。○《錄驗方》用者名勃苛。○菝，蒲八切。生南京，及岳州。今處處園庭間多蒔有之。○生吳中者名吳菝蕳。○生胡地者名胡菝蕳，一名新羅菝蕳。今江浙間亦有之。○並夏秋採莖葉，暴乾。○並與薤相宜。

味辛、苦、小甘，平，凉，見續說。無毒。○主賊風傷寒，發汗，惡氣心腹脹滿，霍亂，宿食不消，煮汁服。亦堪生食飲汁。○《藥性論》云：　去憒氣，破血，止痢，通關節。○陳士良云：　引諸藥入榮衛，療陰陽毒，傷寒頭痛。○又云：　主風氣壅，併攻胸膈，作茶服之。○日華子云：　治中風失音，吐痰及頭風等。○《圖經》曰：　葉尖長，治傷寒頭腦風，通關格及小兒風涎。又《天寶方》連錢草是石薄荷，生江南山石上，葉小，至冬而紫色，此種不聞有用。凡新大病差人，不可食薄荷，以其能發汗，恐虛人。○《食療》云：　杵汁服，去心藏風熱。○《外臺秘要》：　治蜂螫，挼貼之差。○寇氏曰：　世謂之南薄荷。為有一種龍腦薄荷，故言南以別之。小兒驚風，壯熱，須此引藥。猫食之，即醉，物相感爾。治骨蒸勞，用其汁與衆藥熬為膏。

續說云：　此薄荷并前之假蘇、水蘇、香薷及草部中之石香葇，凡五物也，味皆辛而性皆涼。歷觀古今醫方，例以此五物為理風血、解熱毒之用，則性之涼必然矣。舊悉以溫稱，殆非所宜。兹特推其主治，質以諸方，參以輿議，遂舉平涼之辭列於各條之首。寇氏所以取薄荷汁同衆藥熬膏，以治骨蒸勞者，必補藥已衆，故資薄荷之汁，退其邪熱也。唐崔知悌為人灸勞之後，令服地黃元，亦用此汁矣。

元・王好古《湯液本草》卷六　薄荷　氣溫，味辛、苦，辛，涼。無毒。手太陰經、厥陰經藥。《象》云：　能發汗，通骨節，解勞乏。與薤相宜。新病瘥人，勿多食，令虛汗出不止。去枝、梗，搓碎用。《心》云：　上行之藥。

陳士良云：　能引諸藥入榮衛，又主風氣壅併。

元・尚從善《本草元命苞》卷九　薄荷　為使。味辛、苦，溫。祛頭面風邪，除胸膈熱結。治傷寒可發汗，療中風能吐痰。消宿食心腹脹滿，去憒氣間節不通。醫顛頂患，入榮衛。《經》舊不載所產，今到處有之。葉似荏尖長相，淩冬不死。

元・吳瑞《日用本草》卷七　薄荷　味辛、苦，無毒。新病瘥人勿食，令人虛汗不止。　主賊風傷寒，發汗，惡氣，解勞乏。心腹脹滿，通利關節。宿食不消，煮汁服之。能引諸藥入榮衛，療傷寒頭痛，風氣壅，並攻胸膈，作茶服之立効。○小兒驚風壯熱，用金銀器和薄荷煎服之。

元・佚名氏《珍珠囊・諸品藥性主治指掌》〔見《醫要集覽》〕　薄荷葉　味辛，性涼，無毒。升也，陽也。其用有二：　清利六陽之會首，祛除諸熱之風邪。

元・徐彥純《本草發揮》卷三　薄荷　潔古云：　薄荷，能發汗，通關節，解勞乏。與薤相宜，新病瘥人不可多服，令人虛汗不止。《主治秘訣》云：

性涼，味辛。氣味俱薄，浮而升，陽也。去高巔及皮膚風熱。海藏云：上行之藥，能引諸藥入榮衛。手太陰兼手厥陰藥也。東垣云：主清利頭目。荊芥亦然。

明・朱橚《救荒本草》卷下之後　薄荷　一名雞蘇。舊不著所出州土，今處處有之。莖方，葉似荏子葉，小，頗細長，又似香菜葉而大。開細碎黪白花。其根經冬不死，至春發苗。味辛、苦，性溫，無毒。一云性平。東平龍腦崗者尤佳。又有胡薄荷，與此相類，但味少甘為別。生江浙間，彼人多作茶飲，俗呼為新羅薄荷。又有南薄荷，其葉微小。救飢：採苗葉煠熟，換水，浸去辣氣，油鹽調食。與薤作齏音賫食相宜。煎豉湯，暖酒和飲，煎茶並宜。新病瘥人勿食，令人虛汗不止。猫食之即醉，物相感爾。治病：文具《本草》菜部條下。

明・寇平《全幼心鑒》卷一　議金、銀、薄荷　薄荷湯內用金、銀，多為訛傳，誤後人。細讀明醫何氏論，於中載述得其真。古方所載金、銀、薄荷為湯，使後之醫士遂於薄荷外加以金環、銀環同煎，殊欠講明。夫環者，乃婦女人常帶之物，垢膩浸漬，用以煎煮，其味雜乎藥內，大非所宜，切須戒此。昔醫士何澄論金、銀、薄荷，乃金錢薄荷，即今之家園薄荷，葉小者是，其葉似金錢，花葉名曰金錢薄荷。此理甚明，非所謂再加金、銀同煎。大概錢字與銀字相近，故訛以傳訛，是以亦魯魚亥豕之類也。

明・王綸《本草集要》卷五　薄荷使　味辛苦，氣涼，溫，無毒。入手太陰經、厥陰經。　主賊風傷寒，發汗，通利關節，傷風，頭腦風，及小兒風涎，驚風壯熱，及上行之藥，能引諸藥入榮衛。又主風氣壅，併下氣，消宿食惡氣，心腹脹滿，霍亂，骨蒸勞熱，用其汁與眾藥熬為膏。新大病瘥人勿食，令虛汗不止。猫食之即醉。

明・滕弘《神農本經會通》卷五　薄荷　使也。夏秋採莖葉，暴乾。用須去枝梗。

味辛、苦，氣溫，無毒。《湯》云：氣溫，味辛、苦。辛涼，無毒。手太陰經、厥陰經藥。東云：消風清腫。東又云：升也，陽也。清利六陽之會首，袪除諸熱之風邪。《珍》云：上行至頭頂，除皮膚風熱。《疌》云：消痰去脹，發汗搜風，破血通關，兼止痢。入人榮衛，療頭疼。《本經》云：主賊風，傷寒發汗，惡氣，心腹脹滿，霍亂，宿食不消，下氣。煮汁服，亦堪生食。人家種之。飲汁，發汗，大解勞乏。《藥性論》云：薄荷，使。去積氣，發毒汗，破血，止痢，通利關節。尤與薤作菹相宜。新病差人勿食，令人虛汗不止。陳士良云：吳菝蕳，能引諸藥入榮衛，療陰陽毒，傷寒頭痛，四季宜食。又云：胡菝蕳，主風氣壅併，攻胸膈，作茶服之立効，呼為新羅菝蕳。日華子云：治中風失音，吐痰，除賊風，療心腹脹，下氣，消宿食及頭風等。《圖經》云：古方稀用，或與薤作虀食。近世醫家治傷寒頭腦風，通關格，及小兒風涎，為要切之藥。凡新病差人，不可食，以其能發汗，恐虛人耳。字書作菝蕳。《象》云：能發汗，通骨節，解勞乏，與薤相宜。新病差人勿多食，令虛汗不止。去枝梗，搓碎用。《心》云：上行之藥。陳士良云：能引諸藥入榮衛，又主風氣壅併。《衍義》云：治骨蒸勞熱，用其汁與眾藥熬為膏，猫食之即醉。又云：小兒驚風壯熱，須此引藥。劊云：薄荷之葉味辛涼，新病瘥時勿用滄。治熱清陽於頭目，除風癇證不能安。《局》云：薄荷發汗止頭疼，發散傷寒去賊風。消食寬脹除霍亂，更除風氣并攻胸。薄荷，主風氣頭疼，發散。

明・劉文泰《本草品彙精要》卷三九　薄苛無毒。　叢生。

薄苛：主賊風傷寒發汗，惡氣，心腹脹滿，霍亂，宿食不消，下氣，煮汁服，亦堪生食。人家種之，飲汁發汗，大解勞乏。名醫所錄。　【名】龍腦薄苛、新羅菝蕳、石薄苛、連連錢草、新羅薄苛、吳菝苛、胡菝蒲達切蕳火個切。

【苗】《圖經》曰：春生苗，葉似荏而尖長，至夏茂盛。其根經冬不死，與胡薄苛相類，但味少甘爲別。浙人多以作茶飲之，俗呼新羅薄苛。《天寶方》云：連連錢草者是。石薄苛，生江南山石上，葉微小，至冬而紫色，不聞有別功用。惟一種龍腦薄苛於蘇州郡學前產之，蓋彼逺勢似龍，其地居龍腦之分，得稟地脉靈異，故其氣味功力倍於他所，謂之龍腦薄苛，非此則皆劣矣。【地】《圖經》曰：舊不著所出州土，今江浙處處有之。【道地】出南京、岳州及蘇州郡學前者爲佳。【時】生：春生苗。採：夏秋取。【收】暴乾。

【用】莖、葉。【質】類荏而葉尖長。【色】青綠。【味】辛，苦。【性】溫。【氣】氣味俱薄，陽中之陰。【臭】香。【行】手太陰肺經，手厥陰心包絡。【治】療：《圖經》曰：傷風，頭腦風，通關格，及小兒風涎。《藥性論》云：去憒氣，發毒汗，破血，止痢，通利關節。日華子云：中風失音，吐痰及頭風等。陳士良云：除陰陽毒，傷寒頭痛，及風氣壅並攻胸膈，作茶服之，立效。《衍義》曰：去小兒驚風，壯熱及治骨蒸勞熱。《食療》云：去心

臟風熱，杵汁服。《別錄》云：蜂螫，挼莖貼之。【禁】新病差人勿食，食之令人虛汗不止。

明・盧和、汪穎《食物本草》卷一菜類　薄荷　味辛苦，氣涼溫，無毒，入手太陰經、厥陰經。主賊風傷寒，發汗，通利關節，傷風，頭腦風及小兒風涎，驚風壯熱。乃上行之藥，能引諸藥入榮衛。又主風氣壅併下氣，消宿食惡氣，心腹脹滿，霍亂，骨蒸勞熱。用其汁與衆藥熬為膏，亦堪生食。新大病差人勿食，令汗出不止。猫食之即醉。一種名石薄荷，又云龍腦薄荷、南薄荷。

明・葉文齡《醫學統旨》卷八菜部　薄荷　氣溫，味辛，涼。無毒。浮而陽也。入手太陰、厥陰經。治賊風、傷風、頭腦風，去高巔及皮膚風熱；能發汗，通關節，清利頭目風氣壅，併下氣消食惡氣；解骨蒸勞熱，清咽喉及小兒風涎，驚風壯熱；乃上行之藥，能引諸藥入榮衛。大病後勿食，令人虛汗不止。

明・許希周《藥性粗評》卷三　薄荷通抱關之節。

薄荷，字菝蔄，世謂之南薄荷，所以別龍腦薄荷也。莖葉似荏而尖長，莖方，高一二三尺，夏開紫白花，成穗，結小實，根經冬不死。江南川澤處處有之。有時於園圃庭院者，夏秋採莖葉，暴乾，以紙封其稍掛之。亦可入茶煎飲，四季宜食。餘說《本草》不載。味辛、苦，性溫，微寒，無毒。其氣浮而升，入手厥陰心包絡、太陰肺經。主治傷寒中風，膨脹霍亂，濕痹搐搦，消風發汗，寬中下食，通關節，除皮膚及高（嶺）〔巔〕風熱，引諸藥上行以調榮衛。潔古云：病新瘥人不可多食，令人虛汗不止。

單方：蜂螫：取生薄荷，挼葉傅之。

明・鄭寧《藥性要略大全》卷四　薄荷使　《珠囊》云：清利六陽之會首，却除諸熱之風邪。《賦》曰：清風消腫，引諸藥入榮衛。能發毒汗，破血，止痢，通利關節。治中風失音，吐痰，療心腹脹，下氣，去頭風。新病瘥人勿多食，令人虛汗出不止。味辛、苦，性涼，無毒。手太陰肺、厥陰胞絡之藥。升也，陽也。

明・賀岳《醫經大旨》卷一《本草要略》　薄荷　其性辛涼而輕浮，散在上風熱。

明・陳嘉謨《本草蒙筌》卷二　薄荷　味辛、苦，氣溫。氣味俱薄，浮而升，陽也。無毒。又名雞蘇，各處俱種。姑蘇龍腦者第一，龍腦地名，在蘇州府，儒學前此處種者，氣甚香竄，因而得名，古方有龍腦雞蘇丸，即此是也。五月端午日採，乾。與薤作虀相宜，和蜜炒餞益妙。入手厥陰包絡，及手太陰肺經。下氣令脹滿消彌，發汗俾關節通利。清六陽會首，敺諸熱生風。退骨蒸，解勞乏，善引藥入榮衛。乃因性喜上升，小兒風涎尤為要藥。新病瘥者忌服，恐致虛汗亡陽。猫悞食之，即時昏醉，蓋亦物相感爾。

明・方穀《本草纂要》卷七　薄荷　味辛、苦，氣涼，性溫，無毒。入手太陰肺經、厥陰心主。乃辛涼清上焦之藥也。主傷風喉痛，熱壅痰盛，賊風關節不利，頭風頭皮作疼，腦風項筋牽扯，驚風，小兒壯熱搐搦。大抵辛涼之劑，行上逐下之藥，能行諸藥，善達荣衛，以其下氣爲甚速也。元本空虛之人，及久病新瘥者不可用之，辛散太勝，恐傷元氣。

明・王文潔《太乙仙製本草藥性大全》卷五《本草精義》　嬰荷　一名薄荷，又云胡菝蔄，又名鷄蘇。舊不著所出州土，今處處有之。莖葉似荏而尖長，冬根不死。姑蘇龍腦者第一。在蘇州府儒學前，此處種者氣甚香竄，因名，古方有龍腦鷄蘇丸，正此是也。五月五日採，乾與薤作葅相宜，和蜜餞益妙。又一種蔓生者，功用相似。又有石薄荷，又名連錢草，生南山石上，葉微小，至冬而紫色，此一種不聞有別功用。凡新大病差，又不可食薄荷，以其能發汗，恐虛。

明・王文潔《太乙仙製本草藥性大全》卷五《仙製藥性》　薄荷使　味辛、苦，氣溫，氣味俱薄，浮而升，陽也，無毒。入手厥陰包絡及手太陰肺經。主治：下氣令脹滿消彌，發汗俾關節通利。清六陽會首，驅諸熱生風。退骨蒸，解勞乏。破血止痢，去頭風，治中風失音，吐痰。善引藥入榮衛，乃因性喜上升。小兒風涎尤爲要藥。新病瘥者忌服，恐致虛汗亡陽。猫悞食之，即時昏醉，蓋亦物相感爾。　補註：平解勞，與薤相宜。發汗通利關節，杵汁服，去心藏風熱。○治蜂螫，挼貼之差。○治水入耳，以汁點立效。

明・皇甫嵩《本草發明》卷五　薄荷氣溫，味辛，微苦而涼，無毒。手太陰、厥陰經藥。發明曰：薄荷，惟辛涼而輕浮上行之藥，故云能清利六陽之會首，敺上部諸熱之風邪。故《本草》主賊風傷寒，發汗，惡心腹脹滿，霍亂，宿食不消，下氣，利関節，傷風頭腦痛。又狂風熱壅，併及小兒風涎，驚風壯熱，能引諸藥入榮衛。療陰陽毒，傷寒頭痛者，皆其辛溫輕散之功大。病人新瘥勿服，令發汗不止。又云：能發汗，通骨節，解勞（之）〔乏〕。與薤相宜。

明・李時珍《本草綱目》卷一四草部・芳草類　薄荷《唐本草》。校正：自菜部移入此。

〔釋名〕菝蔄音跋活　蕃荷菜蕃音鄱　吴菝蔄《食性》　南薄荷《衍義》　金錢薄荷　時珍曰：薄荷，俗稱也。陳士良《食性本草》作菝蔄，揚雄《甘泉賦》作茇葀，吕忱《字林》作茇苦，則薄荷之爲訛稱可知矣。孫思邈《千金方》作蕃荷，又方音之訛也。今人藥用，多以蘇州者爲勝，故陳士良謂之吴菝蔄，以别胡菝蔄也。宗奭曰：世稱此爲南薄荷，爲有一種龍腦薄荷，所以别之。機曰：小兒方多用金錢薄荷，謂其葉小頗圓如錢也，書作金銀誤矣。

〔集解〕頌曰：薄荷處處有之。莖葉似荏而尖長，經冬根不死，夏秋採莖葉曝乾，古方稀用，或與薤作虀食，近世治風寒爲要藥，故人家多蒔之。又有胡薄荷，與此相類，但味少甘爲别。生江浙間，彼人多以作茶飲之，俗呼新羅薄荷。近汴洛僧寺或植一二本者，《天寶單方》所謂連錢草者是也。又有石薄荷，生江南山石間，葉微小，至冬紫色，不聞有别功用。恭曰：薄荷，人家種之。亦堪生食。一種蔓生者，功用相似。時珍曰：薄荷，人多栽蒔。二月宿根生苗，清明前後分之。方莖赤色，其葉對生，初時形長而頭圓，及長則尖。吴、越、川、湖人多以代茶。蘇州所蒔者，莖小而氣芳，江西者稍粗，川蜀者更粗，入藥以蘇産爲勝。《物類相感志》云：凡收薄荷，須隔夜以糞水澆之。雨後乃悉刈收，則性凉，不爾不凉也。野生者，莖葉氣味都相似。

莖葉　〔氣味〕辛，温，無毒。思邈曰：苦、辛，平。元素曰：辛，凉。斅曰：莖性燥。甄權曰：同薤作虀食相宜。新病瘥人勿食之，令人虚汗不止。瘦弱人久食之，動消渴病。

〔主治〕賊風傷寒發汗，惡氣心腹脹滿，霍亂，宿食不消，下氣，煮汁服之，發汗，大解勞乏，亦堪生食《唐本》。作菜久食，卻腎氣，辟邪毒，除勞氣，令人口氣香潔。煎湯洗漆瘡思邈。通利關節，發毒汗，去憤氣，破血止痢甄權。療陰陽毒，傷寒頭痛，四季宜食士良。治中風失音吐痰日華。主傷風頭腦風，通關格，及小兒風涎，爲要藥蘇頌。杵汁服，去心臟風熱孟詵。清頭目，除風熱李杲。利咽喉、口齒諸病，治瘰癧瘡疥，風瘙癮疹。擣汁含漱，去舌胎語澀。挼葉塞鼻，止衄血。塗蜂螫蛇傷時珍。

〔發明〕元素曰：薄荷辛凉，氣味俱薄，浮而升，陽也。故能去高巔及皮膚風熱。士良曰：薄荷能引諸藥入營衛，故能發散風寒。宗奭曰：小兒驚狂壯熱，須此引藥。又治骨蒸熱勞，用其汁與衆藥熬爲膏。猫食薄荷則醉，物相感爾。好古曰：薄荷，手、足厥陰氣分藥也。能搜肝氣，又主肺盛有餘肩背痛，及風寒汗出。時珍曰：薄荷入手太陰、足厥陰，辛能發散，凉能清利，專於消風散熱，故頭痛頭風眼目咽喉口齒諸病，小兒驚熱及瘰癧瘡疥，爲要藥。戴原禮氏治猫咬，取其汁塗之有效，蓋取其相制也。陸農師曰：薄荷，猫之酒也。犬，虎之酒也。桑椹，鳩之酒也。莽草，魚之酒也。昝殷《食醫心鏡》云：薄荷煎豉湯暖酒和飲，煎茶生食，並宜。蓋菜之有益者也。

〔附方〕舊二，新八。　清上化痰：利咽膈，治風熱。以薄荷末，煉蜜丸芡子大，每噙一丸。白沙糖和之亦可。《簡便單方》。　風氣瘙癢：用大薄荷、蟬蜕等分，爲末。每温酒調服一錢。《永類鈐方》。　舌胎語蹇：薄荷自然汁，和白蜜、薑汁擦之。《醫學集成》。　眼弦赤爛：薄荷，以生薑汁浸一宿，曬乾爲末。每用一錢，沸湯泡洗。《明目經驗方》。　瘰癧結核：或破未破。以新薄荷二斤，取汁，皂莢一挺，水浸去皮，擣取汁，同於銀石器内熬膏，入連翹末半兩，連白青皮、陳皮，黑牽牛半生半炒，各一兩，皂莢仁一兩半，同擣和丸梧子大。每服三十丸，煎連翹湯下。《濟生方》。　衄血不止：薄荷汁滴之。或以乾者水煮，綿裹塞鼻。許學士《本事方》。　血痢不止：薄荷葉煎湯常服。《普濟》。　水入耳中：薄荷汁滴入立效。《外臺秘要》。　蜂蠆螫傷：薄荷葉挼貼之。同上。　火毒生瘡：炙火久，火氣入内，兩股生瘡，汁水淋漓者。用薄荷煎汁頻塗，立愈。張杲《醫説》。

題明·薛己《本草約言》卷二《藥性本草》　薄荷　味辛、苦，氣凉，無毒。出姑蘇陽中之陰，入手太陰、厥陰經。清利六陽之會首，祛除諸熱之風邪。出姑蘇釁地者，真龍腦薄荷，以其辛凉，透頂鼻間也。〇薄荷惟辛凉而輕浮，乃上行之藥，故能清利六陽，而敺上部諸熱也。其清風消腫，引諸藥入榮衛，能發毒汗，通利關節，中風失音及小兒風涎，驚風壯熱云云。皆其辛凉輕散之功也。夫病人新瘥勿多食，令虚汗出不止。猫食之即醉。

明·梅得春《藥性會元》卷中　薄荷　味辛，性凉。浮而升，陰中之陽。無毒。入手太陰肺、手厥陰包絡。　主清六陽之會首，除諸熱之風邪，消風散腫。治風氣頭疼，發散傷寒，寬中下氣，宿食不消，心腹脹滿，止霍亂，治賊風，並傷寒頭腦風，去高巔及皮膚風熱，能發汗，通關節，辟惡氣，解骨蒸勞熱，清咽喉，及小兒傷寒，並風涎驚癇壯熱。乃上行之藥，能引諸藥入榮衛。大病後勿食，令人虚汗不止。大能解勞。　莖：性燥。

明·杜文燮《藥鑒》卷二　薄荷　氣溫，味辛。氣味俱輕，升也，陽也。惟其性辛凉而輕浮，故能散在上之風熱，除氣逆之脹滿，清利六陽之會首，祛除諸經之領頭。與地骨皮同用，能退骨蒸之熱。與桑白皮同用，能瀉肺經之邪。佐甘菊並能清心明目，臣四物更兼調經順氣。表虚者禁用。

明·穆世錫《食物輯要》卷八　薄荷　味甘、辛，性凉，無毒。清頭目，利咽喉口齒，散風熱，通關格，寬胸消食，引藥入營衛而發汗。可作虀食。虚弱人久食，成消渴病。疫症初愈食之，令虚汗不止。與鱉相反。

明·李中立《本草原始》卷六　薄荷　舊不著所出州土，今處處有之。

莖葉似荏而尖長，經冬根不死，夏秋採莖葉暴乾。古方稀用，或與薤作虀食。近世治傷風，頭腦風，通關格及小兒風痰爲要藥。故人家多蒔之。《本草綱目》曰：薄荷，俗稱也。陳士良《食性本草》作菝蔄。揚雄《甘泉賦》作茇葀。呂忱《字林》作茇苦。則薄荷之為訛稱可知矣。孫思邈《千金方》作蕃荷，又方音之訛也。今人入藥多以蘇州者為勝，故《食性本草》謂之吴菝蔄。《本草衍義》謂之南薄荷。莖、葉：氣味：辛，溫，無毒。主治：賊風傷寒，發汗，惡氣，心腹脹滿，霍亂，宿食不消，下氣，煮汁服之。發汗，大解勞乏，亦堪生食。○作菜久食，却腎氣，辟邪毒。除勞氣，令人口氣香潔。煎湯洗漆瘡。○通利關節，發毒汗，去憤氣，破血止痢。○療陰陽毒，傷寒頭痛，四季宜食。○治中風失音，吐痰。○杵汁服，去心臟風熱。○清頭目，除風熱。○利咽喉，口齒諸病。治瘰癧瘡疥，風瘙癮疹，擣汁含漱，去舌胎語澀。挼葉塞鼻止衄血。塗蜂螫蛇傷。

薄荷，《唐本草》。【圖略】梗方，嫩青老紫。葉對生有齒。

元素曰：辛，涼，氣味俱薄，浮而升，陽也。好古曰：手足厥陰氣分藥也。能搜肝氣。陸農師曰：薄荷，貓之酒也；犬，虎之酒也；桑椹，鳩之酒也；茵草，魚之酒也。

昝殷《食醫心鏡》云：薄荷煎豉湯，暖酒和飲，煎茶生食，並宜。蓋菜之有益者也。

《明目經驗方》：治眼弦赤爛，薄荷以生薑汁浸一宿，晒乾為末，每用一錢，沸湯泡洗。

明·羅周彦《醫宗粹言》卷四 製玉露霜法 用好真正乾豆粉，以指撚之嘰嘰聲者，又羅過，每粉一斤，用真蘇州薄荷葉半斤，略噴微濕，與豆粉和勻，裝磁瓶中，鬆鬆勿實，密封瓶口，坐湯中煮一飯時，過宿開取，擇去薄荷，將淨粉加白糖半斤，研勻服。

明·張懋辰《本草便》卷二 薄荷使 味辛、苦，氣涼、溫，無毒。入手太陰經、厥陰經。主賊風，傷寒發汗，通利關節，傷風頭腦風，及小兒風涎，驚風壯熱，乃上行之藥，能引諸藥入榮衛，及主風氣壅，併下氣，消宿食，惡風，心腹脹滿，霍亂，骨蒸勞熱。新病人勿食。

明·吴文炳《藥性全備食物本草》卷一 薄荷 味辛、苦，氣溫，氣味俱薄，浮而升，陽也，無毒。入手厥陰包絡及手太陰肺經。下氣消脹滿，發汗，通關節，清頭目，退風熱骨蒸勞乏，中風失音，吐痰，善引藥入榮衛，乃因性喜上升，小兒風涎尤為要藥。新病瘥後忌服，恐致虚汗亡陽，猫悞食之，即時昏醉，蓋亦物相感爾。蜂螫挼貼之差。又與鱉相反。

明·吴文炳《藥性全備食物本草》卷四 薄荷 味甘、辛，性涼，無毒。清頭目，利咽喉口齒，散風熱，通關格，寬胸消食。引食入榮衛而發汗，可作虀食。虛弱人久食成消渴。病疫症初愈，食之令虚汗不止。與鱉相反。

明·趙南星《上醫本草》卷一 薄荷 一名菝蔄音跋活。

莖葉：辛，溫，無毒。主治：賊風傷寒，頭痛發汗，惡氣，心腹脹滿，霍亂，宿食不消，下氣，通利關節，發毒汗，去憤氣，破血止痢，傷風，頭腦風，中風失音吐痰，清頭目，除風熱，療陰陽毒，利咽喉口齒諸病，瘰癧瘡疥，風瘙癮疹，漆瘡，及小兒風涎。作菜久食，却腎氣，辟邪毒，除勞氣，令人口氣香潔。煮汁服之，發汗，大解勞乏。亦堪生食。杵汁服，去心臟風熱。含漱，去舌胎語澀。挼葉，塞鼻止衄血，塗蜂螫蛇傷。

附方 清上化痰：利咽膈，治風熱。以薄荷末，煉蜜丸芡子大，每噙一丸。白沙糖和之亦可。眼弦赤爛：薄荷，以生薑汁浸一宿，晒乾為末。每用一錢，沸湯泡洗。血痢不止：薄荷葉煎湯常服。蜂蠆螫傷：薄荷葉挼貼之。

明·李中梓《藥性解》卷四 薄荷 味辛，性微寒，無毒，入肺經。主中風失音，下脹氣，去頭風，通利關節，破血止痢，清風消腫，引諸藥入榮衛，能發毒汗，清利六陽之會首，袪除諸熱之風邪。按：薄荷有走表之功，宜職太陰之部，中風諸患，固其耑也。而血痢之症，病在凝滯，今得辛以暢氣，而結凝為之自釋矣。

明·繆希雍《本草經疏》卷九 薄荷 味辛、苦，溫，無毒。主賊風傷寒，發汗，惡氣，心腹脹滿，霍亂，宿食不消，下氣。煮汁服，亦堪生食。飲汁發汗，大解勞煩。菜部移入。

【疏】薄荷感杪春初夏之氣，而得乎火金之味，金勝火劣，故辛多於苦而無毒。潔古：辛涼，浮而升，陽也。入手太陰、少陰經。辛合肺，肺主皮毛。苦合心而從火化，主血脈，主熱，皆陽臟也。賊風傷寒，其邪在表，故發汗則解。風藥性升，又兼辛溫，故能散邪辟惡。辛香通竅，故治腹脹滿霍亂。《食療》以為能去心家熱，故為小兒驚風、風熱家引經要藥。辛香走散以通

關節，故逐賊風。發汗者，風從汗解也。本非脾胃家藥，安能主宿食不消？上升之性，亦難主下氣。勞乏屬虛，非散可解。三療俱非，明者當自別之。

〔主治參互〕風熱上壅，斯為要藥。入噙化丸，以為之君，主陰虛肺熱咳嗽甚良，加生乾薑，并治傷風寒咳嗽。佐漆葉、苦參、何首烏、胡麻仁、荊芥穗、生地黃、蒺藜子、石菖蒲、蒼术，治大麻風。去蒼术，加赤莖豨薟，治紫雲風。同貝母、荊芥穗、玄參、斑猫，佐肥皂，能治瘰癧。

《外臺秘要》治水入耳中，擣汁滴入，立驗。孫真人用以辟邪毒，除勞氣，令人口氣香潔。煎湯洗漆瘡。日華子用以治中風失音吐痰。蘇頌主傷風，頭腦風，通關節及小兒風涎，為要藥。東垣用以清頭目，除風熱。故可療風瘙癮瘮及塗蜂螫。

《簡便單方》清上化痰，利咽膈，治風熱上壅。以薄荷葉為末，煉蜜丸芡實大，每噙一丸。《醫學集成》治舌胎語蹇，薄荷自然汁，和白蜜、薑汁少許，擦之。《明目經驗方》治眼弦赤爛，薄荷以生薑汁浸一宿，曬乾為末，每用一錢，沸湯泡洗。《濟生方》治瘰癧結核，或破、未破。以新薄荷二斤取汁，皂莢一挺，水浸去皮，擣取汁，同於銀石器內熬膏，入連翹末半兩，連白青皮、陳皮、黑牽牛半生半炒，各一兩，皂莢仁一兩半，同擣和丸梧子大。每服三十丸，煎連翹湯下。張杲《醫說》療火毒熱瘡，因炙火，火氣入內，兩股生瘡，汁水淋漓者。用薄荷煎汁，頻塗立愈。

〔簡誤〕病人新瘥勿服，以其發汗虛表氣也。咳嗽若因肺虛，寒客之而無熱證者勿服，以其當補而愈也。陰虛人發熱勿服，以出汗則愈竭其津液也。脚氣類傷寒勿服，以其病在下而屬脾故也。血虛頭痛，非同諸補血藥不可用。小兒身熱，由於傷食者不可用。小兒身熱，因於疳積者不可用。小兒痘瘡，診得氣虛者，雖身熱初起，亦不可用。

明・倪朱謨《本草彙言》卷二

薄荷　味辛、甘、苦，氣香、凉，性溫燥，無毒。氣味俱薄，浮而升，陽也。入手太陰、少陰經氣分藥也。

李時珍先生曰：薄荷多栽蒔，亦有野生者。莖葉氣味皆相似也。經冬根再發，二月抽苗，清明分株排種。方莖赤節，兩葉對生。初則圓長，久則葉端漸鋭，似荏、蘇、薺薴輩。夏秋采取，日曬乾用。先期以糞水澆灌，俟雨後刈收，辛香殊絕。不爾氣味不辛凉也。

蘇氏曰：薄荷處處有之，惟蘇州産者，莖小葉細，香勝諸方，宛如龍腦，即稱龍腦薄荷。江右者莖肥，蜀漢者更肥。入藥總不及蘇産者良。吳越川湖，以之代茗。一種葉圓小如錢，稱金錢薄荷，兒科多用之。一種葉微小、耐霜雪，至冬莖葉純紫，生江南山石間。一種胡薄荷，形狀無異，但味小甜，多生江浙。新薄荷同薤作齏，清爽可口。瘦弱人久食動消渴病。新病瘥人勿食，令虛汗不止。猫食之醉。古稱薄荷爲猫酒也。

薄荷：辛凉發散，李時珍清上焦風熱之藥也。方吉人稿主傷風咳嗽，熱擁痰盛，目風珠赤，隱澁腫痛，賊風關節不利，頭風頭皮作疼，驚風壯熱搐搦，喉風咽痛腫閉等病。蓋辛能發散，凉能清利，專于消風散熱，故入頭面眼耳、咽喉、口齒諸經，及小兒驚熱風痰爲要藥。《唐本草》主賊風傷寒，發汗惡風，心腹脹滿，霍亂，宿食不消等疾，亦取辛凉香散之意云爾。如病人汗多表虛者，咳嗽因肺氣虛寒而無熱者，陰虛發熱盜汗，幷氣虛、血虛頭痛者，皆不宜用。

繆仲淳先生曰：薄荷，《食療》方謂能去心家熱，故爲小兒驚風風熱家爲要藥。辛香走散，又主傷風、頭腦風，通關節，故逐賊風。發汗者，風從汗解也。

盧不遠先生曰：氣溫性凉，具轉夏成秋、爲高爽清明之象，則氣有餘，自與薄弱虛寒、陰營不足者不相類也。第氣象燥金，儻陽明之上爲病，併在所忌。

沈則施先生曰：輕清凉薄，虛揚上達，故能去高巔及皮膚風熱，又能引諸藥入營衛，故能發散風寒，行關節而祛賊風。

集方：《簡便方》治咽膈不利，風熱痰結。用薄荷爲末，煉蜜丸芡子大，每噙化一丸。○《聖惠方》治肺傷風熱，咳嗽痰盛。用薄荷五錢，杏仁、蘇子、前胡、桑皮、桔梗、荆芥、黄芩各一錢，水煎服。○《姚氏家珍》治風熱侵肝，眼赤弦爛。用薄荷、荆芥、防風、甘草、柴胡、生地黄煎服，外用薄荷葉，以生薑汁浸一宿，曬乾爲末，每用一錢，沸湯泡洗。○同前治風入筋骨，關節疼痛，或成痿痹。用薄荷葉四兩，萆薢、威靈仙、金銀花、虎骨、當歸、羌活、獨活、桑寄生、二蠶沙、白朮、薑黄各二兩，草烏八錢炒黄，浸酒服。○萬氏單方治頭風頭痛。用薄荷葉、天麻、真川芎、當歸、黑山梔、膽星、防風各等分，水煎服。○《保赤全書》治小兒驚風，壯熱搐搦。用薄荷葉、荆芥、殭蠶、膽星、半夏、天竺黄、川黄連、鈎藤、前胡。○莫天卿方治咽喉急風，腫閉不通。先以米醋汩漱，吐去涎痰，隨用薄荷、荆芥、桔梗、甘草、射干各等分，水煎服。○《外科發揮》治大麻風及紫雲風。用薄荷、漆葉、苦參、胡麻仁、荆芥穗、生地黄、皂角刺、刺蒺藜。○《醫學集成》治中風失音，舌強痰壅。用薄荷搗自然汁灌之，立甦。○《濟生方》治瘰癧結核，未破或破。用薄荷二斤取汁，皂莢二挺，水浸擣

取汁，同熬膏。用青皮、黑牽牛半生半炒、皂莢仁各一兩，連翹五錢，共爲末，和入薄荷、皂莢汁膏內，每早晚各服十茶匙，白湯化服。〇又方，用薄荷、川貝母、荆芥穗、肥皂肉各一兩，斑猫去頭翅八錢，每服六分，治瘰癧神效。

〇《普濟方》治血痢不止。用薄荷煎湯，頻飲之。

治一切面上諸病。用薄荷、防風、連翹、白附子、白芷、川芎、甘草、升麻各一錢，細辛五分。面上生瘡者，上焦火也，加黑山梔、黄芩；面紫黑者，陽明風痰也，加葛根、半夏；面生粉刺者，肺經鬱火也，加貝母、桔梗、桑皮、荆芥、苦參；面熱者，陽明經風熱也，加葛根、荆芥、黄連、黄芩、白芍藥、犀角屑。〇治面上酒皻紅紫，腫而有刺者，陽明經風熱有蟲也。用薄荷末三錢，半夏、硫黄、枯礬、雄黄、鉛粉各一錢，小麥麪二匙，水調敷患處。〇治面上幷鼻準有赤皰者，三陽風毒內熾也。用薄荷末、蜜陀僧六錢，爲細末，臨臥以人乳調敷面上，次日洗去，三五次即愈。〇治面上生癬，或黑紫瘢點。用薄荷、白附子、蜜陀僧、白芷、官粉各八錢，共爲細末，以白蘿蔔煎汁洗面，後用羊乳調成膏，敷患處，早晨洗去。〇治口瘡疼痛，或口舌腫大，或破裂，俱屬三焦火盛。用薄荷、連翹、山梔、黄芩、生地黄、當歸、白芍藥各一錢，黄連、甘草各八分，燈心三十根，食鹽二分，水煎服。〇治口舌生瘡糜爛，痛不可忍。用薄荷三錢，黄連、黄柏、細辛、炮薑各一錢，共爲細末。先用苦茶汨口，後搽藥於患處，或吐或嚥不拘。

明・應麐《食治廣要》卷三 薄荷 氣味：辛，溫、涼，無毒。主治：消風散熱，除頭痛頭風，眼目咽喉口齒諸病。種類頗多，惟蘇州小葉者良。

明・姚可成《食物本草》卷一九草部・芳草類 薄荷處處有之。莖葉似荏而尖長。經冬根不死。夏秋采莖葉曝乾，古方稀用。或與薤作虀食。近世治風寒為要藥，故人家多蒔之。又有胡薄荷，與此相類，但味少甘為別，生江浙間，彼人多以作茶飲之，俗呼為新羅薄荷，近汴洛僧寺或植一二。又有石薄荷，生江南山石間，葉微小，至冬紫色，亦堪生食。〇李時珍曰：薄荷，人多栽蒔。二月宿根生苗，清明前後分之。方莖赤色，其葉對生，初時形長而頭圓，及長則尖。吳越、川蜀人多以代茶。蘇州所蒔者，莖小而氣芳，江西者稍粗，川蜀者更粗。入藥以蘇產為勝。《物類相感志》云：凡收薄荷，須隔夜以糞水澆之，雨後乃往刈收，則性涼，不爾不涼也。野生者，莖葉氣味都相似，今獨蘇州郡城黌宮前有地數十畝所種者為龍腦薄荷，名振天下。其芬芳之妙，比他處者迥別。若離本處，其香愈清烈。今人以之入糖果及作糕餌食之，最佳。

薄荷莖葉 味辛，溫，無毒。治賊風傷寒發汗，惡氣心腹脹滿，霍亂，宿食不消，下氣，煮汁服之，發汗。〔大〕解勞乏，亦堪生食。〔作〕菜久食，却腎氣，辟邪毒，除〔勞〕氣，令人口氣香潔。煎湯洗漆〔瘡〕。通利關節，發毒汗，去憤氣，破血止痢，療陰陽毒，傷寒頭痛，四季宜食。治中風失音，吐痰。主傷風頭腦風，通關格及小兒風涎為要藥。杵汁服，去心臟風熱。清頭目，除風熱，利咽喉，口齒諸病。治瘰癧瘡疥，風瘙癮瘮。擣汁含漱，去舌胎語澀。挼葉塞鼻，止衄血。塗蜂螫蛇傷。同（虀）〔薤〕作虀食相宜。新病瘥人勿食之，令人虛汗不止。瘦弱人久食之，動消渴病。猫食薄荷則醉，物相感爾。戴原禮氏治猫咬，取其汁塗之有效，蓋取其相制也。陸農師曰：薄荷，猫之酒也；犬，虎之酒也；桑椹，鳩之酒也；莔草，魚之酒也。《食醫心鏡》云：薄荷煎豉湯，暖酒和飲、煎茶、生食，竝宜。蓋菜之有益者也。

附方：清上化痰，利咽膈，治風熱。以薄荷末煉蜜丸芡子大，每噙一丸。白沙糖和之亦可。治〔瘰〕癧結核，或〔破未〕破。以新薄荷二斤取汁，皂莢一〔挺〕，水浸，去皮，〔擣〕取汁，同於瓦器內熬膏。入連翹〔末〕半〔兩〕，青皮、陳皮、黑牽牛半生半炒各一兩，皂莢子一兩半，同擣和丸梧子大。每服三十丸，煎連翹湯下。治衄血不止。薄荷汁滴之，或以乾者水煮，綿裹塞鼻。治血痢不止。薄荷煎湯服。治蜂叮腫頭面。薄荷葉貼之立效。治水入耳中作痛。薄荷汁滴入，即愈。

明・顧逢柏《分部本草妙用》卷六兼經部・溫瀉 薄荷 辛，溫，無毒。入手太陰肺、足厥陰肝二經。龍腦者佳。主治：傷寒發汗，惡氣脹滿宿食，通利關節，破血止痢，中風失音，吐痰，頭腦風，小兒風涎要藥。去高巔及皮膚風熱，并咽喉口齒瘰癧疥疹，猫咬、蜂螫、蛇傷。按：薄荷輕清而浮，能引諸藥入榮衛，疏結滯之氣。味薄，獨不能成功。多服令人心氣虛耳。

明・黄承昊《折肱漫録》卷三 薄荷性涼，能散熱，紫蘇性溫，能散寒，皆散氣之劑。世人不識藥理，暑月每點薄荷湯代茶，紫蘇以作餅作蔬，忽為食物，不知多食大損人氣。

明・李中梓《醫宗必讀・本草徵要上》 薄荷味辛，溫，無毒。入肺經。產蘇州者良。去 風熱，通關節，清頭目，定霍亂，消食下氣。猫咬蛇傷，傷寒舌胎，和蜜擦之。發汗解表，故去風清熱，利於頭面。辛香開氣，脹滿、霍亂、食滯者，並主之。按：薄荷辛香伐氣，多服損肺傷心。

明・鄭二陽《仁壽堂藥鏡》卷四 薄荷又名雞蘇、龍腦。葉小如金錢者

佳。氣溫，味辛、苦。辛，涼。無毒。入手太陰經、厥陰經。《象》云：能發汗，通骨節，解勞乏。與薤相宜。新病瘥人勿多食，令虛汗出不止。去枝梗，搓碎用。《心》云：上行之藥。產蘇州者良。《唐本》曰：傷寒發汗，惡氣脹滿，宿食。甄權曰：通利關節，破血，止痢。大明曰：中風失音，吐痰。蘇頌曰：頭腦風，小兒風涎。潔古曰：去高巔風熱。東垣曰：清頭目，除風熱。時珍曰：利咽喉，口齒，瘰癧，疥瘡，猫咬，蜂螫，蛇傷。按：薄荷清輕而浮，能引諸藥入榮衛以疏結滯之氣。多服使人心氣不足。

《經驗方》：治耳痛，用龍腦薄荷汁點入耳中。

明・蔣儀《藥鏡》卷一溫部 薄荷 發汗于頭腦，清腫于目喉。丈夫虛熱無干，小兒風涎有益。失音痰塞，中風之疴，肺熱咳嗽，陰虛之症所兼治也。

明・李中梓《頤生微論》卷三 薄荷 味辛，性溫，無毒。入肺、肝二經。產蘇州者良。忌見火。去風熱，通關竅，清頭目，定霍亂，消食下氣，猫咬，蛇傷、蜂螫、傷寒舌(胎)〔苔〕，和蜜察之。按：薄荷辛香，善疏結滯之氣。多服損心肺。

明・張景岳《景岳全書》卷四八《本草正》 薄荷 味辛、微苦，氣微涼。氣味俱輕，升也，陽也。其性涼散，通關節，利九竅，乃手厥陰、太陰經藥。清六陽會首，散一切毒風，治傷寒頭痛寒熱，發毒汗，療頭風腦痛，清頭目、咽喉、口齒風熱諸病，除心腹惡氣脹滿霍亂，下氣消食消痰，辟邪氣穢惡。引諸藥入營衛，開小兒之風涎，亦治瘰癧癰腫，瘡疥風瘙癮疹。作菜食之除口氣。擣汁含漱，去舌胎語澁。揉葉塞鼻，止衄血。亦治蜂螫蛇傷。病新瘥者忌用，恐其泄汗亡陽。

明・賈九如《藥品化義》卷一一風藥 薄荷葉 屬陽，體輕，色綠，氣香而清，味辛微苦，性涼而銳，力疏利上部，性氣厚而味輕，入肺肝二經。薄荷味辛能散，性涼而清，通利六陽之會首，祛除諸熱之風邪，取其性銳而輕清，善行頭面，用治失音，療口齒，清咽喉，同川芎達巔頂，以導壅滯之熱。取其氣香而利竅，善走肌表，用消浮腫，散肌熱，除背痛，引表藥入榮衛以疏結滯之氣。入藥每劑止用二三分，勿太過，令人汗出不止。表虛者慎用。取蘇產為龍腦薄荷良。

明・施永圖《本草醫旨・食物類》卷二 薄荷本名苛。辛辣之物，故猛政為苛政。味：辛、苦，氣涼，溫，無毒。入手太陽經，厥陰經。主賊風傷寒，發汗，通利關節，去頭腦風及小兒風涎，驚風壯熱。乃上行之藥，能引諸藥入榮衛。又主風氣壅，并下氣，消宿食惡氣，心腹脹滿，霍亂，骨蒸勞熱。用其汁與眾藥熬為膏，亦堪生食。大病後不可食，恐令汗出不止。猫食之即醉。一種名石薄荷，又云龍腦薄荷、南薄荷，又名水蘇。

明・盧之頤《本草乘雅半偈》帙九 薄荷《唐本草》 氣味：辛，溫，無毒。 主治：主賊風，傷寒發汗，惡風，心腹脹滿，霍亂，宿食不消，下氣，煮汁服之，發汗，大解勞乏，亦堪生食。

覈曰：薄荷多栽蒔，亦有野生者。莖葉氣味，皆相似也。經冬根不死，二月抽苗，清明分株排種，方莖赤節，綠葉對生，初則圓長，久則葉端漸銳，似荏、蘇、薺寧輩。夏秋采取，日曝令乾，先期灌以糞壤，雨後方可刈收。不爾，氣味亦不辛涼矣。吳越川湖以之代茗，唯吳地者莖小葉細，臭勝諸方，宛如龍腦，即稱龍腦薄荷。江右者莖肥，蜀漢者梗肥，入藥俱不及吳地者良。陳士良《食性本草》稱菝蔄，揚雄《甘泉賦》稱茇葀，呂忱《字林》稱茇苦，孫思邈《千金方》稱蕃荷。名雖廣，當遵《唐本》薄荷為正。《綱目》言薄荷係俗稱，此未解釋名之意耳。一種葉圓小如錢，稱金錢薄荷；一種葉微小，耐霜雪，至冬莖葉純紫，生江南山石間，稱石薄荷；一種胡薄荷，形狀與薄荷無異，但味小甜，多生江浙，俗稱新羅薄荷，今汴雒僧寺多值之，《天寶單方》稱金錢草者是也。同薤作虀，清爽可口，瘦弱人久食之動消渴，新病瘥人勿食之，令虛汗不止，猫食之醉。陸農師云：薄荷，猫酒也。

先人云：氣溫性涼，具轉夏成秋，為高爽清明之象，則氣有餘，自與薄弱虛寒，陰營不足者不相類也。第氣象燥金，儻陽明之上為病，併在所忌。

參曰：木曰林，草曰薄。薄者疾驅，荷者負荷而驅也。《詩》言載驅薄薄，顧名思義。方之奇方急方也，味辛氣溫，稟辛金用，驅賊風，表汗出，開上焦，宣穀味，于是宿食消，脹滿解，霍亂定，煩勞之張精續，劑之宣劑輕劑也。通關格，(歷)〔利〕關節，去憤氣，却腎氣，徹風涎，療陰陽毒，破血止利，利咽喉口齒頭目，治瘰癧癮疹瘡瘍，皆生于風者，取効甚捷，更詳奇急宣輕之義，靡投不善矣。功利咽喉，故異名冰喉尉。煩勞則張精絕，仍使之相續不斷。《唐本》曰勞乏，省卻四字矣。晉注破句讀之，煩勞則張作句，精絕作句。徒務多聞，每有立言之失。

明・李中梓《本草通玄》卷上 薄荷 辛，涼，肺、肝藥也。除風熱，清

頭目，利咽喉，止痰嗽，去舌胎。洗癮疹疥瘵，塗蜂螫蛇傷，塞鼻止衄血，擦舌療蹇澁。按：薄荷氣味俱薄，浮而上升，故能清理高巔，解散風熱。然芳香尖利，多服久服，令人虚汗不止。瘦弱人久用，〔反〕動消渴病。

清・顧元交《本草彙箋》卷二　薄荷附地錢草。　薄荷亦日用之藥，其應用不應用，尤宜辨之。以其感杪春初夏之氣，而得火金之味，金勝火劣，故辛多於苦，辛走肺，主皮毛，苦合心，從火化，而主血脈。賊風傷寒，其邪在表，故發汗而解。風藥性升，又兼辛溫，故能散邪辟惡。辛香通竅，故治腹脹滿霍亂等症。以其能主心家之熱，故爲小兒驚風、風熱家引經之藥。氣味俱薄，浮而上升，故能去高巔及皮膚間風熱。辛能暢氣，故能破血止痢，而結(遰)〔滯〕爲之自釋。其有不宜，凡用者，本非脾胃藥，安能主宿食不消？小兒身熱之繇於傷食，及因於疳積者，自不宜混用。上升之性，亦難主下部之虚乏，而脚氣類傷寒者不宜服，以其病在下而屬脾也。咳嗽若因肺虚寒客之而無熱證者，勿服，以其當補而愈也。陰虚人發熱勿服，以出汗則愈竭其津液也。所以甄權云：瘦弱人久食之，則動消渴病。亦爲耗散津液耳。江浙人夏秋間多以作茶飲，固自不宜。

蘓産者佳，爲龍腦薄荷，其莖細而氣芳也。另有一種胡薄荷，本名積雪草，其性寒涼可知，俗呼地錢草。葉圓如錢，葉葉各生，莖細而勁，蔓生於溪澗陰處，及宫院寺廟磚砌間。主擣敷熱腫丹毒，及煎洗風瘮疥癬。蓋亦非無用之物也。瘰癧結核，或破、未破者，以龍腦薄荷二觔，取汁，皂莢一挺，水浸去皮，擣取汁，同於銀石器熬膏，入連翹末半兩，連白青皮、陳皮、黑牽牛半生半炒，各一兩，皂莢仁一兩半，同擣和丸梧子大，每服三十丸，煎連翹湯下。戴元禮治猫咬，取其汁塗之，以其性相制也。陸農元云：猫以薄荷爲酒，虎以术爲酒，鳩以桑椹爲酒，魚以茵草爲酒。

清・穆石匏《本草洞詮》卷八　薄荷　薄荷，氣味辛溫，一云涼，無毒。入手太陰、足厥陰經。清頭目，除風熱，利咽喉、口齒諸病。治瘰癧，瘡疥癮瘮。擣汁含嗽，去舌胎語澀，挼葉塞鼻止衄血，塗蜂螫、蛇傷。蓋其辛能發散，涼能清利，專於消風散熱二者而已。性浮而升，故能去高巔及皮膚風熱。《相感志》云：雨後刈收則涼，不爾不涼也。

清・丁其譽《壽世秘典》卷三　薄荷俗稱薄荷。《食性本草》作菝蔄，楊雄《甘泉賦》作茇葀，則薄荷之為訛稱，可知矣。入藥以蘇産為勝，莖小而氣芳。故陳士良謂之吳菝蔄，世稱此為南薄荷。又有胡薄荷與此相類，但味少甘，為別一種蔓生者，功用相似。氣味：辛，涼，無毒。主清頭目，除風熱，通利關節，為小兒驚風壯熱引經要藥，利咽喉、口齒諸病。擣汁含漱，去舌胎語澀。挼葉塞鼻，止衄血。塗蜂螫、蛇傷。

發明張元素曰：薄荷辛涼，氣味俱薄，浮而升陽也，故能去高巔及皮膚風熱。李時珍曰：薄荷入手太陰、足厥陰，辛能發散，涼能清利，專于消風散熱，故頭痛、頭風，眼目、咽喉、口齒諸病，小兒驚熱及瘰癧、瘡疥為要藥。戴原禮氏治猫咬，取其汁塗之有效，蓋取其相制也。繆希雍曰：病人新瘥勿食，以其發汗虚表氣也；陰虚人發熱勿食，以出汗則愈竭其津液也。小兒身熱，由于傷食，因于疳積者，俱不可用。小兒痘瘡，診得氣虚者，雖身熱亦不可用。

清・劉雲密《本草述》卷八下　薄荷　多栽蒔，亦有野生者，莖葉氣味皆相似也。經冬根不死，二月抽苗，清明分株排種，方莖赤節，緑葉對生，初則圓，長久則葉端漸鋭，夏秋采取，日曝令乾。先期灌以糞壤，雨後方可刈收，不爾氣味亦不辛涼矣。吳越川湖以之代茗，唯吳地者莖小葉細，臭勝諸方，宛如龍腦，即稱龍腦薄荷。江右者莖肥，蜀漢者更肥，入藥俱不及吳地者良。吳地指蘇州，即蒙筌所云種於蘇州府，學名龍腦者是也。

斅曰：薄荷根莖真似紫蘇，但葉不同爾。薄荷莖燥，紫蘇莖和。莖葉：氣味：辛，溫，無毒。思邈曰：苦、辛，平。潔古曰：辛、涼。海藏曰：上行之藥，能引諸藥入營衛，手太陰兼手厥陰藥也。

諸本草主治：清六陽會首，毆諸熱生風，療中風失音，吐痰，去心經風熱，清利頭目，咽喉口齒諸病，一切在上及皮膚風熱。又治小兒風涎，及驚風壯熱，須此引之。並治瘰癧瘡疥，風瘙癮疹。昝殷《食醫心鏡》云：薄荷煎豉湯，暖酒和飲，煎茶、生食，並宜。諸方書主治：中風，及風頭痛並眩暈，發熱咳嗽，痰飲，癲癇，傷燥熱鬱，及眼目、咽喉、鼻齒病。

潔古曰：薄荷辛涼，氣味俱薄，浮而升，陽也。故能去高巔及皮膚風熱。復曰：氣溫性涼，具轉夏成秋，為高爽清明之象。好古曰：薄荷，手足厥陰氣分藥也。能搜肝氣，又主肺盛有餘，肩背痛及風寒汗出。時珍曰：薄荷入手太陰、足厥陰，辛能發散，涼能清利，專於消風散熱。故頭痛頭風，眼目咽喉口齒諸病，小兒驚熱，及瘰癧瘡疥為要藥。希雍曰：薄荷感杪春初夏之氣，而得乎火金之味，金勝火劣，故辛多於苦而無毒。潔

古辛涼，浮而升，陽也，入手太陰、少陰經，辛合肺，肺主皮毛，苦合心，而從火化，主血脈，主熱，皆陽臟也。風熱上壅，斯為要藥。　入噙化丸，以之為君，主陰虛肺熱咳嗽甚良。加生、乾薑，并治傷風寒咳嗽。

愚按：　薄荷，在繆氏云感杪春初夏之氣，而得乎火金之味，金勝火劣，此語誠是也。夫由杪春而初夏，正謂如火始然之候，乃此味得金氣之勝，是為火中之金氣，又誠如盧復轉夏為秋之說也。所謂治風熱者，治熱所化之風，熱則火之氣，風則木之氣，即子令母實之義。此味本火中之金，以散之清之，不降折而同降折之功，非從治而有從治之用也。第其能隨所病而療者，類屬於天氣之陽，海藏謂為手太陰兼手厥陰藥，誠有的見哉。《經》云：　心肺合而上焦營諸陽。又云：　肺貫心脈，而行呼吸。又云：　二陰至肺。夫二陰，腎也。在經絡曰腎脈支者，從肺出絡心，注胸中。夫胸中即膻中，所謂心主之宮城也。若然，則茲味不最切於肺與心包絡乎？其值大火之候，而金氣乃昌者，非金以火為主，即肺貫心脈，而行呼吸之義乎？　蓋氣固火之靈也，其金昌於火候，而大稟辛涼者，非金能達火之用，即腎從肺出，絡心注胸中之義乎？　蓋離固火中有水也，惟的為一經之藥，故正能散上焦天氣之陽，陽氣之淫者，抑何以能治陽之淫？　蓋風升之氣與元氣無二，所謂出地之陽也。然陰為陽之守，陽無守，則陽氣淫而風變眚，風病則風鼓焰而上行極，非如茲味不克對待之，惟是火中之金，辛散可以紓其陽之擁而上，如漫事降折則未能，更惟是火中之金，辛涼可以誘其陽之依而下，即徒事疏散，則亦未能。先哲所謂清利六陽之會首，袪除諸熱之風邪之二語者，意完而語盡矣。故方書主治於中風及頭風痛多用之，雖皆曰風，其證大有別也。所別者，中風之陽淫固，下焦之元陰虛，而元陽失守，以為病矣。如病於頭風，或上焦陽中之陰不能配陽，而陽化風，又或陽鬱而化風，其輕重自與中風懸殊。第皆歸於陽之為患，故此二證，類皆用之也。推此以盡六陽會首之病，如眼目，如咽喉，如鼻如齒，如頭目眩暈，皆可盡其變以用之矣。雖然，謂其袪除諸熱之風邪者，乃謂其能清氣耳。即如用於中風之四白丹，先哲謂中風者多昏冒，氣不清利也。而治昏冒，如至聖保命金丹中用之，則其義可互證也。然中風昏冒者，由於心臟之真陰不得坎水既濟，則無以育神，而煩熱昏憒所自來矣。蓋神為氣之主也，并證之於舌，故失音不語多用之。即此觀之，則茲味之入手太陰兼手厥陰者，豈不誠然哉？　因是而推於發熱之治，其用以治上焦積熱者固多，即治風壅，又非因熱而上壅乎？　此正所謂清氣也，種種諸治，當識此義。如痰飲固有同諸味而消風壅化痰涎者，然逐他味而清熱，更化熱痰者不少矣。如治咳嗽肺痿者，其貴於熱固然，即療風痰風壅，又豈徒然取責於風乎？　又如療心風病癲，心風固熱之所化也。如療風癇，亦下虛而熱壅於上以為癇也。蓋其熱者，與風之壅者，皆歸於氣不清耳。即熱鬱湯用之，則其所主可知。更傷躁用之，則其本陰以紓陽也，又可知矣。執為治風者粗也。即執為治熱者，亦未能盡精微也。此味不專司治熱，所司者氣分之清化，若炎歊之候，而商飈颯颯，俾其酷氣頓轉者，此造化玄機，在於退熱之先，而茲物適有合焉者也。但是物或與荊芥同用，或二味單行。粗者以為同是辛涼治風耳，殊不知此味之所入在手太陰，並手厥陰，而荊芥則獨奏功於足厥陰肝也。緣荊芥辛溫而有涼，茲味止辛涼也。何以別之？其根經冬不死，固知其原稟水氣，特因木氣以達耳。試以二味之所用於諸方書，驗其於何證為多，則可以悟其所入之臟腑矣。然則海藏亦謂其搜肝氣者，殆未然歟。曰：　茲味之所治，其功自及於肝，但不同於荊芥之致精為專耳。愚按：　薄荷在《唐本草》，首主賊風傷寒，而後學多云除風熱，如孟詵、東垣是也。即愚論亦止以療熱中之風為言，似乎抹殺風寒一治，殊為不該也。大抵值大火之候而生，《唐本》以辛溫言者，從火為主之義也。潔古言辛涼者，從金為火用之義也。故用此味，須識火為主，而金為火用，乃所以致火之用，因於寒熱，而善其為主為佐者，如風寒固致其火之用矣。如風熱亦即以善於達火之用，而真氣畢暢也，不得倒置火主之義，庶幾其用乃全乎？　予年七十七，於辛丑夏末秋初，每服薑茶湯以祛暑，而脾胃尚不勝以茶性寒也，乃合薄荷湯服之輒取效，豈非此味之辛溫而浮升為陽，如潔古所云，可以和寒降之味而不損脾乎？　又豈非就中具有辛涼，為陽中有陰，如盧復所云，又可以助寒降之味，而散其暑毒乎？　即此小用，便得識取引諸藥入營衛之義，更推類以盡諸證，乃為無誤，而能用茲味矣。

附方

川芎丸主消風壅，化痰涎，利咽膈，清頭目，治頭痛旋暈，心忪煩熱，頸項緊急，肩背拘倦，肢體煩疼，皮膚瘙癢，腦昏目疼，鼻塞聲重，面上遊風狀如蟲行。　川芎、龍腦、薄荷葉、焙乾，各七十五兩。桔梗、一百兩。甘草、爁，三十五兩。防風、去苗，二十五兩。細辛、洗，五兩。各為細末，煉蜜搜和，每一兩半分作五十丸，每服一丸，臘茶清細嚼下，食後臨臥。　瘰癧結核，或破未破，以新薄荷

二斤，取汁，皂莢一挺，水浸去皮，搗取汁，同於銀石器内熬膏，入連翹末半兩，連白青皮、陳皮、黑牽牛半生半(沙)[炒]各一兩，皂莢仁一兩半，同搗，和丸梧子大，每服三十丸，煎連翹湯下。

希雍曰：病人新瘥勿服，以其發汗，虚表氣也。咳嗽若因肺虚寒客之，而無熱證者，勿服，以其當補而愈也。陰虚人發熱勿服，以出汗則愈竭其津液也。脚氣類傷寒勿服，以其病在下，而屬脾故也。血虚頭痛，非同諸補血藥，不可用。小兒身熱，由於傷食者，不可用。小兒身熱，因於疳積者，不可用。小兒痘瘡，診得氣虚者，雖身熱初起，亦不可用。

修治　蘇州者勝。雷公云：薄荷莖燥，止用葉。

清・郭章宜《本草匯》卷一〇　薄荷　味辛，氣温，元素曰辛涼。氣味俱薄，浮而升，陽也。入手太陰、少陰、厥陰、足厥陰經。清利六陽之會首，袪除諸熱之風邪。通關節而發毒汗，止痰嗽而擦舌胎。去心臟風熱，治中風失音。小兒風痰最要，傷風頭痛宜食。洗風瘙癮軫，塗火毒漆瘡。

按：薄荷得火金之味，金勝火烈，故辛多于苦，能發散風寒風熱，清理高巔，風熱上壅，斯為要藥。引諸藥入營衛。又能搜肝氣，及肺盛有餘肩背痛，及風寒汗出。故小兒驚狂壯熱，必須此為道引。然芳香伐氣，多服久服，損肺傷心。病人新好勿服，恐致虚汗亡陽。咳嗽若因肺虚寒客之，而無熱證，陰虚人發熱者，勿服，以出汗則愈竭其津液也。瘦弱人久用，動消渴病。眼弦赤爛，以生薑汁浸一宿，晒乾為末，沸湯泡洗。猫犬食之，即時昏醉，蓋亦物類相感也。

莖性燥，産姑蘇爨地者，真龍腦薄荷，以其辛涼透頂鼻間也。凡收薄荷，須隔夜以糞水澆之，雨後乃悉刈收，則性涼，不爾不涼也。

清・朱本中《飲食須知・味類》　薄荷　味辛，性涼。虚弱人久食，成消渴病。新病初愈食之，令虚汗不止。與鼈相反。猫食之醉。凡收薄荷，須隔夜以糞水澆之，雨後乃可刈收，則性涼，不爾不涼也。

清・蔣居祉《本草擇要綱目・寒性藥品》　薄荷　氣味：辛，溫，無毒。浮而升，陽也。入手太陰、足厥陰經。　主治：通關節，解勞乏，小兒風涎，發毒汗。清頭目風熱，能引諸藥入榮衛。又治骨蒸熱勞，搜肝氣，又主肺盛。

清・閔鉞《本草詳節》卷三　(婆)[薄]荷　【略】按：薄荷，辛能發散，涼能清利，浮升能上高巔，所以為消風散熱之要藥。至血痢之症，病在凝滯，辛以暢氣，故亦主之。小兒驚狂壯熱，須此引藥。又以引諸藥入榮衛，而風寒頓驅也。

清・王翃《握靈本草》卷三　薄荷蘇産者良。又名雞蘇。　主治：薄荷，辛，溫，無毒。主發汗，清頭目，除風熱，利咽喉、口齒諸病，塞鼻止衄。

清・汪昂《本草備要》卷一　薄荷輕，宣，散風熱。　辛能散，涼能清，《本經》溫，蓋體溫而用涼也。升浮能發汗。搜肝氣而抑肺盛，消散風熱，清利頭目。治頭痛頭風，中風失音，痰嗽口氣，語濇舌胎，含漱。眼耳咽喉口齒諸病，辛香通竅而散風熱。皮膚癮疹，瘰癧瘡疥，驚熱凡小兒治驚藥，俱宜薄荷湯調。骨蒸，破血止痢。能治血痢。血痢病在凝滯，辛能散，涼能清。　虚人不宜多服。能發汗疏表，夏月多服，泄人元氣。　蘇産，氣芳者良。薄荷，猫之酒也；犬，虎之酒也；蜈蚣，鷄之酒也；桑椹，鳩之酒也；茵草，茵亦作莽。魚之酒也，食之皆醉。被猫傷者，薄荷汁塗之。

清・陳士鐸《本草新編》卷三　薄荷　味辛、苦，氣溫，浮而升，陽也。無毒。入肺與包絡二經，亦能入肝、膽。下氣冷脹滿，解風邪鬱結，善引藥入營衛，又能退熱，但散邪而耗氣，與柴胡同有解紛之妙。然世人止知用柴胡，而不知用薄荷者，以其入糕餅之中，輕其非藥中所需也。不知古人用入糕餅中，正取其益肝而平胃，而況薄荷功用又實奇乎。惟前人稱其退骨蒸之熱，解勞乏之困，則未免虚張其辭。余嘗遇人感傷外邪，而又帶氣鬱者，不肯服藥，勸服薄橘茶立效。方用薄荷一錢、茶葉三錢、橘皮一錢，滚茶衝一大碗服。存之，以見薄荷之奇驗也。

或問：薄荷實覺尋常，而子譽之如此，未必其功之果效也？曰：余道薄荷之實耳。薄荷不特善解風邪，尤善解憂鬱。用香附以解鬱，不若用薄荷解鬱之更神[也]。

或問：薄荷解風邪鬱結，古人亦有用之否？昔仲景張夫子曾用之，以解熱入血室之病，又用之以治胸脇脹滿之症，子未知之耳。夫薄荷入肝、膽之經，善解半表半裏之邪，較柴胡更為輕清。木得風則條達，薄荷散風，而性屬風，乃春日之和風也。和風，為木之所喜，故得其氣，而肝中之熱不知其何以消，膽中之氣不知其何以化。世人輕薄荷，而不識其功用，為可慨也。

清・顧靖遠《顧氏醫鏡》卷八　薄荷辛，涼。入心肺肝三經。　解散風熱，為風熱上壅之要藥。通利關節。以其辛香主竄也。清頭目，利咽喉口齒諸病。辛能發

散，涼能清利，專於消風散熱，故主頭痛，頭面風腫，目赤腫痛，咽喉疼，暴瘖，口糜唇腫，齒痛諸病。治瘰癧，兼痧疹瘙癢諸瘡。瘰癧多因氣鬱傷肝，肝火血燥而筋攣所致。兼入肝經氣分，辛香開氣，故能去憤氣，且涼能清利。其治痧疹瘡疥，風氣瘙癢，皆去風清熱之大效也。能理霍亂，可除脹滿。辛香開氣通竅之力。和蜜而擦傷寒舌胎，搗汁而塗猫咬蛇傷。猫食薄荷則醉故也。亦塗蜂螫。病人新瘥勿服，以其能發汗虛表氣也。陰虛人發熱勿服，以汗出則愈竭其津液也。仲淳噙化丸，治陰虛肺熱咳嗽，用之為君，以其與滋陰收斂之劑同用，故有利而無患。

清·李熙和《醫經允中》卷二〇 薄荷 入手太陰、足厥陰二經。龍腦者佳。 辛，溫，無毒。主治中風失音，吐痰發汗，清利頭目，頭腦風，小兒風涎要藥，及皮膚風熱，併口鼻咽喉齒毒，猫咬、蜂螫、蛇傷。輕清而浮，能引諸藥入榮衛，疏結滯之氣。味薄，獨用不能成功。多服令人心氣大虛，虛汗不止，新病瘥者弗用。

清·馮兆張《馮氏錦囊秘錄·雜症痘疹藥性主治合參》卷二 薄荷感春末夏初之氣，得乎火金之味，金勝火劣，故辛多於苦而無毒，辛涼浮而升，陽也。入手太陰、少陰經。形質氣味皆輕浮，走竄上升，故治風熱輕寒鬱火則有功。若內傷表虛、陰虛，當切禁。 薄荷下氣，令脹滿消弭，發汗俾關節通利，清六陽會首，敺諸熱生風。辛能散，涼能清，搜肝氣以抑肺盛，消風熱以清頭目。性喜上升，小兒風涎，驚狂壯熱，尤為要藥。新病瘥者忌服，恐致虛汗亡陽。性輕浮走竄，能洩越真氣，而損心肺耳。

主治痘疹合參： 消風熱，清頭面之腫，引諸藥入榮衛發汗，通利關節。治痘壯熱風癇驚搐者，暫用。久用多用，走洩心氣，耗陰損陽。

清·张璐《本經逢原》卷二 薄荷 辛，平，無毒。蘇產者良。去梗用。發明： 薄荷辛涼，上升入肝、肺二經。辛能發散，專於消風散熱。涼能清利，故治欬嗽失音、頭痛頭風，眼目口齒諸病。利咽喉，去舌苔，小兒驚熱，及瘰癧瘡疥為要藥。其性浮而上升，為藥中春升之令，能開鬱散氣，故逍遙散用之。然所用不過二三分，以其辛香伐氣，多服久服令人虛冷，瘦弱人多服動消渴病，陰虛發熱、欬嗽自汗者勿施。

清·浦士貞《夕庵讀本草快編》卷二 薄荷《唐本草》 《甘泉賦》作茇葀，呂忱作茇苦，皆音之訛也。 薄荷辛涼，氣味俱薄，入手太陰、足厥陰氣分。以其辛能發散，涼能清利，引諸藥入于營衛而通達肌表。故傷寒發汗，風熱癮疹，心腹惡氣，食滯脹滿，頭目諸風，咽喉口齒諸症以及小兒驚熱，瘰癧瘡疥，投之立効，取其疎肝而清肺也。更有衄血不止，捋葉塞之；舌胎語澁，搗汁含之。且猫食則醉，戴原禮用治猫咬，取相制也。陸農師云： 薄荷為猫之酒，犬〔為〕虎之酒，桑椹為鳩之酒，莔草為魚之酒，信夫！

附： 泰西·石鐸琭《本草補》 薄荷 薄荷有兩種，其一葉大而圓，其一葉細而纖，纖者更香。世人以蘇州薄荷為良，然效用之方，世人未盡知也。今人皆種植之矣，必舍園圃而別求川廣哉？ 吐血，絞薄荷自然汁，略加水與醋，和而飲之。當每日常服，其病自除。 耳有膿，取自然汁，略加水與蜜調和，滴入耳中。 頭痛，將薄荷二三枝，包額上并兩旁。 肝病而腰痛，以薄荷二三枚，同石榴子擣爛服之。 婦人乳硬，不得乳流，以薄荷擣爛敷之。 胃弱不能消化，飲食無味，以薄荷包于胃口。 舌澀，用薄荷揉擦。 薄荷能殺蛔蟲。取自然汁，略加好醋調服。 狗咬，取自然汁，略加以鹽，既塗而又服之。 蜈蚣咬傷，擣爛薄荷，略加油與醋以敷之。 薄荷曬乾為末，調酒常服，不患蟲毒矣。

清·王三尊《醫權初編》卷上 論薄荷第二十 疫症本係火毒，非感寒可比，故太陽經禁用麻、桂，改用羌活。然予猶嫌燥烈，莫若蘇、薄荷為最。蓋薄荷辛能發表，香能驅疫，涼能解火，味最尖利，專能開竅，豈不一物四擅其長乎？ 疫症本無外邪，且在春夏，最易得汗，不必藉羌活之燥烈也。然必以柴胡為君，以薄荷為臣，口渴再加葛根，而汗未有不出者。若數帖而汗不出，必有他症閉之，兼理他症，其汗自出。

清·劉漢基《藥性通考》卷五 蘇薄荷 味辛，氣溫。輕清之藥，能散風熱，可昇可降。發汗，搜肝氣而抑肺盛，消散風熱，清利頭目，治頭痛頭風，中風失音，痰嗽，口氣語濇，舌胎含漱，眼、耳、咽喉、口齒諸病。辛香通竅而散風熱，皮膚癮瘮，瘰癧瘡疥，驚熱。凡小兒治驚藥，俱宜用薄荷湯調。骨蒸，破血，止痢。能治血痢，血痢者，凝滯也。薄荷辛能散，涼能清也。虛人不宜多服，能發汗踈表。夏月多服，泄人元氣。蘇產氣芳者良。薄荷者，猫之酒也。犬乃虎之酒也。蜈蚣，鷄之酒也。桑椹，鳩之酒也。莔草者，魚之酒也。食之皆醉。被猫傷者，薄荷汁塗之即愈。

清·姚球《本草經解要》卷四 薄荷 氣溫，味辛，無毒。主賊風傷寒，發汗，惡氣心腹脹滿，霍亂，宿食不消，下氣。煮汁服，亦堪生食。 薄荷氣

溫，稟天春升之木氣，入足厥陰肝經。味辛無毒，得地西方之金味，入手太陰肺經。氣味俱升，陽也。傷寒有五，中風、傷寒、濕溫、熱病、溫病是也。賊風傷寒者，中風也。風傷於衛，所以宜辛溫之味以發汗也。惡氣心腹脹滿，蓋脹之惡氣必從肝而來，薄荷入肝，溫能行，辛能散，則惡氣消而脹滿平也。太陰不治，則揮霍擾亂，薄荷辛潤肺，肺氣調而霍亂愈矣。飲食入胃，散精於肝，肝不散精，則食不消。薄荷入肝辛散，宿食自消也。肺主氣，薄荷味辛潤肺，肺潤則行下降之令，所以又能下氣也。以氣味芳香，故堪生食也。製方：薄荷同漆葉、苦參、何首烏、麻仁、荊芥、生地、蒺藜、蒼朮、菖蒲，治大麻風。專為末蜜丸，治風熱上壅。

清·王子接《得宜本草·中品藥》　薄荷　味辛。入手足厥陰經。主治頭目、咽喉、口齒諸病。得花粉能清上化痰。

清·黃元御《玉楸藥解》卷一　薄荷　味辛，氣涼。入手太陰肺經。發表退熱，善泄皮毛。治傷風頭痛，瘰癧疥癬，癮疹瘙癢。滴鼻止衄，塗敷消瘡。

清·吳儀洛《本草從新》卷一　薄荷〔輕，宣散風熱。〕　辛能散，涼能清，《本經》溫，蓋體溫而用涼也。升浮能發汗。搜肝氣而抑肺盛，疏逆和中，宣滯解鬱，消散風熱，清利頭目。治頭風頭痛，中風失音，痰嗽口氣，語澀舌胎，含漱，或和蜜擦之。眼、耳、咽喉、口齒諸病，香得通竅而散風熱。皮膚癮疹瘡疥，驚熱，小兒治驚藥有用薄荷湯調。骨蒸。消宿食，止血痢，血痢病在凝滯，辛能散，涼能清。通關節，定霍亂，貓咬蛇傷。薄荷，貓之酒也；犬，虎之酒也；蜈蚣，雞之酒也；桑葚，鳩之酒也；莽草，魚之酒也。食之皆醉。被貓傷者，薄荷汁塗之。辛香伐氣，多服損肺傷心，虛者遠之。產蘇州，氣芳香者佳。

清·汪紱《醫林纂要探源》卷二　薄荷　辛，寒。蘇州府儒學前者為貴。補肝瀉肺，上行清頭目之熱風。治頭熱痛，清目利咽，愈牙痛，已熱嗽，和口氣，開聲音，解鬱暑，止煩渴，生津液，凡上部之熱。旁行搜皮膚之濕熱。治斑疹，遊丹瘡疥。中去肝膽之虛熱。肝膽正氣不足，則虛熱生，此定小兒驚悸，且治血之虛熱。下治腸胞之血熱。止血痢，通小便。

清·嚴潔等《得配本草》卷二　薄荷　辛、微苦，微涼。入手太陰、足厥陰經氣分。散風熱，清頭目，利咽喉口齒耳鼻諸病。治心腹惡氣，脹滿霍亂，小兒驚熱，風痰血痢，瘰癧瘡疥，風瘙癮疹。亦治蜂蠆蛇蠍貓傷。薄荷，貓之酒也。配生地、春茶，治腦熱鼻淵。配花粉，治熱痰。配蟬蛻、殭蠶，治風瘙癮疹。配生薑汁，治眼弦赤爛。配白蜜、白糖，化痰利咽膈。入逍遙散，疏肝鬱。搗取自然汁，滴聤耳。搗取自然汁，和薑汁、白蜜，擦舌胎語澀。揉葉塞鼻，止衄血。取汁滴鼻中即止。產蘇州者名龍腦薄荷，方莖中虛，似蘇葉而微長，齒密面皺，其氣芳香，消散風熱，其力尤勝。兼能理血。新病瘥人，服之令虛汗不止。瘦弱人，久服動消渴病。肺虛咳嗽，客寒無熱，陰虛發熱，痘後吐瀉者，皆禁用。

題清·徐大椿《藥性切用》卷三　薄荷葉　性味辛涼，散風熱，清利頭目，搜肝肺，宣滯解鬱。但辛香耗氣，多服損人。蘇產者良。

清·黃宮繡《本草求真》卷三　薄荷芳草一百十七，疏肝氣風及熱內淫。　薄荷耑入肝，兼入肺。氣味辛涼，功耑入肝與肺，故書皆載辛能發散，而於頭痛、頭風發熱惡寒則宜。辛能通氣，而於心腹惡氣痰結則治；涼能清熱，而於咽喉、口齒、眼耳、癮疹、瘡疥、驚熱、骨蒸衄血則妙。是以古方逍遙，用此以為開鬱散氣之具。小兒驚癇，用此以為宣風向導之能。腸風血痢，用此以為疎氣清利之法。辛能散，涼能清。然亦不敢多用，所用不過二三分而止，恐其有泄真元耳。氣虛食之，令人虛汗不止，陰虛火甚食之，令人動消渴病。蘇產氣芳者良，貓傷用汁塗之最妙。陸農師曰：薄荷，貓之酒也。犬，虎之酒也。桑椹，鳩之酒也。茵草，魚之酒也。

清·沈金鰲《要藥分劑》卷一　薄荷　【略】鰲按：風熱上壅，斯為要藥。

清·楊璿《傷寒溫疫條辨》卷六散劑類　薄荷蘇出者佳。　味辛、微苦，升也，陽也。涼散透竅，入肺、肝。清六陽會首，散一切毒風。其氣辛香，通竅發汗，引諸藥入榮衛，開風涎，透利關節，下氣消脹。薄荷煎湯，調服蟬蛻末一錢，治小兒久瘖，天柱骨倒。

清·羅國綱《羅氏會約醫鏡》卷一六草部　薄荷味辛，微苦微涼，入肺經。　辛能散，涼能清，消散風熱。治傷寒頭痛寒熱，升浮能發汗解表。舌胎語濇，含漱或和蜜擦之。療頭風、腦痛、中風失音、皮膚癮疹、咽喉、眼目、口齒諸病，辛能通竅，涼能散風清熱。除脹滿、霍亂、宿食，辛香開氣。療血痢、血痢屬凝滯，辛能散，涼能清。小兒風涎驚癇。凡治驚藥，宜用薄荷湯調。　按：薄荷辛香伐氣，虛弱者勿服。

清・陳修園《神農本草經讀》附録 薄荷 氣味辛，溫，無毒。主賊風傷寒，發汗，惡氣，心腹脹滿，霍亂，宿食不消，下氣。煮汁服，亦堪生食。《唐本草》。

清・趙學敏《本草綱目拾遺》卷三草部上 金鐘薄荷 汪連仕《草藥方》云：即細葉薄荷，山產者根堅硬，以米醋磨敷蜂刺蟲叮蜈蚣咬。

葉：治跌打損傷，腹蟲牙痛，煎湯咽之。王安《采藥方》：金鐘荷葉即薄荷。止吐血、黃疸、跌打、諸般風氣，合濟陰丸。

清・王學權《重慶堂隨筆》卷下 〔王昇〕校：近有薄荷油，亦自舶上來。患風熱頭疼、齦痛者，搽患處亦良。

清・黃凱鈞《藥籠小品》 薄荷 辛涼清散，療風熱而發汗，清頭目，利咽喉，起皮膚癮疹，治傷風失音。表虛勿服。

清・章穆《調疾飲食辯》卷一下 薄荷汁：《綱目》曰：《食性本草》作菝蔄。揚子雲《甘泉賦》作茇葀。呂忱《字林》作茇苦。《千金方》作番荷。番，古鄱字。雖處處皆有，蘇產者特良。藥中非蘇產者勿用。其味甚辛，而性反涼，不惟不助熱，轉能散熱。暑熱症之宜汗解者，時行陰陽二毒，頭痛如劈者，及頭腦風熱，舌胎語謇，入藥、代茶均不可少。又為口齒咽喉聖藥。同甘草煎汁代茶。然性專於散，未免耗氣，不可多飲。《藥性本草》曰：久病新愈，食之令人虛汗不止。瘦弱人久食，發消渴。《外臺》方：凡浴頭面水入耳，致濕癢不已，鮮薄荷汁滴入即愈。無鮮者，用乾藥研末吹之。

清・王龍《本草纂要稿・草部》 薄荷 氣味辛苦而溫。清利六陽之會首，驅除諸熱之風邪。下氣令脹滿消彌，發汗俾關節通利。退骨蒸勞熱，却小兒風邪。引藥入榮衛。入手太陰、足厥陰經。

清・張德裕《本草正義》卷上 薄荷 苦辛，香，涼。氣味俱輕，入肺、心包。用其涼散，清六陽會首，一切毒風傷寒，邪熱頭痛，頭風腦痛，頭目、咽喉、口齒風熱。新瘥忌用，恐其泄汗亡陽。蘇產者佳。

清・楊時泰《本草述鉤元》卷八 薄荷 經冬根不死，二月抽苗，清明分株排種，夏秋采取，曝令乾，先期灌以糞壤，雨後刈收，不爾氣味亦不辛涼也。產蘇、吳者莖小葉細，臭如龍腦，稱龍腦薄荷，種於蘇州府學者真。江右者莖肥，蜀、漢更肥，俱不及吳產。根莖真似紫蘇，但葉不同，薄荷莖燥，紫蘇莖和。

莖葉味辛、微苦，氣微溫，性涼。氣味俱薄，浮而升，陽也。上行之藥，能去高巔及皮膚風熱。能引諸藥入營衛。辛合肺，肺主皮毛，苦合心而從火化，主血脈。手太陰、少陰，兼手足厥陰氣分藥也。主治清六陽會首，敺諸熱生風，療中風，此下焦元陰虛而元陽失守以為病者。失音吐痰，去心經風熱。又治清利頭目咽喉口齒，一切在上及皮膚風熱。又治小兒風涎，驚風壯熱須此引之。並治瘰癧瘡疥，風瘙癮疹。或煎豉湯，或暖酒和飲，或煎茶生食並宜。方書治風頭痛，此上焦陽中陰虛而化風，或陽鬱化風者。眩暈發熱，咳嗽痰飲，癲癇傷燥熱鬱。氣溫性涼，具轉夏為秋，高爽清明之象復。能搜肝氣，又主肺盛有餘，肩背痛及風寒汗出好古。專於消風散熱，風熱上壅，斯為要藥。噙化丸以之為君，主陰虛肺熱咳嗽，加生乾薑，并治風寒咳嗽。川芎丸，消風化痰，利咽清目，治頭痛旋暈，心忪煩熱，頸項緊急，肩背拘倦，肢體煩疼，皮膚瘙癢，腦昏目疼，鼻塞聲重，面上遊風狀如蟲行。川芎、龍腦薄荷葉焙乾各七十五兩、桔梗一百兩、甘草三十五兩爁、防風去苗二十五兩、細辛五兩洗，各為細末，煉蜜搜和，每一兩半，分作五十丸，食後、臨臥用臘茶清細嚼下一丸。瘰癧結核，或破未破，新薄荷二斤取汁，皂莢一挺水浸去皮，搗取汁，合和於銀石器內熬膏，入連翹末五錢，青皮、陳皮連白、黑牽牛半生半炒各一兩，皂莢仁一兩半，同搗和丸梧子大，每服三十丸，連翹湯下。

論：薄荷感杪春初夏之氣，而得乎火金之味，金勝火劣，故辛多於苦。夫由杪春而初夏，正如火始然之候，乃此味得金氣之勝，是為火中金氣，誠如盧復轉夏為秋之説也。本火中金氣以清散風熱，不降折而同降折之功，非從治而有從治之用。第其隨所病而療者，類屬於天氣之陽。《經》云：心肺合而上焦營諸陽。又云：肺貫心脈而行呼吸。又云：二陰腎也至肺，在經絡曰腎脈，支者從肺出絡心，注胸中，胸中即膻中，心主之宮城也。然則茲味不最切於肺與心包乎。海藏故謂手太陰、兼手厥陰藥。其值大火之候，而金氣乃昌者，金固以火為主，即肺貫心脈而行呼吸之義，其金昌於火候而大稟辛涼者，以金能達火之用，即腎從肺出絡心注胸之義，離火中固有水也，惟的為手太陰、厥陰二經藥，故止能散上焦天氣之陽，陽氣之淫者。人身陽為陰使，必陰先為陽守，無守則陽淫而風變眚，風病則鼓焰而上行極。薄荷稟火中之金，其辛散可以紓陽之擁而上，漫事降折，則未能治。其辛涼可以誘陽之依而下，徒事疎散，亦未能效。所謂清利六陽之會首，祛除諸熱之風邪二語，意完而語盡矣。夫祛除諸熱之風邪，非有他道，乃為其能清氣耳。凡下虛而熱壅於上以為病者，皆歸於氣之不清。是以癲癇昏冒，由於心臟真陰不得坎水既濟而無以育神者，神

為氣之主。皆恃此味本陰以紓陽而清之化之。若但執為治風，執為治熱，均未盡其精微也。總之，此味所司者，氣分之清化，如炎歊之候，商飆動而酷熱頓轉，此造化元機，在於退熱之先，而薄荷適有合焉者。或謂是物與荊芥同一辛涼治風，不知薄荷並入手太陰、厥陰，荊芥則獨奏功於足厥陰，緣荊芥辛溫而有涼，薄荷止有辛涼，即其根經冬不死，固知其原稟水氣，特因木氣以達耳。然則海藏亦謂其搜肝氣者，以所治之功，自及於肝，不同荊芥之有專致焉耳。又薄荷在《唐本草》首主賊風、傷寒，而後學多云除風熱，大抵值大火之候而生，以辛溫言者，從火為主之義也。言辛涼者，從金為火用之義也。故用此味，須識火為主，而金為火用，如風寒固致其火之用矣，如風熱亦即以善於達火之用，而真氣畢暢也。潔古云：可以和寒降之味而不損脾。盧不遠云：可以助寒降之味而散其暑毒。二者兼之。

繆氏：病新瘥者，勿服，以其發汗虛表氣也。欬嗽因肺虛寒客者，勿服，以其當補也。陰虛發熱，血虛頭痛，非同補血藥弗用。小兒身熱，由於傷食及疳積者，弗用。痘瘡屬氣虛者，初起亦不可用。

辨治：蘇州者勝，其莖燥，止用葉。

清・鄒澍《本經續疏》卷五 薄荷 【略】吐下則脹滿應減，下氣則宿食應行，即不減不行，亦宜以寬中理氣、消導順降為治，何取於薄荷？不知薄荷之涼，大有似乎豆蔻輩，原能寬中理氣、消導順降者也。特其芳烈外發，不似豆蔻輩內藏，所以重在散發，而治內不專耳。設使惡氣宿食，既已內擾，仍復托根於表，則非薄荷之內解其結，外劚其根，何以使表裏盡除，略無遺患耶？傷寒發汗，自有專劑，又何取於薄荷？不知寒之來係賊風所引，則與凡傷寒異。曰賊風者，冬之南、夏之北、春之西、秋之東風也。曰賊風傷寒，則定是夏令傷北風之寒，其乘虛也甚，其入人也深，非麻黃、桂枝、葛根、青龍調解營衛者所能治。薄荷之辛溫芳烈，足與假蘇、香薷等原能開散風寒者也。況其轉味之涼，又能和中調氣。假使賊風傷寒，雖從外入，內已成窟，則非薄荷之外劚其從，內覆其穴，何以能一舉兩得耶？所以然者，此物產於南，不產於北，莖方赤色，葉相對生，中春而發，秋盡乃萎，原具夏氣之全，足發沍寒之覆，是以於滯氣之外有所連，客感之內有所據者，均能使拔茅連茹，不勞再舉，但驗其根不畏寒，苗不畏暑，則可以得其消息之所在矣。

清・葉桂《本草再新》卷一 薄荷味辛，性寒，無毒。入肝、肺二經。發汗解邪，除煩止渴，去頭風，散邪，故能去風。消目翳，牙癰喉疼，通骨節，殺蟲解癰瘻，瘡疸諸毒。

清・吳其濬《植物名實圖考》卷二五 薄荷 《唐本草》始著錄。或謂即菝蔄、茇葀之訛。中州亦蒔以為蔬。有二種，形狀同而氣味異，俗亦謂之臭薄荷。蓋野生者氣烈近臭，移蒔則氣味薄而清，可噉，亦可入藥也。吳中種之，謂之龍腦薄荷，因地得名，非有異也。肆中以糖煎之為飴，又薄荷醉猫，猫咬以汁塗之。

清・趙其光《本草求原》卷二芳草部 薄荷 《唐本》氣溫，生於杪春，初夏入肝。味辛，無毒，得火氣以生，而俱金味，有轉夏為秋之能，故盧復謂氣溫性涼，搜肝氣，清利肺熱。主賊風傷寒，賊風者，中風也。風為陽而傷衛，寒為陰而傷營。此味辛溫，佐溫散以治風寒，則金為火用。又性涼，佐清解以治風熱，更能達火之化。發汗，與荊芥俱辛溫而涼，能引寒熱諸藥以入營衛，佐寒降解邪而不傷脾，涼本溫也。惡氣、心腹脹滿，惡氣必從肝入，辛溫能散肝。霍亂，肺失清化，則陰陽交亂於胸中，清肺自愈。宿食不消，肝氣達則散精。下氣，肺脈貫心而行呼吸，辛潤肺，涼清心，則金得心陰以舒陽，而肅降自正。煮汁服，芳香理脾，陽虛不耐暑者，合薑、茶煎飲，則寒茶不損脾胃也。亦堪生食。清利頭目諸熱上壅化風，中風者，下焦陰虛，元陽失守，而致風也；頭目風熱者，上焦陰虛，陽無所依，熱化為風，致陽鬱化風也。三者皆陽之為患，清利則陽得陰依而下降。治頭暈痛，眼、耳、咽喉、口、鼻、齒諸病，皆熱淫化風壅寒上竅之症。風癲、風癇、昏冒，心陰無以育神，則熱化風而病癲；下陰虛而熱上壅，則病癇，皆歸於氣不清耳。風痰，風因熱化，痰因風湧。中風失音，痰阻舌木也。膚癢，癮疹，瘡疥，風熱傷營血也。瘰癧，達肝之效。驚熱，心清則驚止，風散則熱除，故治小兒驚風，俱用之煎湯調。血痢，涼清心生血，辛散鬱去滯。虛人勿多服。疏表泄氣故。

蘇產者，良。莖燥，宜用葉。薄荷，貓之酒；蜈蚣，雞之酒；桑椹，鳩之酒。被貓傷者，薄荷汁塗之。

同川芎、冰片、橘、甘、防、辛蜜丸，茶清下，治風壅痰涎，頭目眩痛，項背拘倦，膚癢鼻塞，面上游風如蟲行。入含化丸，以之為君，治陰虛肺熱咳嗽；加生乾薑，治風寒咳嗽。專為末丸，治風熱上壅。同皂莢，取汁熬膏，合連翹，青皮、陳皮、黑丑半生半炒末、皂仁同搗丸，連翹湯下，治瘰癧結核。

清・文晟《新編六書》卷六《藥性摘錄》 薄荷 辛，涼。入肝，兼入肺。治頭痛頭風，發熱惡寒，及心腹惡氣痰結，咽喉、口齒、眼耳癮疹瘡疥，驚熱骨

蒸，衄血，所用不過三、四、五分。○惟氣虛食少，陰虛火盛者，忌之。蘇產，氣芳者良。○貓傷，用汁塗之良。

清·張仁錫《藥性蒙求·草部》 薄荷八分、一錢 薄荷辛涼，清宣頭目。發汗祛風，骨蒸可服。辛能散，涼能清。《本經》云：溫蓋體溫而用涼也。風熱上壅為要藥。得花粉能清上化痰。○蘇州產者為勝。

清·陸以湉《冷廬醫話》卷五 藥品 薄荷氣清輕，而升散最甚，老人病人，均不可多服，台州羅鏡涵體質素健，年逾七旬，偶患感冒無汗，以薄荷數錢，煎湯服之，汗出不止而死。舅氏周愚堂先生楨，患怔忡甫痊，偶啖薄荷糕，即氣喘自汗不得寐，藥中重用參耆乃安。

清·王孟英《隨息居飲食譜·調和類》 薄荷葉 辛、甘、苦，溫。散風熱，清利頭目、咽喉、口齒諸病，和中下氣，消食化痰，開音聲，舒鬱懑，辟穢惡邪氣，療霍亂、癧瘡。釀酒、蒸餻、熬糖、造露均妙。惟虛弱多汗者忌之。鼻衄，薄荷葉塞。 血痢，薄荷葉煎服。 蛇、蜂、貓傷，薄荷絞汁，塗。 汪謝城曰：薄荷多服，耗散真氣，致生百病。余嘗親受其累，不可不知。如浸火酒，拌水烟，人多嗜之，實陰受其害而不覺耳。

清·屠道和《本草匯纂》卷一驅風 薄荷 耑入肝，兼入肺。氣味辛涼，功耑入肝與肺，疏肝氣及風熱內淫。治頭痛頭風，發熱惡寒，心腹惡氣痰結及咽喉、口齒、眼耳不利，癮疹瘰癧，瘡疥驚熱，骨蒸衄血，小兒驚癇，腸風血痢。中風失音，通利關節，心腹脹滿，霍亂，宿食不消，下氣發汗。作菜，令人口氣香潔。煎湯，洗漆瘡。擣汁含漱，去舌苔語澀。小兒風涎為要藥。杵汁服，去心臟風熱。但用不可過多，止二三分。貓傷，用汁塗之最妙。葉塞鼻，止衄血。塗蜂螫蛇傷。

清·劉善述、劉士季《草木便方》卷一草部 薄荷 薄荷辛冷除風熱，眼耳喉牙頭痛滅。痰咳失音去口臭，煎洗舌苔退熱邪。

清·田綿淮《本草省常·菜性類》 薄荷 一名菝蔄。性涼。發汗散風，清頭目、咽喉、口齒諸熱。多食伐肺氣，令人體弱汗多。久食損精神，動消渴病。同鼈食殺人。

清·戴葆元《本草綱目易知錄》卷一草部 薄荷 辛能發散，涼能清利。手太陰、足厥陰經藥。搜肝氣，而抑肺盛，專於消風散熱，利節通關，能去高巔及皮膚風熱，發毒汗而去憤疾。治賊風傷寒，頭痛頭腦風，眼目、咽喉、口齒諸病，及中風失音，小兒風涎，驚狂壯熱，瘰癧瘡疥，風瘙癮疹，心腹脹滿，宿食不消。杵汁服，主心臟風熱。挼葉，塞鼻，止衄血。擣汁，含漱，去舌苔語澁。煎，洗漆瘡。擣，塗蛇傷、蜂螫。瘦弱人久食，動消渴。新病瘥及氣虛人忌。【略】又葆驗方，治舌苔黃燥，津枯口渴，薄荷、桑皮各一錢，烏梅一個，泡汁，墨青布蘸汁揩之，含汁漱口，自退。

清·黃光霽《本草衍句》 薄荷 辛能發散，涼能清利。耑於散熱消風，用以搜肝抑肺。去風熱之在皮膚，引諸藥而入榮衛。頭痛腦風，舌胎語濇。為小兒之痰壅壯熱驚狂，及男子之中風失音口氣，故治瘰癧癮疹疥瘡，并利咽喉口齒目疾。得花粉能清上化痰。 風氣瘙痒，用大薄荷、蟬退等分，為末，每溫酒調下一錢。 衄血不止，薄荷汁滴之。或以乾者水煮，綿裹塞鼻。

清·陳其瑞《本草撮要》卷一 薄荷 味辛，入手足厥陰經，功專治頭目咽喉口齒諸症。得花粉清上化痰。另有雞蘇薄荷，體虛及夏月均宜少服，蘇產者佳。

清·李桂庭《藥性詩解》 賦得薄荷葉宜消風清腫之施。得風字。李慶霖。 薄荷辛而散，明目治頭風。消腫和榮效，清咽解表通。 按：薄荷性溫，味辛苦，入手太陰、手厥陰經。上行之藥也。最清頭目，通利關節，能引諸藥入榮衛，發毒汗，療傷寒頭痛，治中風頭風。夏秋採莖葉，暴乾用。貓食薄荷則醉。

清·吳汝紀《每日食物却病考》卷上 薄荷 味辛、苦，氣涼、溫，無毒。清上化痰，利關節，消風散熱。能上行，故頭痛頭風，眼目、咽喉、口齒諸病，小兒驚熱及瘰癧瘡疥並治之。亦堪生食。大病初愈人勿食，恐發汗不止。貓咬，以汁塗之効，以貓食之即醉也。陸師農曰：薄荷，貓之酒也；犬，虎之酒也；桑椹，鳩之酒也；莔草，魚之酒也。有龍腦薄荷、南薄荷。野生者，味性皆相似。

清·鄭奮揚著，曹炳章注《增訂偽藥條辨》卷二 土薄荷 色淡，無香味。不若蘇州所蒔者佳，莖小氣芳，方堪入藥。故陳士良《食性本草》謂之吳菝蔄。菝蔄，音拔活。可見薄荷當以吳產者為上品。 炳章按：薄荷六七月出新。蘇州學宮內出者，其葉小而茂，梗細短，頭有螺螄蒂，形似龍頭，故名龍腦薄荷，氣清香，味涼沁，為最道地。太倉、常州產者，葉略大，梗亦細，一莖直上，無龍頭形，氣味亦略淡。有頭二刀之分，頭刀力全，葉粗梗長，香氣

濃厚。二刀乃頭刀割去後，留原根抽莖再長，故莖梗亦細，葉亦小，氣味亦略薄，尚佳。杭州莧橋產者，梗紅而粗長，氣濁臭，味辣，甚次。山東產者，梗粗葉少不香，更次。二種皆為側路，不宜入藥。

清・周巖《本草思辨錄》卷二　薄荷　《唐本草》治賊風傷寒發汗，《食性本草》治陰陽毒傷寒頭痛，蘇頌、王好古亦皆謂治風寒，外此諸家則皆謂治風熱，究將何從？考古方多用於風熱，鮮用於風寒。煮汁飲之，則潔古所謂去高巔及皮膚風熱者甚驗。氣味辛涼，而不似荊芥之溫，終當以治風熱為斷。

鄒氏解賊風傷寒，謂夏之賊風乃北風，定是夏令傷北風之寒，此於薄荷之治，亦尚有合。但鄒氏專主此說而於風熱不推及之，且以薄荷根不畏寒，苗不畏暑，為消息之所在，則泥之至矣。惟其根不畏寒，所以苗不畏暑。不畏暑，正辛涼之金氣足以當日。與麻黃所產之地，冬不積雪，可對觀而明。鄒氏又謂薄荷發寒泣之覆，與荊芥、香薷等，試思香薷何物，而可與之等量耶？

薄荷於頭目肌表之風熱鬱而不散者，最能效力。若配合得宜，亦可治上中焦之裏熱。涼膈散、龍腦雞蘇丸，以除胃熱、膽熱、腎熱，可謂用逾其分矣。逍遙散合煨薑，又能變涼風為溫風，而治骨蒸勞熱，彼存膠柱之見者，得毋聞而驚怖耶。

滇南薄荷

清・吳其濬《植物名實圖考》卷二三　滇南薄荷　與中州無異，而莖方亦硬，葉厚短，氣味微淡。《滇本草》謂作菜食，返白髮為黑，與他省不同。又治癰疽、疥癬及漆瘡，有神效云。

大葉薄荷

清・吳其濬《植物名實圖考》卷二五　大葉薄荷　薄荷葉背皆青，江西有一種葉背甚白，呼為大葉薄荷，亦有呼為茵陳者。燒以去瘟，氣辛烈。蓋即江南所謂茵陳者，詳茵陳下。

紫葉草

明・蘭茂《滇南本草》卷上　紫葉草　味辛，無毒。形似薄荷，黃紫葉，無花，破心看之，如燈草，棉軟。採枝葉熬水，洗眼，退內瘴外瘴，一切雲翳，洗之如神。

鳳眼草

明・蘭茂撰，清・管暄校補《滇南本草》卷下　野薄荷：　性微溫，味辛、微苦，麻。上清頭目諸風，止頭痛眩暈，發熱，去風痰，治傷風咳嗽，腦漏，鼻流臭涕，退男女虛癆發熱。

附方：　野薄荷湯，治男婦傷風咳嗽，鼻塞聲重。野薄荷二錢，陳皮二錢，杏仁二錢，去皮尖。引用竹葉十五片，水煎服。　又方：　治腦〔漏〕，鼻流臭涕。野薄荷不拘多少，水煎，點水酒服。

明・蘭茂《滇南本草》〔叢本〕卷下　野薄荷　味辛、苦，性溫，麻。清頭目諸風，止頭疼眩暈，發散風痰，治傷風咳嗽，鼻塞聲重，風咳。單方：　治腦漏鼻淵涕臭，退男婦虛勞發熱，風咳，點水酒服。野薄荷二錢、陳皮二錢、杏仁二錢，竹葉十五個，煨服。

清・趙學敏《本草綱目拾遺》卷三草部上　鳳眼草花上細粉附。　此草苗如薄荷，葉微圓，長五六寸，穀雨後生苗，立夏後枝椏間復生二小葉，節節皆有。至秋後，二小葉中心白色，儼如鳳眼，故名。八九月眼中開花，其花如鬚，長一二寸，紫黃色，亦可入藥。　《百草鏡》：　鳳眼草，芒種後，其枝椏間二小葉，中心各起蕊一粒，如人兩眼，細碎如石胡荽子狀。至小暑後，色轉紅黃，漸抽長如鬚，此草自苗至老，葉皆有淡紅暈。

敏按：　《經驗廣集》：　治小便不通，有皂角湯熏法。方中用鳳眼草，乃臭椿葉別名，與此名同物異。又荔支草亦名鳳眼草，與此亦異。

治一切風痹，活血去風，酒煎服立效。　室女乾血勞：　用鳳眼草連根葉鮮者一兩，加紅花三錢，酒煎服，通經自愈。　四日兩頭瘧：　用鳳眼草煮紅棗，飲汁自愈俱《傳信方》。　婦女經閉不通，發熱勞症：　鳳眼草為末一兩，紅花炒二錢，水三鍾，煎一鍾，入黑糖五錢，空心服三五劑。見血方止《醫學指南》。　遺精白濁：　鳳眼草炒乾，研末五錢，沖熱黃酒服《醫學指南》。

花上細粉：　入癬藥，殺蟲定癢。

斑節相思

清・趙學敏《本草綱目拾遺》卷四草部中　斑節相思　《諸羅志》：　枝葉類薄荷而大，味似艾。　性能解毒。

小葉薄荷

清・吳其濬《植物名實圖考》卷二五　小葉薄荷　生建昌。細莖小葉，

葉如枸杞葉而圓，數葉攢生一處，梢開小黄花如粟。俚醫用以散寒，發表勝於薄荷。

金錢薄荷

明·佚名氏《醫方藥性·草藥便覽》　金錢菠荷　其性涼。退燒，去風，解五心煩熱。

南薄荷

明·蘭茂撰，清·管暄校補《滇南本草》卷上　南薄荷　又名升陽菜。味辛，性溫，無毒。治一切傷寒頭疼，霍亂吐瀉，癰疽疥癩諸瘡等症，其效如神。滇南處處產薄荷，老人作菜食，返白髮為黑，與別省不同。

清·何諫《生草藥性備要》卷下　香花菜　味辛辣，性溫。專散風濕熱，亦治小兒乳咳。

香茶菜

明·朱橚《救荒本草》卷上之後　香茶菜　生田野中。莖方，窊五化切面四楞，葉似薄荷葉微大，抪莖對生，梢頭出穗，開粉紫花，結蒴音朔如蕎麥蒴而微小。葉味苦。　救飢：採葉煠熟，水浸去苦味，淘洗淨，油鹽調食。

獅子草

明·蘭茂原撰，范洪等抄補《滇南本草圖說》卷九　獅子草　其根有九頭，故名九頭獅子草。性溫，味苦、辛，有毒。陰中之陽藥也。主治：風熱積毒，臟腑不合，通十二經絡，散瘡癰，退黄疸，積熱注於血分，肌肉成疥癩瘡疾，或多食牛馬積熱成瘡，或楊梅結毒，一切風熱等症，服之神效。

雞腸菜

元·吴瑞《日用本草》卷七　雞腸菜　白花者是，黄花者名蘩蔞。　味酸、苦，微寒，無毒。　主毒腫，利小便。蠼螋尿瘡，以生挼汁傅之。

明·朱橚《救荒本草》卷上之前　雞腸菜　生南陽府馬鞍山荒野中。苗高二尺許，莖方色紫，其葉對生，葉似菱葉樣而無花叉，又似小灰菜葉形樣，微匾。開粉紅花，結碗子蒴兒。葉味甜。　救飢：採苗葉煠熟，水淘淨，油鹽調食。

清·吴其濬《植物名實圖考》卷四　雞腸草　《別録》下品。李時珍辨別鵝腸、雞腸二物甚晰，但雞腸俗名亦多，今以《救荒本草》雞腸菜圖之。

涼粉草

清·趙學敏《本草綱目拾遺》卷四草部中　仙人凍　一名涼粉草，出廣中。莖葉秀麗，香猶藿檀，以汁和米粉食之止飢。山人種之連畝，當暑售之。《職方典》：仙人草，莖葉秀麗，香似檀藿，夏取其汁和羹，其堅成冰，出惠州府。　療飢澤顏。

清·趙其光《本草求原》卷一山草部　涼粉草　澀，甘，寒。清暑熱，解臟腑結熱毒，治酒風。虛弱人勿服。

薑味草

明·蘭茂原撰，范洪等抄補《滇南本草圖說》卷五　薑味草　細葉硬枝，長七八寸許。氣味大溫，微辛，主治：燥脾經而暖胃，進食，寬中下氣。療九種氣疼，面寒疼痛，胸膈氣脹，肚腹冷痛，嘔吐惡心，噎膈反胃，六聚中滿。寒疝、狐疝、水疝可消。一切五積，服之可愈。

明·蘭茂撰，清·管暄校補《滇南本草》卷下　薑味草　性大溫，微辛，燥。（皮）暖〔脾〕胃，進飲食，寬中下氣，療九種胃氣疼痛，面寒疼，胸膈氣脹，肚腹冷疼，嘔吐惡心，噎膈翻胃，五積六聚，痞塊疼痛，男子寒疝脹疼，婦人癥瘕作痛。

附方：　治胃氣、面寒疼痛。薑味草為末，熱酒服。

補註：　五積痞塊久積，蓋因陰陽不和偏盛，臟腑虛弱，風邪搏之，客邪不受，氣鬱痰結而成；　或瘀血閉滯，留住而成積聚之症矣。

心積曰伏梁，起臍上，大如茶杯，每聚心下，日久不愈，令人胸膈脹滿，寒熱往來，從臍下疼，走上至心下，脹疼一陣，冷汗遍體，令人心煩；　從心下疼，走至臍，令人腹脹，大便急而不下，氣疼一陣，冷汗遍身，手足俱冷。　附心積方：　薑味草三錢，石菖蒲一錢，甘草一錢，厚朴一錢，草豆蔻二錢，共為末，每服一錢，滾水點酒服，為丸亦可。

肝積曰（肝）〔肥〕氣，在左脇下，或方或圓，大如茶杯，或成硬塊，上至胸，下至腰脇，令人乍寒乍熱如瘧狀，疼痛，口吐酸水，腰背把住酸困，難以曲直，自汗，手足冷。　附肝積方：　薑味草三錢，青皮五分，川芎二錢，柴胡根一錢，小茴香二錢，草豆蔻三錢，共為末，滾水點酒服一錢，或為丸。

脾積曰痞氣，痞塊在胃脘，形大如盤，脹硬成疼，吞酸吐酸，倒飽嘈雜，面黄，飲食不進，久不愈，令人大便成瀉，喜飲熱而惡寒冷。　附脾積方：　薑

味草三錢，吳萸二錢，草豆蔻二錢，吳神粬二錢，甘草五分，共為末，滾水點酒服，或為丸。

肺積曰息賁，在右脇下，大如杯，或方塊，或硬，上胸膈成脹疼，寒熱往來，發時令人咳嗽吼喘，或肺癰，右邊腰間把住酸疼。　附肺積方：　薑味草二錢，薑黃二錢，白豆蔻二錢，木香五分，共為末，或為丸，每服一錢，滾水點酒服。

腎積曰奔（啄）〔豚〕，在小肚丹田之位，或形如彈丸，上至臍，或上下不定，或在膀胱，或疝氣疼痛，發時令人疼痛，腰難曲伸，骨痿消瘦，面色焦黃。　附腎積方：　薑味草三錢，益智仁二錢，沉香二錢，荔枝核七個，焙。　共為末，或為丸，每服一錢，滾水點酒服。　又方：　治寒疝疼痛，薑味草單劑，為末，滾水點酒服。

奇方：　治小兒蟲犯，肚腹疼痛，或嘔吐，或瀉。　薑味草五分，點酒服，疼止後，服下蟲散下蟲。

明·蘭茂《滇南本草》〔叢本〕卷中　薑味草　味辛，性大溫、燥。　暖脾胃，進飲食，寬中泄氣，治胃氣疼，面寒疼，胸膈氣脹，肚腹冷疼，嘔吐惡心，噎隔反胃。　五積六聚，痞塊疼痛。　男子寒疝疼，婦人癥瘕作痛。　奇方：　治面寒胃氣疼，薑味草為末，每服一錢，燒酒送下。　奇方：　治五積六聚，痞塊疼痛。　註補：　五積痞塊，蓋因陰陽不和，偏盛，臟腑虛弱，風邪搏之，客邪不受，氣鬱痰結而成。　又或瘀血閉滯，故留住而成積聚之症。　心積曰伏梁，起臍上，大如茶杯，上至心下，久不愈。　令人胸膈腹滿，寒熱往來，從臍上疼，走至心下，脹疼一陣，冷汗遍體，令人心煩；　從下痛，走至臍下，令人肚脹，大便急，下氣疼一陣，冷汗偏體，一身足手（薑）〔僵〕冷。　心積方：　薑味草三錢，石菖蒲一錢，甘草一錢，厚朴一錢，草豆蔻二錢，共為丸，每服一錢，點水酒服。　肝積曰肥氣，在脇或方或圓，大如杯，或成梗硬，上至胸，下至腰脇，令人乍寒乍熱如瘧狀，疼痛，口酸或吐酸水，腰背把注酸困，難以曲身，自汗，手足（薑）〔僵〕冷。　肥氣方：　薑味草三錢，青皮五分，川芎二錢，柴胡片一錢，草豆蔻三錢，小茴一錢，共為丸，滾水點酒服。　肺積曰息賁，在右脇下，大如盤如杯，或方塊，或硬，上胸膈脹，寒熱往來，發時令咳嗽吼喘，或成肺癰，右邊腰脇把注，作酸痛。　息賁方：　薑味草三錢，白豆蔻三錢，木香五分，薑黃一錢，共為丸，滾水點酒服。　腎積曰奔豚，在小肚丹田之位，形如彈子，或上至臍，或上下不定，或在膀胱，或在疝氣，發時疼痛，令人骨軟，消瘦，面色焦黃。　奔豚方：　薑味草三錢，益智仁二錢，沉香二錢，荔枝核五個焙，共細末，為丸，滾水點酒服。　古方：　單劑為末，引點燒酒服。　前治奔豚方，治疝氣亦效。　奇方：　治小兒蟲犯，腹中疼痛，或吐或瀉。　薑味〔草〕五分，每服點酒服，疼止後吃下，蟲散，去蟲。

紫蘇

唐·孫思邈《千金要方》卷二六《食治·菜蔬》　紫蘇　味辛，微溫，無毒。　下氣，除寒中。　其子尤善。

宋·李昉《太平御覽》卷九七七　蘇　《爾雅》曰：　蘇，桂荏也。　《本草經》曰：　芥葅，一名水蘇。　吳氏曰：　假蘇，一名鼠實，一名薑芥也。

宋·唐慎微《證類本草》卷二八菜部中品〔《別錄》〕　蘇　味辛，溫。　主下氣，除寒中，其子尤良。

〔梁·陶弘景《本草經集注》〕云：　葉下紫色而氣甚香。　其無紫色不香似荏者，名野蘇，不堪用。　其子主下氣，與橘皮相宜同療。　今注：　今俗呼爲紫蘇。　〔宋·掌禹錫《嘉祐本草》〕按：　《爾雅》云：　蘇，桂荏，釋曰：　蘇，荏類之草也。　以其味辛類荏，故一名桂荏也。　《藥性論》云：　紫蘇子，無毒，主上氣欬逆，治冷氣及腰脚中濕風結氣。　將子研汁煮粥良，長服令人肥白身香。　和高良薑、橘皮等分，蜜丸，空心下十丸。　下一切宿冷氣及脚濕風。　葉可生食，與一切魚肉作羹，良。　孟詵云：　紫蘇，除寒熱，治冷氣。　日華子云：　紫蘇，補中益氣，治心腹脹滿，止霍亂轉筋，開胃下食并一切冷氣，止脚氣，通大小腸。　子主調中，益五藏，下氣，止霍亂，嘔吐，反胃，補虛勞，肥健人，利大小便，破癥結，消五膈，止嗽，潤心肺，消痰氣。　〔宋·蘇頌《本草圖經》〕曰：　蘇，紫蘇也。　舊不著所出州土，今處處有之。　葉下紫色而氣甚香，夏採莖葉，秋採實。　其莖并葉，通心經，益脾胃，煮飲尤勝，與橘皮相宜，氣方中多用之。　實主上氣欬逆，研汁煮粥尤佳，長食之，令人肥健。　若欲宣通風毒，則單用莖，去節大良。　謹按《爾雅》謂蘇爲桂荏。　蓋以其味辛而形類荏，乃名之。　然而蘇有數種，有水蘇、白蘇、魚蘇、山魚蘇，皆是荏類。　水蘇別條見下。　白蘇方莖，圓葉不紫，亦甚香，實亦入藥。　魚蘇似茵蔯，大葉而香，吳人以煮魚者，一名魚䔿。　生山石間者名山魚蘇，主休息痢，大小溲頻數，乾末，米飲調服之，效。　又蘇主雞瘕。　《本經》不著，南齊褚澄善醫，爲吳郡太守，百姓李道念以公事到郡，澄見謂曰：　汝有重病。　答曰：　舊有冷病，至今五年，衆醫不差。　澄爲診曰：　汝病非冷非熱，當是食白瀹雞子過多所致，令取蘇一升，煮服，仍吐一物如升，涎裹之，能動，開看是雞雛，羽翅、爪距具足，能行走。　澄曰：　此未盡，更服所餘藥，

又吐得如向者雞十三頭，而病都差，當時稱妙。一說乃是用蒜煮服之。

〔宋・唐慎微《證類本草》〕雷公云：凡使，勿用薄荷根莖，真似紫蘇莖，但葉不同。薄荷莖性燥，紫蘇莖和。凡使，刀刮上青薄皮，剉用也。《聖惠方》：治風，順氣，利腸。以紫蘇子一升微炒杵，以生絹袋盛，內於三斗清酒中，浸三宿，少少飲之。又方：治脚氣及風寒濕痹，四肢攣急，脚踵不可踐地。用紫蘇二兩，杵碎，水二升，研取汁，以蘇子汁煮粳米二合，作粥，和葱、豉、椒、薑食之。《外臺秘要》：治夢失精。以子一升，熬杵爲末，酒服方寸匕，日再服。《斗門方》：治失血。紫蘇不限多少，於大鍋內水煎，令乾後去滓，熬膏，以赤豆炒熟杵爲末，調煎爲丸如梧子大。酒下三十丸至五十丸，常服，差。《金匱方》：治食蟹中毒。紫蘇煮汁飲之三升，以子汁飲之亦治。凡蟹未經霜者多毒。《丹房鏡源》：紫蘇油，柔砯金，潤八石。

宋・寇宗奭《本草衍義》卷一九　蘇　此紫蘇也，背面皆紫者佳，其味微辛，甘，能散，其氣香。今人朝暮湯其汁飲，爲無益。醫家以謂芳草致豪貴之疾者，此有一焉。脾胃寒人飲之多洩滑，往往〔人〕不覺。子，治肺氣喘急。

宋・鄭樵《通志》卷七五《昆蟲草木略》　蘇　《爾雅》曰：蘇，桂荏。此紫蘇也，葉實俱良。

宋・劉明之《圖經本草藥性總論》卷下　紫蘇　味辛，溫。主下氣，除寒中。其子尤良。《藥性論》云：紫蘇子無毒。主上氣欬逆，治冷氣，及腰脚中濕風結氣，及脚濕風。日華子云：補中益氣，治心腹脹滿，止霍亂轉筋，開胃下食，并一切冷氣，止脚氣，通大小腸。子，主調中，益五藏，下氣，止霍亂，嘔吐反胃，補虛勞，利大小便，破癥結，消五膈，止嗽潤心肺，消痰氣，健人。

宋・王介《履巉巖本草》卷中　野紫蘇　性溫，無毒。大能和氣消食。治翻胃氣疾，不以多少，曬乾爲末，入香附子少許，每服壹錢至貳錢，沸湯調下。止金瘡出血，療痔疾，煎湯洗之，大有神效。

宋・陳衍《寶慶本草折衷》卷二〇　紫蘇諸蘇在內。○葉及莖續附。○今從《圖經》等加以紫字。　一名蘇，一名桂荏。○艾氏云：一名香蘇。○其魚薦，一名魚蘇。生簡州，及無為軍。今處處種有之。○生於山石間者，名山魚蘇。○並夏採莖葉。○與橘皮相宜。　味辛、甘，平，無毒張松。○主下氣。○日華子云：治心腹脹滿，開胃下食，止脚氣，通大小腸。○《圖經》曰：蘇，葉下紫色，氣甚香，通心經。若欲宣通風毒，則單用莖去節。蘇有數種，水蘇別條見下。白蘇，方莖圓葉，不紫，亦香；魚蘇似茵陳，大葉而香，以煮魚者。山魚蘇，主休息痢。○《金匱方》：治食蟹中毒，紫蘇煮汁飲之，凡蟹未經霜，多毒。○寇氏曰：背面皆紫者佳。今人朝暮湯其汁飲。脾胃寒人，飲之多泄滑。

續說云：艾原甫品節蘇之功用，謂去風濕，除寒熱，治冷氣，止嗽逆，則當是葉；謂止霍亂，轉筋，破瘕癖結氣，治四肢攣急，則當是莖。蓋其摭孟詵、日華子之說，推廣而區別之，真行藥之準的也！

新分紫蘇子汁及粥在內。　所出與紫蘇同。○秋採。　味辛、甘，平，無毒。○主上氣欬逆，治冷氣及腰脚中濕風結氣，研汁煮粥服。和高良薑、橘皮下宿冷氣。分前條《藥性論》。○日華子云：調中，止霍亂，嘔吐，利大小便，破癥結，消五膈，止嗽，潤心肺，消痰氣。○《金匱方》：治食蟹中毒，子汁飲之。○寇氏曰：治肺氣喘急。

續說云：《易簡》及諸要方，皆言惟自種紫蘇，收其子，色紫粒細而香者，可入藥。若野蘇及白蘇、魚蘇等，皆不足取。又艾原甫品節蘇子，即日華子之說也。

元・尚從善《本草元命苞》卷九　紫蘇　味辛，溫。下氣，除寒中，治心腹脹滿，止霍亂轉筋。療脚氣，通大小腸，益脾胃，除寒熱證。消痰止嗽，益氣調中。蘇子補虛勞，下氣，益五臟。療反胃吐食，消五膈止嗽，潤心肺祛痰。舊不載所產，今在處有之。背面紫色，氣甚芬香。夏採莖葉，秋收子實，肥人。

元・吴瑞《日用本草》卷七　蘇　純紫者尤佳。　味辛，溫，無毒。生者同鯖魚鮓食，令人腸中生瘡，成疝氣。吴人用以煮魚。　主補中益氣，治心腹脹滿；開胃下食，止霍亂轉筋，一切冷氣、脚氣，通大小腸。　子：下氣，除寒中，止霍亂、嘔吐，反胃，五膈，止嗽，潤心肺，消痰氣，多服令人洩滑。與橘皮相宜。葉可泡湯。人家常用紫蘇煮汁，能解蟹毒。

明・朱橚《救荒本草》卷下之後　紫蘇　一名桂荏。又有數種：有勺蘇、魚蘇、山蘇。出簡州及無為軍，今處處有之。苗高二尺許，莖方，葉似蘇子葉微小，莖葉背面皆紫色，而氣甚香，開粉紅花，結小蒴，其子狀如黍顆。味辛，性溫。又云味微辛、甘。子無毒。　救飢：採葉煠食，煮飲亦可。子研汁煮粥食之皆好。葉可生食，與魚作羹味佳。　治病：文具《本草》菜部

蘇子條下。

明·朱橚《救荒本草》卷下之後　蘇子苗　人家園圃中多種之。苗高二三尺，莖方，窊五花切面四楞，上有澁毛，葉皆對生，似紫蘇葉而大，開淡紫花，結子比紫蘇子亦大。味微辛，性溫。　救飢：　採嫩葉煠熟，換水淘洗淨，油鹽調食。子可炒食，亦可笮油用。

明·蘭茂《滇南本草》卷下　蘇葉　性溫，味辛，香。入脾肺二經。發汗，解傷風頭疼，定吼喘下氣，寬膨消脹，消痰定喘。蘇子止咳嗽，降痰，定吼喘，下氣，消痰涎。

附蘇子散：　治小兒久咳嗽，喉內痰聲如扯鋸，服藥不效用之，良效。老人咳嗽吼喘者，並效。蘇子一錢，八達杏仁一兩，去皮尖。年老人加白蜜二錢，共為末，大人每服三錢，小兒服一錢，白滾水送下。

明·蘭茂《滇南本草》〔叢本〕卷下　紫蘇葉　蘇子散：　治小兒久咳嗽，喉內有痰聲如扯(據)〔鋸〕，吼喘，服藥不效，用此方良效。老年之人，久咳嗽吼喘者，神效。蘇子一兩，巴豆五錢，去皮炒。杏仁五錢，去尖炒。老年又加白蠟三錢，共為末，大人用三錢，小兒用一錢，白滾水送下。

明·王綸《本草集要》卷五　紫蘇　味辛甘，氣溫。　主下氣，除寒中，解肌發表，治心腹脹滿，開胃下食，止脚氣，通大小腸。煮汁飲之，治蟹毒。○子尤良，主肺氣喘急咳逆，潤心肺，消痰氣，腰脚中濕風結氣，調中下氣，止霍亂，嘔吐反胃，利大小便，破癥結，消五膈。

明·滕弘《神農本經會通》卷五　蘇　紫蘇也。葉無紫色不香。似荏者，名野蘇，不堪用。夏採莖葉，秋採實。　味辛，氣溫，無毒。東云：　下氣散寒。《疌》云：　下氣，能開胃除脹，及消痰，利腸，除蟹毒。　喘嗽治皆良。《本經》云：　下氣，除寒中。孟詵云：　紫蘇，除寒熱，治冷氣。日華子云：　紫蘇，補中益氣，治心腹脹滿，止霍亂轉筋，開胃下食，并一切冷氣，止脚氣，通大小腸。《圖經》云：　其莖并葉，通心經，益脾胃，煮飲尤勝。與橘皮相宜。氣方中多用之。若欲宣通風毒，則單用莖，去節大良。《集》云：　解肌發表。剬云：　紫蘇下氣乃開胃，治脹消痰利大腸。煮汁飲之除蟹毒，若安喘嗽子尤良。即《局方》蘇葉，消痰定喘，寬膨。

蘇子　味辛，氣溫，無毒。東云：　下氣涎。《疌》云：　能治喘嗽。《本經》云：　其子尤良。陶云：　其子主下氣，與橘皮相宜。《藥性論》云：　紫蘇子，無毒。主上氣欬逆，治冷氣，及腰脚中濕風結氣。將子研汁，煮粥良。日華子云：　子，主調中，益五臟，下氣，止霍亂嘔吐反胃，補虛勞，肥健人，利大小便，破癥結，消五膈，止嗽，潤心肺，消痰氣。《圖經》云：　主上氣欬逆，研汁，煮粥尤佳。

明·劉文泰《本草品彙精要》卷三九　紫蘇無毒。附子。　植生。

紫蘇：　主下氣，除寒中。○子，尤良。名醫所錄。　〔名〕桂荏。〔苗〕《圖經》曰：　蘇乃紫蘇也，苗高二三尺，莖方葉圓，葉下紫色而氣甚香。夏採莖、葉，秋採實，俱堪入藥用之。《爾雅》謂蘇爲桂荏，蓋以其味辛而形類荏，乃名之。然蘇有數種，有白蘇、魚蘇、山魚蘇，皆是荏類。白蘇亦是方莖圓葉，不紫，亦甚香，實亦入藥。魚蘇似茵陳，大葉而香，吳人以煮魚故名魚蘇。䕭生山石間者，又名山魚蘇也。陶隱居云：　葉下紫色而氣甚香者，入藥最佳。其無紫色、不香、似荏者，名野蘇，不堪用。　〔地〕《圖經》曰：　舊不著所出州土，今處處有之。〔道地〕吳中者佳。　〔時〕生：　春生苗。採：　夏取莖葉，秋取實。　〔收〕日乾。　〔用〕莖、葉、子。　〔色〕紫。　〔味〕辛。〔性〕溫，散。　〔氣〕氣厚味薄，陽也。　〔臭〕香。　〔主〕解肌發表，開胃下食。　〔製〕去根，剉碎用。　〔治〕療：　《圖經》曰：　莖、葉通心經，益脾胃，煮飯尤勝。單用莖去節，能宣通風毒，雞瘕。《藥性論》云：　子，除上氣，欬逆，冷氣，及腰脚中濕風結氣，研汁煮粥，良。日華子云：　除心腹脹滿，止霍亂轉筋，一切冷氣，脚氣，通大小腸。○子，調中，益五臟，下氣，止霍亂，嘔吐，反胃，利大小便，破癥結，消五膈，止嗽，潤心肺，消痰氣。孟詵云：　除寒熱。《衍義》曰：　子，定肺氣喘急。補：　《圖經》曰：　子，常食之，令人肥健，肥白身香。日華子云：　子，補虛勞。　〔合治〕子合橘皮服，能下氣。○子合高良薑、橘皮等分，蜜丸空心下十丸，治一切宿冷氣及脚濕風。○子一升微炒，杵，以生絹袋盛，內三斗清酒中浸三宿，少少飲之，祛風順氣利腸。○子一升熬杵爲末，合酒服方寸匕，日再服，治夢遺失精。○紫蘇不限多少，於大鍋內水煎令乾，後去滓熬膏，以赤小豆炒熟，杵末，調煎爲丸如梧子大，合酒下三十丸至五十丸，治失血，常服，瘥。○紫蘇二兩杵碎，水二升研取汁，以蘇子汁煮粳米合作粥，和葱、豉、椒、薑食之，治脚氣及風寒濕痹，四肢攣急，脚腫不可踐地者。　〔禁〕紫蘇湯多飲無益。人脾胃寒者，飲之多滑泄。　〔解〕蟹毒。

明・盧和、汪穎《食物本草》卷一菜類　紫蘇　味辛甘，氣溫。主下氣，除寒中，解肌發表，通心經，治心腹脹滿，開胃下食，止脚氣，通大小腸。煮汁飲之，治蟹毒。子尤良，主肺氣喘急欬逆，潤心肺，消痰氣，腰脚中濕風結氣，調中下氣，止霍亂嘔吐反胃，利大小便，破癥結，消五膈。又杵為末，酒調服，治夢洩。有數種，面背皆紫者佳。一種水蘇，主吐血、衄血、血崩、血痢、産後中風，下氣，辟口臭，去毒惡氣，久服通神明，輕身耐老。一名鷄蘇。

明・葉文齡《醫學統旨》卷八　紫蘇　氣溫，味辛、甘。無毒。治感冒風寒，解肌發表，心腹脹滿，霍亂嘔吐；下氣開胃，消痰下食；除脚氣，止咳嗽，通大小腸；煮汁飲之治蠏毒。〇子尤良，主肺氣喘急欬逆，潤心肺，消痰氣，腰脚中濕氣結氣；調中下氣，破癥結，消五膈，利大小便。

明・許希周《藥性粗評》卷二　溫似紫蘇，便回涎而下氣。

紫蘇，荏類之草也。《爾雅》謂之桂荏。春來生苗，叢生，苗似薄荷而大，葉下有紫色，方莖，高可四五尺，六月間開碎花，成穗，秋結子細而黑色，莖葉辛香可愛。江南園圃處處有之，飲食多所資焉。夏採莖葉，秋採實，陰乾。凡使以背面皆紫者佳。與高良薑、橘皮相宜。餘說《本草》不載。　味辛、甘，性溫，無毒。入手太陰肺、陽明大腸、太陽小腸、足太陰脾、陽明胃經。　主治虚癆癥塊，痰涎喘咳，脾胃冷氣，霍亂嘔吐，腰脚風濕，飲食中毒，開胃消食，潤肺止嗽，利大小腸，久服令人肥健。　近世三子養親湯中，以子為主，老人痰氣最宜。

單方：　疏風順氣：　并利大小腸，子一升微炒，杵末，生絹袋盛之，入三斗清酒中，浸三宿後，每日隨意少少飲之，妙。　夢遺失精：　子一升，炒杵為末，酒服方寸匕，日再服，妙。　癥瘕：　食物成積，變為蟲塊者，子一升，煮服其汁，須臾當吐出其物。　蠏毒：　食蠏未經霜者有毒，取葉一束，煮汁飲之，差。

明・鄭寧《藥性要略大全》卷三　紫蘇　下氣散寒。治心腹脹，止霍亂轉筋，開胃下食。併一切冷氣脚氣，通大小腸，止嘔吐反胃，消五膈，止嗽，潤心肺，消痰氣。治腰脚中濕。　味辛，性熱，無毒。莖葉皆可用。其莖降氣尤速。

蘇子　治氣喘逆，潤心肺，消痰下氣涎，調中止霍亂嘔吐，吐血衄血。味辛、甘，性溫，無毒。凡用，炒研入藥。

明・賀岳《醫經大旨》卷一《本草要略》　紫蘇　性熱，能散上膈及在表寒邪，以其性輕浮也。東垣言其下氣者，由其性熱而散，為能散氣故耳。氣虚者不可用。蘇子尤甚，俗醫不分虛實，但見胸滿者多用此劑。慎之！慎之！

明・陳嘉謨《本草蒙筌》卷二　紫蘇　味辛，氣微溫。無毒。各園圃俱栽，葉背面並紫。氣味香竄者甚美，五月端午日採乾。發表解肌，療傷風寒甚捷；開胃下食，治作脹滿易差。脚氣兼除，口臭亦辟。梗下諸氣略緩，體稍虛者用宜。　子研毆痰，降氣定喘。潤心肺，止欬逆，消五膈，破癥堅。利大小二便，卻霍亂嘔吐。

明・方穀《本草纂要》卷一　紫蘇　味甘、辛，性大溫，無毒。入太陽膀胱、陽明胃經，太陰肺經之藥也。蓋風寒暑濕之症，可以發散驅邪；七情九氣之病，可以清氣開鬱。設若痰涎不利，可利氣而豁痰；妊娠不安，可安胎而順氣。又能開中氣，清肺氣，除寒氣，利膈氣，散結氣，化毒氣，乃治氣之聖藥也。抑又論之，蘇之一物有三用焉。且如頭疼、骨痛、肢節不利，發散解表，專於蘇葉之功；寬中利膈，安胎順氣，歸於蘇梗之力；定喘下氣，清痰開鬱，必於蘇子之良。三者所用不同，法當詳之，治有奇驗。

明・寧源《食鑒本草》卷下瓜菜　紫蘇　味辛，溫。解螃蟹、諸魚毒。寬中下氣，開胃化氣。治心腹脹滿，霍亂轉筋，逐風寒暑濕之氣，通大小腸，理脚氣。

明・王文潔《太乙仙製本草藥性大全》卷五《本草精義》　紫蘇　舊不著所出州土，今處處有之。葉下紫色，而氣甚香，夏採莖葉，秋採實。其莖并葉通心經，益脾胃，煮飲尤勝，與橘皮相宜，氣方中多用之。實主上氣欬逆，研汁煮粥尤佳，長食之令人肥健。若欲宣通風毒，則單用莖，去節大良。謹按：《爾雅》謂蘇爲桂荏，蓋以其味辛，而形類荏，乃名之。然而蘇有數種，有水蘇、白蘇、魚蘇、山魚蘇，皆是荏類乃名。別條見下白蘇，方莖圓葉不紫，亦甚香，實亦入藥。似茵陳大葉而香，吳人以煮魚者，一名魚舒。生山石間者名山魚〔蘇〕。

明・王文潔《太乙仙製本草藥性大全》卷五《仙製藥性》　紫蘇　味辛，氣微溫，無毒。　主治：　主寒熱冷氣，治霍亂轉筋。補中更強，益氣尤甚。發表解肌，療傷風寒甚捷；　開胃下食，治作脹滿易差。脚氣兼除，口臭亦辟。梗下諸氣略緩，體稍虛者宜用。子研毆痰，降氣定喘。潤心肺，止欬逆，益五臟以調中；　消五膈，破癥結，補虛勞而肥健。利大小二便，却霍亂嘔

吐。　補註：　失血，紫蘇不限多少，於大鍋内水煎令乾後，去滓熬膏，以赤豆炒熟，杵爲末，調煎爲丸如梧子大，酒下三十丸至五十丸，常服差。○食蟹中毒，紫蘇煮汁，飲之二升，以子汁飲之亦治。凡蟹未經霜者多毒。○脚氣及風寒濕痹，四肢攣急，脚腫不可踐地。用紫蘇二兩，杵碎，水一升，研取汁，以蘇子汁煮粳米二合作粥，和葱、豉、椒、薑食之。○治風，順氣利腸，以紫蘇子一升，微炒，杵以生絹袋盛，内於三斗清酒中浸三宿，少少飲之。○夢失精，以子一升，熬，杵爲末，酒服方寸匕，日再服。○上氣欬逆，冷氣腰脚中濕風結氣，將子研汁，煮粥良，長服令人肥白身香。和高良薑、橘皮等分蜜丸，空心下十丸，下一切宿冷氣及脚濕風。葉可生食，與一切魚肉作羹良。○休息痢，大小溲頻數，乾末米飲調服效。又鷄瘕冷病，衆醫不差，褚澄診曰：汝病非冷非熱，當是食白(禽)〔瀹〕鷄子過多所致。令取蘇一升煮服，吐一物如升，涎裹之，能動，開看是鷄雛，羽、翅、爪、距具足，能行。澄曰：　此未盡。更服所餘藥，又吐得如前者雞十三頭，而病差。一說乃是用蒜煮服之。

明・皇甫嵩《本草發明》卷五　紫蘇味辛，微溫，無毒。　發明曰：　紫蘇辛溫，能散上膈及在表寒邪，以其性輕浮也。故《本草》主下氣，除寒中，療傷寒甚捷。又云：　治腹脹滿，開胃下食，除一切冷氣，止脚氣，通大小腸，兼除口臭。又能解肌發表，正以其性溫而浮散，為能散氣故耳，孕婦子懸及胎氣不順，此能安之。治氣方中多用之。若虛氣人不可用，以其散氣故耳。若欲宣通風毒，單用莖，去節。能制蟹毒。○蘇子，治氣尤良。以其散氣甚捷，故主肺氣喘息，咳逆，潤心肺，消痰氣，腰脚中濕氣結氣，調中下氣，止霍亂嘔吐反胃，利大小便，破癥結，消五膈氣。虛而胸滿者，宜慎用。或糸補劑中，兼用之則可。

明・李時珍《本草綱目》卷一四草部・芳草類　蘇《別録》中品。校正：　自菜部移入此。

【釋名】紫蘇《食療》　赤蘇《肘後方》　桂荏時珍曰：　蘇從穌，音酥，舒暢也。蘇性舒暢，行氣和血，故謂之蘇。曰紫蘇者，以別白蘇也。蘇乃荏類，而味更辛如桂，故《爾雅》謂之桂荏。

【集解】弘景曰：　蘇葉下紫色而氣甚香，其無紫色不香似荏者，名野蘇，不堪用。頌曰：　蘇，紫蘇也。處處有之，以背面皆紫者佳。夏採莖葉，秋採子。有數種，水蘇、魚蘇、山魚蘇皆是荏類，各有別條。時珍曰：　紫蘇、白蘇皆以二三月下種，或宿子在地自生。其莖方，其葉圓而有尖，四圍有鉅齒，肥地者面背皆紫，瘠地者面青背紫，其面背皆白者即白蘇，乃荏也。紫蘇嫩時採葉，和蔬茹之。或鹽及梅鹵作葅食甚香，夏月作熟湯飲之。五六月連根採收，以火煨其根，陰乾則經久葉不落。八月開細紫花，成穗作房，如荊芥穗。九月半枯時收子，子細如芥子而色黃赤，亦可取油如荏油，《務本新書》云：　凡地畔近道可種蘇，以遮六畜，收子打油燃燈甚明，或熬之以油器物。《丹房鏡源》云蘇子油能柔五金八石。《沙州記》云：　乞弗虜之地，不種五穀，惟食蘇子。故王禎云，蘇有遮護之功。又有燈油之用，不可闕也。今有一種花紫蘇，其葉細齒密紐，如剪成之狀，香色莖子並無異者，人稱回回蘇云。斅曰：　薄荷根莖真似紫蘇，但葉不同爾。薄荷莖燥，紫蘇莖和。入藥須以刀刮去青薄皮剉之。

莖葉　【氣味】辛，溫，無毒。李(廷)〔鵬〕飛曰：　不可同鯉魚食，生毒瘡。【主治】下氣，除寒中，其子尤良《別録》。除寒熱，治一切冷氣孟詵。補中益氣，治心腹脹滿，止霍亂轉筋，開胃下食，止脚氣，通大小腸日華。通心經，益脾胃，煮飲尤勝，與橘皮相宜蘇頌。解肌發表，散風寒，行氣寬中，消痰利肺，和血溫中止痛。定喘安胎，解魚蟹毒。治蛇犬傷時珍。以葉生食作羹，殺一切魚肉毒甄權。

【發明】頌曰：　若宣通風毒，則單用莖，去節尤良。時珍曰：　紫蘇，近世要藥也。其味辛，入氣分；其色紫，入血分。故同橘皮、砂仁則行氣安胎；同藿香、烏藥，則溫中止痛；同香附、麻黃，則發汗解肌；同芎藭、當歸則和血散血；同木瓜、厚朴，則散濕解暑，治霍亂、脚氣；同桔梗、枳殼，則利膈寬腸；同杏仁、萊菔子，則消痰定喘也。機曰：　宋仁宗命翰林院定湯飲，奏曰：　紫蘇熟水第一。以其能下胸膈浮氣也。蓋不知其久則泄人真氣焉。宗奭曰：　紫蘇其氣香，其味微辛甘能散。今人朝暮飲紫蘇湯，甚無益。醫家謂芳草致豪貴之疾者，此有一焉。若脾胃寒人，多致滑泄，往往不覺。【正誤】頌曰：　蘇主鷄瘕，《本經》不著，南齊褚澄治李道念食白瀹鷄子成瘕，以蘇煮服，吐出鷄雛而愈也。時珍曰：　按《南齊書》，褚澄所用者蒜也，非蘇也。蓋二字相似，謄録誤耳，蘇氏欠考矣。詳見蒜下。

【附方】舊二，新一十三。　感寒上氣：　蘇葉三兩，橘皮四兩，酒四升，煮一升半，分再服。《肘後方》。　傷寒氣喘：　不止。用赤蘇一把，水三升，煮一升，稍稍飲之。《肘後》。　勞復食復：　欲死者。蘇葉煮汁二升，飲之。亦可入生薑、豆豉同煮飲。《肘後》。　卒啘不止：　香蘇濃煮，頓服三升，良。《千金》。　霍亂脹滿：　未得吐下。用生蘇搗汁飲之，佳。乾蘇煮汁亦可。《肘後方》。　諸失血病：　紫蘇不限多少，入大鍋内，水煎令乾，去滓熬膏，以炒熟赤豆爲末，和丸梧子大。每酒下三五十丸，常服之。《斗門方》。　金瘡出血：　不止。以嫩紫蘇葉、桑葉同搗貼之。《永類鈐方》。　攧撲傷損：　紫蘇搗傅之，瘡口自合。《談埜翁試驗方》。　傷損血出：　不止。以陳紫蘇葉蘸所出血挼爛傅之，血不作膿，且愈後無瘢，甚妙也。《永類鈐方》。　風狗咬傷：　紫蘇葉嚼傅之。《千金方》。　蛇虺傷人：　紫蘇葉搗傅之。《千金方》。　食蟹中毒：　紫蘇煮汁飲二升。

《金匱要略》。　飛絲入目：令人舌上生泡。用紫蘇葉嚼爛，白湯咽之。危氏《得效方》。　乳癰腫痛：紫蘇煎湯頻服，並搗封之。《海上仙方》。　咳逆短氣：紫蘇莖葉二錢，人參一錢，水一鍾，煎服。《普濟》。

子　【氣味】辛，温，無毒。　【主治】下氣，除寒温中《別録》。治上氣咳逆，冷氣及腰脚中濕氣，風結氣。研汁煮粥長食，令人肥白身香甄權。調中，益五臟，止霍亂嘔吐反胃，補虛勞，肥健人，利大小便，破癥結，消五膈，消痰止嗽，潤心肺日華。治肺氣喘急宗奭。治風順氣，利膈寬腸，解魚蟹毒時珍。

【發明】弘景曰：蘇子下氣，與橘皮相宜。時珍曰：蘇子與葉同功。發散風氣宜用葉，清利上下則宜用子也。

【附方】舊三，新六。　順氣利腸：紫蘇子、麻子仁等分，研爛，水濾取汁，同米煮粥食之。《濟生方》。　治風順氣：利腸寬中。用紫蘇子一升，微炒杵，以生絹袋盛，於三斗清酒中浸三宿，少少飲之。《聖惠》。　一切冷氣：紫蘇子、高良薑、橘皮等分，蜜丸梧桐子大。每服十丸，空心酒下。《藥性論》。　風濕脚氣：方同上。　風寒濕痹：四肢攣急，脚腫不可踐地。用紫蘇子二兩，杵碎，以水三升，研取汁，煮粳米二合，作粥，和葱、椒、薑、豉食之。《聖惠方》。　消渴變水：服此令水從小便出。用紫蘇子炒三兩，蘿蔔子炒三兩，爲末。每服二錢，桑根白皮煎湯服，日三次。《聖濟總録》。　夢中失精：蘇子一升，熬杵研末，酒服方寸匕，日再服。《外臺秘要》。　食蟹中毒：紫蘇子煮汁飲之。《金匱要略》。　上氣咳逆：紫蘇子入水研濾汁，同粳米煮粥食。《簡便方》。

題明・薛己《本草約言》卷一《藥性本草》　紫蘇子　味辛、甘，氣溫，無毒。陽也，降也。下逆氣喘急，有潤肺之能；消痰氣嘔吐，有利腸之妙。炒研入嗽家要藥。○散氣甚捷，氣虛而胸滿者宜慎用，或參補劑兼用可也。

題明・薛己《本草約言》卷二《藥性本草》　紫蘇　味辛、甘，氣溫，無毒。陽也，可升可降，入手太陽、少陰、太陰經。散寒氣于肌表，利結氣于胸腹。氣味輕清，亞于麻黃，不敢用麻黃者，以此代之。雙面紫者為妙。蘇子散氣尤捷，或叅補劑中用之則可。　性熱能散上膈及在表寒邪，以其性輕浮也。東垣言其下氣者，由其性熱而散，為能散氣故耳。氣虛者不可用，以散氣故。蘇子尤甚。俗醫不分虛實，但見胸滿者，多用此劑，慎之。

明・梅得春《藥性會元》卷中　紫蘇　味辛，性溫，無毒。葉下紫色而氣香者佳。　主下氣散寒，消痰定喘，解肌發表，止嗽寬膨，定霍亂嘔吐，除感冒風寒，開胃下食。又治心腹脹滿，欬逆潤心肺，安和胎氣逆逼上心，療風氣上攻頭痛，理腰脚中濕，能解蟹毒膨脹，又散結氣調中，寬喘急，止嗽，利大小便。　子：能下氣，亦治風氣頭痛，炒過用。

明・杜文燮《藥鑒》卷二　紫蘇　氣溫，味辛、甘。氣味俱薄，無毒。升也，陽也。惟其性輕浮，故能散上膈及在表之寒邪。是故發表解肌，療風寒甚捷。開胃下食，治脹滿最良。入獨活、蒼术，兼除脚氣。同石膏、白芷，亦治口臭。根下諸氣略緩，體稍虛者為宜。毆痰降氣，定喘開心，潤肺止咳，消五膈，破癥堅，利大小二便，郤霍亂嘔吐。表虛者禁用。

明・李中立《本草原始》卷六　蘇　紫蘇也，今處處有之。二三月下種，或宿子在地自生。其莖方，其葉團而有尖，四圍有鉅齒。肥地者面背皆紫，瘠地者面青背紫。嫩時采葉和蔬茹之。八月開紫花，成穗作房。九月半枯時收子，子細如芥子而色蒼赤。《本草綱目》曰：蘇從穌，音酥，舒暢也。蘇性舒暢，行氣和血，故謂之蘇。紫言其色也。《肘後方》名赤蘇。蘇乃荏類，而味更辛如桂，故《爾雅》謂之桂荏。　莖、葉：氣味：辛，溫，無毒。　主治：下氣，除寒中，其子尤良。○除寒熱，治一切冷氣。○補中益氣，治心腹脹滿，止霍亂轉筋，開胃下食，止脚氣，通大小腸。○通心經，益脾胃，煮飲尤勝。與橘皮相宜。○解肌發表，散風寒，行氣寬中，消痰利肺，和血溫中，止痛定喘，安胎，解魚蟹毒。治蛇犬傷。○以葉生食、作羹，殺一切魚、肉毒。

子　氣味：辛，溫，無毒。　主治：下氣，除寒溫中。○治上氣欬逆，冷氣及腰腳中濕氣，風結氣，研汁煮粥長食，令人肥白〔身〕香。○調中，益五臟，止霍亂嘔吐反胃，補虛勞，肥健人，利大小便，破癥結，消五膈，消痰止嗽，潤心肺。○治肺氣喘急。○治風順氣，利膈寬腸。解魚蟹毒。

紫蘇，《別錄》中品。**【圖略】**莖方，葉紫色。

李（廷）〔鵬〕飛曰：不可同鯉魚食，生毒瘡。

談埜翁《試驗方》：治攧撲傷損，用紫蘇擣傳之，瘡口自合。

明・張懋辰《本草便》卷二　紫蘇　味辛、甘，氣溫。　主下氣，除寒中，解肌發表，治心腹脹滿，開胃下食，止脚氣，通大小腸。　子尤良，主肺氣喘急欬逆，潤心肺，消痰氣，腰脚中濕風結氣，調中下氣，止霍亂、嘔吐、反胃，利大小便，破癥結，消五膈。

明・吴文炳《藥性全備食物本草》卷一　紫蘇　味辛，氣微溫，無毒。葉下紫色而氣甚香，夏採莖葉，秋採實，其莖并葉通心經，益脾胃，煮飲尤勝。

與橘皮相宜，氣方中多用之。實主氣上逆，研汁煮粥尤佳。長食之令人肥健。若欲宣通風毒則單用莖，去節大良。謹按《爾雅》謂：蘇，謂桂荏，蓋以其味辛而形類荏也。吳人用以煮魚。《名醫錄》云：一人病瘕，衆醫不痊。褚澄診曰：汝病非冷非熱，當是食白（禽）〔瀹〕雞子過多所致，令取蘇一斤煮服，吐一物如升，涎裹之，能動，開看是雞雛，羽翅爪距具足能行。澄曰：此未盡，更服所餘藥，又吐得如前者雞十三頭而病瘥。一說乃是用蒜煮服之。

明・趙南星《上醫本草》卷一　紫蘇　一名赤蘇，又名桂荏

莖葉：辛，溫，無毒。主治：補中益氣，通心經，益脾胃，治心腹脹滿，霍亂轉筋，開胃下食，止脚氣，通大小腸，除寒熱，一切冷氣，解肌發表，散風寒，行氣寬中，消痰利肺，和血溫中，止痛定喘。安胎，煮飲尤勝，與橘皮相宜。下氣，除寒中，其子尤良。以葉生食作羹，殺一切魚蟹肉毒，治蛇犬傷。但氣香而辛甘，能散氣，脾胃寒人多食，恐致滑瀉。

附方　感寒上氣：蘇葉三兩，橘皮四兩，酒四升，煮一升半，分再服。　霍亂脹滿，未得吐下：用生蘇擣汁飲之，佳。乾蘇煮汁亦可。　諸失血病：紫蘇不限多少，入大鍋內，水煎令乾，去滓熬膏，以炒熟赤豆為末，和丸梧子大。每酒下三五十丸，常服之。　癲撲傷損：紫蘇擣傅之，瘡口自合。　傷損血出不止：以陳紫蘇葉蘸所出血，挼爛傅之，血不作膿，且愈後無瘢，甚妙也。

子：與葉同功。　辛，溫，無毒。主治：下氣，除寒溫中，上氣欬逆，冷氣及腰脚中濕氣風結氣。調中，益五臟，止霍亂嘔吐，反胃，補虛勞，肥健人，利大小便，破癥結，消五膈，消痰止嗽，潤心肺。治肺氣喘急，治風順氣，利膈寬腸，解魚蟹毒。研汁煮粥長食，令人肥白身香。

附方　順氣利腸：紫蘇子、麻子仁等分，研爛，水濾取汁，同米煮粥食之。　治風順氣，利腸寬中：用紫蘇子一升，微炒，杵，以生絹袋盛，于三斗清酒中浸三宿，少少飲之。　夢中失精：蘇子一升，熬，杵，研末，酒服方寸匕，日再服。　上氣欬逆：紫蘇子入水研，濾汁，同粳米煮粥食之。

明・趙南星《上醫本草》卷三　紫蘇　一名赤蘇。時珍曰：紫蘇者以別白蘇也。處處有之，以二三月下種，或宿子在地自生，其莖方，其葉團而有尖，四圍有鉅齒，面背皆紫者佳，嫩時采葉，和蔬茹之，或鹽及梅滷作葅食甚香，夏月作熟湯飲之。

莖葉：辛，溫，無毒。主治：補中益氣，通心經，益脾胃，治心腹脹滿，止霍亂轉筋，開胃下食，止脚氣，通大小腸，除寒熱，一切冷氣。解肌發表，散風寒，行氣寬中，消痰利肺，和血，溫中止痛，定喘安胎，煮飲尤勝，與橘皮相宜。下氣，除寒中。以葉生食作羹，殺一切魚蟹肉毒，治蛇犬傷。　但氣香而辛甘，能散氣，脾胃寒人多食，恐致滑瀉。同鯉魚食生毒瘡。

附方　感寒上氣：蘇葉三兩，橘皮四兩，酒四升，煮一升半，分再服。　霍亂脹滿，未得吐下：用生蘇擣汁飲之，佳。乾蘇煮汁亦可。　諸失血病：紫蘇不限多少，入大鍋內，水煎令乾，去滓熬膏，以炒熟赤豆為末，和丸梧子大。每酒下三五十丸，常服之。　攧撲傷損：紫蘇擣傅之，瘡口自合。　傷損血出不止：以陳紫蘇葉蘸所出血，挼爛傅之。血不作膿，且愈後無瘢，甚妙也。

明・李中梓《藥性解》卷二　紫蘇　味甘、辛，性溫，無毒，入肺、脾二經。葉能發汗散表，溫胃和中，除頭痛肢節痛，雙面紫者佳。不敢用麻黃者，以此代之。梗能順氣安胎。子能開鬱下氣，定喘消痰。　按：辛走肺，甘走脾。辛散之劑，下氣最捷，氣虛者少用之。

明・繆希雍《本草經疏》卷九　蘇　味辛，溫。主下氣，除寒中。其子尤良。忌與鯉魚同食，生毒瘡。自菜部移入。

〔疏〕蘇，紫蘇也。得天陽和之氣，故溫。兼地之金味，故辛。辛則善散，溫能通氣，故主下氣，除寒中也。子尤良者，以其善降氣也。入手少陰、太陰，足陽明經。孟詵謂其除寒熱，治一切冷氣。日華子謂其補中益氣，治心腹脹滿，止霍亂轉筋，開胃下食，止脚氣，通大小腸。蘇頌謂其通心經，益脾胃，煮飲尤勝，與橘皮相宜。時珍謂其解肌發表，散風寒，行氣寬中，消痰利肺，和血，溫中，止痛，定喘，安胎，解魚蟹毒。子：味辛，溫，無毒。主下氣，除寒，溫中。甄權用以治上氣咳逆，冷氣，及腰脚中濕氣，風結氣。研汁煮粥常食，令人肥白身香。日華子謂其能止霍亂，嘔吐反胃，消五膈，消痰止嗽，潤心肺。寇宗奭用以治肺氣喘急。皆辛溫能散結而兼潤下之力也。　〔主治參互〕蘇，陽草也，解肌散寒，疏表辟惡之要藥。　入參蘇飲，治表虛人傷風久不愈。　入蘇沈九寶湯，解利傷風寒咳嗽。　《肘後方》治感寒上氣，蘇葉三兩，橘皮四兩，酒四升，煮一升半，分再服。　又

方，治霍亂脹滿，未得吐下。生蘇擣汁飲之佳，乾蘇煮飲亦妙。《金匱要略》療食蟹中毒，紫蘇煮汁，飲二升。《普濟方》治欬逆上氣，蘇莖葉二錢，人參一錢，水一鍾，煎數沸服。《濟生方》順氣利腸，紫蘇子、麻仁等分，研爛，水濾取汁，同米煮粥食之。《聖惠方》治風順氣，利腸寬中，用蘇子一升，微炒，杵，以生絹袋盛，於三斗清酒中浸三宿，少炒食之。《藥性論》治一切冷氣，蘇子、良薑、橘皮，等分，蜜丸梧子大。每服十丸，空心酒下。又用治風濕脚氣。《簡便方》治上氣欬逆，紫蘇子，入水研，濾汁，同粳米煮粥食。【簡誤】蘇葉，其氣芬芳，其味辛，其性溫，純陽之草也。故善發散，解肌出汗。病屬陰虛，因發寒熱，或惡寒及頭痛者，慎毋投之，以病宜斂宜補故也。火升作嘔者，亦不宜服，惟可用子。

明·倪朱謨《本草彙言》卷二　紫蘇　味辛、甘，性溫，無毒。升也，陽也。入手少陰、太陰，足陽明經。李時珍先生曰：紫蘇處處有之，喜生水旁。春二月，以子種，或子著地間，次年自發。莖方葉圓，葉端有尖，邊作鋸齒。肥地者，其葉面背色俱紫；瘠地者，僅背紫而面青。七八月開花紅紫色，成穗作房，結實如芥子，臭香色褐，搗之絞液作油，甚甘美。燃燈極明亮也。若葉面背俱色白者，即荏草，名白蘇也。子不甚香而葉頗辛。若葉面青背白者，即薺薴也。葉上有毛而氣臭。又有魚蘇，即荏草同類，狀似茵陳，葉大而香。吳人用煮魚食。又有雞蘇，名回回蘇，莖葉俱紫，葉邊鋸齒極細密，葉面縱紐如剪絨狀，宛如雞冠，因名雞蘇，即紫蘇之同種而異形者。治療諸疾亦相同也。凡用蘇，五月采葉，七月采莖，九月采實。各取得氣之全。今市中莖葉多霜後采取，此已藁之本，氣味俱失，效不及也。〇夏月取紫蘇嫩葉日乾，和鹽、糖、梅滷作菹食，甚香美，可充茶饌。

紫蘇：《別錄》散寒氣，清肺氣，寬中氣，《產寶》安胎氣，下結氣，方龍潭化痰氣，乃治氣之神藥也。倪九暘稿蓋蘇者疏也，舒暢鬆蘇之謂也。一物有三用焉：如傷風傷寒，頭疼骨痛，惡寒發熱，肢節不利，或脚氣疝氣，邪鬱在表者，蘇葉可以散邪而解表；氣鬱結而中滿痞塞、胸膈不利，或胎氣上逼，腹脇脹痛者，蘇梗可以順氣而寬中；設或上氣喘逆，蘇子可以定喘而下氣；痰火奔迫，蘇子可以降火而清痰。三者所用不同，法當詳之。

茹貞仲先生曰：紫蘇葉味辛入氣分，色紫入血分，氣香入脾胃，性溫去寒瘴，體輕則行陽道，用散則發鬱滯。故同橘皮、砂仁，則行氣溫中；同當歸、川芎，則和血散瘀；同蒼朮、白朮，則健脾散濕；同防風、前胡，則發汗解肌；同荊芥、薄荷、升麻，則升達巔頂之陽；同連翹、木香、黑山梔，則啓拔沉滯之鬱，乃宣通四旁之藥也。但其氣味芳辛而溫，具陽和之性，善發散，解肌出汗爲專功。若屬陰虛，因發寒熱，或惡寒及頭痛者，慎勿投之。以病宜斂宜補故也。火升作嘔作喘者，亦不宜用，惟可用子。如腸滑氣虛者，子亦勿用。

集方：茹氏家抄治傷風傷寒，頭疼骨痛，惡寒發熱，或脚氣疝氣類傷寒者。用紫蘇葉、羌活、前胡、防風、厚朴、乾葛。脚氣加木瓜、山查、玄胡索，疝氣加青皮、木香、小茴香。〇《肘後方》治霍亂脹滿，未得吐下。用生紫蘇搗汁飲之。或乾蘇葉煮汁，冷飲亦可。〇陶仲林《樞要》治中氣不運，胸膈不利，或腹脇脹痛，或胎氣不安。用蘇梗、烏藥、柴胡、白朮、茯苓、陳皮、黃芩、砂仁。〇同前治上氣喘急，痰咳不利。用蘇子、白芥子、杏仁、橘紅、半夏麯、川貝母、白前、茯苓、黃芩、天花粉。元氣虛者，加人參、白朮、麥門冬。〇同前治氣虛發喘。用蘇子合四君子湯。〇同前治陰虛發喘。用蘇子配六味地黃湯，加麥冬、知母。〇《簡便方》治上氣欬逆。用紫蘇子入水研，濾汁，同白米煮粥食。〇《藥性論》治風濕脚氣，并一切冷氣。用紫蘇子、良薑、陳皮，等分，蜜丸梧子大，每服五十丸，空心酒下。〇《濟生方》治大腸風閉，不大便。用紫蘇子、麻子仁各一升，微炒、杵，以生絹袋盛，以白湯絞汁，陸續飲之。

明·應慶《食治廣要》卷三　紫蘇　氣味：辛，溫，無毒。主治：能下胸膈浮氣。若脾胃虛寒人久食，多致損真滑泄。以常用之物，人所不覺，可不慎哉。

明·姚可成《食物本草》卷一九草部·芳草類　紫蘇處處有之，以背面皆紫者佳。夏采莖葉，秋采子。有數種：水蘇，魚蘇，山魚蘇，皆是荏類。〇李時珍曰：紫蘇、白蘇，皆以二三月下種，或宿子在地自生。其莖方，其葉圓而有尖，四圍有鋸齒。肥地者面背皆紫，瘦地者面青背紫。其面背皆白者，即白蘇，乃荏也。紫蘇嫩時采葉和蔬茹之，或鹽及梅滷作菹食，甚香。夏月作熟湯飲之。五六月連根采收，以火煨其根，陰乾，則經冬葉不落。八月開細紫花，成穗作房，如荊芥穗。九月半枯時收子，子細如芥子而色黃赤，亦可取油，如荏油。《務本新書》云：凡地畔近道可種蘇，以遮六畜。收子打油，燃燈甚明，或熬之以油器物。《丹房鏡源》云：蘇子油能柔五金八石。《沙洲記》云：乞弗虜之地，不種五穀，惟食蘇子。故王禎云：蘇有遮護之功，又有燈油之用，不可闕也。今有一種花紫蘇其葉細齒密紐，如剪成之狀，香、色、莖、子竝無異者，人稱回回蘇云。

紫蘇莖葉　味辛，溫，無毒。主下氣，除寒中，其子尤良。除寒熱，治一切冷氣，補中益氣，治心腹脹滿，止霍亂轉筋，開胃下食，止脚氣，通大小腸。通心經，益脾胃，煮飲尤勝，與橘皮相宜。解肌發表，散風寒，行氣寬中，消痰利肺，和血溫中止痛，定喘安胎，解魚蟹毒。治蛇犬傷。以葉生食作羹，殺一切魚肉毒。不可同鯉魚食，生毒瘡。○汪機曰：宋仁宗命翰林院定湯飲，奏曰：紫蘇熟水第一，以其能下胸膈浮氣也。蓋不知其久則泄人真氣焉。○寇宗奭曰：紫蘇，其氣香，其味微辛、甘，能散。今人朝暮飲紫蘇湯，甚無益。醫家謂芳草致豪貴之疾者，此有一焉。若脾胃寒人多致滑泄，往往不覺。

子　味辛，溫，無毒。主下氣，除寒溫中，治上氣欬逆冷氣及腰脚中溼氣風結氣。研汁煮粥長食，令人肥白身香。調中，益五臟，止霍亂嘔吐反胃，補虛勞，肥健人，利大小便，破癥結，消五膈，消痰止嗽，潤心肺，治肺氣喘急，治風順氣，利膈寬腸，解魚蟹毒。

附方：治風狗咬傷。紫蘇葉嚼傅之。　治食蟹中毒。紫蘇煮汁飲二升。　治霍亂脹痛，未得吐下。用生蘇搗汁飲之佳。乾蘇煮汁亦可。　治吐血不止。紫蘇不拘多少，入大鍋內，水煎令乾，去滓熬膏，以炒熟赤豆為末，和丸梧子大，每酒下三五十丸。　治刀瘡出血不止，以嫩蘇葉、桑葉同搗貼之。　治蛇咬人。蘇葉搗汁傅之。　治卒然呃逆不止。濃煮紫蘇汁頓服三盞即止。　治傷寒勞復、食復欲死者。蘇葉同生薑、豆豉煮汁飲之。　治奶癰。紫蘇煎湯頻服，并搗封之。　治夢中遺精。蘇子一升炒研末，酒服方寸匕，日再服。　治筋寒症，此症因風寒溼氣入於經絡，致四肢攣急，脚腫不可踐地。用蘇子二兩杵碎，以水三升，研取汁，以粳米二合，入汁作粥煮食妙。　治食蟹中毒。紫蘇子煮汁飲之。　治消渴。蘇子、蘿蔔子各炒三兩為末，日服二錢。

明・顧逢柏《分部本草妙用》卷四肺部・溫瀉　紫〔蘇〕　辛溫，無毒。同鯉食生毒瘡。　主治：下氣除寒，霍亂轉筋，通大小腸，解肌發表，散風寒。消痰利肺定喘，安胎。殺魚肉毒。發散宜葉，行氣宜莖。　按：紫蘇辛入氣分，紫入血分，佐之以陳皮、砂仁，則安胎行氣。佐之以藿香、烏藥，則止痛溫中。同紫葛、麻黃，則發汗而解肌。同芎藭、當歸，則和血而散血。木瓜、厚朴同劑，則散濕解暑。兼桔梗、枳殼，可利膈而寬胸。兼半夏、杏仁，可消痰而定喘。但久服泄真，中病而已。○蘇子，主痰嗽喘急，止吐下血，利二便，破癥瘕，潤肺止嗽妙藥。比莖葉則不發散，比陳皮更不泄氣，理氣而不傷氣者，氣分中處處宜之。

明・朱國禎《湧幢小品》卷二五　〔予患〕膈病，上下如分兩截，中痛甚，不能支。余友繆仲醇至，用蘇子五錢即止。

明・黃承昊《折肱漫録》卷三　凡汗症人，桔梗、薄荷亦不宜輕服。紫蘇，人忽視之，其發散更甚，鮮者其力尤猛，非真有感冒不可混食。《本草發明》云：若下元虛，及怒氣上升，不可服桔梗、升麻。

明・李中梓《醫宗必讀・本草徵要上》　紫蘇味辛，溫，無毒。入肺經。溫中達表，解散風寒。梗能下氣安胎，子可消痰定喘。俗喜其芳香，旦暮資食，不知泄真元之氣。古稱芳草致豪貴之疾，紫蘇有焉。按：氣虛表虛者禁用葉，腸滑氣虛者禁用子，慎之！

明・鄭二陽《仁壽堂藥鏡》卷四　紫蘇　雙面紫者佳。味辛，性溫，無毒。入肺經。忌鯉魚。隱居曰：下氣，除寒。大明曰：脹滿霍亂轉筋，開胃，止脚氣，通大小腸。甄權曰：殺魚肉毒。宗奭曰：今人朝暮食紫蘇，所謂芳草致豪貴之疾者，此也。脾胃寒人多致滑泄。汪機曰：久服泄真氣。時珍曰：發表寬中，消痰利肺，和血止痛，定喘，安胎。大明曰：蘇子主痰嗽喘急，止吐下氣，利二便，破癥結。按：紫蘇發散宜葉，行氣宜梗，微有辨別，不得溷。《金匱方》：治食蟹中毒，紫蘇煮汁飲之。解熱鬱之口臭。

明・蔣儀《藥鏡》卷一溫部　紫蘇　葉可踈風，專治四時感冒。梗偏下氣，尤除五內虛膨。化食清痰，安胎開胃。欲溫中止痛，則藿香、烏藥以先鋒。欲濕散暑清，則厚朴、木瓜為行伍。得獨活與蒼朮，而脚氣兼除。同白芷與石膏，而口臭并息。發表則麻黃可比，而氣虛弱症宜避用也。其子潤肺滋心，故能寧靜欬逆，疏利濃痰。

明・李中梓《頤生微論》卷三　紫蘇　味辛，性溫，無毒。入肺經。忌鯉魚。雙面紫者佳。開胃下氣，溫中達表，通大小腸，殺魚肉毒。梗主下氣安胎。子可潤腸定喘。　按：紫蘇本散風之劑，俗喜其芳香，旦暮資食，不知泄真元之氣，所謂芳草致豪貴之疾者是也。氣虛、表虛者禁用葉，腸潤、肺虛者禁用子。

明·張景岳《景岳全書》卷四八《本草正》 紫蘇 味辛，氣溫。氣味香竄者佳。用此者，用其溫散。解肌發汗，祛風寒甚捷。開胃下食，治脹滿亦佳。順氣宜用，口臭亦辟，除霍亂轉筋，祛脚氣，通大小腸，消痰利肺，止痛溫中，安胎定喘，解魚蟹毒，治蛇犬傷。或作羹，或生食俱可。

梗：能順氣，其性緩，體虛者可用。

子：性潤而降，能潤大便，消痰喘，除五膈，定霍亂，順氣滯。

明·賈九如《藥品化義》卷一氣藥 蘇梗 屬陽，體乾而虛，色青，氣和，味甘微辛，性微溫，能升能降，力順諸氣，性氣與味俱薄，入脾胃肺三經。蘇梗體質中通，通可去滯，能使鬱滯上下宣行，凡順氣諸品，惟此純良。其性微溫，比枳殼尤緩，病之虛者，寬胸利膈疏氣而不迅下。入安胎飲，順氣養陰。入消脹湯，散虛腫滿。 紫蘇葉、梗、子，各分功用，古來混列，今特另載。

明·賈九如《藥品化義》卷一風藥 紫蘇葉 屬純陽，體輕，色紫，氣香，味辛，性溫而銳，能升能降，力發表，性氣與味俱薄，入肺膀胱大小腸四經。 紫蘇葉，葉屬陽，為發生之物，辛溫能散，氣薄能通，味發洩，專解肌發表，療傷風傷寒，及瘧疾初起，外感霍亂濕熱，脚氣。凡屬表症，放邪氣出路之要藥也。丹溪治春分後濕熱病，頭痛身熱脊強，目痛鼻乾口渴，每以此同葛根白芷入六神通解散，助其威風，發汗解肌，其病如掃。取其辛香以治抑鬱之氣停滯胸膈，入分心氣飲，開心胸鬱熱，神妙。如寒滯腹痛，火滯痢疾，濕滯泄瀉，少佐二三分，從內略為疏表解肌，最為妥當。參蘇飲治虛人感冒風寒，方中一補一散，古人良有深意。如不遵其意，減去人參，或服之不應，或邪未散而正氣先虛。須知用藥得法，全在君臣佐使之間。此獨制魚蝦螃蟹之毒，如過傷其味者解之。 取葉用兩面葉色紫者佳，梗另載。

明·賈九如《藥品化義》卷八腎藥 蘇子 屬陽，體細而銳，色黑，氣炒研微香，味微辛，性溫，能降，力利膈痰，性氣與味俱略厚，入肺經。 蘇子子主降，味辛氣香主散，降而且散，故專利鬱痰。咳逆則氣升，喘急則肺脹，以此下氣定喘；膈熱則痰壅，痰結則悶痛，以此豁痰散結。《經》云膻中為上氣海，如氣鬱不舒，及風寒客犯肺經，久遏不散，則邪氣與真氣相持，致飲食不進，痰嗽發熱，似弱非弱，以此清氣開鬱，大有神效。 揀淨略炒研用，不宜隔宿。野蘇子不香者少用。

明·施永圖《本草醫旨·食物類》卷二 紫蘇 味：辛，甘，氣溫。主下氣，除寒中，解寒發表，通心經，治心腹脹滿，開胃下便，止脚氣，通大小腸。煮汁飲之，治蟹毒。 子：尤良。主肺氣喘急，欬逆，潤心肺，消痰氣，腰脚中濕風結氣，調中下氣，止霍亂嘔吐反胃，利大小便，破癥結，消五膈。又杵為末，酒調服。 有幾種，面背皆紫者佳，主夢洩。一種水蘇，主吐血，衄血，血崩，血痢，產後中風，下氣，辟口臭，去毒惡氣，久服通神明，輕身耐老，一名雞蘇。

明·李中梓《本草通玄》卷上 紫蘇 辛，溫，肺家藥也。 葉可發散風寒，梗能行氣安胎，子可消痰定喘，解魚蟹毒，治蛇犬傷。 按：紫蘇以辛散為功，久服泄人真氣，世俗喜其芳香，愛其達氣，或為小蔬，或作蜜餞，朝暮用之，甚無益也。古人謂：芳草致豪貴之疾，蓋指此耳。

清·顧元交《本草彙箋》卷二 紫蘓 蘓，陽草也。葉、梗、子各分功用。葉主發生，辛溫主散，氣薄主通，味薄發泄，專解肌發表，療傷風傷寒，及瘧之初起，外感霍亂，溫熱脚氣。凡屬表症，放邪氣出路之要藥也。丹溪治春分後溫熱病，頭疼身熱，脊強目痛，鼻乾口渴，以此同葛根、白芷，入六神通解散，發汗解肌，取其辛香，以治抑鬱之氣停滯胸膈。入心氣飲，開胸解鬱。如寒滯腹痛，火滯痢疾，濕滯泄瀉，少佐二三分，從中略爲疏解，以開其滯。乃若虛人感冒風寒，用參蘓飲，一補一散，如減去人參，或服之不應，或邪氣未散，而正氣先虛。所以用藥之法，全在佐使得宜。

蘓子，亦氣藥也。氣藥而以之治痰，蓋氣結即痰結耳。子，主降，味辛氣香，主散，故專利鬱痰。咳逆則氣升，喘急則肺脹，以此下氣定喘。膈熱則痰壅，痰結則悶痛，以此豁痰散結。《經》云：膻中爲上氣海，如氣鬱不舒，及風寒客犯肺經，久遏不散，則邪氣與正氣相持，致飲食不通。痰嗽發熱，似弱非弱，故必用蘓子以開通鬱氣。 蘓梗，體質中通，通主去滯，能使鬱滯上下宣通。凡順氣諸品，唯此純良。其性微溫，比枳殼爲緩，故病之虛者，寬胸利膈，疏氣而不迅下。 蘓葉，背面皆紫，而氣甚香。一面紫者，爲野蘓，不堪用。蘓有舒暢之義。 蘓子，揀淨，略炒，研用。不宜隔宿。野蘓子，不香者，少效。 蘓梗，宜去節用。

紫蘓終是散氣之品，今人朝暮常食，甚無益。醫家謂芳草，致豪貴之疾者，此其一焉。脾胃虛人，多致滑泄，往往不覺。 蘓子油能柔五金八石，其

爲銷爍之物可知。　周慎齋云：　白芥子治結痰，蘿蔔子下結血，紫蘓子下結氣。　中魚蟹毒者，紫蘓子煮汁飲之。　用葉亦可。　安胎飲用蘓莖，取其順氣以養陰也。不宜用葉。

清・穆石匏《本草洞詮》卷八　紫蘇葉、子

蘇，舒暢也。蘇性舒暢，故謂之蘇。氣味辛溫，無毒。主解肌發表，散風寒，行氣寬中，消痰利肺，和血止痛，定喘安胎，解魚蟹毒，治蛇犬傷。其味辛入氣分，其色紫入血分。同橘皮、砂仁則行氣安胎，同藿香、烏藥則溫中止痛，同香附、麻黄則發汗解肌，同芎藭、當歸則和血散血，同木瓜、厚朴則散濕解暑，治霍亂脚氣，同桔梗、枳殼，則利膈寬腸，同杏仁、萊菔子則消痰定喘。宋仁宗命翰林院定湯飲，奏曰：　紫蘇第一，以其能下胸膈浮氣也。然不知久則泄人真氣。今人飲紫蘇湯甚無益，所謂芳草致豪貴之疾者，此其一焉。若脾胃寒人，多致滑泄。紫蘇子治風順氣，寬腸解毒，與葉同功。發散風氣宜用葉，清利腸胃宜用子。

清・丁其譽《壽世秘典》卷三　紫蘇蘇有二種，曰紫蘇者，以別白蘇也。肥地者面背皆紫，瘠地者面青背紫。其面背皆白者，即白蘇，乃荏也。紫蘇嫩時，采葉和蔬茹之，或鹽及梅滷作葅食，甚香。夏采莖葉，秋采子，以背面皆紫者佳。又有一種，似蘇而好生水旁，名水蘇，其葉辛香，可以煮鷄，有香蘇、鷄蘇諸名。《務本新書》云：　凡地畔、近道可種蘇，以遮六畜，收子打油，燃燈甚明，或熬之以油器物。

氣味：　辛，溫，無毒。治心腹脹滿，止霍亂轉筋，開胃下食，解肌發表，散風寒，行氣寬中，消痰利肺，和血溫中，止痛定喘，安胎，解魚、蟹毒，治蛇、犬傷。

蘇子：　調中順氣，利膈寬腸，消痰止嗽，治肺氣喘急。

發明李(廷)〔鵬〕飛曰：　紫蘇不可同鯉魚食，生毒瘡。《頤生微論》云：　紫蘇本散風之劑，俗喜其芬香，旦暮恣食，不知泄真元之氣，所謂芳草致豪貴之疾者，是也。氣虛、表虛者禁用葉，腸潤肺虛者，禁用子。

清・劉雲密《本草述》卷八下　蘇　蘇頌曰：　蘇，紫蘇也。處處有之。以背面皆紫者佳。夏采莖葉，秋采子。有數種，水蘇、魚蘇、山魚蘇，皆是荏類。　時珍曰：　紫蘇、白蘇，皆以二三月下種，或宿子在地自生，其莖方，其葉團而有尖，四圍有鋸齒。肥地者面背皆紫，瘠地者面青背紫。其面背皆白者，即白蘇，乃荏也。五六月連根采收，以火煨其根，陰乾，則莖久葉不落。八月開細紫花，成穗作房，如荊芥穗，九月半枯時收子，子細如芥子，而色黄赤。

莖葉：　氣味：　辛，溫，無毒。　宗奭曰：　紫蘇，其氣香，其味微辛甘，能散。

諸本草主治：　溫中達表，行氣和血，通心經，益脾胃，利肺開胃，下氣消痰定喘，安胎，治心腹脹滿，止霍亂轉筋，通大小腸，療脚氣。　方書主治：　脚氣，氣咳嗽，水腫脹滿喘，中風，瘧，霍亂，脇痛，消癉，大便不通，痔，傷暑，傷飲食，發熱鬱積聚痰飲，鼻衄，痛痺，眩暈狂虛煩驚，小便不通，疝，耳蟲毒。此以各證用之，多寡為次第也。　愚閲方書，紫蘇之主治諸證者，在脚氣最多，正可明於金為火用之義。蓋凡病於氣之脹壅者，雖所因不一，然無不病於氣之不能歸元也。茲味之首治脚氣，正氣得歸元之義。何以故？緣人身之陰本於下，其升而至上極也，實由陰中之陽引之，人身之陽暢於上，其降而至下極也，實由陽中之陰引之。此紫蘇雖曰主用於氣之陽，而不知其金為火用者，正陽中之陰，能使氣化，氣得化，則自得歸元，此脚氣證多用之微義也。再即脚氣證，有脚氣衝心，又上氣喘急之治，則其義益明矣。

頌曰：　若宣通風毒，則單用莖，去節，尤良。　時珍曰：　紫蘇，近世要藥也。其味辛，入氣分。其色紫，入血分。故同橘皮、砂仁則行氣安胎，同藿香、烏藥則溫中止痛，同香附、麻黄則發汗解肌，同芎藭、當歸則和血散血，同木瓜、厚朴則散溼解暑，治霍亂脚氣，同桔梗、枳殼則利膈寬腸，同杏仁、萊菔子則消痰定喘也。　之頤曰：　詳其色香氣味，體性生成，致新推陳之宣劑輕劑也。故主氣下者可使之宣發，氣上者可使之宣攝。葉則偏於宣散，莖則偏於宣通，子則兼而有之，但性稍緩。　《類明》曰：　紫蘇能除一切冷氣。若下氣則須用梗，其葉未免有升發之義，其子下氣之功尤良。　希雍曰：　紫蘇得天陽和之氣，故溫。兼地之金味，故辛。辛則善散，溫能通氣。入手少陰、太陰、足陽明經。

附方　感寒上氣，蘇葉三兩，橘皮四兩，酒四升，煮一升半，分再服。　霍亂脹滿，未得吐下，生蘇搗汁飲之，佳。乾蘇煮飲亦妙。　欬逆短氣，蘇莖葉二錢，人參一錢，水一鍾，煎數沸服。

愚按：　紫蘇莖葉，始嘗味辛，後有甘，然辛勝而甘劣也。以二三月下種，至五六月便采其葉，其華尚未吐也。吐華乃在孟秋，而采子更於秋季，則

豈非取莖葉之用者，與子之為用有異乎？夫當大火之時，而葉之味辛，是火中之金也。乃即於火令采之，又豈非全火之用金，而不致金用火乎？蓋金為火用則氣化，以火原出水中，而金固為水母，陽不得陰不化也。火為金用，則血化，以血原於水而成於火，陰不得陽，不化也。故紫蘇之味辛，粗者以為逐風寒，溫中而已，不知其宣大火力，乃為火之用者也。故其色赤入心，心火固氣之靈也。其味辛入肺，肺金固氣之主也。金火合德，其氣故和以溫，是心肺合而營諸陽也。若然，則自歸於胃，所謂辛後有甘者是，夫脾胃固氣升降之樞也。然則各本草謂其通心經，利肺氣，益脾胃，義皆不妄。而之頤所云下者宣發，上者宣攝，其說亦微中矣。或曰：醫之用紫蘇者，多取其宣發，而茲更有取其宣攝者於義云何？曰：手太陰為陽中之少陰，陽不得陰則氣不化，金為火，用則氣化，氣化則極其宣發，此易知也。唯陰為陽之守，陽無陰則火僭而上，而氣亦不得宣。金為火用，則宣中有攝。攝者，亦所以成宣，此之頤統謂之宣劑也。抑陽中有陰，何以見之？曰：試觀其宣氣，而即能和血，則可知矣。蓋心為火主，氣固火之靈而心乃主血，先哲謂肺氣下降入心而生血者，是非金為火用之證歟。但紫蘇火能用乎金者也，故其所主在氣耳。若水蘇則異於是矣。夫氣之為用，上際下蟠，無處不宣，然後天之氣，總不越於心肺胃以生化，如茲味通心利肺益胃，則上中下胥賴之矣。中焦之病於霍亂，上焦之病於胸膈不寬，下焦大小腸之不通，脚氣之壅閼，若施治而主輔得宜，又何宣發宣攝之不奏功乎哉？抑用之者，輒以為風寒的劑，然歟否歟？曰：外而六淫之著滯，可藉此宣而驅之。內而七情之鬱抑，亦可藉此宣而開之。寧謂其不然，但就治風寒一證，諸劑多從各經所受，自表而敺之。若蘇葉則不徒散表，而兼和中，時賢言其溫中而達表者，誠是。然則雖療風寒，而漫以療風寒，盡其用也，其可乎哉？

子：主治：潤心肺，調中下氣，消痰開結，治肺氣喘急，止霍亂嘔吐，反胃，消五膈，利大小便，下一切逆冷氣，及腰脚中溼氣，風結氣。弘景曰：蘇子下氣，與橘皮相宜。時珍曰：蘇子與葉同功。發散風氣宜用葉，清利上下則宜用子也。

愚按：每言蘇子下氣之功勝於葉者，為其於八月始華，乃成穗作房，得金氣之厚而善降也。然花亦紫，子亦黃赤，猶不離於火之體，以致其火之用者也。如《內經》所謂毛脈合精，行氣於府之義，故雖金勝，而還以氣化為主也。時珍謂其能清利上下，及各本草所列諸治效，或不謬矣。蓋葉、莖、子俱能和氣，但葉則和而散，莖則和而通，子乃和而降，用者其細審之。

附方　治風順氣利腸，以紫蘇子一升，微炒，杵，以生絹袋盛，內於三斗清酒中，浸三宿，少少飲之。　一切冷氣，腰脚中溼氣，風結氣，紫蘇子和高良薑、橘皮等分，蜜丸梧子大，空心酒下十丸。　休息痢、大小溲頻數，乾末，米飲調服效。

希雍曰：蘇葉，其氣芬芳，其味辛，其性溫，純陽之草也。故善發散，解肌出汗。病屬陰虛，因發寒熱，或惡寒及頭痛者，慎毋投之，以病宜斂宜補故也。火升作嘔者，亦不宜服，惟可用子。　中梓曰：氣虛、表虛者禁用葉。腸潤、肺虛者禁用子。

修治　葉用兩面俱紫，采用如時珍前法。　子自收方真，市者多偽。略炒，研極細，煎成藥，投入二三沸即傾。

清・郭章宜《本草匯》卷一〇　紫蘇　味辛，氣溫，陽也，可升可降，入手太陽、少陰、太陰、足陽明經。散風寒于肌表，利結氣于胸腹。通心益脾胃，利肺除寒中。氣喘卒啘不止，濃煎常飲。霍亂轉筋脹滿，擣汁咀良。安胎順氣，解魚蟹毒。

按：紫蘇以辛散為功，能下胸膈浮氣，為裏之表藥也。味辛而入氣分，色紫而入血分，故同橘皮、砂仁，則行氣安胎。同藿香、烏藥，則溫中止痛。同香附、麻黃，則發汗解肌。同芎藭、當歸，則和血散。同木瓜、厚朴，則散濕解暑，治霍亂脚氣。同桔梗、枳殼，則利膈寬腸。同杏仁、萊菔子，則消痰定喘。久服亦泄人真氣焉。古人謂芳草致豪貴之疾，蓋指此耳。世俗愛其芳香達氣，或湯或餞，朝暮用之，甚無益也。　病屬氣虛、表虛、陰虛，因發寒熱，或惡寒及頭痛者，慎毋投之，以病宜斂宜補也。火升作嘔者，惟可用子。

不可同鯉魚食，生毒瘡。　梗下諸氣略緩，體稍虛者宜用。薄荷莖燥，紫蘇莖和。

蘇子　味辛，氣溫，陽也，降也。下逆氣喘急，有潤肺之能。消痰氣嘔吐，有利腸之妙。溫中散寒，止嗽消渴。

按：蘇子散氣甚捷，最能清理上下諸氣，定喘消痰有功，併能通利二便，除風寒濕痺。若氣虛而胸滿者，不可用也。或同補劑兼施亦可。腸滑氣

虛者切忌。方書誰不云蘇子降氣，獨劉氏以為未然者，為其能刼氣之標，不能制氣之本。蓋肺主氣，腎納氣之藏，今腎虛不能攝氣歸原，以致呼吸急促，此先天元氣受虧也。其法當從安腎始，是知蘇子但能降後天喘急逆氣之標病也。

炒香，研用。

清·蔣居祉《本草擇要綱目·溫性藥品》 蘇子　氣味：辛，溫，無毒。主治：肺氣喘急，除寒溫中。益五臟，破癥結。消膈寬腸，發散風氣。與葉同功。亦不宜過服。

清·蔣居祉《本草擇要綱目·熱性藥品》 紫蘇　氣味：辛，溫，無毒。其味辛，則入氣分。其色紫，則入血分。　主治：下氣除寒，其子尤良。解肌發表，定喘安胎，瀉肺實，隨所引而各治一經之邪。久服之則泄人真氣，脾胃寒弱之人，過服多致滑瀉。

清·閔鉞《本草詳節》卷三 紫蘇　【略】按：紫蘇，葉、莖、子雖主分用，而下氣則一也。然味辛色紫，氣血均入。同橘皮、砂仁則行氣安胎，同藿香、烏藥則溫中止痛，同香附、麻黃則發汗解肌，同川芎、當歸則和血散血，同木瓜、厚朴則散濕解暑，治霍亂脚氣，同桔梗、枳殼則利膈寬胸，同杏仁、萊菔子則消痰定喘。但表虛禁用葉，腸潤肺虛禁用子。

清·王翃《握靈本草》卷三 紫蘇處處有之。以背面皆紫者佳，白者乃野蘇，名荏，不堪用。　主治：紫蘇葉，辛，溫，無毒。主解肌發表，行氣寬中，消痰利肺，和血溫中，止痛定喘，安胎，解魚蟹毒，治蛇犬傷。

蘇子白者為荏子，不入藥。或生研，或微焙用。　主治：蘇子，辛，溫，無毒。治上氣欬逆。

清·汪昂《本草備要》卷一 紫蘇宣，發表，散寒。　味辛入氣分，色紫入血分。香溫散寒，通心利肺，開胃益脾，氣香入脾。發汗解肌，和血下氣，寬中消痰，祛風定喘，止痛安胎，利大小腸，解魚蟹毒。多服泄人真氣。時珍曰：同陳皮、砂仁，行氣安胎；同藿香、烏藥，溫中止痛；同香附、麻黃，發汗解肌；同芎藭、當歸，和血散血；同桔梗、枳殼，利膈寬腸；同蔔子、杏仁，消痰定喘；同木瓜、厚朴，散濕解暑，治霍亂脚氣。　氣香者良。宜橘皮，忌鯉魚。　蘇子與葉同功。潤心肺，尤能下氣定喘，止嗽消痰，利膈寬腸，溫中開鬱。有蘇子降氣湯。　梗下氣稍緩，虛者宜之。葉發汗散寒，梗順氣安胎，子降氣開鬱，消痰定喘。表弱氣虛者忌用葉，腸滑氣虛者忌用子。　炒研用。

清·吳楚《寶命真詮》卷三 紫蘇　【略】溫中達表，解散風寒。　梗則下氣安胎，子可消痰定喘。〇辛散為功，久服泄人真氣。

清·陳士鐸《本草新編》卷三 紫蘇葉梗，子　紫蘇葉、梗：味辛，氣微溫，無毒。入心、肺二經。發表解肌，療傷風寒，開胃下食，消脹滿，除脚氣口臭。蘇子降氣定喘，止咳逆，消膈氣，破堅癥，利大小便，定霍亂嘔吐。紫蘇雖有葉與梗，子之分，而發表解肌，止喘定嘔，未嘗有異。但葉與梗宜少用，而子可多用也。蓋葉、梗散多于收，而子則收多于散，亦在人臨症而酌用之耳。

或問：蘇葉表散風邪，古人加人參同治，奏功如響，何也？曰：蘇葉不得人參，其功不大。今人一見用人參以祛邪，輒驚駭不已，宜乎醫生之不敢用，往往輕變重，而不可救。夫邪初入人體，正氣敢與邪戰，用參以助正氣，則正氣旺，而又得祛邪之使，則群邪自行解散，此用參于蘇葉之內，大有深意也。至于風寒已感三四日，則不可輕用人參，當看虛弱壯盛而用藥矣。

或又問蘇子定喘，有喘症用之而不效者，何也？蓋喘症有虛、有實，未可謂蘇子定喘，而概用之也。蘇子止可定實喘耳，虛喘而用蘇子，愈增其喘矣，豈特不效而已哉。

或疑蘇子正是治虛喘之藥，先生反謂虛喘用蘇子而愈增喘，其義何也？蓋虛喘者，乃氣虛也。蘇子雖能定喘，而未免耗氣，氣耗則氣愈虛，氣愈虛則喘更盛。故治虛喘者，必須大加人參、熟地之藥，而不可增入蘇子，以增其喘也。

或問：蘇葉散風邪之聖藥，用之以發表中之風邪，最為相宜，乃用之以散裏中之風邪，往往不效，其必有義存焉。先生既深知本草之微，願備有以教我。曰：蘇葉之義，不過散表中之風邪耳，原不能深入于裏。既不能深入，又何能散在裏之風邪哉。然而以所不能深入之故，予則可宜也。蘇葉性輕而味厚，性輕則上泛，味厚則下沉，宜乎可以通達內外矣。然而，性輕而香，味厚而辛，辛香則外馳易而內入難，故但散在表之風邪，而不散在裏之風邪也。

或問：宗奭有言：脾胃寒人，食紫蘇多滑泄。果有之乎？曰：紫蘇乃風藥也，善能平肝。土為木制，則人多滑泄。肝木既平，則脾土得養矣。況紫蘇辛溫，辛能去濕，溫能去寒，脾胃寒之人，宜無所忌，何致滑泄耶，惟是

辛香之味，能散人真氣，暫服無礙，而久服有傷，亦當知忌也。

清·顧靖遠《顧氏醫鏡》卷八 紫蘇辛，溫。入心肺胃三經。與鯉魚同食生毒瘡。解魚蟹毒。 善散風寒，解肌發表之功。 能治冷氣。故心腹脹滿，溫中行氣止痛用之。 子辛，溫。炒，研。 功專降氣，性兼潤燥。止嗽定喘俱用，消痰治噎均求。可除嘔逆，亦療吐血，皆屬降氣之功。 陰虛發寒熱，或惡寒頭痛者，忌用葉。大便滑者，不用子。

清·李熙和《醫經允中》卷一八 紫蘇 同鯉魚食生毒瘡。 辛，溫，無毒。主治疎風散寒，解肌發表，下氣消痰，利肺定喘。解魚蟹毒，治蛇犬傷。發散用葉，行氣用莖。紫蘇辛入氣分，紫入血分。其葉同柴胡、葛根、羌活則發散解肌； 梗同當歸則和血散血； 同陳皮、砂仁則行氣安胎； 同木瓜、厚朴則散濕解鬱； 兼桔梗、枳殼可利膈寬胸； 兼半夏、杏仁可消痰定喘； 佐以藿香、烏藥則止痛溫中。多服動血耗氣泄真。子潤肺，理氣開鬱，止嗽消痰妙藥。但氣虛腸滑者慎用。按： 蘇葉，先哲云不敢用麻黃以此代，知其力與麻黃相去不遠也。故病實而在上在表者可用，病虛而在下在裏者不可用也。況色紫入血分，悮用之則動血，而變生他症，可不慎與？

清·馮兆張《馮氏錦囊秘錄·雜症痘疹藥性主治合參》卷一 紫蘇得天陽和之氣，故溫，兼地之金味，故辛，辛則善散，溫能通氣。入手少陰太陰、足陽明經。為除寒熱、散冷氣、止霍亂、消脹滿之要藥。○子則辛溫而兼滑潤，故尤為下氣咳逆之需。○梗體輕味薄，虛人疎解順氣尤宜。若汗多者忌用葉，善嘔者忌用子。

紫蘇，背面俱紫而香者佳。五月端午採用。味辛入氣分，色紫入血分，香能達外，溫可暖中，發表解肌。療傷風寒殊捷。開胃下食，治作脹滿易瘥，通心利肺，止痛安胎，脚氣兼除，口臭亦辟。梗下諸氣略緩，體稍虛者用宜。子敺痰降氣定喘，潤心肺，止欬逆，消五膈，破癥堅，利大小二便，卻霍亂嘔吐，比莖葉則不發散，比陳皮更不泄氣，理氣而不傷氣，氣分中處處宜之。惟臍下氣逆而上者，不可用。

主治痘疹合參： 主下氣除寒，消痰利肺定喘，安胎解肌發表，頭疼身熱，咳嗽痰涎。凡痘前乾熱無汗暫用。葉惟發散，莖又行氣，為裏之表藥，隨所使以見功。

按： 紫蘇本散風之劑，俗喜其芳香，旦暮恣食，不知能泄真元之氣，所謂芳草致豪貴之疾者是也。氣虛表虛者禁用葉，腸潤肺虛者禁用子。至於安胎和胃藥中用之，不過取其辛香，暫調胃寒氣滯之症，豈可概用久用，以陷虛虛之禍耶！

清·张璐《本經逢原》卷二 紫蘇 辛，溫，無毒。葉紫者能散血脈之邪，最良。 發明： 蘇葉味辛入氣分，色紫入血分，升中有降。同橘皮、砂仁則行氣安胎。同藿香、烏藥則快氣止痛。同麻黃、葛根則發汗解肌。同芎藭、當歸則和營散血。同木瓜、厚朴則散濕解暑。同桔梗、枳殼則利膈寬中。同杏仁、菔子則消痰定喘。然不宜久服，泄人真氣。單用煮汁解蟹毒。若脾胃虛寒人過服，多致滑泄，往往不覺也。其梗能行氣安胎，但力淺薄，難於奏效。亡血家大虛及妊婦、產婦發散，用苞最佳，本乎天者親上，取其包含子氣，且氣味皆薄，而無過汗、傷中之患也。 蘇子 辛，溫，無毒。粗而色深紫者真，細而色淡者假。 發明： 諸香皆燥，惟蘇子獨潤，為虛勞欬嗽之專藥。性能下氣，故胸膈不利者宜之，與橘紅同為除喘定嗽、消痰順氣之良劑。但性主疎泄，氣虛久嗽，陰虛喘逆，脾虛便滑者，皆不可用。

清·浦士貞《夕庵讀本草快編》卷二 蘇《別錄》、紫蘇 蘇，舒暢也。其性行氣行血，故謂之蘇，又名紫，以別白蘇也。《爾雅》謂之桂荏。 紫蘇味辛入氣，色紫入血。故能溫中達表，解散風寒，近世日用之藥也。如同陳皮、砂仁則行氣安胎； 同藿香、烏藥則溫中止痛； 同香附、麻黃則發汗解肌； 同芎藭、當歸則和血散血； 同木瓜、厚朴則散濕解暑，治霍亂脚氣； 同桔梗、枳殼則利膈寬腸； 同杏仁、蔔子則消痰定喘。宋仁宗命翰林定湯飲，奏曰： 紫蘇熟水第一，以其能下胸膈浮氣也。若其梗能下氣安胎，子可消痰定喘，稍為異爾。但芳香之味久用則泄真氣，古人稱芳草致豪富之疾是矣。又氣虛表弱，不宜用葉； 腸滑氣短，不宜用子。

清·張志聰、高世栻《本草崇原》卷上 紫蘇 氣味辛，微溫，無毒。主下氣殺穀，除飲食，辟口臭，去邪毒，辟惡氣。久服通神明，輕身耐老。《綱目》誤列中品，今改入上品。 紫蘇，《本經》名水蘇，始生九真池澤，今處處有之，好生水旁，因名水蘇，其葉面青背紫，晝則森挺，暮則下垂。氣甚辛香，開花成穗，紅紫色，穗中有細子，其色黃赤，入土易生。後人於壤土蒔植，面背皆紫者，名家紫蘇。野生瘠土者，背紫面青。《別錄》另列紫蘇，其實一種，但家野之不同耳。又一種面背皆青，氣辛臭香者，為薺薴。一種面背皆白者，名白蘇，俱不堪入藥。 紫蘇氣味辛溫，臭香色紫，其葉晝挺暮垂，稟太陽天日晦

明之氣。天氣下降，故主下氣。下氣則能殺穀，殺穀則能除飲食。除，消除也。味辛臭香，故辟口臭。辟口臭，則能去邪毒。去邪毒，則能辟惡氣。久服則天日光明，故通神明。天氣下降，則地氣上昇，故輕身耐老。 愚按：紫蘇配杏子，主利小便，消水腫，解肌表，定喘逆，與麻黄同功而不走泄正氣，故《本經》言： 久服通神明，輕身耐老，列於上品。 蘇子附 氣味辛，溫，無毒。主下氣，除寒，溫中《別錄》附。 蘇枝附 氣味辛，平，無毒。主寬中行氣，消飲食，化痰涎，治噎膈反胃，止心腹痛，通十二經關竅脈絡。《新增》附。

蘇枝是莖上傍枝，非老梗也。

清・劉漢基《藥性通考》卷五 紫蘇 味辛，入氣分。色紫，入血分。香溫散寒，通心利肺，開胃益脾，發汗解肌，和血下氣，寬中消痰，祛風定喘，止痛安胎，利大小腸，解魚蟹毒。多服泄人真氣。同陳皮、砂仁行氣安胎，同藿香、烏藥溫中止痛，同香附、麻黄發汗解肌，同川芎、當歸和血散血，同桔梗、枳殼利膈寬腸，同葛子、杏仁消痰定喘，同木瓜、厚朴散濕解暑。治霍亂脚氣。氣香者良。宜橘皮，忌鯉魚。○蘇子與葉同功，潤心肺，尤能下氣定喘，止咳消痰，利膈寬腸，溫中開鬱。有蘇子降氣湯。蘇梗，下氣稍緩，虚者宜之。葉發汗散寒，梗順氣安胎，子降氣開鬱，消痰定喘。表弱氣虚者忌用葉。(陽)〔腸〕滑、氣虚者忌用子。炒研用。

清・姚球《本草經解要》卷四 紫蘇 氣溫，味辛，無毒。主下氣，除寒中。其子尤良。 紫蘇氣溫，稟天春和之木氣，入足厥陰肝經。味辛無毒，得地西方之金味，入手太陰肺經。氣味俱升，陽也。肺主氣而屬金，金寒則不能行下降之令。 紫蘇辛溫溫肺，肺溫則下降，所以下氣。脾為中州，太陰經也。肺亦太陰，肺溫則脾寒亦除，故除寒中也。其子尤良，下降之性，辛溫氣味尤甚也。其梗本乎地者，親下，下氣尤速。 製方： 紫蘇同陳皮，治感寒上氣。同人參，治虚欬上氣。蘇子同良薑、廣皮丸，治風濕脚氣。同粳米，治上氣欬逆。

清・王子接《得宜本草・中品藥》 紫蘇 味辛，溫。功專發表散寒。得廣皮、砂仁則行氣安胎，得木瓜、厚朴治寒濕脚氣。

清・黄元御《長沙藥解》卷三 蘇葉 味辛，入手太陰肺經。降衝逆而驅濁，消凝滯而散結。 《金匱》半夏厚朴湯方在半夏用之治婦人咽中如有炙臠，以其降濁而散滯也。 蘇葉辛散之性，善破凝寒而下衝逆，擴胸腹而消脹滿，故能治咽中瘀結之證。而通經達脈，發泄風寒，雙解中外之藥也。其諸主治，表風寒，平喘嗽，消癰腫，安損傷，止失血，解蠏毒。

清・黄元御《玉楸藥解》卷一 紫蘇 味辛，微溫。入手太陰肺經。溫肺降逆，止喘定嗽。 紫蘇辛溫下氣，治欬逆痰喘，嘔吐飲食，利膈通腸，破結消癥，兼驅腰膝濕氣，解蠏毒毒人。

清・吳儀洛《本草從新》卷一 紫蘇宣，發表散寒。 味辛，入氣分，利肺下氣，定喘安胎。治子氣。色紫，兼入血分，和血止痛。性溫，發汗解肌，祛風散寒。氣香。開胃益脾寬中，利大小腸。又解魚、蟹毒。時珍曰：同陳皮、砂仁行氣安胎，同藿香、烏藥溫中止痛，同香附、麻黄發汗解肌，同芎藭、當歸和血散血，同桔梗、枳殼利膈寬腸，同葛子、杏仁消痰定喘，同木瓜、厚朴散濕解暑，治霍亂脚氣。氣虚表虚者禁之。俗喜其芳香，旦暮恣食，不知泄真元之氣。古稱芳草致豪貴之疾，此類是也。氣香者良。宜橘皮。忌鯉魚。 附： 蘇子〔瀉，降氣消痰。〕 開鬱降氣，力倍蘇葉。消痰利膈，溫中寬腸，潤心肺，止喘嗽。腸滑氣虚者禁之。炒研。 附： 蘇梗〔宣，順氣。〕順氣安胎。功力稍緩，挾虚者宜之。

清・汪紱《醫林纂要探源》卷二 紫蘇 辛，溫。補肝瀉肺，舒氣行血，祛風散寒，肝之藥也。辛味散氣，開腠理，發汗，行水，祛風散寒。色紫，專入肝兼行血分，亦能和血安胎。○莖葉同用。 多服耗氣。凡辛散者，皆不可過用。 能解魚蟹毒。

蘇子： 辛，溫。炒研。功用略同。能潤心舒肺，下氣消痰，除咳定喘，利膈寬腸，溫中止痛。凡用子用仁，皆有潤意。辛尤潤肺，過斂則氣上而不行，辛瀉肺，則斂者開而氣順矣。凡下氣者，言順氣也，氣順則膈利。寬腸，亦以其潤而降也。

清・嚴潔等《得配本草》卷二 紫蘇梗、子 忌同鯉魚食。 辛，溫。入手太陰經氣分。溫中發表，散寒去風，行氣和血，止痛安胎。濕熱滯而瀉痢者，少佐三四分疏解其氣，亦頗有效。 得香附、麻黄，發汗解肌。得橘皮、砂仁，行氣安胎。得桔梗、枳殼，利膈寬腸。配藿香、烏藥，溫中除痛。配杏仁、蘿蔔子，消痰定喘。配木瓜、厚朴，解暑濕脚氣。佐川芎、當歸，散血，搗罨傷損出血及蛇犬傷。 作羹，解魚蟹毒。 痘前乾熱者暫用。 氣虚自汗，脾虚滑泄者，禁用。 梗 疏肝利肺，理氣和血，解鬱止痛，定嗽安胎。 去節用。 子 降氣定喘，寬腸開鬱，利大小便，溫中祛寒，消痰止嗽。 得川貝，降氣止嗽。配蘿蔔子、桑白皮，治消渴變水。服此令水從小便出。 研末，入粳米煮粥，和葱、椒、薑、豉食，治風寒濕痹。炒熟研碎用。治冷氣，良薑拌炒

用。　腸滑氣虛，虛氣上逆，嘔吐頻頻者，禁用。

題清・徐大椿《藥性切用》卷三　紫蘇葉　辛溫色紫，入肺而祛寒，發表調氣，和血安胎，定喘。氣虛者禁用。蘇子，消痰理嗽，散鬱定喘。炒研用。腸滑者忌。蘇梗，順氣安胎，功力稍緩，虛人最宜。

清・黃宮繡《本草求真》卷三　紫蘇疏肺寒氣內客。　紫蘇喘入肺，兼入心脾。背面俱紫，辛溫香竄，五月端午採用。凡風寒偶傷，氣閉不利，心膨氣脹，並暑濕泄瀉，熱閉血衄崩淋，喉腥口臭，俱可用此調治。取其辛能入氣，紫能入血，香能透外，溫可暖中，使其一身舒暢，故命其名曰蘇。蘇與酥同。是以時珍謂其同橘皮、砂仁，則能行氣安胎；同藿香、烏藥，則能快氣止痛；同麻黃、葛根，則能發汗解肌；同芎藭、當歸，則能和營散血；同木瓜、厚朴，則能散濕解暑；同桔梗、枳殼，則能利膈寬中；同杏子、菔子，則能消痰定喘，要皆疏肺利氣之品。雖其氣味淺薄，難以奏效。但久服亦能泄人真氣，虛寒泄瀉尤忌。即安胎和胃藥中，用之不過取其辛香，暫調胃寒氣滯之症，豈可概用久用，以陷虛虛之禍耶？宗奭曰：紫蘇氣味香散，今人朝暮飲紫蘇湯，無益。醫家謂芳草致豪貴之疾者，此有一焉。若脾胃寒人，多致滑泄，往往不覺。梗下氣稍緩，子降氣最速。《務本新書》云：凡道畔近道，可種蘇以遮六畜，收子(收)〔打〕油，〔燃燈〕甚明。弘景曰：蘇子下氣，與橘皮相宜。與橘紅同為除喘定嗽，消痰順氣之藥。葉發汗散寒，梗順氣安胎，子降氣開鬱，消痰定喘，表弱氣虛者，忌用葉。腸滑氣虛者忌用子。但性主疎泄，氣虛陰虛喘逆者並禁。宜橘皮，忌鯉魚，子炒研用。

清・楊璿《傷寒溫疫條辨》卷六汗劑類　紫蘇葉　味辛入氣分，色紫入血分。以其辛香氣烈，故發汗解肌，祛風寒甚捷；開胃益脾，療脹滿亦佳。和血下氣，寬中消痰，止疼安胎，去風定喘，利腸宜加，口臭能辟。嚴氏紫蘇飲子治子懸。紫蘇葉錢半，大腹皮三錢，當歸、川芎、白芍、陳皮、人參、甘草一錢，青葱五葉，水煎服。　子，降滯氣，消痰喘，潤大便。　梗，性緩而和，順氣安胎，虛人最宜。《局方》有蘇子降氣湯：氣降則痰行。蘇子、前胡、橘紅、半夏、厚朴二錢，當歸、甘草一錢，沉香五分。虛極加五味。

清・羅國綱《羅氏會約醫鏡》卷一六草部　紫蘇味苦，氣溫，入肺經。宜橘皮，忌鯉魚。色紫氣香者良。　味辛入氣分，色紫入血分。祛風去寒，解肌發汗辛也，開胃益脾，下食消脹。氣香而溫。梗能順氣安胎，子能消痰定喘。紫蘇同陳皮、砂仁，行氣安胎；同藿香、烏藥，溫中止痛；同香附、麻黃，發汗解肌；同川芎、當歸，和血散血；同桔梗、枳殼，利膈寬腸；同萊菔子、杏仁，消痰定喘；同木瓜、厚朴，散濕解暑，治霍亂脚氣。　按：氣虛表虛者忌用葉，腸滑氣弱者忌用子，多服瀉人元氣，慎之！

清・陳修園《神農本草經讀》卷二上品　紫蘇　氣味辛，微溫，無毒。主下氣，殺穀除飲食，辟口臭，去邪毒，辟惡氣。久服通神明，輕身耐老。

述：紫蘇氣微溫，稟天之春氣而入肝。味辛，得地之金味而入肺。主下氣者，肺行其治節之令也。殺穀除飲食者，氣溫達肝，肝疏暢而脾亦健運也。辟口臭、去邪毒、辟惡氣者，辛中帶香，香為天地之正氣，香能勝臭，即能解毒，又能勝邪也。久服則氣爽神清，故通神明，輕身耐老。其子下氣尤速，其梗下氣寬脹，治噎膈反胃，止心痛，旁小枝通十二經關竅脈絡。

清・黃凱鈞《藥籠小品》　紫蘇　性溫，發汗解肌，散風寒，利肺下氣，定喘安胎。若旦暮恣食，亦能耗損真氣，古稱芳草致豪貴之疾，此類是也。蘇子驅寒降氣，消痰利膈，潤心肺，止咳嗽。炒研。老蘇梗順氣安胎，挾虛宜之。

清・章穆《調疾飲食辯》卷一下　紫蘇葉汁　其味辛，故能發表；氣香，故能理氣；色紫，故能調血。凡肺寒欬嗽，胸膈脹滿，痰氣喘急，及婦人氣滯血中，脹滿疼痛，胎前產後，一切氣血不調之症均宜。代茶飲，發散肺寒，宜同薑、葱煎汁。《綱目》曰：同橘皮、砂仁，則行氣安胎；此三味乃治胎氣作脹。若欲安胎，宜同歸、地、阿膠、杜仲等。同藿香、烏藥，則溫中止痛；此亦僅能理氣。若欲溫中，宜同薑、桂、砂仁、白蔻等。同麻黃、香附，則發汗解肌；麻黃固能發汗，香附亦僅理氣。若欲解肌，宜同白芷、葛根、薑、葱等。同木瓜、厚朴，則散濕解暑，治霍亂脚氣；此四病非紫蘇所能治。濕宜木瓜、蒼术，暑宜利水分消，霍亂宜安中理氣，脚氣宜祛風勝濕。同川芎、當歸，則和血散血；同桔梗、枳殼，則利膈寬腸；同杏仁、萊菔子，則消痰定喘此三語確當。《肘後方》曰：傷寒氣喘不止，紫蘇葉煎汁，稍稍飲之。霍亂脹滿，不得吐下，生紫蘇葉搗汁飲。無則以乾者煎汁，加陳皮、枳殼，亦治痢疾脹痛。《永類鈐方》曰：金瘡跌撲，血出不止，紫蘇葉搗敷。無則以乾者研末摻。《必效方》曰：同生薑、半夏，治咽喉寒痛。同桔梗、牛蒡子，治咽喉熱痛。《千金方》治瘋狗、蛇虺咬傷：紫蘇葉嚼封之同生荊芥自嚼尤佳，一日十餘易。《金匱要略》曰：食蟹中毒，紫蘇煎汁二升，頻飲。一切魚鰕毒俱可解。《外科精義》曰：懸癰潰爛，紫蘇搗封，雖腎囊

全潰，腎子空懸者，亦可收功。紫蘇葉皺而色紫，似人之腎囊，此醫家用形之理也。凡此皆調氣調血之效。然氣味俱厚，能耗人真氣，凡作飲代茶，病去即止，不宜久服。《綱目》曰：散風寒，調和血氣，宜用葉；清利上下，潤燥定喘，宜用子。至於《藥性本草》謂煮粥長食，令人肥白身香，《日華本草》謂補虛勞，肥健人，皆誤矣。又不可同鯉魚食。

清·王龍《本草纂要稿·草部》 紫蘇 氣味辛溫。療風寒，解肌發表。除脹滿，開胃下食。脚氣兼除，口臭亦辟。止霍亂轉筋，消痰嗽定喘。寬中行氣，和血安胎。 蘇梗：下諸氣略緩，體虛者宜用。 蘇子：止咳逆，消痰嗽，潤肺。降諸氣，消五膈，破癥。療風濕脚氣，利大小二便。霍亂嘔唾並治，肺氣喘急即寧。

清·張德裕《本草正義》卷上 紫蘇 辛，溫。香竄者佳。利氣疎表，解肌發汗，辟口臭，療霍亂轉筋，利肺安胎，定喘。蘇梗，輕緩，取其利氣而不峻，可療氣滯不安之胎。蘇子，潤而降氣，能消痰喘，利氣滯，潤大腸。

清·楊時泰《本草述鉤元》卷八 紫蘇 紫蘇、白蘇，處處有之。皆以二三月下種，或宿子自生，莖方，葉團帶尖，有鋸齒。肥地者，面背皆紫。皆紫者佳。瘠地者，面青背紫。其面背皆白者白蘇，乃荏也。五六月連根采收，以火煨其根，陰乾則莖久葉不落，八月開花成穗，如荊芥九月半枯時收子，子細如芥而色黃赤。

莖葉味辛兼甘，氣溫而香。入手少陰、太陰、足陽明經。主治溫中達表，行氣和血，通心經，益脾胃，利肺下氣，消痰定喘。治心腹脹滿，止霍亂轉筋，通大小腸，療脚氣安胎。方書治咳嗽水腫，中風瘧，脇痛消癉，大便不通，痔，傷暑傷飲食發熱，鬱積聚，痰飲鼻衄，痛痹，眩暈狂驚虛煩，小便不通，疝，耳蠱毒。若宣通風毒，則單用莖，去節尤良頌。葉則偏於宣散，莖則偏於宣通，子則兼而有之，但性稍緩之頤。能除一切冷氣，若下氣則須用梗，其子尤良。若葉未免有升發之義《類明》。詳其色香氣味，體性生成，推陳致新之宣劑輕劑也。故氣下者可使之宣發，氣上者可使之宣攝之頤。辛味入氣分，紫色入血分。同橘皮、砂仁，行氣安胎。同藿香、烏藥，溫中止痛。同香附、麻黃，發汗解肌。同川芎、當歸，和血散血。同木瓜、厚朴，散濕解暑，治霍亂、脚氣。同桔梗、枳殼，利膈寬腸。同杏仁、萊菔子，消痰定喘瀕湖。感寒上氣，蘇葉三兩，橘皮四兩，酒四升，煮一升半，分再服。霍亂脹滿，未得吐下，生蘇搗汁飲之，乾蘇煮飲亦妙。欬逆短氣，蘇莖葉二錢，人參一錢，水煎數沸服。

論：紫蘇莖葉，始嘗味辛，後有甘，辛勝而甘劣。以春種後，采葉於夏，而吐華乃在孟秋，采子更於季秋，故莖葉之用，與子有異。夫當大火之時，而其葉味辛，是火中之金也。即於火令采之，是全乎火之用金，而不致金用火也。金為火用則氣化，以火原出水中，而金固為水母，陽不得陰不化也。火為金用則血化，以血原於水而成於火，陰不得陽不化也。紫蘇之辛，乃火能用乎金者，是以所主在氣耳。觀於色赤入心，心火固氣之靈，味辛入肺，肺金固氣之主。金火合德，其氣故和以溫。所謂心肺合而營諸陽也。辛後有甘，自歸於胃，以脾胃固氣升降之樞也。然則通心經，利肺氣，益脾胃，義皆不妄。而之頤所云下者宣發，上者宣攝，其說亦微中矣。第用紫蘇多取其宣發，而茲更云其宣攝，於義若何？蓋手太陰為陽中之少陰，陽不得陰，則氣不化，惟金為火用則氣化，氣化則極其宣發，此易知也。至於陰為陽守，陽無陰則火僭而上，而氣亦不得宣，惟金為火用，則宣中有攝，攝者亦所以成宣，之頤故統謂之宣劑也。抑其陽中有陰，於何見之？曰：是物宣氣，而即能和血，所謂肺氣下降入心而生血者，固即金為火用之明證矣。夫氣之為用，上際下蟠，無處不宣，而後天之氣，總不越心肺胃以為生化。茲味通心利肺益胃，故上中下胥賴之。如中焦之病於霍亂，上焦之病於胸膈不寬，下焦大小腸之不通，脚氣之壅悶閼，苟用之而主輔得宜，又何宣發宣攝之不奏功乎哉。凡病於氣之脹壅者，雖所因不一，然皆氣不歸元也。紫蘇首治脚氣，正氣得歸元之義。蓋人身陰本於下，其升而至上也，實由陰中之陽引之。陽暢於上，其降而至下也，實由陽中之陰引之。紫蘇雖主於氣之陽，而其金為火用者，正陽中之陰能使氣化，氣得化則自歸元矣。

蘇子：與葉同功。發散風氣宜用葉，清利上下宜用子瀕湖。主治潤心肺，調中下氣，消痰開結，治肺氣喘急，止霍亂，嘔吐反胃，消五膈，利大小便，下一切逆冷氣及腰脚中濕氣，風結氣。蘇子下氣，與橘皮相宜貞白。治風順氣利腸，蘇子一升微炒，杵，以生絹袋盛，內於三斗清酒中，浸三宿，少少飲之。一切冷氣，腰脚中濕氣，風結氣，蘇子、良薑、橘皮等分，蜜丸梧子大，空心酒下十丸。休息痢，大小溲頻數，乾研蘇子末，米飲調服效。

論：蘇子下氣之功勝於葉者，為其八月始華，得金氣之厚而善降也。然其花色紫，子亦黃赤，猶不離於火之體，以致其火之用。如《經》所謂毛脈合

精，行氣於府之義。故雖金勝，而還以氣化為主也。蓋莖葉子俱能和氣，葉則和而散，莖則和而通，子乃和而降，用者審之。

氣虛表虛者禁用葉，腸潤肺虛者禁用子士材。火升作嘔者，不宜用葉，惟可用子仲淳。

辨治：葉用兩面俱紫者。子自收方真，市者多偽。略炒研極細，煎成藥，投入二三沸，即傾。

清・葉桂《本草再新》卷一　紫蘇味辛，性溫，無毒。入肺經。下氣定喘，安胎和血。暖而能宣。止痛發汗，祛風散寒，開胃益脾。

蘇子：味辛，性溫，無毒。入肝、腎二經。開鬱降氣，消痰利膈，溫中，潤心肺，止喘嗽。

清・吴其濬《植物名實圖考》卷二五　蘇　《別錄》中品。《爾雅》：蘇，桂荏。注：蘇，荏類。《圖經》紫蘇也。今處處有之，有面背俱紫、面紫背青二種，湖南以為常茹，謂之紫菜，以亨魚尤美。有戲謂蘇字從魚，以此者。亦水骨水皮之謔耳。又以薑梅同餹製之。暑月解渴，行旅尤宜。

雩婁農曰：劉原父《採紫蘇詩》云：只以營一飲，形骸如此劬。宋時重飲子，以紫蘇熟水為第一，甚矣！昔人之好服食也。蘇性辛竄，能損真氣，製為蔬果，稍就平和，飲子則風淫者宜之，無病而為吳越吟，是不可以已乎？或謂客來奉湯，是飲人以藥，人之面不如吾之面，其賦質不爾殊耶？草茶不知盛於何時，近則華夷同沃之，無有以藥物為敬者。草木廢興，亦復難測。

《野菜贊》云：紫蘇，《本草》曰苴，紫者入藥，白者湯中薄煮之煠食，荊芥則宜生食。苴曰紫蘇，本入芼品，蕩鬱散寒，性溫且緊，湯液得之，薑桂可屏，起懵之功，令人猛省。

清・趙其光《本草求原》卷二芳草部　紫蘇　《本經》氣微溫，禀春氣入肝。味辛，得西方金味而色赤，入肺以行血中之氣。無毒。氣味俱升陽也。主下氣，肺陽暢於上則治節行。殺穀，除飲食，溫達肝而香和脾，則肝能散精，而脾亦健運。辟口臭，香能勝臭。去邪毒，辟惡氣，香為天地正氣，正氣勝則邪惡散。久服通神明，氣爽則神清。除寒中，蘇葉蕃於五六月，當大火之時，而得辛溫之味。火金合德，則心肺合而營諸陽，而中州之脾亦溫。輕身耐老，氣行則無病。達表解肌，肺氣行則宣發。和血，金火合德，則肺氣下降入心而生血。寬胸膈，上焦氣行。止霍亂，天陽上布，則地土皆敦，而中焦不亂。療脚氣，陽暢於極上，氣自歸於極下，而壅瘀不留。利大小腸，火為金用，則毛脈合精，行氣於腑，而下焦亦通。解魚蟹毒，蠱毒，定喘。氣下歸則喘定，故亦治脚氣沖心。忌鯉魚。葉，以兩面紫者良。

同陳皮、砂仁，行氣安胎。同藿香、台烏，溫中止痛。同香附、麻黃，發汗解肌。同芎、歸，和血散血。同木瓜、厚朴，散濕解暑、霍亂脚氣。同枳、桔，利膈寬腸。同杏仁、萊菔，消痰定喘。同橘皮酒煮，治感寒上氣。生，取汁飲；乾，煮作飲，治乾霍亂。同參，治咳逆短氣。

蘇子：采於季秋，得金氣尤厚，而善降。下氣尤速，葉和氣而散，子和氣而降。消痰定喘止嗽、利膈、寬腸、潤心肺、開鬱結。有蘇子降氣湯。解散風氣，宜用葉；表氣虛，忌多服。降利上下鬱結，宜用子。腸滑、肺虛者勿用。

製方：微炒，酒浸飲，順氣利腸。同良薑、陳皮蜜丸酒下，治冷濕風氣、腰脚疼。乾末，米飲下，治休息痢、二便頻數。炒，研細用，入湯劑，煎好加入，二三沸即傾。五月采葉，九月采子，後時則無功。

蘇梗：下氣寬脹，治噎嗝反胃心痛，功稍緩，虛者宜之。旁梗小枝，通十二經關竅脈絡。

清・文晟《新編六書》卷六《藥性摘錄》　紫蘇　辛，溫。氣竄，入肺兼入心脾。凡風寒偶傷，氣閉不利，心脾氣脹，並暑熱泄瀉，熱閉血衄崩淋，喉腥口臭，俱宜用。但久服亦泄人真氣。虛寒泄瀉，尤忌。○梗，下氣稍緩。○子，降氣尤速。炒研用。忌鯉魚。

清・張仁錫《藥性蒙求・草部》　紫蘇蘇梗錢半　紫蘇味辛，表散風寒。梗能順氣，胎孕功安。味辛入氣分，利肺下氣，定喘安胎。色紫黑，兼入血分，和血止痛。性溫，發汗，祛風散寒。氣香開胃，益脾寬中，解魚蟹毒。○時珍曰：同橘皮、砂仁則行氣安胎，同藿香、烏藥則溫中止痛，同香附、麻黃則發汗解肌，同川芎、當歸則和血散血，同木瓜、厚朴則散濕解暑，治痢、霍亂、脚氣，同桔梗、枳殼則利膈寬腸，同杏仁、菔子則消痰定喘。○蘇梗順氣安胎，功力稍緩，挾虛者宜之。

蘇子錢半、三錢　蘇子消痰，氣香性潤。定喘寬腸，更療嗽證。味辛。諸香皆燥，惟蘇子獨潤，為虛勞欬嗽之專藥。性能下氣，故胸膈不利者宜之。與橘紅同為降氣消痰，定嗽順氣之良劑。但性主疏泄，氣虛久嗽，陰虛喘逆，脾虛便泄者，皆不宜用。

清・王孟英《隨息居飲食譜・水飲類》　紫蘇葉　辛、甘，溫。下氣，安胎，活血定痛，和中開胃，止嗽消痰，化食，散風寒，治霍亂脚氣，制一切魚肉

鰕蟹毒。氣弱多汗，脾虚易瀉者忌食。　乾霍亂，紫蘇煎服。併治蛇齩及中蟹毒。　乳癰腫痛，紫蘇湯頻飲，渣滓封患處。　金瘡跌打出血。紫蘇杵爛，傅。併治猘犬齩。

清・屠道和《本草匯纂》卷一　散寒　紫蘇　耑入肺，兼入心、脾。辛溫香竄，疏肺寒氣内客。凡風寒偶傷，氣閉不利，心膨氣脹，並暑濕泄瀉，熱閉血衄，崩淋，喉腥口臭，俱用此治。解肌發表，散風寒，行氣寬中，消痰利肺，和血溫中，止痛定喘，安胎，解魚蟹毒，治蛇犬傷。以葉生食作羹，殺一切魚肉毒。止霍亂轉筋，開胃下食，止脚氣，通大小腸。久服泄人，真氣虚寒泄瀉尤忌。梗下氣稍緩，子降氣最速。梗順氣安胎，子降氣開鬱，消痰定喘。但性主疏泄，氣虚、陰虚喘逆者，並禁。

清・劉善述、劉士季《草木便方》卷一　草部　紫蘇　蘇葉辛溫發表良，解散魚毒利二腸。梗耑下氣安胎妙，子消痰喘咳嗽強。

清・戴葆元《本草綱目易知錄》卷一　草部　紫蘇　味辛入氣分，色紫入血分。香溫散寒，通心利肺，開胃益脾，發汗解肌，和血下氣，寬中化食，消痰定喘，止痛安胎，通大小腸，理一切冷氣。治霍亂轉筋，心腹脹滿，脚氣寒熱。解魚蟹毒、蛇犬螫傷。以葉生食、作羹，殺一切魚肉毒。多服泄真氣，忌鯉魚。【略】

梗莖：主治同蘇葉，性較和緩，能宣通風毒，利氣化痰，疏風散寒，順氣安胎，虚者宜之葆元。

子：辛，溫。潤心肺，益五臟，消五膈，破癥結，下氣定喘，止嗽消痰，和膈寬腸，通大小便。治上氣咳嗽，肺氣喘急，霍亂反胃，風濕脚氣，解魚蟹毒。主治雖與葉同，而發散風氣宜用葉，通利上下則宜用子。忌和鯉魚食，生惡瘡。

清・黄光霽《本草衍句》　紫蘇　味辛入肺，色紫入血。解肌表之風邪，散寒發汗。下胸膈之浮氣，利肺通心。消痰定喘，和血溫中，益脾胃而通腸。通大小腸。心腹脹滿，能安胎而止痛，脚氣腫疼。得橘皮、砂仁則行氣安胎，得藿香、烏藥則溫中止痛，得香附、麻黄則發汗解肌。得川芎、當歸則和血散血，得木瓜、厚朴則散濕解暑，治霍亂脚氣，得桔梗、枳殼則利膈寬腸，得杏仁、萊菔子則消痰定喘。　金瘡出血不止，以嫩蘇葉、桑葉同搗，貼之。　攧撲傷損，紫蘇搗敷之，瘡口自合。

蘇子：消痰降氣，利膈寬腸。潤心肺而定喘，開鬱溫中；止咳逆之吐嘔，祛風順氣。

清・陳其瑞《本草撮要》卷一　紫蘇　味辛，溫，入手太陰經，功專發表散寒。得廣皮、砂仁則行氣安胎，得木瓜、厚朴治寒濕脚氣，得藿香、烏藥溫中止痛，得香附解肌，得芎藭、當歸和血散血，得桔梗、枳殼利膈寬腸，得蔔子、杏仁消痰定喘。葉得百合，治夜不寐。梗得桔梗，治梅核氣。解蟹毒。

清・李桂庭《藥性詩解》　賦得下氣散寒於紫蘇。得蘇字。田春芳。　下氣安胎並，功惟是紫蘇。和榮醫痛止，發汗使寒驅。　紫蘇味辛，本入氣分之藥，是以有下氣定喘，安胎利肺之功也。緣以色紫，兼入血分，又能和血止痛，性溫發汗解肌，祛風散寒，開胃益寬寧中，利大小腸，解魚蟹毒。

前題李慶霖　不理風寒氣，何須用紫蘇。調中開脾胃，發表解肌膚。

賦得紫蘇子兮下氣涎。得涎字。田春芳。　紫蘇原解表，子可化痰涎。下氣原無謬，寬中亦果然。

前題李慶霖　蘇子功惟降，寬胸理氣先。豈能開鬱結，尤且去痰涎。

按：紫蘇子功專降氣理痰，調胸舒欝，寬中益胃。用當炒熟。本紫蘇之子，紫蘇味辛氣溫，本氣分表藥，因其色紫，兼入血分。

清・吴汝紀《每日食物却病考》卷上　紫蘇附荏　辛、甘，溫，無毒。解肌發表，下氣，通心經，開胃，下食，通大小腸。煮汁飲，治蟹毒。子尤良，消痰氣，腰脚風濕，止嘔吐。酒調末服，治夢洩。面背皆紫者佳。又一種白蘇，乃荏也。北地多種，以取油為燈用耳。

清・仲昴庭《本草崇原集説》卷一　紫蘇　【略】仲氏曰：紫蘇能化水穀之氣，引陽入陰。昔有二症，群醫束手，一患不寐，修園治以紫蘇、百合、棗仁、茯神、龍骨、牡蠣始安。蘇省一貴官，患癃閉，招士宗赴診，方用紫蘇、杏仁、防風各一兩，以代麻黄，至夜膀胱氣化，小便大利。乃知二症有宜於紫蘇者。《崇原》先為補出矣，惟麻黄實無他藥可代，詳見中品。

清・鄭奮揚著，曹炳章注《增訂偽藥條辨》卷二　蘇梗　即紫蘇旁枝小梗。《崇原》云：氣味辛平無毒，主寬中行氣，消飲食，化痰涎，治噎膈反胃，止心腹痛，通十二經關竅脉絡。近市肆有一種白蘇梗，即白蘇之梗。既去白葉，無從辨識。葉色既殊，梗性自別，不堪入藥，用者慎之。　炳章按：紫蘇江浙皆出。紫梗空心，葉雙面皆紫，有縐摺紋如鷄冠者，故名鷄冠紫蘇，味辛，氣甚香，為最佳。又一種綠方梗，葉上面綠下面紫，香味較淡薄，俗名單

面紅紫蘇，略次。又有一種野生田野，方梗綠葉，惟葉筋紫，氣微香而濁，俗為野紫蘇，最次，不入藥。乃蘇梗多屬野蘇之梗。蓋鷄冠蘇梗在五月間連葉帶梗嫩時割收，以作蘇葉，其梗未老已收，祇可作嫩蘇梗之用。惟野蘇其葉不採藥用，任其留存，至九月間收子，以作蘇子，拔根以作蘇梗，其實皆野蘇梗也，為不道地。

山紫蘇

明·佚名氏《醫方藥性·草藥便覽》 山紫蘇 其性溫。能祛風，補腎血。

荏

唐·孫思邈《千金要方》卷二六《食治·菜蔬》 荏子 味辛，溫，無毒。主欬逆，下氣，溫中，補髓。其葉：主調中，去臭氣。九月採，陰乾用之。油亦可作油衣。

宋·唐慎微《證類本草》卷二七菜部上品〔《別錄》〕 荏子 味辛，溫，無毒。主欬逆，下氣，溫中，補體。

葉：主調中，去臭氣。九月採，陰乾。

〔梁·陶弘景《本草經集注》〕云：荏狀如蘇，高大白色，不甚香。其子研之，雜米作糜，甚肥美，下氣，補益。東人呼爲蒕，音魚，以其似蘇字，但除禾邊故也。笮其子作油，日煎之，即今油帛及和漆所用者，服食斷穀亦用之，名爲重油。

〔唐·蘇敬《唐本草》〕注云：《別録》荏葉，人常生食，其子故不及蘇也。

〔宋·馬志《開寶本草》〕按：《陳藏器本草》云：荏葉，擣傅蟲咬及男子陰腫。江東以荏子爲油，北土以大麻爲油，此二油倶堪油物，若其和漆，荏者爲强爾。

〔宋·掌禹錫《嘉祐本草》〕按：孟詵云：荏子，其葉性溫。用時擣之。治男子陰腫，生擣和醋封之。女人綿裹内，三四易。蕭炳云：又有大荏，形似野荏高大，葉大小荏一倍，不堪食。人收其子，以充油絹帛，與大麻子同。其小荏子欲熟，人採其角食之，甚香美。大荏葉不堪食。日華子云：荏，調氣，潤心肺，長肌膚，益顔色，消宿食，止上氣欬嗽，去狐臭，傅蛇咬。子，下氣，止嗽，補中，塡精髓。

〔宋·唐慎微《證類本草》〕《食療》：主欬逆下氣。其葉杵之，治男子陰腫。謹按：子，壓作油用，亦少破氣，多食發心悶。溫。補中益氣，通血脉，塡精髓。可蒸令熟，烈日乾之，當口開。春取米食之，亦可休糧。生食，止渴潤肺。《梅師方》：治虺中人，以荏葉爛杵，猪脂和，薄傅上。

宋·鄭樵《通志》卷七五《昆蟲草木略》 荏 曰蒕。似蘇而高大，葉不可食，惟子可壓油，及雜米作糜，甚肥美。

宋·陳衍《寶慶本草折衷》卷二〇 荏而錦切。子糜在內。○油及葉附。一名荏，一名蒕，乃菜類也。○蒕，音魚。生江東及諸處。○九月并葉採，陰乾。○附：油，一名重油，笮其子作之。味辛，溫，無毒。○主欬逆下氣，溫中補體。○陶隱居云：研之，雜米作糜，甚肥美。○日華子云：止嗽，補中，塡精髓。○《食療》云：止渴，潤肺。

附：油。○味辛，溫，無毒。破氣，補中，通血脉，塡精髓，多食發心悶。

附：葉。○溫，調中，去臭氣，消宿食。止上氣欬嗽。治男子陰腫，生擣和醋封之，女人綿裹内，三四易。又治虺中人，以葉爛杵，猪脂和，薄傅之。其狀如蘇，高大，白色，不甚香。

續說云：荏亦蘇類，而子狀如粟。其花小，其色白，《活人書》治陰毒，傷寒，煎荏湯，下丹砂元者是也。其油煮食則香美，傅髮則黑潤，遠勝麻油。但不及麻油解毒耳。若詩云荏菽者，乃豆也，非此荏子。

明·朱橚《救荒本草》卷下之後 荏子 所在有之，生園圃中。苗高一二尺，莖方，葉似薄荷葉極肥大，開淡紫花，結穗似紫蘇穗；其子如黍粒，其枝莖對節生。東人呼為蒕音魚，以其蘇字但除禾邊，故也。味辛，性溫，無毒。

救飢：採嫩苗葉煠熟，油鹽調食。子可炒食，又研之雜米作粥，甚肥美；亦可笮油用。治病：文具《本草》菜部條下。

明·劉文泰《本草品彙精要》卷三八 荏子無毒。附葉子。植生。

荏子：主欬逆下氣，溫中，補體。○葉，性溫，主調中，去臭氣。名醫所録。

〖名〗蒕。〖苗〗陶隱居云：荏，狀如蘇，高大，白色，不甚香。其子研之，雜米作糜，甚肥美，下氣，補益。東人呼為蒕音魚，以其似蘇字，但除禾邊故也。笮其子作油用煎之，即今油帛及和漆所用者，服食斷穀亦用之，名爲重油。《唐本》注云：荏葉，人常生食，其子故不及蘇也。江東以荏子爲油，北土以大麻爲油，此二油倶堪油物，若以和漆，荏者爲强爾。蕭炳云：又有大荏，形似野荏，高大，葉大小荏一倍，不堪食。人收其子。以充油絹帛，與大麻子同。其小荏子欲熟，人採其角食，甚香美，大荏葉不堪食也。〖地〗《唐本》注云：出江東，今北地多產之。〖時〗生：春生苗。採：九月取。〖收〗陰乾。〖用〗子及葉。〖質〗類蘇，高大而白色。〖色〗白。

〖味〗辛。　〖性〗溫。　〖氣〗氣之厚者，陽也。　〖臭〗微香。　〖治〗療：《唐本》注云：葉擣，傅蟲咬及男子陰腫。日華子云：葉，調氣，潤心肺，長肌膚，消宿食，止上氣，咳嗽，去狐臭，傅蛇咬。○子，下氣，止嗽。《食療》云：子，止欬逆，下氣。生食，止渴，潤肺。補：日華子云：子，補中益氣，通血脉，填精髓，可蒸令熟，烈日暴乾，當口開，舂取米食之，亦可休糧。〖合治〗子研之，合雜米作糜食之，甚肥美，能下氣補益。○葉，生擣，和醋，封男子陰腫，女人綿裹内之，三四易，差。○葉，爛杵，合豬脂和薄，傅虺中人。〖禁〗子壓作油，少破氣。多食，發心悶。

明・盧和、汪穎《食物本草》卷二　荏菜　味辛，溫，無毒。主調中，去臭氣。子，主欬逆下氣，溫中補體，可以榨油。生食，止渴潤肺，亦可休糧。

明・王文潔《太乙仙製本草藥性大全》卷五《本草精義》　荏菜　舊本不著所出州土，今在處有之。荏狀如蘇，高大，白色，不甚〔香〕。其子研之，雜米作糜甚肥美，下氣補益。東人呼爲萇音魚，以其〔似〕蘇字，但除水邊故也。笮其子作油，日煎之即今油帛，及和漆所用者，但服食斷穀亦用之，名爲重油。荏葉人常生食，其子故不及蘇也。江東以荏子爲油，北土以大麻爲油，此二油俱堪油物，若其和漆，荏者爲強爾。又有大荏，形似野荏，高大，葉大小荏一倍，不堪食，人收其子以充油絹帛，與大麻子同。其小荏子欲熟，人採其角食之，甚香美。大荏葉不堪食。

明・王文潔《太乙仙製本草藥性大全》卷五《仙製藥性》　荏菜　味辛，氣溫，無毒。　主治：調元氣，潤心肺而有準；長肌肉，益顔色而尤良。能消宿食而止上氣，治咳嗽而去狐臭。若遇蛇咬，傅之尤良。子主咳嗽下氣，補骨溫中最效。　補註：蟲咬用葉擣傅之。○男子陽腫，生擣和醋傅之，女人綿裹内，三四易。○虺中人，以葉擣爛，豬脂和薄傅上。

明・穆世錫《食物輯要》卷六　白蘇子　味辛、甘，性溫，無毒。寬中潤腸。有泄瀉脾弱者勿食。

明・吴文炳《藥性全備食物本草》卷一　荏菜　味辛，氣溫，無毒。狀如蘇，高大白色，不甚〔香〕。其子研之，雜米作糜甚肥美。下氣補益。東人呼為萇，音魚，以其〔似〕蘇字，但〔陰水〕〔除禾〕邊故也。笮其子作油，〔月〕〔日〕煎之，即今油帛，及和漆所用者。調元氣，潤心肺，長肌肉，益顔色，消食下氣，治咳嗽，去狐臭，傅蛇咬；男子陽腫，生擣和醋傅之；女人綿裹内，三四易効。

明・倪朱謨《本草彙言》卷二　荏草即白蘇。　味辛、苦，性溫，無毒。入手足太陰經。　即蘇之色白者。《別錄》主欬逆下氣，溫中去臭氣。今市家以僞充紫蘇，入發散藥。大誤！不可不辨。

明・施永圖《本草醫旨・食物類》卷二　荏菜　味辛，溫，無毒。主調中，去臭氣。　子：主欬逆下氣，溫中補體。可以榨油。生食，止渴潤肺。

明・盧之頤《本草乘雅半偈》帙四　荏子　氣味：辛，溫，無毒。　主治：主欬逆下氣，溫中，補體。葉主調中，去臭氣《別錄》。

清・汪紱《醫林纂要探源》卷二　白蘇　辛，溫。解魚蟹毒。可作茹，不入藥。

清・吴其濬《植物名實圖考》卷二五　荏　《別錄》中品。白蘇也，南方野生，北地多種之，謂之家蘇子，可作糜作油。《齊民要術》謂雀嗜食之。《益部方物略記》有荏雀，謂荏熟而雀肥也。李時珍合蘇荏為一，但紫者入藥作飲，白者充飢供用，性雖同而用異。

雩婁農曰：荏之利溥矣，種於塍，防牛馬之踐五穀；子為油，膍壁皆煤，則織紝之賴以足於夜也。《魏書》：乙弗勿國與吐谷渾同，不識五穀，惟食魚及蘇子，狀若中國枸杞。梁沈約有《謝賜北蘇啟》，則蘇重於北地久矣。湘中茀路芰夷之，勿便滋蔓，物固有用有不用。

葛公菜

明・朱橚《救荒本草》卷上之後　葛公菜　生密縣韶華山山間。苗高二三尺，莖方，窊面四楞，對分莖叉，葉亦對生，葉似蘇子葉而小，又似荏子葉而大。梢間粉紅花，結子如小米粒而茶褐色。其葉味甜，微苦。　救飢：採葉煠熟，水浸去苦味，換水淘淨，油鹽調食。

水蘇

唐・孫思邈《千金要方》卷二六《食治・菜蔬》　雞蘇　味辛，微溫，濇，無毒。主吐血，下氣。一名水蘇。

宋・唐慎微《證類本草》卷二八菜部中品〔《本經・別錄》〕　**水蘇　味辛，微溫**，無毒。主下氣，殺穀，除飲食，**辟口臭，去毒，辟惡氣。久服通神明，輕身耐老。**主吐血、衄血、血崩。一名雞蘇，一名勞祖，一名芥葅音祖，一名芥苴七餘切。生九真池澤。七月采。

〔梁・陶弘景《本草經集注》〕云： 方藥不用，俗中莫識。九真遼遠，亦無能訪之。

〔唐・蘇敬《唐本草》〕注云： 此蘇生下濕水側，苗似旋覆，兩葉相當，大香馥。青、齊、河間人名爲水蘇，江左名爲薺薴，吳會謂之雞蘇。主吐血、衄血，下氣，消穀，大效。而陶更於菜部出雞蘇，誤矣。今以雞蘇之一名，復申吐血、衄血、血崩六字也。

〔宋・掌禹錫《嘉祐本草》〕按：《蜀本圖經》云： 葉似白薇，兩葉相當，花生節間，紫白色，味辛而香，六月採莖葉，日乾。陳藏器云： 薺薴，葉上有毛，稍長，氣臭，除蟻瘻，挼碎傅之。亦主冷氣洩痢，可爲生菜，除胃間酸水。孟詵云： 雞蘇，一名水蘇。熟擣生葉，綿裹塞耳。療聾。又，頭風目眩者，以清酒煮汁一升服。產後中風，服之彌佳。可燒作灰汁及以煮汁，洗頭令髮香，白屑不生。又，收訖釀酒及漬酒，常服之佳。日華子云： 雞蘇，暖。治肺痿，崩中，帶下，血痢，頭風目眩，產後中風及血不止。又名臭蘇、青白蘇。

〔宋・蘇頌《本草圖經》〕曰： 水蘇，生九真池澤，今處處有之。多生水岸傍，苗似旋覆，兩葉相當，大香馥，青、濟間呼爲水蘇，江左名爲薺薴，吳會謂之雞蘇。南人多以作菜。主諸氣疾及脚腫。江北甚多，而人不取食。又江左人謂雞蘇、水蘇是兩種。陳藏器謂薺薴自是一物，非水蘇。水蘇葉有雁齒，香薷氣辛，薺薴葉上有毛，稍長，氣臭。主冷氣洩痢，可爲生菜。除胃間酸水，亦可擣傅蟻螻。亦有石上生者，名石薺薴，紫花細葉，高一二尺，葉辛，溫，無毒。主風血冷氣，并瘡疥，痔漏下血，並煮汁服，山中人多用之。

〔宋・唐慎微《證類本草》〕《梅師方》： 治吐血及下血并婦人漏下。雞蘇莖、葉煎取汁，飲之。又方： 治鼻衄血不止。生雞蘇五合，香豉二合，合杵研，搓如棗核大，內鼻中，止。又方： 卒漏血欲死，煮一升服之。

宋・寇宗奭《本草衍義》卷一九 水蘇 氣味與紫蘇不同，辛而不和，然一如蘇，但面不紫，及周圍槎牙如雁齒，香少。

宋・鄭樵《通志》卷七五《昆蟲草木略》 水蘇 曰雞蘇，曰勞祖，曰芥葅，曰芥苴，曰臭蘇，曰青白蘇。今人皆呼雞蘇，亦呼水蘇，不可食。

宋・劉明之《圖經本草藥性總論》卷下 雞蘇 味辛，微溫，無毒。主下氣，殺穀，除飲食辟惡氣，主吐血衄血血崩。孟詵云： 擣生葉，緜裹塞耳，療聾。又治頭風目眩，產後中風。日華子云： 暖。治肺痿，崩中帶下，血痢，頭風目眩，產後中風，及血不止。一名水蘇。

宋・陳衍《寶慶本草折衷》卷二〇 水蘇〇薺薴附。 一名龍腦薄荷，見續說。一名雞蘇，一名勞祖，一名芥葅，一名芥苴，一名青白蘇。〇葅，音祖；苴，七余切。生九真池澤，及河間、江北、吳會，青、齊州水岸傍。〇六七月採莖、葉，日乾。〇附： 薺薴，一名臭蘇，生江右。其生石上者，名石薺薴。今並處處有之。〇薴，細耕切。 味辛，平，涼，見薄荷續說。無毒。〇主下氣，殺穀，辟口臭，去毒，辟惡氣，主吐血，衄血、血崩。〇孟詵云： 擣生葉緜裹塞耳，療聾。又頭風目眩，清酒煮汁服。產後中風，服之彌佳。〇日華子云： 治肺痿，帶下，血痢。〇《圖經》曰： 苗似旋覆，兩葉相當，主諸氣及脚腫。〇寇氏曰： 一如蘇，但面不紫，及周圍槎牙如鴈齒，香少。

附： 薺薴。〇味辛，溫，無毒。主冷氣洩痢，可為生菜。除胃間酸水，主風血瘡疥，痔漏下血，並煮汁服。亦擣傅蟻（螻）〔瘻〕。葉上有毛，稍長，氣臭。又石薺薴，紫花細葉，皆非水蘇也。

續說云： 水蘇及茵蔯蒿，俱名龍腦薄荷。《局方》用龍腦薄荷多矣。許洪悉引水蘇性用註之於下，然水蘇又名雞蘇。《局方》龍腦、雞蘇元等亦註雞蘇為龍腦薄荷。先賢慮後人惑於名稱之同，用之差誤，故屢加註釋焉。當知《局方》中凡用龍腦薄荷者，實水蘇也，非茵蔯蒿也。

元・尚從善《本草元命苞》卷九 水蘇 又曰雞蘇。味辛，微溫，無毒。除飲食殺穀，辟口臭去毒。治肺痿吐血，崩中帶下。療痔漏下血，洩痢赤白。主頭目昏眩，除胃間酸水。擣汁傅蟻螻瘡。

元・吳瑞《日用本草》卷七 水蘇 一名雞蘇，俗呼為龍腦薄荷。味辛，微溫，無毒。主下氣，殺穀，辟口臭，吐血、衄血、血崩，以雞蘇莖葉煎取汁飲之。鼻衄不止，以生雞蘇、香豉，合杵研，搓如棗大，內入鼻中即止。

明・王綸《本草集要》卷五 水蘇一名雞蘇。 味辛，氣微溫，無毒。七月採。主吐衄血，血崩血痢，產後中風，下氣，辟口臭，去毒，辟惡氣。久服通神明，輕身耐老。

明・滕弘《神農本經會通》卷五 水蘇 一名鷄蘇。七月採。味辛，氣微溫，無毒。《本經》云： 主下氣，殺穀，除飲食，辟口臭，去毒，辟惡氣，久服通神明，輕身耐老。主吐血、衄血、血崩。孟詵云： 熟擣生葉，緜裹塞耳，療聾。又頭風目眩者，以清酒煮汁一升服。產後中風服之彌佳。可燒作灰汁，及以煮汁洗頭，令髮香。白屑，又將乾釀酒，及清酒常服之佳。日華子云： 鷄蘇，暖。治肺痿，崩中帶下，血痢，頭風目眩，產後中風及血不止。又名臭蘇。

明・劉文泰《本草品彙精要》卷三九 水蘇無毒。 植生。

水蘇出《神農本經》：**主下氣，殺穀，除飲食，辟口臭，去毒，辟惡氣。久服通神明，輕身耐老。**以上朱字《神農本經》。主吐血，衄血，血崩。以上黑字名醫所錄。〔名〕雞蘇、勞祖、芥葅音祖、芥苴七余切。〔苗〕《圖經》曰：水蘇乃雞蘇也。此種多生水岸傍，苗似旋覆，兩葉相當，大香馥，花生節間，紫白色。青、齊間呼爲水蘇，江左名爲薺薴，吳會謂之雞蘇。南人多以作菜，江北甚多，而人不取食。又江左謂雞蘇、水蘇是兩種，陳藏器謂：薺薴，自是一物，非水蘇。水蘇葉有雁齒，及有香薷氣辛。薺薴葉上有毛，稍長，氣臭爲異。《蜀本》注云：葉似白薇，兩葉相當，花生節間，紫白色，味辛而香者，即水蘇也。《衍義》曰：水蘇，氣味與紫蘇不同，辛而不和。然亦如蘇，但面不紫，及周圍槎牙和雁齒而香少也。〔地〕《圖經》曰：生九真池澤及江北甚多，今處處有之。〔時〕生：春生苗。採：六月、七月。〔收〕日乾。〔用〕莖、葉。〔色〕青白。〔味〕辛。〔性〕微溫。〔氣〕氣之厚者，陽也。〔臭〕香。〔主〕頭風，目眩。〔製〕去根，剉碎用。〔治〕療：《圖經》曰：水蘇作菜，除諸氣疾及脚腫。石薺薴，去風血冷氣，并瘡疥，痔漏，并煮汁服。日華子云：雞蘇，治肺痿，崩中，帶下，血痢，產後中風及血不止，并頭風目眩，並服之，瘥。孟詵云：水蘇，熟擣生葉，綿裹塞耳，〔療〕聾。及燒作灰淋汁或煮汁，洗頭令髮香，白屑不生。《別錄》云：莖、葉煎取汁飲，療婦人漏下。〔合治〕生雞蘇五合，合香豉二合，同杵研，搓如棗核大，內鼻中，治衄不止。

明·許希周《藥性粗評》卷三　龍腦得水蘇不衄。

水蘇，俗名龍腦薄荷也。一字茇蔄。此有二種，一種名南薄荷，葉稍厚而小，無花實。醫家多以龍腦為重，葉似荏而尖長，有花實，其根俱經冬不死，夏秋採莖葉，暴乾，亦堪生食。味辛、苦，性溫，微寒，無毒。主治傷寒賊風惡氣，心腹脹滿，霍亂，宿食不消，鼻衄不止，發汗消痰，祛風行血，愈頭痛，解肌熱，散小兒風氣。病虛者不可服。

明·王文潔《太乙仙製本草藥性大全》卷五《本草精義》　水蘇　一名鷄蘇，一名勞祖，一名芥葅，一名芥苴，一名臭水蘇、青白蘇。生九真池澤，今處處有之，多生水岸傍。苗似旋覆，兩葉相當，大香馥。青、齊間呼爲水蘇，江左名爲薺薴，吳會謂之鷄蘇，南人多以作菜。主諸氣疾及脚腫。江北甚多，而人不取食。又江左人謂鷄蘇、水蘇是兩種。陳藏器謂：薺薴自是一物，非水蘇，水蘇葉有鴈齒，香薷氣辛，薺薴葉上有毛，稍長而氣臭。主冷水洩痢，可爲生菜，除胃間酸水，亦可擣傅蟻螻。亦有石上生者，名石薺薴，紫花細葉，高一二尺。味辛，溫，無毒，主風血冷氣并瘡疥，痔漏下血，並煮汁服，山中人多用之。

明·王文潔《太乙仙製本草藥性大全》卷五《仙製藥性》　水蘇　味辛，氣微溫，無毒。主治：主下氣，殺穀辟口臭，去毒。除飲食而又靈，辟惡氣而大效。久服通神明，耐老輕身。煮汁治吐血、衄血、血崩。補註：治吐血及下血，并婦人漏下，鷄蘇莖葉煎取汁飲之。○療聾，爛擣生葉，綿包塞耳。○鼻衄血不止，生鷄蘇五合，香豉二合，合杵研末如棗核大，內鼻中止。○卒漏血欲死，煮一升服之。○頭風目眩者，以清酒煮汁一升服。產後中風服之彌佳。可燒收灰汁及以煮汁，洗頭令髮香。白眉不生，又收乾釀酒及漬酒，常服之佳。《衍義》曰：水蘇氣味與紫蘇不同，辛而不和。然一如蘇，但面不紫，及周圍槎牙如鴈齒，香妙。

明·皇甫嵩《本草發明》卷五　水蘇味辛，微溫，無毒。主下氣，殺穀，除飲食，辟口臭，去毒辟惡氣，主吐血衄血血崩，久服通神明，輕身耐老。一名雞蘇，一名芥苴。生九真池澤，今處處有之，多生水岸傍。苗似旋覆，兩葉相當，大香馥，味氣與紫蘇不同，辛而不和。一如蘇，但葉不紫及周圍槎牙如鴈齒，香薷氣，花生節間，紫白色。六月採莖葉，陰乾。青、齊間呼為水蘇，吳會謂之雞蘇。

明·李時珍《本草綱目》卷一四草部·芳草類　水蘇《本經》中品。校正：自菜部移入此。

〔釋名〕鷄蘇吳普　香蘇《肘後》　龍腦薄荷《日用》　芥葅音祖　芥苴並《別録》時珍曰：此草似蘇而好生水旁，故名水蘇，其葉辛香，可以煮鷄，故有龍腦、香蘇、鷄蘇諸名。芥葅、芥苴當作芥蘇，乃是一名而誤録爾。亦因味辛如芥，故名。宋《惠民和劑局方》，有龍腦薄荷丸，專治血病。元吳瑞《日用本草》謂即水蘇，必有所據也。周(憲)〔定〕王《救荒本草》言薄荷即鷄蘇，以生東平龍腦岡者爲良，故名；陳嘉謨《本草蒙筌》，以薄荷種於蘇州府學地名龍腦者，得名俱不同，何哉。

〔集解〕《別録》曰：水蘇生九真池澤。七月採。弘景曰：方藥不用，莫能識；九真遼遠，亦無能訪之。恭曰：此蘇生下澤水側，苗似旋覆，兩葉相當，大香馥。青、齊、河間人名爲水蘇，江左名爲薺薴，吳會謂之鷄蘇，而陶氏更於菜部出鷄蘇，誤矣。保昇曰：葉似白薇，兩葉相當，花生節間，紫白色，味辛而香，六月採莖葉日乾。頌曰：水蘇處處有之，多生水岸旁。南人多以作菜。江北甚多，而人不取食。又江左人謂鷄蘇、水蘇是兩種。陳藏器謂薺薴自是一物，非水蘇。水蘇葉有雁齒，氣香而辛；薺薴

葉上有毛，稍長，氣臭也。又茵蔯注云：江南所用茵蔯，莖葉都似家茵蔯而大，高三四尺，氣極芬香，味甘辛，俗名龍腦薄荷。宗奭曰：水蘇氣味與紫蘇不同，辛而不和，然狀一如蘇。但面不紫，及周圍槎牙如雁齒耳。瑞曰：水蘇即鷄蘇，俗呼爲龍腦薄荷。時珍曰：水蘇、薺薴一類二種爾。水蘇氣香，薺薴氣臭爲異。水蘇三月生苗，方莖中虚，葉似蘇葉而微長，密齒，面皺色青，對節生，氣甚辛烈。六七月開花成穗，如蘇穗，水紅色。穗中有細子，狀如荆芥子，可種易生，宿根亦自生。沃地者苗高四五尺。

莖葉〔氣味〕辛，微温，無毒。〔主治〕下氣殺穀，除飲食，辟口臭，去邪毒，辟惡氣。久服神通神明，輕身耐老《本經》。主吐血、衄血、血崩《别録》。治肺痿血痢，崩中帶下日華。主諸氣疾及脚腫蘇頌。釀酒漬酒及酒煮汁常服，治頭風目眩，及産後中風。惡血不止，服之彌妙孟詵。作生菜食，除胃間酸水時珍。

〔發明〕時珍曰：鷄蘇之功，專於理血下氣，清肺辟惡消穀，故《太平和劑局方》治吐血衄血、唾血咳血、下血血淋、口臭口苦、口甜喉腥、邪熱諸病，有龍腦薄荷丸方，藥多不録。用治血病，果有殊效也。

〔附方〕舊六，新九。

漏血欲死：鷄蘇煮汁一升服之。《梅師方》。

吐血下血：鷄蘇莖葉煎汁飲之。《梅師方》。

吐血咳嗽：龍腦薄荷焙研末，米飲服一錢，取效。

衄血不止：《梅師方》用鷄蘇五合，香豉二合，同搗，搓如棗核大，納鼻孔中，即止。《聖惠方》用鷄蘇二兩，防風一兩，爲末。每服二錢，温水下，仍以葉塞鼻。《普濟方》用龍腦薄荷、生地黄等分，爲末，冷水服。

腦熱鼻淵：肺壅多涕。鷄蘇葉、麥門冬、川芎藭、桑白皮炒、黄芪炙、甘草炙、生地黄焙，等分爲末，煉蜜丸梧子大。每服四十丸，人參湯下。《聖濟總録》。

風熱頭痛：熱結上焦，致生風氣，痰厥頭痛。用水蘇葉五兩，皂莢炙去皮子三兩，芫花醋炒焦一兩，爲末，煉蜜丸梧子大，每服二十丸，食後荆芥湯下。《聖惠方》。

耳卒聾閉：鷄蘇葉生搗，綿裹塞之。孟詵《食療》。

沐髮令香：鷄蘇煮汁，或燒灰淋汁，沐之。《普濟》。

頭生白屑：方同上。

暑月目昏：多眵淚生。龍腦薄荷葉搗爛，生絹絞汁，點之。《聖濟總録》。

霍亂困篤：鷄蘇三兩，水二升，煎一升，分三服。《聖惠》。

中諸魚毒：香蘇濃煮汁飲之，良。《肘後方》。

蛇虺螫傷：龍腦薄荷葉研末，酒服，並塗之。《易簡方》。

明・梅得春《藥性會元》卷中　雞蘇　味辛，氣微溫，無毒。一名水蘇。主下氣殺穀，消飲食，辟口臭，去毒，辟惡氣，吐血衄血崩中。生九月，生池澤中。

明・吴文炳《藥性全備食物本草》卷一　水蘇　味辛，氣微溫，無毒。主下氣，殺穀，辟口臭，去毒，除飲食毒，辟惡氣，久服通神明，耐老輕身，煮汁治吐血。《衍義》云：水蘇氣味與紫蘇不同，辛而不和。然一如蘇，但面不紫，及周圍槎牙如雁齒，香妙。

明・姚可成《食物本草》卷一九草部・芳草類　水蘇處處有之，多生水岸旁。三月生苗，方莖中虛。葉似蘇葉而微長，密齒，面皺色青，對節生。氣甚辛烈。六七月開花成穗如蘇穗，水紅色。穗中有細子，狀如荊芥子。可種易生，宿根亦自生。沃地者苗高四五尺，南人多以作菜，或以煮雞。江北甚多，而人不取食。

水蘇莖葉　味辛，微溫，無毒。主下氣，殺穀，除飲食，辟口臭，去邪毒，辟惡氣。久服通神明，輕身耐老。主吐血衄血，血崩，治肺痿，血痢，崩中帶下，主諸氣疾及脚腫。釀酒，清酒及酒煮汁常服，治頭風目眩及產後中風。惡血不止，服之彌紗。作生菜食，除胃間酸水。

明・盧之頤《本草乘雅半偈》帙四　水蘇《本經》中品　氣味　辛，微溫，無毒。主治：主下氣，殺穀，除飲食，辟口臭，去邪毒，辟惡氣。久服通神明，輕身耐老。

清・劉雲密《本草述》卷八下　水蘇　**【略】**

水蘇子不如紫蘇子，因紫蘇子以八月開花結穗，水蘇子於六月、七月結穗也。

莖葉：氣味：辛，微溫，無毒。主治：下氣，辟惡氣，療吐血衄血，崩中帶下，肺痿，血痢。酒煮汁服，治頭風目眩，及產後中風，惡血不止。作生菜食，除胃間酸水。時珍曰：雞蘇之功，專於理血下氣，清肺辟惡，消穀，故《太平和劑局方》治吐血衄血，唾血欬血，下血血淋，口臭口苦，口甜喉腥，邪熱諸病。有龍腦薄荷丸，方藥多不錄用，治血病果有殊效也。

愚按：水蘇之氣味，《本經》辛，微溫，嘗之亦先辛而後甘，似與紫蘇不甚異。但其辛者勝，其葉面青而背紫耳。紫蘇之用如彼，乃水蘇謂專於理血者，何哉？蓋蘇皆禀氣之溫，味之辛，皆為火中之金。第其味之辛者，勝於紫蘇，而氣之溫者，又遜之。且采以七月，取乘金之進氣也。夫金以火為主，火以金為用，二者固相合而相須耳。然五行有遞為君之時，亦因於成功退而將來進也。如紫蘇葉之面背俱紫，固已全禀乎火之氣矣，其采於五月者，因其時以全其氣也。如水蘇葉之面青背紫，固已不全禀乎火之氣矣，其采以七月者，因於火之退氣，乘乎金之進氣也，全乎火之氣者。金為

火用，俾火得化水而為血，故心主脈，脈舍血，雖則化血，總以全其大火之氣也。若乘乎金之氣者，火又藉金以為用，俾火之化水為血者，仍行其清化，使胃生之，脾統之，肝藏之，而火更得因此以宿於水焉。金以火為主，故陰得陽而血化，火以金為用，故陽得陰而氣清，此紫蘇、水蘇之功殊也。要皆不離乎血耳。第血化而氣益暢，似歸功於氣者，紫蘇也。氣清而血得靜，似歸功於血者，水蘇也。此所謂升降相因，即金水相媾之玄機也。夫水火之升降，全藉於木與金，金以火為主，而木又以金為主，如火中之金不得司其涼降，則肝之徒陰而達陽於上者，上而不得陽中之陰接引，將木火相煽，而邪熱益熾矣。以此思之，則如吐衄咳唾血證，口之苦甜而臭，喉之作腥，謂如茲味由火而得，獨專其金氣者，猶不能以奏功歟。雖然，血固心主之，胃生之，然使血歸其所藏而能納之於血海者，則在肝也。肝之所以能納血者，由肺之氣能歸於胃，以至肝也。肺氣之所以能歸於胃者，全由涼降之氣，使火就金，妻而宅水於中，木依水母，而隨金以下，升已而降，不致木火之相煽也。《經》曰：傷肺者，脾氣不守，胃氣不清，經氣不為，使真臟壞決，經脈傍絕，五臟漏泄，不衄則嘔。合之經義，則由火中之金，而金司職者，猶不能令血歸其臟，而致為逆為漏，以患於吐衄諸證歟。是此味於血證有殊效者，緣不以苦寒退血中之火，而以火中之金氣和之，握生化之機權，以為升降，所謂火得歸宿於水者，是《本經》首言下氣，大可絫也。抑其療風者，謂何？曰：風臟即血臟，寧有二治。然即其療風則愈，知此味之專於理血以化氣矣。葢風之為病，亦陽不化也。先哲治血證，如龍腦雞蘇丸，衄血生料雞蘇散，吐血雞蘇散，咳唾血大阿膠丸，內大用雞蘇。又治虛熱嗽血衄血，有雞蘇丸，如斯者不能盡舉。然大都逆上之血用之得宜，的有殊效。先哲豈欺我哉？似施於下行之血不宜，在方書中治下血者亦少也。

附方　衄血不止，雞蘇葉、生地黃等分，為末，冷水服。　腦熱鼻淵，肺壅多涕，雞蘇葉、麥門冬、川芎藭、桑白皮炒、黃芪、炙甘草、生地黃焙，等分，為末，煉蜜丸梧子大，每服四十丸，人參湯下。　風熱頭痛，熱結上焦，致生風氣痰厥頭痛，用水蘇葉五兩，皂莢炙去皮子三兩，芫花醋炒焦一兩，為末，煉蜜丸梧子大，每服二十丸，食後荊芥湯下。

采取適時　采莖葉、紫蘇以五月。水蘇則七月。紫蘇子於九月半枯時收，如市肆莖葉子多於霜後，采取後時，則氣味俱失，何可用也。

清·蔣居祉《本草擇要綱目·溫性藥品》　水蘇一名龍腦薄荷。莖葉氣味：辛，微溫，無毒。　主治：水蘇之功，專於理血下氣，清肺，辟惡消穀，故《太平和濟局方》治吐血衄血，唾血欬血，下血血淋，口臭口苦，口甜喉腥，邪熱諸病。有龍腦薄荷丸，方藥多不錄，用治血病，果有殊效。

清·汪昂《本草備要》卷一　鷄蘇一名水蘇，一名龍腦薄荷。輕，宣，散熱，理血。辛而微溫。清肺下氣理血，辟惡而消穀。治頭風目眩，肺痿血痢，吐衄崩淋，喉腥口臭，邪熱諸病。《局方》有龍腦鷄蘇丸。　方莖中虛，似蘇葉而微長，密齒面皺，氣甚辛烈。

清·张璐《本經逢原》卷二　水蘇一名雞蘇。　辛，溫，無毒。子名荏子。《本經》下氣殺穀，除飲食，辟口臭，去邪毒，辟惡氣。　發明：水蘇即蘇之野生，色青者其氣芳香，故《本經》所主一皆胃病，專取芳香正氣之義。《局方》用治血病者，取以解散血中之氣也。氣散則血亦散矣。

清·吳儀洛《本草從新》卷一　雞蘇〔輕，散熱理血。〕一名水蘇，一名龍腦薄荷。辛而微溫。清肺下氣，理血，辟惡，消穀。治頭風目眩，肺痿血痢，吐衄崩淋，喉腥口臭，邪熱諸病。辛烈之物，走散真氣，虛者宜慎。方莖中虛，似蘇葉而微長，密齒面皺。

清·汪紱《醫林纂要探源》卷二　雞蘇　辛，溫。今曰大葉薄荷，實非也。方莖中空，葉似白蘇稍長，旁多小刻，氣辛烈。補肝瀉肺，下氣理血。功用略似紫蘇，而解表不如。亦略似薄荷，而清涼不及。

題清·徐大椿《藥性切用》卷三　雞蘇　即水蘇。又名龍腦薄荷。性味雖與紫蘇相近，但辛烈走氣，不入湯劑。

清·黃宮繡《本草求真》卷七　雞蘇溫利下焦，血分瘀滯。　雞蘇耑入腸胃。即龍腦薄荷也。又名水蘇，生於水旁。係野生之物，味辛微溫。功有類於蘇薄，但蘇薄其性稍涼，水蘇其性稍溫；蘇薄其性主升，水蘇其性主降；蘇薄多於氣分疎散，水蘇多於血分溫利，故凡肺氣上逆，而見頭風目眩，與血瘀血熱，而見肺痿血痢，吐衄崩淋，喉腥口臭邪熱等病者，皆當用此宣泄。《太平和劑局方》有龍腦薄荷丸。俾熱除血止，而病自可以愈矣。但表疏汗出，其切忌焉。方莖中虛，似蘇葉而微長，齒面皺，氣甚辛烈。

清·楊時泰《本草述鉤元》卷八　水蘇　即雞蘇，俗呼為龍腦薄荷。以生東平龍腦岡者為良。三月生苗，方莖中虛，葉似蘇葉而微長，面皺色青，密

齒紫背，氣甚辛烈，六七月開水紅花，成穗結子如荊芥。沃地者，苗高四五尺。其子不如紫蘇，因紫蘇以八月開花結子，而水蘇子早，非稟金氣之厚也。

莖葉味辛，氣微溫。主治下氣，辟惡氣，療吐血衄血、肺痿、崩中，帶下、血痢。酒煮汁服，治頭風目眩及產後中風，惡血不止。作生菜食，除胃間酸水。其功專於理血下氣。大都逆上之血用之的有殊效。清肺辟惡消穀，故《局方》治吐衄欬唾，下血血淋，口臭苦甜喉腥諸病，有龍腦薄荷丸。衄血不止，雞蘇葉、生地等分，為末，冷水服。腦熱鼻淵，肺壅多涕，雞蘇葉、麥冬、川芎、桑白皮炒、黃芪、炙草、生地等分，為末，煉蜜丸梧子大，每服四十丸，人參湯下。風熱頭痛，熱結上焦，致生風氣。痰厥頭痛，水蘇葉五兩、皂莢炙去皮子三兩、芫花醋炒焦一兩，為末，煉蜜丸梧子大，每服二十丸，食後荊芥湯下。

論：紫蘇、水蘇，味皆辛，氣皆溫，皆為火中之金，第水蘇辛味勝於紫蘇，而氣之溫則遜之，且采以七月，取乘金之進氣也。夫金以火為主，火以金為用，二者固相合而相須，然五行有遞為君之時，因於成功退而將來進也。如紫蘇葉面背俱紫，已全稟乎火之氣矣，又采於五月，因其時以全其氣也。水蘇葉面青背紫，已不全稟乎火之氣矣，采以七月，則因於火之退氣，乘乎金之進氣也。全乎火之氣者，金為火用，俾火得化水而為血，故心主脈，脈舍血，雖則化血，總以全其大火之氣也。若乘乎金之氣者，火又藉金以為用，俾火之化水為血者，仍行其清化，使胃生之，脾統之，肝藏之，而火更因此以宿於水焉。金以火為主，故陰得陽而血化，血化而氣益暢，似歸功於氣者，紫蘇也。火以金為用，故陽得陰而氣清，氣清而血得靜，似歸功於血者，水蘇也。夫水火之升降，全藉於木與金，金以火為主，而木又以金為主，如火中之金不得司其涼降，則肝之從陰而達於上者，不得陽中之陰接引，將木火交煽而邪熱益熾矣。水蘇由火而獨專其金氣，有不奏功於吐衄欬唾喉腥口臭及苦甜者歟。雖然，血固心主之，胃生之，能使歸其所藏而納之血海者，則肝也。肝之所以能納血者，由肺之氣能歸於胃，以至肝也。肺氣所以能歸於胃者，全由涼降之氣，使火就金妻而宅水於中，木依水母而隨金以下，升已而降，不致木火之相煽也。《經》曰：傷肺者脾氣不守，胃氣不清，經氣不為使，真藏壞決，經脈傍絕，五藏漏泄，不衄則嘔。繹此則由火中之金，而金得司其職者，猶不能令血歸其藏而致逆漏歟。此味於血證有殊效者，緣不以苦寒退血中之火，而以火中之金氣和之，握生化之機權以為升降，所謂火得歸宿於水者，是《本經》首言下氣，理固可參，而又能療風，可愈知其專於理血以化氣矣。

采取適時：紫蘇以五月，水蘇則七月，紫蘇子九月半枯時收。如市肆莖葉子多於霜後采取，後時則氣味俱失，何可用。

清·葉桂《本草再新》卷一 雞蘇味辛，性溫，無毒。入肺經。 清肺下氣，理血辟惡，消穀，治頭風目眩，肺痿血痢，吐衄崩淋。

清·吳其濬《植物名實圖考》卷二五 水蘇 《本經》中品，即雞蘇。澤地多有之。李時珍辨別水蘇、薺寧，一類二種，極確。昔人煎雞蘇為飲，今則紫蘇盛行，而菜與飲皆不復用雞蘇矣。

雩婁農曰：水蘇、雞蘇，自是一物。《日用本草》亦云爾，然謂即龍腦薄荷。今吳中以糖製之為餌，味即薄荷，而葉頗寬，無有知為水蘇者。東坡詩：道人解作雞蘇水，稚子能煎鸎粟湯。《本草衍義》：紫蘇氣香，味辛甘，能散，今人朝暮飲紫蘇湯，甚無益。醫家謂芳草致豪貴之疾，此有一焉。水蘇氣薄味平，何堪作飲？或取屬對之工。

清·趙其光《本草求原》卷二芳草部 雞蘇一名水蘇，一名龍腦薄荷。 氣微溫，味辛，無毒。氣味同紫蘇，但紫蘇溫勝於辛，葉背面皆紫，蓄於五月，得火之旺氣，功歸於暢氣，氣暢而血亦化也。水蘇，辛勝於溫，葉面青，蓄於七月，得金之進氣，功歸於益血，血益而氣亦清也，故不同。 主下氣，肺肅降以和火，使火歸宿水中，是氣得血而愈清也。惡氣，辛香能辟。消穀，肝能散精之效。治吐衄血，咳唾血，下血，血淋，血痢，崩漏，肝氣溫達，則能藏血而納於血海。況肺得清化以降，則木隨金下，升已而降，不致木火相煽而妄行。 頭風目眩，產後中風，血少則肝陽不化而病風，理血以化氣，則風木自治。 口甜苦，口臭，喉腥，邪熱諸病。皆肺氣清化之效。

又按：《經》云：傷肺者，脾氣不守，胃氣不清，經氣不為使，經脈傍絕，五臟漏泄，不衄則嘔。可知血病由於肝氣不升，更由於肺不肅降，徒以苦寒退血熱，何若此等金木合治之為得哉。

方莖，中虛，似蘇葉而微長，密齒面皺。七月時收，霜後采則氣味失。

清·葉志詵《神農本草經贊》卷二 水蘇 味辛，微溫。主下氣，辟口臭，去毒辟惡。久服通神明，輕身耐老。生池澤。

似荏如蘇，水濱湫隘。虛植方莖，叢生對節。齒錯參差，腦含辛烈。調飪烹雞，蘸苴名別。

李時珍曰：蘇乃荏類，此草似蘇，好生水旁，三月生苗，方莖中虛，色

青，葉對節生。寇宗奭曰：葉槎牙如雁齒。吳瑞曰：俗呼龍腦薄荷。梅堯臣詩：羶腥失調飪。李時珍曰：其葉辛香，可以煮雞，故名雞蘇。名醫曰：一名芥葅，一名芥苴。

清·文晟《新編六書》卷六《藥性摘錄》 雞蘇 即龍腦薄荷，又名水蘇。係野生之物。味辛，微溫。入腸、胃。溫利下焦血分，瘀滯。凡肺氣上逆，而見頭風目眩，與血瘀血熱，而見肺痿血痢，吐衄崩淋，喉腥口臭邪熱等症，皆當用此宣滯。〇但表疎汗出，切忌。〇方莖中虛，似蘇葉而微長齒，面緺，氣甚辛烈。

清·戴葆元《本草綱目易知錄》卷一 雞蘇龍腦薄荷。 辛而微溫。清肺下氣，理血辟惡，消食解暑。治頭風目眩，氣疾脚腫，肺痿咳嗽，吐衄唾咳，淋痢諸血，喉腥口臭，女人血崩帶下，產後中風，惡血不止。作茹食，除胃中酸水。【略】葆按：吾鄉植園或蒔缸內，以其葉大，名大葉薄荷，作茗芳香，解暑邪。

薺薴

明·皇甫嵩《本草發明》卷五 薺寧 葉上有毛稍長，氣臭。主冷氣洩痢，可為生菜。除胃間酸水，亦可搗傅蟻瘻。有石上生者，名石薺寧，紫花，細葉，高一二尺。味辛，溫。主風血冷氣，并瘡疥痔漏下血，並煮汁服。山中人多用之。江左以水蘇名薺寧，多以作菜。此薺寧自是別種，非水蘇，故存考。

明·李時珍《本草綱目》卷一四草部·芳草類 薺薴《拾遺》

〔釋名〕臭蘇日華 青白蘇時珍曰：日華子釋水蘇云，一名臭蘇，一名青白蘇，正此草也，誤作水蘇爾。其形似水蘇而臭，似白蘇而青，故有二名。 〔集解〕藏器曰：按蘇恭言，江左名水蘇爲薺薴。按水蘇葉有雁齒，氣香而辛。薺薴葉稍長，其上有毛，氣臭，亦可爲生菜。時珍曰：薺薴處處平地有之。葉似野蘇而稍長，有毛氣臭。山人茹之，味不甚佳。

莖葉 〔氣味〕辛，溫，無毒。 〔主治〕冷氣洩痢。生食，除胸間酸水。挼碎，傅蟻瘻藏器。

明·倪朱謨《本草彙言》卷二 薺薴 味辛、苦，性溫，無毒。入手足陽明經。 即蘇之色青者。陳藏器：主冷氣洩痢，除胸中酸水。 盧不遠先生曰：三蘇同一種類，但有家蒔、野生及色香氣味之殊，故主治功力似異而同也。皆宜于水，質都柔潤，雖色香氣味，稍分厚薄，而辛溫芳烈則一。當以《本經》紫蘇爲正。顧蘇之有荏、有薺，若朮之有蒼、有白也。

明·姚可成《食物本草》卷一九草部·芳草類 薺薴處處平地有之。葉似野蘇而稍長，有毛氣臭。山人茹之，味不甚佳。 薺薴莖、葉 味辛，溫，無毒。治冷氣洩痢。生食除胸間酸水，挼碎，傅蟻瘻。

明·盧之頤《本草乘雅半偈》帙四 薺薴 氣味：辛，溫，無毒。主治：主冷氣洩痢。生食，除胸中酸水。挼碎，傅蟻瘻藏器。

覈曰：水蘇，即紫蘇。一名盧蘇，處處有之。喜生水旁，春二月皆以子種，或子着地間，次年自發。莖方葉圓，葉端有尖，邊作鋸齒，肥地者葉面背俱色紫，瘠地者僅背紫面青。七八月開花紅紫色，成穗作房，結實如芥子，臭香色褐，碎之絞液作油，甚甘美也。若葉面背色白者，即荏子，子不甚香，而葉轉辛。若葉面背青白者，即薺薴，葉上有毛而氣臭，五月采葉，七月采莖，九月采實，各取得氣之全。今市肆莖葉，多霜後采取，此已薨之本，氣味俱失，不宜用也。《別錄》另立蘇，及白蘇兩條。蘇即水蘇，白蘇即荏子，又有魚蘇、鷄蘇二種。魚蘇，即荏子同類，一名蒣蘇，狀似茵蔯，葉大而香。吳人用煮魚食，因名魚蘇。鷄蘇，一名回回蘇，莖葉俱紫，葉邊鋸齒極細密，葉面交紐若剪絨狀，宛似鷄冠，因名鷄蘇。王禎云：即水蘇之異形，故主療諸疾亦相同也。

先人云：諸蘇同一種類，但有家蒔野生，及色香氣味之殊。故主治功力，似異而同也。皆宜于水，質都柔潤，雖色香氣味稍分厚薄，而辛溫芳烈則一，當以《本經》水蘇為正。顧蘇之有荏有薺，若术之有蒼有白，何須另立門戶。

条曰：此以功用詮名，水取坎剛，以盪活潑之體。蘇則震虩，以舒陽和之用。更詳色香氣味，體性生成，致新推陳之宣劑輕劑也。故主氣下者，可使之宣發，氣上者，可使之宣攝，并可開發上焦，宣五穀味，熏膚充身澤毛若霧露之溉，故穀亦殺，毒亦去，臭惡亦辟，神明可通，輕身耐老矣。《別錄》用治吐血，衄血，及血崩，此氣不宣發宣攝，以氣如槖籥，血如波瀾，所謂欲治其血，先調其氣。若胃絡脈絕，致血衄崩潰者，更相宜也。葉則偏于宣散，莖則偏于宣通，子則兼而有之，而性稍緩。無用無體者，但可宣揚；具體具用者，復可宣攝。《別錄》又出荏子，藏器又出薺薴。荏即水蘇之色白者，易于入肺，以肺之經氣，起于中焦，上隔屬肺，乃能布氣四達故也。薺即水蘇之色青者，易于入肝，以肝之經氣，終于中焦，中焦食氣，乃能散精于肝故也。如洩痢酸水，正食氣不得散精于肝，致氣冷痿厥，遂成五飲，變生種種形證耳。水蘇獨為中

焦主，故可宣揚，復可宣攝；　茬子獨為上焦主，為經氣之始；　薺薴獨為下焦主，為經氣之終。而三蘇之揚攝，又莫不繇中焦，次第以為分屬者。然水蘇樞之屬，茬子開之屬，薺薴闔之屬矣。

清・吴其濬《植物名實圖考》卷二五　薺薴　《本草拾遺》始著錄。今河壖平野多有之。形狀如《拾遺》及李時珍所述。

石薺薴

宋・唐慎微《證類本草》卷六草部上品〔唐・陳藏器《本草拾遺》〕　石薺寧　味辛，溫，無毒。主風冷氣，并瘡疥瘙，野雞漏下血。煮汁服。生山石上。紫花細葉，高一二尺，山人並用之。

清・趙學敏《本草綱目拾遺》卷五草部下　鬼香油　汪連仕《草藥方》：鬼香油細葉者，名天香油。連根葉搗汁，其味如香油，故名。　李氏《草秘》：　鬼香油苗葉如香薷。

一人大腿腫痛二三月，有膿内潰，不得出，垂危。罨上，即破膿出，數服而愈。以此草汁調敷藥。尤妙。　治諸癧腫毒，冬瓜癰，附骨疽《李氏草秘》。冬瓜癰、附骨疽，用此草加甘草一錢，入醬板鹽花搗罨有效。潤肌膚，滋顔色，敗瘡毒，土人止蛇咬蜂螫蛓毛傷，取葉擦之汪連仕《草藥方》。

清・吴其濬《植物名實圖考》卷二五　石薺寧　《本草拾遺》始著錄。方莖對節，正似水蘇，高僅尺餘，葉大如指甲，有小毛。滇南呼為小魚仙草。或以其似蘇而小，因蘇字從魚，而為隱語耶。

七星劍

清・何諫《生草藥性備要》卷下　七星劍　味香，性辛。專治癲狗、毒蛇、惡物咬傷，理跌打，敷大瘡等症。葉似桃、柳，花如珍珠。根、枝、花、葉俱是對面所生，梗圓。此藥寔出在外省名山，移來栽種為真。今有本地老虎鬚相似，可以亂之，但取藥請祈諒之，擇用可也。

清・趙其光《本草求原》卷三隰草部　老虎鬚　俗名七星劍，而葉不對門。苦，溫。止咳化痰，敷瘡毒，理跌打，散血。

清・趙其光《本草求原》卷三隰草部　獨行千里即七星劍。　香，辛，溫。治癲狗、毒蛇、惡物咬傷，雖死，尚有氣，取汁灌之即生。蛇瘡、陰疽大瘡，服兼敷。理跌打。葉似桃柳而碎細，花如珍珠，根枝花葉俱對門生。

透骨草

明・朱橚《救荒本草》卷上之後　透骨草　一名天芝蔴。生中牟荒野中。苗高三四尺，莖方，窊面四楞，其莖脚紫，對節分生莖叉，葉似茼蒿葉而多花叉；　葉皆對生，莖節間攢開粉紅花，結子似胡麻子。葉味苦。　救飢：　採嫩苗葉煠熟，水浸去苦味，淘淨，油鹽調食。　治病：　今人傳説採苗搗傅腫毒。

清・吴其濬《植物名實圖考》卷一二　透骨草　《救荒本草》：　今人傳説，採苗搗傅腫毒。《本草綱目》：　透骨草治筋骨一切風濕疼痛、攣縮、寒濕脚氣。《孫氏集效方》：　治癘風，遍身瘡癬，用透骨草、苦參、大黄、雄黄各五錢，研末，煎湯，於密室中席圍先熏，至汗出如雨淋洗之。《普濟方》：　治反胃吐食，透骨草獨科、蒼耳、生牡蠣各一錢，薑三片，水煎服。楊誠《經驗方》：　治一切腫毒初起，用透骨草、漏蘆、防風、地榆等分，煎湯綿蘸，乘熱不住盪之，二三日，即愈。

望江青

清・趙學敏《本草綱目拾遺》卷三草部上　望江青　一名還精草、玉星草、銀脚鷺鷥、血見愁，穀雨後發苗，生澤旁湖岸，方莖中空，葉狹長而尖，有鋸齒，對節，小滿後抽莖，開花成穗，細紫，層層而上，寒露時枯根多鬚，節間方而白，極長，亦空明，根尤妙。　王聖俞云：　銀脚鷺鷥，葉似胡麻而小，直莖可尺許長，其葉對生，根絕類水芹，味甘而多津液，採而以蜜拌蒸食，治肺虚失音，及久服最益人。西湖諸山皆有之，據此則似另一種，蓋望江青根白而不長，若長者，乃銀脚鷺鷥也。並存以俟考。　李氏《草秘》：　望江青，俗呼天芝麻。以其葉似芝麻葉也。　方梗，對節生葉，至春節間開紅紫花，生水溝澤邊，形微似諸蘭草。

涼苦。《百草鏡》：　性寒而味微苦，入肺經，吐血服之，生精還力，除溼熱，去星障，療肺癰，勞力傷，脱力黄，同金器煎服，愈驚風。

治打傷撲傷，最活血，搗汁沖酒服，渣罨傷處。一人閃足，痛不能舉。無苗，尋其根，搗汁入煎劑三服而愈。同牛膝、芍藥、當歸、獨活、玉釵草、活血丹、七葉草、五爪龍、放棒行、金雀腦、覆絲藤、擨草等，和勻搗汁，加酒服之，損傷垂死，但得入咽可生。並治諸爛痛瘡癬，吐血亦效。　目中去星翳障：《百草鏡》：　望江青一兩，羊肝一具，同豆腐煮食。　吐血：　白蜜二兩，隔

湯頓熟，望江青一兩，煎汁沖蜜服。不論遠年新起一切血症，二服除根。嘉慶三年，予僕孫成患血症甚劇，得此方而愈。但服此藥後，每服須吃桂圓五觔，二服吃十觔，方無後患。此藥服後，人如醉，惺惺然欲睡，一週時自愈。再得燕窩粥培元更妙。

乳癰乳核：《秋泉家秘》祖傳天下第一奇方：專治乳癰乳核腫硬大者，服之即内消。用九龍川，即龍見怕，一兩，細葉冬青，即山黄楊，五錢，龍爪紫金鞭，即馬鞭草，又名龍爪草，一兩，金翦刀三錢，九節金絲草，即望江青，五錢，遍地金龍草，即地五爪，三錢，用無灰酒二盌，加香櫞葉或橘葉十餘片，煎鍾半，飢時隨量二三次服之，渣再煎服。絕瘧：望江青乾者五錢，煎酒服。予表戚張石港，生平常服望江青，每日用乾者三錢，北棗六枚同煎食，如是三年，身輕脚健，終身無疾，其功不下參也。

零陵香

宋・唐慎微《證類本草》卷三〇有名未用・草木〔《别録》〕 蕙實 味辛。主明目，補中。〇根莖中涕：療傷寒，寒熱，出汗，中風，面腫，消渴，熱中，逐水。生魯山平澤。

〔宋・掌禹錫《嘉祐本草》〕按：陳藏器云：五月收，味辛，香，明目，正應是蘭蕙之蕙。

宋・唐慎微《證類本草》卷三〇有名未用〔《别録》〕 薰草 味甘，平，無毒。主明目，止淚，療洩精，去臭惡氣，傷寒頭痛，上氣，腰痛。一名蕙草。生下濕地，三月採，陰乾，脱節者良。

〔梁・陶弘景《本草經集注》〕云：俗人呼鷰草，狀如茅而香者爲薰草，人家頗種之。《藥録》云：葉如麻，兩兩相對。《山海經》云：薰草，麻葉而方莖，赤花而黑實，氣如蘼蕪，可以已癘。今市人皆用鷰草，此則非。今詩書家多用蕙語，而竟不知是何草。尚其名而迷其實，皆此類也。

〔宋・掌禹錫《嘉祐本草》〕按：《藥性論》云：薰草，亦可單用。味苦，無毒。能治鼻中息肉，鼻齆，主泄精。陳藏器云：薰，即蕙根，此即是零陵香。一名燕草。

晉・嵇含《南方草木狀》卷上草類 蕙 蕙草，一名熏草。葉如麻，兩兩相對。氣如蘼蕪，可以止癘。出南海。凡草木之華者，春華者冬秀，夏華者春秀，秋華者夏秀，冬華者秋秀，其華竟歲，故婦女之首，四時未嘗無華也。

唐・歐陽詢《藝文類聚》卷八一 蕙 《廣雅》曰：蕙草，緑葉紫花。魏武帝以為香，燒之。《離騷》曰：川谷徑復流潺湲，光風轉蕙汜崇蘭。又曰：樹蕙之百畝。又曰：薜荔拍兮蕙綢。《山海經》曰：天帝之山，其下多蕙。外山之下，其草蕙。

詩 漢繁欽《詠蕙詩》曰：蕙草生山北，託身失所依。植根陰崖側，夙夜懼危頹。寒泉浸我根，凄風常徘徊。三光照八極，獨不蒙餘暉。葩葉非彫瘁，凝露不暇晞。百卉皆含榮，己獨失時姿。比我英芳發，鶗鴂鳴已哀。

宋・唐慎微《證類本草》卷九草部中品〔宋・馬志《開寶本草》〕 零陵香 味甘，平，無毒。主惡氣疰，心腹痛滿，下氣。令體香，和諸香，作湯丸用之，得酒良。生零陵山谷。葉如羅勒。《南越志》名燕草，又名薰草，即香草也。《山海經》云：薰草，麻葉方莖，氣如蘼蕪，可以止癘，即零陵香也。今附。

〔宋・掌禹錫《嘉祐本草》〕按：陳藏器云：薰草，明目止淚，療洩精，去邪惡氣，傷寒頭疼。一名蕙草。生下濕地，三月採，陰乾。脱節者良。按：薰草，即蕙根也。葉如麻，兩兩相對，此即是零陵香也。日華子云：治血氣腹脹，酒煎服莖、葉。

〔宋・蘇頌《本草圖經》〕曰：零陵香，生零陵山谷，今湖嶺諸州皆有之，多生下濕地。葉如麻，兩兩相對，莖方，氣如蘼蕪，常以七月中旬開花，至香，古所謂薰草是也。或云蕙草，亦此也。又云：其莖、葉謂之蕙，其根謂之薰。三月採，脱節者良。今嶺南收之，皆作窨竈以火炭焙乾，令黄色乃佳。江淮間亦有土生者，作香亦可用，但不及湖嶺者芬薰耳。古方但用薰草，而不用零陵香。今合香家及面膏、澡豆諸法皆用之，都下市肆貨之甚多。

〔宋・唐慎微《證類本草》〕《唐本》注：生水山間，可和諸香，煮汁飲之亦宜。合衣中香。《海藥》云：謹按《山海經》，生廣南山谷。陳氏云：地名零陵，故以地爲名。味辛，溫，無毒。主風邪衝心，牙車腫痛，虚勞疳䘌。凡是齒痛，煎含良。得升麻、細辛善。不宜多服，令人氣喘。

宋・沈括《夢溪筆談》卷三《補筆談》 零陵香 本名蕙，古之蘭蕙是也。又名薰。《左傳》曰一薰一蕕，十年尚猶有臭，即此草也。唐人謂之鈴鈴香，亦謂之鈴子香。謂花倒懸枝間如小鈴也。至今京師人買零陵香，須擇有鈴子者。鈴子乃其花也。此本鄙語，文士以湖南零陵郡遂附會名之。後人又收入《本草》，殊不知《本草》正經自有薰草條，又名蕙草，注釋甚明。南方處處有。《本草》附會其名，言出零陵郡，非也。

宋・寇宗奭《本草衍義》卷一〇 零陵香 至枯乾猶香，入藥絕可用。婦人浸油飾髮，香無以加，此即蕙草是也。

宋・鄭樵《通志》卷七五《昆蟲草木略》　蘭　即蕙，蕙即薰，薰即零陵香。《楚辭》云：滋蘭九畹，植蕙百畝。互言也。古方謂之薰草，故《名醫別錄》出薰草條。近方謂之零陵香，故《開寶本草》出零陵香條。《神農本經》謂之蘭茝，昔修《本草》以二條貫於蘭後，明一物也。臣謹案：蘭舊名煎澤草，婦人和油澤頭，故以名焉。《南越志》云：零陵香一名燕草，又名薰草，即香草。生零陵山谷，今湖嶺諸州皆有。又《別錄》云薰草一名蕙草，明薰蕙之為蘭也。以其質香，故可以為膏澤，可以塗宮室。近世一種草，如茅葉而嫩，其根謂之土續斷，其花馥郁，故得蘭名，誤為人所賦詠。

宋・劉明之《圖經本草藥性總論》卷上　零陵香　味甘，平，無毒。主惡氣疰，心腹痛滿，下氣，令體香。陳藏器云：明目止淚，療泄精，去臭惡氣，傷寒頭疼。日華子云：治血氣腹脹，酒煎服莖葉。《海藥》云：主風邪衝心，牙車腫痛，虛勞疳䘌。凡是齒痛，煎含良。得升麻、細辛善。不宜多服，令人氣喘。

明・王綸《本草集要》卷三　零陵香古謂薰草，亦即蕙香也。味甘辛，氣平，無毒。得酒良。主邪惡氣，心腹痛滿，下氣，酒煎服。可止癘氣，牙齒痛，煎含良。婦人浸油飾髮，香無以加。

明・滕弘《神農本經會通》卷一　零陵香　得酒良。又名薰草，即香草也。三月採，陰乾，脫節者良。　味甘，氣平，無毒。

《本經》云：主惡氣疰，心腹痛滿，下氣。令體香，和諸香作湯丸用之。《山海經》云：薰草，麻葉方莖，氣如蘼蕪，可以止癘，即零陵香也。陳藏器云：明目，止淚，療洩精，去臭惡氣，傷寒頭疼。日華子云：治血氣腹脹，酒煎服莖葉。《圖經》云：古方但用薰草，而不用零陵香。今合香家，及面膏、澡豆諸法皆用之，都下市肆貨之甚多。《唐本》注云：可和諸香煮汁飲之，亦宜衣中香。《海藥》云：味辛，溫，無毒。主風邪衝心，牙車腫痛，虛勞疳䘌。凡是齒痛，煎含良。得升麻、細辛善。不宜多服，令人氣喘。《集》云：婦人浸油櫛髮，香無以加。

明・劉文泰《本草品彙精要》卷一二　零陵香無毒。　植生。

零陵香：主惡氣疰心腹痛滿，下氣。令體香，和諸香作湯丸用之。名醫所錄。

【名】燕草、薰草、香草、蕙草。　【苗】《圖經》曰：多生下濕地，葉如羅勒，亦似麻，兩兩相對，莖方，氣如蘼蕪，常以七月中旬開花，至香，即古所謂薰草是也。其莖葉謂之蕙，其根謂之薰，三月採脫節者良。今江淮間土生者作香，亦可用，但不及湖嶺者芬薰爾。　【地】《圖經》曰：生湖嶺諸州，江淮間皆有之。《海藥》云：廣南山谷。【道地】零陵山谷、蒙州、濠州。【時】生：春生苗。採：三月取莖、葉。【收】陰乾。【用】莖、葉。【色】青黃。【味】甘。【性】平，緩。【氣】氣厚于味，陽中之陰。【臭】香。【主】去邪惡，辟穢氣。【助】得酒良。【製】《圖經》曰：作窑竈，以火炭焙乾，令黃色乃佳。【治】療：陳藏器云：明目，止淚，療泄精，去邪惡氣，傷寒頭痛。【合治】合升麻、細辛煎，含，療風邪衝心，牙車腫痛，疳䘌。○合酒煎服，治血氣，腹脹。【禁】多服令人氣喘。

明・鄭寧《藥性要略大全》卷六　零陵香一名薰草。《湯液》云：明目，止痰，療泄精，去臭氣。治血氣腹脹。味甘、辛，氣平、溫，無毒。酒煎莖葉服。得酒良。

明・王文潔《太乙仙製本草藥性大全》卷三《仙製藥性》　零陵香一名薰草。　味甘、辛，氣溫，無毒。酒煎莖葉，服得酒良。主治：明目止痰，療泄精，去臭氣，治血氣腹脹。

明・皇甫嵩《本草發明》卷三　零陵香中品下，臣。氣平，味甘，無毒。　發明曰：此香能辟穢惡，故《本草》主惡氣疰，心腹痛，下氣，以其香散而走。令體香，和諸香作湯丸，得酒良。血氣腹脹，酒煎服。莖葉味辛，溫。主風邪衝心，牙車腫痛，疳䘌齒痛，煎含良。得升麻、細辛善。不宜多服。《山海經》云可止癘。

明・李時珍《本草綱目》卷一四草部・芳草類　薰草《別録》中品　零陵香宋《開寶》

【釋名】蕙草《別録》　香草《開寶》　燕草《綱目》　黃零草《玉册》　時珍曰：古者燒香草以降神，故曰薰，曰蕙。薰者熏也，蕙者和也。《漢書》云，薰以香自燒，是矣。或云古人祓除，以此草熏之，故謂之薰。亦通。范成大《虞衡志》言零陵即今永州，不出此香，惟融、宜等州甚多，土人以編席薦，性暖宜人。謹按：零陵舊治在今全州。全乃湘水之源，多生此香，今人呼爲廣零陵香者，乃真薰草也。若永州、道州、武岡州，皆零陵屬地也。今鎮江、丹陽皆蒔而刈之，以酒灑製貨之，芬香更烈，謂之香草，與蘭草同稱。《楚辭》云：既滋蘭之九畹，又樹蕙之百畝。則古人皆栽之矣。張揖《廣雅》云：鹵，薰也，其葉謂之蕙。而黃山谷言一幹數花者爲蕙。蓋因不識蘭草、薰草，强以蘭花爲分別也。鄭樵修《本草》，言蘭即蕙，蕙即零陵香，亦是臆見，殊欠分明。但蘭草、蕙草，乃一類二種耳。

【集解】《別録》曰：薰

草一名蕙草，生下濕地，三月採陰乾，脱節者良。又曰：蕙實，生魯山平澤。弘景曰：《桐君藥録》薰草葉如麻，兩兩相對。《山海經》云：浮山有草，麻葉而方莖，赤華而黑實，氣如蘼蕪，名曰薰草，可以已癘。今俗人皆呼燕草狀如茅而香者爲薰草，人家頗種之者，非也。詩書家多用蕙，而竟不知是何草，尚其名而迷其實，皆此類也。藏器曰：薰草即是零陵香，薰乃蕙草根也。志曰：零陵香生零陵山谷，葉如羅勒。《南越志》云：土人名燕草，又名薰草，即香草也。《山海經》薰草即是此。頌曰：零陵香今湖廣諸州皆有之。多生下濕地，葉如麻，兩兩相對，莖方，常以七月中旬開花至香，古云薰草是也。嶺南人皆作窑竈，以火炭焙乾，令黄色乃佳。江淮亦有土生者，亦可作香，但不及湖嶺者，至枯槁香尤芬熏耳。古方但用薰草，不用零陵香。今合香家及面脂、澡豆諸法皆用之。都下市肆貨之甚便。時珍曰：今惟吳人栽造，貨之亦廣。

薰草【氣味】甘，平，無毒。權曰：苦，無毒。珣曰：辛，温，無毒。不宜多服，令人氣喘。《玉册》云：伏三黄、朱砂。【主治】明目止淚，療泄精，去臭惡氣，傷寒頭痛，上氣腰痛《別録》。單用，治鼻中息肉，鼻齆甄權。零陵香：主惡氣心腹痛滿，下氣，令體香，和諸香作湯丸用，得酒良《開寶》。主風邪衝心，虚勞疳䘌。得升麻、細辛煎飲，治牙齒腫痛善李珣。治血氣腹脹，莖葉煎酒服大明。婦人浸油飾頭，香無以加宗奭。

【發明】時珍曰：薰草芳馨，其氣辛散上達，故心腹惡氣齒痛鼻塞皆用之。脾胃喜芳香，芳香可以養鼻是也。多服作喘，爲能耗散真氣也。

【附方】新十　傷寒下痢：蕙草湯：用蕙草、當歸各二兩，黄連四兩，水六升，煮二升服，日三服。《范汪方》。　傷寒狐惑：食肛者。蕙草、黄連各四兩，㕮咀，以白酸漿一斗，漬一宿，煮取二升，分三服。《小品方》。　頭風旋運：痰逆惡心懶食。真零陵香、藿香葉、莎草根炒等分，爲末。每服二錢，茶下，日三服。《本事方》。　小兒鼻塞：頭熱。用薰草一兩，羊髓三兩，銚内慢火熬成膏，去滓，日摩背上三四次。《聖惠方》。　頭風白屑：零陵香、白芷等分，水煎汁，入鷄子白攪勻，傅數十次，終身不生。《聖惠方》。　牙齒疼痛：零陵香梗葉煎水，含漱之。《普濟方》。　風牙疳牙：零陵香洗炙，蓽茇炒，等分，爲末摻之。《普濟方》。　夢遺失精：薰草湯：用薰草、人參、白术、白芍藥、生地黄各二兩，茯神、桂心、甘草炙各二兩，大棗十二枚，水八升，煮三升，分二服。《外臺秘要》。　婦人斷産：零陵香爲末，酒服二錢。每服至一兩，即一年絶孕。蓋血聞香即散也。《醫林集要》。　五色諸痢：返魂丹：用零陵香草去根。以鹽酒浸半月，炒乾，每兩入廣木香一錢半，爲末。裹急腹痛者，用冷水服一錢半，通了三四次，用熱米湯服一錢半，止痢。只忌生梨一味。《集簡方》。

蕙實《別録》有名未用部。藏器曰：即蘭蕙之蕙也。五月採之，辛香。【氣味】辛，平，無毒。【主治】明目補中《別録》。　根莖中涕【主治】傷寒寒熱出汗，中風面腫，消渴熱中，逐水《別録》。主五痔脱肛有蟲時珍。出《千金》。

明·張懋辰《本草便》卷一　零陵香　味甘、辛，氣平，無毒。主邪惡氣，心腹痛，止癘氣，牙齒痛。

明·盧之頤《本草乘雅半偈》帙九　薰草《唐本草》　氣味：甘，平，無毒。

主治：主明目，止淚，療泄精，去臭惡氣，傷寒頭痛，上氣〔腰痛〕。

覈曰：薰香草，一名蕙，與蕕反。南越人謂之燕草。宋《開寶》謂之零陵香。出零陵山谷，湖、廣諸州皆有，多生下濕地。入春宿根再發，葉如羅勒，又似麻葉，兩兩相對。七月開花，八月收刈，可挼可佩，可薦可熏。雖至枯槁，香猶芬馥。《山海經》云：浮山有草，麻葉而方莖，赤華而黑實，氣如蘼蕪，可以已癘。《爾雅翼》云：蓋能去惡臭，令身香，故古之祓除，以此草熏之，所以降神也。《埤雅》云：凡氣熏則惠和，暴則酷烈。故于文蕙草為惠，近世皆指菅茅一幹數花者為蕙，一幹一花者為蘭。即詩書家亦多引用，竟不知是為何草，徒尚其名而迷其實，皆此類也。《離騷辨證》云：古之蘭蕙，花葉俱香，燥濕不變；今之蘭蕙，花蕚雖香，乾則腐臭。蘭唐蕙圃，受誣久矣。

先人云：赤華有通神之德，黑實具幽隱之情。胥藥而得心用者也，乃能交精神，散寒風，達生氣耳。

条曰：天子鬯，諸侯薰。鬯用灌，薰以香自燒。故薰諧熏，熏者火煙上出也。顧藏真之自下而上者，肝木春生之氣耳。是主春氣者病在頭，不能積續以升，致上下失于敵應者相宜。觀魚涉負冰，則知下上之為義矣。紹隆王先生嘗言少陽之始生，如香煙之始發，輕虚而浮，端直以長，故立春初候，曰魚涉負冰，魚隨陽氣而上涉，至背負冰而乃止。

清·穆石匏《本草洞詮》卷八　零陵香　零陵，一名蕙草，一名薰草。古者燒香草以降神。薰者，熏也。蕙者，和也。氣味甘苦平，一云溫，無毒。主明目止淚，療泄精，去臭惡氣。單用治鼻中息肉、鼻齆。蓋脾喜芳香，芳香可以養鼻。薰草之氣辛散上達，故心腹惡氣，齒痛，鼻塞，皆用之。多服氣喘，為耗散真氣也。

清·郭章宜《本草匯》補遺　薰草即零陵香　辛，溫，苦，甘。治鼻中瘜肉

鼻齆，療小兒鼻塞頭熱。薰草一兩，羊髓三兩，銚內慢火熬成膏，日摩背上三四次。去惡氣與心腹痛滿，治頭風併滯下，返魂丹用薰草，以鹽酒浸半月，炒乾，每兩入廣木香一錢半，為末，裏急者冷水服一錢五分，通過三四次，用熟米湯服一錢半，止痢。斷胎。零陵香為末，酒服二錢，每服至一兩，即一年絕孕。蓋血聞香即散也。

按：薰草芳香，其氣辛散上達，故心腹惡氣，齒痛鼻塞，及血氣腹脹，皆用之。脾胃喜芳香，芳香可以養鼻是也。然最能耗散真氣，每致作喘，故亦不可多服。

清·蔣居祉《本草擇要綱目·平性藥品》 薰草即零陵香。氣味：甘，平，無毒。又辛，溫，無毒。不宜多服，令人氣喘。主治：薰草芳香，其氣辛散上達，故心腹惡氣，齒痛鼻塞皆用之。脾胃喜芳香，可以養鼻是也。多服作喘，為能耗散真氣。

清·张璐《本經逢原》卷二 薰香即零陵香。甘，平，無毒。廣產者良。雲陽產者氣濁，不堪入藥。發明：薰香辛散上達，故心痛惡氣，齒痛、鼻塞皆用之。單用治鼻中瘜肉、鼻齆，香以養鼻也。多服作喘，為能耗散真氣也。

清·嚴潔等《得配本草》卷二 薰草一名蕙草，一名香草，一名零陵香。伏三黃、朱砂。辛，溫。入足太陰、陽明經。治心腹惡氣，齒痛鼻塞。得升麻、細辛，治牙齒腫痛。得川連、當歸，治傷寒下痢。配木香，治五色痢。配蓽茇，擦風蟲牙痛。配白芷，治頭風白屑。多服作喘，耗散真氣。

清·黃宮繡《本草求真》卷四 薰香溫氣散寒，辟惡止痛。薰香喘入肺。即書所謂零陵香者是也。味甘而辛，(辛)〔性〕平無毒，按書有言能治心痛惡氣，以痛與惡，多屬寒聚，得此能以散寒故耳！又言能除鼻中瘜肉鼻齉，以鼻得香則開，得臭則閉之意耳。至云多服作喘，亦以香能耗氣，溫服則氣上應而作喘耳。但此服之則少，亦有治鼻塞頭風、齒痛狐惑下痢等症。而香鋪用以作料甚多。有婦人用此浸油省頭。是亦眾香中之不可缺也矣！出湖嶺者佳。

清·吳其濬《植物名實圖考》卷二五 零陵香 《嘉祐本草》始著錄。即《別錄》之薰草也。宋《圖經》：零陵，湖嶺諸州皆有之。余至湖南，遍訪無知有零陵香者，以狀求之，則即醒頭香，京師呼為矮糠，亦名香草，摘其尖梢置髮中者也。《補筆談》：買零陵香擇有鈴子者，乃其花也。此草葉莖無香，其尖乃花所聚，今之以尖為貴，即擇有鈴子之意。《嶺外代答》謂可為褥薦，未知即此否？贛南十月中，山坡尚有開花者，高至四五尺，宋《圖經》謂十月中旬開花，當即指此。實則秋開，至冬未枯。李時珍以醒頭香屬蘭草，不知南方凡可以置髮中辟穢氣，皆呼為醒頭，無專屬也。

清·趙其光《本草求原》卷二芳草部 零陵香即熏香。甘香、辛溫上達，無毒。明目止淚，去臭惡風沖心、心腹痛、頭旋，同藿香、香附末，茶下，日三。傷寒下痢，同歸、連。狐惑食肛，同黃連、酸漿浸一宿，煎服。鼻塞，同羊髓熬膏擦背。鼻瘜，單用，嗃之。頭白屑，同白芷煎，入雞子白敷。牙痛，煎漱。牙疳，同炒蓽茇末摻。夢遺，同參、朮、地、芍、神、甘、桂。斷產，酒服一兩，一年停孕，香散血也。五色諸痢，鹽、酒浸半月，炒乾一兩，入木香錢半，裏急者，冷水下錢半，通了，二三次以米飲下止之，忌生梨。傷寒頭痛氣逆。多服耗氣，令人喘。得酒良。酒煎，治血氣腹脹。得升麻、細辛，治牙腫；浸油飾頭，令體香。

清·文晟《新編六書》卷六《藥性摘錄》 熏香 甘辛，平。入肺。溫氣散寒，辟惡止痛。即零陵香也。治心痛惡氣，除鼻中瘜肉，鼻齉。〇多服作喘。〇可浸香油。

清·戴葆元《本草綱目易知錄》卷一 零(陸)〔陵〕香零草。甘，平。明目止淚，下氣濇精。治惡氣上逆，心腹痛滿，風邪沖心，血氣腹脹，虛勞疳䘌，牙齒腫痛，婦人浸油飾頭，香無以加。【略】

薰草 辛，溫。辟惡，去口臭氣。治傷寒頭痛，上氣腰疼，狐惑食肛，牙疳鼻齆，鼻中息肉。多服耗真氣，令氣喘。浸油飾頭，良。【略】葆按：集註：零草，名零(陸)〔陵〕香，以其零(陸)〔陵〕所出之香名。零(陸)〔陵〕，即今永州，乃湘水之源，多生此，近市由嶺南販來，草屬也，長不滿尺，圓梗色青，葉似薄荷，有小鈴佳，味淡微香，其氣融和。薰草亦名零(陸)〔陵〕香。今鎮江、丹陽皆蒔而刈之，以酒灑製，貨之。芬香烈於零草，方莖色黃，葉如雞蘇薄荷，無小鈴，價廉。浸油，飾頭校勝。

排草

清·吳其濬《植物名實圖考》卷二五 排草 生湖南永昌府。獨莖，長葉長根，葉參差生，淡綠，與莖同色，偏反下垂，微似鳳仙花葉，光澤無鋸齒。夏時開細柄黃花，五瓣尖長，有淡黃蕊一簇。花罷結細角，長二寸許。枯時束以為把售之，婦女浸油刡髮。根莖香味與元寶草相類。考《本草拾遺》白茅香生嶺南如茅根，道家用以作浴湯。李時珍以為今排香之類。此草乾時，花葉脫盡，宛如茅根，殆即此歟？諸家皆未究其花實，故無確訓。《廣西志》

排草屢載所出，亦無形狀。《南越筆記》以為莖穿葉心，則似元寶草也。

四大天王

清・劉善述、劉士季《草木便方》卷一草部　四大天王　四塊瓦溫能療血，調經活血消痰咳。跌打損傷血能散，祛風除濕清毒熱。

猪尾巴苗

明・朱橚《救荒本草》卷上之後　猪尾把苗　一名狗脚菜。生荒野中。苗長尺餘，葉似甘露兒葉而甚短小，其頭頗齊，莖葉皆有細毛，每葉間順條開小白花，結小蒴兒，中有子，小如粟粒，黑色。苗葉味甜。　救飢：　採嫩葉煠熟，换水浸淘淨，油鹽調食。子可搗為麵食。

兔兒絲

明・朱橚《救荒本草》卷上之前　兔兒絲　生田野中。其苗就地拖蔓，節間生葉如

明・朱橚《救荒本草》卷上之前　綿絲菜　生輝縣山野中。苗高一二尺，葉似兔兒尾葉，但短小，又似柳葉菜葉，亦比短小。梢頭攢生小蓇葖，開黪白花。其葉味甜。　救飢：　採嫩苗葉煠熟，水浸淘淨，油鹽調食。

綿絲菜

清・吴其濬《植物名實圖考》卷六　綿絲菜　廣信長沙極多。一名黄花菜。初生葉如馬蹄有深齒，宛似小葵，抽葶生葉，即多尖杈，開小黄花如寒菊，冬初發葶，至夏始枯。貧者取其嫩葉茹之，亦可去熱。

節節菜

明・朱橚《救荒本草》卷上之前　節節菜　生荒野下濕地。科苗甚小，葉似雞音減蓬，又更細小而稀疎，其莖多節堅硬〔兀諍切〕，葉間開粉紫花。味甜。　救飢：　採嫩苗，揀擇淨，煠熟，水浸淘過，油鹽調食。

赤車使者

宋・唐慎微《證類本草》卷一一草部下品〔唐・蘇敬《唐本草》〕　赤車使者　味辛、苦，溫，有毒。主風冷邪疰，蠱毒癥瘕，五藏積氣。

〔唐・蘇敬《唐本草》〕注云：　苗似香菜、蘭香，葉、莖赤，根紫赤色，生溪谷之陰，出襄州。八月、九月採根，日乾。《唐本》先附。

〔宋・掌禹錫《嘉祐本草》〕按：　《蜀本圖經》云：　根紫如蒨根，生荆州、襄州山谷，二月、八月採。《藥性論》云：　赤車使者，有小毒。能治惡風冷氣，服之悅澤皮肌，好顏色。

〔宋・唐慎微《證類本草》〕雷公云：　赤車使者，元名小錦枝。凡使并麄擣用，七歲童子小便拌了，蒸令乾更曒。每修事五兩，用小兒溺一溢爲度。

明・劉文泰《本草品彙精要》卷一五　赤車使者有毒。　叢生。

赤車使者：　主風冷邪疰，蠱毒，癥瘕，五臟積氣。名醫所錄。　【名】小錦枝。　【苗】《唐本》注云：　苗似香菜及蘭香葉，其莖赤而根紫赤色也。

【地】《蜀本》注云：　出荆州、襄州山谷。《唐本》注云：　生溪谷之陰。

【時】生：　春生苗。採：　二月、八月、九月取根。　【收】日乾。　【用】根。

【色】紫赤。　【味】辛，苦。　【性】溫，散。　【氣】氣厚味薄，陽中之陰。

【臭】朽。　【主】惡風，冷氣。　【製】《雷公》云：　凡使，並粗搗，用七歲童子小便拌了，蒸令乾，更曬，每修事五兩用童便一鎰爲度。　【治】補　《藥性論》云：　悅澤皮肌，好顏色。　【合治】合酒浸服之，治大風濕痹。

明・許希周《藥性粗評》卷三　頑麻而中濕病風，須請赤車使者。

赤車使者，一名小錦枝。苗似香菜，根皆赤色，好生溪谷之陰。荊湘處處有之。八九月採根，以童便拌蒸，晒乾收貯用。　味苦、辛，性溫，有小毒。　主治風濕，手足頑麻冷痹，以水酒各半煎服。亦下邪疰蠱毒。

明・王文潔《太乙仙製本草藥性大全》卷二《本草精義》　赤車使者　原名小錦枝。舊不著所出州土，生荊州、襄州溪谷之陰。苗似香蒿、蘭香，莖葉赤，根紫赤色如蒨，八月、九月採根，日乾用。

明・王文潔《太乙仙製本草藥性大全》卷二《仙製藥性》　赤車使者　味辛、苦，氣溫，有毒。　主治：　主大風風冷、惡風，治五臟積氣、濕痹。邪疰蠱毒立除，冷氣癥瘕即去。悅澤肌膚，美好顏色。　太乙曰：　赤車使者，原名小錦枝。凡使並切，麄搗，用七歲童子小便拌了，蒸令乾，更晒，每修事五兩，用小兒溺〔一〕鎰爲使。

明・李時珍《本草綱目》卷一四草部・芳草類　赤車使者《唐本草》

【釋名】小錦枝《炮炙論》　【集解】恭曰：　赤車使者，苗似香菜、蘭香，葉莖赤，根紫赤色，八月、九月採根，日乾。保昇曰：　生荆州、襄州，根紫如蒨根，二月、八月採。時珍曰：　此與爵牀相類，但以根色紫赤爲別爾。

根　【修治】斅曰：　此草原名小錦枝，凡用並粗搗，以七歲童子小便拌蒸，曬乾入藥。

【氣味】辛、苦，溫，有毒。　權曰：　有小毒。　【主治】風冷邪疰，蠱毒癥瘕，

五臟積氣蘇恭。治惡風冷氣。服之悦澤肌皮，好顔色甄權。【發明】頌曰：古方治大風風痹，有赤車使者酒。今人稀用，鮮有識者。時珍曰：上古辟瘟疫邪氣，有赤車使者丸，此藥不怪，苟加詢採，必能得之，但古今名稱或不同耳。

螺蠃兒

明·朱橚《救荒本草》卷上之前　螺蠃兒音羅掩。一名地桑，又名痢見草。生荒野中。莖微紅，葉似野人莧葉，微長窄而尖，開花作赤色小細穗兒。其葉味甘。救飢：採苗葉煠熟，水浸淘去邪味，油鹽調食。治病：今人傳説治痢疾，採苗用水煮服甚効。

鏡面草

清·吴其濬《植物名實圖考》卷一七　鏡面草　生雲南圃中。根莖黑糙，附莖附根發葉；葉極似蓴，光滑厚脆，故有鏡面之名。《雲南志》録之，云可治丹毒。此草性、形，大致同虎耳草。

石筋草

明·蘭茂撰，清·管暄校補《滇南本草》卷下　石筋草　性微溫，味微辛、酸。主治風寒濕痺，筋骨疼痛，痰火痿軟，手足麻木，舒筋活絡。藥酒方中〔用〕之良效。　附藥酒方：石筋草、羊肚參、木瓜、牛膝、寄生草，各等分，燒酒泡服。

明·蘭茂《滇南本草》〔叢本〕卷中　石芹草　味辛、酸，性微溫。治風寒濕痺，筋骨疼痛，痰火痿耎，手足麻木。此藥舒筋絡，藥酒用之良。石芹草、羊肚參、木瓜、牛(夕)〔膝〕、寄生草，泡酒用。

清·吴其濬《植物名實圖考》卷一七　石筋草　生滇南山石間。叢生易繁，紫緑圓莖，葉似烏藥葉，淡緑深紋，勁脆有光。葉間抽細紫莖，開青白花，碎如黍米，微帶紫色。《滇本草》：性微溫，味辛、酸，主治風寒濕痹、筋骨疼痛、痰火痿軟、手足麻痹，活筋舒絡方中用之良效。

清·劉善述、劉士季《草木便方》卷一草部　紅合麻　紅合麻溫除血風，勞傷失血此為宗。血虚生風血風眼，活血祛風大有功。

霧水葛

清·何諫《生草藥性備要》卷下　膿見消　味劫，性和。散惡瘡。止牙痛，搥汁和水含之。一名咄膿膏。

清·何諫《生草藥性備要》卷下　霧水葛　味甜，性寒。散癰疽大毒瘡，消腫。治乳癰、乳岩，用根搥片糖敷之。又能涼血。一名地消散。

臭節草

清·吴其濬《植物名實圖考》卷一五　臭節草　生建昌。獨莖細緑，葉長圓如瓜子形，頂微缺，面深緑，背灰白，三葉攢生，中大旁小，一莖之上小大葉相間，頗繁碎。土醫採根擣漿，洗腫毒有效。

石椒草

明·蘭茂《滇南本草》卷中　石椒　性溫，味苦，辣，有小毒。走經絡，治胸膈氣痛，冷寒攻心，胃氣疼痛，腹脹，發散瘡毒。　附方：治冷寒，胃氣疼痛。石椒不拘多少，根葉為末，每服一錢五分，熱燒酒服。

明·蘭茂原撰，范洪等抄補《滇南本草圖説》卷四　石椒　性溫，味苦，有小毒。走經絡。主治：胸中氣痛，冷寒攻心，胃疼痛，或膨脹可消。亦治瘡毒，已成未成，服之神奇。

明·蘭茂《滇南本草》〔叢本〕卷上　石椒草　味苦、辣，性溫，有小毒。走經絡，止胸膈氣疼攻心，腹脹疼，胃氣疼。發散瘡毒，不拘多少，葉根俱可。

清·吴其濬《植物名實圖考》卷一七　石交　生雲南山坡。高尺餘，褐莖如木，交互相糾。初附莖生葉，漸出嫩枝，三葉一簇，面緑背紫。大者如豆，小者如胡麻，參差疏密，自然成致。《滇本草》：性溫，味苦辣，有小毒。走筋絡，治膈氣痛、冷寒攻心、胃氣疼、腹脹，發散瘡毒。

臭草

附：泰西·石鐸琭《本草補》　臭草　泰西既產香草，復產臭草。雖薰、蕕不同，而效用則一。其樹僅高尺餘，開小黄華。摘華蘂，陰乾待用，與莖葉同功。結子成熟，裂分四房。每房子數粒。春秋二仲，皆可種之。春時插之亦活，不畏霜雪，亦不喜肥，須澆以清水。以手捋之，便臭氣拂拂，亦非污穢朽腐可比也。然其功用亦與香草等。　泄瀉及小便不通，取臭草葉，或生，或煮食之。　服毒，并蛇蝎蜈蚣等毒，急取臭草葉生食，其毒自解。　腹内蛔蟲，以清油煎臭草葉，擣爛敷臍上，勝食使君子遠矣。　鼻血，取臭草葉擣爛，塞鼻孔即止。　耳痛，以臭草葉擣爛，取自然汁置石榴皮内，煅過，滴耳中。　目痛，以臭草葉置清水内，露二三天，以葉蘸水點眼。　目力過勞，以臭草自然汁，加一滴蠭蜜，并略加小茴自然汁，調和點眼，久則光明。　楊梅瘡，以自然汁略加好酒，并清油、水粉同煎治之。　婦人心氣痛，由于子宮

上沖，用臭草葉齅之，以瘉為度。大庾曹上士曾用此方，歎其靈驗。小兒大便有出腸者，以好酒煮臭草，擣爛，用布作膏藥貼之。植樹下，能殺樹上蟲。植圃中，能辟蛇蝎蜈蚣等諸毒物。

清・何諫《生草藥性備要》卷下　臭草　味苦、臭，性寒。消百毒腫，散大瘡，理蛇傷，撞酒服效。

清・趙學敏《本草綱目拾遺》卷五草部下　臭草　《本草補》：泰西既產香草，復產臭草。雖薰不同蕕，效用則一。其本高尺餘，開小黃花，摘花蕊陰乾待用，與葉同功。結子成實，裂分四房，每房子數粒，春秋二仲皆可種之。春月將枝插之亦活，不畏霜雪，亦不喜肥，須澆以清水，人以手捋之，便臭氣拂拂，亦非穢污朽腐可比也。其功用亦與香草等。植樹下，能殺樹上蟲。植圃中，能辟蛇蠍蜈蚣等諸毒。

泄瀉及小便不通：取臭草葉或生或煮食之。服毒并蛇蠍蜈蚣等毒：急取臭草葉生食，其毒自解。腹內蛔蟲：以清油煎臭草葉，搗爛敷臍上，勝食使君子遠矣。鼻血：取臭草葉搗爛，塞鼻孔即止。危急重病昏暈：采葉醋烹，搓熟塞鼻，即醒。耳痛：以臭草葉搗爛，取自然汁，置石榴皮內煨過，滴耳中。目痛：以葉置清水內，露二三夜，將葉蘸水點眼。目力過勞：以臭草葉自然汁，加蜂蜜一滴，并略加小茴香自然汁，調和點眼，久則光明。楊梅瘡：以自然汁略加好酒，并清水粉，同煎治之。婦人心氣痛：病由於子宮上沖，用臭草葉嗅之，以愈為度。大庾曹上士曾用此方，歎其靈驗。小兒大便腸出：以好酒煮臭草葉搗爛，用布作膏貼之。

清・趙其光《本草求原》卷三隰草部　臭草　苦、辛，寒。消無名腫毒、大瘡，理蛇傷。

臭草

清・吳其濬《植物名實圖考》卷一三　臭草　撫州平野有之。紫莖亭亭，細枝如蔓，一枝三葉，大如指甲；秋開五瓣小黃花，枝弱花疎，偃仰有致。

大飛羊

清・何諫《生草藥性備要》卷下　大飛羊　性味相同。治浮游虛火，敷牙肉腫痛。葉如柳葉，仍有白蕊。

小飛羊草

清・何諫《生草藥性備要》卷下　小飛羊草　味酸，性烈。治小兒飛痒瘡滿面，頭、耳膿淋漓，敷洗，消腫毒。葉如瓜子樣，有白蕊。

野南瓜

清・吳其濬《植物名實圖考》卷一〇　野南瓜　一名算盤子，一名柿子椒，撫、建、贛南、長沙山坡皆有之。高尺餘，葉附莖對生如槐、檀，葉微厚硬。莖下開四出小黃花，結實如南瓜，形小於鳬茈。秋後迸裂，子綴殼上如丹珠。土人取莖及根治痢證，煎水和白糖服之。亦能利濕破血。

清・劉善述、劉士季《草木便方》卷一草部　算盤根　算盤根溫清肺熱，清利咽喉牙痛滅。消積解毒散瘍核，腰痛疼積頭風絕。

倒掛金鉤

清・吳其濬《植物名實圖考》卷三八　倒掛金鉤　生長沙山阜。小木黑莖，葉如棠梨，葉光潤無齒，梢端結實，圓扁有青毛，仍從梢傍發枝生葉。

地槐菜

明・朱橚《救荒本草》卷上之前　地槐菜　一名小蟲兒麥。生荒野中。苗高四五寸，葉似石竹子葉，極細短，開小黃白花，結小黑子。其葉味甜。

救飢：採葉煠熟，水浸淘淨，油鹽調食。

清・趙學敏《本草綱目拾遺》卷五草部下　真珠草與菜部真珠菜異。《臨症指南》云：珍珠草，一名陰陽草，一名假油柑。此草葉背有小珠，晝開夜閉，高三四寸，生人家牆脚下，處處有之。癸亥，予寓西溪看地，見山野間道旁有小草，葉如槐而狹小，葉背生小珠，如鳳仙子大，纍纍直綴，經霜輒紅，詢土人皆不識，偶歸閱指南，始悟此即真珠草也。薄暮取視，其葉果閉。治小兒百病，及諸疳瘦弱眼欲盲，皆效。為末，白湯下，或蒸煮魚肉食《指南》。

清・吳其濬《植物名實圖考》卷一五　葉下珠　江西、湖南砌下墻陰多有之。高四五寸，宛如初出夜合樹芽，葉亦晝開夜合，葉下順莖結子如粟，生黃熟紫。俚醫云性涼，能除瘴氣。

毛麝香

清・何諫《生草藥性備要》卷上　毛麝香　祛風，消毒。有兩種：一種形如火炭母，生毛；一種形如大楓艾，葉大。

雜録

翠梅

清・吴其濬《植物名實圖考》卷二六 翠梅 矮科柔蔓，開四瓣翠藍花，而背粉紅如紅梅。

金燈

清・吴其濬《植物名實圖考》卷二六 金燈 細莖裊娜，葉如萬壽菊葉而細，開五小瓣黄花，圓扁，頭有小缺，如三葉酸葉。

小翠

清・吴其濬《植物名實圖考》卷二六 小翠 柔莖長葉，如初生柳葉，開茄紫花如蠶豆花。

金箴

清・吴其濬《植物名實圖考》卷二七 金箴 細莖長葉如指甲，開五瓣小黄花，比金雀稍大。

虎掌花

清・吴其濬《植物名實圖考》卷二七 虎掌花 襄陽山中有之。草本綠莖，葉如牡丹葉，紫花似千瓣萱花而瓣稍短，中吐粗紫心一莖。他處尠見。

翠雀

清・吴其濬《植物名實圖考》卷二七 翠雀 京師圃中多有之。叢生，細綠莖，高三四尺； 葉多花叉，如芹葉而細柔。梢端開長柄翠藍花，横翹如雀登枝，故名。

金雀

清・吴其濬《植物名實圖考》卷二七 金雀 《群芳譜》曰： 叢生，莖褐色，高數尺，有柔刺，一簇數葉。花生葉旁，色黄形尖，旁開兩瓣，勢如飛雀，春初即開。

盤內珠

清・吴其濬《植物名實圖考》卷二七 盤內珠 生廬山。褐莖叢生，對節發枝。葉似橘毬，梢端抽莖，結青蓇葖，如茉莉而白，圓如珠，層層攢綴下垂，開五尖瓣花，黄心數點。土人以其苞匀圓，故名。

鴨頭蘭花草

清・吴其濬《植物名實圖考》卷二八 鴨頭蘭花草 生雲南太華諸山。黑根細短，尖葉內翕，抱莖齊生似玉簪，抽葶葉而長又肥，內綠外淡，有直勒道。莖梢發叉，開白綠花，微似蘭花，有柄長幾及寸。三瓣品列，中瓣後復有一大瓣，色淡，花心有紫暈，微凸，心下近莖出雙尾，白縷如翦，燕尾分翹，野卉中具纖巧之致。

野丁香

明・蘭茂撰，清・管暄校補《滇南本草》卷中 苦丁香即野丁香。花開五色，用根。 性寒，味鹹、微辛。入膀胱經。治膀胱偏墜氣，疝氣疼痛，利小便。若泡水吃，可消水腫。

明・蘭茂《滇南本草》〔叢本〕卷中 苦丁香即野丁香，花開五色，有根。 味鹹、辛，性寒。入膀胱。偏墜氣疼症，利小便是，偏墜疝氣。多泡水吃，消(小)〔水〕腫。

清・吴其濬《植物名實圖考》卷二九 野丁香 生雲南山坡。高尺許，赭莖甚勁。數葉攢簇，層層生發，花開葉間，宛似丁香，亦有紫、白二種。

牛角花

清・吴其濬《植物名實圖考》卷二九 牛角花 生雲南平野。鋪地叢生，綠莖纖弱。發叉處生二小葉，又附生短枝三葉。莖梢開花如小豆花，又似槐花，有黄、紫、白三種，春疇匝隴，燦如雜錦。土人以小葩上翹，結角尖彎，故名牛角。

荷包山桂花

清・吴其濬《植物名實圖考》卷二九 荷包山桂花 生雲南山中。小木綠枝。葉如橘葉，翩反下垂。葉間出小枝。開花作穗，淡黄長瓣類小豆花。花未開時綠蒂扁苞，纍纍滿樹，宛如荷包形，故名。近之亦有微馨。

壓竹花

清・吴其濬《植物名實圖考》卷二九 壓竹花 一名秋牡丹，雲南園圃植之。初生一莖一葉，如牡丹葉，濃綠糙澀，抽葶高二尺許，附葶葉微似菊葉，尖長多叉； 葶端分叉； 又抽細葶打苞，宛如罌粟。秋開花如千層菊，

深紫縟豔，大徑寸餘，綠心黄暈，蕊擎金粟，一本可開月餘。

七里香

清·吴其濬《植物名實圖考》卷二九 七里香 生雲南。開小白花，長穗如蓼，近之始香。

草葵

清·吴其濬《植物名實圖考》卷二九 草葵 生雲南。黄花五出，而三二瓣分開，形幾近方。

野梔子

清·吴其濬《植物名實圖考》卷二九 野梔子 生雲南。秋開花如梔子。

草玉梅

清·吴其濬《植物名實圖考》卷二九 草玉梅 生雲南。鋪地生葉抽葶，開尖瓣白花如積粉。

野蘿蔔花

清·吴其濬《植物名實圖考》卷二九 野蘿蔔花 生雲南。細莖長葉，秋開花五瓣，色如靛。

珍珠梅

清·吴其濬《植物名實圖考》卷二九 珍珠梅 白花數十朵為毬，春開。

含笑

清·吴其濬《植物名實圖考》卷三〇 含笑 《捫蝨新話》：含笑有大小，小含笑香尤酷烈，又有紫含笑。予山居無事，每晚涼坐山亭中，忽聞香一陣，滿室鬱然，知是含笑開矣。《南越筆記》：含笑與夜合相類，大含笑則大半開，小含笑則小半開，半開多於曉。一名朝合。小含笑白色，開時蓓蕾微展，若菡萏之未敷，香尤酷烈。古詩云：大笑何如小笑香，紫花那似白花粧。又有紫含笑，初開亦香，是子瞻所稱涓涓泣露、暗麝著人者。羅浮夜合含笑，其大至合抱，開時一谷皆香，亦異事也。《藝花譜》：含笑花產廣東，花如蘭，開時常不滿若含笑，然隨即凋落。

賀正梅

清·吴其濬《植物名實圖考》卷三〇 賀正梅 似梅而小，廣東歲朝植之盆盎。

夜來香

清·吴其濬《植物名實圖考》卷三〇 夜來香 產閩廣。蔓生，葉如山藥葉而寬，皆仰合，不平展。秋開碧玉五瓣花，夜深香發，清味如茶，北地亦植之。頗畏寒，廣中以其多陰藏蛇，委之籬落。閩人云，斷腸草經野燒三次，即變此花，猶有毒云。

黄蘭

清·吴其濬《植物名實圖考》卷三〇 黄蘭 產廣東，或云洋種，今徧有之。叢生，硬莖，葉似茉莉，花如蘭而黄，極芳烈。

彩蝶

清·吴其濬《植物名實圖考》卷三〇 彩蝶 產廣東，莖葉如秋海棠，翠花長蕊，野生山間，種不常見。

鶴頂

清·吴其濬《植物名實圖考》卷三〇 鶴頂 產廣東。又名呂宋玉簪，葉如射干葉，花六瓣，深紅黄蕊，似山丹而瓣圓大。

朱錦

清·吴其濬《植物名實圖考》卷三〇 朱錦 產廣東。叢生林麓，極易繁衍，葉如月季花葉。花有紅、黄二種，如小牡丹，苞如木芙蓉，婦女常簪之。

百子蓮

清·吴其濬《植物名實圖考》卷三〇 百子蓮 產廣東。或云洋種，廿年前不知其異也。色極嬌麗，一花經數日不蔫，婦女競簪之，價始高，近日種植較多矣。

珊瑚枝

清·何諫《生草藥性備要》卷下 珊瑚枝 不入服。敷大瘡，殺癍癩，取蕊點，搽癬。

清·吴其濬《植物名實圖考》卷三〇 珊瑚枝 產廣東。或云番種，不知其名，花圃以形似名之。

按《南越筆記》謂馬纓丹花落而生槎枒，人呼為珊瑚毬，或誤以為一種。

鈴兒花

清·吴其濬《植物名實圖考》卷三〇 鈴兒花 一名弔鐘花，生廣東山澤間。歲暮葉脫始蕾，樵人折以入市，插置膽瓶。春初花開，狀如小鈴，花落

葉發，不宜栽蒔。

華蓋花

清·吴其濬《植物名實圖考》卷三〇 華蓋花 產廣東，或云番舶攜種種生者。葉如秋葵，花似木芙蓉，未曉而開，清晨即落，良夜秉燭，始見其花，皆戲呼為曇花，植者亦罕。

屈子花

附：琉球·吴繼志《質問本草》附錄 屈子花 閔鶴瞿《粵述》云：石上生一種黄花，三四月間倒挂高巘之下，遠望如金鋪，可喜取植軒砌，次年仍復璀璨。其花宛一小金蓮，而蕊際黄絨蒙茸如繡，其枝幹似木賊而大，節間別生枝葉，葉如百合，兩兩排比，抱裹節上，枝末又生細根，如葱鬚，一似寄生者，土人名屈子花，余改為金蓮花。今我中山入面地方產一種草，高四尺許，葉兩兩排生，春開黄花，背淡面濃，而紅點鮮明，儼蘭花之態矣，經久不殘，故邦俗呼之壽蘭，一名入面蘭，形狀悉符閔氏所說。

番薏茹

清·趙學敏《本草綱目拾遺》卷四草部中 番薏茹 《采風圖》：一名番苦苓，一名心痛草。種出荷蘭，葉秀嫩似雲板，曬乾則香，結子青紅色。治一切心氣痛。